KB061169

근대차용어사전

김 영

중한번역문헌연구소
學古房

머리말

『근대차용어사전』은 15세기부터 20세기 초까지 한글 고어에 나타난 차용어들을 채록한 것이다. 비록 중세한국어가 포함되어 있지만 주로 근대한국어에서 채록된 어휘들이기에 '근대차용어사전'이라 명명하였다.

차용어는 서로 다른 두 언어가 교류를 통해 접촉하면서 생겨난 단어이다. 즉, 한국어와 다른 언어를 사용하는 국가, 집단, 개인 간의 교류 및 다른 문화와의 접촉으로 인해 한국어로 유입된 말 가운데 하나이다. 어원은 외국어에 있는 것이다.

한글 고어에 나타나는 차용어는 크게 몽고어 차용어, 만주어 차용어, 여진어 차용어, 중국어 차용어, 일본어 차용어 그리고 영어와 프랑스어 등 서구어 차용어 등으로 나눌 수 있다. 그중에서도 한자문화권에 속하고 지리적으로 인접한 중국과 오랫동안 교류해 왔기 때문에 시간적으로, 양적으로 중국어 차용어가 가장 많다.

중국어 차용어는 기존의 한자어와 달리 중국어 구어체(백화계 한자어)에서 온 어휘를 말한다. 그 모습은 중국어음을 그대로 차용한 것, 중국어음에서 차용된 이후 음운 변화를 겪은 것, 중국어음과 우리말 고유어가 혼합된 것, 중국어음과 우리말 한자음이 혼합된 것, 우리말 한자음으로만 이루어진 것 등 복합적이고 다양하다. 중국어 차용어는 크게 중국어음으로 표기한 직접 차용어와 우리말 한자음으로 읽은 간접 차용어로 분류할 수 있다. 직접 차용어의 경우, 대개 중국어음과 우리말 독음의 혼합어인 경우가 많으며 이들 중 일부는 차용어라는 의식을 하지 못할 정도로 완전히 동화되고 고유어화 되어 이미 한자의 본음과 달라진 경우도 많다.

중국어 차용어는 역학서류, 유해서류, 명・청대 통속소설 및 희곡 번역류, 기행문류, 조선후기 중국어회화서류, 일제강점기 중국어회화서류 등에서 많이 확인된다. 특히, 역학서는 중세국어부터 근대국어에 이르기까지의 차용어의 변화를 살필 수 있기 때문에 매우 중요한 문헌 자료이다.

몽고어 차용어는 고려시대 원나라와의 접촉으로 인해 들어온 말이다. 주로 '고도리', '아질게물', '보라매', '철릭', '수라'와 같이 군사, 관직, 동물(말), 조류(매), 복식, 음식 등과 관련된 언어가 많으며 일부 어휘들은 현대 한국어에도 쓰이고 있거나 흔적이 남아 있다.

여진어 차용어는 지리적으로 인접한 함경도 지명에 많이 남아 있으며 만주어 차용어는 청나라와의 접촉으로 인해 들어온 말로 '도롱이'를 가리키는 '널쿠', '안장'을 가리키는 '소부리' 등이 대표적이다. 일본어 차용어는 1876년 강화도조약 체결 이후부터 일제강점기까지 폭발적으로 수용된 말로 '구루마', '냄비' 등이 해당된다. 서구어 차용어는 개화기에 본격적으로 수용되었다. 서구의 언어를 직접 차용한 것도 있고 중국이나 일본을 통해 차용된 것도 있다. 직접 차용어는 대부분 국명, 지명, 인명과 같은 고유명사가 많다. 그중에는 천주교 관련 어휘도 다수를 차지한다.

언어 차용은 한 언어가 외부와의 교류로 인해 새롭게 필요로 하는 어휘를 표현하고 전파하기 위한 수단이며, 시대 상황에 따라 다르게 작용하며, 각 시대에서도 타민족과의 경제적, 정치적, 문화적 역학 관계에 따라서 다르게 나타난다. 그러므로 차용어는 언어 연구에 있어 꼭 필요한 분야라 할 수 있다.

『근대차용어사전』은 우리말 고어 및 차용어 연구에 편의를 제공하고자 엮은 것으로 특징은 다음과 같다.

첫째, 15세기부터 20세기 초까지의 고어에 나타난 차용어 어휘들을 한데 모아 수록하였다는 것이다. 표제어는 4,443개, 예문은 10,613개이다.

둘째, 종교류(천주교, 불교), 역학서류, 역사서류, 문학류(소설, 희곡), 기행문류(연행록, 사행록), 한글편지류, 자서류, 어휘주석집, 한글고문서류, 물목 등 다양한 성격의 자료들에서 어휘를 채록함으로써 광범위하게 사용된 차용어의 양상을 보여주고자 하였다. 인용된 문헌은 200여 종 1,000여 책, 한글편지, 한글고문서 200여 점 등이다.

셋째, 번역소설, 번역희곡, 번역역사서, 연행록, 역학서, 유해서 등과 같이 한문 및 중국어 원전이 있는 문헌들은 언해문에 대응되는 한문 원문이나 중국어 원문을 함께 실어 표제항의 대역어에 대한 정확한 의미를 파악하고, 분화 혹은 변화된 의미도 살필 수 있게 하였다.

넷째, 가능한 시기별로 용례를 제시하여 차용어의 변천 과정을 통시적으로 살필 수 있도록 하였다. 특히, 역학서는 1517년 최세진이 번역한 『번역노걸대』, 『번역박통사』에서부터 17세기에 간행된 『노걸대언해』, 『박통사언해』, 18세기에 간행된 『노걸대신석언해』, 『박통사신석언해』 등 세기별로 간행되었기 때문에 중국어 차용어로 번역 수용되어 지속, 변화되어 가는 양상을 확인할 수 있는 좋은 자료이다.

다섯째, 차용어 이외에 19세기 말 20세기 초에 대거 유입된 서구의 인명, 지명, 국가, 음식 등이 반영된 외래어와 한자의 음과 훈을 빌려 표기했던 이두어도 포함하였으며 뜻풀이에서 이를 밝혀 두었다.

근대차용어는 고어를 풍부하게 하고 근대국어사, 차용어, 어원 연구 외에도 정치, 종교, 문화, 경제 등 다방면의 어휘들이 분포하고 있기에 관련 제반 분야 연구에도 활용될 여지가 많다.

『근대차용어사전』에 수록된 어휘의 상당 분분은 2016년 11월 선문대학교 출판부와 선문대 중한번역문헌연구소에서 출판한 『고어대사전』(21권)에서 추출하였다. '차용어 갈래말 소사전'으로 출판하는데 아낌없는 도움을 주신 박재연 선생님께 깊이 감사드린다.

좀 더 시간을 가지고 충실한 사전을 만들지 못한 아쉬움이 크다. 기술상 잘못된 부분이나 용례 누락, 오류 등도 있을 것이다. 이러한 잘못된 부분은 모두 편저자의 책임이다. 이 사전을 보시는 분들의 질정은 겸허히 받아들여 수정증보판을 낼 때는 문제점과 오류를 최소화하도록 노력할 것이다.

끝으로 코로나19 사태 속에서 출판계가 어려운 시기임에도 불구하고 흔쾌히 사전을 출판하여 주신 학고방의 하운근 사장님과 편집부의 조연순님께도 감사드린다.

2020년 9월

김 영

일 러 두 기

1. 표제어 선정 및 배열

1) 표제어는 차용어(몽고어, 만주어, 여진어, 중국어, 일본어), 외래어, 이두어를 망라하였다. 이밖에도 관련된 관용구, 속담, 숙어 등도 포함하였다.

2) 표제어 선정은 현대 국어와 표기 형태가 다른 어형을 원칙으로 하되 현대국어와 같은 표기의 옛 단어들도 다루어 그 쓰임의 같음과 다름을 보였다.

3) 다양한 활용 형태를 보여주는 용언은 기존의 사전에서 어미 '-다'를 결합시켜【○○다】,【○○-ᄒᆞ다】로 표기되었던 기본형을 어간형만 보여주는【○○-】, 【○○-ᄒᆞ-】,【○○-호-】,【○○-ᄒᆞ-】로 표기하였다. 이는 실제 문장에서 '-ᄒᆞ다'로 실현되는 경우가 많지 않기 때문이다. 명사형을 만드는 'ㅗ'와 'ㅜ'형을 표제항으로 두었다.

4) 표제어는 가능한 한 원 자료의 표기 형태를 충실히 반영하되, 특수 어휘의 표제어 선정과 표기는 다음과 같이 하였다.

가) 유기음을 지닌 어휘의 경우: 다양한 유기음 표기형을 모두 표제어로 선정하되, 기본형과 표기 형태가 다른 벗어나는 표제어는 뜻풀이에서 기본형을 « »에 넣어 제시하였다.
나) ㅎ 말음 체언의 경우: 말음 실현형과 비실현형을 모두 표제어로 선정한다.
다) 특수 어간 교체를 보이는 체언의 경우: 어간 교체형 모두를 표제어로 선정하되, 기본형과 표기 형태가 다른 표제어는 뜻풀이에서 기본형을 « »에 넣어 제시하였다.

5) 사전의 각항은 표제어, 품사 표시, 뜻풀이, 예문, 출전, 참고 예문, 이표기 형태, 참고 형태의 순서로 기술되었다. 출전은 책인 경우에는 책명을 문서일 때는 문서명을 밝히고, 정보가 빈약할 때에는 소장처나 소장자도 밝혀 준다.

6) 복합어는 붙임표(-)로 분석하여 제시하였다.

7) 표기는 같으나 뜻이 다른 동음이의어의 경우에는 ^{1}, ^{2}, ^{3} 등과 같이 어깨번호로 구분하였다. 한자로만 나타나는 경우 아래 예문처럼 그 당시 우리말 표기를 복원한 뒤 그 옆에 한자를 병기하는 형태로 표제항을 두었다. 한글과 한자 다 나타나는 경우에는 한글 표제항의 용례 맨 뒤 ※ 표시 뒤에 제시하여 참고하도록 하였다.

8) 배열 순서는 다음의 기준에 따라 하였다.

가) 자모의 배열 순서는 현행 "한글 맞춤법"에 규정된 자모 순서를 기본으로 하되, 현행 맞춤법에서 사용되지 않는 초성, 종성의 병서자는 병서된 자들의 자모 순서에 따라 배열하고, 모음 순서에서 'ㆍ'는 'ㅣ' 다음에 두었다.

나) 표제어의 배열 순서는 어휘 형태소를 문법 형태소보다 먼저 실었다. 문법 형태소는 표기가 같을 때에는 조사, 접사, 어미 순으로 실었으며, 품사별로는 대명사, 명사, 수사, 관형사, 부사, 동사, 형용사, 감탄사의 순으로 실었다.

2. 뜻풀이

뜻풀이는 의미 면에서 대응하는 현대어를 제시하되, 대응하는 현대어가 없거나 현대어를 일반인이 이해하기 어려운 경우 설명 형식으로 뜻풀이하였다. « » 으로 표제어의 기본형을 나타내고, 다의어는 ❶, ❷, ❸ 으로 뜻풀이를 구분하였다. 한자어는 ( )으로 표제어의 한자 어원을 나타내고, [ ]으로 차자표기임을 밝혔다.

한국 한자음으로 차용한 경우는 (중국어 간접 차용어), 중국어로 차용한 경우는 (직접 차용어), 일본어 차용어인 경우는 (일본어 차용어), 서양어에서 온 것은 (외래어)라고 표기하고 발음 기호를 병기해 주는 형태로 차용어임을 밝혔고, 이두에서 온 용어는 (이두어)로 밝혀주었다.

3. 예문 처리

1) 예문은 표제어에 해당하는 한자(조기 백화), 고어 예문, 번역 원문(원전이 있는 경우), 출전의 순서로 구성된다. 대역어와 용례 사이에 '‖' 표시를 두었다.

2) 예문의 출전은 <> 안에 문헌의 약호, 권차(상하권, 또는 1, 2, 3권) 장차의 앞뒷면(ab)의 순서로 밝혔다. 원전 형태를 쉽게 볼 수 없는 필사본의 경우 대부분 마이크로필름 형태의 것을 복사하여 활용하였으므로 앞뒷면 구분이 어려울 경우 편의상 앞면 뒷면의 구분 없이 본문이 나오는 면부터 연번호를 매겼다. 권차와 장차의 구분은 ':' 기호를 사용하였다. 한글편지의 경우 일괄 편지는 편지명과 연도를 명기하고 발신자와 수신자를 밝히되 받는 사람 앞에는 '↓' 표시를 두었다. 일괄 편지가 아닌 경우는 편지명 대신 맨 처음 나오는 구절이나 특징적인 단어를 제목으로 하거나 발신자 혹은 수신자를 적고, 소장자나 소장처 정보를 더하였다. 간지가 있음에도 연도 추정이 어려운 경우에는 '/'를 사이에 두고 2개의 갑자를 병기하여 참고하도록 하였다.

3) 초보적인 어휘집의 형태를 보이는 문자풀이, 문ᄌᆞ칙, 옛말풀이, 보통문ᄌᆞ집(1914), 최초의 사전인 심의린의 조선어 사전(1925) 등을 용례를 사용할 경우, '‖' 표시로 표제항과 뜻풀이를 나누어 주었다. 초기 사전 형태를 뜻풀이를 보여준다는 점에서 시대와 관계없이 용례의 맨 앞에 두었다.

4. 기타

1) 사전에 사용된 품사 표시와 그 약호는 아래와 같다.
대 대명사 명 명사 명의 의존명사 수 수사 부 부사 동 동사 형 형용사 관 관형사 감 감탄사 조 조사 접 접사(접두사, 접미사) 미 어미 속 속담 관귀 관용구

2) 전문어 분류는 명사를 대상으로 하였으며 각각 ((천문)) ((지리)) ((인류)) ((인명)) ((책명)) ((식물)) ((곡식)) ((동물)) ((조류)) ((어패)) ((곤충)) ((음식)) ((복식)) ((건축)) ((궁궐)) ((주거)) ((상업)) ((기물)) ((군기)) ((군사)) ((음악)) ((악기)) ((교통)) ((관청)) ((관직)) ((민속)) ((무속)) ((색채)) ((신체)) ((질병)) ((한약)) ((교육)) ((행정)) ((언어)) ((문학)) ((문서)) ((간지)) ((정치)) 등으로 표시하였다.

3) 참고형태는 '⇒' 표시 뒤에 단어의 이표기를, '⇔' 표시 뒤에 반의어를 제시하였고, '☞' 표시 뒤에 유의어를 두었다. '※' 표시 뒤에 한자로 노출된 한자어가 들어간 예문을 두거나 표제어와 관련된 설명을 두어 참조하도록 하였다.

이상의 체제 원칙을 토대로 하여 현재까지 사전에 수록된 표제어는 4,443개이며 예문의 총수는 10,613개다. 자모별 표제어와 예문 수효는 아래와 같다.

자모	표제어	예문	자모	표제어	예문
ㄱ	436	1,327	ㅇ	626	1,171
ㄴ	159	368	ㅈ	249	845
ㄷ	284	774	ㅊ	120	341
ㄹ	148	195	ㅋ	132	238
ㅁ	263	612	ㅌ	161	565
ㅂ	371	935	ㅍ	241	535
ㅅ	901	1,708	ㅎ	345	977

출 전 약 호

가용-한고: 가용일기(家用日記), 한글고문헌연구소 소장, 1936
경화: 제일기언(第一奇諺), 홍희복(洪羲福)의 경화연(鏡花緣) 번역 필사본, 1835
고목-김석범: 김석범(金碩範) 고목, 한글고문헌연구소 소장, 1887.2.22 /3.12
고목-김영셕: 김영셕 고목, 한글고문헌연구소 소장
고목-김희봉: 김희봉(金熙鳳) 고목, 한글고문헌연구소 소장
고목-박춘학: 박춘학 고목, 우리한글박물관 소장, 1883
고목-놋삼: 노말삼고목(奴㐊三告目), 한글고문헌연구소 소장
고목-안영록: 하리 안영록이 김진화에게 올린 고목, 1848
고목-산지기: 의성김씨댁 산지기가 올린 고목, 1879
고목-상전에게 올린 소이 인득의 고목, 1862/1922, 한글고문헌연구소 소장
고목-장고도: 홍종원 고목, 우리한글박물관 소장, 1883
고목-쟝소득: 한글고문헌연구소 소장, 1831/1891
고목-홍종원: 홍종원고목(洪宗元告目), 우리한글박물관 소장, 1872
고목-황소: 의성김씨 천전파댁 하인 황소가 상전에게 올린 고목, 1826
고목-김규택: 囚禁罪人 金圭澤, 1821 /1881, 우리한글박물관 소장
고목-김범용: 하인 김범용이 전주류씨 안동 수곡파 상전에게 올린 고목, 1882
고목-김학신: 김학신이 무안 은산 함양박씨댁에 올린 고목, 1897
고목-도민: 해남윤씨가 도민 등 고목, 1913
고목-류풍렬: 류풍렬 고목, 1886, 한글고문헌연구소 소장
고목-박대형: 박대형(朴大亨) 고목: 1912, 한글고문헌연구소 소장
고목-박치년: 박치년(朴致年) 고목: 1899. 3. 24, 죽림 소장
고목-비연: 안의 쇼긔 비연 고목, 1893, 한글고문헌연구소 소장
고목-유봉학: 유봉학(柳奉學) 고목, 1883, 우리한글박물관 소장
고목-유완국: 유완국(柳完國) 고목, 1880, 우리한글박물관 소장
고목-윤씨: 해남윤씨 어은종택의 상전에게 해산물 공납 고목, 1673
고목-이돌석: 山直 李乭石告目, 1933
고목-이전문: 청도별장(青島別將) 이전문(李典文)이 고을 사또에게 올린 보고서, 1893, 국립한글박물관 소장
고목-조도: 조도 작미 고목, 1880년경, 우리한글박물관 소장
고목-정학진: 정학진 고목, 1878, 우리한글박물관 소장
고목-정봉손: 도산주 정봉손이 사또에게 올린 고목, 1834, 홍윤표 소장
고목-한덕량: 상전에게 보내는 嗣音 韓德良의 고목, 1874/1934, 한글고문헌연구소 소장
고석: 고금석림(古今釋林) 필사본, 1789
고석-수경: 어록 고금석림(古今釋林) 수경실 소장
곤범: 곤범(壼範) | -강씨묘지명: 정경부인강씨묘지명(貞敬夫人姜氏墓誌銘) | -가도(家道) | -김씨묘지명: 정경부인김씨묘지명(貞敬夫人金氏墓誌銘) | -노씨묘지명: 광산부부인노씨묘지명(光山府夫人盧氏墓誌銘) | -논어(論語) | -농강천묘표(瀧岡阡墓表) | -대학(大學) | -동잠(動箴) | -맹자(孟子) | -박씨묘지명: 정경부인박씨묘지명(貞敬夫人朴氏墓誌銘) | -상곡후부인전(上谷侯夫人傳) | -서전(書傳) | -숙인송씨전(淑人宋氏傳) | -시잠(視箴) | -시전(詩傳) | -심잠(心箴) | -언잠(言箴) | -이씨묘지명: 정경부인이씨묘지명(貞敬夫人李氏墓誌銘) | -중용(中庸) | -청잠(聽箴) | -효녀정씨묘지(孝女程氏墓誌)
과록: 과정일록(課程日錄)
관략-소창: 관화략초(關話畧抄) 필사본, 19c말, 동경대 소창문고 소장
관총: 관화총집(官話叢集), 1924, 한글고문헌연구소 소장
관화기문: 관화기문(官話記聞), 한글고문헌연구소 소장
교린-교정: 교린수지(交隣須知) 교정본(校訂本), 田間恭作·藤波義貫 共訂 1904
교린-대: 교린수지(交隣須知) 대마본(對馬本), 長崎縣立對馬역사민속자료관 소장, 1854년경
교린-묘: 교린수지(交隣須知) 묘대천본(苗代川本), 경도대 소장, 19c초
교린-무: 교린수지(交隣須知) 무등문고(武藤文庫) 소장, 1873

교린-문: 교린수지(交隣須知) 문정본(文政本), 1827
교린-소: 교린수지(交隣須知) 소전본(小田本), 동경대 남규문고(南葵文庫) 소장, 1795
교린-심: 교린수지(交隣須知) 심수관본(沈壽官本), 심수관가 소장, 1852
교린-A: 교린수지(交隣須知) Aston 구장본, 1846
교린-재: 교린수지(交隣須知) 재간본, 浦瀨裕校正增補, 1883
교린-제: 교린수지(交隣須知) 제주본(濟州本) 권2, 3, 동경대 소창문고 소장, 1880년경
교린-천: 교린수지(交隣須知) 천보본(天保本), 1842
교린-초: 교린수지(交隣須知) 초간본, 浦瀨裕校正增補, 1881
교린-회화: 교린수지(交隣須知) 會話, 1885
군목: 군두목(群都目), 1896, 서울대 소장, 동국대 국문학회 유인본
그리스도회보: 그리스도회보, 1901
금고: 금고기관(今古奇觀) 번역 필사본, 장서각 소장
금고-고려: 금고기관(今古奇觀) 번역 필사본, 고려대 소장
금고-신구: 금고기관(今古奇觀) 번역 필사본, 신구서림, 1918
금삼: 금강경삼가해(金剛經三家解), 1482
기착-육당: 기착필(騎着匹), 고려대 육당문고 소장
기해: 긔히일긔 연활자본, 1905
낙민: 낙민어록(洛閩語錄), 고금석림(古今釋林) 소재
남송-한고: 남송연의(南宋演義) 번역 필사본, 18c
노박집-단자해: 노박집람(老朴集覽) 단자해(單字解)
노언: 노걸대언해(老乞大諺解), 1670
녹모: 녹모란(綠牡丹) 번역 필사본, 조동필 소장, 19c
능엄: 능엄경언해(楞嚴經諺解), 1461
니귀: 니니귀성(你呢貴姓) 필사본, 장서각 소장, 19c말
니젹션ᄉᆞ젹-소창: 니젹션ᄉᆞ젹(李謫仙事蹟), 일본 소창문고 소장
니태빅뎐-단국: 니태빅뎐(李太白傳), 단국대 율곡 도서관 소장, 1902
당진: 당진연의(唐秦演義) 번역 필사본, 장서각 소장, 19c
대매: 대한매일신보 국문판
대매-시단: 대한매일신보 시ᄉᆞ단평
대매-시평: 대한매일신보 시ᄉᆞ평론
大每: 대한매일신보 국한문판
동유-동방: 동유기(東遊記), 러시아 상트페테르부르크 동방학연구소 소장
동한-고석: 동한역어(東韓譯語), 이의봉(李儀鳳) 고금석림(古今釋林) 소재
동한-국중: 동한연의(東漢演義) 번역 필사본, 국립중앙도서관 소장, 19c
동한역어: 동한역어(東韓譯語), 고금석림(古今釋林) 소재
동해: 동문유해(同文類解), 1748
리티빅-세창: 쥬중긔션리티빅실긔(酒中奇仙李太白實記), 세창서관, 1915
마가젼-로스: 로스 역 마가복음, 1887.
마가젼-이수정: 이수정(李樹廷) 역 마가복음, 1885.
만국: 만국통감(萬國通鑑), 평양야소교서원 발행, 요코하마 인쇄, 베어드목사 부인 안애리(安愛理) 교열, 1915
만왕: 이춘일(李春一), 무사속수만주어대왕(無師速修滿洲語大王), 신만몽사, 1935, 한글고문헌연구소 소장
만통: 만주어자통(滿洲語自通)
명문-김중근: 김중근이 김춘복에게 발급한 전답 매매명문, 1794, 우리한글박물관 소장
명문-김여호: 김중셕 · 김경오가 김여호에게 발급한 동백목 매매 명문, 우리한글박물관 소장, 1869
명문-김춘복: 김춘복 명문
명문-상전 니시가 노비 시복에게 발급한 전답 매매 명문, 1884.11.17, 우리한글박물관
명문-류씨: 풍산 류씨가 노비매매문서
명문-변덕징이 김틱성에게 발급한 젼쥬 자필의 전답 매매명문, 1763, 한글고문헌연구소 소장
명문-신씨: 공주 정안면 신씨댁 부인이 이 선달댁 노비 서산이에게 발급한 가사전답 매매명문, 1877 우리한글박물관 소장
명문-전북박: 전북대박물관 소장 명문
명문-정싱원댁 노 달금전 명문, 한글고문헌연구소 소장
명문-정치준: 鄭致準 한쳘쥬젼
명문: 하회마을 북촌댁 억술이가 발급한 가축 매매명문, 1803
명문: 하회마을 북촌댁 억술이가 발급한 가축 매매명문, 1803
명문-홍씨: 과씌 홍시 명문, 대구방 소장
명물: 명물기략(名物紀略), 천리대 소장, 19c초
몽노: 몽어노걸대(蒙語老乞大)
몽법: 몽산화상법어약록언해(蒙山和尙法語略錄諺解), 1467
몽보: 몽어유해보(蒙語類解補), 1790
몽해: 몽어유해(蒙語類解), 1768
무목: 무목왕정충록(武穆王貞忠錄) 번역 필사본, 장서각 소장, 1760
물목-경고-1: 경고재 구장 물목
물목-경고-2: 경고재 구장 물목
물목-경고-3: 경고재 구장 물목
물목-경고-4: 경고재 구장 물목
물목-경고-5: 경고재 구장 물목 (1941)

물목-경고-6: 경고재 구장 물목 (1866)
물목-경고-7: 경고재 구장 물목
물목-경상: 경상대 문천각 소장 청주한씨 물목 (1915)
물목-관훈: 관훈고서방 구장 물목(1961)
물목-금요-1: 금요고서방 구장 물목
물목-금요-2: 금요고서방 구장 물목 (1936)
물목-동문-1: 동아시아문헌연구소 구장 물목
물목-동문-2: 동아시아문헌연구소 구장 물목(1976)
물목-남도: 남도신서 구장 물목 (1936)
물목-내아: 닉아 물목 대구방
물목-눈셥지: 물목 (1940)
물목-대구-3: 대구방 구장 물목
물목-대구-5: 대구방 구장 물목
물목-대구-6: 대구방 구장 물목
물목-문우: 문우서림 소장 물목
물목-한고-1: 한글고문헌연구소 소장 물목
물목-한고-2: 지젯밧긔드리, 한글고문헌연구소 소장 물목
물목-북촌: 숙인 대구서씨 물목, 북촌미술관 소장
물목-삶의흔적162: 삶의흔적 구장 물목 (1907)
물목-수연: 수연시수폐물목(壽宴時受幣物目), 한글고문헌연구소 소장
물목-아모레-1: 아모레퍼시픽미술관 소장 물목(1925)
물목-아모레-2: 아모레퍼시픽미술관 소장 물목
물목-아모레-3: 아모레퍼시픽미술관 소장 물목(1916)
물목-아모레-4: 아모레퍼시픽미술관 소장 물목
물목-아모레: 아모레퍼시픽미술관 소장 회혼물목
물목-아모레: 아모레퍼시픽미술관 소장 혼수물목(1941)
물목-우한-1: 우리한글박물관 소장 (1916)
물목-우한-2: 우리한글박물관 소장 (1936)
물목-우한 념삼일 우리한글박물관
물목-우한 념ᄉᆞ일 우리한글박물관
물목-우한 념이일 우리한글박물관
물목-음성: 음성기록역사관 구장 시조모 물목(1918)
물목-음성: 음성기록역사관 구장 물목(1940)
물목-장보-1: 장보고 구장 물목
물목-죽림: 죽림문고 소장 물목 (1919)
물목-죽림: 죽림문고 소장 물목 (1921)
물목-진명-1: 진명사 구장 물목(1952)
물목-진명-2: 진명사 구장 물목(1961)
물목-진명-3: 진명사 구장 물목(1961)
물목-진명-4: 진명사 구장 물목
물목-진명-8: 진명사 구장 물목
물목-집문: 집문전 구장 성산이씨 물목(1927)
물목-한옥션66: 한옥션 구장 물목 (1944)
물목-한옥션81: 한옥션 구장 물목 (1925)
물목-한옥션86: 한옥션 구장 물목
물목-한옥션89: 한옥션 구장 물목
물목-한옥션153: 한옥션 구장 물목
물목-한옥션162: 한옥션 구장 물목
물목-혼함: 물목 혼함(婚函)
물목-홍윤표: 홍윤표 소장 물목(1922)
물목-홍윤표: 홍윤표 소장 물목(20c중반)
물목기-음성: 음성기록역사관 구장 물목
물목기-진명-14: 진명사 소장 물목기
물목-추사: 추사 김정희 물목
물목-한고: 한글고문헌연구소 소장 물목(1956)
물보: 물보(物譜), 1802
물해: 물명유해(物名類解)
미망인 김씨 셩쥬젼 단ᄌᆞ
박신: 박통사신석언해(朴通事新釋諺解), 1765
박언: 박통사언해(朴通事諺解), 1677
발괄-전북박: 발괄, 전북대 박물관 소장
발괄-강순복: 병인년 청주 북면 안에 사는 강순복이 대동에 발급한 발괄, 1926
방석: 방언유석(方言類釋) 필사본, 1788
배자: 의성김씨천상각파배자(義城金氏川上各派牌子)
배자-김시인: 의성김씨댁 상전 김시인이 노비 간걸에게 발급한 배자, 1830
배자-윤씨: 해남 윤씨댁 윤이구의 부인 연안 이씨가 노비 일삼에게 발급한 배자, 1686
배자-송규렴: 은진 송씨댁 송규렴이 소작노 기축에게 발급한 배자, 1692
백과신-송: 송완식 백과신사전, 1926
번노: 번역노걸대(飜譯老乞大), 1517
번박: 번역박통사(飜譯朴通事) 상권, 1517, 국회도서관 소장
보홍: 보홍루몽(補紅樓夢) 번역 필사본, 장서각 소장, 1884년경
북송: 북송연의(北宋演義) 번역 필사본, 장서각 소장, 18c
분장-한고: 분장루(粉粧樓) 번역 필사본, 한글고문헌연구소 소장, 19c
백활: 빅활(白活), 전북대박물관 소장
사필-헐버트: 헐버트의 사민필지(士民必知), 1889
사해: 사성통해(四聲通解), 1517
산경-삼국: 동활자본 삼국지통속연의(三國志通俗演義) 이면 소재 산림경제(山林經濟)
삼국-모종: 모종강본 삼국지연의(三國志演義) 번역 필사본. 한글고문헌연구소 소장, 20c初
삼국-국중: 삼국지(三國志) 번역 필사본, 국립중앙도서관 소장, 19c
삼국-규장: 삼국지(三國志) 번역 필사본, 규장각 소장,

19c
삼역: 삼역총해(三譯總解) 중간본, 1774
삼학-고석: 이의봉(李義鳳) 고금석림(古今釋林) 소재 삼학역어(三學譯語), 1789
서상기: 셔상긔(西廂記)
서상-고려: 서상기언초(西廂記諺抄), 고려대 소장
서상-대필: 대방필진(大方必嗔) 소재 서상어록(西廂語錄), 한글고문헌연구소 소장
서상-박문: 서상기(西廂記), 박문서관 발행
서상-수경: 서상어록(西廂語錄), 수경실 소장
서상-어람: 서상어록(西廂語錄), 어록총람 소재 서상기어록, 한남서림, 1919
서상-연첩: 서상어록(西廂語錄) 연첩본(聯帖本), 우리한글박물관 소장
서상-우한: 서상어록(西廂語錄), 우리한글박물관 소장
서요: 셔양료리법(西洋料理法)
서유-계명: 서유기(西遊記) 번역 필사본, 계명대 소장
서유-박문: 서유기(西遊記), 박문서관 발행
서유-어람 서유어록(西遊語錄), 어록총람 소재 서유기어록, 한남서림, 1919
서유-연세: 서유기(西遊記) 번역 필사본, 연세대 소장
서유-연첩: 서유어록(西遊語錄) 연첩본(聯帖本), 우리한글박물관 소장
서유-영남: 서유기(西遊記) 번역 필사본, 영남대 소장
서유-조선: 서유기(西遊記) 번역 구활자본, 조선서관 발행
서주: 서주연의(西周演義) 번역 필사본, 장서각 소장
서한: 서한연의(西漢演義) 번역 필사본, 국립중앙도서관 필사본, 19c
서한-서강: 서한연의(西漢演義) 번역 필사본, 서강대 소장
선진: 선진일사(禪眞逸史) 번역 필사본, 장서각 소장, 18c
선진[15]: 선진일사(禪眞逸史) 번역 필사본(15책본), 장서각 소장, 18c
설월: 설월매(雪月梅) 번역 필사본, 장서각 소장, 1884년경
성풍: 성풍류(醒風流) 번역 필사본, 장서각 소장, 18c
속홍: 속홍루몽(續紅樓夢) 번역 필사본, 장서각 소장, 1884년경
손방: 손방연의(孫龐演義) 번역 필사본, 장서각 소장, 1760년경
수기-손싱원딕: 손싱원딕 슈긔
수기-지만텩: 슈긔쥬 지만텩
수기-천안향토: 니싱원딕 노점디전 수긔, 천안향토사료관 소장
수기-유학 최어는이 박시면에게 발급한 슈긔, 1855.3.10, 우리한글박물관 소장
수양-녹우: 수양외사(隋煬帝外史) 번역 필사본, 해남 녹우당 소장
수양-연세: 수양제외사(隋煬帝艷史) 번역 필사본, 연세대 소장
수유-동방: 수사유문(隋史遺文), 러시아 상트페테르부르크 동방학연구소 소장
수표-김복당: 김복당의 전당수표, 규장각, 1781/1841
수표-박사홰: 경자년 박사홰가 딸을 구활노비로 매매한 수표, 우리한글박물관 소장, 1840
수표-임덕남: 임덕남이 진학열에게 발급한 전답 매매수표, 우리한글박물관 소장, 1860
수표-신씨: 공주 정안면 신씨부인의 가사 및 전답 매매수표, 우리한글박물관 소장, 1877
수표-양기연: 양기연의 전답 전당 수표, 전북대 박물관, 1888
수표: 들목조씨댁 하인 김귀불이 발급한 송추매매 수표, 1836
수표-박씨: 유재국(劉載國) 부인 밀양박씨 수표, 홍윤표 소장, 1911
수표-최성문: 최셩문 수표, 홍윤표 소장, 1915
수표-조성목: 해평댁 전씨의 수표, 조성목(趙誠穆), 1895
수표-장씨: 장씨 여인이 은산 함양 박승지댁에 재발급한 수표, 1897
수표-국한: 최학이 홍치운에게 발급한 수표, 국립한글박물관 소장, 1880
수호-국재: 국재(菊齋) 필사 수호지어록해, 연세대 소장
수호-규장: 수호지어록해, 규장각 소장, 19c말
수호-신문: 수호지(水滸志) 구활자본, 신문관 발행, 1915
수호-어람: 어록총람(語錄總覽) 소재 수호지어록해, 한남서림, 1919
수호-어휘: 어록휘편(語錄彙編) 소재 수호지어록해
수호-연세: 수호지어록해(水滸志語錄解), 연세대 소장, 19~20c
수호-연첩: 수호어록(水滸語錄) 연첩본(聯帖本), 우리한글박물관 소장
수호-위암: 위암(韋庵) 장지연(張志淵) 수호지어록해
수호-이화: 수호지(水滸誌) 번역 필사본, 이화여대 소장
수호-홍윤표: 수호지어록해(水滸志語錄解), 홍윤표 소장, 19~20c
신광: 신주광복지언해(神州光復誌演義) 번역 필사본, 국립중앙도서관 소장, 20c
신약: 신약젼셔(新約全書), 1900, 대영성서공회
신한: 신안한어간(新案韓語栞)
어록-중적: 中的 소재 語錄, 한글고문헌연구소 소장
어록-개: 남이성(南二星) 어록해(語錄解), 1669

어록-초: 정앙(鄭瀁) 어록해(語錄解), 1657
여선: 여선외사(女仙外史) 번역 필사본, 1884년경, 장서각 소장
역보: 역어유해보(譯語類解補), 1775
역어휘선: 역어휘선(譯語彙選), 김극중(金極重) 구장본
역해: 역어유해(譯語類解), 1690
연행-기축: 긔축연힝녹(己丑燕行錄)
연행-노가재: 노가재연행록(老稼齋燕行錄)
연행-무자: 김지수 무ᄌᆞ셔힝녹(戊子西行錄)
연행-戊子: 임기중 가사전집 소재 무자연행록(戊子西行錄)
연행별곡: 연힝별곡(燕行別曲)
연행-병인: 홍순학 병인년힝가(丙寅燕行歌)
연행-상봉: 강호보(姜浩溥) 상봉녹(桑蓬錄), 연세대 소장
연행-셔원: 셔원녹(西原錄), 연세대 소장
연행-을병: 홍대용 을병연힝녹(乙丙燕行錄), 숭실대 박물관 소장
열하-동경: 박지원(朴趾源), 열하일긔(熱河日記), 동경대 소장, 19c초
열하-경술: 경술열하긔(庚戌熱河記)
열하긔:
염몽-동경: 염몽만석설(艷夢漫釋說), 동경대 소장
영렬: 대명열렬전(大明英烈傳) 번역 필사본 (18c), 장서각 소장
예수교회보: 예수교회보, 1912
오전: 오륜전비언해(伍倫全備諺解)
오주-어록: 오주연문장전산고(五洲衍文長箋散藁) 어록변증설(語錄辨證說), 19c
옥교-동경: 옥교리(玉嬌梨) 번역 필사본, 동경대 소장
옥교-만송: 옥교리(玉嬌梨) 번역 필사본, 고려대 만송문고 소장
옥지-연세: 옥지기(玉支璣) 번역 필사본, 연세대 소장
옥천-수경: 옥천연(玉釧緣) 번역 필사본(탄사), 수경실 소장
왜해: 왜어유해(倭語類解), 1781～82
요화: 요화전(瑤華傳) 번역 필사본, 장서각 소장, 1884년경
원명: 원명어록(元明語錄), 이의봉(李義鳳) 고금석림(古今釋林) 소재, 1789
원정: 밀양군 북면 청운리 거주 안종익이 노비 돌문을 풀어 달라는 원정, 1843
원정: 청면(青面) 지곡리(芝谷里) 김씨 원정
원정: 젼쥬동 거ᄒᆞᆫ 고혹싱 니홍션 처 죠인 과부 김씨 원졍
원정: 이홍선의 처 과부 김씨 원정, 해남윤씨 종택 소장
원정: 마포면 청호경거 경소ᄉᆞ 원졍, 옥션단 구장, 1825/1885
원정: 남중면 가경리에 사는 윤씨 원정, 1837/1897
원정: 호남면 우지동 미망인 윤씨 원정, 국립한글박물관 소장
원정: 공주 정안면 도현리 미망인 정씨 원정, 우리한글박물관 소장, 1870
원정: 구례 뉴풍천 숀부 조씨 원졍, 1816
원정: 獄囚 류진억의 쳐 조시 원졍
원정-청야: 청구야담 소재 하인 고만석이 올린 격쟁 원정
원정: 뎡문츙공 종부 미망인 황씨 원졍, 한글고문헌연구소 소장, 1821
육조: 육조법보단경언해(六祖法寶壇經諺解), 1496
은단-1: 북상면모곡이미망인뉸과은단
은단-2: 북상면모곡이거미망인뉸과은단: 1906, 국립한글박물관 소장
응골방-가람: 응골방(鷹鶻方) 가람문고본
응골방-고본: 고본응골방(古本鷹鶻方)
응골방-신증: 신증응골방(新增鷹鶻方)
일선: 일선어학교범(日鮮語學教範)
일신: 일선신회화(日鮮新會話)
잔당: 잔당오대연의(殘唐五代演義) 번역 필사본, 장서각 소장
장기-안씨: 함안 두릉 순흥 안씨댁 가정동 묘사 장기
장기-음성: 장기(掌記), 음성역사기록관 구장
장기-죽림: 장기(掌記), 죽림문고 소장
장기-송화선: 장기(掌記), 송화선(宋化善), 우리한글박물관, 한글고문헌연구소 소장
장기-순흥안씨: 장기(掌記), 함안 두릉 순흥 안씨댁 가정동 묘사 장기
재생: 재생연(再生緣) 번역 필사본, 장서각 소장, 1884년경
전등-서강: 전등신화(剪燈新話) 번역 필사본, 서강대 소장
조선어역: 조선어역(朝鮮語譯), 와세다대 핫토리(服部)문고 소장, 1750
조반: 조양반서(造洋飯書)
조백: 조선백과대전(朝鮮百科大全), 1915
주선: 주선전(朱仙傳) 번역 필사본, 장서각 소장
주선-대구: 주선전(朱仙傳) 번역 필사본, 대구 개인 소장
중노: 중간노걸대언해(重刊老乞大諺解), 1795
중전: 중어대전(中語大全), 한글고문헌연구소 소장
중주정음: 중주정음(中洲正音), 김녕진(金寧鎭), 한글고문헌연구소 소장
중통: 백송계(白松溪) 중국어자통(中國語自通), 영창서관,

1910년대, 한글고문헌연구소 소장
중화-숭실박: 중화정음(中華正音), 숭실대 기독교박물관 소장, 19c말
중화-아천: 중화정음(中華正音), 일본 동경대학 아천문고 소장, 19c말
중화-탁족: 중화정음(中華正音), 일본 구택대학 탁족문고 소장, 19c말
중화-한고: 중화정음(中華正音), 한글고문헌연구소 소장
증정이문집람: 증정이문집람(增定吏文輯覽)
증정주의택고집람: 증정주의택고집람(增定奏議擇稿輯覽)
지나: 지나어집성(支那語集成), 송헌석(宋憲奭), 덕흥서림 발행, 1921
진람: 진람(震覽)
집람: 이문집람(吏文輯覽)
천로: 텬로력뎡(天路歷程)
첩몽: 첩해몽어(捷解蒙語), 1790
첩신-개: 개수첩해신어(改修捷解新語), 1748
첩신-개중: 개수첩해신어(改修捷解新語) 중간본, 1781
첩신-초: 첩해신어(捷解新語), 1676
청노: 청어노걸대신석(淸語老乞大新釋), 1765
춘추: 춘추열국지(春秋列國志) 번역 필사본, 국립중앙도서관 소장
충소: 충렬소오의(忠烈小五義) 번역 필사본, 장서각 소장
충수호-한고: 튱의슈호지(忠義水滸傳) 번역 필사본, 18c, 한글고문헌연구소 소장
충수호-서울: 튱의슈호지(忠義水滸傳) 번역 필사본, 18c, 서울대 소장
충수호-영남: 튱의슈호지(忠義水滸傳) 번역 필사본, 18c, 영남대 소장
충협: 충렬협의전(忠烈俠義傳) 번역 필사본, 19c말, 장서각 소장
쾌심: 쾌심편(快心編) 번역 필사본, 장서각 소장, 1884년경
태평: 태평광기언해(太平廣記諺解), 장서각 소장, 17c
태평-연세: 태평광기언해(太平廣記諺解), 연세대 소장, 17c
태평-유방: 태평광기언해 소재 뉴방삼의뎐(劉方三義傳), 18c
태평-홍매: 태평광기언해 소재 홍매기(紅梅記), 18c
택고집람: 택고집람(擇稿輯覽)
평산: 평산냉연(平山冷燕) 번역 필사본, 장서각 소장, 18c
평산-국중: 평산냉연(平山冷燕) 번역 필사본, 국립중앙도서관 소장
평요: 평요전(平妖傳) 번역 필사본, 장서각 소장, 18c
평요-나손: 평요전(平妖傳) 번역 필사본, 나손 김동욱 구장, 1835~38
포공: 포공연의(包公演義) 번역 필사본, 장서각 소장
포공-충남: 포공연의(包公演義) 번역 필사본, 충남대 소장
하인향약-국한: 하인향약 금ᄒᆞᄂᆞᆫ 조목(下人鄕約禁條), 국립한글박물관 소장
학청-한고: 학청(學淸) 필사본, 한글고문헌연구소 소장, 19c말
한대: 한어대성(漢語大成) 왕운보(王運甫) 以文堂, 수경실 소장, 1918
한담: 한담관화(漢談官話) 필사본, 이화여대 소장, 19c말
한대: 한어대성(韓語大成)
한독: 한어독학(漢語獨學), 송헌석(宋憲奭) 광익서관, 1911
한불: 한불ᄌᆞ뎐(韓佛字典), 1880
한어독학: 한어독학(漢語獨學)
한어-한고: 한어(漢語) 필사본, 한글고문헌연구소 소장, 19c말
한영: 한영ᄌᆞ뎐(韓英字典), 1890
한영대: 한영대자전(韓英大字典)
한자-속수: 속수한어자통(速修漢語自通)
한지: 한어지남(漢語指南) 유정렬(柳廷烈), 회동서관, 수경실 소장, 1913
한청: 한청문감(漢淸文鑑), 1770
한화: 한화(漢話)
행리: 해용이문(行用吏文)
향약-우한: 쟝천니샤향약 우리한글박물관 소장
형세: 형세언(型世言), 장서각 소장 필사본, 18c
홍루: 홍루몽(紅樓夢) 번역 필사본, 장서각 소장, 1884년경
홍보: 홍루몽보(紅樓夢補) 번역 필사본, 장서각 소장, 1884년경
홍부: 홍루부몽(紅樓復夢) 번역 필사본, 장서각 소장, 1884년경
화계: 화음계몽언해(華音啓蒙諺解), 1883
화교: 이기형(李起馨)의 화어교범(華語敎範), 보창서관(普昌書館) 간행, 1913
화도-여초: 화도연(畵圖緣), 여초서예관(如初書藝館) 소장
화도-한고: 화도연(畵圖緣), 한글고문헌연구소 소장
화방: 화음방언자의해(華音方言字義解)
화이역어: 화이역어(華夷譯語)
화정: 고영완(高永完)의 화어정선(華語精選), 보서관(普書館) 간행, 1913
화초: 화어류초(華語類抄), 1883
화촬: 화음촬요(華音撮要), 동경대학 소창문고(小倉文庫) 소장, 19c말
환중: 환중대구장상육주(環中大球掌上六洲), 한글고문헌

연구소 구장, 19c후반
회문-한고: 회문뎐(回文傳) 번역 필사본, 한글고문헌연구소 소장, 18c
회죄직지: 회죄직지(悔罪直指), 1864
후수: 후수호지(後水滸志) 번역 필사본, 장서각 소장, 18c
후홍: 후홍루몽(後紅樓夢) 번역 필사본, 장서각 소장, 1884년경

가람: 가람(伽藍) 이병기(李秉岐)
건국박: 건국대 박물관
경고: 경고재(敬古齋)
경북: 경북대 도서관
경상: 경상대 도서관
경인: 경인(烱(?)人) 임형택(林熒澤)
계명: 계명대 동산도서관
고려: 고려대 도서관
고려사: 고려사, 김선균
고홍: 고홍(高興), 김구현
공탄: 공탄(空灘) 구사회(具仕會)
국고: 국립고궁박물관
국광: 국립광주박물관
국민박: 국민대 박물관
국속: 국립민속박물관
국중: 국립중앙박물관
국학: 안동 국학진흥원
국한: 국립한글박물관
규장: 규장각
금요: 금요고서방
김종철: 김종철(金鍾澈)(?)
나손: 나손(羅孫) 김동욱(金東旭), 단국대 율곡도서관
남도: 남도고서(南道古書), 이헌조
남재: 남재(南齋) 남권희(南權熙)
단국-율곡: 단국대 율곡 도서관
단국-퇴계: 단국대 퇴계 도서관
대구: 대구방, 구정길
대전: 대전 가수원동 최학기
대전박: 대전시립박물관, (구 대전선사박물관)
동국-경주: 동국대 경주도서관
동아: 동아옥션
디한: 디지털한글박물관
문우: 문우(文友) 김영복(金榮福)
북촌: 북촌미술관
삶의흔적: 코베이, 김민재
서강: 서강대 로욜라 도서관
서울: 서울대 중앙도서관
서울역박: 서울역사박물관
석전: 석전(石田) 이병주(李秉疇)
설파: 설파(雪坡) 조동일(趙東一)
소석: 소석산방(小石山房), 김일영
수경: 수경실(修綆室) 박철상(朴徹庠)
수원역박: 수원역사박물관
숭실박: 숭실대 기독교박물관
승문: 승문각(承文閣)
심시: 심시재(尋是齋) 정명기(鄭明基)
안동박: 안동대 박물관
여초: 여초서예관(如初書藝館), 김응현
역가: 임기중편, 역대가사문학전집
연세박: 연세대 박물관
연세: 연세대 학술정보원
영남: 영남대 도서관
오죽헌시립박물관
온양박: 온양민속박물관
올관: 올관(兀觀) 김남형
우산: 우산(愚山) 홍윤표(洪允杓)
우한: 우리한글박물관(구 미도민속관, 김상석)
음성: 음성기록역사관, 김수명
의암: 의암(衣巖) 김규선(金奎璇)
이화: 여화여대 도서관
인사: 인사아트옥션, 임동걸
일사: 일사(一簑) 방종현(方鍾鉉)
장서: 한국학중앙연구원 장서각
전북박: 전북대 박물관
종산: 종산(鍾山) 박순호(朴舜鎬)
죽림: 죽림(竹林) 양승민(梁承敏)
진명: 진명사
진주박: 국립진주박물관
집문: 집문전(集文殿), 신준식(申俊植)
집현: 집현전(集賢殿), 임동민
청주: 이종철(?)
청주고인쇄박물관
청주박: 국립청주박물관
충남: 충남대 도서관
충주박: 충주박물관
택민: 택민(澤民) 김광순(金光淳)
하바드: 하바드대
하합: 일본 하합(河合, 가와이)문고
한고: 한글고문헌연구소, 박재연
한국가사문학관
한국무속박물관
한옥션: 한옥션, 조현제
한중: 한국학중앙연구원

한창기: 순천시립뿌리깊은나무박물관
호고: 호고당, 김재갑
화봉: 화봉책박물관, 여승구
화성박: 화성시향토박물관

차 례

머리말 · iii
일러두기 · v
출전약호 · ix

【ㄱ】 · 1
【ㄴ】 · 49
【ㄷ】 · 65
【ㄹ】 · 93
【ㅁ】 · 103
【ㅂ】 · 127
【ㅅ】 · 163
【ㅇ】 · 233
【ㅈ】 · 285
【ㅊ】 · 315
【ㅋ】 · 329
【ㅌ】 · 341
【ㅍ】 · 357
【ㅎ】 · 381

【ㄱ】

【가가】 명 ((인류)) 가가(哥哥). 형(兄). 오라비. (중국어 간접 차용어).¶ 가가 ‖ 오라번니 <문자-우한> ▼哥哥 ‖ 우리도 드ᄅᆞ니 요ᄉᆞ이 동외 닐오ᄃᆡ 초디 쇼양츈과 관듕 금봉회라 ᄒᆞ니 쇼양츈은 젼혀 도댱 가가ᄅᆞᆯ 나ᄅᆞ미오 금봉호ᄂᆞᆫ 엇던 사ᄅᆞᆷ인고 (我們也聞得近日童謠, 說是楚地小陽春, 關中金鳳虎. 小陽春實是哥哥, 不知金鳳虎是誰?) <후수 2:11> 슈동이 ᄆᆞᆫ득 ᄌᆞ셔히 보고 왕마ᄃᆞ려 닐오ᄃᆡ 뎌 ᄉᆞ나희 손 가온대 잡은 거시 가가의 궁시 아닌가 (殳動却一眼看明道: "王摩哥哥, 這漢子手中的不是哥哥的弓箭麽?") <후수 6:71> 고종이 그 말을 조차 문인셩 대원슈ᄅᆞᆯ 보내여 졍병 이십 여만을 거ᄂᆞ리고 각쳐의 젼션을 모화 슈륙으로 나아오니 가가ᄂᆞᆫ ᄲᆞᆯ니 쥰비ᄒᆞ쇼셔 (高宗允奏, 已遣聞人成大元帥丁調備處軍糧船隻, 精兵二十餘萬, 克日出師, 水陸幷進, 哥哥早作準備.) <후수 12:13> ᄯᅩ ᄉᆡᆼ각ᄒᆞᄃᆡ 우리 가개 샹히 녀ᄉᆡᆨ 보기ᄅᆞᆯ 블관히 너기더니 엇디 오날 뎌 더러온 년의게 ᄆᆞᄋᆞᆷ을 동ᄒᆞ리오 뎨 산채ᄅᆞᆯ 구디 다ᄃᆞ 딕희기ᄂᆞᆫ 반ᄃᆞ시 가개 ᄃᆞ라나믈 막ᄌᆞᄅᆞ미라 내 다만 ᄒᆞᆫ 몸으로 엇디 능히 구ᄒᆞ야 내리오 (忽又想道: "我王摩哥哥往日却不是在這件事上喫迷的人. 莫非內中還有甚麽緣故? 須得見他一面纔好. 只是恁般防守, 內外不通, 我又只得一人, 沒個帮手, 這怎麽處?") <후수 12:56> 나ᄂᆞᆫ 너 가가ᄅᆞᆯ 보고 니ᄅᆞᄃᆡ 졔게 몃 삼티 극히 살지고 극히 큰 방ᄒᆡᄅᆞᆯ 어더 달나 ᄒᆞ며 (我和我哥哥說, 要他幾簍極肥極大的螃蟹來.) <홍루 37:108> 션인이 내 가〻를 모ᄒᆡᄒᆞ고 ᄯᅩ 날을 ᄒᆡᄒᆞ려 ᄒᆞ니 잔명을 보젼치 못ᄒᆞ리로다 (船戶適間害死我哥哥, 又來前艙害我. 幸我得免於難, 幾乎性命不保.) <빅규 7> 가개 만일 ᄒᆡᄋᆞ의 셩명을 구ᄒᆞ여 줄진대 이ᄂᆞᆫ 지ᄉᆡᆼ부뫼니 로신이 죵년의 탁이 되리로다 (哥哥救得孩兒, 却重生父母! 若孩兒有些好歹, 老身性命也便休了!) <수호-신문 4:50:21> ▼阿哥 ‖ 가가ᄂᆞᆫ 괴이히 녁이지 말라 이리 아니ᄒᆞ면 가개 즐기여 나오지 아니ᄒᆞ리라 (阿哥休怪! 不恁地, 你不肯出來.) <수호-신문 4:52:52> ▼老哥 ‖ 가가ᄂᆞᆫ 나ᄅᆞᆯ 위ᄒᆞ여 관영에게 드려 주쇼셔 (相煩老哥將這兩封書下一下.) <수호-신문 1:8:91> ⇒ 가ᄀᆞ, 거거

【가가리】 명 ((인류)) 가가리(かかり). 담당, 계원. (일본어 차용어).¶ 자긔 가가리의 주임이라고 꿈여대는 모양인 듯 도하다. <염상섭, 무현금(제2회)1934 87>

【가계슈이】 명 ((기물)) 가께수리(掛硯 かけすずり). 귀중품을 보관하기 위하여 여닫이 문안에 여러 개의 서랍을 설치한 작은 궤. 이 양식은 중국의 백안주(百眼廚)라는 가구에서 영향 받았고 명칭은 일본의 가케스즈리(かけすずり)에서 온 것으로 보인다. 부유한 가정의 안방과 사랑방에서 귀중품을 보관하기 위해 쓰이거나, 가끔 약장으로도 사용되었다. «증보산림경제»에서 '왜궤(倭櫃)'를 '갸게소리'라고 표기하였다. 흑칠장식을 한 것이 매우 아름답다. (일본어 직접 차용어).¶ 가계슈이(各技修里) <이록-목기 21b> ⇒ 각게술이, 각게슬니, 각계슈리, 각기소리, 갑게슈리, 갑겨슈리, 갑계슈리, 긱거수리

【가고시마】 명 ((지리)) 가고시마(Kagoshima, 鹿兒島). 일본 규슈(九州) 남단에 있는 도시. 교통의 요지이며 사적이 많다. (일본어 차용어).¶ ᄯᅩ 동편에 요고하마와 센다이와 도교와 수루가와 낭오야와 고븨란 포구가 잇고 남편에 쉬몬나사기와 푸쿠오가와 나가사기와 쉬마바라와 가고시마ㅣ란 포구가 잇고 <사필1889-헐버트 78>

【가ᄀᆞ】 명 ((인류)) 가가(哥哥). 형(兄). 오라버니.¶ 哥哥 ‖ 현덕의 비후의 댱비 나와 크게 브르지〻되 우리 가긔니믜 화웅을 버히니 〻쎄를 타 관의 드러가 동탁을 ᄉᆞ로잡지 아니ᄒᆞ고 어니 쎄를 기다리〻오 (只見玄德背後轉出張飛, 高聲大叫: "俺哥哥斬了華雄, 不就這裏殺入關去, 活拏董卓, 更特何時!") <삼국-모종 1:88> 현덕이 이인을 불너 드려 닐너 왈 하후돈의 병이 오면 엇지ᄒᆞ리요 쟝비 ᄀᆞᆯ오ᄃᆡ 가ᄀᆞᄂᆞᆫ 엇지 물노 아니ᄒᆞᄂᆞ뇨 (玄德召二人入, 謂曰: "夏侯惇引兵到來, 如何迎敵?" 張飛曰: "哥哥何不使"水"去?") <삼국-모종 7:14> ⇒ 가가, 거거

【가나】 명 ((언어)) 가나(かた假名). 일본 고유의 글자. 모두 50자이며, 한자를 빌려 그 일부를 생략하여 만든 가타카나(片假名)와 그 초서체를 따서 만든 히라가나(平假名)가 있다. (일본어 차용어).¶ ᄯᅩ 보통학교의 시험 준비서를 편찬하야 입학하ᄂᆞᆫ 아동의 편의를 도모코자 하여 일본 가나도 겻헤 달고자 하옵니다 ᄯᅩ 겸하야 우리 됴선문을 지어나이신 시조 세종대왕을 존봉하야 일반 민족의 존모하ᄂᆞᆫ 셩의를 긔렴코져 하오미 창덕궁 리왕 뎐하께옵서도 극히 찬성하사 말삼하샤대 <됴선문통신강습학회선젼문 1922>

【가나다】 명 ((지리)) 캐나다(加那陀, Canada). 북아메리카 북부에 있는, 영국 연방의 내의 연방 국가. 프랑스와 영국의 식민지였다가 1867년에 캐나다 자치령이 되었으며, 1949년에 독립국이 되었다. 수도는 오타와. (외래어).¶ 가나다 堪阿達 Canada <만국통감1912 3> 아메리까에 각 디방과 각 나라는 가나다와 [엥길리국 쇽방이라] 덴막아메리까와 합즁국과 멕스고국과 센드랄아메리까국과 셔인도와 걸넘비아국과 베네수일나국과 기아나와 쁘레실국과 엑궤도국과 비루국과 블늬비아국과 칠릐국과 아젠띈합즁국과 바라궤국과 유루궤국이니라 <사필1889-헐버트 102> 관각 역부 수십 명과 가나다에 겨류ᄒᆞᄂᆞᆫ 구십여 명 로동쟈가 눈구덩에 장ᄉᆞᄒᆞ니 <대매-시

평 1910.3.24>

【가네리】 명 ((지리)) 카나리아(Canaria) 제도.아프리카 북서부 부근에 있는 에스파냐령의 섬의 무리. 포도, 사탕수수, 바나나 따위가 나며 카나리아의 원산지로 유명하다. (외래어).¶ 짜홀 의론컨대 남북아메리ᄭᅡ 사이에 규바ㅣ란 셤과 아프리가 셔편에 가네리란 셤 륙칠과 히번 륙디 ᄒᆞᆫ 곳과 아시아 동남에 필리핀이란 셤 이십과 태평양에 몃 셤을 엇어 ᄎᆞ지ᄒᆞ니라 <사필1889-헐버트 44>

【가디】 명 가지(假的). 가짜. '디(的 de/di)'는 중국어 직접 차용어.¶ 假 ‖ 가디를 가지고 진디로 판다 (將假當眞) <중화-숭실박 25a> ⇔ 진디

【가라】 명 ((동물)) 가라말. 털빛이 검은 말. 중세몽고어 '가라(qara)'는 중세몽고어 차용어.¶ 가라 (驪) <물명고-문통 수족 1:9a> ※ 紅馬曰載多, 栗色馬曰句郞, 紅紗馬曰夫婁, 黑馬曰加羅, 黃馬曰公鶻, 黑鬃黃馬曰高羅, 海騮曰加里溫, 線臉曰間者, 此本滿洲語, 東人于開市時效之也. <경도-풍속 마려> ⇒ 가라말, 가라몰

【가라가스】 명 ((지리)) 카라카스(Caracas). 베네수엘라 북부 고원에 있는 요양지. 에스파냐식의 아름다운 도시로 유명하며 제당, 섬유, 자동차 공업 따위를 주로 한다. 베네수엘라의 수도. (외래어).¶ 도셩을 의론컨대 일홈이 가라가스ㅣ니 나라ㅅ 북편이오 ᄯᅩ 마라가이보와 아구아이라ㅣ란 촌과 ᄒᆞᆫ가온대 앙기스두라ㅣ란 촌이 잇고 사ᄅᆞᆷ의 픔ㅅ수는 평등이오 <사필1889-헐버트 119>

【가라간자공골-돈졈박이】 명 ((동물)) 오명황화마(五明黃花馬). '가라(qara)', '간자(qalʒan)', '공골(qongɣor)'은 중세몽고어 차용어.¶ 가라간자공골돈졈박이 (五明黃花馬) <수호-어람 49a> 가라간ᄌᆞ공골돈졈박이 (五明黃花馬) <수호-연첩 21b> ⇒ 가라간자공골동졈박기, 가라간ᄌᆞ공골돈졈박인말, 가리간자공골돈점빅이말

【가라간자공골-동졈박기】 명 ((동물)) 오명황화마(五明黃花馬). '가라(qara)', '간자(qalʒan)', '공골(qongɣor)'은 중세몽고어 차용어.¶ 가라간자공골동졈박기 (五明黃花馬) <수호-규장 55:134> ⇒ 가라간자공골돈졈박이, 가라간ᄌᆞ공골돈졈박인말, 가리간자공골돈점빅이말

【가라간쟈-ᄉᆞ족빅】 명 ((동물)) 몸의 털 빛깔은 검고 이마와 네 발은 흰 말. 오명마(五明馬). '가라(qara)'와 '간쟈(qalʒan)'는 중세몽고어 차용어.¶ 五明馬 ‖ 이 아질게몰 악대몰 졀다몰 공골몰 오류마 구렁몰 가리운몰 셜아몰 가라몰 츄마몰 고라몰 쇠ᄂᆞ래브튼몰 간쟈몰 가라간쟈ᄉᆞ족빅 도화쟘불몰 텰쳥총이 고 펀 몰 아몰 삿기 빈 말 골회눈이 ᄀᆞ외는 몰 이 ᄆᆞ리 쇠거름 ᄀᆞ티 즈늑즈느기 건는 ᄆᆞ리로다 (這兒馬、騸馬、赤馬、黃馬、鷰色馬、栗色馬、黑鬃馬、白馬、黑馬、鎖羅青馬、土黃馬、繡膊馬、破臉馬、五明馬、桃花馬、青白馬、豁鼻馬、騍馬、懷駒馬、環眼馬、劣馬, 這馬牛行花塔步.) <번노 하:9a> ⇒ 가라간쟈ᄉᆞ족빅몰, 가라간쟈ᄉᆞ족빅이몰, 가라간쟈四足白이몰, 가라간져ᄉᆞ족빅앳몰, 가리ᄌᆞ쟈ᄉᆞ족빅, 간쟈ᄉᆞ족빅

【가라간쟈ᄉᆞ족빅-몰】 명 ((동물)) 몸의 털 빛깔은 검고 이마와 네 발은 흰 말. 오명마(五明馬). '가라(qara)'와 '간쟈(qalʒan)'는 중세몽고어 차용어.¶ 五明馬 ‖ ᄒᆞᆫ 墨丁 ᄀᆞ튼 가라간쟈ᄉᆞ족빅몰을 ᄐᆞ고 (騎着一箇黑丁也似黑五明馬.) <박언 상:26a> ⇒ 가라간쟈ᄉᆞ족빅, 가라간쟈ᄉᆞ족빅이몰, 가라간쟈四足白이몰, 가라간져ᄉᆞ족빅앳몰, 가리ᄌᆞ쟈ᄉᆞ족빅, 간쟈ᄉᆞ족빅

【가라간쟈ᄉᆞ족빅이-몰】 명 ((동물)) 몸의 털 빛깔은 검고 이마와 네 발은 흰 말. 오명마(五明馬). '가라(qara)'와 '간쟈(qalʒan)'는 중세몽고어 차용어.¶ 五明馬 ‖ 이 아질게몰 악대몰 졀다몰 공골몰 오류마 구렁몰 가리운몰 셜아몰 가라몰 츄마몰 고라몰 쇠ᄂᆞ래 브튼 몰 간쟈말 가라간쟈ᄉᆞ족빅이몰 도화쟘불몰 텰쳥총이몰 코 펀 몰 암몰 삿기 빈 말 골회눈몰 ᄀᆞ래는 몰 이 몰이 쇠거름 ᄀᆞ티 즈늑즈늑 걷는다 (這兒馬、騸馬、赤馬、黃馬、鷰色馬、栗色馬、黑鬃馬、白馬、黑馬、鎖羅青馬、土黃馬、繡膊馬、破臉馬、五明馬、桃花馬、青白馬、豁鼻馬、騍馬、懷駒馬、環眼馬、劣馬, 這馬牛行花塔步.) <노언 하:8a> ⇒ 가라간쟈ᄉᆞ족빅, 가라간쟈ᄉᆞ족빅몰, 가라간쟈四足白이몰, 가라간져ᄉᆞ족빅앳몰, 가리ᄌᆞ쟈ᄉᆞ족빅, 간쟈ᄉᆞ족빅

【가라간쟈四足白이-몰】 명 ((동물)) 몸의 털 빛깔은 검고 이마와 네 발은 흰 말. 오명마(五明馬). '가라(qara)'와 '간쟈(qalʒan)'는 중세몽고어 차용어.¶ [카라 칼쟈 서버리 모린] kara kalja seberi morin ‖ 이 매야지몰 블친몰 졀다몰 공골몰 오류몰 굴헝몰 가리온몰 셔라몰 가라몰 츄마몰 고라몰 간쟈몰 가라간쟈四足白이몰 도화쟘불몰 (dahan morin akta morin jerde morin konggoro morin keire morin kuren morin hailun morin suru morin kara morin sarala morin kula morin kalja morin kara kalja seberi morin cohoro morin) <청노 5:13b> ⇒ 가라간쟈ᄉᆞ족빅, 가라간쟈ᄉᆞ족빅몰, 가라간쟈ᄉᆞ족빅이몰, 가라간져ᄉᆞ족빅앳몰, 가리ᄌᆞ쟈ᄉᆞ족빅, 간쟈ᄉᆞ족빅

【가라간져ᄉᆞ족빅앳-몰】 명 ((동물)) 몸의 털 빛깔은 검고 이마와 네 발은 흰 말. 오명마(五明馬). '가라(qara)'와 '간져(qalʒan)'는 중세몽고어 차용어.¶ 五明馬 ‖ ᄒᆞᆫ 먹뎡 ᄀᆞ티 거믄 가라간져ᄉᆞ족빅앳 몰 ᄐᆞ고 (騎着一箇黑丁也似黑五明馬.) <번박 상:27b> ⇒ 가라간쟈ᄉᆞ족빅, 가라간쟈ᄉᆞ족빅몰, 가라간쟈ᄉᆞ족빅이몰, 가라간쟈四足白이몰, 가리ᄌᆞ쟈ᄉᆞ족빅, 간쟈ᄉᆞ족빅

【가라간ᄌᆞ공골돈졈박인-말】 명 ((동물)) 오명황화마 (五明黃花馬). '가라(qara)', '간ᄌᆞ(qalʒan)', '공골(qongɣor)'은 중세몽고어 차용어.¶ 가라간ᄌᆞ공골돈졈박인말 (五明黃花馬) <수호-연세 32a-54> ⇒ 가라간자공골돈졈박이, 가라간자공골동졈박기

【가라-말】 명 ((동물)) 가라말. 털빛이 검은 말. '가라(qara)'는 중세몽고어 차용어. 만주어는 kara morin.¶ "盜驪." 純黑人駿一. 가라말, "麗"通. (驪) <신자 4:44b> 아리ᄯᅡ

운 가라말의 죠력을 입지 아니ᄒᆞ얏드면 <만인계 45> ⇒ 가라, 가라몰

【가라-몰】 명 ((동물)) 가라말. 털빛이 온통 검은 말. '가라(qara)'는 중세몽고어 차용어. 만주어는 kara morin.¶ 黑馬 ‖ 가라몰 (黑馬) <역해-주수 하:28a> <동해-주수 하:37> <몽해-주수 하:30> <방석-주수 4:14a> 이 아질게몰 악대몰 졀다몰 공골몰 오류마 구렁몰 가리운몰 셜아몰 가라몰 츄마몰 고라몰 쇠ᄂᆞ래브튼몰 간쟈몰 가라간쟈 ᄉᆞ죡빅 도화잠불몰 텰쳥총이 고 뻔 몰 아몰 샷기 빈 말 골회눈이 굴외ᄂᆞᆫ 몰 이 ᄆᆞ리 ᄡᅬ거름ᄀᆞ티 즈늑즈ᄂᆞ기 건ᄂᆞᆫ ᄆᆞ리로다 (這兒馬、騸馬、赤馬、黃馬、鷰色馬、栗色馬、黑鬃馬、白馬、黑馬、鎖羅青馬、土黃馬、繡膊馬、破臉馬、五明馬、桃花馬、青白馬、豁鼻馬、騍馬、懷駒馬、環眼馬、劣馬, 這馬牛行花塔步.) <번노 하:9a> 이 아질게몰 악대몰 졀다몰 공골몰 오류마 구렁몰 가리운몰 셜아몰 가라몰 츄마몰 고라몰 쇠ᄂᆞ래브튼몰 간쟈말 가라간쟈ᄉᆞ죡빅이몰 도화잠불몰 텰쳥총이몰 코 뻔 몰 암몰 샷기 빈 말 골회눈몰 ᄀᆞ래ᄂᆞᆫ 몰 이 몰이 ᄡᅬ거름ᄀᆞ티 즈늑즈늑 것ᄂᆞᆫ다 (這兒馬、騸馬、赤馬、黃馬、鷰色馬、栗色馬、黑鬃馬、白馬、黑馬、鎖羅青馬、土黃馬、繡膊馬、破臉馬、五明馬、桃花馬、青白馬、豁鼻馬、騍馬、懷駒馬、環眼馬、劣馬, 這馬牛行花塔步.) <노언 하:8a> [카라 모린] ▼kara morin ‖ 이 매야지몰 블친몰 졀다몰 공골몰 오류몰 굴헝몰 가리온몰 셔라몰 가라몰 츄마몰 고라몰 간쟈몰 가라간쟈四足白이몰 도화잠불몰 (dahan morin akta morin jerde morin konggoro morin keire morin kuren morin hailun morin suru morin kara morin sarala morin kula morin kalja morin kara kalja seberi morin cohoro morin) <청노 5:13b> ※ 黑色謂之驪, 俗謂之加羅. <성호새설-6 마형색> 黑馬曰加羅. <경도잡지-풍속 馬驢> ⇒ 가라, 가라말

【가라치】 명 ((기물)) ((인류)) 조선시대 정2품 이상의 벼슬아치가 출입할 때 긴요한 문서를 담아가지고 다니는 제구, 또는 그것을 끼고 앞서서 다니는 하인. '가라치(garači)'는 몽고어 차용어.¶ 가라치 (呵路赤) <군목 14b> ⇒ 갈아치, 거러치

【가론】 명의 ((도량)) 갤런(gallon). 야드파운드법에 의한 부피의 단위. 1갤런은 1쿼트의 네 배, 1파인트의 여덟 배로 영국에서는 약 4.545리터에 해당하고 미국에서는 약 3.785리터에 해당한다. (외래어).¶ 까론 <조백-용량 1915 561> ⇒ 까론

【가리리】 명 ((지리)) 갈릴리(Galilee). 팔레스타인의 북단. 지금의 이스라엘 북부에 해당하는 지역. 중심 도시는 나사렛이며, 예수가 활동한 중요 무대로서 성서와 관계있는 유적이 많다. (외래어).¶ 젼에 가리리로브터 예수와 ᄒᆞᆷᄭᅴ 온 두 녀인이 뒤흘 조차 그 무덤과 시톄롤 엇더케 둠을 보고 이에 도라가 향과 몰약을 예비ᄒᆞ엿ᄉᆞ더 사밧날이 되매 계명을 조차 긋치더라 <훈아 36b> 예수ㅣ 너희롤 압셔 가리리에 갓ᄉᆞ니 너희ᄂᆞᆫ 거긔 가셔 예수ㅣ 일즉 너희게 ᄋᆞ신 바와 ᄀᆞᆺ치 맛나라 ᄒᆞ라 <훈아 36b>

【가리비안】 명 ((지리)) 카리브(Carib) 해(海). 남북아메리카 대륙, 서인도 제도, 대서양 따위에 둘러싸인 바다. (외래어).¶ 남편에로 남북 아메리까 어으름에 셔인도ㅣ란 오십 여 셤이 련ᄒᆞ야 잇고 또 멕스고와 가리비안이란 두 하슈가 잇고 또 동북편에 그린런트ㅣ란 큰 셤이 [장은 오천 리오 광은 이천 리라] 잇고 <사필1889-헐버트 101>

【가리온】 명 ((동물)) 가리온(加里溫). 몸은 희고 갈기와 꼬리가 검은 말. '가리온(qaliɣun)'은 중세몽고어 차용어.¶ 가리온 (駱) <시언-7 목록:4b> 가리온 白馬黑鬣, (駱) <신자 4:43a> 가리온 (皇) <시언-19 목록:2a> 가리온, 或曰白馬黑鬣, 非. (駱) <물명고-문통 모충 1:9a> 가리온 (駱) <물명-류씨-1 수족> 駱 ‖ 的盧白額馬. 騆돗춍, 雒표구령, 又월라. 騢류부로, 又덕부로, 驒ᄉᆞ죡빅, 騅츄마, 駓공골, 又부로, 又잠불, 騂졀다, 驔련젼총, 騏렬쳥총이, 驪쳥가라, 駵월다, 一曰騧曰騟, 騧공골, 駱가리온, 一曰皇駁잠식, 黃고라. 驛馬역마, 置馬代馳取疾速. 擺撥馬파발마, 羇馬急走振開. 騠駃번치, 馬不進. 駗驙진젼, 馬載重難行. <명물-주수 4:31b> ※ 海騮曰加里溫. <경도잡지-풍속 마려> ⇒ 가리온몰, 가리운몰

【가리온-몰】 명 ((동물)) 몸은 희고 갈기가 검은 흰말. 흑종마 (黑鬃馬). '가리온(qaliɣun)'은 중세몽고어 차용어.¶ [해룬 모린] hailun morin ‖ 이 매야지몰 블친몰 졀다몰 공골몰 오류몰 굴헝몰 가리온몰 셔라몰 가라몰 츄마몰 고라몰 간쟈몰 가라간쟈四足白이몰 도화잠불몰 (dahan morin akta morin jerde morin konggoro morin keire morin kuren morin hailun morin suru morin kara morin sarala morin kula morin kalja morin kara kalja seberi morin cohoro morin) <청노 5:13b> ⇒ 가리온, 가리운몰

【가리온-총이몰】 명 ((동물)) 갈기가 검은 총이말. '가리온(qaliɣun)'은 중세몽고어 차용어.¶ 가리온총이몰 (黑鬃青馬) <박언 상:55b>

【가리운-몰】 명 ((동물)) 몸은 희고 갈기가 검은 흰말. '가리운(qaliɣun)'은 중세몽고어 차용어.¶ 黑鬃馬 ‖ 가리운몰, =海騮馬 (黑鬃馬) <역해-주수 하:28b> 가리운몰 (黑鬃馬) <과록-금수 16a> 이 아질게몰 악대몰 졀다몰 공골몰 오류마 구렁몰 가리운몰 셜아몰 가라몰 츄마몰 고라몰 쇠ᄂᆞ래 브튼 몰 간쟈몰 가라간쟈 ᄉᆞ죡빅 도화잠불몰 텰쳥총이 고 뻔 몰 아몰 샷기 빈 말 골회눈이 굴외ᄂᆞᆫ 몰 이 ᄆᆞ리 ᄡᅬ거름ᄀᆞ티 즈늑즈ᄂᆞ기 건ᄂᆞᆫ ᄆᆞ리로다 (這兒馬、騸馬、赤馬、黃馬、鷰色馬、栗色馬、黑鬃馬、白馬、黑馬、鎖羅青馬、土黃馬、繡膊馬、破臉馬、五明馬、桃花馬、青白馬、豁鼻馬、騍馬、懷駒馬、環眼馬、劣馬, 這馬牛行花塔步.) <번노 하:9a> 이 아질게몰 악대몰 졀다몰 공골몰 오류마 구렁몰 가리운몰 셜아몰 가라몰 츄마몰 고라몰 쇠ᄂᆞ래 브튼 몰 간쟈말 가라간쟈ᄉᆞ죡빅이몰 도화잠불몰 텰쳥총이몰 코 뻔 몰 암몰 샷기 빈 말 골회눈몰 ᄀᆞ래ᄂᆞᆫ 몰 이 몰이 ᄡᅬ거름

ᄀ티 즈늑즈늑 것는다 (這兒馬、騙馬、赤馬、黃馬、驁色馬、栗色馬、黑鬃馬、白馬、黑馬、鎖羅青馬、土黃馬、繡膊馬、破臉馬、五明馬、桃花馬、青白馬、豁鼻馬、騍馬、懷駒馬、環眼馬、劣馬, 這馬牛行花塔步.) <노언 하:8a> ⇒ 가리온, 가리온몰

【가리간자공골돈점빅이-말】 명 ((동물)) 오명황화마(五明黃花馬). '가리(qara)', '간자(qalšan)', '공골(qongɣor)'은 중세몽고어 차용어.¶ 又가리간자공골돈점빅이말이라(五明黃花馬) <수호-국재 1:33b> ⇒ 가라간자공골돈졈박이, 가라간자공골동졈박기, 가라간ᄌ공골돈졈박인말

【가리ᄀᆞᆫ쟈-ᄉᆞ족빅】 명 ((동물)) 몸의 털 빛깔은 검고 이마와 네 발은 흰 말. 오명마(五明馬). '가리(qara)'와 'ᄀᆞᆫ쟈(qalšan)'는 중세몽고어 차용어.¶ 가리ᄀᆞᆫ쟈ᄉᆞ족빅 (五明馬) <과록-금수 16a> ⇒ 가라간쟈ᄉᆞ족빅, 가라간쟈ᄉᆞ족빅몰, 가라간쟈ᄉᆞ족빅이몰, 가라간쟈四足白이몰, 가라간져ᄉᆞ족빅앳몰, 간쟈ᄉᆞ족빅

【가마-니】 명 ((기물)) 곡식이나 소금 따위를 담기 위하여 짚을 돗자리 치듯이 쳐서 만든 부대. 1900년대 초 일본어 'かます(叺 kamasu)'에서 온 말. (일본어 직접 차용어).¶ 소금 한 섬을 운반하는 데에 배 안에서는 팔 전 오 리 륙지까지는 십칠 전이오 또 쌀 한 가마니 사두 짜리는 칠 리 오 모요 <동아일보 1921.9.29> 그리고 형님 시골은 쌀갑이 엇덧습니까. 서울은 백미 한 가마니에 12원(내지 13원)이 보통입니다 <개벽 32호 1923.2>

【가방】 명 ((기물)) 가방. 물건을 넣어 들고 다니게 만든 용구. 鞄(かばん kabas). (네덜란드어에서 온 일본어 차용어).¶ 가방 <법한 1243, 1413> ▼皮包 ‖ 가방은 칠 원 양산은 오 원 팔십오 젼이오 (皮包是七塊, 旱傘是五塊八角五.) <지나-매매 147> 이돌 쵸일일 져녁에 아라샤 공ᄉᆞ 부인의 집물을 룡산셔 옴길 때에 검은 가방 ᄒᆞ나를 일헛ᄂᆞᆫ되 <독립 1898.7.5 광고> 먼져 가방 말하든 것 돈 이지 부치니 누린식 알마진 것 ᄉᆞ고 남져지 실 사라 <누의-한고 ↓동년(데아, 남동생)> 륙월 삼십일 오후 세시에 박영효씨 환영회를 ᄒᆞᄂᆞᆫ디 남소동 사ᄂᆞᆫ 경지홍씨가 륙혈포로 스ᄉᆞ로 노하 죽고 그 가방 속에 만흔 유셔가 잇다라더라 <경신 1907.5.24> 단슈 일좌 미슈 양복쟝 일좌 미슈 경디 일좌 가방 일좌 디발 한 단 운두머리 쥴 보쪄 족도리 당긔 보쪄 <물목-우한-1 1916 단슈> 쟝농 일좌 경디 소닙쪄 샹ᄌᆞ 한 바리 가방 한 바리 디발 한 최 <물목-음성1940> 가방 (A leather valise, a satchel) <영한 1897 189> 가방 한 바리 나의롱 고무신 단슈 미슈 경대 미슈 <물목-금요 BCAA2069> 가방 ‖ 깁이나 가죽 따위로 거죽을 두르어 싸고 그 어울어진는 두 가의 태는 쇠로 두르고 그긔에 잠그는 틀을 갖흔 주머이니, 나다닐 때에 가지고 다니기 좋음. <말모이-광문회> ⇒ 갑안, 갑옹

【가버나움】 명 ((지리)) ((기독)) 가버나움(Capernaum). 갈릴리호 북쪽에 있는 팔레스타인의 도시. 예수가 고향인 나사렛에서 이주한 곳으로, 갈릴리 전도의 중심지였다. (외래어).¶ 유대국 벳을네헴 탄싱ᄒᆞ신 구쥬 예수 ᄒᆞᆼ샹 전도ᄒᆞ신 곳이 알패라 어딘인고 예루살넴 도회에나 벳을네헴 셩즁에나 흔히 가지 안으시고 갈닐니로 ᄒᆞᆼ샹 가사 어부를 만히 불너 데ᄌᆞ들을 삼으시고 고라신과 벳새다며 가버나움 셩즁으로 자조자조 ᄃᆞᆫ니시며 만흔 권능 베프시니 말마다 권능이오 일마다 긔ᄉᆞ로다 <연경-져주가 36>

【가비】 명 ((음식)) 커피(coffee). (외래어).¶ 咖啡 ‖ 茶와 가비는 다 넉넉ᄒᆞ오 (茶和咖啡都穀了.) <한자-속수 70> ⇒ 가폐, 가픠, 가피

【가슈】 명 설거지. '가슈'는 '가사(家事, jiāshì)'에서 온 (중국어 직접 차용어).¶ 가슈(dish-washing) <한영 199>

【가슈-물】 명 개숫물. 설거지 하는 물. '가슈'는 '갸슈(家事, jiāshì)'에서 온 중국어 직접 차용어.¶ 가슈물 (洗器水) <한불 138> ⇒ 갸슈물

【가슈-통】 명 ((기물)) 설거지통. 식기 씻는 물을 넣는데 쓰는 통. '가슈(家事, jiāshì)'는 중국어 직접 차용어.¶ 가슈통(洗器桶) <한불 138> 가슈통(A basin-in which to wash dishes) <한영 199> ⇒ 갸슈통

【가스모스】 명 ((복식)) '가스'는 'ガス織り'의 줄임말로 가스사(絲). 모스(モス)는 'モスリン'의 줄임말로 모슬린(musiln)을 지칭함. 모슬린은 매우 가는 외올의 목화실로 설피게 짠 유연한 평짜임의 하나. (일본어 차용어).¶ 쥬항나 ᄒᆞᆫ 필 세져 두 필 빅모ᄉᆞ 한 필 빅 가스모스 한 필 슉명쥬 두 필 싱명쥬 한 필 옥양목 한 통 당목 한 통 광목 한 통 세목 두 필 세마포 한 필 <물목-한고 1941>

【가오리】 명 ((인류)) 고려(高麗). 조선(朝鮮)사람. '가오리(高麗, Gāolì)'는 중국어 직접차용어.¶ 高麗 ‖ 혹 도로혀 욕ᄒᆞ며 막대로 몰치ᄂᆞᆫ 쟈도 이셔 년ᄒᆞ야 가오리를 브ᄅᆞ기를 마디 아니ᄒᆞ니 이ᄂᆞᆫ 고려란 말이라 (荷杖叩馬, 俾不得行其待之也. …連呼高麗不已, 甚可苦也.) <서원 4:85a> ⇒ 거우리, 구리

【가이】 부 해(該). 마땅히. '가이(該. gāi)'는 중국어 직접 차용어.¶ 該 ‖ 시결은 무던타 하나 곳 냥식이 돈길 가디 안키로 부쟈 아울도 돈을 변통하여 너디 못하난디 하물며 돈 업슨 사람이 쏘 가이 엇디하갓너니 (年成却倒不離, 就是粮食不值錢, 連財主們也變不出錢來呢, 何況沒有錢的又是該怎麽的呢?) <중화-아천 3a> 올타 네 소견디로 필경에 가이 엇더케 호게 하여도 다 올타 (是得, 憑你呢歸起該怎麽箅都是得.) <중화-아천 8a> 만일 네 말 갓트랑이면 이거슬 가이 엇디하야 됴캇나니 (若依你說呢, 這是該怎麽纔着好呢?) <중화-아천 17b> 다뭇 여긔 무순 아넌 벗디 업기로 딕돈을 변통 못하니 너의 잡물건 갑슬 무디 못하니 가이 엇디하갓너니 (就是這裡沒有甚麽認得的朋友, 弄不來現錢, 開付不得你們雜貨錢該怎麽的呢?) <중화-아천 18b> 쏘한 둇타 히가 거즌 써러디가시니 닉 가이 가갓노라 네 사람을 시겨 합동뎜을 차자가셔 나를 챠군을 불너다 다구 슈습하여 가갓노라 (也好. 日頭幾否落咧, 我的該走啊. 你的打派人

找合通店去, 給我招赶車的來. 收拾走啊.> <중화-아천 19a> 너야 엇디 가이 춥갓너니 (你的怎麽該冷麽?) <중화-아천 21b> 그랴도 직간 잇는 사람이나 가이 아러로 허는 디로 허엿지 우리갓치 둘헌 사람드리 엇더케 허깃는니 (橫竪是有本事的人, 該往下赶着作, 像我們倴人們如何作得着呢?) <중화-탁족 3a> 형의 말은 가이 이쳐름 니르나 네 보아라 남경 큰 장사드리 듀단 포필 사는 사람과 년ㅣ 여슈허라 단니든 사람이 히로ㅣ부터 통힝치 아니허고 또 어디로 단니깃는니 (大哥話是該這嗎說, 你瞧南京大裝的生意家, 販紬緞布疋的, 年ㅣ走票的, 不擱海路通行, 又是擱那嗎走呢?) <중화-탁족 11b> 각쳐 사랑 져자 동남셔북상 사람드리 뭇다라기 그져 결과 은을 지촉허미 장삼니사가 날마다 거긔셔 결과 빗슬 지촉허니 이를 가이 엇지허깃는니 (各處恒家、鋪家東南西北上的, 齊打胡哩只是望他催銀子, 張三李四天ㅣ在那裡句他惱吸□謊, 這是該怎嗎的呢?) <중화-탁족 18a> 그는 남이 가지 못허기 허고 가지 안차 험도 남의 힐거허는 빗을 무지 못허니 가이 엇지헐 이편이 방법을 싱각허여 너이지 못허기다 (却是人家不讓走, 不走罷, 人家囉嗦的吸□謊打不開, 該怎嗎着, 各人想不出方法來, 寬丢人罷了.) <중화-탁족 18b> 너의 어른들이 쳠음 보면 가이 힝헐지 힝허지 못헐지 알지라 (你們爺ㅣ們一瞧, 就却知道該行得不行得.) <중화-탁족 27b> 너의 임의디로 가이 엇지 나우허여도 올타 다만 남이 나를 우슴가 [illegible] 우리 [illegible] (憑你們該怎麽惱都是得, 只怕有人笑壞我啊.) <중화-탁족 32b> 이 여러 가지 잡물건 가져가면 우리 디방의 니르러 갸우 본의 자리 파라 직은이 되면 또 도리여 어러움 업갓다마은 만일 니로기을 시셰가 한 번 어그려져 파라나가지 안이면 니 상긔 가이 엇지 하갓너니 (這些個雜貨拿回去咧, 到我們地方剛勾本賣到現銀子, 就也倒沒有難, 若說是恒事一違賣不出去咧, 我咳該怎嗎的呢.) <니귀 14b> 이 여러 가지 잡물건 가져가거라 우리 지방의 이르러 갸우 본의 디은으로 파라 니이면 또흔 어려우미 읍다 만닐 시셰가 썩 츨니면 팔지 못ᄒᆞ겟다 우리가 ㅣ이 엇지ᄒᆞ깃ᄂᆞ니 (這些个雜貨拿回去咧, 到我們他(地)方剛句(勾)本, 賣到現銀子, 就也到(倒)沒有難; 若說是恒事一違賣不出去咧, 我該咳怎嗎的呢?) <학청-한고 8a> 이구나 네 이 미미가 진실노 괴롭고나 이리로 반ᄒᆞ여도 합실치 안코 너 상긔 못ᄒᆞ깃다 가이 엇지면 죠켓ᄂᆞ니 (嗳呀, 你這个賣買寔在唠道. 辨[辦]到這裏不合實[適], 我咳莫不着該怎嗎着纔好呢?) <학청-한고 8b> 우리 조흔 ᄉᆞ이여든 이 일덤 ᄉᆞ소한 물건 부탁은 니르지 말고 져원 일이빅의 치은 경분디로 공이 너의을 ᄉᆞ다 주더라도 또 가이 엇더하갓너나 (咱們相好裡頭, 別說是托這一点些東西, 那怕一百二百的, 按着情分, 白給你們捎來, 又是該怎嗎的呢?) <기착-육당 상:29b> 왕호치야 우리 가이 너기하쟈 (王夥計, 咱們該打賭.) <기착-육당 상:54b> 말이 이스되 입의로 하여 너지 못하갓다 너의 여ㅣ문더로 가이 엿더케 벌하여라 나을 내가 감이 명을 쏫지 아니하랴 (有話說不出口來! 憑你們爺ㅣ們該怎嗎罰我呢, 我一个敢不從命嗎?) <기착-육당 하:36a> 허기는 허깃다마는 그 잇는 말은 가이 맛당 먼져 말허야 먼져 짝ㅣ이 허면 후의 어렵지 안타 허엿는니 (作却到作, 却是有話, 該當說得頭裏, 纔先斷後不難.) <중화-탁족 22a> 향리로 우리 형졔 ᄉᆞ이의 진실노 다른 의ᄉᆞ는 의논치 말고 만약 말 이스면 응당 가이 ᄒᆞ지 또 듯지 아닐 니가 잇스랴 (向來咱們哥兒裡頭並不論別的意思, 若有話應該就說, 也有不依的嗎?) <중화-한고 33a> 우리 조흔 사이여든 이 조고만 물건 부탁ᄒᆞ는 거슨 커니와 졔원 일이 빅 냥 것시라도 경분디로 공연 너의를 샤다 주어도 또 가이 엇지ᄒᆞ갓ᄂᆞ니 (咱們相好裡頭, 別說是托這一点些須東西, 那怕一百二百的, 按着情分, 白給你們捎來, 又是該怎嗎的呢?) <중화-한고 37a> 왕호치야 우리 가이 너기하쟈 (王夥計, 咱們該打賭.) <기착-육당 상:54b> 악ᄒᆞᆫ 사람 되기는 긔품의 구이함과 믈욕의 가리인 비니 긔질을 변화ᄒᆞ고 믈욕을 바란즉 나도 또 가이 셩인 되리라 <부인슈지-김평묵 1a> ⇒ 가희, 개이

【가이다】 명 담배 이름인 듯함. (일본어 차용어).¶ 호적등본 료금 ᄒᆞᆫ 벌에 ᄉᆞ십 전 세 벌 일 환 이십 전 최슈남 동일징명디셔 료금 십오 전 청요리 옥천 미화리 구중 디접용ᄎᆞ 이 환 구십 전 옥천 미화 구중 ᄋᆞ들 십ᄉᆞ 전 약쥬 옥천 미화리 구중 디접용ᄎᆞ 오십 전 옥천 미화리 먹통이 쌀 십 전 옥천 미화리 복[illegible] 기ᄎᆞ 변도 시굴셔 올 쩍에 ᄉᆞ가지고 온 것 세 기 일 환 오 전 페양밤 공평동 창우 ᄉᆞ듸 주노라고 손 것 두 ᄌᆞ루 일 환 이십 전 즌ᄎᆞ비 오 전 <가용-한고 1936.12.5> 빅쇡 진쥬ᄉᆞ 겹져구리 ᄎᆞ 일 가이다쇡 은조ᄉᆞ 쇡기 겹져구리 ᄎᆞ 일 진분홍 은조ᄉᆞ 쇡기 겹져구리 ᄎᆞ 일 <물목-한고 1941>

【가이로】 명 ((지리)) 카이로(Cairo). 이집트 나일 강 하류의 삼각주 남쪽 끝에 있는 도시. 운하 교통 요충지로 고대 이집트 유적이 많이 남아 있다. 이집트의 수도. (외래어).¶ 도셩을 의론컨대 일홈이 가이로ㅣ니 나라ㅅ 북편 나일강ㅅ ᄀᆞ히요 또 아렉산드리아와 짭이엣다와 수에스와 포셋이란 큰 촌이 잇스며 포셋 촌은 디즁히ㅅ ᄀᆞ헤 잇고 수에스 촌은 홍히ㅅ ᄀᆞ헤 잇ᄂᆞᆫ디 그 ᄉᆞ이가 륙디 삼빅 리라 이십 년 젼에 블란시국 사ᄅᆞᆷ이 이 륙디를 버혀 두 바다흘 통ᄒᆞ고 이리 ᄃᆞᆫ니는 비들에게 셰를 밧더니 지금은 블란시국 사ᄅᆞᆷ이 이 자리를 ᄑᆞᆯ고 영국이 이즙드국 졍ᄉᆞ를 쥬쟝홈으로 이 셰 밧ᄂᆞᆫ 자리도 쥬쟝ᄒᆞᄂᆞ니라 <사필1889-헐버트 143>

【가즈】 명 ((식물)) 가자(茄子). 가짓과의 한해살이풀. 높이는 60~100cm이며, 온몸에 털이 나 있고, 잎은 어긋난다. 줄기와 잎은 검은 자주색이고 6~9월에 흰색이나 엷은 자주색 따위의 통꽃이 핀다. 열매는 식용한다. '가지(茄子, qiézi)'는 중국어 직접 차용어.¶ 가즈 가(茄) <음첩b 1a> ⇒ 가격, 가지, 짜지

【가젹】 명 ((식물)) 가지. 가짓과의 한해살이풀. 가자(茄子). (중국어 간접 차용어).¶ 가젹 물 (茐) <음운 14a> ⇒ 가지, 가즈, 까지

【가지】 명 ((식물)) 가자(茄子). 가짓과의 한해살이풀. 높이는 60~100cm이며, 온몸에 털이 나 있고, 잎은 어긋난다. 줄기와 잎은 검은 자주색이고 6~9월에 흰색이나 엷은 자주색 따위의 통꽃이 핀다. 열매는 식용한다. '가지(茄子, qiézi)'는 (중국어 직접 차용어).¶ 가지 ‖ 菜蔬 일홈 <조선-심 3> 가지 차, 枝也, 歧枝木. (杈) <자주 하:48a> 가지, 茄葉摘布路上, 以灰圍之則必繁, 謂之嫁茄.=落蘇, 酪蘇, 崑崙瓜. (艸繁甲) <광보-채 나채> 가지 (落蘇) <물보-초과 상:5b> <물명고-서강 초목 5b> 가지 (落蘇, 崑崙紫瓜) <물명괄-초목 3ab> 가지 (崑崙紫瓜) <물명고-서강 초목 5b> 가지 (崑崙紫瓜) <총방 2a> 가지 (崑崙瓜) <일용-초 18a> 가지, 茄葉摘布路上, 以灰圍之則必繁, 謂之嫁茄. = 落蘇, 酪蘇, 艸繁甲. (崑崙瓜) <광보-채 나채> 茄 ‖ 가지 가, 俗呼"茄子". 又呼"落蘇". <훈몽-채소 상:7a /13a> 가지 가 (茄) <신합 상:11a> <왜해-채소 하:5a> <아학 상:5b> 가지 가, 菜名, "茄子." (茄) <자주 하:51b> 가지 가 (茄) <음운 1a> 가지 (茄) <몽유-장혼 상:14b> 菜名, "茄子." 가지 갸 (茄) <자석 상:46a> "茄子." 菜名, 가지 (茄) <신자 3:50a> 가지 가, 菜名, "茄子." (茄) <의옥 48> 가지 (茄芰) <이록-음식 17a> ▼茄子 ‖ 가지 (茄子) <역해-채소 하:11a> <방석-채소 3:28b> <한청-채효 12:35a> <동해-채소 하:3b> <몽해-채소 하:3a> <군목-초식 6a> <의종 30b> <제중 23b> <방합-과채 38b> 가즈, 轉云가지, 有黃白青紫數種而黃可入藥. 白者, 甘脆不澁, 一名水茄岕가지, 生熟可食; 紫者, 蒂長味甘, 更勝青者. 落蘇、崑崙瓜、草鼈甲. <명물-소채 3:47b> 가지 (茄子) <물보-초과 상:5b> <물명괄-초목 3ab> <물명고-서강 초목 5b> 가지, 又曰"落蘇". (茄子) <과록-화훼 11a> <문류-초목 31b> 가지 (茄子) <화초-채소 23a> <한지-채곡 34> <지나-채곡 61> <자통-과물 470> 가지 안히 반는 회오 바는 블것거든 도로 도글 볼라 서늘훈 딕 뒷다가 두닐웨 만 커든 쓰라 가자 동화의 석거 드마도 됴ㅎ니라 (茄子內半白半紅, 還塗瓮置凉處, 經二七日用之, 所入茄子、冬苽子亦不妨.) <양주방-즙장 16a> 믠 바블 간대로 머그라 아므란 니근 느믈새 잇거든 져그나 가져다가 나그내네 주워 먹게 ㅎ라 ㅎ다가 업거든 댓무수와 파와 가지 잇거든 가져오라 이믜셔 쟝조쳐 가져오라 (淡飯胡亂喫些箇, 有甚麽熟菜蔬, 將些來與客人喫. 怕沒時, 有蘿蔔、生葱、茄子將來, 就將些醬來.) <번노 상:41a> 믠 밥을 간대로 먹으라 아므란 니근-채소 잇거든 져기 가져다가 나그내들 주어 먹게 ㅎ라 ㅎ다가 업거든 댓무우와 파와 가지 잇거든 가져오고 이믜셔 져기 쟝 가져오라 (淡飯胡亂喫些箇, 有甚麽熟菜蔬, 將些來與客人喫.怕沒時, 有蘿蔔、生葱、茄子將來, 就將些醬來.) <노언 상:36b> 댓무우와 파와 가지 잇거든 가져오고 醬 가져오라 직어 먹쟈 (有蘿菖、生葱、茄子拿來, 取醬來蘸着吃.) <노신 1:51b> 이 녀곤 외 가지 파 부치 마놀 댓무수 동화 박 계즈 쉿무수 시근치 다ᄉ마 (這藕菜、黃瓜、茄子、生葱、薤、蒜、蘿蔔、冬瓜、葫蘆、芥子、蔓菁、赤根、海帶.) <번노 하:38a> 이 년근즈 외 가지 파 부치 마놀 닷무우 동화 박 계즈 쉬무우 시근치 다ᄉ마 (這藕菜、黃瓜、茄子、生葱、薤、蒜、蘿蔔、冬瓜、葫蘆、芥子、蔓菁、赤根、海帶.) <노언 하:34a> 또 아히들로 ㅎ여 셧녁 동산에 가 져기 동화와 슈박과 춤외와 ㅈ른박과 수세외와 외와 가지들을 심으라 집의셔 다 먹지 못ㅎ거든 도로혀 풀미 됴흐니라 (再叫小厮們到西園裏去, 種些冬瓜、西瓜、甛瓜、揷葫、稍瓜、黃瓜、茄子等類, 家下吃不了還好賣哩.) <박신 2:40a> 팔구월에 늙쟈닌 가지롤 곡지재 훈 치 남죽식 칼로 그처 밀을 녹여 그출 볼라 한열이 적듕훈 딕 두고 쓰라 <디미방-가디 간숏는 법 14b> 가지 외롤 훈 볼식 ᄶ라 항부리 식지로 빠믹고 손두에 다ᄉ 흐ᄆ 볼라 두험 기픠 ᄉ 파 플 만히 부여 싸코 쁴워 세 닐웨 후에 내라 데쁘면 싀고 블샤ㅎ니 즈로 보고 잘 쁴오라 <신창맹씨-1 조청은1660이전> 가지, 茄葉摘布路上, 以灰圍之則必繁, 謂之嫁茄. =落蘇, 酪蘇, 崑崙瓜. (艸繁甲) <광보-채 나채> 가지와 고초는 미리 소곰의 져려다가 ㅎ로밤 지닌 후의 넛는이라 칠월 회 팔월 초싱의 일긔 쓰라 싱양콰이 훈 후의 담그는이라 <양주법1852 집장법 10b> 무오 비ᄎ 아옥 싱차 고쵸 가지 파 마놀을 식ᄉ이 구별ㅎ여 뷘 짜 업시 심어 노코 <농가1876 31> 들ᄶ모 담비 모는 머슴아히 맛하 너고 가지 모 고쵸 모는 아기ᄯᆞᆯ이 ㅎ려니와 믿도람 봉션화는 네 ᄉ천 너모 마라 <농가1876 51> 茄 ‖ 가지 적은 믜근믜근ㅎ외 <교린-묘 2:23b> 가즈[가지] ‖ 가지를 곤미라 ㅎ기는 슈양뎨가 곤눈즈과를 쑤미니 ᄉ롬이 인ㅎ여 일홈ㅎ다 <규합-정양완c 가즈 3:23a/264> 가지 딕나 쌜희나 닙픠나 셔리 맛지 아닌 그슬 그늘에 말녀 두엇다가 살문 물노 씨스라 삼복 즁의 씨스라 <명경-한고 수족동켜 12b> 젊은 때는 자지옷을 닙고 늙어서는 눌은옷을 닙는 것이 무엇이냐 | 가지 <조미> 가지 ‖ 열매를 싸서 나물을 만들어 먹는 것 <조선-심 3> ⇒ 가즈, 가즤, 까지

【가탈】 명 가탈(qatara). 짐을 싣거나 사람이 타고 앉기에 불편할 정도로 걷는 말의 걸음걸이. '가탈(qatara)'은 몽고어 차용어.¶ 가탈 (點的馬) <과록-금수 16a> ※ 又有前左後右蹄齊擧, 而前右後左蹄隨之者, 俗名假脫. 如此者無前後左右之低昻, 而只上下等踴, 馬行之最劣者也. 躍與假脫, 後蹄不得過前蹄之迹, 惟步者過之也. <성호새설-6 만물 마보>

【가페】 명 ((음식)) 커피(coffee). (외래어).¶ 가픠 | 가페 | 가페차 <법한 213> ⇒ 가비, 가픠, 가피

【가페-관】 명 ((상업)) 커피관(coffee館). 커피숍. (외래어).¶ 가페관 | 차관 <법한 213> ☞ 차푸리, 차프리, 찻푸리, ᄎ푸리

【가페-차】 명 ((음식)) 커피차(coffee茶). (외래어).¶ 가픠 | 가페 | 가페차 <법한 213> ⇒ 가피차, 가피ᄎᆞ

【가픠】 명 ((음식)) 커피(coffee). (외래어).¶ 가픠 | 가페 | 가페차 <법한 213> ⇒ 가비, 가페, 가피

【가피】 명 ((음식)) 커피(coffee). (외래어).¶ 珈琲 ‖ 가피(珈琲) <지나-음식 58> <중통-부록 92> <자통-음식 413> 이애 우유에 가피를 타셔 가지고 오나라 <일선 86> ⇒ 가비, 가페, 가픠

【가피-차】 명 ((음식)) 커피차(-茶). "가피(coffee)"는 외래어.¶ 珈琲 ‖ 가피차를 잡슈시오 (請用珈琲.) <한대-음식 49> ⇒ 가페차, 가피ᄎᆞ

【가피-ᄎᆞ】 명 ((음식)) 커피차(-茶). "가피(coffee)"는 (외래어).¶ 가피ᄎᆞ (珈琲) <화정-음식 49> ⇒ 가페차, 가피차

【가회】 부 가(該, gāi)히. 마땅히. 중국어 직접 차용어.¶ 該 ‖ 길 가넌 것슨 원간 가회 이러하니라 일즉이 자면 일즉 ᄶᅥ나고 늣긔 자면 늣긔 ᄶᅥ난다 하여시니 우리 왕회치의 말ᄃᆡ로 오날 일즉시 뎜의 들러 너일 일즉이 ᄶᅥ나면 올타 (走路是原是該這嗎着, 早存早起, 晩存晩起. 咱們依王夥計的話, 今个早些下店, 明天起大早是得.) <기착-육당 상:37b> ▼該當 ‖ 가회 졀노 하여 큰 상직을 보긔 하야 우리 마음이 씨원하갓다 우리도 넷 낫츨 도라보기여 참아 너을 쇡기지 못하갓다 (該當敎他吃大虧纔我們心裡過得去. 我們也看顧舊臉, 不忍揹[坑]你.) <기착-육당 하:36a> ⇒ 가이, 개이

【가히탄】 명 ((지리)) Cajetan (외래어).¶ 가히탄 (喀基炭 Cajetan) <만국통감1912 3>

【각게술이】 명 ((기물)) 가께수리(掛硯 かけすずり). 귀중품을 보관하기 위하여 여닫이 문안에 여러 개의 서랍을 설치한 작은 궤. 이 양식은 중국의 백안주(百眼廚)라는 가구에서 영향 받았고 명칭은 일본의 가케스즈리(かけすずり)에서 온 것으로 보인다. 부유한 가정의 안방과 사랑방에서 귀중품을 보관하기 위해 쓰이거나, 가끔 약장으로도 사용되었다. «증보산림경제»에서 '왜궤(倭櫃)'를 '갸게소리'라고 표기하였다. 흑칠장식을 한 것이 매우 아름답다. 형태는 표면에 유난히 철 장식이 많이 붙어 견고해 보인다. 가로 세로 40~50㎝ 정도의 손으로 들 수 있는 자그마한 궤에 속하며 대개 위판에 들쇠가 있다. (일본어 직접 차용어).¶ 용장 봉장 각게술이 ᄉᆡ방탁ᄌᆞ 화유문갑 슈경어황 인물체경 어거리장 반다지며 모란병 인물병 손슈병 가진 병풍 둘너난ᄃᆡ <황문-한고1920 6a> ⇒ 가계슈이, 각게슬니, 각계슈리, 각기소리, 갑게슈리, 갑겨슈리, 갑계슈리, ᄀᆡᆨ거수리

【각게슬니】 명 ((기물)) 가께수리(掛硯 かけすずり). 귀중품을 보관하기 위하여 여닫이 문안에 여러 개의 서랍을 설치한 작은 궤.¶ 각게슬니 (各啓所理) <군목-포진 16a> ⇒ 가계슈이, 각게술이, 각계슈리, 각기소리, 갑게슈리, 갑겨슈리, 갑계슈리, ᄀᆡᆨ거수리

【각계슈리】 명 ((기물)) 가께수리(掛硯, かけすずり). 귀중품을 보관하기 위하여 여닫이 문안에 여러 개의 서랍을 설치한 작은 궤. 이 양식은 중국의 백안주(百眼廚)라는 가구에서 영향 받았고 명칭은 일본의 가케스즈리(かけすずり)에서 온 것으로 보인다. 부유한 가정의 안방과 사랑방에서 귀중품을 보관하기 위해 쓰이거나, 가끔 약장으로도 사용되었다. «증보산림경제»에서 '왜궤(倭櫃)'를 '갸게소리'라고 표기하였다. 흑칠장식을 한 것이 매우 아름답다. (일본어 직접 차용어).¶ 각계슈리 <법한 1361> 용장 봉장 궤 뒤지 칙상 각계슈리 들뮈장 자긔함농 반다지 면경 체경 왜경ᄃᆡ 쇄금 들뮈 삼층장 계자다리 옷거리 용두머리 장목비 ᄲᆞᆼ농 그린 빗졉 고비 벽상의 거리두고 <춘향-동양 2:27b> ⇒ 가계슈이, 각게술이, 각게슬니, 각기소리, 갑게슈리, 갑겨슈리, 갑계슈리, ᄀᆡᆨ거수리

【각기소리】 명 ((기물)) 가께수리(掛硯 かけすずり). 귀중품을 보관하기 위하여 여닫이 문안에 여러 개의 서랍을 설치한 일종의 금고이다. 이 양식은 중국의 백안주(百眼廚)라는 가구에서 영향 받았고 명칭은 일본의 가케스즈리(かけすずり)에서 온 것으로 보인다. 부유한 가정의 안방과 사랑방에서 귀중품을 보관하기 위해 쓰이거나, 가끔 약장으로도 사용되었다. «증보산림경제»에서 '왜궤(倭櫃)'를 '갸게소리'라고 표기하였다. 흑칠장식을 한 것이 매우 아름답다. 형태는 표면에 유난히 철 장식이 많이 붙어 견고해 보인다. 가로 세로 40~50㎝ 정도의 손으로 들 수 있는 자그마한 궤에 속하며 대개 위판에 들쇠가 있다. (일본어 직접 차용어).¶ 千眼廚 ‖ 각기소리 (千眼廚) <역보-기구 44a> <방석-기용 3:10b> <과록-기명 76b> <중화-한고 1a> 천안쥬, 俗訓 각기소리, 言各格小裡也. 抽替츄체, 俗言舌盒셜합, 櫃之橫抽者. <명물-기용 3:6a> ⇒ 가계슈이, 각게술이, 각게슬니, 각계슈리, 갑게슈리, 갑겨슈리, 갑계슈리, ᄀᆡᆨ거수리

【간고드】 명 콩코드(Concord). (외래어).¶ 간고드 (堪喀德 Concord) <만국통감1912 3>

【간덴】 명 ((음식)) 간덴(寒天, かんてん). 일본 우무. (일본어 차용어). 미상.¶ 우무 ‖ 양우무 대신 간덴 (일본 우무)을 쓸 적에는 양우무 1봉에 간덴 1가락을 쓰는대 조희와 갓치 ᄋᆞᆲ고 넓게 맨든 간덴이면 양우무 2봉에 여ᄃᆞᆲ 장을 쓸 것 (우무를 쓰기 젼에 잘 씨슬 것) <서요 288>

【간-로스트】 명 간(肝)로스트(liver roast). (외래어).¶ 간로스트 ‖ 간 2나 3파운드 비계진 도야지 고기 4덤 넌진 (당근) (잘게 썰어셔) 1잔 파 (잘게 썰어셔) 1잔 감자 (잘게 썰어셔) 1잔 기름 2대슈가락 소곰 1쇼슈가락 채소를 기름에다가 복가셔 팬 바닥에다 둣겁게 ᄭᆞᆯ고 ᄲᅥ터를 조곰 노흔 후 간을 ᄭᅳᆯ는 물에 담갓다가 물을 ᄲᅢ이고 소곰과 호쵸 조곰을 문질너셔 채소 우에 놋코 칼노 간 우를 척척 에이고 그 벌어진 틈에다가 도야지고기를 집어너코 ᄭᅳᆯ는 물 1잔을 친 후에 두ᄭᅦᆼ을 덥고 보드럽게 되기ᄭᆞ지나 1½시 가량이나 닉히대 ᄭᅳᆯ일 적에 채소에셔 나온 물을 술々 ᄲᅮ릴 것 <서요 25>

【간식】 명 간색(看色). 견본. 물건의 질을 살펴보기 위하여 그 일부분을 보는 것. 또는 여러 가지 물건을 갖춘 것으로 보이려고 조금씩 내어 놓은 물건. (일본어 간접 차용어).¶ 견본 | 간식 | 간식죠 | 간식거리 | 감식 | 감식거리 <법한 473> 見本 ‖ 긔쥬집을 가셧소 | 간식을 봅시다 <일신-상업 266> ☞ 감식

【간식-거리】 명 간색(看色)거리. 견본으로 할 만한 것. 물건의 질을 살펴보기 위하여 그 일부분을 볼 만한 것. (일본어 간접 차용어).¶ 견본 | 간식 | 간식죠 | 간식거리 | 감식 | 감식거리 <법한 473> ☞ 간식죠, 감식거리

【간식죠】 명 간색조(看色條). 견본으로 할 만한 것. 물건의 질을 살펴보기 위하여 그 일부분을 볼 만한 것. (일본어 간접 차용어).¶ 견본 | 간식 | 간식죠 | 간식거리 | 감식 | 감식거리 <법한 473> ☞ 간식거리, 감식거리

【간쓰메】 명 ((음식)) 통조림. 간쓰메[罐詰, かんづめ]. (영)can+(일)詰. 변화 (영)can > (일)罐[kan]+詰[zume] > (일본어 차용어).¶ 간쓰메 (罐頭菜) <자통-음식 414>

【간쟈-말】 명 ((동물)) 간자말(qalǯan mori). 이마와 뺨이 흰 말. 중세몽고어 '간쟈(qalǯan)'의 차용어.¶ 간쟈말, 又曰"破臉馬". (線臉馬) <과록-금수 15b> ▼破臉馬 ‖ 이 아질게물 악대물 졀다물 공골물 오류마 구렁물 가리운물 셜아물 가라물 츄마물 고라물 쇠ᄂᆞ래 브튼 물 간쟈말 가라간쟈ᄉᆞ죡빅이물 도화잠불물 텰쳥총이물 코 뻔 물 암물 삿기 빈 말 골희눈물 ᄀᆞ래ᄂᆞᆫ 물 이 물이 쇠거름ᄀᆞ티 즈늑즈늑 것ᄂᆞᆫ다 (這兒馬、騸馬、赤馬、黃馬、鷰色馬、栗色馬、黑鬃馬、白馬、黑馬、鎖羅青馬、土黃馬、繡膊馬、破臉馬、五明馬、桃花馬、青白馬、豁鼻馬、騍馬、懷駒馬、環眼馬、劣馬, 這馬牛行花塔步.) <노언 하:8a> ※ 線臉曰問者. <경도잡지-풍속 마려> ⇒ 간쟈물

【간쟈-물】 명 ((동물)) 간자말(qalǯan mori). 이마와 뺨이 흰 말. 중세몽고어 '간쟈(qalǯan)'의 차용어.¶ 갼ᄌᆞ물 (線臉馬) <역보-주수 48a> <방석-주수 4:14a> 간쟈물 (線臉馬) <동해-주수 하:37a> <몽해-주수 하:31a> 간쟈물 (線臉馬) <방석-주수 4:14a> ▼破臉馬 ‖ 이 아질게물 악대물 졀다물 공골물 오류마 구렁물 가리운물 셜아물 가라물 츄마물 고라물 쇠ᄂᆞ래 브튼 물 간쟈물 가라간쟈 ᄉᆞ죡빅 도화잠불물 텰쳥총이 고 뻔 물 아물 삿기 빈 말 골회눈이 굴외ᄂᆞᆫ 물 이 ᄆᆞ리 쇠거름ᄀᆞ티 즈늑즈느기 건ᄂᆞᆫ ᄆᆞ리로다 (這兒馬、騸馬、赤馬、黃馬、鷰色馬、栗色馬、黑鬃馬、白馬、黑馬、鎖羅青馬、土黃馬、繡膊馬、破臉馬、五明馬、桃花馬、青白馬、豁鼻馬、騍馬、懷駒馬、環眼馬、劣馬, 這馬牛行花塔步.) <번노 하:9a> [칼쟈 모린] kalja morin ‖ 이 매야지물 블친물 졀다물 공골물 오류물 굴헝물 가리온물 셔라물 가라물 츄마물 고라물 간쟈물 가라간쟈四足白이물 도화잠불물 (dahan morin akta morin jerde morin konggoro morin keire morin kuren morin hailun morin suru morin kara morin sarala morin kula morin kalja morin kara kalja seberi morin cohoro morin) <청노 5:13b> ⇒ 간쟈말

【간쟈-ᄉᆞ죡빅】 명 ((동물)) 몸의 털 빛깔은 검고 이마와 네 발은 흰 말. 오명마(五明馬). '간쟈(qalǯan)'는 몽고어 차용어.¶ 간쟈ᄉᆞ죡빅 (五明馬) <역해-주수 하:28b> ⇒ 가라간쟈ᄉᆞ죡빅, 가라간쟈ᄉᆞ죡빅물, 가라간쟈ᄉᆞ죡빅이물, 가라간쟈四足白이물, 가라간져ᄉᆞ죡빅앳물, 가리간쟈ᄉᆞ죡빅

【간지개】 명 ((기물)) 간지개(ɤanǯuɤa). 길마의 앞뒤의 길맛가지와 둥우리를 꿰는 띠. 길마의 앞뒤 둥우리막대에 꿴 가죽오리. '간지개(ɤanǯuɤa)'는 몽고어 차용어. 만주어는 ganǯuhan.¶ 간지개 (稍繩) <한청-기용 5:23b> <몽보-안비 27a> ▼稍繩 ‖ 이 기ᄅᆞ마 구레 고돌개 가슴거리 돌애 등ᄌᆞ 기ᄅᆞ마가지 등울 등피 오랑 혀셔 쥬락 바구레 혁 밋마기 다ᄒᆞᆫ 곡비 쥬리올 ᄌᆞ가미 마함 쏨언치 채쩍 간지개 다 사다 (這鞍子、轡頭、鞦皮、攀胸、馬鞊、鞍橋子、鷹翅板、鐙折皮、肚帶、折舌、緹胸、籠頭、扯手、包糞、編繮、繮繩、兜頦、闡口、汗替、馬鞭子、稍繩, 都買了.) <노중 하:28b>

【간차지】 명 ((인류)) 간차지(趕車的). 수레 모는 사람. '지(的, de > di)'는 중국어 직접 차용어.¶ 간차지 ‖ 사람을 태우는 중국식 마차(馬車)의 차부(車夫). <큰사전 (1)1947 한글학회 69> 수레를 부리는 사람. 마부. 차부. <조선어-문1938 31> ⇒ 간챠지, 간ᄎᆞ지

【간챠지】 명 ((인류)) 간차지(趕車的). 수레 모는 사람. '-지(的 de > di)'는 중국어 직접 차용어.¶ 趕車的 ‖ 한즈음 후의 와셔 가져가라 명일의 면을 만히 쥰비ᄒᆞ리라 다만 암중인 쁜 아냐 우리 여러 간챠지와 마부를 모다 면을 먹이리라 (一會兒來取, 明日麵要多備些. 不但合庵的人, 就是咱們這些趕車看馬的, 都要給他們吃麵.) <홍부 5:24> ▼看車的 ‖ 나는 가가의 수리를 어드니 간챠지[수레 모는 사람]는 셩명은 뉴옥이라 (余得賈哥車, 看車的姓名劉玉也.) <서원 2:2a> ⇒ 간차지, 간ᄎᆞ지

【간ᄎᆞ지】 명 ((인류)) 간차지(赶車的). 수레 모는 사람. '지(的, de, di)'는 중국어 직접 차용어.¶ 赶車的 ‖ 간ᄎᆞ지 쟝쇼ᄂᆞᆫ 그 즘싱을 믈고 영부의 올식 왕원은 가쟝 규구를 아ᄂᆞᆫ지라 (趕車的張小便吆喝着, 那牲口就低着頭、使着勁往棠府來, 王元很知規矩.) <후홍 3:76> 나의 일량 쇼챠를 메워 가더 쟝과 즘싱을 모다 졍검ᄒᆞ여 즉시 림대야를 ᄉᆞ후ᄒᆞ고 간ᄎᆞ지가지 모다 대야의 곳의 머믈너 대령케 ᄒᆞ고 (把我那一輛軟替車兒套過去, 帷子、牲口通要檢點, 馬上就套起來, 送過去伺候林大爺, 連趕車的統留在大爺那裏使.) <후홍 5:89> 간ᄎᆞ지 병이 잇셔 슈유를 고ᄒᆞ고 도라가미 졸디의 온당ᄒᆞᆫ 간ᄎᆞ지를 엇지 못ᄒᆞᆫ지라 (因爲這趕車的有病告假回去了, 一會兒找不着個妥當趕車的.) <홍부 2:97> 쥬식뷔 몬져 챠를 타고 ᄌᆞ긔 가중의 일기 쇼챠환을 다리고 간ᄎᆞ지의게 분부ᄒᆞ여 몬져 화ᄌᆞ방의 집의 니ᄅᆞ러 져의 ᄆᆡᄌᆞ의 츌가ᄒᆞᆫ 집이 어내 곳의 잇나 ᄌᆞ세히 무ᄅᆞ라 ᄒᆞ니 (周家的便坐了車, 帶了自己家裏一個小丫頭, 叫赶車的先到花自

芳家裏, 問明他妹子嫁的人家住在那裏.) <홍보 7:70> 티평ᄎᆞ라 ᄒᆞ는 거순 빵박휘 수릐 우희 장독교 졔도로다 좌우 ᄉᆞ창 의낭 달고 거문빗 긴 ᄎᆞ양을 압흐로 버티이고 압치을 길게 ᄒᆞ여 죠흔 노식 매여 노코 압히 안즌 간ᄎᆞ지 놈 긴 치직을 ᄒᆞᆫ 번 더져 유에유에 ᄒᆞᆫ 소리의 풍우ᄀᆞ치 빠르고나 <연행-병인> ※ 赶車的야 오날 우리가 어ᄃᆡ 가 머믈깃ᄂᆞ뇨 (赶車的, 今兒箇咱們那裏住去呢?) <화계 상:5b> 네 가셔 우리 져 赶車的를 불너 짐싱을다가 메우고 밧비 가쟈 등의 혈 초도 넉넉히 두어 자루 가져라 (你去叫我那箇赶車的, 把牲口套上快些兒走罷. 點燈籠的蠟也多帶兩枝罷.) <화계 상:18a> 네 그 赶車的를 불너 져 車 휘장을다가 다 新新ᄒᆞᆫ 빗츠로 밧구고 져 名帖 拜匣도 車 속의 두고 所用ᄒᆞᆯ 믈건을 ᄒᆞᆫ 가지도 닛지 마라 (你叫那箇赶車的把那箇車圍子, 都換箇新新顏色罷, 那箇名帖拜匣也擱得車裏頭, 所用的東西一件也別忘罷.) <화계 하:18b> 또 一場 大風이 부러 술위 메운 짐싱이 눈을 ᄯᅳ지 못ᄒᆞ고 赶車的가 칫직을 드지 못ᄒᆞ니 엇지 가리오 (又刮一場大風, 套車的牲口睁不開眼睛, 赶車的拿不起鞭子, 如何走得開.) <화계 하:20b> ⇒ 간차지, 간챠지

【간타브리안】 명 ((지리)) 칸타브리아산(Cantabria山). 에스파냐 북쪽 비스케이 만 기슭을 따라 뻗은 산맥. (외래어).¶ 디형을 의론컨대 ᄉᆞ면에 산이 만흐니 북에는 간다브리안이란 산이 잇고 또 불란셔국 ᄉᆞ이에 피레니스ㅣ란 큰 산이 잇스며 동에는 아이비리안이란 산이 잇고 또 이보로ㅣ란 강이 디즁히로 통ᄒᆞ며 <사필1889-헐버트 42>

【간트우】 동 감두(砍頭). 목을 베다. '간트우(砍頭, kǎntóu)'는 중국어 직접 차용어.¶ 斬頭 ‖ 호싱이 손을 목의 다혀 목 버히는 형상을 ᄒᆞ야 골오ᄃᆡ 간트우 간트우 ᄒᆞ거놀 (胡擧手作割頭狀曰: "斬頭! 斬頭!") <서원 8:8b>

【갈나오】 명 ((지리)) 카야오(Callao). 남아메리카 페루 중부, 태평양 기슭에 있는 항구 도시. 페루에서 가장 큰 무역항이다. (외래어).¶ 도셩을 의론컨대 일흠이 릐마ㅣ니 나라ㅅ 셔편이오 또 바스고와 드루힐료와 갈나오와 남편에 거시고와 아리귀바ㅣ란 촌이 잇고 사롬의 픔ᄉᆞ수는 평등이오 <사필1889-헐버트 128>

【갈닐네아】 명 ((지리)) 갈릴리(Galilee). 고대 팔레스타인의 북단지역으로 지금의 이스라엘 북부에 해당되는 지역. 중심 도시는 나사렛이며, 예수가 활동한 중요 무대로서 성서와 관계 있는 유적이 많다. (외래어).¶ 셩 요셉은 유더아국 갈닐네아에 쇽ᄒᆞᆫ 나자릿 고올 사롬이니 본국 셩왕 다위의 이십륙ᄃᆡ 손이오 부친의 일흠은 야곱이니 비록 왕의 겨레나 임의 위롤 일흔 지 오래매 가난ᄒᆞ고 쳔흠이 빅셩으로 더브러 다롬이 업ᄂᆞᆫ지라 <쳠례-셩요셉 49a> ⇒ 갈닐니

【갈닐니】 명 ((지리)) 갈릴리(Galilee). 고대 팔레스타인의 북단지역으로 지금의 이스라엘 북부에 해당되는 지역. 중심 도시는 나사렛이며, 예수가 활동한 중요 무대로서 성서와 관계 있는 유적이 많다. (외래어).¶ 예수ᄭᅴ셔 부활ᄒᆞ시샤 뎨ᄌᆞ 보라 갈닐니로 몬져 가시니 영광일세 <그리스도회보 1913.3.31> 예루살넴 도회에나 벳올네헴 셩즁에나 흔히 가지 안으시고 갈닐니로 ᄒᆞᆼ샹 가샤 어부를 만히 불너 뎨ᄌᆞ들을 삼으시고 <연경-셔주가 36> ⇒ 갈닐네아

【갈론】 명의 ((도량)) 갤런(Gallon). 야드파운드법에 의한 부피의 단위. 1갤런은 1쿼트의 네 배, 1파인트의 여덟 배로 영국에서는 약 4.545리터, 미국에서는 약 3.785리터에 해당한다. (외래어).¶ 英國 米國 갈론(Gallon)瓦(水用) 붓셀(Bushel) (穀用) <백과신-송1926 495>

【갈아치】 명 ((인류)) 조선시대 정2품 이상의 벼슬아치가 출입할 때 긴요한 문서를 담아가지고 다니는 제구, 또는 그것을 끼고 앞서서 다니는 하인. '갈아치(garači)'는 몽고어 차용어.¶ 갈아치, 又曰"引路". (五百) <과록-사지 61a> ⇒ 가라치, 거러치

【갈지개】 명 ((조류)) 갈지개(qarčiqai, qarčiɤai). 사냥용으로 기르는 한 살 된 매. 몸은 갈색이며 어두운 빛깔의 세로무늬가 있음. 갈지개> 할챠개. (중세몽고어 차용어).¶ ※ 鷹, 曷之箇. <신증응골방> 黃鷹, 加乙之介 <응골방-고본> ⇒ 갈지게, 갏지게

【갈지게】 명 ((조류)) 갈지개(qarčiqai, qarčiɤai). 사냥용으로 기르는 한 살 된 매. 몸은 갈색이며 어두운 빛깔의 세로무늬가 있음. (중세몽고어 차용어).¶ 鷹 ‖ 매 응, "海靑" 숑골; "老鷹" 댓두러기; "黃鷹" 갈지게 <훈몽-금조 상:8b /15b> 갈지게 (黃鷹) <역해-비금 하:25b> <화초-비금 25b> ⇒ 갈지개, 갏지게

【갏지개】 명 ((조류)) 갈지개(qarčiqai, qarčiɤai). 사냥용으로 기르는 한 살 된 매. 몸은 갈색이며 어두운 빛깔의 세로무늬가 있음. 갈지개> 할챠개. (중세몽고어 차용어). ¶ 鷹ᄋᆞᆫ 갏지게 類오 鶻ᄋᆞᆫ 松鶻類라 <월석 23:44> ⇒ 갈지개, 갈지게

【감보듸아】 명 ((지리)) 캄보디아(Cambodia). 동남아시아의 인도차이나 반도 동남부에 있는 공화국. 태평양 전쟁이 끝난 후 프랑스에서 독립하여 왕국이 되었다가 1955년 공화제로 되었다. (외래어).¶ 셔남에 감보듸아ㅣ란 도가 잇스니 읍니 일흠이 브롬이오 블란시국 관원이 다ᄉᆞ리ᄂᆞ니라 <사필1889-헐버트 82>

【감식】 명 간색(監色). 견본. 물건의 질을 살펴보기 위하여 그 일부분을 보는 것. (일본어 간접 차용어).¶ 견본 | 간식 | 간식죠 | 간식거리 | 감식 | 감식거리 <법한 473> ☞ 간식

【감식-거리】 명 감색(監色)거리. 견본으로 할 만한 것. 물건의 질을 살펴보기 위하여 그 일부분을 볼 만한 것. (일본어 간접 차용어).¶ 견본 | 간식 | 간식죠 | 간식거리 | 감식 | 감식거리 <법한 473> ☞ 간식죠, 간식거리

【감토-프ᄌᆞ】 명 ((상업)) 감투포자(-鋪子) 모자(帽子) 가게. '프ᄌᆞ(鋪子, pùzi)'는 중국어 직접 차용어.¶ 帽舖 ‖

졈팡의 드러 됴반ᄒᆞ고 당ᄎᆞᆺ 써나려 ᄒᆞᆯ시 감토 ᄑᆞ지 문밧긔 잇다 ᄒᆞ거놀 (至何處站房也, 家君進朝飯少許, 仍命駕, 余聞帽鋪在門外.) <서원 3:38b>

【감-푸딍】 ((음식)) 감푸딩(Persimmon pudding.). (외래어).¶ 감 푸딍 ‖ 연감 1잔 우유 1잔 소곰 조곰 쌔터 (녹인 것) 1대슈가락 소다 2쇼슈가락 사탕 1잔 밀가루 1잔 피닐나 1쇼슈가락 이 모든 것을 함께 석고 잘 져어셔 팬이나 굽는 그릇에 담고 즁탕해셔 1시 동안 구어 가지고 더운 대로 먹으랴면 더운 쏘스와 갓치 먹고 식혀셔 먹으랴면 크림과 갓치 먹을 것 <서요 106> ☞ 건포도푸딍, 기우리가루푸딍, 밥푸딍, 사과푸딍, 예수탄일실과푸딍, 킹스푸딍

【갑게슈리】 명 ((기물)) 가께수리(掛碩 かけすずり). 귀중품을 보관하기 위하여 여닫이 문안에 여러 개의 서랍을 설치한 작은 궤. 이 양식은 중국의 백안주(百眼廚)라는 가구에서 영향 받았고 명칭은 일본의 가케스즈리(かけすずり)에서 온 것으로 보인다. 부유한 가정의 안방과 사랑방에서 귀중품을 보관하기 위해 쓰이거나, 가끔 약장으로도 사용되었다. «증보산림경제»에서 '왜궤(倭櫃)'를 '갸게소리'라고 표기하였다. 흑칠장식을 한 것이 매우 아름답다. 형태는 표면에 유난히 철 장식이 많이 붙어 견고해 보인다. 가로 세로 40~50㎝ 정도의 손으로 들 수 있는 자그마한 궤에 속하며 대개 위판에 들쇠가 있다. (일본어 직접 차용어).¶ 솨금들미[이] 삼층장과 갑게슈리 왜함 속의 쉬려 담아 너흔 의복 거풍ᄒᆞ여 도로 노코 <월봉산상ᄉᆞ가> ⇒ 가계슈이, 각게술이, 각게슬니, 각계슈리, 각기소리, 갑겨슈리, 갑계슈리, ᄀᆡᆨ거수리

【갑겨슈리】 명 ((기물)) 가께수리(掛碩 かけすずり). 귀중품을 보관하기 위하여 여닫이 문안에 여러 개의 서랍을 설치한 작은 궤. (일본어 직접 차용어).¶ 鎖金들미 二層帳에 紫盖函籠 반다지며 倭鏡臺 갑겨슈리 靑銅火爐 젼 大也를 여긔 노코 져긔 노코 山水屛風 둘너ᄂᆞᆫᄃᆡ <계우사-악부 1:534> ⇒ 가계슈이, 각게술이, 각게슬니, 각계슈리, 각기소리, 갑게슈리, 갑계슈리, ᄀᆡᆨ거수리

【갑계슈리】 명 ((기물)) 가께수리(掛碩, かけすずり). 귀중품을 보관하기 위하여 여닫이 문안에 여러 개의 서랍을 설치한 작은 궤. (일본어 직접 차용어).¶ 목긔푸리 볼작시면 장농 뒤지 궤 그릇과 쥬홍금칠 피상ᄌᆞ며 층찬합 갑계슈리 교의 탁ᄌᆞ 교ᄌᆞ샹과 ᄎᆡᆨ상경ᄃᆡ 벼로샹과 ᄌᆞᄀᆡ 박은 반다지면 빗통 쟝식 옷함이오 <연행-병인> 셰간긔명 볼작시면 농장 봉장 궤 두리ᄎᆡᆨ상 갑계슈리 들믜장 작ᄀᆡ함농 반다지 면경 체경 왜경ᄃᆡ며 <남원 2:5a> ⇒ 가계슈이, 각게술이, 각게슬니, 각계슈리, 각기소리, 갑게슈리, 갑겨슈리, ᄀᆡᆨ거수리

【갑안】 명 ((기물)) 가방. 물건을 넣어 들고 다니게 만든 용구. 鞄(かばん kabas). (네덜란드어에서 온 일본어 차용어).¶ 皮包 ‖ 내 ᄒᆞᆫ ᄀᆡ 갑안과 ᄒᆞᆫ 자루 양산을 사고져 ᄒᆞ오 (我要買一個皮包和一把旱傘.) <화정 86> 삼십만 량을 밧아서 자긔 갑안 속에다 너엇더니 <독립신문 1897.4.24> ⇒ 가방, 갑옹

【갑옹】 명 ((기물)) 가방. 물건을 넣어 들고 다니게 만든 용구. 鞄(かばん kabas). (네덜란드어에서 온 일본어 차용어).¶ 갑옹. 들고 다니는 지갑 (valise) <영한1890 276> 적은 갑옹. 지갑 (satchel) <영한1890 224> ⇒ 가방, 갑안

【개스웨리】 명 ((동물)) 미상. (외래어).¶ 즘승은 양이 텬하에 뎨일 만코 됴흔 몰과 쇼와 도야지와 깅그루와 [깅그루 모양은 쥐와 ᄀᆞᆺ고 크기는 개와 ᄀᆞᆺ고 압ㅅ다리는 쟈르고 뒤ㅅ다리는 길어 것지 못ᄒᆞ고 ᄯᅱ며 가슴에 큰 주머니가 잇서 다라날 때면 ᄉᆡᆺ기를 담아 가지고 ᄯᅱᄂᆞ니라] 떡빌과 [수달피 모양이오 입은 오리 ᄀᆞᆺᄒᆞ니라] 입더릭스와 [놀개 업는 새니라] 라야와 [봉황인 듯ᄒᆞ다] 개스웨리며 [오스드리쥐와 모양이 ᄀᆞᆺ고 털은 길즘승과 ᄀᆞᆺᄒᆞ니라] 이 몃 즘승은 온 텬하에 이 짜헤만 잇ᄂᆞ니라 <사필1889-헐버트 155>

【개이】 부 해(該). 마땅히. '해(該, gāi)'는 중국어 직접 차용어.¶ 該 ‖ 너가 너을 벌치 아니하면 무익하다 이은 피치 못할 것시라 개이 엇지하여야 합실하갓너니 청컨된 너의 인역이 말하여라 (不罰你罷, 這个小不得的. 該怎嗎着纔合案呢? 請你呢各人說罷.) <기착-육당 하:35a> ⇒ 가이, 가회

【갸군】 명 협곤(夾棍). 주리를 틂. '갸군(夾棍, jiāgùn)'은 중국어 직접 차용어.¶ 네 얼굴 가지고 번득엿다가 길ᄉᆞ의 궛것놈이 왓다 ᄒᆞ고 된 칼 메워 옥의 ᄂᆞ리왓다가 갸군을 맛디거나 ᄒᆞ지 공쥬의 쏭이나 ᄎᆞ이랴 <서유-연세 13:9>

【갸군-ᄒᆞ-】 동 협곤(夾棍)하다. 주리를 틀다. 갸군(夾棍, jiāgùn)'은 중국어 직접 차용어.¶ 갸군ᄒᆞ고 티ᄂᆞᆫ 나모(杠子撞) <역해-형옥 상:66b> 이 몹쓸 갸군ᄒᆞᆯ 도적놈아 <서유-연세 3:43>

【갸슈-물】 명 개숫물. 설거지 하는 물. '갸슈'는 '갸슈(家事, jiāshì)'에서 온 중국어 직접 차용어.¶ 구졍물 | 갸슈물 <법한 834> ⇒ 가슈물

【갸슈-통】 명 ((기물)) 설거지통. 식기 씻는 불을 넣는네 쓰는 통. '갸슈(家事, jiāshì)'는 중국어 직접 차용어.¶ 갸슈통 <법한 835> ⇒ 가슈통

【갸ᄉᆞ】 명 ((기물)) 가사(家事 jiāshì). 세간. 그릇붙이. 집기. 사발, 접시 등의 식기류. '갸ᄉᆞ(家事, jiāshì)'는 중국어 직접 차용어.¶ 갸ᄉᆞ (家事) <어록-초 6b> <어록-개 9b> ▼椀楪 ‖ 지븨 가 ᄒᆞ니 수졔 섯드러 잇고 ᄎᆞᆷ너 섯버므러 잇고 즁님낸 다 나가시고 갸ᄉᆞ롤 몯다 설어젯더이다 (……椀楪收拾, 猶未得了.) <월석 23:74b> 갸ᄉᆞ ᄃᆞ론 게 죵이 나 예 오ᄂᆞ니라 다 물이고 말리라 <순천김씨-65 1550-92 신천강씨(어머니) ↓순천김씨(딸)> 갸ᄉᆞᄂᆞᆫ 오놀 언죵이롤 한부의게 가 바다 가라 ᄒᆞ엿다니 바다 갓던가 손님이 열세 분이 가시니 아라셔 출호소 <현풍곽씨-25 /진하-112 17c전기 곽주(남편) ↓진주하씨(아내)>

【갸우본】 명 구본(勾本). 본전이 됨. 밑지지 않음. '갸우본(勾本, gòuběn)'은 중국어 지접 차용어.¶ 勾本 ‖ 우리

지의방 이르러 갸우본의 딕은으로 파라 ᄂᆡ어면 ᄯᅩᄒᆞᆫ 어려우미 읍다 (到我們他方剛勾本賣到現銀子, 就也倒沒有難.) <학청 16a> 우리 디방의 니르러 갸우본의 자리 파라 직은이 되면 ᄯᅩ 도리어 어러움 업갓다마은 (到我們他方剛勾本賣到現銀子, 就也倒沒有難.) <니귀 14b>

【갸ᄌᆞ】 명 ❶ ((기물)) 가자(架子). 시렁. 선반. '갸ᄌᆞ(架子, jiàzi)'는 중국어 직접 차용어.¶ 매갸ᄌᆞ의셔 ᄂᆞ다, 박납(撲拉) <물명괄-조수 10b> ▼架 ‖ 매 갸ᄌᆞ (鷹架) <동해-전어 하:12a> 누록 ᄠᅴ오ᄂᆞᆫ 갸ᄌᆞ (燻架) <한청-실가 9:74b> ᄉᆞ괴 ᄀᆞ장 후의 져근 합을 내여 ᄀᆞᄅᆞ되 원컨대 져근 실과를 드려 잔을 권ᄒᆞ여지라 ᄒᆞ고 여니 조ᄊᆞᆯ ᄀᆞᄐᆞᆫ 금으로 ᄆᆡᆫ든 져근 갸ᄌᆞ의 큰 진쥬 빅여 개를 엿거시니 모든 사ᄅᆞᆷ이 제 드린 거시 져근가 ᄒᆞ여 붓그려 져상ᄒᆞ여 ᄒᆞ더라 (師最後至, 出小合曰: "願獻少果核侑觴." 啓之, 乃粟金蒲萄小架, 上綴大珠百餘, 衆慚沮.) <송요 9:43b> ▼架子 ‖ ᄯᅩ ᄉᆞᄉᆞ로 옥쳑누 세 ᄌᆞ롤 ᄲᅧ 알ᄯᅬ 돌고 ᄯᅩ 쥬홍 갸ᄌᆞ롤 ᄆᆡᆫᄃᆞ라 옥쳑과 금여의롤 담고 (又打造一箇朱紅龍架, 將玉尺、金如意放在其上.) <평산 1:73> ▼書架 ‖ ᄌᆞ방이 누에 올나가 두루 보니 잣녁 갸ᄌᆞᄂᆞᆫ 셔칙뉴요 옷녁 갸ᄌᆞᄂᆞᆫ 뉴국 글월이며 모든 ᄆᆞ올 간ᄒᆞᄂᆞᆫ 글월이라 (子房登樓閑玩, 只見左壁一帶書架上, 盡是石刻竹簡, 右壁一帶書架上, 盡是各處進來文策.) <서한-국중 5:5> 중인이 길흘 틔오거ᄂᆞᆯ 현셩이 죵 둔 갸ᄌᆞ 뒤흐로 ᄀᆞᄅᆞ치니 (衆人讓開一條路, 玄成指引手下到鐘架子後面.) <수유-동방 2:65> ▼架兒 ‖ 도인을 블러 여러 뭇 집흘 가져오라 ᄒᆞ야 뎐 안 동븍편 죵 둔 갸ᄌᆞ 뒤히 어득ᄒᆞ고 ᄇᆞ람이 업ᄉᆞ니 거긔 집흘 ᄭᆞ라 머믈게 ᄒᆞ라 ᄒᆞ고 힝니롤 여니 두 필 노듀쥬와 ᄒᆞᆫ 볼 ᄌᆞ포와 공문 ᄒᆞᆫ 댱과 십수 냥 은이 잇거ᄂᆞᆯ (多取兩束穰草來, 就在那殿東北上鐘架兒後頭, 黑暗些的去處, 沒有風來, 打一箇草鋪, 便好睡了.) <수유-동방 2:60> 문 왌히 황보더픈 갸ᄌᆞ 일곱이 잇거ᄂᆞᆯ ᄉᆞ룸이 그 보롤 들고 본즉 다 옥긔오 <열하긔> ᄯᅩ 소음과 비단으로 ᄊᆞᆫ 궤의 너코 민 우히 옥 너흔 궤는 옷함갓치 ᄒᆞ고 다홍 방ᄉᆞ쥬 보의 ᄊᆞ고 말 만ᄒᆞᆫ 궤ᄂᆞᆫ 쇠도 아조 ᄭᅮ며 ᄒᆞᆫ 끈의 둘을 노셔 갸ᄌᆞ의 빅관이 시위ᄒᆞ여 거동 일체로 오ᄂᆞᆫ디 <됴대비입궐일긔-한고 1819> ❷ 또는 가지가 늘어지지 않도록 밑에서 받쳐 세운 시렁.¶ 곳 갸ᄌᆞ (花架) <한청-화 13:45a> 포도 갸ᄌᆞ (葡萄架) <한청-과품 13:8a> ▼架 ‖ ᄒᆞᆫ ᄯᅴ 대숩과 쟝미 갸지 둘넛거ᄂᆞᆯ (見是一帶竹屏, 滿架薔薇正開放得十分爛漫.) <후수 9:61> 션상이 화원 경치 비상ᄒᆞ믈 흠션ᄒᆞ여 한가로이 거러 장하 갸ᄌᆞ 밋치 나오니 조고만 졍지 잇ᄂᆞᆫ지라 <선진 15:55> 션상이 즈레 월낭을 지나 향 ᄭᅩ존 곳을 보고 모흘 도라 장미 갸ᄌᆞ 겻히 니ᄅᆞ러 먼니 보니 쥬렴 안히 등광이 빗최거ᄂᆞᆯ (當下張善相徑進東廊, 見揷香處, 便轉彎抹角, 行到薔薇架側, 遠遠見朱簾之內, 燈光燦亮.) <선진 16:23> 장미 갸ᄌᆞ 겻히 구숑이 잇셔 <명행 19:5> 동산으로 말미암아 명당 포도 갸ᄌᆞ 밋히 숨어 잠간 보고 즉시 나가라 <유이 19:41> 포도 ‖ …봄의 눈 녹은 후 갸ᄌᆞ의 올니면 ᄒᆞᆫ가지로 몰나 죽ᄂᆞᆫ 거시 업고 죵셰토록 무셩ᄒᆞ니 열닌 후 번엽을 업시ᄒᆞ야 풍노를 쏘이면 열ᄆᆡ가 크고 슈니 크ᄂᆞ니 셩미가 ᄉᆞ람의게 유익ᄒᆞ되 갸ᄌᆞ 밋히셔 술 먹지 말지니 버레 오좀이 ᄯᅥ러지면 ᄉᆞ람의게 히로오니라 <규합-정양완c 포도 3:28b-29a/274> ❸ 들것. 음식을 나르는 데 쓰는 들것.¶ 轎子 ‖ 轎, 華音걒, 俗轉갸ᄌᆞ, 一曰食輿. <명물-주차 3:18b> 갸ᄌᆞ (食輿) <물보 하:6> <물명괄-주차 19b> <물명고-서강 주차 12b> <문류-기용 19a> ▼槓 ‖ 즉시 여라믄 가동을 분부ᄒᆞ야 보아 갸ᄌᆞ롤 출혀 (當下着十數個家僮, 準備袱包短槓.) <손방 3:132> 댱공이 황망이 외경의 돗글 여러 태감을 마ᄌᆞ 졉디ᄒᆞ며 쥬방의 븐부ᄒᆞ여 갸ᄌᆞ 멘 궁노롤 후디ᄒᆞ라 ᄒᆞ고 <완월 170:63> ⇒ 갸지

【갸ᄌᆞ-군】 명 ((인류)) 가자군(架子軍). 갸자꾼. 갸자로 물건을 나르는 사람. '갸ᄌᆞ(架子, jiàzi)'는 중국어 직접 차용어.¶ ᄉᆞ령 이명 ᄉᆞ환군 오명 갸ᄌᆞ군 ᄉᆞ명 각 목 일필 <동궁마마풍용필강ᄒᆞ오신ᄂᆡ외샹격별긔>

【갸지】 명 ((기물)) 가자(架子). 시렁. 선반. '갸지(架子, jiàzi)'는 중국어 직접 차용어.¶ 갸지 | ᄆᆡ갸지 <법한 1060> ⇒ 갸ᄌᆞ

【거거】 명 ((인류)) 가가(哥哥, gēge). 형(兄). 형(兄). 오빠. 중국어 차용어로, 주로 여성이 손위 남자 형제를 이르는 말로 사용된다. (중국어 직접 차용어).¶ 거거 ‖ 오리비 <옛말풀이-우한 23b> 거ː ‖ 너 오라비 <문자책-서울 75> ▼哥哥 ‖ 아비롤 브ᄅᆞ기롤 나오대라 ᄒᆞ고 어미롤 마ː라 ᄒᆞ고 형을 거ː라 ᄒᆞ고 죵을 방지라 ᄒᆞ고 안해롤 ᄂᆡː라 ᄒᆞ고 ᄯᆞᆯ을 챵다외라 ᄒᆞ니 챵다외ᄂᆞᆫ 도적이란 말이라 (呼父爲老大, 呼母爲媽媽, 呼兄爲哥哥, 呼奴爲幇子, 呼妻爲奶奶, 呼女爲强盜.) <서원-총목 60a> 져도 셩이 뉴요 너도 셩이 뉴니 져롤 거ː라 브ᄅᆞ미 올타 ᄒᆞᆫ대 (彼姓柳爾姓劉, 柳劉音相似, 喚彼爲哥哥可也.) <서원 3:17a> 댱비 왈 이런 촌부롤 므ᄉᆞ일 거게ᄉᆞː로 가리오 사롬을 보내여 블러오라 (張飛曰: "量一村夫, 何必哥哥自去, 可使人喚來便了.") <삼국-가정 12:85> 수쉬 우리 거거란 듕히 아니 너기고 ᄀᆞ만이 집으로 도라가니 이 엇딘 도리오 (嫂嫂不以俺哥哥爲重, 私自歸家, 是何道理?) <삼국-가정 20:22> 다만 내 이번 오기ᄂᆞᆫ 일즉 화롤 피ᄒᆞ고 일즉 ᄯᅩ ᄒᆞᆫ 일이 이셔 거거의 청ᄒᆞ려 오미라 (只是我此來一則避禍, 二則還有一事要累哥哥.) <옥교-동경 3:13> 거게야 어이 ᄒᆞᆫ 말도 통티 아니ᄒᆞ고 이리 ᄃᆞ라난다 내 특별이 잡으라 왓노라 (好哥哥, 通知也不通知聲, 竟走了. 如今我特來抓你哩!) <수유-동방 11:68> 거ː야 우리도 다 됴핫고 셩군도 와 계시니 우리 드러가 져 못쓸 요괴년을 잡쟈 (哥哥, 去打那潑賤去!) <서유-연세 8:36> 거거ᄂᆞᆫ 옛글을 보지 못ᄒᆞ여ᄂᆞᆫ지라 셩호의 어디 두 자 셩이 업ᄉᆞ리오 ᄒᆞ고 슈지 겨르거ᄂᆞᆯ (哥哥不曾讀書, 百家姓後有一句"上官歐陽".) <서유-영남 11:34-87> 거ː야 쇼미 힝역ᄒᆞ미 곤

펍ᄒᆞ니 우리ᄂᆞᆫ 곳 이 묘당의셔 헐식ᄒᆞ다가 다시 힝ᄒᆞ리라 (哥哥, 小妹走的乏倦, 咱且住廟裡歇息歇息再走.) <천리 2:55> 우리 구양 거〻와 경이뎨의 보검이 잇셔 무론 무ᄉᆞᆫ 동텰지믈ᄒᆞ고 한 번 둘너 끗ᄂᆞᆫ지라 (有歐陽哥哥, 丁二兄弟的寶刀寶劍, 切金斷玉, 無論甚麽樣銅鐵之物, 一揮而斷.) <충소 4:75> 또 져의 모친이 거거를 위ᄒᆞ여 쇽죄ᄒᆞᆷ을 헴ᄒᆞᄆᆡ ᄆᆡ우 쟝리ᄒᆞ니 능히 겻드러 쥬션 아니치 못ᄒᆞ리라 (又知他母親打算給哥哥贖罪, 很費張羅, 不能不幇着打算.) <홍루 120:9> 련이야의 년긔 만흐시ᄆᆡ 거게 되시리니 류대야ᄂᆞᆫ 이 셕상의셔 ᄌᆡ비지례를 힝ᄒᆞ시미 죠흐리라 (璉二爺年長是哥哥, 柳大爺, 就在這塊大石頭上面, 兩個磕個頭兒就完了.) <홍부 2:127> 내 급히 와 나의 식부를 블너 가고 또 몃 분 거거 슈ᄌᆞ를 청ᄒᆞ여 ᄒᆞᆷᄭᅴ 분망히 져의 ᄉᆞ랑ᄒᆞᄂᆞᆫ 몃 가지 의복과 슈식을 모다 져를 위ᄒᆞ여 닙히고 (我趕着來叫我家的去, 又央及幾位哥哥、嫂子去, 同着七手八脚的將他喜歡的那幾件衣服、首飾都替他穿上.) <홍부 14:15> 이 믈건은 곳 거게 듕가로ᄡᅥ 어든 거시니 거년의 존옹 노ᄃᆡ인도 또ᄒᆞᆫ 보아 계시니라 (這件東西, 是哥哥攤了大價兒得的, 去年尊翁老大人也見過的.) <속홍 19:30> 만일 너의 거〻를 구ᄒᆞ여 내면 ᄌᆞ연 죠흘 날이 이시리라 (若得把你哥哥救出, 自然有個好日子.) <여선 11:15> 거게 아죽 슈〻를 뎡치 못ᄒᆞ여시니 내 ᄆᆡ쟉이 되여 대ᄉᆞ를 요감케 ᄒᆞᆯ지라 (哥哥未定賢嫂嫂, 奴做冰人月老仙.) <옥천-수경 4:21b> ▼哥 ‖ 팔계 보고 놀나며 왈 거〻야 오룡이 〻 나히 되도록 이런 것슨 못 보아노라 (八戒看見心驚道: "哥啊! 我自爲人, 也不曾見這等個惡物! 是甚血氣生此禽獸也?") <서유-영남 7:50-63> 셜합 쇽의 쟉일의 림지효의 드려온 변리은 삼십 량을 너의 이거거를 쥬어 가져다가 송경ᄒᆞᄂᆞᆫ 쇼비를 숨게 ᄒᆞ라 (在抽屜內將昨日林之孝交進來的利銀三十兩交你二哥帶去, 做念經之費.) <홍부 2:54> ▼哥子 ‖ 져의 거거 뉴노애 경즁의셔 부직ᄒᆞᆷ을 기ᄃᆞ리시므로 모다 너각즁셔 잠노야의 곳의셔 ᄒᆞᆷᄭᅴ 우거ᄒᆞ며 (他的哥子劉老老爺在京補官, 都在內閣中書岑老爺那邊同寓.) <설월 17:4> 슈문 군식 드르ᄆᆡ 곳 져의 거거의 셩음이라 믄득 문을 여러 드러가게 ᄒᆞ니 (那守門卒聽是哥子聲音, 便開了放進.) <여선 30:54> 묘회 져의 거게 거의 픽ᄒᆞᆷ을 보고 ᄆᆞᆯ을 치치며 창을 들고 나ᄂᆞᆫ다시 와 싸홈을 도으니 (苗虎見哥子將敗, 拍馬挺槍, 飛來助戰.) <여선 34:29> ▼兄長 ‖ 거〻의 문지ᄂᆞᆫ 반고와 ᄉᆞ마천의셔 승ᄒᆞ고 왕쇼져의 화용은 월즁항아의 비ᄒᆞᆯ지라 (兄長文才高班馬, 世妹花容勝月娟.) <옥천-수경 4:21b> 복공지 댱손 샹공의 ᄌᆡ조를 채 보고져 ᄒᆞ야 짐줏 머믈워 쥬찬으로 ᄃᆡ졉ᄒᆞ며 시셔를 논란ᄒᆞ니 이러므로 거거 이셔 ᄯᅥ나디 못ᄒᆞ더이다 <옥지-연세 2:36> 내 가듕 경식을 보니 두 거거의 ᄯᅳᆺ이 크게 변ᄒᆞ고 가듕 비복지이 니랑 ᄃᆡ졉ᄒᆞ기를 견마ᄀᆞ티 ᄒᆞ니 셕일 야〻 싱시를 싱각ᄒᆞ매 엇디 슬프니 아니리오 <낙성 1:84> 우리 다 부모의 교익를 밧ᄌᆞ오니 인간의 낙ᄉᆞ를 알고 슬프믄 모르다가 일됴의 홍화를 당ᄒᆞ여 모친이 일야의 거거 등을 ᄯᆞᆯ오려 ᄒᆞ시니 <명보 4:26> 봉난소졔 부친과 거거의 병셰를 근심ᄒᆞ여 즉시 외당의 나와 삼뎨로 더브러 좌우벽을 허러 요예지물을 어더 너니 <윤하 4:59> 슬하에 비알ᄒᆞ고 기간 존후를 뭇ᄌᆞ온ᄃᆡ 부모와 거거 등이 ᄃᆡ경ᄒᆞ야 <반씨전 452> 인ᄒᆞ여 분ᄆᆡᄒᆞ니 냥 쇼졔 거〻의 와시믈 반기나 슉모의 졀치ᄒᆞ시믈 보ᄆᆡ 무류ᄒᆞ더니 <임화 16:16> 영쥐 ᄯᅩᄒᆞᆫ 거거의 녕구를 영결코져 모친을 ᄯᆞᆯ아 나와 <명보 1:266> 경히 쾌ᄒᆞ고 묘ᄒᆞ다 너 슈고 아냐셔 거거의 숀을 비러 플을 버히고 블희를 업시ᄒᆞ게 되니 <명행 30:24> 인눈을 속이며 음양을 변톄ᄒᆞ여 거거긔 득죄ᄒᆞ오미 만흔지라 <벽허 5:60> 어시의 박쇼졔 뉴졈검의 덕으로 경ᄉᆞ의 드러와 ᄌᆞ가 부즁의 니ᄅᆞ니 여러 거거들이 다 모다 쳐옴은 아지 못ᄒᆞ다 <유삼 10:9> 거거 등은 남직나 텬명이 임의 쇼ᄆᆡ로ᄡᅥ 지셩이걸ᄒᆞᆷ을 비취여시니 <화덩 7:56> 권낭청은 긔상이 여상ᄒᆞ온지 향념이오며 승ᄉᆞ 남촌 보너여 편지나 맛타 보너시옵소셔 거거 나려올거 잇ᄂᆞᆫ지 몰나 이거ᄒᆞ옵ᄂᆞ이다 <동싱-대전27 ↓오라바님> 덕의셔도 만안ᄒᆞ시고 도령님 …식이져 ᄒᆞ나 미비ᄒᆞᆫ 일 만하 답〻ᄒᆞ고 오월 초싱 거거 소식 드르니 ᄃᆡ수와 모 나가단 말은 듯고 ᄌᆞ셔ᄒᆞᆫ 쇼식 몰나 굼〻터니 고목 보니 다힝〻 ᄒᆞ다 이만 뎍ᄂᆞᆫ다 <유구하의게1902> 누의 왈 가쟝 쉬우니 거〻가 먼져 말을 너라 그 형 왈 보리ᄡᆞᆯ이 ᄆᆡ근ᄆᆡ근 누의 답왈 머귀열ᄆᆡ 동실 〻 <녀학ᄉᆞ편-한고1929 남ᄆᆡ고담 4a> ⇒ 가가, 가ᄀᆞ

【거러치】 명 ((인류)) 가라치. 정경(正卿) 이상의 관원이 출입할 때 긴요한 문서를 담아 가지고 다니는 제구. 또는 이것을 가지고 앞서서 다니는 하인. 종. '거러치(garači)'는 몽고어 차용어.¶ 隷 ‖ 거러치 예, 俗呼"皀隷", 又曰"牢子". <훈몽-인류 중:1b /1b> 즉시 시신을 명ᄒᆞ야 교ᄌᆞ ᄒᆞ나와 황냥산 ᄒᆞ나흘 가져다가 힝쟈를 티오고 냥산 바쳐 금위 나졸을 젼후의 옹위ᄒᆞ여 거러치 세워 벽졔ᄒᆞ고 요경을 잡으라 금광ᄉᆞ로 오니 만셩 ᄇᆡᆨ셩이 ᄃᆞ토아 굿보ᄂᆞᆫ 비치러라 (那當駕官卽備大轎一乘, 黃傘一柄, 錦衣衛點起校尉, 將行者八擡八綽, 大四聲喝路, 徑至金光寺. 自此驚動滿城百姓, 無處無一人不來看聖僧及那妖賊.) <서유-연세 9:42> 츄죵이 〻ᄇᆡᆨ 삼십여 명이오 알픠 긔 잡히고 블근 양산 밧치고 거러치 둘 세우고 다홍대단 〻녕의 션학 흉비 브치고 <죽천 2:54> ⇒ 가라치, 갈아치

【거비낸드쓰】 명 Covenanters (외래어).¶ 거비낸드쓰 (會盟 Covenanters) <만국통감1912 4, 3>

【거스다리가】 명 ((지리)) 코스타리카(Costa Rica). 중앙아메리카 남쪽에 있는 공화국. 1848년에 에스파냐에서 독립하였으며, 중남미에서 민주주의가 가장 잘 토착화되고 정치가 안정된 입헌 공화국이다. (외래어).¶ 센드랄 아메리까에 젹은 나라 다ᄉᆞᆺ시 잇스니 과데마라국과 혼두레스국과 산살베더국과 늬가라과국과 거스다리가

국과 ᄯᅩ 벨릐스ㅣ란 ᄯᅡ히니 [영국 속방] 폭원이 북위션 여ᄃᆞᆲ 듸그리브터 십팔 듸그리ᄭᆞ지요 <사필1889-헐버트 113>

【거우당】 명 구당(勾當). 일. '거우당(勾當, gòudang)'은 중국어 직접 차용어.¶ 勾當 ‖ 무슴 거우당이나 (甚嗎勾當罷?) <학청-한고 15a> ⇒ 구단, 구당

【거우리】 명 ((인류)) 고려(高麗)사람. 조선사람. '거우리(高麗, Gōulí)'는 중국어 직접 차용어.¶ (死)高麗 ‖ 왕형아 죽은 거우리란 말만 드러구나 그는 능치 못할 거스니 죽는 거우리만 ᄎᆞᄌᆞ 후루럭지 가거라 (王大哥, 寡聽見死高麗的話, 却就不能的, 寡我死高麗胡弄去罷.) <학청-한고 13b> 왕형아 니니 과팅 ᄉᆞ고례의 말 안 들러보왓다마은 ᄯᅩ 곳티디 못하리라 죽은 거우리만 ᄎᆞᄌᆞ가 후룽하여라 (王大哥, 你呢寡聽見'死高麗'的話, 却就不能的. 寡找'死高麗'胡弄去罷.) <니귀 18b> ⇒ 가오리, ᄀᆞ리

【거ᄋᆞ】 명 ((인류)) 가아(哥兒. 형(兄). 오빠. '가아(哥兒, gēr)'는 (중국어 직접 차용어).¶ 哥兒 ‖ 외면의 사ᄅᆞᆷ이 만흐미 긔미롤 맛기 어렵고 ᄒᆞ믈며 이런 더운 텬긔의 거ᄋᆡ 익이 견ᄃᆡ지 못ᄒᆞ여시니 만일 혹시 거ᄋᆡ 더러온 긔미의 샹ᄒᆞ면 도로혀 걱졍이 만흘가 ᄒᆞ노라 (外面的人多, 氣味難聞, 況是個暑熱的天, 哥兒受不慣, 倘或哥兒中了腌臢氣味, 倒值多了.) <홍루 29:46> 거ᄋᆞ야 너는 벼슬ᄒᆞ엿노라 닐너 핑도로 횡힝ᄒᆞ지 말나 (哥兒, 你別說你是官兒了, 橫行霸道的!) <홍루 45:27> ☞ 거거

【건셥숀】 명 ((지리)) 콘셉시온(Concepcion). 칠레 중남부에 있는 도시. 상공업 도시로 제철·화학·농축산물 가공 따위가 발달하였다. (외래어).¶ 셔편에 고김보와 이키크와 건셥숀과 발바라이소ㅣ란 포구가 잇고 미우 큰 포구 남편에 적은 셤이 삼십이며 <사필1889-헐버트 130>

【건포도-파이】 명 ((음식)) 건포도파이(乾葡萄-, raisin pie). '파이(pie)'는 (외래어).¶ 건포도 파이 ‖ 사탕 ½잔 건포도 2잔 끌는 물 1½잔 소곰 ¼쇼슈가락 레몬 약념 ½ 쇼슈가락 콘스타치 2대슈가락 호도 (원하면) ½잔 건포도를 끌는 물에 너허 5분 동안 ᄭᅳ리다가 사탕과 콘스타치를 셕고 ᄯᅩ 5분가량 닉힌 후에 불에셔 옴기고 레몬 약념과 소곰을 너코 파이 썹질에 담고 그 우에 파이 썹질을 덥흐대 칼노 몃 군대 금을 내여셔 김이 통하게 하고 누른 빗치 날 ᄯᅢᄭᆞ지 구을 것 <서요 139>

【건포도-푸딩】 명 ((음식)) 건포도푸딩(乾葡萄-, raisin pudding). (외래어).¶ 건포도 푸딩 (葡萄乾樸定) <조반> ☞ 감푸딩, 기우리가루푸딩, 밥푸딩, 사과푸딩, 예수탄일실과푸딩, 킹스푸딩

【걸넘비아】 명 ((지리)) 콜롬비아(Colombia). 남아메리카 대륙의 북서부에 있는 공화국. 1819년에 에스파냐에서 대(大)콜롬비아 공화국으로 독립하였고, 1830년 베네수엘라, 에콰도르가 다시 분리·독립하여 오늘에 이른다. (외래어).¶ 아메리ᄭᅡ에 각 디방과 각 나라는 가나다와 [앵길리국 속방이라] 뎬막아메리ᄭᅡ와 합즁국과 멕스고국과 센드랄아메리ᄭᅡ국과 셔인도와 걸넘비아국과 베네수일나국과 기아나와 쓰레실국과 엑궈도국과 비루국과 블늬비아국과 칠릐국과 아젠뎐합즁국과 바라궤국과 유루궤국이니라 <사필1889-헐버트 102>

【겁련구】 명 ((인류)) 겁련구(怯憐口, ger-ün kö'ü). 종이나 시녀. (중세몽고어 차용어).¶ ※ 怯憐口, «指南»自家人也 <고석-40 원명이학> ⇒ 겁령구

【겁령구】 명 ((인류)) 겁령구(怯怜口, ger-ün kö'ü). 종이나 시녀. (중세몽고어 차용어).¶ ※ 印侯, 本蒙古人, 初名忽刺歹, 齊國公主怯怜口[華言私屬人也]. <고려사-123 열전:36> ⇒ 겁련구

【ᄀᆞ리】 명 ((인류)) 고려(高麗)사람. 조선인. 'ᄀᆞ리(高麗, Gāolí)'는 중국어 직접 차용어.¶ 高麗 ‖ 왕형아 네 다만 주근 ᄀᆞ리 말만 드러보왓다만 그리도 몃 ᄀᆡ 산 사람이 잇너니라 너가 변문셔 몃 힛 댱사를 하엿기에 젼에 진실노 저울에 다르넌 물건을 사디 못하여시랴 (王大哥, 你呢寡聽見死高麗的話呢, 橫竪有幾个活的呢. 我却是在邊門上作過多少年的生意, 從前並沒有買過跑稱的東西麽?) <중화-아천 7b> ⇒ 가오리, 거우리

【게니벡】 명 케네벡(Kennebec). (외래어).¶ 게니벡 (克尼備革 Kennebec) <만국통감1912 4, 3>

【게다】 명 ((복식)) 일본인들이 신는 나막신. (일본어 차용어).¶ ᄭᅡ닥ᄭᅡ닥 게다 신고 ᄶᅡᆸ실ᄶᅡᆸ실 뎌긔 간다 <신민 109.10.20>

【게플너】 명 ((인명)) 케플러(Kepler). 독일의 천문학자(1571~1630). 화성에 관한 정밀한 관측 기록을 기초로 화성의 운동이 태양을 중심으로 하는 타원 운동임을 확인하고, 혹성의 운동에 관한 케플러의 법칙을 발견하는 등, 근대 과학 발전의 선구자가 되었다. (외래어).¶ 게플너 克配勒 Kepler <만국통감1912 3> ᄯᅩ 게플너가 텬문의 두어 가지 오묘ᄒᆞᆫ 리치를 엇엇ᄂᆞᆫ디 이 사ᄅᆞᆷ이 비록 학문이 뭇사ᄅᆞᆷ보다 ᄲᅵ여나나 <만국통감1912 4, 43>

【겨즉-ᄒᆞ-】 동 겨즉[在置]하다. 지나다. (이두어).¶ 낫 겨즉ᄒᆞ여 갓다가 너를 주마 (晌午些兒帶來給你啊.) <한어-한고 19a> 한시밧비 가고 십흔 마음으로 엇지 속히 거럿던지 한나잘 겨즉ᄒᆞ야 졔 집에를 당도ᄒᆞ고 입이 쩍 버러지고 눈이 툭 소슬 일이 싱겻ᄂᆞᆫ지라 <모란병 48>

【견괴-ᄒᆞ-】 동 견괴(見怪)하다. 괴이한 것을 보다. 탓하다. 나무라다. (중국어 간접 차용어).¶ 見怪 ‖ 왕이 놀나 ᄉᆞ례 왈 과인이 크게 잔치을 비셜ᄒᆞ여 ᄉᆞ례ᄒᆞᆯ 거시로ᄃᆡ 슐이 갓가이 잇시미 몬져 슈고ᄒᆞᆷ을 위로ᄒᆞ든니 잔을 더지시니 무ᄉᆞᆷ 견괴ᄒᆞ미 잇ᄂᆞᆫ가 ᄒᆞᄂᆞ이다 (行者聞說, 將金杯連酒望空一撇, 當的一聲響喨, 那箇金杯落地. 君王着了忙, 躬身施禮道: "莫不有見怪之意? 是寡人得罪了.") <서유-영남 31:49>

【견치우】 명 ((복식)) 견주(絹紬). 야생 누에에서 나온 실로 짠 얇은 견직물. '치우(紬, chóu)'는 (중국어 직접 차

용어).¶ 견치우 (絹紬) <화초-직조 21a>

【결과-ᄒᆞ-】 동 결과(結果)하다. 요절내다. 죽이다. (중국어 간접 차용어).¶ ▼斷送 ‖ 사ᄅᆞᆷ의 셩명을 가비야이 결과티 말고 날을 노하 니ᄅᆞ혀면 ᄒᆞᆯ 말이 이셰라 (不要把人性命斷送了.) <손방 3:96> ▼結果 ‖ 법보ᄅᆞᆯ ᄡᅳ지 아니면 져ᄅᆞᆯ 결과치 못ᄒᆞ리라 (不用法寶, 結果他不得!) <여선 5:18> 포ᄉᆞ안이 물 밧게 나와 져의 셩명을 결과코ᄌᆞ ᄒᆞ나 (鮑賜安本待出水結果這厮性命.) <녹모 4:3> ⇒ 결과ᄒᆞ-

【결과-ᄒᆞ-】 동 ❶ 결과(結果)하다. 요절내다. 죽이다. (중국어 간접 차용어).¶ ▼結果 ‖ 너 친히 가 져ᄅᆞᆯ 달니여 조켜 ᄒᆞ면 문득 조흘련니와 조케 아니할 ᄯᅢ의난 남군 취ᄒᆞ믈 기다리지 아니ᄒᆞ고 몬져 뉴비ᄅᆞᆯ 결과ᄒᆞ리라 (吾自去和他說話, 好便好, 不好時, 不等他取南郡, 先結果了劉備.) <삼국-모종 8:69> 당반게의 말이 그ᄅᆞ지 아냐 과연 즉시 ᄎᆞᄌᆞ오도다 그러ᄒᆞ나 ᄉᆞ이지ᄎᆞᄒᆞ여시니 숀을 졍지치 못ᄒᆞᆯ지라 너 음풍음긔ᄅᆞᆯ 발ᄒᆞ여 몬져 ː ᄅᆞᆯ 결과ᄒᆞ고 셔ː히 다시 와 당반게ᄅᆞᆯ 쳐치ᄒᆞ미 더듸지 아니ᄒᆞ리라 ("唐半偈之言不差, 果然就尋來了. 但事已至此, 住手不得, 待我將陰風陰氣先結果了他, 慢慢再來處他不遲.") <후서유 8:50-16> 요해 ᄒᆞ여곰 탄궁을 가지고 ᄯᅥ오ᄅᆞᄂᆞᆫ 쟈ᄅᆞᆯ 보면 믄득 져 셩명을 결과ᄒᆞ라 ᄒᆞ여 바라본 지 반일의 겨유 일긔가 ᄯᅥ오ᄅᆞ거ᄂᆞᆯ (瑤華令阿巧張着彈弓, 見有浮起者, 便結果他性命. 望了半日才浮了一個起來.) <요화 18:3> 치쥐 하령ᄒᆞ여 져의ᄅᆞᆯ 거ᄂᆞ리고 산샹으로 오라 ᄒᆞ여 져의 셩명을 결과ᄒᆞ려 ᄒᆞ신다 (寨主有令, 將他們帶到山上, 結果他們的性命.) <충소 4:23> 긔ᄌᆞ뷔 나와 원쉬라 너희 길히셔 긔회ᄅᆞᆯ 타 져의 셩명을 결과[죽인단 말이라]ᄒᆞ[고] (並無別事, 只因祁子富同我有仇, 不過望你二位在路上代我結果了他.) <분장 2:149> 졍히 니런 일이 이실진ᄃᆡ 단졍코 놋치 못ᄒᆞ리니 너의 냥인이 모다 가거든 져의ᄅᆞᆯ 결과ᄒᆞ고 쇽히 도라오라 (竟有這等事! 那是斷斷放不得的. 莫若你二人回去, 將他等結果, 急速回來.) <충협 17:62> 너희 이인도 림츙이 태위와 혐의 잇ᄂᆞᆫ 것은 알니니 내 이제 태위 균지ᄅᆞᆯ 밧아 십량 금ᄌᆞᄅᆞᆯ 몬져 주나니 너ᄂᆞᆫ 굿ᄒᆞ여 멀니 가지 말고 고요ᄒᆞᆫ 곳에 가 림츙을 결과ᄒᆞ고 도라오면 뒤 일은 태위 다 담당ᄒᆞ리라 (你二位也知林冲和太尉是對頭, 今奉着太尉鈞旨, 敎將這十兩金子送與二位, 望你兩個領諾. 不必遠去, 只就前面僻靜去處, 把林冲結果了, 就彼處討紙回狀, 回來便了.……太尉自行分付, 并不妨事.) <수호-신문 1:7:79> 대관인은 집에 가셔 독약 ᄒᆞᆫ 봉을 갓다가 낭ᄌᆞᄅᆞᆯ 줄진댄 ᄒᆞᆫ 쳡 심통의 먹ᄂᆞᆫ 약을 짓고 비상을 약에 너허 달여 뎌 놈의 셩명을 결과ᄒᆞᆫ 후에 (大官人家裏取些砒霜來, 却敎大娘子自去贖一帖心疼的藥來, 把這砒霜下在裏面, 把這矮子結果了.) <수호-신문 2:24:77> 이 ᄯᅩᄒᆞᆫ 고이ᄒᆞᆫ 일이로다 나의 살지기ᄅᆞᆯ 기ᄃᆞ려 결과ᄒᆞ려 ᄒᆞᆷ인ᄀᆡ 이러ᄒᆞᆫ 불분명ᄒᆞᆫ 쥬식을 내 어이 먹으리오 (却又作怪! 終不成將息得我肥胖了, 却來結果我? 這個鳥悶葫蘆敎我如何猜得破? 這酒食不明, 我如何吃得安穩?) <수호-신문 2:27:119> ❷ 결과(結果)하다. 장사(葬事) 지내다. 죽은 사람을 땅에 묻거나 화장하다.¶ ▼結果 ‖ 내 남져지 믈건이 한이 이시니 나 죽기ᄅᆞᆯ 기다려 나 결과ᄒᆞᄂᆞᆫ ᄃᆡ ᄡᅳ게 ᄒᆞ고 (我所剩的東西也有限, 等我死了做結果我的使用.) <홍루 107:40> ⇒ 결과ᄒᆞ-

【결외】 명 ((조류)) 결외(kirɤui, kirgüi). 새매. (중세몽고어 차용어).¶ ※ 鷂子, 結外 <응골방-고본> 鷂, 結外 <응골방-신증> ⇒ 결의, 결의새

【결의】 명 ((조류)) 결의(kirɤui, kirgüi). 새매. (중세몽고어 차용어).¶ 결의 (鷂) <물명-류씨 1:5 우충> 결의, 梵語. "阿黎耶". (鷂) <물명고-문통 우충 1:6b> 결의, 鷂. (負雀) <물명고-문통 우충 1:6b> 결의, 鴟類之善博者. (鷂) <광보-금 산금> ⇒ 결외, 결의새

【결의-새】 명 ((조류)) 새매. '결의(kirɤui, kirgüi)'는 중세몽고어 차용어.¶ 鳥, 一名晨風, 鷂屬, 새매·결의새 (鸇) <신자 4:51a> ⇒ 결의, 결외

【고고이모】 명 ((식물)) 고고이모(古古伊毛). 고구마. (일본어 차용어).¶ 고고이모 ‖ 孝行藷를 日本語로 닑는 音 <조선-심 13>

【고김보】 명 ((지리)) 코킴보(Coquimbo). 남아메리카 칠레 중부 산티아고 북쪽에 있는 항구 도시. (외래어).¶ 셔편에 고김보와 이키크와 건셥숀과 발바라이소ㅣ란 포구가 잇고 미우 큰 포구 남편에 젹은 셤이 삼십이며 <사필1889-헐버트 130>

【고기셔스】 명 ((지리)) 코카서스(Caucasus). 카프카스의 영어 이름. 흑해와 카스피해 사이의 지역.러시아, 그루지야, 아제르바이잔, 아르메니아 등의 여러 나라가 접하여 있는 동서 교통의 요충지. (외래어).¶ 동에는 유랄이란 산이 잇고 남에는 기스비안 블럭이란 두 못 ᄉᆞ이에 고기셔스ㅣ란 산이 잇고 ᄯᅩ 큰 강이 잇스니 볼가ㅣ란 강은 기스비안 못세로 통ᄒᆞᆫ 포구ㅣ오 <사필1889-헐버트 15>

【고기션】 명 ((지리)) 코카서스(Caucasus). (외래어).¶ 엇던 이들은 셔북에로 가니 이는 유로바 ᄯᅡ히라 이 사ᄅᆞᆷ들을 고기션이라 일홈ᄒᆞ니 고기션ㅅ 사람들은 살ㅅ빗치 희며 털ㅅ 빗흔 검으ᄃᆡ 북편ㅅ 사ᄅᆞᆷ들은 노르며 눈ㅅ 빗흔 다 푸르고 <사필1889-헐버트 11>

【고ᄂᆞ러】 명 ((동물)) 고라니. 노루의 일종. 몸이 작으며 뿔이 없다. 몽고어 'ɤuran', 만주어 'gūran'의 차용어.¶ 고ᄂᆞ러 포 (麅) <음첩c 58a> ⇒ 고ᄂᆞ리, 고라니, 고란이, 고랑이

【고ᄂᆞ리】 명 ((동물)) 고라니. 노루의 일종. 몸이 작으며 뿔이 없다. 몽고어 'ɤuran', 만주어 'gūran'의 차용어.¶¶ 고ᄂᆞ리 포 (麅) <음첩a 71a> ⇒ 고ᄂᆞ러, 고라니, 고란이, 고랑이

【고달기】 명 ((기물)) 고들개. 후걸이. 말 굴레의 턱 밑으로 돌아가는 가죽. '고달기(qudurq)'는 중세몽고어의 자

용어.¶ 고달기 추 (鞧) <음첩a 63b> ⇒ 고돌개, 고돌기, 고들기, 고돌개

【고덕낙】 명 ((인명)) 고덕낙(古德諾). (중국어 간접 차용어).¶ 미국 사ᄅᆞᆷ 고덕낙은 공화졍치의 유명ᄒᆞᆫ 박ᄉᆞ라 ᄎᆞ시에 즁국 고문이 되야 원춍통의 부즁에 지임ᄒᆞ엿더니 일ᄌᆞᆯ은 홀연히 일장 논셜을 지어 신문에 발포 왈 즁국은 ᄉᆞ쳔 년 젼졔지국이라 인졍풍속이 공화졍치에 젹당치 아니ᄒᆞ니 군쥬립헌으로 힝ᄒᆞᆷ만 갓지 못ᄒᆞ다 <원실 101>

【고도리】 명 ((군기)) 고두리살. 끝이 뭉툭해서 연습용으로 사용하거나 새 따위의 동물을 산 채로 잡을 때 쓰는 화살. '고도리(godoli)'는 중세몽고어 차용어.¶ 고도리 박 (髇) <훈몽-군장 중:14a> 鹿角오로 ᄆᆡᆼᄀᆞᆫ 고도리 (鹿角樸頭) <번노 하:32> 고도리 박, 骨鏃不翦羽. 又擊也. 又音"포효". (髇) <자주 하:33a> 고도리 박 (髇) <음첩a 28a> 고도리 (樸頭) <역해-군기 상:21b> <방석-군기 2:13a> <광보-2 군려:3b> 고도리 (樸頭) <과록-병융 114b> 고도리 (撲頭) <동해-군기 상:47b> <몽해-군기 상:36a> 고도리 박, 骨鏃不翦羽. (髇) <자주 하:33a> 고도리 (髇頭) <한청-군기 5:7a> <물명괄-문무 33b> <물명고-서강 문무 4a> <문류-무 16b> 고도리 (繳矢) <몽유-장흔 상:10b> <박물-군물 25b> 고도리 쏘다 (射髇頭.) <한청-보사 4:43b> 방혁 쏘는 고도리 (鼓子髇頭) <한청-군기 5:7> [요로] ▼yoro ‖ 또 살과 셔부ᄌᆞ와 고도리를 사쟈 (geli sirdan cu niru yoro be udaki.) <청노 6:21a> ※ 見遮陽三鼠綠楣而走, 太祖呼童取弓及高刀里三候之. <태조실록 1:14> 古道里 <성종실록 117> 古都里 <성종실록 119> ⇒ 고두리 ☞ 쎠고도리, 울고도리, 울고드리

【고도바】 명 ((지리)) 코르도바(Cordoba). 아르헨티나 중북부에 있는 도시. 팜파스의 서부에 있는 농업·목축업의 중심지이며, 휴양지로도 유명하다. (외래어).¶ 도셩을 의론컨대 일홈이 보노스잇리스ㅣ니 나라ㅅ 동편이오 또 로사리오와 산타페와 고리엔듸스ㅣ란 큰 촌이 잇고 나라ㅅ 가온대 고도바ㅣ란 촌이 잇고 셔편에 멘도사와 투구만이란 촌이 잇고 사ᄅᆞᆷ의 픔ㅅ수는 평등이오 <사필1889-헐버트 135>

【고돌개】 명 ((기물)) 고들개. 말 굴레의 턱 밑으로 돌아가는 가죽. '고돌개(qudurq)'는 중세몽고어의 차용어.¶ 고돌개 추 (鞧) <음운 31b> ⇒ 고달기, 고돌기, 고들기, 고돌개

【고돌기】 명 ((기물)) 고들개. 말 굴레의 턱 밑으로 돌아가는 가죽. '고돌기(qudurq)'는 중세몽고어의 차용어.¶ 고돌기 (鞦) <물명고-문통 모충 1:10a> 고돌기 추 (鞧) <음첩c 53a> 고돌기 (鞦) <고석-수경 안비 45a> 고돌기, 후거리 (鞦) <물명괄-주차 20a> <물명고-서강 주차 13a> 고돌기, 又曰"鞍皮"、"鞦皮". (轡鞧) <과록-금충 23a> ⇒ 고달기, 고돌개, 고들기, 고돌개

【고동-프리】 명 ((상업)) 고동포리(古董鋪裏). 골동(骨董)가게. '프리(鋪裏, pùli)'는 중국어 직접 차용어.¶ 古董行 ‖ 뉘 아라시리오 고동프리의 쥬룹ᄒᆞᆫ 졍일흥이 졔 어ᄃᆡ셔 구ᄒᆞ여 온 거신지 아지 못ᄒᆞ거니와 (誰知古董行的程日興他不知那裡尋了來.) <홍루 26:59>

【고두】 명 ((복식)) 과두(裹肚). 복대(腹帶). 배가리개. '고두(裹肚, guǒdù)'는 중국어 직접 차용어.¶ 裹肚 ‖ 힌 ᄀᆞᄂᆞᆫ 시욱쳥에 야쳥 비단으로 좀보기 치질 고이 ᄒᆞᆫ 후시 ᄆᆡ엿고 젹삼 고의 고두 류엣 속오스란 안직 니ᄅᆞ디 마져 (白絨氈襪上, 絟着一副鴉青段子滿刺嬌[«質問»云: 以蓮花、荷葉、耦、鴛鴦、蜂蝶之形, 或用五色絨綉, 或用彩色畵於段帛上, 謂之滿刺嬌. 今按: 刺, 新舊原本皆作池, 今詳«文義»作"刺", 是. 池與刺音相近而訛]護膝, 衫兒、袴兒、裹肚等裏衣, 且休說.) <번박 상:26b>

【고두리】 명 ((기물)) 고두리살. 작은 새를 잡는 데 쓰는 화살. 철사나 대 따위로 고리처럼 테를 만들어 살촉 대신으로 살 끝에 가로 끼운 것. '고두리(godoli)'는 중세몽고어 차용어.¶ 고두리 주, 射鳥箭. (?) <의옥 32> ⇒ 고도리 ☞ 쎠고도리, 울고도리, 울고드리

【고두박시】 명 ((지리)) 코토팍시(Cotopaxi) 화산. 적도에서 남쪽으로 75킬로미터 떨어져 있으며, 키토에서는 남쪽으로 55킬로미터 떨어져 있다. 정상의 높이가 5,911미터인 이 화산은 세계에서 화산활동이 가장 활발한 곳이다. (외래어).¶ 디형을 의론컨대 동편은 들이오 셔편에는 인듸스ㅣ란 큰 산이오 또 큰 화산이 다ᄉᆞ시오 고두박시와 침브라소ㅣ란 두 화산은 텬하에 뎨일 놉흐니라 <사필1889-헐버트 126>

【고들기】 명 ((기물)) 고들개. 말 굴레의 턱 밑으로 돌아가는 가죽. 흔히 방울을 단다. '고들기(qudurq)'는 중세몽고어의 차용어.¶ 馬緧, 고들기 (鞦) <자주 상:74b> ⇒ 고달기, 고놀개, 고놀기, 고돌개

【고돌개】 명 ((기물)) 고들개. 후걸이. 말 굴레의 턱 밑으로 돌아가는 가죽. '고돌개(qudurq)'는 중세몽고어의 차용어.¶ 馬紖, 고돌개 通作"鞦". (緧) <사해 하:69a> 고돌개 추, 俗呼"鞧皮", 通作"鞦". (鞧) <훈몽-안구 중:13b /27a> 고돌개 추 (鞦) <왜해-안비 하:17b> 고돌개 (鞦) <역해-안비 하:19b> <방석-안비 4:6b> 고돌개 잡고 ᄡᅥ여 오르다 (奪鞦大上) <한청-편마 4:45b> ▼鞦 ‖ 네 기ᄅᆞ매 굴에 고돌개 가슴거리 돌애 기ᄅᆞ맛가지 두으리 등피 오랑 셕 바굴에 ᄆᆡᆫ마기 다ᄒᆞᆫ 셕 쥬리울 ᄌᆞ가미 마함 ᄶᅥ어치 갓어치 한어치 다 사다 (你這鞍子、轡頭、鞦、攀胸、鞊、鞍橋子、鴈翅板、鐙革折皮、肚帶、接絡、籠頭、包糞、編繮、繮繩、兜頦、閘口、汗替、皮替、替子, 都買了.) <번노 하:30a> 네 이 기ᄅᆞ마 구레 고돌개 가슴거리 돌애 기ᄅᆞ마가지 둥울 둥피 오랑 혁 바구레 ᄆᆡᆺ마기 다ᄒᆞᆫ 혁 쥬리울 ᄌᆞ가미 마함 ᄶᅥ어치 갓어치 핫어치 다 사다 (你這鞍子、轡頭、鞦、攀胸、鞊、鞍橋子、鴈翅板、鐙革折皮、肚帶、接絡、籠頭、包糞、編繮、繮繩、兜頦、閘口、汗替、皮替、替子, 都買了.) <노언 하:27a> 고돌개 잡고 ᄡᅥ여 오르다 (奪鞦大

上.) <한청-편마 4:45b> ▼鞦皮 ‖ ᄌᆞ셔피로 다하 두 ᄧᅡᆨ 어울운 굴에예 솟동조차 잇고 고돌개 달채 고돌개 ᄃᆞ릿 군뎌괴 다 셔피로 ᄒᆞ엿더라 (大紅斜皮雙條轡頭帶纓筒, 鞦皮穗兒、鞦根都是斜皮的.) <번박 상: 28b> 이 기ᄅᆞ마 구레 고돌개 가ᄉᆞᆷ거리 돌애 등ᄌᆞ 기ᄅᆞ마가지 등울 등피 오랑 혀쇠 쥬락 바구레 혁 밋마기 다ᄒᆞᆫ 곡비 쥬리올 ᄌᆞ가미 마함 ᄡᅩ언치 채찍 간지개 다 사다 (這鞍子、轡頭、鞦皮、攀胸、馬粘、鞍橋子、鷹翅板、鐙折皮、肚帶、折舌、緹胸、籠頭、扯手、包糞、編繮、繮繩、兜頦、閘口、汗替、馬鞭子、稍繩, 都買了.) <노중 하:28b> ⇒ 고달기, 고돌개, 고돌기, 고들기

【고라니】 명 ((동물)) 노루의 일종. 몸이 작으며 뿔이 없다. 몽고어 'ɣuran', 만주어 'gūran'의 차용어.¶ 고라니 (麅) <사해 하:20b> 고라니 (麅子) <사해 하:20b> 고라니 포, 俗呼"麅子". (麅) <훈몽-수축 상:10a /18a> 고라니 (麅子) <역해-주수 하:33b> 고라니 (麅子) <화초-주수 26b> ⇒ 고ᄂᆞ러, 고ᄂᆞ리, 고란이, 고랑이

【고라-말】 명 ((동물)) 고라말. 등에 검은 털이 난 누런 말. '고라(qula mori)'는 중세몽고어 차용어.¶ 고라말·월아말·류부루말, 馬雜色, "駁"通. (駁) <신자 4:42b> 고라말, 又曰"土黃馬". (黃馬) <과록-금수 15b> 黑鬃黃馬曰高羅. <경도잡지-풍속 마려> ⇒ 고라몰

【고라-몰】 명 ((동물)) 고라말. 등에 검은 털이 난 누런 말. '고라(qula mori)'는 중세몽고어 차용어.¶ 고라몰 (黃馬) <역해-주수 하:28a> <동해-주수 하:37a> <방석-주수 4:14a> 갈기와 ᄭᅩ리 검은 고라몰 (黑鬃黃馬) <한청-마필모편 14:22a> ▼土黃馬 ‖ 이 아질게몰 악대몰 졀다몰 공골몰 오류마 구렁몰 가리운몰 셜아몰 가라몰 츄마몰 고라몰 쇠ᄂᆞ래 브튼 몰 간쟈몰 가라간쟈 ᄉᆞ죡빅 도화잠불몰 털청총이 고 뻔 몰 아몰 삿기 빈 말 골회눈이 ᄀᆞᆯ외ᄂᆞᆫ 몰 이 ᄆᆞ리 쇠거름 ᄀᆞ티 즈늑즈느기 건ᄂᆞᆫ ᄆᆞ리로다 (這兒馬、騸馬、赤馬、黃馬、鸞色馬、栗色馬、黑鬃馬、白馬、黑馬、鎖羅青馬、土黃馬、繡膊馬、破臉馬、五明馬、桃花馬、青白馬、豁鼻馬、騍馬、懷駒馬、環眼馬、劣馬, 這馬牛行花塔步.) <번노 하:8b, 9a> 이 아질게몰 악대몰 졀다몰 공골몰 오류마 구렁몰 가리운몰 셜아몰 가라몰 츄마몰 고라몰 쇠ᄂᆞ래브튼몰 간쟈말 가라간쟈ᄉᆞ죡빅이몰 도화잠불몰 털청총이몰 코 뻔 몰 암몰 삿기 빈 말 골회눈몰 ᄀᆞ래ᄂᆞᆫ 몰 이 몰이 쇠거름ᄀᆞ티 즈늑즈늑 것ᄂᆞᆫ다 (這兒馬、騸馬、赤馬、黃馬、鸞色馬、栗色馬、黑鬃馬、白馬、黑馬、鎖羅青馬、土黃馬、繡膊馬、破臉馬、五明馬、桃花馬、青白馬、豁鼻馬、騍馬、懷駒馬、環眼馬、劣馬, 這馬牛行花塔步.) <노언 하:8ab> 뎌긔 ᄒᆞᆫ 고라ᄆᆞ리 이쇼ᄃᆡ 지조ᄂᆞᆫ 됴커니와 오직 뒷지페디더라 (那裏有一個土黃馬, 好本事, 只腿跨不開.) <번박 상:62b> 뎌긔 ᄒᆞᆫ 고라몰이 이셔 지죄 됴호되 다믄 뒷지페 펴디디 못ᄒᆞ고 (那裏有一個土黃馬, 好本事, 只腿跨不開.) <박인 상:55b> ᄒᆞᆫ 고라몰이 이셔 털빗치 됴호되 다만 구블이 흘러 펴지지 못ᄒᆞ고 ᄒᆞᆫ 가리온 총이몰이 ᄃᆞ롬이 ᄲᆞᄅᆞ되 ᄯᅩ 다만 앏 거치고 ᄒᆞᆫ 졀ᄯᅡ몰이 비록 삼긴 거시 ᄀᆞ장 고으나 ᄯᅩ 지죄 업스니 네 이제 ᄯᅩ 몰 져제 손조 ᄀᆞᆯ희여 사라 가라 (有一箇土黃馬毛片好, 只是腿跨走不開, 一箇黑鬃青馬却走得快, 又只是要打前失, 一箇赤色馬雖生的十分可愛, 却沒本事, 你如今且到馬市裏自己揀着買去.) <박신 2:1b> [쿠라 모린] ▼kula morin ‖ 이 매야지몰 블친몰 졀다몰 공골몰 오류몰 굴형몰 가리온몰 셔라몰 가라몰 츄마몰 고라몰 간쟈몰 가라간쟈四足白이몰 도화잠불몰 (dahan morin akta morin jerde morin konggoro morin keire morin kuren morin hailun morin suru morin kara morin sarala morin kula morin kalja morin kara kalja seberi morin cohoro morin) <청노 5:13b> 古羅馬 ‖ 고라몰은 거롬을 잘 것ᄉᆞᆸᄂᆡ <교린-표 2:8b> ※ 黃花騙馬, 國俗稱高羅, 元羅馬. <이문집람 2:11> ⇒ 고라말

【고란이】 명 ((동물)) 고라니. 노루의 일종. 몸이 작으며 뿔이 없다. 몽고어 'ɣuran', 만주어 'gūran'의 차용어.¶ 노루 | 노로 | 고란이 <법한 258> 고란이 균 (麏) <물명괄-조수 11b> 고란이 (麏) <물보-모충 상:17b> <물명고-서강 조수 9a> 麞屬, 고란이 "麏"、"麇"同. (麏) <신자 4:52a> 고란이 (麅/麅子) <몽보-주수 30b> 고란이, 似麞而色微紅. (麅) <한청-수 14:5b> 암노로와 고란이 (母獐麅) <한청-수 14:5a> ⇒ 고ᄂᆞ러, 고ᄂᆞ리, 고라니, 고랑이

【고랑】 명 ((인류)) 고랑(姑娘). 아가씨. (중국어 간접 차용어).¶ 姑娘 ‖ 광명정대ᄒᆞᆫ 도리로 ᄒᆞ여도 디위가 ᄎᆞᄎᆞ 놉하셔 고랑인들 되지 못ᄒᆞ랴마ᄂᆞᆫ ᄯᅩᄒᆞᆫ 블과ᄒᆞ여 나와 ᄀᆞᆺ튼 사람인ᄃᆡ 엇지ᄒᆞ여 곳 우리 무리라 일ᄏᆞᆺᄂᆞᆫ고 (那明公正道, 連個姑娘還沒掙上去呢, 也不過和我似的, 那裡就稱上我們了!) <홍루 31:18> 우리ᄂᆞᆫ 일개 챠환이어ᄂᆞᆯ 고랑은 다만 분슈업시 말ᄒᆞᄂᆞ냐 (我們一個丫頭, 姑娘只是混說.) <홍루 31:30> 이졔 이애 ᄯᅩᄒᆞᆫ ᄌᆞ랏고 안의 고랑들이 ᄯᅩᄒᆞᆫ ᄌᆞ랏ᄂᆞᆫᄃᆡ ᄒᆞ믈며 ᄯᅩ 림고랑과 보고랑은 ᄯᅩ 두 낫 ᄂᆡ외종 남ᄆᆡ라 비록 남ᄆᆡ간이라 니ᄅᆞ나 필경은 남녀의 분간이 잇ᄂᆞᆫ지라 (如今二爺也大了, 裏頭姑娘們也大了, 況且林姑娘寶姑娘又是兩姨姑表姊妹, 雖說是姊妹們, 到底是男女之分.) <홍루 34:49> 이 말이 공연히 굼벙이 ᄲᅥᆸ듯 ᄒᆞ미 아니라 나ᄂᆞᆫ 도로혀 일편 진심으로 고랑을 위ᄒᆞ여 근심을 ᄃᆡ신ᄒᆞ미니 (倒不是白嚼蛆, 我倒是一片眞心爲姑娘, 替你愁了.) <홍루 57:65> 너ᄂᆞᆫ 다만 너의 고랑긔 머리를 조으라 나ᄂᆞᆫ 비록 이ᄀᆞᆺ치 말ᄒᆞ고 져쳐로 힝ᄒᆞ려 ᄒᆞ나 도져히 네 고랑이 사ᄅᆞᆷ을 시겨 져 녀인을 블너다가 져로 더브러 조토록 말ᄒᆞᄂᆞᆫ 거시 더옥 조코 그러치 아니ᄒᆞ면 너모 억지로 ᄒᆞᆫ다 니ᄅᆞ고 (你只管給你姑娘磕頭, 我雖如此說了這樣行, 到底也得你姑娘打發人叫他女人上來, 和他好說更好些, 不然太霸道了.) <홍루 72:54> 네 싱각의 내가 너의 무리 고랑과 ᄀᆞᆺ치 셩픔이 되여 너의 무리 업슈히 너기ᄂᆞᆫ 너로 맛져 둘 줄을 알고 믄득 쥬의가 그릇 드러 (你打諒我

是同你們姑娘那麽好性兒, 由着你們欺負他, 就錯了主意!) <홍루 74:87> 가인 부녀로 ᄒᆞ여금 앏흐로 와셔로 보고 모다 고랑이라 부ᄅᆞ라 (叫家人婦女上前相見, 都要叫姑娘.) <쾌심 23:55> 져근듯 긔청 상에 두 ᄌᆞ리를 파셜ᄒᆞ니 동셕상에 임졍쳔이 화진방 파룡 파표를 되졉ᄒᆞ고 락홍훈은 파호 파퓨를 되졉ᄒᆞ고 화잉잉과 벽년 고랑은 후변에 락티티와 하되랑이 잇셔 관되ᄒᆞ더라 (不一時, 客廳之上擺設兩席: 東席上, 花振芳、巴龍、巴豹, 任正千奉陪; 西席上, 巴虎、巴彪, 駱宏勳奉陪. 花奶奶、碧蓮姑娘, 後邊自有駱太太、賀大娘款待.) <녹모 1:79> ※ 나ᄂᆞᆫ 이 姑娘의게 난이오 져ᄂᆞᆫ 이 내 舅舅의 나흔이라 (我是姑娘生的, 他是我舅舅養的.) <노신 1:20a> 젹은 이ᄂᆞᆫ 이 뎌의 姑娘의 ᄯᆞᆯ이니 ᄯᅩ 얼굴이 됴코 ᄯᅩ 針指를 알고 ᄯᅩ 紡織을 알고 ᄯᅩ 字를 아니 이 ᄀᆞ장 됴흐니이다 (小的是他姑娘女, 也生得好, 也會針指, 也會紡織, 也識得字, 這箇十分好.) <오전 2:15b>

【고랑이】 명 ((동물)) 고라니. 노루의 일종. 몸이 작으며 뿔이 없다. 몽고어 'ɣuran', 만주어 'gūran'의 차용어.¶ 고랑이 (麞) <물보-모충> ⇒ 고ᄂᆞ러, 고ᄂᆞ리, 고라니, 고란이

【고렷쳔】 명 고려전(高麗錢). 고려 돈. '쳔(錢, qián)'은 중국어 직접 차용어.¶ 高麗錢 ‖ 고렷쳔 어더사 셜흔 ᄒᆡ롤 즐기려 (覓得高麗錢, 大快三十年.) <번박 상:33a>

【고로버이진】 명 ((인명)) 고로버이진. (외래어).¶ 水師都司복스레보젠 上等引水師고로버이진 親王差員보셴노그라스기 水師都司파을그 統領셰보르스기 水師提督 宮內部大臣 公使 金熙東 李焏將 統領세레브란이곱푸 水師都司블인숀 上等軍醫렌돕시기 軍醫오셰롬 水師都司베세올딘 機器師보곡돕스기 上等機器師셰묘노푸 軍醫보고룹스기 水師都司불네반이곱 水師正尉스쩨젼고 軍醫夫人 外部大臣 閔總長 焏理官 克培 水師都司흘노돕스기 上尉보올곱 水師都司지야기곱 副領事막시뫔 俄語教師 <러시아인명1922 삶의흔적#반올림15:6:24-130>

【고리땡】 명 ((식물)) 처음부터 끝까지 단맛이 무던한 사과. 노란색을 띤다. (일본어 차용어).¶ 풋사과가 달기로는 /그 중에 유와이가 젤로 났고 // 고리땡은 오래 나아 둘수록 /지푼 닷맛이 있고 /아사히는 물이 많은데 달지만 /지푼 맛이 적고 <상희구, 대구사과>

【고리씽】 명 ((복식)) 코르덴. 골덴(コールテンcorduroy). (일본어 차용어).¶ 고리씽 팟쇡 치마 ᄎᆞ 일 양사지 보릐 치마 ᄎᆞ 일 …셔쑤링 쇼가다 치마 ᄎᆞ 일 모슈 치마 ᄎᆞ 일 목 나이롱 치마 ᄎᆞ 일 사딘박구 연숙쇡 치마 ᄎᆞ 일 신직구 숙쇡 치마 ᄎᆞ 일 오강목 치마 ᄎᆞ일 <물목 07:07:01> 고리씽 양쇡 하의 차 일 양쇡 셔쑤링 하의 차 일 셔쑤링 흑쇡 하의 차 일 분홍 인조 웃똥 하의 차 일 북청쇡 인조 웃똥 하의 차 일 옥양목 하의 차 일 모슈 하의 차 일 벽쇡 무명 하의 차 이 <물목-1897/1957.12.20>

【고리엔듸스】 명 ((지리)) 코리엔테스(Corrientes). 아르헨티나의 북동부에 위치한 주. 이 나라 메소포타미아 지방의 일부분을 차지한다. (외래어).¶ 도셩을 의론컨대 일홈이 보노스익리스ㅣ니 나라ㅅ 동편이오 ᄯᅩ 로사리오와 산타페와 고리엔듸스ㅣ란 큰 촌이 잇고 나라ㅅ 가온대 고도바ㅣ란 촌이 잇고 셔편에 멘도사와 투구만이란 촌이 잇고 사ᄅᆞᆷ의 픔ㅅ수ᄂᆞᆫ 평등이오 <사필1889-헐버트 135>

【고마】 명 ((인류)) 쳡(妾). 소실(小室). '고마(quma)'는 몽고어 차용어.¶ 쳡, 舊釋고마 (小娘子) <역해-인품 상:27a> 고마롤 ᄇᆞ리고 머리 가ᄶᅡ 法服올 니브리도 보며 <석상 13:20> 겨지비 보고 어버싀게 請호ᄃᆡ ᄂᆞ미 겨집 ᄃᆞ외노니 출히 더 고마 ᄃᆞ외아지라 ᄒᆞ리 열히로ᄃᆡ 마디 아니ᄒᆞ더니 <법화 2:28> ▼妾 ‖ 고마 쳡, 俗稱"小娘子". (妾) <훈몽-천륜 상:16a /31a> 側室, 不聘, 고마·가직이·쳡 (妾) <신자 1:34b> 계지비 잇디 아니커든 고매 뫼셔 슈매 잢간도 밤오로 當티 마롤 디니라 (妻不在, 妾御莫敢當夕.) <번소 3:18a> 아ᄃᆞ리 두 고마롤 父母ᄂᆞᆫ ᄒᆞᆫ 사ᄅᆞᄆᆞᆯ ᄉᆞ랑ᄒᆞ시고 아ᄃᆞᄅᆞᆫ ᄒᆞᆫ 사ᄅᆞᄆᆞᆯ ᄉᆞ랑커든-의복 飮食브터며 일 잡주욤브터 호ᄆᆞᆯ 父母ㅣ ᄉᆞ랑ᄒᆞ시논 바롤 잢간도 골와 마라 비록 父母ㅣ 업스샤도 衰티 마로리라 (子有二妾, 父母愛一人焉, 子愛一人焉, 由衣服飮食, 由執事, 毋敢視父母所愛. 雖父母沒不衰.) <내훈 1:55b> 남지니 닐오ᄃᆡ 내 病이 당다이 몯 됴ᄒᆞ리로소니 고마의 나혼 子息을 네 이대 길어 (…前妾所生子汝善保護之.) <삼강-열 26> ▼侍妾 ‖ 孟子ㅣ 니ᄅᆞ샤ᄃᆡ 집 노퓌 두어 仞과 [仞은 여듧 자히라] 밥 알퓌 열 잣 너븨 버륨과 ᄃᆞ려 잇논 고매 數百 사ᄅᆞᄆᆞᆯ 내 ᄠᅳ들 일워도 ᄒᆞ디 아니호리라 ᄒᆞ시니 (孟子謂, '堂高數仞, 食前方丈, 侍妾數百人, 我得志不爲.') <내훈 3:56a> ▼媵 ‖ 죵이며 고마의게 니르러 모로매 仁으로 미롤디니 네 ᄯᆞ롤 네 ᄉᆞ랑ᄒᆞᄂᆞ니 뎌ᄂᆞᆫ ᄒᆞ오ᅀᅡ 사ᄅᆞᆷ 아니가 (至於婢媵, 當推以仁, 汝女汝愛, 彼獨非人.) <내훈 2상:16a>

【고무】 명 ((기물)) 고무(gomu). 고무나무의 껍질에서 분비하는 액체를 응고시켜 만든 생고무를 주원료로 하는 물질. 네덜란드어 'gom'에서 온 말. (외래어).¶ 고무 (護謨, Gum, India-rubber) <한영 1931>

【고무-륜】 명 ((기물)) 고무륜(-輪). 타이어. '고무(gomu)'는 네덜란드어 'gom'에서 온 말. (외래어).¶ 고무 (護謨輪, A rubber tire) <한영 1931>

【고무-신】 명 ((복식)) 고무신. '고무(gomu)'는 네덜란드어 'gom'에서 온 말. (외래어).¶ 양복장 일좌 화장품 일졀 인도 일 젼도 일 면ᄉᆞ 한 구리 삼합사 한 구리 바늘 일삼 촉사 일태 흑쇡 촉사 일태 붓 한 자루 묵 한 자루 편지지 일통 고무신 일 <혼수물목1910.1.11 국한-1363> 시마지 한 필 ᄃᆡ두롱 반 필 송사동치 화장품 ᄃᆡ금 이만 원 황금 목거리 닷 돈 팔지 일곱 돈 황금 반지 서 돈 반 다마반지 시계 보선 일 고무신 일 전도 병진 일월 십구일 <물목-의암-2 1916 상의> 손님 ‖ 만세 고무신이 하도 질기다 ᄒᆞ기에 시험삼아 신어 보앗드니 이달ᄭᅡ지 꼭 열여섯 달을 신엇서도 죠곰도 떨어지지 안코 아직 반 (년은) 신을 것

갓습니다 엇쩌케 만든 고무신이기로 그리 질기오 고무신이 싱긴 후로 죠타는 신은 다 신어 보앗서도 이러케 오릭 신는 신은 처음 보앗씀니다 // 주인 ‖ 이 만세 고무신은 세상에 데일 질기기로 유명하야 한번 사 신은 이는 반다시 두 번 세 번 사게 되는 것인데 경셩 동디문 박 신설리에 잇는 만세고무공업소에서 제죠하는 것이니 사시랴면 반다시 만세고무 특약뎜에 가셔셔 사시요 <광고지1934 한옥션92-409> 당혀 일부 고무신 일부 칠첩반상긔 보쌔 요강 보쌔 디야 일긔 쪽찍긔 이긔 목화 닷 근 침션가 이십 원 <물목-금요-2 1936 빅명쥬> 쌀빗 가의 윤도 칙 일권 붓 한 자루 틀실 한 동터 바늘 즁침 시침 고무신 빅미 일두 진미 일두 씨 일셩 적두 일셩 <혼수물목-1897/1957.12.20> 면경 인도 젼도 면ᄉᆞ 두 구리 분ᄉᆞ실 일터 요강 디아 가방 한 바리 나의롱 고무신 단슈 미슈 경대 미슈 <물목-금요 BCAA2069> ☞ 고무혜, 고무화

【고무-인】 명 ((기물)) 고무인(-印). 고무도장. '고무(gomu)'는 네덜란드어 'gom'에서 온 말. (외래어).¶ 고무인 (護謨印, A rubber stamp) <한영 1931>

【고무-줄】 명 ((기물)) 고무줄. 고무로 만들어 신축성이 좋은 줄. '고무(gomu)'는 네덜란드어 'gom'에서 온 말. (외래어). ¶ 고무와 쑤껑을 잘 맛칠 것 병목 거죽으로 둥근 고무줄을 쏙 맛게 둘너대고 나사를 틀어서 쑤껑을 덥흐대 고무와 쑤껑에 흠이나 업는지 다시 한 번 잘 살혀볼 것 <서요 297>

【고무-혜】 명 ((복식)) 고무혜(-鞋). 고무신. '고무(gomu)'는 네덜란드어 'gom'에서 온 말. (외래어). ¶ 목도리 쟝갑 지봉침실 이터 쥬난ᄉᆞ 이합ᄉᆞ 합ᄉᆞ 면경 인도 침쳑 식긔 대졉 슈져 침긔 쇠샹 연갑 소닙 쌔 빗졉 소닙 쌔 당혀 고무혜 빈여 반지 쟝농 일좌 <의물목 칸옥션4-60> ⇒ 고무화 ☞ 고무신

【고무-화】 명 ((복식)) 고무화(-靴). 고무신. '고무(gomu)'는 네덜란드어 'gom'에서 온 말. (외래어). ¶ 시모 수분 일 병 구리무 일 병 비누 일 개 은잠 삼 개 은지환 일 개 고무화 일 족 <물목-우산 20c중반> 빙노사 실 한 타리 쏙감실 한 모으리 딧침 한 삼 즁침 한 삼 세침 한 삼 인도 일 전도 일 은비여 일 은잠 일 은싼지 일 은지한 일 하장품 각식 고무화 일족 <물목-진명-4 의농> 비여 일 반자 일 가위 일 윤두 일 고무화 한 모리 황색 화장픔 한 상 그화 한 근 <물목-금요BCAA2285> ⇒ 고무혜 ☞ 고무신

【고버니커스】 명 ((인명)) 코페르니쿠스. 니콜라우스 코페르니쿠스(Nicolaus Copernicus). 폴란드의 천문학자. 지동설을 착안하고 그것을 확신하게 된 시기는 명확하지 않으나 저서 《천체의 회전에 관하여》는 1525~1530년 사이에 집필된 것으로 추측되고 있다. (외래어).¶ 고버니커스 (叩配尼庫 Copernicus) <만국통감1912 4, 3> 덕국 텬문ᄉᆞ 고버니커스가 히가 가온딕 거ᄒᆞ고 일월 셩신이 싸홀 둘너 힝ᄒᆞᆫ다 ᄒᆞ더니 <만국통감1912 4, 43>

【고베】 명 ((지리)) 고베(神戶, Kobe). 일본 효고 현(兵庫縣) 남동부에 있는 시. 오사카 만(大阪灣)에 면하여 있다. (일본어 차용어).¶ 고베(神戶) <김만수 일기책 1901.11.18> ⇒ 고븨

【고벤헤근】 명 ((지리)) 코펜하겐(Copenhagen). 덴마크의 셸란섬 동쪽 기슭에 있는 도시. 북유럽에서 가장 큰 도시로 교통 요충지이다. (외래어).¶ 도셩을 의론컨대 일홈은 고벤헤근이니 쉴란드셤에 잇고 또 대서양 북편 아이스란드 셤에 라익야빅이란 읍너와 북아메리까 북편에 그린란드 셤 촌이 잇고 또 남북아메리까 ᄉᆞ이에 젹은 셤 촌 셋시 잇고 <사필1889-헐버트 22>

【고븨】 명 ((지리)) 고베(神戶, Kobe). 일본 효고 현(兵庫縣) 남동부에 있는 시. 오사카 만(大阪灣)에 면하여 있다. (일본어 차용어).¶ 또 동편에 요고하마와 센다이와 도교와 수루가와 낭오야와 고븨란 포구가 잇고 남편에 쉬몬나사기와 푸쿠오가와 나가사기와 쉬마바라와 가고시마ㅣ란 포구가 잇고 <사필1889-헐버트 78> ⇒ 고베

【고뽀】 명 ((기물)) 컵(cup, コップ / カップ 고뿌). 네덜란드어 'kop'에서 온 말. (일본어 차용어).¶ 고뽀에 술을 들먹히 딸는다. <염상섭, 그 초기1948 94> ⇒ 고뿌, 곱보, 곱부

【고뿌】 명 ((기물)) 컵(cup, コップ / カップ 고뿌). 네덜란드어 'kop'에서 온 말. (일본어 차용어).¶ 玻璃甁 ‖ 고뿌에 물을 딸아 오너라 (玻璃甁裏頭倒水來.) <만통 204> ⇒ 고뽀, 곱보, 곱부

【고쁘】 명의 컵(cup, コップ / カップ 고뿌). 음료 따위를 '컵'에 담아 그 분량을 세는 단위. 네덜란드어 'kop'에서 온 말. (일본어 차용어).¶ 술병을 가져오라해서 한 고쁘 따르며 묻는다. <염상섭, 모략1948 84> ⇒ 곱부

【고쇼-ᄒᆞ-】 동 고소(告訴)하다. 말하다. 알리다. 고(告)하다. (중국어 간접 차용어).¶ 告訴 ‖ 이는 모다 나의 입바른 타스로 고너너의게 고쇼ᄒᆞ미니 바라건ᄃᆡ 고너너는 쾌히 말솜ᄒᆞ지 말고 져의 숙시 숙비롤 아른 톄ᄒᆞ지 말나 (這都是我的嘴快, 告訴了姑奶奶, 求姑奶奶快別去說罷, 別管他誰是誰非的.) <홍루 10:10> 봉져 가뫼 씌치지 못ᄒᆞ고 긔회롤 루셜홀가 두려워 믄득 귓가홀 향ᄒᆞ여 가비야이 일편을 고쇼ᄒᆞ니 (鳳姐恐賈母不懂, 露泄機關, 便他向耳邊輕輕的告訴了一遍.) <홍루 96:49> 너 너긔 고쇼ᄒᆞ나 말을 드르니 십에 너히 맛고 여셧시 합ᄒᆞ여 맛당ᄒᆞ도다 너난 모로미 멀니 힝치 말고 쏘ᄒᆞᆫ 은젼을 허비치 말나 (你的造化, 我有營生. 這纔是湊四合六的勾當. 你也不須遠行, 莫要化費了銀子.) <서유-계명 6:35-18>

【고시운】 명 ((조류)) 고시운(高時運). 매의 부리. '고시운(qoši'un, qosiɣun)'은 중세몽고어 차용어.¶ ※ 凡鷹有靑黃二觜, 俗號高時運 <응골방-가람> 觜, 火石溫. <화이역어-조수>

【고야】 명 ((인류)) 고야(姑爺). 고모부(姑母夫). (중국어 간접 차용어).¶ 姑爺 ‖ 뎨이일의 샹즈롤 열미 고야가 한 오리 셩홍 슈건을 보니 바야흐로 보옥의 챠환인 줄 아랏시니 (到了第二天開箱, 這姑爺看見一條猩紅汗巾,

方知是寶玉的丫頭.) <홍루 120:64> ᄒᆞ믈며 ᄯᅩ 네 이져 져ᄂᆞᆫ 시 식부오 ᄉᆞᆫ고야ᄂᆞᆫ 도로혀 년쳔ᄒᆞᆫ 사ᄅᆞᆷ이라 (況且你二姐姐是新媳婦, 孫姑爺也還是年輕的人.) <홍루 81:7> ▼姑老爺 ‖ 고야아 너의 악부 ᄉᆡᆼ시의 ᄉᆡᆼ은 감이오 명은 무오 별호ᄂᆞᆫ 사ᄅᆞᆷ이 닐ᄏᆞᄅᆞ듸 구두ᄉᆞᄌᆞ라 ᄒᆞ며 무예ᄅᆞᆯ 년슉히 아ᄂᆞᆫ지라 (姑老爺, 有你岳父的生節, 姓甘叫甘茂, 外號人稱九頭獅子, 有本事着的哪.) <충소 8:56> ▼姑爹 ‖ 이제 우리 고야ᄅᆞᆯ 보니 나히 오슌 밧긔 슈발이 희엿ᄂᆞᆫ듸 일품의 관을 ᄒᆞ고 ᄉᆡᆼ살지권을 가져 ᄒᆞᆫ 번 브ᄅᆞ매 ᄇᆡᆨ이 ᄃᆡ답ᄒᆞ니 대댱뷔 맛당이 이ᄀᆞᆺᄐᆡ ᄒᆞ리라 (你看我這姑爹五旬以外, 鬚髮蕭然, 着一品服, 掌生殺之權, 一呼百諾, 大丈夫定當如此.) <수유-동방 3:60>

【고죠-ᄒᆞ-】 동 고조(顧照)하다. 돌보다. 보살피다. (중국어 간접 차용어).¶ 看顧 ‖ 하싱의 대에 니ᄅᆞ러ᄂᆞᆫ 비록 능히 션친갓치 고죠치 못ᄒᆞ나 몃 말 ᄡᆞᆯ과 몃 뭇 나무ᄅᆞᆯ ᄯᅩᄒᆞᆫ 시시로 돌보며 (及到何生手裏, 雖不能如先人看顧, 斗米束薪, 亦屢屢照拂.) <설월 1:28> 황시 다시ᄂᆞᆫ 요녀란 말을 졔긔치 못ᄒᆞ며 녀ᄋᆞᄅᆞᆯ 비록 십분 고죠치 아니ᄒᆞ나 ᄯᅩᄒᆞᆫ 감히 암독ᄒᆞᆫ ᄒᆡᄅᆞᆯ ᄭᅵ치지 못ᄒᆞ고 (黃氏再不敢提起"妖精"二字, 女兒雖不十分看顧, 亦不敢以陰毒相加.) <설월 1:40> ▼照料 ‖ 급히 셔신을 닥가 발송ᄒᆞ여 ᄋᆞᄌᆞ의게 부탁ᄒᆞ듸 경즁의셔 뉴시 친쳑을 고죠케 ᄒᆞ니 (方始作急的修書寄發, 叮囑孩兒在京中照料劉氏親丁) <재생 21:3> ⇒ 고죠ᄒᆞ-

【고죠-ᄒᆞ-】 동 고조(顧照)하다. 돌보다. 보살피다. (중국어 간접 차용어).¶ 照管 ‖ ᄎᆞ후ᄂᆞᆫ 나의 쇼져ᄅᆞᆯ 죠히 고죠ᄒᆞ면 그만두려니와 만일 악심을 ᄉᆡᆼᄒᆞ면 너로 ᄒᆞ여곰 ᄉᆡᆼ명을 보젼치 못ᄒᆞ게 ᄒᆞ리라 (以後好好照管我小姐便罷, 倘生歹心, 敎你性命不保!) <설월 1:40> ᄯᅩ 너의 ᄋᆞᄋᆡ 쟝셩ᄒᆞ거든 네 고죠ᄒᆞ여 져ᄅᆞᆯ ᄉᆡᆼ취케 ᄒᆞ라 (且等你兄弟大來, 你照管成全他罷!) <설월 13:16> ▼照顧 ‖ 다만 나의 ᄌᆞ미가 졍분이 가쟝 죠흐니 나의 ᄌᆞᄌᆞ가 동포 졍의ᄅᆞᆯ ᄉᆡᆼ각ᄒᆞ여 나ᄅᆞᆯ 고죠ᄒᆞ면 곳 죠흐듸 다만 나ᄂᆞᆫ 일개 녀ᄌᆞᄋᆞ라 (只要我這個姊姊念着個同胞的情分兒, 照顧着我就好, 只是我一個女孩兒家.) <후홍 7:87> ▼照看 ‖ 쟝노인이 ᄯᅩᄒᆞᆫ 원혼의 부탁을 바ᄃᆞ므로 인ᄒᆞ여 과부 고ᄋᆞᄅᆞᆯ 고죠ᄒᆞ려 ᄒᆞᄂᆞᆫ지라 일노 인ᄒᆞ여 졍당히 샹량ᄒᆞ고 ᄒᆞᆷᄭᅴ 긔신ᄒᆞ여 쇼쥬로 가니 (張老也因受了冤魂的囑託, 亦願照看孀居孤兒. 因此商量停當, 一同起身往蘇州去了.) <충협 3:57> ▼照應 ‖ 평ᄉᆡᆼ 형미지졍으로 모든 일의 고죠ᄒᆞ시믈 이으믜 두 잔을 더 드리ᄂᆞ이다 (兄妹一場, 諸承照應, 多敬兩杯.) <홍부 5:103> 너ᄂᆞᆫ ᄉᆡᆼ각ᄒᆞ여 보라 ᄐᆡᄐᆡ긔셔 도로혀 고죠ᄒᆞᆯ ᄉᆞᄅᆞᆷ이 업ᄉᆞ믈 두리ᄂᆞ오 (你想想, 太太還怕無人照應嗎?) <홍부 24:51> 비록 몸이 타향의 이셔 고죠ᄒᆞᆯ 사ᄅᆞᆷ이 모다 업ᄉᆞ나 냥기 이낭의 후ᄃᆡᄒᆞ믈 힘닙어 고단치 아니코 (身在異鄕無照應, 托賴那, 兩姨善待不孤寒.) <재생 11:85> ▼照拂 ‖ 일후의 경히 그듸 뎨형의 고죠ᄒᆞ믈 닙으리라 (日後正仗賢昆仲照拂) <설월 15:60> ᄉᆞ스로 몸을 보즁ᄒᆞ시고 츄후 져의 모친을 고죠ᄒᆞ시미 올흐리니 (保重身兒爲正理, 只要你後來照拂彼娘親.) <재생 9:82> ▼照料 ‖ 급히 셔신을 닥가 발송ᄒᆞ여 ᄋᆞᄌᆞ의게 부탁ᄒᆞ듸 경즁의셔 뉴시 친쳑을 고죠케 ᄒᆞ니 (方始作急的修書寄發, 叮囑孩兒在京中照料劉氏親丁.) <재생 21:3> 지금 후변의셔 나의 ᄂᆡᄌᆞ와 다못 ᄉᆞ원외의 냥기 고랑이 고죠ᄒᆞᄂᆞ니라 (現在後面, 賤內與沙員外兩位姑娘照料着呢.) <충협 40:80> ▼看護 ‖ 쇼져 부뷔 고죠ᄒᆞ시면 ᄒᆡᄋᆞ도 벼술을 ᄒᆞ리니 죠흔 부귀ᄅᆞᆯ 경홀이 보지 마ᄅᆞ시고 (郡主夫妻同看護, 帶携得, 孩兒還要項前程, 潑天富貴休輕看.) <재생 20:103> ▼援 ‖ 만일 조뎡의 고죠ᄒᆞᄂᆞᆫ 사ᄅᆞᆷ이 업ᄉᆞ면 지어 몸과 집을 보젼치 못ᄒᆞᄂᆞᆫ지라 (若朝無內援, 便至身家不保.) <설월 4:87> ▼吹噓 ‖ 비록 젼례ᄅᆞᆯ 죠ᄎᆞ 거ᄒᆡᆼᄒᆞ미나 만일 샹국의 고죠ᄒᆞ미 아니면 니례 냥부의 ᄌᆞ문을 드리고 인현ᄒᆞ미 부득블 허다 쥬션ᄒᆞᄂᆞᆫ 힘을 허비ᄒᆞᆯ너라 (雖是遵循成例, 若非相國吹噓, 那吏、禮二部投咨引見, 未免要費許多周折.) <설월 13:39> ▼扶持 ‖ 잠의의 ᄋᆞᄌᆞ도 잠쇼보의 고죠ᄒᆞ믈 닙어 통판 벼술가지 ᄒᆞ니 이ᄂᆞᆫ ᄎᆔ후 시러라 (岑義的兒子也是少保扶持做到通判之職.) <설월 20:75> ▼提挈 ‖ 죠토다 네 임의 졍도의 귀의ᄒᆞ여 ᄉᆞ뷔 잇고 ᄯᅩ ᄉᆞ형의 고죠ᄒᆞ믈 어더시니 너ᄂᆞᆫ 모롬즉이 진녁ᄒᆞ여 ᄉᆞ부ᄅᆞᆯ 보호ᄒᆞ고 셔흐로 ᄒᆡᆼᄒᆞ여 진젹ᄒᆞᆫ 쥬히ᄅᆞᆯ 구ᄒᆞ여 나의 미료안을 요감ᄒᆞ라 ("好好好! 你旣歸正敎, 有了師父, 又得師兄提挈, 你須努力保師西行, 求取眞解, 完我未了之案.") <후서유 6:55-11> ▼提拔 ‖ 능상공도 ᄯᅩᄒᆞᆫ 쇼인을 고죠ᄒᆞᆯ ᄉᆡᆼ각이 계시듸 다만 거연히 결쳐치 못ᄒᆞ더니 (凌相公也久有提拔小人心念, 爭奈不便擧動.) <쾌심 9:5> ▼保 ‖ 쳣지ᄂᆞᆫ 포공의게 셩샹 앏히 고죠ᄒᆞ여 쥬달ᄒᆞ믈 간쳥ᄒᆞ고 둘지ᄂᆞᆫ 맛당히 남협의게 샤죄ᄒᆞ면 거의 일의 유익ᄒᆞ리라 (一來懇求相爺在聖駕前保奏, 二來當面與南俠禮兒, 庶乎事有可圓.) <충협 16:3> 와셔 악의 모을 보니 허다 식구에 분별이 만키로 민망ᄒᆞᆫ 중 일푼전 고죠ᄒᆞ리 업고 세ᄉᆞ에 분별할 남졍니 업기로 ᄇᆡᆨᄉᆞ을 다 분별ᄒᆞ기로 일시가 민망ᄒᆞ되 니가 구실노 다ᄉᆞᄒᆞ기로 죵ᄒᆞ 못 와셔 보니 민망ᄒᆞᆫ 말니야 엇지 다 할고 <외구평서-한고1914 날여간 후로> ⇒ 고죠ᄒᆞ-

【고ᄌᆞ】 명 ((복식)) 고자(褲子). 바지. (중국어 간접 차용어).¶ 夾褲 ‖ 져 방관은 다만 ᄒᆡ당화쳐로 븕고 젹은 면오ᄌᆞᄅᆞᆯ 닙고 아리ᄂᆞᆫ 프른 빗 굿 슈 노흔 고ᄌᆞᄅᆞᆯ 뫼고 (那芳官只穿着海棠紅的小棉襖, 底下綠紬灑灑花夾褲.) <홍루 58:63>

【고차밤바】 명 ((지리)) 코차밤바(Cochabamba). 남아메리카 볼리비아 중서부 고원에 있는 도시. 상업·교통의 요충지이며, 농산물 집산지이기도 하다. (외래어).¶ 도셩을 의론컨대 일흠이 수크레니 나라ᄉᆞ 가온대요 셔편에 라파스와 [포토시란 촌이 잇고 포토시에는 은이 만히 나ᄂᆞ니라] ᄒᆞᆫ가온대ᄂᆞᆫ 고차밤바ㅣ란 촌이 잇고 사ᄅᆞᆷ의 픔ᄉᆞ수ᄂᆞᆫ 평등이오 <사필1889-헐버트 133>

【곡시-푸리】 명 ((상업)) 곡식포리(穀食鋪裏) 곡식 파는 곳. '푸리(鋪裏, pùli)'는 중국어 직접 차용어.¶ 곡시푸리 볼작시면 이쌀 찹쌀 슈슈쌀과 기장 좁쌀 피쌀이며 모미[밀] 보리 귀우리와 녹두 적두 광적이며 황터 청터 반주콩과 율모 의이 옥슈슈며 참기 들기 아죽까리 <연행-병인> ⇒ 곡식푸리

【곡식-푸리】 명 ((상업)) 곡식포리(穀食鋪裏) 양곡 파는 가게. '푸리(鋪裏, pùli)'는 중국어 직접 차용어.¶ 곡식푸리 볼작시면 돌방하의 노미쌀과 기장 슈슈 피좁쌀과 모밀 보리 귀우리며 녹두 적두 광적이며 황더 청더 쥐눈콩과 옥슈슈를 밧촐 갈고 씨를 뵈여 울을 ᄒᆞ고 <연행-무자> ⇒ 곡시푸리

【곤】 명 ((조류)) 고니. 오릿과의 물새. 몸이 크고 온몸은 순백색이며, 눈 앞쪽에는 노란 피부가 드러나 있고 다리는 검다. 물속의 풀이나 곤충 따위를 먹으며 떼 지어 산다. 가을에 날아오는 흰 새. 기러기나 거위 비슷함. '곤(qun)'은 중세몽고어 차용어. 곤> 훈.¶ 곤 (天鵝) <훈몽-금조 상:9a> 곤 (天鵞) <박물-조 14b> 스믈아홉 차힌 거름 거루미 곤 ᄀᆞᄐᆞ시며 <월석 2:57> ⇒ 곤니, 곤이

【곤니】 명 ((조류)) 고니. 오릿과의 물새. 몸이 크고 온몸은 순백색이며, 눈 앞쪽에는 노란 피부가 드러나 있고 다리는 검다. 물속의 풀이나 곤충 따위를 먹으며 떼 지어 산다. 가을에 날아오는 흰 새. 기러기나 거위 비슷함. '곤(qun)'은 중세몽고어 차용어.¶ 곤니 (鵾 /天鵝) <물명고-서강 조수 8b> 곤니 (天鵝) <문류-금수 35a> 곤니, 本名鵠, 今羅入雙其聲, 謂之天鵞聲. (天鵞) <물해-금 6a> ⇒ 곤, 곤이

【곤방】 명 ((기물)) 곤봉(棍棒). '棒(bàng)'은 중국어 직접 차용어.¶ 棍棒 ‖ 아오로 궁젼과 창도와 과모와 곤방이 한가지도 갓초지 아닌 거시 업ᄉᆞ며 (幷定做小弓箭, 弓箭槍刀戈矛棍棒, 無一不備.) <요화 3:26>

【곤식】 명 ((색채)) 곤색(紺こん色). '곤'은 '감(紺)'의 (일본어 차용어).¶ 곤식 본견 양단 치마 ᄎᆞ 일 국방식 본견ᄉᆞ 대이 치마 ᄎᆞ 일 미식 본견ᄉᆞ 뎨이 치마 ᄎᆞ 일 옥식 본견 유문 치마 ᄎᆞ 일 노방쥬 본견 치마 ᄎᆞ 일 <물목1938 디발> 세루 곤식 치마 차 일 목세루 검정 치마 차 일 진검정 보요로 치마 차 일 오동 교즉 치마 차 일 인조 보류 류미식 치마 차 일 은식 보유류 치마 차 일 <물목기-의암 하의> 곤식 은쥬ᄉᆞ 찌기 겹격숨 ᄎᆞ 일 금힝 은쥬사 찌기 겹격숨 ᄎᆞ 일 당황나 겹격숨 ᄎᆞ 일 소라식 노방쥬 겹겨구리 ᄎᆞ 일 옥양목 겹져구리 ᄎᆞ 일 당목 겹격숨 ᄎᆞ 일 <물목-아모레 1941> 곤식 기지 ᄒᆞ이 ᄎᆞ 일 옷분홍 숙모ᄉᆞ ᄒᆞ이 ᄎᆞ 일 빅식 나이롱 유동 ᄒᆞ이 ᄎᆞ 일 오동식 나이롱 유동 ᄒᆞ이 ᄎᆞ 일 오동식 시ː오리 ᄒᆞ이 ᄎᆞ 일 연유록 나이롱 시ː오리 ᄒᆞ이 ᄎᆞ 일 <물목-진명-2 1961 유록> 곤식 시루 치마 ᄎᆞ 닐 남식 슈단 치마 ᄎᆞ 닐 고동식 슈단 치마 ᄎᆞ 일 북방식 비로도 치마 ᄎᆞ 닐 <물목-혼함 06:12:08> 곤식 우단 져구리 ᄎᆞ 일 화양식 양단 져구리 ᄎᆞ 일 화양식 법단 져구리 ᄎᆞ 일 미식 방쥬 럴니 져구리 ᄎᆞ 일 진홍 틸ᄉᆞ□ ᄎᆞ 일 양회식 방쥬 럴니 져구리 ᄎᆞ 일 양식 불그단 져구리 ᄎᆞ 일 <편시 보닌난 물목-문우>

【곤이】 명 ((조류)) 고니. 오릿과의 물새. 몸이 크고 온몸은 순백색이며, 눈 앞쪽에는 노란 피부가 드러나 있고 다리는 검다. 물속의 풀이나 곤충 따위를 먹으며 떼 지어 산다. 가을에 날아오는 흰 새. 기러기나 거위 비슷함. '곤(qun)'은 중세몽고어 차용어.¶ 곤이 | 곤의 | 빅됴 <법한 367> 곤이, "鵾雞." 似鷄而大 (鵾) <신자 4:50a> 곤이 (白鵞) <몽유-장훈 상:16b> 곤이 (天鵝, 鵾, 鵠) <물보-우충 상:17a> 곤이 (天鵝肉) <동의-탕액 1:39b> 鵠, 됴롱태, 송云슘. 譯書曰곤이 (天鵝) <물명괄-조수 9a> 鵠, 도롱틱, 天鵝: 仝. 譯書곤이 <물명고-서강 조수 8a> 天鵝, 곤이 (鵾) <물명괄-조수 10a> 곤이 (天鵝) <역해-비금 하:27a> <방석-비금 4:11a> <동해-비금 하:34a> <한청-조 13:48a> <몽해-비금 하:28a> 仝 譯書, 곤이 (天鵞/天鵝) <물명고-서강 조수 8a> 곤이 (鵠) <일용-우충 20b> ▼鵠 ‖ 곤이 곡, 水鳥, 一名天鵝. 大於雁. 其翔極高而善步. (鵠) <자주 하:63a> 곡, 俗轉곤이. 大于鴈, 羽毛白澤, 其翔極高而善步. 天鵝. <명물-비금 4:22b> 大于雁, 羽毛白澤, 翔高而善步, 肉味. 곤이, "天鵞、野鵞、鵜鶘、兀地孥[梵語]"仝. (鵠) <물명고-문통 우충 1:3a> 곤이 혹 (鵠) <아학 상:7a> 天鵝, "黃鵠". 곤이 혹 (鵠) <자석 하:113a> "黃鵠". 天鵝, 곤이; "鴻鵠". 水鳥. 따옥이 (鵠) <신자 4:49b> 곤이 곡, 天鵝. (鵠) <의옥 78> 네 닐온 곤이룰 사기다가 이디 몯ᄒᆞ야도 오히려 다와기ᄀᆞᆮᄒᆞ려니와 季良올 본받다가 몯ᄒᆞ면 ᄲᅥ디여 텬하앳 경박ᄒᆞᆫ 거시 ᄃᆞ외리니 (所謂刻鵠不成, 尙類鶩者也, 效季良不得, 陷爲天下輕薄者.) <번소 6:15a> 伯高룰 효측ᄒᆞ야 得디 몯ᄒᆞ야도 오히려 조심ᄒᆞᄂᆞᆫ 션비 되리니 닐온 바 곤이룰 사겨 이디 몯ᄒᆞ야도 오히려 다와기 ᄀᆞᄐᆞᆷ이어니와 季良을 효측ᄒᆞ야 得디 몯ᄒᆞ면 ᄲᅥ뎌 天下읫 輕薄子ㅣ 되리니 (效伯高不得, 猶爲謹敕之士. 所謂刻鵠不成尙類鶩者也, 效季良不得, 陷爲天下輕薄者.) <소언 5:14a> 나무닙 ᄯᅥ러지고 곤이 소릭 놉히 난다 <농가1876 85> ⇒ 곤 곤니

【골노니아】 명 ((지리)) 콜로니아(Colonia). 우루과이 남서부에 위치한 도시로, 라플라타(de la Plata)강을 사이에 두고 아르헨티나의 부에노스아이레스와 마주하고 있다. (외래어).¶ 도셩을 의론컨대 일흠이 만테비듸오ㅣ니 나라ㅅ 남편이오 말도나도와 골노니아ㅣ란 촌이 잇고 사롬의 픔ㅅ수는 평등이오 <사필1889-헐버트 137>

【골놈보스】 명 ((인명)) 콜럼버스(Columbus). 이탈리아의 탐험가(1451~1506). 지구가 둥글다는 것을 믿고 대서양을 서쪽으로 항해하여 쿠바, 자메이카, 도미니카 및 남아메리카와 중앙아메리카에 도착하였다. (외래어).¶ 골놈보스 叩倫布 Columbus <만국통감1912 3> 예수 후일 쳔ᄉᆞ빅 삼십 륙 년에 골놈보스가 쎄노아셩에 나셔 장셩

홀 째에 포두갈국도 셩 릐스번셩에 이거ᄒᆞ야 <만국통감1912 4, 2>

【곰방와】 명 "곰방와(こんばんは)". 일본어로 저녁때 나누는 인사. (외래어).¶ 사요나라 곰방와는 사롬마다 의례ᄒᆞ고 싸가칙소 ᄒᆞ야쭈는 ᄋᆞ히들도 짓거리니 <대매-시평 1910.2.2>

【곱보】 명 ((기물)) 컵(cup, コップ /カップ 고뿌). 물이나 음료 따위를 따라 마시려고 만든 그릇. 네덜란드어 'kop'에서 온 말. (일본어 차용어).¶ 면후의 맥주곱보에 최면제 '아나린'을 너허주든 광경이 불현듯 머리에 써올랏다. <현진건, 황원행1929 83> 곱보를 달라하야 한꺼번에 짤아서 <염상섭, 실직1936 654> 순택이는 입에 대엿든 곱보를 떼이며 영희를 마조 보며 빙긋 우섯다. <염상섭, 해바라기 19> ⇒ 고뽀, 고뿌, 곱부

【곱부】 명 ❶ ((기물)) 컵(cup, コップ /カップ 고뿌). 네덜란드어 'kop'에서 온 말이다(일본어 차용어).¶ 곱부 (水盃) <한지-가화 28> <한대-가구 64> 정숙은 두 곱부에 새로이 솟물이 평평하고, 쏘다지는 것을 바라보면서, 미리 거절하엿다. <현진건, 유린1922 205> ⇒ 고뽀, 고뿌, 고쁘, 곱보, 곱부 ❷ 명의 컵(cup, コップ /カップ 고뿌). 음료 따위를 컵에 담아 그 분량을 세는 단위. 네덜란드어 'kop'에서 온 말이다. (일본어 차용어).¶ 곱부 (水盃) <한지-가화 28> <한대-가구 64> 정숙은 두 곱부에 새로이 솟물이 평평하고, 쏘다지는 것을 바라보면서, 미리 거절하엿다. <현진건, 유린1922 205> ⇒ 고쁘

【공골】 명 ((동물)) 공골말. 몸 전체의 털빛이 누렇고 갈기와 꼬리가 흰 말. 황부루. '공골(qongɣor)'은 중세몽고어 차용어. 만주어는 'konggoro'.¶ 공골, 又부로, 又잠불 (駜) 공골 (騧) <명물-주수 4:31b> ※ 黃馬曰公鶻. <경도잡지-풍속 마려> ⇒ 공골마, 공골말, 공골ᄆᆞ, 공골ᄆᆞᆯ, 공골미, 공골, 공골ᄆᆞᆯ

【공골-마】 명 ((동물)) 공골마(-馬). 몸 전체의 털빛이 누렇고 갈기와 꼬리가 흰 말. '공골(qongɣor)'은 중세몽고어 차용어. 만주어는 'konggoro'.¶ 공골마 비 (駜) <음운 17a> ⇒ 공골, 공골말, 공골ᄆᆞ, 공골ᄆᆞᆯ, 공골미, 공골, 공골ᄆᆞᆯ

【공골-말】 명 ((동물)) 공골말. 몸 전체의 털빛이 누렇고 갈기와 꼬리가 흰 말. '공골(qongɣor)'은 중세몽고어 차용어. 만주어는 'konggoro'.¶ 강려의 말은 공골말인데 금교역말 역마 중의 제일 좋은 말이었다. <임꺽정 9> ⇒ 공골, 공골마, 공골ᄆᆞ, 공골ᄆᆞᆯ, 공골미, 공골, 공골ᄆᆞᆯ

【공골-ᄆᆞ】 명 ((동물)) 공골마(-馬). 몸 전체의 털빛이 누렇고 갈기와 꼬리가 흰 말. '공골(qongɣor)'은 중세몽고어 차용어. 만주어는 'konggoro'.¶ 공골ᄆᆞ 비 (駜) <음첩a 32b> ⇒ 공골, 공골마, 공골말, 공골ᄆᆞᆯ, 공골미, 공골, 공골ᄆᆞᆯ

【공골-ᄆᆞᆯ】 명 ((동물)) 공골마(-馬). 황마(黃馬). 몸 전체의 털빛이 누렇고 갈기와 꼬리가 흰 말. '공골(qongɣor)'은 중세몽고어 차용어. 만주어는 'konggoro'.¶ 공골ᄆᆞᆯ (土黃馬) <역해-주수 하:28b> 공골ᄆᆞᆯ (黃馬) <한청-주수동식 14:12> <몽해-주수 하:30b> ▼黃馬 ‖ 이 아질게ᄆᆞᆯ 악대ᄆᆞᆯ 졀다ᄆᆞᆯ 공골ᄆᆞᆯ 오류마 구렁ᄆᆞᆯ 가리운 ᄆᆞᆯ 셜아ᄆᆞᆯ 가라ᄆᆞᆯ 츄마ᄆᆞᆯ 고라ᄆᆞᆯ 쇠ᄂᆞ래 브튼 ᄆᆞᆯ 간쟈말 가라간쟈 ᄉᆞ죡빅이 ᄆᆞᆯ 도화잠불ᄆᆞᆯ 텰청총이ᄆᆞᆯ 코 삔 ᄆᆞᆯ 암ᄆᆞᆯ 삿기 빈 말 골회눈ᄆᆞᆯ ᄀᆞ래ᄂᆞᆫ ᄆᆞᆯ 이 ᄆᆞᆯ이 쇠거름ᄀᆞ티 즈늑즈늑 것ᄂᆞ다 (這兒馬、騸馬、赤馬、黃馬、鷰色馬、栗色馬、黑鬃馬、白馬、黑馬、鎖羅青馬、土黃馬、繡膊馬、破臉馬、五明馬、桃花馬、青白馬、豁鼻馬、騍馬、懷駒馬、環眼馬、劣馬, 這馬牛行花塔步.) <노언 하:8ab> [콩고로 모린] ▼konggoro morin ‖ 이 매야지ᄆᆞᆯ 블친ᄆᆞᆯ 졀다ᄆᆞᆯ 공골ᄆᆞᆯ 오류ᄆᆞᆯ 굴헝ᄆᆞᆯ 가리온ᄆᆞᆯ 셔라ᄆᆞᆯ 가라ᄆᆞᆯ 츄마ᄆᆞᆯ 고라ᄆᆞᆯ 간쟈ᄆᆞᆯ 가라간쟈四足白이ᄆᆞᆯ 도화잠불ᄆᆞᆯ (dahan morin akta morin jerde morin konggoro morin keire morin kuren morin hailun morin suru morin kara morin sarala morin kula morin kalja morin kara kalja seberi morin cohoro morin) <청노 5:13b> ※ 土黃, 公骨, 馬色也. <증정주의택고집람 5> 黃馬曰公鶻 <경도잡지-풍속 마려> ⇒ 공골, 공골마, 공골말, 공골ᄆᆞ, 공골미, 공골, 공골ᄆᆞᆯ

【공골-미】 명 ((동물)) 공골마(-馬). 몸 전체의 털빛이 누렇고 갈기와 꼬리가 흰 말. '공골(qongɣor)'은 중세몽고어 차용어. 만주어는 'konggoro'.¶ 공골미 비 (駜) <음첩b 18b> ⇒ 공골, 공골마, 공골말, 공골ᄆᆞ, 공골ᄆᆞᆯ, 공골, 공골ᄆᆞᆯ

【공부】 명 공부(工夫). 시간(時間). 노력. (중국어 간접 차용어).¶ 공부 (工夫, Work, labor.) <한영1890 66> 공부 | 역ᄉᆞ <법한 873> 일 | 역ᄉᆞ | 공부 <법한 1017> 슈고 | 공부 | 역ᄉᆞ 만히 들다 <법한 1388> 오랜 공부 | 긴 공부 | 편ᄒᆞᆫ 공부 <법한 710> ▼功 ‖ 져 릉이 도셩의 리왕ᄒᆞ기의 십여 일 공뷔 되니 이졔 령구ᄅᆞᆯ 뫼셔 이의 니ᄅᆞ미 (這陵離都來往得十來日之功, 如今請靈至此.) <홍루 58:3> ▼功夫 ‖ 이 공젹과 령디 왜히도 아니ᄒᆞ며 어즈럽도 아니ᄒᆞ야 이 양ᄋᆞ로 공부ᄅᆞᆯ 쓰면 날 못ᄒᆞ야셔 일리라 (卽此空寂靈知無壞無染, 如是功夫, 不日成之.) <법어 27b> 내 밧바 결을 어더 가디 못ᄒᆞ리로다 네 보라 가라 네 언머 공부ᄅᆞᆯ 머므로료 (我忙, 沒功夫去. 你自看去着. 悞了你多少功夫!) <노언 상:61a> 지난 ᄒᆡ의 가쟝 일 년이나 공부ᄅᆞᆯ 드려 향젼디 하나ᄒᆞᆯ 짓고 금년은 반 년이 되도록 침션을 잡ᄂᆞᆫ 양을 보지 못ᄒᆞ엿노라 (舊年好一年的工夫, 做了個香袋兒. 今半年來, 還沒見拿針線呢.) <홍루 32:18> 네 임의 이러케 ᄆᆞᄋᆞᆷ을 쓰ᄂᆞᆫ디 엇지 외면의 대ᄉᆞ의 공부ᄅᆞᆯ 쓰지 아니ᄒᆞᄂᆞᆫ고 로야도 또ᄒᆞᆫ 깃거ᄒᆞ실 거시오 또ᄒᆞᆫ 이런 숀샹ᄒᆞᆯ 일도 업ᄉᆞ리라 (你既這樣用心, 何不在外頭大事上做工夫, 老爺也歡喜了, 也不能吃這樣虧.) <홍루 34:11> ▼工 ‖ 셔연[셔연은 동궁 강연이라]의 출입ᄒᆞᄋᆞᆸᄂᆞᆫ 신해 뉘 예덕이 탁월ᄒᆞ샤 강혹ᄒᆞ시ᄂᆞᆫ 공부와 문팀ᄒᆞ시ᄂᆞᆫ 졍셩의 부즈런ᄒᆞ신 줄

을 모로오며 일호나 외물의 요톨ᄒᆞ시는 줄노 아오리잇가마는 (出入書筵之臣, 孰不知睿德度越, 孜孜於講學之工、問寢之誠, 而初何嘗認以一毫爲外物所搖奪乎.) <명의-권수 상:2a> 이 분 官人이 여러 불 칼을 치이려 ᄒᆞ니 네 모롬이 공부 드려 민들라 (這位官人要打幾副刀子, 你必須加工打造.) <박신 1:19a> 공부을 일위면 되지 못홀 일이 업ᄂᆞ니라 (做工到沒有不成.) <중화-한고b 3b> 힝혀 병이 나앗다 ᄒᆞ옵셔 조심ᄒᆞ옵시던 ᄆᆞᄋᆞᆷ을 프러ᄇᆞ리옵시고 이샹곡읍을 젼톄로 ᄒᆞ옵시면 약녁과 됴보ᄒᆞ옵신 공뷔 다 허일이 되올 거시니 도로혀 념녀 브리옵디 못ᄒᆞ와 ᄒᆞ옵ᄂᆞ이다 <숙휘-10 1674-96 숙종(조카) ↓숙휘공주(고모)> ※ ᄒᆞᄅᆞ 세 ᄢᅵ식 뎌를 주어 밥을 비브리 먹이고 담 ᄡᆞᄂᆞᆫ 널로 담머리예 막아 ᄆᆡ기를 굿이 ᄒᆞ고 돌고로다가 날회여 다이되 밧바 말고 뎌로 ᄒᆞ여 工夫 드려 다이라 (一日三頓家, 饋他飽飯喫, 着墻板當着墻頭, 絟的牢着, 着石杵慢慢兒打, 不要忙, 着他下工夫打.) <박언 상:11a> 張가야 이바 우리 이 官人이 ᄒᆞᆫ 불 칼을 ᄆᆡᆫ돌고져 호되 ᄀᆞ장 細詳ᄒᆞ니 이 다ᄉᆞᆺ 불 칼을 네 用心ᄒᆞ여 功夫 드려 ᄆᆡᆫ들라 (張舍你來, 咱這官人, 要打一副刀子, 好生細詳, 這五件兒刀子, 你用心下功夫打.) <박언 상:16a> 내 네 농장에 가고져 호ᄃᆡ 工夫를 엇디 못ᄒᆞ여 가디 못ᄒᆞ노라 (我要你莊頭裏去, 不得工夫去不得.) <박언 중:43a> 내 네 농장 집의 가고져 ᄒᆞ되 工夫를 엇디 못ᄒᆞ여 가지 못ᄒᆞ노라 (我要往你莊頭家去, 不得工夫去不得.) <박신 2:48b> 내 닐옴을 드르라 小子ㅣ 요ᄉᆞ이 드르니 高麗로셔 온 秀才 잇다 ᄒᆞ여ᄂᆞᆯ 뎌를 ᄎᆞ자 글을 講論ᄒᆞ노라 이런 젼ᄎᆞ로 工夫를 엇디 못ᄒᆞ여 拜望을 闕ᄒᆞ니 得罪 得罪ᄒᆞ여라 (聽我說, 小子近日聽得, 有高麗來的秀才, 尋他講論些文書來, 因此不得工夫闕拜望, 得罪, 得罪.) <박언 하:56b> 내 밧바 결을 어더 가디 못ᄒᆞ리로다 네 보라 가라 네 언머 功夫를 머므로료 (我忙, 沒功夫去. 你自看去着. 悞了你多少功夫!) <평노 상:61a> ⇒ 공브, 공부

【십년 공부 아미타불】 㥀 십년 공부 도로 아미타불. 오랫동안 공들여 해 온 일이 허사가 된 경우를 비유적으로 이르는 말.¶ 십년 공부 아미타불 (十年工夫 阿彌陀佛이라) 昔에 麗朝 曇釋僧이 修道 十年에 佛果를 幾成할너니 一朝에 妓生 黃眞의 誘惑한 배 된 故로 大凡 熱心하든 人의 放蕩과 專力하든 事의 失敗에 此로 譏刺함이라 <조속1922 14>

【공브】 명 공부(工夫). 노력. 시간(時間). (중국어 간접 차용어).¶ 工 ‖ 되에 나아갈 ᄠᅳᆺ이 굿기 금셕 ᄀᆞᆮ고 슈연이 ᄯᅳ글 밧긔 날 ᄃᆞᆺᄒᆞ나 조존ᄒᆞᆫ 공븨 일용에 나ᄐᆞ나 (進道之意, 堅如金玉, 翛然若出塵表, 而操存之工, 著於日用.) <조희 13:94> ⇒ 공부, 공부

【공용】 명 공용(公容, 公用). 공적인 일. 나라 일. (일본어 간접 차용어).¶ ※ 날을 져믈를 쁜으로는 公容은 되지 아니코 <첩해-개 4:43a> 날을 져믈올 ᄲᅮᆫ으로는 公用은 되디 아니코 <첩해-개중 4:29b> ☞ 공의

【공의】 명 공의(公儀). 공적인 일. 나라 일. (일본어 간접 차용어).¶ ※ 날을 져므롤 ᄲᅮᆫ으로는 公儀는 되디 아니코 <첩해-초 4:23b> ☞ 공용

【공희-ᄒᆞ-】 동 공희(恭喜)하다. 축하하다. (중국어 간접 차용어).¶ 恭喜 ‖ 공희ᄒᆞᄂᆞ이다 ᄉᆞ뷔 처음으로 오실 ᄯᅴᄂᆞᆫ 진히를 엇지 못ᄒᆞ여 오관이 모다 막힌 듯ᄒᆞ다가 이졔 아블긔 뵈옵고 진히를 어더 묘ᄒᆞᆫ ᄠᅳᆺ이 ᄆᆞᄋᆞᆷ의 져즈며 신녕ᄒᆞᆫ 글이 골슈의 빈지라 ᄌᆞ연 젼신이 통녕ᄒᆞ여 거리ᄭᅵ미 업시 유힝ᄒᆞ시리이다 (師父, 恭喜! 你初來時, 未得眞解, 五官皆障, 如今見了我佛, 得了眞解, 妙義熏心, 靈文刺骨, 自然遍體通靈游行無礙也!) <후서유 20:63-39> 은대거의 이런 큰 일을 힝ᄒᆞᄆᆞᆯ 공희ᄒᆞ노라 우리 ᄎᆞᆫ진 사ᄅᆞᆷ이 모다 감격히 너겨 도로혀 은ᄌᆞ를 츌염ᄒᆞ여 샤례ᄒᆞ려 ᄒᆞᄂᆞ니라 (恭喜殷大哥幹了這樁大事, 我們合鎭的人無不感激, 還要公公相謝.) <설월 7:3> 현뎨 거년의 등과ᄒᆞ엿거ᄂᆞᆯ 우형이 상경ᄒᆞ여 바야흐로 아랏ᄂᆞ니 공희ᄒᆞ노라 (賢弟去歲登科, 愚兄進京方知, 恭喜恭喜.) <쾌심 25:56> 낭낭긔셔 너를 파견ᄒᆞ여 디부의 가셔 노태태를 ᄎᆞᄌᆞ 뵈오라 ᄒᆞ여 계시니 공희ᄒᆞ노라 (娘娘派你到地府裏找老太太去呢, 恭喜恭喜.) <보홍 1:86> 공희ᄒᆞᄂᆞ니 쇼져는 져기 방심ᄒᆞ쇼셔 ᄉᆞ졍이 임의 타쳡ᄒᆞ엿ᄂᆞ이다 (恭喜賢郡主, 可以放心了, 事情已妥.) <재생 23:49> 다만 보ᄆᆡ 감노히 희희히 우ᄉᆞ며 죵용히 니ᄅᆞᄃᆡ 무ᄃᆡ야아 공희ᄒᆞ노라 과연 그 말과 ᄀᆞᆮ도다 (只見甘婆笑嘻嘻的進來, 悄悄道: "武大爺恭喜. 果是那話兒.") <충협 40:38>

【공골】 명 ((동물)) 공골말. 몸 전체의 털빛이 누렇고 갈기와 꼬리가 흰 말. 황부루. '공골(qongɤor)'은 중세몽고어 차용어. 만주어는 'konggoro'.¶ 공골 (騎馬爪) <시언-6 목록:3a> ⇒ 공골, 공골마, 공골말, 공골ᄆᆞ, 공골몰, 공골미, 공골몰

【공골-몰】 명 ((동물)) 공골말. 몸 전체의 털빛이 누렇고 갈기와 꼬리가 흰 말. 황부루. '공골(qongɤor)'은 중세몽고어 차용어. 만주어는 'konggoro'.¶ 黃馬 ‖ 이 아질게몰 악대몰 절다몰 공골몰 오류마 구렁몰 가리운몰 셜아몰 가라몰 츄마몰 고라몰 쇠ᄂᆞ래브튼몰 간쟈몰 가라간쟈 ᄉᆞ죡빅 도화잠불몰 텰쳥총이 고 ᄲᅥᆫ 몰 아몰 삿기빈 말 골회눈이 골외는 몰 이 ᄆᆞ리 ᄡᅬ거름ᄀᆞ티 즈늑즈늑기 건는 ᄆᆞ리로다 (這兒馬、騸馬、赤馬、黃馬、鷰色馬、栗色馬、黑鬃馬、白馬、黑馬、鎖羅青馬、土黃馬、繡膊馬、破臉馬、五明馬、桃花馬、青白馬、豁鼻馬、騍馬、懷駒馬、環眼馬、劣馬, 這馬牛行花塔步.) <번노 하:8b, 9a> ⇒ 공골, 공골마, 공골말, 공골ᄆᆞ, 공골몰, 공골미, 공골

【공골부로잠불】 명 ((동물)) 토황마. (중세몽고어 차용어).¶ 공골부로잠불 (駓) <시언-19 목록:2a>

【공부】 명 ❶ 공부(工夫). 공력(功力).¶ 공붓 공 (功) <훈몽-잡어 하:13b> 댱개여 이바 우리 이 官人이 ᄒᆞᆫ 붓 갈홀 밍ᄀᆞᆯ오져 ᄒᆞᄂᆞ니 ᄀᆞ장 ᄌᆞ셔ᄒᆞ고 샹찰ᄒᆞᆫ 사ᄅᆞ미

니 이 다ᄉᆞᆺ 붌 갈홀 네 용심ᄒᆞ야 공부 드려 밍ᄀᆞᆯ라 (張舍你來, 咱這官人, 要打一副刀子, 好生細詳, 這五件兒刀子, 你用心下功夫打.) <번박 상:17a> 저 ᄒᆡ야 공부 드려 다으게 ᄒᆞ라 (着他下功夫打.) <번박 상:10b> 네 용심ᄒᆞ야 공부 드려 밍ᄀᆞᆯ라 (你用心下功夫打.) <번박 상:17a> ❷ 공부(功夫). 공부(工夫). 시간. 틈. (중국어 간접 차용어).¶ 공부 공 (功) <초자 1a> ▼工夫 ‖ 나져 바며 혜아려 술펴 실올매나 터럭 근매나 다으디 몯호미 이시면 내 ᄆᆞᅀᆞ미 븟그럽거니 엇디 다른 사름 혜아려 검찰홀 공뷔 이시리오 (日夜且自點檢, 絲毫不盡, 則慊於心矣. 豈有工夫點檢他人也.) <번소 8:14b> ᄒᆞᄅᆞ 세 번식 저희를 밥 주어 비브르 머기고 툭판으로 담애 마가 미요믈 구디 ᄒᆞ고 돌달고로 날회여 다ᄋᆞ고 바차 말오 저 ᄒᆡ야 공부 드려 다으게 ᄒᆞ라 (一日三頓家, 饋他飽飯喫, 着墻板當着墻頭, 絟的牢着, 着石杵慢慢兒打, 不要忙, 着他下工夫<兒>打.) <번박 상:10b> ▼功夫 ‖ 내 밧바 겨를 어더 가디 몯ᄒᆞ리로다 네 보라 가라 네 언멋 공부를 머믈우료 (我忙, 沒功夫去. 你自看去着. 悞了你多少功夫!) <번노 상:67b> ※ 功夫롤 ᄃᆞ토아 搰搰히 ᄒᆞ야 프를 미야 두듥 ᄀᆞᇫ 두놋다 (功夫竟搰搰, 除草置岸傍.) <두시-초 7:34b> ⇒ 공부, 공브

【과계】 명 ((인류)) 과계(夥計). 종업원.¶ 夥計 ‖ 과계 왈 페관에 싱의가 청담ᄒᆞ야 오리 주무를 장괴홈이 읍스며 다만 과계 일냥인뿐이로라 (夥計曰: "敝館生意淸淡, 久無專夥掌櫃, 只夥計一二人耳.") <신광 16:13b> ☞ 호치, 소호치

【과다라하라】 명 ((지리)) 과달라하라(Guadalajara). 멕시코에 있는 도시. 1531년에 에스파냐 인이 건설한 도시로, 섬유・시멘트・비누 따위의 공업이 발달했으며, 전통적인 직물・노자기 따위의 수공업이 유명하다. (외래어).¶ 또 동편에 베라그루스와 담피고와 마다모라스와 남편에 아가벌고와 셔편에 과다라하라와 ᄀᆡ이마스와 북편에 바소델넛과 지화화와 만테레와 ᄒᆞᆫ가온대 보아브라와 레온이란 촌이 잇고 사름의 픔ᄉᆞ수는 평등이오 <사필1889-헐버트 112>

【과달귀버】 명 ((지리)) 과달키비르(Guadalquivir)강. 에스파냐 남부, 안달루시아 지방을 남서쪽으로 흐르는 강. 하엔(Jaen) 지방의 동부 산지에서 시작하여 대서양의 카디스 만으로 흘러 들어간다. (외래어).¶ 남에는 늬바다와 모릐나ㅣ란 산이 잇고 또 과달귀버와 과듸아나ㅣ란 강이 대셔양에로 통ᄒᆞ며 셔에는 테거스와 두로ㅣ란 강이 포츄갈국에로 드러가며 또 동편에 빨릐아릭이란 륙칠 셤이 잇스며 <사필1889-헐버트 42>

【과데마라-국】 명 ((지리)) 과테말라(Guatemala). 중앙아메리카의 북부에 있는 공화국. 국토가 거의 산지이고 높은 산이 많다. 1839년 에스파냐로부터 독립하였다. (외래어).¶ 센드랄 아메리까에 적은 나라 다ᄉᆞᆺ시 잇스니 과데마라국과 혼두레스국과 산살베더국과 늬가라과국과 거스다리가국과 또 벨릐스ㅣ란 싸히니 [영국 속방] 폭원이 북위션 여둛 듸그리브터 십팔 듸그리ᄭᆞ지요 <사필1889-헐버트 113> ⇒ 과터말라

【과듸아나】 명 ((지리)) 과디아나(Guadiana)강. 에스파냐의 라만차 지방에서 시작하여 포르투갈 국경을 거쳐 카디스 만으로 흘러드는 강. (외래어).¶ 남에는 늬바다와 모릐나ㅣ란 산이 잇고 또 과달귀버와 과듸아나ㅣ란 강이 대셔양에로 통ᄒᆞ며 셔에는 테거스와 두로ㅣ란 강이 포츄갈국에로 드러가며 또동편에 빨릐아릭이란 륙칠 셤이 잇스며 <사필1889-헐버트 42> 디형을 의론컨대 동에셔 셔에로 에스드렐라ㅣ란 산이 나라 ᄒᆞᆫ가온대로 건너가고 또 데기스ㅣ란 강이 포구ㅣ오 북에는 두로ㅣ란 강이 포구ㅣ오 남에는 과듸아나ㅣ란 강이 잇스니 이 강들이 다 이스바니아국에셔 시작ᄒᆞ야 이 나라흘 건너 대셔양에로 드러가며 <사필1889-헐버트 45>

【과면】 명 ((음식)) 괘면(掛麵). 마른 국수. '과면(掛麵, guàmiàn)'은 중국어 직접 차용어.¶ 掛麵 ‖ 내 과면을 먹으려 ᄒᆞ노라 (我想點子掛麵吃.) <홍부 11:110>

【과실-푸리】 명 ((상업)) 과실포리(果實鋪裏). 과일가게. '푸리(鋪裏, pùli)'는 (중국어 직접 차용어).¶ 果子鋪 ‖ 다만 삼분 긔력을 부려 져의 뺨을 향ᄒᆞ여 몃 번 치미 믄득 붉고 프ᄅᆞ러 과실푸리롤 버린 ᄃᆞᆺᄒᆞᆫ지라 (只使了三分氣力, 向他臉上拍了幾下, 登時便開了果子鋪.) <홍루 47:61>

【과ᄌᆞ】 명 ((복식)) 괘자(褂子). 마고자. 저고리 위에 덧입는 방한복의 하나. 저고리와 비슷하게 생겼으나 깃과 고름이 없고 앞을 여미지 않으며, 단추를 달아 입는다. '과(褂, guà)'는 중국어 직접 차용어.¶ 褂 ‖ 홀연 보니 봉제 ᄌᆞ지룽 과ᄌᆞ롤 닙고 희희희 우ᄉᆞ며 와셔 (忽見鳳姐兒披着紫羯絨褂, 笑嘻嘻來了.) <홍루 50:65>

【과터말라】 명 ((지리)) 과테말라(Guatemala). 중앙 아메리카의 북부에 있는 공화국. 국토가 거의 산지이고 높은 산이 많다. 1839년 에스파냐로부터 독립하였다. (외래어).¶ 과터말라 (瓜他馬拉) <명물-육당 13a> ⇒ 과데마라국

【관가】 명 관가(官家). 황제(皇帝). (중국어 간접 차용어).¶ 관개[황뎨란 말이라] 년지 되션 디 오라니 엇디 황금으로 견여롤[자근 교직라] ᄭᅮ며 ᄐᆞ고 츌입디 아니시ᄂᆞ닝잇고 <송요 1:11b> ▼官家 ‖ 데 나와 병풍 알픠 니ᄅᆞ매 휘뎨롤 잇그러 드러가며 닐오ᄃᆡ 하놀이 ᄎᆞ니 관가ᄂᆞᆫ 술을 자쇼셔 ᄒᆞ니 빅뇨 시위 서ᄅᆞ 도라보고 말을 못ᄒᆞ더니 (俟帝出, 至御屛, 后挽留帝入, 曰: "天寒, 官家且飮酒." 百僚、侍衛相顧莫敢言.) <송요 9:17b> 볼히 가독은 글을 당죠 관가의 보너ᄂᆞ니 네 고려롤 아숨으로부터 내 나라 디경 갓가이 변병이 ᄌᆞ루 내 나라 디셰를 침범ᄒᆞ니 싱각ᄒᆞ니 관가의 ᄯᅳᆺ으로 난 일인가 시부니 (渤海國大可毒書達唐朝官家. 自你占了高麗, 與俺國逼近, 邊兵屢屢侵犯吾界, 想出自官家之意.) <니태빅젼-단국 16> 이제 관가ᄂᆞᆫ 이 휘종황뎨 아홉재 아ᄃᆞᆯ노 처음은 ᄀᆞ장 영명타 일ᄏᆞᆮ고 금에 볼뫼 되여 금영의 드러가 금

태ᄌᆞ와 활ᄡᅩ기를 결워 다ᄉᆞᆺ 살이 년ᄒᆞ여 관을 마치니 금인이 쟝슈의 ᄌᆞ식이라 의심ᄒᆞ야 다른 티졸 밧고아 잡아가고 (當今官家, 是徽宗第九子, 封爲康王. 幼文長武, 甚是英明. 欽宗卽位, 與金求和, 將他質當于金. 一日與金太子較射, 康王連中五矢. 金人疑是將種, 被拘索換.) <후수 11:38> ※ 官家 ‖ 官家ㅣ 指揮 잇다 뎐ᄒᆞ여 니ᄅᆞᄂᆞᆫ도다 (傳道官家有指揮.) <오전 5:39b> 連에 열어番 官家에 ᄆᆡ을 마지며 (連爲幾頭官司.) <수호-국재 1:48b>

【관가포】 명 ((인류)) 관가파(管家婆pō). 안잠자기. 남의 집안에서 잠을 자며 일을 도와주는 여자. (중국어 직접 차용어).¶ 管家婆 ‖ 현덕이 손부인 방듕의 도창검극이 이시믈 보고 실ᄉᆡᆨᄒᆞᆫ대 관가픠[집일 ᄀᆞ음아는 겨집 사ᄅᆞᆷ이라] 나아와 닐오ᄃᆡ (却說玄德見孫夫人房中, 兩邊槍刀森列如麻, 玄德失色. 管家婆進曰.) <삼국-가정 17:111> 관가픠 손부인ᄃᆞ려 닐오ᄃᆡ 방듕의 병긔롤 버려시니 아리ᄯᆞ온 손이 편안티 아녀 ᄒᆞ니 아직 업시ᄒᆞ여지이다 (管家婆稟復孫夫人曰: "房中擺列兵器, 嬌客不安, 今且去之.") <삼국-가정 17:112>

【관문지】 명 ((인류)) 관문지(管門的). 문지기. '지(的, de>di)'는 중국어 직접 차용어.¶ 管門人 ‖ 관문지 답왈 일젼에 소야 명쳡이 왓소ᄂᆞ 노야 출타ᄒᆞ신 고로 졉ᄃᆡᄒᆞ리 읍ᄃᆞ ᄒᆞ여 보니엿ᄂᆞ이ᄃᆞ (管門人回道: "蘇爺差人說要來拜, 是小的回了老爺不在家, 無人接待, 就要拜, 只消留帖上門簿, 不敢勞蘇爺遠來.差人去了, 今日不知還來也不來.") <옥교-만송 하:42>

【관셔】 명 ((지리)) 관서(關西). '칸사이'를 우리 한자음으로 읽은 이름. 일본을 동서 지역으로 나누었을 때 관동(關東) 지역에 대하여 쿄토부, 오사카부, 시가현, 효고현, 나라현, 와카야마현 등 6개 행정구역이 포함된 지역을 말함. (일본어 간접 차용어).¶ 참혹ᄒᆞ고 가련ᄒᆞ다 관셔 ᄯᅡ에 뎌 디동은 이 쥐산이 문허져셔 삼십여 명 죽은 외에 <대매-시평 1909.9.2>

【관ᄉᆞ】 명 관사(官司). 소송(訴訟). 송사(訟事). (중국어 간접 차용어).¶ 官司 ‖ 져희 셩ᄉᆞᄒᆞ기 젼의 몬져 여ᄎᆞ여ᄎᆞ 얽어 고관ᄒᆞ면 션발졔인이 되리니 엇지 속슈ᄒᆞ고 변을 기다리리오 ᄒᆞ면 ᄃᆡ상공이 이 일을 말고져 ᄒᆞ나 엇지 즐겨 ᄌᆞ식이 잡혀가 관ᄉᆞ롤 겻고져 ᄒᆞ리오 (待我小管相公在本府先告准了, 然後稟知老爺, 那時令尊自然承認, 誰肯把嫡親兒子去喫官司?) <선진 11:8> 이제 관ᄉᆞ의셔 방브터 요인을 잡으라 ᄒᆞ거ᄂᆞᆯ 너희 이곳의셔 풋촐 군병을 민들고 ᄑᆞ노 말을 민ᄃᆞ라 무숨 일을 ᄒᆞ려 ᄒᆞᄂᆞ뇨 (你們在這裡好做作, 官司現今出榜拿着妖人.你們却在此剪草爲馬, 撒豆成兵, 待要舉事謀反.) <평요-나손 5:30> 화상이 젼일에 무숨 안건을 인ᄒᆞ여 관ᄉᆞ에 협곤을 밧고 이졔 감금중에 잇ᄂᆞ니라 (老和尚昨日因件官司, 受了夾棍, 現在禁中.) <녹모 3:176> 대관인이 쇼뎨롤 머므르지 아니려 홈이 아니라 관ᄉᆞ의 근포홈이 심분 엄금ᄒᆞᆫ 지라 만일 차자 대관인의 집에 니르면 엇지 련루되지 아니리오 (非是大官人不留小弟, 爭奈官司追捕甚緊, 排家搜捉, 倘或尋到大官人莊上時, 須負累大官人不好.) <수호-신문 1:10:102> 량산박 적인에게 잡히여 갓다가 도망ᄒᆞ여 도라와셔 일쟝 원통ᄒᆞᆫ 관ᄉᆞ에 걸니여 사문도로 귀향가더니 (因被梁山泊賊人擄掠前去, 逃得回來, 倒吃了一場屈官司. 迭配去沙門島.) <수호-신문 4:61:194> 졔가 도로혀 유심ᄒᆞ여 너의롤 ᄒᆞᆫ 병 계화유롤 쥬고ᄌᆞ ᄒᆞᄃᆡ 그릇 도적 다ᄉᆞ리는 광[관]ᄉᆞ의 걸닐가 져허ᄒᆞ노라 (他倒有心給你們一瓶子油, 又怕掛誤着打盜竊的官司.) <홍루 62:75> 쥐가 두건을 치면 횡직회ᄉᆞ가 잇고 쥐가 밤의 ᄉᆞ롬의 머리털과 수족을 물면 관ᄉᆞ 질병이 뉵십일을 흉ᄒᆞ고 <규합-동경 졈지변법 8:33b> 관쇽이 관ᄉᆞ롤 빙쟈ᄒᆞ매 맛당이 중치홀지라 <경신 61> 나는 아모 근심이 업셔 관ᄉᆞ가 히비되다 ᄒᆞ니 이만 경ᄉᆞ가 업다 ᄉᆞ연 무궁ᄒᆞ나 이만 뎍으니 년ᄒᆞ여 몸 셩ᄒᆞ셰긋ᄒᆞ기 만ᄒᆞ 조힌다 <승지덕 납셔-밀물> ※ 官司 ‖ 大妻ㅣ 그리 닐옴을 보고 제 ᄉᆞ나희롤 ᄃᆡᄒᆞ여 닐러 말리되 常言에 닐오ᄃᆡ 만일 非理엣 일을 ᄒᆞ면 반ᄃᆞ시 그 앙화롤 밧ᄂᆞᆫ다 ᄒᆞ니 네 이런 理에 合디 아닌 일을 ᄒᆞ다가 만일 官司ㅣ 알면 우리를다가 償命타 아니코 므슴ᄒᆞ리오 (大妻見那般說, 對他男兒說勸, 常言道: "若作非理必受其殃." 你做這般不合理的勾當, 若官司知道時, 把咱們不償命那甚麽?) <박언 중:28a> 官司에 ᄃᆞ라가 告ᄒᆞ니 (走到官司告了.) <박언 중:28b> 이 官司人들히 緊ᄒᆞ여도 아니ᄒᆞ고 慢ᄒᆞ여도 아니ᄒᆞ니 (這官司人們, 緊不的慢不的.) <박언 중:60b> 망녕되이 官司에 고ᄒᆞ면 죄 反坐에 니ᄅᆞᄂᆞ니 (妄告官司抵罪反坐.) <박언 하:16b> 이 두어 날에 官司에 告ᄒᆞ여 (這兩日官司裡告了.) <박언 하:37b> 우리 모든 弟兄들이 結拜ᄒᆞᆫ 後로부터 아모 집의 喜事ㅣ 잇거든 곳 다 가 慶賀ᄒᆞ고 官司 災難이 잇거든 곳 다 儘力ᄒᆞ여 幇助ᄒᆞ자 (咱衆弟兄們自結拜之後, 那一家有喜事, 便都要去慶賀的, 有官司災難, 便都要儘力去幇助的.) <박신 1:28b> 벼 시므는 그 놈이 不過이 鬪毆 官司ㅣ니 엇지ᄒᆞ여 가도고 노치 아니ᄒᆞᄂᆞ뇨 (種稻地的那厮, 不過是鬪毆官司, 因何監着不放呢?) <박신 3:20a> 大明律 條例에 실린 거시 明白ᄒᆞ니 망녕도이 官司에 告ᄒᆞᄂᆞᆫ 者ㅣ 이시면 反坐ᄒᆞ여 罪에 다ᄃᆞᆺ게 ᄒᆞ엿ᄂᆞ니라 (大明律上條例載得明白, 有妄告官司者反坐抵罪.) <박신 3:20b> 네 만일 뎌를 만히 財物을 주면 곳 이 理 업슨 일이라도 또 뒤집어 理 이시미 될 거시니 내 혜아리건대 네 뎌 官司ㅣ 여러 돈을 ᄡᅥ 셔도지 아니면 이 일을 일오지 못ᄒᆞ리라 (你若多與他些財物, 便是沒理的事情, 也翻做有理, 我料你那件官司, 不使幾箇錢幹辦是不濟事的.) <박신 3:6a>

【관ᄉᆞ-ᄒᆞ-】 동 관사(管事)하다. 일보다. (중국어 간접 차용어).¶ 理 ‖ 조의의 나아간 ᄃᆡ의 강슌쟝으로 ᄒᆞ여곰 ᄃᆡ신 관ᄉᆞ케 ᄒᆞ고 쟝기덕으로 궁문을 총리케 ᄒᆞ고 (趙宜現要出差, 先令江允長代理, 張其德總理內宮門.) <요화 20:20> ⇒ 관ᄉᆞᄒᆞ-

【관ᄉᆞ-ᄒᆞ-】 동 관사(管事)하다. 일보다. (중국어 간접 차용어).¶ ▼管事 ‖ 로셰옹이 만일 가ᄉᆞ를 안돈ᄒᆞ려 ᄒᆞ거든 져 관ᄉᆞᄒᆞᄂᆞᆫ 이를 견ᄒᆞ여 일긔 심복인을 파견ᄒᆞ여 각쳐로 가셔 밝히 사실ᄒᆞ여 보와 (老世翁若要安頓家事, 除非傳那些管事的來, 派一個心腹的人各處去清查清查.) <홍루 114:37> ⇒ 관ᄉᆞᄒᆞ-

【관홍-ᄒᆞ-】 형 관홍(寬宏)하다. 관대(寬大)하다. '홍(宏, hóng)'은 중국어 직접 차용어.¶ 후ᄒᆞ다 | 관후ᄒᆞ다 | 관홍ᄒᆞ다 <법한 675> 너그러이 ᄒᆞ다 | 관유ᄒᆞ다 | 관후ᄒᆞ다 | 관홍ᄒᆞ다 <법한 770> ▼寬宏 ‖ ᄃᆡ야의 불너오던 사ᄅᆞᆷ이 도로혀 여겸의게 싱으로 아이되 ᄃᆡ애 치지불문ᄒᆞ고 연망이 피ᄒᆞ야 가면 아ᄂᆞᆫ ᄌᆞᄂᆞᆫ ᄃᆡ야의 도량이 관홍ᄒᆞ다 ᄒᆞᆯ 쌔시오 아지 못ᄒᆞᄂᆞᆫ ᄌᆞᄂᆞᆫ 니라되 현임 니부샹셔의 공지 도로혀 죽은 유격장군의 아ᄌᆞ를 두려 ᄒᆞᆫ다 ᄒᆞ리니 (大爺喚來之人, 反被余謙生生奪去, 大爺竟置之不問, 忙忙躲避去了, 知者是大爺寬宏大量, 不知者道現任吏部尚書公子, 反怕死後那遊擊將軍的兒子.) <녹모 1:74> 쏘ᄒᆞᆫ 기[김]쇼졔 도량이 관홍ᄒᆞ여 도로혀 간졀이 권히ᄒᆞ고 쏘 쇼노야의 쥬의로 진졍 김쇼져도 쏘ᄒᆞᆫ 이 곳의셔 시쥰으로 더브러 셩혼ᄒᆞ여 빅일즘 되엿더니 (也對着金小姐寬宏大量, 倒是苦苦的解勸, 又是邵二老爺的主意, 眞的也在此處完婚, 有百日的光景.) <충소 23:46> 림츙이 죠개의 작ᄉᆞ홈이 관홍ᄒᆞ여 의를 세우고 지물을 앗기지 아니ᄒᆞ여 각인의 가쇽을 안돈홈을 봄에 홀연 쳐ᄌᆞ의 싱각이 나ᄂᆞᆫ지라 (林冲見晁盖作事寬宏 /寬洪, 疏財仗義, 安敎各家老小在山, 驀然思念妻子.) <수호-신문 1:19:205> ▼寬 ‖ 미양 심쟝이 강ᄒᆞᆫ ᄉᆞ롬이 잇셔 능히 집벌ᄒᆞ나 한 번 동방지의로 ᄉᆞ괴면 믄득 관홍ᄒᆞᆷ을 좃더라 (每有剛腸能執法, 一交年誼便從寬.) <쾌심 3:71> ▼寬洪人量 ‖ 산각뇌 녀ᄋᆞ의 도량이 관홍[홍]ᄒᆞᆷ을 연ᄒᆞ야 쏘ᄒᆞᆫ 관홍[홍]ᄒᆞ야 (山顯仁因女兒寬洪大量, 便也寬洪大量起來.) <평산 2:69> 현뎨ᄂᆞᆫ 쾌히 닐너 슈습ᄒᆞᄂᆞᆫ 티도를 말나 우리 샹시 너ᄅᆞ고 관홍ᄒᆞᆫ 도량을 모든 형뎨 밋디 못ᄒᆞ리라 ᄒᆞ엿더니 어이 이러ᄐᆞᆺ 소졸ᄒᆞᆫ다 <옥긔린 2:42> 상공이 맛당이 관홍ᄒᆞ신 도량으로쎠 위문ᄒᆞ시미 군ᄌᆞ의 유신이어ᄂᆞᆯ 명공은 ᄋᆞ녀ᄌᆞ의 협조ᄒᆞᆷ을 결워 부부대의를 손ᄒᆞ여 박경이 디극ᄒᆞ시니 녀지 므ᄉᆞᆷ 념치로 몬져 당부로 졉화ᄒᆞ리오 <임화 67:1> 잠룡 출현ᄒᆞᄂᆞᆫ 날에, 텬하ᄉᆞ를 대뎡ᄒᆞ니 뎌러틋 관홍ᄒᆞᆫ 도략은 후인 감모 <대매-도도략 1909.4.9>

【광고-ᄒᆞ-】 동 광고(光顧)하다. (고객이 가게를) 찾아주다. 가게를 애용하다. (중국어 간접 차용어).¶ 光顧 ‖ 황노ᄃᆡ야 우리를 광고하난구나 만일 구면이 안이면 뉘가 즐겨 너 이렇케 늘근 거슬 도라보갓너니 다못 너를 만ᄃᆡ하엿노라 일노에 보둥하여라 (黃老大, 光顧我們咧. 若不是舊臉就誰肯照顧我這个老頭麽, 就是慢待你們咧. 一路保重罷.) <중화-아천 20a> ※ 光顧 ‖ 임의 一位 光顧홈을 닙어시니 아직 請컨대 안즈라 다시 ᄒᆞᆫ 잔 좀차를 먹쟈 (既承二位光顧, 且請坐一坐, 再用一杯粗茶.) <박신 3:59a>

【광곤】 명 ❶ ((인류)) 광곤(光棍). 홀아비. (중국어 간접 차용어).¶ ▼光棍 ‖ 비록 됴흐나 뎨 엇디 즐겨 이 나 만흔 광곤의 안해 되고져 ᄒᆞ리오 (他肯把我這窮光棍?) <형세 3:26> 됴흔 날을 ᄀᆞᆯᄒᆡ여 친ᄉᆞ를 일울시 삼십 셰 광곤과 이십 셰 쳐녜 보야흐로 만낫ᄂᆞᆫ디라 <형세 3:46> ❷ 무뢰배(無賴輩). 무뢰한의 무리.¶ 光棍 ‖ ᄒᆞᆫ 쇼년 광곤[왈재란 말이라]이 ᄉᆞᄉᆞ로 니ᄅᆞ기를 부인과 쇼제 제 글을 아사다가 도로 주디 아니ᄒᆞ고 (是一個少年光棍, 在外面嚷罵, 說夫人、小姐搶奪他的詩箋, 看了不還.) <옥지-연세 3:83> 이 광곤아 내 우산을 가지고 어ᄃᆡ로 가ᄂᆞᆫ다 (這光棍! 你鞝我傘, 還要拿到哪裏去?) <포공-탈산파산 6:60> ▼賴皮 ‖ 져 무리 광곤들이 그릇 무이지를 락발 아니코 슈힝ᄒᆞᄂᆞᆫ 난잡한 니고로 침작ᄒᆞ고 쏘 ᄉᆞᄉᆞ 싱각을 내다가 무이ᄌᆞ의 져 무리를 난타ᄒᆞᆷ을 당ᄒᆞ여 복죄ᄒᆞᄂᆞᆫ 문장을 밧치미 비로소 노와 보내니 (這些賴皮誤認爲帶髮修行的混帳道姑, 又生忘念, 被無碍子打得這些賴皮寫了甘服狀子, 纔放了去.) <요화 2:34> 고을 근쳐 뎔의 가 기ᄃᆞ리더니 믄득 일ᄃᆡ 십여 광곤이 블의예 드리ᄃᆞ라 심낭을 ᄆᆞ이 티고 <형세 4:94> 제 벗 화문으로 더브러 닐곱 광곤을 사괴여 ᄒᆞᆫ가지로 쳥누의 ᄃᆞᆫ니며 날마다 술 먹고 잡기ᄒᆞ기로쎠 <형세 4:95> 믄득 퓌려ᄒᆞᆫ 광곤으로 ᄃᆡ하의 죄인이 되여시믄 사싱의 다긔 장심으로 블워ᄒᆞ며 구쇽ᄒᆞᆯ 비 아니로ᄃᆡ <명행 56:60> 세원인망ᄒᆞ여 텬의 무도ᄒᆞ미 구의라 거셰의 녜뫼 쌀 ᄃᆡ 업고 눈강이 퓌망ᄒᆞ니 음뉴와 광곤이 이러ᄒᆞᆫ지라 ᄎᆞ인은 예ᄉᆞ 념치로 최망치 못ᄒᆞ리라 ᄒᆞ여 단연부동ᄒᆞ니 <윤하 40:11> ※ 져 비부리ᄂᆞᆫ 雜種들이 낫의ᄂᆞᆫ 언마 돈을 남기고 어두면 다 사면으로 다라나 ᄶᅡᄒᆞᆫ 모혀셔 돈 니기 노름도 ᄒᆞ며 쏘ᄒᆞᆫ 술 먹고 계집ᄒᆞ기도 ᄒᆞ니 다 이 집 업고 계집 업ᄂᆞᆫ 光棍들을 이러ᄒᆞᆫ 쎄의 제가 어ᄃᆡ 잇ᄂᆞᆫ 줄을 알니오 (那擺船的雜種們, 白日增了幾箇錢, 到黑著都往四下里跑去, 也有要錢聚賭的, 也有哈酒窩娼的, 都是無家無夜的光棍們, 像這箇時候兒知道他在那塊兒.) <화계 상:23a> ⇒ 광군

【광군】 명 ((인류)) 광곤(光棍). 홀아비. '광군(光棍, guānggùn)'은 중국어 직접 차용어.¶ 나를 위ᄒᆞ여 집의 챠환도 두지 아니ᄒᆞ고 쏘 뎡혼ᄒᆞᆯ 경영도 아니ᄒᆞ시니 날노 ᄒᆞ여곰 한 무리 광군으로 돌녀 보내랴 ᄒᆞᄂᆞ냐 <속홍 8:11> ⇒ 광곤

【괴ᄌᆞ-놈】 명 ((인류)) 괴자놈(拐子-)놈. 납치범. (중국어 간접 차용어).¶ 花子 ‖ 보옥이 니ᄅᆞᄃᆡ 조티 아니ᄒᆞ다 괴ᄌᆞ놈이 홈쳐 갈가 조심되고 쏘 져희들이 알게 되면 크게 들넬가 시브니 져기 갓가온 곳의 갓다가 곳 오ᄂᆞᆫ 것만 ᄀᆞᆺ지 못ᄒᆞ니라 (寶玉道: "不好, 仔細花子拐了去. 且是他們知道了又鬧大了, 不如往近些的地方去還可就來.") <홍루 19:16>

【교라-ᄒᆞ-】 형 교나(嬌娜)하다. 곱다. 어여쁘다. (중국어 간접 차용어).¶ 嬌娜 ‖ 오이 졔 어미를 ᄯᆞ라 쳥문을 믈

건을 쥬려 왓는딕 훈 번 보니 더옥 교라ᄒᆞ고 미무ᄒᆞ믈 씨닷더니 (五兒跟着他媽給晴雯送東西去, 見了一面, 更覺嬌娜嫵媚.) <홍루 92:30>

【교-바리쓰】 명 ((복식)) 교빠린쓰. '바리쓰'는 바뢰즈(vareuse, ヴァルーズ). 셔츠와 재킷의 중간 의상으로 품이 넉넉하며, 본래 해군이나 어부의 작업복으로 쓰임. (프랑스어에서 온 일본어 차용어).¶ 본견 ᄌᆞ미ᄉᆞ 져구리 안ᄶᅧ 교바리쓰 치마 ᄎᆞ 사회 명쥬 바지 안ᄶᅧ 외손육남매 교ᄌᆞ미ᄉᆞ 져구리 안ᄶᅧ 외손부 삼동셔긔는 교바리쓰 져구리 안ᄶᅧ <회혼물목-아모레 1938> 본견 ᄌᆞ미ᄉᆞ 져구리 안ᄶᅧ 교바리쓰 치마 ᄎᆞ 외손 남믹 명쥬 바지 안ᄶᅧ 교직 져구리 안ᄶᅧ <회혼물목-아모레 1938>

【교정-ᄒᆞ-】 동 교정(較正)하다. 비교하여 바로잡다. (중국어 간접 차용어).¶ 較正 ‖ 네가 훈 말이라도 그ᄲᅮᆫ이오 네가 아니훈 말이라도 그ᄲᅮᆫ이라 일이 ᄯᅩ훈 지나시니 구ᄐᆞ여 교정ᄒᆞᆯ 거시 업고 젹은 일은 도로혀 크게 민ᄃᆞ는 즉시라 (是你說的也罷, 不是你說的也罷, 事情也過去了, 不必較正, 倒把小事兒弄大了.) <홍루 34:74>

【구나파-국】 명 ((지리)) 구라파국(歐羅巴國). 유럽(Europe). (중국어 간접 차용어).¶ 歐邏巴國 ‖ 텬쥬의 일홈은 야쇠니 구나파국 사ᄅᆞᆷ이라 (天主名耶蘇, 歐邏巴國人也.) <상봉 2:87a> ⇒ 구라파, 구라파국 ☞ 유로바, 유로부, 유로빠, 유로파, 유롭, 유롭파, 으로바

【구네우스】 명 ((인명)) 쿠나에스(Cunaeus). (1712~1788). 1745년 폰 크라이스트(von Kleist)와 1746년 라이든에서 무첸부르그(Pieter van Musschenbroek)의 그룹에 속해 있던 쿠나에스에 의해서 라이덴 병이 독립적으로 발명되었다. 외래어.¶ 레이덴 瓶 구네우스氏 <백과신-송1926 491>

【구단】 명 구당(勾當, gòudang). 일. 짓. (중국어 직접 차용어).¶ 勾當 ‖ 뉘 알니 져 무리 부ᄌᆞ 량기가 무슴 구단을 지엇ᄂᆞ냐 (誰知他們爺兒兩個做些甚麽勾當!) <홍루 107:44> ⇒ 거우당, 구당

【구단사까】 명 ((지리)) 구단사카(九段坂). 동경의 한 지명. (일본어 차용어).¶ 구단사까에서 나려오면서 <염상섭, E부인1929 96>

【구당】 명 구당(勾當). 일. (중국어 간접 차용어).¶ 句當 ‖ 이믜 경태 뉵년 윤뉵월 십일일의 ᄒᆞ여곰 군국 구당을 권습ᄒᆞ게 ᄒᆞ얏ᄉᆞ오니 복망 셩감은 불키 술피셔 특별이 불키 윤종ᄒᆞ오시믈 ᄂᆞ리오쇼셔 (已於景泰六年閏六月十一日令權襲軍國句當, 伏望聖鑑洞察, 特降明允.) <열장-세조 단종대왕사위주문 8:20b> ▼勾當 ‖ 호모호양이 심히 망당ᄒᆞ니 번뢰ᄒᆞ냐 당삼장아 이러틋 큰 악한되의셔 웃지 남죵이 읍셔셔 계집아회를 보닉여 구당을 말ᄒᆞ게 ᄒᆞ너냐 네가 닉 압희 잇셔 입이 ᄲᅥᆺᄲᅥᆺᄒᆞ냐 네 두피가 얼마나 굿셰냐 (好模好樣忒莽戇, 煩惱耶唐三藏, 偌大一個宅堂, 豈沒個兒郎, 要梅香來說勾當. 你在我行, 口强, 你硬着頭皮上.) <서상-박문 34> ⇒ 거우당, 구단

【구두】 명 ((복식)) 구두. 주로 가죽을 재료로 하여 만든 서양식 신. 구쓰(靴, クツ). (일본어 차용어).¶ 구두 ‖ [洋靴] 西洋신 <조선-심 20> 구두 <법한 1299> 구두(靴子) <자통-의복 408> ᄌᆞᆫᄎᆞ비 옥전 가노라고 경셩역ᄭᆞ지 ᄎᆞ비 오 전 옥천 ᄎᆞ비 이 원 팔십육 전 구두 소제 시골 나려가느라고 경셩역에셔 구두약 칠훈 것 십 전 조반 변도 훈 긔 ᄉᆞᆷ십오 전 담비 십오 전 귤 기ᄎᆞ에셔 ᄎᆞ 딕신으로 ᄉᆞᆫ 것 십오 전 우유 기ᄎᆞ 안에셔 졈심으로 ᄉᆞ 먹은 것 십 전 영신환 훈 봉 이십 전 <가용-한고 1936.12.4> 등본 ‖ 콩나물 이 전 팟죽 식젼에 경셩부에 가노라고 ᄉᆞ온 것 오 전 마고 훈 갑 육 전 ᄌᆞᆫᄎᆞ비 경셩부청 압ᄭᆞ지 오 전 거주게 등본 인지딕 최슈남조 십 전 거주게 등본 신청 딕셔 료금 이십 전 진섭이 주딕 십 전 진섭이 ᄌᆞᆫᄎᆞ비 경셩부청 압ᄭᆞ지 십 전 거주게 등본 신청 딕셔 료금 이십 전 숭우 이 전 반지 인출지 두 ᄌᆞᆼ 연주물감 숭우 명우 ᄉᆞᆯ 두루믹기 안감에 물드리느라고 ᄉᆞ온 것 이 전 풀 숭우 명우 ᄉᆞᆯ 두루믹기 온감에 풀 메기느라고 ᄉᆞ온 것 이 전 진분홍 인조견 본 ᄌᆞ 나종에 모ᄌᆞ라셔 본 ᄌᆞ 더 ᄭᅳᆫ어 온 것 십오 전 양솜 숭우 명우 두루마기에 두느라고 ᄉᆞ온 것 ᄉᆞ십 전 동티 두 마리 십 전 조선초 이 전 빅염 본 말 십팔 전 빅묵 훈 모 오 전 구두약 훈 병 십 전 <가용-한고 1936.12.15> ☞ 구쓰, 굿쓰

【구두-가개】 명 ((상업)) 구두가게. 구두는 '구쓰(靴, クツ)'에서 온 일본어 차용어.¶ 靴屋 ‖ 어제 신문에 구두가개의 광고가 잇십듸다 <신한 104> ☞ 구두방, 구둣방, 구두포

【구두-방】 명 ((상업)) 구두방(-房). 구두는 '구쓰(靴, クツ)'에서 온 일본어 차용어.¶ 구두방 (靴子舖) <중통-부록 91> ⇒ 구둣방 ☞ 구두가개, 구두포

【구두-보션】 명 ((복식)) 구두버선. 구두는 '구쓰(靴, クツ)'에서 온 일본어 차용어.¶ 구두보션 <법한 156, 253>

【구두ㅅ-발】 명 구둣발. 구두는 '구쓰(靴, クツ)'에서 온 일본어 차용어.¶ 자정이 지낼스록 지내치는 담당의 구두ㅅ발 소리나마 <현진건, 황원행1929 91>

【구두ㅅ-소리】 명 구둣소리. 구두는 '구쓰(靴, クツ)'에서 온 일본어 차용어.¶ ᄯᅮ벅ᄯᅮ벅하는 구두ㅅ소리에 인찬나 전에 어릿어릿하든 <현진건, 황원행1929 91>

【구두-약】 명 구두약(-藥). 구두는 '구쓰(靴, クツ)'에서 온 일본어 차용어.¶ 신약 | 구두약 | 칠 <법한 266> ☞ 신약

【구두-장이】 명 ((복식)) 구두장이(-匠-). 주로 가죽을 재료로 하여 만든 서양식 신을 만드는 사람. 구두는 '구쓰(靴, クツ)'에서 온 일본어 차용어.¶ 구두장이 <법한 188> ⇒ 구두쟝이

【구두-쟝이】 명 ((인류)) 구두장이(-匠-). 주로 가죽을 재료로 하여 만든 서양식 신을 만드는 사람. 구두는 '구쓰(靴, クツ)'에서 온 일본어 차용어.¶ 구두쟝이 <법한 334> ⇒ 구두장이

【구두-포】 명 ((상업)) 구두포(-鋪). 구두방. 구두는 '구쓰(靴, クツ)'에서 온 일본어 차용어.¶ 구두포 (靴子舖) <지나-업무 66> ☞ 구두가개, 구두방, 구둣방

【구둣방】 명 ((상업)) 구두방. 구두는 '구쓰(靴, クツ)'에서

온 일본어 차용어.¶ 구둣방 (靴子舖) <자통-점포 436> ⇒ 구두방 ☞ 구두가개, 구두포

【구라부-비누】 명 ((복식)) 일본산 비누 명칭. '구라부(俱樂部クラブclub)'는 일본어 차용어.¶ 구라부슈빅분 ᄒᆞᆫ 기와 구라부비누 ᄒᆞᆫ 기 ᄉᆞ 보니오며 지금은 다들 화장ᄒᆞᄂᆞᆫ 니도 이 분을 마니 ᄉᆞ용ᄒᆞᄂᆞ이다 <유구파평윤씨가 일견의1927>

【구라부-슈빅분】 명 ((복식)) 일본산 분(粉)의 명칭. '구라부(俱樂部クラブclub)'는 일본어 차용어.¶ 구라부슈빅분 ᄒᆞᆫ 기와 구라부비누 ᄒᆞᆫ 기 ᄉᆞ 보니오며 지금은 다들 화장ᄒᆞᄂᆞᆫ 니도 이 분을 마니 ᄉᆞ용ᄒᆞᄂᆞ이다 <유구파평윤씨가 일견의1927>

【구라부-화장ᄉᆡᆨ】 명 ((복식)) 일본산 화장색. '구라부(俱樂部クラブclub)'는 일본어 차용어.¶ 슌금반지 일 은 쌍반지 일 외반지 일 치식 쌍반지 일 은지환 일쌍 구라부화장식 셋또 일조 풍조식ᄭᅢᆼ 반타 후루쩽이래 구래무이러일기 ᄲᅡ후이러 삼기 <물목-금요2 1936 빅명쥬>

【구라-분】 명 ((복식)) 구라분(-粉). 크림. 손이나 얼굴에 바르는 가루. '구라(クリームcream)'는 (일본어 차용어).¶ 구라분 다섯 곽 미안수 일병 수분 일병 악가분 일통 단혀 일 우단 말은 신 침션가 이십 원 <물목-장보-1 디발> 호와이트분 한 통 분슈 한 병 구라분 한 병 구리무 한 병 미안슈 한 병 향슈 한 병 물빅분 한 병 직구 한 병 연지쳡 일 기 분쳡 일 기 비누 한 갑 비누갑 일 기 <편시 보니난 물목-문우> ⇒ 구리분

【구라파】 명 ((지리)) 구라파(歐羅巴). 유럽(Europe). (중국어 간접 차용어).¶ 구라파 | 셔양 | 셔양국 <법한 562> 歐羅巴 ‖ 구라파 졔국의 지혜와 힘을 다ᄒᆞ야 셔로 닷토와도 맛춤닉 감히 그 예긔롤 거우지 못ᄒᆞ더니 <이언 1:2b> 그 편지와 연셜 젼문이 일시에 또 젼파되야 ᄒᆞ로밤에 뎐보가 구라파 각국에 퍼지고 잇튼날 덕문으로 번역ᄒᆞ야 사돈 신문지에 올으더니 뜻밧게 ᄒᆞᆫ ᄉᆞ롬이 너닷넌다 <철세계 12> 도모지 아는 것 업는 것들이 일본이 엇더ᄒᆞ니 아라사가 엇더ᄒᆞ니 구라파가 엇더ᄒᆞ니 아미리가가 엇더ᄒᆞ니 졔가 가장 아는 듯시 짓거리니 긔가 막히오 <금수 22> ▼歐羅巴 ‖ 그것은 곳이 다르면 인경풍속은 다르지오 구라파에셔난 입맛초난 것이 례의고 또 대만의 싱번은 ᄉᆞ람의 머리를 비는 것이 명예되난 것갓치 다 다르오 <일선한어교범 83> ⇒ 구나파국, 구라파국 ☞ 유로바, 유로부, 유로ᄲᅡ, 유로파, 유롭, 유롭파, 으로바

【구라파-국】 명 ((지리)) 구라파국(歐羅巴國). 유럽(Europe). 음역어.¶ 歐邏巴國 ‖ 셔양국은 곳 구라파국이니 그 셔히 밧긔 잇는 고로 뻐 듕국 사롬이 셔양이라 일ᄏᆞᆮ는지라 (西洋國者卽歐邏巴國也. 以其在西海外故, 中國人稱西洋焉.) <상봉 2:85a> ⇒ 구나파국, 구라파 ☞ 유로바, 유로부, 유로ᄲᅡ, 유로파, 유롭, 유롭파, 으로바

【구라파주】 명 ((지리)) 구라파주(歐羅巴洲). 유럽(Europe). 동쪽은 우랄산맥·아랄해·카스피해·흑해 따위를 경계로 하여 아시아 대륙과 접하고 있으며, 남쪽은 아프리카 대륙과 지중해를 사이에 두고 있는 대륙. 육대주의 하나이다.¶ 구라파주(歐羅巴洲) ‖ 位置는 東은 亞細亞洲를 連하고 西는 大西洋을 臨하고 南은 亞非利加洲와 印度 兩 半面을 對岸하고 北은 北方洋이오 <신문-상식 73>

【구락부】 명 구락부(俱樂部). 취미나 친목 따위의 공통된 목적을 가진 사람들이 조직한 단체인 '클럽(club)'의 (외래어).¶ 구락부(俱樂部) ‖ 公衆이 모이여서 老智識交換하는 곳이라 <신문-상식 73> 도회령 | 구락부 <법한 273> 진보당관 유홍회 외에 대동 구락부도 명일에 닉각을 신임치 아니ᄒᆞᆫ다는 결의 안건을 의회에 뎨출ᄒᆞᆫ다더라 <대매 1908.1.24> 군인 구락부는 폐지가 되고 대한 톄육 구락부를 셜립ᄒᆞᆫ다는 말이 잇다더라 <대매 1908.8.13> 나의 발길은 몃 아니 되는 친구가 구락부 삼아 모이는 L군의 사랑으로 향하얏다. <현진건, 사립정신병원장1926 2>

【구란】 명 ((주거)) 구란(勾欄).¶ 勾欄 ‖ 이 구란을 ᄶᅵ와치 夏五의 메운 거시라 (是勾欄衚衕裏帶匠夏五廂的.) <번박 상:18b> ※ 이 抅欄을 ᄶᅵ쟝이 夏五ㅣ 졋메왓ᄂᆞ니라 (是勾欄衚衕裏帶匠夏五廂的.) <박언 상:18a> ▼抅欄 ‖ 抅欄에 雜技 보라 가쟈 (抅欄裏看雜技去來.) <박언 중:1a> ⇒ 구란원

【구란원】 명 ((상업)) 구란원(勾欄院). 기원(妓院). (중국어 간접 차용어).¶ 구란원 (勾欄 /勾蘭) <후수 13:127> ▼勾欄 ‖ 의쟝을 치레ᄒᆞ야 날마다 동경 구란원[창기의 교방]의와 모든 챵기와 놀며 희롱ᄒᆞ니 모다 그 나히 젹고 인믈이 총혜쥰매ᄒᆞ믈 ᄉᆞ랑ᄒᆞ야 아니 친ᄒᆞ니 업ᄉᆞ더 (終日輕輕薄薄, 打扮得俊俏, 去串巢窩, 闖勾欄, 挿科打諢.) <후수 4:54> ▼勾欄院 ‖ 이 댱요금은 본더 니ᄉᆞᄉᆞ의 데ᄌᆞ로 후의 댱역오의게 의지ᄒᆞ엿더니 얼골이 빅 가지 괴티 ᄀᆞᆺ고 지죄 모롤 일이 업ᄉᆞ니 구란원 모든 챵기 다 저롤 츄존ᄒᆞ야 웃듬을 삼는디라 일홈이 원근의 뎐파ᄒᆞ야 공ᄌᆞ 왕손이 그 집의 낙역ᄒᆞ고 다른 사롬은 그 ᄂᆞᆾ도 어더 보디 못ᄒᆞ더니 (人說他還是當年李師師在日敎養成人, 後來被張鴇幾得了來家, 故此遠近聞名, 勾欄院中推她爲第一個出類拔萃的女子. 往來相與的, 俱是王孫公子、丸室兒郎, 等閑人皆不能見面.) <후수 4:55> ▼院 ‖ 대관인이 우리 구란원의 니기 ᄃᆞᆫ녀시니 ᄯᅩᄒᆞᆫ 그 연고롤 알 거시니 아디 못게라 무슴 계교 잇는가 (我曉得大官人積年在院中走動的, 必有些見識, 不知可有些計較?) <후수 4:63> ▼내 일싱이 지조롤 품고 일즉 뎍슈롤 만나디 못ᄒᆞ엿더니 이제 가 도쵸와 ᄒᆞᆫ 막대롤 결워 저의 기리는 소리롤 드ᄅᆞ면 뎌즈음긔 구란원 년화의 칭찬ᄒᆞᄂᆞ니의셔 나을노다 (我枉了一生本事, 從不曾遇個敵手. 何不去與這厝俏耍一棒兒, 使她喝采, 也强些在這些紅粉柔媚女子口中叫好.) <후수 5:17> ※ 우리 抅欄院에 雜技 보라 가쟈 (咱們到抅欄院裏看雜技去罷.) <박신 2:10b> ⇒ 구란

【구람】 명의 ((도량)) 그램(瓦グラム gram). 미터법에 의한 무게의 단위. (외래어).¶ 션싱님 구람이라 ᄒᆞᆷ은 어ᄃᆡ셔 쏘겨난 것이오닛가 | 구람이오 져것은 셥시 사도 중류슈 일립방 셴지미돌의 즁량이오 <일선 236>

【구래무이리】 명 ((복식)) 크림통. 구래무이래(クリーム入れ). (일본어 차용어).¶ 슌금반지 일 은 쌍반지 일 외반지 일 치식 쌍반지 일 은지환 일쌍 구라부화장식 셋쏘 일조 풍조 싯ᄉᆡᆼ 반타 후루찡이래 구래무이리 일기 ᄡᅡ후이리 삼기 <물목-금요-2 1936 빅명쥬>

【구랫부】 명 ((복식)) 크레이프(クレープcrepe). 직물면에 주름이 나 있는 옷감으로 드레스나 블라우스, 스카프 등에 쓰임. (일본어 차용어).¶ 양식 구렛부 치마 ᄎᆞ 일 혹식 구랫부 치마 ᄎᆞ 일 옥식 교직 치마 ᄎᆞ 일 혹식 인조 치마 ᄎᆞ 일 옥식 명쥬 치마 ᄎᆞ 일 <물목-경고-5 1941> ⇒ 구릿부

【구렁-말】 명 ((동물)) 구렁말. 털빛이 밤색인 말. '구렁(küreng)'은 중세몽고어 차용어. 만주어 '쿠런(kuren)'.¶ 구렁말 (栗色馬) <과록-금수 15b> ⇒ 구렁몰, 구렁몰, 굴헝몰

【구렁-몰】 명 ((동물)) 구렁말. 털빛이 밤색인 말. '구렁(küreng)'은 중세몽고어 차용어. 만주어 '쿠런(kuren)'.¶ 栗色馬 ‖ 이 아질게몰 악대몰 졀다몰 공골몰 오류마 구렁몰 가리운 몰 셜아몰 가라몰 츄마몰 고라몰 쇠ᄂᆞ래 브튼 몰 간쟈말 가라간쟈 ᄉᆞ족빅이 몰 도화잠불몰 털청총이몰 코 쩐 몰 암몰 삿기 빈 말 골회눈몰 ᄀᆞ래ᄂᆞᆫ 몰 이 몰이 쇠거름ᄀᆞᆺ티 즈늑즈늑 것는다 (這兒馬、騸馬、赤馬、黃馬、鷰色馬、栗色馬、黑鬃馬、白馬、黑馬、鎖羅青馬、土黃馬、繡膊馬、破臉馬、五明馬、桃花馬、青白馬、豁鼻馬、騍馬、懷駒馬、環眼馬、劣馬, 這馬牛行花塔步.) <노언 하:8ab> ※ 栗色馬曰句郎. <경도-풍속 마려> ⇒ 구렁말, 구렁몰, 굴헝몰

【구렁-졀다】 명 ((동물)) 털빛이 밤색인 구렁말의 하나. '구렁(küreng)과 '졀다(ǯe'erde)'는 중세몽고어 차용어.¶ 구렁졀다 (栗色馬) <물명-류씨 1> 구렁졀다 (騟) <물명 1:7>

【구렁-몰】 명 ((동물)) 구렁말. 털빛인 밤색인 말. '구렁(küreng morin)'은 중세몽고어 차용어. 만주어 쿠런(kuren).¶ 栗色馬 ‖ 이 아질게몰 악대몰 졀다몰 공골몰 오류마 구렁몰 가리운몰 셜아몰 가라몰 츄마몰 고라몰 쇠ᄂᆞ래브튼몰 간쟈몰 가라간쟈 ᄉᆞ족빅 도화잠불몰 털청총이 고 쩐 몰 아몰 삿기 빈 말 골회눈이 ᄀᆞᆯ외ᄂᆞᆫ 몰 이 ᄆᆞ리 쇠거름ᄀᆞ티 즈늑즈ᄂᆞ기 건ᄂᆞᆫ ᄆᆞ리로다 (這兒馬、騸馬、赤馬、黃馬、鷰色馬、栗色馬、黑鬃馬、白馬、黑馬、鎖羅青馬、土黃馬、繡膊馬、破臉馬、五明馬、桃花馬、青白馬、豁鼻馬、騍馬、懷駒馬、環眼馬、劣馬, 這馬牛行花塔步.) <번노 하:8b, 9a> ※ 偸拐栗色騍馬, ……栗色鄕稱仇郎馬也. 騍, 牝馬也. <이문집람 3:38> → 구렁말, 구렁몰, 굴헝몰

【구렁잠불-몰】 명 ((동물)) 적갈색의 잠불마. (몽고어 차용어).¶ 栗色白臉馬 ‖ ᄒᆞᆫ 구렁잠불ᄆᆞ리 잇ᄂᆞᆫ 술지고 셕대 됴코 세 가탈호ᄃᆡ 다몬 져기 거르메 즈느쓰고 져기 비로 잇고 또 져기 굽ᄀᆞ리기 ᄒᆞ더라 (一箇栗色白臉馬, 有九分 , 好轡頭, 點的細, 只是少行上遲, 有些槽疥, 也有些撒蹄.) <번박 상:63a>

【구레】 명 ((기물)) 굴레. 말이나 소 따위를 부리기 위하여 머리와 목에서 고삐에 걸쳐 얽어 매는 줄. 중세몽고어 '굴게(külige)'의 차용어. 굴게> 구레.¶ 굴게 | 구레 <노한 667> 구레 | 굴네 <법한 200, 847> 구레 공 (鞚) <음운 3b> <음첩c 6b> 구레 긔 (鞿) <음첩b 5b> 구레 농 (鞴) <음첩b 8a> 구레 장식 자재, 勒飾. (珂) <신자 3:1b> 구레, 鞴頭 (籠頭) <이록-물명 11b> ▼搭腦 ‖ 구레 곡뒤거리 (搭腦) <역보-안비 46a> 구레 곡뒤거리 (搭腦) <화초-안비 24b> 구레 쏙되거리 (搭腦) <한청-안비 5:25a> 구레 곡되 거다 (搭腦) <과록-금수 23a> 채 구레를 조심ᄒᆞ야 출오며 <연병 17a> 졔 만일 블긍ᄒᆞ미 이시면 엇지 져롤 억늑으로 구레롤 쓰이리오 (他若有牽强, 還要去籠絡他轉來.) <쾌심 20:29> ▼勒 ‖ 구레 늑 (勒) <음운 8b> <음첩c 18a> 馬頭絡銜, 구레 (勒) <신자 1:16b> 년 압히 지인이 활과 살흘 띄여시니 빅매 황금 구레롤 너흐ᄂᆞᆫ쏘다 (輦前才人帶弓箭, 白馬嚼齧黃金勒.) <고진 5:48> 구레ᄂᆞᆫ 금으로 ᄭᅮ미며 안장은 뇽을 사기며 안장 가온대 두 층 금줄기롤 막아시니 그 형상이 술준 ᄀᆞᆺ고 (勒以金飾, 鞍以龍繪, 鞍之央竪二層金莖, 其形如樽.) <서원 5:20a> ▼羈 ‖ 당뷔 놉하 가히 구레 씨디 못ᄒᆞ리니 몸이 이시매 엇디 뼈 스스로 멸ᄒᆞ야 ᄀᆞᆯ니오 (丈夫犖犖不可羈, 有身何用自滅磨.) <고진 5-1:101> 쥬본朱犢은 븕은 구레 장식이오 <곤범 1:30b> ▼韁繩 ‖ 도적ᄒᆞᆫ 몰이 아니면 길마 구레도 업시 와셔 놈의 옷 너ᄂᆞᆫ 바흘 ᄭᅳᆫ쳐 다리롤 ᄆᆡ랴 (不是偸的, 如何沒有鞍轡繮繩, 却來扯斷我晒衣的索子?) <서유-연세 3:15> ▼紖 ‖ 유시 황뎨 술위 메오ᄂᆞᆫ 쇼ᄂᆞᆫ 프른 실노 구레롤 ᄒᆞᄂᆞ니이다 ᄒᆞᆫ되 됴셔ᄒᆞ야 프른 삼으로 ᄃᆡᄒᆞ라 ᄒᆞ다 (有司言御牛青絲紖斷, 詔以青麻代之.) <통감 1:3> ▼轡 ‖ 구레 (轡) <한청-안비 5:25a> ▼轡頭 ‖ 구레 (轡頭) <동해-안비 하:19b> <몽해-안비 하:15a> 구레 벗다 (退轡頭) <역보-관역 18a> <동해-안비 하:19b> <몽해-안비 하:15b> <과록-금총 23a> 구레 벗기다 (摘轡子) <동해-안비 하:19b> <몽해-안비 하:15a> <과록-금수 23a> 구레 씨다 (帶轡頭) <역보-관역 18a> 구레 씨오다 (帶轡頭) <동해-안비 하:19b> <몽해-안비 하:15a> 구레 씨우다 (帶轡頭) <과록-금총 23a> 네 이 기ᄅᆞ마 구레 고돌개 가숨거리 돌애 기ᄅᆞ마가지 둥울 둥피 오랑 혁 바구레 밋마기 다ᄒᆞᆫ혁 쥬리올 ᄌᆞ가미 마함 쑴어치 갓어치 핫어치 다 사다 (你這鞍子、轡頭、鞦、攀胸、韂、鞍橋子、鴈翅板、鐙 皮、肚帶、接絡、籠頭、包糞、編繮、繮繩、兜頦、閘口、汗替、皮替、替子, 都買了.) <노언 하:27a> 구레롤 다 ᄒᆞᆺ터 더롤 주라 (轡頭都散與他.) <박언 중:8a> ᄒᆞᆫ 필 ᄀᆞ장 술진 鐵青총이 玉面

馬ᄅᆞᆯ ᄐᆞ고 기르마와 아답개와 질채와 구례와 ᄃᆞ래 가지 가지 다 이 內造色樣이라 (騎着一匹十分 鐵青王面馬, 鞍子、鞍坐褥、鞦皮、轡頭、馬鞊, 件件俱是內造色樣.) <박신 1:30b> ▼籠頭 ‖ 구례 (籠頭) <화정-가구 58> 너는 한낫 어린 아희라 지각이 업셔 왼죵일 밧게셔 작난ᄒᆞᆷ이 ᄯᅩᆨ 구례 버슨 말과 갓흐니 어ᄃᆡ ᄒᆞ로라도 집에 잇셔 안분슈긔ᄒᆞ고 공부를 ᄒᆞ겟ᄂᆞ냐 (你是個孩子, 沒出息, 整天家在外頭淘氣, 好像沒籠頭的馬了, 那裏在家一天, 安分守己的做工課呢.) <지나-동사 294> 일곱 진쥬로ᄡᅥ 기ᄅᆞ마 구례ᄅᆞᆯ 놓이 희롱ᄒᆞᄂᆞᆫ 양으로 얼거시ᄃᆡ 극히 정묘ᄒᆞ더라 <송요 1:9b> 임의 세ᄉᆞ를 샤졀ᄒᆞ와 구례 버슨 믈 갓ᄉᆞ온 고로 울젹히 침몰ᄒᆞ오미 답답ᄒᆞ와 하ᄃᆡ고 <임화 61:68> 화벽을 다듬지 못ᄒᆞ엿고 쥰마ᄅᆞᆯ 구례 벗김 갓흐여 년긔 미셩ᄒᆞᆫ 고로 여ᄎᆞ호방ᄒᆞ미 이시나 슉예 비의셔 가ᄅᆞ치고 군ᄌᆡ 의냥이 엄졀ᄒᆞ니 <명행 33:35> 스ᄉᆞ로 우리의 버슨 ᄃᆞᆰ의 무리갓치 노히물 텬ᄌᆞᄒᆞ며 구례 버슨 말갓치 반ᄒᆞ여 거즛 ᄆᆡᆼ낭ᄒᆞᆫ 일홈을 일컷고 <유이 26:14> 드ᄃᆡ여 황두ᄅᆞᆯ 티ᄒᆞ여 청총마ᄅᆞᆯ 구례 ᄡᅧ 오고 부인이 비그ᄅᆞ술 가져오니 <삼명 16:72> 마안푸리 볼쟉시면 ᄆᆡᆼ이 등ᄌᆞ 젼후거리 청청쳐넌 겹다리며 구례 혁바 담언치오 <연행-병인> 구례 버슨 千里馬를 뉘라셔 잡아다가 <김성기-악습 360> 忠孝만 푸문 져 李貴ㅣ 구례 버슨 말이 되어 綠草 淸溪上의 임쟈 그러 우니다가 이졔ᄂᆞᆫ 王孫 만나 愛用至用ᄒᆞ노라 <강복중-청계가사 2> 綠草 淸江上에 구례 버슨 ᄆᆞᆯ이 되야 ᄣᆡᄣᆡ로 머리 드러 北向ᄒᆞ여 우는 ᄠᅳᆺ은 夕陽이 재 너머 가매 님자 그려 우노라 <서익 악습・192 청영-진본・94> 너희들이 무지ᄒᆞᆫ ᄆᆞᆯ과 노싀ᄅᆞᆯ 본밧지 말나 이ᄅᆞᆯ ᄌᆞ갈과 구례로 단속ᄒᆞᆯ 거시니 그러치 아니면 네게 갓가이 오지 아니ᄒᆞ리로다 <시편 32:21a> ⇒ 구례, 구릐, 굴게, 굴네, 굴늬, 굴례, 굴릐, 굴에

【구례】 명 ((기물)) 굴레. 말이나 소 따위를 부리기 위하여 머리와 목에서 고삐에 걸쳐 얽어 매는 줄. 중세몽고어 '굴게(külige)'의 차용어. 굴게> 구례.¶ 구례 긔 (鞿) <음첩a 11a> 구례 농 (韹) <음운 7b> 구례 (轡) <물명괄-주차 19b> ⇒ 구례, 구릐, 굴게, 굴네, 굴늬, 굴례, 굴릐, 굴에

【구루마】 명 ((교통)) 구루마 (車, くるま) 수레. 사람이 타거나 짐을 싣기 위해 바퀴를 달아서 굴러 가게 만든 기구의 총칭. (일본어 차용어).¶ 인력거 | 인력차 | 구루마 <법한 1111> 거름보다 심ᄒᆞ고나 위싱회에 교섭ᄒᆞ여 구루마로 실어다가 동문 밧긔 내ᄇᆞ린 후 <대매-시평 1909.8.13> 얼는 인력거를 불너셔 오시요 | 구루마를 불너셔 오나라 <신한 93> 달구지 | 구리믜 | 구루마 <법한 246> ⇒ 구리믜

【구루무】 명 ((복식)) 크림(cream). 피부나 머리 손질에 쓰는 기초화장품. 유제(乳劑), 유지(乳脂), 납, 글리세롤 따위를 섞어 유화(乳化)하여 만든다. 콜드크림, 배니싱크림 등이 있다. '구루무(クリームcream)'는 일본어 차용어.¶ 분 일통 연지분 일긔 구루무 일통 인도 젼도 침척 먹 일긔 초필 일긔 철필 이긔 봉투 빅장 인기 ᄒᆞᆫ 통 식ᄉᆞ 오티 면ᄉᆞ 세 쑤리 세탁비노 일긔 치분 일통 치솔 일긔 <물목-대구-1 유록법단> ⇒ 구리모, 구리무, 구리미

【구리모】 명 ((복식)) 크림(cream). 피부나 머리 손질에 쓰는 기초화장품. 유제(乳劑), 유지(乳脂), 납, 글리세롤 따위를 섞어 유화(乳化)하여 만든다. 콜드크림, 배니싱크림 등이 있다. '구리모(クリーム, cream)'는 일본어 차용어.¶ ᄐᆡᆼ벽 기럼 일 병 진분 ᄒᆞᆫ 병 게안슈 일 병 힝슈 닐 병 분 두 통 즁침 두 쇼 세침 두 쇼 구리모 ᄒᆞᆫ 통 주지 ᄒᆞᆫ 통 비노 일 ᄌᆞᆼ <물목-우한 곱싱초> 인조 희쇠 치마 ᄎᆞ 일 [구리모] 양회식 치마 ᄎᆞ 일 양식 인조 치마 ᄎᆞ 일 명쥬옥식 치마 ᄎᆞ 일 <물목-음성 1940> ⇒ 구루무, 구리무, 구리미

【구리무】 명 ((복식)) 크림(cream). 피부나 머리 손질에 쓰는 기초화장품. 유제(乳劑), 유지(乳脂), 납, 글리세롤 따위를 섞어 유화(乳化)하여 만든다. 콜드크림, 배니싱크림 등이 있다. '구리무(クリームcream)'는 일본어 차용어.¶ 분은 물분 구리무와 졔 조한 것 큰 단지의 든 거 ᄒᆞᆫ 통 ᄉᆞ다 쥬시요 바르면 보히고 씰ᄒᆞ지 안인 것 병의 든 것 말고 단지의 든 것 말임이다 <조카딸-한고↓계부쥬(막내 작은아버지)> 다리슈 구리무 일병 오릿부기럼 일병 동빅기럼 일병 분첩 일 분실 일 연지 일첩 구지비니 일 마튜슈미 일첩 우유ᄉᆞ분 일 <물목-우한-1 1916 단슈> 구리무 일 예도 며라 일 화단 빅분 일 례도후도 일 화장슈 일 향유 일 ᄊᆡ마도 일 미긔름 일 <물목1932 06:06:08> 향유 일병 수빅분 일병 박가분 일갑 구리무 한 통 <물목1935 05:10:18> 물분 한 곽 가방 한 바리 마른분 한 곽 ᄃᆡ발 한 치 구리무 한 봉 은빈혀 일 넌지 일긔 국화줌 일 간지 한 축 믹화줌 닐 시삘묵 말눅줌 일 인조 슉슈 미슈 년도쇠 학단 견믹긔 ᄎᆞ 일 <물목-음성 1940> ᄉᆞ분 집ᄶᅧ 물분 일병 가로분 한 통 구리무 일병 미안슈 일병 딘쥬리 일병 미긔럼 한 쟝 향슈 일병 연지 일긔 화미 일 분첩 일 <물목-경고-5 1941 장농> 구리무 일병 물분 일병 가로분 분첩 ᄶᅧ 텬슈 일병 빈로 두 쟝 연지 일통 치분 치솔 ᄶᅧ 동벽기름 일병 <물목-대구-2 장농> 미안수 빅분 ᄒᆞᆫ 병 가리분 한 통 기럼 일병 구리무 일병 비누 일샹 연지 일튜 <물목-관훈 09:06:23> ᄃᆡ발 칠빈 진쇼 일 월쇼 일 빗칠기 일 쪽짓기 일 숀민징 일 수분 일병 미아수 일병 가리분 일홉 구리무 일통 분첩 일홉 언지 일통 비노 일ᄌᆞᆼ 기럼 일병 <물목-의암 11:12:27> 박화분 이곽 구리무 일통 ᄉᆞ분 일곽 기럼 일병 요강 보ᄶᅧ 놋ᄃᆡ 일 칙 한 권 양쥬지 한 통 붓 두 ᄌᆞ로 먹 한 ᄌᆞ로 비단 된혀 일 월소 일 <혼수물목1933.12.14 국한-1362> 진소 월소 향유 이 향슈 일 병 슈분 일 병 덧불 이 곽 구리무 두 통 연지 일 곽 비누 이 곽 <물목 한옥션119-431> 물분 일병 가로분 일통 구리무 일통 곰박구 분첩 비누통 연지 치솔 치약 구ᄶᅵ비누 분솔 쌀빗 <물목-1897/1957.12.20> 호와이트분 한 통 분슈 한 병 구라분 한 병 구리무 한 병 미안슈 한 병 향슈 한 병 물빅분 한 병 직구

한 병 연지첩 일 기 분첩 일 기 비누 한 갑 비누갑 일 기 <편시 보니난 물목-문우> ⇒ 구루무, 구리모, 구리미

【구리미】 명 ((복식)) 크림(cream). 피부나 머리 손질에 쓰는 기초화장품. 유제(乳劑), 유지(乳脂), 납, 글리세롤 따위를 섞어 유화(乳化)하여 만든다. 콜드크림, 배니싱크림 등이 있다. '구리미(クリームcream)'는 (일본어 차용어).¶ 눈셥지 ᄒᆞᆫ 토 구리미 ᄒᆞᆫ 병 듸화단 일쳑 회즁 붓 두 ᄌᆞ로 칙 일 권 <물목-눈셥지 1940> ⇒ 구루무, 구리모, 구리무

【구리미-분】 명 ((복식)) 크림분(cream粉). 피부나 머리 손질에 쓰는 기초화장품. 유제(乳劑), 유지(乳脂), 납, 글리세롤 따위를 섞어 유화(乳化)하여 만든다. 콜드크림, 배니싱크림 등이 있다. '구리미(クリームcream)'는 (일본어 차용어).¶ 함소 일 정분 일곽 구리미분 일곽 동빅기룸 한 병 연지 일곽 <물목-한고 1885/1945.4.9>

【구리믜】 명 ((교통)) 구루마 (車, くるま) 수레. 사람이 타거나 짐을 싣기 위해 바퀴를 달아서 굴러 가게 만든 기구의 총칭. (일본어 차용어).¶ 달구지 | 구리믜 | 구루마 <법한 246> ⇒ 구루마

【구리-분】 명 ((복식)) 구리분(-粉). 크리미-파운데이션(creamy foundation). 손이나 얼굴에 바르는 가루. '구리(クリーム, cream)'는 일본어 차용어.¶ 향수 일호 면안수 일호 물분 일병 구리분 일병 가로분 일통 연지 일통 구지비노 일병 눈섭히 일기 치약 일갑 치솔 일기 사분 일기 기럽 일병 빗치기 일기 시침 한 삼 지화 만원 <물목-경고-2 쟝농> ⇒ 구라분

【구릐】 명 ((기물)) 굴레. 말이나 소 따위를 부리기 위하여 머리와 목에서 고삐에 걸쳐 얽어매는 줄. 중세몽고어 '굴게(külige)'의 차용어. 굴게> 구릐.¶ ᄌᆞ뢰 다ᄅᆞ드러 쥬먹괴로 귀통이을 ᄡᅵ이며 등의셔 길마을 짓고 머리의 구릐롤 ᄢᅵ오니 아모 소릐도 못ᄒᆞ거놀 (旁邊跑過獅奴兒, 一把揭住項毛, 用拳着項上打够百十, ...那獅獸合口無言, 不敢搖動.) <서유-영남 11:105 90> ⇒ 구레, 구례, 굴게, 굴네, 굴늬, 굴례, 굴릐, 굴에

【구릐루】 명 ((복식)) 미상. (일본어 차용어).¶ 금향 명쥬 져구리 ᄎᆞ 일 … 금향 ᄌᆞ미ᄉᆞ 겹져구리 ᄎᆞ 일 미식 구릐루 겹져구리 ᄎᆞ 일 보릐 구릐루 겹져구리 ᄎᆞ 일 <물목-경고-5 1941 쟝농>

【구릐-분】 명 ((복식)) 구래분-粉). (일본어 차용어).¶ 구릐분 일 덥분 일 물분 일 연지 일 언빈혀 일 언반지 일 귀잠 일 남소 일 붓 이 먹 일 편지지 일권 <물목-진명-1 1952 유록모번단>

【구릣도】 명 ((복식)) 미상. (일본어 차용어).¶ 구릣도 단의 ᄎᆞ 일 사의루 단의 ᄎᆞ 일 명쥬 단의 ᄎᆞ 일 됴싓도 단의 ᄎᆞ 일 회식 반슈 ᄌᆞ미ᄉᆞ 바지 일 지식 명쥬 바지 ᄎᆞ 일 <물목-경고-5 1941 쟝농>

【구릣부】 명 ((복식)) 크레이프(クレープcrepe). 직물면에 주름이 나 있는 옷감으로 드레스나 블라우스, 스카프 등에 쓰임. (일본어 차용어).¶ 양식 구릣부 치마 ᄎᆞ 일 흑식 구랫부 치마 ᄎᆞ 일 옥식 교직 치마 ᄎᆞ 일 흑식 인조 치마 ᄎᆞ 일 옥식 명쥬 치마 ᄎᆞ 일 <물목-경고-5 1941 쟝농> ⇒ 구랫부

【구무모도】 명 ((지리)) 구마모토(Kumamoto, 熊本). 일본 규슈(九州) 구마모토 현 중부에 있는 시. (외래어).¶ 가나사와 기푸와 낭오야와 교도와 [녜ㅅ 셔울이니라] 오사가와 고븨란 큰 촌이 잇고 남편에 푸쿠오가와 사가와 구무모도와 나가사기란 큰 촌이 잇고 사ᄅᆞᆷ의 픔ㅅ수는 션비와 량반과 빅셩이오 <사필-헐버트 79>

【구쓰】 명 ((복식)) 구두. 주로 가죽을 재료로 하여 만든 서양식 신. 구쓰(靴, クツ). (일본어 차용어).¶ 구쓰 ‖ 구쓰 (靴, クツ) <조백-농상공업 508> 여보 이리로 나이스몰 두엇 되야 뵈이고 옥쇡 숨팔 두루막이에 중결목 ᄌᆞ 쓰고 ᄉᆡ 구쓰 신고 가는 ᄉᆞᄅᆞᆷ 보앗소 <비파성 103> 그 압헤 가 습분 안져셔 그 군인의 구쓰를 잡아 벗기여 마루 ᄒᆞᆫ편에다가 즈러니 노코 <우중행인 5> 구쓰를 신으랴 <염상섭, 암야1922 57> 이윽고 나는 구쓰를 신엇다 <현진건, 타락자(1회)1922> ⇒ 굿쓰 ☞ 구두

【구지-비노】 명 ((복식)) 구찌베니. 구홍(口紅 くちべに). 입술연지. (일본어 차용어).¶ 향수 일호 면안수 일호 물분 일병 구리분 일병 가로분 일통 연지 일통 구지비노 일병 눈섭히 일기 치약 일갑 치솔 일기 사분 일기 기럽 일병 빗치기 일기 시침 한 삼 지화 만원 <물목-경고-2 쟝농> ⇒ 구지비니

【구지-비니】 명 ((복식)) 구찌베니. 구홍(口紅 くちべに). 입술연지. 입술연지. (일본어 차용어).¶ 지갑 한 ᄌᆞᆨ 가리분 일통 물분 일병 박화분 일쳡 향슈 일병 다리슈구리무 일병 오릿부기럼 일병 동빅기럼 일병 분첩 일 분실 일 연지 일쳡 구지비니 일 마튜슈미 일쳡 우유ᄉᆞ분 일 빈오 네 기 빈오집 일 월소 일 진소 이 빗치기 일 쑥직기 일 <물목-우한-1 1916 단슈> ⇒ 구지비노

【군잔】 명 ((군사)) 군조(軍曹). (중국어 직접 차용어).¶ 군잔 (軍曹) <한자-속수 79>

【군푸】 명 ((군사)) 군포(軍鋪). 대궐 밖에서 순라군이 머물러 있던 곳. '푸(鋪. jūnpù)'는 중국어 직접 차용어.¶ 군푸 (冷鋪) <훈몽-관아 중:5b /9a> ⇒ 군포

【굴게】 명 ((기물)) 굴레. 말이나 소 따위를 부리기 위하여 머리와 목에서 고삐에 걸쳐 얽어 매는 줄. 평안 함경 방언. 중세몽고어 '굴게(külige)'의 차용어.¶ 굴게 | 구레 <노한 667> ⇒ 구레, 구례, 구릐, 굴네, 굴늬, 굴례, 굴릐, 굴에

【굴네】 명 ((기물)) 굴레. 말이나 소 따위를 부리기 위하여 머리와 목에서 고삐에 걸쳐 얽어매는 줄. 중세몽고어 '굴게(külige)'의 차용어. 굴게> 굴네.¶ 굴네 | 구레 <법한 847> 굴네 공 (鞚) <음첩b 6b> 굴네 늑 (勒) <음첩a 17a> 굴네 륵, 馬頭絡銜. (勒) <자주 하:70a> 굴네 (勒) <이록-마안 21a> 굴네 륵 (勒) <물명집-수생 32b> 口勒 ‖ 구눅, 俗轉굴네, 굴늬, 馬頭絡銜. 羈. 金匼匝馬絡頭. 當盧馬首飾. <명물-안비 3:19a> 굴네 긔, 馬絆. (羈)

<자주 상:69b> 굴네 앙 (鞅) <음첩a 42b> 굴네 (羈, A halter, bridle.) <한영1890 72> 구레 | 굴네 <법한 200> 굴네 (籠頭) <화초-안비 24b> 굴네 싀우다 <법한 200> 勒 ‖ 굴네 씨여라 <교린-초 3:39a> 호인의 풍속들이 즘싱치기 슝상ᄒᆞ여 쥰춍 ᄀᆞ튼 말들이며 범 갓튼 큰 노식을 굴네도 아니 삐고 지갈도 아니 먹여 빅여 필식 압셰우고 ᄒᆞᆫ ᄉᆞ람이 모라가네 <연행-병인> 綠草 淸江上에 굴네 버슨 말리 되어 ᄯᅢᄯᅢ로 머리 드어 北面ᄒᆞ려 우ᄂᆞᆫ 뜻은 夕陽이 ᄌᆡ 너머 가믹 任者을 그려ᄒᆞ이라 <시조집-35 서익 4b> 잘 쇠여 집으로 더리고 와셔 굴네와 안쟝을 챠리고 영구히 타고 다니는 말을 만들엇다 ᄒᆞ오 <공격1911 101> 니쟝이가 흑으로 사람을 만드러 굴네를 ᄉᆞᆫ의 들니고 물 가온ᄃᆡ 셰우니 쳐음은 말이 사람으로 알고 피ᄒᆞ다가 <정람 13:3a> ⇒ 구레, 구례, 구릐, 굴게, 굴니, 굴레, 굴릐, 굴에

【굴네-구술】 명 ((기물)) 말 굴레의 장식. '굴네'는 중세몽고어 '굴게(külige)'의 차용어. 굴게> 굴네.¶ 굴네구술가, 馬勒飾也. (珂) <자주 하:70b>

【굴네-ᄭᅳᆫ】 명 ((교통)) 굴레끈. 말이나 소 따위를 부리기 위하여 머리와 목에서 고삐에 걸쳐 얽어매는 줄. '굴네'는 중세몽고어 '굴게(külige)'의 차용어. 굴게> 굴네.¶ 굴네ᄭᅳᆫ | 자갈ᄭᅳᆫ <법한 704, 1202>

【굴니】 명 ((기물)) 굴레. 말이나 소 따위를 부리기 위하여 머리와 목에서 고삐에 걸쳐 얽어매는 줄. 중세몽고어 '굴게(külige)'의 차용어. 굴게> 굴니.¶ 굴니 (鞚) <음첩a 6b> ⇒ 구레, 구례, 구릐, 굴게, 굴네, 굴레, 굴릐, 굴에

【굴레】 명 ((기물)) 굴레. 말이나 소 따위를 부리기 위하여 머리와 목에서 고삐에 걸쳐 얽어매는 줄. 중세몽고어 '굴게(külige)'의 차용어. 굴게> 굴레.¶ 굴레 공, 馬勒也. (鞚) <자주 하:70a> 굴레 긔 (鞿) <음운 5b> 굴레 농 (韃) <음첩a 15a> 굴레 륵 (勒) <일우생-우한> <화초 2b> 굴레 쏙뒤거리 (搭腦) <방석-안비 4:7a> ▼韃頭 ‖ ᄆᆞᆯ을 가져다가 노픈 듀의 ᄆᆡ고 됴ᄒᆞᆫ 굴레로ᄡᅥ ᄆᆞᆯ머리ᄂᆞᆯ 묵ᄶᅥ 뎡ᄒᆞ고 졍히 셰워 편안히 ᄒᆞ고 왼손으로 ᄎᆞᆫ을 잡어 코굼긔 몌오고 올ᄒᆞᆫ손으로 칼을 가져 긔히혈우희 아릐로브터 우흐로 �이되 나귀란 굽게 ᄒᆞ고 ᄆᆞᆯ으란 곧게 ᄒᆞ라 (將馬縛於高柱, 用好韃頭束定馬頭, 正立穩平, 左手執襯, 塡於鼻孔, 右手持刃, 於氣海穴上, 自下而上劃之, 驢彎馬直.) <마경 상:47a> ▼轡頭 ‖ 굴레 (轡頭) <역해-안비 상:20a> <방석-안비 4:6b> 굴레 ᄭᅵ다 (帶轡頭) <방석-안비 4:7b> 굴레 벗다 (退轡頭) <방석-안비 4:7b> ᄆᆞᆯ 굴레 ᄶᅧ 여긔 가져다가 기ᄅᆞ마 짓고 뎌 ᄭᅩ리ᄅᆞᆯ다가 ᄆᆡ기ᄅᆞᆯ 구디 ᄒᆞ라 (馬套上轡頭, 這裏將來鞴鞍子, 把那尾子挽的牢着.) <박언 중:51b> ▼鞍轡 ‖ 도적이 좀든 ᄡᆡᄅᆞᆯ 타 굴레와 기ᄅᆞ마ᄅᆞᆯ 도적ᄒᆞ야 (乘着夜間放靑, 悄悄到皮帳邊聽他這些韃子, 鼾聲如雷, 他便偸了鞍轡.) <형세 6:4> ⇒ 구레, 구례, 구릐, 굴게, 굴네, 굴니, 굴릐, 굴에

【굴-로부】 명 ((음식)) 굴로부(loaf with oysters). (외래어).¶ 굴로부 ‖ 쇠고기 2파운드 우유 2잔 소곰 호쵸 양미나리 조곰식 굴 2잔 메스 조곰 쇠고기를 잘게 써러 소곰과 호쵸와 양미나리와 메스로 약념하고 감자 찟는 방망이로 다 부셔질 ᄯᅢᄭᅡ지 ᄶᅵ여 풀과 갓치 되거든 천천히 우유를 붓고 져어셔 묽고 ᄭᅳᆫᄭᅳᆫ하게 되거든 굴을 셕고 ᄲᅢ터 바른 팬을 즁탕하야 알맛치 된 화덕에 1시간 동안을 구을 것 <서요 16>

【굴릐】 명 ((기물)) 굴레. 말이나 소 따위를 부리기 위하여 머리와 목에서 고삐에 걸쳐 얽어 매는 줄. 중세몽고어 '굴게(külige)'의 차용어. 굴게> 굴릐.¶ 굴릐 ᄭᅵ다 (套轡頭) <역해-관역 상:23b> 굴릐 벗기다 =摘轡頭(廂轡頭) <역해-관역 상:23b> 굴릐 벗기다 (摘轡子) <화초-관역 7b> 勒 ‖ 굴릐 ᄶᅧ라 <교린-문 3:25b> ⇒ 구레, 구례, 구릐, 굴게, 굴네, 굴니, 굴레, 굴에

【굴에】 명 ((기물)) 굴레. 말이나 소 따위를 부리기 위하여 머리와 목에서 고삐에 걸쳐 얽어매는 줄. 중세몽고어 '굴게(külige)'의 차용어. 굴게> 굴에.¶ 굴에 롱, 俗呼"韃頭". 又"草韃頭." 바굴에 (韃) <훈몽-안구 중:13b /27a> ▼鞚 ‖ 굴에 공, 俗呼"牽鞚", 쥬리올 (鞚) <훈몽-안구 중:13b /27a> 굴에 공 (鞚) <음첩b 3b> 프른 실로 ᄆᆡᇰᄀᆞ론 굴에 도라오디 아니ᄒᆞᄂᆞ니 바밋 燭ㅅ 븘 고줄 虛히 ᄉᆞ로라 (不返靑絲鞚, 虛燒夜燭花.) <두시-초 21:28b> ▼勒 ‖ 굴에 륵, 俗呼"韃頭". (勒) <훈몽-안구 중:13b /27a> 굴에 륵 (勒) <신합 하:25a> <천자-광 · 천자-석 23a, 천자-칠 17b> <왜해-안비 하:17a> 굴에 륵, 馬鑣有銜. (勒) <천자-주 23a> 굴에 늑 (勒) <음첩b 9a> 意馬ᄂᆞᆫ 意識의 흐러가미 ᄆᆞᆯ ᄀᆞᄐᆞ며 굴에 바소미 ᄆᆞᆯ ᄀᆞᄐᆞᆯ 시라 <남명 상:58b> 輦 알ᄑᆡᆺ 才人이 화사ᄅᆞᆯ 차시니 ᄒᆡᆫ ᄆᆞᄅᆡ 黃金 굴에를 너흐러든 모ᄆᆞᆯ 드위여 하ᄂᆞᆯᄒᆞᆯ 向ᄒᆞ야 울워러 구루메 소니 ᄒᆞᆫ 사래 雙雙이 ᄂᆞᄂᆞᆫ ᄂᆞᆯ개 正히 ᄢᅥ러디더라 (輦前才人帶弓箭, 白馬嚼齧黃金勒, 飜身向天仰射雲, 一箭正墜雙飛翼.) <두시-초 11:16a> 勒 ‖ 굴에 ᄶᅵ어라 | 바오리 <교린-묘 3:26a> ▼轡 ‖ 톤 ᄆᆞ리 窮巷애 드러와 반ᄃᆞ기 黃金 굴에ᄅᆞᆯ 밧기더니라 (驊騮入窮巷, 必脫黃金轡.) <두시-초 16:18a> 굴에ᄅᆞᆯ 눌러 ᄆᆡ야슈메 바ᄅᆞ리 ᄒᆞᆫ갓 븝괴얫도소니 神人의 모미 ᄯᅩ 기니 잇도다 (頓轡海徒涌, 神人身更長.) <두시-초 17:24a> ▼韁 ‖ 제 탯ᄂᆞᆫ ᄆᆞᄅᆞᆯ 브려 右手로 허릿 ᄉᆞᅀᅵ옛 찻ᄂᆞᆫ 갈ᄒᆞᆯ 잡고 左手로 블근 굴에ᄅᆞᆯ 잇거 ᄂᆞ라 ᄃᆞᆮᄂᆞᆫ ᄃᆞ시 날로 ᄒᆡ여 노피 ᄐᆡ오니라 (自下所騎馬, 右持腰間刀, 左牽紫遊韁, 飛走使我高.) <두시-초 8:57a> ▼轡頭 ‖ 네 기ᄅᆞ매 굴에 고돌개 가슴거리 돌애 기ᄅᆞ맛가지 두으리 둥피 오랑 셕 바굴에 ᄆᆡᆫ마기 다ᄒᆞᆫ셕 쥬리울 ᄌᆞ가미 마함 ᄯᅩᆷ어치 갓어치 ᄒᆞᆫ어치 다 사다 (你這鞍子、轡頭、鞦、攀胸、鞊、鞍橋子、鴈翅板、鐙 皮、肚帶、接絡、籠頭、包糞、編繮、繮繩、兜頦、閘口、汗替、皮替、替子, 都買了.) <번노 하:30a> 방의 올마 들오 기르마와 굴에란 내 자는 방의 노코 우희 안롱으로 둡고 (房子裏搬

入去着, 鞍子轡頭, 自己睡臥房子裏放着, 上頭着披氈盖着.) <번노 하:45b> 방의 올마 들거든 기라마과 굴에란 내 자는 방의 노코 우희 안롱으로 덥고 (房子裏搬入去着, 鞍子轡頭, 自己睡臥房子裏放着, 上頭着披氈盖着.) <노언 하:41a> ᄌᆞ셔피로 다하 두 ᄠᅡᆨ 어울운 굴에예 속동조차 잇고 (大紅斜皮雙條轡頭, 帶纓筒.) <번박 상:28b> 大紅斜皮로 ᄒᆞᆫ 雙條 구레에 번영을 ᄃᆞ랏고 (大紅斜皮雙條轡頭, 帶纓筒.) <박언 상:27a> 빗셔피 고돌개 굴에예 (白斜皮鞦皮轡頭.) <번박 상:30b> 白斜皮로 ᄒᆞᆫ 쥬 피와 굴레오 (白斜皮鞦皮轡頭.) <박언 상:28b> 大長山谷의 굴에 버슨 몸이 되여 花朝月夕의 슬토록 노니다가 <채미가-관곡선생실기 6:372> ⇒ 구레, 구례, 구러, 굴게, 굴네, 굴너, 굴례, 굴러

【굴-슈칼놉】 명 ((음식)) 굴스캘럽(fancy scalloped oysters). (외래어).¶ 굴슈칼놉 ‖ 된 크림쏘스를 맨들고 이 아래 것을 법대로 한 후에 거긔 굴을 너흘 것 굴 4잔 레몬 (물만) 1개 셔양쟝 1쇼슈가락 소곰 조곰 고초 조곰 치스 (강판에 간 것) 피멘토 ½통 양미나리 (너인 것) 1포귀 굴을 밧하서 깨끗이 씨셔 가지고 다시 그 밧핫던 물을 붓고 굴 갓이 오불오불할 때까지 익히다가 기름 발은 빼킹팬에 크랙키 부스럭이를 고로로 뿌리고 그 안에 굴을 좀 노코 그 우에 물 업는 양미나리를 조곰 노코 그 다음에 쏘스를 조곰 노흐대 팬이 다 찰 때까지 이 순서대로 두세 번 계속하고 팬이 다 찬 다음에는 치스 ½잔을 그 우에 뿌리고 누른 빗치 날 때까지 구울 것 <서요 17>

【굴헝-몰】 명 ((동물)) 구렁말. 털빛이 밤색인 말. '구렁(küreng morin)'은 중세몽고어 차용어. 만주어 '쿠런(kuren)'.¶ 굴헝몰 (栗色馬) <역해-주수 하:28b> <동해-주수 하:37a> <몽해-주수 하:31a> [쿠런 모린] kuren morin ‖ 이 매야지몰 블친몰 졀다몰 공골몰 오류몰 굴헝몰 가리온몰 셔라몰 가라몰 츄마몰 고라몰 간쟈몰 가라간쟈四足白이몰 도화쟘불몰 (dahan morin akta morin jerde morin konggoro morin keire morin kuren morin hailun morin suru morin kara morin sarala morin kula morin kalja morin kara kalja seberi morin cohoro morin) <청노 5:13b> ⇒ 구렁말, 구렁몰, 구렁뭘

【굿쓰】 명 ((복식)) 구두. 구쯔(靴くつ). (일본어 차용어).¶ 비록 食費는 아니 너엿스나 念慮 업셔서 다이고 갈나고 하엿든지 近者에 너 집에 잇는 아희에게 굿쓰을 돈도 아니 너고 何處로 간는지 頓無消息ᄒᆞ오니 古或有是事이오며 今或有是事哉잇가 <전주유씨-50 伏未審1921> ⇒ 구쓰 ☞ 구두

【굿쓰-갑】 명 구두값. '굿쓰(靴くつ)'는 (일본어 차용어).¶ 너 집에 잇는 아희은 告訴한다 하는 것을 너가 말유하고셔 貴下게 말숨이나 듯고 如何히 하던지 할나고 편지하오니 深慮ᄒᆞ시와 食費 百餘圓과 굿쓰갑 이십월을 付至하시압 <전주유씨-50 복미심1921>

【궉진】 명 ((조류)) 매의 일종. 묵이매. 두 살 된 매. '궉진(kögsin)'은 중세몽고어 차용어. 만주어는 hukšen.¶ 매쥰, 又"秋鷹", 보라매; "白黃鷹", 튀곤; "白角鷹", 궉진(隼) <훈몽-금조 상:8b /15b> 궉진 (白角鷹) <역해-비금 하:25b> ※ 鶻者, 今之求億眞也. <응골방-고본> <응골방-신증>

【귀리-삐스켓】 명 ((음식)) 귀리비스켓(oatmeal biscuits). (외래어).¶ 귀리삐스켓 ‖ 귀리 4잔 누른 사탕 1잔 (슈북히) 소다 1쇼슈가락 밀가루 (휜 것) 2잔 계란 1개 뻐터나 기름 1잔 우유나 뻐터 우유 반죽할 만콤 반죽을 해 가지고 얇게 밀어서 삐스켓 판으로 박아셔 구어 가지고 2개 사이에 양대초 소를 너흘 것 <서요 188>

【귀벡】 명 ((지리)) 퀘벡(Quebec). 캐나다 세인트로렌스강 하구 북쪽 기슭에 있는 도시. 무역항으로 목재, 곡물 따위를 수출한다. (외래어).¶ 또 동편에 누번드란드와 [천 리 되는 섬] 겝브리던이란 [삼빅 리 되는 셤] 셤이 잇고 북편에도 셤이 만코 셔편에 빈구버와 [천 리 되는 셤] 젹은 셤이 만코 또 동편에 할리박스와 귀벡이란 포구가 잇고 셔편에 빅도리아와 빈구버ㅣ란 포구가 잇스며 <사필1889-헐버트 103>

【규마나】 명 ((지리)) 쿠마나 (Cumana). 바르셀로나 북동쪽 카리브해 연안에 있는 항구도시. 1523년 에스파냐인 J.카스텔리온이 남아메리카 대륙 최초의 유럽인 정착촌으로 건설하였다. (외래어).¶ 디형을 의론컨대 온 나라헤 산이 만코 ᄒᆞᆫ가온대 오레노코ㅣ란 강이 [삼천 오빅 리 되는 강] 대셔양에로 드러가고 북편에 마라가이보와 나구아이라와 규마나ㅣ란 포구가 잇고 또 마라가이보ㅣ란 못시 잇스며 <사필1889-헐버트 119>

【규바】 명 ((지리)) 쿠바(Cuba). 중앙아메리카 서인도 제도 가운데 가장 큰 섬인 쿠바 섬과 그 주변의 섬으로 이루어진 사회주의 공화국. (외래어).¶ 싸흘 의론컨대 남북아메리싸 사이에 규바ㅣ란 셤과 아프리가 셔편에 가네리란 셤 륙칠과 히변 륙디 ᄒᆞᆫ 곳과 아시아 동남에 필리핀이란 셤 이십과 태평양에 몃 셤을 엇어 ᄎᆞ지ᄒᆞ니라 <사필1889-헐버트 44> 규바 읍니는 하바나ㅣ오 모담비가 온 텬하에 뎨일 됴흐니라 또 마단스와 산듸아고ㅣ란 촌이 잇고 헤듸국 도셩은 뽀오브린스ㅣ오 산드밍고국 됴셩은 산드밍고ㅣ오 브도리고 읍니는 산후안이오 제메가 읍니는 깅스단이오 바하마 읍니는 나셔ㅣ며 <사필1889-헐버트 115>

【규지】 명 급사(給仕)의 일본말. (일본어 차용어).¶ 규-지가 와서 찬수를 불러내간다 <염상섭, 무현금(제2회)1934 2:75>

【규화ᄌᆞ】 명 ((인류)) 규화자(叫花子). 거지. (중국어 간접 차용어).¶ 叫花子 ‖ 믄득 ᄒᆞᆫ 대취ᄒᆞᆫ 규화지[화랑의 뉘라] 뵈ᄯᅳ기며 드러와 상ᄉᆡ의 니르러 버려 노흔 쥬육을 난만히 집어 먹거늘 (長孫肖正急得走投沒路, 忽跑進一個爛醉的叫花子來, 竟趕到桌子邊, 亂搶東西吃.) <옥지-연세 2:105> 내 이 툭심을 아니 죽을 만치 잇굿 티려 ᄒᆞ더니 어드로셔 난 규화ᄌᆞ로 ᄒᆞ여곰 ᄒᆞᆫ을 프디 못ᄒᆞ니

반드시 고텨 쏠와 잡아다가 ᄆᆞ옴긋 티리라 (不期被這些叫花子一吵, 造化了這小畜生逃走去, 不曾打得他個痛快.) <옥지-연세 2:107> ▼乞兒 ‖ 션싱이 이 규화ᄌᆞ의 온 곳을 아ᄅᆞ시ᄂᆞ니잇가 (先生可知這乞兒是那裏來的?) <옥지-연세 2:108>

【귤-마말네드】 명 ((음식)) 오렌지마멀레이드(orange marmalade). 오렌지 껍질로 만든 잼. (외래어).¶ 귤마말네드 ‖ 네블(양귤) 6개 레몬 2개 밋강 (물만) 12개 물 32잔 귤과 레몬을 얇게 썰고 물과 밋강 물과 함께 셕거셔 하로 밤을 두엇다가 그 잇흔날 아츰에 연하게 될 때까지 삶아셔 다시 하로 밤을 두엇다가 그 잇흔날 아츰에 잘 져어셔 두 석 잔식 짜라셔 쓰리되 2잔이면 사탕 2잔을 3잔이면 사탕 3잔을 끌는 중에 셕고 8분이나 10분 가량 속히 쓰려셔 보식이나 곱부에 담고 식은 후에 양쵸를 녹여셔 그 우에 조곰 부어셔 굿치고 조희로 덥허셔 둘 것 <서요 243> ☞ 밋강마말네드, 양귤마말네드

【귤-필닝】 명 ((음식)) 귤필링(橘-, orange filling). 필링은 요리에서 샌드위치 따위의 소. (외래어).¶ 귤필닝 ‖ 사탕 ½잔 계란 1개 밀가루 1대슈가락 (수북히) 뻐터 1쇼슈가락 레몬 물 1쇼슈가락 큰 양귤 1개 (물과 누른 껍질 간 것) 이것도 차례차례 한가지식 셕거셔 져으며 쓰리다가 중탕해셔 10분 동안 쓰리고 식혀셔 사탕떡 사이에 발을 것 <서요 179> ☞ 레몬필닝, 크림필닝, 흰 사탕떡 필닝

【그람】 명의 ((도량)) 그램(gram). 미터법에 의한 무게의 단위. 1 그램은 4℃의 물 1cm의 무게를 표준한다. (외래어).¶ 佛蘭西 獨逸 키로그람(Kilogramme)瓩 그람(Gramme)瓦 <백과신-송1926 494> 비멀미에는 가로라아 두 그람 증유水 육十 그람을 혼합ᄒᆞ고 박하당 두 방울과 ᄉᆞ탕 조금을 너셔 비 탈 써에 반만 먹고 비에 올나 잠을 ᄌᆞ면 □身이 션쾌ᄒᆞ고 만약 잠이 잘 오지 아니하거든 반을 마져 먹으면 則효 <경험방-비멀미 6a 한옥선133-152> 뻬킹파우더 ‖ 크림어타타 2병 (1000그람) 소다 1병 (500그람) 콘스타치나 밀가루 2잔 가량 모도 잘 셕거셔 체에 꼭 여덟 번 처 가지고 병에 담아 잘 막아 두고 사탕떡 만들 때에 쓸 것 (꼭 청명한 날에 만들고 둘 때에도 습긔가 채지 안토록 잘 막을 것) <서요 288>

【그랏츠】 명 ((지리)) 그라츠(Graz). 오스트리아 남동부에 있는 도시. 빈 다음가는 대도시로 상업과 강철, 기계, 종이, 섬유 따위의 공업이 발달하였다. (외래어).¶ 또 북편에 프레그와 부룬과 렘벅이란 세 큰 촌이 잇고 남에는 그랏츠와 트리에스트와 버스나세리란 세 큰 촌이 잇고 사름의 픔ᄉᆞ수는 션비와 량반과 빅셩이오 <사필1889-헐버트 55>

【그렛비어】 명 ((지리)) 그레이트베어(Great Bear) 호(湖). 캐나다 북서부의 매켄지 지방에 있는 빙하호. 이 나라의 담수호 가운데 가장 크고 북아메리카 전체에서 네 번째로 크다. (외래어).¶ 동편에 센트로렌스ㅣ란 강이 대셔양에로 드러가고 또 북편에 그렛비어와 그렛실레입이란 큰 못시 잇고 또 ᄒᆞᆫ가온대 아다비스가와 윈늬벡이란 큰 못시 잇고 동남편 합즁국 ᄉᆞ이에 슈비리어와 [천 리 되는 못] 휴런과 [팔빅 리 되는 못] 이리와 [팔빅 리 되는 못] 언데리오ㅣ란 못시 [칠빅 리 되는 못] 잇고 <사필1889-헐버트 103>

【그렛실레입】 명 ((지리)) 그레이트슬레이브(Great Slave) 호(湖). 캐나다 북서부에 있는 큰 빙하호. 매켄지 강을 통하여 북극해로 흘러들어 가며, 부근은 늪지, 습지, 대산림 지대이다. (외래어).¶ 동편에 센트로렌스ㅣ란 강이 대셔양에로 드러가고 또 북편에 그렛비어와 그렛실레입이란 큰 못시 잇고 또 ᄒᆞᆫ가온대 아다비스가와 윈늬벡이란 큰 못시 잇고 동남편 합즁국 ᄉᆞ이에 슈비리어와 [천 리 되는 못] 휴런과 [팔빅 리 되는 못] 이리와 [팔빅 리 되는 못] 언데리오ㅣ란 못시 [칠빅 리 되는 못] 잇고 <사필1889-헐버트 103>

【그로켓】 명 ((음식)) 크로켓(croquettes). (외래어).¶ 련근 그로켓 ‖ 련근(lotus root)을 잘 씨서 갈아 가지고 물을 짼 후에 소곰과 밀가루 조곰과 뻬킹 파우더 1쇼슈가락을 셕거셔 계란 대쇼만콤 동글게 빗고 계란을 져어셔 뭇치고 그 다음에 면보 부스럭이를 뭇쳐셔 끌는 기름 속에 너허 지질 것 <서요 63> ⇒ 크로케쓰

【그리스】 명 ((지리)) 그리스(Greece). 유럽 남동부 발칸반도의 남쪽 끝에 위치한 공화국. 1829년 오스만 제국에서 독립하여 왕국이 되었으며, 1973년에 공화국이 되었다. (외래어).¶ 그리스 (希臘) <명물-육당 13a> <태서신사> ⇒ 그리스국, 글익, 쯔리스, 쯔리스국 ☞ 희랍국

【그리스-국】 명 ((지리)) 그리스(Greece). 유럽 남동부 발칸반도의 남쪽 끝에 위치한 공화국. 1829년 오스만 제국에서 독립하여 왕국이 되었으며, 1973년에 공화국이 되었다. (외래어).¶ 아라사국과 루마니아국과 셰비아국과 그리스국과 이스바니아국과 포추갈국과 멕스고국과 남아메리까 모든 나라와 일본국이 뎨 이층이오 터키국과 모라고국과 알지리아와 두네스와 트례블리와 이즙국과 만트늬그로국과 아시아 모든 나라가 뎨 삼층이오 <사필1889-헐버트 14> ⇒ 그리스, 글익, 쯔리스, 쯔리스국 ☞ 희랍국

【그리스도】 명 ((인명)) 예수 그리스도(Christos). 기독교의 개척자이며 교주인 예수를 이르는 말. '그리스도'란 히브리어에서 '기름을 머리에 이는 사람' (왕관을 쓰는 사람)을 의미하여 인류의 죄를 씻어 주기 위하여 하나님이 보냈다는 구세주이다. (외래어).¶ 그리스도 <법한 263> 셩반로ㅣ ᄀᆞᆯᄋᆞ샤ᄃᆡ 끼거나 자거나 그리스도로 더부러 ᄒᆞᆫ가지로 살지어다 <신명-평샹힝위 상:86a> 그리스도ㅣ 맛당히 이ᄀᆞᆺ치 고싱ᄒᆞ고 그 영화에 나아가지 아니ᄒᆞ랴 ᄒᆞ시고 이에 마셔로브터 모든 션지의 글에 므릇 ᄌᆞ긔를 ᄀᆞᄅᆞ쳐 ᄒᆞᆫ 말을 다 ᄌᆞ셰히 강론ᄒᆞ시고 <훈아 38b> ⇒ 그리쓰도, 크리슈도쓰, 크리스도, 키리쓰토

【그리스듸안나】 명 ((지리)) 크리스티안나(Christiana). 미상. (외래어).¶ 도셩을 의론컨대 쉬덴국 도셩은 일홈이 스탁홈이니 나라 동편 볼틱 하슈ㅅ구히오 노웨국 도셩은 일홈이 그리스듸안나ㅣ니 나라 남편이오 사룸의 픔ㅅ수는 도모지 평등이오 [칠십 년 젼에 도모지 평등으로 뎡ㅎ니라] 빅셩의 ㅅ업은 바다ㅅ 고기잡기와 벌목ㅎ기와 즘승치기와 쇠프기와 롱ㅅㅎ기며 <사필1889-헐버트 19>

【그리스디안-둘재】 명 ((인명)) 크리스티안 2세(Christian II). 16세기 덴마크(Demmark), 노르웨이(Norway), 스웨덴(Sweden)의 왕. 1500년대의 다른 군주들처럼 왕권 강화를 추구하였다. (외래어).¶ 그리스디안 둘재 (젠막) (基督斯提安 Christian II) <만국통감1912 4, 3> ☞ 데이그리스디안

【그리스디안-셋재】 명 ((인명)) 크리스티안 3세 (Christian III). (외래어).¶ 그리스디안 셋재 (基督斯提安 Christian III) <만국통감1912 4, 3>

【그리스디안-아홉재】 명 ((인명)) 크리스티안 9세 (Christian VII). (외래어).¶ 그리스디안 여돏재 (基督斯提安 Christian VII) <만국통감1912 4, 3>

【그리쓰도】 명 ((인명)) 예수 그리스도(Christos). 기독교의 개척자이며 교주인 예수를 이르는 말. '그리스도'란 히브리어에서 '기름을 머리에 이는 사람' (왕관을 쓰는 사람)을 의미하여 인류의 죄를 씻어 주기 위하여 하나님이 보냈다는 구세주이다. (외래어).¶ 基督 ‖ 洋言, 그리쓰도, 尊耶穌之稱, 又曰救世主구셰쥬. <명물-도술 2:38a> 하ᄂᆞ님의 아ᄃᆞᆯ은 이 누ㅣ시뇨 이 예수 그리쓰도ㅣ시니 하ᄂᆞᆯ 아바님으로 더브러 ᄒᆞᆫ 모양으로 크샤 셩부와 셩ᄌᆞㅣ 근본 ᄒᆞᆫ 위 하ᄂᆞ님이시라 피ᄎᆞ 깁히 ᄉᆞ랑ᄒᆞ시ᄂᆞ니라 <훈아 6a> ⇒ 그리스도, 크리슈도쓰, 크리스도, 키리쓰토

【그린린트】 명 ((지리)) 그린란드(Greenland). 대서양과 북극해 사이에 있는 세계에서 가장 큰 섬. 덴마크령이며, 주민은 대부분 에스키모 인이다. (외래어).¶ 남편에로 남북 아메리까 어으름에 셔인도ㅣ란 오십 여 셤이 련ᄒᆞ야 잇고 또 멕스고와 가리비안이란 두 하슈가 잇고 또 동북편에 그린린트ㅣ란 큰 셤이 [쟝은 오쳔 리오 광은 이쳔 리라] 잇고 <사필1889-헐버트 101>

【근두】 명 근두(筋斗). 곤두. 몸을 번드쳐서 재주를 넘는 짓. (중국어 간접 차용어).¶ 筋斗 ‖ ᄒᆞᆫ 사ᄅᆞᆷ이 원숭이롤 쇠로 목ᄆᆡ야 가거놀 지조 식이라 ᄒᆞ니 소리ᄒᆞ고 근두롤 식이니 두어 번 ᄒᆞ고 돈을 달나 ᄒᆞ거놀 (路逢一胡挐猿而去, 以鐵索繫項, 作聲揮轉之, 使爲筋斗而已, 此外無他技.) <서원 3:6a> 三間 토김 四間 근두 半空에 소ᄉᆞ올나 <고시조-청영>

【근두딜-ᄒᆞ-】 동 곤두박질하다. '근두(筋斗)'는 중국어 간접 차용어.¶ 근두딜ᄒᆞ다 (打跟𨁂 /打跟斗) <동해-회완 하:33a> <몽해-회완 하:26b> ⇒ 근두질ᄒᆞ- ☞ 근두질치-

【근두박-즐】 명 ((민속)) 곤두박질. 몸을 번드쳐 새주넘는 짓. '근두(筋斗)'는 중국어 간접 차용어.¶ 칼도 쓰고 창도 쓰고 근두박즐 쒸염질과 희ᄌᆞ 놈들 창을 ᄒᆞ고 각식 의관 가관이라 아모리 졀도ᄒᆞᆫ들 말을 알손 곡졀 알손냐 <연행-무자> ⇒ 근두박질, 근두발질

【근두박-질】 명 ((민속)) 근두박질(筋斗撲跌). 곤두박질. 몸을 번드쳐 갑자기 거꾸로 내리박히는 일. '근두(筋斗)'는 중국어 간접 차용어.¶ 근두박질 (翻筋斗, 翻觔斗) <물명고-서강 회속 4b> <문류-교예 17b> <박물-회속 27b> <수호-연세 46a> 근두박질 (翻筋斗) <수호-대필 5a> <수호 5:18> 근두박질 (翻金) <물명괄-회속 34b> 근두박질 (翻觔斗, 翻金) <물명고-서강 회속 4b> <문류-교예 17b> 당장에 칼을 물고 근두박질을 ᄒᆞ랴ᄒᆞ든 김씨부인이 그 ᄯᆞᆯ의 등을 대젼별감 오고 치듯 쑥ᄾ 치며 얼골에 봄빗이 가득ᄒᆞ야 엽에 안졋는 츄월이를 다리고 방 속으로 드러가셔 무슨 말을 한춤 이르고 또 다시 ᄒᆞ는 말이 옥단이 죽은 뒤로는 밋고 밋을 사람이 네 량쥬밧게 또 누가 잇나냐 <치악산 하:39> ⇒ 근두발질, 근드박질

【근두박질-ᄒᆞ-】 동 근두박질(筋斗撲跌)하다. 곤두박질하다. 몸을 번드쳐 갑자기 거꾸로 내리박히다. '근두(筋斗)'는 중국어 간접 차용어.¶ 근두박질ᄒᆞ다 <법한 185> 다람박질하다 | 근두박질ᄒᆞ다 | 파르르다 | 쏘가다 <법한 347> ※ 노첨지는 칠십 늙은이가 쌍거리를 근두박질하듯이 갔다오느라고 길에 삐쳤을 뿐 아니라 <임꺽정 4> 강가의 외가 식구들이 뒤늦게 알고 근두박질하여 쫓아왔다. <임꺽정 4>

【근두발-질】 명 ((민속)) 곤두박질. '근두(筋斗)'는 중국어 간접 차용어.¶ 근두발질 (翻金斗, 攧倒) <물보-회속 하:4b> ⇒ 근두박즐, 근드박질

【근두-질】 명 재주넘기. '근두(筋斗)'는 중국어 간접 차용어.¶ 筋斗 ‖ 쇠사술로 그 목을 ᄆᆡ야 근두질을 시기ᄃᆡ 다론 지조는 ᄒᆞᄂᆞᆫ 일이 업ᄉᆞ니 又 자바 ᄀᆞᄅᆞ치ᄂᆞᆫ 거시라 ᄒᆞ더라 (以鐵索繫其頸而揮轉之, 使爲筋斗, 此外無他技, 蓋新馴者也.) <연행-노가재 2:31b> ▼打觔斗 ‖ 날마다 동산의 가 근두질곳 아니면 나모 긋틔 오ᄅᆞ고 (日在園中打諢, 不是打觔斗, 翻虎跳, 便是爬上樹去.) <성풍 2:73> ▼踢跟斗 ‖ ᄋᆡ회 몸을 번득여 피ᄒᆞ며 축영을 임의 셔경이 돌 뒤흐로 말ᄆᆡ아마 쒸여 나와 한 발노 ᄎᆞ 근두질 치게 ᄒᆞᄆᆡ ᄋᆡ회 앏히 와 결박ᄒᆞ며 (艾虎一閃, 祝英早教三爺由石後躥將出來, 一脚踢了個跟斗, 艾虎過來就捆.) <충소 11:18>

【근두질-치-】 동 곤두박질하다. 재주넘다. '근두(筋斗)'는 중국어 간접 차용어.¶ 踢跟斗 ‖ ᄋᆡ회 몸을 번득여 피ᄒᆞ며 축영을 임의 셔경이 돌 뒤흐로 말ᄆᆡ아마 쒸여 나와 한 발노 ᄎᆞ 근두질치게 ᄒᆞᄆᆡ ᄋᆡ회 앏히 와 결박ᄒᆞ며 (艾虎一閃, 祝英早教三爺由石後躥將出來, 一脚踢了個跟斗, 艾虎過來就捆.) <충소 11:18> ☞ 근두딜ᄒᆞ-, 근두질ᄒᆞ-

【근두질-ᄒᆞ-】 동 곤두박질하다. 재주넘다. '근두(筋斗)'는

중국어 간접 차용어.¶ 근두질ᄒᆞ다 (跟陡) <역해-기회 하:24a> ▼筋斗 ‖ 곧 왼다리롤 믈러 셔셔 一일霎삽步보勢셔롤 ᄒᆞ고 즉제 筋근斗두질ᄒᆞ야 伏복虎호勢셔롤 ᄒᆞ고 다시 몸을 뒤터 또 伏복虎호勢셔롤 ᄒᆞ고 인ᄒᆞ야 닐떠셔셔 拗뇨鸞난肘듀勢셔롤 ᄒᆞ고 (便退左脚立定作一霎步勢, 卽筋斗作伏虎勢, 再飜身又作伏虎勢, 仍起立作拗鸞肘勢.) <무보 12b> ▼翻筋斗 ‖ 근두질ᄒᆞ다 (翻觔斗) <한청-회사 6:60b> 패쥐셩 아래 벽녁이 부ᄅᆞ지지고 빅운동 듕의 세 번 근두질ᄒᆞᄂᆞ도다 (貝州城下霹靂喉, 白雲洞裏翻筋斗. 虧你今朝肯認眞, 笑我十年空作要.) <평요-나손 5:113> 홀연 일진 광풍이 ᄃᆡ작ᄒᆞ야 머리의 쁜 관이 버셔뎌 세 번 근두질ᄒᆞ다가 ᄂᆞ려지거놀 <유이 42:54> 냥회 머리롤 ᄣᅥ르ᄣᅥ르 흔드ᄃᆞ가 공듕을 향ᄒᆞ야 셰 번 근두질ᄒᆞ고 셔로 향ᄒᆞ야 ᄭᅩ리롤 치고 머리롤 조으니 <화뎡 10:19> ※ 打//跟頭 ‖ 근두질ᄒᆞ다 (打跟頭) <방석-기회 4:2b> 근두질ᄒᆞ다 (打觔斗) <한청-낙 3:50a> 孫行者ㅣ 닐오ᄃᆡ 내 이제 드러가 모욕ᄒᆞ리라 ᄒᆞ고 오술 벗고 ᄒᆞᆫ 번 跟頭질ᄒᆞ여 ᄠᅱ여 기롬 가온대 드러가 ᄀᆞᆺ 모욕ᄒᆞ고져 ᄒᆞ더니 불셔 보디 못홀러라 (孫行者說: '我如今入去洗澡.' 脫了衣裳, 打一箇跟頭, 跳入油中, 纔待洗澡, 却早不見了.) <박언 하:23a> 行者ㅣ 니ᄅᆞ되 내 이제 들어가 목욕ᄒᆞ리라 ᄒᆞ고 곳 옷슬 벗고 ᄒᆞᆫ 번 跟頭질ᄒᆞ여 ᄠᅱ여 기롬 가온대 들어가 ᄀᆞᆺ 목욕ᄒᆞ려 ᄒᆞ더니 불셔 보지 못홀러라 (行者說: '我如今入去洗澡.' 便脫了衣裳, 打一箇跟頭跳入油中, 纔待洗澡, 却早不見了.) <박신 3:26b> ⇒ 근두딜ᄒᆞ-

【근두-치-】 동 근두(筋斗)치다. 재주넘다. '근두(筋斗)'는 중국어 간접 차용어.¶ 翻筋斗 ‖ 니러 누하로 나리다가 한 발노 허공을 집허 근두쳐 ᄯᅥ히 나려지니 (卽起身作別下樓, 不期一脚跨個空, 翻筋斗倒撞下去.) <선진 4:74> 한 놈이 다라들 제 담연이 올흔 다리로 엇게롤 차 구ᄅᆞ친ᄃᆡ 또 한 놈이 오거날 왼숀을 한 번 밀치니 근두쳐 너머지미 (一個趕入來的, 澹然飛起右脚, 踢中肩窩, 倒在地上; 又一個撞近身來, 澹然將左手一點, 翻斤斗又跌倒了.) <선진 7:10> 정히 말을 맛치지 못ᄒᆞ여 다만 보미 평탄ᄃᆡ로의 홀연 한 줄기 큰 틈이 터지며 말발이 ᄲᆡ지미 당반게 근두쳐 구러지ᄂᆞᆫ지라 (正說不了, 只見坦平大路忽裂了一條大縫, 陷倒馬脚, 將唐半偈翻筋斗跌了下來.) <후서유 7:7-13> ▼翻觔斗 ‖ 죽쳠을 가져 한 ᄀᆡ식을 숀의 집고 사롬이 먼니 셔 잇셔 죽쳠을 병쇽의 더져 져 죽쳠의 ᄭᅩ리가 져 병 우희 이셔 일제히 셔고 한 ᄀᆡ 근두쳐 번드겨 병쇽으로 드러가면 믄득 맛쳣다 ᄒᆞ고 혹 번드쳐 두 귀 가온ᄃᆡ로 드러가면 또ᄒᆞᆫ 맛쳣다 혬ᄒᆞᄂᆞ니라 (將竹簽拿一根在手, 人要站得遠遠的, 將簽往地上投去. 那竹簽的尾在地上一立一個觔斗翻入壺裏就算中了, 或翻入兩耳也算中的.) <요화 5:48> ▼筋頭 ‖ 다만 한 굴헝의 지나게 ᄒᆞ면 한 번 근두쳐 것구러질 거시니 그 ᄣᅢᄂᆞᆫ 도창검극으로 ᄆᆞ옴ᄃᆡ로 죽이리라 (只須掘下一坑, 引他過坑, 一個筋頭栽倒他, 再也起不來.) <요화 19:34> ▼筋斗 ‖ 숀힝직 근두쳐 반공즁의 올나 두루 살펴보니 스승 잇ᄂᆞᆫ 슈풀노셔 상운이 ᄃᆡ즐기 갓호여 셔긔 은ᄋᆞᆫ이 올나오거놀 (大聖縱觔斗, 到了半空, 佇定雲光, 回頭觀看, 只見松林中祥雲縹緲, 瑞靄氤氳.) <서유-영남 10-36:22> 머리 칠촌니나 ᄒᆞᆫ 청지네 되야 코마루로 나려오며 ᄢᅵ무니 호력이 깜짝 놀나 ᄯᅥᆯ치ᄃᆞ가 실슈ᄒᆞ야 근두쳐 ᄂᆞ리박히니 목이 가물켜 죽어가거놀 (變作一條七寸長的蜈蚣, 徑來道士鼻凹裏叮了一下. 那道士坐不穩, 一個筋斗, 翻將下去, 幾乎喪了性命.) <서유-영남 5:38-46> 힝직 왈 노숀이가 단녀오리라 ᄒᆞ고 근두쳐셔 북ᄶᅡ호로 가 ᄒᆞᆫ 곳의 니르니 (行者喜道: '你且去保護我師父, 待老孫去請也.' 行者縱起觔斗雲, 直奔盱眙山.) <서유-영남 29:102> 봉제 믄득 한 번 숀을 드러 ᄲᅣᆷ을 한 번 쳐셔 그 젹은 어린 아히롤 한 번 근두치게 ᄒᆞ고 (鳳姐便一揚手, 照臉一下, 把那小孩子打了一個筋斗.) <홍루 29:17> 그 진납이 한 번 근두쳐 구을더니 반공즁으로 ᄠᅱ여 오ᄅᆞ거놀 (那猴精一個筋斗跳上半空.) <여선 4:83> ▼縱觔斗 ‖ 숀힝직 근두쳐 반공즁의 올나 두루 살펴보니 스승 잇ᄂᆞᆫ 슈풀노셔 상운이 ᄃᆡ즐기 갓호여 셔긔 은ᄋᆞᆫ이 올나오거놀 (大聖縱觔斗, 到了半空, 佇定雲光, 回頭觀看, 只見松林中祥雲縹緲, 瑞靄氤氳.) <서유-영남 10-36:22> 힝직 왈 노숀이가 단녀오리라 ᄒᆞ고 근두쳐셔 북ᄶᅡ호로 가 ᄒᆞᆫ 곳의 니르니 (行者喜道: "你且去保護我師父, 待老孫去請也."行者縱起觔斗雲, 直奔盱眙山.) <서유-영남 29:102> ▼打筋斗 ‖ 봉제 믄득 한 번 숀을 드러 ᄲᅣᆷ을 한 번 쳐서 그 젹은 어린 ᄋᆞ히롤 한 번 근두치게 ᄒᆞ고 (鳳姐便一揚手, 照臉一下, 把那小孩子打了一個筋斗.) <홍루 29:17> ▼跌拌 ‖ 그러므로ᄡᅥ 쟉야의 독쥬롤 통음ᄒᆞ고 몃 ᄎᆞ례 근두쳐셔 믄득 ᄶᅡ라왓노라 (所以, 昨兒晚上痛痛的喝了些酒, 跌拌了幾下子, 也就赶着來了.) <속홍 2:69> ▼踢跟斗 ‖ 종인도 다라나다가 또ᄒᆞᆫ 셔경의게 발노 ᄎᆞ인 비 되여 근두치미 두 팔을 결박ᄒᆞ여 (從人一跑, 也教三爺一脚踢了個跟斗, 倒牢縛二臂.) <충소 11:18> ▼滾 ‖ 호로 쇽의셔 한 범이 ᄠᅱ여 ᄂᆡ다ᄅᆞ니 크기 복셩화ᄡᅵ 만ᄒᆞ더니 ᄯᅡ히셔 ᄠᅱ놀며 바람을 향ᄒᆞ여 머리롤 흔들며 두어 번 근두치더니 믄득 변ᄒᆞ여 한발이나 ᄒᆞᆫ ᄃᆡ회 되여 (葫蘆口內跳出一虎, 大如桃核, 躍在地上, 乘風把頭一搖, 就地滾上數滾, 變成一箇斑爛錦毛大虎.) <선진 20:73> 진즁으로 바라롤 어ᄌᆞ러이 치더니 량ᄀᆡ 호한이 단패롤 춤추며 근두쳐 진으로 들어오니 ᄉᆞ진 등이 난당부쥬ᄒᆞ여 (小嘍羅篩起鑼來, 兩個好漢舞動團牌齊上, 直滾入陣來, 史進等攔當不住.) <수호-신문 4:58:142> 그ᄃᆡᄂᆞᆫ ᄲᆞᆯ니 구ᄒᆞ라 ᄒᆞ니 봉암이 ᄃᆡ답ᄒᆞ고 즉시 근두쳐 융진의 도라오니 시긱이 블과 한시ᄂᆞᆫ 되엿더라 <엄효 17:20> 그 녀지 슌슌 응낙ᄒᆞ고 그 녀되 문득 두어 번 근두치더니 변ᄒᆞ야 사롬은 간 ᄃᆡ 업고 ᄒᆞᆫ 낫 져근 창승이 되야 방즁을 향ᄒᆞ랴 ᄒᆞ거놀 <한조 10:11> ⇒ 근두티-, 근뒤티-

【근두-티-】 동 근두(筋斗)치다. 재주넘다. '근두(筋斗)'는

중국어 간접 차용어.¶ 이적의 념 교 이쇼졔 몸을 근두텨 우믈의 뻐러디니 몬져 드리친 거시 뎡져의 빠혓더니 <십이 2:23> 시샹으로 가는 톄ᄒᆞ고 ᄒᆞᆫ 모롱이 도라가셔 몸으로 소소아 근두텨 반공 듕의 올나가 조각 구룸을 더위텨 잡아 ᄐᆞ고 <삼명 4:67> ⇒ 근두치-, 근뒤티-

【근뒤-티-】 동 근두(筋斗)치다. 재주넘다. ‘근두(筋斗)’는 중국어 간접 차용어.¶ 翻筋斗 ‖ 니러나 누로 ᄂᆞ려가다가 ᄒᆞᆫ 발노 허궁을 드듸여 근뒤텨 ᄂᆞ려디니 (卽起身作別下樓, 不期一脚跨個空, 翻筋斗倒撞下去.) <선진-国 4:10> 두복위 잡으려 ᄒᆞ믈 보고 일싱 수법ᄒᆞ야 부에 되여 믈 미티셔 쒸여 믈 우희 길 밧긔 올나 근뒤텨 믈속으로 드러가니 (杜伏威見了, 賣一解數, 名爲‘鯽魚爆’, 從水底躍起, 離水面丈餘, 懸空打一筋斗, 直躥過數箭水面, 頭向下, 脚朝天, 復鑽入河心.) <선진-国 9:31> ⇒ 근두치-, 근두티-

【근드박-질】 명 ((민속)) 근두박질(筋斗撲跌). 곤두박질. ‘근두(筋斗)’는 중국어 간접 차용어.¶ 倒轉兒, 근드박질(翻筋斗/翻觔斗) <수호-한고 7a> ⇒ 근두박즐, 근두발질

【근반】 명 ((인류)) 근반(跟班). 시종(侍從). 종자(從者). ‘근반(跟班)’은 중국어 간접 차용어.¶ 跟班的 ‖ 송대인이 니러나 쇼셰ᄒᆞ고 근반의게 분부ᄒᆞ여 고야의 명텹을 들니고 죠반 후의 교ᄌᆞ의 올나 셩ᄂᆡ의 드러가 각쳐의 니ᄅᆞ러 연셕을 회샤ᄒᆞ고 하직을 고ᄒᆞᆯ시 (宋大人起來梳洗, 吩咐跟班的帶着姑爺名帖, 用過點心, 上轎進城到各處謝酒辭行.) <홍부 8:28> ▼跟 ‖ 원ᄅᆡ 강빈과 쟉약과 다못 몃 ᄀᆡ 식부 등이 여러 근반으로 온 고낭과 식부 등을 ᄃᆡᄒᆞ여 셜화ᄒᆞ더니 (原來是江蘋、芍藥同幾個嫂子們對那些跟來的姑娘、嫂子們說話呢.) <홍부 14:114> ※ 우리 ᄆᆞᆺ아ᄌᆞ비와 져근 아ᄌᆞ비와 四寸 아ᄋᆞ와 叔母와 姨母와 兄嫂와 ᄆᆞᆺ누위와 져근 누위와 弟婦와 侄兒들과 또 계집아희 종과 늙근 계집종과 ᄉᆞ나희종과 跟班과 伺候人들이 잇셔 도모지 ᄒᆞᆫ데 혬ᄒᆞ량이면 四十나마 사ᄅᆞᆷ이 잇노라 (我那大爺、叔叔、叔伯兄弟、嬸娘、姨娘、嫂子、姐姐、妹妹、兄弟媳婦、侄兒們, 咳有那丫鬟、老媽、奴才、跟班、伺候人等, 都在一內算起來, 有箇四十多口人.) <화계 상:4a> ⇒ 근반지

【근반지】 명 ((인류)) 근반지(跟班的). 시종(侍從). 종자(從者). ‘근반(跟班)’은 중국어 간접 차용어. ‘지(的, de>di)’는 중국어 직접 차용어.¶ 跟班的 ‖ 야힝ᄒᆞᄂᆞᆫ 의복을 밧구와 닙고 안찰 아문의 니ᄅᆞ러 ᄃᆡ인의 근반지ᄅᆞᆯ 결박ᄒᆞ고 ᄃᆡ인의 하락을 무ᄅᆞ니 (晚間換了夜行衣靠, 奔到上院衙, 捆了大人跟班的, 問大人的下落.) <충소 24:45> ※ 跟班的을 불너 저 져근 술위ᄅᆞᆯ다가 메오고 그 거믄 나귀ᄅᆞᆯ다가 기ᄅᆞ마 지어 ᄒᆞᆫ가지로 舘裏의 보ᄂᆡ고 도라오쟈 (叫跟班的把那箇小車套上, 拿那匹黑驢子背鞍子, 一同送到舘裏廻來罷.) <화계 하:12a> ᄂᆡ ᄉᆡᆼ각ᄒᆞ엿다 이 우리 몃 ᄃᆡ로 ᄉᆞ괴여 아나니로다 네 그 跟班的ᄅᆞᆯ 불너 오라 우리 老爺가 너ᄅᆞᆯ 불너오라 ᄒᆞ더라 (我想起來咧, 這是我們幾輩子交成的呢. 你叫那箇跟班的進來罷. 我們老爺招你進來啊.) <화계 하:17a> ᄂᆡ 져의 말을 듯고 跟班的ᄅᆞᆯ 불너 져ᄅᆞᆯ 다리고 우리 府의 와 이 돌이 무ᄉᆞᆷ 쓸 곳이 잇ᄂᆞ냐 무ᄅᆞ니 그 客人이 나ᄅᆞᆯ 對ᄒᆞ여 말ᄒᆞᄃᆡ 이 믈건이 아ᄂᆞᆫ 사ᄅᆞᆷ을 맛나지 못ᄒᆞ니 져ᄅᆞᆯ 말ᄒᆞ여도 無益ᄒᆞ다 (我聽見他說, 叫跟班的帶他上我們府裏來, 問這箇石頭有甚麼用處, 那箇客人對我說是, 這箇東西遇不着識貨的, 說他無益啊.) <화계 하:25b> ⇒ 근반

【근반-ᄒᆞ-】 동 근반(跟班)하다. 시종(侍從)하다. 따라다니다. ‘근반(跟班)’은 중국어 간접 차용어.¶ 跟 ‖ 져의 곳 사ᄅᆞᆷ이 모다 우리 곳 근반ᄒᆞ여 온 사ᄅᆞᆷ이 도적ᄒᆞ여갓다 의심ᄒᆞᄂᆞ니 (他們這裏人都滿疑心是咱們跟來的人偷去的.) <홍부 15:3> ▼跟班 ‖ 너의로 ᄒᆞ여금 근반ᄒᆞ라 ᄒᆞ미 아니니 갓가히 와 취교와 금봉 량ᄀᆡ 져져ᄂᆞᆫ 이곳의 안고 졉판과 안셔 량ᄀᆡ ᄆᆡᄆᆡ도 이곳의 안ᄌᆞ라 (不要你們跟班, 來來來, 翠翹、金鳳兩個姐姐坐在這兒, 蝶板、雁書兩個姐姐坐在這兒.) <홍부 12:86>

【글내렌돈】 명 Clarendon. (외래어).¶ 글내렌돈 (喀仁單Clarendon) <만국통감1912 4, 3>

【글익】 명 ((지리)) 그리스(Greece). 유럽 남동부 발칸반도의 남쪽 끝에 위치한 공화국. 1829년 오스만 제국에서 독립하여 왕국이 되었으며, 1973년에 공화국이 되었다. (외래어).¶ 글익 (希臘) <세전 1900> ⇒ 그리스, 그리스국, ᄭᅳ리스, ᄭᅳ리스국 ☞ 희랍국

【금-딩ᄌᆞ】 명 ((복식)) 금정자(金頂子). 관원들이 관과 전립 따위의 위에 꼭지처럼 만들어 달던 금으로 된 꾸밈새. 금증자(金鐺子). ‘딩(頂, dǐng)’은 중국어 직접 차용어.¶ 帽頂 ‖ 복닥이에 다 딩ᄌᆞᄅᆞᆯ ᄃᆞ라시ᄃᆡ 또ᄒᆞᆫ 딩ᄌᆞᄅᆞᆯ 품급을 알게 ᄒᆞ여시니 공후ᄇᆡᆨ뎨왕븟터 삼품ᄭᆞ지 금딩ᄌᆞ의 다 블근 보셕을 박고 (蓋帽頂以㗌紅石爲貴.) <연행-노가재 4:8b> ▼金頂 ‖ 머리에 ᄡᅳᆫ 거슨 됴ᄒᆞᆫ 돈피 이엄이오 됴ᄒᆞᆫ 즁나모실로 믯고 금딩ᄌᆞ 브틴 갓이니 이 ᄒᆞᆫ 갓은 넉 량 은을 드려 ᄆᆡᆼ그랏고 (頭上戴的好貂鼠皮披肩, 好纏椶金頂大帽子. 這一箇帽子, 結裹四兩銀子.) <노언 하:47a> 또 텬쳥빗체 비단 갓과 雲南에셔 난 젼으로 ᄒᆞᆫ 갓과 또 돈피 털갓애 우희 다 금딩ᄌᆞ 잇드라 (又有天青紵絲帽兒, 雲南氈帽兒, 又有貂鼠皮狐帽, 上頭都有金頂子.) <노언 하:47b> ⇒ 금딩ᄌᆞ

【금-딩ᄌᆞ】 명 ((복식)) 금정자(金頂子). 금정자(金頂子). 금으로 만든 증자(繒子). 관원들이 관에 달던 꾸밈새의 하나이다. ‘딩(頂, dǐng)’은 중국어 직접 차용어.¶ 金頂 ‖ 머리에 ᄡᅳᆫ 거슨 됴ᄒᆞᆫ 돈피 ᄉᆞ염이오 됴ᄒᆞᆫ 충나못실로 믯고 금딩ᄌᆞ 브틴 간이니 이 ᄒᆞᆫ 가디 넉 량 은 드려ᅀᅡ 밍ᄀᆞ라 내엿고 (頭上戴的好貂鼠皮披肩, 好纏椶金頂大帽子. 這一箇帽子, 結裹四兩銀子.) <번노 하:52a> ▼金頂子 ‖ 또 텬쳥 비쳇 비단 간과 운남의셔 ᄒᆞᆫ 시욱간과 또 돈피 털간과의 우희 다 금딩ᄌᆞ 잇더라 (又有天青紵絲帽兒, 雲南氈帽兒, 又有貂鼠皮狐帽, 上頭都有金頂子.)

<번노 하:52b> ⇒ 금딩ᄌᆞ

【금ᄌᆞ방】 명 ((기물)) 금고봉(金箍棒). 금으로 테를 두른 쇠몽둥이. 여의봉(如意棒). '방(棒, bàng)'은 중국어 직접 차용어.¶ 金箍棒 ‖ 급히 귀속을 만져보미 일ᄀᆡ 슈화침이 경히 잇시되 ᄯᅩ 다른 거신가 두려 집어ᄂᆡ여 바룸을 향ᄒᆞ여 한 번 번득이미 도로 일ᄀᆡ 금ᄌᆞ방이 되는지라 (急向耳中摸索. 只見一個繡花針端然在內; 又恐怕不眞, 取出來迎風一晃, 依舊是一條金箍鐵棒.) <후서유 3:1-5>

【금차할-비단】 명 ((복식)) 금다갈(金茶褐)비단. 황금빛 비단. '차할(茶褐, cháhè)'은 중국어 직접 차용어.¶ 금차할비단 (金黃) <역해-직조 하:3b> 버슨 금차할비단 (鵝黃) <역해-직조 하:3b>

【금됴환】 명 ((복식)) 금조환(金條環). 금으로 만든 띠고리. '됴환(條 tiáo)'는 중국어 직접 차용어.¶ 金條環 ‖ 씌도 ᄯᅩ ᄉᆞ졀 조초 ᄒᆞ요ᄃᆡ 보미는 금됴환 씌오 녀름에는 옥으로 ᄭᅵᆺ 그테 갈갈이 ᄒᆞ니 씌요ᄃᆡ ᄀᆞ장 사오나와ᄉᆞ 치옥이오 ᄀᆞ장 노프니는 양지옥이오 (繫腰時, 也按四季, 春裏繫金條環, 夏裏繫玉鉤子, 最低的是菜玉, 最高的是羊脂玉.) <번노 하:51a> 띄도 ᄯᅩ ᄉᆞ결을 조차 ᄒᆡ오되 봄에는 금됴환 띄고 녀름에는 옥으로 띄 긋테 갈구리 ᄒᆞ니를 띄오되 ᄀᆞ장 ᄂᆞᄌᆞ니아 菜玉이오 ᄀᆞ장 놉프니는 羊脂玉이오 (繫腰時, 也按四季, 春裏繫金條環, 夏裏繫玉鉤子, 最低的是菜玉, 最高的是羊脂玉.) <노언 하:46a>

【긔명-푸리】 명 ((상업)) 기명포리(器皿鋪裏). 그릇 가게. '푸리(鋪裏, pùli)'는 중국어 직접 차용어.¶ 긔명푸리 볼작시면 ᄉᆞ긔반상 화긔반상 금테 두룬 ᄉᆞ발 ᄃᆡ졉 보아 죵ᄌᆞ ᄇᆞ락이와 치화 그린 술병 술잔 징반 졉시 탕긔로 다 항아리며 푼ᄌᆞ기며 ᄎᆞ죵 ᄎᆞ관 ᄉᆞ시ᄭᆞ지 ᄢᅵ여진 것은 거멀못 ᄶᅩ기진 것 쳘ᄉᆞ로 집고 <연행-병인>

【기단가오】 명 ((음식)) 계단고(鷄蛋糕). 지금의 카스테라 같은 계란이 들어간 떡 종류. '기단가오(鷄蛋糕, jīdàn'gāo)'는 중국어 직접 차용어.¶ 鷄蛋糕 ‖ ᄯᅩ 기단가오는 ᄃᆞᆰ의알의 ᄀᆞᄅᆞ와 셜당을 석거 ᄧᅧ 고롤 ᄆᆡᆫᄃᆞ라시니 그 마시 빈쟈 비즘ᄒᆞᄃᆡ 져기 낫고 (又以鷄卵和麵及雪糖蒸爲糕, 名曰鷄蛋糕, 此爲此處餠餌之尤者也.) <서원-총목 64b> 오경이 예 와 기단가오 ᄒᆞᆫ 조각을 나오니 이는 심양셔 산 거시라 그 마시 우리나라 빈쟈의셔 나아 죡히 먹을만 ᄒᆞ더라 (吳正進鷄蛋糕一片, 味似我國所謂貧煮, 盖用鷄卵, 去其糓, 和以雪糖蒸爲糕者, 在瀋陽所買者也.) <서원 3:16a> ⇒ 기단갸오, 기단괴

【기단갸오】 명 ((음식)) 계단고(鷄蛋糕). 지금의 카스테라 같은 계란이 들어간 떡 종류. '기단가오(鷄蛋糕, jīdàn'gāo)'는 중국어 직접 차용어.¶ 기단갸오 ‖ 황냥미 ᄀᆞ로 ᄢᅵ코 븕은 왼ᄑᆞᆺ출 됴흔 대쵸 거히 말고 왼재로 ᄑᆞᆺ과 ᄒᆞᆫ가지로 너허 술마 골ᄂᆡ 섯거 켸 말고 막 부어 ᄶᅵᄂᆞ니 이도 듕원썩이니라 <규합-정양완b 기단갸오 1:20b/95> 기단갸오 ‖ 황양미 가로 ᄶᅵ고 블근 왼ᄑᆞᆺ출 조흔 ᄃᆡ초 거히 말고 왼니로 ᄑᆞᆺ과 ᄒᆞᆫ가지로 녀허 살마 갈니 겻거 켜 업시 막 부어 ᄶᅵᄂᆞ니 이도 듕원썩이라 <규합-동경 기단갸오 2:34a> ⇒ 기단가오, 기단괴

【기단괴】 명 ((음식)) 계단고(鷄蛋糕). 지금의 카스테라 같은 계란이 들어간 떡 종류. '기단괴(鷄蛋糕, jīdàn'gāo)'는 중국어 직접 차용어.¶ 鷄鳴糕 ‖ 기단괴, 華人餠從華音. <명물-음식 3:38b> ⇒ 기단가오, 기단갸오

【기라마】 명 ((기물)) 길마. 짐을 싣거나 수레를 끌기 위하여 소나 말 따위의 등에 얹는 안장(鞍裝). '기라마(gölme)'는 중세몽고어 차용어.¶ 기라마 (鞍子) <화초-안비 24b> ⇒ 기로마, 기르마, 기르매, 기르믜, 기ᄅᆞ마, 기ᄅᆞ매, 기ᄅᆞᄆᆡ, 길마, 길매, 길ᄆᆡ

【기로-리돌】 명의 ((도량)) 킬로리터(kiloliter). 미터법에 의한 부피의 단위. 액체, 기체, 곡물 따위의 부피를 잴 때 쓴다. 1킬로리터는 1리터의 1,000배이다. (외래어).¶ 기로리돌 <조백-용량1915 562> ☞ 리돌, 미리리돌, 센지리돌

【기로마】 명 ((기물)) 길마. 짐을 싣거나 수레를 끌기 위하여 소나 말 따위의 등에 얹는 안장(鞍裝). '기로마(gölme)'는 중세몽고어 차용어.¶ 鞍 ‖ ᄒᆞᆫ 돌이 디난 후 믄득 그 노새 드러왓거ᄂᆞᆯ 깃거 닐오ᄃᆡ 그 몹쓸 거시 기로마란 어ᄃᆡ 두고 노새만 노하 보내야시니 닐오ᄃᆡ 이도 오히려 다ᄒᆡᆼᄒᆞ다 (這日忽見騾子跑進門來, 不勝歡喜. 却見鞍轡全無, 因說道: "這沒脊骨的人, 慣做沒脊骨的事. 幸喜肯放了回來, 還是造化.) <후수 8:46> ⇒ 기라마, 기기르마, 기르매, 기르믜, 기ᄅᆞ마, 기ᄅᆞ매, 기ᄅᆞᄆᆡ, 길마, 길매, 길ᄆᆡ

【기로마-가지】 명 ((기물)) 길마가지. 안장(鞍裝). 기로마(gölme)'는 중세몽고어 차용어.¶ 鞍橋子 ‖ 기로마가지애 몬다회 머리 다텨 브으며 엇치애 등ᄆᆞᄅᆞ 다하 상ᄒᆞ며 츄피애 ᄭᅩ리 밋티 ᄀᆞ이 여힐며 빗ᄯᅢ애 다랏 뒤히 쓰치여 ᄒᆞ야디며 혹 쳠항의 ᄆᆡ야 도적 ᄇᆞ롬이 허홈을 인연ᄒᆞ야 갓과 술해 들오믈 인연홈이라 (鞍橋子撞腫鬐頭, 氈屜打傷脊背, 鞦皮磨破尾根, 肚帶揉損肘後, 或拴簷巷之處, 賊風因虛而入皮膚.) <마경 하:31a> ⇒ 기르마가지, 기르맛가지, 기ᄅᆞ마가지, 기ᄅᆞ마ㅅ가지, 기ᄅᆞ맛가지, 길마가지, 길ᄆᆡ가지

【기로-메돌】 명의 ((도량)) 킬로미터(粁キロメートル kilometer). 미터법에 의한 길이의 단위. 1킬로미터는 1미터의 1,000배이다. 기호는 km. (외래어).¶ 기로메돌 <조백-척도1915 557> ⇒ 기로메-들

【기로-메-들】 명의 ((도량)) 킬로미터(粁キロメートル kilometer). 미터법에 의한 길이의 단위. 1킬로미터는 1미터의 1,000배이다. 기호는 km. (외래어).¶ 도度는 삼척 삼 촌을 미米(메-들)이라 ᄒᆞ야 그 십분의 일을 ᄯᅦ시메들이라 ᄒᆞ고 ᄯᅦ시메들의 십분의 일을 센지메들이라 ᄒᆞ며 센지메들의 십분의 일을 밀리메-들이라 ᄒᆞ며 ᄯᅩ 메-들의 십비를 데ᄭᆞ메들 빅비를 헥도메들 천 비

를 기로메들이라 ᄒᆞᄂᆞ니라 <조농-도량 64> ⇒ 기로메돌

【기로-쑤라무】 명외 ((도량)) 킬로그램(粁キログラム, kilogram). 미터법에 의한 무게의 단위. 1킬로그램은 1그램의 1,000배이다. 기호는 kg. (외래어).¶ 기로쑤라무 <조백-척도1915 559> ⇒ 기로쑤람

【기로-쑤람】 명외 ((도량)) 킬로그램(粁キログラム, kilogram). 미터법에 의한 무게의 단위. 1킬로그램은 1그램의 1,000배이다. 기호는 kg. (외래어).¶ 형衡은 중류수 일립방 센지메들의 무게를 긔본으로 ᄒᆞ야 이것을 쑤람이라 층ᄒᆞ고 그 십분의 일을 데시쑤람이라 ᄒᆞ며 빅분의 일을 센지쑤람이라 ᄒᆞ며 천분의 일을 밀리쑤람이라 ᄒᆞᄂᆞ니 일 쑤람은 십오 분의 ᄉᆞ 몬메에 상당ᄒᆞ고 그 십비를 데가쑤람이라 ᄒᆞ며 빅비를 혜도쑤람이라 ᄒᆞ며 천비를 기로쑤람이라 ᄒᆞᄂᆞ니라 <조농-도량 65> ⇒ 기로쑤라무

【기르마】 명 ((기물)) 길마. 짐을 싣거나 수레를 끌기 위하여 소나 말 따위의 등에 얹는 안장(鞍裝). '기르마(gö lme)'는 중세몽고어 차용어. 기ᄅᆞ마> 기르마> 길마.¶길마 | 길마 | 기르마 <법한 158> 기르마 짓다 (備馬) <한청-투비마필 14:30a> 기르마 누르고 좌우로 지조ᄒᆞ고 다시 ᄐᆞ다 (套雲環) <한청-편마 4:46b> 기르마 업슨 ᄆᆞᆯ (驏馬) <동해-주수 하:37a> <몽해-주수 하:31a> <역보-주수 48a> <방석-주수 4:14b> ▼鞍 ‖ 기르마 안, 俗呼"鞍子". (鞍) <훈몽-안구 중:13b /27a> 기르마 (鞍) <한청-안비 5:22b> 기르마 안 (鞍) <왜해-안비 하:17a> 짐 기르마 (馱鞍) <방석-안비 4:7a> 짐 기르마 (馱鞍) <한청-안비 5:23a> 기르마 짓다 (鞴鞍) <방석-안비 4:7b> 기르마 잡고 등으로 뛰여 도로 집다 (攀鞍反背) <한청-편마 4:46a> 블근 ᄯᆞ미 힌 눈 ᄀᆞᆮᄒᆞᆫ 터리에 져기 나ᄂᆞ니 銀 기르마애 도로 香羅로 밍ᄀᆞ론 帕ᄅᆞᆯ 두펏도다 (赤汗微生白雪毛, 銀鞍却覆香羅帕.) <두시-초 17:28b> 님금 주샨 기르마ᄂᆞᆫ 金騕褭 ᄆᆞ리오 宮中ㅅ 벼로앤 玉蟾蜍ㅣ로다 銀鉤 ᄀᆞᆮᄒᆞᆫ 그리 디거든 절ᄒᆞ야 춤 츠고 恩波로 錦帕ᄅᆞᆯ 펴리로다 (御鞍金騕褭, 宮硯玉蟾蜍, 拜舞銀鉤落, 恩波錦帕舒.) <두시-초 20:44b> 힌 머리로 즌ᄒᆞᆰ 뻐여 오ᄆᆞᆯ 怯호ᄆᆞᆯ가 虛히 疑心ᄒᆞ니 眞實로 銀 기르마로 險ᄒᆞᆫ ᄃᆡ 바라 녈 거시 져고라 (虛疑皓首衝泥怯, 實少銀鞍傍險行.) <두시-초 21:22b> 대 숩 소개 녀왓ᄂᆞᆫ 브ᅀᅥ븨셔 玉盤ᄋᆞᆯ 싯ᄂᆞ니 곳 ᄀᆞᅀᆡ ᄆᆞᄅᆞᆯ 셰니 金 기르매 모댓도다 (竹裏行廚洗玉盤, 花邊立馬簇金鞍.) <두시-초 22:7a> 鮭菜 업수믈 내 붓그리노니 ᄆᆞᆯ 기르마 벗겨 머므로ᄆᆞᆯ ᄒᆞᆫ갓 어즈러이 호라 (自媿無鮭菜, 空煩卸馬鞍.) <두시-초 22:8b> 驄馬ㅣ 새려 구블 팻도소니 銀 기르마ᄅᆞᆯ 니표매 됴토다 (驄馬新鑿蹄, 銀鞍被來好.) <두시-초 22:30b> 눉믈 드리우고 뵈야ᄒᆞ로 붇 더디고 時節을 슬허 곧 기르마ᄅᆞᆯ 브텃도다 (垂淚方投筆, 傷時卽據鞍.) <두시-초 23:29b> ᄆᆞᆯ 기르마애 將軍의 머리ᄅᆞᆯ 버혀 ᄃᆞᆯ오 甲 밧긔 우ᄂᆞᆫ 사ᄅᆞᆯ 딜어 오더라 (馬鞍懸將首, 甲外控鳴鏑.) <두시-초 24:12a> ᄒᆞ다가 상ᄉᆡ어나 다ᄅᆞᆫ 연고ᄅᆞᆯ 위ᄒᆞ야 마디 몯ᄒᆞ야 나갈 ᄃᆡ 잇거든 사오나온 ᄆᆞᄅᆞᆯ ᄐᆞ고 뵈로 기르마와 셕술 ᄡᆞᆯ디니라 (若爲喪事及有故, 不得已而出, 則乘樸馬, 布裹鞍轡.) <번소 7:20b> 父母ㅅ 거상애 맛당히 나가디 아니홀디니 만일 喪事와 밋 연고 이심을 위ᄒᆞ야 시러곰 마디 몯ᄒᆞ야 나가거든 사오나온 ᄆᆞᆯ ᄐᆞ고 뵈로 기르마와 셕술 ᄡᆞᆯ디니라 <소언 5:53b> 앏ᄑᆡ노 보면 우ᄂᆞᆫ ᄃᆞᆰ ᄀᆞᆺ고 가슴은 편ᄒᆞ고 몬다회ᄂᆞᆫ 놉고 등ᄆᆞᆯᄂᆞᆫ 편ᄒᆞ고 기르마지치 술ᄒᆞᆫ 둣겁고 가리뼈ᄂᆞᆫ 빅고 허리ᄂᆞᆫ ᄧᆞ르고 (前看似鳴雞, 臆欲平, 鬐甲欲高, 脊梁欲平, 排鞍肉厚, 肋扇骨密, 腰短促.) <마경 상:4a> ▼鞍子 ‖ 기르마 (鞍子) <훈몽-안구 중:13b /27a> <동해-안비 하:19b> <몽해-안비 하:15a> 기르마 벗기다 (摘鞍子.) <방석-안비 4:7b> <동해-안비 하:20a> <몽해-안비 하:15b> 기르마 짓다 (鞴鞍子) <동해-안비 하:20a> <몽해-안비 하:15b> 술진 ᄆᆞᆯ란 서늘케 ᄒᆞ고 여윈 ᄆᆞᆯ란 기르마 밧기고 발 지달ᄡᅳ고 기슨 ᄡᅡ해 노하 ᄒᆞ야곰 플 먹게 ᄒᆞ고 뵈댱을 ᄲᆞᆯ리 티고 질애 그즈니 질오 방의 올마 들오 기르마와 굴에란 내 자ᄂᆞᆫ 방의 노코 우희 안롱으로 둡고 (肥馬凉着, 瘦馬鞍子摘了, 絆了脚, 草地裏撒了, 敎喫草, 布帳子疾忙打起着, 鋪陳整頓着. 房子裏搬入去着, 鞍子轡頭, 自己睡臥房子裏放着, 上頭着披氈盖着.) <번노 하:45a> 짐돌 다 옮겨 드려오고 ᄆᆞᆯ돌 다 오랑 서우니 ᄒᆞ고 안직 기르마 벗기디 말라 (行李都搬入來着, 把馬們都鬆了, 且休摘了鞍子.) <번노 상:69a> 짐돌 다 옮겨 드려오고 ᄆᆞᆯ돌 다 오랑을 서오니ᄒᆞ고 아직 기르마 벗기디 말라 <노언 상:62a> ᄒᆞᆫ 필 ᄀᆞ장 술진 鐵靑ᄎᆞᆼ이 玉面馬ᄅᆞᆯ ᄐᆞ고 기르마와 아답개와 질채와 구레와 ᄃᆞ래 가지 가지 다 이 內造色樣이라 (騎着一匹十分 鐵靑王面馬, 鞍子、鞍坐褥、鞦皮、轡頭、馬粘, 件件俱是內造色樣.) <박신 1:30b> 당시롱 멜 줄과 ᄡᅳ을 줄과 바구레와 지달술 바와 기르마와 오랑 等 類ㅣ 업세라 (還少套繩、撒繩、籠頭、脚索、鞍子、肚帶等類哩.) <박신 2:19b> 오ᄂᆞᆯ 일즉이 내 다른 ᄃᆡ 가 아ᄂᆞᆫ 이를 보려 ᄒᆞ여 門 앏히 기르마 지은 흰 ᄆᆞᆯ을 ᄆᆡ엿더니 아지 못게라 엇지ᄒᆞ여 ᄃᆞ라난지 ᄆᆞᄎᆞᆷ내 去向을 아지 못ᄒᆞ니 (今日早起, 我到別處去望相識, 門前絟着帶鞍子的白馬, 不知怎麽走了, 竟不知去向.) <박신 3:53a> ▼鞁 ‖ 기르마 지홀 피, 俗稱"鞁馬"、"鞁鞍子". (鞁) <훈몽-잡어 하:9a /20a> 기르마 지을 피 (鞁) <왜해-안비 하:17b> ▼鞁 ‖ 우리 ᄲᆞᆯ리 짐돌 설어즈라 ᄆᆞᆯ 기ᄅᆞ마 진노라 ᄒᆞ면 하ᄂᆞᆯ히 볼그리로다 쥬신손ᄃᆡ 하딕ᄒᆞ라 가져 <번노 상:38a> [엉거무] ▼enggemu ‖ ᄆᆞᆯ 기르마 지을 ᄉᆞ이에 하ᄂᆞᆯ이 ᄇᆞᆰ을가 ᄒᆞ노라 (morin enggemu tohoro sidenede abka gereke dere.) <청노 3:4a> ⇒ 기라마, 기로마, 기르매, 기르믜, 기ᄅᆞ마, 기ᄅᆞ매, 기ᄅᆞᄆᆡ, 길마, 길매, 길ᄆᆡ

【기르마-가지】 명 ((기물)) 길맛가지. 길마의 몸체를 이루는 말굽 모양의 구부정한 나무. 길마는 짐을 실으려고

소의 등에 안장처럼 얹는 제구를 말함. '기르마(gölme)'는 중세몽고어 차용어. 기ᄅᆞ마> 기르마> 길마.¶ 기르마가지 (鞍橋) <한청-안비 5:23a> 기르마가지 (鞍轎子) <동해-안비 하:19b> <몽해-안비 하:15a> ▼鞍座子 ‖ ᄒᆞᆫ 필 먹댱ᄀᆞᆺ치 검고 술진 ᄆᆞᆯ을 ᄐᆞ고 기르마가지ᄂᆞᆫ 이 烏犀角에 玳瑁로 뎐 메워 박은 거시오 ᄃᆞ래ᄂᆞᆫ 이 羊肝빗츠로 柒ᄒᆞᆫ 거시오 등ᄌᆞᄂᆞᆫ 이 獅子 머리에 銀絲롤 박은 거시오 질채와 事件은 다 이 금입ᄉᆞ와 珊瑚로 뎐메워 박은 거시오 (騎着一匹墨丁也似黑的肥馬, 鞍座子是烏犀角玳瑁廂嵌的, 馬鞊是羊肝柒的, 馬鐙是獅子頭嵌銀絲的, 鞦皮事件都是減金與那珊瑚廂嵌的.) <박신 1:30a> ▼鞍橋子 ‖ 구레를 기르마가지에 걸고 다리를 거두치고 수ᄾᆞ 주어 머기고 밧비 캉의 올라 안즈라 (轡頭掛上鞍橋子, 馬韁撩起來, 饋高粮吃, 快着上炕坐.) <한어-한고 29b> ⇒ 기로마가지, 기르맛가지, 기ᄅᆞ마가지, 기ᄅᆞ마ᄉᆞ가지, 기ᄅᆞ맛가지, 길마가지, 길ᄆᆞ가지

【기르마-우비】 명 ((기물)) 길마의 덮개. 안장덮개(鞍裝-). '기르마(gölme)'는 중세몽고어 차용어. 기ᄅᆞ마> 기르마> 길마.¶ 기르마우비 (鞍罩) <역보-안비 46a> <방석-안비 4:7a> ▼鞍轡 ‖ ᄐᆞᄂᆞᆫ ᄆᆞᄅᆞᆫ 은 셜흔 량 ᄊᆞᆫ ᄒᆞᆫ 피리 ᄀᆞ장 건ᄂᆞᆫ ᄆᆞ리오 기르마ᄂᆞᆫ 시톄옛 은 입ᄉᆞᄒᆞ욘 ᄉᆞ겨녓 됴ᄒᆞᆫ 기르마 굴에돌히 대되 마ᅀᆞᆫ 량 은 뻐 잇고 옷 니블 딘댄 ᄉᆞ졀조초 옷 니보ᄃᆡ 날마다 ᄒᆞᆫ 볼 밧고 ᄒᆞᆫ 볼 ᄀᆞ라닙ᄂᆞ니 (騎的馬三十兩一匹好竄行馬, 鞍子是時樣減銀事件的好鞍轡, 通是四十兩銀, 穿衣服時, 按四時穿衣服, 每日脫套換套.) <번노 하:50a> ⇒ 길마우비

【기르마-지ᄋᆞ-】 동 길마짓다. '기르마(gölme)'는 중세몽고어 차용어. 기ᄅᆞ마> 기르마> 길마.¶ 기르마지을 피 (鞁) <왜해-안비 하:17b> ⇒ 기르마지흐-, 기르마지ᄒᆞ-, 기ᄅᆞ마지-, 기ᄅᆞ마지ᄋᆞ-, 기ᄅᆞ마짓-, 기ᄅᆞ매지-, 기ᄅᆞᄆᆞ짓-

【기르마-지치】 명 ((기물)) 말의 안장 덮개. '기르마(gölme)'는 중세몽고어 차용어. 기ᄅᆞ마> 기르마> 길마.¶ 排鞍 ‖ 앏ᄑᆞ노 보면 우ᄂᆞᆫ ᄃᆞᆰ ᄀᆞᆺ고 가슴은 편ᄒᆞ고 몬다회ᄂᆞᆫ 놉고 등ᄆᆞᆯᄂᆞᆫ 편ᄒᆞ고 기르마지치 술ᄒᆞᆫ 둣겁고 가리뼈ᄂᆞᆫ 비고 (前看似鳴雞, 臆欲平, 鬐甲欲高, 脊梁欲平, 排鞍肉厚, 肋扇骨密.) <마경 상:4a>

【기르마-지흐-】 동 길마짓다. '기르마(gölme)'는 중세몽고어 차용어. 기ᄅᆞ마> 기르마> 길마.¶ 鞍 ‖ 손 오던 亭子앤 기르마 지흔 ᄆᆞ리 긋고 나그내 襯緲앤 그믈 ᄆᆡᄂᆞᆫ 벌에 돌옛도다 (客亭鞍馬絶, 旅櫬網蟲懸.) <두시-초 24:47a> ⇒ 기르마지ᄋᆞ-, 기르마지흐-, 기르마지ᄒᆞ-, 기ᄅᆞ마지-, 기ᄅᆞ마지ᄋᆞ-, 기ᄅᆞ마짓-, 기ᄅᆞ매지-, 기ᄅᆞᄆᆞ짓-

【기르마-지히】 명 ((기물)) 길마. '기르마(gölme)'는 중세몽고어 차용어. 기ᄅᆞ마> 기르마> 길마.¶ 排鞍 ‖ 뎡쟈ᄂᆞᆫ 브으름이니 다 타 길히 멀어 날이 오람애 엇치 벗김을 일허 어린 ᄯᆞᆷ이 털굼긔 막히며 패ᄒᆞᆫ 피 갓과 술희 엉긔믈 인연ᄒᆞ야 뼈곰 몬다회ᄆᆞᄅᆞ와 기르마지히 술 두녁희 브으름이 나며 혹 ᄯᆞᆷ이 엇치에 ᄆᆡ치여 ᄲᅳᆺ쳐 ᄒᆞ여뎌 샹홈을 닐외미라 (疔者, 疽也, 皆因乘騎路遠日久, 鞍屜失於解卸, 瘀汗沉於毛竅, 敗血凝注皮膚, 以致鬐甲梁頭排鞍平膜兩邊發腫, 或汗結鞍氈, 擦磨打破而傷.) <마경 하:99b>

【기르마-지ᄒᆞ-】 동 길마짓다. '기르마(gölme)'는 중세몽고어 차용어. 기ᄅᆞ마> 기르마> 길마.¶ 기르마지을 피 (鞁) <왜해-하:17> 鞍 ‖ 길에 내와둔 나모 바ᄀᆞᆫ 眞率호몰 뵈ᄂᆞ니 다시 기르마 지ᄒᆞᆫ ᄆᆞᄅᆞᆯ 調習ᄒᆞ야 어러이 즐겨 賞玩ᄒᆞ놋다 (長生木瓢示眞率, 更調鞍馬狂歡賞.) <두시-초 15:1b> ⇒ 기르마지ᄋᆞ-, 기르마지흐-, 기ᄅᆞ마지-, 기ᄅᆞ마지ᄋᆞ-, 기ᄅᆞ마짓-, 기ᄅᆞ매지-, 기ᄅᆞᄆᆞ짓-

【기르맛-가지】 명 ((기물)) 길맛가지. 길마의 몸체를 이루는 말굽 모양의 구부정한 나무. 길마는 짐을 실으려고 소의 등에 안장처럼 얹는 제구를 말함. '기르마(gölme)'는 중세몽고어 차용어. 기ᄅᆞ마> 기르마> 길마.¶ 鞍轎子 ‖ 시톄옛 흑셔피 ᄲᅮᆫ 기르맛가지예 은 입ᄉᆞᄒᆞᆫ ᄉᆞ견이오 (時樣的黑斜皮鞍橋子, 銀絲事件.) <번박 상:30a> ⇒ 기로마가지, 기르마가지, 기ᄅᆞ마가지, 기ᄅᆞ마ᄉᆞ가지, 기ᄅᆞ맛가지, 길마가지, 길ᄆᆞ가지

【기르매】 명 ((기물)) 길마. 짐을 싣거나 수레를 끌기 위하여 소나 말 따위의 등에 얹는 안장(鞍裝). '기르매(gölme)'는 중세몽고어 차용어. 평북 방언.¶ 소는 기르매지고 조은다 <백석-조선1936.3.8. 삼천포> ⇒ 기라마, 기로마, 기르마, 기르믜, 기ᄅᆞ마, 기ᄅᆞ매, 기ᄅᆞᄆᆞ, 길마, 길매, 길ᄆᆞ

【기르믜】 명 ((기물)) 길마. 짐을 싣거나 수레를 끌기 위하여 소나 말 따위의 등에 얹는 안장(鞍裝). '기르믜(gölme)'는 중세몽고어 차용어.¶ 기르믜 <노한 87, 633> 기르믜를 짓소 <노한 393, 633> ⇒ 기라마, 기로마, 기르마, 기르매, 기ᄅᆞ마, 기ᄅᆞ매, 기ᄅᆞᄆᆞ, 길마, 길매, 길ᄆᆞ

【기름-쓰레싱】 명 ((음식)) 오일드레싱(Oil dressing). (외래어).¶ [기름쓰레싱] 샐렛기름 ½잔 소곰 ½쇼슈가락 페푸리카 조곰 초 2대슈가락 가량 이 네 가지를 병에 붓고 셕기기ᄭᅡ지 흔드러셔 가지고 곳 먹을 것 (샐렛 기름이 업스면 참기름으로 대신 할 수 잇슴) <서양료리법 97> ☞ 샐렛쓰레싱

【기름-픽클】 명 ((음식)) 오일픽클(oil pickle). '피클'은 오이나 양배추 따위의 채소나 과일 따위를 식초·설탕·소금·향신료를 섞어 만든 액체에 담아 절여서 만든 음식. (외래어).¶ 기름픽클 ‖ 외 (큰 것) 12개 파 (얇게 덤인 것) 6개 소곰 ½잔 감람기름 ½잔 휜 계자 ½잔 검은 계자 ½잔 양미나리씨 1대슈가락 백반 ½쇼슈가락 외를 ½인치 길이로 통으로 썰고 파와 소곰을 셕거셔 3시간 동안을 두엇다가 물을 밧하 바리고 찬물노 씨슨 후에 남은 재료를 함믜 셕거셔 잠길 만콤 초를 부어 가지고 구멍 큰 병에 몃 병이든지 담고 단단히 막아셔 3쥬일 동안이나 두엇다가 먹을 것 <서요 250>

【기리야-기모】 명 기리야기모. 미상. (일본어 차용어).¶

장작 공평동셔 지불 ᄒᆞᆫ 마ᄎᆞ 십 환 이공탄 공평동셔 지불 ᄇᆞᆫ 돈 십 원 기리야기모 오 젼 과ᄌᆞ 십 젼 마고 두 갑 십이 젼 <가용-한고 1936.11.27>

【기ᄅᆞ마】 명 ((기물)) 길마. 짐을 싣거나 수레를 끌기 위하여 소나 말 따위의 등에 얹는 안장(鞍裝). '기ᄅᆞ마(gölme)'는 중세몽고어 차용어.¶ 짐 기ᄅᆞ마 (馱鞍) <역보-안비 46a> 기ᄅᆞ마 짓다, =鞴鞍子(鞴馬) <역해-관역 상:23b> 기ᄅᆞ마 업슨 ᄆᆞᆯ (騾馬) <한청-기타 14:31a> 기ᄅᆞ마 업슨 ᄆᆞᆯ (騾馬) <삼학-고석-수> 기ᄅᆞ마 업ᄂᆞᆫ ᄆᆞᆯ (騾馬) <화초-주수 26a> ▼鞍 ‖ 기ᄅᆞ마 안 (鞍) <신합 상:31b> <음운 22a> 내 니거지이다 가샤 山미틔 軍馬 두시고 온 사ᄅᆞᆷ ᄃᆞ리샤 기ᄅᆞ말 밧기시니 (請而自往, 山下設伏, 遂率百人, 解鞍而息.) <용가 58> 일로브터 연고 엽시셔 나ᄃᆞᆫ기디 말고 만일 喪事로ᄡᅵ며 밋 브ᄃᆡ 몯ᄒᆞ야 나드리ᄒᆞ거든 ᄠᅳᆫ ᄆᆞᆯ을 ᄐᆞ고 뵈로 기ᄅᆞ마 ᄡᆞ고 흰 轎ᄌᆞ의 뵈로 발을 ᄒᆞ라 (自是無故不出. 若以喪事及不得已而出入. 則乘樸馬布鞍, 素轎布簾.) <가언 6:32a> 쇼군이 옥 기ᄅᆞ마ᄅᆞᆯ ᄯᅥᆯ티고 ᄆᆞᆯ게 올라 블근 ᄲᅡᆷ의 우ᄂᆞᆫᄯᅩ다 (昭君拂玉鞍, 上馬啼紅頰.) <고진 1:50> 금 안장ᄒᆞᆫ 쥰마로 쇼쳡을 블러 웃고 금 기ᄅᆞ마의 안쳐 낙미 곡을 노래ᄒᆞᄂᆞᆫᄯᅩ다 (千金駿馬喚小妾, 笑坐金鞍歌落梅.) <고진 5-1:54> 분연히 올라안자 쳥뇽도ᄅᆞᆯ 것구로 잡고 ᄃᆞᆯ려 토산의 ᄂᆞ려가 투고ᄅᆞᆯ 버서 기ᄅᆞ마 압가지예 ᄢᅵ오고 단봉의 눈을 두려디 ᄯᅳ고 와줌미ᄅᆞᆯ 니ᄅᆞ혀 셰오고 바ᄅᆞ 딘젼의 니ᄅᆞ니 (奮然上馬, 倒提青龍刀, 跑下土山來, 將盔取下放於鞍前, 鳳目圓睜, 蠶眉直竪, 來到陣前.) <삼국-가정 9:38> 두 사ᄅᆞᆷ이 졍히 가더니 일니ᄂᆞᆫ 가셔 보니 녀빅새 나귀 기ᄅᆞ마의 술 두 병을 ᄃᆞᆯ고 과실 남글 안고 오다가 보고 (二人行不到二里, 見伯奢驢鞍前鞽懸酒二瓶, 手抱果木而來.) <삼국-가정 2:36> 슝과 쥰이 각각 인병ᄒᆞ야 븍티며 도적의 딘을 즛디ᄅᆞ니 화염이 탕텬ᄒᆞ고 적즁이 경황ᄒᆞ야 ᄆᆞᆯ게 기ᄅᆞ마ᄅᆞᆯ 밋처 짓디 못ᄒᆞ고 갑오ᄉᆞᆯ 밋처 닙디 못ᄒᆞ야 ᄉᆞ면으로 헤여뎌 분주ᄒᆞ거ᄂᆞᆯ (嵩、儁各引兵操鼓, 殺奔賊寨, 火焰張天. 賊衆驚慌, 馬不及鞍, 人不及甲, 四散奔走.) <삼국-가정 1:40> 오라디 아냐 노새ᄅᆞᆯ ᄐᆞ고 오니 기ᄅᆞ마와 굴네 다 ᄀᆞᆺ고 노새 십분 웅건ᄒᆞ더라 (不多時, 早已騎了騾子來, 鞍轡俱全, 果是十分雄健.) <후수 6:59> 셩 미티셔 여러 번 싸호매 모든 도적을 멸ᄒᆞ니 기ᄅᆞ마ᄅᆞᆯ 외로온 관의 와 벗기매 긔운이 오히려 교만ᄒᆞ도다 (轉戰城陰滅猿梟, 解鞍孤舘氣猶驕.) <형세 5:49> 웅신이 후ᄒᆞᆫ 녜믈른 뎌ᄅᆞᆯ 주고져 ᄒᆞ되 뎨 즐겨 밧디 아닐가 저허 ᄯᅩ오 새 푸개ᄅᆞᆯ 민ᄃᆞᆯ고 넙게 틴 은을 그 속의 녀허 ᄆᆞᆯ 기ᄅᆞ마 뒷가지의 믜야 속의 은 드럿다 말을 니ᄅᆞ디 아니ᄒᆞ야 (雖信欲以厚禮贈叔寶, 又恐他多心不受, 做一副新鋪盖起來, 將打扁白銀縫在鋪盖裏, 把鋪盖打卷, 馬備了鞍轡, 捎在馬鞍轎後, 只說是鋪盖, 不講裏面有銀子.) <수유-동방 2:86> 쥬륜이 댱듕의 잇다가 채 겁틱ᄒᆞ믈 알고 경황ᄒᆞ여 사ᄅᆞᆷ이 미처 갑을 못닙고 ᄆᆞᆯ게 미처 기ᄅᆞ마ᄅᆞᆯ 짓디 못ᄒᆞ야 각각 ᄉᆞ산분패ᄒᆞ니 (周倫於帳中, 驚慌不及, 甲馬不及鞍, 各四散奔走.) <무목 6:107> 鞍 ‖ 기ᄅᆞ마 내여 ᄆᆞᆯ게 지어라 <교린-묘 3:25b> ▼鞍子 ‖ 기ᄅᆞ마 (鞍子) <역해-안비 하:19b> <방석-안비 4:6b> 기ᄅᆞ마 짓다, =鞴馬 (鞴鞍子) <역해-관역 상:23b> 기ᄅᆞ마 벗기다 (摘鞍子.) <역해-관역 상:23b> 네 기ᄅᆞ매 굴에 고ᄃᆞᆯ개 가슴거리 ᄃᆞᆯ애 기ᄅᆞ맛가지 두으리 둥피 오랑 셕 바굴에 믿마기 다ᄒᆞᆫ 셕 쥬리울 ᄌᆞ가미 마함 ᄶᅩᆷ어치 갓어치 핟어치 다 사다 (你這鞍子、轡頭、鞦、攀胸、鞊、鞍橋子、鴈翅板、鐙 皮、肚帶、接絡、籠頭、包糞、編繮、繮繩、兜頦、閘口、汗替、皮替、替子, 都買了.) <번노 하:30a> 네 이 기ᄅᆞ마 구레 고ᄃᆞᆯ개 가슴거리 ᄃᆞᆯ애 기ᄅᆞ마가지 둥울 둥피 오랑 혁 바구레 밋마기 다ᄒᆞᆫ 혁 쥬리올 ᄌᆞ가미 마함 ᄶᅩᆷ어치 갓어치 핫어치 다 사다 <노언 하:27a> 기ᄅᆞ마ᄂᆞᆫ 이 ᄒᆞᆫ 거믄 셔각으로 젼ᄒᆞ고 디미 ᄡᆞ고 유심홍 블근 비체 슈파 그린 면엣 기ᄅᆞ맛가지예 (鞍子是一箇烏犀角邊兒輓玳瑁, 油心紅畫水波面兒的鞍橋子.) <번박 상:28a> 기ᄅᆞ마ᄂᆞᆫ 이 ᄒᆞᆫ 烏犀角 변ᄋᆞ케 玳瑁ᄅᆞᆯ ᄭᅵ랏고 油心紅 빗치 水波面 그린 기ᄅᆞ마가지오 <박언 상:26a> 기ᄅᆞ마ᄂᆞᆫ 눈ᄀᆞ티 힌 록각 변ᄉᆞ앳 시톄옛 흑셔피 ᄲᅮᆫ 기ᄅᆞ맛가지예 은 입ᄉᆞᄒᆞᆫ ᄉᆞ견이오 (鞍子是雪白鹿角邊兒, 時樣的黑斜皮鞍橋子, 銀絲事件.) <번박 상:29b> 기ᄅᆞ마ᄂᆞᆫ 이 눈ᄀᆞᆺ티 흰 鹿角邊兒에 시톄로 ᄒᆞᆫ 黑斜皮 ᄲᅮᆫ 기ᄅᆞ마가지오 <박언 상:28a> 술진 ᄆᆞᆯ란 서늘케 ᄒᆞ고 여윈 ᄆᆞᆯ란 기ᄅᆞ마 벗기고 발에 지달 ᄊᆞ고 플기은 ᄶᅡ히 노하 ᄒᆞ여곰 플 먹게 ᄒᆞ고 布帳을 ᄲᅡᆯ리 티고 鋪陳을 졍졔히 하고 방의 올마 들거든 기ᄅᆞ마과 굴에란 내 자ᄂᆞᆫ 방의 노코 우희 안롱으로 덥고 (肥馬凉着, 瘦馬鞍子摘了, 絆了脚, 草地裏撒了, 教喫草, 布帳子疾忙打起着, 鋪陳整頓着. 房子裏搬入去着, 鞍子轡頭, 自己睡臥房子裏放着, 上頭着披氈盖着.) <노언 하:40b> ▼鞍轡 ‖ 평계ᄒᆞᆯ 말이 업서 기ᄅᆞ마ᄅᆞᆯ 내야다가 노새 등의 언져 준ᄃᆡ 슈동이 노새게 올나 칭샤ᄒᆞ고 가더니 드ᄃᆡ여 왕마와 ᄒᆞᆫ가지로 발피참의 가 은냥을 아사 노새게 ᄂᆞ려 ᄶᅡ흘 ᄑᆞ고 은을 무든 후의 노새ᄅᆞᆯ 보니 간ᄃᆡ 업거ᄂᆞᆯ 다시 ᄎᆞᆺ디 아니ᄒᆞ고 빅운산으로 갓더니 (說罷, 自入內拿了鞍轡出來. 殳動連忙安放騾背, 跨跳上去, 叫聲: '多謝!' 策鞭跑回. 遂同王摩來劫銀時, 埋頓完, 不見騾子, 竟上白雲山去.) <후수 8:44> ▼鞍橋 ‖ 두어 가뎡도 져른 칼을 잡아 서ᄅᆞ 돕더라 건셩이 놀라 기ᄅᆞ마ᄅᆞᆯ 안고 ᄆᆞᆯ을 ᄃᆞᆯ려 도라가 당공의 교ᄌᆞᄅᆞᆯ 보고 밧비 니로ᄃᆡ (這幾箇家丁是短刀相幇, 這邊建成唬得抱了鞍橋, 憑着這馬倒跑回來. 見了唐公轎子, 忙道.) <수유-동방 1:59> 이에 맛ᄃᆞᆫ ᄆᆞᆯ 듕의 ᄀᆞ장 됴ᄒᆞᆫ ᄆᆞᆯ 둘흘 ᄀᆞᆯ히야 도적이 좀ᄃᆞᆫ ᄢᅢᄅᆞᆯ 타 굴레와 기ᄅᆞ마ᄅᆞᆯ 도적ᄒᆞ야 ᄐᆞ고 ᄲᅡᆯ니 ᄃᆞᆯ녀 나즌 숨고 밤은 힝ᄒᆞ야 ᄒᆞᄅᆞ 삼빅여리식 가기ᄅᆞᆯ 삼일을 ᄒᆞ엿더니 <형세 6:4> 일곱 진쥬로 ᄢᅧ 기ᄅᆞ마 구레ᄅᆞᆯ 놓이 희롱ᄒᆞᄂᆞᆫ 양으로 얼거시ᄃᆡ 극히 졍묘ᄒᆞ더라 <송요 1:9b> 졔왕이 거마와 기ᄅᆞ마 구

례를 금은으로 ᄭᅮ민 거시 업고 <여범-1 성후> ⇒ 기라마, 기로마, 기르마, 기르매, 기르ᄆᆡ, 기ᄅᆞ매, 기ᄅᆞᄆᆞ, 길마, 길매, 길ᄆᆞ

【기ᄅᆞ마-가지】 명 ((기물)) 길맛가지. 길마의 몸체를 이루는 말굽 모양의 구부정한 나무. 길마는 짐을 실으려고 소의 등에 안장처럼 얹는 제구를 말함. '기ᄅᆞ마(gölme)'는 중세몽고어 차용어.¶ 鞍橋子 ‖ 기ᄅᆞ마ᄂᆞᆫ 이 ᄒᆞᆫ 烏犀角 변ᄋᆞ케 玳瑁롤 ᄭᅧ랏고 油心紅 빗치 水波面 그린 기ᄅᆞ마가지오 (鞍子是一箇烏犀角邊兒幔玳瑁, 油心紅畫水波面兒的鞍橋子.) <박언 상:26a> 시톄로 ᄒᆞᆫ 黑斜皮 ᄡᅮᆫ 기ᄅᆞ마가지오 銀 입ᄉᆞᄒᆞᆫ 事件이오 (時樣的黑斜皮鞍橋子, 銀絲事件.) <박언 상:28a> 네 이 기ᄅᆞ마 구레 고ᄃᆞᆯ개 가슴거리 ᄃᆞᆯ애 기ᄅᆞ마가지 둥울 둥피 오랑 혁 바구레 밋마기 다ᄒᆞᆫ 혁 쥬리울 ᄌᆞ가미 마함 ᄲᅡ어치 갓어치 핫어치 다 사다 (你這鞍子、轡頭、鞦、攀胸、韂、鞍橋子、鴈翅板、鐙 皮、肚帶、接絡、籠頭、包糞、編韁、韁繩、兜頦、閘口、汗替、皮替、替子, 都買了.) <노언 하:27a> ▼鞍轎 ‖ 흠이 머리롤 두로혀 보니 대목이 투고롤 버서 기ᄅᆞ마가지예 걸고 채로 ᄀᆞᄅᆞ쳐 왈 (欽回頭視之, 大目除了盔, 放于鞍轎之前, 以鞭指之曰.) <삼국-가정 36:75> ⇒ 기로마가지, 기르마가지, 기르맛가지, 기ᄅᆞ마ㅅ가지, 기ᄅᆞ맛가지, 길마가지, 길ᄆᆞ가지

【기ᄅᆞ마-뒷가지】 명 ((기물)) 길맛가지. 길마의 몸체를 이루는 말굽 모양의 구부정한 나무의 뒷가지. 길마는 짐을 실으려고 소의 등에 안장처럼 얹는 제구를 말함. '기ᄅᆞ마(gölme)'는 중세몽고어 차용어.¶ 馬鞍橋後 ‖ 웅신이 후ᄒᆞᆫ 녜믈론 뎌롤 주고져 ᄒᆞ되 뎨 즐겨 밧디 아닐가 저허 ᄯᅩ오 새 푸개롤 ᄆᆡᆫᄃᆞᆯ고 넙게 틴 은을 그 속의 녀허 ᄆᆞᆯ 기ᄅᆞ마뒷가지의 ᄆᆡ야 속의 은 드럿다 말을 니ᄅᆞ디 아니ᄒᆞ야 (雖信欲以厚禮贈叔寶, 又恐他多心不受, 做一副新鋪盖起來, 將打扁白銀縫在鋪盖裏, 把鋪盖打卷, 馬備了鞍轡, 捎在馬鞍橋後, 只說是鋪盖, 不講裏面有銀子.) <수유 2:86>

【기ᄅᆞ마-거리】 명 ((기물)) 길마걸이. '기ᄅᆞ마(gölme)'는 중세몽고어 차용어.¶ 기ᄅᆞ마거리 (鞍架) <역해-기구 하:18a>

【기ᄅᆞ마ㅅ가지】 명 ((기물)) 길맛가지. 길마의 몸체를 이루는 말굽 모양의 구부정한 나무. 길마는 짐을 실으려고 소의 등에 안장처럼 얹는 제구를 말함. '기ᄅᆞ마(gölme)'는 중세몽고어 차용어.¶ 기ᄅᆞ마ㅅ 가지 (鞍轎子) <방석-안비 4:6b> ⇒ 기로마가지, 기르마가지, 기르맛가지, 기ᄅᆞ마가지, 기ᄅᆞ맛가지, 길마가지, 길ᄆᆞ가지

【기ᄅᆞ마-어치】 명 ((기물)) 길마언치. '기ᄅᆞ마(gölme)'는 중세몽고어 차용어.¶ 鞍屜 ‖ 열통ᄒᆞᄂᆞᆫ 쟈ᄂᆞᆫ 양긔 너모 셩홈이니 다 더운 ᄃᆞᆯ이며 더운 적 하ᄂᆞᆯ애 먼 ᄯᅡ해 ᄆᆞᆯ ᄃᆞᆯ리믈 인ᄒᆞ야 기ᄅᆞ마어치 벗기믈 그릇ᄒᆞ야 열이 위예 ᄲᅡ혀 위예 ᄒᆡ 경낙의 두로 ᄃᆞᆫ니미라 (熱痛者, 陽氣太盛也, 皆因暑月炎天, 乘騎地遠, 鞍屜失於解卸, 熱積於胃, 胃火遍行經絡也.) <마경 하:14a> ⇒ 기ᄅᆞ마언치

【기ᄅᆞ마-언치】 명 ((기물)) 길마언치. '기ᄅᆞ마(gölme)'는 중세몽고어 차용어.¶ 鞍屜 ‖ 심황은 심풍황이니 다 술지고 긔운이 장ᄒᆞ며 더운 제 짐을 므거이 실으며 타셔 ᄲᆞᆯ리 ᄃᆞᆯ리며 기ᄅᆞ마언치ᄂᆞᆯ 벗ᄭᅵ디 아녀셔 과굴리 머기거ᄂᆞᆯ 태다홈을 인ᄒᆞ여 담과 피 서르 ᄆᆡ쳐 그 ᄆᆞᄋᆞᆷ을 미난케 홈이니 (心黃者心風黃也, 皆因 肥氣壯, 暑月負重, 乘騎疾走, 鞍屜未卸卒喂太多, 痰血相結, 迷亂其心也.) <마경 상:83a> ⇒ 기ᄅᆞ마어치

【기ᄅᆞ마-지-】 동 길마짓다. '기ᄅᆞ마(gölme)'는 중세몽고어 차용어.¶ 鞴 ‖ 一百 낫 돈을 가져가 ᄲᆞᆯ리 셰내여 오라 잇그러 와 기ᄅᆞ마지어다 (將一百箇錢去, 疾快賃的來, 牽將來鞴了也.) <박언 하:57a> ▼背鞍子 ‖ 跟班的을 블너 저 져근 술위롤다가 메오고 그 거믄 나귀롤다가 기ᄅᆞ마지어 ᄒᆞᆫ가지로 舘裏의 보닋고 도라오쟈 (叫跟班的, 把那箇小車套上, 拿那匹黑驢子背鞍子, 一同送到舘裏廻來罷.) <화계 하:12a> ᄆᆞᆯ 기ᄅᆞ마지어셔 <삼역 7:13> ⇒ 기르마지으-, 기르마지흐-, 기르마지ᄒᆞ-, 기ᄅᆞ마지으-, 기ᄅᆞ마짓-, 기ᄅᆞ매지-, 기ᄅᆞᄆᆞ짓-

【기ᄅᆞ마-지으-】 동 길마짓다. '기ᄅᆞ마(gölme)'는 중세몽고어 차용어.¶ 帶鞍 ‖ 오ᄂᆞᆯ 일쯕에 내 다ᄅᆞᆫ 고ᄃᆡ 아ᄂᆞᆫ 이롤 보라 가 ᄋᆞᆸ희 기ᄅᆞ마지은 白馬롤 ᄆᆡ엿더니 아디 못게라 엇디 ᄃᆞᆯ아난디 간 ᄃᆡ롤 아디 못ᄒᆞ니 (今日早起, 我別處望相識去來, 門前拴着帶鞍的白馬來, 不知怎生走了, 不知去向.) <박언 하:55a> ⇒ 기르마지으-, 기르마지흐-, 기르마지ᄒᆞ-, 기ᄅᆞ마지-, 기ᄅᆞ마짓-, 기ᄅᆞ매지-, 기ᄅᆞᄆᆞ짓-

【기ᄅᆞ마-짓-】 동 길마짓다. '기ᄅᆞ마(gölme)'는 중세몽고어 차용어.¶ 背鞍子 ‖ 밧비 기ᄅᆞ마짓고 밥 가져오라 내 먹쟈 (疾忙着背鞍子, 將飯來我喫.) <박언 중:8b> ▼鞴鞍子 ‖ ᄆᆞᆯ 굴레 ᄡᅧ 여긔 가져다가 기ᄅᆞ마짓고 뎌 ᄭᅩ리롤다가 ᄆᆡ기롤 구디 ᄒᆞ라 (馬套上轡頭, 這裏將來鞴鞍子, 把那尾子挽的牢着.) <박언 중:51b> ▼鞁 ‖ ᄒᆞ마 하ᄂᆞᆯ도 볼그리로다 우리 ᄲᆞᆯ리 짐들 收拾ᄒᆞ쟈 ᄆᆞᆯ 기ᄅᆞ마짓노라 ᄒᆞ면 하ᄂᆞᆯ이 볼그리로다 主人의게 하딕ᄒᆞ고 (待天明了也, 咱急急收拾了行李. 鞁了馬時, 天亮了, 辭了主人家去來.) <노언 상:34b> 기ᄅᆞ마짓기 겨롤치 못ᄒᆞ여 <삼역 9:2> ⇒ 기르마지으-, 기르마지흐-, 기르마지ᄒᆞ-, 기ᄅᆞ마지-, 기ᄅᆞ마지으-, 기ᄅᆞ매지-, 기ᄅᆞᄆᆞ짓-

【기ᄅᆞ맛-가지】 명 ((기물)) 길맛가지. 길마의 몸체를 이루는 말굽 모양의 구부정한 나무. 길마는 짐을 실으려고 소의 등에 안장처럼 얹는 제구를 말함. '기ᄅᆞ마(gölme)'는 중세몽고어 차용어.¶ 기ᄅᆞ맛가지 (鞍橋子) <역해-안비 하:19b> <화초-안비 24b> ▼鞍橋子 ‖ 기ᄅᆞ마ᄂᆞᆫ 이 ᄒᆞᆫ 거믄 셔각으로 젼ᄒᆞ고 ᄃᆡ미 ᄡᅡ고 유심홍 블근 비체 슈파 그린 면엣 기ᄅᆞ맛가지예 (鞍子是一箇烏犀角邊兒幔玳瑁, 油心紅畫水波面兒的鞍橋子.) <번박 상:28a> 네 기ᄅᆞ매 굴에 고ᄃᆞᆯ개 가ᄉᆞᆷ거리 ᄃᆞᆯ애 기ᄅᆞ맛가지 두으리 둥피 오랑 셕 바굴에 밋마기 다ᄒᆞᆫ 셕 쥬리울 ᄌᆞ가미 마함 ᄲᅡ어치 갓어치 한어치 다 사다 ᄯᅩ 활 ᄒᆞᆫ 댱 사라

가져 (你這鞍子、轡頭、鞦、攀胸、鞊、鞍橋子、鴈翅板、鐙□皮、肚帶、接絡、籠頭、包糞、編繮、繮繩、兜頦、鬧口、汗替、皮替、替子, 都買了, 再買一張弓去.) <번노 하:30a> ⇒ 기로마가지, 기르마가지, 기르맛가지, 기ᄅᆞ마가지, 기ᄅᆞ마ㅅ가지, 길마가지, 길ᄆᆞ가지

【기ᄅᆞ매】 명 ((기물)) 길마. 짐을 싣거나 수레를 끌기 위하여 소나 말 따위의 등에 얹는 안장(鞍裝). '기ᄅᆞ매(gö lme)'는 중세몽고어 차용어.¶ 轡頭 ‖ 네 기ᄅᆞ매 굴에 고돌개 가슴거리 돌애 기ᄅᆞ맛가지 두으리 둥피 오랑 셕 바굴에 믿마기 다ᄒᆞᆫ셕 쥬리울 ᄌᆞ가미 마함 뽑어치 갓어치 한어치 다 사다 (你這鞍子、轡頭、鞦、攀胸、鞊、鞍橋子、鴈翅板、鐙□皮、肚帶、接絡、籠頭、包糞、編繮、繮繩、兜頦、鬧口、汗替、皮替、替子, 都買了.) <번노 하:30a> ⇒ 기라마, 기로마, 기르마, 기르매, 기르믜, 기ᄅᆞ마, 기ᄅᆞᄆᆞ, 길마, 길매, 길ᄆᆞ

【기ᄅᆞ매-지-】 동 길마짓다. 안장(鞍裝) 얹다. '기ᄅᆞ매(gö lme)'는 중세몽고어 차용어.¶ 鞍 ‖ 집 문 압히 니ᄅᆞ러 두로 보니 길 건넌편의 ᄒᆞᆫ 필 쥬매 아로사긴 기ᄅᆞ매지여 ᄆᆡ엿고 (將到自己門首, 早擡頭見對過繫着一匹高頭駿馬, 銀鐙雕鞍.) <후수 3:3> ⇒ 기르마지으-, 기르마지ᄒᆞ-, 기르마지ᄒᆞ-, 기ᄅᆞ마지-, 기ᄅᆞ마지으-, 기ᄅᆞ마짓-, 기ᄅᆞᄆᆞ짓-

【기ᄅᆞᄆᆞ】 명 ((기물)) 길마. 짐을 싣거나 수레를 끌기 위하여 소나 말 따위의 등에 얹는 안장(鞍裝). '기ᄅᆞᄆᆞ(gö lme)'는 중세몽고어 차용어.¶ 기ᄅᆞᄆᆞ 벗기다 (摘鞍子.) <화초-관역 7b> ⇒ 기라마, 기로마, 기르마, 기르매, 기르믜, 기ᄅᆞ마, 기ᄅᆞ매, 길마, 길매, 길ᄆᆞ

【기ᄅᆞᄆᆞ-짓-】 동 길마짓다. 안장(鞍裝) 얹다. '기ᄅᆞᄆᆞ(gö lme)'는 중세몽고어 차용어.¶ 韝鞍子 ‖ 기ᄅᆞᄆᆞ짓다 (韝鞍子) <화초-관역 7b> ⇒ 기르마지으-, 기르마지ᄒᆞ-, 기르마지ᄒᆞ-, 기ᄅᆞ마지-, 기ᄅᆞ마지으-, 기ᄅᆞ마짓-, 기ᄅᆞ매지-

【기모노】 명 ((복식)) 기모노(着物, きもの). 일본의 전통 의상의 하나. 헐렁하고 소매가 넓으며 폭이 넓은 허리띠를 두름. (일본어 차용어).¶ 다린 아이 기모노도 군대 군대 누덕이라 <청춘 1915.5.16>

【기바】 명 ((신체)) 계파(鷄巴 jībā). 자지. 남자의 성기. (중국어 직접 차용어).¶ 前陰견음, 男子外腎, 俗言坐藏之ᄌᆞ지, 又燥ᄌᆞ, 又玉莖옥경. [髟$已][髟$巴], 華音기바. 屎子、屌초. <명물-형모 2:4b>

【기삼이】 명 기사미(kizami). 살담배. 썬 담배. 썰어 만든 담배. (일본어 차용어).¶ 기삼이 <조선-총 149> ※ 只三伊 三十匣 <관서읍지 하> ⇒ 기ᄉᆞ미, 기숨이

【기소】 명 ((지리)) 기소강. 일본 나가노현(長野縣) 중앙 서부에서 발원하여 기후현·아이치현(愛知縣)·미에현(三重縣)을 거쳐 이세만(伊勢灣)으로 흘러 드는 강. (외래어).¶ 동편에 텐린과 푸지와 덴이와 기소와 비가미란 강이 잇고 셔편에 가쥬류와 쉬나로와 시나나ㅣ란 강이 잇고 <사필1889-헐버트 78>

【기ᄉᆞ미】 명 기사미(kizami). 썬 담배. 썰어 만든 담배. (일본어 차용어).¶ 논밧 가라 기음ᄆᆡ고 돌통ᄃᆡ 기ᄉᆞ미 퓌여 물고 <신회문 청영-육당 562> ※ 只三伊 三十匣 <관서읍지 하> ⇒ 기삼이, 기숨이

【기숨이】 명 기사미(kizami). 썬 담배. 썰어 만든 담배. (일본어 차용어).¶ 기숨이 <법한 1327> ⇒ 기삼이, 기ᄉᆞ미

【기아나】[1] 명 ((지리)) 가이아나(Guyana). 남아메리카 북동부, 대서양에 면한 공화국. 1966년 영국에서 독립하였다. (외래어).¶ 아메리까에 각 디방과 각 나라는 가나다와 [영길리국 쇽방이라] 덴막아메리까와 합중국과 멕스고국과 센드랄아메리까국과 셔인도와 걸넘비아국과 베네수일나국과 기아나와 쁘레실국과 엑궤도국과 비루국과 블늬비아국과 칠리국과 아젠틴합즁국과 바라궤국과 유루궤국이니라 <사필1889-헐버트 102>

【기아나】[2] 명 ((지리)) 기아나(Guiana). 남아메리카 동북부에 있는 해안 지역. 아마존 강과 오리노코 강의 사이에 있으며, 가이아나, 수리남, 프랑스령 기아나의 세 지역으로 나누어진다. (외래어).¶ 기아나 짜흔 세혜 논호아 분별ᄒᆞ니 동은 블란시 기아나ㅣ오 셔는 영길리 기아나ㅣ오 가온대는 네데란스 기아나ㅣ니 폭원이 북위션 두 듸그리브터 아홉 듸그리ᄭᆞ지요 <사필1889-헐버트 120>

【기우리가루-모핀】 명 ((음식)) 그레이엄머핀(Graham muffin). 그레이엄 밀가루(Graham flour)로 만든 머핀. 미국인 목사 실베스타 그레이엄(Sylvester Graham, 1794~1851)에 의해 개발된 통밀가루의 일종. '머핀'은 밀가루에 설탕, 유지, 우유, 달걀, 베이킹파우더 따위를 넣고 틀을 사용하여 오븐에 구워 낸 빵. (외래어).¶ 기우리가루 모핀 ‖ 기름 1대슈가락 사탕 1대슈가락 우유 1잔 계란 (잘 져은 것) 1개 (적은 것이면 2개) 기우리가루 1½잔 밀가루 1잔 뻬킹파우더 3쇼슈가락 소곰 ½쇼슈가락 몬져 뻐터와 사탕을 셕고 또 우유를 셕고 계란을 셕근 후에 곳 흐로 네 가지를 함께 잘 셕거셔 셕고 기름 발은 모핀 팬에 담아 25분 가량 구을 것 <서요 219>

【기우리가루-크랙키】 명 ((음식)) 그레이엄크래커(Graham crackers). 그레이엄 밀가루(Graham flour)로 만든 크래커. 미국인 목사 실베스타 그레이엄(Sylvester Graham, 1794~1851)에 의해 개발된 통밀가루의 일종. (외래어).¶ 기우리가루크랙키 ‖ 기름 ½잔 사탕 ½잔 계란 2개 소곰 1쇼슈가락 소다 (물에 풀 것) 1쇼슈가락 쓰거운 물 ½잔 기우리가루 3잔 가량 뻬킹파우더 1쇼슈가락 (수북히) (뻬킹파우더와 기우리가루를 잘 셕글 것) 여러 가지를 한데 셕거 반죽을 ᄒᆞ고 15분 동안 져어셔 밀가루 뿌린 판에 얇게 밀어 가지고 판을 박아셔 뭉군한 불에 구을 것 <서요 189>

【기우리가루-푸딩】 명 ((음식)) 그레이엄푸딩(Graham pudding). 그레이엄 밀가루(Graham flour)를 섞어 만든 푸딩. 미국인 목사 실베스타 그레이엄(Sylvester Graham, 1

794~1851)에 의해 개발된 통밀가루의 일종. '푸딩'은 서양식의 연한 생과자. (외래어).¶ 기우리가루푸딩 ‖ 기우리가루 1½잔 우유 1잔 몰나셋스 ½잔 소곰 ¼쇼슈가락 건포도 1잔 소다 ¼쇼슈가락 모든 것을 한데 석그대 건포도는 맨 나죵에 석거 가지고 2½시 동안을 쪄셔 더운 채 쏘스와 함끠 먹을 것 <서요 120> ☞ 감푸딩, 건포도푸딩, 밥푸딩, 사과푸딩, 예수탄일실과푸딩, 킹스푸딩

【기족피-휘】 명 ((복식)) 궤자피화(麂子靴皮). 노루가죽 신발. '기족피휘[麂子皮靴, jǐzipíxuē]'는 중국어 직접 차용어.¶ 증편 一긔 졀육 一긔 쇼육 二긔 튜복탕 一긔 어만두 一긔 분 一동회 졍과 一긔 셔진과 一모란 닝금 一긔 즈도 一긔 홍쇼쥬 오병 기족피휘 一보구 右己巳六月二十一日善道初度, 大君惠送也. 七人戴來, 一人領來. <윤선도-은사첩1629 건:2a> ☞ 기즈피흑화, 기즈피흑화즈

【기지】 명 ((복식)) 옷감. 生地(きじ). (일본어 차용어).¶ 다오루 일 타 쇡스 오십 타 기지 쇡스 일 조 이합스 열 태 숨합스 열 태 양스 열 터 연필 일 타 쳘필더 두 기 <물목-한고 1941> 곤쇡 기지 ᄒ이 츠 일 쏫분홍 슉모스 ᄒ이 츠 일 빅쇡 나이롱 유동 ᄒ이 츠 일 오동쇡 나이롱 유동 ᄒ이 츠 일 오동쇡 시ː오리 ᄒ이 츠 일 연유록 나이롱 시ː오리 ᄒ이 츠 일 <물목-진명-2 1961 유록> 초록쇡 기지 상의 일츠 신가지쇡 상의 일츠 분목 상의 일츠 분홍 양스 상의 일츠 분홍 나의롱 상의 일츠 분홍 오빠부 상의 일츠 스쇡 신가 하이 일츠 양쇡 기지 하이 일츠 <물목1961.12.17 딘 상당> 기지 양쇡 치마 츠 일 고리쎵팟쇡 치마 츠 일 양사지 보러 치마 츠 일 …쌔쑤링 쇼가다 치마 츠 일 모슈 치마 츠 일 목 나이롱 치마 츠 일 사딘박구 연슉쇡 치마 츠 일 신직구 슉쇡 치마 츠 일 오강목 치마 츠 일 <물목1977 07·07·01>

【기즈-피】 명 ((복식)) 궤자피(麂子皮). 개발사슴의 가죽. 또는 큰 노루 가죽. '기즈피(麂子皮, jǐzipí)'는 중국어 직접 차용어.¶ 麂子皮靴 ‖ 휘롤 시놀딘댄 봄 스싀는 거믄 기즈피 휘 시노더 우히 구룸 갓고로 드리옛게 호와 잇고 녀름 스싀는 뎐피 휘 신고 겨스렌 람비단 갸픔에 근션 조쳐 뻔 빅 기즈피 휘 시노더 (穿靴時, 春間穿皀麂皮靴, 上頭縫着倒提雲; 夏間穿獐皮靴, 到冬間穿嵌金線藍條子白麂皮靴.) <번노 하:52b> 휘롤 신을딘대 봄에는 거믄 기즈피 휘롤 신오되 우희 구룸 깃고로 드리웟게 호와 잇고 녀름에는 뎐피 휘롤 신고 겨을에는 그션조차 남비단 갸픔 씬 흰 기즈피 휘롤 신오더 (穿靴時, 春間穿皀麂皮靴, 上頭縫着倒提雲; 夏間穿獐皮靴, 到冬間穿嵌金線藍條子白麂皮靴.) <노언 하:47b> 어제 두 舍人이 몰 調習ᄒ더니 ᄒ 舍人이 비셔쇼더 바래 시녓노니는 거믄 기즈피예 금션람 비단 갸픔 뻐고 (夜來, 兩箇舍人操馬, 一箇舍人打扮的, 脚穿着, 皀麂皮嵌金線藍條子.) <번박 상:26a> 어제 두 舍人이 몰 됴습ᄒ더 ᄒ 舍人 비ᄋ기는 발에 신은 거슨 거믄 기즈피에 金線 남오리로 갸픔 끼고 (夜來, 兩箇舍人操馬, 一箇舍人打扮的, 脚穿着, 皀麂皮嵌金線藍條子.) <박언 상:24b>

【기즈피-흑화】 명 ((복식)) 궤자피흑화(麂子皮黑靴). 노루가죽 신발. (중국어 차용어).¶ 증편 一긔 졀육 一긔 쇼육 二긔 튜복탕 一긔 어만두 一긔 분 一동회 졍과 一긔 셔진과 一모란 닝금 一긔 즈도 一긔 홍쇼쥬 오병 기족피휘 一보구 右己巳六月二十一日善道初度, 大君惠送也. 七人戴來, 一人領來. <윤선도-은사첩1629 건:2a> ⇒ 기즈피흑화즈 ☞기족피휘

【기즈피-흑화즈】 명 ((복식)) 궤자피흑화자(麂子皮黑靴子). 노루가죽 신발. (중국어 차용어).¶ 싱션젼 유 일긔 어만도 일긔 분 일긔 오미즈 일긔 젼복슉 일긔 히숨쵸 일긔 홍합쵸 일긔 연계 일긔 각식 졀육 일긔 압난 일긔 홍쇼쥬 오병 기즈피흑화즈 청구 一 又庚午六月二十日善道初度大天惠送也. 八人戴來. <윤선도-은사첩1630 곤:1a> ※ 麂, 大麇也, 麇鹿之大者.«譯語指南»謂: "牝鹿曰麇鹿". «質問»云: "大曰麖, 小曰麂, 其皮可作靴." ⇒ 기즈피흑화 ☞ 기족피휘

【기푸】 명 ((지리)) 기후(Gihu, 岐阜). 일본 기후 현 서남부에 있는 시. (외래어).¶ 가나사와 기푸와 낭오야와 교도와 [녜ㅅ 셔울이니라] 오사가와 고븨란 큰 촌이 잇고 남편에 푸쿠오가와 사가와 구무모도와 나가사기란 큰 촌이 잇고 사룸의 픔ㅅ수는 션비와 량반과 빅셩이오 <사필1889-헐버트 79>

【긘이아】 명 ((지리)) 케냐(Kenya). 아프리카 동부, 적도 바로 아래 케냐에 있는 화산. 산꼭대기에 빙하가 있다. (외래어).¶ 디형을 의론컨대 북에는 히변에로 앗라스ㅣ란 산이 여러 빅 리를 련ᄒ야 둘넛고 동에는 긘이아와 길리만자로ㅣ란 놉흔 산이 잇고 또 히변에로 적은 산들이 여러 천 리를 련ᄒ야 둘넛고 <사필1889-헐버트 140>

【길리만자로】 명 ((지리)) 킬리만자로(Kilimanjaro). 아프리카 대륙 중동부, 탄자니아 북쪽, 케냐와의 국경에 있는 산. 아프리카 대륙에서 가장 높은 산으로 화산이다. (외래어).¶ 디형을 의론컨대 북에는 히변에로 앗라스ㅣ란 산이 여러 빅 리를 련ᄒ야 둘넛고 동에는 긘이아와 길리만자로ㅣ란 놉흔 산이 잇고 또 히변에로 적은 산들이 여러 천 리를 련ᄒ야 둘넛고 <사필1889-헐버트 140>

【길리볼라스】 명 ((지리)) 갈리폴리(Gallipoli). 이탈리아 남동부에 있는 항구 도시. 올리브유의 산지임. (외래어).¶ 또 마모라 ᄒ슈와 디즁히가 서로 통ᄒ는 곳에 짜썬넬스ㅣ란 믈ㅅ목에 길리볼라스ㅣ란 포구가 잇고 남에로 디즁히ㅅ ㄱ헤 실런이가ㅣ란 포구가 잇고 셔에로 디즁히 커푸ㅣ란 셤에 커푸ㅣ란 포구가 잇스며 <사필1889-헐버트 58>

【길마】 명 ((기물)) 길마. 짐을 싣거나 수레를 끌기 위하여 소나 말 따위의 등에 얹는 안장(鞍裝). '길마(gölme)'는 중세몽고어 차용어.¶ 질마 | 길마 | 기르마 <법한 158> ▼极 ‖ 급마, 俗轉길마, 爲板架馬負物者. 枺. <명물-주수 4:30a> 极馬 ‖ 급마, 俗轉길마, 爲木板跨馬背以負物者. 馱鞍. <명물-안비 3:18b> 길마 (鞅, A pack saddle.) <한영1890 62> 길마 업난 말 (驏馬) <박물-수

14a> 길마 업슨 말 (騒馬) <과록-금수 24a> 길마 업슨 몰 (騒馬) <물명고-문통 모충 1:9b> ▼鞍 ‖ 길마 안 (鞍) <신합-송 19a> 길마 (馱鞍) <물명괄-주차 19b> <문류-기용 19b> <박물-유취 23a> 길마 (負鞍) <물명-류씨 1> 길마 (卜鞍) <물명 10:05:15> 짐 길마 (馱鞍) <과록-금충 22b> 길마늘 얻더니 (求鞍.) <동신-열 5:27b> 뵈 또 군ᄉᆞ롤 보내여 뎡탐ᄒᆞ라 ᄒᆞ니 군ᄉᆞ들 이십여 리눈 가셔 길마롤 벗겨 베고 누어 자더니 (寶遣騎還詗魏兵, 騎和十餘里, 卽解鞍寢.) <통감 9:18> 셩듕이 졀냥ᄒᆞ연 디임의 삼월이라 길마 훠 헌 북가족을 다 프러디게 달혀 먹고 (城中絶糧已三月, 鞍靴敗鼓皆糜煮.) <송요 11:24b> 그 비롤 졔어티 못ᄒᆞ니 쏠니 믈 가온대 비 도더니 허뎨 홀노 신위를 분발ᄒᆞ야 두 다리로 비 치롤 쪄 흔들며 ᄒᆞᆫ 손으로 비를 저으며 ᄒᆞᆫ 손으로 길마롤 들혀 살홀 ᄀᆞ리오더라 (其船反撑不定, 於急水中旋轉. 許褚獨奮神威, 將兩腿夾柁搖撼, 一手使篙撐船, 一手擧鞍遮護曹操.) <삼국-규장 13:46> 금병이 채롤 드러 그 길마롤 텨 왈 (擧鞭擊其鞍道.) <무목 1:98> 졔인이 다 쑴 가온디 잇ᄂᆞᆫ지라 사름이 능히 갑을 닙지 못ᄒᆞ고 말긔 밋쳐 길마롤 짓지 못ᄒᆞ여 쫏바ᄅᆞ며 블의 타 죽은 지 쉬 업더라 (怎軍士皆睡夢中醒來, 人不及甲, 馬不及鞍, 東逃西竄, 不被殺死, 卽便燒死, 焦頭爛額者不計其數.) <선진 12:38> ▼鞍子 ‖ 길마 (鞍子) <과록-금수 22b> 길마 짓다, 又曰"被馬". (韝鞍子) <과록-금수 23a> ▼鞍轡 ‖ 그 놈이 몰을 길마 디은 재 숨키고 믈고 드러가니 (那條龍就趕不上, 把他的白馬連鞍轡一口吞下肚去, 依然伏水潛踪.) <서유-연세 3:1> 도적ᄒᆞᆫ 몰이 아니면 길마 구레도 업시 와셔 놈의 옷 너ᄂᆞᆫ 바홀 긋쳐 다리롤 ᄆᆡ랴 (不是偸的, 如何沒有鞍轡繮繩, 却來扯斷我晒衣的索子?) <서유-연세 3:15> ▼雕鞍 ‖ 삼장이 ː 말을 듯고 넉시 욥셔 떨며 길마의 안져지 못ᄒᆞ여 졔ᄌᆞ들을 보며 왈 너희 초부의 말을 듯너냐 뉘 ᄂᆞ아가 져 초부ᄃᆞ려 무를고 (長老聞言, 魂飛魄散, 戰兢兢坐不穩雕鞍, 急回頭, 忙呼徒弟道: 那樵夫報道此山有毒魔怪, 誰敢去細問他一問?) <서유-영남 4-32:2> 공션이 오장을 잡아 영으로 도라가니 화안금경슈와 오식 신우와 셰 말이 뷘 길마만 등의 언고 영으로 도라오거놀 (五員戰將一去毫無踪影, 只剩得五騎歸營.) <서주 18:29> 신히 능히 님군을 도라보지 못ᄒᆞ고 아들이 능히 아뷔롤 도라보지 못ᄒᆞ여 졔장이 낫출 쏘고 혹 거ᄅᆞ며 혹 길마 업슨 말을 타 다라나니 칼히 맛지 아니리 업더라 (君不能顧臣, 父不能顧子.) <서주 19:80> 난영이 셩상의 올나 보니 댱귀 칼을 춤츄고 바로 ᄌᆞ아의게 다라든디 ᄌᆞ아와 무왕이 급히 길마 업슨 말을 타고 셔다히로 다라나니 (夫人上城觀戰, 張奎上馬拎刀, 開了城門, 一馬飛來, ……子牙同武王撥馬向西而走.) <서주 22:59> ᄌᆞ뢰 다ᄅᆞ드러 쥬먹괴로 귀퉁이을 ᄡᅵ이며 등의셔 길마을 짓고 머리의 구리롤 쎄오니 아모 소리도 못ᄒᆞ거놀 (旁邊跑過獅奴兒, 一把揭住項毛, 用拳着項上打够百十, ...那獅獸合口無言, 不敢搖動.) <서유-영남 11:105-90> 너일 아뎌게 풍난이 롤 ᄀᆞ장 일 쟈근 몰 길마 디혀 모라 오라 ᄒᆞ소 <현풍곽씨-18 /진하-20 17c전기 곽주(남편) ↓진주하씨(아내)> 너 속여 닐오디 발셔 간 지 두어 날이니 쏠와도 밋지 못ᄒᆞ리라 ᄒᆞ니 오랑캐 쳐로 길마롤 쳐 닐오디 <대송 2:47> 길마의 업디며 다리 ᄋᆞ리 숨으믄 장뷔 아니니 편히 안저 피ᄒᆞ고 <명행 17:8> 원쉬 칼을 길마 우희 걸고 오호궁의 금비젼을 먹여 그 튼 몰을 맛치니 <벽허 15:4> 창디롤 길마의 걸고 원비롤 느리혀 목목녀의 창을 쩍거 더지고 완완이 본진으로 도라가니 <윤하 51:69> 능히 냥냥을 디젹지 못ᄒᆞ여 몰을 도로혀 셩의 들고져 ᄒᆞ거놀 탁용이 급히 ᄯᅩ라가 칼홀 길마의 걸고 도치를 너여 츈원을 향ᄒᆞ여 치니 츈원이 급히 피ᄒᆞ여 손을 도치를 바드려 ᄒᆞ거놀 <임화 26:63> 하산의 가도적 막던 일과 션암의셔 매맛던 일과 힝장의 길마 ᄒᆞ나홀 더 쁘니 삼ᄉᆞ샹이 즉시 파총관의 보장을 내야 신을 뵈여 왈 <표해 3:27> 그 노인이 길마와 혁을 노복으로 들니고 와 인귀다려 닐오디 장군이 갑쥬롤 어더시나 오직 쳔니민 업ᄂᆞᆫ지라 그디ᄂᆞᆫ 쳔니마롤 ᄉᆞ 가지고 디공을 닐오미 엇더뇨 <설인 1:26> 웃닙슈얼 코밋츠로 노를 쎄여 즙아가며 몬다외는 압뒤흐로 길마쳐로 이러셔고 살발인디 쑥발이오 발톱 ᄂᆞ듯 굽이 붓고 <연행-무자> 이러구러 슈일이 되니 만츈이 홀연 말 길마롤 찰히고 힝장을 슈습ᄒᆞ여 가지고 갈오디 <금향-규장 3:47> 일힝이 안돈ᄒᆞ고 삼일 후 만츈이 믄득 말게 길마롤 지으며 ᄌᆞ긔 힝장을 슈습ᄒᆞ거놀 <금향-규장 3:49> 승황을 타면 댱싱ᄒᆞ고[말 갓ᄒᆞ디 등의 길마 갓ᄒᆞᆫ 쌀이 니ᄉᆞᆫ이 타면 쳔세을 사더라] <청박-조수 128:15> 숫도 팔고 회도 팔고 셕탄 시른 약디 온다 약디 모양 엇더터냐 킈ᄂᆞᆫ 놉하 셜멍ᄒᆞ고 무릅 마디 세 마디오 비ᄂᆞᆫ 젹어 등의 붓고 잔등 우희 두봉 잇고 길마 실은 모양 갓고 목아지ᄂᆞᆫ 뒤ᄭᅩ아셔 게우 목과 쳔연ᄒᆞ고 <연행-병인 12:511> 시별갓치 발든 눈이 반판슈가 되여시며 셜피갓치 곳던 허리 길마가치 되여쑤나 <석노가 10:427> 얼일적의 구분 낭기 크서난 길마 디고 집의서 시든 박이 들에 가서 시나니라 <女兒술펴라 12:302> 곳곳이 논과 밧출 긔경으로 시작ᄒᆞ디 쇼가 바히 젹은디라 ᄀᆞ래 광이 민ᄃᆞ라셔 논과 밧출 글로 프고 몰게다가 길마 지어 압가지에 줄을 ᄆᆡ야 뻐흐레롤 삼ᄂᆞᆫ고나 <일동 14:386> 총각놈이 할일업서 말을 몰아 언덕 아리다 세우거늘 부인이 길마를 붓들고 간신이 올나 안즈니 <마상루 24> ⇒ 기라마, 기로마, 기르마, 기르매, 기르믜, 기ᄅᆞ마, 기ᄅᆞ매, 기ᄅᆞᄆᆡ, 길매, 길ᄆᆡ

【두 길마 보다】 ㊄ 한 말잔등에는 길마를 하나밖에 얹을 수 없는데 두 개의 길마를 본다는 뜻으로, 한 몸으로 동시에 두 가지 일을 할 수 없음을 이르는 말.¶ 두 길 보다 | 두 길마 보다 <법한 657>

【한 말등에 두 길마를 질가】 ㊋ 한 말등에 누 길마 지울까. 한 말잔등에는 길마를 하나밖에 얹을 수 없다

는 데서 한 몸으로 동시에 두 가지 일을 할 수 없음을 이르는 말.¶ 한 말 등에 두 길마를 질가 (一馬背에 兩鞍을 駄할가) 語意가 上節[한 억기에 두 지개를 지랴]과 大同하니라 <조속1922 166>

【길마-가지】 명 ((기물)) 길맛가지. 길마의 몸체를 이루는 말굽 모양의 구부정한 나무. 길마는 짐을 실으려고 소의 등에 안장처럼 얹는 제구를 말함. '길마(gölme)'는 중세몽고어 차용어.¶ 길마가지 (鞍轎子) <과록-금수 22b> 길마가지 (鞍橋子) <물명괄-주차 20a> 이 간젹을 요ᄃᆡ치 못ᄒᆞ리라 ᄒᆞ고 ᄃᆡ도롤 길마가지의 달고 말을 달녀 문츄의 겻ᄒᆞ로 ᄃᆞᄅᆞ니 <천수 3:42> 설ᄃᆡᄀᆞᆺ치 ᄀᆞᆺ든 허리 길마가지 되엿구나 <매신 1914.6.17> ⇒ 기로마가지, 기르마가지, 기르맛가지, 기ᄅᆞ마가지, 기ᄅᆞ마ㅅ가지, 기ᄅᆞ맛가지, 길ᄆᆞ가지

【길매】 명 ((기물)) 길마. 짐을 싣거나 수레를 끌기 위하여 소나 말 따위의 등에 얹는 안장(鞍裝). '길매(gölme)'는 중세몽고어 차용어.¶ 길매 안 (鞍) <신합-칠 19a> ⇒ 기라마, 기로마, 기르마, 기르매, 기르ᄆᆡ, 기ᄅᆞ마, 기ᄅᆞ매, 기ᄅᆞᄆᆞ, 길마, 길ᄆᆞ

【길ᄆᆞ】 명 ((기물)) 길마. 짐을 싣거나 수레를 끌기 위하여 소나 말 따위의 등에 얹는 안장(鞍裝). '길ᄆᆞ(gölme)'는 중세몽고어 차용어.¶ 길ᄆᆞ 안 (鞍) <음첩a 42a> 길ᄆᆞ 휘 (楎) <음첩a 79a> 길ᄆᆞ 장식 텹 (鞊) <음첩a 67b> 길ᄆᆞ 지을 피 (鞁) <음첩a 72a> ⇒ 기라마, 기로마, 기르마, 기르매, 기르ᄆᆡ, 기ᄅᆞ마, 기ᄅᆞ매, 기ᄅᆞᄆᆞ, 길마, 길매

【길ᄆᆞ-가지】 명 ((기물)) 길마가지. 길마의 몸체를 이루는 말굽 모양의 구부정한 나무. 길마는 짐을 실으려고 소이 등에 안장처럼 얹는 제구를 말함. '길ᄆᆞ(gölme)'는 중세몽고어 차용어.¶ 일ᄒᆡᆼ ᄉᆞᆷ ᄇᆡᆨ리 ᄒᆞ든 ᄒᆡᆼ보 상투 쏫치 먼뎌 가고 실대갓치 곳뜬 허리 길ᄆᆞ가지 방불ᄒᆞ다 <과일회록 6b> ⇒ 기로마가지, 기르마가지, 기르맛가지, 기ᄅᆞ마가지, 기ᄅᆞ마ㅅ가지, 기ᄅᆞ맛가지, 길마가지

【김버리】 명 ((지리)) 킴벌리(Kimberley). 남아프리카 공화국 케이프 주(Cape 州)의 북동쪽에 있는 도시. (외래어).¶ 도셩을 의론컨대 오렌지국 도셩은 일홈이 브렘판텐이오 트란스발국은 도셩 일홈이 프릐도리아ㅣ오 켑칼로니는 읍ᄂᆡ 일홈이 켑다온이오 또 그러엄스다온과 김버리란 큰 촌이 잇스며 <사필1889-헐버트 150>

【김지-리지】 명 김지이지(金的李的). 성명이 분명하지 않은 여러 사람을 두루 이르는 말. '지(的, de> di)'는 중국어 직접 차용어.¶ 김지리지 ‖ 김가니 리가니 ᄒᆞ는 것 (金的李的) <보문 4> 일장풍파 니러날 제 분긔텅중 누구런고 김지리지 회원들은 ᄉᆡᆼ명 ᄌᆡ산 탕패로다 <대매-시평 1908.7.22>

【깃】 명의 몫. 무엇을 나눌 때, 각자에게 돌아오는 몫. 깃[衿]. (이두어).¶ 목 | 목시 | 깃 | 분깃 <법한 1033> 목 | 목시 | 깃 | 분깃 | 갈ᄂᆡ <법한 455> ▼分 ‖ 이런 쥬인을 두고 니ᄅᆞᆯ진ᄃᆡ 집안 셰간 한 기술 갖고 모다 져롤 블너 반이ᄒᆞ여 모친의 집으로 가게 아니ᄒᆞ니 나도 ᄯᅩᄒᆞᆫ 사ᄅᆞᆷ이 아니로다 (提起這個主兒, 這一分家私要不都叫他搬了娘家去, 我也不是個人.) <홍루 25:34> 로태태의 신상의ᄂᆞᆫ 발셔 두 기시 되엿거놀 (老太太身上已有兩分呢.) <홍루 43:12> 왕부인이 블당의 드러가믈 인ᄒᆞ여 ᄎᆡ운의 ᄒᆞᆫ 기술 ᄯᅩᄒᆞᆫ 져롤 도로 쥬니 (因王夫人進了佛堂, 把彩雲一分也還了他.) <홍루 43:40> ᄉᆞ대고낭아 네 방ᄌᆞ ᄉᆞ고낭으로 더브러 한 말을 ᄉᆡᆼ각건ᄃᆡ 림고낭을 위ᄒᆞ여 젼별ᄒᆞᄂᆞᆫ 듯ᄒᆞᄃᆡ 나는 능히 일졈 졍분을 다ᄒᆞ지 못ᄒᆞ니 믄득 엇지ᄒᆞ리오 샹운이 니ᄅᆞᄃᆡ ᄯᅩᄒᆞᆫ 너의게 한 기술 난호미 엇더ᄒᆞ뇨 (史大姑娘, 你剛纔和四姑娘說的話, 想是給林姑娘餞行了, 我不能盡一點子情, 便怎麼樣呢? 湘雲道, 也派上你一分何如?) <홍보 2:45> 쟉일의 츅태태 례믈을 보내엿시ᄃᆡ 일인의게 한 깃식ᄒᆞ여 너의 식부도 ᄯᅩᄒᆞᆫ 한 기시 잇고 내게ᄂᆞᆫ 십뉵 죵을 보내며 져의 ᄌᆞᄆᆡ 등의게ᄂᆞᆫ ᄆᆡ 기식 팔죵식 ᄒᆞ여 부용고낭을 식여 와 쳥안ᄒᆞ엿ᄂᆞ니라 (昨日祝太太送禮來, 一人一分, 你媳婦也是一分, 送我是十六樣, 他姐妹們每分八色, 差芙蓉姑娘來請安問好.) <홍부 4:88> ▼分子 ‖ 우리도 ᄯᅩᄒᆞᆫ 그런 젹은 사ᄅᆞᆷ의 집ᄀᆞᆺ치 ᄒᆞ여 즁인이 기술노와 다쇼간의 모흐고 이 돈ᄃᆡ로 가셔 판비ᄒᆞ게 ᄒᆞᆯ 거시니 (偺們也學那小家子大家湊分子, 多少盡着這錢去辦.) <홍루 43:7> 져편 부즁의셔 태태와 이태태긔셔 사ᄅᆞᆷ을 시겨 기식 은ᄌᆞ롤 보내엿ᄂᆞ이다 (那府裡太太和姨太太打發人送分子來了.) <홍루 43:32> ▼股(兒) ‖ 왕식부와 김식부ᄂᆞᆫ 우리 곳의 당일 샹직ᄒᆞᄂᆞᆫ 사ᄅᆞᆷ이라 ᄌᆞ연 져의 등의게 한 기술 난호아 믈게 아니치 못ᄒᆞ리니 (王嫂子同金嫂子是這裏的該班, 自然少不了他們, 一股兒的四個人.) <홍부 14:107> 굵고 더러온 거슨 옥의 깃식 도라가니 ᄉᆞ미진찬은 져희 부뷔 먹고 여찬은 졔 부모롤 먹이고 옥은 여찬도 남겨 먹이지 아니니 <윤하 95:49> 망득의 깃 …셰남의 깃 …우득의 깃 …지득의 깃 …몽득의 깃 …지셕의 깃 …몽녜 깃 부인국실 것넛논 닷 말지기 겸새밧 ᄒᆞᆫ 셤 닷 말지기 <이씨부인 분재문기-안동박 1644> 샹지 이십삼 연 졍묘 뉵월 쵸팔일 ᄉᆞᄌᆞ 홍건 깃 <지쥬 모 됴시 ᄉᆞᄌᆞ 홍건 깃 별급분재기 1747> 망후 서울 하인 갓다 ᄒᆞ니 ᄉᆞ돈 구쳥 ᄒᆞᆫ 깃 ᄒᆞ여 보내며 혼인이 팔월 십뉵 디낸다니 고을노 안져시니 혼인의 먹을 것도 좀 아니 주랴ᄂᆞ냐 <수일 더위 금족ᄒᆞ니-한고 7.12 뱃사람들의 언젠가 아홉이서 회를 처먹고도 남어 한 깃씩 노나가지고 갔다는 크디큰 꼴두기의 이야기를 들으며 나는 슬프다 <백석, 꼴두기>

【깃급】 명 ((문서)) 분재(分財). 몫에 따라 나누는 것. (이두어).¶ 分財謂之衿給, 俗呼깃급 <동한> ☞ 깃득, 깃부

【깃긔】 명 ((문서)) 깃기. 몫을 적은 기록. (이두어).¶ 깃긔 ‖ 衿記 ◦ 結役捧上件記謂之衿記. <진람 14a> <행리> 도지 미슈도 급히 밧고 그 돈 일도 슈습ᄒᆞ여 가지고 구실도 깃긔 가지고 수이 나와 분부 듯고 가라 온양덕 도지도· 바[다]오되 봉영 ᄉᆡᆼ원님 거번 도지 주마

ᄒᆞ고 가 계시니 바다 오게 ᄒᆞ라 <씨관의게라-한고1907 됴히 잇다>

【깃두】 명 깃두. 깃득(衿得). 몫으로 나누어 받은 바의 유산이나 재산. "分財所得, 謂之衿得." (行用吏文). 여기서는 '나누어 가질 바의 몫'이라는 뜻으로 쓰였다. '깃(衿)'이란 무엇을 여럿으로 나눌 때에 '저마다 돌아오는 한 몫'을 뜻하며, 이것을 표기하는 이두 문자 '衿'은 한자에서 그 훈(訓)을 빌려온 것임. (이두어).¶ 衿得 ○ 깃두, 分財所得謂之衿得. <진람 14a> ⇒ 깃득 ☞ 깃부

【깃득】 명 깃득(衿得). 몫으로 나누어 받은 바의 유산이나 재산. "分財所得, 謂之衿得." (行用吏文). 여기서는 '나누어 가질 바의 몫'이라는 뜻으로 쓰였다. '깃(衿)'이란 무엇을 여럿으로 나눌 때에 '저마다 돌아오는 한 몫'을 뜻하며, 이것을 표기하는 이두 문자 '衿'은 한자에서 그 훈(訓)을 빌려온 것임. (이두어).¶ 노복도 이젼 브리ᄂᆞ니 아오라 인ᄒᆞ여 실노 신비롤 셰고 실노비 밧긔 가니ᄂᆞᆫ 깃득으로 셰고 실노비 못 갓ᄂᆞᆫ 동싱들의게ᄂᆞᆫ 치와 내고 분깃의 노미 약병ᄒᆞ여 닐곱식 논화거니와 왼디 ᄒᆞ나식 나고 던디도 밧 엿쇄가리식과 논 닷말딕이식 논화거니와 그 논밧출 사 강홰 논밧과 양줘 증조묘 뎐답과 틍줘 밧 나잘가리과 새순막묘 하던 나잘가리과 검암 것 합ᄒᆞ여 그리 가숩ᄂᆞ이다 <해남윤씨댁 유정린이 누나인 전주유씨에게 보낸 분재 관련 편지1664> 그나마 놋점 논 오삼개 자리와 터장 남 돌고개 밧츤 유뮈 독히 거론홀 배 아니요 봄파일 새 밧츤 쳐가 깃득으로 산 거시니 자네 싱젼은 가히 스스로 ᄒᆞ고 ᄉᆞ휘즉 종믈노 들 거시니 풀거나 ᄯᅦ거나 홀 거슨 아니라 <김성일가-1 1765 김광찬(남편) ↓진성이씨(아내)> 걸늉伍十九年 甲寅 八月 二十六日 김춘복 명문 우 명ᄒᆞ노온ᄉᆞ단은 당초 조샹 결내 젼 각각 깃득으로셔 양손니 비난지소치로 셩셰난감이온들 <김중근이 김춘복에게 발급한 전납 매매명문-우한 1794> → 깃두 ☞ 깃부

【깃부】 명 깃부. 분재(分財). 몫을 나눔. (이두어).¶ 깃부 ‖ 衿付 ○ 如分財之類. <진람 14a> <행리> ☞ 깃두, 깃득

【깅스단】 명 ((지리)) 킹스턴(Kingston). 중앙아메리카의 자메이카에 있는 도시. 자메이카의 수도. (외래어).¶ 규바 읍너는 하바나ㅣ오 모담비가 온 텬하에 데일 됴흐니라 ᄯᅩ 마단스와 산듸아고ㅣ란 촌이 잇고 헤듸국 도셩은 봇오브린스ㅣ오 산드밍고국 됴셩은 산드밍고ㅣ오 브도리고 읍너는 산후안이오 제메가 읍너는 깅스단이오 바하마 읍너는 나셔ㅣ며 <사필1889-헐버트 115>

【긔거수리】 명 ((기물)) 가께수리(掛硯 かけすずり). 귀중품을 보관하기 위하여 여닫이 문안에 여러 개의 서랍을 설치한 일종의 금고이다. 이 양식은 중국의 백안주(百眼廚)라는 가구에서 영향 받았고 명칭은 일본의 가케스즈리(かけすずり)에서 온 것으로 보인다. 부유한 가정의 안방과 사랑방에서 귀중품을 보관하기 위해 쓰이거나, 가끔 약장으로도 사용되었다. «증보산림경제»에서 '왜궤(倭櫃)'를 '갸게소리'라고 표기하였다. 흑칠장식을 한 것이 매우 아름답다. 형태는 표면에 유난히 철 장식이 많이 붙어 견고해 보인다. 가로 세로 40~50 ㎝ 정도의 손으로 들 수 있는 자그마한 궤에 속하며 대개 위판에 들쇠가 있다. (일본어 직접 차용어).¶ 혼자 싱각다가 분함과 원통홈이 가삼의 가득ᄒᆞ여 죽거믈 지촉ᄒᆞ난지라 긔거수리와 반다지을 열고 온갓치 보과 보빈을 놋코 츈양을 어로만지면 왈 <수겡-경남 26a> 긔거수리 안의 붓치 훈 ᄌᆞ리 이시되 극키 즁훈 보빅라 □ 부면 더운 바람이 다코 더부면 찬바람이 난이라. 부디 ：： 집피 간수ᄒᆞ엿싸가 동춘이 장셩커든 주고 <수겡-경남 26a> ⇒ 가계슈이, 각게술이, 각게슬니, 각계슈리, 각기소리, 갑게슈리, 갑겨슈리, 갑계슈리

【긔셔마니】 명 ((지리)) ((기독)) 겟세마네(Gethsemane). 예루살렘의 동쪽 감람산 기슭에 있는 동산. 예수가 처형되기 전날 최후의 기도를 한 곳으로 유명하다. (외래어).¶ 예수ㅣ 긔셔마니 동산에 니ᄅᆞ러 뎨ᄌᆞᄃᆞ려 닐ᄋᆞ샤더 너희ᄂᆞᆫ 여긔 안졋스라 나ㅣ 뎌긔 나아가 빌니라 ᄒᆞ시고 이에 피득과 아각과 약한 셰 뎨ᄌᆞ롤 다리고 ᄀᆞᆯᄋᆞ샤더 <훈아 30a>

【긴가로】 명 ((동물)) 캥거루(kangaroo). 캥거루과의 포유동물. 몸의 길이는 1~1.5미터이고 앞다리는 짧으나 뒷다리는 길고 튼튼하여 잘 뛰며, 새끼를 낳아 유아낭에 넣어서 기른다. (외래어).¶ 긴가로 <법한 820> ⇒ 깅가루, 깅그루

【길닐니오】 명 ((인명)) 길릴리오. 갈릴레오 갈릴레이(Galileo Galilei). 이탈리아 르네상스 말기의 물리학자, 천문학자, 철학자(1564~1642). 1609년에 망원경을 제작하여 달의 산, 계곡 및 태양의 흑점, 목성의 위성 따위를 발견하였으며, 지동설을 주장하여 교황청으로부터 종교 재판을 받았다. (외래어).¶ 길닐니오 嘎利利歐 Gallileo <만국통감1912 4> ᄯᅩ 길닐니오가 텬문학에 경ᄆᆡ로아 그 강히 리치가 고버니커스와 서로 ᄀᆞᆺ흔디 <만국통감1912 4, 43>

【깅가루】 명 ((동물)) 캥거루(kangaroo). 캥거루과의 포유동물. 몸의 길이는 1~1.5미터이고 앞다리는 짧으나 뒷다리는 길고 튼튼하여 잘 뛰며, 새끼를 낳아 유아낭에 넣어서 기른다. (외래어).¶ 졔졔창창ᄒᆞ게 모혀든 금슈곤츙들을 력력히 다 혜아릴 수 업거니와 대강 둘너보니 호랑이와 양과 ᄉᆞ슴과 원슝이와 다롬쥐와 나귀와 깅가루와 고슴도치와 박쥐와 가마귀와 황계와 공쟉과 올빔이와 졔비와 개암이와 나뷔와 자벌네 등물이더라 <경세종 5> ⇒ 긴가로, 깅그루

【깅그루】 명 ((동물)) 캥거루(kangaroo). 캥거루과의 포유동물. 몸의 길이는 1~1.5미터이고 앞다리는 짧으나 뒷다리는 길고 튼튼하여 잘 뛰며, 새끼를 낳아 유아낭에 넣어서 기른다. (외래어).¶ 즘승은 양이 텬하에 데일 만코 됴흔 물과 쇼와 도야지와 깅그루와 [깅그루 모양은 쥐와 ᄀᆞᆺ고 크기는 개와 ᄀᆞᆺ고 압ㅅ다리는 쟈르고 뒤ㅅ다리는 길어 것지 못ᄒᆞ고 뛰며 가슴에 큰 주머니가 잇서 다라날 ᄯᅢ면 ᄉᆡ기를 담아 가지고 뛰ᄂᆞ니

라] ᄠᅥᆨ빌과 [수달피 모양이오 입은 오리 ᄀᆞᆺᄒᆞ니라] 입더릭스와 [놀개 업는 새니라] 라야와 [봉황인 듯ᄒᆞ다] 개스웨리며 [오스드리취와 모양이 ᄀᆞᆺ고 털은 길 즘승과 ᄀᆞᆺᄒᆞ니라] 이 몃 즘승은 온 텬하에 이 ᄯᅡ헤만 잇ᄂᆞ니라 <사필1889-헐버트 155> ⇒ 긷가로, 깅가루

【까솔린】 명 ((화학)) 가솔린(gasoline). (외래어).¶ 요새같이 까솔린 값은 올르구 <염상섭, 입하의 절(제2회)1950 219> ⇒ ᄶᅡ솔린

【꺼—ㄹ】 명 ((인류)) 걸(girl). 소녀. (외래어).¶ 꺼—ㄹ (女兒) <영어일상통화단어초집 우산>

【꼬량】 명 ((음식)) 수수. 고량(高粱). '꼬량(高粱, gāoliáng)'은 중국어 직접 차용어.¶ "다른 기 앙이라 계사처에서 꼬량 열 커우대를 바쳐야 된다구 하네." <안수길, 북간도, 1995, 332>

【꼬꼬마】 명 ((복식)) 군졸의 벙거지 뒤에 늘인 붉은 말총으로 만든 길고 부풀한 삭모(槊毛). 중세몽고어 'kükümei'에서 온 차용어.¶ 꼬꼬마 ‖ 병정의 벙거지에 목표로 꽂던 붉은 털 <조선-문1938 128> ⇒ ᄭᅩᄭᅮ믜, ᄭᅩᆨ고마, ᄭᅩᆨ고매, ᄭᅩᆨ공믜

【꼴뚜】 명 ((체육)) 골프(golf). 일정한 장소에서 골프채로 공을 쳐서 가장 적은 타수로 홀에 넣는 경기. 9홀 또는 18홀을 돈다. (외래어).¶ 꼴뚜 (杓球) <자통-오락 459>

【꾸냥】 명 ((인류)) 꾸냥(姑娘, gū'niáng). 중국 처녀. (중국어 차용어).¶ 머리채 츠렁츠렁 발굽을 차는 꾸냥과 가즈런히 쌍마차 몰아가고 싶었다 <백석, 안동>

【ㄴ】

【나가사기】 명 ((지리)) 나가사키(Nagasaki, 長崎). 일본 나가사키 현 남부에 있는 항구 도시. (외래어).¶ 또 동편에 요고하마와 센다이와 도교와 수루가와 냥오야와 고븨란 포구가 잇고 남편에 쉬몬나사기와 푸쿠오가와 나가사기와 쉬마바라와 가고시마ㅣ란 포구가 잇고 <사필 1889-헐버트 78>

【나귀-푸리】 명 ((상업)) 나귀포리(-鋪裏). 나귀가게. '푸리(鋪裏, pùli)'는 중국어 직접 차용어.¶ 驢行 ‖ 드듸여 뵈필과 편모와 화즈롤 믜판ᄒᆞ게 ᄒᆞ고 나귀푸리의 가셔 죠흔 나귀롤 사오라 ᄒᆞ니 (遂令阿新買辦布匹、靴帽, 幷托驢行代找好驢子.) <요화 15:99>

【나랏-천】 명 나라의 전(錢). 나랏돈. 공금(公金). '천(錢, qián)'은 중국어 직접 차용어.¶ 나랏천 일버ᅀᅡ 精舍롤 디나아가니 <월곡 상:2>

【나량】 명 ((지리)) 나량[奈良]. (일본어 차용어).¶ 나량 ‖ 內地의 都會地 일홈 <조선-심 31>

【나롱】 명 ((복식)) 나일론(nylon). 탄소, 수소, 질소 따위를 원료로 하여 짠 합성 섬유의 하나. 가볍고 부드럽고 탄력성이 강하나 습기를 빨아들이는 힘이 약하다. 1938년 미국 뒤퐁회사에서 발명. (영어 차용어).¶ 춘츄 나롱 치마 ᄎᆞ 일 하 나롱 치마 ᄎᆞ일 …니이롱 팟식 치마 ᄎᆞ 일 <물목1972 07:07:01> ⇒ 나오롱, 나의롱, 나이롱, 니이롱, 라리농, 라리롱, 라이롱

【나모-뎝시】 명 ((기물)) 나무접시. 나모(나무, 木)+뎝시(접시, 楪子). 중세몽고어 '뎝시(tebši /tebsi)'의 차용어.¶ 木楪子 ‖ 나모뎝시 (木楪子) <역해-기구 하:13a> 또 사발와 그릇 벼돌 사져 가마 노고 너르쁸 가마 두 녀긔 자블 귀 잇ᄂᆞᆫ 발아딘 가마 ᄎᆞ긔사뎝시 나모뎝시 옷칠ᄒᆞᆫ 뎝시 이 블근 칠 ᄒᆞᆫ 술 거믄 칠 ᄒᆞᆫ 술 놋술 블근 칠 ᄒᆞᆫ 져 아리쇠 시르 이 반 이 큰 반 져근 반 칠ᄒᆞᆫ 사발 (再買些椀子什物: 鍋兒、鑼鍋、荷葉鍋、兩耳鍋、瓷楪子、木楪子、漆楪子, 這紅漆匙、黑漆匙、銅匙、紅漆筯、三脚、甑兒, 這盤子是大盤子、小盤子、漆椀.) <飜老 下33a> 또 사발과 그릇벼들 사쟈 가마 노고 헤너러딘 가마 두귀 가진 가마 ᄌᆞ긔뎝시 나모뎝시 옷칠ᄒᆞᆫ 뎝시 이 블근 칠 ᄒᆞᆫ 술 검은 칠 ᄒᆞᆫ 술 놋술 블근 칠 ᄒᆞᆫ 져 놋져 아리쇠 시르 이 반 이 큰 반 져근 반 칠ᄒᆞᆫ 사발 (再買些椀子什物: 鍋兒、鑼鍋、荷葉鍋、兩耳鍋、瓷楪子、木楪子、漆楪子, 這紅漆匙、黑漆匙、銅匙、紅漆筯、三脚、甑兒, 這盤子是大盤子、小盤子、漆椀.) <노언 하:29b> ☞ 사뎝시

【나무뇌】 명 ((음식)) 레모네이드(lemonade). 레몬즙에 물과 설탕, 탄산 등을 넣은 청량음료. '나무뇌(ラムナ)'는 '레모네이드(lemonade)'의 일본어 음역어. (외래어).¶ 나무뇌 <법한 854> ⇒ 나무늬, 라무네

【나무늬】 명 ((음식)) 레모네이드(lemonade). '나무늬(ラムナ)'는 '레모네이드(lemonade)'의 일본어 음역어. 레몬즙에 물과 설탕, 탄산 등을 넣은 청량음료. (외래어).¶ 荷蘭水, 나무늬 (荷蘭水) <화정-음식 49> ⇒ 나무뇌, 라무네

【나븨-샐렛】 ((음식)) 나비 샐러드(Butterfly salad). (외래어).¶ 나븨샐렛 ‖ 모과슈 6조각 커테지 치스 2대슈가락 파스리 조곰 호도나 셔양 앵도(설당에 끌여셔 말닌 것) 6개 모과슈 둥근 뎜을 졀반에 버혀셔 등을 돌나 대여셔 나븨 날개 모양을 만들고 치스로 나븨 몸동이를 만드러셔 그 즁간에 노코 파스리로 슈염을 만들고 앵도나 호도로 날개 문의를 만든 후에 메요네쓰를 조곰식 그 녑헤 노코 먹을 것 <서요 91> ☞ 나븨샐렛, 락화생샐렛, 련근샐렛, 멜치샐렛, 사과와 호도샐렛, 빠나나샐럿, 앵도샐렛, 양국슈샐렛, 치스샐렛, 피샐렛

【나사렛】 명 ((지리)) 나사렛(Nazareth). 팔레스타인 갈릴리 중남부에 있는 작은 도시. 예수가 요한에게 세례를 받을 때까지 약 30년간 이곳에서 살았다. (외래어).¶ 하늘 나는 새에게 깃이 잇다고 나사렛 聖人이 하섯것만은 <학지 1915.5.2> ⇒ 나살륵, 나자렛

【나사로】 명 ((인명)) 나사로(Lazaros). 신약 성경에 나오는 인물로, 베다니(Vethany) 사람인 마르다와 마리아의 동생. 죽은 지 4일 만에 예수가 회생시킨 사람. (외래어).¶ 음부로 ᄂᆞ려가셔 고통을 밧을 때에 눈을 들어 쳐다본즉 아브라함 품 가온ᄃᆡ 나사로가 아ᄂᆞᆫ지라 소릐질너 ᄒᆞᄂᆞᆫ 말이 아바지 아브라함 고통 밧ᄂᆞᆫ 이 죄인을 불상히 넉이시고 나사로를 보내주샤 나사로의 손가락에 물 ᄒᆞᆫ 방울 직어다가 불 ᄐᆞ듯 ᄒᆞᄂᆞᆫ 혀를 차게 ᄒᆞ야 주옵쇼셔 <연경-나사로가 117> 아바지여 나사로ᄂᆞᆫ 내 집에 보내여셔 나의 형뎨 오인의게 나의 일을 닐너 주어 고통 밧ᄂᆞᆫ 이런 곳에 옴을 면케 ᄒᆞ옵쇼셔 <연경-나사로가 117>

【나살륵】 명 ((지리)) 나사렛(那撒勒 Nazareth). 팔레스타인 갈릴리 중남부에 있는 작은 도시. 예수가 요한에게 세례를 받을 때까지 약 30년간 이곳에서 살았다. (중국어 간접 차용어).¶ 약슬이 이에 마리아의 예수롤 다리고 유대에 니ᄅᆞ러 나살륵 고을에 머므니 약슬은 본리 목슈ㅣ라 예수ㅣ 약슬과 마리아의 말을 순죵ᄒᆞ더라 <훈아 14b> 또ᄒᆞᆫ 계집죵이 거긔 잇ᄂᆞᆫ 사ᄅᆞᆷ들의게 닐ᄋᆞᄃᆡ 이 사ᄅᆞᆷ이 또ᄒᆞᆫ 나살륵 예수와 ᄒᆞᆷᄭᅴ ᄒᆞᆫ 쟈ㅣ라 ᄒᆞ거ᄂᆞᆯ 피득이 또 즐겨 아는 톄 못ᄒᆞ고 <훈아 31b> ⇒ 나사렛, 나자렛

【나셔】 명 ((지리)) 나소(Nassau). 바하마에 있는 도시. 토마토, 해면(海綿) 따위를 수출한다. 바하마의 수도. (외

래어).¶ 규바 읍닉는 하바나ㅣ오 몬담비가 온 텬하에 뎨일 됴흐니라 또 마단스와 산듸아고ㅣ란 촌이 잇고 헤듸국 도셩은 봇오브린스ㅣ오 산드밍고국 됴셩은 산드밍고ㅣ오 브도리고 읍닉는 산후안이오 제메가 읍닉는 깅스단이오 바하마 읍닉는 나셔ㅣ며 <사필1889-헐버트 115>

【나쓰-밋강】 명 나쓰미깡(なつみかん, 夏蜜柑). 여름 밀감. (일본어 차용어).¶ 실과즙 (250명분) ‖ 삶은 앵도즙 40잔 나쓰밋강(물만) 24개 포도즙 20병 (자근 병) 딸기즙 6병 (자근 병) 모과슈 (모과슈를 닉이고 그 물까지) 4통 (큰 통) 레몬 (얇게 써러서) 6개 생강 싸이다 30병 물 8잔과 사탕 16잔을 10분 동안 끄려셔 식혀 가지고 여러 가지 재료를 셕고 랭슈를 알맛치 붓고 어름에 식혀셔 마실 것 <서요 232> [귤피당] 나쓰밋강 썹질 (어느 귤이든지) 2개 사탕 1잔 물 1/5잔 귤 썹질을 가늘고 길게 써러셔 잠길 만콤 찬물을 붓고 1시 동안 끄리다가 물을 밧하 바리고 사탕과 물을 붓고 사탕이 녹을 때까지 끄린 후에 끄린 귤 썹질을 너코 물이 다 졸 때까지 눗지 안케 끄려셔 기름 발은 팬에 사탕을 조곰 뿌리고셔 분하게 쏫아 노핫다가 식은 후에 먹을 것 <서요 268>

【나야가라】 명 ((복식)) 미상. (외래어).¶ 춘추 나의롱 저고리 ᄎᆞ 일 나야가라 저고리 ᄎᆞ 일 윳동 분홍 저고리 ᄎᆞ 일 춘추 나의롱 저고리 ᄎᆞ 일 … 나의롱 고무신 <물목 금요-BCAA2069>

【나야가라-폭포】 명 ((지리)) 나이아가라폭포(Niagara瀑布). 미국과 캐나다의 국경을 따라 흐르는 나이아가라강에 있는 폭포. (외래어).¶ ※ 아메리카合衆國 東北方에 잇난 나야가라瀑布니 셰界 瀑布中 第一 큰 것이라 이 瀑布는 온다리오湖에서 五十里 되난 곳에 잇스니 <소년1908.11.1 80>

【나오대】 명 ((인류)) 노대(老大). 맏이. 장형. 우두머리. 여기서는 집안 어른인 아버지를 가리킴. '나오대(老大, lǎodà)'는 중국어 직접차용어.¶ 强盜 ‖ 아비롤 브ᄅᆞ기롤 나오대라 ᄒᆞ고 어미롤 마ᄌᆞ라 ᄒᆞ고 형을 거ᄌᆞ라 ᄒᆞ고 죵을 방지라 ᄒᆞ고 안해롤 너ᄌᆞ라 ᄒᆞ고 쏠을 챵다외라 ᄒᆞ니 챵다외는 도적이란 말이라 (呼父爲老大, 呼母爲媽媽, 呼兄爲哥哥, 呼奴爲幇子, 呼妻爲奶奶, 呼女爲强盜.) <서원-총목 59b>

【나오롱】 명 ((복식)) 나일론(nylon). 탄소, 수소, 질소 따위를 원료로 하여 짠 합성 섬유의 하나. 가볍고 부드럽고 탄력성이 강하나 습기를 빨아들이는 힘이 약하다. 1938년 미국 뒤퐁회사에서 발명. (영어 차용어).¶ 나오롱 슈건 일 화장품 한 타 인도 일 견도 일 신 한 상 치경 언봉차 일 필멱 일 믹미 일두 진미 일두 격두 일되 참깨 일두 무명사 일 쑤리 틀실 일태 동경사 일태 시침 일 임자 정월 초일 <물목1972 07:07:01> ⇒ 나롱, 나의롱, 나이롱, 니이롱, 라리농, 라리롱, 라이롱

【나오-ᄒᆞ-】 동 뇌(惱nǎo)하다. (열성적으로) 하다. (…을 하다). 일반적으로 구체적인 대상이 아니거나 분명히 말할 수 없는 경우에 다른 동사의 대용으로 쓰임. '나오(惱, nǎo)'는 중국어 직접 차용어.¶ 惱 ‖ 그러므로 치쟈 민쟈 빅셩덜이 둉시 감히 일을 나오ᄒᆞ여 버물니지 아니ᄒᆞᄂᆞ니라 (故此旗庄、民庄的百姓家, 終不敢惱事連累.) <중화-한고 27a> 샤졔의 돈냥도 업습고 날이 동결ᄒᆞ오니 나오ᄒᆞ옵고 빅ᄉᆞ 존졀이 지내옵시니 더욱 ᄒᆞᆫ탄ᄒᆞ옵고 잇좁는 일을 엇지 통촉ᄒᆞ옵실잇가 <상준이(노)-한고1927 ↓마노라님 젼> ⇒ 나우하-, 나우허-, 나우ᄒᆞ-, 나위허-, 놔ㅎ-

【나우-하-】 동 뇌(惱nǎo)하다. (열성적으로) 하다. (…을 하다). 일반적으로 구체적인 대상이 아니거나 분명히 말할 수 없는 경우에 다른 동사의 대용으로 쓰임. '나우(惱, nǎo)'는 중국어 직접 차용어.¶ 惱 ‖ 또 즈긔 명셩이 상하난 줄 아지 못하고 몃 히 동완을 막으로 하다가 다못 너들거리다가 나우하여 필경 니르러 긔 가권을다가 닉각의 녹여 업서하고 자긔 은젼이나 어[업]셰면 긔 또 도리여 헐마 엇지하라 (又不知彫壞自己的名聲, 幾年的工夫胡理胡塗的只是惱, 惱到歸起, 把那个家眷立刻就惱壞咧, 惱壞自己的銀錢那个倒罷了.) <기착-육당 하:50b> ⇒ 나오ᄒᆞ-, 나우허-, 나우ᄒᆞ-, 나위허-, 놔ㅎ-

【나우-허-】 동 뇌(惱nǎo)하다. (열성적으로) 하다. (…을 하다). 일반적으로 구체적인 대상이 아니거나 분명히 말할 수 없는 경우에 다른 동사의 대용으로 쓰임. '나우(惱, nǎo)'는 중국어 직접 차용어.¶ 惱 ‖ 너의 임의디로 아니허여도 너게 무방허다 너의 임의디로 가이 엇지 나우허여도 올타 다만 남이 나를 우슬가 져히허노라 (由你們不作, 由我無妨! 憑你們該怎嗎惱都是得, 只怕有人笑壞我啊!) <중화-탁족 32a> ⇒ 나오ᄒᆞ-, 나우하-, 나우ᄒᆞ-, 나위허-, 놔ㅎ-

【나우-ᄒᆞ-】 동 뇌(惱nǎo)하다. (열성적으로) 하다. (…을 하다). 일반적으로 구체적인 대상이 아니거나 분명히 말할 수 없는 경우에 다른 동사의 대용으로 쓰임. '나우(惱, nǎo)'는 중국어 직접 차용어.¶ 惱 ‖ 네 명빅ᄒᆞᆫ ᄉᆞ람이 또ᄒᆞᆫ 후두믈 나우ᄒᆞ는 톄ᄒᆞᄂᆞᆫ구나 (你這個明白人又是惱粧糊塗.) <학청-한고 11a> ⇒ 나오ᄒᆞ-, 나우하-, 나우허-, 나위허-, 놔ㅎ-

【나위-허-】 동 나위(惱nǎo)하다. (열성적으로) 하다. (…을 하다). 일반적으로 구체적인 대상이 아니거나 분명히 말할 수 없는 경우에 다른 동사의 대용으로 쓰임. '나위(惱, nǎo)'는 중국어 직접 차용어.¶ 惱 ‖ 몃 달 동안을 나위허니 남의 여슈가 일자가 찻는딕 (惱幾箇月的工夫, 人家的票滿日子咧.) <중화-탁족 17b> ⇒ 나오ᄒᆞ-, 나우하-, 나우허-, 나우ᄒᆞ-, 놔ㅎ-

【나의롱】 명 ((복식)) 나일론(nylon). 탄소, 수소, 질소 따위를 원료로 하여 짠 합성 섬유의 하나. 가볍고 부드럽고 탄력성이 강하나 습기를 빨아들이는 힘이 약하다. 1938년 미국 뒤퐁회사에서 발명. (영어 차용어).¶ 춘추 나의롱 저고리 ᄎᆞ 일 나야가라 저고리 ᄎᆞ 일 윳동 분홍

저고리 ㅊ 일 춘추 나의롱 저고리 ㅊ 일 … 나의롱 고무신 <물목-금요 BCAA2069> 분홍 나의롱 상의 일ㅊ 분홍 오빠루 상의 일ㅊ 흑식 분경 양단 하의 일ㅊ 즈식 신가 하니 일ㅊ 양식 기지 하니 일ㅊ 변베류 하의 일ㅊ 흑식 본목 하의 일ㅊ 나의롱 하날식 하의 일ㅊ <물목1961.12.17 던 상댱> ⇒ 나롱, 나오롱, 나이롱, 늬이롱, 라리농, 라리롱, 라이롱

【나이거】 명 ((지리)) 나이저강(Niger 江). 아프리카 서에 라리온에서 시작하여 기니 만으로 흐르는 강. 아프리카에서 세 번째로 큰 강이다. (외래어).¶ 남편에 오렌지란 삼천 리 되는 강이 대셔양에로 통ᄒᆞ고 셔편에 강고ㅣ란 칠천 리 되는 강과 나이거ㅣ란 륙천 리 되는 강과 세늬갈이란 천여 리 되는 강이 대셔양에로 드러가고 ᄒᆞᆫ가온대는 ᄉᆞ면 오빅 리 되는 치드ㅣ란 못시 잇고 <사필1889-헐버트 141>

【나이롱】 명 ((복식)) 나일론(nylon). 탄소, 수소, 질소 따위를 원료로 하여 짠 합성 섬유의 하나. 가볍고 부드럽고 탄력성이 강하나 습기를 빨아들이는 힘이 약하다. 1938년 미국 뒤퐁회사에서 발명. (영어 차용어).¶ 물목 ‖ 유록 나이롱 유동 승이 ㅊ 일 팟식 홍콩 양단 승이 ㅊ 일 옥식 빅마싓트 나이롱 승이 ㅊ 일 양식 시ː오리 나이롱 승이 ㅊ 일 연분홍 나이롱 양단 승이 ㅊ 일 진분홍 나이롱 만사 승이 ㅊ 일 살식 나이롱 즈미 승니 ㅊ 일 <물목-진명-2 1961 유록> 하늘식 나이롱 져구리 ㅊ 일 …하늘식 나이롱 치마 ㅊ 일 …보라식 나이롱 늬의 ㅊ 일 미식 나이롱 늬의 ㅊ 일 <물목-우한-2 1963 샹의> 나이롱 분홍 겹져구리 안ㅆ ㅊ 일 …나이롱 분홍 겹져구리 ㅊ 일 안ㅆ 분홍 나이롱 치마 ㅊ 일 남식 인조 치마 ㅊ 일 꿀밤식 인조 치마 ㅊ 일 쌰쌰롱 단 식이 치마 ㅊ 일 <물목-금요 혼함 07:5:11> 츈츄 나이롱 져고리 ㅊ 일 나이롱 양단 오동식 져고리 ㅊ 일 …늬이롱 팟식 져고리 ㅊ 일 …츈츄 나롱 치마 ㅊ 일 …늬이롱 팟식 치마 ㅊ 일 …목 나이롱 치마 ㅊ 일 <물목1972 07:07:01> ⇒ 나롱, 나오롱, 나의롱, 늬이롱, 라리농, 라리롱, 라이롱

【나이후】 명 ((기물)) 나이프(knife). (외래어).¶ 나이후 (小刀) <영어일상통화단어초집 우산>

【나인】 수 나인(nine). 아홉. (외래어).¶ 나인 (九) <영어일상통화단어초집 우산>

【나일】 명 ((지리)) 나일(Nile)강. 아프리카 동북부를 흐르는 세계 제3의 큰 강. (외래어).¶ 북편에는 일만 이천 리 되는 나일이란 강이 디즁히로 드러가고 [온 텬하에 세재 큰 강이라] 동편에 심비시란 오천 리 되는 강과 림보ㅣ란 이천 리 되는 강이 인도양에로 통ᄒᆞ고 <사필1889-헐버트 140> 大體「아시아」「유롭파」「아메리카」等 大陸과「支那」「터어키」「써잇튀」「쑤릿탠」등 邦國과「崑崙」「히말나야」「럭키」등 山岳과「에니세이」「유우쯔렛」「나일」「미시십피」等 江河는 <소년1908.11.1 73>

【나일-강구】 명 ((지리)) 나일(Nile)강 어구. (외래어).¶ ※ 나일江口에 轥轢한 烟波鳴咽聲도 드를 것이오 카이로 郊外「피라밋」에 올나서 五千年前의 텨음 열닌 文化도 懷想할 것이오 <소년1908.11.1 74>

【나자렛】 명 ((지리)) 나사렛(Nazareth). 팔레스타인 갈릴리 중남부에 있는 작은 도시. 예수가 요한에게 세례를 받을 때까지 약 30년간 이곳에서 살았다. (외래어).¶ 나자렛은 유더아국 일홈난 고올이라 <첩례-셩모셩탄 27a> 동지 젼 십여 일에 안나ㅣ 잉틱ᄒᆞ야 아홉 돌 후에 나자렛에셔 히산ᄒᆞ니 이 탄싱ᄒᆞ신 아기 다만 그 부모의 즐거옴이 될 뿐 아니라 실노 만셰에 널니 경하홀 바ㅣ라 <첩례-셩모셩탄 28b> ⇒ 나사렛, 나살륵

【나지미】 명 ((인류)) 친한 사람. (일본어 차용어).¶ 너 요사이 나지미 만히 정햇니? 그래 나는 네 나지미 될 자격이 업단 말이냐 <현진건, 타락자1922 1:77> 그때 K군이 나지미라는 명옥이가 입을 삐죽거리면서 그 광경을 바라보다가 <현진건, 사립정신병원장1926 3>

【나친】 명 ((조류)) 난추니. 새매의 수컷. '나친(lačin)'은 중세몽고어 차용어.¶ 鶻, 매 골; 兎鶻, 익더귀, 又나친 曰鴉鶻. <훈몽-금조 상:8b> ※ 鴉鶻, 羅親. <용골방-고본> 大小鴉鶻, 羅親. <용골방-신증> 那進 <성종실록-138 13년 2월 신해> 鴉鶻, 剌臣. <화이역어-조수> ⇒ 나친이

【나친이】 명 ((조류)) 난추니. 새매의 수컷. '나친(lačin)'은 중세몽고어 차용어. 만주어 'način'.¶ 나친이 (隼) <시언-10 목록:1a> 나친이 쥰 (隼) <시언-물명 16> 나친이 (鴉鶻) <역해-비금 하:25b> ⇒ 나친

【나타나엘】 명 ((인명)) 나다나엘(Nathanael). 예수의 열두 제자의 한 사람. 빌립이 예수에게 소개하였으며, 단순·성실·정직한 성격의 소유자였다. (외래어).¶ 예수의 긔이ᄒᆞᆫ 힝적을 듯고 드듸여 스승으로 셤길시 그 벗 나타나엘을 인도ᄒᆞ야 예수끠 뵈오니 예수ㅣ ᄀᆞᆯᄋᆞ샤듸 이는 츙직ᄒᆞᆫ 사ᄅᆞᆷ이로다 나타나엘이 황송ᄒᆞ야 ᄀᆞᆯᄋᆞ듸 쥬여 엇지 나를 알으시ᄂᆞᆫ잇가 예수ㅣ ᄀᆞᆯᄋᆞ샤듸 비리버ㅣ 너를 부르기 젼에 너ㅣ 아모 곳 무화과 나무 아릭 잇슬 때에 나ㅣ 임의 네 ᄆᆞᄋᆞᆷ 자최를 보앗노라 나타나엘이 크게 놀나 탄복ᄒᆞ더라 <첩례-비리버 103b>

【나트륨】 명 ((화학)) 나트륨(Natrium). 알칼리 금속 원소의 하나. 은백색의 부드럽고 무른 금속으로 바닷물과 광물, 암염 등에 다량으로 존재한다. (외래어).¶ 고루라라 ᄒᆞ는 원소는 사ᄅᆞᆷ이 마시면 죽어도 나트륨과 화합ᄒᆞ면 식념이 되야 사ᄅᆞᆷ에는 하로도 업스면 ᄒᆞᆯ 슈 업는 물건이 되는듸 이 밧게 화학작용에는 의심 나는 일이 마니 잇소 <일선 260>

【나트륨·카륨】 명 ((화학)) 나트륨(Natrium)·칼륨(Kalium). 알칼리 금속 원소의 하나. 영국의 화학자(1778~1829) 데이비(Davy, Humphrey)가 패러데이의 스승으로 이산화질소의 흥분 작용, 마취 작용을 발견하였으며, 전기 분해로 여러 원소를 단리(單離)하여 전기 화학의

기초를 쌓았다. (외래어).¶ 나트룸 · 카룸 데이우氏 <백과신-송1926 491>

【나파】 명 ((지리)) Narva <만국통감1912 4, 4> (외래어).¶ 나파 (那耳法 Narva) <만국통감1912 4, 4>

【나파륜】 명 ((인명)) 나파륜(拿破崙). 프랑스의 황제 나폴레옹 1세(Napoléon, 1769~1821). 1804년에 황제의 자리에 올라 제1제정을 수립하고 유럽 대륙을 정복하였으나 트라팔가르 해전에서 영국 해군에 패하고 러시아 원정에도 실패하여 퇴위하였다. 엘바 섬에 유배되었다가 탈출하여 이른바 '백일천하'를 실현하였으나 다시 세인트헬레나 섬으로 유배되어 그곳에서 죽었다. (중국어 간접 차용어).¶ 만고 영웅 나파륜은 연단샹에 썩 나셔며 무슴 일을 경륜튼지 훌 수 업다 ᄒᆞ지 말고 <대매-시평 1910.2.17> 동양에 항우와 셔양에 나파륜이 아무리 유력ᄒᆞ다 훌지나 고금천하에 진품유력ᄒᆞᆫ 것은 오작 금젼과 쳘환이라 <원실 101> ⇒ 나팔륜, 나폴네온, 나폴룬, 라팔륜

【나팔륜】 명 ((인명)) 나파륜(拿破崙). 나폴레옹 1세(Napoléon, 1769~1821). 1804년에 황제의 자리에 올라 제1제정을 수립하고 유럽 대륙을 정복하였으나 트라팔가르 해전에서 영국 해군에 패하고 러시아 원정에도 실패하여 퇴위하였다. 엘바 섬에 유배되었다가 탈출하여 이른바 백일천하를 실현하였으나 다시 세인트헬레나 섬으로 유배되어 그곳에서 죽었음. (외래어).¶ 나팔륜이 셩-헬니나에 기인 회포 다시 보라 <신민 1913.11.14> ⇒ 나파륜, 나폴네온, 나폴룬, 라팔륜

【나폴네온】 명 ((인명)) 나폴레옹(Napoleon) 1세. 프랑스의 황제(1769~1821). 1804년에 황제의 자리에 올라 제1제정을 수립하고 유럽 대륙을 정복하였으나 트라팔가르 해전에서 영국 해군에 패하고 러시아 원정에도 실패하여 퇴위하였다. 엘바 섬에 유배되었다가 탈출하여 이른바 백일천하를 실현하였으나 다시 세인트헬레나 섬으로 유배되어 그곳에서 죽었음. (외래어).¶ 나폴네온 갓흔 豪傑도 쎈트 · 헬네나(나폴네온이 末年에 幽囚를 當하야 잇던 셔음)에서는 디난 일을 追懷하고서 <소년 1908.11.126> ⇒ 나파륜, 나팔륜, 나폴룬, 라팔륜

【나폴룬】 명 ((인명)) 나파륜(拿破崙). 나폴레옹(Napoleon) 1세. 프랑스의 황제(1769~1821). 1804년에 황제의 자리에 올라 제1제정을 수립하고 유럽 대륙을 정복하였으나 트라팔가르 해전에서 영국 해군에 패하고 러시아 원정에도 실패하여 퇴위하였다. 엘바 섬에 유배되었다가 탈출하여 이른바 백일천하를 실현하였으나 다시 세인트헬레나 섬으로 유배되어 그곳에서 죽었음. (외래어).¶ 마드릿城 대궐의 壯麗한 結構 나폴룬이 부러워 할만도 하며 <청춘 1914.10.1> ⇒ 나파륜, 나팔륜, 나폴네온, 라팔륜

【노ᄒᆞ-】 동 뇌(惱nǎo)하다. 소란을 피우다. 또는 …을 하다. 일반적으로 구체적인 대상이 아니거나 분명히 말할 수 없는 경우에 다른 동사의 대용으로 쓰인다. '뇌(惱, nǎo)'는 중국어 직접 차용어.¶ 惱 ‖ 져근 동싱아 에셔 네 노티 말고 걸시 네 일을 간셥하러 가거라 (小兄弟在這裡你不用惱咧, 快干你的去罷.) <중화-아천 34b> ⇒ 나오ᄒᆞ-, 나우하-, 나우허-, 나우ᄒᆞ-, 나위허-

【낙쓰-짠】 명 ((인명)) 존 낙쓰 (Knox John). (외래어).¶ 낙쓰 (짠) (那克斯約翰 Knox (John)) <만국통감1912 4, 4>

【난투】 명 ((인류)) 난두(欄頭, lántóu). 조선시대, 우리 나라에서 청나라에 왕래하는 사신들의 짐바리를 맡아 만주(滿洲)의 구련성(九連城)과 봉황성(鳳凰城) 사이에 있는 책문(柵門)에서부터 북경까지 왕복 운반하여 주고 운임을 받던 사람을 이르는 말. 곧 요동(遼東)과 구련성의 차호(車戶) 12인을 이른다. '欄'은 '攔'으로도 쓴다. (중국어 직접 차용어).¶ 欄頭 ‖ 다시 무ᄅᆞ랴 ᄒᆞ더니 난투 두어 놈이 드러오니 그 사ᄅᆞᆷ이 즉시 나가더라 (方欲細問, 欄頭數人入來, 其人卽出去, 不復來.) <연행-노가재 1:8a> 청인이 목칙 안히 ᄃᆞᆫ니ᄂᆞ니 이시니 역관들이 목칙 미터 가 서ᄅᆞ 인ᄉᆞᄒᆞ고 피치 다 반겨ᄒᆞᄂᆞᆫ 빗치 이시니 이ᄂᆞᆫ 다 난튀라 ᄒᆞ더라 (淸人稍稍來集, 與譯輩隔柵而語, 彼此有喜色, 皆欄頭也.) <연행-노가재 1:38b> 역관들 듕의도 난투의 셰작이 되여 우리 ᄒᆞᄂᆞᆫ 말을 아니 누통ᄒᆞᄂᆞᆫ 일이 업ᄂᆞᆫ디라 (譯輩中亦有爲其細作者, 吾輩所言, 無不漏通云.) <연행-노가재 2:8b>

【남바구】 명 ((복식)) 남바위. 겨울에 머리 쓰던 방한구의 일종. 중국어 '腦包(nǎobāo)'에서 온 말. (중국어 직접 차용어).¶ 월자장식함 한 좌 十三兩 남바구 한 기 十一兩 분二곽 六錢 문평실三合絲] 二티 三兩八錢 왜망티 둘 사 ᄉᆞ샷 지여 보닉 四兩 <물목장기-한고 남갑사> ⇒ 남바위, 남바회

【남바위】 명 ((복식)) 남바위. 겨울에 머리 쓰던 방한구의 일종. 중국어 '腦包(nǎobāo)'에서 온 말. (중국어 직접 차용어).¶ 남바위 <조선어-총독 158> 남바위 (頭巾) <신한 151> 남바위 ‖ 남씨 누구가 맨드러 낸 물건이 오치 위에 귀를 가리는 물건이라 하여 남녁 남 막을 방 귀 이(南防耳) 세 자 음으로 남방이를 남바위라 함이니라 <조이-김동진> 반졍편 아히들 스여 가지고 가게 남바위 두엇 엇어 보내시옵 <상장-대전 천만 듯밧> ⇒ 남바구, 남바회

【남바회】 명 ((복식)) 남바위. 겨울에 머리 쓰던 방한구의 일종. 중국어 '腦包(nǎobāo)'에서 온 말. (중국어 직접 차용어).¶ 휘항 | 아얌 | 남바회 <법한 185> ⇒ 남바구, 남바위

【남-아메리가】 명 ((지리)) 남아메리카(South America). 동쪽은 대서양, 서쪽은 태평양으로 둘러싸인 서반구 남부의 대륙. 6대주의 하나. (외래어).¶ 골놈보스가 비를 ᄐᆞ고셔 남편으로 향ᄒᆞ야 나아가셔 남아메리가 큰 싸헤 니르럿다가 쏘 수쳐 히도를 지내며 회롱ᄒᆞᄂᆞᆫ 요물노써 <만국통감1912 4, 5> ⇒ 남아메리까, 남아미리가

【남-아메리까】 명 ((지리)) 남아메리카(南America). 동쪽은

대서양, 서쪽은 태평양으로 둘러싸인 서반구 남부의 대륙. 6대주의 하나. (외래어).¶ 디경은 북에 북빙양이오 동에 대셔양이오 남에 남아메리ᄭᅡ요 셔에 태평양이며 <사필1889-헐버트 101> ⇒ 남아메리가, 남아미리가

【남-아미리가】 명 ((지리)) 남아미리가(南亞美利加). 남아메리카(South America). 동쪽은 대서양, 서쪽은 태평양으로 둘러싸인 서반구 남부의 대륙. 6대주의 하나. 남미(南美). (외래어).¶ 졔일 키 큰 인종은 남아미리가의 ᄲᅡ다ᄭᅩ니야 사ᄅᆞᆷ인ᄃᆡ 평균 신장이 오쳑 육촌이라 ᄒᆞ고 <일선 257> ⇒ 남아메리가, 남아메리ᄭᅡ

【남아미리가-주】 명 ((지리)) 남아미리가주(南亞美利加洲). 남아메리카(South America). 아메리카 대륙의 남부.¶ 남아미리가주(南亞美利加洲) ‖ 東은 大西洋과 太平洋이며 西는 大西洋과 太平洋間에 잇는 바다이오 北은 北亞美利加洲니라 <신문-상식 74>

【낭가쇡깃】 명 ((지리)) 나가사키(長崎). (일본어 차용어).¶ 낭가쇡깃 (長崎) <김만수-일기책 1901.11.18>

【낭낭】 명 ((인류)) 낭낭(娘娘). 왕비나 귀족의 아내를 높여 이르는 말. 황후(皇后). (중국어 차용어).¶ 娘娘 ‖ 한국 쵸매 영의 드러가 낭ːᄭᅴ 술오ᄃᆡ (韓國哨馬入營, 報知娘娘說.) <손방 4:104> 댱새 패잔군병을 거ᄂᆞ려 영의 도라가 낭ː을 보고 닐오ᄃᆡ (說那張奢殺敗回營, 見娘娘道.) <손방 4:106> 홀연 사ᄅᆞᆷ이 보ᄒᆞᄃᆡ 낭낭이 사ᄅᆞᆷ을 보내여 한 낫 등미[등의 슈지젓기 ᄡᅳᆫ 거시라]를 보내여 와셔 져의 즁인을 명ᄒᆞ여 아라 내라 ᄒᆞ고 (忽然人報, 娘娘差人送出一個燈謎兒, 命你們大家去猜.) <홍루 22:56> ▼姆姆 ‖ 낭ː아 당즁을 잡아왓다 ᄒᆞ니 우리게ᄂᆞᆫ 유여 즛긔나 올가 시브더냐 (姆姆, 大王與衆商議要吃唐僧, 唐僧却在那裏?) <서유-연세 7:39> 아ᄎᆞᆷ의 낭ː이 ᄐᆡᆨ지ᄒᆞ샤 대례 후 부매 지금 됴현티 아니믈 므러 겨시니 <유삼-종산 2:16> 빈되 당당이 ᄒᆞᆫ 번 낭낭긔 뵈온 후 묘계를 헌코져 ᄒᆞᄂᆞ이다 <한조 7:26> 채공ᄌᆞ의 인진ᄒᆞ믈 인ᄒᆞ야 낭낭긔 뵈오니 평ᄉᆡᆼ 영ᄒᆡᆼ이로쇼이다 <화뎡 8:86> 창고의 젼ᄇᆡᆨ냥미 다 ᄌᆡ 되여 터만 잇고 낭낭과 비빙이 반이나 샹ᄒᆞ고 셩녀가 뷘 터히 되여시니 <화충 22:24> 낭ː은 계집의 ᄀᆞ장 존ᄒᆞᆫ 일홈이니 우리나라에셔 녀쥬님이란 말 ᄀᆞᄐᆞ니 예 ᄒᆞᆫ 원의 ᄯᆞᆯ님이 주거 바다 귀신이 되여 능히 ᄉᆞ히귀신과 쇼ː ᄒᆞᆫ 강슈와 하슈의 직흰 귀신을 졔어홈으로 예븟터 낭ː 셩녀의 ᄉᆞ당이라 일홈 지으니 ᄇᆡ로 지내ᄂᆞᆫ 사ᄅᆞᆷ이 ᄆᆞᄃᆡ 졍셩으로 좃초리 뎨ᄒᆞ면 일졍 덕븐을 이부모로 이적지 존ᄃᆡᄒᆞ니라 <조천 23> ⇒ 냥냥

【낭아방】 명 ((군기)) 낭아봉(狼牙棒). 쇠못을 많이 꽂은 창 비슷한 무기. '방(棒bàng)'은 중국어 직접 차용어.¶ 져의 낭아방은 곳 져의 ᄲᅳᆯ노 단련ᄒᆞ여 일운지라 이러므로 나의 신검이 상치 아니ᄒᆞ엿도다 (他的狼牙棒就是他的角煉成的, 所以着我神劍, 部敢缺折.) <여선 5:50> 즉시 명ᄒᆞ여 만ᄉᆞ의 낭아방을 가져오라 ᄒᆞ여 증표를 불너 니ᄅᆞᄃᆡ (卽令將曼師狼牙棒取來, 喚曾彪.) <여선 18:37

【낭오야】 명 ((지리)) 나고야(Nagoya, 名古屋). 일본 아이치 현(愛知縣) 서부에 있는 도시. 고베(神戶), 요코하마(橫濱)와 함께 일본의 3대 무역항이기도 하다. (외래어).¶ 가나사와 기푸와 낭오야와 교도와 [녜ㅅ 셔울이니라] 오사가와 고븨란 큰 촌이 잇고 남편에 푸쿠오가와 사가와 구무모도와 나가사기란 큰 촌이 잇고 사ᄅᆞᆷ의 픔ㅅ수는 션비와 량반과 ᄇᆡᆨ셩이오 <사필1889-헐버트 79>

【내그스트데이】 명 넥스트데이(next day). 내일. (외래어).¶ 내그스트데이 (明日) <영어일상통화단어초집 우산>

【내내】 명 ❶ ((인류)) 내내(奶奶). 할머니. (중국어 간접 차용어).¶ 奶奶 ‖ 내내긔셔 오ᄂᆞᆯ 무ᄉᆞᆷ 일을 엿ᄌᆞ오시관ᄃᆡ 반일을 말ᄉᆞᆷᄒᆞ시니 과연 덥지 아니ᄒᆞ시더니잇가 (奶奶今兒回甚麽事? 說了這半天, 可不要熱着.) <홍루 36:28> 태태와 내내와 다못 ᄉᆞ고낭의 이러ᄐᆞᆺ 돌보시믈 무릅ᄡᅳ니 실노 감격블이ᄒᆞ도다 (蒙太太、奶奶同四姑娘的這番照應, 實令人感激不盡.) <홍부 5:14> ❷ 젊은 부인.¶ 내내; 녀편내 존칭이라 (奶奶/孏孏) <서유-연세 13:37> ❸ 유모.¶ 奶媽<子> ‖ 보채 우ᄉᆞ며 쥬내내다려 무ᄅᆞᄃᆡ 쥬마마야 너의 고랑이 도로혀 그러케 긔ᄅᆞᆯ 내더냐 아니 내더냐 (寶釵笑向那周奶媽<子>道: "周媽, 你們姑娘還是那麽淘氣不淘氣了?") <홍루 31:51> ※ 다 하ᄂᆞᆯᄭᅴ 告ᄒᆞ야 奶奶를 救ᄒᆞ거ᄂᆞᆯ 나ᄂᆞᆫ 禱祝ᄒᆞᆯ 줄을 아디 못ᄒᆞ니 (都告天救奶奶, 我不會禱祝.) <오전 7:3b> 老奶奶 너희 둘흘 ᄉᆞ랑ᄒᆞ니 ᄒᆞ나흔 이 老奶奶의 心肝이오 ᄒᆞ나흔 이 老奶奶의 ᄉᆞᆯ히라 (老奶奶疼你兩箇, 一箇是老奶奶的心肝, 一箇是老奶奶的肉.) <오전 7:7a> ⇒ 너너

【내임】 명 네임(name). 이름. (외래어).¶ 내임 (이름) <영어일상통화단어초집 우산>

【냄비】 명 ((기물)) 냄비. '냄비'는 일본어 'nabe[(鍋)]'에서 온 말이다. (일본어 차용어).¶ 김첨지의 말에 의지하면 그 오라질년이 천방지축으로 냄비에 대고 끌어엇다. <현진건, 운수 조흔 날1924 140>

【냥냥】 명 ((인류)) 낭낭(娘娘, niángniang). 황후(皇后). (중국어 직접 차용어).¶ 娘娘 ‖ 만일 승샹부의 가면 골육이 다 ᄀᆞᆯ리 되리니 ᄇᆞ라건대 냥ː은 슈죠를 ᄂᆞ리와 대쟝군을 불러 드러오라 ᄒᆞ샤 그 일을 프러 니ᄅᆞ쇼셔 (若到相府, 骨肉皆爲齏粉矣, 望娘娘賜手詔, 宣大將軍入宮, 解釋其事.) <삼국-가정 1:118> 신이 셩경이 어리고 어두온디라 아디 못거이다 므ᄉᆞᆷ 죄로 동궁의 은의를 일허 샹시의 노긔를 품어 서ᄅᆞ 해코져 ᄒᆞ니 ᄆᆡ양 참쇠븍 더디기의 나고 딤독을 술잔의 만날가 저허 일로ᄡᅥ 근심ᄒᆞ니 아디 못거이다 ᄆᆞᄎᆞᆷ내 냥ː 뫼시기를 어드리잇가 (臣性愚下, 不知何罪, 失愛東宮, 恒蓄盛怒, 欲加屠陷. 每恐讒生投杼, 酖遇杯酌, 是用憂惶, 不知終得侍娘娘否?) <수유-동방 1:30> ⇒ 낭낭

【너-의신】 대 너의신[汝矣身]. 너의 몸. 네 몸. 신분이 낮은 상대방을 가리켜 이르는 말. (이두어).¶ 살등 너의신니 본시 창녀지비로 블고ᄉᆞ체ᄒᆞ고 슈졀명졀이 하위곡

졀이며 우중신졍지초의 관령거역 ᄲᅮᆫ더러 관졍발악의 능욕관장ᄒᆞ니 ᄉᆞ극히연이 막ᄎᆞ위심이오 죄당만ᄉᆞ니 엄형중치ᄒᆞᄂᆞᆫ 다즘이니 빅ᄶᅡ 아릐 슈촌 두라 <춘향-동양 6:12a>

【너퍽】 명 ((지리)) 노퍽(Norfolk). 미국 동부 버지니아 주 남동부의 체서피크 만 입구에 있는 항만 도시. (외래어).¶ ᄯᅩ 동편에 붓란트와 부스든과 브라비덴스와 누역과 필네델피아와 너퍽과 잘쓰던과 사반나와 남편에 모빌과 누얼린스와 쌀비스던과 셔편에 산ᄭᅳ에고와 산브란시스고와 시아들이란 포구가 잇스며 <사필1889-헐버트 106>

【널쿠】 명 ((복식)) 만주어 '(nereku, 斗篷)'에서 온 말. 눈비 올 때 입는 옷. 방 안에서 추위를 막기 위하여 어깨에 둘러 입는 웃옷. 도롱이. (만주어 차용어).¶ 널쿠(斗篷) <방석-복식 2:23a> <동해-복식 상:55b> <몽해-복식 상:43a> 斗篷 ‖ 널쿠, 遮雨雪之衣. <한청-의복 11:6a> 널쿠, «漢淸»: 遮雨雪之衣. (斗篷) <삼학-고석服> ☞ 두루풍, 두르풍, 두봉

【네데란스】 명 ((지리)) 화란(和蘭). 네덜란드(Netherlands). 유럽 북서부에 있는 입헌군주국. 12세기 초에 신성 로마 제국의 봉토로 설립된 나라. 1648년 에스파냐에서 독립하였다. 북해에 면해 있어 간척지가 많으며 국토의 4분의 1이 해면보다 낮다. (외래어).¶ 기아나 ᄶᅡ흔 세헤 ᄂᆞᆫ호아 분별ᄒᆞ니 동은 블란시 기아나ㅣ오 셔는 엥길리 기아나ㅣ오 가온대는 네데란스 기아나ㅣ니 폭원이 북위션 두 듸그리브터 아홉 듸그리ᄭᆞ지요 <사필1889-헐버트 120> ⇒ 네데란스국, 네델닌쓰, 네델닌쓰국, 레데란스국 ☞ 호르란ᄯᅩ, 홀란드, 하란국, 화란국

【네데란스-국】 명 ((지리)) 화란(和蘭). 네덜란드(Netherlands). 유럽 북서부에 있는 입헌군주국. 12세기 초에 신성 로마 제국의 봉토로 설립된 나라. 1648년 에스파냐에서 독립하였다. 북해에 면해 있어 간척지가 많으며 국토의 4분의 1이 해면보다 낮다. (외래어).¶ 아라사국과 노웨국과 쉬덴국과 덴막국과 덕국과 네데란스국과 벨지암국과 엥길리국과 블난시국과 <사필1889-헐버트 12> 네데란스국은 옛 할란국이라 폭원이 북위션 오십일 듸그리브터 오십삼 듸그리 반ᄭᆞ지요 동경션 세 듸그리브터 닐곱 듸그리ᄭᆞ지니 남북이 륙빅 리요 동셔가 삼빅 리며 <사필1889-헐버트 27> ⇒ 네데란스, 네델닌쓰, 네델닌쓰국, 레데란스국 ☞ 호르란ᄯᅩ, 홀란드, 하란국, 화란국

【네델닌쓰】 명 ((지리)) 네덜란드(Netherlands). 유럽 북서부에 있는 입헌 군주국. 1648년 에스파냐에서 독립하였다. (외래어).¶ 네델닌쓰, 訥特蘭, Netherlands <만국통감1912 4> ⇒ 네데란스, 네데란스국, 네델닌쓰국, 레데란스국 ☞ 호르란ᄯᅩ, 홀란드, 하란국, 화란국

【네델닌쓰-국】 명 ((지리)) 네덜란드(Netherlands). 유럽 북서부에 있는 입헌 군주국. 1648년 에스파냐에서 독립하였다. (외래어).¶ 만흔 사ᄅᆞᆷ이 밋고 로마교의 폐단을 ᄇᆞ리며 다시 븍을 향ᄒᆞ야 네델닌쓰국에 젼ᄒᆞ니 밋어 ᄯᆞᄂᆞᆫ 쟈가 ᄯᅩᄒᆞᆫ 만터라 <만국통감1912 4, 26> ⇒ 네데란스, 네데란스국, 네델닌쓰, 레데란스국 ☞ 호르란ᄯᅩ, 홀란드, 하란국, 화란국

【네불】 명 ((식물)) 네불(navel orange). 양귤(洋橘) (외래어).¶ 귤마말네드 ‖ 네불(양귤) 6개 레몬 2개 밋강 (물만) 12개 물 32잔 귤과 레몬을 얇게 썰고 물과 밋강 물과 함께 석거셔 하로 밤을 두엇다가 그 잇흔날 아ᄎᆞᆷ에 연하게 될 ᄯᅢᄭᆞ지 ᄉᆞᆱ아셔 다시 하로 밤을 두엇다가 그 잇흔날 아ᄎᆞᆷ에 잘 져어셔 두 석 잔식 ᄶᅡ라셔 ᄭᅳ리되 2잔이면 사탕 2잔을 3잔이면 사탕 3잔을 ᄭᅳᆯ는 중에 석고 8분이나 10분 가량 속히 ᄭᅳ려셔 보식이나 곱부에 담고 식은 후에 양쵸를 녹여셔 그 우에 조곰 부어셔 굿치고 조희로 덥허셔 둘 것 <서요 243> 양귤마말네드 ‖ 네불 (양귤) 3개 레몬 1개 찬물 11잔 사탕 8잔 네불과 레몬을 ᄭᅥ질ᄭᆞ지 얇게 뎜여셔 랭슈에 너허 24시간을 두엇다가 1시 동안 부글부글 ᄭᅳ려셔 사탕을 석고 다시 24시간을 두엇다가 4잔이나 5잔식 1시 25분 동안을 ᄭᅳ려셔 그릇에 담고 식은 후 양쵸를 녹여셔 그 우에 부어셔 굿치고 조희로 잘 덥허 둘 것 (이것도 오래 둘 수 잇슴) <서요 244>

【네스비】 명 ((지리)) 네이즈비(Naseby). 영국 잉글랜드 중부, 노샘프턴셔(Northamptonshire)주 서부의 마을. 청교도 혁명 때, 왕당군이 패배한 곳. (외래어).¶ 네스비, 那斯貝 Naseby <만국통감1912 4> 다음 히에 네스비 ᄶᅡ헤셔 ᄯᅩ 이긤을 엇으매 후에 ᄶᅡᆯ쓰가 군ᄉᆞ가 적고 힘이 약ᄒᆞ야 능히 이긔지 못ᄒᆞᆯ 줄 알고 <만국통감1912 4, 54>

【넥타이】 명 ((복식)) 넥타이(necktie). 양복을 입을 때 와이셔츠 깃 밑으로 둘러 매듭을 지어 앞으로 늘어뜨리거나 나비 모양으로 매듭을 만드는 것. (외래어).¶ 넥타이 (領帶) <화정-의복 43>

【넨그로랜드】 명 ((지리)) 넨그로랜드. 미상. (외래어).¶ 넨그로랜드 (尼給里西亞) <명물-육당 13a>

【넵춘】 명 ((천문)) 넵튠(Neptune). 별자리의 하나. 해왕성(海王星). (외래어).¶ 태양이 ᄒᆞᆫ 큰 별이라 극히 빗나며 움즉임이 업고 그 ᄀᆞ헤 도ᄂᆞᆫ 별 여ᄃᆞᆲ이 쇽ᄒᆞ엿시니 ᄒᆞ나흔 쥬비더요 둘흔 비너스요 세흔 씻언이오 네흔 마스요 다ᄉᆞᄉᆞᆫ 이 ᄶᅡ히오 여ᄉᆞᆺᄉᆞᆫ 넵춘이오 닐곱은 유레너스오 여ᄃᆞᆲ은 머규리니 <사필1889-헐버트 3>

【녀의】 ((문서)) 여의(女矣). 여자의. 여인의. (이두어).¶ 승지 만년의 작쳡ᄒᆞ여 황셕우를 낫ᄉᆞ와 졍실의 아ᄃᆞᆯ이 업ᄉᆞ오매 이 놈을 죵익ᄒᆞ와 ᄌᆞ식ᄃᆞᆯ 듕의 분깃ᄒᆞ올 제 녀의 실로 귀손이롤 승지 제 실로 냥으로 달라 ᄒᆞ여늘 <황여일의 숙부인 완산 이씨1656>

【녀의신】 대 ((문서)) 여의신(女矣身). 여자인 저의 몸. "의신(矣身)"은 이두어로 "저"의 뜻임. (이두어).¶ 우근언 지텬망극 졍유단은 녀의신이 고잠찬 문슉공 슈몽뎡션생의 증손이옵더니 문슉공이 더디 독ᄌᆞ로 ᄂᆞ려오

ᄋᆞᆸ다가 녀의 부의 ᄃᆡ예 니ᄅᆞ와 무후ᄒᆞ와 녀의신ᄲᅮᆫ 잇ᄉᆞᆸ더니 <한성 남부 부동에 사는 조지원의 처 정씨가 예조에 올린 언문단자1689> 녀의신이 비록 녀ᄌᆞ오나 문숙공 혈손이ᄋᆞᆸ고 부모 조부모 ᄉᆞ당이 남자 업시 뷘 집의 거우ᄒᆞ여 녀가의 무흔ᄒᆞ온 욕셜을 들리오니 ᄌᆞ손의 통박ᄒᆞᆫ 졍시 남네 다ᄅᆞ미 이시리잇가 <한성 남부 부동에 사는 조지원의 처 정씨가 예조에 올린 언문단자1689> ᄯᅩ 의부뎨 익명을 봉샹의 망명ᄒᆞᆯ ᄣᅢ예 ᄃᆡᄒᆞ얏다ᄒᆞᄋᆞᆸ고 듕죄를 주어디라 ᄒᆞᄋᆞᆸᄂᆞᆫ 긔별을 듯ᄌᆞᆸ고 녀의신이 고ᄃᆡ 죽어 몬져 모ᄅᆞ려 ᄒᆞᄋᆞᆸ다가 <충청도 부여현 이이명의 부인 광산 김씨 상언1727> 우근언 지원극통ᄉᆞ단은 녀의신 싀셔고모 뉴과녀 븐ᄌᆡᄉᆞ로 의송 졍ᄒᆞ와 졔음니 븐ᄌᆡᄒᆞᆫ 것 쥬고 아니 쥬기ᄂᆞᆫ 외히려 셰고라 냥반위명ᄒᆞ고 ᄌᆞ모 구축ᄒᆞᆫ 일이 눈상의 계관ᄒᆞ니 일ᄌᆞᄉᆞ보ᄒᆞ라 <구례 뉴풍천 ᄋᆞᆫ부 조씨 원정1816> 우근언 만ᄉᆞ원통 결박 졍유 ᄉᆞ단은 녀의신이 박복ᄒᆞ온 ᄐᆞᄉᆞ로 우귀ᄒᆞ온 지 슈삭 못 되여 싀부의 대고를 당ᄒᆞᄋᆞᆸ고 세간 당ᄒᆞ온 지 ᄒᆞᆫ 히 다 못 되여 가장이 망측ᄒᆞᆫ 죄고의 걸니엿ᄉᆞ오니 <獄囚 류진억의 쳐 조시 원정1816> ⇒ 녀의지신, 여의신 ☞ 의몸, 의신

【녀의지신】 대 여의지신(女矣之身). 여자인 저의 몸. "의신(矣身)"은 이두어로 "저"의 뜻임. (이두어).¶ 우리 노쥐 다 녀의지신이라 아마도 외로이셔ᄂᆞᆫ 천니 발셥이 어려올 거시니 ᄉᆞ긔를 비밀이 ᄒᆞ여 유부나 다려가고져 ᄒᆞᄂᆞ니 <윤하 87:20> ⇒ 녀의, 여의신 ☞ 의몸, 의신

【년경-ᄒᆞ-】 형 연경(年輕)하다. 젊다. 나이가 어리다. "년경"은 (중국어 간접 차용어).¶ 年輕 ‖ 다만 내 임의 쇠노ᄒᆞ고 너의 아ᄋᆞ 년경ᄒᆞ여 능히 셩닙지 못ᄒᆞ며 외변 회계를 모다 네 담착ᄒᆞ여 ᄒᆞᄂᆞᆫ 거시라 (只是我已衰邁, 你兄弟年輕, 不能頂立, 外邊賬目都是你經手.) <설월 6:77> 제 져음으로 츌문ᄒᆞ고 년경ᄒᆞ여 범ᄉᆞ를 경녁지 못ᄒᆞ여시니 ᄯᅩ 져로 ᄒᆞ여곰 푸리의셔 잠시 머믈게 ᄒᆞ리라 (他初次出門, 年輕未諳, 且叫他在店家暫住.) <설월 7:2> 우리 집 환ᄋᆞ와 난거ᄋᆡ ᄯᅩ 집을 ᄯᅥ나 외쳐의셔 글을 비호고 곳 집의 잇셔도 ᄯᅩᄒᆞᆫ 년경ᄒᆞ여 능히 대ᄉᆞ를 관리치 못ᄒᆞᆯ지라 (我家環兒、蘭哥兒又離家就學, 就在家, 也是年輕不能料理大事.) <홍부 15:118> 다만 보니 여러 년경ᄒᆞᆫ 부녜 ᄉᆞᆫ을 닛글고 희ᄒᆡ히 우스며 니ᄅᆞᄃᆡ (只見幾個年輕的婦女花枝招展, 携手嘻笑, 說道.) <충협 2:23>

【년ᄃᆡ-푸리】 명 ((상업)) 연대포리(煙袋鋪裏). 담배가게. '푸리(鋪裏, pùli)'는 중국어 직접 차용어.¶ 년ᄃᆡ푸리 볼작시면 셔쳔셩 빅통ᄃᆡ며 통소 ᄀᆞᆺ튼 아편연통 물 다마둔 슈연통과 비취순호 옥물쭈리 봉안노리 ᄌᆞ문죽과 화류혈ᄃᆡ 오목혈ᄃᆡ 치식칠ᄒᆞᆫ ᄌᆞ졈죽과 <연행-병인>

【년바오】 명 ((기물)) 원보(元寶). 중국에서 쓰던 말굽 모양으로 만든 은돈. '년바오(元寶, yuánbǎo)'는 중국어 직접 차용어.¶ 젼당푸리 볼쟉시면 돈 밧고며 은 밧곤다 년바오 오십 냥듕 말굽쇠 이십 냥듕 닷 냥듕 죵두쇠와 ᄒᆞᆫ 냥듕 바둑쇠를 큰 쟉도로 ᄶᅥ어보며 은탕평 져울 달고 당십 ᄃᆡ젼 너 돈으로 힝용 소젼 ᄒᆞᆫ 냥 너 돈 ᄒᆞᆫ ᄌᆞ오리 ᄒᆞ엿스니 아국 돈은 넛 돈일네 <연행-병인>

【녕구탑】 명 ((지리)) 영고탑(寧古塔). 흑룡강성 영안현(寧安縣)에 있던 땅. '영고특(寧古特)'이라고도 한다. '영고(寧古)'는 만주어로 여섯, '특(特)'은 '앉다'의 뜻으로 청 시조 6형제가 앉아 있던 언덕이라 한다. '구(古, gǔ)'는 중국어 직접 차용어.¶ 寧古塔 ‖ 길히셔 세 몰톤 오랑캐 열여ᄃᆞᆲ 사ᄅᆞᆷ을 자바가ᄃᆡ 미 두 사ᄅᆞᆷ식 쇠사슬노 ᄆᆡ야 걸녀가거ᄂᆞᆯ 무ᄅᆞ니 ᄉᆞᄉᆞ로이 인삼 ᄏᆡ던 사ᄅᆞᆷ을 녕구탑셔 자바 븍경 간다 ᄒᆞ더라 (路中遇胡人十八人皆步行, 每兩人以鐵索連繫其項, 三胡騎馬押來. 問之, 寧古塔捉私採人蔘者, 往北京云.) <연행-노가재 2:29b>

【노】 명 ((복식)) 나(羅). 깁. 명주실로 짠 피륙의 하나. 가볍고 부드러우며, 조금 성긴 구멍이 있어 사(紗)와 비슷하다. '노(羅, luó)'는 중국어 직접 차용어.¶ 노 긴 <가언-도 10a> 흰 노 (白羅) <역해-직조 하:4b> 비단과 노와 깁과 眞珠ㅣ 庫애 ᄀᆞ독ᄒᆞ고 <월석 23:72b> ▼縠 ‖ 샹녜 굴근 기블 니브시고 치마애 변ᄌᆞ를 도ᄅᆞᄃᆡ 아니ᄒᆞ더시니 朔望애 모든 公主ㅣ 뵈ᅀᆞ올 제 后ㅅ 오시 얼믜오 굴구믈 ᄇᆞ라고 도ᄅᆞ혀 綺縠이라 너기다가 [綺ᄂᆞᆫ 기비오 縠ᄋᆞᆫ 뇌라] 나ᅀᅡ 보ᅀᆞᆸ고 우ᅀᅳᆫ대 (常衣大練, 裙不加緣. 朔望諸姬主朝請, 望見后布疏麤, 反以爲綺縠, 就視, 乃笑.) <내훈 2상:44b> ▼羅 ‖ 노보션 시ᄂᆞᆫ 겨지븐 블근 蓮이 고온 ᄃᆞᆺ고 金굴에 ᄢᅵᆫ ᄆᆞᄅᆞᆫ 힌 눈 ᄀᆞᄐᆞᆫ 터리니라 (羅□紅蕖豔, 金羈白雪毛.) <두시-초 11:39a> 픈 류쳥비체 ᄡᆞᆯ 업슨 룡을 금으로 ᄧᆞᆫ 노텰릭에 팔보 ᄢᅵᆷ ᄒᆞ고 물에 구룸 문을 직금ᄒᆞᆫ 노 비게 (柳綠蟒龍織金羅帖裏, 嵌八寶骨朶雲織金羅比甲.) <번박 상:29b> 오ᄉᆞᆯ 니블 ᄶᅥ대 ᄉᆞ졀을 조차 옷 니브되 날마다 ᄒᆞᆫ 볼 벗고 ᄒᆞᆫ 볼 ᄀᆞ라 닙ᄂᆞ니 봄의ᄂᆞᆫ 됴ᄒᆞᆫ 야쳥 노 이삭 ᄃᆡ녕에 흰 노 큰 더그레예 프른 뉴쳥노 ᄀᆞᄂᆞᆫ 줄옴 텰릭이오 (穿衣服時, 按四時穿衣服, 每日脫套換套. 春間好青羅衣[曳]撒、白羅大搭胡、柳綠羅細摺兒.) <노언 하:45a> 곳 아래 이스리 드리여시니 블근 옥기 보ᄃᆞ라온 ᄃᆞᆺᄒᆞ고 버듨 가온ᄃᆡ 니 좀가시니 프른 뇌 가비야온 ᄃᆞᆺᄒᆞ도다 (花下露垂紅玉軟, 柳中煙鎖碧羅輕.) <백련 3a> ※ 柳綠빗치 蟒龍을 織金ᄒᆞᆫ 羅 텰릭에 八寶 ᄢᅵ고 굴근 운문ᄒᆞᆫ 織金羅比甲에 (柳綠蟒龍織金羅帖裏, 嵌八寶骨朶雲織金羅比甲.) <박언 상:27b> ⇒ 로

【실 엉컨 것은 풀어도 노 엉컨 것은 못 푼다】 속 실 엉킨 것은 풀어도 노 엉킨 것은 못 푼다. 작은 일은 간단히 해결할 수 있어도 큰일은 좀처럼 해결하기 어려움을 비유적으로 이르는 말.¶ 실 엉컨[퀀] 것은 풀어도 노 엉컨[퀀] 것은 못 푼다 (絲紛은 解하야도 繩亂은 解치 못한다) 小事는 平키 易하야도 大事는 治키 難하다 함이라 <조속1922 219>

【노공】 명 ((인류)) 노공(老公). 남편. (중국어 간접 차용어).¶ 老公 ‖ 우리 노공이 ᄒᆞᆫ 낫 호한이라 네 날 쇽이

려 ᄒᆞᄂᆞ다 타일 알면 요더치 아니리라 (我的老公不是好惹的! 你却要騙我. 倘若他得知, 却不饒你.) <수호-이화 40:26a-45> ※ ᄯᅩ 이 老公이며 ᄯᅩ 이 老婆ㅣ니 ᄯᅩ 이 二儀子ㅣ 아니오 무섯고 (也是老公, 也是老婆, 却不是二儀子怎的?) <오전 1:31a> 老公을 告ᄒᆞᄂᆞ이다 (告老公.) <오전 4:14b> 娘子ᄂᆞᆫ 老公이 이시니 ᄑᆞ라도 사ᄅᆞᆷ이 要ᄒᆞᆯ 이 업슬더라 媚春을 ᄑᆞᆯ미 므던ᄒᆞ니 ᄯᅩ한 老公을 어드리로다 (娘子有老公, 賣沒人要, 賣媚春兒罷, 且得箇老公.) <오전 7:1b>

【노도】 명 ((인류)) 노도(老道). 도사(道士). (중국어 간접 차용어).¶ 老道 ‖ 묘공이 노도로 ᄒᆞ여금 샹을 가져오라 ᄒᆞ여 즁인으로 더브러 슈망각난히 정허롤 위ᄒᆞ여 의복을 닙히고 샹의 누어 료리ᄒᆞ믈 경당히 ᄒᆞᆫ 후의 즁인이 대곡ᄒᆞ더라 (妙空叫老道搭了牀來, 同着衆人手忙脚亂的給淨虛穿好衣服, 停了牀, 料理妥當, 然後衆人大哭起來.) <홍부 4:34> 이러므로 문 두다리ᄂᆞᆫ 쇼리롤 드ᄅᆞᆯ 사ᄅᆞᆷ이 업더니 승이 노도의 방즁의 안졋다가 듯고 련망히 노도로 ᄒᆞ여금 문을 열게 ᄒᆞ니 (故此無人聽見, 因升兒在老道屋裏坐着, 聽見搥門, 趕忙叫老道來開.) <홍부 4:102>

【노미-ᄡᆞᆯ】 명 ((곡식)) 나미쌀(糯米-). 찹쌀, 북방에서는 강미(江米)라고도 함. '노(糯, nuò)'는 중국어 직접 차용어.¶ 老米ᄡᆞᆯ (老米) <동해-미곡 하:2b> <몽해-미곡 하:2b> 곡식푸리 볼작시면 돌방하의 노미ᄡᆞᆯ과 기장 슈슈 피좁ᄡᆞᆯ과 모밀 보리 귀우리며 녹두 젹두 광젹이며 황디 청디 쥐눈콩과 옥슈슈를 밧출 갈고 씨를 븨여 울을 ᄒᆞ고 <연행-무자>

【노바쓰고시아】 명 ((지리)) 노바스고티아(Nova Scotia). (외래어).¶ 노바쓰고시아 (哪法斯叩西亞 Nova Scotia) <만국통감1912 4, 4>

【노-보션】 명 ((복식)) 나버선(羅-). '노(羅, luó)'는 중국어 직접 차용어.¶ 羅襪 ‖ 노보션 시ᄂᆞᆫ 겨지븐 블근 蓮이 고온 ᄃᆞᆺ고 金굴에 ᄭᅵᆫ ᄆᆞ론 힌눈 ᄀᆞᄐᆞᆫ 터리니라 버텅에셔 춤처 獻壽ᄒᆞᆯ 수롤 머구멧고 노 우희 ᄃᆞ라 ᄀᆞᅀᆞᆯ 터리 ᄀᆞᄐᆞᆫ 디셔 도라셔더니라 (羅襪紅蕖豔, 金羈白雪毛, 舞階銜壽酒, 走索背秋毫.) <두시-초 11:39a>

【노새】 명 ((동물)) 말과의 포유동물. 암말과 수나귀 사이에서 난 잡종. '노새(lausa)'는 중세몽고어 차용어.¶ 노새 로 (騾) <훈몽-수축 상:10b /19b> <천자-광 38b> 노새 라 (騾) <왜해-주수 하:23a> 노새 라, 驢父馬母所生. 贏似驢. (騾) <천자-주 38b> 노새, 騎畜, 驢馬交生. (騾) <신자 4:44a> 노새, 驢馬牝牡之所生. (騾) <한청-마필 14:19a> 노새 (騾子) <역해-주수 하:31b> <방석-주수 4:15b> <동해-주수 하:38b> <몽해-주수 하:32a> 노새 (騾子) <지나-동물 76> <자통-동물 461> 노새 (騾) <물보-모충 상:17b> 삿기 노새 (駒騾子) <역해-주수 하:31b> 나귀 흐러 나흔 노새 (駃騠) <한청-마필 14:19a> ▼驢 ‖ 툭싀은 쇼 노새 샹 물 돋 개 양 둥과 일체 금싊며 모긔 굴다괴 니 가야미롤 닐온 배라 (所謂牛驢象馬豬狗羊等一切禽獸, 蚊虻蝨蟻.) <장수 78a> ▼騾 ‖ 나괴 항돈이 부으면 반이나 하게 죽고 노새 ᄇᆞ람 마ᄌᆞ면 살 리 반ᄃᆞ시 드무니라 (驢腫肛豚多半死, 騾患癱風活必稀.) <마경 하:122b> 집 ᄒᆞᆫ 술위 자븐 것 년ᄂᆞᆫ 술위 나귀 노새 메우ᄂᆞᆫ 큰 술위 ᄐᆞᄂᆞᆫ 술위 다 됴히 지븨 드려 노하 두고 눈비예 젓게 말라 (樓子車、庫車、驢騾大車、坐車兒, 都好生房子裏放着, 休敎雨雪濕了.) <번노 하:35b> 집 지은 술위 잠은 것 년ᄂᆞᆫ 술위 나귀 노새돌 머오ᄂᆞᆫ 큰 술위 ᄐᆞᄂᆞᆫ 술위 다 됴히 집의 드려 노하 두고 雨雪에 젓게 말라 (樓子車、庫車、驢騾大車、坐車兒, 都好生房子裏放着, 休敎雨雪濕了.) <노언 하:32b> 두 놈은 뎌 나귀 노새들을 먹이기를 잘ᄒᆞ야 (兩個漢子, 把那驢騾們喂的好着.) <박언 중:19b> 뎌 놈은 나귀와 노새를다가 먹이기를 잘ᄒᆞ여 열 냥 은을 가지고 東安州에 가 거믄 콩에 노하 곳 車輛을 收拾ᄒᆞ여 몬져 ᄒᆞᆫ 술위를 시르라 가고 (那兩箇漢子把那驢騾喂好了, 帶十兩銀子到東安州去放黑豆, 卽便收拾車輛先載一車去.) <박신 2:28a> 변ᄒᆞ야 즘싱이 되면 나귀와 노새와 돗과 사슴과 톳기와 노로 뉘 되고 변ᄒᆞ야 (變獸則爲驢、騾、豕、鹿、免、獐等類.) <개벽-규장 1:19> ▼騾子 ‖ 오라디 아냐 노새롤 ᄐᆞ고 오니 기ᄅᆞ마와 굴네 다 ᄀᆞᆺ고 노새 십분 웅건ᄒᆞ더라 (不多時, 早已騎了騾子來, 鞍轡俱全, 果是十分雄健.) <후수 6:59> ᄒᆞᆯᄂᆞᆫ 노새롤 노하 문 알픠셔 플을 먹이더니 홀연 슈동이 와 노새롤 빌거ᄂᆞᆯ (一日沒事, 在門首看騾子在空地上吃草. 不期殳動走來拱手道: "在下有件緊事, 要到城中, 急要往回.特地自來求告, 借這黑騾做個脚力, 明日便還.") <후수 8:44> ᄒᆞᆫ 돌이 디난 후 믄득 그 노새 드러왓거ᄂᆞᆯ 깃거 닐오ᄃᆡ 그 몸쁠 거시 기로마란 어ᄃᆡ 두고 노새만 노하 보내야시니 닐오ᄃᆡ 이도 오히려 다ᄒᆡᆼᄒᆞ다 (這日忽見騾子跑進門來, 不勝歡喜. 却見鞍轡全無, 因說道: "這沒脊骨的人, 慣做沒脊骨的事. 幸喜肯放了回來, 還是造化.") <후수 8:46> 아마도 평안히 디내시고 젼 편지예 ᄒᆞᆫ 일들 그대로 ᄒᆞ시고 몰 노새 믈 머기거든 몬져 ᄂᆞ리와 보내옵 <유시정-25 그젓긔> 騾 ‖ 노새롤 ᄐᆞ면 싀훤고 든든ᄒᆞ외 <교린-됴 2:9a> 이에 청노새롤 ᄐᆞ고 밤의 칠빅 오십 니롤 돌녀 청산의 드러가 약 ᄏᆡ야 먹고 노새롤 더지고 몸을 감초아 바회 속의 숨다 <대송 1:31> ※ 騾, 老撒 <화이역어-조수> ⇒ 노쇠, 노싀, 로새

【노새-고기】 명 ((음식)) 노새고기.¶ 노새고기 (騾肉) <동의-탕액 1:55a>

【노셰ᄃᆡ】 명 ((인류)) 노세대(老世臺). 대대로 내려오며 교제가 있는 집안의 연장자에 대한 존칭. (중국어 간접 차용어).¶ 老世臺 ‖ 츄후 타인의 집의셔 구혼ᄒᆞᄂᆞᆫ 이 ᄯᅩᄒᆞᆫ 젹지 아니ᄒᆞᄃᆡ 노셰ᄃᆡᄂᆞᆫ 싱각ᄒᆞ여 보라 모다 부귀가의셔 뉘 가ᄋᆞ롤 남의 집의 더릴ᄉᆡ회로 보내믈 원ᄒᆞ리오 (後來人家求親的却也不少, 老世臺想, 都是富貴門第, 誰愿意把哥兒送到別人家去做女婿呢?) <홍보 19:65>

【노쇠】 명 ((동물)) 노새. 말과의 포유동물. 수나귀와 암말과의 사이에서 난 잡종인데 크기는 말만하나 머리, 귀, 꼬리, 우는 소리는 모두 나귀와 비슷하다. '노쇠(lausa)'는 중세몽고어 차용어.¶ 노쇠 라 (騾) <일우생-우한> ⇒ 노새, 노싀, 로새

【노ᄉᆞ】 명 ((인류)) ❶ 노사(老師). 선생. (중국어 간접 차용어).¶ 老師 ‖ 우빅 왈 노ᄉᆞ 소졔을 ᄋᆞ논야 (蘇又白一見就說道: "老師還認得小弟嗎?") <옥교-동경 만송 하:45> ❷ 나이 많은 중을 높여 이르는 말.¶ 老師 ‖ ᄉᆞ찰이 부셩ᄒᆞ려 ᄒᆞᆯ진ᄃᆡ 모롬즉이 쥬지법ᄉᆡ 능히 경문을 강ᄒᆞ며 지믈을 동녕ᄒᆞᆯ 거시어ᄂᆞᆯ 노ᄉᆞᄅᆞᆯ 쇽여 말ᄒᆞ지 아니ᄒᆞᄂᆞ니 쇼승이 비록 화상이 되여시나 실노 블법을 통치 못ᄒᆞ고 (要寺院富盛, 須得主師會講經募化. 不瞞老師說, 小僧雖做和尙, 其實不通佛法.) <후서유 4:5-7> 노ᄉᆞᄂᆞᆫ 나의 초민ᄒᆞᆫ ᄉᆞ정을 어엿비 너겨 불가의 ᄌᆞ비ᄅᆞᆯ 발ᄒᆞ여 <명행 18:2> 졔승이 크게 긔특이 너겨 즉시 나와 노ᄉᆞ의 말을 초공긔 고ᄒᆞ고 <유삼 19:73> 날이 발셔 기우러시되 지향ᄒᆞ여 갈 바ᄅᆞᆯ 몰나 착급ᄒᆞ옵나니 노ᄉᆞᄂᆞᆫ ᄃᆡᄌᆞᄃᆡ비ᄒᆞᄉᆞ 길ᄒᆞᆯ 가ᄅᆞ치쇼셔 <유이 27:65> 노ᄉᆞ의 ᄌᆞ비지심이 이럿틋ᄒᆞ니 감이 가ᄅᆞ치믈 듯지 아니리오 <화충 24:4> 춘향이 중장 맛고 거이 죽게 대엿다고 노ᄉᆞ 제승들이 법당을 소제ᄒᆞ고 불공축원을 ᄒᆞ것다 <춘향-종산g 49b> ⇒ 로ᄉᆞ

【노싀】 명 ((동물)) 노새. 말과의 포유동물. 수나귀와 암말과의 사이에서 난 잡종인데 크기는 말만하나 머리, 귀, 꼬리, 우는 소리는 모두 나귀와 비슷하다. '노싀(lausa)'는 중세몽고어 차용어.¶ 노싀 <노한 313> <법한 956> 노싀가 말도 ᄀᆞᆺ고 나귀도 ᄀᆞᆺ다 <법한 1036> 노싀(馬父) <박물-수 13b> 노싀 (騾馬) <중통-부록 96> 나귀 흐러 나흔 노싀 (駃騠) <물명괄-조수 12b> <물명고-서강 조수 9b> 騾母馬父生駏驉, 말 회러 나은 노싀 <물명고-서강 조수 9b> 나귀 흐러 나은 노싀 (駃騠) <박물-수 13b> ▼騾 ‖ 노싀 나 (騾) <음운 6a> <음첩a 12a> 노싀, 驢父馬母所生 (騾) <물명고-문통 모충 1:10b> 노싀 (騾. 驢父馬母所生.) <물명-류씨-1> 삼인이 노싀ᄅᆞᆯ 닛그러 이젼 ᄆᆞᆯ 일턴 곳의 니ᄅᆞ러 곳비ᄅᆞᆯ 노하 임의로 가게 ᄒᆞᄃᆡ 다만 플 잇ᄂᆞᆫ ᄃᆡᄅᆞᆯ 만나면 노싀ᄅᆞᆯ 막아 일졀 먹지 못ᄒᆞ게 ᄒᆞ니 그 노싀 플을 먹을 의싀 업고 치ᄅᆞᆯ 치지 아니ᄒᆞ여도 고든 길노 ᄃᆞᆺ거ᄂᆞᆯ (令牽從原路拐騙之處引上路頭, 放繮任走, 但逢草地, 二人攔擋冲咄, 那騾徑奔歸路, 不用加鞭, 跟至四十里路外.) <포공-騙馬 5:94> 화셜 가보옥과 다ᄆᆞᆺ 류샹련 두 사ᄅᆞᆷ이 태허환경을 ᄯᅥ나므로븟허 곳 죠흔 노싀ᄅᆞᆯ 셰내여 타고 량명 쇼태감을 거ᄂᆞ리고 여러 날 ᄒᆡᆼᄒᆞ더니 (再說賈寶玉和柳湘蓮, 他二人自從離了太虛幻境, 便雇了長行的走騾, 帶了兩名小太監, 曉行夜住, 饑餐渴飮.) <속홍 10:1> ▼騾子 ‖ 노싀 (騾子) <화초-주수 26a> <한지-주수 35> <화정-금수 62> <중통-부록 96> <한대-조수 83> 그 한 필 노싀가 가장 지리기로 저를 혁 써디 못하미라 (那一匹騾子好口硬, 勒不住他.) <중화-아천 11b> 너 이 힘이여던 어디 타디 못할 노싀가 이스랴 (我這个力量否咧, 那裡有騎不住的騾子麽.) <중화-아천 12a> 내 십년을 더 모랏노라 수레와 노싀가 다 됴흐냐 (我十來多年的工夫. 車子騾子都好嗎?) <관략 9a> 수레ᄂᆞᆫ 심양셔 새로 사고 노싀난 둘회 一千二百兩 주고 삿시니 크고 살져셔 가기ᄂᆞᆫ ᄲᅡ르외다 (車子到瀋陽新買來的兩个騾子一千二百兩買的, 狠大狠肥走的快.) <관략 9b> 변ᄌᆞ ᄒᆞ든 변ᄌᆞ치 안튼 ᄊᆞᄒᆞᆫ 갑진 것이올시다 졔가 타고 온 그 노싀도 미우 조흔 것이엿습니다 (怎麽樣不怎麽樣, 也筭是值錢的, 他騎的那騾子, 也是很好的.) <지나-과유허사 231> 차 타고 온 것이 아니라 노싀 타고 왓습니다 그 노싀는 썩 잘 살졋습듸다 (不是坐車騎着騾子來的, 那騾子十分膘壯.) <지나-과유허사 231> 아니오 사랴ᄂᆞᆫ 것은 노싀와 나귀올시다 (不是, 買的是騾子、驢.) <한지 66> ▼騍騾子 ‖ 염왕노애 말솜ᄒᆞ시ᄃᆡ 너 싱젼의 쥬인을 유인ᄒᆞ여 음난ᄒᆞᆫ 죄ᄅᆞᆯ 범ᄒᆞ엿다 ᄒᆞ고 이졔 나ᄅᆞᆯ 일긔 노싀로 변ᄒᆞ게 ᄒᆞᄃᆡ 다만 슈고ᄅᆞᆯ 밧게 ᄒᆞ고 미야지ᄅᆞᆯ 낫케 아니ᄒᆞᄂᆞ니 (閻王老爺說我生前引誘主子, 犯了淫罪, 這會子罰我變個騍騾子, 只許受苦, 不許下驢.) <보홍 2:29> 나귀가 말과 교합ᄒᆞ면 노싀을 나코 마교호[어룽진 말 갓ᄒᆞᆫ 것] 결제을 싱ᄒᆞ고 우교여ᄒᆞ면 적몽[노싀 갓ᄒᆞᆫ 것]을 싱ᄒᆞ고 <청박-조수 130:17> 일ᄃᆡ 슈양의 긴 가지 ᄇᆞᆰ은 바ᄅᆞᆷ의 움죽이ᄂᆞᆫ ᄉᆞ이로조ᄎᆞ 프른 노싀 네 굽 놀니기ᄅᆞᆯ 셜니 ᄒᆞ고 <명행 3:55> 쇼졔 블변안쉭고 노싀의 ᄂᆞ려 암샹의 안ᄌᆞᆺ더니 아이오 일진괴풍이 이러ᄂᆞ며 <벽허 11:63> 쇼쥬인을 뫼시고 경ᄉᆞ로 가다가 도즁의 젹화ᄅᆞᆯ 만나 노싀와 힝니ᄅᆞᆯ 다 일코 <화명 7:68> 금은 글ᄌᆞ 단청 집의 아로쇡인 벽이며 뎐당푸리 ᄎᆞ푸리며 각쇡 힝화 ᄃᆡ상고라 한임ᄎᆞ의 호달마며 ᄐᆡ평ᄎᆞ의 조흔 노싀 <연행-戊子 10:103> 李譜이 집을 剉ᄒᆞ여 노싀 목에 金돈을 걸고 <김수장 해가-주씨 550> 지평 니셔방이 ᄌᆞ흔을 정ᄒᆞ고 와서 노싀을 빌고 갓다가 달나기 너일 ᄡᅥᄂᆞ랴 ᄒᆞ너 <시숙1911.4.16 ↓영감 국한-925> 노싀 나괴 버러믹고 돈 두지 이천양은 요용숫치 유족ᄒᆞ다 싀집온지 십연 만의 가ᄉᆞᆫ이 슈십만지라 <복선-능성구부인 가사집 8:261> ⇒ 노새, 노쇠, 로새

【노싀-고기】 명 ((음식)) 노새고기.¶ 노싀고기, 孕婦勿食. (騾肉) <각회-수 16b> ⇒ 노새고기

【노아】 명 ((기독)) ((인명)) 노아(Noa). 구약 성경 창세기에 나오는 대홍수 이야기의 주인공. 의로운 사람이기 때문에 하나님의 은총을 이어 대홍수 때에도 방주를 이용하여 가족과 함께 살아남을 수 있었다. (외래어).¶ 노아 ᄯᅢ에 된 것 ᄀᆞᆺ치 인ᄌᆞ ᄯᅢ도 그러리니 노아가 방쥬 우에 오르ᄂᆞᆫ 날ᄭᆞ지ᄂᆞᆫ 싀집가며 쟝가들고 먹으며 마시다가 홍슈가 니르러셔 일시에 멸ᄒᆞ엿고 <연경-셩립가 124> 홍슈 전의 사ᄅᆞᆷ들이 먹으며 마시ᄂᆞᆫ 일 여샹히 ᄒᆞ야 가며 쟝가들며 싀집감을 노아가 방쥬 안에 피ᄒᆞ야 드러가던 날ᄭᆞ지 ᄒᆞ엿스되 홍슈가 니르러셔 ᄆᆞᆰ아

케 멸홀 줄을 씨돗지 못홈ㅈ치 인ᄌᆞ의 강림홈도 역시 그와 ㅈ흐리라 <연경-표시가 156>

【노야】 명 ((인류)) 노야(老爺). 늙은 남자. 할아범. 노옹(老翁). (중국어 간접 차용어).¶ 노야 (老爺) <명물-신직 1:30b> 노야가 말 잘헌다 (老爺說話能句[彀]) <한담-장어 36b> 老爺 ‖ 나는 셔울 사룸이라 노야의 귀호 나히 얼마뇨 (我是王京人. 老爺貴庚呵?) <관략 2b> 노야의 조희가 얼마며 삼이 얼마나 되시오 (老爺大紙多小斤子多小?) <관략 3a> 노야가 듯지 못ᄒᆞ얏ᄂᆞ냐 하가에 차국이 가고 오ᄂᆞᆫ 물건을 도모지 우리 궤상의셔 주관ᄒᆞ야 실어가ᄂᆞ니라 (老爺, 你不聽老何家車局, 一來一去的貨物, 都由得我們櫃上管着拉.) <관략 3a> 노야야 밥 ᄌᆞ셧쇼 아니 ᄌᆞ셧쇼 (老爺, 你你用飯咧無?) <관략 4a> 닉일 일즉이 노야룰 청ᄒᆞ야셔 우리 방에셔 다반 예비ᄒᆞ깃ᄉᆞ오니 엇더ᄒᆞ시오 (明个早些請老爺, 咱們房子預備茶飯如何?) <관략 4a> 내 유단 가지고 졈으로 가오 노야 일즉 수습ᄒᆞ여 맛당케 ᄒᆞ오 (我拿油紙回店去咧, 老爺早早收拾停當罷.) <관략 10a> 내 일즉 네 노야를 보지 못ᄒᆞ얏고 네 집문을 아지 못ᄒᆞ니 <낙천 1:5b> ※ 너의 老爺가 무슴 밥을 먹으려 ᄒᆞᄂᆞ뇨 (你們老爺要吃甚麽飯呢?) <화계 상:8a> 老爺룰 위ᄒᆞ여 房을 어덧시니 車을 모라 드러갈지어다 (給老爺找出房子來咧, 把車子赶進去罷.) <화계 상:7b> 무어슬 달나면 무어시 잇시니 老爺ᄂᆞᆫ 다만 말ᄒᆞ라 (要甚麽有甚麽, 老爺只管言語些兒罷.) <화계 상:8a> 네가 이 李老爺가 아니냐 (你呢不是李老爺麽?) <화계 상:11a> 老爺들이 어딕로 가ᄂᆞ뇨 (老爺們是往那裏去呢?) <화계 상:6b> 너의 老爺들이 엇지ᄒᆞ여 官話룰 말홀 줄 아ᄂᆞ냐 (你們老爺們怎麽會說官話麽?) <화계 상:7a> 우리 앏히 ᄒᆞᆫ 河水 잇시니 이 河水의 ᄒᆞᆫ 가지 鯉魚가 잇시되 京城의도 일홈이 낫다 이러므로 來往ᄒᆞᄂᆞᆫ 老爺들이 다 먹으려 ᄒᆞᄂᆞ니라 (咱們前邊有一道河, 這河裏出一種鯉魚, 連京城裏也出過名兒. 所以來往的老爺們都要吃呢.) <화계 상:8b> ⇒ 노여

【노야루】 명 ((복식)) 미상. (일본어 차용어).¶ 노야루 치마 ㅊ 밤식 빈비루 치마 ㅊ ᄌᆞ쥬 빈비루 치마 ㅊ 보라식 빈비루 치마 ㅊ 인조 쑥식 치마 ㅊ ᄌᆞ쥬 ᄉᆞ딍 치마 ㅊ 분홍 신직구 치마 ㅊ 술식 미광단 치마 ㅊ 은식 모슈 치마 ㅊ 당목 흑물 치마 ㅊ 세목 익물 치마 ㅊ <물목1954 한옥선108-122>

【노여】 명 ((인류)) 노야(老爺). 노옹(老翁). '여(爺, yé)'는 중국어 직접 차용어. ¶ 老爺 ‖ 추운 거슬 견디며 비곱푼 거슬 견디여 하루밤 고상한 곡졀은 아직 니르디 말고 천신만고하여 겨우 노여묘 데견 오리 뎜 북켠에 니르러는 싱각디 안이한 즘싱이 코를 풀며 뒤로 물므니 챠군도 조을다가 슈몽듕에 놀나나 (捱凍捱餓一夜受罪的苦節却是先不用提, 千辛萬苦的, 剛到老爺廟那裡五百里店北頭, 想不到的牲口行鼻往後冒, 赶車的也打盹的時候, 睡夢裡受驚.) <중화-아천 26b> ⇒ 노야

【노여장】 명 ((인류)) 노업장(老業障). '여(業, yè)'는 중국어 직접 차용어.¶ 老業章 ‖ 노격아 너 헛 시염하엿다 아릇번의 너을 도라보고 ᄉᆞ람이 업스면 올타 우리 아직 그롱웃말 멋초고 노격을 딕하여 반일이나 말하여도 종시 노여장만 말하지 못한다 고만두고 고만두어라 (老賊你呢白試ㆍ, 赶下次沒有人照顧你就是咧. 咱們先止住頑笑話罷. 對着老賊說个一半天的話, 終是說不過老業章. 拉倒拉倒罷.) <기착-육당 하:41a>

【노연】 명 ((인류)) 노연(那顔 noyan). 관리(官吏). 윗사람. 상전. '노연(noyan)'은 중세몽고어 차용어.¶ 노연 (使長) <역해-존비 상:26b> 音"노여". 鄕談노연同義. (那顔) <우공 3a> 卽國俗所謂"노연". <집람 2:16b> ▼官人 ‖ 우리 종 도의여 잇ᄂᆞᆫ 사ᄅᆞᆷ 노연네 조차 ᄃᆞᆫ닐 제 여긔 뎌긔 ᄆᆞᆯ ᄇᆞ린 ᄃᆡ 노여늬 ᄆᆞᄅᆞᆯ 잇거다가 됴히 ᄆᆡ오 (咱們做奴婢的人, 跟着官人們行時, 這裏那裏下馬處, 將官人的馬牽着, 好生絟着.) <번노 하:45a> 차반 머거든 사발와 그릇 벼ᄅᆞᆯ 간슈ᄒᆞ고 노연ᄃᆞᆯ히 자거든 ᄒᆞᆫ 동모 ᄒᆞ야 보숣펴 ᄃᆡ후ᄒᆞ게 ᄒᆞ라 (茶飯喫了時, 椀子家具收拾了, 官人們睡了時, 敎一箇火伴伺候着.) <번노 하:46a> ▼官長 ‖ 만이레 이리 조심ᄒᆞ야 ᄃᆞᆫ니면 곧 이 아랫 사ᄅᆞ믹 노연 셤기ᄂᆞᆫ 이리어니ᄯᆞ나 (若這般謹愼行時, 便是在下人, 扶侍官長的道理.) <번노 하:46a> ※ 那演 <고려사 82:3 羅州牧使李進修上疏> 那衍, 俗稱主將曰那衍. <세종실록-1 총서> ※ 官人, 那顔 <화이역어-인물> ⇒ 뇌연

【노-옷】 명 ((복식)) 나옷(羅-). '노(羅, luó)'는 중국어 직접 차용어.¶ 繡羅衣 ‖ 繡혼 노옷 고외 暮春에 비취엿ᄂᆞ니 金孔雀과 銀麒麟괘 ᄢᅴ긔엿도다 (繡羅衣裳照暮春, 蹙金孔雀銀麒麟.) <두시-초 11:17a> ▼羅衣裳 ‖ 가을히 다ᄃᆞᆮ거든 노오시오 (到秋間是羅衣裳.) <노언 하:45b>

【노우스-아베리카】 명 ((지리)) 노우스아메리카(North America). 북아메리카. (외래어).¶ 노우스아베리카, 一作"阿墨", 아베리카 (北亞米利加洲諸國) <명물 六堂 13a>

【노워이】 명 ((지리)) 노르웨이(Norway). 스칸디나비아 반도 서부에 있는 입헌 군주국. 1905년에 스웨덴에서 독립한 국가로, 국토가 남북으로 길게 뻗어 있고 대부분 높이 1,000~2,000미터의 고원을 이루고 있다. (외래어).¶ 노워이 (瑙威) <태서신사> ⇒ 노웨, 노웨국, 노웨이, 노워국 ☞ 로위

【노웨】 명 ((지리)) 노르웨이(Norway). 스칸디나비아 반도 서부에 있는 입헌 군주국. 1905년에 스웨덴에서 독립한 국가로, 국토가 남북으로 길게 뻗어 있고 대부분 높이 1,000~2,000미터의 고원을 이루고 있다. (외래어).¶ 노웨 (那威) <명물-육당 12b> 노웨 <사필> 노웨, 哪威 North (Lord) <만국통감1912 4> 네델넌쓰국 븍편에 세 적은 나라히 잇스니 일홈은 쉬덴과 노웨와 쏀막국이라 <만국통감1912 4, 40> ⇒ 노워이, 노웨, 노웨이, 노웨국 ☞ 로위

【노웨-국】 명 ((지리)) 노르웨이(Norway). 스칸디나비아 반도 서부에 있는 입헌 군주국. 1905년에 스웨덴에서

독립한 국가로, 국토가 남북으로 길게 뻗어 있고 대부분 높이 1,000~2,000미터의 고원을 이루고 있다. (외래어).¶ 아라사국과 노웨국과 쉬덴국과 덴막국과 덕국과 네데란스국과 벨지암국과 영길리국과 블난시국과 <사필1889-헐버트 12> ⇒ 노워이, 노웨, 노웨이, 노위국 ☞ 로위

【노웨이】 명 ((지리)) 노르웨이(Norway). 스칸디나비아 반도 서부에 있는 입헌 군주국. 1905년에 스웨덴에서 독립한 국가로, 국토가 남북으로 길게 뻗어 있고 대부분 높이 1,000~2,000미터의 고원을 이루고 있다. (외래어).¶ 노웨이 (那威) <세계전도1900> ⇒ 노워이, 노웨, 노웨국, 노위국 ☞ 로위

【노위국】 명 ((지리)) 노위국(挪威國). 노르웨이(Norway). 스칸디나비아 반도 서부에 있는 입헌 군주국. (외래어).¶ 노위국 <법한 979> ⇒ 노워이, 노웨, 노웨국, 노웨이 ☞ 로위

【노회-하-】 형 뇌괴(惱壞)하다. 망치다. '노회(惱壞, nǎohuài)'는 중국어 직접 차용어.¶ 惱壞 ‖ 당관당치을 하여 ᄉᆞ람을 속이며 요인 화인 히인을 하여 또 돈 남기기을 탐하여 ᄌᆞ당 미ᄒᆞ하여 멋 히을 지너지 안여 도리여 노회하메 니르며 (當官當差掯人要人、禍人、害人的, 也有貪着增錢自當賣買, 不過是幾年返到惱壞的.) <기착-육당 하:49b>

【녹대】 명 굴레. 마소를 부리기 위하여 머리와 목에서 고삐에 걸쳐 얽어매는 줄. 바(참바)로 만든 굴레. 제주 방언. '녹대(noqta)'는 중세몽고어 차용어.¶ 송서방은 외양간으로 들어가서 밭갈쇠 뿔에 걸려 있는 녹대(소의 뿔에 건고삐)를 풀고, 다시 송아지가 둘이나 딸린 암소 고삐를 풀었다. 냇가에 가서 물을 먹이려는 것이다. <현길언, 한라산, 2, 1995, 213~214> ※ 草羈謂之祿大 <탐라지> 勒爲祿大. <남사록-김상헌>

【놋트】 낫(not). 부정사. (외래어).¶ 놋트 (無) <영어일상통화단어초집 우산>

【놋트-노드】 명 ((지리)) 노쓰로드(North Lord). (외래어).¶ 놋트 (노드) (挪耳特 North (Lord)) <만국통감1912 4, 4>

【뇌듸】 명 ((민속)) 뇌대(擂臺). 씨름판. (중국어 간접 차용어).¶ 擂臺 ‖ 녯 송태조 황뎨 빈쳔ᄒᆞ여신 제 일즉 뇌듸롤 티니 일로브터 텬해 그 일홈을 드럿더니 후의 황뎨 되민 뇌듸 [시룸ᄒᆞᄂᆞᆫ 듸라] 로써 빅셩의 지믈을 허비ᄒᆞ며 사룸의 셩명을 샹ᄒᆞᆫ다 ᄒᆞ야 텬하의 뇌듸롤 금ᄒᆞ엿더니 (當初宋太祖貧賤時, 曾打過擂臺, 自此天下聞名, 人心向附. 後來陳橋兵變, 便做了皇帝. 因見民間設立擂臺, 一則聚衆耗損民間財物; 二則生端起釁, 傷人性命, 故禁止天下, 不許設立擂臺.) <후수 5:49> 인종됴의 니ᄅᆞ러 일 업ᄉᆞᆫ 공ᄌᆞ 왕손이 교두롤 쳥ᄒᆞ야 창과 막대 쓰ᄂᆞᆫ 냥을 보며 텬ᄌᆞ긔 쳥ᄒᆞ야 기봉부 디방의만 뇌듸롤 다시 비셜ᄒᆞ니 이제 니ᄅᆞ히 (到了仁宗時, 便有好事內臣與王孫公子蓄養敎頭, 喜刺槍棒, 好頑好耍, 遂慫慂官家, 許開封一府設立擂臺, 相沿到今.) <후수 5:50> 처엄은 의ᄉᆡ 업서 뇌듸롤 셰오니 일홈이 우레 ᄀᆞᄐᆞ야 오호ᄉᆞ히 다 드러시매 영웅호걸이 다 듸하의 모히ᄂᆞ더라 (始初時, 沒有這箇意思, 立起擂臺來, 一箇雷聲天下響, 五湖四海盡皆聞, 英雄豪傑, 畢集於臺下.) <수유-동방 3:22> 너가 져 단ᄌᆞ롤 보니 져 늙은 거시 오다가 뇌듸 노름을 ᄒᆞ엿도다 (我纔看那單子上, 今年你這老貨又來打擂臺來了.) <홍루 53:27> 다홀박이 도라오니 명일에 우리 일즉이 밥 먹고 평산당에 가 뇌듸 침을 보ᄌᆞ (多胳膊回來了, 明日我們早些吃點飯, 上平山堂去看打擂臺去.) <녹모 4:29>

【뇌연】 명 ((인류)) 노연 (那顔 noyan). 관리(官吏). 웃사람. 상전. 몽고어 차용어.¶ 使長 ‖ ᄌᆞ식은 어버의 거술 쓰고 죵은 뇌연의 거술 쓰ᄂᆞ니 뎌 농소롤 ᄀᆞ음아다가 곳 져기 쓰디 아니코 므슴ᄒᆞ리오 (孩兒使爺娘的, 奴婢使使長的, 管着那莊土, 便不使些箇做甚麽?) <박언 하:37b> ⇒ 노연

【누권늬】 명 ((지리)) 뉴기니(New Guinea). 오스트레일리아 북쪽, 아라푸라 해와 토러스 해협 사이에 길게 놓여 있는 섬. (외래어).¶ 오스드렐랴 북편에 누권늬란 셤이 잇스니 폭원이 젹도브터 남위션 열듸그리ᄭᆞ지니 남북이 이쳔 리요 동셔가 삼쳔 리요 <사필1889-헐버트 158>

【누라】 명 ((인류)) 누라(嘍囉). 졸개. (중국어 간접 차용어).¶ 嘍囉 ‖ 말이 ᄆᆞᆺ디 못ᄒᆞ야셔 뫼 우히셔 ᄒᆞᆫ 소릐 나향의 과연 ᄒᆞᆫ 쎄 누래 내ᄃᆞᄅᆞ니 낫나치 머리의 신홍 두건을 쓰고 손의 도곤을 잡고 나오며 (山上一聲鑼響, 果閃出一夥嘍囉, 個個頭戴茜紅巾, 手執刀棍, 赶下山來.) <손방 3:52> 도최 몸을 등ᄌᆞ 아래 감초고 칼노 티니 은상젹이 막대 곗트로 ᄉᆞ리혀 피ᄒᆞ니 모든 누래 일시의 손폑티며 칭찬ᄒᆞ더라 (屠俏見棍來, 便鐙裏藏身; 殷尙赤見劍到, 卽便花棒躱閃. 直看得衆小嘍羅, 俱拍掌叫好.) <후수 5:21> 산채 ᄉᆞ면의 문호롤 다 굿게 닷고 누라롤 딕희워 그 도망ᄒᆞ기롤 막ᄌᆞᄅᆞ더니 (又將各處門戶重重緊閉, 又吩咐衆嘍囉俱要小心, 恐他逃脫.) <후수 12:45> 드듸여 ᄭᆞᄌᆞᆺ던 ᄭᅩᆺ출 쓰더ᄇᆞ리고 비단 오술 버서 더디고 누라롤 거ᄂᆞ리고 즛딜너 뫼흐로 ᄂᆞ려오다 (遂卸不盡滿頭花朶, 脫不了遍體羅衣. 惱恨一聲, 帶領一衆嘍囉衝殺下山.) <후수 12:62> 누라로 ᄒᆞ여곰 한 큰 반쥭을 버혀오라 ᄒᆞ여 가온듸 굼글 뚜러 션장을 그 쇽의 너코 두 머리 바흐로 얽어 ᄡᅡ고 (便令嘍囉砍一株斑竹來, 截去頭尾, 打通了節, 將銅杖藏于竹中, 兩頭鑲嵌堅固.) <선진 3:75> ▼僂羅 ‖ 신장이 구쳑이오 무예 츌중ᄒᆞ여 누라롤 모화 산치롤 민들고 가음연 집을 치고 긱상을 노략ᄒᆞ니 (身長九尺, 武藝過人, 聚集千餘僂羅, 倚山傍河, 創一大寨. 打家劫舍, 攔截客商.) <선진 12:13> ▼僂卒 ‖ 누츄ᄒᆞᆫ 녀지 졍히 누라롤 ᄡᅡ라가며 치더니 홀연 드ᄅᆞ미 ᄉᆞ룸이 고셩ᄒᆞ여 갈치ᄒᆞ며 죠타 ᄒᆞ니 (醜女子正在趕打僂卒, 忽聽有人高聲喝彩叫好.) <충협 31:69> ▼男婦 ‖ 긔원향의셔 동으로 오십 니 밧긔 ᄒᆞᆫ 뫼히 이

시니 일홈은 독화산이오 뫼 우히 흔 과뷔 슈하의 오뉵빅 누라롤 거느리고 산채를 웅거호야시니 그 댱부는 듕년의 죽고 그 과뷔 스스로 태음노뫼로라 일컷고 (原來這寄遠鄉東去五十餘里, 有一座獨火山, 被一個寡婦占據, 手下管着三、五百男婦. 他因丈夫死了, 遂自稱爲"太陰老母".) <후수 12:40> ⇒ 누릭

【누라병】 명 ((인류)) 누라병(嘍囉兵). 졸개. (중국어 간접 차용어).¶ 嘍兵 ‖ 만일 그 어귀로 드러가다가 누라병의 보미 되면 즉긔의 결박호여 가 대치쥬롤 보고 너의 릭력을 무롤진디 (如若進山口, 教嘍兵看見, 立刻就綁押解見大寨主, 問你的來歷.) <충소 2:53> 노방의 져의게 한번 츔 밧고 무르디 너는 명쎠 무어시며 어내 곳 누라병이뇨 (盧爺唾了他一口, 呸, 呸, 甚嗎東西, 問你叫甚麼名字? 那裏的嘍兵?) <충소 2:69> 특별이 군산의 치쥬와 누라병 등을 보게 흐느니 삼가 직희고 금녕을 범치 말나 (特示君山寨主, 嘍兵謹守, 毋犯禁令.) <충소 6:8>

【누룸쎅】 명 ((지리)) 뉘른베르크(Nurnberg). 독일의 바이에른 주에 있는 상공업 도시. 바이에른 주 북부의 경제, 문화의 중심지로, 중세부터 상업 도시로서 발전하였고, 옛 성, 교회 따위의 건축물이 잘 보존되어 있다. (외래어).¶ 누룸쎅 (努連布革 Nuremberg) <만국통감1912 4, 4> 다음 히 가을에 틸니가 레강변 누룸쎅 셩 안 요해쳐에 평안히 영을 쳣더니 <만국통감1912 4, 49>

【누릭】 명 ((인류)) 누라(嘍囉). 졸개. (중국어 간접 차용어).¶ 僂羅 /僂儸 ‖ 월젼의 누릭 보호디 관 아릭 일디 남녀 와 두장군긔 뵈와지라 혼다 흐거날 (一月前僂羅 / 僂儸來報, 關下一對男女, 要見甚麽杜將軍.) <선진 14:11> ▼嘍囉 ‖ 님담연이 뫼속으로 드러가다가 졍히 무어시 발이 올키여 업더지니 모든 누릭 너다라 잡아미여 가거놀 (話說林澹然正行山路, 被絆馬索絆倒. 一伙嘍囉將繩索綁定, 解上山來.) <선진 3:60> ⇒ 누라

【누번드란드】 명 ((지리)) 뉴펀들랜드(Newfoundland). 캐나다 남동부, 세인트로렌스 만의 입구에 있는 섬. 앞 바다의 대륙붕은 세계에서 손꼽히는 어장이다. (외래어).¶ 쏘 동편에 누번드란드와 [천 리 되는 셤] 겝브리던이란 [삼빅 리 되는 셤] 셤이 잇고 북편에도 셤이 만코 셔편에 빈구버와 [천 리 되는 셤] 젹은 셤이 만코 쏘 동편에 할리박스와 귀벡이란 포구가 잇고 셔편에 빅도리아와 빈구버ㅣ란 포구가 잇스며 <사필1889-헐버트 103>

【누비아】 명 ((지리)) 누비아(Nubia). 아프리카 북동부 이집트 남부에서 수단 북부에 걸친 지역. 홍해와 리비아 사막에 둘러싸여 있으며, 대부분이 사막으로 금·상아 따위가 난다. (외래어).¶ 디경을 의론컨대 북은 디즁히요 동은 홍히요 남은 누비아요 오랑캐 싸히라 셔는 셔하라 모릭 밧치며 <사필1889-헐버트 143> 아프리가 동편 히변에 누비아와 슈단과 아베시니아와 [이다리아국이 엇기를 시작] 소마리와 쌀라와 몸바사와 [영국이 엇기를 시작] 산긔바와 [덕국이 엇기를 시작] 모삼빅과 소팔라ㅣ란 [포츄갈국이 엇기를 시작] 여러 싸히 잇스니 <사필1889-헐버트 151>

【누시아】 명 ((인명)) 누시아. (외래어).¶ 누시아[곱장 할멈]는 미미흔 집 녀즈ㅣ라 어려셔브터 등곱은 병신이오 또 사롬이 명빅지 못흐야 어린으히 모양 깃더라 <기해-누시아 102ㅁ>

【누실란드】 명 ((지리)) 뉴질랜드(New Zealand). 오스트레일리아 대륙의 남동쪽에 있는 섬나라. 입헌 군주국으로, 1907년에 영국의 자치령이 되었다가 1947년에 독립하였다. (외래어).¶ 오스드렐랴 동남에 누실란드ㅣ란 셤이 잇서 폭원이 남위션 삼십이 되그리브터 스십팔 되그리까지요 <사필1889-헐버트 158>

【누역】 명 ((지리)) 뉴욕(New York). 뉴욕 주의 남쪽에 있는 미국 최대의 도시. 천연의 항구로, 맨해튼·브롱크스·브루클린·퀸스·스태튼 아일랜드의 다섯 구로 이루어져 있다. (외래어).¶ 도셩을 의론컨대 일홈이 워싱던이니 나라ㅅ 동편이오 쏘 누역과 [영국 셔울 대음 큰 촌이니라] 피라델피아와 보스든과 블쎅모와 잘쓰던이란 포촌이 잇고 <사필1889-헐버트 107> ⇒ 누육, 뉴욕, 늬우욕, 늬유욕

【누육】 명 ((지리)) 뉴욕(New York). 뉴욕 주의 남쪽에 있는 미국 최대의 도시. (외래어).¶ 그 던보는 누육의셔 이날 오정 후에 발흔 뎐보디 상항에 늣게 와셔 흔 사롬이 먼져 보고 혼자 아둣이 말흐니 여러 사롬이 놀날 만도 흐엿더라 <철세계 79> ⇒ 누역, 뉴욕, 늬우욕, 늬유욕

【누킈슬】 명 ((지리)) 뉴캐슬(Newcastle upon Tyne). 영국 잉글랜드의 타인위어 주 주도. 타인강을 낀 공업 항만 도시. 13세기에 이미 석탄 교역이 성했으며, 16세기 이래 영국의 주요 증기선 항구로 성장하였다. (외래어).¶ 쏘 흔가온대는 쎄밍함이란 큰 촌이 잇고 북편에 민체스터와 쁘릿폿과 릿스와 역과 쉐필드와 헐과 리버플과 누킈슬이란 여돏 큰 촌이 잇스니 <사필1889-헐버트 34>

【눈】 명 눈(noon). 정오. (외래어).¶ 눈 (正午) <영어일상통화단어초집 우산>

【뉴두】 명 ((인류)) 유두(油頭). 건달. 부랑아. (중국어 간접 차용어).¶ 油頭 ‖ 져거슨 죠타 니르지 못홀지라 우리 무리 져 굴헝 머리의 뉴두와 무뢰비 근쳐 인가의 풍류 되는 일을 지어내믈 보면 블과 두어 시긔의 믄득 사롬이 잇셔 져 모양 스곡을 민드러 늣기롤 당흐여 쇼히즈롤 가르쳐 창흐여 내느니라 (我們這裏橋頭巷口, 這些油頭光棍, 聽見左近人家做出些風流事來, 不過一兩個時辰, 就有人編造, 到靠晚乘凉時就有小頑童唱出來了.) <요화 15:83> ⇒ 유도

【뉴욕】 명 ((지리)) 뉴욕(New York). 뉴욕 주의 남쪽에 있는 미국 최대의 도시. (외래어).¶ 뉴욕 牛約 New York <만국통감1912 4> ⇒ 누역, 누육, 늬우욕, 늬유욕

【뉴죠시】 명 ((지리)) 뉴저지(New Jersey). 미국의 주의 하나. (외래어).¶ 뉴죠시 牛遮耳西 New Jersey <만국통감1912 4>

【뉴-캄】 명 ((인명)) 뉴커먼(Newcomen, Thomas). 영국의 공학자(1663~1729). 배수용 증기 기관을 개발하여 1712년에 탄갱에서 실용화하였다. (외래어).¶ 蒸汽機關 뉴-캄氏 <백과신-송1926 492>

【뉴톤】 명 ((인명)) 뉴턴(Newton, Sir Isaac). 영국의 물리학자·천문학자·수학자(1642~1727). 광학 연구로 반사 망원경을 만들고, 뉴턴 원무늬를 발견하였으며, 빛의 입자설을 주장하였다. (외래어).¶ 光의 分散의 理 뉴톤氏 <백과신-송1926 491>

【뉴포트】 명 ((지리)) 뉴포트(Newport). (외래어).¶ 뉴포트(牛坡特 Newport) <만국통감1912 4, 4>

【뉴헤번】 명 ((지리)) 뉴헤븐(New Haven). (외래어).¶ 뉴헤번 牛哈分 New Haven <만국통감1912 4>

【능간】 명 능간(能幹). 일을 잘 감당해 나갈 만한 능력이나 재간. (중국어 간접 차용어).¶ 능칙 | 음휼 | 능간 | 능활 <법한 755> 비록 뎌ㅣ 이런 능간이 잇ᄉᆞ나 하ᄂᆞ님의 능간을 뎌의게 비ᄒᆞ면 더옥 크시니 이러므로 너ㅣ 반ᄃᆞ시 하ᄂᆞ님믜 보호ᄒᆞ시기ᄅᆞᆯ 구ᄒᆞ고 마귀가 너ᄅᆞᆯ 유혹ᄒᆞ야 디옥에 드러가게 말지니라 <훈아 5b> ᄒᆞᆫ 몸ᄯᅮᆼ이 되엿ᄂᆞᆫᄃᆡ 일신 즁에 각 긔관이 맛ᄒᆞᆫ 능간 다 잇셔셔 활동 리용ᄒᆞᄂᆞᆫ 바ㅣ라 <대매-시평 1909.5.18>

【능간-능수】 명 능간능수(能幹能手). 일을 잘 해치우는 재간과 익숙한 솜씨. (중국어 간접 차용어).¶ ᄂᆞ나 ᄒᆞᆫ참 쇼연시의 ᄒᆞ로밤 셔방 이별 열도 ᄒᆞ고 빅도 ᄒᆞ되 능간능수 인난 고로 긔긔히 ᄃᆞ 밋처셔 돈 주ᄃᆞᄀ 건달 되면 신주가지 갓다 준이 <춘향-나손i 14a>

【능간-ᄒᆞ-】 형 능간(能幹)하다. 능력(能力) 있다. 일을 잘 감당해 나갈 만한 능력이나 재간이 있다. (중국어 간접 차용이).¶ 꾀 잇다 | 지모 잇다 | 능ᄒᆞ다 | 능간ᄒᆞ나 | 공교ᄒᆞ다 | 야살스럽다 <법한 621> 능간ᄒᆞ다 | 약바ᄅᆞ다 | 약살바ᄅᆞ다 | 약삭바르다 <법한 1242> 능칙ᄒᆞᆫ 놈 | 음휼ᄒᆞᆫ 놈 | 능간ᄒᆞᆫ 놈 | 능활ᄒᆞᆫ 놈 <법한 755> ▼能幹 ‖ 능간ᄒᆞ오 (能幹, To be able, to have ability, power.) <한영1890 94> 임의 이러ᄒᆞ면 어ᄃᆡ 가 능간ᄒᆞᆫ 관원을 어더 이 간텹을 가져 졔국의 가 군ᄉᆞᄅᆞᆯ 비러 이 어려오믈 플고 겸ᄒᆞ야 손션ᄉᆡᆼ이 쇼식을 방문ᄒᆞᆯ고 (怎得個能幹的官, 拿了這柬帖星夜去到齊邦.) <손방 5:38> 엇지 가만ᄒᆞᆫ 가온ᄃᆡ 계교ᄅᆞᆯ ᄲᆞᆯ고 나ᄂᆞᆫ 도로혀 ᄆᆞ음은 잇ᄉᆞᄃᆡ 다만 이런 능간ᄒᆞᆫ 사ᄅᆞᆷ이 업노라 (怎樣暗裏算計? 我倒有個心, 只是沒這樣的能幹人.) <홍루 25:36> 아지 못게라 네 능간ᄒᆞᆯ가 능간치 못ᄒᆞᆯ가 말을 졍졔히 ᄒᆞᆯ가 졍졔치 못하게 ᄒᆞᆯ가 (不知你能幹不能幹, 說的齊全不齊全.) <홍루 27:29> 우리 고랑아 네 나히 이마치 크고 ᄯᅩ 이런 조흔 모양의 도로혀 이런 능간ᄒᆞᆫ 지간이 이시니 별노이 신션이 환ᄉᆡᆼᄒᆞᆫ가 시브도다 (我的姑娘, 你這麽大年紀兒, 又這麽個好模樣兒, 還有這個能幹, 別是神仙脫生的罷.) <홍루 40:16> ▼能 ‖ 기여 쳥념ᄒᆞ고 능간ᄒᆞ며 근신ᄒᆞᆫ 사ᄅᆞᆷ은 다 녯 벼술노 두게 ᄒᆞ고 (其餘廉能勤愼的俱還舊職.) <수유-동방 12:78> ᄯᅩᄒᆞᆫ 능히 힘이 만하 므거오믈 지니 그 가히 부림 되오미 크게 ᄡᅬ 만코 능간ᄒᆞᆫ 놈이 여셔 나오니 엇지 ᄲᆞᆯ더업다 니ᄅᆞ리오 <박유-윤광호1800 32b> 본ᄃᆡ 지식과 능간ᄒᆞᆷ이 잇고 ᄆᆡᄉᆞ에 쥬밀ᄒᆞᆫ 고로 모든 교우의 쳠앙ᄒᆞᄂᆞᆫ 바ㅣ 된지라 <기해-뎡반로 43a>

【늬고】 명 ((지리)) 닛코(Nikko, 日光). 일본 도치기 현 북서부에 있는 관광 도시. (외래어).¶ 나라ㅅ 가온대는 요고하마와 늬고와 [산슈와 경쳐가 나라 안헤 뎨이오 ᄯᅩ ᄆᆡ우 장려ᄒᆞᆫ 절이 잇ᄂᆞ니라] <사필-헐버트 79>

【늬그로】 명 ((지리)) 네그루강(Negro 江). 브라질의 북부를 흐르는, 아마존 강의 지류 가운데 하나. 콜롬비아의 동부에서 시작하여 남동쪽으로 흘러 브라질의 마나우스 부근에서 아마존 강과 합쳐진다. (외래어).¶ 여러 강들이 셔에셔브터 동에로 흐ᄅᆞ니 일홈이 플랏과 유루궤와 파라나와 살라도와 칼르라도와 늬그로ㅣ오 <사필1889-헐버트 134>

【늬바다】 명 ((지리)) 네바다(Nevada)산. 에스파냐 남부를 동서로 달리는 산맥. 지중해 연변을 따라 북동쪽에서 남서쪽으로 뻗어 있으며, 남쪽 경사면에서는 포도·올리브 따위가 재배되고 있다. (외래어).¶ 남에는 늬바다와 모릐나ㅣ란 산이 잇고 ᄯᅩ 과달귀버와 과듸아나ㅣ란 강이 대셔양에로 통ᄒᆞ며 셔에는 테거스와 두로ㅣ란 강이 포츄갈국에로 드러가며 ᄯᅩ동편에 ᄲᅡ릐아러이라 류칠 셤이 잇스며 <사필1889-헐버트 42>

【늬우욕】 명 ((지리)) 뉴욕(New York). 뉴욕주의 남쪽에 있는 미국 최대의 도시. (외래어).¶ 미국 늬우욕에셔 발간ᄒᆞᄂᆞᆫ 트리뷴신문과 헤럴드신문은 청일협약에 ᄃᆡᄒᆞ야 <대한> ⇒ 누역, 누육, 뉴욕, 늬유욕

【늬유욕】 명 ((지리)) 뉴욕(New York). 뉴욕주의 남쪽에 있는 미국 최대의 도시. (외래어).¶ 「런돈」은 그 殷盛이 웃더하고 「파리」는 그 華麗가 웃더하고 「늬유욕」은 그 宏壯이 웃더하다 함은 우리가 그림으로 눈이 시도록 본 것이 아니오잇가 <소년1908.11.1 73> ⇒ 누역, 누육, 뉴욕, 늬우욕

【늬이가타】 명 ((지리)) 니가타(Nigata, 新潟). 일본 니가타 현의 시나노(信濃川) 강 하구에 있는 시. (외래어).¶ 셔편에 하마다와 가루와와 가사와 추루가와 도야마와가나사와와 늬이가타ㅣ란 포구가 잇고 <사필1889-헐버트 78>

【늬가라과-국】 명 ((지리)) 니카라과(Nicaragua). 중앙아메리카 중부에 있는 공화국. 1821년 에스파냐에서 독립하였다. (외래어).¶ 센드랄 아메리까에 젹은 나라 다ᄉᆞᆺ시 잇스니 과데마라국과 혼두레스국과 산살베더국과 늬가라과국과 거스다리가국과 ᄯᅩ 벨릐스ㅣ란 ᄶᅡ히니 [영국 쇽방] 폭원이 북위션 여ᄃᆞᆲ 듸그리브터 십팔 듸그리ᄭᆞ지요 <사필1889-헐버트 113> ⇒ 니카라과

【닝보】 명 ((지리)) 닝보(Ningbo). 중국 절강성(浙江省) 동쪽 융장(甬江) 강 하류에 있는 도시. (외래어).¶ ᄯᅩ 동편에 누촹과 텬진과 티푸와 상히와 부챠오와 홍콩과

에모이와 닝보와 솨토ㅣ란 포구가 잇스며 텬진브터 남경을 지나 닝보ᄭᆞ지는 모든 강이니라 <사필1889-헐버트 72>

【니】 명 예(禮 lǐ). (중국어 직접 차용어).¶ 禮兒 ‖ 제가 와셔 너를 볼 ᄯᅢ여 네 됴은 낫ᄎᆞ로 데를 니를 장티 말고 첫 마디에 저를 놀닉되 저를 보디 안넌 테하여 맛ᄎᆞᆷ닉 저를 붓ᄭᅳ럽게 하되 (他來見：你的時候乙, 你不用好臉對他講些个禮兒, 頭一句乙嚇唬他, 粧惱看不起他的樣兒, 終是敎他害羞.) <중화-아천 29a>

【니고데모】 명 ((인명)) ((기독)) 니고데모(Nicodemos). 바리새파의 유력한 정치가. 예수에게 밤에 몰래 찾아와 가르침을 구하고 예수를 변호하는 데 노력하였다고 한다. (외래어).¶ 이러ᄒᆞᆫ 이젹들을 목도ᄒᆞᆫ 대쇼 인민 뉘 아니 감복ᄒᆞᆯ가 바리식 교인 즁에 디위 놉고 명망 잇고 점지 안코 명철ᄒᆞ야 빅셩의게 츄앙 밧ᄂᆞᆫ 니고데모 거동 보소 <연경-니고데모가 13> 니고데모 드를ᄉᆞ록 의심을 못 ᄭᅵ친다 예수ㅣ 닐ᄋᆞ샤ᄃᆡ 이스라엘 교ᄉᆞ된 쟈 이 리치를 모로ᄂᆞ냐 아ᄂᆞᆫ 것과 보ᄂᆞᆫ 것을 말ᄒᆞ고 증거ᄒᆞ되 알아듯지 못ᄒᆞ거든 ᄒᆞ믈며 하놀 일을 말ᄒᆞ면 밋을소냐 하놀에셔 오셧다가 하놀노 가실 이ᄂᆞᆫ 인ᄌᆞ 밧게 ᄯᅩ 업ᄂᆞ니 나ᄂᆞᆫ 곳 인ᄌᆞ로다 <연경-니고데모가 14>

【-니술오며】 ((문서)) 사뢰오며. 이살오며[是白乎旀]. (이두어).¶ 황공 복지 문안니술오며 힝ᄎᆞᄒᆞ신 후 달포 문안 뭇줍지 못ᄒᆞ오니 황공ᄒᆞ와니다 나아리임 긔체후 일양ᄒᆞ옵시며 마리임계옵셔 긔후 일양ᄒᆞᆸ신니잇가 복모블리옵지 못ᄒᆞ올소이다 <김성일가-166 원쥬 하인 구원이 김진화에게 올리는 고목1842> 황공복지 문안니술오며 <전호 이한회 등이 해암윤씨 댁 상전에게 올린 고목1842> ⇒ -이살오며 ☞ -허살오며, -ᄒᆞ살오며, -ᄒᆞᄉᆞ로며, -ᄒᆞᄉᆞ오며

【니카라과】 명 ((지리)) 니카라과(Nicaragua). 중앙아메리카 중부에 있는 공화국. 1821년 에스파냐에서 독립하였다. 태평양 연안을 따라 산맥이 뻗고 카리브해 연안에는 늪이 많다. (외래어).¶ 니카라과 (尼加拉加) <명물-육당 13b> ⇒ 늬가라과국

【니코진】 명 니코틴(nicotine). 담배잎에 들어 있는 알칼로이드의 하나. 휘발성의 색이 없는 기름 모양의 액체이다. (외래어).¶ 니코진 ‖ 담뱃진과 갓흔 독소 <조선-심 37> 알코-ㄹ과 니코진의 毒臭를 <염상섭, 표본실의 청개고리1921 118> 얼굴이 해쓱히 질리면서 마치 니코진에 취한 사람같이 <염상섭, 일대의 유업1949 30>

【닉더귀】 명 ((조류)) 익더귀. 새매의 암컷. 중세몽고어 '익더귀(itelgü)'의 차용어.¶ 닉더귀 (兔鶻) <역해-주수 하:25b> ⇒ 익더귀

【닙본진】 명 ((인류)) 일본인(日本人). (일본어 차용어).¶ 센진인지 닙본진인지 분간을 못하고 <염상섭, 모략1948 87>

【닛게루】 명 ((화학)) 니켈(nickel). 은백색 금속 원소의 하나. 전성(展性)과 연성(延性)은 철과 비슷하나 공기·물·알칼리 따위에는 철보다 덜 침식되고, 강한 자성을 가진다. 1751년 스웨덴의 크론슈테트가 코발트광에서 철·동 이외의 금속의 존재를 발견하고 이른바 위동에서도 같은 금속이 있음을 알게 되어 이 금속을 니켈이라 명명하였다고 한다. (외래어).¶ 닛겔(닛게루) 구턴스뎃트氏 <백과신-송1926 491> 白銅 特製丁帖 닛게루 연봉丁帖 <조선장식-양복장 1933.12> ⇒ 닛겔, 닛계루

【닛겔】 명 ((화학)) 니켈(nickel). 은백색 금속 원소의 하나. 전성(展性)과 연성(延性)은 철과 비슷하나 공기·물·알칼리 따위에는 철보다 덜 침식되고, 강한 자성을 가진다. 1751년 스웨덴의 크론슈테트가 코발트광에서 철·동 이외의 금속의 존재를 발견하고 이른바 위동에서도 같은 금속이 있음을 알게 되어 이 금속을 니켈이라 명명하였다고 한다. (외래어).¶ 닛겔(닛게루) 구턴스뎃트氏 <백과신-송1926 491> ⇒ 닛게루, 닛계루

【닛계루】 명 ((화학)) 니켈(nickel). 은백색 금속 원소의 하나. 전성(展性)과 연성(延性)은 철과 비슷하나 공기·물·알칼리 따위에는 철보다 덜 침식되고, 강한 자성을 가진다. 1751년 스웨덴의 크론슈테트가 코발트광에서 철·동 이외의 금속의 존재를 발견하고 이른바 위동에서도 같은 금속이 있음을 알게 되어 이 금속을 니켈이라 명명하였다고 한다. (외래어).¶ 닛계루 <조백1915 584> ⇒ 닛게루, 닛겔

【너너】 명 ((인류)) 내내(奶奶). 할머니. (중국어 간접 차용어).¶ 奶奶 ‖ 아비롤 브ᄅᆞ기롤 나오대라 ᄒᆞ고 어미롤 마ː라 ᄒᆞ고 형을 거ː라 ᄒᆞ고 죵을 방지라 ᄒᆞ고 안해롤 너ː라 ᄒᆞ고 ᄯᆞᆯ을 창다외라 ᄒᆞ니 창다외ᄂᆞᆫ 도적이란 말이라 (呼父爲老大, 呼母爲媽媽, 呼兄爲哥哥, 呼奴爲幇子, 呼妻爲奶奶, 呼女爲强盜.) <서원-총목 60a> 그 너ː 져롤 위ᄒᆞ여 아ᄉᆞ온단 말을 듯더니 믄득 블문곡직ᄒᆞ고 ᄯᅡ희 ᄭᅮ러 고두ᄒᆞ며 니ᄅᆞᄃᆡ 노애 과연 능히 아ᄉᆞ올진ᄃᆡ 곳 만셰은덕이라 노신이 졍원으로 젼원을 모다 방믹ᄒᆞ여 ᄃᆡ은을 갑흐리라 (那奶奶聽見說替他奪了回來, 便不顧好歹跪在地下只是磕頭道: "老爺果能奪得轉來, 便是萬代陰功! 我老身情願賣盡田園, 以報大恩.") <후서유 16:17-31> 쳥문 등이 ᄭᅢ니 문을 닷치라 ᄒᆞ고 드러와 웃고 말ᄒᆞᄃᆡ 져 너너가 어ᄃᆡ 가셔 슐을 먹고 와셔 이럿타 져럿타 짓거리며 ᄯᅩ 우리롤 ᄒᆞᆫ바탕 조ᄅᆞ고 가도다 (這裏晴雯等忙命關了門, 進來笑說: "這位奶奶那裏吃了一杯來了, 嘮三叨四的, 又排場了我們一頓去了.) <홍루 63:18> 이졔 로야롤 ᄯᆞ르ᄂᆞᆫ 몃 사ᄅᆞᆷ이 뉘 등 압과 등 뒤ᄒᆞ셔 너너의 셩덕이 우리롤 블상히 너기시믈 찬양치 아니ᄒᆞ리잇가 (如今跟爺的這幾個人, 誰不背前背後稱揚奶奶聖德憐下.) <홍루 65:74> 냥 긔 노긔이 바드며 니ᄅᆞᄃᆡ 너ː야 이ᄂᆞᆫ 모다 너의 일단 효심이 텬디롤 감동케 ᄒᆞ므로 바야흐로 니런 은인을 맛낫시니 져 상공을 ᄃᆡᄒᆞ여 빅례ᄒᆞ라 (二位老者接將過來說: "大奶奶, 都是你這一點孝心, 感動天地, 這纔遇見這樣的好人, 冲上磕頭罷.") <충소 15:6> 여긔 유대랑이 셰히 잇

고 또 쥬너너가 둘히 이시니 아지 못게라 이 엇던 사ᄅᆞᆷ을 ᄎᆞᄌᆞ시ᄂᆞ뇨 (我們這裡周大娘有三個呢, 還有兩個周奶奶, 不知是那一行當的?) <홍루 6:30> 이졔 태태ᄂᆞᆫ 가ᄉᆞ롤 그디지 요리ᄒᆞ시지 아니ᄒᆞ고 모다 가련의 너너 당가ᄒᆞ엿ᄂᆞ니 (如今太太不大理事, 都是璉二奶奶當家了.) <홍루 6:37> ⇒ 내내

【너이롱】 명 ((복식)) 나일론(nylon). 탄소, 수소, 질소 따위를 원료로 하여 짠 합성 섬유의 하나. 가볍고 부드럽고 탄력성이 강하나 습기를 빨아들이는 힘이 약하다. 1938년 미국 뒤퐁회사에서 발명. (영어 차용어).¶ 너이롱 팟식 져고리 ᄎᆞ 일 …츈츄 나롱 치마 ᄎᆞ 일 …너이롱 팟식 치마 ᄎᆞ 일 <물목1972 07:07:01> ⇒ 나롱, 나오롱, 나의롱, 나이롱, 라리농, 라리롱, 라이롱

【너인-하】 명 ((지리)) 내인하(來因河). 라인강(Rhein 江). 중부 유럽 최대의 강. 스위스의 알프스 산에서 시작하여 리히텐슈타인, 오스트리아, 독일, 프랑스의 국경을 지나서 독일의 서부로 들어갔다가 네덜란드를 가로질러 북해로 흘러 들어간다. (외래어).¶ 너인하 (來因河) <이언> ⇒ 라인

【너장궤지】 명 ((인류)) 내장궤지(內掌櫃的). 내자(內子). 아내. '지(的, de> di)'는 중국어 직접 차용어.¶ 妻室 ‖ 너의 너장궤지의 넌긔 언마뇨 호치 니ᄅᆞ되 상공은 엇지 이ᄀᆞᆺ치 ᄌᆞ세히 무ᄅᆞ시뇨 곳 그 일을 심니ᄒᆞ려 ᄒᆞ시ᄂᆞ잇가 (太爺問: "妻室多大歲數了?" 伙計說: "你這個人怎麼問的這麼細微, 直是審事哪?") <충소 18:112>

【넘비】 명 ((기물)) 냄비. 음식을 끓이거나 삶는 데 쓰는 용구의 하나. 보통 솥보다는 운두가 낮고 뚜껑과 손잡이가 있음. 나베(なべ 鍋). (일본어 차용어).¶ 김이 무럭무럭 나는 넘비를 소반에 붓치 들고 드리오디니 최가의 욥헤 붓삭 드려노흐면셔 <귀의성 하:41>

【ㄷ】

【다가챠스타제】 명((화학)) 타카디아스타아제(takadiastase). 누룩균을 밀기울에서 생육시켜 생산하는 효소제제. 일본의 다카미네 조키지(高峯讓吉)씨가 1894년경에 개발한 것으로 맥아 디아스타아제(diastase)와 구별하기 위하여 발명자의 이름을 따서 Takadiastase라고 명명하였으며 세계 최초의 효소제제이다. (외래어).¶ 다가챠스타제 高峯讓吉氏 <백과신-송1926 491>

【다간】 명 ((동물)) 두습. 소의 나이 두 살을 이르는 말. 제주 방언. '다간(da'aqan)'은 중세몽고어 차용어.¶ 회색 바탕에 흰 줄이 죽죽 그어지고 뿔 중간에 하얀 점이 박힌 '태상박이'와 그것이 데리고 있던 다간(두 살)부룩소. 건지뿔(뒤쪽으로 길게 뻗은 뿔)의 누런 암소와 귀느래 검은 황소. <오성찬, 한라산, 1979, 201~202>

【다견】 명 타긴(打緊). 중요함. 긴요함. '(打緊, dǎjǐn)'은 중국어 직접 차용어.¶ 다견 (打緊) <수호-어휘 11a>

【다경-하-】 동 타경(打更)하다. 야경을 돌다. '다(打, dǎ)'는 중국어 직접 차용어.¶ 打更 ‖ 골픠하여 삼습오 됴를 힐코 가지 나갓다 하기로 오은 거리로 저를 차즈니 다경하넌 군이 말하기를 기굴 테견 어기네 거셔 투견한다 하기로 (說是打骨牌輸咧三十五吊錢, 纔出去咧. 滿街上找他, 有打更的說是在河那邊鄂家那裡鬪紙牌.) <중화-아천 38a>

【다기니】 부 타긴(打緊)히. 매우 중요롭게. 심각하게. '다긴(打緊, dǎjǐn)'은 중국어 직접 차용어.¶ 이 듕치마근 고공이 니버 온 오시오 슈슈기ᄂᆞᆫ 위연코 형니미 다기니 알파 호ᄃᆡ 내 긔시니 업고 연모 업서 몯 가 보노라 <순천김씨-103-1 1550-92 신천강씨(어머니) ↓순천김씨(딸)> ⇒ 다긴이, 다긴히

【다긴-이】 부 타긴(打緊)히. 매우 중요롭게. 심각하게. '다긴(打緊, dǎjǐn)'은 중국어 직접 차용어.¶ 의셩덕이 다긴이 편치 아녀 겨시다 ᄒᆞ니 싱양 여닐굽 쓰리나 킈여 죠희여 싸 봉ᄒᆞ여 보내소 <현풍곽씨-54 /진하-33 17c전기 곽주(남편) ↓진주하씨(아내)> ⇒ 다기니, 다긴히

【다긴-ᄒᆞ-】 형 타긴(打緊)하다. 대수롭다. 중요하다. '다긴(打緊, dǎjǐn)'은 중국어 직접 차용어.¶ 다긴타 (喫緊) <어록-초 10b> <어록-개 16a> <과록-유학 50b> <박물 11b> 다긴타, 緊; 喫, 近語辭. (喫緊) <심경 3:6b> 다긴타, 退溪曰: 喫, 語辭. (喫緊) <낙민-고> ▼打緊 ‖ 메우기옷 됴ᄒᆞ면 다긴티 아니ᄒᆞ도다 네 니일 날 ᄃᆞ려가 은젼 메워 셥화 ᄢᅬᄒᆞ나 밍ᄀᆞ라지라 (若廂的好時, 也不打緊, 你明日領我去, 做一條銀廂花帶.) <번박 상:19b> ᄆᆞᆯ 고티기 됴ᄒᆞ면 아모만도 다긴티 아니ᄒᆞ니라 (治得馬好時, 多少不打緊.) <번박 상:43a> 뎌ᄂᆞᆫ ᄀᆞ장 쉬오니 므서시리오 다긴티 아니ᄒᆞ다 네 放心ᄒᆞ라 내 ᄆᆡᆫᄃᆞ라 너를 주어 送路ᄒᆞ마 (那的最容易, 打甚麽不緊, 你放心, 我做饋你送路.) <박언 상:44a> 이리 니ᄅᆞ면 그저 뎨 ᄆᆞᆯ을 고쳐 됴흘 양이면 돈 多少ᄂᆞᆫ 도로혀 다긴치 아니ᄒᆞ다 (如此說, 只要他治得馬好, 錢之多少倒不打緊.) <박신 1:42a> ※ 打緊 ‖ 만일 전메오기를 잘ᄒᆞ면 또 打緊티 아니ᄒᆞ니 네 니일 날을 ᄃᆞ려가 ᄒᆞᆫ 올 이 銀젼 메온 섭사긴 ᄢᅬ를 ᄆᆡᆫ돌게 ᄒᆞ라 (若廂的好時, 也不打緊, 你明日領我去, 做一條銀廂花帶.) <박언 상:19a> ᄆᆞᆯ을 고텨 됴흐면 多少ᄂᆞᆫ 打緊티 아니ᄒᆞ리라 (治得馬好時, 多少不打緊.) <박언 상:38b> ⇒ 다긴ᄒᆞ-

【다긴-히】 부 타긴(打緊)히. 심하게. 심각하게. '다긴(打緊 dǎjǐn)'은 중국어 직접 차용어.¶ 나ᄂᆞᆫ 타작ᄒᆞ고 열흘 후로 갈가 식브거니완 자내옷 다긴히 알파ᄒᆞ면 수이 갈 거시니 즉시 긔별ᄒᆞ소 <현풍곽씨-50 /진하-138 17c전기 곽주(남편) ↓진주하씨(아내)> ⇒ 다기니, 다긴이

【다긴-ᄒᆞ-】 형 타긴(打緊)하다. 대수롭다. 중요하다. '다긴(打緊, dǎjǐn)'은 중국어 직접 차용어.¶ 打緊 ‖ 므서시 다긴ᄒᆞ리오 (打甚麽緊那?) <박언 상:63b> 보니신 거ᄉᆞᆫ 다 바닷ᄉᆞ오ᄂᆞ 엇지 이갓치 영염ᄒᆞ서셔 다긴ᄒᆞᆫ 소용으로 주시니 감ᄉᆞᄒᆞ외다 <홍 다소상-녀약1909.10.2 19b ↓석고종숙> ⇒ 다긴ᄒᆞ-

【다다미】 명 ((주거)) 다다미(たたみ). 마루방에 까는 일본식 돗자리. (일본어 차용어).¶ 죠용ᄒᆞ여 거쳐ᄒᆞ기ᄂᆞᆫ 죠흐나 적막ᄒᆞ기ᄂᆞᆫ 짝이 업ᄂᆞᆫᄃᆡ 시월 금음게 찬 바람은 살쏘듯 ᄒᆞ고 이층 루각 다다미 우헤 차기ᄂᆞᆫ 어름 구둘을 노흔 것 ᄀᆞᆺ고 비ᄂᆞᆫ 오날 온다 ᄅᆡ일 온다 ᄒᆞ여 잇다금 일어나ᄂᆞᆫ 회포가 불덩이갓티 치미러오되 <송뢰금 55> 마음의 즐기ᄂᆞᆫ 것이 안이로ᄃᆡ 그 셧달 찬 일긔에 이층 쪽닥이 다다미 우에셔 밤을 보내고 아춤에 일어나 종일 셩니를 도라단이니 젼 ᄀᆞᆺ트면 그릐도 회동좌긔니 무엇이니 ᄒᆞ며 종로 큰 길이 분주ᄒᆞᆯ 터인ᄃᆡ <송뢰금 110>

【다대】 명 ((인류)) 타타르족. 몽골 족 가운데 한 부족(部族). 달단족(韃靼族). '다대(㺚㺚ㅣ, dádá)'ᄂᆞᆫ 중국어 직접 차용어.¶ 다대 달, 俗呼"韃子", 或作"㺚". (韃) <훈몽-인류 중:2b /4a> 다대 달 (㺚) <음운 9b> 匈奴ᄂᆞᆫ 이젯 다대하 <삼강-충 6> 沙塞ᄂᆞᆫ 北녁 ᄀᆞᇫ애 프ᅀᅥᆷ귀 업시 몰애ᄲᅮᆫ 잇ᄂᆞᆫ 짜히니 다대 나라히라 <금삼 3:48> ▼胡 ‖ 請 드른 다대와 노니샤 바ᄂᆞᆯ 아니 마치시면 어비 아ᄃᆞ리 사ᄅᆞ시리잇가 (受賂之胡, 與之遊行, 若不中針, 父子其生.) <용가 52> 健壯ᄒᆞᆫ ᄆᆞᅀᆞ미 마디 아니ᄒᆞ야 東녀긔 가 다대 자보ᄆᆞᆯ 얻고져 ᄒᆞᄂᆞ다 (壯心不肯已, 欲得東擒胡.) <두시-초 19:47b> ▼虜 ‖ 文中子ㅣ 닐오ᄃᆡ 婚娶ᄒᆞᆯ 제 천량 議論호문 되 다대의 道ㅣ니 君子ㅣ 그 ᄀᆞ올히 드디 아니ᄒᆞᄂᆞ니라 (文中子曰: 婚娶而論財夷虜之道也,

君子不入其鄕.) <내훈 1:79a> ▼達達 ‖ 네 이 여러 벋들히 양지 또 漢人도 아니오 또 다대 아니니 모로리로다 어딋 사름고 내 엇디 너를 머믈워 재리오 (你這幾箇火伴的模樣, 又不是漢兒, 又不是達達, 知他是甚麽人, 我怎麽敢留你宿!) <번노 상:50a> 그 사름돌히 또 다대 사르미 도망ᄒᆞ야 나가니어늘 이 젼ᄎᆞ로 그 사르미 지블다가 조차 버므러 구의 이제 저 ᄒᆞ야 도망ᄒᆞ니를 츄심ᄒᆞ라 ᄒᆞᄂᆞ니 (那人們却是達達人家走出來的, 因此將那人家連累, 官司見着落跟尋逃走的.) <번노 상:50b> 이제 다대놀애 브르며 뎌 불라 (如今唱達達曲兒曲兒, 吹笛兒着.) <번박 상:7a> ⇒ 다딕 ☞ 오랑개, 오랑기, 오랑씨, 오랑캐, 오랑케, 오랑쾌, 오랑킈, 오랑킈, 오리캐, 올낭캐, 올냥캐, 올랑킈, 올앙킈

【다대-골】 명 ((지리)) 타타르골(韃靼-). '다대(韃靼 /達達ㅣ, dádá)'는 중국어 직접 차용어.¶ 韃靼洞, 다대골, 在洪原縣南三十里 <용가 5:33>

【다대-사룸】 명 ((인류)) 오랑캐. 달달(達達)사람. 타타르사람. '다대(達達 /韃靼ㅣ, dádá)'는 중국어 직접 차용어.¶ 達達人家 ‖ 요제예 ᄒᆞᆫ 사르미 지븨셔 다믄 아니 여러 나그내네를 ᄒᆞ야 잰 젼ᄎᆞ로 그 나그내 간 후에 일 나니 그 사롬돌히 또 다대 사르미 도망ᄒᆞ야 나가니어늘 이 젼ᄎᆞ로 그 사르믜 지블다가 조차 버므러 구의 이제 저 ᄒᆞ야 도망ᄒᆞ니를 츄심ᄒᆞ라 ᄒᆞᄂᆞ니 이리 人家를 버므리ᄂᆞ니 엇디 너를 머믈워 재리오 (新近這裏有一箇人家, 只爲敎幾箇客人宿來, 那客人去了的後頭, 事發. 那人們却是達達人家走出來的, 因此將那人家連累, 官司見着落跟尋逃走的. 似這般帶累人家, 怎麽敢留你宿?) <번노 상:50a>

【다대휘휘】 명 ((인류)) 오랑캐. 달단족(韃靼族). 타타르족. '다대휘휘(達達ㅣ回回, dádáhuíhuí)'는 중국어 직접 차용어.¶ 達達回回 ‖ 네 날 소기디 몯ᄒᆞ리라 내 또 새 다대휘휘 아니어니ᄯᆞ나 새 다대휘휘도 이제 다 아ᄂᆞ니라 네 엇디 우리 고렷사름을 소길다 (你瞞不的我, 又不是生達達回回, 生達達回回, 如今也都會了, 你怎麽瞞的我高麗人?) <번박 상:73a> ※ 達達回回 ‖ 達達回回ᄂᆞᆫ 萬里롤 越ᄒᆞ야 와 니르고 羅羅剌剌은 九譯을 重ᄒᆞ야 와 通ᄒᆞᄂᆞ쏘다 (達達回回越萬里而來至, 羅羅剌剌重九譯而來通.) <오전 7:27b>

【다딕】 명 ((인류)) 타타르족. 몽골 족 가운데 한 부족(部族). 달단족(韃靼族). '다딕(韃韃ㅣ, dádá)'는 중국어 직접 차용어.¶ 다딕 달 (韃 /韃) <음첩a 18b> ⇒ 다대 ☞ 오랑개, 오랑기, 오랑씨, 오랑캐, 오랑케, 오랑쾌, 오랑킈, 오랑킈, 오리캐, 올낭캐, 올냥캐, 올랑킈, 올앙킈

【다라강】 명 ((지리)) 다라강(多拿江). 미상. (외래어).¶ 다라강 (多拿江) <이언>

【다련】 명 ((복식)) 답련(褡褳). 양쪽에 주머니가 달려 허리나 어깨에 메는 자루. 전대 · 견대 따위. '다련(褡褳, dālian)'은 중국어 직접 차용어.¶ 다련 (褡褳兒) <화정-의복 44> ⇒ 탑련

【다리슈-구리무】 명 ((복식)) 유지방(乳脂肪) 생크림. '다리슈(dairiesデーリース)'는 (일본어 차용어).¶ 다리슈구리무 일병 오릿부기렴 일병 동빅기렴 일병 분첩 일 분실 일 연지 일첩 구지비니 일 마튜슈미 일첩 우유ᄉᆞ분 일 <물목-우한1 1916 단슈>

【다리야】 명 ((식물)) 달리아(dahlia). 국화과의 여러해살이풀. 알뿌리로 번식하며, 7월부터 늦가을까지 원줄기와 가지 끝에 꽃이 핀다. (외래어).¶ 작은 얼굴은 마치 바람 맞는 다리야 쏫과 그 봉오리 모양으로 <현진건, 여류음악가1929 8>

【다리풍】 명 ((기물)) 전화(電話). 텔레폰(telephone). (외래어).¶ 爹釐風 ‖ 이제 셔인이 또 다리풍[뎐긔션 ᄀᆞ튼 거시라]을 창긔ᄒᆞ야 쇼식을 젼ᄒᆞ게 ᄒᆞ니 더옥 심상치 아니ᄒᆞᆫ지라 (今西人更創爹釐風, 一種傳音, 驚異尋常.) <이언 상:20>

【다마】 명 ((기물)) 다마(玉 たま). 전구(電球). (일본어 차용어).¶ 泡子 ‖ 이 전등은 그다지 밝지 않으니 큰 다마와 바꿔 오시요 (這個電燈不大亮, 換個大泡子去罷.) <자통 231>

【다마네기】 명 ((식물)) 다마네기(玉葱 たまねぎ, tamanegi). 양파. (일본어 차용어).¶ 파속 ‖ 쌔터 2대슈가락 호도 (닉인 것) 5대슈가락 파스리(닉인 것) 2대슈가락 면보 부스럭이 1대슈가락 계란 1개 소곰과 호쵸가루 조곰식 다 함께 석고 파 (다마네기) 속을 도려내고 그 속에 너허서 파가 연하게 될 째까지 구울 것 <서요 77> 외픽클 ‖ 외 125개 (삭기 손가락 만콤식 한 것) 소곰 2잔 초 4잔이나 5잔 물 2잔 백반 1쇼슈가락 흑당 1잔 석근 약념 3쇼슈가락 (수북히) (계피 명향 메스 호쵸 계자 고쵸) 다마네기(썬 것) 1개 외와 다마네기를 큰 항아리에 담고 그 우에 소곰을 ᄲᅳ리고 외가 보이지 아닐 만콤 쓰린 물을 붓고 하로 밤을 두엇다가 물을 ᄶᅡ라 바리고 <서요 248> 고기 ᄉᆞᆷ십오 젼 조기젓 ᄒᆞᆫ ᄉᆞ발 ᄉᆞᆷ십오 젼 다마네기 두기 오 젼 마고 두 갑 십이 젼 ᄎᆞᆼ우 모 이십 젼 明雨 명우 과ᄌᆞ더 일 전 <가용일기 1936.12.20>

【다마-반지】 명 ((복식)) 다마반지(-斑指). '다마(玉, たま)'는 일본어 차용어.¶ 본발 당긔 본잠 일 귀이기 일 말뚝잠 일 연뽕잠 일 국화잠 일 지환 일쌍 쌍반지 일 다마반지 일 <물목 한옥선119-431>

【다마쓰끼】 명 ((오락)) 당구(どうきゅう撞球 billiards). 사각대 안에 여러 개의 공을 긴 막대 끝으로 쳐서 승부를 내는 실내 오락의 일종. '다마쓰끼(玉突き, たまつき)'는 일본어 차용어.¶ 다마쓰끼 (桶球兒) <자통-오락 460>

【다모도】 명 ((복식)) 다모토. 소맷자락. (일본어 차용어).¶ 다모도 속에 집어너허 버렷다 <염상섭, 초연1926 97>

【다슈】 명의 다스(dozen). 물건 열두 개를 묶어 세는 단위. (외래어).¶ 화중품 한 다슈 일귀 인도 일 전도 일 진소이 일 월소 일 당혀 일 낭ᄌᆞ빈혀 일 언지환 일상 속잠 한상 일ᄎᆞ 금지환 일 금화 일 만 천 환 약속 병신 이월 슌

파릴 선손 김 <물목-한고1956 현혼합> ⇒ 다스, 다슨, ᄃᆞ스

【다스】 명의 'dozen'에서 온 말. 물건 12개를 묶어 세는 단위. (외래어).¶ 포도쥬 ᄒᆞᆫ 다스를 위문의 경표료 밧치오니 드려쥬시옵나이다 <조백-언문편지1915 494> ⇒ 다슈, 다슨, ᄃᆞ스

【다슨】 명의 다스(dozen). 물건 열두 개를 묶어 세는 단위. (외래어).¶ 打躉兒 ‖ 당신 만일 다슨으로 ᄉᆞ면 가히 좀 감ᄒᆞ되 한 ᄀᆡ 한 ᄀᆡ식 푸러 ᄉᆞ면 곳 이 갑시외다 (您若是打躉兒買, 可以減點兒, 您要一個一個的零買, 就是這個價錢.) <화정 86> ⇒ 다슈, 다스, ᄃᆞ스

【다여문】 명 ((인류)) 대야문(大爺們). '다여(大爺, dàyé)'는 중국어 직접 차용어.¶ 大爺們 ‖ 깃부고 즐거운 것 공연이 우셔 쓧의 다라와하니 너의 숨위 다여문이 어러시 의논하여 찻군을 좀 놀난하여 주고 찻군으로 상지 나지 안커 하면 곳 더야의 은던을 가부야이 아니하갓다 (喜ㆍ歡ㆍ的, 白笑惱願意呢? 你們三位大爺們打候商量, 給車戶家講主一点, 不敎車戶家吃虧咧, 就不輕太爺們的恩典哪.) <기착-육당 상:47a> ☞ 야야문, 여여문

【다오】 명의 조(吊). 옛 화폐단위. '다오(吊, diào)'는 중국어 직접 차용어.¶ 吊 ‖ 헤아리니 우리 됴흔 弟兄들이 셜흔 나믄이 이실 뜻 ᄒᆞ니 每人이 돈 ᄒᆞᆫ 다오 五百을 내면 대되 돈 四十 五六 댜오를 모들 써시니 잇긋 넉넉이 ᄡᅳ리라 (筭來咱好弟兄們, 約有三十多箇. 每人出錢一吊五百文, 共湊錢四十五六吊, 儘勾使用了.) <박신 1:1b> ⇒ 댜오, 됴, ᄃᆢ

【다오루】 명 ((복식)) 타월(towel). 수건. 무명실이 보풀보풀하게 나오도록 짠 천. (외래어).¶ 양손 일 은분첩 일기 향슈 일병 향슈 분무긔 일 쏘리긔구금 일 화장품 일조 비노 슈기 향가치후 일타 손면경 일 녀힝 화장기구 일조 다오루 일타 <물목-한고 1941>

【다위】 명 ((인명)) 다윗(David). 고대 이스라엘 왕국의 제2대 왕(B.C.1000-962). 예루살렘에 도읍을 정하고, 여러 민족을 정복하여 왕국의 전성기를 이룩하였다. (외래어).¶ 다위 셩왕이 평싱에 죄롤 엇더케 통곡ᄒᆞ며 마다리나 셩녀와 와ᄉᆞ딩 ᄀᆞᄐᆞᆫ 셩인들의 일싱에 엇더케 곡읍홈을 보지 아니ᄒᆞ엿ᄂᆞ냐 <신명-통회보속 상:31a> 다위 셩왕이 ᄀᆞᆯᄋᆞ샤ᄃᆡ 만덕의 쥬여 네 궁뎐이 엇더케 ᄉᆞ랑ᄒᆞ염죽ᄒᆞ니잇고 <신명-텬당 상:62b> 셩 요셉은 유더아국 갈닐네아에 쇽ᄒᆞᆫ 나자렛 고올 사룸이니 본국 셩왕 다위의 이십륙ᄃᆡ 손이오 부친의 일홈은 야곱이니 비록 왕의 겨레나 임의 위롤 일ᄒᆞᆫ 지 오래매 가난ᄒᆞ고 쳔홈이 빅셩으로 더브러 다룸이 업ᄂᆞᆫ지라 <쳠례-셩요셉 49a>

【다이】 명 ((기물)) 台(だい). 받침. 받침대. (일본어 차용어).¶ 요강 일 다이 일 겹반상긔 일벌 소반 일 침척 일 운혀 일 함경 일좌 목농 일티 목의함 일티 묵상ᄌᆞ 일티 죽긔 한 바리 대발함 일좌 빈혀함 일좌 경다함 일좌 <물목-경고-6 1926 대발> 분첩 일 연지첩 일 밀지 일 분술 일 셩뉴이기 유근 이기 요강 일 다이 일 인도 일 젼도 일 셰침 두쌍 등침 두 쌍 <물목-한고-2 지게밧긔드리>

【다이닙본데이고쭈】 명 ((지리)) だいにっぽんていこく. 대일본제국(大日本帝國). (일본어 차용어).¶ 다이닙본데이고쭈 하놀갓치 밧드려ᄂᆞ <신민 1909.6.23>

【다이야】 명 ((복식)) 다이아몬드(diamond). 금강석(金剛石). (외래어).¶ 다이야 반지 일 다이야 목거리 일 슌금 노리개 일 슌금 팔지 일 슌금 귀거리 일 산호 반지 일 산호 목거리 일 산호 귀거리 홍옥 반지 일 시계 일 구슬쌕 일 화장품 일체 색동신 일 양화 일 가위 일 <물목-죽림1921 혼함>

【다인】 명 ((인류)) 대인(大人). 높은 신분・지위・관직에 있는 사람. '다(大, dà)'는 중국어 직접 차용어.¶ 다인 싸라오다 (跟大人來) <한담 11a> ▼大人 ‖ 다인은 소인에 허물을 보지 안ᄂᆞᆫ이라 (大人不見小人過.) <중화-숭실박 11b/108> 다인은 소인의 허물을 보자 안ᄂᆞᆫ이라 (大人不見小人的咎.) <중화-한고b 4a> ⇒ 대인, 더닌, 더인

【다-프ᄌᆞ】 명 ((상업)) 다포자(茶鋪子). 차가게. 차를 파는 상점. '프ᄌᆞ(鋪子, pùzi)'는 중국어 직접 차용어.¶ 힝ᄒᆞ여 수삼 픠루롤 지나 영호궐의 니ᄅᆞ니 궐 앏히 년못시 이셔 년엽이 믈의 덥혀시며 년못 겻히 다프ᄌᆞ와 보완프ᄌᆞ가 연락ᄒᆞ더라 <경술열하긔> ☞ 향다프ᄌᆞ

【다홍】 명 ((색채)) 다홍(大紅). 다홍빛. '다(大, dà)'는 중국어 직접 차용어.¶ 다홍 강, 大赤. (絳) <자주 하:44a> ▼大紅 ‖ 다홍 (大紅) <방석-방직 2:26b> <과록-채색 82a> 다홍 (茶紅) <일용-의복 13b> 다홍 (多紅) <이록-채색 21b> 믈 드리ᄂᆞᆫ 이아 이바 셩녕엣 것 보라 이 楊州ㅅ綾이 닐곱 발 기릐 ᄎᆞ고 두 머리예 보람 이시니 柳黃 다듬기롤 빗나게 ᄒᆞ고 이 니블 거족 다홍 몸쫑과 明綠빗쳇 깃을 다 빗도티라 안히 다 ᄀᆞ자시니 믈드리기롤 잘ᄒᆞ고져 ᄒᆞ노라 (染家你來看生活, 這楊州綾子滿七托長, 兩頭有記事, 染柳黃碾的光着, 這被面大紅身兒明綠當頭, 都是擡色的, 裏兒都全, 要染的好着.) <박언 중:3b> 이 열 필 깁에셔 닷 필은 다홍 드려 다듬고 닷 필은 小紅 드려 건식으로 홈이 므던ᄒᆞ니 열 필 깁을 누우기롤 닉게 잇긋ᄒᆞ라 (這十箇絹裏, 五箇大紅碾着, 五箇染小紅乾色罷, 十箇絹練的熟到着.) <박언 중:3b> 이 杭州ㅅ 綾이 每 疋에 닐곱 발 기릐 잇고 두 머리에 보람이 이시니 柳黃 빗츨 드리고져 ᄒᆞ고 이 니블 거족은 다홍을 드리고져 ᄒᆞ고 니블 기슨 水綠을 드리고져 ᄒᆞ고 (這杭州綾子每疋有七托長, 兩頭有記號, 要染柳黃色的, 這被面要染大紅的, 被當頭要染水綠的.) <박신 2:14a> 두건과 긴 오술 벗고 몸의 ᄒᆞᆫ 벌 슈노흔 둥지게의 다홍 요더만 씌고 두 풀 브ᄅᆞ도든 븕은 힘줄을 드러내고 (除了巾幘, 脫去內外袍襖, 只留着一件花繡雙龍戲珠搭着, 拴着一條大紅主腰露出胸前.) <후수 5:59> 틈을 타 ᄌᆞ긔 원중으로 다라와 쟝쥬의 외간 캉샹의 드러가 누어 일기 다홍 밧탕의 금으로 슈노흔 쟝침을 안

고 오열이 한즈음 우더니 (趁着空兒跑到自己院裏, 走進掌珠的外間, 躺在大炕上, 抱着一個大紅盤金靠枕嗚嗚咽咽的哭了一會.) <홍부 14:83> 문뎡이 의구ᄒᆞ되 문병 우희 다홍 죠희의 희보롤 붓쳣시되 (門屏上貼大紅報條, 上寫着捷報.) <쾌심 25:116> 허리의 다홍여의련환대롤 둘너시대 금으로 얽은 다홍 술이 다리 아리가지 늘엿고 (腰緊着大紅如意連環條, 兩絡打金結子的大紅回龍鬚直拖在脚面上.) <홍부 7:21> 이윽ᄒᆞ야 동다히 바다희 물과 구름이 다 붉거지고 졈ᄌᆞ 붉기롤 더ᄒᆞ야 다홍 휘쟝 둘너친 모양 ᄀᆞᆺ고 <북관 4:26> 이일 삼일 아[초록 금슈복ᄌᆞ 견마기 다홍 뎌란치마] <정가1847 2b> 다홍 싱슉쵸 겹치마 일 빅셰뎌포 쟈근 치마 일 <정가1847 13a> 다홍 화문 ᄌᆞ우사 겹치마 일 다홍 싱슉쵸단 치마 일 다홍 뎌포 치마 일 <정가1847 15a> 가례시 의디 기소 ‖ 다홍 한단 룡포 남한단 너쟉 일쟉 <정가1847 16b> 다홍 왜단 프디 일 [빅면포 잇 빅뎌포 잇] ᄌᆞ뎍 뎡듀 금보 다홍 단휘건 <정가1847 17b> 초록 직금 원삼 다홍 한단 너쟉 일쟉 …다홍 완ᄌᆞ 당츈단 금원문 노의 <정가1847 18a> 초록 봉직금 당의복 다홍 갑사 너쟉 <정가1847 18b> 다홍 완ᄌᆞ 당츈단 겹치마 일 [슈쳔만세 슐란 구] 다홍 졉문 모쵸단 겹치마 일 다홍 모탑 수화듀 단치마 일 <정가1847 20a> 각식 환도영 이빅 건 [다홍 이십 진분홍 이십 양초록 삼십 남송 삼십 오식 칠십 양남 십일 남 십 양ᄌᆞ뎍 십] <니익슌브팀불긔> 다홍 성성ᄉᆞ 십근 다홍 슈ᄉᆞ 십오 근 각식 슈ᄉᆞ 십오 근 <보물브팀불긔> 셔양 다홍 치마 ᄎᆞ 일 모슈 다홍 치마 ᄎᆞ 일 무명 다홍 치마 ᄎᆞ 일 <물목-경고-6 1866 대발> 다홍 성ᄉᆞᄉᆞ 이십 근 당연 다홍 슈ᄉᆞ 이십 근 …다홍 침ᄉᆞ 십근 …다홍 융ᄉᆞ 오근 …진황 융ᄉᆞ 오근 분홍 융ᄉᆞ 오근 쥬황 융ᄉᆞ 오근 <동궁마마가례시불긔> 다홍 금견지 넷 남디ᄉᆞ쥐 일 쌈지 ᄒᆞᆫ 가음 송화식 명쥬수건 가음 <대구서씨 물목-북촌184> 황모졀월이 셩녈ᄒᆞ여 일식을 희롱ᄒᆞᄂᆞᆫ 듯ᄒᆞᄂᆞᆫ 가온디 다홍 수자기 붓치이는 곳의 <업효 6:9> 벽상의 모부인의 졀귀 두어 시 쓰여 다홍 ᄉᆞ롤 ᄀᆞ리와시니 묵젹이 비등ᄒᆞ고 <유삼 19:74> 청홍 냥산이 흔득이며 다홍 슈ᄌᆞ긔 붓치이는 아리 거상의 귀인이 완연이 단좌ᄒᆞ여시니 <윤하 55:33> 몸의 다홍 망농포의 황금 쇄ᄌᆞ갑을 쪄 닙고 쳘졔 벽옥마롤 타고 <화명 3:71> 싱이 다홍 젼포와 영농만ᄉᆞ디를 띄고 쇽발금관과 금무훼를 신고 <화충 21:51> 다홍은 오미ᄌᆞ국이ᄂᆞ 미실물에 빨고 ᄌᆞ주는 오좀에 빨고 남은 녹말물이ᄂᆞ 두부물에 빨고 옥식은 물이에 숨고 <부필 21a> ※ 紅 ‖ 應당이 期년복 니브니ᄂᆞᆫ 吉服을 ᄀᆞ라 니브되 그리나 오히려 그 ᄃᆞᆯ 盡ᄒᆞ도록 金이며 진珠ㅣ며 錦繡ㅣ며 다紅이며 紫디거슬 닙디 말고 오직 妻롤 爲ᄒᆞᆫ 者ᄂᆞᆫ 오히려 禫복을 닙어싸가 열다ᄉᆞᆺ ᄃᆞᆯ이 盡거든 버ᄉᆞ라 (應服期者改吉服. 然猶盡其月, 不服金珠錦繡紅紫. 唯爲妻者, 猶服禫, 盡十五月而除.) <가언 9:19b> 多紅 百蝠紋 五疋 壽福紋 五疋 <변원규벌부느리온불긔1881> 多紅 犀角 三箇 粉紅 犀角 三箇 洋草綠 犀角 三箇 柳青 犀角 三箇 白 犀角 三箇 玉色 犀角 三箇 多紅 冲香囊 三箇 柳青 冲香囊 三箇 草綠 冲香囊 三箇 粉紅 冲香囊 三箇 白 冲香囊 三箇 玉色 冲香囊 三箇 <패물불긔번1225>

【다홍-계지낭ᄌᆞ】 명 ((복식)) 다홍계지낭자(大紅-). 미상. '다(大, dà)'는 중국어 직접 차용어.¶ 옥식십장싱슈낭 이 다홍ᄌᆞ랑 ᄉᆞ 초록슈산슈낭 이 분홍오복슈낭 이 다홍소슈낭 삼 오방낭ᄌᆞ 삼 다홍계지낭ᄌᆞ 삼 다홍협낭 삼 <의ᄎᆞ불긔번1139>

【다홍-고츄】 명 ((식물)) 다홍고추(大紅-). '다(大, dà)'는 중국어 직접 차용어.¶

【눈 어둡다 ᄒᆞ드니 다홍고츄만 잘 싼다】 속 눈 어둡다 하더니 다홍고추만 잘 딴다. 눈이 어두워 잘 못 본다고 하면서도 붉게 잘 익은 고추만 골라 가며 잘도 딴다는 뜻으로, 마음이 음흉하고 잇속에 밝은 사람을 비유적으로 이르는 말.¶ 눈 어둡다 ᄒᆞ드니 다홍고츄만 잘 싼다 (眼昏自稱터니 紅苦草만 善摘한다) 內心陰凶者를 語함이라 <조속1922 401>

【다홍-공단】 명 ((복식)) 다홍공단(大紅貢緞). '다(大, dà)'는 중국어 직접 차용어.¶ 흰 휘장 둘너치고 다홍공단 어군막을 유둔 밋히 바쳐 치고 오봉산 일월병풍 룡상 우희 교의 노코 <한양가-고려 1844>

【다홍-관디】 명 ((복식)) 다홍관대(大紅冠帶). '다(大, dà)'는 중국어 직접 차용어.¶ 장악원 일등악싱 다홍관디 야ᄌᆞ디의 션악을 길게 너니 여민동락 화흘시고 <한양가-고려 1844>

【다홍-깁】 명 ((복식)) 다홍깁(大紅-). '다(大, dà)'는 중국어 직접 차용어.¶ 大紅絹 ‖ 이 柳黃綾은 믈갑시 닷돈 반 銀이오 닷 필 다홍깁은 每 ᄒᆞᆫ 필에 믈갑시 너 돈식이니 대되 두 돈이오 (這柳黃綾染錢五錢半銀子, 五箇大紅絹, 每一疋染錢四錢家, 通是二兩.) <박언 중:4a>

【다홍-단】 명 ((복식)) 다홍단(大紅緞). 다홍빛 비단. '다(大, dà)'는 중국어 직접 차용어.¶ 초록 금슈복ᄌᆞ 원삼 다홍단 너쟉 일쟉 <정가1847 13b> 슈침 이부 [다홍단 금치 구봉 뉴청단 십댱싱] <정가1847 15b> 슈침 이부 [다홍단 금치 구봉침 빅면포 잇 이 옥식 단긔 린침 빅뎌포 잇 이] <정가1847 21a> 연모 다홍단 안부 일빵 ᄌᆞ뎍단 안부 일빵 …다홍 뎡듀 보 일듁 <정가1847 37b>

【다홍-대단】 명 ((복식)) 다홍대단(大紅大緞) 다홍빛 비단. '다(大, dà)'는 중국어 직접 차용어.¶ 花紅 ‖ 네ᄉᆞᄒᆞᄂᆞᆫ 다홍대단 표리와 양쥬 어디 잇ᄂᆞ뇨 (你的花紅、酒禮, 都在那裏?) <서유-연세 7:113> 多紅緞 ‖ 다홍대단이 몃 자나 잇ᄉᆞᆸᄂᆞᆫ가 <교린-A 3 17a> 다홍대단이 몃 자나 잇ᄂᆞ냐 <교린-교정 247> ⇒ 다홍디단

【다홍-대단치마】 명 ((복식)) 다홍대단치마(多紅大緞-). 자줏빛 붉은 빛깔의 비단치마. '다(大, dà)'는 중국어 직접 차용어.¶ ※ 平壤 女妓년들의 多紅大緞치마 義州 女妓의 月花紗紬치마 <악습 919>

【다홍-뎐】 명 ((복식)) 다홍전(大紅氈). 다홍 펠트. '다(大, dà)'는 중국어 직접 차용어.¶ ᄌᆞ뎍단 축묘피 덧토슈 초

록 금션 운혀 일부 다홍뎐 운혀 일부 <정가1847 25b>

【다홍-ᄃᆡ단】 명 ((복식)) 다홍대단(大紅大緞) 다홍빛 비단. '다(大, dà)'는 중국어 직접 차용어.¶ 별군직 션젼관은 보기 죠ᄒᆞᆫ 비단군복 다홍ᄃᆡ단 홍수 달고 슌금 밀화 상단쵸며 그 우회 갑ᄉᆞ관ᄃᆡ 슈박빗시 고흘시고 <한양가-고려 1844> ⇒ 다홍대단

【다홍-보】 명 ((복식)) 다홍보(大紅褓). 다홍 보자기. '다(大, dà)'는 중국어 직접 차용어.¶ 빅숑고리 싱치 ᄎᆞ듯 범아부의 옥두 치듯 뎅그렁 버히시고 신체낭은 ᄂᆡ여쥬고 목을낭은 드려다가 옹진 소곰의 ᄡᅡ게 져려 목함 쇽의 너ᄒᆞᆫ 후에 다홍보로 ᄡᅡ셔 두엇다가 한양가지 올녀다가 ᄉᆞᄯᅩ 죠상 졔지날 졔 제물노나 쓰옵쇼셔 <남원1869 3:35a> 신체랑은 ᄂᆡ여쥬고 목을낭은 드려다가 옹진 쇼곰의 ᄶᅡ게 져려 목함 쇽의 너ᄒᆞᆫ 후의 다홍보의 ᄊᆞ 두어다가 <춘향-동양 6:10b>

【다홍-비단】 명 ((복식)) 다홍(大紅緋緞). 다홍비단. '다(大, dà)'는 중국어 직접 차용어.¶ 다홍 비단 (大紅) <역해-직조 하:3b> ▼大紅段子 ‖ 년이가 광히롤 가지고 밤듕에 나가 ᄶᅡ흘 ᄒᆞᆫ 자 남즉이 픠여 괴롤 뭇고 경문을 다홍비단의 ᄡᅧ 뭇고 (連伊持鏍伊夜半出去, 埋猫, 深過一尺許. 又書經文于大紅段子埋置.) <조기-서궁폐론 8:27> ▼大紅紵絲 ‖ 겨을에는 금션 조차 남비단 갸품 ᄡᅡᆫ 훤 기ᄌᆞ피훠롤 신오ᄃᆡ 시욹 쳥은 됴ᄒᆞᆫ 보드라온 털로 미론 쳥 신어쇼ᄃᆡ 다 다홍비단으로 깃 ᄃᆞ라 이시니 ᄒᆞᆫ 빵 훠에 다 블근 실로 고 ᄃᆞ라 잇더라 (到冬間穿嵌金線藍條子白麂皮靴, 氈襪穿好絨毛襪子, 都使大紅紵絲緣口子. 一對靴上都有紅絨鴈爪.) <노언 하:48a> ▼大紅段 ‖ 내 짐작ᄒᆞ니 이 다홍비단이 진짓 이 연다홍 빗치오 ᄡᅵ눌이 고로고 조ᄒᆞ니 비록 上用홀 비단에는 비치 못ᄒᆞ나 ᄯᅩ 녜ᄉᆞᆺ 거세 비컨대 ᄀᆞᆺ지 아니ᄒᆞ니 (我猜, 這大紅段眞是南紅顔色經緯勻淨, 雖比不得上用段子, 却也比尋常的不同.) <박신 1:16b> 크기 말 만ᄒᆞᆫ 옥으로 칙장 만치 ᄒᆞ여 ᄉᆞ면을 금으로 ᄭᅮ며 여러 쟝 포젼 드시 속을 싸고 다홍비단으로 ᄊᆞ고 <됴대비입궐일긔-한고 1819> ⇒ 다홍비단

【다홍-빗】 명 ((색채)) 다홍빛(大紅-). '다(大, dà)'는 중국어 직접 차용어.¶ 大紅 ‖ ᄯᅩ 의복 짓는 쟝인을 불너 몃 벌 치마와 오ᄌᆞ와 한 벌 다홍빗 치ᄭᅩᆺ출 슈노ᄒᆞᆫ 단령을 짓게 ᄒᆞ며 (又叫裁縫製了幾套時新裙襖、一件大紅粧花圓領.) <설월 11:57> ⇒ 다홍빗ㅊ, 다홍빛, 다홍빛

【다홍-빗ㅊ】 명 ((색채)) 다홍빛(大紅-). '다(大, dà)'는 중국어 직접 차용어.¶ 大紅 ‖ 다홍빗체 금 드려 ᄧᆞᆫ 비단 은홍빗체 西蕃蓮문 ᄒᆞᆫ 비단 肉紅빗체 너출 모란문 ᄒᆞᆫ 비단 (大紅織金、銀紅西蕃蓮、肉紅纏枝牡丹.) <노언 하:22a> 내게 침향 빗체 ᄉᆞ매에 슈 노ᄒᆞᆫ 큰 옷 ᄒᆞᆫ 불이 이셔 네 다홍빗체 금ᄉᆞ로 ᄧᆞ고 胸背ᄒᆞᆫ 것과 밧고고져 ᄒᆞ노라 (我有沉香繡袖袍一件, 要換你的大紅織金胸背.) <박신 2:7a> ⇒ 다홍빗, 다홍빛, 다홍빛

【다홍-빛】 명 ((색채)) 다홍빛(大紅-). '다(大, dà)'는 중국어 직접 차용어.¶ 大紅 ‖ 다홍비체 금드려 ᄧᆞᆫ 비단 (大紅織金) <번노 하:24b> 네 다홍비쳇 금으로 흉븨 ᄧᆞᆫ 텰릭과 밧고져 (你的大紅織金胸背帖裏對換着.) <번박 상:72a> ⇒ 다홍빗, 다홍빗ㅊ, 다홍빛

【다홍-사】 명 ((복식)) 다홍사(大紅紗). '다(大, dà)'는 중국어 직접 차용어.¶ 초록사 되옷 ᄉᆞ 다홍사 웃치마 이 <정가1847 37b>

【다홍-셔각】 명 ((복식)) 다홍서각(大紅犀角). '다(大, dà)'는 중국어 직접 차용어.¶ 다홍셔각 십ᄎᆞ [무] 뉴쳥셔각 십ᄎᆞ [팔ᄎᆞ] 분홍셔각 십ᄎᆞ [십ᄎᆞ] 초록셔각 십ᄎᆞ [팔ᄎᆞ] 쳥옥식셔각 십ᄎᆞ [팔ᄎᆞ] 빅셔각 십ᄎᆞ [팔ᄎᆞ] <향낭볼긔>

【다홍-소슈낭】 명 ((복식)) 다홍소수낭(大紅-). '다홍(大紅, dàhóng)'은 중국어 직접 차용어.¶ 옥식십쟝싱슈낭 이 다홍ᄌᆞ랑 ᄉᆞ 초록슈산슈낭 이 분홍오복슈낭 이 다홍소슈낭 삼 오방낭ᄌᆞ 삼 다홍계지낭ᄌᆞ 삼 다홍협낭 삼 <의ᄎᆞ볼긔번1139>

【다홍-실】 명 ((복식)) 다홍실(大紅-). '다(大, dà)'은 중국어 직접 차용어.¶ 단오일의 큰 ᄀᆡ고리 ᄒᆞ나흘 잡아 됴ᄒᆞᆫ 먹 ᄒᆞᆫ 조각을 입의 믈녀 다홍실노 얼거 동혀 궁글오ᄎᆞᆫ 기픠롤 ᄑᆞ고 무덧다가 <규합-정양완a 벽문툥법 4:41a/388> 紅絲疔 ‖ 달이나 쫄이나 다홍실ᄀᆞᆺ치 벌거든 두 머리을 노ᄒᆞ로 ᄌᆞ러고 침을 주어 독혈을 ᄂᆡ고 바름을 두더려 붓치라 <약방문-한고 홍사정 17b>

【다홍-숨승】 명 ((복식)) 다홍삼승(大紅三升). 다홍색의 삼승포. 삼승포는 폭이 석 새가 되게 짠 거친 베. '다(大, dà)'는 중국어 직접 차용어.¶ 청포젼 술펴보니 당물화가 버러 잇다 즁침 셰침 슈바날과 다홍숨승 청숨승과 녹젼 홍젼 분홍젼과 삼승고약 공단고약 감토 모ᄌᆞ 회회포와 민강 ᄉᆞ당 오화당과 연환당 옥츈당과 가진 당쇽 버러 잇다 <한양가-고려 1844>

【다홍-싱쵸】 명 ((복식)) 다홍생초(大紅生綃). 다홍빛 생초. '생초'는 삶지 아니한 명주실로 짠 비단. '다(大, dà)'는 중국어 직접 차용어.¶ 남융ᄉᆞ 중두리의 오동 입식 ᄶᅧ서 달고 숀퍽 갓튼 슈ᄉᆞ갓끈 귀를 가려 숙여 쓰고 다홍싱쵸 고ᄒᆞᆫ 홍의 숙쵸창의 바쳐 입고 <한양가-고려 1844>

【다홍-오리】 명 ((복식)) 다홍오리(大紅-). '다(大, dà)'는 중국어 직접 차용어.¶ 동마마 ‖ 쵸록 십댱싱낭ᄌᆞ 다홍오리 슈산ᄌᆞ랑 다홍 계지낭ᄌᆞ 친왕 ‖ 옥식 오복ᄭᅩᆺ 광쥬리 낭ᄌᆞ 다홍오리 슈산ᄌᆞ랑 <병진히랑진샹슈볼긔 1856/1916>

【다홍-운혀】 명 ((복식)) 다홍운혜(大紅雲鞋). '다(大, dà)'는 중국어 직접 차용어.¶ 신낭 신 ᄃᆡ야 다홍 운혀 유혀 ᄒᆞ나 ᄃᆡ월소 듕월소 소월소 쌍ᄶᅡᆼ이 양ᄉᆞ실 삼 츙 빈혀 ᄒᆞᄂᆞᆫ 분 이십 갑 굴근 바눌 죽직기 <물목-1 갑삼팔>

【다홍-쟈ᄅᆞ】 명 ((복식)) 다홍자라(大紅-). 다홍자낭(茶紅子囊). 조선시대 궁중에서 음력 정월 첫 자일(子日)에 임금이 근시(近侍)에게 하사하던 다홍색 둥근 비단 주머니. '다(大, dà)'는 중국어 직접 차용어.¶ 다홍쟈ᄅᆞ 십

ᄎ [오ᄎ] 분홍쟈ᄅ 십ᄎ [오ᄎ] 초록쟈ᄅ 십ᄎ [ᄉᄎ] 뉴청쟈ᄅ 십ᄎ [삼ᄎ] <향낭볼긔>

【다홍-ᄌ랑】 명 ((복식)) 다홍자낭(大紅-). 다홍자낭(茶紅子囊). 조선시대 궁중에서 음력 정월 첫 자일(子日)에 임금이 근시(近侍)에게 하사하던 다홍색 둥근 비단 주머니. '다(大, dà)'는 중국어 직접 차용어.¶ 옥식십쟝싱슈낭 이 다홍ᄌ랑 ᄉ 초록슈산슈낭 이 분홍오복슈낭 이 다홍소슈낭 삼 오방낭ᄌ 삼 다홍계지낭ᄌ 삼 다홍협낭 삼 <의ᄎ불긔번1139>

【다홍-치마】 명 ((복식)) 다홍치마(大紅-). '다(大, dà)'는 중국어 직접 차용어.¶ 다홍치마 ‖ [紅裳 홍샹] 붉은 치마 <조선-심 38> 홍샹 | 다홍치마 <법한 818> 맛초아 아돌 나흐니 죵의 ᄯᆞᆯ노 나라히 밧치고 유복ᄌ로 관비의 ᄂ리워 명을 박비라 ᄒ고 하빙 모ᄋ 숨어 ᄉ더니 나라 사롬이 경구ᄒ려 ᄉ원이 디구 들면 다홍치마 미야 히마다 졉고ᄒ더라 <뉴신녹 29> 홍 송당목 치마 일ᄎ 모슈 다홍치마 일ᄎ ᄉ졀포 반물치마 일ᄎ 아롱쥬 반물치마 일ᄎ 무명 반물치마 일ᄎ 무명 갈미치마 일ᄎ 무명 옥식치마 팔ᄎ 반포 반물치마 뉵ᄎ <물목-한고-2 지게밧긔드리> ⇒ 다홍치미

【갓튼 갑셰 다홍치마라】 속 같은 값이면 다홍치마. 값이 같거나 같은 노력을 한다면 품질이 좋은 것을 택한다는 말.¶ 갓튼 갑셰 다홍치마라 (同價에 紅裳이라) 所費者均한데 且擇其勝이라 함이라 <조속1922 322>

【갓흔 갑에 다홍치마라】 속 같은 값이면 다홍치마. 값이 같거나 같은 노력을 한다면 품질이 좋은 것을 택한다는 말.¶ 갓흔 갑에 다홍치마라 (同價에 紅裳이라) 代金이 旣同할진대 侈麗를 擇한다 함이오 또 同物同價의 義로도 用하나니라 <조속1922 200>

【다홍-치미】 명 ((복식)) 다홍치마(大紅-). '다(大, dà)'는 중국어 직접 차용어.¶ 푸령 격우리 다홍치미란 말 <문자채-서울 24> ⇒ 다홍치마

【다홍-협낭】 명 ((복식)) 다홍협낭(大紅夾囊). '다(大, dà)'은 중국어 직접 차용어.¶ 옥식십쟝싱슈낭 이 다홍ᄌ랑 ᄉ 초록슈산슈낭 이 분홍오복슈낭 이 다홍소슈낭 삼 오방낭ᄌ 삼 다홍계지낭ᄌ 삼 다홍협낭 삼 <의ᄎ불긔번1139>

【다홍-비단】 명 ((복식)) 다홍(大紅)비단. '다(大, dà)'는 중국어 직접 차용어.¶ 大紅紵絲 ‖ 겨스렌 람비단 갸품에 금션 조쳐 빅 기ᄌ피훠 시노디 시욱 쳥은 됴ᄒ ᄀ놀오 보ᄃ라온 터리로 미론 쳥 시너 이쇼디 다 다홍비단오로 깃 ᄃ라 이시니 ᄒ 쌍 훠예 다 블근 실로 고ᄃ라 잇더라 (到冬間穿嵌金線藍條子白麂皮靴, 氈襪穿好絨毛襪子, 都使大紅紵絲緣口子. 一對靴上都有紅絨鴈爪.) <번노 하:53a> ⇒ 다홍비단

【다홍-빛】 명 ((색채)) 다홍(大紅)빛. 다홍빛. '다(大, dà)'는 중국어 직접 차용어.¶ 大紅 ‖ 다홍비체 금드려 ᄧ 비단 (大紅織金) <번노 하:24b> 이 다홍비체 다ᄉ 밧ᄀ락 가진 ᄡ 업슨 룡을 슈질ᄒ니는 놀와 씨를 실 어울워 ᄧ시니 우희 ᄡ실 비단이오 제왕네 ᄡ실 비단도 아니며 또 샹녜 ᄃ니는 비단 아니로소니 열 둘 량 은 곳 아니면 그를 사디 몯ᄒ리로다 (這的大紅綉五爪蟒龍, 經緯合線結織, 上用段子, 不是諸王段子, 也不是常行的, 不着十二兩銀子, 買不得他的.) <번박 상:14b> 내 향ᄎ비쳇 ᄉ미예 통ᄒ야 무룹 둘와 오치실로 슈질ᄒ 털릭과 네 다홍비쳇 금으로 흉븨 ᄧ 털릭과 밧고져 (我的串香褐通袖膝欄五彩綉帖裏, 你的大紅織金胸背帖裏對換着.) <번박 상: 72a> ⇒ 다홍빗, 다홍빗ᄎ, 다홍빛

【단국】 명 ((지리)) 단국(丹國). 덴마크(Denmark). 유럽 서북부 유틀란드 반도와 그 부속 도서로 이루어진 입헌군주국. (외래어).¶ 단국 (丹國) <이언> ☞ 덴막, 덴막국, 쎈막, 쎈말그우, 쏀막, 쏀마크

【단슈】 명 ((기물)) 옷장. 簞笥(たんす). 장롱(欌籠). (일본어 차용어).¶ 현혼함 보쪄 일차 단슈 한 바리 일차 경디 일 디경 일 노랑식 샹의 반회장쪄 일ᄎ 분홍 양단 저고리 일ᄎ 미식 양단 저고리 일ᄎ 양식 호박단 저고리 일ᄎ 분홍 존미사 저고리 일ᄎ 자쥬 명쥬 저고리 일ᄎ <물목-한고1956 현혼함> 단슈 일좌 미슈 양복장 일좌 미슈 경디 일좌 가방 일좌 <물목-우한-1 1916 단슈> 화복 단슈 일좌 혼함 보 쪄 일좌 경대함 보 쪄 머리함 보 쪄 대발 한 쳐 버엿빈혀 일쌍 혹갑ᄉ 머리보 금견지 쪄 족도리 당겨 쪄 <물목1938.11.29 삶의흔적214-251> 단슈 일좌 소하속 기리 양단 져고리 ᄎ 일 분홍 양단 져고리 ᄎ 일 양식 양단 져고리 ᄎ 일 나이롱 양식 져고리 ᄎ 일 츈츄 나이롱 져고리 ᄎ 일 <물목1972 07:07:01> ⇒ 단스, 단쓰

【단스】 명 ((기물)) 장롱(欌籠). 옷장. '단스(簞笥, たんす, tansu)'는 일본어 차용어.¶ 순영은 벌떡 닐어나서 방ᄉ장은 것고 윗목에 노힌 일본ᄉ장(단스) 설합을 열엇다 <동아일보 1925.7.22> 세말이 되면 진고개와 종로에서 장, 단스 같은 것을 일등상으로 걸어놓고 경품부 대매출을 한다 <동광-30 1932.1.25> 물목 ‖ 단스 한 바리 경디 일좌 송화식 호박단 샹의 차 일 살식 양단 상의 차 일 양식 양단 상의 차 일 나이롱 양단 샹의 차 일 츈츄 나이롱 샹의 차 일 <물목-1897/1957.12.20> ⇒ 단슈, 단쓰

【단쓰】 명 ((기물)) 장롱(欌籠). 옷장. '단스(簞笥, たんす, tansu)'는 일본어 차용어.¶ 단쓰 일 좌 경디 보 쪄 인도견도 침척 목화 옥양목 반 통 중세침 다섯 삼 오비ᄌ 십오 쳑 침션가 쳔 원 <물목 한옥션119-431> ⇒ 단슈, 단스

【단읍】 명 ((지리)) 다뉴브(Dauube). 다뉴브강(Danube江). 독일의 바덴에서 시작하여 오스트리아, 헝가리, 발칸의 여러 나라를 거쳐 흑해로 흘러 들어가는 강. 유럽 제2의 강이며, 유럽의 주요 교통로로 이용하는 국제 하천이다. (외래어).¶ 단읍 (多瑠 Dauube) <만국통감1912 4, 5> ⇒ 단읍

【단읍】 명 ((지리)) 다뉴브강(Danube江). 독일의 바덴에서 시작하여 오스트리아, 헝가리, 발칸의 여러 나라를 거쳐 흑해로 흘러 들어가는 강. 유럽 제2의 강이며, 유럽의 주요 교통로로 이용하는 국제 하천이다. (외래어).¶

ᄯᅩ 셔북에셔 동남에로 단웁이란 큰 강이 [불가 대옴에 유로바 뎨일 큰 강이라] 나라 ᄒᆞᆫ가온대로 지나 셔비아국과 루마니아국 ᄉᆞ이로 드러 가고 <사필1889-헐버트 54> ⇒ 단웁

【-단은】 조 -딴[段]. -는. 대조와 강세를 표현하는 보조사. (이두어).¶ 우리 잘 먹던지 안 먹던지 간셥 마라 만일 니르기은 먹을 ᄉᆞ람이 업서 졔원 짱의 공연이 ᄉᆞᆺ것니 네단은 남의 시럽ᄉᆞᆫ 이올 간셥 마라 (別管咱們愛哈不哈, 若說是沒有人哈呵, 那怕底些白倒呢, 你却是管不着人家的閑事.) <기착-육당 하:38b> 우근언 지텬망극경유단은 녀의신이 고참찬 문숙공 슈몽 뎡션생의 증손이옵더니 문숙공이 ᄃᆡ디 독ᄌᆞ로 ᄂᆞ려 오옵다가 녀의 부의 ᄃᆡ예 니ᄅᆞ와 무후ᄒᆞ와 녀의신뿐 잇ᄉᆞᆸ더니 <한성남부 부동에 사는 조지원의 처 정씨가 예조에 올린 언문단자1689> 걸늉 伍十九年 甲寅八月二十六日 김춘복 명문 우명ᄒᆞ노온 ᄉᆞ단은 당초 조샹 결내젼 각ᄏ 깃득으로셔 양손니비난지소치로 셩세난간이온들 <김춘복 명문-우한 1794> 우근언 지원극통ᄉᆞ단은 녀의신 ᄉᆡ서고모 뉴과녀 븐지ᄉᆞ로 의송 졍ᄒᆞ와 졔음ᄂᆡ 븐지ᄒᆞᆫ 것 쥬고 아니 쥬기ᄂᆞᆫ 외히려 셰고라 <구례 뉴풍천 쇼부 조씨 원졍1816> 우근언 만ᄏ원통 졀박경유 ᄉᆞ단은 녀의신이 박복ᄒᆞ온 ᄐᆞᄉᆞ로 우귀ᄒᆞ온 지 슈슉 못 되여 ᄉᆡ부의 대고를 당ᄒᆞ옵고 <옥수 류진억의 처 조시 원정1816> 우명문ᄉᆞ단은 쇼인이 비ᄐᆞ기 ᄒᆞ옵다가 패션ᄒᆞ와 물길이 업서 싱원님ᄃᆡᆨ의 알외니 논을 풀나 ᄒᆞ시고 싱원님 ᄐᆞ시던 몰 ᄒᆞᆫ 필 빨 쉰 말 주시거ᄂᆞᆯ <부안김씨가-한고 1845> 훗편에 올려보ᄂᆡ시게 ᄒᆞ오시며 회젼 싱니단은 당쵸의 김윤일로 ᄒᆞ여ᄉᆞᆸ거이와 <조덕순(복인)1856.7.23 ↓강이방> 우블망긔ᄉᆞ단은 다름 안니오라 ᄉᆞ젼복 지닙곡 건쳐 반일경과 고들 우 인젼니쑈 병ᄒᆞ여 젼문 삼빅 양 ᄃᆡ용젼당이되 구문긔 십이 장 너여 삼장을 셔실 고로 블망긔ᄒᆞ거운 일후에 약뉴즙담지펴즉 ᄎᆞ문긔로 빙고ᄉᆞ라 죄쥬 최소ᄉᆞ (수결) <죄쥬 최소ᄉᆞ가 발급한 블망긔-우한 1886.9> 리중 통문 ‖ 우 통유ᄉᆞ단은 다름 아니오라 즁회 츄봉을 리월 십일노 뎡ᄒᆞᆫ 각 팔 젼식 진이옵고 이 일 조식 후 일졔 리회 우 본쇼ᄒᆞ심을 망흠 大正 九年 九月 卄七日 發文 區長 金弘淵 … 正租 三升式 ᄎᆞ역즁 통문을 벌금 <리중 통문1920 용인 해주오씨댁> ⇒ -닷은, -둔은, -둣은, -딴은, -짜넌, -짜는, -짜ᄂᆞᆫ, -짠, -짠난, -짠는, -짠ᄂᆞᆫ, -짠은, -쌋난, -ᄯᆞᄂᆞᆫ, -ᄯᆞᄂᆞᆫ, -ᄯᆞᆫ, -ᄯᆞᆫᄂᆞᆫ, -ᄯᆞᆫ은, -ㅣᄯᆞᆫ, -ᆺ든

【달피광곤】 명 ((인류)) 일정한 직업이 없이 흰소리나 하고 못된 짓만 하고 돌아다니는 무리. 부랑배. 허랑한 사람. 날피광곤[賴皮光棍]의 오기인 듯. '날피[賴皮 làipí]'는 중국어 직간접 차용어.¶ 賴皮光棍 ‖ 믄득 당쳐 ᄃᆡ방의 져 무리 달피광곤 [발피를 니ᄅᆞ미라] 이 ᄶᅥ로 회기ᄒᆞᄂᆞᆫ ᄆᆞᄋᆞᆷ을 내여 불시의 와셔 소요케 ᄒᆞ니 (就有當地這些賴皮光棍, 時生覬覦, 不時來庵打攪.) <요화 2:34>

【닭-크로켓】 명 ((음식)) 닭크로켓(chicken croquettes). (외래어).¶ 닭크로켓 ‖ 닭고기 (납작납작하게 썰은 것) 1⅓잔 햄 (납작납작하게 썰은 것) ⅓잔 빠터 3대 슈가락 밀가루 (채에 밧친 것) 3대 슈가락 우유 (끌인 것) ⅔잔 계란 노른자위 (져은 것) 2개 크랙키 부스럭이 조곰 계란 (져은 것) 1개 면보 부스럭이 (고은 것) 조곰 닭을 삶아셔 썹질을 벗기고 뼈를 발너셔 삶은 햄과 셕고 이 아래 적힌 쏘스와 합할 것 몬져 빠터를 녹이고 밀가루를 곱게 개인 후에 끌는 우유를 천천히 친 후 2분 동안이나 끌커든 불을 낫초고 계란 노른자위를 셕고 소곰과 호쵸가루를 친 후에 5분 동안을 져으면셔 햄과 닭고기를 셕거셔 찬그릇에다가 쏫아셔 식히고 다 식거든 그것으로 크로케쓰를 만드러셔 크랙키 부스럭이에다가 굴녀 뭇쳐셔 져은 계란에 담갓다가 다시 고은 면보 부스럭이를 뭇쳐셔 끌는 기름에 푹 담가 누러케 될 때까지 닉혀 가지고 먹을 것 <서요 31>

【담바】 명 담배. 담뱃잎을 말려서 가공한 연초 상품. 원산지는 남미였는데, 16세기 초엽에 스페인에 전래되었고, 우리나라에는 광해군 때 일본에서 들어왔다. 포르투갈어 'tabaco'가 일본에 들어가 'tabako'가 되었고 이것이 우리나라에 수용되어 변화하였다. (외래어).¶ 南草曰남바 <동언> 담과 도담은 일국의 유명ᄒᆞ고 보은 ᄃᆡ쵸와 진안 담바ᄂᆞᆫ 국ᄂᆡ에 뎨일이오 <여학-김웅식 지리 23a> ᄃᆡ ᄒᆞᆫ 거리 담바 ᄒᆞᆫ 근에 네 슈저집과 목침 아죠 여긔 우션 두네 <네 어제 ᄉᆞ람-한고> ⇒ 담바괴, 담바귀, 담바고, 담박괴, 담베, 담뼤, 담븨, 담비, 담파귀, 답비, 돔비

【담바고】 명 담배. 담뱃잎을 말려서 가공한 연초 상품. 원산지는 남미였는데, 16세기 초엽에 스페인에 전래되었고, 우리나라에는 광해군 때 일본에서 들어왔다. 포르투갈어 'tabaco'가 일본에 들어가 'tabako'가 되었고 이것이 우리나라에 수용되어 변화하였다. (외래어).¶ 烟草 ‖ 연쵸, 俗稱淡巴菰담바고, 轉云담배, 一作淡婆姑. 出自南蠻, 故曰南草남초. 又産三登曰西草셔쵸, 産廣州曰靈通, 産原州曰原草. 烟總稱烟茶. 香茶. <명물-초훼 4:9a> 혹 굴오ᄃᆡ 남변국 녀인 이셔 일홈이 담바고니 적년 담병이 이셔 이 풀을 먹고 나은 고로 남영초라 ᄒᆞ니 왜국으로셔 나오다 ᄒᆞ니라 <규합-정양완c 연초 3:17a/254> ⇒ 담바, 담바괴, 담바귀, 담박고, 담박괴, 담베, 담뼤, 담븨, 담비, 담파귀, 답비, 돔비,

【담바괴】 명 담배. 담뱃잎을 말려서 가공한 연초 상품. 원산지는 남미였는데, 16세기 초엽에 스페인에 전래되었고, 우리나라에는 광해군 때 일본에서 들어왔다. 포르투갈어 'tabaco'가 일본에 들어가 'tabako'가 되었고 이것이 우리나라에 수용되어 변화하였다. (외래어).¶ 烟 ‖ 차 먹기를 더옥 찬ᄏ이 ᄒᆞ니 차 ᄒᆞᆫ 잔 먹기 담바괴 ᄒᆞᆫ 대 먹을 동안이나 ᄒᆞ이더라 (飮茶尤要緩緩, 呷茶一盞幾至吸烟之久.) <연행-노가재 1:19b> 담바괴 두 봉 보내니 ᄒᆞᆫ 봉식 ᄂᆞᆫ화 셔방님ᄂᆡ긔 드리고 나는 편지 쁠 길 업서 못ᄒᆞ니 젼ᄒᆞ여라 <언찰유묵-8 박필모(아버지,

1683-1751) ↓딸(이종욱의 1713-44 처)> 담바괴 (南草) <김철전 4> 인ᄒᆞ여 담바괴롤 만히 먹이고 손과ᄌᆞ ᄒᆞᆫ ᄶᅳ드로써 달내여 지삼 ᄀᆞᆫᄀᆞᆫ이 ᄒᆞ니 호인이 비로소 노ᄒᆞᆫ 긔운을 브리우고 ᄯᅩ 담바괴롤 구ᄒᆞ여 ᄀᆞᆯ오ᄃᆡ <김털뎐 4, 5> 셰ᄌᆞ와 대군이 이 일을 보시고 블상히 너기샤 시신과 죵쟈로 ᄒᆞ여곰 일힝의 분부ᄒᆞ여 두 사ᄅᆞᆷ 어울너 담바괴 <김털뎐 5> 이에 님장군이 두 오랑캐롤 쥬찬과 담바괴롤 머기고 <김털뎐 21> ⇒ 담바, 담바고, 담바귀, 담박고, 담박괴, 담베, 담볘, 담븨, 담빅, 담파귀, 답빅, ᄃᆞᆷ빅

【담바괴-대】 명 ((기물)) 담뱃대.¶ 烟竹 ‖ ᄃᆞ토다가 못ᄒᆞ여 담바괴대 ᄒᆞ나흘 더 준 후야 문을 여니 통분ᄒᆞ더라 (爭之不得, 竟加一烟竹, 然後始開.) <연행-노가재 2:2a> ⇒ 담바괴ᄯᅢ

【담바괴-ᄯᅢ】 명 ((기물)) 담뱃대.¶ 烟竹 ‖ 방젼의 븩지 두 권과 담바괴ᄯᅢ ᄒᆞ나흘 주니라 (遂以二束白紙, 一枝烟竹當房錢.) <연행-노가재 1:46a> ⇒ 담바괴대

【담바구】 명 담배. 담뱃잎을 말려서 가공한 연초 상품. 원산지는 남미였는데, 16세기 초엽에 스페인에 전래되었고, 우리나라에는 광해군 때 일본에서 들어왔다. 포르투갈어 'tabaco'가 일본에 들어가 'tabako'가 되었고 이것이 우리나라에 수용되어 변화하였다. (외래어).¶ 구야구야 담바구야 네 行爲를 복쟈시면 <大每 1908.12.25> ⇒ 담마, 담바, 담바고, 담바괴, 담바귀, 담박고, 담박괴, 담베, 담볘, 담븨, 담빅, 담파귀, ᄃᆞᆷ빅

【담바귀】 명 담배. 담뱃잎을 말려서 가공한 연초 상품. 원산지는 남미였는데, 16세기 초엽에 스페인에 전래되었고, 우리나라에는 광해군 때 일본에서 들어왔다. 포르투갈어 'tabaco'가 일본에 들어가 'tabako'가 되었고 이것이 우리나라에 수용되어 변화하였다. (외래어).¶ 담바귀 <노한 633> 동요 소리 랑쟈키로 귀 기우려 드러보니 담바귀의 타령이라 노래진쟈ㅣ 누구런고 <대매-시평 1908.12.25> ⇒ 담마, 담바, 담바고, 담바괴, 담바구, 담박고, 담박괴, 담배, 담베, 담볘, 담븨, 담빅, 담파귀, 답빅, ᄃᆞᆷ빅

【담박고】 명 담배. 담뱃잎을 말려서 가공한 연초 상품. 원산지는 남미였는데, 16세기 초엽에 스페인에 전래되었고, 우리나라에는 광해군 때 일본에서 들어왔다. 포르투갈어 'tabaco'가 일본에 들어가 'tabako'가 되었고 이것이 우리나라에 수용되어 변화하였다. (외래어).¶ 담박고야 담박고야 동뤼나 건너 담박고야 너이 국은 엇더타고 우리 대한에 나왓눈야 <대매-담박고 타령 1907.7.5> ⇒ 담마, 담바, 담바고, 담바괴, 담바구, 담바귀, 담박괴, 담배, 담베, 담볘, 담븨, 담빅, 담파귀, 답빅, ᄃᆞᆷ빅

【담박괴】 명 담배. 담뱃잎을 말려서 가공한 연초 상품. 원산지는 남미였는데, 16세기 초엽에 스페인에 전래되었고, 우리나라에는 광해군 때 일본에서 들어왔다. 포르투갈어 'tabaco'가 일본에 들어가 'tabako'가 되었고 이것이 우리나라에 수용되어 변화하였다. (외래어).¶ 烈風淫雨와 牛役盡沒과 나모신 담박괴 족도리 발간 고초 <위군위친통곡가-청계가사 14:52> ⇒ 담마, 담바, 담바고, 담바괴, 담바구, 담바귀, 담박고, 담배, 담베, 담볘, 담븨, 담빅, 담파귀, 답빅, ᄃᆞᆷ빅

【담배】 명 담배. 담뱃잎을 말려서 가공한 연초 상품. 원산지는 남미였는데, 16세기 초엽에 스페인에 전래되었고, 우리나라에는 광해군 때 일본에서 들어왔다. 포르투갈어 'tabaco'가 일본에 들어가 'tabako'가 되었고 이것이 우리나라에 수용되어 변화하였다. (외래어).¶ 草 ‖ 그 부리의 담배롤 담아 블을 브쳐 오래ᄋᆞ래 드리그어 ᄲᅧᆫ다가 인ᄒᆞ야 너롤 토ᄒᆞ니 너 굴독쳐로 나고 블은 즉시 믈의 ᄯᅥ러지더라 (盛草於喙燃以大一吸之良久, 吐烟如霧, 火卽落水.) <서원 5:26b> 담배 ‖ 근본 일홈은 담파고(淡婆姑)란 것인데 담배라고도 하고 담베라고도 함이니라 <조이-김동진> 먹어도 배불으지 아니한 것이 무엇이냐ㅣ 담배 <조미 414> 붉은 골 안에서 煙氣 나는 것이 무엇이냐ㅣ 담배 먹는 것 <조미 415> ⇒ 담마, 담바, 담바고, 담바괴, 담바구, 담박괴, 담베, 담볘, 담븨, 담빅, 담파귀, 답빅, ᄃᆞᆷ빅

【담배-가가】 명 ((상업)) 담배가가(-假家). 담배가게. '담배'는 외래어.¶ 비도 없는 밤거리에 가로등은 웨 흐릴까 /언제부터 마음하든 담배가가 가가마다 잃었다 <이찬-망양1940, 별후> ⇒ 담빅가가

【담배-대】 명 ((기물)) 담뱃대. 썬 담배를 담아 피우는데 쓰는 도구. '담배'는 외래어.¶ 烟竹 ‖ 쵀싱이 적은 부채와 담배대롤 주니 다 왜믈이라 청심환 이환으로ᄡᅥ 샤례ᄒᆞ니 (蔡以輕箑烟竹, 遺我皆倭物也, 謝之以淸.) <서원 6:20a> ▼烟筒 ‖ 죵부채 ᄒᆞ나와 담배대 ᄒᆞ나흘 나오니 웃고 바드믈 ᄇᆞ라노라 (倂附粗扇一把, 烟筒一枚奉送, 祈笑納是幸.) <서원 6:23a> ⇒ 단마대, 담마대, 담배ᄯᅢ, 담벗ᄯᅥ, 담베ᄃᆡ, 담베ᄯᅢ, 담빅대, 담빅ᄃᆡ, 담빅ㅅ대, 담빅ㅅᄃᆡ, 담빅ᄯᅢ, 담빅ᄯᅥ, 담뱃ᄃᆡ

【담배-ᄯᅢ】 명 ((기물)) 담뱃대. 썬 담배를 담아 피우는데 쓰는 도구. '담배'는 외래어.¶ 눈을 크게 뜨고 담배ᄯᅢ를 노면서 말하는 수님이 오라버니 얼골을 치어다 본다 <나도향, 자기를 찾기 전1924> ⇒ 단마대, 담마대, 담배대, 담벗ᄯᅥ, 담베ᄃᆡ, 담베ᄯᅢ, 담빅대, 담빅ᄃᆡ, 담빅ㅅ대, 담빅ㅅᄃᆡ, 담빅ᄯᅢ, 담빅ᄯᅥ, 담뱃ᄃᆡ

【담벗-ᄯᅥ】 명 ((기물)) 담뱃대. 썬 담배를 담아 피우는데 쓰는 도구. '담배'는 외래어.¶ 담벗ᄯᅥ (烟竹) <이록-유기 24b> ⇒ 단마대, 담마대, 담배대, 담배ᄯᅢ, 담베ᄃᆡ, 담베ᄯᅢ, 담빅대, 담빅ᄃᆡ, 담빅ㅅ대, 담빅ㅅᄃᆡ, 담빅ᄯᅢ, 담빅ᄯᅥ, 담뱃ᄃᆡ

【담베】 명 담배. 담뱃잎을 말려서 가공한 연초 상품. 원산지는 남미였는데, 16세기 초엽에 스페인에 전래되었

고, 우리나라에는 광해군 때 일본에서 들어왔다. 포르투갈어 'tabaco'가 일본에 들어가 'tabako'가 되었고 이것이 우리나라에 수용되어 변화하였다. (외래어).¶ 담베 (南靈草/南靈艸) <몽유-장혼 상:15a> 烟草 ‖ 연쵸, 俗稱淡巴菰담바고, 轉云담베, 一作淡婆姑. 出自南蠻, 故曰南草남초. 又産三登曰西草셔쵸, 産廣州曰靈通, 産原州曰原草. 烟總稱烟茶. 香茶. <명물-초훼 4:9a> 담베 ‖ 다바고 (煙草, タバコ) <조백-음식 497> 담베 먹다 (吃烟) <이록-음식 10a> 삿갓 버셔 낫츨 덥고 되약볏헤 잣바져셔 먹든 담베 다 터오고 젼역 들믜 ᄒᆞ오리라 <농부가-5 5:188> 담베는 만이 먹으면 몸에 히롭소 | 노형은 담베를 질기지 아니ᄒᆞ시옵ᄂᆞ닛가 <한대-음식 120> ⇒ 담마, 담바, 담바고, 담바괴, 담바구, 담박괴, 담배, 담뷔, 담븨, 담비, 담파귀, 답비, 돔비

【아츰 차와 져녁 술과 밥 후 담베】 숙 아침 차와 저녁 술과 식후 담배.¶ 아츰 차와 져녁 술과 밥 후 담베 (早茶晚酒飯後烟.) <한어-한고 12b>

【담베-디】 명 ((기물)) 담뱃대. 담뱃통, 설대, 물부리와 세 부분으로 이루어진 담배를 재어 피우는 기구. '담베'는 외래어.¶ 烟臺 ‖ 연디, 一曰烟盃, 所以吸烟具, 俗訓담베디. 蓋以烟茶一名淡巴菰故也. 水烟筒슈연통, 置水吸烟者. <명물-기용 3:6b> 담베디로 졀초를 자시요 <한대-음식 120> ⇒ 단마대, 담마대, 담배대, 담배째, 담벗써, 담베째, 담비대, 담비디, 담비ㅅ대, 담비ㅅ디, 담비째, 담비써, 담쌧디

【담베-째】 명 ((기물)) 담뱃대. 썬 담배를 담아 피우는데 쓰는 도구. '담베'는 외래어.¶ 煙竹 ‖ 담베째에 불 붓쳐다고 <교린-초 3:31b> ⇒ 단마대, 담마대, 담배대, 담배째, 담벗써, 담베디, 담비대, 담비디, 담비ㅅ대, 담비ㅅ디, 담비째, 담비써, 담쌧디

【담뵈】 명 담배. 담뱃잎을 말려서 가공한 연초 상품. 원산지는 남미였는데, 16세기 초엽에 스페인에 전래되었고, 우리나라에는 광해군 때 일본에서 들어왔다. 포르투갈어 'tabaco'가 일본에 들어가 'tabako'가 되었고 이것이 우리나라에 수용되어 변화하였다. (외래어).¶ 밥도 빌고 챠도 빌며 담뵈도 비록 무어시던지 모다 빌면 고량의 번뢰ᄒᆞᆷ를 두리지 아니코 ᄒᆞ는 말이어니와 <홍부 27:148> 봉졔 듯고 머리롤 두루혀며 넌망히 가부인의 연디롤 가지고 담뵈를 담는다 츄탁ᄒᆞ고 가는지라 <보홍 8:64> ⇒ 담마, 담바, 담바고, 담바괴, 담바구, 담박괴, 담배, 담베, 담비, 답비 돔비

【담비】 명 담배. 가짓과의 담배. 또는 그 풀의 잎을 말려서 만든 것. 원산지는 남미였는데, 16세기 초엽에 스페인에 전래되었고, 우리나라에는 광해군 때 일본에서 들어왔다. 포르투갈어의 tabaco가 일본어에 들어와 tabako가 되었고 이것이 우리나라에 수용되어 변화하였다. (외래어).¶ 담비 | 담바귀 | 남초 <노한 633> 담뷔 먹다 | 담비 픠다 <법한 659> 담비롤 엳다 <법한 1392> 담비 됴코 됴치 안ᄒᆞᆫ 거시 토력에 달넛다 <법한 1151> 담비 언(菸) <물명괄-초목 6a> 담비 (煙草) <의종 17a> <중화-한고b 7a> 담비 (澹巴, 琉球島名) <일용-초 18a> 담비 (痰破塊) <군목-남초 9b> 담비 먹다 (吃烟) <동해-음식 상:61a> <몽해-음식 상:47b> <과록-식찬 91b> 담비 (烟草) <화촬 64b> 담비 (烟茶) <군목-남초 9b> 담비 (南靈草) <박물-초 10b> 담비, 烟茶, 痰破塊, 淡泊塊 (南靈草) <군목 19a> 煙艸者, 淡巴菰也담비, 出於海中淡巴國. <몽유-식물 20a> ▼煙 ‖ 俗名南草, 或名淡婆, 或名相思草, 담비 (事物兒覽 物名錄 6b) ▼烟 ‖ 담비 담다 (裝烟) <한담 18a> 담비 먹다 (喫烟) <한담-기구 19a> 담비 담다 (藏烟) <화촬-일용잡어 65a> 냥추물 가져오고 담비 담고 ᄎᆞ 부어 올녀라 (水口水罷, 裝烟倒茶罷.) <관략-소창 13a> 캉에 방셕 ᄭᆞᆯ고 화로에 숫더으고 담비 담아 오라 (炕上鋪坐褥, 火盆上添上炭, 裝烟送來.) <한어-한고 24a> 왜 아니깃슴닛가 청컨디 당신은 담비 잡수시오 나는 票 사러 가깃습니다 (可不是麼? 請你抽烟罷.我要買票去了.) <한지 230> ▼南草 ‖ 담비 (南草, Tobacco.) <한영1890 143> 담비 (南草) <광보-2 음식:5a> <군목-남초 10a> <박물-초 10b> 이윽고 한 가로이 졈자다가 청디을 블너 담비 다므라 ᄒᆞ야 먹기를 다ᄒᆞᆫ 후 ᄯᅩ 골오디 인매 디령ᄒᆞ얏ᄂᆞ냐 (頃, 閑眠後呼廳直曰: "南草一柄進之." 盡吸後, 又曰: "人馬待令乎?") <휘언-비국등록 2:49> 의관도 창피ᄒᆞ고 작인도 괴려ᄒᆞ다 담비 물고 거러안고 뒤짐지기 버르시며 슈풀밋틔 모혀 셔셔 힝인을 구경ᄒᆞ니 귀신인가 독갑인가 우습고 고이ᄒᆞ다 <연행-무자> 곰방디 옥물뿌리 담비너는 쥬머니의 부시ᄶᆞ지 ᄶᅧ셔 들고 뒤짐지기 버릇시라 ᄉᆞ림미 다 그 모양이 천만인이 한 빗치라 <연행-병인> 졔ᄉᆞ날을 당ᄒᆞ오시면 의복을 졍결이 ᄒᆞ녀 달나여 입으시고 삼일을 젼긔ᄒᆞ야 목욕지계ᄒᆞ시며 담비와 주육을 파지일ᄶᆞ지 잡수시는 일니 옵스시고 졔슈 찰이는 거술 친히 간금ᄒᆞ시며 <행록-시조부 1b> 가역의 쓸 누룩 다셧 쟝 담비 다셧 발 명태 다셧 ᄯᅢ 보낸다 <의성김씨 학봉종가 언간-3 김진화(아버지) 1830 ↓의성김씨(딸)> 계남셔 일품 담비 한 짝을 풀녀 ᄒᆞ니 무당 긔별ᄒᆞ여 ᄉᆞ려 ᄒᆞ거든 모시 ᄒᆞᆫ 필을 ᄉᆞ셔 달나 ᄒᆞ니 혀미 드는 터의 모시롤 ᄉᆞ셔 줄 밧 업슬 듯ᄒᆞ다 <김성일가-78 1848 여강이씨(어머니) ↓김흥락(아들)> 담비 한 발 보내옵ᄂᆞ이다 <김성일가-88 1855 아주신씨(장모) ↓김흥락(사위)> 진안 모시 담비 당진 쇼금 울진 경션 고치[유명ᄒᆞᆫ 성치] <규합-정양완a 팔도소산 4:47a/399> 천안 담비 고셩 오슈경 홍쥐 모관쥬 남포 화초셕 오셕 <규합-정양완a 팔도소산 4:47b/400> 셩천 면쥬 담비 옥 안쥐 슈홍비 강셔 사과 츔의 <규합-정양완a 팔도소산 4:47b/401> 진지롤 막 잡슈거든 젼의 날쳐로 담비롤 붓쳐드리고 담비롤 막 쩔거든 <춘향-동양 9:17a> 무신 일 닛거던 상션 보니고 일 업거던 보니지 말게 닌편 닛거던 담비 만니 쓰아 보니게 <교리 셔-한고 1874 보게보게> 담비 모와 잇 스무기 일을수록 죠흐니라 원림을 쟝졈ᄒᆞ니 싱니를

겸ᄒᆞ도다 <농가1876 23> 담비 됴코 됴치 안흔 거시 토력에 달녓다 <법한 1351> 게와 담비 쉴을 갓치 먹지 말며 조기와 초을 갓치 먹지 말며 츙ᄌᆞ와 쓸기 업는 싱션을 먹지 말며 <부필 5a> 초와 고기 ᄉᆞ탕 드러ᄉᆞ고 담비 ᄌᆞ셰 바다ᄉᆞᆸ 식은 아니 먹어ᄉᆞᆸ 식은 초 아니 쥬시니 답ᄒᆞᆸ <식 술이(나천 삼곡) 10.14-한고 아바님(대아임네)> 네 난편이 담비을 만니 ᄉᆞ 보니여 담비을 ᄉᆞ기가 극난ᄒᆞ더니 줄 먹겟고 윈쳐의셔 싱각ᄒᆞ는 일이 신통ᄀᆡ특ᄒᆞ여 먹을 젹마다 ᄌᆞ랑을 헌다 <최근서간문집-10 시조모 ↓니집(손부)> 누워서 난 보던 것이 잇 정하게 보난 칙이란다 담비 멱고도 손 싯고 양치하고 보아라 <천수경-금요 필사기 17:03:19> 담비만 빡빡 빨고 안젓다가 <염상섭, 초연1926 109> 谷山 ‖ 고돌산 담비 <진명 하:49> 成川 ‖ 부류강 금 삼 담비 <진명 하:49> ※ 南草, 盛行自光海末年始也. 世傳南海洋中有湛巴國, 此草所從來, 故云湛巴云. <성호새설-4> ⇒ 담마, 담바, 담바고, 담바괴, 담바구, 담박괴, 담배, 담베, 담볘, 담븨, 담파귀, 둠비, 담비

【담비는 용귀돌일세】 숍 담배 잘 먹기는 용귀돌(龍貴乭)일세. 옛말에 나오는 용귀돌이처럼 담배를 아주 즐기는 사람을 비유적으로 이르는 말.¶ 담비는 용귀돌일세 (煙草는 龍貴乭일세) 龍貴乭은 古의 善吸草者라 腦頭에 烟液이 凝結함을 知하고 腦를 破하야 取出하얏다는 說이 有한 故로 煙草를 善吸하면 此로 嘲弄함이라 <조속1922 28>

【번기불에 담비를 붓친다】 숍 번갯불에 담배 붙이겠다. 번쩍하는 번갯불에 콩을 볶아서 먹을 만하다는 뜻으로, 행동이 매우 민첩함을 이르는 말.¶ 번기불에 담비를 붓친다 (電火에 烟草를 燃하겟다) 銳敏神速을 語함이라 <조속1922 359>

【호랑이 담비 먹을 적】 숍 호랑이 담배 먹을 적. 지금과는 형편이 아주 다른 까마득한 옛날.¶ 호랑이 담비 먹을 적 (虎狼이 煙草를 吸하든 時代) 太古鴻荒時라 함이라 <조속1922 120>

【담비-가가】 명 ((상업)) 담배가가(-假家). 담배가게. '담비'는 외래어.¶ 담비가가로 몃 번을 ᄂᆞ가고 반찬가가로 몃 번을 ᄂᆞ갓다가 퇴박을 만ᄂᆞ <귀의성 하:50> ⇒ 담배가가

【담비-가로】 명 담배가루. 담뱃잎을 말린 후 잘게 부수어 만든 가루. '담비'는 외래어.¶ 담비가로만 남앗다 <법한 1112>

【담비-간】 명 ((주거)) 담뱃간(-間). '담비'는 외래어.¶ 담비간 <법한 711, 1114>

【담비-갑】 명 ((기물)) 담뱃갑(-匣). 담배를 담아두는 작은 갑 또는 담배를 포장한 갑. '담비'는 외래어.¶ 蠙口 ‖ 나는 오날 학교에셔 담비갑을 이러 바린 고로 셴니 사무실에 밋쳐셔 그로브터 교실로 량하로 사닥ᄃᆞ리 근처를 살펴드니 부억에 써러졋습듸다 <일선 269>

【담비-거름】 명 담배거름. '담비'는 외래어.¶ 담비거름언 한 부세 ᅀᅪ묵 한 죵ᄌᆞ식 혹 무근 된장이 죠코 파와 만늘 거름은 콩ᄶᅵ지 죠코 숄거름은 부억 지가 죠코 <농집-필사 상:4a>

【담비-공이】 명 담뱃꽁초. 피우다가 남은 작은 담배 도막. '담비'는 외래어.¶ 쇠가 털 속에 사마구갓치 도더면 흠ᄒᆞ여 쌋지 일어나는 병이 잇나니 약인즉 담비공이 지물 두어 번 몸에 비게 발리면 즉차ᄒᆞ난니라 <우보-우한 6b> ⇒ 담비꽁치

【담비-닙】 명 ((식물)) 담뱃잎. '담비'는 외래어.¶ 담비닙 씌오다 (揹菸葉) <한청-초 13:15b>

【담비-대】 명 ((기물)) 담뱃대. 썬 담배를 담아 피우는데 쓰는 도구. '담비'는 외래어.¶ 담비대(烟袋) <물명괄-공봉 32b> ⇒ 단마대, 담마대, 담배대, 담배ᄯᅢ, 담벗ᄶᅥ, 담베듸, 담베ᄯᅢ, 담빈대, 담비듸, 담비ㅅ대, 담비ㅅ듸, 담비ᄯᅢ, 담비ᄶᅥ, 담쌧듸

【담비-듸】 명 ((기물)) 담뱃대. 썬 담배를 담아 피우는데 쓰는 도구. '담비'는 외래어.¶ 담비듸 | 듸 <법한 1079> 담비듸 (烟袋) <광보-2 음식:5a> ▼烟竹 ‖ 담비듸 (烟竹, 烟盃) <일용-문방 2a> 담비듸 (烟竹, A tobacco pipe.) <한영1890 143> 어늬 해 결[겨]울에 빅듀의 한가히 안잣더니 홀연 드ᄅᆞ니 대텽 반ᄌᆞ 우희 쥐 단니는 쇼리 잇거늘 심싱이 쥐엿든 담비듸로 우러ᄒᆞ 치니 (昨年冬, 白日閑居, 卽堂宁丙子也, 忽聞外堂板上, 有鼠行之聲, 沈生以烟竹仰擊.) <청야 1:31> 일ᄒᆞ은 양푼의 믈을 ᄀᆞ득 부어 ᄀᆞ만이 장ᄌᆞ 우희 두엇다가 혼야의 금남으로 ᄒᆞ여곰 급히 장ᄌᆞ를 나리라 ᄒᆞᆫ즉 금남이 담비듸로 그 우희 둘너 슈긔롤 나린 후 장ᄌᆞ롤 나리니 (一日置水器於障子上, 昏夜使錦南, 急下障子, 錦南以烟竹揮其上, 先下水器後, 下障子.) <청야 18:34> 그 안의 금 병풍을 늑첩을 쳐이시며 벼로 필믁 됴히 붓과 쵹듸 화로 담비듸롤 다새 도로 믿ᄃᆞ라셔 다 각각 노아시며 비단 니블 비단 요홀 사롬 수로 드리ᄂᆞᆫ듸 <일동 14:356> 동닉 부산 담비듸 나쥬 삼향 죽셜듸 영광 오죽셜듸 <규합-정양완a 팔도소산 4:50a/406> 그러ᄉᆞ나 숏거시라 졔반 악증의 소리롤 다 ᄒᆞ네 운봉 안견은 분부 한 목을 맛탄나 보다 담비듸 너시오 <춘향-동양 10:7b> 산의는 고싱만 ᄒᆞ고 마름은 쌍 닷 마직밧게 ᄒᆞᆫ 것 업셔 ᄒᆞ며 반말 담비듸 뒤집져이가 부형이야 ᄒᆞ며 야단이니 <한글유훈-한고 첨의지 누셔> 뎨의 담비듸 진ᄉᆞ님 담비듸 둘만ᄉᆞ 주옵소셔 삼월 념일 이죵뎨 샹셔 <이죵뎨-우한19c 말.3.20 ↓누의님> ⇒ 단마대, 담마대, 담배대, 담배ᄯᅢ, 담벗ᄶᅥ, 담베듸, 담베ᄯᅢ, 담빈대, 담비듸, 담비ㅅ대, 담비ㅅ듸, 담비ᄯᅢ, 담비ᄶᅥ, 담쌧듸

【ᄌᆞ시는 담비듸 경장을 몃번이나 맛나니오】 관귀 피우는 담뱃대가 고소를 몇 번이나 당했나요? 이런 저런 일을 많이 겪었을 것이란 의미.¶ 의복 쇼은 그러ᄒᆞ나 옷거리는 졔법일세 ᄌᆞ시는 담비듸 경장을 몃번이나 맛나니오 <남원1869 4:21b>

【담비-듸롱】 명 ((기물)) 담뱃대. '담비'는 외래어.¶ 담비

뎌롱 (烟鍾) <광보-2 음식:5a>

【담비-모판】 명 ((기물)) 담배모판(-板). 담배를 놓아 팔던, 네모지게 되어 있고 운두, 즉 그 둘레가 낮은 나무 그릇. '담비'는 외래어.¶ 대한 사룸 ᄒᆞ나이 담비모판을 놋코 팔미 <매일신문 1898.3> ⇒ 담비목판

【담비-목판】 명 ((기물)) 담배모판(-板). 담배를 놓아 팔던, 네모지게 되어 있고 운두, 즉 그 둘레가 낮은 나무 그릇. '담비'는 외래어.¶ 담비목판을 메고 가로에셔 판다든지 <독립신문 1896.8.13> ⇒ 담비모판

【담비-물】 명 담뱃물. '담비'는 외래어.¶ 두부 체ᄒᆞᆫ 디ᄂᆞᆫ 무우즙이 신효ᄒᆞ고 담비물이 즉효ᄒᆞ더라 쏘 쓰물도 죠ᄒᆞ니라 <규합-정양완a 경험방 4:52a/409>

【담비-불】 명 담뱃불. '담비'는 외래어.¶

【담비불에 언 쥐를 쬐야가며 벳길 놈】 속 담뱃불에 언 쥐를 쬐어가며 벗길 놈. 도량이 작고 어리석어 아무 짝에도 쓸모 없는 사람을 비유하는 말.¶ 담비불에 언 쥐를 쬐야가며 벳길 놈 (凍鼠를 烟草에 焙하야 剝皮할 漢다) 局量이 極小無用者를 語함이라 <조속1922 376>

【담비-쌈지】 명 ((복식)) 담배쌈지. '담비'는 외래어.¶ 烟包 ‖ 담비쌈지 橐駝酥. <광보-2 음식:5a> ⇒ 담비솜디, 담비쌈지, 담비쏨지

【담비ㅅ대】 명 ((기물)) 담뱃대. 썬 담배를 담아 피우는데 쓰는 도구. '담비'는 외래어.¶ 담비ㅅ대 (煙代) <동해-음식 상:61a> ⇒ 단마대, 담마대, 담배대, 담배째, 담벗쎠, 담베디, 담베째, 담비대, 담비디, 담비ㅅ대, 담비ㅅ디, 담비째, 담비쎠, 담쌧디

【담비ㅅ디】 명 ((기물)) 담뱃대. 썬 담배를 담아 피우는데 쓰는 도구. '담비'는 외래어.¶ 담비ㅅ디 (烟袋) <한청-기용 11:45b> 외국 통상을 의론컨대 내아 ᄑᆞᄂᆞᆫ 거슨 양의 털과 담비ㅅ디 모ᄃᆞᆫ 흙과 쇠과 약과 오비ᄌᆞ와 털ㅅ요와 월계기름과 술이오 <사필1889-헐버트 99> ⇒ 단마대, 담마대, 담배대, 담배째, 담벗쎠, 담베디, 담베째, 담비대, 담비디, 담비ㅅ대, 담비ㅅ디, 담비째, 담비쎠, 담쌧디

【담비-세】 명 담배세(-稅). '담비'는 외래어.¶ 담비셰 <법한 1337>

【담비-솜디】 명 ((복식)) 담배쌈지. '담비'는 외래어.¶ 담비솜디 (煙包) <물명-류씨 3:20> ⇒ 담비쌈지, 담비쌈지, 담비쏨지

【담비-쏭치】 명 담배꽁초. '담비'는 외래어.¶ 울황 비블으고 헙펴 바람드러 그러ᄒᆞ니 초을 멱기고 신허리 디입과 박쏙과 다린 후에 담비진과 쌀무리을 한티 타 멱기고 왕져을 오짐에 덕겨 등에 덥기 미고 안이 낫거든 죽은 쏭나모와 차나락집과 담비쏭치을 한티 사라 재물ᄅ 삼분 반 치 멱기라 <우병침볍-한고 2ab> ⇒ 담비공이

【담비-째】 명 ((기물)) 담뱃대. 썬 담배를 담아 피우는데 쓰는 도구. '담비'는 외래어.¶ 煙竹 ‖ 담비째에 불 부쳐 다오 <교린-교정 210> 난간에 의지ᄒᆞ야 담비째를 물고 화초만 보와도 ᄌᆞ미 잇습네 <교린-초 2:34a> 운묵에셔 등걸잠을 ᄌᆞᄃᆞ가 감긔ᄂᆞᆫ 드러셔 뒤여젓스면 ᄒᆞ더니 담비째를 탁탁 떨고 이볼 속으로 쑥 드러가니 ᄆᆞ누라ᄂᆞᆫ 점점 치운 싱각이 나셔 이불 속에로 드러가고 시푸ᄂᆞᆫ 강동지가 부를 째에 드러가지 아니ᄒᆞ고 지금 졔 풀에 드러가기도 열적은 일이라 <귀의성 상:7> ⇒ 단마대, 담마대, 담배대, 담배째, 담벗쎠, 담베디, 담베째, 담비대, 담비디, 담비ㅅ대, 담비ㅅ디, 담비째, 담비쎠, 담쌧디

【담비-쎠】 명 ((기물)) 담뱃대. 썬 담배를 담아 피우는데 쓰는 도구. '담비'는 외래어.¶ 담비쎠 (烟臺) <한담 18b> ▼烟袋 ‖ 담비쎠 (烟袋) <이록-음식 10a> 이 담비쎠를 언머에 산다 (這箇烟袋多少買?) <한어-한고 21a> 남초 업ᄂᆞᆫ 뷘 담비쎠 消日죠로 가지고셔 <만언사> 담비쎠 찻던 사룸이 졔가 도적 아닌 쥴을 발명ᄒᆞᄂᆞ라고 황겁ᄒᆞᆫ 목소리로 도적놈의게 발길의 채히던 말을 ᄒᆞ니 <치악산 상:94> 그쎠 맛참 왼 사룸 ᄒᆞᄂᆞ히 짤막ᄒᆞᆫ 담비쎠에 담비를 붓쳐 물고 논쑥길에셔 길 일흔 사룸갓치 입맛을 다시면서 혼자말로 이거시 길인가 너가 엇지ᄒᆞ다가 여긔를 왓ᄂᆞ <치악산 상:91> ▼煙管 ‖ 담비쎠ᄂᆞᆫ 대단이 진이 빅여 잇구려 너가 뚜러 드릴 터이니 디뚜리를 좀 주시오 <일한어학교범 84> ⇒ 단마대, 담마대, 담배대, 담배째, 담벗쎠, 담베디, 담베째, 담비대, 담비디, 담비ㅅ대, 담비ㅅ디, 담비째, 담비쎠, 담쌧디

【담비-쌈지】 명 ((복식)) 담배쌈지. '담비'는 외래어.¶ 담비쌈지 <법한 177> 담비쌈지 (草匣) <일용-문방 2a> ⇒ 담비쌈지, 담비솜디, 담비쏨지

【담비-씨】 명 담배씨. '담비'는 외래어.¶ 연구히소의 담비씨을 셔 말을 상회 믈의 타 머그면 낫ᄂᆞ니라 <경험신방 한옥션157-348>

【담비씨로 뒤웅박을 판다】 속 담배씨로 뒤웅박을 판다. 작은 담배씨의 속을 파내고 뒤웅박을 만든다는 뜻으로, 성품이 매우 치밀하고 찬찬하여, 품이 많이 드는 세밀한 일을 잘함을 비유적으로 이르는 말.¶ 담비씨로 뒤웅박을 판다 (煙草種子로 中空匏子를 成한다) 煙草種은 至微한 體質이니 此 至微한 體質로 彼 中空匏子와 如히 鑿成한다 하면 其人의 細微함을 可知라 凡人物事件의 細瑣微小한 性質이 極함에 謂하나니라 <조속1922 38>

【담비-쏨지】 명 ((복식)) 담배쌈지. '담비'는 외래어.¶ 담비쏨지 (草匣) <군목-행장 14b> ⇒ 담비쌈지, 담비솜디, 담비쌈지

【담비-잔통】 명 ((기물)) 담뱃대. '담비'는 외래어.¶ 담비잔통 (烟袋) <사아-물명 1b> <물명찬-잡기 13>

【담비-장ᄉᆞ】 명 ((인류)) 담배장수. '담비'는 외래어.¶ 담비장ᄉᆞ 메욱장ᄉᆞ 망건장ᄉᆞ 파립장ᄉᆞ 황오장ᄉᆞ 걸긱이라 <춘향-동양 9:27a> ⇒ 담비쟝ᄉᆞ

【담비-쟝ᄉᆞ】 명 ((인류)) 담배장수. '담비'는 외래어.¶ 곡

산 ‖ 八百五四 고첨지 본시 셔흥 살며 담비쟝ᄉᆞ ᄒᆞ더니 병인군난을 맛나 신계로 피ᄒᆞ엿다가 부부ㅣ 잡혀 곡산셔 동일 치명ᄒᆞ니라 <치명 160b> 뎌 셕류황쟝ᄉᆞ나 담비쟝ᄉᆞᄭᆞ지도 오히려 그 샹표를 경징ᄒᆞ거든 <대매> ⇒ 담비쟝ᄉᆞ

【담비-줄】 명 담뱃줄. '담비'는 외래어.¶ 담비줄 <법한 1392>

【담비-즘치】 명 ((복식)) 담뱃주머니. 담배쌈지. '담비'는 외래어.¶ 절 문안을 드러가면 자발등시 노혓는디 댱도 환도 시칼 졉칼 부쇠 연쥭 담비즘치 미션 별션 깃뷔 털뷔 구슬호로 당빵울과 슈식 픠물 분토당혀 파란 나뷔 비단쫏과 운모 강셕 진옥 만호 슈졍 산호 밀화 호박 <연행-무자>

【담비-지】 명 담뱃재. '담비'는 외래어.¶ 또 담비지을 츔의 기야 부치라 또 현삼을 난도ᄒᆞ여 초의 복가 부치라 <서계집-한고 연쥬 24a:하> 牛病의 大便이 막키여 창만ᄒᆞ거던 大黃芒硝와 담비지 ᄒᆞᆫ 흡과 피마자지름 반잔을 大黃 다린 물의 죠합ᄒᆞ여 서너 사발식 두세 차 먹이고 또 제중혈을 ᄯᅳ라 <우의-국한1931 14>

【담비지-물】 명 담뱃재물. '담비'는 외래어.¶ 국슈에 체ᄒᆞ 더ᄂᆞᆫ 무집을 먹으면 낫ᄂᆞ이라 두부에 체ᄒᆞᆫ 더는 무집이ᄂᆞ 담비지물 ᄒᆞᆫ 종ᄌᆞ만 먹으면 낫ᄂᆞ이라 <경험방-두부 체ᄒᆞᆫ 더 3b 한옥션133-152>

【담비-짓더리】 명 ((기물)) 담배재떨이. '담비'는 외래어.¶ 덧더리 | 담비짓더리 <노한 413>

【담비-칼】 명 ((기물)) 담배칼. 잎담배를 써는 데 쓰는 칼. 작두와 비슷하게 생겼으나 크기가 아주 작다. '담비'는 외래어.¶ 이번 담비는 보신 듯 보너오서 긴히 먹습 담비 담비칼 일 통 주어 가 넙담비을 칼노 뻐러 먹다 티산 만ᄒᆞ옵 <고아가도 그동안-우한 19c말>

【담비-합】 명 ((기물)) 담배합(-盒). 담배를 담아 놓는 그릇. '담비'는 외래어.¶ 담비합 (草盒) <일용-문방 2a>

【담비-혈합】 명 ((기물)) 담배설합. '담비'는 외래어.¶ 挈盒 ‖ 담비혈합 或以錬爲之, 或以玉石之類爲之. <광보-2 음식:5a> 미다지 담비혈합 (通替煙盒) <사아-물명 1b>

【담빗통-이】 명 ((기물)) 담뱃통이(桶-). 함경 방언. 담비[煙]+-ㅅ(관형사형 어미)+통(筒]+-이(주격 조사 ▷명사파생 접미사). '담비'는 외래어.¶ 통이 | 담빗통이 <노한 653>

【담파귀】 명 담배. 담뱃잎을 말려서 가공한 연초 상품. 원산지는 남미였는데, 16세기 초엽에 스페인에 전래되었고, 우리나라에는 광해군 때 일본에서 들어왔다. 포르투갈어 'tabaco'가 일본에 들어가 'tabako'가 되었고 이것이 우리나라에 수용되어 변화하였다. (외래어)¶ 담파귀 (烟草) <물보-잡초 상:9b> ⇒ 담바괴, 담바구, 담박괴, 담파고, 담배, 담베, 담볘, 담븨, 담비, 답비, 돔비

【답비】 명 담배. 가짓과의 담배. 또는 그 풀의 잎을 말려서 만든 것. 원산지는 남미였는데, 16세기 초엽에 스페인에 전래되었고, 우리나라에는 광해군 때 일본에서 들어왔다. 포르투갈어 'tabaco'가 일본에 들어와 'tabako'가 되었고 이것이 한국에 들어왔다. (외래어).¶ 답비 먹는 사름 <법한 660> ⇒ 담마, 담바, 담바고, 담바괴, 담바구, 담박괴, 담배, 담베, 담볘, 담븨, 담비, 담파귀, 돔비

【-닷은】 조 ((문서)) -딴은. -는. 대조와 강세를 표현하는 보조사. (이두어).¶ 기명 오연 경신 구월 초십일 이일지 양ᄌᆞ문긔 니일지 우 양ᄌᆞᄉᆞ닷은 당질 니셩광 봉ᄒᆞ허거온 평ᄌᆞ답 셔 말낙 열닷 집 곳과 장ᄌᆞ밧 열 말낙 열녁 집서 문곳슬 허금허거온 일후 동싱 일가 족쇽 중의 시비 지이거든 지차문긔을 빙고ᄉᆞ라 조부 니ᄉᆞ긔 증인 니복남 종부 최시 월쇠 증부 니씨 서 필집 니노격 <양자입양분재기②1800 우산> ⇒ -단은, -둔은, -둣은, -딴은, -짜넌, -짜는, -짜ᄂᆞᆫ, -짠, -짠난, -짠는, -짠ᄂᆞᆫ, -짠은, -짯난, -ᄶᆞ는, -ᄶᆞᄂᆞᆫ, -ᄶᆞᆫ, -ᄶᆞᆫᄂᆞᆫ, -ᄶᆞᆫ은, -ㅣᄶᆞᆫ, -ㅅ돈

【당건】 명 ((복식)) 당건(唐巾). 중국에서 쓰던 관(冠)의 하나. 당나라 때에는 임금이 많이 썼으나, 뒤에는 사대부들이 사용하였음. (중국어 간접 차용어).¶ 원쉬 홀로 댱검을 딥고 학의 당건으로 딘 밧긔셔 ᄉᆞ면을 술피니 <낙성 2:53> 빅나광슴을 금픙의 브치이고 오ᄉᆞ 당건을 우빈의 기우려 솔 그늘과 디 썰기 밋히 ᄒᆞᆫ가로이 거ᄅᆞ며 <명행 12:69> 일위 쇼년이 머리의 흑ᄉᆞ 당건을 쓰고 몸의 청나의롤 닙어 편편이 나아와 공슈웅명ᄒᆞᆫ디 <벽허 1:7> 셜싱이 ᄒᆞᆫ 벌 포의롤 졍히 ᄒᆞ고 당건을 슈겨 혜아리미 ᄌᆞ못 깁흐니 <유삼 8:65> 화음봉셩이 청신쇄락ᄒᆞ고 안모의 명광이 오치 샹셔를 거두어 흑ᄉᆞ 당건 아리 졀인ᄒᆞᆫ 풍치와 긔려ᄒᆞᆫ ᄌᆞ틔를 형언ᄒᆞ기 어렵거놀 <명보 40:7> 일습 건복 일위 음양을 변톄홀식 옥 무은 니마의 혹사 당건을 숙이고 봉되 ᄂᆞᆫ 듯ᄒᆞᆫ 엇개의 청사포롤 가ᄒᆞ고 <윤하 32:60> 셔당의 이ᄅᆞ니 옥 갓ᄒᆞᆫ 쇼년이 당건을 졍히 ᄒᆞ고 청삼을 붓쳐 니러마ᄌᆞ니 <화충 9:29> ⇒ 탕건

【당착-ᄒᆞ-】 동 당착(當着)하다. 맡다. (중국어 간접 차용어).¶ 當着 ‖ 믄득 차환 무리롤 이야긔셔 ᄒᆞᆫ 번 눈으로 보량이면 졔가 본샹을 드러너여 로야롤 당착ᄒᆞ여 져의들을 ᄯᅥ려 녹은 양의 머리ᄀᆞᆺ치 민돌며 (凡丫頭們二爺多看一眼, 他有本事當着爺打個爛羊頭.) <홍루 65:78> ▼招攬 ‖ 중인이 모다 마타가도 향방이 잇셔 젼과 ᄀᆞᆺ지 아니ᄒᆞ여 다만 편ᄒᆞ고 맛당ᄒᆞᆫ 일만 갈히여 ᄒᆞ고 나마지 괴로온 ᄉᆞ역은 당착ᄒᆞ리 업셔 (衆人領了去, 也都有了投奔, 不似先時只揀便宜的做, 剩下的苦差沒個招攬.) <홍루 14:16> ▼干係 ‖ 이 비쥬 디방은 엇지 묘쳔총의 당착ᄒᆞᆫ 곳이리오 (難道這邳州倒是苗千總的干係麽?) <쾌심 10:39>

【당챠-ᄒᆞ-】 동 당차(當差)하다. 심부름하다. (중국어 간접 차용어).¶ 當差 ‖ 가경이 이졔 부내의 잇셔 당챠ᄒᆞᄂᆞᆫ 남인 이십일 명을 블너드려 력년의 집의셔 용되 ᄒᆞᄂᆞᆫ 거시 한가지로 언마나 드러와 쓰이고 언마나 나가ᄂᆞ뇨

(賈政叫現在府內當差的男人共二十一名進來, 問起歷年居家用處, 共有若干進來, 該用若干出去.) <홍루 106:59>

【당-푸리】 명 ((상업)) 당포리(當鋪裏). 전당포. '푸리(鋪裏, pūli)'는 중국어 직접 차용어.¶ 當鋪 ‖ 또 각 당푸리 총관ᄒᆞᄂᆞᆫ 사ᄅᆞᆷ이 모든 호치 등을 다리고 또ᄒᆞᆫ 헌슈ᄒᆞ며 (又是各當鋪管總的帶着衆伙計們也上了壽.)<홍부 13:26> 이제 일뎜 힘을 허비치 아니ᄒᆞ고 이십만 냥 은ᄌᆞ를 어더 당푸리를 여럿시믜 내가 곳 큰 쟝궤지가 되엿고 (如今不費一點子力, 領了二十萬銀子開了當鋪, 我便是個大掌櫃.) <홍보 15:48> 앙한 지초 버러 잇셔 각쳐 셜축 모혀들고 당푸리의 놉흔 퓌는 은 밧고며 돈 밧고며 약계 안의 양각등은 환약 고약 가로약과 약즙 치며 향병들과 셥도 졀구 요란ᄒᆞ고 <연행-무자> ⇒ 뎐당푸리, 뎐당프리, 전당푸리

【대거】 명 ((인류)) 대가(大哥). 큰형. '대거(大哥, dàgē)'는 중국어 직접 차용어.¶ 大哥 ‖ 대거는 셩졍을 부리지 말나 보살의 말이 죠흔 말이니 우리는 또ᄒᆞᆫ 심냥ᄒᆞᆯ지라 그러치 아니면 나는 관 밧그로 가리라 ("大哥, 你不要任性! 菩薩說的是好話, 大家也要熟商量, 不然等我在關外轉吧.") <후서유 18:54-35> 네가 또 외임을 ᄒᆞ여 가려 ᄒᆞᄂᆞᆫ지라 편벽도이 너의 대거가 집의 잇ᄉᆞ미 네가 또 능히 친년을 고치 못ᄒᆞ리니 (你又要做外任去, 偏有你大哥在家, 你又不能告親老.) <홍루 96:15> 쟝대내내 믄득 ᄋᆞᄌᆞ로 ᄒᆞ여곰 외변의 가셔 너의 잠가 대거를 청ᄒᆞ여 드러와 ᄒᆞᆷ긔 밥을 먹으라 ᄒᆞ니 (蔣大娘子就叫兒子去外邊請你岑家大哥進來一同喫飯.) <설월 2:17>

【대련】 명 ((복식)) 탑련(搭連 dālian). 걸낭. 몸에 차지 않고 걸어 두는 큰 주머니. '대(搭, dā)'는 중국어 직접 차용어.¶ 대련 <범한 720> 대련 | 언치 | 말쌈종 <범한 351> 대련 (搭連) <동해-기구 하:15b> <몽해-기구 하:11a> <한청-기용 11:43a> <과록-복용 86b> 대련 민드는 대포 (搭連布) <한청-포백 10:60b> ▼薦擔 ‖ 이예 대련 속의 너허 물등의 ᄡᆞᆯ고 힝ᄒᆞ니 ᄲᅧ ᄆᆞ즘 듕츄라 개인 ᄃᆞᆯ이 산의 올으고 말근 안개 들에 빗겻ᄂᆞᆫᄃᆡ 수십니 평원광야의 힝인이 업ᄂᆞᆫ지라 (因作薦擔, 藉於馬背而行, 時當中秋, 霽月如上, 淡烟橫野, 平郊通路, 四無行旅.) <청야 10:5> ▼搭連 ‖ 이 猠皮 사 무섯ᄒᆞᆯ와/ 아답개와 가족 대련 지을 거시라 (買這猠皮做甚麽?) (做坐褥皮搭連的.) <박신 1:31b> ▼褡褳 ‖ 화녁시 대경ᄒᆞ니 원릭 텰퇴를 쇼음 둔 보ᄌᆞ의 ᄡᅡ셔 대련 쇽의 너코 (力士吃了一驚. 原來鐵錘包着棉被, 卷在褡褳中.) <여선 16:83> ▼鞍子 ‖ 굴신이 대련을 캉샹의 놋코 다시 남ᄌᆞ로 더브러 례로 보니 그 남ᄌᆞ 답례ᄒᆞ며 니ᄅᆞᄃᆡ (屈申將鞍子放在炕上, 從新與那男子見禮. 那男子還禮, 道.) <충협 9:79>

【대부】 명 ((복식)) 대포(大布). 조포(粗布). 거친 피륙. '대부(大布, dàbù)'는 중국어 직접 차용어.¶ 大布 ‖ 남ᄌᆞ의 의복은 ᄀᆞ쟝 가음여러 샤치ᄒᆞ니 밧근 다 대부를 니버시니 븍경도 이러ᄒᆞ고 녀ᄌᆞ의 의복은 극히 가난ᄒᆞ니 밧근 다 비단으로 ᄒᆞ여시니 궁촌도 또ᄒᆞᆫ 이러ᄒᆞ더라 (男子衣服除富奢者外, 悉用大布, 雖北京亦然. 女子衣服貧寒者外, 悉用綺羅, 雖窮村亦然.) <연행-노가재 1:18b> 셔다히로셔 오ᄂᆞ니ᄂᆞᆫ 다 누록과 차와 대부와 비단 ᄀᆞᆺ튼 거슬 싯고 혹 뷘 수릐도 이시니 이ᄂᆞᆫ 뇨동 심양다히 샹괴 관 안흐로셔 도라오ᄂᆞᆫ 뉘라 ᄒᆞ더라 (其自西來者, 皆載茶麯布帛, 或有空車, 是則遼瀋商賈回自關內者也.) <연행-노가재 2:27a>

【대셔양】 명 ((지리)) 대서양(大西洋). 유럽・아프리카 대륙과 남・북아메리카 대륙을 분리하는 대양. 오대양의 하나로 세계에서 두 번째로 크며, 지구 표면적의 약 6분의 1을 차지한다. (외래어).¶ 대셔양 <법한 117, 914> 또 동히변에 옥난이란 산이 오천 리를 련ᄒᆞ고 북편에 아메손이란 강이 [쟝은 일만 일쳔 륙빅 리요 물이 온 텬하에 뎨일 만흔 강이니라] 대셔양에로 드러가ᄂᆞ니라 <사필1889-헐버트 102> 디경은 북에 북빙양이오 동에 대셔양이오 남에 남아메리까요 셔에 태평양이며 <사필1889-헐버트 101>

【대-아뎨국】 명 ((지리)) 대아제국(大俄帝國). 러시아제국. 표트르 대제가 1721년 세운 이후부터 제1차 세계대전 도중 러시아혁명(1917년 3월)에 의해서 타도될 때까지 존재하였음. (외래어).¶ 대아뎨국 사ᄒᆞᆫ 은혜 하히갓치 깁헛도다 <대동공보 1909.11.21>

【대양주】 명 ((지리)) 대양주(大洋洲). 육대주의 하나. 멜라네시아, 미크로네시아, 폴리네시아, 오스트레일리아, 뉴질랜드를 포함하는 섬과 대륙으로 이루어져 있다. 오세아니아(Oceania). (외래어).¶ 대양주(大洋洲) ‖ 東은 太平洋이오 西는 印度洋이며 南은 太平洋과 印度洋間에 잇는 바다이오 北은 亞細亞를 臨하니라 <신문-상식 73> 아시아 구리파의 이불이기 대양주 <최신칭가집> ⇒ 대양쥬

【대양쥬】 명 ((지리)) 대양주(大洋洲). 육대주의 하나. 멜라네시아, 미크로네시아, 폴리네시아, 오스트레일리아, 뉴질랜드를 포함하는 섬과 대륙으로 이루어져 있다. 오세아니아(Oceania). (외래어).¶ 대양쥬 | 남양쥬 <법한 994> 아셰아 구라파며 아불리가 대양쥬오 <제국신문 1903.6.5> ⇒ 대양주

【대천】 명 ((기물)) 대전(大錢). '천(錢, qián)'은 중국어 직접 차용어.¶ 大錢 ‖ 마리털을 빗길 ᄯᅢ에 몬져 성긘 춈빗스로다가 빗기고 또 것고지 가져다가 것곳고 그린 후에 뎌 뷘 춈빗스로다가 다시 빗겨 비듬을다가 업시ᄒᆞ여 乾淨히 ᄒᆞ고 마리털 족지고 鉸刀를 가져다가 코굼게 털을 ᄲᅩᆸ고 짓븨로다가 귓바회 ᄲᆞᆯ면 이 곳 ᄶᅡ가 뭇찻다 ᄒᆞ리라 너를 열 낫 대천을 주마 (梳頭髮的時候, 先把稀箆子 了, 再把挑針挑起來, 然後用那密箆子再 , 將風屑去乾淨了, 綰起頭髮來, 把鉸刀鉸了鼻孔毫毛, 把捎 掏一掏耳朶, 這就筭剃完了, 與你十箇大錢.) <박신 1:43b>

【댁트】 대 댓(that). 저것. (외래어).¶ 댁트 (저것) <영어일상통화단어초집 우산> ⇔ 듸-스

【댜오】 명 옛 화폐단위. 1000전(錢). '댜오(吊, diào)'는 중국어 직접 차용어.¶ 吊 ‖ 혜아리니 우리 됴흔 弟兄들이 셜흔 나믄이 이실 쓰 ᄒᆞ니 每人이 돈 ᄒᆞᆫ 다오 五百을 내면 대되 돈 四十 五六 댜오를 모들 써시니 잇긋 넉넉이 ᄡᅳ리라 (算來咱好弟兄們, 約有三十多箇. 每人出錢一吊五百文, 共湊錢四十五六吊, 儘勾使用了.) <박신 1:1b> ⇒ 다오, 됴, 댜

【답도리】 명 단도리(段取, だんどり). 단속(團束). 일본어 차용어.¶ 져역을로 잠댜기 젼의 글강을 바드소 옛사람도 에미가 자식을 가리텨 셩인군자 되이가 만으이 답도리을 션싱갓치 ᄒᆞ소 농 안의 붓과 먹을 차자 듀소 <공칙 세 권을1878/1938 -한고>

【당궤쟈】 명 ((인류)) 장궤자(掌櫃者). '돈궤를 맡은 사람'이란 뜻으로 가게의 주인을 말함. '장궤(掌櫃)'는 중국어 간접 차용어.¶ 掌櫃的 ‖ 가군이 반그릇 진지롤 나오시고 ᄲᅧ나오실식 당궤쟤 샹쥬방이 방셰 아니주므로 문을 막거늘 (家君進飯半盂將出, 站之掌櫃的以上廚之不給房錢閉門拒行.) <서원 9:38a> ☞ 장괴, 장괴지, 장귀디, 장귀지, 장귀디, 장귀지, 쟝괘지, 쟝괴지, 쟝귀디, 쟝궤지, 쟝귀지

【됴】 명 옛 화폐단위. 1000전(錢). '됴(吊, diào)'는 중국어 직접 차용어.¶ 吊錢 ‖ 거긔 니르러 물으니 말하기를 골픽하여 삼습오 됴를 힐코 가지나 갓다 하기로 오은 거리로 저를 차즈니 (到那裡問一問, 說是打骨牌, 輸咧三十五吊錢纔出去咧, 滿街上找他.) <중화-아천 38a> 그러면 니게 젼흥호 일빅 열야들 됴 천표가 이스니 네 이 표를 가지고 나를 야들 됴를 거스름 주면 졍이 올캇다 (那麼我有全興號一百一十八吊的錢票呢, 你拿這個票找我八吊錢就正對盡乙哪.) <중화-아천 17a> ⇒ 다오, 댜오, 댜

【됴-돈】 명 옛 화폐단위인 '됴[吊 diào]'에 우리말 '돈'이 붙은 말. '1됴'는 1000전(錢)이다. '됴(吊, diào)'는 중국어 직접 차용어.¶ 吊錢 ‖ 근본 한 불 너구리 가죽 덧죠고리가 잇더니 츈텬 집안 오맘이 일당 병을 할 ᄲᅴ여 용쳐를 변통티 못하넌 연고로 그 한 불 덧죠고리를 아홉 됴돈에 당하여 노기고 어긔네 고공을 하여주나 (底根有一件狧子皮褂子, 春天家裡的老子害一場病的時候, 擺不出照顧來的緣故, 把那一件褂子當着九吊錢白化咧, 給鄂家當雇工.) <중화-아천 23a> 만일 너의게 열아문 됴돈을 ᄲᅥ러텨시랑이면 그거슨 도리여 말하가 돗컨마는 빅여 됴돈이여던 사로 젹다 휨하랴 (若說是短你們十來吊錢否咧, 那个倒好說, 百數來吊錢否咧, 咳算小的麽.) <중화-아천 18b>

【댜】 명 옛 화폐단위. 1000전(錢). '(吊, diào)'는 중국어 직접 차용어.¶ 吊 ‖ 웃 문에 제가 네 말을 니르고 셔른아들 댜자리 싀낭 가이를 가져가며 말하기를 이 문에 네가 와 문다 하더라 (上輸他的提你的話, 三十八吊錢的戲狗拿去說是, 這次你來開付啊.) <중화-아친 8b> 필경 오디 안으면 너 빅으로 삼습여 댜돈을 힐으랴 (歸起不來咧, 我白丟三十多吊錢麽.) <중화-아천 9a> 이거시야니로 말하넌 말이로다 날노 하여금 마음이 스윈케 하니 삼습여 댜돈은 커니와 졔원 빅 댜돈을 헐어도 그닷 엇더티 안캇다 (這个纔說理的話, 教我心裡過得去, 別說是三十多吊錢, 那怕丟咧一百吊錢也不大怎麽个兒.) <중화-아천 10b> 네 이리하여라 저 오기를 기더려 빅으로 돈을 달나여셔난 얼멧 댜돈을 커니와 푼호쳔이라도 변통을 못하너니라 (你這麽着, 等他來白要錢咧, 別說是幾十吊錢, 連分毫錢也弄不來啊.) <중화-아천 11a> ⇒ 다오, 댜오, 됴

【더그러】 명 ((복식)) 더그레. 조선 시대에, 각 영문(營門)의 군사, 마상재(馬上才)꾼, 의금부의 나장(羅將), 사간원의 갈도(喝道) 등이 입던 세 자락의 웃옷. 단령의 안에 받치는 감. '더그러(degelei)'는 중세몽고어 차용어.¶ 加文剌 ‖ 더그러 團領內供也. <진람 16b> ⇒ 더그레, 홍더그레

【더그레】 명 ❶ ((복식)) 옷자락까지 달린 긴가죽 겹옷. 또는 반소매에 덧입는 겉옷. '더그레(degelei)'는 중세몽고어 차용어.¶ 더그레 (搭胡) <광보-2 의복:2a> ▼搭護 ‖ 더그레 (搭護) <역해-혼취 상:44b> <방석-복식 2:22b> <과록-복용 84a> <고석-수경 복식 43a> 앏뒤 흉븨와 두 엇게로셔 ᄉᆞ맷 ᄆᆞᄅᆞ내 치질ᄒᆞ고 무룹도리로 치질ᄒᆞᆫ 로 털릭에 산호로 ᄢᅬ거리ᄒᆞ야거든 ᄢᅵ여 대엿 가지엣 갈해 샹아 머리예 룡두 ᄉᆞᄆᆞᆺ 사괸 쇠약과 샹애 셰화도ᄃᆞ 니로 ᄒᆞᆫ 툐야익 가ᄑᆞ리 다 ᄀᆞ자잇고 명록비쳇 비단애 니근 실로 흉븨 도텨 ᄧᅡᆫ 비갸오새 야쳥비체 ᄉᆞ화문 슈질ᄒᆞ고 금 드려 ᄧᅡᆫ 로 더그레 (刺通袖膝欄羅帖裏上, 珊瑚鉤子繫腰, 五六件刀子, 象牙頂兒, 玲瓏龍頭解錐兒, 象牙細花兒挑牙, 鞘兒都全, 明綠抹絨胸背的比甲, 鴉青綉四花織金羅搭護.) <번박 상:27a> ᄉᆞ매 ᄆᆞᄅᆞ내 치질ᄒᆞ고 膝欄ᄒᆞᆫ 羅털릭에 珊瑚鉤子ᄒᆞᆫ ᄢᅬ오 다엿 불 칼은 象牙 머리오 龍頭ᄅᆞᆯ 玲瓏히 ᄒᆞᆫ 解錐兒와 象牙로 細花ᄒᆞᆫ 툐아에 갑플이 다 ᄀᆞ잣고 明綠빗치 융ᄉᆞ로 ᄀᆞ 두른 胸背 比甲과 鴉青빗치 四花를 繡노코 織金ᄒᆞᆫ 羅 더그레오 (刺通袖膝欄羅帖裏上, 珊瑚鉤子繫腰, 五六件刀子, 象牙頂兒, 玲瓏龍頭解錐兒, 象牙細花兒挑牙, 鞘兒都全, 明綠抹絨胸背的比甲, 鴉青綉四花織金羅搭護.) <박언 상:25b> 류황비체 금 ᄭᅮ며 ᄉᆞ화문 슈질ᄒᆞᆫ 노 더그레오 여듧 ᄡᅩᄀᆡ 비취짓 ᄭᅩᆯ오 진언 ᄌᆞ를 금으로 ᄭᅮ민 갇 우희 숀가락만 큰 ᄌᆞ타날 뎡ᄌᆞ애 (柳黃飾金綉四花羅搭護, 八瓣兒鋪翠眞言字粧金大帽上, 指頭來大, 紫鴉忽頂兒.) <번박 상:29a> 柳黃빗치 金으로 ᄭᅮ며 四花ᄅᆞᆯ 綉ᄒᆞᆫ 羅 더그레예 여돎 복에 비취짓 ᄭᅩᆯ고 眞言 字ᄅᆞᆯ 금으로 ᄭᅮᆷ인 큰 갓에 손짜락 굴긔 紫鴉忽 頂子에 (柳黃飾金綉四花羅搭護, 八瓣兒鋪翠眞言字粧金大帽上, 指頭來大, 紫鴉忽頂兒.) <박언 상:27b> 이 ᄀᆞᄂᆞᆫ 綿紬란 鴉青 드려 널다돔이 ᄒᆞ고 이 肉紅빗체 婦人의 더그레 것ᄎᆞᆫ 고텨 桃紅ᄃᆞ려 디돔기를 잇긋ᄒᆞ라 (這細綿紬染鴉青擺一擺, 這肉紅婦人搭搭護表兒, 改染做桃紅礪到着.) <박언

중:4a> 이 만도람이 빗체 四花 슈ᄒᆞᆫ 거슨란 더그레 짓고 이 鴉靑 빗체 大蟒龍織金ᄒᆞᆫ 이란 옷거리 지ᅀᅳ라 (這鷄冠紅綉四花做搭護, 這鴉靑織金大蟒龍的做上盖.) <박언 중:54b> ▼搭胡 ‖ 보ᄆᆡᄂᆞᆫ 됴ᄒᆞᆫ 야쳥 로 이삭 ᄃᆡ녕에 힌 로 큰 더그레에 푼 류쳥 로 ᄀᆞᄂᆞᆫ 주룸 텬릭이오 (春間好靑羅衣[曳]撒, 白羅大搭胡, 柳綠羅細摺兒.) <번노 하:50a> 봄의ᄂᆞᆫ 됴흔 야쳥 노 이삭 ᄃᆡ녕에 흰 노 큰 더그레에 ᄑᆞ른 뉴쳥 노 ᄀᆞᄂᆞᆫ 줄옴 텰릭이오 (春間好靑羅衣[曳]撒, 白羅大搭胡, 柳綠羅細摺兒.) <노언 하:45a> 녀름 다ᄃᆞᆮ거든 ᄀᆞ장 ᄀᆞᄂᆞᆫ 모시뵈 젹삼애 우희ᄂᆞᆫ 제 실로 슈질 노ᄒᆞᆫ 힌 편 紗 더그레 야투로 사 ᄃᆡ녕이오 (到夏間, 好極細的毛施布布衫, 上頭繡銀條紗搭胡, 鴨綠紗直身.) <번노 하:50a> 녀름 다ᄃᆞᆮ거든 ᄀᆞ장 ᄀᆞᄂᆞᆫ 모시뵈 젹삼에 우에ᄂᆞᆫ 슈 노흔 흰 편 사 더그레예 야토로 사 ᄃᆡ녕이오 (到夏間, 好極細的毛施布布衫, 上頭繡銀條紗搭胡, 鴨綠紗直身.) <노언 하:45b> ※ «事物紀原»云, 隋內官多服半臂, 餘皆長袖. 唐高祖減其袖, 謂之半臂, 卽今背子也. 江淮間或曰綽子, 庶人競服之. 今俗呼爲搭護더그레. <노박집람 상:8-9> ❷ ((복식)) 윗옷의 이름. 조선 시대에, 각 영문(營門)의 군사, 마상재꾼(馬上才-), 의금부의 나장(羅將), 사간원의 갈도(喝道) 등이 입던 세 자락의 윗옷. 군사와 마상재꾼의 것은 소매가 없고, 알도와 나장의 것은 짧은 소매가 있으며, 그 소속에 따라 여러 가지 빛깔이 있다. 또는 단령의 안에 받치는 감. 호의(號衣).¶ 니브실 이리 하 ᄀᆞ이업ᄉᆞ니 그 공이 내ᄃᆞᄂᆞ다 블근 거싀 드러 이제 얼굴 업ᄉᆞ니 더그레 얼구리 업ᄉᆞ니 ᄀᆞ이업다 <순천김씨-157 1550-92 신천강씨(어머니) ↓순천김씨(딸)> ᄉᆞ복의 닉승쥬부 도졔죠며 부졔죠라 거딜이며 견마부ᄂᆞᆫ 죠립의 널분 갓끈 누른 ᄉᆞ 더그레며 푸른 긴옷 벙거지며 이마와 마의드른 말게ᄂᆞᆫ 빗나일다 <한양가-고려 1844> 대홍 항나 공복 남셜한쵸 더그레 남 싱경 광듀 챵의 일 쟉 초록 왜 항나 쿠리매 금치 빵학 흉비 일빵 유록 운문 갑사 관디 <품목③ 214> 분홍 광수사 관디 남 은조사 더그레일쟉 남 수화듀 징 창의 일 회식 왜듀 존누비 듀의 일 <홍인군(운현큰집)대감싱신의복불긔> ※ 褡穫, 卽本國所謂加文羅. <이문속집람> 加文刺, 더그레, 團領內拱也. <행용이문> ⇒ 더그러, 홍더그레

【더운-십자뻔쓰】 명 ((음식)) 핫 크로스 번즈(hot cross buns). 윗면에 십자 모양을 새겨 구운 발효빵. (외래어).¶ 더운 십자 뻔쓰 ‖ (예수 고난 일에 먹을 것) 밀가루 4잔 뻐터 ½잔 소곰 ½쇼슈가락 누룩 ⅔온스 우유 (미지근한 것) 1잔 계란 (잘 저은 것) 2개 커랜트 ½잔 가량 계피가루와 뎡향가루 ½쇼슈가락 사탕 ½잔 밀가루와 계피가루와 뎡향가루를 함께 체에 밧치고 뻐터를 너코 잘 셕근 후에 그 중간에 구멍을 내고 따로 누룩과 소곰을 잘 셕거셔 우유를 붓고 또 셕거셔 밀가루 구멍에 붓고 또 계란을 붓고 다음에 견부를 고로로 셕근 후에 그 그릇에 뚜겅을 덥고 1½시 동안 ᄯᅳᄯᅳᆺ한 곳에 부푸러 오르기ᄭᅡ지 두엇다가 사탕과 커랜트를 잘 셕근 후에 1½인치 대쇼로 둥굴고 얇팍하게 만드러 가지고 기름 발은 팬에 2인치나 3인치 사이식 ᄯᅥ여셔 노코 ᄯᅥᆨ마다 그 우에 사탕에 져려 말닌 귤이나 레몬 껍질을 십자형으로 노코 다시 ᄯᅳᄯᅳᆺ한 곳에 15분 가량 부푸러 오르기ᄭᅡ지 두엇다가 붓으로 우유를 그 우에 발으고 더운 화덕에 구을 것 <서요 218>

【덕국】 명 ((지리)) 덕국(德國). 유럽 중부에 있는 나라. 843년에 동프랑크 왕국을 세워 962년에 신성 로마 제국으로 발전하였고, 1871년에 프로이센에 의하여 통일되어 게르만족을 중심으로 하는 독일제국이 완성되었다. 독일(獨逸). (중국어 간접 차용어).¶ 덕국(德國) ‖ 法國 北便에 잇는 나라니라 <신문-상식 74> 덕국, 이리만, 독일국 <법한 63> 덕국, 日耳曼, Germany <만국통감1912 5> 덕국 (德國) <자통-지지 380> 덕국의셔 ᄯᅩ 후당모식창[양총 일흠]을 식로 닉니 지약ᄒᆞ야 노키 더옥 편리ᄒᆞᆫ지라 <이언 3:50a> 아라사국과 노웨국과 쉬덴국과 덴막국과 덕국과 네데란스국과 벨지암국과 옝길리국과 블난시국과 <사필1889-헐버트 12> 미국 상항의 ᄋᆞ동 문뎨 지금ᄭᅡ지도 ᄭᅳᆺ 못 낫고 덕국 황뎨의 연셜에도 일영동밍을 스려힛네 <대매-아르랑 타령 1907.7.28> 덕국의 비ᄉᆞ막은 법국을 이기쟈 날 챳나 <대매 1907.7.21> 덕국에셔ᄂᆞᆫ 려힝ᄒᆞᄂᆞᆫᄃᆡ 톨 비힝션을 졔조ᄒᆞ야 향쟈에 비힝션 긔사식을 거힝ᄒᆞ고 <대매 1910.6.28> ☞ 독국, 독일국, ᄶᅥ마니, ᄶᅥ멘느ㅣ

【던이된】 명 ((지리)) 더니든(Dunedin). 뉴질랜드 남도(南島), 남동 해안에 있는 항구 도시. 양털, 낙농 제품의 수출항이며, 1861년에 부근에서 금광이 발견된 후 발전하였다. (외래어).¶ 디형은 산이 만코 화산이 여삿시오 북에 옥란드와 동편에 웰링던과 남편에 던이된이란 촌이 잇고 사름의 수효는 칠십만 명이오 다 영국 사름이오 본 ᄯᅡ 사름은 ᄉᆞ만 명이니라 <사필1889-헐버트 158>

【던천】 명 점전(店錢). 숙박비. 투숙비. '던천(店錢, diànqián)'은 중국어 직접 차용어.¶ 店錢 ‖ 장귀지아 직돈 이스면 우리 닥갑 돈을 무러주면 구만이로다 손을 도리여 우리 한 몽이 장의 써라 가기을 넘하여 던천 아올나 네계 갑풀나 (掌櫃的, 有現錢, 給我們開付錢就完咧, 回手寫我們一筆賬罷, 臨走連店錢一幷還你啊.) <기착-육당 하:17a>

【덜링】 명 ((복식)) 철릭. 첩리(帖裡, 帖裏). 고려 때 원나라에서 들어온 포(袍)의 일종. 무관이 입던 공복. 직령(直領)으로서, 허리에 주름이 잡히고 큰 소매가 달렸는데, 당상관은 남색이고 당하관은 분홍색이다. 첩리(帖裡). 천익(天翼). (몽고어 'terlig'에서 온 차용어).¶ 處士ㅣ면 幞頭ㅣ며 皁衫이며[조삼은 거믄 덜링이라] ᄡᅳ오 (處士則幞頭皁衫帶.) <가언 1:27b> ⇒ 결닙, 천닉, 천닙, 철닉, 철닙, 철익, 텰링, 텨닉, 텬익, 텰릭, 텰링, 텹리

【덩어리-쏘넛】 명 ((음식)) 덩어리 도너츠(drop doughnuts).

(외래어).¶ 덩어리쏘녓 ‖ 계란 2개 우유 1잔 소곰 1½쇼슈가락 기름 (녹인 것) 1대슈가락 사탕 ½잔 밀가루 3잔가량 쎄킹파우더 3쇼슈가락 몬져 기름과 사탕과 우유와 피널나를 차례차례 셕고 그 다음에 밀가루와 쎄킹파우더와 소곰을 함께 체에 밧쳐셔 셕거 가지고 1슈가락식 끌는 기름에 띄워 지질 것 <서요 212> ☞ 몰나세스쏘녓

【데난트】 명 ((인명)) 테넌트(Tennant, Smithson). 영국의 화학자(1761~1815). 다이아몬드가 탄소임을 증명하였으며 오스뮴, 이리듐을 발견하였다. 외래어.¶ 이리듐 데난트氏 <백과신-송1926 492>

【데라】 명 ((건축)) 데라(てら). 절. 사원(寺院). (일본어 차용어).¶ 셩냥통집 소북한 中 놉다라니 데라로다 <청춘 1915.5.16>

【데락】 명 ((음식)) 타락(駝酪). 소의 젖. 우유(牛乳). 진한 유즙(乳汁). 중세몽고어 '타락(taraq /taraɣ)'의 차용어.¶ 데락 낙 (酪) <음첩a 12b> ⇒ 타락

【데레사】 명 ((인명)) 테레사(Terasa, 1515-1582). 예수의 성테레사라고도 함. 스페인의 수녀. 1622년 성인으로 추증되었으며, 축일은 10월 15일. 로마 카톨릭의 대표적인 신비주의자 가운데 한 사람. 1592년 어머니를 여윈 뒤 아마 1535년에 아빌라에 있는 카르멜회 강생수녀원에 들어갔음. (외래어).¶ 동졍셩녀 데레샤는 十二세에 모친 일코 셩모로써 모친 삼아 대덕셩녀 되엿도다 <경잡 1918.2.15>

【데까-메-들】 명의 데카미터(籵ラカメートル decameter). 미터법에 의한 길이의 단위. 1데카미터는 1미터의 10배이다. 기호는 dam. (일본어 차용어).¶ 도度는 삼 척 삼 촌을 미米(메-들)이라 ᄒᆞ야 그 십분의 일을 쎄시메들이라 ᄒᆞ고 쎄시메들의 십분의 일을 센지메들이라 ᄒᆞ며 센지메들의 십분의 일을 밀리메-들이라 ᄒᆞ며 또 메-들의 십비를 데까메들 빅비를 헥도메들 천 비를 기로메들이라 ᄒᆞᄂᆞ니라 <조농-도량형 64>

【데위】[1] 명 ((인명)) 데이비(Davy, Humphrey). 영국의 화학자(1778~1829). 안전등을 설계한 선구자. 패러데이의 스승으로 이산화질소의 홍분 작용, 마취 작용을 발견하였으며, 전기 분해로 여러 원소를 단리(單離)하여 전기화학의 기초를 쌓았다. 외래어.¶ 安全燈 데위氏 <백과신-송1926 492>

【데위】[2] 명 ((인명)) 패러데이(Faraday, Michael, 1791~1867). 영국의 물리학자·화학자. 전자기 유도를 발견하고, 전기 분해에 관한 패러데이의 법칙을 세웠다. (외래어).¶ 電磁石 데위氏 <백과신-송1926 491>

【데임쓰-江】 명 ((지리)) 템스강(Thames江). 영국 잉글랜드 남부를 흐르는 강. (외래어).¶ 데임쓰江에 夕照도 바랄 것이오 쎄니쓰浦에 朝暾도 볼 것이오 <소년1908.11.1 73> ⇒ 뎀스, 뎀쓰江

【덴막】 명 ((지리)) 덴마크(Denmark). 유럽 서북부 유틀란드 반도와 그 부속 도서로 이루어진 입헌 군주국. (외래어).¶ 덴막 (丁抹) <명물-육당 12b> ⇒ 덴막국, 쎈막, 쎈말그우, 쏀막, 쏀마크 ☞ 단국

【덴막-국】 명 ((지리)) 덴마크(Denmark). 유럽 서북부 유틀란드 반도와 그 부속 도서로 이루어진 입헌 군주국. (외래어).¶ 아라사국과 노웨국과 쉬덴국과 덴막국과 덕국과 네데란스국과 벨지암국과 영길리국과 블난시국과 <사필1889-헐버트 12> 영길리 아메리까 가나다 동북에 그린란드ㅣ란 큰 셤이 잇스니 덴막국 쇽방이라 <사필1889-헐버트 111> ⇒ 덴막, 쎈막, 쎈말그우, 쏀막, 쏀마크 ☞ 단국

【뎀스】 명 ((지리)) 템스강(Thames江). 영국 잉글랜드 남부를 흐르는 강. (외래어).¶ 영길란드 디형은 큰 산이 업고 젹은 산이 만흐며 뎀스ㅣ란 강이 북하슈로 통ᄒᆞ엿시니 이 강이 셔울로 궤뚤어 큰 포구ㅣ오 또 동편에 드렌트ㅣ란 강이 북하슈로 통ᄒᆞ니 일홈이 험버 포구ㅣ오 셔편에 새번이란 강이 대셔양에로 통ᄒᆞ니 일홈이 쁘릭스릴 포구ㅣ오 <사필1889-헐버트 32> ⇒ 데임쓰江, 뎀쓰江

【뎀쓰-江】 명 ((지리)) 템스강(Thames江). 영국 잉글랜드 남부를 흐르는 강. (외래어).¶ 北海를 건너서니 쓰리텐帝國 뎀쓰江 흘니 져어 런돈城으로 <청춘 1914.10.1> ⇒ 데임쓰江, 뎀스

【뎐당-푸리】 명 ((상업)) 전당포(典當鋪) '푸리'는 중국어 '鋪裏(pùli)'에서 온 중국어 직접 차용어.¶ 當鋪 ‖ 젼 슈일의 도로혀 한 낫 거츤 말을 드러시니 남변의 공분ᄒᆞᄂᆞᆫ 뎐당푸리롤 본젼이 셕기믈 위ᄒᆞ여 거두웟다 ᄒᆞ니 (前兩天還聽見一個荒信, 說是南邊的公當鋪也因爲折了本兒收了.) <홍루 100:14> 원리 보챠의 모친 셜이미 셜반이 련ᄒᆞ여 인명 관ᄉᆞ롤 만나므로브터 뎐당푸리와 가산을 간졍히 허비ᄒᆞ여 도로혀 셩명을 보젼치 못ᄒᆞᆫ지라 (原來寶釵母親薛姨媽, 自從薛蟠連遭人命, 將當鋪家私花個乾淨, 還逃不出性命.) <홍부 7:67> 집의 도라가 뎐당푸리롤 살피려 ᄒᆞᄂᆞ이다 ᄒᆞ고 ᄌᆞ긔ᄂᆞᆫ 챠롤 타고 가인은 살진 노식와 큰 말을 타게 ᄒᆞ고 집으로 향ᄒᆞ여 가더라 (只說要回家盤查當鋪, 就坐了自己的車輛, 心腹家人、肥驟大馬, 計日回家.) <셜월 16:86> 원리 일긱 뎐당푸리 잇시더 이제 또ᄒᆞᆫ 뎐당을 곳치고 믈너가기만 기다린 ᄒᆞ거놀 (原有一家當鋪, 如今却是止當候贖了.) <충협 2:44> 아오로 십팔 촌락이 이시더 디방이 극히 광달ᄒᆞ며 거쥬ᄒᆞᄂᆞᆫ 인회 심히 만흐더 젼혀 가마롤 민들며 뎐당푸리와 의복을 미ᄆᆡᄒᆞᄂᆞᆫ 뎜을 버렷시나 (共有十八個村子, 地方極其寬大, 買賣住戶甚多, 燒鍋、當鋪、估衣店.) <충소 26:92> ▼典當 ‖ 너는 뎐당푸리의 니ᄅᆞ러 지휘ᄒᆞ여 몬져 이십만 량을 운젼ᄒᆞ여다가 군쥬부 창고 쇽의 져치ᄒᆞ게 ᄒᆞ고 (你可到典當知會, 令其先運二十萬兩來, 交汾州府庫內收貯.) <요화 18:7> ▼解庫 ‖ 이 ᄀᆞ튼 죠ᄒᆞᆫ 의복이 잇시니 명일의 뎐당푸리의 가면 또ᄒᆞᆫ ᄉᆞ오 냥 은ᄌᆞ의 뎐당ᄒᆞ여 도로혀 일일은 쾌활이 지닐지라 (有這個衣飾在這裏, 明日往解庫裏也典得四五

兩銀子. 不是還有一日快活.) <쾌심 9:34> ▼當舖裏 ‖ 금년의 지쇽과 향료가 젹으믜 명년은 반ᄃᆞ시 귀ᄒᆞᆯ 터인즉 명춘의 몬져 대쇼 ᄋᆞᄌᆞ를 보내여 뎐당푸리를 간검ᄒᆞ게 ᄒᆞ고 (今年紙箚香料短少, 明年必是貴的. 明年先打發大小兒上來, 當舖裡照管照管.) <홍루 48:3> 기즁 쟝덕회라 ᄒᆞᄂᆞᆫ 사ᄅᆞᆷ이 마치 ᄌᆞ초로 셜반의 뎐당푸리의 잇셔 가내를 총찰ᄒᆞ고 수삼 천금 셩이ᄒᆞᆯ 거술 너듬지라 (內有一箇張德輝, 自幼在薛蟠當舖裏攬總, 家內也有了二、三千金的過活.) <홍루 48:2> 금은 글ᄌᆞ 단청집의 아로식인 벽이며 뎐당푸리 ᄎᆞ푸리며 각식 힝화 뎌상고라 <연행-무자> ⇒ 당푸리, 뎐당프리, 젼당푸리 ☞ 뎐당푸ᄌᆞ

【뎐당-푸ᄌᆞ】 명 ((상업)) 전당포(典當鋪). '푸ᄌᆞ'는 중국어 '鋪子(pùzi)'에서 온 중국어 직접 차용어.¶ 뎐당푸ᄌᆞ (當舖) <역보-매매 38a> <방석-차대 3:22a> <한청-당차 6:63b> <과록-이생 70a> ☞ 당푸리, 뎐당푸리, 뎐당프리, 젼당푸리

【뎐당-프리】 명 ((상업)) 전당포(典當鋪). '프리'는 중국어 '鋪裏(pùli)'에서 온 중국어 직접 차용어.¶ 當舖裏 ‖ 우리 집 뎐당프리의 한 낫 동식 이시니 져의 집 밧히셔 조흔 방히[게라] 나는지라 젼일의 몃 개를 보내엿ᄂᆞ니 (我們當舖裏有一箇夥計, 他家田裏出的好螃蟹, 前兒送了幾個來.) <홍루 37:106> ⇒ 당푸리, 뎐당푸리, 젼당푸리 ☞ 뎐당푸ᄌᆞ

【뎐팡】 명 ((상업)) 점방(店房). '뎐팡(店房, diànfáng)'은 중국어 직접 차용어.¶ 店房 ‖ 니 삼[십]여 년 뎐팡을 시작허여 긱상들을 얼마 맛잡아 보와스며 얼마 은 홍경을 반허여 보와스랴마는 처음으로부터 오무로 진실노 이 쳐음 가즉지 아는 홍정은 간셥허여 보지 못허엿다 (我開三十多年的店房, 惹過多少客商們, 辦過多少銀子的生意, 開頭裡以來, 正沒有干過像這樣不幷一的買賣, 也沒有看過像你們二位不體面的皮氣.) <중화-탁족 31a> 뎐팡 쟝궈디가 쳑이 어림을 보고 졔뎌로 마음 초급ᄒᆞ여 이편이 힘을 다ᄒᆞ여 져를 호동케 ᄒᆞ여도 더욱 동정이 업더라 (店房掌櫃的一看這个光景, 替他心裡焦急, 各人盡力兒給他活動些.) <중화-한고 13b> ▼店 ‖ 밥 파난 뎐팡을 열 마음 이스면 비 큰 놈을 두려워 아니ᄒᆞ나니라 (有心開飯店, 不怕大肚漢.) <화촬-일용행어 63a> ⇒ 뎜팡

【뎐호】 명 전화(田禾). 밭곡식. 농작물. '호(禾, hé)'는 중국어 직접 차용어. 전곡(田穀).¶ 田禾 ‖ 네 독벼리 모ᄅᆞᄂᆞ고나 젼년브터 ᄒᆞᄂᆞᆯ히 ᄀᆞᄆᆞ라 뎐회 거두디 몯ᄒᆞ야 간난ᄒᆞᆫ 젼ᄎᆞ로 아니완ᄒᆞᆫ 사ᄅᆞ미 낫ᄂᆞ니라 (你偏不理會的. 從年時天旱, 田禾不收, 飢荒的上頭, 生出歹人來.) <번노 상:27a> 우리 여긔 올히 녀르메 하ᄂᆞᆯ히 ᄀᆞ물오 ᄀᆞᄉᆞᆯ히ᄂᆞᆫ ᄆᆞ리 채여 뎐회 거두디 몯ᄒᆞ니 이런 젼ᄎᆞ로 우리도 즈재 밧고와다가 즈재 먹ᄂᆞ니 어듸 밧괴일 ᄡᆞ리 이시리오 (我這裏今年夏裏天旱了, 秋裏水澇了, 田禾不收的. 因此上我也旋糴旋喫裏, 那裏有糶的米?) <번노 상:53a> 뎐호ᄅᆞᆯ 다 거두면 팔월 초싱애 나시리라 (把田禾都收割了時, 八月初頭起.) <번박 상:53b> 쥬신형님 닐오미 졍히 올타 나도 드로니 올히 여긔 뎐호를 거두디 몯ᄒᆞ다 ᄒᆞᄂᆞ다 (主人家哥, 說的正是, 我也打聽得, 今年這裏田禾不收.) <번노 상:54b> 올히 비 므슬히 ᄀᆞ장 하니 ᄆᆞ리 蘆溝橋ㅅ란간앳 ᄉᆞ지머리를 ᄌᆞ마 너머 쉬문을다가 다 다딜어 히야ᄇᆞ리고 뎐회 다 ᄡᅥ셔 ᄒᆞᆫ 불희도 업다 보니 ᄂᆞᄆᆡ짓 담도 다 믈어디돗더라 네 짓 담은 엇더ᄒᆞ뇨 (今年雨水十分大, 水渰過蘆溝橋獅子頭, 把水門都衝壞了, 澇了田禾, 沒一根兒, 看那人家墻壁都倒了, 你家墻如何?) <번박 상:9b> ※ 네 독별이 모ᄅᆞᄂᆞᆫ고나 젼년붓터 하ᄂᆞᆯ히 ᄀᆞᄆᆞ라 田禾를 거두디 못ᄒᆞ니 飢荒ᄒᆞᆫ 젼ᄎᆞ로 아니완ᄒᆞᆫ 사ᄅᆞᆷ이 낫ᄂᆞ니라 (你偏不理會的. 從年時天旱, 田禾不收, 飢荒的上頭, 生出歹人來.) <노언 상:24a> 네 아지 못ᄒᆞᆫ다 지난 ᄒᆡ에 년ᄉᆡ 荒旱ᄒᆞ여 田禾를 거둔 거시 업스므로 이믜셔 이 져기 사오나온 사ᄅᆞᆷ이 낫ᄂᆞ니라 (你不知道, 因去年年成荒旱, 田禾沒有收成的上頭, 就生出這些歹人來了.) <노신 1:33b> 우리 여긔 올녀ᄅᆞᆷ의 하ᄂᆞᆯ히 ᄀᆞ믈고 ᄀᆞ올히 믈ᄭᅴ여 田禾를 거두디 못ᄒᆞ니 이런 젼ᄎᆞ로 우리도 ᄀᆞᆺ곰 밧고아 ᄀᆞᆺ곰 먹으니 어ᄃᆡ 밧괴일 ᄡᆞᆯ이 이시리오 (我這裏今年夏裏天旱了, 秋裏水澇了, 田禾不收的.因此上我也旋糴旋喫裏, 那裏有糶的米?) <노언 상:47b> 쥬인형아 니ᄅᆞᆷ이 졍히 올타 나도 듯보니 올히 여긔 田禾를 거두디 못ᄒᆞ다 ᄒᆞ더라 (主人家哥, 說的正是, 我也打聽得, 今年這裏田禾不收.) <노언 하:49b> 올히 雨水ㅣ ᄀᆞ장 만ᄒᆞ여 믈이 蘆溝橋 獅子ㅅ머리를 ᄌᆞᆷ가 너머 水門을다가 딜러 헤야ᄇᆞ리고 田禾에 믈ᄭᅴ여 ᄒᆞᆫ 불희도 업고 뎌 人家 墻壁을 보니 다 믄히더시니 네 집 담은 엇더ᄒᆞ뇨 (今年雨水十分大, 水渰過蘆溝橋獅子頭, 把水門都衝壞了, 澇了田禾, 沒一根兒, 看那人家墻壁都倒了, 你家墻如何?) <박언 상:10a>

【뎔ᄃᆞᄆᆞ】 명 ((동물)) 절따말. 몸 전체의 털색이 밤색이거나 불그스름한 말. 중세몽고어 '졀다(ǯe'erde)'의 차용어.¶ 뎔ᄃᆞᄆᆞ 셩 (騂) <음첩a 36b> ⇒ 절다말, 졀다, 졀다마, 졀다몰, 졀짜몰, 졀ᄯᆞ몰 ☞ 젹다마, 젹다몰

【뎜쇼이】 명 ((인류)) 점소이(店小二). 술집 종업원. 중국어 간접 차용어.¶ 店小二 ‖ 안호로셔 뎜쇼이 나와 웃고 무ᄅᆞ듸 널위 만일 쏫촐 보며 술을 마시랴 ᄒᆞ거든 날을 조차 오라 (裏面走出一個店小二來, 笑嘻嘻說道: "二位上司, 想是要看花吃酒, 可隨我來.") <후수 4:16> 사ᄅᆞᆷ을 브ᄅᆞ니 반향이나 ᄒᆞ여셔 ᄂᆞᆺ치 검고 킈 져른 뎜쇼이 나와 닐오듸 우리 뎜의셔 술진 고기와 됴흔 쇼쥬를 ᄑᆞ더니 오ᄂᆞᆯ은 업ᄉᆞ니 긱인은 다른 집으로 가라 (叫了半晌, 纔走出一個黑矮店小二來, 說道: "我家往日賣的膘肥牛肉, 上好燒酒, 今日却沒賣. 客人向別處買吃吧!") <후수 6:45> 세히 깃거 ᄒᆞᆫ가지로 드러가니 안호로셔 뎜쇼이 나와 웃고 무ᄅᆞ듸 <후수 4:76> 뎜듕 긔믈을 다 깨티고 ᄒᆞᆫ 거리 삼노흐로 쥬인을 잡아 미니 뎜쇼이 나아와 닐

오되 <후수 4:81> 홀는 ᄒᆞᆫ ᄆᆞ올의 니ᄅᆞ러 쥬뎜을 ᄎᆞ자 드러가니 뎜쇼이 와 무ᄅᆞ되 긱관이 몃 그룻 술을 구ᄒᆞᄂᆞ뇨 <후수 15:100> 탁ᄌᆞ롤 두ᄃᆞ리며 사ᄅᆞᆷ을 브ᄅᆞ니 반향이나 ᄒᆞ여셔 ᄂᆞᆺ치 검고 킈 져른 뎜쇼이 나와 닐오되 <후수 16:133> 뎜쇼이 니ᄅᆞ되 이곳의 상게 십니 되ᄆᆡ 숑막 일흠을 십니표라 ᄒᆞᄂᆞ이다 (店小二道: “我們這裏離城十里, 叫做十里鋪.”) <보홍 10:18> 그 죠가 뎜쥬 형뎨 인면슈심으로 뎜쇼이롤 명ᄒᆞ여 거즛 은근이 졉되ᄒᆞ여 쥬반을 먹이고 (趙家旅店賢昆玉, 那知人面獸心腸, 店小二, 假意殷勤留酒飯.) <재생 51:13> ▼店家小二 ‖ 뎜쇼이 미쳐 밥을 담지 못ᄒᆞᄆᆞ로 ᄂᆡ 임의 몃 ᄀᆡ 떡을 먹은 지라 (見店家小二端正飯了, 我已吃了幾張薄餠.) <재생 22:89> ▼走堂 ‖ 후오쉬 황망히 뎜쇼이롤 부ᄅᆞ더니 즉긱에 물을 가지고 방즁으로 드러오ᄂᆞᆫ지라 (五嫂慌忙叫走堂, 一時取水進東房.) <재생 34:40> ▼堂官 ‖ 장평은 다만 웃더니 먹기롤 맛치고 뎜쇼이 와셔 반젼을 회계ᄒᆞᆯ시 죠회 긔여히 각기 혬ᄒᆞ려 ᄒᆞ거ᄂᆞᆯ 장농이 니ᄅᆞ되 (蔣爺只有笑笑而已. 及至吃完, 堂官算帳, 趙虎務必要分帳. 張龍道.) <충협 17:44> ▼過賣 ‖ 뎜쇼이 보고 문왈 긱관이 만일 면을 먹고자 ᄒᆞ거든 뎌 로인과 ᄒᆞᆫ 상에 안져 먹으쇼서 (過賣問道: ‘客官要吃麵時, 和這老人合坐一坐.’) <수호-신문 4:52:48> ⇒ 졈쇼이

【뎜팡】 명 ((상업)) 점방(店房). 가게. 상점. ‘방(房 fáng)’은 중국 직접 차용어.¶ 店房 ‖ 푸ᄌᆞ롤 혹 뎜팡이라 브ᄅᆞ고 그 쥬인을 쟝궤쟈라 브ᄅᆞ더라 (店房主人呼爲掌櫃的.) <서원-총목 44b> ⇒ 뎐팡

【뎝시】 명 ❶ ((기물)) 접시. 접시(楪子). 중세몽고어 ‘뎝시(tebši /tebsi)’의 차용어.¶ 楪 ‖ 뎝시 뎝, “木楪”、“甕楪.” <훈몽-기명 중:6a /11a> 뎝시 뎝 (楪) <음운 10b> <아학 상:10b> <왜해-기구 하:14a> 뎝시 (楪子) <과록-식찬 93a> 뎝시 (木楪<子>) <몽유-장혼 상:12b> 뎝시도 數內예 ᄒᆞ나흘 더러시니 닛고 이러ᄒᆞᆫ가 <첩해-초 2:10a> ▼楪 ‖ 사발 뎝시 설이즈라 (收拾椀楪着.) <번노 상:42b> 사발 뎝시 서러즈라 (收拾椀楪着.) <노언 상:38b> 사발 졉시 收拾ᄒᆞ라 (收拾了椀楪罷.) <노신 1:54a> 뎌 지븨 내 앗가 ᄀᆞᆺ ᄡᆞᆯ 밧고라 갓다니 나를 밧괴여 주디 아니ᄒᆞ고 저희 지어 잇는 밥을 우리 주워 머기고 ᄯᅩ 너 주라 ᄒᆞ야ᄂᆞᆯ 가져오니 네 먹고 이 아희를 사발 뎝시 주워 가져가게 ᄒᆞ라 (那箇人家, 我恰纔糴米去來, 不肯糶與我. 他們做下見成的飯, 與我喫了, 又與你將來. 你喫了時, 與這小的椀楪將去.) <번노 상:45b> 뎌 人家의 내 앗가 ᄀᆞᆺ ᄡᆞᆯ 밧고라 갓더니 즐겨 날을 밧괴여 주디 아니ᄒᆞ고 저희 지어 잇ᄂᆞᆫ 밥을 우리 주어 먹이고 ᄯᅩ 너를 주라 ᄒᆞ야ᄂᆞᆯ 가져와시니 네 먹어든 이 아희를 사발 뎝시 주어 가져가게 ᄒᆞ라 (那箇人家, 我恰纔糴米去來, 不肯糶與我. 他們做下見成的飯, 與我喫了, 又與你將來. 你喫了時, 與這小的椀楪將去.) <노언 상:41a> 져 人家에 내 앗가 가 ᄡᆞᆯ을 밧고려 ᄒᆞ니 졔 즐겨 밧고여 나롤 주지 아니ᄒᆞ고 져들이 지어 現成ᄒᆞᆫ 밥을 우리로 ᄒᆞ여 먹게 ᄒᆞ고 ᄯᅩ 너를 먹이라 ᄒᆞ여 □□□□□니 네 먹어 ᄆᆞᆺ거든 즉시 이 아희를 사발 졉시 주어 가져가게 ᄒᆞ라 (那人家, 我纔剛去要糴米, 他不肯糶與我, 他們做下現成的飯, 敎我們吃了, 又敎吃你帶來, 你吃完了, 可就與這小厮椀楪帶回去罷.) <노신 1:57b> 자바다 짐시리 다 ᄒᆞ야다 우리 녀져 아희야 네 사발 뎝시 권ᄌᆞ 가져 지븨 가라 너 슈고ᄒᆞ연뎌 허믈 말라 (拿住. 駝馱都打了也, 咱們行着. 小的, 你將椀楪罐兒家去, 生受你, 休怪着.) <번노 상:46a> 자바다 짐 싯기 다 ᄒᆞ야다 우리 네쟈 아희야 네 사발 뎝시 탕권 가져 집의 가라 너 슈고ᄒᆞ여다 허믈 말라 (拿住. 駝馱都打了也, 咱們行着. 小的, 你將椀楪罐兒家去, 生受你, 休怪着.) <노언 상:41b> 짐 다 ᄆᆡ야 시러다 우리 죠히 가쟈 아희아 네 사발 졉시 탕관 가져 집의 가라 너를 슈고 시겨다 네 허믈 말라 (馱子都打完了馱上, 咱們好走. 小厮你可拿了椀楪與瓦罐回家去, 生受你了, 你別怪.) <노신 1:58a> 우리 손조 밥 지서 머그면 가마와 노곳자리와 사발와 뎝시왜 다 잇ᄂᆞ녀 (我們自做飯喫時, 鍋竈椀楪都有麽?) <번노 상:68a> 우리 손조 밥 지어 먹으면 가마와 노고자리와 사발 뎝시 다 잇ᄂᆞ냐 <노언 상:61b> 로고 섞 드레 아리쇠 사발 뎝시 술져 나모쥬게 죠릐 솔 숙치칼 키 얼멍이 (鑼鍋、柳箱、灑子、三脚、椀楪、匙筯、馬杓、笊籬、炊箒、擦床兒、簸箕、篩子.) <박언 중:11b> ▼楪兒 ‖ 媚春아 가히 盤과 잔과 사발과 뎝시와 술과 져를 가져다가 一一히 다 싯가싀기롤 潔淨히 ᄒᆞ여 (媚春可將盤兒、盞兒、椀兒、楪兒、匙兒、筯兒, 一一都洗刷得潔淨了.) <오전 4:3b> 楪 ‖ 뎝시ᄂᆞᆫ 음식 담어 상의 노흐면 됴흐니라 <교린-묘 3:9a> ※ 楪曰楪至. <계림유사 286> 碟, 迭世 <조관-기용> ☞ 나모뎝시, 사뎝시 ❷ 명의 접시. 접시(楪子). 수량을 나타내는 말 뒤에 쓰여 음식이나 요리를 접시에 담아 그 분량을 세는 단위. 중세몽고어 ‘뎝시(tebši /tebsi)’의 차용어.¶ 楪 ‖ ᄆᆞᆺ밧 ᄒᆞᆫ 줄란 열여슷 뎝시예 채소 둘잿 줄 열여슷 뎝시옌 개욤 잣 ᄆᆞᄅᆞᆫ 보도 밤 룡안 당츄ᄌᆞ 려지 세잿 줄 열여슷 뎝시옌 (外手一遭兒十六楪菜蔬; 第二遭十六楪, 榛子、松子、乾葡萄、栗子、龍眼、核桃、荔支; 第三槽十六楪.) <번박 상:4a> 밧 첫줄 열여숫 뎝시에ᄂᆞᆫ 菜蔬ㅣ오 둘재 줄 열 여숫 뎝시에ᄂᆞᆫ 개얌과 잣과 ᄆᆞᄅᆞᆫ 葡萄와 밤과 龍眼과 호도와 녀지오 셋재 줄 열여숫 뎝시에ᄂᆞᆫ (外手一遭兒十六楪菜蔬; 第二遭十六楪, 榛子、松子、乾葡萄、栗子、龍眼、核桃、荔支; 第三槽十六楪.) <박언 상:4a> 틍쥐 졔믈은 손이 완 거슬 바ᄅᆞ 주어 보내오니 볼긔 보셔 ᄂᆞᆫ화 주ᄋᆞᆸ 아기네 세 곧든 과줄 ᄒᆞᆫ 뎝시로 마련ᄒᆞ엿고 양쥐 졔믈도 ᄒᆞᆫ가지로 가오니 ᄂᆞᆫ화 보내ᄋᆞᆸ <유시정-54 가 엇디 니저> 오ᄂᆞᆫ 날 둥박계 여슨 뎝시어ᄂᆞᆯ 세 뎝시 ᄌᆞ식들이 졔예나 ᄡᅳ게 다 티바다 녀코 졔예 노ᄉᆞ와 덧것 두 뎝시 졔곰 녀허 보내니 조ᄒᆞ니란 두 ᄌᆞ식의 졔예 ᄡᅳ고 아희돌히나 주ᄋᆞᆸ <유시정-28 나은 후 긔별> ⇒ 접시, 졉시

【뎡뎡-히】 [부] 정정(婷婷)히. 호리호리하게. (중국어 간접 차용어).¶ 婷婷 ‖ 빅뎨ᄂᆞᆫ 갑고져 ᄒᆞ미 쳥결ᄒᆞ미 맛당ᄒᆞ니 말솜ᄒᆞ지 아니ᄒᆞ고 뎡뎡히 셧시미 날이 ᄯᅩ 어두윗도다 (欲償百帝宜淸潔, 不語婷婷日又昏.) <홍루 37:52> 整整 ‖ 뎡뎡히 일진 군병이 나온다 <교린-소 4:51a>

【뎨김】 [명] ((문서)) 제음(題音). 백성의 소장이나 원서 따위에 쓰던 관부의 판결이나 지령을 의미하며 소송장, 고소문, 진정서 등에 대한 판결문을 가리킴. (이두어).¶ 俗稱"稟帖". 뎨김 (帖) <훈몽-서식 상:18b /35b> 뎨김 (票子) <방석-정사 1:30a> 뎨김 (票帖) <역해-공식 상:11b> <과록-사지 61b> ⇒ 졔김 ☞ 제음

【뎨이-그리스디안】 [명] ((인명)) 크리스티안 2세(Christian II). 16세기 덴마크(Demmark), 노르웨이(Norway), 스웨덴(Sweden)의 왕. 1500년대의 다른 군주들처럼 왕권 강화를 추구하였다. (외래어).¶ 일쳔 오빅 이십 년에 쎈막국 뎨이그리스디안이 위를 니으니 사룸됨이 잔인ᄒᆞ고 흉포ᄒᆞ야 쉬덴국 년쇼ᄒᆞᆫ 공작 커스타버스바사를 옥에 가도앗더니 <만국통감1912 4, 40> ☞ 그리스디안-둘재

【도간】 [명] ((기물)) 도가니. 높은 온도의 열을 가하여 물질을 녹이거나 달구는데 쓰는 그릇. '도간(toqo'an)'은 중세몽고어 차용어.¶ 도간 (坩堝) <역해-기구 하:14b> 도간 (坩堝) <고석-수경 기구 45b> ▼砂鍋 ‖ ᄉᆞ치산은 검어 ᄲᅢ디고 ᄇᆞᆫ므론 즁을 고티ᄂᆞ니 사롬믜니과 괴니과 개니과 도틱니룰 각 ᄀᆞ티 ᄃᆞ라 도간의 담고 블에 술와 식거든 셰말ᄒᆞ야 ᄒᆞᆫ 버니 다ᄉᆞᆺ 푼식 ᄃᆞᄉᆞᆫ 술의 플어 머기라 (四齒散治黑陷焦枯, 人齒、猫齒、狗齒、猪齒各等分, 盛砂鍋內火煅候冷, 硏爲細末, 每取五分, 熱酒調下.) <언두 하:30a> 곡두의 ᄂᆞᆫ 둥긔예 가로노 도간을 망가라 ᄃᆞᆼ쳐의 녹코 싱지룡을 도간의 넉코 그 우의 마늘을 만이 졈여 녹코 무수이 ᄯᅳᆷ ᄯᅳ라 ᄯᅩ 싱피마ᄌᆞ를 짓두들여 마니 싸미면 후발졔도 됴흔니라 <약방문-우한1903 5a> ⇒ 도간이, 도관, 도관이, 독아니, 독안이, 독ᄋᆞᆫ이

【도간이】 [명] ((기물)) 도가니. 쇠붙이를 녹이는 그릇. 단단한 흙이나 흑연 따위로 우묵하게 만든다. '도간이(toqo'ani)'는 중세몽고어 차용어.¶ 도간이 | 독안이 <법한 356> 도간이 과, 所以烹煉金銀, "甘堝". (堝) <자주 하:2a> 쇠 뇌기ᄂᆞᆫ 도간이 (火罐子) <광보-1 민업:2a> 도간이 <한영 667> <자석 하:2> <조선어-총 221> 鑄器古墣也, 도간이테라, 堝兒人. 테 안ᄉᆞ룸은 指張生也. (堝兒) <염몽-동경 14a> 품의셔 강텰쪽과 도간이 ᄁᆡ여진 부스럭이를 너여 등불에 들고 보다가 <철세계 28> 각 공인이 쌍쌍으로 압셔지도 안코 뒤셔지도 안이ᄒᆞ야 호각소리를 ᄶᅡ라 슈빅 도간이를 일시에 들어 탕구에 부우니 검은 연긔를 뿜으며 쇠물이 끌어 일졔히 본보기에 흘너드러 대포가 되ᄂᆞᆫ지라 <철세계 27> 매국ᄒᆞ던 역적비를 도간이에 뭇거 넛코 대뎡쟝이 쇠 록이ᄃᆞᆺ 무수귀졸 달녀드러 <대매-시평 1908.12.20> ⇒ 도간, 도관, 도관이, 독아니, 독안이, 독ᄋᆞᆫ이

【도관】 [명] ((기물)) 도가니. 쇠붙이를 녹이는 그릇. 단단한 흙이나 흑연 따위로 우묵하게 만든다. '도관(toqo'an)'은 중세몽고어 차용어.¶ "坩堝". 燒鍊金銀器, 도관 (坩) <사해 하:75b> 도관 감 (坩) <훈몽-기명 중:8b /16a> <음첩a 2a> 도관 과, "坩堝". 燒鍊金銀器. (堝) <훈몽-기명 중:8b /16a> 도관 과 (堝) <음첩a 7a> 도관 (火罐子) <동해-장기 하:16b> <몽해-장기 하:12b> 쇠 녹이ᄂᆞᆫ 도관 (火罐) <화초-기구 24a> 쇠 녹이ᄂᆞᆫ 도관 (火罐子) <역보-기구 44b> <방석-장기 3:30a> <과록-이생 69a> 이룰 ᄀᆞ라 수도틱 념통 피예 ᄆᆞ라 오동ᄌᆞ ᄀᆞ티 비븨여 금박 은박 닐굽 편으로 의 니펴 미 두 환식 갓고로 흐르ᄂᆞᆫ 믈에 플어 머기라 (右爲末以猶猪心血和, 丸梧子大, 金銀箔七片爲衣, 每二丸倒流水化下.) <태산 27b> ▼鍋兒 ‖ 네 손ᄌᆞ 여긔 플무롤 ᄆᆡᆫ돌고 마치 집게 모로 도관 존 연장과 瀝靑을 가져다가 예셔 셩녕ᄒᆞ라 (你自這裏打爐子, 鐵鎚、鉗子、鐵枕、鍋兒, 碎家事和將瀝靑來, 這裏做生活.) <박언 하:29b> 네 예와 플무 안치고 그 나믄 연장 마치와 집게와 모로와 도관 ᄀᆞᄐᆞᆫ 거슬 네 다 가지고 와 예셔 셩녕홈이 보야흐로 됴타 (你到這裡來打爐子, 其餘傢伙, 如鐵鎚、鉗子、鐵枕、鍋兒, 你都帶了來這裡做活方好.) <박신 3:33b> ※ 脫豁安 (鍋) <화이역어-기용> ⇒ 도간, 도간이, 도관이, 독아니, 독안이, 독ᄋᆞᆫ이

【도관이】 [명] ((기물)) 도가니. 주로 쇠붙이를 녹이는 데 쓰는, 단단한 흙이나 흑연 따위로 만든 우묵한 그릇. '도관이(toqo'ani)'는 중세몽고어 차용어.¶ 火罐子 ‖ 화관ᄌᆞ, 俗言陶罐도관이, 用而鎔金者. 坩鍋. <명물-기용 3:11b> 所以鎔鍊金鐵, "坩堝". 도관이 감 (坩) <자석 상:22a> 所以鎔鍊金鐵, "坩堝". 도관이 과 (堝) <자석 상:23a> "甘堝". 所以烹煉金銀. 도관이 (堝) <신자 1:29b> 鍛器, "爐錘". 도관이 추 (錘) <자석 하:90b> 도관이 (坩堝) <몽유-장흔 상:12a> <박물-치물 24a> 도관이 <한불 485> ※ 脫豁阿泥 (鍋) <원조비사 277> ⇒ 도간, 도간이, 도관, 독아니, 독안이, 독ᄋᆞᆫ이

【도교】 [명] ((지리)) 도쿄(Tokyo, 東京). 일본 간토(關東) 지방의 남부, 도쿄 만에 면하여 있는 도시. (외래어).¶ ᄯᅩ 동편에 요고하마와 센다이와 도교와 수루가와 낭오야와 고븨란 포구가 잇고 남편에 쉬몬나사기와 푸쿠오가와 나가사기와 쉬마바라와 가고시마ㅣ란 포구가 잇고 <사필1889-헐버트 78>

【도락구】 [명] ((교통)) 트럭(トラツワヲ). (일본어 차용어).¶ 내레 부상병이라구 강원도 평창까디는 반 이상은 도락구를 갈아 타믄서 용케 네까지 왔디. <박도, 어떤 약속>

【도란도】 [명] ((지리)) 토론토(Toronto). 캐나다 남동쪽 온타리오 호 북서쪽 기슭에 있는 도시. 상공업·금융 중심지이다. (외래어).¶ 읍닉 일홈은 어더와ㅣ니 동편에 잇고 ᄯᅩ 귀벡과 몬드릐얼과 도란도와 할리박스ㅣ란 촌이 잇스며 ᄒᆞᆫ가온대 원닉벡과 셔편에 빅도리아와 빈구

버ㅣ란 ᄎᆞᆫ이 잇고 사ᄅᆞᆷ의 픔ᄉᆞ수는 평등이오 <사필1889 -헐버트 104>

【도롱태】 명 ((조류)) 새매. 수릿과의 새. 몸의 길이는 28~38cm이고 암컷이 수컷보다 훨씬 크다. 등은 회색, 아랫면은 흰색이고 온몸에 어두운 갈색의 가로무늬가 있다. 수컷을 난추니, 암컷을 익더귀라 하고 길들여 작은 새 따위를 잡는 데 쓴다. '도롱태(turimtai /turumtai /durimtai)'는 중세몽고어 차용어.¶ 도롱태 (鷂), 天鵝, 弄鬪兒) <물보-우충 상:16a> 도롱태 (隼, 鷂) <물보-우충 상:16a> ⇒ 도롱틱, 도롱태, 되롱태, 되롱틱, 됴롱태, 됴롱틱, 조롱태, 조롱틱, 죠롱, 죠롱태, 죠롱틱

【도롱틱】 명 ((조류)) 새매. 수릿과의 새. 몸의 길이는 28~38cm이고 암컷이 수컷보다 훨씬 크다. 등은 회색, 아랫면은 흰색이고 온몸에 어두운 갈색의 가로무늬가 있다. 수컷을 난추니, 암컷을 익더귀라 하고 길들여 작은 새 따위를 잡는 데 쓴다. '도롱틱(turimtai /turumtai /durimtai)'는 중세몽고어 차용어.¶ 도롱틱 (弄鬪兒, 隼) <물명고-서강 조수 8a> ⇒ 도롱태, 도롱태, 되롱태, 되롱틱, 됴롱태, 됴롱틱, 조롱태, 조롱틱, 죠롱, 죠롱태, 죠롱틱

【도롱태】 명 ((조류)) 새매. 수릿과의 새. 몸의 길이는 28~38cm이고 암컷이 수컷보다 훨씬 크다. 등은 회색, 아랫면은 흰색이고 온몸에 어두운 갈색의 가로무늬가 있다. 수컷을 난추니, 암컷을 익더귀라 하고 길들여 작은 새 따위를 잡는 데 쓴다. '도롱태(turimtai /turumtai /durimtai)'는 중세몽고어 차용어.¶ 도롱태 송, 俗呼"[鳥+戎]兒", 又呼"弄鬪兒". ([鳥+戎]) <훈몽-금조 상:8b /15b> 似鷹而小, 能捕雀. 今俗呼"[松$鳥]兒", 又曰"弄鬪兒", 도롱태 ([松$鳥]) <사해 상:8a> 似鷹而小, 能捕雀. 今俗呼"[鳥+戎]兒", 又曰"弄鬪兒", 도롱태 ([鳥+戎]) <사해 상:8a> 鷂子ᄂᆞᆫ 도롱태라 <금삼 4:34> 鷂子 ‖ 도롱태 新羅를 디나리라 (鷂子過新羅.) <남명 상:5> ※ 土舌林台 (龍多兒) <원조비사 85> 土舌林台 (龍朶兒) <화이역어-조수> 都弄太 (籠奪) <응골방-고본> <응골방-신증> ⇒ 도롱태, 도롱틱, 되롱태, 되롱틱, 됴롱태, 됴롱틱, 조롱태, 조롱틱, 죠롱, 죠롱태, 죠롱틱

【도루-하-】 동 도루하다. 얻다, 따다. '도루(取, とる)'는 일본어 차용어.¶ 늘 주문 도루(取)하랴 가서 <염상섭, 검사국 대합실1925 4>

【도르기】 명 ((지리)) 터어키(Turkey). 아시아의 서쪽 끝, 유럽의 동남쪽에 있는 공화국. (외래어).¶ 도르기 (土耳其) <환중-한고 19후반>

【도마】 명 ((인명)) 토마스(Thomas). 예수의 열두 제자의 한 사람. 처음에는 모든 일에 매우 회의적인 태도로 임하는 사람이었으나 예수의 부활을 보고 확실한 믿음을 갖게 되었다. (외래어).¶ 때에 오직 셩 도마ㅣ 잇지 아니ᄒᆞ더니 장ᄉᆞᄒᆞᆫ 후 뎨 삼일에 또ᄒᆞᆫ 긔약지 아니코 ᄂᆡ르러 셩모 셩시를 뵈옵고져 ᄒᆞ야 모든 ᄌᆞᆼ도를 모호고 무덤을 열어 보매 셩시ᄂᆞᆫ 뵈옵지 못ᄒᆞ고 오직 렴ᄒᆞ엿던 의복 ᄯᆞ롭이라 <첨례-셩모승텬 25b> 도마ᄃᆞ려 닐ᄋᆞ샤ᄃᆡ 손가락을 내밀어셔 못 자욱도 ᄆᆞᆫ져 보고 녑구리도 ᄆᆞᆫ져 보고 내인 줄 ᄭᆡᄃᆞ르라 도마ㅣ 엿ᄌᆞ오ᄃᆡ 춤나의 쥬이시오 내 하ᄂᆞ님이니이다 <연경-견쥬가 199> ⇒ 도마스, 도마쓰

【도마스】 명 ((인명)) 토마스(Thomas). 예수의 열두 제자의 한 사람. 처음에는 모든 일에 매우 회의적인 태도로 임하는 사람이었으나 예수의 부활을 보고 확실한 믿음을 갖게 되었다. (외래어).¶ 때에 교종 울바노 뎨ᄉᆞ위 텬하에 반포ᄒᆞ야 이 날에 경하ᄒᆞᆯ시 태학ᄉᆞ 셩 도마스를 명ᄒᆞ야 셩톄 요리를 ᄇᆞᆰ히고 경하ᄒᆞᄂᆞᆫ 글을 마련ᄒᆞ야 셩톄를 거동ᄒᆞᄃᆡ 진보를 만히 버리고 길흘 아름답게 ᄭᅮᆷ여 즐거옴과 공경ᄒᆞᄂᆞᆫ 졍을 드러내고 <첨례-셩톄 1b> ⇒ 도마, 도마쓰

【도마스-에듸손】 명 ((인명)) 토마스 에디슨. 에디슨(Edison, Thomas Alva). 미국의 발명가(1847~1931). 인쇄 전신기, 전화기, 백열 전등, 자력 선광법, 알칼리 축전지, 축음기, 영화 촬영기 따위를 발명하였다. (외래어).¶ 기네트흔 도마스에듸손氏 <백과신-송1926 491>

【도마쓰】 명 ((인명)) 토마스(Thomas). 예수의 열두 제자의 한 사람. 처음에는 모든 일에 매우 회의적인 태도로 임하는 사람이었으나 예수의 부활을 보고 확실한 믿음을 갖게 되었다. (외래어).¶ 예수ㅣ 오셧슬 ᄯᅢ에 열두 뎨ᄌᆞ 중에 도마쓰라 ᄒᆞᄂᆞᆫ 사ᄅᆞᆷ이 ᄒᆞᆷᄭᅴ 잇지 아닌지라 <훈아 39a> ⇒ 도마, 도마스

【도셔】 명 ((기물)) 도서(圖書). 책, 그림, 글씨, 문서 따위에 찍는 일정한 격식을 갖춘 도장(圖章). 인장(印章). (중국어 간접 차용어).¶ 도쟝 | 도셔 | 투셔 <법한 1256> 인 | 도셔 | 도쟝 | 투셔 <법한 211> ▼押 ‖ 외온이ᄂᆞᆫ 스승이 免帖 ᄒᆞ나흘 주ᄂᆞ니 그 免帖 우희 세 번 마즈믈 면ᄒᆞ라 ᄒᆞ여 쓰고 스승이 우희 도셔 두ᄂᆞ니라 (背念過的, 師傅與免帖一箇. 那免帖上寫着'免打三下', 師傅上頭畵着花押.) <노언 상:4a> ▼圖 ‖ 깃거ᄒᆞ기ᄂᆞᆫ 아로삭이기를 긔졀이 ᄒᆞ여 일식으로 산슈와 슈목과 일믈이며 다ᄆᆞᆺ 초셔 글ᄌᆞ와 도셔로 인 친 거시 잇ᄂᆞᆫ지라 (喜的是雕鏤奇絶, 一色山水樹木人物, 并有草字以及圖印.) <홍루 41:7> ▼圖書 ‖ 도셔 (圖書, A seal, stamp.) <한영1890 158> 도셔 (圖書) <방석-필연 2:8a> <왜해-공식 상:37a> <일용-문방 3b> <화정-가구 57> 이에 ᄂᆡ르러 심유경이 비로소 표문을 드리니 초로 쓰고 압흘 ᄶᅥᆨ고 풍신의 도셔를 치고 졍삭을 밧드디 아니ᄒᆞ니 인신의 녜졀이 업고 (至是沈惟敬始投表文, 案驗潦草前折, 用豊臣圖書, 不奉正朔, 無人臣禮.) <조기-임진병사 7:74> 이 도셔ᄂᆞᆫ ᄂᆡ가 심낭게 어든 거시니 옥픔도 죠코 ᄂᆡ가 ᄯᅩ 져 ᄉᆞ면의 삭인 몃 글ᄌᆞ를 죠히 너겨 치부칙 우희 이 도셔를 치려 ᄒᆞ미 지금 너를 쥬ᄂᆞ니 (這方圖書是我和嬸娘要的, 玉色也好, 我又愛他上面鐫的這幾個字, 簿子上就打上這個, 如今只當交給你了.) <홍보 16:66> 심히 묘ᄒᆞ니 금일의 바야흐로 너희 도셔 삭이ᄂᆞᆫ 슈단을 쓸

지라 (妙極了! 今日纔用着你刻圖書的手段哩.) <여선 29:39> 공지 풀너 보니 고시 일편이오 그 속의 져근 죄회 쪽이셔 방셕미둡을 밋고 그 우회 도셔를 찍고 넙회 젹게 썻시되 (公子看了兩行, 只見裏面夾了一個紙條兒, 折了個方勝, 打了一方圖書, 上寫.) <분장 1:155> 쇼뎨 민양 보니 채태ᄉᆞ의 셔함이던지 밋 다른 문텹에 모다 뎌러ᄒᆞᆫ 도셔를 쳣고 이번 샥인 도셔도 분호 차측이 업거ᄂᆞᆯ 엇지 닐으심이뇨 (小弟每每見蔡太師書緘, 幷他的文章, 都是這樣圖書, 今次雕得無纖毫差錯, 如何有破綻?) <수호-신문 3:39:56> 문병이 밧아들고 죵두지미 일편을 보더니 또 피봉에 친 도셰 신션홈을 보고 (黃文炳接書在手, 從頭至尾, 讀了一遍, 卷過來看了封皮, 又見圖書新鮮.) <수호-신문 3:39:58> 圖書 ‖ 도셔 텨 두면 후일에 빙고홀 일이 잇삽ᄂᆡ <교린-묘 3:36b> ▼圖記 ‖ 작일의 은고 가음아ᄂᆞᆫ ᄉᆞ롬이 몃 권 용하와 시존 긔록ᄒᆞᆫ 치부를 드려왓거ᄂᆞᆯ 우리 ᄂᆡᄂᆡ가 임의 보고 내ᄂᆡ긔 청ᄒᆞ여 보시고 도셔를 친 후의 다시 ᄂᆡ여 보ᄂᆡ려 ᄒᆞ실시 (昨兒銀庫上送了幾本子支發滾存帳簿進來, 我們奶奶看過的了, 請奶奶過目, 打上圖記再發出去.) <홍보 16:62> ▼圖章 ‖ 도셔 (圖章) <화정-가구 57> 어시의 셕츈이 붓슬 가져 낙관을 쓰고 도셔를 치며 니ᄅᆞ되 이ᄂᆞᆫ 원ᄂᆡ 노태태긔셔 날노 ᄒᆞ여금 그리게 ᄒᆞ신 거시나 이졔 노태태 임의 하셰ᄒᆞ여 계시니 곳 태태 곳의 보ᄂᆡ여 거시게 ᄒᆞ미 또ᄒᆞᆫ 무방ᄒᆞ도다 (于是, 惜春便拿起筆來, 寫了款, 用了圖章, 說道, 這原是老太太教畫的, 這會子老太太已經不在了, 就送給太太那裏挂也罷了.) <보홍 11:3> 금년으로브터 삼년을 한ᄒᆞ여 미인을 못 어더 주거든 고관경쟝ᄒᆞ여 바드라 ᄒᆞ고 ᄌᆞ긔 도셔를 쳐 주니 <명보 50:70> 셰인법 ‖ 도셔 찌ᄂᆞᆫ 법 <규합-국중 셰인법 36b/160> 송 님홍의 문방도찬 ‖ 셕단명[벼로돌] 모둥셔[붓] 연경언[먹] 쥬검경[연갑] 슈둥숭[연덕] 졔딘졔[시툭] 인셔긔[도셔] 셕가삭[필산] 겸양군[칙갑] 슈봉ᄉᆞ[간독] <규합-정양완b 문방 2:15b/158> 아젼의 다힌 돈은 八百兩쁜 되고 더ᄂᆞᆫ 될 슈 업다 헌즉 千兩件 안 줄 깁은 업기의 셰부득이 二百兩 치여 쥰 거시오며 일후 도셔 업드라 허여도 그런 옹식헌 닐의야 츙슈 아닐 길 닛기삽나닛가 <포전상인 배동혁-국한 1885.1.4> ※ 圖書 (圖書) <한청-문학십물 4:21a> <박물-집물 20a> 얼글로 圖書을 ᄒᆞ고 나가며 제 겨집ᄃᆞ려 니ᄅᆞ되 <유공 27> ⇒ 도셰, 투새, 투셔, 투셰, 투슈

【도셰】 명 ((기물)) 도서(圖書). 책, 그림, 글씨, 문서 따위에 찍는 일정한 격식을 갖춘 도장(圖章). 함경 방언. 도셔(圖書)+-ㅣ(주격 조사 ▷명사 파생 접미사). (중국어 간접 차용어).¶ 도셰 | 투셰 <노한 423> ⇒ 도셔, 도셰, 투새, 투셔, 투셰, 투슈

【도야마】 명 ((지리)) 도야마(Toyama, 富山). 일본 도야마현의 중북부에 있는 시. (외래어).¶ 셔편에 하마다와 가루와와 가사와 추루가와 도야마와가 나사와와 늬이가타ㅣ란 포구가 잇고 <사필1889-헐버트 78>

【도져-이】 부 도저(到底)히. 끝까지. 확실히. (중국어 간접 차용어).¶ 그 일을 미오 유렴ᄒᆞ셔 도쳐을 ᄌᆞ령으로 ᄒᆞᄌᆞ고 미오 도져이 ᄒᆞ드라고 와셔 미오 조하ᄒᆞ고 미오 깃부어ᄒᆞ니 보ᄂᆞᆫ 오션의도 미오 돗ᄉᆞ이다 <士田(계, 群山戎閣) 19c말 ↓형> 만냑 녕문의 긴졀치 아니면 곳 옥구ᄂᆞᆫ 말이 아니옵 슌초 슌검이 나려오ᄂᆞᆫ 터이면 말이 아니옵 도져이 말솜ᄒᆞ셔ᄉᆞ 속ᄉᆞ히 쥬션ᄒᆞ소셔 쳔만 바라옵 <士田(계, 群山戎閣) 19c말 ↓형> 범연하실 빈 아니로되 이 아히 말솜 듯삽고 왕복ᄒᆞ나이다 형 도져이 하실 줄 아나이다 <士田(계, 群山戎閣) 19c말 ↓형> 마마게오셔도 나으리게옵셔 경셩 도져ᄒᆞ옵신 일 만니 일컨ᄒᆞ시옵ᄂᆞ 보셕 영쳔 두 곳 위셩은 도져이 ᄒᆞᄂᆞᆫ 듈 통촉ᄒᆞ시나이다 <박시-한고1886.11.8 ↓금산 원> ⇒ 도져히

【도져-히】 부 ❶ 도저(到底)히. 끝까지. 확실히. (중국어 간접 차용어).¶ 到底 ‖ 보형뎨의 병근을 덜녀 ᄒᆞ면 다만 림미미의 회싱ᄒᆞᆫ 쇼식을 져의게 도져히 속여 져의 량인으로 ᄒᆞ여금 샹면치 아니케 ᄒᆞ면 다시 근심이 업ᄉᆞ리라 (要除寶兄弟的病根, 只好把林妹妹回過來的信瞞他到底, 不叫他兩個人見面, 再沒飢荒了.) <홍보 1:84> 두 언덕의 플이 가이 업시 푸ᄅᆞ고 천경벽파ᄂᆞᆫ 도져히 맑은지라 (野草無邊兩岸青, 一望寒波清到底.) <재생 8:6> 혼자ᄂᆞᆫ 도져히 못 올나가오 만일 가시랴면 나도 두 번 올나가겟소 (一個人到底不能上. 若是你上, 我也再上一盪罷.) <한자-속수 120> ▼徹底 ‖ 도독이 경회ᄒᆞ여 황망히 뎡즁의 나아가 보미 벽공이 도져히 맑으며 쳔편치운이 광명ᄒᆞ고 (慌忙步出庭來一看, 但見那碧落高空徹底清, 彩雲千片映光明.) <재생 1:21> 항가 녀ᄌᆞᄂᆞᆫ 요슐을 통달ᄒᆞ여 이왕ᄉᆞ를 모다 아ᄂᆞᆫ지라 존부 ᄉᆞ정을 도져히 알고 언어답응이 차챡이 업ᄉᆞ며 (項氏女, 左道旁門法術精, 未來已往俱知道, 尊府情由徹底明, 言詞對答無差錯.) <재생 49:57> 일이 관심ᄒᆞ므로 도져히 싱각ᄒᆞ엿ᄂᆞ니 여승샹이 필연 계교에 ᄲᅡ져 화ᄌᆞ를 벗고 녀인의 형젹을 드러닌지라 (事到關心徹底量, 酈師想墮牢籠計, 脫靴必露女人粧.) <재생 45:94> ▼苦 ‖ 이ᄂᆞᆫ 공부를 도져히 ᄒᆞ여 문리가 날마다 쟝진ᄒᆞᆫ지라 (這是用了苦功, 文思日進.) <설월 10:69> 잠쉬 또 다시 도져히 졍공긔 고호ᄒᆞᆷ을 빈샤ᄒᆞᆫ디 (岑秀重又拜謝程公的提携噓植.) <설월 13:50> 임의 도져히 샹냥ᄒᆞ여시니 구ᄐᆞ여 염녀치 말나 <쾌심 5:44> ▼周到 ‖ 믄득 슈빅금을 ᄂᆡ여 도디 아문 상하 원역의게 인졍을 쓰고 아오로 각 아문의 가히 힘을 ᄲᅵᆷᄌᆞᆨᄒᆞᆫ 곳은 모다 도져히 쳥탁ᄒᆞ여 져의로 ᄒᆞ여금 관부 압히 공숑ᄒᆞ여 가산을 침범치 아니케 ᄒᆞ니 (便取出數百金在道衙門上下使用, 幷各衙門可以用力之處無不囑托周到, 要他們在官府面前幫襯, 出脫駕山.) <쾌심 14:63> 다만 셔리 등이 관원을 오리 복시ᄒᆞ여 셩경을 도져히 아ᄂᆞᆫ지라 무심 즁의 물ᄂᆞᆫ 죠코 죠치 아니ᄒᆞᆫ 말을 한두 마디 ᄒᆞ여 ᄉᆞ리의 당케 ᄒᆞ면 필경 즁병의 션약을 ᄲᅡᆷ과 ᄀᆞᆺᄐᆞ니 (但是吏書們服事官府, 深知情性, 冷中一句或好或歹, 投機合拍, 竟要做了中病根苗.)

<쾌심 14:64> ▼徹底 ‖ 항가 녀ᄌᆞᆫ 요술을 통달ᄒᆞ여 이왕ᄉᆞ를 모다 아ᄂᆞᆫ지라 존부 ᄉᆞ경을 도져히 알고 언어답응이 차착이 업ᄉᆞ며 (項氏女, 左道旁門法術精, 未來已往俱知道, 尊府情由徹底明, 言詞對答無差錯.) <재생 49:57> ▼死心 ‖ 그ᄃᆡ 능히 이ᄀᆞᆺ치 나를 위ᄒᆞᆯ진ᄃᆡ 내 ᄯᅩᄒᆞᆫ 도져히 블상히 너기노라 (我却死心憐孟氏, 君能如此爲芝田.) <재생 14:83> ▼死心塌地 ‖ 니러므로 그 무뢰 망명인이 도져히 져를 ᄉᆞ모ᄒᆞ여 니ᄅᆞᄃᆡ (這班無賴亡命死心塌地爲他, 說道.) <쾌심 3:34> ▼狠狠的 ‖ 원릐 련이 이러틋 ᄒᆞ엿거ᄂᆞᆯ 내가 젼슈히 아지 못ᄒᆞ여시니 내가 도라가 져로 ᄒᆞ여금 오게 ᄒᆞ리니 쳥컨ᄃᆡ 량위 노인네ᄂᆞᆫ 도져히 교훈ᄒᆞ라 (原來璉兒這麽着, 我通不知道, 但只是憑着他, 我也不是, 我回去就叫他過來, 請兩位老人家狠狠的教訓教訓.) <후홍 9:18> ▼着實 ‖ 어시의 량편 반렬 문무관원이 모다 ᄯᅡ히 부복ᄒᆞ엿다가 뉴쥰의 말을 ᄯᅡ라 도져히 몃 마ᄃᆡ 칭숑ᄒᆞ고 바야흐로 퇴조ᄒᆞ여 흐터지더니 (於是兩班文武官員, 都俯伏在地, 隨着劉俊着實和讚了幾句, 方退朝而散.) <여선 41:74> 사름을 히ᄒᆞ려 ᄒᆞ면 모롬즉이 도져히 ᄒᆞ여 져의 부모로 ᄒᆞ여금 의심이 업게 ᄒᆞ여야 바야흐로 평안무ᄉᆞᄒᆞ리니 (欲動刀時須見血, 如沉水處豈無身, 要其父母除疑忌.) <재생 2:36> ❷ 도져(到底)히. 차라리. 마음껏. 충분히. (중국어 간접 차용어).¶ 索性 ‖ 네 임의 이 시를 알진ᄃᆡ 니 도져히 네게 고ᄒᆞ리라 이거게 옥을 먹음고 낫시니 일홈을 보옥이라 ᄒᆞ엿시나 기실은 옥이 아니오 본질이 곳 하ᄂᆞᆯ 깁ᄂᆞᆫ 돌이라 (你旣知道這詩, 我就索性告訴你罷, 二哥哥銜玉而生, 名爲寶玉, 其實非玉, 本質乃是補天之石.) <보홍 12:43> ⇒ 도져이

【도틔】 명 ((관직)) 도태(道台). 도원(道員). 청대에 한 성(省) 각 부처의 장관이나 또는 각 부(府) 현(縣)의 행정을 감찰하는 관리의 존칭. (중국어 간접 차용어).¶ 道裏 ‖ 져 도틔가 도로혀 지현을 잡아 신칙ᄒᆞ며 이졔 도틔가 긔어히 친이 츄문ᄒᆞ려 ᄒᆞ니 (那道裏却把知縣申飭, 現在道裡要親提.) <홍루 91:38>

【도파】 명 ((인류)) 도파(道婆). 비구니 절에서 잡일을 하는 여자. (중국어 간접 차용어).¶ 道婆 ‖ 묘공이 량ᄀᆡ 도파를 명ᄒᆞ여 몬져 묘릉을 붓드러다가 외간 캉샹의 누이고 강탕을 ᄆᆡᄃᆞ러 먹이며 (妙空命兩個道婆, 先將妙能扶出睡在外間炕上, 取姜湯灌救.) <홍부 4:33>

【독국】 명 ((지리)) 독국(獨國). 독일(獨逸). (간접차용어).¶ 獨乙 ‖ 독국에셔 가축과 비즈와 또 여러 가지 왓습ᄂᆡ다 <일신-박래점 272> ⇒ 독일국 ☞ 덕국, 쩌마늬, 쩌멘느ㅣ

【독노화】 명 ((관명)) 독노화(禿魯花). 고려 때에 원나라의 영향을 받은 관직명. 산반(散班)이 여러 곳에서 온 질자(質子)들로 이루어져 있어서 이 단어에 볼모라는 의미가 생기게 되었다. '독노화(禿魯花, turqaq /tülüge)'ᄂᆞᆫ 중세몽고어 차용어.¶ ※ 禿魯花, 華言質子也. <고려사> 土兒合黑, 散班 <원조비사>

【독아니】 명 ((기물)) 도가니. 쇠붙이를 녹이는 그릇. 독아니(toqo'ani)'는 중세몽고어 차용어.¶ 마극이 공쟝을 ᄎᆞ자 젼일 약한을 놀니든 풀무 독아니를 보니 불은 꺼지고 ᄂᆞᆫ ᄉᆞ라져 소렁ᄒᆞᆫ 바람이 돌고 쳐〻에 연챵은 검의쥴이 느러져 지만 날니ᄂᆞᆫ지라 <철세계 86> ⇒ 도간, 도간이, 도관, 도관이, 독안이, 독ᄋᆞ니

【독안이】 명 ((기물)) 도가니. 쇠붙이를 녹이는 그릇. 단단한 흙이나 흑연 따위로 우묵하게 만든다. '독안이(toqo'ani)'는 중세몽고어 차용어.¶ 도간이 ㅣ 독안이 <법한 356> 墨絲疔경은 갈로〻 독안이을 짓고 其中의 人糞을 너히 부치고 또 指南石을 作末ᄒᆞ야 醋의 ᄀᆡᄋᆞ 부치고 또 구화 ᄒᆞᆫ 즙을 두〻려 부치라 <경험방-죽계 5a> 큰 독안이 가튼 <염상섭, 금반지1924 147> ⇒ 도간, 도간이, 도관, 도관이, 독아니, 독ᄋᆞ니

【독일-국】 명 ((지리)) 독일국(獨逸國). 유럽 중부에 있는 나라. 843년에 동프랑크 왕국을 세워 962년에 신성 로마 제국으로 발전하였고, 1871년에 프로이센에 의하여 통일되어 게르만족을 중심으로 하는 독일제국이 완성되었다. (간접 차용어).¶ 덕국, 이리만, 독일국 <법한 63> 獨逸 ‖ 산타는 독일국 싱장인ᄃᆡ 어렷슬 ᄯᅢ는 ᄆᆡ우 신체의 쳠약ᄒᆞᆫ 셩질이 잇ᄃᆞ니 그후 쳘아령이라는 운동긔계를 고찰ᄒᆞ고 일심으로 운동을 ᄒᆞᆫ 결과로 청년 ᄯᅢ에는 근골이 다 류가 업게 발달ᄒᆞ여 왓슴니다 <일선 297> ⇒ 독국 ☞ 덕국, 쩌마늬, 쩌멘느ㅣ

【독ᄋᆞ니】 명 ((기물)) 도가니. 쇠붙이를 녹이는 그릇. 독ᄋᆞ니(toqo'ani)'는 중세몽고어 차용어.¶ 面腫 毒腫 痰腫의 가로〻 독ᄋᆞ니 짓고 숑ᄉᆞ리을 그 안의 넛고 쑥으로 숑ᄉᆞ리 우ᄒᆡ 만이 쓰면 卽效ᄒᆞ니라 <경험방-죽계 13b> ⇒ 도간, 도간이, 도관, 도관이, 독아니, 독안이

【돈-쳔】 명 돈전(-錢). 꽤 큰 돈. '쳔(錢, qián)'은 중국어 직접 차용어.¶ ᄃᆡ감겨오셔 향니 인임된 후의 숑다려 우ᄉᆞ시면셔 ᄒᆞ시는 말삼이 인제는 돈쳔이나 단〻이 어더오게다 ᄒᆞ시고 자긍ᄒᆞ시든 뜻시 계시니 무얼 좀 보니스면 조흘 듯ᄒᆞ나 또 엇지ᄒᆞ리이가 <아내 ↓ᄃᆡ감(남편) 국한-563> 너도 십여 연을 그 노력과 괴롭게 지심투철리 너의 장니 살 밋쳔니 녁〻지 못 우환만 아니라도 너의가 돈쳔니ᄂᆞᆫ 모을 겐ᄃᆡ 드는 쥴 모로는 것슨 우환 병니 무셔운 계다 <최근서간문집-1 조모 ↓손자>

【돈-푸리】 명 ((상업)) 전포(錢鋪). 전장(錢莊). 중국에서, 환전(換錢)을 업으로 하던 상업 금융 기관. 청나라 중기에 번영하였다. '푸리(鋪裏, pùli)'는 중국어 직접 차용어.¶ 錢鋪 ‖ 또 일ᄀᆡ 돈푸리의 십ᄉᆞ오 셰 된 히ᄌᆞᄂᆞᆫ 년망히 문으로 나오며 고기 파ᄂᆞᆫ 여숙을 향ᄒᆞ여 니ᄅᆞᄃᆡ (又有一个錢鋪中孩子, 約來十四五歲, 忙忙赶出門來, 向賣肉的余叔道.) <옥천-수경 4:11b> ▼錢店 ‖ 이곳에 돈도 잇고 산판도 잇스며 모다 말ᄒᆞ되 빅이니 쳔이니 ᄒᆞ니 이 아니 돈푸리를 열미뇨 (這裡錢也有, 算盤也有, 不是要開錢店麽?) <경화 20:54> 돈푸리ᄂᆞᆫ 엇더ᄒᆞ던지 우리 ᄇᆡ야흐로 산법으로 노롬ᄒᆞᄂᆞ니 져〻도 무슴 신긔

ᄒᆞᆫ 산법을 ᄂᆡ여 ᄒᆞᆫ 번 노ᄉᆞ이다 (開錢店倒還有點油水; 就只看銀水眼力還平常, 惟恐換也不好, 不換也不好, 心裏疑疑惑惑, 所以不敢就開. 姐姐何不出個新奇算法頑頑呢?) <경화 20:54> 돈푸리가 일원에 닷 냥식 ᄒᆞ니 일본 돈으로 ᄒᆞ면 일빅 원이 되오 <한대-도량형 150>

【동부동】 부 동부동(動不動). 툭하면. 꼭, 틀림없이. (중국어 간접 차용어).¶ 동부동 (同不同, Certainly, undoubtedly.) <한영1890 156> 미샹불 | 동부동 | 불가불 | 부득불 <법한 463, 564> ▼動不動(的) ‖ 져의 이 일등 잡물건은 원간 우리 본디 것처롬 길 큰 물건 시연하니라 비겨 사더라 하여도 동부동 여긔 싸아다가 ᄶᅢ을 기다러야 말미하리니 필경의 밋쳐 맛시 엇더한 줄 알가 얏너니 (他們這一等雜貨是, 原是不像我們本地的大路貨爽儻, 作比買下咧, 動不動堆得這裡, 等着時候纔發賣知道赶皈起味道如何呢?) <기착-육당 상:12a> 직금 어ᄃᆡ셔 누엿너니 나일 우리 차판은 가지 못하갓다 동부동 즘싱이 차을 ᄭᅳ으러 이무로 가갓너니 (現今在那裡疲着呢. 明个咱們車却是不用走咧, 動不動的牲口拉車治得走嗎?) <기착-육당 하:20b> 비겨 사드라 허여도 동부동 여긔 탐엿다가 ᄶᅢ를 기다려셔야 파느니 필경의야 마시 엇던 쥴 알니라 (作比買下咧, 動不動堆得這裡, 等着時候纔發賣, 知道赶皈起味道何如呢?) <중화-탁족 22b> 비겨 ᄉᆞ더라 ᄒᆞ여도 동부동 여긔 싸앗다가 필경의야 맛시 엇디헐 쥴 알니라 (作比買下咧, 動不動堆淂這裡, 知道赶皈起味道如何呢?) <중화-한고 15b> 한 쟝 쳥단은 동부동 다시 능이 ᄂᆡ리우지 못헐 거시니 (我開的這一箇淸單是, 動不動兒的再不能惱下去的.) <중화-탁족 29a> ᄂᆡ 이 한나 쳥단은 동부동 다시 ᄂᆡ러가지 못할 거시니 너의 야ᄋᆞ문이 ᄂᆡ 이 단자ᄃᆡ로 하가시면 너의가 하고 만약 쓰의 맛지 안니하면 또 가희 할 수 업다 곳 한 칼노 낭단을 만드면 또 괴라옴을 덜지 아니랴 (我開的這一个請單是動不動兒的再不能惱下去. 你們爺爺們由着我這个單, 要作咱們作, 若不中意, 却就無法可治, 就是一刀兩斷的, 也不省勞道嗎?) <기착-육당 상:15b> ▼小不得 ‖ 왕형아 네 그 감투 은은 아르 문에 밋쳐 ᄂᆡ가 올디 안이 올디 뎡티 못하가시니 만일 오디 안 올 ᄶᅧ여 동부동 동무는 올 터이니 ᄂᆡ 져과 말할 거니 필경에 톄긔ᄃᆡ로 은을 차즈면 올타 (王大哥, 你那个帽銀子是, 赶下輈却不定我來不來, 若不來的時候乙, 小不得夥計來, 我的言語他, 歸起憑帖取銀就是咧.) <중화-아천 4b> 오늘 동부동 도라가갓다 늣디 안이하여 뎡코 가노라 (今个小不得回去咧, 晩不晌一定在走啊.) <중화-아천 15b> 네 곳 마음 노아라 그러도 네의 은은 게 잇고 게 잇넌 거시니 필경에 동부동 네 히는 주너니라 (你就放心罷. 橫竪你的銀子却是有得那裡呢. 歸起小不得開付你的啊.) <중화-아천 18b> 쳑 다라나면 너과 달너디 못하려니와 네 만일 다라나디 안으면 동부동 너를 ᄯᆞ라 딘니며 달너리라 (一跑咧勾你要不來, 你若不跑咧, 却是小不得跟你要呢.) <중화-아천 31b> 필경 그러도 동부동 ᄂᆡ 히를 줄 사람이 이스면 올으니라 (歸起橫竪有人小不得開付我就是咧.) <중화-아천 32a> 너의 궤샹 칙을 보고쟈 하노라 쟝샹에 ᄂᆡ ᄃᆡ마튼 은이 이스면 동부동 너의 거슬 물 거시요 만일 ᄂᆡ 일음이 업스면 네가 나를 소긴 줄노 혬티고 ᄂᆡ 곳 마음 놋캇다 (要看你們櫃上的本子呢, 賬上有我應賬的銀子否咧, 小不得開付你們, 若沒有我的名子咧, 筭是你賺我咧, 我就放心咧.) <중화-아천 32b> ⇒ 동부동이

【동부동-이】 부 동부동(動不動)이. 툭하면. 꼭, 틀림없이. (중국어 간접 차용어).¶ 管包 ‖ 만약 동안을 더듸여셔는 아리셔 일 반허는 사람이 동부동이 잇스리라 (若是悞遲工夫咧, 在底些辦事的管包有難.) <중화-탁족 38b> ⇒ 동부동

【동허】 명 ((복식)) 동화(冬靴) 겨울 신발. '허(靴, xuē)'는 중국어 직접 차용어.¶ 시는 ᄂᆞ려 보내노라 아희ᄃᆞ리 ᄂᆞ리니 오족 ᄒᆞᆫ동 만동 이 동허 둘 슈오긔 지비 갈 분토롤 내 바다 두고 니저 세 번 사ᄅᆞ미 가ᄃᆡ 닛고 잇다가 갓까ᄉᆞ로 싱각히여 보내노라 <순천김씨-38 1550-92 신천강씨(어머니) ↓순천김씨(딸)> ⇒ 동훠

【동훠】 명 ((복식)) 동화(冬靴) 겨울 신발. '훠(靴, xuē)'는 중국어 직접 차용어.¶ 아바님 하 요란ᄒᆞ고 밧바 유무 몯ᄒᆞ노라 ᄒᆞ시고 두 ᄃᆡ긔 은구어 각 스믈콤ᄒᆞ고 동훠 ᄒᆞ나식 보내시닝이다 <순천김씨-64 1550-92 김여물 등(남자 동기) ↓순천김씨와 여동생(여자 동기)> ⇒ 동허

【되롱태】 명 ((조류)) 새매. 수릿과의 새. 몸의 길이는 28~38cm이고 암컷이 수컷보다 훨씬 크다. 등은 회색, 아랫면은 흰색이고 온몸에 어두운 갈색의 가로무늬가 있다. 수컷을 난추니, 암컷을 익더귀라 하고 길들여 작은 새 따위를 잡는 데 쓴다. '되롱태(turimtai /turumtai /durimtai)'는 중세몽고어 차용어.¶ 되롱태 =[松$鳥]兒(弄鬪兒) <역해-비금 하:25b> ⇒ 도롱태, 도롱티, 도롱태, 되롱티, 됴롱태, 됴롱티, 조롱태, 조롱티, 죠롱, 죠롱태, 죠롱티

【되롱티】 명 ((조류)) 새매. 수릿과의 새. 몸의 길이는 28~38cm이고 암컷이 수컷보다 훨씬 크다. 등은 회색, 아랫면은 흰색이고 온몸에 어두운 갈색의 가로무늬가 있다. 수컷을 난추니, 암컷을 익더귀라 하고 길들여 작은 새 따위를 잡는 데 쓴다. '되롱티(turimtai /turumtai /durimtai)'는 중세몽고어 차용어.¶ 되롱티 ([松$鳥]兒) <삼학-고석 전> ⇒ 도롱태, 도롱티, 도롱태, 되롱태, 됴롱태, 됴롱티, 조롱태, 조롱티, 죠롱, 죠롱태, 죠롱티

【됴라치】 명 ((관직)) 조라치(照羅赤). 고려시대 무관의 직책. 또는 군악수. 중세몽고어 차용어.¶ 됴라치, 動駕時御前鼓吹手宣傳官廳員役也. (吹羅赤) <진람 16b> ⇒ 조라치, 죠라젹

【됴롱태】 명 ((조류)) 조롱태. 새매. 함남, 황해 방언. '됴롱태(turimtai /turumtai /durimtai)'는 중세몽고어 차용어.¶ 됴롱태(隼) <물명괄-조수 9a> 鵃, 됴롱태, 송云슴. 譯書曰곤이(天鵝) <물명괄-조수 9a> ⇒ 도롱태, 도롱티, 도

롱태, 되롱태, 되롱틔, 됴롱틔, 조롱태, 조롱틔, 죠롱, 죠롱태, 죠롱틔

【됴롱틔】 명 ((조류)) 조롱태. 새매. 함남, 황해 방언. '됴롱틔(turimtai /turumtai /durimtai)'는 중세몽고어 차용어.¶ [松$鳥] ‖ [松$鳥]汻, 鷂屬, 俗訓됴롱틔. 盖一名弄鬪兒也. <명물-비금 4:27a> ⇒ 도롱태, 도롱틔, 도롱태, 되롱태, 되롱틔, 됴롱태, 조롱태, 조롱틔, 죠롱, 죠롱태, 죠롱틔

【됴싓】 명 ((복식)) 조젯(georgette, ジョーゼット). 1914년 프랑스의 조젯부인이 선보여 화제가 되었던 의상으로, 여름에 여성복으로 입는 얇은 옷감. (일본어 차용어).¶ 청회식 화부다이 치마 ᄎᆞ 이 화방쥬 럼늬쓰 치마 ᄎᆞ 일 곤식 셰루 치마 ᄎᆞ 일 미식 교반비 치마 ᄎᆞ 일 은식 교반비 치마 ᄎᆞ 일 고동식 셰루 치마 ᄎᆞ 일 옥식 됴싓 치마 ᄎᆞ 일 옥식문 됴싓 치마 ᄎᆞ 일 <편시 보ᄂᆡᆫ 물목-문우> ⇒ 됴싓도, 조셋도, 조셋도, 조시도, 조시쏘, 조싓도, 죠싓도, 죠신쏫

【됴싓도】 명 ((복식)) 조젯(georgette, ジョーゼット). 1914년 프랑스의 조젯부인이 선보여 화제가 되었던 의상으로, 여름에 여성복으로 입는 얇은 옷감. (일본어 차용어).¶ 구릿도 단의 ᄎᆞ 일 사의루 단의 ᄎᆞ 일 명쥬 단의 ᄎᆞ 일 됴싓도 단의 ᄎᆞ 일 회식 반슈 ᄌᆞ미ᄉᆞ 바지 일 <물목-경고-5 1941 장농> ⇒ 됴싓, 조셋도, 조셋도, 조시도, 조시쏘, 조싓도, 죠싓도, 죠신쏫

【두네스】 명 ((지리)) 미상. (외래어).¶ 터키국과 모라고국과 알지리아와 두네스와 트레블리와 이즙국과 만트늬그로국과 아시아 모든 나라가 뎨 삼층이오 <사필1889-헐버트 14>

【두니쓰】 명 ((지리)) 튀니지(Tunisie). 북아프리카 중앙부, 지중해에 면한 공화국. 1956년 프랑스의 보호령에서 입헌 군주국으로 독립하였다가 다음해 공화국이 되었다. (외래어).¶ 쏘 두니쓰와 트릐볼네와 빠카ㅣ란 세 짜흔 터키국 쇽방이니 폭원이 북위션 이십륙 듸그리브터 삼십 듸그리ᄭᆞ지요 셔경션 열 듸그리브터 동경션 이십륙 듸그리ᄭᆞ지니 남북이 일쳔이빅 리요 동셔가 륙쳔 리며 <사필1889-헐버트 145>

【두로】 명 ((지리)) 도루강(Douro江). 에스파냐 북부에서 시작하여 포르투갈 북부를 지나 대서양으로 흘러 들어가는 강. (외래어).¶ 남에는 늬바다와 모릐나ㅣ란 산이 잇고 쏘 과달귀버와 과듸아나ㅣ란 강이 대셔양에로 통ᄒᆞ며 셔에는 테거스와 두로ㅣ란 강이 포츄갈국에로 드러가며 쏘 동편에 쌜릐아릭이란 륙칠 셤이 잇스며 <사필1889-헐버트 42>

【두루풍】 명 ((복식)) 두아봉(斗兒篷). 눈비 올 때 입는 옷. 방 안에서 추위를 막기 위하여 어깨에 둘러 입는 웃옷. '두루풍(斗兒篷, dǒurpéng)'은 직접 중국어 차용어.¶ 斗篷 ‖ 보금이 오는 더 한 벌 두루풍을 닙어시니 (只見寶琴來了, 披着一領斗篷.) <홍루 49:32> 다만 보니 집 속의 쇼챠환이 셩셩젼 두루풍을 가져오고 (只見他屋裏的小丫頭子送了猩猩氈斗篷來.) <홍루 49:48> 다홍 셩셩젼 두루풍을 두루고 관음도[쓰는 거시라]를 니고 (圍着大紅猩猩氈的斗篷, 帶着觀音兜.) <홍루 49:80> 가뫼 큰 두루풍을 두ᄅᆞ고 셔피 난모를 쓰고 (賈母圍了大斗篷, 帶着灰鼠暖兜.) <홍루 50:56> 일변 쏘 편모를 쓰고 두루풍을 두루며 즁인이 뫼셔 마시고 우은 말을 ᄒᆞ더니 (一面戴上兜巾, 披了斗篷, 大家陪着又飲, 說些笑話.) <홍루 76:17> 일졔히 좁은 ᄉᆞ미 단룡포를 닙고 다홍 셩셩젼 두루풍을 둘넛시며 머리의는 쵸피 쇼군토를 빠시디 낫낫치 모양이 분과 옥 ᄀᆞᄐᆞ며 (一色都穿的是箭袖團龍小皮袍, 披上大紅猩猩氈的斗篷, 頭上貂鼠昭君套, 一個個粉妝玉琢.) <보홍 17:58> ⇒ 두르풍, 두봉 ☞ 널쿠

【두르풍】 명 ((복식)) 두아봉(斗兒篷). 눈비 올 때 입는 옷. 추위를 막기 위하여 어깨에 둘러 입는 웃옷. '두르풍(斗兒篷, dǒurpéng)'은 중국어 직접 차용어.¶ 겨울에 어깨에 둘러 입는 웃옷의 한 가지, 모양이 만또 같은 것. <조선어사전1942> ⇒ 두루풍, 두봉 ☞ 널쿠

【두봉】 명 ((복식)) 두봉(斗篷). 눈비 올 때 입는 옷. 우리나라에서는 주로 노인들이 방 안에서 추위를 막기 위하여 어깨에 둘러 입는 웃옷. (중국어 간접 차용어).¶ 簑笠 ‖ 사립, 俗訓삿갓, 莎, 一曰夫, 須, 一曰臺, 所以爲簑笠, 故亦曰臺笠, 所以禦暑禦雨者. 斗篷두봉. <명물-기용 3:9b> ▼斗篷 ‖ 보옥이 니ᄅᆞ디 나의 두봉[눈비 올 때 입는 오시라]을 가져오라 (寶玉道: "取了我的斗篷來.") <홍루 8:32> ⇒ 두루풍, 두르풍 ☞ 널쿠

【두봉관】 명 ((복식)) 두봉관(斗篷冠). 눈비 올 때 입는 옷. 추위를 막기 위하여 어깨에 둘러 입는 웃옷. (중국어 간접 차용어).¶ 斗篷 ‖ 경히 젹젹무료ᄒᆞᆷ을 인ᄒᆞ여 두봉관을 쓰고 홀노 나와 병풍 뒤히 셔셔 긱을 여허볼시 문득 보니 진보옥의 형용과 동쟉이 가보옥으로 더브러 다ᄅᆞ미 업ᄂᆞᆫ지라 (正在寂悶無聊之際, 披了斗篷, 竟獨自走了出來, 在屏風後竅客, 瞥見甄寶玉形容擧止與賈寶玉無二.) <속홍 17:80>

【둑】 명 ((기물)) 둑(纛). 소꼬리 또는 꿩의 꽁지를 장식한 큰 기. 임금이 타고 가던 가마 또는 군대의 대장 앞에 세웠다. 아악에서는 춤추는 사람을 인도하는 기로 쓰였다. '纛(tuq /tuɤ)'은 중세몽고어 차용어.¶ 둑 (掛纓) <역해-군기 상:22a> 둑 =掛纓 (掛子) <역해-군기 상:22a> 둑 (掛子) <과록-병용 115b> ▼纛 ‖ 둑 독; 天子曰"寶纛". 汎稱"掛纛", 又曰"掛子". (纛) <훈몽-군장 중:14b /29a> 둑 도 (纛) <신합 상:29a> 둑 도, 軍中大皀旗. "翿"同. "독", 義同. (纛) <전운 하:21b> 둑 도, 羽葆幢也, 亦作"翿". (纛) <자주 하:30a> 둑 독 (纛) <왜해-군기 상:41a> <음첩a 22b> <아학 상:12a> 둑, 玄女二黃帝制玄纛十二以主兵似忠尤首. (纛) <광보-1 군려:3a> 둑 둑 (纛) <식자 13b> 둑 독, 軍中大旗, "皀纛." (纛) <자석 하:34a> 둑 긔, 大皀旗, "翿"同. "독", 義同. (纛) <신자 3:36b> 둑 (纛) <방석-군기 2:12b> 天子의 세오ᄂᆞᆫ 둑 (寶纛) <역해-군기 상:22a> 諸侯의 세오ᄂᆞᆫ 둑

(皂纛) <역해-군기 상:22a> 긔과 둑이 셔셔ᄒᆞ니 [셔셔ᄂᆞᆫ 빗나로 웅장ᄒᆞᆫ 말이라] 셔방 사ᄅᆞᆷ이 모다 보매 ᄆᆞᄋᆞᆯ이며 길히로다 (旗纛舒舒, 西人聚觀, 于巷于塗.) <고진 7:3> 비홀노 부하ᄅᆞᆯ 거ᄂᆞ려 즛텨 싸화 그 둑을 아사 춤추니 졔군이 ᄃᆞ토와 부ᄒᆞ여 드듸여 신향을 회복ᄒᆞ고 (飛獨引所部鏖戰, 奪其纛而舞, 諸軍爭奮, 遂拔新鄕.) <송요 5:18b> 업듸여 원ᄒᆞ옵ᄂᆞ니 상량ᄒᆞ온 후의 나라 형셰ᄂᆞᆫ 태산 ᄀᆞᄐᆞ며 즁인의 ᄆᆞᄋᆞᆷ은 셩을 일울지라 교산의 솔과 젓나모ᄂᆞᆫ 만셰에 우로ᄅᆞᆯ 기리 ᄯᅴ엿고 원문의 긔와 둑은 서ᄅᆞ 두 영문 풍운에 빗나리로다 (伏願上樑之後, 國勢如泰, 衆心成城. 喬山松杉, 長帶萬世之雨露, 轅門旌纛, 交輝二營之風雲.) <정의-화성 46:32b> 져 금계가 가쟝의 긔와 둑 ᄀᆞᄐᆞᆫ ᄆᆞᄋᆞᆷ이 졈졈 것구러지고 ᄉᆡ모의 량션ᄒᆞ믈 보ᄆᆡ ᄯᅩᄒᆞᆫ 졈졈 창을 가지고 말을 시험ᄒᆞ여 (那金桂見丈夫旗纛漸倒, 婆婆良善, 也就漸漸的持戈試馬.) <홍루 79:56> 단하의 이십사인으로 각ᄀᆞ 졍긔 보긔와 장창 ᄃᆡ극과 황모 ᄇᆡᆨ월과 쥬번 죠둑을 들고[쥬번은 블근 긔오 죠둑은 거문 둑이라] (壇下二十四人, 各持旌旗、寶蓋、大戟、長戈、黃鉞、白旄、朱旛、皂纛.)<삼국-국중 9:114> 纛 ‖ 둑은 대쟝의 앏픠 세워 위의 삼ᄂᆞᆫ 거시라 <교린-ソ 3:73b> ▼旄 ‖ 이튼날 삼층 ᄃᆡᄅᆞᆯ 뭇고 오방긔치ᄅᆞᆯ 셰우고 우희 흰 둑과 누른 졀월과 병부와 쟝인을 비셜ᄒᆞ고 (次日, 築臺三層, 遍列五方旗幟, 上建白旄黃鉞, 兵符將印.) <삼국-가정 2:53> ▼葆 ‖ 그 속의 드러가니 션동 수ᄇᆡᆨ이 다 ᄌᆞ쇼의ᄅᆞᆯ 닙고 단하 옥패ᄅᆞᆯ 드리우고 치식 일산을 바드며 지ᄎᆞ로 ᄒᆞᆫ 둑과 곳ᄎᆞ로 ᄒᆞᆫ 긔ᄅᆞᆯ 잡아시니 (旣入, 仙童數百, 皆衣紫銷之衣, 懸舟霞玉珮, 執彩幢絳節, 持羽葆花旌.) <무목 12:59> ▼畵旗 ‖ 션두의 둑을 셰우라 (船頭竪畵旗.) <재생 16:56> 비단댱을 들치고 ᄒᆞᆫ금이 드리미러 보니 머리ᄂᆞᆫ 둑 갓고 키ᄂᆞᆫ 들보의 다ᄒᆞ며 몸은 셰 아름이나 ᄒᆞᆫ 지 그 얼골이 금강 갓고 <유이 22:23> 규규ᄒᆞᆫ 무부와 웅웅ᄒᆞᆫ 장부를 ᄃᆡᄒᆞ여 번득이ᄂᆞᆫ 흰 날과 븟치이ᄂᆞᆫ 긔 둑 아릭 고초히 쳐ᄒᆞ다가 도라오니 <윤하 62:52> ※ 恭愍王, 將討紅賊, 制大纛設官爲纛赤. <고려사> 禿黑: 旄纛. <원조비사> ⇒ 둑독이, 쑥

【둑독이】 명 ((군기)) 둑(纛). 소꼬리 또는 꿩의 꽁지를 장식한 큰 기. 임금이 타고 가던 가마 또는 군대의 대장 앞에 세웠다. 아악에서는 춤추는 사람을 인도하는 기로 쓰였다. 함경 방언. 둑독(纛纛)+-이(주격 조사 ▷ 명사 파생 접미사). '纛(tuq /tuɤ)'은 중세몽고어 차용어.¶ 도기 | 둑독이 <노한 201> ⇒ 둑, 쑥

【둔즈】 명 ((복식)) 돈자(頓子). 두루마기. 두루마기. 양쪽 어깨 밑이 터져 3폭이 따로 도는 '창의'에 대해 옷 전체가 돌아가며 막혔다는 뜻으로 사용된 복식명. '둔즈(頓子, dùnzi)'는 중국어 직접 차용어.¶ 둔즈 (頓子) <역해-복식 상:45a> ⇒ 둔ᄌᆞ

【둔ᄌᆞ】 명 ((복식)) 돈자(頓子). 두루마기. 양쪽 어깨 밑이 터져 3폭이 따로 도는 '창의'에 대해 옷 전체가 돌아가며 막혔다는 뜻으로 사용된 복식명. (중국어 차용어).¶ 둔ᄌᆞ (皮䘨) <동해-복식 상:55b> <몽해-복식 상:43a> 둔ᄌᆞ (皮端罩) <한청-의복 11:4a> 둔ᄌᆞ 닙다 (穿皮端罩) <몽보-복식 19b> <한청-천탈 11:17b> ▼屯子 ‖ 느즌 후의 ᄇᆞ람이 더 ᄆᆡ오니 ᄒᆡᆼ듕의 혹 둔ᄌᆞ 닙으니 잇더라 (向晩風寒甚烈, 行中或有着屯子者.) <연행-노가재 1:20a> 아모려나 몸 조심ᄒᆞᄋᆞ오시고 이 압 일긔 극한ᄒᆞ올 거시니 의복도 서의ᄒᆞ고 둔ᄌᆞ도 업시 오시니 염녀 부리온 ᄉᆞ이 업사오니 아모려나 내ᄂᆡ ᄒᆡᆼᄎᆞ 만안ᄒᆞ 회환ᄒᆞ오시믈 축슈 ᄇᆞ라옵ᄂᆞ이다 <이씨 부인(1702-33) 1728 ↓현심원(남편)> ⇒ 둔즈

【둥지】 명 동서(東西). 물건(物件). 둥지(東西, dōngxī)는 중국어 차용어.¶ 둥지 다 됴ᄒᆞ냐 슈가 엇마나 ᄒᆞ뇨 (東西都好麽? 數兒多少啊?) <한어-한고 14a>

【뒤-퐌】 명 ((기물)) 대패. '뒤퐌(推鉋, tuībào)'는 중국어 직접 차용어.¶ 推鉋 ‖ 推鉋者, 削木使平之器也.東人誤翻爲大牌. [華音推鉋, 本作뒤퐌, 聲相近.] <아언>

【드듸여】 ((문서)) 드듸어(導良-). -에 근거하여. -에 따라. (이두어).¶ 납돌 쳐 ‖ 무타 ᄃᆡᆨ이 살년을 당ᄒᆞ여 싱도 어려울 ᄲᅮᆫ더러 교젼븨 초졍이 소싱비 명쳠 무오싱 신의 신병이 부릴 길 업소니 원미인쳐의 헐가 방미ᄒᆞ여 봉가납덕 후니 비ᄌᆞ 드듸여 셩문이급 이의당ᄉᆞ라 샹젼니 을히 오월 십오 (수장) <노비 방매를 위해 상전이 납돌에게-영남 1875> 신비 일장 구문긔 완문 삼장과 신문긔 일장으로 병이 허급허거온 일후에 만일 자숀 족쇽 중의 시비 잇거던 차문권 드듸여 고관변졍시라 답쥬의 신씨 부인 증셔 슈장 (수장) 집필 소셔 김싱원덕 노의 만길 (수결) 증인 홍참판덕 노의 산이 (수결) <공주 정안면 신씨댁 부인이 이선달댁 노비 서산이에게 발급한 가사전답 매매명문-우한 1877> 뭇티라 ᄃᆡ니 이미차로 공쥬 증안면 도현니 가ᄉᆞ 내외 ᄉᆞ십팔 간과 힝낭 ᄒᆞᆫ 치와 싱과목 병 사ᄌᆞ젼과 복ᄌᆞ젼 양ᄌᆞ젼 가ᄌᆞ젼 병 오셕낙과 사ᄌᆞ답 십오 두낙과 양ᄌᆞ답 삼 두낙과 미ᄌᆞ답 오 두낙과 복ᄌᆞ답 이 두낙 고즐 원미인 쳐의 봉듄가 납덕 후 챠 비지 드듸여 졍문이 ᄒᆞ식라 내 상젼 증써 슈장 포긔 <공주 정안면 신씨부인의 가사 및 전답 매매 수표-우한 1877> ⇒ 드ᄃᆡ여

【드ᄃᆡ여】 ((문서)) 드듸어(導良-). -에 근거하여. -에 따라. (이두어).¶ 다름아니라 ᄃᆡᆨ의셔 국젼으로 ᄒᆞ여 ᄃᆡ홍동 구칙부 집 고ᄌᆞ 닷 말날 답 구실 스물 ᄒᆞᆫ 짐 진 셕 짐셔 뭇 곳슬 원미인쳐의 영영 방미ᄒᆞᆯ 쥴노 쥰가 바다 ᄃᆡᆨ의 드리고 본 문긔ᄂᆞᆫ 다른 젼답의 병부ᄒᆞ엿기 쥬지 못ᄒᆞ고 본 문긔예 효쥬 비탈ᄒᆞ여시니 이 비ᄌᆞ 드ᄃᆡ여시 문셔ᄒᆞ여 쥬고 일후잡담 잇거든 이 비ᄌᆞ 가지고 변경ᄒᆞ여라 갑인 삼월 십뉵일 동병ᄉᆞᄃᆡᆨ 니 상젼 (인장) <조병사댁 상전이 노비 억쇠에게 발급한 배자①1854> ⇒ 드듸여

【드랍】 명 ((지리)) 드라바(Drava)강. 유럽 중남부를 흐르는 도나우강(江)의 지류. 이탈리아·오스트리아 국경의

카르니셰 알프스산맥에서 발원하고 오스트리아 남부를 동류하여 베오그라드 북서쪽 약 140km에서 도나우강에 합류한다. (외래어).¶ 동에는 타이스ㅣ란 강이 단욥강에로 드러가고 남에도 드랍과 사압이란 강이 단욥강에로 드러가고 에드리아틕 하슈ᄉᆞ ᄀᆞ헤 트리에스트ㅣ란 포구가 잇고 또 젹은 셤들이 만흐며 <사필1889-헐버트 55>

【드레스덴】 명 ((지리)) 드레스덴(Dresden). 독일의 남동쪽에 있는 공업 도시. 엘베 강가에 있으며, 17세기 이래 독일의 정치·경제·문화의 중심지이다. (외래어).¶ 셔편에 컬론과 갈스루어와 스트라스벅과 프랑펏이란 네 큰 촌이 잇고 남편에 스듯깟과 아욱스벅과 누렘벅이란 네 큰 촌이 잇고 동편에 라입식과 드레스덴과 쁘레스로와 보센이란 네 큰 촌이 잇고 <사필1889-헐버트 25>

【드루힐료】 명 ((지리)) 트루히요(Trujillo). 남아메리카 페루 북서쪽에 있는 상업 도시. 사탕수수 재배 중심지이며 제당업(製糖業), 식품 가공업 따위가 발달하였다. (외래어).¶ 도셩을 의론컨대 일홈이 리마ㅣ니 나라ᄉᆞ 셔편이오 또 바스고와 드루힐료와 갈나오와 남편에 거시고와 아리귀바ㅣ란 촌이 잇고 사ᄅᆞᆷ의 픔ᄉᆞ수는 평등이오 <사필1889-헐버트 128>

【듸그리】 명의 디그리(degree). 각도 단위인 도. (외래어).¶ 안남국은 폭원이 북위션 여돏 듸그리브터 이십 삼 듸그리ᄭᆞ지요 동경션 일ᄇᆡᆨ 세 듸그리브터 일ᄇᆡᆨ 아홉 듸그리ᄭᆞ지니 남북이 삼천 리요 <사필1889-헐버트 81> 이스바니아국은 려송국이라 폭원이 북위션 삼십륙 듸그리브터 ᄉᆞ십삼 듸그리ᄭᆞ지요 동경션 세 듸그리브터 셔경션 아홉 듸그리ᄭᆞ지니 남북이 일천 팔ᄇᆡᆨ 리오 동셔가 일천 이ᄇᆡᆨ 오십 리며 <사필1889-헐버트 42>

【듸—스】 대 디스(this). 이것. (외래어).¶ 듸—스 (이것) <영어일상통화단어초집 우산> ⇔ 댁트

【듸에꼬】 명 디에고(Diego). (외래어).¶ 듸에꼬 (底阿勾 Diego) <만국통감1912 4, 5>

【디셜】 명 저사아(底些兒). 아래. '디셜(底些兒, dǐxiēr)'은 중국어 직접 차용어.¶ 底些 ‖ 이 한 바탕의 쳬면 아오로 디셜의 ᄇᆡ리니 이편이 ᄇᆡ일 나 그 두어던 물건을다가 졔원 아모 갑시라도 딕은의 팔야 남의 외상을 갑흐랴 ᄒᆞ고 거간들을 시겨 오은 곳으로 의논ᄒᆞ러 가더니 (這一下子連體面也惱淂底些去, 各人肚[賭]氣, 把那个存貨那怕甚嗎價錢也罷, 賣到現銀子, 要還人家的賬) <중화-한고 12b> 아쑤나 인품은 또 도리여 조컷만은 텬싱명공이나 다뭇 셩품이 너머 급하기로 비계 이 한 가지 이을 반하고져 하면 닉각이면 분반하여 닉야 졔의 뜻에 맛지 만일 동완을 디테하여셔은 디셜의셔 반ᄉᆞ하넌 것시 졍코 어러우미 잇너니라 (嗳啊, 人品却倒不離, 天生明公, 就是性品忒急, 作比要辦這一件是, 立刻就辦得來纔對得他的邊. 若是悞遲工夫咧, 在底些<兒>辨事的管包有難.) <기착-요당 상:21a> ⇒ 지셜

【디ᄌᆞ】 명 밑[底]. 바닥. 저자(底子). '디ᄌᆞ(底子, dǐzi)'는 중국어 직접 차용어.¶ 부리 것고 디ᄌᆞ에 분칠ᄒᆞ고 (捲尖粉底) <박언 상:24b>

【디위-ᄒᆞ-】 동 지회(知會)하다. 알리다. (중국어 차용어).¶ 省會 ‖ 이 나그내 엇디 이리 간대로 싯고ᄂᆞ뇨 이졔 구의 ᄀᆞ장 嚴謹ᄒᆞ야 人家애 디위ᄒᆞ여 ᄂᆞᆺ선 아니완ᄒᆞᆫ 사ᄅᆞᆷ을 브티디 못ᄒᆞ게 ᄒᆞᄂᆞ니 네 비록 遼東 사ᄅᆞᆷ이로라 ᄒᆞ나 내 밋디 못ᄒᆞ여라 (這客人, 怎麽這般歪廝纏! 如今官司好生嚴謹, 省會人家: 不得安下面生歹人, 你雖說是遼東人家, 我不敢保裏!) <노언 상:44b> ▼知會 ‖ 당국공 니노야 셩지ᄅᆞᆯ 밧드러 고향으로 도라와 하븍도힝딕졀졔하븍쥬현 벼술을 ᄒᆞ엿ᄂᆞᆫ 고로 태원의셔 문세 ᄂᆞ려 쇽ᄒᆞᆫ 부쥬 군현 관원 디위ᄒᆞ여시매 태애 ᄀᆡ별을 듯고 삼경의 떠나 태원으로 가니 노야긔 하례ᄒᆞ라 갓ᄂᆞ니라 (爲唐國公李老爺奉聖恩欽賜馳驛還鄉, 做河北道行臺節制河北州縣, 太原有文書, 知會屬下府州縣道首領官員. 太爺三更天聞報, 公出太原去賀李老爺了.) <수유-동방 1:89> 네뷔 셩지ᄅᆞᆯ 엇고 각쳐의 디위ᄒᆞ니라 (禮副得旨, 各處知會.) <평산 10:7> ▼擧報 ‖ 텬지 환희ᄒᆞ샤 즉시 녜부의 분부ᄒᆞ야 과거ᄅᆞᆯ 뎡ᄒᆞᆫ 후 팔방의 디위ᄒᆞ야 뉴공이 파됴ᄒᆞ고 (天子大喜, 即傳諭禮部, 着速移文各州郡, 擧報士子赴京, 聽候天子臨軒親試.) <회문-한고 4:24a> ▼告示 ‖ 심히 깃거 미리 궁젼 갑병을 쥰비ᄒᆞ고 각채예 디위ᄒᆞ더라 (綉甚喜, 預先準備弓箭甲兵, 告示各寨.) <삼국-가정 6:51> 수일 후 부듕의셔 완문ᄒᆞ야 일경의 디위ᄒᆞ되 만일 사오나온 쟤 이셔 뉴가ᄅᆞᆯ 모함ᄒᆞ면 듕히 다ᄉᆞ리리라 ᄒᆞ니 (過不得數日, 府裡果發了一張告示到縣裡來, 叫送與柳衙張掛. 縣裏見府尊用情, 因也出了一張告示, 差人同送了來. 上面寫的都是不許强梁侵害的意思.) <화도-여초 1:45a> ▼說 ‖ 이러모로 왕종시 심방ᄒᆞ기ᄅᆞᆯ 급히ᄒᆞ야 젼일의 연빅함을 엇고 십분 깃거 또 본부의 디위ᄒᆞ야 또 ᄒᆞᆫ 사ᄅᆞᆷ을 수고ᄒᆞ야 ᄒᆞᆫ가지로 쳔ᄒᆞ려 ᄒᆞ니 (所以王宗師急於尋訪. 前日得了燕白頷, 十分大喜, 又對本府說, 一人不好獨薦, 須再得一人, 同薦方妙.) <평산 5:62> 좌툴 당난 탄ᄌᆞ화샹 복길 ᄉᆞ인의 일홈을 뼈 각쳐의 디위ᄒᆞ야 잡아드리라 ᄒᆞ다 (知州吩咐書手將榜文一樣四十來張, 懸掛各門及州前, ……立限捕獲.) <평요-나손 5:43> 즉시 사ᄅᆞᆷ을 시겨 각쳐의 디위ᄒᆞ여 못 바ᄃᆞᆫ 군냥을 일시의 슈습ᄒᆞ여 수일이 못ᄒᆞ여 나믄 것 업시 다 바들시 스스로 인마ᄅᆞᆯ 츌혀 슈뎐ᄒᆞ고 봉의ᄅᆞᆯ ᄃᆞ려 동구의 나가 셔ᄅᆞ 보내다 <형세 4:46> ⇒ 디휘ᄒᆞ-, 지위ᄒᆞ-, 지휘ᄒᆞ-

【디휘-ᄒᆞ-】 동 지회(知會)하다. 알리다. '휘(會, huì)'는 중국어 직접 차용어.¶ 관쇽이 쳥녕ᄒᆞ고 즉시 각 관 현읍의 디휘ᄒᆞ여 모든 관원을 ᄲᅦ디니 업시 일죽 모히되 쇼쇽을 다 거ᄂᆞ려 오고 <임화 11:10> ⇒ 디위ᄒᆞ-, 지위ᄒᆞ-, 지휘ᄒᆞ-

【딜내프】 명 ((동물)) 기린(麒麟, giraffe). (외래어).¶ 또 키 크기로는 아ᄯᅳ리카 大陸內地에 사난 麒麟(딜내프)이니 큰 것은 二十尺 되난 것노 잇소 <소년 1908.11.1 29>

【딩딩이-질】 명 정정(亭亭)이질. 젓먹이가 부리는 재롱의 하나. '딩딩(亭亭, tíngtíng)'은 중국어 직접 차용어.¶ 亭亭 ‖ 이 아ᄒᆡ 딩딩이질 ᄒᆞᄂᆞ냐ㅣᄀᆞᆺ 셔기 ᄇᆡ호ᄃᆡ 허리 므ᄅᆞ니 뎌ᄅᆞᆯ 농티 말라 ("這孩兒亭亭的麽?" "恰學立的, 腰兒軟休弄他.") <박언 중:48a> ⇒ 징징이질

【딩ᄌᆞ】 명 ((복식)) 정자(頂子). 증자(鐙子). 전립 따위의 위에 꼭지처럼 만들어 달던 꾸밈새. 품계에 따라 금, 은, 옥, 석 따위의 구별이 있었다. '딩(頂, dǐng)'은 중국어 직접 차용어.¶ 頂 ‖ 복닥이에 다 딩ᄌᆞᄅᆞᆯ ᄃᆞ라시ᄃᆡ 또ᄒᆞᆫ 딩ᄌᆞᄅᆞᆯ 품급을 알게 ᄒᆞ여시니 공후ᄇᆡᆨ뎨왕븟터 삼품ᄭᆞ지 금딩ᄌᆞ의 다 블근 보셕을 박고 (蓋帽頂以喞紅石爲貴.) <연행-노가재 4:8b> ▼頂子 ‖ 딩ᄌᆞ (頂子) <방석-복식 2:22b> <과록-복용 85a> 졍ᄌᆞ, 華音딩, 誤翻徵子딩ᄌᆞ. (頂子) <명물-복식 3:28a> 또 비단으로 드르 두 녁 가르 ᄲᅡ 돌마기 돌온 갓애 양지옥 딩ᄌᆞ 브텨시니 이 ᄒᆞᆫ 갓은 셕 량 은을 드려 ᄆᆡᆼ그라 내엿고 (又有紵絲剛叉帽兒, 羊脂玉頂子. 這一箇帽子, 結裹三兩銀子.) <노언 하:47a> 네 보라 내 이 갓세 딩ᄌᆞㅣ 門에 다질려 곳 반 편이 ᄶᅥ러지고 金 올린 빗도 다 變ᄒᆞ여시니 네 나를 위ᄒᆞ여 收拾기를 잘ᄒᆞ면 내 반ᄃᆞ시 만히 만히 네게 賞ᄒᆞ리라 (你看我這帽頂子, 在門上磕了一磕就塌了半邊, 鍍金顏色也都變了, 你與我收拾好, 我必多多的賞你哩.) <박신 3:34a> ▼頂兒 ‖ 江西 ᄀᆞ쟝 上等에 진짓 綜으로 ᄆᆡᄌᆞᆫ 갓 우희 上等에 玲瓏히 ᄒᆞᆫ 羊脂玉 딩ᄌᆞ에 또 이 두롬의 짓촐 ᄃᆞ랏고 (江西十分上等眞結椶帽兒上, 綴着上等玲瓏羊脂玉頂兒, 又是箇鶖老鳥翎兒.) <박언 상:25b> ᄒᆞᆫ 귀인 쇼년이 홍보셕 딩ᄌᆞ의 취우[프른 깃시라]롤 ᄃᆞ라시며 <열하긔> ※ 柳黃빗치 金으로 ᄭᅮᆷ여 四花롤 繡ᄒᆞᆫ 羅 더그레에 여ᄃᆞᆲ 폭에 비취짓 ᄭᆞᆯ고 眞言 字롤 금으로 ᄭᅮᆷ인 큰 갓에 손ᄶᅡ락 굴긔 紫鴉忽 頂子에 겻티 孔雀의 짓촐 고잣고 (柳黃飾金綉四花羅搭護, 八瓣兒鋪翠眞言字粧金大帽上, 指頭來大, 紫鴉忽頂兒, 傍邊揷孔雀翎兒.) <박언 상:27b> 네 보라 내 이 가ᄉᆡᆺ 頂子ㅣ 댱방문에 다텨 반편이 ᄲᅥ러디고 빗치 다 업서시니 네 임의셔 날을 빗 아사 주고려 내 공젼을 혜아리디 아니ᄒᆞ고 만히 네게 샹호리라 (你看我這帽頂子, 帳房門上磕着, 塌了半邊, 顏色也都消了, 你就饋我掠飭, 我不算工錢, 多多的賞你.) <박언 하:30a> ⇒ 딩ᄌᆞ, 징ᄌᆞ

【딩ᄌᆞ】 명 ((복식)) 정자(頂子). 증자(鐙子). 전립 따위의 위에 꼭지처럼 만들어 달던 꾸밈새. 품계에 따라 금, 은, 옥, 석 따위의 구별이 있었음. '딩(頂, dǐng)'은 중국어 직접 차용어.¶ 頂子 ‖ 또 비단으로 드르 두 녁 가르 ᄲᅡ 돌마기 ᄃᆞ론 갇애 양지옥 딩ᄌᆞ 브텨시니 이 ᄒᆞᆫ 갇은 셕 량 은으로 드려ᅀᅡ ᄆᆡᆼᄀᆞ라 내엿고 (又有紵絲剛叉帽兒, 羊脂玉頂子. 這一箇帽子, 結裹三兩銀子.) <번노 하:52a> ▼頂兒 ‖ 류황비체 금 ᄭᅮ며 ᄉᆞ화문 슈질ᄒᆞᆫ 노더그레오 여듧 ᄧᅩᄀᆡ 비취짓 ᄭᆞᆯ오 진언 ᄌᆞ를 금으로 ᄭᅮ민 갇 우희 숝가락만 큰 ᄌᆞ타날 딩ᄌᆞ애 ᄀᆞᅀᅢ 공쟉의 짓 고잣고 (柳黃飾金綉四花羅搭護, 八瓣兒鋪翠眞言字粧金大帽上, 指頭來大, 紫鴉忽頂兒, 傍邊揷孔雀翎兒.) <번박 상:29b> ⇒ 딩ᄌᆞ, 징ᄌᆞ

【ᄃᆞ스】 명의 타스(dozen). 물건을 열두 개씩 묶어서 세는 단위를 나타내는 말. (외래어).¶ 打 ‖ 한 ᄃᆞ스 이 환식에 파는 것이ᄂᆞ 다셧 ᄃᆞ스인 고로 특별히 구원 오십젼 밧겟습니다 <일선 215> ⇒ 다슈, 다스, 다ᄉᆞ

【-ᄃᆞᆫ은】 조 ((문서)) -딴은. -는. 대조와 강세를 표현하는 보조사. (이두어).¶ 문셔ᄃᆞᆫ은 ᄌᆞ손이 불쵸ᄒᆞ여 종손조훈이가 희죽공 산소 ᄇᆡᆨ호날 너머 저의 고죠 산하라 ᄒᆞ고 팔십 냥의 태인 입장을 ᄒᆞ랴 ᄒᆞᄂᆞᆫ듸 또 우리 중대부 산소가 더 압핍다 하기 말 니러 드럿더니ᄅᆞ 산소화밧기오ᄉᆞ 산만 계시기 뫼갑슬 조훈이와 ᄉᆞ십 냥식 난화 밧고 일광질를 영영 방ᄆᆡᄒᆞ노라 경인 오월 념일 산쥬 미망인 송 <미망인 송씨의 산지 매매명문-전북박 1830/90> ⇒ -닷은, -단은, -ᄃᆞᆺ은, -ᄡᅡᆫ은, -ᄶᅡ넌, -ᄶᅡ는, -ᄶᅡᄂᆞᆫ, -ᄶᅡᆫ난, -ᄶᅡᆫ는, -ᄶᅡᆫᄂᆞᆫ, -ᄶᅡᆫ은, -ᄶᅡᆺ난, -ᄯᆞ는, -ᄯᆞᄂᆞᆫ, -ᄯᆞᆫ, -ᄯᆞᆫᄂᆞᆫ, -ᄯᆞᆫ은, -ㅣᄯᆞᆫ

【ᄃᆞᆷᄇᆡ】 명 담배. 담뱃잎을 말려서 가공한 연초 상품. 원산지는 남미였는데, 16세기 초엽에 스페인에 전래되었고, 우리나라에는 광해군 때 일본에서 들어왔다. 포르투갈어 'tabaco'가 일본에 들어가 'tabako'가 되었고 이것이 우리나라에 수용되어 변화하였다. (외래어)¶ 쇼뎨드룬 모양으로 아니ᄒᆞ고 됴샹을 ᄆᆞᆺ춘 후에 ᄃᆞᆷᄇᆡ와 술을 ᄌᆞ시기[食]롤 쳥ᄒᆞ온즉 뎌의 말이 나롤 돈을 주면 먹고 그러치 아니ᄒᆞ면 아니 먹겟노라 ᄒᆞ고 <조설-비리호송 109a> ⇒ 담바, 담바괴, 담바귀, 담박고, 담박괴, 담베, 담볘, 담븨, 담ᄇᆡ, 담파귀, 답ᄇᆡ

【-ᄃᆞᆺ은】 조 ((이두)) -딴[段]은. -는. 대조와 강세를 표현하는 특수 조시.¶ 段 ‖ 우명문ᄉᆞᄃᆞᆺ은 이ᄆᆡᄎᆞ로 ᄌᆞ긔ᄆᆡ득 답 복지언팔기 유손원 답 시물엿 말낙과 비원답 여암 말낙과 샹지원 답 여덜 몰과 셔벽면 가화원 답 일곱 말낙과 합담 육심 두악 고들 가졀젼문 육ᄇᆡᆨ칠심 양이슈 봉샹ᄒᆞ고 (右明文事段, 以移買次, 自己買得畓 伏在於八莒, 柳山員畓二十六斗落果, 非老員畓十九斗落果, 霜池員畓八斗落果, 西北□□火員畓七斗落, 合畓陸拾斗庫乙, 價折錢文, 陸百柒拾兩, 依數捧上爲遣.) <한철쥬젼명문-정치준 1851> ⇒ -닷은, -ᄃᆞᆫ은, -ᄡᅡᆫ은, -ᄶᅡ넌, -ᄶᅡ는, -ᄶᅡᄂᆞᆫ, -ᄶᅡᆫ, -ᄶᅡᆫ난, -ᄶᅡᆫ는, -ᄶᅡᆫᄂᆞᆫ, -ᄶᅡᆫ은, -ᄶᅡᆺ난, -ᄯᆞ는, -ᄯᆞᄂᆞᆫ, -ᄯᆞᆫ, -ᄯᆞᆫᄂᆞᆫ, -ᄯᆞᆫ은, -ㅣᄯᆞᆫ, -ㅅ든

【ᄃᆡ마스커스】 명 ((지리)) 다마스쿠스(Damascus). 시리아의 수도. 이 나라 남서부, 안티레바 산맥 동쪽 기슭에 있음. 현존하는 세계 최고의 도시. (외래어).¶ 또 북편에 무로사와 시멘아와 드레비산드와 어스름이란 촌이 잇고 셔편에 알너보와 ᄃᆡ마스커스와 [텬하에 뎨일 오랜 촌이라] 베룻과 예루사렘이란 촌이 잇고 [온 텬하에 유명ᄒᆞᆫ 촌] 남편에 메듸나와 멕가와 [회회교 시작ᄒᆞᆫ 곳] 목카ㅣ란 촌이 잇고 동편에 부소라와 박닷과 [녜ᄉᆞ 아시리아국 셔울이니 유명ᄒᆞ니라] 모수ㅣ란 촌이 잇고 <사필1889-헐버트 98>

【ᄃᆡ미】 명 ((기물)) 대모(玳瑁). 바다거북과에 딸린 거북의

하나. 등딱지를 대모(玳瑁) 또는 대모갑(玳瑁甲)이라고 하며 공예품, 장식품 등에 귀중하게 씀.¶ 디미 "瑇瑁." (瑇) <사해 상:43b> 디미 "玳瑁." (玳) <사해 상:43b> ▼ 玳瑁 ‖ 기ᄅᆞ마는 이 ᄒᆞᆫ 거믄 셔각으로 젼ᄒᆞ고 디미 ᄡᅡ고 유심홍 블근비체 슈파 그림 면엣 기ᄅᆞ맛 가지예 (鞍子是一箇烏犀角邊兒鞔玳瑁油心紅畵水波面兒的鞍橋子.) <번박 상:28a>

【디-미사】 명 ((천주)) 대미사(大missa). 성대하게 지내는 미사. (외래어).¶ 공경ᄒᆞ올 쥬교위ᄂᆞᆫ 디미사을 힝ᄒᆞ실 졔 <천주가사>

【디스마니아】 명 ((지리)) 태즈메이니아(Tasmania). 오스트레일리아 남동쪽에 있는 섬. 지하자원이 많으며, 양털·과실 따위가 난다. (외래어).¶ 남편에 디스마니아ㅣ란 큰 셤이 잇고 [ᄉᆞ면 륙빅 리 되ᄂᆞᆫ 셤] 셔북에 젹은 몃 셤이 잇스며 <사필1889-헐버트 154>

【디여】 명 ((인류)) 대야(大爺). '여(爺, yé)'는 중국어 직접 차용어.¶ 大爺 ‖ 너의 디여덜리 일노의 신고하여구냐 (你們大爺們一路辛苦啊?) <기착-육당 하:4b>

【디힝디시】 명 대행대시(大行大市). 큰 시세(市勢). (중국어 간접 차용어).¶ 大行大市 ‖ 시셰 조흔 구즘을 불논하고 다못 디힝디시로 직급 나무면 직급 팔고 졔원 허비하거니 돈 남기 밋지기은 네로 상사라 한 낫 시셰여든 댱ᄉᆞ하넌 이가 또 긔런 것슬 도라보랴 (不論行市好歹, 只照大行大市, 現增現賣, 那怕費呢. 增錢費錢是古得常事. 一个行市嗎, 作生意家又顧得那个嗎?) <기착-육당 상:3b>

【-딋는】 조 ((문서)) -딴은. -는. 대조와 강세를 표현하는 보조사. (이두어).¶ 우포사딋는 달음 안니라 장디윤 쳐 젼문 七十兩 연젼 득용쑈오 금연 사월 삼십일의 젼무[문] 七十兩을 심 못하오면 三斗落 농사을 장디윤이가 지을 쥴노 수포하온이 만일 심 못하오면 이 차포빙고 사 丁酉 二月二十三日 李順 <이순이 발급한 수표-국한 1897> ⇒ -닷은, -단은, -돗은, -ᄠᅡᆫ은, -ᄯᅡᆫ, -ᄯᅡᆫ은, -ᄯᅡᆫ는, -ᄯᅡᆫ논, -ᄯᅡᆫ은, -ᄯᅡᆺ난, -ᄯᅩᆫ, -ᄯᅩᆫ논, -ᄯᅩᆫ은, -ㅣᄯᅩᆫ

【딍스키빙】 명 땡스기빙(Thanksgiving). Thanksgiving Day. 추수감사절(秋收感謝節). 기독교 신자들이 한 해에 한 번씩 가을 곡식을 거둔 뒤에 하나님께 감사 예배를 올리는 날. 1620년에 영국 청교도들이 미국으로 이주한 다음 해 가을에 처음으로 거둔 수확으로 감사제를 지낸 데서 유래함. (외래어).¶ 딍스키빙이 져녁에 우리 한인 례비당에 <신민 1917.11.29>

【따리야】 명 ((식물)) 달리아(dahlia). 국화과의 여러해살이풀. (외래어).¶ 따리야 (西蕃蓮) <자통-식물 468>

【딴쓰-홀】 명 댄스홀(dance hall). (외래어).¶ 뾰죽구두에 딴쓰홀로 질번질번하구 <염상섭, 해방의 아들1951 8> 뾰죽구두에 딴쓰홀로 질번질번하구 <염상섭, 해방의 아들1951 8>

【띠팡】 명 지방(地方). 한 지주가 소유한 토지. 함북 방언. '띠팡(地方, dìfāng)'은 중국어 직접 차용어.¶ 띠팡을 떠날 때 강을 건늘 때 조선으로 돌아가면 빼앗겼던 땅에서 농사지으며 가갸거겨 배운다더니 조선으로 돌아와도 집도 고향도 없고 <이용악, 하늘만 곱구나>

【ㄹ】

【라귀엘】 명 ((인명)) 미상 (외래어).¶ 비롤 갈나 간과 쓸기롤 거두어 두면 후에 능히 쇼경의 눈을 열고 마귀롤 몰 거시오 그 고기는 힝찬을 삼으라 열ᄒᆞ로 만에 라게스 도셩에 니ᄅᆞ러 라귀엘 집에 드러가니 라귀엘이 부요ᄒᆞᄃᆡ 아ᄃᆞᆯ이 업고 다만 ᄒᆞᆫ ᄯᆞᆯ이 잇서 일홈은 사라ㅣ라 어진 덕이 밋출 이 업ᄉᆞ니 <첨례-라파엘 41a>

【라듐】 명 ((화학)) 라듐(radium). 알칼리 토류 금속 원소의 하나. 알파선·베타선·감마선의 세 가지 방사선을 내며, 본래는 은백색이나 공기 중에 산화하여 검은색으로 변한다. 1898년에 퀴리 부부가 우라늄 광석에서 발견하였다. (외래어).¶ 라듐 큐ㅣ리氏 夫妻 <백과신-송1926 491>

【라듸움】 명 ((광물)) 라듐(radium). 방사성 원소의 한 가지. 은백색 금속으로 우라늄과 함께 피치블렌드 속에 존재함. (외래어).¶ 金剛石보담 고읍고 라듸움보담 貴한 힘의 敎訓을 줌이에리오 <소년 1910.5.15>

【라딘】 명 ((언어)) 라틴(Latin). 라틴 민족 계통이나 라틴어 계통을 이르는 말. (외래어).¶ 라딘 | 라딘말 <법한 833>

【라딘-말】 명 ((언어)) 라틴어(Latin). 인도유럽어족의 하나인 이탤릭어파에 속하는 언어. 프랑스어, 이탈리아어, 스페인어, 포르투갈어, 루마니아어 등의 근원이 되었다. 그리스어와 함께 전문 용어의 원천이 되었으며 아직도 로마 가톨릭교회의 공용어로 쓴다. (외래어).¶ 라딘 | 라딘말 <법한 833> 베드루의 본 일홈은 시몬이러니 오쥬ㅣ 일홈을 곳쳐 세파스ㅣ라 ᄒᆞ니 라딘말노 번역ᄒᆞ면 베드루ㅣ니 반셕의 아롬다온 근긔라 뜻을 포함ᄒᆞ니라 <첨례-베드루종도 63b>

【라리농】 명 ((복식)) 나일론(nylon). 탄소, 수소, 질소 따위를 원료로 하여 짠 합성 섬유의 하나. 가볍고 부드럽고 탄력성이 강하나 습기를 빨아들이는 힘이 약하다. 1938년 미국 뒤퐁회사에서 발명. (영어 차용어).¶ 화위 ‖ 헉양단 치마 한 감 갑사 양단 치마 한 감 초록식 치마 한 감 옷빠루 치마 한 감 쎠쑤룽 치마 한 감 옥식 옵빠루 치마 한 감 라리농 유똥 치마 한 감 연사 유똥 치마 한 감 인조 유똥 치마 한 감 라리룽 치마 한 감 미식 옵빠루 치마 한 감 <물목-음성 11:08:27> ⇒ 나롱, 나오롱, 나의롱, 나이롱, 닉이롱, 라리롱, 라이롱

【라리롱】 명 ((복식)) 나일론(nylon). 탄소, 수소, 질소 따위를 원료로 하여 짠 합성 섬유의 하나. 가볍고 부드럽고 탄력성이 강하나 습기를 빨아들이는 힘이 약하다. 1938년 미국 뒤퐁회사에서 발명. (영어 차용어).¶ 화위 ‖ 헉양단 치마 한 감 갑사 양단 치마 한 감 초록식 치마 한 감 옷빠루 치마 한 감 쎠쑤룽 치마 한 감 옥식 옵빠루 치마 한 감 라리농 유똥 치마 한 감 연사 유똥 치마 한 감 인조 유똥 치마 한 감 라리룽 치마 한 감 미식 옵빠루 치마 한 감 <물목-음성 11:08:27> ⇒ 나롱, 나오롱, 나의롱, 나이롱, 닉이롱, 라리농, 라이롱

【라리사】 명 ((지리)) 라리사(Larisa). 그리스 동부, 테살리아 지방에 있는 도시. 교통의 요지로 이 지방의 중심지이며, 펠로폰네소스 전쟁에서는 아테네와 동맹하였다. (외래어).¶ 또 북편에 라리사와 사이라ㅣ란 큰 촌이 식라듸스 셤에 잇고 셔편에 바트라스ㅣ란 촌이 잇고 사롬의 픔ㅅ수는 션비와 빅셩이오 <사필1889-헐버트 66>

【라무네】 명 ((음식)) 나무네(ラムナ). ‘라무네 > 레모네이드(lemonade)’는 청량음료의 하나. 탄산가스를 푼 물에 소량의 사탕가루와 레몬향료를 넣은 음료수. (외래어).¶ 오날은 미우 더운 고로 라무네를 한 잔 드리겟소 그러나 질기시오 시려ᄒᆞ시오 / 라무네는 미우 질기지마는 그러ᄒᆞ여셔는 미안ᄒᆞ오니 청컨ᄃᆡ 차리시지 마시오 <일선 123> ⇒ 나무늬, 나무너

【라무네-병】 명 ((기물)) 레모네이드병(瓶). ‘라무네(ラムナ)’는 ‘레모네이드(lemonade)’의 일본어 음역어. 레몬즙에 물과 설탕, 탄산 등을 넣은 청량 음료이다. (외래어).¶ 그 문압헤셔는 분주히 라무네병을 큰 상ᄌᆞ 속에 다 너으며 <두견성 하47>

【라베얼】 명 ((인명)) 라파엘(Raphael). 후기 유대교의 삼대 천사의 하나. 히브리어로 신은 병을 고친다는 뜻으로, 나그네의 수호자이며 젊은이로 묘사된다. (외래어).¶ 라베얼 (拉法勒 Raphael) <만국통감1912 4, 5> 이 때에 단청과 기예가 또ᄒᆞᆫ 극히 발흥ᄒᆞ엿는ᄃᆡ 이달니아의 인젤노와 라베얼 두 사ᄅᆞᆷ이 가히 묘슈라 칭홀지니 <만국통감1912 4, 43> ⇒ 라파엘

【라비리아】 명 ((지리)) 라이베리아(Liberia). 아프리카 서부 사하라 사막 남서쪽에 있는 공화국. 1822년에 미국 식민 회사가 해방 노예를 이주시켜 건설한 국가로, 1847년에 아프리카 최초의 흑인 공화국으로 독립하였다. (외래어).¶ 이 짜헤 모든 나라들을 의론컨대 북편에 이즙드국과 모라고국과 또 여러 디방이 잇고 셔편에 라비리아국과 또 여러 디방이 잇고 남편에 오렌지국과 드란스발국과 또 여러 디방이 잇고 동편에 마디가스가국과 또 여러 디방이 잇ᄂᆞ니라 <사필1889-헐버트 142>

【라사】 명 ((지리)) 라싸(Lasa). 중국 남서부에 있는 도시. 7~14세기에는 토번(吐蕃)의 수도였으며 역대 달라이 라마의 궁전과 대사원이 있다. (외래어).¶ 또 청국 터키스단이란 디방에 기슈가와 야킨드와 코탄이란 큰 촌이 잇고 또 셔편 됩엣이란 디방에 라사ㅣ란 큰 촌이 잇고 [이 짜히 도모지 들이오 바다헤셔 팔천 쳑이 놉고 다ᄉᆞ리는 님ᄌᆞ는 부쳐

도 ᄒᆞᄂᆞᆫ 즁이오 ᄒᆡ마다 쳥국에 죠회ᄒᆞᄂᆞ니라] <사필1889-헐버트 74>

【라스트-대이】 명 라스트 데이 (last day). (외래어).¶ 라스트대이 (밤, 夜) <영어일상통화단어초집 우산>

【라ᄉᆞ】 명 ((복식)) 나사(rasa 羅紗). 양털 또는 거기에 무명·명주·인조 견사 등을 섞어서 짠 모직물. 보온성이 좋아 겨울용 양복, 코트감으로 쓰인다. (차용어).¶ 다 ᄶᅥ러진 마고ᄌᆞ에 깃도 업고 단쵸도 업셔 삼시위로 로을 ᄭᅩ아 얼기설기 잡아ᄆᆡ고 검졍 라ᄉᆞ 홀티바지 천아융 보션에 <철세계 19> 홀ᄉᆞ족ᄒᆞᆫ 목 라ᄉᆞ 바지 져고리에 줌억뎡이 갓흔 연통을 물엇ᄉᆞ니 <비행선 15>

【라이도】 명 ((인명)) 라이트(Wright, Wilbur). 미국의 비행기 제작자(1867~1912). 아우 오빌 라이트와 함께 비행기를 연구하고 제작하여, 1903년에 세계 최초로 동력에 의한 비행에 성공하였다. (외래어).¶ 라이도 飛行機 라이도氏 <백과신-송1926 491>

【라이롱】 명 ((복식)) 나일론(nylon). 탄소, 수소, 질소 따위를 원료로 하여 짠 합성 섬유의 하나. 가볍고 부드럽고 탄력성이 강하나 습기를 빨아들이는 힘이 약하다. 1938년 미국 뒤퐁회사에서 발명. (영어 차용어).¶ 전주 라이롱 수단 상위 …춘추 배루도 남색 하위 견주 라이롱 언색 하위 견주 유-동 언색 하위 <물목-금요 BCAA2285> ⇒ 나롱, 나오롱, 나의롱, 나이롱, 니이롱, 라리농, 라리롱

【라이스】 명 ((인명)) 라이스(Reis, Johann Philipp). 독일의 물리학자(1834~1874). 미국의 벨보다 15년 앞서 전화기를 고안하였으나 생전에는 실용화하지 못하였다. (외래어).¶ 電話機 라이스氏 <백과신-송1926 491>

【라이쎄리아】 명 ((지리)) 라이베리아(Liberia). 아프리카 서부 사하라 사막 남서쪽에 있는 공화국. 1822년에 미국 식민회사가 해방 노예를 이주시켜 건설한 국가로, 1847년에 아프리카 최초의 흑인 공화국으로 독립하였다. (외래어).¶ 라이쎄리아 (利比里亞) <명물-육당 13a>

【라이옹】 명 ((기물)) 나이론 치분(齒粉). (외래어).¶ 컵에는 부랏슈와 라이옹, 대야에 사봉 담아 들고 /뒷뜰을 나셔면, 져봐! 움물집웅에 새벽발, 몸 깨긋시 깨긋시 씻고 <김소월-삼천리1934.11, 기원> ⇒ 부랏시

【라이트】 명 라이트(light). 오른쪽. (외래어).¶ 라이트 (右) <영어일상통화단어초집-우산> ⇔ 래후트

【라인】 명 ((지리)) 라인강(Rhein江). 중부 유럽 최대의 강. 스위스의 알프스 산에서 시작하여 리히텐슈타인, 오스트리아, 독일, 프랑스의 국경을 지나서 독일의 서부로 들어갔다가 네덜란드를 가로질러 북해로 흘러 들어간다. (외래어).¶ 라인 (蘭因) <태선신사> 라인 (來尼, Rhine) <만국통감1912 5> 북에는 빅여 리 되는 사이더시란 포구가 잇고 남에는 라인과 뮤스ㅣ라 ᄒᆞᄂᆞᆫ 두 강이 북하슈로 드러가고 륙디를 통ᄒᆞ야 모든 강이 다른 나라보다 ᄆᆡ우 만코 <사필1889-헐버트 27> ⇒ 닉인하, 라인강

【라인-강】 명 ((지리)) 라인강(Rhein 江). 중부 유럽 최대의 강. 스위스의 알프스 산에서 시작하여 리히텐슈타인, 오스트리아, 독일, 프랑스의 국경을 지나서 독일의 서부로 들어갔다가 네덜란드를 가로질러 북해로 흘러들어간다. (외래어).¶ 팁니가 또 군ᄉᆞ를 거ᄂᆞ리고 쳐셔 라인강 갓가히 두어 도에 니르니 <만국통감1912 4, 47> ⇒ 닉인하, 라인

【라인강-ᄀᆞᇹ】 명 ((지리)) 라인강가(Rhein river-). (외래어).¶ 이 나라헤 이샹ᄒᆞᆫ 거슨 라인강ᄉᆞᄀᆞ헤 ᄆᆡ우 험준ᄒᆞᆫ 산이 잇ᄉᆞ니 그 산 우헤 돌노 큰 집을 지어 피란ᄒᆞ던 여러 천 년 된 집이 잇고 <사필1889-헐버트 26>

【라뎐】 명 ((지리)) 나전(羅甸). 라틴(Latin). '라틴'의 음역어. (외래어).¶ 오날 초닷시니 인졔 ᄒᆞᆫ 쥬일 지나 열ᄒᆞ흔 날 졍밤중에 이 탄환이 압산을 나라 넘어 쟝수촌 복판에 ᄶᅥ러지면 십여 만 라뎐 인죵이 함몰ᄒᆞᆫ다 ᄒᆞ면셔 소리를 지르고 억기를 읏씩읏씩ᄒᆞ며 <철세계 51>

【라딤】 명 ((화학)) 라듐(radium). 알칼리 토류 금속 원소의 하나. 알파선·베타선·감마선의 세 가지 방사선을 내며, 본래는 은백색이나 공기 중에 산화하여 검은색으로 변한다. (외래어).¶ 라딤 <조백1915 582>

【라파륜】 명 ((인명)) 나파륜(拿破倫). 나폴레옹 1세(1769~1821). 프랑스의 황제. (중국어 간접 차용어).¶ 장하도다 우리 학도 병식행보가 라파륜이 군이보다 우승하도다 <최신창가집>

【라파스】 명 ((지리)) 라파스(La Paz). 볼리비아에 있는 도시. 정치·경제·문화의 중심지로 국회 의사당, 대통령 관저, 대학 따위가 있다. (외래어).¶ 도셩을 의론컨대 일홈이 수크레니 나라ᄉᆞ 가온대요 셔편에 라파스와 [포토시란 촌이 잇고 포토시에는 은이 만히 나ᄂᆞ니라] ᄒᆞᆫ가온대는 고차밤바ㅣ란 촌이 잇고 사름의 픔ᄉᆞ수는 평등이오 <사필1889-헐버트 133>

【라파에트】 명 라파에트(Lafayette). (외래어).¶ 라파에트 (拉法也特 Lafayette) <만국통감1912 4, 5>

【라파엘】 명 ((천주)) 라파엘(Raphael). 후기 유대교의 삼대 천사의 하나. 히브리어로 '신은 병을 고친다'는 뜻으로, 나그네의 수호자이며 젊은이로 묘사된다.¶ 텬쥬ㅣ 도비아의 셩덕을 보샤 대텬신 라파엘을 보내여 힝인 모양을 꿈엿더니 쇼 도비아ㅣ 보고 례롤 베프러 골ᄋᆞ디 귀ᄒᆞᆫ 손님이 메도국 라게스부롤 아ᄂᆞ냐 텬신이 닐ᄋᆞ디 나ㅣ 아모 집 아모 사름을 아노라 <쳠례-라파엘 40a> ⇒ 라베얼

【라팔륜】 명 ((인명)) 나파륜(拿破崙). 나폴레옹 1세(Napoléon 1769~1821). 1804년에 황제의 자리에 올라 제1제정을 수립하고 유럽 대륙을 정복하였으나 트라팔가르 해전에서 영국 해군에 패하고 러시아 원정에도 실패하여 퇴위하였다. 엘바 섬에 유배되었다가 탈출하여 이른바 백일천하를 실현하였으나 다시 세인트헬레나 섬으로 유배되어 그곳에서 죽었음. (외래어).¶ 텰목진이 션봉되고 라팔륜이 부쟝되여 천병만마 령솔ᄒᆞ고 셔슬

잇게 달녀와도 <대매-시평 1910.4.15> ⇒ 나파륜, 나팔륜, 나폴네온, 나폴론

【라포아지】 명 ((인명)) 라부아지에(Lavoisier, Antoine Laurent). 프랑스의 화학자(1743~1794). 근대 화학의 창시자로, 연소(燃燒)의 원리를 발견하고 물의 조성을 밝히었으며 질량 보존의 법칙을 발표하였다. 라부아지에는 물의 성분을 처음으로 밝혀내기도 했다. 외래어.¶ 水아의 成分을 밝힘 라포아지氏 <백과신-송1926 492>

【라호어】 명 ((지리)) 라호르(Lahore). 파키스탄의 북동부, 펀자브 지방의 중심 도시. 인도로 가는 교통의 요지로 상업의 중심지이며, 농산물의 집산지이다. (외래어).¶ 라호어와 베쇠와 델희와 아그라와 곤버와 알라하밧과 팔늬어와 비나리스와 남편에 하이드라밧과 마드라스와 마이소와 셔편에 범베와 바로다와 가온대 져벌브어와 낙부어와 인도아와 과레란 촌이 잇고 사룸의 픔ㅅ수는 션비와 빅셩이오 <사필1889-헐버트 89>

【락켓트】 명 ((기물)) 라켓(racket). (외래어).¶ 손에 락켓트를 든 체조선생은 <염상섭, E선생 1922>

【락크-짠】 명 ((인명)) 존 로크 (Locke John). (외래어).¶ 락크 (짠) (拉克約翰 Locke (John)) <만국통감1912 6>

【락화생-샐렛】 명 ((음식)) 낙화생(落花生-). 땅콩샐러드 (Peanut salad). (외래어).¶ 락화생샐렛 ‖ 락화생(peanut, 복근 것) 3잔 계란 (삶은 것) 3개나 4개 빠나나(banana) 6개 메요네쓰(mayonnaise) 2대슈가락 락화생을 잘 닉이든지 고기 가는 긔계에 너허셔 갈든지 한 후에 알맛게 소곰을 치고 계란을 잘게 닉여셔 셕거셔 몃 졉시에 담고 빠나나를 둘에 쪽의여셔 졉시 겻헤 셕기지 안케 노코 그 우에 메요네쓰를 부어셔 먹을 것 생치(lettuce)나 파스리(parsley)도 음식 밋헤 밧쳐 노코 먹을 수 잇슴 <서요 82> ☞ 나븨샐렛, 락화생샐렛, 련근샐렛, 멜치샐렛, 사과와 호도샐렛, 빠나나샐럿, 앵도샐렛, 양국슈샐렛, 치스샐렛, 피샐렛

【락화생-써터밥】 명 ((음식)) 낙화생(落花生-). 땅콩버터밥(Rice and peanut butter). (외래어).¶ 락화생써터밥 ‖ 흰밥 2잔 락화생 써터(peanut butter) 2대슈가락 우유 ½잔 써터 ½대슈가락 여러 가지를 함긔 셕고 소곰을 맛게 쳐셔 팬에 담아 빗치 누러케 될 때까지 구울 것 <서요 62>

【락화생-써터-싼드위치】 명 ((음식)) 땅콩버터샌드위치 (peanut butter sandwich.). (외래어).¶ 락화생써터싼드위치 ‖ 락화생 써터를 엷게 썬 면보 두 조각 사이에 발을 것 빠나나 1개를 부스러 트리고 락화생 써터를 조곰 셕거셔 엷게 썬 면보 두 조각 사이에 발을 것 건포도 ½잔을 닉여셔 락화생 써터를 셕거 가지고 엷게 썬 면보 두 조각 사이에 발을 것 <서요 282>

【락화생-써터-퍼지】 명 ((음식)) 땅콩버터퍼지(peanut butter fudge). '퍼지'는 초콜렛·버터·밀크·설탕 따위로 만든 무른 설탕. (외래어).¶ 락화생써터퍼지 ‖ 누른 사탕 3잔 우유 ½잔 락화생 써터 ½잔 이 세 가지를 셕거셔 탕 온긔로 240도 되기까지 물에 조곰 써러 트려 보아셔 엉긜 때까지 끄려 가지고 화덕에셔 나려 노코 되게 될 때까지 져어셔 기름 발은 팬에 쏫고 조각금을 내엿다가 굿거든 떼여 먹을 것 <서요 262> ☞ 락화생써터퍼지, 박하퍼지, 보통퍼지, 씌비니틔퍼지, 카라멜퍼지, 케로퍼지

【락화생-엿】 명 ((음식)) 땅콩엿(peanut brittle). (외래어).¶ 락화생엿 ‖ peanut brittle. 사탕 2잔 락화생 (복근 것) 1잔 사탕을 물을 치지 말고 불에 노코 져어셔 녹이고 락화생을 통으로던지 닉이든지 부스러 트리든지 해셔 기름 발은 팬에 펴셔 담고 그 우에 녹인 사탕을 붓고 조곰 굿어 갈 때에 조각 금을 그엇다가 굿은 후에 떼여셔 먹을 것 <서요 268> ☞ 몰나셋스엿, 써터 스캇치엿, 초콜넷엿

【란링】 명 ((지리)) 난링(Nanling)산. 중국 남부에 동서로 걸쳐 있는 산맥. 중국 남부를 보호하여 주기 때문에 기후를 뚜렷이 가르는 분기점이 된다. (외래어).¶ 남에는 란링과 곤륜이란 산이 잇고 [온 텬하에 뎨일 놉흔 산이니 이만 쳑이라] 또 청국히로 드러가는 간텬이란 강과 인도짜흘 지나 인도양에로 드러가는 브라마푸드라ㅣ란 강과 히난이란 셤이 잇고 <사필1889-헐버트 72>

【란쥬】 명 ((지리)) 란저우(Lanzhou). 중국 감숙성(甘肅省)에 있는 도시. 예로부터 비단길 또는 하서 회랑(河西回廊)에서 중요한 지역으로 번성하였다. (외래어).¶ 동편에 샹히와 남경과 항가오와 규강과 부챠오와 에모이와 챵사ㅣ란 큰 촌이 잇고 남편에 홍콩과 간텬과 솨도와 과이링과 과양과 윤난이란 촌이 잇고 셔편에 딩두와 즁깅과 시우츄와 란쥬와 싱안이란 촌이 잇고 [이는 청국 본 짜히라] <사필1889-헐버트 73>

【람보】 명 ((기물)) 램프(lamp). 남포등. 석유를 넣은 그릇의 심지에 불을 붙이고 유리로 만든 등피를 끼운 등. (외래어).¶ 람보 <법한 828>

【람비】 명 ((기물)) 냄비. 나베(鍋, なべ). 음식을 끓이거나 삶는 데 쓰는 용구의 하나. (일본어 차용어).¶ 람비(濫沸, Stow-pan, a sauce-pan, a shallow-pan for cooking.) <한영1890 88>

【람포】 명 ((기물)) 램프(lamp). 석유를 넣은 그릇의 심지에 불을 붙이고 유리로 만든 등피를 끼운 등. 남포등. (외래어).¶ 람포 ‖ 람푸(ラソプ) <조백-일용가구 500> ⇒ 람푸

【람푸】 명 ((기물)) 램프(lamp). 석유를 넣은 그릇의 심지에 불을 붙이고 유리로 만든 등피를 끼운 등. 남포등. (외래어).¶ 람푸 ‖ [洋燈 양등] ① 石油를 쓰는 燈 일홈 ② 英國말로 람푸 <조선-심 54> 람푸 (洋燈) <신한 164> 발치에 노엿던 람푸가 것어치여 휘믄 넘어가며 등피가 웽겅웽겅 께아지고 셕유는 업질너져 <모란병 29> 숀으로 더듬어 셕냥을 찻더니 람푸에 불을 켜놋터라 <두견성 상:3> ⇒ 람포

【랍비】 명 ((종교)) 랍비(rabbi). 유대교의 율법학자를 이

르는 말. 나의 스승, 나의 주인이라는 뜻이다. (외래어).¶ 침침 야삼경시에 예수띄 나아와셔 공순히 ᄒᆞᄂᆞᆫ 말이 랍비여 뭇잡느니 당신의 힝ᄒᆞ신 일 일마다 이격이오 말마다 쳘언이라 쥬띄로 온 쟈 외에 그러ᄒᆞᆫ 이격들을 힝ᄒᆞᆯ 쟈ㅣ 업ᄂᆞ이다 <연경-니고데모가 13>

【랏겟도】 명 ((기물)) 라켓(ラツケツト racket). 테니스, 배드민턴, 탁구 등을 할 때, 공이나 셔틀콕 따위를 치는 채. (외래어).¶ 나도 ᄒᆞ고 십지마ᄂᆞᆫ 거번에 랏겟도를 남의게 빌니고 업스니 오날은 베—스뽈을 치지 아니ᄒᆞ랴나 <일선 227>

【래후트】 명 래프트(left). 왼쪽. (외래어).¶ 래후트 (左) <영어일상통화단어초집 우산> ⇔ 라이트

【량-마흐러】 명 ((복식)) 양마래기(凉-). 담비 따위의 모피로 만든 여름 모자(帽子). '마흐러'는 여진어 mahaila, 만주어 mahala. (여진어, 만주어 차용어).¶ 량마흐러 (凉帽兒) <한청-관모 11:1a>

【러ㅣ멜】 명 ((인명)) 뢰머(Roemer, Olaus). 덴마크의 천문학자(1644~1710). 목성의 위성 식의 시각이 지구·목성의 상호 위치에 따라 진행방식이나 지연방식이 달라지는 데서 유한광속의 값을 설명했다. (외래어).¶ 光의 速度를 測定 러ㅣ멜氏 <백과신-송1926 491>

【런던】 명 ((지리)) 런던(London). 영국 잉글랜드의 템스강 양쪽 기슭에 위치한 항구 도시. (외래어).¶ 이때에 나라 가온딕 온역이 두루 펴져 죽ᄂᆞᆫ 쟈 만흔딕 런던성에 ᄯᅩ 화지를 맛나 삼분의 이나 불살오아지되 <만국통감1912 4, 57> ⇒ 런돈, 론돈

【런돈】 명 ((지리)) 런던(London). 영국 잉글랜드의 템스강 양쪽 기슭에 위치한 항구 도시. (외래어).¶ 「런돈」은 그 殷盛이 읏더하고 「파리」는 그 華麗가 읏더하고 「늬유욕」은 그 宏壯이 읏더하다 함은 우리가 그림으로 눈이 시도록 본 것이 아니오잇가 <소년1908.11.1 73> ⇒ 런던, 론돈

【런돈-셩】 명 ((건축)) 런던성(London城). 영국의 수도에 있는 성. (외래어).¶ ※ 北海를 건너서니 쁘리텐 帝國 뎀쓰江 흘니져어 런돈城으로 <청춘 1914.10.1>

【런듸】 명 ((복식)) 색대자(色帶子). 오색실로 사이를 걸러서 짠 띠. '런([欒$巾], luán)'은 중국어 직접 차용어.¶ 감차할 런듸 일빅 됴 (茶褐([欒$巾]帶)一百條.) <번노하:69a>

【런치】 명 ((음식)) 런치 (lunch). 점심. (외래어).¶ 런치 (晝飯) <영어일상통화단어초집 우산>

【레데란스-국】 명 ((지리)) 화란(和蘭). 네덜란드 (Netherlands). 유럽 북서부에 있는 입헌군주국. 12세기 초에 신성 로마 제국의 봉토로 설립된 나라. 1648년 에 스파냐에서 독립하였다. 북해에 면해 있어 간척지가 많으며 국토의 4분의 1이 해면보다 낮다. (외래어).¶ ᄯᅩ 온 텬하에 나라와 사름을 네 층에 분별ᄒᆞ니 덕국과 블란시국과 오스드리아국과 영길리국과 노웨 쉬덴국과 덴막국과 레데란스국과 벨지암국과 쉿슬란드국과 이다리아국과 합즁국이 뎨 일층이오 <사필1889-헐버트 13> 이는 부국강병으로 분별홈이 아니오 어진 졍ᄉᆞ가 만코 젹음으로 분별이니 그런고로 레데란스국과 벨지암국 ᄀᆞᆺᄒᆞᆫ 젹은 나라ㅣ라도 뎨 일에 참예ᄒᆞᄂᆞ니라 <사필1889-헐버트 14> ⇒ 네데란스, 네데란스국, 네델넌쓰, 네델넌쓰국 ☞ 호르란쏘, 홀란드, 하란국, 화란국

【레몬】 명 ((음식)) 레몬(lemon). 열대 지방의 원산인 사철 푸른 키나무의 한 가지. (외래어).¶ 과실샐렛 ‖ 양우무 1봉 살구물(통에 너흔 것) ½잔 레몬 (물만) 1개 사탕 ½잔 귤과 밋강과 빠나나 (잘게 썬 것) <서요 87>

【레몬-물】 명 ((음식)) 레몬즙(lemon汁). (외래어).¶ 양우무와 배추샐렛 ‖ 우무 1봉 랭슈 ½잔 끌는 물 1½잔 양배추 (잘게 채친 것) 3잔 소곰 1쇼슈가락 사탕 ½잔 레몬물 ¼잔 초 ¼잔 푸른 고초 2개 우무를 랭슈에다가 물게 풀고 끌는 물을 친 후에 식히고 거긔다가 다른 재료를 다 셕거 가지고 모형 그릇에 담아셔 식힌 후에 곱게 뒤집어 가지고 그 우에 메요네쓰를 조곰식 부어셔 먹을 것 <서요 86> 과실샐렛 ‖ 양우무 1봉 살구물(통에 너흔 것) ½잔 레몬 (물만) 1개 사탕 ½잔 귤과 밋강과 빠나나 (잘게 썬 것) 1½잔 우무를 찬 살구 물 ½잔에 풀고 ᄯᅩ 남은 살구물을 끌여셔 거긔다 붓고 레몬물과 사탕을 셕고 무슨 모형 그릇에 쏫아셔 찬물에 채여셔 조곰 엉긔거든 과실을 셕고 단단히 엉긘 후에 생치 닙사귀에 쏫아셔 져은 크림이나 메요네쓰를 조곰식 그 우에 부어셔 먹을 것 <서요 87> 일본 물엿에 레몬 누른 썹질 강판에 간 것과 레몬물을 셕그면 싼드위치의 조흔 소가 됨 일본 물엿과 낙화생 빠터를 ½잔식 셕그면 먹기 조흔 캔듸가 됨 계란 2개의 흰자위를 잘 젓고 일본 물엿 ½잔을 쏫을 수 잇슬 만콤 데여 가지고 져은 흰자위를 조곰식 조곰식 셕고 레몬 약념이나 피닐나를 조곰 셕든지 초콜넷 1금을 녹여셔 셕든지 해셔 아이쓰크림 우에 부어 먹을 것 <서요 289>

【레몬-아이쓰크림】 명 ((음식)) 레몬아이스크림(lemon icecream). (외래어).¶ 레몬아이쓰크림 ‖ 레몬 2개 물 5잔 사탕 2잔 계란 (흰자위) 4개 사탕과 물을 ½시간 가량 쯔려 가지고 레몬 물과 잘 져은 계란 흰자위를 친 후에 통에 담아 얼닐 것 <서요 130> ☞ 모과슈아이쓰크림, 초콜넷아이쓰크림, 카라멜아이쓰크림

【레몬-즙】 명 ((음식)) 레몬즙(lemonade mixture).¶ 레몬즙 ‖ 사탕 4잔 레몬 (물만) 1½잔 레몬 (누른 썹질만 간 것) 3개 물 6잔 물과 사탕과 썹질 간 것을 10분 동안 끌이고 더울 적에 레몬 물을 셕거 가지고 잠간 끌여셔 병에 담고 잘 막아 두엇다가 쓸 때마다 찬물을 각기 마음대로 알맛치 셕거셔 마실 것 <서요 231>

【레몬-필닝】 명 ((음식)) 레몬필링(lemon filling). 필링 (filling)은 요리에서 새드위치 따위의 소. (외래어).¶ 레몬필닝 ‖ 사탕 1잔 밀가루 2½쇼슈가락 계란 1개 빠터 1쇼슈가락 레몬 (물만) 2개 레몬 (누른 썹질 간 것만) 1개 이 재료들을 차례차례 하나식 셕거셔 화덕에 노코 좃다가

끌커든 식혀 가지고 사탕떡 사이에 발을 것 <서요 179> ☞ 귤필닝, 크림필닝

【레온】 명 ((지리)) 레온(Leon). 멕시코 중부에 있는 도시. 높이 1,844미터의 고원에 있다. (외래어).¶ 또 동편에 베라그루스와 담피고와 마다모라스와 남편에 아가벌고와 서편에 과다라하라와 기이마스와 북편에 바소델닛과 지화화와 만테레와 ᄒᆞᆫ가온대 보아브라와 레온이란 촌이 잇고 사ᄅᆞᆷ의 픔ᄉᆞ수는 평등이오 <사필1889-헐버트 112>

【레이스】 명 ((복식)) 레이스(lace). 서양식 수예 편물의 하나. 무명실이나 명주실 따위를 코바늘로 떠서 여러 가지 구멍 뚫린 무늬를 만든다. 주로 옷의 장식이나 책상보, 꽃병 받침 따위를 만드는 데 쓴다. (외래어).¶ 또 가쥭 다ᄅᆞ기와 레이스 ᄯᅳ기를 잘 ᄒᆞ며 거믜줄 ᄀᆞᆺᄒᆞᆫ 실노 자 ᄶᅳᆫ 거시니 ᄭᅩᆺ흘 문 놋코 ᄆᆡ우 귀ᄒᆞᆫ 비단이라 <사필1889-헐버트 30>

【렉】 명 ((지리)) 레히강(Lech river). (외래어).¶ 렉 (利其 Lech) <만국통감1912 4, 6> ⇒ 렉강

【렉-강】 명 ((지리)) 레히강(Lech river). 오스트리아와 독일에 걸쳐 흐르는 길이 264km의 강으로 도나우(Donau) 강의 지류. 도나우 강의 오른편에서 합류하는 강으로 오스트리아와 독일에 걸쳐 흐른다. (외래어).¶ 다음 히 가을에 틸니가 렉강 변 누름썩셩 안 요해쳐에 평안히 영을 쳣더니 <만국통감1912 4, 49> ⇒ 렉

【렉싱튼】 명 ((지리)) 렉싱턴(Lexington). (외래어).¶ 렉싱튼 (勒星炭 Lexington) <만국통감1912 4, 6>

【렌첸】 명 ((인명)) 뢴트겐(Rontgen, Wilhelm Konrad). 독일의 실험 물리학자(1845~1923). 크룩스관으로 음극선을 연구하다가 미지의 방사선을 발견하여 이를 엑스선(X線)이라 명명하였다. 외래어.¶ 엑쓰線 렌첸氏 <백과신-송1926 492>

【렛텔】 명 레터(letter). 편지. (외래어).¶ 렛텔을 드려다보다가 <염상섭, 금반지1924 157>

【련근-그로켓】 명 ((음식)) 연근그로켓(蓮根-, Lotus root croquette).¶ 련근그로켓 ‖ 련근(lotus root)을 잘 씨서 갈아 가지고 물을 쌘 후에 소곰과 밀가루 조곰과 뻬킹 파우더(baking powder) 1쇼슈가락을 석거서 계란대소만콤 동글게 빗고 계란을 져어서 뭇치고 그 다음에 면보 부스러이를 뭇쳐서 끌는 기름 속에 너허 지질 것 <서요 63>

【련근-샐렛】 ((음식)) 연근 샐러드(蓮根-, Lotus root salad). (외래어).¶ 련근샐렛 ‖ 련근을 삶아 가지고 얇게 써러 기름 쓰레싱으로 약념을 하야 먹으대 양미나리를 너흐면 더 조흠 <서요 92> ☞ 나븨샐렛, 락화생샐렛, 멜치샐렛, 사과와 호도샐렛, 빠나나샐럿, 앵도샐렛, 양국슈샐렛, 치스샐렛, 피샐렛

【련근-수풀네】 명 ((음식)) 연근수플레(蓮根-, Lotus root souffle). 수플레는 달걀흰자를 거품을 낸 것에 그 밖의 재료를 섞어서 부풀려 오븐에 구워낸 요리 또는 과자.¶ 련근수풀네 ‖ 뻐터 3대슈가락 밀가루 6대슈가락 우유 2잔 계란 4개 련근(lotus root) 얼마 잘 삶은 련근을 고기 가는 긔계에 잘 갈아서 1½잔과 소곰 조곰과 호쵸가루 조곰을 석고 또 뻐터를 녹이고 밀가루를 조곰식 너허서 잘 져은 후에 우유를 붓고 져어서 특특하게 되거든 그 때에 련근을 너코 잘 져어서 화덕에서 나려 노코 계란 흰자위와 노른자위를 각각 잘 져어서 두엇다가 노른자위를 몬져 너코 져은 후 흰자위를 너코 화덕 속에 너허서 ½시 동안 구을 것 <서요 66> ☞ 시금치수풀네, 옥슈슈가루수풀네, 옥슈슈수풀네

【련미사】 명 ((천주)) 연미사(煉missa). 위령미사(慰靈彌撒) 연옥(煉獄)에 있는 이를 위하여 하는 미사. (외래어).¶ 련미사 <법한 917, 949> ☞ 싱미사

【레바논】 명 ((지리)) 레바논(Lebanon). 아시아 서부 지중해에 면한 공화국. 레바논 산맥을 중심으로 한 산악 지대로 1944년에 프랑스의 위임 통치령에서 독립하였음. 수도는 베이루트. (외래어).¶ 레바논에 白楊木은 그 무엇시 所願인가 <기독신보 1916.11.29>

【로】 명 ((복식)) 나(羅). 비단의 일종. '로(羅, luó)'는 중국어 직접 차용어.¶ 로 라 (羅) <신합 상:25b> ▼羅 ‖ 고ᄌᆞ로 ᄧᆞᆫ 로란 나비롤 封ᄒᆞ고 祥瑞ᄅᆞ윈 錦으란 麒麟올 보내ᄉᆞᆸᄂᆞ다 (花羅封蛺蝶, 瑞錦送麒麟.) <두시-초 14:28a> 文中子의 오시 검박호ᄃᆡ ᄲᅧ 조출케 ᄒᆞ고 너믄 거시 업더니 깁과 로와 금의와 슈치를 집의 드리디 아니ᄒᆞ야 (文中子之服儉以絜, 無長物焉. 綺羅錦繡不入于室.) <소언 6:125b> 이런 비단과 사와 로왜 다 잇ᄂᆞ녀 (這們的紵絲和紗羅都有麼?) <번노 하:25a> 이 비단과 고로와 깁과 사와 로돌햇 것돌ᄒᆞᆯ 네 다 보와니 네 졍히 므슴 비단 ᄒᆞ고져 ᄒᆞᄂᆞ다 (這段疋綾絹紗羅等項, 你都看了, 你端的要買甚麽段子?) <번노 하:26b> 옷 니블 딘댄 ᄉᆞ졀 조초 옷 니보ᄃᆡ 날마다 ᄒᆞᆫ 볼 밧고 ᄒᆞᆫ 볼 ᄀᆞ라 닙ᄂᆞ니 보믹ᄂᆞᆫ 됴ᄒᆞᆫ 야쳥 로 이삭 뎌녕에 힌 로 큰 더그레예 푼 류쳥 로 ᄀᆞᄂᆞᆫ 주룸 텰릭이오 (穿衣服時, 按四時穿衣服, 每日脫套換套. 春間好青羅衣[曳]撒、白羅大搭胡、柳綠羅細摺兒.) <번노 하50a> 야쳥비체 ᄉᆞ화문 슈질ᄒᆞ고 금 드려 ᄧᆞᆫ 로 더그레 (鴉青綉四花織金羅搭護.) <번박 상:27a> 이 비단과 고로와 깁과 사와 로돌햇 것돌ᄒᆞᆯ 네 다 보와니 네 졍히 므슴 비단 ᄒᆞ고져 ᄒᆞᄂᆞ다 (這段疋綾絹紗羅等項, 你都看了, 你端的要買甚麽段子?) <번노 하:26b> 이 비단과 綾과 깁과 사과 로들헷 써슬 네 다 보왓ᄂᆞ니 네 졍히 므슴 비단을 사고져 ᄒᆞᄂᆞ다 (這段疋綾絹紗羅等項, 你都看了, 你端的要買甚麽段子?) <노언 하:24a> ※ 羅 ‖ 鴉青빗치 四花를 繡노코 織金ᄒᆞᆫ 羅 더그레오 (鴉青綉四花織金羅搭護.) <박언 상:25b> 이 비단과 綾과 깁과 사과 로들헷 써슬 네 다 보왓ᄂᆞ니 네 졍히 므슴 비단을 사고져 ᄒᆞᄂᆞ다 (這段疋綾絹紗羅等項, 你都看了, 你端的要買甚麽段子?) <노언 하:24a> ⇒ 노

【로고】 명 ((기물)) 나과(鑼鍋). 노구. 노구솥. '로고(鑼鍋, luóguō)'는 중국어 직접 차용어.¶ 로고 (鑼鍋) <박언

중:11b>

【로던】 명 Rawdon (외래어).¶ 로던 (拉敦 Rawdon) <만국통감1912 6>

【로드】[1] 명 Laud (외래어).¶ 로드 (老德 Laud) <만국통감1912 4, 6>

【로－드】[2] 명 ((지리)) 로드 (road). 길. 도로. (외래어).¶ 로－드 (길) <영어일상통화단어초집 우산>

【로든】 명 Laudon (외래어).¶ 로든 (老單 Laudon) <만국통감1912 4, 6>

【로마】 명 ((지리)) 로마(Roma). 이탈리아 반도의 중서부에 있는 도시. (외래어).¶ 긔휘와 병오 량년간 치명쟈들의 힝적을 사실ᄒᆞ야 교화황끠 밧쳣ᄂᆞᆫᄃᆡ 로마 례부에셔 이 처음 사실을 샹고ᄒᆞ시고 지ᄎᆞ 사실을 임의 식이셧신즉 이 사실된 팔십이 명 치명쟈들이 셩인 픔에 오ᄅᆞ지ᄂᆞᆫ 아니ᄒᆞ엿시나 <기해-범례 3a>

【로마교】 명 ((천주)) 로마 카톨릭(Roma Catholic). 로마 교황을 정점으로 하는 그리스도교를 말한다. 그리스도 교회에서는 그리스 정교, 신교와 구별하여 사용된다. (외래어).¶ 무릇 로마교를 밧드ᄂᆞᆫ 나라에셔 만일 능히 새 싸흘 엇으면 이 싸흔 곳 그 관리에 돌니게 홈이라 <만국통감1912 4, 3>

【로마-국】 명 ((지리)) 로마국(Roma國). 로마제국. 기원전 7세기에 이탈리아 반도 중부의 티베르강 유역에 라틴인이 세운 서양 고대의 최대 제국. 고대 도시 국가에서 출발하여 왕정, 공화정, 제1,2차 삼두정치를 거치다가 기원전 27년 아우구스투스가 통일하여 제정을 실시하고, 오현제 시대에 최대 판도를 이루었다. (외래어).¶ 유대왕은 헤롯이오 수리아 감독 구레뇨라 가이사아구스도 텬하에 령을 ᄂᆞ려 너디 외디 물론ᄒᆞ고 각기 본향 본셩에 가 긔한 젼에 호적ᄒᆞ라 로마국 세 대진ᄒᆞ니 뉘 령이라 거역ᄒᆞ며 뉘 분부라 막을손가 <연경-셩탄가 2>

【로맨쓰】 명 로맨스(romance). (외래어).¶ 저번에 로맨쓰처럼 <염상섭, 검사국 대합실1925 9>

【로보오트】 명 로봇(robot). (외래어).¶ 교내에 있어서는 당원인 교무주임이 대변자인 로보오트적 존재다 <염상섭, 이합1948 142>

【로새】 명 ((동물)) 노새. 말과의 포유동물. 암말과 수나귀 사이에서 난 잡종으로 크기는 말만 하나, 머리 모양과 귀, 꼬리, 울음소리는 나귀를 닮았다. 몸이 튼튼하고 힘이 세어 무거운 짐을 나를 수 있고 생식력이 없다. '로새(lausa)'는 중세몽고어 차용어.¶ 로새 라 (騾) <신합 상:13b> <천자-석 38b, 천자-칠 29a> 騾 ‖ 라, 俗言騾子, 轉云로새. 盖以騾之華音로, 故也. 大于驢而健于馬, 其力在腰, 其後有鎖骨不能開, 故不孳乳. 其類有五, 牡驢交馬而生曰騾, 牡馬交驢而生曰駃騠, 牡驢交牛而生曰[馬+乇][馬+百], 牡牛交驢而生曰[馬+啇][馬+蒙], 牡牛交馬而生曰駏驉. 牡騾曰叫騾, 牝騾曰騾騾. <명물-주수 4:32a> 로새 (騾, Mule.) <한영1890 97> 쇠 로새롤 티오ᄂᆞ니 <월석 21:81> ⇒ 노새, 노쇄, 노시

【로서아】 명 ((지리)) 노서아(露西亞). 러시아(Russia). (외래어).¶ 로서아 석유와 <염상섭, 무현금(제1회)1934 94> 로서아 병정은 <염상섭, 해방의 아들1951 10> ⇒ 로시야, 루시아, 뤼시아, 릐시아 ☞ 노국, 아국, 아라사, 아라사국, 아라샤, 아라ᄉᆞ, 아라ᄉᆞ국

【로스키이】 명 ((인류)) 로스케(Ruskii). 러시아 사람을 낮잡아 이르는 말. (외래어).¶ 로스키이한테 업혀갈까봐 겁이 나슈? <염상섭, 해방의 아들1951 8>

【로시야】 명 ((지리)) 러시아(Russia). 유럽 대륙의 동부에서 시베리아에 걸쳐 있는 나라. (외래어).¶ 로시야 (俄羅斯) <환중대구장상육주 19후반> ⇒ 로서아, 루시아, 뤼시아, 릐시아 ☞ 노국, 아국, 아라사, 아라사국, 아라샤, 아라ᄉᆞ, 아라ᄉᆞ국

【로ᄉᆞ】 명 ((인류)) 노사(老師). 스승. 선생. (중국어 간접 차용어).¶ 老師 ‖ 보옥이 화상을 잡고 말ᄒᆞᄃᆡ 내 긔역ᄒᆞ니 네가 나룰 다리고 여긔 니ᄅᆞ러 ……도져히 이 ᄭᅮᆷ인지 이 진적ᄒᆞᆫ지 바라건ᄃᆡ 로ᄉᆞᄂᆞᆫ 명빅히 지ᄉᆞᄒᆞ라 (寶玉拉着和尙說道: "我記得是你領我到這裏, ……到底是夢是眞, 望老師明白指示.") <홍루 116:51> ⇒ 노ᄉᆞ

【로안다】 명 ((지리)) 루안다(Luanda). 아프리카 남서부에 있는 앙골라의 항구 도시. 대서양에 면한 무역항으로, 16세기경부터 노예 무역의 중심지였다. 앙골라의 수도. (외래어).¶ 또 나마과 읍너는 일홈이 뻬다니엔이니 다덕국 쇽방이오 앙골나 읍너는 일홈이 로안다ㅣ오 <사필1889-헐버트 148>

【로오마】 명 ((지리)) 로마(Rome). 라티움 평원에 정착한 라틴인들이 팔라티스 언덕을 중심으로 건설한 도시국가. (외래어).¶ 한번 쌔릿텐을 해내려 하난 뜻을 세운 와싱톤의 이룬 功은 얼마나 되며 로오마의 驕慢한 쏠을 懲戒하고 痛憤한 마음을 씨스랴 하야 <소년-소연시언 1908.11.1 8> 앗시리아 쯔레시아 로오마 카아데이지 너의들이 다 무엇이냐 <소년 1910.6.15>

【로위】 명 ((지리)) 노위(瑙威). 노르웨이(Norway). 스칸디나비아 반도 서부에 있는 입헌 군주국. 1905년에 스웨덴에서 독립한 국가로, 국토가 남북으로 길게 뻗어 있고 대부분 높이 1,000~2,000미터의 고원을 이루고 있다. (중국어 간접 차용어).¶ 로위(瑙威) <이언> ☞ 노위이, 노웨, 노웨국, 노웨이, 노위국

【로은쌕】 명 ((지리)) 로은버그(Lauenburg). (외래어).¶ 로은쌕 (老恩布革 Lauenburg) <만국통감1912 6>

【로이도-돗보기】 명 ((기물)) 로이드 안경. 둥글고 굴ㄱ은 샐룰로이드테의 안경. 미국의 희극배우 로이드가 쓰고 영화에 출연한 데서 유래하였다. (외래어).¶ 그 코에 모두 학실을 쎴다 /돌체돗보기다 대모체돗보기다 로이도돗보기다 <백석, 석양>

【론-강】 명 ((지리)) 론강(Rhone江). 프랑스 남동부에 있는 강. 알프스의 론 빙하에서 시작하여 레만 호를 거쳐 지중해로 흘러 들어간다. (외래어).¶ 론강 (羅尼 Rhode (River)) <만국통감1912 6> 프란스 대쟝이 벽을

굿게 ᄒᆞ고 들을 묽게 ᄒᆞᄂᆞᆫ 계교를 베프러 알스산브터 곳 론강ᄭᆞ지 니르도록 집과 량초를 다 불살오매 <만국통감1912 4, 23>

【론돈】 명 ((지리)) 런던(倫敦, London). 영국 잉글랜드의 템스강 양쪽 기슭에 위치한 항구 도시. 영국(英國, U.K.)의 수도. (외래어).¶ 론돈(倫頓) ‖ 英國의 首府라 <신문-상식 74> 론돈 <조백-지리1915 551> 둥근 탑이 하날에 다을 뜻이 놉흔ᄃᆡ 가량 ᄉᆞ뵉 수십 쳑은 되겟고 밧그로ᄂᆞᆫ 오ᄉᆡᆨ이 휘황ᄒᆞ게 칠ᄒᆞ얏고 그 속에ᄂᆞᆫ 창벽과 좌셕을 졍졔ᄒᆞ게 비포ᄒᆞᆫ 중 쥬옥과 금수로 ᄭᅮ미어 더 ᄒᆞᆯ 수 업시 사치시러온 고로 영국 론돈에 뎨일 되ᄂᆞᆫ 손덕비시ᄉᆞ(巽德排斯寺)의 건축보다도 지난다 ᄒᆞ더라 <옥연 27> 인민이 만일 나를 추천ᄒᆞ면 나ᄂᆞᆫ 결단코 응종ᄒᆞᆯ 수 업노라 너 일즉 영국 론돈에 가ᄃᆡ를 구치ᄒᆞ엿스니 쟝찻 그곳으로 물너가 연년을 보너려 ᄒᆞᆫ다 <원실 103> ᄯᅥ나신 후 청국 션인편에 편지 밧ᄉᆞ옵고 ᄯᅩᄒᆞᆫ 론돈셔 붓친 슌의ᄒᆞᆫ테 온 엽셔 밧아 그ᄭᆞ지ᄂᆞᆫ 알엇ᄉᆞ오나 그후로ᄂᆞᆫ 아모 말도 듯지 못ᄒᆞ오니 심히 궁금ᄒᆞ옵ᄂᆞ이다 <김필순 ↓안창호1912> ▼倫敦 ‖ 당시 영국 론돈셔 힘지죠를 흥업ᄒᆞ고 잇든 셰계 졔일 ᄃᆡ력ᄉᆞ 산타의 일은 졔군들 가온ᄃᆡ에 임의 아실 량반도 계시겟습니다 마ᄂᆞᆫ 지금 산타에 ᄃᆡᄒᆞ여 가쟝 유명ᄒᆞᆫ 이약이를 엿줍겟소 <일선 296> ⇒ 런던, 런돈

【롤스】 명 ((음식)) 롤스(rolls). (외래어).¶ 계피 롤스 ‖ 롤스 법대로 반죽한 것을 가루 뿌린 판 우에 ¼인치 둣게로 밀고 그 우에 녹인 기름을 약간 발으고 셜당 1대슈가락과 계피가루 ½쇼슈가락 가량을 셕거셔 뿌린 후에 건포도를 너흐려면 그 우에 듬셩듬셩 뿌리고 둘둘 말아서 1인치 기리로 잘나셔 기름 발은 팬에 듬셩듬셩 니르켜 세우고 갑졀이나 부푸러 오르거든 롤스 법대로 구을 것 <서요 216>

【롬】 명 ((지리)) 로마(Roma). 이탈리아 반도의 중서부에 있는 도시. 테베레 강 하류에 면한 일곱 개의 언덕을 중심으로 건설되었으며, 중세기부터 로마 교황청이 자리 잡은 곳이다. 이탈리아의 수도. (외래어).¶ 도셩을 의론컨대 일홈이 롬이니 타이버 강ㅅ ᄀᆞ히요 온 하텬에 뎨일 유명ᄒᆞᆫ 셔울이니라 <사필1889-헐버트 51>

【롯-아일넌드】 명 ((지리)) 로드 아일랜드(Rhode Island). (외래어).¶ 롯아일넌드 (羅德哀蘭 Rhode Island) <만국통감1912 6>

【롹잉함】 명 로킹햄(Rockingham). (외래어).¶ 롹잉함 (拉淸漢 Rockingham) <만국통감1912 7>

【롸져웰럼스】 명 ((인명)) 로저 윌리암스 (Roger Williams). (외래어).¶ 롸져웰럼스 (偉聯拉基耳 Roger Williams) <만국통감1912 4, 7>

【루규】 명 ((지리)) 류큐(Ryukyu, 琉毬)제도. 일본 난세이제도(南西諸島) 가운데 오키나와 현(沖繩縣)에 속하는 섬의 무리. (외래어).¶ 나라 ᄒᆞᆫ가온대 ᄲᅦ와ㅣ란 큰 못시 잇고 장이 ᄇᆡᆨ 리라 ᄯᅩ 루규ㅣ란 여러 셤이 련ᄒᆞ야 잇고 동셔북에 다 격은 셤들이 만흐며 <사필1889-헐버트 78>

【루긔슬】 명 ((지리)) 뉴캐슬(New Castle). 오스트레일리아의 뉴사우스웨일스 주에 있는 항구 도시. 주변에 석탄 산지가 있는 중공업 도시로 오스트레일리아 최대의 석탄 수출항이다. (외래어).¶ 남편에 아여와 더렌스ㅣ란 못시 잇고 멜번과 익들네드ㅣ란 포구가 잇고 릐스벤과 루긔슬과 싯네란 포구가 잇고 셔편에 버드ㅣ란 포구가 잇고 <사필1889-헐버트 154>

【루달프】 명 ((인명)) 루돌프. 루돌프 2세(Rudolph II). 신성로마 황제(재위 1576~1612). 구교 장려책을 써서 헝가리와 기타 영토의 반란을 초래하였고 아우 마티아스가 통치를 대행하였다. (외래어).¶ 루달프 (덕국) 入大勒弗 Rudolf (Germ.) <만국통감1912 6> 믹시밀니안의 아들 루달프가 위에 잇서셔ᄂᆞᆫ 셩경이 비루ᄒᆞ고 국경을 게으르고 오직 젼심으로 고젹만 차즈며 텬문과 단청ᄒᆞᄂᆞᆫ 일만 힘쓰니 <만국통감1912 4, 45>

【루ㅡㅁ】 명 ((주거)) 룸 (loom). 방. (외래어).¶ 루ㅡㅁ(室內) <영어일상통화단어초집 우산>

【루마니아-국】 명 ((지리)) 루마니아(Rumania). 유럽 발칸반도 동북부에 있는 공화국. 1877년에 터키에서 독립하여, 왕국과 인민공화국을 거쳐 1965년 사회주의 공화국이 되었으나 1989년에 공산 정권이 붕괴되었다. (외래어).¶ 이스바니아국과 포츄갈국과 쉿슬란드국과 이달리아국과 오스드리아 헝거리국과 루마니아국과 셰비아국과 만트늬그로국과 터키국과 ᄭᅳ리스국이니 나라가 강ᄒᆞ고 군ᄉᆞ가 졍ᄒᆞ며 지믈이 만코 지조가 긔이ᄒᆞ며 학업에 졍밀ᄒᆞ고 도학에 젼일ᄒᆞ며 졍ᄉᆞᄂᆞᆫ 도모지 ᄇᆡᆨ셩의 뜻을 ᄯᆞᄅᆞ며 <사필1889-헐버트 13> 디경을 의론컨대 북은 덕국과 아라사국이오 동은 루마니아국과 셔비아국과 ᄯᅩ 아라사국이오 남은 에드리아틱 하슈와 ᄯᅩ 루마니아국과 셔비아국이오 셔는 쉿스란드국이며 <사필1889-헐버트 54>

【루바쉬카】 명 ((복식)) 러시아풍의 남성 의상. 품이 넉넉하고 옷깃을 세워 왼쪽 앞가슴에 단추로 여미도록 되어 있으며 허리를 끈으로 둘러매는 겉옷.¶ 이놈은 루바쉬카 /또 한 놈은 보헤미안 넥타이 /뻣적 마른 놈이 압장을 섰다 <정지용, 카예·쯔란스>

【루불】 명 ((화폐)) 루블(Ruble). 러시아의 화폐 단위. (외래어).¶ 露西亞 루불(Ruble)留=百哥 코펙(Copeck) <백과신-송1926 493>

【루사휘트】 명 ((인명)) 러더퍼드(Rutherford, Daniel). 영국의 의사·식물학자·화학자(1749~1819). 질소를 발견하였고, 최고·최저 온도계의 고안과 공기 펌프의 개량에도 공헌하였다. 외래어.¶ 窒素 루사휘트氏 <백과신-송1926 492>

【루쇼】 명 ((인명)) 루소(Rousseau). 프랑스의 작가·사상가(1712~1778). 이성보다는 감성을 중요시하는 낭만주의의 기초를 마련하였으며 인위적인 문명사회의 타락을

비판하고 자연으로 돌아갈 것을 역설하였다. (외래어).¶ 루쇼 拉梭 Rousseau <만국통감1912 6>

【루시아】 명 ((지리)) 러시아(Russia). 유럽 대륙의 동부에서 시베리아에 걸쳐 있는 나라. (외래어).¶ 한반도 대민족 영광 돌니고 루시아 김흔 은공 갑흐리라 <신민1917.9.13> ⇒ 로서아, 로시야, 뤄시아, 뤼시아 ☞ 노국, 아국, 아라사, 아라사국, 아라샤, 아라ᄉᆞ, 아라ᄉᆞ국

【루이】 명 ((인명)) 루이(Louis). (외래어).¶ 루이 열셋재 魯伊第十三 Louis XIII <만국통감1912 6> 루이 열넷재 魯伊第十四 Louis XIV <만국통감1912 6>

【루터】 명 ((인명)) 루터(Luther). 독일의 종교 개혁자, 신학 교수(1483~1546). 1517년에 로마 교황청이 면죄부를 마구 파는 데에 분격하여 이에 대한 항의서 95개조를 발표하여 파문을 당하였으나 이에 굴복하지 않고 종교 개혁의 계기를 마련하였다. (외래어).¶ 루터 魯特 Luther <만국통감1912 6> 셩경의 참 리치는 붉지 못ᄒᆞ며 ᄯᅩᄒᆞᆫ 간음ᄒᆞ고 더러온 일이 잇ᄂᆞᆫ딕 이ᄯᅢ에 덕국에 ᄒᆞᆫ 영년이 잇스니 일홈은 루터라 <만국통감1912 4, 13>

【루피】 명의 ((화폐)) 루피(Rupee). 인도, 파키스탄, 스리랑카, 네팔 따위의 화폐 단위. 외래어.¶ 루피(Rupee)流=十六安 안나(Anna)安 <백과신-송1926 493>

【룩삼쁘르흐】 명 ((지리)) 룩셈부르크(luxembourg). 룩셈부르크의 수도. (외래어).¶ 룩삼쁘르흐 公園 맑은 샘 곁혜 우둑우둑 선 것은 偉人의 彫像 <청춘 1914.10.1>

【뤄시아】 명 ((지리)) 러시아(Russia). 유럽 대륙의 동부에서 시베리아에 걸쳐 있는 나라. (외래어).¶ 뤄시아 (俄羅斯) <태서신사> ⇒ 아라사, 아라사국, 아라샤, 아라ᄉᆞ, 아라ᄉᆞ국 ☞ 로시야, 루시아, 뤼시아, 노국

【뤳쌩크】 명 Red Bank (외래어).¶ 뤳쌩크 (紅坡 Red Bank) <만국통감1912 4, 7>

【뤳츨누】 명 ((인명)) 리슐리외(Richelieu). 국왕과 모후와의 불화를 조정하여 추기경이 되고, 이어서 수석 고문관, 사실상의 재상이 되었다. (외래어).¶ 뤳츨누 (利西魯 Richelieu) <만국통감1912 4, 7> 후에 뤳츨누가 지샹이 되여ᄂᆞᆫ딕 크게 지능이 잇스나 문득 왕의 깃븜을 엇지 못ᄒᆞ고 <만국통감1912 4, 61>

【류곤】 명 ((지리)) 유콘(Yukon)강. 북아메리카 대륙의 북서부를 흐르는 강. 로키산맥 북부에서 시작하여 알래스카를 가로질러 베링 해(Bering 海)로 흘러든다. (외래어).¶ 디형은 남편에 셴트일나야스ㅣ란 미우 놉흔 화산과 ᄯᅩ 화산이 열히 잇고 ᄒᆞᆫ가온대 류곤이란 강이 비링하슈로 드러가고 ᄯᅩ 만흔 셤이 잇고 셔편에 알루쉬안이란 여러 셤이 련ᄒᆞ고 <사필1889-헐버트 110>

【류-와스딍】 명 ((인명)) 류(柳-) 세례명. (외래어).¶ 류와스딍은 경셩 디디로 벼술ᄒᆞᄂᆞᆫ 중인이오 번렬ᄒᆞᆫ 집이라 <기해-류와스딍 45b>

【류텐】 명 Leuthen (외래어).¶ 류텐 (流呑 Leuthen) <만국통감1912 6>

【룩샤크】 명 ((기물)) 룩색(rucksack). 짊어지는 가방. (외래어).¶ 다시 질머지는 룩샤크가 웨 이리 무거운지 <염상섭, 이합1948 147>

【륜돈】 명 ((지리)) 윤돈(倫敦 Lúndùn). 런던(London). 영국의 수도. (중국어 간접 차용어).¶ 이 연셜을 당시에 각 회원이 모도 찬셩ᄒᆞ고 ᄯᅩ 륜돈 의학 협회에셔 이 말를 듯고 셰계 인류와 의학 ᄉᆞ회에 딕단히 유죠ᄒᆞ다 ᄒᆞ야 포장을 엇던노라 <철세계 10> 이튼날 식벽에 야나부에셔 륜돈으로 가ᄂᆞᆫ 급힝화거를 타고 바로 가본의 집을 차자 가더라 <철세계 14> ⇒ 윤돈

【릐나】 명 ((지리)) 레나(Lena)강. 러시아 시베리아 동부를 흐르는 강. 바이칼 호 서쪽 연안의 바이칼 산지에서 시작하여 북극해로 흘러 들어간다. (외래어).¶ 디형을 의론컨대 동남은 스단오보이와 야블로노이와 알타이와 텬이란 산이 잇고 ᄯᅩ 들이며 오비와 예네세이와 릐나ㅣ란 강은 [륙칠천 리ᄉᆞ식 되ᄂᆞᆫ 강] 남에셔 북하슈로 드러가고 <사필1889-헐버트 69>

【릐마】 명 ((지리)) 리마(Lima). 페루에 있는 도시. 태평양 연안에 가까운 고원에 있으며, 섬유·식품 따위의 공업이 발달하였다. (외래어).¶ 도셩을 의론컨대 일홈이 릐마ㅣ니 나라ᄉ 셔편이오 ᄯᅩ 바스고와 드루힐료와 갈나오와 남편에 거시고와 아리귀바ㅣ란 촌이 잇고 사름의 픔ᄉ수ᄂᆞᆫ 평등이오 <사필1889-헐버트 128>

【릐스번】 명 ((지리)) 리스본(Lisbon). 포르투갈에 있는 항구 도시. 대서양에 면하여 있으며, 섬유·제지·제유·담배 따위의 공업이 활발하다. 포르투갈의 수도이다. (외래어).¶ 도셩을 의론컨대 일홈이 릐스번이니 데거스강ᄉ 근처ㅣ오 ᄯᅩ 오포도ㅣ란 큰 촌이 잇스니 술을 만히 미매ᄒᆞᄂᆞᆫ 곳이며 <사필1889-헐버트 46> 예수 후일쳔 ᄉᆞ빅 삼십 륙 년에 골놈보스가 졔노아셩에 나셔 장셩ᄒᆞᆯ ᄯᅢ에 포두갈국도 셩 릐스번셩에 이거ᄒᆞ야 <만국통감1912 4, 2> ⇒ 리스번

【림보보】 명 ((지리)) 림포포(Limpopo)강. 남동아프리카에 있는 강. 남아프리카 공화국과 보츠와나의 경계를 따라 흐르다가, 모잠비크를 거쳐 인도양으로 흘러 들어간다. (외래어).¶ 북편에ᄂᆞᆫ 일만 이천 리 되ᄂᆞᆫ 나일이란 강이 디중히로 드러가고 [온 텬하에 세재 큰 강이라] 동편에 심비시란 오천 리 되ᄂᆞᆫ 강과 림보보ㅣ란 이천 리 되ᄂᆞᆫ 강이 인도양에로 통ᄒᆞ고 <사필1889-헐버트 140>

【리닛쓰】 명 Liegnitz (외래어).¶ 리닛쓰 (利革尼斯 Liegnitz) <만국통감1912 4, 6>

【리돌】 명의 ((도량)) 리터(liter). 미터법에 의한 부피의 단위. 액체, 기체, 곡물 따위의 부피를 잴 때 쓴다. $1m^3$의 1.000분의 1로 규정하여 사용하고 있다. 기호는 L, 또는 lit. (외래어).¶ 리돌 <조백-용량1915 562> ☞ 기로리돌, 미리리돌, 센지리돌

【리레】 명 릴레이(relay). 계주(繼走). 이어달리기. (외래어).¶ 리레 (替換跑) <자통-오락 459>

【리-미리아】 명 ❶ ((인명)) 리마리아(李Maria). 남다미앙의 아내. (외래어).¶ 남다미앙의 안히, 다미앙 일긔에

잇다 <기해-41a> 그 안희 리마리아ᄂᆞᆫ 본셩이 춍명강의ᄒᆞ더라 집에 공소ᄅᆞᆯ 예비ᄒᆞ야 쥬교 탁덕이 죵죵 림ᄒᆞ시면 경셩으로 복ᄉᆞᄒᆞ고 교우들을 훈회ᄒᆞ야 타당이 셩ᄉᆞᄅᆞᆯ 판비케 ᄒᆞ고 표양이 단졍ᄒᆞ매 모다 열복ᄒᆞ더라 <기해-리마리아 19b> ❷ 최방거지의 아내.¶ 리마리아ᄂᆞᆫ 츙쳥도 홍쥬 사ᄅᆞᆷ이니 부모ㅣ 다 교우ㅣ고로 어려셔 ᄃᆡ셰ᄒᆞ고 셩교ᄅᆞᆯ 봉힝ᄒᆞ나 도리에 ᄇᆞᆰ지 못ᄒᆞ더니 년지십팔 셰에 최방거지와 혼비ᄒᆞ야 살매 고향에 잇서 집이 부요ᄒᆞ고 친쳑이 번셩홈으로 슈계홈이 조당이 되ᄂᆞᆫ 고로 가산을 헤치고 쟝부와 셔울노 이ᄉᆞᄒᆞ엿더니 <기해-리마리아 86a>

【리-막다리나】 명 ((인명)) 리막다리나(李-). 세례명. (외래어).¶ 리막다리나ᄂᆞᆫ 한문 녀ᄌᆞㅣ라 부친은 외교요 또 셩교ᄅᆞᆯ 엄금ᄒᆞᄂᆞᆫ 고로 모친과 고모와 동싱들과 ᄒᆞᆫ가지로 ᄀᆞ만이 열심슈계ᄒᆞ더니 <기해-리막다리나 31a> 리막다리나[형데, 참슈치명] 리막다리나ᄂᆞᆫ 명가 후예라 본셩이 온화ᄒᆞ고 사ᄅᆞᆷ됨이 로셩지식이 잇시며 그 아오 마리아ᄂᆞᆫ ᄌᆞ픔이 평화ᄒᆞ고 슌직ᄒᆞ며 그 모친 죠발ᄇᆞ라ᄂᆞᆫ 셩픔이 단졍ᄒᆞ고 춍명ᄒᆞ더라 <기해-리막다리나 78b> 리막다리나[과부, 김군호의 모친]ᄂᆞᆫ 향즁 녀ᄌᆞ니 본셩이 량션강용ᄒᆞ고 온화단졍ᄒᆞ더라 본ᄃᆡ 외교로셔 십칠 셰에 경셩으로 출가ᄒᆞ엿더니 <기해-리막다리나 118b>

【리ㅡ버ㅡ】 명 ((지리)) 리버 (river). 강(江). (외래어).¶ 리ㅡ버ㅡ (川) <영어일상통화단어초집 우산>

【리버플】 명 ((지리)) 리버풀(Riverpool). 영국 잉글랜드의 서부 랭커셔에 있는 항구 도시. 런던 다음가는 무역항이다. (외래어).¶ 또 ᄒᆞᆫ가온대는 뻐밍함이란 큰 촌이 잇고 북편에 민체스터와 쁘릿펏과 릿스와 역과 쉐필드와 헐과 리버플과 누킈슬이란 여둛 큰 촌이 잇스니 <사필 1889-헐버트 34>

【리-베드루】 명 ((인명)) 이베드로(李-). 세례명.¶ 리베드루ᄂᆞᆫ 근본 리천 사ᄅᆞᆷ이니 어려셔 부친은 죽고 모친과 누의와 ᄒᆞᆫ가지로 셩교ᄅᆞᆯ 봉힝ᄒᆞ더니 본향을 떠나 셔울노 이ᄉᆞᄒᆞ니 기간 격근 바 근고ᄂᆞᆫ 엇지 다 말ᄒᆞ리오 <기해-리베드루 93a>

【리봉】 명 ((복식)) 리본(ribon). (외래어).¶ 곱술곱술 지진 머리를 남빛 리봉으로 사뿟이 쌍고를 내어서 <염상섭, 입하의 절(제2회)1950 203>

【리스】 명 ((상업)) 이시(利市). 물품을 팔아 이익을 얻음. '이시(利市, lìshì)'는 중국 직접 차용어.¶ 利市 ‖ 리스, 江南大倉州謂得財及如意爲利市. <방석-매매 중주향어 3:21b>

【리스번】 명 ((지리)) 리스본(Lisbon). 포르투갈에 있는 항구 도시. 대서양에 면하여 있으며, 섬유·제지·제유·담배 따위의 공업이 활발하다. 포르투갈의 수도이다. (외래어).¶ 리스번 利斯本 Lisbon <만국통감1912 7> ⇒ 릐스번

【리오-폴드】 명 Leopold (외래어).¶ 리오폴드(利漚裒德 Leopold) <만국통감1912 4, 7>

【리천】 명 이전(利錢). 이자(利子). '천(錢, qián)'은 중국어 직접차용어.¶ 利錢 ‖ 네 간대로 갑 뫼오디 마라 이 뵈 이제 번드기 시개 잇ᄂᆞ니 내 사도 사 내 니블 거시 아니라 홈의 사 가져가 리천 얻고져 ᄒᆞ노라 (你休胡討價錢, 這布如今見有時價, 我買時不是買自穿的, 一發買將去, 要覓些利錢.) <번노 하:60a> 네 간대로 갑 뫼오디 말라 이 뵈 이제 번듣시 時價ㅣ 이시니 내 사면 이 내 니블 것시 아니라 홈의 사 가져가 리천을 엇고져 ᄒᆞ노라 (你休胡討價錢, 這布如今見有時價, 我買時不是買自穿的, 一發買將去, 要覓些利錢.) <노언 하:54a> 형돌히 덕분 니버 또 리천 어도라 (托着哥哥們福陰裏, 也有些利錢.) <번노 하:66a> 보죠를 쳥구ᄒᆞ면 당장 굶고 벗ᄂᆞᆫ 듯이 엄살을 더럭ㅣㅣᄒᆞ야 ᄀᆞ며 한푼 돈 너기를 뜰던 규모ᄀᆞ 별안간에 엇지 그리 희쩌워졋ᄂᆞᆫ지 싸고 싸두엇던 리천 ᄌᆞ차벼 작젼히온 돈을 앗ᄀᆞ온 줄 모로고 필젹 날ᄂᆞᄃᆞ 별비를 써ᄀᆞ며 무당 ᄒᆞ라ᄂᆞᆫ ᄃᆡ로 시힝을 ᄒᆞᄂᆞᆫᄃᆡ <구마검 23> ⇒ 니천, 리젼

【리터】 명의 ((도량)) 리터(Lliter). 미터법에 의한 부피의 단위. 예전에는 1리터를 4℃의 물 1kg의 부피로 정의하였으나, 1964년부터 1㎥의 1,000분의 1로 규정하여 사용하고 있다. (외래어).¶ 리터(Litre) 헥토리터(Hectolitre) <백과신-송1926 495> ⇒ 릿들, 릿틀

【린큰】 명 ((지리)) Lincoln (외래어).¶ 린큰 (林堪 Lincoln) <만국통감1912 4, 7>

【림보】 명 ((천주)) 고성소(古聖所, limbus). 예수의 부활 이전에 옛 성인이나 의인들이 예수가 강생하여 세상을 구할 때까지 기다리는 곳. (외래어).¶ 림보 <법한 853>

【릿들】 명의 ((도량)) 리터(リートル liter). 미터법에 의한 부피의 단위. 예전에는 1리터를 섭씨 4도의 물 1km의 부피로 정의하였으나, 1964년부터 1㎥의 1,000분의 1로 규정하여 사용하고 있다. 기호는 L 또는 lit. (일본어 차용어).¶ 량量은 일립방 쎄시메들을 릿들이라 ᄒᆞᄂᆞ니 일 릿들은 오홉 오작 가량이니라 <조농-도량 65> ⇒ 리터, 릿틀

【릿틀】 명의 리터(リートル liter). 미터법에 의한 부피의 단위. 예전에는 1리터를 섭씨 4도의 물 1km의 부피로 정의하였으나, 1964년부터 1㎥의 1,000분의 1로 규정하여 사용하고 있다. 기호는 L 또는 lit. (일본어 차용어).¶ 릿틀 (立) <조농-도량형 65> ⇒ 리터, 릿들

【ᄅᆞᆷ프】 명 ((기물)) 램프(lamp). 석유를 넣은 그릇의 심지에 불을 붙이고 유리로 만든 등피를 끼운 등. (외래어).¶ ᄅᆞᆷ프 갓튼 너의 나리는 안기 안에 번듯번듯한다 <태서 1919.1.1>

【ᄙᅠ시아】 명 ((지리)) 러시아(Russia). 유럽 대륙의 동부에서 시베리아에 걸쳐 있는 나라. (외래어).¶ ᄙᅠ시아 (俄國) <세계전도1900> ⇒ 로서아, 로시야, 루시아, 뤄시아 ☞ 노국, 아국, 아라사, 아라사국, 아라샤, 아라ᄉᆞ, 아라ᄉᆞ국

【ㅁ】

【마강】 명 ((지리)) 시모노세끼(馬關). (일본어 차용어).¶ 마강(馬關) <김만수-일기책 1901.11.18>

【마겔난】 명 ((인명)) 마젤란(Magellan, ?1480~1521). 포르투갈의 탐험가. 1519년에 스페인을 출발하여 남아메리카를 순항하면서 마젤란 해협을 발견하고태평양을 횡단하였다. (외래어).¶ 또 콜넘버쓰갓히 新大陸을 탸댜내고 마겔난갓히 世界周航을 꾀할 사람이 못 되야서 懶弱을 싸어 오다가 <소년 1908.11.1 76>

【마고자】 명 ((복식)) 마괘자(馬褂子). 저고리 위에 덧입는 방한복의 하나. '마고자(馬褂子, măguàzi)'는 중국어 직접 차용어.¶ 마고자 괘, "馬褂". (褂) <의옥 62> 마고자 (馬褂) <자통-의복 406> ⇒ 마과자, 마과ᄌᆞ, 마과즈, 마구자, 마구ᄌᆞ

【마과자】 명 ((복식)) 마고자(馬褂子). 저고리 위에 덧입는 방한복의 하나. '마과자(馬褂子, măguàzi)'는 중국어 직접 차용어.¶ 마과자 (馬褂子) <지나-의복 54> ⇒ 마고자, 마과ᄌᆞ, 마구자, 마구ᄌᆞ

【마과ᄌᆞ】 명 ((복식)) 마고자(馬褂子). 저고리 위에 덧입는 방한복의 하나. '마과ᄌᆞ(馬褂子, măguàzi)'는 중국어 직접 차용어.¶ 馬褂 ‖ 마과ᄌᆞ (馬褂) <한지-의상 30> 머리의 쵸미 오ᄌᆞ롤 쓰고 우히 셔피 마과ᄌᆞ롤 닙고 아리 천마피 챵파오롤 닙고 발의 거믄 혜롤 신어시니 (帶一頂貂尾纓染貂帽兒, 上穿香貂皮穿馬褂, 下穿玫瑰紫天馬皮缺襟短袍, 脚踏粉底皂靴.) <후홍 1:96> ▼褂子 ‖ 한 친구가 잇서서 너의 털 마과ᄌᆞ를 빌어 가더니 그 後에 그가 팔아 벌엇습니다 (有一個朋友借我的皮褂子去, 後來他給賣了.) <한지 145> ⇒ 마고자, 마과자, 마구자, 마구ᄌᆞ

【마구자】 명 ((복식)) 마고자(馬褂子). 저고리 위에 덧입는 방한복의 하나. '마구자(馬褂子, măguàzi)'는 중국어 직접 차용어.¶ 마구자 ‖ 馬褂兒 ‖ 두루막이는 제일 위에 입는 옷이오 짧은 것은 마구자라 홉니다 (褂子是儘外頭穿的衣裳, 短的就叫馬褂兒.) <지나-의상 126> ⇒ 마고자, 마과자, 마과ᄌᆞ, 마구ᄌᆞ

【마구ᄌᆞ】 명 ((복식)) 마고자(馬褂子). 저고리 위에 덧입는 방한복의 하나. '마구ᄌᆞ(馬褂子, măguàzi)'는 중국어 직접 차용어.¶ 마구ᄌᆞ (馬褂子) <한대-의복 47> ⇒ 마고자, 마과자, 마과ᄌᆞ, 마구자, 마와ᄌᆞ

【마나】 명 ((음식)) 만나(manna). 이스라엘 민족이 모세의 인도로 이집트에서 탈출하여 가나안 땅으로 가던 도중, 광야에서 먹을 음식과 마실 물이 없어 방황하고 있을 때에 여호와가 하늘에서 날마다 내려 주었다고 하는 기적의 음식.(외래어).¶ 마나와 흰 돌을 밧은 후 영원히 즐기리 <기독신보 1918.6.19>

【마나과】 명 ((지리)) 마나과(Managua). 니카라과의 마나과 호 남쪽 연안에 있는 도시. (외래어).¶ 늬가라과국 도셩은 일홈이 마나과ㅣ오 거스다리가국 도셩은 일홈이 산호세요 벨늬스 읍닉는 일홈이 벨늬스ㅣ니 <사필 1889-헐버트 115>

【마닐라】 명 ((지리)) 마닐라(Manila). 필리핀의 수도. 마닐라 만에 임한 항구 도시. 1571년 에스파냐 사람들이 건설하여 동양 무역의 기지로 발전시켰다. (외래어).¶ 디형은 산과 화산이 만코 북편에 마닐라와 남편에 만다나오ㅣ란 촌이 잇고 사롬의 수효는 륙빅만 명이오 다ᄉᆞ리기는 이스바니아국 관원이 잇스며 <사필1889-헐버트 158> ⇒ 마니라

【마니라】 명 ((지리)) 마닐라(Manlia). 필리핀의 수도. 마닐라 만에 임한 항구 도시. 1571년 에스파냐 사람들이 건설하여 동양 무역의 기지로 발전시켰다. (외래어).¶ 마니라 <조백-지리1915 551> ⇒ 마닐라

【마다가스가】 명 ((지리)) 마다가스카르(Madagascar). 아프리카의 남동쪽, 인도양 서쪽에 있는, 마다가스카르 섬을 차지하는 공화국. 960년에 프랑스에서 독립하였고, 커피 생산량이 많은 농업국이다. (외래어).¶ 또 마다가스가ㅣ란 남북이 삼천 리요 동셔가 천 리 되ᄂᆞᆫ 셤이 잇서 산이 만코 ᄒᆞᆫ 나라히 잇스며 <사필1889-헐버트 141> 이 짜헤 모든 나라들을 의론컨대 북편에 이즙드국과 모라고국과 또 여러 디방이 잇고 셔편에 라비리아국과 또 여러 디방이 잇고 남편에 오렌지국과 드란스발국과 또 여러 디방이 잇고 동편에 마다가스가국과 또 여러 디방이 잇ᄂᆞ니라 <사필1889-헐버트 142>

【마다릐나】 명 ((인명)) 막달레나. 막달라 마리아로 불리는데, 성서에는 일곱 마귀에 시달리다가 예수에 의해 고침을 받고 열렬한 추종자가 되었다. (외래어).¶ 다위셩왕이 평싱에 죄롤 엇더케 통곡ᄒᆞ며 마다릐나 셩녀와 오스딩 ᄀᆞᆺᄒᆞᆫ 셩인들의 일싱에 엇더케 곡읍홈을 보지 아니ᄒᆞ엿ᄂᆞ냐 <신명-통회보속 상:31a>

【마단스】 명 ((지리)) 마탄사스(Matanzas). 쿠바 북부에 있는 항구 도시. 플로리다 해협에 면해 있으며, 사탕수수·담배를 수출한다. (외래어).¶ 규바 읍닉는 하바나ㅣ오 문담비가 온 텬하에 뎨일 됴흐니라 또 마단스와 산듸아고ㅣ란 촌이 잇고 헤듸국 도셩은 봇오브린스ㅣ오 산드밍고국 됴셩은 산드밍고ㅣ오 브도리고 읍닉는 산후안이오 제메가 읍닉는 깅스단이오 바하마 읍닉는 나셔ㅣ며 <사필1889-헐버트 115>

【마드라스】 명 ((지리)) 마드라스(Madras). 인도 남동부, 타밀나두 주에 있는 도시. 벵골 만의 코로만델 해안에 면한 항구 도시로, 뭄바이, 캘커타에 다음가는 무역항이며 피혁, 식물유, 면화, 커피 따위를 수출한다. (외래

어).¶ 쪼다베리와 동부드라와 마하나리란 강이 잇고 셔편에 나바다와 인더스ㅣ란 강이 잇고 삼쳔오빅 리 되는 강 동편에 칼카다와 마드라스ㅣ란 포구가 잇고 셔편에 감베와 슈랏과 범베란 포구가 잇고 남편에 실넌이란 큰 셤과 팔빅 리 되는 셤 동남에 안다만이란 오륙 셤과 닉코바ㅣ란 오륙 셤이 잇스며 <사필1889-헐버트 88> ⇒ 마드라스

【마드라스】 명 ((지리)) 마드라스(Madras). 인도 남동부, 타밀나두 주에 있는 도시. 벵골 만의 코로만델 해안에 면한 항구 도시로, 뭄바이·캘커타에 다음가는 무역항이며 피혁·식물유·면화·커피 따위를 수출한다. (외래어).¶ 라호어와 베쇠와 델회와 아그라와 곤버와 알라하밧과 팔늬어와 비나리스와 남편에 하이드라밧과 마드라스와 마이소와 셔편에 범베와 바로다와 가온대 져벌브어와 낙부어와 인도아와 과레란 촌이 잇고 사룸의 픔ㅅ수는 션비와 빅셩이오 <사필1889-헐버트 89> ⇒ 마드라스

【마라가이보】 명 ((지리)) 마라카이보(Maracaibo) 호(湖). 베네수엘라 만에 면하여 있는 호수. 호수의 북쪽은 짠물, 남쪽은 민물이다. (외래어).¶ 디형을 의론컨대 온나라헤 산이 만코 흔가온대 오레노코ㅣ란 강이 [삼쳔 오빅 리 되는 강] 대셔양에로 드러가고 북편에 마라가이보와 나구아이라와 규마나ㅣ란 포구가 잇고 또 마라가이보ㅣ란 못시 잇스며 <사필1889-헐버트 119>

【마라남】 명 ((지리)) 마라냥(Maranhao). 브라질 북동지방, 대서양연안에 위치한 주. (외래어).¶ 북편에 요하늬스ㅣ란 큰 셤이 잇고 또 파라와 마라남과 동편에 버남뷔고와 바히아와 으라요젼이로ㅣ란 포구가 잇스며 <사필1889-헐버트 123>

【마라손】 명 마라톤(marathon). (외래어).¶ 마라손 (馬拉松賽) <자통-오락 459> ⇒ 마러던

【마러던】 명 ((지리)) 마라톤(Marathon). 마라톤 평원. 아테네 북동의 평원. 기원전 490년에 아테네군이 페르시아의 대군을 격파한 곳. (외래어).¶ 산을 마라던 바라보며 마라던은 바다를 길히 굽어보노미라 <신민 1916.6.15> ⇒ 마라손

【마레시아】 명 ((지리)) 말레이지아(Malaysia). 아시아 남동부 말레이반도와 보르네오 섬 북부를 차지하는 입헌군주국. 1957년에 독립한 말라야 연방에 영국령 사바, 사라와크, 싱가포르를 합하여 1963년에 연방 국가가 되었다. (외래어).¶ 마레시아 (西曰馬來西亞) <명물-육당 13b>

【마리아】[1] 명 ((인명)) ((기독)) 마리아(Maria). 예수의 어머니. (외래어).¶ 馬利亞 ‖ 마리아, 耶穌之母, 天主敎設像耶穌敎則不然. <명물-도술 2:37b> 텬쥬ㅣ 그 아돌을 셰상에 보내고져 ᄒᆞ샤 모든 녀인 중에 동졍 마리아를 특별이 골희여 그 모친을 삼으신지라 <신명-셩모 하:80b> 텬쥬ㅣ 그 공경홈을 널니고져 ᄒᆞ샤 온셰상에 주실 은총을 마리아 슈중에 맛겨 그 임의로 쓰게 ᄒᆞ시니 <신명-셩모 하:81b> 예수의 모친은 일홈이 마리아ㅣ니 이 착ᄒᆞᆫ 사ᄅᆞᆷ이라 ᄀᆞ쟝 하ᄂᆞ님을 ᄉᆞ랑ᄒᆞ더니 ᄒᆞ로ᄂᆞᆫ ᄒᆞᆫ 텬ᄉᆞ가 마리아의 집에 니ᄅᆞ니 마리아ㅣ 붉히 빗ᄂᆞᆫ 텬ᄉᆞ를 보고 놀남을 이긔지 못ᄒᆞ거놀 <훈아 12a>

【마리아】[2] 명 ((지리)) 마리아(Maria). (외래어).¶ 마리아 (포두갈) (馬利亞 Maria (of Portugal)) <만국통감1912 7>

【마리아-데리사】 명 ((인명)) 마리아테레사(Maria Theresa) (외래어).¶ 마리아데리사 (오스트리아) (特利撕 Maria Theresa) <만국통감1912 7>

【마마】 명 ❶ ((인류)) 엄마. '마마(媽媽, māma)'는 중국어 직접 차용어.¶ 媽媽 ‖ 아비롤 브ᄅᆞ기롤 나오대라 ᄒᆞ고 어미롤 마ː라 ᄒᆞ고 형을 거ː라 ᄒᆞ고 죵을 방지라 ᄒᆞ고 안해롤 니ː라 ᄒᆞ고 ᄯᆞᆯ을 챵다외라 ᄒᆞ니 챵다외ᄂᆞᆫ 도적이란 말이라 (呼父爲老大, 呼母爲媽媽, 呼兄爲哥哥, 呼奴爲幇子, 呼妻爲奶奶, 呼女爲强盜.) <서원-총목 60a> 젓맥이ᄂᆞᆫ 자다 ᄭᅢ여 마마 마마 울어니고 <신민 1918.11.28> ❷ 임금과 그 가족들을 존대의 뜻으로 지칭하던 말. 상감마마. 중전마마.¶ 머리롤 브싀쳐 우ᄅᆞ시며 마마 보새 ᄒᆞ다가 <계축 104> 아ᄒᆡ 싱일이 마마 탄일과 동일이라 <한중 516> 마매 아모리 구코져 ᄒᆞ여도 그 빅년군지 아닌 젼은 텬일을 보기 어려오니 마마는 ᄎᆞ줄 의ᄉᆞ를 마ᄅᆞ쇼셔 <윤하 19:23> 야간 문안 아옵고져ᄇᆞ라오며 오놀은 병환 엇디 ᄒᆞ신디 아옵고져 ᄇᆞ라며 오놀은 마ː겨오셔 싱일 음식 ᄒᆞ여 주어 겨오시기 혼자 못 먹ᄉᆞ와 음식 됴곰 드리오니 잡ᄉᆞ오심 ᄇᆞ라옵 셰손 <정조 ↓여홍민씨(큰외숙모)> 연ᄒᆞ여 늉한이 심ᄒᆞ오니 긔후 평안ᄒᆞ옵신 문안 아옵고져 ᄇᆞ라오며 마ː겨오샤ᄂᆞᆫ 긔후 일양 만안ᄒᆞ오시니 하졍의 경힝 축슈ᄒᆞ옵ᄂᆞ이다 <정조1796 ↓여홍민씨(큰외숙모)> 신년의 긔후 평안ᄒᆞ옵신잇가 문안 아옵고져 ᄒᆞ오며 마ː겨오셔 만안ᄒᆞ오시오니 하졍의 경힝ː ᄒᆞ와 디내오며 올흔 칠슌이시니 희귀ᄒᆞ와 식믈 보내엿습더니 보오신잇가 슈영이는 신년브터 쾌히 낫기 □이옵ᄂᆞ이다 하슈ː ᄒᆞ기 잠 알외옵ᄂᆞ이다 무오 졍월 삼일 <정조1798 ↓여홍민씨(큰외숙모)> 집 대신이 혜경궁 마ː 삼촌 린한의 말슴 홀 거시니 심샹이 듯디 마르시고 히포 골슈의 박힌 죄명을 신셜ᄒᆞ여 주면 지원극통을 유명지간의 즐거위홀 거시오 마ː겨오샤도 열예 쾌할ᄒᆞ실 거시나 우리 집들의셔 이런 싱각 아니면 뉘가 손 븟치랴 홀가 보오니잇가 <순원왕후봉서-24 1855> 두 분 마마 <가례시진어상불긔> 마마 겨ᄋᆞ오샤도 니외분 안부 듯ᄌᆞᆸᄋᆞ오시옵고 오리ː 금심굼ː ᄒᆞᄋᆞ오시옵다 <봉셔-3 19c중-20c초 서기이씨 ↓윤용구> 예는 마마 문안 침슈 진어 졔졀 안녕ᄒᆞᄋᆞ오시옵고 큰뎐 문안 각뎐 문안 만안ᄒᆞᄋᆞ오시오니 하졍 축슈ᄒᆞ와 ᄒᆞ오며 덕 말슴 알외오니 <봉셔-4 19c중-20c초 ↓서기이씨> 연산거 김ᄉᆞ원쎄 종숀 회덕 츄동 상이거 김디셩을 임ᄌᆞ 십월 초십일의 입포양숀 영ː 완경 양고모가 셜셰 필셔ᄒᆞ노라 김디셩의게 숑승지덕 마마가 필셔 <연산거 숑승지덕-대구> ▼순화마마 순비마마 영친왕 군부인 <가례

시진어상불긔> 진어 두상 영친왕 귀비마마 순화ᄌᆞ가 군부인 고오촌 <경축진어상불긔> 이근 동궁마ᄒᆞ 족건ᄒᆞ오니 <거화불긔> 진어 두상 영친왕 [고일척 삼촌] 순화ᄌᆞ가[고팔촌] 의친왕 귀비마마 영친왕 군부인[고팔촌] <동궁마마탄일진어상ᄉᆞ찬상불긔번1319> 동궁마ᄒᆞ 문안 틱평ᄒᆞᄒᆞ시니 축슈ᄒᆞᄒᆞ며 나는 ᄒᆞᆫ가지다 오ᄂᆞᆯ 일긔 종시 한닝ᄒᆞ다 <명성황후-19 1882-95 ↓민영소(조카)> ❸ 아랫사람이 부인 또는 벼슬아치의 첩을 높여 이르던 말.¶ 媽嬤 ‖ 下人尊之曰媽嬤마마. <명물-친속 1:41b> 우리 상공이 경히 너의 마마ᄅᆞᆯ 보고저 ᄒᆞ시니 쳥ᄒᆞ여 오라 <명행 14:51> 마마ᄂᆞᆫ 슬허 마ᄅᆞ소셔 <벽허 4:72> 마마의 ᄉᆞ경이 엇지 그러치 아니ᄒᆞ시리오 <화명 10:39> 마마의 쥬인이 뉘시며 어듸 계시뇨 <명보 39:69> ❹ 마마(媽媽 māma). 상전 앞에서 비교적 대우를 받는 나이가 있는, 기혼의 여종을 대접하여 일컫는 말.¶ 저근 아히 어미 부를 제 마마 ᄒᆞ는 쇠라, 幼兒呼母聲. (嬤嬤) <물해-인사 10a> ▼媽媽 ‖ 습인이 져ᄅᆞᆯ 디졉ᄒᆞ면 그ᄲᅮᆫ인ᄃᆡ 너의 마마ᄂᆞᆫ 다시 진경으로 판을 ᄎᆞ리려 ᄒᆞ니 져ᄂᆞᆫ 과연 늙어셔 망녕이 낫도다 (那襲人待他也罷了, 你媽媽再要認眞排場他, 可也老背晦了.) <홍루 20:3> ▼嬤嬤 ‖ 영츈의 무리와 ᄀᆞᆺ게 ᄒᆞ여 미인의게 어려실 졔 유모외의 별노이 가ᄅᆞ치고 인도ᄒᆞᄂᆞᆫ 마마 ᄉᆞ 기ᄅᆞᆯ 두고 (亦如迎春等例, 每人除自幼乳母外, 另有四個教引嬤嬤.) <홍루 3:95> ▼婆娘(母也.) ‖ 가련ᄒᆞ다 소져가 쥬야로 슬피 울미 엇지 목이 마르지 아니ᄒᆞ리오 원컨ᄃᆡ 소져ᄂᆞᆫ 한 번 이러나 이것을 먹으라 이 약은 일홈이 빙리고니 우리 마ᄒᆞ믜셔 나를 쥬ᄉᆞ 소져를 먹이게 ᄒᆞ시니라 (可憐小姐, 晝夜啼泣, 怎得喉吻不乾? 願小姐一起吃此.此是氷梨膏, 我的婆娘送我饋的.) <염라 16:133> 홀노 원즁 사ᄅᆞᆷᄲᅮᆫ 아니라 마마의 무리ᄭᆞ지 어더가미 졔 친쳑을 쥬고 ᄯᅩ 구올너 다른 사ᄅᆞᆷᄭᆞ지 쥬어시며 습인이 일즉 방관 ᄀᆞᆺ튼 사ᄅᆞᆷ을 쥬니 (不獨園內人有, 連媽媽子們討了出去給親戚們吃, 又轉送人, 襲人也曾給過芳官一流的人.) <홍루 61:72> 가뫼 밧비 명ᄒᆞ여 몃 쟝 젹은 등상을 가져오라 ᄒᆞ여 뢰디의 모친 등 몃 낫 나히 만코 톄면 잇ᄂᆞᆫ 마마ᄅᆞᆯ 쥬어 안치니 (賈母忙命拿幾張小杌子來, 給賴大母親等幾個高年有體面的媽媽/嗎嗎坐了.) <홍루 43:10> ▼嬤嬤 泛稱老婦或僕婦. ‖ 뢰디마마 가뫼 오히려 이러케 홍치 놉흐믈 보미 ᄯᅩᄒᆞᆫ 마지 못ᄒᆞ여 와셔 지취ᄅᆞᆯ 맛초려 ᄒᆞ여 여간 마마 들을 다리고 와셔 ᄯᅩᄒᆞᆫ 술을 공경하거ᄂᆞᆯ (賴大媽媽見賈母尙這等高興, 也少不得來湊趣兒, 領着些嬤嬤們也來敬酒.) <홍루 44:9> ▼媽媽 ‖ 운의 ᄯᅩ 니ᄅᆞᄃᆡ 녀ᄋᆞ의 근심은 마마의 치고 ᄭᅮ지룸ᄒᆞᄂᆞᆫ 거시 어ᄂᆡ ᄢᅢ의 쉴고 (雲兒又道: '女兒愁, 媽媽打罵何時休!') <홍루 28:69> ❺ 기생어미.¶ 마미 어딘 덕을 드리워 가형의게 도로 환쇄ᄒᆞᆫ즉 ᄌᆞ모로 더브러 마마 은혜를 빅골의 삭여 듕히 갑흐리라 <임화 63:6> ※ 媽媽 ‖ 北門和合坊에 ᄒᆞᆫ 張媽媽ㅣ 이시니 平日에 듕미ᄒᆞ기 잘 ᄒᆞᄂᆞ니 永安이 가 더ᄅᆞᆯ 請ᄒᆞ여 옴을 기ᄃᆞ리쇼셔 (北門和合坊有箇張媽媽, 平日快做媒, 等永安去請他來.) <오전 2:8b> ⇒ 마ᄆᆞ, 마미

【마마의 ᄯᆞᆯ이 분ᄇᆡ를 줄 모르ᄂᆞ냐】 [속] 기생어미의 딸이 분바를 줄 모르느냐.¶ 마ᄒᆞ의 ᄯᆞᆯ이 분ᄇᆡ를 줄 모로ᄂᆞ냐 (媽ᄒᆞ的女兒不會搽粉麽?) <한어-한고 10b>

【마모라-하슈】 [명] ((지리)) 마르마라(Marmara)해. 터키 북서부, 유럽과 아시아의 사이에 있는 바다. 북쪽은 보스포루스 해협을 거쳐 흑해로 통하고, 남서쪽은 다르다넬스 해협을 거쳐 에게 해로 통한다. (외래어).¶ 동에는 블럭 하슈와 마모라 하슈가 서로 통ᄒᆞᄂᆞᆫ 곳에 ᄲᅡ스보러스ㅣ란 믈목ᄉᆞ에 컨스탄틔노플이란 포구가 잇고 <사필1889-헐버트 58>

【마ᄆᆞ】 [명] ❶ ((인류)) 마마(媽媽). 나이든 여자 하인. 유모. '마ᄆᆞ(媽媽, māma)'는 중국어 직접 차용어.¶ 嬤嬤 ‖ 평ᄋᆞ 등이 발셔 캉 옯히 한 반등을 베플고 ᄯᅩ 젹은 드듸믈 노왓더니 조마미 드듸 우히 안거ᄂᆞᆯ (平兒等早于炕沿設一杌, 又有一小脚踏, 趙嬤嬤在脚踏上坐了.) <홍루 16:38> 니마미 이 말을 듯더니 더옥 긔ᄅᆞᆯ 내여 (李嬤嬤聽了這話, 越發氣起來了.) <홍루 20:8> 奶媽.‖ 媽媽 ‖ 림ᄃᆡ옥이 몬져 웃고 니ᄅᆞᄃᆡ 이ᄂᆞᆫ 너의 마미 습인으로 더브러 부ᄅᆞᄂᆞᆫ 쇼릐로다 (林黛玉先笑道: '這是你媽媽和襲人叫嚷你.') <홍루 20:3> ❷ 기생어미.¶ 마미 어딘 덕을 드리워 가형의게 도로 환쇄ᄒᆞᆫ즉 ᄌᆞ모로 더브러 마마 은혜를 빅골의 삭여 듕히 갑흐리라 <임화 63:6> ⇒ 마마, 마미

【마미】 [명] ((인류)) 마마(媽媽ㅣ). 아주 존귀한 사람을 부를 때 존대하여 일컫는 말. 상감마마. 중전마마. (중국어 직접 차용어).¶ 마미겨셔도 태평ᄒᆞᄒᆞ오시옵고 본ᄃᆡ의셔도 안녕ᄒᆞ오시온ᄃᆡ 굼ᄒᆞ 브리옵ᄃᆡ 못ᄒᆞ와 ᄒᆞ옵ᄂᆞ이다 <봉셔-13 19c중-20c초 ↓서희순 상공> ⇒ 마마, 마ᄆᆞ

【마사린】 [명] ((인명)) 마자랭(Mazarin). 이탈리아 태생의 프랑스의 정치가(1602~61). 1641년에 추기경, 1642년에는 재상을 지냈다. 1643년 루이 십삼세가 죽고 난 후에는 섭정인 모후(母后)와 함께 국정의 실권을 장악하여 뛰어난 외교 수완으로 프랑스의 국제적 지위를 높이고 부르봉 절대 왕제의 기초를 굳혔다. (외래어).¶ 마사린(瑪撕林 Mazarin) <만국통감1912 4, 7> 이달니아 사ᄅᆞᆷ 마사린이 뤼츨누의 위를 니으니 본국 공후들이 녯 권세를 회복ᄒᆞ고져 ᄒᆞ야 여러 히를 싸홀 시 <만국통감1912 4, 62>

【마사무네】 [명] ((음식)) 정종(正宗). 찐 쌀을 일본식으로 빚어 만든 맑은 술. 일본의 양조장 마사무네(櫻正宗)에서 만든 상품명에서 유래한 것으로, 보통 따뜻하게 데워서 먹는다. (일본어 차용어).¶ 正宗 ‖ 뎌것은 뎜심 비빔밥 만두 고물떡 마사무네 사이다 믹주 잡지 신문 기타 여러 가지 물건이오 <일선 79>

【마샤추셋스】 [명] ((지리)) 매사추세츠(Massachusetts). 미국의 주의 하나. (외래어).¶ 마샤추셋스 瑪撕初色 Massachusetts <만국통감1912 7>

【마쉬말노-아이씽】 명 ((음식)) 마시멜로 아이싱(marshmallow icing). 아이싱은 케이크 따위의 표면에 바르는 당의(糖衣). 계란의 흰자위와 설탕으로 만들며, 케이크의 장식적인 효과와 함께 건조를 방지하는 구실을 한다. (외래어).¶ 박하 캔듸 사탕떡 ‖ 사탕 2잔 쌔터 ⅔잔 계란 (노른자위면 6개) 3개 우유 1½잔 밀가루 4잔 쎄킹 파우더 3쇼슈가락 사탕과 쌔터를 묽께 져어 가지고 잘 져은 계란을 셕고 다음에 우유를 셕고 맨 나죵에 쎄킹 파우더와 밀가루를 체에 밧쳐셔 셕고 피닐나나 레몬 약념 ½쇼슈가락을 셕고 얏흔 팬 3개에 기름을 발으고 논하 담아셔 ½시 가량 구어 가지고 떡 세개 포갠 사이와 우와 녑헤 흰아이씽이나 마쉬말노아이씽을 받으고 그 우에 박하캔듸 부스럭이를 쓰려셔 먹을 것 <서요 153> ☞ 초콜넷아이씽, 크림카라멜아이씽

【마스】 명 ((천문)) 마스. 별자리의 하나. 화성(火星). (외래어).¶ 태양이 ᄒᆞᆫ 큰 별이라 극히 빗나며 움즉임이 업고 그 ᄀᆞ헤 도ᄂᆞᆫ 별 여ᄃᆞᆲ이 쇽ᄒᆞ엿시니 ᄒᆞ나흔 쥬비더요 둘흔 비너스요 세흔 ᄯᅥᆺ언이오 네흔 마스요 다ᄉᆞᆺ슨 이 ᄲᅡ히오 여ᄉᆞᆺ슨 넵춘이오 닐곱은 유레너스오 여ᄃᆞᆲ은 머규릐니 <사필1889-헐버트 3>

【마스튼-무어】 명 ((지리)) 마스턴무어(Marston Moor). 영국의 잉글랜드 동북부, York 서쪽에 있는 황야. 크롬웰(Cromwell)이 왕당을 격파한 곳(1644). (외래어).¶ 마스튼무어 (瑪斯屯木耳 Marston Moor) <만국통감1912 7> 후에 청결교 사름 크람위얼이 군ᄉᆞ를 예비ᄒᆞ야 의원을 도아 싸홈홀 시 마스튼무어 ᄯᅡ헤셔 루버트 군ᄉᆞ를 싸화 이긔고 <만국통감1912 4, 54>

【마시맬로】 명 ((음식)) 마시멜로(marshmallow). 전분·젤라틴·설탕 따위로 만드는 연한 과자. (외래어).¶ 마시맬로 쏘스 ‖ 사탕 1잔 물 1잔 마시맬로(조고마하게 버힌 것) 1잔 남비에 사탕과 물을 담고 졋지 말고 꼭 4분 동안을 끄리고 마시맬로를 셕거셔 더운 채로 아이쓰크림 우에 붓고 먹을 것 <서요 134>

【마시맬로-쏘스】 명 ((음식)) 마시멜로 소스(Marshmallow sauce). 전분·젤라틴·설탕 따위로 만드는 연한 과자 소스. (외래어).¶ 마시맬로쏘스 ‖ 누른 사탕 ½잔 사탕 1잔 콘스타치 1쇼슈가락 소곰 조곰 물 1½잔 쌔터 1쇼슈가락 피닐나 1쇼슈가락 남비에 두 가지 사탕과 소곰과 콘스타치를 담고 잘 셕거셔 물을 붓고 4분 동안 끄러 불에셔 나려 노코 쌔터와 피닐나를 셕거셔 더운 채 아이쓰크림 우에 붓고 먹을 것 집에셔 만든 쌤을 데이고 잘 져은 계란 흰자위를 셕거셔 아이쓰크림 우에 붓고 먹으면 맛이 잇슴 <서요 135> ☞ 메플쏘스, 초콜넷쏘스, 카라멜쏘스, 크림쏘스, 타타쏘스, 퍼지쏘스

【마짜오】 명 ((지리)) 마카오(Macao). 중국 광동성 남부 주강(珠江) 강어귀에 있는 포르투갈 식민지. 1557년부터 영토를 빌려 통치하였고 1887년에 포르투갈령이 되었으며, 1999년에 중국에 반환되었다. (포르투갈어 차용어).¶ 澳門 ‖ "及到義州聞通事之言, 尤可信也." 其人常言: "광동 마짜오云, 而呂宋人呼廣東則從華語, 澳門則稱馬哥外." <문순득-표해록 9> ☞ 오문

【마안-푸리】 명 ((상업)) 마안포리(馬鞍鋪裏). 말기구 가게. '푸리(鋪裏, pùli)'는 중국어 직접 차용어.¶ 마안푸리 볼쟉시면 밍이 둥ᄌᆞ 젼후거리 쳥쳥 치년 겹다리며 구레 혁바 담언치오 <연행-병인>

【마우재-말】 명 ((언어)) 러시아어. '마우재'는 러시아 사람을 뜻하는 중국어 '모자(毛子, 털북숭이)'를 차용한 말이다. 함경 방언. '마우재(毛子, máozi)'는 중국어 직접 차용어.¶ 철없는 누이 고수머릴랑 어루만지며 /우라지오의 이야길 캐고 싶던 밤이면 /울어머닌 /서투른 마우재말도 들려주셨지. <이용악, 우라지오 가까운 항구에서> ☞ 마우ᄌᆞ

【마우ᄌᆞ】 명 ((인류)) 러시아 사람. 러시아 사람을 뜻하는 중국어 '모자(毛子, máozi, 털북숭이)'를 차용한 말이다. 함경 방언. (중국어 직접 차용어).¶ 마우ᄌᆞ <노한 553> ☞ 마우재말

【마운틩】 명 ((지리)) 마운틴 (mountain). 산(山). (외래어).¶ 마운틩 (山) <영어일상통화단어초집 우산>

【마이소】 명 ((지리)) 마이소르(Mysore). 카르나타카(Karnataka)의 구칭. 인도 남서쪽, 데칸 고원 남쪽에서 마라바르 해안에 걸친 주. 주도는 방갈로르(Bangalore). 경제·문화 수준이 높다. (외래어).¶ 라호어와 베쇠와 델희와 아그라와 곤버와 알라하밧과 팔늬어와 비나리스와 남편에 하이드라밧과 마듸라스와 마이소와 셔편에 범베와 바로다와 가온대 져벌브어와 낙부어와 인도아와 과레란 촌이 잇고 사름의 픔ㅅ수는 션비와 빅셩이오 <사필1889-헐버트 89>

【마일】 명의 ((도량)) 마일(Mile). 야드파운드법에 의한 거리의 단위. 1마일은 약 1.6km에 해당한다. (외래어).¶ 마일 (哩) <조백-척도1915 556> 英國 米國 마일(Mile)哩=八十鏈 첸(Chain)鏈=二十二碼 야드(Yard)碼=三呎 후트(Foot)呎 <백과신-송1926 494> ☞ 야도

【마올버러】 명 ((지리)) 말보로(Marlborough). (외래어).¶ 마올버러 瑪勒波柔 Marlborough <만국통감1912 7>

【마ᄌᆞ기】 명 ((기물)) 마자개(榪子盖). 변기(便器) 뚜껑. (중국어 간접 차용어).¶ 榪子盖 ‖ 긔여히 무르려 ᄒᆞ지 말나 닉가 네 두샹의 마ᄌᆞ기롤 벗겨 나려도 (不要討我把你頭上的榪子盖揪下來!) <홍루 61:2>

【마카로니】 명 ((음식)) 마카로니(macaroni). 밀가루를 써서 가느다란 대롱같이 가운데가 구멍이 나게 만들어 말린 이탈리아식 국수. (외래어). 이태리닭고기 ‖ 닭 1마리 고기 국물 2잔 마카로니 ½파운드 치스 (간 것) 1대슈가락 메스와 소곰과 호쵸 조곰식 닭의 썹질을 벗기고 각을 뜬 후에 메스와 갓치 고기 국물노 연하게 될 째까지 삶아노코 마카로니를 삶아 물을 밧고 치스와 소곰과 호쵸를 셕거셔 졉시 가에 ᄲᅵᆼ 둘너노코 그 가운데 닭고기를 노코 이 아래 말한 쏘스를 그 우에 부어셔 먹을 것 닭 국물 (닭 삶고 남은 것) 녹은 쌔터 1대슈가

락 밀가루 1대슈가락 계란 (노른자위) 2개 치스 2대슈가락 이 쏘스는 크림쏘스 법대로 할 것 <서요 28> ☞ 셔양국슈

【마크】 명의 ((화폐)) 마르크(Mark). 독일의 화폐 단위. 1마르크는 1페니히의 100배이다. 외래어.¶ 獨逸 마크(Mark)馬克 <백과신-송1926 493>

【마타엣스】 명 ((인명)) 마티아스(matthias). 신성 로마 황제. 아버지 막시밀리안 2세의 신교 관용정책, 형의 구교 권장정책을 이어받아 신구 양교간의 조정에 힘썼으나 성과없이 30년전쟁이 일어났다. (외래어).¶ 마타엣스(馬太阿 Matthias) <만국통감1912 7> 때에 덕국 황족들이 친히 님군이 나약홈을 보고 억지로 명ᄒᆞ야 <만국통감1912 4, 45>

【마태】 명 ((인명)) 마태(Matthew, 馬太). 십이 사도의 한 사람. 가버나움의 세리(稅吏)로 있다가 예수의 제자가 되었고, 예수의 교훈을 집대성한 마태복음의 저자로 알려져 있다. (외래어).¶ 예수ㅣ 즈긔의 ᄉᆞ로문도 네흘 갈희시고 후에 또 몃슬 갈희시니 모도 열들이라 이 몃츤 곳 비력과 파다라매와 다마와 마태와 또 아륵비의 아돌 아각과 달태라 부ᄅᆞ는 륵비와 예라 부ᄅᆞ는 셔문과 이쓰카료 사롬 유대러라 <훈아 16a>

【마푸라】 명 ((복식)) 머플러(muffler). (외래어).¶ 목에 둘렀던 마푸라가 방안의 훗훗한 운기에 근실거리는지 무의식하게 풀면서 <염상섭, 이합1948 135>

【마흐라기】 명 ((복식)) 마래기. 담비 따위의 모피로 만든 겨울 모자(帽子). 함남 방언에 '마우래', 평북 방언에 '마우래기', 강원 방언에 '망래기' 경기, 강원, 황해 방언에 '마래기'가 있다. (여진어, 만주어 차용어).¶ 陽德 孟山 鐵山 嘉山 ᄂᆞ린 물이 浮碧樓로 감도라 들고 마흐라기 공이소 斗尾月溪 ᄂᆞ린 물은 濟州亭으로 도라든다 님 그려 우는 눈믈은 벼갯 모흐로 도라든다 <만청 66:498> ⇒ 마라기, 마락이, 마우락이, 말아기, 말악이, 말읶이, 마흐래, 마흐리, 마흐락이

【마흐락이】 명 ((복식)) 마래기. 담비 따위의 모피로 만든 겨울 모자(帽子). 함남 방언에 '마우래', 평북 방언에 '마우래기', 강원 방언에 '망래기' 경기, 강원, 황해 방언에 '마래기'가 있다. (여진어, 만주어 차용어).¶ 帽 ‖ 두어 설 먹은 아희라도 다 보션과 신을 신고 블근 다리롤 드러내지 아니ᄒᆞ니 그 마흐락이 쓰고 씌 뒨 거시 어룬과 다ᄅᆞ미 업더라 (小兒雖數歲者, 亦皆穿襪穿鞋, 不見赤脚者, 其頂帽腰帶與長者無別.) <서원-총목 58a> 니ᄅᆞ바 됴모가[됴하의 쓰는 마흐락이] 샹시 쓰는 마흐락이의셔 크고 그 우희 실을 쏘디 아니코 우리나라 금젼지실쳐로 올노 ᄒᆞ야 덥헛더라 (所謂朝帽亦大於常時所戴者, 而兜上紅絲不條而散垂, 如我國金剪紙垂絲.) <서원 5:22b> ▼兜 ‖ 때 안개 비쳐로 ᄂᆞ리니 사롬마다 마흐락이 우희 다 우구롤 뻐시니 (時飛霧如雨, 人皆戴雨具於兜上.) <서원 2:66b> ⇒ 마라기, 마락이, 마우락이, 말아기, 말악이, 말읶이, 마흐래, 마흐리, 마흐라기

【마흐래】 명 ((복식)) 마래기. 담비 따위의 모피로 만든 겨울 모자(帽子). 여진어 mahaila, 만주어 mahala. (여진어, 만주어 차용어).¶ 冠, 又마흐래 <동해-복식 상:55a> 마흐래 지오다 (放帽沿.) <몽보-복식 19b> ⇒ 마라기, 마락이, 마우락이, 말아기, 말악이, 말읶이, 마흐래, 마흐리, 마흐라기, 마흐락이

【마흐래-샹모】 명 ((복식)) 모자(帽子) 상모. (여진어, 만주어 차용어).¶ 마흐래샹모 (帽纓子) <동해-복식 상:55a> <몽해-복식 상:42b> 마흐래샹[모] (帽纓子) <과록-복용 85a> ⇒ 마흐리샹모

【마흐래-꼭지】 명 ((복식)) 모자(帽子) 꼭지. (여진어, 만주어 차용어).¶ 마흐래 꼭지 (帽胎) <과록-복용 85a> ⇒ 마흐리꼭지

【마흐리】 명 ((복식)) 마래기. 담비 따위의 모피로 만든 겨울 모자(帽子). 여진어 mahaila, 만주어 mahala. (여진어, 만주어 차용어).¶ 마흐리 젼 (帽沿) <한청-관모 11:1b> 마흐리 션 (帽襻帶) <한청-관모 11:1b> 풀노 쁜 마흐리 (草帽) <한청-관모 11:1b> 마흐리 지오다 (放帽沿.) <한청-천탈 11:17b> 귀 덥는 마흐리 (護耳帽) <한청-관모 11:1b> 시옭 어른 마흐리 (寬沿帽) <한청-관모 11:1b> ※ 帽, 麻希刺; 小帽, 麻希刺. <여진역어-의복> ⇒ 마라기, 마락이, 마우락이, 말아기, 말악이, 말읶이, 마흐래, 마흐리, 마흐라기, 마흐락이 ☞ 량마흐리

【마흐리-샹모】 명 ((복식)) 모자(帽子) 상모. (여진어, 만주어 차용어).¶ 마흐리샹모 (帽纓) <한청-관모 11:1b> ⇒ 마흐래샹모

【마흐리꼭디-씬】 명 ((복식)) 모자(帽子) 꼭대끈. (여진어, 만주어 차용어).¶ 마흐리꼭디씬 (提繫) <한청-관모 11:1b>

【마흐리-꼭지】 명 ((복식)) 모자(帽子) 꼭지. (여진어, 만주어 차용어).¶ 마흐리꼭지 (帽胎) <한청-관모 11:1b> ⇒ 마흐래꼭지

【막그더뻑】 명 ((지리)) 마그데부르크(Magdeburg). 독일 동부에 있는 도시. 중세에 한자 동맹 도시로 번영하였으나 30년 전쟁으로 몰락하였다. (외래어).¶ 막그더뻑(馬勒德布革 Magdeburg) <만국통감1912 7> 때에 덕국 대쟝 틸니와 밋 파벤하임이 힘을 합ᄒᆞ야 막그더뻑 셩을 쳐 파ᄒᆞ고 사홀을 죽이며 로략ᄒᆞ고 셩을 불살오앗더니 <만국통감1912 4, 48>

【막코】 명 ((음식)) 막코(マコ). 일제시대 담배 상표의 하나. (일본어 차용어).¶ 닷 돈 가지고 甲紗당기 못 끗캇네 /은가락지는 못 사갓네. 아하! /막코를 열 個 사다가, 불을 넛챠 요 마음. <김소월-삼천리1934.8, 돈타령>

【만도】 명 ((음식)) 만두(饅頭). 밀가루 따위를 반죽하여 소를 넣어 빚은 음식. (중국어 차용어).¶ 만도 둔 (飩) <음첩a 22b> 만도 혼 (餛) <음운 37b> <음첩a 76a> ▼饅頭 ‖ 곳 힝주을 불너 우마롤 잡고 갈늘 뭉쳐 인두롤 민다ᄅᆞ 안의 우양고기롤 너코 일홈은 만도라 ᄒᆞ더라 (喚行廚宰殺牛馬, 和麵爲劑, 塑成人頭, 內以牛羊等肉代

之, 名曰'饅頭'.) <삼국-모종 15:26> 면도 ᄀᆞ장 됴케 ᄆᆡᆼᄀᆞ라 보내고 만도 졈 ᄀᆞ장 됴케 ᄆᆡᆼ그라 보내소 <현풍곽씨-73 /진하-144 17c전기 곽주(남편) ↓진주하씨(아내)> 횟고기도 여러 마리 아니고 만도도 여러 그ᄅᆞ시 아녀 근심이 혼자 가뎌 왐즉ᄒᆞ거든 ᄇᆡ덕의란 보내디 말고 근심이 저만 ᄒᆞ여 보내소 <현풍곽씨-76 /145 17c전기 곽주(남편) ↓진주하씨(아내)> 만도의 녹도ᄀᆞᄅᆞᆯ 녀흐면 죠치 아니ᄒᆞ니라 <디미방-만두법 1a> ⇒ 만두, 만쥬, 만투, 만튀, 몬두

【만도-소】 명 ((음식)) 만두소(饅頭-). 만두 속에 넣는 재료. 쇠고기, 돼지고기, 나물 따위를 잘게 썰어 양념을 쳐서 한데 버무려 만든다. 만도+소. (중국어 차용어).¶ 밀로도 ᄀᆞᄅᆞᆯ 졍히 상화 상화 ᄀᆞᄅᆞᄀᆞ치 지허 모밀 만도소ᄀᆞ치 쟝만ᄒᆞ야 초지령 싱각즙 ᄒᆞ면 죠ᄒᆞ니라 <디미방-만두법 1a> 개ᄅᆞᆯ 자바 조히 ᄡᅵ라 어덜 ᄰᅡᆯ마 ᄲᅧ 불라 만도소 니기ᄃᆞ시 ᄒᆞ야 후쵸 쳔쵸 싱강 춤기ᄅᆞᆷ 젼지령 ᄒᆞᆫ디 교합ᄒᆞ여 즈지 아케 ᄒᆞ여 <디미방-개쟝 7b> ⇒ 만도ᄯᅩ, 만두소, 만두속, 만두쇼, 만두쇽

【만도-ᄯᅩ】 명 ((음식)) 만두소(饅頭-). 만두 속에 넣는 재료. 쇠고기, 돼지고기, 나물 따위를 잘게 썰어 양념을 쳐서 한데 버무려 만든다. (중국어 차용어).¶ 만도ᄯᅩ 장만키ᄂᆞᆫ 무을 ᄀᆞ장 무ᄅᆞ ᄲᆞᆯ마 낫 업시 ᄯᅩ사 싱치 무른 술흘 즈쳐 지령기ᄅᆞᆷ의 봇가 빅ᄌᆞ와 호쵸쳔쵸 ᄀᆞᄅᆞᆯ 약념ᄒᆞ야 녀허 비저 ᄰᅡᆯ몰 제 새용의 쟉쟉 녀허 ᄒᆞᆫ 분게 잡ᄉᆞ오리식 ᄰᅡᆯ마 초지령의 싱강즙 ᄒᆞ야 잡ᄉᆞ오라 <디미방-만두법 1a> 기ᄅᆞᆷ쟝에 닷복가 소긔 녀코 ᄀᆞᆫ쟝 달혀 더운 김의 브어 알마초 단지에 녀허 두고 쓰라 싱치어나 황육이나 만도ᄯᅩᄀᆞ치 ᄒᆞ여 녀흐면 더 됴ᄒᆞ니라 <주방-가람 약지히 23b> 뎡광을 두 치식 버혀 잠간 데쳐 겁딜과 속 므른 ᄃᆡ 다 업시ᄒᆞ고 장지 두틔마곰 뎜여 싱치 황육 듕에 표고 셔이 약념읫것 ᄒᆞ고 두부조차 ᄒᆞᆫᄃᆡ 만두ᄯᅩᄀᆞ치 ᄆᆞᆫᄃᆞ라 소 녀허 ᄆᆞ라 곳 둘로 ᄢᅦ여 ᄀᆞ장 닉게 ᄢᅧ 두부느름 즙졔로 ᄒᆞ여 쓰라 <주방-가람 동화느름 23b> ⇒ 만도소, 만두소, 만두속, 만두쇼, 만두쇽

【만되一】 명 먼데이 (monday). 월요일. (외래어).¶ 만되一(月曜日) <영어일상통화단어초집 우산>

【만두】 명 ((음식)) 만두(饅頭). 밀가루 따위를 반죽하여 소를 넣어 빚은 음식. (중국어 차용어).¶ 만두 <법한 191> 만두 두 (餖) <일우생-우한> 만두, 麪食也, 武侯瀘水祭神取羊豕肉, 以麪或作代人頭, 名"饅頭". (饅) <자주 상:78b> 만두 만 (饅) <왜해-음식 상:47a> "餠饅". 餠也, 만두; 麪食, 밀것 (饅) <신자 4:41b> 만두 만, 餠也. (饅) <의옥 74> 饅頭 ‖ 만두, 屑麪發酵有餡宜於三春, 盖諸葛亮南征時, 瀘俗殺人祭神, 亮以羊豕代取麪, 盖人頭祭之, 饅頭之名始此. 繭斜、包子、籠餠. <명물-음식 3:38b> 만두 둔, "餛飩". 卽便是. (飩) <훈몽-식찬 중:10a /20a> 만두 혼 (餛) <훈몽-식찬 중:10a /20a> 만두 만 (饅) <일우생-우한> 만두 (饅頭) <물명괄-복식 25a> <물명고-복식-서강 14b> <일용-음식 7b> 만두 (饅頭) <광보-2 음식:2a> 만두 (饅頭) <과록-식찬 90b> 만두 (饅頭) <화초-식이 15a> 만두 (饅頭) <화정-음식 50> <한대-음식 51> <자통-음식 412> 만두[밀가루떡이라] 푸딩 (饅頭樸定) <조반> 만두 (餃子) <자통-지나요리 420> 만두 (餃子) <중통-부록 102> 만두 (餃子) <지나-음식 59> ▼饅頭 ‖ 군즁의 분부ᄒᆞ야 우마를 죽이고 갈로을 뭉긔여 사람의 머리를 ᄆᆡᆼ그라 우양의 고기로ᄲᅧ쇼를 너코 일홈을 만뒤[셰속 만뒤 일노 조차 나니라]라 ᄒᆞ다 (喚行廚宰殺牛馬, 和麵爲劑, 塑成人頭, 內以牛羊等肉代之, 名曰饅頭.) <삼국-가정 29:66> 공산이 ᄃᆡ왈 이ᄂᆞᆫ 아조 쉬오니 쥬공이 셩듕 인민게 하녕ᄒᆞ야 가가호호ᄆᆞ둔 ᄆᆡ일 술 ᄒᆞᆫ 병과 고기 ᄒᆞᆫ 덩이와 만두 ᄒᆞᆫ 반식 붓치게 ᄒᆞ면 됴흐리이다 (喬公山說: '要當値的也容易. 主公今日或出西門, 着西門內居民入等出錢糧, 每一名碗酒、塊肉、饅頭一對.') <당진 6:9> ᄉᆞ뷔 엇지 만두ᄅᆞᆯ 먹지 아니ᄒᆞᄂᆞ뇨 (師傅你怎麽不用饅頭?) <포공-재봉선관 3:54> 거리마다 방을 븟쳐 ᄉᆞᄅᆞᆷ을 쳥ᄒᆞ여 지식을 먹으라 ᄒᆞ더니 엇지 탕반과 만두ᄂᆞᆫ 뵈지 아니코 다만 만히 모혀 쳥담만 ᄒᆞᄂᆞ냐 ("滿街貼報子請人喫齋, 怎湯飯、饅頭不見, 卻打團團在此說淸話?") <후서유 18:111-36> 당긔의 냥인이 각기 부졀업ᄉᆞᆫ 삼긔 만두와 두 죵 더운 챠ᄅᆞᆯ 먹엇더니 (當下不合兩人, 各喫了三個饅頭.) <설월 2:58> 살진 사ᄅᆞᆷ은 만두 속에 넛코 파리ᄒᆞᆫ 사ᄅᆞᆷ은 바다에 드리친다 ᄒᆞ니 이럼으로 뭇노라 (肥的切做饅頭餡, 瘦的却把去塡河.) <수호-신문 2:26:106> ᄯᅩᄒᆞᆫ 말ᄉᆞᆷ이 맛기ᄅᆞᆯ 기다리지 아니ᄒᆞ고 곳 뛰여가니 뉘라셔 만두ᄅᆞᆯ 살마노코 너ᄅᆞᆯ 기다리기의 식을가 두려ᄒᆞ여 그리ᄒᆞᄂᆞ냐 (也等不得說完就跑, 誰蒸下饅頭等着你, 怕冷了不成!) <홍루 26:14> 로형은 만두 자시기를 조와ᄒᆞ시오 | 나는 물만두 먹기를 조와ᄒᆞ오 ("你愛吃饅頭麽?" "我愛吃餃子.") <지나-애홀 128> ▼饅首 ‖ ᄯᅩ 반각을 기다리더니 뎜쥬인이 만두와 치소며 밥을 올니거ᄂᆞᆯ 여겸이 연망이 먹고 음식갑슬 셰음ᄒᆞ여 쥬고 (又停了半刻, 店家方捧饅首、包子、飯菜來, 余謙連忙吃錢, 開過飯錢.) <녹모 5:153> ᄆᆞ춤 아즁의셔 아히죵 진지 만두 둘흘 너여와 뎜심으로 먹으라 ᄒᆞ거ᄂᆞᆯ 웅봉이 ᄋᆞ직 줌드러시믈 보고 만두ᄅᆞᆯ 머무러 ᄋᆞ직 ᄭᅵ거든 먹이려 ᄒᆞ니 (適衙內小僕進才遞出二饅首來與裁縫當點心, 應鳳因兒子睡濃, 留下饅頭與他醒來吃.) <포공-재봉선관 3:54> 션인이 한 손의 차병을 들고 한 손의 일긔 년엽 봉지의 십여 긔 만두ᄅᆞᆯ 싸가지고 ᄇᆡ로 나려오며 니ᄅᆞᄃᆡ (見船家一手提着茶壺, 一手拿着一箇荷葉包兒, 托着十幾箇熱饅首, 下船來道.) <설월 2:55> 만일 간령의 문즁인이 져의 뎜즁에 들면 일긔도 살지 못ᄒᆞ야 지물을 ᄲᅦ앗고 사람을 잡아 고기를 발나 만두소를 ᄒᆞ나니 이러ᄒᆞᆷ으로 사람들이 일긔 작호를 지어 활염나ᄅᆞ 부르ᄂᆞ니 (若是奸佞門中之人入他店中, 莫想一個得活, 財帛貨物留下, 將人宰殺, 剮下肉來, 切成餡子包饅首, 因此人都起他一個混名叫做'活閻

羅'.) <녹모 5:22> ᄯᅩ 반각을 기다리더니 뎜쥬인이 만두와 최소며 밥을 올니거ᄂᆞᆯ 여겸이 연망이 먹고 음식 갑슬 셰음ᄒᆞ여 쥬고 (又停了半刻, 店家方捧饅首、包子、飯菜來, 余謙連忙吃錢, 開過飯錢.) <녹모 5:153> 쥬반을 다 먹지 아니ᄒᆞ니 다시 졍ᄒᆞᆫ 만두ᄅᆞᆯ ᄆᆡᆫᄃᆞ라 ᄃᆡ졉ᄒᆞ리라 ᄒᆞ고 나가거ᄂᆞᆯ <명행 46:47> 밤 들기ᄅᆞᆯ 기ᄃᆞ려 일호쥬와 일ᄀᆡ 만두ᄅᆞᆯ 가져 옥즁의 가 옥졸을 보고 왈 <벽허 6:11> 황률 가루 ᄭᅮᆯ에 반죽ᄒᆞ야 계피 건강 ᄌᆞᆺ가루를 ᄭᅮᆯ에 ᄀᆡ야 소 너어 만두와 갓치 틀어 빗어 우에 ᄭᅮᆯ과 ᄌᆞᆺ가루을 바르ᄂᆞ니라 <부필 11a> 만두난 의주에서 잘ᄒᆞ여 지나 사람과 갓치 하되 달은 데 것은 조치 못하고 두부난 창의문(彰義門) 밧게서 잘하난데 연ᄒᆞ고 활한 것슬 일우 말할 수 업고 <절식 4b> 약식 만두 면 시접 증병 ᄇᆡᆨ청 고물병 <탄일졔향셜찬도 3a> 식혜 일긔 완ᄌᆞ탕 일긔 만두 일긔 탕병 일긔 튜청 일긔 초장 일긔 개ᄌᆞ 일긔 <경우궁정유신조-정됴 고오촌 1897> 과자 낙원동 집 돈으로 ᄉᆞᆫ 것 십 젼 일본감 낙원동 집 돈으로 ᄉᆞᆫ 것 십오 젼 만두 낙원동 집 돈으로 ᄉᆞᆫ 것 세 기 십오 젼 ᄉᆞ과 낙원동 집 돈으로 ᄉᆞᆫ 것 열 기 십오 젼 <가용-한고 1936.11.20> ※ 饅頭 (饅頭) <한청-발발 12:46b> 饅頭 ‖ 당시롱 세 가지 粉湯을 올릴 거시오 饅頭와 蒸食과 즌 떡이니 이도 이믜셔 넉넉ᄒᆞ다 (還要上三道粉湯, 饅頭、蒸食、小餑餑, 這也就勾了.) <박신 1:5b> ᄒᆞᆫ 사ᄅᆞᆷ의게 ᄒᆞᄅᆞ 두 낫 饅頭ㅣ니 三場에 대되 여ᄉᆞᆺ 낫 饅頭ㅣ라 (一箇人一日兩箇饅頭, 三場共六箇饅頭.) <오전 3:4a> 졍히 三場文字를 사ᄅᆞᆷ이 ᄃᆞ토라 가거ᄂᆞᆯ 여ᄉᆞᆺ 낫 饅頭를 내 먹으라 왓도다 (正是三場文字人爭去, 六箇饅頭我喫來.) <오전 3:6b> 饅 ‖ 만두ᄂᆞᆫ 여러가지 맛난 거슬 속의 녀허 ᄆᆡᆫ든 ᄯᅥᆨ이오니 <교린-묘 3:45b> ⇒ 만도, 만쥬, 만투, 만튀, 몬두

【만두과】 명 ((음식)) 만두과(饅頭果). 유밀과(油蜜果)의 하나. 밀가루에 참기름, 꿀, 생강즙, 소주 따위를 넣고 반죽한 뒤 잘게 썬 대추와 계핏가루를 섞은 소를 넣어 만두 모양으로 빚어 기름에 튀겨 만든다. (중국어 차용어).¶ 만두과, 卽藥果之有餡者. (蜜餌) <광보-2 음식:2b> 만두과 (饅頭果) <일용-음식 8a> <이록-과실 19b> 만두과ᄂᆞᆫ ᄃᆡ쵸륙 계피을 화합ᄒᆞ야 소을 너코 지지기ᄂᆞᆫ 법이 갓타니라 <규합-방각1869 병과 17b> 홍산ᄌᆞ 쥰시 만두과 ᄂᆞᆯ다식 싱니 ᄇᆡᆨ산ᄌᆞ 삼십일긔 <탄일졔향셜찬도 3a> 만두과 일긔 듕박계 일긔 홍미화연사과 ᄇᆡᆨ미화연사과 일긔 홍셰강반뇨화 ᄇᆡᆨ셰강반뇨화 일긔 <경우궁향수건기-탄일 고구촌 1870> 만두과 일긔 임ᄌᆞ간졍 태말간졍 일긔 우포 일긔 싱니 일긔 왜감ᄌᆞ 일긔 준시 일긔 젼약 일긔 준시슈졍과 일긔 잡과두텹병 잡과녹두증병 대조ᄌᆞ박병 잡과쳥애단ᄌᆞ 일긔 <경우궁향수건기-동지 고팔촌 1870> 만두과 일긔 듕박계 일긔 홍미화연사과 ᄇᆡᆨ미화연사과 일긔 홍셰강반뇨화 ᄇᆡᆨ셰강반뇨화 일긔 <경우궁정유신조-탄일 고팔촌 1897> 향 졔쥬 금노덕홍심측 일빵 만두과 일긔 듕박계 일긔 홍셰강반 ᄇᆡᆨ셰강반 연사과 일긔 임ᄌᆞ말 태말 홍말 당귀말 일긔 각식졀육 일긔 오미ᄌᆞ다식 ᄂᆞᆯ다식 숑화다식 흑임ᄌᆞ다식 일긔 <효덕뎐 쳥명다례볼긔 1920.2.27>

【만두-국】 명 ((음식)) 만둣국(饅頭-) 만두를 넣고 끓인 국. (중국어 차용어).¶ 만두국 <법한 191>

【만두-소】 명 ((음식)) 만두소(饅頭-). 만두 속에 넣는 재료. 쇠고기, 돼지고기, 나물 따위를 잘게 썰어 양념을 쳐서 한데 버무려 만든다. (중국어 차용어).¶ 만두소 (饅頭餡兒) <물해-기용 15a> 만두소 (饅頭餡) <사아-물명 5a> ▼餡子 ‖ 만일 간령의 문즁인이 져의 뎜즁에 들면 일ᄀᆡ도 살지 못ᄒᆞ야 ᄌᆡ물을 쎼앗고 사람을 잡아 고기를 발나 만두소를 ᄒᆞ나니 이러ᄒᆞᆷ으로 사람들이 일ᄀᆡ 작호를 지어 활염나ᄅᆞ 부르ᄂᆞ니 (若是奸佞門中之人入他店中, 莫想一個得活, 財帛貨物留下, 將人宰殺, 剮下肉來, 切成餡子包饅首, 因此人都起他一個混名叫做'活閻羅'.) <녹모 5:22> 소난 고기 머리술노 살마 건져 만두소갓치 난만게 난두ᄒᆞ여 녹도기람과 비ᄎᆞ 속ᄃᆡ 술마 난두ᄒᆞ여 고기와 한ᄃᆡ 조합ᄒᆞ여 <음식방문1882 한옥션 62> ⇒ 만도소, 만도쏘, 만두속, 만두쇼, 만두쇽

【만두-속】 명 ((음식)) 만두소(饅頭-). 만두 속에 넣는 재료. 고기, 두부, 김치, 숙주나물 따위를 다진 뒤 양념을 쳐서 버무려 만든다. (중국어 차용어).¶ 만두속 (饅頭餡) <서상-어람 105a> 만두속 (餡) <서상-박문 70> ⇒ 만도소, 만도쏘, 만두소, 만두쇼, 만두쇽

【만두-쇼】 명 ((음식)) 만두소(饅頭-). 만두 속에 넣는 재료. 고기, 두부, 김치, 숙주나물 따위를 다진 뒤 양념을 쳐서 버무려 만든다. (중국어 차용어).¶ 천천이 죽여 살진 놈을 쇠고기 삼아 팔고 여외 니ᄂᆞᆫ 만두쇼 ᄒᆞ려니와 다만 져 부인의 노쥐 쥬육을 다 먹지 아니니 엇지ᄒᆞᆯ고 <명행 46:48> ⇒ 만도소, 만도쏘, 만두소, 만두속, 만두쇽

【만두-쇽】 명 ((음식)) 만두소(饅頭-). 만두 속에 넣는 재료. 고기, 두부, 김치, 숙주나물 따위를 다진 뒤 양념을 쳐서 버무려 만든다. (중국어 차용어).¶ 餠中粢味. 만두쇽니라 (餡) <서상-우한 13b> 音"함", 만두쇽 (饅頭餡) <물명찬-음식 11> ▼饅頭餡兒 ‖ 너의덜 염포국과 손ᄌᆞ와 박손과 쵸닝국과 쉰두부넌 참 쇼쩽난다 너가 만근 ᄒᆞᆰ면을 어둑ᄒᆞ게 시긴지라 오쳔인을 ᄌᆞ바 한 뭉치 만두쇽을 ᄆᆡᆫ들 거시니 너희넌 날을 비웃지 마라라 (你們的浮沙羹、寬片粉、添雜糝、酸黃虀、臭豆腐眞調談.我萬觔黑麵從敎暗, 我把五千人, 做一頓饅頭餡兒. 你休悞我也麽哥!) <서상-박문 71> ⇒ 만도소, 만도쏘, 만두소, 만두속, 만두쇼

【만쥬】 명 ((음식)) 만주(饅頭, まんじゅう). 일본 과자 중 생과자의 하나. 밀가루·쌀가루로 만든 반죽에 앙금(팥소)를 넣고 싸서 찌거나 구은 과자이다. 중국의 만두(饅頭)는 육류를 소로 넣는 것인데, 이것이 일본으로 건너가 콩·팥으로 만든 앙금을 채운 만두로 정착하였다. 앙금은 팥앙금 이외에 노른자, 밤, 호도, 건초도 등을 첨가해 다양하게 만든다. (일본어 차용어).¶ 만쥬

(饅頭) <지나-음식 59> ⇒ 만도, 만두, 만투, 만튀, 몬두

【만로비아】 명 ((지리)) 몬로비아(Monrovia). 라이베리아에 있는 항구 도시. 1822년에 미국의 해방 노예의 새 정착지로 건설되었다. 라이베리아의 수도. (외래어).¶ 도셩과 읍닉를 의론컨대 라비라아국 도셩은 일홈이 만로비아요 세 늬감비아 읍닉는 일홈이 프리다운이오 아쉬안듸 읍닉는 일홈이 구마스ㅣ니 블란시국 쇽방이오 <사필1889-헐버트 148>

【만머트】 명 ((인명)) 몬머스(Monmouth). 영국왕 찰스 2세(Charles II)의 서자. 제임스 2세(James II)의 왕위를 노렸으나 처형당했다. (외래어).¶ 만머트 (曼木特 Monmouth) <만국통감1912 7> 뎨이 찰쓰의 셔ᄌᆞ 만머트가 네델넌쓰국에 잇서 그 아부지의 샹고남과 ᄯᅩ 그 삼촌 야곱이 위를 니엇다 ᄒᆞᆷ을 듯고 <만국통감1912 4, 58>

【만테비듸오】 명 ((지리)) 몬테비데오(Montevideo). 우루과이에 있는 항구 도시. 양모, 고기, 피혁 따위를 수출하며 남아메리카에서 손꼽히는 해수욕장, 피서지이다. 우루과이의 수도. (외래어).¶ 디형을 의론컨대 큰 산은 업고 셔편에 유루궤국과 디경ᄒᆞᆫ 유루궤 강이 잇고 남편에 만테비듸오와 말도나도ㅣ란 포구가 잇고 동편에 메립이란 큰 못시 잇스며 <사필1889-헐버트 136>

【만테스큐】 명 ((인명)) Montesquien (외래어).¶ 만테스큐 (曼提庫 Montesquien) <만국통감1912 8>

【만투】 명 ((음식)) 만두(饅頭). 중국식 찐빵. '투(頭, tóu)'는 중국어 직접 차용어.¶ 만투 (饅頭) <중통-부록 102> ⇒ 만도, 만두, 만쥬, 만튀, 몬두

【만튀】 명 ((음식)) 만두(饅頭ㅣ). 밀가루 따위를 반죽하여 소를 넣어 빚은 음식. '투(頭tóu)'는 중국어 직접 차용어.¶ 만튀 <노한 413> ⇒ 만도, 만두, 만쥬, 만투, 몬두

【만트감】 명 Montcalm (외래어).¶ 만트감 (曼特堪 Montcalm) <만국통감1912 7>

【만트늬그로】 명 ((지리)) 몬테네그로(Montenegro). 발칸반도의 서부에 위치한 공화국. 유고슬라비아 사회주의 연방공화국이 1992년에 붕괴됨에 따라 세르비아와 함께 신유고연방을 결성하였다. 수도는 티토그라드. (외래어).¶ 만트늬그로 (蒙底尼) <명물 六堂 13a> ⇒ 만트늬그로국

【만트늬그로-국】 명 ((지리)) 몬테네그로(Montenegro). 발칸반도의 서부에 위치한 공화국. 유고슬라비아 사회주의 연방공화국이 1992년에 붕괴됨에 따라 세르비아와 함께 신유고연방을 결성하였다. 수도는 티토그라드. (외래어).¶ 이스바니아국과 포츄갈국과 쉬슬란드국과 이달리아국과 오스드리아 헝거리국과 루마니아국과 셰비아국과 만트늬그로국과 터키국과 끄리스국이니 <사필1889-헐버트 14> 만트늬그로국은 폭원이 북위션 ᄉᆞ십이 듸그리브터 ᄉᆞ십삼 듸그리ᄭᆞ지요 동경션 십구 듸그리브터 이십 듸그리ᄭᆞ지니 남북이 삼뵉 리요 동셔가 이뵉 리며 <사필1889-헐버트 64> ⇒ 만트늬그로

【만트리올】 명 ((지리)) 몬트리올(Montreal) (외래어).¶ 만트리올 (曼提阿勒 Montreal) <만국통감1912 8>

【만트써머리】 명 ((지리)) Montgomery (외래어).¶ 만트써머리 (曼特革米利 Montgomery) <만국통감1912 8>

【말나가】 명 ((지리)) 말라가(Malaga). 에스파냐 남부, 지중해 연안에 있는 항구 도시. 유럽에서 가장 따뜻하여 피한지와 해수욕장으로 널리 이용된다. (외래어).¶ 남편에 케띄스와 세빌과 말나가ㅣ란 큰 포촌이 잇고 ᄯᅩ 라나다ㅣ란 큰 촌이 잇고 ᄯᅩ 지브롤타ㅣ란 믈ㅅ목시 잇스니 이는 옝길리국이 엇어 ᄎᆞ지ᄒᆞᆫ 곳이오 <사필1889-헐버트 43>

【말도나도】 명 ((지리)) 말도나도주(Maldonado). 우루과이 남부 라플라타강 하류 만구(灣口)의 북쪽 기슭에 있는 주. (외래어).¶ 디형을 의론컨대 큰 산은 업고 셔편에 유루궤국과 디경ᄒᆞᆫ 유루궤 강이 잇고 남편에 만테비듸오와 말도나도ㅣ란 포구가 잇고 동편에 메립이란 큰 못시 잇스며 <사필1889-헐버트 136>

【말코니ㅣ】 명 ((인명)) 마르코니(Marconi, Guglielmo). 이탈리아의 전기 기술자·기업가(1874~1937). 전자석을 이용한 통신 장치를 발명하였고, 무선 통신을 최초로 성공시켜 이를 실용화함으로써 현대 장거리 무선 통신의 기초를 세웠다. (외래어).¶ 無線電信 말코니ㅣ <백과신-송1926 491>

【말플나게】 명 Malplaquet (외래어).¶ 말플나게 (瑪怕喀 Malplaquet) <만국통감1912 8>

【망건】 명 ((복식)) 망건(網巾). 상투를 튼 사람이 머리카락을 걷어 올려 흘러내리지 아니하도록 머리에 두르는 그물처럼 생긴 물건. 보통 말총, 곱소리 또는 머리카락으로 만든다. (중국어 간접 차용어).¶ 망건 <법한 1274> 망건 ㅣ 자분 치 <법한 257> 망건 (網兒) <역해-복식 상:43b> 망건 (網子) <동해-복식 상:55a> <방석-복식 2:22b> <몽해-복식 상:42b> <파록-복용 85a> <화초-복식 13b> <한담-복식 14b> 망건 쓰다 (包網子) <파록-복용 85a> 망건 ᄡᅳᆫ 누키단 말 가트니라 (鬆籠呪.) <서유-수경 8a-100> ▼掠頭 ‖ 免은 닐온 뵈룰 ᄧᅥ거나 或 깁을 호거나 너비 ᄒᆞᆫ치는 ᄒᆞ야 목으로브터 앏풀 向ᄒᆞ야 니마 우희 서르 어긔내여 도로 샹토에 둘러 망건 스ᄃᆞᆺᄒᆞᄂᆞᆫ 거시라 (免謂裂布或縫絹, 廣寸. 自項向前交於額上, 卻遶髻, 如著掠頭也.) <가언 5:27b> ▼網巾 ‖ 망건, 以馬尾結網爲巾者, 明初道士之服. 太祖命頒天下, 無貴賤皆裹. 偏諸편저, 一曰㧠織, 絲爲條, 俗以網巾□□謂之偏諸편ᄌᆞ. <명물-기용 3:9a> 망건 (網巾) <광보-2 의복:3b> <군목-두식 17a> 망건 (網巾, The Korean head-band made of horsehair.) <한영1890 75> 반일만의 도라오기를 기다려 다시 우리 무리의 빗 등의 난 두발을 가져 져롤 위ᄒᆞ여 망건을 결어 노흐량이면 일신 제구가 젼슈히 될 거시오 가히 화샹의 겁쎌을 버셔 바리

리라 (等到下半天回來, 再把咱們梳下來的頭髮給他扎個網巾. 這一身都齊全了, 可就脫了和尙殼兒了.) <속홍 5:74> 망건을 ᄡᅳ이며 ᄯᅴ롤 둘너 네수와 법졔롤 냥공이 ᄒᆞᆫ가지로 ᄀᆞᄅᆞ쳐 임의 관녜롤 다ᄒᆞ미 호람후와 부숙으로브터 모든ᄃᆡ 비례ᄒᆞ니 <윤하 7:73> 셕셩 망건 졍쥬 탕건 안셩 유긔 우피치 츙쥬 단월 무오 안동 마간셕 벼로돌 <규합-정양완a 팔도소산 4:49b/405> 탈 망건 갓 숙이고 홋중치마 ᄯᅴ 그르고 <만언사> 초립 아쳥 궁쵸영ᄌᆞ 구 망건 대모 관ᄌᆞ 구 산호 동곳 일 아쳥 궁쵸모 휘양 일 초록 셰쵸ᄃᆡ 일건 쳥 셰더포 도포ᄎᆞ 일필 <품목① 138> 금관 일 부 사모 일 부 흑닙[밀라영 사영 구] 뎡ᄌᆞ관 일 부 동파관 일 부 샹토관 일 부 탕건 이 부 사복건 망건[옥관ᄌᆞ 구] <품목③ 208> 홍경 발긔 보니니 보시면 아실 ᄯᅳᆺ 신낭의 벼루집은 집의셔 ᄡᅥ이게 ᄒᆞ시옵 망건도 시굴셔 ᄉᆞ게 ᄒᆞ시옵 <송병필가-2 1888 송병필 ↓전주이씨(아내)> 상투는 꼿꼿 망건은 텅텅 니마 잘끈 동여ᄆᆡ고 ᄡᅥ무든 탕건 눌너 썻다 <대매-시평 1907.12.29> 망건 二立 二十二兩五錢 세합ᄉᆞ 五太 二十二兩五錢 흑물 二甲 四兩八錢 양자지 一甲 三兩 ᄆᆞᆨ갑비누 一甲 二兩七錢 지갑 中 半打 十三兩二錢 <장기-송화선② 1915.7.18 ↓신영희> ※ 揮項 壹件 路紬 壹座 花鞋 壹級 網巾 壹箇 冠 壹件 <物目 07:5:25> 열 놈이 바자를 둘으는 것이 무엇이냐 | 망건 쓰는 것 <조미 329> ⇒ 망건이, 망긴

【망건-이】 명 ((복식)) 망건이(網巾-). 상투를 튼 사람이 머리카락을 걷어 올려 흘러내리지 아니하도록 머리에 두르는 그물처럼 생긴 물건. 보통 말총, 곱소리(코끼리의 꼬리털) 또는 머리카락으로 만든다. 함경 방언. 망건(網巾)+-이(주격 조사 ▷명사 파생 접미사). (중국어 간접 차용어).¶ 망건이 <노한 661> ⇒ 망건, 망긴

【망긴】 명 ((복식)) 망건(網巾). 상투를 틀 때 머리카락이 흘러내리지 않도록 머리에 두르는 그물처럼 생긴 물건. '긴(巾, jīn)'은 중국어 직접 차용어.¶ 망긴, 網兒 (網子) <역해-복식 상:43b> 망긴, 網子 (網兒) <역해-복식 상:43b> 망긴 쓰라 (包網兒) <역해-소세 상:48a> 망긴 쓰다 (包網子) <방석-소식 3:8a> 망긴 쓰쇼셔 =籠網兒 (戴網子) <역해-소세 상:48a> ⇒ 망건, 망건이

【망긴-관ᄌᆞ】 명 ((복식)) 관자(貫子). 망건에 달아 망건 줄을 꿰는 작은 고리. 신분에 따라 금(金), 옥(玉), 호박(琥珀), 마노(瑪瑙), 대모(玳瑁), 뿔, 뼈 따위의 재료를 사용하였음. '긴(巾, jīn)'은 중국어 직접 차용어.¶ 오날 강소예 가려타가 비 와 몯 가니 너일 가려 ᄒᆞᄂᆡ 망긴 관ᄌᆞ 가□□고져 ᄒᆞ니 빨 ᄒᆞᆫ 되만 보내소 <순천김씨-76 1550-92 채무이(남편) ↓순천김씨(아내)>

【망도】 명 ((복식)) 망토(manteau). 소매가 없이 어깨 위로 걸쳐 둘러 입도록 만든 외투. 프랑스어에서 온 외래어.¶ 망도 <법한 890>

【망팔】 명 ((인류)) 망팔(忘八). 仁義孝悌와 忠信廉恥의 팔덕을 잊어버렸다는 뜻으로 '무뢰한'을 일컫는 말. (중국어 간접 차용어).¶ 忘八 ‖ 만일 유의ᄒᆞ여 너롤 업슈히 너겨시면 ᄅᆡ일 내가 년못 쇽의 ᄲᅡ져 옴둑겁이 머리 ᄀᆞᆺ튼 ᄌᆞ라의게 믈녀가셔 변ᄒᆞ여 큰 망팔[인물 초인ᄒᆞᄂᆞᆫ 못된 거시라]이 되엿다가 너의 ᄅᆡ일 일픔부인이 되고 늙고 병드러 셔역국으로 도라갈 ᄯᅢ롤 기다려 나는 네 분샹의 가셔 너롤 ᄃᆡ신ᄒᆞ여 한 무리 비셕을 메고 가리라 (若有心欺負你, 明兒我掉在池子裏, 敎個癩頭黿呑了去, 變個大忘八, 等你明兒做了'一品夫人'病老歸西的時候, 我往你墳上替你駝一輩子碑去.) <홍루 23:57> 일개 녀지 산ᄋᆞ히게 싀집가미 망팔[조귀 ᄀᆞᆺ튼 말이라]이 되려 ᄒᆞ니 엇지 ᄆᆞᄋᆞᆷ의 슬프지 아니ᄒᆞ랴 (一個女兒嫁了漢子, 要當忘八, 他怎麽不傷心呢?) <홍루 28:73> 후두ᄒᆞᆫ 망팔아 네가 황룡탕을 먹어 취ᄒᆞ엿ᄂᆞ냐 (糊塗渾喰了的忘八! 你撞喪那黃湯罷.) <홍루 65:15> 이 사롬이 분슈가 놉다 혬ᄒᆞ리라 져 일홈난 망팔을 당ᄒᆞᆯ 거슬 더러 바렷도다 (這個人還算造化高, 省了那出名兒的忘八.) <홍루 67:101> 다른 이ᄂᆞᆫ 망팔의 분 바른 머리가 잇셔 즐기거ᄂᆞᆯ 나ᄂᆞᆫ 엇지ᄒᆞ여 즐기지 못ᄒᆞ랴 (有別的忘八粉頭樂的, 我爲甚麽不樂!) <홍루 80:52> ▼亡八 ‖ 너 망팔 니이야로 더브러 그져 잇지 못ᄒᆞ리라 (我與李二亡八干休不得.) <쾌심 22:10> ▼烏龜忘八 ‖ 너 만일 한 가지 장믈을 잡은 거시 업ᄉᆞ면 그 망팔 쇼지 임의 우리 ᄉᆞ경을 발각ᄒᆞ여실 거시로ᄃᆡ 다ᄒᆡᆼ히 장믈 잡은 거시 이시므로 졔 곳 이ᄀᆞᆺ치 아지 못ᄒᆞᄂᆞᆫ 체 ᄒᆞᄂᆞ니라 (我要沒有那個拿手哇, 那個烏龜忘八小子, 早就找上咱們門來了, 若非是有拿手, 他就能這樣不聞不問的嗎?) <충소 29:33> ⇒ 왕팔 ☞ 망팔고ᄌᆞ, 왕바둥시, 왕바지ᄌᆞ, 왕팔고자, 왕팔고ᄌᆞ

【망팔-고ᄌᆞ】 명 ((인류)) 망팔(忘八羔子). 仁義孝悌와 忠信廉恥의 팔덕을 잊어버렸다는 뜻으로 '무뢰한'을 일컫는 말. 비속어. (중국어 간접 차용어).¶ 王八羔子 ‖ 량심 업ᄂᆞᆫ 망팔고ᄌᆞ[욕ᄒᆞᄂᆞᆫ 말숨] 놈이 쇼경ᄀᆞᆺ치 관가의 츙슈ᄒᆞ엿거니와 너도 싱각고 ᄯᅩ 싱각지 아니ᄒᆞᄂᆞ냐 초ᄃᆡ대얘 다리 ᄒᆞᆫ 번 움즉ᄒᆞ여도 너의 머리보다 더 놉흐리라 (沒良心的王八羔子! 瞎充管家! 你也不想想, 焦大太爺蹺起一隻腿, 比你的頭還高些.) <홍루 7:78> ▼忘八羔子 ‖ 졔 공도롤 ᄡᅳ지 아니ᄒᆞ여 연약ᄒᆞᆫ 이롤 업슈히 너기고 강ᄒᆞᆫ 사롬을 두려워ᄒᆞ여 죠흔 ᄉᆞ역이 이시면 다른 사롬을 분파ᄒᆞ고 이런 흑야 삼경의 사롬 보너ᄂᆞᆫ ᄃᆡᄂᆞᆫ 곳 나롤 분파ᄒᆞᄂᆞ냐 량심업ᄂᆞᆫ 망팔고ᄌᆞ[욕ᄒᆞᄂᆞᆫ 말숨] 쇼경ᄀᆞᆺ치 관가의 츙슈ᄒᆞ엿거니와 (他不公道, 欺軟怕硬, 有好差使派了別人, 這樣黑更半夜送人就派我, 沒良心的忘八羔子, 瞎充管家!) <홍루 7:78> 이 기와 돗 갓흔 망팔고ᄌᆞ야 (豬狗似的忘八羔子.) <후홍 10:102> 아지 못게라 이ᄂᆞᆫ 엇던 망팔고지 이 ᄀᆞᆺ튼 요언을 지어 내엿ᄂᆞ뇨 (這不知是什麽忘八羔子造出這樣謠言?) <홍부 9:15> 망팔고ᄌᆞ 등은 교ᄌᆞ롤 메여 오라 노태태긔셔 ᄂᆞ리러 계시거ᄂᆞᆯ 네 날다려 뭇ᄂᆞ뇨 (浪忘八羔子們, 擡過來罷, 老太太到了, 你管我是誰呢.) <보홍 2:25> 망팔고ᄌᆞ야 너 나의 ᄉᆞ부롤 뫼시고 너의 여러 반녁ᄒᆞᆫ 도젹을 잡으려

왓거늘 도로혀 쏠니 나려와 결박을 밧지 아니ᄒᆞᄂᆞ냐 (混帳忘八羔子, 吾跟着我師傅, 拿你們這些叛逆之賊來了, 還不快些下來受縛.) <충소 30:93> ▼忘八崽子 ‖ 망팔고ᄌᆞ야 네 뉘 우리 마과ᄌᆞ 닙ᄂᆞᆫ 거술 보왓ᄂᆞ냐 (忘八崽子, 你見誰穿牛皮呢?) <홍부 11:46> ▼忘八奴才 ‖ ᄂᆡ 믄득 그 망팔고ᄌᆞ롤 ᄭᅮ지ᄌᆞᄃᆡ (我便罵這死忘八奴才.) <쾌심 9:78> ⇒ 왕팔고자, 왕팔고ᄌᆞ ☞ 왕팔, 왕바둥시, 왕바지ᄌᆞ

【망팔-자식】 명 ((인류)) 망팔자식(忘八子息). 욕하는 말. (중국어 간접 차용어).¶ 忘八崽子 ‖ 너의 무리 모다 슌량ᄒᆞᆫ ᄆᆞᄋᆞᆷ이 업ᄂᆞᆫ 잡된 망팔자식이니 도시 ᄒᆞᆫ 오리 등치로 칠 거시라 나ᄂᆞᆫ 아지 못ᄒᆞ니 (你們這一起沒良心的混帳忘八崽子! 都是一條藤兒, 打量我不知道呢.) <홍루 67:83> ☞ 망팔, 망팔고ᄌᆞ, 왕팔, 왕팔고자, 왕팔고ᄌᆞ, 왕바둥시, 왕바지ᄌᆞ

【매-사치】 명 ((인류)) 수할치. 매사냥을 하는 사람. '-사치(sibawuči /sibaɤuči)'는 중세몽고어 차용어. 함경・평안 방언.¶ ⇒ 매소아치, 매수아치 ☞ 수알치, 수할치, 슈알치, 슈왈찌, 슈하치, 슈할치

【매-소아치】 명 ((인류)) 매사냥을 하는 사람. '-소아치(sibawuči /sibaɤuči)'는 중세몽고어 차용어. 황해・함경 방언.¶ ⇒ 매사치, 매수아치 ☞ 수알치, 수할치, 슈알치, 슈왈찌, 슈하치, 슈할치

【매-수아치】 명 ((인류)) 매사냥을 하는 사람. '-수아치(sibawuči /sibaɤuči)'는 중세몽고어 차용어. 황해・함경 방언.¶ ⇒ 매사치, 매소아치 ☞ 수알치, 수할치, 슈알치, 슈왈찌, 슈하치, 슈할치

【매쉬】 명 ((음식)) 매쉬(mash-ie). (외래어).¶ 매쉬 ‖ 외(cucumbers) 6개 메쌀(rice) $\frac{3}{4}$잔 쇠고기 (삶아서 썬 것) 1잔 빠터 1대슈가락 일년감(tomato) 2잔 소곰 호쵸 조곰식 외를 절반에 쪽의여셔 속을 빼여 내고 쌀을 고기에 셕고 빠터와 소곰과 호쵸를 셕거셔 외의 속 빼여 낸 데다가 절반쯤 차게 담고 (만일 절반 이샹이면 쌀이 끌을 적에 넘을 것) 예비한 외를 남비에 느러노코 물 1잔과 일년감을 합하야 $\frac{1}{2}$시 동안 삶을 것 가지나 일년감도 이와 갓치 할 수 잇슴 <서요 44>

【맥시코】 명 ((지리)) 멕시코(Mexico). 라틴아메리카 국가들 가운데 가장 북쪽에 있으며 라틴아메리카에서 세번째로 큰 국가. (외래어).¶ 맥시코 (墨西哥) <세계전도1900> ⇒ 멕스고국, 멕스코, 멕시고, 메기시고, 믹스코, 믹시코

【맥카룬스】 명 ((음식)) 마카롱(macaroon). 아몬드나 코코넛, 밀가루, 달걀 흰자위, 설탕 따위를 넣어 만든 고급과자. (외래어).¶ 맥카룬스 ‖ 계란 (흰자위 되게 저은 것) 3개 소곰 $\frac{1}{4}$쇼슈가락 사탕 1잔 피닐나 1쇼슈가락 이 네 가지를 함께 셕고 야자 (코코넛) $\frac{1}{2}$잔 호도 (닉인 것) $\frac{1}{2}$잔이나 1잔 콘풀넥쓰 2잔 이 세 가지를 함께 셕거셔 몬져 네 가지 셕근 데다가 셕고 1쇼슈가락식 기름 발은 팬에 듬셩듬셩 노코 뭉군한 불에 15분 가량 구울 것 <서요 203> ☞ 알몬드맥카룬스, 초콜넷맥카룬스

【맨】 명 ((인류)) 맨(man). 남자. (외래어).¶ 맨 (男子) <영어일상통화단어초집 우산> ⇔ 워ー먼

【맨도링】 명 ((음악)) 맨도린. (외래어).¶ 맨도링 (曼獨林) <자통-오락 458>

【맷치】 명 ((기물)) 매치(match). 성냥. (외래어).¶ 맷치 (燐寸) <영어일상통화단어초집 우산>

【머규릐】 명 ((천문)) 머큐리(Mercury). 별자리의 하나. (외래어).¶ 태양이 ᄒᆞᆫ 큰 별이라 극히 빗나며 움즉임이 업고 그 ᄀᆞ헤 도ᄂᆞᆫ 별 여ᄃᆞᆲ이 쇽ᄒᆞ엿시니 ᄒᆞ나흔 쥬비터요 둘흔 비너스요 세흔 쉿언이오 네흔 마스요 다ᄉᆞᆺ슨 이 ᄯᅡ히오 여ᄉᆞᆺ슨 넵츈이오 닐곱은 유레너스오 여ᄃᆞᆲ은 머규릐니 <사필1889-헐버트 3>

【먼셔-도마스】 명 ((인명)) Munzer (Thomas) (외래어).¶ 먼셔 (도마스) (門色耳 Munzer (Thomas)) <만국통감1912 8>

【메돌】 명의 ((도량)) 미터(メートル, meter). 미터법에 의한 길이의 단위. 1미터는 빛이 진공에서 총에서 2억 9979만 2458분의 1초 동안 이동한 길이이다. 기호는 m. (외래어).¶ 메돌 <조백-척도1915 557> ⇒ 메ー들 ☞ 미리메돌, 센지메돌, 기로메돌, 미리아메돌

【메ー들】 명의 ((도량)) 미터(メートル, meter). 미터법에 의한 길이의 단위. 1미터는 빛이 진공에서 총에서 2억 9979만 2458분의 1초 동안 이동한 길이이다. 기호는 m. (외래어).¶ 도度ᄂᆞᆫ 삼 척 삼 ᄎᆞᆫ을 미※(메ー들)이라 ᄒᆞ야 그 십분의 일을 ᄯᅦ시메들이라 ᄒᆞ고 ᄯᅦ시메들의 십분의 일을 센지메들이라 ᄒᆞ며 센지메들의 십분의 일을 밀리메ー들이라 ᄒᆞ며 ᄯᅩ 메ー들의 십비를 데ᄭᅡ메들 빅비를 헥도메들 천 비를 기로메들이라 ᄒᆞᄂᆞ니라 <조농-도량 64> ⇒ 메돌 ☞ 미리메돌, 센지메돌, 기로메돌, 미리아메돌

【메ー들-법】 명 ((도량)) 미터법(メートルmeter法). 길이와 너비 따위는 미터를, 부피는 리터를, 무게는 킬로그램을 기본 단위로 하는 십진법을 사용한 도량형법. 18세기 말엽 프랑스에서 처음으로 법으로 제정된 후에, 1875년에 각 나라 사이에 미터 협약을 맺어 세계적으로 널리 쓰게 되었다. 우리나라에서는 1963년 5월에 계량법을 제정하여 오늘날까지 채택하고 있다. (외래어).¶ 도량형에ᄂᆞᆫ ᄯᅩ 메ー들법이 잇ᄂᆞ니 이 법은 온세계에 통용 되ᄂᆞᆫ 것인 고로 이를 알지 못ᄒᆞ야서ᄂᆞᆫ 불편홈이 불소ᄒᆞ니 이제 그 ᄃᆡ요를 말ᄒᆞ노라 도度ᄂᆞᆫ 삼 척 삼 ᄎᆞᆫ을 미※(메ー들)이라 ᄒᆞ야 그 십분의 일을 ᄯᅦ시메들이라 ᄒᆞ고 ᄯᅦ시메들의 십분의 일을 센지메들이라 ᄒᆞ며 센지메들의 십분의 일을 밀리메ー들이라 ᄒᆞ며 ᄯᅩ 메ー들의 십비를 데ᄭᅡ메들 빅비를 헥도메들 천 비를 기로메들이라 ᄒᆞᄂᆞ니라 <조선-도량 64>

【메듸나】 명 ((지리)) 메디나(Medina). 사우디아라비아의 서부 헤자즈 지방에 있는 도시. 이슬람교의 창시자 마

호메트가 622년에 메카에서 쫓겨나 옮겨 온 곳으로, 그의 무덤도 이곳에 있다. (외래어).¶ ᄯᅩ 북편에 무로사와 시멘아와 드레비산드롸 어스름이란 촌이 잇고 셔편에 알너보와 ᄃᆡ마스커스와 [텬하에 뎨일 오랜 촌이라] 베룻과 예루사렘이란 촌이 잇고 [온 텬하에 유명ᄒᆞᆫ 촌] 남편에 메듸나와 멕가와 [회회교 시작ᄒᆞᆫ 곳] 목카ㅣ란 촌이 잇고 동편에 부소라와 박닷과 [녜ᄉᆞ 아시리아국 셔울이니 유명ᄒᆞ니라] 모수ㅣ란 촌이 잇고 <사필1889-헐버트 99>

【메듸라】 명 ((지리)) 마데이라(Madeira) 제도. 모로코 서쪽 대서양 위에 있는 섬의 무리. 포르투갈령이며, 휴양지·관광지로 유명하다. (외래어).¶ 엇은 ᄯᅡ흘 의론컨대 아프리가 셔편 대셔양에 메듸라와 겝벗이란 몃 셤과 ᄯᅩ ᄒᆡ변 몃 디방과 ᄯᅩ 동편 ᄒᆡ변 몃 디방과 인도 ᄯᅡ ᄒᆡ변 ᄒᆞᆫ 디방과 청국 남편 홍콩 근쳐에 몃 적은 셤을 엇어 ᄎᆞ지ᄒᆞ니라 <사필1889-헐버트 47>

【메레강】 명 ((지리)) 머리(Murray)강. 오스트레일리아 남동부를 흐르는 이 나라 최대의 강. 오스트레일리아 알프스에서 시작하여 서쪽으로 흐르다가 하류에서 달링강과 합쳐 엔카운터 만으로 흘러 들어간다. (외래어).¶ 디형을 의론컨대 동편에 오스드렐랴앏과 쌜루와릐버블이란 산과 ᄒᆞᆫ가온대 젹은 산들이 잇고 동남에 메레란 강이 인도양에로 드러가고 락란과 짤링이란 강이 메레강에로 드러가고 쿠페란 강이 잇스며 <사필1889-헐버트 154>

【메리야쓰】 명 ((복식)) 메리야쓰(medias). 면사나 모사로 신축성이 있고 촘촘하게 짠 천. (외래어).¶ 緊身布 ‖ 네 메리야쓰와 옥양목을 사겠오 (是, 要緊身布和洋布.) <자통 171> ⇒ 메린쓰

【메린쓰】 명 ((복식)) 메리야쓰(medias). 면사나 모사로 신축성이 있고 촘촘하게 짠 천. (외래어).¶ 양청 싱고ᄉᆞ 치마 일 남식 메린쓰 치마 일 옥식 메린쓰 치마 일 흑식 시마 보이루 치마 일 흑식 보이루 치마 일 옥식 모슈 치마 이 옥식 모슈 싱쳐 치마 이 흑식 목식루 치마 이 옥양목 치마 여셧 <의물목 칸옥션4-60> ⇒ 메리야쓰

【메릴낸드】 명 ((지리)) 메릴랜드(Maryland). 메릴랜드주. 미국 대서양 연안에 있는 주.(외래어).¶ 메릴낸드 馬利蘭 Maryland <만국통감1912 8>

【메스】 명 ((음식)) 메스(mace). 육두구(肉荳蔻) 껍질을 말린 향료. (외래어).¶ 파를 벗겨셔 네 조각에 버린 것과 파스리를 너코 양미나리를 씨셔 흰 부분만 너코 ᄯᅩ 메스와 호쵸 알강이를 너흔 후 1½시간을 삶아셔 체에 밧치되 <서요 9> 쇠고기 2파운드 우유 2잔 소곰 호쵸 양미나리 조곰식 굴 2잔 메스 조곰 쇠고기를 잘게 써러 소곰과 호쵸와 양미나리와 메스로 약념하고 <서요 16> 누른 사탕 4½잔 몰나셋스 1½잔 건포도 4½잔 커랜트 4½잔 소곰 6쇼슈가락 계픠가루 3쇼슈가락 메스 1쇼슈가락 레몬 (누른 껍질 간 것과 그 물) 3개 뎡향가루 1쇼슈가락 포도즙 2잔 <서요 146>

【메시야】 명 메시아. 성경에서, 초인간적인 예지를 가지고 이스라엘을 통치하는 왕. 신약 성경에서 '예수 그리스도'를 이르는 말. (외래어).¶ 메시야의 영화를 놉게 ᄒᆞ시리로다 <찬숑가> 요한의 뎨ᄌᆞ들이 예수의 긔ᄉᆞ 이젹 ᄒᆡᆼᄒᆞ신 줄 아는 고로 ᄌᆞ긔 션싱의게 가셔 ᄌᆞ셰히 닐ᄋᆞᆫ 말이 예수의 ᄒᆡᆼᄒᆞ신 일 우리들이 드럿스니 메시야가 오신 줄을 분명히 아ᄂᆞ이다 <연경-셰례요한칭찬가 35>

【메요네쓰】 명 ((음식)) 마요네즈(mayonnaise). 주로 야채에 쳐서 먹는 서양 음식의 조미료. 달걀 노른자, 식물성 기름, 식초, 소금, 후춧가루, 겨잣가루, 설탕 등을 섞어서 만든다. (외래어).¶ 메요네쓰 ‖ 계란 (노른자위) 2개 감람기름 2잔 레몬 물이나 초 2대슈가락 고초가루 조곰 계자가루 1쇼슈가락 호쵸와 소곰 조곰식 계란 노른자위를 되게 되도록 져어 가지고 감람 기름 조곰을 천천히 부으면셔 져어셔 다시 되게 되거든 레몬 물이나 초를 조곰 치고 다시 감람기름 조곰을 천천히 치며 져어셔 되게 하고 ᄯᅩ 레몬 물을 조곰 치대 이러케 번가라 가며 물과 기름이 다 할 ᄯᅢᄭᆞ지 한 후에 소곰과 호쵸가루와 게자가루를 셕거 가지고 샐렛과 함끠 먹을 것 (긔구와 재료는 반다시 차게 할 것) 샐렛기름이 업스면 참기름으로 대신 할 수 잇슴 <서요 98> 메요네쓰 (쉬운 법)‖ 계란 (노른자위) 2개 소곰 1쇼슈가락 게자가루 1쇼슈가락 페푸리카 ½대슈가락 초 3대슈가락 샐렛기름 1잔 쌔터 1대슈가락 (수북히) 밀가루 ⅓잔 끌는 물 1잔 계란 노른자위에 소곰과 계자가루와 페푸리카와 초를 셕고 ᄯᅩ 샐렛 기름을 셕고 다른 그릇에 쌔터 녹인 것과 밀가루와 더운물을 한데 셕거셔 이 삼분 동안 끌여 가지고 처음 셕근 것을 너코 되게 될 ᄯᅢᄭᆞ지 계란 젓는 긔계로 져을 것 (샐렛기름이 업스면 참기름으로 대신 할 수 잇슴) <서요 99> 타타쏘스 ‖ 메요네쓰를 만드러셔 잘게 썬 외피클이나 감람을 셕거셔 생션이나 고기와 함끠 먹을 것 이것은 쌘드윗치 속에 너키가 조흠 <서요 19>

【메터】 명의 ((도량)) 미터(meter). 미터법에 의한 길이의 단위. 1미터는 빛이 진공 중에서 2억 9979만 2458분의 1초 동안 이동한 길이이다. (외래어).¶ 佛蘭西 獨逸 메터(Metre)米突 쎈치메터(Centimetre)糎 <백과신-송1926 494> ⇒ 메톨, 메트루

【메-톨】 명의 ((도량)) 미터(meter). 미터법에 의한 길이의 단위. 1미터는 빛이 진공 중에서 2억 9979만 2458분의 1초 동안 이동한 길이이다. (외래어).¶ 해발 오십 메-톨 쯤으로 상정하야 둘까 <염상섭, 불똥1934 168> ⇒ 메터, 메트루

【메트루】 명 ((도량)) 미터(meter). 미터법에 의한 길이의 단위. 1미터는 빛이 진공 중에서 2억 9979만 2458분의 1초 동안 이동한 길이이다. (외래어).¶ 總面積이 二千二百八十萬方粁 (粁은 「길노 메트루」니 千「米突」이라)이니 우리나라 二十二萬方粁에 比較하면 거운 百四倍나 되나니 <소년1908.11.1 56> ⇒ 메터, 메톨

【메풀】 명 ((음식)) 메이플(maple). 단풍당(丹楓糖). (외래

어).¶ 호도 메풀 사탕쩍 ‖ 쌔터 ⅓잔 누른 사탕 1잔 계란 2개 우유 ½잔 소곰 ¼쇼슈가락 밀가루 1½잔 호도 (너인 것) 1잔 피닐나와 메풀 약념 1쇼슈가락식 쎄킹파우더 2쇼슈가락 쌔터와 사탕을 잘 져어 가지고 계란 노른자위와 우유를 석고 다음에 쎄킹파우더와 밀가루를 두 번이나 체에 쳐셔 셕근 후에 피닐나와 메풀 약념과 소곰과 호도를 셕고 맨 나죵에 잘 져은 계란 흰자위를 셕거 가지고 기름 발은 팬에 담아 45분 동안 구울 것 <서요 163>

【메풀-쏘스】 명 ((음식)) 메이플소스(maple sauce). 단풍당(丹楓糖) 소스. 단풍나무 수액을 졸여서 만든 소스. (외래어).¶ 메풀쏘스 ‖ 사탕 4대슈가락 메풀 쉽 1잔 밀가루 2대슈가락 물 4대슈가락 피닐나 1쇼슈가락 소곰 조곰 밀가루와 사탕과 소곰을 남비에 담아 잘 셕거 가지고 메풀 쉽과 물을 붓고 3분 동안을 져으며 끄린 다음에 피닐나를 셕거서 더운 채로나 식은 것이나 아이쓰크림 우에 붓고 먹을 것 <서요 133> ☞ 마시멜로쏘스, 초콜넷쏘스, 카라멜쏘스, 크림쏘스, 타타쏘스, 퍼지쏘스

【메가】 명 ((지리)) 메카(Mecca). 사우디아라비아 남서부에 있는, 홍해 연안의 도시. 이슬람교의 창시자인 마호메트가 태어난 곳으로 이슬람교 최고의 성지이다. (외래어).¶ 또 북편에 무로사와 시멘아와 드레비산드와 어스름이란 촌이 잇고 셔편에 알너보와 뎌마스커스와 [텬하에 뎨일 오랜 촌이라] 베룻과 예루사렘이란 촌이 잇고 [온텬하에 유명흔 촌] 남편에 메듸나와 멕가와 [회회교 시작흔 곳] 목카ㅣ란 촌이 잇고 동편에 부소라와 박닷과 [녜ㅅ 아시리아국 셔울이니 유명흐니라] 모수ㅣ란 촌이 잇고 <사필1889-헐버트 99>

【멕스고-국】 명 ((지리)) 멕시코(Mexico). 미국 서남부에 접하여 있는 연방 공화국. 1821년에 에스파냐에서 독립하였다. (외래어).¶ 아라사국과 루마니아국과 셰비아국과 그리스국과 이스바니아국과 포추갈국과 멕스고국과 남아메리까 모든 나라와 일본국이 뎨 이층이오 <사필1889-헐버트 14> 아메리까에 각 디방과 각 나라는 가나다와 [엥길리국 쇽방이라] 덴막아메리까와 합즁국과 멕스고국과 센드랄아메리까국과 셔인도와 걸넘비아국과 베네수일나국과 기아나와 쓰레실국과 엑쾌도국과 비루국과 블늬비아국과 칠릐국과 아젠뒨합즁국과 바라쾌국과 유루쾌국이니라 <사필1889-헐버트 102> ⇒ 맥시코, 멕멕스코, 멕시고, 메기시고, 믹스코, 믹시코

【멕스코】 명 ((지리)) 멕시코(Mexico). 미국 서남부에 접하여 있는 연방 공화국. 1821년에 에스파냐에서 독립하였다. (외래어).¶ 멕스코 원동은 동셔에 셩셰련락 <신민 1915.2.4> ⇒ 맥시코, 멕스고국, 멕시고, 메기시고, 믹스코, 믹시코

【멕시고】 명 ❶ ((지리)) 멕시코(Mexico). 미국 서남부에 접하여 있는 연방 공화국. 1821년에 에스파냐에서 독립하였다. (외래어).¶ 멕시고 (默西哥, Mexico) <만국통감1912 8> 일천 오빅 이십 년에 이스바니아 사름 고트쓰가 븍아메리가 남편 디경 멕시고 짜헤 니르러 <만국통감1912 4, 10> ❷ 멕시코만(Mexico灣). 북아메리카 대륙의 동남 해안에 있는 큰 만. 플로리다 반도, 유카탄 반도와 쿠바 섬으로 둘러싸여 있으며, 북서쪽 연안에는 세계적인 유전이 있다. (외래어).¶ 또 동편에 압바라치안이라 산이 오천 삼빅 리를 련흐고 흔가온대 미시시비란 강이 [일만 이쳔륙빅 리] 멕시고ㅣ란 하슈로 드러가고 남편에로 남북 아메리까 어으름에 셔인도ㅣ란 오십여 셤이 련흐야 잇고 <사필1889-헐버트 101> ⇒ 맥시코, 멕스고국, 멕스코, 메기시고, 믹스코, 믹시코

【멘도사】 명 ((지리)) 멘도사(Mendoza). 아르헨티나의 중서부 안데스 산맥 동쪽에 있는 상업 도시. 칠레로 통하는 철도의 요지이며 포도주의 산지이다. (외래어).¶ 도셩을 의론컨대 일홈이 보노스의리스ㅣ니 나라ㅅ 동편이오 또 로사리오와 산타페와 고리엔듸스ㅣ란 큰 촌이 잇고 나라ㅅ 가온대 고도바ㅣ란 촌이 잇고 셔편에 멘도사와 투구만이란 촌이 잇고 사름의 픔ㅅ수는 평등이오 <사필1889-헐버트 135>

【멘쩨쓰】 명 멘데스(Mendez). (외래어).¶ 멘쩨쓰 (門德斯 Mendez) <만국통감1912 8>

【멜난그탄】 명 Melancthon (외래어).¶ 멜난그탄 (米蘭克炭 Melancthon) <만국통감1912 8>

【멜너디】 명 멜로디(melody). 선율(旋律). 곡조(曲調). (외래어).¶ 간은 멜너디를 奏하면서 永遠에 흘으도다 <학지 1915.5.2>

【멜레】 명 ((지리)) 미상. (외래어).¶ 이 사름들을 몽고ㅣ라 일홈흐니 몽고ㅅ사름들은 살ㅅ빗치 좀 누르며 털ㅅ빗과 눈ㅅ빗흔 검고 엇던 이들은 동남에로 가니 이는 오스드렐랴 짜히라 이 사름들은 멜레라 일홈흐니 <사필1889-헐버트 11>

【멜번】 명 ((지리)) 멜버른(Melbourne). 오스트레일리아의 빅토리아 주에 있는 항구 도시. (외래어).¶ 남편에 아여와 더렌스ㅣ란 못시 잇고 멜번과 익들네드ㅣ란 포구가 잇고 릐스벤과 루기슬과 싯네란 포구가 잇고 셔편에 버드ㅣ란 포구가 잇고 <사필1889-헐버트 154>

【멜치】 명 ((음식)) 멸치(sardine). (외래어).¶ 일년감 6개 멜치(통에 담은 것) 1통 메요네쓰 1대슈가락 파스리나 미나리 조곰 <서요 83> 사과 광주리와 멜치 봉지를 내놓는다. <염상섭, 일대의 유업1949 35>

【멜치-샐렛】 명 ((음식)) 멸치샐러드(Sardine salad). (외래어).¶ 멜치샐렛 ‖ 일년감 6개 멜치(통에 담은 것) 1통 메요네쓰 1대슈가락 파스리나 미나리 조곰 일년감을 반에 쪼개고 파스리나 미나리를 잘게 써러셔 그 우에 뿌린 후에 생치(lettuce) 우에 노코 그 우에 메요네쓰를 붓고 그 우에 멜치 하나나 둘이나 노코 먹을 것 <서요 83> ☞ 나븨샐렛, 락화생샐렛, 련근샐렛, 멜치샐렛, 사과와 호도샐렛, 싸나나샐럿, 앵도샐렛, 양국슈샐렛, 치스샐렛, 피샐렛

【면강】 '면강(勉强)흐다'의 어근. 억지로 하거나 시킴. (중

국어 간접 차용어).¶ 마지 못ᄒᆞ여 군쥬 부인의 위엄을 두려 면강 혼연ᄒᆞ시나 실노 년쇼 부부의 쇼년 상이ᄒᆞ믄 조곰도 업ᄂᆞᆫ지라 <윤하 59:61>

【면강-호-】 동 면강(勉强)하다. 애쓰다. 억지로 하다. 면강(勉强)+-ᄒᆞ-+-오(삽입 모음)-. (중국어 간접 차용어).¶ 사ᄅᆞᆷ이 허믈 잇ᄂᆞᆫ 거ᄉᆞᆯ 보시면 이편 몸이 당ᄒᆞᆫ ᄃᆞᆺᄒᆞ야 근심이 얼골에 나타나신 그 어진 일을 됴하ᄒᆞ시고 사오나온 일을 뮈워ᄒᆞ심이 면강[힘쓰고 강작ᄒᆞ단 말]홈을 기ᄃᆞ리지 아니ᄒᆞ야 그러신지라 <행장-몽오19c초 23a> ⇒ 면강ᄒᆞ-, 면강ᄒᆞ-

【면강-ᄒᆞ-】 동 ❶ 면강(勉强)하다. 애써 노력하다.¶ 강잉ᄒᆞ다 | 면강ᄒᆞ다 <법한 1411> 강힝ᄒᆞ다 | 면강ᄒᆞ다 <법한 486> 勉强 ‖ 면강ᄒᆞ다 (勉强) <한청-용건 6:33b> 반ᄃᆞ시 면당ᄒᆞ야 힝ᄒᆞ더라 (必勉强行.) <동신-효 6:42> 또 면강ᄒᆞ야 ᄒᆞᄂᆞᆫ 쟈ᄂᆞᆫ 연ᄒᆞᆫ 독쳐의 이신적 안일ᄒᆞᆫ ᄃᆡ 얽히이기 쉬워 경계ᄒᆞᄂᆞᆫ 뜻이 미양 게어른 ᄃᆡ 니롤디라 (亦有勉强而爲之者, 在燕安獨處之時, 則易失於安佚, 而儆戒之志, 每至於怠矣.) <조회 1:35> 신이 만일 면강ᄒᆞ야 힝ᄒᆞ면 신의 안해 순ᄒᆞᄆᆞ로ᄡᅥ 졍ᄒᆞ믈 삼아 반ᄃᆞ시 이 길흘 말미암으리니 삼촌금년이라 신이 두리건대 빅니롤 힝티 못ᄒᆞᆯ디니 (若臣勉强而力行之, 臣婦以順爲正, 必由此途, 三寸金蓮, 臣恐行百里者, 半多九十.) <개벽-규장 1:98> 슈문슈덕 면강ᄒᆞ며 셩경현젼 슈심ᄒᆞ여 츙군효친 근본 숩고 졔셰안민 지죠 닥가 발룡부봉 현달ᄒᆞ여 입신양명 ᄒᆞ게 ᄒᆞ쇼 <한양가-고려 1844> ※ ▼勉 ‖ 만일 辭양홈을 얻디 몯ᄒᆞ면 그 ᄠᅳ들 勉강ᄒᆞ여 조ᄎᆞ미 또ᄒᆞᆫ 害롭디 아니ᄒᆞ거니와 다만 저저 醉홈애 니로미 可티 아니ᄒᆞ고 미[머]고믈 그치매 처암대로 고텨 홈이 可ᄒᆞ니라 (若不得辭, 則勉徇其意, 亦無害. 但不可至沾醉, 食已復初可也.) <가언 6:34a> ❷ 억지로 하다. 마지못해 하다. (중국어 간접 차용어).¶ 勉强 ‖ 당인의 시권을 사출ᄒᆞ야 보니 문니 심히 통티 못ᄒᆞᄃᆡ 댱샹셔의 청으로 면강ᄒᆞ야 뎨이명을 ᄒᆞ이고 (再査出張寅的卷子來一看, 却又甚是不通, 心下沒法, 只得勉强塡作第二名.) <평산 4:66> ᄆᆞᄋᆞᆷ의 ᄀᆞ장 민망ᄒᆞᄃᆡ 밀막을 말이 업서 면강ᄒᆞ야 닐오ᄃᆡ (心下都忙, 却又不好推辭, 只得勉强答應道.) <평산 4:97> 만일 흑빅을 분변치 못ᄒᆞ고 다만 붓그러오미 업시 큰 말을 ᄒᆞ여 이곳의셔 즁인을 쇡기미어든 모름즉이 가ᄉᆞ롤 벗고 샐니 뒷문으로 도쥬ᄒᆞ여야 도로혀 죠흘 거시오 만일 면강ᄒᆞ여 항거ᄒᆞ려 ᄒᆞ면 취졸을 내믄 도로혀 젹은 일이어니와 다만 져허컨ᄃᆡ 셩명을 보젼키 어려오리라 (倘香臭不知, 一味大言不慚在此愚民惑衆, 便須剝去袈裟, 快開後門逃去了還是造化; 若要勉强支持, 出醜還是小事, 只怕性命也難保哩!") <후서유 19:30-37> 년ᄒᆞ야 몽죠롤 어드니 써ᄒᆞ되 너 만일 군고롤 보지 아니면 일후에 지녀 방 우히 ᄒᆞᆫ 사ᄅᆞᆷ이 뷔리니 반드시 날노 ᄒᆞ여곰 군고의 ᄲᅧ혀야 조히 그 수롤 치오리라 ᄒᆞ야ᄂᆞᆯ 면강ᄒᆞ야 보앗더니 엇지 웃듬 장원에 올올 줄 뜻ᄒᆞ얏스리오 (奈連得夢兆, 說我不去應考, 日後才女榜上缺了一人; 必須我去, 方能湊足一百之數, 所以勉强進去, 那知道僥倖取了第一.) <경화 15:1> 져ᄌᆡᄂᆞᆫ 너모 겸양치 ᄆᆞ르쇼셔 젼일은 과연 면강ᄒᆞ야 뫼셔 놀앗거니와 오날도 만일 흥이 놉흐실진ᄃᆡ ᄆᆞ지못ᄒᆞ야 취졸을 드러ᄂᆡ리이다 (姐姐不必過謙. 妹子前日原是勉强奉陪, 今旣高興, 自然還是現醜.) <경화 19:42> 림ᄃᆡ옥이 머리롤 돌니ᄆᆡ 이ᄂᆞᆫ 보옥이믈 보고 믄득 면강ᄒᆞ여 웃고 니ᄅᆞᄃᆡ (林黛玉回頭見是寶玉, 便勉强笑道.) <홍루 32:33> 당긔의 다만 면강ᄒᆞ여 눈믈을 ᄡᅳᆺ며 그 식부롤 ᄯᅡ라 발판 우흐로 죠ᄎᆞ 관션으로 건너오ᄆᆡ 두발이 임의 산란ᄒᆞᆫ지라 (當時只得勉强拭淚, 隨着那媳婦從跳板上盤過官船上來, 頭髮已是散亂了.) <설월 3:75> 졍히 면강ᄒᆞ여 한 번 가려 ᄒᆞ엿더니 의외 금츈의 노뫼 미령ᄒᆞ신지라 일노 인ᄒᆞ여 즁지ᄒᆞ엿더니 (意欲勉强一行, 不料今春老母不快, 因此又中止了.) <설월 15:45> 셩상이 또ᄒᆞᆫ 즁논을 방ᄎᆞᄒᆞ려 ᄒᆞ시므로 인ᄒᆞ여 면강ᄒᆞ여 무졍ᄒᆞᆫ 죠셔롤 나리신지라 (皇上亦因防衆議, 故而勉强下無情.) <재생 23:77> 다만 봄이 편신에 ᄯᆞᆷ이 흐르고 숨을 헐덕이거ᄂᆞᆯ ᄌᆞ셔히 보니 도모지 면강ᄒᆞ야 ᄒᆞᄂᆞᆫ 모양이라 (只見他遍身流汗, 滿口喘吁, 細看神情, 且是勉强.) <녹모 2:172> ▼委曲 ‖ ᄋᆡ회 심즁의 비록 슌죵ᄒᆞᆯ 뜻이 업ᄉᆞ나 뎡ᄃᆡ야의 말이 이시므로 또ᄒᆞᆫ 감노이불감언ᄒᆞ여 ᄉᆞᄉᆞ로 면강ᄒᆞ여 답응ᄒᆞ나 ᄌᆞ긔 복즁의ᄂᆞᆫ 홀노요량이 이시며 (艾虎心中雖不願意, 有大官人的話, 也是敢怒而不敢言, 只可委曲着答應, 自己內裏單有打算.) <충소 17:67> 싱이 면강ᄒᆞ야 ᄃᆡ답ᄒᆞ되 이ᄂᆞᆫ 남ᄋᆞ의 됴흔 긔회라 <낙천 2:5> 인ᄒᆞ여 화가의 가ᄒᆞ던 피ᄎᆞ 문답을 젼ᄒᆞ니 디현이 심듕의 대로ᄒᆞ나 면강ᄒᆞ여 니ᄅᆞᄃᆡ <임화 8:19> ▼勉强 ‖ 孃은 勉强ᄒᆞ여 ᄒᆞᆫ 먹음 먹으쇼셔 (孃勉强喫.) <오전 7:8a> ⇒ 면강호-, 면강ᄒᆞ-

【면강-ᄒᆞ-】 동 면강(勉强)하다. 애쓰다. 억지로 하다. (중국어 간접 차용어).¶ ※ 或 勉强ᄒᆞ야 行ᄒᆞᄂᆞ니 <중언 26> ⇒ 면강호-, 면강ᄒᆞ-

【면보】 명 ((음식)) 면포(麵包). 빵. '면보(麵包, miànbāo)'는 중국어 직접 차용어.¶ 麵包 ‖ 면보 (麵包) <중통-부록 102> 면보 (麵包) <지나-음식 57> 면보 (麵包) <화정-음식 48> <한대-음식 51> 면보와 만두를 만드는 것은 밀가루올시다 (做麵包饅頭的是小麥紛了.) <한대-음식 50> 면보를 작게 썰어 주시오 (把麵包給我切小塊.) <자통-203> 구만 리 셰계를 일이 만 일통을 ᄆᆡᆫ들고 도쳐에 면보 ᄆᆡᆨ쥬로 일용 통샹ᄒᆞᄂᆞᆫ 물품이 되게 ᄒᆞ얏시면 ᄌᆞ네 갓흐 니가 어ᄂᆞ ᄃᆡ방에 술던지 면보 ᄆᆡᆨ쥬 업ᄂᆞᆫ 걱졍을 아니ᄒᆞᆯ 거시니 쟝ᄒᆞ지 안켓나 <철세계 42> 면보 ‖ 누룩 (미국 것) 1조각 물 (미지근한 것) 2잔 밀가루 4잔 (조곰 뜻뜻하게 한 것) 져녁에 누룩을 물에 푸러셔 밀가루를 셕고 조곰 뜻뜻한 곳에 밤새도록 쑤썽을 덥허셔 두엇다가 그 잇흔날 일은 아참에 이 아래 재료를 셕거셔 15분 동안 줌을너 반쥭하고 졍한 행쥬로 덥허셔 2시나 3시 동안 갑졀이나 부푸러 오를 때까지 두엇다가

다시 줌을너셔 또 1시 동안 갑졀이나 부푸러 오를 때까지 두엇다가 5덩이에 난호아셔 기름 발은 팬에 노코 또 갑졀이나 부푸러 오를 때까지 두엇다가 불이 알마진 화덕에 45분이나 60분 가량 구을 것 (떡을 화덕에셔 써낼 때에 즉시 그 우에 기름을 조곰 발으면 썹질이 무르게 될 것) 물 (미지근한 것) 2잔 소곰 2쇼슈가락 셜당 2대슈가락 기름 (녹인 것) 2대슈가락 가량 밀가루 8잔 (조곰 뜻뜻하게 한 것) (기우리 면보를 만들녀면 밀가루는 4잔만 하고 기우리가루 4잔을 셕글 것) <서요 213> [면보(경편한 법)] 밀가루 8잔 셜당 1대슈가락 소곰 1쇼슈가락 물 (미지근한 것) 2½잔 누룩 (미국 것) ½조각 (기우리면보를 만들녀면 밀가루는 4잔만 하고 기우리가루 4잔을 셕글 것) 밀가루를 체에 밧쳐셔 소곰과 사탕을 셕거 가지고 그 중간에 구멍을 내고 누룩을 미지근한 물에 푸러셔 그 구멍에 쏫고 슈가락으로 셕거 가지고 ¼시 동안 손으로 줌을너 반죽해셔 둣거운 오지그릇에 졀반씀 차게 담고 졍한 행쥬로 덥허셔 2½시나 3시간 가량 갑졀이나 부푸러 오르기 까지 두엇다가 다시 줌을너셔 또 갑졀이나 부푸러 오르거든 2덩이로 만들든지 적은 것이면 3덩이로 만드러셔 기름 발은 면보 팬에 담아셔 두엇다가 갑졀이나 부푸러 오르거든 알마진 불에 50분 가량 구을 것 롤스를 만들녀면 쳣번 부푸러 오른 것을 졀반만 가지고 녹인 기름 1대슈가락과 셜당 1대슈가락을 셕거셔 줌을너 반죽하고 갑졀이나 부푸러 오르거든 롤스 법대로 만드러 구으대 다른 맛을 내려면 계피가루 1쇼슈가락이나 건포도 ½잔을 셕글 것 <서요 215> 흰 면보 두 조각과 기우리 면보 두 조각을 가지고 아모 것이나 몬져 한 조각에다가 간 치스에 크림을 조곰 셕거셔 발으고 <서요 284> ⇒ 면포

【면보-롤스】 명 ((음식)) 면보롤스(麵包, bread rolls). 빵. (외래어). '면보(麵包, miànbāo)'는 개화기 때에 '빵'을 이르던 말로 중국어 직접 차용어.¶ 면보롤스 ‖ 누룩 (미국 것) ⅓조각 물 (미지근한 것) ¼잔 밀가루 (조곰 뜻뜻하게 한 것) 1⅓잔 저녁에 누룩을 물에 푸러셔 밀가루를 셕고 조곰 뜻뜻한 곳에 밤새도록 뚜껑을 덥허 두엇다가 그 잇흔날 일은 아참에 이 아래 재료를 셕거셔 15분 동안을 줌을너 반죽하고 졍한 행쥬로 덥허셔 2½시나 3시 동안 갑졀이나 부푸러 오를 때까지 둘 것 물 (미지근한 것) ¾잔 소곰 ½쇼슈가락 셜당 ¼대슈가락 기름 (녹인 것) ¼대슈가락 밀가루 (조곰 뜻뜻하게 한 것) 2⅔잔 반죽이 부푸러 오르거든 셜당 1대슈가락과 녹인 기름 1대슈가락과 계란 1개 (계란은 마음대로 할 것) 를 셕거셔 반죽해셔 1시 가량 갑졀이나 부푸러 오를 때까지 두엇다가 1½인치 대쇼로 둥굴게 만드러 가지고 기름 발은 팬에 1½인치나 2인치식 사이를 떼여노코 갑졀이나 부푸러 오를 때까지 두엇다가 불이 알마진 화덕에 30분이나 40분 가량 구을 것 (떡을 화덕에셔 써낼 때에 즉시 그 우에 기름을 조곰 발으면 썹질이 무르게 될 것) <서요 214>

【면보ㅅ조각】 명 ((음식)) 면포(麵包)조각. 빵조각. '면보(麵包, miànbāo)'는 개화기 때에 '빵'을 이르던 말로 중국어 직접 차용어.¶ 싸다 발은 면보ㅅ조각을 짜닥짜닥 쓰더먹으며 안젓든 體操先生은 <염상섭, E선생1922>

【면보-사탕떡】 명 ((음식)) 빵케익(bread cake). '면보(麵包, miànbāo)'는 개화기 때에 '빵'을 이르던 말로 중국어 직접 차용어.¶ 면보사탕떡 ‖ 면보 개는 것 1잔 (되게 반죽하기 젼) 사탕 1잔 기름 ½잔 계란 (잘 져은 것) 1개 소다 1 쇼슈가락 쓰거운 물 2대슈가락 모든 것을 한데 셕근 후에 뎡향가루와 계피가루와 건강가루 ½쇼슈가락식과 밀가루 1½잔 가량을 체에 쳐셔 셕고 기름 발은 팬에 담아셔 40분 가량 구을 것 (건포도도 너흘 수 잇슴) <서요 165> ☞ 박하캔듸 사탕떡, 퍼지사탕떡, 초콜넷사탕떡, 카피사탕떡

【면보-떡】 명 ((음식)) 면포떡(麵包-). '면보(麵包, miànbāo)'는 개화기 때에 '빵'을 이르던 말로 중국어 직접 차용어.¶ 면보떡을 사셔 들고 사공 불너 비을 트고 <천주가사>

【면포】 명 ((음식)) 면포(麵包). 빵. (중국어 간접 차용어).¶ 麵包 (麵包) <한지-음식 31> ⇒ 면보

【메기시고】 명 ((지리)) 멕시코(Mexico). 미국 서남부에 접하여 있는 나라. 1821년 에스파냐에서 독립하였다. (외래어).¶ 메기시고 (墨西哥) <환중대구장상육주 19후반> ⇒ 맥시코, 멕스고국, 멕스코, 멕시고, 믹스코, 믹시코

【모간】 명 Morgan (외래어).¶ 모간 (木耳甘 Morgan) <만국통감1912 8>

【모과슈-쉬벗】 ((음식)) 파인애플 셔벗(pineapple sherbet). 파인애플즙에 물, 우유, 설탕 따위를 섞어 얼린 음식. (외래어).¶ 모과슈 쉬벗(25인분) ‖ 모과슈 (곱게 닉인 것) 2통 레몬 (물만) 2개 사탕 4잔 끌는 물 8잔 계란 (흰자위) 2개 계란 흰자위 외에 한데 셕고 잘 져어셔 식힌 후에 계란 흰자위를 잘 져어셔 셕거 가지고 통에 담아 얼닐 것 <서요 131> ☞ 실과쉬벗, 포도쉬벗

【모과슈-아이쓰크림】 명 ((음식)) 파인애플 아이스크림(pineapple icecream). (외래어).¶ 모과슈아이쓰크림 ‖ 모과슈 (곱게 닉인 것) ½통 레몬 물 1대슈가락 귤 물 2대슈가락 모과슈의 국물을 밧하셔 귤 물과 레몬 물을 셕근 후에 닉인 모과슈를 셕고 사탕 ½잔 가량을 치고 보통 아이쓰크림이 반씀 얼 때에 한데 셕거셔 얼닐 것 <서요 129> ☞ 레몬아이쓰크림, 초콜넷아이쓰크림, 카라멜아이쓰크림

【모-니】 명 ((기물)) 머니(money). 돈. (외래어).¶ 모-나 (錢) <영어일상통화단어초집 우산>

【모-다-카-】 명 ((교통)) 모터카(moter car). 자동차. 미상. (외래어).¶ 모-다-카- (自動車) <영어일상통화단어초집 우산>

【모던-썰】 명 ((인류)) 모던걸(modern girl). (외래어).¶ 우산 바든 모던썰을 압호로 백이고 <염상섭, 무현금(제1회)1934 78>

【모라고-국】 명 ((지리)) 모로코(Morocco). 아프리카 서북부에 있는 입헌 군주국. 북쪽으로 지중해에 면하고, 동쪽과 남쪽은 알제리, 남서쪽은 사하라 사막, 서쪽은 대서양에 면하여 있다. (외래어).¶ 터키국과 모라고국과 알지리아와 두네스와 트레블리와 이즙국과 만트늬그로국과 아시아 모든 나라가 뎨 삼층이오 <사필1889-헐버트 13> 이 짜헤 모든 나라들을 의론컨대 북편에 이즙드국과 모라고국과 또 여러 디방이 잇고 셔편에 라비리아국과 또 여러 디방이 잇고 남편에 오렌지국과 드란스발국과 또 여러 디방이 잇고 동편에 마다가스가국과 또 여러 디방이 잇느니라 <사필1889-헐버트 142> ⇒ 모라코, 모락코

【모라바】 명 ((지리)) 모라바(Morava)강. 유고슬라비아 동부를 흐르는 강. 스코플레 북쪽의 산지에서 발원하여 베오그라드 하류에서 다뉴브 강으로 흘러 들어간다. (외래어).¶ 디형을 의론컨대 동에는 젹은 산이 만코 또 모라바ㅣ란 강이 남에셔 북에로 나라 흔가온대를 건너 단읍강에로 드러가며 <사필1889-헐버트 63>

【모라코】 명 ((지리)) 모로코(Morocco). 아프리카 서북부에 있는 입헌 군주국. 북쪽으로 지중해에 면하고, 동쪽과 남쪽은 알제리, 남서쪽은 사하라 사막, 서쪽은 대서양에 면하여 있다. (외래어).¶ 모라코 (摩洛哥) <명물-육당 13a> ⇒ 모라고국, 모락코

【모락코】 명 ((지리)) 모로코(Morocco). 아프리카 서북부에 있는 입헌 군주국. 북쪽으로 지중해에 면하고, 동쪽과 남쪽은 알제리, 남서쪽은 사하라 사막, 서쪽은 대서양에 면하여 있다. (외래어).¶ 모락코 (摩洛哥) <세계전도1900> ⇒ 모라고국, 모라코

【모레비아】 명 ((지리)) 모라비아(Moravia). 체코 동부에 있는 지방. 도나우 강의 지류인 모라바 강이 관류하고 있어 농업, 목축, 임업이 활발하며 북부는 석탄, 철강의 산지로 유명하다. (외래어).¶ 모레비아 (摩審斐亞 Moravia) <만국통감1912 8> 이럼으로 뽀히미아와 밋 모레비아 사름들이 공번되히 천원 프레드릭을 들어 왕을 삼앗는더 <만국통감1912 4, 46>

【모릐나】 명 ((지리)) 모레나(Morena)산. 이베리아반도 남부를 동북쪽에서 서남쪽으로 뻗어 있는 산맥. (외래어).¶ 남에는 늬바다와 모릐나ㅣ란 산이 잇고 또 과달귀버와 과듸아나ㅣ란 강이 대셔양에로 통흐며 셔에는 테거스와 두로ㅣ란 강이 포츄갈국에로 드러가며 또동편에 쌜릐아릭이란 륙칠 셤이 잇스며 <사필1889-헐버트 42>

【모물-푸리】 명 ((상업)) 모물포리(毛物鋪裏). 모피(毛皮) 가게. '푸리(鋪裏, pùli)'는 중국어 직접 차용어.¶ 모물푸리 볼작시면 충모피며 화셔피며 아양피며 노양피며 담뷔털과 슈달피오 돈피 ᄌᆞ알 호븨구와 수우피며 오리털과 표피호피 산양피와 기가죽 기잘양과 <연행-병인>

【모빌】 명 ((지리)) 모빌(Mobile). 미국 앨라배마주(州)에 있는 도시. 주의 남서부 멕시코만(灣) 안의 모빌만 연안에 있다. (외래어).¶ 또 동편에 붓란트와 부스든과 브라비덴스와 누역과 필네델피아와 너펵과 잘쓰던과 사반나와 남편에 모빌과 누얼린스와 쌀비스던과 서편에 산띄에고와 산브란시스고와 시아들이란 포구가 잇스며 <사필1889-헐버트 106>

【모삼빅】 명 ((지리)) 모잠비크(Mozambique). 아프리카 남동쪽에 있는 공화국. 1975년에 포르투갈에서 독립하였다. (외래어).¶ 아프리가 동편 히변에 누비아와 슈단과 아베시니아와 [이다리아국이 엇기를 시작] 소마리와 쌀라와 몸바사와 [영국이 엇기를 시작] 산긔바와 [덕국이 엇기를 시작] 모삼빅과 소팔라ㅣ란 [포츄갈국이 엇기를 시작] 여러 짜히 잇스니 <사필1889-헐버트 151>

【모오닝】 명 ((복식)) 모닝 코트(morning coat)에서 온 말. (외래어).¶ 이제까지 입었던 세비로나 모오닝을 벗어 던지고 <염상섭, 해방의 아들1951 31>

【모이서】 명 ((인명)) 모세(Moses). 기원전 13세기 경에 이스라엘 민족을 이집트의 노예 상태에서 해방시킨 민족의 지도자. (외래어).¶ 존귀흐신 스승이여 모이서에셔 쵸월흐시고 지혜로온 사로몬에셔 지나시고 모든 션지쟈와 모든 셩ᄉᆞ의 춤스승이신 쟈ㅣ로다 <신명-효법예수 상:68a> ⇒ 모이스

【모이스】 명 ((인명)) 모세(Moses). 기원전 13세기 경에 이스라엘 민족을 이집트의 노예 상태에서 해방시킨 민족의 지도자. (외래어).¶ 홀연이 보매 예수 얼골에 광치 발흐야 태양 ᄀᆞᆺ흐시고 닙으신 옷시 희기 눈 ᄀᆞᆺ흐시니 실노 텬샹 형샹이러라 또 보매 모이스와 에리아 두 션지쟈ㅣ 예수와 흔가지로 잇서 예수ㅣ 쟝춧 힝흐실 웃듬 ᄉᆞ경을 말솜흐시니 이는 슈난흐샤 셰샹을 구흐실 ᄉᆞ경을 ᄀᆞᄅᆞ침이라 <쳠례-예수현셩용 9b> 셩 미가엘이 모이스의게 뵈고 명흐야 가 텬쥬의 빅셩을 위로흐고 구흐라 흐니 에집도 학왕이 미혹흐야 굿이 노흘 ᄆᆞ옴이 업거놀 셩 미가엘이 쇽흔 신을 거ᄂᆞ려 왕의 빅셩을 벌흐야 흐로 져녁에 온나라 맛아돌을 다 죽이고 사로잡힌 이롤 노케 흐니라 <쳠례-미가엘 37a> ⇒ 모이서

【모핀-사탕떡】 명 ((음식)) 머핀사탕떡. 머핀케잌(muffin cakes). (외래어).¶ 모핀사탕떡 (30개) ‖ 기름이나 빠터 ½잔 설당 2잔 계란 3개 밀가루 3잔 뻬킹파우더 4쇼슈가락 우유 (업스면 물) 1잔 소곰 ½쇼슈가락 필닐나 ½쇼슈가락 건포도 (닉인 것) ½잔 호도 (닉인 것) ½잔 기름과 사탕을 잘 석거셔 5분 가량 져어 가지고 계란 노른자위를 잘 셕고 또 우유를 셕고 그 다음에 밀가루와 뻬킹파우더와 소곰을 함끠 체에 밧처셔 조곰식 셕고 또 피닐나를 셕고 계란 흰자위를 잘 져어셔 셕고 나종에 건포도와 호도를 셕거셔 기름 발은 모핀 팬에 담고 25분 가량 뭉군한 불에 구을 것 (더 조케 하려면 어느 아이씽이든지 발늘 것) <서요 206>

【목긔-푸리】 명 ((상업)) 목기푸리(木器鋪裏). 가구점. '푸리(鋪裏, pùli)'는 중국어 직접 차용어.¶ 목긔푸리 볼작시면 장농 뒤지 궤 그릇과 쥬홍금칠 피상ᄌᆞ며 충찬합

갑계슈리 교의 탁ᄌᆞ 교ᄌᆞ샹과 칙상경ᄃᆡ 벼로샹과 ᄌᆞ기 박은 반다지면 빅통 쟝식 옷함이오 <연행-병인>

【목아사】 명 ((복식)) 목면(木綿). '아사'는 일본어로 원래 삼[麻]이나 여기서는 얇은 옷감의 뜻. (일본어 차용어).¶ 검정 목아사 치마라도 반반이 다려서 <염상섭, 불똥1934 171>

【목카】 명 ((지리)) 모카(Mocha). 예멘 아랍 공화국의 홍해에 임한 항구 도시. (외래어).¶ 또 북편에 무로사와 시멘아와 드레비산드와 어스름이란 촌이 잇고 셔편에 알늬보와 듸마스커스와 [텬하에 뎨일 오랜 촌이라] 베룻과 예루사렘이란 촌이 잇고 [온 텬하에 유명ᄒᆞᆫ 촌] 남편에 메듸나와 멕가와 [회회교 시작ᄒᆞᆫ 곳] 목카ㅣ란 촌이 잇고 동편에 부소라와 박닷과 [녜ㅅ 아시리아국 셔울이니 유명ᄒᆞ니라] 모수ㅣ란 촌이 잇고 <사필1889-헐버트 98>

【몬다외】 명 몬다위. 말이나 소의 어깻죽지. 또는 낙타의 등에 두두룩하게 솟은 부분. '몬다외(mundaɤa)'는 중세몽고어 차용어.¶ 몬다외 (迎鞍頭) <물명-류씨-1> 몬다외 (迎鞍頭) <물명고-문통 모충 1:9b> 몬다외 (駝峯) <물명고-문통 모충 1:10b> 웃닙슈얼 코밋츠로 노를 ᄢᅦ여 좁아가며 몬다외는 압뒤흐로 길마쳐로 이러셔고 살발인ᄃᆡ 쑥발이오 발톱ᄂᆞᆫ듯 굽이 붓고 <연행-무자> ⇒ 몬다회

【몬다회】 명 몬다위. 말이나 소의 어깻죽지. 또는 낙타의 등에 두두룩하게 솟은 부분. '몬다회(mundaɤa)'는 중세몽고어 차용어.¶ 몬다회 (迎鞍頭) <역보-주수 48a> 몬다회 <몽해-주수 하:31a> <중화-한고 4b> 몬다회 닷타 (迎鞍瘡) <방석-주수 4:15a> 몬다회 (迎鞍) <한청-마필지체 14:23b> <동해-주수 하:37b> 몬다회 다타 (迎鞍瘡) <과록-금총 25b> 몬다회 븝다 (鞍心涗) <한청-마필치주 14:26b> ▼鬐甲 ‖ 앏프노 보면 가슴은 편ᄒᆞ고 몬다회ᄂᆞᆫ 놉고 등몰ᄂᆞᆫ 편ᄒᆞ고 기르마지치 술ᄒᆞᆫ 둣겁고 가리ᄲᅧᄂᆞᆫ 비고 허리ᄂᆞᆫ ᄯᅡᄅᆞ고 (前看似鳴雞, 臆欲平, 鬐甲欲高, 脊梁欲平, 排鞍肉厚, 肋扇骨密, 腰短促.) <마경 상:4a> ⇒ 몬다외

【몬다회-머리】 명 몬다위. 말이나 소의 어깻죽지. 또는 낙타의 등에 두두룩하게 솟은 부분. '몬다회(mundaɤa)'는 중세몽고어 차용어.¶ 鬐頭 ‖ 기로마가지애 몬다회머리 다텨 브으며 엇치애 등ᄆᆞᄅᆞ 다하 샹ᄒᆞ며 츄피애 ᄭᅩ리 밋티 ᄀᆞ이여 헐[헐]며 빗ᄯᅢ애 다릿 뒤히 쓰치여 ᄒᆞ야디며 (鞍轎撞腫鬐頭, 氈屜打傷脊背, 鞦皮磨破尾根, 肚帶搽損肘後.) <마경 하:31b>

【몬다회-ᄆᆞᄅᆞ】 명 몬다위마루. 말이나 소의 어깻죽지. 또는 낙타의 등에 두두룩하게 솟은 부분. '몬다회(mundaɤa)'는 중세몽고어 차용어.¶ 鬐甲梁頭 ‖ 뎡쟈ᄂᆞᆫ 브으름이니 다 타 길히 멀어 날이 오람애 엇치 벗김을 일허 어린 ᄯᆞᆷ이 털굼긔 막히며 패ᄒᆞᆫ 피 갓과 술희 엉긔믈 인연ᄒᆞ야 ᄲᅧ곰 몬다회ᄆᆞᄅᆞ와 기르마지히 술 두녁희 브으름이 나며 혹 ᄯᆞᆷ이 엇치에 밋치어 ᄲᅮ쳐 ᄒᆞ여디 샹홈을 닐외미라 (疔者, 疽也, 皆因乘騎路遠日久, 鞍屜失於解卸, 瘀汗沉於毛竅, 敗血凝注皮膚, 以致鬐甲梁頭排鞍平膜兩邊發腫, 或汗結鞍氈, 擦磨打破而傷.) <마경 하:99b>

【몬드릐얼】 명 ((지리)) 몬트리올(Montreal). 캐나다 동부에 있는 상업 도시. 세인트로렌스 강과 오타와 강이 합쳐지는 몬트리올 섬에 있다. (외래어).¶ 읍닉 일홈은 어더와ㅣ니 동편에 잇고 쏘 귀벡과 몬드릐얼과 도란도와 할리박스ㅣ란 촌이 잇스며 ᄒᆞᆫ가온대 원늬벡과 셔편에 빅도리아와 빈구버ㅣ란 촌이 잇고 사ᄅᆞᆷ의 픔ㅅ수ᄂᆞᆫ 평등이오 <사필1889-헐버트 104>

【몬-메】 명의 ((도량)) 무게의 단위. 돈쭝. 약 3.75g. 匁(もんめ). 文(mon)+目盛(memori 눈금, 무게). 文目> 匁 >몬메. (일본어 차용어).¶ 몬메 문 (匁) <물명집-기계 19a> 匁 ‖ 저울은 관으로써 긔본으로 ᄒᆞ고 그 천분의 일을 몬메라 쏘ᄂᆞᆫ 메라 칭ᄒᆞ야 몬메의 시분의 일을 푼이라 ᄒᆞ고 푼의 십분의 일을 리라 ᄒᆞ며 리의 십분의 일을 모라 ᄒᆞᄂᆞ니라 쏘 빅륙십 몬메를 특히 근이라 ᄒᆞᄂᆞ니라 <조농-도량형 63> 일 몬메ᄂᆞᆫ ᄒᆞᆫ 돈중이요 일 관은 빅 량중이라 <조농 도량형 64> 일 ᄶᅮ람은 십오 분의 ᄉᆞ 몬메에 상당ᄒᆞ고 <조농-도량형 65>

【몰나셋스】 명 ((음식)) 몰라세스(molasses). 사탕을 만들 때 당액을 증발 농축시켜 사탕 결정을 분리한 나머지 액. 당밀(糖蜜). (외래어).¶ 쏘스톤 구은콩 ‖ 적은 흰 콩 2⅓잔 물 12잔 도야지고기 (소곰에 져린 것) ½파운드 사탕 2대슈가락 소곰 ½쇼슈가락 몰나셋스 2쇼슈가락 끌는 물 1잔 콩을 씨서셔 랭슈에 담가셔 밤새도록 두엇다가 그 잇흔날 식전에 그냥 담가 노핫든 물에 썹질이 터질 ᄣᅢᄭᆞ지 삶고 (너머 삶지 안토록 주의할 것) <서요 46> 구은콩 ‖ 콩 2잔 마늘 ½쪽 파 ½개 몰나셋스 ½잔 소곰 1쇼슈가락 호쵸가루 조곰 쎄이콘(bacon, 잘게 썬 것) 1조각 져린 도야지고기 1조각 두 가지 중에 어나 것이든지 콩을 설삶아서 물을 쎄여 바리고 더운 물 2잔 가량을 붓고 여러 가지 재료를 셕거 화덕에 2시간 동안 구을 것 <서요 47>

【몰나셋스-과자】 명 ((음식)) 몰라세스 과자. 몰라세스 쿠키(molasses cookies). 몰라세스는 사탕을 만들 때 당액을 증발 농축시켜 사탕 결정을 분리한 나머지 액 또는 당밀(糖蜜). (외래어).¶ 몰나셋스과자 ‖ 사탕 1잔 쎄터 ½잔 기름 ½잔 몰나셋스 1잔 소다 (끌는 물에 풀 것) 2쇼슈가락 끌는 물 3대슈가락 모도 셕거셔 반죽을 매 우에 되직하게 해 가지고 바닥에 붓지 안토록 밀가루를 ᄲᅮ리고 민 후에 마음대로 판을 박아셔 구을 것 <서요 190>

【몰나셋스-쏘넛】 명 ((음식)) 몰라세스 도너츠(molasses doughnuts). 몰라세스는 사탕을 만들 때 당액을 증발 농축시켜 사탕 결정을 분리한 나머지 액 또는 당밀(糖蜜). (외래어).¶ 몰나셋스쏘넛 ‖ 몰나셋스 1잔 우유 (통에 담은 것) 1잔 육두구가루 1쇼슈가락 소곰 1쇼슈가락 더운물 ½잔 소다 (더운물에 풀 것) 1쇼슈가락 계란 (잘 져은 것) 2개 밀가루 2잔 가량을 묽게 반죽하고 재료의 차례대

로 한가지식 한가지식 셕거셔 쏘넛 볍대로 밀어 가지고 판을 받아 끌는 기름에 지지고 식은 뒤에 셜당을 뿌려셔 먹을 것 <서요 211> ☞ 덩어리쏘넛

【몰나셋스-엿】 명 ((음식)) 몰라세스 엿(molasses taffy). (외래어). 몰라세스는 사탕을 만들 때 당액을 증발 농축시켜 사탕 결정을 분리한 나머지 액 또는 당밀(糖蜜). (외래어).¶ 몰나셋스엿 ‖ 사탕 1½잔 초 1잔 몰나셋스 1잔 죠션 조청 3잔 모도 셕거셔 누지 안케 작고 져으면셔 끄리대 탕온긔 300도 되기까지나 랭슈에 떠러트려셔 단단히 굿거든 써터 1대슈가락과 소다 1쇼슈가락을 셕고 잠간 져은 후에 기름 발은 큰 졉시에 쏫아셔 손으로 질 만할 때까지 식혀가지고 손가락 끗흐로 잡고 작고 느릴 것 <서요 278> ☞ 써터 스캇치 엿, 초콜넷엿, 호도 카라멜엿

【몰윗스】 명 Molwitz (외래어).¶ 몰윗스 (瑪勒斐斯 Molwitz) <만국통감1912 8>

【몸바사】 명 ((지리)) 몸바사(Mombasa). 케냐 남부의 인도양에 면한 항구 도시. 우간다, 탄자니아로 통하는 철도가 시작하는 곳이며 농수산물의 집산, 가공이 활발하다. (외래어).¶ 아프리가 동편 히변에 누비아와 슈단과 아베시니아와 [이다리아국이 엇기를 시작] 소마리와 짤라와 몸바사와 [영국이 엇기를 시작] 산긔바와 [덕국이 엇기를 시작] 모삼빅과 소팔라ㅣ란 [포츄갈국이 엇기를 시작] 여러 짜히 잇스니 <사필1889-헐버트 151>

【몸페】 명 ((복식)) 몸빼(もんぺ). 일바지. 왜바지(倭-). 이차 대전 말기에 일본 여인들이 입었던 작업용 통바지. (일본어 차용어).¶ 깨끗한 몸페에 치장으로 <염상섭, 해방의 아들1951 21>

【무니】 명 무니. 무이(無二). '둘도 없다'는 뜻. 미상. (일본어 차용어).¶ 우울증이란 다른 원인도 만켓지만 무니의 친구를 그러케 일흔데도 원인이 잇섯든가 십허요. <염상섭, 무현금(3)1934 113>

【무며】 명 ((복식)) 무명[木綿, mùmián]. 무명실로 짠 피륙. (중국어 직접 차용어).¶ 요디 무며 두 ᄌᆞ 두 치 버션 무명 외공 두 ᄌᆞ 너공 ᄌᆞ 가옷 <의양 악양누긔 연세대> 요 너공 십팔 척 홍뒤무며 칠 척 오 치 요잇 십니 척 화포 십니 척 솜 닷 근 <의양 악양누긔 연세대> ⇒ 무며, 무면, 무영

【무면】 명 ((복식)) 무명[木綿, mùmián]. 무명실로 짠 피륙. (중국어 직접 차용어).¶ 棉布 ‖ 면포, 俗言木棉, 以華音무면, 轉云무명, 誤翻武名. 又以文益漸得木棉種以來織布, 謂之文管. 又以木綿之布直云木, 故棉布之肆, 亦曰白木廛빅목젼. 生曰生木, 漂白曰白木, 升數多者曰細木, 少者曰麤木. 木棉, 一名古貝, 或轉云吉貝, 緝其花爲布, 麤曰貝, 精曰氎. <명물-포백 3:23a> ▼木綿 ‖ 또 굴근 무면 일빅 필와 금으로 ᄧᆞ니와 밋 펀 비단 일빅 필와 화문 비단 일빅 필와 (再買些麤木綿一百疋、織金和素段子一百疋、花樣段子一百疋.) <번노 하:69b> 木棉 ‖ 무면 ᄒᆞᆫ 필 몃 자히온고 <교린-A 3:14b> ⇒ 무며, 무명, 무영

【무명】 명 ● ((복식)) 무명[木綿, mùmián]. 무명실로 짠 면직물. (중국어 직접 차용어).¶ 무명 | 필목 | 빅목 <법한 1361> 무명 ‖ 모멩 (木綿, モメン) <조백-농상공업 505> 棉布 ‖ 면포, 俗言木棉, 以華音무면, 轉云무명, 誤翻武名. 又以文益漸得木棉種以來織布, 謂之文管. 又以木綿之布直云木, 故棉布之肆, 亦曰白木廛빅목젼. 生曰生木, 漂白曰白木, 升數多者曰細木, 少者曰麤木. 木棉, 一名古貝, 或轉云吉貝, 緝其花爲布, 麤曰貝, 精曰氎. <명물-포백 3:23a> 무명, 以綿花織成者, 梁武帝時始入中國. (綿布) <광보-2 의복:4b> 술히 닷는 옷과 바디는 다 명디로 ᄒᆞ고 것히 오ᄉᆞᆫ 므명으로 ᄒᆞ고 것티 바디는 싱삼승으로 ᄒᆞ고 오ᄉᆞᆫ 양피니 이는 션군이 계튝년 연힝제 닙으시던 오시라 (而襯身衣袴皆用紬, 外衣皆用綿布, 外袴用生三升, 裘用羊皮, 此則先君癸丑燕行時所着也.) <연행-노가재 1:29a> ▼布 ‖ 그 법이 일도 뎐결을 통계ᄒᆞ야 고올 대쇼는 의논티 말고 뎐결 대쇼롤 보와 미 ᄒᆞᆫ 결의 ᄡᆞᆯ 열 말식 내여 빈로 시러 올리고 산군이 슈로 업는 곳은 ᄡᆞᆯ로 분수ᄒᆞ야 무명을 내여 다 셔울로 올리니 (其爲法通筭一路田案, 邑無問大小, 唯視結數多寡, 結出米十斗, 舟運上江, 其山僻遠海州縣, 准米出布咸委輸于京師.) <조기-경비 3:75> 가는 무명 (細木) <일용-의복 13a> 무명 (木綿, 모멩) <조백1916 505> ᄀᆞ는 무명 필무명 야샹무명 뵈 ᄀᆞᄐᆞᆫ 거ᄉᆞᆫ ᄒᆞᆫ자도 주디 아니ᄒᆞ거늘 하 날라 ᄒᆞ니 벌 괴롤 수고셔 ᄂᆞ미 비ᄃᆞᆫ 므ᄉᆞ일 그리도록 쁜다 <순천김씨-80 1550-92 신천강씨(어머니) ↓순천김씨(딸)> ᄂᆞ미 무명을 서너 피롤 ᄢᅵ쏘니 아래 게셔 보낸 무명을 그 사롬 주디 몯ᄒᆞ여셔 다 다론 디 뻐 ᄇᆞ리니 순녀니 올 제 어더 보내소 <송강 정철① 1571 ↓부인> ᄡᅮ엿다가 바ᄃᆞᆫ 무명 ᄒᆞᆫ 필 ᄒᆞ고 미종의게 사긔 바ᄃᆞ러 갓던 무명 반 필ᄒᆞ고 병ᄒᆞ여 ᄒᆞᆫ 필 반이면 유여 니브롤 ᄒᆞᆯ 거시니 수이 ᄒᆞ여 자세 ᄒᆞ소 <현풍곽씨-75 /진하-1 17c전기 곽주(남편) ↓진주하씨(아내)> 무명 넉 자 보내니 마젼이나 ᄒᆞ여 아히 오시나 ᄒᆞ여 주어라 니블ᄀᆞ암은 고이 드리는 집 주어셔 드려 보내여라 <송규렴 선찰9-36 1648-1701 오빠 ↓안동김씨(여동생)> 대동 ᄒᆞᆫ 필을 ᄡᅮ어 감으라 ᄒᆞ여시니 위연ᄒᆞᆫ 무명 필이나 보내여라 <송규렴 선찰9-100 1700 안동김씨(어머니) ↓송상기(아들)> 동복 지측ᄒᆞ오니 무명 두 필이나 ᄉᆞ려 ᄒᆞ오나 우선 ᄒᆞᆫ 필 바ᄃᆞᆫ 것 바지나 ᄒᆞ려 ᄒᆞᇦ <김성일가-29 1847 여강이씨(아내) ↓김진화(남편)> 샹답 줄 무명 열석 식 ᄒᆞᆫ 필 열두 식 ᄒᆞᆫ 필 열ᄒᆞᆫ 시 세 필 열식 ᄒᆞᆫ 필 모도 여셧 필이고 <김성일가-38 1848 여강이씨(아내) ↓김진화(남편)> 木棉 ‖ 무명 ᄒᆞᆫ 필 몃 자히온고 <교린-제3:14b> 씨롤 부더 빅빅히 ᄶᅡ야 비단이나 무명이나 질긔오니 <교린-A 3:19b> ᄶᅡ는 거시 비단이온가 무명이온가 <교린 3:19b> 의장과 무명을 흠의 가져가디 아니리 몯ᄒᆞᆯ 거시라 <동신-열 6:83> 청던믈 들인 무명 대엿 자ᄒᆞᆯ 여러 볼 더버 <벽신 9> 면쥬와 무명을 노코 <한중 94> 각 ᄆᆞ을의셔 면폐을 달나 ᄒᆞ고 오는 재 부

지기쉬니 은과 모시뵈와 명지 무명을 지당치 못ᄒᆞᆯ너라 <듁천 2:15> 무명 다홍 치마 ᄎᆞ 일 …무명 아롱지 옥식 치마 ᄎᆞ 일 무명 반물 치마 ᄎᆞ 일 무명 옥식 치마 뉵 ᄎᆞ …무명 단의 ᄎᆞ 일 …무명 내의 ᄒᆞᆫ 쥭 …은식 무명 치마 ᄎᆞ <물목-경고-6 1866> 나무 ᄒᆞᆫ 뭇 치ᄌᆞ 열 기 모과 ᄒᆞᆫ 통 무명 이십 <초구일-우한> 무명 옥식 치마 ᄎᆞ 이 …무명 고쟝이 ᄎᆞ 일 …무명 내의 지어 다섯 <물목-죽림 1919 쟝농> 무명 내의 일 광목 핫바지 일 안ᄶᅧ 세목 한 필 <물목1935 05:10:18> 무명 바지 안겨 일 …무명 고쟝이 ᄎᆞ 니 …무명 너의 일 본목 한 필 면ᄉᆞ 두 구리 <물목-경고-5 1941 쟝농> 무명 적삼 ᄎᆞ 일 …빅식 무명 치마 ᄎᆞ 일 빅식 명쥬 치마 ᄎᆞ 일 …옥식 무명 치마 ᄎᆞ 일 …흑식 무명 치마 ᄎᆞ 일 <물목-진명-1 1952 유록모번단> 흑식 문목 치마 ᄎᆞ 명쥬 단의 ᄎᆞ 교직 단의 ᄎᆞ 옥양목 누비 바지 ᄒᆞ어 양반쥬 바지 안껴 무명 고의 ᄎᆞ <물목-경고-3 진분홍> 무명 옥식 치마 ᄎᆞ 다셧 …무명 바지 안ᄶᅧ ᄎᆞ 이 …무명 고의 지어 일 무명 고의 ᄎᆞ 이 …무명 요디 ᄎᆞ 셋 …무명 너의 ᄎᆞ 넷 <물목-경고-7 은동곳> 무명 짜고 날고 <기산 19> 무명 날고 <기산 20> 문명 ‖ 시라 적에 문영(文永)이란 사람이 중국에 들어가서 면화(棉花)씨를 엇어 붓둑겁 속에 너어 내여다가 취죵하여 백성들이 옷을 하여 입게 되엿는 고로 면화실로 짜내인 옷가음 일흠을 엇어온 주인의 성명으로 그렴하여 문영이라 하는데 혹 무명이라 함은 잘못하는 말이니라 <조이-김동진> ⇒ 모면, 목면, 무며, 무면, 무영 ☞ ㄴ이 ❶ ((식물)) 면화(綿花). 목화(木花). 섬유식물로 심는 농작물의 한 가지. 입은 손바닥 모양으로 째지고 이른 가을에 꽃이 핀다. 씨에 붙은 흰솜은 천이나 실의 원료로 이용하며 줄기껍질도 섬유원료로 쓰며 씨로는 기름을 짠다.¶ 올 무명은 술년ᄒᆞ이오니 죵들 입힐 것도 업ᄉᆞ오니 엇디ᄒᆞ올지 수란ᄒᆞ옵고 <김성일가-31 1847 여강이씨(아내) ↓김진화(남편)> 올 무명은 그리 댱타 ᄒᆞ오나 우리ᄂᆞᆫ 서 마지기도 못ᄒᆞ게 가라 변ᄒᆞ치 못ᄒᆞ오니 답ᄒᆞ <김성일가-50 1848 여강이씨(아내) ↓김진화(남편)> 올ᄒᆞᆫ 무명 풍년이ᄒᆞ 열 피 ᄂᆞ이만 달이라 분부ᄒᆞ여 인비ᄌᆞ를 ᄒᆞ여 후일 보내시옵 <김성일가-50 1848 여강이씨(아내) ↓김진화(남편)> 올 무명은 그렁져렁 그만이이니 져 죵놈들 세ᄒᆞᆯ 엇디ᄒᆞᆯ고 답ᄒᆞᄒᆞ고 <김성일가-77 1848 여강이씨(어머니) ↓김흥락(아들)> 무명은 올ᄒᆞᆫ 참흉이 되와 한심ᄒᆞ 다권의 결박ᄒᆞᄒᆞ오이다 <김성일가-91 1847 진성이씨(며느리) ↓김진화(시아버지)> ⇒ 무며, 무면

【무영】 명 ((복식)) 무명[木綿, mùmián]. 무명실로 짠 피륙. (중국어 직접 차용어).¶ 綿布 ‖ 바다 셤의 빈을 민드던 ᄉᆞ상과 영하의 군ᄉᆞ를 조련ᄒᆞᆫ 자최와 쟝을 무영의 뭇텸과 영쏠을 ᄆᆞ른 미시를 민둘미 안무ᄉᆞ 사장의 이믜 볼키 드러나고 (而及夫戊申變亂之初, 按節北藩, 與昌悌黃溥聖欽輩綢繆密議, 海島造艦之狀, 營下鍊卒之跡, 醬汁之漬於綿布, 營廩之糜爲乾糒, 按撫査狀旣爲昭著.) <천소 3:14b> 이튼날 새배 우물의 가 씨어 급히 ᄀᆞ라 히 달게 덥지 아닌 제 무영 주머니예 닛 내ᄃᆞᆺ 쳐 내여 ᄎᆞᆫ 물을 만이 부어 ᄀᆞ장 눅게 ᄒᆞ여 관질그ᄅᆞ싀 안치와 <디미방-싀면법 1b> 씨를 부듸 쎡쎡키 ᄡᅳ야 비단이나 무영이나 질기오니 <교린-초 3:13a> 나은 할마님 모시고 여젼 무고ᄒᆞ며 어린아히들 다 잘 자리며 네 형들도 다 편이 잇스며 더쇼졔덕이 다 평안ᄒᆞ… 무영을 마춤 써지 안이ᄒᆞ얏더기 글노 바지 져고리 ᄒᆞ야 보닌니 <모-한고1842/1902.10.2 ↓아들> ⇒ 무며, 무면, 무명

【무화과-싼드위치】 명 ((식물)) 무화과샌드위치(無花果 fig sandwich). (외래어).¶ 무화과싼드위치 ‖ 무화과 ¼파운드 양대초 ¼파운드 누른 사탕 ¼잔 포도즙 1잔 레몬물 3대슈가락 모도 팬에 담고 ½시 동안을 쓰리다가 고기 가는 긔계에 갈아 가지고 피닐나 ¼쇼슈가락과 닉인 호도 ½잔을 석거셔 얇게 썬 면보 두 조각 사이에 둣겁게 발을 것 <서요 285>

【묵셔가】 명 ((지리)) 묵서가(墨西哥, Mòxīgē). 멕시코(Mexico). 미국 서남부에 접하여 있는 연방 공화국. (중국어 간접 차용어).¶ 내가 속졀업시 묵셔가 긔귀가 되얏슬 것을 공의 셩덕대은으로 풍도디옥을 면하고 극락세계에를 왓스니 <이해조, 월하가인 34> ⇒ 믁셔가

【묵-푸리】 명 ((상업)) 묵포리(墨鋪裏). 먹 가게. '푸리(鋪裏, pùli)'는 중국어 직접차용어.¶ 묵푸리롤 볼작시면 ᄉᆞ향 너흔 당연묵과 용트림ᄒᆞᆫ 니금묵과 글자 삭인 쥬홍묵과 이쳥 상쳥 북두쳥과 삼눅울금 식간쥬와 <연행-병인>

【-문】 접 문(-們). 인칭대명사 뒤에 붙어 복수를 나타내는 접미사. -들. '문(們, men)'은 중국어 직접 차용어.¶ 們 ‖ 동싱문 너이 다 한디 이셔 일지을 보니고 상긔 분가하미 업다 (弟兄們四个都在一塊過日子, 咳沒有分家咧.) <니귀 9a>

【문상인】 명 ((인류)) 문상인(門上人). 문지기. (중국어 간접 차용어).¶ 門斗 ‖ 잠츙이 임의 사룸으로 ᄒᆞ여곰 믈가의 다라가셔 문상인과 ᄒᆞᆷ긔 힝니롤 가져오고 (岑忠已叫人到碼頭同門斗將行李取來.) <셜월 12:4> ▼門上人 ‖ 경히 담화ᄒᆞᆯ ᄉᆞ이에 문상인이 나아와 품ᄒᆞ야 왈 문외에 오ᄀᆡ 남ᄌᆞ와 냥ᄀᆡ 녀ᄌᆞ ᄒᆞᆫ 쓰럼이 보ᄌᆞ롤 진 ᄉᆞ람을 다리고 와셔 산동인시오 셩은 화로라 일캇고 특별이 와 비알ᄒᆞ랴노라 ᄒᆞ더이다 (正談論間, 門上人進來禀道: "啓上大爺, 門外來了五個男子, 兩個女子, 還有十數個扛包袱的, 口稱是山東人氏, 姓花, 特來拜謁.") <녹모 1:77> ⇒ 문상, 문상인

【문샹】 명 ((인류)) 문상(門上). 문지기. (중국어 간접 차용어).¶ 門上 ‖ 숑쥐 경히 한담ᄒᆞ려 ᄒᆞ더니 다만 보미 문샹 니복이 드러와 픔ᄒᆞ디 (松柱正要閑話, 只見門上李福進來回道.) <홍부 10:56> 숑대인의 문샹 니복이 일ᄀᆡ 글월을 가지고 몽옥을 디ᄒᆞ여 니ᄅᆞ디 (松大人的門上李福, 拿着一個字兒對着夢玉道.) <홍부 15:89> 니쟝궤디야 녯 히를 잇디하여 문샹을 오디 안이하너니 (李掌櫃的, 這幾年怎麼不來門上麼?) <중화-아천 13b> 여셔 젼역밥

먹고 가도 그러도 삼경 동안이 되디 못하여셔 쪽키 문상을 니르리라 (在這裡吃晚飯走咧, 橫竪用不了三更天的工夫, 可以到門上去.) <중화-아천 16a> 여셔 쓸더업시 일반텬을 말하넌 거시 무익하니 사람 한나 삭 너여 나를 짤나 문상으로 돈 가지러 가게 하여라 별슈 업다 (在這裡白說一半天無益, 雇一个人跟我往門上精錢去罷. 沒有別的法哪.) <중화-아천 19a> 너 너를 한 당 톄를 너줄 거시니 문상에 닐으러 이 한 당 톄를 가져 우리 니동무를 주고 톄더로 네 돈을 차즈면 그만이로구나 (我給你出一張帖子, 到咧門上把這一張帖子, 交給我們李夥計, 憑帖取你的錢就完咧.) <중화-아천 19a> 챠군아 네 어림에는 우리 문상에 니르러 가기가 문순 쌔가 되갓너니 (赶車的, 你方想兒嗎, 咱們赶到門上去有个甚麽時候哪?) <중화-아천 20b> 네 문상에 잇너니 (你在門上住麽?) <중화-아천 22b> 그러면 다시 별슈가 업다 요동무야 네 곳 챠를 돌녀 문상으로 바로 가쟈 (那麽再沒有. 別的法哪. 姚夥計, 你就磨車往門上直走罷.) <중화-아천 25a> 이 문상 당사를 다른 사람 반티 못하넌 것도 제가 곳 반하넌 지간이 잇너니라 (這門上的生意是, 別人辦不來的, 他就辦得來的本事有呢.) <중화-아천 29a> ⇒ 문상인, 문샹인

【문샹인】 명 ((인류)) 문상인(門上人). 문지기. (중국어 간접 차용어).¶ 文官 ‖ 장원 부뷔 부인긔 신셩훈 후의 즉시 동방으로 도라오미 임의 문샹인이 픔훈디 (狀元夫婦晨省之後, 卽轉洞房. 早有門官啓禀.) <옥천-수경 4:22a> ▼門斗 ‖ 학즁 문견의 니르미 문샹인이 년망히 드러가 통훈더니 셔스뷔 잠공지 왓시믈 듯고 두 거롬을 한 거롬의 거르며 마죠 나와 손을 쓰을며 니르디 (到得衙署, 門斗卽忙通報. 徐老師聽得岑公子到來.) <설월 10:47> 드더여 일기 문샹인을 불너 우거훈는 곳을 밝히 말훈고 가셔 가져오게 훈며 (遂叫了一箇門斗, 說明寓處, 前去搬取.) <설월 10:51> ▼門上的 ‖ 문샹인이 드러와 쳐분을 청훈니 숑쥐 니르디 즁위 노얘 임의 잔치를 쥰비훈여시니 비각기 어려온지라 (門上的進來請示, 松柱道: "各位老爺旣已豫備, 不便推却.") <홍부 7:88> 방즈 문샹인이 쇼란을 반이훈여 나오게 훈여시디 뉵진이 경본당의셔 스후훈여 미쳐 통긔치 못훈엿는지라 (方纔門上的將素蘭搬出來, 陸進在敬本堂伺候, 不及通知.) <홍부 14:2> ▼門前人 ‖ 즉시 뉴부의 니르니 문샹인이 몬져 보훈거놀 뉴규벽이 경희훈여 황망히 관디를 갓쵸고 향안을 버리며 (未到門前人已報, 劉奎璧又驚又喜急慌然, 頂冠束帶排香案.) <재생 6:81> ▼門公 ‖ 홀연 드르미 문샹인이 나는 드시 드러와 일이 즁대훈므로 고셩훈여 보훈디 (忽聽門公飛報入, 事幹重大就高聲.) <재생 12:4> 문샹인 쟝근이 청한무스훈여 잠이 드러 아지 못훈고 (裏面門公在睡中, 消閑無事入南柯.) <재생 14:29> ▼司閽 ‖ 몰긔 누려 사롬을 부르디 문샹인이 경동훈여 무르디 (停鞭下馬高聲叫, 驚動司閽把口開.) <재생 50:2> ⇒ 문상인, 문상

【물-구리무】 명 ((복식)) 수분크림(cream). 피부나 머리 손질에 쓰는 기초화장품. 유제(乳劑), 유지(乳脂), 납, 글리세롤 따위를 섞어 유화(乳化)하여 만든다. 콜드크림, 배니싱크림 등이 있다. '구리무(クリームcream)'는 일본어 차용어.¶ 물분 일병 가로분 일통 구리무 일통 곰박구분첩 비누통 연지 치솔 치약 구찌비누 분솔 쌜빗 <물목-1897/1957.12.20>

【뮨헨】 명 ((지리)) 뮌헨(Munchen). 독일 바이에른 주의 주도이자 최대 도시. 독일에서 베를린과 함부르크에 이어 3번째로 큰 도시. (외래어).¶ 麥酒產地 뮨헨을 두로 본 뒤에 오쓰트리 윈城을 바로 向하니 <청춘 1914.10.1>

【믁셔가】 명 ((지리)) 묵서가(墨西哥). 멕시코(Mexico). 미국 서남부에 접하여 있는 연방 공화국. '묵서가(墨西哥, Mòxīgē)'는 중국어 간접 차용어.¶ 믁셔가와 포와도에 지류훈는 동포들은 산도 설고 물도 선더 <대매 1910.5.4> 허허 참혹훈 일일세 여보게 그리 훌 것 업시 나와 굿치 믁셔가로 건너가세 <이해조, 월하가인 5> 즁간에 허다훈 셰쇼곡졀을 이로 말훈지 못훈얏거니와 심진스와 왕대츈 량인이 믁셔가에셔 미국 화셩돈으로 건너오는 길에 무한훈 힐난과 무한훈 고초룰 만일 일일히 듯게 되면 아모라도 코허리가 시고 몸셔리가 칠 만훈더라 <이해조, 월하가인 33> ⇒ 묵셔가

【미가엘】 명 ((기독))((인명)) 미가엘(Michael). 대천사 미카엘. 성서에 나오는 칠곱 천사 중의 하나. 악마를 밀어내고 타락한 아담과 이브를 낙원에서 추방하였다. (외래어).¶ 셩 미가엘이 모이스의게 뵈고 명훈야 가 텬쥬의 빅셩을 위로훈고 구훈라 훈니 에집도 학왕이 미혹훈야 굿이 노흘 무옴이 업거놀 셩 미가엘이 쇽훈 신을 거느려 왕의 빅셩을 벌훈야 훈로 져녁에 온나라 맛아돌을 다 죽이고 사로잡힌 이룰 노케 훈니라 <첨례-미가엘 37a> 텬쥬의 빅셩들이 광야에 스십년을 두류훌 시 셩 미가엘이 인도훈며 날마다 맛나룰 누리워 기르며 낫이면 뻑뻑훈 구름으로써 덥허 그느르고 밤이면 횃불 굿흔 광치로써 빗최며 십계룰 삭여 모이스의게 붓치며 타국 악왕이 군스룰 거느려 유더아룰 침로훈거놀 셩 미가엘이 훈로 밤에 뎍국 군스 십팔만을 죽여 크게 나라 사룸을 구훈야 평안케 훈고 또 셩교회룰 보우홈이 도모지 이 미가엘 대텬신의 본직이니라 <첨례-미가엘 37b> ⇒ 미갈엘

【미갈엘】 명 ((기독))((인명)) 미가엘(Michael). 대천사 미카엘. 성서에 나오는 칠곱 천사 중의 하나. 악마를 밀어내고 타락한 아담과 이브를 낙원에서 추방하였다. (외래어).¶ 텬신 품급 즁에 미갈엘 웃음일다 <법한 730> ⇒ 미가엘

【미돌】 명의 ((도량)) 미돌(米突, mǐtū) 미터(meter). 길이의 단위. 1미터는 100센티미터. '미터(meter)'의 중국어 음역인 '米突(mǐtū)'을 우리 한자음으로 읽은 것. (외래어).¶ 미돌 <법한 924> ▼密達 ‖ 쾌총을 상고컨디 더소

가 갓지 안이ᄒᆞ고 속녁은 늑빅 오십 미돌에 이르며 무연약을 쓰게 ᄒᆞ고 (考快槍一項, 其槍枝口徑大小, ……, 速率至六百五十密達以上, 用無煙藥.) <신광 19:21b> ▼米突 ‖ 션싱님 한 미돌이라 ᄒᆞ는 것은 어디셔 쏘겨닌 것이겟소 <일선 226>

【미라】 명 ((복식)) '밀랍(蜜蠟, mìlà)'을 중국어로 발음한 것. 밀랍은 벌집을 만들기 위하여 꿀벌이 분비하는 물질. 또는 벌집을 뜨거운 물에 녹여 틀에 넣어 굳힌 물질. (중국어 직접 차용어).¶ 미라 (蜜蠟) <방석-진보 3:18b> <몽해-진보 상:18b> <과록-금보 81b> 미라 (蜜蠟) <동해-진보 하:23a> ▼蜜花 ‖ 사름마다 두 꿰염이 념쥬롤 메여 목에 거러시되 ᄒᆞ나흔 ᄀᆞ놀고 ᄒᆞ나흔 굵게 ᄒᆞ야 혹 미라로 ᄒᆞ며 혹 호박으로 ᄒᆞ며 혹 금패로 ᄒᆞ고 (人人掛兩串珠於項而一細一大, 或以蜜花, 或以琥珀, 或以錦貝.) <상봉 3:4a> ▼琥珀 ‖ 호박, 出罽賓國, 千年茯苓所化, 拭熟能吸芥. 南蠻土人亦有燒治者. 色黃明瑩曰蠟珀, 俗言蜜蠟, 華音미라; 紅而且黃曰明珀; 淺黃多皺文曰水珀; 如石重色黃曰石珀; 黃赤二文曰花珀; 淺曰金珀, 俗轉금패, 珀, 華音패; 黑曰瑿珀. <명물-화보 3:20b> 블근 실 가온대 두어 치 모진 모ᄌᆞ 박아시되 혹 은으로 ᄒᆞ며 혹 금으로 ᄒᆞ며 혹 옥으로 ᄒᆞ며 혹 만호로 ᄒᆞ며 혹 미라도 ᄒᆞ여시니 대개 그 품수롤 표ᄒᆞ미오 (中揷數寸方帽子, 或以銀, 或以金, 或以玉, 或以王曼瑚, 或以琥珀, 蓋表其品也.) <상봉 3:4a> 미라는 옥쇠과 ᄌᆞ덕 져고리의 ᄎᆞ려 ᄒᆞ면 ᄎᆞ디 국긔 화방듀 불의는 긴히 ᄎᆞ이ᄂᆞ이라 <ᄉᆞ절복식ᄌᆞ장요람-국한 19c>

【미라-지환】 명 ((복식)) 밀랍지환(蜜蠟指環). 밀랍반지. '미라(蜜蠟, mìlà)'는 중국어 직접 차용어.¶ 지간퇴 싱머리 일벌 도토락 일건 도금빈혀 일건 쓰는 화좀 일건 미라지환 일건 디궐셔 ᄒᆞ옵시고 츌궐 <간퇴시물픔불긔>

【미리-리돌】 명의 ((도량)) 밀리리터(milliliter). 미터법에 의한 부피의 단위. 1밀리리터는 1리터의 1,000분의 1. 기호는 ml. (외래어).¶ 미리리돌 <조백-용량1915 561> ⇒ 미리메돌 ☞ 리돌, 기로리돌, 센지리돌

【미리-메돌】 명의 ((도량)) 밀리미터(millimeter). 미터법에 의한 길이의 단위. 1밀리미터는 1미터의 1,000분의 1.¶ 미리메돌 <조백-척도1915 557> ⇒ 미리리돌 ☞ 센지메돌, 메돌, 기로메돌

【미리-쑤라무】 명의 ((도량)) 밀리그램(milligram). 미터법에 의한 무게의 단위. 1밀리그램은 1그램의 1,000분의 1. (외래어).¶ 미리쑤라무 <조백-척도1915 559> ☞ 기로쑤라무, 센지쑤라무, 쑤라무

【미사】 명 ((천주)) 미사(missa). 가톨릭에서, 예수의 최후의 만찬을 기념하여 행하는 제사 의식. (외래어).¶ 미사 지닉다 <법한 917> 두 분 신부끠 글을 붓치시고 미사롤 거힝ᄒᆞ신 후 곳 발힝ᄒᆞ야 포치 잇는 곳에 니ᄅᆞ샤 바른 도리로 붉이 강론ᄒᆞ시매 <긔힝일긔 범쥬교 5b> 예수 부활 쳠례날 미사롤 거힝ᄒᆞ실 때에 모든 악당이 달녀드러 셩인을 잡아 옥중에 가도앗더니 이 밤에 텬쥬ㅣ ᄒᆞᆫ 텬신을 보내샤 위로ᄒᆞ야 ᄀᆞᆯᄋᆞ디 <첨례-말구셩ᄉᆞ 86a> 세시 반에 령세와 견진을 주고 미사을 드리고 <경보 3:246> ⇒ 미샤

【미사-경본】 명 ((천주)) 미사경본(missa經本). 미사성제와 성직자의 기도문을 적은 책. 성무일과서(聖務日課書). (외래어).¶ 미사경본 <법한 934> ⇒ 경본

【미사-방】 명 ((천주)) 미사방(missa房). 가톨릭에서, 예수의 최후의 만찬을 기념하여 행하는 제사 의식. (외래어).¶ 셩당 | 텬쥬당 | 미사샤방 <법한 1006> ⇒ 미샤방

【미사-참례】 명 ((천주)) 미사참례(missa參禮). 가톨릭에서, 예수의 최후의 만찬을 기념하여 행하는 제사 의식에 참가하는 것. (외래어).¶ 미사참례 <법한 917>

【미사-ᄒᆞ-】 동 미사(missa)하다. 가톨릭에서, 예수의 최후의 만찬을 기념하여 행하는 제사 의식을 하다. (외래어).¶ 미사ᄒᆞ다 <법한 917>

【미샤】 명 ((천주)) 미사(missa). 가톨릭에서, 예수의 최후의 만찬을 기념하여 행하는 제사 의식. (외래어).¶ 미샤 <법한 917> 미샤 참례ᄒᆞ다 <법한 111> ⇒ 미사

【미샤-방】 명 ((천주)) 미사방(missa房). 가톨릭에서, 예수의 최후의 만찬을 기념하여 행하는 제사 의식. (외래어).¶ 셩당 | 미샤방 <법한 245> ⇒ 미사방

【미샤젼】 명 ((천주)) 미사(missa)전. 미상. (외래어).¶ 미샤젼 <법한 736>

【미샤-죵】 명 ((천주)) 미사종(missa鐘).¶ 미샤죵 치다 <법한 1294>

【미셔셕비-강】 명 ((지리)) 미서석비강(米西昔比江). 미시시피강(Mississippi 江). 미국 중앙부를 흐르는 세계에서 세 번째로 긴 강. 본류는 아이태스커호에서 시작하며, 삼각주를 이루어 멕시코만으로 흘러 들어간다. (외래어).¶ 미셔셕비강(米西昔比江) <이언> ☞ 미스시피, 미스십피, 미시시비, 미시십피, 미시십河, 밋사십피

【미쉬간】 명 ((지리)) 미시간(Michigan). 미국 오대호(五大湖) 지방에 있는 주. (외래어).¶ 또 북편에 미쉬간이란 큰 셤이 [쳔 리 되는 셤] 잇고 또 가나다와 디경ᄒᆞᆫ ᄉᆞ이에 슈비리어와 휴런과 이리와 언데리오ㅣ란 못시 잇고 <사필1889-헐버트 106>

【미스시피】 명 ((지리)) 미시시피강(Mississippi江). 미국 31개주와 캐나다 2개 주에 걸쳐서 흐르는 북아메리카 대륙 최대의 강. 본류는 아이태스커호에서 시작하며, 삼각주를 이루어 멕시코만으로 흘러 들어간다. (외래어).¶ 미스시피 미쏘리 여러 큰 江을 다 지내고 러키山 당도하야서 <청춘 1914.10.1> ⇒ 미스시피, 미스십피, 미시십河, 밋사십피 ☞ 미셔셕비강

【미스십피】 명 ((지리)) 미시시피강(Mississippi 江). 미국 31개주와 캐나다 2개 주에 걸쳐서 흐르는 북아메리카 대륙 최대의 강. 본류는 아이태스커호에서 시작하며, 삼각주를 이루어 멕시코만으로 흘러 들어간다. (외래이).¶ 미스십피(密細細皮) <태서신사> ⇒ 미스시피, 미스십피, 미시시비, 미시십피, 미시십河, 밋사십피 ☞ 미

셔셕비강

【미시시비】 명 ((지리)) 미시시피강(Mississippi 江). 미국 중앙부를 흐르는 세계에서 세 번째로 긴 강. 본류는 아이태스커호에서 시작하며, 삼각주를 이루어 멕시코만으로 흘러 들어간다. (외래어).¶ 미시시비 米西西史 Mississippi <만국통감1912 8> 또 동편에 압바라치안이라 산이 오천 삼빅 리를 련ᄒᆞ고 ᄒᆞᆫ가온대 미시시비란 강이 [일만 이천 륙빅 리] 멕시고ㅣ란 하슈로 드러가고 남편에로 남북 아메리싸 어으름에 셔인도ㅣ란 오십 여 셤이 련ᄒᆞ야 잇고 <사필1889-헐버트 101> ⇒ 미스시피, 미스십피, 미시시비, 미시십피, 미시십하, 밋사십피 ☞ 미셔셕비강

【미시십피】 명 ((지리)) 미시시피강(Mississippi 江). 미국 중앙부를 흐르는 세계에서 세 번째로 긴 강. 본류는 아이태스커호에서 시작하며, 삼각주를 이루어 멕시코만으로 흘러 들어간다. (외래어).¶「崑崙」「히말나야」「럭키」등 山岳과「에니세이」「유우쓰렛」「나일」「미시십피」等 江河는 <소년1908.11.1 73> ⇒ 미스시피, 미스십피, 미시시비, 미시십피, 미시십하, 밋사십피 ☞ 미셔셕비강

【미시십-河】 명 ((지리)) 미시시피강(Mississippi江). 미국 31개주와 캐나다 2개 주에 걸쳐서 흐르는 북아메리카 대륙 최대의 강. 본류는 아이태스커호에서 시작하며, 삼각주를 이루어 멕시코만으로 흘러 들어간다. (외래어).¶ ※ 길기로는 미시십河 넓기로는 太平洋이 水中王으로 불니건만 <기독신보 1916.11.29> ⇒ 미스시피, 미스십피, 미시시비, 미시십피, 미시십하, 밋사십피 ☞ 미셔셕비강

【미ᄉᆞ야】 명 ((기독)) 메시아(messiah). 기독교에서 예수그리스도를 구세주로서 이르는 말. 구세주(救世主). (외래어).¶ 야곱에서 ᄒᆞᆫ별 나와 미ᄉᆞ야가 오실 것을 말힛더니 <그리스도회보 1913.12.29> ⇒ 미시아

【미시아】 명 ((기독교)) 메시아(messiah). 기독교에서 예수그리스도를 구세주로서 이르는 말. 구세주(救世主). (외래어).¶ 뎌의 무지ᄒᆞᆫ 이들 미시아 죽엿네 <찬숑가> ⇒ 미ᄉᆞ야

【미써리쌜】 명 ((책명)) 레미제라블(Les Misérables). 프랑스의 작가 위고가 지은 장편소설. 사회에서 범죄자로 몰려 인생을 저주하며 불우하게 살아가던 주인공 장발장의 영혼이 깨끗한 사랑으로 구제되는 과정을 그렸다. (외래어).¶ 歷史小說 A에이 B삐 C 시 쯔랑쓰國 빅토르 유우고 原作 <미써리쌜1910 소년3:7>

【미쏘리】 명 ((지리)) 미주리강(Missouri江). 미시시피강의 지류 중 가장 긴 강. (외래어).¶ 미스시피 미쏘리 여러 큰 江을 다 지내고 러키山 당도하야서 <청춘 1914.10.1>

【미쓰-아메】 명 ((음식)) 일본 물엿(ame). (일본어 차용어).¶ 미쓰아메 (일본 물엿) ‖ 쯰비니티 펴지 만들 때에 케로 조청 대신에 일본 물엿을 쓸 수 잇슴 아이씽을 만들 때에 일본 물엿 1쇼슈가락을 쓰를 때에 셕그면 연하게 됨 일본 물엿에 호도를 닉여셔 셕고 더운 쎄스켓과 함께 먹을 것 일본 물엿을 호도와 함께 식사 뭇헤 먹으면 조흔 후식이 됨 일본 물엿에 레몬 누른 썹질 강판에 간 것과 레몬 물을 셕그면 싼드위치의 조흔 소가 됨 일본 물엿과 낙화생 뻐터를 ½잔식 셕그면 먹기 조흔 캔듸가 됨 계란 2개의 흰자위를 잘 젓고 일본 물엿 ½잔을 쏫을 수 잇슬 만콤 데여 가지고 져은 흰자위를 조곰식 조곰식 셕고 레몬 약념이나 피닐나를 조곰 셕든지 초콜넷 1금을 녹여셔 셕든지 해셔 아이쓰크림 우에 부어 먹을 것 <서요 289>

【미천】 명 밑천. 본전(本錢). 장사나 영업의 기초가 되는 돈이나 물건, 도는 재주나 기술. '천(錢, qián)'은 중국어 직접 차용어.¶ 미천 (本錢) <수호 3:14> 남의 미천을 어더서 농사를 짓고 보니 <현진건, 그의 얼굴1926> 미천도 업는 형편인데 <염상섭, 밥1927 118> 어디 가서 미천을 건지게! <염상섭, 질투와 밥1931 179> ⇒ 미천, 믿천, 밋천, 밋천

【미쳔】 명 밑천. 본전(本錢). 장사나 영업의 기초가 되는 돈이나 물건, 도는 재주나 기술. '천(錢, qián)'은 중국어 직접 차용어.¶ 미천 (本錢) <수호-어람 24a> 贏得之意, 미천 (賄) <수호-어람 21b> 자근 미쳔 (小本經記) <수호-어람 41a> 미천 져근 버어리라 (小本經記) <수호-연세 12b-15> 미천 즈근 버으리라 (小本經記) <수호-연첩 12a> 미천 젹근 버러이 (小本經記) <수호-규장 16:57> ▼本錢 ‖ 아ᄌᆞ비롤 좃ᄎᆞ 다른 ᄯᅡ히 가 양과 말을 ᄉᆞ다가 파더니 아ᄌᆞ비 길히셔 죽고 미천을 업시ᄒᆞᆫ 후 본향의 도라가지 못ᄒᆞ고 계쥬셔 나무 팔아먹더니 (因隨叔父來外鄉販羊馬賣, 不想叔父半途亡故, 消折了本錢, 還鄉不得, 流落在此薊州, 賣柴度日.) <수호-이화 39:31a-44> 냥임다려 보의 ᄡᅡᆫ 은 녈 냥을 닉여 셕슈롤 쥬어 미천 ᄒᆞ라 ᄒᆞ니 셕쉬 여러 번 ᄉᆞ양ᄒᆞ다가 밧고 피ᄎᆞ 마음의 말ᄒᆞ며 운의 들 닐을 의논ᄒᆞ더니 (叫楊林身邊包袱內取一錠十兩銀子送與石秀做本錢. 石秀不敢受, 再三謙讓, 方纔收了, …說些心腹之話, 投托入夥.) <수호-이화 40:2b-44> ▼貲本 ‖ 빈이 이튼날 동녁 뉴대슈의 집을 ᄒᆞᆫ 간을 비러 쥬공을 쥬어 드렷더니 빈이 ᄯᅩ 미천을 ᄌᆞ뢰ᄒᆞ여 계활을 경영ᄒᆞ게 ᄒᆞ엿더니 (次日, 高彬在東鄉劉大秀家賃一間房與朱公, 貲本營爲度活.) <영렬 1:68> 우리의 이 나라를 부러워함은 天然한 큰 미천을 가짐 뿐이랴 <청춘 1914.10.1> ⇒ 미천, 믿천, 밋천, 밋천

【미케로안제로】 명 ((인명)) 미켈란젤로(Mixhelangelo 1475-1564). 이탈리아의 화가·조각가·건축가·시인. (외래어).¶ 미케로안제로여 詩聖 짠테여 精誠스런 이 아이 절 바듭소서 <청춘 1914.10.1>

【미플넨】 명 Miflen (외래어).¶ 미플넨 (米斐林 Miflen) <만국통감1912 8>

【미화】 명 ((언어)) 미화(謎話). 수수께끼. (중국어 직접 차용어).¶ 謎 ‖ 내 여러 미화를 닐오리니 네 바로 니르라 (我說幾箇謎, 你猜.) <번박 상:39a>

【믹가도】 명 미카도(みかど). 천황(天皇). 황실(皇室). (일본어 차용어).¶ 인권을 몰으난 믹가도 죵들아 <신민 1919.4.10>

【민쟈】 명 ((인류)) 민장(民莊). 팔기(八旗) 관료가 사는 마을. '민쟈(民莊)'은 중국어 간접 차용어.¶ 民粧 ‖ 치쟈 민쟈 빅셩드리 죵시 감이 한데 버물니지 못허니 쳐음 큰 죄를 당허면 다시 능이 사지 못헐지라 ᄉᆞ로 션참후 보허느니 일노 두고 볼진ᄃᆡ 자고 이리로 다시 져 사람 갓튼 청관은 읍는니라 (故此旗粧、民粧的百姓家, 終不敢惱事連累, 一當大罪就再不能活過來, 咳要先斬後報呢! 看起這箇來, 自古以來再沒有比他淸官.) <중화-탁족 39a> ⇔ 치쟈

【믿-쳔】 명 밑천(-錢). 꾸어 주거나 맡긴 돈에 이자를 붙이지 아니한 돈. 본전(本錢). '쳔(錢, qián)'은 중국어 직접 차용어.¶ 本錢 ‖ 이제 ᄒᆞᆫ ᄒᆡ 반이 도의도록 다믄 내 믿쳔만 갑고 ᄒᆞᆫ 푼 니쳔도 갑포믈 즐겨 아니ᄒᆞᄂᆞ다 (到今一年半了, 只還我本錢, 一分利錢也不肯還.) <번박 상:34b> ⇒ 미쳔, 미천, 밋천, 밋쳔

【밋쳔】 명 밑천. 본전(本錢). 장사나 영업의 기초가 되는 돈이나 물건, 또는 재주나 기술. '쳔(錢, qián)'은 중국어 직접 차용어.¶ 밋쳔 (本錢) <수호-우산 3b> ⇒ 미쳔, 미천, 믿쳔, 밋천

【밋쳔】 명 밑천. 본전(本錢). 어떤 일을 하는 데 바탕이 되는 돈이나 물건, 기술, 재주 따위를 이르는 말. '쳔(錢, qián)'은 중국어 직접 차용어.¶ 밋쳔 (本錢) <역보-매매 38a> <방석-매매 3:21b> 밋쳔 (本錢) <과록-이생 69b> <수호-연세 拾遺 40a> 밋쳔 (底子) <수호-어휘 14a> 밋쳔 (本錢, Capital, stock in trade.) <한영1890 81> 밋쳔 젹은 쟝ᄉᆞ (小本經記) <역보-쇄설 60b> 밋쳔 져근 쟝ᄉᆞ (小本經記) <수호-대필 6a> 밋쳔 져근 버으리 (小本經記) <수호 16:34> 밋쳔 져근 버어리 (小本經記) <수호-국재 1:22b> ▼本 ‖ 밋쳔 가지고 장ᄉᆞᄒᆞ여 (備本買易.) <수호-어휘 18b> 밋쳔 읍는 장ᄉᆞ를 ᄒᆞ랴 ᄒᆞᆫ단 말 (欲作生意無本.) <서유-어람 76a> 本 ‖ 밋쳔이 젹으면 니가 간대로 엇지 못ᄒᆞ올쇠 <교린-묘 3:57b> ▼本事 ‖ ᄉᆞ름이 만일 학문을 비워 과연 밋쳔이 잇스면 어ᄃᆡ를 가든지 다만 다른 사름이 로형을 존중이 여길 ᄲᅮᆫ 아니라 곳 로형 ᄌᆞ신상에도 훌늉ᄒᆞ게 싱각이 납니다 (人若是學得果然有了本事, 勿論到那塊兒, 不但別人尊重你, 就是你自己也覺着體面.) <지나-해수 335> ▼本錢 ‖ 이는 웅당ᄒᆞᆫ 일이라 엇디 더러툿 ᄌᆞ져ᄒᆞᄂᆞ뇨 이는 내 범연ᄒᆞ야 일족 너롤 은냥을 주디 못ᄒᆞ엿ᄂᆞ니 네 므손 만흔 밋쳔이 이셔 날을 공급ᄒᆞ리오 (這是正理, 怎麽要你這等虛心下氣, 是我忽略了, 不曾取銀子與你, 你却那裏有這長本錢, 供給得我來.) <수유-동방 1:92> ▼經記 ‖ 楊志가 말하되 너의가 져근 밋쳔으로 버얼이 한다고 한다마는 나는 큰 本錢이 잇다 져 릴곱 사람이 물어 말하되 네가 참으로 엇더한 사람인야 楊志이가 말하되 너의가 쏘 말하여라 어ᄃᆡ셔 온 사람인야 (楊志道: "你等小本經記人, 偏俺有大本錢." 那七人問道: "你端的是甚麼人?" 楊志道: "你等且說那里來的人?") <수호-국재 4:46b> ᄌᆞ네의게 그리 ᄉᆞ물ᄉᆞ 샹이니 무엇이니 ᄒᆞ고 존ᄃᆡ 바들 밋쳔이 업ᄂᆞ니 그런데 하이칼ᄂᆞ란 이러타 ᄒᆞ데 동경 놉픈 양복 입고 집펑이를 흔들고 게다가 금테 안경 쓰고 남녀가 셔로 교제ᄒᆞ고 <죽서루 1:17> 그러ᄂᆞ 무얼 샤회에 나ᄋᆞ가셔 손꼽는 사름이 되야셔 일ᄒᆞ리 몬침ᄭᆞ지 되랴면 ᄋᆞ모리 ᄒᆞ야도 오날놀 넉넉히 밋쳔을 작만ᄒᆞ지 아니ᄒᆞ면 못 될 모ᄒᆞ니 <죽서루 5:5> 돈량 밋쳔 다 털고셔 외상밥만 먹을 써 <신민 1916.8.24> 너의 장ᄂᆡ 살 밋쳔니 넉ᄂᆞ지 못 우환만 아니라도 너의가 돈쳔니ᄂᆞ 모을 젠ᄃᆡ 드는 쥴 모로는 것슨 우환병니 무셔운 계다 너도 십연을 넘겨 고싱ᄒᆞ엿셔도 굼지 안코 ᄉᆞ는 계 밋쳔니지 <최근서간문집-1 조모 ↓손자> ⇒ 미쳔, 미천, 믿쳔, 밋젼

【밋쳔-쇠】 명 밑천쇠. 어떤 일을 하는 데 바탕이 되는 돈. 쇠는 돈을 속되게 이르는 말. '쳔(錢, qián)'은 중국어 직접 차용어.¶ 당빅쇼젼 ᄲᅡ야지면 망ᄒᆞ기는 훌지언뎡 밋쳔쇠는 놉것마는 지화라는 뎌 믈건은 <대매-시평 1908.2.27>

【밀】 명 ((음식)) 밀(meal). (외래어).¶ 밀 (飯) <영어일상통화단어초집-우산>

【밀난】[1] 명 밀란(Milan). (외래어).¶ 밀난 (米爛 Milan) <만국통감1912 9>

【밀난】[2] 명 ((지리)) 밀라노(Milano). 이탈리아 롬바르디아 주에 있는 도시. 예로부터 교통의 요지이며 이탈리아 제1의 상업, 금융, 공업 도시로 발전해 왔다. (외래어).¶ 이달니아의 적은 나라 밀난이 현금 프란스 국왕의게 쇽ᄒᆞᆫ 거신ᄃᆡ <만국통감1912 4, 21> ⇒ 밀란

【밀란】 명 ((지리)) 밀라노(Milano). 이탈리아 롬바르디아 주에 있는 도시. 예로부터 교통의 요지이며 이탈리아 제1의 상업·금융·공업 도시로 발전해 왔다. (외래어).¶ 북에는 두린과 밀란과 젠오아ㅣ란 포촌과 블로나와 뻬늬스ㅣ란 큰 촌이 잇고 나라ᄉᆞ 가온대 플로렌스ㅣ란 큰 촌이 잇고 몃 ᄒᆡ 젼에 나라ᄉᆞ 셔울을 옴겻던 곳이라 <사필1889-헐버트 51> ⇒ 밀난

【밀리-메-들】 명의 ((도량)) 밀리미터(粍ミリメートル millimeter). 미터법에 의한 길이의 단위. 1밀리미터는 1미터의 1,000분의 1이다. 기호는 mm. (일본어 차용어).¶ 도度는 삼 척 삼 촌을 미米(메-들)이라 ᄒᆞ야 그 십분의 일을 ᄯᅦ시메들이라 ᄒᆞ고 ᄯᅦ시메들의 십분의 일을 센지메들이라 ᄒᆞ며 센지메들의 십분의 일을 밀리메-들이라 ᄒᆞ며 쏘 메-들의 십비를 데ᄭᅡ메들 빅비를 헥도메들 쳔 비를 기로메들이라 ᄒᆞᄂᆞ니라 <朝鮮農事示敎 도량형 64>

【밀리-ᄭᅳ람】 명의 ((도량)) 밀리그램(瓱ミリグラム, milligram). 미터법에 의한 무게의 단위. 1밀리그램은 1그램의 1,000분의 1이다. 기호는 mg. (일본어 차용어).¶ 형衡은 증류수 일립방 센지메들의 무게를 긔본으로 ᄒᆞ

야 이것을 ᄭᆞ람이라 충ᄒᆞ고 그 십분의 일을 ᄯᅦ시ᄭᆞ람이라 ᄒᆞ며 빅분의 일을 센지ᄭᆞ람이라 ᄒᆞ며 천분의 일을 밀리ᄭᆞ람이라 ᄒᆞᄂᆞ니 일 ᄭᆞ람은 십오분의 ᄉᆞ 몬메에 상당ᄒᆞ고 그 십비를 ᄯᅦ가ᄭᆞ람이라 ᄒᆞ며 빅비를 헥도ᄭᆞ람이라 ᄒᆞ며 천비를 기로ᄭᆞ람이라 ᄒᆞᄂᆞ니라 <조농-도량형 65>

【밋강】 명 ((음식)) 미깡(蜜柑, みかん). 그레이프프루트(grapefruit). 귤 비슷한 과실. 껍질은 엷은 노랑. (일본어 차용어).¶ 귤 ‖ 밋강 (蜜柑, ミカン) <조백-과실 497> 과실샐렛 ‖ 양우무 1봉 살구물(통에 너흔 것) ½잔 레몬 (물만) 1개 사탕 ½잔 귤과 밋강과 빠나나 (잘게 썬 것) 1½잔 우무를 찬 살구물 ½잔에 풀고 또 남은 살구물을 끌여셔 거긔다 붓고 레몬물과 사탕을 셕고 무슨 모형 그릇에 쏫아셔 찬물에 채여셔 조곰 엉긔거든 과실을 셕고 단단히 엉긘 후에 생치 닙사귀에 쏫아셔 져은 크림이나 메요네쓰를 조곰식 그 우에 부어셔 먹을 것 <서요 87>

【밋강-마말네드】 명 ((음식)) 미깡마멀레이드(蜜柑, みかん, sweet orange marmalade). 밀감으로 만든 잼. (외래어).¶ 밋강마말네드 ‖ 밋강(蜜柑) 24개 밋강을 12개만 껍질 채 얇게 썰어서 큰 항아리에 담고 남어지 12개는 물만 짜셔 부은 후에 물 28잔을 붓고 밤새도록 두엇다가 그 잇흔날 뭉그러지지 안을 만콤 연하게 되기까지 끄리고 다시 항아리에 담고 하로 밤을 묵혀 가지고 잇흔날 잘 여어셔 그것 4잔을 끄려 가지고 사탕 2잔이나 셕고 5분이나 8분 동안 끄리다가 조곰 떠셔 식혀 보아셔 그것이 잇길 때까지 끄려 가지고 아모 그릇에든지 담아셔 식은 후에 양쵸를 녹여셔 그 우에 부어셔 긋치고 조희로 덥허셔 두고 먹을 것 (이것은 얼마든지 둘 수 잇슴) <서요 242> ☞ 귤마말네드, 양귤마말네드

【밋사십피】 명 ((지리)) 미시시피강(Mississippi江). 미국 31개주와 캐나다 2개 주에 걸쳐서 흐르는 북아메리카 대륙 최대의 강. 본류는 아이태스커호에서 시작하며, 삼각주를 이루어 멕시코만으로 흘러 들어간다. (외래어).¶ 건너서 쎈트 로렌 밋사십피 된 뒤에 <학지 1917.11.20> ⇒ 미스시피, 미스십피, 미시시비, 미시십피, 미시십河, 밋사십피 ☞ 미셔셕비강

【ᄆᆞᆫ두】 명 ((음식)) 만두(饅頭). 밀가루 따위를 반죽하여 소를 넣어 빚은 음식. (중국어 차용어).¶ ᄆᆞᆫ두 혼 (餛) <음첩c 61b> ⇒ 만도, 만두, 만쥬, 만투, 만튀

【ᄆᆞᆯ-쳬】 명 ((문서)) 말첩[馬帖]. '쳬(帖, (tiē)'는 중국어 직접 차용어.¶ ᄆᆞᆯ쳬 <정의-화성>

【ᄆᆡ니야슈】 명 ((복식)) 메리야스(←medias). 면사(綿絲)나 모사(毛絲)로 신축성이 있고 촘촘하게 짠 천. 내의·양말 따위를 만든다. (외래어).¶ ᄆᆡ니야슈 속쳐마 ᄎᆞ 일 옥양목 누니 요ᄃᆡ ᄎᆞ 일 <물목-우한-1 1916 단슈> ⇒ 미니

【ᄆᆡ드릿】 명 ((지리)) 마드리드(Madrid). 에스파냐에 있는 도시. 높이 635미터의 고원에 자리하며 피혁, 가구 따위의 공업이 발달하였다. 에스파냐의 수도. (외래어).¶ 도셩을 의론컨대 일홈이 ᄆᆡ드릿이니 나라 ᄒᆞᆫ가온대요 또 동편에 싸실로나ㅣ란 큰 촌이 잇고 벨렌시아와 사라거샤와 머시아ㅣ란 큰 촌이 잇고 <사필1889-헐버트 43>

【ᄆᆡ싸린】 명 Mazarin (외래어).¶ ᄆᆡ싸린 (瑪撕林 Mazarin) <만국통감1912 9>

【ᄆᆡ원-ᄒᆞ-】 동 매원(埋怨)하다. 원망(怨望)하다. 'ᄆᆡ원'은 (중국어 간접 차용어).¶ 埋怨 ‖ 원릐 희귀ᄒᆞᆫ 일이니 안히가 도로혀 ᄉᆞ뷔 되고 지아비가 문싱이 되엿도다 ᄒᆞ며 져롤 ᄆᆡ원치 못ᄒᆞ더니 (齊言原是希奇事, 妻反爲師夫做生. 話說酈丞相一片能言快語, 倒說得龍圖夫婦埋怨她不來.) <재생 28:82> ▼見怪 ‖ 노ᄉᆞ뷔 도라와 만일 형장이 몬져 떠ᄂᆞᆫ 걸 보면 엇지 우리를 ᄆᆡ원치 아니리오 (老師父回來, ……今日羅兄去了, 他回來時, 豈不是惹他見怪.) <분장 4:57> ▼抱怨 ‖ 이 일은 대슈ᄌᆞ의게 ᄆᆡ원치 말나 모다 내 그룻ᄒᆞ미니 (這件事別抱怨大嫂子, 都是我的不是.) <홍보 2:69> ⇒ ᄆᆡ원ᄒᆞ-

【ᄆᆡ원-ᄒᆞ-】 동 매원(埋怨)하다. 원망(怨望)하다. 'ᄆᆡ원'은 (중국어 간접 차용어).¶ 埋怨 ‖ 드ᄃᆡ여 져일계롤 쯔을고 흠긔 나와 졀 밧긔 니ᄅᆞ니 져일계 쇼힝ᄌᆞ롤 ᄆᆡ원ᄒᆞ여 니ᄅᆞᄃᆡ (遂扯了豬一戒同出寺來. 到了寺外, 豬一戒埋怨小行者道:) <후서유 6:81-12> ᄒᆞᆯ 일 업셔 희란을 ᄆᆡ원ᄒᆞ니 희란이 져의 남ᄆᆡ 정의가 죠흔 쥴 알고 또 ᄌᆞ긔가 계교롤 내여 고낭을 슐을 취ᄒᆞ게 ᄒᆞ엿ᄂᆞᆫ지라 (就埋怨喜鸞起來, 喜鸞知道他姊妹好, 又是自己起意醉了姑娘.) <후홍 8:37> 가뫼 듯고 놀나 실식ᄒᆞ며 십분 챡급ᄒᆞ여 련망히 사ᄅᆞᆷ으로 ᄒᆞ여금 ᄉᆞ면으로 ᄎᆞᄌᆞ보라 ᄒᆞ며 왕부인의 일족 고치 아니믈 ᄆᆡ원ᄒᆞᄆᆡ (賈母聽了, 驚得臉上失色, 十分着急, 忙叫人四下找尋, 埋怨王夫人不早去告訴.) <홍보 5:16> 쇼져ᄂᆞᆫ ᄆᆡ원ᄒᆞ며 비통치 말고 나의 권ᄒᆞᄂᆞᆫ 말을 드ᄅᆞ라 (郡主呀, 且休埋怨且休哀, 我的言詞也善哉.) <재생 10:15> 하시 겨오 일어나 소셰ᄒᆞ다가 거거의 옴을 보고 년망이 머리를 거더잡고 이러나며 ᄆᆡ원ᄒᆞ여 왈 (賀氏才起來梳洗, 一見哥哥進來, 連忙將烏雲挽起, 出來埋怨道.) <녹모 1:185> 네가 주션 방편을 지어 주지 아니ᄒᆞ면 너 법총화상을 ᄆᆡ원ᄒᆞ리라 (不做周方, 埋怨殺你個法聰和尙!) <서상-박문 27> ▼抱怨 ‖ 가련이 련망히 앏흐로 간ᄃᆡ 평ᄋᆡ ᄆᆡ원ᄒᆞ여 니ᄅᆞᄃᆡ 너의ᄂᆞᆫ 어내 곳의 가셔 유완ᄒᆞ엿건ᄃᆡ 우리로 ᄒᆞ여금 기다리게 ᄒᆞ믄 엇지미뇨 (賈璉急忙上前, 平兒抱怨道, "你們到哪兒去閑逛, 丢下咱們傻等, 這是怎麽說呢!") <홍부 2:31> ▼淘氣 ‖ ᄂᆡ 만일 가형을 기다리지 아니코 의ᄉᆞ를 보ᄂᆡ면 가형니 온 후 날을 ᄆᆡ원ᄒᆞ리라 (他若回來, 見我放義士去了, 豈不要淘氣.) <분장 4:43> ⇒ ᄆᆡ원ᄒᆞ-

【ᄆᆡ젼】 명 ((민속)) 무전(拇戰). 먹국. 주먹 속에 쥔 물건의 수효를 알아맞히는 놀이. 'ᄆᆡ젼'은 중국어 간접 차용어.¶ 拇戰 ‖ 또 습인ᄃᆞ려 ᄒᆞᆫ 기롤 쏩으라 ᄒᆞ니 믄득 이ᄂᆞᆫ ᄆᆡ젼이라 (又叫襲人拈了一個, 却是拇戰.) <홍루

62:57>

【믹판】 명 ((인류)) 매판(買辦). 주인을 대신해서 물건을 구매하는 아랫사람. '믹판'은 중국어 간접 차용어.¶ 買辦 ‖ 믹판, 믈건을 ᄉᆞ고 판비ᄒᆞᄂᆞᆫ ᄎᆞ인이라 (買辦) <홍루 29:9> 믈건 무역ᄒᆞᄂᆞᆫ 사ᄅᆞᆷ이라 ‖ 또 믹판 일명이 잇서야 ᄒᆞ리라 (可要買辦一名?) <요화 3:24> 졔 형 문샹은 이졔 로태태의 믹판 거힝ᄒᆞᄂᆞᆫ 쇼임이오 (他哥哥文翔, 現在是老太太的買辦.) <홍루 46:61>

【믹스코】 명 ((지리)) 멕시코(Mexico). 라틴아메리카 국가들 가운데 가장 북쪽에 있으며 라틴아메리카에서 세번째로 큰 국가. (외래어).¶ 믹스코에 어젹워닙 쎵닙 흘터 살게 되면 하로 만 닙 걱졍 잇ᄂᆞ <신민 1909.6.30> ⇒ 맥시코, 멕스소국, 멕스코, 멕시고, 몌기시고, 믹시코

【믹시밀니안】 명 ((인명)) 막시밀리안(Maximilian). 멕시코의 황제(1832~1867). 오스트리아의 황제 프란츠 요제프 일세의 동생으로, 나폴레옹 삼세의 멕시코 간섭 때 황제가 되어 멕시코에 들어갔으나, 프랑스군이 귀국하자 고립, 체포되어 총살당하였다. (외래어).¶ 믹시밀니안 (瑪西麥努 Maximilian) <만국통감1912 9> 뎨이 믹시밀니안이 위에 잇서셔도 사ᄅᆞᆷ됨이 공의로워 두 교가 다 그의 보호ᄒᆞᆷ을 엇더니 <만국통감1912 4, 45>

【믹시코】 명 ((지리)) 멕시코(Mexico). 라틴아메리카 국가들 가운데 가장 북쪽에 있으며 라틴아메리카에서 세번째로 큰 국가. (외래어).¶ 墨士哥, 墨士, 一作"麥西", 믹시코 <명물-육당 13a> ⇒ 맥시코, 멕스소국, 멕스코, 멕시고, 몌기시고, 믹스코

【믹카사】 명 ((지리)) 마카사르(Makassar). 인도네시아 북동부 셀레베스 섬의 남서부 마카사르 해협(海峽)에 면한 항만 도시. (외래어).¶ 디형은 산과 화산이 만코 남편에 믹카사ㅣ란 촌이 잇고 사ᄅᆞᆷ의 수효는 삼ᄇᆡᆨ만 명이오 다ᄉᆞ리기ᄂᆞᆫ 네데란스국 관원이 잇스며 <사필1889-헐버트 157>

【민-베루】 명 ((복식)) 면소재 벨벳. 綿[めん]ベル. '베루[ベル]'는 'ベルベット(velvet)'의 약어. (일본어 차용어).¶ 인견 민베루 단의 ᄎᆞ 일 합단 본견 단의 지어 일 양단 교쥬 단의 지어 일 회식 유문 교쥬 단의 ᄎᆞ 일 회식 국화문 교쥬 단의 지어 일 명쥬 단의 지어 이 본견 물난ᄉᆞ 단의 ᄎᆞ 일 싱노방쥬 진ᄉᆞ 단의 ᄎᆞ 일 본견 조겟도 단의 ᄎᆞ 일 <물목-3 1938 딕발>

【민체스타】 명 ((지리)) 맨체스터(Manchester). 영국 잉글랜드 랭커셔 주 남동부에 있는 상공업 도시. 산업혁명 이후에 세계적인 면공업의 중심지로 발전하였다. (외래어).¶ 또 ᄒᆞᆫ가온대는 빼밍함이란 큰 촌이 잇고 북편에 민체스터와 쁘릿퍼과 릿스와 역과 쉐필드와 헐과 리버플과 누킈슬이란 여돏 큰 촌이 잇스니 <사필1889-헐버트 34>

【밋시나】 명 ((지리)) 메시나(Messina). 이탈리아의 시칠리아 섬의 북동안 메시나 해협에 면하여 있는 항만 도시. (외래어).¶ 남에는 녜블스ㅣ란 포촌과 시실리 셤 북편에 밋시나와 발너모ㅣ란 큰 촌이 잇고 사ᄅᆞᆷ의 픔ᄉᆞ수는 션비와 량반과 ᄇᆡᆨ셩이오 아모를 의론치 말고 텬쥬교 아니 ᄒᆞᄂᆞᆫ 이ᄂᆞᆫ 쳔ᄒᆞᆫ 사ᄅᆞᆷ으로 지목ᄒᆞᄂᆞ니라 <사필1889-헐버트 51>

【ㅂ】

【바고다-공원】 명 ((지리)) 파고다공원[塔洞公園]. (외래어).¶ 바고다공원 ‖ 京城 中央에 잇는 公園이니 十二層의 塔이 잇소 <조선-심 73> ⇒ ᄲᅡ고다공원

【바나마】 명 ((지리)) 파나마(Panama). 중앙아메리카의 파나마 지협(地峽)에 있는 공화국. 1903년에 콜롬비아에서 분리하여 독립하였다. (외래어).¶ ᄯᅩ 북편에 헛손이란 하슈와 여러 셤이 잇고 남북 아메리ᄭᅡ 두 ᄭᅡ히 바나마ㅣ란 ᄭᅡㅅ목이 ᄇᆡᆨ 리 되는 륙디로 련ᄒᆞ엿시며 <ᄉᆞ민필지1889-헐버트 101> 디형을 의론컨대 셔남에 화산이 여ᄉᆞᆺ시 잇고 ᄯᅩ 인듸스ㅣ란 큰 산이 잇고 북편에 뫼달이나ㅣ란 강이 가릐비안 하슈로 드러가고 동편에 과비아ㅣ란 강이 잇고 북편에 ᄋᆡ스빈월과 가데지나ㅣ란 포구와 붸나벤두라와 바나마ㅣ란 포구가 잇스며 <ᄉᆞ민필지1889-헐버트 117>

【바당】 명 ((지리)) 파당(Padang). 인도네시아 수마트라 섬 서쪽 기슭에 있는 항구 도시. 교통 요충지이며 코프라, 차, 담배 따위를 수출한다. (외래어).¶ 셔편에 벵고린과 바당과 북편에 아친이란 촌이 잇고 ᄉᆞ면에 젹은 셤이 둘너 잇고 사ᄅᆞᆷ의 수효는 오ᄇᆡᆨ만 명이오 다ᄉᆞ리기ᄂᆞᆫ 네데란스국 관원이 잇스며 <ᄉᆞ민필지1889-헐버트 156>

【바라궤】 명 ((지리)) 파라과이(Paraguay). 남아메리카 중남부에 있는 나라. 1811년에 에스파냐에서 독립하였다. (외래어).¶ 아메리ᄭᅡ에 각 디방과 각 나라는 가나다와 [엥길리국 쇽방이라] 덴막아메리ᄭᅡ와 합즁국과 멕스고국과 센드랄아메리ᄭᅡ국과 셔인도와 걸넘비아국과 베네수일나국과 기아나와 ᄡᅳ레실국과 엑궤도국과 비루국과 블늬비아국과 칠릐국과 아젠듼합즁국과 바라궤국과 유루궤국이니라 <ᄉᆞ민필지1889-헐버트 102> ⇒ 바라궤이

【바라궤이】 명 ((지리)) 파라과이(Paraguay). 남아메리카 중남부에 있는 나라. 1811년에 에스파냐에서 독립하였다. (외래어).¶ 바라궤이 (波拉乖) <명물-육당 13b> ⇒ 바라궤

【바라기위】 명 바라기암[望良只爲]. (이두어).¶ 냥반의 ᄌᆞ식으로 난셜지원 업게 ᄒᆞ옵시기 천만축슈 바라기위 슌상 합하 쳐분 병ᄌᆞ 십월 일 <구례 뉴풍천 숀부 조씨 원정1816>

【바락】 명 발락(發落). 처리(處理). (중국어 간접 차용어).¶ 發落 ‖ 한신이 듕군의 니ᄅᆞ러 졔쟝를 젼령ᄒᆞ야 대쇼 삼군을 거ᄂᆞ려 바락을 드르라 ᄒᆞ니 (韓信復到中軍, 傳下將令, 着大小三軍, 聽候發落.) <서한-국중 7:36> ⇒ 발낙, 발락

【바로다】 명 ((지리)) 바로다(Baroda). 인도 서부 구자라트 주(Gujarat 州) 남쪽의 캠베이 만(Cambay 灣)에 면한 도시. 철도의 요지로 면직물, 화학, 비료, 기계, 금속 공업이 발전하여 공업 단지를 이루고 있으며 석유, 천연가스 개발도 활발하다. (외래어).¶ 라호어와 베쇠와 델회와 아그라와 곤버와 알라하밧과 팔늬어와 비나릐스와 남편에 하이드라밧과 마듸라스와 마이소와 셔편에 범베와 바로다와 가온대 져벌브어와 낙부어와 인도아와 과레란 촌이 잇고 사ᄅᆞᆷ의 픔ㅅ수는 션비와 ᄇᆡᆨ셩이오 <ᄉᆞ민필지1889-헐버트 89>

【바르셀로나】 명 ((지리)) 바르셀로나(Barecelona). 스페인 북동부의 카탈루냐 지방에 있는 항구 도시. 지중해에 면한 스페인 최대의 무역항으로, 상공업이 활발하며 오래된 건축물이 많다. (외래어).¶ 바르셀로나港에 뭇헤 나리니 이쓰파니아 物色 남만콤 繁華 <청춘 1914.10.1>

【바리서이】 명 ((종교))((인류)) 바리새파(Pharisee派). 기원전 2세기에 일어난 유대 민족의 한 종파. 율법의 준수와 종교적인 순수함을 강조하였다. 형식주의와 위선에 빠져 예수를 공격하였다. (외래어).¶ 이러므로 예수의 겸비ᄒᆞ신 거륵ᄒᆞᆫ 훈계와 샹반ᄒᆞ야 죵릭 ᄆᆞ옴을 두루히지 아니ᄒᆞ니 반로도 ᄯᅩᄒᆞᆫ 바리서이의 무리 되여 명을 청ᄒᆞ야 각 고올에 공문을 붓쳐 신교롤 멸코져 ᄒᆞ더니 예수ㅣ 승텬ᄒᆞ신 후에 신교ㅣ 처음으로 힝ᄒᆞ매 바리서이들이 보기롤 그ᄅᆞᆫ 일ᄀᆞᆺ치 ᄒᆞ야 므ᄅᆞᆺ 종도와 모든 교우ㅣ 항샹 그 해롤 닙더라 <첨례-반로귀화 72a> ⇒ 바리싀

【바리스】 명 ((지리)) 파리(Paris). 프랑스 센강 중류에 있는 도시. 세계적인 예술의 도시로 유명하며 명승지로 노트르담 사원, 에펠 탑, 루브르 박물관 따위가 있다. 프랑스의 수도이다. (외래어).¶ 도셩을 의론컨대 일홈은 바리스ㅣ니 [영국 셔울 대ᄋᆞᆷ에 뎨일 크니라] 센이란 강ㅅᄀᆞ히오 ᄯᅩ 남편 디즁히ㅅᄀᆞ헤 마셀스ㅣ란 큰 촌이 잇스니 아프리가와 오스드렐랴와 청국 죠션 일본 등 나라헤 가려 ᄒᆞ면 ᄇᆡ ᄐᆞᄂᆞᆫ 곳이오 <ᄉᆞ민필지1889-헐버트 39> ⇒ 바리쓰 ☞ 파려, 파리

【바리싀】 명 ((기독)) 바리새파(Pharisee派). 기원전 2세기에 일어난 유대 민족의 한 종파. 율법의 준수와 종교적인 순수함을 강조하였다. 형식주의와 위선에 빠져 예수를 공격하였다. (외래어).¶ 누구던지 계명 중의 적은 말숨 ᄒᆞ나라도 준힝ᄒᆞ야 ᄀᆞᄅᆞ치면 텬국에셔 크다 ᄒᆞᄂᆞᆫ 닐ᄏᆞ름을 드르리라 진졍으로 닐ᄋᆞ노니 너희의 잇ᄂᆞᆫ 의리 셔긔관과 바리싀의 의리보다 못 나으면 하ᄂᆞᆯ나라 됴흔 곳에 드러가지 못ᄒᆞ리라 <연경-산샹보훈가 24> 바리싀 교인 즁에 시몬이라 ᄒᆞᄂᆞᆫ 쟈가 예수의 명셩 듯고 졉ᄃᆡ홈믄 ᄀᆞᆫ절ᄒᆞ야 어ᄂᆞ날만 찬셕에 만찬을 졉ᄃᆡᄒᆞᆫ다 그 집에 드러가셔 ᄀᆞᆺ치 안져 잡수실 제 이샹ᄒᆞᆫ 일 잇섯고나 <연경-주고가 38> ⇒ 바리서이

【바리싀-인】 명 ((기독)) 바리새인(Pharisee人). 바리새교의

교인. 3대 유대 분파의 하나. 모세의 율법과 부활, 천사, 영의 존재를 믿었다. 또는 위선자를 비유적으로 이르는 말. (외래어).¶ 예수ㅣ 닐ᄋᆞ샤ᄃᆡ 로쇼 귀쳔 무론ᄒᆞ고 거듭 나지 안코셔는 하ᄂᆞ님의 영광 나라 볼 쟈가 업ᄂᆞ니라 바리시인 니고데모 지혜는 만치마는 구쥬의 닐ᄋᆞ시는 도리의 깁흔 말슴 히득치 못ᄒᆞ고셔 의심 나셔 뭇는 말이 여보시오 <연경-니고데모가 13> 젼에 예수 차자 왓던 바리시인 니고데모 뎌희ᄃᆞ려 ᄒᆞ는 말이 말도 드러보지 안코 힝ᄒᆞᆫ 일도 모로고셔 죄브터 먼져 줍은 우리 무리 률법샹에 위반이 되ᄂᆞ니라 <연경-쟝막결가 79>

【바리쓰】 명 ((지리)) 파리(Paris). 프랑스 센강 중류에 있는 도시. 세계적인 예술의 도시로 유명하며 명승지로 노트르담 사원, 에펠 탑, 루브르 박물관 따위가 있다. 프랑스의 수도이다. (외래어).¶ 바리쓰 巴里 Paris <만국통감1912 9> 로마교의 공후가 곳 가만히 도모ᄒᆞ야 쟝가갈 ᄣᆡ에 바리쓰셩 가온ᄃᆡ 미복ᄒᆞ고 <만국통감1912 4, 35> ⇒ 바리스 ☞ 파려, 파리

【바린슈】 명 ((복식)) 빠린쓰. 바뢰즈(ヴァルーズvareuse). 셔츠와 재킷의 중간 의상으로 품이 넉넉하며, 본래 해군이나 어부의 작업복으로 쓰임. (프랑스어에서 온 일본어 차용어).¶ 빠린슈 양식 본견 치마 ᄎᆞ 견쥬 능경 줄치마 ᄎᆞ … ᄌᆞ쥬 바린슈 치마 ᄎᆞ 빗초식 단빅이 치마 ᄎᆞ 양회식 죠신도 치마 ᄎᆞ 늦동 양쳥 치마 미슈 <물목-경고-3 진분홍> 소라식 바린슈 치마 ᄎᆞ 조시쏘 판빅이 치마 ᄎᆞ 노방쥬 치마 ᄎᆞ 빅식 노야루 치마 ᄎᆞ 밤식 빈비루 치마 ᄎᆞ ᄌᆞ쥬 빈비루 치마 ᄎᆞ 보라식 빈비루 치마 ᄎᆞ <물목1954 한옥션108-122> ⇒ 바리슈, 빠린슈, 싸렌스, 싸리소, 싸린스, 싸리슈, 싸릭스, 싸린스, 쌧릭슈

【바릭슈】 명 ((복식)) 빠린쓰. 바뢰즈(ヴァルーズvareuse). 셔츠와 재킷의 중간 의상으로 품이 넉넉하며, 본래 해군이나 어부의 작업복으로 쓰임. (프랑스어에서 온 일본어 차용어).¶ 연두식 바릭슈 져구리 ᄎᆞ 닙 잉식 싸루 져구리 ᄎᆞ 닙 빅식 고단 져구리 ᄎᆞ 닙 빅식 싸리소 져구리 ᄎᆞ 닙 <물목-혼함 06:12:08> 물미식 ᄌᆞ니ᄉᆞ 져구리 ᄎᆞ 일 바릭슈 오동식 져구리 ᄎᆞ 일 국사 양식 져구리 ᄎᆞ 일 교쥬 국ᄉᆞ 져구리 ᄎᆞ 일 토쥬 ᄌᆞ쥬 져구리 ᄎᆞ 일 명쥬 옥식 져구리 ᄎᆞ 일 <물목-음성 1940> 명쥬 단의 ᄎᆞ 일 바릭슈 단의 ᄎᆞ 일 양회식 인조 단의 ᄎᆞ 일 옥양목 단의 ᄎᆞ 일 모슈 고의 ᄎᆞ 일 지어 당목 고의 ᄎᆞ 이 무명 고의 ᄎᆞ 지어 일 반물 고의 ᄎᆞ 이 <물목-음성 1940> ⇒ 바린슈, 빠린슈, 싸렌스, 싸리소, 싸린스, 싸릭슈, 싸릭스, 싸런스, 쌧릭슈

【바사】 명 Gustavus Vasa (외래어).¶ 바사 (法撕 Gustavus Vasa) <만국통감1912 9>

【바삭】 명 ❶ ((인류)) 팔삭(八朔). 팔삭둥이. '바(八, bā)'는 중국어 직접 차용어.¶ 바삭, 八月而生. (八朔) <속명-인사> ❷ 바사기. 사리에 어둡고 이해력이 부족한 사람을 조롱하여 이르는 말.¶ 俗稱癡獃人爲八朔, 謂未滿期而生也. 音바삭. <고석-동한역어> 너희들이나 잘 메여 먹어라 도모지 말을 아니ᄒᆞ려 ᄒᆞ기의 망경 그것슬 메여 먹자 ᄒᆞ는 니가 열업슨 바삭의 아들이지 그 말ᄒᆞ여 무엇ᄒᆞ리 <춘향-동양 7:4a> ⇒ 바삭사람, 바삭이, 바샥이

【바삭-사람】 명 ((인류)) 팔삭사람(八朔-). 팔삭둥이. 바사기. 사리에 어둡고 이해력이 부족한 사람을 조롱하여 이르는 말. '바(八, bā)'는 중국어 직접 차용어.¶ 바삭사람 (八朔之人, 甚愚). <국한 1985> ⇒ 바삭, 바삭이, 바샥이

【바삭-이】 명 ❶ ((인류)) 바사기. 팔삭동(八朔童)이. 임신한 지 여덟 달만에 나온 아이.¶ 바삭이 (An eight months child) <한영 393> 바삭이 <법한 1348> ❷ 사리에 어둡고 이해력이 부족한 사람을 조롱하여 이르는 말. '바(八, bā)'는 중국어 직접 차용어.¶ 바삭이 (愚痴人) <국한 1985> 바삭이 (Mal bâti, avorton (petit enfant, petit chien, popul.) <한불 306> 바삭이 (A half idiot, imbecile.) <한영1890 101> 바삭이 (a good for nothing fellow — a term of abuse) <한영 393> 쏠쏠이 | 잔착이 | 바삭이 <법한 1162> 바삭이 | 을득이 | 복쳘이 | 머죽은 사름 <법한 143> 요놈이 일되고 바삭이가 아니니 <한중 416> 바삭이는 아무 소견도 업고 붓그러운 것도 모르옵니다 <한대-인속 220> 바삭이 ‖ 여덟 팔자 음은 화음으로 바라 팔삭이란 말을 화음을 싸둬 바삭이라 한다 사람마다 잉태한 지 십삭 만에 낫는 법인데 바삭이라 함은 덜 된 사람이라 조롱하는 말이니라 <조이-김동진> ⇒ 바삭, 바삭사람, 바샥이

【바샥이】 명 ((인류)) 팔삭이(八朔-). 임신한 지 여덟 달만에 낳은 아이. 또는 사리에 어둡고 이해력이 부족한 사람을 조롱하여 이르는 말. '바(八, bā)'는 중국어 직접 차용어.¶ 八朔 ‖ 八, 華音바, 生於八朔者類多不慧, 故曰바샥이. <명물-탄육 2:11b> ⇒ 바삭, 바삭사람, 바삭이

【바시식크-ㄹ】 명 ((교통)) 바이시클(bycicle). 자전거(自轉車). (외래어).¶ 바시식크-ㄹ (自轉車) <영어일상통화단어초집 우산>

【바알세붑】 명 ((기독)) 바알세붑(Baal-Zebub). 구약 당시 에그론 사람들이 숭배했던 파리 모양의 우상. 구역에서는 사탄으로 지칭된 적은 없으나 신약에서 귀신의 우두머리인 사탄의 별칭으로 사용된다. '(외래어).¶ 다윗 자손 그 아닌가 의론이 분분ᄒᆞ고 바리식 교인들은 듯고 서로 ᄒᆞ는 말이 뎡녕코 이 사룸은 마귀왕 바알세붑 권세를 빙쟈ᄒᆞ야 샤귀들을 축출ᄒᆞᆫ다 하는 줄 알으시고 뎌희ᄃᆞ려 닐ᄋᆞᆫ 말슴 나라ᄭᅴ리 분징ᄒᆞ면 피ᄎᆞ 서지 못ᄒᆞᆷᄀᆞᆺ치 사단이 니러나셔 사단을 쏫차 내면 ᄌᆞ중지란 싱기리니 엇지 쟝구ᄒᆞᆯ가 보냐 <연경-롱아귀축출가 39> 가령 내가 오ᄂᆞᆯ날에 바알세붑 빙쟈ᄒᆞ야 샤귀를 쫏차낼가 너희 말과 ᄀᆞᆺᄒᆞᆯ진대 너희를 심판ᄒᆞᆯ 쟈 마귀라 ᄒᆞ리로다 <연경-롱아귀축출가 40>

【바얀】 명 ((인명)) 고려 때 원나라의 영향을 받아 쓰이게 된 말. '부자'라는 뜻의 '바얀(bayan)'은 중세몽고어 차용어.¶ 伯顔 ‖ 南突阿剌哈伯顔, 남돌아라카바얀, 南突, 姓也. 南突兀狄哈, 部族名. 因人姓以名焉. …阿剌哈, 人名也. 其俗稱富人爲伯顔. <용가 7:24> ※ 伯顔 ‖ 伯顔帖木兒: 恭愍王의 蒙古諱 <고려사-38 1, 122, 19>

【바오달】 명 ((군사)) 군대가 주둔하여 있는 곳. 영채(營寨). 군영(軍營). 군막(軍幕). 또는 사막을 여행하던 중에 머무는 곳. 야영(野營). 숙영(宿營). '바오달(ba'udal /baɣudal)'은 중세몽고어 차용어. 동사 어간 'baɣu-'에 파생접미사 '-dal'이 붙어서 명사가 된 것이다.¶ 營은 바오다리오 <월석 15:73> 營은 바오달이라 <삼강-충 18> 바오달 영, 俗稱"下營", 바오달 티다 (營) <훈몽-관아 중:4b /8a> ※ 波吾達 <세종실록-78 12년 11월 병진> <중종실록-63 23년 10월 경자>

【바오달-터】 명 ((지리)) 영채(營寨). 진터(陣-). '바오달(ba'udal /baɣudal)'은 중세몽고어 차용어.¶ 바오달터 (營盤) <훈몽-관아 중:4b /8a> 바오달터 (營盤) <우공주의 집람남 3a>

【바요링】 명 ((악기)) 바이올린(violin). 서양 현악기의 하나. 가운데가 잘룩한 타원형의 몸통에 네 줄을 매어 활로 문질러서 소리를 낸다. (외래어).¶ 바요링 (浮胡琴) <자통-오락 458> 바요링으로 타는 조타는 곡조나, 어린애의 앙을거리는 우름이나 마찬가지이데. <현진건, 짜막잡기1924 211>

【바울】 명 ((인명)) 바울(Paul). 기독교 최초의 전도자. 열렬한 유대교도로서, 기독교도를 박해하러 가다가 다메섹에서 예수의 음성을 듣고 믿음을 바꾸어 전 생애를 전도에 힘쓰고 각지에 교회를 세웠다. (외래어).¶ 뜻밧긔 교황 뎨삼 바울이 듕ᄒᆞᆫ 권셰를 일흘가 두려워 ᄒᆞ야 깅경ᄒᆞᄂᆞᆫ 일을 막더라 <만국통감1912 4, 24>

【바울-셋재】 명 ((인명)) 바울(Paul) 삼세. ¶ 바울셋재 (교황) 保羅第三 Paul III. (Pope) <만국통감1912 9>

【바이보】 명 ((기물)) 파이프(pipe). 물이나 공기, 가스 따위를 수송하는 데 쓰는 관. (외래어).¶ 통 | 관 | 바이보 <법한 1400> ☞ 관, 통

【바톨】 명 ((인류)) 용감한 사람. 용사(勇士). '바톨(拔都, 拔突, ba'atur /baɣatur)'은 중세몽고어 차용어.¶ 아기 바톨 (阿其拔都) <용가 7.10> ※ 把阿禿兒 <원조비사 45, 120, 142> 勇士, 把阿禿兒 <화이역어-인물>

【바트라스】 명 ((지리)) 파트라스(Patras). 파트레(Patre). 그리스 남부 펠로폰네소스 반도의 북서쪽에 있는 항구 도시. 상공업 중심지로 포도, 올리브 따위를 수출한다. (외래어).¶ 또 북편에 라리사와 사이라ㅣ란 큰 촌이 식라듸스 셤에 잇고 셔편에 바트라스ㅣ란 촌이 잇고 사롬의 픔ㅅ수는 션비와 빅셩이오 <ᄉᆞ민필지1889-헐버트 66>

【바하마】 명 ((지리)) 바하마(Bahamas). 서인도 제도 북부에 있는, 약 700개의 섬으로 이루어진 국가. 1973년에 독립하여 영국 연방에 가입하였다. (외래어).¶ 규바 읍닉는 하바나ㅣ오 문담비가 온 텬하에 뎨일 됴흐니라 또 마단스와 산듸아고ㅣ란 촌이 잇고 헤듸국 도셩은 봇오브린스ㅣ오 산드밍고국 됴셩은 산드밍고ㅣ오 브도리고 읍닉는 산후안이오 제메가 읍닉는 깅스단이오 바하마 읍닉는 나셔ㅣ며 <ᄉᆞ민필지1889-헐버트 115>

【바히아】 명 ((지리)) 바이아(Bahia). 브라질에 있는 주. 설탕, 담배, 모피 따위를 생산한다. 주도(州都)는 살바도르. (외래어).¶ 북편에 요하늬스ㅣ란 큰 셤이 잇고 또 파라와 마라남과 동편에 버남뷔고와 바히아와 으라요젼이로ㅣ란 포구가 잇스며 <ᄉᆞ민필지1889-헐버트 123>

【반로】 명 ((인명)) 바오로(Paul). 기독교 최초의 전도자. 열렬한 유대교도로서, 기독교도를 박해하러 가다가 다메섹에서 예수의 음성을 듣고 믿음을 바꾸어 전 생애를 전도에 힘쓰고 각지에 교회를 세웠다. 로마에서 순교하였으며, <로마서> <고린도서> <갈라디아서> 등을 썼다. 여기서는 뎡반로를 가리킴. (외래어).¶ ᄆᆞ옴에 반로를 두고 그리 말ᄒᆞᆫ다, 그리ᄒᆞ면 반로의 말일다 <법한 68> 반로 집보덤 베두루 집이 더 크다 <법한 290> 베두루가 반로만 못ᄒᆞ다 <법한 774> 베두루도 아니요 반로도 아니라 <법한 972> 군난이 ᄎᆞᄎᆞ 침식이 되ᄂᆞᆫ 듯ᄒᆞᆫ 고로 쥬교ᄂᆞᆫ ᄒᆞᆫ 뎨ᄌᆞ를 ᄃᆞ리고 싀골노 ᄂᆞ려가시고 반로ᄂᆞᆫ 경셩에 셩교회 ᄉᆞ졍이 만ᄒᆞᆫ 고로 집으로 도라와 일을 보술피며 <기해-뎡반로 44a>

【박닷】 명 ((지리)) 바그다드. (외래어).¶ 또 북편에 무로사와 시멘아와 드레비산드롸 어스름이란 촌이 잇고 셔편에 알닉보와 듸마스커스와 [텬하에 뎨일 오랜 촌이라] 베룻과 예루사렘이란 촌이 잇고 [온 텬하에 유명ᄒᆞᆫ 촌] 남편에 메듸나와 멕가와 [회회교 시작ᄒᆞᆫ 곳] 목카ㅣ란 촌이 잇고 동편에 부소라와 박닷과 [녜ㅅ 아시리아국 셔울이니 유명ᄒᆞ니라] 모수ㅣ란 촌이 잇고 <ᄉᆞ민필지1889-헐버트 98>

【박하-캔듸】 명 ((음식)) 박하캔디(mint candy). 박하사탕(薄荷砂糖). (외래어).¶ 흰아이씽이나 마쉬말노아이씽을 받으고 그 우에 박하캔듸 부스럭이를 쁘려서 먹을 것 <서요 153> ☞ 초콜녯아이씽

【박하캔듸-사탕떡】 명 ((음식)) 박하캔듸케이크 (mint candy cake).¶ 박하캔듸사탕떡 ‖ 사탕 2잔 뻐터 ¾잔 계란 (노른자위면 6개) 3개 우유 1½잔 밀가루 4잔 뻬킹파우더 3쇼슈가락 사탕과 뻐터를 묽께 져어 가지고 잘 져은 계란을 셕고 다음에 우유를 셕고 맨 나죵에 뻬킹파우더와 밀가루를 체에 밧쳐셔 셕고 피닐나나 레몬 약념 ½쇼슈가락을 셕고 얏흔 팬 3개에 기름을 발으고 논하 담아셔 ½시 가량 구어 가지고 떡 세개 포갠 사이와 우와 녑헤 흰 아이씽이나 마쉬말노 아이씽을 받으고 그 우에 박하 캔듸 부스럭이를 쁘려셔 먹을 것 <서요 153> ☞ 퍼지사탕떡, 초콜넷사탕떡, 카피사탕떡

【박하-퍼지】 명 ((음식)) 박하퍼지(薄荷, mint fudge). '퍼지'는 초콜렛 · 버터 · 밀크 · 설탕 따위로 만든 무른 설탕. (외래어).¶ 박하퍼지 ‖ 사탕 3잔 우유 ½잔 박하 물

ㅎ쇼슈가락 빠터 2대슈가락 초콜넷 (간 것) 2쯤 피닐나 1 쇼슈가락 사탕과 우유와 빠터를 탕 온긔로 240도 되기 까지나 랭슈에 쩌러 트려 보아셔 엉긔기까지 끄려 가지고 불에셔 나려셔 절반은 중탕하야 노코 남져지 절반은 되게 될 째까지 져어셔 박하 물을 셕거 가지고 기름 발은 넓은 졉시에 쏫고 중탕해 노핫던데 다가는 초콜넷을 셕고 초콜넷이 녹을 째까지 져어셔 중탕 그릇에셔 내여 노코 피닐나를 셕거셔 조곰 더 되직하게 될 째까지 져어셔 졉시에 쏫아 두엇던 것 우에 붓고 굿은 뒤에 네모 반듯반듯하게 버힐 것 (푸른 물감을 타면 보기 조흠) <서요 265> ☞ 씌비니틔퍼지, 카라멜퍼지, 케로퍼지

【반낙-ᄒᆞ-】 동 발락(發落)하다. 처리하다. 처분하다. '반낙'은 중국어 간접 차용어.¶ 텬지 만일 쥬본을 보시거든 황셩의 뉴쥬ᄒᆞ여 반낙ᄒᆞ시믈 기다리라 (天子若然觀了本, 聽候御旨在皇邦.) <재생 17:77> ⇒ 반락ᄒᆞ-, 발낙ᄒᆞ-, 발락ᄒᆞ-

【반등】 명 ((기물)) 판등(板凳). 등받이 없는 의자. '반(板, bǎn)'은 중국어 직접 차용어.¶ 반등 (榥子) <화정-가구 54> ▼板凳 ‖ 반등 (板凳) <방석-상장 3:9a> 반등 (板凳) <동해-기구 하:13a> <몽해-기구 하:9b> <한청-기용 11:34a> 쟝ᄉᆞ긔 쟉인 등의게 분부ᄒᆞ디 ᄉᆞ당 동편 방 안의 냥ᄀᆡ 큰 반등을 놋코 녕구롤 거중ᄒᆞ여 밧드러 노흐라 ᄒᆞ며 (蔣士奇吩咐莊戶們在祠堂東房內設放兩條大板凳, 將靈柩擡在居中.) <설월 5:46> 챠셜 강도 옥졸 등이 임의 옥중의 드러가 보니 젼졀급이 반등 우히셔 몹시 죽엇거놀 디경ᄒᆞ여 (且說江都牢中, 是早有牢子們進監, 只見錢節級殺死在板凳上, 吃驚不小.) <쾌심 5:81> ▼脚凳 ‖ 급히 방문을 다다 건 후의 반등을 가져다가 ᄌᆞ긔가 올나셔고 슈건을 가져 둥굴게 믹여 노코 목을 씌인 후 믄득 반등을 밀쳐 바리니 가련ᄒᆞ다 인후의 긔운이 끈허지고 (急忙關上屋門, 然後端了一個脚凳自己站上, 把汗巾拴上扣兒套在咽喉, 便把脚凳蹬開, 可憐咽喉氣絶.) <홍루 111:15> ▼凳 ‖ 반등 등, 牀屬, "橙"通. (凳) <자석 상:10a> 일ᄀᆡ 반등을 가지고 와 겻흐로 안ᄌᆞ며 (扯一張凳來, 靠側坐.) <쾌심 19:12> ▼杌子 ‖ 평이 등이 발셔 캉 욻히 한 반등을 베플고 (平兒等早于炕沿下設了一杌子.) <홍루 16:37> 졔 빈례ᄒᆞ고 쳥안ᄒᆞᆫ 후의 노태〻 챠환으로 ᄒᆞ여금 일ᄀᆡ 반등을 가져와 앏히 안게 ᄒᆞ니 (等他拜完請安之後, 老太太叫丫頭端了一張杌子, 坐在面前.) <홍부 25:28> 셰ᄋᆞ분 겻히 븕은 면쥬와 무명 슈건을 놋코 한편 반등 우히ᄂᆞᆫ 비단 의복과 비두렁이롤 노핫거놀 (傍邊放着紅綢、紅布手巾. 這邊杌子上放着錦繡衣服、抱裙.) <홍부 31:56> ▼條凳 ‖ 남편의 방옥 삼간이 이시디 도비롤 정결이 ᄒᆞ고 방중의 명인의 글시와 그림을 붓쳐시며 탁ᄌᆞ와 의ᄌᆞ와 반둥이 구비ᄒᆞ고 (三間南房屋裏, 糊裱的乾淨, 名人的字畫, 桌椅條凳.) <충소 7:37> ☞ 널상, 등상, 사오리

【ᄒᆞᆫ 오리 반등에 안지 못ᄒᆞᆫ다】 관 등받이 없는 의자 하나에 둘이 앉지 못한다.¶ ᄒᆞᆫ 오리 반등에 안지 못ᄒᆞᆫ다 (一條板榥坐不了.) <한어-한고 12a>

【반락-ᄒᆞ-】 동 발락(發落)하다. 처리(處理)하다. '반락'은 중국어 간접 차용어.¶ 發落 ‖ 너는 속히 나의 ᄒᆞ라는 디로 ᄒᆞ여 이 칼을 가지고 져 투부롤 버혀 ᄒᆞᆫ가지로 도라와 경환션고의 칙샹 아릭 니ᄅᆞ러 그 반락ᄒᆞ믈 드르라 (你速依我, 將此劍斬了那妬婦, 一同歸至警幻案下, 聽其發落.) <홍루 69:48> ▼發放 ‖ 봉계 쏘 이 사롬은 반락ᄒᆞ지 아니ᄒᆞ고 믄득 무ᄅᆞ디 왕흥의 식부야 와셔 무엇ᄒᆞ려 ᄒᆞᄂᆞ뇨 (鳳姐且不發放這人, 却問: '王興媳婦作什麽?') <홍루 14:27> ⇒ 발나-, 발낙ᄒᆞ-, 발락ᄒᆞ-

【반ᄉᆞ】 명 ((인류)) 판사(辦事). 일 처리하는 사람. '반ᄉᆞ(辦事, bànshì)'는 중국어 직접 차용어.¶ 辦事的 ‖ 이 반ᄉᆞ의 말을 니르면 제가 셩 싸 일을 하리니 사로 네게 유익하리라 이 문샹 댱사를 다른 사람 반티 못하넌 것도 제가 곳 반하넌 지간이 잇너니라 (提這个辦事的話纔他高性做事, 還是你的有益啊. 這門上的生意是, 別人辦不來的, 他就辦得來的本事有呢.) <중화-아천 29a>

【반ᄉᆞ】 명 반사(返事). 답장. (일본어 간접 차용어).¶ 무무註進ᄒᆞ야 그 返事대로 우리 兩人 中에 <첩해-초 5:3b>

【반자】 명 ((건축)) 반자(板子, bǎnzi). 따로 바르거나 막아서 바닥을 평평하게 만든 천장. (중국어 직접 차용어).¶ 반자 (頂隔) <박물-조실 28b> ⇒ 반쟈, 반ᄌᆞ, 본자

【반-자지】 명 ((복식)) 반자지[半紫的]. 반보라색. '지(的, de> di)'는 중국어 직접 차용어.¶ 반자지 二疋 四兩三錢 봉투지 一甲 一兩一錢五分 디양초 十甲 十一兩 소양초 一甲 二兩六錢 건시 四貼 十六兩八錢 <장기-송화선 1914.1.22>

【반쟈】 명 ((건축)) 반자(板子, bǎnzi). 따로 바르거나 막아서 바닥을 평평하게 만든 천장. (중국어 직접 차용어).¶ 텬정, 반쟈 (頂棚) <지나-방옥 60> ⇒ 반자, 반ᄌᆞ, 본자

【반ᄌᆞ】 명 ((건축)) 반자(板子, bǎnzi). 지붕 밑이나 위층 바닥 밑을 편평하게 하여 치장한 각 방의 천장. (중국어 직접 차용어).¶ 반ᄌᆞ (頂隔) <한청-실가 9:69b> 반ᄌᆞ (頂槅) <물명괄-궁실 18a> <물명고-서강 궁실 12a> <문류-거처 8b> 반ᄌᆞ (盤子, The ceiling.) <한영1890 100> 초개집의 역기 쁘워 싼 반ᄌᆞ (浮蓬) <역해-옥택 상:19a> 널로 싼 반ᄌᆞ (仰板) <역해-옥택 상:19a> 널로 쏜 반ᄌᆞ (望板) <방석-옥택 2:20b> 곳 그린 반ᄌᆞ (天花板) <한청-단묘 9:28a> 반ᄌᆞ (頂棚) <한대-가옥 55> <한지-방옥 24> ▼屋角 ‖ 임의 샹알ᄒᆞ니 태죄 고이ᄒᆞ야 무ᄅᆞ샤 쳑연히 들디 아니ᄒᆞ더니 머믈너 댱긔 두실시 ᄆᆞᄎᆞᆷ 쥐 이셔 그 삿기롤 안고 반ᄌᆞ로셔 써러디디 (旣上謁, 太祖怪而問之, 愀然不怡, 留與局戲, 適有鼠抱其子, 墮自屋角.) <조회 1:72> ▼天板 ‖ 반ᄌᆞ의 쁜 거시 이시니 ᄀᆞᆯ온 진원과 ᄀᆞᆯ온 만유와 ᄀᆞᆯ온 무시와 ᄀᆞᆯ온 무죵이라 (天板有扁曰眞元曰萬有曰無始曰無終.) <서원 6:5a> ▼板 ‖ 어늬 해 결[겨]울에 빅듀의 한가히 안잣더니 홀연 드ᄅᆞ니 대텽 반ᄌᆞ 우희 쥐 단니ᄂᆞᆫ 쇼릭 잇거늘 심싱이 쥐엿든 담비디로 우러〻 치니 (昨年冬, 白日閑居, 卽堂

宁丙子也，忽聞外堂板上，有鼠行之聲，沈生以煙竹仰擊.) <청야 1:31> ▼梆子 ‖ 외면의 눈이 와 임의 반ᄌᆞ가 나렷다 ᄒᆞ거놀 (外面下雪, 早已下了梆子了.) <홍루 92:83> 눈을 드러 술피매 단청을 새로 ᄒᆞ야시니 취식비단을 기동과 반ᄌᆞ롤 ᄡᅳᆫ 듯ᄒᆞ더라 <의유당-북산누> 산유ᄌᆞᄌᆞ리상의 션단뇨의 ᄃᆡ단니블 원앙금침 잣벼기롤 반ᄌᆞ갓치 ᄡᅡ하 노코 은침 갓튼 가즌 열쇠 쥬황ᄉᆞ 씐을 다라 본돈 셧거 ᄶᅦ여달고 <남원1869 2:5a> 관치 ᄆᆞᆫ지 못ᄒᆞ여 드려ᄀᆞ 본이 ᄒᆞᆫ 집을 지여시되 만호 기동의 호박 쥬츄을 노코 쳔ᄌᆞᆼ셕ᄃᆡ 들보의 산호셔을 걸고 슈졍 반ᄌᆞ을 ᄭᅩᆺᄌᆞ신이 광치 촐ᄂᆞᆫᄒᆞᆫ지라 <셔ᄃᆡ쥐전1900 4a> ⇒ 반자, 반쟈, 본자

【반-ㅎ-】 동 판(辦)하다. 처리하다. '반(辦, bàn)'은 중국어 직접 차용어.¶ 辦 ‖ 너 이 한 가지 일을 반코쟈 하면 반티 못할 거시 업스나 나도 진실노 네 일 반하여 주기를 뜻에 달압디 안은 거슨 안이나 네 날노 하여금 이 일을 반하넌 거시 도리여 네게 무익하리라 (我要辦這一件事沒有辦不來的, 我也並不是不願意給你辦, 你教我辦這一件事, 却倒由你無益.) <중화-아천 28a> 이 문샹 댱사를 다른 사람 반티 못하넌 것도 제가 곳 반하넌 지간이 잇너니라 (這門上的生意是, 別人辦不來的, 他就辦得來的本事有呢.) <중화-아천 29a> ⇒ 반하-, 반허-, 반ᄒᆞ-

【반-하-】[1] 동 판(辦)하다. 처리하다. '반(辦, bàn)'은 중국어 직접 차용어.¶ 辦 ‖ 너의 쟈근 동무가 가셔 족키 일을 반하나니 (你的小夥計去咧可以辦事麽?) <중화-아천 14a> 그거슨 도리여 쉽다만 너 이 한 가지 일을 반코쟈 하면 반티 못할 거시 업스나 나도 진실노 네 일 반하여 주기를 뜻에 달압디 안은 거슨 안이나 네 날노 하여금 이 일을 반하넌 거시 도리여 네게 무익하리라 (那个却倒容易, 我要辦這一件事沒有辦不來的, 我也並不是不願意給你辦, 你教我辦這一件事, 却倒由你無益.) <중화-아천 28a> 만일 너 말디로 하면 한나 넝니한 거간으로 이 일을 반하면 나보담 사로 나으리라 (若依我說, 叫一个伶俐的経記辦這一件事比我還强啊.) <중화-아천 28b> 이 문샹 댱사를 다른 사람 반티 못하넌 것도 제가 곳 반하넌 지간이 잇너니라 (這門上的生意是, 別人辦不來的, 他就辦得來的本事有呢.) <중화-아천 29a> ⇒ 반ㅎ-, 반허-, 반ᄒᆞ-

【반-하-】[2] 동 판(販)하다. 팔다.¶ 販 ‖ 그러면 아룻 문에 담비를 반하여 오면 반드시 너를 보갓다 (那麽赶下次販烟草來的必見光啊!) <중화-아천 3b> 너 도라가셔는 다른 곳으로 물건 반하러 가ㆍㆍ시니 아룻 문에 밋츨디 못 밋츨디 뎡티 못하갓다 (我的赶回去咧, 你別處販貨去, 赶下季子未定赶上赶不上.) <중화-아천 4a> 이 문너의 각인의 반하여 온 히삼이 얼마나 되넌니 네 온통 나를 결단하여 주미 올으냐 올티 안으냐 (這塘你們各人販來的海蔘有多少呢? 你呢打沒乙給我停當是得是不得?) <중화-아천 27b> 네 뉘 집 본젼을 가지고 히삼을 반하여 왓기여 더뚬 말게 너려 귀신의 말을 하너냐 (你的領誰家的本錢販海蔘來, 一下馬惱說鬼話來咧.) <중화-아천 33b> 나는 구젼 먹넌 거간이니 언제 딕은이 이서 물건을 반하여 왓갓너니 (我却是吃牙錢的經記, 何時有現銀子販貨來麽?) <중화-아천 34a> 우리 여러이 반하여 간 히삼은 기쥬로 보닌 거슨 다 팔니고 심양으로 실닌 거슨 한 근도 팔니디 못하엿난디 남의 말을 드르니 금넌 혼치기 난 거시 더욱 만타 하더라 (咱們大家上輔販去的海蔘是, 發得盖州的是都賣出去, 往瀋陽拉的是連一斤也賣不出去咧. 打聽人家的話, 今年紅旗街出的越多咧.) <중화-아천 34a> ⇒ 반ᄒᆞ-

【반-허-】 동 판(辦)하다. 처리하다. '반(辦, bàn)'은 중국어 직접 차용어.¶ 辦 ‖ 오날 너 처음으로 너의 두 분일을 반허여 쥬는디 쏘한 못될 일이 잇스랴 만약 이 한 가지 일을 반허여 너이지 못허면 다른 일만 팔천냥 흥졍은 더욱 간셥허지 못허깃다 (今日我在頭裡特以給你們二位辦事, 也有下不來的句當嗎? 若是辦不出這一件事來, 別的一萬八千的賣買是更不用管着咧.) <중화-탁족 25a> 너 삼[십]여 넌 뎐팡을 시작허여 긱상들을 얼마 맛잡아 보와스며 얼마 은 흥졍을 반허여 보와스랴마는 처음으로부터 오무로 진실노 이 쳐음 가즉지 아는 흥졍은 간셥허여 보지 못허엿다 쏘 너의 두 분갓치 체면 업는 니를 보지 못허엿다 (我開三十多年的店房, 惹過多少客商們, 辦過多少銀子的生意, 開頭裡以來, 正沒有干過像這様不幷一的買賣, 也沒有看過像你們二位不體面的皮氣.) <중화-탁족 31b> 이우나 인품은 곳 무던허고 천셩이 명공허나 다만 셩품이 너무 급허기로 비겨 이 한 가지 일을 반허고져 허면 닙각의 반허여 와야 졔 뜻졔 마져 허지 (噯呀,-인품却到不理, 天性明公, 就是性品忒急, 作比要辨這一件事, 立刻就辦得來纔對得他的邊.) <중화-탁족 38ab> 만약 동안을 더듸여셔는 아리셔 일 반허는 사람이 동부동이 잇스리라 (若是悞遲工夫咧, 在底些辨事的管包有難.) <중화-탁족 38b> 그러무로 헴치기를 이 하로 잇틀 동안의 다 ᄭᅳᆺ너이고져 허느니 한 가지씩 아래로 ᄭᅳᆺ너이는 디로 너이다가 반허다가 필경의 만약 ᄭᅳᆺ너이지 못허는 거시 잇스량이면 말 못되깃다 (所以打着這一兩天的工夫都要遮完咧, 一層ㆍㆍ的往下赶着完, 辦到皈起若有完不了的是說不得咧.) <중화-탁족 41a> ⇒ 반ㅎ-, 반하-, 반ᄒᆞ-

【반-ᄒᆞ-】[1] 동 판(辦)하다. '반(辦, bàn)'은 중국어 직접 차용어.¶ 辦 ‖ 너 번문구의 잇셔 숨십여 넌 장ᄉᆞ가 만치 안니ᄒᆞᆫ 우피 미미를 반ᄒᆞ여 보면셔 근본 진실노 우피 고르는 번은 업는디 다못 나를 기다려 네 가니 한 가지 번를 널고져 ᄒᆞᄂᆞ야 한 가지 가죡은 보너 진실노 한아식 논란ᄒᆞᄂᆞᆫ 거시 안니라 (我在過門口作過三十多年的生意, 辦過多小皮子的生意, 從來並沒有調皮子的規矩, 但等着我來, 你呢要開這一件例兒嗎, 一種皮子是本來並不是一个个講主的罷.) <학청-한고 11a> 비겨 이 ᄒᆞᆫ 가지 일 반ᄒᆞ려 ᄒᆞ면 닙긱의 반ᄒᆞ여 너여 졔 뜻의 마

자 ᄒᆞ니 (作比要辨這一件是, 立刻就辨得來纔對得他的邊.) <중화-한고 26a> ⇒ 반ᄒᆞ-, 반하-, 반허-

【반-ᄒᆞ-】² 동 판(販)하다. 팔다. '반(販, fàn)'은 중국어 직접 차용어.¶ 販 ‖ 문의도 나가지 아니ᄒᆞ고 아릭 ᄉᆞ로 여러 ᄉᆞ환드리 잇셔 모시고 민양 져ᄌᆞ의셔 영니토당헌 동무를 식여 밧그로 반ᄒᆞ러 보닉니 (連門口不出去, 底些還有些个老金們伏侍着, 蘇長家在舖子裡, 打發伶俐妥當的夥計們往外販貨去.) <중화-한고 30a> ⇒ 반하-

【발괄】 명 ((문서)) 발괄[白活]. 예전에, 관아에 억울한 사정을 하소연하던 일. 또는 그런 말. 진정(陳情). (이두어).¶ 발괄 (白活) <광보-1 신도:5a> 로샹빅활 ‖ 여러 사ᄅᆞᆷ의게 쇼문이 나도록 발괄 드리ᄂᆞᆫ 거시니 심히 원통ᄒᆞᆫ ᄉᆞ졍 (路上白活) <보문 21> 白活 ‖ 발괄을 잘ᄒᆞ면 소지 젼ᄒᆞᄂᆞ니여셔 나으리라 <교린-표 3:33a> 即今은 大差使 正官이 셔울노 올라가 殿下榻前의 발괄을 ᄒᆞ고 處分을 어들 줄노 ᄎᆞ로고 잇ᄉᆞ오니 이ᄂᆞᆫ 闌出노 ᄒᆞᄂᆞᆫ 일이 아니ᄋᆞᆸ고 兩國 誠信으로 公幹을 稟達ᄒᆞᄋᆞᆸ고져 ᄒᆞᄂᆞᆫ 일이오매 길의셔 사ᄅᆞᆷ이 막지 아니게 ᄒᆞ여 주오시고 <대마도종가-105[구상서] 오다 이쿠고로1807.6.16 ↓동래부사> 노셩 거ᄒᆞᆫ는 빅과는 삼참고달 우다시 엿쥬옵기 긍난황ᄒᆞ온나 염탐지분부 여부를 아지 못하와 민망답ᄒᆞ와 알뢰옵난니 다무슈족하옵고 방농니 과결리 되온니 더옥 답ᄒᆞ와 쇽ᄒᆞ키 구경지사 치결하여 쥬옵시면 쇽키 올나가 농역을 위하겟ᄉᆞ온니 쳐분이 엇지 안니 계시온잇가 셧찌의셔 경명슉이가 츙동ᄒᆞᆫ다 ᄒᆞ온나 황화경 천지와 쇼로지 이상은 상ᄒᆞ옵시 아옵년 빈온니 집피 통측하옵셔 졔ᄉᆞᄒᆞ옵시면 그 은혜 여천여히로쇼이다 우연한 분부로 하옵시면 죠쳐 안니 되올 것시온니 집피 쳐분하옵시기 복망ᄒᆞ이로쇼이다 샷도임은 쳐분□□ 갑진 오월 십팔릴 <발괄②-전북박 1904 조선시대의 고문서-405> 우깅차 고관사싸는 노셩빅과 원통하온 쇼원을 다시 알뢰옵기 황숑ᄒᆞ온나 계ᄉᆞ 밧자와 셔찌의 드리옵고 샷도임 분부로 말삼을 ᄒᆞ온직 졔사의도 셔찌 경식하는 거신 업셧고 분부는 듯지 못한 비요 쏘ᄒᆞᆫ 신구 문권니 두렷시 잇는지라 닉의 젼답을 남을 엇지 쥬리요 너의 남미는 날를 자부려 ᄒᆞ고 곤욕 퓌담을 슈업시 하며 도립 미장하여 셰간을 슈탐ᄒᆞᆫ다 ᄎᆞᆼᄒᆞ온나 이왕의 친자 답셔 말낙과 티젼 셔 말낙은 귀찌의셔 구월노 다려오면 죠체ᄒᆞ여 줄 거시요 도죠도 금년 작농하면 쥬마 하옵기 여젼 답 엿 말낙의 볘 ᄒᆞᆫ 셤만 쥬옵셔 쇼ᄒᆞ옵고 호면의 나와 ᄌᆞᆼ자답 원평이 두오심난 여부를 알고 보온직 방미하엿습기로 용열리 분심을 억졔치 못하와 가보온직 쇼녀가 십삼 셰벗텀 이십오 셰 가지 이옵던 것 실모하여 의ᄒᆞ하면 감히 차지릿가 박명ᄒᆞ온 쳡의 남미 신셰을 구졔하여 구ᄒᆞ한 사경을 살피옵셔 허젼괄영 분부ᄒᆞᆫ다 누명을 발키사 쳐분하옵시며 션형의 셩심지도는 상ᄒᆞ기 다름이 잇사오릿가 알외올 말솜 무궁ᄒᆞ온나 위친의 셩심지 뜻시 간 곳 업실 듯 하 경신니 혼미하와 이만 엿쥬온니 복결 샷도님은 닙이 쳐분ᄒᆞ옵기 천만 복망이로소니 다 샷도 쳐분 갑진 오월 일 <발괄③-전북박 1904 조선시대의 고문서-405> ᄒᆞᆼ참의도 ᄉᆡᆼ각이 잇겟지 셜마 부인 직쳡ᄭᆞ지 밧고 쏠자식이라도 나아 기르든 마누라를 ᄒᆞᆷ부로 닉여쏫기야 하겟쇼 만일 그 디경만 되거든 닉가 아모리 무식ᄒᆞᆫ 두메놈이나 법졍에 드러가셔 발괄이라도 ᄒᆞ리다 <치악산 하:113> 경무쳥으로 지판소로 돌아딍기며 원슈 갑하 달나고 발괄을 ᄒᆞ며 안동 병문이 달토록 드나들어 <빈상설 119> 졍딕신의 젼후 죄악과 무죄ᄒᆞᆫ 졔쏠을 무고이 죽인 쇼유를 괴닉로 발괄을 히셔 <현미경 155> "범은 사람과 달라서 봉산서 황주로 잡아넘길 수가 없다. 그러니 네가 봉산 관가에 가서 발괄을 해보아라." 황주목사는 약게 두통거리를 봉산군수에게로 밀어버렸다. <임꺽정 5> 서림이가 포도대장에게 발괄이나 한 마디 더하여 보고 싶은 생각도 없지 않았으나, 포교들이 꼭뒤잡이로 내끄는데 그대로 끌려나갔다. <임꺽정 9> ⇒ 발궐, 빅활

【개쇠의 발괄을 누가 알고】 속 개 쇠 발괄 누가 알꼬. 조리없이 지껄이는 말을 알아들을 수 없다는 말.¶ 개쇠의 발괄을 누가 알고 (犬牛의 白活을 何人이 存察하라) 頭緖업시 陳述하는 言은 人이 省認치 아니한다 함이라 <조속1922 230>

【발괄-ㅎ-】 동 발괄[白活]하다. 관(官)에 청원서나 진정서를 올리다. 진정(陳情)하다. (이두어).¶ 啓奏 ‖ 원닉 이 괴물은 셔히 용왕의 ᄉᆡᆼ질리라 농왕이 져놈를 두돈ᄒᆞ여 나의 고쟝을 밧지 아니ᄒᆞ고 도로혀 날ᄃᆞ려 타쳐로 가라 ᄒᆞ기로 분ᄒᆞ물 이기디 못ᄒᆞ야 옥졔게 발괄코져 ᄒᆞ나 닉 직품이 나진고로 결우지 못ᄒᆞ고 참고 잇더니 (原來西海龍王是他的母舅, 不准我的狀子, 教我讓與他住. 我欲啓奏上天, 奈何神微職小, 不能得見玉帝.) <서유-영남 4:138-43> ⇒ 발괄ᄒᆞ-, 발궐ᄒᆞ-

【발괄-ᄒᆞ-】 동 발괄[白活]하다. 관아에 억울한 사정을 하소연하다. 관(官)에 청원서나 진정서를 올리다. 진정(陳情)하다. (이두어).¶ ▼祈請 ‖ 吉玢이 열다ᄉᆞ시러니 깁ㄱ새 울며 어비몬믜 발괄ᄒᆞ거든 본 사ᄅᆞ미 다 눉믈 디더니 (玢年十五, 號泣衢路, 祈請公卿, 見者隕涕.) <삼강-효 23> 발괄ᄒᆞ다 (打告) <역해-쟁송 상:65a> ▼告 ‖ 닉 민망ᄒᆞᆫ 일이 잇셔 발괄ᄒᆞ라 왓노라 (有事來告菩薩.) <서유-영남 6:46-57> 닉일 오쵸삼각에 텬조에 다짐바다 진쵸에 결안ᄒᆞ야 인쵸에 위증이 참룡딕에 가 너를 버히리니 위증은 딕당 틱종황뎨의 경승이니 네 황뎨ᄭᅴ 발괄ᄒᆞ여 위증의게 청ᄒᆞ면 명을 보젼ᄒᆞ리라 (你明日午時三刻, 該赴人曹官魏徵處聽斬. 你果要性名, 須當急急去, 告當今唐太宗皇帝方好.) <서유-박문 1:9:71> ▼告求 ‖ 내 민망ᄒᆞᆫ 일이 이셔 보살믜 발괄ᄒᆞ라 왓노라 (我是有事來告求菩薩.) <서유-연세 8:60> ▼告道 ‖ 댱삼이 쏘 염파롤 도ᄒᆞ와 머리 펴 ᄇᆞ리고 드러와 발괄ᄒᆞ딕 송강을 송쳥의 십의 곰초아 두고 내디 아니ᄒᆞᄂᆞ이다 (那張三又挑唆閻婆去廳上披頭散髮來告道: "宋江實是宋淸隱藏

在家, 不令出官. 相公如何不與老身做主去拿宋江?") <충수호-서울 8:17b-22> ▼告訴 ‖ 져놈이 노ᄒᆞ여 날을 잡으려 다라들거ᄂᆞᆯ 다라와 보살긔 발괄ᄒᆞ려 왓더니 져 진납이 몬져 와 간ᄉᆞᄒᆞᆫ 말노 보살을 속이니 엇지 노흡지 아니리오 (他就帥衆拿我, 是我特來告訴菩薩. 不知他會使筋斗雲, 預先到此處, 又不知他將甚巧語花言, 影瞞菩薩也.) <서유-영남 6:63-57> ▼發言發語 ‖ 이번의 디현 샹공이 형을 구ᄒᆞᆯ ᄆᆞᄋᆞᆷ을 두어시ᄃᆡ 댱삼과 염패 드러 여러 번 발괄ᄒᆞᄃᆡ 본현이 힘ᄡᅥ 잡디 아니ᄒᆞ면 샹ᄉᆞ의 고ᄒᆞ려 ᄒᆞ노라 ᄒᆞ니 일로ᄒᆞ야 날과 뇌횡을 보내여 잡아오라 ᄒᆞ니 (相公有些觀兄長之心, 只是被張三和這婆子在廳上發言發語道, 本縣不做主時, 定要在州裏告狀; 因此上又差我兩個來搜你莊上.) <충수호-서울 8:19a> ▼放告 ‖ ᄒᆞᆫ 시 못 되여 뎍천세 승당ᄒᆞ며 원통ᄒᆞᆫ 지 잇거던 소지를 올니라 외니 여겸이곳 원왕홈을 크게 부르며 쳔셰 노야의 쳐치ᄒᆞ심을 발괄ᄒᆞ더니 (不多一時, 那狄千歲升堂放告. 余謙卽大叫, '寃枉! 求千歲爺作主!') <녹모 5:74> ▼白活 ‖ 맛든 아젼이 농간ᄒᆞ야 ᄡᆞᆯ을 조ᄡᆞᆯ노 밧고와 주니 역졸이 다 발괄ᄒᆞ거ᄂᆞᆯ 분부ᄒᆞ셔 그 아젼을 이슈ᄒᆞ라 ᄒᆞ시다 (該吏舞弄大米換以田米, 至有驛子白活之境, 分付移囚.) <서원 1:19a> ▼詞訟 ‖ 아젼ᄃᆞᆯ이 어즈러이 공ᄉᆞᄅᆞᆯ 안고 텽의 오ᄅᆞ고 발괄ᄒᆞᄂᆞ니 송ᄉᆞᄒᆞᄂᆞ니 놈과 ᄡᅡ혼 유ᄃᆞᆯ이 섬 아래 수업시 모다 ᄭᅮ러안자 각〻 어즈러이 말ᄒᆞ거ᄂᆞᆯ (吏皆紛然把卷上廳, 將詞訟原被告人等環跪階下.) <삼국-가정 18:88> 우리 양영 군병이 셕 달 구실을 ᄒᆞ여시되 지금 한 달 뇨ᄅᆞᆯ 타지 못ᄒᆞ엿시니 쥬리믈 견ᄃᆡ지 못ᄒᆞ여 앗가 지쥬긔 발괄ᄒᆞ니 문 다다 드리지 아니ᄒᆞ고 ᄶᅩᄎᆞ 닌치니 ᄒᆞᆯ 일 업셔 도라가노라 (我們役過了三個月, 如今一個月錢米也不肯關與我們, 我們今日到倉前, 管倉的吏只是赶打我們回去.) <평요 8:13> ▼愬 ‖ 의쥐통인 한홍이 홍명복이 제 범마ᄒᆞᆫ 죄 다ᄉᆞ리믈 발괄ᄒᆞᆯ 제 복뎡ᄒᆞ고 알외디 아닌 죄로 티죄ᄒᆞ시고 (義州通引漢興面愬洪命福治渠犯馬之罪, 不爲伏庭白活, 無嚴家君決棍五度.) <서원 9:63b> ▼訴 ‖ 鄴下 ᄯᅡ 풍쇽은 젼혀 겨지브로 가문을 디녯게 ᄒᆞ야 외며 올호믈 송ᄉᆞᄒᆞ며 놈 뵈여 쳥ᄒᆞ며 손돌 간방ᄒᆞ며 ᄌᆞ식 위ᄒᆞ야 벼슬ᄒᆞ기를 소쳥ᄒᆞ며 남진 위ᄒᆞ야 민망ᄒᆞᆫ 이를 발괄ᄒᆞᄂᆞ니 이ᄂᆞᆫ 恒과 代 ᄯᅡ히 기튼 사오나온 풍쇽인뎌 (鄴下風俗, 專以婦持門戶, 爭訟曲直, 造請逢迎, 代子求官, 爲夫訴屈. 此乃恒代遺風乎.) <번소 7:37a> 吉翂의 아비 셜본 罪로 가톗거늘 吉翂이 열다ᄉᆞ시러니 길ᄀᆞ새 울며 어비믈믜 발괄ᄒᆞ거든 본 사ᄅᆞ미 다 눉믈 디더니 吉翂이 擊鼓ᄒᆞ야 갑새 죽가지이다 ᄒᆞ야ᄂᆞᆯ 皇帝 과ᄒᆞ야 ᄒᆞ샤ᄃᆡ 져믈써 ᄂᆞ미 ᄀᆞᄅᆞ친가 ᄒᆞ샤 廷尉 蔡法度 ᄒᆞ야 저리며 달애야 말 바ᄃᆞ라 ᄒᆞ야시ᄂᆞᆯ 法度ㅣ 저려 무루ᄃᆡ 아비 갑새 주기라 ᄒᆞ시니 正히 주긊다 뉘으처 ᄒᆞ면 ᄯᅩ 도로 아니 주그리라 對答호ᄃᆡ (吉翂, 馮翊人. 父爲原鄕令, 爲吏所誣, 逮詣廷尉. 翂年十五, 號泣衢路, 祈請公卿, 見者隕涕. 其父理雖淸白而恥爲吏訊, 虛自引咎. 當大辟, 翂撾登聞鼓乞代命. 武帝嘉之, 以其幼, 疑受敎於人, 勅廷尉蔡法度脅誘取款, 法度盛陳徽纆, 厲色問曰爾來代父死. 勅已相許. 然刀鉅至劇, 審能死不. 若有悔異, 亦相聽許. 對曰:") <삼강-효 23> ▼訟 ‖ 親ᄒᆞ닐 親히 ᄒᆞ고 다솜으란 기우로 ᄒᆞ면 가히 義라 니ᄅᆞ리여 慈 아니ᄒᆞ며 義 업스면 엇데 ᄡᅧ 世間애 셔리오 뎨 비록 ᄉᆞ랑티 아니ᄒᆞ나 나ᄂᆞᆫ 엇데 가히 義ᄅᆞᆯ 니즈리오 ᄒᆞ고 곧 발괄ᄒᆞᆫ대 (親其親而偏其假, 可謂義乎! 不慈且無義, 何以立於世! 彼雖不愛, 妾安可以忘義乎!" 遂訟之.) <내훈 3:24b> ᄯᅩ 근졀이 발괄ᄒᆞ되 <여범-2 변녀> 급히 텨ᄉᆞ긔 원통ᄒᆞ믈 발괄ᄒᆞ여 구ᄒᆞ믈 어들가 급쥬ᄒᆞ여 뵉츈헌의 드러가니 <명행 31:3> 위상공의 그릇 ᄒᆞ샤 남의 집 녀ᄌᆞ를 아ᄉᆞ왓다 ᄒᆞ니 져 녀지 화시로라 발악ᄒᆞ고 샹샤 아문의 발괄ᄒᆞ렷노라 악을 ᄡᅳ니 이런 분ᄒᆞᆫ 일이 어ᄃᆡ 이시리오 <임화 8:51> 방ᄌᆞ놈 엿ᄌᆞ오ᄃᆡ 진졍 그리 알고져 ᄒᆞ시면 바ᄅᆞᆫᄃᆡ로 고ᄒᆞ리니 공식싀가 잇셔야 ᄒᆞ지 그러치 아니면 북극텬문의 발괄ᄒᆞ고 옥뎨금불이 명ᄒᆞ셔도 바로 고치 못ᄒᆞ기소 <남원1869 1:17a> 玉皇게 울며 발괄ᄒᆞ되 벼ᄅᆞᆰ 상지 ᄂᆞ리오셔 霹靂이 震動ᄒᆞ며 ᄢᅵ티고져 離別 두 字 <고시조-청영> ⇒ 발괄ᄒᆞ-, 발괄ᄒᆞ-

【발궐】 명 ((문서)) 발괄[白活]. 진정(陳情). (이두어).¶ 옥뎨 손대셩의 발궐을 드르시고 즉시 한가댱딘군을 명ᄒᆞ야 왼 하ᄂᆞᆯ 셩신의 업ᄉᆞ니ᄅᆞᆯ 사회ᄒᆞ라 ᄒᆞ시니 <서유-연세 7:71> ⇒ 발괄, 뵉할, 뵉활

【발궐-호-】 동 발괄[白活]하다. 관(官)에 청원서나 진정서를 올리다. 진정(陳情)하다. 발궐+-ᄒᆞ+-오(삽입 모음)-. (이두어).¶ 유령이 발궐호듸 지비 두 돌 걸이니 엇디ᄒᆞ링잇가 <왕시던 9> ⇒ 발괄ᄒᆞ-, 발괄ᄒᆞ-, 발궐ᄒᆞ-

【발궐-ᄒᆞ-】 동 발괄[白活]하다. 관아에 억울한 사정을 글이나 말로 하소연하다. 진정(陳情)하다. (이두어).¶ 訴 ‖ 나뒤 ᄯᅡ혼 큰 고을히라 큰게 민졍을 통치 못ᄒᆞᆯ가 저허ᄒᆞᆫ 븍을 두어 녕을 ᄂᆞ리오샤ᄃᆡ 발궐ᄒᆞ고져 ᄒᆞ리 잇거든 이 븍을 치라 ᄒᆞ시니 (羅州地也, 大懼民情阻滯, 命置一鼓, 下令曰: "凡有欲訴者, 必就擊之.") <학봉행장 13b> ▼告 ‖ 댱문원이 공ᄉᆞᄅᆞᆯ ᄆᆡᆼ그라 가지고 염파ᄅᆞᆯ 부축여 발궐ᄒᆞ니 디현이 막다가 못ᄒᆞ야 공문의 셔압 두어 ᄉᆞ령 두어 사ᄅᆞᆷ을 뎡ᄒᆞ야 송가촌의 가니 (怎當這張文遠立主文案, 唆使閻婆上廳, 只管來告. 知縣情知阻當不住, 只得押紙公文, 差三兩個做公的去宋家莊勾追宋太公並兄弟宋淸.) <충수호-서울 8:15b-22> 스승님은 어ᄂᆞᆫ 체ᄒᆞᄂᆞᆫ 존쟈와 말 마ᄅᆞ시고 여릐믜 가 발궐ᄒᆞ쇼셔 발궐ᄒᆞ면 두 존재 겁내여 쏠니 주리이다 (師父, 我們去告如來, 敎他自家來把經與老孫也.) <서유-연세 13:75> 홀연 계하의 ᄒᆞᆫ 부인이 원굴ᄒᆞ여라 소리ᄒᆞ거ᄂᆞᆯ 포공이 블너 무ᄅᆞ니 그 부인이 발궐ᄒᆞᄃᆡ (只聽得階下有婦人聲叫屈. 太尹問道: "爲甚事叫屈?" 婦人道.) <평요-나손 5:17> 우리 냥영 군인이 석 ᄃᆞᆯ을 귀실을 셔시ᄃᆡ 지금 ᄒᆞᆫ ᄃᆞᆯ 뇨ᄅᆞᆯ ᄐᆞ디 못ᄒᆞ야시니 주리믈 견ᄃᆡ디 못ᄒᆞ야 앗가 디쥬긔 발궐ᄒᆞ니 문 다〻 드리디 아니코 ᄯᅩ차 닌치

니 홀 일 업서 도라오노라 (我們役過了三個月, 如今一個月錢米也不肯關與我們. 我們今日到倉前, 管倉的吏只是赶打我們回去.) <평요-나손 5:37> 식월호셩관이 모든 텬호롤 거ᄂᆞ려 옥뎨긔 발궐ᄒᆞ야 셩고롤 술와지라 ᄒᆞ거놀 셩괴 ᄇᆞ야흐로 눈을 ᄯᅧ 옥뎨 뎐좌ᄒᆞ신 곳인 줄 알고 머리롤 무수히 두드릴 분이러니 (早有天宮十萬八千聽差的天狐, 齊來殿下叩頭, 都替聖姑姑認罪求饒. 聖姑姑聞得衆天狐聲息, 才敢開眼, 見了玉帝, 喘做一團, 哀求不已.) <평요-나손 5:106> ▼上廳 ‖ 댱문원이 공ᄉᆞ롤 밍그라 가지고 염파롤 부촉여 발궐ᄒᆞ니 디현이 막다가 못ᄒᆞ야 공문의 셔압 두어 ᄉᆞ령 두어 사룸을 뎡ᄒᆞ야 송가촌의 가니 (怎當這張文遠立主文案, 唆使閻婆上廳, 只管來告. 知縣情知阻當不住, 只得押紙公文, 差三兩個做公的去宋家莊.) <충수호-서울 8:16b-22> 뎌즈음긔 관음보살이 죄 저즌 옥농을 옥뎨긔 발궐ᄒᆞ야 살와 내여 경가지라 가고 즁을 기ᄃᆞ리라 ᄒᆞ고 이 믈의 녀허시미 <서유-연세 3:6> 가마니 옥뎨긔 발궐ᄒᆞ여 명을 더으려 ᄒᆞ눈가 모롤 일이로다 <서유-연세 5:123> 농왕의게 여러 말 ᄒᆞ야 비ᄂᆞ니 ᄒᆞᆫ 번 녕쇼뎐의 올나가 옥뎨긔 발궐홈만 ᄀᆞᆺ지 못ᄒᆞ다 <서유-연세 6:34> 통ᄉᆡ 여러 번 발궐ᄒᆞ니 군문이 노ᄒᆞ여 일ᄋᆞ되 <조천 27> ⇒ 발괄ᄒᆞ-, 발괄ᄒᆞ-, 발궐호-

【발낙】 명 발락(發落). 처리(處理). 결정하여 끝을 냄. '발낙'은 (중국어 간접 차용어).¶ 發落 ‖ 조곰 머물너 발낙을 기ᄃᆞ리라 (少留以待發落.) <청야 15:18> 샹공이 즉시 중미롤 ᄇᆞ르라 ᄒᆞ야 분부ᄒᆞ고 ᄯᅩ 티원을 옥의 ᄂᆞ리와 훗날 발낙을 기ᄃᆞ리라 ᄒᆞ다 (相公郎着人拘官媒吩咐而去. 又着禁役將部元依舊入獄, 等候發落.) <후수 3:27> 빅관이 됴회를 ᄆᆞᆺᄎᆞ니 무ᄉᆡ 번쾌를 잡아 됴문 밧긔 와 발낙을 기ᄃᆞ리니 (百官行賀畢, 武士押樊噲於朝門外, 聽旨發落.) <서한-국중 6:49> 군졍ᄉᆞ에 밀겨 발낙을 기ᄃᆞ리라 ᄒᆞ더니 믄득 보ᄒᆞ되 한왕 거개 오신다 ᄒᆞ거놀 (押付軍政司, 隨軍聽候發落, 早有人來報, 漢王車駕離散關不遠.) <서한-국중 7:36> 일면으로 장관을 챠뎡ᄒᆞ여 싱금ᄒᆞᆫ 젹인을 압녕ᄒᆞ여 졀도디영의 가셔 발낙을 기ᄃᆞ리라 ᄒᆞ고 (一面差將官將生擒賊人解赴節度大營, 聽後發落.) <홍부 42:60> ▼回話 ‖ 아참브터 저물기의 이르되 발낙이 업더니 조곰 잇다가 티감[티감은 내시라]이 ᄂᆞ와 디답ᄒᆞ여 왈 (自朝至暮, 仍無回話, 少頃, 太監出對曰.) <신광 1:6a> 군쥐 다힝이 죽지 아녀시니 뎡한과 부용은 아즉 가도아 발낙을 기다리고 <명행 19:71> 세ᄌᆞ의 졉젼 승부 발낙을 보아 긔병코자 ᄒᆞ더니 <완월 141:71> ⇒ 바락, 발락

【발낙-】 동 발락(發落)하다. 처리(處理)하다. '발낙ᄒᆞ다'의 수의적 교체형. 중국어 간접 차용어.¶ 發落 ‖ 문명텬왕이 ᄉᆞ긔 화상을 즙고 ᄯᅩ 일필 농마롤 어덧시므로 인ᄒᆞ여 심즁의 쾌활ᄒᆞᆫ지라 진시 발낙지 아니코 믄득 분부ᄒᆞ여 연셕을 쥰비ᄒᆞ여 오라 ᄒᆞ여 큰 잔으로 년ᄒᆞ여 술을 부어 마시더니 (文明天王因捉了四個和尙, 又得了一匹龍馬, 心下快活, 且不發落, 就叫排宴來吃. 宴來時, 大觥大爵, 滿斟滿飲.) <후서유 12:40-23> ※ 發落 ‖ 그 듕에 ᄒᆞᆫ두 官人이 뎌의 錢財를 밧고 머믈워 당시롱 즐겨 發落디 아니ᄒᆞ고 (內中一兩箇官人, 受他錢財當住, 還不肯發落.) <박언 중:59a> ⇒ 반낙ᄒᆞ-, 반락ᄒᆞ-, 발낙ᄒᆞ-, 발낙ᄒᆞ-, 발락ᄒᆞ-

【발낙-ᄒᆞ-】 동 발락(發落)하다. 처리(處理)하다. '발낙'은 중국어 간접 차용어.¶ 發落 ‖ 리원슈 ᄃᆡ희ᄒᆞ야 번장을 잡아오라 ᄒᆞ야 후영에 가두엇다가 츠지를 기다려 발낙코ᄌᆞ ᄒᆞ며 일변 쥬연을 ᄎᆞ라 철화부인의 공을 ᄒᆞ례ᄒᆞ더라 (元帥大喜, 吩咐將捉來番將囚入後營, 候旨發落, 一面擺酒賀功.) <소군 下43:144> ⇒ 반낙ᄒᆞ-, 반락ᄒᆞ-, 발낙-, 발낙ᄒᆞ-, 발락ᄒᆞ-

【발낙-ᄒᆞ-】 동 발락(發落)하다. 처리(處理)하다. '발낙'은 (중국어 간접 차용어).¶ 일을 발낙ᄒᆞ다 (發花) <속명-방언> ▼發落 ‖ 옥뎨 셩디롤 ᄂᆞ리와 죽이지 아니키롤 허ᄒᆞ시고 아딕 텬옥의 ᄂᆞ리와 요당이 평졍ᄒᆞ고 현녀낭낭이 올나온 후 발낙ᄒᆞ라 ᄒᆞ시니라 (玉帝降旨, 許他不死, 權且發下天獄, 等妖族盡平之日, 玄女娘娘時發落.) <평요-나손 5:106> 만일 날노 ᄒᆞ여곰 원슈롤 풀고져 ᄒᆞ거든 가히 광셩ᄌᆞ롤 우리 벽유궁의 보너여 바로 발낙ᄒᆞ믈 기다리게 ᄒᆞ면 너 감심ᄒᆞ여 긋치려니와 (如若要我釋怨, 可將廣成子送至我碧遊宮等我發落, 我便甘休.) <서주 20:12> 뇌대가 오거든 져로 ᄒᆞ여금 압령ᄒᆞ여 두고 쇼리 내지 말게 ᄒᆞ여 명일의 노얘 도라오시기롤 기다려 다시 발낙ᄒᆞ실지니 (賴大來了, 叫他押着, 也別聲張, 等明兒老爺回來再發落.) <홍루 93:58> 강방영이 장찻 나의 ᄲᅧ임이 되지 아니리라 총독 아문으로 보너야 발낙ᄒᆞ게 ᄒᆞ나니만 갓지 못ᄒᆞ다 (江防營將不爲我用矣, 不如解交督院發落.) <신광 26:5b> ▼發付 ‖ 완츈과 쇼영이 은을 다ᄂᆞᆫ 이도 잇고 치부롤 샹고ᄒᆞᄂᆞᆫ 이도 잇고 산을 놋ᄂᆞᆫ 이도 이시디 도이낭이 일일히 치부의 올니고 발낙ᄒᆞ며 (婉春同疏影兌銀的, 騐帳的, 銷算的, 陶姨娘一宗一宗的登記發付.) <홍부 10:26> ▼打發 ‖ 슈춘은 아즉 세답처로 보너엿다가 몃 놀을 지ᄂᆞ여 너 다시 져를 발낙ᄒᆞ믈 기ᄃᆞ리라 (秀春且攆到洗衣處, 等着過幾天, 我再打發他出去.) <홍부 24:15> ▼着落 ‖ 강되 임의 상공을 구쵸ᄒᆞ엿거놀 이졔 다만 너의 장부롤 잡아ᄀᆞ시니 너의 장부ᄂᆞᆫ 엇지ᄒᆞ여 복쵸ᄒᆞ엿시며 그 강도ᄂᆞᆫ 무어술 디질ᄒᆞ고 그 관원은 너의 상공을 엇더케 발낙ᄒᆞ엿ᄂᆞ뇨 (强盜既扳了相公, 如今只拿了你丈夫去, 你丈夫是怎麽供招? 那强盜如何質證? 這問官將你丈夫作何着落呢?) <쾌심 5:25> ▼施行 ‖ 뉴규벽을 잡아드려 발낙ᄒᆞ믈 기다리라 (羅帶進劉國舅, 伺候施行.) <재생 10:41> ▼斟酌 ‖ 탐고랑 등이 쟝졍을 의논ᄒᆞ여 졍ᄒᆞ고 나와 이랑 등의 짐작ᄒᆞ여 발낙ᄒᆞ기롤 기ᄃᆞ리ᄂᆞ니 너ᄂᆞᆫ 가셔 홈긔 상의ᄒᆞ라 (探姑娘們議定章程, 等着我同姨媽們斟酌, 你去幇着商議.) <홍부 33:107> → 빈닉ᄒᆞ-, 빈락ᄒᆞ-, 발낙, 발낙ᄒᆞ-, 발락ᄒᆞ-

【발락】 명 발락(發落). 처리(處理). 처분(處分). '발락'은 (중국어 간접 차용어).¶ 發落 ‖ 한신이 듕군의 니ᄅᆞ러 졔쟝을 뎐령ᄒᆞ야 대쇼 삼군을 거ᄂᆞ려 발락을 드ᄅᆞ라 ᄒᆞ니 (韓信復到中軍, 傳下將令, 着大小三軍, 聽候發落.) <서한-서강 9:64> 디현은 다만 팀음하고 겻티 이셔 그 발락을 보더니 (知縣只是沉吟旁位, 看知府發落.) <성풍 5:27> ᄉᆞ연 덜고 거번 가실 제 셔후힝의 놋말을 엿ᄌᆞ와숩더니 슈ː듕 발락을 못 미처 아라와시니 하 보채니 얌신저으니 이때 즉시 아라 회셔ᄒᆞᄋᆞᆸ쇼셔 <숙휘-05 1641-74 현종(아들) ↓인선왕후(어머니)> ⇒ 바락, 발낙

【발락-】 동 발락(發落)하다. 처리(處理)하다. '발락ᄒᆞ다'의 수의적 교체형. '발락(發落)'은 중국어 간접 차용어.¶ 명일 아문 즁의 도로혀 몃 가지 방심치 못홀 일이 잇셔 ᄌᆞ긔 친히 술피고 발락고ᄌᆞ ᄒᆞᄂᆞ니 (明日衙門裏倒有幾件事不放心, 要自己問問纔好開發.) <후홍 15:49> ※ 發落, «吏學指南»云, 明白散附也. ‖ 두 ᄯᆞᆯ을 ᄒᆞᆫ 번에 發落디 못홀 거시니 아직 져기 頭面과-의복 을 ᄀᆞ초아 몬져 姐姐의 ᄯᆞᆯ을다가 嫁ᄒᆞ고 후에 져기 寬舒홈을 기ᄃᆞ려 그제야 내 親生ᄒᆞᆫ ᄯᆞᆯ을 디쳐ᄒᆞ리라 (兩箇女兒一齊發落不得, 且備些頭面衣服, 先把姐姐女兒嫁了, 等後稍寬舒了, 才打發我的親生女兒.) <오전 2:20b> 드ᄅᆞ니 그 즁에 ᄒᆞᆫ 두 鄕宦이 이셔 뎌의 錢財를 밧고 뎌를 ᄀᆞᄅᆞ차 情을 니ᄅᆞ니 이러모로 먹 자바 당시롱 즐겨 發落디 아니ᄒᆞ고 (聞得內中有一兩箇鄕宦, 受他錢財替他說情, 所以擋住了還不肯發落.) <박신 3:5a> ⇒ 반낙ᄒᆞ-, 반락ᄒᆞ-, 발낙-, 발낙ᄒᆞ-, 발락ᄒᆞ-

【발락-ᄒᆞ-】 동 발락(發落)하다. 처리(處理)하다. '발락'은 (중국어 간접 차용어).¶ 發落 ‖ 한신이 졔장을 발락ᄒᆞ기롤 ᄆᆞᆺᄎᆞ매 당하의 ᄒᆞᆫ 사ᄅᆞᆷ이 놉피 웨여 닐오ᄃᆡ 원쉬 엇디 사ᄅᆞᆷ 보기롤 초개ᄀᆞ티 ᄒᆞᄂᆞ뇨 ᄒᆞ여놀 (韓信發落諸將已畢, 只見帳下一人高叫曰: "元帥何視人如土木耶?") <서한-서강 9:70> 발락ᄒᆞ기롤 ᄆᆞᆺ치니 양지는 하옥홀싀 (當廳發落, 將楊志于死囚牢裏監收.) <수호-신문 1:11:116> 량ᄀᆡ 두령이 임의 하태슈에게 잡히여 뢰리에 가도고 다만 죠뎡에 보ᄒᆞ여 발락ᄒᆞ려 ᄒᆞᄂᆞ이다 (兩個頭領已被賀太守敢在牢裏, 只等朝廷明降發落.) <수호-신문 4:58:132> ▼發放 ‖ 오노애 ᄆᆡ명에 은 두 냥식 쥬어 졔 집에 가 조리ᄒᆞ게 ᄒᆞ고 발락ᄒᆞ기를 마침ᄋᆡ (吳老爺道: '每人賞銀二兩, 回家調理.' 發放受傷人畢.) <녹모 3:162> ▼開發 ‖ 이ᄯᅢ의 영국부와 녕국부 량쳐의셔 ᄃᆡ픠롤 타며 ᄃᆡ픠롤 밧치라 오는 사ᄅᆞᆷ이 왕릭 부졀ᄒᆞ거놀 봉계 ᄯᅩ 낫낫치 발락ᄒᆞ니 (彼時榮寧兩處, 領牌交牌人往來不絶, 鳳姐一一開發了.) <홍루 14:34> 근거ᄋᆞ는 맛촘내 이야긔 드려 발락ᄒᆞ게 ᄒᆞ시며 (芹哥兒竟交給二爺開發了罷.) <홍루 94:14> 명일 아문 즁의 도로혀 몃 가지 방심치 못홀 일이 잇셔 ᄌᆞ긔 친히 술피고 발락고ᄌᆞ ᄒᆞᄂᆞ니 (明日衙門裏倒有幾件事不放心, 要自己問問纔好開發.) <후홍 15:49> ▼施行 ‖ 엇지 졔 만셰야로 더브러 무슴 ᄉᆞ졍이 잇다 말ᄉᆞᆷᄒᆞ리잇가 이런 말은 지어너기어려오니 다만 랑ː의 쳐분ᄃᆡ로 발락ᄒᆞ쇼셔 (怎麽說, 他與王爺有甚情? 這句話兒人捏造, 只好是, 聽憑國母怎施行.) <재생 39:7> ※ 發落 ‖ 뎌 거즛말ᄒᆞ고 셥셥ᄒᆞᆫ ᄒᆞᆫ 財主人家에셔 블러 사회롤 삼으니 뎨 이제는 먹을 것 닙을 것시 發落홀 곳이 업스니라 (那謊鬆一箇財主人家裏, 招做女壻來, 他如今喫的穿的無處發落裏.) <박언 중:30b> 뎨 이제는 먹을 것 닙을 것시 發落홀 곳이 업스니라 (他如今喫的穿的無處發落裏.) <박언 중:31a> 네 뎌 告狀ᄒᆞᆫ 일을 發落ᄒᆞ엿ᄂᆞ냐 못ᄒᆞ엿ᄂᆞ냐 (你那告狀的勾當, 發落了不曾?) <박언 중:59a> 당시롱 즐겨 發落디 아니ᄒᆞ고 (還不肯發落.) <박언 중:59b> 어ᄃᆡ 즐겨 用心ᄒᆞ여 發落ᄒᆞ리오 (那裏肯用心發落?) <박언 중:60a> ᄀᆞᆺ 掾史들히 文卷을 가져와 紫羅書案에 펴고 公事롤 啓稟ᄒᆞ면 처엄으로 公事롤 發落ᄒᆞ여 잇긋 날이 平西호매 다ᄃᆞᆺ게야 ᄀᆞᆺ 몰을 ᄐᆞᄂᆞ니라 (纔只掾史們將文卷來, 紫羅書案上展開, 啓稟公事, 頭到發落公事, 直到日平西纔上馬.) <박언 하:14b> 앗가 ᄀᆞᆺ셔 반들이 文書를 가져와 稿에 일홈 밧고 셔안 우희 ᄯᅩ 許多 문안을 ᄲᅡ하 다 낫낫치 發落ᄒᆞ고 바로 ᄒᆡ 西에 거짐애 다ᄃᆞ라 계요 몰 ᄐᆞ고 집의 도라오ᄂᆞ니라 (方纔書辦們拿文書來畵稿, 案上又堆着許多案件, 都要逐件發落, 直到日平西纔得上馬回家.) <박신 3:18a> ⇒ 반낙ᄒᆞ-, 반락ᄒᆞ-, 발낙ᄒᆞ-, 발락-, 발락ᄒᆞ-

【발랄화】 명 ((인류)) 발랄화(潑辣貨). 표독스런 여자. (중국어 간접 차용어).¶ 潑辣貨 ‖ 가뫼 웃고 니ᄅᆞᄃᆡ 너는 져롤 아지 못ᄒᆞ려니와 져는 우리 이곳에 유명ᄒᆞᆫ ᄒᆞᆫ 낫 발랄화[더럽고 믜온 거시란 말이라]라 남경의셔 니ᄅᆞ는 바 랄지라 ᄒᆞ는 거시니 너는 다만 져롤 브ᄅᆞ기롤 봉랄ᄌᆞ라 ᄒᆞ는 거시 올흐니라 (賈母笑道: "你不認得他, 他是我們這裏有名的一個潑辣貨, 南京所謂辣子, 你只叫他鳳辣子就是了.") <홍루 3:31> 남의 집 ᄋᆞ희들은 모다 뫼시잇고 조촐ᄒᆞᆫᄃᆡ 닉어시ᄆᆡ 너의 이런 발랄화 형샹 ᄀᆞᆺ지 아니ᄒᆞ니 도로혀 네게 홈 잡혀 죽을가 ᄒᆞ노라 (人家的孩子, 都是斯斯文文慣了的, 不像你這潑辣貨形像, 倒要被你笑話死了呢!) <홍루 7:53> 모다 너희 발랄화ᄀᆞᆺ치 ᄒᆞ여야 맛치 조흐리로다 (都像你潑辣貨纔好.) <홍루 27:44>

【발바라이소】 명 ((지리)) 발파라이소(Valparaiso). 칠레에 있는 항구 도시. 수도 산티아고의 외항이며 남아메리카 태평양 연안에서 가장 큰 항만이다. (외래어).¶ 셔편에 고김보와 이키크와 건셥쇼과 발바라이소ㅣ란 포구가 잇고 ᄆᆡ우 큰 포구 남편에 젹은 셤이 삼십이며 <사필1889-헐버트 130>

【발바오】 명 ((지리)) 빌바오(Bilbao). 스페인 바스크 지방의 중심 도시. 비스케이만(灣)에서 10km 정도 내륙으로 들어간 곳에 위치하며, 네르비온강에 면한다. (외래어).¶ 셔편에 ᄲᅡ다쇼와 살나만가ㅣ란 큰 촌이 잇고 북편에 발바오ㅣ란 큰 촌이 잇고 ᄯᅩ 셔울 갓가이 돌늬도와 시고븨아ㅣ란 큰 촌이 잇고 사ᄅᆞᆷ의 픔ㅅ수는 량반

과 션비와 빅셩이오 <사필1889-헐버트 43>

【발아찰】 명 고려 때 원나라의 영향으로 쓰이게 된 말. 연회. '발아찰(孛兒札, bu'ulǯar)'은 중세몽고어 차용어.¶ ※ 孛兒札宴 <고려사 38:17 /38:18> 竊聞皇朝之法有所謂孛兒札者, 合姻亞之權子孫之慶. <고려사 131:16-17>

【발피】 명 ((인류)) 발피(潑皮 pōpí). 일정한 직업이 없이 못된 짓만 하면서 떠돌아다니는 무리. 무뢰배(無賴輩). 부랑배. (중국어 간접 차용어).¶ 撥皮 ‖ 발피, 豪俠之稱. <명물-형모 2:11a> 발피(潑皮) ‖ 호한한 부랑패류. 난피. <문세영1938 조선어사전 567> ▼幇閑 ‖ 이ᄯᅢ 운셩현 의셔 술 지강이 파는 ᄉᆞ람 당이기라 ᄒᆞ리 이시니 브르기롤 당우ᄋᆡ라 ᄒᆞ더라 우ᄋᆡ 일즉 반[방]한 발피로 송강의 구졔ᄒᆞ믈 만히 힘닙엇는지라 (却有鄆城縣一個賣糟醃的唐二哥, 叫做唐牛兒, 時常在街上只是幇閑, 常常得宋江齎助他.) <수호-이화 17:24a> ▼閑漢 ‖ 챠셜 고아닉 일반 발피들을 다리고 도라와 림츙의 낭ᄌᆞ롤 ᄉᆡᆼ각고 앙∶불락ᄒᆞ여 지내더니 (且說高衙內引了一班兒閑漢, 自見了林冲娘子, 又被他冲散了, 心中好生着迷, 快∶不樂, 回到府中納悶.) <수호-신문 1:6:70> 믄득 당쳐디방의 져 무리 달피광곤[발피롤 니ᄅᆞ미라]이 ᄶᅥ로 희긔ᄒᆞᄂᆞᆫ ᄆᆞᄋᆞᆷ을 내여 불시의 와셔 소요케 ᄒᆞ니 (就有當地這些賴皮光棍, 時生覬覦, 不時來庵打攪.) <요화 2:34> ▼潑皮 ‖ 만일 ᄒᆞᆫ 졈 사ᄅᆞᆷ으로 ᄒᆞ여곰 견ᄃᆡ지 못ᄒᆞᆯ 일이 이실진ᄃᆡ 나도 슈단이 이시니 몬져 너의 량ᄀᆡ의 우황구보롤 가져 ᄡᅥ러닐 거시오 ᄯᅩ 발피의 계집으로 더브러 셩명을 결단ᄒᆞ리라 (倘若有一點叫人過不去, 我有本事先把你兩個的牛黃狗寶掏出來, 再和那潑皮拼了這條命.) <홍루 65:37> 뉘 알니 져 사ᄅᆞᆷ은 발피라 믄득 머리롤 잡아 헤치고 대야롤 부르지져 치라 ᄒᆞ니 (誰知那個人也是個潑皮, 便把頭伸過來叫大爺打.) <홍루 86:5> 필년 져의도 가∶롤 다리고 허다 발피를 잇그러 너의롤 칠 거시니 너의는 밧비 다라나라 (他此去一定是約了他兩個哥哥同他一黨的潑皮, 前來相打.) <분장 3:20> 챠셜 치원 근쳐에 이삼십 ᄀᆡ 파락호 발피들이 잇스니 ᄒᆞᆼ상 치원에 와 치소롤 도적ᄒᆞ여 가더니 (且說菜園左近, 有二三十個賭博不成才破落戶潑皮, 泛常在園內偸盜菜蔬, 靠着養身.) <수호-신문 1:5:64> 홀연 보니 이삼십 ᄀᆡ 발피들이 술병과 과실을 가지고 희∶이 우으며 왈 (只見這二三十個潑皮拿着些果盒酒禮, 都嘻嘻的笑道.) <수호-신문 1:5:64> 모든 거리 사ᄅᆞᆷ들은 다 증참ᄒᆞ라 내 반젼이 업서 이 칼을 팔녀 ᄒᆞ거놀 뎌 발피 쥬가의 칼을 아스려 ᄒᆞ여 무단이 치니 분치 아니리오 (街坊隣舍, 都是證見. 楊志無盤纏, 自賣這口刀, 這個潑皮强奪洒家的刀, 又把俺打.) <수호-신문 1:11:115> 만일 ᄒᆞᆫ 졈 사ᄅᆞᆷ으로 ᄒᆞ여곰 견ᄃᆡ지 못ᄒᆞᆯ 일이 이실진ᄃᆡ 나도 슈단이 이시니 몬져 너의 량ᄀᆡ의 우황구보롤 가져 ᄡᅥ러닐 거시오 ᄯᅩ 발피의 계집으로 더브러 셩명을 결단ᄒᆞ리라 (倘若有一點叫人過不去, 我有本事先把你兩個的牛黃狗寶掏出來, 再和那潑婦拼了這條命.) <홍루 65:37> ▼潑辣 ‖ 하금계 져런 죵ᄌᆞ의 사ᄅᆞᆷ ᄀᆞᆺ튼 이는 편벽도이 져로 ᄒᆞ여곰 돈도 잇고 어엿부게 길너 져런 발피가 되엿고 (如夏金桂這種人, 偏教他有錢, 嬌養得這般潑辣.) <홍루 90:61> ▼潑道 ‖ 너의 발피가 나를 엇더ᄒᆞᆫ 사ᄅᆞᆷ으로 알건ᄃᆡ 감히 이러틋 방ᄌᆞᄒᆞ냐 (你這潑道, 你看我何等樣人, 敢如此放肆!) <요화 19:45> ※ 撥皮 ‖ 忠惠與燕帖木兒子弟及回骨少年輩飮酒爲讙, 因愛一回骨女, 或不上宿衛. 伯顏益惡之, 目曰撥皮, 俗謂好俠者謂撥皮. <고려사-100 이조년전> ☞ 보피

【발피-ᄒᆞ-】 동 발피(潑皮, pōpí)하다. 일정한 직업이 없이 떠돌아다니며 못된 짓을 하다. (중국어 간접 차용어).¶ 부ᄒᆞᆫ 자졔을 유인ᄒᆞ야 너긔관의 졔물을 속이며 발피ᄒᆞᆫ 도당을 모와 츄향의 크게 마시고 필경의 투□름과 어진 능호미 잇시되 엇지ᄒᆞ야 츰∶ 연뮈 가ᄒᆞ고 망신ᄒᆞᆫ 지경의 드난요 <경상도 관찰사 박중양이 발급한 전령-우한 1908-10> ⇒ 보피ᄒᆞ- ☞ 보피ᄅᆞ오-, 보피ᄅᆞ외-

【밤모구】 명 ((기물)) 밤모구(ハンモック). 미상. (일본어 차용어).¶ 져쪽이 셔지오 지금 져 나무 그늘에 밤모구를 칠 터이니 바람 쏘이시오 <일선 264>

【밥-와풀쓰】 명 ((음식)) 라이스와플(rice waffle). (외래어).¶ 밥와풀쓰 (飯華脯) <조반>

【밥-푸딍】 명 ((음식)) 라이스푸딩(rice pudding). 밥을 재료로 하여 만든 푸딩. (외래어).¶ 밥푸딍 (飯樸定) <조반> ☞ 감푸딍, 건포도푸딍, 기우리가루푸딍, 사과푸딍, 예수탄일실과푸딍, 킹스푸딍

【밥-푸리】 명 ((상업)) 밥포리(-鋪裏, pùlǐ). 밥집. 음식점. 여관. '푸리'는 (중국어 직접 차용어).¶ 飯館子 ‖ 져의 본ᄃᆡ 산동인으로셔 젼일의 밥푸리의셔 호치 되엿더니 졔 바늘 줄 알므로 인ᄒᆞ여 쟝궤지 가장 ᄉᆞ랑ᄒᆞ다가 쥬후 발진ᄒᆞ여 스ᄉᆞ로 이미 관을 버렷ᄂᆞ니 (他們原是山東人. 原先在飯館子裏做伙計, 因他會要帳, 櫃上很歡喜. 後來發了點子財, 自家就開起二美館來.) <홍부 17:52> ▼飯店 ‖ 임의 쵸경이 된 후의 사ᄅᆞᆷ의 집의셔 문을 걸녀 ᄒᆞ거놀 ᄌᆞ긔 웃옷술 밥푸리의 맛기며 밥갑과 술갑술 여슈히 쥬더니 (天已初鼓之後, 人家要上門咧, 將自己跨馬服寄在飯店, 如數給了飯錢酒錢.) <충소 1:81> ▼飯鋪 ‖ 쟝궤지야 크게 죠치 못ᄒᆞ니 사ᄅᆞᆷ이 와셔 우리 밥푸리롤 쇼요케 ᄒᆞ나이다 져의 몃 사ᄅᆞᆷ이 문으로 드러오며 먹을 거술 달나 ᄒᆞ더니 우리가 장ᄎᆞᆺ 술긔롤 거두라 나가려 ᄒᆞ미 져의가 곳 치쇼롤 달나 ᄒᆞ거놀 우리가 ᄃᆡ답ᄒᆞᄃᆡ 믿드지 못ᄒᆞ엿노라 ᄒᆞ니 (掌櫃的, 大事不好了, 有人攪鬧咱們的飯鋪, 他們幾個人進門要喫東西, 咱們將挑出幌子去, 他們就要菜蔬, 回答沒得哪.) <충소 27:2>

【방자】 부 방자(方纔). 방금. 금방. (중국어 간접 차용어).¶ 這會兒 ‖ 내 너롤 ᄃᆡᄒᆞ여 말ᄒᆞ여시ᄃᆡ 죽기롤 한ᄒᆞ여 너롤 위ᄒᆞ리라 ᄒᆞ엿더니 방쟈 네 샹방의셔 ᄯᅩ 나롤 벙벙히 보니 (我對你說過要拼着命的爲你, 這會兒你在上屋裏, 又是呆呆的瞅着我.) <홍부 11:75> ⇒ 방ᄌᆞ, 방ᄌᆞ이

【방ᄌᆞ】 부 방재(方纔). 방금. 금방. (중국어 간접 차용어).¶ 頃 ‖ 방ᄌᆞ ᄯᅩ 충졔 대인의 격셔ᄅᆞᆯ 밧들ᄆᆡ 각영을 신칙ᄒᆞ여 엄졀히 간슈케 ᄒᆞ다가 대노애 니ᄅᆞ러 뎡탈ᄒᆞ시믈 기ᄃᆞ려 됴리ᄒᆞ라 ᄒᆞ여 계시니이다 (頃又奉制憲檄飭, 各營嚴守, 聽候大老爺到來察奪.) <설월 19:2> ▼纔 ‖ 방ᄌᆞ 일위 쇼년인을 내 젹확히 긔역지 못ᄒᆞ니 ᄯᅩᄒᆞᆫ 엇던 사ᄅᆞᆷ이뇨 (纔二位少年人, 我確記不淸, 却是誰人?) <옥천-수경 4:4a> 심히 변화 만ᄒᆞᆫ 요괴로다 네 방ᄌᆞ 경경의 말노 ᄭᅮ며 나의 ᄉᆞ부ᄅᆞᆯ 쇽여 가더니 엇지 ᄯᅩ 와 환슐을 부려 나ᄅᆞᆯ 쇽이려 ᄒᆞᄂᆞ뇨 (“好活鬼! 你纔掉經兒騙了我師父去, 怎麼又來弄虛頭騙我?”) <후서유 8:58-16> ▼剛纔 ‖ 우리 져곳의 ᄆᆡ화 나뮈 오륙십 쥐 잇더니 우리 방ᄌᆞ 가셔 보ᄆᆡ 향긔 가쟝 촉비ᄒᆞ거ᄂᆞᆯ ᄀᆞᆺ가히 가셔 보고 ᄯᅩᄒᆞᆫ 놀랏노라 (我們那邊的梅樹, 少也有五六十棵, 也數他不淸, 我們剛纔回去, 聞得香的很, 走將過去也駭了一跳.) <후홍 15:13> 질손녜 방ᄌᆞ 이안당의 니ᄅᆞ럿더니 져의 등이 즁노의셔 ᄭᅳ으러 가 면을 먹이ᄂᆞᆫ지라 이러므로 지금 와셔 쳥안ᄒᆞᄂᆞ이다 (姪孫女剛纔到怡安堂, 被他們半路上拉去吃麵, 這會兒才得過來請安.) <홍부 11:3> ᄂᆡ 방ᄌᆞ 일단 고흥을 왓더니 네게 놀나믈 닙어 슐이 임의 모다 ᄭᆡ엿다 (我剛纔一團高興, 被嚇骸的酒已全醒.) <홍부 24:64> 츈셤이 놀나 얼굴이 변ᄒᆞ여 외변으로 다라나와 고ᄒᆞᄃᆡ 방ᄌᆞ 고낭이 손을 움즉이믈 보왓노라 ᄒᆞ니 (春纖嚇得臉上失色, 跑到外邊告訴道: “剛纔見姑娘的手動呢.”) <홍보 1:29> 방ᄌᆞ 노태ː긔셔 이곳의 잇셔 말ᄉᆞᆷᄒᆞᄃᆡ 이슈ᄌᆞ로 ᄒᆞ여금 일ᄌᆞᄅᆞᆯ 뎡ᄒᆞ라 ᄒᆞ여 계시니 혜아리건ᄃᆡ 블과 몃츌 안의 잇고 우리 가즁의셔 온 사ᄅᆞᆷ도 ᄯᅩ한 능히 오릐 머무지 못ᄒᆞ리로다 (剛纔老太太在這裡講起, 叫二嫂子定日子, 估量不過在這幾天裏頭. 我家裏來的人也不能耽擱.) <홍보 2:12> 우리 등이 방ᄌᆞ 쳥문 습인을 식여 연을 짓게 ᄒᆞ여시니 (我門剛纔已經派了晴雯、襲人他門扎風箏.) <속홍 22:4> 방ᄌᆞ 먹어시니 이야ᄂᆞᆫ 쳥컨ᄃᆡ 안ᄌᆞ라 (剛纔吃過, 二爺請坐.) <홍부 5:4> 내 방ᄌᆞ 이곳의셔 샤대야와 괴대야ᄅᆞᆯ ᄃᆡᄒᆞ여 말ᄒᆞᄃᆡ 반ᄃᆞ시 노야긔 픔ᄒᆞ여야 죠흐리라 ᄒᆞ엿노라 (我剛纔在這裏對査大爺、槐大爺說, 必得要回老爺纔得呢.) <홍부 13:41> ᄯᅩ 도향촌 등쳐의 니ᄅᆞ러 두로 뭇고 바야흐로 원즁으로 나오다가 방ᄌᆞ 보내여 보옥을 ᄎᆞᄌᆞ라 가던 여러 노파와 쇼차환 등을 보고 져의게 무러도 모다 보지 못ᄒᆞ엿다 ᄒᆞ거ᄂᆞᆯ (又往稻香村各處問一遍, 纔出園來, 見了剛纔打發去找寶玉這幾個老婆子, 小丫頭們, 問他都說沒有瞧見呢.) <홍보 5:5> ▼方纔 ‖ 승인은 뎨일 거즛말을 긔ᄒᆞ거ᄂᆞᆯ 네 방ᄌᆞ 말ᄒᆞᄃᆡ 동승신쥬 화과산으로죠ᄎᆞ 왓다 ᄒᆞ니 동승신쥬의셔 남셤부쥬와 상게 하ᄂᆞᆯ 졀반이라 네 엇지 이ᄀᆞᆺ치 ᄲᆞᆯ니 왓시리오 이ᄂᆞᆫ 거즛말이 아니냐 (“佛家第一戒是打誑語, 你方纔說從東勝神洲花果山來, 這東勝神洲到南瞻部洲相去半天, 你怎麼來得這等快? 莫非是打誑語!”) <후서유 5:8-9> 방ᄌᆞ 너 노인네의 말ᄒᆞᆫ 바 (方纔你老人家所說.) <설월 1:49> 방ᄌᆞ 마신 바 슐도 오히려 ᄭᅩ다온 향긔 입의 가득ᄒᆞ니 디하의 ᄯᅩᄒᆞᆫ 이런 아ᄅᆞᆷ다온 슐이 잇다 니ᄅᆞ기 어렵도다 (方纔所飮之酒, 尙覺芳香滿口, 難道地下也有此美醞?) <설월 4:107> ᄂᆡ 방ᄌᆞ ᄒᆡᄋᆞ로 더브러 문젼의 셔셔 셕상공을 기다릴 ᄶᅴ의 아오로 아모 ᄉᆞᄅᆞᆷ도 업더이다 (我方纔同着孩子立在門口望石相公, 並沒有恁麼人來.) <쾌심 5:48> 방ᄌᆞ 장혜 셩외의셔 혜원암 늙은 상직ᄅᆞᆯ 만나ᄆᆡ (方才張惠在城外, 會見慧圓庵裏老香公.) <쾌심 21:20> 문관은 다른 일이 업ᄉᆞᄃᆡ 져 무변 즁의 죠쳥의 심복이 잇셔 방ᄌᆞ 도로혀 가인을 거ᄂᆞ리고 ᄉᆡ살ᄒᆞ여 나오더이다 (那武弁內有趙淸的心腹, 方纔還統着家人殺出來哩!) <여선 33:83> 너의 등이 방ᄌᆞ 고ᄒᆞ던 의ᄉᆞᄅᆞᆯ ᄂᆡ가 모다 아ᄂᆞᆫ디라 (你們方纔禱告的意思, 我都知道了.) <요화 1:12> 방ᄌᆞ 빈되 인마ᄅᆞᆯ 거ᄂᆞ리고 가려 ᄒᆞ다가 황보 원슊 임의 도라간지라 (方纔道士提人馬, 皇甫元戎早已還.) <재생 4:26> 션인의 말이 방ᄌᆞ 일진 광풍이 니러나므로 졍히 다른 언덕으로 가 ᄇᆡᄅᆞᆯ 다히려 ᄒᆞ다가 (方纔船戶說起了一陣狂風, 方欲另泊別岸.) <재생 8:46> 여러 가뎡이 방ᄌᆞ ᄯᅡ히 더진 깁슈건을 드리거ᄂᆞᆯ (那些家丁就把方纔擲下的香羅遞與忠孝王.) <재생 20:60> 방ᄌᆞ 옥졸의 말을 드ᄅᆞ니 태휘 구궁인의 귀신이 쟉난ᄒᆞ므로 인ᄒᆞ여 미령ᄒᆞ시다가 이졔 쾌ᄎᆞᄒᆞ시다 ᄒᆞ니 (方纔聽提牢說, 太后欠安, 却因寇宮人作祟, 幸喜如今全愈了.) <충협 8:18> 방ᄌᆞ 문으로 드러올 ᄶᅴ의 보ᄆᆡ 졔 앏 듁교의 우희 일인이 안ᄌᆞ시니 기인이 너의 쥬인이냐 (方纔進門時, 見櫃前竹椅兒上坐的那人, 就是你們東家麼?) <충협 11:21> 너ᄂᆞᆫ 그 부녀로 더브러 방ᄌᆞ 무ᄉᆞᆫ 말을 ᄒᆞ엿ᄂᆞ뇨 이런 샹텬히리지ᄉᆞᄅᆞᆯ ᄒᆡᆼᄒᆞ니 맛당히 칼 아ᄅᆡ 귀신이 되리라 (你與那婦方纔講些甚麼? 作此傷天害理之事, 當在刀下作鬼.) <충소 2:68> 우리 냥 인이 방ᄌᆞ 샹텬뎨 아ᄅᆡ셔 나무ᄅᆞᆯ 버히다가 텬ᄉᆡᆨ이 늣고 년못 속 한긔 핍인ᄒᆞ므로 여간 ᄉᆡ쵸ᄅᆞᆯ 살나 블을 ᄧᅬ이다가 겨유 그곳으로죠ᄎᆞ 오ᄂᆞ니 아오로 다른 사ᄅᆞᆷ이 업ᄂᆞ이다 (我二人方纔在上天梯下邊打柴, 天氣太晚, 潭中寒氣逼人, 點了些柴薪烤了一烤, 剛打下邊上來, 并無別人.) <충소 3:11> ▼纔 ‖ 네가 방ᄌᆞ 슈일 후라 ᄒᆞᄂᆞᆫ 말은 ᄯᅩᄒᆞᆫ 구ᄐᆞ여 그러틋 급홀 거시 아니니 너의 봉ᄌᆞː로 ᄒᆞ여금 다시 너를 위ᄒᆞ여 일ᄌᆞᄅᆞᆯ 뎡케 ᄒᆞ라 (你纔說大後兒的話, 也不必那麼性急, 叫你鳳姊姊再給你定日子罷.) <홍보 2:6> 이졔ᄂᆞᆫ 쾌히 나흐냐 우리 져곳의셔 보ᄆᆡ 노태ː와 태ː와 이슈ᄌᆞ 삼인이 방ᄌᆞ 갓ᄂᆞ니라 (如今是大好了? 我們在那邊瞧見老太太、太太、二嫂子三個人纔出去呢.) <홍보 2:10> 네 심즁의 이 일을 거리ᄶᅧ ᄒᆞᄂᆞᆫ지라 이러므로 방ᄌᆞ 이런 고이ᄒᆞᆫ ᄭᅮᆷ을 ᄭᅮᄆᆡ 모다 의희황홀ᄒᆞ고 ᄯᅩ 이번 ᄀᆞᆺ치 진몽이 업노라 (你心裏惦着那件事, 所以纔有這樣的怪夢纏繞來了. 寶玉道: 我從來做夢總是恍恍惚惚的, 再沒像這一遭夢的眞切了.) <속홍 18:30> ▼纔剛 ‖ ᄂᆡ가 방ᄌᆞ 림고랑의게 보형뎨ᄅᆞᆯ ᄎᆞᄌᆞ 오마 허락ᄒᆞ여시니 순편의 류이야ᄅᆞᆯ 마ᄌᆞ ᄎᆞᄌᆞ

도라와 빵슈로 현미의 픔 속의 보니여 너의 은혜롤 갑ᄂᆞᆫ 거시 올치 아니랴 (我纔剛兒已經許下給林妹妹找寶兄弟呢, 順便把柳老二找了回來, 雙手兒也送到妹妹的懷裏, 答報你的恩, 好不好呢?) <속홍 2:53> 청문이 웃고 니ᄅᆞᄃᆡ 네 감히 입부리로 말ᄒᆞᄂᆞᆫ 거ᄉᆞᆫ 도로혀 듯기 조케 ᄒᆞᄂᆞᆫ다 방ᄌᆞ 나롤 보더니 네가 엇지ᄒᆞ엿ᄂᆞ냐 (晴雯笑道: "敢是你嘴裏說的倒好聽, 纔剛兒見了我可是怎麽了呢?") <속홍 5:50> 방ᄌᆞ 보져져가 또ᄒᆞᆫ 오고ᄌᆞ ᄒᆞ다가 계가ᄋᆞ의 졋먹이기롤 위ᄒᆞ여 능히 오지 못ᄒᆞᄂᆞ니라 (纔剛兒寶姐姐原也要來的, 因爲桂哥兒撤了潑, 所以不能來了.) <속홍 16:23> ▼適 ‖ 방ᄌᆞ 잔악ᄃᆡ왕이 나롤 청ᄒᆞ며 니ᄅᆞᄃᆡ 화상을 곤히 에웟시니와 ᄒᆞᆷ긔 먹으라 ᄒᆞ고 (適蒙殘惡大王相招說, 困倒了和尙, 請我來同享.) <후서유 13:116-26> 내 방ᄌᆞ 임의 져의게 현몽ᄒᆞ여 경의롤 폇거니와 (我適已托夢, 報其情矣.) <여선 35:51> 방ᄌᆞ 임의 아랏거니와 다만 제 부상목 한 가지가 이시믈 혐의ᄒᆞᄂᆞ니 두리건ᄃᆡ 힘을 허비ᄒᆞᆯ 듯ᄒᆞ도다 (適已知之, 第嫌彼有扶桑木杖一枝, 恐覺費手.) <여선 44:112> ▼適間 ‖ 방ᄌᆞ 당돌이 ᄒᆞᆫ 바라건ᄃᆡ 기회치 말나 (適間唐突, 幸勿介懷.) <여선 6:72> ▼適纔 ‖ 방ᄌᆞ 부인의 용모롤 뵈오ᄆᆡ 진기 폐월슈화지태이시니 (適纔已見夫人面, 眞是羞花閉月容.) <재생 13:98> 방ᄌᆞ 형쟝이 쟝원이 되더면 우ᄃᆡ 형의 녕을 드ᄅᆞ미 졍히 맛당ᄒᆞᆯ 번 ᄒᆞ도다 (何若適纔君作先, 弟兄聽令正該應.) <재생 15:25> 방ᄌᆞ 원비긔셔 너롤 칙망ᄒᆞ신 말ᄉᆞᆷ은 도시 낭낭의 명의시니 날노 더브러 무ᄉᆞᆷ 간셥이 되ᄂᆞ냐 (適纔責備你的這些話, 乃是元妃娘娘的旨意, 與我甚麽相干呢.) <속홍 2:28> 네 ᄉᆞᆫ은 도야지게 믈니지 아니ᄒᆞ엿거ᄂᆞᆯ 엇지 방ᄌᆞ 뜰노셔 드러오며 날노 ᄒᆞ여곰 문을 열나 ᄒᆞᄂᆞ냐 (你的手教猪咬了, 怎麽巴巴兒的從院子裏進來, 教我出去開門呢.) <속홍 17:42> 방ᄌᆞ 포노야롤 ᄯᆞ라ᄀᆞᆺ더니 동관문으로 나가 광야무인 쳐의 니ᄅᆞ러 (適纔緊隨着鮑爺出東關, 到曠野無人之處.) <여선 2:4> 방ᄌᆞ 힝실 업ᄂᆞᆫ 무리의 사ᄅᆞᆷ이 잇다 ᄒᆞᄂᆞᆫ 말ᄉᆞᆷ은 쳥컨ᄃᆡ ᄌᆞ세히 가ᄅᆞ치쇼셔 (適纔鼠子一語, 願夫人見示.) <여선 4:38> ▼初 ‖ 병이 방ᄌᆞ 나핫ᄉᆞ므로 능히 음쥬치 못ᄒᆞ오니 영요로이 연셕을 샹급ᄒᆞ시믈 닙엇ᄉᆞ오나 다만 ᄆᆞᄋᆞᆷ으로 텬은을 밧들게 ᄒᆞ쇼셔 (微臣的疾病初痊, 不能飮酒, 桀叨賞宴, 心領天恩了.) <재생 41:93> ▼巴巴兒的 ‖ 네 ᄉᆞᆫ은 도야지게 믈니지 아니ᄒᆞ엿거ᄂᆞᆯ 엇지 방ᄌᆞ 뜰노셔 드러오며 날노 ᄒᆞ여곰 문을 열나 ᄒᆞᄂᆞ냐 (你的手教猪咬了, 怎麽巴巴兒的從院子裏進來, 教我出去開門呢.) <속홍 17:42> 부친아 녀ᄋᆡ 방ᄌᆞ 암즁의 ᄀᆞᆺ더니 의외의 하남 구뫼 또ᄒᆞᆫ 그곳의 계시더이다 <진주 9,137> 필영을 블너 니ᄅᆞᄃᆡ 방ᄌᆞ 부탁ᄒᆞᆫ 거ᄉᆞᆯ 가히 잇지 말나 <진주 4,63> ⇒ 방쟈, 방ᄌᆞ이

【방ᄌᆞ-이】 [부] 방재(方纔)이. 방금. 금방. '방ᄌᆞ'는 (중국어 간접 차용어). 방ᄌᆞ(方纔)+-이(부사 파생 접미사).¶ 方纔 ‖ 지해 ᄋᆞᆯ히 ᄋᆞᆨ 무ᄅᆞᄃᆡ 방ᄌᆞ이 너의가 말ᄒᆞᄃᆡ 엇던 쇼공지라 ᄒᆞᄂᆞ뇨 마부 등이 시죵 연유롤 고ᄒᆞᄃᆡ (智爺過來一問, 說: 方纔你們說那個少公子? 馱夫一提始末根由.) <충소 24:88> ⇒ 방쟈, 방ᄌᆞ

【방판-ᄒᆞ-】 [동] 방판(幇辦)하다. 도와서 처리하다. (중국어 간접 차용어).¶ 조령을 밧들어 하남싱 진휼ᄉᆞ무롤 방판ᄒᆞᆯ시 셰긔로 더브러 부임ᄒᆞ야 즁요ᄒᆞᆫ 일이 숨기면 반다시 셰긔롤 보너 조사ᄒᆞᄆᆡ 셰긔 엄동풍셜을 무릅쓰고 구치왕너ᄒᆞ야 조금도 히타치 아니ᄒᆞ거ᄂᆞᆯ 문셩이 심히 긔특히 녀기더니 <원실 12>

【방피】 [명] 방피(放屁). 방귀를 낌 또는 헛소리. '피(屁pì)'는 중국어 직접 차용어.¶ 放屁 ‖ 네 방피 갓흔 말을 말나 허코 아니ᄒᆞ미 너 ᄆᆞᄋᆞᆷ이지 무ᄉᆞᆷ 휘회ᄒᆞ미 잇ᄉᆞ리요 (放狗屁! 肯不肯由我, 悔甚的!) <분장 1:61>

【배네쉬일나】 [명] ((지리)) 베네수엘라(Venezuela). 남아메리카 대륙 북부에 있는 공화국. 에스파냐의 식민지였으나 독립 전쟁을 일으켜 1819년에 대콜롬비아 연방을 수립하고 1830년에 독립 공화국이 되었다. (외래어).¶ 배비[네]쉬일나 (委內瑞拉) <명물-육당 13b> ⇒ 배니수엘라, 베네수일나, 베네쉬일나, 베니수엘나 ☞ 위너셔랍국

【배니수엘라】 [명] ((지리)) 베네수엘라(Venezuela). 남아메리카 대륙 북부에 있는 공화국. 에스파냐의 식민지였으나 독립 전쟁을 일으켜 1819년에 대콜롬비아 연방을 수립하고 1830년에 독립 공화국이 되었다. (외래어).¶ 베니수엘라 (委內瑞辣) <세계전도1900> ⇒ 배네쉬일나, 베네수일나, 베네쉬일나, 베니수엘나 ☞ 위너셔랍국

【배채】 [명] ((식물)) 배추. 잎이 여러 겹으로 포개져 자라는데 가장자리가 물결 모양으로 속은 누런 흰색이고 겉은 녹색이다. (중국어 차용어).¶ 菜名, 배채 숭 (菘) <자석 하:47b> 江南菜名, 배채 <신자 3:52a> 배채, 蕉菁 (葑) <신자 3:53a> 배채 (白菜) <지나-채곡 61> 배채갑시 금갑시엇네 <염상섭, 밥1927 117> 썝아 내일 배채를 일백 오십 통은 목사집에 넘기게 되엇지만 남아지 이백 오십 통을 엇더케 치울까 하는 문데이엇다. <염상섭, 쏭파리와 그의 안해1929 139> ⇒ 배추, 배치, 비차, 빈초, 빈쵸, 빈추, 빈츄, 빈ᄎᆡ, 빈치, 빅츄, 빅치

【배채-닙】 [명] ((식물)) 배춧잎. (중국어 차용어).¶ 퉁퉁히 부은 얼굴은 김장밧희 서리 마즌 배채닙이라 할가 <염상섭, 밥1927 123>

【배추】 [명] ((식물)) 배추. 잎이 여러 겹으로 포개져 자라는데 가장자리가 물결 모양으로 속은 누런 흰색이고 겉은 녹색이다. (중국어 차용어).¶ 배추 (白菜) <만통-곡물야채 471> ⇒ 배채, 배치, 비차, 빈초, 빈쵸, 빈추, 빈츄, 빈ᄎᆡ, 빈치, 빅츄, 빅치

【배추-꼬리】 [명] ((식물)) 배추뿌리. (중국어 차용어).¶ 거북이는 배추꼬리를 씹으며 달디달구나 배추꼬리를 씹으며 <이용악, 하늘만 곱구나>

【배추-스칼놉】 [명] ((음식)) 배추스캘럽 (Escalloped cabbage). (외래어).¶ 배추 스칼놉 ‖ 양배추 1포귀 계란 (져은 것) 2개 빠터 1대슈가락 호쵸 조곰 소곰 1쇼슈가락

우유나 크림 3대슈가락 배추를 15분 동안 삶은 후에 그 물을 버리고 끌는 물을 다시 부어셔 5분 동안 끌이다가 물을 밧하 버리고 다 식을 때까지 노하 두엇다가 잘게 썰어셔 계란과 빠터와 소곰과 호쵸와 우유나 크림을 셕거 가지고 빗이 누러케 될 때까지 기름 바른 팬에다가 구어셔 더울제 먹을 것 (양미나리 씨를 간에 맛게 처도 조흠) <서요 75> ☞ 양미나리스칼놉

【배치】 명 ((식물)) 배추. 잎이 여러 겹으로 포개져 자라는데 가장자리가 물결 모양으로 속은 누런 흰색이고 겉은 녹색이다. (중국어 차용어)¶ 배치 ‖ ① 배추 ②-채소 일홈 <조선-심 77> ⇒ 배채, 배추, 배치, 빅차, 빅초, 빅쵸, 빅추, 빅츄, 빅ᄎᆞ, 빅치, 빅츄, 빅치

【밴취】 명 ((기물)) 벤치(bench). 여러 사람이 함께 앉을 수 있는 긴 의자. (외래어).¶ 『밴취』에 한 십분 동안 걸어 안젓다가 나는 몸을 일으켯다. <현진건, 우편국에서1923>

【버드】 명 ((지리)) 퍼스(Perth). 오스트레일리아에 있는 도시. 19세기에 금광이 발견된 후 발전하였다. 웨스턴 오스트레일리아 주의 주도(州都)이다. (외래어).¶ 남편에 아여와 더렌스ㅣ란 못시 잇고 멜번과 ᄋᆡ들네드ㅣ란 포구가 잇고 릐스벤과 루기슬과 싯네란 포구가 잇고 셔편에 버드ㅣ란 포구가 잇고 <사필1889-헐버트 154>

【버러】 명 ((복식)) 버렁. 매사냥에서, 매를 받을 때에 끼는 두꺼운 장갑. 가죽 토시. '버러(be'elei)'는 중세몽고어 차용어.¶ 매 버러 (五指兒, 或云套手) <역해-비금 하:26a> ▼韝 ‖ 님금 爲ᄒᆞᅀᆞ와 간곡ᄒᆞᆫ 톳길 잡곡 모로매 이 버러 우희셔 드위이즈리라 (爲君除狡兎, 會是翻韝上.) <두시-초 16:36b> 그듸ᄂᆞᆫ 보디 아니ᄒᆞᄂᆞᆫ다 버러 우흿 매 ᄒᆞᆫ번 비브르면 ᄂᆞ라 ᄀᆞ리텨 가ᄂᆞ니 엇데 能히 집 우흿 져비 ᄃᆞ외야 ᄒᆞᆰ 므러 더운 ᄃᆡ 브티리오 (君不見韝上鷹一飽卽飛掣, 焉能作堂上燕銜泥付炎熱.) <두시-초 25:55a> 버러 우흿 값놀 ᄀᆞᆮᄒᆞᆫ 열두을 ᄂᆞ랫 지치여 將軍의 勇猛ᄒᆞ야 ᄂᆞᆯ남과 다ᄆᆞᆺ ᄀᆞᆯ오리로다 (韝上鋒稜十二翮, 將軍勇銳與之敵.) <두시-초 17:10a> 一生애 제 獵호ᄆᆞᆯ ᄀᆞᆯ오리 업소ᄆᆞᆯ 아노니 온 번 마치ᄆᆞ로 能을 ᄃᆞ토논디라 버러에 ᄂᆞ려 안조ᄆᆞᆯ 븟그리놋다 (一生自獵知無敵, 百中爭能恥下韝.) <두시-초 17:11b> 님금 爲ᄒᆞᅀᆞ와 간곡ᄒᆞᆫ 톳길 잡곡 모로매 이 버러 우희셔 드위이즈리라 (爲君除狡免, 會是翻韝上.) <두시-초 16:36b> ⇒ 버렁

【버렁】 명 ((기물)) 매사냥하며 매 받을 때 끼는 두꺼운 가죽장갑. 가죽 토시. '버렁(be'elei)'은 중세몽고어 차용어.¶ 버렁, "韝"仝. (五指兒) <물명고-문통 우충 1:6a> ⇒ 버러

【버리】 명 ((기물)) 파리(玻瓈). 유리(琉璃). '버리(玻瓈, bōlí)'는 중국어 직접 차용어.¶ 버리 (玻瓈, 玻璃) <동해-진보 하:23a> ⇒ 보려, 보리, 파려, 피리, ᄑᆞ리

【버시아】 명 ((지리)) 버시아. 미상. (외래어).¶ 대략 칠천 년 전에 사ᄅᆞᆷ이 처음에로 나셔 셰샹 동편 젹도 북편 가온대 륙디 일홈은 버시아ㅣ라 ᄒᆞᄂᆞᆫ 곳에 살더니 ᄎᆞᄎᆞ ᄌᆞ손이 번셩ᄒᆞ고 사ᄅᆞᆷ의 수가 만하지매 그 짜헤셔 다 용납ᄒᆞᆯ 수가 업고 또 후속이 쇼원ᄒᆞᆫ지라 <사필1889-헐버트 10>

【번】 명 ((지리)) 베른(Bern). 스위스 아르 강(Aar 江)의 굴곡부에 발달한 상업 도시. 스위스의 수도. (외래어).¶ 도셩을 의론컨대 일홈이 번이니 나라 ᄒᆞᆫ가온대요 북에는 빠슬과 쑤릭이란 큰 촌이 잇고 셔남에는 진이바ㅣ란 큰 촌이 잇고 사ᄅᆞᆷ의 픔ㅅ수는 평등이오 <사필1889-헐버트 48>

【번베릿】 명 ((복식)) 옷감의 이름. (일본어 차용어).¶ 의복 식ᄾᅟ이 밧고 명식 답물이 약ᄾᅟᄒᆞ니 쳠영의 무식할 닷 분홍 국ᄉᆞ 져고리 번베릿 교치마 동셔 답물 약ᄾᅟ존의 시슉모 션답 빅노방 한 필 <동서 ↓동서 국한-1698>

【번안-ᄒᆞ-】 동 번안(飜案)하다. 반박(反駁)하다. '번안'은 중국어 간접 차용어.¶ 駁 ‖ 제 이제 법을 짓고 ᄉᆞ단을 열 양이면 일정 몬져 나ᄅᆞᆯ 잡아 언단을 낼 거시니 만일 나의 일을 번안ᄒᆞ려 ᄒᆞ거든 네 가히 분변 말고 다만 더옥 공경ᄒᆞ며 더옥 번안ᄒᆞᄂᆞᆫ 거시 올타 말ᄒᆞᄂᆞᆫ 거시 비로쇼 조흘 거시오 (他如今要作法子, 一定是先拿我開端. 倘或他駁我的事, 你可別分辨, 你只越恭敬, 越說'駁的是'才好.) <홍루 55:97>

【벌가리아】 명 ((지리)) 불가리아(Bulgaria). 유럽 발칸반도 동부에 있는 공화국. 14세기 이래로 터키의 지배를 받아 오다가 1908년에 완전 독립하였다. (외래어).¶ 벌가리아 (伯布里) <명물-육당 13a>

【벌린】 명 ((지리)) 베를린(Berlin). 독일의 수도. (외래어).¶ 영법 함ᄃᆡ 봉쇄션은 덕인 량도 끈난고나 벌린 사람 긔갈이오 <신민 1917.7.12>

【범베】 명 ((지리)) 봄베이(Bombay). 인도 서안 중앙부의 항구 도시. 본토에 가까운 봄베이 섬의 남동부에 있다. (외래어).¶ 라호어와 베쇠와 델희와 아그라와 곤버와 알라하밧과 팔늬어와 비나리스와 남편에 하이드라밧과 마듸라스와 마이소와 셔편에 범베와 바로다와 가온대 져벌브어와 낙부어와 인도아와 과레란 촌이 잇고 사ᄅᆞᆷ의 픔ㅅ수는 션비와 빅셩이오 <사필1889-헐버트 89>

【범아】 명 ((지리)) 버마(Burma). 미얀마(Myanmar). 동남아시아 인도차이나 반도 서쪽에 있는 연방 공화국. 1948년에 영국에서 독립하였다. (외래어).¶ 디경을 의론컨대 북은 범아국이오 동은 안남국이오 남도 안남국이며 또 쳥국히요 <사필1889-헐버트 83>

【법국】 명 ((지리)) 법국(法國). 프랑스(France). 유럽 서부에 있는 공화국. 민족 대이동의 결과 5세기에 프랑크 왕국이 성립하여 백년 전쟁 이후 왕권이 신장되었고, 17~18세기에는 유럽의 지도적인 위치에 군림하였다. 1789년의 혁명으로 공화정이 성립되었다. (중국어 간접 차용어).¶ 법국(法國) ‖ 歐羅巴 西便에 잇는 나라니라 <신문-상식 74> 법국 (法國) <이언> 법국 (法國) <자통

-지지 380> 법국 적은 밀쩍 (法國小饅頭) <조반> 계옥이 말이라면 엇더케 잘 듯는지 법국 파리셩을 한 번 가자 ᄒᆞ면 경비가 만아 가지는 못 ᄒᆞ더래도 환등이나 활동사진이라도 한 번 보여 줄 마옴이라 <송뢰금 5> 법국 빅셩 아니 될지라 싈는 피으 라인의 홍슈 되야 <대매-덕국 국민가 1909.5.20> 佛蘭西 ‖ 법국에셔 물건이 왓습듸가 <일신-박래점 272> ☞ 법난셔, 법란셔, 불난셔, 불란셔, 블란시, 뿌란스, 뿌런스, 쯔란스, 쯔랑쓰, 프란스, ᄒᆞ란스

【법국-말】 명 ((언어)) 법국말(法國-). 프랑스말. (중국어 간접 차용어).¶ 법국말 | 법어 <법한 830> 법국말 | 법어 | 불어 <법한 649> ⇒ 법어 ☞ 불어

【법국인】 명 ((인류)) 법국인(法國人). 프랑스인. (중국어 간접 차용어).¶ 법국인 | 불국인 | 법인 | 불인 <법한 649> ⇒ 법인 ☞ 불인, 불국인

【법국-팟-로스트】 명 ((음식)) 법국(法國) 팟로스트(French pot roast). (외래어).¶ 법국팟로스트 ‖ 쇠고기 (우둔) 3파운드나 4파운드 쇠기름 4대슈가락 고기 국물 2잔 양휜무 (써러) 1개 일년감 1잔 파 (잘게 써러) 2개 넌진 (캐롯) 네모로 버힌 것 1개 파스리 두어 닙사귀 소곰과 호쵸와 쎄이 닙사귀 조곰식 쇠기름을 우묵한 쇠남비에 너허 더웁게 하고 쇠고기를 이리더리 돌녀 누래질 때까지 속히 지지고 잘 지진 다음에 기름을 싸르고 고기 국물과 일년감과 넌진을 너코 뚜껑을 덥고 3시간 동안 부글부글 끄린 후에 고기를 끄내고 그 국물과 채소를 어럼이에 밧쳐셔 밀가루 1대슈가락을 셕고 약념을 너허 5분 동안 끄려셔 고기와 함믜 먹을 것 <서요 23>

【법난셔】 명 ((지리)) 법란서(法蘭西). 프랑스(France). 불란서(佛蘭西). (중국어 간접 차용어).¶ 일졈 진익가 업고 히샹에 묽은 바람은 청신ᄒᆞᆫ 공긔롤 모라다가 십만 인종의 호흡을 자양ᄒᆞ니 이는 곳 법난셔 파리부대 의원학사 좌선군의 장슈촌이라 <철세계 66> ⇒ 법란셔 ☞ 법국, 불난셔, 불란셔, 블란시, 뿌란스, 뿌런스, 쯔란스, 쯔랑쓰, 프란스, ᄒᆞ란스

【법란셔】 명 ((지리)) 법란서(法蘭西). 프랑스(France). 유럽 서부에 있는 공화국. 민족 대이동의 결과 5세기에 프랑크 왕국이 성립하여 백년 전쟁 이후 왕권이 신장되었고, 17~18세기에는 유럽의 지도적인 위치에 군림하였다. 1789년의 혁명으로 공화정이 성립되었다. (중국어 간접 차용어).¶ 법란셔 (法蘭西) <이언> ⇒ 법난셔 ☞ 법국, 불난셔, 불란셔, 블란시, 뿌란스, 뿌런스, 쯔란스, 쯔랑쓰, 프란스, ᄒᆞ란스

【법발로】 명 ((지리)) 버펄로(Buffalo). 미국 뉴욕 주, 이리호 동부에 있는 항구 도시. (외래어).¶ 북편에 법발로와 [이리 못ㅅ ᄀᆞ히라] 쉬커고와 [미시간 못ㅅ ᄀᆞ히라] 신신낫듸와 센트불이란 촌이 잇고 남편에 모빌과 누얼닌스란 포촌이 잇고 셔편에 산브란시스고와 봇란드ㅣ란 포촌이 잇고 ᄒᆞᆫ가온대 센루의와 긴사싀듸와 오마하와 데베ㅣ란 촌이 잇고 <사필1889-헐버트 107>

【법어】 명 ((언어)) 법어(法語). 프랑스어. (중국어 간접 차용어).¶ 법국말 | 법어 <법한 830> 법국말 | 법어 | 불어 <법한 649> ⇒ 법국말 ☞ 불어

【법인】 명 ((인류)) 법국인(法國人). 프랑스인. (중국어 간접 차용어).¶ 법국인 | 불국인 | 법인 | 불인 <법한 649> ⇒ 법국인 ☞ 불인, 불국인

【베네수일나】 명 ((지리)) 베네수엘라(Venezuela). 남아메리카 대륙 북부에 있는 공화국. 에스파냐의 식민지였으나 독립 전쟁을 일으켜 1819년에 대콜롬비아 연방을 수립하고 1830년에 독립 공화국이 되었다. (외래어).¶ 아메리까에 각 디방과 각 나라는 가나다와 [엥길리국 쇽방이라] 덴막아메리까와 합즁국과 멕스고국과 센드랄아메리까국과 셔인도와 걸넘비아국과 베네수일나국과 기아나와 쁘레실국과 엑궤도국과 비루국과 블늬비아국과 칠릐국과 아젠틴합즁국과 바라궤국과 유루궤국이니라 <사필1889-헐버트 102> ⇒ 배네쉬일나, 배니수엘라, 베네쉬일나, 베니수엘나 ☞ 위너셔랍국

【베네쉬일나】 명 ((지리)) 베네수엘라(Venezuela). 남아메리카 대륙 북부에 있는 공화국. 에스파냐의 식민지였으나 독립전쟁을 일으켜 1819년에 대콜롬비아 연방을 수립하고 1830년에 독립공화국이 되었다. 수도는 카라카스. (외래어).¶ 베네쉬일나 <사필> ⇒ 배네쉬일나, 배니수엘라, 베네수일나, 베니수엘나 ☞ 위너셔랍국

【베니수엘나】 명 ((지리)) 베네수엘라(Venezuela). 남아메리카 대륙 북부에 있는 공화국. 에스파냐의 식민지였으나 독립전쟁을 일으켜 1819년에 대콜롬비아 연방을 수립하고 1830년에 독립공화국이 되었다. 수도는 카라카스. (외래어).¶ 베니수엘나 (委內瑞辣) <세계전도1900> ⇒ 배네쉬일나, 배니수엘라, 베네수일나, 베네쉬일나 ☞ 위너셔랍국

【베두루】 명 ((인명)) 베드로(Petrus). 예수의 열두 제자 가운데 제일인자. 예수의 승천 후 예루살렘 교회의 기초를 굳히고 복음 선교에 전력하였으며, 나중에 로마에서 네로의 박해로 순교하였다고 한다. (외래어).¶ 베두루 불너오너라 | 베두루 청ᄒᆞ여라 <법한 256> 베두루로 알앗더니 요안일다 <법한 360> ⇒ 베드로, 베드루 ☞ 피득

【베드로】 명 ((인명)) 베드로(Petrus). 예수의 열두 제자 가운데 제일인자. 예수의 승천 후 예루살렘 교회의 기초를 굳히고 복음 선교에 전력하였으며, 나중에 로마에서 네로의 박해로 순교하였다고 한다. (외래어).¶ 베드로 (센드) 彼得 Peter (St.) <만국통감1912 10> 이때에 교황 데 십 리오가 로마 셩안에 ᄒᆞᆫ 큰 회당을 세우고 셩도 베드로의 일홈으로 일홈ᄒᆞ니 <만국통감1912 4, 14> ⇒ 베두루, 베드루 ☞ 피득

【베드루】 명 ((인명)) 베드로(Petrus). 예수의 열두 제자 가운데 제1인자. 예수의 승천 후 예루살렘 교회의 기초를 굳히고 복음 선교에 전력하였으며, 나중에 로마에서 네로의 박해로 순교하였다고 함. (외래어).¶ 오 쥬

예수ㅣ 젼교ᄒᆞ신 지 뎨 이년에 슈난ᄒᆞ실 모든 고로옴을 미리 말ᄉᆞᆷᄒᆞ실ᄉᆡ 종도의 근심이 밧긔 드러남을 보시고 이에 베드루와 야고버와 요왕 세 종도를 잇글고 다볼산에 나ᄅᆞ샤 죰죰이 신공을 힝ᄒᆞ시고 세 종도ᄂᆞᆫ 피곤ᄒᆞ야 누어 자더니 <쳠례-예수현셩용 9a> ⇒ 베두루, 베드로 ☞ 피득

【베라그루스】 명 ((지리)) 베라크루스(Veracruz). 멕시코 동부, 베라크루스 주에 있는 항구 도시. 멕시코시티의 외항으로 멕시코 최대의 무역항이다. (외래어).¶ 동편에 베라그루스와 담비고와 남편에 아가벌고와 셔편에 긔이마스와 마산닐노ㅣ란 포구가 잇스며 <사필1889-헐버트 111>

【베루】 명 ((지리)) 페루(Peru). 남아메리카 서북부 태평양 연안에 있는 공화국. 잉카 제국의 중심지로, 1821년에 에스파냐에서 독립하였다. (외래어).¶ 베루 (秘魯) <명물-육당 13b> 디경을 의론컨대 북은 베루국과 엑궤도국과 골롬비아국과 베네쉬일나국과 기아나와 대셔양이오 동도 대셔양이오 남은 뽈늬비아국과 대셔양이오 셔는 골롬비아국과 엑궤도국과 베루국과 뽈늬비아국과 바라궤국과 아젠틴 합즁국과 유로궤국이며 <사필1889-헐버트 122> ⇒ 페루 ☞ 비로

【베룻】 명 ((지리)) 베들레헴(Bethlehem). 요르단의 서쪽 끝, 이스라엘과의 국경에 있는 소도시. 예루살렘의 남쪽 약 9km 지점에 있다. 다윗 왕가의 발상지이며 예수 그리스도가 탄생한 곳이라고 한다. (외래어).¶ 또 북편에 무로사와 시멘아와 드레비산드와 어스름이란 촌이 잇고 셔편에 알닉보와 디마스커스와 [텬하에 뎨일 오랜 촌이라] 베룻과 예루사렘이란 촌이 잇고 [온 텬하에 유명ᄒᆞᆫ 촌] 남편에 메듸나와 멕가와 [회회교 시작ᄒᆞᆫ 곳] 목카ㅣ란 촌이 잇고 동편에 부소라와 박닷과 [녜ᄉᆞ 아시리아국 셔울이니 유명ᄒᆞ니라] 모수ㅣ란 촌이 잇고 <사필1889-헐버트 98> ⇒ 벳네험, 벳네헴, 벳니헴, 벳드름, 벳레헴, 벳름고을, 벳름고올, 벳을네헴, 쎗네헴, 쎗레헴

【베스-뽈】 명 ((체육)) 베이스볼(ベースボール baseball). 야구(野球). (외래어).¶ 나도 ᄒᆞ고 십지마ᄂᆞᆫ 거번에 랏겟도를 남의게 빌니고 업스니 오날은 베―스뽈을 치지 아니ᄒᆞ랴나 <일선 227>

【베시아-국】 명 ((지리)) 페르시아(Persia) 제국. 이란(Iran)의 구칭. 기원전 7세기 말에 메디아 왕국(Media 王國)이 건국되었다. (외래어).¶ 디경을 의론컨대 북은 터키스단이오 아시아 아라사ㅣ라 동은 인도ㅣ오 남은 인도양이오 셔는 베시아국이며 <사필1889-헐버트 91> 베시아국은 폭원이 북위션 이십오 듸그리브터 사십 듸그리ᄭᆞ지요 동경션 ᄉᆞ십ᄉᆞ 듸그리브터 륙십삼 듸그리ᄭᆞ지니 남북이 삼천 리요 <사필1889-헐버트 95>

【벤도-갑】 명 ((기물)) 벤또갑(弁當匣, べんとう). 도시락. (일본어 차용어).¶ 벤도갑도 함께 싸가지고 <염상섭, 무현금1934 1:81> 안악네들이 벤도갑을 엽구리에도 끼고 <염상섭, 불똥1934 171> ⇒ 변도갑

【벤쏘】 명 ((기물)) 벤또(弁當, べんと). 도시락. (일본어 차용어).¶ 차듸찬 벤쏘 한 그릇을 혹딱 싸세고 나서 불과 십분이나 십오분 남은 시간을 <염상섭, 무현금1934 2:71> 당자는 그러ᄒᆞ여도 조켓지마ᄂᆞᆫ 뒤에 남은 쳐ᄌᆞ가 불상ᄒᆞ지오 덕네ᄂᆞᆫ 민일 아히를 업고 벤쏘를 갓다쥬ᄂᆞᆫ 모양이오 <일선 209> ⇒ 변도, 변쏘

【벨기움】 명 ((지리)) 벨지움(Belgium). 벨기에(België). 유럽 서북부에 있는 입헌 군주국. 1830년에 네덜란드에서 독립하였다. 수도는 브뤼셀. (외래어).¶ 쑤릿탠 벨기움 갓혼 나라는 그 크기가 本土로만 말하면 우리나라보다 뎍으되 <소년1908.11.1 50> ⇒ 벨지암, 벨지암국, 벨지엄, 빌지엄, 쎌지엄, 쎌지엄 ☞ 비국, 비리시, 비리시국

【벨릐스】 명 ((지리)) 벨리즈(Belize). 중앙 아메리카 유카탄 반도 남동부 연안에 남북으로 길게 뻗은 입헌군주제 국가. (외래어).¶ 센드랄 아메리까에 젹은 나라 다ᄉᆞᆺ시 잇스니 과데마라국과 혼두레스국과 산살베더국과 늬가라과국과 거스다리가국과 또 벨릐스ㅣ란 짜히니 [영국 쇽방] 폭원이 북위션 여듧 듸그리브터 십팔 듸그리ᄭᆞ지요 <사필1889-헐버트 113>

【벨지암】 명 ((지리)) 벨지움(Belgium). 벨기에(België). 유럽 대륙의 북서부에 자리잡고 있는 나라. 수도는 브뤼셀. (외래어).¶ 벨지암 <사필> ⇒ 벨기움, 벨지암국, 벨지엄, 빌지엄, 쎌지엄, 쎌지엄 ☞ 비국, 비리시, 비리시국

【벨지암-국】 명 ((지리)) 벨지움(Belgium). 벨기에(België). 유럽 대륙의 북서부에 자리잡고 있는 나라. 수도는 브뤼셀. (외래어).¶ 모든 나라흘 의론컨대 도모지 십구 국이니 아라사국과 노웨국과 쉬덴국과 덴막국과 덕국과 네데란스국과 벨지암국과 영길리국과 블난시국과 <사필1889-헐버트 12> 벨지암국은 폭원이 북위션 ᄉᆞ십구 듸그리브터 오십삼 듸그리ᄭᆞ지요 동경션 두 듸그리브터 여ᄉᆞᆺ 듸그리ᄭᆞ지니 남북이 ᄉᆞ빅 리요 동셔가 ᄉᆞ빅 리며 <사필1889-헐버트 29> ⇒ 벨기움, 벨지암, 벨지엄, 빌지엄, 쎌지엄, 쎌지엄 ☞ 비국, 비리시, 비리시국

【벨지엄】 명 ((지리)) 벨지움(Belgium). 벨기에(België). 유럽 대륙의 북서부에 자리잡고 있는 나라. 수도는 브뤼셀. (외래어).¶ 벨지엄 쑤리틘 푸리취 아회들아 너 너희들로 더부러 갓치 싸화 쥬마 <신민 1918.5.2> ⇒ 벨기움, 벨지암, 벨지암국, 빌지엄, 쎌지엄, 쎌지엄 ☞ 비국, 비리시, 비리시국

【벰베루】 명 ((복식)) 벰베루(ベンベル). 실크류의 인조 옷감. 독일 벰베르크(bemberg)사에서 만든 옷감. (일본어 차용어).¶ 빔비루 져구리 ᄎᆞ 일 …시시오리 치마 ᄎᆞ 일 도리쉭 신짓구 치마 ᄎᆞ 일 빔비루 치마 ᄎᆞ 일 <물목-경고-2 장농> 진홍 갑증 치마 일 옥싴 벰베루 치마 일 회싴 벰베루 치마 일 분홍 지리명 치마 일 회싴 지리명 치마 일 양회싴 치마 일 연도싴 지리명 치마 일 옥싴 명쥬치마 일 진홍 숙고ᄉᆞ 치마 일 연분홍 숙고ᄉᆞ 치마

일 <의물목 칸옥션4-60> ⇒ 변베류, 빈비루, 빔븨루, 빔비로, 빕비루, 쎕비로

【벳네험】 명 ((지리)) 베들레헴(Bethlehem). 팔레스타인 중부 고대 유다 왕국에 속한 도시. 예수그리스도가 탄생한 고장으로 기록되어 있음. (외래어).¶ 대자대비 구셰쥬는 인간 평화 쥬시려고 벳네험에 ᄂᆡ리신다 <신민 1917.12.20> ⇒ 베룻, 벳네헴, 벳니헴, 벳드름, 벳레헴, 벳름고을, 벳름고올, 벳을네헴, 쎌네헴, 쌧레헴

【벳네헴】 명 ((지리)) 베들레헴(Bethlehem). 팔레스타인 중부 고대 유다 왕국에 속한 도시. 예수그리스도가 탄생한 고장으로 기록되어 있음. (외래어).¶ 강싱ᄒᆞ신 쥬끠셔 벳네헴에 나셧네 <죠션 1898.12.17> ⇒ 베룻, 벳네험, 벳니헴, 벳드름, 벳레헴, 벳름고을, 벳름고올, 벳을네헴, 쎌네헴, 쌧레헴

【벳니헴】 명 ((지리)) 베들레헴(Bethlehem). 팔레스타인 중부 고대 유다 왕국에 속한 도시. 예수그리스도가 탄생한 고장으로 기록되어 있음. (외래어).¶ 벳니헴에 나신 예수 구원ᄒᆞ려 오셧네 <죠션 1898.12.21> ⇒ 베룻, 벳네험, 벳네헴, 벳드름, 벳레헴, 벳름고을, 벳름고올, 벳을네헴, 쎌네헴, 쌧레헴

【벳드름】 명 ((지리)) 베들레헴(Bethlehem). 팔레스타인 중부 고대 유다 왕국에 속한 도시. 예수그리스도가 탄생한 고장으로 기록되어 있음. (외래어).¶ 벳드름에 올나갈 재 산긔 림박 되엿도다 <경잡 1912.12.31> ⇒ 베룻, 벳네험, 벳네헴, 벳니헴, 벳레헴, 벳름고을, 벳름고올, 벳을네헴, 쎌네헴, 쌧레헴

【벳레헴】 명 ((지리)) 베들레헴(Bethlehem). 팔레스타인 중부 고대 유다 왕국에 속한 도시. 예수그리스도가 탄생한 고장으로 기록되어 있음. (외래어).¶ 사름 구원ᄒᆞ신 쥬 벳레헴에 나셧네 <찬숑가> ⇒ 베룻, 벳네험, 벳네헴, 벳니헴, 벳드름, 벳름고을, 벳름고올, 벳을네헴, 쎌네헴, 쌧레헴

【벳름-고을】 명 ((지리)) 베들레헴(Bethlehem). 팔레스타인 중부 고대 유다 왕국에 속한 도시. 예수그리스도가 탄생한 고장으로 기록되어 있음. (외래어).¶ 맛당이 싱각을 니ᄅᆞ혀 벳름고을에 밋촐지니 실노 일마다 참혹ᄒᆞ도다 <신명-예수셩탄 상:75a> ⇒ 베룻, 벳네험, 벳네헴, 벳니헴, 벳드름, 벳레헴, 벳름고올, 벳을네헴, 쎌네헴, 쌧레헴

【벳름-고올】 명 ((지리)) 베들레헴(Bethlehem). 팔레스타인 중부 고대 유다 왕국에 속한 도시. 예수그리스도가 탄생한 고장으로 기록되어 있음. (외래어).¶ 동정녀로 모친 삼아 유더아국 벳름고올 <경신 1910.12.13> ⇒ 베룻, 벳네험, 벳네헴, 벳니헴, 벳드름, 벳레헴, 벳름고을, 벳을네헴, 쎌네헴, 쌧레헴

【벳사이다】 명 ((지리)) 뱃새다(Bethsaida). 갈릴리호 북쪽에 있는 지명. 예수의 제자인 빌립, 안드레, 베드로의 고향이다. (외래어).¶ 셩 베드루ᄂᆞᆫ 이 예수 종도의 웃듬이오 만셰 교종의 머리니 유더아국 벳사이다 고올에 고기 잡ᄂᆞᆫ 사ᄅᆞᆷ이오 그 부친은 요왕이라 그 형 안드릐아ㅣ 말ᄒᆞ더 예수ᄂᆞᆫ 곳 텬쥬ㅣ시라 홈을 듯고 ᄒᆞᆫ가지로 가 뵈온 후에 혹 바다가회셔 맛나 때로 쥬의 훈계롤 듯고 긔이ᄒᆞᆫ 능을 본지라 <첨례-베드루종도 63a> ⇒ 벳새다

【벳새다】 명 ((지리)) 뱃새다(Bethsaida). 갈릴리호 북쪽에 있는 지명. 예수의 제자인 빌립, 안드레, 베드로의 고향이다. (외래어).¶ 예루살냄 도회에나 벳을네헴 셩즁에나 흔히 가지 안으시고 갈닐니로 ᄒᆞᆼ샹 가샤 어부를 만히 불너 뎨ᄌᆞ들을 삼으시고 고라신과 벳새다며 가버나움 셩즁으로 자조자조 ᄃᆞᆫ니시며 만흔 권능 베프시니 말마다 권능이오 일마다 긔ᄉᆞ로다 <연경-져주가 36> ⇒ 벳사이다

【벳을네헴】 명 ((지리)) 베들레헴(Bethlehem). 팔레스타인 중부 고대 유다 왕국에 속한 도시. 예수그리스도가 탄생한 고장으로 기록되어 있음. (외래어).¶ 뎨셩으로 가는 쟈 만코도 만타 벳을네헴 니르는 요셉마리아 <예수교회보 1912.12.24> 유대국 벳을네헴 탄싱ᄒᆞ신 구쥬 예수 ᄒᆞᆼ샹 젼도ᄒᆞ신 곳이 알괘라 어ᄃᆡ인고 예루살냄 도회에나 벳을네헴 셩즁에나 흔히 가지 안으시고 갈닐니로 ᄒᆞᆼ샹 가샤 어부를 만히 불너 뎨ᄌᆞ들을 삼으시고 <연경-져주가 36> 뉘게 큰 ᄉᆞ랑을 밧던 부인이 죽어 벳을네헴에 장ᄉᆞᄒᆞᆫ 바 되엿ᄂᆞ뇨 <오빅문답 15> ⇒ 베룻, 벳네험, 벳네헴, 벳니헴, 벳드름, 벳레헴, 벳름고을, 벳름고올, 쎌네헴, 쌧레헴

【벵키】 명 ((기물)) 페인트(paint). (외래어).¶ 取扱品目 벵키 스테인 와늬쉬 왁쓰 에나멜 漆油 테펜타인 칠붓 等 <서요1930 W.W.テイラー商會광고>

【벽ᄉᆞ츄】 명 벽사주(碧紗廚). 청록색의 사(紗)를 격자에 발라 방과 방 사이를 갈라 놓은 것. 또는 그렇게 만들어 놓은 안쪽의 작은 방. '츄(廚, chú)'는 중국어 직접 차용어.¶ 碧紗廚 ‖ 로조종아 너 믄득 벽ᄉᆞ츄 밧긔 샹의 잇는 거시 가장 온당ᄒᆞ거늘 또 엇지 굿ᄐᆞ여 나와 로조종긔 쇼요히 구러 안졍치 못ᄒᆞ게 ᄒᆞ리잇고 (好祖宗, 我就在碧紗廚外的床上很妥當, 又何必出來鬧你老祖宗不得安靜.) <홍루 3:93>

【변더아바스】 명 ((지리)) 반다르아바스(Bandar Abbas). 이란 남부, 호르무즈 해협에 면한 항구 도시. 융단·면화·과실 따위가 나며, 어류 통조림 공장이 있다. (외래어).¶ 디형을 의론컨대 ᄉᆞ면에 큰 들이오 남북에 격은 산과 강이 만코 남편에 변더아바스와 쑤쉬레란 포구가 잇고 북편에 발부루쉬와 레쉬드ㅣ란 포구가 잇고 [긔스비안 하슈ㅅ 굿히니라] ᄉᆞ면에 모릐밧치 만흐며 [온 나라ㅅ 짜히 ᄉᆞ분지 삼은 모릐밧치니라] <사필1889-헐버트 95>

【변도】 명 ((기물)) 벤또(弁當, べんと). 도시락 (일본어 차용어).¶ 즌ᄎᆞ비 옥젼 가노라고 경셩역까지 ᄎᆞ비 오 젼 옥천 ᄎᆞ비 이 원 팔십육 젼 구두 소제 시굴 나려가느라고 경셩역에서 구두약 칠ᄒᆞᆫ 것 십 젼 조반 변도 ᄒᆞ 기 숨십오 젼 담비 십오 젼 귤 기ᄎᆞ에셔 ᄎᆞ 딕신으로 손 것 십오 젼 우유 기ᄎᆞ 안에셔 졈심으로 ᄉᆞ 먹

은 것 십 젼 영신환 훈 봉 이십 젼 <가용-한고 1936.12.4> 기ᄎ 변도 시굴셔 올 쎄에 ᄉ가지고 온 것 세 기 일 환 오 젼 페양밤 공평동 창우 ᄉᄃ 주노라고 손 것 두 ᄌ루 일 환 이십 젼 즌ᄎ비 오 젼 <가용-한고 1936.12.5> ⇒ 변쏘, 벤쏘

【변도-갑】 명 ((기물)) 벤또갑(弁當匣, べんとう). 도시락곽. (일본어 차용어).¶ 변도갑은 안 뒤저보나 <염상섭, 무현금(제2회)1934 75> ⇒ 벤도갑

【변베류】 명 ((복식)) 벰베루(ベンベル). 실크류의 인조 옷감. 독일 벰베르크(bemberg)사에서 만든 옷감. (일본어 차용어).¶ 변베류 하의 일ᄎ 흑식 본목 하의 일ᄎ 나의롱 하날식 하의 일ᄎ 하날식 갑ᄉ 하의 일ᄎ 흑식 마포 하의 일ᄎ 당목 옥식 하의 일ᄎ <물목1961.12.17 딘 상댱> ⇒ 벰베루, 빈비루, 빔븨루, 빔비로, 빔비루, 쎔비로

【변시】 명 ((음식)) 편수. 편식(匾食). 얇게 밀어 밀가루 반죽을 보시기 등으로 눌러 떼어, 채소로 만든 소를 넣고 네 귀를 서로 붙여 물에 익혀 장국에 넣어 먹는 여름 음식. 변씨만두(卞氏饅頭). '변시(匾食, biǎnshí)'는 중국어 직접 차용어.¶ 변시 (餛飩) <훈몽-식찬 중:10a/20a> 쟈근 변시 (餛飩) <방석-식이 2:29b> <과록-식찬 90b> 젹은 변시 (餛飩) <한청-발발 12:45b> ▼匾食 ‖ 변시 (匾食) <역해-식이 상:51b> <방석-식이 2:29b> <과록-식찬 90b> 젹이 믈근 쥭을 뿌고 네 더 흰 ᄀ롤 가져다가 젹이 匾食롤 빗고 젹이 믜역져비 쓰고 ᄒᆞᆫ ᄇ름 구석의셔 젹이 細茶롤 달히라 (熬些稀粥, 你將那白麵來, 捏些匾食, 撇些禿禿麽思, 一壁廂熬些細茶.) <박언 중:6b> 官人들히 각각 니ᄅ라 므슴 밥을 먹을짜 羊肉 소 녀흔 상화과 素酸 소ᄒᆞᆫ 稍麥과 匾食과 水精角兒과 춤깨즙 經卷兒와 연육 소ᄒᆞᆫ 박병과 餅 와 煎餅과 제믈엣 칼국슈와 ᄆ론 국슈와 象眼 ᄀᄐᆞᆫ 糕子와 柳葉 ᄀᄐᆞᆫ 糕子와 춤께 ᄆ틘 쇼병 누론 쇼병과 酥油 녀흔 쇼병과 硬麵으로 ᄒᆞᆫ 쇼병이 다 잇다 (羊肉餡饅頭、素酸餡稍麥、匾食、水精角兒, 麻尼汁經卷兒、軟肉薄餅、餅 、煎餅、水滑經帶麵、掛麵、象眼糕子、柳葉糕子、芝麻燒餅、黃燒餅、酥燒餅、硬麵燒餅都有.) <박언 하:32a> 져기 믈근 쥭 뿌라 네 더 白麵을 가져다가 또 져기 변시를 비저 내 먹기롤 預備ᄒᆞ라 (熬些稀粥罷, 你把那白麵來, 再捏些匾食預備我吃罷.) <박신 2:16b> 내 외아 官人의게 들리마 羊肉 녀흔 饅頭와 편소 녀흔 稍麥과 변시와 제물에 술믄 包子와 薄餅과 煎餅과 너븐 국슈와 ᄆ론 국슈와 춤쌔 무친 燒餅과 수유에 디딘 燒餅과 硬麵으로 ᄆᆡᄃ라 구은 쩌이니 이셰라 (我念與官人聽, 羊肉饅頭、素餡稍麥、匾食、水精包子、薄餅、煎餅、寬條麵、掛麵、芝麻燒餅、黃燒餅、油酥燒餅、硬麵火燒都有.) <박신 3:36a> ▼扁食 ‖ 변시 (扁食) <한청-발발 12:45b> 변시 (扁食) <화초-식이 15a> 어육과 만두와 변시 등 음식을 드리고 또 신션ᄒᆞᆫ 과실을 일기 ᄃᆡ반의 버려 노흐며 잔과 져롤 ᄀᆞ쵸와 놋코 (炒肉煎魚雙色擺, 饅頭扁食兩般呈. 更兼新樣乾鮮果, 一大盤中疊幾層. 小小新杯烏木筯.) <재생 29:43> ⇒ 변시만두, 병시, 편수, 편슈, 편시

【변시-만두】 명 ((음식)) 편식만두(匾食饅頭). 편수. 얇게 밀어 밀가루 반죽을 보시기 등으로 눌러 떼어, 채소로 만든 소를 넣고 네 귀를 서로 붙여 물에 익혀 장국에 넣어 먹는 여름 음식. '변시(匾食, biǎnshí)'는 중국어 직접 차용어.¶ 변시만두 ‖ 비노게 빅숙ᄒᆞ야 그 술홀 ᄀ놀게 두ᄃ려 잣ᄀ로 만히 석고 호쵸말 유쟝 맛마초 버므려 잠간 복고 진ᄀ로 깁체의 처셔 반듁ᄒᆞ야 산승 미둣 얇게 비최게 미러 귀나게 버혀 귀로 빠고 둙숙 믈의 술마 초쟝의 쁘라 <규합-정양완b 변시만두 1:10a/82> 변시만두 ‖ 살찐 둙을 빅슉ᄒᆞ여 살을 가놀게 두다려 잣가로 호초가로 유쟝 맛초 버무려 잠간 복가 진말 곱게 너야 계란의 반죽ᄒᆞ여 샹슈 미둣 얇게 미러 귀나게 버혀 귀로 둙소 싸고 살문 물의 고이 살마 그 국의 잣가로 타 붓고 쵸쟝 노아 쓰나니라 여람은 너슈롤 쓸혀 고이 낫ː이 너허 술마 어름의 치 둙물의 씨 걸너 초장ᄒᆞ라 <음식방문-우한 변시만두 31> ⇒ 변시, 병시, 편수, 편슈, 편시

【변쏘】 명 ((기물)) 벤또(辯當 べんとう). 도시락. (일본어 차용어).¶ 차듸찬 변쏘 그릇에다가 <염상섭, E선생1922 1> 변쏘는 아무려면 웃더냐 그디로 밥 가쥬고 딍겨라 <아버지-한고 ↓아히덜> ⇒ 변도, 벤쏘

【병시】 명 ((음식)) 편수. 편식(匾食). 얇게 밀어 밀가루 반죽을 보시기 등으로 눌러 떼어, 채소로 만든 소를 넣고 네 귀를 서로 붙여 물에 익혀 장국에 넣어 먹는 여름 음식. 변씨만두(卞氏饅頭). '병시(匾食, biǎnshí)'는 중국어 직접 차용어.¶ 병시 일긔 튜쳥 일긔 개ᄌ 일긔 초쟝 일긔 염 일긔 이샹 뉵십삼 긔 <셩빈다례척상식산릉겸힝불긔> 병시 일긔 편슈 일긔 범벅 일긔 튜쳥 일긔 쵸쟝 일긔 개ᄌ 일긔 염 일긔 이샹 일빅 긔 <별다례불긔> 나복싱치 일긔 튜복식혜 일긔 잡탕 일긔 양탕 일긔 족탕 일긔 목면 일긔 병시 일긔 튜쳥 일긔 개ᄌ 일긔 초쟝 일긔 이샹 삼십ᄉ긔 <경신십이월십구일 릉 대긔 다례불긔 샹식겸향> ⇒ 변시, 변시만두, 편수, 편슈, 편시

【보국】 명 ((지리)) 보국(普國). 프로이센(Preussen). 독일 북동부, 발트해 기슭에 있던 지방. 1701년에 프로이센 왕국이 세워졌으나 제2차 세계대전 후 소련 및 폴란드에 점령되었으며 이름도 없어졌다. 프러시아(Prussia). (중국어 간접 차용어).¶ 보국(普國) <이언> ⇒ 포국 ☞ 푸뤄시아

【보니】 명 ((색채)) 보라(甫羅). 보라색. '보라(甫羅, boro> bora)'는 중세몽고어 차용어.¶ 물목 (피봉) ‖ 시 문 ᄌ지 상으 한 벌 서양포 상으 한 벌 백명주 상으 한 벌 연지 보니 상으 한 벌 밈영 상으 세 벌 마포 상으 두 벌 남명주 상으 한 벌 모수 청상 두 벌 밈영 청상 한 벌 월자 아옵 잘이 인두 가애 빈에 <물목 국한-460> ⇒ 보라

【보라】 명 ● ((색채)) 보라(甫羅). 보라색. '보라(甫羅, boro> bora)'는 중세몽고어 차용어.¶ 甫羅 ‖ 보라, 嫩紫.

<명물-포백 3:25b> 보라 (甫羅) <일용-의복 13b> 여른 보라 (藕荷) <화초-직조 20b> 짓흔 보라 (靑蓮紫) <한청-채색 10:64b> <과록-채색 82a> ▼赭色 ‖ 인ᄒᆞ여 보라 반비로써 방창의 몸의 덥고 붓드러 복녕뎐의 드리고 밤의 양녀 딘시를 슈식ᄒᆞ여 나왓더니 (因以赭色半臂加邦昌身, 掖入福寧殿, 夜飾養女陳氏以進.) <송요 5:19b> 넙은 거시 하 업ᄉᆞ니 연초록 든 거스로 더구리ᄒᆞ고 순개 ᄣᆞ는 명지롤 제 쟝옷 ᄒᆞ리만 베혀셔 ᄌᆞ지 드려 쟝옷ᄒᆞ고 보라롤 ᄀᆞᄂᆞᆫ 무명에 드려 바지 조차 ᄒᆞ여 닙펴 ᄃᆞ려가게 ᄒᆞ소 <현풍곽씨-91 /진하-139 17c전기 곽주(남편) ↓진주하씨(아내)> 보라ᄂᆞᆫ 싱토란을 ᄀᆞᆯ아 그 즙을 먹여 다듬으면 고으니라 <규합-정양완b 보라 2:13a/155> 비단은 오쇠을 다 빅급풀을 먹이되 옥쇠은 풀을 먹이지 말고 밤이슬 맛쳐 다듬고 아쳥은 아교를 먹이고 보라ᄂᆞᆫ 토련즙을 먹이고 <부필 20b> 셔방님이 날 다려갈 써의 쓰려 ᄒᆞ고 장만ᄒᆞ엿든 퍽물 의복 쵸록 디단 겻막기 황셩슈단 깃져고리 보라 딗단 속져고리 진홍 도류블슈 핫치마 남부 항나 딗ᄉᆞ치마 도홍 갑ᄉᆞ ᄌᆞ양치마들과 빅방 슈하쥬 고장바지 디셜 후룽 너른바지 <춘향-동양 9:14a> 은힝식 도뉴단 의복 보라 쟝원듀 의복 일작 <정가1847 14a> 보라 수화듀 동의딗 일 <정가1847 16b> 보라 빵문쵸 겹쳔의 일 <정가1847 17b> 보라 화문사 침댱 <정가1847 22a> 보라 숙쵸 누비 동의 딗 일 <정가1847 52a> 보라 수화듀 져고리 …숑화식 왜단 져고리 보라 수화듀 져고리 <정가1847 53b> 보라 문듀 져고리 일작 숑화식 셜한단 져고리 보라 수화듀 져고리 일작 <정가1847 54a> 보라 화방듀 져고리 ᄎᆞ <정가1847 66a> 보라 왜듀 져고리 ᄎᆞ <정가1847 69a> 보라 삼팔듀 동의딗 분홍 삼팔 동의딗 토슈 삼 보라 삼팔듀 봉디 이 <가례시영친왕의복불긔> 보라 삼팔 봉디 여섯 분홍 삼팔 동의디 삼 분홍 별문단 동의디 이 <동궁마마의디불긔번998> 션분홍 二甲 五兩二錢 흑물 三甲 二兩二錢 보라 一甲 二兩三錢 진반물 三甲 十兩五錢 진분홍 二甲 六兩四錢 <장기-송화선① 갓무광목> 연분홍 一甲 二兩九錢 취월이 一甲 三兩八錢 별홍 二甲 五兩六錢 흑물 二甲 六兩二錢 양자지 一甲 三兩七錢 …진분 十甲 三兩 옥식물 一甲 四兩五錢 보라 一甲 二兩七錢 <장기-송화선② 1915.2.15> 보라 누비쳔의 ᄒᆞᆫ나라는 것 당목 보라 쳔의 ᄒᆞᆫ나 뵈 ᄒᆞᆫ 필 유긔 삼십 가지 <물목-우한 12:01:30> 미식 인견 보라 쳐마 ᄎᆞ 일 ᄌᆞ쥬식 인견 ᄉᆞ디미 쳐마 ᄎᆞ 일 풀식 교쥬 빠리슈 쳐마 ᄎᆞ 일 <물목-우한-1 1916 단슈> 양식 보라 치마 ᄎᆞ 일 토식 보라 치마 ᄎᆞ 일 흑식 인조 세루 치마 ᄎᆞ 일 명쥬 옥식 치마 ᄎᆞ 일 <물목1938 딕발> ※ 在前壬辰年(貞顯王后大祥), 服色裏用甫羅, 表用玉色, 今則仁宗喪未畢, 何以用黲袍乎. <이몽량 명종실록-4 1:9:계유> 紫的 二十疋 甫羅 十九疋 <변원규별부드리온불긔1881> ❷ ((조류)) 보라매. 난 지 1년이 안 된 새끼를 잡아 길들여서 사냥에 쓰는 매.¶ 黃者, 今之補羅也. <응골방-고본 26> <응골방-신증 2> ⇒ 보니

【보라치르】 명 ((지리)) 브라질(Brazil). 남아메리카 동부에 있는 나라. 1822년 포루투칼에서 독립하였다. (외래어).¶ 보라치르 (巴西) <환중대구장상육주 19후반> ⇒ 브레실, 뿌래씰, 뿌레실 ☞ 파셔국

【보려】 명 ((기물)) 파려(玻璃). 유리(琉璃). '보리(玻璨, bōlí)'의 중국어 직접 차용어.¶ 보려 (玻璨) <일용-문방 2a> ⇒ 버리, 보리, 파려, 피리, ᄑᆡ리

【보루시아】 명 ((지리)) 프러시아(Prussia). 프로이센. 독일 북동부, 발트해 기슭에 있던 지방. 1701년에 프로이센 왕궁이 세워졌으나 제2차 세계대전 후 소련 및 폴란드에 점령되었으며 이름도 없어졌다. (외래어).¶ 보루시아 (普魯士) <명물-육당 12b>

【보르츠쌀】 명 ((지리)) 포르투갈(Portugal). 유럽 남서부 이베리아 반도에 대서양 연안을 따라 있는 나라. 수도는 리스본. (외래어).¶ 보르츠쌀 (葡萄牙) <환중 19후반> ⇒ 포두갈, 포두갈국, 포르튜갈, 포추갈국, 포츄갈, 포츄갈국, 포튜갈, 포튜글 ☞ 포도아, 포도와, 포아

【보리】[1] 명 ((기물)) 파려(玻璨). 유리(琉璃). '보리(玻璨, bōlí)'는 중국어 직접 차용어.¶ 보리 (玻璨, 玻璃) <방석-진보 3:18b> <몽해-진보 하:18b> "玻璨, 誤飜爲菩里[華音本보리, 吾東麥曰菩里, 故玻璨眼鏡, 俗謂之麥鏡, 其轉輾訛誤如此.]" <아언 2> 보리 (玻璃, Verre) <한불> ⇒ 버리, 보려, 파려, 피리, ᄑᆡ리

【보리】[2] 명 박립(博立). 손발을 함부로 놀림. '보리(博立, bōlì)'는 중국어 직접 차용어.¶ 보리, 謂手足亂動. (博立) <방석-동정 중주향어 1:22b>

【보리경】 명 ((기물)) 파려경(玻璨鏡). 유리안경. '보리(玻璨, bōlí)'는 중국어 직접 차용어.¶ 보리경 (玻璃鏡, spectacles, glasses) <한영>

【보배】 명 보배(寶貝). 매우 귀하고 소중한 물건. '배(貝, bèi)'는 중국어 직접 차용어.¶ 보배 보 (寶) <아학 상:4b> 보배 보, 珍也 (寶) <자석 상:21a> 보배, 珍也, "葆"通. (寶) <신자 1:40a> 珍也, "奇玩". 보배 완 (玩) <자석 하:1a> 珍也, 보배 (玩) <신자 3:1a> 보배, 人所寶 (財) <신자 4:9b> 寶也, 보배 진 (珍) <자석 하:1a> 寶也, 보배 (珍) <신자 3:1a> ⇒ 보베, 보뵈, 보븨, 보빅, 보패, 보픽, 뵈배

【보배-스러으-】 형 보배(寶貝)스럽다. 매우 귀하고 소중하다. '배(貝, bèi)'는 중국어 직접 차용어.¶ 珍奇. "瑰瑋". 보배스러을 괴 (瑰) <자석 하:2b>

【보배-ᄯᆞᆯ】 명 ((인류)) 보배딸(寶貝-). 매우 귀하고 소중한 딸. '배(貝, bèi)'는 중국어 직접 차용어.¶ 경이ᄂᆞᆫ 비도 넙젹ᄒᆞ고 보배ᄯᆞᆯ을 비엿도다 시버 더 싀집의셔 ᄒᆞ고 더리 위신코 잇다가 핀잔저어 어일고 념녀롤 ᄒᆞ더니 아돌을 나ᄒᆞ니 그런 싱광되고 깃븐 일이 어딘 이시리 <숙명-44 1663 인선왕후(어머니) ↓숙명공주(딸)>

【보베】 명 보배(寶貝). 매우 귀하고 소중한 물건. '베(貝, bèi)'는 중국어 직접 차용어.¶ 보베 보 (寶) <일우생-우한> ⇒ 보배, 보뵈, 보븨, 보빅, 보패, 보픽, 뵈배

【보븨】 명 보배(寶貝). 매우 귀하고 소중한 물건. '븨(貝, bèi)'는 중국어 직접 차용어.¶ 學文을 보븨로 아라야 去取適中ᄒᆞ리라 <낭원군(이간) 청영-진본 193> 보븨예 환도롤 <십구 1:27> ⇒ 보배, 보베, 보븨, 보ᄇᆡ, 보패, 보픠, 븨배

【보븨-로오-】 형 보배롭다. '븨(貝, bèi)'는 중국어 직접 차용어.¶ 寶 ‖ 그 황명 적의 몬둔 거시모로ᄡᅥ 그 보븨로와 듕ᄒᆞ미 쥬나라 종묘에 텬구적도 ᄀᆞᆺ더라 (爲是皇明古器, 其寶重之心若周廟之天球赤刀也.) <상봉 2:38a>

【보븨】 명 보배(寶貝). 매우 귀하고 소중한 물건. '븨(貝, bèi)'는 중국어 직접 차용어.¶ 보ᄇᆡ | 보븨 <노한 153, 599> ▼寶 ‖ 네 니ᄅᆞ라 世間의 므스거시 이 보븨뇨 (你說世間何物是寶?) <오전 5:30b> 광뮈 이 보븨를 의양의 어덧더니 근릐 드르니 십상시 작란ᄒᆞ여 쇼뎨를 무리쳐 북망의 나갓다가 궁의 도라와 이 식를 일헛더니 (光武得此寶於宜陽, 傳位至今, 近聞十常侍作亂, 劫少帝出北邙, 回宮失此寶.) <삼국-모종 1:104> ▼寶貝 ‖ ᄆᆞ리 뎨일 보븨니 샹녯말ᄉᆞ매 닐오ᄃᆡ 가히는 프레믈 ᄡᅳ리던 은혜 잇고 ᄆᆞᄅᆞᆫ 쥬리 울드리워 갑던 이리 잇ᄂᆞ니라 (馬是第一寶貝, 常言道: '狗有濺草之恩, 馬有垂繮之報.') <번박 상:42b> ⇒ 보배, 보베, 보븨, 보ᄇᆡ, 보패, 보픠, 븨배

【보븨-솟ㅊ】 명 ((기물)) 보배 솥. 보배롭고 귀중한 솥. '븨(貝, bèi)'는 중국어 직접 차용어.¶ 寶鼎 ‖ 졔나라 사람 공숀경이가 말ᄒᆞᄃᆡ 분음의셔 보븨솟치 낫ᄉᆞ니 이ᄂᆞᆫ 황뎨 헌원씨와 운이 합ᄒᆞᆫ지라 (齊人公孫卿曰: "今年得寶鼎, 其冬辛巳朔旦冬至, 與黃帝時等.") <정람 13:18a>

【보ᄇᆡ】 명 보배(寶貝). 매우 귀하고 소중한 물건. '보ᄇᆡ(貝, bèi)'는 중국어 직접 차용어.¶ 보ᄇᆡ | 보븨 <노한 153, 599> 보ᄇᆡ (寶) <음첩a 30a> 보ᄇᆡ 완 (玩) <음첩a 47a> 寶貨 ‖ 보화, 寶圭璋璧琮之類, 俗寶具, 轉云보ᄇᆡ. 貝, 因華音. 貨通利有無者, 俗言財物직물. <명물-화보 3:20a> 보ᄇᆡ 팀 (琛) <음첩a 69b> 보ᄇᆡᆺ 팀 (賝) <음운 34a> 君位를 보ᄇᆡ라 ᄒᆞᆯᄊᆡ 큰 命을 알외요리라 바ᄅᆞᆯ 우희 金塔이 소ᄉᆞ니 <용가 83> 勝寶ᄂᆞᆫ ᄀᆞ장 됴ᄒᆞᆫ 보ᄇᆡ라 <월석 10:51> 王이 ᄯᅩ 十萬 兩ㅅ 보ᄇᆡ롤 내야 供養ᄒᆞ니라 <석상 24:39> 가히 지극ᄒᆞᆫ 보ᄇᆡ 되고 <여훈 상:37b> 내게 보ᄇᆡ옛 거슬 만히 아모 ᄯᅡ히 ᄀᆞᆷ초앗다 ᄒᆞ고 <동신-효 8:57b> 삼가 金玉이며 보ᄇᆡ옛 거스로ᄡᅥ 棺中에 두어 <가언 5:34a> 지븨 ᄀᆞ독ᄒᆞ얏ᄂᆞᆫ 쳐ᄌᆞ와 ᄌᆞ뇟 보ᄇᆡ왜 <권념 11a> ▼珍寶 ‖ 믄득 希有ᄒᆞᆫ 法 시러 듣ᄌᆞ오ᄆᆞᆯ 너기디 아니ᄒᆞᅀᆞ오니 기피 내 慶幸ᄒᆞ야 큰 善利롤 어두니 그지업슨 보ᄇᆡ롤 求티 아니ᄒᆞ야 제 得과이다 (忽然得聞希有之法, 深自慶幸, 獲大善利, 無量珍寶, 不求自得.) <법화 2:181b> 내 念호ᄃᆡ 늙고 財物을 만히 두어 金銀 보ᄇᆡ 倉庫애 ᄀᆞ독ᄒᆞ야 넚듀ᄃᆡ 子息이 업수니 ᄒᆞᄅᆞᆺ 아ᄎᆞᆷ이 주그면 財物을 흐터 일허 맛듈 ᄃᆡ 업스리로다 ᄒᆞ야 (自念老朽, 多有財物, 金銀、珍寶倉庫盈溢, 無有子息, 一旦終歿, 財物散失, 無所委付.) <법화 2:188b> 어느 지븻 보ᄇᆡ롤 뮈워 내요미 ᄀᆞᆮᄒᆞ리오 이운 남ᄀᆡ 고지 나아ᅀᅡ 各別ᄒᆞᆫ 이보미니라 (爭如運出家珍寶, 枯木生花別是春.) <금삼 2:71b> ▼珎 ‖ 보ᄇᆡ 딘 (珎) <음첩b 13a> 부러 더러온 옷술 니브니란 뿌톄라 ᄒᆞ려니와 곧 보ᄇᆡᆺ 옷 니브니란 ᄯᅩ 누리라 ᄒᆞ리오 (權掛垢衣云是佛, 却裝珎御復名誰?) <십현 32b> ▼珍 ‖ 보ᄇᆡ (珍) <월석 12:27> <법화 2:66> 珎, 보ᄇᆡ 딘 (珍) <신합 상:26a> 보ᄇᆡ 딘 (珍) <천자-석 3b, 천자-칠 2b> <음운 12a> <음첩a 23b> 보ᄇᆡ (珍) <광보-1 민업:3b> 보ᄇᆡ 진, "珎"俗, 寶也, "珎"仝. (珍) <자주 하:12a> 오직 福 지ᅀᅩᄆᆞᆯ 알오 性空ᄋᆞᆯ 아디 몯ᄒᆞ면 果ㅣ 象ᄋᆡ 모매 七寶 보ᄇᆡ롤 얻고 (但知作福, 不解性空, 果招象身七寶珍.) <금삼 4:30b> 엇디 이 못 가온대 것시리요 말미아마 오매 자리 우희 보ᄇᆡ로다 (豈是池中物, 由來席上珍.) <고진 3:113> 만일 빗난 기동과 너ᄅᆞᆫ 집과 보ᄇᆡ 삿과 모난 평상의 더온 ᄇᆞ람 더위과 녀ᄅᆞᆷ 히 길 제 정신이 어둡고 긔운이 곤ᄒᆞ여 흐ᄅᆞᄂᆞᆫ ᄯᆞᆷ이 믈이 일온디라 (若乃華榱廣厦, 珍簟方牀, 炎風之燠, 夏日之長, 神昏氣餒, 流汗成漿.) <고진 6:29> ▼珍玩奇貨 ‖ 슬프다 王涯ᄂᆞᆫ 보ᄇᆡ옛 긔특ᄒᆞᆫ 거슬 요괴로ᄋᆞᆫ 거시라 ᄒᆞ니 진실로 마리ᅀᅡ 아라 ᄒᆞ도다커니와 ᄒᆞᆫ갓 보ᄇᆡ옛 거시 요괴로ᄋᆞᆫ 주롤 알오 님금ᄭᅴ 괴이여 유세 딛고 빗나미 보ᄇᆡ두곤 더 요괴로오ᄆᆞᆯ 아디 몯ᄒᆞ두다 (徒知物之妖, 而不知恩權隆赫之妖, 甚於物耶?) <번소 10:17b, 18a> ▼寶 ‖ 보ᄇᆡ 보 (寶) <신합 상:26a> <천자-석 10b> <왜해-진보 하:7b> <음운 15b> 보ᄇᆡ 보, 珍也. "珤"仝. (寶) <천자-주 10b> 보ᄇᆡ 보, "珤"古. 珍也, 保也, 重也. (寶) <자주 하:12a> 보ᄇᆡ (寶, Treasure, something precious.) <한영1890 109> 우리돌히 千載 아래나 맛남 어려운 보ᄇᆡ롤 맛나 (我曹生于千載之下, 得遇難遇之寶.) <금삼-함서 11b> ᄒᆞ다가 能히 집 가온딧 보ᄇᆡ롤 信ᄒᆞ면 우ᄂᆞᆫ 새와 묏 고지 ᄒᆞᆫ 양ᄌᆞ앳 보미리라 (若能信得家中寶, 啼鳥山花一樣春.) <금삼 2:31b> 보ᄇᆡ 三千과 大千에 ᄀᆞ독ᄒᆞ야도 福緣이 반ᄃᆞ기 人天에 여희디 몯ᄒᆞ니라 (寶滿三千及大千, 福緣應不離人天.) <금삼 2:47a> 보ᄇᆡ 三千에 ᄀᆞ독ᄒᆞ나 쳔량 布施ᄂᆞᆫ 다오미 잇거니와 (寶滿三千, 財施有盡.) <금삼 2:50b> 보ᄇᆡ로 布施호ᄆᆞᆫ 내죵애 生死롤 感ᄒᆞᆯᄉᆡ 이런ᄃᆞ로 사오나오미오 (施寶終感生死, 所以爲劣.) <금삼 2:71a> 眞實ㅅ 듀셕이 비록 眞이나 精ᄒᆞᆫ 金에 가줄비건댄 오히려 이 거즛 보ᄇᆡ며 (眞鍮雖眞, 比之精金, 猶是僞寶.) <금삼 2:71b> 醉ᄒᆞ야 오샛 보ᄇᆡ롤 모ᄅᆞ니 어리며 미혹ᄒᆞᆫ ᄠᅳ디 어루 어엿브도다 (醉迷衣寶, 癡迷情可愍.) <금삼 4:22a> 馮球ᄂᆞᆫ ᄂᆞᆽ가온 벼슬ᄒᆞ야셔 보ᄇᆡ옛 거슬 탐ᄒᆞ야 제 그 지블 졍히 몯ᄒᆞ고 제 셤기ᄂᆞᆫ 사ᄅᆞ미게 ᄆᆞᅀᆞᆷ ᄭᆞ장 ᄒᆞ다가 제 몸도 보젼티 몯ᄒᆞ니 이ᄂᆞᆫ ᄯᅩ 젹히 니르디 몯ᄒᆞ리어니와 (馮以卑位貪寶貨, 已不能正其家, 盡忠所事, 而不能保其身, 斯亦不足言矣.) <번소 10:18a> 뎡유왜난의 그 안해 홍조이로 더브러 도적긔 자피이믈 니버 우춘이 도적을 소겨 닐오ᄃᆡ 내게 보ᄇᆡ옛 거슬 만히 아모 ᄯᅡ히 ᄀᆞᆷ초앗다 ᄒᆞ고 드듸여 ᄃᆞ려가

그 아븨 무덤 아래 닐올어 (丁酉倭亂與其妻洪召史被虜於賊, 遇春紿賊曰: '我有寶物多藏某地.' 遂引去至其父墓下.) <동신-효 8:57b> 금과 구슬이 비록 듕ᄒᆞᆫ 보븨나 허비ᄒᆞ여 쓰면 튝ᄒᆞ기 어렵고 ᄒᆞᆨ문을 몸의 장ᄒᆞ면 몸이 이신즉 유여ᄒᆞ니라 (金璧雖重寶, 費用難貯儲, 學問藏之身, 身在則有餘.) <고진 1:34> 금편이 길흘 ᄃᆞ토매 보븨옛 빈혜 떠러디니 어늬 사ᄅᆞᆷ이 몬져 명광궁의 드러간고 (金鞭爭道寶釵落, 何人先入明光宮.) <고진 5:87> 보븨의 등이 신션의 지경을 졉ᄒᆞ니 향늬 나는 탑이 곳뫼흘 ᄃᆡᄒᆞ엿도다 (寶燈仙界接, 香榻對花山.) <학석 48b> 뎐ᄒᆞ여 드ᄅᆞ니 새 플이 남의셔 나오니 금젼으로 밧고와 오매 보븨예 비치 누ᄅᆞ도다 (傳聞新草出南方, 金錢換來寶葉黃.) <호연 하:38a> 보븨로 ᄭᅮ민 수늙 노픈 곳 곳고 張三이 ᄒᆞ야 가 敎坊읫 여라믄 樂工과 웃듬 뎡지신과 여러 가짓 로ᄅᆞᆺ바치돌 블러오라 (席面上, 寶粧高頂挿花, 着張三去, 叫教坊司十數箇樂工和做院本諸般雜劇的來.) <번박 상:5a> 胡人의 ᄉᆞ랑ᄒᆞ는 거슨 이 보븨어늘 보븨 우리 여긔 업고 胡人의 ᄉᆞ랑ᄒᆞ는 거슨 이 女色이어늘 우리 여긔 子女ㅣ 업고 胡人의 ᄉᆞ랑ᄒᆞ는 거슨 이 牲口ㅣ어늘 우리 여긔 羊馬ㅣ 업ᄉᆞ니 우리 이 空城中에 다 업거늘 데 와 므서슬 어드리오 (胡人愛的是寶, 寶我這裏沒有, 胡人愛的是女色, 我這裏沒子女, 胡人愛的是牲口, 我這裏沒羊馬, 我這空城中都沒有, 他來討甚的?) <오전 6:21b> 그 사ᄅᆞᆷ이 ᄂᆞ려가 즌흙을 더드머 허다ᄒᆞᆫ 은냥을 박오니의 담고 줄을 둘의니 그 우히 방울을 ᄃᆞ랏는디라 방울 소릐 나며 일시의 박으니롤 ᄌᆞ아올니니 과연 은과 보븨 무수ᄒᆞ더라 (這些人在下面撈摸泥中, 果撈摸着許多銀兩. 便連泥帶水裝入籮內, 遂搖動上面響鈴, 上面一齊扯起, 遂一籮籮的拽扯不了.) <후수 11:17> 우리들이 금옥과 ᄀᆞᆺᄐᆞᆫ 사ᄅᆞᆷ인ᄃᆡ 빅디의 두 ᄀᆡ 세샹의 보븨롤 더러이고 갓시나 능ᄒᆞ미 업다 혬홀 거시오 (偺們金玉一般的人, 白叫這兩個現世寶沾汚了去, 也筭無能.) <홍루 65:49> 寶 ‖ 보븨가 만흐면 놈이 뮈여ᄒᆞᄋᆞᆸᄂᆞ니 <교린-묘 2:52a> ▼寶貝 ‖ 온 가짓 보븨로 허리옛 ᄯᅴ롤 ᄭᅮ미고 眞珠로 볼히 ᄢᅵ는 거싀 얼겟도다 (百寶貝裝腰帶, 眞珠絡臂韝.) <두시-초 16:52a> 보븨 (寶貝) <한청-화재 10:40a> <동해-진보 하:22b> <몽해-진보 하:18a> 이는 보븨니 사람의 뜻과 갓치 삼겨쓰믜 일졍 염ᄒᆞ는 ᄃᆡ로 되리로다 (想必這寶貝如人意!) <서유-영남 1:33> 寶貝 ‖ 보븨는 이쁜이올세 <교린-재 3:7a> ▼琛 ‖ 나는 도ᄐᆞ랏 羹애 ᄉᆞ라기도 섯디 아니ᄒᆞ야도 너희는 구스리 보븨 ᄃᆞ외요미 貴ᄒᆞᆫ ᄃᆞᆺᄒᆞ도다 (吾安藜不糝, 汝貴玉爲琛.) <두시-초 3:15b> ▼珍玩 ‖ 잔 우희 반포개라 세 글ᄌᆞ롤 예셔로 삭여시며 뒤히 한 쥴 젹은 히지 이시니 이는 왕개 [사ᄅᆞᆷ의 일홈] 의 보븨로 구경ᄒᆞ는 거시라 ᄒᆞ엿고 (杯上鐫着'瓟斝'三個隷字, 後有一行小眞字, 是'王愷珍玩'.) <홍루 41:41> ▼細軟 ‖ 몬져 왕ᄉᆞ롤 불너 ᄒᆞᆫ 칼노 버히고 집안에 잇ᄂᆞᆫ 보븨롤 슈습ᄒᆞ여 장긔을 진이고 (喝教許多莊客, 把莊裏有的沒的細軟等物卽便收拾, 盡教打疊起了.) <수호-신문 1:2:24> 고이ᄒᆞ다 이 말이 가지 아니ᄒᆞ니 본ᄃᆡ 세 가지 일이 잇ᄂᆞ니 긔이ᄒᆞᆫ 사ᄅᆞᆷ을 보와도 가지 아니ᄒᆞ고 ᄯᅩ 보븨롤 보아도 가지 아니ᄒᆞᄂᆞ니라 <설인 1:34> 텬디 초판홀 제 오힝 정긔 모혀 보븨의 슈뤄 다섯시 삼겨시니 <한조 4:36> 반싱을 지상 후문의 다닌며 금은을 징식ᄒᆞ며 보븨를 물ᄀᆞᆺ치 보아시나 이 ᄀᆞᆺᄐᆞᆫ 보븨야 구경ᄒᆞ여시리오 <명보 22:75> 졔적의 깁히 잠들믈 기다려 가만이 나가 그 즁의 가장 가븨야온 보븨롤 갈희여 픔의 픔고 이 밤의 도망ᄒᆞ여 <윤하 72:59> 너의 종족이 모드니 광실이 좁고 치뫼 빅빅 밀밀ᄒᆞ여 금옥이 굉장ᄒᆞ고 금슈 어릐여시니 보븨의 빗치 찬난ᄒᆞ더라 <엄효 4:42> 세샹의 뉴젼ᄒᆞ는 보븨 모도여 뫼히 되여시니 일노 보건ᄃᆡ 보는 거시 황금 아닌 거시 업고 <유이 28:56> 쇼지 금일 우연이 금장안을 보니 보븨의 칼이 잇는지라 <소현 12:73> 쇼축의 간신이 셩단ᄒᆞᆫ 보븨롤 앗고 도로혀 살히코져 ᄒᆞ니 <명행 5:68> 연갑 우희 화젼 두어 장이 노혀시ᄃᆡ 문체 휘황ᄒᆞ여 보븨의 광치 방즁의 됴요ᄒᆞ니 싱이 크게 놀나 <유삼 3:59> ※ 寶貝 ‖ 大夫는 盧宋의게 高出ᄒᆞ니 寶貝로 모매 무티디 아니ᄒᆞ놋다 (大夫出盧宋, 寶貝休脂膏.) <두시-초 8:58a> ᄆᆞᆯ은 第一 寶貝라 (馬是第一寶貝.) <박언 상:39a> 그리어니 ᄆᆞᆯ은 이 第一 寶貝라 (可知道馬是第一件寶貝.) <박신 1:42b> ⇒ 보배, 보베, 보뵈, 보븨, 보패, 보픠

【보븨-로-】 형 «보븨롭다» 보배(寶貝)롭다. 매우 귀하고 소중하다. '븨(貝, bèi)'는 중국어 직접 차용어.¶ 보븨론 싱명 피 ᄯᅡ에 흘닐 ᄯᅢ 큰 목소릐로 옐니 불넛네 <예수교회보 1913.6.17> ⇒ 보븨로오-, 보븨로우-, 보븨ᄅᆞ외-

【보븨-로오-】 형 «보븨롭다» 보배(寶貝)롭다. 매우 귀하고 소중하다. '븨(貝, bèi)'는 중국어 직접 차용어.¶ 보혈 | 보븨로온 피 <법한 1115> ▼瓊 ‖ 보븨로온 술이 잔의 가득ᄒᆞᆫᄃᆡ ᄒᆞᆫ 곡됴롤 노릐ᄒᆞ니 옥인이 져기 취ᄒᆞ야 구슬상의 의지ᄒᆞ여도다 (瓊酒滿樽歌一曲, 玉人微醉倚珠床.) <호연 상:31b> ▼寶 ‖ 월야의 가만이 토장을 파니 두발 히골이 잇거놀 쇼장이 보븨로온 병의 담아와 원슈긔 복명ᄒᆞᄂᆞ이다 (月夜悄悄掘開墻土, 果見有骸骨二副. 小將細細撿出, 用寶瓶盛貯, 謹奉在此, 復元帥鈞命.) <선진 14:28> ⇒ 보븨로-, 보븨로우-, 보븨롭-, 보븨ᄅᆞ외-

【보븨-로우-】 형 «보븨롭다» 보배(寶貝)롭다. 매우 귀하고 소중하다. '븨(貝, bèi)'는 중국어 직접 차용어.¶ 보븨로온 피를 흘녀 우리 죄를 씨셧네 <그리스도회보 1913.11.3> ⇒ 보븨로-, 보븨로오-, 보븨롭-, 보븨ᄅᆞ외-

【보븨-로이】 부 보배(寶貝)로이. 매우 귀하고 소중하게. '븨(貝, bèi)'는 중국어 직접 차용어.¶ 寶 ‖ 오직 공은 보븨로이 ᄒᆞ라 싁싁ᄒᆞᆫ 빗치로다 (惟公寶之, 烈烈其光.) <고진 6:5> ▼珍 ‖ 망뷔 깃거 보븨로이 감초와 등한이 사ᄅᆞᆷ을 뵈지 아니터니 (亡夫喜甚珍藏, 等閑不與人見.) <선진 15:4> 고인이 먹 민들기를 송경과 송연으로 ᄒᆞ

ᄂᆞᆫ 고로 먹을 일ᄏᆞᆺ기를 혹숑ᄉᆞ쟈라 ᄒᆞ고 의셔의 약의 쓰기를 역 숑목이로ᄃᆡ 본국은 기름내고 ᄆᆡᆫ드니 명왈 유목이라 <규합-정양완b 쥐ᄌᆞ법 2:17a/160>

【보ᄇᆡ-롭-】 형 보배(寶貝)롭다. 매우 귀하고 소중하다. 'ᄇᆡ(貝, bèi)'는 중국어 직접 차용어.¶ 귀ᄒᆞ다 | 귀이ᄒᆞ다 | 보ᄇᆡ롭다 <법한 1115> 텬품이 임의 다ᄅᆞ신ᄃᆡ ᄒᆞᆨ문ᄒᆞ신 힘으로ᄡᅥ 건져 염약ᄒᆞ시고 ᄆᆞᆰ고 고요ᄒᆞ여 지위 대쟝과 경승을 겸ᄒᆞ시되 포의[션비란 말] 본식을 일치 아니샤 몸에 빗난 거술 닙지 아니ᄒᆞ시고 음식의 보ᄇᆡ롭고 기룸진 거술 베프지 아니ᄒᆞ시고 <행장-몽오19c초 20a> 단봉약ᄃᆡ 쌍봉약ᄃᆡ 각죵 폐ᄇᆡᆨ 시러내니 유향이며 몰약이며 보ᄇᆡ롭다 황금이라 아라비아 먼 사막을 천신만고 지난 후에 유부라데강을 건너 유대국 차자 가셔 국왕ᄭᅴ 현알ᄒᆞ니 <연경-셩탄가 5> ⇒ 보ᄇᆡ로-, 보ᄇᆡ로오-, 보ᄇᆡ로우-, 보ᄇᆡᄅᆞ외-

【보ᄇᆡ-ᄅᆞ외-】 형 보배(寶貝)롭다. 매우 귀하고 소중하다. 'ᄇᆡ(貝, bèi)'는 중국어 직접 차용어.¶ 寶 ‖ 즁이 보ᄇᆡᄅᆞ외니 사ᄅᆞᆷ마다 바ᄅᆞᆳ 구슬 ᄀᆞᆮ도다 (僧寶人人滄海珠.) <두시-초 9:30> ⇒ 보ᄇᆡ로-, 보ᄇᆡ로오-, 보ᄇᆡ로우-, 보ᄇᆡ롭-

【보수】 명 발솔(孛窣). 황급함. '보수(孛窣, bósù)'는 중국어 직접 차용어.¶ 보수, 急遽也. (孛窣) <방석-잡어 중주향어 4:36a>

【보스듼】 명 ((지리)) 보스턴(Boston). 미국 북동부에 있는 항구 도시. 무역·금융·의료의 중심지이며, 미국 독립 전쟁의 진원지로 이와 관련된 사적이 많다. (외래어).¶ 도셩을 의론컨대 일홈이 워셩던이니 나라ㅅ 동편이오 ᄯᅩ 누역과 [영국 셔울 대ᄋᆞ 큰 촌이니라] 피라델피아와 보스듼과 블ᄶᅵ모와 잘쓰던이란 포촌이 잇고 <사필1889-헐버트 107> ⇒ 보스톤, 부스듼

【보스톤】 명 ((지리)) 보스턴(Boston). 미국 북동부 매사추세츠주의 주도. (외래어).¶ 보스톤을 차지니 여러 設備가 智識 崇尙하는 줄 과연 알네라 <청춘 1914.10.1> ⇒ 보스듼, 부스듼

【보시】 명 ((복식)) 보시(ぼうし). 모자(帽子). (일본어 차용어).¶ 메투리에 헌 보시를 눈썹ᄭᆞ지 숙여 쓰고 <大每 1910.2.25>

【보십고】 명 ((관직)) 보십고[撥什庫]. 하급관청에서 회계를 담당하는 청대의 벼슬 이름. (만주어 차용어).¶ 撥什庫 ‖ 여러 쟝경과 박시와 딩[당]월과 보십고와 갑군들이 다 나온 후[셩쟝은 나올 졔 잇고 아니 나올 졔도 잇더라] 삼ᄉᆞ신이 문 밧ᄭᅴ셔 샹견녜를 ᄒᆡᆼᄒᆞᆫ 후에[근니는 졔녜ᄒᆞ다] 쥬과로 먹이며 보단을 뎐ᄒᆞ고 (諸章京博氏當月撥什庫甲軍等出來, 三使於門外行相見禮[今則不行], 饋酒果傳報單.) <서원-총목 14a> 셩쟝은 뉵품관이니 일년 소봉이 은ᄌᆞ ᄇᆡᆨ 냥이오 쟝경 여ᄃᆞᆲ을 거ᄂᆞ려시니 쟝경이 ᄯᅩ 보십고 칠십인식 거ᄂᆞ리고 보십괴 ᄯᅩ 각 갑군 십명식 거ᄂᆞ려시니 합ᄒᆞ여 칠ᄇᆡᆨ 명이라 (余問: "城將幾品官?" 曰: "六品官." 曰: "月俸幾許?" 曰: "歲俸銀百兩." 曰: "部下幾人?" 曰: "章京八人統撥什庫七十人, 撥什庫各領甲軍十名, 甲軍合七百名.") <서원 2:7a>

【보완-ᄑᆞᄌᆞ】 명 ((상업)) 보완포자(-碗鋪子). 그릇가게. 'ᄑᆞᄌᆞ(鋪子, pùzi)'는 중국어 직접 차용어.¶ ᄒᆡᆼᄒᆞ여 수삼 푀루를 지나 영호권의 니ᄅᆞ니 궐 압ᄒᆡ 년못시 이셔 년엽이 믈의 덥혀시며 년못 겻ᄒᆡ 다ᄑᆞᄌᆞ와 보완ᄑᆞᄌᆞ가 연락ᄒᆞ더라 <경슐열하긔>

【보이】 명 ((인류)) 보이(boy). 어린 점원. (외래어).¶ 보이 징반기 면합 문하각 보이 징반기 면합 요리소 화부인가 보이 징반기 면합 <탄일진어ᄉᆞ찬상불긔번1337> 감동 윤용식 왜반기 면합 보이 징반기 면합 문화각 보이 징반기 면합 요리소 화부인가 보이 징반기 면합 <탄일진어상ᄉᆞ찬음식불긔>

【보이로】 명 ((복식)) 보일(voile). 성기게 짜서 비쳐 보이는 얇은 옷감으로 가볍고 밀도가 적으며 투명함. ボイル(voile). (서양어에서 온 일본어 차용어).¶ 언식 보이로 ᄒᆞ이 일 언식 수인 ᄒᆞ이 일 언식 수인 ᄒᆞ이 일 헉식 수인 ᄒᆞ이 일 옥동목 ᄒᆞ이 일 동목 헉식 ᄒᆞ이 일 당목 언식 ᄒᆞ이 솜츠 언식 모수 ᄒᆞ이 일 언식 무명 ᄒᆞ이 잇츠 헉식 광포 ᄒᆞ이 일 헉식 마포 ᄒᆞ이 이츠 <물목-의암 11:12:27> ⇒ 보이루, 보이류, 보일오

【보이루】 명 ((복식)) 보일(voile). 성기게 짜서 비쳐 보이는 얇은 옷감으로 가볍고 밀도가 적으며 투명함. ボイル(voile). (서양어에서 온 일본어 차용어).¶ 진옥식 고ᄉᆞ 져구리 일 보래 보이루 치마 일 당목 고쟝이 일 무명 니의 일 본목 한 필 면ᄉᆞ 두 구리 <물목-경고-5 1941 장농> 금잉 미식 보이루 단의 지어 ᄎᆞ 일 양회식 진쥬ᄉᆞ 단의 지어 ᄎᆞ 일 양회식 싱쥬 단의 지어 ᄎᆞ 일 노랑 미식 별숙ᄉᆞ 단의 지어 ᄎᆞ 일 싱명쥬 단의 지어 ᄎᆞ 일 <편시 보니난 물목-문우> 양쳥 싱고ᄉᆞ 치마 일 남식 메린쓰 치마 일 옥식 메린쓰 치마 일 흑식 시마보이루 치마 일 흑식 보이루 치마 일 옥식 모슈 치마 이 옥식 모슈 싱쳐 치마 이 흑식 목식루 치마 이 옥양목 치마 여셧 <의물목 칸옥션4-60> ⇒ 보이로, 보이류, 보일오

【보이류】 명 ((복식)) 보일(voile). 성기게 짜서 비쳐 보이는 얇은 옷감으로 가볍고 밀도가 적으며 투명함. ボイル(voile). (서양어에서 온 일본어 차용어).¶ 흑식 목 보이류 쳐마 ᄎᆞ 일 옥식 싱명쥬 쳐마 ᄎᆞ 일 옥식 세모슈 진솔 쳐마 ᄎᆞ 일 년두식 식ᄶᅡ류 쳐마 ᄎᆞ 일 <물목-우한-1 1916 단슈> ⇒ 보이로, 보이루, 보일오

【보일오】 명 ((복식)) 보일(voile). 성기게 짜서 비쳐 보이는 얇은 옷감으로 가볍고 밀도가 적으며 투명함. ボイル(voile). (서양어에서 온 일본어 차용어).¶ 남 명지 치마 – 옥식 지잉 명지 치마 – 옥식 숌팔 지잉 치마 – 진분홍 숌팔 치마 – 연분홍 숌팔 치마 – 싱쵸 단쇽것 – 옥 싱모시 치마 진솔 ㅌ 옥식 ᄇᆡᆨ 어모시 치마 – 진옥식 부ᄉᆞ견 치마 – 진옥식 양단 치마 – 남 숙고ᄉᆞ 치마 – 옥식 보일오 치마 – 연옥식 보일오 치마 – 흑

ᄉᆡᆨ 보일오 치마 – 목치마 ᄉᆞᆷ 三 <물목-경주김씨 직각 종택> ⇒ 보이로, 보이루, 보이류

【보패】 명 보배(寶貝). 매우 귀하고 소중한 물건. (중국어 간접 차용어).¶ 보패 ‖ ① 보물 ② 보배 <조선-심 82> 보패로 ᄭᆞ민 그릇 전, 寶飾器 (鈿) <자석 하:89b> 보패로 ᄭᆞ민 그릇, 寶飾器 (鈿) <신자 4:25a> ▼寶貝 ‖ 과연 셰상의 드믄 됴흔 보패로다 (好件寶貝, 果世罕有.) <손방 1:86> ▼寶 ‖ 보패 보 (寶) <아학 상:4> 만일 디ᄂᆞᆫ제 ᄀᆞᆺᄐᆞ면 이 두 낫 보패를 만나셔 엇디 고이 두리오 (弱視往日得了這兩件活寶, 分甚麼皂白, 自然是我二人受用.) <후수 2:31> 하 뎡 냥공이 ᄯᅩ 보픠를 보니 모양이 두렷ᄒᆞ여 명월 ᄀᆞᆺ고 광치 현요ᄒᆞ여 빅일 ᄀᆞᆺᄐᆞ니 오치로 댱식ᄒᆞ여 인간의 보물이 아니라 <명보 1:14> 부쥬 젼상답셔 ‖ 우편으로 하셔 밧자오며 ᄯᅩ 우체물로 붓치신 초등쇼학 한 질도 찻ᄉᆞ와 렬람ᄒᆞ온즉 학문에 ᄆᆡ우 긴요ᄒᆞ와 보패보다 낫소이다 대략 품복ᄒᆞᄋᆸᄂᆞ이다 <가정간독1910 1> ※ 寶貝 ‖ 네 임의 이런 寶貝롤 어덧시면 무ᄉᆞᆷ ᄡᅳᆯ 곳이 잇ᄂᆞᆫ 줄을 아ᄂᆞ냐 (你既是得這樣的寶貝呢, 知道有甚麼用處麼?) <화계 상:28a> 만일 이 뭉치돌이 낫촐 드러너지 아니ᄒᆞ엿시면 뉘 져거시 갑ᄊᆞᆫ 寶貝인 쥴 알니오 (若是這塊石頭不露面就, 誰知他是値錢的寶貝?) <화계 하:29b> 고이치 아니ᄒᆞ다 眼空四海ᄒᆞ엿다 다 무삼 寶貝롤 밧구여 왓ᄂᆞ뇨 (你怪不得眼空四海咧. 都換些箇甚麽寶貝來?) <화계 하:34a> 寶貝 ‖ 보패는 이ᄲᅳᆫ이올세 <교린-초 3:7a> ⇒ 보배, 보베, 보뵈, 보븨, 보비, 보픠

【보피】 명 ((인류)) 발피(潑皮). 부랑아. '보피(潑皮, pōpí)'는 중국어 직접 차용어.¶ 潑, 鄕談보피, 輕佻無行字也. <증정우공주의집람 14> ☞ 발피

【보피-라오-】 형 발피(潑皮)랍다. 방탕스럽다. 사납고 거칠다. '보피(潑皮, pōpí)'는 중국어 직접 차용어.¶ 潑 ‖ 이 보피라온 즘싱 殺娘ᄒᆞᄂᆞᆫ 도적아 (這潑禽獸殺娘賊!) <박언 중:57a> 小僧이 이 보피라온 道士ㅣ 無理ᄒᆞ여 쳔ᄌᆞ히 方丈 가온대 드러와 小僧의 겨집을 음간ᄒᆞ고 도로혀 小僧을 팀을 닙엇ᄂᆞ이다 (小僧被這潑道士無理, 擅入方丈中, 奸小僧的老婆, 反打小僧.) <오전 5:21b> 이 보피라온 아젼을 티라 (打這潑吏.) <오전 1:45a> ▼潑皮 ‖ 하놀과 ᄯᅡ히 우리 보피라온 몸을 내시니 삼겨 나며브터 사롬 죽이기만 ᄒᆞᄂᆞ니 황금 만 냥도 앗기디 아니ᄒᆞ고 일심의 옥긔린을 잡고져 ᄒᆞ노라 (乾坤生我潑皮身, 賦性從來要殺人. 萬兩黃金渾不愛, 一心要捉玉麒麟.) <충수호-영남 21:35b-61> ⇒ 보피로오-, 포피라오- ☞ 보피ᄒᆞ-

【보피-로오-】 형 발피(潑皮)롭다. 방탕스럽다. 사납다. 거세다. '보피(潑皮, pōpí)'는 중국어 직접 차용어.¶ 言不拘一隅 보피로온 법비라. 猶活水活畫, 不拘一隅也. (活法) <어록-초 6a> ▼潑 ‖ 부뫼 업슨 후에 후ᄌᆞ식돌히 살올 일 일오기 힘ᄡᅳ디 아니ᄒᆞ고 노롯ᄒᆞ며 홍ᄯᅩᆼ여 놀며 보피로온 男女로 ᄒᆞ여 여ᄋᆞ벗 지으며 가히와 무지지어 每日 차 ᄑᆞᄂᆞᆫ 집의 ᄢᅦ나들며 술 ᄑᆞᄂᆞᆫ 져제와 녀기ᄑᆞ져의 드러가 간대로 쳔을 ᄡᅳ거든 (爺娘亡沒之後, 落後下的孩兒們, 不務營生, 教些幇閑的潑男女、狐朋狗黨, 每日穿茶房入、酒肆妓女人家, 胡使錢.) <노언 하:44a> ▼潑皮 ‖ 그 나믄 伴當들흔 집의 이셔 거리예가 보피로온 톄 말고 ᄀᆞ장 用心ᄒᆞ여 집을 보라 (其餘的伴當們家裏有着, 街上休撒潑皮.) <박언 중:24b> ⇒ 보피라오-, 포피라오- ☞ 보피ᄒᆞ-

【보피-ᄒᆞ-】 동 발피(潑皮)하다. 방탕하게 굴다. 못되게 굴다. '보피(潑皮, pōpí)'는 중국어 직접 차용어.¶ 潑 ‖ 부뫼 업스신 후에 홋ᄌᆞ식돌히 사롤 일 일우기 힘ᄡᅳ디 아니ᄒᆞ고 노롯ᄒᆞ며 홍ᄯᅩᆼ여 놀며 보피ᄒᆞᄂᆞᆫ 남진 겨집돌ᄒᆞ야 여ᄉᆞ벋 지ᄉᆞ며 가히와 물 지ᅀᅥ ᄆᆡ실 차 ᄑᆞᄂᆞᆫ 지븨 ᄢᅦ나돌며 술 ᄑᆞᄂᆞᆫ 져제와 녀기의 지븨 드러가 간대로 쳔 ᄡᅳ거든 (爺娘亡沒之後, 落後下的孩兒們, 不務營生, 教些幇閑的潑男女、狐朋狗黨, 每日穿茶房入、酒肆妓女人家, 胡使錢.) <번노 하:48b> ☞ 보피라오-, 보피로오-, 포피라오-

【보핏-말】 명 발피(潑皮)말. 불량스러운 말. 껄렁껄렁한 말. '보피(潑皮, pōpí)'는 중국어 직접 차용어.¶ 둘흔 持戒ㅣ니 즁싱 주굠과 盜賊과 色 貪홈과 거ᄌᆞ말과 보핏말와 모딘 말와 헌ᄉᆞ와 貪心과 瞋心과 迷惑ᄒᆞᆫ ᄆᆞᅀᆞᆷ과롤 警誡홀 시라 <십현 22a>

【보픠】 명 보패(寶貝). 보배. 아주 귀하고 소중한 물건. (중국어 간접 차용어).¶ 보픠 (寶貝) <방석-진보 3:18b> 보픠 (寶貝) <일용-문방 3b> ▼寶 ‖ 이 보픠난 일홈을 긴죱아라 ᄒᆞ나니 비록 이거시 ᄉᆞᆷ기 ᄒᆞᆫ갈갓튼 듯ᄒᆞ나 쓰난 곳즌 각ᄀᆞ 다르니 (此寶喚做'緊箍兒', 雖是一樣三箇, 但只是用各不同.) <서유-계명 3:19> ▼寶貝 ‖ 이 보픠난 일홈을 긴죱아라 ᄒᆞ나니 비록 이거시 ᄉᆞᆷ기 ᄒᆞᆫ갈갓튼 듯ᄒᆞ나 쓰난 곳즌 각ᄀᆞ 다르니 (此寶喚做'緊箍兒', 雖是一樣三箇, 但只是用各不同.) <서유-계명 3:19> ▼寶物 ‖ 과인이 텬ᄌᆞ 명죠롤 ᄇᆡ다 녈후로 더부러 이에 모다 쳔하 보물을 모도아 텬ᄌᆞᄭᅴ 드리려 ᄒᆞᄂᆞ니 이제 공둥이 다 모다시니 각ᄀᆞ 보픠롤 ᄂᆡ여 경듕을 분변ᄒᆞ게ᄒᆞ라 (寡人敬奉天子之命, 大開此會, 聚鬪天下寶物, 然後收集貢上. 今公等既齊, 合出寶物, 辨別重輕.) <춘추 10:4> 寶貝 ‖ 보픠ᄂᆞᆫ 이ᄲᅳᆫ이올쇠 <교린-A 3:10b> ᄎᆞ후 왕이 츈츄로 조공을 풍셩이 ᄒᆞ며 본국 쇼산과 긔특ᄒᆞᆫ 보픠와 공교로온 믈건을 ᄃᆡ조 본부의 보ᄂᆡ여 쳐부인ᄉᆞ용을 치오며 졔질의 ᄌᆞ장을 돕게 ᄒᆞ니 쳐부인이 심히 깃거ᄒᆞ고 <엄효 2:68> ᄃᆡ영공쥬로 현슉부인을 봉ᄒᆞ고 녹 일쳔석을 쥬시며 션잉을 원국부인을 봉ᄒᆞ고 녹 팔빅석을 쥬ᄉᆞ 금쥬 보픠롤 무슈히 쥬시고 울지놈 형졔로 ᄃᆡ장군 평정후 좌우ᄉᆞ롤 ᄒᆞ이고 <설인 1:56> 족츄국 ᄉᆞ신이 일년의 양ᄎᆞ식 녜단과 보픠롤 슈업시 진공ᄒᆞ더라 <설인 1:64> ᄎᆞ후 왕이 츈츄로 조공을 풍셩이 ᄒᆞ며 본국 쇼산과 긔특ᄒᆞᆫ 보픠와 공교로온 물건을 ᄃᆡ조 본부의 보ᄂᆡ여 <엄효 2:68> 상이 금쥬 보픠와 치

단으로 녜폐롤 션송케 ᄒᆞ시고 <한조 6:40> 종일토록 미쥬 셩찬을 디령ᄒᆞ고 찬난ᄒᆞᆫ 쥬옥 보픠 슈식으로 그 ᄆᆞ옴을 깃브게 ᄒᆞ니 <현몽 7:52> 가만이 창틈으로 보니 낭이 보픠롤 ᄒᆞᆫ디 ᄡᅡ 깁히 간슈ᄒᆞᆫ 후 측을 디ᄒᆞ야 ᄒᆞᆫ숨지이거ᄂᆞᆯ <화명 10:9> 경옥이 교시의 음분도쥬ᄒᆞ미 범한을 ᄉᆞ통ᄒᆞ여 금은 보픠롤 다 도적을 ᄒᆞ여 가지고 가믈 드ᄅᆞ니 분긔 가숨이 막히고 <화충 26:51> 칠녀가 드러가 허씨 부인의 방속 세간을 알알히 삿삿히 뒤여도 반지는 업고 그 외에도 본가에셔 히 가지고 온 갑진 보픠는 하나도 업는지라 <재봉춘 46> ⇒ 보배, 보베, 보뵈, 보븨, 보비, 보패, 뵈배

【보희-ᄒᆞ-】 동 보희(報喜)하다. 옛날 과거에 급제하거나 관직의 승진 소식을 전하다. (중국어 간접 차용어).¶ 報錄 ‖ 오경의 니ᄅᆞ러는 과연 보희ᄒᆞ는 사ᄅᆞᆷ들이 옹위ᄒᆞ여 부즁으로 드러와 지져괴며 바로 영희당상의 니ᄅᆞ러 놉히 보희ᄒᆞ는 글ᄌᆞ롤 븟쳐시더 보옥이 뎨오명 거인의 춤예ᄒᆞ엿는지라 (等至五更以後, 果有報錄人等擁進府來, 一棒鑼聲, 直到榮禧堂上, 高貼報條, 寶玉中了第五名擧人.) <홍보 4:89> ※ 報喜 ‖ 俗語에 니ᄅᆞ되 簷前에 靈鵲이 울면 天外에 好音이 온다 ᄒᆞ니 아니 가치와 報喜ᄒᆞ야 형을 救ᄒᆞ야 도라올까 (俗語云, '簷前靈鵲叫, 天外好音來.' 莫不是鵲兒來報喜, 救得哥哥回來.) <오전 6:36a>

【복경】 명 ((지리)) 북경(北京). 베이징(Beijing)을 우리 한자음으로 읽은 이름. 중국 화베이(華北) 평원의 북부에 있는 도시. 중국의 수도. (외래어).¶ 도셩을 의론컨대 일홈이 복경이니 나라ㅅ 북편이오 열여둛 도이며 북편에 묵던과 누창과 디유안과 가이풍과 텬진이란 큰 촌이 잇고 <사필1889-헐버트 73>

【복물】 명 복물(卜物). 소나 말 따위에 실어 나르는 짐. 짐짝 또는 짐바리. (이두어).¶ 복물 (卜物) <왜해-안비하:17b> ⇒ 복믈

【복물-짐】 명 복물짐(卜物-). 소나 말 따위에 실어 나르는 짐. 짐짝 또는 짐바리. (이두어).¶ 이월의 보닌다 ᄒᆞ넌 복물짐을 반가이 바더보니 편강 두어 쪽 한 봉지라 안심츤코 곰마젓마는 이너 무질엉이 입의 당치 안코 마당의 던지기는 싱심으로 못ᄒᆞ고 환숑ᄒᆞ니 오금ᄰᅳ고 신슈 희연ᄒᆞ고 오미 구존ᄒᆞᆫ 신관의게 공궤ᄒᆞ여라 <동문언간-3 이월의 보닌다>

【복믈】 명 복물(卜物). 소나 말 따위에 실어 나르는 짐. 짐짝 또는 짐바리. (이두어).¶ 卜物 ‖ 기여 각믈은 졀반을 츌혀 주어 변이텩 신경념 등으로 일시의 가게 ᄒᆞᆯ시 어단을 닷가 맛뎟더니 호치 긔셩부의 니ᄅᆞ러 어단을 ᄢᅵ치고 평산의 니ᄅᆞ러 복믈을 다 ᄇᆞ리고 가다 (其餘各物折半備給選邊以惕、申景濂等, 一時偕行, 修御單以付之. 胡差到開城裂破御單, 至平山盡棄卜物而去.) <조기-병자로난 11:2> 복믈 츌입ᄒᆞᆯ 제 ᄣᅢ마다 두칭 일필식 거두니 피비의 탐남ᄒᆞ미 이ᄀᆞᆺ더라 (出入卜物每隻收斗靑一疋, 彼輩貪黷類如此.) <서원 10:21b> ⇒ 복물

【복송아-쨈】 명 ((음식)) 복숭아잼(peach jam.) (외래어).¶ 살구나 복송아 쨈 ‖ 마른 과실 (절반에 ᄶᅩ갠 것) 1파운드 물 6잔 사탕 6잔 살구씨나 알몬드 (잘게 썬 것) ½잔 과실을 잘 씨서셔 물에 담가 하로 밤을 두엇다가 연하게 될 ᄯᅢᄭᅡ지 ½시 가량 그냥 그 물에 다 ᄰᅳᆯ여 가지고 사탕과 알몬드를 셕근 후 다시 ½시간을 ᄭᅳ려셔 다른 쨈과 갓치 그릇에 담고 봉하야 둘 것 <서요 245>

【복하혼다스】 명 포카혼타스(Pocahontas) (외래어).¶ 복하혼다스 (裒喀汗他 Pocahontas) <만국통감1912 10>

【본이오】 명 ((지리)) 보르네오(Borneo)섬. 말레이 제도의 중앙부에 있는 섬. 세계에서 세 번째로 큰 섬으로, 북부는 말레이시아에, 남부는 인도네시아에 속한다. (외래어).¶ 슈마드라 셤 동편에 본이오ㅣ란 셤이 잇서 폭원이 적도 남북에로 각 천 여 리니 디방은 ᄉᆞ면 십 리 되는 방면이 삼만 삼천이오 <사필1889-헐버트 157>

【본-포ᄌᆞ】 명 ((상업)) 본포자(本舖子). 본점(本店). (중국어 간접 차용어).¶ 本舖子 ‖ 노야가 만일 물건을 사기를 요구ᄒᆞ시면 이곳 본포ᄌᆞ 유징상과 심양 손 순셩영과 광동 사ᄅᆞᆷ 항길샹 세네 집 속에 싱양목 옥양목 각식 양목 ᄉᆞ쉬 마미 각양 약지가 도모지 사혓시니 무어술 사려 ᄒᆞ면 무어술 사고 무어술 여투려 ᄒᆞ면 무어술 여투ᄂᆞ니 노야 ᄆᆞ옴이 어나 곳에 잇ᄉᆞᆸ는잇가 (老爺萬一要買東西, 這裡本舖子裕增祥、瀋陽客順成永、廣方們恒吉祥三四家裡頭, 毛洋布、漂洋布、各色洋布, 四色馬尾各樣藥材, 都並一些, 要賣買甚嗎, 要辦辦甚嗎, 老爺心思在那兒?) <관략-소창 5a> ☞ 본푸리

【본-푸리】 명 ((상업)) 본포리(本舖裏). 본점(本店). '푸리(鋪裏, pùli)'는 중국어 직접 차용어.¶ 本舖裡 ‖ 강은 운남셔 나고 탕은 복건셔 고으ᄂᆞᆫ 거시니 본푸리여 널으러 얼밋 동안을 허게 하여 이 민강을 민드러 니랴 (薑是雲南出的, 糖是福建熬的, 到咧本舖裡費多少工夫, 作這个閩薑來麽.) <중화-아천 6a> ☞ 본포ᄌᆞ

【볼가】 명 ((지리)) 볼가(Volga). 러시아 서부를 흐르는 강. (외래어).¶ 디형을 의론컨대 평원 광야ᄒᆞ고 동남에만 산이 둘넛시니 동에는 유랄이란 산이 잇고 남에는 긔스비안 블럭이란 두 못 ᄉᆞ이에 고긔셔스ㅣ란 산이 잇고 ᄯᅩ 큰 강이 잇스니 볼가ㅣ란 강은 긔스비안 못세로 통ᄒᆞᆫ 포구ㅣ오 <사필1889-헐버트 14>

【볼나듸보스덕】 명 ((지리)) 블라디보스토크(Vladivostok). 러시아 시베리아 남동부, 동해 연안에 있는 항구 도시. 시베리아 횡단 철도의 동쪽 종착점이며 러시아 함대의 기지가 있다. (외래어).¶ 읍니를 의론컨대 셔비아 읍니는 일홈이 두멘이오 ᄯᅩ 도블스그와 엄스그와 덤스그ㅣ란 큰 촌이 셔편에 잇고 ᄯᅩ 볼나듸보스덕이란 포촌이 동편에 잇고 [됴션국 두만강 근처ㅣ라] <사필1889-헐버트 70>

【봄발】 명 ((지리)) 폼발(Pombal). (외래어).¶ 봄발 (潘巴勒 Pombal) <만국통감1912 10>

【봄보】 명 ((기물)) 펌프(pump). 액체, 기체를 빨아 올리거나 이동시키는 기계. (외래어).¶ 압슈"봄보" | 압상"봄

보" <법한 643> ⇒ 봄부

【봄부】 명 ((기물)) 펌프(pump). 액체, 기체를 빨아 올리거나 이동시키는 기계. (외래어).¶ 봄부 | 쇼방 봄부 <법한 1097> ⇒ 봄보

【봄파도】 명 ((지리)) Pompador (외래어).¶ 봄파도 (潘巴斗耳 Pompador) <만국통감1912 10>

【봉조-구리무】 명 ((복식)) 봉조크림. '구리무(クリーム cream)'는 일본어 차용어.¶ 기둥시계 ᄒᆞᆫ 기 팔 환 오십 전 충우 아비 이발 료금 ᄉᆞᆷ십오 전 양도칼 ᄒᆞᆫ 기 ᄉᆞᆷ십 전 봉조구리무 ᄒᆞᆫ 병 ᄉᆞᆷ십 전 미안슈 ᄒᆞᆫ 병 오십오 전 ᄉᆞ이다 병마게 ᄲᅦ는 거 ᄒᆞᆫ 기 칠 전 <가용-한고 1936.12.13> ⇒ 병마개

【뵈배】 명 ((복식)) 보배(寶貝). 매우 귀하고 소중한 물건. '뵈배(寶貝, bǎobèi)'는 중국어 직접 차용어.¶ "瑰瑋". 珍奇. 뵈배 (瑰) <신자 3:3a> ⇒ 보배, 보베, 보뵈, 보븨, 보ᄇᆡ, 보패, 보픠

【뵛고】 명 ((관직)) 발십고(撥什庫). 하급관청에서 회계를 담당하는 청대의 벼슬 이름. (만주어 차용어).¶ 撥什庫 ‖ 뵛고와 군시 어ᄃᆡ 잇ᄂᆞ뇨 (撥什庫、披甲的在那裡?) <한어-한고 31a> ⇒ 보십고, 뵛ᄭᅩ

【뵛ᄭᅩ】 명 ((관직)) 발십고(撥什庫). 하급관청에서 회계를 담당하는 청대의 벼슬 이름. (만주어 차용어).¶ 撥什庫 ‖ 내 ᄂᆡ일 오경의 변문에 나가려 ᄒᆞ니 너희 오날 제녁의 문어ᄉᆞ끠 엿ᄌᆞ와 뵛ᄭᅩ을 시겨 일즉이 셩의 드러가 노야끠 엿ᄌᆞ와 우리 짐수릐 발셔 이르고 ᄒᆞᆫ 수레도 ᄯᅥ러진 거시 업스니 모든 일을 다ᄒᆞ기를 태당이 ᄒᆞ엿시니 밧비ᄒᆞ고 그릇 말라 (我們明兒箇五更天要出邊門, 你們今兒下晚告訴門上老爺, 打發撥什庫, 早進城裡, 告送老爺說, 我們包子車早已到了沒一輛落後, 諸事都辦的妥當, 快些別悞了.) <한어-한고 15b> ⇒ 보십고, 뵛고

【부란던ᄲᅢᆨ】 명 ((지리)) 브란덴부르크(Brandenburg). 독일 베를린의 남서쪽에 있는 공업 도시. 제철, 섬유 공업 따위가 발달하였으며 12세기의 로마네스크 양식의 대성당이 있다. (외래어).¶ 부란던ᄲᅢᆨ (班敦布革 Brandenburg) <만국통감1912 10> 부란던ᄲᅢᆨ과 ᄉᆡᆨ손이 두 적은 나라 쳔원들이 쉬덴국 군ᄉᆞ가 디경 지나가기를 허락지 아니ᄒᆞ더라 <만국통감1912 4, 48>

【부랑시아-국】 명 ((지리)) 미상. (외래어).¶ 부랑시아국에 어진 님금 뉘스ㅣ 셩모ᄅᆞᆯ 공경ᄒᆞᆷ이 ᄀᆞ쟝 ᄀᆞᆫ졀ᄒᆞ더니 나라히 어ᄌᆞ러옴을 인ᄒᆞ야 군ᄉᆞᄅᆞᆯ 거ᄂᆞ려 친히 나가 칠식 ᄒᆞᆫ 군ᄉᆞㅣ 총에 마잣시ᄃᆡ 털란이 셩의에 막힌 바ㅣ 되야 샹해옴도 업고 압ᄒᆞᆷ도 업ᄂᆞᆫ지라 <쳠례-셩모셩의 19b> ⇒ 불랑시아국

【부레-프룻】 명 ((식물)) 미상. (외래어).¶ 초목은 화류와 오목과 무ᄃᆡ쇼 ᄆᆞᆫᄃᆞᄂᆞᆫ 나무와 야ᄌᆞ와 빈랑과 향내 나ᄂᆞᆫ 여러 가지 나무와 ᄭᅩᆺ히 ᄒᆞᆫ 안롬 되ᄂᆞᆫ 이샹ᄒᆞᆫ 나무와 귤과 유ᄌᆞ와 부레프룻과 [열ᄆᆡ가 ᄲᅧᆨ과 ᄀᆞᆺᄒᆞ니라] 여러 가지 실과와 여러 가지 약럼나무와 이샹ᄒᆞᆫ 나무가 만코 <사필1889-헐버트 159>

【부루-말】 명 ((동물)) 붉고 흰 털이 섞인 말. '부루(buɣural /bu'ural)'는 중세몽고어 차용어. 만주어는 '부루루모린(burulu morin)'.¶ 부루말 (紅紗馬) <과록-금수 15b> 부루말 ‖ 白馬 <조선어-총> 흰 말 <조선어-문> ⇒ 부루ᄆᆞᆯ

【부루-ᄆᆞᆯ】 명 ((동물)) 붉고 흰 털이 섞인 말. '부루(buɣural /bu'ural)'는 중세몽고어 차용어. 만주어는 '부루루모린(burulu morin)'.¶ 부루ᄆᆞᆯ (紅紗馬) <역해-잡상 하:28a> <동해-주수 하:37a> 부루ᄆᆞᆯ (紅紗馬) ○부루루모린 <한청-마필모편 14:22a> <몽해-주수 하:18b> ※ 紅紗馬曰夫婁. <경도잡지-풍속 마려> 白馬, 俗謂之夫老. <성호새설 6:15 마형색> ⇒ 부루말

【부루트】 명 ((지리)) 프루트(Prut)강. 카르파티아 산맥에서 발원을 해서, 다뉴브 강에서 가까운 레니와 동부의 갈라치로 흘러 들어가는 강. (외래어).¶ 디경을 의론컨대 북은 아라사국과 오스드리아국이오 동은 아라사국 ᄉᆞ이에 부루트ㅣ란 강과 블럭 하슈ㅣ오 남은 터키국이오 셔는 오스드리아국과 셔비아국이며 <사필1889-헐버트 60>

【부스든】 명 ((지리)) 보스턴(Boston). 미국 북동부에 있는 항구 도시. 무역 · 금융 · 의료의 중심지이며, 미국 독립 전쟁의 진원지로 이와 관련된 사적이 많다. (외래어).¶ ᄯᅩ 동편에 붓란트와 부스든과 브라비덴스와 누역과 필네델피아와 너퍽과 잘쓰던과 사반나와 남편에 모빌과 누얼린스와 짤비스던과 셔편에 산띄에고와 산브란시스고와 시아들이란 포구가 잇스며 <사필1889-헐버트 106> ⇒ 보스든, 보스톤

【부지】 형 비지(bisy). 바쁘다. (외래어).¶ 부지 (밧브다) <영어일상통화단어초집 우산>

【부직-ᄒᆞ-】 동 부직(補bǔ職)하다. 결원(缺員)을 채우다. 발령 받다. '부(補bǔ)'는 (중국어 직접 차용어).¶ 補 ‖ 장ᄅᆡ 가형이 부직ᄒᆞ여 만일 강남 디방관 궐을 어드면 곳 셔로 맛나리라 (將來, 俟家兄赴補, 若得江南之缺, 便相會有期了.) <설월 14:34> 다만 원컨ᄃᆡ 노셰형은 금번의 부직ᄒᆞ여 산동ᄉᆡᆼ으로 오면 왕ᄅᆡᄒᆞ미 용이ᄒᆞ리로다 (此番但願老世臺恭喜補在東省, 往來就容易了.) <설월 15:44> 다만 산동으로 갓가히 부직ᄒᆞ여 오믈 원ᄒᆞᄂᆞ니 노신도 ᄯᅩᄒᆞᆫ 아문의 가 단녀오미 죠흐리로다 (但願得補到山東來, 連老身也好往衙門去走走.) <설월 15:58> 져의 거거 뉴노애 경즁의셔 부직ᄒᆞ믈 기ᄃᆞ리시므로 모다 ᄂᆡ각즁셔 잠노야의 곳의셔 ᄒᆞᆷᄭᅴ 우거ᄒᆞ며 (他的哥子劉老老爺在京補官, 都在內閣中書岑老爺那邊同寓.) <설월 17:4> ▼補缺 ‖ ᄌᆞᄎᆞ 이후로 뉴운이 잠슈로 더브러 한곳의 우거ᄒᆞ여 정의상통ᄒᆞ며 부직ᄒᆞ믈 셔셔히 기ᄃᆞ리더라 (自此, 劉雲與岑秀同寓, 情意相孚, 靜候補缺, 且按下不提.) <설월 15:74>

【부챠오】 명 ((지리)) 푸저우(Fuzhou). 중국 복건성(福建省)에 있는 도시. 항구 도시로 차, 목재 따위를 실어 낸다. 수공예품과 칠기, 임산물이 유명하다. (외래어).¶ ᄯᅩ 동편에 누챵과 텬진과 티푸와 샹히와 부챠오와 홍

콩과 에모이와 닝보와 솨토ㅣ란 포구가 잇스며 텬진브터 남경을 지나 닝보ᄭᆞ지는 ᄆᆞᆫ둔 강이니라 <사필1889-헐버트 72>

【북-아메리까】 명 ((지리)) 북아메리카(北 America). 아메리카 대륙의 북부. 아메리카 대륙은 파나마 지협을 경계로 남북으로 나누며, 멕시코와 파나마까지를 중앙아메리카라 하여 셋으로 나누기도 한다. (외래어).¶ 북아메리까는 폭원이 북위션 열 듸그리브터 팔십오 듸그리ᄭᆞ지요 셔경션 십칠 듸그리브터 일ᄇᆡᆨ륙십칠 듸그리ᄭᆞ지니 남북이 일만오쳔 리요 <사필1889-헐버트 101> ⇒ 북아미리가

【북-아미리가】 명 ((지리)) 북아미리가(北亞美利加). 북아메리카(北America). 아메리카 대륙의 북부. 아메리카 대륙은 파나마 지협을 경계로 남북으로 나누며, 멕시코와 파나마까지를 중앙아메리카라 하여 셋으로 나누기도 한다. (중국어 간접 차용어).¶ 아모리 크다 ᄒᆞᆫ들 엇지면 져리 큰고 져말 죵락은 구라파나 북아미리가의 죵락은 안이요 인도나 셔장 죵락 갓흐니 인도나 셔장 ᄉᆞ람이 타고 건너왓난가 <비행선 14> ⇒ 북아메리까

【북아미리가-주】 명 ((지리)) 북아미리가주(北亞美利加洲). 북아메리카(North America). 아메리카 대륙의 북부. (중국어 간접 차용어).¶ 북아미리가주(北亞美利加洲) ‖ 東은 大西洋이오 西는 太平洋이며 南은 南亞美利加洲오 北은 北氷洋이오 <신문-상식 74>

【분-깃】 명 ❶ 분깃(分衿). 유산이나 재산을 한 몫 나누어 줌. 또는 그 몫. '分衿'은 이두어.¶ 분깃 <법한 1103> 목 | 목시 | 깃 | 분깃 | 갈너 <법한 455> 목 | 목시 | 깃 | 분깃 <법한 1033> 노복도 이젼 브리ᄂᆞ니 아오라 인ᄒᆞ여 실노 신비롤 셰고 실노비 밧긔 가니ᄂᆞᆫ 깃득으로 세고 실노비 못 각는 동싱돌의게ᄂᆞᆫ 치와 내고 분깃의 노미 약병ᄒᆞ여 닐곱식 ᄂᆞᆫ화거니와 왼더 ᄒᆞ나식 나고 뎐디도 밧 엿쇄 가리식과 논 닷 말디이식 ᄂᆞᆫ화거니와 그 논밧출 사 강해 논밧과 영줘 증조묘 뎐답과 틍줘 밧 나잘가리과 새순막묘 하뎐 나잘가리과 검암것 합ᄒᆞ여 그리 가숩ᄂᆞ이다 <해남윤씨-22 히천1664> 고비위와 우리 부ː 양대 봉ᄉᆞ조는 비록 체천ᄒᆞᆫ 후라도 다른 ᄌᆞ손 분깃 못ᄒᆞ게 ᄒᆞ며 ㄴ 싱시에 ᄉᆞ환 양역ᄒᆞ든 노비는 젼슈로 종가의 쥬어 졔ᄉᆞᄶᅵ ᄉᆞ역ᄒᆞ게 ᄒᆞ고 나안 ᄶᅡ 노비도 공신ᄉᆞ퍼라 ᄯᅩᄒᆞᆫ 분깃 중의 거론을 말고 종가로 젼ᄒᆞ게 ᄒᆞ라 <안동권씨분재기 ㄴ 나히-최완구> 즉금 가ᄃᆡ인의 유의를 봉승ᄒᆞ여 손ᄌᆞ의 여러 아들 중의 졍ᄒᆞ여 봉ᄉᆞ를 식히고 ᄉᆡ동싱 여쥰씨 분깃 젼답 노비와 ㄴ ᄎᆞᄌᆞ 셰중 분깃슨 셰중의 쳐가 임의로 타 자손을 쥬게나 팔게ᄂᆞᆫ 못ᄒᆞ고 장네 졔 진닐 ᄉᆞ람의게 젼ᄒᆞ여라 <안동권씨분재기 ㄴ 나히-최완구> ᄯᅩ 비유로 닐ᄋᆞ샤ᄃᆡ 엇더ᄒᆞᆫ 사ᄅᆞᆷ 중에 아ᄃᆞᆯ 형뎨 두엇더니 ᄒᆞ로ᄂᆞᆫ 젹은 아ᄃᆞᆯ 아비의게 ᄏᆞᆫ구ᄒᆞᄃᆡ 아바지의 지산에셔 제가 쟝리 엇을 분깃 지금 제게 주옵쇼셔 <연경-탕ᄌᆞ가 112> ❷ 몫. 삭전.¶ 分例 ‖ 습인은 도로혀 로태태의 사ᄅᆞᆷ인ᄃᆡ 블과ᄒᆞ여 보형뎨롤 쥬어 부리게 ᄒᆞ고 져의 그 한 량 은ᄌᆞᄂᆞᆫ 도로혀 로태태의 챠환의 분깃에셔 타 가ᄂᆞ니 (襲人還是老太太的人, 不過給的寶兄弟使, 他這一兩銀子, 還在老太太的丫頭分例上領.) <홍루 36:20>

【분깃-ᄒᆞ-】 동 분깃(分衿)하다. 유산이나 재산을 한 몫 나누어 주다. (이두어).¶ 분깃ᄒᆞ다 | ᄂᆞᆫ호다 | 믜깃다 <법한 862> 난호다 | 갈으다 | 분치ᄒᆞ다 | 분파ᄒᆞ다 | 분깃ᄒᆞ다 <법한 454> 난호다 | ᄂᆞᆫ호다 | ᄂᆞᆫ호다 | 분기ᄒᆞ다 | 분하ᄒᆞ다 | 분파ᄒᆞ다 | 분비ᄒᆞ다 | 분깃ᄒᆞ다 | 깃분ᄒᆞ다 | 가분ᄒᆞ다 <법한 1034> 승지 만년의 작쳡ᄒᆞ여 황셕우롤 낫ᄉᆞ와 경실의 아ᄃᆞᆯ이 업ᄉᆞ오매 이 놈을 종인ᄒᆞ와 ᄌᆞ식ᄃᆞᆯ 등의 분깃ᄒᆞ을 제 녀의 실로 귀손이롤 승지 제 실로 냥으로 달라 ᄒᆞ여ᄂᆞᆯ <황여일의 숙부인 완산 이씨1656> 됴셔방덕 줄 것 집마다 분깃ᄒᆞ야 ᄂᆞᆫ화 주ᄂᆞ니라마ᄂᆞᆫ 이는 패ᄒᆞᆫ 집이라 종가의셔 졔ᄉᆞ도 니우돌 못ᄒᆞ니 내 싱젼의 비주노라 <용인 해주오씨댁 전답분재기> 젼답ᄉᆞ 가진 ᄉᆞ랍덜과 ᄉᆞ외덜 분깃ᄒᆞ여 쥰 것 덜 다 난낫치 완문 입지 내여 쥬시고 낙균의 부지의게 이런 ᄒᆞᆼ게 다시 못할 줄로 슈표 바더 쥬시옵 <공주 정안면 미망인 정씨부인이 성주에게 올린 원정-우한1876> 지산을 십분의 일만 분깃ᄒᆞ야 쥬어셔 각거ᄒᆞ게 ᄒᆞ고 장씨의 후를 이를 사ᄅᆞᆷ을 양자ᄒᆞ야 영구히 지산을 보젼케 ᄒᆞᆷ을 원ᄒᆞ노니 <설중매 56> 잇글고 위ᄒᆞᄂᆞᆫ 이롤 분깃ᄒᆞ네 <찬양가> 아비가 그 산업을 분깃ᄒᆞ야 주엇더라 그 아ᄃᆞᆯ이 몃칠 후에 엇은 지산 다 가지고 원방으로 이ᄉᆞ 가셔 죄다 써셔 업시ᄒᆞ고 ᄒᆡᆼ년을 당ᄒᆞ여셔 비로소 궁핍ᄒᆞ니 그 디방 부쟈 집에 붓치어셔 지내인다 <연경-탕ᄌᆞ가 112> ⇒ 깃분ᄒᆞ-

【분두】 명 ((인류)) 분두(粉頭). 기생(妓生). 창기(娼妓). (중국어 간접 차용어).¶ 粉頭 ‖ 져 집안의 드러와셔 희ᄌᆞ 노룻ᄒᆞ던 젹은 분두의 무리 잡죵이 도시 사ᄅᆞᆷ의 눈치만 보고 거힝ᄒᆞᄂᆞᆫ 것들이라 (這屋裡連三日兩日進來的唱戲的小粉頭們, 都三般兩樣掂人分兩放小菜碟兒了.) <홍루 60:26> 이졔 ㄴ 싱각ᄒᆞ니 져 몃 낫 젹은 분두들이 도시 다른 믈건이 되지 못ᄒᆞᄂᆞᆫ지라 (如今我想: 趁着這幾個小粉頭都不是正經貨.) <홍루 60:29> 너의 무리 형뎨가 우리 무리 ᄌᆞ미들을 가져 권도로 분두[기싱이란 말]롤 ᄆᆡᆫᄃᆞ러 와셔 즐거오믈 취ᄒᆞᄂᆞ냐 너의 무리 ᄆᆞᆫ득 혬을 그릇 놋토다 (你們哥兒倆拿着我們姐兒兩個權當粉頭來取樂兒, 你們就打錯了算盤了.) <홍루 65:35> 이젹의 왕싱이 후원의 만흔 금빅을 맛다 지쥐 되야시니 후미 그 형을 위ᄒᆞ야 분두롤 사고 ᄯᅩ 싱의 쇼년 풍뉴로 미녀롤 속여 지믈 엇기롤 꾀ᄒᆞ여 <낙천 1:48> 엇지 년화 분두의 숑구영신ᄒᆞᄂᆞᆫ 쳔창을 도ᄎᆞ의 관졍ᄒᆞ여 빅만 ᄉᆞ졸 가온ᄃᆡ 체면을 손상ᄒᆞ리오 <윤하 56:44> ※ 粉頭 ‖ ᄒᆞᆫ 盖頭롤 드니 ᄒᆞᆫ 粉頭ㅣ 드러나ᄂᆞᆫᄯᅩ다 ᄒᆞᆫ 老頭의게 보내야 ᄒᆞᆫ 丫頭롤 나흐리로다 (揭下一箇盖頭, 露出一箇粉頭<兒>, 送與一箇老頭, 養下一箇丫頭.) <오전 6:6b>

【분두뵈고】 명 ((관직)) 효기장교(驍騎將校). '(驍騎將校,

본더보쇼쿠)'의 만주어 차용어.¶ 분두벗고 (驍騎校) <방석-관직 1:32a>

【분경지도】 명 분정기도(忿正氣頭). 지금 막 화가 치밀어 있는 상태. '지(氣, qì)'는 중국어 직접 차용어.¶ 에그 아모 말도 말어야 ᄒᆞ겟다 아바지계셔 분경지도에 ᄒᆞ시는 말숨이지 그러치 아니면 아즉 압일을 지닉보시지도 안이ᄒᆞ시고 <화의혈 59>

【분경지두】 명 분정기두(忿正氣頭). 지금 막 화가 치밀어 있는 상태. '지(氣, qì)'는 중국어 직접 차용어.¶ 氣頭上 ‖ 또ᄒᆞᆫ 정히 분경지두의 이시미 일즉 말숨의 경즁을 싱각지 못ᄒᆞ고 (也因正在氣頭上, 未曾想話之輕重.) <홍루 34:84>

【불가리】 명 ((지리)) 불가리아(Bulgaria). 유럽 발칸 반도 동부에 있는 공화국. 14세기 이래로 터키의 지배를 받아 오다가 1908년에 완전 독립하였음. (외래어).¶ 유로빠의 불가리는 토이기에 종이 되야 압졔 학디 슬타 ᄒᆞ고 <대동공보 1909.4.11> ⇒ 불국

【불국】[1] 명 ((지리)) 불가리아(Bulgaria). 유럽 발칸 반도 동부에 있는 공화국. 14세기 이래로 터키의 지배를 받아오다가 1908년에 완전 독립하였음. (외래어).¶ 깃부도다 깃부도다 불국 독립 거울이라 <대동공보 1909.4.11> ⇒ 불가리

【불국】[2] 명 ((지리)) 불국(佛國). 프랑스. (중국어 간접 차용어).¶ 법국 | 불국 | 불란국 | 불난셔 <법한 649> ☞ 법국, 법난셔, 법란셔, 불난셔, 불란셔, 블란시, 뜨란스, 뜨런스, 쯔란스, 쯔랑쓰, 프란스, 흐란스

【불국인】 명 ((인류)) 불국인(佛國人). 프랑스인. (중국어 간접 차용어).¶ 법국인 | 불국인 | 법인 | 불인 <법한 649> ⇒ 불인 ☞ 법국인

【불난셔】 명 ((지리)) 불란서(佛蘭西, France). 프랑스. 유럽 서부에 있는 공화국. 민족 대이동의 결과 5세기에 프랑크 왕국이 성립하여 백 년 전쟁 이후 왕권이 신장되었고, 17~18세기에는 유럽의 지도적인 위치에 군림하였다. (중국어 간접 차용어).¶ 법국 | 불국 | 불란국 | 불난셔 <법한 649> 불난셔 떡 (弗蘭西餅) <조반> 불난셔 푸딩 (法蘭西樸定) <조반> 불난셔 공관에셔 무도회 헌다 허고 <유일> 佛蘭斯 ‖ 가장 묘ᄒᆞᆫ 것은 불난셔 여ᄌᆞ의 슈염인ᄃᆡ 일본 사ᄅᆞᆷ이나 조선사람 등의 엷은 슈염들은 도져히 싸를 슈 업시 난 자가 잇소 <일선 250> ⇒ 불란셔, 블란시 ☞ 법국, 법난셔, 법란셔, 뜨란스, 뜨런스, 쯔란스, 쯔랑쓰, 프란스, 흐란스

【불란셔】 명 ((지리)) 불란서(佛蘭西). 프랑스(France). 유럽 서부에 있는 공화국. 민족 대이동의 결과 5세기에 프랑크 왕국이 성립하여 백 년 전쟁 이후 왕권이 신장되었고, 17~18세기에는 유럽의 지도적인 위치에 군림하였다. (중국어 간접 차용어).¶ 불란셔라 ᄒᆞ는 나라 량반들이 우리 개고리의 우는 소리를 듯기 슬타고 빅셩들을 불너 개고리를 다 잡으라 ᄒᆞ다가 맛참닉 혁명당이 니러나셔 란리가 되엿스니 사ᄅᆞᆷ갓치 무도ᄒᆞᆫ 거시 세샹에 또 잇스리오 <금수 25> ⇒ 불난셔, 블란시 ☞ 법국, 법난셔, 법란셔, 뜨란스, 뜨런스, 쯔란스, 쯔랑쓰, 프란스, 흐란스

【불랑시아-국】 명 ((지리)) 미상. (외래어).¶ 이 회는 텬쥬 강싱 후 일천 륙빅 팔십 년에 시작ᄒᆞᆫ지라 예수ㅣ 불랑시아국 슈녀 마리아 말가리다의게 나타나 뵈시고 명ᄒᆞ샤 쥬교와 교종끠 품ᄒᆞ야 온 셰샹 사ᄅᆞᆷ을 위ᄒᆞ야 이 쳠례와 회 셰우기를 허락ᄒᆞ게 ᄒᆞ시니 그 회의 뜻이 대략 세히 잇는지라 <쳠례-예수셩심 6a> ⇒ 부랑시아국

【불어】 명 ((언어)) 불어(佛語). 프랑스어. (중국어 간접 차용어).¶ 법국말 | 법어 | 불어 <법한 649> ☞ 법국말, 법어

【불인】 명 ((인류)) 불인(佛人). 프랑스인. (중국어 간접 차용어).¶ 법국인 | 불국인 | 법인 | 불인 <법한 649> ⇒ 불국인 ☞ 법인, 법국인

【붓치-푸리】 명 ((상업)) 부채포리(-鋪裏). 부채가게. '푸리(鋪裏, pùli)'는 중국어 직접 차용어.¶ 붓치푸리 볼작시면 화루변듁 쇄금당션 빅단향살 종여살과 ᄌᆞ기ᄉᆞ북 승두션과 죽피 부친 소당션과 그림 그린 세술부치 두루미털 빅우션과 오목ᄌᆞ로 만든 미션 우그러진 파쵸션과 방석 겻듯 창포 미션 <연행-병인>

【붓-푸리】 명 ((상업)) 붓포리(-鋪裏). 붓가게. '푸리(鋪裏, pùli)'는 중국어 직접 차용어.¶ 붓푸리를 볼작시면 토호 장호 슌양호며 ᄃᆡᄌᆞ 쓰는 종여필과 소ᄌᆞ 쓰는 명월쥬며 황모 청모 마모수필 쥐나룻 센 기털붓 쥬먹 ᄀᆞᆺ튼 제모필은 외ᄌᆞ 쓰기 죠타 ᄒᆞ고 <연행-병인>

【브노스익리스】 명 ((지리)) 부에노스아이레스(Buenos Aires). 남아메리카의 라플라타 강 하류에 있는 항구 도시. 세계적인 무역항이고, 남아메리카 최대의 도시이다. 아르헨티나의 수도. (외래어).¶ 또 브노스익리스와 바히아블랑가ㅣ란 포구가 잇고 북편에 테라쪌푸에고ㅣ란 큰 셤이 잇스니 반은 칠니국 싸히며 <사필1889-헐버트 134>

【브도리고】 명 ((지리)) 푸에르토리코(Puerto Rico). 서인도 제도의 대앤틸리스 제도 동단에 있는 푸에르토리코 섬을 차지하는 미국의 자치령. (외래어).¶ 규바 읍닉는 하바나ㅣ오 몬담빅가 온 텬하에 뎨일 됴흐니라 또 마단스와 산듸아고ㅣ란 촌이 잇고 헤듸국 도셩은 봇오브린스ㅣ오 산드밍고국 됴셩은 산드밍고ㅣ오 브도리고 읍닉는 산후안이오 제메가 읍닉는 깅스단이오 바하마 읍닉는 나셔ㅣ며 <사필1889-헐버트 115>

【브라마푸드라】 명 ((지리)) 브라마푸트라(Brahmaputra)강. 인도 동부를 흐르는 큰 강. 중동부 티베트에서 시작하여 히말라야 산맥의 북부와 인도의 아삼 지방을 거쳐 방글라데시에서 갠지스 강과 함께 대삼각주를 이루며 벵골 만으로 흘러 들어간다. (외래어).¶ 남에는 란롱과 곤륜이란 산이 잇고 [온 텬하에 뎨일 놉흔 산이니 이만 쳑이라] 또 청국히로 드러가는 간턴이란 강과 인도 싸흘 지나

인도양에로 드러가는 브라마푸드라ㅣ란 강과 헤난이란 셤이 잇고 <사필1889-헐버트 72>

【브랑시아-국】 명 ((지리)) 프러시아국(Prussia國). 독일 북동부, 발트해 기슭에 있던 지방. 1701년에 프로이센 왕국이 세워졌으나 제2차 세계대전 후 소련 및 폴란드에 점령되었으며 이름도 없어졌다. (외래어).¶ 쥬교와 신부를 모호고 샹의ᄒᆞ야 몬져 유신부를 쳐뎡ᄒᆞ야 보내시고 후에 브랑시아국에 붓치샤 죠관케 ᄒᆞ시니 쥬교와 신부ㅣ 련면ᄒᆞ야 림ᄒᆞ시고 <기해-류와스딩 46b>

【브레실】 명 ((지리)) 브라질(Brazil). 남아메리카 동부에 있는 연방 공화국. 1882년 포르투갈에서 독립하였다. (외래어).¶ 브레실 <사필> ⇒ 보라치르, 뿌래씰, 뿌레실 ☞ 파셔국

【브로시야】 명 ((지리)) 프러시아(Prussia). 라틴어로는 Borussia. 프로이센(Preussen). 독일 북동부, 발트해 기슭에 있던 나라. 1701년에 프로이센 왕국이 세워졌으나 제2차 세계대전 후 소련 및 폴란드에 점령되었으며 이름도 없어졌다. (외래어).¶ 브로시야 (普魯士) <환중대구장상육주 19후반>

【브릐스벤】 명 ((지리)) 브리즈번(Brisbane). 오스트레일리아 퀸즐랜드 주의 남동부에 있는 항만 도시. (외래어).¶ 읍니는 동편에로 둘히 잇스니 브릐스벤과 싯넷시오 또 루긔슬과 멧란드와 쎄더스드ㅣ란 촌이 잇고 남편에 멜번과 이들네드와 쌜나랏과 신던스드ㅣ란 촌이 잇고 <사필1889-헐버트 155>

【브리-드】 명 ((음식)) 브레드(bread). 빵. (외래어).¶ 브리-드 (餠, 빵) <영어일상통화단어초집 우산>

【븍비리아】 명 ((지리)) 북비리아(北非利亞). 미상. (중국어 간접 차용어).¶ 븍비리아(北非利亞) <이언>

【븍-아메리까】 명 ((지리)) 북아메리카(北America). 아메리카 대륙의 북부. (외래어).¶ 븍아메리까에 합즁국이 잇ᄂᆞᆫ디 그 나라는 셔력 일천 칠빅 칠십 륙년 칠월 ᄉᆞ일에 독립국이 되엿ᄂᆞᆫ디 ᄒᆞᆫ 돌에 네 날식 일년에 오십이일은 님군으로 빅셩ᄭᆞ지 젼국이 셰샹 일은 쉬고 하ᄂᆞ님ᄭᅴ 례비ᄒᆞᄂᆞ니 <경세종 12> ⇒ 븍아메리카

【븍-아메리카】 명 ((지리)) 북아메리카(North America). 서쪽은 태평양, 동쪽은 대서양, 북쪽은 북극해에 둘러싸인 서반구 북부의 대륙. (외래어).¶ 일천 오빅 이십 년에 이스바니아 사룸 고틔쓰가 븍아메리가 남편 디경 멕시고 싸헤 니르러 <만국통감1912 4, 10> ⇒ 븍아메리까

【븐】 명 분(分). 때. (이두어).¶ 긔미연 븐의 고모부 홍셕영이 구졔 아니ᄒᆞᆫ다 ᄒᆞ고 말을 슝험ᄒᆞ게 지여 너여 싀부을 위협ᄒᆞ고 관가을 경ᄒᆞ란다 ᄒᆞ온즉 그 무의ᄒᆞᆫ 인믈을 촉가 아니ᄒᆞ옵고 <구례 뉴풍천 숀부 조씨 원정 1816>

【블난시-국】 명 ((지리)) 불란서(佛蘭西 France). 프랑스. 유럽 서부에 있는 공화국. 민족 대이동의 결과 5세기에 프랑크 왕국이 성립하여 백 년 전쟁 이후 왕권이 신장되었고, 17~18세기에는 유럽의 지도적인 위치에 군림하였다. (중국어 간접 차용어).¶ 이스바니아국과 포츄갈국과 쉿슬란드국과 이달리아국과 오스드리아 헝거리국과 루마니아국과 셰비아국과 만트늬그로국과 터키국과 ᄶᅳ리스국이니 <사필1889-헐버트 13> ⇒ 블란셔, 불란셔, 블란시 ☞ 법국, 법난셔, 법란셔, 뿌란스, 뿌런스, 쯔란스, 쯔랑쓰, 프란스, 흐란스

【블넨하임】 명 ((지리)) 블렌하임(Blenheim). (외래어).¶ 블넨하임 (邊亥米 Blenheim) <만국통감1912 11>

【블늬비아-국】 명 ((지리)) 볼리비아(Bolivia). 남아메리카 가운데에있는 공화국. 1825년 에스파냐에서 독립하였다. (외래어).¶ 아메리까에 각 디방과 각 나라는 가나다와 [영길리국 쇽방이라] 덴막아메리까와 합즁국과 멕스고국과 센드랄아메리까국과 셔인도와 걸넘비아국과 베네수일나국과 기아나와 쁘레실국과 엑궤도국과 비루국과 블늬비아국과 칠릐국과 아젠틴합즁국과 바라궤국과 유루궤국이니라 <사필1889-헐버트 102>

【블님】 명 ((지리)) 불림(拂菻). 미상. (외래어).¶ 拂菻 ‖ 신나는 비단을 쫀 숑을 주ᄒᆞ고 텬튝은 말ᄒᆞᄂᆞᆫ 새롤 드리고 파ᄉᆞᄂᆞᆫ 쥐 잡ᄂᆞᆫ 비암을 밧치고 블님은 몰 ᄶᅳᄂᆞᆫ 개롤 밧치고 (新羅奏織錦之頌, 天竺致能言之鳥, 波斯獻捕鼠之蛇, 拂菻進曳馬之狗.) <니태빅뎐-단국 26>

【블란시】 명 ((지리)) 프랑스(France). 유럽 서부에 있는 공화국. 5세기에 프랑크 왕국이 성립하여 백년 전쟁 이후 왕권이 신장되었고, 17~18세기에는 유럽의 지도적인 위치에 군림하였다. 1789년의 혁명으로 공화정이 성립되었다. (외래어).¶ 사름의 수효를 의론컨대 십팔만명이오 시족은 몽고와 메레요 언어는 본나라ᄉ 말 잇스며 국톄를 의론컨대 님금이 계시고 경ᄉᆞ는 블란시국 관원이 임의대로 쥬쟝ᄒᆞ며 블란시국 쇽국인 연고ㅣ니라 <사필1889-헐버트 82> ⇒ 불난셔, 불란셔 ☞ 법국, 법난셔, 법란셔, 뿌란스, 뿌런스, 쯔란스, 쯔랑쓰, 프란스, 흐란스

【블로나】 명 ((지리)) 볼로냐(Bologna). 이탈리아의 북부, 롬바르디아 평원 남쪽에 있는 상공업 도시. (외래어).¶ 북에는 두린과 밀란과 젠오아ㅣ란 포촌과 블로나와 쎄늬스ㅣ란 큰 촌이 잇고 나라ᄉ 가온대 플로렌스ㅣ란 큰 촌이 잇고 몃 히 젼에 나라ᄉ 셔울을 옴겻던 곳이라 <사필1889-헐버트 51>

【블루늬지】 명 ((지리)) 블루리지산(Blue Ridge 山). 미국 애팔래치아 산맥의 동부를 이루고 있는 산. (외래어).¶ 디형을 의론컨대 셔에 으라키산이오 히변에 가스켓과 시에라네바다ㅣ란 큰 산이 잇고 동편에 아블라지안과 블루늬지와 알늬게늬와 그린이란 산이 잇고 <사필1889-헐버트 105>

【블럭】 명 ((지리)) 블랙(Black). 흑해(黑海). (외래어).¶ 디경을 의로컨대 북은 북빙양이오 동은 아시아와 ᄀᆡ스비안이란 못시오 [수천 리 되ᄂᆞᆫ 못시라] 남도 아시아ㅣ며 또 블럭이란 못과 수천 리 되ᄂᆞᆫ 못시라 루마니아국과 오

스드리아국이오 <사필1889-헐버트 14> 오뎃사ㅣ란 포구는 블럭 못세로 통ᄒᆞ고 ᄯᅩ 늬버ㅣ란 강도 블럭 못세로 통ᄒᆞ고 돠이나ㅣ란 강은 화잇이란 하슈로 통ᄒᆞᆫ 포구ㅣ오 <사필1889-헐버트 15>

【블럭-하슈】 명 ((지리)) 블랙하수. 흑해(黑海). 유럽과 아시아의 경계에 있는 바다. 우크라이나·루마니아·불가리아·터키 등으로 둘러싸여 있으며, 북쪽 연안에서는 어업이 활발하다. (외래어).¶ 오뎃사ㅣ란 포구는 블럭 못세로 통ᄒᆞ고 ᄯᅩ 늬버ㅣ란 강도 블럭 못세로 통ᄒᆞ고 돠이나ㅣ란 강은 화잇이란 하슈로 통ᄒᆞᆫ 포구ㅣ오 셔편 블럭하슈에 릐나와 크런스닷이란 두 포구가 잇스며 <사필1889-헐버트 15> 디경을 의론컨대 북은 루마니아국과 셔비아국이오 동은 블럭하슈ㅣ오 남은 ᄃᆡ즁히와 ᄭᅳ리스국이오 셔는 셔비아국과 ᄯᅩ 만트늬그로국과 에드리아틱 하슈ㅣ며 <사필1889-헐버트 55>

【블씌모】 명 ((지리)) 볼티모어(Baltimore). 미국의 메릴랜드 주에 있는 도시. 체사피크 만의 서쪽 연안에 있는 무역항으로, 제철·조선·화학·정유 따위의 중공업이 발달하였다. (외래어).¶ 도셩을 의론컨대 일흠이 워슁던이니 나라ㅅ 동편이오 ᄯᅩ 누역과 [영국 셔울 대옴 큰 촌이니라] 피라델피아와 보스든과 블씌모와 잘쓰던이란 포촌이 잇고 <사필1889-헐버트 107>

【벌렌시아】 명 ((지리)) 발렌시아(Valencia). 에스파냐 동부에 있는 주(州). 지중해에 면한 농산물의 집산지로, 견직물·도자기 공업이 성하다. (외래어).¶ 도셩을 의론컨대 일흠이 ᄆᆡ드릿이니 나라 ᄒᆞᆫ가온대요 ᄯᅩ 동편에 ᄡᅡ실로나ㅣ란 큰 촌이 잇고 벌렌시아와 사라거샤와 머시아ㅣ란 큰 촌이 잇고 <사필1889-헐버트 43>

【비국】 명 ((지리)) 비국(比國). '비리시국(比利時國)'의 준말. 벨지움(Belgium). 벨기에(België). 유럽 대륙의 북서부에 자리잡고 있는 나라. 수도는 브뤼셀. (중국어 간접 차용어).¶ 비국 | 비리시국 <법한 166> ⇒ 비리시, 비리시국 ☞ 벨기움, 벨지암, 벨지암국, 벨지엄, 빌지엄, 쎌지엄, 쎌지엄

【비너스】 명 ((천문)) 비너스(Venus). 별자리의 하나. (외래어).¶ 태양이 ᄒᆞᆫ 큰 별이라 극히 빗나며 움죽임이 업고 그 ᄀᆞ헤 도ᄂᆞᆫ 별 여ᄃᆞᆲ이 쇽ᄒᆞ엿시니 ᄒᆞ나흔 쥬비더요 둘흔 비너스요 세흔 쉿언이오 네흔 마스요 다ᄉᆞᆺ슨 이 ᄶᅡ히오 여ᄉᆞᆺ슨 넵춘이오 닐곱은 유레너스오 여ᄃᆞᆲ은 머규릐니 <사필1889-헐버트 3>

【비단-푸리】 명 ((상업)) 비단포리(緋緞鋪裏). 비단가게. '푸리(鋪裏, pùli)'는 중국어 직접 차용어.¶ 綢緞鋪 ‖ 부친 장철의 ᄌᆞᄂᆞᆫ 명뮈니 탁쥬의 니ᄅᆞ러 일ᄌᆡ 큰 비단푸리를 열며 가듕의 ᄌᆡ산이 부요ᄒᆞ고 (父親張哲字明武, 住在涿州, 開一個大綢緞鋪, 家中富有資財.) <쾌심 1:21> ▼綢緞行 ‖ 초칠일의 바야흐로 경셩의 니ᄅᆞ러 강공의 븡우 문흥국 비단푸리 ᄒᆞᄂᆞᆫ 뉴지문의 집의 헐식ᄒᆞ더니 (初七日方纔趕到, 就歇在康員外的朋友綢緞行文興號俞智文家內.) <재생 9:70> ▼綢莊 ‖ 도이낭은 은ᄌᆞ 출입과 각 포구 념션과 뎐당푸리와 비단푸리의 일졀 츌납ᄒᆞᄂᆞᆫ 문셔와 다못 화원 쇽의 죠슈와 슈림과 판ᄌᆡ와 약ᄌᆡ롤 보시흠과 희ᄌᆞ의 ᄆᆡ신ᄒᆞᄂᆞᆫ 돈과 교ᄉᆞ의 월젼 등졀을 젼위ᄒᆞ여 가음알고 (陶姨娘是專管銀錢出入, 盤査鹽船口岸、當鋪綢莊一切銷算各帳并內外花園裏的鳥獸魚樹, 施材捨藥, 戲子身價, 教師脩金等項.) <홍부 8:114> 비단푸리 볼작시면 공단 ᄃᆡ단 운문단과 모단 공단 영초단과 죠ᄀᆡ장단 소쥬단과 도리불슈 원앙단과 우단 모탑 승금단과 병ᄉᆞ슈ᄉᆞ 광월ᄉᆞ며 져ᄉᆞ ᄃᆡᄉᆞ 슈갑ᄉᆞ와 <연행-병인> ☞ 비단푸ᄌᆞ

【비단-푸ᄌᆞ】 명 ((상업)) 비단포자(緋緞鋪子). 비단가게. '푸ᄌᆞ(鋪子, pùzi)'는 중국어 직접 차용어.¶ 彩帛鋪 ‖ ᄂᆡ 뜻의ᄂᆞᆫ 별노이 방ᄉᆞ롤 짓고 비단푸ᄌᆞ롤 열고ᄌᆞ ᄒᆞ노라 (我意思想在熱鬧處去尋間房屋, 來開個彩帛鋪.) <평요 5:55> ☞ 비단푸리

【비로】 명 ((지리)) 비로(秘魯). 페루(Peru). 남아메리카 서북부 태평양 연안에 있는 공화국. 잉카제국의 중심지로, 1821년에 에스파냐에서 독립하였다. 수도는 리마. (중국어 간접 차용어).¶ 비로(秘魯) <이언> ☞ 베루, 비루, 퍼루

【비로도】 명 ((복식)) 짧은 털이 곧바로 내돋히게 짠 날털돋음천. 바탕 날실과 씨실, 털날실로 이루어져 있다. 부드럽고 윤기가 나며 휘늘어지는 성질을 가지고 있다. 흔히 여성들의 옷감으로 쓰이며 일부 무대막, 집안 장식용 천으로 쓰인다. 벨벳(velvet). 우단(羽緞). (외래어).¶ 흑ᄉᆡᆨ 비로도 치마 ᄎᆞ 일 빅ᄉᆡᆨ 시시오리 치마 ᄎᆞ 일 도러ᄉᆡᆨ 신짓구 치마 ᄎᆞ 일 빕비루 치마 ᄎᆞ 일 <물목-경고-2 장농> 남색 비로도 상의 ᄎᆞ 일 …남색 비로도 하의 ᄎᆞ 일 록색 관사 하의 ᄎᆞ 일 모시 하의 차 일 속치마 ᄎᆞ 일 바지 일 보선 일 양장지 일체 쪽두리 댕기 보쌔 큰 낭자 빈혀 일 <물목-죽림 1921 혼함> 양ᄉᆡᆨ 국도 집치마 ᄎᆞ 일 남ᄉᆡᆨ 비로도 치마 ᄎᆞ 일 초록 오ᄲᅡ루 치마 ᄎᆞ 일 옥ᄉᆡᆨ 츈면도 치마 ᄎᆞ 일 <물목-경고-5 1941 장농> 비로도 처마 일ᄎᆞ 츈츄 비로도 처마 일ᄎᆞ ᄂᆡ슈 처마 일ᄎᆞ 유록 단ᄉᆞ 처마 일ᄎᆞ 인쥬 살ᄉᆡᆨ 처마 ᄎᆞ 니 인슈 슉ᄉᆡᆨ 처마 ᄎᆞ 니 후지기노 처마 ᄎᆞ 니 빕비로 쳐마 ᄎᆞ 니 옥양목 처마 일ᄎᆞ 무명 은ᄉᆡᆨ 쳐마 일ᄎᆞ 모슈 옥ᄉᆡᆨ 처마 ᄎᆞ 니 마포 반물 처마 ᄎᆞ 니 인쥬 단이 일 <물목-한고1956 현혼함> 북방ᄉᆡᆨ 비로도 치마 ᄎᆞ 닐 흑ᄉᆡᆨ 비로도 치마 ᄎᆞ 닐 잉ᄉᆡᆨ 빠리수 치마 ᄎᆞ 닐 <물목-혼함 06:12:08> 비로도 치마 ᄎᆞ 일 츈츄 나롱 치마 ᄎᆞ 일 하나롱 치마 ᄎᆞ 일 신직구 살ᄉᆡᆨ 치마 ᄎᆞ 일 쏘라 국청ᄉᆡᆨ 치마 ᄎᆞ 일 ᄂᆡ이롱 팟ᄉᆡᆨ 치마 ᄎᆞ 일 <물목1972 07:07:01> 비로도 하이 양단 상이 나이롱 상이 호박단 상이 인죠 쏙하이 나이롱 양단 하이 명주 일 필 모명 헉색 일 끈 모광목 五 마 백목 일 필 광목 반 통 고무화 일 족 유류 일 기 가위 일 기 화장품 일절 백미 대금중 육천백 환 <물목 15:11:04> 흑식 비로도 하의 차 일 양시 양단 하이 차 일 보라ᄉᆡᆨ 시시오루 하의 차 일 고리쩽 양ᄉᆡᆨ 하의 차 일 <물목-1897/1957.12.20>

【비루】[1] 명 ((지리)) 페루(Peru). 남아메리카 서북부 태평양 연안에 있는 공화국. 잉카 제국의 중심지로, 1821년에 에스파냐에서 독립하였다. (외래어).¶ 비루 (皮魯, Peru) <만국통감1912 10> 아메리까에 각 디방과 각 나라는 가나다와 [영길리국 속방이라] 덴막아메리까와 합즁국과 멕스고국과 센드랄아메리까국과 셔인도와 걸넘비아국과 베네수일나국과 기아나와 쓰레실국과 엑궈도국과 비루국과 블늬비아국과 칠릐국과 아젠된합즁국과 바라궈국과 유루궈국이니라 <사필1889-헐버트 102> 아홉 히를 지나 이스바니아 사룸 피사로가 남아메리가 산령을 넘어 비루국 짜헤 니르러 묘인을 쳐 물니치고 묘빅을 사로 잡으니라 <만국통감1912 4, 10> ⇒ 베루, 페루 ☞ 비로

【비루】[2] 명 ((음식)) 비루(ビール)> 비어(beer). 맥주. 엿기름가루를 물과 함께 가열하여 당화한 후, 홉(hop)을 넣어 향(香)과 쓴맛이 나게 한 뒤 발효하여 만든 알코올성 음료의 하나. (외래어).¶ 믹쥬 | 보리술 | 비루 <법한 175> ⇒ 삐루, 쎄루

【비률빈】 명 ((지리)) 비율빈(比律賓). 필리핀(Philippines). 1571년에 스페인이 마닐라를 빼앗아 군도(群島)의 수도로 삼아 1898년까지 식민지 경영을 함. 1898년 미서전쟁(美西戰爭)의 결과 미국은 2천만 달러로 필리핀을 매수함. 2차 세계대전 때에는 일본군에 점령되었으나 1946년 완전 독립함. '비률빈(比律賓)'은 중국어 간접 차용어.¶ 비률빈에 뎌 인민들 미국 쇽디 된 이후로 <대매 1910.5.4>

【비리버】 명 ((인명)) 빌립(Philip). 십이 사도의 한 사람. 본디 갈릴리의 어부였으며, 나다나엘을 예수에게 인도하였다. (외래어).¶ 훈 어린 우히 가져온 바 밀떡 다숫 기와 젹은 물고기 누 기룰 가져 츅셩ᄒᆞ샤 붓 사룸을 혜쳐 먹이니 대략 오쳔여 인이오 우히와 부녀는 혜지 아닌지라 남은 떡과 고기 오히려 열두 광주리 되니 이는 비리버ㅣ 친히 눈으로 보고 몸으로 당훈 일이니 더옥 깃거 복종ᄒᆞ더라 <쳠례-비리버 104b>

【비리시】 명 ((지리)) 비리시(比利時). 벨지움(Belgium). 벨기에(België). 유럽 대륙의 북서부에 자리잡고 있는 나라. 수도는 브뤼셀. (중국어 간접 차용어).¶ 비리시(比利時) <이언> ⇒ 비국, 비리시국 ☞ 벨기움, 벨지암, 벨지암국, 벨지엄, 빌지엄, 쎌지엄, 쎌지엄

【비리시-국】 명 ((지리)) 비리시국(比利時國). 벨지움(Belgium). 벨기에(België). 유럽 대륙의 북서부에 자리잡고 있는 나라. 수도는 브뤼셀. (중국어 간접 차용어).¶ 비국 | 비리시국 <법한 166> ⇒ 비국, 비리시 ☞ 벨기움, 벨지암, 벨지암국, 벨지엄, 빌지엄, 쎌지엄, 쎌지엄

【비링】 명 ((지리)) 베링(Bering). 태평양 북부의 캄차카 반도, 알래스카 반도 및 알류샨 열도에 둘러싸인 해역. 북쪽 끝의 베링 해협을 통하여 북극해에 연결된다. (외래어).¶ 디형은 남편에 센트일나야스ㅣ란 미우 놉흔 화산과 또 화산이 열히 잇고 훈가온대 류곤이란 강이 비링 하슈로 드러가고 또 만흔 셤이 잇고 셔편에 알루쉬안이란 여러 셤이 련ᄒᆞ고 <사필1889-헐버트 110>

【비링과아라】 명 ((지리)) 바옌카라(巴顔喀拉)산. 중국 칭하이성에서 동서방향으로 뻗은 산맥. 쿤룬산맥의 지맥으로, 평균 5,000~6,000m의 해발고도이며 황허강의 발원지이다. (외래어).¶ 셔에는 가라고름과 켈룬과 텬이란 산과 젹은 못시 만코 훈가온대는 만과 비링과아라ㅣ란 산이 잇고 또 동편에 누황과 텬진과 티푸와 샹히와 부챠오와 홍콩과 에모이와 닝보와 솨토ㅣ란 포구가 잇스며 텬진브터 남경을 지나 닝보ᄭᆞ지는 모든 강이니라 <사필1889-헐버트 72>

【비슈비엇】 명 ((지리)) 베수비오(Vesuvio)산. 이탈리아 남부 나폴리의 동쪽에 있는 이중식 활화산. (외래어).¶ 디형을 의론컨대 북에는 앏이란 큰 산이 두루고 못과 모든 강이 만코 또 북에셔브터 남에로 압페나인이란 산이 나라 훈가온대로 건너 가고 남에는 시실리란 큰 셤과 비슈비엇이란 화산이 잇고 또 시실리 셤 동편에 엣나ㅣ란 화산이 잇고 이 두 화산이 미우 크고 ᄒᆞᆼ샹 연긔와 큰 불ㅅ길과 소릐가 대단히 나ᄂᆞ니라 <사필1889-헐버트 50>

【비스켓】 명 ((음식)) 비스켓(biscuit). 과자. (외래어).¶ 쩜푸링 ‖ 밀가루 2잔 쎄킹파우더 2 쇼슈가락 (수북하게) 소곰 1 쇼슈가락 우유 ½잔 우유 외에 모든 것을 함께 셕거 세 번 체에 친 후 우유를 너허 비스켓 반죽갓치 되게 만든 다음에 슈가락으로 끌는 국물에 쪄 너코 쑤껑을 덥고 15분 동안 잘 삶을 것 <서요 32> ⇒ 비스켈, 삐스케트 ☞ 크랙키

【비스켈】 명 ((음식)) 비스켓(biscuit). 과자. (외래어).¶ 비스켈 (乾餠) <자통-음식 414> ⇒ 비스켓, 삐스케트 ☞ 크랙키

【비언나】 명 ((지리)) 비엔나(Vienna). 빈(Wien)의 영어 이름. 중부 유럽, 다뉴브 강 연안에 있는 도시. 숲에 둘러싸인 아름다운 고도(古都)로, 중부 유럽의 경제·교통·문화의 중심지이다. 오스트리아의 수도. (외래어).¶ 도셩을 의론컨대 오스드리아 도셩은 일홈이 비언나ㅣ니 단윱 강 동편이오 헝게리아 도셩은 일홈이 쯰다뮈스트ㅣ니 헝게리아 셔편이오 <사필1889-헐버트 55> ⇒ 비엔나

【비엔나】 명 ((지리)) 비엔나(Vienna). 빈(Wien)의 영어 이름. 중부 유럽, 다뉴브 강 연안에 있는 도시. 숲에 둘러싸인 아름다운 고도(古都)로, 중부 유럽의 경제, 교통, 문화의 중심지이다. 오스트리아의 수도이다. (외래어).¶ 비엔나 偉息 Vienna <만국통감1912 10> 이긘 째를 타셔 비엔나 경도로 갓가히 다다 드러가셔 사룸을 보내여 셩에 드러가 덕국 황뎨를 보고 ᄒᆞ여곰 <만국통감1912 4, 46> ⇒ 비언나

【빅도리아】 명 ❶ ((지리)) 빅토리아(Victoria). 캐나다 밴쿠버 섬의 남쪽에 있는 항구 도시. 목재, 고무, 통조림

따위를 수출한다. 브리티시컬럼비아 주의 주도(州都)이다. (외래어).¶ 또 동편에 누번드란드와 [천 리 되는 섬] 겝브리던이란 [삼백 리 되는 섬] 셤이 잇고 북편에도 셤이 만코 셔편에 빈구버와 [천 리 되는 섬] 적은 셤이 만코 또 동편에 할리박스와 귀벡이란 포구가 잇고 셔편에 빅도리아와 빈구버ㅣ란 포구가 잇스며 <사필1889-헐버트 103> ❷ ((지리)) 비토리아(Vitoria). 브라질 에스피리투산투 주에 있는 도시. 커피·섬유·설탕을 생산한다. (외래어).¶ 도셩을 의론컨대 일홈이 으료졘이로ㅣ니 나라ㅅ 동편이오 또 ㅂ라와 아라가쥬와 마가료와 ㅂ라히바와 더릐시나와 고야스와 마가ㅂ와 셔호플노와 빅도리아와 우레브로ㅣ란 촌이 이고 <사필1889-헐버트 123>

【빈】 명 ((복식)) 핀(pin). 장식핀. (외래어).¶ 압뎡 | 화빈 (빈) <법한 1148>

【빌나도】 명 ((인명)) ((기독)) 빌라도(Pilatus Pontius) 26년부터 36년까지 유대를 통치한 로마 총독. 예수의 재판관으로 무죄를 알면서도 유대인의 압력에 의하여 십자가형을 내렸다고 한다. (외래어).¶ 유대 총독 빌나도 유대인의 피를 흘녀 재물에 적금이라 예수ㅣ 갈ㅇ샤ᄃ 너희들은 싱각ᄒ라 갈닐니인 사ᄅᆷ의 참혹히 해 밧음이 갈닐니에 두루 사는 수다ᄒ 인민보다 죄악이 지중ᄒ야 그런 줄노 녁이ᄂ냐 <연경-살륙가 100>

【빌닙】 명 ((인명)) 빌립(Philip). 십이 사도의 한 사람. 본디 갈릴리의 어부였으며, 나다니엘을 예수에게 인도하였다. (외래어).¶ 빌닙 腓力 Philip <만국통감1912 10> 데오 쫠스의 아들 데이 빌닙이 이스바니아에셔 그 아부지의 위를 니으니 <만국통감1912 4, 31>

【빗】 명 ((관직)) 옛 관청에서 일을 맡아본 부서, 또는 그 벼슬아치. '서기'를 가리키는 중세몽고어 차용어. 몽고문어에 동사 어간 biči-(書)에 접미사 -geči가 붙은 bičigeči(書記)가 있었는데 이것이 bičciyeči를 거쳐 bičeči로 변한 것으로 변한다. 비치> 빗> 빗.¶ 政色、軍色之類, 皆曰빗 <고석-40 나려이독> ※ "新置必闍赤及申聞色. <고려사-28 충렬왕 4:10:신미> 元制, 必闍赤(闍, 音舍), 掌文書者, 華言秀才也. 今淸呼筆帖式, 東俗所謂色吏者, 自高麗已然, 呼非赤, 非卽必闍二合聲. <이재난고 25:24 화음방언자의해>

【빗그】 형 빅(big). 크다. (외래어).¶ 빗그 (大) <영어일상통화단어초집 우산> ⇔ 스몰

【ㅂ라나】 명 ((지리)) 파라나(Parana)강. 남아메리카 브라질 중남부를 흐르는 강. 브라질 남동쪽 고원에서 시작하여 팜파스를 지나 라플라타 강으로 흘러든다. (외래어).¶ 북편에 요하늬스ㅣ란 큰 셤이 잇고 또 파라와 마라남과 동편에 버남뷔고와 바히아와 으라요졘이로ㅣ란 포구가 잇스며 <사필1889-헐버트 123>

【ㅂ라나히바】 명 ((지리)) 파라나이바(Paranaiba)강. 남아메리카 중동부 파라나 강의 상류를 이루는 강. 브라질 남동쪽 고원에서 시작하여 남서쪽으로 흘러 그란데 강과 합쳐져 파라나 강으로 흘러든다. (외래어).¶ 동편에도 간된스와 ㅂ라나히바와 산프란스시고ㅣ란 강이 대셔양에로 드러가고 남편에 ㅂ라나ㅣ란 강이 대셔양에로 드러가고 북편에 요하늬스ㅣ란 큰 셤이 잇고 <사필1889-헐버트 123>

【본자】 명 ((건축)) 반자(板子, bǎnzi). 지붕 밑이나 위층 바닥 밑을 편평하게 하여 치장한 각 방의 천장. (중국어 직접 차용어).¶ ㅇ무 걱정 업는 사람갓치 잠이 드러셔 본즈가 울리도록 코를 고는ᄃ <귀의성 36> ⇒ 반자, 반쟈, 반즈

【비디】 명 ((인류)) 배지(陪持/背的). '배지(陪持)'는 조선시대 지방 관아에서 장계를 가지고 서울에 가던 사람. '배지(背的)'는 '짊어진 사람'이란 뜻으로, 조선시대 '체신부'를 달리 이르던 말. '디(的 de> di)'는 중국어 직접 차용어.¶ 거월 비디 회편의 셥ᄒ기 힝젼 보션 보너여 숩더니 보시디 안인ᄀ 보오니 하졍의 답ᄒ오이다 <식(딸) 1911.6 ↓아바님 국한-912>

【먹기는 비디가 먹고 뛰기는 파발이 뛴다】 속 먹기는 배디가 먹고 뛰기는 파발말이 뛴다. 정작 애쓴 사람은 대가를 받지 못하고 딴 사람이 받는다는 말.¶ 먹기는 비디가 먹고 뛰기는 파발이 뛴다 (食은 背的이고 躍은 擺撥이 한다) 背的은 傳信夫오 擺撥은 站馬니 大凡 料廩은 甲이 受하고 服役은 乙이 當한다 함이라 <조속1922 196>

【비차】 명 ((식물)) 배추[白菜]. '비차(白菜, báicài)'는 중국어 직접 차용어.¶ 비차 송 (菘) <아학 상:5b> 비차 (菘) <물명-류씨 3> 비차 (菘菜) <일용-음식 9b> 비차, 又曰"白菘". (白菜) <과록-화훼 11b> 비차 (白菜) <박물-채속 12b> ▼白菜 ‖ 비차로 김치를 담거라 <한대-소채 322> ⇒ 배채, 배추, 배치, 비초, 비쵸, 비추, 비츄, 비ᄎ, 비치, 빅츄, 빅치

【비차-션】 명 ((음식)) 배추선. 배추속대를 가로로 썰어 끓는 물에 소금을 넣고 살짝 데쳐 놓고 쇠고기, 표고, 느타리, 파, 석이등은 채썰고 미나리, 실고추는 적당한 크기로 잘라 갖은 양념을 하여 살짝 볶아 내고 겨자즙을 곁들인 음식. '비차(白菜, báicài)'는 중국어 직접 차용어.¶ 비차션 동아션 호박션 외션 고초션 가지션 연포국 일과 <음식방문 1947>

【비차-씨】 명 ((식물)) 배추[白菜]씨. '비차(白菜, báicài)'는 중국어 직접 차용어.¶ 비차씨 (菜種) <신한 153> 비차씨 四升 二十四兩 무씨 一升 九兩五錢 <장기-송화선 1914.6.4> 비차씨 二升 十八兩 무씨 二升 七兩 기량목 二尺 一兩二錢 빅광동포上족긔次 三尺五寸 五兩二錢五分 又 공견 一兩五錢 고지 四卷 二兩八錢 <장기-송화선② 1915.6.12> ⇒ 비ᄎ씨, 비ᄎ시, 비ᄎ씨

【비차-통김치】 명 ((음식)) 배추통김치. 배추를 썰지 않고 통채로 담근 김치. '비차(白菜, báicài)'는 중국어 직접 차용어.¶ 어늑침치 동침이 석박지 동와석박지 갓침치 비차통김치 박김치 가지김치 얼젓국지 젓무의젓 속ᄃ 장앗지 외장앗지 장짠지 <음식방문 1947>

【비초】 명 ((식물)) 배추[白菜]. '비초(白菜, báicài)'는 중국어 직접 차용어.¶ 비초 (菘菜) <물명 10:05:15> ⇒ 배채, 배추, 배치, 비차, 비쵸, 비추, 비츄, 비ᄎᆡ, 비치, 빅츄, 빅치

【비쵸】 명 ((식물)) 배추[白菜]. '비쵸(白菜, báicài)'는 중국어 직접 차용어.¶ 비쵸 (菘菜) <몽유-장흔 상:14b> 白菜, 비쵸 (菘菜) <이록-물명 10b> 비쵸 (白菜) <총방 1a> ⇒ 배채, 배추, 배치, 비차, 비초, 비추, 비츄, 비ᄎᆡ, 비치, 빅츄, 빅치

【비쵸-밧】 명 배추밭. '비쵸(白菜, báicài)'는 중국어 직접 차용어.¶ 져 비쵸밧 압흐로셔 가라간 김이방네집 바라보고 최급장이 누의집 ᄉᆞ이골 드러셔 ᄉᆞ거리 지나셔 븍작골 막다른집이오 <춘향-동양 2:10b> ⇒ 비쵸밧ㅎ

【비쵸-밧ㅎ】 명 배추밭. '비쵸(白菜, báicài)'는 중국어 직접 차용어.¶ 오돔지진상 단지거룸으로 비쵸밧히 ᄀᆡᆼᄯᅩ쳐로 문 밧그로 ᄂᆡ더리니 어시 가로ᄶᅥ러져 분긔텅중 돌츌ᄒᆞ여 두로 도라단니며셔 혼자말노 이 노롬이 고름이 되리로다 <춘향-동양 9:30a> ⇒ 비쵸밧

【비추】 명 ((식물)) 배추[白菜]. '비추(白菜, báicài)'는 중국어 직접 차용어.¶ 비추 (白菜) <화정-음식 46> 菘菜 ‖ 비추는 김치 돗코니 <교린-초 2:20b> ⇒ 배채, 배추, 배치, 비차, 비초, 비쵸, 비츄, 비ᄎᆡ, 비치, 빅츄, 빅치

【비츄】 명 ((식물)) 배추[白菜]. '비츄(白菜. báicài)'는 중국어 직접 차용어.¶ 菘 ‖ 숑, 葉如蕪菁, 綠色差淡, 俗言白菜, 轉云비츄. <명물-소채 3:44b> 비ᄎᆡ | 비치 | 비츄 <법한 263> ⇒ 배채, 배추, 배치, 비차, 비초, 비쵸, 비추, 비ᄎᆡ, 비치, 빅츄, 빅치

【비츄-줄거리】 명 ((식물)) 배추줄거리.¶

【씨슨 비츄줄거리 갓다】 관 씻은 배추 줄기 같다. 얼굴이 희고 키가 헌칠함을 비유적으로 이르는 말.¶ 씨슨 비츄줄거리 갓다 (洗한 白菜莖과 如하다) 顔面이 蒼白하고 體幹이 長大한 人을 批評함이라 <조속1922 125>

【비ᄎᆡ】 명 ((식물)) 배추[白菜]. '비ᄎᆡ(白菜. báicài)'는 중국어 직접 차용어.¶ 비ᄎᆡ | 비치 | 비츄 <법한 263> 비ᄎᆡ의 밋동 <법한 263> 비ᄎᆡ의 속 <법한 263> 비ᄎᆡ 숑 (菘) <음운 20a> <음첩b 21b> 비ᄎᆡ (白菘, 牛肚菘) <물보-소채 상:2a> 비ᄎᆡ (白菘, 牛肚菘, 白菜) <물명괄-초목 1b> <물명고-서강 초목 5a> 비ᄎᆡ (白菘, 牛肚菘) <문류-초목 30b> 비ᄎᆡ (菘菜) <급유방> <영창약방-단양> <경험방-죽계 2b> ▼菜 ‖ 비ᄎᆡ와 무우롤 독뉸거의 싯고 돈니며 ᄑᆞᄂᆞ니도 이시며 (有數三胡人載菜韮之屬於獨輪車, 以手挽而行.) <서원 2:62a> ▼白菜 ‖ 비ᄎᆡ (白菜) <물명고-서강 초목 5a> 비ᄎᆡ, 本名菘菜. 東坡詩: 白菘如羔豚, 冒土出熊掌. (白菜) <물해-지도 3a> <사아-물명 6b> ᄯᅩ ᄒᆞᆫ 사ᄅᆞᆷ은 ᄒᆞᆫ 남글 메고 나모 두 긋티 버들광주리롤 ᄃᆞ라시니 ᄒᆞᆫ 편은 비ᄎᆡ롤 담고 ᄒᆞᆫ 편은 홍당무우롤 담아시더 (又有人荷一木, 又兩端懸柳筐, 一盛生白菜, 一盛紅蘿菖.) <서원 3:58a> 고초 당초 마늘 싱강 굴은 파의 가는 부초 향갓 쑥갓 아욱 비ᄎᆡ 상치 근디 토련이며 버셧 쥭순 도라지며 콩기름의 녹두 숙쥬 고비 달늬 고ᄉᆞ리며 콩입 팟입 당호박과 <연행-무자> 취소푸리 볼작시면 홍당무오 청당무오 향갓 쑥갓 아욱 비ᄎᆡ 버셧 쥭순 도라지며 고초 당초 마늘 싱강 굴근 파와 가는 부쵸 동구란 거문 가지 가ᄂᆞ라ᄒᆞᆫ 기단 박과 호박동이 누른 외며 고비 달니 고사리와 콩기름의 녹두 숙쥬 콩닙 팟닙 ᄊᆡ닙히오 <연행-병인> 비ᄎᆡ는 샹쥬가 ᄉᆞ셔 가게 ᄒᆞ엿다 무우는 아직 오리 둘 거순 샹홀 거시라 이후 오는 하인 편 이삼십 보낼 거시니 김치 다마 무더 두게 ᄒᆞ여라 <김성일가-76 1848 여강이씨(어머니) ↓김흥락(아들)> 무오 비ᄎᆡ 아옥 싱차 고쵸 가지 파 마놀을 식ᄉᆞ이 구별ᄒᆞ여 뷘 ᄯᅡ 업시 심어 노코 <농가1876 31> 츄동간 김장홀 격 가족이 얇고 크고 연ᄒᆞᆫ 무우을 너모 ᄶᆞ게 말고 됴흔 갓 비ᄎᆡ롤 각ᄉᆞ 그로시 져린 지 ᄉᆞ오일 만의 맛[잇는 조괴]젓과 진어 쇼어 등[준치 반당이] 져술 됴흔 믈의 만히 둠가 <규합-정양완a 셧박지 1:31a/47> 숑치[비ᄎᆡ] ‖ 일월 샹순의 심거 삼월 즁순의 먹고 오월의 심거 뉵월의 먹기 나복과 ᄀᆞᆺᄒᆞ니라 칠셕 후의 심거 ᄀᆞ을 후 쓰ᄂᆞ니 셩이 지닝ᄒᆞ여 쥬열을 ᄯᅳ되 만히 먹으면 닝이 발ᄒᆞ니 싱강과 ᄒᆞᆫ가지로 먹으면 그 씨 기름을 ᄂᆡ여 머리를 ᄇᆞ르면 털이 길고 칼의 바르면 보늬가 아니 쓰ᄂᆞ니라 <규합-정양완c 숑치 3:18a/256> 호초가로 ᄲᅵ허 쓰고 쓸일 적 기름 쳐 국을 안치고 동화 업는 ᄲᅥ의는 연한 비ᄎᆡ 흰 줄기을 잘게 ᄲᅥ러 너으되 게 독을 동화가 졔ᄒᆞ니 부되 어린 게탕은 동화을 쓰ᄂᆞ이라 <음식방문-우한 게탕 24> 비ᄎᆡ 뻘만 ᄒᆞ옵기 열디[다]셧 포기 보ᄂᆡ오니 ᄲᆞᆯ마다 술이나 흔변 ᄒᆞ여다 ᄂᆡ여 좁ᄉᆞ오시옵 <송병필가-44 1906 은진송씨(둘째딸) ↓전주이씨(어머니)> 춤꽤 비여ᄂᆡ고 무슈 비ᄎᆡ 갈나ᄒᆞ옵 부되ᄉᆞᄉᆞ 지금 여긔도 가는 ᄉᆞ람 잇ᄉᆞ옵 <죽림-7 날ᄉᆞ이> 이ᄲᅥ을 승극ᄒᆞ야 집안을 돌나보와 농역일 ᄒᆞ기 젼의 토목지역 듕슈ᄒᆞ고 비ᄎᆡ 아욱 고초 담비 치포를 일즉 ᄒᆞ소 인가의 향곡 ᄌᆞ미 가지ᄉᆞᄉᆞ 요긴ᄒᆞ다 <산낙-죽림 3> 여름에 어린 외을 무우와 비ᄎᆡ를 잠간 숨되 셰 가지을 다 줌간 살마 장에 졀이고 파 싱강 겸여 넛코 <부필 2b> 김장 웃지ᄒᆞ엿스며 무와 비ᄎᆡ 좀 팔앗난냐 <부-한고 ↓순희 형제> ⇒ 배채, 배추, 배치, 비차, 비초, 비쵸, 비추, 비츄, 비치, 빅츄, 빅치

【비ᄎᆡ-국】 명 ((음식)) 배추국[白菜-]. '비ᄎᆡ(白菜. báicài)'는 중국어 직접 차용어.¶ 시오졋 계란ᄶᅵ기 샹찬으로 ᄎᆞ려 노코 비ᄎᆡ국 무우나믈 고쵸닙 쟝앗지라 <농가1876 83>

【비ᄎᆡ-닙】 명 ((지리)) 배춧잎[白菜-]. '비ᄎᆡ(白菜. báicài)'는 중국어 직접 차용어.¶ 져린 비ᄎᆡ닙과 무우겁질 벗긴 거ᄉᆞ로 ᄀᆞ로질너 누른 후 젓 둠갓던 믈이 젹거든 닝슈을 더 치고 됴흔 됴긔젹국과 경ᄒᆞᆫ 굴젓국을 더 타 함담을 맛게 ᄒᆞ되 <규합-정양완a 셧박지 1:31b/48> 졀린 비ᄎᆡ닙과 무 겁질 벗긴 거슬 둡거이 우흘 덥고 든든ᄒᆞᆫ

남그로 우희 ᄀᆞ로질너 누른 후 젓 담갓던 물이 적거든 닝슈을 더 너허 타고 <규합-방각1869 반찬 8a>

【ᄇᆡᄎᆞ-밋】 명 ((음식)) 배추밑동[白菜-]. 'ᄇᆡᄎᆞ(白菜. báicài)'는 중국어 직접 차용어.¶ ᄇᆡᄎᆞ밋 | ᄇᆡᄎᆞ통 <법한 1394>

【ᄇᆡᄎᆞ-밧】 명 배추밭[白菜-]. 'ᄇᆡᄎᆞ(白菜. báicài)'는 중국어 직접 차용어.¶ 모통이집 ᄃᆡ얌집 엽당이집 구셕집 건넌편 군청골 셔텬골 남편작 둘지 집 ᄇᆡᄎᆞ밧 압흐로셔 가라간 김니방집 압흐로셔 경좌슈집 지나 박호장집 바라보고 최급댱이 누의집 ᄉᆞ이골 드러 ᄉᆞ거리 지나셔 북작골 막다란 집이올시다 <남원1869 1:31b> ⇒ ᄇᆡᄎᆞ밧ㅌ

【ᄇᆡᄎᆞ-밧ㅌ】 명 배추밭[白菜-]. 'ᄇᆡᄎᆞ(白菜. báicài)'는 중국어 직접 차용어.¶ 오동지 진상의 단지거름으로 ᄇᆡᄎᆞ밧ᄐᆡ 쏭쩽이쳐로 밧그로 닉더리니 어식 가로 쩌러져 분긔 텅듕ᄒᆞ나 십분 참고 니러셔셔 ᄃᆡ밧쳐 드러가니 ᄒᆞᆫ갈갓치 구박ᄒᆞᆫ다 <남원1869 5:17a> ⇒ ᄇᆡᄎᆞ밧

【ᄇᆡᄎᆞ-ᄡᅵ】 명 ((식물)) 배추씨[白菜-]. 'ᄇᆡᄎᆞ(白菜. báicài)'는 중국어 직접 차용어.¶ ᄇᆡᄎᆞᄡᅵ 므ᄉᆞ일 사곰 보낸다 <순천김씨-178 1550-92 신천강씨(어머니) ↓순천김씨(딸)> ⇒ ᄇᆡ차씨, ᄇᆡᄎᆞ시, ᄇᆡᄎᆞ씨

【ᄇᆡᄎᆞ-속ᄃᆡ】 명 ((음식)) 배추속대[白菜-]. 'ᄇᆡᄎᆞ(白菜. báicài)'는 중국어 직접 차용어.¶ 소난 고기 머리술노 살마 건져 만두소갓치 난만게 난두ᄒᆞ여 녹도기람과 ᄇᆡᄎᆞ속ᄃᆡ 술마 난두ᄒᆞ여 고기와 한ᄐᆡ 조합ᄒᆞ여 <음식방문1882 한옥션-62> ⇒ ᄇᆡᆨ치속ᄃᆡ

【ᄇᆡᄎᆞ-시】 명 ((식물)) 배추[白菜]씨. 'ᄇᆡᄎᆞ(白菜, báicài)'는 중국어 직접 차용어.¶ ᄇᆡᄎᆞ시 갑은 장본 후에 ᄎᆞᄎᆞ 추심ᄒᆞ야 보ᄂᆡ게습고 姜甲□의게 推尋條ᄂᆞᆫ 올마나 되ᄂᆞᆫ지 아지 못ᄒᆞ야 추심 못ᄒᆞ오니 긔별ᄒᆞ시야 보리 갑슬 예산ᄒᆞ야 찻겟나이다 <민녕-한고5.22 궁금ᄒᆞᆫ던 ᄎᆞ> ⇒ ᄇᆡ차시, ᄇᆡᄎᆞᄡᅵ, ᄇᆡᄎᆞ씨

【ᄇᆡᄎᆞ-식】 명 ((색채)) 배추색[白菜色]. 'ᄇᆡᄎᆞ(白菜. báicài)'는 중국어 직접 차용어.¶ ᄇᆡᄎᆞ식 저고리 ᄎᆞ 일 보리식 저고리 ᄎᆞ 일 분홍 저고리 ᄎᆞ 일 보리식 관사 저고리 ᄎᆞ 일 시마지 저고리 ᄎᆞ 일 유록 명쥬 저고리 ᄎᆞ 일 남식 명쥬 저고리 ᄎᆞ 일 노랑 명쥬 저고리 ᄎᆞ 일 진분홍 저고리 ᄎᆞ 일 자쥬 명쥬 저고리 ᄎᆞ 일 소라식 명쥬 저고리 ᄎᆞ 일 <물목-진명-1 1952 유록모번단> 인조 분홍 져고리 ᄎᆞ ᄇᆡᄎᆞ식 져고리 ᄎᆞ 은식 져고리 ᄎᆞ 명쥬 송화식 져고리 ᄎᆞ 양청 져고리 ᄎᆞ 분홍 져고리 ᄎᆞ <물목1954 한옥션108-122>

【ᄇᆡᄎᆞ-쏠휘】 명 ((식물)) 배추뿌리. 'ᄇᆡᄎᆞ(白菜, báicài)'는 중국어 직접 차용어.¶ ᄇᆡᄎᆞ쏠휘롤 서리 후 움의 너코 ᄆᆞ른 몰똥을 싸 두면 납히 나 연ᄒᆞ고 줄기의 실이 업ᄂᆞ니라 <규합-정양완b ᄇᆡᄎᆞ쏠휘 1:38a/117>

【ᄇᆡᄎᆞ-씨】 명 ((식물)) 배추씨[白菜-]. 'ᄇᆡᄎᆞ(白菜. báicài)'는 중국어 직접 차용어.¶ ᄇᆡᄎᆞ씨 기름 (菘子油) <녹효-건 39b> ⇒ ᄇᆡ차씨, ᄇᆡᄎᆞᄡᅵ

【ᄇᆡᄎᆞ-입】 명 ((식물)) 배춧잎[白菜-]. 'ᄇᆡᄎᆞ(白菜. báicài)'는 중국어 직접 차용어.¶ ᄇᆡᄎᆞ입을 숨 죽게 슮어 쌋고 그 우의 빅지 쌋고 단ᄎᆞ 유지의 ᄊᆞ 동여 화로불 피고 그 우의 더운 지 ᄲᅮᆯ리고 <주식시의-19c후반 은진송씨 동춘당가>

【ᄇᆡᄎᆞ-침ᄎᆡ】 명 ((음식)) 배추김치. 'ᄇᆡᄎᆞ(白菜, báicài)'는 중국어 직접 차용어.¶ 탕만두ᄂᆞᆫ 시속 법의 무우도 녀흐ᄃᆡ 됴치 못ᄒᆞ니 닉은 ᄇᆡᄎᆞ침ᄎᆡ롤 가놀게 두ᄃᆞ려 여러 번 ᄲᅡ라 체의 밧타 쭌 물긔 업시ᄒᆞ고 <규합-동경 탕만두 2:23b> ⇒ ᄇᆡᄎᆞ팀치, ᄇᆡᆨ치팀치

【ᄇᆡᄎᆞ-통】 명 ((음식)) 배추통[白菜-]. 'ᄇᆡᄎᆞ(白菜. báicài)'는 중국어 직접 차용어.¶ ᄇᆡᄎᆞ밋 | ᄇᆡᄎᆞ통 <법한 1394>

【ᄇᆡᄎᆞ-팀치】 명 ((음식)) 배추김치. (중국어 직접 차용어).¶ 菘菹 ‖ 밥을 갓다가 보니 슈ᄉᆞ밥이로ᄃᆡ 먹어보니 ᄇᆞ드럽거놀 두어 술을 퍼먹고 반찬을 달나 ᄒᆞ니 쥬인의 겨집이 갓과 ᄇᆡᄎᆞ로 ᄆᆡᆫ든 ᄎᆡ ᄒᆞᆫ 뎝시와 ᄇᆡᄎᆞ팀치 ᄒᆞᆫ 뎝시롤 내여와시ᄃᆡ 마시 다 먹을 만ᄒᆞ더라 (取視之乃唐米, 而頗柔軟, 遂喫數匙討下飯, 主人進芥菘淹菜及菘菹各一楪, 味皆可喫.) <연행-노가재 1:46a> ⇒ ᄇᆡᄎᆞ침ᄎᆡ, ᄇᆡᆨ치팀치

【ᄇᆡ치】 명 ((식물)) 배추[白菜]. 배추과에 속하는 두해살이남새의 한가지. 첫해에는 살진 뿌리 잎들만 모여나고 다음해에는 줄기가 생기면서 그 끝에 송이꽃차례를 이루고 노란색 꽃들이 많이 피어난다. 'ᄇᆡ치(白菜. báicài)'는 중국어 직접 차용어.¶ ᄇᆡ치 <노한 559> ᄇᆡᄎᆞ | ᄇᆡ치 | ᄇᆡ츄 <법한 263> ᄇᆡ치 ‖ 나 (菜, ナ) <조백-야채 497> ᄇᆡ치 줄기 침치 (醎菜梗) <한청-채효 12:41b> ᄇᆡ치, 船後木 (棑) <광보-2 음식:5b> ▼菘 ‖ ᄇᆡ치 숑, 俗呼"白菜". (菘) <훈몽-소채 상:7b /14a> ᄇᆡ치 숑 (菘) <왜해-채소 하:5a> <음첩a 38a> ᄇᆡ치 슝, 菜名, 或蘴. (菘) <자주 하:51b> ᄇᆡ치 송, 菜名. (菘) <의옥 50> 菘 ‖ ᄇᆡ치ᄂᆞᆫ 짐치 ᄒᆞ여 먹습ᄂᆡ <교린-묘 2:27b> ▼菘菜 ‖ ᄇᆡ치 (菘菜) <제중 23a> <경험방-경고> ᄇᆡ치 (白菜, 菘菜) <방석-채소 3:27b> 금긔ᄂᆞᆫ 붕어와 더온 국슈와 복숑아와 외얏과 춤새와 춤죠개와 고싀와 마놀과 쳥어젓과 돗ᄐᆡ고기와 조ᄡᆞᆯ과 초ᄇᆞᄐᆡ 쉰 것과 ᄇᆡ치와 몰자반과 싱파와 소곰이라 (忌鯽魚、熱麪、桃李、雀、蛤、胡荽、大蒜、青魚鮓、猪肉、粟米、醋酸物、菘菜、海藻、生蔥、鹽.) <납약 1b> ▼白菜 ‖ ᄇᆡ치, =菘菜 (白菜) <역해-채소 하:10a> <방석-채소 3:27b> ᄇᆡ치 (白菜) <한청-채효 12:36> <동해-채소 하:3b> <몽해-채소 하:3a> ᄇᆡ치 (白菜) <화초-채소 22b> ᄇᆡ치 (白菜) <이록-음식 17a> ᄇᆡ치 (白菜, A kind of cabbage.) <한영1890 103> ᄇᆡ치 ᄀᆞ장 아름다와 기러 ᄒᆞᆫ 자히나 ᄒᆞ고 ᄒᆞᆫ 펴귀 줌이 넘어 겨올이라도 ᄀᆞᆺ ᄏᆡᆫ ᄃᆞᆺ 시브고 (白菜最佳, 雖冬月若新採者, 長可一尺, 一根之大又過一握.) <서원-총목 64b> 댓무우 쉿무우 부로 아혹 ᄇᆡ치 시근치 고싀 역괴 파 마놀 부치 형개 박하 물쑥 들 ᄒᆞᆫ 댓무우 노론 댓무우 토란 (蘿蔔、蔓菁、萵苣、葵菜、白菜、赤根菜、園

荽、蓼子、葱、蒜、薤、荊芥、薄荷、茼蒿、水蘿蔔、胡蘿蔔、芋頭.) <박언 중:33b> 댓무우 쉿무우 부로 아혹 비치 시근치 고싀 파 마놀 부치 형개 박하 믈쑥 물 한 댓무우 노른 댓무우 토란 紫蘇를 다 시믐이 됴타 (蘿葍、蔓菁、萵苣、葵菜、白菜、赤根菜、芫荽、葱、蒜、薤菜、荊芥、薄荷、茼蒿、水蘿葍、胡蘿葍、芋頭、紫蘇都好種的.) <박신 2:39b> 임의 이 ᄀᆞᆺ틀진ᄃᆡ 닉 술진 고기와 ᄯᅩ 두부와 비치를 ᄀᆞ오리니 너ᄂᆞᆫ 니ᄅᆞᄃᆡ 엇더타 ᄒᆞᄂᆞ뇨 (既如此, 我多秤些肥肉, 再帶些豆腐白菜. 你這好不好?) <충협 31:14> 살지고 연ᄒᆞᆫ 밧히 거름ᄒᆞ고 익게 가라 침쟝홀 무우 비치 남 몬져 심어 노코 가시울 진작 막아 셔실ᄒᆞ미 업게 ᄒᆞ소 <농가1876 66> 무 비치 키아 드려 침쟝을 ᄒᆞ오리라 압 너믈의 경히 ᄢᅥ서 염담을 맛게 ᄒᆞ소 <농가1876 85> ᄯᅩ 향긔로온 ᄎᆡ소ㅣ 잇ᄉᆞ니 미나리와 계ᄌᆞ와 비치와 파와 마놀과 부초와 허다ᄒᆞᆫ ᄎᆡ소 일흠이 잇고 <훈아 6b> 셕박짐치 담그난 법 ‖ 통비치의 양렴을 조긔젓국 조긔 낙지 소라 싱굴 젼복 싱이 싱강 마늘 파 실고츄 쳥각 잘게 쓸려 비치 입속의 겻〻치 느코 갓슬 양염으로 느어 담으라 <언문후생록 19c말~20c초> 숙육과 술문 졔육 히숨 겸여 비치 싱강 포고 파를 다 치 처 복고 경육을 다져 속에 왼ᄌᆞᆺ 너어 완ᄌᆞ 민드러 <부필 13a> ⇒ 배체, 배추, 배치, 비차, 비초, 비쵸, 비추, 비츄, 비ᄎᆞ, 빅츄, 빅치

【비치-고긔양】 명 ((음식)) 배추고갱이[白菜-]. '비치(白菜. báicài)'는 중국어 직접 차용어.¶ 비치속 | 비치속디 | 비치고긔양 | 비치고깅이 <법한 276> ⇒ 비치고깅이

【비치-고깅이】 명 ((음식)) 배추고갱이[白菜-]. '비치(白菜. báicài)'는 중국어 직접 차용어.¶ 비치속 | 비치속디 | 비치고긔양 | 비치고깅이 <법한 276> ⇒ 비치고긔양

【비치-닙ᄒᆞ】 명 ((식물)) 배추잎[白菜-]. '비치(白菜. báicài)'는 중국어 직접 차용어.¶ 葉 ‖ 힝ᄒᆞ여 인가를 ᄎᆞᆺ더니 홀연 보니 큰 돌이 ᄀᆞ온ᄃᆡ 열녀 셕문 ᄀᆞᆺ고 대쳔이 그 ᄀᆞ온ᄃᆡ로 흘너나오고 무우와 비치닙히 ᄯᅥ〻로 뉴슈를 ᄯᆞ라 흘너나오거늘 (行尋人烟, 忽見大石中開若石門, 然有大川, 自自其中流出, 菁葉時時隨流而下.) <청야 17:52>

【비치-속】 명 ((음식)) 배추속[白菜-]. '비치(白菜. báicài)'는 중국어 직접 차용어.¶ 비치속 | 비치속디 | 비치고긔양 | 비치고깅이 <법한 276>

【비치-속디】 명 ((음식)) 배추속대[白菜-]. '비치(白菜. báicài)'는 중국어 직접 차용어.¶ 비치속 | 비치속디 | 비치고긔양 | 비치고깅이 <법한 276> ⇒ 비ᄎᆞ속디

【빅-가스모스】 명 ((복식)) 백(白-). '가스모스'는 일본어 차용어.¶ 쥬항나 ᄒᆞᆫ 필 셰져 두 필 빅모ᄉᆞ 한 필 빅 가스모스 한 필 숙명쥬 두 필 싱명쥬 한 필 옥양목 한 통 당목 한 통 광목 한 통 셰목 두 필 셰마포 한 필 <물목-한고 1941>

【빅마-쉿트】 명 ((복식)) 백마세트(-set). '세트'는 벌. 조(組). 외래어.¶ 물목 ‖ 유록 나이롱 유동 ᄉᆞᆼ이 ᄎᆞ 일 팟식 홍콩 양단 ᄉᆞᆼ이 ᄎᆞ 일 옥식 빅마쉿트 나이롱 ᄉᆞᆼ이 ᄎᆞ 일 양식 시〻오리 나이롱 ᄉᆞᆼ이 ᄎᆞ 일 <물목-진명-2 1961 유록>

【빅셜아-몰】 명 ((동물)) 흰말. 백마(白馬). 중세몽고어 '셜아(siaqa /sirʏa)'의 차용어.¶ 빅셜아몰 (白馬) <역해-주수 하:28a> <방석-주수 4:14a> ⇒ 셔라몰, 셜아몰, 셜이마

【빅츄】 명 ((식물)) 배추. (중국어 차용어).¶ 빅츄 (菘菜, 白菜) <조선백과-채소 533> ⇒ 배채, 배추, 배치, 비차, 비초, 비쵸, 비추, 비츄, 비ᄎᆞ, 비치, 빅치

【빅치】 명 ((식물)) 백채(白菜). 배추. 배추를 잘게 썬 다음 갖은 양념과 고기를 넣고 주물러 볶은 나물. (중국어 차용어).¶ 白菜 ‖ 져녁밥의 빅치와 싀은 취포국과 치롤 ᄒᆞ야시니 마시 시결 것 ᄀᆞᄐᆞ니 긔특더라 (夕飯見白菜及菱菠菜, 味皆新, 不覺加飯.) <연행-노가재 2:19b> ▼菘(芥) ‖ ᄂᆞ몰은 마놀 파 빅치 시근취 부로 당근 미나리 쁨바괴 이시ᄃᆡ (菜萠、葱、菘芥、蘿葍、菠薐[俗名時根菜]、胡蘿葍[俗名唐根], 最多萵苣、芹、苦菜、羌亦有之.) <연행-노가재 1:21b> 빅치 ‖ ① 배치 ② 배추 <조선-심 79> ⇒ 배채, 배추, 배치, 비차, 비초, 비쵸, 비추, 비츄, 비ᄎᆞ, 비치, 빅츄

【빅치-팀치】 명 ((음식)) 배추김치. (중국어 차용어).¶ 菘沈菜 ‖ 이 나라 갓팀치 빅치팀치 마시 잠깐 ᄧᅡᆫ ᄃᆞᆺᄒᆞ나 잇다감 됴ᄒᆞᆫ 거시 잇더라 (此外芥沈菜菘沈菜到處有之, 味稍鹹而往往有佳.) <연행-노가재 1:21a> ⇒ 비ᄎᆞ침치, 비ᄎᆞ팀치

【빅할】 명 ((문서)) 발괄[白活]. 조선시대 널리 사용되었던 청원서로 소지의 일종. (이두어).¶ 청쥬 북문닉 거 강순복 빅할 우근 진정유단은 의신니 명되 긔구ᄒᆞ와 연ᄌᆞ일세의 가부 기셰ᄒᆞ옵고 싱되 몰칙ᄒᆞ와 ᄌᆞ모 탁신ᄎᆞ로 화평니 거 장쳠지게와 쇼싱 일내ᄒᆞ옵고 <병인년 청주 북면 안에 사는 강순복이 대동에 발급한 발괄 1926> ⇒ 발괄, 발궐, 빅활

【빅활】 명 ((문서)) 발괄[白活]. 조선시대 널리 사용되었던 청원서로 소지의 일종. 갑오개혁 이후에는 이와 같은 양식이 없어졌으나 지방민들은 여전히 이를 사용해 청원하였다. (이두어).¶ 츙청남도 노셩 거ᄒᆞ는 빅쬬사 빅활 우거는 원정사ᄶᅡ는 의녀가 본니 치ᄒᆞᆫ 황화졍 사옵던니 거 병술 년분의 가운니 불힝ᄒᆞ와 죠차 친졍 동긔간 불목지변 니니 거우넌 산지시예 여간 가산녀 박토오 두 오 싱낙과 티젼 셔 말낙을 바리고 가기ᄶᅡ는 다름 안니오라 미거ᄒᆞᆫ 동싱을 싱각ᄒᆞ와 두고 갓던니 기간 셔로 죵젹이 업셔고 장년 지월의 비로쇼 와 보온직 동싱은 하나도 상관니 업시 남의 집 고입을 ᄒᆞ옵길네 젼후를 탐지ᄒᆞ온직 황화졍 사옵넌 셔타인ᄶᅵᆨ이 젼답 차지하여 경식한다 하길네 그 연고를 무른직 이왕의 약갑이 잇셔 차지하엿다 운운하온니 셰상의 이런 법이 잇사오릿가 약갑으로 논지라도 오십오 양을 쥬옵고 ᄯᅩ 폐빅으로 삼십 양을 쥬옵고 그 후의 유아 약갑 셕 양

닷 돈은 갑지 못하엿삽던니 남의 집 불힝함을 다힝이 알러 이러한 무거한 힝사를 ᄒᆞ온니 엇지 원통치 안이하오릿가 알을 말삼이 무궁하오나 중경이 막켜 이만 엿쥬온니 참상하옵신 후의 명박키 쳐분하와 전답을 불릴 너 차져 쥬시옵기를 천만 복망이로소이다 힝ᄒᆞ향교 시사 녀산 삿도쥬 쳐분 갑진 오월 일 <백조사가 여산 군수에게 올린 1차 발괄-전북박 1904> ⇒ 발괄, 발궐, 빅할

【신낭 마두의 빅활이오】 㫖 신랑 마두에 발괄이요. 신랑을 높은 벼슬아치로 착각하여 신랑이 탄 말의 머리에 대고 억울한 사정을 하소연한다는 뜻으로, 경우에 어긋나는 망측한 행동을 말함.¶ 어허 고히ᄒᆞ다 어너 ᄉᆞ이의 무산 원졍이니 너게 졍ᄒᆞᄂᆞᆫ 거슨 신낭 마두의 빅활이오 조마 거동의 격징이라 동셔간의 쳐결이야 아니ᄒᆞ랴 <춘향-동양 6:1a>

【빅활-ᄒᆞ-】 㫈 백활(白活)하다. 발괄하다. (이두어).¶ 折辨 ‖ 염ᄂᆞ디왕의게 가셔 빅활ᄒᆞᄌᆞ (到閻君處折辨折辨.) <서유-어람 83a> ▼苦告 ‖ 독위 현니롤 늑형ᄒᆞ야 유공을 히코져 홈으로 우리 등이 빅활ᄒᆞ랴 ᄒᆞ되 문이 막혀 드러가지 못ᄒᆞ노라 (督郵逼勒縣吏, 欲害劉公; 我等皆來苦告, 不得放入, 反遭把門人趕打!) <삼국-국중 1:39-2> 그러치 아니면 광한누셔 날 호리랴고 명문ᄒᆞ여 쥰 것 이시니 쇼지 지어 가지고 본관 원님게 이 ᄉᆞ연으로 원졍 빅활ᄒᆞ깃소 <남원1869 2:29a> 박낭ᄌᆞ즁의 쓰고 나믄 철퇴 텬하장ᄉᆞ 항우롤 쥬어 힘거지 두다려셔 ᄭᅢ치고ᄌᆞ 니별 두 ᄌᆞ 영소보뎐의 올나가셔 옥황상뎨긔 빅활ᄒᆞ여 별악상좌 ᄂᆞ리와셔 <춘향-동양 4:8a>

【빈구버】 㫚 ((지리)) 밴쿠버(Vancouver). 캐나다의 태평양 연안에 있는 항구 도시. 항구로서의 조건이 매우 뛰어난 부동항이다. (외래어).¶ 쏘 동편에 누번드란드와 [쳔 리 되는 셤] 겜브리던이란 [삼빅 리 되는 셤] 셤이 잇고 북편에도 셤이 만코 셔편에 빈구버와 [쳔 리 되는 셤] 젹은 셤이 만코 쏘 동편에 할리박스와 귀벡이란 포구가 잇고 셔편에 빅도리아와 빈구버ㅣ란 포구가 잇스며 <사필 1889-헐버트 103>

【빈비루】 㫚 ((복식)) 벰베루(ベンベル). 실크류의 인조 옷감. 독일 벰베르크(bemberg)사에서 만든 옷감. (일본어 차용어).¶ 소라식 바린슈 치마 ㅊ 조시쏘 판빅이 치마 ㅊ 노방쥬 치마 ㅊ 빅식 노야루 치마 ㅊ 밤식 빈비루 치마 ㅊ ᄌᆞ쥬 빈비루 치마 ㅊ 보라식 빈비루 치마 ㅊ <물목1954 한옥션108-122> ⇒ 벰베루, 변볘류, 빔븨루, 빔비로, 빔비루, 쎔비로

【빌지엄】 㫚 ((지리)) 벨기에(Belgium). 유럽 서북부에 있는 입헌 군주국. 1830년에 네덜란드에서 독립하였다. (외래어).¶ 빌지엄 (比利時) <명물-육당 13a> ⇒ 벨기움, 벨지암, 벨지암국, 벨지엄, 쩰지엄, 쎌지엄 ☞ 비국, 비리시, 비리시국

【빔븨루】 㫚 ((복식)) 벰베루(ベンベル). 실크류의 인조 옷감. 독일 벰베르크(bemberg)사에서 만든 옷감. (일본어 차용어).¶ 빔븨루 져구리 ㅊ 일 …시시오리 치마 ㅊ 일 도리식 신짓구 치마 ㅊ 일 빔비루 치마 ㅊ 일 <물목-경고-2 장농> ⇒ 벰베루, 변볘류, 빈비루, 빔비로, 빔비루, 쎔비로

【빔비로】 㫚 ((복식)) 벰베루(ベンベル). 실크류의 인조 옷감. 독일 벰베르크(bemberg)사에서 만든 옷감. (일본어 차용어).¶ 빔비로 옥식 겹젹삼 ㅊ 일 유록 단ᄉᆞ 겹젹삼 ㅊ 일 모슈 적삼 ㅊ 니 옥양목 적삼 ㅊ 니 아싓도 접져고리 ㅊ 일 비로도 처마 일ㅊ 춘츄 비로도 처마 일ㅊ 너슈 처마 일ㅊ 유록 단ᄉᆞ 처마 일ㅊ 인쥬 살식 처마 ㅊ 니 인쥬 슉식 처마 ㅊ 니 후지기노 처마 ㅊ 니 빔비로 쳐마 ㅊ 니 <물목-한고1956 현혼함> ⇒ 벰베루, 변볘류, 빈비루, 빔븨루, 빔비루, 쎔비로

【빔비루】 㫚 ((복식)) 벰베루(ベンベル). 실크류의 인조 옷감. 독일 벰베르크(bemberg)사에서 만든 옷감. (일본어 차용어).¶ 빔븨루 져구리 ㅊ 일 …시시오리 치마 ㅊ 일 도리식 신짓구 치마 ㅊ 일 빔비루 치마 ㅊ 일 <물목-경고-2 장농> ⇒ 벰베루, 변볘류, 빈비루, 빔븨루, 빔비로, 쎔비로

【빗초-식】 㫚 ((색채)) 배추색(-色). (중국어 차용어).¶ 빗초식 단빅이 치마 ㅊ 양회식 죠신도 치마 ㅊ 눗동 양쳥 치마 미슈 흑식 인죠 치마 ㅊ 분홍식 치마 ㅊ <물목-경고-3 진분홍> ⇒ 빗추식, 빗츄식

【빗추-식】 㫚 ((색채)) 배추색(-色). (중국어 차용어).¶ 빗추식 교쥭 ᄒᆞ이 일 회식 조식도 진품 ᄒᆞ이 일 양식 교쥭 ᄒᆞ이 일 회식 교쥭 ᄒᆞ이 일 언식 명주 ᄒᆞ이 일 수박식 인조 ᄒᆞ이 일 언식 보이로 ᄒᆞ이 일 언식 수인 ᄒᆞ이 일 <물목-의암 11:12:27> ⇒ 빗초식, 빗츄식

【빗츄-식】 㫚 ((색채)) 배추색(-色). (중국어 차용어).¶ 빗츄식 조싓도 치마 ㅊ 일 모슈 옥식 치마 ㅊ 일 싱명쥬 옥식 치마 ㅊ 일 회식 보라 치마 ㅊ 일 당목 흑식 치마 ㅊ 일 무명 흑식 치마 ㅊ 일 <물목-아모레 1941> 빗츄식 교쥭 ᄒᆞ이 일 양식 교쥭 ᄒᆞ이 일 양회식 교쥭 ᄒᆞ이 일 빗추식 교쥭 ᄒᆞ이 일 회식 조식도 진품 ᄒᆞ이 일 양식 교쥭 ᄒᆞ이 일 회식 교쥭 ᄒᆞ이 일 언식 명주 ᄒᆞ이 일 수박식 인조 ᄒᆞ이 일 언식 보이로 ᄒᆞ이 일 <물목-의암 11:12:27> ⇒ 빗초식, 빗추식

【-빤은】 㫛 ((문서)) -딴[段]. -는. 대조와 강세를 표현하는 보조사. (이두어).¶ 우 슈긔사빤은 의신의 부상을 만나 샹연 십월 분의 손싱원딕 산소 갓가히 아뷔 엄토을 ᄒᆞ여숩더니 누ᄎᆞ 관졔지지ᄌᆞ의 굴이할 줄노 ᄒᆞ여 ᄒᆞ나 의신이 샹젼딕 ᄉᆞ환의 골몰ᄒᆞ와 근쳔니 원힝의 밧비 돌아오들 못ᄒᆞ여 이 엄동을 당ᄒᆞ와 이장을 못ᄒᆞ나 너연 이월노 즉시 굴이ᄒᆞ올 거시오 만일 긔한을 넘기옵거단 이 슈긔 쳡연ᄒᆞ와 법디로 치죄ᄒᆞ옵시고 즉시 굴이ᄒᆞ올 줄노 슈긔을 ᄒᆞ여 밧치옵ᄂᆞ니다 을묘 십일월 이십구일 슈긔 쥬 김춘홍 <김춘홍이 손생원댁에 발급한 이굴다짐 수표-전북박 1855> ⇒ -단은, -둔은, -돗은, -싸넌, -싸는, -싸ᄂᆞᆫ, -짠난, -짠는, -짠ᄂᆞᆫ, -짠은, -

짯난, -ᄯᆞ는, -ᄯᆞ논, -ᄯᆞᆫ, -ᄯᆞᆫ논, -ᄯᆞᆫ은, -ㅣᄯᆞᆫ

【빠나나】 명 ((식물)) 바나나(banana). (외래어).¶ 빠나나(香蕉) <자통-과물 469> ⇒ 쌔나나

【빠린슈】 명 ((복식)) 빠린쓰. 바뢰즈(ヴァルーズvareuse). 셔츠와 재킷의 중간 의상으로 품이 넉넉하며, 본래 해군이나 어부의 작업복으로 쓰임. (프랑스어에서 온 일본어 차용어).¶ 빠린슈 양식 본견 치마 ᄎᆞ 견쥬 능경쥴치마 ᄎᆞ 노방쥬 진보리 치마 ᄎᆞ 소라식 별문ᄉᆞ 치마 ᄎᆞ ᄌᆞ쥬 바린슈 치마 ᄎᆞ <물목-경고-3 진분홍> ⇒ 바린슈, 바리슈, 쌔리소, 쌔린스, 쌔리슈, 쌔리스, 쌔린스, 쌧리슈

【빼간얼】 명 ((음식)) 빼갈. 백건아(白乾兒 báigānr). 중국 백주(白酒). (중국어 직접 차용어).¶ 白乾兒 ‖ 빼간얼 두 병을 가져오고 또 甲 정종을 가져오너라 우리 먼저 먹게 (來兩壺白乾兒, 再來正宗. 我們先喝着.) <滿通 飯莊 301>

【빼밍함】 명 ((지리)) 버밍엄(Birmingham). 영국 잉글랜드의 중부, 이 나라 제2의 도시. (외래어).¶ ᄯᅩ ᄒᆞᆫ가온대는 빼밍함이란 큰 촌이 잇고 북편에 민체스터와 쁘릿폿과 룃스와 역과 쉐필드와 헐과 리버플과 누킈슬이란 여돏 큰 촌이 잇스니 <사필1889-헐버트 34>

【빼스】 명 ((교통)) 버스(bus). (외래어).¶ 영구차에 빼스 한 대는 따라야 할테니 <염상섭, 임종1949 22> ⇒ 빼쓰

【빼쓰】 명 ((교통)) 버스(bus). (외래어).¶ 빼쓰 (公共汽車) <자통-교통 439> ⇒ 빼스

【빼터】 명 ((음식)) 버터(butter). 우유의 지방을 분리하여 응고시킨 식품. 빵에 발라 먹거나 요리 재료로 이용한다. (외래어).¶ 黃油 ‖ 빼터 (黃油) <자통-음식물 413> 빵에 빼터를 발를가요 (麵包抹上黃油麽?) <자통 146> 빼터를 발라서 구우시오 (請你抹上黃油烤罷.) <자통 204> ⇒ 쌔다, 쌔터

【뽀이】 명 ((인류)) 뽀이(boy). (외래어).¶ 뽀이 (堂官) <자통-반장 301> 아주머니벌 되는 마님과 뽀이들을 데리고 <염상섭, 일대의 유업1949 16>

【뽀트레어쓰】 명 보트레이스(boatrace). 배 경주. 영어차용어.¶ 뽀트레에쓰 (賽船) <자통-오락 459>

【뿌랫토홈】 명 플랫폼(platform). 역이나 정거장에서 기차를 타고 내리는 곳. (외래어).¶ 뿌랫토홈 (月臺) <자통-교통 440>

【뿌로커】 명 ((인류)) 브로커(broker). 중개인. (외래어).¶ 정치 뿌로커 <염상섭, 모략1948 135>

【쁘릿폿】 명 ((지리)) 브래드퍼드(Bradford). 영국 잉글랜드 북부 웨스트요크셔 주 중부의 도시. 양모 공업이 성하다. (외래어).¶ ᄯᅩ ᄒᆞᆫ가온대는 빼밍함이란 큰 촌이 잇고 북편에 민체스터와 쁘릿폿과 룃스와 역과 쉐필드와 헐과 리버플과 누킈슬이란 여돏 큰 촌이 잇스니 <사필1889-헐버트 34>

【쁠라우스】 명 ((복식)) 부라우스(blouse). (외래어).¶ 흰 쁠라우스에 회색 스푸링을 걸친 옥례와 <염상섭, 입하의 절1950 241>

【삐루】 명 ((음식)) 비루(ビール)> 비어(beer). 맥주. 엿기름가루를 물과 함께 가열하여 당화한 후, 흡(hop)을 넣어 향(香)과 쓴맛이 나게 한 뒤 발효하여 만든 알코올성 음료의 하나. (외래어). ※ 삐-루 ¶ "이 삐-루 한 고뿌가 쇠고이기 닷 근이라데." <이문구, 관촌수필, 1983, 102> "살이 되고 피가 되고 색(色)이 되는 건 뭐니뭐니 해두 그저 삐룹니다." <이문구, 장한몽, 1976, 612> ⇒ 비루, 쎄루

【삐스케트】 명 ((음식)) 비스켙(biscuit). (외래어).¶ 삐스케트 상자를 내놓는 것을 <염상섭, 해방의 아들1951 21> ⇒ 비스켙, 비스켓 ☞ 크랙키

【뻴린】 명 ((지리)) 베를린(Berlin). 독일의 북동부, 엘베강 지류와 슈프레강의 합류점에 있는 도시. (외래어).¶ 도셩을 의론컨대 일홈은 뻴린이니 나라 ᄒᆞᆫ가온대요 ᄯᅩ 북편에 루벡과 헝벅과 쓰리멘과 딴식과 슷텟른이란 다ᄉᆞᆺ 큰 촌이 잇고 <사필1889-헐버트 25>

【밠-톄ᄌᆞ】 명 쌀첩자(-貼子) '톄(貼, tiě)'는 중국어 직접 차용어.¶ 米貼兒 ‖ 밠 톄ᄌᆞ[米貼, 月俸之貼. «質問»云: 收米、放米計數之標也, 又云: 是文武官員開支月米時, 各該衙門出給印信貼兒.] 가져다가 官號 마초고 셔편에 사술 마초라 가 (將米貼兒來, 對官號, 西邊對籌去.) <박언 상:12b>

【뽁기】 명 ((복식)) 조끼(チョッキjaque). 겉옷이나 양복저고리 밑에 입는 소매가 없는 웃도리옷. (포루투칼어에서 차용된 일본어 차용어).¶ 뽁기 일둑 토슈 일둑 봉지 삼둑 향뎐 일둑 족건 삼둑 요디 일둑 다님 일둑 <의디불긔번 958> ⇒ 족기, 족ᄀᆡ, 족씨, 죠씨, 쪽긔, 쪽기

【ㅅ】

【사가】 명 ((지리)) 사가(Saga, 佐賀). 일본의 규슈(九州) 북부에 있는 도시. 사가 평야의 중앙에 있는 쌀의 집산지이며, 면사·면포·전기 기구를 생산한다. (외래어).¶ 가나사와 기푸와 낭오야와 교도와 [녜ㅅ 셔울이니라] 오사가와 고븨란 큰 촌이 잇고 남편에 푸쿠오가와 사가와 구무모도와 나가사기란 큰 촌이 잇고 사름의 픔ㅅ수는 션비와 량반과 빅셩이오 <사필1889-헐버트 79>

【사공】 명 ((인류)) 소공(艄工, shāogōng). 사공(沙工). 뱃사공. '사(艄, shāo)'는 중국어 직접 차용어.¶ 사공 | 비사룸 <법한 894, 898> 사공 (舵工) <역보-주선 46b> 사공 (水手) <한청-인 5:31a> <동해-인품 상:13b> "舫人". 舟子, 사공 (舫) <신자 3:47b> ▼梢工 ‖ 사공 =梢子, 舡家, 舡夫 (梢工) <역해-주선 하:21a> 사공 =船家, 柁工 (梢工) <방석-주선 4:5a> 사공 (梢工) <몽해-주차 하:14b> 梢, 華音샤, 轉云사공, 俗訛云沙工、篙師. <명물-주차 3:17b> 믄득 보니 히샹의 큰 빅 ᄒᆞ나히 비단 돗흘 놉히 달고 사공이 블너 골오딕 오ᄂᆞ냐 ᄒᆞ거늘 빅싱이 뎡군을 청ᄒᆞ여 큰 빅예 오르라 ᄒᆞ니 (忽見海上一大舶, 錦帆高掛, 梢工喧譁曰: '來來.' 白生請鄭君移上大船船.) <청야 19:64> ▼篙梢 ‖ 운부 오천인과 단양 사공 삼천인을 됴발ᄒᆞ고 (挑選運夫五千人, 丹陽篙梢三千人.) <수유-동방 9:3> ▼艄子 ‖ 사공 (艄子) <사해 하:22a> 홍이 임의 갈홍을 죽이고 밧비 빅의 도라가 사공을 블너 ᄎᆞ일의 일즉이 빅롤 띄워 (陶興旣謀了葛洪, 連忙回至船中, 還覓艄子, 次日侵早開船去了.) <포공-귀입폐정 3:12> 텬쉬 빅롤 어더 ᄐᆞ고 가다가 날이 느즈미 ᄒᆞᆫ 곳의 미니 그 빅의 사공이 둘히라 ᄒᆞ나흔 셩이 딘개오 ᄒᆞ나흔 셩이 옹개니 다 어지 아닌 무리라 (天秀討了船隻, 將晚, 船泊陝灣.那兩個艄子一姓陳一姓翁, 皆是不善之徒.) <포공-항구어옹 5:35> ▼梢公 ‖ 뎌런 사공을 맛나기 어렵도다 우리 셩명을 구ᄒᆞ여 주고 ᄯᅩ 뎌의 분변ᄒᆞ여 말ᄒᆞ여 주니 이 은덕을 타일에 닛지 말니라 (也難得這個梢工/梢公, 救了我們三個性命, 又與他分說. 不要忘了他恩德!) <수호-신문 3:36:7> ▼稍公 ‖ 그 사공이 빅롤 다히거놀 삼인이 황망히 빅에 올을시 (那稍公聽得多與銀兩, 把船便放攏來到岸邊.) <수호-신문 3:36:6> ▼沙工 ‖ 사공 (沙工) <왜해-주차 하:18b> 사공 (沙工, A boatman.) <한영1890 119> 沙工 ‖ 사공들이 늬은 사공들인가 <교린-묘 1:28a> 水夫 ‖ 여러 가지 물건을 빅에 가득히 실고 사공 이십여 명쯤 다리고 항히를 연속ᄒᆞ야 거의 북히도에 갓가이 올 쯤에 히상에셔 별안간 풍파를 만나 <일선 313> ※ 쥐 佮息인지 국국기 뒤지듯시 沙工의 成佮인지 <이정보-해가> 물 우흿 沙工과 물 아릿 沙工 <고시조-화원> ⇒ 샤공, 샤공이, 샤궁, ᄉᆞ공

【사과-파이】 ((음식)) 사과파이(Apple pie). (외래어).¶ 사과파이 ‖ 싄 사과 (큰 것) 6개 사탕 ½잔 계피나 육두구가루 조곰 사과를 벗겨 씨를 빼고 얇게 써러셔 사탕을 셕거 가지고 굽지 아닌 파이 썹질에 담고 그 우에 계피가루나 육두구가루를 뿌린 후에 파이 썹질노 덥고 사과가 닉을 때까지 구울 것 (사과 대신에 복사나 딸기를 알맛치 너흘 수 이슴) <서요 136>

【사과-푸딩】 ((음식)) 사과푸딩(Apple pudding).¶ 사과푸딩 ‖ 사과 2개나 3개 기름 1대슈가락 사탕 ½잔 밀가루 1잔 가량 쎄킹 파우더 1쇼슈가락 소곰 조곰 사과 외에 모든 것을 밀가루와 함믜 셕근 후에 기름 발은 팬에 사과를 덥여 노코 그 우에 몬져 셕거 노흔 것을 붓고 ½시 동안을 구울 것 <서요 116> ☞ 감푸딩, 건포도푸딩, 기우리가루푸딩, 밥푸딩, 사과푸딩, 예수탄일실과푸딩, 킹스푸딩

【사과-푸릿터】 ((음식)) 사과프리터(Apple fritters). 사과튀김. 프리터(fritters)는 조각낸 고기나 채소, 생선, 과일 등의 다양한 재료를 걸쭉한 반죽에 넣어 튀겨낸 튀김. (외래어).¶ 사과푸릿터 ‖ 계란 1개 사탕 ½잔 우유 1½잔 밀가루 1½잔 쎄킹파우더 1½쇼슈가락 사과 (큰 것) 1개 사과를 썹질 채 둥글게 (씨가 한복판에 잇도록) 3조각에 써러셔 씨를 도려내고 그 다음에는 남은 재료를 함믜 셕고 사과 1쪽식 집어 너허셔 뭇쳐 가지고 슈가락으로 떠셔 끌는 기름 속에 너허셔 지질 것 <서요 110>

【사구라】 명 ❶ ((식물)) 사쿠라(さくら). 벚꽃. 벚나무. (일본어 차용어).¶ 구경 가셰 구경 가셰 日本東京 사구라 구경 가셰 <만세보 1907.4.10> ▼櫻 ‖ 요시이는 견혀 싸듯ᄒᆞ게 되여셔 동복으로는 더운 날이 잇소구려 이 모양으로는 복송아와 사구라의 쏫 봉도라지도 부러나겟소 <일선 88> 일본셔는 봄졀긔가 되면 여러 가지 활계의 치쟝으로 사구라를 구경ᄒᆞ러 가는 풍숙이 잇셔요 <일선 96> 일본셔는 쏫구경이라 ᄒᆞ면 사구라 구경이라고 ᄒᆞ는딕 명사가 되여 잇지마는 됴션셔는 사구라가 적은 고로 복송아를 사랑ᄒᆞ니 엇지든지 사구라나 복송아나 취미는 맛찬가지요구려 <일선 117> ❷ ((기물)) 사쿠라(さくら). 화투에서 3월을 상징하는 딱지. 3월의 화투에 벚꽃이 등장하는 이유는 일본의 벚꽃 축제가 3월에 최고 절정에 이르기 때문임.¶ 사구라가 피엿스니 風流男子 나온다 <大每 1908.2.12> ⇒ 사쿠라, 샤구라

【사궈즈】 명 ((기물)) 사과자(沙鍋子). 뚝배기류의 질그릇. '사궈즈(沙鍋子, shāguōzi)'는 중국어 직접 차용어.¶ 沙鍋子 ‖ 사궈즈 닷치지 아니면 당딕의 시지 안타 (沙鍋子不打, 一輩子不漏.) <니귀 31a>

【사까】 명 ((복식)) 미상. (일본어 차용어).¶ 광목 칠 척 치마 허리 ᄎᆞ 사까 치마 ᄎᆞ 일 은식 교직 국화ᄉᆞ 치마

ᄎᆞ 일 미싀 민고 후랏도 치마 ᄎᆞ 일 흑싀 조셋도 치마 ᄎᆞ 이 모슈 은싀 치마 ᄎᆞ 일 <물목 한옥션119-431>

【사단】 명 ((기독)) 사탄(Satan). 적대자라는 뜻으로, 하나님과 대립하여 존재하는 악을 인격화하여 이르는 말. (외래어).¶ 뎡녕코 이 사룸은 마귀왕 바알세븁 권세를 빙쟈ᄒᆞ야 샤귀들을 축출ᄒᆞᆫ다 하ᄂᆞᆫ 줄 알으시고 ᄃᆡ회ᄃᆞ려 닐ᄋᆞᆫ 말슴 나라끼리 분징ᄒᆞ면 피ᄎᆞ 서지 못홈ᄀᆞᆺ치 사단이 니러나셔 사단을 쫏차내면 ᄌᆞ중지란 싱기리니 엇지 쟝구홀가 보냐 <연경-롱아귀축출가 39> ᄒᆞ믈며 이 녀인은 아브라함 ᄌᆞ손으로 사단의게 ᄆᆡ인 지가 십팔 년이 되엿거ᄂᆞᆯ 거륵ᄒᆞᆫ 안식일에 ᄆᆡ인 것을 푸ᄂᆞᆫ 것이 더욱 됴치 아니ᄒᆞ뇨 <연경-치병가 102> ⇒ 사탄, ᄉᆞ탄

【사당】 명 ((음식)) 사탕(沙糖). 설탕. 또는 설탕을 끓여서 여러 가지 모양으로 만든 과자. (중국어 간접 차용어).¶ 사당 (砂糖, Sugar.) <한영1890 121> 사당 (白糖) <한청-발발 12:47b> <동해-음식 상:61a> <몽해-음식 상:47b> 사당 (粆糖 /砂糖 /沙糖) <방석-식이 2:30a> <왜해-음식 상:47b> 사당, "紫沙糖、白沙糖、糖餅、石蜜"仝. (砂糖) <물명고-문통 草 1:39b> 사당 소 녀ᄒᆞᆫ 상화 (糖包) <방석-식이 2:30a> 사당 감쥬 셧거 ᄆᆡᆫ든 타락 (酪) <한청-다주 12:43b> ▼沙糖 ‖ ᄒᆞᆫ 번ᄂᆡ 두 냥식 쓰ᄃᆡ ᄭᅮᆯ 두 냥과 사당 ᄒᆞᆫ 냥과 싱강 ᄒᆞᆫ 돈과 믈 두 되예 ᄒᆞᆫᄃᆡ 프러 이베 브으라 (每服二兩, 以蜜二兩, 沙糖一兩, 生薑一錢, 水二升, 同調, 灌之.) <우마양저-서울 21> ▼砂糖 ‖ ᄯᅩ 족불회와 사당을 ᄒᆞᆫ ᄃᆡ 즛기야 믈의 ᄠᅡ 머그라 (又藍根、砂糖、擂爛, 和水服之.) <납약 19b> 사당과 감귤을 주시고 어의로 간병ᄒᆞ시고 승디로 문질ᄒᆞ시고 듕사를 보내샤 ᄒᆞ고져 ᄒᆞᄂᆞᆫ 말을 무ᄅᆞ신대 (賜砂糖甘橘, 御醫看病, 承旨問疾, 遣中使問所欲言.) <조희 8:12> 이 과시ᄅᆞᆫ 대쵸 ᄆᆞᄅᆞᆫ 감 호도 ᄆᆞᄅᆞᆫ 보도 룡안 녀지 ᄉᆞᆯ고 슈박 ᄎᆞᆷ외 감ᄌᆞ 셕뉴 ᄇᆡ 외얏 잣 사당 ᄭᅮᆯ에 조린 밤이라 (這果子: 棗兒、乾柿、核桃、乾葡萄、龍眼、荔支、杏子、西瓜、甛瓜、柑子、石榴、梨兒、李子、松子、砂糖、蜜栗子.) <노언 하:35a> 이 과시ᄅᆞᆫ 대쵸 ᄆᆞᄅᆞᆫ 감 호도 ᄆᆞᄅᆞᆫ 보도 룡안 녀지 ᄉᆞᆯ고 슈박 ᄎᆞᆷ외 감ᄌᆞ 셕뉴 ᄇᆡ 외얏 잣 사당 ᄭᅮᆯ에 조린 밤이라 (這果子: 棗兒、乾柿、核桃、乾葡萄、龍眼、荔支、杏子、西瓜、甛瓜、柑子、石榴、梨兒、李子、松子、砂糖、蜜栗子.) <노언 하:35a> 좌편으로 ᄒᆞᆫ번 만지고 우편으로 ᄒᆞᆫ번 만져 만지고 만져 만지니 죠타 목을 어르만져 ᄒᆞᆫ번 입 마초니 ᄀᆞ장 사당 맛 ᄀᆞᆺ다 오오 (左一摩右一摩, 摩ㆍㆍ勢着好. 攀着脖子親一箇嘴兒, 好像砂糖味. 哦哦.) <한어-한고 13b> 砂糖 ‖ 사당은 믈의 타 먹ᄂᆞᆫ 거시라 <교린-묘 3:48b> 孟春 元日 인동채 ᄉᆞ과만 몯ᄒᆞ니 ᄉᆞ과를 달혀셔 사당 ᄠᅡ 머기라 <선조-6 ↓정숙옹주1604전후> 의셔 ᄎᆞᄌᆞ보시고 양약을 ᄀᆞ라치시고 사당 ᄒᆞᆫ 두레 ᄉᆞ 쥬시옵 그져 수라ᄒᆞ오며 홋진은 업도 아니코 드도 아니ᄒᆞ오니 졀박ᄒᆞ오이다 <김성일가-116 1849 의성김씨(둘째딸) ↓김진화(아버지)> 년육 빅봉영 산양쵸 의이인 각 ᄉᆞ양 믹아초 능인 빅변두 각 이양 시상 일양 사당 이십 원[양]우 위말ᄒᆞ야 ᄡᆞᆯᄀᆞ로 닷 되예 ᄒᆞᆫᄃᆡ 석거 떡을 ᄶᅧ 너러 ᄆᆞᆯ르거든 ᄶᅵ허 쳐 의이올 ᄲᅮ면 보위익긔ᄒᆞ야 노인의게 맛당ᄒᆞ고 <규합-정양완a 의이 1:28b/43> 농안육을 ᄀᆞ놀게 두ᄃᆞ려 손의 무쳐 믈을 뭇쳐 모양 ᄆᆡᆫ드라 사당노하 박기를 ᄶᅢ다식쳐로 ᄒᆞᄂᆞ니라 <규합-정양완b 농안다식 1:29b/106> 쳔니다[사당 사냥 빅복영 삼양 박ᄒᆞ 사양 감초 일냥 작말ᄒᆞ야 연밀위환 ᄃᆡ초ᄃᆡᄒᆞ야 ᄒᆞᆫ 환을 먹음으면 쳔니길을 힝ᄒᆞ야도 갈ᄒᆞ지 아니ᄒᆞ나니라] <청박-격물 258:80> 사당은 두레가 크니 두고 오래 먹게 ᄒᆞ여시니 이후ᄂᆞᆫ 염녀 마라 <외조모1895.4.6 외손부부(석휜 부모) 국한-901> 샹약 율당 쟈셜차 진히 달히고 사당 셜 타셔 ᄒᆞᆫ 탕긔가 되던디 삼ᄉᆞ ᄎᆞ식 먹으면 셜변이 되여 나은 일도 이시니 뎡약도 먹으려니와 이것 시험ᄒᆞ여 보소 <봉셔-9 19c중-20c초 순원왕후 ↓윤의선(사위)> 사당 귤병 밀조 <별다례불긔> 사당 귤병 각식 당일긔 오미ᄌᆞ다식 빅임다식 청태다식일긔 늘다식 흑임ᄌᆞ다식 송화다식일긔 <봉안다례불긔> 사당 귤병 각식 당 일긔 농안 녀지 일긔 각식 졀육 일긔 오미ᄌᆞ다식 늘다식 송화다식 흑임ᄌᆞ다식 일긔 빅ᄌᆞ병 늘병 조병 젼약 일긔 <경신십이월이십일 효덕뎐별 다례불긔> ⇒ 사당, 사ㅅ당, 사탕, ᄉᆞ당, ᄉᆞ둥, ᄉᆞ쌍, ᄉᆞ탕, ᄉᆞ탕이, ᄉᆞ퉁

【사당-ᄀᆞᄅᆞ】 명 ((음식)) 사탕가루(砂糖-). 설탕가루. (중국어 간접 차용어).¶ 砂糖 ‖ 모밀ᄀᆞᆯ리 능히 힝역을 내븓ᄂᆞ니 셰말ᄒᆞ야 쥭 수어 사당ᄀᆞᄅᆞ ᄠᅡ 머기라 (蕎麥麵能發起痘疹, 蕎麥取細末作粥和砂糖服.) <언두 상:29b> ᄎᆞᄡᆞᆯ이 위긔를 보양ᄒᆞ야 븓게 ᄒᆞᄂᆞ니 쥭 수어 사당ᄀᆞᄅᆞ ᄠᅡ 머기라 (糯米能養胃令發起, 糯米作粥和砂糖服之.) <언두 상:29b> 감노회텬음은 사당ᄀᆞᄅᆞ 반 잔을 ᄭᅳᆯᄂᆞᆫ 믈에 플어 머기라 (甘露回天飮: 砂糖屑半盞, 入百沸湯一碗, 調服.) <언두 상:36b> ⇒ 사당ᄀᆞᆯㄴ, 사당ᄀᆞᆯㄹ, 사당ᄀᆞᄅᆞ, ᄉᆞ탕가루, ᄉᆞ탕갈ㄴ ☞ 사당말

【사당-ᄀᆞᆯㄴ】 명 ((음식)) 사탕가루(砂糖-). 설탕가루. (중국어 간접 차용어).¶ 糖屑 ‖ 혹 집의셔 치례ᄒᆞ야 ᄆᆡᆫᄃᆞᆫ 거ᄉᆞᆫ 사당ᄀᆞᆯᄂᆡ 셧거 ᄆᆡᆫᄃᆞ라시니 이ᄂᆞᆫ 떡이 아녀 과줄뉘라 (其珍者和糖屑而爲之.) <연행-노가재 1:21a> 사당ᄀᆞᆯ니나 만히 셧거 맛보아 만일 덜 ᄃᆞᆯ거든 됴흔 싱쳥 더 셧거 츠고 귤병과 ᄆᆡᆫ강 ᄋᆞᆲ게 졈여 무우떡 석듯 셧거 안칠 적 잣ᄀᆞ로 계피말 합ᄒᆞ야 안치고 <규합-정양완b 석툰병 1:16b/91> 사당ᄀᆞᆯ니나 싱쳥이나 버므려 대쵸 밤 빅ᄌᆞ 호쵸 계피 등쇽 고명ᄒᆞ야 뫼ᄀᆞᆯ늘 실늬 안쳐 ᄶᅵ고 출ᄀᆞ로ᄂᆞᆫ 구무떡 술마 내야 <규합-정양완b 도힝병 1:17a/91> ⇒ 사당ᄀᆞᄅᆞ, 사당ᄀᆞᆯㄹ, 사당ᄀᆞᄅᆞ, ᄉᆞ탕가루, ᄉᆞ탕갈ㄴ ☞ 사당말

【사당-ᄀᆞᆯㄹ】 명 ((음식)) 사탕가루(沙糖-). 설탕가루. (중국어 간접 차용어).¶ 砂糖 ‖ ᄒᆞᆫ 방문의 ᄌᆞ수 고티ᄃᆡ 패모롤 기울과 누르게 봇가 ᄀᆞᄅᆞ ᄆᆡᆼᄀᆞ라 사당ᄀᆞᆯ리 셧거 잉도마곰 비븨여 머구머 노겨 솜ᄭᅵ면 ᄀᆞ장 됴ᄒᆞ니라

(一方, 治子嗽, 貝母麩炒黃爲末, 砂糖拌和, 如櫻桃大, 含化嚥之, 神效.) <태산 45a> ⇒ 사당ᄀᆞᄅᆞ, 사당ᄀᆞᆯᄂᆞ, 사당ᄀᆞᄅᆞ, ᄉᆞ탕가루, ᄉᆞ탕갈ᄂᆞ ☞ 사당말

【사당-말】 명 ((음식)) 사탕말(沙糖末). 사탕가루. 설탕가루. (중국어 간접 차용어).¶ 소 너허 모양은 소견ᄒᆞ야 만두 모양쳐로 비저 믈 쓸히고 술마 쓰거든 건져 사당말 무쳐 오미ᄌᆞ국의 꿀 타 너허 먹ᄂᆞ니라 소 두ᄃᆞ린 것 잠간 긁어도 관겨치 아니타 <규합-정양완b 원쇼병 1:16a/90> ☞ 사당ᄀᆞᄅᆞ, 사당ᄀᆞᆯᄂᆞ, 사당ᄀᆞᆯᄅᆞ, 사당ᄀᆞᄅᆞ, ᄉᆞ당ᄀᆞᄅᆞ, ᄉᆞ탕가루, ᄉᆞ탕갈ᄂᆞ

【사당-물】 명 ((음식)) 사탕물(沙糖-). 설탕물. (중국어 간접 차용어).¶ 사당물 (甘蔗) <방석-화초 4:23b> ⇒ 사당, ᄉᆞ탕물 ☞ 사당슈

【사당-믈】 명 ((음식)) 사탕물(沙糖-). 설탕물. (중국어 간접 차용어).¶ 砂糖水 ‖ 샤쳥환은 간장 열이며 급ᄒᆞᆫ 경풍으로 뒤틀리ᄂᆞᆫ 증을 고티고 또 안질을 고티ᄂᆞ니 어린 아희ᄂᆞᆫ ᄒᆞᆫ 번의 반 환이나 혹 ᄒᆞᆫ 환을 댓닙 달힌 믈이어나 혹 사당믈의 프러 ᄂᆞ리오고 얼운은 두세 환을 쓰라 (瀉青丸: 治肝熱, 急驚搐搦, 又治眼疾. 小兒每用半丸或一丸, 竹葉湯或砂糖水化下, 大人用二三丸.) <납약 9b> ▼砂糖溫水 ‖ ᄉᆞ과탕은 힝역 쁘리 내붓기 ᄀᆞ장 됴ᄒᆞ니 ᄉᆞ과롤 겁질 ᄢᅴ 조촌 재 검게 ᄉᆞ라 ᄀᆞᄅᆞ 밍ᄀᆞ라 사당믈에 플어 머기라 (絲瓜湯發痘疹最妙, 取絲瓜連皮子燒存性爲末, 砂糖溫水調下.) <언두 상:22a> ⇒ 사당물, ᄉᆞ탕물 ☞ 사당슈

【사당-소】 명 ((음식)) 사탕(沙糖). 설탕. (중국어 간접 차용어).¶ 사당소 너흔 상화 (糖包) <방석-식이 2:30a> ⇒ 사탕소

【사당슈】 명 ((음식)) 사당수(砂糖水). 사탕물. (중국어 간접 차용어).¶ 출ᄀᆞᆯᄂᆞᆯ 깁체예 처 사당슈의 반듁ᄒᆞ야 대쵸 쪄 거른 소 너허 대쇼를 큰 경단만치 동골게 부븨여 사당슈롤 둘게 ᄒᆞ야 술마 믈슈단ᄀᆞᆺ치 띄워 쓰니 이 떡이 북경셔 원쇼의 민드라 먹는 고로 위지 원쇼병이라 <규합-정양완b 원쇼병 1:16a/90> 산후 구갈ᄒᆞ거든 황눌과 사솜 달힌 믈을 먹이고 혹 사당슈롤 쓰고 일졀 닝슈와 싱닝을 먹이디 말고 복통과 잡증이 잇거든 쥬료롤 쓰면 신효ᄒᆞ니라 <규합-정양완a 산후 4:6b/332> ⇒ ᄉᆞ탕수 ☞ 사당물, 사당믈, ᄉᆞ탕물

【사당】 명 ((음식)) 사당(沙糖). 설탕. 또는 설탕을 끓여서 여러 가지 모양으로 만든 과자. (중국어 간접 차용어).¶ ※ 甘蔗ᄂᆞᆫ 프리니 시믄 두서 힛자히 나디 대 ᄀᆞᆮ고 기리 열 자 남ᄌᆞᆨᄒᆞ니 그 汁으로 粆糖ᄋᆞᆯ 밍ᄀᆞᄂᆞ니라 <월석 1:6> 沙糖과 油餠과 졋粥과 <능엄 7:15> ⇒ 사당, 사ㅅ당, 사탕, ᄉᆞ당, ᄉᆞ둥, ᄉᆞ쌍, ᄉᆞ탕, ᄉᆞ탕이, ᄉᆞ퉁

【사당-ᄀᆞᄅᆞ】 명 ((음식)) 사탕가루(砂糖-). 설탕가루. (중국어 간접 차용어).¶ 砂糖 ‖ ᄎᆞᄫᆞᆯ이 위긔를 보양ᄒᆞ야 붇게 ᄒᆞᄂᆞ니 쥭 수어 사당ᄀᆞᄅᆞ 빠 머기라 (糯米能養胃令發起. 糯米作粥和砂糖服之.) <언두 상:29b> ⇒ 사당ᄀᆞᄅᆞ, 사당ᄀᆞᆯᄂᆞ, 사당ᄀᆞᆯᄅᆞ, ᄉᆞ탕가루, ᄉᆞ탕갈ᄂᆞ ☞ 사당말

【사대미】 명 ((복식)) 새틴(サテンしゅす satin). 견직물의 하나. (일본어 차용어).¶ 옥식 욋또 치마 ᄀᆞᆷ ᄎᆞ 일 부ᄉᆞ식 욋또 치마 감 ᄎᆞ 일 단식 본목 치마 감 ᄎᆞ 일 본식 사대미 치마 감 ᄎᆞ 일 마포 밤물 치마 감 ᄎᆞ 일 혁식 츈뇨 치마 감 ᄎᆞ 일 본식 모수 치마 감 ᄎᆞ 일 봄목 반물 치마 감 ᄎᆞ 일 은 오도좀 ᄎᆞ 일 <물목-관훈 09:06:23> ⇒ 사덴, 사딍이, ᄉᆞ딍, ᄉᆞ씽 ☞ 시쓰

【사-뎝시】 명 ((기물)) 사기접시(砂-). 사기로 만든 접시. '뎝시'는 중세몽고어 '뎝시(tebši /tebsi)'의 차용어.¶ 사뎝시 (磁楪子) <역해-기구 하:13a> ᄎᆞᆷ긔 사뎝시 나모뎝시 옷칠ᄒᆞᆫ 뎝시 <번노 하:33> ☞ 나모뎝시

【사덴】 명 ((복식)) 새틴(サテンしゅす satin). 견직물의 하나. (일본어 차용어).¶ 본견 사덴 치마 ᄎᆞ 교자미ᄉᆞ 바지 안ᄶᅧ 토슈 보션 <회혼물목 1938> 사돈 두 분 회식 부ᄉᆞ견 바지 안ᄶᅧ 회식 사덴 치마 ᄎᆞ 유셩 ᄉᆡ외사촌이 보션 두 커리 장슈연 네 봉 무인 지월 십오일 우리 죠부모님 회혼 옷 물목 <회혼물목 1938> ⇒ 사대미, 사딍이, ᄉᆞ딍, ᄉᆞ씽 ☞ 시쓰

【사도】 명 ((인류)) 사돈(査頓). 혼인한 두 집안의 부모들 사이 또는 그 집안의 같은 항렬이 되는 사람들 사이에 서로 상대편을 이르는 말. '사돈(sadun)'은 몽고어·만주어 차용어.¶ ᄒᆞᆯ 말삼 무궁ᄒᆞ오나 총요 이만 기치압고 긔후 니ᄂᆞ 편안ᄒᆞ압긔 천만 바니옵 경허 삼월 초사일 사도 박 상장 <박(수사돈) 1947.3.4 ↓암사돈 국한-958> 이곳은 바이 허무ᄒᆞ 사도 일ᄒᆞ 무ᄌᆞ미 셥ᄒᆞ하실 닐 이리 죄송ᄒᆞᄒᆞ오ᄂᆞ아 쉭믹 되니 ᄉᆞᄒᆞ 익들 ᄒᆞ <샤제(안사돈) ↓안사돈 국한-961> ⇒ 사돈, 샤돈, ᄉᆞ도, ᄉᆞ돈, ᄉᆞ둔

【사돈】 명 ((인류)) 사돈(査頓). 혼인한 두 집안의 부모들 사이 또는 그 집안의 같은 항렬이 되는 사람들 사이에 서로 상대편을 이르는 말. '사돈(sadun)'은 몽고어·만주어 차용어.¶ 사돈 ‖ 婚家의 父母가 서로 불으는 말 <조선-심 90> ▼査 ‖ 사돈 (査) <광보-1 인륜:2b> 사돈 (査, Near relations by marriage.) <한영1890 121> ▼姻婭 ‖ 지히롤 ᄒᆞᆫ번 일ᄏᆞ른 즉 지히의 아들과 다뭇 모든 아ᄋᆞ와 밋 모든 아의 아돌과 아돌의 사돈과 겨레며 아의 사돈과의 겨레롤 입으로 극진이 칭찬치 아니리 업스니 (而趾海一稱, 則趾海之子與諸弟, 及諸弟之子, 子之姻婭族黨, 弟之姻婭族黨, 無不極口稱讚.) <명의-권수 하:58a> ▼婚 ‖ 사돈 혼, 婦家, 又婦之父曰婚, 以婦陰也, 娶以昏, 故曰婚. (婚) <훈몽-천륜 상:17b /33b> 사돈 (婚家) <역보-혼취 27a> <동해-인륜 상:12a> <몽해-인륜 상:9b> <과록-인륜 31a> <이록-인륜 2a> ▼婚媾 ‖ 사돈을 빙의ᄒᆞ야 관니롤 업슈이너기니 녕이 힝ᄒᆞ매 능히 금지ᄒᆞᆯ 밋디 아니ᄒᆞᄂᆞ다 (憑依婚媾欺官吏, 不信令行能禁止.) <고진 5:146> ▼親 ‖ 婚姻兩家互相謂親, 사돈 친 (親) <자석 하:65a> 婚家, 사돈 (親) <신자 4:1a> 사돈 (沾親) <수호-우산 6a> <수호 48:88> 사돈 짓다 (結親) <한청-연연 3:32a> 이 돌 초열흘ᄉᆡ 通信ᄒᆞ여 보롬ᄭᅴ 花燭을 댱만ᄒᆞ여 成親ᄒᆞ고 第三日에 새 사돈 모호

고 第九日에 ᄉᆡ집의 가 쟝ᄎᆞ 왼돌에 갓가오매 ᄯᅩ 본집의 도라와 버금 돌을 머믈려 ᄒᆞᄂᆞ니라 (這月初十邊通信, 月半頭辦花燭成親的, 第三日會新親, 第九日回門, 將近滿月, 又要回家住對月了.) <박신 1:44b> ▼親家 ‖ 사돈 (親家) <역해-혼취 상:41b> <방석-친속 1:14b> <한청-친척 5:41b> <화초-혼취 13a> 영양태슈 왕식은 한복과 사돈이라 한복의 집 사ᄅᆞᆷ이 그 ᄠᅳ들 볼셔 와 니ᄅᆞ니 (榮陽令王植却與韓福是兩親家, 比及雲長來到, 韓福家先使人通報了.) <삼국-가정 9:105> ▼舍親 ‖ 本來 ᄂᆡ가 出入ᄒᆞᆯ 預筭을 아니ᄒᆞ기ᄂᆞᆫ 곳 손님이 오실가 념녀ᄒᆞᆷ이러니 공교이 우리 사돈이 여기ᄅᆞᆯ 왓다가 再三再四 나ᄅᆞᆯ 나가자고 請ᄒᆞ고 나도 ᄯᅩ 固辭ᄒᆞ기가 아니 되여셔 나갓더니 왼걸 ᄂᆡ가 막 나가자 老兄이 곳 오실쥬ᄅᆞᆯ 想覺ᄒᆞ엿습잇가 (本來我沒打筭出門, 就怕是有客來, 偏巧我們舍親上這兒來了, 再三再四的約我出去, 我又不好固辭, 那兒想到我纔走, 您就來了.) <화교 62> 옥쳔 며ᄂᆞ리ᄂᆞᆫ 눈 ᄉᆞ이 잠간 어릴만뎡 양ᄌᆞ 모양은 쇠편〻ᄒᆞ고 제 슬겁고 사도놀 일워 살 사ᄅᆞ미니 깃브다 <순천김씨-30 1550-92 신천강씨(어머니) ↓순천김씨(딸)> 사돈 쥬시 답소샹 곽싱원ᄃᆡᆨ 이ᄎᆞ <현풍곽씨-119 /진하-154 1619 주씨(사돈) ↓진주하씨(사돈)> 사돈ᄭᅴ셔ᄂᆞᆫ 하인 머길 술 두 동히 대구 ᄒᆞ여 보내시고 날 머그라 숑편 더덕 산숨 빈쟈ᄒᆞ고 잡안쥬 걸기 ᄒᆞ여 어제 보내시고 <유시정-41 덕쇠 도라갈 제> ᄌᆞ식들은 별 탈 어[업]ᄉᆞ오나 범절도 이곳 형셰 소치로 수〻ᄒᆞᆫ 듕 ᄌᆞ식은 아모것도 ᄇᆡ혼 거시 업습고 아모 쳘도 모라고 미거 유츙ᄒᆞ온 거술 보내오니 사돈겨셔 친여갓치 가라치시고 사돈 너부신 덕탁과 ᄋᆡ휼지심만 밋습고 ᄇᆞ라습나이다 <창원황씨-10 츄량의> 만일 장츅 ᄀᆞᄐᆞᆫ 사돈이 잇고 닌광 ᄀᆞᄐᆞᆫ ᄋᆞ돌이 이시면 져의 금슬이나 권ᄒᆞᆯ ᄲᅮᆫ이지 ᄋᆞ돌을 권ᄒᆞ여 졔 부모 모욕ᄒᆞᆫ 사ᄅᆞᆷ을 평상이 ᄃᆡᄒᆞ라 못ᄒᆞᆯ 거시오 <완월 113:3> 편지가 왓슨즉 열어보고 크게 깃버ᄒᆞ야 사돈[査]의게[신랑과 신부의 집의셔 서로 ᄒᆞᆫ 말] 답장[答狀]을 쓰고 신부ᄂᆞᆫ 그 구고[舅姑 싀아비 싀어미]의게 문안 편지ᄅᆞᆯ ᄒᆞᄃᆡ <조설-니김량셩긔 177a> 사돈 ‖ 예전에 서로 몰으는 사람끼리 상거가 요원한 처지에 중매의 말만 주장하여 자녀의 혼인을 지낸 후에 신부례할 때에도 다른 사람이 우위로 래왕하여 신랑의 부친과 신부의 부친은 상면이 업섯다 언마 후에 상면할 차로 두 편에서 다 집을 떠나 차저가다가 더운 때라 매화나무 밋헤서 쉬는 바 서로 맛낫지만은 서로 알지 못하다가 차차 수작하고 보니 서로 차저가는 사람끼리 모혓다 그제야 반겨서 머리를 조와 처음 보는 례를 하엿슴애 매화 둥걸 밋헤서 머리를 조앗다 하여 둥걸 사 조을 돈(査頓) 두 자 음으로 사돈이라 한다 하지만은 그는 징거가 업는 말이오 나무를 접부치자 하면 짠 휘추리를 짠 둥걸에 부치는 법이라 혼인은 타성끼리 합하여 나무 휘추리를 짠 둥걸에 접부치는 것과 갓흠으로 둥걸 사짜를 쓰는 것이오 조을 돈짜는 존경하는 뜻이니라 그러함애 ᄯᆞᆯ의 남편을 사위라 함도 등검 사 버슬위[査位] 두 자를 쓰는 것이 올흐니라 <조이-김동진> 사돈 두 분 회ᄉᆡᆨ 부ᄉᆞ견 바지 안ᄶᅧ 회ᄉᆡᆨ 사뎬 치마 ᄎᆞ유셩 ᄉᆡ외사촌이 보션 두 켜리 장슈연 네 봉 무인 지월 십오일 우리 죠부모님 회혼 옷 물목 <회혼물목-아모레 1938> ※ 夫之父, 婦之父, 相謂曰査頓. <명종실록-26 15:10:임신> 古之親家, 邂逅査傍, 問名相知後, 乃頓首於査而謝之, 故後人仍謂親家曰査頓. <행용이문> 嫼子女字也. 以稱舅家(舅曰嫼父, 姑曰嫼母類), 査者浮木也, 以稱姻家(女氏壻氏, 相謂査頓, 稱査兄、査弟.). <아언각비 32> ⇒ 사도, 사돈, 샤돈, ᄉᆞ도, ᄉᆞ돈, ᄉᆞ둔

【사돈의 잔채에 즁이 참네ᄒᆞᆫ다】 [속] 사돈의 잔치에 중이 참여한다. 남의 일에 아무 상관없는 사람이 끼어듦을 비유적으로 이르는 말.¶ 사돈의 잔채에 즁이 참네ᄒᆞᆫ다 (査宴에 僧客이 參與한다) 그 不相關한 거슬 말함이라 <조속1922 272> ※ 査頓宴客僧, 言其不相關. <순오지>

【사돈의 팔촌】 [관구] 자기와 아무 상관 없는 남이라는 뜻.¶ 화긔동 마〻와 얽기셝기 돈령을 대이고 보면 사돈의 팔촌으로 형이니 아오니 ᄒᆞᆯ 만도 ᄒᆞ고 <치악산 하:25> ※ 査頓八寸 <동언고략>

【사돈-ᄂᆡ】 [명] ((인류)) 사돈네(査頓-). '사돈(sadun)'은 몽고어·만주어 차용어.¶ 현부ᄂᆞᆫ 온 후 ᄂᆡ〻 별증은 업ᄉᆞ오나 즁ᄂᆞᆫ 〻 두고 보을ᄉᆞ록 ᄇᆡᆨ힝구비 효부겸젼 사형시 고명식견 시로 낫〻 교훈ᄒᆞ시미 분명ᄒᆞ올 ᄲᅮᆫ ᄉᆞ돈ᄂᆡ 슈즁연화을 아ᄉᆞ온 일 죄황무지ᄒᆞ오나 고범을 묵ᄉᆞᆼᄒᆞ실가 바라오며 <ᄉᆞ뎨(수사돈) 국한-940 ↓사형시(암사돈)> 이곳 아ᄌᆞᄂᆞᆫ 나이ᄉᆞ 어리다 ᄒᆞᆯ가마ᄂᆞᆫ 손즁벽지의 무〻고촌 ᄒᆞᆫ 가지도 보비ᄒᆞᆫ 것 업시 사돈ᄂᆡ 틔과소망이 가흡지 못 무ᄒᆞᆫ 셥〻ᄒᆞ실지나 <ᄉᆞ제 김-한고1943 ↓ᄉᆞ형> ᄉᆞᆼ답여절은 엇지 아인 줄은 아오나 망극 세티로 좃ᄎᆞ ᄒᆞᄂᆞᆫ 수 업ᄉᆞ와 이듯 허무박심ᄒᆞ오니 사돈ᄂᆡ 명문고안의 아조 셥〻ᄒᆞ실 일 외오 <ᄉᆞ제 김-한고1943 ↓ᄉᆞ형>

【사돈-분】 [명] ((인류)) 사돈분(査頓-). 혼인한 두 집안의 부모들 사이 또는 그 집안의 같은 항렬이 되는 사람들 사이에 서로 상대편을 이르는 말. '사돈(sadun)'은 몽고어·만주어 차용어.¶ 신ᄉᆞ지초 사돈분 ᄋᆡ상쵀마신 즁망극 유한셜음 이시나 츌천셩효시로 지극봉효ᄅᆞᆯ 밧ᄌᆞ와 슬하ᄅᆞᆯ 도라보시와 무산 감의ᄅᆞᆯ ᄒᆞ시릿가 <하싱 니샹셔-한고 1889/1949>

【사돈-ᄃᆡᆨ】 [명] ((인류)) 사돈댁(査頓宅). '사돈(sadun)'은 몽고어·만주어 차용어.¶ 사돈ᄭᅴ셔 만단긔유을 ᄒᆞ여 사돈ᄃᆡᆨ 둘치 자부 신힝 후의 곳 보ᄂᆡ주시긔을 발리오며 <김성준(金成俊, 수사돈) 1924.7.28 ↓암사돈 국한-1783> ⇒ ᄉᆞ돈ᄃᆡᆨ

【사돈-집】 [명] ((인류)) 사돈집(査頓-). 혼인한 두 집안의 부모들 사이 또는 그 집안의 같은 항렬이 되는 사람들 사이에 서로 상대편 집을 이르는 말. '사돈(sadun)'은

몽고어·만주어 차용어.¶ 親家 ‖ 사돈집 (親家) <물명고-서강 친속 17a> <물명괄-친속 39a> 우리집 규모롤 너의들이 다 알 거시니 본릭 두 사돈집의셔 례믈을 닷토고 톄면을 닷토는 일은 업는지라 (偺們家的規矩你是盡知的, 從沒有兩親家爭禮爭面的.) <홍루 57:78> 조초 젹노라 사돈집의셔 박쳠지 병환의 쓰려 ᄒᆞ고 쌀 두 돈의치 오미ᄌᆞ 너 푼의치 사려 ᄒᆞ고 돈 보내니 부듸 하인ᄒᆞ야 사 보내게 ᄒᆞ여라 <안극(시아버지)-2 1751 ↓안정복의 아내(며느리)> ⇒ 사돈짓, ᄉᆞ돈집

【나 불을 노릭를 사돈집에셔 부른다】 ㊇ 나 부를 노래를 사돈집에서 부른다. 내가 부르자고 잔뜩 벼르고있는 노래를 사돈집에서 먼저 부른다는 뜻으로 내가 상대편에게 꾸짖거나 무엇을 증명하기 위하여 할 말을 도리어 상대편이 먼저 하면서 공격해 오는 경우에 비겨 이른 말.¶ 나 불을 노릭를 사돈집에셔 부른다 (我 唱할 歌를 婿家에셔 先唱한다) 我가 맛당히 汝를 咎할 터인대 汝가 도리혀 我를 咎한다 함이라 <조속 1922 215>

【사돈-짓】 ㊔ 사돈집. '사돈(sadun)'은 몽고어·만주어 차용어.¶ 姻家 ‖ 사돈 잔치어든 사돈짓 사룸으로 위두손을 사모듸 (如昏禮則姻家爲上客.) <여약 24> ⇒ 사돈집 ᄉᆞ돈집

【사돈짓-아비】 ㊔ ((인류)) 사돈. 바깥사돈. '사돈(sadun)'은 몽고어·만주어 차용어.¶ 親家公 ‖ 아ᄉᆞ아자븨겨집 어믜겨집동싱 아븨동싱누의 아븨동싱누의남진 어믜겨집동싱의남진 몯누의남진 아ᄉᆞ누의남진 ᄯᆞᆯ리사회 동셩ᄉᆞ촌형뎨 아븨누의 어믜오라비게셔 난 형뎨 륙촌형뎨 어믜겨집동싱의게셔 난 형뎨 사돈짓아비 사돈짓어미 사돈짓아자비 사돈짓어믜 오라비 사돈짓아ᄌᆞ미 브리는 죵돌 다 쳥ᄒᆞ야 오라 (又嬸母、姨姨、姑姑、姑夫、姨夫、姐夫、妹夫、外甥女婿、叔伯哥哥兄弟、姑舅哥哥兄弟、房親哥哥兄弟、兩姨哥哥兄弟、親家公、親家母、親家伯伯、親家舅舅、親家姨姨、使喚的奴婢, 都請將來.) <번노 하:34b> 아ᄋᆞ아자븨겨집 어믜겨집동싱 아븨동싱누의 아븨동싱누의남진 어믜겨집동싱의남진 못누의남진 아ᄋᆞ누의남진 ᄯᆞᆯ의사회 同姓四寸형아ᄋᆞ 異姓四寸형아ᄉᆞ 同姓六寸형아ᄉᆞ 어믜겨집동싱의게셔 난 형뎨 사돈짓아비 사돈짓어미 사돈짓아자비 사돈짓어먹오라비 사돈짓어믜겨집동싱 브리는 奴婢를 다 請ᄒᆞ야 오라 (又嬸母、姨姨、姑姑、姑夫、姨夫、姐夫、妹夫、外甥女婿、叔伯哥哥兄弟、姑舅哥哥兄弟、房親哥哥兄弟、兩姨哥哥兄弟、親家公、親家母、親家伯伯、親家舅舅、親家姨姨、使喚的奴婢, 都請將來.) <노언 하:31a>

【사돈짓-아ᄌᆞ미】 ㊔ ((인류)) 사돈집 아주머니. '사돈(sadun)'은 몽고어·만주어 차용어.¶ 親家姨姨 ‖ 아ᄉᆞ아자븨겨집 어믜겨집동싱 아븨동싱누의 아븨동싱누의남진 어믜겨집동싱의남진 몯누의남진 아ᄉᆞ누의남진 ᄯᆞᆯ리사회 동셩ᄉᆞ촌형뎨 아븨누의 어믜오라비게셔 난 형뎨 륙촌형뎨 어믜겨집동싱의게셔 난 형뎨 사돈짓아비 사돈짓어미 사돈짓아자비 사돈짓어믜 오라비 사돈짓아ᄌᆞ미 브리는 죵돌 다 쳥ᄒᆞ야 오라 (又嬸母、姨姨、姑姑、姑夫、姨夫、姐夫、妹夫、外甥女婿、叔伯哥哥兄弟、姑舅哥哥兄弟、房親哥哥兄弟、兩姨哥哥兄弟、親家公、親家母、親家伯伯、親家舅舅、親家姨姨、使喚的奴婢, 都請將來.) <번노 하:34b>

【사돈짓-아ᄌᆞ비】 ㊔ ((인류)) 사돈집 아주버니. '사돈(sadun)'은 몽고어·만주어 차용어.¶ 親家伯伯 ‖ 아ᄉᆞ아자븨겨집 어믜겨집동싱 아븨동싱누의 아븨동싱누의남진 어믜겨집동싱의남진 몯누의남진 아ᄉᆞ누의남진 ᄯᆞᆯ리사회 동셩ᄉᆞ촌형뎨 아븨누의 어믜오라비게셔 난 형뎨 륙촌형뎨 어믜겨집동싱의게셔 난 형뎨 사돈짓아비 사돈짓어미 사돈짓아자비 사돈짓어믜 오라비 사돈짓아ᄌᆞ미 브리는 죵돌 다 쳥ᄒᆞ야 오라 (又嬸母、姨姨、姑姑、姑夫、姨夫、姐夫、妹夫、外甥女婿、叔伯哥哥兄弟、姑舅哥哥兄弟、房親哥哥兄弟、兩姨哥哥兄弟、親家公、親家母、親家伯伯、親家舅舅、親家姨姨、使喚的奴婢, 都請將來.) <번노 하:34b>

【사돈짓-어먹오라비】 ㊔ ((인류)) 사돈집 외숙. '사돈(sadun)'은 몽고어·만주어 차용어.¶ 親家舅舅 ‖ 아ᄋᆞ아자븨겨집 어믜겨집동싱 아븨동싱누의 아븨동싱누의남진 어믜겨집동싱의남진 못누의남진 아ᄋᆞ누의남진 ᄯᆞᆯ의사회 同姓四寸형아ᄋᆞ 異姓四寸형아ᄉᆞ 同姓六寸형아ᄉᆞ 어믜겨집동싱의게셔 난 형뎨 사돈짓아비 사돈짓어미 사돈짓아자비 사돈짓어먹오라비 사돈짓어믜겨집동싱 브리는 奴婢를 다 請ᄒᆞ야 오라 (又嬸母、姨姨、姑姑、姑夫、姨夫、姐夫、妹夫、外甥女婿、叔伯哥哥兄弟、姑舅哥哥兄弟、房親哥哥兄弟、兩姨哥哥兄弟、親家公、親家母、親家伯伯、親家舅舅、親家姨姨、使喚的奴婢, 都請將來.) <노언 하:31b>

【사돈짓-어믜겨집동싱】 ㊔ ((인류)) 사돈집 이모. '사돈(sadun)'은 몽고어·만주어 차용어.¶ 親家姨姨 ‖ 아ᄋᆞ아자븨겨집 어믜겨집동싱 아븨동싱누의 아븨동싱누의남진 어믜겨집동싱의남진 못누의남진 아ᄋᆞ누의남진 ᄯᆞᆯ의사회 同姓四寸형아ᄋᆞ 異姓四寸형아ᄉᆞ 同姓六寸형아ᄉᆞ 어믜겨집동싱의게셔 난 형뎨 사돈짓아비 사돈짓어미 사돈짓아자비 사돈짓어먹오라비 사돈짓어믜겨집동싱 브리는 奴婢를 다 請ᄒᆞ야 오라 (又嬸母、姨姨、姑姑、姑夫、姨夫、姐夫、妹夫、外甥女婿、叔伯哥哥兄弟、姑舅哥哥兄弟、房親哥哥兄弟、兩姨哥哥兄弟、親家公、親家母、親家伯伯、親家舅舅、親家姨姨、使喚的奴婢, 都請將來.) <노언 하:31b>

【사돈짓-어믜오라비】 ㊔ ((인류)) 사돈집 외삼촌.¶ 親家舅舅 ‖ 아ᄉᆞ아자븨겨집 어믜겨집동싱 아븨동싱누의 아븨동싱누의남진 어믜겨집동싱의남진 몯누의남진 아ᄉᆞ누의남진 ᄯᆞᆯ리사회 동셩ᄉᆞ촌형뎨 아븨누의 어믜오라비게셔 난 형뎨 륙촌형뎨 어믜겨집동싱의게셔 난 형뎨 사돈짓아비 사돈짓어미 사돈짓아자비 사돈짓어믜오라비 사돈짓아ᄌᆞ미 브리는 죵돌 다 쳥ᄒᆞ야 오라 (又嬸母、

姨姨、姑姑、姑夫、姨夫、姐夫、妹夫、外甥女婿、叔伯哥哥兄弟、姑舅哥哥兄弟、房親哥哥兄弟、兩姨哥哥兄弟、親家公、親家母、親家伯伯、親家舅舅、親家姨姨、使喚的奴婢, 都請將來.) <번노 하:34b> 아ᄋᆞ아자븨겨집 어믜겨집동싱 아븨동싱누의 아븨동싱누의남진 어믜겨집동싱의남진 뭇누의남진 아ᄋᆞ누의남진 ᄯᆞᆯ의사회 同姓四寸형아ᄋᆞ 異姓四寸형아ᅀᆞ 同姓六寸형아ᅀᆞ 어믜겨집동싱의게셔 난 형뎨 사돈짓아비 사돈짓어미 사돈짓아자비 사돈짓어먹오라비 사돈짓어믜겨집동싱 브리ᄂᆞᆫ 奴婢를 다 請ᄒᆞ야 오라 (又嬸母、姨姨、姑姑、姑夫、姨夫、姐夫、妹夫、外甥女婿、叔伯哥哥兄弟、姑舅哥哥兄弟、房親哥哥兄弟、兩姨哥哥兄弟、親家公、親家母、親家伯伯、親家舅舅、親家姨姨、使喚的奴婢, 都請將來.) <노언 하:31b>

【사돈짓-어미】 명 ((인류)) 사돈집 어미. 안사돈. '사돈(sadun)'은 몽고어·만주어 차용어.¶ 親家母 ‖ 아ᅀᆞ아자븨겨집 어믜겨집동싱 아븨동싱누의 아븨동싱누의남진 어믜겨집동싱의남진 몯누의남진 아ᅀᆞ누의남진 ᄯᆞ리사회 동셩ᄉᆞ촌형뎨 아븨누의 어믜오라비게셔 난 형뎨 륙촌형뎨 어믜겨집동싱의게셔 난 형뎨 사돈짓아비 사돈짓어미 사돈짓아자비 사돈짓어믜 오라비 사돈짓아ᄌᆞ미 브리ᄂᆞᆫ 죵돌 다 쳥ᄒᆞ야 오라 (又嬸母、姨姨、姑姑、姑夫、姨夫、姐夫、妹夫、外甥女婿、叔伯哥哥兄弟、姑舅哥哥兄弟、房親哥哥兄弟、兩姨哥哥兄弟、親家公、親家母、親家伯伯、親家舅舅、親家姨姨、使喚的奴婢, 都請將來.) <번노 하:34b> 아ᄋᆞ아자븨겨집 어믜겨집동싱 아븨동싱누의 아븨동싱누의남진 어믜겨집동싱의남진 뭇누의남진 아ᄋᆞ누의남진 ᄯᆞᆯ의사회 同姓四寸형아ᄋᆞ 異姓四寸형아ᅀᆞ 同姓六寸형아ᅀᆞ 어믜겨집동싱의게셔 난 형뎨 사돈짓아비 사돈짓어미 사돈짓아자비 사돈짓어먹오라비 사돈짓어믜겨집동싱 브리ᄂᆞᆫ 奴婢를 다 請ᄒᆞ야 오라 (又嬸母、姨姨、姑姑、姑夫、姨夫、姐夫、妹夫、外甥女婿、叔伯哥哥兄弟、姑舅哥哥兄弟、房親哥哥兄弟、兩姨哥哥兄弟、親家公、親家母、親家伯伯、親家舅舅、親家姨姨、使喚的奴婢, 都請將來.) <노언 하:31a>

【사돈-ᄒᆞ-】 동 사돈(査頓)하다. 사돈 관계를 맺다. '사돈(sadun)'은 몽고어·만주어 차용어.¶ 사돈ᄒᆞ다 (結親) <동해-예도 상:52a> <몽해-예도 상:40a> <방석-가취 2:1a> 사돈ᄒᆞᆫ단 말 (結親) <한휜-석정> 사돈기리 더러케 뉘 아돌놈이 아돌과 ᄯᆞᆯ을 나하셔 쟝가드리고 싀집 보내여셔 놈과 놈이 사돈홀 개아돌 ᄀᆞᆺ흔 놈이 잇겟노나ᄂᆞᆫ 과갈지친이나 ᄎᆞ저셔 남취녀가ᄒᆞ겟네 <셜원-친사간상젼 16b> ⇒ ᄉᆞ돈ᄒᆞ-

【사두기】 명 ((인류)) 사두개(Sadducee). 사제직을 독점하고 유대의 최고 정치기구인 산헤드린을 장악한 귀족. (외래어).¶ 바야흐로 뎨ᄌᆞ들이 누룩이라 ᄒᆞᄂᆞᆫ 뜻은 바리식와 사두기의 교인들의 누룩을 조심ᄒᆞ라 <연경-방교가 66>

【사두기-인】 명 ((인류)) 사두개인(Sadducee人). 성문화된 율법(모세 오경)만을 받아들이고 구전(장로의 전승)은 거부하였으며, 부활이나 천사, 영생, 영혼 등을 믿지 않았다.¶ 요한의 거동 보소 권능의 말솜으로 젼파ᄒᆞ야 닐ᄋᆞᆫ 말이 하놀나라 갓가왓다 벽력ᄀᆞᆺ치 웨ᄂᆞᆫ 소리 젼국 인민 감화 밧아 존비귀쳔 무론ᄒᆞ고 회ᄀᆡᄌᆞ복ᄒᆞᄂᆞᆫ 즁에 영화로온 혜롯이며 바리식인 사두기인 슈셰코져 나아온다 <연경-셩셰가 8> ☞ 바리식인

【사듸니아】 명 ((지리)) 사르디니아(Sardinia). 이탈리아 코르시카 섬의 남쪽에 있는 섬. 지중해에서 두 번째로 큰 섬으로, 딸린 섬과 함께 자치 지역을 이룬다. (외래어).¶ 셔에는 사듸니아ㅣ란 큰 셤이 잇고 동편에 ᄯᅩ 아듸쥬와 포ㅣ란 두 강이 에드리아틕 하슈로 드러가고 셔에는 타이버ㅣ란 강이 디즁히로 드러가며 <사필1889-헐버트 50>

【사딩이】 명 ((복식)) 새틴(サテンしゅす satin). 견직물의 하나. (일본어 차용어).¶ 자쥬 사딩이 치마 ᄎᆞ 일 흑식 광목 치마 ᄎᆞ 일 세목 세 필 즁목 일필 세목 일필 <물목-진명-1 1952 유록모번단> ⇒ 사대미, 사뎬, ᄉᆞ딩, ᄉᆞ찡 ☞ 시쓰

【사라거샤】 명 ((지리)) 사라고사(Zaragoza). 에스파냐 북동부 아라곤 지방에 있는 도시. 12세기 초까지는 무어인의 거점이었고, 이후 아라곤 왕국의 수도로서 번영하였다. (외래어).¶ 도셩을 의론컨대 일홈이 믿드릿이니 나라 ᄒᆞᆫ가온대요 ᄯᅩ 동편에 ᄲᅡ실로나ㅣ란 큰 촌이 잇고 벨렌시아와 사라거샤와 머시아ㅣ란 큰 촌이 잇고 <사필1889-헐버트 43>

【사라켄인】 명 ((인류)) 사라센(Saracen). 중세 때 이슬람교도인 아랍·투르크와 그 밖의 나라 사람들을 일컫는 말. (외래어).¶ ※ 로와루江 거슬너 올나가 보고 사라켄人 敗績地 투루 지내매 <청춘 1914.10.1>

【사락】 명 하락(下落 xiàluò). 행방(行方). 소재(所在). '사(下, xià)'는 중국어 직접 차용어.¶ 下落 ‖ 운장형이 숀건과 함께 이슈를 뫼시고 와셔 임의 가ᄀᆞ의 사락을 아랏노라 (雲長兄與孫乾送二嫂方到, 已知哥哥下落.) <삼국-국중 6:96> 이슉이 황슉과 삼슉의 사락 아지 못ᄒᆞ야 잠간 죠씨의게 의지ᄒᆞ엿다가 (二叔因不知你等下落, 故暫時棲身曹氏.) <삼국-국중 6:92> ⇒ 하락, 햐낙, 햐락

【사로몬】 명 ((인명)) 솔로몬(Solomon). B.C. 10세기 중반에 활동한 다윗의 아들이자 계승자. 이스라엘의 가장 위대한 왕으로 간주됨. 현인과 시인으로서도 명성을 얻었음. 전통적으로 «아가»의 저자로 간주되며, «잠언»에는 그가 쓴 것으로 간주되는 격언과 교훈이 있음. (외래어).¶ 회두ᄒᆞ기롤 위ᄒᆞ여ᄂᆞᆫ 훗날을 허락지 아니ᄒᆞ셧다 ᄒᆞ고 그 뿐 아니라 도로혀 셩경에 사로몬의 입으로써 사롬들을 지촉ᄒᆞ야 ᄀᆞᆯᄋᆞ샤ᄃᆡ <신명-회두지완 상:43b> 존귀ᄒᆞ신 스승이여 모이서에셔 쵸월ᄒᆞ시고 지혜로온 사로몬에셔 지나시고 모든 션지쟈와 모든 셩ᄉᆞ의 춤스승이신 쟈ㅣ로다 <신명-효법예수 상:68a> 만고유명 사로몬도 허송셰월 ᄒᆞᆫ가타가 <박동헌> ⇒ 살노

몬, 솔노몬, 솔노문

【사로-치마】 명 ((복식)) 사라(紗羅)치마. '로(羅, luó)'는 중국어 직접 차용어.¶ 부동 니셔방딕 삼형데 모리 신부녜에 가려 ᄒᆞᆫ다 ᄒᆞ고 사로치마과 산호슈 가지롤 비러시니 엿새날 신부녜 적게 빌 것도 이실 거시오 잇ᄂᆞᆫ 줄 알고 긔별ᄒᆞ여시니 남식이 ᄒᆞᆫ 번 닙기 듬난ᄒᆞ것마ᄂᆞᆫ 니 일층 보닐 거시니 내여 둣다가 보니여라 <연안이씨언간첩-8 경진 오나놀>

【사마리아】 명 ((인명)) 사마리아(Samaria). 팔레스타인 중앙부에 있었던 고대 이스라엘 왕국의 수도. (외래어).¶ ᄒᆞᆼ샹 고을과 촌으로 친히 ᄃᆞ니며 죄인을 차자부ᄅᆞ시고 사마리아 녀인과 막다릐나 등 죄인을 거두시고 마톄ㅗ 죄인을 부ᄅᆞ샤 종도롤 삼으시고 아문에셔 눈을 두루혀 베드루롤 ᄀᆞ과케 ᄒᆞ시고 <신명-텬쥬ᄌᆞ비 상:38b> 예수ㅣ 승텬ᄒᆞ신 후에 예루사름과 사마리아에 셩교롤 젼ᄒᆞ시매 ᄇᆡᆨ셩은 밋어 조ᄎᆞ되 그ᄅᆞᆫ 류들이 원슈로이 ᄒᆞᆫᄒᆞ더라 <쳠례-쟝야고버종도 93a>

【사모아】 명 ((지리)) 사모아(Samoa). 오스트레일리아 남태평양 서사모아 제도의 섬들로 구성된 의회공화국. (외래어).¶ 누권니 동편에 누보레덴과 누아열란듸와 사로먼과 누헤브레듸스와 누갈릐도니아와 [블란시국 속방이라] 피지와 사모아와 소사이듸와 길벗과 마설과가롤닌과 산드위츠국과 마귀사스ㅣ란 셤이 잇고 또 이 밧게 무수ᄒᆞᆫ 젹은 셤이 잇ᄂᆞ니라 <사필1889-헐버트 159>

【사바나】 명 ((지리)) 사반나(Savannah). 건기가 뚜렷한 열대와 아열대 지방에서 발달하는 초원. (외래어).¶ 사반나 撒凡那 Savannah <만국통감1912 11>

【사발-뎝시】 명 ((기물)) 사발접시(沙鉢楪-). 접시(楪子). 중세몽고어 '뎝시(tebši /tebsi)'의 차용어.¶ 나모뎝시 (大楪子) <역해-기구 하:13a> ☞ 나모뎝시, 나무뎝시

【사봉】 명 ((기물)) 비누(石鹼, ツャポン). (일본어 차용어).¶ 컵에는 부랏슈와 라이옹, 대야에 사봉 담아 들고 /뒷뜰을 나셔면, 져봐! 움물집웅에 새벽발, 몸 쌔긋시 쌔긋시 씻고 <김소월-삼천리1934.11, 기원>

【사ㅅ당】 명 ((음식)) 사당(沙糖). 설탕. 또는 설탕을 끓여서 여러 가지 모양으로 만든 과자. (중국어 간접 차용어).¶ 사드리ᄂᆞᆫ 거슨 사ㅅ당과 갑피와 모든 차ㅅᄀᆞ음과 술과 솜과 면쥬실과 염식ᄀᆞ음과 모든 연쟝이니 갑시 일년에 이ᄇᆡᆨ ᄇᆡᆨ만 원이며 <사필1889-헐버트 16> ⇒ 사당, 사당, 사탕, ᄉᆞ당, ᄉᆞ동, ᄉᆞ쌍, ᄉᆞ탕, ᄉᆞ탕이, ᄉᆞ통

【사ㅅ당-플】 명 ((식물)) 사탕수수(沙糖-). (중국어 간접 차용어).¶ 온갓 싱션과 젼복이 만코 또 누에가 미우 만흐며 곡식은 밀과 보리와 라이와 귀이리와 감ᄌᆞㅣ오 사ㅅ당플이며 텰셕은 은과 구리와 츄쇠와 납과 셕탄과 소곰이오 ᄉᆞ긔 만ᄃᆞᄂᆞᆫ 흙이며 <사필1889-헐버트 39>

【사스빡】 명 ((지리)) Sasbach (외래어).¶ 사스빡 (撒巴 Sasbach) <만국통감1912 11>

【사ᄉᆞ】 명 ((기물)) 색아(色兒) 주사위. '사ᄉᆞ(色兒 /骰兒, shǎr)'는 중국어 직접 차용어.¶ 사ᄉᆞ 투 (骰) <훈몽-규장-기명 중:19a> ⇒ 사아, 사외, 사ᄋᆞ, 사화, 쇄ᄉᆞ, ᄉᆞᄉᆞ, ᄉᆞ아, ᄉᆞ애, ᄉᆞ위, ᄉᆞ의

【사ㅣ비리아】 명 ((지리)) 아라비아(Arabia). 아시아 남서부 페르시아 만, 인도양, 아덴 만, 홍해에 둘러싸여 있는 지역. (외래어).¶ 아시아아라사 [사ㅣ비리아와 터키스단이란 짜히라] <사필1889-헐버트 69>

【사ㅣ암-국】 명 ((지리)) 시암(Siam). 타이(Thai)의 전 이름. 태국(泰國). (외래어).¶ 사ㅣ암국 남편에로 슈마드라ㅣ란 셤이 잇서 폭원이 젹도 남북에로 각 일ᄇᆡᆨ 팔십리니 쟝이 삼천 오ᄇᆡᆨ 리요 광이 륙ᄇᆡᆨ 리라 <사필1889-헐버트 156>

【사아】 명 ((기물)) 색아(色兒) 주사위. '사아(色兒 /骰兒, shǎr)'는 중국어 직접 차용어.¶ 骰子 ‖ 술을 부어 다시 먹더니 난외 시녀ᄃᆞ려 사아롤 가져오라 ᄒᆞ고 (飮將酣, 蘭翹命骰子.) <금고 94> 오놀 밤의 아ᄅᆞᆷ다온 손이 좌샹의 안자시니 맛당이 비필이 이실디라 청컨대 사아롤 더뎌 그 이 만흐니로 셜낭과 침셕을 ᄒᆞᆫ가지로 ᄒᆞ리라 (今夕佳賓相會, 須有匹偶, 請擲骰子, 遇采强者, 得薦枕席.) <금고 95> ⇒ 사ᄉᆞ, 사외, 사ᄋᆞ, 사화, ᄉᆞᄉᆞ, ᄉᆞ아, ᄉᆞ애, ᄉᆞ위, ᄉᆞ의

【사압】 명 ((지리)) 사바(Sava)강. 유럽 중남부를 흐르는 강. 슬로베니아·크로아티아·보스니아·헤르체고비나·세르비아를 흐른다. (외래어).¶ 동에는 타이스ㅣ란 강이 단웁 강에로 드러 가고 남에도 드랍과 사압이란 강이 단웁 강에로 드러 가고 에드리아틱 하슈ㅅ ᄀᆞ헤 트리에스트ㅣ란 포구가 잇고 또 젹은 셤들이 만흐며 <사필1889-헐버트 55>

【사오리】 명 ❶ ((기물)) 안장(鞍裝). 말, 나귀 따위의 등에 얹어서 사람이 타기에 편리하도록 만든 도구. '사오리(sa'uri /saɣuri(n))'는 중세 몽고어 차용어. '앉다'를 의미하는 동사 어간(몽고 문어 saɣu-, 중세몽고어 sa'u-)에 접미사 '-ri'가 붙어 파생된 명사. 사오리> 소부리.¶ 鞍座兒, 舊釋사오리 (鞍座兒) <역해-안비 하:19b> ❷ 걸상. 등상(凳牀).¶ ᄃᆞ리와 사오리와 (梯蹬.) <원각 하3-1:118b> 사오리, 坐具, 今俗呼"板凳". (凳) <사해 하:58b> 사오리 둥, 俗呼"板凳". (凳) <훈몽-기명 중:6a /10b> 사오리 (板凳) <역해-기구 하:18b> ⇒ 사오이, 소부리, 쇠부리

【사오이】 명 ((기물)) 걸상. 등상(凳牀). '사오리(sa'uri /saɣuri(n))'는 중세 몽고어 차용어. '앉다'를 의미하는 동사 어간(몽고 문어 saɣu-, 중세몽고어 sa'u-)에 접미사 '-ri'가 붙어 파생된 명사. 사오리> 소부리.¶ 사오이 등 (凳) <음운 12a> ⇒ 사오리, 소부리, 쇠부리

【사외】 명 ((기물)) 색아(色兒) 주사위. '사외(色兒 /骰兒, shǎr)'는 중국어 직접 차용어.¶ 송니와 션동와을 상늑사외 맛치 반듯ᄒᆞᄒᆞ 얇게 써올어 삶힌 후 게 거른 거술 계란을 다소더로 참반ᄒᆞ여 ᄒᆞᆫ더 져허 쓰ᄂᆞᆫ 국의 ᄒᆞᆫ 편으로 드러 부어 <음식방문-우한 계탕 23> ⇒ 사ᄉᆞ, 사아, 사ᄋᆞ, 사화, ᄉᆞᄉᆞ, ᄉᆞ아, ᄉᆞ애, ᄉᆞ위, ᄉᆞ의

【사요나라】 명 '사요나라(さよなら)'. 일본어로 헤어질 때의 인사. (일본어 차용어).¶ 사요나라 곰방와ᄂᆞᆫ 사ᄅᆞᆷ마다 의례ᄒᆞ고 ᄡᅡ가칙소 ᄒᆞ야ᄯᅮᄂᆞᆫ ᄋᆞᄒᆡ들도 짓거리니 <대매-시평 1910.2.2>

【사월】 명 ((인명)) 사울(Saul). 기원전 11세기경 이스라엘 왕국의 제1대 왕. 선지자 사무엘에게 인정받아 왕위에 올랐으며 뒤에 블레셋과의 싸움에서 패하여 전사하였음. 재위 기간은 기원전 1021~1000년. (외래어).¶ 다위ᄂᆞᆫ 우편이오 사월은 좌편이라 <박동헌>

【사위】 명 ((기물)) 색아(色兒) 주사위. '사위(色兒 /骰兒, shǎr)'는 중국어 직접 차용어.¶ ⇒ 사ᄋᆔ, 사아, 사외, 사ᄋᆞ, 사화, ᄉᆞᄋᆔ, ᄉᆞ아, ᄉᆞ애, ᄉᆞᄋᆡ

【단빅 사위 측 간다】 속 단백 사위 촉(蜀) 간다. 윷놀이에서, 마지막 고비에 한 번 윷을 놂으로써 이기고 지는 것이 결정될 때 그만 지고 말았다는 뜻으로, 무슨 일이든지 단수(單手)에 실패를 보게 됨을 비유적으로 이르는 말.¶ 단빅 사위 측간다 (單白骰子에 觸을 逢한다) 擲柶(주사위) 單白에 觸을 逢하면 輸하나니 何事든지 單手에 見敗한다 함이라 <조속1922 139>

【사음】 명 ((인류)) 사음(舍音). 마름. 지주를 대리하여 소작권을 관리하는 사람. (이두어).¶ 그곳 작인이 반상간 쇼인 짱을 위□ᄒᆞᄂᆞᆫ 말니 다르고 작경이 뭇쌍ᄒᆞ면 죠도 씨을 타가고도 만도을 님의 쥰ᄒᆞ며 니작을 시기라 ᄒᆞ온즉 사음을 못살기 ᄒᆞ외며 음담픠셔이 뭇쌍ᄒᆞ온니 통촉ᄒᆞ옵셔 작인를[난] 놈 괴슈을 츙쥬 관의 엄치ᄒᆞ옵기 ᄒᆞ졍의 바라외며 작전 여지 죠은 갑이 쳐의 몰슈히 츌급ᄒᆞ여ᄊᆞ의며 알외 말쌈 만ᄊᆞ외되 젓쇼와 이만 알외옵ᄂᆞ이다 <류완국고목-우한 1880> 갑ᄌᆞ 九月日 명동ᄃᆡ 추슈긔 조산동 너 말낙 두 셤 열엿 말 우의 셔 말낙의 한 셤 두 말 군논 닐굽 낙 두 셤 열한 말 장노 엿 말 낙 한 셤 열두 말 합 여덥 셤 한 말 니의 조산동 너 말낙의 구실 닷 말 우의 셔 말낙의 엿 말 장노 엿 말 낫의 아홉 말 구논 일굽 말의 한-셤 두 말 합 두 셤 두 말 졔하옵고 종쟈 한 셤 졔하옵고 시리 넉 셤 열아홉 말의 작미 셜혼아홉 말 엿 되 사음의 김홍닌 <서산대교 경주김씨댁 추수기 1924> ※ 단셕이가 연젼 동학후로 변ᄒᆞ고 ᄯᅩ 난봉이 되야 션도죠을 만이 파라스니 불가불 舍音은 가라야 도죠 슈식 잘ᄒᆞ게ᄉᆞ오며 그ᄃᆡ로 두면 졈〻 범포만 더 날 터니 이후 난봉의게 엇지 찻게삽 싱각다 못 元哲이을 쳔거ᄒᆞ오니 舍音 ᄎᆞ졉은 속히 청산으로 부쳐셔야 간츄 ᄡᅧᆨ 다리고 간평ᄒᆞ게삽 <노성읍 마름-우한 19c말> ⇒ ᄉᆞ음

【사음사】 명 사음사(舍音事). 마름일. 지주를 대리하여 소작권을 관리하는 사람의 일. (이두어).¶ 洞面居 閔春得 일은 기간의 편지ᄒᆞ여쏩난잇가 閔班의 힝삭이 졈〻 더ᄒᆞ온니 나으리쥬거옵셔 이 일을 보옵씨지 안니ᄒᆞ외면 사음사을 볼 길 읍쏩나이다 여유을 젼ᄎᆞ 고과 <류완국고목-우한1882> 환젼은 으드 씨거든 긴실 기별히 열ᄒᆞ여아 시간살이을 ᄒᆞᆯ 영이면 박사을 조심ᄒᆞ열아 장당 사음사을 도득ᄒᆞ여 보알아 남초 十八束을 보나이 츄심ᄒᆞ열아 총〻 기친다 <아버지1899.4.24 ↓아들 국한-1791>

【사의루】 명 ((복식)) 미상. (일본어 차용어).¶ 구럿도 단의 ᄎᆞ 일 사의루 단의 ᄎᆞ 일 명쥬 단의 ᄎᆞ 일 됴쉿도 단의 ᄎᆞ 일 회식 반슈 ᄌᆞ미ᄉᆞ 바지 일 지식 명쥬 바지 ᄎᆞ 일 안쪄 광목 바지 안쪄 일 무명 바지 안겨 일 <물목-경고-5 1941 장농>

【사이나】 명 ((지리)) 시나이(Sinai). 이집트의 동북 국경, 홍해와 지중해에 둘러싸인 반도. 기독교에서 모세가 하느님을 접하였다는 영적인 산. (외래어).¶ 디형을 의론컨대 셔북에 산이 만흐니 셔에는 사이나이란 산과 [모서 소셩이 하ᄂᆞ님의 십계를 밧즙던 산] 험안이란 산과 조든이란 강이 잇고 [이 강은 텬하에 유명ᄒᆞᆫ 강이니 야소 그리스도 사시던 곳] 북에는 더럿스와 아라랏이란 산 [이 산은 홍슈 후에 노아 셩인의 빅가 ᄂᆞ려 노히던 곳] 이 잇고 동에는 타이그리스와 유프레듸스ㅣ란 강이 [이 두 강ᄉᆞ 근쳐에 사ᄅᆞᆷ의 시작 조샹이 나계시더니라] 베시아 하슈로 드러가고 <사필1889-헐버트 97>

【사이다】 명 ((음식)) 사이다(サイダー, cider). 탄산수에 당분과 향료를 넣어 만든 청량음료. (외래어).¶ 사이다 (氣水) <자통-음식 413> 더것은 뎜심 비빔밥 만두 고물쩍 마사무네 사이다 빅주 잡지 신문 기타 여러 가지 물건이오 <일선 79> 순택이는 사이다를 한 곱보씀 먹더니「빅주를 좀 먹어 볼까」하고 주문을 하얏다. <염상섭, 해바라기 18> 실과도 벗겨 오고 사이다도 가져왓스나 다른 사람들은 어서 일어나라는 듯이 쏭문이가 붓지 안핫다. <염상섭, 사랑과 죄 107>

【사일니시아】 명 ((지리)) 실레시아(Silesia). (외래어).¶ 사일니시아 (西利西亞 Silesia) <만국통감1912 11>

【사ᄋᆞ】 명 주사위. 주사위. '사ᄋᆞ(色兒 /骰兒, shǎr)'는 중국어 직접 차용어.¶ 사ᄋᆞ 투 (骰) <음첩c 56a> 사ᄋᆞ (骰子) <한청-희구 9:16a> 샹뉵 사ᄋᆞ (明瓊) <과록-기술 54b> ⇒ 사ᄋᆔ, 사아, 사외, 사위, 사화, ᄉᆞᄋᆔ, ᄉᆞ아, ᄉᆞ애, ᄉᆞ위, ᄉᆞᄋᆡ

【사ᄋᆞ뒤】 명 ((인류)) 사아두(傻丫頭)ㅣ. 바보 같은 계집. (중국어 간접 차용어).¶ 傻丫頭 ‖ 형부인이 인ᄒᆞ여 말ᄒᆞ되 져 사ᄋᆞ뒤가 무숨 ᄉᆞ랑ᄒᆞᆯ 믈건을 어덧관ᄃᆡ 져ᄃᆡ지 깃거ᄒᆞᄂᆞ냐 나를 쥬어 보게 ᄒᆞ라 (邢夫人因說: "這傻丫頭, 又得個甚麽愛巴物兒, 這樣喜歡? 拿來我瞧瞧.") <홍루 73:39>

【사자】 명 ((기물)) 쇄자(刷子). '사(刷, shuā)'는 중국어 직접 차용어.¶ 사자 (刷子) <화초-기구 23b> ⇒ 사쟈, 사지, 사ᄌᆞ, 솨ᄌᆞ

【사쟈】 명 ((기물)) 쇄자(刷子). '사(刷, shuā)'는 중국어 직접 차용어.¶ 사쟈 (刷子) <화정-가구 55> ⇒ 사자, 사지, 사ᄌᆞ, 솨ᄌᆞ

【사조ㅅ방】 명 ((주거)) 사조방(四疊房). '조'는 일본어 '疊(じょう)'으로 다다미를 세는 단위. (일본어 차용어).¶ 저 사조ㅅ방을 내주구 차차 방을 구해 보는게 어때요

<염상섭, 해방의 아들1951 49>

【사지】 명 ((기물)) 쇄자(刷子). 갓이나 탕건 따위의 먼지를 터는 자루가 있는 솔. '사(刷, shuā)'는 중국어 직접 차용어.¶ 사ᄌᆞ | 사지 | 솔 <법한 203> ⇒ 사자, 사쟈, 사ᄌᆞ 솨ᄌᆞ

【사ᄌᆞ】 명 ((기물)) 쇄자(刷子). 갓이나 탕건 따위의 먼지를 터는 자루가 있는 솔. '사자(刷, shuā)'는 중국어 직접 차용어.¶ 사ᄌᆞ (刷子) <역해-기구 하:14b> [竹$屈] ‖ 굴, 俗言刷솰, 轉云솔, 以荔根作刮去器垢者. 鍋刷와솰, 俗訓솟솔. 帽刷모솰, 以猪毛爲之, 有柄曰刷子, 華音솨즈, 轉云사ᄌᆞ; 無柄曰掃省소싱. <명물-기용 3:5-1b> 사ᄌᆞ (刷子, A brush.) <한영1890 121> 사ᄌᆞ | 사지 | 솔 <법한 203> ⇒ 사자, 사쟈, 사지, 솨ᄌᆞ

【사ᄌᆞ질-ᄒᆞ-】 동 쇄자(刷子)질하다. '사(刷, shuā)'는 중국어 직접 차용어.¶ 쓸다 | 사ᄌᆞ질ᄒᆞ다 <법한 203>

【사천】 명 사전(私錢). 개인이 사사로이 가진 돈. 쌈지돈. '천(錢, qián)'은 중국어 직접 차용어.¶ 私錢 ‖ 여러 시간에 이에 사천을 ᄯᅳ내야 술과 안주를 밧아 초ᄎᆞ히 문총을 관ᄃᆡᄒᆞ니 냥인이 셔로 감동홈을 극진ᄒᆞ더라 (接談多時, 乃取出私錢, 買些酒菜, 草草款待文驄, 兩人相感極深.) <신광 3:14a> 요세 녀자들은 나히 미쳐 빈혀쏫지 못할 ᄯᅢ부터 부모의 분부 전의 사천 지뮬 모흐며 후일에 싀집 가서 살 밋천을 경영을 ᄒᆞ고 <부인슈지-김평묵 8a> ⇒ 샤천, ᄉᆞ천

【사쿠라】 명 ((식물)) 사쿠라(sakura). 벚꽃. 벚나무. 여기서는 3월이나 삼 끗을 나타내는 화투짝. (외래어).¶ 사쿠라가 피엿스니 풍류남ᄌᆞ 나오신다 츈풍 이월 호시졀에 ᄎᆞ문쥬가 하쳐지오 <대매-시평 1908.2.12> ⇒ 사구라, 샤구라

【사-타-듸-】 명 새터데이(saterday). 토요일(土曜日). (외래어).¶ 사-타-듸- (土曜日) <영어일상통화단어초집 우산>

【사탄】 명 ((기독)) 사탄(Satan). 적대자라는 뜻으로, 하나님과 대립하여 존재하는 악을 인격화하여 이르는 말. (외래어).¶ 사탄 | 마귀 | 악마 <법한 1252> 그 즁에 일개 사탄이라 ᄒᆞᄂᆞᆫ 쟈ㅣ 잇서 마귀의 슈두ㅣ니 뎌ㅣ 능히 텬당에 니ᄅᆞᄂᆞ뇨 능히 니ᄅᆞ지 못ᄒᆞᄂᆞ니라 지금 뎌ㅣ 하ᄂᆞ님을 결우워 사ᄅᆞᆷ을 ᄀᆞᄅᆞ쳐 어긔여진 일을 지으며 사ᄅᆞᆷ으로 ᄒᆞ여곰 뎌롤 셤겨 디옥에 드러가게 ᄒᆞ고 사ᄅᆞᆷ으로 ᄒᆞ여곰 하ᄂᆞ님을 셤겨 착ᄒᆞᆫ 일을 짓지 못ᄒᆞ게 ᄒᆞ며 사ᄅᆞᆷ이 텬샹ㅅ복을 엇을가 두려워 ᄒᆞᄂᆞ니라 <훈아 5b> 아당 하와 ᄆᆞᄋᆞᆷ 속에 하ᄂᆞ님의 명령을 좃고져 ᄒᆞᄂᆞᆫ지라 이 실과롤 먹지 아니ᄒᆞ더니 ᄒᆞᆫ 악ᄒᆞᆫ 마귀 사탄이라 ᄒᆞᄂᆞᆫ 쟈ㅣ 잇서 하ᄂᆞ님을 뮈워ᄒᆞᄂᆞᆫ지라 아당 하와롤 속여 악ᄒᆞᆫ 일을 짓고 뎌롤 셤기게 ᄒᆞ니라 뎌ㅣ ᄒᆞᆫ 꾀롤 싱각ᄒᆞᄃᆡ 아당 하와롤 유인ᄒᆞ여 이 실과롤 먹게 ᄒᆞ리라 <훈아 8b> ⇒ 사단, ᄉᆞ탄

【사탕】 명 ((음식)) 사탕(砂糖, shātáng). 설탕을 끓여서 여러 가지 모양으로 만든 과자. 알사탕, 삿탕, 눈깔사탕, 삿탕, 드롭스 따위가 있다. (중국어 직접 차용어).¶ 沙糖 ‖ 사탕, 삿탕, 糖, 華音탕, 沙小而甘美也. 糖, 飴也. 窨蔗爲糖者, 其甘倍飴. <명물-음식 3:40b> "沙糖." 사탕당 (糖) <자석 하:28a> "沙糖." 사탕 (糖) <신자 3:30a> 사탕 (糖) <자통-음식 412> 사탕 사, 沙糖. (粆糖) <의옥 37> 사탕, 삿탕, 煮蔗汁爲之. (粆糖 /砂糖 /沙糖) <광보-2 음식:3a> 사탕 (白糖) <한대-음식 51> 사탕 복ᄉᆞ (糖桃) <조반> 사탕 소 녀흔 상화 (糖包) <역해-식이 상:51b> 사탕 소 녀흔 떡 (糖包) <화초-식이 15a> 사탕 떠러드른 것 (糖滴) <조반> 사탕 한 봉지 (一包糖.) <중통-단어 82> 사탕 <법한 1313> 사탕 넛타 | 사탕 놋타 | 사탕 들다 <법한 1313> 조과진유 삼두 뉵승 쇼목 삼단 탄 삼셕 사탕 튝목 삼단 호초 거리포 <쥬청ᄉᆞ복명시궤쥬ᄒᆞ오신불긔> 사탕 三封 六兩九錢 식비누 正甲 六錢五分 산힝복경 一介 一兩八錢 송학 二十甲 八兩 목식궁 一介 一兩二錢五分 후지 一卷 二兩八錢 木甲비누 正甲 二兩五錢 合文七十五兩七錢 入文五十六兩 한덕오上 洪邑 宋化善 <송화선 장긔 壬子1912 二月二十六日> 사탕 五封 十一兩 싱栗 一斗 三兩七錢五分 <장기-송화선 1913.1.24> 사탕 十封 四兩 식사탕 三封 六兩九錢 <장기-송화선① 삼갓무광목> ⇒ 사당, 사당, 사ㅅ당, ᄉᆞ당, ᄉᆞ동, ᄉᆞᄯᅡᇰ, ᄉᆞ탕, ᄉᆞ탕이, ᄉᆞ통

【사탕-감쟈】 명 ((식물)) 사탕감자(沙糖甘蔗). 사탕수수. 사탕(砂糖, shātáng)'은 중국어 직접 차용어.¶ "甘蔗". 沙糖草, 사탕, ᄉᆞᄯᅡᇰ감쟈, "柘"通. (蔗) <신자 3:55a> ☞ 사ㅅ당플, 사탕풀, ᄉᆞ당풀

【사탕-과자】 명 ((음식)) 사탕과자(砂糖菓子). 슈가쿠키(sugar cookies). 사탕(砂糖, shātáng)'은 중국어 직접 차용어.¶ 사탕과자 ‖ 사탕 1잔 빼터 ½잔 계란 2개 밀가루 2잔 우유 4대슈가락 빼킹파우더 2쇼슈가락 이 여섯 가지를 사탕떡 법대로 셕그대 슈가락으로 셕고 밀가루 뿌린 판에 얇게 밀어셔 무슨 모양으로던지 판을 박아 가지고 그 우에 사탕을 솔솔 뿌려셔 가루 뿌린 팬에 담아 5분 가량 구으대 손가락으로 눌너 보아셔 다시 올나올 때까지 구을 것 <서요 186>

【사탕-붕어】 명 ((음식)) 사탕붕어(沙糖鮒魚).¶

【사탕붕어에 건깡ᄌᆞ이라】 속 사탕붕어의 겅둥겅둥이라. 속이 빈 사탕붕어처럼 몸에 한 푼의 돈도 지니지 않았음을 비유적으로 이르는 말.¶ 사탕붕어에 건깡ᄌᆞ이라 (砂糖鮒魚에 乾强ᄌᆞ이라) 手에 一分錢도 無하다 함이라 <조속1922 255>

【사탕-소】 명 ((음식)) 사당(沙糖). 설탕. 사탕(砂糖, shātáng)'은 중국어 직접 차용어.¶ 사탕소 녀흔 상화 (糖包) <역해-식이 상:51b> ⇒ 사당소

【사탕-떡】 명 ((음식)) 사당떡(沙糖-). 케이크(cake). 사탕(砂糖, shātáng)'은 중국어 직접 차용어.¶ 흰 사탕떡 <서요 151> 박하 캔듸 사탕떡 <서요 153> 건포도 사탕떡 <서요 154> 귤 사탕떡 <서요 155> 건강가루 사탕떡 <서요 156> 쉰 크림 건강가루 사탕떡 <서요 157> 퍼지 사탕떡 <서요 158> 초콜녯 사탕떡 <서요 160> 호도 사

탕쩍 <서요 161> 호도 메풀 사탕쩍 <서요 163> 사과 사탕쩍 <서요 164> 면보 사탕쩍 <서요 165> 카피 사탕 쩍 <서요 166> 계란과 쌔터와 우유 들지 안은 사탕쩍 <서요 167> 쎄킹파우더 ‖ 크림어타타 2병 (1000그람) 소다 1병 (500그람) 콘스타치나 밀가루 2잔 가량 모도 잘 석거셔 체에 쏙 여덟 번 처 가지고 병에 담아 잘 막아 두고 사탕쩍 만들 때에 쓸 것 (쏙 청명한 날에 만들고 둘 때에도 습긔가 채지 안토록 잘 막을 것) <서요 288>

【사탕-엿】 명 ((음식)) 사탕(砂糖)엿. 사탕(砂糖, shātáng)'은 중국어 직접 차용어.¶ 사탕엿 (斬白糖) <조반>

【사탕-집】 명 ((상업)) 사탕집. 제과점(製菓店). 사탕(砂糖, shātáng)'은 중국어 직접 차용어.¶ 엇더훈 사탕집에셔 쑬 그릇을 업즐너 쑬이 사방으로 흐르니 <공격1911 70>

【사탕-풀】 명 ((식물)) 사탕수수. 사탕(砂糖, shātáng)'은 중국어 직접 차용어.¶ 沙糖草, "甘蔗". 사탕풀 자, "柘" 通. (蔗) <자석 하:50b> 사탕풀 자, 沙糖草. (蔗) <의옥 52> ⇒ 사ㅅ당플, ᄉ당풀 ☞ 사탕감쟈

【사탕-합】 명 ((기물)) 사탕합(沙糖盒). 사탕(砂糖, shātáng)'은 중국어 직접 차용어.¶ 사탕합 | 탕합 <법한 1313>

【사탕】 명 ((음식)) 사탕(砂糖, shātáng). 설탕. (중국어 직접 차용어).¶ 沙糖 ‖ 쑬 두 냥과 사탕 훈 냥과 싱강 훈 돈과 믈 두 되예 훈디 프러 이베 브스라 ("以蜜二兩, 沙糖一兩, 生薑一錢, 水二升, 同調, 灌之." | "淸蜜[쑬]二兩、沙糖[唐藥 사탕]一兩、生薑[싱강]一錢等果, 水二升良中, 調和, 牛口良中, 灌注爲乎事.") <우마양저 13a> 砂糖 ‖ 이 과시른 대초 므른 감 당츄ᄌ 므른 보도 룡안 례지 술고 슈박 춤외 감ᄌ 셕류 비 외엿 잣 사탕 ᄉ레 조린 밤 (這果子: 棗兒、乾柿、核桃、乾葡萄、龍眼、荔支、杏子、西瓜、甛瓜、柑子、石榴、梨兒、李子、松子、砂糖、蜜栗子.) <번노 하:38b> ▼糖 ‖ 사탕오로 즁싱의 얼굴 밍ᄀ로니 노커나 (放象生纏糖.) <번박 상:4b> ⇒ 사당, 사ㅅ당, 사탕, ᄉ당, ᄉ둥, ᄉ쌍, ᄉ탕, ᄉ탕이, ᄉ퉁

【사태】 명 ❶ ((지리)) 사태(沙汰). 산비탈이나 언덕 또는 쌓인 눈 따위가 비바람이나 충격 따위로 무너져 내려앉는 일.¶ 사태 (沙汰, An avalanche, a land-slide.) <한영1890 121> 사태 나다 (龍抓) <과록-지리 6b> ❷ 분부, 지시, 명령 또는 기별, 소문, 소식. (일본어 간접 차용어).¶ 사태 (沙汰) <왜해-잡어 하:48a> 이 ᄉ이 各官으로셔 沙汰之限도 업순 때에 <첩해-초 4:20b> 이 ᄉ이 各官으로셔 沙汰 읻는 째 <첩해-개 4:28b>

【사파야】 명 ((광물)) 사파이어(sapire). (외래어).¶ 사파야도 잇고 <염상섭, 제야1922 2:48>

【사합】 명 사합(仕合). 다행(多幸). (일본어 간접 차용어).¶ 감격ᄒ신 사합을 술올 양이 업서이다 <첩해-개 7:24b> 감샤훈 사합을 슓기 다 어려이 너기ᄂ이다 <첩해-개 7:14b> ※ 됴훈 天氣에 御仕合이ᄋᆸ도쇠 <첩해-초 5:2a>

【삭-천】 명 삯전(朔錢). 품삯으로 주거나 받는 돈. '천(錢, qián)'은 중국어 직접 차용어.¶ 朔錢 ‖ 삭젼[천]을 주옵소 <교린-A 2:67b>

【산데】 명 ((인명)) 산데. 린데(Linde, Carl Paul Gottfried von). 독일의 공학자(1842~1934). 린데식 냉동기, 공기 액화 장치 따위를 발명하여 냉동 공업에 공헌하였으며, 공기로부터 액체 산소의 공업적 분리에 성공하기도 하였다. (외래어).¶ 空氣의 液化器 산데氏 <백과신-송1926 491>

【산듸아고】 명 ((지리)) 산티아고(Santiago). 남아메리카 안데스 산맥 해발 520미터의 고원에 있는 도시. (외래어).¶ 규바 읍닉는 하바나ㅣ오 문담비가 온 텬하에 뎨일 됴흐니라 또 마단스와 산듸아고ㅣ란 촌이 잇고 헤듸국 도셩은 뽓오브린스ㅣ오 산드밍고국 됴셩은 산드밍고ㅣ오 브도리고 읍닉는 산후안이오 제메가 읍닉는 깅스단이오 바하마 읍닉는 나셔ㅣ며 <사필1889-헐버트 115>

【산또우-쩍】 명 ((음식)) 미상. (외래어).¶ 산또우쩍 (山托納熾) <조반>

【산브란시스고】 명 ((지리)) 샌프란시스코(San Francisco). 미국 캘리포니아 주 중앙부에 있는 항구 도시. 미국 서해안의 최대 무역항이며, 대륙 횡단 철도의 기점이다. (외래어).¶ 또 동편에 뽓란트와 부스든과 브라비덴스와 누역과 필네델피아와 너퍽과 잘쓰던과 사반나와 남편에 모빌과 누얼린스와 깔비스던과 셔편에 산띄에고와 산브란시스고와 시아들이란 포구가 잇스며 <사필1889-헐버트 106>

【산ㅅ도닝】 명 ((한방)) 산토닌(santonin). 회충약(蛔蟲藥)의 하나. (영어 차용어).¶ 산ㅅ도닝 (蛔虫洋藥) <녹효-곤 17a>

【산타페】 명 ((지리)) 산타페(Santa Fe). 아르헨티나 중부에 있는 상공업 도시. 농산물 가공업이 발달하였으며, 대학 도시로도 유명하다. (외래어).¶ 도셩을 의론컨대 일홈이 보노스익리스ㅣ니 나라ㅅ 동편이오 또 로사리오와 산타페와 고리엔듸스ㅣ란 큰 촌이 잇고 나라ㅅ 가온대 고도바ㅣ란 촌이 잇고 셔편에 멘도사와 투구만이란 촌이 잇고 사룸의 픔ㅅ수는 평등이오 <사필1889-헐버트 135>

【산호세】 명 ((지리)) 산호세(San Jose). 중앙아메리카 코스타리카에 있는 항구 도시. 높이 1,600미터의 고원에 있으며, 18세기에 에스파냐의 식민 도시로서 건설되었다. (외래어).¶ 닉가라과국 도셩은 일홈이 마나과ㅣ오 거스다리가국 도셩은 일홈이 산호세요 벨늬스 읍닉는 일홈이 벨늬스ㅣ니 <사필1889-헐버트 115>

【산후안】 명 ((지리)) 산후안(San Juan). 푸에르토리코 섬에 있는 항구 도시. (외래어).¶ 규바 읍닉는 하바나ㅣ오 문담비가 온 텬하에 뎨일 됴흐니라 또 마단스와 산듸아고ㅣ란 촌이 잇고 헤듸국 도셩은 뽓오브린스ㅣ오 산드밍고국 됴셩은 산드밍고ㅣ오 브도리고 읍닉는 산후안이오 제메가 읍닉는 깅스단이오 바하마 읍닉는 나셔ㅣ며 <사필1889-헐버트 115>

【살나만가】 명 ((지리)) 살라망카(Salamanca). 에스파냐 중서부, 카스티야이레온(Castilla y Leon) 지방에 있는 도시. 상업·문화의 중심지로, 제분·양조공업이 발달하였다. (외래어).¶ 셔편에 ᄡᅡ다쇼와 살나만가ㅣ란 큰 촌이 잇고 북편에 발바오ㅣ란 큰 촌이 잇고 ᄯᅩ 셔울 갓가이 돌늬도와 시고븨아ㅣ란 큰 촌이 잇고 사ᄅᆞᆷ의 픔ㅅ수는 량반과 션비와 빅셩이오 <사필1889-헐버트 43>

【살노몬】 명 ((인명)) 솔로몬(Solomon). 다윗(David)의 아들. 이스라엘 왕국 제3대 왕. 왕궁과 신전을 세우고 행정을 개혁하고 군비를 강화하는 이른바 '솔로몬의 영화'를 누렸음. 지혜의 왕으로도 유명하며, 뛰어난 지혜를 '솔로몬의 지혜'라고 이르기도 함. (외래어).¶ 다위왕의 살노몬은 十二세에 등극ᄒᆞ야 <경잡 1918.2.15> ⇒ 사로몬, 솔노몬, 솔노문

【살라도】 명 ((지리)) 살라도(Salado)강. 남아메리카 파라나 강의 지류로서, 안데스 산맥에서 발원하여 북부 아르헨티나를 흐르며, 건조 지대에서 발원하기 때문에 유량의 변동이 심하다. (외래어).¶ 여러 강들이 셔에셔브터 동에로 흐ᄅᆞ니 일홈이 플랏과 유루궤와 파라나와 살라도와 칼르라도와 늬그로ㅣ오 <사필1889-헐버트 134>

【살래드】 명 ((음식)) 샐러드(salad). (외래어).¶ 치스바쓰 ‖ 흰 면보를 1인치 되는 큰 덩이로 버혀 가지고 그것을 ᄯᅩ 다시 1인치 넓이로 열 개나 되게 버힌 후 넓은 졉시 2개를 예비하야 한 졉시에는 녹인 ᄡᅢ터 2대슈가락을 담고 다른 졉시에는 패푸리카 조곰과 소곰 1쇼슈가락을 간 치스 1잔에 셕고 그리고는 버힌 면보를 녹인 ᄡᅢ터 담은 졉시에 굴니고 그 다음에는 패푸리카와 소곰과 간 치스 담은 졉시에 ᄯᅩ 굴니고 그리고는 뒤집힌 ᄡᅦ킹팬 우에 노코 화덕에 너허 누르게 될 ᄣᅢᄭᅡ지 구어셔 식기 젼에 살래드나 차와 함ᄭᅦ 먹을 것 <서요 58> ⇒ 샐넷, 샐렛

【살몬】 명 ((어패)) 살몬(salmon). 연어(鰱魚). (외래어).¶ 살몬로푸 ‖ 살몬 (생션) 1통 계란 2개 면보 부스럭이 1잔 소곰 조곰 우유 1잔 여러 가지를 한데 석거셔 45분 동안 ᄶᅵ거나 굽거나 하고 그 우에 흰 쏘스를 부어셔 먹을 것 <서요 13>

【살몬-로푸】 명 ((음식)) 살몬 로푸(salmon loaf). (외래어).¶ 살몬로푸 ‖ 살몬 (생션) 1통 계란 2개 면보 부스럭이 1잔 소곰 조곰 우유 1잔 여러 가지를 한데 석거셔 45분 동안 ᄶᅵ거나 굽거나 하고 그 우에 흰 쏘스를 부어셔 먹을 것 <서요 13>

【살바도】 명 ((지리)) 살바도르(Salvador). (외래어).¶ 살바도 撒非豆耳 St. Salvador <만국통감1912 11>

【살-오뇌】 명 ((군기)) 오늬. 화살의 머리를 활시위에 끼도록 에어 낸 부분. 중세몽고어 '오너(ono /oni)'의 차용어.¶ 살오뇌 (括) <물보-병장 하:14b> ⇒ 살오늬, 살오너, 살온의, 삸오뇌, 활오너 ☞ 오누, 오너, 온너, 온의

【살-오늬】 명 ((군기)) 오늬. 화살의 머리를 활시위에 끼도록 에어 낸 부분. 중세몽고어 '오너(ono /oni)'의 차용어.¶ 활ᄡᅡ로늬 | 살오늬 <노한 109> 살오늬 괄, 箭末受弦處 (筈) <자석 하:24a> ⇒ 살오뇌, 살오너, 살온의, 삸오뇌, 활오너 ☞ 오누, 오너, 온너, 온의

【살-오너】 명 ((군기)) 오늬. 화살의 머리를 활시위에 끼도록 에어 낸 부분. 중세몽고어 '오너(ono /oni)'의 차용어.¶ 살오너 괄 (筈) <훈몽-군장 중:14b /29a> 살오너 (扣子) <한청-제조군기 5:16b> 살오너에 실감다 (纏絨) <한청-제조군기 5:18a> ⇒ 살오뇌, 살오늬, 살온의, 삸오뇌, 활오너 ☞ 오누, 오너, 온너, 온의

【살윈】 명 ((지리)) 살윈(Salween). 중국과 미얀마 연방에 걸쳐 흐르는 큰 강. 중국 티베트 고원의 북서부에서 시작하여, 윈난 성(雲南省)을 거쳐 미얀마와 타이의 국경을 이루면서 남쪽으로 흐른다. (외래어).¶ 디형을 의론컨대 북에는 곤륜산과 셜산이 잇고 ᄯᅩ ᄉᆞ면에 젹은 산이 만코 동에는 미공강이 잇고 ᄒᆞᆫ가온대는 살윈이란 강이 잇고 쳔 리 되ᄂᆞᆫ 강 셔에는 이라와듸 강이 잇고 삼쳔 리 되ᄂᆞᆫ 강 남에는 젹은 셤이 만코 ᄯᅩ 마다반과 랑군이란 포구가 잇스며 <사필1889-헐버트 86>

【삸-오뇌】 명 ((군기)) 오늬. 화살의 머리를 활시위에 끼도록 에어 낸 부분. 중세몽고어 '오너(ono /oni)'의 차용어.¶ 括ᄋᆞᆫ 삸오뇌라 <능엄 9:20> ⇒ 살오뇌, 살오늬, 살오너, 살온의, 활오너 ☞ 오누, 오너, 온너, 온의

【삼미션】 명 ((악기)) 삼미선(三味線, さみせん). 목제 상자에 가죽을 씌운 몸통에 줄을 부착시킨 일본의 전통 악기. 줄이 3개이며 목이 길고 줄받이가 없다. (일본어 간접 차용어).¶ 三味線 ‖ 어졔밤 연회는 ᄆᆡ우 셩황이엿소 온 ᄉᆞ롬은 거즌 빅여 명이엿소 그로브터 여러 가지 여흥이 시작되여 징을 타기도 ᄒᆞ고 삼미션과 호궁을 타기도 ᄒᆞ고 피리를 불고 북을 치고 소고를 칫다는 야단인ᄃᆡ 건래 드문 큰 회엿소 <일선 117> ⇒ 샤미셍

【삼판】 명 ((음식)) 샴페인(champagne). 이산화탄소를 함유한 백포도주. 프랑스의 샹파뉴 지방에서 처음 만든 술로, 거품이 많고 상쾌한 맛이 있음. (외래어).¶ 魚采肉膾 모과水에 三판幾盃 먹고 나면 <大毎 1909.6.3> ⇒ 삼판슈, 삼판쥬, 삼편주, 삼편쥬

【삼판슈】 명 ((음식)) 샴페인(champagne). 이산화탄소를 함유한 백포도주. 프랑스의 샹파뉴 지방에서 처음 만든 술로, 거품이 많고 상쾌한 맛이 있음. (외래어).¶ 삼판슈를 대취ᄒᆞ야 망셰간지 갑ᄌᆞᄒᆞ니 <대매 1908.6.10> ⇒ 삼판, 삼판쥬, 삼편쥬

【삼판쥬】 명 ((음식)) 샴페인(champagne). 이산화탄소를 함유한 백포도주. 프랑스의 샹파뉴 지방에서 처음 만든 술로, 거품이 많고 상쾌한 맛이 있음. (외래어).¶ 삼판쥬 (三賓酒) <화정-음식 49> 삼청동에 죵죵 모혀 덜탕풍류 힝락ᄒᆞᆯ 제 삼판슈를 대취ᄒᆞ야 망셰간지 갑ᄌᆞᄒᆞ니 <대매-시평 1908.6.11> 삼판쥬 길가쥬를 쇼언ᄃᆡ루 ᄯᅡ라니며 <유일> ⇒ 삼판, 삼판슈, 삼편주

【삼편-주】 명 ((음식)) 삼빈주(三賓酒). 샴페인(champagne).

이산화탄소를 함유한 백포도주. 프랑스의 샹파뉴 지방에서 처음 만든 술로, 거품이 많고 상쾌한 맛이 있음. (외래어).¶ 삼편주 (三賓酒) <자통 145> ⇒ 삼판, 삼판슈, 삼판쥬, 삼편쥬

【삼편-쥬】 명 ((음식)) 삼빈주(三賓酒). 샴페인(champagne). 이산화탄소를 함유한 백포도주. 프랑스의 샹파뉴 지방에서 처음 만든 술로, 거품이 많고 상쾌한 맛이 있음. (외래어).¶ 삼편쥬 (三便酒) <지나-음식 58> ⇒ 삼판, 삼판슈, 삼판쥬, 삼편주

【삽보】 명 ((복식)) 샤포(chapeau). 프랑스식 군모. 챙이 달려 있으며 주로 나사(羅紗)로 만듦. (외래어).¶ 긔화쟝에 삽보 쓰고 우샹깃치 안졋스니 관찰군슈 무엇 ᄒᆞ나 제 권리도 업거니와 <대매-구곡화답 1908.2.7> ⇒ 삽뽀

【삽뽀】 명 ((복식)) 샤포(chapeau). 프랑스식 군모. 챙이 달려 있으며 주로 나사(羅紗)로 만듦. (외래어).¶ 형형식식 뎌 복식은 삽뽀 밋헤 두루마기 관탕 밋헤 구두로다 이 모양은 엇더ᄒᆞ며 <대매-시평 1908.7.4> ⇒ 삽보

【삿보】 명 ((복식)) 모자(帽子). (일본어 차용어).¶ 帽子 ‖ 삿보를 봅시다 얼마이오닛가 <일신-박래점 270>

【상가손】 명 ((조류)) 매의 똥. 몽고문어 '상가손(sangɤasun)'의 차용어.¶ 상가손 (鷹跳) <역해-비금 하:26a> ⇒ 상가수

【상가수】 명 ((조류)) 매의 똥. 몽고문어 '상가손(sangɤasun)'의 말음(n) 탈락형 '상가손(sangɤasu)'의 차용어.¶ 매똥 ○ 상가수 (鷹跳) <방석-비금 4:12> ⇒ 상가손

【상기빠】 명 ((지리)) 미상. (외래어).¶ 상기빠 (三給波爾) <명물-육당 13a>

【상등】 명 ((기물)) 갸자[架子]. 음식을 나르는 데 쓰는 들것. (중국어 차용어).¶ 상등 (桚) <물명괄-공봉 29b>

【상마적】 명 ((인류)) 향마적(響馬賊). 말 탄 도적. '상마(響, xiǎng)'은 중국어 직접 차용어.¶ 길가의 둑디 셰워 무어술 다랏스되 닭의 무리 ᄀᆞ튼 거술 살창쳐럼 녁거노코 그 속의 다문 거슨 사람의 머리란다 년고을 무러보니 상마적 베힌 게라 <연행-병인> 그 왕씨는 상마적 괴수인ᄃᆡ 비록 도적질은 ᄒᆞᄂᆞ ᄉᆞ롬인즉 인자ᄒᆞᆫ ᄉᆞ롬이더라 <추월색 110> ⇒ 샹마적

【상빅】 명 ((간찰)) 상백(上白). 상사리. '사뢰어 올린다'는 뜻으로 웃어른에게 드리는 편지의 첫머리나 끝에 쓰는 말. (이두어).¶ 정축 십일월 초십일 여식 완산 리실은 상빅 <완산 리실-한고1937 ↓아버지> 부주 전 상빅 ‖ 비퇴하옵고 솜니을 당도ᄒᆞ야 ᄒᆞ오 다섯 시 반 차에 올라 김경니 도착ᄒᆞ온이 닐곱 시 반니 돔으로 부람을 나와 유숙ᄒᆞ고 식전 비도ᄒᆞ야 부여 도착ᄒᆞ여습니다 <딸 ↓부주전 상빅> ⇒ 상빅시, 상빅씨, 샹빅, 샹빅시, 샹빅씨 ☞ 상사리, 상ᄉᆞ리, 상술이, 샹사니, 샹술이, ᄉᆞᆼᄉᆞ리

【상빅서】 명 ((간찰)) 상백서(上白書). 상사리. '사뢰어 올리는 편지'라는 뜻으로 웃어른에게 드리는 편지의 첫머리나 끝에 쓰는 말. (이두어).¶ 시아반님 전 상빅서 ‖ 쇼식을 몰나 궁금든 차의 반갑긔 편지을 바ᄃᆞ본니 힝이오며 일긔 화창의 어마임 외닉분 긔쳐후 일힝만강ᄒᆞ옵고 <자부1903.4.16 ↓시아반임 국한-933>

【상빅시】 관귀 ((간찰)) 상백시(上白是). 상사리. '사뢰어 올린다'는 뜻으로 웃어른에게 드리는 편지의 첫머리나 끝에 쓰는 말. (이두어).¶ 더감쥬 긔체후 닉ᄂᆞ 안영ᄒᆞ옵기 천만복망ᄒᆞ옵나이다 여불비 상빅시 壬寅 四月三十 小人 梁五公 告目 <고목-우한 1902> ⇒ 상빅, 샹빅, 샹빅시, 샹빅씨 ☞ 상사리, 상ᄉᆞ리, 상술이, 샹사니, 샹술이, ᄉᆞᆼᄉᆞ리

【상빅씨】 관귀 ((간찰)) 상백시(上白是). 상사리. '사뢰어 올린다'는 뜻으로 웃어른에게 드리는 편지의 첫머리나 끝에 쓰는 말. (이두어).¶ 부전 상빅씨 ‖ 심한 치우에 양당 기체 닐향만강하옵씨며 형도 잘 근시하난이까 <호승(아달) 1942.11.26 ↓부전 상빅씨> ⇒ 상빅, 샹빅, 상빅시, 샹빅씨 ☞ 상사리, 상ᄉᆞ리, 상술이, 샹사니, 샹술이, ᄉᆞᆼᄉᆞ리

【상-사리】 명 ((간찰)) 상사리(上-). 이두식 표현인 '上白是'의 우리말로서 '사뢰어 올림'의 뜻이다. 웃어른께 올리는 편지의 첫머리나 끝에 쓰는 투식어이다. 상(上)+사뢰[白]+-이. (이두어).¶ 닉ᄂᆞ 기체후 만강하압시기 천만복축하압난니다 신ᄉᆞ 유월 초삼일 종손부 상사리 <종손부-한고1941 ↓ 빅종조모임> ⇒ 상ᄉᆞ리, 상술이, 샹술리, 샹술이, ᄉᆞᆼᄉᆞ리 ☞ 상빅, 상빅시, 상빅씨, 샹빅, 샹빅시, 샹빅씨

【상-ᄉᆞ리】 명 ((간찰)) 상사리(上-). 이두식 표현인 '上白是'의 우리말로서 '사뢰어 올림'의 뜻이다. 웃어른께 올리는 편지의 첫머리나 끝에 쓰는 투식어이다. 상(上)+ᄉᆞ뢰[白]+-이. (이두어).¶ 아바님 전 상ᄉᆞ리 ‖ 문안 아뢰오며 이럿ᄐᆞᆫ 츈화의 연ᄒᆞ와 양위분 긔톄후 일힝만강ᄒᆞ옵시며 ᄃᆡ도 다 일안ᄒᆞ시온지 복모구ᄂᆞ 부리옵 못ᄒᆞ오며 <ᄌᆞ부1902.3.26 ↓시아바님 국한-932> 여은 닉ᄂᆞ 체후 일안ᄒᆞ심을 바라나이다 갑자 삼월 십이일 사말 상ᄉᆞ리 <사말-한고1924 ↓사형> 단문 문필이 능통치 못ᄒᆞ온 중 쇽급피 쓰느라고 글자가 되지 안어슨이 눌너 용서ᄒᆞ시압기을 십월 초구일 질부 상ᄉᆞ리 <질부-한고10.9 ↓큰어마님> ⇒ 상사리, 상술이, 샹샬이, 샹술리, 샹술이, ᄉᆞᆼᄉᆞ리 ☞ 상빅, 상빅시, 상빅씨, 샹빅, 샹빅시, 샹빅씨

【상-술이】 명 ((간찰)) 상사리(上-). 이두식 표현인 '上白是'의 우리말로서 '사뢰어 올림'의 뜻이다. 웃어른께 올리는 편지의 첫머리나 끝에 쓰는 투식어이다. 상(上)+ᄉᆞ뢰[白]+-이. (이두어).¶ 어마님전 상술이 ‖ 문안 알외옵고 일긔 ᄒᆞᆫ냥ᄒᆞ온ᄃᆡ 봉솔ᄒᆞ옵신 긔톄후 만안ᄒᆞ옵시고 일실식식 무ᄉᆞ들 ᄒᆞ니잇가 아옵고져 샹초ᄒᆞ인ᄒᆞ오이다 <백석, 이장익1846.8.20 ↓어머니> ᄌᆞ식은 무ᄉᆞᄒᆞ오나 신명 우습나이다 남긔는 엇지ᄒᆞᆯ고 빅동닙 모녀는 무ᄉᆞᄒᆞ옵 <백석 이장익1846.8.20 ↓어머니> 어마님전 상

술이 ‖ 저제 하셔 든ᄃᆞᆫ 못내 알외오며 년ᄒᆞ여 긔후 안녕ᄒᆞᄋᆞᆸ시니잇가 누의님 와셔 뵈ᄋᆞᆸ고 오러 지내니 즉히 든든ᄒᆞ오이다 깃부오나 ᄌᆞ는 의외 공교히 어긔여 ᄒᆞᆫ가지로 못 지내니 섭섭ᄒᆞ오이다 어ᄂᆞ날 가ᄋᆞᆸᄂᆞᆫ지 념뉵칠일만 이시면 잠간이라도 만나보랸마ᄂᆞᆫ 여러 인마 묵이기 어렵고 인ᄒᆞ여 못 보면 말이 아니되ᄋᆞᆸᄂᆞ이다 ᄌᆞ는 무ᄉᆞ이 예가지 와숩ᄂᆞ이다 총총 이만 알외ᄋᆞᆸᄂᆞ이다 념삼일 子絅 上白是 <신현-문우 ↓어마님젼 상술이> ⇒ 상사리, 상ᄉᆞ리, 샹샬이, 샹술리, 샹술이, ᄉᆞᆼᄉᆞ리 ☞ 상뵉, 상뵉시, 상뵉씨, 샹뵉, 샹뵉시, 샹뵉씨

【상-오늬】 명 ((군기)) 오늬. 화살의 머리를 활시위에 끼도록 에어 낸 부분. 중세몽고어 '오너(ono /oni)'의 차용어.¶ 상오늬 괄 (筈) <음첩a 7b> ⇒ 살오뇌, 살오늬, 살오너, 살온의, 삸오뇌, 술오너, 활오너 ☞ 오누, 오너, 온너, 온의

【상항】 명 ((지리)) 상항(桑港). 미국 캘리포니아주 도시 샌프란시스코(San Francisco)의 음역어. (외래어).¶ 상항 <법한 649> ▼舊金山 ‖ 미국 서울은 상항인가요 (美國的王京是舊金山麽?) <만통 244> 티평양 너른 물에 마름갓치 떠셔 활살갓치 밤낫업시 다라ᄂᆞᆫ 화륜션이 숨쥬일 만에 상항에 이르러 닷츨 쥬니 <혈의누 65> 그 뎐보ᄂᆞᆫ 누육의셔 이날 오정 후에 발ᄒᆞᆫ 뎐보ᄃᆡ 상항에 늣게 와셔 ᄒᆞᆫ 사ᄅᆞᆷ이 먼져 보고 혼자 아듯이 말ᄒᆞ니 여러 사ᄅᆞᆷ이 놀날 만도 ᄒᆞ엿더라 <철세계 79> 미국 상항의 ᄋᆞ동문뎨 지금ᄭᆞ지도 ᄭᅳᆺ 못낫고 덕국황뎨의 연셜에도 일영동밍을 스려 힛네 <대매-아르랑타령> 봄 물결이 양양턴가 외국 풍긔 쇠이랴고 화륜션에 돗츨 달고 포와 상항 건너가셔 <대매-시평 1908.4.3> 桑港 ‖ 이약이를 드러본즉 이곳은 미국 상항이라 ᄒᆞᄂᆞᆫ 항구인줄을 아랏슴니다 <일선 317> ⇒ 샹항, 샹ᄒᆞᆼ

【상회-하-】 동 상괴(傷壞)하다. 상처 입다. '회(壞, huái)'는 중국어 직접 차용어.¶ 傷壞 ‖ 가이 압갑다 조상의 셩명을 ᄯᅩ 이 가온ᄃᆡ 싀와 상회하니 남의 욕된 말도 졔의 신상의 도라오더니 이런 것시 잇너냐 (可惜了祖上的名聲, 也惱得裏頭傷壞, 把人家的罵話也歸得他們身上, 有這嗎的嗎?) <기착-육당 하:51a>

【새에와】 명 ((인명)) 성모마리아의 별칭. '제2의 에와'라고도 보름. 교부들은 예수 그리스도를 '제2의 아담, 새아담'이라고도 부름. 요한 묵시록 12장과 연관이 있음. (외래어).¶ ᄋᆞ히오 또ᄒᆞᆫ 머리신 만민의 새에와 텬쥬의 셩모마리아 만셰에 복일세 <경잡 1913.12.31>

【샐넷】 명 ((음식)) 샐러드(salad). 생야채나 과일을 주재료로 하여 마요네즈나 프렌치드레싱 따위의 소스로 버무린 음식. (외래어).¶ 죽순 ‖ 죽순을 데쳐셔 얇게 썰어셔 일본 간장을 치고 5분 동안쯤 믈여셔 먹을 것 죽순을 데쳐셔 얇게 썰어셔 크림 쏘스나 일년감 쏘스를 셕거 먹을 것 죽순을 데쳐셔 얇게 썰어셔 일본 간장을 치고 5분 동안 쯤 믈여셔 식혀 가지고 샐넷을 셕거 먹을 것 <서요 70> ⇒ 살래드, 샐렛

【샐렛】 명 ((음식)) 샐러드(salad). 생야채나 과일을 주재료로 하여 마요네즈나 프렌치드레싱 따위의 소스로 버무린 음식. (외래어).¶ 락화생 샐렛 <서요 82> 멜치 샐렛 <서요 83> 일년감 샐렛 <서요 84> 치스와 모과슈 샐렛 <서요 84> 사과와 셔양대초 샐렛 <서요 85> 양우무와 배추 샐렛 <서요 86> 과실 샐렛 <서요 87> ⇒ 살래드, 샐넷

【샐렛-기름】 명 ((음식)) 샐러드기름(salad oil). (외래어).¶ 햄은 다섯 쥬일 동안을 이러케 할 것 그래가지고는 밀가루 부대에 너허셔 쥬방에다가 말으기ᄭᆞ지 일쥬일을 놉히 매달아 두엇다가 다 말르면 파라핀 조희(paraffin paper)로 싸고 다음에 듯거운 조희로 싸셔 부대에 너허셔 판 곳에 매달아 둘 것 만일 고기에 다 연긔를 쏘히여면 먼져 크레오쏘트(creosote) ½ 쇼슈가락과 샐렛기름(salad oil) 2대슈가락을 칠할 것 <서요 35>

【샐렛-쓰레싱】 명 ((음식)) 샐러드드레싱(salad dressing). (외래어).¶ 샐렛쓰레싱 ‖ 계란 2개 초 ⅔잔 계자가루 1쇼슈가락 소곰 1쇼슈가락 우유 (솔개표) 1통 우유와 계란을 짜로 짜로 잘 져어셔 셕거 가지고 다시 져으며 계자가루와 소곰을 초에 푸러 가지고 조곰식 너코 (샐렛 기름도 1대슈가락을 너흘 수 잇슴) 쑤껑 덥흔 항아리에 너허셔 찬데 둘 것 (샐렛기름이 업스면 참기름으로 대신 할 수 잇슴) <서요 100> 치스샐렛 ‖ 커테지 치스 1잔 쎌리 3쇼슈가락 샐렛쓰레싱 1대슈가락 커테지 치스와 샐랫쓰레싱을 셕고 공갓치 동그라케 6개나 맨드러셔 생치 우에 노코 그 우을 조곰 오목하게 맨들고 그 구멍에 쎌리 ½슈가락식 부어셔 먹을 것 <서요 83> ☞ 기름쓰레싱

【생선-탕수유】 명 ((음식)) 생선탕수유[生鮮糖醋肉]. '탕수유(糖醋肉, tángcùròu)'는 중국어 직접 차용어.¶ 생선 탕수유 (燒溜魚) <자통-지나요리 415>

【생화】 명 생활(生活). 일감. '생활(生活)'은 중국어 간접 차용어.¶ 活 ‖ 아즉 생화를 붇잡지 않았오 (還沒應着活了.) <자통 67>

【샤】 명의 ((도량)) 작(勺 sháo). 작. 분량의 단위. 한 홉의 10분의 1을 나타내는 단위. '사(勺, sháo)'는 중국어 직접 차용어.¶ 勺 되 드리 쟉, ᄒᆞᆫ 샤 쟉 (勺) <신합 하:58a>

【샤공】 명 ((인류)) 소공(艄工, shāogōng). 사공(沙工). 뱃사공. '샤(艄, shāo)'는 중국어 직접 차용어.¶ 船舵尾曰"艄", 亦作"梢". 今謂篙師曰"艄工"、"艄子". 샤공 (艄) <사해 하:22a> 샤공 (水手) <과록-주차 79a> ▼篙師 ‖ 샤공아 네의 날 보내요ᄆᆞᆯ 어즈러이 ᄒᆞ노니 블근 녀르메 ᄎᆞᆫ ᄆᆞ레 밋게 ᄒᆞ라 (篙師煩爾送, 朱夏及寒泉.) <두시-중 2:14b> ▼沙工 ‖ 파쥬 공니와 님진 샤공을 다 형츄ᄒᆞ시고 듕화ᄒᆞᆫ 후 발힝ᄒᆞ야 쇠릉 산소의 가 몬져 외증조고비 산소의 허비ᄒᆞ고 (家君坡州公吏臨津沙工各刑推一次, 中火後發行, 入金陵楸下先拜外曾王考墓.) <서원 1:6a> ▼梢工 ‖ 샤공 (梢工) <삼학-고석 기> 샤공, 又曰"梢子"、"篙師"、"梢人". (梢工) <과록-주차 79a> 숚이

사룸으로 ᄒᆞ여곰 언덕 우희 올라 ᄇᆞ라보라 ᄒᆞ더니 진시는 ᄒᆞ여 강샹의 ᄇᆡ ᄒᆞᆫ 쳑이 오ᄃᆡ 샤공과 조ᄎᆞᆫ 사룸이 다만 두서히오 (肅令人于岸口遙望. 辰時後, 見江面上一隻船來, 梢工水手只數人.) <삼국-가정 21:101> 댱슌이 블러 닐오ᄃᆡ 샤공아 날을 건네오라 (張順叫道: "梢公, 快把渡船來載我!") <충수호-서울 22:39a> 샤공으로 더브러 ᄀᆞᆯ숩히 드러가니 ᄒᆞᆫ 죠고만 ᄇᆡ를 물ᄀᆞ의 ᄆᆡ고 ᄇᆡ 쑴 아래 ᄒᆞᆫ 졈고 여윈 사룸이 이셔 불 일오거ᄂᆞᆯ (便與梢公鑽入蘆葦裏來, 見灘邊纜著一隻小船, 見蓬底下一個瘦後生在那裏向火.) <충수호-서울 22:39a> 샤공이 댱슌을 븟드러 ᄇᆡ예 올리고 져즌 오술 다 벗겨 여윈 사룸을 블러 블의 ᄆᆞᆯ뇌호라 (梢工/梢公扶張順下船, 走入艙裏, 把身上濕衣服都脫下來, 叫那小後生就火上烘焙.) <충수호-서울 22:39a-65> ▼舟子 ‖ 그 사룸이 샤공을 지휘ᄒᆞ야 ᄇᆡ롤 저어 ᄒᆞᆫ 깁고 고요ᄒᆞᆫ 기울어귀의 다히고 힝니롤 여러 보니 (那人喚舟子, 急急把船搖到一個僻靜港口歇下, 將梁生的行李打開撿看.) <회문-한고 3:7b> ▼水手 ‖ ᄉᆞ쟝이 각기 샤공을 지촉ᄒᆞ여 노롤 진력ᄒᆞ여 젓게 ᄒᆞ더니 뇌일진의 륙칠 쳑 ᄇᆡ가 몬져 임의 항구로 드러와 큰 ᄇᆡ 겻히 갓가히 온지라 (四將各催水手, 用勁蕩槳. 一震六七個船先已入洲, 相近戰艦傍邊.) <여선 31:10> ▼水校 ‖ 샤공이 답ᄒᆞᄃᆡ 오ᄂᆞᆯ ᄇᆞ람이 남으로셔 오니 ᄇᆡ 가기 거ᄉᆞ리매 돗글 ᄃᆞᄃᆡ 못ᄒᆞ고 믈을 쏘 거ᄉᆞ려 가매 ᄇᆡ롤 힘뻐 저으ᄃᆡ 가기롤 더ᄃᆡᄒᆞᄂᆞ이다 (水校道: '……今日風雖不大, 却是南風, 又且水逆, 前後槳櫓百分用力, 也是走得不快.') <후수 10:36> 샤공이 답ᄒᆞᄃᆡ ᄇᆞ람이 슌티 아녀 빗기 불므로 ᄇᆡ 젓ᄂᆞᆫ 슈고롤 덜고 돗글 ᄃᆞ라시니 비록 에워가나 젓ᄂᆞ니도곤 나으니이다 (水校道: '這不是順風, 吹的是橫風, 故此東西折走, 纔有得風上篷來.雖是走了曲折遠路, 却省了用力.') <후수 10:40> 집 가져간 노미 피련 샤공일 거시니 수리라 바비라 됴히 머기소 ᄭᅥ거든 ᄭᅥ다 니ᄅᆞ고 필죵의 ᄇᆡᄌᆞᄒᆞ고 올히 가셔도 올히 왓다 ᄇᆡᄌᆞᄒᆞ소 <순천김씨-72 1550-92 채무이(남편) ↓순천김씨(아내)> ᄇᆡ 내여 아즐가 ᄇᆡ 내여 노ᄒᆞᆫ다 <악사-서경별곡> 샤공은 어ᄃᆡ 가고 ᄲᅵᆫ ᄇᆡ만 걸렷ᄂᆞ니 <정철-속미인곡> 어시 노래롤 긋치고 드ᄅᆞ니 ᄆᆞᆰ은 소래와 유화ᄒᆞᆫ 곡되 구쇼의 어리니 난봉이 ᄂᆞ려와 춤츄ᄂᆞᆫ 듯ᄒᆞ더라 어시 샤공을 도라보와 왈 <낙성 2:34> 딘무 안의와 긔관 니효지 총패 허샹니와 녕션 권산과 샤공 김고면 격군 김긔샹과 쵸군보와 김구티 <표해 1:9> ⇒ 사공, 샤공이, 샤공, ᄉᆞ공

【샤공-이】 명 ((인류)) 소공(艄工, shāogōng). 사공(沙工). 뱃사공. 함경 방언. 샤공(沙工)+-이(주격 조사 ▷명사 파생 접미사). '샤(艄, shāo)'는 중국어 직접 차용어.¶ 샤공이 <노한 289> ⇒ 사공, 샤공, 샤공, ᄉᆞ공

【샤공】 명 ((인류)) 소공(艄工, shāogōng). 사공(沙工). 뱃사공. '샤(艄, shāo)'는 중국어 직접 차용어.¶ 俗謂船上篙師曰梢子, 샤공 (梢) <훈몽-잡어 하:2b /4b> ▼篙師 ‖ 샤공이 ᄇᆡ 네요ᄃᆡ 東올 求ᄒᆞ면 東ᄋᆞ로 나사가며 西롤 求ᄒᆞ면 西로 나사가ᄂᆞᆫ디라 (篙師行船, 要東卽東, 要西卽西, 或東或西.) <금삼 5:38a> ▼篙工 ‖ 샤공이 幸혀 ᄃᆞᆷ디 아니ᄒᆞ야 아니 한 더데 가ᄇᆡ야온 ᄀᆞᆯ며기롤 조차 나도다 (篙工幸不溺, 俄頃逐輕鷗.) <두시-초 15:33b> ⇒ 사공, 샤공, 샤공이, ᄉᆞ공

【샤구라】 명 ((식물)) 사쿠라(さくら). 벚꽃. 벚나무. (일본어 차용어).¶ 우에노 샤구라야 너 부ᄃᆡ 잘 잇거라 <홍학 1909.7.20> ⇒ 사구라, 사쿠라

【샤돈】 명 ((인류)) 사돈(査頓). 혼인(婚姻). 혼인한 두 집안의 부모들 사이 또는 그 집안의 같은 항렬이 되는 사람들 사이에 서로 상대편을 이르는 말. (만주어 'sadun'의 차용어).¶ 샤돈 (査) <광보-1 인류:2b> 샤돈 ‖ 샤위의 부모와 며ᄂᆞ리의 부모가 서로 일ᄏᆞᆮᄂᆞᆫ 것 (査頓) <보문 42> 査頓 ‖ 샤돈, 姻親相謂. 又曰親査、聯姻、聯班、苽葛. <명물-친속 1:42a> 도라온 후 현숙ᄒᆞᆫ 의용 잇지 못ᄒᆞ고 기ᄃᆞ릴 ᄎᆞ 져 무ᄉᆞ이 득달ᄒᆞ며 겸ᄒᆞ여 편지 바ᄃᆞ 술피니 시하 신샹 평길ᄒᆞ고 샤돈 두 분 긔운 안녕ᄒᆞ오심 든ᄌᆞᄌᆞ 깃부다 <싀부 답셔-한고1917 ↓니싱원되> 유좀젼 잇지 못 알푸면 쇠기 젓을 엇지ᄒᆞᄂᆞᆫ지 우리 샤돈 ᄌᆞᆨ히ᄂᆞ 심녀 되시리 보옵ᄂᆞᆫ 듯 쥬소로 이렴ᄂᆞᆫ ᄋᆞ손 두어 ᄌᆞ 술펴라 <여동생-의암 ↓오라바님젼> 술펴 즁당 샤쟝 어루신 로심 글녁리 보즁ᄒᆞ시고 샤돈 외니분 자황 골몰리신 즁 손졀이나 업ᄉᆞ시며 안항 각 니외분 아긔니 다리시고 슈다 골몰 즁 평안ᄒᆞ시고 젓사돈분 각 곳 졔졀 두로 티평ᄒᆞ시며 <김해허씨-2 부아보아ᄅᆞ> 이곳 샤돈은 아직 죠히 닛샤오니 다힝니로쇼니다 <송싱원되 닙납 ᄃᆡ동-한고 1935> 보션 다섯 거리 듀머니 세 개 건시 한 졉 올히 납월 십구일 샤돈은 비 <송싱원되 닙납 ᄃᆡ동-한고 1935> ⇒ 사도, 사돈, ᄉᆞ도, ᄉᆞ돈, ᄉᆞ둔

【샤므】 명 ((지리)) 섬라(暹羅). 타이(Tailand 泰國)의 옛이름. 인도차이나 반도 가운데에 있는 나라. '시암(Siam)'의 외래어.¶ 샤므 (暹羅) <환중대구장상육주-화봉 19후반>

【샤미셍】 명 ((악기)) 샤미센(三味線, さみせん). 목제 상자에 가죽을 씌운 몸통에 줄을 부착시킨 일본의 전통 악기. 줄이 3개이며 목이 길고 줄받이가 없다. (일본어 직접 차용어).¶ 어대선지 샤미셍 한 소리 건너 덜에서 쑹 하는 쇠북 소리 <청춘 1914.12.1> ⇒ 삼미션

【샤야-곳】 명 ((식물)) 작약꽃(芍藥-). '샤야(芍藥, sháoyào)'는 중국어 직접 차용어.¶ 샤야곳 似牡丹而赤芽, 叢生, 有香, 可煮食. (芍藥花) <한청-화 13:40a> ⇒ 샤약곳

【샤약】 명 ((식물)) 작약(芍藥). 함박꽃(뿌리). '샤(芍, sháo)'는 중국어 직접 차용어.¶ 샤약 샤 (芍) <훈몽-화품 상:4a /7b> 샤약 샤 (芍) <신합-칠 5a> 샤약 쟉 (芍) <신합 상:7b> ▼藥 ‖ 샤약 약 (藥) <훈몽-화품 상:4a /7b> 샤약 약 (藥) <신합-칠 5a> 샤약 약 (藥) <신합 상:7b> 블근 샤약은 섬을 당ᄒᆞ여 번득이고 프른 잇기

ᄂᆞᆫ 섬을 의지ᄒᆞ여 오론ᄯᅩ다 (紅藥當階翻, 蒼苔依砌上.) <고진 3:6> ▼芍藥 ‖ 샤약 (芍藥) <시언-4 목록:3b> 샤약 (芍藥) <몽유-장혼 상:14a> 샤약 (芍藥) <물보-화훼 상:7a> 나흘닷쇄예 빋나디 아니커든 샤약 계피 ᄎᆞᆯ발 가ᄒᆞ고 닷쇄예쇄예 빋치 검븕거든 목향 당귀 천궁을 가ᄒᆞ고 (四五日不光澤, 加芍藥、桂皮、糯米; 五六日色紅紫, 加木香、當歸、川芎.) <언두 상:40b> 芍藥 ‖ 샤약은 흰 것도 잇고 블근 것도 잇습니 <교린-묘 2:37b>

【샤약-곳】 명 ((식물)) 작약꽃(芍藥-). 작약과의 여러해살이풀. '샤(芍, sháo)'는 중국어 직접 차용어.¶ 芍藥 ‖ 져제 든 등은 다 죠히로 민ᄃᆞ라시되 년화등과 영등은 다 우리나라 것과 방블ᄒᆞ고 ᄯᅩ 샤약곳톄로 민든 등이 잇고 그 밧긔 별양 졔되 업더라 (市多懸燈, 大抵皆紙造, 而蓮花燈影燈皆如我國之制. 又有像芍藥花者, 此外無別制.) <연행-노가재 4:43a> 샤약곳 (芍藥花) <동해-화초 하:45a> ⇒ 샤야곳

【샤약-등】 명 작약등(芍藥燈). '샤(芍, sháo)'는 중국어 직접 차용어.¶ 芍藥燈 ‖ 약방셔원 한태홍이 등 둘흘 드려오니 ᄒᆞᆫ 등은 샤약등이오 ᄒᆞᆫ 등은 영등이로되 형상이 우리나라 것 ᄀᆞᄐᆞ더 (藥房書員韓泰命持二燈來, 一是芍藥燈, 一則影燈, 狀如我國之物.) <연행-노가재 4:53a>

【샤ᄌᆞ】 명 ❶ ((기물)) 쇄자(刷子). 솔. '샤(刷, shuā)'는 중국어 직접 차용어.¶ 샤ᄌᆞ (刷子) <방석-기용 3:11b> 솔, 샤ᄌᆞ (刷) <물보-복식 하:12b> 샤ᄌᆞ (刷) <물명괄-복식 23a> <물명고-복식-서강 14a> ❷ 칫솔.¶ 혀 닥는 샤ᄌᆞ (刮舌) <한청-식용물건 11:25a> 니 닥는 샤ᄌᆞ (刷牙) <방석-경렴 3:8b> 샤ᄌᆞ (刷牙) <동해-소세 상:54b> <몽해-소세 상:42a> 샤ᄌᆞ (牙刷) <물명괄-복식 23a> <물명고-서강 복식 14a> 니 닥는 샤ᄌᆞ (皿) <물보-복식 하:12b> ⇒ 사자, 사쟈, ᄉᆞᄌᆞ, 솨ᄌᆞ

【샤쳐】 명 ((주거)) 하처(下處). 사람이 길을 가다가 묵는 것. 또는 묵고 있는 그 집을 높여 이르는 말. '샤(下, xià)'는 중국어 직접 차용어.¶ 샤쳐 (舍處, The place where a traveller of rank stops, the apartments of a traveller of rank.) <한영1890 122> 우리 샤쳐을 기원시란 졀의 ᄒᆞ다 ᄒᆞ여놀 즉시 방믈포을 드리고 법당 뒤 마로 방의 가 드니 긔키 ᄀᆞᆺ더라 <조천 25> 예뫼 어려워 보지 못ᄒᆞ노라 ᄒᆞ거놀 샤쳐로 도[라]오다 <조천 26> ⇒ 햐처, 햐쳐, 하츄

【샤쳐-방】 명 ((주거)) 하처방(下處房). 사람이 길을 가다가 묵는 집. '샤(下, xià)'는 중국어 직접 차용어.¶ 예수 그 뎨ᄌᆞ 중에 두 사ᄅᆞᆷ을 보내시며 분부ᄒᆞ야 ᄀᆞᆯᄋᆞ샤ᄃᆡ 셩중으로 드러가던 항아리에 물을 기러 가지고 가ᄂᆞᆫ 쟈를 뎡녕히 맛나리니 그 뒤를 ᄯᆞ로다가 뎌가 어ᄂᆞ 집에던지 드러감을 목도커든 즉시 그 집 쥬인을 불너셔 닐ᄋᆞ기를 쥬의 분부ᄒᆞ신 말솜 내가 나의 뎨ᄌᆞ들과 ᄒᆞᆫ가지로 유월졀을 먹을 만ᄒᆞᆫ 샤쳐방이 잇ᄂᆞ냐 무러 보라 <연경-유월절예비가 162> ⇒ 햐쳐방

【샤쳐-치-】 동 하처(下處)하다. 손님이 길을 가다가 묵다. '샤(下, xià)'는 중국어 직접 차용어.¶ 샤쳐치오 (To prepare a room for a traveller of rank, to make ready for a guest of rank; 샤쳐ᄒᆞ오, to stop, to rest in such a place.) <한영1890 123>

【샤쳐-ᄒᆞ-】 동 하처(下處)하다. 손님이 길을 가다가 묵다. '샤(下, xià)'는 중국어 직접 차용어.¶ 샤쳐치오 (To prepare a room for a traveller of rank, to make ready for a guest of rank; 샤쳐ᄒᆞ오, to stop, to rest in such a place.) <한영1890 123> ⇒ 샤쳐치-, 햐쳐ᄒᆞ-

【샤천】 명 사전(私錢). 부녀자가 절약하여 사사로이 모아 둔 돈. 쌈지돈. '천(錢, qián)'은 중국어 직접 차용어.¶ 이졔 샤천으로 둔 금쥬롤 도로혀 ᄌᆞ긔 챠환의 도젹ᄒᆞ여 너믈 닙엇시믜 가졍을 더면키 어렵고 ᄯᅩᄒᆞᆫ 니환과 보챠롤 더면키 어려온지라 (而今梯己的金珠轉被自己丫頭偸出, 也對不過賈政.) <후홍 18:27-28> ⇒ ᄉᆞ천

【샨】 명 ((인류)) 샨(シャン). 미인(美人). 본래는 독일어 'schon(아름다운)'에서 나온 말. (일본어 차용어).¶ 이런 데두 샨이 오나! <염상섭, 검사국 대합실1925 6>

【샨셀리졔】 명 ((지리)) 샹젤리제(Champs-Elysees). 파리에 있는 세계에서 가장 유명한 대로들 중 하나. 개선문에서부터 콩코르드 광장까지 1.88km로 뻗어 있음. (외래어).¶ 샨셀리졔 큰 거리 질번질번함 天下 人物 精華을 모아논 게요 <청춘 1914.10.1>

【샹마-적】 명 ((인류)) 향마적(響馬賊). 중국 마적떼. '샹(響, xiǎng)'은 중국어 직접 차용어.¶ 샹마적 (響馬) <광보-1 서류:3a> ⇒ 상마격, 향마적

【샹-사니】 관用 윗전에 아룀[上白是]. 상사리[上白是]. 상(上)-+ᄉᆞ뢰[白]+-이. 손아랫사람이 윗사람에게 편지를 올릴 때 쓰는 투식어. (이두어).¶ 누의님 젼 샹사니 홍덕골 채싱원덕 <순천김씨-191 1550-92 김여흘(남동생) ↓순천김씨(누나)> ⇒ 상사리, 상ᄉᆞ리, 상술이, 상술이, ᄉᆞᆼᄉᆞ리 ☞ 상빅, 상빅시, 샹빅, 샹빅시, 샹빅씨

【샹-샬이】 명 ((간찰)) 상사리(上-). 이두식 표현인 '上白是'의 우리말로서 '사뢰어 올림'의 뜻이다. 웃어른께 올리는 편지의 첫머리나 끝에 쓰는 투식어이다. 샹(上)-+샤뢰[白]+-이. (이두어).¶ 져근아바님 젼 샹샬이 ‖ 문안 아압고져 아뤼압나이다 비회 후 월포 넘도록 이만 ᄉᆞ리도 ᄒᆞᆫ ᄌᆞ 아뢰압지 못 죄송무지오며 전편도 아득 인편 어들 수 업서 쥬야 ᄌᆞ탄 무궁ᄒᆞ이로소니다 <질부-한고1926 ↓져근아바님> ⇒ 상사리, 상ᄉᆞ리, 상술이, 샹술리, 샹술이, ᄉᆞᆼᄉᆞ리 ☞ 상빅, 상빅시, 샹빅, 샹빅시, 샹빅씨

【샹-술리】 명 ((간찰)) 상사리(上-). 이두식 표현인 '上白是'의 우리말로서 '사뢰어 올림'의 뜻이다. 웃어른께 올리는 편지의 첫머리나 끝에 쓰는 투식어이다. 샹(上)-+술뢰[白]+-이. (이두어).¶ 아바임젼 샹술리 ‖ 문안 알외ᄋᆞᆸ 요ᄉᆞ 일긔 고로압지 못ᄒᆞ온디 연ᄒᆞ와 그졔후 안영ᄒᆞ아ᄋᆞᆸ심 문 알라ᄋᆞᆸ고졔 ᄇᆞ라오며 ᄌᆞ부ᄂᆞᆫ 모시고 아즉 별고 업쌈나이다 <ᄌᆞ부-한고1956.3.1 ↓아바임> ⇒

상사리, 상ᄉᆞ리, 상술이, 샹샬이, 샹술이, ᄉᆞᆼᄉᆞ리 ☞ 상ᄇᆡᆨ, 상ᄇᆡᆨ시, 샹ᄇᆡᆨ, 샹ᄇᆡᆨ시, 샹ᄇᆡᆨ씨

【상-술이】 명 ((간찰)) 상사리(上-). 이두식 표현인 '上白是'의 우리말로서 '사뢰어 올림'의 뜻이다. 웃어른께 올리는 편지의 첫머리나 끝에 쓰는 투식어이다. 샹(上)+ᄉᆞᆲ[白]+-이. (이두어).¶ 누의님 젼 샹사니 홍덕골 채 싱원ᄃᆡᆨ <순천김씨-191 1550-92 김여흘(남동생) ↓순천김씨(누나)> 임인 시월 열엿쇈날 녀셔 곽주 합산ᄃᆡᆨ 샹술이 근봉 <현풍곽씨-1 /106 1602 곽주(사위) ↓벽진이씨(장모)> 큰아바님 젼 샹술이 근봉 <의성김씨 학봉종가언간-43 한산이씨(질부) 1845 ↓김진화(시백부)> 아바님젼 샹술이 ‖ 긔톄후 일양ᄒᆞ옵신 문안 아옵고져 ᄇᆞ라오며 장동으로 붓치옵신 하츨 밧ᄌᆞ와 하경의 ᄃᆞᆫ: 못니 알외와 ᄒᆞ옵ᄂᆞ이다 <ᄌᆞ부 술이-한고1883 ↓아바님젼> 알외올 말솜 하감ᄒᆞ옵심 젓ᄉᆞ와 이만 알외오며 내내 긔톄 만안ᄒᆞ옵신 문안 ᄇᆞ라옵ᄂᆞ이다 일월 이일 손부 샹술이 <손부↓한마님젼 칸옥션-1-15> ⇒ 상사리, 상ᄉᆞ리, 상술이, 샹샬이, 샹술리, ᄉᆞᆼᄉᆞ리 ☞ 상ᄇᆡᆨ, 상ᄇᆡᆨ시, 샹ᄇᆡᆨ, 샹ᄇᆡᆨ시, 샹ᄇᆡᆨ씨

【샹여-푸리】 명 ((상업)) 상여포리(喪輿鋪裏). 사람의 시체를 실어서 묘지까지 나르는 도구인 상여를 파는 가게.¶ '푸리(鋪裏, pùli)'는 중국어 직접 차용어.¶ 杠房 ‖ 송대거야 너는 샹여푸리의 가 이십 ᄡᅡᆼ 긔와 이십 ᄡᅡᆼ 우산과 두 기 정ᄌᆞ와 한 치 혼교와 셰 ᄇᆡ 풍류와 시쇽 졔도로 ᄆᆡᆫ든 ᄭᅩᆺ노흔 비단으로 ᄡᅡ고 이십ᄉᆞ 명이 메는 샹여를 경ᄒᆞ리니 너는 기다리라 (宋大哥你就到杠房裏去, 定下二十對長幡, 二十對大傘, 兩個亭子, 一乘魂轎, 三起鼓樂, 時樣三滴水滿繡花的彩罩, 二十四名上杠就是了, 餘外不要別的, 你等着.) <홍부 5:7>

【상항】 명 ((지리)) 상항(桑港). 샌프란시스코의 음역어. (외래어).¶ 미국 함디가 금년 일월 이십일에 …발셔 샹항에 도박ᄒᆞᆫ지라 <경보 275> 샹항 한인 국민회는 츙의 목뎍 굿게 세워 동족ᄭᅵ리 단합코져 보국회와 련합ᄒᆞ여 <대매-시평 1910.4.6> ⇒ 상항, 샹ᄒᆞᆼ

【샹ᄒᆞᆼ】 명 ((지리)) 상항(桑港). 샌프란시스코(San Francisco)의 음역어. (외래어).¶ 오날 련텰촌의 파산ᄒᆞ고 인비 도망ᄒᆞ다는 풍셜을 드럿시되 이는 정히 격인의 음모궤계인즉 우리들이 방어ᄒᆞᆯ 도를 조금도 히이치 못ᄒᆞᆫ다 쟝슈촌의 방슈ᄒᆞ는 일이 더욱 업밀ᄒᆞ더니 얼마 아니ᄒᆞ여 샹ᄒᆞᆼ 뎐보와 누육신문이 격실ᄒᆞᆫ 고로 각처 제조가와 상업가이 큰 관계가 된지라 <철세계 84> ⇒ 상항, 샹항

【서돔】 명 ((지리)) ((기독)) 소돔(Sodom). 구약성경 창세기에 나오는 팔레스타인 사해(死海) 근방의 한 도시. 성적 퇴폐로 인하여 하나님의 노여움을 사서 고모라, 스보임, 아드마, 벨라 등과 함께 불과 유황의 비가 내려서 멸망하였다고 한다. (외래어).¶ 너희를 박ᄃᆡᄒᆞ며 말도 듯지 아니커든 거긔셔 ᄯᅥ날 ᄯᅢ에 발 아래 몬지ᄭᆞ지 몱아케 ᄯᅥᆯ지어다 진실노 닐ᄋᆞ노니 텬부의 심판날에 서돔과 고모라의 맛당히 밧을 벌이 이 셩보다 경ᄒᆞ리라 <연경-파송가 52> ⇒ 서돔셩, 소돔셩

【서돔-셩】 명 ((지리)) ((기독)) 소돔성(Sodom城). 구약성경 창세기에 나오는 팔레스타인 사해(死海) 근방의 한 도시. 성적 퇴폐로 인하여 하나님의 노여움을 사서 고모라, 스보임, 아드마, 벨라 등과 함께 불과 유황의 비가 내려서 멸망하였다고 한다. (외래어).¶ 너희게셔 나타내인 만코 만흔 권능들을 녯날 서돔 셩즁에셔 나타내여 보엿더면 아마도 서돔셩이 이날 이ᄯᅢᄭᆞ지라도 남아 잇섯스리로다 <연경-져주가 37> ⇒ 서돔, 소돔셩

【섭니】 명 ((관직)) 설리(薛里). 궁중에서 임금에게 올리는 음식에 관한 일을 맡아보던 벼슬. (중세몽고어 차용어).¶ 膳宰 ‖ 水剌 셔실 제 모로매 시그며 더운 ᄆᆞᄃᆡ롤 ᄉᆞᆯ펴보시며 水剌 므르거시든 감ᄒᆞ샨 바롤 무르시고 섭니롤 命ᄒᆞ야 니ᄅᆞ샤ᄃᆡ 다시 말라 對答ᄒᆞ야 닐오ᄃᆡ 그리 호리이다 그리 ᄒᆞᆫ 後에ᅀᅡ 믈러 오더시다 (食上必在視寒暖之節, 食下問所膳, 命膳宰曰: "末有原." 應曰: "諾." 然後退.) <내훈 1:40a> 문안 박한응 슈가 뉴지현 박규현 선힝도 섭니 니장호 각 분홍 듀 일필 남 듀 일필 <동궁마마경모궁행차시상격볼긔> 謂內官曰薛里: 俗呼섭니, 或云元語. <지봉유설> <고석-27 동한역어> ※ 薛里 <경국대전-1 이전> 我國鄉語, 最不可解者, 謂御膳曰水剌, 謂內官曰薛里, 以卑稱尊曰進賜, 以老稱主曰上典, 且奴婢收貢者謂之達化主. 此則因胡元達魯化赤而訛傳云. <지봉유설 16:14> 薛里, 本蒙古語, 華言助也. <경국대전주해-후집 상:38>

【세늬갈】 명 ((지리)) 세네갈(Senegal)강. 아프리카 서부에 있는 강. 말리(Mali)의 기니 고지에서 시작하여 말리를 거쳐 세네갈과 모리타니를 지나 대서양으로 흘러 들어간다. (외래어).¶ 남편에 오렌지란 삼천 리 되는 강이 대셔양에로 통ᄒᆞ고 셔편에 강고ㅣ란 칠천 리 되는 강과 나이거ㅣ란 륙천 리 되는 강과 세늬갈이란 천여 리 되는 강이 대셔양에로 드러가고 ᄒᆞᆫ가온대는 ᄉᆞ면 오ᄇᆡᆨ리 되는 처드ㅣ란 못시 잇고 <사필1889-헐버트 141>

【세늬감비아】 명 ((지리)) 세네감비아(Senegambia). 서아프리카의 세네갈과 감비아로 이루어진 지역. 양국은 민족적으로 다르지 않지만, 프랑스와 영국의 식민지 다툼에 의해 현재의 국경을 결정했다. (외래어).¶ 아프리가 셔편 바다ㅅ ᄀᆞ헤 세늬감비아와 시에라네온과 라비리아국과 민쥬국이라 아쉬안듸와 다호메와 ᄀᆡ무룬과 로왕고와 강고와 앙골라와 벵궐라와 다마라와 나마콰ㅣ란 여러 디방이 잇스니 <사필1889-헐버트 147>

【세루-치마】 명 ((복식)) 세루치마. '세루(セル)'는 'serge'에서 온 말. 일종의 모직물로 '사지쓰봉'의 사지도 같은 말임. (일본어 차용어).¶ 감색 세루치마 우에 <염상섭, 금반지1924 158>

【세르반테쓰】 명 ((인명)) 세르반테스(Cervantes). 스페인의 소설가·극작가·시인. 대표작으로 «돈키호테»가 있음. (외래어).¶ 세르반테쓰의 붓끈 작난만 永遠히 世

界上에 활개를 치네 <청춘 1914.10.1>

【세비로】 명 ((복식)) 신사복(civil cloth). 배광(背廣 せびろ). (일본어 차용어).¶ 도서관 가는데 별안간 세비로 양복 쓰내 입겟나 <염상섭, 여객1927 156> 이제까지 입었던 세비로나 모오닝을 벗어 던지고 <염상섭, 해방의 아들1951 31> 도서관 가는데, 별안간 세비로 양복 쓰내 입겟나 <염상섭, 여객1927 156>

【세비리아】 명 ((지리)) 시베리아(Siberia). 우랄 산맥과 태평양 사이에 있는 북아시아 전체를 포함하는 광대한 지역. (외래어).¶ 세비리아 찬 바람에 고싱함은 한반도 너를 위함이로다 <신민 1918.6.13>

【세빌】 명 ((지리)) 세비야(Sevilla). 에스파냐 남부 안달루시아 지방의 과달키비르 강 연안에 있는 항구 도시. (외래어).¶ 남편에 케씌스와 세빌과 말나가ㅣ란 큰 포촌이 잇고 또 라나다ㅣ란 큰 촌이 잇고 또 지브를타ㅣ란 믈ㅅ목시 잇스니 이는 옝길리국이 엇어 ᄎᆞ지ᄒᆞᆫ 곳이오 <사필1889-헐버트 43>

【세빠스티안】 명 ((인명)) 세바스티안(Sebastian). (외래어).¶ 세빠스티안 (色巴撒岸 Sebastian) <만국통감1912 11>

【세이누-강】 명 ((지리)) 센강(Seine River). 프랑스 북부를 흐르는 대하천. (외래어).¶ ※ 힌 비단을 넌 듯한 세이누 江은 질김의 속살거림 무르녹은 대 <청춘 1914.10.1>

【센】 명 ((지리)) 센(Seine)강. 프랑스 북부를 흐르는 강. (외래어).¶ 도셩을 의론컨대 일흠은 바리스ㅣ니 [영국 셔울 대옴에 뎨일 크니라] 센이란 강ㅅᄀᆞ히오 또 남편 디즁히ㅅᄀᆞ헤 마셀스ㅣ란 큰 촌이 잇스니 아프리가와 오스드렐랴와 청국 죠션 일본 등 나라헤 가려 ᄒᆞ면 비 ᄐᆞᄂᆞᆫ 곳이오 <사필1889-헐버트 39>

【센다이】 명 ((지리)) 센다이(Sendai, 僊臺). 일본 미야기현(宮城縣)에 있는 관광 도시. (외래어).¶ 또 동편에 요고하마와 센다이와 도교와 수루가와 낭오야와 고븨란 포구가 잇고 남편에 쉬몬나사기와 푸쿠오가와 나가사기와 쉬마바라와 가고시마ㅣ란 포구가 잇고 <사필1889-헐버트 78>

【센드랄-아메리까】 명 ((지리)) 센트럴아메리카(Central America). 중앙(中央)아메리카(America). 남아메리카와 북아메리카 대륙을 연결하는 좁은 지대. (외래어).¶ 아메리까에 각 디방과 각 나라는 가나다와 [옝길리국 쇽방이라] 덴막아메리까와 합즁국과 멕스고국과 센드랄아메리까국과 셔인도와 걸넘비아국과 베네수일나국과 기아나와 쁘레실국과 엑궤도국과 비루국과 블늬비아국과 칠릐국과 아젠든합즁국과 바라궤국과 유루궤국이니라 <사필1889-헐버트 102>

【센드로런쓰】 명 ((인명)) 세인트로웬스(Saint. Lawence). (외래어).¶ 센드로런쓰 (勞連斯 St. Lawence) <만국통감1912 11>

【센지-메들】 명의 ((도량)) 센티미터(糎センチメートル centimeter). 미터법에 의한 길이의 단위. 1센티미터는 1미터의 100분의 1이고, 1밀리미터의 열 배이다. 기호는 cm. (외래어).¶ 도度는 삼 쳑 삼 촌을 미米(메―들)이라 ᄒᆞ야 그 십분의 일을 떼시메들이라 ᄒᆞ고 떼시메들의 십분의 일을 센지메들이라 ᄒᆞ며 센지메들의 십분의 일을 밀리메―들이라 ᄒᆞ며 또 메―들의 십비를 데까메들 빅비를 혝도메들 천 비를 기로메들이라 ᄒᆞᄂᆞ니라 <조농-도량 64> 형衡은 증류수 일립방 센지메들의 무게를 긔본으로 ᄒᆞ야 이것을 ᄭᅳ람이라 층ᄒᆞ고 <조농-도량 65> ⇒ 센지메돌

【센지-ᄭᅳ람】 명의 ((도량)) 센티그램(瓱センチグラム centigram). 미터법에 의한 무게의 단위. 1센티그램은 1그램의 100분의 1이고, 1밀리그램의 열 배이다. 기호는 cg. (일본어 차용어).¶ 형衡은 증류수 일립방 센지메들의 무게를 긔본으로 ᄒᆞ야 이것을 ᄭᅳ람이라 층ᄒᆞ고 그 십분의 일을 떼시ᄭᅳ람이라 ᄒᆞ며 빅분의 일을 센지ᄭᅳ람이라 ᄒᆞ며 천분의 일을 밀리ᄭᅳ람이라 ᄒᆞᄂᆞ니 일 ᄭᅳ람은 십오분의 ᄉᆞ 몬메에 상당ᄒᆞ고 그 십비를 떼가ᄭᅳ람이라 ᄒᆞ며 빅비를 혝도ᄭᅳ람이라 ᄒᆞ며 천비를 기로ᄭᅳ람이라 ᄒᆞᄂᆞ니라 <조농-도량 65> ⇒ 센지ᄭᅳ라무

【센진】 명 ((인류)) 조센인(朝鮮人). (일본어 차용어).¶ 센진인지 닙본진인지 분간을 못하고 <염상섭, 모략1948 87>

【센트로렌스】 명 ((지리)) 세인트로렌스(Saint Lawrence) 강. 캐나다와 미국의 동쪽 국경을 흐르는 강. 온타리오 호에서 시작하여 세인트로렌스 만으로 흘러 들어간다. (외래어).¶ 동편에 센트로렌스ㅣ란 강이 대셔양에로 드러가고 또 북편에 그렛비어와 그렛실레입이란 큰 못시 잇고 또 ᄒᆞᆫ가온대 아다비스가와 윈늬벡이란 큰 못시 잇고 동남편 합즁국 ᄉᆞ이에 슈비리어와 [천 리 되ᄂᆞᆫ 못] 휴런과 [팔빅 리 되ᄂᆞᆫ 못] 이리와 [팔빅 리 되ᄂᆞᆫ 못] 언데리오ㅣ란 못시 [칠빅 리 되ᄂᆞᆫ 못] 잇고 <사필1889-헐버트 103> ⇒ 센드로런쓰

【센트-짠쓰】 명 ((지리)) 세인트 존스 (St. John's City) (외래어).¶ 센트짠쓰 (셩) 約翰城 St. John's (City) <만국통감1912 11>

【셀늬비스】 명 ((지리)) 셀레베스(Celebes)섬. 술라웨시(Sulawesi) 섬의 전 이름. 인도네시아 중앙부에 있는 k자 모양의 섬. 산과 미개발지가 많다. (외래어).¶ 본이오 셤 동편에 셀늬비스ㅣ란 셤이 잇서 폭원이 격도 남편 일천이빅 리브터 북편 ᄉᆞ빅 리ᄭᆞ지니 동셔가 천 리요 <사필1889-헐버트 157>

【셀렘】 명 ((지리)) 살렘(Salem) (외래어).¶ 셀렘 撒冷 Salem <만국통감1912 11>

【셀슈스】 명 ((인명)) 셀시우스(Celsius, Anders). 스웨덴의 천문학자·물리학자(1701~1744). 1736년에 프랑스의 자오선 측량 탐험대에 참가하였으며, 1742년에 섭씨온도의 눈금을 만들었다. (외래어).¶ 攝氏寒暖計 셀슈스氏 <백과신-송1926 492>

【셔누】 명 ((복식)) 세루(細縷). 날실에 두 올 꼰실을 쓰

고 씨실에 같은 꼰실 또는 홑실을 써서 빗줄짜임으로 사지와 비슷하게 짠 양복천. 서지. 사지(サージ)는 'セル地'의 준말. (프랑스어 'serge'의 일본어 차용어).¶ 細縷 ‖ 셔누ᄂᆞᆫ 군[국]복의 닙습ᄂᆡ <교린-A 3:20b> ⇒ 세루, 셔루, 셰루, 시루, ᄉᆡ루, ᄉᆡ류

【셔라-ᄆᆞᆯ】 명 ((동물)) 흰말. 백마(白馬). 흰 바탕에 거뭇한 점이 섞여 있는 말. 중세몽고어 'siaqa /sirɤa'에서 온 차용어.¶ [수루 모린] suru morin ‖ 이 매야지ᄆᆞᆯ 블친ᄆᆞᆯ 졀다ᄆᆞᆯ 공골ᄆᆞᆯ 오류ᄆᆞᆯ 굴헝ᄆᆞᆯ 가리온ᄆᆞᆯ 셔라ᄆᆞᆯ 가라ᄆᆞᆯ 츄마ᄆᆞᆯ 고라ᄆᆞᆯ 간쟈ᄆᆞᆯ 가라간쟈四足白이ᄆᆞᆯ 도화잠불ᄆᆞᆯ (dahan morin akta morin jerde morin konggoro morin keire morin kuren morin hailun morin suru morin kara morin sarala morin kula morin kalja morin kara kalja seberi morin cohoro morin) <청노 5:13b> ⇒ ᄇᆡᆨ셜아ᄆᆞᆯ, 셜아ᄆᆞᆯ, 셜이마

【셔루】 명 ((복식)) 세루(細縷). 날실에 두 올 꼰실을 쓰고 씨실에 같은 꼰실 또는 홑실을 써서 빗줄짜임으로 사지와 비슷하게 짠 양복천. 서지. 사지(サージ)는 'セル地'의 준말. (프랑스어 'serge'의 일본어 차용어).¶ 細縷 ‖ 셔루ᄂᆞᆫ 군복에 닙습네 <교린-초 3:13a> ⇒ 세루, 셔누, 셰루, 시루, ᄉᆡ루, ᄉᆡ류

【셔반】 명 ((관직)) 서판(書辦). 문서를 맡은 관리. 서기(書記). '반(辦, bàn)'은 중국어 직접 차용어.¶ 書辦 ‖ 이ᄂᆞᆫ 이 긋그제 말이라 어지 衙門 셔반이 이믜 文書를 가 보내엿더라 (這是大前日的話, 昨日衙門書辦已將文書送來了.) <박신 2:51a> 앗가 又 셔반들이 文書를 가져와 稿에 일홈 밧고 셔안 우희 또 許多 문안을 빠하 다 낫낫치 發落ᄒᆞ고 바로 ᄒᆡ 西에 거짐애 다ᄃᆞ라 계요 ᄆᆞᆯ ᄐᆞ고 집의 도라오ᄂᆞ니라 (方纔書辦們拿文書來畵稿, 案上又堆着許多案件, 都要逐件發落, 直到日平西纔得上馬回家.) <박신 3:18a> 아문 쇽의 일에 니ᄅᆞ러ᄂᆞᆫ 모다 당관과 ᄉᆞ원이 뎡ᄒᆞ고 아러ᄂᆞᆫ 도시 져 셔반 아역들이 판비ᄒᆞᄂᆞᆫ 거시오 (至於衙門裡的事, 上頭呢, 都是堂官司員定的; 底下呢, 都是那些書辦衙役們辦的.) <홍루 88:54> 다만 작일의 관가 원역이 말ᄒᆞᄃᆡ 지부의셔ᄂᆞᆫ 임의 샹복ᄒᆞ엿다 ᄒᆞ니 (但昨日縣裡書辦說, 府裡已經准詳.) <홍루 91:37>

【셔반아】 명 ((지리)) 서반아(西班牙). 스페인(Spain). (중국어 간접 차용어).¶ 셔반아의 령디 되야 비참 혹화 밧을 적에 <대매 1909.8.5> ⇒ 셔반아국 ☞ 스페인, 시페인, 쓰페인, 왜스빠늬아, 이스바니아, 이스바니아국

【셔반아-국】 명 ((지리)) 서반아국(西班牙國). 스페인(Spain). 유럽 남서부 이베리아 반도 대부분을 차지하는 입헌군주국. (중국어 간접 차용어).¶ 셔반아국(西班牙國) <이언> ⇒ 셔반아 ☞ 스페인, 시페인, 쓰페인, 왜스빠늬아, 이스바니아, 이스바니아국

【셔비리】 명 ((지리)) 서비리(西比利). 시베리아(Siberia). 우랄 산맥과 태평양 사이에 있는 북아시아 전체를 포함하는 광대한 지역. (외래어).¶ 건닐 때도 잇슬지며 셔비리와 만쥬ᄉᆞ들에 ᄃᆞᆫ닐 때도 잇슬지라 나의 몸은 부평又치 <대매-시평 신도 1910.5.2> ⇒ 셔비리아, 셔ᄇᆡᆨ리, 셰비리아

【셔비리아】 명 ((지리)) 서비리아(西比利亞). 시베리아(Siberia). 우랄 산맥과 태평양 사이에 있는 북아시아 전체를 포함하는 광대한 지역. (외래어).¶ 셔비리아 만쥬들에 단닐 때도 잇슬지니 <신민 1915.11.11> ⇒ 셔비리, 셔ᄇᆡᆨ리, 셰비리아

【셔비아-국】 명 ((지리)) 세르비아(Serbia). 유고슬라비아 사회주의 연방 공화국을 구성하는 공화국의 하나. 몬테네그로와 합병하여 신유고슬라비아를 이루었다. (외래어).¶ 디경을 의론컨대 북은 덕국과 아라사국이오 동은 루마니아국과 셔비아국과 또 아라사국이오 남은 에드리아틱 하슈와 또 루마니아국과 셔비아국이오 셔는 쉿스란드국이며 <사필1889-헐버트 54> ⇒ 셰비아국

【셔ᄇᆡᆨ리】 명 ((지리)) 서백리(西伯利). '시베리아(Siberia)'의 취음. (외래어).¶ 리샹셜과 리쥰씨 리위죵씨 삼 인이 셔ᄇᆡᆨ리를 건너셔 회셕참예 되엿군 <대매-잘왓군타령 1907.7.23> ⇒ 셔비리, 셔비리아, 셰비리아

【셔셔】 명 ((지리)) 서서(瑞西). 스위스(Suisse). 유럽 중부에 있는 연방 공화국. 1648년 신성 로마 제국에서 독립하여, 1815년 영세 중립국으로 승인받았다. (광동어 간접 차용어).¶ 셔셔(瑞西) <이언> ⇒ 셔ᄉᆞ국 ☞ 수이슬닌드, 수잇슬닌드국, 쉿스란드, 쉿슬란드, 스위서넌드, 스위슬닌드, 스위쓰런드, 스위쓸낸드, 스위[떠$ㄹㅍ]난드

【셔ᄉᆞ국】 명 ((지리)) 서사국(瑞士國). 스위스(Suisse). 유럽 중부에 있는 연방 공화국. 1648년 신성 로마 제국에서 독립하여, 1815년 영세 중립국으로 승인받았다. (중국어 간접 차용어).¶ ⇒ 셔셔 ☞ 수이슬닌드, 쉿스란드, 스위서넌드, 스위슬닌드, 스위쓰런드, 스위쓸낸드, 스위[떠$ㄹㅍ]난드, 스이츠르란쓰

【셔위돈】 명 ((지리)) 서위돈(瑞威頓). 스웨덴(Sweden). 유럽 서북부, 스칸디나비아 반도 동부에 있는 입헌 군주국. 1523년 덴마크에서 독립하였으며, 1905년 노르웨이가 분리 독립하여 지금의 영토로 되었다. (중국어 간첩 차용어).¶ 셔위돈(瑞威頓) <이언> ☞ 쉬덴, 스위든, 스이덴

【셔ᄎᆡᆨ-푸리】 명 ((상업)) 서책포리(鋪裏). 서적가게. 서점. '푸리(鋪裏, pùli)'는 중국어 직접 차용어.¶ 의복푸리 셔ᄎᆡᆨ푸리 약 파는 ᄃᆡ ᄎᆞ 파는 ᄃᆡ 차관 차종 노구솟과 옹긔 ᄉᆞ긔 유놉 긔명 연적 필통 벼로들과 조희 필묵 필산조차 ᄎᆡᆨ상 문갑 궤그릇과 요지경의 쥭방울과 <연행-무자>

【셔피】 명 ((복식)) 사피(斜皮). 돈피(獤皮). 담비의 가죽. '셔(斜, xié)'는 중국어 직접 차용어.¶ 斜皮 ‖ ᄌᆞ셔피로 다하 두 딱 어울운 굴에예 솟동조차 잇고 고돌개 딜채 고돌개 ᄃᆞ릿 군더괴 다 셔피로 ᄒᆞ엿더라 (大紅斜皮雙條轡頭帶纓筒, 鞦皮穗兒、鞦根都是斜皮的.) <번박 상:28b> 셔피로 ᄒᆞᆫ 바놀통 일ᄇᆡᆨ 낫 굴근 햐근 갈 뫼화

일빅 볼 솽가풀ᄒᆞᆫ 갈 열 ᄌᆞᄅᆞ 이러더러ᄒᆞᆫ 보로 ᄲᆞᆯ 갈 열 ᄌᆞᄅᆞ 죠히 버힐 ᄀᆞᄂᆞᆫ 갈 열 ᄌᆞᄅᆞ 치맛허리예 출 갈 열 ᄌᆞᄅᆞ (斜皮針筒兒一百箇、大小刀子共一百副、雙鞘刀子一十把、雜使刀子一十把、割紙細刀子一十把、裙刀子一十把.) <번노 하:68b> 셔피로 ᄒᆞᆫ 바늘통 일빅 낫 大小刀子 대되 일빅 볼 솽가플ᄒᆞᆫ 칼 일빅 낫 잡하의 ᄲᆞᆯ 칼 열 ᄌᆞᄅᆞ 죠히 버힐 ᄀᆞᄂᆞᆫ 칼 열 ᄌᆞᄅᆞ 치마 허리예 출 칼 (斜皮針筒兒一百箇、大小刀子共一百副、雙鞘刀子一十把、雜使刀子一十把、割紙細刀子一十把、裙刀子一十把.) <노언 하:61b> 돈피 셔피 일희 승양이 힌달피 슈달피 청셜모 다람쥐 이리져리 ᄀᆡ여들고 진납비 쉬파람ᄒᆞ고 청기골이 븍질ᄒᆞᆫ다 <춘향-동양 1:17>

【셔하라】 명 ((지리)) 사하라(Sahara)사막. 아프리카 북부의 대부분, 홍해 연안에서 대서양 해안까지 이르는 세계 최대의 사막. (외래어).¶ 또 북편에 기리는 만 리요 광은 삼천 리 되는 셔하라ㅣ란 모릭 밧치 잇고 남편에도 ᄉᆞ면 일천오빅 리 되는 모릭 밧치 잇고 ᄒᆞᆫ가온대는 남북에로 기리가 팔천 리요 <사필1889-헐버트 140> 디경을 의론컨대 북은 디즁히요 동은 홍히요 남은 누비아요 오랑캐 싸하라 셔는 셔하라 모릭밧치며 <사필1889-헐버트 143>

【션지-미돌】 명의 ((도량)) 선지미돌(仙-米突). 센티미터(centimeter). 미터법에 의한 길이의 단위. (외래어).¶ 仙米突 ‖ 션싱님 구람이라 홈은 어디셔 쪼겨닌 것이오닛가ㅣ구람이오 져것은 셥시 사도 증류슈 일립방 션지미돌의 즁량이오 <일선 236>

【셜니빈】 명 ((지리)) 설리번(Sullivan). (외래어).¶ 셜니빈(色利凡 Sullivan) <만국통감1912 11>

【셜아-물】 명 ((동물)) 흰말. 백마(白馬). 흰 바탕에 거뭇한 점이 섞여 있는 말. 중세몽고어 '셜아(siaqa /sirɣa)'의 차용어.¶ 셜아물 (銀褐馬) <역해-주수 하:28a> ▼白馬 ‖ 이 아질게물 악대물 졀다물 공골물 오류마 구렁물 가리운물 셜아물 가라물 츄마물 고라물 쇠ᄂᆞ래브튼물 간쟈물 가라간쟈 ᄉᆞ죡빅 도화잠불물 털청총이 고 뻔 물 아물 삿기 빈 말 골회눈이 ᄀᆞᆯ외는 물 이 ᄆᆞ리 쇠거름 ᄀᆞ티 즈늑즈느기 건는 ᄆᆞ리로다 (這兒馬、騸馬、赤馬、黃馬、鷰色馬、栗色馬、黑鬃馬、白馬、黑馬、鎖羅青馬、土黃馬、繡膊馬、破臉馬、五明馬、桃花馬、青白馬、豁鼻馬、騍馬、懷駒馬、環眼馬、劣馬, 這馬牛行花塔步.) <번노 하:8b, 9a> 이 아질게물 악대물 졀다물 공골물 오류마 구렁물 가리운물 셜아물 가라물 츄마물 고라물 쇠ᄂᆞ래브튼물 간쟈말 가라간쟈ᄉᆞ죡빅이물 도화잠불물 털청총이물 코 뻔 물 암물 삿기 빈 말 골회눈물 ᄀᆞ래는 물 이 물이 쇠거름ᄀᆞᆺ티 즈늑즈늑 것는다 (這兒馬、騸馬、赤馬、黃馬、鷰色馬、栗色馬、黑鬃馬、白馬、黑馬、鎖羅青馬、土黃馬、繡膊馬、破臉馬、五明馬、桃花馬、青白馬、豁鼻馬、騍馬、懷駒馬、環眼馬、劣馬, 這馬牛行花塔步.) <노언 하:8ab> ※ 白色ロ謂之白馬, 白而雜黑毛, 俗謂之雪羅. <성호사설-만물 마형색> ⇒ 빅셜아물, 셔라물, 셜이마

【셜이마】 명 ((동물)) 흰말. 백마(白馬). 흰 바탕에 거뭇한 점이 섞여 있는 말. 중세몽고어 siaqa /sirɣa에서 온 차용어.¶ 셜이마(銀褐馬) <물명-류씨-1 수족> ⇒ 빅셜아물, 셔라물, 셜아물

【셩-반로】 명 ((천주)) 성바오르(聖-). (외래어).¶ 셩반로 말숨을 닉이 싱각ᄒᆞ라 닐ᄋᆞ시디 세월이 져르다 <신명-종향 상:15a> 예수ㅣ 다볼산이라 ᄒᆞᄂᆞᆫ 디셔 뵈실시 좌우에 셩베드루 셩반로 량위 종도ㅣ 뫼셔 셧ᄂᆞᆫ지라 <기해-죠갸오로 51a>

【셩-베드루】 명 ((천주)) 성 베드로(聖 Petrus). 예수의 열두 제자 가운데 제1인자. 예수의 승천 후 예루살렘 교회의 기초를 굳히고 복음 선교에 전력하였으며, 나중에 로마에서 네로의 박해로 순교하였다고 함. (외래어).¶ 또 셩베드루ㅣ 유더아 빅셩을 향ᄒᆞ야 예수를 명살ᄒᆞᆫ 죄를 엄칙ᄒᆞ시니 뎌 무리 듯고 ᄆᆞ옴이 압하ᄒᆞ야 ᄀᆞᆯᄋᆞ디 <신명-통회보쇽 상:30a> 예수ㅣ 다볼산이라 ᄒᆞᄂᆞᆫ 디셔 뵈실시 좌우에 셩베드루 셩반로 량위 종도ㅣ 뫼셔 셧ᄂᆞᆫ지라 <기해-죠갸오로 51a> 안드릐아 셩베드루 형뎨 종도 혼감ᄒᆞ며 <경잡 1916.3.31>

【셩슈】 명 성수(成數). 성색(成色). 순도(純度). (중국어 간접 차용어).¶ 成數 ‖ ᄀᆡ어히 착슈ᄒᆞ여 한 가지 일을 어더 니려 ᄒᆞ여 밧긔 잇셔 몃 ᄀᆡ 쟝인ᄃᆞ려 말ᄒᆞ여 셩슈를 말ᄒᆞ고 (也要插手弄一點事兒, 便在外頭說了幾個工頭, 講了成數.) <홍루 88:40> 내 드ᄅᆞ미 은푸리 사름이 져울을 낫게 달고 셩슈를 평샹ᄒᆞᆫ 거술 내며 변리를 즁히 ᄒᆞ려 ᄒᆞ디 (我聽見說帳行裏只肯四扣, 銀子行平行色, 還要押憑.) <홍부 8:101> 영뫼 은고의 셩쉐 ᄀᆞᆺ지 못ᄒᆞ고 셩식된 것가지 아올나 합긔 오천 팔빅 칠십 구 량이라 (盈字銀庫, 係貯各路不等樣式定件成色銀, 共兌現五千八百七十九兩有零.) <요화 9:94> ⇒ 셩수 ☞ 셩식

【셩-오스딩】 명 ((천주)) 성아오스딩(聖-). (외래어).¶ 셩오스딩이 ᄀᆞᆯᄋᆞ디 텬쥬ㅣ 너 업시 너를 ᄆᆞᄃᆞ라 계시나 너 업시 너를 구ᄒᆞ시든 아니리라 <신명-구령 상:19b>

【셰루】 명 ((복식)) 세루(細縷,) 날실에 두 올 꼰실을 쓰고 씨실에 같은 꼰실 또는 홑실을 써서 빗줄짜임으로 사지와 비슷하게 짠 양복천. 서지. 사지(ザージ)는 'セル地'의 준말. (프랑스어 'serge'의 일본어 차용어).¶ 細縷 ‖ 셰루는 군복에 닙습네다 <교린-재 3:13a> 회식 셰루 치마 ᄎᆞ 일 흑식 셰루 치마 ᄎᆞ 일 흑식 교쥬 능견 치마 ᄎᆞ 일 오식 우단 치마 ᄎᆞ 일 회식 교쥬 양단 치마 ᄎᆞ 일 <물목-3 1938 디발> 흑식 인조 셰루 치마 ᄎᆞ 일 명쥬 옥식 치마 ᄎᆞ 일 명쥬 양청 치마 ᄎᆞ 일 명쥬 분홍 치마 ᄎᆞ 일 분홍 인견 유문 항나 치마 ᄎᆞ 일 <물목-3 1938 디발> 셰루 치마 ᄎᆞ 일 …흑식 셰루 핫바지 ᄎᆞ 일 안ᄶᅧ 옥양목 핫바지 ᄎᆞ 일 안ᄶᅧ <물목-장보-1 디발> 회식 셰루 ᄒᆞ이 일 남식 교쥭 ᄒᆞ이 일 빗츄식 교쥭 ᄒᆞ이 일 양식 교쥭 ᄒᆞ이 일 양회식 교쥭 ᄒᆞ이 일 빗추식 교쥭 ᄒᆞ이 일 회식 조식도 진품 ᄒᆞ이 일 <물목-의암 11:12:27>

청회식 화부다이 치마 ᄎᆞ이 화방쥬 릴늬쓰 치마 ᄎᆞ일 곤식 세루 치마 ᄎᆞ일 미식 교반비 치마 ᄎᆞ일 은식 교반비 치마 ᄎᆞ일 고동식 셰루 치마 ᄎᆞ일 옥식 됴싓 치마 ᄎᆞ일 옥식문 됴싓 치마 ᄎᆞ일 <편시 보너난 물목-문우> ⇒ 세루, 서누, 셔루, 시루, 식루, 싀류

【셰먼도】 명 ((건축)) 시멘트(cement). 건축이나 토목 재료로 쓰는 접합제. (외래어).¶ 셰먼도는 粘土와 石灰石의 混合物을 燒ᄒᆞ야 粉末로 作ᄒᆞᆫ 거시라 <조백1915 582>

【셰비루】 명 ((복식)) 신사복. 남자의 평상 양복. 세비로(せびろ). 영국 런던 고급 양복점 거리 Savile Row를 일본어 'せびろ'로 부르게 된 데에서 유래하였다. (일본어 차용어).¶ 두 사람이 일반으로 셰비루를 입고 운동모ᄌᆞ를 썻습듸다 <쌍옥적 10>

【셰비리아】 명 ((지리)) 시베리아(Siberia). 서비리아(西比利亞). (외래어).¶ 셰비리아 넓은 들에 싄히령시 넙은 덕 갑하보긴 이 써로다 한 억 반 슬라비안 큰 민족은 우리의 가쟝 졍든 친구로다 <신민-구쥬젼당한인군가 1917.9.13> ⇒ 셔비리, 셔비리아, 셔빅리

【셰비아-국】 명 ((지리)) 세르비아(Serbia). 유고슬라비아 사회주의 연방공화국을 구성하는 공화국의 하나. 몬테네그로와 합병하여 신유고슬라비아를 이루었다. 수도는 베오그라드. (외래어).¶ 이스바니아국과 포츄갈국과 쉿슬란드국과 이달리아국과 오스드리아 헝거리국과 루마니아국과 셰비아국과 만트늬그로국과 터키국과 끄리스국이니 나라가 강ᄒᆞ고 군ᄉᆞ가 경ᄒᆞ며 지믈이 만코 지조가 긔이ᄒᆞ며 학업에 경밀ᄒᆞ고 도학에 젼일ᄒᆞ며 <사필1889-헐버트 13> 아라사국과 루마니아국과 셰비아국과 그리스국과 이스바니아국과 포추갈국과 멕스고국과 남아메리까 모든 나라와 일본국이 뎨 이층이오 <사필1889-헐버트 14> ⇒ 셔비아국

【셰살-쿠ᄌᆞ】 명 세살장자(細-). 순도 높은 은(銀)의 하나. (차용어).¶ 셰살쿠ᄌᆞ (細絲) <역해-진보 하:1a>

【셰ᄉᆞ】 명 ((기물)) 세사(細私). 집안 살림에 쓰는 온갖 물건. 세간살이. 살림살이. (중국어 간접 차용어).¶ 셰ᄉᆞ 쇼죠ᄒᆞ다 (淡薄) <한청-빈핍 6:62a> 셰ᄉᆞ 나다, 或云分家. (出舍) <역해-혼취 상:41b> ▼物件 ‖ 판도롤 안고 텽의셔 블을 구경ᄒᆞ더니 모든 사름이 밧긔 와 숨엇다가 안희 블 니러나믈 보고 급히 드러가 셰ᄉᆞ롤 내랴 ᄒᆞ다가 (他捏着兩板刀, 入在堂中, 只叫快活. 這店家同衆人跑跌出門, 躲入暗處, 忽見家中火起, 忙要赶進搶取物件.) <후수 9:7> ▼細軟 ‖ 미츈이 그 은을 글너가지고 졔 집 셰ᄉᆞ롤 다 슈습ᄒᆞ여 쥬부와 한가지로 회츈의 집의 가 은을 난호고 셕 냥 은ᄌᆞᄂᆞᆫ 쥬부롤 쥬고 밤으로 비롤 타고 화쥬로 가니라 (媚春解下他腰間銀子, 收拾細軟衣飾, 先上轎去了, 其餘粗重家伙盡皆棄下. 隨後韓回春與保兒反閉大門, 徑往韓回春家裏, 和媚春將銀子兩下均分, 另取三兩散碎的賞與湯保, 乘夜雇船渡江, 往和州而去.) <선진 5:4> ▼家私 ‖ 네 아자비 된 이 너히 셰ᄉᆞ롤 앗고 너롤 핍박ᄒᆞ야 츌가ᄒᆞ라 ᄒᆞᄂᆞᆫ 줄이 아니라 아돌을 나하 안해롤 엇고 ᄯᆞᆯ을 나하 사회롤 마ᄌᆞ미 텬디간 녜시라 (非是做叔叔的把兄弟來占奪你們的家私, 畢竟逼你出嫁, 但生男娶妻, 生女招婿, 乃天地間一定不易之禮.) <성풍 3:4> ▼家伙 ‖ 쳐ᄌᆞ로 더브러 밤이 새도록 셰ᄉᆞ롤 옴겨 형의 집의 가셔 동산재 가지고 구경ᄒᆞᆯ 일을 의논ᄒᆞ고 (算計要把家伙搬過去, 造化住一所大房子, 又受用一座大花園.) <성풍 4:48> ▼家業 ‖ 인간의 졍실이란 거ᄉᆞᆫ 용모롤 볼 거시 아녀 다만 어딘 덕이 ᄀᆞ자 셰ᄉᆞ롤 잘 다ᄉᆞ려 의복과 음식을 쥬ᄒᆞᆯ ᄯᆞ롬이니 (人家結髮夫妻, 原不消才貌, 只要中饋賢能把持家業.) <성풍 6:6> ▼家事 ‖ 보살이 므슴 셰ᄉᆞ읫 거술 믿ᄃᆞ르시노라 장엄도 아니ᄒᆞ고 넌ᄃᆡ도 ᄇᆞ리고 뎌리 상탁ᄒᆞ고 계셔대 ᄶᅩᆺ그시ᄂᆞ뇨 (菩薩今日又重置家事哩. 怎麽不坐蓮臺, 不粧飾, 不喜歡, 在林裏削篾做甚?) <서유-연세 7:48> 완평슈 집으로 가고 셰ᄉᆞᄂᆞᆫ 고양 딕으로 옴겨다가 두엇다 ᄒᆞ니 더 든든ᄒᆞ여 됴토다 아직 싀집의 잇다 ᄒᆞ니 서르 위로나 ᄒᆞ여 디낼 거시니 가지가지 깃버ᄒᆞ노라 <숙휘-18 1653-74 인선왕후(어머니) ↓숙휘공주(딸)> 션싱의 문하 뎨ᄌᆞ 즁의 쇼싱과 호힝고ᄂᆞᆫ 심히 가난ᄒᆞ고 요시 형뎨ᄂᆞᆫ 셰시 비록 풍족ᄒᆞ나 심히 더러오니 구궁ᄒᆞ기 어렵거니와 <형세 3:42> 월이쇼셥의 싱시의 집안 지물 셰ᄉᆞ롤 다 업시ᄒᆞ여 가계 젹빈ᄒᆞ던 ᄎᆞ의 ᄯᅩ 살인의 드니 약간 남은 거술 관쇽의 무리 다 노략ᄒᆞ여 가고 ᄯᅩ 셥을 안법ᄒᆞ여 죽이니 <윤하 72:7> 소시 더옥 망극ᄒᆞ여 그런 포악이 다 스러디고 가슴을 피나게 허위며 귀밋출 줘여쓰드니 향미ᄂᆞᆫ 술기를 도모코져 졔 방의 도라가 셰ᄉᆞ를 슈습ᄒᆞ여 도망코져 ᄒᆞ더니 한시긔 잡히인 비 되다 <임화 50:33> 현뎨야 네 경ᄉᆞ의 완 디 이십년이니 모든 셰ᄉᆞᄂᆞᆫ 언마나 ᄒᆞ고 일년의 엇ᄂᆞᆫ 니뎐은 언머나 ᄒᆞ더뇨 <천생 1:58a>

【셰야만】 명 ((지리)) 노르웨이(Norway). 스칸디나비아 반도 서부에 있는 나라. 1905년에 스웨덴에서 독립하였다. (외래어).¶ 셰야만 (日耳曼) <환중대구장상육주-화봉 19후반>

【셰툐】 명 ((복식)) 세조(細條). 가늘게 땋은 띠. '툐(條, tāor)'는 중국어 직접 차용어.¶ 셰툣 토, 俗呼"條兒". 細條曰"呂公條". 總稱"繫腰". (條) <훈몽-복식 중:11b /23b> 條兒 ‖ 감차할 련ᄃᆡ 일빅 됴 ᄌᆞᄃᆡ 셰툐 일빅 됴 (茶褐鑾帶一百條, 紫條兒一百條.) <번노 하:69a> ☞ 툐ᄋᆞ

【셱쓰비어】 명 ((인명)) 윌리엄 셰익스피어(William Shakespeare, 1564~1616). 영국의 극작가, 시인. 인간 세계의 희극, 비극을 그려 많은 명작을 남겼다. (외래어).¶ 셱쓰비어, 沙斯皮耳 Shakespeare <만국통감1912 11> 영국에 소지 셱쓰비어가 희롱ᄒᆞᄂᆞᆫ 글을 잘 지어 슬프고 즐거온 감각을 니르키지 아님이 업섯ᄂᆞᆫ디 <만국통감1912 4, 44>

【센지-리돌】 명의 ((도량)) 센티리터(centiliter). 미터법에 의한 부피의 단위. 1센티리터는 1리터의 100분의 1. 기

호는 cl. (외래어).¶ 센지리돌 <조백-용량1915 562> ☞ 리돌, 기로리돌, 미리리돌

【센지-메돌】 명의 ((도량)) 센티미터(centimeter). 미터법에 의한 길이의 단위. 1센티미터는 1미터의 100분의 1. (외래어).¶ 미리메돌 <조백-척도1915 557> ⇒ 센지메들 ☞ 미리메돌, 메돌, 기로메돌, 미리아메돌

【센지-쑤라무】 명의 ((도량)) 센티그램(瓱センチグラム centigram). 미터법에 의한 무게의 단위. 1센티그램은 1그램의 100분의 1이고, 1밀리그램의 열 배이다. 기호는 cg. (외래어).¶ 센지쑤라무 <조백-척도1915 559> ⇒ 센지쑤람

【셋또】 명 세트(セットset). (일본어 차용어).¶ 구라부 화장식 셋또 일조 풍조 삿ㅈ ㅔㅇ 반타 후루찡이래 구래무이리 일기 싸후이리 삼기 미화문 십기 <물목-금요-2 1936 빅명쥬>

【소다】 명 ((음식)) 소다(soda). 나트륨과 화합하여 된 염. 탄산소다, 가성소다 따위. (외래어).¶ 소다 <법한 1297> 소다 五봉 一兩三錢五分 시구빈누 一甲 一兩四錢五分 <장기-송화선 1910.12.1> 소다 十봉 二兩七錢 <장기-송화선 1911.12.□8> 돌고기 가셔 느이 삼촌게 체징 말을 ᄒᆞ니가 느이 삼촌 말삼이 층중 이싱원도 봄벗틈 체중으로 욕을 보다가 약방 약을 머리도 쓸더업서서 소다로 나셧다고 하며 중병 드르니가 소다로 완인되니가 자기 친구라고 하더란다 <모-한고1930년경 ↓자식> 소다 ½쇼슈가락 (이것은 꼭 너을 것) 일년감과 소다를 함끠 15분 동안 삶아서 체 밧고 우유를 끌여셔 거긔 셕고 소곰과 호쵸가루를 셕거셔 곳 먹을 것 <서요 3> 2개 우유 2잔 감자 (써러 설 삶은 것) 2잔 소다 ½ 쇼슈가락 흰밥 2잔 당근 (점이고 설 삶은 것) 1잔 긴콩 (삶은 것) 2잔 일년감 (삶은 것) 2잔 옥슈슈 1잔 <서요 14>

【소돔-셩】 명 ((지리)) ((기독)) 소돔성(Sodom城). 구약성경 창세기에 나오는 팔레스타인 사해(死海) 근방의 한 도시. 성적 퇴폐로 인하여 하나님의 노여움을 사서 고모라, 스보임, 아드마, 벨라 등과 함께 불과 유황의 비가 내려서 멸망하였다고 한다. (외래어).¶ 내가 네게 닐ᄋᆞ노니 이후 심판ᄒᆞ는 날에 넷시디 소돔셩의 임의 밧은 즁ᄒᆞᆫ 벌을 너희 쟝ᄎᆞᆺ 밧을 벌과 비교ᄒᆞ야 보량이면 오히려 경ᄒᆞ리라 <연경-져주가 37> ⇒ 서돔셩

【소라다】 명 ((지리)) 소라타(Sorata). 남아메리카 볼리비아 서부, 안데스 산맥 가운데에 있는 산. 티티카카 호의 동쪽에 있으며 산꼭대기에 빙하가 있다. (외래어).¶ 디형을 의론컨대 동북에는 큰 들이오 셔남에는 읜듸스산이 련면ᄒᆞ니 소라다와 일이만이란 놉흔 산이 잇고 ᄯᅩ 사하마ㅣ란 큰 화산이 잇고 ᄯᅩ 읜듸산ㅅ 속에 큰 들이 잇고 그 들 가온대 올나가스ㅣ란 큰 못시 잇스며 <사필1889-헐버트 132>

【소라-ᄉᆡᆨ】 명 ((색채)) 소라색(空色). 하늘색. '소라(空色, そら)'는 일본어 차용어.¶ 소라ᄉᆡᆨ 별문ᄉᆞ 치마 ᄎᆞ ᄌᆞ쥬 바린슈 치마 ᄎᆞ 빗초ᄉᆡᆨ 단ᄇᆡᆨ이 치마 ᄎᆞ 양회ᄉᆡᆨ 죠신도 치마 ᄎᆞ 늦동 양청 치마 미슈 흑ᄉᆡᆨ 인죠 치마 ᄎᆞ <물목-경고-3 진분홍> 소라ᄉᆡᆨ 노방쥬 겹져구리 ᄎᆞ 일 옥양목 겹져구리 ᄎᆞ 일 당목 겸젹삼 ᄎᆞ 일 비로 능쥬 겹젹삼 ᄎᆞ 일 유문 노방쥬 젹삼 ᄎᆞ 셋 쥬황ᄂᆞ 젹삼 ᄎᆞ 일 … 소라ᄉᆡᆨ 은쥬ᄉᆞ 젹삼 ᄎᆞ 이 <물목-아모레 1941> 소라ᄉᆡᆨ 명쥬 저고리 ᄎᆞ 일 …소라ᄉᆡᆨ 치마 ᄎᆞ 일 시마지 치마 ᄎᆞ 일 언ᄉᆡᆨ 속치마 ᄎᆞ 일 <물목-진명-1 1952 유록모번단> 소라ᄉᆡᆨ 바린슈 치마 ᄎᆞ 조시ᄯᅩ 판ᄇᆡᆨ이 치마 ᄎᆞ 노방쥬 치마 ᄎᆞ …소라ᄉᆡᆨ 판ᄇᆡᆨ이 바지 ᄎᆞ 미ᄉᆡᆨ 판ᄇᆡᆨ이 바지 <물목1954 한옥선108-122>

【소마리】 명 ((지리)) 소말리아(Somalia). 아프리카 대륙의 북동부에 있는 공화국. 1960년에 영국령 소말릴란드와 이탈리아령 소말리아가 합병하여 독립하였다. (외래어).¶ 아프리가 동편 히변에 누비아와 슈단과 아베시니아와 [이다리아국이 엇기를 시작] 소마리와 짤라와 몸바사와 [영국이 엇기를 시작] 산긔바와 [덕국이 엇기를 시작] 모삼빅과 소팔라ㅣ란 [포츄갈국이 엇기를 시작] 여러 짜히 잇스니 <사필1889-헐버트 151>

【소바】 명 ((음식)) 소바(蕎麥). 메밀 국수. '소바(蕎麥, そば)'는 일본어 직접 차용어.¶ 형사과장은 덴뿌라 소바 두 그릇을 시켜왓다. <현진건, 황원행1929 96>

【소부리】 명 ((기물)) 안장(鞍裝). 말, 나귀 따위의 등에 얹어서 사람이 타기에 편리하도록 만든 도구. (만주어 '소보로(soforo)'의 차용어). 사오리> 소부리.¶ 소부리 (鞍座兒) <동해-안비 하:19b> <몽해-안비 하:15a> 소부리 (護屁股) <역보-안비 46a> 소부리 (鞍座子) <방석-안비 4:6b> ⇒ 사오리, 사오이, 쇠부리

【소사문】 명 ((인류)) 소시문(小厮們). (중국어 간접 차용어).¶ 小厮們 ‖ 얏구나 너 이 소사문이 경남경북을 아지 못하고 다뭇 막으로 말하여 너의은 공연이 우리긔 남기려 왓너니 (嗳呀, 你這个小厮們不知正南正北, 只惱胡說. 你們是白增我們來咧!) <기착-육당 15a> ⇒ 소시문

【소시문】 명 ((인류)) 소시문(小厮們). (중국어 간접 차용어).¶ 小拭們 ‖ 긱린덜아 동촌 소시문이 밧긔 닥 가져와시니 너의 각인이 ᄉᆞ러가거라 (客人們, 東村子小拭們外頭揹鷄來咧, 你們各人買去罷.) <기착-육당 13b> ⇒ 소사문

【소ᄧᅡ】 명 ((기물)) 소파(sofa). 팔걸이와 등걸이가 있는 길고 푹신한 의자. (외래어).¶ 소ᄧᅡ에 기대 안저서 <염상섭, 제야1922 2:57>

【소지】 대 소지(小的). 소인(小人). 신분이 낮은 사람이 신분이 높은 사람을 상대하여 자신을 낮추어 이르던 말. '(的, de> di)'는 중국어 직접 차용어.¶ 금일에 능히 강을 건너지 못ᄒᆞ고 션상에셔 ᄌᆞ지 아니치 못ᄒᆞᆯ지라 소지 가마니 헤건ᄃᆡ 강에 다니ᄂᆞᆫ ᄇᆡ에 엇지 이러ᄒᆞᆫ 다슈ᄒᆞᆫ 식물이 잇시리오 아마도 조흔 ᄇᆡ 아닌가 져허ᄒᆞ노니 (諒不能過江, 少不得船上歇宿. 小的細想, 過江之船那裡有這些的套數, 恐非好船.) <녹모 3:51> 소지 보온즉

다 변변치 아닌 ᄉᆞ룸 십슈 긔니 우리 쥬복이 또ᄒᆞᆫ 져를 두릴 거시 아니나 군ᄌᆞᄂᆞᆫ 불의를 방비ᄒᆞᄂᆞ니 미리 착념치 아니치 못ᄒᆞᆯ 거시니라 (小的看他共有十數個騷人, 我主僕亦不嫌他. 只是君子防人, 不得不煩預爲存神.) <녹모 3:52> 소지 임의 긔관을 아ᄅᆞ시니 다시 낭ᄌᆞ의 셔간를 가져 왕니ᄒᆞᆯ가 ᄒᆞᄂᆞ이다 <옥루몽> 동챵 셔싱이 의회이 밝가거ᄂᆞᆯ 챵두을 불너 셔간과 은ᄌᆞ 빅양를 쥬어 지삼 부탁ᄒᆞ야 슈이 단녀오기을 분부ᄒᆞ며 누물리 영영ᄒᆞ거ᄂᆞᆯ 챵뒤 괴이히 역녀 위로 왈 소지 맛당이 쌀니 도라와 공ᄌᆞ의 평안ᄒᆞ신 소식을 아르시게 ᄒᆞᆯ지니 낭ᄌᆞᄂᆞᆫ 슬허 마르소셔 ᄒᆞ고 하즉 후 황셩으로 가니라 <옥루몽> ⇒ 쇼덕, 쇼디, 쇼적, 쇼지

【소천】 명 ((기물)) 소전(小錢). 중국 청대에 쓰던 황동으로 만든 작은 돈. '천(錢, qián)'은 중국어 직접 차용어.¶ 또 ᄒᆞᆫ 놈 검은 소쳔 슈십 기를 모하노코 부ᄌᆞᆨᄒᆞ고 뒤집으니 노라ᄒᆞᆫ 금젼인ᄃᆡ 이리져리 뒤집으면 모도 다 금빗치라 <연행-무자> 온갓 술이 다 잇시되 소쥬가 쥬쟝인ᄃᆡ 빅소쥬는 횟맛 잇고 ᄒᆞᆫ 잔의 소쳔 오푼 홍소쥬는 오가피쥬 감녈ᄒᆞ니 칠푼이오 포도쥬는 파르스러 그 ᄒᆞᆫ 잔의 두 돈이오 <연행-무자>

【소팔라】 명 ((지리)) 소팔라(Sofala). 모잠비크 중부에 위치한 주로, 주도는 베이라. 주 이름은 무타파 제국 시대에 있었던 옛 항구 도시인 소팔라에서 유래된 이름이다. (외래어).¶ 아프리가 동편 히변에 누비아와 슈단과 아베시니아와 [이다리아국이 엇기를 시작] 소마리와 쌀라와 몸바사와 [영국이 엇기를 시작] 산긔바와 [덕국이 엇기를 시작] 모삼빅과 소팔라ㅣ란 [포츄갈국이 엇기를 시작] 여러 싸히 잇스니 <사필1889-헐버트 151>

【소홰-하-】 동 소괴(笑壞). 우습게 만들다. '홰(壞, huài)'는 중국어 직접 차용어.¶ 笑壞 ‖ 가이 압갓다 척 죽은 후의 만일 안된 ᄌᆞ손덜리 이셔 외입한넌 것도 잇고 돈 녹기넌 것도 잇고 술 먹고 잡즛하넌 것도 이스니 졔가 의ᄃᆡ로 막 써되 다른 ᄉᆞ람이 소홰하믈 져어치 아니ᄒᆞ고 (可惜了一死以後, 若有渾摋的子孫們有表的、有化錢的、有哈惱的, 從邊胡使, 不怕別人的笑壞.) <기착-육당 하:50b>

【속-샤쓰】 명 ((복식)) 속셔츠(-shirts). 양복 속에 받쳐 입는 서양식 윗옷. (외래어).¶ 속샤쓰는 핏투성이가 되어 <염상섭, 그 초기1948 98>

【솔】 명 ((군사)) 활터의 무명 과녁. '솔(sur)'은 중세몽고어 차용어.¶ 帿 ‖ 솔 후, 帿, 俗呼"布棚". <훈몽-규장 중: 14a /28b> 솔 후 (帿) <음첩a 78b> <음첩c 62b> 솔 (布棚) <몽유-장흔 상:11b> 솔 (布棚把子) <역해-교열 상:20b> ▼的 ‖ 내 平ᄒᆞᆫ 肩輿롤 뒷노니 앏길히 활 소ᄂᆞᆫ 솔 봄 ᄀᆞᄐᆞ니라 (我有平肩輿, 前途猶準的.) <두시-초 19:29b> 솔 쏘다 (射垜子) <역해-교열 상:20b> 소롤 헐에 소문 네로브터 오는 이리니 몬져 가매 뉘 구틔여 ᄃᆞ토리오 (破的由來事, 先鋒孰敢爭.) <두시-초 19:16b> 또 활소기 비호리 처엄 활 살 자바 곧 소래 쁘들 보내오 親ᄒᆞ며 비을며 멀며 갓가온 ᄆᆞᄃᆡ롤 짓디 아니ᄒᆞᄂᆞ니 그러나 千百日에 億萬 사롤 소아ᅀᅡ 漸漸 갓가와 百發百中에 니르롬 ᄀᆞᆮᄒᆞ니라 (又如學射, 初把弓矢, 便註意在的, 不故作親疎遠近節級, 然不免經千百日射億萬箭, 方漸漸近乃至百發百中.) <원각 상1-1:113a> ▼準的 ‖ 내 平ᄒᆞᆫ 肩輿롤 뒷노니 앏길히 활 소ᄂᆞᆫ 솔 봄 ᄀᆞᄐᆞ니라 (我有平肩輿, 前途猶準的.) <두시-초 19:29b> ▼垜子 ‖ 이리 치우니 우리 먼 솔 노하 두고 쏘아 ᄒᆞᆫ 양 던져 우리 여슷 사ᄅᆞ미 세 젼동 살로 유여히 쏘리로다 뎌녀기 몬져 쏘라 (似這般冷時, 咱們遠垜子放着射, 賭一箇羊, 咱們六箇人, 三㭰兒箭, 勾射了, 那邊先射過來.) <번노 하:36b> 이리 치우니 우리 멀리 솔 티고 쏘아 ᄒᆞᆫ 양을 던으쟈 우리 여슷 사ᄅᆞᆷ이 세 젼동 살로 유여히 쏘리로다 뎌 편이 몬져 쏘라 (似這般冷時, 咱們遠垜子放着射, 賭一箇羊, 咱們六箇人, 三㭰兒箭, 勾射了, 那邊先射過來.) <노언 하:33a> 帿 ‖ 솔은 경심 공부오매 ᄆᆞ음을 졍히 ᄒᆞ면[멘] 잘 맛ᄂᆞ니라 <교린-묘 3:44b>

【솔노몬】 명 ((인명)) 솔로몬(Solomon). 이스라엘 왕국 제3대 왕. 지혜의 왕으로도 유명하여, 뛰어난 지혜를 솔로몬의 지혜라고 비유적으로 이르기도 한다. (외래어).¶ 녯적 솔노몬이라 ᄒᆞᄂᆞᆫ 님군의 말숨이 쟝녀로 인ᄒᆞ야 사ᄅᆞᆷ이 다만 ᄒᆞᆫ 덩이 쩍만 놈어 잇고 또 음란ᄒᆞᆫ 계집이 귀ᄒᆞᆫ 싱명을 산양ᄒᆞᄂᆞ니 사ᄅᆞᆷ이 불을 품에 품으면 엇지 그 옷이 ᄐᆞ지 아니ᄒᆞ며 사ᄅᆞᆷ이 숫불을 붋으면 엇지 그 발이 데지 아니 ᄒᆞ겟ᄂᆞ냐 ᄒᆞ여숩ᄂᆞ이다 <경세종 37> 유대왕 솔노몬의 지극ᄒᆞᆫ 영화로도 화려ᄒᆞᆫ 그 의복이 빅합화만 못ᄒᆞ엿다 적게 밋는 무리들아 오ᄂᆞᆯ 잇다 붉는 날에 아궁이에 던질 풀도 하ᄂᆞ님 아바지가 아름답게 ᄒᆞ시거든 ᄒᆞ믈며 너희이랴 <연경-교훈가 98> ᄆᆞ지막 심판날에 요나의 젼도 듯고 회기ᄒᆞᆫ 니 늬웨며 싸굿헤셔 올나와셔 솔노몬의 쳘언 듯고 춤신을 분명히 안 남방 녀왕 니러나셔 이 셰ᄃᆡ 사ᄅᆞᆷ들의 죄를 심판ᄒᆞ겟거든 <연경-롱아귀축출가 41> ⇒ 사로몬, 살노몬, 솔노문

【솔노몬-왕】 명 ((인명)) 솔로몬왕(Solomon王). B.C.10세기 중반에 활동한 다윗의 아들이자 계승자. 이스라엘의 가장 위대한 왕으로 간주됨. 현인과 시인으로도 명성을 얻었음. 전통적으로 <아가>의 자자로 간주되며, «잠언»에는 그가 쓴 것으로 간주되는 격언과 교훈이 있음. (외래어).¶ 솔노몬왕이 무숨 됴흔 일을 각 사ᄅᆞᆷ의게 권쟝ᄒᆞ엿ᄂᆞ뇨 <오빅문답 52>

【솔노문】 명 ((인명)) 솔로몬(Solomon). B.C.10세기 중반에 활동한 다윗의 아들이자 계승자. 이스라엘의 가장 위대한 왕으로 간주됨. 현인과 시인으로도 명성을 얻었음. 전통적으로 <아가>의 자자로 간주되며, «잠언»에는 그가 쓴 것으로 간주되는 격언과 교훈이 있음. (외래어).¶ 솔노문의 닙은 옷시 이 굿만 못ᄒᆞ엿네 <그리스도회보 1901.6.27> ⇒ 사로몬, 살노몬, 솔노몬

【솨ᄌᆞ】 명 ((기물)) 쇄자(刷子). 긁게. '솨(刷, shuā)'는 중

국어 직접 차용어.¶ 솨ᄌᆞ 솨, 俗呼"帽刷"、"靴刷", 又"刷箒", 所以刷器具者. (刷) <훈몽-기명 중:7b /14b> ⇒ 사자, 사쟈, 사지, 사ᄌᆞ, 샤ᄌᆞ

【솬】 명 ((건축)) '산(閂)'. 빗장. 문을 닫고 가로질러 잠그는 막대기나 쇠장대. '솬(閂, shuān)'은 중국어 직접 차용어.¶ 扊扅 ‖ 셤이, 戶牡, 俗訓빗쟝, 謂其橫關之杖也. 閂솬, 一作[槅$哀]、楗건. <명물-궁실 3:3b>

【솽-가플】 명 ((군기)) 겹으로 된 칼집. '솽(雙, shuāng)'은 중국어 직접 차용어.¶ 雙鞘 ‖ 大小刀子 대되 일가 볼 솽가플 ᄒᆞᆫ 칼 일빅 낫 잡하의 ᄡᆞᆯ 칼 열 ᄌᆞᄅᆞ 죠히 버힐 ᄀᆞᄂᆞᆫ 칼 열 ᄌᆞᄅᆞ 치마 허리예 촐 칼 열 ᄌᆞᄅᆞ (大小刀子共一百副、雙鞘刀子一十把、雜使刀子一十把、割紙細刀子一十把、裙刀子一十把.) <노언 하:61b> ⇒ 솽가플

【솽뉵】 명 ((민속)) 쌍륙(雙陸). 놀이의 하나. 여러 사람이 편을 갈라 차례로 두 개의 주사위를 던져서 나오는 사위대로 말을 써서 먼저 궁에 들여보내는 놀이이다. '솽(雙, shuāng)'은 중국어 직접 차용어.¶ 雙陸 ‖ 뎌 ᄒᆞᆫ 날 李指揮 집의셔 솽뉵 틸 적의 王千戶ㅣ 뒤흐로셔 와 내 ᄒᆞᆫ ᄌᆞᄅᆞ 칼을 ᄲᅢ히고 (那一日李指揮家裏, 打雙陸時節, 王千戶打背後來, 扯了我一把刀兒.) <박언 중:46b> ⇒ 솽뉵, 솽륙

【솽불-쥐-】 명 ((민속)) 먹국. 주먹 속에 쥔 물건의 수효를 알아맞히다. '솽(雙, shuāng)'은 중국어 직접 차용어.¶ 솽불쥐다 (拿錢) <역해-기희 하:23b> ⇒ 솽불쥐-

【솽뉵-티-】 명 쌍육(雙陸)치다. '솽(雙, shuāng)'은 중국어 직접 차용어.¶ 打雙六/打雙陸 ‖ 뎌 ᄒᆞᆫ 날 李指揮 집의셔 솽뉵 틸 적의 王千戶ㅣ 뒤흐로셔 와 내 ᄒᆞᆫ ᄌᆞᄅᆞ 칼을 ᄲᅢ히고 (那一日李指揮家裏, 打雙六/打雙陸時節, 王千戶打背後來, 扯了我一把刀兒.) <박언 중:46b>

【솽슈】 명 ((신체)) 쌍수(雙手). 두 손. '솽(雙, shuāng)'은 중국어 직접 차용어.¶ 샤옥셤셤 솽슈ㅅ길헤 샤옥셤셤 솽슈ㅅ길헤 위 휴슈동유ㅅ경 긔 엇더ᄒᆞ니잇고 <악사-한림별곡> ⇒ 솽슈

【솽화】 명 ((음식)) 상화(霜花, 雙花, shuānghuā). 만두(饅頭). 밀가루 따위를 반죽하여 소를 넣어 빚은 음식. 삶거나 찌거나 기름에 튀겨 만드는데, 떡국에 넣기도 하고 국을 만들어 먹기도 한다. (중국어 직접 차용어).¶ 솽화뎜에 솽화 사라 가고신던 휘휘아비 내 손모글 주여이다 이 말솜미 이 뎜 밧긔 나명 들명 다로러거디러 죠고맛감 삿기 광대 네 마리라 호리라 <악사-쌍화점> ⇒ 상화, 샹화, 샹화, 향화 ☞ 낭화, 만두, 밀것, 방쩍

【솽화뎜】 명 ((상업)) 상화점(雙花店). 만두가게. (雙, shuāng)'은 중국어 직접 차용어.¶ 솽화뎜에 솽화 사라 가고신던 휘휘아비 내 손모글 주여이다 <악사-쌍화점>

【솽】 명의 쌍(雙, shuāng). 둘씩 짝을 이룬 것을 세는 단위. (중국어 직접 차용어).¶ 對 ‖ ᄒᆞᆫ 솽 귀엿골회와 ᄒᆞᆫ 솽 풀쇠다가 호리라 (把一對八珠環兒, 一對釧兒.) <번박 상:20a> ᄒᆞᆫ 솽 명록비체 비단으로 ᄉᆞ계곳 슈질ᄒᆞᆫ 후시ᄅᆞᆯ ᄆᆡ엿고 (絟着一對明綠綉四季花護膝.) <번박 상:29a> 내 두 솽 새훠를다가 다 ᄃᆞ녀 히야ᄇᆞ리과라 (把我的兩對新靴子, 都走破了.) <번박 상:35a> ᄒᆞᆫ 솽 후시 ᄆᆡᆼᄀᆞ로매 슈공 혜디 아니코도 대엿 돈은 곳 업스면 ᄆᆡ ᄡᆞ며 내디 몯ᄒᆞ리라 (做一對護膝, 不筭功錢時, 沒有五六錢銀子, 結裹不出來.) <번박 상:48a> ※ 雙 ‖ 數업슨 존자리ᄂᆞᆫ ᄀᆞᄌᆞ기 오ᄅᆞᄂᆞ리거늘 ᄒᆞᆫ 雙ㅅ 믌돌ᄀᆞᆫ 相對ᄒᆞ야 ᄌᆞᄆᆞ락 ᄠᅳ락 ᄒᆞᄂᆞ다 (無數蜻蜓齊上下, 一雙鸂鶒對沉浮.) <두시-초 7:2a> 樽엣 수를 서르 니ᅀᅥ 더으노니 몰애옛 ᄀᆞᆯ며기ᄂᆞᆫ ᄒᆞᆫ 雙이 ᄀᆞᆯ와 안잿도다 (樽蟻添相續, 沙鷗竝一雙 .) <두시-초 15:53a> 侍從ᄒᆞᄂᆞᆫ 臣下ᄂᆞᆫ 宋玉과 ᄒᆞᆫ 雙이오 사호맷 謀策은 穰苴ㅣ 둘히로다 (侍臣雙 宋玉, 戰策兩穰苴.) <두시-초 20:34a> 믄드시 捕虜將軍의 雙이오 스스로 이 ᄒᆞᆫ 嫖姚ㅣ로다 (居然雙 捕虜, 自是一嫖姚.) <두시-초 20:53a> 暴亂ᄋᆞᆯ 禁止ᄒᆞ야 安靖호미 雙이 업스니 싁싁ᄒᆞᆫ 氣運ᄋᆞᆫ 보ᄆᆡ도 서늘ᄒᆞ도다 (禁暴靖無雙 , 爽氣春淅瀝.) <두시-초 24:14a>

【솽-가풀】 명 쌍꺼풀. '솽(雙, shuāng)'은 중국어 직접 차용어.¶ 雙鞘 ‖ 굴근 하근 갈 뫼화 일빅 볼 솽가풀 ᄒᆞᆫ 갈 열 ᄌᆞᄅᆞ 이러더러 ᄒᆞᆫ보로 ᄡᆞᆯ 갈 열 ᄌᆞᄅᆞ 죠히 버힐 ᄀᆞᄂᆞᆫ 갈 열 ᄌᆞᄅᆞ (大小刀子共一百副、雙鞘刀子一十把、雜使刀子一十把、割紙細刀子一十把、裙刀子一十把.) <번노 하:68b> ⇒ 솽가플

【솽곡】 명 ((조류)) 쌍작(雙鵲). '솽(雙, shuāng)'은 중국어 직접 차용어.¶ ※ 雙鵲 ‖ 雙鵲이 ᄒᆞᆫ 사래 디니 曠世奇事ᄅᆞᆯ 北人이 稱頌ᄒᆞᅀᆞᄫᆞ니 (雙 彼雙鵲墮於一縱, 曠世奇事北人稱頌.) <용가 4:9b>

【솽뉵】 명 ((민속)) 쌍륙(雙陸). 놀이의 하나. 여러 사람이 편을 갈라 차례로 두 개의 주사위를 던져서 나오는 사위대로 말을 써서 먼저 궁에 들여보내는 놀이. 또는 그 말. '솽(雙, shuāng)'은 중국어 직접 차용어.¶ ※ 博 ‖ 咸陽ㅅ 客舍애 ᄒᆞᆫ 일도 업거늘 서르 다ᄆᆞᆺᄒᆞ야 雙陸ᄋᆞ로 歡娛ᄅᆞᆯ ᄒᆞ노라 (咸陽客舍一事無, 相與博塞爲歡娛.) <두시-초 11:39b> ⇒ 솽뉵, 솽륙

【솽륙】 명 ((민속)) 쌍륙(雙陸). 놀이의 하나. 여러 사람이 편을 갈라 차례로 두 개의 주사위를 던져서 나오는 사위대로 말을 써서 먼저 궁에 들여보내는 놀이. 또는 그 말. '솽(雙, shuāng)'은 중국어 직접 차용어.¶ 솽륙 (簙) <초자 5a> 世間앳 利와 어즈러운 빗난 것과 소리와 지조와 노뇨ᄆᆞ로 博奕奇玩애 니르리 [博은 솽륙이오 奕은 바독이오 奇玩은 그림트렛 지죄라] 淡然히 [淡은 열울시라] 즐기논 배 업더라 (於世利紛華聲伎遊宴, 以至於博奕奇玩, 淡然無所好.) <내훈 1:28b> ▼雙六 ‖ 연장 다ᄉᆺ 드려 ᄆᆡᆼᄀᆞᆫ 갈 열 볼 쟝긔 열 부 바독 열 부 솽륙 열 부 감차할 련더 일빅 됴 ᄌᆞ디 세툐 일빅 됴 닫개ᄒᆞᆫ ᄂᆞᄆᆞᆺ 일빅 낫 (五事兒十副、象棊十副、大碁十副、雙六十副、茶褐欒帶一百條、紫條兒一百條、壓口荷包一百箇.) <번노 하:68b> 연장 다ᄉᆺ 드려 ᄆᆡᆼ근 칼 열 볼 쟝긔 열 부 바독 열 부 솽륙 열 부 감찰 아롱ᄃᆡᄌᆞ 일빅 오리 ᄌᆞ디

됴ᄋᆞ 일빅 오리 닷개ᄒᆞᆫ ᄂᆞᄆᆞᆺ 일빅 낫 (五事兒十副、象棊十副、大碁十副、雙六十副、茶褐欒帶一百條、紫條兒一百條、壓口荷包一百箇.) <노언 하:62a> ⇒ 솽뉵, 솽뉵

【솽솽】 명 쌍쌍(雙雙, shuāngshuāng). 둘 이상의 쌍. (중국어 직접 차용어).¶ 雙雙兒 ‖ 각 앏 믈 우희 제 ᄆᆞᅀᆞ모로셔 즐기ᄂᆞᆫ 거슨 이 솽솽인 원앙과 믓 가온ᄃᆡ ᄠᅥ오ᄅᆞ며 ᄠᅥᄂᆞ리ᄂᆞ니ᄂᆞᆫ 이 솽솽인 올히오 (閣前水面上自在快活的, 是對對兒鴛鴦, 湖心中浮上浮下的, 是雙雙兒鴨子.) <번박 상:70a> ▼對對兒 ‖ 각 앏 믈 우희 제 ᄆᆞᅀᆞ모로셔 즐기ᄂᆞᆫ 거슨 이 솽솽인 원앙과 (閣前水面上自在快活的, 是對對兒鴛鴦.) <번박 상:70a>

【솽솽-이】 부 쌍쌍(雙雙, shuāngshuāng)이. (중국어 직접 차용어).¶ ※ 雙 ‖ 輦 알ᄑᆡᆺ 才人이 화사롤 차시니 ᄒᆡᆫ ᄆᆞ리 黃金 굴에를 너흐러든 모몰 드위여 하ᄂᆞᆯᄒᆞᆯ 向ᄒᆞ야 울워러 구루메 소니 ᄒᆞᆫ 사래 雙雙이 ᄂᆞᄂᆞᆫ ᄂᆞᆯ개 正히 ᄠᅥ러디더라 (輦前才人帶弓箭, 白馬嚼齧黃金勒, 翻身向天仰射雲, 一箭正墜雙飛翼.) <두시-초 11:16a> 掌中엣 琥珀 잔ᄋᆞ로 行酒호몰 雙雙이 휫도로 ᄒᆞ리로다 (掌中琥珀盃, 行酒雙逶迤.) <두시-초 22:43a> ⇒ 솽솽히

【솽솽-히】 부 쌍쌍(雙雙, shuāngshuāng)이. (중국어 직접 차용어).¶ 雙雙 ‖ 雙雙히 ᄂᆞᄂᆞᆫ 새 져비 녜롤브터 ᄒᆞ마 ᄒᆞᆯᄀᆞᆯ ᄆᆞᆺ놋다 (雙雙新燕子, 依舊已銜泥.) <두시-초 14:17b> 雙雙히 나그낼 보고 올아가고 낫나치 사ᄅᆞᄆᆞᆯ 뒤도라 ᄂᆞ라가놋다 (雙雙瞻客上, 一一背人飛.) <두시-초 17:19b> 믌 ᄃᆞᆯ근 雙雙이 춤 츠고 나본 ᄀᆞᆯ포 ᄃᆞᆯ엿도다 (鸂鶒雙雙舞, 獼猴壘壘懸.) <두시-초 20:2a> ⇒ 솽솽이

【솽슈】 명 ((식물)) 쌍수(雙樹). '솽(雙, shuāng)'은 중국어 직접 차용어.¶ ※ 雙樹 ‖ 雙樹ㅅ ᄉᆞᅀᅵ예 法 드로몰 容納ᄒᆞ노니 세 술위예 글 시루믈 肯許ᄒᆞ리아 (雙樹容聽法, 三車肯載書.) <두시-초 22:14b> ⇒ 솽슈

【솽젼-호-】 형 쌍전(雙全)하다. 두 쪽 또는 두 가지 일이 모두 온전하거나 완전하다. 솽젼(雙全)+-ᄒᆞ-+-오(삽입 모음)-. '솽(雙, shuāng)'은 중국어 직접 차용어.¶ 雙全 ‖ 方隅 다ᄉᆞ료몰 뉘 니ᅀᅳᆯ고 朝廷에셔 將帥ㅅ 權을 어려이 너기놋다 春秋ㅅ 褒貶ᄒᆞᄂᆞᆫ 例예 일훔과 器具룰 雙全호몰 重히 너기ᄂᆞ니라 (誰繼方隅理, 朝難將帥權, 春秋褒貶例, 名器重雙全.) <두시-초 24:53b>

【쇄ᄉᆞ】 명 ((기물)) 색아(色兒) 주사위. '쇄ᄉᆞ(色兒 /骰兒, shǎr)'는 중국어 직접 차용어.¶ 쇄ᄉᆞ 투 (骰) <훈몽-내각·존경-기명 중:9b /19a> ⇒ 사아, 사외, 사ᄋᆞ, ᄉᆞᄉᆞ, ᄉᆞ아, ᄉᆞ애, ᄉᆞ위, ᄉᆞ익

【쇠부리】 명 안장(鞍裝). 말, 나귀 따위의 등에 얹어서 사람이 타기에 편리하도록 만든 도구. (만주어 '소보로(soforo)'의 차용어). 사오리> 소부리> 쇠부리.¶ 쇠부리 (護屁股) <물명-류씨 1> 쇠부리 (鞍座兒) <과록-금수 22b> 쇠부리 (護屁股) <물명고-문통 모충 1:10a> ⇒ 사오리, 사오이, 소부리

【쇠-천】 명 ((기물)) 소전(小錢). 중국 청나라 때에 쓰던 동전. '천(錢, qián)'은 중국어 직접 차용어.¶ 주머니에 쇠천 실 립도 업서서 쩔쩔매든 판이니 <현진건, 우편국에서1923> ⇒ 쇠천

【쇠천 샐 닙도 업-】 관구 쇠천 샐 닙도 업다. 주머니 속에 돈이 없음을 이르는 말.¶ 그러하거늘, 나의 주머니에는 벌서 괴천 샐 닙도 업다. 맛나면 큰일이다! <현진건, 타락자(3회)1922 46> 향학열(向學熱)이 불가티 타오른 그는 주머니에 쇠천 샐 립 업시 서울로 뛰어올라와 가진 인난(因難)을 부릅쓰고 <현진건, 지새는 안개(5회)1923 89>

【쇠천 실 립도 업-】 관구 쇠천 샐 닢도 없다. 주머니 속에 돈이 없음을 이르는 말.¶ 주머니에 쇠천 실 립도 업서서 쩔쩔매든 판이니 <현진건, 우편국에서1923>

【쇠-천】 명 ((기물)) 쇠천. 청나라 엽전인 소전을 속되게 이르는 말. '천(錢, qián)'은 중국어 직접 차용어.¶ 슈급이 ᄒᆞᆫ 년셕 다리고 셕달이나 슈청 드리고 쇠천 ᄒᆞᆫ 푼 아니 쥬고 도로혀 져의 은가락지 취식ᄒᆞ여 쥬마 ᄒᆞ고 서울 보니엿지오 <남원 3:29a> 사ᄅᆞᆷ은 쇠천 한 푼짜리가 못 되더리도 죠션셔 지체 좃코 벼슬허고 셰도 츌입이ᄂᆞᆫ 하고 디문문 큼즉하면 그 집에 사ᄅᆞᆷ이 들락랄락 ᄒᆞᄂᆞᆫ지라 젼동김승지 집 큰 사랑방에 식젼 츌입으로 온 사람도 사오인 잇셧ᄂᆞᆫᄃᆡ 쥬인령감이 ᄋᆞᆫ악에셔 쥬무시고 ᄋᆞ즉 아니 ᄂᆞ오셧단 말를 듯고 쥬인 못 보고 가ᄂᆞᆫ 사람들 ᄲᅮᆫ이라 <귀의성 상:43> 이 사람의 성질은 본리 돈외에ᄂᆞᆫ 의리도 모르고 렴치도 업서 귀ᄯᅥ러진 쇠천 한푼이라도 싱긴다ᄂᆞᆫ 데ᄂᆞᆫ ᄃᆡ가리를 싸고 덤븨ᄂᆞᆫ 고로 다른 사람은 상종도 아니ᄒᆞᄂᆞᆫ 빅셩달의 집 문턱이 달토록 드나들며 무슈ᄒᆞᆫ 금젼을 울거니여 쥬식잡기에 다 허비ᄒᆞ야 버리고 가사ᄂᆞᆫ 도라보지도 아니ᄒᆞ니 그만ᄒᆞ야도 허부령의 위인은 가히 알깃더라 <재봉춘 21> ⇒ 쇠천

【쇠천 뒤 글ᄌᆞ 갓다】 속 쇠천 뒷 글자 같다. 소전에 새겨진 글자가 닳아서 잘 모르겠다는 뜻으로, 다른 사람의 마음속을 헤아릴 수 없음을 이르는 말.¶ 쇠천 뒤 글ᄌᆞ 갓다 (小錢의 後字 갓다) 意義가 上同[우렝이 속 갓다] <조속1922 403>

【쇠천 실 립도 업다】 속 쇠천 샐 닢도 없다. 주머니 속에 돈이 없음을 이르는 말.¶ 쇠천 실 립도 업다 (小錢 半葉도 無하다) 샐립은 半錢이라 謂함이니 囊中에 半文의 蓄도 無하다 함이라 <조속1922 107>

【쇼가】 대 ((인류)) 소가(小可). 소인(小人). 자기의 겸칭. (중국어 간접 차용어).¶ 小可 ‖ 상공이 부ᄃᆡ 그만ᄒᆞ려 ᄒᆞ면 홀 일 업거니와 쇼가의 쥬의ᄃᆡ로 홀진ᄃᆡ 니 붓ᄭᅳᆺ출 한 번 움죽이면 져 도적으로 ᄒᆞ여곰 닙긔의 지화롤 밧게 ᄒᆞ리니 (天下英雄好漢, 小可眼裏不知見了多少, 只怕大相公或忍得耐得, 若依小可主意, 只消我筆尖兒一動, 管教他立刻遭殃.) <선진 11:3> 쇼가ᄂᆞᆫ 물 흥졍ᄒᆞᄂᆞᆫ 사ᄅᆞᆷ이 아니라 이ᄂᆞᆫ 내 ᄐᆞ고 ᄃᆞ니ᄂᆞᆫ 거시리니 형셰 궁박ᄒᆞ야 귀틱의 폴려 ᄒᆞᄂᆞ이다 (小可也不是販馬的人, 自己的脚力, 窮途貨於寶莊.) <수유 2:32> 쇼가ᄂᆞᆫ 타군 사ᄅᆞᆷ

이라 하동 가 부친을 ᄎᆞᄌᆞ려 ᄒᆞ되 길을 아지 못ᄒᆞ여 ᄒᆞᄂᆞ이다 (小可豫郡人氏, 隨父寓宦京畿, 欲往河東探親, 不識去路.) <남송 3:22> 쇼가는 셩도 업고 일홈도 업ᄉᆞ며 부ᄅᆞ기를 작연이라 ᄒᆞᄂᆞ니 텬싱 슈죡이 편첩ᄒᆞ여 십일 셰 시의 ᄒᆞᆫ 손으로 나는 졔비를 잡앗시므로 이 일홈을 어덧고 (小可無姓無名, 叫做綽燕兒. 因生得手足便捷, 十一歲上一手將飛燕綽住, 所以得名.) <여선 26:18> 의외의 냥기 한학ᄒᆞᆫ 션인을 만나 쇼가를 ᄉᆞ앗더로 밀쳐 슈즁의 ᄯᅥ럿치거놀 (不想遇見兩個狠心的船戶, 將小可一篙撥在水內.) <충협 40:21> 심즁원이 엇지 ᄒᆞᆯ 길이 업셔 니ᄅᆞ되 쇼가의 셩명은 심즁원이오 별호는 사ᄅᆞᆷ이 닐ᄏᆞᄅᆞ되 쇼졔갈이라 ᄒᆞᄂᆞ니 (沈爺無奈, 說: 小可叫中元, 匪號人稱小諸葛.) <충소 3:67> 림무ᄉᆞ는 어려워 말라 쇼개 이위 ᄉᆞ부의 본시 놉고 ᄂᆞ짐을 보고져 ᄒᆞ노라 (林武師休得要推辭, 小可也正要看二位敎頭的本事.) <수호-신문 1:8:88> 디종 왈 장식 만일 가고자 ᄒᆞᆯ진댄 쇼개 인진ᄒᆞ리라 (戴宗道: "壯士若肯去時, 小可當以相薦.") <수호-신문 3:43:135> ⇒ 쇼ᄀᆞ

【쇼거】 명 ((인류)) 소가(小哥). '거(哥, gē)'는 중국어 직접 차용어.¶ 小哥 ‖ 죠흔 쇼거야 나를 결박ᄒᆞ고 치더니 경히 원슈를 좁은 길의 만나 ᄯᅩᄒᆞᆫ 나의 슈즁의 드럿도다 ("好小哥, 捆打得我好! 恰好冤家路窄, 一般也撞在我手裡.") <후서유 11:60-21> 형데는 오ᄂᆞ냐 ᄉᆞ뷔 십분 너를 싱각ᄒᆞ시니 쌀니 가려니와 져 쇼거는 뉘며 져를 ᄭᅳ어와 무엇ᄒᆞᄂᆞ뇨 ("兄弟來了麽? 師父著實牽掛你哩! 快去, 快去. 這個小哥是誰, 牽他來做甚?") <후서유 11:62-21>

【쇼ᄀᆞ】 대 ((인류)) 소가(小可). 소인(小人). 자기의 겸칭. (중국어 간접 차용어).¶ 小可 ‖ 일언난진이로다 실노 은인을 디ᄒᆞ여 말ᄒᆞᄂᆞ니 쇼기 쇼쥬인을 보호ᄒᆞ여 화란을 도망ᄒᆞ다가 (一言難盡. 實對恩公說, 小可乃保護小主人逃難的.) <충협 40:21> ⇒ 쇼가

【쇼덕】 대 ((인류)) 소적(小的). 소인(小人). 신분이 낮은 사람이 신분이 높은 사람을 상대하여 자신을 낮추어 이르던 말. (중국어 간접 차용어).¶ 小的 ‖ 노애 군ᄉᆞ를 쳔일을 치시매 쓰기는 ᄒᆞᆫ때에 잇는디라 임의 노애 시겨 보내려 ᄒᆞ시니 쇼덕이 엇디 감히 슈고를 ᄉᆞ양ᄒᆞ리잇고 (養軍千日, 用在一時, 既蒙老爺差遣, 小的不敢辭勞來爺.) <수유 4:28> 노애 만일 이 일을 쥬단티 아니시면 비록 쇼덕 등을 텨 죽이셔도 적인을 잡디 못ᄒᆞ리이다 (老爺若不做主, 就把小的們打死, 也找不出個賊人來.) <수유 6:42> 노야는 쥬단ᄒᆞ셔 진경을 ᄎᆞ자오쇼셔 뎌 진경이 향마의 뇌믈을 바다니야 부듕의셔 벼슬ᄒᆞ니 노애 진경을 ᄎᆞᆺ디 아니ᄒᆞ시고 포도 군교를 뎡일만 ᄒᆞ시면 비록 쇼덕 등을 텨 죽이셔도 유익ᄒᆞᆫ 일이 업ᄉᆞ리이다 (老爺做主, 討回秦瓊. 這秦瓊因受響馬常例買閑, 在來爺節度府中爲官, 老爺若不做主討回秦瓊, 倒比捕盜, 老爺就打死小的們也無濟于事.) <수유 6:42> 이 뵈는 쇼덕의 거시 아니니 감히 내 거시라 못ᄒᆞᄂᆞ이다 (此實是小人的布, 不知相公何處得之?) <포공-석비 7:33> ᄎᆞ일의 당의 올나 방농을 잡아 므로니 방농이 고ᄒᆞ되 쇼덕은 ᄒᆞᆨ아젼이라 젼혀 뇌믈 바든 일이 업거놀 이제 잡혀 겨시니 므슴 죄 잇ᄂᆞ니 잇고 (次日升堂, 拘喚龐龍來府究問. 龐龍到廳訴道: "小的乃學吏, 並無受賄, 老爺虎牌來拘, 有何罪過?") <포공-충남 6:22b> 쇼덕을 살오시고 쳔금귀톄 이 망극ᄒᆞᆫ 화를 바드시니 이런 줄 아던들 쇼인은 비록 죽으나 상공긔 년누치 말나소이다 <보은 3:20> 쇼덕이 요ᄉᆞ이 삼샹공을 뫼와시매 희허댱탄ᄒᆞ야 죵야블미ᄒᆞ시니 큰 병이 쟝ᄎᆞᆺ 발ᄒᆞᆯ더라 <옥긔린 2:41> ※ 小的 ‖ 太尉가 싱각하여 마을 하되 졀언 小的이 엇지 다 이 릴을 아는고 應當이 天師가 져달여 릴은 거시 一定 글어한 거시로다 (太尉尋思道: '這小的如何盡知此事, 想是天師分付他, 一定是了.) <수호-국재 24b> 다만 二大人만 府의 계셔 말삼ᄒᆞ기를 와 拜望ᄒᆞ깃노라 ᄒᆞ시되 ᄒᆞᆫ가ᄒᆞᆫ 결을을 엇지 못ᄒᆞ여 특별이 小的們을 시겨 大老爺를 請ᄒᆞ여 우리 府에 오시라 ᄒᆞ더라 (只是二大人在府, 說是要來拜望, 沒有得閒工夫, 特派小的們來請大老爺, 上我們府裏去呢.) <화계 하:18a> ⇒ 소지, 쇼디, 쇼뎍, 쇼지

【쇼디】 대 ((인류)) 소지(小的). 소인(小人). 신분이 낮은 사람이 신분이 높은 사람을 상대하여 자신을 낮추어 이르던 말. '디(的, de> dì)'는 중국어 직접 차용어.¶ 小的 ‖ 여승상 로야ᄭᅴ 쳥안ᄒᆞᄂᆞ니 쇼디 등이 태왕야의 명을 밧드러 원문 밧긔 나와 ᄭᅮ러 영접ᄒᆞᄂᆞ이다 (酈相爺在上, 小的們奉大王爺之命, 在轅門外跪接相爺.) <재생 37:28> 명을 죠ᄎᆞ리니 쇼디는 즉셕에 하직ᄒᆞᄂᆞ이다 (如今小的就此告辭了.) <재생 50:77> ⇒ 소지, 쇼덕, 쇼뎍, 쇼지

【쇼빙】 명 ((음식)) 소병(燒餅, shāobǐng). 불에 구은 떡. '빙(餅, bǐng)'은 중국어 직접 차용어.¶ 이러면 우리 쇼빙 사고 고기 봇가 먹고 디나가져 (這們時, 咱們買些燒餅, 炒些肉喫了過去.) <번노 상:61a> ⇒ ᄉᆞ오병

【쇼사】 명 ((인류)) 소사(召史). 여항(閭巷) 여자의 호칭. 호적 등의 고문서에 여자를 보통 '召史'라고 적었음. (이두어).¶ 과부 | 과수 | 과뎍 | 홀어미 | 쇼사 | 과녀 <법한 1430> ☞ 소사, 소ᄉᆞ, 조ᄉᆞ, 조의, 조이, 죄인, 죠사, 죠인

【쇼ㅡ스】 명 ((복식)) 슈즈(shues). 신발. (외래어).¶ 쇼ㅡ스(靴) <영어일상통화단어초집 우산>

【쇼싀】 명 ((인류)) 소시(小厮). 사환. 사동. 머슴애. (중국어 간접 차용어).¶ 小厮 ‖ 차환과 쇼싀 밋처 숨디 못ᄒᆞ야 홀노 지앙을 당ᄒᆞ야 (丫鬟小厮, 落得當災.) <손방 4:14> 공텽 우히셔 놈의 동산 딕희엿던 쇼싀로 더브러 형뎨라 일ᄏᆞᄅᆞ니 엇디 우웁디 아니ᄒᆞ리오 (公堂之上與一個管園小厮, 稱年兄弟, 豈不可笑.) <성풍 5:20> ▼小僮 ‖ 이거시 망형의 동산 딕히엿던 쇼싀니 일홈은 목영이라 젼일의 싱원이 ᄶᅩ차 내쳣더니라 (這是先兄處管園小僮, 官名叫木榮, 前日被生員逐出.) <성풍 5:19> ※ 小厮

[«字彙»: 厮, 卑賤之稱.«史記»: 厮徒十萬.] 열과 丫頭ㅣ 열히니 됴ᄒᆞᆫ 財主 人家ㅣ니이다 (小厮十箇, 丫頭十箇, 好財主人家.) <오전 2:13a> ⇒ 쇼시

【쇼시】 명 ((인류)) 소시(小厮). 사환. 사동. 머슴애. (중국어 간접 차용어).¶ 小厮 ‖ 다만 보니 쇼시 ᄉᆞᆫ 쇽의 ᄒᆞᆫ 쟝 픔텹과 아오로 ᄒᆞᆫ 편 쟝긔ᄅᆞᆯ 가지고 드러와 (只見小厮手裡拿着一個稟帖, 並一篇帳目.) <홍루 53:19> 비명은 원ᄂᆡ 보옥의 쇼시니 이졔 식부ᄅᆞᆯ 어드ᄆᆡ 믄득 파졍ᄒᆞ여 보챠의 곳의셔 ᄎᆞᄉᆞᄅᆞᆯ 당케 ᄒᆞ니 (焙茗原是寶玉小厮, 今配了媳婦, 便派在寶釵處當差.) <보홍 5:48> 마마는 호란이 말을 말나 이는 나의 친쳑의 쇼시라 ᄉᆞᄅᆞᆷ의 후려 간 ᄇᆡ 되엿더니 ᄂᆡ 져ᄅᆞᆯ 구ᄒᆞ여 다리고 져의 가즁의 도라가ᄆᆡ ᄂᆡ 망야ᄒᆞ여 힝ᄒᆞ여 곤핍ᄒᆞᆫ지라 (媽媽不要胡說. 這是我親戚的小厮, 被人拐去, 是我將打救下, 送還他家裏去. 我是連夜走得乏了.) <충협 40:34> 이는 나의 일ᄀᆡ 츄ᄒᆞᆫ 쇼시니 마〻는 져와 ᄀᆞᆺ치 용렬ᄒᆞᆫ 쇼견을 내지 말나 (是我的一個醜小厮, 媽媽不要與他一般見識.) <충소 8:41> ▼龍陽 ‖ 의외의 이놈이 일ᄀᆡ 표치 잇는 쇼시ᄅᆞᆯ ᄉᆞ랑ᄒᆞ여 ᄒᆞᆼ샹 좌우의 두는지라 (不意這畜生是好龍陽的, 有個標致小厮.) <여선 26:39> ⇒ 쇼싀

【쇼-윈도어】 명 ((기물)) 쇼윈도우(show window). (외래어).¶ 긔성양복 파는 집의 쇼윈도어를 여기저기 더듬어 보지 안앗나 <염상섭, 여객1927 160>

【쇼젹】 대 ((인류)) 소적(小的). 소인(小人). 신분이 낮은 사람이 신분이 높은 사람을 상대하여 자신을 낮추어 이르던 1인칭 대명사. (중국어 간접 차용어).¶ 小的 ‖ 쇼젹은 ᄒᆞᆨ아젼이라 젼혀 뇌믈 바든 일이 업거ᄂᆞᆯ 이제 잡혀 겨시니 므ᄉᆞᆷ 죄 잇ᄂᆞ니잇고 (小的乃學吏, 并無受賄, 老爺虎牌來拘, 有何罪過?) <포공-용기용배시매화 6:56> 쇼젹의 가쥬 션경됴 대노애 기셰ᄒᆞ여시나 쇼쥬뉴뢰 지상의 ᄌᆞ뎨로 시셔만 일삼아 네의ᄅᆞᆯ ᄒᆞᆨ습ᄒᆞ고 ᄒᆞ믈며 노쥬뫼 가법이 극히 엄ᄒᆞ시고 지산이 노업디 아닌디라 (先京兆老主人雖然死了, 小主人柳路, 係是官家之後, 也還薄薄有些產業.) <화도-여초 1:62a> ᄉᆡᆼ이 크게 괴로이 녀여 다ᄅᆞᆫ ᄃᆡ로 가고져 ᄒᆞ더니 셕양의 믄득 두어 믈튼 사ᄅᆞᆷ이 드러와 하마 고두 왈 본현 ᄇᆡᆨ노애 현심 의긔ᄅᆞᆯ 드ᄅᆞ시고 쇼젹으로 ᄒᆞ여금 쳥ᄒᆞ시ᄂᆞ이다 <보은 2:42> ⇒ 소지, 쇼뎍, 쇼디, 쇼지

【쇼젹문】 대 ((인류)) 소적문(小的們). 소인들. (중국어 간접 차용어).¶ 小的們 ‖ 용궁 밧계 니ᄅᆞ러 변ᄒᆞ여 젼 모양이 되여 팔계를 ᄯᆞ라 쇼젹문을 블너 분부 왈 (及至龍宮外, 還變作前番模樣, 將八戒擲在地下, 叫小的們.) <서유-계명 21:62-63> ⇒ 쇼지들

【쇼졀슈】 명 ((화폐)) 소절수(小切手). 수표(手票). 일본어 간접 차용어.¶ 쇼졀슈 <법한 255>

【쇼조】 명 ((인류)) 소조(小朝 /小旦 xiǎodàn). 희곡의 배역 이름. 조연 가운데 젊은 여자 배역. (중국어 간접 차용어). '소조(小朝)'의 '조(朝)'는 태조 이성계의 휘 '단(旦)'을 피하기 위해 같은 뜻의 '조(朝)'로 바꾼 것임.¶ 小旦 ‖ 우리 부즁의 쇼조[노름 ᄎᆞ지ᄒᆞᆫ 명식이라] 구실ᄒᆞ는 긔관 하나히 이시니 오ᄅᆡ 조히 부즁의 잇더니 이졔 마ᄎᆞᆷ내 ᄉᆞ오 일을 도라오지 아니ᄒᆞ거ᄂᆞᆯ (我們府裡有一個做小旦的琪官, 一向好好在府, 如今竟三五日不見回去.) <홍루 33:9> 어시의 즁인이 노름을 보고 느즌 후의 바야흐로 훗허지니 가뫼 그 쇼조[노름ᄒᆞ는 명식이라] 되엿던 것과 쇼츅 되엿던 거ᄉᆞᆯ 깁히 ᄉᆞ랑ᄒᆞ여 (於是大家看戲看到晚方散, 賈母深愛那做小旦的與一個做小丑的) <홍루 22:23> ☞ ᄉᆞ오단

【쇼지】 대 ((인류)) 소적(小的). 소인(小人). 신분이 낮은 사람이 신분이 높은 사람을 상대하여 자신을 낮추어 이르던 말. '지(的, de> di)'는 중국어 직접 차용어.¶ 客戶 ‖ 쇼지가 임의 죠고만 집을 어더 깁 ᄑᆞᆯ기로 위업ᄒᆞ오니 오날 ᄒᆡ가 이믜 져무러시니 낭군이 잠간 쇼지의 집으로 가셔 ᄒᆞ로밤을 잔 후에 ᄂᆡ일 〻즉이 ᄒᆞᆫ가지로 차ᄌᆞ가미 늣지 아닐가 ᄒᆞ노이다 (客戶有一小宅子, 販繒爲業, 今日已夜, 郎君且就客戶一宿, 來早同去未晚.) <고압아-나손 10> ▼小的 ‖ 금일의 어ᄃᆡ셔 온 ᄉᆞ긔 화상이 졍히 호령ᄒᆞ며 산으로 지나가니 엇지 긔이ᄒᆞᆫ 일이 아니니잇가 쇼지 등이 보고 특별이 와 ᄃᆡ왕긔 보ᄒᆞᄂᆞ이다 (今日不知是哪裡來的四個和尙, 竟吆吆喝喝過山, 豈不是奇事! 小的們看見, 特來報知大王.") <후서유 8:91-16> 쇼지는 보건ᄃᆡ 그 입이 ᄲᅩ족ᄒᆞ고 ᄲᅣᆷ이 여윈 화상이 슈즁의 일ᄀᆡ 길고 큰 막ᄃᆡᄅᆞᆯ 가지고 입으로 호령ᄒᆞᄆᆡ 졍히 악심 가진 역귀신 ᄀᆞᆺ튼지라 ("小的見那個尖嘴縮腮的和尙, 手裡拿著一條棍棒, 又長又大, 口中吆吆喝喝, 像是個不服善的强遭瘟.") <후서유 14:109-28> 쇼지들은 다만 림쟝문 밧긔셔 ᄃᆡ후ᄒᆞᄆᆡ 안의 쇼식은 하낫토 모르더니 (小的們只在臨莊門外伺候, 裡頭的信息一概不知.) <홍루 16:10> 로애 ᄆᆡᆨ이나 보셔야 쇼지가 조히 도라가 쥬인긔 픔ᄒᆞ리라 (請老爺看看脈, 小的好回稟家主.) <홍루 113:5> 쇼지의 셩은 복이오 명은 원창이니 약푸리ᄅᆞᆯ 여러 싱ᄋᆡᄒᆞ더니 (小的姓卜, 叫做卜源昌, 開過藥鋪生意.) <후홍 18:10> 쇼지 노야의 은뎐을 무릅써 쥬친가의 대인긔 천거ᄒᆞ여 아문 즁의 두어 ᄒᆡᄅᆞᆯ 지내더니 (小的蒙老爺恩典, 薦給周親家大人, 在衙門裏待了兩年.) <홍부 3:25> 류태태 타실 세 필 말 메인 챠 일량과 류대야와 다못 쇼지 탈 말도 진시 예비ᄒᆞ리이다 (柳太太是一輛三套馬車, 柳大爺同小的騎牲口跟着照應.) <홍부 4:78> 량인이 더옥 착급ᄒᆞ여 련ᄒᆞ여 비례ᄒᆞ며 다만 니ᄅᆞᄃᆡ 쇼지가 맛당히 죽으리이다 (那兩個人越發着急, 盡着磕頭, 口裏只說小的該死.) <홍부 24:70> 쇼지 방ᄌᆞ 도라가 노태태와 고태태긔 품ᄒᆞ엿더니 모다 환희ᄒᆞ여 견ᄃᆡ지 못ᄒᆞ시며 (小的纔剛兒回去, 稟知了老太太、姑太太, 都歡喜的了不得.) <보홍 3:53> 즉시 네 ᄑᆡ 아역을 챠뎡ᄒᆞ여 길을 난호와 도당을 잡으라 ᄒᆞ시고 인ᄒᆞ여 쇼지ᄅᆞᆯ 챠숑ᄒᆞ여 노야ᄅᆞᆯ 쳥ᄒᆞ라 ᄒᆞ시더이다 (卽差四班頭役分頭去拿伙黨, 因差小的來請老爺.) <설월

7:8> 쇼지 고야긔 품ᄒᆞ고 명일 즉시 벽낭호촌으로 가우리 장노야긔 회보ᄒᆞ려 ᄒᆞᄂᆞ이다 (小的禀過姑爺, 明日就要到湖村去回覆老爺.) <설월 20:16> 쇼지가 글ᄌᆞ롤 알고 고시의 ᄡᅳ인 글지 ᄯᅩᄒᆞᆫ 큰지라 니러므로 보고 아랏ᄂᆞ이다 (小的識字, 告示上字也大, 故此看見曉得.) <쾌심 13:77> 한 탕 냥 두목이 쇼지롤 챠정ᄒᆞ여 슉천 딕왕 계신 곳의 가셔 셔신을 젼ᄒᆞ라 ᄒᆞᄂᆞ이다 (韓、湯二頭領差小的往宿遷大王處投書.) <쾌심 13:82> 졍히 올토다 다ᄒᆡᆼ히 노애 쇽이고 탈신ᄒᆞ여 계시니 만일 쇼지 등 ㄱ틀진ᄃᆡ 단졍코 방ᄎᆞ키 어려웟시리이다 (正是哩, 虧老爺騙脫了. 若是小的們, 定難招架.) <쾌심 16:15> 반야간의 도쥬ᄒᆞᆫ지라 쇼지 어대 가셔 ᄎᆞᄌᆞ리잇가 (半夜工夫逃了去, 叫小的, 何方尋覓走西東?) <재생 12:62> 쇼지 가셔 쥬인의 녕연을 직희리니 평일 더은을 보답지 못ᄒᆞᆫ지라 곳 녕구롤 비힝ᄒᆞ여 고향으로 도라가게 ᄒᆞ셔도 녀 즉긔의 힝ᄒᆞ리이다 (小的去守主人靈. 生時大德難相報, 就便是, 送柩回鄕我立行.) <재생 26:14> 기인이 ᄭᅮ러 비례ᄒᆞ며 니ᄅᆞᄃᆡ 인오애 쇼지롤 모ᄅᆞ시ᄂᆞ니잇가 쇼지의 셩명은 빅복이니이다 (那人跪下磕頭道, 五爺連小的都不認的了? 我叫白福.) <충소 21:49> ▼老奴 ‖ 쇼지의 아오와 뎨슈ᄂᆞᆫ 져 셔편 힝각의셔 머믈고 쇼지도 젼면의셔 죠히 안헐ᄒᆞ려니와 (我兄弟弟媳在這右邊廂房住下, 老奴前面也好安歇.) <설월 9:67> ▼老僕 ‖ 쇼지 방ᄌᆞ담대히 빈쥬지례롤 힝ᄒᆞ여시니 바라건ᄃᆡ 용셔ᄒᆞ쇼셔 (老僕適纔眞膽大, 擅稱賓主乞寬饒.) <재생 5:51> ▼老奴才 ‖ 오릭 음신이 업ᄉᆞ므로 쇼지 가쟝 념녀ᄒᆞ엿더니 (音信無聞人又遠老奴才.) <재생 14:30> ▼下役 ‖ 본릭 부인이 착ᄒᆞᆫ 일을 죠하ᄒᆞ시믈 드ᄅᆞ시고 특별이 쇼지롤 명ᄒᆞ여 명텹을 가지고 와 픔ᄒᆞ게 ᄒᆞ시더이다 (素聞夫人好善, 特命下役持柬叩禀.) <여선 4:3> ⇒ 소지, 쇼뎍, 쇼디, 쇼젹

【쇼지-들】 대 ((인류)) 소인들(小人-). 신분이 낮은 사람이 신분이 높은 사람을 상대하여 자신들을 낮추어 이르던 말. '지(的, de> di)'는 중국어 직접 차용어.¶ ▼小的們 ‖ 쇼지들은 다만 림장문 밧긔셔 디후ᄒᆞ미 안의 쇼식은 하낫토 모르더니 ("小的們只在臨莊門外伺候, 裡頭的信息一概不知.") <홍루 16:10> ⇒ 쇼적문

【쇼천】 명 소전(小錢). 작은 돈. '천(錢, qián)'은 중국어 직접 차용어.¶ 小錢 ‖ 너 네게 빅 다ㄱ 쇼천을 ᄭᅮ일 거시니 집이 한 바탕 노름 분쥬를 킈하고 투젼을 하여도 올코 골픽를 하여도 올으니 저의덜 날 써여 각인의 티부를 헴보고 우에 나문 거슨 얼마던디 네 가이 갑스로 헴하미 올으니 올티 안이하니 (我借給你一百吊小錢, 家裡開一場湊風, 鬪牌也是得打骨牌也是得, 赶他們臨走筭ㆍ各人的賬, 上頭賺的是管多少筭你的狗錢是得是不得?) <중화-아천 11a> ⇒ 소천

【쇼-호치】 명 ((인류)) 소화계(小伙計). '호치(伙計, huǒjì)'는 중국어 직접 차용어.¶ 小伙計 ‖ 져의ᄂᆞᆫ 몬져 밥을 먹은 후의 즉시 본졈 쇼호치와 함긔 힝니롤 션즁으로 옴겨 슈습ᄒᆞ믈 졍당히 ᄒᆞ고 바야흐로 잠부인을 청ᄒᆞ여 빅의 오ᄅᆞ게 ᄒᆞᄃᆡ (他們先喫完飯就同本店小伙計搬行李下船, 收拾停當, 再請岑夫人上船.) <설월 9:53> 졈쥬인이 심히 환희ᄒᆞ며 ᄯᅩ 한 그릇 채쇼롤 션샹으로 보내거놀 힝니롤 옴긴 쇼호치의게 오십 ㄱ 돈을 쥬며 당긔의 졈쥬인을 작별ᄒᆞ고 즉시 닷쥴을 글너 발션ᄒᆞ시 (店主甚是歡喜, 還送了一罐十香小菜到船上來, 與了那小伙計五十文錢, 當時別了店主人, 就解纜開船.) <설월 9:54> ☞ 과계, 호치

【숄스】 명 ((인명)) 숄스(Sholes, Christopher Latham). 미국의 저널리스트 · 발명가(1819~90). 실용적인 타자기를 발명하였다. (외래어).¶ 타이부라이터 숄스氏 <백과신-숑 1926 492>

【숑골】 명 ((조류)) 송골매(松鶻-). 송고리. '숑골(šingqor> šongqor)'은 중세몽고어의 차용어.¶ 매 웅, "海靑" 숑골; "老鷹" 댓두러기; "黃鷹" 갈지게 (鷹) <훈몽-금조 상:8b /15b> ※ 鶻온 松鶻類라 <월석 23:44> 敎曰松鶻, 堆困鷹子, 隨所獲絡繹以進, 鄕人謂鷹之善者爲堆困, 蓋亦松鶻之次也. <태종실록-22 11:10:계묘> 江原黃海道松鶻稀罕. <세종실록-116 29:4:임인> 一曰貴松骨, 毛羽觜爪俱白, 目黑, 翼端黑, 足, 角微黃, 亦名玉海靑. <세종실록-35 9:2:기묘> 海靑, 松鶻 <응골방-고본> ⇒ 숑고리, 숑골믜

【수구치】 명 ((인류)) 고려 때 원의 영향을 받은 관명. 산(傘)을 든 사람. '수구치(速古赤, sügürči)'는 중세몽고 차용어.¶ ※ 速古赤 <고려사 81:33 /118:21 /124:32>

【수두】 명 ((음식)) 스튜(stew). 서양식 요리의 하나. 쇠고기, 돼지고기, 닭고기 따위에 버터와 조미료를 넣고, 잘게 썬 감자, 당근, 마늘 따위를 섞어 뭉근히 익혀서 만든다. (외래어).¶ 두부와 양미나리 수두 ‖ 두부 1모 양미나리(celery) 2포귀 일년감 1½잔 파 1개 소곰 조곰 두부를 뎜이고 미나리와 파를 써러 일년감 외에 한데 담고 1시간 동안 삶다가 일년감을 너코 5분 동안 더 끌이대 만일 국물이 너머 졸거든 물을 좀 칠 것 두부는 아모 고기 수두(stew)에 던지 널 수 잇슴 <서요 45>

【수루매】 명 ((음식)) 마른 오징어. 수루메(鰑, するめ) (일본어 차용어).¶ 물괘기는 눈까리가 마씻고 /뱁추짐치는 꼬개이가 마씻고 /수루매는 다리가 마씻고 <상희구, 유년 오미> ⇒ 수루미

【수루미】 명 ((음식)) 마른 오징어. 수루메(鰑, するめ) (일본어 차용어)¶ 가정동 묘사 장기 ‖ 도야지 한 마리 二仟四百四0원 돔 七尾 六百十五원 농어 七尾 一仟五0원 조구 七百三0원 전어 十四尾 九八원 전그리 삼 가지 九0원 대문어 한 마리 一00원 피등이 세 마리 一五원 대합자 닭 꼬리 一00원 소합자 한 동치 一四0원 배 일곡 개 七0원 수루미 한 축 一五0원 사과 十三介 六十五원 七仟0三十八원 <함안 두릉 순흥 안씨댁 가정동 묘사 장기> ⇒ 수루매

【수수】[1] 명 ((식물)) ((곡식)) 수수. '수수(蜀黍, shǔshǔ)'는 중국어 직접 차용어.¶ 수수 도, 蜀黍. (稻) <의옥 80>

수수 (高粱) <화정-음식 46> <자통-곡물 471> ▼高粮 ‖ 곳 여긔갓치 놉흔 짜은 아즉 좀 나은 혐의로되 관 안 갓치 편안허고 나즌 ᄃᆡ 시믄 거슨 베 밀 다리 조 피 수ː 팟 들ᄭᅵ 참ᄭᅵ거지 각죵 곡식이 가지ː 젼여 되지 뭇허여시니 무어슬 낫츠로 뷔리요 (就像這塊高地咳箅些須好些: 像關裡平等矮地, 種的稻子、粳子、穀子、稗子、高粮、豆子, 連蘇子、紫麻, 各處庄家哺哩全沒有收, 何用拿鐮刀割呢.) <중화-탁족 13b> 구레를 기르마가지에 걸고 다리를 거두치고 수ː 주어 머기고 밧비 캉의 올라 안즈라 (轡頭掛上鞍橋子, 馬韁撩起來, 餽高粮吃, 快着上炕坐.) <한어-한고 29b> ᄎᆞ지름 ᄒᆞᆫ 뚱기 젼슐 두 긋은 수ː ᄒᆞᆫ 되 쏙ᄀᆞ ᄊᆞᆺᄉᆞ 세 ᄀᆞ지을 메기면 즉ᄎᆞ라 <쇠우셔-한고1900 8b> ⇒ 수슈, 슈소, 슈수, 슈슈

【수수】[2] 명 ((인류)) 숙숙(叔叔). 아재비. 아저씨. '숙숙(叔叔 shūshu)'는 (중국어 직접차용어)¶ 叔叔 ‖ 오졍이 뉴군을 속여 골오ᄃᆡ 져롤 수ː[한어의 아ᄌᆞ비롤 수수라 ᄒᆞᄂᆞ니래라 부ᄅᆞ면 반ᄃᆞ시 ᄐᆞ이리라 ᄒᆞᆫ대 (吳正以華語紿之曰: "喚彼爲叔叔, 必然快諾".) <서원 3:34a>

【수수-가로】 명 ((음식)) 수숫가루. '수수(蜀黍, shǔshǔ)'는 중국어 직접 차용어.¶ 벽도화가로 두 술은 수ː가로의 타고 젼병을 만드러 ᄒᆞᆫ 죠각 먹은즉 급한 셜ᄉᆞ 나ᄂᆞ니라 <명경-한고1895 내경장 5a> ⇒ 수수가루, 슈슈가로, 슈슈ᄀᆞᆯㄴ

【수수-가루】 명 ((음식)) 수숫가루. '수수(蜀黍, shǔshǔ)'는 중국어 직접 차용어.¶ 소나무 겁즐을 셰말ᄒᆞ야 수ː가루로 풀 쑤어 ᄀᆡ야 장판ᄒᆞ고 말느거든 기름을 만히 칠ᄒᆞ고 불 ᄯᅴ 겨르면 호박빗 갓흐니라 <부필 26a> 콩나물 삼 전 녹두나물 삼 전 미ᄂᆞ리 ᄒᆞᆫ 돈 오 전 수수가루 ᄒᆞᆫ 되 이십 전 콩가루 오 전 고기 십오 전 뵈묵 ᄒᆞᆫ 모 오 전 마고 ᄒᆞᆫ 갑 육전 명우 과ᄌᆞ갑 일 전 여승잡지 ᄒᆞᆫ권 이십 전 실고추 오 전 <가용-한고 1937.2.2> ⇒ 수수가로, 슈슈가로, 슈슈ᄀᆞᆯㄴ

【수수-대】 명 수숫대. '수수(蜀黍, shǔshǔ)'는 중국어 직접 차용어.¶ 蜀黍幹 ‖ 늣게야 발힝ᄒᆞ야 혼하롤 건너니 수ː대롤 역거 ᄃᆞ리롤 ᄆᆞᆫᄃᆞ라 문허져 반은 믈가온대 줌겻ᄂᆞᆫ지라 (晚發渡混河, 編蜀黍幹爲橋, 而崩頹半□水中矣.) <상봉 3:66a> ⇒ 수수ᄃᆡ, 수숫대, 슈슈대, 슈슈ᄃᆡ, 슈슈ㅅ대, 슈슈ᄣᅢ, 슈슈ᄣᅵ, 슈슛대, 슈슛ᄣᅢ

【수수-ᄃᆡ】 명 수숫대. '수수(蜀黍, shǔshǔ)'는 중국어 직접 차용어.¶ 아ᄃᆞᆯ은 수ᄃᆞᆰ을 쓰고 ᄯᆞᆯ은 암ᄃᆞᆰ을 쓰라 낙ᄐᆡ한 후의 ᄐᆡ 못 나커든 수ːᄃᆡ 쇽을 불에 살와 술에 타 먹으면 낫난이라 <명경-한고 부인문 2a> ⇒ 수수대, 수숫대, 슈슈대, 슈슈ᄃᆡ, 슈슈ㅅ대, 슈슈ᄣᅢ, 슈슈ᄣᅵ, 슈슛대, 슈슛ᄣᅢ

【수수-비】 명 ((기물)) 수수비. 이삭을 떨어낸 수수의 줄기로 맨 비. '수수(蜀黍, shǔshǔ)'는 중국어 직접 차용어.¶ 수수비 (苕箒) <조선백과-기명 529> 복학의 둑겁이 ᄒᆞᆫ ᄀᆡ를 ᄯᅡᆼ의 쟈쳐 노코 수ː비로 세 번 친 후의 죠은 황토로 ᄊᆞ고 가는 녹근으로 단ː이 묵거 불에 살와 불 써진 후에 둑겁이 탄 거슨 바리고 그 황토을 죠금식 물 ᄒᆞᆫ 보아의 담아 화로불 우희 노아 ᄭᅳᆯ커든 하로 두 ᄎᆞ례식 먹이라 <명경-한고 소아문 3b> 싸리비 수수비를 망가지면 내버리고 두엄으로 못 가며는 짜루 모아 불 사루고 아궁이에 늣치 마쇼 재리상에 불길하에 <치산정리가 5b> ⇒ 슈슈뷔, 슈슈비

【수수ㅅ닙】 명 수숫잎. '수수(蜀黍, shǔshǔ)'는 중국어 직접 차용어.¶ 바람에 날리는 수수ㅅ닙보담도 더 가볍다 <현진건, 황원행1929 98> ⇒ 수슈닙, 슈슈닙, 슈슈닙ㅍ, 슈슈닙ㅎ

【수수-살】 명 ((곡식)) 수수쌀. 찰기장쌀. '수수(蜀黍, shǔshǔ)'는 중국어 직접 차용어.¶ 秫米 ‖ 귀보리 세 오콤 작말하야 수ː살을 죽을 수워 먹이라 ᄯᅩ 차전자 한 오콤 술 두 잔 방탕하야 먹이라 (耳麥三掬作末, 秫米作粥, 並和用之. 又車前子一掬、酒二盃.) <우요-한고 5/17a> ⇒ 슈슈ᄡᆞᆯ, 슈슈쌀, 슈슈ᄉᆞᆯ

【수수-깡】 명 수수깡. 수수의 줄기. '수수(蜀黍, shǔshǔ)'는 중국어 직접 차용어.¶ 수수깡 (高樑幹兒) <화정-가구 55> ⇒ 슈슈강

【수수깡-집】 명 수수깡집. 수숫대로 만든 집. 허름한 집을 비유적으로 이르는 말. '수수(蜀黍, shǔshǔ)'는 중국어 직접 차용어.¶ 봄이 되어 제비들 집 지을 째에 흥부의 수수깡 집 쳠아 끗헤다 <아이 1913.11>

【수수ᄉᆞᆯ-가로】 명 ((음식)) 수수쌀가루. '수수(蜀黍, shǔshǔ)'는 중국어 직접 차용어.¶ 수ːᄉᆞᆯ가로 ᄒᆞᆫ 술을 뵉비탕에 타 마시면 즉효ᄒᆞ니라 <명경-한고 담궐두통 11a>

【수수-엿】 명 ((음식)) 수수엿. 수수를 고아서 만든 엿. '수수(蜀黍, shǔshǔ)'는 중국어 직접 차용어.¶ 수수엿 ᄒᆞᆫ 귀를 올이오며 너너 천만 보즁ᄒᆞ옵소셔 근품ᄒᆞ노이다 <조백-언문편지1915 478> ⇒ 슈슈엿

【파방에 수ː엿 장사라】 속 파방에 수수엿 장수. 기회를 놓쳐서 이제는 별 볼일 없게 된 사람이나 그런 경우를 비유적으로 이르는 말.¶ 파방에 수ː엿 장사라 (罷榜에 黍糖商이라) 事가 旣히 畢落하엿다 함이라 <조속1922 365>

【파장에 수ː엿이야】 속 파장에 수수엿 장수. 때를 놓치고 볼꼴이 없이 된 사람이나 경우를 비유하는 말.¶ 파장에 수ː엿이야 (罷市에 赤黍餳이야) 事 임의 失敗하야 局外人도 參觀이 無味함을 謂함이라 <조속1922 106>

【수수-젼병】 명 ((음식)) 수수전병(-煎餅). '수수(蜀黍, shǔshǔ)'는 중국어 직접 차용어.¶ 수ː젼병를 피마ᄌᆞ기름에 붓쳐 먹고 부치라 <명경-한고 두풍 11a> ⇒ 슈슈젼병

【수숫대】 명 수수깡. 수수의 줄기. '수수(蜀黍, shǔshǔ)'는 중국어 직접 차용어.¶ 수숫대 울섭짓고 새집웅 가츤한데 /골목에 사람그처 녜런 듯 괴괴하다 /아마도 내들은 소식 헐된 줄만 싶어라 <박용철, 애사-3> ⇒ 수수대,

수수ᄃᆡ, 슈슈대, 슈슈ᄃᆡ, 슈슈ㅅ대, 슈슈ᄯᅢ, 슈슈ᄯᅴ, 슈슛대, 슈슛ᄯᅢ

【수슈】 명 ((식물)) 수수. '수슈(蜀黍, shǔshǔ)'는 중국어 직접 차용어.¶ 수슈 (薥黍) <총방 2a> 수슈 (高粱) <총방 2a> ⇒ 수수, 슈소, 슈수, 슈슈

【수슈-닙】 명 ((식물)) 수수잎. 수수대에 돋아난 잎. '수슈(蜀黍, shǔshǔ)'는 중국어 직접 차용어.¶ 나흔 만하도 정정ᄒᆞ기는 졂은 놈 열쥬어 안이 밧고게 되고 얼골을 히여 멀졍ᄒᆞ며 흰 수염은 바람에 날이여 츄풍에 수슈닙 놀 듯ᄒᆞ는 신슈 죠코 말 잘ᄒᆞ는 박사과 박사과 ᄒᆞ면 함평 량도가 다 아는 박관희 박사과라 <송뢰금 4> 독기 가라 두러미고 큰 가릐 믜고 좀가릐 들고 수슈닙 잘나 질자비 동이고 <調 및 詞 63> ⇒ 수수ㅅ닙, 슈슈닙, 슈슈닙ㅍ, 슈슈닙ㅎ

【수에스】 명 ((지리)) 수에즈(Suez). 이집트 북동부 수에즈 운하 남쪽 끝에 있는 항구 도시. 홍해에 면하고 고대부터 홍해와 나일 강 유역을 잇는 교통의 요지로 발전하였다. (외래어).¶ 도셩을 의론컨대 일홈이 가이로ㅣ니 나라ㅅ 북편 나일강ㅅ ᄀᆞ히요 또 아렉산드리아와 쌈이엣다와 수에스와 포셋이란 큰 촌이 잇스며 포셋 촌은 디중히ㅅ ᄀᆞ헤 잇고 수에스 촌은 홍히ㅅ ᄀᆞ헤 잇ᄂᆞᆫ디 그 ᄉᆞ이가 륙디 삼빅 리라 이십 년 젼에 블란시국 사ᄅᆞᆷ이 이 륙디를 버혀 두 바다흘 통ᄒᆞ고 이리 ᄃᆞᆫ니는 비들에게 셰를 밧더니 지금은 블란시국 사ᄅᆞᆷ이 이 자리를 풀고 영국이 이즙드국 경ᄉᆞ를 쥬쟝홈으로 이 셰 밧는 자리도 쥬쟝ᄒᆞᄂᆞ니라 <사필1889-헐버트 143>

【수이슬넌드】 명 ((지리)) 스위철랜드(Switzerland). 유럽 중부에 있는 연방 공화국. 1648년 신성 로마 제국에서 독립하여, 1815년 영세 중립국으로 승인받았다. 스위스(Suisse). (외래어).¶ 수이슬넌드 瑞士 Switzerland <만국통감1912 11> ⇒ 수잇슬넌드국, 쉿스란드, 쉿슬란드, 스위서넌드, 스위슬넌드, 스위쓰런드, 스위쓸낸드, 스위[쪄$ㅍ]난드, 수이슬넌드 ☞ 셔셔, 셔ᄉᆞ국

【수잇슬넌드-국】 명 ((지리)) 스위스랜드. 스위스(Suisse). 유럽 중부에 있는 연방 공화국. 알프스 산맥이 있어 경치가 아름다운 국제적 관광지로, 과일과 낙농 제품이 많이 나고 수공업적 기계 공업이 발달하였으며, 적십자사 따위의 많은 국제 기구 본부가 있다. (외래어).¶ 수잇슬넌드국 교목 쐥걸은 픔학이 단졍ᄒᆞᆫ디 로마교 중에 모든 폐단을 깅졍코져 ᄒᆞ야 쇽죄표를 내여 파는 거시 그른 거슬 붉히 ᄀᆞᄅᆞ치고 <만국통감1912 4, 19> ⇒ 수이슬넌드, 쉿스란드, 쉿슬란드, 스위서넌드, 스위슬넌드, 스위쓰런드, 스위쓸낸드, 스위[쪄$ㅍ]난드, 수이슬넌드 ☞ 셔셔, 셔ᄉᆞ국

【수크레】 명 ((지리)) 수크레(Sucre). 남아메리카 볼리비아 중남부에 있는 상업 도시. 1539년 안데스 산맥의 높이 2,600미터인 곳에 세운 도시로, 1809년 독립 혁명이 일어났다. 볼리비아의 헌법상의 수도. (외래어).¶ 도셩을 의론컨대 일홈이 수크레니 나라ㅅ 가온대요 셔편에 라파스와 [포토시란 촌이 잇고 포토시에는 은이 만히 나ᄂᆞ니라] ᄒᆞᆫ가온대는 고차밤바ㅣ란 촌이 잇고 사ᄅᆞᆷ의 픔ㅅ수는 평등이오 <사필1889-헐버트 133>

【수할치】 명 ((인류)) 수할치. 매사냥을 하는 사람. '수할치(sibawuči /sibaɣuči)'는 중세몽고어 차용어.¶ 수할치 (鷹把式) <조선어-총 515> ⇒ 슈알치, 슈왈찌, 슈하치, 슈할치 ☞ 매사치, 매소아치, 매수아치

【술-푸ᄌᆞ】 명 ((상업)) 술포자(-鋪子). '푸자(鋪子, pùzi)'는 중국어 직접 차용어.¶ [누레 푸스리] nurei puseli ‖ 남편 마즘 두 집 ᄉᆞ이에 술푸ᄌᆞ ᄒᆞ는 劉哥 사ᄅᆞᆷ이 내 죠흔 벗이러니 네 아ᄂᆞ냐 (julergi teisu juwe boo sidende nurei puseli neihe lio halangga hiyalma mini sain gucu si takambio?) <청노 3:18b>

【쉬벗】 명 ((음식)) 셔벗(sherbet). 과즙에 물, 우유, 설탕 따위를 섞어 얼린 음식. (외래어).¶ 완젼한 쉬벗(30인분) ‖ 사탕 6잔 물 6잔 귤 6개 레몬 (물만) 6개 계란 (흰자위 져은 것) 9개 생강 물 ¼잔 알몬드 약념 2쇼슈가락 사탕 1잔 건포도 1파운드 (닉이고 밀가루 좀 뿌린 것) 물과 사탕과 강판에 간 귤 3개를 셕고 10분 가량 끄려셔 식히고 귤 3개를 썹질을 벗겨 가지고 잘게 닉이고 레몬 물과 생강 물과 알몬드 약념과 사탕을 셕고 거긔다가 20잔 가량 되도록 랭슈를 붓고 모다 통에 너허 가지고 조곰 얼니다가 잘 져은 계란 흰자위를 셕거셔 조곰 더 얼닌 후에 건포도를 쳐셔 아조 얼닐 것 <서요 132> ☞ 모과슈쉬버 실과쉬버, 포도쉬벗

【쉐익쓰피어】 명 ((인명)) 셰익스피어(William Shakespeare, 1564-1616). 영국의 시인·극작가. (외래어).¶ 스트랏뽀오드에 일부러 들너 詩聖 쉐익쓰피어 宅을 가 보고 <청춘 1914.10.1>

【쉐쟈】 명 ((복식)) 화자(靴子). 신. 장화(長靴). '쉐(靴, xuē)'는 중국어 직접 차용어.¶ 쉐쟈 (靴子) <지나-의복 55> ⇒ 쉐ᄌᆞ

【쉐ᄌᆞ】 명 ((복식)) 화자(靴子). 신. 장화(長靴). '쉐(靴, xuē)'는 중국어 직접 차용어.¶ 쉐ᄌᆞ (靴子) <한자-속수 131> ⇒ 쉐쟈

【쉬덴】 명 ((지리)) 스웨덴(Sweden). 유럽 서북부, 스칸디나비아 반도 동부에 있는 입헌 군주국. 1523년 덴마크에서 독립하였으며, 1905년 노르웨이가 분리 독립하여 지금의 영토로 되었다. (외래어).¶ 쉬덴 (瑞典) <명물六堂 12b> 쉬덴 <사필> 쉬덴 (瑞典 Sweden) <만국통감1912 11> 커스타버스 셋재 (쉬덴) (革斯他伏第三 Gustavus III) (Sweden) <만국통감1912, 4, 20> 네델넌쓰국 북편에 세 적은 나라히 잇스니 일홈은 쉬덴과 노웨와 쏀막국이라 <만국통감1912 4, 40> ⇒ 쉬덴국, 스위든, 스이텐 ☞ 셔위돈

【쉬덴-국】 명 ((지리)) 스웨덴(Sweden). 유럽 서북부, 스칸디나비아 반도 동부에 있는 입헌 군주국. 1523년 덴마크에서 독립하였으며, 1905년 노르웨이가 분리 독립하여 지금의 영토로 되었다. (외래어).¶아라사국과 노웨국

과 쉬덴국과 덴막국과 덕국과 네데란스국과 벨지암국과 옝길리국과 블난시국과 <사필1889-헐버트 13> ⇒ 쉬덴, 스위든, 스이뎬 ☞ 셔위돈

【쉬마바라】 명 ((지리)) 시마바라(Shimabara, 島原). 일본 나가사키(長崎)현에 있는 시(市). 시마바라시는 나가사키현의 남동부에 있는 시마바라 반도의 동쪽 끝에 위치한다. (외래어).¶ 또 동편에 요코하마와 센다이와 도교와 수루가와 낭오야와 고븨란 포구가 잇고 남편에 쉬몬나사기와 푸쿠오가와 나가사기와 쉬마바라와 가고시마ㅣ란 포구가 잇고 <사필1889-헐버트 78>

【쉬몬나사기】 명 ((지리)) 시모노세키(Shimonoseki, 下關). 일본의 야마구치 현(山口縣) 남서쪽 끝에 있는 도시. (외래어).¶ 또 동편에 요코하마와 센다이와 도교와 수루가와 낭오야와 고븨란 포구가 잇고 남편에 쉬몬나사기와 푸쿠오가와 나가사기와 쉬마바라와 가고시마ㅣ란 포구가 잇고 <사필-헐버트 78>

【쉬에린】 명 Schwerin (외래어).¶ 쉬에린 (西法林 Schwerin) <만국통감1912 11>

【쉬커고】 명 ((지리)) 시카고(Chicago). 미국 일리노이 주 북동부의 쿡 군에 있는 도시. 미시간 호에 면하여 있으며, 미국 제2의 대도시로 중북부의 상업·공업·교통의 중심지를 이루고 있다. (외래어).¶ 북편에 법발로와 [이리 못ㅅ ᄀᆞ허라] 쉬커고와 [미시간 못ㅅ ᄀᆞ허라] 신신낫듸와 센트불이란 촌이 잇고 남편에 모빌과 누얼닌스란 포촌이 잇고 셔편에 산브란시스고와 봇란드ㅣ란 포촌이 잇고 <사필1889-헐버트 107>

【쉰위】 명 ((음식)) 훈어(燻魚). 훈제 생선. '쉰위(燻魚, xūnyú)'는 중국어 직접 차용어.¶ 燻魚 ‖ 먼저 四箇 야쥐데얼에 훠퇴 쑹화짶야쯔 쉰위 가져오고 ᄒᆞ나는 生鮮으로 네 가지 ᄆᆞᆫ든 것 홍쌒위투 회만위 장지리위즁된얼 위편얼 가져오고 반 짝 쌒야쯔에다가 펜얼버버룰 쪄셔 가져오나라 (先來四箇壓桌楪兒、火腿、松花糟鴨子、燻魚, 來一箇魚四作兒、紅燒魚頭、膾萬魚、醬汁鯉魚中段兒、魚片兒, 來半隻燒鴨子, 帶片兒餑餑.) <화교 165>

【쉴리만】 명 ((인명)) 슐리만(Schliemann, Heinrich). 독일의 고고학자·실업가(1822~1890). 트로이(Troi)의 유적지를 발굴하였으며, 미케네(Micaene) 따위를 발굴하여 에게 문명 연구에 공헌하였다. 외래어.¶ 또 셔북편 디즁히ㅅᄀᆞ헤 크고 장ᄒᆞᆫ 촌이 잇는 것슬 녜ㅅ ᄉᆞ긔에 똑똑이 긔록ᄒᆞ엿스나 지금은 형지가 도모지 업스니 덕국 사름 쉴리만이 이 ᄯᅡ 근쳐에 ᄎᆞᄌᆞ 술피되 지향ᄒᆞᆯ 수가 업고 ᄉᆞ긔에는 의심 업시 긔록ᄒᆞ엿ᄂᆞᆫ지라 <사필1889-헐버트 100>

【쉿스란드】 명 ((지리)) 스위철랜드(Switzerland). 유럽 중부에 있는 연방 공화국. 1648년 신성 로마 제국에서 독립하여, 1815년 영세 중립국으로 승인받았다. 스위스(Suisse). (외래어).¶ 쉿스란드(瑞西) <사필> ⇒ 수이슬닌드, 수잇슬닌드국, 쉿스란드국, 쉿슬란드국, 스위서넌드, 스위슬넌드, 스위쓰린드, 스위쓸낸드, 스위[ᅈ$ᄑᆞ]난드, 수이츠르란쏘 ☞ 셔셔, 셔ᄉᆞ국

【쉿스란드-국】 명 ((지리)) 스위철랜드(Switzerland). 유럽 중부에 있는 연방 공화국. 1648년 신성 로마 제국에서 독립하여, 1815년 영세 중립국으로 승인받았다. 스위스(Suisse). (외래어).¶ 디경을 의론컨대 북은 벨지암국과 북하슈 대셔양이 서로 통ᄒᆞᆫ 믈ㅅ목이오 동은 덕국과 쉿스란드국과 이다리아국이오 <사필1889-헐버트 38> 또 오번과 보쉬란 큰 산이 덕국 ᄉᆞ이에 잇고 쥬라ㅣ란 큰 산이 쉿스란드국 ᄉᆞ이에 잇고 앏이란 큰 산이 이다리아국 ᄉᆞ이에 잇고 <사필1889-헐버트 38> ⇒ 수이슬닌드, 수잇슬닌드국, 쉿스란드, 쉿슬란드국, 스위서넌드, 스위슬넌드, 스위쓰린드, 스위쓸낸드, 스위[ᅈ$ᄑᆞ]난드, 수이츠르란쏘 ☞ 셔셔, 셔ᄉᆞ국

【쉿슬란드-국】 명 ((지리)) 스위철랜드(Switzerland). 유럽 중부에 있는 연방 공화국. 1648년 신성 로마 제국에서 독립하여, 1815년 영세 중립국으로 승인받았다. 스위스(Suisse). (외래어).¶ 이스바니아국과 포츄갈국과 쉿슬란드국과 이달리아국과 오스드리아 헝거리국과 루마니아국과 셰비아국과 만트늬그로국과 터키국과 쯔리스국이니 나라가 강ᄒᆞ고 군ᄉᆞ가 졍ᄒᆞ며 지믈이 만코 직조가 긔이ᄒᆞ며 학업에 정밀ᄒᆞ고 도학에 젼일ᄒᆞ며 <사필1889-헐버트 13> ⇒ 수이슬닌드, 수잇슬닌드국, 쉿스란드, 쉿스란드국, 스위서넌드, 스위슬넌드, 스위쓰린드, 스위쓸낸드, 스위[ᅈ$ᄑᆞ]난드, 수이츠르란쏘 ☞ 셔셔, 셔ᄉᆞ국

【슈단】 명 ((지리)) 수단(Sudan). 아프리카 북동부에 있는 민주 공화국. 1956년에 영국과 이집트의 공동 통치령에서 독립하였다. (외래어).¶ 아프리가 동편 히변에 누비아와 슈단과 아베시니아와 [이다리아국이 엇기를 시작] 소마리와 ᄶᅡᆯ라와 몸바사와 [영국이 엇기를 시작] 산긔바와 [덕국이 엇기를 시작] 모삼빅과 소팔라ㅣ란 [포츄갈국이 엇기를 시작] 여러 ᄶᅡ히 잇스니 <사필1889-헐버트 151>

【슈라】 명 ((음식)) 수라(水剌). 궁중에서 임금에게 올리는 밥을 높여 이르던 말. 중세몽고어 '슈라(šüle)'의 차용어.¶ 슈라 (饍) <방석-식이 2:29a> 玉食 ‖ 옥식, 白粲, 俗訓흰쌀飯也. 進支御供曰水剌슈라. 剌, 刀也, 華音라. <명물-음식 3:37a> 슈라 (水剌) <오주-어록> 슈라 나오다 (用膳) <한청-음식 12:48a> 슈라 ᄒᆞ시다 (用膳) <방석-음철 3:1b> <과록-식찬 94a> ▼水剌 ‖ 갑진 팔월 경뫼 위예ᄒᆞ오실 때예 슈라 염진ᄒᆞ오시미 졈졈 더ᄒᆞ오시니 궁듕이 민박ᄒᆞ여 ᄒᆞ더니 이십일 어듀로셔 슈라의 헤쟝을 드리오니 곳 츄졀 신미라 (甲辰八月, 景廟違豫時, 水剌厭進之候, 漸加宮中悶迫. 二十日, 御廚於水剌供蟹醬, 卽秋節新味故.) <천소 2:25a> ▼食 ‖ 군뇨로 ᄒᆞ여곰 뉸딕ᄒᆞ야 득실을 므ᄅᆞ시며 텽단ᄒᆞ기의 브즈런ᄒᆞ샤 날이 느즈되 슈라를 니즈시고 (使群僚輪對咨訪得失, 勤於聽斷, 日旰忘食.) <열장-예종행장 10:6a> 날포 드러와 든든이 디내다가 훌텨 나가니 섭섭ᄒᆞ기

아므라타 업서 오던 때를 싱각고 더옥 섭ː훈니 슈라나 먹어도 마시 업술가 일큰르며 또 수이 볼 일만 기드리고 잇ᄂᆡ <숙휘-12 1653-88 장렬왕후(계조모) ↓숙휘공주(손녀)> 그젓믜 애 빠던 이리야 다 훈리 드러와 드러라 슈라도 쟉쟉훈나 즈로 먹으나 이제란 근심 마라 제 집은 조바 겹겹훈여 그젓믜 대조뎐셔 온돌의 왓느니라 <숙명-45 1649-59 인선왕후(어머니) ↓숙명공주(딸)> 만세황애 놓침이 편치 아니훈샤 식불감미훈시고 침블안침훈샤 일출묘말의 조회룰 황극젼의 베푸시고 조셕 슈라룰 써의 춧지 아니훈시니 <엄효 30:34> 태휘 내 만일 공쥬긔 훈른밤 아니 가는 일을 아른시면 일ː 슈라룰 폐훈신다 훈니 신즈의 방심티 못훌 배라 <유삼 2:30> 셩샹이 근심훈샤 슈라를 감훈시고 아둥을 보ᄂᆡ여 빅셩을 위란을 구훈라 훈여 계시거늘 국수를 맛다가지고 감히 쥬육으로 즐기리오 <임화 25:43> 슈라룰 폐훈고 지ᄂᆡ시더니 오날이야 이곳의 숨어 계오심을 알으시고 뎐뇌 진발훈야 송환으로 부르라 훈시는이다 <윤디경-일사 27b> 슈라 일긔 빅어탕 일긔 싱티슉 일긔 잡산적 족산적 일긔 각식 좌반 일긔 각식 쟝과 일긔 각식 혜 일긔 각식 치 일긔 팀치 일긔 진쟝 일긔 이샹 소십칠긔 <경우궁향수건기1870 상식> 대상 다례 슈라 일긔 젹두졈미슈라 일긔 잡탕 일긔 갈비찜 일긔 슈어쵸 일긔 양원젼 육원젼 일긔 각식 좌반 일긔 각식 치 일긔 각식 쟝과 일긔 각 식혜 일긔 염연어 염젼어 젹 일긔 팀치 일긔 진쟝 일긔 이샹 십삼긔 <고종·명성황후 다례발긔 상식> ※ 食 ‖ 水剌 셔실 제 모로매 시그며 더운 므디룰 술펴보시며 水剌 므르거시든 감훈샨 바룰 무르시고 셥니룰 命훈야 니른샤디 다시 말라 對答훈야 닐오디 그리 호리이다 그리 훈 後에사 믈러 오더시다 (食上必在視寒暖之節, 食下問所膳, 命膳宰曰: "末有原." 應曰: "諾." 然後退.) <내훈 1:40a> ※ 司饔院 水剌: 本蒙古語, 華音湯味(silü(n))也. <경국대전주해 후집 상:38> 我國鄕語, 最不可解者, 謂御膳曰水剌, 謂內官曰薛里, 以卑稱尊曰進賜, 以老稱主曰上典, 且奴婢收貢者謂之達化主. 此則因胡元達魯化赤而訛傳云. <지봉유설-방언 16:14> 芝峯曰: 我國鄕語, 最不可解者, 謂御饍曰水剌, 或云水剌, 蒙古語也. 麗末公主爲麗王后宮中習蒙語, 有此稱云, 未知信否也. 剌, 音라. <고석-동한역어 27> ⇒ 슈랄

【슈라-간】 명 ((관청)) 수라간(水剌間). 임금이 먹는 음식을 만드는 부엌. 중세몽고어 '슈라(šüle)'의 차용어.¶ 고셩샹 이인 다빗 이인 별소옹 이인 등촉빗 이인 각식 장 소인 슈소별감 이인 죠라적 이명 방디 이명 슈공 이명 군소 십일 명 슈라간 반공 일명 각 목 一필 <가례시외샹격불긔> 쇼원장방 조라적 이명 방직 이명 슈공 이명 슈라간 유직 이명 군소 십일 명 각 목 일필 <동궁마마논어젼길필강훈오신후ᄂᆡ외샹격불긔> ※ 金剉書 泥峴 燒木 五丹 丙辰十二月 水剌間 <정조 내사물목 한옥션94-78>

【슈라미】 명 ((음식)) 수라미(水剌米). 궁중에서 임금에게 올리는 밥을 만드는 쌀. 중세몽고어 '슈라(šüle)'의 차용어.¶ 체지 슈라미 삼두 식승 븍모 젼문 삼빅 냥 폐빅목 이필 홍촉 일빵 황촉 이빵 빅지 이권 청원향 십병 빅단향 일병 즈단향 일봉 호쵸 일봉 <탄일각쳐위축경불긔> 남묘 젼문 삼십 냥 폐빅목 삼필 슈라미 삼두 식승 … 븍묘 젼 삼십 냥 폐빅목 삼필 슈라미 삼두 식승 <탄일위축불긔번1634>

【슈라-빅미】 명 ((음식)) 수라백미(水剌白米). 궁중에서 임금에게 올리는 밥을 만드는 쌀. 중세몽고어 '슈라(šüle)'의 차용어.¶ 의디 진비 상의원과 슈라빅미 소도 시며 금은보픠 너탕고며 긔용병장 너슈소와 각식 지속 장흥고와 <한양가-고려 1844>

【슈라-상】 명 ((음식)) 수라상(水剌床). 임금이 먹는 음식을 차려놓은 상. 중세몽고어 '슈라(šüle)'의 차용어.¶ 상텬이 눕널훈여 한풍이 쎠룰 블고 우셜이 비ː훈여 삭풍이 늠ː훈니 능단과 호빅구룰 닙고 운무병 슈라상의 안존 즈도 치우믈 니긔지 못훈려든 공지 쳠하기숡의 국궁훈여시니 <성현 3:38> 뎌젼 글월이 갓금 나와 예 둔상 훈여 먹이고 조셕 슈라상이라 나오고 오시는 훈라 훈더라 <됴대비입궐일긔-한고 1819>

【슈랄】 명 ((음식)) 수라(水剌). 궁중에서 임금에게 올리는 밥을 높여 이르던 말. (중국어 차용어).¶ 水剌 슈랄 御供進止也 <진람 13a> ⇒ 슈라

【슈레ㅣ텔】 명 ((인명)) 슈로델. 오스트리아 출신. 1845년 독성이 없는 성냥을 발명한 사람. (외래어).¶ *赤燐* 슈레ㅣ텔氏 <백과신-송1926 492>

【슈마드라】 명 ((지리)) 수마트라(Sumatra)섬. 인도네시아 서부 대순다 열도의 서쪽 끝에 있는 섬. 중앙부로 적도가 지나가며 서해안을 따라서 바리 산 화산맥이 관통하는데 활발한 화산 활동을 한다. (외래어).¶ 사ㅣ암국 남편에로 슈마드라ㅣ란 셤이 잇서 폭원이 젹도 남북에로 각 일빅팔십 리니 쟝이 삼천오빅 리요 광이 륙빅 리라 <사필1889-헐버트 156>

【슈망각난-이】 부 수망각란(手忙脚亂)히. 허둥지둥. '슈망각난'은 (중국어 간접 차용어).¶ 手忙脚亂 ‖ 왕 김 냥부인과 다뭇 축부태ː와 내ː와 고랑 등이 착급훈여 슈망각난이 져룰 붓드러 안치고 인즁을 꾀집으며 쉬지 아니코 어즈러이 몽옥을 브른고 급히 몃 먹음 강탕을 먹이니 (王夫人、金夫人以及祝府的太太、奶奶, 姑娘們急的手忙脚亂, 扶他坐在地上, 掐着人中, 不住口的亂叫夢玉, 又趕着灌了幾口姜湯.) <홍부 26:74>

【슈망각난-훈-】 동 수망각란(手忙脚亂)하다. 손과 발이 어지러울 정도로 바쁘다. 허둥지둥하다. '슈망각난'은 중국어 간접 차용어.¶ 手忙脚亂 ‖ 가인 둥이 션창의 나려 몬져 한 탁즈룰 옴겨 드러와 모다 슈망각난훈여 량긔 적은 탁즈의 가득히 버리고 향촉을 현 후의 도라가 대야의게 통긔훈며 (衆家人下艙, 叫他們先擡一桌上來, 大家手忙脚亂的擺滿兩張臺桌, 點上香燭, 過去通知大爺.) <홍부 7:18> 금일의 허다 영셰훈 물건과 련일 바든 물건을 모다 급히 션샹을 보닐 명일 하로의 모든 일을 슈습훈여야 슈망각난훈미 업소리이다 (今兒還有好些零

碎同連日收下來的禮物, 都趕着發下船去. 剩了明日一天, 省得手忙脚亂的, 倒來不及.) <홍부 24:102> 즁인이 무슨 쇼용이 이시믈 아지 못ᄒᆞ고 다만 분부ᄒᆞᄂᆞᆫ 뒤로 민들식 사룸마다 졍히 일야롤 슈망각난ᄒᆞ여 겨유 민든지라 (衆人不知有何用處, 只得按着吩咐的樣子纔起. 一個個手忙脚亂, 整整鬧了一夜, 方才纔得.) <충협 4:87>

【슈보리】 명 ((불교)) ((인명)) 수보리(須菩提). 수부티(Subhūti)의 음역어. 석가모니의 십대 제자의 한 사람. 온갖 법이 공(空)하다는 이치를 처음 깨달은 사람이다. (외래어).¶ 須菩提 ‖ 골 속에 ᄒᆞᆫ 신션이 잇스되 도호ᄂᆞᆫ 갈온 슈보리 됴사라 ᄒᆞ나니 도를 비호ᄂᆞᆫ 졔ᄌᆞ 슈를 아지 못ᄒᆞᆯ너니 (那洞中有一個神仙, 稱名須菩提祖師, 那祖師出去的徒弟也不計其數.) <서유-박문 1:1:7> ※ 須菩提롤 부톄 니ᄅᆞ샤ᄃᆡ 空 아로미 第一이라 ᄒᆞ시니 거츤 ᄆᆞᅀᆞ미 本來 뷔며 듣글 境이 本來 괴외ᄒᆞᆫ돌 엇뎨 아디 몯ᄒᆞ리오 (須菩提不稱解空第一, 豈不知妄心本空, 塵境本寂.) <금삼 2:5a>

【슈비리어】 명 ((지리)) 슈피리어(Superior) 호(湖). 미국과 캐나다의 국경에 있는 오대호 가운데 하나인 호수. 운하로 휴런 호와 연결된다. (외래어).¶ 동편에 센트로렌스ㅣ란 강이 대셔양에로 드러가고 또 북편에 그렛비어와 그렛실레입이란 큰 못시 잇고 또 ᄒᆞᆫ가온대 아다비스가와 윈늬벡이란 큰 못시 잇고 동남편 합즁국 ᄉᆞ이에 슈비리어와 [쳔 리 되ᄂᆞᆫ 못] 휴런과 [팔빅 리 되ᄂᆞᆫ 못] 이리와 [팔빅 리 되ᄂᆞᆫ 못] 언데리오ㅣ란 못시 [칠빅 리 되ᄂᆞᆫ 못] 잇고 <사필1889-헐버트 103>

【슈소】 명 ((곡식)) ((식물)) 수수. 볏과의 한해살이풀. 줄기는 높이가 2미터 정도이며, 잎은 어긋맞게 나고 넓은 선 모양이다. 7~9월에 줄기 끝에서 이삭이 나와 꽃이 원추(圓錐) 꽃차례로 피고 열매는 흰색, 누런 갈색, 붉은 갈색, 검은색 따위로 가을에 익는다. 열매는 곡식이나 엿, 과자, 술, 떡 따위의 원료로 쓰고 줄기는 비를 만들거나 건축재로 쓴다. '슈소(蜀黍, shǔshǔ)'는 중국어 직접 차용어.¶ 庚子五月 완장 큰당숙 白米一斗, 슈소 二斗 <치부긔-한고1900 14a> ⇒ 수수, 수슈, 슈수, 슈슈

【슈수】 명 ((곡식)) ((식물)) 수수. 볏과의 한해살이풀. '슈수(蜀黍, shǔshǔ)'는 중국어 직접 차용어.¶ 슈수 (唐米) <조선백과-미곡 531> ⇒ 수수, 수슈, 슈소, 슈슈

【슈슈】[1] 명 ((곡식))((식물)) 수수. 볏과의 한해살이풀. 줄기는 높이가 2미터 정도이며, 잎은 어긋맞게 나고 넓은 선 모양이다. 7~9월에 줄기 끝에서 이삭이 나와 꽃이 원추(圓錐) 꽃차례로 피고 열매는 흰색, 누런 갈색, 붉은 갈색, 검은색 따위로 가을에 익는다. 열매는 곡식이나 엿, 과자, 술, 떡 따위의 원료로 쓰고 줄기는 비를 만들거나 건축재로 쓴다. '슈슈(蜀黍, shǔshǔ)'는 중국어 직접 차용어.¶ 슈슈 (秫, Sorghum, Chinese sugar-cane.) <한영1890 140> ▼薥黍 ‖ 쵹셔, 華音슈슈, 誤翻垂穗, 又囚穂椐謂之唐米. 穗黑實圓而苗似蘆, 高丈餘, 故名高粱, 又曰荻粱、蘆穄、蘆粟、木稷. 其黏者曰薥秫. 無應厓唐黍믕의슈슈, 旡芒, 熟則赤. 米唐黍뫌슈슈, 旡芒, 熟則微白. 盲干唐黍밍간슈슈, 芒長, 熟則赤. 今人祭祀所以代稷者, 時珍本草已卞其誤矣. <명물-백곡 3:32a> 슈슈, "蜀秫、蘆穄、蘆粟、木稷、荻粱、高粱"仝. (薥黍) <물명고-문통 초 1:36b> 슈슈 (薥黍) <물명고-서강 초목 6a> <물명-류씨 3> 슈슈 (薥黍) <산경 117> 俗名唐米. 슈ː (薥黍) <물해-지도 2b> ▼蜀黍 ‖ 슈슈, 又曰"秫薥"、"高粱"、"膏粱". <과록-화훼 10a> 슈ː (蜀黍) <물보-초목 상:1a> <녹효-건 4a> 蜀黍者, 粱슈슈也. (蜀黍) <몽유-식물 19a> ▼薥薥 ‖ 슈슈, =薥薥 (高粱) <역해-화곡 하:9a> <방석-미곡 3:26a> 슈슈 (薥薥) <역해-화곡 상:9a> ▼秫 ‖ 슈슈 츌 (秫) <일우생-우한> 슈슈 (秫薥) <동의-탕액 1:27a> <제중 22a> <의종 35b> <방합-직미 44b> 슈ː, 南人呼爲蘆穄. (秫薥) <각회-곡 14a> ▼高粱(米) ‖ 슈슈 (高粱米) <동해-미곡 하:3a> <몽해-미곡 하:2b> 슈슈 (高粱) <한청-미곡 12:64a> <화초-화곡 22b> 薥黍. 슈슈 (高粱) <물명고-문통 초 1:36b> 뷔 미ᄂᆞᆫ 슈슈 (笤箒高粱) <한청-미곡 12:64a> 슈슈 (稂) <고석-수경 화곡 45a> ▼黍 ‖ 黍, 기장 셔; …又슈슈曰"蜀黍". <훈몽-화곡 상:7a /12b> 슈슈 셔 (黍) <아학 상:6b> 됴셕 밥을 슈ː 기장으로 지어 먹ᄂᆞ니 만ᄒᆞ니 그 짓ᄂᆞᆫ 법이 ᄡᆞᆯ을 ᄉᆞᆯ힌 후의 내여 믈을 삐워 다시 가마의 너코 질그ᄅᆞ스로 덥허 김 아니나게 ᄒᆞ고 그 우희 또 큰 삿 덥고 다시 블 ᄶᅡ혀 내면 밥이 되더라 (朝夕飯多用唐米及黍, 其炊也, 以米入釜內煮一滚取出, 去其水, 復以米安釜內, 覆以陶器, 使不透氣, 又其上盖大簟遂更爇火, 少時開之飯成矣.) <서원-총목 63a> ▼唐 ‖ 슈슈(唐) <일용-음식 10a> 슈슈집 ᄉᆞᄌᆞ리 (唐簟) <일용-문방 2a> ▼糖米 ‖ 슈슈 (唐米) <몽유-장혼 상:8a> <군목-곡식 7a> <박물-곡식 7b> ᄒᆞᆫ 힉 슈ː 일빅 오십 셕이오 용졍ᄡᆞᆯ이 일빅 셕이오 ᄑᆞᆺ치 팔십 셕이오 (糖米百五十石, 舂米百石, 豆八十石.) <서원 2:45a> ▼薥秫 ‖ ᄀᆞ올이 다ᄃᆞ라 뎌의 심근 벼 슈슈 기장 보리 밀 메밀 콩 ᄑᆞᆺ 녹두 광쟝이 거믄콩 ᄎᆞᆷᄁᆡ 들ᄁᆡ 여러 가짓 거술 다 租稅예 밧티고 (到秋他種來的, 稻子、薥秫、黍子、大麥、小麥、蕎麥、黃豆、小豆、菉荳、莞豆、黑豆、芝麻、蘇子, 諸般的都納與了租稅.) <박언 하:37a> ▼膏粱 ‖ 秋收ᄒᆞᆯ ᄢᆡ에 다ᄃᆞ라 제 시믄 벼와 슈슈와 기장과 보리와 밀과 모밀과 콩과 ᄑᆞᆺ과 菉豆와 광쟝이 거믄 콩 ᄎᆞᆷᄁᆡ와 들ᄁᆡ 여러 가지 곡식을 (到了秋收的時候, 他種的稻子、膏粱、黍子、大麥、小麥、蕎麥、黃豆、小豆、菉豆、豌豆、黑豆、芝麻、蘇子, 諸般粮食.) <박신 3:38a> ▼料 ‖ 每 한 位의 飯錢이 한 돈 銀이오 房錢은 ᄯᅡ로 잇고 十斤 여물에 뎌되 두 돈 銀이오 거문콩 닷 되의 六分 銀이오 슈슈 ᄒᆞᆫ 말의 八分 銀이니 뎌되 혜미 ᄒᆞᆫ 냥 서 돈 銀이오 (每一位飯錢一錢銀子, 房錢在外, 十斤砍草共該二錢銀, 黑豆五升六分銀, 料一斗八分銀, 一共打算一兩三錢銀子咧.) <화계 상:18a> 도토리롤 밤이라

ᄒᆞ고 밤은 춤밤이라 ᄒᆞ고 호박은 동화라 ᄒᆞ고 동화ᄂᆞᆫ 춤도화라 ᄒᆞ고 슈〻ᄂᆞᆫ 슉기라 ᄒᆞ고 옥슈〻ᄂᆞᆫ 옥슉기라 ᄒᆞ고 <북관 3:53> 슈〻 동부 녹두 참ᄭᅢ 부룩을 뎍게 ᄒᆞ소 <농가1876 38> 송도 피 십ᄉᆞ 셕 슈〻 삼셕 모밀 삼셕 칠두 죠 이셕 콩 이셕 비천 피 뉵셕 구두 슈〻 이셕 모밀 두 셕 죠 일셕 콩 일셕 <송도 비천 밧 도지긔> ⇒ 수수, 수슈, 슈소, 슈수

【슈슈】²명 ((인류)) 수수(嫂嫂). 형수(兄嫂) 또는 제수(弟嫂). (중국어 간접 차용어).¶ 嫂 ‖ 즁인이 텽파의 스ᄉᆞ로 가셔 고모ᄅᆞᆯ 찻고 슈슈ᄅᆞᆯ 심방ᄒᆞ며 다만 샹운과 취루 량인 만나 맛더라 (衆人聽了, 自去尋姑覓嫂, 早剩下湘雲、翠縷兩個人.) <홍루 31:65> ▼嫂子 ‖ 가련이 웃고 니ᄅᆞ되 셔랑 아리 잇ᄂᆞᆫ 다ᄉᆞᆺ지 슈슈의 ᄋᆞ돌 운의 내게 와셔 수삼ᄎᆞ롤 구청ᄒᆞ여 한가지 일을 어더 쥬관ᄒᆞ려노라 (賈璉笑道: "西廊下五嫂子的兒子芸兒來求了我兩三遭, 要個事情管管.") <홍루 23:8> 앗가 엇던 슈쉬 챠ᄅᆞᆯ 거울너 왓기로 내 발셔 먹엇거니와 (纔剛那個嫂子倒了茶來, 我吃過了.) <홍루 40:61> ▼嫂夫人 ‖ 지혜 니ᄅᆞ되 우리 슈〻 종형의 부인이 지금 어ᄂᆡ 곳의 계신고 (智爺說, 我嫂夫人現在哪裏?) <충소 7:24> ▼阿嫂 ‖ 로지심이 문왈 쥬개 교두로 더브러 리별ᄒᆞᆫ 후에 어ᄂᆡ 날 슈슈의 일을 싱각지 아니ᄒᆞ엿스리오 근일 쇼식이 엇지 되엿ᄂᆞ뇨 (魯智深動問道: "洒家自與教頭滄州別後, 曾知阿嫂信息否?") <수호-신문 4:57:125> ▼姆姆 ‖ 구고ᄂᆞᆫ 엇지ᄒᆞ여 일시의 기셰ᄒᆞ여 계시며 냥위 슉〻과 슈〻ᄂᆞᆫ 엇더케 공ᄌᆞᄅᆞᆯ 디졉ᄒᆞ여 분거ᄒᆞᆯ 지경의 니ᄅᆞ럿ᄂᆞ뇨 (遂問舅姑如何一時見背, 伯伯姆姆如何相待公子, 以致分析.) <여선 2:81> ※ 嫂嫂 ‖ 家中事ᄂᆞᆫ 二位 嫂嫂ㅣ 이셔 우희 겨시고 門外事ᄂᆞᆫ 아이 ᄒᆞᆫ 짐의 다 메리이다 (家中事有二位嫂嫂在上, 門外事兄弟一擔都挑了.) <오전 4:35a> ⇒ 수수 ☞ 슈ᄌᆞ, 아슈

【슈슈-가로】명 ((음식)) 수수가루. '슈슈(蜀黍, shǔshǔ)'는 중국어 직접 차용어.¶ 슈슈가로 (蜀黍末) <녹효-건 5b> 또 벽도화가로 두 술을 슈슈가로와 조합하야 젼병을 붓쳐 ᄒᆞᆫ 조각 먹으면 셜ᄉᆞ가 날 터이니 즉시 흰죽을 멱이면 아무 더위 경이라도 염여업시 낫ᄂᆞ이라 <경험방-더위 먹은 ᄃᆡ 1b 한옥션133-152> ⇒ 수수가로, 수수가루, 슈슈ᄀᆞᄅᆞ

【슈슈-강】명 수수깡. 수수의 줄기. 수숫대를 달리 이르는 말. '슈슈(蜀黍, shǔshǔ)'는 중국어 직접 차용어.¶ 黍 ‖ 시골셔는 흔히 슈슈강을 바자를 ᄒᆞ옵니다 <교린-교정 58> ⇒ 수수짱

【슈슈과】명 ((음식)) 수수과(-菓). 미상. '슈슈(蜀黍, shǔshǔ)'는 중국어 직접 차용어.¶ 힝인과 일긔 듁졀과 일긔 슈슈과 일긔 각식졀육 일긔 농안 녀지 일긔 사당 귤병 각식당 일긔 오미ᄌᆞ다식 눌다식 송화다식 흑임ᄌᆞ다식 일긔 싱니 일긔 셕뉴 일긔 유ᄌᆞ 일긔 쥰시 일긔 싱눌 일긔 싱대조 일긔 송빅ᄌᆞ 일긔 산사병 빅ᄌᆞ병 눌병 조병 일긔 <을미십일월이십뉵일 샹ᄌᆞ 다례볼기>

【슈슈-ᄀᆞᄅᆞ】명 ((음식)) 수수가루. '슈슈(蜀黍, shǔshǔ)'는 중국어 직접 차용어.¶ 일방은 소나모겁질을 작말ᄒᆞ야 ᄀᆞᄂᆞ리 처 슈〻ᄀᆞᄅᆞ놀 된 플을 ᄲᅮ어 솔ᄀᆞᄅᆞ니 섯거 방바닥의 ᄭᆞᆯ고 겨우기를 은힝엽법ᄃᆡ로 ᄒᆞ면 호박식이 되고 견고ᄒᆞ니라 <규합-정양완b 2:38b/193> ⇒ 수수가로, 수수가루, 슈슈가로

【슈슈-나모】명 ((식물)) 수숫대. '슈슈(蜀黍, shǔshǔ)'는 중국어 직접 차용어.¶ 져즘긔 국ᄌᆞ감 귀경갈 제 ᄇᆞ람이 하 거록이 부니 듯그리 눈에 드러 안질 듕터니 이번 쳔 갈 제도 ᄇᆞ람이 하 부니 몰애 놀니매 눈을 ᄠᅳ지 못ᄒᆞ니 안질이 ᄀᆞ장 심ᄒᆞ고 날마다 슈〻나모 너 ᄡᅬ이니 ᄀᆞ장 사오납더라 <조천 84>

【슈슈-닙】명 ((식물)) 수숫잎. '슈슈(蜀黍, shǔshǔ)'는 중국어 직접 차용어.¶ 이놈의 심술들은 연화 천병의 화승테 ᄯᅩ이듯 ᄒᆞ고 동풍 안긔 쇽의 슈〻닙 ᄯᅩ이듯 ᄒᆞ고 망근 뒤희 부등깃시 벗지 아니ᄒᆞ고 <춘향-동양 5:17b> ⇒ 수수ㅅ닙, 수슈닙, 슈슈닙ㅍ, 슈슈닙ㅎ

【동풍 안긔 쇽의 슈슈닙 ᄯᅩ이듯】㊕ 동풍 안개 속에 수숫잎 ᄯᅩ이듯. 먹은 마음이 잘 뒤집히는 것을 말함.¶ 이놈의 심슐들은 연화 천병의 화승테 ᄯᅩ이듯 ᄒᆞ고 동풍 안긔 쇽의 슈슈닙 ᄯᅩ이듯 ᄒᆞ며 망건 뒤희 부등깃시 벗지 아니ᄒᆞ고 슈의 틀니면 ᄎᆞ시루ᄅᆞᆯ 쪄셔 노코 밤낫 보름을 비러도 니가 아니 드ᄂᆞᆫ 놈드리라 <남원1869 3:13a>

【슈슈-닙ㅍ】명 ((식물)) 수숫잎. '슈슈(蜀黍, shǔshǔ)'는 중국어 직접 차용어.¶ 슈슈닙피 셜당의 드럿ᄉᆞᆸᄂᆡ <교린-표 2:22a> ⇒ 수수ㅅ닙, 수슈닙, 슈슈닙, 슈슈닙ㅎ

【슈슈-닙ㅎ】명 ((식물)) 수숫잎. '슈슈(蜀黍, shǔshǔ)'는 중국어 직접 차용어.¶ 우흐로 슈〻닙히나 견고ᄒᆞᆫ 닙흘 듯거이 덥고 돌노 누른 후 됴ᄒᆞᆫ ᄆᆞᆯ을 ᄭᅳᆯ혀 어름ᄌᆞ치 치와 두고 쇼금을 동침이국 죠곰 잠간 ᄧᅡᆫ 듯ᄒᆞ게 ᄒᆞ여 붓고 듯거이 ᄲᅡ미고 마즌 그로ᄉᆞ로 우흘 덥허 두엇다가 <규합-정양완a 동과침치 1:34a/50> ⇒ 수수ㅅ닙, 수슈닙, 슈슈닙, 슈슈닙ㅍ

【슈슈-대】명 ((식물)) 수숫대. 수수의 줄기. '슈슈(蜀黍, shǔshǔ)'는 중국어 직접 차용어.¶ 蜀黍幹 ‖ 남근 다 슈〻대ᄅᆞᆯ ᄲᅡ히고 혹 버드나모도 ᄲᅡ히되 버드나모ᄅᆞᆯ 톱으로 혀 ᄲᅡ히고 도치로 ᄶᅬ리들 아니ᄒᆞ니 대개 존조각이 날가 ᄒᆞ야 앗기미러라 (薪皆蜀黍幹非此則柳木, 而皆鉅截不以斧劈, 蓋惜其札也.) <서원-총목 66b> 또 슈〻대로 도ᄂᆞᆫ 집을 ᄆᆡᆼ그라시ᄃᆡ 심히 공교ᄒᆞ거ᄂᆞᆯ (又以蜀黍幹作轉臺, 極精巧.) <서원 2:46a> ⇒ 수수대, 수수ᄃᆡ, 수숫대, 슈슈ᄃᆡ, 슈슈ㅅ대, 슈슈ᄢᅢ, 슈슈ᄢᅴ, 슈슈ᄢᅵᆼ, 슈슈ᄢᅵᆼ이, 슈슛대, 슈슛ᄢᅢ

【슈슈-ᄃᆡ】명 ((식물)) 수숫대. 수수의 줄기. '슈슈(蜀黍, shǔshǔ)'는 중국어 직접 차용어.¶ 슈슈ᄃᆡ (薥稭) <화초-화곡 22b> 기와 벽돌 흙부치와 모리 황토 빅토가지 회도 팔고 숫도 팔고 슈슈ᄃᆡ도 뭇거노코 버들그룻 치섥들과 춤바 물줄 돈ᄭᅵ이며 넉마 ᄯᅳ지 파면ᄌᆞ며 ᄯᅢ거적

의 입담비며 <연행-무자> 창호도 발나 노코 ᄇᆞ롬벽 뫼질ᄒᆞ기 슈∶ᄃᆡ로 덧울 ᄒᆞ고 외양간의 ᄢᅦ적 치기 각지동 묵거 셰ᄂᆞᆫ 과동시 ᄡᅡ하 노코 우리 집 부녀들아 겨을옷 지엇ᄂᆞ냐 <농가1876 87> 됴의 부친 비룡인가 두눈 박은 슈슈던가 <만언사답> ⇒ 슈슈대, 슈슈ㅅ대, 슈슈ᄶᅢ, 슈슈ᄯᅴ, 슈슈ᄡᅵᆼ, 슈슈ᄡᅵᆼ이, 슈슛대, 슈슛ᄶᅢ

【슈슈-밥】 명 ((음식)) 수수밥. 찰수수로만 짓거나 수수쌀을 섞어서 지은 밥. '슈슈(蜀黍, shŭshŭ)'는 중국어 직접 차용어.¶ 唐米 ‖ 밥을 갓다가 보니 슈∶밥이로ᄃᆡ 먹어보니 ᄇᆞ드럽거ᄂᆞᆯ 두어 술을 펴먹고 반찬을 달나 ᄒᆞ니 쥬인의 겨집이 갓과 비ᄎᆞ로 ᄆᆞᆫ든 ᄎᆡ ᄒᆞᆫ 뎝시와 비ᄎᆞ팀ᄎᆡ ᄒᆞᆫ 뎝시ᄅᆞᆯ 내여와시ᄃᆡ 마시 다 먹을 만ᄒᆞ더라 (取視之乃唐米, 而頗柔軟, 遂喫數匙討下飯, 主人進芥菘淹菜及菘菹各一楪, 味皆可喫.) <연행-노가재 1:45b> ▼蜀黍飯 ‖ 녹식 화사긔예 슈∶밥을 담아가지고 셔벽 교위의 안자 파ᄲᅮ리 두어 ᄀᆡ를 가지고 장을 직어 글노 반찬ᄒᆞ야 먹으ᄃᆡ 죠곰도 슈치ᄒᆞᆫ 긔식이 업ᄉᆞ니 (把鐵鏇子, 傾綠色瓦盆, 滿勺了蜀黍飯盛得一碗, 和鏇瀝水, 坐西壁下交椅以箸吸飯. 更拿數尺蔥根, 連葉蘸醬, 一飯一佐. 項附鷄子大瘿瘤, 嚼飯吃茶略無羞容.) <열하-동경 1:13b> 巳日 병은 동남을로 무식에 무더오고 혹 남북을 달여고 문 곤친 탓시라 귀명은 강냥이∶ 슈∶밥 七器 염장 갓초고 동방 십칠 보의 가 셔 번 귀명 불너 퇴송ᄒᆞ라 <육갑병점-한고 6b> 未日 병은 월살방과 손방을 달은 고동 셔람에 나무 돌 드인 타시라 귀명 퇴긔이∶ 슈∶밥 三器 염장 갓초고 술 한 잔과 말 셋 글니고 동방 十五의 셰 번 귀을 불너 퇴송ᄒᆞ라 <육갑점병-한고 6b> 이 집 뎌 집 여어보며 슈슈밥 죠죽 사발로 곱흔 비를 치오면셔 그동안 셰월을 보너던 <구마검 19>

【슈슈-밧ㅊ】 명 수수밭. '슈슈(蜀黍, shŭshŭ)'는 중국어 직접 차용어.¶ 경히 말홀 즈음에 빅후 슈슈밧치셔 소릭나며 ᄒᆞᆫ 몰탄 쇼년이 활을 지어 손의 들고 나는 ᄃᆞ시 나오니 그 얼굴이 옥셜 ᄀᆞᆺᄒᆞᆫ 미동이라 <열하긔>

【슈슈-뷔】 명 ((기물)) 수수비. 이삭을 떨어낸 수수의 줄기로 맨 비. '슈슈(蜀黍, shŭshŭ)'는 중국어 직접 차용어.¶ 슈∶뷔 (黍穰) <물명괄-공봉 31a> ⇒ 수수비, 슈슈비

【슈슈-비】 명 ((기물)) 수수비. 이삭을 떨어낸 수수의 줄기로 맨 비. '슈슈(蜀黍, shŭshŭ)'는 중국어 직접 차용어.¶ 슈∶비 (黍穰) <물명고-서강 공봉 3a> <문류-옥백 24b> 슈슈비 (唐帚) <일용-문방 3a> ⇒ 수수비, 슈슈뷔

【슈슈-ᄡᅵ】 명 ((식물)) 수수씨. '슈슈(蜀黍, shŭshŭ)'는 중국어 직접 차용어.¶ 싱치 목의 슈∶ᄡᅵ 드러거ᄂᆞᆯ 의외로 시므니 무셩이 되니라 ᄀᆞ을의 븨니 출슈∶러라 부ᄅᆞᄡᅵᄂᆞᆫ 즘싱의 ᄯᅩᆼ의 잇거ᄂᆞᆯ 시므다 <셔궁 1:140> ⇒ 슈슈씨

【슈슈-ᄡᆞᆯ】 명 ((곡식)) 수수쌀. 수수의 열매를 찧은 쌀. 고량미(高粱米). 당미(糖米). '슈슈(蜀黍, shŭshŭ)'는 중국어 직접 차용어.¶ 고과녹[본방] ‖ 극ᄒᆞᆫ 듕독ᄒᆞ면 도샤ᄒᆞ고 죽기 쉬오니 슈∶ᄡᆞᆯ ᄆᆡ예 ᄀᆞ라 즙을 먹으면 낫ᄂᆞ니라 <규합-정양완a 고과독 4:15a/346> ⇒ 수수살, 슈슈쌀, 슈슈ᄡᆞᆯ

【슈슈ㅅ대】 명 ((식물)) 수숫대. 수수의 줄기. '슈슈(蜀黍, shŭshŭ)'는 중국어 직접 차용어.¶ 슈슈ㅅ대 (藭稭) <몽해-화초 하:38b> ⇒ 수수대, 수수ᄃᆡ, 슈슈대, 슈슈ᄃᆡ, 슈슈ᄶᅢ, 슈슈ᄯᅴ, 슈슈ᄡᅵᆼ, 슈슈ᄡᅵᆼ이, 슈슛대, 슈슛ᄶᅢ

【슈슈-쇠쥬】 명 ((음식)) 수수소주(燒酒). 수수로 만든 소주. '슈슈(蜀黍, shŭshŭ)'는 중국어 직접 차용어.¶ 자네가 술을 잘 먹는다 ᄒᆞ니 슈슈쇠쥬 셰 ᄃᆡ와 쇠 셔 셰 졉시를 먹을ᄶᅡ 본가 <남훈 181>

【슈슈-ᄶᅢ】 명 ((식물)) 수숫대. 수수의 줄기. '슈슈(蜀黍, shŭshŭ)'는 중국어 직접 차용어.¶ 蜀黍幹 ‖ 남근 거의 다 슈∶ᄶᅢ를 ᄶᅡ히고 슈∶ᄶᅢ 아니면 버ᄃᆞ남기로ᄃᆡ 남글 다 톱으로 혀고 돗긔ᄅᆞᆯ ᄇᆞ리디 아니ᄒᆞ니 이ᄂᆞᆫ 돗긔밥 아니 내랴 ᄒᆞᄂᆞᆫ 일이러라 (薪皆蜀黍幹非黍皆柳, 而皆鉅截不以斧劈, 蓋惜其扎也.) <연행-노가재 1:17b> ᄉᆞ 리ᄅᆞᆯ 힝ᄒᆞ야 난하ᄅᆞᆯ 건너니 슈∶ᄶᅢ로ᄡᅥ ᄃᆞ리ᄅᆞᆯ ᄆᆞᆫᄃᆞ라 난하 좌우편의 흰모래 십여 리ᄅᆞᆯ 편히 ᄭᆞᆯ녓고 ᄉᆞ면의 뫼긔운이 청슈ᄒᆞ야 가히 ᄉᆞ랑홉더라 (行四里渡灤河, 以蜀黍幹作橋矣. 灤河左右白沙平鋪十餘里, 四面山氣淸秀可愛.) <상봉 3:47b> ᄇᆞᄃᆡ 셕회ᄒᆞ고 구들은 반간의 들이고 압ᄒᆞᆫ 댱만 드리오고 슈∶ᄶᅢ로 바조ᄒᆞ고 니기ᄂᆞᆫ 쇼근 지와로 이여시ᄃᆡ 다 암지와로 니고 숫지와ᄂᆞᆫ 대궐만 ᄒᆞ고 ᄉᆞ집은 춤네라 ᄒᆞ고 아니ᄒᆞᆫ다 ᄒᆞ더라 <조천 53> ⇒ 수수대, 수수ᄃᆡ, 슈슈대, 슈슈ᄃᆡ, 슈슈ㅅ대, 슈슈ᄯᅴ, 슈슈ᄡᅵᆼ, 슈슈ᄡᅵᆼ이, 슈슛대, 슈슛ᄶᅢ

【슈슈-ᄯᅴ】 명 ((식물)) 수숫대. 수수의 줄기. '슈슈(蜀黍, shŭshŭ)'는 중국어 직접 차용어.¶ ᄯᅩ ᄒᆞᆫ 곳 둘러보니 져긘 무숨 푸리련고 ᄡᅡ리바쟈 삿지리며 종다락기 바구니와 치반 샹ᄌᆞ 치광듀리 조리족박 함지박과 삿갓 삼티 밋둘테며 참바 뭇쥴 피ᄎᆞᆫ과 등경거리 입담비와 슈슈ᄯᅴ도 뭇거노코 숫도 팔고 회도 팔고 <연행-병인> ⇒ 수수대, 수수ᄃᆡ, 슈슈대, 슈슈ᄃᆡ, 슈슈ㅅ대, 슈슈ᄶᅢ, 슈슈ᄡᅵᆼ이, 슈슛대, 슈슛ᄶᅢ

【슈슈-ᄡᅵᆼ】 명 ((식물)) 수숫대. 수수의 줄기. '슈슈(蜀黍, shŭshŭ)'는 중국어 직접 차용어.¶ 産後因風의 슈∶ᄡᅵᆼ 삼년 묵은 비 안니 마른 거스로 거졀ᄒᆞ야 ᄒᆞᆫ 즙 죽엽 홍화 단목 송낙 목통 거졀피ᄒᆞ고 황말의 다려 먹고 취ᄒᆞᆫᄒᆞ고 <긴용방-한고 산후인풍 2b> ⇒ 수수대, 수수ᄃᆡ, 슈슈대, 슈슈ㅅ대, 슈슈ᄶᅢ, 슈슈ᄯᅴ, 슈슈ᄡᅵᆼ, 슈슈ᄡᅵᆼ이, 슈슛대, 슈슛ᄶᅢ

【슈슈-ᄡᅵᆼ이】 명 ((식물)) 수숫대. 수수의 줄기. '슈슈(蜀黍, shŭshŭ)'는 중국어 직접 차용어.¶ 양반은 조컨이와 가셰난 간난ᄒᆞ다 우례라고 ᄒᆞ던 날의 집 가ᄉᆞ를 둘너 보니 슈∶ᄡᅵᆼ이 슈간 초옥 울탈인들 잇슬소냐 <져부인젼-한고 1b> ⇒ 수수대, 수수ᄃᆡ, 슈슈대, 슈슈ᄃᆡ, 슈슈ㅅ대, 슈슈ᄶᅢ, 슈슈ᄯᅴ, 슈슈ᄡᅵᆼ, 슈슛대, 슈슛ᄶᅢ

【슈슈-쌀】 명 ((식물)) 수수쌀. 수수의 열매를 찧은 쌀.

고량미(高粱米). 당미(糖米). '슈슈(蜀黍, shǔshǔ)'는 중국어 직접 차용어.¶ 슈슈쌀 (唐米) <일용-음식 10a> ⇒ 수수살, 슈슈ᄡᆞᆯ, 슈슈ᄊᆞᆯ

【슈슈쌀-죽】명 ((음식)) 수수쌀죽(-粥). 수수의 열매를 찧은 쌀로 쑨 죽. '슈슈(蜀黍, shǔshǔ)'는 중국어 직접 차용어.¶ 또 쇠가 난산한 자는 귀벌리 셔 흡을 作末ᄒᆞ고 슈슈쌀쥭을 쑤어셔 타 먹이라 또 車前子 一合과 술 두 잔의 타 먹이라 또 이 약은 틱 논는 ᄃᆡ도 씨난이라 <우의-국한1931 15>

【슈슈-씨】명 ((식물)) 수수씨. '슈슈(蜀黍, shǔshǔ)'는 중국어 직접 차용어.¶ 슈ː씨 三四 수을 습어ᄶᅡ가 반 ᄌᆞ나 크거던 그 중에 늣 잇난 손을 두고 남은 놈언 베여 바리면 한나 두 놈이 잘 질어 ᄌᆞ이 넘거던 우중을 쳐 ᄇᆞ리면 결ː이 움이 질어 또 ᄌᆞ이 나 지거던 웅즁을 쳐 ᄇᆞ리면 게셔 움이 결ː이 나셔 번셩ᄒᆞ면 한 나무에 슈ː가 한 셤이나 거두나이라 <농집-필사 상:7b> ⇒ 슈슈ᄲᅵ

【슈슈-ᄊᆞᆯ】명 ((식물)) 수수쌀. 수수의 열매를 찧은 쌀. 고량미(高粱米). 당미(糖米). '슈슈(蜀黍, shǔshǔ)'는 중국어 직접 차용어.¶ 써업시 먹는 밥은 기장 좁살 슈슈ᄊᆞᆯ을 녹난ᄒᆞ게 술마너여 넝슈의 치워두고 진미는 다 ᄲᅢ져셔 아모 맛도 업는 거술 남녀노소 식구ᄃᆡ로 부모형뎨 쳐ᄌᆞ권쇽 한 상의 둘너안져 ᄒᆞᆫ 그릇식 밥을 ᄲᅥ셔 져ᄶᅡ치로 그러먹고 낫부면 덧 더온다 <연행-병인> 곡시푸리 볼작시면 이ᄊᆞᆯ 찹ᄊᆞᆯ 슈슈ᄊᆞᆯ과 기장 좁ᄊᆞᆯ 피ᄊᆞᆯ이며 모미보리 귀우리와 녹두 젹두 광젹이며 황틱 청틱 반주콩과 율모 의이 옥슈슈며 참기 들기 아쥭ᄶᅡ리 <연행-병인> 기룸 사 보내오며 슈ːᄊᆞᆯ은 후편 보내오리이다 <이뎡(ᄌᆞ)-한고1820/80.8.8 ↓어마님> ⇒ 수수살, 슈슈ᄡᆞᆯ, 슈슈쌀

【슈슈-엿】명 ((음식)) 수수엿. 수수를 고아서 만든 엿. '슈슈(蜀黍, shǔshǔ)'는 중국어 직접 차용어.¶ 二三十年 된듸 수ː엿슬 고되 수ː 一斗 길금 一斗 二三年 무근 호박 一介은 거쥭을 숙갈로 글거 벌리고 잘게 제미고 홋츄 一斤 細末ᄒᆞ고 싱강 一斤 細末ᄒᆞ고 슈ː엿시 거진 다 엿시 될 ᄯᅢ의 호박과 후츄와 싱강을 다 녀셔 고으면 된 조쳥이 되난이라 <약방문-한고-1> ⇒ 수수엿

【슈슈-의이】명 ((곡식)) 사탕수수. 볏과의 여러해살이풀. 수수와 비슷하나 마디와 마디 사이가 짧다. 뿌리에서 여러 개의 줄기가 모여나고 키가 4미터 정도까지 자라는데 줄기에 단맛이 있다. '슈슈(蜀黍, shǔshǔ)'는 중국어 직접 차용어.¶ 슈슈의이 (糖薏苡) <이록-음식 18a>

【슈슈-이삭】명 ((식물)) 수수이삭. '슈슈(蜀黍, shǔshǔ)'는 중국어 직접 차용어.¶ 게 잡는 슈슈이삭 밋기 (捕蟹誘子) <한청-타생기용 10:28a>

【슈슈-전병】명 ((음식)) 수수전병(-煎餠). 찰수수 가루로 만든 전병. 전병은, 찹쌀가루·밀가루·수수 가루 같은 것을 반죽하여 둥글고 넓게 하여 번철에 지진 떡. '슈슈(蜀黍, shǔshǔ)'는 중국어 직접 차용어.¶ 슈슈전병 혹 바닥은 정말이지 나는 시려 <신민 1909.6.30> ⇒ 수수전병

【슈숫-대】명 ((식물)) 수숫대. 수수깡. 수수의 줄기. '슈슈(蜀黍, shǔshǔ)'는 중국어 직접 차용어.¶ 슈숫대 (薥薥稭) <역해-화곡 하:10a> 金化ㅣ 金城 슈숫대 半단만 어더 죠고만 말마치 움을 뭇고 조쥭 니쥭 白楊箸로 지거자내 자소 나는 매서로 勸ᄒᆞᆯ만졍 一生에 離別 뉘 모로미 ᄀᆡ 願인가 ᄒᆞ노라 <만청 12:466> ⇒ 수수대, 수수ᄃᆡ, 슈슈대, 슈슈ᄃᆡ, 슈슈ㅅ대, 슈슈째, 슈슈쩌, 슈슈쩡, 슈슈쩡이, 슈숫째

【슈숫-째】명 ((식물)) 수숫대. 수수의 줄기. '슈슈(蜀黍, shǔshǔ)'는 중국어 직접 차용어.¶ 슈숫째 (秫稭) <방석-미곡 3:26b> ⇒ 수수대, 수수ᄃᆡ, 슈슈대, 슈슈ᄃᆡ, 슈슈ㅅ대, 슈슈째, 슈슈쩌, 슈슈쩡, 슈슈쩡이, 슈숫대

【슈ᄉᆞ】명 ((인류)) 수사(水賜). 무수리. 궁중에서 청소나 세숫물 드리는 일을 맡아보던 여자 종. 원래 몽고에서 쓰던 말임. 처음에는 번갈아 가며 밖에서 출입하며 일을 하였으나, 조선 태종 11년(1411)에 궁중의 소식이 밖에 새어나가는 것을 막기 위하여 궁궐 내에서 상주하는 것으로 바꾸었음. (이두어).¶ 水賜 ‖ 상왕뎐의 쥬부환관 당번환관 각 이인을 뎡ᄒᆞ고 ᄌᆞ비속고치와 별감 각 ᄉᆞ인이오 아오로 두 번의 논호고 궁녀 십인이오 냥별실시녜 각 이인이오 슈ᄉᆞ 각 일인이오 각식당 십인의 두 번의 논호고 (上王殿酒府宦官二人、長番宦官二人, 差備速古赤四人, 別監四人, 并分二番, 侍女十人, … 兩別室侍人各二人, 水賜各一人、各色掌十二人, 分二番.) <노릉 13a> 시녀 계난이 슈ᄉᆞ 학천이 슈모 언금이 덕복이 츈가히 표금이 <계축 상:20b>

【슈알치】명 ((인류)) 수할치. 매사냥을 하는 사람. '슈하치(sibawuči /sibaɣuči)'는 중세몽고어 차용어.¶ 슈알치 (鶻, A large species of duck. A falconer) <과목 건:24> ⇒ 수할치, 슈왈찌, 슈하치, 슈할치 ☞ 매사치, 매소아치, 매수아치

【슈여ᄌᆞ】명 ((복식)) 수화자(水靴子). 수혜자(水鞋子). 비올 때에 신던 무관의 장화. (중국어 차용어).¶ 슈여ᄌᆞ (快靴子) <역해-복식 상:46a> 水靴子 ‖ 轉云슈여ᄌᆞ. <명물-복식 3:28a> ▼鞋 ‖ 남ᄌᆞ는 무론귀천ᄒᆞ고 슈여ᄌᆞ와 신을 신어시니 비록 밧갈고 수레 모는 재라도 또ᄒᆞᆫ 신을 다 신어시더 (男子勿論貴賤, 皆穿鞋穿靴, 雖驅車者亦皆穿鞋.) <연행-노가재 1:19a>

【슈왈찌】명 ((인류)) 수할치. 매사냥을 하는 사람. '슈하치(sibawuči /sibaɣuči)'는 중세몽고어 차용어.¶ 슈왈찌 (鷹把式) <한청-인 5:32b> ⇒ 수할치, 슈알치, 슈하치, 슈할치 ☞ 매사치, 매소아치, 매수아치

【슈ᄌᆞ】명 ((인류)) 수자(嫂子). 형수(兄嫂) 또는 제수(弟嫂). (중국어 간접 차용어).¶ 嫂嫂 ‖ 슈ᄌᆞ는 지져괴지 말나 좌우의 사름이 업고 텬식이 임의 느져시니 네 만일 고함ᄒᆞ여 우리 동뫼 오면 더옥 죠치 못ᄒᆞᆯ지라 (嫂嫂不用嚷, 左右無人, 天氣已晩, 你要喊了我們伙計來, 更

不好了.) <충소 2:64> ☞ 슈슈

【슈쳔】 명 ((기물)) 수관(手串). 염주(念珠). 수주(手珠). 염불할 때에 손으로 돌려 개수를 세거나 손목 또는 목에 거는 법구. '천(串, chuàn)'은 중국어 직접 차용어.¶ 手串 ‖ 내 노태태의 한 ᄶᅥ어미 진쥬 슈쳔을 감쵸와 두ᄆᆡ 기시의 원앙 져졔 졍히 비고샹심ᄒᆞ무로 젼혀 아른 체 아니ᄒᆞ여시나 (我順手將老太太的一串珍珠手串藏了起來, 彼時鴛鴦姐姐正在悲苦傷心時候, 全不理論.) <홍부 2:14>

【슈판-ᄆᆞ리】 명 ((음식)) 수반(水飯)말이. 물말이. '판(飯, fàn)'은 중국어 직접 차용어.¶ ᄭᅳᆯ힌 믈 ᄒᆞᆫ 말 뉼믈긔 업시 밤 자여 그 믈에 밋술을 프러 녀흘 항을 ᄭᅳᆯ힌 믈에 부쉬여 체로 바타 밥의 섯거 서운서운 덩이ᄅᆞᆯ 플고 밥 몸이 ᄆᆞᄅᆞ게 말라 밥 섯근 거시 슈판ᄆᆞ리 ᄀᆞᄐᆞ니 칠일 후 ᄡᅳᄂᆞ니라 <디미방-졈쥬 20b>

【슈하치】 명 ((인류)) 수할치. 매사냥을 하는 사람. '슈하치(sibawuči /sibaɣuči)'는 중세몽고어 차용어.¶ 슈하치 (臂鷹者, A falconer) <한영 611> ⇒ 수할치, 슈알치, 슈왈ᄶᅵ, 슈하치, 슈할치 ☞ 매사치, 매소아치, 매수아치

【슈할치】 명 ((인류)) 수할치. 매사냥을 하는 사람. '슈하치(sibawuči /sibaɣuči)'는 중세몽고어 차용어.¶ 슈할치 (鷹把式) <과목 건:24> ⇒ 수할치, 슈알치, 슈왈ᄶᅵ, 슈하치 ☞ 매사치, 매소아치, 매수아치

【슈헐-빗】 명 ((색채)) 수갈빛(水褐-). 연갈색(軟褐色). '슈헐(水褐兒, shuǐhèr)'은 중국어 직접 차용어.¶ ᄒᆞᆫ 슈헐빗치 비단을 브텨 (稍一箇水褐段匹.) <박언 하:11a>

【슉셜-차지】 명 ((관직)) 숙설차지(熟設次知). '차지'는 이두어. 잔치 때에 음식을 맡아 준비하는 사람.¶ 시루봉과 가야봉은 슉셜차지 그 뉘시며 탕건 슨 듯 노인보은 만고풍상 격거운 듯 <금강산가-장편가집 4:28>

【슌-가라】 명 ((색채)) 완전 검은색. '가라'는 중세몽고어 '가라(qara)'의 차용어.¶ 큰궤의 오식 비단을 너허 여섯 번니 ᄂᆞ오는ᄃᆡ 처음은 빈의 부모의 차라 ᄒᆞ고 ᄒᆞᆫ 함 ᄂᆞ오고 슌가라 ᄃᆡ단 능 가겨쥬 모단이요 <됴대비입궐일긔-한고 1819>

【슐-푸리】 명 ((상업)) 술포리(-鋪裏). 술집. '푸리(鋪裏, pùli)'는 중국어 직접 차용어.¶ 酒鋪子 ‖ 흑한이 진기 가셔 슐을 ᄉᆞ 먹을시 일기 슐푸리의 안ᄌᆞ 슐을 먹으며 (黑漢眞箇去打酒喫. 在一箇酒鋪子裏坐下.) <쾌심 9:36> ⇒ 숣푸리

【숣-푸리】 명 ((상업)) 술포리(-鋪裏). 술집. '푸리(鋪裏, pùli)'는 중국어 직접 차용어.¶ 숣푸리ᄅᆞᆯ 볼작시면 약쥬 쇼쥬 온갓 슐이 ᄆᆡ우로며 불슈죠와 낙양츈 이화빅과 두견쥬 포도쥬며 계화쥬와 벽향쥬며 ᄉᆞ국공 방문쥬와 빅화쥬 년엽쥬를 나모궤를 크레 ᄶᅡ서 이 궤 제 궤 부어두고 <연행-병인> ⇒ 슐푸리

【스갓틀닌드】 명 ((지리)) 스코틀랜드(Scotland). 영국의 그레이트브리튼 북부에 있는 지방. 10~11세기에 왕국이 성립되었고 1707년에 그레이트브리튼 왕국에 병합되었으나, 별개의 자치법으로 통치되고 독자적인 사법제도, 교육 제도, 국교회 제도를 가지고 있다. (외래어).¶ 스갓틀닌드 蘇格蘭 Scotland <만국통감1912 12> 스갓틀닌드 사름 짠낙쓰는 셩경이 용감ᄒᆞ고 크게 변지가 잇ᄂᆞᆫᄃᆡ <만국통감1912 4:26>

【스넬ㅣ】 명 ((인명)) 스넬(Snell, Willebrord van Roijen). 네덜란드의 천문학자·수학자(1591~1626). '굴절의 법칙'을 발견하였으며, 삼각법으로 지구의 크기를 측정하였다. (외래어).¶ 光의 屈折의 法則 스뎰[넬]ㅣ氏 <백과신-송1926 491>

【스라손】 명 ((동물)) 스라소니. 고양잇과의 동물. 살쾡이와 비슷한데 몸의 길이는 1미터 정도이며, 잿빛을 띤 적갈색 또는 잿빛을 띤 갈색에 짙은 반점이 있다. 앞발보다 뒷발이 길고 귀가 크고 뾰족하다. 토끼, 노루, 영양 따위를 잡아먹는데 나무를 잘 타고 헤엄을 잘 친다. 여진어 'šilasun', 중세 몽고어 'šile'üsün'에서 온 말. (여진어 또는 몽고어 차용어).¶ 豹포, 俗言豹虎, 轉訓표범. 小于虎, 毛赤黃, 其文黑如劣錢而中空, 比比相次. 赤毛黑文曰赤豹, 白毛黑文曰白豹. 程. 失刺孫, 俗轉실랄손爲스라손, 謂虎生三子豹爲末子, 豹盖小于虎, 故云. 文如錢者曰金錢豹, 文如艾葉者曰艾葉豹, 俗言葛豹, 轉訓갈범. <명물-주수 4:32b> 스라손, 猞猁猻. (土豹) <박물-수 13a> ⇒ 스라손이, 슬아소니, 슬아손이, 시라손, 시라손이, 시러손, ᄉᆞ리숀

【스라손이】 명 ((동물)) 스라소니. 고양잇과의 동물. 살쾡이와 비슷한데 몸의 길이는 1미터 정도이며, 잿빛을 띤 적갈색 또는 잿빛을 띤 갈색에 짙은 반점이 있다. 앞발보다 뒷발이 길고 귀가 크고 뾰족하다. 토끼, 노루, 영양 따위를 잡아먹는데 나무를 잘 타고 헤엄을 잘 친다. 여진어 'šilasun', 중세 몽고어 'šile'üsün'에서 온 말. (여진어 또는 몽고어 차용어).¶ 로파는 늙기도 늘고 가느 귀도 먹어 스라손이 갓긴 하나 아즉 부업 일은 할만치 얼굴에 살끠도 잇서 보이고 싱싱한 멋이 남어 잇섯다 <염상섭, 숙박기1928 149> 로파는 늙기도 늙고 가느 귀도 먹어 스라손이 갓기는 하나 아즉 부억 일은 할만치 얼굴에 살끠도 잇서 보이고 싱싱한 멋이 남어 잇섯다 <염상섭, 숙박기1928 149> ⇒ 스라손, 슬아소니, 슬아손이, 시라손, 시라손이, 시러손, ᄉᆞ리숀

【스면】 명 ((음식)) 가루로 만든 국수류. 사면(絲麵). 면발이 가는 국수. 'ᄉᆞ(絲, sī)'은 중국어 직접 차용어.¶ 粉湯 ‖ 닐굽재ᄂᆞᆫ 스면 상화 각산ᄒᆞᆯ 거시라 (第七道粉湯、饅頭, 打散.) <번노 하:37b> 第七道ᄂᆞᆫ 스면과 상홰니 각산ᄒᆞᆯ 꺼시라 (第七道粉湯、饅頭, 打散.) <노언 하:34a> 첫 미수에 양 ᄆᆞᄅᆞ 고ᄋᆞ니와 蒸捲떡과 ……다 조ᄒᆞᆫ 각ᄉᆡᆨ 약 드려 ᄆᆡᆼ근 교토 두라 닐굽잿 미수엔 스면과 상화 관신돌히 ᄒᆞ마 각산ᄒᆞ리로소니 ᄲᆞᆯ리 수울 둘어 가져오라 (第一道爊羊蒸捲, 第二道金銀豆腐湯, 第三道鮮笋燈籠湯, 第四道三鮮湯, 第五道五軟三下鍋, 第六道鷄脆芙蓉湯, 都着些細料物, 第七道粉湯饅頭, 官人們待散也, 疾快旋將酒來.) <번박 상:6b> 第五道ᄂᆞᆫ 五軟三下鍋ㅣ오

第六道는 鷄脆芙蓉湯이니 다 져기 ᄀᆞ는 교토를 두고 第七道는 스면과 상화를 ᄒᆞ면 官人들히 ᄒᆞ마 흐터딜 써시니 (第五道五軟三下鍋, 第六道鷄脆芙蓉湯, 都着些細料物, 第七道粉湯饅頭, 官人們待散也, 疾快旋將酒來.) <박언 상:7a> 또 여러 잔 술 먹은 후에 稍麥과 스면 먹고 (又喫幾盞酒之後, 喫稍麥粉湯.) <박언 하:14a> 스면 누ᄅᆞ는 판이 게 갓다 홀시 스면ᄀᆞ론 그저 보내니 이 뎌근 것 보고 도로 가뎌 오소 <현풍곽씨-72 /진하-35 17c전기 곽주(남편) ↓진주하씨(아내)> ⇒ ᄉᆡ면, 시면

【스면-ᄀᆞᄅᆞ】 명 ((음식)) 사면(絲麵)가루. 면발이 가는 국수를 만드는 국수가루. '스(絲, sī)'은 중국어 직접 차용어.¶ 스면 누ᄅᆞ는 판이 게 갓다 홀시 스면ᄀᆞ론 그저 보내니 이 뎌근 것 보고 도로 가뎌 오소 <현풍곽씨-72 /진하-35 17c전기 곽주(남편) ↓진주하씨(아내)>

【스믈】 형 스몰(small). 작다. (외래어).¶ 스믈 (小) <영어일상통화단어초집 우산> ⇔ 빅그

【스시】 명 ((상업)) 사시(肆市). 저자거리. '스(肆, sī)'는 중국어 직접 차용어.¶ 도라올 길의 스시을 지나다가 공즈 사당의 둔니랴 ᄒᆞ니 문직이 막고 드리지 아니커놀 그져 도라오니라 <죽천 2:67>

【스위든】 명 ((지리)) 스웨덴(Sweden). 유럽 서북부, 스칸디나비아 반도 동부에 있는 입헌 군주국. 1523년 덴마크에서 독립하였으며, 1905년 노르웨이가 분리 독립하여 지금의 영토로 되었다. 스웨덴왕국(Kingdom of Sweden) (외래어)¶ 스위든 (瑞典) <세계전도1900> [illegible]이든 (瑞典) <태서신사> ⇒ 쉬덴, 쉬덴국, 스이텐 ☞ 셔위돈

【스위서넌드】 명 ((지리)) 스위철랜드(Switzerland). 유럽 중부에 있는 연방 공화국. 1648년 신성 로마 제국에서 독립하여, 1815년 영세 중립국으로 승인을 받았다. 스위스(Suisse). (외래어).¶ 스위서넌드 (瑞士) <세계전도1900> ⇒ 수이슬닏드, 수잇슬닏드국, 쉿스란드, 쉿스란드국, 쉿슬란드국, 스위서넌드, 스위슬닏드, 스위쓰린드, 스위쓸낸드, 스위[ᅈ$ᄙ]난드, 수이츠르란쏘 ☞ 셔셔, 셔ᄉᆡ국

【스위슬닏드】 명 ((지리)) 스위철랜드(Switzerland). 유럽 중부에 있는 연방 공화국. 1648년 신성 로마 제국에서 독립하여, 1815년 영세 중립국으로 승인을 받았다. 스위스(Suisse). (외래어).¶ 스위슬닏드의 호산이 혹 나의 오랜 동안 우거가 될지도 몰으리라 <신민 1911.12.25> ⇒ 수이슬닏드, 수잇슬닏드국, 쉿스란드, 쉬스란드국, 쉿슬란드국, 스위서넌드, 스위쓰린드, 스위쓸낸드, 스위[ᅈ$ᄙ]난드, 스이츠르란쏘 ☞ 셔셔, 셔ᄉᆡ국

【스위쓰린드】 명 ((지리)) 스위철랜드(Switzerland). 유럽 중부에 있는 연방 공화국. 1648년 신성 로마 제국에서 독립하여, 1815년 영세 중립국으로 승인을 받았다. 스위스(Suisse). (외래어). ¶ 瑞西, 스위쓰린드, 一曰瑞士. <명물-육당 12b> ⇒ 수이슬닏드, 수잇슬닏드국, 쉿스란드, 쉿스란드국, 쉿슬란드국, 스위서넌드, 스위슬닏드, 스위쓸낸드, 스위[ᅈ$ᄙ]난드, 스이츠르란쏘 ☞ 셔셔, 셔ᄉᆡ국

【스위쓸낸드】 명 ((지리)) 스위철랜드(Switzerland). 유럽 중부에 있는 연방 공화국. 1648년 신성 로마 제국에서 독립하여, 1815년 영세 중립국으로 승인을 받았다. 스위스(Suisse). (외래어).¶ 스위쓸낸드의 湖山이 或 나의 오랜동안 寓居가 될지도 몰으리라 <소년 1910.4.15> ⇒ 수이슬닏드, 수잇슬닏드국, 쉿스란드, 쉿스란드국, 쉿슬란드국, 스위서넌드, 스위슬닏드, 스위쓰린드, 스위[ᅈ$ᄙ]난드, 스이츠르란쏘 ☞ 셔셔, 셔ᄉᆡ국

【스위[ᅈ$ᄙ]난드】 명 ((지리)) 스위철랜드(Switzerland). 유럽 중부에 있는 연방 공화국. 1648년 신성 로마 제국에서 독립하여, 1815년 영세 중립국으로 승인받았다. 스위스(Suisse). (외래어).¶ 스위[ᅈ$ᄙ]난드 (瑞士) <태서신사> ⇒ 수이슬닏드, 수잇슬닏드국, 쉿스란드, 쉿스란드국, 쉿슬란드국, 스위서넌드, 스위슬닏드, 스위쓰린드, 스위쓸낸드, 스이츠르란쏘 ☞ 셔셔, 셔ᄉᆡ국

【스위치】 명 ((기물)) 스위치(switch). 전기회로를 열고 닫는 장치. (외래어).¶ 벌떡 일어나서 스위치를 비틀고 누엇다 <염상섭, 표본실의 청개고리1921 119>

【스이츠르란쏘】 명 ((지리)) 스위철랜드(Switzerland). 유럽 중부에 있는 연방 공화국. 1648년 신성 로마 제국에서 독립하여, 1815년 영세 중립국으로 승인을 받았다. 수도는 베른(Bern). 스위스(Suisse). (외래어).¶ 스이츠르란쏘 (瑞士) <[illegible]> ⇒ [illegible], 수잇슬닏드국, 쉿스란드, 쉿슬란드국, 스위서넌드, 스위슬닏드, 스위쓰린드, 스위쓸낸드, 스위[ᅈ$ᄙ]난드 ☞ 셔셔, 셔ᄉᆡ국

【스이텐】 명 ((지리)) 스웨덴(Sweden). 유럽 서북부, 스칸디나비아 반도 동부에 있는 나라. 1523년 덴마크에서 독립하였으며, 1905년 노르웨이가 분리 독립하여 지금의 영토로 되었다. (외래어).¶ 스이텐 (瑞典) <환중대구장상육주 19후반> ⇒ 쉬덴, 쉬덴국, 스위든 ☞ 셔위돈

【스치분손】 명 ((인명)) 스티븐스(Stephenson, George). 영국의 증기기관차 발명가(1781~1848). 처음으로 증기 기관차를 제작하였으며 리버풀과 맨체스터 사이에 철도를 부설하였다. (외래어).¶ 汽車 스치분손氏 <백과신-송1926 491>

【스카쓰로와풀스】 명 미상. (외래어).¶ 스카쓰로와풀쓰 (四家潑脯) <조반>

【스카이쓰크레퍼】 명 skyscraper. 마천루(摩天樓). '하늘에 닿을 듯한 집'이라는 뜻으로, 아주 높은 고층 건물을 이르는 말. (외래어).¶ 스카이쓰크레퍼 저 놉흔 집들 하늘 뚤코 말려는 形勢 잇도다 <청춘 1914.10.1>

【스카일너】 명 ((지리)) Fort Schuyler. (외래어).¶ 스카일너 (포듸) (斯開勒 Fort Schuyler) <만국통감1912 12>

【스카트】 명 ((복식)) 스커트(skirt). 서양식 치마. (외래어).¶ 스카트 가비여이 다니는 美人 꽃과 나비보다도 어엿브고나 <청춘 1914.10.1>

【스컷란드】 명 ((지리)) 스코틀랜드(Scotland). 영국의 그레이트브리튼 북부에 있는 지방. 10~11세기에 왕국이 성립되었고, 1707년에 그레이트브리튼 왕국에 병합되었다. (외래어).¶ 디형을 의론컨대 동편 큰 셤을 셋세 갈나 일홈ᄒᆞ니 남편은 옝길란드ㅣ라 ᄒᆞ고 동편은 스컷란드ㅣ라 ᄒᆞ고 셔편은 웰스ㅣ라 ᄒᆞ며 셔편 젹은 셤은 아열란드ㅣ오 <사필1889-헐버트 32>

【스케팅】 명 ((체육)) 스케이팅(skating). 스케이트를 신고 얼음판 위를 지치는 일. (외래어).¶ 스케팅 ‖ '스케잇트' 하는 것 <조선-심 110> ⇒ 스켓팅

【스켓팅】 명 ((체육)) 스케이팅(skating). 스케이트를 신고 얼음판 위를 지치는 일. (외래어).¶ 가련한 타이피스트의 로상 스켓팅이라고 <염상섭, 무현금(제1회)1934 79> 스토-프 압헤 옹기종기 모여 안즌 <염상섭, E선생1922 1> ⇒ 스케팅

【스탁홈】 명 ((지리)) 스톡홀름(Stockholm). 스웨덴의 발트해 북부에 있는 항구 도시. (외래어).¶ 도셩을 의론컨대 쉬덴국 도셩은 일홈이 스탁홈이니 나라 동편 볼틱 하슈ㅅㄱ히오 노웨국 도셩은 일홈이 그리스듸안나ㅣ니 나라 남편이오 사ᄅᆞᆷ의 픔ㅅ수는 도모지 평등이오 [칠십년 젼에 도모지 평등으로 뎡ᄒᆞ니라] 빅셩의 ᄉᆞ업은 바다ㅅ 고기잡기와 벌목ᄒᆞ기와 즘승치기와 쇠픈기와 롱ᄉᆞᄒᆞ기며 <사필1889-헐버트 19>

【스탄릐】 명 ((인명)) 스탠리(Stanley, 1841~1904). 영국의 탐험가·신문기자. 아프리카에서 실종된 리빙스턴을 구출하였으며, 나일강의 수원(水源)과 콩고 수로를 발견하였다.¶ 詩人에 「빠이론」 갓흔 熱情人이 업고 學者에 「짜아윈」 갓흔 血誠人이 업고 士人에 「스탄릐」 갓흔 豪勇兒가 업서 「타일드、하롤드」갓히 우리의 마음을 感動하난 旅行上 文字가 나디 안코 <소년1908.11.1 76>

【스테인】 명 스테인(stain). 착색(着色). 주모 목재의 바탕에 스며들어서 색을 내게 하는 재료를 통틀어 이르는 말. (외래어).¶ 取扱品目 벵키 스테인 와늬쉬 왝쓰 에나멜 漆油 테펜타인 칠붓 等 <서요1930 W.W.テイラ一商會광고>

【스텍】 명 ((음식)) 스테이크(steak). 고기를 적당한 두께로 썰어서 소금과 후춧가루를 뿌려 뭉근히 구워 익혀서 만든다. (외래어).¶ 속 너흔 삐푸스텍 ‖ 스텍 (두 인치로 버힌 것) 2파운드 모로 중간을 쪽의여 아래 법대로 속을 너코 고기를 으로스팬에 너허 1시간 동안 천천히 구으대 잇다금 잇다금 팬에 나온 국물을 써셔 고기 우에 부으며 고기를 뒤집어 노하 누러케 될 때까지 굽고 다 닉은 다음에 고기를 팬에셔 끄내고 그 팬에 다른 국물 2잔을 붓고 밀가루를 조곰 셕거 되게 하야 가지고 고기와 함끠 먹을 것 <서요 22> ☞ 삐푸스텍

【스토-프】 명 ((기물)) 스토브(stove). (외래어).¶ 스토-프에 불지른 뒤에 <염상섭, 제야1922 5:46> 스토-프 압헤 옹기종기 모여 안즌 <임상섭, E선생1922 1>

【스톤】 명 ((광물)) 스톤(stone). 돌. (외래어).¶ 스톤 (石) <영어일상통화단어초집 우산>

【스트랄센드】 명 ((지리)) 슈트랄준트(Strelasund). 독일, 메클렌부르크포어포메른 주에 있는 도시. 뤼겐섬 맞은편의 발트해(海) 어귀인 슈트렐라준트(Strelasund)에 면하여 있다. (외래어).¶ 스트랄센드 (斯他勒森 Stralsund (Earl)) <만국통감1912 12> 두 사ᄅᆞᆷ이 다시 군ᄉᆞ를 거ᄂᆞ리고 덕국 북편 디경에 니르러 방ᄌᆞ히 죽이고 사로잡을시 스트랄센드셩에셔 왈넨스다인의 군ᄉᆞ의게 둘너곤케 ᄒᆞᆷ을 닙엇ᄂᆞᆫ뒤 <만국통감1912 4, 47>

【스트렌씨】 명 ((지리)) 스트렌스(Struensee). (외래어).¶ 스트렌씨 斯徒恩薩 Struensee <만국통감1912 12>

【스트릐쏘드】 명 ((지리)) 스테포드. (외래어).¶ 스트릐쏘드 (斯他弗德 Stafford (Eael)) <만국통감1912 12>

【스팀】 명 ((기물)) 스팀(steam). 더운 물이나 더운 김을 보내어 집안을 덥히는 장치. 난방(暖房). (외래어).¶ 스팀의 설비가 업는 사무실에는 <염상섭, 무현금1934 2:72>

【스티크】 명 ((기물)) 스틱(stick). 지팡이. 막대. 단장(短杖). (외래어).¶ 손에 잇든 스티크로 뎌 豪傑을 한 번 티니 <홍학 1910.1.20>

【스파다】 명 ((지리)) 스파르타(Sparta). 그리스 펠로폰네소스 반도 남동부 라코니아 지방에 있던 고대 도시 국가이며 오늘날에는 에브로타스 강 오른쪽 연안에 있는 라코니아 주의 수도. (외래어).¶ 디구야 네 품속에 깃튼 우리의 스파다를 죽음에셔 살니여라 <신민 1916.8.3>

【스페인】 명 ((지리)) 스페인(Spain). 유럽 남서부 이베리아 반도 대부분을 차지하는 입헌 군주국. 15세기 말 왕국이 성립되어 번영하였으며, 1931년에 공화국이 되었다가 1975년에 왕정이 복고되었다. 수도는 마드리드. (외래어).¶ 스페인 (西班牙) <세전1900> 스페인 <태서신사> 로오마로 하여곰 불불 떨게 한 것이 全혀 스페인 神祠 압헤서 이를 갈면서 둙어도 한번 로오마를 해내겟다는 뜻을 세운 七歲小兒 한니빨의 함인 것을 생각하면 可히 이 理致를 알디라 <소년 少年時言 1908.11.1 8> ⇒ 시페인, 쓰페인 ☞ 셔반아, 셔반아국, 왜스빠릐아, 이스바니아, 이스바니아국

【스폰지-과자】 명 ((음식)) 스펀지쿠키(sponge cookies). (외래어).¶ 스폰지과자 ‖ 계란 2개 사탕 1잔 가량 밀가루 1잔 가량 빼킹파우더 1쇼슈가락 (수북히) 물 2½대슈가락 호도 (너인 것) ⅔잔 계란을 잘 젓고 사탕을 셕거 다시 젓고 밀가루와 빼킹파우더를 함끠 체에 쳐셔 셕근 후에 물을 치고 또 호도를 셕고 기름 발은 큰 팬에 12개에 난호아 붓고 불을 알맛치 하고 구올 것 <서요 201>

【스폰지-사탕떡】 명 ((음식)) 스펀지케이크(sponge cake). (외래어). 버터, 밀가루, 달걀, 설탕을 주재료로 폭신폭신하게 구운 케이크. (외래어).¶ 스폰지사탕떡 ‖ 계란 4개 사탕 (미국 고운 것) 2잔 찬물 1잔 (괄숨하게) 레몬 약념 1쇼슈가릐 밀가루 2잔 빼킹파우더 1½쇼슈기락 계란 노

른자위를 잘 져은 후 사탕을 조곰식 조곰식 셕고 다음에 물을 셕고 또 레몬 약념을 셕고 그 후에 밀가루와 뻬킹파우더를 함끠 체에 밧쳐셔 셕고 나죵에 계란 흰자위를 잘 져어셔 셕거 가지고 기름 발은 팬에 붓고 45분 가량 뭉군한 불에 구을 것 <서요 173>

【스푸링】 명 ((복식)) 스프링코트(spring coat)에서 온 말. 속에 입는 소매가 짧은 셔츠. (외래어).¶ 벽에 걸린 스푸링을 빼어 입으면서 <염상섭, 이합1948 133> 흰 뿔라우스에 회색 스푸링을 걸친 옥례와 <염상섭, 입하의 절(제1회)1950 241>

【슬라비안】 명 ((인류)) 슬라비안(Slavian). 슬라브족. 주로 유럽 동부와 동남부에 살며 북아시아 태평양 연안에까지 퍼져 살고 있는 유럽 최대의 민족. (외래어).¶ 한억반 슬라비안 큰 민족은 우리의 가쟝 졍든 친구로다 <신민 1917.9.13>

【슬리빠】 명 ((복식)) 슬리퍼(slipper). 끌신. (외래어).¶ 불이나케 마루를 뛰어나려 슬리빠를 짝짝어리고 <현진건, 황원행1929 99> ⇒ 슬립바, 슬립퍼

【슬립바】 명 ((복식)) 슬리퍼(slipper). 끌신. (외래어).¶ 슬립바를 벗고 <염상섭, 금반지1924 144> ⇒ 슬리빠, 슬립퍼

【슬립퍼】 명 ((복식)) 슬리퍼(slipper). 끌신. (외래어).¶ 슬립퍼 두 켜레가 나란히 노혀 잇고 <염상섭, 여객1927 154> ⇒ 슬리빠, 슬립바

【슬아소니】 명 ((동물)) 스라소니. 고양잇과의 동물. 살쾡이와 비슷한데 몸의 길이는 1미터 정도이며, 잿빛을 띤 적갈색 또는 잿빛을 띤 갈색에 짙은 반점이 있다. 앞발보다 뒷발이 길고 귀가 크고 뾰족하다. 토끼, 노루, 영양 따위를 잡아먹는데 나무를 잘 타고 헤엄을 잘 친다. 여진어 'šilasun', 중세 몽고어 'šile'üsün'에서 온 말. (여진어 또는 몽고어 차용어).¶ 슬아소니 (貙) <물명고-서강 조수 9b> ⇒ 스라손, 스라손이, 슬아손이, 시라손, 시라손이, 시러손, 〈리손

【슬아손이】 명 ((동물)) 스라소니. 고양잇과의 동물. 살쾡이와 비슷한데 몸의 길이는 1미터 정도이며, 잿빛을 띤 적갈색 또는 잿빛을 띤 갈색에 짙은 반점이 있다. 앞발보다 뒷발이 길고 귀가 크고 뾰족하다. 토끼, 노루, 영양 따위를 잡아먹는데 나무를 잘 타고 헤엄을 잘 친다. 여진어 'šilasun', 중세 몽고어 'šile'üsün'에서 온 말. (여진어 또는 몽고어 차용어).¶ 슬아손이, 츄 (貙) <물명괄-조수 11b> ⇒ 스라손, 스라손이, 슬아소니, 슬아손이, 시라손, 시라손이, 시러손, 〈리숀

【슬이-도적】 명 ((인류)) 소매치기. 스리(掏摸すり). (일본어 차용어).¶ 슬이도적 (小綹) <한지-인사 16> ⇒ 쓰리

【승국】 명 ((인류)) 승국(承局). 관아의 차역(差役). (중국어 간접 차용어).¶ 承局 ‖ 그 승국이 지촉ᄒᆞ여 왈 태위 기ᄃᆞ리시니 밧비 가자 ᄒᆞ거ᄂᆞᆯ 림츙이 칼을 가지고 승국과 ᄒᆞᆫ가지로 나올시 (兩個承局催得林冲穿了衣服, 拿了那口刀, 隨這兩個承局來.) <수호-신문 1:6:74> 창쥬부 중의 우후 압번과 압뢰 승국 절급들이 쥬동의 인졍 아니 밧은 재 업고 겸ᄒᆞ여 쥬동의 일단 화긔에 뉘 아니 ᄉᆞ랑ᄒᆞ리오 (那滄州府裏押番、虞候、門子、承局、節級、牢子, 都送了些人情, 又見朱仝和氣, 因此上都歡喜他.) <수호-신문 4:50:22> 각 성의 잇ᄂᆞᆫ 바 미미ᄒᆞᄂᆞᆫ 승국과 총관과[다 일보ᄂᆞᆫ 사ᄅᆞᆷ] 동ᄉᆞᄒᆞᄂᆞᆫ 사ᄅᆞᆷ들이 셜반이 년쇼ᄒᆞ여 셰샹 일을 아지 못ᄒᆞᆷ을 보고 믄득 승시ᄒᆞ여 속여 아ᄉᆞ니 경셩 여러 곳의 싱리 졈졈 모숀ᄒᆞᄂᆞᆫ지라 (各省中所有的買賣承局、總管、夥計人等, 見薛蟠年輕不諳世事, 便趁時拐騙起來. 京都幾處生意, 漸亦銷耗.) <홍루 4:50> ※ 承局 ‖ 양홍이 쥬인의 명을 바다 노샹의셔 거즛 공치로라 일ㅋ고 검문산 관왕묘를 ᄎᆞᄌᆞ가 목말나 물 어더 먹어지라 웨지즈니 (再說楊興奉了主命, 在路打扮做個官差下書的承局, 夜宿曉行, 不一日來到劍門山.取路竟投關王廟來, 只推口渴, 問廟裏討湯水吃.) <평요 3:27> 표도인이 져의 셩닉를 보고 거즛 닐오ᄃᆡ ᄉᆞ부의 말이 올흐니 닉일 공치롤 보고 무러오리이다 (乜道見他發惡, 故意道: '師父說的是, 待明日去尋那承局質問他便知.') <평요 3:33>

【승기악탕】 명 ((음식)) 승기악탕(勝妓樂湯). 스끼야끼(sukiyaki). 살찐 묵은 닭과 채소로 끓인 국. (일본어 간접 차용어).¶ 승기악탕 ‖ 술딘 진계 두족 업시ᄒᆞ고 거니장ᄒᆞ고 그 속의 술 ᄒᆞᆫ 잔 초 ᄒᆞᆫ 잔 쳐 뉵침으로 겨러 박오가리 표고 파 졔육 기름긔 업시 ᄊᆞ흐라 만히 녀코 슈란 ᄱᅡ 녀허 탕을 금듕감 민드돗 ᄒᆞᄂᆞ니 이거시 왜관 음식으로 기악보다 낫단 말이니라 <규합-동경 승기악탕 2:20b> 승기악탕 ‖ 술찐 진계 두 족 업시ᄒᆞ고 거너쟝ᄒᆞ고 그 속의 술 ᄒᆞᆫ 잔 기롬 ᄒᆞᆫ 잔 됴흔 초 ᄒᆞᆫ 잔 쳐 뉵침으로 뻘너 박우거리 표고 파 졔육 기롬긔 뻐흐러 만히 너코 슈란 ᄱᅡ 너허 탕을 금듕감 민드돗 ᄒᆞ니 이거시 왜관 음식으로 기악도곤 낫다 말이니라 <규합-정양완b 승기악탕 1:9b/82> 승기악탕 ‖ 쇠고기 잰 것을 남비바닥에 깔고, 진장을 발라 구운 숭어 토막을 담고, 그 위에 온갖 채소와 고명을 굵게 썰어 얹고, 왜된장에 끓인 음식. <큰사전-한글학회 4:1885> ※ 又嘗於公座, 見一貴人進羹, 陸品、海品、羽毛、鱗介、蔬菜、芝栭. 凡以饌品名者, 無不畢具, 醬味又逈異常品問之, 乃自倭國來者, 名曰勝妓樂湯. 余行得托, 故不食. <이가환 정헌쇄록> 饌品以杉煮爲美雜用魚肉, 菜蔬百物, 和酒醬爛煮, 如我國雜湯之類. 昔有群倭避雨於杉木之下, 飢甚思食, 各以所有之物, 合投於一器, 而炊杉木以煮, 其味便好, 因爲得名. 方言謂杉曰勝枝, 故俗呼勝枝冶岐. 冶岐又煮之訛音也. <해행총재-2 문견잡록>

【싀근초】 명 ((식물)) 시금치[赤根菜, chìgēncài]. (중국어 직접 차용어).¶ 싀근초 <법한 538> ⇒ 싀근치, 시곰초, 시굼초, 시근초, 시근취, 시근치, 시금채, 시금취, 시금치, 시금치

【싀근치】 명 ((식물)) 시금치[赤根菜, chìgēncài]. (중국어 직접 차용어).¶ 시금치 | 시금치 | 싀근치 <법한 538>

⇒ 싀근초, 시곰초, 시굼초, 시근초, 시근취, 시근치, 시금채, 시금취, 시금치, 시금ᄎᆡ

【싀면】 명 ❶ ((음식)) '틈 사이로 새는 면'이라 해서 '싀면'이라 한 듯하다. 한자어 표기도 '漏麵'으로 하였는바 '샐 漏'가 사용되어 있다. 국수틀의 작은 구멍을 통해 반죽이 새어 나오게 하여 면발을 만드는 데서 '漏麵'이라는 이름이 붙여진 것이다. (중국어 차용어).¶ 싀면 (漏麵) <주방문 13b> [하루] ▼halu ‖ 이러ᄒᆞ면 싱션湯 ᄃᆞᆰ湯 ᄆᆞ론 안쥬 싀면 상화 쟝만ᄒᆞ면 죠흐리라 (uttu oci nimaha šasiha, coko šasiha, kataha saikū, halu mentu dagilaci sain.) <청노 7:4a> 싀면 ᄀᆞᄅᆞᆯ 물의 눅게 프러 너른 그ᄅᆞ싀 쪄 노화 ᄭᅳᆯ는 물에 듕탕ᄒᆞ야 ᄒᆞᆫ ᄃᆡ 어리거든 그 ᄭᅳᆯ는 물을 ᄡᅳ면 믉게 닉거든 ᄎᆞᆫ물에 ᄢᅦ여듬가 희거든 됴근 약과낫ᄀᆞ치 사ᄒᆞ라 ᄡᅳᄂᆞ니라 <디미방-토쟝법 1b> 모밀을 거피ᄒᆞ여 ᄉᆞᆷᄀᆞᆯ롤 깁체예 노외여 고온 진ᄀᆞᆯ리나 싀면 ᄀᆞᆯ리나 썻거 면을 ᄀᆞᄂᆞ리 싸ᄒᆞ라 오미ᄌᆞ쑥의 잣 교토ᄒᆞ면 녀롬 차반이 ᄀᆞ장 됴ᄒᆞ니라 <디미방-차면법 11a> 싀면[漏麵] ‖ 새 진ᄀᆞᆯ롤 졉 내여 느즈기 풀 쑤어 두고 녹말을 믈 ᄲᅧ려 셜기 반쥭ᄒᆞ듯 잇ᄀᆞ 부빈 후에 그 플로 반쥭 알마초 ᄒᆞ여 무흔 치면 손의 뭇지 아니코 졈졈 눅거든 박의 손ᄶᅡ락 들게 구무 세흘 ᄯᅳ워 손ᄶᅡ락을 바가 들고 그 반쥭ᄒᆞᆫ 거슬 박의 브어 ᄭᅳᆯ론 믈 우희 들어 손ᄶᅡ락을 ᄲᅢ면 흘러 ᄂᆞ리ᄂᆞ니 ᄀᆞ놀게 ᄒᆞ리거든 노피 들라 ᄂᆞ릴 제 져로 혜져져 조흔 걀러 그러 다마 ᄎᆞᆫ믈의 브ᄋᆞ라 ᄊᆡᆼ국이어나 오미ᄌᆞ국의 쳥밀 ᄐᆞ거나 ᄒᆞ여 쓰라 또 ᄒᆞᆫ 방문은 반쥭을 우와 ᄀᆞ치 호ᄃᆡ 잠싼 되ᄌᆞ기 ᄒᆞ여 ᄀᆞ는 분판의 누르라 ᄒᆞ기 쉽고 됴ᄒᆞ니라 <주방-가람 싀면 13b> ❷ 가루로 만든 국수류. 사면(絲麵). 면발이 가는 국수. 또는 분탕(粉湯), 즉 밀가루를 풀어서 끓인 맑은 장국.¶ '싀(絲, sī)'는 (중국어 직접 차용어).¶ 싀면 (粉湯) <역해-식이 상:51b> 싀면 (粉湯) <고석-수경 식이 43b> 싀면, 粉湯(細粉) <역해-식이 상:51b> 싀면 (細粉) <고석-수경 식이 43b> ⇒ 스면, 시면

【쉰크림 건강가루 사탕떡】 ((음식)) 사워크림 생강케이크(sour cream ginger bread cake.). 사워크림(sour cream)은 생크림을 젖산으로 발효시킨 것으로 신맛이 있으며 과자의 원료로 쓰인다. (외래어).¶ 쉰 크림 건강가루 사탕떡 ‖ 쉰 크림 1잔 몰나셋스 1잔 소다 1쇼슈가락 밀가루 2잔 뎡향가루 ½쇼슈가락 계피가루 1쇼슈가락 건강가루 1쇼슈가락 소곰 ½쇼슈가락 크림과 몰나셋스와 소다를 셕고 다음에 밀가루와 계피가루와 뎡향가루와 건강가루와 소곰을 체에 밧하셔 셕고 기름 발은 팬에 담아셔 법대로 구울 것 <서요 157>

【쉴란드-셤】 명 ((지리)) 셸란섬(Sjaelland-). 덴마크 동부에 있는 셸란 제도의 주된 섬. (외래어).¶ 도셩을 의론컨대 일홈은 고벤헤근이니 쉴란드셤에 잇고 또 대셔양 북편 아이스란드셤에 라익야빅이란 읍닉와 북아메리까 북편에 그린란드 셤 촌이 잇고 <사필1889-헐버트 22>

【시고븨아】 명 ((지리)) 세고비아(Segovia). 에스파냐 중앙부에 있는 도시. 로마 시대의 수도교(水道橋)와 중세의 고딕 성당 따위가 남아 있다. (외래어).¶ 셔편에 싸다쇼와 살나만가ㅣ란 큰 촌이 잇고 북편에 발바오ㅣ란 큰 촌이 잇고 또 셔울 갓가이 돌늬도와 시고븨아ㅣ란 큰 촌이 잇고 사름의 픔ᄉᆞ수는 량반과 션비와 빅셩이오 <사필1889-헐버트 43>

【시곰치】 명 ((식물)) 시금치[赤根菜, chìgēncài]. (중국어 차용어).¶ 시곰치 능 ([艹$陵]) <음첩a 17a> ⇒ 싀근초, 싀근치, 시굼치, 시근초, 시근취, 시근치, 시금채, 시금취, 시금치, 시금ᄎᆡ

【시굼치】 명 ((식물)) 시금치[赤根菜, chìgēncài]. (중국어 차용어).¶ 시굼치 파, 菜名. (菠) <의옥 50> ⇒ 싀근초, 싀근치, 시곰치, 시근초, 시근취, 시근치, 시금채, 시금취, 시금치, 시금ᄎᆡ

【시근초】 명 ((식물)) 시금치[赤根菜, chìgēncài]. (중국어 직접 차용어).¶ 싀영 | 싀영나물 | 시근치 | 시근초 <법한 1012> ⇒ 싀근초, 싀근치, 시곰치, 시굼치, 시근취, 시근치, 시금채, 시금취, 시금치, 시금ᄎᆡ

【시근취】 명 ((식물)) 시금치[赤根菜, chìgēncài]. (중국어 직접 차용어).¶ 시근취 (赤根菜, 菠[艹$陵]) <물보-소채 상:2a> ▼薐菠 ‖ ᄂᆞ물은 마놀 파 빅치 시근취 부로 당근 미나리 쑴바괴 이시ᄃᆡ (菜蒴、葱、菘芥、蘿葍、薐菠[俗名時根菜]、胡蘿葍[俗名唐根], 最多萵苣、芹、苦菜、羌亦有之.) <연행-노가재 1:21b> ⇒ 싀근초, 싀근치, 시곰치, 시굼치, 시근초, 시근치, 시금채, 시금취, 시금치, 시금ᄎᆡ

【시근치】 명 ((식물)) 시금치[赤根菜, chìgēncài]. (중국어 직접 차용어).¶ 싀영 | 싀영나물 | 시근치 | 시근초 <법한 1012> [艹$陵] ‖ 시근치 릉, 俗呼"菠[艹$陵]菜". 又呼"赤根菜", 又呼"菠菜". <훈몽-소채 상:8a /14b> 시근치 능 ([艹$陵]) <음운 8b> <음첩b 9a> ▼菠 ‖ 시근치 파 (菠) <훈몽-소채 상:8a /14b> 시근치 파, 菠, 菜名, 自西國來. <자주 하:52a> 시근치 (菠菜) <방석-채소 3:28a> <한청-채효 12:36a> 시근치 (菠薐) <동의-탕액 2:35a> 시근치 (菠菜) <물명-류씨 3> ▼菠薐 ‖ 파능, 其莖柔脆, 中空, 其葉綠膩柔厚, 直出一尖, 旁出兩尖似豉子花葉, 其根大如吉叓, 色赤而味甘, 俗言赤根菜而赤, 華音치, 轉云시근치. 菠菜、波斯草. <명물-소채 3:45a> ▼赤根 ‖ 이 년ᄀᆞᆫ 외 가지 파 부치 마놀 댓무수 동화 박 계ᄌᆞ 쉿무수 시근치 다ᄉᆞ마 (這藕菜、黃瓜、茄子、生葱、薤、蒜、蘿蔔、冬瓜、葫蘆、芥子、蔓菁、赤根、海帶.) <번노 하:38a> 이 년근ᄌᆞ 외 가지 파 부치 마놀 댓무우 동화 박 계ᄌᆞ 쉬무우 시근치 다ᄉᆞ마 (這藕菜、黃瓜、茄子、生葱、薤、蒜、蘿蔔、冬瓜、葫蘆、芥子、蔓菁、赤根、海帶.) <노언 하:34b> ▼赤根菜 ‖ 시근치 (赤根菜) <역해-채소 하:10b> <동해-채소 하:4a> <과록-화훼 11b> 댓무우 쉿무우 부로 아혹 비치 시근치 고싀 역괴 피 미놀 부치 형개 박하 물쑥 믈 한 댓무우 노론 댓무

우 토란 紫蘇를 다 시므라 (蘿蔔、蔓菁、萵苣、葵菜、白菜、赤根菜、園荽、蓼子、葱、蒜、薤、荊芥、薄荷、茼蒿、水蘿蔔、胡蘿蔔、芋頭、紫蘇都種來.) <박언 중:33b> 댓무우 쉿무우 부로 아혹 비치 시근치 고싀 파 마놀 부치 형개 박하 믈쑥 물 한 댓무우 노른 댓무우 토란 紫蘇를 다 시믐이 됴타 (蘿菖、蔓菁、萵苣、葵菜、白菜、赤根菜、芫荽、蔥、蒜、薤菜、荊芥、薄荷、茼蒿、水蘿菖、胡蘿菖、芋頭、紫蘇都好種的.) <박신 2:39b> ⇒ 싀근초, 싀근치, 시곰치, 시굼치, 시근초, 시근취, 시근치, 시금채, 시금취, 시금치, 시금치

【시금채】 명 ((식물)) 시금치[赤根菜, chìgēncài]. (중국어 차용어).¶ 시금채 파, 菜名. "菠薐". (菠) <자석 하:48b> ⇒ 싀근초, 싀근치, 시곰치, 시굼치, 시근초, 시근취, 시근치, 시금취, 시금치, 시금치

【시금취】 명 ((식물)) 시금치[赤根菜, chìgēncài]. (중국어 차용어).¶ 시금취 (赤根菜, 菠菜) <물명고-서강 초목 5a> 시금취 (赤根菜) <문류-초목 31a> 시금취 (菠[艹$陵]) <물명고-서강 초목 5a> 시근치 (菠[艹$陵]) <만병회춘편 19b> ⇒ 싀근초, 싀근치, 시곰치, 시굼치, 시근초, 시근취, 시근치, 시금채, 시금치, 시금치

【시금치】 명 ((식물)) 시금치[赤根菜, chìgēncài]. (중국어 차용어).¶ 시금치 (赤根菜) <물명괄-초목 1b> 시금치 (菠菜) <만통-야채 471> 시금치 | 시금치 | 싀근치 <법한 538> 움파 두 단 팔 젼 김 공평동 중론님계셔 오실 쎄에 수온 것 흔 톳 이십 젼 숭우 이 젼 마고 두 갑 십이 젼 시금치 십 젼 콩나물 이 젼 <가용-한고 1936.12.8> 마고 두 갑 십이 젼 북어 흔 마리 오 젼 양초 흔 즈루 숨 젼 시금치 육 젼 <가용-한고 1937.1.2> ⇒ 싀근초, 싀근치, 시곰치, 시굼치, 시근초, 시근취, 시근치, 시금채, 시금취, 시금치

【시금치-수풀네】 명 ((음식)) 시금치 수플레(Spinach souffle). 수플레는 달갈흰자를 거품을 낸 것에 그 밖의 재료를 섞어서 부풀려 오븐에 구워낸 요리 또는 과자. (외래어).¶ 시금치수풀네 ‖ 시금치(spinach, 잘 써러서 닉힌 것) 1잔 밀가루 1대슈가락 우유 2잔 계란 (노른자위와 흰자위를 각각 잘 져은 것) 2개 소곰 조곰 쌔터 조곰 이 여러 가지 에다가 계란 흰자위를 셕고 펜에 담아셔 중탕하야 구을 것 (간 치스를 그 우에 뿌리면 맛이 더 조흠) <서요 68> ☞ 련근수풀네, 옥슈슈수풀네, 옥슈슈가루수풀네

【시금치】 명 ((식물)) 시금치[赤根菜, chìgēncài]. (중국어 차용어).¶ 시금치 | 시금치 | 싀근치 <법한 538> 시금치 (菠菜) <한지-채곡 34> ⇒ 싀근초, 싀근치, 시곰치, 시굼치, 시근초, 시근취, 시근치, 시금채, 시금취, 시금치

【시기스몬드】 명 ((인명)) 시기스문드. 시기스문드 3세 (Sigismund III). 폴란드의 국왕(1587~1632)이며, 1592년부터 1599년까지 스웨덴의 국왕을 겸하였다. 1594년 스웨덴의 루터교 주의를 유지만을 약속한 후에 스웨덴 왕위에 올랐다. (외래어).¶ 시기스몬드 (셋재) (폴닌드) 西基斯閔第三 Sigismind III (Poland) <만국통감1912 12> 또 왕의 아둘 시기스몬드로 로바교의 ᄀᆞᄅᆞ침을 밧게 ᄒᆞ나 <만국통감1912 4, 41>

【시나】 명 ((지리)) 지나(支那). 차이나(China). 중국 본토의 다른 명칭. 주로 일본에서 중국을 칭하던 말. (외래어).¶ 시나 (支那) <신한 146> ⇒ 지나

【시라손】 명 ((동물)) 스라소니. 고양잇과의 동물. 살쾡이와 비슷한데 몸의 길이는 1미터 정도이며, 잿빛을 띤 적갈색 또는 잿빛을 띤 갈색에 짙은 반점이 있다. 앞발보다 뒷발이 길고 귀가 크고 뾰족하다. 토끼, 노루, 영양 따위를 잡아먹는데 나무를 잘 타고 헤엄을 잘 친다. 여진어 'šilasun', 중세 몽고어 'šile'üsün'에서 온 말. (여진어 또는 몽고어 차용어).¶ 시라손 (土豹) <훈몽-수축 상:9b /18a> <동의-탕액 1:50b> <역해-주수 하:33b> 시라손 (猞) <방석-주수 4:13a> <과록-금수 17a> <물명고-서강 조수 9b> ※ 土豹皮, 俗稱時羅孫皮 <경국대전주해 후집 하:66> 矢刺孫: 本經, 東胡謂豹曰矢刺孫, 似是我東所謂猞猁猻, 卽土豹也. <물명고 1:11> ⇒ 스라손, 스라손이, 시라소니, 시라손이, 시러손, 스리손 ☞ 표월

【시라손이】 명 ((동물)) 스라소니. 고양잇과의 동물. 살쾡이와 비슷한데 몸의 길이는 1미터 정도이며, 잿빛을 띤 적갈색 또는 잿빛을 띤 갈색에 짙은 반점이 있다. 앞발보다 뒷발이 길고 귀가 크고 뾰족하다. 토끼, 노루, 영양 따위를 잡아먹는데 나무를 잘 타고 헤엄을 잘 친다. 여진어 'šilasun', 중세 몽고어 'šile'üsün'에서 온 말. (여진어 또는 몽고어 차용어).¶ 시라손이 (貙, 猞猁猻) <물보-모충 상:18a> ▼土狐 ‖ 흔 수릐에 산 시라손이롤 시러가더 남그로 궤롤 짜 너코 흔편의 굼글 내여거놀 보니 형상이 표범 ᄀᆞᆮᄐᆞ더 쟉더라 (一車載生土狐, 盛以木櫃, 一面開孔可見, 狀如豹而小.) <연행-노가재 2:45a> ▼土豹 ‖ 니만뒤 황뎨 셩지로 시라손이롤 잡으라 돈니더니 홀나흔 올뎍홰 등 빅여 긔 승허ᄒᆞ야 녀연 강계 싸헤 드러와 남녀 뉵십ᄉᆞ 명을 노략ᄒᆞ야 가거놀 (李滿住奉聖旨捕土豹, 忽刺溫、兀狄哈等百餘騎乘虛入閭延、江界虜男婦六十四名.) <조기-서변정토 4:2> ▼豺 ‖ 근일의 당ᄂᆡ관이 공쥬 등쳐의 머므러 과동ᄒᆞ야 히동청과 시라손이롤 잡아가고 (近又有張內官營於孔州等處, 留連過冬打捕海靑、豺而歸.) <조기-서변정토 4:124> ⇒ 스라손, 스리손이, 시라소니, 시라손, 시러손, 스리손

【시란-ᄒᆞ-】 동 슬란(膝欄)하다. 치맛단에 금박을 박아 선을 두르다. '시(膝, xī)'는 중국어 직접 차용어.¶ 膝欄 ‖ 겨스리 다돋거든 벽드르문엣 비단 한옷과 초록 면듀 한옷과 금으로 짜 시란흔 한옷과 감차할 믈썁 바탕애 ᄉᆞ화문흔 비단 한옷과 (到冬間, 界地紵絲襖子、綠紬襖子、織金膝欄襖子、茶褐水波浪地兒四花襖子.) <번노 하:50b>

【시러손】 명 ((동물)) 스라소니. 고양잇과의 동물. 살쾡이와 비슷한데 몸의 길이는 1미터 정도이며, 잿빛을 띤 적갈색 또는 잿빛을 띤 갈색에 짙은 반점이 있다. 앞발보다 뒷발이 길고 귀가 크고 뾰족하다. 토끼, 노루, 영양 따위를 잡아먹는데 나무를 잘 타고 헤엄을 잘 친

다. 여진어 'šilasun', 중세 몽고어 'šile'üsün'에서 온 말. (여진어 또는 몽고어 차용어).¶ 土豹, 시러손 <동의-탕액 1:50b> ⇒ 스라손, 스라손이, 슬아소니, 슬아손이, 시라소니, 시라손, 시라손이, ᄉᆞ리손

【시루】 명 ((복식)) 세루(細縷). 날실에 두 올 꼰실을 쓰고 씨실에 같은 꼰실 또는 홑실을 써서 빗줄짜임으로 사지와 비슷하게 짠 양복천. 서지. 사지(ザージ)는 'セル地'의 준말. (프랑스어 'serge'의 일본어 차용어).¶ 시루 치마 ᄎᆞ 일 지리 밍회식 치마 ᄎᆞ 일 인조 회식 치마 ᄎᆞ 일 …옥양목 반물 치마 ᄎᆞ 일 당목 옥식 치마 ᄎᆞ 일 셰목 은옥식 치마 ᄎᆞ 이 도양져 반물 치마 ᄎᆞ 일 모슈 옥식 치마 ᄎᆞ 일 <물목-음성 1940> ⇒ 세루, 셔누, 셔루, 셰루, 시루, 시류

【시리아】 명 ((지리)) 시리아(Syria). 서아시아, 지중해, 동해안 지역을 통틀어 이르는 이름. 기원전에는 페니키아인이 활약하던 곳이었으며, 현재는 시리아·요르단 하시미테 왕국·레바논·이스라엘 등의 국가들이 있다. (외래어).¶ 셔국 총왕 헤라글니오ㅣ 벨시아 국왕 고스로에로 더브러 싸혼 지 두어 ᄎᆞ례에 총왕이 자조 패ᄒᆞᆫ지라 고스로에가 긔 승홈을 ᄐᆞ 시리아롤 나아가 치고 곳 예루사름에 니르러 로략ᄒᆞ야 셩을 불살오며 자가리아 쥬교롤 사로잡고 이젼 공스당디노의 모친 헬네나 셩후의 머므른 바 십ᄌᆞ셩가롤 쎄아사 가니 <첨례-셩가광영 12a>

【시마】 명 ((복식)) 시마[縞島]. 줄무늬 '시마(縞島, sima)'는 일본어 직접 차용어.¶ 양청 싱고ᄉᆞ 치마 일 남식 메린쓰 치마 일 옥식 메린쓰 치마 일 흑식 시마 보이루 치마 일 흑식 보이루 치마 일 옥식 모슈 치마 이 옥식 모슈 싱쳐 치마 이 흑식 목시루 치마 이 옥양목 치마 여셧 <의물목 칸옥션4-60>

【시마지】 명 ((복식)) 시마지[縞島地]. 줄무늬 복지(服地). '시마(縞島, sima)'는 일본어 직접 차용어.¶ 시마지 저고리 ᄎᆞ 일 …시마지 치마 ᄎᆞ 일 언식 속치마 ᄎᆞ 일 빅식 무명 치마 ᄎᆞ 일 빅식 명쥬 치마 ᄎᆞ 일 <물목-진명-1 1952 유록모번단> 시마지 한 필 디두룽 반 필 송사동치 화장품 디금 이만 원 황금 목거리 닷 돈 팔지 일곱 돈 황금 반지 서 돈 반 다마반지 시계 보선 일 고무신 일 전도 병진 일월 십구일 <물목-의암-2 1976 상의> ※ 남양 섬 지방에서 줄무늬를 넣어서 짠 직물이 일본에 도래한 데에서 비롯하였다고 함.

【시멘스】 명 ((인명)) 지멘스(Siemens, Ernst Werner von). 독일의 물리학자·공업가(1816~92). 구타페르카 케이블과 여러 전신·전동 기계를 발명하였으며, 1847년에 독일 최대의 전기 기기 제작 회사인 지멘스 할스케 회사를 창설하였다. (외래어).¶ 電車 시멘스氏 <백과신-송 1926 491>

【시면】 명 ((음식)) 가루로 만든 국수류. 사면(絲麵). 면발이 가는 국수. 실국수. '시(絲, sī)'는 (중국어 직접 차용어).¶ 시면 (時麵) <일용-음식 8a> <박물-식물 8b> 시면 (細麵) <이록-음식 18a> 뉵회 잡뉵회 어회 미나리강회 셰파강회 두릅회 링면 부빔국슈 장국링면 밀국슈 시면 오미ᄌᆞ국 <음식방문 1947> ⇒ 스면, 싀면

【시몬】 명 ❶ ((인명)) 시몬(Simon). 십이 사도의 한 사람. 본디 갈릴리 사람으로, 가나안의 시몬 또는 셀롯이라 불리었으며 십자가에 못박혀 순교하였다고 한다. (외래어). 미상.¶ 바리식 교인 중에 시몬이라 ᄒᆞᄂᆞᆫ 쟈가 예수의 명셩 듯고 졉디홈믄 ᄂᆞ졀ᄒᆞ야 어ᄂᆞ날 만찬셕에 만찬을 졉디ᄒᆞᆫ다 그 집에 드러가셔 ᄀᆞᆺ치 안져 잡수실제 이샹ᄒᆞᆫ 일 잇셧고나 <연경-주고가 38> 네 말이 올타 ᄒᆞ고 녀인을 도라보며 시몬의게 ᄒᆞᄂᆞᆫ 말숨 시몬아 시몬아 뎌 녀인의 힝홈 보라 <연경-주고가 38> ❷ 베드로의 다른 이름.¶ 베드루의 본 일홈은 시몬이러니 오쥬ㅣ 일홈을 곳쳐 세파스ㅣ라 ᄒᆞ니 라딘말노 번역ᄒᆞ면 베드루ㅣ니 반셕의 아롬다온 근긔라 뜻을 포함ᄒᆞ니라 <첨례-베드루종도 63b> 그 모친은 마리아요 그 형뎨ᄂᆞᆫ 야고보와 요셉 시몬 유다이며 그의 모든 ᄌᆞ믹들은 우리 리웃 그 아닌가 <연경-피축가 51> 예수ㅣ ᄀᆞᆯᄋᆞ샤디 시몬 바요나야 너ᄂᆞᆫ 복이 잇ᄂᆞᆫ 쟈라 육신으로 이런 뜻을 도뎌히 알 수 업고 하ᄂᆞ님의 지시 업시 알 쟈가 업ᄂᆞ니라 내가 네게 닐ᄋᆞ노니 네 일홈은 베드로라 <연경-고빅가 67>

【시버리아】 명 ((지리)) 시베리아(Siberia). 우랄 산맥과 태평양 사이에 있는 북아시아 전체를 포함하는 광대한 지역. (외래어).¶ 西伯利亞 ‖ 시베리아의 日氣는 몹시 추어서 房안에 暖爐를 피어도 흠석 추운 것을 感覺하오 (西伯利亞的天氣, 在屋裏燒洋爐, 也覺得凍的慌.) <중전 78> 러시아의 領土를 카쓰핀海까지 擴張하고 시버리아 侵略하기를 始하고 <소년1908.11.1 54> ⇒ 시베랴, 시베리아

【시베랴】 명 ((지리)) 시베리아(Siberia). 우랄 산맥과 태평양 사이에 있는 북아시아 전체를 포함하는 광대한 지역. (외래어).¶ 쭈러진 집신에 발감게 하고 시베랴 찬바람 거슬리면서 <소년 1908.12.1> ⇒ 시버리아, 시베리아

【시베리아】 명 ((지리)) 시베리아(Siberia). 우랄 산맥과 태평양 사이에 있는 북아시아 전체를 포함하는 광대한 지역. (외래어).¶ 西伯利亞 ‖ 시베리아의 日氣는 몹시 추어서 房안에 暖爐를 피어도 흠석 추운 것을 感覺하오 (西伯利亞的天氣, 在屋裏燒洋爐, 也覺得凍的慌.) <중전 78> 아시아 러시아의 시베리아에 사는 퉁구쓰族의 女兒라 <소년1908.11.1 55> ⇒ 시버리아, 시베랴

【시시오루】 명 ((복식)) 히시오리(菱織ひしおり). 마름모꼴의 도드라지게 보이는 옷감. (일본어 차용어).¶ 보라식 시시오루 하의 차 일 고리찡 양식 하의 차 일 양식 썬쑤링 하의 차 일 썬쑤링 흑식 하의 차 일 분홍 인조 웃똥 하의 차 일 북청식 인조 웃똥 하의 차 일 <물목-1897/1957.12.20> ⇒ 시시오리

【시시오리】 명 ((복식)) 히시오리(菱織ひしおり). 마름모

꼴의 도드라지게 보이는 옷감. (일본어 차용어).¶ 옥식 시시오리 져구리 ᄎᆞ일 도리쇡 은쥬ᄉᆞ 져구리 ᄎᆞ일 빕븨루 져구리 ᄎᆞ일…혁쇡 비로도 치마 ᄎᆞ일 빅쇡 시시오리 치마 ᄎᆞ일 도리쇡 신짓구 치마 ᄎᆞ일 빕비루 치마 ᄎᆞ일 <물목-경고-2 쟝농> 양쇡 시ᄉᆞ오리 나이롱 ᄒᆞᆫ이 ᄎᆞ일 …오동쇡 시ᄉᆞ오리 ᄒᆞᆫ이 ᄎᆞ일 연유록 나이롱 시ᄉᆞ오리 ᄒᆞᆫ이 ᄎᆞ일 <물목-진명-2 1961 유록> ⇒ 시시오루

【시실리】 명 ((지리)) 시칠리아(Sicilia). 이탈리아 반도 남서쪽 끝에 있는 섬. 지중해에 있는 섬 가운데 가장 크다. (외래어).¶ 디형을 의론컨대 북에는 앏이란 큰 산이 두루고 못과 모든 강이 만코 또 북에셔브터 남에로 압페나인이란 산이 나라 ᄒᆞᆫ가온대로 건너 가고 남에는 시실리란 큰 셤과 비슈비엇이란 화산이 잇고 또 시실리 셤 동편에 엣나ㅣ란 화산이 잇고 이 두 화산이 미우 크고 ᄒᆞᆼ샹 연긔와 큰 불ㅅ길과 소리가 대단히 나ᄂᆞ니라 <사필1889-헐버트 50>

【시까고】 명 ((지리)) 시카고(Chicago). 미국 일리노이주 북동부에 있는 도시. (외래어).¶그쪄 시까고에 자미스런 노롬이 잇셧소 그것은 큰 ᄉᆞ자 ᄒᆞᆫ 마리와 큰 곰 ᄒᆞᆫ 마리의 격투인디 <일선 298>

【시까고-부】 명 ((지리)) 시카고부(Chicago府). 미국 일리노이주 북동부에 있는 도시. (외래어).¶ 市俄古府 ‖ 기타 여러 가지 지죠를 ᄒᆞ엿는 동안에 맛참 미국 시까고부에셔 만국 디박람회가 열녀셔 산타가 여긔 ᄂᆞ아가 연예ᄒᆞ기 위ᄒᆞ야 멀니 미국으로 도항ᄒᆞ엿습니다 <일선 298>

【시쓰】 명 ((복식)) 슈스(繻子, しゅす). 견직물의 하나. '시쓰(繻子, しゅす)'는 일본어 차용어.¶ 별문 진ᄉᆞ 시쓰 져구리 ᄎᆞ일 송화쇡 본견 볍단 져구리 ᄎᆞ일 양청 슈단 진ᄉᆞ 시쓰 져구리 ᄎᆞ일 고동쇡 진ᄉᆞ 시쓰 슈단 져구리 ᄎᆞ일 빅쇡 수단 본견 시쓰 져구리 ᄎᆞ일 양회쇡 본견 빠런스 져구리 ᄎᆞ일 <물목-3 1938 더발> ☞ 사대미, 사덴, 사딩이

【시아들】 명 ((지리)) 시애틀(Seattle). 미국 북서부, 워싱턴 주에 있는 상공업 도시. 태평양 연안에 면하고 배후에 워싱턴 호(湖)를 둔 항구이며, 주(州) 최대의 도시이다. (외래어).¶ 또 동편에 붓란트와 부스든과 브라비덴스와 누역과 필네델피아와 너퍽과 잘쓰던과 사반나와 남편에 모빌과 누얼린스와 짤비스던과 셔편에 산씌에고와 산브란시스고와 시아들이란 포구가 잇스며 <사필1889-헐버트 106> ⇒ 시아틀

【시아틀】 명 ((지리)) 시애틀(Seattle). 미국 북서부, 워싱턴 주에 있는 상공업 도시. 태평양 연안에 면하고 배후에 워싱턴 호(湖)를 둔 항구이며, 주(州) 최대의 도시이다. (외래어).¶ 美國 시아틀 市에셔 大博覽會 기設ᄒᆞ고 <대매 1909.3.30> ⇒ 시아들

【시에라네바다】 명 ((지리)) 시에라네바다(Sierra Nevada). 미국 캘리포니아 주의 동부를 남북으로 달리는 산. (외래어).¶ 디형을 의론컨대 셔에 으라키산이오 히변에 가스켓과 시에라네바다ㅣ란 큰 산이 잇고 동편에 아블라지안과 블루늬지와 알늬게늬와 그린이란 산이 잇고 <사필1889-헐버트 105>

【시에라네온】 명 ((지리)) 시에라리온(Sierra Leone). 아프리카 서쪽 해안에 있는 공화국. 1961년에 영국으로부터 독립하였다. (외래어).¶ 아프리가 셔편 바다ㅅ ᄀᆞ헤 세늬감비아와 시에라네온과 라비리아국과 민쥬국이라 아쉬안듸와 다호메와 기무룬과 로왕고와 강고와 앙골라와 벵궬라와 다마라와 나마과ㅣ란 여러 디방이 잇스니 <사필1889-헐버트 147>

【시에루】 명 ((인명)) 셸레(Scheele, Karl Wilhelm). 스웨덴의 화학자(1742~1786). 타르타르산, 염소, 산화바륨 따위를 발견하였다. (외래어).¶ 鹽素 시에루氏 <백과신-송 1926 492>

【시욘】 명 ((지리)) 시온(Zion). 이스라엘과 요르단 사이의 예루살렘에 있는 언덕. 기원전 10세기 경 다윗이 성을 건설하였으며, 그의 아들 솔로몬이 여호와의 신전을 건립한 이래 성스러운 산이라고 하여 유대 민족의 신앙의 중심지가 되었다. (외래어).¶ 여호와ᄭᅴ셔 사로잡힌 시욘 사름을 돌녀보내실 때에 우리가 꿈ᄭᅮᄂᆞᆫ 사름 ᄀᆞᆺᄒᆞ엿도다 <시편 126:57a> 여호와여 내가 쥬룰 일즉 웨쳐 불너 알외디 쥬는 나의 피ᄒᆞᄂᆞᆫ 곳이며 시욘이 잇ᄂᆞᆫ 짜헤 나의 분뎡이 되셧습ᄂᆞ이다 <시편 142:60a> ⇒ 씨욘

【시이미이】 명 ((복식)) 미상. (일본어 차용어).¶ 양쇡 시리미이 치마 ᄎᆞ일 양달 뎡반물 치마 ᄎᆞ일 씨슈오리 혹쇡 치마 ᄎᆞ일 오바루 풀쇡 치마 ᄎᆞ일 모슈 옥쇡 진솔 치마 ᄎᆞ일 모슈 다름 치마 ᄎᆞ일 몸 빠리스 치마 ᄎᆞ일 <광주(光州) 노재효(盧載孝) 물목1947.5.3 한옥션152-198>

【시트론】 명 ((식물)) 불수감(佛手柑). 레몬 비슷한 식물. 시트론(citron). (외래어).¶ 약념 실과 사탕쩍 ‖ 누른 사탕 1잔 몰나셋스 1잔 쌔터 ½잔 계피가루 1대슈가락 뎡향가루 ½대슈가락 계란 3개 건포도 ½파운드 밀가루 3잔 소다 1쇼슈가락 (수북히) 호도 (닉인 것) ½잔 시트론(썬 것) ½잔 사탕과 쌔터를 묽게 개여 가지고 몰나셋스와 잘 져은 계란을 셕고 또 소다 셕근 밀가루와 과실들을 셕고 5분 가량 후에 기름 발은 모핀 팬에 담고 뭉군한 불에 다른 사탕쩍처럼 구을 것 <서요 207> ⇒ 싯트론, 씨트론

【시파치】 명 ((인류)) 시파치(時波赤). 응방(鷹坊)에서 매를 기르는 사람. 고려 때 몽고어의 영향으로 생긴 말. '시파치(šibauči)'는 중세몽고어 차용어. 새[鳥]를 가리킨 명사에 접미사 '-čï'가 붙어서 파생된 것이다.¶ ※ 恭愍王二十年設鷹坊, 其養飼者曰時波赤. <고려사-백관지 77:27>

【시페인】 명 ((지리)) 스페인(Spain). 유럽 남서부 이베리아 반도 대부분을 차지하는 입헌 군주국. 15세기 말 왕국이 성립되어 번영하였으며, 1931년에 공화국이 되

었다가 1975년에 왕정이 복고되었다. 수도는 마드리드. (외래어).¶ 시페인 (西班牙) <명물-육당 13a> ⇒ 스페인, 쓰페인 ☞ 셔반아, 셔반아국, 왜스빠릐아, 이스바니아, 이스바니아국

【시푼】 명 십분(十分). 십성(十成). 금(金)의 품질을 10등급으로 나누었을 때 가장 높은 등급. '시푼(十分, shífēn)'은 (중국어 직접 차용어).¶ 細 ‖ ᄀ장 됴ᄒᆞᆫ 시푼 구의나깃 은 ‖ ᄀ장 됴ᄒᆞᆫ 시푼 구의나깃 은 잇다 (有細絲官銀.) <번박 상:74a> 내 해 다 실 ᄀᆞᄂᆞᆫ 구의나깃 시푼 은이니 (我的都是細絲官銀.) <번박 상:33a> 시딕갑스로 시푼 은 열두 량애 ᄒᆞ야 (時值價錢, 白銀十二兩.) <번노 하:16b>

【신뎐】 명 ((지리)) 신전(神田). 동경에 있는 지명. (일본어 차용어).¶ 신뎐의 어떤 책사에서 <염상섭, 초련1926 109>

【신샹】 명 심상(心上). 마음속. '신(心 xīn)'은 중국어 직접 차용어.¶ 心上 ‖ 내 또 보챠다려 무러 말ᄒᆞ기를 로태태가 신샹이 블쾌ᄒᆞ시다 ᄒᆞ기로 이를 인ᄒᆞ여 오ᄂᆞᆯ은 감히 경동ᄒᆞ지 못ᄒᆞ엿더니 (我聞得寶兒說, 老太太心上不大爽, 因此今日也不敢驚動.) <홍루 50:76>

【신신낫듸】 명 ((지리)) 신시내티(Cincinnati). 미국 중동부 오하이오 주의 남서쪽에 있는 상공업 도시. (외래어).¶ 북편에 법발로와 [이리 못ᄉᆞ ᄀᆞ하라] 쉬커고와 [미시간 못ᄉᆞ ᄀᆞ하라] 신신낫듸와 센트불이란 촌이 잇고 남편에 모빌과 누얼닌스란 포촌이 잇고 셔편에 산브란시스고와 봇란드ㅣ란 포촌이 잇고 ᄒᆞᆫ가온대 센루의와 긴사싀듸와 오마하와 데베ㅣ란 촌이 잇고 <사필1889-헐버트 107>

【신의】 대 ((인류)) ((문서)) 신의(身矣). 의녀(矣身). 내 몸. (이두어).¶ 납돌 처 ‖ 무타 뒤이 살년을 당ᄒᆞ여 싱도 어려울 쁜더러 교젼븨 초졍이 소싱비 명첨 무오싱 신의 신병이 부릴 길 업소니 원미인쳐의 헐가 방미ᄒᆞ여 봉가납뒤 후니 비ᄌᆞ 드듸여 셩문이급 이의당ᄉᆞ라 샹젼니 을히 오월 십오 (수장) <노비 방매를 위해 상전이 납돌에게1875 영남대 도서관> ☞ 의몸, 의신, 녀의신

【신직구】 명 ((복식)) 일본 지명 동경(東京)의 신주쿠(新宿)에서 온 상표명인 듯함. (일본어 차용어).¶ ᄌᆞ쥬 ᄉᆞ딩 치마 ᄎᆞ 분홍 신직구 치마 ᄎᆞ 술식 미광단 치마 ᄎᆞ 은식 모슈 치마 ᄎᆞ 당목 흑물 치마 ᄎᆞ 셰목 익물 치마 ᄎᆞ <물목1954 한옥션108-122> 신직구 살식 져고리 ᄎᆞ 일 …홍식 신직구 치마 ᄎᆞ 일 …신직구 살식 치마 ᄎᆞ 일 …신직구 슉식 치마 ᄎᆞ 일 …신직구 단녀 ᄎᆞ 일 <물목 1972 07:07:01> ⇒ 신짓구

【신짓구】 명 ((복식)) 일본 지명 동경(東京)의 신쥬쿠(新宿)에서 온 상표명인 듯함. (일본어 차용어).¶ 헉식 비로도 치마 ᄎᆞ 일 빅식 시시오리 치마 ᄎᆞ 일 도리식 신짓구 치마 ᄎᆞ 일 빔비루 치마 ᄎᆞ 일 자지식 치마 ᄎᆞ 일 <물목-경고-2 쟝농> ⇒ 신직구

【실과-쉬벗】 ((음식)) 과일 셔벗(Fruit sherbet). 과일즙에 물, 우유, 설탕 따위를 섞어 얼린 음식. (외래어).¶ 실과쉬벗 ‖ 레몬 (물만) 3개 귤 (물만) 3개 빠나나 3개 사탕 3잔 물 6잔 사탕과 빠나나를 으개여 잘 셕근 후에 레몬과 귤 물을 치고 그 다음에 물을 치고 어렵이에 걸너셔 통에 담아 얼닐 것 (크림을 치려면 1잔쯤 칠 것) <서요 131> ☞ 모과슈쉬벗, 포도쉬벗

【실과-푸리】 명 ((상업)) 실과포리(實果鋪裏). 과일가게. '푸리(鋪裏, pùli)'는 중국어 직접 차용어.¶ 실과푸리 볼작시면 싱실과며 당쇽이라 문비 참비 능금이며 모과ᄉᆞ과 포도 듸쵸 가암 연밤 복숑화며 머루 다래 아가외와 흰 슈박과 누른 슈박 불근 차뫼 빅ᄉᆞ과와 <연행-병인>

【실-시루】 명 ((복식)) 실세루(-細縷, -セル). '세루'는 날실에 두 올 꼰실을 쓰고 씨실에 같은 꼰실 또는 홑실을 써서 빗줄짜임으로 사지와 비슷하게 짠 양복천. 서지. 사지(ザージ)는 'セル地'의 준말. (프랑스어 'serge'의 일본어 차용어).¶ 월남식 실싀루 져구리 ᄎᆞ 일 …월남식 실시루 쳐마 ᄎᆞ 일 오동식 양국화단 쳐마 ᄎᆞ 일 은식 시목 쳐마 ᄎᆞ 일 은식 중목 쳐마 ᄎᆞ 일 <혼수물목 1933.12.14 국한-1362> ☞ 세루, 셔누, 셔루, 셰루, 시루, 싀루, 싀류, 싀가루

【심ᄉᆞ】 명 ((기물)) 심아(心兒). 안장이나 언치에 넣는 심. 안감. 심ᄉᆞ > 심지. (중국어 차용어).¶ 心兒 ‖ 뎐피 심ᄉᆞ애 쳥셔피 변ᄉᆞ앳 어치오 (獖皮心兒藍斜皮邊兒的皮汗替.) <번박 상:28b> ᄌᆞ셔피 심ᄉᆞ애 쳥셔피 변ᄉᆞ앳 안좌식오 (紅斜皮心兒, 藍斜皮邊兒的座兒.) <번박 상:30a> ※ 心兒 ‖ 獖皮 心兒에 藍斜皮邊兒ᄒᆞᆫ 가족 쑴어치에 (獖皮心兒藍斜皮邊兒的皮汗替.) <박언 상:26b> 紅斜皮心兒에 藍斜皮로 邊兒ᄒᆞᆫ 座兒ㅣ오 (紅斜皮心兒, 藍斜皮邊兒的座兒.) <박언 상:28a>

【심ᄉᆞ-ᄒᆞ-】 동 심아(心兒)하다. 안장이나 언치에 넣는 심 또는 안감하다. (중국어 차용어).¶ 心兒 ‖ ᄌᆞ셔피로 심ᄉᆞᄒᆞ고 쳥셔피로 ᄀᆞᄂᆞᆫ 시울 도ᄅᆞ고 금ᄉᆞ로 갸품히온 안좌식오 (紅斜皮心兒藍斜皮細邊兒金絲夾縫的鞍座兒.) <번박 상:28a>

【싯가】 명 ((지리)) 싯카(Sitka). 알래스카주 남동부 알렉산더군도 배러노프섬 서쪽 해안에 있다. (외래어).¶ 시쪽은 몽고ㅣ오 언어는 미우 뒤숭숭ᄒᆞ며 다ᄉᆞ리기는 합중국 관원이 잇스며 읍닉 일홈은 싯가ㅣ니 남편에 잇고 또 센플이란 포촌이 잇스며 <사필1889-헐버트 110>

【싯네】 명 ((지리)) 시드니(Sydney). 오스트레일리아 남동부에 있는 항구 도시. 포트잭슨 만에 면하여 있는 이 나라 최대의 도시로 상공업, 문화, 교육의 중심지이다. (외래어).¶ 남편에 아여와 더렌스ㅣ란 못시 잇고 멜번과 이들네드ㅣ란 포구가 잇고 릐스벤과 루기슬과 싯네란 포구가 잇고 셔편에 버드ㅣ란 포구가 잇고 <사필 1889-헐버트 154>

【싯트론】 명 ((음식)) 시트론(citron). 레몬 비슷한 식물. 불수감(佛手柑). (외래어).¶ 육두구가루 1쇼슈가락 건포도 2피운드 양귤 (껍질 재 잘게 썬 것) 2개 래몬 (껍질 재 잘게

쎈 것) 2개 초 1잔 싯트론(잘게 쎈 것) (원하면) 1파운드 이여러 가지를 셕고 <서요 147> ⇒ 씨트론

【싱글-단의】 명 ((복식)) 싱글단의(single 短衣). (외래어).¶ 당목 단의 ᄎᆞ 이 모슈 싱플 단의 ᄎᆞ 일 모슈 싱글 단의 ᄎᆞ 일 빅식 방포 핫바지 ᄎᆞ 일 빅식 ᄌᆞ미ᄉᆞ 핫바지 ᄎᆞ 일 노방쥬 핫바지 ᄎᆞ 일 명쥬 핫바지 ᄎᆞ 이 옥양목 핫바지 ᄎᆞ 일 <물목-한고 1941>

【싱글-쳐마】 명 ((복식)) 싱글(single)치마. 원피스. (외래어).¶ 다갈식 비루빗트 쳐마 ᄎᆞ 일 하늘식 싱명쥬 쳐마 ᄎᆞ 일 옥식 모슈 싱글쳐마 ᄎᆞ 숨 옥식 모슈 싱플 쳐마 ᄎᆞ 숨 반물 마포 쳐마 ᄎᆞ 일 <물목-한고 1941>

【싱안】 명 ((지리)) 서안(西安). 중국 섬서성(陝西省) 동남부에 있는 도시. (외래어).¶ 동편에 샹히와 남경과 항가오와 규캉과 부챠오와 에모이와 챵사ㅣ란 큰 촌이 잇고 남편에 홍콩과 간텬과 솨도와 과이링과 과양과 윤난이란 촌이 잇고 셔편에 딩두와 중깅과 시우츄와 란쥬와 싱안이란 촌이 잇고 [이는 청국 본 짜히라] <사필1889-헐버트 73>

【ᄉᆞ견】 명 사건(事件). 꾸민 것. 특히 새김질로 된 장식(裝飾). 'ᄉᆞ견(事件, shìjiàn)'은 중국어 직접 차용어.¶ ᄉᆞ견 (飾件) <물명고-문통 모충 1:10a> ᄉᆞ견 ᄉᆞ (錰) <훈몽-잡어 하:9a /20a> <음첩a 41a> <음첩b 23b> ▼事件 ‖ ᄐᆞᄂᆞᆫ ᄆᆞ론 은 셜흔 량 쓴 ᄒᆞᆫ 피리 ᄀᆞ장 건ᄂᆞᆫ ᄆᆞ리오 기르마ᄂᆞᆫ 시톄옛 은 입ᄉᆞᄒᆞ욘 ᄉᆞ견넷 됴ᄒᆞᆫ 기르마 굴에둘히 대되 마순 량 은 뻐 잇고 옷 니블딘댄 ᄉᆞ졀조초 옷 니보딕 날마다 ᄒᆞᆫ 볼 밧고 ᄒᆞᆫ 볼 ᄀᆞ라 닙ᄂᆞ니 (騎的馬三十兩一疋好竄行馬, 鞍子是時樣減銀事件的好鞍轡, 通使四十兩銀, 穿衣服時, 按四時穿衣服, 每日脫套換套.) <번노 하:49b> 타ᄂᆞᆫ 물은 은 셜흔 냥 쓴 ᄒᆞᆫ 필 ᄀᆞ장 것ᄂᆞᆫ 물이오 기ᄅᆞ마ᄂᆞᆫ 시톄에 은 입ᄉᆞᄒᆞᆫ ᄉᆞ견엣 됴ᄒᆞᆫ 기ᄅᆞ마 구레니 대되 마ᄋᆞᆫ 냥 은을 빳더라 오술 니블찐대 ᄉᆞ졀을 조차 옷 니브되 날마다 ᄒᆞᆫ 볼 벗고 ᄒᆞᆫ 볼 ᄀᆞ라 닙ᄂᆞ니 (騎的馬三十兩一疋好竄行馬, 鞍子是時樣減銀事件的好鞍轡, 通使四十兩銀, 穿衣服時, 按四時穿衣服, 每日脫套換套.) <노언 하:45a> 두ᄋᆞ리예ᄂᆞᆫ 금실로 입ᄉᆞᄒᆞᆫ ᄉᆞ견 바갓고 ᄌᆞ셔피로 심ᄉᆞᄒᆞ고 쳥셔피로 ᄀᆞᄂᆞᆫ 시울 도ᄅᆞ고 금ᄉᆞ로 갸품ᄒᆞ욘 안좌쇠오 (鴈翅板上, 釘着金絲減鐵事件, 紅斜皮心兒藍斜皮細邊兒金絲夾縫的鞍座兒.) <번박 상:28a> 기ᄅᆞ마ᄂᆞᆫ 눈ᄀᆞ티 힌 록각 변ᄉᆞ앳 시톄옛 흑셔피 ᄣᆞᆫ 기르닷 가지예 은 입ᄉᆞᄒᆞᆫ ᄉᆞ견이오 (鞍子是雪白鹿角邊兒, 時樣的黑斜皮鞍橋子, 銀絲事件.) <번박 상:30a> 뉘 아더냐 믿드롬이 ᄀᆞ장 법ᄀᆞᆺ지 아니ᄒᆞ고 칠도 됴치 아니ᄒᆞ고 널도 ᄯᅩ 엷고 櫃에 퉁으로 ᄒᆞᆫ ᄉᆞ견이 다 平常ᄒᆞ고 두 비목과 ᄒᆞᆫ 걸새 다 두텁지 못ᄒᆞ니 엇지 능히 堅固 牢壯ᄒᆞ리오 (誰知道做得狠不如式, 油漆也不好, 板子又薄, 櫃子上銅事件都平常, 兩箇□鈸一箇釘　都不厚實, 怎麽能勾堅固牢壯呢?) <박신 2:13a> ※ 어제 李三으로 ᄒᆞ여 木匠의 집이 ᄒᆞᆫ 櫃ᄅᆞᆯ 마초이되 널러 定ᄒᆞ고 뎌ᄅᆞᆯ 두 냥 銀을 주엇더니 가져오니 믿들음이 不成ᄒᆞ고 칠도 됴티 아니ᄒᆞ고 널이 ᄯᅩ 엷고 다 니와겨 깁보태엿다 공이 만히 잇고 事件도 壯티 아니ᄒᆞ고 두 비목과 ᄒᆞᆫ 다림쇠 다 壯티 아니ᄒᆞ니 ᄒᆞᆫ 薄薄ᄒᆞᆫ 셩녕이로다 (夜來着李三, 木匠家裏旋做一箇櫃子, 說定與他二兩銀, 把來做的不成, 油的也不好, 板子又薄, 都是接頭補定麽. 多有節子, 事件也不壯, 兩箇□鈸兒, 一箇了吊兒都不壯, 一箇薄薄生活.) <박언 중:2b>

【ᄉᆞ공】 명 ((인류)) 소공(艄工, shāogōng). 사공(沙工). 뱃사공. 뱃사람. 'ᄉᆞ(艄, shāo)'는 중국어 직접 차용어.¶ ᄉᆞ공 | 비사룸 <법한 159> ᄉᆞ공 | 사격 | 션인 | 션원 <법한 541> ᄉᆞ공 (舵工) <화초-주선 25a> ᄉᆞ공 (水手) <화초-주선 25a> ▼渡艄 ‖ 졍히 ᄉᆞ공을 블너 건너려 ᄒᆞ더니 믄득 언덕 우히 ᄒᆞᆫ ᄂᆞᆺ 검은 뇽이 나오고 뇽의 등에 ᄒᆞᆫ 신군이 안자 손의 샹아홀을 쥐고 몸의 홍포ᄅᆞᆯ 닙어 (正待喚渡艄過江, 忽江中現出一條黑龍, 背上坐一神君, 手執牙笏, 身穿紅袍.) <포공-강안흑룡 7:7> ▼梢子 ‖ ᄉᆞ공 뉴홍이 블인지심을 발ᄒᆞ여 날을 타술ᄒᆞ여 시수를 수중에 더져ᄉᆞ오니 (不料梢子劉洪, 貪謀我妻, 將我打死, 拋尸.) <서유-계명 3:64> ▼梢工 ‖ 그 ᄉᆞ공이 비를 쎄여 노흘 드러 중뉴ᄒᆞ여 나난 드시 힝ᄒᆞ더니 (那梢工撐開船, 擧棹沖流, 一直而去.) <서유-계명 14:60-43> 션샹의 ᄉᆞ공이 놀내 빈 속으로 들어가고 (那船上梢工/梢公都驚得鑽入梢裏去了.) <수호-신문 4:58:134> ▼水手 ‖ 구공으로 ᄒᆞ야곰 배롤 직희오고 두어 낫 ᄉᆞ공을 거ᄂᆞ려 산에 올을식 (林之洋托多九公在船照應, 帶了幾個水手, 一同登岸.) <경화 10:78> 당각의 가인과 쟝수와 다못 ᄉᆞ공등 일빅여 인이 관쟝이 한 번 부ᄅᆞ믈 듯고 일졔히 언덕의 오ᄅᆞ니 (當有家人長隨及水手等一百餘人, 聽見長官一呼, 一齊登岸.) <후홍 1:16> 일ᄀᆡ 젹인이 믈 쇽의셔 졍히 더위잡고 언덕으로 오ᄅᆞ려 ᄒᆞ거ᄂᆞᆯ ᄉᆞ공 등이 일졔히 동슈ᄒᆞ여 ᄉᆞ아ᄃᆡ 굿히 갈구리로 의복을 당긔여 션샹으로 올녀 나희ᄒᆞ고 (正見一箇剛要爬上岸來, 却被水手一齊動手將篙鉤扎住衣服, 拖到船邊拿住.) <설월 6:93> 포ᄉᆞ안 등이 져의 규합함을 듯지 못ᄒᆞᄂᆞᆫ 체ᄒᆞ고 다만 담쇼ᄌᆞ약ᄒᆞ더니 ᄉᆞ공을 분부ᄒᆞ여 세 ᄶᅥᆺ돗츨 다니 졍히 바람이 슌ᄒᆞ여 그 빈 나ᄂᆞᆫ 듯ᄒᆞᆷ의 (鮑賜安等由他喊叫, 只當不曾聽見, 仍談笑自若, 分付水手扯起三頁篷來, 正是順風, 那船如飛去了.) <녹모 5:135> 그 廟裏ᄂᆞᆫ 져 ᄉᆞ공들 머무ᄂᆞᆫ 곳이라 (那廟裏是他們水手的住處.) <화계 상:22a> 져 기울 갈닉의 이 빈 아니냐 네 가셔 져 ᄉᆞ공들을 블너 ᄲᆞᆯ니 오게 ᄒᆞ라 (那河叉子裏不是船麽? 你去叫他們水手快些來罷.) <화계 상:22b> 닉 그 廟門ᄆᆞ의 가 ᄒᆞᆫ 쇼릐ᄅᆞᆯ 부ᄅᆞ니 ᄒᆞᆫ 看廟ᄒᆞᄂᆞᆫ 사ᄅᆞᆷ이 나와 날ᄃᆞ려 뭇거ᄂᆞᆯ 닉 말ᄒᆞ딕 ᄉᆞ공을 ᄎᆞᄌᆞ 기울을 건너고ᄌᆞ ᄒᆞ노라 (我到那廟門口叫喚一聲兒, 有一箇看廟的出來問我, 我說找水手要過河呢.) <화계 상:23a> 나도 그 客人의게 무러보니 졔 말ᄒᆞ딕 이 原來 빈 부리ᄂᆞᆫ 사공으로 집이 黃河 가의 잇더니 (我也問過那客人, 他說是原來使船的水手, 家住在黃河沿的.) <화계 하:27a> ▼篙工 ‖

네 이런 용녁이 이실진디 엇지 가히 ᄉᆞ공 총즁의셔 늙으리오 (你有這般勇力, 豈可埋沒在這篙工隊裏?) <설월 14:14> ▼篙師 ‖ 또 동쌍셩이 반도씨로 삭인 젹은 비롤 드리디 ᄉᆞ공과 션인이 모다 활동ᄒᆞ여 산 듯ᄒᆞ며 (又董雙成獻的係蟠桃核雕成小舟, 篙師舵工皆靈動如生.) <여선 15:16> ▼划子 ‖ 강변에 니르니 과쥬 강 ᄉᆞ공이 다 자ᄂᆞᆫ지라 엇지 션쳑이 잇시리오 텬붕이 사공을 부르면 지톄될가 두려워 쌜니 거러 륙노로 졷ᄎᆞ 힝ᄒᆞ니 (奔到河邊上, 瓜州划子天晚盡皆收纜, 那裏還有船行? 濮天鵬恐呼船隻耽擱功夫, 邁開大步, 自旱路奔行.) <녹모 4:58> 노옹이 드른 체 아니코 ᄉᆞ공을 지촉ᄒᆞ여 일시의 비롤 져어 표표히 산동으로 향ᄒᆞ니 <유삼 9:65> ᄉᆞ공을 노화 근쳐 쥬즙을 블너 웨여 니후의 동적을 무르니 <유이 22:9> 열나믄 沙工놈이 굿 므된 사엇대를 굿굿치 두러메여 一時에 소릐 치고 귀 쩌여 내닷 말이 이셔이다 <만청 29:501> ⇒ 사공, 샤공, 샤공이, 샤공

【ᄉᆞ구라-나무】 명 ((식물)) 앵도(櫻桃)나무. 'ᄉᆞ구라(さくら)'는 일본어 차용어.¶ ᄉᆞ구라나무 (櫻樹) <한지-초목 40>

【ᄉᆞ긔-푸리】 명 ((상업)) 사기포리(沙器鋪裏). 도자기점. '푸리(鋪裏, pùli)'는 중국어 직접 차용어.¶ 쟝삼으로 더브러 ᄌᆞ미롤 밋고 ᄉᆞ긔푸리롤 다드며 화ᄌᆞ공의 집 엽히 한 곳 큰 방옥을 셰내고 안으로 문을 통ᄒᆞ여 피ᄎᆞ 왕릭ᄒᆞ디 (同張三換了帖, 拜認姐妹, 將窯子關了, 靠着花子空的家裏賃下一所大屋子, 裏面開了門, 彼此往來.) <홍부 15:98>

【ᄉᆞ당】 명 ((음식)) 사탕(砂糖). (중국어 간접 차용어).¶ ᄉᆞ당 (砂糖) <삼학-고석 식> 의쥐 유삼 의당[능히 ᄉᆞ당을 민ᄃᆞᄂᆞ니라] 함종 피명늘 나쥐 셔과 평강 셜화지 <규합-정양완a 팔도소산 4:48b/402> 용안육을 가날게 두ᄃᆞ려 손의 물을 뭇쳐 모양 민ᄃᆞ라 ᄉᆞ당 노하 박기롤 씌다식쳐로 ᄒᆞᄂᆞ니라 <규합-동경 용안육 2:44a> ⇒ 사당, 사당, 사ㅅ당, 사탕, ᄉᆞ동, ᄉᆞ쌍, ᄉᆞ탕, ᄉᆞ탕이, ᄉᆞ퉁

【ᄉᆞ당-풀】 명 ((식물)) 사탕수수. (중국어 간접 차용어).¶ ᄉᆞ당풀 (蔗) <일용-초 17a> ⇒ 사ㅅ당플, 사탕풀 ☞ 사탕감쟈

【ᄉᆞ도】 명 ((인류)) 사돈(査頓). 혼인한 두 집안의 부모들 사이 또는 그 집안의 같은 항렬이 되는 사람들 사이에 서로 상대편을 이르는 말. '사돈(sadun)'은 몽고어·만주어 차용어.¶ 연하와 외로오신 ᄉᆞ도긔서 허다 심여신중 허무 식ᄉᆞ 여젼하신가 최셔방긔서 여막 미시고 씌ᄌᆞ 이곡 중 부지하오면 너도 ᄉᆞᆼ가 소임중 무탈하면 너난 아직 틔기 업난야 <홍순옥(친모, 사천) 1938.5.23 ↓최실(딸, 최병학 아내, 경주)> ⇒ 사도, 사돈, 샤돈, ᄉᆞ돈, ᄉᆞ둔

【ᄉᆞ돈】 명 ((인류)) 사돈(査頓). 혼인한 두 집안의 부모들 사이 또는 그 집안의 같은 항렬이 되는 사람들 사이에 서로 상대편을 이르는 말. 'ᄉᆞ돈(sadun)'은 몽고어·만주어 차용어.¶ ᄉᆞ돈 (査頓) <군목-인사 23a> ᄉᆞ돈 (沾親) <수호-이람 26b> <수호-연세 42b> ᄉᆞ돈 自称. (査弟) <속명-인륜> 간텩 단ᄌᆞ가 이십여 댱 드러와시니 뎨왕가 비필이 응당 뎡ᄒᆞ니 이시려니와 시방브터 동ᄌᆞ ᄒᆞ기 니를 것 업ᄂᆞᆫ 거시 쳐ᄌᆞᄂᆞᆫ 눈으로 보니 알녀니와 ᄉᆞ돈 지목이 극난ᄒᆞᆫ 거시 문호이나 잇고 심지나 튱후ᄒᆞ고 상감을 잘 도아 드릴 지목이야 홀디 아모리ᄒᆞ여도 ᄀᆞᆺ초 그 속을 알 길이 업스니 이 싱각을 ᄒᆞ면 속이 답답히 <순원왕후봉서-1 1850> 내 쁫이 우리 김시와ᄂᆞᆫ 아니코져 ᄒᆞ미 두 후와 냥 도위가 분수의 과ᄒᆞᆫ 거시 두려워 슬흔 일이로세 판셔ᄃᆞ려도 이 말 여러 번 ᄒᆞ엿니 <순원왕후봉서-1 1850> ⇒ 사도, 사돈, 샤돈, ᄉᆞ도, ᄉᆞ둔

【ᄉᆞ돈의 팔촌이라】 속 사돈의 팔촌이라. 친척이 되나마나 하게 매우 먼 관계에 있는 사람을 비겨 이르는 말.¶ ᄉᆞ돈의 팔촌이라 (査頓은[子婦나 婿의 父母]의 八寸이라) 査頓은 本來 他姓인대 此의 八寸이라 함은 甚히 疎遠한 親族이라 함이니 他人이나 無別한 族戚을 謂함이라 <조속1922 103>

【ᄉᆞ돈-딕】 명 ((인류)) 사돈댁(査頓宅). '사돈집'의 높임말. 'ᄉᆞ돈(sadun)'은 몽고어·만주어 차용어.¶ 곤양의 아들 일구ᄂᆞᆫ 징역의 쳐ᄒᆞᆫ다 ᄒᆞ고 유ᄎᆞᆼ셩 집 젼후 송비와 일구가 쌍 파라먹근 것과 츄슈곡으로 ᄉᆞ돈딕게 물리랴 츄측을 ᄒᆞᆫ다 ᄒᆞ니 그럴 줄 모르고 졍구놈을 짜라 도로 가셔 그 망신을 ᄒᆞ고 욕을 보오 <가중 답ᄉᆞᆼ중-한고 1898> ⇒ 사돈씩 ☞ 사돈집, 사돈짓, ᄉᆞ돈집

【ᄉᆞ돈-분】 명 ((인류)) 사돈분(査頓-). 'ᄉᆞ돈(sadun)'은 몽고어·만주어 차용어.¶ 여러 ᄉᆞ돈분 회졍ᄒᆞ신 후 일순이 되오이 쥬야 슈ᄌᆞ 어득 졍신의나 시ᄌᆞ 굼ᄌᆞ 항회 간졀 ᄌᆞᄒᆞ오며 <강(암사돈) 1917.3.19 ↓수사돈 국한-956>

【ᄉᆞ돈-시싱】 명 ((인류)) 사돈시생(査頓侍生). 'ᄉᆞ돈(sadun)'은 몽고어·만주어 차용어.¶ ᄉᆞ돈시싱 (査生) <속명-인륜>

【ᄉᆞ돈-얼운】 명 ((인류)) 사돈어른(査頓-). 'ᄉᆞ돈(sadun)'은 몽고어·만주어 차용어.¶ ᄉᆞ돈얼운 (査丈) <속명-인륜>

【ᄉᆞ돈-집】 명 ((인류)) 사돈집(査頓-). 서로 사돈이 되는 집. 'ᄉᆞ돈(sadun)'은 몽고어·만주어 차용어.¶ 親家 ‖ 형부인과 왕부인이 니ᄅᆞ디 우리난 ᄉᆞ돈집 태태로 더브러 몃 가지 죠흔 곡죠롤 뎜 떡엇ᄂᆞ니 너도 몃 곡조 조흔 거술 뎜 떡으면 우리 드ᄅᆞ려 ᄒᆞ노라 (邢夫人王夫人說道: '我們和親家太太都點了好幾出了, 你點幾出好的我們聽.) <홍루 11:47> ⇒ 사돈집, 사돈짓 ☞ 사돈씩, ᄉᆞ돈딕

【ᄉᆞ돈-형】 명 ((인류)) 사돈형(査頓兄). 'ᄉᆞ돈(sadun)'은 몽고어·만주어 차용어.¶ ᄉᆞ돈형 (査兄) <속명-인륜>

【ᄉᆞ돈-ᄒᆞ-】 동 사돈(査頓)하다. 사돈 관계를 맺다. 혼사를 맺다. 결혼하다. 'ᄉᆞ돈(sadun)'은 몽고어·만주어 차용어.¶ ᄉᆞ돈ᄒᆞ다 (結婚) <이록-예도 8a> ⇒ 사돈ᄒᆞ-

【ᄉᆞ둔】 명 ((인류)) 사돈(査頓). 혼인(婚姻). 혼인한 두 집안의 부모들 사이 또는 그 집안의 같은 항렬이 되는 사람들 사이에 서로 상대편을 이르는 말. 'ᄉᆞ둔(sadun)'

은 몽고어·만주어 차용어.¶ 오의 스돈 만폭히셔랄 즈ㆍ이 술피오니 기시난 오의 스둔길 일셕의 뵈옵난 듯 신신ᄒᆞ더니 슈지라 ᄯᅡᆨ히 노혼즉 뫼낭ᄒᆞ여요 <최(사돈)-한고1934.4 ↓사돈> ⇒ 사도, 사돈, 샤돈, ᄉᆞ도, ᄉᆞ돈

【ᄉᆞ동】 명 ((음식)) 사탕(砂糖). 설탕. (중국어 간접 차용어).¶ 겨당환[제중] ‖ 육겨 필발 호초 건강 감초 변힝부 경힝 ᄉᆞ인 신곡 뫽아 各一兩 진피 곽힝 산ᄉᆞ육 各五錢 빅두구 二錢 용뇌 ᄉᆞ힝 各一分 ᄉᆞ동 二긔 박ᄒᆞ유 두 병 작말ᄒᆞ여 ᄭᅮᆯ의 잉도 만식 작환ᄒᆞ라 강탕의 가라 먹으라 <서계집-한고 겨당환 8b:상> ⇒ 사당, 사당, 사ㅅ당, 사탕, ᄉᆞ당, ᄉᆞᄽᅡᆼ, ᄉᆞ탕, ᄉᆞ탕이, ᄉᆞ퉁

【ᄉᆞ뎅】 명 ((복식)) 새틴(サテンしゅす satin). 견직물의 하나. 수자직(孤子織 satin weave)으로 된 광택이 있고 매끄러운 직물. (일본어 차용어).¶ ᄌᆞ쥬 ᄉᆞ뎅 치마 ᄎᆞ 분홍 신직구 치마 ᄎᆞ 술쇡 미광단 치마 ᄎᆞ 은쇡 모슈 치마 ᄎᆞ 당목 흑물 치마 ᄎᆞ 셰목 익물 치마 ᄎᆞ <물목1954 한옥션108-122> ⇒ 사대미, 사덴, 사뎅이, ᄉᆞᄲᅦᆼ ☞ 시쓰

【ᄉᆞ리숀】 명 ((동물)) 사리손(猞猁猻). 스라소니. 고양잇과의 동물. 살쾡이와 비슷한데 몸의 길이는 1미터 정도이며, 잿빛을 띤 적갈색 또는 잿빛을 띤 갈색에 짙은 반점이 있다. 앞발보다 뒷발이 길고 귀가 크고 뾰족하다. 토끼, 노루, 영양 따위를 잡아먹는데 나무를 잘 타고 헤엄을 잘 친다. 여진어 'šilasun', 중세 몽고어 'šile'üsün'에서 온 말. (여진어 또는 몽고어 차용어).¶ 猞猁猻 ‖ 가진이 보고 슈습ᄒᆞ며 공헌ᄒᆞᆯ 긔명을 완비ᄒᆞ여 노코 ᄒᆞᆫ 번 ᄉᆞ리숀 오ᄌᆞ롤 닙고 (賈珍看着收拾完備供器, 靸着鞋, 披着猞猁猻大皮襖.) <홍루 53:39> ⇒ 스라손, 스라손이, 슬아소니, 슬아손이, 시라손, 시라손이, 시러손

【ᄉᆞ분】 명 ((복식)) 사분(沙粉). 비누. (프랑스어 'savon'의 차용어).¶ ᄉᆞ분 한 장 분 일 각 빈여 반지 분홍신 실 일 각 ᄉᆡᆨ로 쳐마 ᄒᆞ이 찹살 ᄒᆞᆫ 되 밉살 ᄒᆞᆫ 되 팟 ᄒᆞᆫ 되 제 銀貨六圓 <물목-음성 장농> 박화분 이곽 구리무 일통 ᄉᆞ분 일곽 기림 일병 요강 보쎠 놋더 일 칙 한 권 양쥬지 한 통 붓 두 ᄌᆞ로 먹 한 ᄌᆞ로 비단 뎐혀 일 월소 일 <혼수물목 1933.12.14 국한-1362> ☞ 비노, 비누, 빈노, 빈눌, 빈누, 빈오, 조각

【ᄉᆞᄽᅡᆼ】 명 ((음식)) 사탕(砂糖, shātáng). 설탕. (중국어 직접 차용어).¶ 양푼 속에 넝슈을 붓고[물 더오면 연ᄒᆞ야 갈아너라] ᄯᅩ 테을 두르고 [혹 홍곡 계피 ᄉᆞᄽᅡᆼ 지쵸 등을 고리 부리에 너흐라] 참ᄂᆞ모 보리집 등을 ᄊᆞ지도 말고 느리지도 말게 ᄡᅥᆨ여 <규합-방각1869 소쥬법 4a> ⇒ 사당, 사당, 사ㅅ당, 사탕, ᄉᆞ당, ᄉᆞ동, ᄉᆞ탕, ᄉᆞ탕이, ᄉᆞ퉁

【ᄉᆞᄲᅦᆼ】 명 ((복식)) 새틴(サテンしゅす satin). 견직물의 하나. (일본어 차용어).¶ ᄉᆞᄲᅦᆼ 흑쇡 치마 ᄎᆞ 일 ᄲᅡ래스 금향 치마 ᄎᆞ 일 후지기노 갈미쇡 치마 ᄎᆞ 일 명쥬 흑쇡 치마 ᄎᆞ 일 양쇡 조식도 치마 ᄎᆞ 일 양쇡 시리미이 치마 ᄎᆞ 일 <광주(光州) 노재효(盧載孝) 물목1947.5.3 한옥션152-198> ⇒ 사대미, 사덴, 사뎅이, ᄉᆞ뎅 ☞ 시쓰

【ᄉᆞ쓰】 명 ((의복)) 셔츠(shirt). 서양식 윗옷. 양복저고리 안에 받쳐 입거나 겉옷으로 입기도 한다. 샤쓰. (외래어).¶ 의복은 야달 본이나 ᄲᅡ라 가고 ᄉᆞ쓰난 ᄉᆞ일만의 한 번씩이압 의복은 일쥬일 만의 가져가요 여식도 별 더탈은 업시 기너오나 더우먹어 약ㆍ 괴롭ᄉᆞ오이다 <여식-한고 ↓어만니 젼>

【ᄉᆞᄋᆞ】 명 ((민속)) 색아(色兒). 주사위. 놀이 도구의 하나. 뼈나 단단한 나무 따위로 만든 조그만 정육면체의 각 면에 하나에서 여섯까지의 점을 새긴 것으로, 바닥에 던져 위쪽에 나타난 점수로 승부를 결정한다. 'ᄉᆞᄋᆞ(色兒, 骰兒, shǎr)'는 중국어 직접 차용어.¶ ᄉᆞᄋᆞ (骰子) <방석-기회 4:3a> ⇒ 사ᄋᆞ, 사아, 사외, 사위, 사화, 사ᄋᆞ, ᄉᆞ아, ᄉᆞ애, ᄉᆞ위, ᄉᆞ의, ᄉᆞᄋᆡ

【ᄉᆞ아】 명 ((민속)) 색아(色兒). 주사위. 놀이 도구의 하나. 뼈나 단단한 나무 따위로 만든 조그만 정육면체의 각 면에 하나에서 여섯까지의 점을 새긴 것으로, 바닥에 던져 위쪽에 나타난 점수로 승부를 결정한다. 'ᄉᆞ아(色兒, 骰兒, shǎr)'는 중국어 직접 차용어.¶ ᄉᆞ아 <몽유-장혼 상:11b> ▼牙骰 ‖ 즉시 판과 ᄉᆞ아롤 가져와 여ᄉᆞᆺ ᄉᆞ아롤 가지고 븕은 것 만히 엇ᄂᆞ니로 니긔여 디ᄂᆞ니로 술을 먹을시 (便叫伴當取過色盒, 內中擺着六個牙骰, 因說道: "俺也却不曉得甚麽閑文, 只同瑤琴對擲, 見個紅吃一杯吧. 若是走色、蹺色便是有紅也不算.") <후수 4:71> ▼色子 ‖ 소릐롤 놉히고 ᄉᆞ아롤 더디매 븕은 거시 나디 아니ᄒᆞ고 혹 어드면 다른 ᄉᆞ애란 밧긔 나 디거나 서로 포집히거나 ᄒᆞ야 쓰디 못ᄒᆞ니 (及至擲出紅來, 不是色子跳出盆外, 便是兩個色子疊在一堆.) <후수 4:71> ▼杯珓 ‖ 졈ᄒᆞᄂᆞᆫ ᄉᆞ아롤 비러 뜻의 맛디 아니ᄒᆞ거놀 냥이 노ᄒᆞ야 그 묘의 블디ᄅᆞ고져 ᄒᆞ더니 (乞杯珓不從, 亮怒欲焚其廟.) <서한-서강 10:55> ⇒ 사ᄋᆞ, 사아, 사외, 사위, 사화, 사ᄋᆞ, ᄉᆞᄋᆞ, ᄉᆞ애, ᄉᆞ위, ᄉᆞ의, ᄉᆞᄋᆡ

【ᄉᆞ애】 명 ((기물)) 색아(色兒). 주사위. 놀이 도구의 하나. 뼈나 단단한 나무 따위로 만든 조그만 정육면체의 각 면에 하나에서 여섯까지의 점을 새긴 것으로, 바닥에 던져 위쪽에 나타난 점수로 승부를 결정한다. 'ᄉᆞ애(色兒, 骰兒, shǎr)'는 중국어 직접 차용어.¶ ᄉᆞ애 (骰子) <동해-회완 하:32b> <몽해-회완 하:26a> ᄉᆞ애 더지다 (擲骰子) <동해-회완 하:32b> <몽해-회완 하:26a> ᄉᆞ애 (牌骨) <고석-수경 38b> ⇒ 사ᄋᆞ, 사아, 사외, 사위, 사화, 사ᄋᆞ, ᄉᆞᄋᆞ, ᄉᆞ아, ᄉᆞ위, ᄉᆞ의, ᄉᆞᄋᆡ

【ᄉᆞ오단】 명 ((인류)) 소단(小旦). 희곡이나 연극의 배역 이름. 조연 가운데 젊은 여자역. 'ᄉᆞ오(小, xiǎo)'는 중국어 직접 차용어.¶ 小旦 ‖ 챠환들이 드러와 술을 치며 치쇼롤 올니고 외간의 임의 희ᄌᆞ롤 여러 마당의 나오니 ᄌᆞ연히 첫 마듸 둘지 마듸ᄂᆞᆫ 길경희문이오 이졔 셰 마듸의 니ᄅᆞ러ᄂᆞᆫ 다만 보니 금동옥네 긔번보동으로 ᄒᆞᆫ 기 예샹우의 닙은 ᄉᆞ오단을 닛그러니ᄂᆞᆫ듸 머리 우희 ᄒᆞᆫ 오리 거믄 슈건을 혜치고 ᄒᆞᆫ 츠례롤 챵ᄒᆞ다가 드러가니 (丫頭們下來斟酒上菜, 外面已開戲了. 出場自然是

一兩齣吉慶戲文, 乃至第三齣, 只見金童玉女, 旗幡寶幢, 引着一個霓裳衣的小旦, 頭上披着一條黑帕, 唱了一回兒進去了.) <홍루 85:76> ▼旦脚 ‖ 내 잇ᄀᆞᆺ치 년긔 만흐믜 회ᄌᆞ롤 ᄯᅩᄒᆞᆫ 만히 드럿시나 엇지 이런 죠흔 회지 이ᄉᆞ리오 다른 거슨 내 모로ᄃᆡ 다만 ᄉᆞ오단 ᄭᅮ민 거시 쳔연이 녀희ᄋᆞ ᄀᆞᆺ도다 (我活了這麽大年紀, 戲也聽過的多, 那裏有這樣好戲, 別的我不懂, 只瞧扮的旦脚, 活脫像個女孩兒.) <홍보 20:86> ▼唱旦 ‖ 보기의 진개 마고션녀와 한 모양 ᄀᆞᆺ트니 져 양쳥의 얼골 판이 져 ᄉᆞ오단과 더브러 흡ᄉᆞᄒᆞᆫ 고로 더옥 ᄀᆞᆺ튼 쥴을 ᄭᆡ다롤지라 (這李揚清的臉盤, 也與那唱旦的相似, 故此更覺得相像.) <요화 8:15> ☞ 쇼조

【ᄉᆞ오-병】 명 ((음식)) 소병(燒餠). 불에 구은 떡. '(燒, shāo)'는 중국어 직접 차용어.¶ 떡푸리를 볼작시면 왼갓 떡이 다 잇스니 좁쌀덕 지단 강노 흑탕 너흔 ᄉᆞ오병과 힝인병과 산ᄌᆞ병과 둥그러ᄒᆞᆫ 소 월병과 챵마호 지진 떡은 삭기처럼 ᄭᅩ아스며 셕ᄉᆞ호라 ᄒᆞᄂᆞᆫ 떡은 인졀미 ᄀᆞᆺ튼 게오 젼병 증병 다식떡과 화젼 슈교 만두ᄭᅡ지 <연행-병인> ⇒ 쇼빙

【ᄉᆞ외】 명 ((기물)) 색아(色兒). 주사위. 놀이 도구의 하나. 뼈나 단단한 나무 따위로 만든 조그만 정육면체의 각 면에 하나에서 여섯까지의 점을 새긴 것으로, 바닥에 던져 위쪽에 나타난 점수로 승부를 결정한다. 'ᄉᆞ외(色兒 /骰兒, shǎr)'는 중국어 직접 차용어.¶ ᄉᆞ외 궐, 摴蒲三采名, 又手有所把擊也, 投也. 又궤, 揭衣. (撅) <자주 상:74b> ⇒ 사ᄉᆞ, 사아, 사외, 사위, 사화, 사ᄋᆞ, ᄉᆞᄉᆞ, ᄉᆞ아, ᄉᆞ애, ᄉᆞ위, ᄉᆞ의, ᄉᆡ

【ᄉᆞ위】 명 ((민속)) 색아(色兒). 주사위. 놀이 도구의 하나. 뼈나 단단한 나무 따위로 만든 조그만 정육면체의 각 면에 하나에서 여섯까지의 점을 새긴 것으로, 바닥에 던져 위쪽에 나타난 점수로 승부를 결정한다. 'ᄉᆞ위(色兒, 骰兒, shǎr)'는 중국어 직접 차용어.¶ 骰子 ‖ 너게 두 벌 쥬령 ᄉᆞ위 잇시니 ᄆᆡ ᄌᆞ리의 뉵인이 되여야 졍히 이 쥬령의 합당ᄒᆞ리라 (我有兩副酒令骰子, 今兒每席六個人, 正合這酒令呢.) <보홍 12:79> ⇒ 사ᄉᆞ, 사아, 사외, 사위, 사화, 사ᄋᆞ, ᄉᆞᄉᆞ, ᄉᆞ아, ᄉᆞ애, ᄉᆞ의, ᄉᆡ

【ᄉᆞ음】 명 ((인류)) 사음(舍音). 마름. 지주의 위임을 받아 소작지를 관리하는 사람. (이두어).¶ 긔별ᄒᆞ오신 답토ᄂᆞᆫ 가히 이졍ᄒᆞᆯ 만ᄒᆞᆫ ᄌᆞ리가 맛당치 못ᄒᆞ온 즁 이졍ᄒᆞ시라ᄂᆞᆫ 논은 ᄉᆞ음의 소쳥으로 허시ᄒᆞ온 거시온즉 일간 ᄉᆞ음이 오거든 의논ᄒᆞ와 앙고ᄒᆞᆯ 터이오니 셔량ᄒᆞ와 긔다리옵소셔 <한훤-석정 28a> 쳥잘ᄒᆞᄂᆞᆫ 슈단으로 파원 ᄉᆞ음 ᄒᆡ준다고 여간 젼지 토식ᄒᆞ니 비픠ᄒᆞ다 뎌 심장을 <대매-시평 1908.5.8> 쳥 잘ᄒᆞᄂᆞᆫ 슈단으로 파원 ᄉᆞ음 ᄒᆡ준다고 <대매 1908.5.8> 그 집 ᄃᆡ소ᄉᆞ를 쳐결ᄒᆞᆯ 니는 권찰상이오며 영감겨셔∶도 그 ᄉᆞ음을 갈ᄂᆞᆫ 권찰상이 달여 말숨가지 ᄒᆞ것습ᄂᆞ이 <외종-한고 ↓아ᄌᆞ바님> ⇒ 사음

【ᄉᆞ의】 명 ((민속)) 색아(色兒). 주사위. 놀이 도구의 하나. 뼈나 단단한 나무 따위로 만든 조그만 정육면체의 각 면에 하나에서 여섯까지의 점을 새긴 것으로, 바닥에 던져 위쪽에 나타난 점수로 승부를 결정한다. 'ᄉᆞ의(色兒, shǎr)'는 중국어 직접 차용어.¶ 장긔 두는 ᄉᆞ의 거시 이졔 ᄉᆞ의라 (頭錢) <수호-보 114> ⇒ 사ᄉᆞ, 사아, 사외, 사위, 사화, 사ᄋᆞ, ᄉᆞᄉᆞ, ᄉᆞ아, ᄉᆞ애, ᄉᆞ위, ᄉᆞ의, ᄉᆡ

【ᄉᆞ이다】 명 ((음식)) 사이다(cider). 당분과 탄산을 섞어 달고 시원하게 만든 청량음료. (외래어).¶ 기둥시게 ᄒᆞᆫ 기 팔 환 오십 젼 충우 아비 이발 료금 숨십오 젼 양도칼 ᄒᆞᆫ 기 숨십 젼 봉조구리무 ᄒᆞᆫ 병 숨십 젼 미안슈 ᄒᆞᆫ 병 오십오 젼 ᄉᆞ이다 병마게 쎄는 거 ᄒᆞᆫ 기 칠 젼 <가용-한고 1936.12.13>

【ᄉᆡ】 명 ((민속)) 색아(色兒). 주사위. 놀이 도구의 하나. 뼈나 단단한 나무 따위로 만든 조그만 정육면체의 각 면에 하나에서 여섯까지의 점을 새긴 것으로, 바닥에 던져 위쪽에 나타난 점수로 승부를 결정한다. 'ᄉᆡ(色兒, 骰兒, shǎr)'는 중국어 직접 차용어.¶ 骰子 ‖ ᄉᆡ(骰子) <역보-기희 47a> <중화-한고 2a> 만일 두 낫 ᄉᆡ로 가부야이 더지면 좀간 구을너 그칠 거시요 세 낫츠로 일졔히 더지면 피ᄎᆞ 어즈러이 구을너 오ᄅᆡ게야 그치ᄂᆞ니 비록 ᄉᆡ 지우기 잘ᄒᆞᄂᆞᆫ ᄌᆞ도 그ᄉᆞ이 교롤 부려 임의로 못ᄒᆞᄂᆞ니 ᄒᆞ물며 쌍뉵이 처음은 부ᄃᆡ 큰 졈을 구치 아니나 ᄂᆞ죵은 젼혀 큰 졈을 어더야 쓰미니이다 (既如兩個骰子下盆, 手略輕些, 不過微微一滾, 旋卽不動; 至于三個骰子一齊下盆, 內中多了一個, 彼此旋轉亂碰, 就讓善能招骰也不靈了.) <경화 20:9> 우리 ᄇᆡ야흐로 국화암에 잇셔 장원쥬[ᄉᆡ 여섯 기롤 ᄒᆞᆫ 그릇싀 더져 빗츨 보아 승부롤 졍ᄒᆞᄂᆞᆫ 노름이라]롤 더지다가 이제 년화당에 나아가 아란 져∶에 져와 녹운 져∶의 퉁소롤 드르러 가노라 (我們才在菊花岩搶了一回狀元籌, 此時要到蓮花塘聽聽亞蘭姐姐笛子去.) <경화 20:45> ⇒ 사ᄉᆞ, 사아, 사외, 사위, 사화, 사ᄋᆞ, ᄉᆞᄉᆞ, ᄉᆞ아, ᄉᆞ애, ᄉᆞ위, ᄉᆞ의

【ᄉᆞᄌᆞ】 명 ((기물)) 쇄자(刷子). 칫솔. 솔. 'ᄉᆞᄌᆞ(刷子, shuāzi)'는 중국어 직접 차용어.¶ ᄉᆞᄌᆞ 사 (刷) <음첩a 33b> 짝ᄂᆞᆫ ᄉᆞᄌᆞ (牙刷子) <광보-1 형기:3a> ᄉᆞᄌᆞ (牙刷) <문류-옥백 23b> <일용-문방 3a> ᄉᆞᄌᆞ (掃子) <이록-목기 22b> ᄉᆞᄌᆞ(刷子)로 갓세 몬지 쓰러 노와라 <교린-초 3:26b> ⇒ 사자, 사쟈, 사지, 사ᄌᆞ, 샤ᄌᆞ, 솨ᄌᆞ

【ᄉᆞ처-ᄒᆞ-】 동 하처(下處)하다. 길을 가다가 집에 묵다.¶ 신방 시 양쥬목ᄉᆞ 너힝ᄎᆞ 지나가옵다가 분부ᄒᆞ시되 뉠늬리골 황졍승ᄃᆡᆨ의 ᄉᆞ처ᄒᆞ라 허신다 ᄒᆞ고 공방이 와서 유모 드리지 못ᄒᆞ고 바장인다 ᄒᆞ니 <슌금전1910 47>

【ᄉᆞ쳔】 명 ❶ 사전(私錢). 부녀자가 절약하여 사사로이 모아 둔 돈. 쌈지돈. '쳔(錢, qián)'은 중국어 직접 차용어.¶ ▼梯己 ‖ ᄯᅩ ᄉᆞ쳔의셔 포이롤 여간 은량을 쥬어 져롤 안위ᄒᆞ며 니ᄅᆞᄃᆡ 후일의 다시 조흔 식부롤 갈희여 너롤 쥬리라 ᄒᆞ니 (又梯己給鮑二些銀兩, 安慰他說: "另日再挑個好媳婦給你.") <홍루 44:75> 왕부인이 듯고 놀나 벙벙ᄒᆞ며 원ᄅᆡ ᄌᆞ긔 ᄉᆞ쳔이 이시ᄃᆡ ᄯᅩᄒᆞᆫ 공화의 드

러갓는지라 (這王夫人聽着, 驚呆了, 原有些梯己也充公了.) <후홍 3:29> 엇지 도로혀 너의 ᄉᆞ천을 ᄡᅳ리오 (怎麽倒動起你的梯己來?) <후홍 3:39> ▼體己 ‖ 우리 이야의 그런 비위의 기름 가마의 드럿던 것도 도로혀 건져 내여 ᄡᅳ려 ᄒᆞ시뇨 딕내내의게 ᄉᆞ천이 잇는 줄 아시면 졔 도로혀 ᄆᆞᄋᆞᆷ을 크게 먹고 ᄡᅳ지 아니ᄒᆞ리잇가 (我們二爺脾氣油鍋裡的還要撈出來花呢, 知道奶奶有了體己, 他還不大着膽子花麽.) <홍루 16:35> 너는 ᄉᆞ천의 신긔ᄒᆞᆫ 곡조롤 가져다가 나롤 듯게 ᄒᆞ고 날노 한 병 술을 먹게 ᄒᆞ미 엇더ᄒᆞ뇨 (你把那體己新樣的曲子, 唱個我聽, 我吃一罈如何?) <홍루 28:55> 져의 다달이 젼례로 ᄡᅳ는 공비롤 ᄯᅩ ᄡᅳ이지 안케 되면 열 량식 녀덟 량식 령쇄ᄒᆞᆫ 거술 모화 ᄯᅩ 내여 노코 져의 이런 ᄉᆞ천의 변리돈도 일년의 몃 천 량 은ᄌᆞ가 되지 못ᄒᆞ랴 (他的公費月例, 又使不着, 十兩八兩, 零碎攢了, 又放出去, 只他這體己利錢, 一年不到, 上千的銀子呢.) <홍루 39:20> ᄯᅩ ᄉᆞ천의셔 포이롤 여간 은량을 쥬어 (又體己給鮑二些銀兩.) <홍루 44:73> 보옥과 대옥은 져 둘이 가취ᄒᆞ는 거ᄉᆞᆫ 가히 집안 돈을 ᄡᅳ지 아니ᄒᆞ고 로태태긔셔 ᄉᆞᄉᆞ로 ᄉᆞ천을 내실 거시오 (寶玉和林妹妹他兩個, 一娶一嫁, 可以使不着官中錢, 老太太自有體己拿出來.) <홍루 55:88> 가련이 쳐음은 죄롤 당홀가 져허ᄒᆞ더니 후의 방셕ᄒᆞ시믈 므릅ᄡᅳ미 임의 다힝ᄒᆞ나 눈녀 젹취ᄒᆞᆫ 믈건과 아오로 봉져의 사천이 칠팔만 금의 나리지 아니ᄒᆞᆫ 거술 일조의 다 업시믈 ᄉᆡᆼ각ᄒᆞ미 엇지 슬프지 아니ᄒᆞ며 (賈璉始則懼罪, 後蒙釋放已是大幸, 及想起歷年的聚的東西並鳳姐的體己不下七八萬金, 一朝而盡, 怎得不痛.) <홍루 106:9> ▼私房 ‖ 습인의 의복슈식과 ᄉᆞ천이 ᄯᅩᄒᆞᆫ 천 냥 은지 되믈 아는지라 (襲人衣服首飾連自家私房也有千兩.) <홍부 1:15> ▼私蓄 ‖ 셜이미 약간 남은 ᄉᆞ천을 모화 져롤 위ᄒᆞ여 감ᄉᆡᆼ을 도득ᄒᆞ여 한림원의 당ᄎᆞᄒᆞ여 과만이 찬 후의 ᄉᆞ천현위 되니 (薛姨媽將有餘不盡的幾兩私蓄, 給他考上一名謄錄, 在館上當差期滿, 選授四川縣尉.) <홍부 7:68> ❶ 원래는 부녀자가 절약하여 사사로이 모아 둔 돈을 뜻하나, 여기서는 사사로이 그것만 즐김을 의미함.¶ 들ᄭᅴ 모 담비 모는 머슴아히 맛하 니고 가지 모 고쵸 모는 아기ᄯᆞᆯ이 ᄒᆞ려니와 믿도람 봉션화는 네 ᄉᆞ천 너모 마라 <농가1876 51> ⇒ 사천, 샤천

【ᄉᆞ탕】 명 ((음식)) 사탕(砂糖, shātáng). 설탕. (중국어 직접 차용어).¶ ᄉᆞ탕 (沙糖) <군목-조과 5b> ▼糖 ‖ 호쇼긔 니ᄅᆞ디 너 한 사ᄅᆞᆷ을 말ᄒᆞ리니 너는 졍히 알냐 ᄋᆡ회 니ᄅᆞ디 뉘뇨 호쇼긔 니ᄅᆞ디 챠와 ᄉᆞ탕을 파던 호노인이니라 (胡小記說, 我說個人, 你可認識? 艾虎說, 看是誰咧, 胡小記說, 賣茶糖的胡老.) <충소 14:53> 쳥도포 사미로셔 ᄉᆞ탕 민당 오화당 셜당 빙당 팔보당과 미당 귤병 왜과자의 용안 여지 당디쵸와 긔암 자앗 셰실과도 즙ᄌᆞ이 니여쥬며 옛다 이것 먹어라 <춘향-동양 4:29a> 왕도고[노인 유ᄋᆞ 입맛 업는 ᄃᆡ] ‖ 연육 산약 빅복영 으이인 各四兩 믹ᄋᆞ 초ᄒᆞ고 빅편두 거피ᄒᆞ고 감인 各二兩 시상 一兩 ᄉᆞ탕 二十兩 찹쌀가루 닷 되 강집의 말여 작말ᄒᆞ여 다슌믈의 먹으라 <서계집-한고 왕도고 22a:상> 초와 고기 ᄉᆞ탕 드려ᄉᆞ고 담비 ᄌᆞ셰 바다습 식은 아니 먹어습 식은 초 아니 쥬시니 답ᄌᆞᄒᆞᆸ <식 술이(니쳔 삼곡) 10.14-한고 아바님(대아 입납)> 砂糖水나 쓰옵난 ᄃᆡ ᄉᆞ탕이 다 써 습기 그 근쳐의로 구ᄒᆞ러 보니랴 ᄒᆞᆸ더니 인난 줄 옵난 줄 답ᄌᆞᄒᆞᆸ <셜ᄉᆞ 종일-대전 19:02:26> ⇒ 사당, 사당, 사ᄉᆞ당, 사탕, ᄉᆞ당, ᄉᆞ동, ᄉᆞᄉᆢᆼ, ᄉᆞ탕이, ᄉᆞ통

【ᄉᆞ탕-가루】 명 ((음식)) 사탕가루. 설탕가루. 'ᄉᆞ탕(砂糖, shātáng)'은 중국어 직접 차용어¶ 흑임을 과이 복지 말고 졀구에 흠신 ᄶᅧ여 기름을 손으로 쥐여 ᄶᅩ고 다식판에 글ᄌᆞ을 먼져 ᄉᆞ탕가루로 메이고 박으면 검은 비단에 흔 글ᄌᆞ 노흔 것 갓흐니라 <부필 12a> ⇒ 사당ᄀᆞᄅᆞ, 사당ᄀᆞᆯㄴ, 사당ᄀᆞᆯㄹ, 사당ᄀᆞᄅᆞ, ᄉᆞ탕갈ㄴ ☞ 사당말

【ᄉᆞ탕-갈ㄴ】 명 ((음식)) «ᄉᆞ탕가ᄅᆞ» 사탕가루. 설탕가루. 'ᄉᆞ탕(砂糖, shātáng)'은 중국어 직접 차용어.¶ 砂餡 ‖ 임천 왈 졍ᄒᆞᆫ 고기롤 너헛ᄂᆞ니라 /법식 왈 너 어미 지일 쇼롤 ᄒᆞ여 이 ᄯᅥᆨ을 먹지 아니리니 ᄉᆞ탕갈늘 너흔 ᄯᅥᆨ을 밧고와 니라 (任遷道: "一包精肉在裏面." 觀師道: "哥哥! 我娘吃長素, 如何吃得. 換一個砂餡與我.") <평요 7:16> ᄉᆞ탕갈니ᄂᆞ 셜당이ᄂᆞ 만히 셕거 만일 맛보아 덜 돌거든 쵸흔 ᄉᆡᆼ쳥 잠간 셕거 ᄎᆞ고 민강을 엷게 졈여 셕거 안칠 적 잣ᄀᆞ로와 계피알 화합ᄒᆞ야 안치고 <규합-방각1869 병과 12a> ⇒ 사당ᄀᆞᄅᆞ, 사당ᄀᆞᆯㄴ, 사당ᄀᆞᆯㄹ, 사당ᄀᆞᄅᆞ, ᄉᆞ탕가루 ☞ 사당말

【ᄉᆞ탕-귤병】 명 ((음식)) 사탕귤병(沙湯橘餠). 사탕에 졸인 귤로 만든 떡의 일종. '사탕(砂糖, shātáng)'은 중국어 직접 차용어.¶ ᄉᆞ탕귤병 오화당과 빙당셜당 팔보당과 용안 여지 당디초며 민강 평강 쳥민당과 힝인당과 당표도며 낙화싱의 슈박씨오 <연행-병인>

【ᄉᆞ탕-물】 명 ((음식)) 사탕물. 설탕물. '사탕(砂糖, shātáng)'은 중국어 직접 차용어.¶ 오린 안질에 ᄉᆞ탕물노 ᄒᆞᆫ 달을 씻스면 낫나니라 <명경-한고 안질 11b> 용안육을 즛지여 ᄉᆞ탕물에 반쥭ᄒᆞ야 다식 박ᄂᆞ니라 <부필 12a> ⇒ 사당물, 사당믈 ☞ 사당슈, ᄉᆞ탕수

【ᄉᆞ탕부리-집】 명 ((한방)) 사탕부리즙(-汁). '사탕(砂糖, shātáng)'은 중국어 직접 차용어.¶ ᄉᆡᆼ콩을 다슌 술의 머으라 단목을 믈의 디여 먹으라 ᄉᆞ탕부리집을 ᄒᆞᆫ 셔너 ᄉᆞ발 먹으라 <서계집-한고 니종쵸발 25b:상>

【ᄉᆞ탕수】 명 ((음식)) 사탕수(砂糖水). 사탕물. 설탕물. '사탕(砂糖, shātáng)'은 중국어 직접 차용어.¶ 산후 구갈ᄒᆞ거든 황늘과 사슴 ᄃᆞ린 믈을 먹이고 혹 ᄉᆞ탕수롤 쓰고 일졀 닝슈와 싱닝을 먹이지 말고 복통과 즙증이 잇거든 쥬료롤 쓰면 신효ᄒᆞ니라 <규합-동경 산후 6:42b> ※ 砂糖水나 쓰옵난 ᄃᆡ ᄉᆞ탕이 다 써습기 그 근쳐의로 구ᄒᆞ러 보니랴 ᄒᆞᆸ더니 인난 줄 옵난 줄 답ᄌᆞᄒᆞᆸ <셜ᄉᆞ 종일-대전 19:02:26> ⇒ 사당슈 ☞ 사당물, 사당믈, ᄉᆞ탕물

【ᄉᆞ탕-ᄉᆞ람】 명 ((인류)) 사탕사람. '사탕(砂糖, shātáng)'

은 중국어 직접 차용어.¶ 糖人 ‖ 늘근 놈이 눈구명이 옵구ᄂᆞ 당인이 우리 신님일진ᄃᆡ 니가 졔ᄌᆞ되여시니 나는 당인이 안이 되것는냐 무슨 ᄉᆞ탕ᄉᆞ람인이 ᄭᅮᆯᄉᆞ람인이 다 고만두라 (老兒全貌眼色, 唐人是我師父, 我是他徒弟, 我也不是甚糖人蜜人.) <서유-어람 96a>

【ᄉᆞ탕-썩】 명 ((음식)) 사탕떡. 케이크. '사탕(砂糖, shātáng)'은 중국어 직접 차용어.¶ 砂餡 ‖ 임천이 법ᄉᆞ를 치고ᄌᆞ ᄒᆞ다가 노긔를 참고 ᄉᆞ탕썩을 쥬거놀 (只得忍氣呑聲, 又換一個砂餡與他.) <평요 7:16>

【ᄉᆞ탕-이】 명 ((음식)) 사탕이(砂糖-). 사탕(砂糖)+-이(주격 조사 ▷명사 파생 접미사). (중국어 직접 차용어).¶ ᄉᆞ탕이 | 빅탕이 <노한 561> ⇒ 사당, 사당, 사ᄉᆞ당, 사탕, ᄉᆞ당, ᄉᆞ둥, ᄉᆞ쌍, ᄉᆞ탕, ᄉᆞ퉁

【ᄉᆞ퉁】 명 ((음식)) 사탕(砂糖, shātáng). (중국어 직접 차용어).¶ 츙치가 오목ᄒᆞ게 픈인 ᄃᆡ 비숭이 옵흐거든 ᄉᆞ퉁 ᄒᆞᆫ 돈 즁과 호쵸 칠 푼 즁을 쇼금 오 푼 즁을 세말ᄒᆞ여 블의 녹겨 환ᄃᆡ여 녹두 만큼 ᄒᆞ여 ᄯᅮ러딘 니굼긔 너흐면 ᄂᆞᆺ나니라 <경험방-츙치 5a 한옥션133-152> ⇒ 사당, 사당, 사ᄉᆞ당, 사탕, ᄉᆞ당, ᄉᆞ둥, ᄉᆞ쌍, ᄉᆞ탕, ᄉᆞ탕이

【ᄉᆞ하】 명 ((주거)) 사하(私下). 민간 숙소. 손님이 길을 가다가 묵는 임시 숙소. '하(下, xià)'는 중국어 직접 차용어.¶ 私寓 ‖ 숑도 니ᄅᆞ러 빅시는 태평관 드ᄅᆞ시고 나는 ᄉᆞ하의 나 자니 고양 츌신 박민도 와 강홰 사름 젼쳠ᄉᆞ 한계듕이 와 보고 (至松都, 伯氏入太平館, 余出宿私寓, 高陽出身朴敏道, 江華人前僉使韓啓重來見.) <연행-노가재 1:5b>

【ᄉᆞ하쳐】 명 ((주거)) 사하처(私下處). 손님이 길을 가다가 묵는 임시 숙소. '하(下, xià)'는 중국어 직접 차용어.¶ 私寓 ‖ 밤의 ᄉᆞ하쳐의 나 ᄌᆞ니 신군이 아ᄃᆞᆯ으로셔 쥬찬을 셩히 ᄀᆞ초아 와 보고 말이 네 일의 미ᄎᆞ니 서ᄅᆞ 디ᄒᆞ여 눈믈을 ᄲᅳ리니라 와 보고 (夜出宿私寓, 申君自衙中備酒饌來見叙別, 話及存沒, 相對揮涕.) <연행-노가재 1:10a>

【술-오늬】 명 ((군기)) 오늬. 화살의 머리를 활시위에 끼도록 에어 낸 부분. 중세몽고어 '오늬(ono /oni)'의 차용어.¶ 술오늬 괄 (筈) <음첩c 7b> ⇒ 살오놰, 살오늬, 살오늬, 살온의, 삸오놰, 상오늬, 활오늬 ☞ 오누, 오늬, 온늬, 온의

【숣이】 명 ❶ ((간찰)) 살이. 웟사람에게 사뢰는 글을 올려 말씀 드림. 이두에 보이는 '白是(숣이)'에서 나온 말로서 '상ᄉᆞ리(上白是)'와 같은 뜻으로 쓰인다. '숣이'는 '白'(숣-)에 명사화 접미사 '-이'가 결합한 파생어이다. 숣비>숣이. (이두어).¶ 白是 ‖ 卑者上書告尊者曰白是. <진람 14a> 아마도 긔운 평안ᄒᆞᄋᆞᆸ심 ᄇᆞ라ᄋᆞᆸᄂᆞ이다 임슐 삼월 이십일 야 ᄌᆞ 영 숣이 <임창계-1 ᄒᆞᆫ 번1682> 알외올 말ᄉᆞᆷ 하감ᄒᆞ오심 젓ᄉᆞ와 이만 알외오며 내내 긔체 안녕ᄒᆞ오심 ᄇᆞ라ᄋᆞᆸ나이다 신ᄉᆞ ᄉᆞ월 초일일 ᄌᆞ부 숣이 <고령박씨-19 1761 경주이씨(며느리) ↓박춘영(시아버지)> 알외올 말ᄉᆞᆷ 삼ᄒᆞ오심 젓ᄉᆞ와 이만 일외오며 수이 힝ᄎᆞᄒᆞ오시기를 ᄇᆞ라ᄋᆞᆸᄂᆞ이다 지월 념ᄉᆞ일 녀식 숣이 <딸(임성주1711-88 아내) ↓아버지> 사름 가올시 잠 알외ᄋᆞᆸᄂᆞ이다 이월 이십뉵일 ᄌᆞ 텰 숣이 <신철현종숙종 연간 ↓모부인> 밧바 숣이ᄂᆞᆫ 못 알외오며 어린 거슨 엇디 잇ᄂᆞᆫ고 <이뎡(ᄌᆞ)-한고1818/78.9.26 ↓어마님> 옷 보낼 제 갓것 휘향 보션ᄭᅴ 보내라 ᄒᆞ오쇼셔 경진 팔월 초팔일 ᄌᆞ 이뎡 숣이 <이뎡(ᄌᆞ)-한고1820/80.8.8 ↓어마님> 경인 숨월 초칠일 싱각ᄂᆞᆫ 식 숣이 <싱각ᄂᆞᆫ 식 숣이-한고1890 ↓어머니> 이만 알외오며 내내 긔톄 만안ᄒᆞᄋᆞᆸ심 ᄇᆞ라ᄋᆞᆸᄂᆞ이다 게ᄉᆞ 사월 이십뉵일 죵ᄌᆞ부 숣이 <죵ᄌᆞ부-우한1893.4.26. ↓ᄌᆞ근어머님> 도동셔 하인 보니ᄂᆞᆫ 편의 슈ᄌᆞ 알외오며 내ᄂᆞᆫ 긔톄후 만안ᄒᆞᄋᆞᆸ심 ᄇᆞ라ᄋᆞᆸᄂᆞ이다 신츅 납월 초일일 식 숣이 <송병필가-41 1901 은진송씨(첫째딸) ↓전주이씨(어머니)> 알외올 말ᄉᆞᆷ 하감ᄒᆞ오심 젓ᄉᆞ와 이만 알외오며 니니 긔톄 만안ᄒᆞᄋᆞᆸ심 ᄇᆞ라ᄋᆞᆸᄂᆞ이다 임ᄌᆞ 이월 십ᄉᆞ일 죵ᄌᆞ부 숣이 <경고-8 문안 알외ᄋᆞᆸ고1912> 알외올 말ᄉᆞᆷ 남ᄉᆞ오나 안덜노 이만 알외ᄋᆞᆸ고 니니 톄후 만강ᄒᆞᄋᆞᆸ심 ᄇᆞ라ᄋᆞᆸᄂᆞ이다 임ᄌᆞ 오월 초일일 죵손녀 숣이 <창원황씨-11 문안 알외ᄋᆞᆸ고> 알외옴 남ᄉᆞ오나 하감ᄒᆞᄋᆞᆸ심 젓사와 이만 알외ᄋᆞᆸ며 내내 긔톄 만안ᄒᆞᄋᆞᆸ심 ᄇᆞ라ᄋᆞᆸᄂᆞ이다 신원의 겨미 졍월 초삼일 ᄌᆞ부 숣이 <ᄌᆞ부 숣이-한고1883 ↓아바님젼> 알외옴 총ᄂᆞᆫ 더강 알외오니 내내 톄후 만안ᄒᆞᄋᆞᆸ신 하셔 슈이ᄂᆞᆫ 보ᄋᆞᆸ기 ᄇᆞ라ᄂᆞ이다 신히 팔월 초구일 식 숣이 <식 1911.8.9 ↓아바님 국한-897> 말ᄉᆞᆷ 남ᄉᆞ오나 단문 이만 알외오며 이히 나문 날 업ᄉᆞ오니 신구셰의 니ᄂᆞᆫ 긔톄 만안ᄒᆞᄋᆞᆸ시기 바라ᄂᆞ이다 신유 십이월 이십칠일 죵딜녀 숣이 <죵딜녀-한고1921 양연을 긔관의셔> 갈지라도으 어ᄂᆞᄯᅢ 가겟다고 길 졍홀 슈 옵ᄉᆞ오니 ᄯᅩ 여러 번 뵈ᄋᆞᆸ기를 바라ᄋᆞᆸ이다 눈물이 압흘 가리와 다 못 알외ᄋᆞᆸᄂᆞ이다 병인 납월 초이일 용임 모 숣이 <용임 모(상평서)-한고1926.12.2 ↓후곡(청원군 용흥면)> ❷ 웟사람에게 사뢰는 글. 편지.¶ 션달 둘이 스므아흐랜날 ᄉᆞ이 가올 거시니 그제 ᄯᅩ 숣이 알외리이다 <이동표가-37 1691 이동표(아들) ↓순천김씨(어머니)> 아마도 아희돌 ᄃᆞ리고 몸이나 편히 겨소 쟝모ᄭᅴᄂᆞᆫ 밧바 숣이도 몬 뎍ᄉᆞᆸ뇌 젼ᄎᆞ로 알외ᄋᆞᆸ소 <현풍곽씨-6 /진하-102 17c전기 곽주(남편) ↓진주하씨(아내)> 쟝모ᄭᅴᄂᆞᆫ 죠희 업서 숣이도 몬 알외ᄋᆞ오니 젼ᄎᆞ로 엿ᄌᆞᆸ고 사름 즉시 아희 시작ᄒᆞ며 보낼 일 졈 ᄉᆞᆲ소 <현풍곽씨-30 /96 17c전기 곽주(남편) ↓진주하씨(아내)> ᄌᆞ부ᄂᆞᆫ 아히들ᄒᆞ고 무ᄉᆞ히 잇ᄉᆞ오며 년ᄒᆞ여 숣이 알외와습더니 감ᄒᆞ오신가 모ᄅᆞ와 ᄒᆞᄋᆞᆸᄂᆞ이다 <송준길가-77 1735 여흥민씨(며느리) ↓송요화(시아버지)> 문안 알외ᄋᆞᆸ고 이ᄉᆞ이 인편 둥둥 잇ᄉᆞ오나 ᄒᆞᆫ 슌도 숣이 못 알외ᄋᆞᆸ고 죄롭ᄉᆞ와 ᄒᆞ오며 <김성일가-147 1848 한산이씨(조카며느리) ↓김진화(큰아버지)> 환셰ᄒᆞ오나 숣이도 못 알외ᄋᆞᆸ고 죄송죄송ᄒᆞ와 금계로 알외ᄋᆞᆸᄂᆞ이다 <김성일가-149 1850 진주강씨(조카며느리) ↓김진화(큰아버지)> 내ᄂᆞᆫ 긔후 만안ᄒᆞ오심 ᄇᆞ라ᄋᆞᆸᄂᆞ이다 신ᄉᆞ 원월 ᄎᆞ삼일 손 이뎡 숣이 <이뎡

(손)-한고1821/81.1.3 ↓한마님> 문안 알외ᄋᆞᆸ고 힝ᄎᆞᄒᆞᄋᆞᆸ신 후 인편 아ᄋᆞᆸ지 못ᄒᆞ와 지금가지 술이 못 알외와 죄송〻ᄒᆞ온 듕 문안 듯ᄌᆞ지도 올러 되와 하경의 복념 간졀ᄒᆞᄋᆞᆸ올 ᄎᆞ <딜부-우한1897.3.24 ↓ᄌᆞ근아ᄌᆞ바님> 알외올 말숨 하감ᄒᆞᄋᆞᆸ심 젓ᄉᆞ와 이만 알외오며 내〻 긔톄후 만안ᄒᆞᄋᆞᆸ심 ᄇᆞ라ᄋᆞᆸᄂᆞ이다 무ᄌᆞ 십월 초구일 손부 술이 <손부 술이-한고 1888/1948.10.9 ↓한아바님> 편후 ᄉᆞ오일 되오니 연ᄒᆞ와 톄후 엇더ᄒᆞᄋᆞᆸ신디 복염이와 ᄒᆞ오며 요ᄉᆞ이 술이 세 번 알외여숩더니 아니 보와 계신ᄀᆞ 보오니 답〻ᄒᆞ오이다 <식(1911.4.24) ↓아바님 국한-903> 요ᄉᆞ이 긔후 엇더시ᄋᆞᆸ 어제 남평 편 술이 알외여ᄉᆞ오니 옹당 몬져 감ᄒᆞ오실 ᄃᆞᆺᄒᆞᄋᆞᆸ 형님 지금 엇더시고 빅중 엇더ᄒᆞᄋᆞᆸ고 오라바님 긔후 ᄒᆞᆫ가지시니잇가 <식 술이-한고12.10 ↓어마님젼> 그곳 인편은 바히 업습든 안ᄉᆞ오나 곳셔 알들 츄지 못 이맛 비온 술이도 얼마를 끈코 지나온니 이 엇지 인졍지도라 하올고요 죄송 만〻무지압고 작칙 그지업ᄉᆞ오이다 <형쥬님 젼 상서-한고 오미뵈압고 져운> ⇒ 살이, 샹술이, ᄉᆞ리, 술니

【숫다마】 명 미상. (일본어 차용어).¶ 교쥬 녹두 숫다마 단의 ᄎᆞ 일 셰목 단의 지어 ᄎᆞ 일 빅날포 단의 지어 ᄎᆞ 일 모슈 항나 단의 지어 ᄎᆞ 일 <물목-우한-1 1916 단슈>

【숫토-지갑】 명 ((복식)) 샷토지갑. '숫토'는 (일본어 차용어).¶ 숫토지갑 二介 五兩八錢 又 一介 二兩五錢 진분 十甲 三兩二錢 <장기-송화션 1911.3.23>

【ᄉᆞᆼ-ᄉᆞ리】 명 ((간찰)) 상사리(上-). 이두식 표현인 '上白是'의 우리말로서 '사뢰어 올림'의 뜻이다. 웃어른께 올리는 편지의 첫머리나 끝에 쓰는 투식어이다. ᄉᆞᆼ(上)+ᄉᆞ뢰[白]+-이. (이두어).¶ 자근아바님 젼 ᄉᆞᆼᄉᆞ리 문안 알외압고 니려ᄒᆞᆫ 계동에 연ᄒᆞ와 자근아바님 긔체후 일향 만강ᄒᆞ압심 아압고져 알외오며 <순흥안씨-9 자근아바님 1922> 외숙부님 젼 ᄉᆞᆼᄉᆞ리 문안 알외압나니다 <순흥안씨-10 외숙부님 1922> 큰어마님젼 ᄉᆞᆼᄉᆞ리 ‖ 문안 알외압고 문안 듯잡지 못 하경에 복모구〻 부리압지 못할을 ᄎᆞ에 <질부-한고10.9 ↓큰어마님> ⇒ 상사리, 상ᄉᆞ리, 상술이, 샹샹이, 샹술리, 샹술이 ☞ 상빅, 상빅시, 샹빅, 샹빅시, 샹빅씨

【ᄉᆡ루】 명 ((복식)) 세루(細縷, セル). 날실에 두 올 꼰실을 쓰고 씨실에 같은 꼰실 또는 홑실을 써서 빗줄짜임으로 사지와 비슷하게 짠 양복천. 서지. 사지(ザージ)는 'セル地'의 준말. (프랑스어 'serge'의 일본어 차용어).¶ 곤식 시루 치마 ᄎᆞ 님 남식 슈단 치마 ᄎᆞ 님 고동식 슈단 치마 ᄎᆞ 일 북방식 비로도 치마 ᄎᆞ 님 흑식 비로도 치마 ᄎᆞ 님 잉식 빠리수 치마 ᄎᆞ 님 <물목-혼함 06.12.08> 흑식 목 시루 치마 ᄎᆞ 일 옥식 마포 치마 ᄎᆞ 일 흑식 마포 치마 ᄎᆞ 일 빅식 반명쥬 바지 ᄎᆞ 일 본식 마포 고이 ᄎᆞ 일 <물목-경고-2 쟝농> 회식 시루 쳐마 ᄎᆞ 일 고등식 바닥 관목 시루 쳐마 ᄎᆞ 일 월남식 실 시루 쳐마 ᄎᆞ 일 오동식 양국화단 쳐마 ᄎᆞ 일 은식 시목 쳐마 ᄎᆞ 일 은식 중목 쳐마 ᄎᆞ 일 <혼수물목1933.12.14 국한-1362> 품남식 별ᄒᆞᄉᆞ 쳐마 ᄎᆞ 일 하늘식 별하ᄉᆞ 쳐마 ᄎᆞ 일 신옥식 시루 왕망ᄉᆞ 쳐마 ᄎᆞ 일 <물목1941 한옥션 106-96> 진옥식 시루 왕망ᄉᆞ 쳐마 ᄎᆞ 일 연두미식 오빠루 조셋도 쳐마 ᄎᆞ 일 양회양식 별문 조셋도 쳐마 ᄎᆞ 일 남식 슈목무지 조셋도 쳐마 ᄎᆞ 일 옥식 별화순인 쳐마 ᄎᆞ 일 <물목-한고 1941> 명듀 핫바지 일 빅식 반듀 핫바지 일 옥양목 핫바지 이 회식 목 시루 핫바지 일 옥양목 겹바지 일 회식 목 시루 겹바지 일 갑증 빅이 겹바지 일 황나빅이 겹바지 일 회식 슉슈 겹바지 일 옥양목 빅니 겹바지 이 <의물목 칸옥션4:60> ⇒ 세루, 셔누, 셔루, 셰루, 시루, 식류

【식류】 명 ((복식)) 세루(細縷). 날실에 두 올 꼰실을 쓰고 씨실에 같은 꼰실 또는 홑실을 써서 빗줄짜임으로 사지와 비슷하게 짠 양복천. 서지. 사지(ザージ)는 'セル地'의 준말. (프랑스어 'serge'의 일본어 차용어).¶ 흑식 시류 쳐마 ᄎᆞ 일 진옥식 슈란 본견 조셋도 쳐마 ᄎᆞ 일 …회식 목 시류 핫바지 ᄎᆞ 일 흑식 인견 시류 핫바지 안ᄶᅧ ᄎᆞ 일 <물목-우한-1 1916 단슈> ⇒ 세루, 셔누, 셔루, 셰루, 시루, 식루

【식암】 명 ((지리)) 샘(Siam). 섬라(暹羅). 타이(Thailand)의 예전 이름인 시암(Siam, 暹羅)의 (외래어).¶ 식암 (暹羅) <명물-육당 12b> ⇒ 사이암

【시차-하-】 동 사차(奢遮)하다. 인기 있다. (중국어 간접 차용어).¶ 奢遮 ‖ 울이 兄弟 셔이 眞眞實實로 거짓 립이 업다 假使 晁保正이 졀어케슬이 시차하거 지미슬이 盜賊질하여 買賣할 양으로 울이를 달여갈야 하고 글어한가 부다 슈괴슬업게 老兄이 왓신이 (我弟兄三箇眞眞實實地並沒半點兒假保正, 敢有件奢遮的私商買賣, 有心要帶挈我, 一定是煩老兄來.) <수호-국재 5:8b>

【시-푸리】 명 ((상업)) 새포리(-鋪裏). 새[鳥]가게. '푸리(鋪裏, pùli)'는 중국어 직접 차용어.¶ 시푸리라 ᄒᆞ는 더는 온갓 시가 다 잇고나 당둙 디둙 오리 게우 히동청과 조롱터며 각식 소리 빅셜됴며 뫼고리의 굴독식며 말 줄ᄒᆞ는 잉무식며 곱고 고은 공족식라 <연행-무자>

【식손이】 명 ((지리)) 색스니(Saxony). 작센(Sachsen) 주. 독일 남동부, 체코, 슬로바키아와 국경을 접하고 있는 주. 게르만계(German系) 작센 인이 살던 곳으로, 지하자원이 풍부하여 루르(Ruhr)에 비길 만한 공업 지대로 발달하였다. (외래어).¶ 식손이 (撒可森, Saxony) <만국통감1912 12> 부란던뻑과 식손이 두 적은 나라 천원들이 쉬덴국 군ᄉᆞ가 디경 지나가기를 허락지 아니ᄒᆞ더라 <만국통감1912 4, 48>

【식-싸류】 명 ((복식)) 일본어 차용어. 미상.¶ 년두식 식싸류 쳐마 ᄎᆞ 일 초록식 거물 쳐마 ᄎᆞ 일 옥식 셰모슈 다름 쳐마 ᄎᆞ 일 미니 야슈 속쳐마 ᄎᆞ 일 <물목-우한-1 1916 단슈>

【싯ᄭᅦᆼ】 명 ((복식)) 비누. 石硯(せっけん). (일본어 차용어).¶ 순금반지 일 은 쌍반지 일 외반지 일 치식 쌍반지 일 은지환 일쌍 구라부화쟝식 셋또 일조 풍조 싯ᄭᅦᆼ 반

타 후루쩡이래 구래무이럭 일기 빠후이럭 삼기 <물목-금요2 1936 빅명쥬> ☞ 비노, 비누, 빈노, 빈눌, 빈누, 빈오, 조각

【싯언】 명 ((천문)) 새턴(Saturn). 별자리의 하나. (외래어).¶ 태양이 ᄒᆞᆫ 큰 별이라 극히 빗나며 움즉임이 업고 그 ᄀᆞ헤 도는 별 여돏이 쇽ᄒᆞ엿시니 ᄒᆞ나흔 쥬비더요 둘흔 비너스요 세흔 싯언이오 네흔 마스요 다ᄉᆞᆺ슨 이싸히오 여ᄉᆞᆺ슨 넵춘이오 닐곱은 유레너스오 여돏은 머규릐니 <사필1889-헐버트 3> 싸헤셔 샹거는 거의 구십만 리나 되고 싯언에 쇽ᄒᆞᆫ ᄃᆞᆯ은 여돏이오 쥬비더에 쇽ᄒᆞᆫ ᄃᆞᆯ은 네히오 유레너스에 쇽ᄒᆞᆫ ᄃᆞᆯ도 네히오 그 남아는 다 ᄃᆞᆯ이 업ᄂᆞ니라 <사필1889-헐버트 3>

【싱미샤】 명 ((천주)) 생미사(生missa). 살아 있는 사람을 위하여 드리는 미사. (외래어).¶ 싱미샤 <법한 917> ☞ 련미샤

【싱션-긴ᄃᆞ루】 명 ((음식)) 생선긴타로. 생선구이. (일본어 차용어).¶ 콩ᄂᆞ물 ᄉᆞ 젼 쏄닉비누 ᄒᆞᆫ 기 십 젼 동희비 일월분 십 젼 싱션긴ᄃᆞ루 열 ᄆᆞ리 십오 젼 마고 ᄒᆞᆫ 갑 십오 젼 <가용-한고 1937.1.23>

【싱션-푸리】 명 ((상업)) 생선포리(生鮮鋪裏). 생선가게. '푸리(鋪裏, pùli)'는 중국어 직접 차용어.¶ 싱션푸리 볼작시면 이어 농어 가물치와 만어 도미 업치 딕구 죠긔 쥰치 ᄌᆞ가ᄉᆞ리 슈어 복어 모장이며 병어 상어 머역이와 모리모지 썩져귀며 배암장어 도령허리 문어 젼복 히삼 홍합 죠기 낙지 시우 게와 <연행-병인> 싱션푸리 볼작시면 이어 농어 가물치와 만어 도미 업치 딕구 죠긔 쥰치 ᄌᆞ가ᄉᆞ리 슈어 복어 모장이며 병어 상어 머역이와 모리 모지 썩져귀며 배암장어 도령허리 문어 젼복 히삼 홍합 죠기 낙지 시우 게와 <연행-병인 12:510>

【싸론】 명의 ((도량)) 갤런(gallon). 야드파운드법에 의한 부피의 단위. 1갤런은 1쿼트의 네 배, 1파인트의 여덟 배로 영국에서는 약 4.545리터에 해당하고 미국에서는 약 3.785리터에 해당한다. (외래어).¶ 싸론 <조백-용량 1915 561> ⇒ 가론

【싸솔린】 명 ((화학)) 가솔린(gasoline). (외래어).¶ 싸솔린의 도매업도 <염상섭, 무현금1934 1:94> ⇒ 까솔린

【싸이아길】 명 ((지리)) 과야킬(Guayaquil). 남아메리카 에콰도르 남서부에 있는 항구 도시. 에콰도르 최대의 상공업 도시로 커피, 카카오 따위를 수출한다. (외래어).¶ 또 셔편에 싸이아길과 퀸사카와 으료밤바ㅣ란 촌이 잇고 사롬의 픔ᄉᆞ수는 평등이오 <사필1889-헐버트 126>

【싸지】 명 ((식물)) 가지. 가짓과의 한해살이풀. 가자(茄子). (중국어 차용어).¶ 싸지 <노한 9> ⇒ 가즈, 가즤, 가지, 가ᄌᆞ

【쌀나스】 명 ((지리)) 갈라치(Galati). 루마니아 동부에 있는 갈라치 주(州)의 주도. 다뉴브강 하류 좌안에 있으며, 외양선박(外洋船舶)이 드나드는 주요 항만도시이다. (외래어).¶ 도셩을 의론컨대 일홈이 쑤거리스드ㅣ니 나라 남편이오 또 북편에 야시란 큰 촌이 잇고 단읍강ᄉᆞᄀᆞ헤 쌀나스ㅣ란 큰 촌이 잇고 빅셩의 ᄉᆞ업은 즘승 치기와 롱ᄉᆞㅣ며 <사필1889-헐버트 61>

【쌀비스던】 명 ((지리)) 갤버스턴(Galveston). 미국 남부 멕시코만 연안에 있는 항구 도시. (외래어).¶ 또 동편에 붓란트와 부스든과 브라비덴스와 누역과 필네델피아와 너펵과 잘쓰던과 사반나와 남편에 모빌과 누얼린스와 쌀비스던과 셔편에 산띄에고와 산브란시스고와 시아들이란 포구가 잇스며 <사필1889-헐버트 106>

【깨스-등】 명 ((기물)) 가스등(gas燈). 석탄 가스를 도관에 흐르게 하여 불을 켜는 등. (외래어).¶ 붓을 날녀 여긔 오니 열두 點 치고 깨스燈은 껌벅껌벅 잠들라는데 <소년 1910.12.15>

【썰늬버】 명 ((인명)) 걸리버(Gulliver). 조나단 스위트의 «걸리버여행기»의 등장인물. (외래어).¶ 그때에 썰늬버는 性味가 異常한 것 보기를 됴와함애 무엇 異常한 것이나 업나 하고 <소년-거인국표류기 1908.11.1> ⇒ 썰니버

【썰니버】 명 ((인명)) 걸리버(Gulliver). 조나단 스위트의 «걸리버여행기»의 등장인물. (외래어).¶ 이것을 보고는 썰니버도 膽이 덜컥 나려안뎌 어익구 뎌싸위 큰사람도 세상에 잇나 <소년-거인국표류기 1908.11.1> ⇒ 썰늬버

【쎄누아】 명 ((지리)) 제노바(Genova). 이탈리아 북서부 지중해에 면한 항구도시. (외래어).¶ 쎄누아에 콜롬보녯 집을 찾고 미라노에 大寺院 구경한 뒤에 <청춘 1914.10.1>

【쎄르만】 명 ((지리)) 게르만(Germany). 독일. 유럽 중북부에 있는 주요 국가. (외래어).¶ 野獸보다도 暴惡한 쎄르만의 戰士의게 <학지 1915.2.28>

【쎄이이-】 동 꿰이다. 꿰어지다. (피동사).¶ 이윽고 홀연 궤 밋흐로 ᄒᆞᆫ 등이 ᄶᅧ러져 나오니 그 크기 북만 ᄒᆞ고 등 밋히 노히 쎄이이고 노 긋히 불이 홀연 절노붓터 궤 밋흐로셔 ᄒᆞᆫ 둥군 등이 드러워 나오다가 <열하긔>

【쎄임】 명 경기(競技). 시합(試合). 게임(game). (외래어).¶ 東京 오림픽 進出하야 質로 量으로 巨大한 活躍을 期約하는 것이다 오라! 拳鬪朝鮮의 健兒들의 壯烈한 쎄임을 滿朶 吟味할 것이다 <제일회전조선아마튜어권투선수권대회 1937.4.22-24>

【쎗쓰】 명 ((지리)) Gage (외래어).¶ 쎗쓰 (嘎某 Gage) <만국통감1912 3>

【꼬가다】 명 ((복식)) 고가따(小型, こがた). 소형. (일본어 차용어).¶ 쏘뿌링 꼬가다 치마 ᄎᆞ 일 모슈 치마 ᄎᆞ 일 목 나이롱 치마 ᄎᆞ 일 사딘박구 연슉식 치마 ᄎᆞ 일 신직구 슉식 치마 ᄎᆞ 일 <물목1972 07:07:01>

【꼬ᄭᅮ미】 명 ((복식)) 꼬꼬마. 군졸의 벙거지 뒤에 길게 늘인 붉은 말총으로 만든 삭모(槊毛). 중세몽고어 'kükümei'에서 온 차용어.¶ ⇒ 꼬꼬마, 곡고마, 곡고매, 곡공미

【종의 식기를 귀익ᄒᆞᆫ깃가 싱원님 나롯에 꼬ᄭᅮ미롤 단다】 속 종의 자식을 귀해 하니까 생원님나룻에(상투

에) 꼬꼬마를 단다. 부리는 종의 자식을 귀엽다고 하니까 버릇없이 주인어른의 수염에다 아이들 장난감인 꼬꼬마를 매단다는 뜻으로, 필요 이상 귀여워하고 어루만지면 버릇을 잔뜩 굳히게 만든다는 것을 형상적으로 이르는 말.¶ 죵의 식기를 귀ᄋᆡᄒᆞ닛가 싱원님 나룻에 ᄭᅩᄭᆞ미롤 단다 (奴子를 貴愛하닛가 生員主 鬚髥에 剪紙를 懸한다) 偏愛가 失當하면 戲弄을 反受한다 함이라 <조속1922 93>

【ᄭᅩᆨ고마】 명 ((기물)) 꼬꼬마. 군졸의 벙거지 뒤에 늘인 붉은 말총으로 만든 삭모(槊毛). 중세몽고어 'küküme i' 에서 온 차용어.¶ ᄭᅩᆨ고마 <조선어-총독 73> ⇒ 꼬꼬마, ᄭᅩᄭᆞ미, ᄭᅩᆨ고매, ᄭᅩᆨ공미

【ᄭᅩᆨ고매】 명 ((기물)) 군졸 모자의 방울 술. 군졸의 벙거지 뒤에 늘인 붉은 말총으로 만든 삭모(槊毛). 중세몽고어 'kükümei'에서 온 차용어.¶ ᄭᅩᆨ고매 (小球, Globule, pompon du chapeau des soldats) <한불1880 185> ᄭᅩᆨ고매 <법한 1097> ⇒ 꼬꼬마, ᄭᅩᄭᆞ미, ᄭᅩᆨ고마, ᄭᅩᆨ공미

【ᄭᅩᆨ공미】 명 ((기물)) 꼬꼬마. 아이들의 장난감의 한 가지. 실 끝에 새털이나 종이오리를 매어 바람에 날리는 것. 중세몽고어 'kükümei'에서 온 차용어.¶ ᄭᅩᆨ공미 <광재-2 기희:2> ※ 苦苦妹 ‖ 小兒用獨繭絲, 繫鵝毳, 順風而颺之, 號苦苦妹. 蒙古語鳳凰也. <경도-2 상원> 鳳凰曰哈老的, 一曰苦苦妹. <노룡새략1610 권20:우족> 姑姑妹 <동국세시기-상원> ⇒ 꼬꼬마, ᄭᅩᄭᆞ미, ᄭᅩᆨ고마, ᄭᅩᆨ고매

【ᄭᅳᆺᄯᅢᆷ】 감 갓댐(goddamm). 망할. 빌어먹을. 제기럴. (분노 울분을 나타내는 욕설). (외래어).¶ 사ᄅᆞᆷ들이 셔로 욕셜ᄒᆞᄂᆞᆫ 소리를 드르면 참 귀로 드를 수 업소 별 흉악망칙ᄒᆞᆫ 말이 만소 ᄲᅡ가 ᄭᅳᆺᄯᅢᆷ 갓ᄒᆞᆫ 욕셜은 오히려 관계치 안소 <금수회의록 29>

【ᄭᅩᆺ-푸ᄌᆞ】 명 ((상업)) 꽃포자(-鋪子). 꽃가게. '푸ᄌᆞ(鋪子, pùzi)'는 중국어 직접 차용어.¶ 百花舖 ‖ 또 ᄭᅩᆺ푸ᄌᆞ의 니ᄅᆞ니 ᄭᅩᆺ푸지 ᄎᆞᆫ샤 가온대 이셔 움쳐로 ᄆᆡᆫ드라시니 기릐 오뉵 간이오 너비 칠팔 쳑이라 (又至百花舖, 舖在村舍中陶復爲室, 長可五六間, 廣可七八尺.) <서원 6:24b>

【ᄭᅪ-히】 명 쾌(快)히.¶ ᄭᅪ히 (快) <대혜보각선사서 56a> ⇒ ᄭᅫ히, 쾌이, 쾌희, 쾌히

【ᄭᆞ라무】 명의 ((도량)) 그램(瓦, グラム gram). 미터법에 의한 무게의 단위. 1그램은 섭씨 4도의 물 1㎤의 질량이다. 기호는 g. (외래어).¶ ᄭᆞ라무 <조백-척도1915 559> ⇒ ᄭᆞ랄, ᄭᆞ람

【ᄭᆞ랄】 명의 ((도량)) 그램(瓦, グラム gram). 미터법에 의한 무게의 단위. 1그램은 섭씨 4도의 물 1㎤의 질량이다. 기호는 g. (외래어).¶ ᄭᆞ랄 (瓦) <조농-도량 65> ⇒ ᄭᆞ라무, ᄭᆞ람

【ᄭᆞ람】 명의 그램(瓦, グラム gram). 미터법에 의한 무게의 단위. 1그램은 섭씨 4도의 물 1㎤의 질량이다. 기호는 g. (외래어).¶ 형衡은 증류수 일립방 센지메들의 무게를 긔본으로 ᄒᆞ야 이것을 ᄭᆞ람이라 칭ᄒᆞ고 그 십분의 일을 ᄯᅦ시ᄭᆞ람이라 ᄒᆞ며 ᄇᆡᆨ분의 일을 센지ᄭᆞ람이라 ᄒᆞ며 천분의 일을 밀리ᄭᆞ람이라 ᄒᆞᄂᆞ니 일 ᄭᆞ람은 십오 분의 ᄉᆞ 몬메에 상당ᄒᆞ고 그 십ᄇᆡ를 ᄯᅦ가ᄭᆞ람이라 ᄒᆞ며 ᄇᆡᆨᄇᆡ를 헥도ᄭᆞ람이라 ᄒᆞ며 천ᄇᆡ를 기로ᄭᆞ람이라 ᄒᆞᄂᆞ니라 <조농-도량 65> ⇒ ᄭᆞ라무, ᄭᆞ랄

【ᄭᆞᄲᅡ이】 명 헤어질 때 하는 영어 인사. 굿바이(good bye). (외래어).¶ ᄭᆞᄲᅡ이 사요나라 <대매-잘왓군타령 1907.7.23>

【ᄭᅳᆺ-나잇】 굿나잇(good night). (외래어).¶ ᄭᅳᆺ나잇 해 ᄭᅳᆺ나잇 <염상섭, 무현금1934 3:107>

【ᄭᅵᆼ-젤리】 명 ((음식)) 꿩젤리('kiji' (pheasant) jelly). (외래어).¶ ᄭᅵᆼ젤리 ‖ ᄭᅵᆼ고기 (ᄲᅧ ᄲᅢ지 안은 것) 2파운드 물 4잔 소곰 2쇼슈가락 뎡햑 6개 ᄲᅦ 닙사귀 2개 양우무 (찬물에 불닌 것) 4대슈가락 일년감 1통 계란 (흰자위와 껍질) 2개 감람 얼마 고기와 소곰과 호쵸와 뎡햑과 ᄲᅦ 닙사귀와 파를 쏘스 팬에 담고 2시간 동안 삶은 후에 다른 팬에 밧하 가지고 우무와 일년감과 계란 흰자위와 껍질을 너코 끌인 후에 팬을 불에셔 옴겨 5분 동안을 두엇가 다 젤리 부대를 더운 물에 취겨셔 밧하 가지고 조고마한 그릇들에 부어셔 식힐 것 먹을 ᄯᅢ에는 그 모양이 상하지 안토록 접시에 뒤집어 ᄊᆞ아 가지고 감람을 그 우에 노코 먹을 것 <서요 29>

【ᄭᅳ랩넛스】 명 ((음식)) 그래이프넛트(grapenuts). 미상. (외래어).¶ 집에셔 만든 ᄭᅳ랩넛스 home-made grapenuts. ‖ 기우리가루와 밀이나 보리 부스럭이를 셕고 물을 잠길 만콤 붓고 ᄭᅳ린 후에 (밀이나 보리가 연하게 될 ᄯᅢ까지) 일본 물엿을 셕거셔 넓은 팬에 얇게 펴 가지고 화덕에 너코 말늘 ᄯᅢ까지 구어셔 부스러트려셔 쏙게 잘 맛는 통에 담고 두 세 대슈가락에 사탕 조곰과 우유 조곰을 쳐셔 먹을 것 기우리가루나 말는 면보나 ᄲᅦ스켓 부스럭이를 각기 ᄯᅡ로든지 셕든지 거긔다가 일본 물엿 조곰을 셕고 누러케 될 ᄯᅢ까지 구어셔 밀대로 부스러트리고 쏙게 잘 맛는 통에 담아 두고 두세 대슈가락에 사탕과 우유를 조곰식 쳐셔 먹을 것 <서요 291>

【ᄭᅳ레비】 명 ((음식)) 그레비(gravy). 고깃국물 소스. (외래어).¶ 버셧에 소곰을 조곰 치고 ᄲᅥ터에 지져셔 밥과 함ᄭᅴ 먹을 것 쇠고기를 지지고 그 그릇에 버셧을 지져셔 ᄭᅳ레비와 함ᄭᅴ 고기 우에 ᄊᆞ아셔 먹을 것 <서요 71>

【ᄭᅳ레시아】 명 ((지리)) 크레타(Creta). 지중해의 섬이자 그리스의 행정지역, 크노소스를 중심으로 이루어진 해양의 미노아 문명은 B.C.16세기에 절정에 달했으며 1913년 그리스에 합병되었음. (외래어).¶ 앗시리아 ᄭᅳ레시아 로오마카아데이지 - 너의들이 다 무엇이냐 <소년 1910.6.15>

【ᄭᅳ룹】 명 그룹(group). (외래어).¶ 자긔네의 ᄭᅳ룹을 ᄯᅥ나서 <염상섭, E선생1922 94>

【ᄭᅳ리스】 명 ((지리)) 그리스(Greece). 유럽 남동부 발칸반도의 남쪽 끝에 위치한 공화국. 1829년 오스만 제국에

서 독립하여 왕국이 되었으며, 1973년에 공화국이 되었다. (외래어).¶ ᄭᅳ리스 (希臘) <사필> ⇒ 그리스, 그리스국, 글익, ᄭᅳ리스국 ☞ 희랍국

【ᄭᅳ리스-국】 명 ((지리)) 그리스(Greece). 유럽 남동부 발칸반도의 남쪽 끝에 위치한 공화국. 1829년 오스만 제국에서 독립하여 왕국이 되었으며, 1973년에 공화국이 되었다. (외래어).¶ 이스바니아국과 포츄갈국과 쉿슬란드국과 이탈리아국과 오스드리아 헝거리국과 루마니아국과 셰비아국과 만트늬그로국과 터키국과 ᄭᅳ리스국이니 나라가 강ᄒᆞ고 군ᄉᆞ가 졍ᄒᆞ며 지믈이 만코 지조가 긔이ᄒᆞ며 학업에 졍밀ᄒᆞ고 도학에 젼일ᄒᆞ며 졍ᄉᆞ는 도모지 빅셩의 뜻을 ᄯᆞᄅᆞ며 <사필1889-헐버트 13> 디경을 의론컨대 북은 루마니아국과 셔비아국이오 동은 블럭하슈ㅣ오 남은 디즁히와 ᄭᅳ리스국이오 셔는 셔비아국과 ᄯᅩ 만트늬그로국과 에드리아딕 하슈ㅣ며 <사필1889-헐버트 57> ⇒ 그리스, 그리스국, 글익, ᄭᅳ리스 ☞ 희랍국

【ᄭᅳ릭교】 명 ((종교)) 그리스교. 동로마 제국의 국교로서 콘스탄티노플을 중심으로 발전한 기독교의 한 교파.¶ 남편에 사ᄅᆞᆷ들은 롱ᄉᆞ와 쇠 ᄑᆞ기와 즘승 기ᄅᆞ기며 교는 회회교를 만히 ᄒᆞ고 ᄯᅩ ᄭᅳ릭교와 야소교를 ᄒᆞ며 <사필1889-헐버트 71>

【ᄭᅳ린】 명 ((지리)) Greene (외래어).¶ ᄭᅳ린 (圭尼 Greene) <만국통감1912 3>

【ᄭᅳ이니아】 명 ((지리)) 기니아(Guinea). 아프리카 서해안에 있는 나라. 1958년에 프랑스에서 독립하였다. 수도는 코나크리. (외래어).¶ ᄭᅳ이니아 (幾內亞) <환중대구장상육주-화봉 19후반>

【ᄭᅳ튼쌕-요한】 명 ((인명)) Guttenburg John. (외래어).¶ ᄭᅳ튼쌕 (요한) (革灘布革 Guttenburg (John)) <만국통감1912 4>

【ᄭᅵ로친】 명 ((기물)) 기요틴(guillotine). 날이 비스듬하게 생긴 도끼 모양의 칼을 기둥에 매달았다가 떨어뜨려 사람의 목을 자르게 한 프랑스식 단두대(斷頭臺). (외래어).¶ 暴君의 ᄭᅵ로친이다 <염상섭, 제야1922 2:49>

【ᄭᅵ리이기】 명 ((지리)) 그리이스(Greece). 유럽 남동부 발칸반도의 남쪽 끝에 위치한 나라. 1829년 오스만 제국에서 독립하였다. 수도는 아테네. (외래어).¶ ᄭᅵ리이기 (希臘) <환중대구장상육주 19후반>

【ᄭᅵ쓰】 명 ((지리)) Guise. (외래어).¶ ᄭᅵ쓰 (基斯 Guise) <만국통감1912 4>

【ᄭᅵ타】 명 ((악기)) 기타(guitar). 현악기의 하나. 앞뒤가 편평한 표주박 모양의 공명통에 자루를 달고 여섯 개의 줄을 매어, 왼손 손가락으로 줄을 눌러 음정을 고르고 오른손 손가락으로 줄을 튕겨 연주함. (외래어).¶ 꿈의 망각을 노리ᄒᆞ야 ᄭᅵ타로는 사람을 지우는데 <태서 1918.11.9>

【ᄭᅵ고-ᄒᆞ-】 동 끽고(喫苦)하다. 몹시 고생하다. 'ᄭᅵ고'는 중국어 간접 차용어.¶ 吃苦 ‖ 금일의 다만 바라건ᄃᆡ 이야는 향일 졍을 ᄉᆡᆼ각ᄒᆞ고 우리롤 위ᄒᆞ여 쥬션ᄒᆞ여 우리 쟝부를 노히게 ᄒᆞ고 ᄭᅵ고치 아니케 ᄒᆞ면 모다 와셔 이야의게 샤례ᄒᆞ리라 (今兒總望二爺念頭裏的情, 給我們撕羅撕羅, 把我們家裏的放出來, 不敎吃苦, 一總來謝二爺就是了.) <보홍 14:69> ▼喫苦 ‖ 만일 일우면 곳 일노의 샹경ᄒᆞᆯ ᄯᅥ ᄭᅵ고치 아닐 거시오 혹 일우지 못ᄒᆞ여도 ᄯᅩᄒᆞᆫ 져의게 슈일 쥬식을 어더먹으리라 (倘若事成, 這一路上京便不喫苦了, 卽或不成, 混他兩天喫喝也好.) <충협 2:45> 채복이 량산박 호한을 사괴고자 ᄒᆞᄂᆞᆫ고로 ᄒᆞᆫ 곳에 갓오고 됴흔 쥬식을 갓다가 먹이니 이러ᄒᆞᆷ으로 로쥰의 셕싊 ᄭᅵ고치 아니ᄒᆞ니라 (蔡福要結識梁山泊好漢, 把那兩個做一處牢裏關着, 每日好酒好肉與他兩個吃. 因此不曾喫苦, 倒將養得好了.) <수호-신문 4:62:196> ⇒ ᄭᅵ고ᄒᆞ-

【ᄭᅵ고-ᄒᆞ-】 동 끽고(喫苦)하다. 몹시 고생하다. 'ᄭᅵ고'는 중국어 간접 차용어.¶ 喫苦 ‖ 뎌 노한이 ᄉᆞᄉᆞ로 쳥빅니 되미 족ᄒᆞ거ᄂᆞᆯ 엇디 사ᄅᆞᆷ으로 ᄒᆞ야곰 본바다 우리로 ᄒᆞ야곰 ᄭᅵ고ᄒᆞ미 이 ᄀᆞᆺᄒᆞ뇨 (彼老漢自爲淸白吏足矣, 何令人效之, 使我喫苦如此.) <휘언-인계록 3:109> 현뎨야 뎌 일은 인륜대ᄉᆡ라 나와 너는 산치에셔 쾌활이 지내고 가즁의 로부로 ᄒᆞ여곰 엇지 ᄭᅵ고ᄒᆞ게 ᄒᆞ리오 (賢弟, 這件是人倫中大事, 養生送死, 人子之道.不成我和你受用快樂, 倒敎家中老父喫苦! 如何不依賢弟.) <수호-신문 3:41:87> 우리는 비록 편의ᄒᆞ나 쥬히는 ᄯᅩ 너의 거시 아니라 너의는 무슴 ᄭᅵ고ᄒᆞ미 업ᄉᆞ니 인졍을 써 ᄲᆞᆯ니 우리롤 쥬어 보니라 ("我們雖然便宜, 解又不是你的, 你們也沒甚吃苦, 落得做人情, 快付與我們去吧.") <후서유 20:57-39> 다만 물너가게 ᄒᆞᆷ을 원ᄒᆞ며 일직이 결과 지어 틱후가 셔안에셔 ᄭᅵ고ᄒᆞ심을 면ᄒᆞ게 구ᄒᆞ나이다 (情願退讓, 只求早日了結, 以免太后在西安喫苦.) <신광 12:11b> ▼苦難 ‖ 니런 호걸이 능히 무단이 복을 엇지 못ᄒᆞ고 ᄌᆞ연 허다 ᄭᅵ고ᄒᆞ여 단련ᄒᆞᆯ 지너ᄂᆞ니 비컨ᄃᆡ 한신이 표모의게 긔식ᄒᆞ고 녕쳑이 샤ᄅᆞᆷ의 고공이 되어 소롤 먹여 (然而這等豪傑, 自不能得庸福, 定有許多苦難磨他. 譬如, 韓信寄食漂母, 寗戚傭工飯牛.) <쾌심 1:3> ▼受苦 ‖ 황낭이 이ᄀᆞᆺ치 ᄭᅵ고ᄒᆞ여 계시니 ᄒᆡᄋᆞᄂᆞᆫ 헛도히 텬지 된지라 (皇娘如此受苦, 孩兒枉爲天子.) <충협 7:85> ⇒ ᄭᅵ고ᄒᆞ-

【ᄭᅵ반-ᄒᆞ-】 동 끽반(喫飯)하다. 밥 먹다. 'ᄭᅵ반'은 중국어 간접 차용어.¶ 喫飯 ‖ 지금 ᄯᅩᄒᆞᆫ 그곳의셔 ᄭᅵ반ᄒᆞ고 즉시 원즁으로 가려 ᄒᆞ더라 (這會兒也在那裏吃飯, 就要到園子裏去呢.) <홍보 3:62> 가뫼 량비 쥬룰 마시고 ᄭᅵ반ᄒᆞᆯ 맛치미 (賈母飮了兩杯酒, 吃了碗飯.) <속홍 2:90>

【-ᄶᅡ넌】 조 ((문서)) -딴은. -는. 대조와 강세를 표현하는 보조사. (이두어).¶ 우표문ᄶᅡ넌 우간으ᄉᆞᆯ 일학얼 쇼인의 뫼 열너 장 잇기로 치송얼 일넌 말니 ᄶᅥ니 산과 솔과 합하여 젼문 엿 냥의 결가하여 밧고 영영 이 되에 봉상하오니 타인이 잡담 잇ᄶᅥ던 이 차 표긔 고관변졍시라 졍츅 오월 이십뉵일 쇼인 만이 (수결) <진주강씨댁

하인 만이가 발급한 수표-국학진흥원 1877> ⇒ -닷은, -단은, -돈은, -돗은, -딋는, -짠은, -짜는, -짜눈, -짜은, -짠난, -짠는, -짠눈, -짠은, -짯난, -삭는, -삭눈, -싼, -싼눈, -싼은, -ㅣ싼, -ㅅ든

【짜늅-강】 명 ((지리)) 다뉴브강(Danube River). 도나우강(Donau River). 독일의 슈바르츠발트 삼림지대에서 시작해 유럽 대륙의 남동부로 약 2,850km를 흘러 흑해로 들어가는 강. (외래어).¶ 아시아 양자강과 구라파에 짜늅江 <최신창가집>

【-짜는】 조 ((문서)) -딴은. -는. 대조와 강세를 표현하는 보조사. (이두어).¶ 일이 너무 뎡디ᄒᆞ올 듯ᄒᆞ거든 혜아려 ᄒᆞ시고 그 놈짜는 괘심괘심ᄒᆞ오니 샹냥ᄒᆞ여 찌속여주시옵 <김성일가-141 1882~94 의성김씨(사촌여동생) ↓김홍락(사촌오빠)> 츙청남도 노셩 거ᄒᆞ는 빅죠사 빅활 우거는 원경사짜는 의녀가 본니 치ᄒᆞᆫ 황화경 사옵던니 ……티젼 셔 말낙을 바리고 가기짜는 다름 안니오라 미거ᄒᆞᆫ 동싱을 싱각ᄒᆞ와 두고 갓던니 <빅활-전북박1904 조선시대의 고문서-405> 기식보 통문 ‖ 우통뉴사짜는 보를 음삼월 초십일 치기로 위증발통ᄒᆞ오니 이일 조식 후에 가릭 가지고 일졔 닉회슈보사 올뉴 삼월 초칠일 발문 <기식보 통문 1945.3.7> 기식보 통문 ‖ 우통뉴사짜는 보를 음삼월 이일 치기로 위증발통ᄒᆞ오니 이일 조식 후에 가릭 가지고 일졔 닉회슈보사 졍히 이월 이십오일 발문 <기식보 통문-한고 1947.2.25> 기식보 통문 ‖ 우통뉴사짜는 보를 음삼월 십삼일 치기로 위증발통하오니 이일 조식 후에 가래 가지고 일제 내회슈보사 무자 삼월 초사일 발문 <기식보 통문 1948.3.4> ⇒ -닷은, -단은, -돈은, -돗은, -딋는, -짠은, -짜넌, -짜눈, -짜은, -짠난, -짠는, -짠눈, -짠은, -짯난, -삭는, -삭눈, -싼, -싼눈, -싼은, -ㅣ싼, -ㅅ든

【-짜눈】 조 ((문서)) -딴은. -는. 대조와 강세를 표현하는 보조사. (이두어).¶ 段 ‖ 박필위 니셩휘 니슈쳘 짜눈 셕하 등 고ᄒᆞᆫ 바 말노뻐 문목ᄒᆞ와 아오로 입격한 시관을 더 구문ᄒᆞ야 (朴弼渭、李聖輝、李秀哲段, 以碩夏等所告之辭, 發爲問目, 並加究問入格試劵.) <조첩 47:16> 유슈긔짜는 다[룸] 아니오라 긴이 쓸 듸가 잇기에 전문 ᄉᆞ십 양을 뒤의셔 빗스로 어더 쓰고 가딕와 터밧과 과목 아홉 듀와 가후의 겨갓슬 신문긔 일쟝 ᄒᆞ여 전당ᄒᆞ고 어더 쓰되 ᄒᆞᆫ증은 닉연 이월 삼십일로 ᄒᆞᆫ증ᄒᆞ되 만일 ᄒᆞᆫ니 지나면 가딕로 영ᄒᆞ 닉여듈 울로 샹약ᄒᆞ□□ 슈긔ᄉᆞ라 <슈긔-의암 1881> 우 슈픠ᄉᆞ짜눈 다음 안이라 니싱원계셔 짱을 아모리 ᄉᆞ셔 용산ᄒᆞ여시ᄂᆞ 닉 뫼가 갓차온 고로 돈 이십오 양의 동산소ᄒᆞ여 셔로 사화ᄒᆞᆫ이 닉 ᄉᆞ오촌과 문즁니 와셔 말ᄒᆞ거던 이 포로 듀힝ᄒᆞ여 일후의 시비잡담 닛것든 고관변졍ᄉᆞ라 긔히 삼월 이십오일 포듀 니덕쟝 <슈픠1899 삶의흔적178-164> 취빅 금연 감곽짜눈 의슈샹납ᄒᆞ옵고 거연 미납쏘 二졉ᄒᆞ옵고 소각 五束니옵고 어유 一斗 二升 五合과 거연 미납 一升와 젼복 一졉 五곶과 거연 미납쏘 一곶실 샹납ᄒᆞ온니 밧ᄌᆞᄒᆞ옵시물 천만 복망니옵너다 <해남윤씨-34 도민 등 고목1913> ⇒ -닷은, -단은, -돈은, -돗은, -딋는, -짠은, -짜넌, -짜는, -짜은, -짠난, -짠는, -짠눈, -짠은, -짯난, -삭는, -삭눈, -싼, -싼눈, -싼은, -ㅣ싼, -ㅅ든

【짜ㅅ목】 명 ((지리)) 길목. (외래어).¶ 쏘 북편에 헛손이란 하슈와 여러 셤이 잇고 남북 아메리까 두 짜히 바나마ㅣ란 짜ㅅ목이 빅 리 되는 륙디로 련ᄒᆞ엿시며 <사필1889-헐버트 101>

【짜썬넬스】 명 ((지리)) 다르다넬스(Dardanelles). 지중해 북동쪽 갈리폴리 반도와 소아시아 반도 사이에 있는 좁고 긴 해협. 에게 해에서 흑해로 통하는 통로로, 보스포루스 해협과 함께 아시아와 유럽의 경계를 이룬다. (외래어).¶ 쏘 마모라 ᄒᆞ슈와 디즁히가 서로 통ᄒᆞ눈 곳에 짜썬넬스ㅣ란 믈ㅅ목에 길리볼라스ㅣ란 포구가 잇고 남에로 디즁히ㅅ ᄀᆞ헤 실런이가ㅣ란 포구가 잇고 셔에로 디즁히 커푸ㅣ란 셤에 커푸ㅣ란 포구가 잇스며 ᄉᆞ민필지1889-헐버트 58>

【짜야몬드】 명 ((광물)) 다이아몬드(diamond). 굳고 빛이 아름다우며 투명한 광물의 한가지.¶ 금강석(金剛石). (외래어). 허씨 부인의 왼손 무명지에ᄂᆞᆫ 도토리 만ᄒᆞᆫ 보셕(짜야몬드)을 박은 순금 반지를 찌엿ᄂᆞᆫ딕 히빗에 빗취여 광휘가 찬란ᄒᆞ더라 <재봉춘 17> ⇒ 짜이야, 짜이야몬드

【짜윗】 명 ((인명)) 다윗(David). 기원전 1000년경부터 기원전 962년경까지 이스라엘을 다스린 제2대 왕. 이스라엘 전체를 하나의 왕국으로 통일하고 예루살렘을 수도로 삼았음. (외래어).¶ 마리아ᄂᆞᆫ 요셉과 뎡혼ᄒᆞᆫ 쳐녀 요셉이ᄂᆞᆫ 녯님군 짜윗의 ᄌᆞ손 <예수교회보 1912.12.24>

【짜윗-셩】 명 ((지리)) 다윗성(David城). 구약에서 다윗성은 예루살렘을 가리킴. (외래어).¶ 짜윗셩에 오ᄂᆞᆯ날 너희 위ᄒᆞ야 그리스도 구쥬가 나셧ᄂᆞ니라 <예수교회보 1912.12.24>

【-짜은】 조 -딴은. -는. 대조와 강세를 표현하는 보조사. (이두어).¶ 공 감복이 통박지원경유짜은 미망 죄쳡이 천양을 혹히 입ᄉᆞ와 솜연 젼 쟝ᄌᆞ의 상명지통을 당ᄒᆞ오니 천지 망ᄒᆞ 일월이 회식ᄒᆞ나 하날을 불너 일셩장통의 피을 뿜ᄉᆞ와 쳘천비원극통이 궁양의 ᄉᆞ못ᄉᆞ오나 완명이 쇠돌 갓ᄉᆞ와 지완 근ᄒᆞᄒᆞ오니 <명문츙공 종부 미망인 황씨 원정-한고 1821> 手標 ‖ 우슈포사짜은 만천이 사세가 궁ᄒᆞ야 허급지 아니ᄒᆞ자 ᄒᆞ야쩌니 만천이가 ᄋᆡ근ᄒᆞ게 ᄒᆞ기로 그덕 돈은 닉가 안담ᄒᆞ고 허급ᄒᆞ니 일후 젼쥬덕의셔 말숨 잇ᄂᆞᆫ 거슨 닉가 담당할 줄노 셩슈ᄒᆞᆯ사 <류(劉) 슈포-한고 1855/1915.11.12> 우명문ᄉᆞ짜은 유약증뎍 목열ᄒᆞ 三 셩제난 나짜다가 셩임네 二명은 낙하고 동상여호 一명 독당하여 가결젼문 三兩의로 고역의 슈봉상하고 우인젼 여영방미하셔온 일후 셩제 자손중의 애우잡담이겨등 이차문긔로 비고ᄉᆞ라 동빅목쥬 김증석(수결) 김경오(수결) 징인 강셩문(수결) 필집 오츈 김

셩팔(수결) <김여호 전 명문-우한 1869> ⇒ -닷은, -단은, -돈은, -돗은, -딧는, -빤은, -ᄯᅡ넌, -ᄯᅡ는, -ᄯᅡᄂᆞᆫ, -ᄯᅡ은, -ᄯᅡᆫ난, -ᄯᅡᆫ는, -ᄯᅡᆫᄂᆞᆫ, -ᄯᅡᆫ은, -ᄯᅡᆺ난, -ᄯᆞᆫ는, -ᄯᆞᆫᄂᆞᆫ, -ᄯᆞᆫ, -ᄯᆞᆫᄂᆞᆫ, -ᄯᆞᆫ은, -ㅣᄯᆞᆫ, -ᆺᄃᆞᆫ

【ᄯᅡ이나-마이드】 명 ((군기)) 다이너마이트(dynamite). 니트로글리세린을 규조토, 목탄, 면화약 따위에 흡수기켜 만든 폭발약. 1866년 스웨덴의 노벨이 발명하였다. (외래어).¶ 태순이 우으며 ᄯᅡ이나마이드는 폭발약이라는 것일세 <설중매 27> ⇒ ᄯᅡ이나마이트

【ᄯᅡ이나-마이트】 명 ((군기)) 다이너마이트(dynamite). 1867년 스웨덴 물리학자 알프레드 노벨이 특허를 딴 폭발물. 니트로글리세린을 규조토(硅藻土)·면화약(綿火藥) 따위에 흡수시켜 만든 폭약. (외래어).¶ ᄯᅡ이나마이트 불근 긔 단두대 以外에 또 <학지 1915.2.28> ⇒ ᄯᅡ이나마이드

【ᄯᅡ이-ᄯᅡ이】 명 ((책명)) 일영사전(日英辭典) 이름. (외래어).¶ 벼루집을 열고 쥬지를 너여 편지를 쓸시 구두쇠는 다른 칙을 졍리ᄒᆞ며 ᄯᅡ이ᄯᅡ이 이 것 외에는 사지 아니ᄒᆞ시는잇가 <설중매 26>

【ᄯᅡ이야】 명 ((광물)) 다이아몬드(diamond). 금강석. (외래어).¶ ᄯᅡ이야도 잇거니와 <염상섭, 제야1922 2:48> ⇒ ᄯᅡ야몬드, ᄯᅡ이야몬드

【ᄯᅡ이야몬드】 명 ❶ ((광물)) 다이아몬드(diamond). 금강석(金剛石). (외래어).¶ 일영자젼 (ᄯᅡ이야몬드) ᄒᆞᆫ 권이라 이 칙은 ᄒᆞ나도 나의게 쓸 것 업스나 문젼쳘이라 ᄒᆞ는 친구가 (ᄯᅡ이야몬드)라 ᄒᆞ는 칙을 구ᄒᆞ니 <설중매 26> ❷ ((책명)) 다이아몬드(diamond). 일영자전(日英字典) 명칭. (외래어).¶ 그 졔목을 보니 뎡 다산의 문집 네 권과 일어 국민 독본 두 권과 일영자젼 (ᄯᅡ이야몬드) ᄒᆞᆫ 권이라 <설중매 26> ⇒ ᄯᅡ야몬드, ᄯᅡ이야

【-ᄯᅡᆫ】 조 ((문서)) -딴은. -는. 대조와 강세를 표현하는 보조사. (이두어).¶ ᄯᅡᆫ, 所志ᄯᅡᆫ (段) <속명-방언> ᄉᆞ로ᄃᆡ 구문셔ᄯᅡᆫ은 엇ᄒᆞ올 것 나올림 처분ᄒᆞ와 아롭난이다 듕경이 너머가 연유 ᄉᆞ로 터이오ᄃᆡ 우듕의 단이다가 어히리 져셔 못 가온이 구처 다 된 후로 너머가 뵈오리다 <의성김씨 학봉종가언간-77 전중경(하인) 1845 ↓김진화(상전)> 광서 十六년 경인 十二月 十三日 김올녹뎍전 표긔 우표ᄯᅡᆫ 계미년 분어이헌 답 八斗낙 가절 錢文 三百六十兩이 환퇴지의로 …표기하거온 일후 약유잡답이 거더 이 차표긔고번정사라 표쥬 위경팔 자필 징인 오生員 정판□ 권사하 김츈냥 진사뎍 <매매문서-대구 1890> 슈표 ‖ 슈표ᄉᆞᄯᅡᆫ은 무타라 눈을 필허의 전문 칠십 양을 병신여의 어더 써고 지우금 갑지 못허여기로 죠만간 경영 갑기로 셩ᄎᆞ 슈표ᄉᆞ라 계묘 시월 십일ᄒᆞ 김승규 표 <김승규 표-우한 1903> 通文 ‖ 우통유ᄉᆞᄯᅡᆫ 보럴 금월 쵸구일 치기로 위경발문하거온 이ᄎᆞ지실ᄒᆞ여 기일 죠식 후 졔구럴 가지고 너회ᄉᆞ라 갑슐 삼월 쵸ᄉᆞ일 발문 <기식보 통문-한고 1934.3.4> 올□ 시월 열사은날 유상원 전 명문 우명사ᄯᅡᆫ언 가매제 쌀 서 말 강대윤이 초가오ᄶᅡ 쌀 서 말의 문서 창지라 강대윤이 모 수장 강대윤 모작이수라 노 춘여 쌀 서 도라 <유산원전 명문 화봉35-1-26> ⇒ -닷은, -단은, -돈은, -돗은, -딧는, -빤은, -ᄯᅡ넌, -ᄯᅡ는, -ᄯᅡᄂᆞᆫ, -ᄯᅡ은, -ᄯᅡᆫ난, -ᄯᅡᆫ는, -ᄯᅡᆫᄂᆞᆫ, -ᄯᅡᆫ은, -ᄯᅡᆺ난, -ᄯᆞᆫ는, -ᄯᆞᆫᄂᆞᆫ, -ᄯᆞᆫ, -ᄯᆞᆫᄂᆞᆫ, -ᄯᆞᆫ은, -ㅣᄯᆞᆫ, -ᆺᄃᆞᆫ

【-ᄯᅡᆫ난】 조 ((문서)) -딴은. -는. 대조와 강세를 표현하는 보조사. (이두어).¶ 京中桂洞居李五衛長宅奴快福前手記 ‖ 우슈긔사ᄯᅡᆫ난 이 요용쇼치로 거삼월 아즁의 별니젼 오십 양을 득용이러니 당차 궁졀하여 쇼용범졀니 비입지치로 달니 구쳐무로 하여 부득니 우뎍의 다시 우 拾兩을 득용니온 바 젼차 젼권과 차슈긔 아울너 우뎍의 젼당하오니 일후 혹위긔지폐니거던 효자답 젼권 칠 두낙으로 영ᄒᆞ허급지의로 지차슈긔로 빙고사라 丙寅 四月 初八日 手記主尹生員宅奴 德奉(수결) 證人 姜生員宅奴 福萬(수결) <윤생원댁 노비 덕봉이 이오위장댁 노비 쾌복에게 발급한 수기-우한 1866.4.8> ⇒ -닷은, -단은, -돗은, -딧는, -빤은, -ᄯᅡᆫ, -ᄯᅡᆫ는, -ᄯᅡᆫᄂᆞᆫ, -ᄯᅡᆫ은, -ᄯᅡᆺ난, -ᄯᆞᆫ, -ᄯᆞᆫᄂᆞᆫ, -ᄯᆞᆫ은, -ㅣᄯᆞᆫ, -ᆺᄃᆞᆫ

【-ᄯᅡᆫ는】 조 ((문서)) -딴은. -는. 대조와 강세를 표현하는 보조사. (이두어).¶ 사실 원경이라 ‖ 우사실ᄯᅡᆫ는 위션지심이냐 엇지 빈부가 닛시리요 본먼 주암동 숑전 일작은 볼너 오가의 금양으로 빈ᄒᆞᆫ을 불싱ᄒᆞ여 선산 긔지랄 보젼치 못ᄒᆞ고 귀ᄃᆡ예 미도할 시예 <사실 원경이라-한고 1852/1912.3> 우수긔사ᄯᅡᆫ는 아역소시 허랑지인으로 실인 김씨 말을 덧지 안니ᄒᆞ고 허랑이 노라든니 <이춘풍전-김재문> ⇒ -닷은, -단은, -돗은, -딧는, -빤은, -ᄯᅡᆫ난, -ᄯᅡᆫ은, -ᄯᅡᆺ난, -ᄯᆞᆫ, -ᄯᆞᆫᄂᆞᆫ, -ᄯᆞᆫ은, -ㅣᄯᆞᆫ, -ᆺᄃᆞᆫ

【-ᄯᅡᆫᄂᆞᆫ】 조 ((이두)) -딴[段]은. -는. 대조와 강세를 표현하는 보조사.¶ 긔유 남월 삼십일 한싱원 노 셕ᄃᆡ 슈긔 우슈긔ᄉᆞᄯᅡᆫᄂᆞᆫ 다름 안이오라 말납고 마젼의 시급ᄒᆞ오와 이략 동니 도졍뎍 경조 십이 두낙 답 권 문셔 벼려더 젼당ᄒᆞ옵고 우인 젼의 젼문 陸十兩을 월삭 볠 니로 듀용ᄒᆞ오ᄃᆡ ᄒᆞᆫ즉 명연 경월 닉로 비보ᄒᆞ오ᄃᆡ 약과 ᄎᆞᄒᆞᆫ즉 문권으로 영ᄒᆞ 납권홀 즐노 여시셩슈긔 ᄒᆞ거온 약불연즉 이 ᄎᆞ 슈긔로 빙고ᄉᆞ라 <슈긔쥬 지만뎍> ⇒ -닷은, -단은, -돗은, -딧는, -빤은, -ᄯᅡᆫ, -ᄯᅡᆫ난, ᄯᅡᆫ는, -ᄯᅡᆫ은, -ᄯᅡᆺ난, -ᄯᆞᆫ, -ᄯᆞᆫᄂᆞᆫ, -ᄯᆞᆫ은, -ㅣᄯᆞᆫ, -ᆺᄃᆞᆫ

【-ᄯᅡᆫ은】 조 ((문서)) -딴[段]은. -는. 대조와 강세를 표현하는 보조사. (이두어).¶ 段 ‖ 오셕하 홍슈우 ᄯᅡᆫ은 ᄉᆞ경ᄒᆞᆫ 자최 소연ᄒᆞ여 덥디 못홀디라 다 토실티 아니ᄒᆞ미 극히 통완ᄒᆞ니 졔심샹 각별 엄형 득졍ᄒᆞ라 (吳碩夏、洪受禹等段私情之跡昭不可掩, 而不盡吐案之狀, 極爲痛惋, 並除尋常各別嚴刑得情.) <조기-환봉절과 18:17> 체부복셜ᄉᆞᄯᅡᆫ은 의신이 처음의 꾀롤 쥬쟝ᄒᆞ여 역적 태셔의게 말ᄒᆞ여 태셔로 ᄒᆞ여곰 니원졍과 윤휴롤 격동ᄒᆞ야 써 복셜ᄒᆞ기의 니ᄅᆞ러ᄉᆞ오니 (體府復設事段置, 矣身初主謀, 言于逆台瑞, 使台瑞激動李元楨、尹鑴, 以至復設

爲白有置.) <조침 39:53> ▼却是[可是] ‖ 형의 말이여 우리 댱ᄉᆞ하넌 도리에 원간 물건ᄯᅡᆫ은 묵이는 것슨 올치 아니하니라 (大哥的話, 咱們作生意的道理, 原是東西却是不可存下.) <기착-육당 상: 3b> 이 한 가지 물건은 덜고 달른 것ᄯᅡᆫ은 불과 이 관동 한 도 디방의셔 통용하넌 것시요 만일 너의 긔것 더지 히치을다가 빈의 시러 남경으로 보너량이면 다못 찻세젼 더난 것만 말하지 말고 ᄯᅩ한 경코 큰 니을 보리랴 (除咧這一種貨, 別的却是過不是這關東一省地方通用的. 若把你們那裡的大紙、海菜藏船送得南京否咧, 不但說是寡省車脚錢, 却是管包大見光.) <기착-육당 상:4b> 달은 것ᄯᅡᆫ은 발셔 다 합실하여시되 다못 즘싱을 상긔 물 메기미 업노라 (別的却是早都合案咧, 就是牲口咳沒有飲水咧.) <기착-육당 상:45a> 네ᄯᅡᆫ은 나을 속이지 못하고 너ᄯᅡᆫ은 너의을 무슴 심도 허비치 안커 속이리라 이것슨 노실한 말리로다 아릇번의 너의을 달니 속이리라 (我却是捎[坑]着你們不費甚嗎力. 這个老案的話, 赶下次欺哄你們別的咧.) <기착-육당 하:40a> 너ᄯᅡᆫ은 둘지로다 (我却是老二哪.) <니귀 9a> 남넌 것은ᄯᅡᆫ은 잡물건 머리 맛초와 가져가면 셈 맛갓다 곳 그리 하여라 (剩下的却是頂着雜貨拿去就筭了咧, 就是罷.) <니귀 15b> 걸용 三十二연 정히 二月 初七日 구잉애쳐의 명文又우명文ᄉᆞᄯᅡᆫ은 의신이 이미차로셔 부득 연너 쟝근을 유ᄌᆞ피 노 十二니 곳 절목가전 六十三 곳들가졀 文 三량을 위인처의 영영 방믹허니 ᄌᆞ후 잡담인한 고관관변정ᄉᆞ라 <경주손씨가 1767> 공감복이 지원정유ᄯᅡᆫ은 미망인이 팔ᄌᆞ 긔박ᄒᆞ와 ᄋᆞ시 조고여싱으로 댱암 송시가의 츌가ᄒᆞ와 미급삼십의 천븡디통을 만나오니 <금구온씨 언단-국한 1858> 녁젹이라 ᄒᆞᆯ 길이야 싱심이나 잇ᄉᆞ오릿가마는 ᄯᅩ는 제 말ᄒᆞᆫ니 안니란 말은 아닌 듯 시부오마는 역신이란 말이야 되는 말이오잇가마는 ᄯᅩ 제 쇼견ᄯᅡᆫ은 금부 죄인될이란 말인 듯도 ᄒᆞ고 <춘향-동양 6:11a> 우슈긔ᄯᅡᆫ은 효연방탕ᄒᆞ여 불쳥실린 김씨지연ᄒᆞ고 부모조업 수만금을 산입청누지즁ᄒᆞ고 지금 회과ᄒᆞ고 후회막급ᄒᆞ난니 <이춘풍전-종산> 우디 원ᄋᆞ 정ᄉᆞᄯᅡᆫ은 쳡의 시가는 金班이온 바 가운니 불힝ᄒᆞ고 팔ᄌᆞ 긔구ᄒᆞ와 됴연 상부ᄒᆞ옵고 독ᄌᆞ을 두엇다가 상빙지통일 당ᄒᆞ옵고 <산너니 숑호 거ᄒᆞ는 이과 원정-1892 한옥션121-209> 우은 철천 원왕정유ᄯᅡᆫ은 가댱 상ᄉᆞ 나실 ᄯᅢ에 ᄯᅡ르 죽디 못ᄒᆞ옵고 디금ᄭᅡ디 사라 닛삽 시비간의 경쟝 즁의 낫타나ᄋᆞ니 여산ᄒᆞᆫ온 죄익이 만ᄉᆞ무셕이옵 <미망인 김-아모레↓셩쥬젼 단ᄌᆞ> 右明文ᄉᆞᄯᅡᆫ은 의몸이 요용소치ᄒᆞ와 自己미득슈谷숲 곡도리 소ᄌᆞ 廿六畓參卜고 壹斗낙이 고들 가졀錢文 參拾五兩을 의슈봉ᄒᆞ고 본 文記 壹丈과 우인젼의 영ᄋᆞ 방미ᄒᆞ거은 ᄎᆞ후 냥닌 ᄌᆞ손중 이 ᄎᆞ 문긔로 빙닛ᄉᆞ라 <의성김씨 천상각파> 우 슈긔ᄯᅡᆫ은 달음 아니오라 마춤 긴히 쓰올ᄃᆡ 잇삽기로 부득이ᄒᆞ와 우댁의 견문 二十兩을 오 푼 변으로 채용ᄒᆞ오며 한즉 명연 솜월 회젼으로 구변ᄒᆞ와 ᄀᆞᆸᄉᆞ올 ᄎᆞ로 슈긔ᄒᆞ솔거온 만일 위한ᄒᆞ는 폐 잇ᄉᆞ온즉 이 슈긔로 빙고ᄒᆞ올ᄉᆞ라 정미 칠월 쵸ᄉᆞ일 슈긔쥬 김상길 (수결) <김상길의 수표-설촌가수집고문서 1847/1907> 족손의 수표라 우슈표ᄉᆞᄯᅡᆫ은 무터라 긔곡평 아가의 당ᄌᆞ답 구 두낙 곳슬 무진연 시월의 표을 밧되 오연 ᄒᆞᆫ이기로 물너달ᄂᆞ 한즉 돈 영양을 더 쥬며 물으ᄌᆞ ᄒᆞᆫ 수표를 달나 ᄒᆞ기에 타셩과 달고 일가간 호의로 돈 열 양 붓고 표를 ᄒᆞ되 일후의 ᄌᆞ손 족속 즁의 혹시 물너달나 ᄒᆞ면 니 슈표 가지고 관졍니라도 빙고ᄒᆞ옵 경오 섯달 십팔일의 족손의 셩혁긔 수표라 졍인의 족질 셩ᄒᆞ경이라 <수표1870 족손 셩혁긔> 右포긔사ᄯᅡᆫ은 최학이 젼본 十五兩을 二十五兩 밧고 탕감ᄒᆞ거온 일후의 잡담 니면 니 포긔로 고관빈 고ᄉᆡ라 포쥬의 최학(수결) 증인의 金用徐(수결) 증참의 李셩실(수결) 필의 최(수결) 光서 十七연 신묘 十二月 二十日 <최학이 홍치운에게 발급한 수표-국한 1880> ⇒ -닷은, -단은, -둔은, -둣은, -딧는, -ᄲᅡᆫ은, -ᄶᅡ넌, -ᄶᅡ는, -ᄶᅡᄂᆞᆫ, -ᄶᅡ은, -ᄯᅡᆫ난, -ᄯᅡᆫ는, -ᄯᅡᆫᄂᆞᆫ, -ᄯᅣᆺ난, -ᄯᅡᆫ는, -ᄯᅡᆫᄂᆞᆫ, -ᄯᅥᆫ, -ᄯᅥᆫᄂᆞᆫ, -ᄯᅥᆫ은, -ㅣᄯᅥᆫ, -ㅅ든

【ᄯᅡᆫ테】 명 ((인명)) 단테(Dante, 1265~1321). 이탈리아의 시인. 서(西)유럽 문학의 거장. 후에 «신곡 La divina commedia»으로 제목이 바뀐 기념비적인 서사시 «희극 La commedia»으로 널리 알려짐. (외래어).¶ 미케로안젤로여 詩聖 ᄯᅡᆫ테여 精誠스런 이 아이 절 바듭소서 <청춘 1914.10.1>

【ᄯᅡᆯ라】 명의 ((화폐)) 달러(Dollar). 미국의 화폐 단위. 1달러는 1센트의 100배이다. (외래어).¶ 米國 ᄯᅡᆯ라(Dollar) 弗＝百仙 센트(Cent)仙 <백과신-송1926 493>

【ᄯᅡᆯ링】 명 ((지리)) 달링(Darling)강. 오스트레일리아의 남동부를 흐르는 강. 그레이트디바이딩 산맥과 달링다운스 지방에서 남서쪽으로 흘러내려 머리 강에 합쳐진다. (외래어).¶ 디형을 의론컨대 동편에 오스드렐랴앎과 ᄲᅦᆯ루와릐버블이란 산과 ᄒᆞᆫ가온대 젹은 산들이 잇고 동남에 메레란 강이 인도양에로 드러가고 락란과 ᄯᅡᆯ링이란 강이 메레강에로 드러가고 쿠페란 강이 잇스며 <사필 1889-헐버트 154>

【ᄯᅡᆷ이엣다】 명 ((지리)) 다미에타(Damietta). 이집트의 북부, 나일 삼각주 북동부에 있는 항구 도시. 면방직·견직물·피혁 따위의 공업이 활발하다. (외래어).¶ 도셩을 의론컨대 일홈이 가이로ㅣ니 나라ㅅ 북편 나일강ㅅ ᄀᆞ히요 ᄯᅩ 아렉산드리아와 ᄯᅡᆷ이엣다와 수에스와 포셋이란 큰 촌이 잇스며 포셋 촌은 디즁히ㅅ ᄀᆞ헤 잇고 수에스 촌은 홍히ㅅ ᄀᆞ헤 잇ᄂᆞᆫᄃᆡ 그 ᄉᆞ이가 륙디 삼빅리라 이십 년 젼에 블란시국 사ᄅᆞᆷ이 이 륙디를 버혀 두 바다흘 통ᄒᆞ고 이리 ᄃᆞᆫ니ᄂᆞᆫ 비들에게 셰를 밧더니 지금은 블란시국 사ᄅᆞᆷ이 이 자리를 ᄑᆞᆯ고 영국이 이즙드국 졍ᄉᆞ를 쥬쟝ᄒᆞᆷ으로 이 셰 밧ᄂᆞᆫ 자리도 쥬쟝ᄒᆞᄂᆞ니라 <사필1889-헐버트 143>

【-ᄯᅣᆺ난】 조 ((문서)) -딴은. -는. 대조와 강세를 표현하는 보조사. (이두어).¶ 丙寅三月二十五日京居桂洞李五衛長

宅奴快福前手記 우슈긔사쏫난 다름 안니라 이요용으로 딕홍 북칠칙 효자답 스물엿 짐 두 뭇 칠 두낙 곳즐 본문 두 장 비지 두 장 슈긔 아울너 우딕의 젼권하옵고 별니젼 오십 냥 득용하옵고 한정은 금연 지월노 하거온 여유분운지폐니거던 지차슈긔빙고사라 手記主 大興竹井里居尹生員宅奴德奉(수결) 證人姜生員宅奴卜萬(수결) <윤생원댁 노비 덕봉이 이오위장댁 노비 쾌복에게 발급한 수기-우한 1866.3.25> ⇒ -닷은, -단은, -돗은, -딧는, -빤은, -싼, -싼은, -싼는, -싼ᄂᆞᆫ, -싼은, -ᄯᆞᆫ, -ᄯᆞᆫᄂᆞᆫ, -ᄯᆞᆫ은, -ㅣᄯᆞᆫ, -ㅅ든

【ᄯᅦᆺ서우】 명 ((지리)) Dessau. (외래어).¶ ᄯᅦᆺ서우 (德捜 Dessau) <만국통감1912 5>

【ᄯᅥ블린】 명 ((지리)) 더블린(Dublin). 아일랜드의 수도이자 더블린 주의 군도. (외래어).¶ 또 뻐로와 뢰패란 두 강이 아열란드 하슈로 통ᄒᆞᆫ 포구ㅣ오 또 쎌픽스틔와 던덕과 ᄯᅥ블린이란 포구가 잇고 <사필1889-헐버트 33> 아일랜드 ᄯᅥ블린 지날 결 보고 쎈트쪼지 海腰에 발을 씻고서 <청춘 1914.10.1>

【ᄯᅥ이취】 명 ((지리)) 도이칠란트(Deutschland). 독일(獨逸). 중부 유럽의 게르만족을 중심으로 이루어진 나라. 843년 동프랑크 왕국을 세워 962년에 신성 로마제국으로 발전하였고, 1871년에 프로이센에 의하여 통일되어 독일 제국이 완성되었다. (외래어).¶ 左右편 숩 사이에 콜로니 보니 알패라 들어섯네 ᄯᅥ이취 디경 <청춘 1914.10.1> ⇒ ᄯᅥ잇튀

【ᄯᅥ잇튀】 명 ((지리)) 도이칠란트(Deutschland). 독일(獨逸). 중부 유럽의 게르만족을 중심으로 이루어진 나라. 843년 동프랑크 왕국을 세워 962년에 신성 로마제국으로 발전하였고, 1871년에 프로이센에 의하여 통일되어 독일 제국이 완성되었다. (외래어).¶ 이 外에 ᄯᅥ잇튀 갓흔 나라들은 다 自己나라에서 쓰고도 남어 남의 나라에까디 輸出하고 이달늬 쯔랑쓰 러시아 갓흔 나라는 뎌의 나라에서 나난 것만 가디고는 不足하야 하난 수 업난고로 남의 나라ㅅ것을 輸入하야 쓰오 <소년1908.11.1 50> 러시아가 代代로 ᄯᅥ잇튀로 더부러 婚姻하야 러시아의 后는 대개 ᄯᅥ잇튀의 公主라 하더라 <소년1908.11.1 54> ⇒ ᄯᅥ이취

【ᄯᅥ튼켄】 명 ((지리)) 더팅겐(Dettingen). (외래어).¶ ᄯᅥ튼켄 (德聽恩 Dettingen) <만국통감1912 5>

【ᄯᅥᆨ빌】 명 ((동물)) 미상. (외래어).¶ 즘승은 양이 텬하에 뎨일 만코 됴흔 물과 쇼와 도야지와 깅그루와 [깅그루 모양은 쥐와 ᄀᆞᆺ고 크기는 개와 ᄀᆞᆺ고 압ㅅ다리는 쟈르고 뒤ㅅ다리는 길어 것지 못ᄒᆞ고 쒸며 가슴에 큰 주머니가 잇서 다라날 ᄯᅢ면 ᄉᆡᆺ기를 담아 가지고 쒸ᄂᆞ니라] ᄯᅥᆨ빌과 [수달피 모양이오 입은 오리 ᄀᆞᆺᄒᆞ니라] 입더릭스와 [놀개 업는 새니라] 라야와 [봉황인 ᄃᆞᆺᄒᆞ다] 개스웨리며 [오스드리취와 모양이 ᄀᆞᆺ고 털은 길즘승과 ᄀᆞᆺᄒᆞ니라] 이 몃 즘승은 온 텬하에 이 ᄯᅡ헤만 잇ᄂᆞ니라 <사필1889-헐버트 155>

【ᄯᅥᆨ-푸리】 명 ((상업)) 떡포리(-鋪裏). 떡집. '푸리(鋪裏, pùli)'는 중국어 직접 차용어.¶ ᄯᅥᆨ푸리를 볼작시면 왼갓 ᄯᅥᆨ이 다 잇스니 좁쌀덕 지단 강노 흑탕 너흔 ᄉᆞ오병과 힝인병과 산ᄌᆞ병과 둥그러ᄒᆞᆫ 소 월병과 챵마호 지진 ᄯᅥᆨ은 삭기처럼 ᄭᅩ아스며 셕ᄉᆞ호라 ᄒᆞᄂᆞᆫ ᄯᅥᆨ은 인졀미 ᄀᆞᆺ튼 게오 젼병 증병 다식ᄯᅥᆨ과 화젼 슈교 만두ᄭᅡ지 <연행-병인>

【ᄯᅥᆫ바】 명 ((지리)) 던바(dunbar). 영국 포스강(江) 어귀의 남부 연안에 위치한다. 예로부터 자주 전쟁터가 되었으며, 특히 1650년 크롬웰이 스코틀랜드의 대군을 격파하였던 던바 전투의 전적지로서 유명하다. (외래어).¶ ᄯᅥᆫ바 (敦巴耳 Dunbar) <만국통감1912 5> 스갓틀넌드에 드러가셔 ᄯᅥᆫ바 전장에서 짤쓰를 쳐 패ᄒᆞ니 짤쓰가 인눌너 다시 표류ᄒᆞ더라 <만국통감1912 4, 55>

【ᄯᅥᆷ푸링】 명 ((음식)) 덤플링(dumplings). (외래어).¶ ᄯᅥᆷ푸링 ‖ 밀가루 2잔 쎄킹파우더 2 쇼슈가락 (수북하게) 소곰 1 쇼슈가락 우유 ⅜잔 우유 외에 모든 것을 함께 셕거 세 번 체에 친 후 우유를 너허 비스켓 반죽갓치 되게 만든 다음에 슈가락으로 쓸는 국물에 ᄯᅥ 너코 ᄯᅮᄭᅥᆼ을 덥고 15분 동안 잘 삶을 것 <서요 32>

【ᄯᅥᆼ키】 명 ((동물)) 덩키(donkey). 당나귀. 바보. (외래어).¶ ᄯᅥᆼ키 라는 것은 총무의 별명이다 <염상섭, 무현금1934 1:96>

【ᄯᅦ가-ᄭᅮ람】 명의 ((도량)) 데가그램(瓧, デカグラム decagram). 미터법에 의한 무게의 단위. 1데카그램은 1그램의 10배다. 기호는 dag. (일본어 차용어).¶ 형衡은 증류수 일립방 센지메들의 무게를 긔본으로 ᄒᆞ야 이것을 ᄭᅮ람이라 충ᄒᆞ고 그 십분의 일을 ᄯᅦ시ᄭᅮ람이라 ᄒᆞ며 빅분의 일을 센지ᄭᅮ람이라 ᄒᆞ며 천분의 일을 밀리ᄭᅮ람이라 ᄒᆞᄂᆞ니 일 ᄭᅮ람은 십오분의 ᄉᆞ 몬메에 상당ᄒᆞ고 그 십비를 ᄯᅦ가ᄭᅮ람이라 ᄒᆞ며 빅비를 헥도ᄭᅮ람이라 ᄒᆞ며 천비를 기로ᄭᅮ람이라 ᄒᆞᄂᆞ니라 <조농-도량형 65>

【ᄯᅦ그라스】 명 ((지리)) Degrasse. (외래어).¶ ᄯᅦ그라스 (底革拉斯 Degrasse) <만국통감1912 5>

【ᄯᅦ모크라티슴】 명 데모크라티즘(democratism). 민주주의. (외래어).¶ ᄯᅦ모크라티슴을 採用하야 <염상섭, E선생 1922>

【ᄯᅦ시-메들】 명의 ((도량)) 데시미터(粉デシメートル decimeter). 미터법에 의한 길이의 단위. 1데시미터는 1미터의 10분의 1이다. 기호는 dm. (일본어 차용어).¶ 량量은 일립방 ᄯᅦ시메들을 릿들이라 ᄒᆞᄂᆞ니 일 릿들은 오홉 오작 가량이니라 <조농-도량형 65>

【ᄯᅦ시-ᄭᅮ람】 명의 ((도량)) 데시그램(デシログラム decigram). 미터법에 의한 무게의 단위. 1데시그램은 1그램의 10분의 1이다. 기호는 dg. (일본어 차용어).¶ 형衡은 증류수 일립방 센지메들의 무게를 긔본으로 ᄒᆞ야 이것을 ᄭᅮ람이라 충ᄒᆞ고 그 십분의 일을 ᄯᅦ시ᄭᅮ람이라 ᄒᆞ며 빅분의 일을 센지ᄭᅮ람이라 ᄒᆞ며 천분의 일을 밀리ᄭᅮ람이라 ᄒᆞᄂᆞ니 일 ᄭᅮ람은 십오분의 ᄉᆞ 몬메에 상당ᄒᆞ고 그 십비를 ᄯᅦ가ᄭᅮ람이라 ᄒᆞ며 빅비를 헥도ᄭᅮ람

이라 ᄒᆞ며 천비를 기로ᄉᆞ람이라 ᄒᆞᄂᆞ니라 <조농-도량형 65>

【ᄯᅦ오게네쓰】 명 ((인명)) 디오게네스(Diogenes, B.C.412-323?). 고대 그리스의 철학자. 견유학파(犬儒學派)의 한 사람으로, 자족과 무치(無恥)가 행복에 필요하다고 말하고, 반문화적이고 자유로운 생활을 실천하였다. (외래어).¶ ᄯᅦ오게네쓰의 고지를 본바다 <염상섭, 불똥1934 169>

【ᄯᅦ카덴쓰】 명 데카당스(décadence). 퇴폐주의. (외래어).¶ 似而非 ᄯᅦ카덴쓰다 <염상섭, 암야1922 61>

【ᄯᅦ카메터】 명 ((도량형)) 데카미터(Decameter). 미터법에 의한 길이의 단위. 1데카미터는 1미터의 열 배이다. (외래어).¶ 佛蘭西 獨逸 키로메터(Kilometre)幾米 ᄯᅦ카메터(Decametre) <백과신-송1926 495>

【ᄯᅦ파트멘트】 명 ((상업)) 데파트먼트(department). 백화점. (외래어).¶ ᄯᅦ파트멘트 商廛 쳐 싸힌 貨物 보는 족족 작은 입 싹 버러질 쌘 <청춘 1914.10.1>

【ᄯᅦᆫ막】 명 ((지리)) 덴마크(Denmark). 유럽 서북부 유틀란트 반도와 그 부속 도서로 이루어진 입헌군주국. 수도는 코펜하겐. (외래어).¶ ᄯᅦᆫ막 (蓮 Danmark) <만국통감1912 5> 네델넌쓰국 북편에 세 적은 나라히 잇스니 일홈은 쉬덴과 노웨와 ᄯᅦᆫ막국이라 <만국통감1912 4, 40> ⇒ 덴막, 덴막국, ᄯᅦᆫ말그우, ᄯᅵᆫ막, ᄯᅥᆫ마크 ☞ 단국

【ᄯᅦᆯ나웨어】 명 ((지리)) 델나웨어(Delaware). (외래어).¶ ᄯᅦᆯ나웨어 (德拉瓦 Delaware) <만국통감1912 5>

【ᄯᅦᆯ나웨어-강】 명 ((지리)) Delaware. (River) (외래어).¶ ᄯᅦᆯ나웨어 (강) 德拉瓦 Delaware (River) <만국통감1912 5>

【ᄯᅦᆺ서우】 명 ((지리)) 데사우(Dessau). 독일 작센안할트주(州) 엘베강과 물데강이 만나는 지점에 위치해 있는 도시. (외래어).¶ 드ᄃᆡ여 틸니로 더브러 군ᄉᆞ를 합ᄒᆞ야 ᄯᅦᆺ서우 다리 ᄶᅡ헤셔 예수교의 군ᄉᆞ를 쳐 패ᄒᆞ매 <만국통감1912 4, 47>

【ᄯᅦᆫ말그우】 명 ((지리)) 덴마크(Denmark). 유럽 서북부 유틀란트 반도와 그 부속 도서(島嶼)로 이루어진 입헌 군주국. 주민은 게르만계이며, 주요 언어는 덴마크어이다. 수도는 코펜하겐. (외래어).¶ ᄯᅦᆫ말그우 (嗹馬) <환중대구장상육주 19후반> ⇒ 덴막, 덴막국, ᄯᅦᆫ막, ᄯᅵᆫ막, ᄯᅥᆫ마크 ☞ 단국

【ᄯᅩ나우-강】 명 ((지리)) 도나우 강(Donau River). 독일의 슈바르츠발트 삼림지대에서 시작해 유럽 대륙의 남동부로 약 2,850km를 흘러 흑해로 들어가는 강. (외래어).¶ ※ ᄯᅩ나우江 ᄭᅵ고서 얼마 아니해 ᄲᅮ다페쓰트城을 나려가 보니 <청춘 1914.10.1>

【ᄯᅩ넛】 명 ((음식)) 도너츠(doughnuts). (외래어).¶ ᄯᅩ넛 ‖ 사탕 1잔 기름 2대슈가락 계란 (져은 것) 2개 우유 (통에 담은 것) $\frac{1}{2}$잔 물 $\frac{1}{2}$잔 밀가루 2$\frac{1}{2}$잔 ᄲᅦ킹파우더 1$\frac{1}{2}$쇼슈가락 육두구가루 1쇼슈가락 소곰 $\frac{1}{4}$쇼슈가락 몬져 사탕과 기름과 계란과 우유와 물을 한가지식 차례차례로 셕고 다음에 남은 것을 함ᄭᅴ 체에 밧쳐셔 셕거 가지고 가루 ᄲᅮ린 판에 $\frac{1}{2}$인치 둣게로 밀어셔 2인치 직경되는 고리 모양으로 30개 가량 판을 받아셔 깁숙한 그릇에 기름을 만히 붓고 ᄭᅳ린 후에 그 속에 너허셔 ᄯᅴ워 지져 가지고 그대로 먹든지 셜당을 ᄲᅮ려셔 먹든지 마음대로 할 것 <서요 210> ⇒ ᄯᅩ우넛쓰

【ᄯᅩ미늬온-카나다】 명 ((지리)) 산토 도밍고 (Santo Domingo). 서인도 제도, 도미니카의 남쪽 연안에 있는 항구 도시. 1496년에 에스파냐 사람들에 의해 건설되었으며, 도미니카(Dominica)의 수도이다. (외래어).¶ ᄯᅩ미늬온카나다 (三土民各) <명물-육당 13a>

【ᄯᅩ온】 명 ((지리)) 도온(Daun). (외래어).¶ ᄯᅩ온 (道恩 Daun) <만국통감1912 5>

【ᄯᅩ우넛쓰】 명 ((음식)) 도넛(doughnuts). 밀가루에 베이킹 파우더, 설탕, 달걀 따위를 섞어 이겨서 경단이나 고리 모양으로 만들어 기름에 튀긴 과자. (외래어).¶ ᄯᅩ우넛쓰 (托納熾) <조반> ⇒ ᄯᅩ넛

【ᄯᅩ제쓰트】 명 ((지리)) 도제스터(Dorchester). (외래어).¶ ᄯᅩ제쓰트 (斗策斯特 Dorchester) <만국통감1912 5>

【ᄯᅮ랍-과자】 명 ((음식)) 드롭쿠키(drop cookies). (외래어).¶ ᄯᅮ랍과자 ‖ 기름 $\frac{1}{2}$잔 ᄲᅥ터 $\frac{1}{2}$잔 누른 사탕 1잔 흰 사탕 1잔 소다 (ᄭᅳᆯ는 물에 풀 것) 1쇼슈가락 ᄭᅳᆯ는 물 $\frac{1}{2}$잔 밀가루 3잔 계란 (져은 것) 3개 계피가루 1쇼슈가락 뎡향가루 $\frac{1}{2}$쇼슈가락 육두구가루 $\frac{1}{2}$쇼슈가락 호도와 건포도 (닉인 것) $\frac{1}{2}$잔식 ᄲᅥ터와 기름과 사탕을 함ᄭᅴ 셕근 후 계란을 셕고 ᄭᅳᆯ는 물에 푼 소다를 치고 ᄯᅩ 밀가루를 셕고 그 다음에 약념 가루와 호도와 건포도를 셕거셔 기름 발은 큰 팬에 1쇼슈가락식 듬셩듬셩 붓고 구을 것 <서요 202>

【ᄯᅮᆨ】 명 ((군기)) 둑(纛). 소꼬리 또는 꿩의 꽁지를 장식한 큰 기. 임금이 타고 가던 가마 또는 군대의 대장 앞에 세웠다. 아악에서는 춤추는 사람을 인도하는 기로 쓰였다. '纛(tuq /tuɤ)'은 중세몽고어 차용어.¶ 보차비 ᄂᆡ시寶差備內侍 어보御寶 졀節 흑ᄀᆡ黑蓋 홍ᄀᆡ紅蓋 풍션風扇 ᄯᅮᆨ纛 철양산綴陽傘 <능힝도 十八> ⇒ 둑, 둑독이

【ᄯᅮᆫ】 명의 ((도량형)) 톤(ton). 무게를 나타내는 단위의 하나. 1,000kg. (외래어).¶ 噸 ‖ 얼마 頓數오 | 合 一千八百五十餘噸이요 ("多少頓ᄯᅮᆫ數啊?" "共總一千八百五十多噸.") <화교 107>

【ᄯᅴ-렌마】 명 딜레마(dilemma). 막다른 골목. 이러지도 저러지도 못함. (외래어).¶ ᄯᅴ-렌마가 잇는 것이다 <염상섭, 암야1922 57>

【ᄯᅴ비니틔-퍼지】 명 ((음식)) ᄯᅴ비니틔퍼지(divinity fudge). 사탕의 일종. '퍼지'는 초콜렛 · 버터 · 밀크 · 설탕 따위로 만든 무른 설탕.(외래어).¶ ᄯᅴ비니틔 퍼지 ‖ 사탕 2잔 케로 조청 $\frac{1}{2}$잔 물 $\frac{1}{2}$잔 호도 (대강 닉인 것) $\frac{1}{2}$잔 피널나 약념 1쇼슈가락 계란 (흰자위) 2개 사탕과 조청과 물을 셕거셔 ᄭᅳ리대 탕 온긔로 295도 될 ᄯᅢᄭᅡ지나 랭슈에

ᄶᅥ려 트려 보는대 ᄶᅥ러 트릴 ᄯᅢ에 실갓치 느러나고 물에 드러 간 것도 실 모양으로 굿을 ᄯᅢᄭᅡ지 ᄭᅳ려 가지고 잘 져은 계란 흰자위를 져으면셔 한 방울식 셕거셔 되게 될 ᄯᅢᄭᅡ지 져은 후에 호도와 피닐나를 셕거셔 기름 발은 팬에 쏫고 조각으로 버혀셔 먹을 것 (호도 대신에 복근 락화생도 쓸 수 잇슴) <서요 267> ☞ 락화생ᄲᅥ터펴지, 박하펴지, 보통펴지, 카라멜펴지, 케로펴지

【뗀막】 명 ((지리)) 덴마크(Denmark). 유럽 서북부 유틀란트 반도와 그 부속 도서로 이루어진 입헌군주국. 주민은 게르만계이며, 주요 언어는 덴마크어이다. 수도는 코펜하겐. (외래어).¶ 뗀막 (蓮國) <세계전도 1900> ⇒ 덴막, 덴막국, 뗀막, 뗀말그우, 뗀마크 ☞ 단국

【띨-픽클】 명 ((음식)) 딜 피클(dill pickle). 시라(蒔蘿)열매 피클. 시라 열매로 양념한 오이 피클. '피클'은 오이나 양배추 따위의 채소나 과일 따위를 식초·설탕·소금·향신료를 섞어 만든 액체에 담아 절여서 만든 음식.¶ 띨픽클 ‖ 외를 얼마든지 져려셔 하나식 하나식 마른 행쥬로 씨서셔 물을 말녀 가지고 즁 쑬쑬한 사긔 항아리에 담고 백반 ½쇼슈가락과 셕근 약념 1쇼슈가락과 호스래듸시 뿌리 조고마한 조각을 외 우에 덥흔 후에 ᄯᅩ 띨씨와 줄기와 닙사귀를 1인치 둣게로 덥고 다른 그릇에 초와 물을 결반식 셕거셔 15분 동안 ᄭᅳ리고 식은 후에 외 담은 항아리에 띨이 잠길 만콤 부어셔 두엇다가 한 10일 후에 먹을 것 <서요 249> ☞ 계자픽클, 기름픽클, 닉인 일년감픽클, 단고초픽클, 슈박픽클, 띨픽클, 양배나 복숑아픽클, 외픽클, 죠션능금픽클, 풋일념감픽클

【띠디로】 명 ((지리)) 디드로트(Diderot). (외래어).¶ 띠디로 (底德柔 Diderot) <만국통감1912 5>

【-ᄯᆞ는】 조 ((문서)) -딴[段]은. -는. 대조와 강세를 표현하는 보조사. (이두어).¶ 우명문ᄉᆞᄯᆞ는 의셰 부득이 율리답 닷 말낙을 누연경식이다가 마산면 뎡징평 복수는 열아옵 짐얏 뭇고 절가절 전문은 오십 양으로 구문긔 아루여 우ᄯᅥᆫ의 영ᄾ 방미하거온 일후의 약유잡딴인직 잇ᄎᆞ 문끠로 고관변정ᄉᆞ라 답주 유학에 전화셕 징인의 박춘보 필집에 권도형 <명문-전북박1858 조선시대의 고문서-244> 다람이와 셔더쥐와 송ᄉᆞ을 할시 다람이 소지 ᄒᆞ여시되 우근진졍 유ᄉᆞᄯᆞ는 의신이 본ᄃᆡ 졸직ᄒᆞ온 고로 심산궁곡의 의지ᄒᆞ엿삽더이 <다람쥐젼 1a> ⇒ -단은, -든은, -돗은, -딴은, -ᄯᅡ넌, -ᄯᅡ는, -ᄯᅡᄂᆞᆫ, -딴난, -딴는, -딴ᄂᆞᆫ, -딴은, -ᄯᅡᆺ난, -ᄯᆞᄂᆞᆫ, -ᄯᆞᆫ, -ᄯᆞᆫᄂᆞᆫ, -ᄯᆞᆫ은, -ㅣᄯᆞᆫ, -ᆺ든

【-ᄯᆞᆫᄂᆞᆫ】 조 ((문서)) -딴[段]. -는. 대조와 강세를 표현하는 조사. (이두어).¶ 도광 십니연 신묘 십일월 이십이일 샹닌 최봉긔젼 명문 우명문사ᄯᆞᆫᄂᆞᆫ 산쇼 붕퇴ᄒᆞ야 욕위ᄉᆞ쵸이만무길거 고로 <과ᄯᅵᆨ홍시 명문-대구 1832> ⇒ -단은, -든은, -돗은, -딴은, -ᄯᅡ넌, -ᄯᅡ는, -ᄯᅡᄂᆞᆫ, -딴난, -딴는, -딴ᄂᆞᆫ, -딴은, -ᄯᅡᆺ난, -ᄯᆞ는, -ᄯᆞᄂᆞᆫ, -ᄯᆞᆫ, -ᄯᆞᆫ은, -ㅣᄯᆞᆫ, -ᆺ든

【-ᄯᆞᆫ은】 조 ((문서)) -딴[段]. -는. 대조와 강세를 표현하는 보조사. (이두어).¶ 슈연이나 옹윤의 작인 ᄯᆞᆫ은 비상ᄒᆞ니 결비쳔이라 <윤하 60:34> 실노 하후셩의 인믈풍치ᄯᆞᆫ은 만고를 역상ᄒᆞ나 희셰ᄒᆞᆫ 군ᄌᆞ영걸이니 쇼미 임의 틔산을 아라보아 굿은 뜻이 졍ᄒᆞ여시니 <윤하 84:33> 시가ᄯᆞᆫ은 지젼의 엇덧ᄐᆞ ᄒᆞ옵던지 시죠부 츌계우동쵸 진ᄉᆞ공이온 바 진사공은 직졍 문졍공 십사셰손이요 병판 경무공 십일셰손이요 <우영합하-우한 1911> ⇒ -단은, -든은, -돗은, -딴은, -ᄯᅡ넌, -ᄯᅡ는, -ᄯᅡᄂᆞᆫ, -딴난, -딴는, -딴ᄂᆞᆫ, -딴은, -ᄯᅡᆺ난, -ᄯᆞ는, -ᄯᆞᄂᆞᆫ, -ᄯᆞᆫ, -ᄯᆞᆫᄂᆞᆫ, -ㅣᄯᆞᆫ, -ᆺ든

【뗀마크】 명 ((지리)) 덴마크(Denmark). 유럽 서북부 유틀란드 반도와 그 부속 도서로 이루어진 입헌 군주국. (외래어).¶ 뗀마크 (墨丹) <태서신사> ⇒ 덴막, 덴막국, 뗀막, 뗀말그우, 뗀막 ☞ 단국

【빠고다-공원】 명 ((지리)) 파고다공원(-公園). (외래어).¶ ※ 法古塔公園 ‖ 멀리 갈 것도 업소 우리 빠고다公園에 가셔 暑退나 ᄒᆞ면 고만이지오 (也不用走遠地方兒去, 偺們就上法古塔公園裏去凉快凉快就得了.) <화교 78> ⇒ 바고다공원

【빠나나】 명 ((식물)) 바나나(banana). (외래어).¶ 빠나나 (鳳梨) <지나-식물 79> ᄯᅡᆺ듯한 데로 맛잇는 빠나나 여는 나라로 <청춘 1918.9.26> 빠나나를 둘에 쪽의여셔 졉시 겻헤 셕기지 안케 노코 그 우에 메요네쓰를 부어셔 먹을 것 생치나 파스리도 음식 밋헤 밧쳐 노코 먹을 수 잇슴 <서요 82> ⇒ 빠나나

【빠나나-샐렛】 ((음식)) 바나나 샐러드 (Banana salad). (외래어).¶ 빠나나샐렛 ‖ 생치 1포귀 빠나나 3개 크림 (져은 것) 1대슈가락 켑퍼 1쇼슈가락 초 1쇼슈가락 계자 호쵸 소곰 조곰식 생치를 포귀에셔 뜻어셔 1졉시에 몃 닙사귀식 노코 초와 계자와 호쵸와 소곰을 크림에 너허셔 잘 져어 가지고 빠나나를 기리로 ᄶᅥ러셔 두 어 개식 생치 우에 노코 그 우에 예비한 크림을 붓고 ᄯᅩ 그 우에 켑퍼 두 세 개를 노하셔 먹을 것 <서요 93> ☞ 나비샐렛, 락화생샐렛, 련근샐렛, 멜치샐렛, 사과와 호도샐렛, 빠나나샐럿, 앵도샐렛, 양국슈샐렛, 치스샐렛, 피샐렛

【빠다】 명 ((음식)) 버터(butter). (외래어).¶ 빠다 (黃油) <화정-음식 50> <지나-음식 58> <한대-음식 51> <한지-음식 32> 빠다 발은 면보ᄉ조각을 ᄶᅡ닥ᄶᅡ닥 쓰더먹으며 안졋든 體操先生은 <염상섭, E선생 1922> ⇒ 뻬터, ᄲᅥ터

【빠달노뮤】 명 Bartholomew. (외래어).¶ 빠달노뮤 (巴多羅買 Bartholomew) <만국통감1912 9>

【빠래스】 명 ((복식)) 빠린쓰. 바뢰즈(vareuse, ヴァルーズ). 셔츠와 재킷의 중간 의상으로 품이 넉넉하며, 본래 해군이나 어부의 작업복으로 쓰임. (프랑스어에서 온 일본어 차용어).¶ 빠래스 금향 치마 ᄎᆞ일 후지기노 갈미식 치마 ᄎᆞ일 명쥬 혹식 치마 ᄎᆞ일 양식 조시도 치

마 ㅊ 일 양식 시리미이 치마 ㅊ 일 양달 뎡반물 치마 ㅊ 일 씨슈오리 흑식 치마 ㅊ 일 <광주(光州) 노재효(盧載孝) 물목1947.5.3 한옥선152-198> ⇒ 바린슈, 바리슈, 빠린슈, 싸렌스, 싸리소, 싸린스, 싸리슈, 싸리스, 싸리쓰, 싸린스, 쌧리슈

【싸렌스】 명 ((복식)) 빠린쓰. 바뢰즈(vareuse, ヴァルーズ). 셔츠와 재킷의 중간 의상으로 품이 넉넉하며, 본래 해군이나 어부의 작업복으로 쓰임. (프랑스어에서 온 일본어 차용어).¶ 연분홍 싸렌스 져구리 ㅊ 일 슈박식 교양단 져구리 ㅊ 일 양회식 교직 ᄌ미사 져구리 ㅊ 일 슈박식 명쥬 져구리 ㅊ 일 양청 명쥬 져구리 ㅊ 일 송화식 져구리 ㅊ 일 <물목 한옥선119-431> ⇒ 바린슈, 바리슈, 빠린슈, 싸리소, 싸린스, 싸리슈, 싸리스, 싸리쓰, 싸린스, 쌧리슈

【싸루】 명 ((복식)) 빠루(barrel, バレル). 병 모양처럼 불룩 나온 의류. (영어에서 온 일본어 차용어).¶ 잉식 싸루 져구리 ㅊ 닐 빅식 고단 져구리 ㅊ 닐 빅식 싸리소 져구리 ㅊ 닐 <물목-혼함 06:12:08>

【싸리소】 명 ((복식)) 빠린쓰. 바뢰즈(vareuse, ヴァルーズ). 셔츠와 재킷의 중간 의상으로 품이 넉넉하며, 본래 해군이나 어부의 작업복으로 쓰임. (프랑스어에서 온 일본어 차용어).¶ 빅식 싸리소 져구리 ㅊ 닐 ᄌ쥬식 모번단 져구리 ㅊ 닐 빅식 볍단 져구리 ㅊ 닐 노방쥬 져구리 ㅊ 닐 <물목-혼함 06:12:08> ⇒ 바린슈, 바리슈, 빠린슈, 싸렌스, 싸린스, 싸리슈, 싸리스, 싸리쓰, 싸린스, 쌧리슈

【싸린스】 명 ((복식)) 빠린쓰. 바뢰즈(vareuse, ヴァルーズ). 셔츠와 재킷의 중간 의상으로 품이 넉넉하며, 본래 해군이나 어부의 작업복으로 쓰임. (프랑스어에서 온 일본어 차용어).¶ 연도 미식 진ᄉ 싸린스 져구리 ㅊ 일 …연분홍 교쥬 싸린스 져구리 ㅊ 일 …옥식 유문 본견 싸린스 치마 ㅊ 일 … 분홍 인견 싸린스 치마 ㅊ 일 흑식 쏘쑈라 치마 ㅊ 일 <물목1938 디발> ⇒ 바린슈, 바리슈, 빠린슈, 싸렌스, 싸리소, 싸리슈, 싸리스, 싸리쓰, 싸런스, 쌧리슈

【싸리슈】 명 ((복식)) 빠린쓰. 바뢰즈(vareuse, ヴァルーズ). 셔츠와 재킷의 중간 의상으로 품이 넉넉하며, 본래 해군이나 어부의 작업복으로 쓰임. (프랑스어에서 온 일본어 차용어).¶ 남식 본견 싸리슈 쳐마 ㅊ 일 …풀식 교쥬 싸리슈 쳐마 ㅊ 일 …본견 싸리슈 단의 ㅊ 일 교쥬 화문 싸리슈 단의 ㅊ 일 …교쥬 지엽문 싸리슈 단의 ㅊ 일 <물목-우한-1 1916 단슈> ⇒ 바린슈, 바리슈, 빠린슈, 싸렌스, 싸리소, 싸린스, 싸리스, 싸리쓰, 싸린스, 쌧리슈

【싸리스】 명 ((복식)) 빠린쓰. 바뢰즈(vareuse, ヴァルーズ). 셔츠와 재킷의 중간 의상으로 품이 넉넉하며, 본래 해군이나 어부의 작업복으로 쓰임. (프랑스어에서 온 일본어 차용어).¶ 옥식 고급 싸리스 져구리 ㅊ 일 분홍 국사 져구리 ㅊ 일 빅식 빅목사 져구리 ㅊ 일 미식 슉고ᄉ 져구리 ㅊ 일 연분홍 진쥬ᄉ 져구리 ㅊ 일 <물목-대구-4 장농> 씨슈오리 흑식 치마 ㅊ 일 오바루 풀식 치마 ㅊ 일 모슈 옥식 진솔 치마 ㅊ 일 모슈 다름 치마 ㅊ 일 몸 싸리스 치마 ㅊ 일 <광주(光州) 노재효(盧載孝) 물목1947.5.3 한옥선152-198> ⇒ 바린슈, 바리슈, 빠린슈, 싸렌스, 싸리소, 싸린스, 싸리슈, 싸리쓰, 싸린스, 쌧리슈

【싸리쓰】 명 ((복식)) 빠린쓰. 바뢰즈(vareuse, ヴァルーズ). 셔츠와 재킷의 중간 의상으로 품이 넉넉하며, 본래 해군이나 어부의 작업복으로 쓰임. (프랑스어에서 온 일본어 차용어).¶ 자쥬 싸리쓰 치마 ㅊ 일 고동식 슈단 치마 ㅊ 일 소라식 지리밍 치마 ㅊ 일 양식 문화단 치마 ㅊ 일 분홍 싸리쓰 치마 ㅊ 일 …회식 싸리쓰 치마 ㅊ 일 <혼수물목-아모레 1941> ⇒ 바린슈, 바리슈, 빠린슈, 싸렌스, 싸리소, 싸린스, 싸리슈, 싸리스, 싸린스, 쌧리슈

【싸런스】 명 ((복식)) 빠린쓰. 바뢰즈(vareuse, ヴァルーズ). 셔츠와 재킷의 중간 의상으로 품이 넉넉하며, 본래 해군이나 어부의 작업복으로 쓰임. (프랑스어에서 온 일본어 차용어).¶ 양청 슈단 진ᄉ 시쓰 져구리 ㅊ 일 고동식 진ᄉ 시쓰 슈단 져구리 ㅊ 일 빅식 수단 본견 시쓰 져구리 ㅊ 일 양회식 본견 싸런스 져구리 ㅊ 일 빅식 본견 싸런스 져구리 ㅊ 일 <물목-3 1938 디발> ⇒ 바린슈, 바리슈, 빠린슈, 싸렌스, 싸리소, 싸린스, 싸리슈, 싸리스, 싸리쓰, 쌧리슈

【싸바리아】 명 ((지리)) 바바리아(Bavaria). 바이에른(Bayern)의 영어명. 독일 남동부에 있는 주. 주도는 뮌헨. (외래어). (외래어).¶ 싸바리아(巴哇利亞) <태서신사> ☞ 뷕비리아

【싸빌논】 명 ((지리)) 바빌론(Babylon). 기원전 2000년대 초기부터 1000년대 초기까지 남부 메소포타미아의 수도였고, B.C. 7세기와 6세기의 전성기 때 신바빌로니아 제국의 수도. 바그다드에서 남쪽 유프라테스 강변에 위치함. (외래어).¶ 그러나 싸빌논과 멤퓌쓰는 오즉 티끌 위에 記錄한 글씨로다 <소년 1910.5.15>

【싸실로나】 명 ((지리)) 바르셀로나(Barcelona). 에스파냐 북동부의 카탈루냐 지방에 있는 항구 도시. 지중해에 면한 에스파냐 최대의 무역항으로, 상공업이 활발하며 오래된 건축물이 많다. (외래어).¶ 도셩을 의론컨대 일홈이 미드릿이니 나라 흔가온대요 쏘 동편에 싸실로나ㅣ란 큰 촌이 잇고 빌렌시아와 사라거샤와 머시아ㅣ란 큰 촌이 잇고 <사필1889-헐버트 43>

【싸스보러스】 명 ((지리)) 보스포루스(Bosporus). 터키 서쪽 소아시아 북서쪽과 발칸 반도 동쪽 끝 사이에 있는 해협. (외래어).¶ 동에는 블럭 하슈와 마모라 하슈가 서로 통흐는 곳에 싸스보러스ㅣ란 믈목ㅅ에 컨스탄틔노플이란 포구가 잇고 <사필1889-헐버트 58>

【싸싸리】 명 ((지리)) 바바리아(Bavaria). 바이에른(Bayern)의 영어명. 독일 남동부에 있는 주. 주도는 뮌헨. (외래

어).¶ 빠빠리 (巴巴利) <명물-육당 13a> ⇒ 빠바리아

【빠올링】 명 ((악기)) 바이올린(violin). 서양 현악기의 하나. 가운데가 잘록한 타원형의 몸통에 네 줄을 매어 활로 문질러서 소리를 냄. (외래어).¶ 가을의 빠올링의 우는 긴 嗚咽 <태서 1918.11.16>

【빠인도】 명의 ((도량)) 파인트(pint). 야드파운드법에 의한 부피의 단위. 1파인트는 1갤런의 8분의 1로 영국에서는 약 0.57리터, 미국에서는 약 0.47리터에 해당한다. (외래어).¶ 빠인도 <조백-용량1915 561>

【빠후이러】 명 ((복식)) 파운데이션갑(foundation, パフ入れ). 가루분을 기름에 섞은 기초 화장품. (일본어 차용어).¶ 슌금반지 일 은 쌍반지 일 외반지 일 치싀 쌍반지 일 은지환 일쌍 구라부화장식 셋쏘 일조 풍조싓ᄭᅦㅇ 반타 후루찡이래 구래무이러 일긔 빠후이러 삼긔 <물목-금요-2 1936 빅명쥬>

【뺀드】 명 ((복식)) 밴드(band). 머리띠. (외래어).¶ 뺀드를 한 머리 미테 <염상섭, 전화1925 4>

【뺄내-소다】 명 ((기물)) 빨래소다(-soda). '소다'는 탄산나트륨을 달리 이르는 말. 흰색의 누기빨성이 있는 가루 또는 덩어리. (외래어).¶ 뺄내비누 ‖ 뺄내비누 (보통 것) 1개 뺄내소다 1파운드 물 16잔 (4쿼트) 셕유 1잔 암모니아 ½잔 비누를 써러셔 물 조곰을 붓고 푸러지기ᄭᅡ지 끄린 후에 뺄내소다를 너코 푸러질 ᄯᅢᄭᅡ지 져어셔 화덕에셔 나려노코 셕유와 암모니아를 잘 셕고 식은 후에 항아리에 담아 두엇다가 쓸 ᄯᅢ마다 밋ᄭᅡ지 져어셔 물이 셕유통으로 하나면 1잔을 셕고 10분 동안 끄려셔 빨 것 (빗 잇는 옷은 삶지 못할 것) <서요 292>

【뺄릐아릭】 명 ((지리)) 발레아레스(Valeares) 제도. 지중해 서부, 이베리아 반도 동부의 마요르카(Mallorca) 섬을 중심으로 하는 섬의 무리. (외래어).¶ 남에는 늬바다와 모릐나ㅣ란 산이 잇고 ᄯᅩ 과달귀버와 과듸아나ㅣ란 강이 대셔양에로 통ᄒᆞ며 셔에는 테거스와 두로ㅣ란 강이 포츄갈국에로 드러가며 ᄯᅩ 동편에 뺄릐아릭이란 륙칠 셤이 잇스며 <사필1889-헐버트 42>

【뺄테얼】 명 ((인명)) 볼테르(Voltaire). 프랑스 계몽기의 사상가(1694~1778). 신앙과 언론의 자유를 추구하는 합리주의의 계몽사상가로, 작품으로는 소설 «캉디드(Candide)»가 있다. (외래어).¶ 뺄테얼 (法勒他耳 Voltaire) <만국통감1912 9>

【뺍틔씀】 명 ((기독교)) 뱁티즘(baptism). 세례(식), 영세, 침례. (외래어).¶ 우리는 너의 爲해 火鞭 가디고 神靈한 뺍틔씀을 베풀 양으로 <소년 1908.12.1>

【빳릐슈】 명 ((복식)) 빠린쓰. 바뢰즈(vareuse, ヴァルーズ). 셔츠와 재킷의 중간 의상으로 품이 넉넉하며, 본래 해군이나 어부의 작업복으로 쓰임. (프랑스어에서 온 일본어 차용어).¶ 하의 ‖ 광쥬 홍싀 일 류동 남싀 일 옥싀 교직 빳릐슈 일 견쥬 화비 다긔 명싀 일 옥싀 죠신쏫 일 옥싀 본목 일 혁싀 맛포 일 <물목-진명-4 젼쥬> ⇒ 바린슈, 바릐슈, 빠린슈, 빠렌스, 빠리소, 빠린스, 빠릐슈, 빠릐스, 빠린스

【빽킹-팬】 명 ((기물)) 베이킹팬(baking pan). (외래어).¶ 기름 발은 빽킹팬에 크랙키 부스럭이를 고로로 ᄲᅮ리고 그 안에 굴을 좀 노코 그 우에 물 업는 양미나리를 조곰 노코 그 다음에 쏘스를 조곰 노흐대 팬이 다 찰 ᄯᅢᄭᅡ지 이 순셔대로 두세 번 계쇽하고 팬이 다 찬 다음에는 치스 ½잔을 그 우에 ᄲᅮ리고 누른 빗치 날 ᄯᅢᄭᅡ지 구을 것 <서요 17>

【뻐고인】 명 ((지리)) 버고인(Burgoyne). (외래어).¶ 뻐고인 (布穀印 Burgoyne) <만국통감1912 9>

【뻐근듸】 명 ((지리)) 버건디(Burgundy). 프랑스의 남동부 부르고뉴 지방. (외래어).¶ 뻐근듸 (布根第 Burgundy) <만국통감1912 9> 프란스 왕이 밍셰를 세워 밀난과 뻐근듸 두 나라흘 덕국 황뎨의게 드리게 ᄒᆞ니 <만국통감1912 4, 22>

【뻐엇】 명 ((지리)) 뻐엇. 베르데(Verde). 아프리카 대륙 서쪽 끝의 섬. (외래어).¶ 뻐엇 (斐耳德 Verde) <만국통감1912 9> 왕이 가만히 사룸을 보내여 비를 ᄐᆞ고 압흐로 나아가셔 그 허실을 시험ᄒᆞᆯ 식 몬져 뻐엇이란 셤에 니ᄅᆞ고 <만국통감1912 4, 2>

【뻐지니아】 명 ((지리)) 버지니아(Virginia). 미국 남부의 주. 주도는 리치몬드. (외래어).¶ 뻐지니아 (斐眞伊亞 Virginia) <만국통감1912 4, 9>

【뻐클네】 명 ((지리)) 버클리(Berkley). 미국 캘리포니아주 중부에 있는 학술 도시. (외래어).¶ 뻐클네 (卑克利 Berkley) <만국통감1912 9>

【뻐터】 명 ((음식)) 버터(butter). (외래어).¶ 옥슈슈국 ‖ 옥슈슈 1통이나 풋옥슈슈 6개 물 2잔 우유 2잔 소곰 1 쇼슈가락 호쵸 가루 조곰 뻐터 1 대슈가락 밀가루 1 대슈가락 옥슈슈 (풋옥슈슈면 알강이를 잘 뜻을 것)를 칼노 닉이고 물을 부어셔 20분 동안 부글부글 끌여셔 체에 밧하 노코 우유를 끌여셔 거긔다 셕고 다른 그릇에 뻐터와 밀가루를 곱게 셕근 후에 우에 예비한 것을 천천히 붓고 소곰과 호쵸를 셕글 것 <서요 2> 몬져 뻐터를 녹이고 밀가루를 곱게 개인 후에 끌는 우유를 천천히 친 후 2분 동안이나 끌커든 불을 낫초고 계란 노른자위를 셕고 소곰과 호쵸 가루를 친 후에 5분 동안을 져으면셔 햄과 닭고기를 셕거셔 찬그릇에다가 쏫아셔 식히고 <서요 31> ⇒ 빼터, 빠다

【뻐터스카치-과자】 명 ((음식)) 버터 스카치 쿠키(butter scotch cookies). (외래어).¶ 뻐터스카치과자 ‖ 누른 사탕 4잔 뻐터 1잔 계란 (잘 져은 것) 4개 밀가루 7잔 크림어타타 1대슈가락 소다 1대슈가락 뻐터와 사탕을 셕거셔 잘 져은 후에 계란을 셕고 그 다음에 밀가루와 크림어타타와 소다를 함께 체에 밧쳐셔 셕고 길고 둥굴게 두 개를 만드러 하로 밤 동안 어름궤나 찬 곳에 두엇다가 아참에 얇게 잘나셔 과자갓치 구을 것 <서요 192>

【뻐터스캇치-엿】 명 ((음식)) 버터스카치캔디(butter scotch candy). (외래어).¶ 뻐터스캇치엿 ‖ 흰 사탕 1잔 누른 사탕 ½잔 케로 조청 (보통 조청이나) ⅓잔 뻐터 ½잔 우유 (통에 담은 것) ½통 소곰 조곰 다함께 석거셔 작고 져으면셔 탕온긔로 290도가 될 때까지나 랭슈에 쩌러트려 보아셔 조곰 굿을 때까지 쓰려가지고 화덕에셔 나려노코 피닐나를 석고 (호도 ½잔도 너흘 수 잇슴) 기름 발은 팬에 쏫아셔 조각 금을 내엿다가 굿은 후에 떼여셔 먹을 것 <서요 275> ☞ 락화생엿, 몰나셋스엿, 박하엿, 초콜넷엿

【뻔쓰】 명 ((음식)) 뺀스. 녹두면 볶은 것. 잡채 모양과 비슷하다. (외래어).¶ 뻔쓰 (笨似) <조반>

【뻔크히얼】 명 ((지리)) 번커힐(Bunker Hi'l). (외래어).¶ 뻔크히얼 (奔克耳山 Bunker Hi'l) <만국통감1912 9>

【뻬늬스】 명 ((지리)) 베니스(Venice). 베네치아(Venezia) 영어 이름. 이탈리아 북부 아드리아 해 북쪽 해안에 있는 항구 도시. 118개의 작은 섬으로 이루어졌으며 시내 교통은 수많은 운하와 곤돌라, 다리를 이용한다. (외래어).¶ 북에는 두린과 밀란과 젠오아ㅣ란 포촌과 블로나와 뻬늬스ㅣ란 큰 촌이 잇고 나라ㅅ 가온대 플로렌스ㅣ란 큰 촌이 잇고 몃 히 젼에 나라ㅅ 셔울을 옴겻던 곳이라 <사필1889-헐버트 51>

【뻬를린】 명 ((지리)) 베를린(Berlin). 독일의 수도이며 하나의 주. 1918년 독일의 수도가 됨. (외래어).¶ 한 솔밧 두세 솔밧 지내고내 한낫에 들이대네 뻬를린 都城 <청춘 1914.10.1>

【뻬벨닌】 명 ((지리)) 베벨린(Behrbellin). (외래어).¶ 뻬벨닌 (腓庇林 Behrbellin) <만국통감1912 10>

【뻬스-볼】 명 ((체육)) 베이스볼(baseball). 야구(野球). (외래어).¶ 이왕 학교에 잇서ㅣ 뻬스볼로 열심홀 쩌에 잠간 동안에 승부를 결ㅎ려 ㅎ던 쩌마다 <두견성 하:44> ⇒ 베쓰뽈, 뻬스뽈

【뻬스-뽈】 명 ((체육)) 베이스볼(baseball). 야구. (외래어).¶ 뻬스뽈 공이 넘어와서 <염상섭, E선생 1922> ⇒ 베쓰뽈, 뻬스볼

【뻬쎄르-대제】 명 ((인명)) 표트르 1세(1672~1725). 정식 이름은 Pyotr Alekseyevich. 별칭은 표트르 대제(Peter the Great). 러시아의 차르. 1682년부터 1696년까지 이복동생 이반 5세와 공동 재위, 1696년부터 1725년까지 단독 재위. (외래어).¶ 네바江 卑濕한 짱 이룩하야서 大都市 만들어 논 뻬쎄르 大帝 <청춘 1914.10.1>

【뻬쎄르불륵】 명 ((지리)) 페테르부르크(Peterburg). 구 레닌그라드. (외래어).¶ 徧覽烏港一境, 仍往埠頭甑뻬졔르블륵船中 <김만수 일기책 1901.12.27>

【뻬콘】 명 ((음식)) 베이컨(bacon). 돼지고기를 소금에 절여 훈연하거나 삶아 말린 식품. 주로 돼지의 등과 옆구리살로 만든다. (외래어).¶ 햄과 뻬콘 ‖ 도야지 고기 15파운드 소곰 1파운드 누른 사탕 1파운드 쵸셕(硝石) 1온스 호쵸 가루 (쥬머니에 너은 것) ½파운드 소곰 6온스와 쵸셕 1온스로 몬져 도야지 고기에 잘 문질너 가지고 항아리에 너흔 후 헌겁으로 덥허셔 잇흘 동안을 두엇다가 사흘 되는 날에 남어지 소곰과 누른 사탕으로 30분 동안 잘 문질너셔 호쵸 쥬머니하고 한데 도로 항아리에다 집어너코 헌겁으로 덥허노코 하로 걸너 큼식 그 고기를 뒤집어 노코 물 속의 앙금까지 잘 문지르대 뻬콘은 삼사 쥬일 가량을 이러케 하고 햄은 다섯 쥬일 동안을 이러케 할 것 그래가지고는 밀가루 부대에 너허셔 쥬방에다가 말으기까지 일쥬일을 놉히 매달아 두엇다가 다 말르면 파라핀 조희로 싸고 다음에 둣거운 조희로 싸셔 부대에 너허셔 판 곳에 매달아 둘 것 만일 고기에 다 연긔를 쏘히여면 먼져 크레오쏘트 ½ 쇼슈가락과 샐렛 기름 2 대슈가락을 칠할 것 <서요 35> 조개 차우더(여섯 사람분) ‖ 뻬콘 (네모로 둑겁게 써러 지진 것) 1조각 큰 파 (써러 뻬콘 기름에 너어 누렷케 지진 것) 2개 우유 2잔 감자 (써러 설 삶은 것) 2잔 소다 ½ 쇼슈가락 흰밥 2잔 당근 (점이고 설 삶은 것) 1잔 긴콩 (삶은 것) 2잔 일년감 (삶은 것) 2잔 옥슈슈 1잔 소곰과 호쵸가루 약념할 만큼 우유와 소다와 소곰과 호쵸 외에 다 함의 삶아셔 삶은 조개 2잔을 너코 다시 10분 동안을 끌일 때에 몬져 소다를 너코 그 다음에 우유를 타고 그 후에는 끌이지 말고 소곰과 호쵸를 타셔 먹을 것 <서요 14>

【뻬콘】 명 ((지리)) 베컨(Bacon). (외래어).¶ 뻬콘 (卑堪 Bacon) <만국통감1912 10>

【뻬킹-파우더】 명 ((음식)) 베이킹파우더(baking powder). 빵, 과자 따위를 구울 때에 넣는 부풀게 하는 데 쓰는 가루. (외래어).¶ 찜푸링 ‖ 밀가루 2잔 뻬킹파우더 2 쇼슈가락 (수북하게) 소곰 1 쇼슈가락 우유 ¾잔 우유 외에 모든 것을 함께 석거 세 번 체에 친 후 우유를 너허 비스켓 반죽갓치 되게 만든 다음에 슈가락으로 끌는 국물에 써 너코 뚜껑을 덥고 15분 동안 잘 삶을 것 <서요 32> 뻬킹파우더 ‖ 크림어타타 2병 (1000그람) 소다 1병 (500그람) 콘스타치나 밀가루 2잔 가량 모도 잘 석거셔 체에 꼭 여덟 번 처 가지고 병에 담아 잘 막아 두고 사탕 써 만들 때에 쓸 것 (꼭 청명한 날에 만들고 둘 때에도 습긔가 채지 안토록 잘 막을 것) <서요 288>

【뻬킹파우더-삐스컷】 명 ((음식)) 베이킹파우더 비스켓(baking powder biscuits.). (외래어).¶ 뻬킹파우더 삐스컷 ‖ 밀가루 (체에 친 것) 4잔 소곰 1쇼슈가락 우유 1½잔 기름 2대슈가락 뻬킹파우더 4쇼슈가락 (수북히) 밀가루와 소곰과 뻬킹파우더를 함께 체에 치고 기름을 너코 손가락으로 잘 석고 또 우유를 슈가락으로 석거셔 가루 뿌린 판에 ½인치 둣게로 밀어 가지고 판을 받아 20분 가량 쓰거운 화덕에 구을 것 <서요 216>

【뻬킹-팬】 명 ((기물)) 베이킹 팬(baking pan). (외래어).¶ 그 다음에는 패푸리카와 소곰과 간 치스 담은 졉시에 또 굴니고 그리고는 뒤집힌 뻬킹팬 우에 노코 화덕에 너허 누르게 될 때까지 구어셔 식기 젼에 살래드(salad) 나 차와 함께 먹을 것 <서요 58>

【쎈취】 명 ((기물)) 벤치(bench). 의자. (외래어).¶ 樓內에 노힌 쎈취헤 걸어안즈면서 <염상섭, 표본실의 청개고리1921 123>

【쎌그릿】 명 ((지리)) 베오그라드(Beograd). 유고슬라비아의 다뉴브 강과 사바 강의 합류점에 있는 도시. 유고슬라비아의 수도. (외래어).¶ 도셩을 의론컨대 일홈이 쎌그릿이니 나라 북편 단웁강ㅅ 굿히오 빅셩의 ㅅ업은 즘승 치기와 술 문둘기와 롱ㅅㅣ며 <사필1889-헐버트 63>

【쎌네헴】 명 ((지리)) 베들레헴(Bethlehem). 예루살렘의 남방에 있는 도시로, 예수의 출생지. (외래어).¶ 쎌네헴 물구유 속에 강보로 싸 노흔 ᄋ기 모양과 우름 쇼리 <기독신보 1916.6.14> ⇒ 베룻, 벳네험, 벳네헴, 벳니헴, 벳드름, 벳레헴, 벳름고을, 벳름고올, 벳을네헴, 쎗레헴

【쎌지엄】 명 ((지리)) 벨지움(Belgium). 벨기에. 유럽 서북부에 있는 입헌 군주국. 1830년에 네덜란드에서 독립하였다. 석탄이 풍부하고 농업과 공업이 매우 발달하였다. (외래어).¶ 쎌지엄 (比利特 Belgium) <만국통감1912 10> 프란스국 북편 디경에 두어 나라히 잇스니 네델닌쓰와 쎌지엄이라 <만국통감1912 4, 32> 쎌지엄 (比利時) <세계전도1900> 쎌지엄의 勇士여 너의 쌔되는 너의 것이다 <학지 1915.2.28> ⇒ 벨기움, 벨지암, 벨지암국, 벨지엄, 빌지엄, 쎌지엄 ☞ 비국, 비리시, 비리시국

【쎌퍼스틔】 명 ((지리)) 벨파스트(Belfast). 아일랜드 섬 북동부, 벨파스트 만 하구에 있는 도시. (외래어).¶ 또 뻐로와 뢰페란 두 강이 아열란드 하슈로 통흔 포구ㅣ오 또 쎌퍼스틔와 던덕과 쩌블린이란 포구가 잇고 <사필1889-헐버트 33>

【쎗레헴】 명 ((지리)) 베들레헴(Bethlehem). 요르단의 서쪽 끝, 이스라엘과의 국경에 있는 소도시. 예루살렘의 남쪽 약 9km 지점에 있다. 다윗 왕가의 발상지이며 예수 그리스도가 탄생한 곳이라고 한다. (외래어).¶¶ 헤롯왕 시절에 예수ㅣ 유대 쎗레렘에 나시니 박ᄉ들이 동방에셔 예루살넴에 니르러 말ᄒ되 <신약-마대복음 1900> ⇒ 베룻, 벳네험, 벳네헴, 벳니헴, 벳드름, 벳레헴, 벳름고을, 벳름고올, 벳을네헴, 쎌네헴

【쌔-고도리】 명 ((군기)) 뼈고도리. 뼈로 만든 고두리살. 끝이 뭉툭해서 연습용으로 사용하거나 새 따위의 동물을 산 채로 잡을 때 쓰는 화살. '고도리(godoli)'는 중세몽고어 차용어.¶ 쌔고도리 박 (骲) <훈몽-군장 중:14b /29a> <음첩b 16a>

【쏘고다】 명 ((지리)) 보고타(Bogota). 산타페데보고타(Santa Fede Bogota). 안데스 산맥의 고원에 있는 도시. 1538년 건설되었으며, 보양지로 유명하다. (외래어).¶ 도셩을 의론컨대 일홈이 쏘고다ㅣ니 나라ㅅ 흔가온대요 또 북편에 가데지나와 앗스빈월과 셔편에 보바얀과 바나마ㅣ란 촌이 잇고 사룸의 픔ㅅ수는 평등이오 <사필1889-헐버트 117>

【쏘르도】 명 ((지리)) 보르도(Bordeaux). 프랑스 남서부 아키텐 지방 지롱드 주의 도시이며 주도. 포도주 산지로 유명함. (외래어).¶ 葡萄 輸出港으로 世界에 名난 쏘르도港 繁華를 구경하고서 <청춘 1914.10.1>

【쏘마도】 명 ((복식)) 포마드(pomade). 머리카락에 바르는 진득진득한 기름. (외래어).¶ 구리무 일 예도 며라 일 화단 빅분 일 례도후도 일 화장슈 일 향유 일 쏘마도 일 미긔름 일 <물목1932 06:06:08>

【쏘바딜라】 명 ((지리)) 보바딜라(Bobadilla). (외래어).¶ 쏘바딜나 (波巴第拉 Bobadilla) <만국통감1912 10>

【쏘부라】 명 ((복식)) 포플린(poplin). 직물의 하나. 명주실, 털실, 무명실 따위로 날실을 가늘고 촘촘하게 하고 씨실은 굵은 실을 이용하여 짠 부드럽고 광택이 나는 평직물이다. 주로 무명의 것을 이르며 와이셔츠나 여성 복지용으로 쓴다. (외래어).¶ 북청식 인견 별문 쏘부라 쳐마 츠 일 흑식 금광쥬 쳐마 츠 일 흑식 튜쥬 란ᄉ 쳐마 츠 일 <물목-우한-1 1916 단슈> ⇒ 쏘뿌라, 쏘뿌롱, 쏘뿌링

【쏘스든】 명 ((지리)) 보스턴(Boston). 미국 북동부에 있는 항구도시. 매사추세츠주의 주도(州都)이다. (외래어).¶ 쏘스든 (波斯盾 Boston) <만국통감1912 10>

【쏘스톤-갈색썩】 명 ((음식)) 보스턴 브라운 브래드(Boston brown bread). 당밀, 호밀, 옥수수밀, 밀가루로 만든 빵. (외래어).¶ 쏘스톤갈색썩 (5덩이) ‖ 소곰 1½쇼슈가락 소다 1½쇼슈가락 우유 3잔 몰나셋스 1잔 옥슈슈가루 1잔 밀가루 1잔 기우리가루 3잔 처음 네 가지를 함께 셕고 다음에 남어지 세 가지를 짜로 셕거셔 처음 것과 셕고 기름 발은 뻬킹파우더 통에 ⅔를 채여셔 뚜쎙을 덥고 시루에 너코 뚜쎙을 덥고 2시간 동안 쪄셔 다시 뭉군한 화덕에 1시간 동안 구을 것 (건포도 닉인 것 1잔도 셕글 수 잇슴) <서요 225>

【쏘뿌라】 명 ((복식)) 포플린(poplin). 직물의 하나. 명주실, 털실, 무명실 따위로 날실을 가늘고 촘촘하게 하고 씨실은 굵은 실을 이용하여 짠 부드럽고 광택이 나는 평직물이다. 주로 무명의 것을 이르며 와이셔츠나 여성 복지용으로 쓴다. (외래어).¶ 분홍 인견 빠린스 치마 츠 일 흑식 쏘뿌라 치마 츠 일 회식 와ᄉ단 치마 츠 일 회식 세나단 치마 츠 일 흑식 세나단 치마 츠 일 분홍 인견지디 면치마 츠 일 흑식 인견 치마 츠 일 흑식 조셋도 치마 츠 일 <물목-3 1938 디발> ᄒ의 ‖ 분홍 노방듀 치마 츠 청식 진유뽕 치마 츠 슈박식 진화비단 치마 츠 연두식 진쏘뿌라 치마 츠 <물목1946.4.10 한옥션129-496> 양식 쏘뿌라 ᄒ이 츠 일 연분홍 나이롱 유동 ᄒ이 츠 일 곤식 기지 ᄒ이 츠 일 <물목-진명-2 1961 유록> ⇒ 쏘부라, 쏘뿌롱, 쏘뿌링

【쏘뿌롱】 명 ((복식)) 포플린(poplin). 직물의 하나. 명주실, 털실, 무명실 따위로 날실을 가늘고 촘촘하게 하고 씨실은 굵은 실을 이용하여 짠 부드럽고 광택이 나는 평직물이다. 주로 무명의 것을 이르며 와이셔츠나 여성 복시용으로 쓴다. (외래어).¶ 분홍 나이롱 치마 츠

일 남식 인조 치마 ᄎᆞ 일 쥴밤식 인조 치마 ᄎᆞ 일 ᄲᅩᄲᅮ롱 단 식이 치마 ᄎᆞ 일 옥양목 제물 치마 ᄎᆞ 일 <물목-금요 혼합 07:5:11> 화위 ‖ 헉양단 치마 한 감 갑사 양단 치마 한 감 초록식 치마 한 감 옷빠루 치마 한 감 ᄲᅩᄲᅮ릉 치마 한 감 옥식 옵빠루 치마 한 감 라리농 유쑝 치마 한 감 연사 유쑝 치마 한 감 인조 유쑝 치마 한 감 라리롱 치마 한 감 미식 옵빠루 치마 한 감 <물목-음성 11:08:27> ⇒ ᄲᅩ부라, ᄲᅩᄲᅮ라, ᄲᅩᄲᅮ링

【ᄲᅩᄲᅮ링】 명 ((복식)) 포플린(poplin). 직물의 하나. 명주실, 털실, 무명실 따위로 날실을 가늘고 촘촘하게 하고 씨실은 굵은 실을 이용하여 짠 부드럽고 광택이 나는 평직물이다. 주로 무명의 것을 이르며 와이셔츠나 여성 복지용으로 쓴다. (외래어).¶ ᄲᅩᄲᅮ링 빅식 져고리 ᄎᆞ 일 …ᄲᅩᄲᅮ링 ᄭᅩ가다 치마 ᄎᆞ 일 모슈 치마 ᄎᆞ 일 목 나이롱 치마 ᄎᆞ 일 사딘박구 연슉식 치마 ᄎᆞ 일 신직구 슉식 치마 ᄎᆞ 일 <물목1972 07:07:01> 고리뗑 양식 하의 차 일 양식 ᄲᅩᄲᅮ링 하의 차 일 ᄲᅩᄲᅮ링 흑식 하의 차 일 분홍 인조 웃쑝 하의 차 일 북청식 인조 웃쑝 하의 차 일 옥양목 하의 차 일 모슈 하의 차 일 벽식 무명 하의 차 이 <물목-1897/1957.12.20> ⇒ ᄲᅩ부라, ᄲᅩᄲᅮ라, ᄲᅩᄲᅮ롱

【ᄲᅩ오트】 명 ((교통)) 보트(boat). 노를 젓거나 모터에 의하여 추진하는 서양식의 작은 배. (외래어).¶ 네 보아라 그들이 탄 좁고 적은 배 외상앗대 겨오 달닌 ᄲᅩ오트어늘 <소년 1909.11.1>

【ᄲᅩ이】 명 ((인류)) 보이(boy). 식당이나 호텔 등에서 접대하는 남자. (외래어).¶ ᄲᅩ이 (跑堂兒的) <한대 123> <한지 269> 그 손이 (ᄲᅩ이)을 따라 드러오거놀 <혈의 루 70> 노름 졉쥬인 ᄒᆞᄂᆞᆫ 놈의 집에ᄂᆞᆫ ᄲᅩ이를 두어도 노름군 짓친 것이라야 군을 모아 오거나 돈을 츄심ᄒᆞᄂᆞᆫ되 <황금탑 34> ᄲᅩ이가 가져온 차를 마조 안저서 마시면서도 두 사람은 제각기 다른 생각을 하고 안젓다 <염상섭, 해바라기 14> ▼跑堂兒 ‖ 먼져 黃酒 가져오고 뒤에 玫瑰露酒 가져오ᄂᆞᆫ 것이 조치 ᄲᅩ이야 너의게 現時 만드러 노은 魚翅菜와 鷰窩菜가 잇ᄂᆞ냐 (先拿黃酒, 後拿玫瑰露來就好了. 跑堂兒, 你們這兒有現成兒的魚翅菜和鷰窩菜麽?) <한지 270> 各商店見習者. 飮食店 ᄲᅩ이 <관총 7a> 구셩헌 쥬ᄉᆞ ‖ 왜반기 면합 ᄲᅩ이 징반기 면합 하속 <ᄉᆞ찬상불긔번1277>

【ᄲᅩ히미아】 명 ((지리)) 보헤미아(Bohemia). 중부 유럽에 있었던 역사상의 국가. 현재는 체코의 서부에 해당하는 지방으로 엘베 강의 상류 지역에 위치한다. (외래어).¶ ᄲᅩ히미아 (伯黑米亞 Bohemia) <만국통감1912 10> 오스트리아와 헝거리 ᄶᅡ혼 그 아오 마타엣스를 분봉ᄒᆞ야 관리케 ᄒᆞ엿더니 후에 ᄲᅩ히미아 ᄶᅡ도 ᄯᅩᄒᆞᆫ 마티엣스의게 도라왓는디 <만국통감1912 4, 45>

【ᄲᅩᆯ】 명 ((기물)) 볼(ball). 공. (외래어).¶ ᄲᅩᆯ 차난 아희들은 넘어 無心하여라 <소년 1910.6.15>

【ᄲᅩᆯ-고도리】 명 ((군기)) 뼐고도리. '고도리(godoli)'는 중세몽고어 차용어.¶ ᄲᅩᆯ고도리 (骨鈚箭) <역보-군기 16a> <방석-군기 2:13a> ᄲᅩᆯ고도리 (骨鈚箭) <역보-군기 16a> <방석-군기 2:13a> ᄲᅩᆯ고도리 (骨鈚箭) <광보-2 군려:3b> ᄲᅩᆯ고도리 (骨鈚箭) <과록-병융 114b>

【ᄲᅩᆯ니비아】 명 ((지리)) 볼리비아(Bolivia). 남아메리카 가운데에 있는 공화국. 1825년 에스파냐에서 독립하였다. (외래어).¶ ᄲᅩᆯ니비아 (波利比亞) <세계전도1900> ⇒ ᄲᅩᆯ리비아

【ᄲᅩᆯ틱】 명 ((지리)) 발틱(Baltic). (외래어).¶ ᄲᅩᆯ틱 (波羅 Baltic) <만국통감1912 4, 10>

【ᄲᅩᆯ리비아】 명 ((지리)) 볼리비아(Bolivia). 남아메리카 가운데에 있는 공화국. 1825년 에스파냐에서 독립하였다. (외래어).¶ ᄲᅩᆯ리비아 (波理非) <명물-육당 13b> ⇒ ᄲᅩᆯ니비아

【ᄲᅩᆯ찌모】 명 ((지리)) 볼티모어(Baltimore). 미국의 메릴랜드 주에 있는 도시. 체사피크만의 서쪽 연안에 있는 무역항으로, 제철, 조선, 화학, 정유 따위의 중공업이 발달하였다. (외래어).¶ ᄲᅩᆯ찌모 (巴提摩 Baltimore) <만국통감1912 4, 10>

【ᄲᅩᆷ베】 명 ((지리)) 봄베이(Bombay). 인도 서안 중앙부의 항구 도시. (외래어).¶ ᄲᅩᆷ베 <조백-지리1915 551>

【ᄲᅩᆷ푸라】 명 ((식물)) 포플러(poplar). 버드나뭇과의 낙엽 활엽 과목. 줄기는 높이 30cm 정도 곧게 자라며, 잎은 광택이 난다. 미루(美柳)나무.¶ 놉은 토디가 잇고 보면 ᄲᅩᆷ푸라 락엽송 만히 심어 ᄉᆞ오년지간만 지나가면 한 쥬에 일원은 간 데 업네 <대매-농부가 1907.8.20>

【ᄲᅮ거리스트】 명 ((지리)) 부쿠레슈티(Bucuresti). 루마니아 다뉴브 강의 지류에 있는 도시. 왈라키아 평원에서 나는 곡물의 집산지이며, 루마니아의 수도이다. (외래어).¶ 도셩을 의론컨대 일홈이 ᄲᅮ거리스트ㅣ니 나라 남편이오 ᄯᅩ 북편에 야시란 큰 촌이 잇고 단읍강ᄉᆞ ᄀᆞ헤 ᄶᅡᆯ나스ㅣ란 큰 촌이 잇고 빅셩의 ᄉᆞ업은 즘승 치기와 롱ᄉᆞㅣ며 <사필1889-헐버트 61>

【ᄲᅮ라이톤-떡】 명 ((음식)) 미상. ¶ ᄲᅮ라이톤떡 (饅頭糕) <조반>

【ᄲᅮ란데】 명 ((음식)) 브랜디(brandy). 포도주 따위를 증류해 만드는 술. 코냑 따위.¶ ᄲᅮ란데 한 잔에 즐겁음이여라! <학지 1915.5.2> ⇒ ᄲᅮ란듸, ᄲᅮᆯ안듸

【ᄲᅮ란듸】 명 ((음식)) 브란디(brandy). 포도술을 고아서 증류시켜 만든 도수가 센 서양술의 한 가지. (영어 차용어).¶ 시큰둥ᄒᆞᆫ 목도리와 ᄲᅮ란듸[셔양에 유명ᄒᆞᆫ 술 일홈]의 ᄌᆞ미를 깁히 짐작ᄒᆞ게 되얏더라 <만인계 2> ⇒ ᄲᅮ란데, ᄲᅮᆯ안듸

【ᄲᅮ래씰】 명 ((지리)) 브라질(Brazil). 남아메리카 동부에 있는 연방 공화국. 1822년에 포루투칼에서 독립한 국가로 남아메리카에서 가장 넓다. (외래어).¶ ᄲᅮ래씰 (巴西) <태서신사> ⇒ 보라치르, 브레실, ᄲᅮ레실 ☞ 파셔국

【ᄲᅮ레실】 명 ((지리)) 브라질(Brazil). 남아메리카 동부에 있는 연방 공화국. 1822년에 포루투칼에서 독립한 국

가로 남아메리카에서 가장 넓다. (외래어).¶ 쁘레실 (巴西) <명물-육당 13b> ⇒ 보라치르, 브레실, 쁘래씰 ☞ 파셔국

【쁘리틘】 명 ((지리)) 브리튼 제국(Britain 帝國). 영국(United Kingdom). (외래어).¶ 벨지엄 쁘리틘 푸리취 아희들아 너 너희들로 더부러 갓치 싸화 쥬마 <신민 1918.5.2> ⇒ 쁘릿탠, 쁘리텐

【쁘릿탠】 명 ((지리)) 브리튼 제국(Britain 帝國). 영국(United Kingdom). (외래어).¶ 쁘릿탠 벨기움 갓흔 나라는 그 크기가 本土로만 말하면 우리나라보다 덕으되 <소년1908.11.1 50> 世界에 土地 큰 나라 다톰을 하건댄 쁘릿탠은 屬地을 다 合하야 보면 이보다 크나 <소년 1908.11.1 56> 펠나델피아市中「獨立閣」에 드러가 一百五十餘年 前에 비로소 아메리카가 쁘릿탠의 抑壓을 벗고 自由獨立한 寄別을 十三道에 猛傳하던「自由의 破鍾」을 氣運ㅅ것 울녀 太平洋 물이 震起한 뒤에 그팅디니 <소년1908.11.1 74> ⇒ 쁘리틘, 쁘리텐

【쁘쓰시에루】 명의 ((도량)) 부셸(bushel). 야드파운드법에 의한 무게의 단위. 곡물, 과실 따위의 무게를 잴 때 쓴다. 1부셸은 영국에서는 약 28.1226kg에 해당하고 미국에서는 약 27.2154kg에 해당한다. (외래어).¶ 쁘쓰시에루 <조백-용량1915 561>

【쌸안듸】 명 ((음식)) 브란디(brandy). 포도술을 고아서 증류시켜 만든 도수가 센 서양술의 한 가지. (외래어).¶ 고기를 굽는다 쌸안듸를 짜룬다 ᄒᆞ야 비불으게 먹고셔 <비행선 144> ⇒ 쁘란데, 쁘란듸

【쌸조아지】 명 ((인류)) 부르주아지(bourgeoisie). (외래어).¶ 그게 쌸조아지 중에도 유민계급의 마즈막 오락의 한아란 것이지요 <염상섭, 남충서1927 하:64>

【쌧셀】 명의 ((도량)) 부셸(Bushe). 야드파운드법에 의한 무게의 단위. 야드파운드법에 의한 무게의 단위. 곡물, 과실 따위의 무게를 잴 때 쓴다. 1부셸은 영국에서는 약 28.1226kg에 해당하고, 미국에서는 약 27.2154kg에 해당한다. (외래어).¶ 英國 米國 갈론(Gallon)瓦(水用) 쌧셀(Bushel) (穀用) <백과신-송1926 495>

【쁘라시】 명 ((기물)) 브러시(brush). 솔. 붓. (외래어).¶ 사람의 손으로 만든 쁘라시와 사람의 뇌로 만든 글씨란 것이 웃더케 우수은 것임을 알아라 <소년 1910.7.15>

【쁘레실】 명 ((지리)) 브라질(razil). 남아메리카 동부에 있는 연방 공화국. 1822년에 포르투갈에서 독립한 국가로 남아메리카에서 가장 넓으며, 커피·면화 따위의 농산물과 광산 자원이 풍부하고 목축업이 활발하다. (외래어).¶ 아메리까에 각 디방과 각 나라는 가나다와 [영길리국 속방이라] 덴막아메리까와 합중국과 멕스고국과 센드랄아메리까국과 셔인도와 걸넘비아국과 베네수일나국과 기아나와 쁘레실국과 엑궤도국과 비루국과 블늬비아국과 칠릐국과 아젠띤합중국과 바라궤국과 유루궤국이니라 <사필1889-헐버트 102>

【쁘리텐】 명 ((지리)) 브리튼(Britain). 영국(United Kingdom). 잉글랜드, 웨일스, 스코틀랜드를 통틀어 이르는 말. (외래어).¶ 北海를 건너서니 쁘리텐 帝國 템쓰江 흘니 져어 런돈城으로 <청춘 1914.10.1> ⇒ 쁘리틘, 쁘릿탠

【쁘럳짝】 명 ((지리)) 브래덕(Braddock). (외래어).¶ 쁘럳짝(巴德克 Braddock) <만국통감1912 10>

【쁘런듸-와인】 명 ((음식)) 브랜디와인(Brandywine). (외래어).¶ 쁘런듸와인 (班第外尼 Brandywine) <만국통감1912 10>

【쁴다퓌스트】 명 ((지리)) 부다페스트(Budapest). 다뉴브강 양쪽 기슭에 걸쳐 있는 항구 도시. 동쪽 기슭의 부다와 서쪽 기슭의 페스트로 이루어져 있으며, 기계·제분·양조 따위의 공업이 발달하였다. 헝가리의 수도. (외래어).¶ 도셩을 의론컨대 오스드리아 도셩은 일홈이 비언나ㅣ니 단융 강 동편이오 헝게리아 도셩은 일홈이 쁴다퓌스트ㅣ니 헝게리아 셔편이오 <사필1889-헐버트 55>

【삐루】 명 ((음식)) 삐루(beer, ビール)> 비어(beer). 맥주. 엿기름가루를 물과 함께 가열하여 당화한 후, 홉(hop)을 넣어 향(香)과 쓴맛이 나게 한 뒤 발효하여 만든 알코올성 음료의 하나. (외래어). ※ 삐-루¶ 삐루 한 병 잡슈어 쥬시오 참차 되신이올시다 <일선 123> ⇒ 비루, 삐루

【삐스맑】 명 ((인명)) 비스마르크(Otto von Bismarck, 1815~98). 프로이센의 정치가, 독일 제국의 건설자, 초대 총리. (외래어).¶ 삐스맑 씨의 十年은 쪄민을 통일하얏고 <신민 1919.2.6> ⇒ 삐쓰맑

【삐스킷】 명 ((음식)) 비스킷(biscuit). (외래어).¶ 귀리삐스킷 ‖ 귀리 4잔 누른 사탕 1잔 (슈북히) 소다 1쇼슈가락 밀가루 (흰 것) 2잔 계란 1개 삐터나 기름 1잔 우유나 삐터 우유 반죽할 만큼 반죽을 해 가지고 얇게 밀어셔 삐스킷 판으로 박아셔 구어 가지고 2개 사이에 양대초 소를 너흘 것 <서요 188>

【삐쓰맑】 명 ((인명)) 비스마르크(Otto von Bismarck 1815~1898). 프로이센의 정치가, 독일 제국의 건설자, 초대 총리. (외래어).¶ 치야公園 삐쓰맑 銅像을 차져 偉業을 讚美하지 아닐가 보냐 <청춘 1914.10.1> ⇒ 삐스맑

【삐푸-스텍】 명 ((음식)) 비프스테이크(beef-steak). 서양요리의 하나. 연한 쇠고기를 적당한 두께로 썰어서 소금과 후춧가루를 뿌려 뭉근히 구워 익혀서 만든다. (외래어).¶ 속 너흔 삐푸스텍 ‖ 스텍 (두 인치로 버힌 것) 2파운드 모로 중간을 쪽의여 아래 법대로 속을 너코 고기를 으로스팬에 너허 1시간 동안 천천히 구으대 잇다금 잇다금 팬에 나온 국물을 떠셔 고기 우에 부으며 고기를 뒤집어 노하 누러케 될 때까지 굽고 다 닉은 다음에 고기를 팬에셔 끄내고 그 팬에 다른 국물 2잔을 붓고 밀가루를 조곰 셕거 되게 하야 가지고 고기와 함끠 먹을 것 <서요 22> 삐푸스텍이나 닭고기속 ‖ 말은 면보 1½잔 작은 파 (잘게 닉여) 1개 계란 (잘 져어셔) 1개 회향 (타

임) 2대슈가락 소곰과 호쵸 조곰식 우유 얼마 이 몃 가지를 한데 셕고 우유로 뭉칠 것 <서요 22>

【쎌지엄】 명 ((지리)) 벨지움(Belgium). 벨기에(België). 유럽 대륙의 북서부에 자리잡고 있는 나라. 수도는 브뤼셀. (외래어).¶ 쎌지엄 (比利時) <태서신사> ⇒ 벨기움, 벨지암, 벨지암국, 벨지엄, 빌지엄, 쌜지엄, 쎌지엄 ☞ 비국, 비리시, 비리시국

【쌔빌론】 명 ((지리)) 바빌론(Babylon). 바벨(Babel). 바빌로니아의 수도로서 번영한 고대 도시. 고대 오리엔트 문명의 중심 도시. (외래어).¶ 불의의 표본은 쌔빌론과 소돔 승리의 결과는 이탈리 갓치롬 <신민 1916.9.14>

【쎔비로】 명 ((복식)) 벰베루(ベンベル) 실크류의 인조 옷감. 독일 벰베르크(bemberg)사에서 만든 옷감. (일본어 차용어).¶ 노랑식 샹의 반회장 쪄 일 ᄎ 양식 호박단 저고리 일 ᄎ 분홍 존미스 저고리 일 ᄎ 자쥬 명쥬 저고리 일 ᄎ 숫분홍 명쥬 겹적삼 ᄎ 일 명쥬 슈박식 저고리 일 ᄎ 싱비로도 분홍 겹적삼 ᄎ 일 쎔비로 옥식 겹적삼 ᄎ 일 유록 단ᄉ 겹적삼 ᄎ 일 모슈 적삼 ᄎ 일 <물목-금요 15:11:07> ⇒ 벰베루, 변볘류, 빈비루, 빔븨루, 빔비로, 빔비루

【싸몬-크로켓쓰】 명 ((음식)) 연어크로켓. 살몬크로켓(salmon croquettes). 연어를 다져서 기름에 볶은 고기와 쪄서 으깬 감자를 섞어 둥글게 하고 빵가루를 묻혀서 기름에 튀긴, 서양요리의 하나. (외래어).¶ 싸몬 크로켓쓰 ‖ 싸몬 1통 우유 1잔 밀가루 4 대슈가락 소곰 호쵸 계자 조곰식 크래키 부스러이 조곰 계란 (흰자위) 2개 싸몬을 통에 담은 채 즁탕해서 10분 동안을 끌여셔 식혀 가지고 우유를 밀가루와 셕거 되게 하여셔 끌여 식힌 후에 소곰과 호쵸와 계자로 약념을 해셔 싸몬에 셕거셔 원하는 대로 닭의 알 모양이나 콩짝지 모양을 만들대 만들 수 잇슬 만콤 크래키 부스럭이를 셔고 그 후에는 잘 져은 계란 흰자위를 뭇치고 다시 크래키 부스럭이에다 굴녀셔 뜨거운 도야지 기름에 지질 것 <서요 15>

【싸우스-아메리카】 명 ((지리)) 싸우스아메리카(South America). 남미(南美). (외래어).¶ 南亞米利加洲諸島, 싸우스아메리카, 一作"阿西亞尼亞", 오시아늬카 <명물-육당 13b>

【싸우전스】 수 싸우전드(thousand). 천(千). (외래어).¶ 싸우전스 (千) <영어일상통화단어초집 우산>

【싸―퍼】 명 ((음식)) 써퍼(supper). 저녁. (외래어).¶ 싸―퍼 (夕飯) <영어일상통화단어초집 우산>

【싼드위치】 명 ((음식)) 샌드위치(sandwich). 얇게 썬 두 조각의 빵 사이에 버터나 마요네즈 소스 따위를 바르고 고기, 달걀, 치즈, 야채 따위를 끼워 넣은 음식. (외래어).¶ 락화생 쌔터 싼드위치 <서요 282> 호도와 건포도 싼드위치 <서요 282> 지진 싼드위치 <서요 283> 구은 치스 싼드위치 <서요 283> 리본 싼드위치 <서요 284> 계란 싼드위치 <서요 285> ⇒ 쌘드윗치

【싼듸―】 명 선데이(sunday). 일요일(日曜日). (외래어).¶ 싼듸― (日曜日) <영어일상통화단어초집-우산> ⇒ 썬데이

【쌍골라】 명 ((인류)) 중국인을 낮추어 이르는 말. '장궤지(掌櫃的, zhǎngguìde)'에서 온 중국어 직접 차용어.¶ 저기 드란 쌍골라는 大腸 /뒤처젓는 왜놈은 小腸 <정지용, 파충류 동물>

【쌘드윗치】 명 ((음식)) 샌드위치(sandwich). 얇게 썬 두 조각의 빵 사이에 버터나 마요네즈 소스 따위를 바르고, 고기, 달걀, 야채 따위를 끼워 넣은 음식. (외래어).¶ 타타쏘스 ‖ 메요네쓰를 만드러셔 잘게 썬 외 피콜이나 감람을 셕거셔 생션이나 고기와 함끠 먹을 것 이것은 쌘드윗치 속에 너키가 조흠 <서요 19> ⇒ 싼드위치

【쌘살비도아】 명 ((지리)) 산살바도르(San Salvador). 중앙아메리카 엘살바도르에 있는 도시. 고원에 있는 고도(古都)로, 담배 커피 따위의 집산지이다. 엘살바도르의 수도이다. (외래어).¶ 쌘살비도아 (三薩瓦多) <명물-육당 13b>

【쌜늬-런쓰】 명 ((음식)) 샐리런스(sally lunns). 굽는 즉시 먹는 달고 가벼운 과자의 일종. (외래어).¶ 쌜늬런쓰 ‖ 밀가루 2잔 쎄킹파우더 4쇼슈가락 소곰 ½쇼슈가락 계란 2개 우유 ½잔 쌔터 (녹인 것) ½잔 밀가루와 쎄킹파우더와 소곰을 셕거셔 체에 밧쳐 노코 계란 노른자위를 져어셔 우유와 쌔터 녹인 것을 셕고 몬져 밀가루 셕근 것과 얼는 셕근 후에 계란 흰자위를 져어셔 셕고 기름 발은 큰 팬에 담아 구을 것 <서요 222>

【쌩큐―】 탱큐(thank you). 고맙습니다. (외래어).¶ 쌩큐 (고맙습니다) <영어일상통화단어초집 우산>

【써비아】 명 ((지리)) 세르비아(Serbia). 유럽 동남부의 발칸반도 중앙 판노니아 평원에 자리잡고 있는 내륙국이다. 수도는 베오그라드. (외래어).¶ 써비아 (塞爾維) <명물-육당 13a>

【써―스듸―】 명 토요일(Thursday, 土曜日). (외래어).¶ 써―스듸― (木曜日) <영어일상통화단어초집 우산>

【써ㅣ토】 명 ((음식)) 써토(certo). 미상. (외래어).¶ 앵도쨈 (써ㅣ토) ‖ 앵도 2½파운드 물 ½잔 앵도의 씨를 쎄여 윽개고 물을 붓고 앵도씨 3대슈가락을 자로에 너코 …써ㅣ토(certo) 1병을 붓고 다시 잘 져어셔 5분 동안 두엇다가 거품을 것고 구멍 큰 병에 담고 잘 막아 둘 것 (앵도 대신에 배나 복숭아나 통에 담은 모과슈도 쓸 수 잇슴) <서요 236> 딸기쨈 (써ㅣ토) ‖ 딸기를 꼭지를 짜고 윽갠 것 4잔을 화덕에 쓰리면서 사탕 7잔을 셕고 다시 져으면셔 1분 동안 잘 쓰려셔 내여 노코 써ㅣ토 ½잔을 셕고 5분 동안에 두세 번 져어셔 거품을 것고 잔이나 병에나 담아셔 다른 법대로 막아 둘 것 (이 딸기 대신에 셔양 멍셕딸기나 죠션 멍셕 딸기를 쓸 수 잇슴) <서요 236> 펄펄 끌커든 써ㅣ토 ½잔을 골숨하게 셕고 다시 져으면셔 ½분 동안 두엇다가 거품을 것고 류리 곱부에 붓고 양쵸로 봉할 것 <서요

237>

【썬데이】 명 썬데이(sunday). 일요일. (외래어).¶ 썬데이(日曜日) <요일급절후표 1946> ⇒ 싼듸—

【쎅쓰피어】 명 ((인명)) 셰익스피어(Shakespeare). 영국의 문호. (외래어).¶ 쎅쓰피어의 원서를 끼구 다니고 <염상섭, 두 파산1949 79>

【쎈치-메터】 명의 ((도량)) 센티미터(Centimeter). 미터법에 의한 길이의 단위. 1센티미터는 1미터의 100분의 1이고 1밀리미터의 열 배이다. (외래어).¶ 佛蘭西 獨逸 메터(Metre)米突 쎈치메터(Centimetre)糎 <백과신-송1926 494>

【쎈트】 명의 ((화폐)) 센트(Cent). 미국, 캐나다, 오스트레일리아, 뉴질랜드, 싱가포르, 홍콩 등의 화폐 단위. 1센트는 1달러의 100분의 1이다. (외래어).¶ 米國 딸라(Dollar)弗＝百仙 쎈트(cent)仙 <백과신-송1926 493>

【쎈트-페터스뿌르흐】 명 ((지리)) 상트페테르부르크(Sankt Peterburg). 러시아 북서부, 발트해 연안에 있는 도시. 구 레닌그라드. (외래어).¶ 노브꼬로드는 只今 러시아 서울 쎈트페터스뿌르흐의 東南 四百里쯤 되난 데 잇스니 이 城은 러시아 사람이 텨음 세운 바ㅣ라 <소년 1908.11.1 52>

【쎈트-헬네나】 명 ((지리)) 세인트헬레나(Saint Helena). 나폴레옹이 퇴위하여 엘바 섬에 유배되었다가 탈출하여 백일천하를 실현하였으나 다시 세인트헬레나 섬으로 유배되어 그곳에서 죽었음.¶ 나폴네온 갓흔 豪傑도 쎈트·헬네나(나폴네온이 末年에 幽囚를 當하야 잇던 셔음)에서는 디난 일을 追懷하고서 <소년 1908.11.1 26>

【쎈티멘탈리즘】 명 센티멘탈리즘(sentimentalism). (외래어).¶ 쎈티멘탈리즘이 인류애 아닌 인류애를 늣기게 한 것이었다 <염상섭, 출분한 안해에게1929 2:34>

【쎈팀】 명의 ((화폐)) 상팀(Centime). 프랑스와 스위스, 벨기에의 화폐 단위. 1상팀은 1프랑의 100분의 1이다. (외래어).¶ 佛蘭西 白耳義 瑞西 후란크(Franc)法＝百參 쎈팀(Centime)參 <백과신-송1926 493>

【쎗페린】 명 ((인명)) 체펠린(Zeppelin, Ferdinand Graf von). 독일의 군인(1838~1917). 1900년에 최초의 경식(硬式) 비행선을 제조하는 데 성공하였고, 이 비행선은 개량을 거듭한 끝에 제일 차 세계 대전 때 독일군의 유력한 병기로 사용되었다. (외래어).¶ 쎗페린飛行船 쎗페린氏 <백과신-송1926 492>

【쏘쎄쥐】 명 ((음식)) 소시지(sausage). 고기순대의 한 가지. 소고기, 돼지고기를 보드랍게 갈아서 양밸에 넣어 내굴을 쏘여 찐 고기제품. (외래어).¶ 쏘쎄쥐 (哨碎集) <조반>

【쏘스】 명 ((음식)) 소스(sauce). 서양 요리에, 맛을 돋우기 위하여 넣어 먹는 걸쭉한 액체. (외래어).¶ 쏘스 ‖ 계란 1개 미국 사탕(가는 것) ½잔 계란 흰자위를 잘 져은 후에 사탕과 잘 져은 계란 노른자위를 셕고 그 다음에 크림을 셕거셔 먹을 것 <서요 117> 살몬 (생선) 1통 계란 2개 면보 부스럭이 1잔 소곰 조곰 우유 1잔 여러 가지를 한데 셕거셔 45분 동안 찌거나 굽거나 하고 그 우에 흰 쏘스를 부어셔 먹을 것 <서요 13> 그 다음에 쏘스를 조곰 노흐대 팬이 다 찰 때까지 이 순셔대로 두세 번 계속하고 팬이 다 찬 다음에는 치스 ½잔을 그 우에 뿌리고 누른 빗치 날 때까지 구을 것 <서요 17> 버셧을 썰어셔 크림 쏘스나 일년감 쏘스를 셕고 토수 우에 노코 밥이나 감자와 함끠 먹고 커리 쏘스에도 너허 먹을 수 잇슴 <서요 71>

【쏘은똡】 명 ((지리)) 좀도르프(Zorndorf). (외래어).¶ 쏘은똡 (搜納斗弗 Zorndorf) <만국통감1912 11>

【쏜】 명 ((인류)) 썬(son). 아들. (외래어).¶ 쏜 (男息) <영어일상통화단어초집 우산>

【쏠저】 명 ((군사)) 쏠져(soldier). 군인(軍人). (외래어).¶ 쏠저 (軍人) <영어일상통화단어초집 우산>

【쐥걸】 [1] 명 ((지리)) 츠빙글(Zwingle). (외래어).¶ 쐥걸 (尊革勒 Zwingle) <만국통감1912 11>

【쐥걸】 [2] 명 ((인명)) 츠빙글리(Zwingli). 스위스의 종교 개혁자(1484~1531). 루터의 영향을 받아, 성서의 강해(講解)를 통하여 종교 개혁 운동을 펼치고 스위스의 신교도를 조직하였다. (외래어).¶ 수잇슬넌드국 교목 쐥걸은 픔학이 단정ᄒᆞᆫ듸 로마교 즁에 모든 폐단을 징졍코져 ᄒᆞ야 쇽죄표를 내여 파는 거시 그른 거슬 볽히 ᄀᆞᄅᆞ치고 <만국통감1912 4, 19>

【쓰리】 명 ((인류)) 소매치기. 스리(掏摸, すり). (일본어 차용어).¶ 小綹 ‖ 쓰리가 내 돈지갑을 차갔오 (小綹吃我錢包兒.) <자통 134> ⇒ 슬이도적

【쓰리—】 수 쓰리(three). 셋. (외래어).¶ 쓰리— (三) <영어일상통화단어초집 우산>

【쓰메-에리】 명 ((복식)) 깃의 높이가 4cm쯤 되게 하여 목을 둘러 바싹 여미게 지은 양복. (일본어 차용어).¶ 거무하게 홍명식이가 학도모자에 쓰메에리 양복을 입고 드러와셔 그 부친 슬하에 졀을 ᄒᆞ는듸 홍참의는 그 모양을 보더니 히괴망측ᄒᆞᆫ 싱각이 들던지 반가온 마음도 천리만치 믈너나고 정이 뚝 떠러져셔 아모말을 안이ᄒᆞ고 감안이 안졋다가 길게 탄식을 ᄒᆞ며 홍 이 자식아 네 아비자식으로 져게 무슨 모양이냐 <치악산 하:92>

【쓰밋-짠】 명 ((인명)) 존 스미스(Smith (John)). (외래어).¶ 쓰밋 (짠) (斯美特約翰 Smith (John)) <만국통감1912 12>

【쓰여】 명 ((인류)) 사야(四爺). ‘쓰여(四爺, sīyé)’는 중국어 직접 차용어.¶ 四爺 ‖ 그것도 올타 쓰여의 말이 너의 집 노틔ᆢ가 사로 강건하시냐 (那个也是得. 四爺的話, 咱門家裡的老太ᆢ咳是硬亮麼?) <중화-아천 16b> 잘 잇더니 왕쓰여야 안저라 진노쓰야 남이 말하기를 네 당사가 발지하엿다 하더라 (好啊, 王四爺坐着金老四, 有人說是你的生意發財咧.) <중화-아천 30a>

【쓰페인】 명 ((지리)) 스페인(Spain). 에스파냐(España). 유럽 남서부 이베리아 반도 대부분을 차지하는 입헌군주국. 15세기 말 왕국이 성립되어 번영하였으며, 1931년

에 공화국이 되었다가 1975년에 왕정이 복고되었다. 주민은 라틴계로, 대부분 카톨릭교도이고 주요 언어는 스페인어이다. 수도는 마드리드. (외래어).¶ 쓰페인 (西班牙) <세계전도 1900> ⇒ 스페인, 시페인 ☞ 셔반아, 셔반아국, 왜스빠릐아, 이스바니아, 이스바니아국

【씨더-떡】 명 ((음식)) 미상. (영어 차용어).¶ 씨더떡 (西達糕) <조반>

【씨슈오리】 명 ((복식)) 씨수오리. (일본어 차용어).¶ 씨슈오리 흑쇽 치마 ᄎᆡ 일 오바루 풀쇡 치마 ᄎᆡ 일 모슈 옥쇡 진솔 치마 ᄎᆡ 일 모슈 다름 치마 ᄎᆡ 일 몸 빠리스 치마 ᄎᆡ 일 <광주(光州) 노재효(盧載孝) 물목1947.5.3 한옥션152-198>

【씨에분】 수 세븐(seven). 일곱. (외래어).¶ 씨에분 (七) <영어일상통화단어초집 우산>

【씨트론】 명 ((음식)) 씨트론(citron). 레몬 비슷한 식물. 불수감(佛手柑). (외래어).¶ 예수탄일 실과 푸딍 ‖ 밀가루 (체에 밧친 것) 4잔 건포도 1잔 커른드 1잔 씨트론(얇게 썬 것) 1잔 무화과나 호도 (닉인 것) 1잔 쇠기름 (닉인 것) 1잔 육두구 (간 것) 1개 뎡향 계피 올스파이쓰 ½쇼슈가락 식 소곰 ½쇼슈가락 빼킹 파우더 2쇼슈가락 몰나셋스 1잔 <서요 119> [사과 사탕떡] 사탕 1잔 빠터 ½잔 사과쏘스 1½잔 건포도 1½잔 커랜트 1잔 씨트론 ⅓잔 밀가루 2잔 소다 (끌는 물에 석글 것) 2쇼슈가락 계피가루 1쇼슈가락 뎡향가루 ½쇼슈가락 올스파이쓰 ½쇼슈가락 육두구가루 ½쇼슈가락 소곰 조곰 이것은 다른 사탕떡 법대로 석거서 40분 가량 구을 것 <서요 164> ⇒ 시트론, 싯트론

【씩스】 수 씩스(six). 여섯. (외래어).¶ 씩스 (六) <영어일상통화단어초집 우산>

【씰링】 명의 ((화폐)) 실링(Schilling). 영국의 화폐 단위. 1실링은 1그로센의 100배이다. (외래어).¶ 폰드(Pound)磅=二十志 씰링(Schilling)志=二十片 펜늬(Penny)片 <백과신-송1926 493>

【씽거-재봉침】 명 ((기물)) 싱거(Singer, 裁縫針). (외래어).¶ 씽거재봉침 무료시험 긔회 이 재봉침을 사기 전에 돈 내지 안코 七일 동안 당신의 집에 두고 연습할 수가 잇스니 이것 대하야 자셰히 알고져 하시면 본디 방에 잇난 우리 회샤 대표쟈의게 문의하시요 우리 회샤가 각쳐에 잇스니 이후에 아모때에나 재봉침이 병나면 즉시 곤칠 수가 잇스며 바늘과 기름과 그타 용품을 줄 수가 잇습니다 재봉침을 사실 때는 이 아래 잇난 것과 갓흔 붉은빗 샹표를 주의하시옵 <서요1930 광고>

【쑤우스-오스트라릐아】 명 ((지리)) 싸우스 오스트레일리아(South Australia). 오스트레일리아 남부의 주. (중국어 간접 차용어).¶ 쑤우스오스트라릐아(南澳大利亞) <태서신사> ☞ 오국, 오대리아, 오스도라리아, 오스드렐랴, 호쥬

【짜메가】 명 ((지리)) 자메이카(Jamaica). 카리브 해 북부에 있는, 영국 연방의 독립국. (외래어).¶ 짜메가 (乍美喀 Jamaica) <만국통감1912, 4, 16> 특별히 바람 힘을 빌어 가지고 급히 ᄒᆞᆫ 셤에 니르니 일홈은 짜메가라 <만국통감1912 4, 7>

【짜판】 명 ((지리)) 저팬(Japan). 일본(日本). (외래어).¶ 짜판 (日本) <명물-육당 12b> ⇒ 쪄편

【짠-셋재】 명 ((인명)) 존 3세 (John III). (외래어).¶ 짠 셋재 (쉬덴) (約翰第三 John III (Sweden)) <만국통감1912, 4, 16>

【짠-킬빈】 명 ((인명)) 존 캘빈 (John Calvin). (외래어).¶ 짠 (킬빈) (喀勒分 Calvin) <만국통감1912, 4, 16>

【짠-허쓰】 명 ((인명)) 존 허스 (John Huss). (외래어).¶ 짠 (허쓰) (胡斯約翰 John Huss) <만국통감1912, 4, 16>

【짤쓰-다슷재】 명 ((인명)) 찰스 5세(Charles V). (외래어).¶ 짤쓰 다슷재 (덕국) (喀力第五 Charles V (Germ.)) <만국통감1912, 4, 16>

【짤쓰던】 명 ((인명)) 찰스톤(Charleston). (외래어).¶ 짤쓰던 (喀力呑 Charleston) <만국통감1912, 4, 17>

【짤쓰-둘재】 명 ((인명)) 찰스 2세 (Charles II). (외래어).¶ 짤쓰 둘재 (셔바나) (喀力第二 Charles II (Spain)) <만국통감1912, 4, 16> 짤쓰 둘재 (喀力第二 Charles II) <만국통감1912, 4, 16>

【짤쓰-셋재】 명 ((인명)) 찰스 3세 (Charles III). (외래어).¶ 짤쓰 셋재 (喀力第三 Charles III) <만국통감1912, 4, 16>

【짤쓰-아홉재】 명 ((인명)) 찰스 9세 (Charles IX). (외래어).¶ 짤쓰 아홉재 (喀力第九 Charles IX) <만국통감1912, 4, 16> 짤쓰 아홉재 (쉬던) (喀力第九 Charles IX (Sweden)) <만국통감1912, 4, 16>

【짤쓰-열둘재】 명 ((인명)) 찰스 12세 (Charles XII). (외래어).¶ 짤쓰 열둘재 (喀力第十二 Charles XII) <만국통감1912, 4, 16>

【짤쓰-일벗】 명 ((인명)) 찰스 앨버트 (Charles Albert). (외래어).¶ 짤쓰 (일벗) (싸베리아) (喀力阿勒碑特 Charles Albert) <만국통감1912, 4, 16>

【짤쓰-첫재】 명 ((인명)) 찰스 1세 (Charles I). (외래어).¶ 짤쓰 첫재 (영국) (喀力第一 Charles I (Eng.)) <만국통감1912, 4, 16>

【짼틀맨】 명 ((인류)) 잰틀맨(gentleman). 신사(紳士). (외래어).¶ 짼틀맨 (紳士) <영어일상통화단어초집 우산>

【쪄마늬】 명 ((지리)) 독일(獨逸 Germany). 유럽 중부에 있는 나라. 843년에 동프랑크 왕국을 세워 962년에 신성 로마 제국으로 발전하였고, 1871년에 프로이센에 의하여 통일되어 게르만족을 중심으로 하는 독일제국이 완성되었다. (외래어).¶ 쪄마니 (德意志) <태서신사> ⇒ 쪄멘느- ☞ 덕국

【쪄멘느-】 명 ((지리)) 독일(獨逸 Germany). 유럽 중부에 있는 나라. 843년에 동프랑크 왕국을 세워 962년에 신성 로마 제국으로 발전하였고, 1871년에 프로이센에 의하여 통일되어 게르만족을 중심으로 하는 독일제국이 완성되었다. (외래어).¶ 쪄멘느- (德國) <세계전도

1900> ⇒ 쪄마니 ☞ 덕국

【졔노아】 명 ((지리)) 제노바(Genova). 이탈리아 북서부 리구리아 해에 면하여 있는 항구 도시. 지중해 최고항의 하나로 중세에는 동방 무역의 중계지로 번영하였으며, 지금은 관광지로 유명하다. (외래어).¶ 졔노아 (眞歐阿 Genoa) <만국통감1912, 4, 17>

【졔노아-셩】 명 ((지리)) 제노아성(Genoa城). 제노바성(Genova城). '제노바'는 이탈리아 북서부 리구리아 해에 면하여 있는 항구 도시. 지중해 최고항의 하나로 중세에는 동방 무역의 중계지로 번영하였으며, 지금은 관광지로 유명하다. (외래어).¶ 예수 후일 천 ᄉᆞ빅 삼십륙 년에 골놈보스가 졔노아셩에 나셔 장셩ᄒᆞᆯ 때에 포두갈국도 셩 리스번셩에 이거ᄒᆞ야 <만국통감1912 4, 2>

【졔로】 명 제로(zero). 전혀 없음. (외래어).¶ 그 왼통을 짐작함엔 나의 工夫가 졔로인뎃 참을 엇어 그의 生涯를 <소년 1910.12.15>

【졔임스-강】 명 ((지리)) 제임스강(James江). (외래어).¶ 졔임쓰 (강) (雅各 James (River)) <만국통감1912, 4, 17>

【졔임스-다운】 명 ((지리)) 제임스타운(Jamestown). (외래어).¶ 졔임쓰다운 (雅各城 Jamestown) <만국통감1912, 4, 17>

【졔임스-둘재】 명 ((인명)) 제임스 2세 (James II). (외래어).¶ 졔임쓰 둘재 (維各第二 James II) <만국통감1912, 4, 17>

【졔임스-첫재】 명 ((인명)) 제임스 1세 (James I). (외래어).¶ 졔임쓰 첫재 (영국) (雅各第一 James I (Eng.)) <만국통감1912, 4, 17>

【졔프리쓰】 명 ((인명)) 제프리스 (Jeffreys). (외래어).¶ 졔프리쓰 (遮非斯 Jeffreys) <만국통감1912, 4, 17>

【젤늬】 명 ((음식)) 젤리(jelly). 어육류나 과실류의 교질분(膠質分)을 채취한 맑은 즙. 또는 이것을 젤라틴으로 응고시킨 반고체 상태의 과자나 약품. (외래어).¶ 이 여러 가지를 셕고 재료가 잠길 만콤 젤늬나 아모 실과물이든지 붓고 일년감이 익을 때ᄭᅡ지 삶아셔 더운 채 병에 담고 공긔가 통하지 못하도록 잘 막아셔 두고 파이 소로 쓸 것 <서요 147> 밀가루와 빼킹파우더를 체에 쳐셔 셕고 그 다음에 잘 저은 계란 흰자위를 셕고 넓고 기다란 팬에 기름을 발으고 거긔다가 얇게 펴셔 구어가지고 축축하고 정한 행주에 뒤집어 쏫고 곳 우에 젤늬를 발으고 둘둘 말 것 <서요 152> ⇒ 젤리, 젤늬, 젤리

【젤리】 명 ((음식)) 젤리(jelly). 어육류나 과실류의 교질분(膠質分)을 채취한 맑은 즙. 또는 이것을 젤라틴으로 응고시킨 반고체 상태의 과자나 약품. (외래어).¶ 치스 샐렛 ‖ 커테지 치스 1잔 젤리 3쇼슈가락 샐렛 쓰레싱 1대슈가락 커테지 치스와 샐렛 쓰레싱을 셕고 공갓치 동그라케 6개나 맨드러셔 생치 우에 노코 그 우을 조곰 오목하게 맨들고 그 구멍에 젤리 ½슈가락식 부어셔 먹을 것 <서요 83> ⇒ 젤늬, 젤늬, 젤리

【쪄리늬】 명 ((지리)) 게르만(German). 독일. 유럽 중부에 있는 나라. 843년에 동프랑크 왕국을 세워 962년 신성 로마 제국으로 발전하였고, 1871년에 프로이센에 의하여 통일되어 게르만족을 중심으로 하는 독일 제국이 완성되었다. 수도는 베를린. (외래어).¶ 쪄리늬 (日耳曼) <명물-육당 12b>

【쪈-랑자】 명 ((인명)) 잔 다르크(Jeanne d'Arc, 1412~31). 프랑스의 애국 소녀. 백년전쟁 당시 16세의 나이로 출전하여 영국군 포위를 뚫고 진두에 서서 오를레앙 성을 탈환하였음. (외래어).¶ 쪈랑자 그 약질도 용밍의 출젼이라 <신민 1916.12.7> ⇒ 쩌안짜륵

【쪼즈】 명 ((지리)) 조오지(George Lake). (외래어).¶ 쪼즈 (卓耳基 George (Lake)) <만국통감1912, 4, 17>

【쪼지아】 명 ((지리)) 조지아(Georgia). (외래어).¶ 쪼지아 (卓耳基阿 Georgia) <만국통감1912, 4, 17>

【쩌안-짜륵】 명 ((인명)) 잔다르크(Saint Jeanne D'arc, 1412-31). 백년전쟁(1337-1453) 때 조국을 위기에서 구한 프랑스의 국가 영웅. (외래어).¶ 쩌안짜륵 색시의 奇蹟 行하던 오를레안 저 城이 반가울시고 <청춘 1914.10.1> ⇒ 쪈랑자

【쩌펀】 명 ((지리)) 저팬(Japan). 일본(日本). 아시아 동쪽 끝에 있는 입헌 군주국. (외래어).¶ 쩌펀 (日本) <세계지도1900> ⇒ 짜판

【쫘-히】 부 쾌(快)히. 빨리. '쫘(快, kuài)'는 중국어 직접 차용어.¶ ᄒᆞᆫ 녀린녀 삼십의 역질을 ᄒᆞ더이 쫘히 나지 아이ᄒᆞ고 눈이 흘긔고 긔운이 천촉ᄒᆞ고 목의 담이 용ᄉᆞᄒᆞ야 샤지을 움즉이지 못ᄒᆞ고 ᄒᆞᆫ 죽엄이 도엿거놀 급히 화독탕 ᄒᆞᆫ 첩을 쓰니 즉시 사라나니 <잡병초-한고 역질 6a> ⇒ 쫘히, 쾌이, 쾌희, 쾌히

【ᄶᅡᆫ넷티컷】 명 ((지리)) 코네티컷(Connecticut). 미국 북동부의 주. 대서양의 롱아일랜드. 해협에 면함. (외래어).¶ ᄶᅡᆫ넷티컷 (堪訥提克 Connecticut) <만국통감1912, 4, 20>

【ᄶᅩᆫ티윅】 명 폰티악(Pontiac). (외래어).¶ ᄶᅩᆫ티윅 (潘提亞克 Pontiac) <만국통감1912, 4, 19>

【ㅇ】

【아가벌고】 명 ((지리)) 아카풀코(Acapulco). 멕시코 남부 태평양 기슭에 있는 항구 도시. 관광, 휴양지로 유명하다. (외래어).¶ 동편에 베라그루스와 담비고와 남편에 아가벌고와 셔편에 ᄀᆡ이마스와 마산닐노ㅣ란 포구가 잇스며 <사필1889 -헐버트 111>

【아과도】 명 ((지리)) 아구아도 (Aguado). (외래어).¶ 아과도 (阿掛豆 Aguado) <만국통감1912, 4, 12>

【아그라】 명 ((지리)) 아그라(Agra). 인도의 중부 뉴델리 남쪽에 있는 도시. 수륙 교통의 요지로 농산물의 집산지이다. 무굴 제국의 수도였으며, 타지마할을 비롯한 인도·이슬람 양식의 건축물이 남아 있다. (외래어).¶ 라호어와 베쇠와 델희와 아그라와 곤버와 알라하밧과 팔늬어와 비나리스와 남편에 하이드라밧과 마듸라스와 마이소와 셔편에 범베와 바로다와 가온대 져벌브어와 낙부어와 인도아와 과레란 촌이 잇고 사ᄅᆞᆷ의 ᄑᆞᆷㅅ수는 션ᄇᆡ와 ᄇᆡᆨ셩이오 <사필1889 -헐버트 89>

【아나린】 명 아나린. 최면제의 이름. (외래어).¶ 면후의 맥주곱보에 최면제 '아나린'을 녀허주든 광경이 불현듯 머리에 ᄯᅥ올랏다. <현진건, 황원행1929 83>

【아놀드】 명 ((인명)) 아놀드(Arnold). (외래어).¶ 아놀드 (阿納德 Arnold) <만국통감1912, 4, 12>

【아다개】 명 ((기물)) 짐승의 털로 만든 자리나 깔개. 눕거나 앉을 곳에 까는 물건. 나이 들어 벼슬에서 물러나는 대신에게 임금이 내려 주던 것. 중세몽고어 'adasqa'에서 온 차용어.¶ ※ 阿多介 <태종실록-33 17:5:계묘> <세조실록-4 2:6:계축> ☞ 아답개, 아닷개, 아잣께, ᄋᆡ즉ᄀᆡ

【아달펏스】 명 아돌푸스(Adolphus). (외래어).¶ 아달펏스 (프레드릭) (阿大勒弗腓德力克 Adolphus) <만국통감1912, 4, 12> 커스타버스 (아달펏스) 革斯他伏 Gustavus Adolphus <만국통감1912, 4, 20>

【아담】 명 ((인명)) 아담(Adam). 구약성서 창세기에서 나오는 인류의 시조. (외래어).¶ 에덴동산을 준비ᄒᆞ사 각식 초목과 각식 즘싱을 그 안에 두고 사ᄅᆞᆷ을 만드러 거긔셔 살게 ᄒᆞ시니 그 사ᄅᆞᆷ의 일홈은 아담이라 ᄒᆞ고 그 안히는 이와라 ᄒᆞ엿ᄂᆞᆫᄃᆡ <금수회의녹 27> ⇒ 아당

【아답개】 명 ((기물)) 깔개. 짐승의 털로 만든 자리나 깔개. 눕거나 앉을 곳에 까는 물건. 나이 들어 벼슬에서 물러나는 대신에게 임금이 내려 주던 것. '아답개(adasqa)'는 중세몽고어 차용어. 아닷개> 아답개.¶ 坐褥 ∥ 아답개와 가족 대련을 ᄆᆡᆫ들려 ᄒᆞ노라 (做坐褥皮搭連.) <박언 상:29a> ▼鞍座褥 ∥ ᄒᆞᆫ 필 ᄀᆞ장 술진 鐵青총이 玉面馬ᄅᆞᆯ ᄐᆞ고 기르마와 아답개와 질채와 구레와 ᄃᆞ래 가지 가지 다 이 內造色樣이라 (騎着一匹十分鐵青王面馬, 鞍子、鞍座褥、鞦皮、轡頭、馬粘, 件件俱是內造色樣.) <박신 1:30b> ☞ 아다개, 아닷개, 아잣께, ᄋᆡ즉ᄀᆡ

【아닷개】 명 ((기물)) 아닷개(阿多叱). 짐승의 털로 만든 자리나 깔개. 눕거나 앉을 곳에 까는 물건. 나이 들어 벼슬에서 물러나는 대신에게 임금이 내려 주던 것. '아닷개(adasqa)'는 중세몽고어 차용어. 아닷개> 아답개.¶ ※ 賜世祖以下豹皮阿多叱介各一(以毛皮爲臥茵, 俗謂之阿多叱介). <단종실록-3 원년:윤9월:신유> 庭試優等堂上文臣, 賜給有差(其首大司憲洪彦弼, 熟馬一匹, 阿多叱介一坐). <중종실록-61 23:4:병인> ☞ 아다개, 아답개, 아잣께, ᄋᆡ즉ᄀᆡ

【아당】 명 ((인명)) 아당(亞當). 아담(Adam). 구약 성경에 나오는 인류의 시조. 하나님이 자기 형상대로 흙으로 만들었다는 남자로, 뱀의 유혹을 받은 아내 하와의 권유로 금단의 열매를 따 먹고 에덴동산에서 쫓겨났다. (중국어 차용어).¶ 아당 하와 ᄆᆞᄋᆞᆷ 속에 하ᄂᆞ님의 명령을 좃고져 ᄒᆞᄂᆞᆫ지라 이 실과ᄅᆞᆯ 먹지 아니ᄒᆞ더니 ᄒᆞᆫ 악ᄒᆞᆫ 마귀 사탄이라 ᄒᆞᄂᆞᆫ 쟈ㅣ 잇서 하ᄂᆞ님을 뮈워ᄒᆞᄂᆞᆫ지라 아당 하와ᄅᆞᆯ 속여 악ᄒᆞᆫ 일을 짓고 뎌ᄅᆞᆯ 셤기게 ᄒᆞ니라 뎌ㅣ ᄒᆞᆫ 꾀ᄅᆞᆯ ᄉᆡᆼ각ᄒᆞᄃᆡ 아당 하와ᄅᆞᆯ 유인ᄒᆞ여 이 실과ᄅᆞᆯ 먹게 ᄒᆞ리라 <훈아 8b> 아당 하와 악ᄒᆞᆫ 사ᄅᆞᆷ이 되여 하ᄂᆞ님을 ᄉᆞ랑치 아니ᄒᆞ니 하ᄂᆞ님이 가히 ᄲᅧ 뎌들을 됴ᄒᆞᆫ ᄆᆞᄋᆞᆷ을 주시겟ᄂᆞ뇨 가히 ᄲᅧ 주시ᄂᆞ니라 <훈아 11b> ⇒ 아담

【아듸쥬】 명 ((지리)) 아디제(Adige)강. 이탈리아 동북부에 있는 강. 수력 발전 및 관개에 이용된다. (외래어).¶ 셔에는 사듸니아ㅣ란 큰 셤이 잇고 동편에 ᄯᅩ 아듸쥬와 포ㅣ란 두 강이 에드리아듹 하슈로 드러가고 셔에는 타이버ㅣ란 강이 디즁희로 드러가며 <사필1889 -헐버트 50>

【아라랏】 명 ((지리)) 아라라트산(Ararat 山). 터키 동쪽 끝 이란과 아르메니아 국경 부근에 있는 화산. 노아의 방주가 표착하였다고 전한다. (외래어).¶ 디형을 의론컨대 셔북에 산이 만흐니 셔에는 사이나이란 산과 [모셔 소셩이 하ᄂᆞ님끠 십계를 밧줍던 산] 험안이란 산과 조든이란 강이 잇고 [이 강은 텬하에 유명ᄒᆞᆫ 강이니 야소 그리스도 사시던 곳] 북에는 더럿스와 아라랏이란 산 [이 산은 홍슈 후에 노아 셩인의 비가 ᄂᆞ려 노히던 곳] 이 잇고 동에는 타이그리스와 유프레듸스ㅣ란 강이 [이 두 강ㅅ 근쳐에 사ᄅᆞᆷ의 시작 조샹이 나 계시더니라] 베시아 하슈로 드러가고 <사필1889 -헐버트 97>

【아라비아】 명 ((지리)) 아라비아(Arabia). 아시아 남서부 페르시아 만, 인도양, 아덴 만, 홍해에 둘러싸여 있는 지역. (외래어).¶ 남은 아라비아와 홍히요 셔도 홍히며 ᄯᅩ 디즁ᄒᆞ며 디방을 의론컨대 ᄉᆞ면 십 리 되ᄂᆞᆫ 방면이 팔만이며 <사필1889 -헐버트 97> ⇒ 아라ᄲᅵ아

【아라사】 명 ((지리)) 아라사(俄羅斯). 러시아(Russia). 유럽 대륙의 동부에서 시베리아에 걸쳐 있는 나라. 862년에 노브고로트(Novgorod) 공국(公國)에서 시작하여, 차르(tsar)의 전제 정치가 계속되다가 1917년의 2월 혁명으로 소비에트 사회주의 공화국 연방이 되었다. (중국어 간접 차용어).¶ 아라사 (俄羅斯, Russia) <만국통감1912, 4, 12> 디경을 의론컨대 북은 터키스단이오 아시아아라사ㅣ라 동은 인도ㅣ오 남은 인도양이오 셔는 베시아국이며 <사필1889-헐버트 91> 일본 북진군은 ᄉᆔ역ᄉᆔ역 북으로 드러가고 아라사 파라젹 합ᄃᆡᄂᆞᆫ ᄯᅥᄂᆞᆫ다 <송뢰금 94> 누구시던지 의연금은 음력 삼월 그몸 ᄋᆞᆫ으로 보니시고 령슈증을 바다가시되 져져히 신문의 반포ᄒᆞᆯ 터이오니 혹 누락되시난 이는 본 쳐소로 알게 하시오 이번에 일본이 아라사와 젼징ᄒᆞᄂᆞᆫ 거시 ᄯᅩᄒᆞᆫ 우리 대한만 젼위ᄒᆞᆷ이 ᄋᆞᆫ이라 <동지권고문1904> 아라사 세력 강대ᄒᆞ여 룡암포 긔방 문뎨 나고 <대매 1907.7.30> 아라사 셰력 강대ᄒᆞ여 룡암포긔 문뎨 나고 대관 츌입쳐ᄂᆞᆫ 아공관이 일문이오 <뎨국신문-시사일필 1909.10.2> 시월 금음이 썩 지나고 동지달 초싱이 되엿ᄂᆞᆫᄃᆡ 일아젼징은 한참 녹아 일본 북진군은 ᄉᆔ역ᄉᆞᄉᆞ 북으로 드러가고 아라사 파라젹 함ᄃᆡᄂᆞᆫ ᄯᅥᄂᆞᆫ다 ᄯᅥ낫다 소동이 되ᄂᆞᆫᄃᆡ 펄ᄉᆞ 날리ᄂᆞᆫ 눈발은 쇠ᄒᆞᆫ 고목나무를 두다려 찬미화가 폐인 듯ᄒᆞᆫᄃᆡ <송뢰금 94> 이갓치 졔 ᄂᆞ라 일도 크ᄂᆞ 적으ᄂᆞ 도모지 아ᄂᆞᆫ 것 업ᄂᆞᆫ 것들이 일본이 엇더ᄒᆞ니 아라사가 엇더ᄒᆞ니 구라파가 엇더ᄒᆞ니 아미리가가 엇더ᄒᆞ니 졔가 가장 아ᄂᆞᆫ 듯시 짓거리니 긔가 막히오 <금수 22> 四三 박말다 과부로셔 문교ᄒᆞ야 칠픠에셔 방물 긔쥬ᄒᆞ며 금샹의 유모ㅣ신 고로 운현궁에 ᄃᆞᆫ니더니 을축년 아라사 비 올 때에 홍도마와 의론ᄒᆞ고 이 일을 부대부인끠 알외니라 <치명 10a> ※ 갑을 뭇지 안코 사는 나라가 무슨 나라냐 | 俄羅斯 <조미 71> ⇒ 아라사국, 아라샤, 아라ᄉᆞ, 아라ᄉᆞ국 ☞ 로시야, 루시아, 뤄시아, 뗘시아, 노국, 아라사국

【아라사-국】 명 ((지리)) 아라사국(俄羅斯國). 러시아(Russia). 유럽 대륙의 동부에서 시베리아에 걸쳐 있는 나라. (중국어 간접 차용어).¶ 아라사국과 노웨국과 쉬덴국과 덴막국과 덕국과 네데란스국과 벨지암국과 영길리국과 블난시국과 <사필1889-헐버트 12> ⇒ 아라사, 아라샤, 아라ᄉᆞ국 ☞ 로시야, 루시아, 뗘시아, 노국

【아라샤】 명 ((지리)) 아라사(俄羅斯). 러시아(Russia). (중국어 간접 차용어).¶ 아라샤에셔ᄂᆞᆫ 이 ᄶᅡ에다 셕탄고집을 비셜ᄒᆞᆫ다더라 <독립> ⇒ 아라사, 아라사국, 아라ᄉᆞ, 아라ᄉᆞ국 ☞ 로시야, 루시아, 뤄시아, 뗘시아, 노국, 아라사국

【아라ᄉᆞ】 명 ((지리)) 아라사(俄羅斯). 러시아(Russia). 유럽 대륙의 동부에서 시베리아에 걸쳐 있는 나라. (중국어 간접 차용어).¶ 아라ᄉᆞ (俄羅斯) <이언> 아국 | 로국 | 아라ᄉᆞ | 아ᄉᆞ라 <법한 1242> 아라ᄉᆞ 부인 젼 샹쟝 ‖ 야간 긔운 평안ᄒᆞ신 일 아ᄋᆞᆸ고져 ᄒᆞ오며 아가도 잘 자ᄋᆞᆸᄂᆞᆫ잇가 오ᄂᆞᆯ 례현ᄒᆞ실가 ᄒᆞ여ᄉᆞᆸ더니 우셰 이러ᄒᆞ오니 명일이라도 일긔 청명ᄒᆞ거든 례현ᄒᆞ시게 ᄒᆞᄋᆞᆸ쇼셔 대됴션국 개국 ᄉᆞ빅구십오년 ᄉᆞ월 이십팔일 일등상궁하 <하상궁1886 ↓아라ᄉᆞ공사 부인 러시아박물관> 일아긔젼 비상금을 아라ᄉᆞ에 밧지 안코 <大每 1906.2.4> 압졔를 쥬장ᄒᆞᄂᆞᆫ 덕국과 아라ᄉᆞ 등국에ᄂᆞᆫ 전졔졍치를 힝ᄒᆞ야 <설중매 8> 되은 노국말은 엇더케 ᄒᆞᆷᄂᆞᆺ가 | 아라ᄉᆞ에 머무러 잇슬 ᄯᅢᄂᆞᆫ 잘 ᄒᆞ엿소마ᄂᆞᆫ 요ᄉᆞ이ᄂᆞᆫ ᄆᆡ우 어렵소 <한대-어학 136> 아라ᄉᆞ와 죠션 ᄉᆞ이ᄂᆞᆫ 두만강ᄒᆞ고 빅두산으로 뎡계ᄒᆞᄂᆞᆫ 법이요 <한대-지리 290> 일본 병정은 돌관ᄒᆞᄂᆞᆫ 쟝긔가 잇고 아라ᄉᆞ 병졍은 되각도 ᄒᆞ고 항복도 ᄒᆞᄂᆞᆫ 쟝긔가 잇답ᄃᆡ다 <한대-군사 357> ⇒ 아국, 아라사, 아라사국, 아라샤, 아라ᄉᆞ국 ☞ 노국, 로국, 로시야, 루시아, 뤄시아, 뗘시아, 노국

【아라ᄉᆞ-관】 명 ((주거)) 아라사관(俄羅斯館). 러시아인이 머무는 공관 (중국어 간접 차용어).¶ 옥하교 션편 길ᄶᅡ 회동관 게 잇시니 옛적의 조션과 이 아라ᄉᆞ관 되여셰라 이만여 리 밧겻 ᄉᆞ롬 십 년식 톄번ᄒᆞ니 긔골은 구쳑 장신 흰 샹의 누른 터럭 깁흔 눈의 누른 망ᄌᆞ 날칸 코가 놉다 ᄒᆞ여 슈십 인을 ᄂᆞ리보되 긔긔히 그러ᄒᆞ고 <연행-무자>

【아라ᄉᆞ-국】 명 ((지리)) 아라사국(俄羅斯國). 러시아(Russia). 유럽 대륙의 동부에서 시베리아에 걸쳐 있는 나라. (중국어 간접 차용어).¶ 俄羅斯國 ‖ 져거술 작금이라 부르ᄂᆞᆫᄃᆡ 본시 아라ᄉᆞ국의셔 공작싀롤 잡아 그 털노 ᄧᆞᆫ 거시니 (這叫做‘雀金泥’, 這是俄羅斯國拿孔雀毛拈了線織的.) <홍루 52:60> 아라ᄉᆞ국 공ᄉᆞ관 <수선-연세박 1892> ⇒ 아라사, 아라사국, 아라샤 ☞ 로시야, 루시아, 뗘시아, 노국

【아라삐아】 명 ((지리)) 아라비아(Arabia). 아시아 남서부 페르시아만, 인도양, 아덴만, 홍해에 둘러쌓여 있는 지역. (외래어).¶ 아라삐아 (亞喇伯) <명물-육당 12b> ⇒ 아라비아

【아랄】 명 ((지리)) 아랄(Aral)해. 중앙아시아에 있는 염호(鹽湖). 카자흐스탄과 우즈베키스탄에 걸쳐 있다. 아시아에서 둘째로 큰 호수이며, 사막 가운데에 있는데 물이 흘러 나가는 곳이 없어 면적이 유동적이다. (외래어).¶ 유랄이란 강은 셔편 긔스비안 못세로 드러가고 ᄯᅩ 남에 쎄갈과 빨릐쉬란 못시 잇고 셔편에 아랄이란 못시 잇고 동편 ᄉᆞᆺ헤 화산 스믈 ᄒᆞ나히 잇스며 <사필1889-헐버트 69>

【아랑쥬】 명 ((음식)) 아랑쥬(araki酒). 소주를 곤 뒤에 남은 찌끼. 또는 찌꺼기로 곤 품이 낮고 독한 소주. ‘아랑(araki)’는 중세몽고어 차용어. ※ 아랑주, 아랑쥐, 아래기, 아랭이.¶ 아랑쥬 (Lie de l’eau-de-vie) <한불 9> 아랑쥬 (A coarse spirit) <한영 12> 아랑쥬 <법한 847> ※ 燒酒, 阿浪氣 <조관-음식> 阿浪酒 <심양장계 신사:12:2> 燒酒非古法也. 釋名火酒, 阿剌吉酒, 自元時始創其法. <본초강목-곡 4 소주> 南番燒酒番名阿里乞

<오주-5>

【아렉산드리아】 명 ((지리)) 알렉산드리아(Alexandria). 이집트 북부에 있는 이 나라 제일의 무역항. 기원전 332년 알렉산더 대왕 때 건설하였으며, 오랫동안 고대 이집트의 수도였다. (외래어).¶ 도셩을 의론컨대 일홈이 가이로ㅣ니 나라ㅅ 북편 나일강ㅅ ᄀᆞ히요 또 아렉산드리아와 짬이엣다와 수에스와 포셋이란 큰 촌이 잇스며 포셋 촌은 디즁히ㅅ ᄀᆞ헤 잇고 수에스 촌은 홍히ㅅ ᄀᆞ헤 잇ᄂᆞᆫ디 그 ᄉᆞ이가 륙디 삼빅 리라 이십 년 젼에 블란시국 사ᄅᆞᆷ이 이 륙디를 버혀 두 바다흘 통ᄒᆞ고 이리 ᄃᆞ니ᄂᆞᆫ 비들에게 셰를 밧더니 지금은 블란시국 사ᄅᆞᆷ이 이 자리를 ᄑᆞᆯ고 영국이 이즙드국 졍ᄉᆞ를 쥬쟝ᄒᆞᆷ으로 이 셰 밧ᄂᆞᆫ 자리도 쥬쟝ᄒᆞᄂᆞ니라 <사필1889-헐버트 143>

【아루미늄】 명 ((화학)) 알루미늄(aluminium). 은백색의 가볍고 부드러운 금속 원소. 가공하기 쉽고 가벼우며 내식성(耐蝕性)이 있다. 인체에 해가 없으므로 건축, 화학, 가정용 제품 따위에 널리 쓴다. 1825년 덴마크 화학자인 한스 크리스티안 외른스테드에 의해 발견되었다. (외래어).¶ 아루미늄 웨렐氏 <백과신-송1926 492>

【아륵산더릐아-부】 명 ((지리)) 알렉산드리아부(Alexandria府). 이집트 북부에 있는 이 나라 제일의 무역항. 기원전 332년 알렉산더 대왕 때 건설하였으며, 오랫동안 고대 이집트의 수도였다. (외래어).¶ 수년이 지나매 로마로조차 명을 밧드러 아킬너아에 가 젼교ᄒᆞ시고 또 이년 후에 에집도국에 가시니 니ᄅᆞ시ᄂᆞᆫ 곳마다 교화ㅣ 크게 힝ᄒᆞ야 샤망을 ᄇᆞ리고 쥬ᄅᆞᆯ 밋ᄂᆞᆫ 쟈ㅣ ᄀᆞ장 만터라 후에 아륵산더릐아부에 가시니 이 디방은 아시아와 아프리가와 으로바 삼 대쥬의 통ᄒᆞᆫ 큰 거리라 <쳠례-말구셩ᄉᆞ 84b> 후에 에집도국 아륵산더릐아부에 니ᄅᆞ러 수년 동안을 젼교ᄒᆞ시고 다시 안디오기아에 도라오샤 모든 문뎨의 ᄆᆞᄋᆞᆷ을 안위ᄒᆞ시고 오래지 아니ᄒᆞ야 셩 반로 종도ᄅᆞᆯ ᄎᆞ자 가 달서부에서 서로 맛나 ᄒᆞᆫ가지로 안디오기아에 도라와 일년을 거ᄒᆞ시니 <쳠례-발나바종도 89b>

【아마손】 명 ((지리)) 아마손(亞馬孫). 아마존(Amazon). (중국어 간접 차용어).¶ 아마손 <사필> ☞ 아마심강

【아마심-강】 명 ((지리)) 아마심강(阿麻沈江). 아마존(Amazon) (중국어 간접 차용어).¶ 아마심강(阿麻沈江) <이언> ☞ 아마손

【아마튜어】 명 ((인류)) 아마추어(amateur). 비직업적인 선수. (외래어).¶ 第一回全朝鮮아마튜어拳鬪選手權大會 <조선일보 1937.4.22-24>

【아메리가】 명 ((지리)) 아메리카(America). 육대주의 하나로 서반구의 전체를 포괄하는 대륙. (외래어).¶ 아메리가 (亞美利加 America) <만국통감1912, 4, 12> ⇒ 아메리까, 아메리카, 아미리가, 아미리까, 아미리ᄭᅡ ☞ 유나이몟되스데도, 유나이테드스테잇스, 유나이테드시테잇스

【아메리까】 명 ((지리)) 아메리카(America). 육대주의 하나로 서반구의 전체를 포괄하는 대륙. (외래어).¶ 아메리까 (亞美理駕) <환중대구장상육주 19후반> 동남 간은 오스드렐랴ㅣ라 닐ᄋᆞ고 셰상 셔편에로는 아메리까ㅣ라 닐ᄋᆞ더 두 쪽이 남북에 련ᄒᆞᆫ 고로 남아메리까ㅣ라 북아메리까ㅣ라 닐ᄋᆞ고 <사필1889-헐버트 10> ᄉᆞ빅 년 젼에 유로바ㅅ 사ᄅᆞᆷ들이 아메리까 짜헤 드러가셔 근본 잇는 사ᄅᆞᆷ들을 ᄎᆞᄎᆞ 밀어 ᄶᅩᆺ고 ᄉᆞᄉᆞ로 큰 나라흘 일우니 지금 미국이니라 <사필1889-헐버트 11> ⇒ 아메리가, 아메리까합즁국, 아메리카, 아미리가, 아미리까, 아미리ᄭᅡ ☞ 유나이몟되스데도, 유나이테드스테잇스, 유나이테드시테잇스

【아메리까-합즁국】 명 ((지리)) 아메리카합중국(America合衆國). 육대주의 하나로 서반구의 전체를 포괄하는 대륙. (외래어).¶ 텬하 각국 즁에 유로바와 아메리까ㅅ 나라 밧게 뎨일 놉흔 나라가 다시 업다 ᄒᆞᄂᆞᆫ 즁에 덕국과 블란시국과 옝길리국과 오스드리아국과 이다리아국과 이스바니아국과 아메리까합즁국이 특별히 뎨일이라 ᄒᆞ고 <사필1889-헐버트 13> ⇒ 아메리가, 아메리까, 아메리카, 아미리가, 아미리까, 아미리ᄭᅡ ☞ 유나이몟되스데도, 유나이테드스테잇스, 유나이테드시테잇스

【아메리깐】 명 ((인류)) 아메리칸(American). (외래어).¶ 엇던 이들은 셰상 셔편에로 가니 이는 아메리까 짜히라 이 사ᄅᆞᆷ들을 아메리깐이라 일홈ᄒᆞ니 아메리깐 사ᄅᆞᆷ들은 살ㅅ빗흔 구리ㅅ빗치며 털ㅅ빗과 눈ㅅ빗흔 검으니라 <사필1889-헐버트 11>

【아메리카】 명 ((지리)) 아메리카(America). 육대주의 하나로 서반구의 전체를 포괄하는 대륙. (외래어).¶ 아메리카 (亞美利駕) <태서신사> 필나델피아市中「獨立閣」에 드러가 一百五十餘年 前에 비로소 아메리카가 쑤릿탠의 抑壓을 벗고 自由獨立한 寄別을 十三道에 猛傳하던「自由의 破鍾」을 氣運ㅅ것 울녀 太平洋 물이 震起한 뒤에 그텃더니 <소년1908.11.1 74> ⇒ 아메리가, 아메리까, 아미리가, 아미리까, 아미리ᄭᅡ ☞ 유나이몟되스데도, 유나이테드스테잇스, 유나이테드시테잇스

【아메손】 명 ((지리)) 아마존(Amazon)강. 남아메리카 북부에 있는 세계 제2의 강. 안데스 산맥에서 시작하여 적도를 따라 서쪽에서 동쪽으로 흘러 대서양으로 들어간다. (외래어).¶ 또 동히변에 옥난이란 산이 오천 리를 련ᄒᆞ고 북편에 아메손이란 강이 [쟝은 일만 일쳔륙빅 리요 물이 온 텬하에 뎨일 만ᄒᆞᆫ 강이니라] 대셔양에로 드러가ᄂᆞ니라 <사필1889-헐버트 102>

【아멘】 명 ((천주)) 기도나 찬송 또는 설교 끝에 그 내용에 동의하거나 그것이 이루어지기를 바란다는 뜻으로 하는 말.¶ 대개 나라와 권셰와 영광이 아바님의게 영원이 잇ᄉᆞ옵ᄂᆞ이다 아멘 이ᄀᆞᆺ치 ᄒᆞ라 ᄒᆞ시니 예수ㅣ ᄀᆞᄅᆞ쳐 주신 긔도문이 ᄀᆞ쟝 깁고 묘ᄒᆞ나 다만 어린ᄋᆞ히들이 ᄯᅳᆺ을 명빅히 알기 어려온지라 <훈아 22a> 예수의 일홈을 긔도ᄒᆞ옵ᄂᆞ이다 아멘 ᄒᆞ고 먹기를 시작ᄒᆞᆯ ᄯᅢ에

<경세종 15>

【아미리가】 명 ((지리)) 아미리가(阿美利加). 아메리카(America). 육대주의 하나로 서반구의 전체를 포괄하는 대륙. (외래어).¶ 아미리가 ‖ [亞米利加 아메리카] 米國(미국)이 잇는 大陸 <조선-심 115> 아미리가 <법한 74> 이갓치 졔 ᄂᆞ라 일도 크ᄂᆞ 적으ᄂᆞ 도모지 아는 것 업는 것들이 일본이 엇더ᄒᆞ니 아라사가 엇더ᄒᆞ니 구라파가 엇더ᄒᆞ니 아미리가가 엇더ᄒᆞ니 졔가 가장 아는 듯시 짓거리니 긔가 막히오 <금수 22> ⇒ 아메리가, 아메리ᄶᅡ합즁국, 아메리카, 아미리ᄶᅡ, 아미리ᄭᅡ ☞ 유나이뎃되스데도, 유나이테드스테잇스, 유나이테드시테잇스

【아미리ᄶᅡ】 명 ((지리)) 아메리카(America). 육대주의 하나로, 서반구를 포괄하는 대륙. (외래어).¶ 그런즉 우리 인류 거쳐ᄒᆞᆯ 곳을 갈히여 몹실 병이 류젼치 안코 풍토 긔후가 젹ᄒᆞᆸᄒᆞᆫ 곳는 아미리ᄶᅡ의 셔안이 쳔하에 뎨일이니 그곳에다 나의 젹년 뢰슈 즁에 그린 바 본보기 동리을 싀로 셜시ᄒᆞᄌᆞ ᄒᆞ오 <철세계 8> 인비가 오쳔만 원을 가지고 집에 도라와 셔지에 ᄒᆞᆯ로 안져 무어을 궁리ᄒᆞ는지 슈십 일을 집안 ᄉᆞ롬이 볼 수 업다 ᄒᆞ더니 ᄒᆞᆯ련 대학 교슈를 쳥원ᄒᆞ고 여간 친구를 작별ᄒᆞ며 나는 아미리ᄶᅡ에 류람을 가노라 ᄒᆞ고 일조에 힝장을 ᄎᆞ려 길을 ᄯᅥᄂᆞ가더라 <철세계 17> ⇒ 아메리가, 아메리ᄶᅡ합즁국, 아메리카, 아미리가, 아미리ᄭᅡ ☞ 유나이뎃되스데도, 유나이테드스테잇스, 유나이테드시테잇스

【아미리ᄭᅡ】 명 ((지리)) 아메리카(America). 육대주의 하나로, 서반구를 포괄하는 대륙. (외래어).¶ 이ᄯᅢ 아셰아와 구라파와 아미리ᄭᅡ와 본쥬 아미리ᄭᅡ 각 디방에 뎐보가 빗발치듯 드러와 사회장에 펴지면 오대쥬 슈만 리가 지쳑 갓치 압히 잇셔 형편을 알고 흥망셩쇠를 짐작ᄒᆞ는지라 <철세계 77> ⇒ 아메리가, 아메리ᄶᅡ합즁국, 아메리카, 아미리가, 아미리ᄶᅡ ☞ 유나이뎃되스데도, 유나이테드스테잇스, 유나이테드시테잇스

【아베시니아】 명 ((지리)) 아비시니아(Abyssinia). 에티오피아(Ethiopia)의 옛 이름. 아프리카 동부에 있는 국가. 북쪽은 홍해, 동쪽은 소말리아, 남쪽은 케냐, 서쪽은 수단과 면하여 있다. (외래어).¶ 아프리가 동편 히변에 누비아와 슈단과 아베시니아와 [이다리아국이 엇기를 시작] 소마리와 ᄭᅡᆯ라와 몸바사와 [영국이 엇기를 시작] 산긔바와 [덕국이 엇기를 시작] 모삼빅과 소팔라ㅣ란 [포츄갈국이 엇기를 시작] 여러 ᄶᅡ히 잇스니 <사필1889-헐버트 151> ⇒ 아비시늬아

【아벨】 명 ((인명)) ((기독)) 아벨(Abel). 구약 창세기에 나오는 인물. 아담과 이브의 둘째 아들로, 신앙이 두터워 신에게 어린양을 제물로 바치고 신의 뜻을 따랐으나 이를 질투한 형 카인에게 살해당했다. (외래어).¶ 창셰 이후 션지쟈의 피 흘닌 죄의 갑슬 이 셰더가 담당ᄒᆞ더 아벨의 피로브터 졔단과 셩뎐에셔 죄 업시 살륙 당ᄒᆞᆫ ᄉᆞ가랴의 피ᄭᆞ지라 진졍으로 닐ᄋᆞ노니 반ᄃᆞ시 이 셰더로 담당ᄒᆞ게 ᄒᆞᆯ지니라 <연경-최망가 96> 디구상 의인들의 원통ᄒᆞᆫ 피 흘닌 죄가 너희로다 물니더 아벨의 피로브터 셩뎐과 졔단에셔 죽인 바락야의 아돌 세가랴의 피ᄭᆞ지라 너희의게 닐ᄋᆞ노니 그런 일이 현셰더에 보복이 될지니라 악ᄒᆞ도다 <연경-지덕가 149>

【아보메】 명 ((지리)) 아보메(Abomey). 베냉의 도시 이름으로 고대 다호메 왕조의 수도. (외래어).¶ 다호메 읍닉는 일홈이 아보메니 블란시국 쇽방이오 긔무룬 읍닉는 일홈이 가분이오 <사필1889-헐버트 148>

【아부리가】 명 ((지리)) 아프리카(Africa). 아시아 대륙에 이어 세계에서 두번 째로 큰 대륙. 동쪽은 인도양, 서쪽은 대서양, 북쪽은 지중해에 면해 있으며, 육대주의 하나이다. (외래어).¶ 타됴를 잡는 방법은 여러 가지 잇지마는 그 즁에 가장 묘ᄒᆞᆫ 거슨 아부리가 남부에 사는 보쓰시만 토인이오 <일선 256> ⇒ 아ᄯᅳ리카, 아프리가 ☞ 아쥬

【아부한】 명 ((지리)) 아부한(阿富汗). 아프가니스탄(Afghanistan). 아시아 남서부 이란 고원의 북동부에 있는 나라. 1919년에 영국으로부터 독립하였으며 1973년에 공화제가 되었다. 수도는 카불. (중국어 간접 차용어).¶ 아부한(阿富汗) <이언> ☞ 아ᄯᅳ간스, 압간니스단

【아블라지안】 명 ((지리)) 애팔래치아(Appalachia)산. 미국 동부에 있는 산. 미국 제일의 탄전 지대이며, 석탄·석유·철광 따위가 풍부하다. (외래어).¶ 디형을 의론컨대 셔에 으라키산이오 히변에 가스켓과 시에라네바다ㅣ란 큰 산이 잇고 동편에 아블라지안과 블루늬지와 알늬게늬와 그린이란 산이 잇고 <사필1889-헐버트 105>

【아비시늬아】 명 ((지리)) 아비시니아(Abyssinia). 에티오피아(Ethiopia)의 옛이름. 아프리카 동부에 있는 국가. 북쪽은 홍해, 동쪽은 소말리아, 남쪽은 케냐, 서쪽은 수단과 면하여 있다. (외래어).¶ 아비시늬아 (阿比西尼亞) <명물-육당 13a> ⇒ 아베시니아

【아사마】 명 ((지리)) 아사마(Asama)산. 일본 나가노(長野)와 군마현(群馬縣) 경계에 있는 활화산. 화산 관측소가 있다. (외래어).¶ ᄉᆞ면에 화산이 만흐니 가온대는 푸지와 아사마와 시로ㅣ란 산이 잇고 다 크고 놉흔 화산이라 <사필1889-헐버트 78>

【아셰아】 명 ((지리)) 아세아(亞細亞). 아시아(Asia) (외래어).¶ 아셰아 <법한 108> 아셰아 동반구에 대한이라는 나라는 그 젼은 그만두고 긔국ᄒᆞᆫ 지 五빅 十七년으로만 계산ᄒᆞ여도 二만 六쳔 八빅 八十 四일을 하ᄂᆞ님의 날ᄭᆞ지 ᄲᅢ아사 일ᄒᆞ야 엇지 되엿는지 눈 잇는 쟈들은 볼 거시로다 <경세종 12> 이ᄯᅢ 아셰아와 구라파와 아미리ᄭᅡ와 본쥬 아미리ᄭᅡ 각 디방에 뎐보가 빗발치듯 드러와 사회장에 펴지면 오대쥬 슈만 리가 지쳑 갓치 압히 잇셔 형편을 알고 흥망셩쇠를 짐작ᄒᆞ는지라 <철세계 77> ⇒ 예시아

【아소】 명 ((지리)) 아소(Aso)산. 일본 구마모토 현(熊本縣)과 오이타 현(大分縣)에 걸쳐 있는 산. 이중 활화산

이며 동서 16km, 남북 27km의 세계적인 대(大)칼데라가 있다. (외래어).¶ 남에는 맛슈와 아소와 가와ㅣ란 산이 잇고 북에는 변다이와 비노기와 포로노고븨란 산이 잇고 다 화산이니라 <사필1889-헐버트 78>

【아스드라바드】 명 ((지리)) 고르간(Gorgan). 이란 북부에 있는 상업 도시. 면화를 비롯하여 쌀·밀감 등의 재배가 성함. (외래어).¶ 도셩을 의론컨대 일홈이 테헤란이니 나라ㅅ 북편이오 또 다브리스와 레쉬드와 아스드라바드와 메셰이란 큰 촌이 잇고 셔편에 하마단과 쉬라스ㅣ란 큰 촌이 잇고 남편에 벤데아바스ㅣ란 큰 촌이 잇고 나라ㅅ 가온대 이스바한과 예스드와 가산이란 큰 촌이 잇고 사롬의 픔ㅅ수는 션비와 빅셩이오 <사필1889-헐버트 94>

【아시리아-국】 명 ((지리)) 아시리아국(Assyria國). 아시아 서남부, 티그리스 강과 유프라테스 강 상류 지역에 위치한 오리엔트 최초의 통일제국. (외래어).¶ 또 북편에 무로사와 시멘아와 드레비산드와 어스름이란 촌이 잇고 셔편에 알닉보와 디마스커스와 [텬하에 뎨일 오랜 촌이라] 베룻과 예루사렘이란 촌이 잇고 [온 텬하에 유명ᄒᆞᆫ 촌] 남편에 메듸나와 멕가와 [회회교 시작ᄒᆞᆫ 곳] 목카ㅣ란 촌이 잇고 동편에 부소라와 박닷과 [네ㅅ 아시리아국 셔울이니 유명ᄒᆞᆫ 니라] 모수ㅣ란 촌이 잇고 <사필1889-헐버트 98>

【아싓도】 명 ((복식)) 미상. (일본어 차용어).¶ 아싓도 접져고리 ᄎᆞ 일 비로도 처마 일ᄎᆞ 츈츄 비로도 처마 일ᄎᆞ 닉슈 처마 일ᄎᆞ 유록 단스 처마 일ᄎᆞ 인쥬 살싀 처마 ᄎᆞ 니 인슈 슉싀 처마 ᄎᆞ 니 후지기노 처마 ᄎᆞ 니 빔비로 처마 ᄎᆞ 니 옥양목 처마 일ᄎᆞ 무명 은싀 처마 일ᄎᆞ 모슈 옥싀 처마 ᄎᆞ 니 마포 반물 처마 ᄎᆞ 니 <물목-한고1956 현혼함>

【아엘넌드】 명 ((지리)) 아일랜드(Ireland). 아일랜드 섬 북동부를 제외한 지역을 차지하는 공화국. 낙농 중심의 농업국이며, 주민은 켈트 족으로 가톨릭을 신봉하고 아일랜드 어와 영어를 주로 쓴다. (외래어).¶ 아엘넌드(哀耳蘭 Ireland) <만국통감1912, 4, 12> 이때에 아엘넌드 셤 로마교 사름들이 란을 내매 크람위얼이 군ᄉᆞ를 거ᄂᆞ리고 가셔 칠 시 <만국통감1912 4, 55> ⇒ 아열란드

【아열란드】 명 ((지리)) 아일랜드(Ireland). 아일랜드 섬 북동부를 제외한 지역을 차지하는 공화국. 낙농 중심의 농업국이며, 주민은 켈트족으로 가톨릭을 신봉하고 아일랜드어와 영어를 주로 쓴다. 수도는 더블린. (외래어).¶ 디형을 의론컨대 동편 큰 셤을 셋세 갈나 일홈ᄒᆞ니 남편은 옝길란드ㅣ라 ᄒᆞ고 동편은 스컷란드ㅣ라 ᄒᆞ고 셔편은 웰스ㅣ라 ᄒᆞ며 셔편 격은 셤은 아열란드ㅣ오 <사필1889-헐버트 32> ⇒ 아엘넌드

【아운스】 명의 ((도량)) 온스(ounce). 야드파운드법에 의한 무게의 단위. 상용 온스는 1파운드의 16분의 1로 28.36그램에 해당하고 금은·약제용으로는 1파운드의 12분의 1로 약 31.1035그램에 해당한다. (외래어).¶ 사과와 셔양대초 샐렛 ‖ 사과 2개나 3개 양대초 12개 양살구씨 2아운스(oz) 양미나리 (닉인 것) 1중슈가락 메요네쓰 (좀 쉰 것) 1대슈가락 양대초의 씨를 빼고 잘게 썰고 양살구씨 절반만 닉여셔 셕고 사과를 덤여셔 너코 메요네쓰와 양미나리를 더 너흔 후에 남겨지 양살구씨를 덤여셔 그 우에 노흘 것 <서요 85> ⇒ 아운쓰, 온스 ☞ 파운드

【아운쓰】 명의 ((도량)) 온스(ounce). 야드파운드법에 의한 무게의 단위. 상용 온스는 1파운드의 16분의 1로 28.36그램에 해당하고 금은·약제용으로는 1파운드의 12분의 1로 약 31.1035그램에 해당한다. (외래어).¶ 콩 ½파운드 양미나리 1줄기 파 1개 흰 고초 알강이 8개 메스조곰 빼터 1½아운쓰 밀가루 1½아운쓰 우유 1잔 크림 ½잔 랭슈 6잔 파스리 2줄기 <서요 9> ⇒ 아운스, 온스 ☞ 파운드

【아이】 대 ((인류)) 아이(I). 나. (외래어).¶ 아이 (나) <영어일상통화단어초집 우산>

【아이로니캘-하-】 형 아이러니컬(ironical)하다. 역설적이다. (외래어).¶ 아이로니캘한 宿命이라고 <염상섭, 제야 1922 1:40>

【아이스-크림】 명 ((음식)) 아이스크림(ice cream). (외래어).¶ 아이스크림 (氷淇淋) <만통-음식 413> ⇒ 아이쓰크림 ☞ 레몬아이쓰크림, 모과슈아이쓰크림, 카라멜아이쓰크림

【아이쓰-크림】 명 ((음식)) 아이스크림(ice cream). (외래어).¶ 아이쓰크림 ‖ 우유 (쓰린 것) 4잔 우유 (찬 것) ½잔 계란 (잘 져은 것) 2개 사탕 1½잔 밀가루 1½대슈가락 콘스타치면 1잔 크림 (찬 것) 1잔 크림이 업스면 계란 2개를 더 너흘 것 사탕과 밀가루와 찬 우유를 셕고 또 끌는 우유를 천천히 셕고 중탕하야 20분 동안 쓰린 다음에 계란과 찬 크림을 셕고 다시 5분 동안을 쓰려셔 체에 밧쳐 식혀 가지고 아이쓰크림 통에 쏫아셔 얼닐 것 만일 더 맛이 잇게 하려면 초콜넷이나 크라멜이나 무슨 실과든지 가령 복사나 딸기나 모과슈나 빠나나나 셕글 것 <서요 126> 계란 2개의 흰자위를 잘 젓고 일본 물엿 ½잔을 쏫을 수 잇슬 만콤 데여 가지고 져은 흰자위를 조곰식 조곰식 셕고 레몬 약념이나 피닐나를 조곰 셕든지 초콜넷 1금을 녹여셔 셕든지 해셔 아이쓰크림 우에 부어 먹을 것 <서요 289> ⇒ 아이스크림 ☞ 레몬아이쓰크림, 모과슈아이쓰크림, 카라멜아이쓰크림

【아이씽】 명 ((음식)) 아이싱(icing). 케이크 따위의 표면에 바르는 당의(糖衣). 계란의 흰자위와 설탕으로 만들며, 케이크의 장식적인 효과와 함께 건조를 방지하는 구실을 한다. (외래어).¶ 아이씽 ‖ 빼터 1쇼슈가락 우유나 크림 (더운 것) 4대슈가락 사탕 (미국 고은 것) 2½잔 피닐나 ½쇼슈가락 빼터를 더운 우유에 녹여 가지고 사탕을 조곰식 고로로 셕고 피닐나를 셕거셔 쩍 우와 녑헤 발을 것 <서요 177> 쩍 세개 포갠 사이와 우와 녑헤 흰 아이씽이나 마쉬말노 아이씽을 받으고 그 우에 박하캔

듸 부스럭이를 쎠려셔 먹을 것 <서요 153> 또 밀가루와 쎄킹파우더를 함께 체에 쳐셔 먼져 것과 셕근 후에 피닐나와 계란 흰자위를 셕고 힘잇게 몹시 져어셔 기름 발은 팬에 담고 45분 가량 구어 가지고 그 우와 녑헤 아이씽을 발을 것 <서요 161> 피닐나를 셕거셔 기름 발은 팬에 담아 구으대 1팬에 담으면 45분 가량 굽고 3팬에 담으면 30분 가량 구어셔 흰 아이씽이나 초콜넷 아이씽을 발나셔 먹을 것 <서요 160> ☞ 마쉬말노아이씽, 초콜넷아이씽

【아ᄡᅣ간스】 명 ((지리)) 아프가니스탄(Afghanistan). 아시아 남서부 이란 고원의 북동부에 있는 나라. 1919년에 영국으로부터 독립하였으며 1973년에 공화제가 되었다. 수도는 카불. 아부한(阿富汗). (외래어).¶ 아ᄡᅣ간스(阿富汗) <태서신사> ⇒ 압간니스단 ☞ 아부한

【아ᄡᅮ리카】 명 ((지리)) 아프리카(Africa). 아시아 대륙에 이어 세계에서 두번 째로 큰 대륙. 동쪽은 인도양, 서쪽은 대서양, 북쪽은 지중해에 면해 있으며, 육대주의 하나이다. (외래어).¶ 亞非利加洲諸國, 亞, 一作"阿", 아ᄡᅮ리카 <명물-육당 13a> 아ᄡᅮ리카 (阿非利加) <태서신사> ⇒ 아부리가, 아ᅋᅳ리카, 아프리가, 아흐리까 ☞ 아쥬

【아ᅋᅳ리카】 명 ((지리)) 아프리카(Africa). 아프리카(Africa). 아시아 대륙에 이어 세계에서 두번 째로 큰 대륙. 동쪽은 인도양, 서쪽은 대서양, 북쪽은 지중해에 면해 있으며, 육대주의 하나이다. (외래어).¶ 또 키 크기로는 아ᅋᅳ리카 大陸內地에 사난 麒麟(덜내프)이니 큰 것은 二十尺 되난 것도 잇소 <소년 1908.11.1 29> ⇒ 아부리가, 아ᄡᅮ리카, 아ᅋᅳ리카, 아프리가, 아흐리까 ☞ 아쥬

【아잣깨】 명 ((기물)) 짐승의 털로 만든 자리나 깔개. 눕거나 앉을 곳에 까는 물건. 나이 들어 벼슬에서 물러나는 대신에게 임금이 내려 주던 것. '아잣깨(adasqa)'는 중세몽고어 차용어.¶ 坐褥 ‖ 아잣깨와 걸남 나게 호리라 (做坐褥皮搭連.) <번박 상:31a> ☞ 아다개, 아답개, 아닷개, 인ᄌᆞ기

【아젠된】 명 ((지리)) 아르헨티나(Argentina). 남아메리카 남부. 대서양 연안에 있는 공화국. 1816년에 에스파냐에서 독립하였다. (외래어).¶ 아젠된 (亞然丁合衆國) <명물-육당 13b> ⇒ 아젠된합즁국

【아젠된-합즁국】 명 ((지리)) 아르헨티나(Argentina). 남아메리카 남부, 대서양 연안에 있는 공화국. 1816년에 에스파냐에서 독립하였다. (외래어).¶ 아메리까에 각 디방과 각 나라는 가나다와 [엥길리국 쇽방이라] 덴막아메리까와 합즁국과 멕스고국과 센드랄아메리까국과 셔인도와 걸넘비아국과 베네수일나국과 기아나와 쓰레실국과 엑궤도국과 비루국과 블늬비아국과 칠릐국과 아젠된합즁국과 바라궤국과 유루궤국이니라 <사필1889-헐버트 102> ⇒ 아젠된

【아쥬】 명 ((지리)) 아주(阿洲). 아프리카(Africa). 아시아 대륙에 이어 세계에서 두번 째로 큰 대륙. 동쪽은 인도양, 서쪽은 대서양, 북쪽은 지중해에 면해 있으며, 육대주의 하나이다. (외래어).¶ 아쥬(阿洲) <이언> ☞ 아부리가, 아ᄡᅮ리카, 아ᅋᅳ리카, 아프리가, 아흐리까

【아질개-말】 명 ((동물)) 수말. 수컷. 중세몽고어 '아질개(ağirɤ-a mori)'의 차용어. 'ağirɤ-a'가 13세기에 차용된 뒤에 어말에 '-이'가 덧붙어서 '아질개'가 되었다.¶ 아질개물 (兒馬) <역해-주수 하:28b> ⇒ 아질게말, 아질게몰

【아질개-양】 명 ((동물)) 수양. 수컷. 중세몽고어 '아질게(ağirqa /ağirɤa)'의 차용어. 'ağirɤ-a'가 13세기에 차용된 뒤에 어말에 '-이'가 덧붙어서 '아질게'가 되었다..¶ 臊胡羊 ‖ 이 수양 아질개양 악대양 염쇼삿기 암염쇼 모도아 언머 갑시 풀려 ᄒᆞᄂᆞ다 (這箇羝羊、臊胡羊、羯羊、羖攊羔兒、母羖攊, 一共通要多少價錢?) <노언 하:19b> ⇒ 아질게양

【아질게-말】 명 ((동물)) 수말. 수컷. 중세몽고어 '아질게(ağirɤ-a mori)'의 차용어. 'ağirɤ-a'가 13세기에 차용된 뒤에 어말에 '-이'가 덧붙어서 '아질게'가 되었다.¶ 아질게말 (兒馬) <번노 하:8b> <노언 하:8a> ⇒ 아질개말, 아질게몰

【아질게-몰】 명 ((동물)) 수말. 수컷. 중세몽고어 '아질게(ağirqa /ağirɤa mori)'의 차용어. 'ağirɤ-a'가 13세기에 차용된 뒤에 어말에 '-이'가 덧붙어서 '아질게'가 되었다.¶ 俗稱兒馬 아질게몰 <훈몽-수축 상:10b/19b> ※ 兒驄, 兒, 雄馬; 驄, 去勢馬也. <이문집람 2:21> 아질게몰 [阿直盖墨二] <조관-조수 221> 阿只兒合 (兒馬) <원조비사> <화이역어-조수> ⇒ 아질개말, 아질게말

【아질게-양】 명 ((동물)) 수양. 수컷. 중세몽고어 '아질게(ağirqa /ağirɤa)'의 차용어. 'ağirɤ-a'가 13세기에 차용된 뒤에 어말에 '-이'가 덧붙어서 '아질게'가 되었다..¶ 臊胡羊 ‖ 이 수양 아질게양 악대양 염쇠 삿기 암염쇼 모도와 언머만 갑새 풀오져 ᄒᆞᄂᆞ다 (這箇羝羊、臊胡羊、羯羊、羖攊羔兒、母羖攊, 一共通要多少價錢?) <번노 하:21b> ⇒ 아질개양

【아ᄌᆞ】 명 ((인류)) 아자(牙子). 주릅. 거간(居間). 중개인(仲介人). (중국어 간접 차용어).¶ 牙子 ‖ 니제ᄂᆞᆫ 우리 형뎨 힝실을 곳쳐 나ᄂᆞᆫ 이 곳의셔 장ᄉᆞ질ᄒᆞ고 장순은 강줘셔 싱션 파ᄂᆞᆫ 아ᄌᆞ 노릇술 ᄒᆞ나니 (如今我弟兄兩個都改了業, 我便只在這潯陽江裏做些私商. 兄弟張順, 他却如今自在江州做賣魚牙子.) <수호-이화 32:24b> ⇒ 아지, 아파, 야ᄌᆞ

【아지】 명 ((인류)) 아자(牙子). 주릅. 중개인(仲介人). (중국어 간접 차용어).¶ 牙家 ‖ 네 아지어니 네 혜라 언메나 ᄒᆞᆯ 것고 (你是牙家, 你筭了着, 該多少?) <번노 하:63a> ⇒ 아ᄌᆞ, 아파, 야ᄌᆞ

【아차아】 명 ((기물)) 아차아(牙叉兒). 이쑤시개. 잇새에 낀 것을 쑤셔 파내는 데에 쓰는 물건. (중국어 간접 차용어).¶ 牙叉兒 ‖ 아차아, 刺齒具, 俗訓니쑤시게. <명물-기용 3:9a>

【아청】 명 ((색채)) 아청(鴉靑). 반물. 검푸른색. 검은빛을 띤 푸른빛. 쪽색 중 농색염으로 물들인 것으로 번성한 쪽잎을 3일 이상 침적한 후 쑥잿물을 사용하여 8회 이상 염색한다. 조선시대 조신(朝臣)들의 의복색으로 규정되어 단령, 이엄, 감투 등의 직물색으로 사용되었음.¶ 청화 | 아청 | 쪽 | 야청 <법한 768> ▼靑 ‖ 아청 (靑) <한청-채색 10:65b> 청, 東方色, 俗言豊意, 轉云푸르다. 盖靑者草始生之色, 而俗以草爲豊乙, 故曰豊意. 深靑曰鴉靑아청, 鴉, 華音야. 天靑텬청、牛物반물. <명물-포백 3:25a> 靑而含赤色, 아청 (紺) <신자 3:31b> 아청 삼승(油缸靑布) <한청-포백 10:60a> ▼鴉靑 ‖ 아청 (鴉靑) <왜해-포백 하:10b> 아청 <화초-직조 20b> 아청 운문영초단 (鴉靑雲紋英綃緞) <군목-세단 20b> 우편의 안ᄌᆞ니ᄂᆞᆫ 나롯시 젹고 낫치 희고 킈 져ᄅᆞ고 몸의 아청 옷슬 닙고 슈노ᄒᆞᆫ 두건을 ᄡᅧᆺ더라 (右邊坐的一個漢子, 生得微鬚白臉, 短小身材, 身上穿一領遍地金鴉靑百花錦襖, 頭上戴一頂彩綉扎巾.) <선진 3:61> 鴉靑 ‖ 아청은 수오리 목 빗치오니 <교린-묘 2:57b> ▼藍 ‖ 금 갓튼 눈과 아청 갓튼 낫 가진 님군이 문득 번듸쳐 녀다라 졸녀를 잡아가오되 (閃出個金睛藍面靑髮魔王, 將女擒住.) <서유-계명 9:92-29> 팔십 명 나장이ᄂᆞᆫ 알도의 눈을 박아 상토 ᄭᅩᆺ히 졋계 쓰고 천익 우회 아청 작의 흰 실노 줄을 노아 임군 왕 자 싸셔 입고 <한양가-고려 1844> 아청 공단 나울 십이 아청사 나울 ᄉᆞ <정가1847 38a> 아청 모단 가리마 구 아청듀 당져고리 구 아청듀 웃치마 구 <정가1847 38b> 아청 딘졉문사 일필 아청 광수사 일필 <정가1847 43a> 아청 단신 ᄎᆞ <정가1847 72b> 아청 셰뎌포 대듕쇼 보 일뉵 아청 셰포 대듕쇼 보 일뉵 <정가1847 81a> 빅뎌ᄉᆞ 아청 포 이쳑 슈건포 오쳑 뎌포 잇치마 ᄎᆞ 십이 쳑 포 잇치마 ᄎᆞ 십이 쳑 <가례시슈식혼ᄎᆞᄎᆞ비볼긔> 의복졔도 볼작시면 노소남녀 업시 아청 젹숨 반물바지 깃 업슨 후리미요 <연행-무자> 비단은 오식을 다 빅급풀을 먹이되 옥식은 풀을 먹이지 말고 밤이슬 맛쳐 다듬고 아청은 아교를 먹이고 보라는 토련즙을 먹이고 <부필 20b> 너가 이런 말을 ᄒᆞ면 시앗의 말이니닛가 강식음으로 ᄒᆞᄂᆞᆫ 말인 줄로 셔방님부터 아르시겟스나 나는 됴곰이라도 간격을 두고 말을 ᄒᆞ면 아청 ᄒᆞ놀에 별악을 맛겟소 <빈상설 41> ※ 鴉靑 五疋 黃 三疋 柳綠 三疋 粉紅 五疋 白 五疋 <변원규별부드리온볼긔 1881> ⇒ 아청ㅅ빗, 아청, 야청

【아청-갑】 명 ((기물)) 아청갑(鴉靑匣). 검은 빛을 띤 푸른 빛의 작은 상자.¶ 칙푸리을 볼작시면 만고셔가 다 잇는듸 경셔서긔 빅가셔와 소셜패관 운부ᄌᆞ젼 쥬혹녀호 천문지리 의약복셔 불경이며 상셔도경 긔문벽셔 시혹율혹 문집들과 명필법쳡 그림쳡과 천하산천 지도가 아청갑의 ᄲᅧ며쑥이 불근 의에 황지부침 졔목 뼈셔 놉히 ᄡᅡ하 못 보던 칙 티반이오 <연행-병인>

【아청-듀】 명 ((복식)) 아청주(鴉靑紬). 검은빛을 띤 푸른빛 비단.¶ 아청 모단 가리마 구 아청듀 당져고리 구 아청듀 웃치마 구 <정가1847 38b>

【아청-비단】 명 ((복식)) 아청(鴉靑)비단. 검은빛을 띤 푸른빛 비단.¶ 거믄 아청비단 (黑靑) <역해-직조 하:4a> ⇒ 야청비단, 야청비단

【아청-빗】 명 ((색채)) «아청빛» 아청빛(鴉靑-). 검은빛을 띤 푸른빛.¶ 靑赤色卽鴉靑, 아청빗 (緅) <신자 3:33b> 아청빗 추, 靑赤色. (緅) <의옥 39> ▼藍靛 ‖ 아청빗 갓흔 손을 펼쳐 <서유-어람 73b> 아청빗 가툰 손을 펼쳐 (輪開藍靛手.) <서유-연첩 26b> 머리와 나롯시 다 프ᄅᆞ고 양지 븕으며 눈망울이 아청빗 ᄀᆞᆺ고 용모와 어음이 녜사 사름 ᄀᆞᆺ지 아닌지라 <태원 1:71> ⇒ 아청빗ᄎᆞ, 야청빗, 야청빗ᄎᆞ, 야청빛 ☞ 아청식

【아청-빗ᄎᆞ】 명 ((색채)) 아청빛(鴉靑-). 검은빛을 띤 푸른빛.¶ 靛 ‖ 일월셩신이 문득 가리워 건곤이 먹칠ᄒᆞᆫ 덧 우쥐 아청빗츨 단장ᄒᆞᆫ 덧 엇지 칠야 황혼이 아니리오 (把日月星辰俱遮閉了, 眞是乾坤墨染就, 宇宙靛裝成.) <서유-계명 11:74-33> ⇒ 아청빗, 야청빗, 야청빗ᄎᆞ, 야청빛 ☞ 아청식

【아청-식】 명 ((색채)) 아청색(鴉靑色). 검은빛을 띤 푸른색.¶ 무관 ‖ 당샹 이샹은 ᄧᅡᆼᄉᆞ 당하ᄂᆞᆫ 독ᄉᆞ 변쟝뉴ᄂᆞᆫ 호흉ᄇᆡ 흉ᄇᆡ 바탕은 유록이 품되고 아청식 모단식은 지ᄎᆞ니라 <규합-국중 흉ᄇᆡ 15a/141> ☞ 아청빗, 아청빗ᄎᆞ, 야청빗, 야청빗ᄎᆞ, 야청빛

【아청-ᄯᅴ】 명 ((복식)) 아청띠(鴉靑-). 검은빛을 띤 푸른빛깔의 띠.¶ 鴉靑條 ‖ 지심이 오딕산 듕의 이셔 첫 겨을〻 만나니 지심이 움즉이기롤 싱각ᄒᆞ여 검은 뵈오술 닙고 아청ᄯᅴ롤 ᄯᅴ고 거러 안문으로 ᄂᆞ와 밧 산뎡의 니ᄅᆞ러 교의〻 올나 안ᄌᆞ 싱각ᄒᆞ딕 (魯智深在五臺山寺中, 不覺攪了四五個月. 時遇初冬天氣, 智深久靜思動. 當日晴明得好, 智深穿了皀衣直裰, 繫了鴉靑條, 換了僧鞋, 大踏步走出山門來. 信步行到半山亭子上, 坐在鵝項懶凳上, 尋思道.) <충수호-한고 2:16b>

【아청-옷ㅅ】 명 ((복식)) 아청옷(鴉靑-). 검은빛을 띤 푸른 빛깔의 옷.¶ 鴉靑/綿襖 ‖ 우편의 안ᄌᆞ니ᄂᆞᆫ 나롯시 젹고 낫치 희고 킈 져ᄅᆞ고 몸의 아청옷술 닙고 슈 노ᄒᆞᆫ 두건을 ᄡᅧᆺ더라 (右邊坐的一個漢子, 生得赤鬚白臉, 短小身材, 身上穿一領遍地金鴉靑百花錦襖, 頭上戴一頂彩綉扎巾.) <선진 3:61> ⇒ 야청옷

【아청-릉견】 명 ((색채)) 아청릉견(鴉靑-絹). 미상.¶ 紺色縑, 아청릉견 (縑) <신자 3:35b>

【아파】 명 ((인류)) 아파(牙婆). 거간꾼. 주릅. 방물장수.¶ 아파(牙婆) ‖ 방물장사 <신문-보문 38> ▼人牙子 ‖ 쾌히 아파롤 블너다가 다쇼간 몃 량 은ᄌᆞ의 파라 살 가온더 가시와 눈 가온더 바눌을 ᄲᅢ아 바리고 우리가 태평ᄒᆞᆫ 일ᄌᆞ롤 보내리라 (快叫個人牙子來, 多少賣幾兩銀子, 拔去肉中刺, 眼中釘, 大家過太平日子.) <홍루 80:38> ⇒ 아ᄌᆞ, 아지, 야ᄌᆞ

【아프리가】 명 ((지리)) 아프리카(Africa). 아프리카(Africa). 아시아 대륙에 이어 세계에서 두번 째로 큰 대륙. 동

쪽은 인도양, 서쪽은 대서양, 북쪽은 지중해에 면해 있으며, 육대주의 하나이다. (외래어).¶ 멕가ㅣ란 촌으로 회회교ㅅ 셔울을 뎡ᄒᆞᆫ 고로 회회교 ᄒᆞᄂᆞᆫ 사ᄅᆞᆷ들이 아모 디방에 잇던지 히돗을 ᄯᅢ에 멕기 촌 잇ᄂᆞᆫ 디를 향ᄒᆞ야 레비ᄒᆞ며 또 이 ᄶᅡ 사ᄅᆞᆷ들이 아프리가 속에 사ᄂᆞᆫ 사ᄅᆞᆷ들을 잡아다가 아프리가 동편디방에 ᄑᆞᆯ더니라 <사필1889-헐버트 94> 아프리가에 검은 사ᄅᆞᆷ이 잇ᄂᆞᆫ듸 건장ᄒᆞ고 힘이 잇스니 만일 사다가 일을 식히면 이 ᄶᅡ 됴인들보다 빅비나 나흐리라 ᄒᆞ니 <만국통감1912 4, 11> 수년이 지나매 로마로조차 명을 밧드러 아킬녀아에 가 젼교ᄒᆞ시고 또 이년 후에 에집도국에 가시니 니ᄅᆞ시ᄂᆞᆫ 곳마다 교화ㅣ 크게 힝ᄒᆞ야 샤망을 ᄇᆞ리고 쥬ᄅᆞᆯ 밋ᄂᆞᆫ 쟈ㅣ ᄀᆞ장 만터라 후에 아륵산더릐아부에 가시니 이 디방은 아시아와 아프리가와 으로바 삼 대쥬의 통ᄒᆞᆫ 큰 거리라 <쳠례-말구셩ᄉᆞ 84b> 이 셰샹 륙디와 바다흘 다ᄉᆞᆺ세 분별ᄒᆞ야 일홈ᄒᆞ니 륙디 동북 간은 아시아ㅣ라 닐ᄋᆞ고 남은 아프리가ㅣ라 닐ᄋᆞ고 셔북 간은 유로바ㅣ라 닐ᄋᆞ고 <사필1889-헐버트 9> ⇒ 아부리가, 아뿌리카, 아쁘리카, 아흐리ᄶᅡ ☞ 아쥬

【아후터눈】 명 애프터눈(afternoon) 오후(午後). (외래어).¶ 아후터눈 (午後) <영어일상통화단어초집 우산>

【아흐리ᄶᅡ】 명 ((지리)) 아프리카(Africa). 아시아 대륙에 이어 세계에서 두 번째로 큰 대륙. (외래어).¶ 아흐리ᄶᅡ (阿非利加) <환중-한고 19후반> ⇒ 아부리가, 아뿌리카, 아쁘리카, 아프리가 ☞ 아쥬

【악가-분】 명 ((복식)) 붉은 분[赤粉]. '악가(あか)'는 일본어 직접 차용어.¶ 구라분 다섯 곽 미안수 일병 수분 일병 악가분 일통 단혀 일 우단 말은 신 침션가 이십 원 <물목-장보-1 덕발>

【악나ᄉᆞ】 명 ❶ ((지리)) 악나사(鄂羅斯). 지금의 러시아. (중국어 간접 차용어).¶ 鄂羅斯 ‖ 동은 큰 바다흐로 지계를 ᄒᆞ고 셔흔 산히관으로 지계ᄒᆞ고 남은 또 바다ᄀᆞ으로 지계ᄒᆞ고 븍은 악나ᄉᆞ로 지계ᄒᆞ고 (東界大海, 西界山海關, 南界海邊, 北界鄂羅斯.) <서원 2:56a> ❷ ((인류)) 러시아인.¶ 鄂羅斯 ‖ 슌치 초의 아국 ᄉᆞ신을 옥하 셔편의 두어 옥하관이라 일ᄏᆞᆮ더니 후의 악나ᄉᆞ국의 ᄲᅦ앗긴 비 되니 악나ᄉᆞᄂᆞᆫ 니른바 대비달지라 (順治初, 設朝鮮使邸於玉河西畔, 稱玉河館, 後爲鄂羅斯所占. 鄂羅斯, 所謂大鼻㺚子.) <열하-동경 1:50a>

【악나ᄉᆞ-국】 명 ((지리)) 악나ᄉᆞ국(鄂羅斯國). 아라사(俄羅斯). 러시아. (중국어 간접 차용어).¶ 鄂羅斯 ‖ 슌치 초의 아국 ᄉᆞ신을 옥하 셔편의 두어 옥하관이라 일ᄏᆞᆮ더니 후의 악나ᄉᆞ국의 ᄲᅦ앗긴 비 되니 악나ᄉᆞᄂᆞᆫ 니른바 대비달지라 (順治初, 設朝鮮使邸於玉河西畔, 稱玉河館, 後爲鄂羅斯所占. 鄂羅斯, 所謂大鼻㺚子.) <열하-동경 1:50a>

【악대】 명 ((동물)) 낙타(駱駝). 불깐 짐승. 숫컷. 중세몽고어 '악대(aqta /aɣta)'의 차용어. 'aqta'가 13세기에 차용된 뒤에 어말에 '-이'가 덧붙어서 '악대'가 되었다.¶ 犗 ‖ 악대 계, "犍犗". 去勢畜. <훈몽-잡어 하:4a /7b> 악대 타 (駝) <음운 32b> ▼羯 ‖ 張三이 ᄒᆞ야 양 사라 가게호ᄃᆡ ᄉᆞ므 낫 됴ᄒᆞᆫ 술진 양을 사게 ᄒᆞ라 암흐란 사디 말오 다 악대로 ᄒᆞ라 (着張三買羊去, 買二十箇好肥羊, 休買母的, 都要羯的.) <번박 상:2a> 張三으로 ᄒᆞ여 羊을 사라 가 二十 낫 ᄀᆞ장 술진 羊을 사되 암을 사디 말고 다 수를 사고 다 악대로 ᄒᆞ라 (着張三買羊去, 買二十箇好肥羊, 休買母的, 都要羯的.) <박언 상:1b> ▼沒鷄巴 ‖ 뎌 악대 틘 놈을 양부를 삼으면 사ᄅᆞᆷ의 우음을 삼으리라 (拜這沒鷄巴的老子, 可不被人笑話?) <회문-한고 3:10a> ▼馱子 ‖ 창가의 니ᄅᆞ러 밧글 향ᄒᆞ여 한번 바라보믹 먼니 악대 복태와 노시 메인 대ᄎᆞ 한 무리 다라오거ᄂᆞᆯ (走到窓邊, 往外一望, 遠遠見馱子騾轎一隊走來.) <요화 5:15> ⇒ 악ᄃᆡ, 약대, 약ᄃᆡ

【악대-돋】 명 ((동물)) 불깐 돼지. 중세몽고어 '악대(aqta /aɣta)'의 차용어. 'aqta'가 13세기에 차용된 뒤에 어말에 '-이'가 덧붙어서 '악대'가 되었다.¶ 악대돋 분 (豶) <훈몽-잡어 하:4a /7b> ⇒ 악대돗, 악ᄃᆡ돗

【악대-돗】 명 ((동물)) 불깐 돼지. 중세몽고어 '악대(aqta /aɣta)'의 차용어. 'aqta'가 13세기에 차용된 뒤에 어말에 '-이'가 덧붙어서 '악대'가 되었다.¶ 악대돗 분 (豶) <음운 16b> ⇒ 악대돋, 악ᄃᆡ돗

【악대-ᄆᆞᆯ】 명 ((동물)) 불깐 말. 거세한 말. 악타말(akta morin). (몽고어 직접 차용어).¶ 악대ᄆᆞᆯ, =騸馬 (大馬) <역해-주수 하:28b> ▼騸馬 ‖ 이 아질게ᄆᆞᆯ 악대ᄆᆞᆯ 졀다ᄆᆞᆯ 공골ᄆᆞᆯ 오류마 구렁ᄆᆞᆯ 가리운ᄆᆞᆯ 셜아ᄆᆞᆯ 가라ᄆᆞᆯ 츄마ᄆᆞᆯ 고라ᄆᆞᆯ 쇠ᄂᆞ래 브튼 ᄆᆞᆯ 간쟈ᄆᆞᆯ 가라간쟈 ᄉᆞ죡빅도화잠불ᄆᆞᆯ 텰쳥총이 고 뻔 ᄆᆞᆯ 아ᄆᆞᆯ 삿기 빈 말 골회눈이 ᄀᆞᆯ외ᄂᆞᆫ ᄆᆞᆯ 이 ᄆᆞ리 쇠거름ᄀᆞ티 즈늑즈ᄂᆞ기 건ᄂᆞᆫ ᄆᆞ리로다 (這兒馬、騸馬、赤馬、黃馬、鷰色馬、栗色馬、黑鬃馬、白馬、黑馬、鎖羅青馬、土黃馬、繡膊馬、破臉馬、五明馬、桃花馬、青白馬、豁鼻馬、騍馬、懷駒馬、環眼馬、劣馬, 這馬牛行花塔步.) <번노 하:8b> 이 아질게ᄆᆞᆯ 악대ᄆᆞᆯ 졀다ᄆᆞᆯ 공골ᄆᆞᆯ 오류마 구렁ᄆᆞᆯ 가리운ᄆᆞᆯ 셜아ᄆᆞᆯ 가라ᄆᆞᆯ 츄마ᄆᆞᆯ 고라ᄆᆞᆯ 쇠ᄂᆞ래 브튼 ᄆᆞᆯ 간쟈말 가라간쟈 ᄉᆞ죡빅이ᄆᆞᆯ 도화잠불ᄆᆞᆯ 텰쳥총이ᄆᆞᆯ 코 뻔 ᄆᆞᆯ 암ᄆᆞᆯ 삿기 빈 말 골회눈ᄆᆞᆯ ᄀᆞ래ᄂᆞᆫ ᄆᆞᆯ 이 ᄆᆞᆯ이 쇠거름ᄀᆞ티 즈늑즈늑 것ᄂᆞᆫ다 (這兒馬、騸馬、赤馬、黃馬、鷰色馬、栗色馬、黑鬃馬、白馬、黑馬、鎖羅青馬、土黃馬、繡膊馬、破臉馬、五明馬、桃花馬、青白馬、豁鼻馬、騍馬、懷駒馬、環眼馬、劣馬, 這馬牛行花塔步.) <노언 하:8a> 졀다악대ᄆᆞᆯ ᄒᆞᆫ 피리 쉬다ᄉᆞᆺ 서리오 왼뒷다리 우희 인 마ᄌᆞᆫ 보라미 잇ᄂᆞ니 셔울 즈름ᄒᆞᄂᆞᆫ 羊市 져제 거릿 븍녁의셔 사ᄂᆞᆫ 張三을 의빙ᄒᆞ야 듕신 사마 山東 濟南府엣 나그내 李五의게 ᄑᆞ라 주워 (赤色騸馬一疋年五歲, 左腿上有印記, 憑京城牙家羊市角頭街北住左張三, 作中人, 賣與山東濟南府客人李五.) <번노 하:16a> 졀다악대ᄆᆞᆯ ᄒᆞᆫ 필이 나히 다ᄉᆞᆺ이오 왼녁 뒷다리 우희 인 마ᄌᆞᆫ 보람 잇ᄂᆞ니ᄅᆞᆯ 京城 즈름ᄒᆞᄂᆞᆫ 양 져

제 거리 븍녁킈셔 사는 張三을 의빙ᄒᆞ여 中人을 삼아 山東 濟南府엣 나그내 李五의게 ᄑᆞ라 주어 (赤色騸馬一疋年五歲, 左腿上有印記, 憑京城牙家羊市角頭街北住左張三, 作中人, 賣與山東濟南府客人李五.) <노언 하:14b>

【악대-양】 명 ((동물)) 불깐 양(羊). 중세몽고어 '악대(aqta /aɤta)'의 차용어. 'aqta'가 13세기에 차용된 뒤에 어말에 '-이'가 덧붙어서 '악대'가 되었다.¶ 악대양 (羯羊) <역해-주수 하:32b> ⇒ 악대양, 악ᄃᆡ양, 약ᄃᆡ양

【악대-양】 명 ((동물)) 불깐 양(羊). 중세몽고어 '악대(aqta /aɤta)'의 차용어. 'aqta'가 13세기에 차용된 뒤에 어말에 '-이'가 덧붙어서 '악대'가 되었다.¶ 악대양 갈 (羯) <훈몽-잡어 하:4a /7b> 악대양 (羯羊) <번노 하:21b> 악대양 (羯羊) <노언 하:19b> ⇒ 악대양, 악ᄃᆡ양, 약ᄃᆡ양

【악ᄃᆞ-돋】 명 ((동물)) 불 깐 돼지. 중세몽고어 'aqta /aɤta'에서 온 차용어.¶ 악ᄃᆞ돋 (豶) <음첩a 31b> ⇒ 악대돋, 악대돗

【악ᄃᆡ】 명 ((동물)) 낙타(駱駝). 불 깐 짐승. 중세몽고어 '악대(aqta /aɤta)'의 차용어.¶ 악ᄃᆡ 계 (犗) <음첩a 5a> 駱駝 ‖ 악ᄃᆡ (駱駝) <화초-주수 26b> 다만 쇽담의 닐너 시ᄃᆡ 여위여 죽은야 악ᄃᆡ 말보다 더 크다 ᄒᆞ니 아모려나 져의 ᄒᆞᄂᆞᆫ ᄃᆡ로 빙거ᄒᆞᆯ지라 너의 늙으신니 셔놀ᄒᆞᆫ 털 ᄒᆞ나롤 쎄여도 우리 무리 허리보다 더 웅댱ᄒᆞ리라 (但俗語道: '瘦死的駱駝比馬還大些', 憑他怎樣, 你老拔一根寒毛比我們的腰還壯呢!) <홍루 6:82> 듀샹긔 알외여 니조좌랑 금ᄌᆞ샤인만 갓가이 부리려 ᄒᆞ시거든 악ᄃᆡ쳐 부리쇼셔 ᄒᆞ여라 <윤ᄃᆡ경젼 일사 38a> ⇒ 악대, 약대, 약ᄃᆡ

【악ᄃᆡ-쇼】 명 ((동물)) 불깐 소. 중세몽고어 '악대(aqta /aɤta)'의 차용어.¶ 악ᄃᆡ쇼 (騸牛) <한청-牛 14:36a> ⇒ 약대소, 약ᄃᆡ쇼

【악ᄃᆡ-양】 명 ((동물)) 불깐 양(羊). 중세몽고어 '악대(aqta /aɤta)'의 차용어.¶ 악ᄃᆡ양 갈 (羯) <음첩b 1a> ⇒ 악대양, 악대양, 약ᄃᆡ양

【악심-ᄒᆞ-】 동 악심(惡心)하다. 아니꼬와하다. '악심'은 (중국어 간접 차용어).¶ 惡心 ‖ 착ᄒᆞᆫ 거거야 너ᄂᆞᆫ 구ᄐᆞ여 나롤 악심ᄒᆞᆫ다 니ᄅᆞ지 말나 다만 내 욺히셔만 말솜ᄒᆞᆯ 줄만 아니 너의 림미미롤 보면 또 엇더케 잘ᄒᆞᆯ지 아지 못ᄒᆞ노라 (好哥哥, 你不必說話叫我惡心! 只會在我跟前說話, 見了你林妹妹, 又不知怎麽好了.) <홍루 32:11>

【안나】 명의 ((화폐)) 안나(Anna). 인도, 파키스탄, 스리랑카, 네팔 따위의 화폐 단위. (외래어).¶ 루피(Rupee)流=十六安 안나(Anna)安 <백과신-송1926 493>

【안다만】 명 ((지리)) 안다만(Andaman). 벵골만(灣)의 일부로서 안다만니코바르제도의 동쪽에 있는 바다. 북쪽으로는 미얀마, 동쪽으로는 미얀마와 말레이 반도, 남쪽으로는 말라카 해협, 수마트라섬과 각각 접한다. (외래어).¶ 끄다베리와 동부드라와 마하나리란 강이 잇고 셔편에 나바다와 인더스ㅣ란 강이 잇고 삼쳔오ᄇᆡᆨ 리 되ᄂᆞᆫ 강 동편에 칼카다와 마드라스ㅣ란 포구가 잇고 셔편에 감베와 슈랏과 범베란 포구가 잇고 남편에 실년이란 큰 셤과 팔ᄇᆡᆨ 리 되ᄂᆞᆫ 셤 동남에 안다만이란 오륙 셤과 늬코바ㅣ란 오륙 셤이 잇스며 <사필1889-헐버트 88>

【안둔-ㅎ-】 동 안돈(安頓)하다. 사물이나 주변 따위가 잘 정돈되거나 또는 정돈을 하다. 또는 마음이나 생각 따위를 정리하여 안정되게 하다. '돈(頓, dùn)'은 중국어 직접 차용어.¶ 安頓 ‖ 이때예 위왕재 안둔키 어려온디라 방연의게 일편도이 ᄒᆞ면 냥반 문뮈 심복디 아닐가 저허ᄒᆞ고 쥬히대로 ᄒᆞ면 쵸방의 친을 욕되게 ᄒᆞᆯ더라 (連個魏王難好安頓, 偏了龐涓, 恐兩班文武不服, 依了朱亥, 又辱沒了椒房之親.) <손방 3:22> ⇒ 안둔ᄒᆞ-

【안둔-ᄒᆞ-】 동 안돈(安頓)하다. 사물이나 주변 따위가 잘 정돈되거나 또는 정돈을 하다. 또는 마음이나 생각 따위를 정리하여 안정되게 하다. '돈(頓, dùn)'은 중국어 직접 차용어.¶ 安頓 ‖ 당샹의 안티고 녜로뻐 ᄃᆡ졉ᄒᆞ고 또 두 집 가쇽을 노하 민가롤 서러저 안둔ᄒᆞ게 ᄒᆞ고 (以禮相待, 又將兩處家小盡皆放出, 寄居民家安頓.) <선진-国 10:35> 드듸여 ᄃᆞ리고 곳동산으로 가 ᄒᆞᆫ 간 방의 안둔ᄒᆞ니 (引到花園中, 與他一間房安頓.) <성풍 2:20> 황쇄 머리 조아 사례ᄒᆞ고 두 고을히 가 도문셔롤 맛다 가지고 부모 쳐ᄌᆞ와 ᄒᆞᆫ가지로 농항현의 와 가쇽을 안둔ᄒᆞ고 현위롤 가보아 군ᄉᆞ롤 됴발ᄒᆞ니 (黃佐叩謝道: '小人蒙恩相抬舉, 敢不盡力!' 卽當堂領了印信文憑, 回來領了父母妻子, 起身徑到龍亢縣來.安頓家小, 參謁縣尉, 討了軍士花名簿, 又發文書到界首縣去.) <후수 8:49> ▼安身 ‖ 옥니 샹하 인원들이 다 인졍을 어덧ᄂᆞᆫ디라 정결ᄒᆞᆫ 방을 어더 안둔ᄒᆞ니 (當日獄內上下人役等, 却得了錢財. 打點一間潔靜房兒, 與二人安身.) <선진-国 8:75> 뎌 쇼뷔 벼술을 무고히 ᄇᆞ리고 신ᄌᆞ의 분의예 맛당티 아니코 셩듕 번요ᄒᆞᆷ믈 염히 녀여 셩외 장원의 가권을 안둔ᄒᆞ고 <옥긔린 2:7> 항쥐ᄌᆞ식 어ᄉᆞ롤 마자 별샤의 안둔ᄒᆞ고 일등 명기롤 ᄌᆞ비로 쌜식 <유삼-종산 1:17> 다만 격년 ᄉᆞ상니경을 펴고 당샤를 슈리ᄒᆞ여 니싱의 합문을 안둔ᄒᆞ니 형뎨 남미와 녀셔를 다 ᄒᆞᆫ 집의 모호미 당시 좁고 십분 번요ᄒᆞ더라 <임화 36:71> 이ᄂᆞᆫ 구니 침뎐이니 어제 국공이 샹젼의셔 크게 취ᄒᆞ엿ᄂᆞᆫ 고로 황샹이 쇼황문으로 ᄒᆞ야곰 뫼셔 금야롤 안둔ᄒᆞ라 <남계 2:55> 군관 하리 ᄇᆡᆨ 니 밧긔 나와 영졉ᄒᆞ여 드러가 도임ᄒᆞᆫ 후 쇼져는 니아의 안둔ᄒᆞ니라 <금향뎡긔 1:19a> ⇒ 안둔ㅎ-

【안드레】 명 ((인명)) 안드레(Andre). (외래어)¶ 안드레 (安德雷 Andre) <만국통감1912, 4, 12>

【안드릐아】 명 ((인명)) 안드레(Andreas). 십이 사도의 한 사람. 사도 베드로의 동생으로 갈릴리 바다에서 어부 생활을 하다가 예수의 감화를 받아 제자가 되고, 형 베드로를 예수에게 인도하였다. (외래어)¶ 셩 베드루ᄂᆞᆫ

이 예수 종도의 웃듬이오 만셰 교종의 머리니 유더아 국 벳사이다 고올에 고기 잡는 사름이오 그 부친은 요왕이라 그 형 안드릐아ㅣ 말ᄒᆞ디 예수는 곳 텬쥬ㅣ시라 홈을 듯고 ᄒᆞᆫ가지로 가 뵈온 후에 혹 바다가회셔 맛나 때로 쥬의 훈계를 듯고 긔이ᄒᆞᆫ 능을 본지라 <첨례-베드루종도 63a>

【안-캉】 명 ((주거)) 안캉[-炕]. 구들 안쪽. '캉(炕, kàng)'은 중국 북방 지대의 살림집에 놓는 방의 구들로 중국어 직접 차용어.¶ 內炕 ‖ 올흔편 문으로 드러가니 그 안희 ᄒᆞᆫ 늘근 즁이 화로의 ᄂᆞ물을 복다가 내 옴을 보고 청ᄒᆞ여 안캉의 안티고 몬져 차를 나오더라 (入東室有老僧方在炕上自炒菜, 見余至, 延入內炕進茶.) <연행-노가재 2:10b>

【안테나】 명 ((통신)) 안테나(antenna). 공중에 세워서 다른 곳에 전파를 내보내거나 다른 곳의 전파를 받아들이는 도선(導線)으로 된 장치. (외래어).¶ 안테나 (天線) <자통-통신 443>

【알기메데스】 명 ((인명)) 아르키메데스(Archimedes). 고대 그리스의 자연 과학자(B.C.287~212). 원(圓)·구(毬) 따위의 구적법, 지레의 원리, 아르키메데스의 원리 따위를 발견하였다. (외래어).¶ 挺子의 理 알기메데스氏 <백과신-송1926 491>

【알나스가】 명 ((지리)) 알래스카(Alaska). 캐나다 북서부에 있는 미국의 주(州). 베링 해협을 사이로 시베리아와 마주 보고 있다. (외래어).¶ 옝길리 아메리까 가나다 셔북 히변에 알나스가ㅣ란 짜히 본디 아라사국 짜히더니 이십오 년 젼에 합즁국이 십오 빅만 원을 주고 사니 <사필1889-헐버트 110>

【알뉴미늄】 명 ((화학)) 알루미늄(aluminium). 은백색의 가볍고 부드러운 금속 원소. (외래어).¶ 알뉴미늄 ‖ 長石·粘土·明礬 等의 成分으로 成ᄒᆞ고 銀白色이니 極히 輕ᄒᆞᆫ 金屬으로 空中에 置ᄒᆞ여도 其色이 不變ᄒᆞᄂᆞᆫ 故로 鍋·食器 等을 造ᄒᆞ나니라 <조백1915 584>

【알늬게늬】 명 ((지리)) 앨러게니(Allegheny)산. 미국과 캐나다의 동부로 이어지는 장대한 애팔래치아 산맥의 일부를 이루는 산. (외래어).¶ 디형을 의론컨대 셔에 으라키산이오 히변에 가스켓과 시에라네바다ㅣ란 큰 산이 잇고 동편에 아블라지안과 블루늬지와 알늬게늬와 그린이란 산이 잇고 <사필1889-헐버트 105>

【알라하밧】 명 ((지리)) 알라하바드(Allahabad). 인도 북부, 갠지스 강과 야무나 강(Yamuna 江)이 합류하는 곳에 있는 상업 도시. 곡물, 면화 따위가 유통된다. (외래어).¶ 라호어와 베쇠와 델희와 아그라와 곤버와 알라하밧과 팔늬어와 비나리스와 남편에 하이드라밧과 마듸라스와 마이소와 셔편에 범베와 바로다와 가온대 져벌브어와 나부어와 인도아와 파레란 촌이 잇고 사름의 픔ㅅ수는 션비와 빅셩이오 <사필1889-헐버트 89>

【알루쉬안】 명 ((지리)) 알루샨스(Aleutians). 미국 알래스카주(州)에 있는 버러(borough). (외래어).¶ 디형은 남편에 센트일나야스ㅣ란 미우 놉흔 화산과 또 화산이 열히 잇고 ᄒᆞᆫ가온대 류곤이란 강이 비링 하슈로 드러가고 또 만흔 셤이 잇고 셔편에 알루쉬안이란 여러 셤이 련ᄒᆞ고 <사필1889-헐버트 110>

【알러보】 명 ((지리)) 알레포(Aleppo). 시리아의 북서부의 상공업 도시. 다마스쿠스 북쪽에 있음. (외래어).¶ 또 북편에 무로사와 시멘아와 드레비산드와 어스름이란 촌이 잇고 셔편에 알늬보와 디마스커스와 [텬하에 뎨일 오랜 촌이라] 베룻과 예루사렘이란 촌이 잇고 [온 텬하에 유명ᄒᆞᆫ 촌] 남편에 메듸나와 멕가와 [회회교 시작ᄒᆞᆫ 곳] 목카ㅣ란 촌이 잇고 동편에 부소라와 박닷과 [녜ㅅ 아시리아국 셔울이니 유명ᄒᆞ니라] 모수ㅣ란 촌이 잇고 <사필1889-헐버트 98>

【알몬드】 명 ((음식)) 아몬드(almond). (외래어).¶ [호도 짜는 법] 호도를 웬통으로 짜려면 끌는 물 속에 ᄌᆞᆷ시 동안을 담가 두엇다가 짜고 속껍흘도 갓흔 법으로 벗길 것 (알몬드나 살구씨 갓흔 법으로 할 것) <서요 290>

【알몬드-맥카룬스】 명 ((음식)) 아몬드 마카롱(almond macaroon). 마카롱(macaroon)은 아몬드나 코코넛, 밀가루, 달걀 흰자위, 설탕 따위를 넣어 만든 고급 과자. (외래어).¶ 알몬드맥카룬스 ‖ 알몬드 1파운드 계란 (흰자위) 7개 사탕 (미국 고은 것) 1파운드 알몬드를 불녀셔 껍질을 벗기고 고기 써는 긔계에 곱게 갈든지 절구에 곱게 찟던지 하고 잘 져은 계란에 사탕을 조곰식 너흐면셔 다시 잘 져은 후 알몬드를 너코 잘 석거셔 1쇼슈가락식 기름 발은 조희에다가 쩌노코 그 우에 다른 사탕 조곰을 체질해셔 뿌리고 속히 구으대 빗이 너모 변하지 안토록 주의할 것 <서요 205> ☞ 맥카룬스, 초콜넷 맥카룬스

【알바】 명 ((인명)) 알바(Alba, 1507~82). 에스파냐의 군인, 정치가. 1567년 네덜란드 총독이 되어 가혹한 종교 재판과 무거운 세금으로 신교도를 탄압하여 네덜란드 독립 전쟁을 초래하였다. (외래어).¶ 알바 (阿勒巴 Alba) <만국통감 1912, 4:12> 이 일이 셰상에 젼파되니 빌닙이 무도ᄒᆞᆫ 일홈을 질가 졉허ᄒᆞ야 드듸여 알바를 도라오게 ᄒᆞ고 <만국통감 1912 4:33>

【알범】 명 앨범(album). 사진첩. (외래어).¶ 커다란 알범을 내어노코 <염상섭, 무현금1934 3:108>

【알부상-이】 부 이불상(二不相)히. 대충. 비슷하게. '알부상(二不相, èrbùxiāng)'는 중국어 직접 차용어.¶ 二不相 ‖ 네 이 갑시 가장 귀ᄒᆞ고나 알부상이 갑슬 허면 고만이다 뉘가 너의 귀ᄒᆞᆫ 물건를 즐겨 ᄉᆞ깃ᄂᆞ냐 (你這个價錢忒貴啊! 要二不相也倒罷了, 說那嗎大謊, 誰肯買着你那个貴東西呢!) <학청-한고 5a>

【알인다】 명 알인다(Aianda). (외래어).¶ 알인다 (阿粱達 Aianda) <만국통감1912, 4, 13>

【알지리아】 명 ((지리)) 알제리(Algerie). 아프리카 대륙 북서부에 있는 공화국. 로마, 아랍, 터키의 지배를 거쳐 1830년 프랑스령이 되었다가 1962년에 독립하였다. (외래어).¶ 터키국과 모라고국과 알지리아와 두네스와

트레블리와 이즙국과 만트늬그로국과 아시아 모든 나라가 뎨 삼층이오 <사필1889-헐버트 14> 이즙도국 셔편에 빠브리란 다삿 디방이 잇스니 셔편 모라고ㅣ란 나라는 경ᄉ를 님금이 쥬쟝ᄒ시ᄂ 바른 나라요 동편에 알지리아ㅣ란 짜흔 블란시국 쇽방이오 <사필1889-헐버트 145>

【알지어스】 명 ((지리)) 알제(Alger). 알제리에 있는 도시. 알제리의 무역, 교통, 문화의 중심지이며, 지중해에 면한 항만 도시로 포도주, 철광석, 오렌지 따위를 수출한다. 알제리의 수도. (외래어).¶ 알지리아 읍너는 일홈이 알지어스ㅣ니 사름의 수효는 ᄉ빅만 명이오 일 넌 부셰는 구빅만 원이며 두니쓰 읍너는 일홈이 두니쓰ㅣ니 사름의 수효는 일빅오십만 명이오 <사필1889-헐버트 146>

【알코ㄹ】 명 알콜(alcohol). 주정(酒精). (외래어).¶ 알코-ㄹ과 니코진의 毒臭를 <염상섭, 표본실의 청개고리1921 118>

【알타이】 명 ((지리)) 알타이(Altai)산. 서시베리아, 카자흐스탄, 몽골, 중국 신장웨이우얼 자치구에 걸쳐 있는 산맥. (외래어).¶ 디형을 의론컨대 동남은 스단오보이와 야블로노이와 알타이와 텬이란 산이 잇고 쏘 들이며 오비와 예네세이와 릐나ㅣ란 강은 륙칠쳔 리ᄉ식 되ᄂ 강 남에셔 북하슈로 드러가고 <사필1889-헐버트 69>

【앏】 명 ((지리)) 알프스(Alps)산. 유럽 대륙의 중남부에 있는 산맥. 독일, 프랑스, 오스트리아, 스위스, 이탈리아 등지에 걸쳐 있으며, 일년 내내 빙하에 덮여 있는 산봉우리와 아름다운 호수가 유명하다. (외래어).¶ 쥬라ㅣ란 큰 산이 쉿스란드국 ᄉ이에 잇고 앏이란 큰 산이 이다리아국 ᄉ이에 잇고 <사필1889-헐버트 38> 디형을 의론컨대 북에는 앏이란 큰 산이 두루고 못과 모든 강이 만코 쏘 북에셔브터 남에로 압페나인이란 산이 나라 ᄒ가온대로 건너 가고 남에는 시실리란 큰 셤과 비슈비엇이란 화산이 잇고 쏘 시실리 셤 동편에 엣나ㅣ란 화산이 잇고 이 두 화산이 미우 크고 ᄒ샹 연긔와 큰 불ㅅ길과 소릐가 대단히 나ᄂ니라 <사필1889-헐버트 50> ⇒ 앏스산

【앏스】 명 ((지리)) 알프스(Alps). 유럽의 중남부에 있는 큰 산계로 스위스, 프랑스, 이탈리아, 오스트리아에 걸쳐 있다. (외래어).¶ 앏스 (阿勒伯 Alps) <만국통감1912, 4, 13>

【앏스-산】 명 ((지리)) 알프스산(Alps山). 유럽의 중남부에 있는 큰 산계로 스위스, 프랑스, 이탈리아, 오스트리아에 걸쳐 있다. (외래어).¶ 프란스 대쟝이 벽을 굿게 ᄒ고 들을 몱게 ᄒᄂ 계교를 베프러 앏스산브터 곳 론강ᄭ지 니르도록 집과 량초를 다 불살오매 <만국통감1912 4, 23> ⇒ 앏

【암모니아】 명 ((화학)) 암모니아(ammonia). 질소와 수소의 화합물. 자극적인 냄새가 나는 무색의 기체로 물에 잘 녹고 액화하기 쉽다. (외래어).¶ 쌀내비누 ‖ 쌀내비누 (보통 것) 1개 쌀내소다 1파운드 물 16잔 (4쿼트) 셕유 1잔 암모니아 ½잔 비누를 써러셔 물 조곰을 붓고 푸러지기까지 쓰린 후에 쌀내소다를 너코 푸러질 때까지 져어셔 화덕에셔 나려노코 셕유와 암모니아를 잘 셕고 식은 후에 항아리에 담아 두엇다가 쓸 때마다 밋까지 져어셔 물이 셕유통으로 하나면 1잔을 셕고 10분 동안 쓰려셔 쌀 것 (빗 잇ᄂ 옷은 삶지 못할 것) <서요 292>

【암부래러】 명 ((기물)) umbrella. 우산(雨傘). (외래어).¶ 암부래러 (우산) <영어일상통화단어초집 우산>

【암스드담】 명 ((지리)) 암스테르담(Amsterdam). 에이셀 호에 접한 네덜란드 제일의 무역항. 크고 작은 운하가 사방으로 뻗어 있다. (외래어).¶ 도셩을 의론컨대 일홈은 헥이니 북하슈ㅅ근히요 쏘 셔편에 암스드담과 라이덴과 유트렉트와 럿트담이란 큰 촌이 잇고 빅셩의 ᄉ업은 롱ᄉ와 길쌈과 쟝식이며 <사필1889-헐버트 28>

【압간니스단】 명 ((지리)) 아프가니스탄(Afghanistan). 아시아 남서부 이란 고원의 북동부에 있는 나라. 1919년에 영국으로부터 독립하였으며 1973년에 공화제가 되었다. 수도는 카불. 아부한(阿富汗). (외래어).¶ 압간니스단(阿富汗) <사필> 디경을 의론컨대 북은 청국이오 동은 범아국과 인도양이오 남도 인도양이오 셔도 인도양이며 쏘 벌루기스단과 압간니스단국이며 <사필1889-헐버트 87> ⇒ 아뿌간스 ☞ 아부한

【앙골나】 명 ((지리)) 앙골라(Angola). 아프리카 남서부에 있는 인민 공화국. 1975년에 포르투갈에서 독립하였다. (외래어).¶ 쏘 나마와 읍너는 일홈이 쎄다니엔이니 다덕국 쇽방이오 앙골나 읍너는 일홈이 로안다ㅣ오 <사필1889-헐버트 148>

【애굽】 명 ((지리)) 애급(埃及, āijí). 이집트(Egypt). (중국어 간접 차용어).¶ 포악ᄒ 님군 헤롯의 핍박으로 위선 애굽에 피난을 ᄒ신 것과 <기독신보 1918.12.18> 박ᄉ의게 뵈던 텬ᄉ 요셉의게 바로 가셔 긴급히 닐ᄋ 말이 흉녕ᄒ 뎌 헤롯이 예수를 해ᄒ리니 그 흉계에 들지 말고 애굽으로 쏠니 가소 <연경-셩탄가 6> 굽 음식 ‖ 기름업는 도야지고기 (잘게 써러 삶은 것) 1파운드 긴 콩 (잘게 써러) 1통 일년감국 1통 파 (잘게 써러) 1개 넌진 (잘게 써러) 1개 양미나리 (잘게 써러) 1포귀 세 가지 채소를 삶아셔 여러 가지와 한데 셕고 밀가루 1대슈가락과 계란 1개를 셕거 되게 하고 5분 동안 끌여셔 밥과 함믜 먹을 것 <서요 32> ⇒ 애굽국, 익급 ☞ 에집도, 이즙국, 이즙드, 이집트

【애굽-국】 명 ((지리)) 애급국(埃及āijí國). 이집트(Egypt). (중국어 간접 차용어).¶ 애굽국 차자 가셔 종적을 굼촌 것도 하ᄂ님 뜻이시오 만고젼에 뎡일다 대 헤롯의 거동 보소 <연경-셩탄가 6> ⇒ 애굽, 익급 ☞ 에집도, 이즙국, 이즙드, 이집트

【액궤도아】 명 ((지리)) 에콰도르(Ecuador). 남아메리카 대륙의 북서부에 있는 공화국. 화산과 지진이 많은 나라로, 1930년에 대콜롬비아에서 분리하여 독립하였다. 수

도는 키토. (외래어).¶ 액궤도아 (厄瓜多) <명물-육당 13b> ⇒ 엑궤도, 이큐에더 ☞ 의과타이국

【앵도-샐렛】 ((음식)) 앵두샐러드(櫻桃-, Cherry salad). (외래어).¶ 앵도샐렛 ‖ 통에 너헛든 앵도를 물을 밧쳐셔 웃 법과 갓치 만드러 먹을 것 <서요 93> ☞ 나븨샐렛, 락화생샐렛, 련근샐렛, 멜치샐렛, 빠나나샐럿, 국슈샐렛, 치스샐렛

【야고버】 명 ❶ ((인명)) 야곱(Jacob). 구약 성경에 나오는 이삭의 아들. 쌍둥이 형 에서를 속여 장자권을 빼앗았으며, 후에 신의 축복을 받아 이스라엘로 개명하였다. 12명의 자식들은 이스라엘 12 부족의 조상이 되었다. (외래어).¶ 야고버쪄러 오라고 ᄒᆞ여라 <법한 442> 셩 야고버ㅣ ᄀᆞᆯᄋᆞ샤ᄃᆡ 익긍 업ᄂᆞᆫ 쟈의게 익긍 업ᄂᆞᆫ 심판이 잇ᄉᆞ리라 ᄒᆞ시니 탐린ᄒᆞᄂᆞᆫ 사ᄅᆞᆷ이 그 엄판을 엇지 면ᄒᆞ리오 <신명-인인 하:69b> 오 쥬예수ㅣ 젼교ᄒᆞ신지 뎨 이년에 슈난ᄒᆞ실 모든 고로옴을 미리 말숨ᄒᆞ실시 종도의 근심이 밧긔 드러남을 보시고 이에 베드루와 야고버와 요왕 세 종도ᄅᆞᆯ 잇글고 다볼산에 니ᄅᆞ샤 죰죰이 신공을 힝ᄒᆞ시고 세 종도ᄂᆞᆫ 피곤ᄒᆞ야 누어 자더니 <첨례-예수현셩용 9a> ❷ 주문모(周文謨, 1752-1801) 신부의 세례명. 한국 최초의 외국인 신부. 강소성 곤산현 출신으로 북경신학교를 졸업하고 1795년 조선에 들어왔다. 탄압을 피해 서울에서 숨어 지내며 전교 활동을 했다. 정약종, 황사영을 만났고 왕실 여인들에게도 세례를 베풀었다. 1801년 4월 20일 의금부에 나가 자수하고 한강가 새남터에서 순교했다.¶ 야고버 계실 때의 우리 풍파를 ᄌᆞ세히 긔록ᄒᆞ여 두라 ᄒᆞ시기의 이리 온 후 요안 편의 공지를 보내엿숩더니 엇지ᄒᆞ엿숩만번 ᄇᆞ라옵ᄂᆞ니 관회역졔ᄒᆞ옵쇼셔 <이순이 루갈다가 어머니에게 보낸 편지1801 7a> ⇒ 야고보, 야곱

【야고보】 명 ((인명)) 야곱(Jacob). 구약 성경에 나오는 이삭의 아들. 쌍둥이 형 에서를 속여 장자권을 빼앗았으며, 후에 신의 축복을 받아 이스라엘로 개명하였다. 12명의 자식들은 이스라엘 12 부족의 조상이 되었다. (외래어).¶그 모친은 마리아요 그 형데ᄂᆞᆫ 야고보와 요셉 시몬 유다이며 그의 모든 ᄌᆞ미들은 우리 리웃 그 아닌가 <연경-피축가 51> ⇒ 야고버, 야곱

【야곱】 명 ((인명) 아브라함(Abraham). 야곱(Jacob). 구약 성경에 나오는 이삭의 아들. 쌍둥이 형 에서를 속여 장자권을 빼앗았으며, 후에 신의 축복을 받아 이스라엘로 개명하였다. 12명의 자식들은 이스라엘 12 부족의 조상이 되었다. (외래어).¶ 그 죵 아브라함의 ᄌᆞ손이어 그 턱ᄒᆞ신 쟈 야곱의 ᄌᆞ식이어 그 힝ᄒᆞ신 긔이ᄒᆞᆫ 일과 이샹ᄒᆞᆫ 일과 입으로 판단ᄒᆞ심을 긔억ᄒᆞᆯ지어다 <시편 105:38b> 여호와가 이 거슬 야곱의게 젼례로 굿게 셰우시며 이스라엘의게 영원ᄒᆞᆫ 언약으로 ᄯᅩᄒᆞᆫ 세워 ᄀᆞᆯᄋᆞ샤ᄃᆡ 내가 쟝ᄎᆞᆺ 가나안ᄯᅡᄒᆞᆯ 너희게 주리니 이ᄂᆞᆫ 그어 줄 유업이로다 <시편 105:38b> 베드로와 야곱 요한 다리시고 ᄯᅥ나서셔 그 집 문에 니르시니 훤화와 통곡셩이 온 집안에 ᄀᆞ득ᄒᆞ다 드러가셔 ᄒᆞ신 말숨 너희들이 엇지ᄒᆞ야 통곡ᄒᆞ며 ᄯᅥ드ᄂᆞ냐 <연경-ᄋᆞ부싱가 49> ⇒ 야고버, 야고보

【야도】 명의 ((도량)) 야드(Yard). 야드파운드법에 의한 길이의 단위. 1야드는 1피트의 세 배로 91.44cm에 해당한다. (외래어).¶ 야도 (嗎) <조백-척도1915 556> ⇒ 야드

【야드】 명의 ((도량)) 야드(Yard). 야드파운드법에 의한 길이의 단위. 1야드는 1피트의 세 배로 91.44cm에 해당한다. (외래어).¶ 英國 米國 야드(Yard)碼＝三呎 후트(Foot)呎＝十二吋 인치(Inch)吋 <백과신-송1926 494> ⇒ 야도

【야로살링】 명 ((지리)) 예루살렘(Jerudalem). 이스라엘에 있는 도시. (외래어).¶ 예수ᄅᆞᆯ 죽이고져 ᄒᆞᄂᆞᆫ 사ᄅᆞᆷ들은 이 야로살링에 잇ᄂᆞᆫ지라 예수ㅣ 몃 번을 야로살링에 가셔 복음을 강론ᄒᆞ시ᄃᆡ 일뎜 죄악이 업ᄉᆞ시거ᄂᆞᆯ 사ᄅᆞᆷ이 무숨 일노 예수ᄅᆞᆯ 뮈워ᄒᆞᄂᆞ뇨 <훈아 24a> 예수ㅣ 야로살링을 ᄯᅥ나 멀니 가 계시다가 후에 죽을 날이 니ᄅᆞ매 다시 야로살링으로 올나오시니라 <훈아 24a> ⇒ 야르살링, 예루사름, 예루살넴, 예루살램, 예루살렴, 예루살럽

【야르살링】 명 ((지리)) 예루살렘(Jerudalem). 이스라엘에 있는 도시. (외래어).¶ 야르살링에 ᄒᆞᆫ 못 잇ᄉᆞ니 일홈은 벳스더라 다섯 힝랑이 잇서 그 안희 병든 쟈 쇼경과 안즌방이와 파리ᄒᆞᆫ 쟈ㅣ 만흐ᄃᆡ 다만 몬져 못에 드러가ᄂᆞᆫ 사ᄅᆞᆷ은 무숨 병이던지 다 낫ᄂᆞᆫ지라 <훈아 17a> ⇒ 야로살링, 예루사름, 예루살넴, 예루살램, 예루살렴, 예루살럽

【야소-그리스도】 명 ((인명)) 예수그리스도(Jesus Kristos). 예수를 메시아로 인정하여 이르는 이름. (외래어).¶ ᄯᅩ 예루사렘이란 촌은 야소 그리스도ㅣ 교를 시작ᄒᆞᆫ 곳이라 회회도 ᄒᆞᄂᆞᆫ 터키국에 잡혀 잇ᄂᆞᆫ 거시 올치 안타 ᄒᆞ야 유로바 모든 나라가 각각 군ᄉᆞ를 내여 그 ᄯᅡ ᄎᆞᆺ기를 원ᄒᆞ나 아직 못ᄒᆞ엿시며 <사필1889-헐버트 100>

【야시】 명 ((지리)) 이아시(Iasi). 루마니아의 북동부에 있는 도시. 860년에 설립된 루마니아에서 가장 오래된 대학이 있다. (외래어).¶ 도셩을 의론컨대 일홈이 뿌거릐스트ㅣ니 나라 남편이오 ᄯᅩ 북편에 야시란 큰 촌이 잇고 단옵강ㅅ ᄀᆞ헤 쌀나스ㅣ란 큰 촌이 잇고 빅셩의 ᄉᆞ업은 즘승 치기와 롱ᄉᆞㅣ며 <사필1889-헐버트 61>

【야야문】 명 ((인류)) 야야문(爺爺們 yéyemen). 어르신들. (중국어 간접 차용어).¶ 爺爺們 ‖ 너의 야ᄋᆞ문이 상긔 우리을 업스이 네기넌구나 아른굿치냐 무던지 무지 안텬지 우리 구규은 졈의 묵넌 긔인이 만일 물건을 일희면 덤 안의셔 무지 안이치 못하너니 이거슨 일덩 핏치 못하너니라 (你們爺ᄾ們咳是瞧不起我啊! 管他配得起配不起呢, 咱們規矩是: 存店的客人若丢東西咧, 店裡不得不配呢. 這个是一定在小不得啊.) <기착-육당 하:10b> ⇒ 여여문

【야자-피라밋】 명 ((음식)) 야자피라미드. 코코넛피라미드(cocoanut pyramids). (외래어).¶ 야자피라밋 ‖ 야자 (간 것) 2잔 사탕 (미국 고은 것) 1잔 밀가루 2쇼슈가락 계란 (흰자위 되게 져은 것) 2개 다함께 석거셔 피라밋 형상(삼각형)으로 만든 후에 팬에 담고 뭉군한 불에 40분 동안 구어셔 져은 크림과 함께 먹을 것 <서요 208>

【야ᄌᆞ】 명 ((인류)) 아가(牙家, yājiā). 거간꾼(居間-). 사고파는 사람 사이에 들어 흥정을 붙이는 일을 직업으로 하는 사람. 즈름. (중국어 직접 차용어).¶ 牙家 ‖ 이러커든 야ᄌᆞ의 마를 조차 ᄒᆞ져 이 심을 ᄃᆞ라 ᄒᆞ니 다ᄆᆞᆫ 일ᄇᆡᆨ 근이로다 네 닐오ᄃᆡ 일ᄇᆡᆨ 열 근이라 ᄒᆞ더니 그 열 근은 ᄀᆡ 어ᄃᆡ 잇ᄂᆞ뇨 (這般時, 依着牙家話, 這蔘稱了, 只有一百斤, 你說一百一十斤, 那一十斤, 却在那裏?) <번노 하:58a> 야지 닐오ᄃᆡ 뎌의 주려 ᄒᆞᆫ 갑시 올ᄒᆞ니 너 나그내돌ᄒᆞᆫ 료동ᄋᆞ로셔 처엄 오니 이 바ᄅᆞᆫ 갑ᄉᆞᆯ 아디 몯ᄒᆞᄂᆞ니 네 의심 말오 흥졍 ᄆᆞ초미 ᄆᆞ던ᄒᆞ다 (牙家道: 他每還的價錢是著實的價錢. 恁客人每直東新來, 不理會得直實價錢, 恁休疑惑, 成交了者.) <번노 하:60b> 이 銀 등에셔 진짓 거신동 거즛 거신동 우리 高麗ㅅ사ᄅᆞᆷ이 아디 몯ᄒᆞ노니 네 다 보람두고 야ᄌᆞ와 보ᄂᆞᆫ ᄃᆡ 흠의 보라 후에 ᄡᅳ디 몯ᄒᆞ거든 내 야ᄌᆞᄃᆞ려 무러 밧고리라 (這銀子裏頭, 眞的假的, 我高麗人不識, 你都使了記號着, 牙家眼同看了着. 後頭使不得時, 我只問牙家換.) <번노 하:64a> ⇒ 아ᄌᆞ, 아지, 아파

【야청】 명 ((색채)) 아청(鴉青). 짙은 남빛. '(鴉, yā)'는 중국어 직접 차용어.¶ 청화 | 야청 | 쪽 | 야청 <법한 768> 야청 ᄃᆡ, 省作"黛". "青黛". 似空青而色深.又畫眉也. (黛) <자주 하:44a> 야청 ᄃᆡ, 省作"黛". "青黛". 似空青而色深. 又畫眉也. (黛) <자주 하:44a> 거믄 야청 비단 (黑青) <역해-직조 하:4a> 야청 드리다 (染青) <한청-세소 8:52b> ▼鴉青 ‖ 야청 (鴉青) <방석-포백 2:27a> 야청 (鴉青) <광보-2 의복:5b> 야청 (鴉青) <일용-의복 13b> 내 사ᄂᆞᆫ 갑ᄉᆞᆫ 小絹 ᄒᆞᆫ 필엔 서 돈에 ᄒᆞ여 小紅 드려 안ᄭᅵᆸ 삼고 능 ᄆᆡ ᄒᆞᆫ 필에 두 냥식ᄒᆞ여 야청과 쇼홍 드리노라 깁 ᄆᆡ ᄒᆞᆫ 필에ᄂᆞᆫ 믈갑시 두 돈이오 능 ᄆᆡ ᄒᆞᆫ 필에 믈갑ᄉᆞᆫ 야청앤 서 돈이오 小紅앤 두 돈이오 (我買的價錢, 小絹一匹三錢, 染做小紅裏絹, 綾子每匹二兩家, 染做鴉青和小紅. 絹子每匹染二錢, 綾子每匹染錢, 鴉青的三錢, 小紅的二錢.) <노언 상:12b> ▼青 ‖ 오ᄉᆞᆯ 니블 ᄯᅵᆫ대 ᄉᆞ졀을 조차 옷 니브되 날마다 ᄒᆞᆫ 볼 벗고 ᄒᆞᆫ 볼 ᄀᆞ라 닙ᄂᆞ니 봄의ᄂᆞᆫ 됴ᄒᆞᆫ 야청 노 이삭 ᄃᆡ녕에 흰 노 큰 더그레예 프른 뉴청노 ᄀᆞᄂᆞᆫ 줄옴 텰릭이오 (穿衣服時, 按四時穿衣服, 每日脫套換套.春間好青羅曳撒、白羅大搭胡、柳綠羅細摺兒.) <노언 하:45a> ᄯᅩ 내 요히 다 히여ᄂᆞ니 주거도 ᄒᆞᆫ 볼 거시나 ᄒᆞ쟈 ᄒᆞ니 그 반뵈 쉬 몯 나커든 보내여든 ᄲᅡ셔 ᄒᆞᆫ ᄀᆞᄉᆞᆷ곰 논화 ᄡᅳ고 야청을 녀ᄅᆞᄆᆡ 드려 ᄒᆞᆫ ᄀᆞᄉᆞᆷ 도로 주거나 반자글 ᄒᆞ거나 몯ᄒᆞᆯ가 누에ᄭᅴ 어ᄃᆡ 보내여라 <순천김씨-70 1550-92 신천강씨(어머니) ↓순천김씨(딸)> 교의예 돗 션ᄒᆞᆯ 거슬 몯 어ᄃᆡ 날 ᄒᆞ여 어ᄃᆡ ᄒᆞ라 ᄒᆞ시니 명지예 ᄌᆞ지 든 거시나 야청 든 거시나 아ᄆᆞ 거시나 ᄒᆞᆫ 자 세 치만 보내소 <현풍곽씨-38 /진하-166 17c전기 곽주(남편) ↓진주하씨(아내)> 야청(鴉青)은 밤숭이를 네 가마로 ᄒᆞᆫ 가마 되게 달혀 ᄉᆞ오 ᄉᆞᆫ 드려 거믄 빗 나거든 니근믈의 ᄢᅵ라 <주방-가람 야청 28a> 하인의 옷 ᄒᆞᆯ 거시 업서 놀근 야청 오ᄉᆞᆯ ᄡᅳ더 믈 내여 드려 닙고 옷 사ᄅᆞᆷ은 치마 ᄒᆞᆯ 거시 업서 흰 옷 닙고 민망ᄒᆞ여 ᄒᆞ더니 <셔궁 1:139> 야청은 야교플을 먹이ᄂᆞ니라 <규합-정양완b 야청 2:13b/155> 겨울 쪽 업슨 ᄯᆡ 옥싀을 드리랴면 갈매 기ᄋᆞ기와 새 야청 조각을 온슈의 각ᄀᆞ ᄲᅢ라 다른 온슈의 두 가지 ᄲᅢᆫ 믈을 참반ᄒᆞ여 잠간 섯거 빅번 셰말ᄒᆞ여 죠곰 섯거 고로ᄀᆞ 드리라 <규합-정양완b 남 2:9a/149> ⇒ 아청, 야쳥

【야청-깁】 명 ((복식)) 아청깁(鴉青-). 검은빛을 띤 푸른빛 깁. '아(鴉, yā)'은 중국어 직접 차용어.¶ 야청깁 감, 帛深青揚赤色玄色. (紺) <자주 상:84a> 야청깁 추, 帛青赤色, 三入成纁, 又再染以黑.又爵頭色卽鴉青. (緅) <자주 상:84a>

【야청-비단】 명 ((복식)) 아청비단(鴉青-). 검은빛을 띤 푸른빛. '아(鴉, yā)'은 중국어 직접 차용어.¶ 鴉青段子 ‖ 흰 부드러온 시욹쳥에 ᄒᆞᆫ 부 야청비단에 滿刺嬌ᄒᆞᆫ 슬갑을 ᄆᆡ엿고 젹삼 고의 裹肚 等 속옷으란 아직 닐ᄋᆞ디 말려니와 (白絨氈襪上, 絟着一副鴉青段子滿刺嬌護膝, 衫兒、袴兒、裹肚等裏衣, 且休說.) <박언 상:25a> 발에 지ᄌᆞ피 金線 가품 ᄭᅵᆫ 훠를 신고 보드라온 담쳥에 야청비단에 繡 노흔 슬갑을 ᄆᆡ고 ᄒᆞᆫ 필 먹당ᄀᆞᆺ치 검고 술진 몰을 ᄐᆞ고 (脚穿麂皮嵌金線靴子, 白絨氈襪上, 繫着鴉青段子繡花護膝, 騎着一匹墨丁也似黑的肥馬.) <박신 1:29b> ⇒ 아청비단, 야쳥비단

【야청-빗】 명 ((색채)) 아청빛(鴉青-). 검은빛을 띤 푸른빛. '아(鴉, yā)'은 중국어 직접 차용어.¶ 鴉青 ‖ 이 綿紬ᄂᆞᆫ 야청빗 드리고 이 옥식 綿紬ᄂᆞᆫ 본ᄃᆡ 婦人의 큰 옷 안히니 고텨 桃紅빗ᄎᆞᆯ 드리고져 ᄒᆞ노라 (這綿紬要染鴉青, 這魚白紬原是婦人家大襖裏子, 要改染做桃紅顏色.) <박신 2:14a> 야청빗 四季花 문에ᄂᆞᆫ 엿 냥 은에 ᄒᆞᆫ 필이오 남빗체ᄂᆞᆫ 넉 냥 은에 필이라 (鴉青四季花的六兩銀子一疋, 月白色的四兩銀子一疋.) <박신 2:43a> ▼藍靛 ‖ 한 ᄡᅡᆼ 야청빗 힘줄이ᄅᆞ 우슈에 혼을 쫓고 명을 취ᄒᆞ난 보검을 집아시니 (一雙藍靛焦筋手, 執定追魂取命刀.) <서유-계명 9:69-28> ※ 鴉青 ‖ 鴉青빗 四季花 문에ᄂᆞᆫ 엿 냥 은에 ᄒᆞᆫ필이오 (鴉青四季花六兩銀子一匹.) <박언 중:37a> ⇒ 아청빗, 아청빗ᄎᆞ, 야청빗ᄎᆞ, 야쳥빗

【야청-빗ᄎᆞ】 명 ((색채)) 아청빛(鴉青-). 검은빛을 띤 푸른빛. '아(鴉, yā)'은 중국어 직접 차용어.¶ 青 ‖ 겨올이 다ᄃᆞᆺ거든 벽드르문엣 비단옷과 초록 면듀 핫옷과 금으로 ᄧᆞᆫ 膝襴ᄒᆞᆫ 핫옷과 감찰비치 믈ᄲᅧᆯ 바탕에 ᄉᆞ화문ᄒᆞᆫ 비단 핫옷과 야청빗체 六雲文 비단 핫옷과 (到冬間, 界

地紵絲襖子、綠紬襖子、織金膝襴襖子、茶褐水波浪地兒四花襖子、青六雲襖子.) <노언 하:45b> ▼鴉青 ‖ 이리 니롤 양이면 이 야청빗츤 닷냥 은에 ᄒᆞ고 남빗츤 석냥 은에 홈이 엇더ᄒᆞ뇨 (如此說, 這鴉青的五兩銀子, 月白的三兩銀子如何?) <박신 2:43b> 노린지 지물 타먼 자쥬빗 되고 빅번 너 돈중 타먼 진홍식이 되고 빅번 두 돈중 타먼 분홍식이 되고 빅번 일곱 돈듕 타먼 야청빗치 되고 <당회바락범식긔-우한> ※ 南京 鴉青빗체 비단과 葱白빗체 편 通袖膝襴ᄒᆞᆫ 비단이 잇ᄂᆞ냐 (南京鴉青段子、葱白素通袖膝襴段子有麼?) <박언 중:36b> 이 鴉青빗체 大蟒龍 織金ᄒᆞᆫ 이란 옷거리 지으라 (這鴉青織金大蟒龍的做上盖.) <박언 중:54b> ⇒ 아청빗, 아청빗ㅊ, 야쳥빗, 야청빛

【야청-옷】 명 ((복식)) 아청옷(鴉青-). 검은빛을 띤 푸른빛 옷. '야(鴉, yā)'은 중국어 직접 차용어.¶ 鴉青 ‖ 아릐 교위예 늘근 한미 안자시디 두상의 홍빅 규화롤 만히 꼿고 도화 슈노흔 야청오술 입엇더라 (炕下對椅坐一老媼, 頭上揷朵紅白葵花, 衣一領鴉青桃花繡裙.) <열하-동경 1:19a> 야청오술 닙고 슈 두건을 뻣더라 (身上穿一領遍地金鴉青百花錦襖, 頭上戴一頂彩綉扎巾.) <선진 ㊄ 3:46> ⇒ 아청옷ㅅ

【야청】 명 ((색채)) 아청(鴉青). 검은빛을 띤 푸른빛. '야(鴉, yā)'는 중국어 직접 차용어.¶ 鴉青 ‖ 고로논 미 ᄒᆞᆫ 피레 두 량식 주고 사 야청과 쇼홍 드리노라 (綾子每匹二兩家, 染做鴉青小紅.) <번노 상:13b> ▼青 ‖ 옷 니블딘댄 ᄉᆞ절 조초 옷 니보디 날마다 ᄒᆞᆫ 볼 밧고 ᄒᆞᆫ 볼 ᄀᆞ라 닙ᄂᆞ니 보미ᄂᆞᆫ 됴ᄒᆞᆫ 야청 로 이삭 디녕에 힌 로 큰 더그레예 폰 류청 로 ᄀᆞᄂᆞᆫ 주룸 텬릭이오 (穿衣服時, 按四時穿衣服, 每日脫套換套. 春間好青羅衣撒、白羅大搭胡、柳綠羅細摺兒.) <번노 하:50a> 겨ᄉᆞ리 다ᄃᆞᆯ거든 벽드르문엣 비단 한옷과 초록 면듀 한옷과 금으로 짜 시란ᄒᆞᆫ 한옷과 감차할 믈결 바탕애 ᄉᆞ화문ᄒᆞᆫ 비단 한옷과 야청비체 구룸 여슷곰 문 둔 비단 한옷과 (到冬間, 界地紵絲襖子、綠紬襖子、織金膝襴襖子、茶褐水波浪地兒四花襖子、青六雲襖子.) <번노 하:50b> ⇒ 아청, 야쳥

【야청-비단】 명 ((복식)) 아청비단(鴉青-). 검은빛을 띤 푸른빛의 비단. '야(鴉, yā)'는 중국어 직접 차용어.¶ 鴉青段子 ‖ 힌 ᄀᆞᄂᆞᆫ 시욱청에 야청비단으로 좀보기 치질고이 ᄒᆞᆫ 후시 미엿고 격삼 고의 고두 류엣 속오ᄉᆞ란 안직 니ᄅᆞ디 마져 (白絨氈襪上, 絟着一副鴉青段子滿刺嬌護膝, 衫兒、袴兒、裹肚等裏衣, 且休說.) <번박 상:26b> ⇒ 야청비단

【야청-빛】 명 ((색채)) 아청빛(鴉青-). 짙은 남빛. '야(鴉, yā)'는 중국어 직접 차용어.¶ 青 ‖ 야청비체 구룸 여슷곰 문 둔 비단 한옷 (青六雲襖子) <번노 하:50b> ▼鴉青 ‖ 야청비체 ᄉᆞ화문 슈질ᄒᆞ고 금 드려 ᄧᆞᆫ 로 더그레예 (鴉青綉四花織金羅搭護.) <번박 상:27a> ⇒ 아청빗, 아청빗ㅊ, 야청빗, 야청빗ㅊ

【야코피】 명 ((인명)) 야코비(Jacobi). 야코비(M.H. von Jacobi)는 1834년 최초로 전동기를 개발한 러시아 기술자. (외래어).¶ 電動機 야코피氏 <백과신-송1926 491>

【야토로】 명 ((색채)) 압두록(鴨頭綠). 초록의 하나. '야토로(鴨頭綠, yātóulǜ)'는 중국어 직접 차용어.¶ 鴨綠 ‖ 녀름 다ᄃᆞᆺ거든 ᄀᆞ장 ᄀᆞᄂᆞᆫ 모시뵈 적삼에 우에ᄂᆞᆫ 슈 노흔 흰 뎐사 더그레예 야토로 사 딕녕이오 (到夏間, 好極細的毛施布布衫, 上頭繡銀條紗搭胡, 鴨綠紗直身.) <노언 하:45b> 홍창쉬 지비 야토로 갑 ᄒᆞᆫ 필 간다 브디 믈러 보내여라 다 인텨 가ᄂᆞ니라 하 사오납디 아니ᄒᆞ 밧고리 하 심심히여 ᄌᆞ시 몬ᄒᆞ노라 야토로 와사 죵돌 티장ᄒᆞ리라 호디 살려 보내여라 <순천김씨-119 1550-92 신천강씨(어머니) ↓순천김씨(딸)> ⇒ 야토록, 야투로 ☞ 아청, 야청

【야토록】 명 ((색채)) 압두록(鴨頭綠). 초록의 한 가지. '야토(鴨頭, yātóu)'은 중국어 직접 차용어.¶ 야토록 비단 (鴨頭綠) <역해-직조 하:4a> ⇒ 야토로, 야투로, ☞ 아청, 야청

【야투로】 명 ((색채)) 압두록(鴨頭綠). 초록의 한 가지. '야투로(鴨頭綠, yātóulǜ)'는 중국어 직접 차용어.¶ 鴨綠 ‖ 힌 기ᄌᆞ 피 훠의 야투로 노애 ᄉᆞ지 치질 히온 깃 ᄃᆞ론 거믄 ᄀᆞ놀오 보ᄃᆞ라온 시욱 쳥 우희 ᄒᆞᆫ 쌍 명록 비쳇 비단으로 ᄉᆞ곗곳 슈질ᄒᆞᆫ 후시를 미엿고 (白麂皮靴子, 鴨綠羅納綉獅子的抹口青絨氈襪上, 絟着一對明綠綉四季花護膝.) <번박 상:29a> 녀름 다ᄃᆞᆯ거든 ᄀᆞ장 ᄀᆞᄂᆞᆫ 모시뵈 격삼애 우희ᄂᆞᆫ 제 실로 슈질 노ᄒᆞᆫ 힌 뎐 紗 더그레 야투로사 딕녕이오 (到夏間, 好極細的毛施布布衫, 上頭繡銀條紗搭胡, 鴨綠紗直身.) <번노 하:50b> ⇒ 야토로, 야토록 ☞ 아청, 야청

【야투루-빛】 명 ((색채)) 압두록빛(鴨頭綠-). 초록의 하나. '야투루(鴨頭綠, yātóulǜ)'는 중국어 직접 차용어.¶ 鴨綠 ‖ 류청비쳇 무릅도리로 문ᄒᆞᆫ 비단 야투루비쳇 벽드르헤 운문ᄒᆞ욘 비단 연초록비체 보샹화문ᄒᆞ욘 비단 (柳青膝襴, 鴨綠界地雲, 鸚歌綠寶相花.) <번노 하:24a>

【약대】 명 ((동물)) 악대. 불깐 짐승. 중세몽고어 'aqta /aɤta'에서 온 차용어.¶ 약대 계 (犗) <음운 3a> ⇒ 악대, 악더, 약더

【약대-소】 명 ((동물)) 악대소. 불친 소. 중세몽고어 'aqta /aɤta'에서 온 차용어.¶ 약대소, 션우 (騸牛) <물명괄-조수 11a> ⇒ 악더쇼, 약더쇼

【약더】 명 ((동물)) 악대. 불깐 짐승. 중세몽고어 'aqta /aɤta'에서 온 차용어.¶ 약더 계 (犗) <음첩c 5b> 약더 건 (犍) <음첩a 3b> ⇒ 악대, 악더, 약대

【약더-쇼】 명 ((동물)) 악대소. 불친 소. 중세몽고어 'aqta /aɤta'에서 온 차용어.¶ 약더쇼 (騸牛) <물명고-서강 조수 9a> ⇒ 악더쇼, 약대소

【약더-양】 명 ((동물)) 악대양(-羊). 염소. 불깐 양(羊). 중세몽고어 'aqta /aɤta'에서 온 차용어.¶ 약더양 갈 (羯) <음첩a 2a> ⇒ 악대양, 악대양, 악더양

【약슬】 명 ((인명)) 약슬(約瑟). 요셉(Joseph). 신약 성서에서 나오는 예수의 아버지. 직업은 목수였다고 함. 기독교에서는 요셉을 예수를 낳으신 육체적 아버지로 보지 않고, 다만 성모마리아의 정결한 배필로서 예수를 보호하시고 기르신 아버지로 인정함. (중국어 간접 차용어).¶ 마리아의 혼인 뎡훈 남인은 곳 약슬이니 ᄀᆞ쟝의 잇ᄂᆞᆫ 사람이라 마리아ㅣ 더졉ᄒᆞ기를 ᄀᆞ쟝 잘ᄒᆞ더니 마리아ㅣ ᄋᆞᄒᆡ를 낫키 젼에 ᄒᆞᆫ 왕이 잇서 령을 ᄂᆞ려 여러 빅셩으로 ᄒᆞ여곰 일홈을 칙에 긔록ᄒᆞ여 부셰를 거두기에 편케 ᄒᆞ라 ᄒᆞ니 마리아ㅣ 약슬과 ᄒᆞᆷᄭᅴ 돈을 가지고 ᄌᆞ긔 집을 ᄯᅥ나 그 조샹의 디방에 니ᄅᆞ러 일홈을 호적에 긔록ᄒᆞ려 가니 <훈아 12b> 양치ᄂᆞᆫ 쟈ㅣ 서로 닐ᄋᆞ더 우리 빅리ᄒᆡᆼ에 가 하ᄂᆞ님ᄭᅴ셔 뵈이신 일을 보리라 ᄒᆞ고 급히 가 그 곳에 니ᄅᆞ러 과연 어린ᄋᆞᄒᆡ 마구에 잇고 마리아와 약슬이 겻헤 잇서 조심ᄒᆞ야 보호ᄒᆞᆷ을 보고 즉시 텬ᄉᆞ의 말ᄒᆞᆫ 바 일노ᄡᅧ 고ᄒᆞ니 듯ᄂᆞᆫ 쟈ㅣ 긔이히 넉이더라 <훈아 13a> ☞ 요셉

【약-푸리】 명 ((상업)) 약포리(藥鋪裏). 약방(藥房). '푸리(鋪裏, pùli)'는 중국어 직접 차용어.¶ 醫家 ‖ 그 두 ᄀᆞ지 약지 문득 본국의 소산이 아니라 약푸리와 의원의 집의 일즉 일홈도 모로노라 ᄒᆞ니 (不意雷丸、使君子此處歷來不産, 雖出千金, 亦不可得, 問之醫家, 也都不知.) <경화 7:64> ▼藥鋪 ‖ 쟝미화와 월계화와 보상화 금은화와 ᄌᆞ등화 몃 가지 초화ᄅᆞᆯ 말녀셔 찻푸리와 약푸리의 팔나 보내면 조히 갑식 치우리라 (薔薇、月桂、寶相、金銀花藤, 這幾色的草花乾了, 賣到茶葉鋪藥鋪去, 也值好些錢.) <홍루 56:36> 내 가히 두어 히ᄅᆞᆯ 더 ᄉᆞ라 은공과 ᄒᆞᆷᄭᅴ 지낼 거시오 ᄎᆞ후ᄂᆞᆫ 우리가 가즁의 거쥬치 못ᄒᆞ리니 다른 곳으로 가 약푸리ᄅᆞᆯ 버려 싱이ᄒᆞ리라 (我多活二年, 同恩公明天我們在家裏住都不住, 我們就開藥鋪去了.) <충소 11:67> 태태ᄂᆞᆫ 보리 니의 이 팔둑이 마목ᄒᆞ여 죵시 낫지 아니ᄒᆞᄂᆞᆫ지라 판으로 ᄒᆞ여곰 약푸리의 가 고약을 어더다가 붓쳐도 ᄯᅩᄒᆞᆫ 무슴 효험이 업고 (太太你瞧瞧, 我這條膊子, 風痲着還沒有好, 叫板兒去討個膏藥貼上, 也沒有什麽效驗兒.) <후홍 13:45> 약푸리을 볼작시면 환약 고약 ᄀᆞ로약과 당지 초지 금셕지지 약즙치셔 약저울과 협도디연 돌절구와 깁체 풍노 막ᄌᆞ이며 <연행-병인>

【약한】 명 ((인명)) 약한(約翰). 요한(Johanne). 십이 사도의 한 사람. 갈릴리 어부의 아들로 태어나 요단강 가에서 예언 활동을 하였으며, 예수에게 세례를 주었다. 베드로 다음 가는 예수의 애제자였다. (중국어 간접 차용어).¶ 뎨ᄌᆞㅣ 모도 ᄀᆞ쟝 근심ᄒᆞ여 각각 닐ᄋᆞ더 내가 그 팔쟈ㅣ니잇가 ᄒᆞ니 다만 예수ᄂᆞᆫ 명빅히 말숨 아니ᄒᆞ시ᄂᆞᆫ지라 예수의 ᄀᆞ쟝 ᄉᆞ랑ᄒᆞᄂᆞᆫ 뎨ᄌᆞ 약한이 그 눈치ᄅᆞᆯ 알고 예수ᄭᅴ 무러 ᄀᆞᆯᄋᆞ더 쥬의 말숨ᄒᆞ시ᄂᆞᆫ 쟈ᄂᆞᆫ 이 누ㅣ니잇가 <훈아 28b> 피득과 약한이 예수의 시톄가 무덤에 잇지 아님을 듯고 무덤에 가 볼시 약한이 피득보덤 ᄲᆞᆯ니 ᄒᆞ여 몬져 무덤에 니ᄅᆞ러 굽어 그 가는 뵈만 잇슴을 보고 드러가지 못ᄒᆞ니 <훈아 37a> ☞ 요한

【얄덴】 명 ((지리)) 요르단(Jordan). 아시아 서남부 중동에 위치한 입헌군주국. 제1차 세계대전후 영국의 위임통치를 받았고, 1946년 독립하였다. '요르단'은 요르단강에서 온 말이다. (외래어).¶ 얄덴 (約但) <마가젼-이수정 1885> ⇒ 요단, 욜덴

【양국슈-샐렛】 ((음식)) 양국수(洋-, Macaroni salad). (외래어).¶ 양국슈샐렛 ‖ 양국슈(삶은 것) 1잔 생치 (썬 것) 1잔 피콩(삶은 것) 1잔 파 (닉인 것) ½개 치스 (잘게 썬 것) ½잔 양국슈와 피콩과 파와 치스를 셕고 감람 기름쓰레싱을 조곰 쳐셔 생치 우에 노코 그 우에 속 너흔 감람을 써러 노코 먹을 것 <서요 92> ☞ 나븨샐렛, 락화생샐렛, 련근샐렛, 멜치샐렛, 빠나나샐럿, 앵도샐렛, 양국슈샐렛, 치스샐렛

【양귤-마말네드】 명 ((음식)) 오렌지마멀레이드(orange marmalade). 오렌지 껍질로 만든 잼. (외래어).¶ 양귤마말네드 ‖ 네불 (양귤) 3개 레몬 1개 찬물 11잔 사탕 8잔 네불과 레몬을 껍질ᄭᆞ지 얇게 덤여셔 랭슈에 너허 24시간을 두엇다가 1시 동안 부글부글 ᄭᅳ려셔 사탕을 셕고 다시 24시간을 두엇다가 4잔이나 5잔식 1시 25분 동안을 ᄭᅳ려셔 그릇에 담고 식은 후 양쵸를 녹여셔 그 우에 부어셔 굿치고 조희로 잘 덥허 둘 것 (이것도 오래 둘 수 잇슴) <서요 244> ☞ 귤마말네드, 밋강마말네드

【양미나리-스칼눕】 명 ((음식)) 양미나리(洋-). 셀러리 스캘럽(escalloped celery). (외래어).¶ 양미나리스칼눕 ‖ 양미나리(celery) 대를 잘게 썰어 조곰 연하게 될 ᄯᅢᄭᆞ지 삶아셔 남비에 담고 거긔다가 면보 부스럭이와 빠터 1대슈가락과 소곰 조곰과 우유 ½잔을 너코 화덕에 너허셔 구을 것 <서요 74> ☞ 배추스칼눕

【양복지】 명 ((복식)) 양복지(洋服地). 양복을 지을 옷감. '服地'[hukuzi], '生地'[kizi] 등은 (일본어 차용어).¶ 시침 중침 월소 ᄒᆞ게 인도 젼도 단여 ᄒᆞ거리 목화 일 져근집 양복지 ᄒᆞ바리 <물목-눈셥지 1940 06:12:08>

【양-사지】 명 ((복식)) 양서지(洋serge). 옷감으로 쓰는 모직물의 하나. 전에는 견모의 교직(交織), 또는 양모 따위의 능직. 사지(サージ)는 'セル地'의 준말. (프랑스어 'serge'의 일본어 차용어).¶ 양사지 보리 치마 ᄎᆞ 일 … 뽀뿌링 ᄭᅩ가다 치마 ᄎᆞ 일 모슈 치마 ᄎᆞ 일 목 나이롱 치마 ᄎᆞ 일 사딘박구 연슉식 치마 ᄎᆞ 일 신직구 슉식 치마 ᄎᆞ 일 오강목 치마 ᄎᆞ 일 <물목1972 07:07:01> ☞ 세루

【양셩-ᄒᆞ-】 명 양성(養性)하다. 몸조리하다. (일본어 간접 차용어).¶ ※ 아므리카나 밤의도 養性ᄒᆞ여 나실 양으로 ᄒᆞ여 보옵소 <첩해-초 1:33a>

【양-자지】 명 ((복식)) 양자지(洋紫的). 서양식 자줏빛 물감. '지(的, de> di)'는 중국어 직접 차용어.¶ 빅지 二丑十六兩 더합ᄉᆞ 十太 六兩二錢 진반물 二甲 六兩六錢 별홍 三甲 六兩九錢 양자지 二甲 六兩四錢 진분홍 二甲 六兩六錢 <장기-송

화선 1912.10.3> 양자지 一甲 三兩四錢 <장기-송화선 1914.10.10> 흑물 二甲 六兩五錢 양자지 一甲 三兩五錢 <장기-송화선 甲寅1914.12.18> 진분홍 一甲 三兩六錢 양자지 一甲 三兩七錢 마미단낭 五介 二兩 <장기-송화선 1914.12.26> 흑물 二甲 四兩八錢 양자지 一甲 三兩 믁갑비누 一甲 二兩七錢 지갑中半打 十三兩二錢 <장기-송화선② 1915.7.18 ↓신영희> 연분홍 一甲 二兩九錢 취월이 一甲 三兩八錢 별홍 二甲 五兩六錢 흑물 二甲 六兩二錢 양자지 一甲 三兩七錢 후지 三卷 八兩四錢 <장기-송화선② 1915.2.15> ⇒ 양즈덕, 양즈지 ☞ 양즈지물

【양즈】 명 양자(樣子). 견본(見本). '양즈(樣子, yàngzi)'는 중국어 직접 차용어.¶ 樣子 ‖ 죠곰 더디다가는 양즈도 보디 못하리라 (悮一候咧, 連樣子也見不着啊.) <중화-아천 35b> 각 양즈를 가져와스니 보아라 네 이 양즈를 아무 잘게[닉]셔 막 집어 왓나냐 (拿各種樣子來給你瞧ㅣ咧, 你這个樣子是管那口㑊渾抓來的麽?) <중화-아천 36b> 잇쑤나 네 이 양즈가 언제 막 집어 온 거시랴 (噯呀, 這个樣子多候渾抓來的麽?) <중화-아천 37a> 남을 양즈 보이거든 쏘 골나 와시랴 (給人家瞧樣子的否咧, 也有調來的麽?) <중화-아천 37a> 그러면 양즈는 여긔 두고 네 황노디를 차자 저를 디리고 오나라 (那麽樣子却是這裡留下, 你找黃老大帶他來罷.) <중화-아천 37b> ⇒ 양즈

【양즈】 명 ❶ 양자(樣子). 견본(見本).¶ 樣 ‖ 이믜 이리 니르면 곳 네 갑대로 호되 다만 칼놀과 민들기와 꾸밀 모양을 내 너드려 니롤 써시니 用心ᄒᆞ여 양즈대로 민들라 (既如此說, 便依着你的價錢, 但是刀頭與裝修餙樣我說與你, 用心照樣做罷.) <박신 1:20a> 제 양즈디로 가져오디 죠곰도 틀니미 업고 (他照樣拿過來一點兒也不錯.) <화계 상:32a> ❷ 상황. 정세. (일본어 간접 차용어).¶ ※ 東萊 올라가 送使의 樣子룰 숣고 올 거시니 죵용히 쉬옵소 <첩해-초 1:20a> ⇒ 양즈

【양-즈덕】 명 ((복식)) 양자적(洋紫的). 서양에서 만든 자줏빛 물감. '양즈덕'은 중국어 간접 차용어.¶ 각쇡 환도영 이빅 건 [···양즈덕 십] ···각쇡 무소디 이빅 건 [···양즈덕 이십 쥬황 이십 오쇡 삼십] <니익슌브팀볼긔> ⇒ 양자지, 양즈지 ☞ 양즈지물

【양-즈지】 명 ((복식)) 양자지(洋紫的). 서양식 자줏빛 물감. '지(的, de> di)'는 중국어 직접 차용어.¶ 양즈지 一甲 二兩八錢 공칙中 二권 一兩四錢 又 二권 一兩四錢 又 二권 一兩二錢 연필 十二介 二兩七錢五分 <장기-송화선 1914.1.7> ⇒ 양자지, 양즈덕 ☞ 양즈지물

【양즈지물】 명 ((복식)) 양자지물(洋紫的-). 서양식 자줏빛 물감. '지(的, de> di)'는 중국어 직접 차용어.¶ 양즈지물 一甲 三兩二錢 □물 一甲 二兩二錢 황물 一甲 三兩 소다 五봉 一兩三錢五分 시구빈누 一甲 一兩四錢五分 봉토지 一甲 九錢 유토 二介 十一兩 왜감 一甲 八兩 쥭침긔 五介 四兩 젼망 三立 三十兩 은셔 一丑 二兩二錢 왜슈건大 一疋 十五兩五錢 <장기-송화선 1910.12.1> ☞ 양자지, 양즈덕, 양즈지

【양지-단쓰】 명 ((기물)) 양재단스(洋裁簞笥). '단스(簞笥, たんす)'는 옷장, 장롱이란 뜻으로, 일본어 직접 차용어.¶ 혼함 일좌 의거리 일좌 양복장 일좌 이불쟝 일좌 양지단쓰 일좌 실함 선함 일샹 경대 일좌 식샹즈 일쌍 디가방 일좌 즁가방 일좌 손가방 일 <물목-한고 1941>

【양치】 명 ((지리)) 양쯔(Yangzi)강. 중국의 중심부를 흐르는 아시아에서 제일 큰 강. 티베트 고원 북동부에서 시작하여 윈난(雲南)·쓰촨(四川)·후베이(湖北)·장시(江西)·안후이(安徽)·장쑤(江蘇) 따위의 성(省)을 거쳐 동중국해로 흘러 들어간다. (외래어).¶ 동에는 큰 산이 업고 황후ㅣ란 강이 [여러 천 리 되는 강] 황하슈로 드러가고 양치란 강이 [여러 천 리 되는 강] 태평양에로 드러가고 쏘 펴모사ㅣ란 셤과 적은 못시 만코 <사필1889-헐버트 72>

【양한지】 명 ((인류)) 양한지(養漢的). 창기(娼妓). 서방질하는 여자. '지(de> di)'는 (중국어 직접 차용어).¶ 養漢的 ‖ 녀염 녀즈는 댱복이 ᄀᆞᆽ지 못ᄒᆞ니 양한지롤 보면 맛당이 즈셔히 알니ㅣ 젼노의 양한지 방의 드러가 청ᄒᆞ야 뵈리라 (閭閻女子則長服不備, 見養漢的所着則當詳知之. 前路入養漢的房奉請矣.) <상봉 2:46b> ▼勾欄衚院 ‖ 노형은 날노 더부러 창기의 집이나 양한지의 집이나 ᄎᆞ져 일장 츈흥을 풀고져 ᄒᆞ노라 (老兄無事, 地方可有勾欄衚院, 不如去做個風流嫖客.) <동유-동방 4:7> 군관드리 희롱ᄒᆞ니 그 겨집이 ᄀᆞ장 븟그려 ᄂᆞᆾ출 수기고 바로 것지 못ᄒᆞ다가 믈통을 업치고 비단 치마을 오로 적시고 ᄃᆞ라가니 이는 빙[빅]셩의 집 쏠이라 양한지 아니로디 엇지 믈 길너 왓돗던고 <조천 39> 양한지란 계집은 남진ᄒᆞ는 져문 뉘라 셩젹ᄒᆞ고 머리예 쏫 곳고 오시 ᄀᆞ장 조츌ᄒᆞ고 지어미는 관 쓰고 아희계집은 비단으로 머리 싸고 남진 계집 업시 다 머리롤 우흘오 조젓더라 <조천 52>

【양한질-ᄒᆞ-】 동 양한(養漢)질하다. 서방질하다. '양한'은 (중국어 간접 차용어).¶ 養漢 ‖ 뉘 너의 도적질을 ᄒᆞ던지 양한질을 ᄒᆞ던지 아른 체 ᄒᆞ리오마는 좌우간 우리 곳의셔는 도적질ᄒᆞ고 양한질ᄒᆞ는 ᄉᆞ롬을 머믈너 두지 아니리니 (誰管你做賊也好, 養漢也好, 橫竪我這裏不留做賊養漢的人.) <홍부 30:126>

【어대의-ᄒᆞ-】 동 어대의(御大儀)하다. 수고하다. (일본어 간접 차용어).¶ ※ 어와 즈로 우다히 오로ᄂᆞ리기 御大儀ᄒᆞᆫ 일이ᄋᆞᆸ도쇠 <첩해-초 3:14a>

【어스츄렐늬아】 명 ((지리)) 오스트레일리아(Australia). 오스트레일리아 대륙의 대부분을 차지하는, 영연방의 자치국. 1788년 이래 영국의 유형 식민였으나 1901년에 여섯 주로써 연방을 결성하였으며, 1926년에 사실상의 독립국이 되었다. (외래어).¶ 어스츄렐늬아 (澳大利亞) <명물-육당 13b> ⇒ 오스도라리아, 오스드렐랴 ☞ 오국, 오대리아, 호쥬

【어음】 명 어음(御陰). 덕분(德分). 베풀어 준 은혜나 도움. (일본어 간접 차용어).¶ ※ 우리는 御陰을 뻐 無事히 왓습거니와 <첩해-초 1:11a>

【어의】 명 어의(御意). 당신의 호의. 당신의 뜻. 당신의 말씀. (일본어 간접 차용어).¶ ※ 御意 감격ᄒᆞ여이다 <첩해-초 2:1b> 大切의 御意오니 예셔 죽ᄉᆞ와도 먹ᄉᆞ오리이다 <첩해-초 2:7a>

【엄식-푸리】 명 ((상업)) 음식포리(飮食鋪裏). 음식점. '푸리(鋪裏, pùli)'는 중국어 직접 차용어.¶ 봉너국 엄식푸리 빅여 금 갑슬 쥬고 거긔 사룸 엄식으로 ᄉᆞ치로이 출히고셔 어너 날노 긔회ᄒᆞ며 어디메로 청히오고 <연행-병인>

【업준】 명 등가죽. 소의 가슴에 붙은 고기. 중세몽고어 'ebče'ün(胸)'의 차용어.¶ 업준 <한불 22> ⇒ 업쥬인, 업쥰, 업지운

【업쥬인】 명 등가죽. 소의 가슴에 붙은 고기. 중세몽고어 'ebče'ün(胸)'의 차용어.¶ 업쥬인 (業主人) <군목-육찬 8b> ⇒ 업준, 업쥰, 업지운

【업쥰】 명 등가죽. 소의 가슴에 붙은 고기. 중세몽고어 'ebče'ün(胸)'의 차용어.¶ 업쥰 <한영 33> ⇒ 업준, 업쥬인, 업지운

【업지운】 명 등가죽. 소의 가슴에 붙은 고기. 중세몽고어 '업지운(ebče'ün, 胸)'의 차용어.¶ 목쟝쎠 업지운 엽팔지 다리 다 이시되 엇지 ᄒᆞᆫ 다리 ᄲᅮᆫ 업ᄂᆞ뇨 네 보지 못ᄒᆞ엿ᄂᆞ냐 <청노 7:5b> ※ 額徹溫 (eče'ün) <원조비사 107> 額卜扯溫 (ebče'ün) <원조비사 103. 172> 胸, 額卜扯溫 (ebče'ün) <화이역어-신체> ⇒ 업준, 업쥬인, 업쥰

【에나멜】 명 ((기물)) 에나멜(enamel). 안료를 포함한 도료를 이르는 말. (외래어).¶ 取扱品目 벵키 스테인 와늬쉬 왁쓰 에나멜 漆油 테펜타인 칠붓 等 <서요1930 W.W.テイラー商會광고>

【에드리아】 명 ((지리)) 알바니아(Albania). 발칸 반도 남서부에 있는 공화국. 1946년 이탈리아로부터 독립하였으며, 1990년 이후 민주화하는 과정을 거치고 있다. (외래어).¶ 디경을 의론컨대 북에는 쉿스란드국과 오스드리아국이오 동은 에드리아틱 하슈요 남은 디즁히요 셔는 블란시국이오 <사필1889-헐버트 49>

【에듸손】 명 ((인명)) 에디슨(Edison, Thomas Alva). 미국의 발명가(1847~1931). 인쇄 전신기, 전화기, 백열 전등, 자력 선광법, 알칼리 축전지, 축음기, 영화 촬영기 따위를 발명하였다. (외래어).¶ 蓄音機 에듸손氏 <백과신-송1926 492>

【에로틱-하-】 형 에로틱하다(erotic-). 성적인 욕망이나 감정을 자극하는 데가 있다. (외래어).¶ 에로틱한 문제 애정 문제로 <염상섭, 질투와 밥1931 181>

【에리아】 명 ((인명)) 엘리야(Eliyah). 이스라엘 왕국 초기의 예언자. 바알 숭배를 공격하여 여호와의 유일함을 선언하였으며 유대인에게 구세주 재림의 선구자로 간주하였다. (외래어).¶ 홀연이 보매 예수 얼골에 광치 발ᄒᆞ야 태양 ᄀᆞᆺᄒᆞ시고 닙으신 옷시 희기 눈 ᄀᆞᆺᄒᆞ시니 실노 텬샹 형샹이러라 또 보매 모이스와 에리아 두 션지쟈ㅣ 예수와 ᄒᆞᆫ가지로 잇서 예수ㅣ 쟝ᄎᆞᆺ 힝ᄒᆞ실 ᄉᆞ경을 말ᄉᆞᆷᄒᆞ시니 이ᄂᆞᆫ 슈난ᄒᆞ샤 세샹을 구ᄒᆞ실 ᄉᆞ경을 ᄀᆞᄅᆞ침이라 <첨례-예수현셩용 9b> 또 여러 히 임의 죽은 모이스와 여러 히 싱존ᄒᆞᆫ 에리아ᄅᆞᆯ 명ᄒᆞ야 오게 ᄒᆞ심은 예수ㅣ 싱ᄉᆞ의 쥬ㅣ 되심을 나타내시고져 ᄒᆞ심이니라 <첨례-예수현셩용 11a> ⇒ 엘니야

【에릭】 명 에릭 (Erich). (외래어).¶ 에릭 (쉬던) (伊利克 Erich (Sweden)) <만국통감1912, 4, 13>

【에바-샤프】 명 ((기물)) 에바샤프. 연필(鉛筆)의 상표 이름. (외래어).¶ 에바샤프 (活動鉛筆) <자통-문방 429>

【에스드렐라】 명 ((지리)) 에스트렐라(Estrela). 포르투갈에서 가장 고도가 높고 국토 한가운데를 가로지르는 중추와도 같은 산악 지방. (외래어).¶ 디형을 의론컨대 동에셔 셔에로 에스드렐라ㅣ란 산이 나라 ᄒᆞᆫ가온대로 건너가고 또 데기스ㅣ란 강이 포구ㅣ오 북에는 두로ㅣ란 강이 포구ㅣ오 남에는 과듸아나ㅣ란 강이 잇스니 이 강들이 다 이스바니아국에셔 시작ᄒᆞ야 이 나라흘 건너 대셔양에로 드러가며 <사필1889-헐버트 45>

【에스페란토】 명 ((언어)) 에스페란토(Esperanto). 폴란드인 자멘호프가 1887년 창안하여 사용하게 된 국제 보조어. (외래어).¶ 에스페란토의 창작자 사메노푸 선싱의 위대한 사업의 새싹이라 할 만한 동시에 이번에 이 말을 가라친 김억(金億)씨는 이 긔회를 리용하야 조선에서도 영구히 에스페란토를 보급식히어서 우리 조선의 문화발뎐상에 적으나마 공헌을 하기 위하야 <동아일보 1920.8.2> ⇒ 에쓰페란토

【에쓰페란토】 명 ((언어)) 에스페란토(Esperanto). 폴란드인 자멘호프가 1887년 창안하여 사용하게 된 국제 보조어. (외래어).¶ 그들은 「에쓰페란토」로 혹은 제 나라 말로 그 나라 그 지방의 정세를 보고하고 장래 방침과 전술에 관한 토론을 하느라고 사흘이나 보냇다. <심훈, 동방의 애인 39> ⇒ 에스페란토

【에이트】 수 에잇(eight). 여덟. (외래어).¶ 에이트 (八) <영어일상통화단어초집 우산>

【에집도】 명 ((지리)) 이집트(Egypt). 아프리카 북동부 나일강 유역의 중심부에 있는 공화국. (외래어).¶ 의급ㅣ 에집도 <법한 491> 셩 미가엘이 모이스의게 뵈고 명ᄒᆞ야 가 텬쥬의 빅셩을 위로ᄒᆞ고 구ᄒᆞ라 ᄒᆞ니 에집도 학왕이 미혹ᄒᆞ야 긋이 노흘 ᄆᆞ옴이 업거ᄂᆞᆯ 셩 미가엘이 쇽ᄒᆞᆫ 신을 거ᄂᆞ려 왕의 빅셩을 벌ᄒᆞ야 ᄒᆞ로 져녁에 온 나라 맛아ᄃᆞᆯ을 다 죽이고 사로잡힌 이ᄅᆞᆯ 노케 ᄒᆞ니라 <첨례-미가엘 37a> ⇒ 에집도국 ☞ 애굽, 애굽국, 의급

【에집도-국】 명 ((지리)) 이집트국(Egypt國). 아프리카 북동부 나일강 유역의 중심부에 있는 공화국. (외래어).¶ 악왕 헤로더ㅣ ᄀᆞ만이 흉ᄒᆞᆫ 꾀ᄅᆞᆯ 내여 예수ᄅᆞᆯ 해코져 ᄒᆞ거ᄂᆞᆯ 셩 요셉이 텬신의 ᄀᆞᄅᆞ침을 닙어 급히 셩모와 예수 아기로 더브러 밤에 뿔니 길흘 떠나 일천 오빅 리ᄅᆞᆯ 힝ᄒᆞ야 에집도국으로 가실시 <첨례-셩요셉 50a> ⇒ 에집도 ☞ 애굽, 애굽국, 의급

【엑궤도】 명 ((지리)) 에콰도르(Ecuador). 남아메리카 대륙

의 북서부에 있는 공화국. 화산과 지진이 많은 나라로, 1830년에 대콜롬비아(大 Colombia)에서 분리하여 독립하였다. 수도는 키토. (외래어).¶ 아메리까에 각 디방과 각 나라는 가나다와 [엥길리국 쇽방이라] 덴막아메리까와 합즁국과 멕스고국과 센드랄아메리까국과 셔인도와 걸넘비아국과 베네수일나국과 기아나와 쁘레실국과 엑궤도국과 비루국과 블늬비아국과 칠릐국과 아젠틘합즁국과 바라궤국과 유루궤국이니라 <사필1889-헐버트 102> ⇒ 액궤도아, 이큐에더 ☞ 의과타이국

【엔코어】 명 앙코르(encore). 출연자의 훌륭한 솜씨를 찬양하여 박수로 재연을 청하는 일. 재청(再請). (외래어).¶ 엔코어를 두 번이나 밧도록 <염상섭, 제야(제2회)1922 54>

【엘니사벳】 명 ❶ ((인명)) 엘리자베스(Elizabeth). 엘리자베스 알렉산드라 메리 (Elizabeth Alexandra Mary). 영국의 40번째 군주이자 여덟 번째 여왕. (외래어).¶ 엘니사벳 (영국) (以利沙伯 Elizabeth (Eng.)) <만국통감1912, 4, 13> 이때에 영국 녀왕 엘니사벳이 군ᄉᆞ를 보내여 두 나라흘 도아 빌닙을 디덕ᄒᆞ매 <만국통감1912 4, 33> ❷ ((기독)) 엘니사벳. (외래어).¶ 셩모ㅣ 임의 텬쥬의 강잉ᄒᆞ심을 밧으매 고요히 거ᄒᆞ샤 지극ᄒᆞᆫ 은혜롤 감샤ᄒᆞ시고 텬신의 말을 싱각ᄒᆞ샤 겨레되ᄂᆞᆫ 형 엘니사벳의 잉틔ᄒᆞ심을 알으시고 요셉으로 더브러 밧비 유다 디방 산즁으로 가시니 때에 엘니사벳이 임의 잉틔ᄒᆞ엿시나 오히려 스ᄉᆞ로 숨기샤 아ᄂᆞᆫ 쟈ㅣ 업더라 <쳠례-셩모왕고 16a>

【엘니야】 명 ((기독)) ((인명)) 엘리야(Eliyah). 이스라엘 왕국 초기의 예언자. 바알 숭배를 공격하여 여호와의 유일함을 선언하였으며 유대인에게 구세주 재림의 선구자로 간주하였다. (외래어).¶ 하ᄂᆞ님ᄭᅴ셔 명ᄒᆞ샤 그릿시내가에 숨어 잇게 ᄒᆞ시고 三년 六월을 비를 ᄂᆞ리지 아니ᄒᆞᆯ 동안에 하ᄂᆞ님ᄭᅴ셔 우리 무리의게 명ᄒᆞ샤 엘니야의게 식물을 진공ᄒᆞ라 ᄒᆞ심으로 아ᄎᆞᆷ과 져녁으로 떡과 고기를 물어다가 진공ᄒᆞ엿스되 츄호라도 ᄢᅦ여 먹지 아니ᄒᆞ엿습ᄂᆞ이다 <경세종 24> 이때 모세 엘니야가 홀연히 나타나셔 예수와 말솜ᄒᆞ니 베드로ㅣ 엿ᄌᆞ오ᄃᆡ 여긔셔 사시ᄂᆞᆫ 것 우리의게 덕당ᄒᆞ니 쟝막 셋을 지으서셔 쥬와 모세 엘니야가 각기 살게 ᄒᆞ옵쇼셔 <연경-변화가 69> ⇒ 에리아

【엘버】 명 엘버 (Elbe). (외래어).¶ 엘버 (額勒碑 Elbe) <만국통감1912, 4, 13>

【엣나】 명 ((지리)) 에트나(Etna)산. 이탈리아 시칠리아 섬 동부에 있는 활화산. 유럽에서 가장 높은 화산으로, 산기슭은 과수원 지대를 이루고 있다. (외래어).¶ 디형을 의론컨대 북에는 앏이란 큰 산이 두루고 못과 모든 강이 만고 또 북에셔브터 남에로 압페나인이란 산이 나라 ᄒᆞᆫ가온대로 건너 가고 남에는 시실리란 큰 셤과 비슈비엇이란 화산이 잇고 또 시실리 셤 동편에 엣나ㅣ란 화산이 잇고 이 두 화산이 미우 크고 ᄒᆞᆼ샹 연긔와 큰 불ㅅ길과 소릐가 대단히 나ᄂᆞ니라 <사필1889-헐버트 50>

【엣와드-여섯재】 명 ((인명)) 에드워드 6세(Edward VI). 영국 튜더왕가의 왕(재위 1547~1553). 열렬한 신교도로 예배통일법과 일반 기도서의 제정 등 신교정책을 추진하였다. (외래어).¶ 엣와드 여섯재 (額窪德第六 Edward VI.) <만국통감1912, 4, 13> 헨리가 죽으매 그 아돌이 나히 겨우 여섯 셜에 그 아부지의 위를 니어 뎨륙 엣와드라 칭ᄒᆞ다 <만국통감1912 4, 37>

【엣인쁙】 명 ((지리)) 에든버러(Edinburgh). 영국 북부 스코틀랜드에 있는 주요 도시. 예전에 스코틀랜드 왕국의 수도였으므로 역사적 건축물이 많이 있다. (외래어).¶ 엣인쁙 (哀典布革 Edinburgh) <만국통감1912, 4, 13> 엣인쁙셩에셔 처음으로 영국교 규례대로 모혀 쥬끠 졀홀시 스갓트낸드 사룸들이 곳 북을 두다리며 짓거려 ᄀᆞᆯᄋᆞᄃᆡ <만국통감1912 4, 53>

【엥길리】 명 ((지리)) 영길리(英吉利). 잉글랜드(England). 영국 그레이트브리튼 섬의 중남부를 차지하는 지방, 런던을 비롯한 대도시와 공업 지대가 집중되어 있으며, 산업혁명이 처음 일어난 곳으로 유명하다. (외래어). 영국(英國). (외래어).¶ 엥길리 <사필> ⇒ 엥길리국, 영길니, 영길리 ☞ 잉그란드, 잉글넌드, 잉글런드

【엥길리-국】 명 ((지리)) 영길리국(英吉利國). 잉글랜드(England). 유럽 서부 대서양 가운데 있는 입헌 군주국. 그레이트브리튼 섬과 북아일랜드 및 부근 900여 개의 섬으로 이루어진 국가로, 런던을 비롯한 대도시와 공업 지대가 집중되어 있으며, 산업혁명이 처음 일어난 곳으로 유명하다. 영국(英國). (외래어).¶ 경션이나 위션이나 그 틈ㅅ이는 되그리라 닐ᄋᆞ고 경션은 엥길리국 도셩브터 시작ᄒᆞ야 동경션 몃 되그리라 셔경션 몃 되그리라 혜며 위션은 젹도에서 시작ᄒᆞ야 남위션 몃 되그리라 북위션 몃 되그리라 혜여 텬하 각 디방과 바다와 산천을 다 혜아리ᄂᆞ니라 <사필1889-헐버트 10> 또 호랑이와 비얌이 만하 일 년에 수 만 명 사룸이 죽고 또 비얌을 잡아 니를 ᄲᅢ고 길드려 여러 모양 작란ㅅᄀᆞ음을 ᄒᆞᄂᆞ니라 산 사룸을 샹케 ᄒᆞᄂᆞᆫ 풍쇽을 엥길리국이 금ᄒᆞ야 지금은 아니ᄒᆞᄂᆞ니라 <사필1889-헐버트 91> ⇒ 엥길리, 영길니, 영길리 ☞ 잉그란드, 잉글넌드, 잉글런드

【엥쿠루】 명 ((의약)) 일제강점기 수입 약명. (외래어).¶ 주문장 다음과 갓치 주문하오니 인환대금(代金引換)으로 보내주시오 약명 나오삐— 엥쿠루 에치삐—… 약명 구로뻴 푸르다 겡오 가이자 <신기신성당약품직수입주식회사>

【여로-ᄒᆞ-】 형 열요(熱鬧)하다. 매우 시끄럽고 떠들썩하다. 분주(奔走)하다. (중국어 간접 차용어).¶ 熱鬧 ‖ 굿보ᄂᆞᆫ 사룸이 바다와 뫼 ᄀᆞᆺ투야 십분 여로ᄒᆞ더라 (一個個都挨擠在西華門兩旁爭看. 眞個是人山人海, 十分熱鬧.) <평산 1:45> 큰듸 일 ᄒᆞ리옵거라 여로ᄒᆞ와 유무도 즈

시 몯ᄒᆞᄋᆞᆸ노이다 아마도 긔운 평안ᄒᆞᄋᆞᆸ샴을 천만 원ᄒᆞᄋᆞᆸ노이다 <현풍곽씨-140 /진하-81 17c전기 현풍곽씨(딸) ↓진주하씨(어머니)> 티보기는 촌 더 가 자니 원 병든 노미 치워 가솜과 지촘 지추되 이저는 헐ᄒᆞ오이다 ᄀᆞ업ᄉᆞ오되 티보기내 게 몯 간 주리 애돌와 ᄆᆞᄋᆞᆷ 요란ᄒᆞ고 큰더긔 여로ᄒᆞ여 ᄌᆞ시 몯 ᄒᆞᄋᆞᆸ노이다 <현풍곽씨-148 /진하-26 17c전기 현풍곽씨(딸) ↓진주하씨(어머니)> ⇒ 여료ᄒᆞ-, 여루ᄒᆞ-, 여류ᄒᆞ-, 열요ᄒᆞ-, 열요ᄒᆞ-

【여료-ᄒᆞ-】 형 열요(熱鬧)하다. 매우 시끄럽고 떠들썩하다. (중국어 간접 차용어).¶ 熱鬧 ‖ 십ᄌᆞ가의 다ᄃᆞ라니 수레박회 서로 부딋고 엇게 긔야여 여료ᄒᆞ미 바다 ᄀᆞᆮᄒᆞ야 좌우 시던 치각화란과 금편벽방의 보홰 츙인ᄒᆞ고 져재의 안즌 재 의복이 션명ᄒᆞ며 얼굴이 쥰수ᄒᆞ더라 (樓下出十字路, 轂擊肩磨, 熱鬧如海. 市廛夾道, 彩合雕窗, 金扁碧榜, 貨寶財賄充牣其中, 坐市者皆面皮白淨、衣帽鮮麗.) <열하-동경 1:20b> 바로 임경천 문젼에 이르러 ᄒᆞᆫ 번 보니 젼월에 와셔 볼 ᄯᅢ와 갓치 여료ᄒᆞ지 아니ᄒᆞ고 (一直來到任正千門首, 看了一看, 不如前月來的那般熱鬧.) <녹모 2:60> 가진과 뢰디 등은 또 인명을 졈고ᄒᆞ고 치부를 긔록ᄒᆞ여 공장을 감역ᄒᆞᄂᆞᆫ 등ᄉᆞ를 ᄒᆞ미 한 부ᄉᆞ로 이로 긔록ᄒᆞ지 못ᄒᆞ니 블과ᄒᆞ여 번화ᄒᆞ고 여료ᄒᆞᆯ ᄯᆞ름이오 (賈珍、賴大等又點人丁, 開冊籍, 監工等事, 一筆不能寫到, 不過是喧闐熱鬧非常而已.) <홍루 16:82> ⇒ 여로ᄒᆞ-, 여루ᄒᆞ-, 여류ᄒᆞ-, 열요ᄒᆞ-, 열요ᄒᆞ-

【여루-ᄒᆞ-】 형 열요(熱鬧)하다. 떠들썩하다. (중국어 간접 차용어).¶ 鬧熱 ‖ 셔련공쥐 쥬셕을 셩비ᄒᆞ야 완월누 우희셔 방연으로 더브러 돌을 귀경ᄒᆞ고 부듕의 브리ᄂᆞᆫ 녀악을 블러 됴징농광ᄒᆞ며 무챵가구ᄒᆞ야 심히 여루ᄒᆞᆫ디라 (瑞蓮公主整備酒席在玩月樓上, 與龐涓賞月, 叫幾個府中承應的女樂, 調箏弄管, 舞唱歌謳, 好不鬧熱.) <손방 2:54> ▼熱鬧 ‖ 허다ᄒᆞᆫ 아역과 교매 관문을 ᄢᅧ 여루ᄒᆞ거ᄂᆞᆯ (只見許多衙役轎馬擁擠觀前, 甚是熱鬧.) <평산 6:51> 금안쥰매 길히 메여 십분 여루ᄒᆞ고 누상의 온갓 풍뉴 소릐 공듕으로 나려오니 <구운몽 1:62> 쇼져를 옹위ᄒᆞ야 옥교의 올나 구가의 친영ᄒᆞ니 일노의 고악과 싱개 여루ᄒᆞ더라 <옥긔린 2:79> ᄆᆞᆫ득 문뎡이 여루ᄒᆞ고 벽졔소리 일촌을 진동ᄒᆞ더니 또 시네 보ᄒᆞ되 대승샹 힝치 문뎡의 니ᄅᆞ샤 이노야를 쳥ᄒᆞ시ᄂᆞ이다 <낙성 2:87> 일모의 호람후와 진왕 곤계 ᄌᆞ질졔손을 거ᄂᆞ려 환가ᄒᆞ니 상하의 환셩이 여루ᄒᆞ여 니회슈어만이니 다 긔록기 어렵더라 <윤하 94:28> 이목이 슈 업고 가듕이 여루ᄒᆞ미 날이 붉은즉 대로상 져지거리 ᄀᆞᆮ거ᄂᆞᆯ <명보 75:42> ⇒ 여로ᄒᆞ-, 여료ᄒᆞ-, 여류ᄒᆞ-, 열요ᄒᆞ-, 열요ᄒᆞ-

【여류-ᄒᆞ-】 형 열요(熱鬧)하다. 떠들썩하다. (중국어 간접 차용어).¶ 熱鬧 ‖ 외텬이 일 니러 와 듕미를 디졉ᄒᆞ며 빙네를 회답ᄒᆞᆯ 일을 출호고 븕은 꼿출 돌며 비단을 ᄭᅮ며 십분 여류ᄒᆞ니 (馮畏天清早過來料理回聘待媒, 懸紅結彩, 好不熱鬧.) <성풍 4:28> ⇒ 여로ᄒᆞ-, 여료ᄒᆞ-, 여루ᄒᆞ-, 열요ᄒᆞ-, 열요ᄒᆞ-

【여물-쿠디】 명 ((기물)) 여물구대(-口袋, kǒudài). 여물주머니. (중국어 직접 차용어).¶ 料口袋 ‖ 져의 여물 쿠디도 다 문안의 잇넌 것시니 도라와 즘싱의 궁이을 보와 초로을 다 먹어 간경하여다 (他們料口袋也都在門裡頭, 回來看牲口糟子, 草料都吃淨兒咧.) <기착-육당 하:56a>

【여여문】 명 ((인류)) 야야문(爺爺們). 어르신들. '여여(爺爺, yéye)'는 중국어 직접 차용어.¶ 爺爺們 ‖ 너의 여ᄋᆞ문 말하난 것슨 이 도시 니 잘못한 것슬 좃타 하라 알른굿치라 뉘가 올코 뉘가 올치 안턴지 다 니 신상의 두고 너의 여ᄋᆞ문의 뜻더로 우리로 하여 너의 닥갑슬 물너던지 또 감이 물지 안치 못하가시니 너의 여ᄋᆞ문이 티고져 한면 치고 벌코져 한면 벌하고 놋코져 한면 노와라 (你們爺ᄋᆞ們說是這都是我惱的好. 管他誰是誰不是呢, 都擱得我們身上, 隨你們爺ᄋᆞ們的邊[便]. 教我們費[賠]你們鷄錢, 也不敢不費呢; 你們爺ᄋᆞ們要打就打, 要罰就罰, 要赦就赦罷.) <기착-육당 하:35b> 너의 여ᄋᆞ문이 말하지 마시 이번예은 나을 도라보와라 어니 헉의 나을 ᄉᆞ랑하여 중후한 덕턱을 닙여 니짠은 당더의 다 갑지 못하갓다 (你們爺ᄋᆞ們不但說是這次看顧我, 每年家愛疼我, 厚重的托庇, 我却是一輩子報不盡.) <기착-육당 하:28b> 뉘가 올코 뉘가 올치 안턴지 다 니 신상의 두고 너의 여ᄋᆞ문의 뜻더로 우리로 하여 너의 닥갑슬 물너던지 또 감이 물지 안치 못하가시니 너의 여ᄋᆞ문이 티고져 한면 치고 벌코져 한면 벌하고 놋코져 한면 노와라 (管他誰是誰不是呢, 都擱得我們身上, 隨你們爺ᄋᆞ們的邊[便]. 教我們費[賠]你們鷄錢, 也不敢不費呢; 你們爺ᄋᆞ們要打就打, 要罰就罰, 要赦就赦罷.) <기착-육당 하:35b> ⇒ 야야문 ☞ 다여문

【여의신】 대 ((문서)) 여의신(女矣身). 여자인 저의 몸. '의신(矣身)'은 이두어로 '저'의 뜻임.¶ 여의신이 당가ᄒᆞ연 지 일년이 못 되옵고 몸이 쵸토의 이셔 가부만 의지ᄒᆞ고 완명을 보젼ᄒᆞ옵더니 <구례 류풍천 숀부 조시 원정1816> ⇒ 녀의신, 녀의지신 ☞ 의몸, 의신

【여호와】 명 ((기독)) 여호와(Jehovah). 구약성서에 나오는, 이스라엘 겨레가 최고 유일신으로 섬기던 신. (외래어).¶ 악ᄒᆞᆫ 쟈의 꾀임으로 힝ᄒᆞ지 아니ᄒᆞ며 죄인의 길에 서지 아니ᄒᆞ며 모만ᄒᆞᆫ 쟈의 자리에 안지 아니ᄒᆞ며 오직 여호와의 률법을 깃버ᄒᆞ야 그 률법을 밤낫으로 좀좀이 ᄉᆡᆼ각ᄒᆞᄂᆞᆫ 쟈ᄂᆞᆫ 복이 잇ᄂᆞᆫ 쟈ㅣ로다 <시편 1:1a> 여호와 하ᄂᆞ님 은혜 감샤ᄒᆞ여셔 못 닛겟네 <대매 1907.7.11> 여호와ᄭᅴ셔 세가리야 션지쟈의게 무슴 두 가지 이샹ᄒᆞᆫ 일을 보게 ᄒᆞ엿ᄂᆞ뇨 <오빅문답 44>

【연엽-졉시】 명 ((기물)) 연엽접시(蓮葉碟-). 연꽃 모양의 접시. '졉시'(<'뎝시')는 '楪子'의 차용어.¶ 연엽졉시 일둑 탕긔 대둥쇼 십삼 둑 팀치보ᄋᆞ 삼십칠 둑 조치긔 이십ᄉᆞ 둑 화보ᄋᆞ 일둑 종ᄌᆞ 오십일 둑 오 <길례시사긔볼긔1897>

【열요-ᄒᆞ-】 형 열요(熱鬧)하다. 떠들썩하다. (중국어 간접

차용어).¶ 熱鬧 ‖ 외싱녀의 죠양ᄒᆞ여 몸이 장실ᄒᆞ거든 친우 무리롤 모화 몃칠을 열요코ᄌᆞ ᄒᆞ노라 (等外甥女兒身子養的壯朗了, 請請親友們也熱鬧幾天.) <속홍 14:75> ⇒ 여로ᄒᆞ-, 여료ᄒᆞ-, 여루ᄒᆞ-, 여류ᄒᆞ-, 열요ᄒᆞ-

【열요-히】 부 열요(熱鬧)히. 떠들썩하게. (중국어 간접 차용어).¶ 鬧哄哄 ‖ 들보 빗치 혼혹ᄒᆞᆫ 거ᄉᆞᆫ 다시 치쉭으로 그리며 블상을 기금ᄒᆞ여 열요히 한 뭉치 되고 필경 져의 냥인을 졉ᄃᆡᄒᆞᄂᆞᆫ 재 업ᄂᆞᆫ지라. (梁色湮淺, 再加彩畫; 佛金淺談, 復爲裝裹. 鬧哄哄做一團, 竟無人招接他二人.) <후서유 3:25-5> ▼鬧轟轟 ‖ 당일의 장안 셩즁인이 모다 젼셜ᄒᆞᄃᆡ 홍복ᄉᆞ의셔 블디롤 밧드러 경문을 연다 ᄒᆞ고 열요히 와 보니 진ᄀᆡ 인산인히라 (當日長安城中已傳遍洪福寺奉佛旨開經, 都鬧轟轟來看, 眞是人山人海.) <후서유 20:92-40> ▼熱鬧 ‖ 져편의셔 말ᄒᆞ기롤 맛당히 범관의 ᄉᆞᆫ녀롤 취치 아니리라 ᄒᆞ니 가마니 드려 보내고 내 로야의 죄롤 면ᄒᆞ게 ᄒᆞ며 복직ᄒᆞ기롤 기다려 다시 즁인이 열요히 지내리라 ᄒᆞ니 (那邊說是不該娶放官的孫女, 只好悄悄的擡了去, 等大老爺免了罪做了官, 再大家熱鬧起來.) <홍루 119:27> 모든 노픠 답응ᄒᆞ고 슈망각난ᄒᆞ여 죠히 열요히 옴겨 가거놀 샤너ᄾ 분분ᄒᆞᄃᆡ (衆老婆答應着, 七手八脚搬的好熱鬧. 査大奶奶分付.) <홍부 24:22> 외간 말을 드ᄅᆞ니 대노야와 이노애 일즉 허여지고 한 무리 쇼야들만 머무러 이시며 ᄯᅩ 이태태 집 셜대야롤 열요히 ᄒᆞ리라 (聽見外頭說, 大老爺, 二老爺早就散了, 剩下一伙小爺們, 又把姨太太家薛大爺也邀了來了, 這會子只怕正喝到熱鬧中間了.) <속홍 7:96> 청안ᄒᆞ믈 맛치고 탁ᄌᆞ롤 버리고 홍담을 펴고 비파와 져와 싱황으로 열요히 ᄒᆞ여 일즉 쵸경시분의 니ᄅᆞ러 바야흐로 파ᄒᆞᄆᆡ (請安已畢, 安排桌椅, 鋪了紅氈, 便琵琶弦索笛管笙簫的熱鬧起來, 直唱到定更時分方罷.) <속홍 16:58> ᄃᆡ애 임ᄃᆡ야와 ᄒᆞᆫ가지로 앗가 취ᄒᆞ야 잠드신 동안에 하세뢰 짐싱만도 못ᄒᆞᆫ 놈이 제미자를 위ᄒᆞ야 말을 잇ᄭᅳ러 왕륜이 하시로 더부러 져 냥ᄀᆡ 쩟키를 조히 열요히 ᄒᆞ니이다 (大爺同任大爺方才吃醉睡去, 賀世賴這個忘八烏龜與妹子牽馬, 王倫同賀氏他兩個人搗得好不熱鬧.) <녹모 1:178> 다만 몽옥의 셩픔이 다른 사ᄅᆞᆷ과 대상부동ᄒᆞ여 졔 비록 ᄋᆞ시로브터 가장 고낭과 챠환 등의 총즁의 잇셔 열요히 지내나 (只是夢玉的脾氣與人不同, 他雖自小兒最喜在姑娘丫頭們裏面打交道.) <홍부 7:3> 당긔의 어육과 치쇼를 판비ᄒᆞ여 술을 마시며 열요히 쥬령을 힝ᄒᆞ고 먹국ᄒᆞ여 우음쇼리 훤ᄌᆞᄒᆞ더라 (登時切肉和煎筍, 頃刻提壺共擧杯, 行令猜拳多熱鬧, 呼么喝六笑聲高.) <재생 2:56>

【열요-ᄒᆞ-】 형 열요(熱鬧)하다. 떠들썩하다. (중국어 간접 차용어).¶ 熱鬧 ‖ 만일 희쥬롤 먹으면 십이일을 먹어야 가히 그치려니와 명일은 일변 희쥬롤 먹으며 겸ᄒᆞ야 슈쥬롤 먹으면 더욱 열요ᄒᆞ리니 오날은 몬져 노원으로 부터 시작ᄒᆞᄆᆡ 조토다 (若論喜酒, 須分十二天方能吃完. 明日又吃喜酒, 又是壽酒, 更覺熱鬧.) <경화 15:3> 거년의 너의 노야들이 집의 잇지 못ᄒᆞᄆᆡ 우리가 더옥이 태태롤 청ᄒᆞ여 월식을 구경ᄒᆞᄆᆡ 믄득 십분 열요ᄒᆞ더니 (往年你老爺們不在家, 咱們越性請過姨太太來, 大家賞月, 却十分熱鬧.) <홍루 76:3> 이ᄯᅢ의 희ᄌᆞ롤 놀니ᄂᆞᆫ 곤강도 잇고 고강도 이시며 익강도 이시며 방ᄌᆞ강도 잇시니 놀니기롤 열요ᄒᆞ게 ᄒᆞ다가 (那時開了戲, 也有昆腔, 也有高腔, 也有弋腔梆子腔, 做得熱鬧.) <홍루 93:17> ᄯᅩ 보ᄆᆡ 져곳은 이러ᄐᆞᆺ 열요ᄒᆞ고 우리 쇼샹관 즁은 다만 네가 청경ᄒᆞ믈 죠하ᄒᆞ나 나는 편벽도이 청문으로 더브러 열요히 노닐녀 ᄒᆞ노라 (又看見那邊這樣熱鬧, 我們瀟湘館裏只你愛淸淨, 我偏要同着晴雯熱鬧起來.) <후홍 4:29> 내가 대슈ᄌᆞ의 곳의셔 말ᄒᆞ여시ᄃᆡ ᄌᆞᄆᆡ 등이 여러 히를 열요ᄒᆞ다가 근일은 졈졈 희쇼ᄒᆞ엿거놀 (我在大嫂子那裏說起, 姊妹們熱鬧了這幾年, 如今一天一天的冷落起來了.) <홍보 2:12> ᄌᆞ견 고낭아 너ᄂᆞᆫ 엇지ᄒᆞ여 다만 이곳의셔 열요홈만 보고 웖흐로 가셔 너의 고낭의게 ᄉᆞ후치 아니ᄒᆞᄂᆞ뇨 (紫鵑姑娘, 你爲甚麽剛在這裏瞧熱鬧, 不上去伺候你姑娘?) <홍보 4:31> 니럿ᄐᆞᆺ 말ᄒᆞᆯ진ᄃᆡ 다만 져허컨ᄃᆡ 져도 ᄯᅩᄒᆞᆫ 한 무리 ᄉᆞᄅᆞᆷ이니 무방ᄒᆞ도다 우리 곳이 더옥 열요ᄒᆞ리라 (這麽說起來, 只怕他也是我們這一伙兒的數罷. 好, 罷了, 他來了咱們這裏更熱鬧了.) <보홍 1:61> ᄒᆞᆼ습을 잇지 못ᄒᆞ여 다시 잡기 마당의 가 열요ᄒᆞ더니 뉘 알니오 잡기 운쉬 죠치 못ᄒᆞ여 ᄯᅩ 몃 냥을 지고 심즁의 분울ᄒᆞ더니 (不免再到賭場中熱鬧熱鬧, 誰知賭運不好, 又輸去了幾回, 心中懊恨.) <설월 1:72> 열요ᄒᆞᆫ 승상 부즁의 챠환복부 등이 이 말을 듯고 승상이 부즁을 ᄯᅥ나가면 셩군쟉당ᄒᆞ여 쇼져와 부인을 뫼시지 아니코 나가 구경ᄒᆞ며 희쇼훤화ᄒᆞ더라 (相衙熱鬧非常比, 轟動丫環僕婦人, 一等太史離了府, 成群結伴出高廳, 離小姐撇夫人, 嘻笑喧嘩隊隊行.) <재생 10:81> 포ᄉᆞ안 등이 길에 난 지 여러 날만에 장안에 니르러 셩에 드러가니 다만 보건ᄃᆡ 셩닉 인연이 조잡ᄒᆞ야 조히 열요ᄒᆞ고 텬ᄒᆞ에 온 남네 얼마임을 아지 못ᄒᆞᆯ너라 (鮑賜安等在路非止一日. 那一日到了長安, 進了城. 只見長安城內人烟湊集, 好不熱鬧, 天下也不知來了多少男女.) <녹모 6:56> 분젼의 니ᄅᆞᄆᆡ 향당 노쇼 남네 모다 와셔 열요ᄒᆞ믈 보거놀 젼쇠 보고 년망히 말긔 나려 보힝ᄒᆞᆫᄃᆡ (到墳前, 便見男女老少俱是看熱鬧的鄕黨. 展昭連忙下馬步行.) <충협 10:86> 슉질 냥인이 발졍ᄒᆞ여 칠팔 니롤 힝ᄒᆞ다가 홀연 보ᄆᆡ 젼면의 일긔 긔뎜이 잇거놀 긔뎜으로 드러가 보ᄆᆡ 한편의 허다인이 에워 열요ᄒᆞ믈 보ᄂᆞᆫ지라 (爺兩個上路走了八里, 忽然看見前面有個鎭店, 進了鎭店一看, 路北有許多的圍着瞧看熱鬧.) <충소 16:5> ▼鬧熱 ‖ 부인 장상의 내가 죵리 가셔 보지 못ᄒᆞ여시니 그곳이 ᄆᆡ우 열요ᄒᆞ냐 (夫人, 王莊上我從未到過, 那裏還鬧熱麽?) <요화 2:58> 블과 외로이 븨여 잇ᄂᆞᆫ 장지니 무어시 열요ᄒᆞ랴 (孤零零的一箇莊子, 有甚麽鬧熱.) <요화 2:58> ▼鬧 ‖ 퇴일ᄒᆞ어 즉시 화촉을

일우리니 그 길일이 되면 진기 열요ᄒᆞᆯ 져당키 어려올지라 (定期就要完花燭, 到了那, 吉日眞情鬧不開.) <재생 31:18> ⇒ 여로ᄒᆞ-, 여료ᄒᆞ-, 여루ᄒᆞ-, 여류ᄒᆞ-, 열요ᄒᆞ-

【영길니】 명 ((지리)) 영길리(英吉利). 잉글랜드(England). 영국 그레이트브리튼 섬의 중남부를 차지하는 지방, 런던을 비롯한 대도시와 공업 지대가 집중되어 있으며, 산업혁명이 처음 일어난 곳으로 유명하다. (외래어). 영국(英國). (외래어).¶ 간웅지국 영길니를 츙동식혀 부동ᄒᆞ야 <대동공보 1909.3.28> ⇒ 영길리, 영길리 ☞ 잉그란드, 잉글린드

【영길리】 명 ((지리)) 영길리(英吉利). 잉글랜드(England). 영국 그레이트브리튼 섬의 중남부를 차지하는 지방, 런던을 비롯한 대도시와 공업 지대가 집중되어 있으며, 산업혁명이 처음 일어난 곳으로 유명하다. (외래어). 영국(英國). (외래어).¶ 영길리 ‖ 歐羅巴洲에 잇는 나라 일홈이니 英國이라고도 쓰오 <조선-심 125> 영길리 (英) <이언> 영길리 <법한 81> ⇒ 영길리, 영길니 ☞ 잉그란드, 잉글린드, 영국

【영니토당-허-】 형 영리타당(伶俐妥當)하다. '토(妥tuǒ)'는 (중국어 직접 차용어).¶ 문의도 나가지 아니ᄒᆞ고 아리ᄉᆞ로 여러 ᄉᆞ환드리 잇셔 모시고 미양 져ᄌᆞ의셔 영니토당헌 동무를 식여 밧그로 반ᄒᆞ러 보니니 (連門口不出去, 底些還有些个老金們伏侍着, 蘇長家在舖子裡, 打發伶俐妥當的夥計們往外販貨去.) <중화-한고 30a>

【예네세이】 명 ((지리)) 예니세이(Enisei)강. 러시아 시베리아 중부를 흐르는 강. 세계적인 큰 강으로 사얀 산맥에서 시작하여 북극해로 흘러든다. (외래어).¶ 디형을 의론컨대 동남은 스단오보이와 야블로노이와 알타이와 텬이란 산이 잇고 또 들이며 오비와 예네세이와 릐나ㅣ란 강은 [륙칠천 리ᄉᆞ식 되는 강] 남에셔 북하슈로 드러가고 <사필1889-헐버트 69>

【예루사렘】 명 ((지리)) 예루살렘(Jerusalem). 이스라엘에 있는 도시. 유대교, 기독교, 이슬람교에서 모두 성지로 여겨 분쟁이 많았다. 이스라엘의 수도이다. (외래어).¶ 또 북편에 무로사와 시멘아와 드레비산드와 어스름이란 촌이 잇고 셔편에 알너보와 더마스커스와 [텬하에 뎨일 오랜 촌이라] 베룻과 예루사렘이란 촌이 잇고 [온 텬하에 유명ᄒᆞᆫ 촌] 남편에 메듸나와 멕가와 [회회교 시작ᄒᆞᆫ 곳] 목카ㅣ란 촌이 잇고 동편에 부소라와 박닷과 [녜ᄉᆞ 아시리아국 셔울이니 유명ᄒᆞ니라] 모수ㅣ란 촌이 잇고 <사필1889-헐버트 99> ⇒ 야로살링, 야르살링, 예루사름, 예루살넴, 예루살램, 예루살렘, 예루살립, 예루살입, 예루샬넴

【예루사름】 명 ((지리)) 예루살렘(Jerusalem). 이스라엘에 있는 도시. 유대교, 기독교, 이슬람교에서 모두 성지로 여겨 분쟁이 많았다. (외래어).¶ 셔국 춍왕 헤라글니오ㅣ 벨시아 국왕 고스로에로 더브러 싸흔 지 두어 ᄎᆞ례에 춍왕이 자조 패ᄒᆞᆫ지라 고스로에가 긔 승흠을 ᄐᆞ 시리아를 나아가 치고 곳 예루사름에 니ᄅᆞ러 로략ᄒᆞ야 셩을 불살오며 자가리아 쥬교를 사로잡고 이젼 공스당 디노의 모친 헬네나 셩후의 머므른 바 십ᄌᆞ셩가롤 빼아사 가니 <쳠례-셩가광영 12a> 히마다 예루사름에 가쳠례ᄒᆞ실식 길히 멀기 비록 ᄉᆞ빅 리로ᄃᆡ 조곰도 슈고롤 꺼리지 아니ᄒᆞ시더니 <쳠례-셩요셉 50b> 예루사름 부녀들은 쥬의 고난 이통ᄒᆞ네 <경잡 1916.9.30> ⇒ 야로살링, 야르살링, 예루사렘, 예루살넴, 예루살램, 예루살렘, 예루살립, 예루살입, 예루샬넴

【예루살넴】 명 ((지리)) 예루살렘(Jerusalem). 이스라엘에 있는 도시. 유대교, 기독교, 이슬람교에서 모두 성지로 여겨 분쟁이 많았다. (외래어).¶ 예루살넴 (耶路撒冷) <신약젼셔 1900> 예루살넴 (耶路撒冷 Jerusalem) <만국통감1912, 4, 13> 또 예루살넴에 가셔 거룩ᄒᆞᆫ 무덤에 절ᄒᆞ고 나라헤 도라온 후에 뜻슬 강구ᄒᆞ며 학업을 더ᄒᆞ고져 ᄒᆞ야 <만국통감1912 4, 28> 陸地에선 예루살넴 聖殿까지도 우리 손에 드러와서 모시게 되여 <소년 1909.11.1> ⇒ 야로살링, 야르살링, 예루사렘, 예루사름, 예루살램, 예루살렘, 예루살립, 예루살입, 예루샬넴

【예루살램】 명 ((지리)) 예루살렘(Jerusalem). 이스라엘에 있는 도시. 유대교, 기독교, 이슬람교에서 모두 성지로 여겨 분쟁이 많았다. (외래어).¶ 고루거각 건튝물에 예루살램 아방궁와 <신민 1917.12.20> ⇒ 야로살링, 야르살링, 예루사렘, 예루사름, 예루살넴, 예루살렘, 예루살립, 예루살입, 예루샬넴

【예루살렘 닭고기】 ((음식)) 예루살렘 닭고기(chicken Jerusalem). (외래어).¶ 예루살렘닭고기 ‖ 도야지 고기 ½ 파운드 병아리 1마리 쪽편 6 대슈가락 빠터 1 대슈가락 파 (너인 것) 1 쇼슈가락 도야지고기를 잘게 썰어셔 끌는 물을 부어 두엇다가 짜어 버리고 빠터 녹인 데다가 잘 닉을 때까지 지지고 병아리를 각을 떠셔 도야지고기 지젓든 그릇에다가 물신하도록 지진 후에 닉힌 도야지고기 잘게 썰은 것을 셕 그대 빠터가 만커든 ⅔ 씀 짜라 버리고 쪽편을 셕근 후에 쓰겁게 해가지고 쓰거운 그릇에다가 병아리고기와 도야지고기를 쓰내 노코 그 남어지 국물에 다 잘게 썰은 파를 셕거 그 고기우에다가 쏫아셔 먹을 것 <서요 27> ☞ 이태리닭고기

【예루살렘】 명 ((지리)) 예루살렘(Jerusalem). 이스라엘에 있는 도시. 유대교, 기독교, 이슬람교에서 모두 성지로 여겨 분쟁이 많았다. (외래어).¶ 싀 예루살렘아! 예루살렘아! 참혹과 비참에 싸ㆍᄒᆞ여 외롭고 쓸쓸하고나 <신민 1919.7.3> ⇒ 야로살링, 야르살링, 예루사렘, 예루사름, 예루살넴, 예루살램, 예루살립, 예루살입, 예루샬넴

【예루살립】 명 ((지리)) 예루살렘(Jerusalem). 이스라엘에 있는 도시. 유대교, 기독교, 이슬람교에서 모두 성지로 여겨 분쟁이 많았다. (외래어).¶ 내가 여호와끠 밍셰흠을 그 모든 빅셩 압혜와 여호와의 원에 갑흐리니 예루살립이어 곳 너의 가온ᄃᆡ로다 여호와를 찬숑훌지어다 <시편 116:47a> 여호와끠셔 너를 씨온에셔 복을 주시겟슴이어 네가 또ᄒᆞᆫ 평싱에 예루살립의 평안흠을 보고

이에 네 ᄌᆞ식의 ᄌᆞ식을 보리로다 평강ᄒᆞᆷ이 이스라엘의게 잇슬지어다 <시편 127:57b> ⇒ 야로살렁, 야르살렁, 예루사렘, 예루사름, 예루살넴, 예루살램, 예루살렘

【예루살입】 명 ((지리)) 예루살렘(Jerusalem). 이스라엘에 있는 도시. (외래어).¶ 예루살입 (耶路撒冷) <마가전-로스 1887> ⇒ 야로살렁, 야르살렁, 예루사름, 예루살넴, 예루살램, 예루살렘, 예루살림, 예루샬넴

【예루샬넴】 명 ((지리)) 예루살렘(Jerusalem). 이스라엘에 있는 도시. (외래어).¶ 예루샬넴 (耶路撒冷) <마가전-이수정 1885> ⇒ 야로살렁, 야르살렁, 예루사름, 예루살넴, 예루살램, 예루살렘, 예루살림, 예루살입

【예리고】 명 ((지리)) 예리코(Jericho). 성서 이름은 예리고. 요르단 강 유역 서쪽에 자리 잡고 있는 도시. B.C 9000년경부터 있었던 것으로 추정되는, 세계에서 가장 오래된 도시 가운데 하나임. '어떤 사람이 예루살렘에서 여리고로 내려가다가 강도를 만나매 강도들이 그 옷을 벗기고 때려 거반 죽은 것을 버리고 갔더라.' (눅 10:30). (외래어).¶ 예리고 험ᄒᆞᆫ 길에 불샹ᄒᆞ게 드러누은 가련ᄒᆞᆫ 나그너의 신음ᄒᆞ는 그 소리를 듯ᄂᆞ냐 못듯ᄂᆞ냐 <기독신보 1916.8.30>

【예리미야】 명 ((책명)) 예레미아(Jeremiah)서. 구약 성경 가운데 한 권. 바빌로니아의 예루살렘 침략기에 행한 예레미야의 활동과 예언을 적은 예언서로, 신의 사랑과 공의에 의한 구원의 희망을 서술하였음.¶ 욥 시편 좀언 젼도 아가셔 이사야 예리미야 ᄋᆡ가셔 <창가집>

【예수】 명 ((인명)) 예수(Jesus, 耶蘇). 기독교의 개조(開祖). (외래어).¶ 예수 (耶穌) <마가전-로스 1887> 조곰도 계명을 어긔지 아니ᄒᆞ면 이 셰상 ᄯᅥ놀 ᄯᅢ에 예수ᄭᅴ셔 부혜ᄉᆞ를 보너여 네 령혼을 하나님 압흐로 인도ᄒᆞ실 거시니 엇지 이 셰상 환난 질병 고ᄂᆞᆫ이 그 압헤 이르것ᄂᆞᆫ야 <조부-녀약1910 22b ↓계산 손녀> 하ᄂᆞ님ᄭᅴ만 경비ᄒᆞ고 그 외아ᄃᆞᆯ 예수를 밋고 죄를 히기ᄒᆞ엿스면 텬하가 ᄒᆞᆫ 집이 되고 <경세종 9> 알네뉘아 알네뉘아 예수 부활 알네뉘아 <경잡 1912.4.15> 예수 시험 이긔신 것 본을 밧아 긔도ᄒᆞ세 <예수교회보 1913.4.1> 막달네나 마리아와 야곱모와 살노메는 예수 셩시 ᄎᆞ자갓네 <경잡 1916.4.30> 예수 셩용 못 뵈ᄋᆞᆸ고 지비지천 우리인싱 <경잡 1915.7.31> 예수 승텬 잘ᄌᆞ최는 반석우헤 완연ᄒᆞ나 <경잡 1918.1.15> 예수 오놀 니럿ᄉᆞ니 알닐누여 거룩ᄒᆞᆫ 날 오놀일세 알닐누여 <됴션 크리스도인 회보 1899.3.30> ⇒ 예슈, 예슈쓰

【예수가 뎨ᄌᆞ보다 갈닐니로 몬져 가시다】 관귀 십자가에 못 박히기 전날 예수는 제자들이 다 떠나갈 것을 예고하시면서 부활 후에 먼저 갈릴리에 가 있겠다고 말씀하시며 제자들에게 내가 다시 살아났다는 소식을 듣거든 갈릴리로 모이라고 하였음.(마태복음 26:31,32) 갈릴리(Galilee)는, 고대 팔레스타인의 북단 지역으로 지금의 이스라엘 북부에 해당되는 지역.¶ 예수ᄭᅴ셔 부활ᄒᆞ시샤 뎨ᄌᆞ 보라 갈닐니로 몬져 가시니 영광일세 <그리스도회보 1913.3.31>

【예수가 사ᄅᆞᆷ 몸을 닙다】 관귀 성육신(成肉身). 신자성육(神子成肉). 하나님의 독생자 예수가 인류 구원을 위하여 성령에 의하여 마리아의 태내에서 사람으로 잉태된 일.¶ 샹뎨 독ᄌᆞ 예수는 하놀에셔 ᄂᆞ려와 쳐녀 몸에 나시니 사ᄅᆞᆷ 몸을 닙엇네 <찬숑가>

【예수가 사십 일을 금식한 후 마귀의 시험을 받다】 관귀 예수가 성령에게 이끌리어 마귀에게 시험을 받으러 광야에 가서 40일을 금식한 뒤 세 가지 시험을 받고 마귀를 물리친 후 천사의 수종을 받은 일. '그 때에 예수께서 성령에게 이끌리어 마귀에게 시험을 받으러 광야로 가사 사십 일을 밤낮으로 금식하신 후에 주리신지라 시험하는 자가 예수께 나아와서 가로되 네가 만일 하나님의 아들이어든 명하여 이 돌들이 떡덩이가 되게 하라 예수께서 대답하여 가라사대 기록되었으되 사람이 떡으로만 살 것이 아니요 하나님의 입으로 나오는 모든 말씀으로 살 것이라 하였느니라 하시니 이에 마귀가 예수를 거룩한 성으로 데려다가 성전 꼭대기에 세우고 가로되 네가 만일 하나님의 아들이어든 뛰어내리라 기록하였으되 저가 너를 위하여 그 사자들을 명하시리니 저희가 손으로 너를 받들어 발이 돌에 부딪히지 않게 하리로다 하였느니라 예수께서 이르시되 또 기록되었으되 주 너의 하나님을 시험치 말라 하였느니라 하신대 마귀가 또 그를 데리고 지극히 높은 산으로 가서 천하만국과 그 영광을 보여 가로되 만일 내게 엎드려 경배하면 이 모든 것을 네게 주리라 이에 예수께서 말씀하시되 사단아 물러가라 기록되었으되 주 너의 하나님께 경배하고 다만 그를 섬기라 하였느니라.' (마태 4:1~10).¶ ᄉᆞ십 일을 금식ᄒᆞ고 마귀의게 끌녀셔 크게 시험 밧앗으나 <찬송가>

【예수가 12세 때 예루살렘 성전에서 학자들과 토론하다】 관귀 유대인들은 유월절, 초막절, 오순절을 3대 절기로 지켰고(출 23:14~17), 남자는 12세가 되면 율법에서 말하는 유대인의 자격을 갖게 되었다. 그래서 예수도 12세 때에 이 3대 절기의식에 참여하기 위하여 부모님과 함께 예루살렘 축제에 부모와 같이 참여하였다. 나사렛으로 돌아가는 길에 예수가 없어져 버린 것을 안 부모가 3일 동안 그를 찾다가 예루살렘 성전에서 랍비들과 토론하고 있던 예수를 발견하였음. 어머니 마리아가 "아이야 어찌하여 우리에게 이렇게 하였느냐 보라 네 아버지와 내가 근심하여 너를 찾았노라"(눅 2:48)라고 질책하자 예수는 "어찌하여 나를 찾으셨나이까? 내가 내 아버지 집에 있어야 될 줄은 알지 못하였나이까?"(눅 2:49)라고 답변하였다.¶ 十二셰의 예수셩동 예루사름 셩뎐에셔 학쟈들을 교훈ᄒᆞ네 <경잡 1918.2.15>

【예수가 제자의 발을 씻어주다】 관귀 예수가 죽기 전날 최후의 만찬 자리에서 제자들의 발을 씻어준 일.

'저녁 먹는 중 예수는 아버지께서 무든 것을 자기 손에 맡기신 것과 또 자기가 하나님께로부터 오셨다가 하나님께로 돌아가실 것을 아시고 저녁 잡수시던 자리에서 일어나 겉옷을 벗고 수건을 가져다가 허리에 두르시고 이에 대야에 물을 담아 제자들의 발을 씻기시고'(요한 13:3~5).¶ 종도 발을 씻기시니 지극ᄒᆞ신 겸손이라 <남마두>

【예수가 해변에서 인민에게 떡을 먹이다】 관구 예수가 부활하여 디베랴 호수에서 제자들에게 떡과 물고기를 먹인 일을 가르킴. '예수께서 가셔서 떡을 가져다가 그들에게 주시고 생선도 그와 같이 하시니라. 이것은 예수께서 죽은 자 가운데서 살아나신 후에 세번째로 제자들에게 나타나신 것이라.'(요한 21:13,14).¶ 구쥬여 히변셔 쩍덩이를 떼이샤 인민을 먹엿스니 <찬숑가>

【예수-고상】 명 ((천주)) 예수고상(Jesus, 耶蘇苦像). 십자고상(十字苦像).¶ 고상 | 예수고상 <법한 363>

【예수교】 명 ((종교)) 예수교[耶蘇敎].¶ 예수교 <법한 263> 예수교 ‖ 요새 성행하는 예수교가 조선음으로는 야소교(耶蘇敎)지만은 화음을 짜뤄 예수교라 하느니라 <조이-김동진> ⇒ 야소교, 야쇼교 ☞ 긔독교

【예수권】 명 ((기독)) 예수권[耶蘇權]. 예수의 권세. 생명, 은총, 의, 성령권이 있음.¶ 예수권을 더신ᄒᆞ야 텬당길노 잇끄신다 <경잡 1913.8.30>

【예수-부활】 명 예수 그리스도가 십자가에 못 박혀 죽은 지 3일째 되는 날 부활한 것을 가리킴. 이 날을 부활절(復活節)로 삼아 기념함. 서방의 기독교인들은 춘분(3월 21일경) 무렵이나 춘분 다음의 만월(滿月)이 지난 후 첫 번째 일요일을 부활절로 기념함.¶ 알네뉘아 알네뉘아 예수부활 알네뉘아 <경잡 1912.4.15>

【예수-셩탄】 명 예수성탄[耶蘇聖誕]. 예수의 탄생.¶ 예수셩탄 <법한 964, 974>

【예수-씨】 명 ((인명)) 예수씨[耶蘇氏].¶ 예수씨의 계명중에 삼강오륜 분명하오 <젼도가>

【예수탄일실과 푸딍】 ((음식)) 플럼푸딩(Plum pudding pudding). 크리스마스를 기념하여 먹는 영국의 전통 케이크. '푸딩'은 서양식의 연한 생과자. (외래어).¶ 예수탄일 실과푸딍 ‖ 밀가루 (체에 밧친 것) 4잔 건포도 1잔 커른드 1잔 씨트론(얇게 썬 것) 1잔 무화과나 호도 (넉인 것) 1잔 쇠기름 (넉인 것) 1잔 육두구 (간 것) 1개 뎡향 계피 올스파이쓰 ½쇼슈가락식 소곰 ½쇼슈가락 쎄킹파우더 2쇼슈가락 몰나셋스 1잔 물나셋스 외에는 모도 밀가루와 셕고 잘 져은 후에 몰나셋스를 너코 찬물을 되게 반죽할 만콤 붓고 부대 2개를 젹시고 그 속에 밀가루를 조곰 쑤리고 우에 셕근 것 졀반식 담고 잡아 맨 뒤에 끌는 물 남비에 사긔 졉시를 너코 그 우에 부대를 언고 물을 끄리대 물이 조는 대로 끌는 물을 더 붓고 3시간 동안 끄리면셔 대여섯 번 뒤집어 노하 닉힌 후에 아래 레몬 쏘스와 함끠 먹을 것 (오래 두고 먹을 수 잇슴) 찬물 1잔 사탕 1잔 콘스타치 2대슈가락 쎄터 2대슈가락 레몬 (누른 껍질만 간 것) 1개 레몬(즙) 2개 콘스타치와 사탕과 찬물을 셕겨셔 맑아케 될 때까지 삼사분 동안 끄리고 레몬 껍질과 레몬 즙과 쎄터를 너코 다시 1분 동안 끄려셔 더운 채 먹을 것 <서요 119> ☞ 기우리가루 푸딍, 벌의 집 푸딍, 사과푸딍, 킹스푸딍

【예슈】 명 ((인명)) 예수[耶蘇]. (외래어).¶ 問答이라 ‖ 예슈 웃지 밋쇼 제 죄을 ᄉᆞᄒᆞ고 영싱 복 밧들나고 밋쇼 죠기 무신 죄요 하ᄂᆞ임 배반ᄒᆞ고 위상 셤긴 거시 죄지요 영싱 복이 무어시요 천당의셔 질게 사난 것시요 예슈와 우이와 무삼 상관이쇼 우리 구하쥴 구쥬요 예슈 누구 아달이요 하나임 獨生子요 예슈 아바지 누구요 하나임이요 예슈 어먼이 누구요 동경여 마리아요 예슈 어듸셔 낫쇼 東方 유틱국의셔 낫쇼 東方동방 유틱국 어듸셔 낫쇼 東方 유틱국 벼들네헴 쥬졈 <학습문답-우한> ⇒ 예수, 예슈쓰

【예슈-고난】 명 예수고난[耶蘇苦難].¶ 예슈슈난 | 예슈고난 <법한 1044> ☞ 예슈슈난

【예슈교】 명 ((종교)) 예수교[耶蘇敎]. 기독교(基督敎).¶ 波羅士特敎 ‖ 파라ᄉᆞ특교, 路得所立敎, 亦曰修敎슈교, 卽今耶穌敎예슈교. <명물-도술 2:37b>

【예슈수난-날】 명 예수수난[耶蘇受難]날.¶ 예슈수난날 | 예슈 수난 본 날 <법한 1418>

【예슈-슈난】 명 예수수난[耶蘇受難].¶ 예슈슈난 | 예슈고난 <법한 1044> ☞ 예슈고난

【예슈-승텬】 명 예수승천[耶蘇昇天].¶ 예슈승텬 <법한 108>

【예슈-쓰】 명 ((인명)) 예수[Jesus, 耶蘇]. 기독교의 개조(開祖). (외래어).¶ 예슈쓰 (耶穌) <마가젼-이수정 1885> ⇒ 예슈씨

【예슈-씨】 명 ((인명)) 예수씨[耶蘇氏].¶ 예수씨의 말삼을 드르니 하ᄂᆞ님이 아직도 사ᄅᆞᆷ을 사랑ᄒᆞ신다 ᄒᆞ니 사ᄅᆞᆷ들이 악ᄒᆞᆫ 일을 만히 ᄒᆞ엿슬지라도 회개ᄒᆞ면 구완 잇ᄂᆞᆫ 길이 잇다 ᄒᆞ얏스니 이 세상에 잇ᄂᆞᆫ 여러 형졔ᄌᆞ미ᄂᆞᆫ 깁히 깁히 생각ᄒᆞ시오 <금수 48> ⇒ 예슈쓰

【예시야】 명 ((지리)) 아시아(Asia). 육대주의 하나. 동반구의 북부를 차지하는데, 세계 육지의 약 3분의 1에 해당하며 유럽주와 함께 유라시아 대륙을 이룬다. 아세아(亞細亞). (외래어).¶ 예시야 (亞細亞) <환중대구장상육주 19후반> ⇒ 아세아

【예지브도】 명 ((지리)) 미상. (외래어).¶ 예지브도 (麥西) <환중대구장상육주 19후반>

【옌지】 명 ((지리)) 연길(延吉). 중국 길림성에 있는 지명. '옌지(延吉, Yánjí)'는 중국어 직접 차용어.¶ 옌지 <노한 553>

【옌태】 명 ((지리)) 연태(烟台). 중국 산동성에 있는 지명. '옌태(烟台, Yántái)'는 중국어 직접 차용어.¶ 옌태 (芝罘) <화정-지여 18>

【옐니】 명 ((기독)) 엘리. 하느님. 예수가 십자가에 처형

당하던 날 낮 12시로부터 오후 3시까지는 온 세상이 빛을 잃고 깊은 어두움에 싸였다 함. 오후 3시 가까이 될 즈음에 예수는 큰 소리로 '엘리 엘리 라마 사박다니(나의 하나님, 나의 하나님 어찌하여 나를 버리시나이까)'라고 울부짖고 숨을 거둠. (외래어).¶ 보비론 싱명 피 짜에 흘닐 째 큰 목소리로 엘니 불넛네 <예수교회보 1913.6.17>

【오국】[1] 명 ((지리)) 오국(墺國) 오스트리아(Austria). 유럽 중부에 있는 공화국. 1938년에 독일에 병합되었다가 1955년에 주권을 회복하여 영세 중립국이 되었다. (중국어 간접 차용어).¶ 오대리국 | 오디리 | 오국 <법한 134> 오국(墺國) <이언> ☞ 오대리국, 오디리, 오마가, 오스드리아, 오스토리아, 오스트리아, 오쓰트리, 오우스도리야

【오국】[2] 명 ((지리)) 오국(澳國) 오스트레일리아(Australia). 오스트레일리아 대륙의 대부분을 차지하는 영연방 자치국. 1788년 이래 영국의 유형(流刑) 식민지였으나 1901년에 여섯 주로써 연방을 결성하였으며, 1926년 사실상의 독립국이 되었다. (중국어 간접 차용어).¶ 오국(澳國) <이언> ☞ 어스츄렐늬아, 오대리아, 오스도라리아, 오스드렐랴, 호쥬

【오늬】 명 ((군기)) 오늬. 화살의 뒤끝을 활시위에 끼우도록 에여낸 화살의 꼬리부분. 중세몽고어 '오늬(ono /oni)'의 차용어.¶ 括은 삸오뇌라 <능엄 9:20> ▼箭筈 ‖ 젼괄, 箭受弦處, 俗訓오늬. 弦현, 弓絲, 俗訓시위; 韒頭, 俗訓고오리. 羽箭、白羽、金僕姑、星鏃. 鏃촉, 矢金, 俗轉촉. 繳矢격시, 以繩繫矢而射也, 俗訓쥬살, 쥬卽繩之謂也. 矰弋. 筒箇동기, 盛矢器. 箭靫、交韔、魚腹、箭筒、罾、永、箙. <명물-기용 3:15a> 오늬 구 (彄) <음첩a 8a> 오늬 쓸 구 (鍭) <음운 4b> 오늬 괄 (筈) <왜해-군기 상:40b> 오늬 퓌다 (挑箭扣) <한청-제조군기 5:17a> 오늬 고다 (挑箭扣) <과록-병용 114b> ▼彄子 ‖ 이 활 브리우라 오늬 쟉고 고재 더ᄅᆞ다 (這弓卸下, 彄子小些箇, 弰兒短.) <번노 하:31b> ⇒ 오누, 온늬 ☞ 살오뇌, 살오늬, 살온의, 삸오뇌, 활오늬, 활옷늬

【오대리국】 명 ((지리)) 오대리국(墺大利國) 오스트리아(Austria). 유럽 중부에 있는 공화국. 1938년에 독일에 병합되었다가 1955년에 주권을 회복하여 영세 중립국이 되었다. (중국어 간접 차용어).¶ 오대리국 | 오디리 | 오국 <법한 134> ☞ 오국, 오디리, 오마가, 오스드리아, 오스토리아, 오스트리아, 오쓰트리, 오우스도리야

【오대리아】 명 ((지리)) 오대리아(墺大利亞) 오스트레일리아(Australia). (중국어 간접 차용어).¶ 오대리아 | 대양쥬 | 호쥬 <법한 130> ☞ 오국, 어스츄렐늬아, 오스도라리아, 오스드렐랴, 호쥬

【오뎃사】 명 ((지리)) 오데사(Odesa). 우크라이나 남서부에 있는 도시. 흑해에 면한 항구 도시. (외래어).¶ 오뎃사ㅣ란 포구는 블럭 못세로 통ᄒᆞ고 ᄯᅩ 늬버ㅣ란 강도 블럭 못세로 통ᄒᆞ고 돠이나ㅣ란 강은 화잇이란 하슈로 통ᄒᆞᆫ 포구ㅣ오 셔편 블럭 하슈에 릐나와 크런스닷이란 두 포구가 잇스며 <사필1889-헐버트 15> ᄯᅩ 나라 ᄒᆞᆫ가온대 머스고ㅣ란 큰 촌이 잇스며 [녯적 셔울이라] 셔편에 위셔ㅣ란 큰 촌이 잇고 남편에 오뎃사ㅣ란 큰 포촌이 잇ᄉᆞ니 각국과 상통ᄒᆞᄂᆞᆫ 큰 포구요 동편에 아스드라간이란 큰 촌이 잇고 ᄯᅩ 나브고닷이란 큰 촌이 잇스니 긔시ᄒᆞᄂᆞᆫ 쟝터ㅣ오 <사필1889-헐버트 16>

【오디리】 명 ((지리)) 오지리(墺地利). 오스트리아(Austria). 유럽 중부에 있는 공화국. 1938년에 독일에 병합되었다가 1955년에 주권을 회복하여 영세 중립국이 되었음. (외래어).¶ 오대리국 | 오디리 | 오국 <법한 134> 오디리와 밀의ᄒᆞ고 군쥬 독립 반포ᄒᆞ니 <대동공보 1909.4.11> ☞ 오국, 오대리국, 오마가, 오스드리아, 오스토리아, 오스트리아, 오쓰트리, 오우스도리야

【오랑】 명 ((교통)) 뱃대. 말에 안장을 얹기 전에 말의 배에 두르는 띠. 중세몽고어 '오랑(olang /olong)'의 차용어.¶ 오랑 가 (䋻) <음운 1a> ▼肚帶 ‖ 네 이 기ᄅᆞ마 구레 고돌개 가슴거리 돌애 기ᄅᆞ마가지 등울 등피 오랑 혁 바구레 밋마기 다ᄒᆞᆫ 혁 쥬리올 ᄌᆞ가미 마함 쏨어치 갓어치 핫어치 다 사다 (你這鞍子、轡頭、鞦、攀胸、鞊、鞍橋子、鴈翅板、鐙革折皮、肚帶<兒>、接絡、籠頭、包糞、編繮、繮繩、兜頦、閘口、汗替、皮替、替子, 都買了.) <노언 하:27a> 당시롱 멜 줄과 ᄯᅳ을 줄과 바구레와 지달술 바와 기르마와 오랑 等 類ㅣ 업세라 (還少套繩、撒繩、籠頭、脚索、鞍子、肚帶等類哩.) <박신 2:19b> [오론] ▼olon ‖ 이 몰을 다 짐 부리오고 오랑을 느초고 마함을 그르고 (ere morin be gemu aciha ebubufi, olon be sulabume jojin be sufi) <청노 3:6a> ⇒ 오랑

【오랑개】 명 ((인류)) 오랑캐. 중국에서, 주변에 살던 이민족을 낮잡아 이르는 말. 중세몽고어 '오랑캐(兀良哈, Uriangqai)'의 차용어. 본래 '오랑캐[兀良哈]'란 지명에서 유래한 것으로 이것이 차츰 호이(胡夷)의 통칭으로 쓰이게 되었다.¶ 胡 ‖ 호ᄎᆞ 농골대 마부대 인녈왕후 죠졔로ᄡᅥ 의탁ᄒᆞ야 좃ᄎᆞᆫ 오랑개와 밋 몽고롤 거ᄂᆞ려 올시 (胡差龍骨大、馬夫大, 托以仁烈王后弔祭, 率從胡及蒙古來到.) <조회 27:7> 황졔 계지의 발을 젹게 ᄒᆞ예 오랑개 와도 ᄃᆞ려가지 못ᄒᆞ게 ᄒᆞ니 거롬거리롤 못ᄒᆞ게 ᄒᆞᆫ 일이라 ᄒᆞ니 ᄌᆞ시 모롤너라 <조천 52> ⇒ 오랑긔, 오랑씨, 오랑캐, 오랑케, 오랑쾌, 오랑캐, 오랑킈, 오랑킈, 오랑캐, 오랑ᄏᆞ, 오러캐, 오렁킈, 올낭캐, 올냥캐, 올랑킈, 올앙킈, ᄋᆞ롱킈 ☞ 다대, 다딕, 되, 되노미, 되놈, 되인, 만ᄌᆞ, 야민, 야인

【오랑긔】 명 ((인류)) 오랑캐. 중국에서, 주변에 살던 이민족을 낮잡아 이르는 말. 중세몽고어 '오랑캐(兀良哈, Uriangqai)'의 차용어. 본래 '오랑캐[兀良哈]'란 지명에서 유래한 것으로 이것이 차츰 호이(胡夷)의 통칭으로 쓰이게 되었다.¶ 오랑긔 뇨 (獠) <음첩a 15b> 오랑긔 한 (馯) <음첩a 73a> 오랑긔 호 (胡) <자주 상:27a> <음첩a

75b> ⇒ 오랑개, 오랑ᄭᅴ, 오랑캐, 오랑케, 오랑쾌, 오랑쾨, 오랑킈, 오랑ᄏᆡ, 오랑ᄏᆞ, 오리캐, 오렁킈, 올낭캐, 올냥캐, 올랑킈, 올앙킈, ᄋᆞ롱킈 ☞ 다대, 다ᄃᆡ, 되, 되노미, 되놈, 되인, 만ᄌᆞ, 야민, 야인

【오랑기-싀】 명 ((인류)) 오랑캐새. 중국에서, 주변에 살던 이민족을 낮잡아 이르는 말. 중세몽고어 '오랑캐(兀良哈, Uriangqai)'의 차용어. 본래 '오랑캐[兀良哈]'란 지명에서 유래한 것으로 이것이 차츰 호이(胡夷)의 통칭으로 쓰이게 되었다.¶ 오랑기싀 욕 (鷜) <음첩a 48a>

【오랑ᄭᅴ】 명 ((인류)) 오랑캐. 중국에서, 주변에 살던 이민족을 낮잡아 이르는 말. 중세몽고어 '오랑캐(兀良哈, Uriangqai)'의 차용어. 본래 '오랑캐[兀良哈]'란 지명에서 유래한 것으로 이것이 차츰 호이(胡夷)의 통칭으로 쓰이게 되었다.¶ 오랑ᄭᅴ 마튼 아문 (理藩院) <화초-관부 3a> 오랑ᄭᅴ 시불 욕 (鷜) <음첩b 28a> ▼胡 ‖ 너 당년에 함곡관 지날 제 오랑ᄭᅴ로 화ᄒᆞ여 붓치도 계ᄒᆞ여시니 죠만간에 가히 몸을 방어할 밧 지니 (當年過函關, 化胡爲佛, 甚是虧他. 早晚最可防身.) <서유-계명 2:97> ⇒ 오랑개, 오랑기, 오랑캐, 오랑케, 오랑쾌, 오랑쾨, 오랑킈, 오랑캐, 오랑ᄏᆞ, 오리캐, 오렁킈, 올낭캐, 올냥캐, 올랑킈, 올앙킈, ᄋᆞ롱킈 ☞ 다대, 다ᄃᆡ, 되, 되노미, 되놈, 되인, 만ᄌᆞ, 야민, 야인

【오랑캐】 명 ❶ ((인류)) 오랑캐. 중국에서, 주변에 살던 이민족을 낮잡아 이르는 말. 중세몽고어 '오랑캐(兀良哈, Uriangqai)'의 차용어. 본래 '오랑캐[兀良哈]'란 지명에서 유래한 것으로 이것이 차츰 호이(胡夷)의 통칭으로 쓰이게 되었다.¶ 오랑캐 | 되놈 <법한 153> 야민 | 야인 | 오랑캐 | 되놈 <법한 1254> 오랑캐 가 (狪) <음첩a 1a> 西戎, 되・오랑캐 (羌) <신자 3:38a> 蕃人, "韃靼". 오랑캐 갈 (鞨) <자석 하:99b> 오랑캐 뇨 (獠) <음운 8a> 오랑캐 예 (獩) <일우생-우한> "韃靼". 契丹, 西北別種, 달단 오랑캐 (韃) <신자 4:37a> 契丹, 西北別種, 달단 오랑캐 (韃靼) <신자 4:37a> 單于, "冒頓". 오랑캐 일홈 돌 (頓) <자석 하:101a> 오랑캐 저, 羌也 (氐) <자석 상:75b> 오랑캐 풍유 금 (僸) <음운 5b> 單于, "冒頓". 오랑캐 일홈 돌 (冒) <자석 하:101a> "南蠻". 鴂舌人, 되・오랑캐 (蠻) <신자 3:63b> 北方夷, 북녁 오랑캐 맥 (貊) <자석 하:74b> 오랑캐 풍유 금 (僸) <음운 5b> 오랑캐 인군의 일홈 곡 (谷) <자석 하:73a> 吐藩都名, 오랑캐 도읍 일홈 사 (娑) <자석 상:27a> 蕃人, "韃靼". 오랑캐 말 (韎) <자석 하:99a> 오랑캐 풍뉴 필, 蕃樂. (觱) <자석 하:66a> 오랑캐 호 (胡) <왜해-국호 하:2b> 戎名, "吐谷渾". 오랑캐 일홈 혼 (渾) <자석 상:80b> 北狄, "獯鬻". 북녁 오랑캐 훈 (獯) <자석 상:94a> 蕃樂, "觱篥". 오랑캐 풍류 률 (篥) <자석 하:25b> ▼胡 ‖ 오랑캐 막기에 다ᄃᆞ라ᄂᆞᆫ 鐵털甲갑 닙고 몰 톤 놈돌히 홈ᄭᅴ 다ᄃᆞᆯ 제 長댱鎗창이 어둑 불어디ᄂᆞᆫ 故고로 專젼 슈매와 칼 긴매롤 쓰니 이 ᄯᅩᄒᆞᆫ 敵뎍의 일을 回인ᄒᆞ여 이긔오믈 므ᄅᆞ져 ᄌᆞᄂᆞᆫ 法법이라 (至於防胡, 則鐵騎齊突之際, 長鎗動見損折, 故專用大棒及刀棍, 是亦因敵制勝之法也.) <무보 21b> 황혼의 오랑캐 군식 퉷글이 셩의 ᄀᆞ독ᄒᆞ니 셩남을 가고져 호더 남을 닛고 븍으로 ᄃᆞᆺᄂᆞᆫ쏘다 (黃昏胡騎塵滿城, 欲往城南忘南北.) <고진 5:51> 뫼 길히 가기 슌티 못ᄒᆞ고 슌쵸ᄒᆞ라 나온 적쟝은 오랑캐 사롬으로 셩명은 마합이라 몰 돌니기롤 닉게 ᄒᆞ야 압셔 쏠와오거놀 (山路走不快, 他那出哨將官, 是個胡騎出身, 叫做馬哈, 慣會騎馬, 頭一個赶來.) <수유-동방 11:83> ▼胡人 ‖ 오랑캐 사롬은 븍으로 좃치믈 근심ᄒᆞ고 대완의 몰은 ᄯᅩ 동으로 조차 온디라 (胡人愁逐北, 宛馬又從東.) <고진 3:131> ▼胡虜 ‖ 어늬 날 오랑캐롤 평히 ᄒᆞ고 냥인이 먼 힁역을 파흘고 (何日平胡虜, 良人罷遠征.) <고진 1:63> ▼夷虜 ‖ 昏娶흘제 財믈을 의論호면 오랑캐 道ㅣ라 ᄒᆞ니 (昏娶而論財, 夷虜之道也.) <가언 4:10a> ▼虜 ‖ 그러나 아춤의 명을 드ᄅᆞ면 져녁의 길흘 인ᄒᆞ야 셤개도 협의ᄒᆞᄂᆞᆫ 거시 업더니 텬지 격양의 에우믈 닙으시매 단긔로 오랑캐롤 보와 지셩으로써 딘압ᄒᆞ니 (然朝聞命, 夕引道, 無纖介自嫌. 及被圍涇陽, 單騎見虜, 壓以至誠.) <곽자-곤필 75> 모든 경의 튱셩을 어엿비 넉이나 그러나 내 밍시호표 ᄀᆞᆺ고 놀난 병잡기 상셜 ᄀᆞᆺᄐᆞ더 오합ᄒᆞᆫ 오랑캐게 곤ᄒᆞ니 엇디 하놀 뜻지 아니리오 (甚哀諸卿忠誠! 然吾猛士如虎豹, 利兵如霜雪, 困於烏合之虜, 豈非天乎?) <통감 8:54> ▼兀良哈 ‖ 셰종 십칠년 츈 졍월의 오랑캐 오천칠빅 긔 돌입ᄒᆞ야 녀연을 에오니 (世宗十七年春正月, 兀良哈五千七百騎來圍閭延.) <조기-서변정토 4:40> 오랑캐 간타리 올젹히 둥이 홀나온으로 더브러 교통ᄒᆞᄂᆞᆫ 재 만흔 고로 도결졔ᄉᆞ 김종셔로 ᄒᆞ여곰 인편ᄒᆞ야 무러 그 ᄉᆞ실을 알고져 ᄒᆞ엿더니 (住居兀良哈斡朶里兀狄哈等與忽剌溫相通者應多. 故令都節制使金宗瑞因便問之.) <조기-서변정토 4:82> 네 나라히 잇ᄂᆞᆫ 오랑캐롤 다 사환ᄒᆞ고 일본 무역은 녜ᄀᆞᆺ티 ᄒᆞ더 (爾國所有兀良哈人, 俱當刷還. 日本貿易聽爾如舊.) <조기-병자로난 11:92> ▼羌胡 ‖ 공손찬이 오랑캐와 싸호기롤 만히 ᄒᆞ여시매 다 빅마롤 싸 션봉을 삼으니 칭호ᄒᆞ기롤 빅마쟝군이라 ᄒᆞ니 (因公孫瓚多與羌胡戰, 盡選白馬爲先鋒, 號爲'白馬將軍'.) <삼국-가정 3:16> 너뎨엿 오랑캐 ᄒᆞᆫ 놈을 엇디 내 청농도의 적시리오 (量汝羌胡一匹夫, 可惜我青龍刀斬汝鼠賊!) <삼국-가정 24:72> ▼胡騎 ‖ 뫼 길히 가기 슌티 못ᄒᆞ고 슌쵸ᄒᆞ라 나온 적쟝은 오랑캐 사롬으로 셩명은 마합이라 몰 돌니기롤 닉게 ᄒᆞ야 압셔 쏠와오거놀 (山路走不快, 他那出哨將官, 是個胡騎出身, 叫做馬哈, 慣會騎馬, 頭一個赶來.) <수유-동방 11:83> ▼烏桓 ‖ 오랑캐들이 빅마로 보면 믄득 ᄃᆞ라나ᄂᆞᆫ디라 일로 인ᄒᆞ야 빅매 만터라 (烏桓但見白馬便走, 因此白馬多.) <삼국-가정 3:16> 대병은 디내니 가족과 쎼만 이시니 방 밧긔 날 계교 못ᄒᆞ야 이시니 시져리나 편ᄒᆞ면 아닐가만는 오랑캐 온다 ᄒᆞ니 어이려니 ᄒᆞ뇌 <이복길가-3 이복길(남편) 1579-1640 ↓해미백씨(아내)> 텬하 각도

의 방진 군현 슈령들이 각ː 군ᄉᆞ를 거ᄂᆞ려 모든 ᄇᆡᆨ셩을 ᄌᆞ원바다 국가를 힘ᄡᅥ 오랑캐를 막줄나 ᄒᆡᆼ혀 큰 공을 나토리 이시면 다 크게 샹ᄉᆞᄒᆞ야 샹녜로 아니 ᄃᆡ접ᄒᆞ리라 <대송 1:19> 이 다히 고려 적의 녀진 오랑캐 웅거ᄒᆞ여더니 고려 예종 삼년의 윤시듕이 군ᄉᆞ 십칠만을 거ᄂᆞ려 좃고 길쥬 방어ᄉᆞ를 두엇더니 <북관 2:23> ❷ 일본을 가리키는 말.¶ 이러셔시기ᄂᆞᆫ ᄎᆞː 보아ᄒᆞ시면 됴케습 오랑캐 된 후 무슨 법이 잇게습 이 흉ː황ː ᄡᅥᆨ 잇지 아니시고 만히 보니셔시니 고맙고 황송 불안ː ᄒᆞ오이다 나는 ᄂᆡ두ᄉᆞ을 ᄉᆡᆼ각ᄒᆞ면 먹든 밥도 잇습ᄂᆞ이다 <뎡(동싱) 샹쟝1895 삭발녕> ⇒ 오랑개, 오랑ᄀᆡ, 오랑ᄭᅵ, 오랑케, 오랑쾨, 오랑킈, 오량ᄏᆡ, 오리캐, 오렁킈, 올낭캐, 올냥캐, 올랑킈, 올앙킈, ᄋᆞᄅᆞᆼ킈

【오랑캐-ᄆᆞᆯ】 명 ((동물)) 오랑캐말.¶ 胡馬 ‖ 오랑캐ᄆᆞᆯ은 북녁 ᄇᆞ람을 의지ᄒᆞ고 월나라 새ᄂᆞᆫ 남녁 가지의 깃드리ᄂᆞᆫ쏘다 (胡馬依北風, 越鳥巢南枝.) <고진 3:11> 함곡관의 믄득 오랑캐ᄆᆞᆯ이 오믈 놀라니 진나라 궁의 도리누를 향ᄒᆞ야 픠엿ᄂᆞᆫ고 (函谷忽驚胡馬來, 秦宮桃李向誰開.) <고진 5:25>

【오랑캐-ᄭᅩᆺ】 명 ((식물)) 오랑캐꽃. 제비꽃.¶ 장ᄉᆞᄭᅩᆺ | 오랑캐ᄭᅩᆺ <법한 1440>

【오랑케】 명 ((인류)) 오랑캐. 중국에서, 주변에 살던 이민족을 낮잡아 이르는 말. 중세몽고어 '오랑캐(兀良哈, Uriangqai)'의 차용어. 본래 '오랑캐[兀良哈]'란 지명에서 유래한 것으로 이것이 차츰 호이(胡夷)의 통칭으로 쓰이게 되었다.¶ 오랑케 맥 (貊) <일우생-우한> 오랑케 호 (胡) <일우생-우한> 오랑케 흉 (匈) <일우생-우한> ⇒ 오랑개, 오랑ᄀᆡ, 오랑ᄭᅵ, 오랑캐, 오랑쾨, 오랑킈, 오랑캐, 오량ᄏᆡ, 오리캐, 오렁킈, 올낭캐, 올냥캐, 올랑킈, 올앙킈, ᄋᆞᄅᆞᆼ킈

【가뎡 오랑케 맛듯】 속 가정 오랑캐 맞듯. 행세를 더럽게 하다가 매를 몹시 맞음을 비유하는 말.¶ 가뎡 오랑케 맛듯 (家丁胡가 被打하듯) 舊時에 清國使臣이 入城할 際에 家丁胡의 悖行이 有할가 慮하야 乘馬를 亂打하야 南別營으로 驅入하든 事가 有하니 大凡 何等 失手人이 毆打를 當하면 此로써 引喩하나니라 <조속1922 126>

【오랑쾌】 명 ((인류)) 오랑캐. 중국에서, 주변에 살던 이민족을 낮잡아 이르는 말. 중세몽고어 '오랑캐(兀良哈, Uriangqai)'의 차용어. 본래 '오랑캐[兀良哈]'란 지명에서 유래한 것으로 이것이 차츰 호이(胡夷)의 통칭으로 쓰이게 되었다.¶ 胡 ‖ 푸ᄌᆞ마다 교위를 노코 쥬인 오랑쾌 거러안자 담비도 먹으며 녜아기칙도 보다가 ᄆᆡ매ᄒᆞᄂᆞᆫ 사ᄅᆞᆷ이 오면 니러나 손들고 다시 안자 혹 셩명도 무ᄅᆞ며 다도 권ᄒᆞ더라 (各舖設凳子, 主胡坐其上, 或吸煙茶, 或看小說, 賣買人至則起而擧手復坐, 余歷見數十舖, 或問姓, 或勸茶.) <서원 2:9b> 쥬인 오랑쾌 져녁 먹ᄂᆞᆫ 거술 보니 메조를 ᄂᆞ믈의 섯거 국 ᄭᅳᆯ혀 조ᄡᆞᆯ떡의 뭉둥여 먹으니 음식 모양 ᄀᆞᆺ디 아니ᄒᆞ고 (主胡夕炊用豆豉入菜混同作羹, 與粱米餠雜嚼亂呑, 太不似飮食.) <서원 9:66a> ▼胡人 ‖ 강우 녀ᄌᆞ 계문난이 오랑쾌게 ᄑᆞᆯ니인 배 되야 심양으로 갈ᄉᆡ 여긔 니ᄅᆞ러 시 ᄒᆞ나흘 뎜팡 벽의 ᄡᅳ고 가니 (江右女子季文蘭爲胡人掠賣, 往瀋陽到此書一詩于店壁.) <서원 4:13a> ⇒ 오랑개, 오랑ᄀᆡ, 오랑ᄭᅵ, 오랑캐, 오랑케, 오랑쾨, 오랑킈, 오랑캐, 오량ᄏᆡ, 오리캐, 오렁킈, 올낭캐, 올냥캐, 올랑킈, 올앙킈, ᄋᆞᄅᆞᆼ킈

【오랑쾨】 명 ((인류)) 오랑캐. 중국에서, 주변에 살던 이민족을 낮잡아 이르는 말. 중세몽고어 '오랑캐(兀良哈, Uriangqai)'의 차용어. 본래 '오랑캐[兀良哈]'란 지명에서 유래한 것으로 이것이 차츰 호이(胡夷)의 통칭으로 쓰이게 되었다.¶ 胡 ‖ 쥬지 강목을 닥그실 ᄯᅢ에 동양의 일을 취ᄒᆞ야 ᄡᅥ더니 그 후에 과연 다ᄉᆞᆺ 오랑쾨 즁화를 어즈러인 일이 잇ᄉᆞ오니 (朱子修綱目時, 取董養之言書之, 其後果有五胡亂華之事.) <조회 23:47> ⇒ 오랑개, 오랑ᄀᆡ, 오랑ᄭᅵ, 오랑캐, 오랑케, 오랑쾌, 오랑킈, 오랑캐, 오량ᄏᆡ, 오리캐, 오렁킈, 올낭캐, 올냥캐, 올랑킈, 올앙킈, ᄋᆞᄅᆞᆼ킈

【오랑킈】 명 ((인류)) 오랑캐. 우리나라에서, 중국 주변에 살던 이민족을 낮잡아 이르는 말. 중세몽고어 '오랑캐(兀良哈, Uriangqai)'의 차용어. 본래 '오랑캐[兀良哈]'란 지명에서 유래한 것으로 이것이 차츰 호이(胡夷)의 통칭으로 쓰이게 되었다.¶ 되노미 | 오랑킈 <노한 235> 오랑킈 뇨 (獠) <음첩b 8b> 오랑킈 뎍 (狄) <음첩b 10b> <일우생-우한> 오랑킈 젹 (狄) <식자 16b> 오랑킈 동 (獞) <음첩a 22a> 오랑킈 훈 (獯) <음첩a 78b> 北方 오랑킈 험 (玁) <음첩a 74b> 오랑킈 시불 욕 (嗕) <음첩b 28a> ▼戎 ‖ 갑국이 오랑킈의게 멸ᄒᆞ니 부인이 그 가쟝이 죽지 아니ᄒᆞᆷ을 붓그려ᄒᆞ니라 (蓋國淪戎, 婦恥其夫不死.) <여사해-중 4:25b> ▼韃子 ‖ ᄎᆞ시 진둉황뎨 상보 원년이라 걸안 오랑킈 ᄌᆞ로 침노ᄒᆞ니 왕흠약이 졔긔 쥬왈 (還是祥符元年的時節, 眞宗皇帝惱那契丹韃子欺慢中國, 有佞臣王欽若奏道.) <평요 3:70> 거년의 이 ᄯᅡ히셔 오랑킈 ᄂᆞ라 셰작을 잡으니 관부의셔 공ᄉᆞᄒᆞ여 마을 ᄀᆡᆨ졈의셔 단신으로 가ᄂᆞᆫ ᄉᆞᄅᆞᆷ을 붓치지 못ᄒᆞ게 ᄒᆞ엿시니 (一個月前, 這裏捉了韃子國兩個細作, 官府行文書下來, 客店裏不許容單身的人.) <평요 6:41> ▼胡虜 ‖ ᄇᆡᆨ셩은 임의 오랑킈게 원상을 밧아시니 총병 일인의 원슈 갑기를 ᄉᆡᆼ각디 말고 가히 쳔나믄 모진 귀신이 되여 도적을 죽이고 (百姓旣爲胡虜受冤, 休想報總兵一人之原, 可去做幾千厲鬼殺賊.) <포공-侵冒大功 7:51> ▼蠻夷 ‖ 네가 사람의 신ᄌᆞ가 되여 은의를 도라보지 아니ᄒᆞ고 인군을 비반ᄒᆞ고 아비를 비반ᄒᆞ여 오랑킈의긔 항복ᄒᆞᆫ 노예가 되엿스니 ᄂᆡ가 너를 다시 보아 무엇ᄒᆞ리오 (汝爲人臣子, 不顧恩義, 畔主背親, 爲降虜於蠻夷, 何以汝爲見?) <정람 13:34a> ▼蠻奴 ‖ 오랑킈야 내 너의 머리를 버히리라 (蠻奴, 我來砍你腦袋!) <여선 36:66> ▼僮人 ‖ 또 셩 밧긔 십여 긔 큰 영ᄎᆡ를 쥬찰ᄒᆞ엿시ᄃᆡ

요도연의 녕을 밧드러 요 종낙 오랑킈와 동 종낙 오랑킈와 낭 종낙 오랑킈 군ᄉᆞ를 죠발ᄒᆞ여 와 지금 이만여 명이 되고 니ᄅᆞᄃᆡ (倒是城外扎下十來個大營, 奉姚廣孝調取. 傜人、僮人、狼兵, 現有二萬餘衆, 說還有得來, 要他們衝頭陣的.) <여선 36:46> ▼番 ‖ 다만 저 오랑킈 결네가 그 흉악함을 밋고 잇ᄯᅳ금 우리 너란을 타 크게 들어와 침범ᄒᆞ니 우리 결네가 처 멸ᄒᆞ지 못ᄒᆞ고 드듸여 싱키는 바 되니 (但恨這般番族, 恃其凶惡, 往往乘我內難, 大擧入犯, 我族剿除不滅, 遂爲所呑.) <신광 1:1a> 참정이 본ᄃᆡ 공문 혹졔로 불도를 비쳑ᄒᆞ여 부쳐는 셔역국 무륜ᄒᆞᆫ 오랑킈라 ᄒᆞ고 <성현 2:49> 이젼부터 우리 나라 ᄉᆞ신이 모든 오랑킈와 ᄒᆞᆫ가지로 오문 밧긔셔 됴회ᄒᆞ더니 이ᄢᅢ 공이 주왈 <죽천 2:4> 형장의 영무ᄃᆡ 직로ᄡᅧ 한 오랑킈 평졍ᄒᆞ믈 근심ᄒᆞᆯ 비 아니오 <명행 38:18> 이졔 미친 오랑킈 외람이 챵궐ᄒᆞ니 <벽허 19:40> 견융이 비록 오랑킈나 ᄃᆡ조 위엄을 두려 쥬져ᄒᆞ거놀 <엄효 16:49> 딤이 위의 니시므로븟터 무덕ᄒᆞ기로 오랑킈 창궐ᄒᆞ니 <유삼 14:67> 유악지즁의 결승뎐리지의ᄒᆞ는 용병곳 아니면 엇지 모든 오랑킈 구병을 탕멸ᄒᆞ며 <유이 31:15> 국운이 불힝ᄒᆞ야 오랑킈 삭기 황은을 져ᄇᆞ리미 이 ᄀᆞᆺ트니 <한조 14:20> 너는 셩인군ᄌᆡ오 나는 오랑킈의 뉘라 <화충 2:54> 오랑킈 병강ᄒᆞ여 범연ᄒᆞᆫ 당슈는 항복 밧기 어려오니 비뵈 급ᄒᆞ여 뎐문의 급보ᄒᆞ니 <명보 55:26> 여둥 무지ᄒᆞᆫ 오랑킈 신졀을 닛고 망녕되이 상국을 범ᄒᆞ니 그 죄 쥬륙을 바들지라 <소현 17:18> 당의가 잇스면 쳡지를 쓰ᄂᆞ니 낭ᄌᆞ족두리는 오랑킈 풍속이라 폐ᄒᆞᆷ이 가ᄒᆞ니라 <부필 17b> ⇒ 오랑개, 오랑긔, 오랑ᄭᅴ, 오랑캐, 오랑케, 오랑쾌, 오랑쾨, 오리캐, 오렁킈, 올낭캐, 올냥캐, 올랑킈, 올앙킈, ᄋᆞ룽킈

【오랑킈-귀신】 명 ((인류)) 오랑캐귀신. 중국 주변에 살던 이민족의 귀신.¶ 夷鬼 ‖ 셔방의 교쥐 이시ᄃᆡ 칭예ᄒᆞ는 쟈는 니ᄅᆞᄃᆡ 부처라 ᄒᆞ고 훼방ᄒᆞ는 쟈는 니ᄅᆞᄃᆡ 오랑킈귀신이라 ᄒᆞᄂᆞ니 (“西方有敎主, 譽之者謂之佛, 毁之者謂之夷鬼.) <후서유 11:108-22>

【오랑】 명 ((교통)) 뱃대. 말에 안장을 얹기 전에 말의 배에 두르는 띠. 중세몽고어 ‘오랑(olang /olong)’의 차용어.¶ 肚帶 ‖ 아래는 두그테 거믄 구슬로 ᄆᆡ자 ᄢᅦ욘 약대터리로 ᄧᆞᆫ 오랑 드리웟고 (底下垂下着兩頭靑珠兒結串的駞毛肚帶.) <번박 상:30a> 우리 가져 이 ᄆᆞᆯ돌 짐 브리우고 오랑 느추고 마함 벗기고 이 긼ᄀᆞᇫ애 노하 플 먹게 ᄒᆞ고 ᄒᆞ나ᄒᆞᆯ 히야 보게 ᄒᆞ고 다ᄅᆞ니는 다 이 신가의 드러가 무르라 가져 (咱們去來, 這馬都卸下行李, 鬆了肚帶, 取了嚼子, 這路傍邊放了, 着喫草着, 敎一箇看着, 別的都投這人家問去來.) <번노 상:39b> 네 기ᄅᆞ매 굴에 고돌개 가슴거리 돌애 기ᄅᆞ맛가지 두으리 둥피 오랑 셕 바굴에 ᄆᆡᆫ마기 다ᄒᆞᆫ 셕 쥬리울 ᄌᆞ가미 마함 ᄡᅩᆷ어치 갓어치 핟어치 다 사다 (你這鞍子、轡頭、鞦、攀胸、鞊、鞍橋子、鴈翅板、鐙革折皮、肚帶、接絡、籠頭、包糞、編繮、繮繩、兜頦、閘口、汗替、皮替、替子, 都買了.) <번노 하:30a> ※ 肚帶, 我浪 <조관-기용> ⇒ 오랑

【오랑캐】 명 ((인류)) 오랑캐. 중국 주변에 살던 이민족을 낮잡아 이르는 말. 중세몽고어 ‘오랑캐(兀良哈, Uriangqai)’의 차용어. 본래 ‘오랑캐[兀良哈]’란 지명에서 유래한 것으로 이것이 차츰 호이(胡夷)의 통칭으로 쓰이게 되었다.¶ «異域志»曰: “小野人國, 在女眞之北性狼戾不畏生死, 父子上殺以爲常, 種類以黥面爲號, 又有大野人國. 我國之俗, 通稱斡東等處, 兀良哈오랑캐、兀狄哈우디거及女眞諸種爲野人.” <용가 1:7a> ⇒ 오랑개, 오랑긔, 오랑ᄭᅴ, 오랑캐, 오랑케, 오랑쾌, 오랑쾨, 오랑킈, 오랑캐, 오랑ᄏᆡ, 오리캐, 오렁킈, 올낭캐, 올냥캐, 올랑킈, 올앙킈, ᄋᆞ룽킈

【오랑ᄏᆡ】 명 ((인류)) 오랑캐. 이민족을 낮잡아 이르는 말. 중세몽고어 ‘오랑캐(兀良哈, Uriangqai)’의 차용어. 본래 ‘오랑캐[兀良哈]’란 지명에서 유래한 것으로 이것이 차츰 호이(胡夷)의 통칭으로 쓰이게 되었다.¶ 被髮左衽 ‖ 임은 옷깃이니 피발좌임ᄒᆞᆷ은 오랑ᄏᆡ의 풍속이라] <언논-헌문 24> ⇒ 오랑개, 오랑긔, 오랑ᄭᅴ, 오랑캐, 오랑케, 오랑쾌, 오랑캐, 오랑쾨, 오랑킈, 오랑캐, 오리캐, 오렁킈, 올낭캐, 올냥캐, 올랑킈, 올앙킈, ᄋᆞ룽킈

【오렌지】 명 ((지리)) 오렌지(Orange)강. 남아프리카 공화국 남쪽에 있는 강. 드라켄즈버그 산맥에서 시작하여 대서양으로 흘러들며, 댐과 발전소가 건설되어 있다. (외래어).¶ 남편에 오렌지란 삼천 리 되는 강이 대셔양에로 통ᄒᆞ고 셔편에 강고ㅣ란 칠천 리 되는 강과 나이거ㅣ란 륙천 리 되는 강과 세늬갈이란 쳔여 리 되는 강이 대셔양에로 드러가고 ᄒᆞᆫ가온대는 ᄉᆞ면 오ᄇᆡᆨ 리 되는 치드ㅣ란 못시 잇고 <사필1889-헐버트 141>

【오로】 명 ((주거)) 오로(奧魯). 후방에 남은 가족들의 거처. 고려 때 원나라의 영향으로 쓰인 말. 중세몽고어 ‘오로(a’uruq /a’uruɣ)’의 차용어. «원조비사» ‘阿兀魯黑(老小營, a’uruq)’에서 온 말.¶ ※ 奧魯 <원전장> 奧魯, 奧魯官吏 <고려사 16, 17, 21, 29>

【오로도】 명 ((상업)) 올드골드(old gold). 영미연초회사(英美煙草會社)에서 생산한 담배 상표명. 영미연초회사는, 브리티시아메리칸담배회사(British American Tobacco Co). 1902년 미국자본의 아메리칸담배회사와 영국자본의 임피리얼담배회사가 합병하여 자본금 2400만 달러로 설립한 다국적기업. (외래어).¶ 演劇場에 無賴輩가 朝日이ᄂᆞ 오로도를 個人마다 피여 물고 <大每 1908.12.25>

【오를레안】 명 ((지리)) 오를레앙(Orleans). 프랑스 중북부 상트르 지방의 중심지이자 루아레 주의 주도. (외래어).¶ 쩌안, 짜륵 색시의 奇蹟 行하던 오를레안 저 城이 반가울시고 <청춘 1914.10.1>

【오림픽】 명 ((체육)) 올림픽(Olympic). 4년마다 열리는 국제운동경기대회. (외래어).¶ 東京 오림픽 進出하야 質

로 量으로 巨大한 活躍을 期約하는 것이다 오라! 拳鬪 朝鮮의 健兒들의 壯烈한 쌔임을 滿ᄭᅥᆺ 吟味할 것이다 <제일회전조선아마튜어권투선수권대회 1937.4.22-24>

【오릿부-기렴】 명 ((복식)) 올리브기름.¶ 향슈 일병 다리슈 구리무 일병 오릿부기렴 일병 동빅기렴 일병 분첩 일 분실 일 연지 일첩 구지비니 일 마튜슈미 일첩 우유ᄉᆞ분 일 <물목-우한-1 1916 단슈>

【오리캐】 명 ((인류)) 오랑캐. 중국에서, 주변에 살던 이민족을 낮잡아 이르는 말. 중세몽고어 '오랑캐(兀良哈, Uriangqai)'의 차용어. 본래 '오랑캐[兀良哈]'란 지명에서 유래한 것으로 이것이 차츰 호이(胡夷)의 통칭으로 쓰이게 되었다.¶ 胡 ‖ 젼의 온 븍쟝은 ᄒᆞᆼ샹 오리캐 막기의 닉은 고로 니치 아니ᄒᆞ고 (前來北將, 恒習防胡, 故不利.) <조회 19:40> ⇒ 오랑개, 오랑캐, 오랑케, 오랑쾌, 오랑쾨, 오랑킈, 오랑캐, 오량ᄏᆡ, 올랑킈, 올앙킈, ᄋᆞ롱킈

【오린쥐으-리퍼블릭】 명 ((지리)) 오렌지 리퍼블릭 (Orange Republic). 네덜란드 후손인 보어인이 남아프리카에 세운 공화국. (외래어).¶ 오린쥐으리퍼블릭 (荷聯珠自由邦) <명물-육당 13a>

【오린지-식】 명 ((색채)) 오렌지색(orange色). 오렌지의 색깔 같은 붉은색을 띤 누른색, 곧 감색(紺色). (외래어).¶ 오린지식 ᄒᆞ부다니 져구리 ᄎᆞ 일 빅 더소 져구리 ᄎᆞ 일 양식 경도 양단 져구리 ᄎᆞ 일 셜양식 경도 양단 져구리 ᄎᆞ 일 하늘식 ᄒᆞ부다니 져구리 ᄎᆞ 일 <물목-한고 1941>

【오링킈】 명 ((인류)) 오랑캐. 우리나라에서, 중국 주변에 살던 이민족을 낮잡아 이르는 말. 중세몽고어 '오랑캐(兀良哈, Uriangqai)'의 차용어. 본래 '오랑캐[兀良哈]'란 지명에서 유래한 것으로 이것이 차츰 호이(胡夷)의 통칭으로 쓰이게 되었다.¶ 고반은 졈ᄌᆞ 쇠ᄒᆞ고 신반은 득의ᄒᆞ니 쳥의을 닙고 뉵빅팔흑으로 남으로 오니 오링킈도 아니요 ᄯᅩ 셔호로 비을 타고 오니 손도 돌도 안니오 보비ᄌᆞ리 세 번 옴기여 더가ᄒᆞᆫ 본□ 나니 초야 인심니 막불위급이라 <경감록1914.3.21 국한-1401> ⇒ 오랑개, 오랑긔, 오랑ᄭᅬ, 오랑캐, 오랑케, 오랑쾌, 오랑킈, 오랑캐, 오량ᄏᆡ, 오리캐, 오링킈, 올낭캐, 올냥캐, 올랑킈, 올앙킈, ᄋᆞ롱킈

【오마가】 명 ((지리)) 오마가(奧馬加) 오스트리아(Austria). 유럽 중부에 있는 공화국. 1938년에 독일에 병합되었다가 1955년에 주권을 회복하여 영세 중립국이 되었다. (외래어).¶ 오마가(奧馬加) <이언> ☞ 오국, 오대리국, 오디리, 오스드리아, 오스토리아, 오스트리아, 오쓰트리, 오우스도리야

【오마하】 명 ((지리)) 오마하(Omaha). 미국 네브래스카 주 동부에 있는 도시. 미주리 강 서쪽 기슭에 있는 수륙 교통의 요충지로, 미국에서 손꼽히는 가축·곡물 시장이 있다. (외래어).¶ 북편에 법발로와 [이리 못ㅅ ᄀᆞ히라] 쉬커고와 [미시간 못ㅅ ᄀᆞ히라] 신신낫듸와 센트불이란 촌이 잇고 남편에 모빌과 누얼닌스란 포촌이 잇고 셔편에 산브란시스고와 봇란드ㅣ란 포촌이 잇고 ᄒᆞᆫ가온대 센루의와 긴사싀듸와 오마하와 데베ㅣ란 촌이 잇고 <사필1889-헐버트 107>

【오망구】 명 ((신체)) 오망꼬. 여자의 성기. (일본어 차용어).¶ 와다시노 오망구가 단단히 마시가 됴어 <大每 1908.10.18>

【오멜넷】 명 ((음식)) 오믈렛(omelette). 고기나 야채 등을 잘게 썰어 볶은 것을 지진 계란으로 싼 요리. (외래어).¶ 오멜넷 ‖ 계란 6개 우유 1잔 뻐터 1대슈가락 소곰과 호쵸 조곰식 계란 노른자위를 져은 후 우유와 뻐터와 소곰과 호쵸를 셕거셔 기름 발은 팬에다가 쏫고 잘 져은 계란 흰자위를 함께 셕고 화덕에 너허 3분 가량 두엇다가 착착 졉어셔 더울 제 먹을 것 <서요 50>

【오문】 명 ((지리)) 오문(澳門). 마카오(Macao). (중국어 간접 차용어).¶ 오문 <법한 868> ☞ 마까오

【오바루】 명 ((복식)) 오빠루(オパール). 얇고 투명한 바탕에 큰 무늬를 놓은 고급 비단. (일본어 직접 차용어).¶ 남식 비로도 치마 ᄎᆞ 일 초록 오빠루 치마 ᄎᆞ 일 옥식 츈면도 치마 ᄎᆞ 일 양식 구릿부 치마 ᄎᆞ 일 흑식 구랫부 치마 ᄎᆞ 일 <물목-경고-5 1941 쟝농> 앙고식 오빠루 조싯도 겹져구리 ᄎᆞ 일 하늘식 오바루 조싯도 겹져구리 ᄎᆞ 일 빅식 츈광ᄉᆞ 겹져구리 ᄎᆞ 일 옥식 단ᄉᆞ 겹져구리 ᄎᆞ 일 양회식 단ᄉᆞ 겹져구리 ᄎᆞ 일 송화식 단ᄉᆞ 겹져구리 ᄎᆞ 일 <물목-한고 1941> 씨슈오리 흑식 치마 ᄎᆞ 일 오바루 풀식 치마 ᄎᆞ 일 모슈 옥식 진솔 치마 ᄎᆞ 일 모슈 다름 치마 ᄎᆞ 일 몸 빠리스 치마 ᄎᆞ 일 <광주(光州) 노재효(盧載孝) 물목1947.5.3 한옥션152-198> ⇒ 오바류, 오빠루, 오빠류, 오뻬루, 옵빠루, 옷바루, 옷빠루

【오바류】 명 ((복식)) 오빠루(オパール). 얇고 투명한 바탕에 큰 무늬를 놓은 고급 비단. (일본어 차용어).¶ 남식 오빠류 본견 쳐마 ᄎᆞ 일 옥식 명쥬 쳐마 ᄎᆞ 일 흑식 인견 함박단 쳐마 ᄎᆞ 일 양식 인견 오바류 슈란 쳐마 ᄎᆞ 일 <물목-우한-1 1916 단슈> ⇒ 오바루, 오빠루, 오빠류, 오뻬루, 옵빠루, 옷바루

【오비】 명 ((지리)) 오비(Ob)강. 서부 시베리아 저지를 흐르는 강. 알타이 산맥에서 발원하여 오비 만에 흘러든다. (외래어).¶ 디형을 의론컨대 동남은 스단오보이와 야블로노이와 알타이와 텬이란 산이 잇고 ᄯᅩ 들이며 오비와 예네세이와 리나ㅣ란 강은 [륙칠쳔 리ᄉᆞ식 되는 강] 남에셔 북하슈로 드러가고 <사필1889-헐버트 69>

【오사가】 명 ((지리)) 오사카(Oosaka, 大阪). 일본 오사카만에 접해 있는 시(市). 국내외 무역 중심지로 근교에는 국제공항이 있다. (외래어).¶ 가나사와 기푸와 낭오야와 교도와 [네ㅅ 셔울이니라] 오사가와 고븨란 큰 촌이 잇고 남편에 푸쿠오가와 사가와 구무모도와 나가사기란 큰 촌이 잇고 사룸의 픔ㅅ수는 션비와 량반과 빅셩이오 <사필1889-헐버트 79>

【오스도라리아】 명 ((지리)) 오스트레일리아(Australia). 오스트레일리아 대륙의 대부분을 차지하는, 영연방의 자

치국. 1788년 이래 영국의 유형 식민였으나 1901년에 여섯 주로써 연방을 결성하였으며, 1926년에 사실상의 독립국이 되었다. (외래어). 호주(濠洲). (외래어).¶ 셰계 토인 중에 졔일 야만미개ᄒᆞᆫ 인종은 오스도라리아 토인 이겟소 <일선어법교범 174> ⇒ 어스츄렐늬아, 오스드렐랴 ☞ 오국, 오대리아, 호쥬

【오스드렐랴】 명 ((지리)) 오국(澳國) 오스트레일리아(Australia). 오스트레일리아 대륙의 대부분을 차지하는 영연방 자치국. 1788년 이래 영국의 유형(流刑) 식민지였으나 1901년에 여섯 주로써 연방을 결성하였으며, 1926년 사실상의 독립국이 되었다. (중국어 간접 차용어).¶ 오스드렐랴(澳國) <사필> 동남 간은 오스드렐랴ㅣ라 닐ᄋᆞ고 셰상 셔편에로는 아메리ᄭᅡㅣ라 닐ᄋᆞᄃᆡ 두 쪽이 남북에 련ᄒᆞᆫ 고로 남아메리ᄭᅡㅣ라 북아메리ᄭᅡㅣ라 닐ᄋᆞ고 <사필1889-헐버트 10> 아시아 남편 인도 온 ᄯᅡ와 범아 ᄒᆞᆫ 쪽과 오스드렐랴 온 ᄯᅡ와 아프리가 ᄒᆡ변 여러 곳과 아메리ᄭᅡ 남북과 태평양 여러 셤과 대셔양 여러 셤과 인도양 몃 셤과 디중ᄒᆡ 몃 셤을 다 ᄎᆞ지ᄒᆞ엿ᄂᆞ니라 <사필1889-헐버트 37> ⇒ 어스츄렐늬아, 오스도라리아 ☞ 오국, 오대리아, 호쥬

【오스드로-헝게리국】 명 ((지리)) 오스트리아·헝가리(Austria-Hungary)제국. 1866년에 오스트리아가 프로이센과의 7주 전쟁에서 패배한 것을 계기로 하여 오스트리아가 헝가리와 제휴하여 성립한 이중(二重) 국가. 1867년에 헝가리의 마자르 인(人) 귀족의 독립 요구를 받아들여 성립한 제국으로 오스트리아 왕을 맹주(盟主)로 하고 정부와 국회는 양국이 따로 가졌는데, 1918년에 제일 차 세계 대전에 패배하여 붕괴되었다. (외래어).¶ 오스드로헝게리국은 두 나라가 합ᄒᆞ고 ᄒᆞᆫ 님금이 계시니 폭원이 북위션 ᄉᆞ십이 듸그리브터 오십일 듸그리ᄭᆞ지오 <사필1889-헐버트 54>

【오스드리아】 명 ((지리)) 오스트리아(Austria). 유럽 중부에 있는 공화국. 1938년에 독일에 병합되었다가 1955년에 주권을 회복하여 영세 중립국이 되었다. (외래어).¶ 오스드리아 <사필> 이스바니아국과 포츄갈국과 쉿슬란드국과 이달리아국과 오스드리아 헝거리국과 루마니아국과 셰비아국과 만트늬그로국과 터키국과 ᄭᅳ리스국이니 나라가 강ᄒᆞ고 군ᄉᆞ가 경ᄒᆞ며 직믈이 만코 직조가 긔이ᄒᆞ며 학업에 정밀ᄒᆞ고 도학에 젼일ᄒᆞ며 <사필1889-헐버트 13> 디경을 의론컨대 북은 덕국이오 동은 오스드리아국이오 남은 이다리아국이오 셔는 블라시국이며 <사필1889-헐버트 47> ⇒ 오스토리아, 오스트리아, 오ᄯᅳ트리, 오우스도리야 ☞ 오국, 오대리국, 오디리, 오마가

【오스드리취】 명 ((복식)) 오스트리치(ostrich). 타조의 가죽을 말하며 식물성 타닌으로 무두질되어 있고 솟아올라온 깃털 구멍이 특징이다. 튼튼하고 질기며 구두나 액세서리에 사용되고, 또한 깃털은 솔 등에 쓰인다. (외래어).¶ 소산은 대초나무와 셔쇽과 뫼과 약디와 오스드리취가 만흐며 뫼은 온 텬하에 데일노 됴코 만흐니라 오스드리취가 모릐밧헤 만히 잇ᄂᆞ니라 <사필1889-헐버트 93> 즘승은 양이 텬하에 데일 만코 됴흔 뫼과 쇼와 도야지와 깅그루와 [깅그루 모양은 쥐와 ᄀᆞᆺ고 크기는 개와 ᄀᆞᆺ고 압ㅅ다리는 쟈르고 뒤ㅅ다리는 길어 것지 못ᄒᆞ고 ᄯᅱ며 가슴에 큰 주머니가 잇서 다라날 ᄯᅢ면 ᄉᆡᆺ기를 담아 가지고 ᄯᅱᄂᆞ니라] 쩍빌과 [수달피 모양이오 입은 오리 ᄀᆞᆺᄒᆞ니라] 입더릭스와 [놀개 업는 새니라] 라야와 [봉황인 둣ᄒᆞ다] 개스웨리며 [오스드리취와 모양이 ᄀᆞᆺ고 털은 길즘승과 ᄀᆞᆺᄒᆞ니라] 이 몃 즘승은 온 텬하에 이 ᄯᅡ헤만 잇ᄂᆞ니라 <사필1889-헐버트 155>

【오스토리아】 명 ((지리)) 오스트리아(Austria). 유럽 중부에 있는 공화국. 1938년에 독일에 병합되었다가 1955년에 주권을 회복하여 영세 중립국이 되었다. (외래어).¶ おーすとりや ‖ 또 오스토리아 토인의 여자에도 잇지마는 가장 묘ᄒᆞᆫ 것은 불난셔 여ᄌᆞ의 슈염인ᄃᆡ 일본사ᄅᆞᆷ이나 조선사람 등의 엷은 슈염들은 도져히 ᄯᅡ를 슈 업시 난 자가 잇소 <일선 250> ⇒ 오스드리아, 오스트리아, 오ᄯᅳ트리, 오우스도리야 ☞ 오국, 오대리국, 오디리, 오마가

【오스트리아】 명 ((지리)) 오스트리아(Austria). 유럽 중부에 있는 공화국. 1938년에 독일에 병합되었다가 1955년에 주권을 회복하여 영세 중립국이 되었다. (외래어).¶ 오스트리아 (墺地耳) <명물-육당 12b> 오스트리아 (奧地利阿, 奧斯馬加) <태서신사> 오스트리아 (墺國) <세계전도1910> 오스트리아 (奧大利亞 Austria) <만국통감1912, 4, 13> 이에 로마교를 ᄇᆞ리고 깅졍교로 도라오는 사ᄅᆞᆷ이 날노 더 만하지나 오스트리아 모든 공후들이 오히려 로마교회 규모를 쥰슈ᄒᆞ며 <만국통감1912 4, 18> ⇒ 오스드리아, 오스토리아, 오ᄯᅳ트리, 오우스도리야 ☞ 오국, 오대리국, 오디리, 오마가

【오스위고】 명 오스위고 (Oswego). (외래어).¶ 오스위고 (阿雖溝 Oswego) <만국통감1912, 4, 13>

【오시아늬카】 명 ((지리)) 오세아니아(Oceania). 육대주의 하나. 멜라네시아, 미크로네시아, 폴리네시아, 오스트레일리아, 뉴질랜드를 포함하는 섬과 대륙으로 이루어져 있다. 대양주(大洋洲). (외래어).¶ 南亞米利加洲諸島, ᄡᅡ우스아메리카, 一作"阿西亞尼亞", 오시아늬카 <명물-육당 13b>

【오ᄡᅡ루】 명 ((복식)) 오빠루(オパール). 얇고 투명한 바탕에 큰 무늬를 놓은 고급 비단. (일본어 직접 차용어).¶ 남쇡 비로도 치마 ᄎᆞ 일 초록 오ᄡᅡ루 치마 ᄎᆞ 일 옥쇡 츈면도 치마 ᄎᆞ 일 양쇡 구럿부 치마 ᄎᆞ 일 <물목-경고-5 1941 장농> 앙고쇡 오ᄡᅡ루 조쉿도 겹져구리 ᄎᆞ 일 하늘쇡 오바루 조쉿도 겹져구리 ᄎᆞ 일 빅쇡 츈광ᄉᆞ 겹져구리 ᄎᆞ 일 옥쇡 단ᄉᆞ 겹져구리 ᄎᆞ 일 양회쇡 단ᄉᆞ 겹져구리 ᄎᆞ 일 <물목-한고 1941> 분홍 오ᄡᅡ루 상의 일ᄎᆞ 흑쇡 분경 양단 하의 일ᄎᆞ ᄌᆞ쇡 신가 하이 일ᄎᆞ 양쇡 기지 하이 일ᄎᆞ 변베류 하의 일ᄎᆞ 흑쇡 본목 하의 일ᄎᆞ <물목1961.12.17 딘 상당> ⇒ 오바루, 오바류, 오ᄡᅡ류, 오ᄡᅦ루, 옵ᄡᅡ루, 옷바루, 옷ᄡᅡ루

【오빠류】 명 ((복식)) 오빠루(オパール). 얇고 투명한 바탕에 큰 무늬를 놓은 고급 비단. (일본어 차용어).¶ 남식 오빠류 본견 쳐마 ᄎᆞ 일 옥식 명쥬 쳐마 ᄎᆞ 일 흑식 인견 함박단 쳐마 ᄎᆞ 일 양식 인견 노바류 슈란 쳐마 ᄎᆞ 일 <물목-우한1 1916 단슈> ⇒ 오바루, 오바류, 오빠루, 오삐루, 옵빠루, 옷바루, 옷빠루

【오삐루】 명 ((복식)) 오빠루(オパール). 얇고 투명한 바탕에 큰 무늬를 놓은 고급 비단. (일본어 차용어).¶ 상위 ‖ 양단 져고리 한 감 양단 져고리 남식 한 감 면사 비후식 저고리 두 감 라리ᄉᆞᆼ 양단 져고리 두 감 빅양단 져고리 한 감 미식 양단 져고리 한 감 비후식 호박단 져고리 한 감 노랑지 호박단 져고리 한 감 ᄭᅩ부린 져고리 한 감 오삐루 져고리 한 감 <물목-음성 11:08:27> ⇒ 오바루, 오바류, 오빠루, 오빠류, 오삐루, 옵빠루, 옷바루, 옷빠루

【오쓰트리】 명 ((지리)) 오스트리아(Austria). 유럽 중남부에 있는 산이 많고 육지로 둘러싸인 나라. 수도는 빈(Wien). (외래어).¶ 麥酒 産地 뮨헨을 두로 본 뒤에 오쓰트리 원城을 바로 向하니 <청춘 1914.10.1> ⇒ 오스드리아, 오스토리아, 오스트리아, 오우스도리야 ☞ 오국, 오대리국, 오디리, 오마가

【오아씨스】 명 ((지리)) 오아시스(oasis). 사막 가운데에 샘이 솟고 풀과 나무가 자라는 곳. (외래어).¶ 沙漠 가온대의 오아씨스가 그것일가요 <염상섭, 제야1922 5:47>

【오우스도리야】 명 ((지리)) 오스트리아(Austria). 유럽 중부에 있는 나라. 영세 중립국. (외래어).¶ 오우스도리야(奧地利) <환중대구장상육주 19후반> ⇒ 오스드리아, 오스토리아, 오스트리아, 오쓰트리 ☞ 오국, 오대리국, 오디리, 오마가

【오이-오이】 감 오이오이(おい-おい). 동배나 손아랫사람을 부르는 말. 여봐 여봐. 이봐 이봐. (일본어 차용어).¶ 오이오이 呼狗聲에 如恐不及 服從타가 <大每 1908.12.17>

【오컷스그】 명 ((지리)) 오호츠크(Okhotsk)해. 시베리아, 캄차카 반도, 쿠릴 열도, 홋카이도(北海島), 사할린으로 둘러싸인 바다. (외래어).¶ 디경을 의론컨대 북은 가라하슈와 북빙양이오 동은 오컷스그ㅣ란 바다와 쎄링 하슈와 태평양이오 남은 청국과 압간이스단국이오 또 베시아국이며 셔는 유로바와 기스비안 못시며 <사필1889-헐버트 69>

【오하이오】 명 ((지리)) 오하이오(Ohio). 미국 중동부에 있는 주. 주도는 콜럼버스. (외래어).¶ 오하이오 (歐亥歐, Ohio) <만국통감1912, 4, 13>

【옥란드】 명 ((지리)) 오클랜드(Auckland). 뉴질랜드 노스(North) 섬에 있는 항구 도시. 1865년까지 뉴질랜드의 수도였으며, 조선·기계 따위의 공업이 발달하였다. (외래어).¶ 디형은 산이 만코 화산이 여섯시오 북에 옥란드와 동편에 웰링던과 남편에 던이딘이란 촌이 잇고 사름의 수효는 칠십만 명이오 다 영국 사름이오 본 싸 사름은 수만 명이니라 <사필1889-헐버트 158>

【옥-수수】 명 ((식물)) 옥수수[玉蜀黍]. '옥수수(玉蜀黍, yùshǔshǔ)'는 중국어 직접 차용어.¶ 옥수수 ‖ [玉蜀黍 옥쵹셔] 穀食 일홈 <조선-심 127> 옥수수 | 각랑이 | 각량이 <법한 874> 옥수수 (包米) <지나-채곡 61> 痰付 ‖ 담 붓튼 되 쳘남셩 숑이 옥수ㅣ 갓튼 거슬 가을의 썻거 두엇다가 덥게 구어 담 붓튼 되 부치라 <경험방-삶의흔적 담부> 삿도 各各 픠고 열매도 各各 열니는 것이 무엇이냐 | 옥수수 <조미 188> 五六月에 이불만히 쓰고 손님하는 것이 무엇이냐 | 옥수수 <조미 189> 누덕이 쓰고 손님하는 것이 무엇이냐 | 옥수수 <조미 190> 가죽 속에 털 난 것이 무엇이냐 | 옥수수 <조미 191> 가죽을 먼저 벗기고 털 썹는 것이 무엇이냐 | 옥수수 <조미 192> 배를 갈으고 털 썹는 것이 무엇이냐 | 옥수수 <조미 193> 처음에 가죽 벗기고 다음에 털 썹고 살은 다 발나 먹고 뼈는 버리는 것이 무엇이냐 | 옥수수 <조미 194> 가죽 벗기며 鬚髥 깍고 살은 먹고 뼈는 버리는 것이 무엇이냐 | 옥수수 <조미 195> 담 아래 ᄋᆞ히업고 잇는 것이 무엇이냐 | 옥수수 <조미 196> 바자 밋헤 ᄋᆞ히를 업고 선 것이 무엇이냐 | 옥수수 <조미 197> ⇒ 옥소슈, 옥슈슈, 옥슈시, 옥쓕기, 옥쓕이, 옥쑤슈

【옥수수-알】 명 ((음식)) 옥수수알[玉蜀黍-]. '옥수수(玉蜀黍, yùshǔshǔ)'는 중국어 직접 차용어.¶ 회춤의 옥수ㅣ알 흔 홉 졀구에 작말ᄒᆞ야 싱강 다섯 쪽을 너허 다려 먹으라 <명경-한고 회충 10a>

【옥슈】 명 ((식물)) 옥수[玉黍] 옥수수[玉蜀黍]. '옥슈(玉黍, yùshǔ)'는 중국어 직접 차용어.¶ 玉黍 ‖ 옥슈 뼈 먹고져 ᄒᆞ외 | 강남슈 구어라 <교린-묘 2:22a> ⇒ 옥수수, 옥슈슈, 옥슈시, 옥쓕기, 옥쓕이, 옥쑤슈

【옥-슈수】 명 ((식물)) 옥수수[玉蜀黍]. '옥슈수(玉蜀黍, yùshǔshǔ)'는 중국어 직접 차용어.¶ 옥쓕이 | 옥슈수 | 강냥이 <노한 269> ⇒ 옥수수, 옥슈, 옥슈슈, 옥슈시, 옥쓕기, 옥쓕이, 옥쑤슈

【옥-슈슈】 명 ((식물)) 옥수수[玉蜀黍]. '옥슈슈(玉蜀黍, yùshǔshǔ)'는 중국어 직접 차용어.¶ 옥슈슈 <법한 179> ▼玉薥黍 ‖ 옥슈슈, 玉以東音薥黍以華音. 種出西土, 苗葉俱似薥黍而肥矮, 苗心別出一苞如椶, 魚形, 上出白鬚, 久則苞拆子出如櫻子. <명물-백곡 3:32b> 옥슈슈 (玉蜀黍) <물명-류씨 3> 옥슈슈 (玉[艹$蜀][艹$蜀]) <역해-화곡 하:9b> <몽해-화초 하:38a> 옥슈슈, 又包米 (玉秫) <방석-미곡 3:26a> 옥슈ㅣ (玉蜀黍, 玉高粱) <물보-초목 상:1a> 옥슈슈 (玉蜀黍) <녹효-건 14b> <군목-곡식 7a> 옥슈ㅣ (薥黍) <물명괄-초목 4a> <물명고-서강 초목 6a> 玉薥黍者옥슈슈, 來自江南也. <몽유-식물 19a> 옥슈슈 (玉蜀黍) <의종 35b> 옥슈슈 (玉黍) <이록-과실 19b> 옥슈슈 (玉秫秫, Corn, Indian cirn, maize.) <한영1890 22> 옥슈슈 쌀 (包米) <조반> 옥슈슈 푸딍 (珍珠米糗定) <조반> 옥슈슈 가루 머펀쓰 (包米沫粉) <조반> 옥슈슈 가루 ᄶᅵ린 푸딍 (煮包米麪糗定) <조반> ▼唐黍 ‖

강원도 강능 ᄃᆡ관령의 산둑이 결실ᄒᆞ야 그 형샹은 기쟝 이삭 ᄀᆞᆺ고 그 열미ᄂᆞᆫ 보리 ᄀᆞᆺ고 차지기ᄂᆞᆫ 의이ᄀᆞᆺ고 마ᄉᆞᆫ 옥슈슈 ᄀᆞᄐᆞ니 사ᄅᆞᆷ이 ᄡᅡ다가 쥬식을 ᄒᆞ더라 (江原道江陵嶺上, 竹結實, 其狀類黍穗, 其實似眞麥, 黏如薏苡, 味如唐黍, 人摘取爲酒食.) <조첨 4:5> 玉黍 ‖ 옥슈슈를 ᄶᅧ[ᄶᅧ] 먹으면 죠흐니 <교린-초 2:15b> 도토리롤 밤이라 ᄒᆞ고 밤은 춤밤이라 ᄒᆞ고 호박은 동화라 ᄒᆞ고 동화ᄂᆞᆫ 춤도화라 ᄒᆞ고 슈∶ᄂᆞᆫ 슉기라 ᄒᆞ고 옥슈∶ᄂᆞᆫ 옥슉기라 ᄒᆞ고 <북관 3:53> 옥슈∶가 오식이 이시니 봄의 술ᄶᅵ ᄡᅡ희 셔로 ᄶᅥ우기를 ᄒᆞᆫ 즈식 ᄒᆞ여 심그되 둘식 너흐라 ᄶᅧ ᄀᆞ라 죽을 ᄊᆞ면 의이도곤 나으니라 <규합-정양완c 옥슈슈 3:14b/250> 호박나물 가지김치 풋고츄 약염ᄒᆞ고 옥슈∶ 식 마스로 일 업ᄂᆞ니 먹어 보소 <농가1876 61> ⇒ 옥수수, 옥슈, 옥슈수, 옥슈시, 옥슉기, 옥슉이, 옥쑤슈

【옥슈슈가루-수풀네】 명 ((음식)) 옥수수가루 수플레(corn meal souffle). 수플레는 달걀흰자를 거품을 낸 것에 그 밖의 재료를 섞어서 부풀려 오븐에 구워낸 요리 또는 과자. '옥슈슈(玉蜀黍, yùshǔshǔ)'는 중국어 직접 차용어.¶ 옥슈슈가루수풀네 ‖ 우유 2잔 쌔터 1대슈가락 사탕 1쇼슈가락 옥슈슈가루(corn meal) ¾잔 계란 (노른자위) 4개 소곰 조곰 계란 (흰자위 잘 져은 것) 4개 우유를 쌔터와 사탕과 함께 끓이대 끓을 적에 옥슈슈가루를 쏫으며 쳔쳔히 져어셔 (옥슈슈가루를 넌 다음엔 더 끓치 안케 함) 화덕에서 옴기어 식히고 그 다음에 계란 노른자위와 소곰을 셕고 나죵에 계란 흰자위를 셕고 그 다음에 쌔터 바른 팬에 담아셔 즁탕하야 40분 동안 쑤ᄭᅥㅇ을 덥허 구을 것 <서요 69> ☞ 련근수풀네, 시금치수풀네, 옥슈슈수풀네

【옥슈슈가루-젼병】 명 ((음식)) 옥수수가루전병(corn meal pancakes). '옥슈슈(玉蜀黍, yùshǔshǔ)'는 중국어 직접 차용어.¶ 옥슈슈가루젼병 (8인분) ‖ 계란 2개 쌔터 (녹인 것) 1대슈가락 사탕 1대슈가락 소곰 1쇼슈가락 밀가루 2잔 옥슈슈가루 1잔 쎄킹파우더 2쇼슈가락 우유 3잔 가량 계란 노른자위를 져어셔 쌔터와 사탕과 소곰을 셕근 후에 밀가루와 옥슈슈가루와 쎄킹파우더를 함께 체에 쳐셔 셕고 또 우유를 셕고 나죵에 계란 흰자위를 잘 져어셔 셕고 불이 괄한 젼텰에 지질 것 <서요 227>

【옥슈슈-국】 명 ((음식)) 옥수수 스프(corn soup). '옥슈슈(玉蜀黍, yùshǔshǔ)'는 중국어 직접 차용어.¶ 옥슈슈국 ‖ 옥슈슈 1통이나 풋옥슈슈 6개 물 2잔 우유 2잔 소곰 1쇼슈가락 호쵸 가루 조곰 쌔터 1대슈가락 밀가루 1대슈가락 옥슈슈 (풋옥슈슈면 알갱이를 잘 뜻을 것)를 칼노 닉이고 물을 부어셔 20분 동안 부글부글 끓여셔 체에 밧하노코 우유를 끓여셔 거긔다 셕고 다른 그릇에 쌔터와 밀가루를 곱게 셕근 후에 우에 예비한 것을 쳔쳔히 붓고 소곰과 호쵸를 셕글 것 <서요 2> ☞ 감자국, 굴국, 닭국, 법국국, 쇠고기국, 일년감국, 피콩국, 흰콩국

【옥슈슈-대】 명 ((식물)) 옥수숫대. '옥슈슈(玉蜀黍, yùshǔshǔ)'는 중국어 직접 차용어.¶ 玉슈∶다 (蜀稭) <고석-수경 화곡 45a>

【옥슈슈-수풀네】 명 ((음식)) 옥수수 수플레(Corn souffle). 수플레는 달걀흰자를 거품을 낸 것에 그 밖의 재료를 섞어서 부풀려 오븐에 구워낸 요리 또는 과자. '옥슈슈(玉蜀黍, yùshǔshǔ)'는 중국어 직접 차용어.¶ 옥슈슈수풀네 ‖ 쌔터 4쇼슈가락 밀가루 ½잔 소곰 1½쇼슈가락 계자가루(mustard) ¾쇼슈가락 우유 1½잔 계란 2개 옥슈슈 (corn, 삶은 것) 1잔 면보 부스럭이 1잔 쌔터를 녹인 후 소곰과 계자가루를 셕근 밀가루를 녹인 쌔터에 너코 우유를 쳔쳔히 셕근 후 끓커든 옥슈슈를 너코 계란은 대강 져어셔 셕고 면보 부스럭이를 너은 후에 쌔터를 발는 면보 굽는 팬에 붓고 그 우에는 쌔터를 군데군데 노코 화덕에 너허셔 누러케 될 때까지 구을 것 <서요 67> ☞ 련근수풀네, 시금치수풀네, 옥슈슈가루수풀네

【옥슈슈-떡】 명 ((음식)) 옥수수떡. '옥슈슈(玉蜀黍, yùshǔshǔ)'는 중국어 직접 차용어.¶ 옥슈슈떡 (包米饅頭) <조반>

【옥-슈시】 명 ((식물)) 옥수수[玉蜀黍]. '옥슈시(玉蜀黍, yùshǔshǔ)'는 중국어 직접 차용어.¶ 蛔虫 ‖ 玉蜀黍옥슈시粒一握, 杵頭鉅屑一握, 生干小許煎服. <의방-경고 07:05:31> ⇒ 옥슈, 옥슈슈, 옥슉기, 옥슉이, 옥쑤슈

【옥스쌕】 명 ((지리)) 옥스버그(Augsburg). 미국 일리노이주 파예트카운티에 있는 지명. (외래어).¶ 옥스쌕 (奧革斯革布 Augsburg) <만국통감1912, 4, 13> 교황이 그 지상 가히탄을 보내여 덕국 옥스쌕셩 큰 회당 가운데셔 루터로 더브러 변론홀식 <만국통감1912 4, 15>

【옥스쪼드】 명 ((지리)) 옥스퍼드(Oxford) 대학교. 영국 옥스퍼드셔 주 옥스퍼드에 있는 대학. 영국에서 가장 오래된 대학으로 템스 강 상류에 자리 잡고 있음. (외래어).¶ 글냇스톤을 내인 옥스쪼드와 크럼웰, 늬유톤 난 캠브릿지며 <청춘 1914.10.1>

【옥-쑤슈】 명 ((식물)) 옥수수[玉蜀黍]. '옥쑤슈(玉蜀黍, yùshǔshǔ)'는 중국어 직접 차용어.¶ 莀 참외 西莀 슈박 玉秫 옥쑤슈 醯 식혜 眼明菜 도랏치 蕨菜 고사리치 醬 간장 乾石魚 가족의 肉脯 육포 明太 명틔 沉菜 침치 …水莀餅菜 물외편너물 <기사제수이십일기-그닐> ⇒ 옥슈, 옥수수, 옥슈슈, 옥슈시

【온닉】 명 ((군기)) 오닉. 화살의 뒤끝을 활시위에 끼우도록 에여낸 화살의 꼬리부분. 중세몽고어 '오닉(ono/oni)'의 차용어.¶ 彄子 ‖ 이 활 브리오라 온닉 적고 고재 뎌르다 (這弓卸下, 彄子小些箇, 弰兒短.) <노언 하:28b> ⇒ 오누, 오닉, 온의 ☞ 살오뇌, 살오닉, 살온의, 삸오뇌, 활오닉, 활옷닉

【온스】 명의 ((도량)) 온스(ounce). 야드파운드법에 의한 무게의 단위. 상용 온스는 1파운드의 16분의 1로 28.36그램에 해당하고 금은·약제용으로는 1파운드의 12분의 1로 약 31.1035그램에 해당한다. (외래어).¶ 도야지고기 15파운드 소곰 1파운드 누른 사탕 1파운드 쵸셕

(硝石) 1온스 호쵸가루 (쥬머니에 너은 것) ¼파운드 소곰 6 온스와 쵸셕 1온스로 몬져 도야지 고기에 잘 문질너 가지고 항아리에 너흔 후 헌겁으로 덥혀셔 잇흘 동안 을 두엇다가 <서요 35> ⇒ 아운스, 아운쓰, 온쓰 ☞ 파운드

【온쓰】 명 ((도량)) 온스(ounce). 야드파운드법에 의한 부피의 단위. 약제용 액량(液量)을 잴 때 쓴다. 1온스는 영국에서는 1.7341㎤, 미국에서는 1.804㎤에 해당한다. (외래어).¶ 英國 米國 톤(Ton)噸 폰드(Pound)封度=十六온쓰(Ounce) <백과신-송1926 494> ⇒ 아운스, 아운쓰, 온스 ☞ 파운드

【온의】 명 ((군기)) 오늬. 화살의 뒤끝을 활시위에 끼우도록 에여낸 화살의 꼬리부분. 중세몽고어 '오늬(ono/oni)'의 차용어.¶ 온의, 矢括 (比) <신자 2:43b> 온의, 矢末 (拔) <신자 2:10a> 온의 괄, 箭末受弦處. "栝"通. (筈) <자주 하:33a> 온의, 矢末, "筈"通. (括) <신자 2:11b> ⇒ 오누, 오늬, 온늬 ☞ 살오늬, 살오닉, 살온의, 삸오늬, 활오늬, 활옷늬

【온타리오】 명 ((지리)) 온타리오(Ontario). (외래어).¶ 온타리오 (安頽利歐 Ontario) <만국통감1912, 4, 13>

【올낭캐】 명 ((인류)) 오랑캐. 중국에서, 주변에 살던 이민족을 낮잡아 이르는 말. 중세몽고어 '오랑캐(兀良哈, Uriangqai)'의 차용어. 본래 '오랑캐[兀良哈]'란 지명에서 유래한 것으로 이것이 차츰 호이(胡夷)의 통칭으로 쓰이게 되었다.¶ 兀良哈 ‖ 안남국이 듕원 고을이 되엿다 ᄒᆞ야 안남을 웃듬ᄒᆞ고 올낭캐 항복ᄒᆞ야 븟좃ᄂᆞᆫ다 ᄒᆞ야 둘재ᄒᆞ고 죠션은 녜의롤 알고 큰 나라히라 ᄒᆞ야 죠션을 셋재ᄒᆞ얏더니 (安南國爲中原縣邑故首安南, 兀良哈以降附之故爲第二, 朝鮮識禮義而大國也故爲第三矣.) <상봉 3:20a> ⇒ 오랑개, 오랑긔, 오랑끠, 오랑캐, 오랑케, 오랑쾌, 오랑캐, 오랑쾨, 오랑킈, 오랑캐, 오랑크, 오리캐, 오렁킈, 올냥캐, 올랑킈, 올앙킈, ᄋᆞ룽킈

【올냥캐】 명 ((인류)) 오랑캐. 중국에서, 주변에 살던 이민족을 낮잡아 이르는 말. 중세몽고어 '오랑캐(兀良哈, Uriangqai)'의 차용어. 본래 '오랑캐[兀良哈]'란 지명에서 유래한 것으로 이것이 차츰 호이(胡夷)의 통칭으로 쓰이게 되었다.¶ 夷 ‖ 곳 소쳘의 시예 닐은바 연산이 긴 비얌 ᄀᆞᄐᆞ야 쳔리롤 올냥캐와 듕원을 지경ᄒᆞ얏다 홈이라 (卽蘇轍詩所謂燕山如長蛇十里界夷夏者也.) <상봉 2:50b> ▼胡酋 ‖ 태화젼은 곳 황명적 황극젼이니 네 텬ᄌᆞ의 졔아로셔 졔후 죠회 밧던 집이어놀 ᄒᆞᆫ 올냥캐 엄연히 그 우희 안자시니 임의 가히 분완ᄒᆞ고 (太和殿卽皇明時皇極殿也. 古天子朝諸侯之堂, 而一胡酋儼然坐其上, 已可憤惋.) <상봉 3:5b> ⇒ 오랑개, 오랑긔, 오랑끠, 오랑캐, 오랑케, 오랑쾌, 오랑캐, 오랑쾨, 오랑킈, 오랑캐, 오랑크, 오리캐, 오렁킈, 올낭캐, 올랑킈, 올앙킈, ᄋᆞ룽킈

【올드-맨】 명 ((인류)) 올으맨(old man). 노인(老人). (외래어).¶ 올드맨 (老人) <영어일상통화단어초집 우산>

【올란드-국】 명 ((지리)) 홀란드(Holland). '네덜란드(Nederlands)'의 영어 이름. 유럽 북서부에 위치해 있는 저지대 중 최대국가. 수도는 암스테르담이고 행정부 소재지는 헤이그. (외래어).¶ ※內外貿易 繁盛한 로테르담 올란드國 第一等 商港이로다 <청춘 1914.10.1>

【올랑킈】 명 오랑캐. 중국 주변에 살던 이민족을 낮잡아 이르는 말. 중세몽고어 '오랑캐(兀良哈, Uriangqai)'의 차용어. 본래 '오랑캐[兀良哈]'란 지명에서 유래한 것으로 이것이 차츰 호이(胡夷)의 통칭으로 쓰이게 되었다.¶ 올랑킈 풍뉴 (㑺) <음운-상백 5a> ⇒ 오랑개, 오랑긔, 오랑끠, 오랑캐, 오랑쾨, 오랑킈, 오랑캐, 오랑크, 오리캐, 오렁킈, 올낭캐, 올냥캐, 올앙킈, ᄋᆞ룽킈

【올림푸】 명 ((지리)) 올림포스(Olympos). 그리스에서 가장 높은 산. 마케도니아와 그리스 테살리아의 경계선상에 있음.(외래어).¶ 올림푸 봉오리에 처음 것혀 다음에 <학지 1917.11.20>

【올-바】 명 올바니 (Albany). (외래어).¶ 올바니 (阿勒碑尼 Albany) <만국통감1912, 4, 13>

【올스파이스】 명 ((음식)) 올스파이스(allspice). 서인도산 올스파이스나무 또는 그 열매. 향신료. (외래어).¶ 예수탄일 실과 푸딩 ‖ …뎡향 계피 올스파이쓰 ½쇼슈가락식 소곰 ½쇼슈가락 빼킹 파우더 2쇼슈가락 몰나셋스 1잔 <서요 119> [귀리과자(1)] 뻐터 1잔 사탕 2잔 계란 4개 계피가루 2쇼슈가락 육두구 (가루) 1개 밀가루 3잔 가량 빼터우유 ½잔 소다 (우유에 셕글 것) 2쇼슈가락 올스파이쓰 1쇼슈가락 건강가루 1쇼슈가락 ⓢ 1잔 이것은 다른 과자 법대로 만들 것 <서요 194> ⇒ 올쓰파이스

【올쓰파이스】 명 ((음식)) 올스파이스(allspice). 서인도산 올스파이스나무 또는 그 열매. 향신료. (외래어).¶ 경계사탕떡 ‖ 누른 사탕 2잔 물 2잔 계피가루 1쇼슈가락 뎡향가루 1쇼슈가락 올쓰파이스 ½쇼슈가락 기름 2대슈가락 건포도 2잔 소곰 ½쇼슈가락 밀가루 3잔 소다 1쇼슈가락 사탕과 물과 세 가지 약념을 5분 동안 끄려 가지고 화덕에서 내여 노코 기름을 친 후 건포도를 셕거셔 식히는 동안에 밀가루와 소곰과 소다를 함께 체에 밧쳐셔 몬져 셕근 것에 셕거셔 잘 져은 후에 기름 발은 면보 팬 두개에다가 쏫아셔 45분 동안이나 60분 동안 까지 뭉군한 화덕에 구울 것 (아이쎙도 발나셔 먹을 수 잇슴) <서요 170> ⇒ 올스파이스

【올앙킈】 명 ((인류)) 오랑캐. 중국에서, 주변에 살던 이민족을 낮잡아 이르는 말. 중세몽고어 '오랑캐(兀良哈, Uriangqai)'의 차용어. 본래 '오랑캐[兀良哈]'란 지명에서 유래한 것으로 이것이 차츰 호이(胡夷)의 통칭으로 쓰이게 되었다.¶ 五月에는 살 마자 죽고 八月에는 말나 죽고 九月에는 올앙킈 손에 죽고 十月에는 平定ᄒᆞᆯ 거신니 其間에 죽난 人은 엇지 불상치 안니ᄒᆞ랴 <무명셔(無名書)-우한 1918.7.26> ⇒ 오랑개, 오랑캐, 오랑케, 오랑쾌, 오랑쾨, 오랑킈, 오랑캐, 오랑크, 오래킈, 올앙캐, 올앙킈 ᄋᆞ룽킈

【올앙킈】 명 ((인류)) 오랑캐. 중국에서, 주변에 살던 이민족을 낮잡아 이르는 말. 중세몽고어 '오랑캐(兀良哈, Uriangqai)'의 차용어. 본래 '오랑캐[兀良哈]'란 지명에서 유래한 것으로 이것이 차츰 호이(胡夷)의 통칭으로 쓰이게 되었다.¶ 虜 ‖ 쳐음에 올앙킈 밤을 타 엄습ᄒᆞ니 영즁이 요란ᄒᆞᆫ지라 슉쥬 굿이 누어 이지 아니코 글 ᄒᆞᆫ 슈를 지어 ᄀᆞᆯ오ᄃᆡ (初虜乘夜追襲營中擾亂, 叔舟堅臥不起, 口占一絶曰.) <조회 6:13> ⇒ 오랑개, 오랑캐, 오랑케, 오랑쾌, 오랑킈, 오랑킈, 오랑캐, 오랑ᄏᆡ, 오래킈, 올앙캐, ᄋᆞ롱킈

【옵빠루】 명 ((복식)) 오빠루(オパール). 얇고 투명한 바탕에 큰 무늬를 놓은 고급 비단. (일본어 차용어).¶ 하위 ‖ 헉양단 치마 한 감 갑사 양단 치마 한 감 초록식 치마 한 감 옷빠루 치마 한 감 쏘쑤룽 치마 한 감 옥식 옵빠루 치마 한 감 라리농 유똥 치마 한 감 연사 유똥 치마 한 감 인조 유똥 치마 한 감 라리릉 치마 한 감 미식 옵빠루 치마 한 감 <물목-음성11:08:27> ⇒ 오바류, 오빠류, 오뻬루, 옷바루, 옷빠루

【옷바루】 명 ((복식)) 오빠루(オパール). 얇고 투명한 바탕에 큰 무늬를 놓은 고급 비단. (일본어 차용어).¶ 연분홍 옷바루 일 빅식 명쥬 일 옥식 양란ᄉᆞ 일 양식 구슈 일 빅식 명쥬 일 <물목-진명-3 젼쥬> ⇒ 오바류, 오빠루, 오빠류, 오뻬루, 옵빠루, 옷빠루

【옷빠루】 명 ((복식)) 오빠루(オパール). 얇고 투명한 바탕에 큰 무늬를 놓은 고급 비단. (일본어 차용어).¶ **화위** 헉양단 치마 한 감 갑사 양단 치마 한 감 초록식 치마 한 감 옷빠루 치마 한 감 쏘쑤룽 치마 한 감 옥식 옵빠루 치마 한 감 라리농 유똥 치마 한 감 연사 유똥 치마 한 감 인조 유똥 치마 한 감 라리릉 치마 한 감 미식 옵빠루 치마 한 감 <물목-음성 11:08:27> ⇒ 오바류, 오빠류, 오뻬루, 옵빠루, 옷바루

【옹긔-푸리】 명 ((상업)) 옹기포리(甕器鋪裏). 옹기가게. '푸리(鋪裏, pùli)'는 중국어 직접 차용어.¶ 옹긔푸리 볼쟉스면 동의 소라 항 독아리 오지 그릇 툭박이며 셕간쥭 ᄉᆞ파병과 <연행-병인>

【옹쥬-ᄌᆞ가】 명 ((인류)) 옹주자가(翁主自家). 왕의 서녀(庶女). 'ᄌᆞ가(自家, zìjiā)'는 '자기(自己)'의 높임말. (중국어 직접 차용어).¶ 친왕비 분홍 오복곳 광쥬리 낭ᄌᆞ 옹쥬ᄌᆞ가 엽낭 ᄒᆞᆫ ᄎᆞ ᄌᆞᄅᆞ ᄒᆞᆫ ᄎᆞ 왕ᄌᆞ아기시 엽낭 ᄒᆞᆫ ᄎᆞ 삼낭 ᄒᆞᆫ ᄎᆞ 친왕궁아기 슈낭 이부 공슈엽낭 오ᄎᆞ 슈ᄋᆞ낭 ᄉᆞᄎᆞ 표침 이ᄎᆞ <병진히랑진샹슈불긔1856/1916>

【와늬쉬】 명 ((기물)) 바니쉬(varnish). (외래어).¶ 取扱品目 벵키 스테인 와늬쉬 왝쓰 에나멜 漆油 테펜타인 칠붓 等 <서요1930 W.W.テイラー商會광고>

【와드쌔그】 명 ((지리)) 와트버그(Wartburg). 미국 테네시주 모건카운티에 있는 도시. (외래어).¶ 와드쌔그 (窪特布革 Wartburg) <만국통감1912, 4, 14> 루터가 와드쌔그 호위ᄒᆞᄂᆞᆫ 셩에 잇서 셩경을 샹고ᄒᆞ야 칙을 쓰더니 일년 후에 그 본 깅경교 가온ᄃᆡ 사ᄅᆞᆷ이 잇서 <만국통감1912 4, 18>

【와리】 명 와리(割 わり). 노늠. 구문(口文). (일본어 직접 차용어).¶ ᄆᆡ수쳐의셔 독촉을 ᄒᆞ니 ᄆᆡ ᄆᆡ가익을 ᄌᆞ셔니 긔록ᄒᆞ야 보닉고 구문은 원가익 외의 숨와리을 식일터니ᄂᆞ 그리 알고 속속히 주션ᄒᆞ야 부쳐 주기 고ᄃᆡᄒᆞ고 바라니 심량ᄒᆞ시옵 <김형규(金衡圭)-한고 일젼 수ᄎᆞ 셔신은> 광주의게 와리 게약을 ᄌᆞ셔니 바다가져야 홍셩이 될 터니 그리 아시옵 아모리 총총할지라도 좀간 왓다 갓스면 ᄃᆡ단니 조캣소 <김형규(金衡圭)-한고 일젼 수ᄎᆞ 셔신은>

【와세다】 명 ((교육)) 와세다(早稻田, おせだ)대학. 일본의 유명 사립대학. 대학 본부는 도쿄 신주쿠 구 니시와세다[西早稻田]에 위치함. 1882년 오쿠마 시게노부[大隈重信]가 창립한 도쿄 전문학교(東京專門學校)가 1902년 와세다 대학으로 이름을 바꿈. 대학부와 전문부를 신설하여, 대학부에는 정치경제학과, 법학과, 문학과를 설치함. (일본어 차용어).¶ 와세다를 졸업ᄒᆞᄂᆞᆫ 나라 업다 왜놈 종놈 <신민 1909.6.23>

【와셩톤】 명 ((인명)) 워싱턴(George Washington, 1732-99). 미국의 초대 대통령. 독립혁명 총사령관으로서 독립전쟁을 성공적으로 이끌었고 헌병제정회의에서 새로운 연방헌법을 제정하고 중앙정부 권한을 강화하였다. 초대 대통령이 되어 국내 여러 세력의 단합과 헌법의 실현 등에 힘써 신생 미국의 기반을 다지는 데 크게 공헌하였다.¶ ⇒ 와셩톤, 와싱톤 ☞ 화셩돈

【와셩톤의 八년 젼징】 관구 워싱턴(Washington, Jeorge, 1732-99)이 미국의 독립을 쟁취하기 위해 팔년간 영국과 치룬 전쟁(八年戰爭). 미국 독립전쟁(獨立戰爭). 1775년에 영국의 새로운 간섭 정책에 반발하여 북아메리카의 13개 영국령 식민지가 일으킨 전쟁. 프랑스를 비롯한 유럽 여러 나라의 군사적·재정적 지원을 받아 1783년의 파리 조약에서 독립을 인정받음.¶ 와셩톤의 八년 젼징 아메리가 독립이오 <공립신보 1908.2.5>

【와쉉톤】 명 ❶ ((인명)) 워싱턴(George Washington, 1732-99). 미국의 초대 대통령. 독립혁명 총사령관으로서 독립전쟁을 성공적으로 이끌었고 헌병제정회의에서 새로운 연방헌법을 제정하고 중앙정부 권한을 강화하였다. 초대 대통령이 되어 국내 여러 세력의 단합과 헌법의 실현 등에 힘써 신생 미국의 기반을 다지는 데 크게 공헌하였다.¶ 이 어룬 누군가 뎨一 대통령 와쉉톤 하날이 보닉샤 공화국 시조 되엿네 <신민-와쉉톤탄일에 감동 1917.3.1> ❷ ((지리)) 워싱턴. 정식 명칭은 Washington, District of Colombia. 미국의 수도.¶ 싀 셔울 와쉉톤으로부터 넷 셔울 픽리쓰로 건너 <신민 1918.12.19> 긔상하고 도경하셰 와쉉톤의 七月四日 <신민 1919.7.10> ⇒ 와셩톤, 와싱돈, 와싱톤, 워쉉턴, ☞ 화셩돈

【와싱돈】 명 ((지리)) 워싱턴(Washington). 정식 명칭은 Washington District of Columbia. 미국의 수도. (외래

어).¶ 와싱돈 (합중국) (窪性呑 Washington (U.S.)) <만국통감1912, 4, 14> 와싱돈 (포디) (窪性呑 Washington (Fort)) <만국통감1912, 4, 14> ⇒ 와셩톤, 와싱톤, 워셩던, ☞ 화셩돈

【와싱톤】 명 ❶ ((인명)) 워싱턴(Washington 1732~1799). 미국의 초대 대통령.¶ 한번 쑤럿탠을 해내려 하난 뜻을 세운 와싱톤의 이룬 功은 얼마나 되며 로오마의 驕慢한 쇨을 懲戒하고 痛憤한 마음을 씨스랴 하야 <소년少年時言 1908.11.1 8> ❷ ((지리)) 워싱턴. 정식 명칭은 Washington District of Columbia. 미국의 수도. (외래어).¶ 또 잠시 나려가면 와싱톤이니 유니온 停車場이 世界 第一等 <청춘 1914.10.1> ⇒ 와셩톤, 와쉉톤, 와싱돈, 워쉉던 ☞ 화셩돈

【와ᄉᆞ】 명 와사(瓦斯 gas). 가스. (외래어).¶ 와ᄉᆞ ‖ ① 氣體 일홈 ② 긔운 <조선-심 128>

【와ᄉᆞ-긔관】 명 와사기관(瓦斯機關 gas). 가스기관. 가스를 연료로 하는 내연기관. (외래어).¶ 와ᄉᆞ긔관<법한 672>

【와와이-질】 명 요요(凹凹)질. 아기 놀림의 하나. '와와(凹凹, wāwā)'는 중국어 직접 차용어.¶ 凹凹 ‖ 아희 완나이질 ᄒᆞᄂᆞ냐 완나이질 ᄒᆞᄂᆞ냐 뎌 손을다가 들기를 노피 ᄒᆞ여 광광이질 ᄒᆞ며 와와이질 ᄒᆞᄂᆞ니라 (孩兒腕搭兒腕搭兒, 那手來提的高着, 打光光打凹凹.) <박언중:48a>

【와이사쓰】 명 ((복식)) 와이셔츠(white shirt). 양복 바로 안에 입는 서양식 윗옷. (외래어).¶ 와이사쓰가 마음에 켕기든지 <염상섭, 고독1925 189> ⇒ 와이샤쓰

【와이샤쓰】 명 ((복식)) 와이셔츠(white shirt). 양복 바로 안에 입는 서양식 윗옷. (외래어).¶ 와이샤쓰 (白襯衣) <만통-의복 407> ⇒ 와이사쓰

【와이—ㅇ】 명 ((음식)) 와인(wine). 포도주. (외래어).¶ 와이—ㅇ (酒) <영어일상통화단어초집 우산>

【와이푸】 명 ((인류)) wife. 아내. (외래어).¶ 키친 안의 와이푸는 찐너 하기 결을 업소 <신민 1918.11.28>

【와펴쓰】 명 ((음식)) 와플(waffles) 양과자의 하나. 밀가루, 달걀, 설탕, 우유, 베이킹파우더 따위를 잘 섞어 반죽한 다음 구워서 반으로 접어 그 사이에 잼이나 버터, 크림 따위를 넣어 만든다. (외래어).¶ 와펴쓰 (조각 떡 일홈) (味乏) <조반> ☞ 와플스

【와플스】 명 ((음식)) 와플(waffles). 양과자의 하나. 밀가루, 달걀, 설탕, 우유, 베이킹파우더 따위를 잘 섞어 반죽한 다음 구워서 반으로 접어 그 사이에 잼이나 버터, 크림 따위를 넣어 만든다. (외래어).¶ 와플스 (젼병) ‖ 밀가루 2잔 우유 2잔 빠터 (약간 녹인 것) ½잔 (골숨하게) 계란 4개 뻬킹파우더 2쇼슈가락 (수북히) 밀가루와 우유를 고로로 셕거 가지고 빠터를 셕고 계란 노른자위를 잘 져어셔 셕고 다음에 계란 흰자위를 되게 될 때까지 져어셔 셕고 나죵에 뻬킹파우더를 셕고 2분 동안 작고 져어셔 매우 더운 와플 팬에 조곰식 담고 지질 것 <서요226> ☞ 와펴쓰

【완】 관 원(one). 하나. (외래어).¶ 완 (一) <영어일상통화단어초집 우산>

【완나이-질】 명 완나이(腕搭兒, wànnuòr)질. 아기 놀림의 하나. '완나이'는 (중국어 직접 차용어).¶ 腕搭兒 ‖ 아희 완나이질 ᄒᆞᄂᆞ냐 완나이질 ᄒᆞᄂᆞ냐 뎌 손을다가 들기를 노피 ᄒᆞ여 광광이질 ᄒᆞ며 와와이질 ᄒᆞᄂᆞ니라 (孩兒腕搭兒腕搭兒, 那手來提的高着, 打光光打凹凹.) <박언중:48a>

【완수야】 명 ((인류)) 만세야(萬歲爺, wànsuìyé). 황제(皇帝)에 대한 경칭. 중국어 직접 차용어.¶ 萬歲爺 ‖ 예는 완수야 위패 이시니 황지 곳[황뎨의 유지라] 아니면 비록 뎨왕이라도 천ᄌᆞ히 못 드러간다 ᄒᆞ더라 (此有萬歲爺[彼人称皇帝爲萬歲爺]位牌, 非有皇旨, 雖諸王不敢擅入云.) <서원 2:70a> ⇒ 만셰야 ☞ 항상, 황상, 황샹, 황뎨, 황태

【완피】 명 ((인류)) 완피(頑皮, wánpí). 뻔뻔한 놈. (중국어 간접 차용어).¶ 頑皮 ‖ 져 갓튼 완피를 치지 아니ᄒᆞ면 엇지 복쵸ᄒᆞ리요 (這等頑皮賴骨, 不打如何肯招!) <수호-이화 29:1b> 져 완피을 치지 아니면 초ᄉᆞ 아니ᄒᆞ리이미이 치라 ("諒你這個頑皮, 不用刑法, 如何肯招." 喝令左右: "與我夾起來!") <분장 2:144> 당반게 ᄆᆞ옴을 진정ᄒᆞ고 니ᄅᆞ디 너의가 이러틋 완피의 힝실을 ᄒᆞ니 어늬 쎠 부쳐를 뵈올는지 모로리로다 쇼힝지 니ᄅᆞ디 ᄉᆞ부는 죠급히 구지 마ᄅᆞ쇼셔 완피도 쏘ᄒᆞᆫ 부쳐를 뵈옵ᄂᆞ이다 (唐半偈定了性說道: "你們這等頑皮, 不知何時見佛?" 小行者道: "師父不要性急, 頑皮恰也是見佛.") <후서유 20:34-39> ▼賴皮 ‖ 뎌 완피를 치지 아니ᄒᆞ면 엇지 직쵸ᄒᆞ리잇고 (這個頑皮賴骨, 不打如何肯招!) <수호-신문 4:61:183>

【왈넨스다인】 명 ((인명)) 발렌슈타인(Wallenstein). 보헤미아 출신의 독일 명장(1583~1634). 삼십 년 전쟁에서 신성로마 제국의 황제 페르디난트 이세를 도와 군대 총사령관으로 활약하였다. (외래어).¶ 왈넨스다인 (法連思太尼 Wallenstein) <만국통감1912, 4, 14> 덕국 황뎨가 쏘히미아 공작 왈넨스다인의게 도아 주기를 구ᄒᆞ니 <만국통감1912 4, 47>

【왕바-둥시】 명 ((인류)) 망팔동서(忘八東西). 남을 욕하는 말. 전촉(前蜀)의 왕건(王建)이 젊어서 도적질을 하는 등 무리한 생활을 하였는데, 그가 여덟 번째 항렬이었기 때문에 고을 사람들이 도적 '왕팔(王八)'이라고 부른 데에서 유래된 말이다. «신오대사 · 세가» '왕건전'에 처음에 나온다. '왕바둥시(忘八東西, wàngbādōngxi)'는 중국어 직접 차용어.¶ 忘八羔子 ‖ 내가 노태야를 짜라 출젼ᄒᆞᆯ 쎠의 너의 무리 왕바둥시는 도로혀 나오지도 아냐시니 (大太爺跟着老太爺出兵的時候, 你們這班忘八羔子通沒有迸出來.) <후홍 10:15> ☞ 망팔, 망팔고ᄌᆞ, 왕팔, 왕팔고자, 왕팔고ᄌᆞ, 왕바지ᄌᆞ

【왕바-지ᄌᆞ】 명 ((인류)) 왕팔재자(王八滓子). 남을 욕하

는 말. 개자식이란 뜻. 전촉(前蜀)의 왕건(王建)이 젊어서 도적질을 하는 등 무뢰한 생활을 하였는데, 그가 여덟 번째 항렬이었기 때문에 고을 사람들이 도적 '왕팔(王八)'이라고 부른 데에서 유래된 말이다. «신오대사 · 세가» '왕건전'에 처음에 나온다. '왕바(王八, wǎngbā)'는 중국어 직접 차용어¶ 王八滓子 ‖ 덕형이 주러디ᄌᆞ 아니ᄒᆞ고 왕바지지라 욕ᄒᆞ니 이ᄂᆞᆫ 쟈라의 아ᄃᆞᆯ이란 말이라 (德亨亦不挫, 辱之以王八滓子, 諺傳王八鼈也.) <서원 5:58b> ☞ 망팔, 망팔고ᄌᆞ, 왕팔, 왕팔고자, 왕팔고ᄌᆞ, 왕바둥시

【왕팔】 명 ((인류)) 망팔(忘八). 남을 욕하는 말. 전촉(前蜀)의 왕건(王建)이 젊어서 도적질을 하는 등 무뢰한 생활을 하였는데, 그가 여덟 번째 항렬이었기 때문에 고을 사람들이 도적 '왕팔(王八)'이라고 부른 데에서 유래된 말이다. «신오대사 · 세가» '왕건전'에 처음에 나온다. 또는 인의효제(仁義孝悌)와 충신염치(忠信廉恥)의 팔덕을 잊어버렸다는 뜻으로 '무뢰한'을 일컫는 말. '왕(忘, wàng)'는 중국어 직접 차용어.¶ 王八 ‖ 네 만일 다라나면 감히 너ᄅᆞᆯ 욕미치 못ᄒᆞ거니와 너 곳 왕팔이 되리라 (你要走了, 我是個王八, 我可不敢罵你.) <충소 16:74> ※ 王八 ‖ 臭王八 ‖ 일로 因ᄒᆞ여 내 나ᄂᆞᆫ 王八이라 브ᄅᆞᄂᆞ니이다 (因此叫做臭王八[俗謂縱婦行淫曰"王八".]) <오전 6:18b> 城 안 사ᄅᆞᆷ이 小媳婦의 丈夫ㅣ 간곳마다 老婆 어룸을 보고 니ᄅᆞ되 내 長進티 못ᄒᆞ야 丈夫ᄅᆞᆯ 권ᄒᆞ야 사ᄅᆞᆷ으로 더브러 通姦케 ᄒᆞᆫ다 ᄒᆞ야 날을 王八이라 브르고 ᄯᅩ 져기 袖裏病이 이시니 일로 因ᄒᆞ여 내 나ᄂᆞᆫ 王八이라 브ᄅᆞᄂᆞ니이다 (城裏人見小媳婦的丈夫, 到處養老婆, 說我不長進, 縱容丈夫與人通奸, 號我做王八, 又是有些袖裏病, 因此叫做臭王八.) <오전 6:19a> ⇒ 망팔 ☞ 망팔고ᄌᆞ, 왕바둥시, 왕바지ᄌᆞ, 왕팔고자, 왕팔고ᄌᆞ

【왕팔-고자】 명 ((인류)) 망팔고자(忘八羔子). 남을 욕하는 말. 전촉(前蜀)의 왕건(王建)이 젊어서 도적질을 하는 등 무뢰한 생활을 하였는데, 그가 여덟 번째 항렬이었기 때문에 고을 사람들이 도적 '왕팔(王八)'이라고 부른 데에서 유래된 말이다. «신오대사 · 세가» '왕건전'에 처음에 나온다. 또는 인의효제(仁義孝悌)와 충신염치(忠信廉恥)의 팔덕을 잊어버렸다는 뜻으로 '무뢰한'을 일컫는 말. '왕(忘, wàng)'은 중국어 직접 차용어.¶ 王八羔子 ‖ 이런 쳘 모ᄅᆞᄂᆞᆫ 왕팔고자는 만일 져희ᄅᆞᆯ 가져 낫낫치 칼 ᄢᅴ우지 아니면 ᄯᅩᄒᆞᆫ 우리 아문의 위엄을 아지 못ᄒᆞ리라 (好一起不知好歹的王八羔子, 若不把他們一個一個的枷號起來, 他們也不知道我們這個衙門裡的厲害.) <속홍 10:63> ⇒ 망팔고ᄌᆞ, 왕팔고ᄌᆞ ☞ 망팔, 왕팔, 왕바둥시, 왕바지ᄌᆞ

【왕팔-고ᄌᆞ】 명 ((인류)) 망팔고자(忘八羔子). 남을 욕하는 말. 전촉(前蜀)의 왕건(王建)이 젊어서 도적질을 하는 등 무뢰한 생활을 하였는데, 그가 여덟 번째 항렬이었기 때문에 고을 사람들이 도적 '왕팔(王八)'이라고 부른 데에서 유래된 말이다. «신오대사 · 세가» '왕건전'에 처음에 나온다. 또는 인의효제(仁義孝悌)와 충신염치(忠信廉恥)의 팔덕을 잊어버렸다는 뜻으로 '무뢰한'을 일컫는 말. '왕(忘, wàng)'은 중국어 직접 차용어.¶ 妄八羔子 ‖ 우리 셩명을 다ᄒᆞ여 너의 이 갓튼 량심 업ᄂᆞᆫ 왕팔고ᄌᆞᄅᆞᆯ ᄭᅳᆯ고 졔독부로 ᄲᅡ호라 가리라 (看咱們拼着性命, 把你這班沒良心的妄八羔子, 到提督府鬧一鬧去!) <후홍 3:80> ⇒ 망팔고ᄌᆞ, 왕팔고자 ☞ 망팔, 왕팔, 왕바둥시, 왕바지ᄌᆞ

【왜더ー】 명 왜더(wether). 날씨. (외래어).¶ 왜더ー (天氣) <영어일상통화단어초집 우산>

【왜스빠릐아】 명 ((지리)) 에스파냐(España). 유럽 남서부 이베리아 반도 대부분을 차지하는 입헌군주국. 스페인(Spain). (외래어).¶ 왜스빠릐아 (威士法利亞) <태서신사> ⇒ 이스바니아, 이스바니아국, 일ᄉᆞ파리아 ☞ 셔반아, 셔반아국, 스페인, 시폐인, 쓰페인

【왜어】 대 훼어(where). 어디. (외래어).¶ 왜어 (어듸) <영어일상통화단어초집 우산>

【왝쓰】 명 ((기물)) 왁스(wax). (외래어).¶ 取扱品目 벵키 스테인 와늬쉬 왝쓰 에나멜 漆油 테펜타인 칠붓 等 <서요1930 W.W.テイラー商會광고>

【외-픽클】 명 ((음식)) 오이피클(cucumber pickle). '피클'은 오이나 양배추 따위의 채소나 과일 따위를 식초 · 설탕 · 소금 · 향신료를 섞어 만든 액체에 담아 절여서 만든 음식. (외래어).¶ 외픽클 ‖ 외 125개 (삭기 손가락 만콤식 한 것) 소곰 2잔 초 4잔이나 5잔 물 2잔 백반 1쇼슈가락 흑당 1잔 셕근 약념 3쇼슈가락 (수북히) (계피 뎡향 메스 호쵸 계자 고쵸) 다마네기(썬 것) 1개 외와 다마네기를 큰 항아리에 담고 그 우에 소곰을 ᄲᅮ리고 외가 보이지 아닐 만콤 ᄭᅳ린 물을 붓고 하로 밤을 두엇다가 물을 ᄶᅡ라 바리고 초와 여러 가지 재료를 함께 10분 동안 ᄭᅳ려셔 외 우에 붓고 식은 후에 호스래듸시 ᄲᅮ리 3인치 가량을 너코 ᄯᅮᄶᅦ를 덥허 셔둘 것 (달게 하려면 식셩대로 사탕을 더 칠 수 잇슴) <서요 248> 뎜인외픽클 ‖ 외 (뎜인 것) 7 파운드 백반 2온스 생강 2온스 져려 두엇든 외를 ¼인치 둣게로 통으로 써러셔 맑은 물에 우리대 하로 두 번식 물을 가라셔 아조 ᄶᅡᆫ 맛이 업셔질 ᄯᅢᄭᅡ지 우린 후에 잠길 만콤 랭슈를 붓고 백반을 쳐셔 ½시 동안 ᄭᅳ려셔 물을 ᄶᅡ라 바리고 찬물을 부엇다가 즉시 ᄶᅡ라 바린 후에 다시 찬물을 붓고 생강을 써러 너코 ½시 동안을 ᄭᅳ리다가 ᄯᅩ 물을 ᄶᅡ라 바리고 찬물을 붓엇다가 즉시 ᄶᅡ라 바리고 이 아래 예비한 것을 셕거셔 조곰 되게 될 ᄯᅢᄭᅡ지 부글부글 ᄭᅳ려셔 항아리나 구멍 큰 병에 담아 잘 막아 둘 것 사탕 6잔 초 8½잔 물 4잔 계피 2온스 뎡향 1대슈가락 (골숨하게) 메스 1대슈가락 (골숨하게) 한데 셕거셔 15분 동안 ᄭᅳ릴 것 <서요 251>

【요고하마】 명 ((지리)) 요코하마(Yokohama, 橫濱). 일본 간토(關東)에 있는 국제 항만 도시. 일본 제2의 무역항이며, 게이힌(京濱) 공업 지대 남부의 중심 도시로 철

강, 조선, 화학, 석유 정제 따위의 공업이 발달하였다. (외래어).¶ 또 동편에 요고하마와 센다이와 도교와 수루가와 낭오야와 고븨란 포구가 잇고 남편에 쉬몬나사기와 푸쿠오가와 나가사기와 쉬마바라와 가고시마ㅣ란 포구가 잇고 <사필1889-헐버트 78> 요고하마(橫濱) <金晩秀 日記冊 1901.11.18>

【요나】 명 ● ((인명)) 요나(Jonah). 구약 성경 중의 오나서에 전하는 이스라엘의 예언자. 하나님의 명령을 어기고 달아나는 도중에 바다에서 폭풍을 만나, 큰 물고기의 배 속에서 3일간을 지내다가 기도에 의하여 구원을 받았다고 함. (외래어).¶ 세계에 뎨일 포악혼 니느웨셩이 큰 고기의게 토박(吐泊)홈을 닙은 요나의 젼도를 듯고 회기홀 줄 동모야 알앗겟느냐 <기독신보 1916.8.2> ● ((책명)) Jonah書. 구약 성경의 한 권. 요나가 하나님에게 불순종한 일과 고래의 배 속에서 기도한 일, 니느웨에서의 전도와 니느웨 시민의 회개 따위를 기록하였음.¶ 요나 미가 나훔 하박국 셔반이야 학기 세가리아 <창가집>

【요단】 명 ((지리)) 요르단(Jordan). 아라비아반도 북서부에 있는 이슬람교 국가.¶ 요단 (約但) <신약젼셔 1900> ⇒ 얄덴, 욜단

【요단강】 명 ((지리)) 요단강(Jordan江). 요르단 강을 성경에서 이르는 말. 서아시아 요르단 서쪽을 흐르는 강. 안티레바논 산맥 남부의 헤르몬 산(Hermon山)에서 시작하여 사해(死海)로 흘러듦. (외래어).¶ 요단강을 건너 못 가 놉고 놉흔 니보산에 <챵가집> 무리들이 그 말 듯고 잡고져 ᄒᆞ는지라 위험홈을 면ᄒᆞ시고 요단강을 건너가셔 유대 디경 다다르니 수다훈 군중들이 뒤를 좃차 오는지라 예수 그곳에셔 병인들을 곳치니라 <연경-슈뎐졀가 109>

【요사밧】 명 ((지리)) 여호사밧(Jehoshaphat) 골짜기. 여호와가 심판하는 골짜기라는 의미. 종말적 심판의 날에 만국민이 하나님 앞에서 국문받을 장소에 대한 상징적 명칭임. 이 골짜기는 여호사밧 왕 때에 유다를 침입한 열국이 하나님의 권능으로 말미암아 파멸된 곳임. 4세기 이래 이 골짜기는 예루살렘의 동측과 감람산 사이에 있는 기드론 골짜기와 동일시되어 왔음. 유대인과 이슬람 교도도 이 골짜기를 최후의 심판 장소로 믿고 있었음. (외래어).¶ 요사밧 산곡으로 심판곳에 모혀가니 <박동헌>

【요셉】 명 ● ((기독)) ((인명)) 요셉(Joseph). 신약 성서에서 나오는 예수의 아버지. 직업은 목수였다고 함. 기독교에서는 요셉을 예수를 낳으신 육체적 아버지로 보지 않고, 다만 성모마리아의 정결한 배필로서 예수를 보호하시고 기르신 아버지로 인정함. (외래어).¶ 셩 요셉은 유더아국 갈닐네아에 속훈 나자릿 고올 사롬이니 본국 셩왕 다위의 이십륙디 손이오 부친의 일홈은 야곱이니 비록 왕의 례겨나 임의 위롤 일흔 지 오래매 가난ᄒᆞ고 쳔홈이 빅셩으로 더브러 다롬이 업는지라 <쳠례-셩요셉 49a> 혼비ᄒᆞ신 후 슈월에 셩모ㅣ 텬신의 보홈을 밧으샤 텬쥬 셩ᄌᆞㅣ 강잉ᄒᆞ야 터롤 일우시니 요셉이 의심을 품다가 텬신의 고홈을 듯고 ᄭᆡᄃᆞ라 경셩으로 마리아롤 공경ᄒᆞ고 ᄉᆞ랑ᄒᆞ더라 <쳠례-셩요셉 50a> 마리아는 요셉과 뎡혼훈 쳐녀 요셉이는 녯 님군 짜윗의 ᄌᆞ손 <예수교회보 1912.12.24> ● 요셉(Joseph). 구약 성경에 나오는 야곱의 아들. 아버지의 사랑을 받아 형들의 미움을 사서 이집트에 노예로 팔려갔으나 그곳에서 오히려 크게 출세하여 후에 곤궁에 몰린 아버지와 형들을 맞아들였음. (외래어).¶ 야곱의 아돌 十 형뎨가 그 아오 요셉을 ᄉᆡ긔ᄒᆞ야 이굽 샹고의게 팔앗더니 <기독신보 1916.8.2> ⇒ 요셉씨 ☞ 약슬

【요셉-둘재】 명 ((인명)) 요셉(Joseph II (Germ.)). (외래어).¶ 요셉 둘재 (덕국) (約瑟第二 Joseph II (Germ.)) <만국통감1912, 4, 13>

【요셉-셩당】 명 ((건축)) 약현성당(藥峴聖堂). 서대문밖 약현에 위치한 로마 가톨릭교회의 성당. 우리나라 최초의 근대식 건물. 본당은 사적 제 252호로 지정되어 있으며, 중림동성당으로 불리기도 함. 프랑스 신부인 코스트 (E. G. Coste; 한국명 高宜善)가 설계하고, 중국인 기술자가 시공했으며, 당시 주임신부인 두세(Doucet) 신부가 감독하였음. 1892년 12월 2일에 완공되었음.¶ 약현 복디 터를 닥가 요셉셩당 건축ᄒᆞ고 <경잡 1913.11.30>

【요셉-씨】 명 ((기독)) ((인명)) 요셉씨(Joseph氏). 신약 성서에서 나오는 예수의 아버지. 직업은 목수였다고 함. 기독교에서는 요셉을 예수를 낳으신 육체적 아버지로 보지 않고, 다만 성모마리아의 정결한 배필로서 예수를 보호하시고 기르신 아버지로 인정함. (외래어).¶ 그러나 요셉씨가 잠간 분을 춤고 한숨 쉬며 ᄒᆞ는 말이 파혼ᄒᆞ면 그만이지 드러내야 무엇홀가 <연경-셩보가 1> ⇒ 요셉 ☞ 약슬

【요셉-첫재】 명 ((인명)) 요셉(Joseph I). (외래어).¶ 요셉 첫재 (포두갈) (約瑟第一 Joseph I (Portugal)) <만국통감 1912, 4, 13>

【요셥】 명 ((인명))((기독)) 요셉(Joseph). 구약 성경에 나오는 야곱의 아들. 아버지의 사랑을 받아 형들의 미움을 사서 이집트에 노예로 팔려갔으나 그곳에서 오히려 크게 출세하여 후에 곤궁에 몰린 아버지와 형들을 맞아들였음. (외래어).¶ 훈 사롬을 저희 압헤 보내시디 요셥이 종으로 풀님을 맛나셔 제 발을 챵고에 최워 괴롭게 ᄒᆞ고 제가 쇠사슬노 얽음을 밧은 거손 제 말이 일울 ᄯᅢᄭᆞ지 니르럿스니 여호와의 말슴이 저롤 시험ᄒᆞ셧도다 <시편 105:39a> ⇒ 요셉 ☞ 약슬

【요안】 명 ● ((인명)) 요한(Johannes). 신약 성경에 나오는 인물. 유대인 제사장의 아들로 태어나 요단 강 가에서 예언 활동을 하였으며, 예수에서 세례를 주었음. (외래어).¶ 요안 (約翰) <신약젼셔 1900> 베두루로 알앗더니 요안일다 <법한 360> 신유풍파 때에 겨유 십삼

셰라 도리에 명빅지 못ᄒᆞ고 혱 요안은 치명ᄒᆞ고 셩교회 ᄉᆞ경이 쇠미ᄒᆞ야 교훈ᄒᆞᆯ 이 업ᄂᆞᆫ지라 <기해-최베드루 65b> 오ᄂᆞᆯ날 셩 요안이 원죄의 더러옴을 면ᄒᆞ고 셩춍의 조츌ᄒᆞᆷ을 밧앗시니 셩 요안의 쳠례라 닐올 거시오 오ᄂᆞᆯ날 그 두 어버이 만흔 은혜ᄅᆞᆯ 닙어 셩신이 그 령혼에 ᄀᆞ득ᄒᆞ심을 엇엇시니 두 어버이의 쳠례라 닐올지니라 <쳠례-셩모왕고 17b> 요안의게 셰 밧음도 이도 ᄯᅩᄒᆞᆫ 겸손이오 <남마두> ❷ 이순이 루갈다의 시동생이자 류중철의 남동생인 류문석(柳文碩)을 이르는 세례명이다.¶ 야고버 계실 ᄯᅢ의 우리 풍파ᄅᆞᆯ ᄌᆞ셰히 긔록ᄒᆞ여 두라 ᄒᆞ시기의 이리 온 후 요안 편의 공지ᄅᆞᆯ 보내엿ᄉᆞᆸ더니 엇지ᄒᆞ엿ᄉᆞᆸ 만번 ᄇᆞ라ᄋᆞᆸᄂᆞ니 관회억졔ᄒᆞᄋᆞᆸ쇼셔 ᄎᆞ셰ᄂᆞᆫ 헛되고 거즛된 줄을 싱각ᄒᆞᄋᆞᆸ쇼셔 <이순이 루갈다가 어머니에게 보낸 편지1801 7a> 슉슉은 요안이라 십월 초구일의 요안을 내여가니 ᄯᅳᆺ을 몰낫시라 어ᄃᆡ로 가심이냐 관가 명령이라 큰 옥으로 다려다가 형뎨 ᄒᆞᆫ ᄃᆡ 두라신다 버희ᄂᆞᆫ ᄃᆞᆺ 다려가니 온냐 ᄃᆡᄅᆞᆯ 어이ᄒᆞ리 ᄒᆞᄃᆡ 가 계시쇼셔 피ᄎᆞ의 닛지 마ᄉᆞ이다 <이순이 루갈다가 언니와 올케에게 보낸 편지1801 11b> ❸ 신유박해 후 천주교 재건을 주도했던 이순이의 외사촌 권상립을 가리키는 듯. 올케의 형부인 권상문과는 사촌간임.¶ ᄆᆡ동 어루신네ᄭᅴ셔 엇지 견ᄃᆡ시ᄋᆞᆸ 그 경지도 말 못ᄒᆞᆯ 경지ᄋᆞᆸ 요안 오라바님도 엇지 엇지 견ᄃᆡ시ᄋᆞᆸ 그 오라바님ᄭᅴ 향ᄒᆞᄂᆞᆫ 경은 이제 죽기ᄭᆞ지도 잇지 못ᄒᆞ겟ᄉᆞᆸ <이순이 루갈다가 언니와 올케에게 보낸 편지1801 27b> ❹ 이순이 루갈다의 남편류중철(柳重喆)을 이르는 세례명.¶ 여긔 요안은 남은 남편이라 ᄒᆞ나 나ᄂᆞᆫ 츙우라 ᄒᆞᄂᆞ니 만일 득승텬국ᄒᆞ엿시면 나ᄅᆞᆯ 잇지 아녀시리라 ᄒᆞ노라 <이순이 루갈다가 언니와 올케에게 보낸 편지1801 28a> 언제나 긔옥을 버셔나 대군대부와 텬샹모황과 ᄉᆞ랑ᄒᆞ던 존구와 내의 동싱과 츙우의 요안을 맛나 즐길고 ᄒᆞ오나 무궁 대죄악인이 마치 ᄇᆞ라기만 ᄇᆞ라오나 ᄯᅳᆺᄀᆞᆺ치 슈이 될이 잇ᄉᆞᆸ <이순이 루갈다가 언니와 올케에게 보낸 편지1801 28b>

【요안니】 명 ((인명)) 요한(Johanne). 십이 사도의 한 사람.¶ 요안네 (約翰) <마가젼-로스 1887> ☞ 약한, 요한, 요한네쓰

【요왕】 명 ((인명)) 요한(Johannes). 십이 사도의 한 사람. 갈릴리의 어부의 아들로, 베드로 다음가는 예수의 애제자였음. 마리아를 자기 집에 모시고 지냈음. «요한서한», «요한복음», «요한계시록»을 지었다고 함. (외래어).¶ 오 쥬예수ㅣ 젼교ᄒᆞ신 지 뎨 이년에 슈난ᄒᆞ실 모든 고로옴을 미리 말ᄉᆞᆷᄒᆞ실시 종도의 근심이 밧긔 드러남을 보시고 이에 베드루와 야고버와 요왕 세 종도ᄅᆞᆯ 잇글고 다볼산에 니ᄅᆞ샤 좀좀이 신공을 힝ᄒᆞ시고 세 종도ᄂᆞᆫ 피곤ᄒᆞ야 누어 자더니 <쳠례-예수현셩용 9a> 요왕 종도 의탁ᄒᆞ야 십오 년간 경슈ᄒᆞ샤 <경잡 1915.8.31>

【욕다운】 명 ((지리)) 요크타운(Yorktown). 미국 동부 버지니아 주 남동부에 있는 도시. 1781년 영국군을 물리친 곳으로 유명하다. (외래어).¶ 욕다운 (約耳克城 Yorktown) <만국통감1912, 4, 14> 이에 그 경도를 ᄯᅥ나 욕다운 셩에 가셔 그 졸하 루버트로 대장을 삼고 군ᄉᆞᄅᆞᆯ 예비ᄒᆞ야 의원을 칠 시 <만국통감1912 4, 54>

【욕쇄야】 명 ((지리)) 요크셔(Yorkshire). 영국의 잉글랜드의 옛 주. (외래어).¶ 늬유캣슬 욕쇄야 랑카쇄야 等 이른바 工業地方 盛大한 業이 <청춘 1914.10.1>

【욜단】 명 ((지리)) 요르단(Jordan).¶ 욜단 (約但) <마가젼-로스 1887> ⇒ 얄덴, 요단

【욥】 명 ((책명)) 욥기(Job記). 구약 성경의 한 권. 욥이 고난을 겪으면서도 믿음을 지키고 하나님께 마음으로 순종하는 내용이 담겨 있음. (외래어).¶ 욥 시편 좀언 젼도 아가셔 이사야 예리미야 이가셔 <챵가집>

【욥아디야】 명 ((책명)) 욥아디아서(Obadiah書). 오바댜의 예언을 적은 구약 성경의 한 권. 12예언서의 하나로, 선지자 오바댜가 그의 예언을 기록한 것인데 에돔 족속의 오만한 죄에 대한 형벌·에돔이 그 근친자에 가한 포학·이스라엘에 대한 회복의 약속 따위를 내용으로 함. (외래어).¶ 이스결 단니엘 호세아 요엘 아모스 욥아듸야 <챵가집>

【우동】 명 ((음식)) 우동(饂飩 うどん). (일본어 차용어).¶ 饂飩 ‖ 로형은 우동을 질기심닛가 메물국슈를 질기심닛가 <일선 85> 우동 이십 젼 셜탕 오 젼 고기 오 젼 마고 ᄒᆞᆫ 갑 육 젼 명우 과ᄌᆞ갑 이 젼 승우 일 젼 슴겹실 십 젼 녹주나물 ᄉᆞ 젼 <가용-한고 1937.1.5> 위슨 ᄒᆞᆫ 통 십 젼 우동 ᄒᆞᆫ 그릇 오 젼 설농탕 십 젼 마고 ᄒᆞᆫ 갑 육 젼 <가용-한고 1937.1.9> ☞ 메물국슈, 쇼면

【우라시쓰】 명 ((복식)) 미상. (일본어 차용어).¶ 양쳥 모본단 치마 ᄎᆞ 일 월남 후랏도 치마 ᄎᆞ 일 슈박식 우라시쓰 치마 ᄎᆞ 일 국방식 보라 치마 ᄎᆞ 일 미식 인조 치마 ᄎᆞ 일 명쥬 은식 치마 ᄎᆞ 일 <물목 한옥션119-431>

【우랄-산】 명 ((지리)) 우랄산맥(Ural山脈). 러시아 연방을 가로지르는 험준한 산맥. (외래어).¶ ※ 점으는 날 새는 날 들에 지내기 몃 날이냐 於焉間 우랄山이라 <청춘 1914.10.1>

【우러시아】 명 ((지리)) 러시아(Russia). 유럽 대륙의 동부에서 시베리아에 걸쳐 있는 나라. 862년에 노브고로트(Novgorod) 공국에서 시작하여, 차르(tsar)의 전제 정치가 계속되다가 1917년의 2월혁명으로 소비에트 사회주의 공화국 연방이 되었다가, 1990년대에 들어 연방이 해체되면서 독립국이 되었다. (외래어).¶ 俄羅斯, 우러시아, 俄, 一作"峩", 又曰露國. <명물-육당 12b>

【우스펜쓰키-ᄉᆞ】 명 ((건축)) 우스펜스키사(-寺). 대성당. 성모승천사원이라도고 일컬음. 모스크바 크렘린에 있는 러시아 정교회 성당. 원주(原註)에 따르면 이 성당은 1326년에 창건되었고 황제의 대관례를 행하는 곳이었다고 함. (외래어).¶ ※ 우스펜쓰키寺의 世界 最大鐘 싼 고장 구경군이 혀를 ᄦᅢ무네 <청춘 1914.10.1>

【우아이오밍】 명 ((지리)) 와이오밍(Wyoming). 미국 서부에 있는 주. (외래어).¶ 우아이오밍 (歪佑命 Wyoming) <만국통감1912, 4, 14>

【우에노】 명 ((지리)) 일본 우에노 공원[上野公園]. 우에노는 일본 수도 동경(東京)의 한 지역. (일본어 차용어).¶ 우에노 사구라는 써나가난 그것이오 <한회 1908.4.25> ⇒ 우예노

【우에스트벨니아】 명 ((지리)) 웨스트팔리아(Westphalia). 독일 북서부에 있는 지방. 평원 지대로 집약적으로 밀을 재배하며, 남부의 일부는 독일의 중요한 공업 지역인 루르 지대에 속한다. (외래어).¶ 우에스트벨니아 (偉斯非利亞 Westphalia) <만국통감1912, 4, 14> 덕국 빅셩들이 여러 히를 니어 군스를 냄으로 샹흔 폐단이 특별히 심흐더니 후에 우에스트벨니아에셔 합흐는 언약을 세웟는디 <만국통감1912 4, 50>

【우예노】 명 ((지리)) 일본 우에노 공원[上野公園]. 우에노는 일본 수도 동경(東京)의 한 지역.¶ 우예노 샤구라야 너 부디 잘 잇거라 <홍학 1909.7.20> ⇒ 우에노

【우인나】 명 ((지리)) 비엔나(Vienna). 오스트리아의 수도. (외래어).¶ 우인나 <조백-지리1915 551>

【우잇쓰도구럭쥬】 명 ((복식)) 미상. (일본어 차용어).¶ 연두 우잇쓰도구럭쥬 쳐마 추 일 분홍 순목 흐부다이 쳐마 추 일 슈단문 흐부다이 쳐마 추 일 양식 흐부다니 쳐마 추 일 옥식 순목 유동 흐부다이 쳐마 추 일 <물목-한고 1941>

【우쟈피】 명 ((음식)) 오가피(五加皮). '우쟈피(五加皮, wūjiāpí)'는 중국어 직접 차용어.¶ 우쟈피 (五加皮) <화교 166>

【우전-국】 명 ((지리)) 우전국(于闐國). 지금의 호탄(Khotan). 중앙아시아 타림분지 남쪽 끝에 있는 오아시스 도시. (외래어).¶ 홍염[우전국의 잇더라] <청박-음식총론 280:7>

【울-고도리】 명 ((군기)) 우는 화살. 전쟁 때에 쓰던 화살의 하나. '고도리(godoli)'는 중세몽고어 차용어.¶ 울고도리 호, 俗呼"響樸頭". (髇) <훈몽-군장 중:14b/29a> 울고도리 (響樸頭) <번노 하:32b> ⇒ 울고드리

【울-고드리】 명 ((군기)) 우는 화살. 전쟁 때에 쓰던 화살의 하나. '고드리(godoli)'는 중세몽고어 차용어.¶ 울고드리 호 (髇) <음첩c 60a> ⇒ 울고도리

【워-먼】 명 ((인류)) 우먼(woman). 여자. (외래어).¶ 워-먼 (女子) <영어일상통화단어초집 우산> ⇔ 맨

【워슁던】 명 ((지리)) 워싱턴(Washington). 미국 포토맥 강 하류의 왼쪽 기슭에 있는 도시. 미국 연방 정부에서 관리하는 컬럼비아 특별구를 이루고 있으며, 백악관·연방 의사당 따위가 있다. (외래어).¶ 도셩을 의론컨대 일홈이 워슁던이니 나라ㅅ 동편이오 또 누역과 [영국 셔울 대음 큰 촌이니라] 피라덜피아와 보스듼과 블씌모와 잘 쓰던이란 포촌이 잇고 <사필1889-헐버트 107> ⇒ 와싱톤, 와싱돈, 와싱톤 ☞ 화셩돈

【워-크】 명 워크(walk). 산보(散步). (외래어).¶ 워-크 (散步) <영어일상통화단어초집 우산>

【워-타】 명 ((음식)) 워터(water). 물. (외래어).¶ 워-타 (水) <영어일상통화단어초집 우산>

【원사오】 명 ((음식)) 원소(元宵, yuánxiāo). 중국에서 음력 1월 15일 원소절(原宵節)에 먹는 음식. 탕원(湯圓). (중국어 직접 차용어).¶ 길マ히 음식 푸는 푸지 잇거놀 드러マ 원사오 훈 그릇술 사 먹으니 원샤오라 흐는 거슨 뎡월 보룸긔 먹는 음식이니 아국 새알심 모양으로 몬드라 소그이 셜당을 너코 믈의 슨마 그릇시 더운믈을 쓰고 여라문식 너허 쥬니 가장 먹을 만훈 음식이러라 <을병 6:41-42> ⇒ 원샤오

【원샤오】 명 ((음식)) 원소(元宵, yuánxiāo). 중국에서 음력 1월 15일 원소절(原宵節)에 먹는 음식. 탕원(湯圓). (중국어 직접 차용어).¶ 길マ히 음식 푸는 푸지 잇거놀 드러マ 원사오 훈 그릇술 사 먹으니 원샤오라 흐는 거슨 뎡월 보룸긔 먹는 음식이니 아국 새알심 모양으로 몬드라 소그이 셜당을 너코 믈의 슨마 그릇시 더운믈을 쓰고 여라문식 너허 쥬니 가장 먹을 만훈 음식이러라 <을병 6:41-42> ⇒ 원사오

【원슁돈-쩍】 명 ((음식)) 워싱턴떡. '원슁돈'은 (영어 차용어).¶ 원슁돈쩍 (瓦尋屯糕) <조반>

【월보】 명 월포(Wolfe). (외래어).¶ 월보 (倭勒弗 Wolfe) <만국통감1912, 4, 14>

【웜쓰】 명 웜스(Worms). (외래어).¶ 웜쓰 (偉木斯 Worms) <만국통감1912, 4, 14>

【웟치】 명 ((기물)) 워치(watch). 시계. (외래어).¶ 웟치 (時計) <영어일상통화단어초집 우산>

【웬스듸-】 명 웬스데이(Wednesday). 수요일(水曜日). (외래어).¶ 웬스듸- (水曜日) <영어일상통화단어초집 우산>

【웰넬】 명 ((인명)) 지멘스(Siemens, Karl Wilhelm von). 독일 태생의 영국 기술자·발명가(1823~1883). 1844년에 형 지멘스(Siemens, E.W.)와 함께 증기 기관의 차동 조속기(差動調速機), 야금용(冶金用) 재생 가스로 따위를 발명하고 열과 전기의 응용에 노력하였다. (외래어).¶ 電車 시멘스氏 <백과신-송1926 491>

【웰렴-둘재】 명 ((인명)) 웰링턴(William) 2세. (외래어).¶ 웰렴 둘재 (偉聯第二 William II (Duke)) <만국통감1912, 4, 14>

【웰렴-빗】 명 ((인명)) 웰링턴(William Pitt). (외래어).¶ 웰렴빗 (皮特 William Pitt) <만국통감1912, 4, 15>

【웰렴-셋재】 명 ((인명)) 웰링턴(William) 3세. (외래어).¶ 웰렴 셋재 (偉聯第三 William III). <만국통감1912, 4, 14>

【웰렴-첫재】 명 ((인명)) 웰링턴(William) 1세. (외래어).¶ 웰렴 첫재 (프러시아) (偉聯第一 William I (Prussia)) <만국통감1912, 4, 14>

【웰렴-헨리】 명 ((인명)) 웰링턴(William Henry). (외래어).¶ 웰렴헨리 (偉聯亨利 William Henry (Fort)) <만국

통감1912, 4, 15>

【웰링톤】 명 ((인명)) 웰링턴(Wellington). 나폴레옹 전쟁 때 활약한 영국군 총사령관. (외래어).¶ 黃金 집웅 눈부신 聖바울 寺엔 넬손이며 웰링톤 遺體가 눕고 <청춘 1914.10.1>

【웰링던】 명 ((지리)) 웰링턴(Wellington). 뉴질랜드 북도(北島) 남쪽 끝에 있는 항구 도시. 양털, 낙농 제품 따위를 수출한다. 뉴질랜드의 수도. (외래어).¶ 디형은 산이 만코 화산이 여ᄉᆞᆺ시오 북에 옥란드와 동편에 웰링던과 남편에 던이뎐이란 ᄎᆞᆫ이 잇고 사ᄅᆞᆷ의 수효는 칠십만 명이오 다 영국 사ᄅᆞᆷ이오 본 ᄯᅡ 사ᄅᆞᆷ은 ᄉᆞ만 명이니라 <사필1889-헐버트 158>

【웰밍돈】 명 ((인명)) 웰밍돈 (偉明呑 Wilmington). (외래어).¶ 웰밍돈 (偉明呑 Wilmington) <만국통감1912, 4, 15>

【웰스】 명 ((지리)) 웨일즈(Wales). 영국 남서부에 있는 반도(半島). (외래어).¶ 디형을 의론컨대 동편 큰 셤을 셋세 갈나 일홈ᄒᆞ니 남편은 옝길란드ㅣ라 ᄒᆞ고 동편은 스캇란드ㅣ라 ᄒᆞ고 셔편은 웰스ㅣ라 ᄒᆞ며 셔편 젹은 셤은 아열란드ㅣ오 <사필1889-헐버트 32> 웰스 디형은 산이 만하 스노덴이란 산이 뎨일 놉고 강은 업스며 아열란드 디형은 산이 만코 동편에 릐란 강이 대셔양에로 통ᄒᆞᆫ 포구ㅣ오 <사필1889-헐버트 33>

【웰치 우레쎗】 명 ((음식)) 웨일즈 래빗(Welsh rarebit). 녹인 치즈(맥주를 섞기도 함)를 토스트 또는 비스킷에 부은 요리. (외래어).¶ 웰치 우레쎗 ‖ 치스 ½파운드 크림 ½잔 계란 2개 ᄲᅥ터 1대슈가락 소곰과 호쵸가루 조곰 고초가루 조곰 치스를 갈아셔 물에 데여 져으며 녹기 시작하거든 ᄲᅥ터를 셕고 그것들이 다 푸러지거든 져은 계란과 크림을 너코 소곰과 호쵸가루로 약념한 후에 잘 셕기도록 작고 져어셔 닉혀 가지고 고초가루를 조곰 치고 크래키(crackers)나 토수(toast) 우에 노하셔 먹을 것 <서요 57>

【위닉셔랍국】 명 ((지리)) 위내서랍국(委內瑞拉國). 베네수엘라(Venezuela). 남아메리카 대륙 북부에 있는 공화국. 에스파냐의 식민지였으나 독립전쟁을 일으켜 1819년에 대콜롬비아 연방을 수립하고 1830년에 독립공화국이 되었다. 수도는 카라카스. (중국어 간접 차용어).¶ 위닉셔랍국 (委內瑞拉國) <이언> ☞ 배네쉬일나, 배니수엘라, 베네수일나, 베네쉬일나, 베니수엘나

【위스키】 명 ((음식)) 위스키(whisky). 보리·밀·수수 따위의 맥아에 효모를 넣어 발효시킨 후 이를 증류하여 만든 술. (외래어).¶ 위스키 (灰司克) <자통-음식 413>

【윈늬벡】 명 ((지리)) 위니펙(Winnipeg) 호(湖). 캐나다 중남부, 매니토바 주에 있는 빙하(氷河) 호수. 여름 휴양지로 유명하다. (외래어).¶ 동편에 센트로렌스ㅣ란 강이 대셔양에로 드러가고 또 북편에 그렛비어와 그렛실레입이란 큰 못시 잇고 또 ᄒᆞᆫ가온대 아다비스가와 윈늬벡이란 큰 못시 잇고 동남편 합즁국 ᄉᆞ이에 슈비리어와 [쳔 리 되는 못] 휴런과 [팔빅 리 되는 못] 이리와 [팔빅 리 되는 못] 언데리오ㅣ란 못시 [칠빅 리 되는 못] 잇고 <사필1889-헐버트 103>

【윈터-ᄭᅳ린】 명 ((음식)) 윈터그린(wintergreen). 북미산 철쭉과의 상록수류에서 채취한 향유. (외래어).¶ 판던트민트 ‖ 사발에 담아 하로 밤 두엇든 판던트를 얼마든지 마음대로 난호아셔 즁탕하야 녹을 ᄯᅢᄭᅡ지 ᄭᅳ려가지고 박하 물을 조곰 셕고 즁탕 그릇ᄭᅡ지 화덕에셔 나려노코 양쵸 조회에 ½쇼슈가락식 ᄡᅥ셔 부으대 너모 되거든 다시 화덕에 노코 물을 조곰 셕거 가지고 부어셔 식은 후에 먹을 것 (박하물 대신에 윈터ᄭᅳ린(wintergreen)이나 계피물이나 뎡향물을 셕글 수 잇고 빗갈을 내려면 푸른 물감을 조곰 칠 것) <서요 271>

【유一】 대 유(You). 너. 당신. (외래어).¶ 유一 (당신) <영어일상통화단어초집 우산>

【유나이데드-시테잇스】 명 ((지리)) 유나이티드스테이츠(United States of America). 북아메리카 대륙의 가운데를 차지하는 연방 공화국. 영국의 식민지였으나 1776년 13주가 독립을 선언, 독립전쟁에 승리하고 1783년 각국의 승인을 받았으며, 이후 영토를 확장하면서 급속한 성장을 이루었다. 미합중국(美合衆國). (외래어).¶ 유나이데드시테잇스 (合衆國) <세계전도1900> ⇒ 유나이뎃되스데도, 유나이테드스테잇스, 유나이테드시테잇스 ☞ 아메리가, 아메리까, 아메리카

【유나이뎃되-스데도】 명 ((지리)) 유나이티드스테이츠(United States of America). 북아메리카 대륙의 가운데를 차지하는 연방 공화국. 영국의 식민지였으나 1776년 13주가 독립을 선언, 독립전쟁에 승리하고 1783년 각국의 승인을 받았으며, 이후 영토를 확장하면서 급속한 성장을 이루었다. 미합중국(美合衆國). (외래어).¶ 유나이뎃되스데도 (美麗堅) <환중대구장상육주 19후반> ⇒ 유나이데드시테잇스, 유나이테드스테잇스, 유나이테드시테잇스 ☞ 아메리가, 아메리까, 아메리카

【유나이테드-스테잇스】 명 ((지리)) 유나이티드스테이츠(United States of America). 북아메리카 대륙의 가운데를 차지하는 연방 공화국. 영국의 식민지였으나 1776년 13주가 독립을 선언, 독립전쟁에 승리하고 1783년 각국의 승인을 받았으며, 이후 영토를 확장하면서 급속한 성장을 이루었다. 미합중국(美合衆國). (외래어).¶ 美利堅合衆國, 유나이테드스테잇스, 美, 一作"米") <명물-육당 13a> ⇒ 유나이데드시테잇스, 유나이뎃되스데도, 유나이테드시테잇스 ☞ 아메리가, 아메리까, 아메리카

【유나이테드-시테잇스】 명 ((지리)) 유나이티드스테이츠(United States of America). 북아메리카 대륙의 가운데를 차지하는 연방 공화국. 영국의 식민지였으나 1776년 13주가 독립을 선언, 독립전쟁에 승리하고 1783년 각국의 승인을 받았으며, 이후 영토를 확장하면서 급속한 성장을 이루었다. 미합중국(美合衆國). (외래어).¶ 유나이테드시테잇스 (美利堅) <태서신사> ⇒ 유나이뎃되스데도, 유나이테드스테잇스, 유나이데드시테잇스 ☞ 아

메리까, 아메리카, 아미리가 ☞ 아메리가, 아메리까, 아메리카

【유다】 명 ((인명)) 유다(Judas). 십이 사도의 한 사람. 가롯 유다라고도 하며, 예수를 제사장들에게 은화 30냥에 팔아넘겼으나, 뒤에 예수가 재판에서 사형을 선고받자 후회하여 자살하였다. (외래어).¶ 예수 겟세마네에셔 뎨ᄌᆞ의 무리들과 자조자조 모히시니 예수 잡을 유다 역시 그곳을 알엇더라 <연경-반역가 181> 유다가 군ᄉᆞ들과 뎨ᄉᆞ쟝의 무리이며 바리싀 교인들의 관쇽들을 불너다가 등과 홰와 병긔 들고 일졔히 오ᄂᆞᆫ지라 예수ᄭᅴ셔 당ᄒᆞᆯ 일을 다 미리 알으시고 나아가며 ᄀᆞᆯᄋᆞ샤ᄃᆡ <연경-반역가 181> 네 ᄒᆞᆫ 일은 네 당ᄒᆞ라 유다가 밧은 은을 셩뎐에 내던지고 목을 ᄆᆡ여 ᄌᆞ결ᄒᆞ니 졔ᄉᆞ쟝의 무리들이 던지고 간 은 삼십을 거두며 ᄒᆞᄂᆞᆫ 말이 이 은은 피 갑시라 <연경-ᄌᆞ결가 188> ☞ 유다스, 유듸, 유더아

【유다-국민】 명 ((인류)) 유대국민(Judea國民). 셈 어족으로 히브리어를 사용하고 유대교를 믿는 민족. (외래어).¶ 포악ᄒᆞ다 유다국민 믁믁ᄒᆞ신 오쥬예수 <박동헌>

【유다스】 명 ((인명)) 유다(Judas). 십이 사도의 한 사람. 십이 사도의 한 사람. 가롯 유다라고도 하며, 예수를 제사장들에게 은화 30냥에 팔아넘겼으나, 뒤에 예수가 재판에서 사형을 선고받자 후회하여 자살하였다. (외래어).¶ 바로의 고집ᄒᆞᆫ 거ᄉᆞ림을 특별ᄒᆞᆫ 셩춍으로 벽력ᄀᆞ치 압복ᄒᆞ시고 유다스ᄭᆞ지 ᄇᆞ리지 아니샤 여러번 너그러오심으로 권화ᄒᆞ셧도다 <신명-텬쥬ᄌᆞ비 상:38b> 유다스ㅣ 원망ᄒᆞᆯ 때에 예수ㅣ 춤으시고 유다스ㅣ 간린ᄒᆞ고 도적ᄒᆞᆯ 때에 예수ㅣ 춤으시고 <신명-셩톄 하:49a> 셩교회 ᄉᆞ경을 힘써 돌보더니 유다스의 무리 경포졸과 부동ᄒᆞ야 셩교회 젼량을 탈취ᄒᆞ랴ᄂᆞᆫ 연고로 두루 구식ᄒᆞ야 경셩 머지아닌 곳 교우의 집에셔 잡힌지라 <기해-민스더파노 121a> 더옥 심ᄒᆞᆫ 쟈ᄂᆞᆫ 이 링담ᄒᆞᆫ 사ᄅᆞᆷ의 셩톄를 셜독ᄒᆞᆷ과 릉욕ᄒᆞᆷ과 경만ᄒᆞᆷ과 쳔답ᄒᆞᆷ이 시긔으로 간단ᄒᆞᆷ이 업서 새 유다스ㅣ 엇기를 졉ᄒᆞ고 ᄌᆞ최를 니을 거시오 쟝릭에 유다스ㅣ 날노 또 셩ᄒᆞᆯ 거시니 다른 죄를 범ᄒᆞᆷ은 불과 그 법도를 어긤이어니와 이 셩톄에 득죄ᄒᆞᆷ은 텬쥬의 거륵ᄒᆞ신 몸을 쳔답ᄒᆞ고 만민을 구ᄒᆞ신 셩혈을 업쳐 ᄇᆞ림이라 <쳠례-예수셩심 7a> 우리 무리 쟈죄ᄒᆞ면 유다스와 더ᄒᆞ고나 <최양업> ⇒ 유다, 유듸, 유더아

【유대-국】 명 ((지리)) 유대국(Judea國). 고대 팔레스타인에 있던 유대인의 왕국. 기원전 930년 경에 솔로몬왕이 죽은 후 이스라엘 왕국이 분열하여 그 남반부에 성립한 나라로, 두 번에 걸친 바빌로니아의 공격으로 기원전 586년에 멸망하고 주민의 다수가 그 수도 바빌론으로 끌려갔다. (외래어).¶ 희률이 ᄇᆡᆨ리ᄒᆡᆼ 고올에 일개 어린ᄋᆞ히 나매 허다ᄒᆞᆫ 사ᄅᆞᆷ이 왕이라 칭ᄒᆞᆷ을 듯고 ᄆᆞᄋᆞᆷ에 싱각ᄒᆞᄃᆡ 유대국에 ᄌᆞ긔 외에 또 다른 왕이 잇슴을 엇지 용납ᄒᆞ리오 ᄒᆞ야 죽이기를 싱각ᄒᆞᆯ ᄯᅢ <훈아 13b> 유대국 법에 이 졀긔마다 모든 ᄇᆡᆨ셩이 쳥ᄒᆞ여 ᄒᆞᆫ 죄인을 놋ᄂᆞᆫ지라 <훈아 32b> 하ᄂᆞ님과 사ᄅᆞᆷ ᄉᆞ이에 약됴ᄂᆞᆫ 무엇이며 하ᄂᆞ님과 유대국 ᄉᆞ이에 약됴ᄂᆞᆫ 무엇이뇨 <오ᄇᆡᆨ문답 44> ⇒ 유태국

【유대ㅅ사ᄅᆞᆷ】 명 ((인류)) 유대사람(Judea-). 유대인. (외래어).¶ 예수ㅣ 그 ᄯᅳᆺ을 알으시고 그 곳을 ᄯᅥ나 유대ㅅ사ᄅᆞᆷ과 ᄒᆞᆷᄭᅴ 아니ᄒᆞ시니 뎌희들이 오고 가며 ᄎᆞ자 맛나지 못ᄒᆞ더라 예수ㅣ ᄒᆞᆼ샹 유대ㅅ 사ᄅᆞᆷ을 ᄯᅥ나심은 본ᄃᆡ 원ᄒᆞ시ᄂᆞᆫ ᄯᅳᆺ이 아니오 <훈아 25b> ⇒ 유대사ᄅᆞᆷ ☞ 유대인

【유대-사ᄅᆞᆷ】 명 ((인류)) 유대사람(Judea-). 유대인. (외래어).¶ 다만 죽을 긔약이 니ᄅᆞ지 아니ᄒᆞ야ᄂᆞᆫ 가히 유대사ᄅᆞᆷ을 ᄯᅥ나시고 죽을 긔약이 니ᄅᆞ면 다시 유대에 니ᄅᆞ시리니 이러므로 뎨ᄌᆞ를 ᄃᆡᄒᆞ여 닐ᄋᆞ시ᄃᆡ <훈아 25b> ⇒ 유대ㅅ사ᄅᆞᆷ ☞ 유대인

【유대-왕】 명 ((인명)) 유대왕(猶大王). 유대인을 구원할 메시아. 신약 성경에서 '예수 그리스도'를 이르는 말. (외래어).¶ 젼에 멸시 밧은 후 유대왕이 되셔도 우리 죄인 구ᄒᆞ랴고 고난즁에 계셧네 <찬숑가> ⇒ 유태왕

【유대-인】 명 ((인류)) 유대인(Judea, 猶大人). 유대인. (외래어).¶ 붉ᄂᆞᆫ 날 아참에 졔ᄉᆞ쟝과 쟝로와 션비와 온 공회가 ᄒᆞᆷᄭᅴ 예수 죽이기를 꾀ᄒᆞ고 예수를 결박ᄒᆞ여 ᄭᅳ을고 방ᄇᆡᆨ 피랍다의게 니ᄅᆞ니 피랍다 무ᄅᆞᄃᆡ 네가 유대인의 왕이뇨 <훈아 32b> ⇒ 유태인 ☞ 유대ㅅ사ᄅᆞᆷ, 유대사ᄅᆞᆷ

【유더아】 명 ((지리)) 유대(猶太). 기원 전 10~6세기경 지금의 팔레스티나 지방에 있었던 유태인의 왕국. (외래어).¶ 또 셩베드루ㅣ 유더아 ᄇᆡᆨ셩을 향ᄒᆞ야 예수를 뎡살ᄒᆞᆫ 죄를 엄칙ᄒᆞ시니 뎌 무리 듯고 ᄆᆞᄋᆞᆷ이 쓺하ᄒᆞ야 ᄀᆞᆯᄋᆞᄃᆡ <신명-통회보쇽 상:30a>

【유더아-국】 명 ((지리)) 유태국(猶太國). 기원 전 10~6세기경 지금의 팔레스티나 지방에 있었던 유태인의 왕국. (외래어).¶ 나자렛은 유더아국 일홈난 고올이라 고올안희 다위셩 왕의 ᄌᆞ손 일홈 요아김과 그 안히 일홈 안나ㅣ 잇ᄉᆞ니 부부ㅣ 다 어려셔브터 셩교를 닉혀 경슈ᄒᆞ기에 ᄆᆞᄋᆞᆷ이 ᄀᆞᆫ졀ᄒᆞ야 <쳠례-셩모셩탄 27a> 셩경에 긔록ᄒᆞ엿시ᄃᆡ 텬쥬 강싱 젼 대략 칠ᄇᆡᆨ년에 유더아국 사ᄅᆞᆷ 셩 도비아 부부ㅣ 잇서 오직 ᄒᆞᆫ 아ᄃᆞᆯ을 나흐니 또ᄒᆞᆫ 일홈이 도비아ㅣ라 <쳠례-라파엘 38b> 동정녀로 모친 삼아 유더아국 벳름 고올 <경신 1910.12.23>

【유도】 명 ((인류)) 유두(油頭). 부랑자. (중국어 간접 차용어).¶ 油頭 ‖ 너 두 낫 유도의게ᄂᆞᆫ 간셥디 아니ᄒᆞ니 너ᄂᆞᆫ 쌜니 가고 다만 이 늘근 개ᄂᆞᆫ 제 가쥬를 죽이라 ᄒᆞ고 날을 혀 이에 니ᄅᆞ러 뎌를 죽이게 ᄒᆞ니 매쥬구싱ᄒᆞ미라 (不幹這兩個油頭事, 饒你去. 只是你這個老狗才, 人要殺你家主, 你就引來殺他. 賣主求生, 不義之甚!) <선진 国 8:87> ⇒ 뉴두

【유듸】 명 ((인명)) 유다(Judas). 십이 사도의 한 사람. 가롯 유다라고도 하며, 예수를 제사장들에게 은화 30냥

에 팔아넘겼으나, 뒤에 예수가 재판에서 사형을 선고 받자 후회하여 자살하였다. (외래어).¶ 유ᄃᆡ (猶太) <마가젼-로스 1887> ☞ 유다, 유다스, 유ᄃᆡ아

【유ᄃᆡ아】 명 ((인명)) 유다(Judas). 십이 사도의 한 사람.¶ 유ᄃᆡ아 (猶太) <마가젼-이수졍 1885> ☞ 유다, 유다스, 유ᄃᆡ

【유랄】 명 ((지리)) 우랄(Ural). 러시아 서부 우랄산맥과 그 동서쪽 구릉을 이루는 지방. (외래어).¶ 디형을 의론컨대 평원 광야ᄒᆞ고 동남에만 산이 둘넛시니 동에는 유랄이란 산이 잇고 남에는 ᄀᆡ스비안 블럭이란 두 못 ᄉᆞ이에 고ᄀᆡ셔스ㅣ란 산이 잇고 ᄯᅩ 큰 강이 잇스니 볼가ㅣ란 강은 ᄀᆡ스비안 못세로 통ᄒᆞᆫ 포구ㅣ오 <사필1889-헐버트 14>

【유레너스】 명 ((천문)) 천왕성(天王星, Uranus). 태양에서 일곱 번째로 가까운 행성. (외래어).¶ 짜혜셔 샹거는 거의 구십 만 리나 되고 쇳언에 쇽ᄒᆞᆫ 돌은 여덟이오 쥬비더에 쇽ᄒᆞᆫ 돌은 네히오 유레너스에 쇽ᄒᆞᆫ 돌도 네히오 그 남아는 다 돌이 업ᄂᆞ니라 <사필1889-헐버트 3>

【유로바】 명 ((지리)) 유럽(Europe). 동쪽은 우랄 산맥, 아랄 해, 카스피 해, 흑해 따위를 경계로 하여 아시아 대륙과 접하고 있으며, 남쪽은 아프리카 대륙과 지중해를 사이에 두고 있는 대륙. (외래어).¶ 유로바 (歐羅巴) <사필-헐버트> 이 셰샹 륙디와 바다흘 다ᄉᆞᆺ세 분별ᄒᆞ야 일홈ᄒᆞ니 륙디 동북 간은 아시아ㅣ라 닐ᄋᆞ고 남은 아프리가ㅣ라 닐ᄋᆞ고 셔북 간은 유로바ㅣ라 닐ᄋᆞ고 <사필1889-헐버트 9> 이ᄯᅢ에 유로바 각국 사ᄅᆞᆷ들이 새짜헤 가셔 쟝ᄉᆞ도 ᄒᆞ고 ᄯᅩᄒᆞᆫ 사ᄅᆞᆷ이 와셔 젼교도 ᄒᆞᄂᆞᆫ디 <만국통감1912 4, 11> 이 셰계를 비교ᄒᆞ야 보면 몃ᄇᆡᆨ년 젼에 유로바나 아메리까나 다 캄캄ᄒᆞᆫ 밤과 ᄀᆞᆺ치 문명치 못ᄒᆞ고 그 ᄯᅢ에 아셰아는 낫과 ᄀᆞᆺ치 문명ᄒᆞᆫ 빗치 잇더니 지금은 유로바와 아메리까는 광명ᄒᆞᆫ 낫이 되고 몬져 문명ᄒᆞ던 아셰아는 도로혀 광명ᄒᆞᆫ 빗치 잇스나 보지도 못ᄒᆞ고 텬황씨는 목덕으로 왕ᄒᆞ고 이십삼년이라 <경세종 28> ⇒ 유로부, 유로빠, 유로파, 유롭, 유롭파, 으로바 ☞ 구나파국, 구라파, 구라파국

【유로부】 명 ((지리)) 유럽(Europe). 구주(歐洲). 육대주의 하나. (외래어).¶ 유로부 (歐羅巴) <환중대구장상육주 19 후반> ⇒ 유로바, 유로빠, 유로파, 유롭, 유롭파, 으로바 ☞ 구나파국, 구라파, 구라파국

【유로빠】 명 ((지리)) 유럽(Europe). 구주(歐洲). 육대주의 하나. (외래어).¶ 이ᄇᆡᆨ만구 원셩 소릐 유로빠의 사모친다 <대동공보 1909.4.11> ⇒ 유로바, 유로부, 유로파, 유롭, 유롭파, 으로바 ☞ 구나파국, 구라파, 구라파국

【유로파】 명 ((지리)) 유럽(Europe). 구주(歐洲). 육대주의 하나. (외래어).¶ 긴 등 우에 境界標 얼는 뵈더니 넘어서니 유로파 ᄯᅡᆼ이라 하고 <청춘 1914.10.1> ⇒ 유로바, 유로부, 유로빠, 유롭, 유롭파, 으로바 ☞ 구나파국, 구라파, 구라파국

【유롭】 명 ((지리)) 유럽(Europe). 구주(歐洲). 육대주의 하나. (외래어).¶ 유롭 (歐羅巴) <태서신사> 유롭 (歐羅巴洲諸國) <명물-육당 12b> 우리 셩력 지극ᄒᆞ면 유롭ᄀᆞᆺ히 부강ᄒᆞ리 일ᄌᆞ 학도 ᄋᆡ국 ᄉᆞ샹 일ᄎᆞᆫ 보도 ᄋᆡ국 ᄉᆞ샹 <경신 ᄋᆡ국가 1909.5.14> 유롭 풍운 대젼란은 방흘지셰 되엿다만 <신민 1917.5.17> 국민 의무 알녀거든 유롭 젼댱 구경 가셰 <신민 1917.6.28> ⇒ 유로바, 유로부, 유로빠, 유로파, 유롭파, 으로바 ☞ 구나파국, 구라파, 구라파국

【유롭파】 명 ((지리)) 유럽(Europe). 구주(歐洲). 육대주의 하나. (외래어).¶ 이 나라는 土地의 크기로 世界에 ᄶᅡᆨ이 업스니 유롭파 아시아 두 大陸의 北便은 거의 다 이 나라가 次知하얏난데 <소년1908.11.1 55> 이 넓으나 넓은 ᄯᅡᆼ을 둘에 난호아 유롭파 北部에 잇난 곳을 러시아 本國이라 일커러 或 유롭파 러시아라 하고 <소년1908.11.1 56> ⇒ 유로바, 유로부, 유로빠, 유로파, 유롭, 으로바 ☞ 구나파국, 구라파, 구라파국

【유루궤】 명 ((지리)) 우루과이(Uruguay). 남아메리카 동부에 있는 공화국. 17세기 이래 포르투갈, 에스파냐의 식민지였다가 1828년에 독립하였다. (외래어).¶ 아메리까에 각 디방과 각 나라는 가나다와 [잉길리국 쇽방이라] 덴막아메리까와 합즁국과 멕스고국과 센드랄아메리까국과 셔인도와 걸넘비아국과 베네수일나국과 기아나와 쎄레실국과 엑궤도국과 비루국과 블늬비아국과 칠릐국과 아젠틘합즁국과 바라궤국과 유루궤국이니라 <사필1889-헐버트 102>

【유리-ᄒᆞ-】 형 유리(流利)하다. 유창하다. (중국어 간접 차용어).¶ 甚工 ‖ 포공이 그 ᄃᆡᄒᆞ미 유리ᄒᆞ믈 보고 문왈 녀ᄌᆡ 어ᄂᆡ 곳의 잇ᄂᆞ뇨 가히 셩명을 통ᄒᆞ리 (包公見對得甚工, 卽問道: “你這女子居住何處? 可通姓名.”) <포공-충남 6:18a>

【유비아】 명 ((지리)) 유비아(Euboea). 에비아(Evvoia)섬의 영어 이름. 에게 해 서쪽에 있는 그리스의 큰 섬. 육지와는 다리로 연결되어 있다. (외래어).¶ 디형을 의론컨대 ᄉᆞ면에 산이 만코 ᄯᅩ 륙디ㅅ 부리가 디즁히로 드러가는 거시 만하 톱ㅅ니 ᄀᆞᆺ치 어긋어긋ᄒᆞ고 동편에 커린트와 이자이나와 ᄋᆡ렌스ㅣ란 포구가 잇고 ᄯᅩ 유비아ㅣ란 큰 셤과 식라듸스ㅣ란 삼십여 셤이 잇고 ᄯᅩ 릐판트ㅣ란 포구가 잇스며 <사필1889-헐버트 66>

【유지노】 명 유지노(Eugene). 미국 오리건주 서부에 있는 도시. (외래어).¶ 유지노 (猶基尼 Eugene) <만국통감1912, 4, 14>

【유카탄】 명 ((지리)) 유카탄(Yucatan). 멕시코 남동부 유카탄 반도 북부에 있는 주. (외래어).¶ 유카탄에 신긔척은 죠흔 댱ᄉᆞ 의심 업네 <신민 1909.6.30>

【유태-교회】 명 ((종교)) 유대교회(Judea教會).¶ 유태교회 <법한 1326>

【유태-교회당】 명 ((종교)) 유대교회당(Judea教會堂).¶ 유태교회당 <법한 1326>

【유태-국】 명 ((지리)) 유대국(Judea國). 고대 팔레스타인

에 있던 유대인의 왕국. 기원전 930년 경에 솔로몬왕이 죽은 후 이스라엘 왕국이 분열하여 그 남반부에 성립한 나라로, 두 번에 걸친 바빌로니아의 공격으로 기원전 586년에 멸망하고 주민의 다수가 그 수도 바빌론으로 끌려갔다. (외래어).¶ 유태국에 큰 절긔 잇ᄉᆞ니 일홈은 넘는 졀이라 이 졀긔에 예수ㅣ 사ᄅᆞᆷ의 모해ᄒᆞᆷ을 밧으실 줄을 알으시고 문도와 ᄒᆞᆷ끠 음식을 먹고져 ᄒᆞ여 피득과 약한을 ᄃᆡ ᄒᆞ여 닐ᄋᆞ시ᄃᆡ <훈아 28a> 일천구백여 년 전에 동방 유태국에 하나님을 공경하는 쳐녀 마리아에게로 탄생식히시고 일홈을 예수라 하니 이 뜻슨 곳 세상을 구원하시는 주라 <구리개 제중원 전도지1894-1904> ⇒ 유대국

【유태-왕】 명 ((인명)) 유대왕(猶太王). 유대인을 구원할 메시아. 신약 성경에서 '예수 그리스도'를 이르는 말. (외래어).¶ 졔ᄉᆞ쟝이 모든 사ᄅᆞᆷ을 부쵹ᄒᆞᄃᆡ 쵸하리 파랍파를 노흐라 ᄒᆞ니 피랍다ㅣ 다시 뭇사ᄅᆞᆷ의게 닐너 ᄀᆞᆯᄋᆞᄃᆡ 그런즉 너희 닐ᄋᆞ는 바 유태왕을 엇지ᄒᆞ라 ᄒᆞ느뇨 <훈아 33a> ⇒ 유대왕

【유태-인】 명 ((인류)) 유대인(Judea, 猶大人). 유대인. (외래어).¶ 붉은 옷술 닙히고 가시로 면류관을 역거 쓰우고 문안ᄒᆞ여 닐ᄋᆞᄃᆡ 유태인의 왕은 평안ᄒᆞ쇼셔 ᄒᆞ며 갈ᄃᆡ로뼈 그 머리롤 치며 침을 밧고 <훈아 33a> 피랍다ㅣ 예수의 죄목을 십ᄌᆞ가 우희 뼈 닐ᄋᆞᄃᆡ 유태인의 왕이라 ᄒᆞ니 유태인이 닐ᄋᆞᄃᆡ 회살 외에는 또 왕이 업ᄂᆞ이다 <훈아 34b, 35a> ⇒ 유대인 ☞ 유대ㅅ사ᄅᆞᆷ, 유대사ᄅᆞᆷ

【유프레듸스】 명 ((지리)) 유프라테스(Euphrates)강. 아시아 서부, 메소포타미아에 있는 강. 아나톨리아 고원에서 시작하여 바스라 북쪽에서 티그리스 강과 합류하여 페르시아 만으로 흘러든다. (외래어).¶ 디형을 의론컨대 셔북에 산이 만흐니 셔에는 사이나이란 산과 [모서 소셩이 하ᄂᆞ님의 십계를 밧줍던 산] 험안이란 산과 조든이란 강이 잇고 [이 강은 텬하에 유명ᄒᆞᆫ 강이니 야소 그리스도 사시던 곳] 북에는 더럿스와 아라랏이란 산 [이 산은 홍슈 후에 노아 셩인의 비가 ᄂᆞ려 노히던 곳] 이 잇고 동에는 타이그리스와 유프레듸스ㅣ란 강이 [이 두 강ㅅ 근쳐에 사ᄅᆞᆷ의 시작 조상이 나 계시더니라] 베시아 하슈로 드러가고 <사필1889-헐버트 97> ☞ 타이그리스

【유황-술고】 명 ((식물)) 유황살구[玉黃子]. 살구의 한 가지. (중국어 차용어).¶ 玉黃子 ‖ 셋재 줄 열여ᄉᆞᆺ 덥시에는 柑子와 石榴와 香水梨와 櫻桃와 술고와 굴근 님금과 유황술고와 굴근 외얏이오 (第三十六楪, 柑子、石榴、香水梨、櫻桃、杏子、蘋婆果、玉黃子、虎剌賓.) <박언 상:4b> ⇒ 유황술고

【유황-술고】 명 ((식물)) 유황살구[玉黃子]. 살구의 한 가지.¶ 玉黃子 ‖ 세잿 줄 열여ᄉᆞᆺ 뎝시옌 감ᄌᆞ 셕류 뎡향비 이ᄉᆞ랏 술고 굴근 링금 유황술고 유황외엿 (第三十六楪, 柑子、石榴、香水梨、櫻桃、杏子、蘋婆果、玉黃子、虎剌賓.) <번박 상:4b> ⇒ 유황술고

【유황-외엿】 명 ((식물)) 유황오얏. 오얏의 한가지.¶ 虎剌賓 ‖ 세잿 줄 열여ᄉᆞᆺ 뎝시옌 감ᄌᆞ 셕류 뎡향비 이ᄉᆞ랏 술고 굴근 링금 유황술고 유황외엿 (第三遭十六楪, 柑子、石榴、香水梨、櫻桃、杏子、蘋婆果、玉黃子、虎剌賓.) <번박 상:4b>

【윤돈】 명 ((지리)) 런던(倫敦, London). 영국 잉글랜드의 템스강 양쪽 기슭에 위치한 항구 도시. '런던(倫敦, Lúndùn)'은 중국어 간접 차용어.¶ 倫敦 ‖ 그로브터 산타ᄂᆞᆫ 남의 권고를 ᄯᅡ러 윤돈에 가셔 힘ᄌᆡ죠를 뵈고 버리ᄒᆞ게 되엿ᄂᆞᆫᄃᆡ 지조ᄂᆞᆫ 무엇이든지 영국 ᄉᆞᄅᆞᆷ을 놀니고 탄식케 ᄒᆞ엿습니다 <일선 297> ⇒ 륜돈

【으라인】 명 '국권(國權)'의 뜻을 가진 독일어. (외래어).¶ 쓸ᄂᆞᆫ 피 으라인의 洪水 되야 英雄 되야 英雄의 血 大德國에 가득ᄒᆞ리 <大每 1909.5.20>

【으라키산】 명 ((지리)) 로키(Rocky)산. 북아메리카 대륙 서부에 있는 큰 산. 멕시코 중부에서 시작하여 미국, 캐나다를 가로질러 멀리 알래스카까지 이른다. (외래어).¶ 디형을 의론컨대 셔에 으라키산이오 히변에 가스켓과 시에라네바다ㅣ란 큰 산이 잇고 동편에 아블라지안과 블루늬지와 알늬게늬와 그린이란 산이 잇고 <사필1889-헐버트 105>

【으락키】 명 ((지리)) 로키산맥. 북아메리카 대륙의 서부 대부분을 차지하는 산맥. (외래어).¶ 崑崙山 히말나야 으락키와 앤듸쓰 <최신창가집>

【으락키-산】 명 ((지리)) 로키산맥. (외래어).¶ ※ 으락키山 上上峰에 一幅花旗 翩翩이라 <大每 1910.2.27>

【으로바】 명 ((지리)) 유럽(Europe). (외래어).¶ 수년이 지나매 로마로조차 명을 밧드러 아킬너아에 가 젼교ᄒᆞ시고 또 이년 후에 에집도국에 가시니 니ᄅᆞ시ᄂᆞᆫ 곳마다 교화ㅣ 크게 힝ᄒᆞ야 샤망을 ᄇᆞ리고 쥬를 밋ᄂᆞᆫ 쟈ㅣ ᄀᆞ장 만터라 후에 아륵산더릐아부에 가시니 이 디방은 아시아와 아프리가와 으로바 삼 대쥬의 통ᄒᆞᆫ 큰 거리라 <쳠례-말구셩ᄉᆞ 84b> ⇒ 유로바, 유로부, 유로빠, 유로파, 유롭, 유롭파 ☞ 구나파국, 구라파, 구라파국

【으롬】 명 ((지리)) 루마니아(Rumania). 유럽 발칸반도 동북부에 있는 공화국. 1877년에 터키에서 독립하여, 왕국과 인민 공화국을 거쳐 1965년 사회주의 공화국이 되었으나 1989년에 공산 정권이 붕괴되었다. 수도는 부쿠레슈티. (외래어).¶ 으롬 (羅馬尼) <명물-육당 13a>

【으료그란드】 명 ((지리)) 리오그란데(Rio Grande) 강. 미국과 멕시코의 국경을 흐르는 큰 강. 로키산맥에서 발원하여 멕시코 만에 흘러든다. (외래어).¶ 남편에 으료그란드ㅣ란 강이 멕스고 하슈로 드러가고 셔편에 칼노라도와 컬넘비아ㅣ란 강이 태평양에로 드러가고 <사필1889-헐버트 105>

【으료밤바】 명 ((지리)) 리오밤바(Riobamba). 안데스산맥에 있는 침보라소 화산의 남동쪽 기슭, 수도 키토와 과야킬을 연결하는 철도의 중앙에 위치한다. (외래어).¶ 또 셔편에 ᄶᅡ이아길과 퀜사카와 으료밤바ㅣ란 촌이 잇

고 사ᄅᆞᆷ의 픔ㅅ수는 평등이오 <사필1889-헐버트 126>

【으료젼이로】 명 ((지리)) 리우데자네이루(Rio de Janeiro). 브라질 남동부의 대서양에 면하는 항구 도시. 세계 최대의 항만 도시이고 세계 3대 미항(美港)의 하나로 관광 휴양지로 손꼽힌다. 1960년까지는 브라질의 수도였다. (외래어).¶ 도셩을 의론컨대 일홈이 으료젼이로ㅣ니 나라ㅅ 동편이오 또 ᄇᆞ라와 아라가쥬와 마가됴와 ᄇᆞ라히바와 더릐시나와 고야스와 마가ᄇᆡ와 셔호플노와 빅도리아와 우레브로ㅣ란 촌이 이고 <사필1889-헐버트 123>

【으루시아】 명 ((지리)) 러시아(Russia). (외래어).¶ 으루시아 만만셰요 동양대학 만만셰라 <대동공보 1909.11.21>

【은쳔】 명 은전(銀錢). '쳔(錢, qián)'은 중국어 직접 차용어.¶ 銀錢 ‖ 져의ᄂᆞᆫ 근본 ㆍ젼 만은 댱ᄉᆞ로셔 ᄌᆞ연이 은쳔 다 가즌지라 (他們是本情大庄的生意家, 自然是銀錢都並一些.) <중화-한고 14a>

【은-푸리】 명 ((상업)) 은포리(銀鋪裏). 금은방. 여기에서는 은 상점의 의미로 사용된 것은 아니고 자금이나 금융의 뜻으로 쓰였음. '푸리(鋪裏, pùli)'는 중국어 직접 차용어.¶ 銀號 ‖ 너ᄂᆞᆫ 샐니 우리 은푸리의 가셔 근냥이 죠케 은ᄌᆞ ᄉᆞᄇᆡᆨ 냥을 달며 (你速往自己銀號內, 取兌端正的銀子四百兩.) <설월 3:29> ᄃᆡ옥이 또 량쳐 은푸리를 젹어 쥬며 쟝옥함으로 ᄒᆞ여곰 쥬관케 ᄒᆞ고 또 ᄌᆞ견과 쳥문을 불너 모다 와셔 한 즈음 담화ᄒᆞ더니 (黛玉又批了兩處銀號, 叫蔣玉菡管了, 也叫紫鵑晴雯大家過來談了好一會.) <후홍 16:6> ▼銀子行 ‖ 내 드ᄅᆞᄆᆡ 은푸리 사ᄅᆞᆷ이 져울을 낫게 달고 셩슈를 평샹ᄒᆞᆫ 거술 내며 변리를 즁히 ᄒᆞ려 ᄒᆞᄃᆡ (我聽見說帳行裏只肯四扣, 銀子行平行色, 還要押憑.) <홍부 8:101> ▼銀根 ‖ 북셩 밧갓히 잇ᄂᆞᆫ 화풍가기에셔 지표 가격이 과다ᄒᆞ야 은푸리가 날마다 긴ᄒᆞ무로 크게 풍파가 이러나ᄆᆡ ᄉᆞᄅᆞᆷ이 수만 명이나 짓거리며 (北城外和豐公司, 因鈔票過多, 銀根日緊, 一時應說不及, 大起謠風, 擁擠至數萬人.) <신광 24:4b>

【은항】 명 ((상업)) 은행(銀行). 예금을 받아 그 돈을 자금으로 하여 대출, 어음 거래 따위를 업무로 하는 금융 기관. '은항(銀行, yínháng)'은 중국어 직접 차용어.¶ 帳行 ‖ 향쟈의 은항의 ᄲᅮ어 ᄡᅳᆫ 은지 삼ᄉᆞᄇᆡᆨ 냥이 임의 이쳔 냥 은지 되엿ᄂᆞᆫ지라 (向來借的帳行短票已轉到有二千兩銀子.) <홍부 15:91>

【의】 대 의(矣). 나. (이두어).¶ 우 명문ᄒᆞ우온ᄉᆞ짠은 의예 졔류용쳐ᄒᆞ야 우인 쳐의셔 문기니 슈조 젼도리 초가 칠 간 복가 ᄒᆞᆫ 짐 칠 뭇고를 영영 방미ᄒᆞ거온 가졀 젼문 ᄉᆞ십 양을 의소봉샹이고 <정복수가 노비 상춘에게 발급한 가옥 매매명문-국속 1811>

【의과타이국】 명 ((지리)) 의과타이국(依瓜朶耳國). 에콰도르(Ecuador). 남아메리카 대륙의 북서부에 있는 공화국. 1830년에 대콜롬비아에서 분리하여 독립하였다. 수도는 키토. (중국어 간접 차용어).¶ 의과타이국(依瓜朶耳國) <이언> ☞ 엑궤도

【의국】 명 ((지리)) 의국(意國). 이탈리아(Italia). (중국어 간접 차용어).¶ 의국 | 의대리 <법한 801> 의국 쥰걸 마지니도 타국 디방 셔셜ᄒᆞ며 쳔신만고 망명 즁에 열심 교육 ᄌᆞ임ᄒᆞ야 <대매-시평 1909.8.6> 가리파와 ㄱ혼 호걸 그도 아니 잇슬손가 긔혁시ᄃᆡ 급힛ᄉᆞ니 의국 즁흥 어셔 ᄒᆞ소 <대매-시평 1909.8.7> ☞ 의대리 의ᄃᆡ리, 의태리, 이다리아, 이다리야, 이달늬, 이달리, 이타릐, 아탈늬, 이탈니, 이텔릐

【의내】 대 ((인류)) ((문서)) 의내(矣徒). 의몸(矣身). 신분이 낮은 사람이 자신을 가리켜 스스로 하는 말. (이두어).¶ 은갑슨 ᄆᆡ 돈의 구젼식 ᄒᆞ옵기의 은빈혀는 아직 못 ᄆᆡᆫ들러숩니다 여불비 복ᄇᆡᆨ 계미 팔월 이십뉵일 소인 의내 지업 고목 <전주유씨-57 황공복지1883>

【의대리】 명 ((지리)) 의대리(意大利, Yìdàlì). 이탈리아(Italia). 유럽 남부의 지중해에 돌출한 반도와 그 부근의 섬으로 이루어진 공화국. 로마 시대 이래로 그리스와 더불어 서양 문명의 원천이었던 국가로, 1861년에 왕국이 성립되고 1870년에 이탈리아 반도를 통일하였으며, 1946년에 공화제가 되었다. 이태리(伊太利). (중국어 간접 차용어).¶ 의대리(意大利) <이언> 의국 | 의대리 <법한 801> ⇒ 의ᄃᆡ리, 의태리 ☞ 이다리아, 이다리야, 이달늬, 이달리, 이타릐, 아탈늬, 이탈니, 이텔릐, 의국

【의등】 대 ((인류))((문서)) 의등(矣等). 우리들. (이두어).¶ 죄인 동 블개ᄒᆞᆫ 일에 뇌로도 안이 만이 거돈 집으로도 어지 말이오릿가 의등 일홈은 늑셔ᄒᆞ여신이 쳥알 시예 ᄢᅦ쇼셔 표쥬 신검동이 정은봉이 정복만이 권ᄉᆞ걸이 권찬일이 필집 권후남이 <이상쥬임젼 표문-수경 1763>

【의ᄃᆡ리】 명 ((지리)) 의대리(意大利, Italia). 이탈리아. '의ᄃᆡ리(意大利, Yìdàlì)'는 중국어 간접 차용어.¶ 가리파뎍 열두 군ᄉᆞ 의ᄃᆡ리의 듕흥이라 <공립신보 1908.2.5> ⇒ 의대리, 의태리 ☞ 이다리아, 이다리야, 이달늬, 이달리, 이타릐, 이탈늬, 이탈니, 이텔릐, 의국

【의-몸】 대 ((인류)) ((문서)) 의신(矣身). 내 몸. 신분이 낮은 사람이 자신을 가리켜 스스로 하는 하는 말. (이두어).¶ 우 명문ᄒᆞ거온 의몸셔 부득ᄒᆞ와 ᄌᆞ긔 ᄆᆡ득젼 공이돌이 임금 졔ᄶᅩ 四十二젼 一卜 八卜곳 二ᄶᅪ니기곳 우인 가졀 젼문 三兩을 의슈봉상ᄒᆞ옵고 ᄎᆞ후 호규 즙담인즉 신문긔로 변정ᄉᆞ라 젼쥬의ᄌᆞ 필집의 원홍손이 <원홍손이 이삼에게 발급한 전답 매매명문1834 영남대 도서관> 일즉이 상쳠위젼 작죄ᄒᆞ옵고 이즉 부모젼 불효막심한 죄을 면치 못할 터니온니 의몸 망상지죄는 만ᄉᆞ무셕이오나 의몸 소포로 말숨ᄒᆞ오면 긔지 숨쳔여금니옵고 가손으로 말숨ᄒᆞ오면 극불과 쳔금니온니 일쳔금지직로 ᄒᆞ당어삼쳔호잇가 <청말 권노실-물목 1878> 右明文ᄉᆞ짠은 의몸이 요용소치ᄒᆞ와 自己ᄆᆡ득슈谷술 곡도리 소ᄌᆞ 甘六畓參卜고 壹ᄶᅪ낙이고들가졀錢文 參拾五兩을 의슈봉ᄒᆞ고 본 文記 壹丈과 우인젼의 영ㆍ 방미

ᄒᆞ거은 ᄎᆞ후 냥닌 ᄌᆞ손중 이 ᄎᆞ 문긔로 빙닛ᄉᆞ라 <의성김씨 천상각파> ⇒ 의신 ☞ 녀의신, 신의

【의복-푸리】 명 ((상업)) 의복포리(衣服鋪裏). 옷가게. '푸리(鋪裏, pùli)'는 중국어 직접 차용어.¶ 衣鋪 ‖ 원ᄅᆡ 격벽의 일개 노ᄂᆞᆫ 계집이 이시니 일홈은 예국영이라 부ᄅᆞ니 져의 부친 예ᄉᆞ 샹공이 의복푸리ᄅᆞᆯ 여러시며 (原來間壁有一位客堂, 叫做芮菊英, 父親芮四相公, 開過故衣鋪.) <후홍 14:71> ▼當鋪 ‖ 근일에 ᄂᆡ가 웃지 이쳐럼 빈곤ᄒᆞᆫ가 이 옷셜 갓다 의복푸리에 파랏스면 졔녁은 굼지 안킷노라 (日來貧困已極, 吾將押此衣於當鋪, 晚餐有著矣.) <신광 19:32b> 의복푸리 셔칙푸리 약 파는 ᄃᆡ ᄎᆞ 파는 ᄃᆡ 차관 차종 노구솟과 옹긔 ᄉᆞ긔 유놉 긔명 연적 필통 벼로들과 조희 필묵 필산조차 칙상 문갑 궤 그릇과 요지경의 죽방울과 <연행-무자>

【의소봉샹-니-】 동 의수봉상(依數捧上)하다. 수대로 바치다. '봉상'은 이두어 '받자'의 의미로 '물건을 받는다'는 뜻이다.¶ 정노실도리 진ᄌᆞ[답] 三十일 젼 넉 짐 일곱 문 보리 十斗낙이 곳 졀가젼문 二十伍兩은 의소봉샹니올고 일후 여영방미ᄒᆞ오며 혹 ᄌᆞ손 족뉴 듕 잡담니오라도 ᄎᆞ문긔 고관변정ᄉᆞ 田主 김듕근니 (수결) 동셩 뉵촌 김연근니 (수결) 필집 상인 김셩쥰니 <김중근이 김춘복에게 발급한 전답 매매명문-우한 1794> ⇒ 의소봉샹이-, 의소봉상ᄒᆞ-, 의슈봉상ᄒᆞ-

【의소봉샹-이-】 동 의수봉상(依數捧上)하다. 수대로 바치다. '봉상'은 이두어 '받자'의 의미로 '물건을 받는다'는 뜻이다.¶ 걸융 四十九연 (갑진) 二月 二十五日 지원 쳐 명문 우 명문ᄒᆞ노은ᄉᆞᄯᆞᆫ은 의샹젼 이미ᄎᆞ로 ᄂᆡ답이 안틔도리 ᄎᆞᆫᄌᆞ 六十七답 十卜一 三斗나기 고들 우인쳐의 가졀 전(문) 四十兩 의소봉샹이고 비지 아으로 여영방미하거온ᄉᆞ 일후 피ᄎᆞ 잡담이거든 고관변정ᄉᆞ 답쥬 삼바회 (좌ᄎᆞᆫ) 증인 최돌이 (수결) 필집 鄭日三 (수결) <안동 주ᄎᆞᆫ 진성이씨댁 삼바회가 재원에게 발급한 전답 매매명문1784> ⇒ 의소봉샹니-, 의소봉샹ᄒᆞ-, 의슈봉상ᄒᆞ-

【의소봉샹-ᄒᆞ-】 동 의수봉상(依數捧上)하다. 수대로 바치다. '봉상'은 이두어 '받자'의 의미로 '물건을 받는다'는 뜻이다.¶ 우명문ᄒᆞᆫ와온삿단은 오여 요농 숏치로 셩황골 돌리마젼 四斗지기곳 사표단은 동남 은축길 젼 써북근자 샹의젼 고슬 졀가젼문 九錢 의소봉샹ᄒᆞ고 우인젼의 영위방미ᄒᆞ오ᄃᆡ 일후 자손족유 듕 잡담이거든 차문긔로 고관변정사라 젼쥬 자필의 변덕징 (수결) <변덕징이 김티셩에게 발급한 전답 매매명문-한고1764.1.7> ⇒ 의소봉샹니-, 의소봉샹이-, 의슈봉상ᄒᆞ-

【의슈봉상-ᄒᆞ-】 동 의수봉상(依數捧上)하다. 수대로 받들어 바치다. '봉상'은 이두어 '받자'의 의미로 '물건을 받는다'는 뜻이다.¶ 우 명문ᄒᆞ거온 의몸셔 부득ᄒᆞ와 ᄌᆞ긔 미득젼 공이돌이 임금 졔쏘 四十二젼 一卜 八卜곳 二斗니기곳 우인 가졀 젼문 三兩을 의슈봉상ᄒᆞ옵고 ᄎᆞ후 호규 ᄌᆞᆸ담인즉 신문긔로 변졍ᄉᆞ라 젼쥬의ᄌᆞ 필집의 원홍손이 <원홍손이 이삼에게 발급한 전답 매매명문-영남 1834> ⇒ 의소봉샹니-, 의소봉샹이-, 의소봉상ᄒᆞ-

【의슈-봉샹】 명 ((문서)) 의수봉상(依數捧上). 수대로 바침. '봉상'은 이두어 '받자'의 의미로 '물건을 받는다'는 뜻이다.¶ 道光 二十七年 休 正月 初七日 권귀학 젼 명문 우 명문ᄉᆞᄯᆞᆫ은 의역 이미ᄎᆞ로 부동읍 젼시동원 (회ᄌᆞ) 懷字 二十五畓 十九負 七束 二十六畓 五員 四斗낙고즐 가졀 젼문 일ᄇᆡᆨ 삼십 양 의슈봉상이고 젼문긔 六丈 아오라 우인젼 영영 방미하거온 일후 혹유 ᄌᆞᆸ담이거든 이 ᄎᆞ 문긔 고관변정ᄉᆞ라 답쥬 ᄌᆞ필 김계동 (수결) 증인 권졔학 니후봉 <김계동이 권귀학에게 발급한 전답 매매명문 1847> ⇒ 이슈봉싱

【의신】 대 ((인류)) 의신(矣身). 이 몸. 내. 신분이 낮은 사람이 자기를 가리켜 스스로 하는 말. (이두어).¶ 矣身 ‖ 의신이 비록 글을 잘 쓰나 필적은 어필 쇼양블모ᄒᆞ니 샹시예 비망긔ᄒᆞ던 초본이 ᄉᆞ알방의 만히 이시니 ᄒᆞᆫᄃᆡ 노코 빙고ᄒᆞᆫ즉 가히 알리이다 (矣身雖曰善寫, 筆跡霄壤不侔, 平日備忘謄寫之本多在司謁房一處, 憑考則可知.) <조기-서궁폐론 8:17> 비록 발각ᄒᆞ나 의신의 죄ᄂᆞᆫ 도 삼년의 디나니 아니리라 (雖或發覺, 矣身之罪不過徒三年.) <조기-환봉절과 18:17> 또 소업이 무슨 일이냐 뭇거ᄂᆞᆯ 갓바치라 ᄒᆞᆫ즉 또 네 일홈이 무엇시냐 뭇거ᄂᆞᆯ 의신이 ᄃᆡ답지 아니ᄒᆞ니 (又問: "所業何事?" 曰: "皮匠." 又問: "汝名云何?" 矣身不答.) <조회 31:16> ▼身 ‖ 하셰뢰ᄂᆞᆫ 인면슈심이라 견ᄌᆡ망의ᄒᆞ여 왕가에 ᄌᆡᄇᆡᆨ을 도모코ᄌᆞ ᄒᆞ미 형ᄆᆡ의 인륜을 도라보지 아니ᄒᆞ고 ᄆᆡ뎨를 ᄃᆡ신ᄒᆞ여 말을 쩌러 왕셩으로 더부러 사통케 ᄒᆞ다가 의신의게 닥쳐 보인 ᄇᆡ 되어 이에 틈이 이러나ᄆᆡ 의신의 쥬인이 원억홈을 입어 쩌나 남으로 도라와 (恨伊人面獸心, 見財忘義, 欲圖王姓之財帛, 不顧兄妹之倫理, 代妹牽馬與王姓私通, 被身主撞見, 于是起隙. 身主避嫌, 告辭南歸.) <녹모 5:76> 걸용 三十二연 정히 七月 十五日 우인쳐의 블망긔ᄒᆞ논 짜ᄂᆞᆫ 의신이 셩셔셔금ᄒᆞ와 피모 곳들 十二斗지기 곳들 가 젼믈 三兩을 의소밧ᄌᆞ와 ᄒᆞ거온 ᄎᆞ 유의잡담이거든 고과변정ᄉᆞ라 본쥬의 구ᄇᆡᆨ환이 (수결) 별고지긔 ᄎᆞ지ᄒᆞ노오이라 징참의 박개블이 (수결) 피집의 포망만이 (수결) <구백환이 전답매매 명문-경주손씨 송첨종택 1767> 분지 ᄂᆡ력은 도문긔가 쇼상ᄒᆞ오나 당쵸의 상고ᄒᆞᄂᆞᆫ 일 업습고 의신의 싀가 하향의 잇ᄉᆞ오나 가셩이 아직 ᄭᅳᆫ치 아니ᄒᆞ여습거날 아무리 젹셔가 다르다 ᄒᆞ고 고모 구축ᄒᆞᆯ 일 잇ᄉᆞ오릿가 <구례 뉴풍천 숀부 조씨 원정1816> 우근언 지원극통정유딴은 의신이 일즉 민씨 가문의 츌가ᄒᆞ옵써니 죠고여샹으로 팔ᄌᆞ가 긔구ᄒᆞ고 일신이 박명ᄒᆞ와 일즉 가쟝을 일습고 ᄒᆞᆫ낫 ᄌᆞ녀로 혈〻이 가ᄉᆞᄅᆞᆯ 의탁고ᄌᆞ ᄒᆞ와 셰월을 보내더니 <마포면 청호정거 정소ᄉᆞ 원정1825/85 옥션단-15> 의신이 지어 원통ᄒᆞ옵기로 셩쥬젼 발원ᄒᆞ오니 명치지ᄒᆞ의 ᄌᆞ셔히 통촉이 술ᄭᅩ 즉시 논문셔ᄅᆞᆯ ᄎᆞᄌᆞ 쥬옵시면 지금 시가로 ᄆᆡ〻ᄒᆞ와 분비 셰미 ᄃᆡ젼

을 관졍으로 밧치오며 유리지환을 업게 ᄒᆞ옵시말 천만 바라ᄋᆞᆸ기 힝하향교시샤 셩쥬합하쳐분 을유 삼월 일 <마포면 청호졍거 졍소ᄉᆞ 원졍1825/1885 옥션단-15> 의신이 샹젼되 ᄉᆞ환의 골몰ᄒᆞ와 근 쳔니 원힝의 밧비 돌아오들 못ᄒᆞ여 이 엄동을 당ᄒᆞ와 이장을 못ᄒᆞ나 너연 이월노 즉시 굴이ᄒᆞ올 거시오 만일 긔한을 넘기옵거단 이 슈긔 쳡연ᄒᆞ와 볍디로 치죄ᄒᆞ옵시고 즉시 굴이ᄒᆞ올 줄노 슈긔을 ᄒᆞ여 밧치옵ᄂᆞ니다 <김춘홍이 손생원댁에 발급한 이굴다짐 수표-전북박 1855> 의신[矣身 죄인이 스ᄉᆞ로 닐ᄏᆞᆮ는 말]이 과연 달니 알외올 말숨이 업ᄉᆞᆸᄂᆞ이다 그러ᄒᆞ오ᄂᆞ 의신이 셰샹에 잇ᄉᆞ올 ᄯᅢ에 혹 엇더ᄒᆞᆫ 즁의게 디옥과 염나대왕이라 ᄒᆞᄂᆞᆫ 말숨을 드럿ᄉᆞ오나 이러ᄐᆞ시 춤된 줄은 몰나ᄋᆞᆸ더니 <조설-니싱계쥬 23a> 다람이와 셔디쥐와 송ᄉᆞ을 할식 다람이 소지 ᄒᆞ여시되 우근진졍 유ᄉᆞ쑈는 의신이 본디 졸직ᄒᆞ온 고로 심산궁곡의 의지ᄒᆞ엿ᄉᆞᆸ더이 <다람쥐젼 1a> 의신의 가속이 계유 추슈ᄒᆞ온 것시 알밤 닷 셤 닷 말 닷 되 닷 홉 닷ᄉᆞ오니 장찻 과동ᄒᆞᆯ 양식을 으더 두어ᄉᆞᆸ던니 <다람쥐젼 1a> ⇒ 의몸 ☞ 녀의신, 녀의지신, 여의신

【의-집】 때 저의 집. (이두어). 이두에서 자칭어로 '矣身'을 쓰는데 이것은 자신에 대한 겸양의 표시로 '吾'(나)를 생략한 표기이다. '의집'은 이와 유사한 구성으로 '나의 집'에서 '나'를 생략한 것이다.¶ 의집의 잇던 거슨 봉ᄒᆞ여 보내오니 ᄌᆞ셰 밧ᄌᆞ오쇼셔 심난ᄒᆞ와 이만 알외ᄋᆞᆸ노이다 <현풍곽씨-107 /진하-162 17c전기 곽이창(아들) ↓진주하씨(어머니)> ☞ 의신

【의태리】 명 ((지리)) 의태리(意太利). 이탈리아(Italia). (외래어).¶ 덕국의 비ᄉᆞ막은 법국을 이기쟈 날 찻나 의태리의 가부이ᄂᆞᆫ 국권을 회복ᄒᆞ쟈 날 찻나 <대매-거누구타령 1907.7.12> ⇒ 의대리, 의뎌리, ☞ 이다리아, 이다리야, 이달늬, 이달니아, 이달리, 이달리아국, 이타릐, 이탈늬

【의텨리】 명 ((지리)) 의태리(意太利). 이탈리아(Italia). 중국어 간접 차용어. (외래어).¶ 일로부터 각디방 인민이 모다 망풍귀슌ᄒᆞ야 살뎡이 구쥬인에 가장 강디ᄒᆞᆫ 나라이 되니 드듸어 사리ᄉᆞ아이믹이 의텨리 젼국왕이 되얏ᄂᆞᆫ디 왕이 이에 의회를 소집ᄒᆞ고 법률 졔도를 마련ᄒᆞ야 의텨리 민권으로 ᄒᆞ야곰 세계에 빗나게 ᄒᆞ얏더라 <옥연 36> ⇒ 의대리, 의뎌리, 의텨리국 ☞ 이다리아, 이다리야; 이달늬, 이달니아, 이달리, 이달리아국, 이타릐, 이탈늬

【의텨리-국】 명 ((지리)) 의태리국(意太利國). 이탈리아(Italia). 중국어 간접 차용어. (외래어).¶ 의텨리국이 청국 결동셩을 달나 ᄒᆞ야 청국에셔 쥬지 안이ᄒᆞ미 <민일> ⇒ 의대리, 의뎌리, 의텨리 ☞ 이다리아, 이다리야, 이달늬, 이달니아, 이달리, 이달리아국, 이타릐, 이탈늬

【이다리아】 명 ((지리)) 이탈리아(Italia). 유럽 남부의 지중해에 돌출한 반도와 그 부근의 섬으로 이루어진 공화국. 로마 시대 이래로 그리스와 더불어 서양 문명의 원천이었던 국가로, 1861년에 왕국이 성립되고 1870년에 이탈리아 반도를 통일하였으며, 1946년에 공화제가 되었다. 이태리(伊太利). (외래어).¶ ᄉᆞ빅 년 젼에 이다리아국 사ᄅᆞᆷ이 처음에로 아메리ᄭᅡ ᄯᅡ흘 ᄎᆞ즐식 몬져 이 셤들을 맛나 보고 인도 ᄯᅡ힌 즐노 싱각ᄒᆞᆫ 고로 인ᄒᆞ야 이 셤들을 셔인도ㅣ라 일홈ᄒᆞ니라 <사필1889-헐버트 116> ⇒ 이다리야, 이달늬, 이달니아, 이달리, 이달리아국, 이타릐 ☞ 의대리, 의뎌리

【이다리아-국】 명 ((지리)) 이탈리아(Italia). 유럽 남부의 지중해에 돌출한 반도와 그 부근의 섬으로 이루어진 공화국. 로마 시대 이래로 그리스와 더불어 서양 문명의 원천이었던 국가로, 1861년에 왕국이 성립되고 1870년에 이탈리아 반도를 통일하였으며, 1946년에 공화제가 되었다. 이태리(伊太利). (외래어).¶ 텬하 각국 즁에 유로바와 아메리ᄭᅡᄉᆞ 나라 밧게 뎨일 놉흔 나라가 다시 업다 ᄒᆞᄂᆞᆫ 즁에 덕국과 블란시국과 옝길리국과 오스드리아국과 이다리아국과 이스바니아국과 아메리ᄭᅡ 합즁국이 특별히 뎨일이라 ᄒᆞ고 <사필1889-헐버트 13> 쥬라ㅣ란 큰 산이 쉿스란드국 ᄉᆞ이에 잇고 앏이란 큰 산이 이다리아국 ᄉᆞ이에 잇고 <사필1889-헐버트 38> ⇒ 이다리아, 이다리야, 이달늬, 이달니아, 이달리, 이달리아국, 이타릐 ☞ 의대리, 의뎌리

【이다리야】 명 ((지리)) 이탈리아(Italia). 유럽 남부의 지중해에 돌출한 반도와 그 부근의 섬으로 이루어진 공화국. 로마 시대 이래로 그리스와 더불어 서양 문명의 원천이었던 국가로, 1861년에 왕국이 성립되고 1870년에 이탈리아 반도를 통일하였으며, 1946년에 공화제가 되었다. 이태리(伊太利). (외래어).¶ 이다리야 (意大里) <환중대구장상육주 19후반> ⇒ 이다리아, 이달리, 이달리아국, 이타릐 ☞ 의대리

【이달늬】 명 ((지리)) 이탈리아(Italia). 유럽 남부의 지중해에 돌출한 반도와 그 부근의 섬으로 이루어진 공화국. 로마 시대 이래로 그리스와 더불어 서양 문명의 원천이었던 국가로, 1861년에 왕국이 성립되고 1870년에 이탈리아 반도를 통일하였으며, 1946년에 공화제가 되었다. 이태리(伊太利). (외래어).¶ 中央 이달늬 속에 잇서 獨立한 싼마리노國은 世界上 共和國中 第一 뎍은 나라인데 <소년1908.11.1 64> ⇒ 이다리아, 이다리야, 이달늬, 이달니아, 이달리, 이달리아국, 이타릐, 이탈늬, 이탈니 ☞ 의대리, 의뎌리

【이달니아】 명 ((지리)) 이탈리아(Italia). 유럽 남부의 지중해에 돌출한 반도와 그 부근의 섬으로 이루어진 공화국. 로마 시대 이래로 그리스와 더불어 서양 문명의 원천이었던 국가로, 1861년에 왕국이 성립되고 1870년에 이탈리아 반도를 통일하였으며, 1946년에 공화제가 되었다. 이태리(伊太利). (외래어).¶ 이달니아 사ᄅᆞᆷ 풀의비오쪼하가 지남침을 창조ᄒᆞ니 <만국통감1912 4, 1> ⇒ 이다리아, 이다리야, 이달늬, 이달니아, 이달리, 이달리아국, 이타릐, 이탈늬, 이탈니 ☞ 의대리, 의뎌리

【이달리】 명 ((지리)) 이탈리아(Italia). 유럽 남부의 지중해에 돌출한 반도와 그 부근의 섬으로 이루어진 공화국. 로마 시대 이래로 그리스와 더불어 서양 문명의 원천이었던 국가로, 1861년에 왕국이 성립되고 1870년에 이탈리아 반도를 통일하였으며, 1946년에 공화제가 되었다. 이태리(伊太利). (외래어).¶ 長靴半島 이달리 건너 들어가 베쓰비우쓰 火山 探檢을 하고 <청춘 1914.10.1> ⇒ 이다리아, 이다리야, 이달늬, 이달니아, 이달리, 이달리아국, 이타리, 이탈늬, 이탈니 ☞ 의대리, 의디리

【이달리아-국】 명 ((지리)) 이탈리아(Italia). 유럽 남부의 지중해에 돌출한 반도와 그 부근의 섬으로 이루어진 공화국. 로마 시대 이래로 그리스와 더불어 서양 문명의 원천이었던 국가로, 1861년에 왕국이 성립되고 1870년에 이탈리아 반도를 통일하였으며, 1946년에 공화제가 되었다. 이태리(伊太利). (외래어).¶ 이스바니아국과 포츄갈국과 쉿슬란드국과 이달리아국과 오스드리아 헝거리국과 루마니아국과 세비아국과 만트늬그로국과 터키국과 끄리스국이니 나라가 강ᄒᆞ고 군ᄉᆞ가 졍ᄒᆞ며 지믈이 만코 지조가 긔이ᄒᆞ며 학업에 졍밀ᄒᆞ고 도학에 젼일ᄒᆞ며 <사필1889-헐버트 13> ⇒ 이다리아, 이다리야, 이달늬, 이달니아, 이달리, 이타리, 이탈늬, 이탈니 ☞ 의대리, 의디리

【이듸오변】 명 ((지리)) 에디오피아(Ethiopia). (외래어).¶ 엇던 이들은 셔남에로 가니 이는 아프리가 ᄯᅡ히라 이 사ᄅᆞᆷ들을 이듸오변이라 일홈ᄒᆞ니 이듸오변ㅅ 사ᄅᆞᆷ들은 살ㅅ빗치 검으며 털은 검은 양의 털 ᄀᆞᆺ고 눈ㅅ빗도 검고 <사필1889-헐버트 11>

【이라와듸-강】 명 ((지리)) 이라와디(Irrawaddy)강. 미얀마의 중앙을 흐르는 미얀마 최대의 강. 티베트에서 발원하여 안다만 해로 흘러든다. (외래어).¶ 디형을 의론컨대 북에는 곤륜산과 셜산이 잇고 ᄯᅩ ᄉᆞ면에 젹은 산이 만코 동에는 미공강이 잇고 ᄒᆞᆫ가온대는 살윈이란 강이 잇고 쳔 리 되ᄂᆞᆫ 강 셔에는 이라와듸 강이 잇고 삼쳔리 되ᄂᆞᆫ 강 남에는 젹은 셤이 만코 ᄯᅩ 마다반과 랑군이란 포구가 잇스며 <사필1889-헐버트 86>

【이리】 명 ((지리)) 이리(Erie) 호(湖). 미국과 캐나다 사이에 있는 오대호의 하나. 세계 13위의 큰 호수이며 호수의 동쪽 끝에 나이아가라 폭포가 있다. (외래어).¶ 동편에 센트로렌스ㅣ란 강이 대셔양에로 드러가고 ᄯᅩ 북편에 그렛비어와 그렛실레입이란 큰 못시 잇고 ᄯᅩ ᄒᆞᆫ가온대 아다비스가와 윈늬벡이란 큰 못시 잇고 동남편 합중국 ᄉᆞ이에 슈비리어와 [쳔 리 되ᄂᆞᆫ 못] 휴런과 [팔빅 리 되ᄂᆞᆫ 못] 이리와 [팔빅 리 되ᄂᆞᆫ 못] 언데리오ㅣ란 못시 [칠빅 리 되ᄂᆞᆫ 못] 잇고 <사필1889-헐버트 103>

【이리만】 명 ((지리)) 일이만(日耳曼). 유럽 중부에 있는 나라. 843년에 동프랑크 왕국을 세워 962년에 신성 로마 제국으로 발전하였고, 1871년에 프로이센에 의하여 통일되어 게르만족을 중심으로 하는 독일제국이 완성되었다. (차용어).¶ 덕국, 이리만, 독일국 <법한 63> 덕국, 日耳曼, Germany <만국통감1912 5> ☞ 쩌마늬, 쩌멘느ㅣ, 덕국, 독일국

【이사벨나】 명 ((인명)) 이사벨라(Isabela). 스페인의 여왕(1451~1504). 아라곤(Aragon)왕 페르디난트와 결혼하여 스페인을 통일(콜럼버스의 후원자가 되어 신대륙 발견을 완성시킴). (외래어).¶ 이사벨나 (意撒貝拉 Isabella (of Castile)) <만국통감1912, 4, 14> 골놈보스가 그 온 뜻슬 갓초 말ᄒᆞ니 이 신부가 이스바니아 녀왕 이사벨나의게 빈주기를 듸신 구ᄒᆞ니 <만국통감1912 4, 2>

【이사야】 명 ((인명)) 이사야(Isaiah). 기원전 8세기 무렵의 유대의 선지자. 메시아가 동정녀에게서 탄생하리라는 것을 예언했고 점차 증가되는 아시리아의 위협하에 구세의 가르침을 설파했다. (외래어).¶ 쥬 예수 그리스도 어려셔 자라나신 나사렛 니르러셔 안식일 당도ᄒᆞ야 회당에 드러가셔 셩경을 낡으랴고 말셕에 참예ᄒᆞ니 회당의 집ᄉᆞ쟈가 션지쟈 이사야의 긔록ᄒᆞᆫ 셩경 말솜 ᄯᅡ로히 주ᄂᆞᆫ고나 <연경-피축가 18> 그런고로 예수 강싱젼 칠빅 ᄉᆞ십 년ᄃᆡ에 이사야라 ᄒᆞᄂᆞᆫ 션지쟈의게 하ᄂᆞ님끠셔 믁시로 ᄀᆞᄅᆞ치시기를 그ᄯᅢ에 일희가 어린 양으로 더브러 거ᄒᆞ고 표범이 어린 염소로 더브러 누을 거시오 <경세종 10>

【-이살오며】 ((문서)) 이살오며[是白乎旀]. 사뢰오며. (이두어).¶ 고목 ‖ 황공복지 근안이살오며 동한의 셔방임주 긔쳬후 일향 만강하압시며 아옵고져 복모구ː무임하셩지ː 외암 소인 일셩은 안젼임 뫼압시고 무고하오며 계옵셔 달음 안니오며 <박일성 고목-한고 1894.12.8> 춰복빅 비지는 자셔이 엽디여 보아ᄉᆞ오나 둔곡ᄉᆞ로 경힝간 충피지경 잇ᄉᆞ오니 ᄒᆞᆫ경이 복민이술오며 <이병구가 사또에게 보낸 고목 국한-1643> 황공복지 문안이살오며 근미심추시 국화지졀의 진ᄉᆞ쥬 긔체 일향 만중허옵신지 알고저오며 흴ᄒᆞ싱은 무고이 지너오니 복힝니오며 복비타ᄉᆞ연니와 금연 목화 잘못 고로 이십이 근과 지임 일승 상송ᄒᆞ오니 ᄒᆞ랑하오시고 너너 일향ᄒᆞ옵심을 천만복망 <권인술이 전주류씨 정재 종택 상전에게 올린 고과1906> ⇒ -니술오며 ☞ -허살오며, -ᄒᆞ살오며, -ᄒᆞᄉᆞ로며, -ᄒᆞᄉᆞ오며

【이슈-봉싱】 관구 ((문서)) 의수봉상(依數捧上). 수대로 바침. '봉상'은 이두어 '받자'의 의미로 '물건을 받는다'는 뜻이다.¶ 동치 八연 긔ᄉᆞ 二月 二十日 김학손 젼 명문 우 명문하거온 샷답은 요용 용용 조션됴 하화 개젼츄됴 八를 만석기Ɐ를 졀가 젼문 七兩 五錢 이슈봉싱니고 우 젼 영영 방미하거온 리후 작담 니거든 긔 차문긔로 고관변졍ᄉᆞ라 젼쥬의 조철록 (수결) 진넌의 늪한길 (수결) 필집의 니치선 (수결) <조철록이 김학손에게 발급한 전답 매매명문1869 이정옥> ⇒ 의슈봉샹

【이스라엘】 명 ((지리)) 이스라엘(Israel) 왕국. 솔로몬이 죽은 뒤 고대 유대인의 나라가 남북으로 갈렸을 때의 북쪽 나라. (외래어).¶ 하ᄂᆞ님이어 이스라엘을 모든 근

심에셔 구쇽ᄒᆞ옵쇼셔 <시편 25:18b> 여호와가 이스라엘 족쇽을 위ᄒᆞ샤 은혜와 진실홈을 긔억ᄒᆞ셧스니 ᄯᅡ희 모든 ᄭᅳᆺ치 우리 하ᄂᆞ님의 구원ᄒᆞ심을 보앗도다 <시편 98:36a> ⇒ 이스라엘 ☞ 이식렬

【이스라열】 명 ((지리)) 이스라엘(Israel) 왕국. 솔로몬이 죽은 뒤 고대 유대인의 나라가 남북으로 갈렸을 때의 북쪽 나라. (외래어).¶ 셩경의 마셔가 이스라열 族屬들을 埃及셔 引導ᄒᆞ여 救홈을 엇게 ᄒᆞ고 <大每 1907.9.4> ⇒ 이스라엘 ☞ 이식렬

【이스바니아】 명 ((지리)) 에스파냐(España). 지금의 스페인(Spain). 유럽 남서부 이베리아 반도 대부분을 차지하는 입헌 군주국. 15세기 말 왕국이 성립되어 번영하였으며, 1931년에 공화국이 되었다가 1975년에 왕정(王政)이 복고되었다. (외래어).¶ 이스바니아 <사필> 이스바니아국은 려송국이라 폭원이 북위션 삼십륙 듸그리브터 ᄉᆞ십삼 듸그리ᄭᆞ지요 동경션 세 듸그리브터 셔경션 아홉 듸그리ᄭᆞ지니 남북이 일천팔빅 리오 동셔가 일천이빅오십 리며 <사필1889-헐버트 42> 이스바니아(西班牙 Ispania) <만국통감1912, 4, 14> ⇒ 왜스ᄈᆡ릭아, 이스바니아국, 이쓰파니아, 일ᄉᆞ파리아 ☞ 셔반아, 셔반아국, 스페인, 시페인, 쓰페인

【이스바니아-국】 명 ((지리)) 에스파냐(España). 유럽 남서부 이베리아 반도 대부분을 차지하는 입헌군주국. 15세기 말 왕국이 성립되어 번영하였으며, 1931년에 공화국이 되었다가 1975년에 왕정(王政)이 복고되었다. 스페인(Spain). (외래어).¶ 이스바니아국과 포츄갈국과 쉿슬란드국과 이달리아국과 오스드리아 헝거리국과 루마니아국과 셰비아국과 만트늬그로국과 터키국과 끄리스국이니 나라가 강ᄒᆞ고 군ᄉᆞ가 경ᄒᆞ며 지믈이 만코 지조가 긔이ᄒᆞ며 학업에 졍밀ᄒᆞ고 도학에 젼일ᄒᆞ며 <사필1889-헐버트 13> 골놈보스가 ᄒᆞᆯ 수 업셔 그 아오를 명ᄒᆞ야 영국에 가셔 비를 구ᄒᆞ게 ᄒᆞ고 ᄌᆞ긔는 이스바니아국에 가셔 신부 ᄒᆞᆫ 사ᄅᆞᆷ을 맛ᄂᆞᆫ디 <만국통감1912 4, 2> 드디여 이스바니아국에 가샤 겨유 닐곱 사ᄅᆞᆷ을 권화ᄒᆞ야 ᄂᆞ화 각 고을에 힝ᄒᆞ게 ᄒᆞ시더 오래도록 밋어 좃ᄂᆞᆫ 쟈ㅣ 젹음으로써 근심ᄒᆞ시더니 ᄯᅢ에 셩모ㅣ 유더아국에 거ᄒᆞ샤 길히 심히 먼지라 <쳠례-쟝야고버종도 93a> ⇒ 왜스ᄈᆡ릭아, 이스바니아, 이쓰파니아, 일ᄉᆞ파리아 ☞ 셔반아, 셔반아국, 스페인, 시페인, 쓰페인

【이스바한】 명 ((지리)) 이스파한(Isfahan). 이란 중부에 있는 도시. 기원전 6세기 페르시아 제국의 아케메네스 왕조 때에 건설되었으며 16·17세기에는 이란의 수도였다. (외래어).¶ 도셩을 의론컨대 일흠이 테헤란이니 나라ㅅ 북편이오 ᄯᅩ 다브리스와 레쉬드와 아스드라바드와 메쉿이란 큰 촌이 잇고 셔편에 하마단과 쉬라스ㅣ란 큰 촌이 잇고 남편에 벤데아바스ㅣ란 큰 촌이 잇고 나라ㅅ 가온대 이스바한과 예스드와 가산이란 큰 촌이 잇고 사ᄅᆞᆷ의 픔ᄉᆞ수는 션비와 빅셩이오 <사필1889-헐버트 96>

【이스트-강】 명 ((지리)) 미국 뉴욕으로 유입되는 3대 강의 하나. (외래어).¶ ※ 이스트江上에 무지게가치 길게 ᄲᅧ친 五大橋 雄壯도 하다 <청춘 1914.10.1>

【이식렬】 명 ((지리)) 이색렬(以色列, Yǐsèliè). 이스라엘(Israel) 왕국. 솔로몬이 죽은 뒤 고대 유대인의 나라가 남북으로 갈렸을 때의 북쪽 나라. (중국어 간접 차용어).¶ 그후 희률왕이 죽으매 약슬이 잘 ᄯᅢ에 하ᄂᆞ님이 ᄯᅩ 텬ᄉᆞ롤 보내샤 현몽ᄒᆞ여 닐ᄋᆞ더 니러나 어린ᄋᆞ히와 그 모친을 다리고 이식렬 고을노 가라 ᄒᆞ니 대개 그 어린ᄋᆞ히롤 해코져 ᄒᆞ던 희률이 임의 죽음이러라 <훈아 14b> 예수의 뎨ᄌᆞᄂᆞᆫ 잇다감 ᄌᆞ비ᄒᆞᆫ ᄆᆞ옴이 젹으더 오직 예수ᄂᆞᆫ ᄒᆞᆼ샹 ᄌᆞ비ᄒᆞᆫ ᄆᆞ옴이 잇ᄉᆞ시니 ᄒᆞ로ᄂᆞᆫ ᄒᆞᆫ 녀인이 잇ᄉᆞ더 이식렬 빅셩이 아니라 예수ᄭᅴ 와 말ᄒᆞ더 더 일개 녀ᄌᆞ가 잇서 지금 ᄀᆞ쟝 몹쓸 병을 엇엇ᄂᆞ이다 <훈아 20b> ☞ 이스라엘, 이스라열

【이쓰파니아】 명 ((지리)) 에스파냐(Espana). 스페인. 유럽 남서쪽 끝에 있는 국가. (외래어).¶ 바르셀로나 港에 뭇해 나리니 이쓰파니아 物色 남만콤 繁華 <청춘 1914.10.1> ⇒ 이스바니아, 왜스ᄈᆡ릭아, 이스바니아, 이쓰파니아, 일ᄉᆞ파리아 ☞ 셔반아, 셔반아국, 스페인, 시페인, 쓰페인

【이와】 명 ((인명)) 이와(伊娃). 이브(Eve). 구약성서 창세기에서 나오는 아담의 아내. (외래어).¶ 에덴동산을 준비ᄒᆞ사 각식 초목과 각식 즘싱을 그 안에 두고 사ᄅᆞᆷ을 만드러 거긔셔 살게 ᄒᆞ시니 그 사ᄅᆞᆷ의 일홈은 아담이라 ᄒᆞ고 그 안히는 이와라 ᄒᆞ엿ᄂᆞᆫ더 <금수 27> 태초에 하ᄂᆞ님ᄭᅴ셔 엿시 동안 텬디와 바다와 만물을 권능의 말솜 ᄒᆞᆫ 마더로 지어내실 ᄯᅢ에 사ᄅᆞᆷ을 몬져 지으신 거시 아니라 금슈 곤츙을 다 지어 내시고 우리를 다ᄉᆞ릴 쟈 ᄒᆞ나를 조셩ᄒᆞ셧ᄂᆞᆫ더 그는 곳 아담과 이와라 <경세종 8>

【이즙-국】 명 ((지리)) 이집트(Egypt). 아프리카 북동부 나일강 유역 중심부에 있는 공화국. 수도는 카이로. (외래어).¶ 터키국과 모라고국과 알지리아와 두네스와 트레블리와 이즙국과 만트늬그로국과 아시아 모든 나라가 뎨 삼층이오 <사필1889-헐버트 14> ⇒ 이즙드, 이집트 ☞ 애굽, 애굽국, 익급

【이즙드】 명 ((지리)) 이집트(Egypt). 아프리카 북동부 나일 강 유역 중심부에 있는 공화국. 인류 문명 발상지 가운데 하나로 고대에는 농경 문명이 번영하였고, 기원전 4000년경에 이미 통일 국가를 형성하였다. (외래어).¶ 이 ᄯᅡ헤 모든 나라들을 의론컨대 북편에 이즙드국과 모라고국과 ᄯᅩ 여러 디방이 잇고 셔편에 라비리아국과 ᄯᅩ 여러 디방이 잇고 남편에 오렌지국과 드란스발국과 ᄯᅩ 여러 디방이 잇고 동편에 마디가스가국과 ᄯᅩ 여러 디방이 잇ᄂᆞ니라 <사필1889-헐버트 142> ⇒ 이즙국, 이집트 ☞ 애굽, 애굽국, 익급

【이집트】 명 ((지리)) 이집트(Egypt). 아프리카 북동부 나일강 유역 중심부에 있는 공화국. 수도는 카이로. (외

래어).¶ 이집트 (埃及) <명물-육당 13a> ⇒ 이즙국, 이즙드 ☞ 애굽, 애굽국, ᄋᆡ급

【이쿳스그】 명 ((지리)) 이르쿠츠크(Irkutsk). 러시아 동남쪽, 바이칼 호 서쪽에 있는 상공업 도시. 제정 러시아의 시베리아 총독부가 있었다. (외래어).¶ 이쿳스그ㅣ란 촌이 남편에 잇스며 터키스단 읍너는 일홈이 킈바요 ᄯᅩ 복하라와 머브ㅣ란 촌이 셔남에 잇고 <사필1889-헐버트 70>

【이큐에더】 명 ((지리)) 에콰도르(Ecuador). 남아메리카 대륙의 북서부에 있는 공화국. 화산과 지진이 많은 나라로, 1830년에 대콜롬비아에서 분리하여 독립하였다. 수도는 키토. (외래어).¶ 이큐에더 (厄瓜多) <世界全圖 1900> ⇒ 액궤도아, 엑궤도 ☞ 의과타이국

【이키크】 명 ((지리)) 이키케(Iquique). 남아메리카 칠레 북부에 있는 항구 도시. 칠레 초석(硝石)을 운반하는 곳으로 유명하다. (외래어).¶ 셔편에 고김보와 이키크와 건셥숀과 발바라이소ㅣ란 포구가 잇고 ᄆᆡ우 큰 포구 남편에 젹은 셤이 삼십이며 <사필1889-헐버트 130>

【이타릐】 명 ((지리)) 이탈리아(Italia). 유럽 남부의 지중해에 돌출한 반도와 그 부근의 섬으로 이루어진 공화국. 로마 시대 이래로 그리스와 더불어 서양 문명의 원천이었던 국가로, 1861년에 왕국이 성립되고 1870년에 이탈리아 반도를 통일하였으며, 1946년에 공화제가 되었다. 이태리(伊太利). (외래어).¶ 이타릐 (意大利) <태서신사> ⇒ 이다리아, 이다리야, 이달늬, 이달니아, 이달리, 이달리아국, 이탈늬, 이탈니 ☞ 의대리, 의ᄃᆡ리

【이탈니】 명 ((지리)) 이탈리아(Italia). 유럽 남부의 지중해에 돌출한 반도와 그 부근의 섬으로 이루어진 공화국. 로마 시대 이래로 그리스와 더불어 서양 문명의 원천이었던 국가로, 1861년에 왕국이 성립되고 1870년에 이탈리아 반도를 통일하였으며, 1946년에 공화제가 되었다. 이태리(伊太利). (외래어).¶ 이탈니 (意大利) <세계전도 1900> ⇒ 이다리아, 이다리야, 이달늬, 이달니아, 이달리, 이달리아국, 이타릐, 이탈늬, 이탤릐 ☞ 의대리, 의ᄃᆡ리

【이태리-닭고기】 명 ((음식)) 이태리(伊太利 Italia)닭고기. (외래어).¶ 이태리닭고기 ‖ 닭 1마리 고기 국물 2잔 마카로니 $\frac{1}{2}$파운드 치스 (간 것) 1 대슈가락 메스와 소곰과 호쵸 조곰식 닭의 껍질을 벗기고 각을 뜬 후에 메스와 갓치 고기 국물노 연하게 될 ᄯᅢ까지 삶아노코 마카로니를 삶아 물을 밧고 치스와 소곰과 호쵸를 석거셔 졉시 가에 쎙 둘너노코 그 가운데 닭고기를 노코 이 아래 말한 쏘스를 그 우에 부어셔 먹을 것 닭 국물 (닭 삶고 남은 것) 녹은 쌔터 1 대슈가락 밀가루 1 대슈가락 계란 (노른자위) 2개 치스 2 대슈가락 이 쏘스는 크림쏘스 법대로 할 것 <서요 28> ☞ 예루살렘닭고기

【이탤릐】 명 ((지리)) 이탈리아(Italia). 유럽 남부의 지중해에 돌출한 반도와 그 부근의 섬으로 이루어진 공화국. (외래어).¶ 伊太利, 一作"以大里", 이탤릐 <명물-육당 13a> ⇒ 이다리아, 이다리야, 이달늬, 이달니아, 이달리, 이달리아국, 이타릐, 이탈늬, 이탈니 ☞ 의대리, 의ᄃᆡ리

【이탤리-말】 명 ((언어)) 이탈리아어. (외래어).¶ 나도 영어와 법어와 아어와 이탤리말을 ᄇᆡ홧고 <독립>

【익더귀】 명 ((조류)) 새매의 암컷. 중세몽고어 '익더귀(itelgü)'의 차용어. ※ «웅골방»에 나오는 '盖[益]加耳'의 '加耳'는 새김으로 '더귀'라 읽어 '익더귀'를 표기한 것이다.¶ 익더귀 (免鶻) <자회-금조 상:8b /15b> ※ 大小免鶻, 益攄貴. <웅골방-신증> 免鶻, 盖[益]加耳. <웅골방-고본> ※ 免鶻, 亦帖羅骨(itelögü) <화이역어-조수> ⇒ 닉더귀

【인글런드】 명 ((지리)) 잉글랜드(England). 영국 그레이트 브리튼 섬의 중남부를 차지하는 지방. (외래어).¶ 故國 인글런드 뒤날 보ᄌᆞ 離別ᄒᆞ고 <매신 1919.8.18>

【인더스-강】 명 ((지리)) 인더스(Indus) 강. 히말라야 산맥을 가로질러 흐르는 강. 티베트 고원 서부에서 시작하여 카슈미르, 파키스탄 등을 거쳐 아라비아 해로 흘러든다. 인도 북서부 갠지스, 브라마푸트라와 함께 인도 지방의 3대 강으로 이 유역은 고대 문명 발상지로 유명하며, 모헨조다로 따위의 유적이 있다. (외래어).¶ ᄯᅩ 다베리와 동부드라와 마하나리란 강이 잇고 셔편에 나바다와 인더스ㅣ란 강이 잇고 삼천오ᄇᆡᆨ 리 되ᄂᆞᆫ 강 동편에 칼카다와 마드라스ㅣ란 포구가 잇고 셔편에 감베와 슈랏과 범베란 포구가 잇고 남편에 실넌이란 큰 셤과 팔ᄇᆡᆨ 리 되ᄂᆞᆫ 셤 동남에 안다만이란 오륙 셤과 늬코바ㅣ란 오륙 셤이 잇스며 <사필1889-헐버트 88>

【인도양】 명 ((지리)) 인도양(印度洋). 오대양의 하나. 아시아, 오스트레일리아, 아프리카 대륙과 남극 대륙에 둘러싸여 있다. (외래어).¶ 인도양(印度洋) ‖ 西南間에 잇는 海名이라 <신문-상식 73> 디경을 의론컨대 북은 터키스단이오 아시아아라사ㅣ라 동은 인도ㅣ오 남은 인도양이오 셔는 베시아국이며 <사필1889-헐버트 91> 디형을 의론컨대 동편에 오스드렐랴읿과 썔루와릐버블이란 산과 ᄒᆞᆫ가온대 젹은 산들이 잇고 동남에 메레란 강이 인도양에로 드러가고 락란과 쌀링이란 강이 메레 강에로 드러가고 쿠페란 강이 잇스며 <사필1889-헐버트 154>

【인듸아】 명 ((지리)) 인도(India). 아시아 남부, 인도 반도 대부분을 차지하는 공화국. 고대 문명과 불교의 발상지로, 1947년 영국에서 자치령으로 독립하여 인도 연방과 파키스탄으로 분리되고, 1950년 완전히 독립하여 공화국이 되었다. (외래어).¶ 인듸아 (印度) <명물-육당 12b> 골놈보스 싱각에 ᄶᅡ 형용이 반ᄃᆞ시 구슬ᄀᆞᆺ치 둥그러오니 만일 곳 셔편으로 만힝ᄒᆞ면 가히 인듸아국에 니르리라 ᄒᆞ엿ᄉᆞ나 <만국통감1912 4, 2>

【인솨】 명 인쇄(印刷). 잉크를 사용하여 판면(版面)에 그려져 있는 글이나 그림 따위를 종이, 천 따위에 박아 냄. '솨(刷, shuā)'는 중국어 직접 차용어.¶ 관허 판권소

유라 ᄒᆞᆫ 뜻은 놈이 모든 ᄎᆡᆨ을 혹 ᄉᆞ의로 인쇄 ᄒᆞ야 미각ᄒᆞ면 그 지죠를 ᄆᆡᆺᄂᆞᆫ 도적으로 ᄃᆞᄉᆞ리ᄂᆞᆫ 법률이 잇시니 이거시 기명ᄒᆞᆫ 나라에셔 션비로 ᄒᆞ야곰 셔젹을 져작ᄒᆞᄂᆞᆫ 권리를 주ᄂᆞᆫ 거시라 <리득수-국문경리1897 12b>

【인ᄉᆞ】 명 ❶ 인사(人事). 사람으로서의 도리. 사람으로서 해야 할 일.¶ 인ᄉᆞ | 졀 | 문안 <법한 1248> 톄례 알다 | 톄통 알다 | 톄모 알다 | 인ᄉᆞ롤 알다 <법한 941> 례모 업다 | 례모 모로다(몰나, 모른) | 인ᄉᆞ 업다 | 인ᄉᆞ 모로다 | 버릇 업다 <법한 94> ▼規矩 ‖ 인ᄉᆞ 잇는 ᄉᆞ람(曉得規矩的人.) <수호-어휘 21a> 샹놈들은 인ᄉᆞ롤 모로옵ᄂᆡ <교린-묘 1:29a> 인싀 아래셔 경ᄒᆞ면 ᄒᆞᄂᆞᆯ 긔운이 엇디 우회셔 순티 아니ᄒᆞ리오 <행장-인조 33> 우히 건ᄆᆞᄅᆞ죽어 겨오시다가 인ᄉᆞ롤 출히오셔 겟너인 우두쟈 너덧 사름을 드러오라 ᄒᆞ오셔 <계축 상:32b> ᄂᆡ 초간 후로 심히 슬허ᄒᆞ기를 과히 ᄒᆞ여시니 궁듕의 드러와 억만창상을 격그려 ᄆᆞᄋᆞᆷ이 스ᄉᆞ로 그러ᄒᆞ던가 일변 고이ᄒᆞ고 일변 인ᄉᆞ가 흐리지 아니헌 둣ᄒᆞ더라 <한중 20> 금일 초목은 의구ᄒᆞ되 인싀 이러틋 변ᄒᆞ여시니 엇디 슬프디 아니리오 <유삼-종산 1:74> 이졔 이 아히ᄂᆞᆫ 인ᄉᆞ롤 모르디 오히려 도적질ᄒᆞ기롤 잘ᄒᆞ니 졔 일홈을 젹이라 지어 쥬엇더니 가히 맛다 <빅복 11a> 명낭청 디답 디밧쳐 ᄒᆞ디 이지 뼉 넘녀 업시 고히ᄒᆞᆫ 인ᄉᆞ라 ᄒᆞ고 드러잡아 홀 길이야 잇삽난닛가마ᄂᆞᆫ 또 바히 고히ᄒᆞᆫ 인ᄉᆞ라 헐 길도 바른 말솜이옵지 어려올 둣ᄒᆞ오마ᄂᆞᆫ 또 이지 고히ᄒᆞᆫ 인ᄉᆞ라 ᄒᆞ면 그러헐 둣홀 거시오 그러치 아니ᄒᆞ오면 또 고히ᄒᆞᆫ 인ᄉᆞ라 ᄒᆞ올 길이 잇삽ᄂᆞᆫ잇가 <춘향-동양 6:8b> 졔ᄉᆞᄂᆞᆫ 어느 날이신지 아주 잇져시니 참ᄉᆞᄂᆞᆫ 못ᄒᆞᆫ들 이져시니 무슨 ᄂᆡ 인ᄉᆞ가 되여ᄂᆞ냐 알게 ᄒᆞ여라 <연행시고첩1860 한옥션-64> 이 兩班이 밥 먹노라 ᄒᆞ고 인ᄉᆞ 아ᄂᆞᆫ 톄ᄒᆞ니 ᄒᆞᆫ 번 아모죠로나 쫑을 먹일 거시라 ᄒᆞ고 벼로고 잇더니 <유공 30> 셰상 인ᄉᆞ 꿈이로다 ᄂᆡ 일 더욱 꿈이로다 <만언사> 인ᄉᆞ브터 닥고 보면 텬우신죠 업슬손가 어화 우리 동포들은 일시 고난 슯허 말고 <대매-시평 1909.9.16> 인ᄉᆞᄂᆞᆫ 어이ᄒᆞ야 일향 곤난 이러ᄒᆞᆫ가 <대매 1909.12.21> ᄂᆞ가 뵈압지 못ᄒᆞ고 ᄌᆞ식이ᄂᆞᆫ 보너려 하엿더니 ᄉᆞ고 다단홈으로 가지 못ᄒᆞ니 졍리도 아니오 인ᄉᆞ의 디단이 거ᄉᆞ리오ᄂᆞ 엇지홀 수 업ᄉᆞ오니 셥〻히 아지 마옵소셔 <홍(ᄉᆞ데)-녀약1909.8.22. ↓넷좌형님 16b> 급급ᄒᆞᆫ 졔군덜은 인ᄉᆞᄂᆞᆫ 아니 닥고 <용담유사> ❷ 세상에서 벌어지는 일이나 벌어진 일.¶ 녹현이 임의 은의 상ᄒᆞ옵고 디의 끈허져 도라가온 인ᄉᆞ로 홀연 블냥지심으로 블의지욕을 너와 졔 빅듕형 일반무지ᄒᆞ온 무리로 결당ᄒᆞ옵고 녹현의 종형 디현의 협부ᄒᆞ온 유셰롤 밋고 거상ᄒᆞ와 훈계홀 줄을 모ᄅᆞ옵고 <금구온씨 언단-국한 1858> ❸ 사람을 마주 대하거나 헤어질 때 또는 사람들과 간접적으로 연계가 지어질 때 안부를 묻거나 안녕을 바라며 예의를 표시하는 것 또는 그때 하는 말.¶ 인ᄉᆞ ‖ ① 禮하는 것 ② 禮法(례법) ③ 사람 사이에 직히는 行動과 言語 <조선-심 139> 인ᄉᆞ 붓치다 <법한 925> 인ᄉᆞ(人事, Civility, politeness, courtesy.) <한영1890 18> 인ᄉᆞ(唱偌喏.) (唱喏) <수호-어휘 11b> 인ᄉᆞ (唱喏) <서상-박문 42> 인ᄉᆞ 디답ᄒᆞ란 말 (接喏) <서유-어람 62a> 인ᄉᆞ, 曰寒溫 (寒暄) <서상-박문 139> ▼寒溫 ‖ 어듸셔 인ᄉᆞ를 펴고 말을 하랴너냐 (那里敍寒溫打話.) <서상-박문 139> 싀부ᄂᆞᆫ 오ᄂᆞᆯ 왓더냐 일하롤 출합ᄒᆞ면 녜ᄉᆞ 업ᄂᆞᆫ 거시로되 네 삼촌이 ᄉᆞ옹뎨되매 지간ᄒᆞ여 인ᄒᆞ여 싱티ᄂᆞᆫ 주긔 ᄒᆞ여시니 삼촌끠 인ᄉᆞ나 뎍어라 <숙명-50 1652-58 인선왕후(어머니) ↓숙명공주(딸)> 흉비ᄂᆞᆫ 경영ᄒᆞ여 ᄒᆞᆫ 거시 지극디 못ᄒᆞ니 ᄒᆞ여 주ᄂᆞᆫ 보람이 업서 서운ᄒᆞ여 ᄒᆞ더니 인ᄉᆞ조차 ᄒᆞ여시니 몬내 웃노라 <숙휘-24 1653-74 인선왕후(어머니) ↓숙휘공주(딸)> ❹ 만날 때 물건으로 예를 갖추는 일. 예물. 선물(膳物).¶ 인ᄉᆞ 업다, 인ᄉᆞ 모로다 <법한 94> 인ᄉᆞ 출여 (收拾些人事.) <수호-어휘 19a> ▼程儀 ‖ 또 왕딘의 원슈의 사룸인 줄 알고 감히 머므ᄅᆞ지 못ᄒᆞ야 약간 인ᄉᆞ의 거술 주어 보내니 (又知是王振的仇家, 不敢招架, 送下小小程儀, 就辭了.) <금고 71> ※ 芝峯曰: “«雲谷難記»曰: ‘今人以物相遺, 謂之人事.’” <낙민 사> ▼人事 ‖ 이 高麗ㅅ筆墨과 스므 댱 큰 죠히롤 가져가 人事로 서ᄅᆞ 아ᄂᆞᆫ 弟兄을 주라 (這的高麗筆墨和二十張大紙將去, 人事與相識弟兄.) <박언 하:62a> 多謝ᄒᆞ여라 각시아 내 도라올 때에 만히 人事롤 가져 네게 還禮ᄒᆞ마 (多謝姐姐, 我廻來時候, 多多的帶些人事與你還禮罷.) <박신 1:47a> ❺ 사람의 정신·의식 따위를 분별하는 힘.¶ 시궐병은 몸애 뫽이 다 움즉이되 인ᄉᆞ롤 몰라 얼굴이 주검 ᄀᆞᄐᆞᆷ으로 일홈을 시궐이라 ᄒᆞᄂᆞ니 (尸厥之病, 身脉皆動而形無知, 其狀若尸, 故名曰尸厥) <구급 상:8a> 부인대젼의 ᄀᆞᆯ오ᄃᆡ 산후에 어즐ᄒᆞ야 인ᄉᆞ롤 ᄎᆞ리디 몯ᄒᆞ기 두 가지 인ᄂᆞ니 만일 피 만히 나 어즐커든 혈을 보ᄒᆞ미 맛당ᄒᆞ니[궁귀탕 쓰고 숫블에 초 ᄲᅵ텨 마티라] 만일 피 쟈기 나 얼즐커든 혈을 파ᄒᆞ미 맛당ᄒᆞ니 [화예셕산과 흑농단을 쓰라] («婦人大全»曰: 産後血暈, 不省有二, 若下血多而暈者, 當補血. [宜芎歸湯, 醋炭熏之.] 若下血少而暈者, 當破血.) <태산 51b> 화예셕산은 혈운으로 어즐ᄒᆞ야 인ᄉᆞ 몯 ᄎᆞ리ᄂᆞ니롤 고티ᄂᆞ니 화예셕 넉 냥 셕뉴황 ᄒᆞᆫ 냥 ᄀᆞᄅᆞ 밍ᄀᆞ라 도간의 녀혀 닫고 즌흙 ᄇᆞᆯ라 물뢰여 벽 우희 안치고 숫블로 반날을 술와 식거든 내여 ᄀᆞ장 셰말ᄒᆞ야 ᄆᆡ ᄒᆞᆫ 돈을 더운 동ᄌᆞ 쇼변의 플어 머기라 (花蘂石散, 治血暈不省, 花蘂石四兩、硫黃一兩爲末, 入罐內, 鹽泥固濟晒乾, 安塼上, 炭火煆半日, 候冷取出, 硏極細, 每一錢, 熱童便調下.) <태산 51b> ▼人事 ‖ 뎌롤 믜워 당티 못ᄒᆞ여 ᄒᆞ더니 어제 뎌 놈이 내 집의 왓거ᄂᆞᆯ 눈이 밤의여 동셔롤 분변티 못ᄒᆞ고 인ᄉᆞ롤 아디 못ᄒᆞ여 상 우희 것구러뎌 코 고오고 자거ᄂᆞᆯ (恨的他當不得, 昨日那廝我家裏來了, 眼花的不辨東西, 不省人事, 倒在床上打鼾睡.) <박언 중:47a> 드듸여 거즛 미쳐 싸히 것구러뎌 입으로 피와

춤을 토ᄒᆞ고 인ᄉᆞ를 아디 못ᄒᆞ니 (遂佯狂倒地, 嘔吐血涎, 不省人事.) <개벽-규장 5:102> 푸기을 열고 금바리을 갓다가 물을 떠셔 힝ᄌᆞ을 쥬니 힝ᄌᆞ 바다 진언을 염ᄒᆞ며 범을 향ᄒᆞ여 ᄒᆞᆫ밧탕 흠벅이 뿜으니 삼장이 그졔야 인ᄉᆞ을 ᄎᆞ려보니 손힝ᄌᆞ 왓거ᄂᆞᆯ (取了行李馬匹, 將紫金鉢盂取出, 盛水半盂, 遞與行者. 行者接水在手, 念動眞言, 望那虎劈頭一口噴上, 退了妖術, 解了虎氣. 長老現了原身, 定性睜眼, 才認得是行者.) <서유-영남 3:108> 금일의 술을 먹어 취ᄒᆞᆫ지라 ᄯᅩᄒᆞᆫ 셩명을 도라보지 아니코 즉시 의복을 벗고 이블 쇽으로 드러가 코흘 고을고 ᄌᆞ며 인ᄉᆞ를 모르더라 (今日吃得醉醺醺, 也不顧性命, 竟將衣服脫得精光, 鑽進被去, 鼾呼大睡, 竟不知人事.) <후서유 13:31-25> 다문 내 병이 날로 디터 가고 ᄆᆞᅀᆞ미 날로 허히여 업서 가니 인식나 알 제 내 가슴 픠오ᄂᆞᆫ ᄠᅳ디나 스고 마자 스노라 나 죽거든 내 서 녀ᄒᆞᆫ 지기 인ᄂᆞ니라 ᄎᆞ자 보와라 내 명이 ᄒᆞᆫ 니런디 이 벼ᄉᆞ리 주글 저기런디 내 흉을 허소히 뻐 궁히 되예라 <순천김씨-73 1550~92 신천강씨(어머니) ↓순천김씨(딸)> 용시를 ᄒᆞ니 물혹 죽게 되니 덧다가 깃니 ᄒᆞᆨ개 겨틔 내□ 모글 들오 안자셔 옷가ᄉᆞ미 젓게 우ᄂᆞᆫ 양을 계오 아라보고 눈므롤 흘리며셔 도로 인ᄉᆞ롤 모ᄅᆞ리러라 … 이튼날사 인ᄉᆞ롤 계오 ᄎᆞ리니 용심홀 거시니 죽거든 알외고라 ᄒᆞ도더라 <순천김씨-115 1550-92 신천강씨(어머니) ↓순천김씨(딸)> ᄀᆞ독 경신이 상실ᄒᆞᆫ디 더욱 혼난ᄒᆞ야 인ᄉᆞ롤 못 출혀 돌이 ᄑᆞ오디 글시도 보ᄋᆞᆸ시긔 못ᄒᆞ니 정니예 어ᄂᆞ만 박히 너기ᄋᆞᆸ시거뇨 ᄒᆞᄋᆞᆸ노이다 <인목대비1623직후 ↓인빈> 열 나 발광히여 인ᄉᆞ 모ᄅᆞ다가 야그로 여롤 ᄢᅢ 이제ᄂᆞᆫ 다 됴화시디 ᄇᆞᄅᆞ몰 두려 드런노라 <순천김씨-60 1550-92 신천강씨(어머니) ↓순천김씨(딸)> 나는 그젓긔 오후브터 니질을 둡히 ᄒᆞ여놀 니질인가 ᄒᆞ더니 히 딘 후 아젹 머근 것 다 토고 곽난으로 새야셔 샌 후 인ᄉᆞ롤 출히되 <유시정-13 어제 뎌그시니> 그 이튼날 ᄯᅩ 탕ᄒᆞ여 인ᄉᆞ롤 모ᄅᆞ게 되매 약 어드라 김타[태]후 ᄒᆞ여 진ᄉᆞ의게 뎌거 보내라 ᄒᆞᄋᆞᆸ고 <유시정-49 거월 념ᄉᆞ일> ᄯᅩ 그ᄯᅢ 익명이 독ᄒᆞᆫ 니질을 어더 인ᄉᆞ롤 모ᄅᆞ오니 이ᄂᆞᆫ 압거ᄒᆞ던 나졸이 아ᄂᆞᆫ 일이오니 비록 ᄒᆞᆫ 집의 잇ᄉᆞ와 도병이 인ᄉᆞ롤 모ᄅᆞ온 후ᄂᆞᆫ 이런 일을 의논을 못 ᄒᆞ오려든 ᄒᆞ몰며 먼니셔 엇디 아오리잇가 <충청도 부여현 이이명의 부인 광산 김씨 상언1727> 미음이 힘업다 ᄒᆞ야 급히 국밥을 ᄎᆞ자 두어 술 ᄂᆞ리오며 누어 인ᄒᆞ야 인ᄉᆞ롤 출히디 못ᄒᆞ고 입 가온대 말소릐 잇ᄂᆞᆫ 돗ᄒᆞ디 희미ᄒᆞ고 어즈러워 ᄌᆞ세티 못ᄒᆞ더라 ᄒᆞ니 <계유-임정주1753 14a> 유촌 아ᄌᆞ바님 션산 가 계시다가 우환 긔별 듯고 급급히 오시니 불셔 일을 당ᄒᆞ여 모ᄌᆞ분 임죵을 못ᄒᆞ시고 달녀들며 막혀 하르밤을 인ᄉᆞ롤 모ᄅᆞ시고 황황ᄒᆞ시던 소문 참혹ᄒᆞ고 한심ᄒᆞ이업ᄉᆞᆸ고 <김성일가-5 1832 여강이씨(아내) ↓김진화(남편)> ※ 내 졍히 뎌롤 믜워 견디지 못ᄒᆞ더니 어지뎌 놈이 마치 내 입의 왓거ᄂᆞᆯ 내 부러 술올다가 뎌의게 부어 爛醉케 ᄒᆞ니 뎨 곳 눈이 밤븨어 東西롤 분변치 못ᄒᆞ고 人事롤 아지 못ᄒᆞ여 床 우희 것구러져 곳코 고오고 자거ᄂᆞᆯ (我正恨他不過, 昨日那廝恰到我家來, 我特地把酒灌的他爛醉, 他便眼花, 不辨東西不省人事, 倒在床上便打鼾睡.) <박신 2:52a> ⓯ 남녀 사이의 성관계. (중국어 간접 차용어).¶ 人事 ‖ 습인은 본디 총명ᄒᆞᆫ 녀ᄌᆞ라 나히 ᄯᅩ 보옥보다 두 살이 더ᄒᆞ고 근릐의 ᄯᅩ 졈졈 인ᄉᆞ롤 아ᄂᆞᆫ지라 (襲人本是個聰明女子, 年紀又比寶玉大兩歲, 近來也漸省人事.) <홍루 6:3>

【인끄리스】 명 ((지리)) 잉글랜드(England). 영국 그레이트브리튼 섬의 중남부를 차지하는 지방. (외래어).¶ 인끄리스 (英吉利) <환중대구장상육주 19후반> ⇒ 인글런드, 잉그란드, 잉글넌드, 잉글런드 ☞ 엥길리, 영길니, 영길리

【인ᄌᆞ-푸】 명 ((상업)) 인자포(印子鋪). 전당포. '푸(鋪, pù)'는 중국어 직접 차용어.¶ 印子鋪 ‖ 내 오늘 인ᄌᆞ푸에 볼모 드리고 쳔 내라 가노라 (我今日印子鋪裏儅錢去.) <번박 상:19b> 인지 일일을 밧긔 이스면 부뫼 일일을 외롭고 슬허ᄒᆞ시ᄂᆞ니 인ᄌᆞ된 재 그 뜻을 잘 밧드면 능히 경긔인돌 자우롤 떠날소냐 <경신 11b> ※ 내 오놀 印子鋪에 돈 典當ᄒᆞ라 가노라 (我今日印子鋪裏儅錢去.) <박언 상:19a>

【인치】 명의 ((도량)) 인치(inch). 야드파운드법에 의한 길이의 단위. 1인치는 1피트의 12분의 1. 2.54cm에 해당한다. (외래어).¶ 英國 米國 야드(Yard)碼=三呎 후트(Foot)呎=十二吋 인치(Inch)吋 <백과신-송1926 494> 초콜넷을 석고 다음에 계란 노른자위와 밀가루와 계란 흰자위와 호도를 석고 나종에 피널나를 석근 후에 기름 발은 팬에다가 얇게 펴서 20분 동안 뭉군한 화덕에 천천히 구어 가지고 식기 젼에 사방 1½인치식 버힐 것 <서요 158> ⇒ 인티

【인텔리겐챠】 명 ((인류)) 인텔리겐치아(intelligentsia). '인텔리'의 본말. 지적 노동에 종사하는 사회계층. 지식계급. (외래어).¶ 현대뎍 인텔리겐챠에 불과하이그려 <염상섭, 썩은 호도1929 33>

【인티】 명의 ((도량)) 인치(inch). 야드파운드법에 의한 길이의 단위. 1인치는 1피트의 12분의 1. 약 2.54cm에 해당한다. (외래어).¶ 英尺은 「뜨우트」라 하나니 우리나라 新準尺으로 한댜 남딋하고 英寸은 「인티」라 하나니 우리 八分 남딋하니라 <소년1908.11.1 62> ⇒ 인치

【일길리】 명 일길리(日吉利). 일기, 날씨. 또는 날씨가 좋음. (일본어 간접 차용어).¶ ※ 先度中 歸船便의 二番特送이 豊崎셔 日吉利롤 기다리더라 <첩해-초 1:8a>

【일ᄉᆞ파리아】 명 ((지리)) 에스파냐(España). 유럽 남서부 이베리아 반도 대부분을 차지하는 입헌군주국. 스페인(Spain). (외래어).¶ 일ᄉᆞ파리아(日斯巴尼亞) <이언> ⇒ 왜스빠릐아, 이스바니아, 이스바니아국 ☞ 셔반아, 셔반아국, 스페인, 시페인, 쓰페인

【일이만】 명 ((지리)) 일리마니(Illimani). 남아메리카 볼리

비아의 수도 라파스 동남쪽에 있는 산. 산봉우리는 세 개로 나누어져 있는데 북봉은 6,480미터, 중앙봉은 6,410미터, 남봉은 6,462미터이다. (외래어).¶ 디형을 의론컨대 동북에는 큰 들이오 셔남에는 인듸스 산이 련면ᄒᆞ니 소라다와 일이만이란 놉흔 산이 잇고 ᄯᅩ 사하마ㅣ란 큰 화산이 잇고 ᄯᅩ 인듸산ᄉᆡ 속에 큰 들이 잇고 그 들 가온대 올나가스ㅣ란 큰 못시 잇스며 <사필 1889-헐버트 132>

【임마누엘】 명 ((인명)) ((기독)) 임마누엘(Immanuel). 이사야에 의하여 예언된 메시아의 이름. '하나님이 우리와 함께 계시다'는 뜻으로, 구약 성서에 예언된 내림(來臨)할 사람의 이름. (외래어).¶ 임마누엘 날 것은 예언ᄒᆞᆫ 배라 <예수교회보 1912.12.24> 만단으로 구홀 제 하ᄂᆞ님의 지시 밧고 갈닐니 나사렛에 완연 거싱ᄒᆞ게 되야 부친의 업을 니어 류인간에 동거ᄒᆞ며 비샹 간고ᄒᆞᄂᆞᆫ 모양 임마누엘 뉘 알소냐 <연경-셩탄가 7> ⇒ 임만율

【임만율】 명 ((인명)) ((기독)) 임마누엘(Immanuel). '하나님이 우리와 함께 계시다'는 뜻으로, 구약 성서에 예언된 내림(來臨)할 사람의 이름. (외래어).¶ 십물과 ᄀᆞᆺ흔 보혈은 임만율 피로다 <찬숑가> ⇒ 임마누엘

【잉그란드】 명 ((지리)) 잉글랜드(England). 영국 그레이트브리튼 섬의 중남부를 차지하는 지방, 런던을 비롯한 대도시와 공업 지대가 집중되어 있으며, 산업혁명이 처음 일어난 곳으로 유명하다. (외래어).¶ 잉그란드 (英吉利) <태서신사> ⇒ 잉글넌드, 잉글런드 ☞ 영길리, 영길니, 영길리

【잉글넌드】 명 ((지리)) 잉글랜드(England). 영국 그레이트브리튼 섬의 중남부를 차지하는 지방, 런던을 비롯한 대도시와 공업 지대가 집중되어 있으며, 산업혁명이 처음 일어난 곳으로 유명하다. (외래어).¶ 잉글넌드 (英國) <세계전도1900> ⇒ 잉그란드, 잉글런드 ☞ 영길리, 영길니, 영길리

【잉글런드】 명 ((지리)) 잉글랜드(England). 영국 그레이트브리튼 섬의 중남부를 차지하는 지방, 런던을 비롯한 대도시와 공업 지대가 집중되어 있으며, 산업혁명이 처음 일어난 곳으로 유명하다. (외래어).¶ 잉글런드 (英吉利) <명물-육당 12b> ⇒ 잉그란드, 잉글넌드 ☞ 영길리, 영길니, 영길리

【잉크】 명 ((기물)) 잉크(ink). 글씨를 쓰거나 인쇄하는 데 쓰는, 빛깔 있는 액체. (외래어).¶ 잉크병 (墨水瓶) <자통-문방 428> 난ᄃᆡ업ᄂᆞᆫ 붉은 잉크로 쓴 편지 두 장이 붓터거늘 밧비 ᄯᅦ여 ᄒᆞᆫ 장은 상순을 주고 ᄯᅩ ᄒᆞᆫ 장은 자긔가 본다 <명월정 122> 빅로지 슈십 쟝에 국문 광고를 쓰고 붉은 잉크로 눈에 얼픗 ᄯᅳ이도록 동고람이를 만히 쳐셔 사롬을 엇어 품삭을 후리 쥬어가며 <황금탑 22> 편지지 ᄒᆞᆫ 권 오 젼 봉토지 오 젼 창우 모 이십 젼 이공탄 ᄇᆞᆫᄇᆞᆫ 돈 오 원 중족 편 중족 예순 단 오 원 중족 중족 ᄒᆞᆫ 추 더금 진셥씨가 지불 육 원 이십 젼 정육 두 근 일 원 잉크 ᄒᆞᆫ 병 십 젼 두부 두 모 십 젼 마고 두 갑 십이 젼 <가용-한고 1936.11.30>

【잉크-병】 명 ((기물)) 잉크병(ink 瓶). (외래어).¶ 잉크병 (墨水瓶) <자통-문방 428> 악ᄶᅡ 잉크병을 ᄶᅡ를 ᄯᅢ에 더러운 것이오 잉크ᄂᆞᆫ ᄲᅡ라도 지지 안소구려 <일선 267>

【ᄋᆞ롱킈】 명 ((인류)) 오랑캐. 중국에서, 주변에 살던 이민족을 낮잡아 이르는 말. 중세몽고어 '오랑캐(兀良哈, Uriangqai)'의 차용어. 본래 '오랑캐[兀良哈]'란 지명에서 유래한 것으로 이것이 차츰 호이(胡夷)의 통칭으로 쓰이게 되었다.¶ ᄋᆞ롱킈 이 (夷) <음첩b 31b> ⇒ 오랑개, 오랑기, 오랑ᄭᅵ, 오랑캐, 오랑케, 오랑킈, 오랑킈, 오랑캐, 오랑ᄏᆞ, 오리캐, 올낭캐, 올냥캐, 올랑킈, 올앙킈

【ᄋᆞ픠】 명 ((인류)) 아파(牙婆). 거간하는 여자. 'ᄋᆞ프(牙婆)'는 중국어 간접 차용어. ᄋᆞ프(牙婆)+-ㅣ(주격 조사 ▷명사 파생 접미사).¶ 牙子 ‖ 다시 한 낫 시녀를 ᄉᆞᄌᆞᄒᆞ더 져 ᄋᆞ픠의 집의셔 오ᄂᆞᆫ 거시 간졍ᄒᆞᆫ 쥴도 모르고 ᄯᅩ 무숨 변이 이슬ᄂᆞᆫ지 렴려되고 (心裏再要買一個, 又怕那些人牙子出來的不乾不淨, 也不知道毛病兒.) <홍루 46:22>

【ᄋᆡ급】 명 ((지리)) 애급(埃及). 이집트(Egypt). 'ᄋᆡ급(埃及, Āijí)'는 중국어 간접 차용어.¶ ᄋᆡ급 ǀ 에집도 <법한 491> 하ᄂᆞ님이 회률의 ᄒᆞ고져 ᄒᆞᄂᆞᆫ 일을 알으시고 약슬이 잘 ᄯᅢ에 텬ᄉᆞ롤 보내여 현몽ᄒᆞ여 닐ᄋᆞᄃᆡ 니러나 ᄋᆞ희와 ᄋᆞ희의 어마니롤 다리고 ᄋᆡ급으로 도망ᄒᆞ여 가라 <훈아 14a> 국가 홍망 꿈 ᄀᆞᆺ흐니 ᄋᆡ급 파란 가련ᄒᆞ다 일편강토 다 풀어도 외채 보상홀 슈 업네 <대매-구곡화답 1908.2.7> ⇒ 애굽, 애굽국 ☞ 에집도, 이즙국, 이즙드, 이집트

【ᄋᆡ뎐】 명 ((기독)) 에덴(Eden). 구약 성경 창세기에 나오는 지상 낙원. 인류의 시조인 아담과 하와가 하나님의 명령을 거역하여 추방당하기 전까지 살았던 곳이다. (외래어).¶ 동산 일홈은 ᄋᆡ뎐이니라 하ᄂᆞ님이 모든 식와 즘승을 분부ᄒᆞ샤 아당 잇ᄂᆞᆫ 곳으로 모도오게 ᄒᆞ시고 아당ᄃᆞ려 닐ᄋᆞ샤ᄃᆡ <훈아 9a>

【ᄋᆡ들네드】 명 ((지리)) 애들레이드(Adelaide). 오스트레일리아의 항구 도시. 사우스오스트레일리아주의 주도. 지중해성 기후로 경치가 아름다우며, 자동차·기계·화학 따위의 공업이 발달하였다. 사우스오스트레일리아주의 주도(州都). (외래어).¶ 남편에 아여와 더렌스ㅣ란 못시 잇고 멜번과 ᄋᆡ들네드ㅣ란 포구가 잇고 릐스벤과 루기슬과 싯네란 포구가 잇고 셔편에 버드ㅣ란 포구가 잇고 <사필1889-헐버트 154>

【ᄋᆡ렌스】 명 ((지리)) 아테네(Athina). 그리스 중부 아티카 지방에 있는 도시. 고대 그리스 유적이 남아 있는 관광 문화 도시로, 아크로폴리스 언덕이 유명하다. 그리스의 수도. (외래어).¶ 디형을 의론컨대 ᄉᆞ면에 산이 만코 ᄯᅩ 륙디ᄉᆡ 부리가 디즁히로 드러가ᄂᆞᆫ 거시 만하 톱ᄉᆡ니 ᄀᆞᆺ치 어긋어긋ᄒᆞ고 동편에 커린트와 이자이나와 ᄋᆡ렌스ㅣ란 포구가 잇고 ᄯᅩ 유비아ㅣ란 큰 셤과 식라

되스ㅣ란 삼십여 셤이 잇고 또 릐판트ㅣ란 포구가 잇스며 <사필1889-헐버트 66>

【ᄋᆡ이란】 명 ((지리)) 애이란(愛爾蘭). 아일랜드(Ireland). (중국어 간접 차용어).¶ ᄋᆡ이란 <법한 798>

【ᄋᆡ즉기】 명 ((기물)) 짐승의 털로 만든 자리나 깔개. 눕거나 앉을 곳에 까는 물건. 나이 들어 벼슬에서 물러나는 대신에게 임금이 내려 주던 것. 'ᄋᆡ즉기(adasqa)'는 중세몽고어 차용어.¶ 胎毒 ‖ 가장 싄 초회 ᄋᆡ즉기을 마히 짜 줄 믈긔여 한 소솜 믈거든 짓트로 ᄌᆞ조 塗之吉 <국한약방문-한고> ⇒ 아다개, 아답개, 아닷개, 아잣깨

【인네】 명 ((인명)) 앤(Anne). 영국 여왕 제임스 2세의 딸로 스튜어트조(朝) 최후의 왕이다. (외래어).¶ 인네 (오스크리아) (阿尼 Anne (Austria)) <만국통감1912, 4, 14> 십삼 루이가 죽고 그 아돌 십ᄉᆞ 루이가 위를 니으니 나히 어리매 태후 인네가 졍ᄉᆞ를 듯눈디 <만국통감1912 4, 62>

【인네블인】 명 ((인명)) 안네블린 (Anne Boleyn). (외래어).¶ 인네블인 (阿尼波林 Anne Boleyn) <만국통감1912, 4, 14>

【인쌘슈】 명 ((복식)) 미상. (외래어).¶ 보릐 구릐루 겹져구리 ᄎᆞ 일 도릐쇡 인쌘슈 겹져구리 ᄎᆞ 빅쇡 싱고ᄉᆞ 쐬긔 져구리 일 옥양목 겹져구리 ᄎᆞ 일 진보릐 싱고ᄉᆞ 젹숨 ᄎᆞ 일 모슈 지쇡 젹숨 ᄎᆞ 니 옥양목 젹숨 일 <물목-경고-5 1941 장농>

【인젤노】 명 ((인명)) 안젤로 (Angelo). (외래어).¶ 인젤노 (마이클) (安及漏 Angelo (Michael)) <만국통감1912, 4, 14>

【인트웝】 명 ((지리)) 앤트워프(Antwerp). 상업과 무역의 중심지로 유럽 4대 무역항의 하나임. 제1차 세계대전 때는 독일군의 침략을 받았음.¶ 인트웝의 함락홈과 쳥도 포디 졈령된 바 <신민 1915.2.4>

【일넥씨쓰】 명 ((인명)) 알렉시스 (Alexis). (외래어).¶ 일넥씨쓰 (阿利夕悟 Alexis) <만국통감1912, 4, 14>

【입더릭스】 명 ((조류)) 미상. (외래어).¶ 즘승은 양이 텬하에 뎨일 만코 됴흔 몰과 쇼와 도야지와 깅그루와 [깅그루 모양은 쥐와 ᄀᆞᆺ고 크기는 개와 ᄀᆞᆺ고 압ㅅ다리는 쟈르고 뒤ㅅ다리는 길어 것지 못ᄒᆞ고 뛰며 가슴에 큰 주머니가 잇서 다라날 때면 ᄉᆞᆺ기를 담아 가지고 뛰ᄂᆞ니라] 떡빌과 [수달피 모양이오 입은 오리 ᄀᆞᆺᄒᆞ니라] 입더릭스와 [놀개 업는 새니라] 라야와 [봉황인 ᄃᆞᆺᄒᆞ다] 개스웨리며 [오스드리취와 모양이 ᄀᆞᆺ고 털은 길즘승과 ᄀᆞᆺᄒᆞ니라] 이 몃 즘승은 온 텬하에 이 짜헤만 잇ᄂᆞ니라 <사필1889-헐버트 155>

【빼니쓰-포】 명 ((지리)) 베니스포(Venice浦). '베네치아'의 영어명. 이탈리아 북부 아드리아해 북쪽 해안에 있는 항구 도시. (외래어).¶ ※ 데임쓰江에 夕照도 바랄 것이오 빼니쓰浦에 朝暾도 볼 것이오 <소년1908.11.1 73>

【뽀이】 명 ((인류)) 보이(boy). 어린아이. (외래어).¶ 뽀이 (小兒) <영어일상통화단어초집 우산>

【쀨딍】 명 ((건축)) 빌딩(building). (외래어).¶ 쀨딍 (建物) <영어일상통화단어초집 우산>

【짜쟝멘】 명 ((음식)) 자장면(炸醬麵, zájiàngmiàn). 중국 요리의 하나. 고기와 채소를 넣어 볶은 중국 된장에 국수를 비벼 먹는다. (중국어 직접 차용어).¶ 炸醬麵 ‖ 오 그들은 쌰우랑짱피에 그들더러 먼저 술을 먹고 짜쟝멘을 먹으라면 되겠다 ("哦, 給他們一個炒肉兩張皮, 叫他們先喝酒, 吃炸醬麵就得了.") <자통-반장 303> ⇒ 자작면, 자장면, 자쟝면

【빠우스트】 명 ((문학)) «파우스트(Faust)». 독일의 작가 괴테가 지은 희곡. 학문과 지식에 절망한 노학자 파우스트가 악마 메피스토펠레스의 꾐에 빠져 현세적 욕망과 쾌락에 사로잡히지만 마침내 잘못을 깨달아 영혼의 구원을 받는다는 내용이다.(외래어).¶ 「빠우스트」의 글句가 <염상섭, 제야(제2회)1922 57>

【뿌란스】 명 ((지리)) 프랑스(France). 유럽 서부에 있는 공화국. (외래어).¶ 뿌란스 (法蘭西) <태서신사> ⇒ 뿌린스, 쁘란스, 쁘랑쓰, 프란스, 흐란스 ☞ 법국, 법난셔, 법란셔, 불난셔, 불란셔, 블란시

【뿌린스】 명 ((지리)) 프랑스(France). 유럽 서부에 있는 공화국. (외래어).¶ 法蘭西, 法, 一作"佛", 뿌린스 <명물-육당 13a> ⇒ 뿌란스, 쁘란스, 쁘랑쓰, 프란스, 흐란스 ☞ 법국, 법난셔, 법란셔, 불난셔, 불란셔, 블란시

【쁘란스】 명 ((지리)) 프랑스(France). 유럽 서부에 있는 공화국. (외래어).¶밤비는 뱀눈처럼 가는데 /페이브멘트에 흐늙이는 불빛 /카뻬·쁘란스에 가쟈 <정지용, 카뻬·쁘란스> ⇒ 뿌란스, 뿌린스, 쁘랑쓰, 프란스, 흐란스 ☞ 법국, 법난셔, 법란셔, 불난셔, 불란셔, 블란시

【쁘랑쓰】 명 ((지리)) 프랑스(France). 유럽 서부에 있는 공화국. (외래어).¶ 이 外에 쩌잇튀 갓흔 나라들은 다 自己나라에서 쓰고도 남어 남의 나라에까디 輸出하고 이달늬 쁘랑쓰 러시아 갓흔 나라는 뎌의 나라에서 나난 것만 가디고는 不足하야 하난 수 업난 고로 남의 나라ㅅ것을 輸入하야 쓰오 <소년1908.11.1 50> 이 아래 그림은 쁘랑쓰(俗에 이른바 法國)란 나라의 外圍線이라 <소년1908.11.1 66> ⇒ 뿌란스, 뿌린스, 쁘란스, 프란스, 흐란스 ☞ 법국, 법난셔, 법란셔, 불난셔, 불란셔, 블란시

【쁘우트】 명의 ((도량)) 피트(feet). 야드파운드법에 의한 길이의 단위. 1피트는 1야드의 3분의 1. 약 30.48cm에 해당한다. (외래어).¶ 英尺은 「쁘우트」라 하나니 우리나라 新準尺으로 한댜 남덧하고 英寸은 「인티」라 하나니 우리 八分 남덧하니라 <소년1908.11.1 62> ⇒ 삐우트

【삐이트】 명의 ((도량)) 피트(feet). 야드파운드법에 의한 길이의 단위. 1피트는 1야드의 3분의 1. 약 30.48cm에 해당한다. (외래어).¶ 海拔 五千 삐이트 卷雲層 우에 / 그싯는 성냥불! <정지용, 비로봉> ⇒ 쁘우트

【ㅈ】

【자디】 명 ((색채)) 자지(紫的). 자줏빛. '지(的, de> di)'는 중국어 직접 차용어.¶ 자디 | 자듀 <노한 679> ⇒ 자지, ᄌᆞ디, ᄌᆞ지 ☞ 자지빗, 자지빗ㅊ, 자지빛, 자지ㅅ빗, 자짓빗, ᄌᆞ디빗, ᄌᆞ디빛, ᄌᆞ지빗, ᄌᆞ지빗ㅊ

【자바】 명 ((지리)) 자바(Java)섬. 인도네시아 서부, 대순다 열도의 동남부에 있는 섬. 화산대가 중앙부에 뻗은, 동서로 길쭉한 섬으로, 자바 해와 인도양의 경계를 이룬다. (외래어).¶ 슈마드라 셤 동남에 자바ㅣ란 셤이 잇서 폭원이 남위션 여ᄉᆞᆺ 드그리브터 여ᄃᆞᆲ 드그리ᄭᆞ지니 남북이 ᄉᆞ빅 리요 동셔가 이쳔 리요 <사필1889-헐버트 157>

【자작-면】 명 ((음식)) 자장면(炸醬麵, zájiàngmiàn). 중국 요리의 하나. 고기와 채소를 넣어 볶은 중국 된장에 국수를 비벼 먹는다. '자(炸, zhá)'는 중국어 직접 차용어.¶ 쌀닉비누 ᄒᆞᆫ 기 십 젼 술국 오 젼 자작면 두 그룻 ᄉᆞ십 젼 마고 ᄒᆞᆫ 갑 육 젼 <가용-한고 1937.1.8> ⇒ 짜짱멘, 자장면, 자쟝면

【자장-면】 명 ((음식)) 자장면(炸醬麵, zájiàngmiàn). 중국 요리의 하나. 고기와 채소를 넣어 볶은 중국 된장에 국수를 비벼 먹는다. '자(炸, zhá, 작)'는 중국어 직접 차용어.¶ 炸醬麵 ‖ 나는 자장면을 좋아하오 (我愛吃炸醬麵.) <자통-반관 298> ⇒ 짜짱멘, 자작면, 자쟝면

【자쟝-면】 명 ((음식)) 자장면(炸醬麵, zájiàngmiàn). 중국 요리의 하나. 고기와 채소를 넣어 볶은 중국 된장에 국수를 비벼 먹는다. '자쟝(炸醬, zhájiàng, 작장)'은 중국어 직접 차용어.¶ 煮醬麵 ‖ 나는 자쟝면을 잘 먹쇼 (我愛吃煮醬麵.) <중통-요리점 73> ⇒ 짜쟝멘, 자작면, 자장면

【자지】 명 ((색채)) 자지(紫的 /紫芝). 자줏빛. '지(的, de> di)'는 중국어 직접 차용어.¶ 자지 (眞紫) <방석-포백 2:27a> 紫 ‖ 너시를 명ᄒᆞ사 자지 뎐요를 정자 겻헤 펴고 리빅을 붓드러 하마ᄒᆞ야 누이라 ᄒᆞ시고 (命內侍鋪紫氍毹于亭側, 扶白下馬, 少臥.) <리티빅-세창 44> 쳔은수복 오동 셜압 자지 녹피끈을 다라 방자놈을 차인 후의 <춘향-동양 1:11b> 쥬황 당ᄉᆞ 벌미듭을 보기 조케 꿰여ᄎᆞ고 자지 갑ᄉᆞ 너분 띄롤 셰류츈풍 빗기 띄고 <춘향-동양 1:12a> 자지 슈하단 결고통져고리 톳면쥬바지 삼승으로 물겹옷 지어 압자락을 졔쳐 뒤흐로 믹고 <춘향-동양 4:4b> 옥쳔집 ᄌᆞ녀 셰시 써도 옷가지 아니ᄒᆞ여 줄 길 업ᄉᆞ오니 당목 이십 척 홍당목 칠 척 초록 칠 척 자지 칠 척 송화ᄉᆡᆨ 칠 척은 년들 당긔가음 너일 지푸너 장의 ᄉᆞ 보내시옵 <송병필가-90 19c후반 전주이씨 ↓송병필(남편)> 상의 초록셱 고롱 양단 처마 저고리 차 일 비류록 도지셱 처마 저고리 차 일 자지 비로도 춘츄 치마 저고리 차 일 힌셱 송처마 차 일 분홍셱 양단 바지 차 일 이불 초록셱 ᄉᆡᆨ동 요더 차 일 <물목-의암 1916/76 상의> 희ᄉᆡᆨ 방쵸 壹疋 四百八十兩 자지 묘본단 壹疋 七十五兩 모쵸 一尺 二十五分 三十八兩二錢五分 ᄋᆡ혜 二部 十六兩 여혜 四部 五十六兩 쌍국화잠 壹件 二十五兩 셕유잠 壹件 七十三兩 <장기-한고 복식> ⇒ 자디, ᄌᆞ디, ᄌᆞ지 ☞ 자지빗, 자지빗ㅊ, 자지빛, 자지ㅅ빗, 자짓빗, ᄌᆞ디빗, ᄌᆞ디빛, ᄌᆞ지빗, ᄌᆞ지빗ㅊ

【자지-고름】 명 ((복식)) 자지고름(紫的-). 자주빛 고름. '지(的, de> di)'는 중국어 직접 차용어.¶ 쇠주퍼적삼 항라적삼의 자지고름이 기드렁한 적삼에 /한끝나게 상나들이옷을 있는 대로 다 내입고 <백석, 칠월 백중>

【자지-관복】 명 ((복식)) 자지관복(紫的官服).¶ 紫衣 ‖ 리빅이 자지관복에 사모 쓰고 금띄 ᄯᅴᆫ고 엄연이 계상에 셧스니 표연이 신션이 구름에 솟는 티도가 잇더라 (李白紫衣紗帽, 飄飄然有神仙凌雲之態.) <리티빅-세창 27>

【자지-군복】 명 ((복식)) 자지군복(紫的軍服). 자주색 군복.¶ 건장ᄒᆞᆫ 무예청은 ᄌᆞ지군복 남젼디의 십팔기에 쥬장ᄒᆞ니 긔상이 효용ᄒᆞ다 <한양가-고려 1844>

【자지-빗】 명 ((색채)) 자주빛[紫的-]. '지(的, de> di)'는 중국어 직접 차용어.¶ 深紫 ‖ 궁즁에 네 밋둥을 심어 네 가지 곳치 피니 빗치 각ᄀᆞᆨ 다르더라 그 빗친 진홍빗 자지빗 분홍빗 셜빅빗치러라 (宮中種得四本, 開出四樣顏色, 那四樣: 大紅、深紫、淺紅、通白.) <리티빅-세창 41> ⇒ 자지빗ㅊ, 자지빛, 자지ㅅ빗, 자짓빗, ᄌᆞ디빗, ᄌᆞ디빛, ᄌᆞ지빗, ᄌᆞ지빗ㅊ ☞ 자디, 자지, ᄌᆞ디, ᄌᆞ지

【자지-빗ㅊ】 명 ((색채)) 자주빛[紫的-]. '지(的, de> di)'는 중국어 직접 차용어.¶ 이때에 역질이 너모 븕어 자지빗ㅊ 갓갑거든 열이니 사물탕 쓰라 <잡병초-한고 역질 9b> ⇒ 자지빗, 자지빛, 자지ㅅ빗, 자짓빗, ᄌᆞ디빗, ᄌᆞ디빛, ᄌᆞ지빗, ᄌᆞ지빗ㅊ ☞ 자디, 자지, ᄌᆞ디, ᄌᆞ지

【자지-빛】 명 ((색채)) 자주빛[紫的-]. '지(的, de> di)'는 중국어 직접 차용어.¶ 帛青赤色, 자지빛 (紫) <신자 3:31b> ⇒ 자지빗, 자지빗ㅊ, 자지ㅅ빗, 자짓빗, ᄌᆞ디빗, ᄌᆞ디빛, ᄌᆞ지빗, ᄌᆞ지빗ㅊ ☞ 자디, 자지, ᄌᆞ디, ᄌᆞ지

【자지ㅅ빗】 명 ((색채)) 자주빛[紫的-]. '지(的, de> di)'는 중국어 직접 차용어.¶ 紫 ‖ 졍히 비를 갓가이 디이고 차자보랴 ᄒᆞ더니 그 비를 최셕강 언덕에 디이고 비안으로셔 ᄒᆞᆫ 사ᄅᆞᆷ이 나오니 자지ㅅ빗 옷슬 입고 사모 쓰고 금띄를 둘넛스니 표연이 신션 갓더라 (正欲傍舟相訪, 那船泊于采石之下. 舟中人紫衣紗帽, 飄然若仙.) <리티빅-세창 72> ⇒ 자지빗, 자지빗ㅊ, 자지빛, 자지ㅅ빗, 자짓빗, ᄌᆞ디빗, ᄌᆞ디빛, ᄌᆞ지빗, ᄌᆞ지빗ㅊ ☞ 자디, 자지, ᄌᆞ디, ᄌᆞ지

【자지-ᄉᆡᆨ】 명 ((색채)) 자지색(紫的色). 자주빛. '지(的, de> di)'는 중국어 직접 차용어.¶ 자지ᄉᆡᆨ ‖ 치마 ᄎᆞ 일 모슈 치마 ᄎᆞ 일 ᄇᆡᆨᄉᆡᆨ 관ᄉᆞ 치마 ᄎᆞ 일 옥ᄉᆡᆨ 명쥬 치마 ᄎᆞ 일 … 자지ᄉᆡᆨ 명쥬 호쟝 샹의 호쟝 양식목 한 ᄉᆞᆺ 본식목 두 ᄉᆞᆺ 즁목 한 ᄉᆞᆺ <물목-경고-2 쟝농> 자지ᄉᆡᆨ ‖ 먼쥬 샹의 일건 은홍ᄉᆡᆨ 먼쥬 샹의 일건 은홍ᄉᆡᆨ 먼쥬 하의 일건 은ᄉᆡᆨ 무문 벨슉슈 하의 일건 회ᄉᆡᆨ 녕직 하의 일건 흑ᄉᆡᆨ 청목 하의 일건 <성산이씨 물목-집문 1927> ☞ 자디, 자지, ᄌᆞ디, ᄌᆞ지

【자지-ᄭᅩᆯ뚝이】 명 ((어패)) 자주색 꼴뚜기.¶

【자지ᄭᅩᆯ뚝이를 진장 발나 구은 듯ᄒᆞ다】 속 자주꼴뚜기를 진장 발라 구운 듯하다. 피부가 검은 사람을 놀림조로 이르는 말.¶ 자지ᄭᅩᆯ뚝이를 진장 발나 구은 듯ᄒᆞ다 (紫芝骨獨魚를 陳醬을 塗炙하엿나) 意義가 上同[오동수ᄭᅡ락에 가물치국을 먹엇나]이라 <조속1922 254>

【자지-옷】 명 ((복식)) 자지옷(紫的-). 자주색 옷. '지(的, di)'는 중국어 직접 차용어.¶ 紫袍 ‖ 홀연 ᄒᆞᆫ 낫 너시가 금슈교를 ᄇᆞᆲ고 지너여 가ᄂᆞᆫ듸 몸의 자지옷을 입엇스며 발에 거문신을 신엇스되 ᄒᆞᆫ 쌍 눈셥과 눈이 랑랑ᄒᆞᆫ지라 (有一個公公的打扮, 踏過金水橋, 身穿紫袍, 脚着烏靴, 一雙眉目, 朗朗淸光.) <염라 7:57> 졂은 ᄣᅢ는 자지옷을 닙고 늙어서는 눌은옷을 닙는 것이 무엇이냐 | 가지 <조미 163>

【자짓-빗】 명 ((색채)) 자지빛(紫的-). 짙은 남빛에 붉은 빛을 띤 빛. '지(的, di)'는 중국어 직접 차용어.¶ 벍엉이 퍼렁이 노랑이와 자짓빗 <학지 1917.11.20> ⇒ 자지빗, 자지빗ㅊ, 자지빛, 자지ㅅ빗, ᄌᆞ디빗, ᄌᆞ디빛, ᄌᆞ지빗, ᄌᆞ지빗ㅊ ☞ 자디, 자지, ᄌᆞ디, ᄌᆞ지

【잔지】 명 찬지(儹指) 손가락 사이에 막대를 끼어넣고 비트는 형벌. '잔(儹, zǎn)'은 중국어 직접 차용어.¶ 儹指 ‖ 너회 둘히 다 알롸 말라 네 보라 내 이 ᄇᆞᆯ기 막대롤 견듸며 내 이 손ᄭᅡ락이 잔지롤 견될 ᄶᅥ시니 뎌롤 접허 아니ᄒᆞᄂᆞ니 내 뎌롤 견듬을 기ᄃᆞ리라 (你兩箇都莫認, 你看我這臂腿抵得棍, 我這手指抵得儹, 不怕他, 等我抵他.) <오전 1:53a>

【잔지-ᄒᆞ-】 동 찬지(儹指) 손가락 사이에 막대를 끼어넣고 비틀다. '잔(儹, zǎn)'는 중국어 직접 차용어.¶ 儹 ‖ 사ᄅᆞᆷ을 티며 사ᄅᆞᆷ을 ᄭᅮ지즈며 사ᄅᆞᆷ을 잔지ᄒᆞ며[잔지ᄒᆞ다, «譯語類解»: 손ᄭᅡ락 ᄶᅧ 미ᄂᆞᆫ 것曰儹指; 쥬뢰 트는 나모 曰夾棍.«吏文輯覽»: 將五條細木挾於手指、足指之間, 以繩緊約其指若碎, 問囚之具也.] 사ᄅᆞᆷ을 갸곤ᄒᆞ여 錢鈔롤 取覓ᄒᆞᄂᆞ니 이 官人이 사ᄅᆞᆷ의 告狀을 밧고 져기 禮物을 보내여도 즐겨 밧디 아니ᄒᆞ니 엇디 이 好官이 아니리오 쌜리 踈放ᄒᆞ라 (打人、罵人、儹人、夾人, 取覓錢鈔, 這箇官人受人告狀, 送些禮物也不肯受, 豈不是好官? 快踈放了.) <오전 1:42a>

【잘쓰던】 명 ((지리)) 찰스턴(Charleston). 미국 동부에 있는 공업 도시. (외래어).¶ ᄯᅩ 동편에 봇란트와 부스든과 브라비덴스와 누역과 필네델피아와 너퍽과 잘쓰던과 사반나와 남편에 모빌과 누얼릔스와 깔비스던과 셔편에 산씌에고와 산브란시스고와 시아들이란 포구가 잇스며 <사필1889-헐버트 106>

【잡물화-푸리】 명 ((상업)) 잡물화포리(雜物貨鋪裏). 잡다한 일용품을 파는 상점. 잡화점(雜貨店). '포리(鋪裏, pùli)'는 중국어 직접 차용어.¶ 雜貨鋪 ‖ 쥬노인 싱시ᄂᆞᆫ 문젼의 일기 잡믈화푸리롤 버렷더니 쥬노인이 죽은 후 붓허 푸리롤 것고 (周老人在日, 門前開箇小雜貨鋪, 自周老人死後, 鋪面也收了.) <설월 9:57> ☞ 잡화

【잡황호-젼】 명 ((상업)) 잡행화전(雜行貨廛). 잡다한 일용품을 파는 상점. 잡화점(雜貨店). '황호(行貨 hánghuò)'는 중국어 직접 차용어.¶ 雜貨鋪兒 ‖ 북녁 골거리 향ᄒᆞ야 잡황호젼 나ᄂᆞᆫ 더 곳 긔라 (北巷裏向街開雜貨鋪兒便是.) <노언 상:44a> 그 잡황호젼이 네하가 (那雜貨鋪兒是你的那?) <노언 상:44a>

【잣짓-빗】 명 ((색채)) 자지색(紫的色). 자줏빛. '지(的> di)'는 중국어 직접 차용어.¶ 람ᄉᆡᆨ 볍단 – ᄇᆡᆨ 볍단 – 노인ᄉᆡᆨ 볍단 – 노란빗 – 잣짓빗 – 인쥬 푸린 볍단 – 분홍 볍단 – 초녹 명쥬 – 곳분홍 명쥬 – ᄇᆡᆨ면쥬 十一尺 <물목-대구 上衣 09:06:24> ⇒ 자듀, 자디, 자지, ᄌᆞ덕, ᄌᆞ디, 紫디, ᄌᆞ딛, ᄌᆞ주, ᄌᆞ쥬, ᄌᆞ지 ☞ 자ᄉᆡᆨ, 자쥬, 자쥬ᄉᆡᆨ, 자지ᄉᆡᆨ

【잣카리야스】 명 ((인명)) 자카리아스 얀센(Zacharias Jansen). 네덜란드의 안경 제작자(1580~1638). 1590년 두개의 렌즈를 튜브에 장착하면서 첫 현미경을 제작했다. (외래어).¶ 顯微鏡 잣카리야스氏 죠ㅣ니데스氏 <백과신-송1926 492>

【장괴】 명 ((인류)) 장궤(掌櫃). 가게 주인. (중국어 간접 차용어).¶ 掌櫃 ‖ 장괴가 엇딕 잇나뇨 (掌櫃何在.) <신광 14:15b> ⇒ 장괴지, 장귀디, 장귀지, 장궤디, 장궤지, 장귀디, 장귀지, 쟝괘지, 쟝괴지, 쟝귀디, 쟝궤지, 쟝귀지 ☞ 댱궤쟈

【장괴지】 명 ((인류)) 장궤지(掌櫃的). 가게 주인. '지(的, de> di)'는 중국어 직접 차용어.¶ 掌櫃的 ‖ 귀관에 장괴지가 웃더ᄒᆞᆫ ᄉᆞᄅᆞᆷ이뇨 (貴館掌櫃的是誰人?) <신광 16:13b> ⇒ 장괴, 장귀디, 장귀지, 장궤디, 장궤지, 장귀디, 장귀지, 쟝괘지, 쟝괴지, 쟝귀디, 쟝궤지, 쟝귀지 ☞ 댱궤쟈

【장귀디】 명 ((인류)) 장궤지(掌櫃的). 주인장. 가게 주인. '지(的, de> di)'는 중국어 직접 차용어.¶ 掌櫃的 ‖ 뎐팡 장귀디가 쳑이 어림을 보고 제디로 마음 초급ᄒᆞ여 이편이 힘을 다ᄒᆞ여 져를 호동케 ᄒᆞ여도 더욱 동졍이 업더라 <중화-한고 13b> 조반 썩 써 후의 장귀디가 져의 낭가을 청ᄒᆞ여 져의로 ᄒᆞ여금 맛 흥졍을 결단ᄒᆞ니 (赶早飯以後, 掌櫃的請他們兩家, 敎他們對着講価錢.) <중화-한고 17a> 너의 여긔 장ᄉᆞᄒᆞᄂᆞᆫ 이들이 너처럼 장귀디 되여 편안ᄒᆞ라 편안치 못ᄒᆞ랴 (你們這裡作生意家, 像你呢當掌櫃的, 舒服不舒服?) <중화-한고 29b> ⇒ 장괴, 장괴지, 장귀지, 장궤디, 장궤지, 장귀디, 장귀지, 쟝괘지, 쟝괴지, 쟝귀디, 쟝궤지, 쟝귀지 ☞ 댱궤쟈

【장궈지】 명 ((인류)) 장궤지(掌櫃的). 주인장. 가게 주인. '지(的, de> di)'는 중국어 직접 차용어.¶ 장궈지, 對相人稱. (掌櫃的) <한화-단어 29> ▼掌櫃的 ‖ 한편으로 이거슬 변통ᄒᆞ며 ᄒᆞᆫ편으로 져거슬 변통ᄒᆞ니 장궈지를 각간기ᄉᆞᄒᆞ여 주니 ᄯᅩ 무어슬 나무라ᄒᆞ야 (一頭擺這个的, 一頭擺那个的, 給掌櫃的各幹其事, 那个倒舒服不舒服?) <중화-한고 30a> ⇒ 장괴, 장괴지, 장궈디, 장궤디, 장궤지, 장귀디, 장귀지, 쟝괘지, 쟝괴지, 쟝궈디, 쟝궤지, 쟝귀지 ☞ 당궤쟈

【장궤디】 명 ((인류)) 장궤지(掌櫃的). 주인장. 가게 주인. '-지(的, de> di)'는 중국어 직접 차용어.¶ 掌櫃的 ‖ 멧칠을 이앗친 후의 킥상들이 장궤디을 불너 말ᄒᆞ기를 (惱幾天以後, 客商們招掌櫃的說是:) <중화-한고 14b> ⇒ 장괴, 장괴지, 장궈디, 장궈지, 장궤지, 장귀디, 장귀지, 쟝괘지, 쟝괴지, 쟝궈디, 쟝궤지, 쟝귀지 ☞ 당궤쟈

【장궤지】 명 ((인류)) 장궤지(掌櫃的). 주인장. 가게 주인. '-지(的, de> di)'는 중국어 직접 차용어.¶ 掌櫃(的) ‖ 이제 일뎜 힘을 허비치 아니ᄒᆞ고 이십만 냥 은ᄌᆞ롤 어더 당푸리롤 여럿시믹 내가 곳 큰 쟝궤지가 되엿고 (如今不費一點子力, 領了二十萬銀子開了當鋪, 我便是個大掌櫃.) <홍보 15:48> 그 장궤지 밧비 공슈ᄒᆞ고 문왈 존긱이 소뎜에 무엇슬 ᄉᆞ시랴 ᄒᆞ시ᄂᆞᆫ가 (那掌櫃忙拱手, 問道: '老爺下顧小店麽?') <녹모 2:118> 장궤지아 모다 무슨 믈건을 파ᄂᆞ뇨 (掌櫃的, 賣的都是什麽東西?) <천리 2:70> ⇒ 장괴, 장괴지, 장궈디, 장궈지, 장궤디, 장귀디, 장귀지, 쟝괘지, 쟝괴지, 쟝궈디, 쟝궤지, 쟝귀지 ☞ 당궤쟈

【장귀디】 명 ((인류)) 장궤지(掌櫃的). 주인장. 가게 주인. '장귀지(櫃的, guìde> guìdi)'는 중국어 직접 차용어.¶ 掌櫃的 ‖ 장귀디한터 페시겨구나 도라와 다시 수작하쟈 우리 오날 님가의 집의셔 조반하고 넌산관의로 자러 가쟈 (暴費掌櫃的啊, 回來再打惱罷.咱們今个林家台打店, 連山關存去罷.) <기착-육당 상:50b> ⇒ 장괴, 장괴지, 장궈디, 장궈지, 장궤디, 장궤지, 장귀지, 쟝괘지, 쟝괴지, 쟝궈디, 쟝궤지, 쟝귀지 ☞ 당궤쟈

【장귀지】 명 ((인류)) 장궤지(掌櫃的). 주인장. 가게 주인. '장귀지(掌櫃的, guìde> guìdi)'는 중국어 직접 차용어.¶ 掌櫃的 ‖ 장귀지아 우리을 두 되 소두을 되여 주고 (掌櫃的, 給我們量二升小豆來.) <기착-육당 하:9a> 네 밧방의 니르러 긔 ᄎᆞ병을 가져오냐 우리 좀 마시고 가갓다 도러와 너 장귀지을 불너오나라 졈돈 물갓다 (嗳呀, 三星高月亮上來咧. 你到外屋裡那个茶壺來. 咱們哈一点走啊. 回來招你們掌櫃的來罷. 開付店錢哪.) <기착-육당 하:55b> ⇒ 장괴, 장괴지, 장궈디, 장궈지, 장궤디, 장궤지, 장귀디, 쟝괘지, 쟝괴지, 쟝궈디, 쟝궤지 ☞ 당궤쟈

【쟈근-조시】 명 ((인류)) 작은조시[-召史]. 여항(閭巷) 여자의 호칭. 호적 등의 고문서에 여자를 보통 '召史'라고 적었음. (이두어).¶ 아바님 자리롤 쟈근조시ᄃᆞ려 닐러셔 니블ᄒᆞ고 요ᄒᆞ고 자릿감토ᄒᆞ고 벼개ᄒᆞ고 ᄌᆞ셰 출화 곽상이 풍셰 긔인이 세홀 시겨 이제로 보내소 <현풍곽씨-3 /진하-10 17c전기 곽주(남편) ↓진주하씨(아내)> 문어도 ᄒᆞᆫ 가릐만 쟈근조시ᄃᆞ려 달라 ᄒᆞ여 ᄡᅳ고 면복도 두 낫만 달라 ᄒᆞ여 ᄡᅳ소 <현풍곽씨-3 /진하-10 17c전기 곽주(남편) ↓진주하씨(아내)> ☞ 조이

【쟈오】 명 ((기물)) 초(鈔). 중국 옛 지폐. '쟈오(鈔, chāo)'는 중국어 직접 차용어.¶ 鈔 ‖ 당젼 빅푼이 ᄒᆞᆫ 쟈외 되고 ᄒᆞᆫ 돈이 ᄒᆞᆫ 빅이 되니 여ᄉᆞᆺ 쟈외 졍은 ᄒᆞᆫ 냥을 당ᄒᆞ니 이 니른바 경니젼이오 (唐錢一百文爲一鈔, 十文爲一百, 六鈔當丁銀一兩, 此之謂京裏錢.) <서원-총목 77b>

【잠불-말】 명 ((동물)) 잠불말. 빰에 흰줄이 있고 눈에 누런빛을 띤 말. (몽고어 차용어).¶ 잠불말 (白臉馬) <화초-주수 26a> ⇒ 잠불ᄆᆞᆯ

【잠불-ᄆᆞᆯ】 명 ((동물)) 잠불말. 빰에 흰줄이 있고 눈이 누른빛을 띤 말. (몽고어 차용어).¶ 잠불ᄆᆞᆯ (白臉馬) <역해-주수 하:28b> 잠불ᄆᆞᆯ (線臉馬) <물명-류씨 1> 잠불ᄆᆞᆯ (線臉馬) <물명고-문통 모충 1:9a> ⇒ 잠불말

【쟝괘지】 명 ((인류)) 장궤지(掌櫃的). 궤를 맡아보는 사람이라는 뜻으로 주인장을 이르는 말. '지(的, de>di)'는 중국어 직첩 차용어.¶ 쟝괘지의 집에 가셔 두말 업시 잣바지니 <대매 1909.5.23> ⇒ 장괴, 장괴지, 장궈디, 장궈지, 장궤지, 장귀지, 쟝괘지, 쟝궈디, 쟝귀지 ☞ 당궤쟈

【쟝괴지】 명 ((인류)) 장궤지(掌櫃的). 가게 주인. 주인장. '지(的, de> di)'는 중국어 직접 차용어.¶ 管帳的 ‖ 빅우옥으로 ᄒᆞ여곰 필연을 취ᄒᆞ여 의셔의셔 녀역 피ᄒᆞᄂᆞᆫ 방문을 ᄉᆞ출ᄒᆞ여 한 텹ᄌᆞ롤 ᄲᅧ 노코 젼포 안 쟝괴지롤 젼유ᄒᆞ여 만히 약지롤 ᄉᆞ셔 합ᄒᆞ여 시쥬케 ᄒᆞ고 (于醫書上査了辟瘟方子, 寫一帖子, 諭知典鋪內管帳的人, 多買藥料合就施送.) <요화 14:54> ⇒ 장괴, 장괴지, 장궈디, 장궈지, 장궤지, 장귀지, 쟝괘지, 쟝궈디, 쟝궤지, 쟝귀지 ☞ 당궤쟈

【쟝궈디】 명 ((인류)) 장궤지(掌櫃的). 가게 주인. 주인장. '디(的, de> di)'는 중국어 직접 차용어.¶ 掌櫃的 ‖ 져이쳐른 척 말ᄒᆞ니 킥상더리 더욱 질녀[겨] 아니ᄒᆞ더라 쟝궈디가 척 져의 되지 아닐 어림을 보더니 (他這嗎一說, 客商們越不肯. 掌櫃的一看他們作不成的光景.) <중화-한고 20a> ⇒ 장괴, 장괴지, 장궈디, 장궈지, 장궤지, 장귀지, 쟝괘지, 쟝괴지, 쟝궤지, 쟝귀지 ☞ 당궤쟈

【쟝궤지】 명 ❶ ((인류)) 장궤지(掌櫃的). 가게 주인. 주인장. '지(的, de> di)'는 중국어 직접 차용어.¶ 掌櫃的 ‖ 고향을 ᄯᅥ나 경셩으로 와 일긔 향산방이라 ᄒᆞᄂᆞᆫ ᄉᆞ긔 파ᄂᆞᆫ 푸리롤 열고 ᄌᆞ긔가 쟝궤지 되엿더니 (離了家鄕, 來到京城裏開香算堂的大窯子, 自家就做了掌櫃的.) <홍부 15:90> 이ᄂᆞᆫ 우리 쟝궤지의 지극히 ᄉᆞ랑ᄒᆞᄂᆞᆫ 믈건이어놀 내 비러왓시니 만일 파상ᄒᆞ면 나의 명이 져와 ᄀᆞᆺ치 업셔지리이다 (這是我們掌櫃的至愛的物件, 我借來要是摔了, 我這命就得跟了他去.) <충소 2:36> 언파의 쟝표로 ᄒᆞ여곰 ᄯᅩ 고두케 ᄒᆞ며 집힝니롤 우리 쟝궤지롤

쥬더니 쟝원외 죽은 후의 쟝퀴 여러 번 일을 들네다가 우리 쟝궤지 나가 말니면 즉시 뎡지ᄒᆞ더니 (說畢, 叫張爺又給叩了回頭, 將拐杖給了我們掌櫃的, 員外死後, 張爺鬧了幾回事, 我們掌櫃的出去就完了.) <충소 13:32> ▼掌櫃兒 ‖ 니러틋 말ᄒᆞᆯ진ᄃᆡ 너ᄂᆞᆫ 필경 나의 일기 총찰ᄒᆞᄂᆞᆫ 쟝궤지니 가쟝 좃토다 (這麽說起來, 你竟是我的一個總掌櫃兒的了. 好的很.) <보홍 5:29> ▼櫃上 ‖ 져의 본ᄃᆡ 산동인으로셔 젼일의 밥푸리의셔 호치 되엿더니 졔 바들 쥴 알므로 인ᄒᆞ여 쟝궤지 가쟝 ᄉᆞ랑ᄒᆞ다가 쥬후 발지ᄒᆞ여 ᄉᆞᄉᆞ로 이미관을 버렷ᄂᆞ니 (他們原是山東人. 原先在飯館子裏做伙計, 因他會要帳, 櫃上很歡喜. 後來發了點子財, 自家就開起二美館來.) <홍부 17:52> ▼賬櫃的 ‖ 젼방 쟝궤지가 쳐음 이 어렴을 보고 그 사람드리 마음이 죠급허여 이편이 힘을 다허여 져를 셔둘너 쥬어도 더욱 가망이 업더니 (店房賬櫃的一看這箇光景, 替他心裡焦急, 各人盡力兒給他活動些, 越發更沒有信.) <중화-탁족 20a> ▼掌櫃的 ‖ 영쟝호가 쟝궤지게 부탁허여 져의를 권허여 져 둔 물건을 사는ᄃᆡ 쟝궤지가 지삼사익이 사람들을 보치여 말허되 긔상드리 죵시 듯지 아니허니 (永長家托掌櫃的勸他們買他的存貨, 掌櫃的再三再四的扯着他們說, 客商們終是不允.) <중화-탁족 20b> ❸ 부자라는 뜻으로, 중국 사람을 속되게 이르는 말.¶ 쟝궤지의 집에 가서 두말업시 잣ᄲᅡ지니 이 물건이 무엇인가 <대매-시평 1909.5.23> ⇒ 장괴, 장괴지, 장귀디, 장귀지, 장궤지, 장귀지, 쟝괘지, 쟝괴지, 쟝귀디, 쟝귀지 ☞ 당궤쟈

【쟝귀지】 명 ((인류)) 장궤지(掌櫃的). 가게 주인. 주인장. '지(的, de> di)'는 중국어 직접 차용어.¶ 掌櫃的 ‖ 왕호치아 너 쟝귀지을 불러셔 이리로 오리랴 니 졀과 무러 보갓다 우리 족키 들지 드지 못할지 (王夥計, 你吆呼掌櫃的往這裡來, 我合他問一問, 咱們可以交得交不得咧.) <기착-육당 하:4b> ⇒ 장괴, 장괴지, 장귀디, 장귀지, 장궤지, 장귀지, 쟝괘지, 쟝괴지, 쟝귀디, 쟝궤지 ☞ 당궤쟈

【쟝진】 명 장진(長進). 발전(發展). 장래성(將來性). (중국어 간접 차용어).¶ 長進 ‖ 공연히 ᄡᅩ기만 어ᄌᆞ러이 ᄒᆞ미 맛춤내 유익지 아니ᄒᆞ미 다만 능히 쟝진이 잇지 아닐 ᄲᅮᆫ 아니라 ᄯᅩᄒᆞᆫ 활 ᄡᅩᄂᆞᆫ 규구를 허러 바리ᄂᆞᆫ 혬이니 (白白的只管亂射, 終是無益, 不但不能長進, 而且壞了式樣.) <홍루 75:36> 다만 보옥이 쟝진이 부족ᄒᆞ믈 위ᄒᆞ여 이러므로ᄡᅥ 샹히 져를 한탄ᄒᆞ미 블과시 쇠가 강텰이 못되믈 한ᄒᆞᄂᆞᆫ 의싀러니 (只爲寶玉不上進, 所以時常恨他, 也不過是恨鐵不成鋼的意思.) <홍루 96:18> 내 날마다 져 쟝진 업ᄂᆞᆫ 야야 무리를 권ᄒᆞᄃᆡ 도로혀 나를 원슈로 알고 (我天天勸, 這些長進的爺們, 倒拿我當作寃家!) <홍루 105:52> 우리 조부가 왕ᄉᆞ의 근로ᄒᆞ여 공훈을 세우고 량기 세직을 어덧더니 이졔 두 집의셔 일을 범ᄒᆞ여 모다 혁직ᄒᆞ고 나 보기의 져 ᄌᆞ질비가 한낫토 쟝진이 업ᄉᆞ니 (我祖父勤勞王事, 立下功勛, 得了兩個世職, 如今兩房犯事都革去了. 我瞧這些子侄沒一個長進的.) <홍루 106:14> ▼出息 ‖ 이히지 가쟝 쟝진이 이실 ᄃᆞᆺᄒᆞᄃᆡ 다만 아지 못게라 져의 쇽가ᄂᆞᆫ 무어슬 ᄒᆞᄂᆞᆫ 사ᄅᆞᆷ이뇨 (這孩子就欣出息, 但不知他俗家是做什麽的?) <홍부 4:60> 내 사ᄅᆞᆷ의 말을 드ᄅᆞ미 노태태긔셔 다만 복긔 잇고 쟝진 잇ᄂᆞᆫ 사ᄅᆞᆷ을 ᄀᆞᆯᄒᆡ여 ᄡᅳ신다 ᄒᆞᄂᆞᆫ지라 (我聽人說, 老太太總揀那有福氣、有出息的人才要.) <홍부 12:42> 이히지 가쟝 쟝진이 잇ᄂᆞ니라 (這孩子很有出息.) <홍부 28:134> 너의 난쇼ᄌᆞᄂᆞᆫ 너의 식뷔 슈졀ᄒᆞ여 무양ᄒᆞ믈 힘닙어 졔 이졔 ᄯᅩᄒᆞᆫ 십오륙 셰 되엿고 겸ᄒᆞ여 문쟝을 잘 지으며 ᄯᅩᄒᆞᆫ 글 닑기를 죠하ᄒᆞ며 쟝니 가쟝 쟝진이 잇시리라 (你的蘭小子虧了你媳婦守着撫養, 他如今也十五六歲了, 詩也做的好, 文章也做的好, 也愛念書, 將來是很有出息的.) <보홍 2:64> ▼走得起 ‖ ᄒᆞ믈며 너ᄂᆞᆫ 이안당의 잇셔도 ᄯᅩᄒᆞᆫ 쟝진 잇ᄂᆞᆫ 사ᄅᆞᆷ이라 너 ᄀᆞᆺᄒᆞᆫ 인픔으로 도로혀 노야긔 샤후치 못ᄒᆞᆯ가 두리리오 (況且你在怡安堂也是走得起的人, 像你這樣品兒, 這雙手脚兒, 還怕伺候不上老爺嗎?) <홍부 11:104> ▼上去 ‖ 좌우간 쟝리 너도 쟝진이 이시리니 만일 너로 ᄒᆞ여금 죠흔 곳을 엇지 못ᄒᆞᆯ진ᄃᆡ 진긔 내 눈이 어두리라 (横竪將來你也上去的快, 若是再不叫你得些兒好處, 噯! 不是我說, 眞是挖了我的眼.) <홍부 12:31> ▼收成 ‖ 이졔 쟝셩ᄒᆞ여 십뉵 셰 되미 다만 헤아리ᄃᆡ 너 ᄀᆞᆺᄒᆞᆫ 총명지녜 필연 쟝진이 이시리라 ᄒᆞ엿더니 (長到今年十六春, 只說你, 聰明才女有收成.) <재생 7:77>

【쟝-ᄒᆞ-】 동 강(講)하다. '쟝(講, jiǎng)'은 중국어 직접 차용어.¶ 講 ‖ 졔가 와셔 너를 볼 ᄶᅧ여 네 됴은 낫츠로 데를 니를 쟝티 말고 첫 마디에 져를 놀니되 져를 보디 안넌 테하여 맛츰닉 져를 붓ᄭᅳ럽게 하되 낫갓치 불글 ᄶᅧ여 (他來見ː你的時候乙, 你不用好臉對他講些个禮兒, 頭一句乙嚇唬他, 粧惱看不起他的樣兒, 終是敎他害羞, 臉皮兒通紅的時候.) <중화-아천 29a>

【절다-말】 명 ((동물)) 절따말. 몸 전체의 털색이 밤색이거나 불그스름한 말. 중세몽고어 '졀다(ǯe'erde)'의 차용어.¶ 馬赤黃, 절다말 (騂) <신자 4:43a> 절다말, 黃馬(驃) <신자 4:44a> ⇒ 뎔ᄃᆞᄆᆞ, 졀다, 졀다마, 졀다ᄆᆞᆯ, 졀짜ᄆᆞᆯ, 졀ᄯᅡᄆᆞᆯ ☞ 적다마, 적다ᄆᆞᆯ

【접시】 명 ((기물)) 접시. 중세몽고어 'tebši /tebsi'에서 온 차용어.¶ 됴셕 슈라의 찬품 서너 그랏 외의 더ᄒᆞ지 아니시고 ᄌᆞ근 접시의 만히 담지 못ᄒᆞ게 ᄒᆞ시니 <한중 512> 반상 시기 ᄒᆞ나 접시 삿 ᄃᆡ접 ᄒᆞ나 접시 삿 ᄃᆡ접 ᄒᆞ나 종ᄌᆞ 둘 보시기 ᄒᆞ나 종ᄌᆞ 둘 보시기 ᄒᆞ나 조치보 ᄒᆞ나 갑신 두루막기 ᄒᆞ나 솟창옷 ᄒᆞ나 겹저구[리] 바지 ᄒᆞᆫ 벌 버선 ᄒᆞ나 <혼함-죽림 09:08:20> ⇒ 뎝시, 졉시

【접시의 밥도 담을 탓】 속 접시의 밥도 담기 나름이다. 그릇이 작더라도 담는 솜씨에 따라 많이 담을 수도 있다는 뜻으로, 좋지 아니한 조건에서도 솜씨나 마음가짐에 따라서 좋은 성과를 이룰 수 있다는 말.¶ 접시의 밥도 담을 탓 <시문독본-조선이언1922 1:18>

【제메가】 명 ((지리)) 자메이카(Jamaica). 카리브 해 북부에 있는, 영국 연방의 독립국. 자메이카 섬과 케이맨 제도의 여러 섬으로 구성되어 있으며, 1509년에 에스파냐령이 되었고 1670년에 영국령이 되었다가 1962년에 독립하였다. (외래어).¶ 규바 읍ᄂᆡ는 하바나ㅣ오 문담비가 온 텬하에 뎨일 됴흐니라 ᄯᅩ 마단스와 산듸아고ㅣ란 촌이 잇고 헤듸국 도셩은 봇오브린스ㅣ오 산드밍고국 됴셩은 산드밍고ㅣ오 브도리고 읍ᄂᆡ는 산후안이오 제메가 읍ᄂᆡ는 깅스단이오 바하마 읍ᄂᆡ는 나셔ㅣ며 <사필1889-헐버트 115>

【제버선-도마스】 명 ((인명)) 제퍼슨 도마스 (Jefferson Thomas). (외래어).¶ 제버션 (도마스) (遮非森多馬 Jefferson (Thomas)) <만국통감1912, 4, 17>

【젠오아】 명 ((지리)) 제노바(Genova). 이탈리아 북서부 리구리아 해에 면하여 있는 항구 도시. 지중해 최고항의 하나로 중세에는 동방 무역의 중계지로 번영하였으며, 지금은 관광지로 유명하다. (외래어).¶ 북에는 두린과 밀란과 젠오아ㅣ란 포촌과 블로나와 ᄲᅦ늬스ㅣ란 큰 촌이 잇고 나라ㅅ 가온대 플로렌스ㅣ란 큰 촌이 잇고 몃 ᄒᆡ 젼에 나라ㅅ 셔울을 옴겻던 곳이라 <사필1889-헐버트 51>

【젠이바】 명 ((지리)) 제네바(Geneva). 스위스 남서쪽 끝에 있는 도시. (외래어).¶ 젠이바 (遮尼法 Geneva) <만국통감1912, 4, 17>

【젤늬-롤】 명 ((음식)) 젤리롤(jelly roll). (외래어).¶ 젤늬롤 ‖ 사탕 1잔 ᄡᅥ터 1대슈가락 우유 1대슈가락 계란 4개 밀가루 1잔 ᄲᅦ킹파우더 1½쇼슈가락 ᄡᅥ터와 사탕과 계란 노른자위를 잘 셕고 ᄯᅩ 우유를 셕고 다음에 밀가루와 ᄲᅦ킹파우더를 체에 쳐셔 셕고 그 다음에 잘 져은 계란 흰자위를 셕고 넓고 기다란 팬에 기름을 발으고 거긔다가 얇게 펴셔 구어가지고 축축하고 정한 행주에 뒤집어 쏫고 곳 우에 ᄶᅦᆯ늬를 발으고 둘둘 말 것 <서요 152>

【젤리】 명 ((음식)) 젤리(jelly). 어육류나 과실류의 교질분(膠質分)을 채취한 맑은 즙. 또는 이것을 젤라틴으로 응고시킨 반고체 상태의 과자나 약품. (외래어).¶ 우무와 일년감과 계란 흰자위와 ᄶᅥᆸ질을 너코 끌인 후에 팬을 불에셔 옴겨 5분 동안을 두엇가다 젤리 부대를 더운 물에 취겨셔 밧하 가지고 조고마한 그릇들에 부어셔 식힐 것 <서요 29> ⇒ ᄶᅦᆯ늬, 젤늬, ᄶᅦᆯ리

【젬쓰-오데쓰】 명 ((인명)) 제임스 오티스(James Otis). (외래어).¶ 젬쓰오데쓰 (歐提斯雅各 James Otis) <만국통감1912, 4, 17>

【져기】 대 저개(這個) 이(것). (중국어 간접 차용어).¶ 這個 ‖ 져기 녀 혁명당이 날를 필묵으로 치려 ᄒᆞ야 홀연 셔양 글노 ᄡᅧᆺ다가 홀연 중화 글노 ᄡᅧ셔 오릭 ᄉᆡᆼ각ᄒᆞ야도 능히 알지 못ᄒᆞ게 ᄒᆞ더이다 (這個女革命黨, 看他不出, 他竟與我打筆墨官司, 忽而寫洋文, 忽而寫中文, 猜了良久, 不能知其緣故.) <신광 14:18a>

【져ᄆᆡ】 명 ((인류)) 저매(姐妹). 자매(姊妹). (중국어 간접 차용어).¶ 姐妹 ‖ 여러 져ᄆᆡ는 풍류가 구롬ᄀᆞᆺ치 허여져 하로가 하로보다 적어지니 (衆姐妹風流雲散, 一日少似一日.) <홍루 106:44> 부인을 ᄇᆡᆨ냥으로 맛고 밋 취ᄒᆞ야 도라오매 태휘 절월을 더으샤 부인을 진국의 봉ᄒᆞ시니 션후의 져ᄇᆞ리미 업ᄂᆞᆫ디라 맛당이 져ᄆᆡᄀᆞᆺ티 화동ᄒᆞ야 황영의 셩ᄉᆞᄅᆞᆯ 효측ᄒᆞᆯ가 ᄇᆞ라거ᄂᆞᆯ <유삼-종산 5:12>

【져져】 명 ((인류)) 저저(姐姐). 언니. 누이. (중국어 간접 차용어).¶ 져져 ‖ 누의 <문자-우한> 져져은 ᄂᆡ형 <문자책-서울 75> 져ː는 ᄂᆡ형이라 <문자풀이-서울 45> 져ː는 큰형 <문자책-서울 63> 져ː란 말은 형이란 말 <문자책-서울 64> ▼姐姐 ‖ 십슈ᄅᆞᆯ 화답ᄒᆞ여 보내면 뎌의 아ᄅᆞᆷ다온 뜻을 져ᄇᆞ리디 아니려니와 다만 졔졔 아ᄂᆞ니 쇼뎨 시ᄉᆞᄅᆞᆯ ᄇᆡ호디 못ᄒᆞ여시니 져져ᄂᆞᆫ 날을 위ᄒᆞ야 ᄃᆡ작ᄒᆞᆷ을 허ᄒᆞᆯ소냐 (若得和十首答他, 方不負其美意. 但姐姐知道父親有誡, 不許兄弟學詩. 今日如何和得他詩來? 除非姐姐代兄弟爲之方好, 不知姐姐可有此興?) <화도-여초 1:43b> 착ᄒᆞᆫ 져져야 네 엇지ᄒᆞ여 ᄯᅩ ᄌᆞ약히 견ᄃᆡ지 못ᄒᆞᄂᆞ뇨 (好姐姐, 你怎麽又不自在了?) <홍루 9:2> 그 이튼날은 곳 쳥명가졀이 되야거ᄂᆞᆯ 져져의 산쇼에 가랴 ᄒᆞᆯ시 (次日恰値淸明佳節, 娘娘要上姐姐新墳.) <소군 하41:117> 너ᄅᆞᆯ 강보의 보앗더니 당셩슈미이 ᄀᆞᆺ고 인식 크게 변혁ᄒᆞ여 ᄌᆞ형이 젹거ᄒᆞ고 져졔 기셰ᄒᆞ시니 엇디 슬프디 아니리오 <보은 8:61> 연이나 져 군지 져져의 유무 근파도 아디 못ᄒᆞ니 그 위ᄒᆞᆫ 졍이 ᄒᆞᆫ 덩이 돌이 되며 쇠 되여시믈 몽니의도 ᄭᅢᆺ닷디 못ᄒᆞᆯ더라 <완월 61:58> ※ 姐姐 ‖ 애 姐姐ㅣ아 내 네 이리 노ᄒᆞ여 ᄒᆞᆯ 줄을 ᄉᆡᆼ각디 못호라 (咳, 姐姐我不想你這般煩惱.) <박언 중:18a> 이 親兩姨 弟兄이니 우리 母親은 이 姐姐ㅣ오 져의 母親은 이 妹子ㅣ라 (是親兩姨弟兄.我母親是姐姐, 他母親是妹子.) <노신 1:20a> 姐姐ㅣ아 닐ᄋᆞ디 말라 나도 아노라 (姐姐不要說, 我也知道.) <박언 상:43b> 多謝ᄒᆞ노라 姐姐ㅣ아 내 도라오면 만히 네게 人事ᄒᆞ마 (多謝姐姐, 我回來時, 多多的與你人事.) <박언 상:44a> 네 姐姐ㅣ 일즙 언제브터 죽을 먹ᄂᆞ뇨 (你姐姐, 曾幾時喫粥來?) <박언 상:49b> 네 姐姐ᄃᆞ려 닐러 ᄀᆞ장 조심ᄒᆞ야 (說與你姐姐, 好生小心着.) <박언 상:49b> 이 아죠 쉬오니 져졔 날과 남장을 밧고와 입고 댱 밧긔 ᄉᆞ후ᄒᆞ야 뉴가의 인연을 ᄆᆞᆺᄎᆞ라 <낙천 2:7b> 봄곳치 ᄯᅥ러디매 혹 ᄂᆞ라 비단자리의도 지며 혹 ᄂᆞ라 굴형의도 ᄯᅥ러지ᄂᆞ니 인ᄉᆡᆼ이 어이 낙화와 다ᄅᆞ리오 맛당이 져져의 ᄀᆞᄅᆞ치신 대로 ᄒᆞ사이다 <낙성 2:13b>

【젹다-마】 명 ((동물)) 절따말. 몸 전체의 털색이 밤색이거나 불그스름한 말. 중세몽고어 '절다(ǯe'erde)ᄆᆞᆯ'과 '적마(赤馬)'의 혼성으로 이루어진 것이다. 제주 방언.¶ 赤多馬 ‖ 젹다마(赤多馬)는 술이 올나 콩긔를 넌다 <교린-교정 68> ※ 赤色謂之騮, 俗謂之赤多. <성호-6 마형

색> ⇒ 적다몰 ☞ 뎔ᄃᆞᄆᆞ, 졀다말, 졀다, 졀다마, 졀다몰, 졀짜몰, 졀ᄯᅡ몰

【적다-몰】 명 ((동물)) 절따말. 몸 전체의 털색이 밤색이거나 불그스름한 말. 중세몽고어 '졀다(ǯe'erde)몰'과 '적마(赤馬)'의 혼성으로 이루어진 것이다. 제주 방언.¶ 赤多馬 ‖ 적다몰이 술이 올라 ᄀᆞᆯ리옵니 <교린-묘 2:8b> ⇒ 적다마 ☞ 뎔ᄃᆞᄆᆞ, 졀다말, 졀다, 졀다마, 졀다몰, 졀짜몰, 졀ᄯᅡ몰

【젼당-푸리】 명 ((상업)) 전당포리(典當鋪裏). 전당포(典當鋪). '푸리(鋪裏, pùli)'는 중국어 직접 차용어.¶ 當鋪 ‖ 내게 비단 의복만 잇슬 분 아니라 집안의 젼당푸리를 열어 은과 돈이 뫼ᄀᆞ치 싸히고 친척이 놉흔 벼슬ᄒᆞ나니 만ᄒᆞ라 (俺不獨有件紬衣, 俺家中還開過當鋪, 還有親戚做過大官.) <경화 6:34> 이제 져의 보져의 믈건이 ᄯᅩ ᄒᆞᆫ 젹지 아니ᄒᆞ니 잠간 ᄌᆞᄆᆡ 무리 한가지로 쓰다가 우리 무리 젼당푸리의 릭일 혬을 맑히믈 기다려 내가 져의 반ᄋᆞ거거로 ᄒᆞ여곰 져롤 위ᄒᆞ여 의례히 일습을 판비ᄒᆞ여 보내미 곳 올토다 (如今他寶姐姐的東西也不少, 暫且姊妹倆大伙兒將就用着, 等俄們當鋪裏明幾算清了帳, 我教他蟠兒哥哥也給他照樣兒備一副送來就是了.) <속홍 15:25> ▼典鋪 ‖ 길히셔 진옥으로 ᄒᆞ여곰 작인의 개셜ᄒᆞᆫ 바 젼당푸리가 어ᄂᆡ 곳의 이시며 셩명을 아라 오라 ᄒᆞ엿더니 (先令陳玉探聽佃戶所開典鋪在于何處, 將姓名開付.) <요화 14:4> 젼당푸리 볼쟉시면 돈 밧고며 은 밧곤다 넌바오 오십 냥듕 말굽쇠 이십 냥듕 닷 냥듕 종두쇠와 한 냥듕 바둑쇠롤 큰 쟉도로 쩌어보며 은탕평져울 달고 당십 디젼 너 돈으로 힝용 소젼 ᄒᆞᆫ 냥 너 돈 ᄒᆞᆫ ᄌᆞ오리 ᄒᆞ엿스니 아국 돈은 넛 돈일네 <연행-병인> ⇒ 당푸리, 뎐당푸리, 뎐당프리 ☞ 뎐당푸ᄌᆞ

【젼당-푸ᄌᆞ】 명 ((상업)) 전당포자(典當鋪子). 전당포(典當鋪). '푸ᄌᆞ(鋪子, pùzi)'는 중국어 직접 차용어.¶ 젼당푸ᄌᆞ (當鋪) <동해-매매 하:27b> <몽해-매매 하:22a> ▼典當鋪 ‖ ᄒᆞᆫ 젼당푸ᄌᆞ의 드러가니 포도넝히 뜰히 ᄀᆞ득ᄒᆞ야 녹음이 녕농ᄒᆞ고 각식 괴셕을 두루 노화 가산이 되엿더라 (入一典當鋪, 滿庭葡萄架, 綠陰玲瓏. 庭中堆槩諸色怪石, 成一座假山.) <열하-동경 1:27a> 푸ᄌᆞ 알핑 져근 대롤 셰우고 대 우희 둥근 패롤 돌고 패 우히 금으로 맛당당ᄌᆞ롤 뼈시니 이는 젼당푸지오 (鋪前立小竿懸一圓紅牌, 以金特書當字[傍注曰兵哭不當問諸驛夫], 內典當鋪也.) <서원 2:25b> ▼典當鋪子 ‖ ᄯᅩ 금으로 크게 맛당당ᄌᆞ롤 둥근 패예 뼈 푸ᄌᆞ 쳠하의 부치고 주로 겻히 줄게 뼈 ᄀᆞᄅᆞ되 병잠기는 아니 잡힌다 ᄒᆞ여시니 이는 니론바 젼당푸지라 (又以金大書當字於圓牌揭之鋪楣, 旁注曰'兵器不當', 此所謂典當鋪子.) <서원-총목 43b> ⇒ 뎐당푸ᄌᆞ, 젼당프ᄌᆞ ☞ 당푸리, 뎐당푸리, 뎐당프리

【젼당-프ᄌᆞ】 명 ((상업)) 전당포자(典當鋪子). '프ᄌᆞ(鋪子, pùzi)'는 중국어 직접 차용어.¶ 典當鋪子 ‖ 쥬인이 젼당프ᄌᆞ의 유지 오쳔여 냥이오 이밧긔 ᄯᅩ 젼원과 졔턱이 ᄌᆞᆺ시되 부쟈라 일ᄏᆞᆺ는 일이 업다 ᄒᆞ더라 (主人典當鋪子留財白金爲五千餘兩, 此外又有田園第宅而人不謂之富云.) <서원 3:80a> ⇒ 뎐당푸ᄌᆞ, 젼당푸ᄌᆞ ☞ 당푸리, 뎐당푸리, 뎐당프리

【젼불날지】 명 전불날지(顚不剌的). 으뜸. 최고. '지(的, de>di)'는 중국어 직접 차용어.¶ 顚不剌的 ‖ 젼불날지 갓한 거슬 만천으로 보앗스되 이만치 가희랑은 증견의 한하도다 니가 안화가 요란입으로 난언ᄒᆞ니 혼경이 반천으로 나려간넌지 (顚不剌的見了萬千, 這般可喜娘罕曾見. 我眼花撩亂口難言, 魂靈兒飛去半天.) <서상-박문 23>

【젼산】 명 ((복식)) 전산(氈衫, zhānshān). 털적삼. (중국어 직접 차용어).¶ 氈衫 ‖ 우리 지븨 젼산과 갇모와 가지라 가노라 (我家裏取氈衫和油帽去.) <번박 상:65a>

【젼시】 명 ((지리)) 진시(鎭市). 도회지(都會地). '젼(鎭, zhèn)'은 중국어 직접 차용어.¶ 鎭市 ‖ 몃 곳 촌장을 다시 지나 일긔 젼시 도회쳐의 니ᄅᆞ미 (再走過幾個村庄, 到一鎭市, 果然個個皆如此說.) <쾌심 13:33>

【젼툐】 명 ((복식)) 전조(氈條, zhāntiáo). 담요. (중국어 직접 차용어).¶ 젼툐 (氈條) <역해-기구 하:16a> ▼氈子 ‖ ᄯᅩ 젼툐 ᄭᆞᆯ오 우희 두서 깃 ᄭᆞᆯ오 아기롤 누이고 우희 제 옷 둡고 보로기로 동이고 오좀 바들 박을 그 굼긔 바ᄅᆞ 노코 분지롤다가 미틔 노코 아기 울어든 보고 돌고지롤 이아면 믄득 그치ᄂᆞ니라 (又鋪氈子, 上頭鋪兩三個襁子, 着孩兒臥着, 上頭盖着他衣裳, 着繃子絟了, 把溺胡蘆正着那窩籠裏放了, 把尿盆放在底下, 見孩兒啼哭時, 把搖車便住了.) <번박 상:56b>

【졀닙】 명 ((복식)) 첩리(帖裡, 帖裏). 고려 때 원나라에서 들어온 포(袍)의 일종. 무관이 입던 공복. 직령(直領)으로서, 허리에 주름이 잡히고 큰 소매가 달렸는데, 당상관은 남색이고 당하관은 분홍색임. 첩리(帖裡). 천익(天翼). (몽고어 'terlig'에서 온 차용어).¶ 帖裏 ‖ 졀닙은 구긔지[치] 아니케 ᄒᆞ여 밋티 녀허 두어라 <교린-묘 3:1b> ⇒ 뎔링, 쳘닉, 쳘닙, 쳘익, 털링, 텨닉, 텬익, 텰릭, 텰링 ☞ 직녕

【졀다】 명 ((동물)) 절따말. 몸 전체의 털색이 밤색이거나 불그스름한 말. 중세몽고어 '졀다(ǯe'erde)'의 차용어.¶ 졀다 (騂) <시언-19 목록:2a> 졀다 (騂) <물명-류씨 1> 騂 ‖ 的盧白額馬. 騆돗총, 騅표구령, 又월라. 騢류부로, 又덕부로, 驒ᄉᆞ족빅, 騅츄마, 駓공골, 又부로, 又잠불, 騂졀다, 驊련젼총, 騏뎔청총이, 驪청가라, 駵월다, 一曰騧曰騷, 騧공골, 駱가리온, 一曰皇駁잡식, 黃고라. 驛馬역마, 置馬代馳取疾速. 擺撥馬파발마, 驛馬急走振開. 駃騠번치, 馬不進. 駗驙진젼, 馬載重難行. <명물-주수 4:31b> 赤黃. 졀다 (騂) <물명고-문통 모충 1:9a> [졀더] ▼jerde ‖ 졀다 블친 몰 ᄒᆞᆫ 필을 皇城 羊져제거리 북편의 사는 王哥 사롬을 證人 삼아 (jerde akta morin emke be gemun hecen i honin i hūdai giyai amargi de tehe wang halangga niyalma be siden obufi) <청노 6:1b> ※ 紅馬曰載多, 栗色馬曰句郞, 紅紗馬曰夫婁, 黑馬曰加羅,

黃馬曰公鶻, 黑鬃黃馬曰高羅, 海騮曰加里溫, 線臉曰間者, 此本滿洲語, 東人于開市時效之也. <경도-풍속 마려> ⇒ 뎔ᄃᆞᄆᆞ, 졀다말, 졀다마, 졀다ᄆᆞᆯ, 졀짜ᄆᆞᆯ, 졀ᄯᆞᄆᆞᆯ ☞ 젹다마, 젹다ᄆᆞᆯ

【졀다-마】 명 ((동물)) 절따말. 몸 전체의 털색이 밤색이거나 불그스름한 말. 중세몽고어 '졀다(ǯe'erde)'의 차용어.¶ 駝騮 ‖ 처엄의 넌 수릐롤 ᄒᆞᆫ 눈 멀고 빗 흰 ᄆᆞᆯ노메엿더니 지작의 통원포 니ᄅᆞ러 졀다마롤 밧고아 메오니 실ᄒᆞ고 쾌ᄒᆞ더니 (初駕余車以白割馬, 再昨到通遠堡, 忽換駝騮, 健而快.) <서원 2:28b> ⇒ 뎔ᄃᆞᄆᆞ, 졀다말, 졀다, 졀다ᄆᆞᆯ, 졀짜ᄆᆞᆯ, 졀ᄯᆞᄆᆞᆯ ☞ 젹다마, 젹다ᄆᆞᆯ

【졀다-ᄆᆞᆯ】 명 ((동물)) 절따말. 몸 전체의 털색이 밤색이거나 불그스름한 말. 중세몽고어 '졀다(ǯe'erde)'의 차용어.¶ 졀다ᄆᆞᆯ 셩 (騂) <음운 19a> 졀다ᄆᆞᆯ (紅馬) <한청-마필모편 14:21b> ▼赤馬 ‖ 졀다ᄆᆞᆯ 똥을 소옴애 싸 대초만케 ᄒᆞ야 곳굼글 마그라 새 똥이나 오란 똥이나 다 ᄡᅳ라 또 피 만히 나ᄂᆞ니란 믈 조쳐 ᄶᅡ 즙을 ᄒᆞᆫ 되나 두 되나 머고ᄃᆡ 새 옷 업거든 ᄆᆞᄅᆞ니롤 므레 저져 ᄡᅳ라 (赤馬通以縣裹如棗大塞鼻中, 新舊者悉可用, 若大衄者以水絞取汁飲一二升, 無新者以水漬乾者用之.) <구간 2:98b> 졀다ᄆᆞᆯ 똥 ᄉᆞ론 ᄌᆡ롤 ᄀᆞᄂᆞ리 ᄀᆞ라 ᄃᆞᄉᆞᆫ 수레 ᄒᆞᆫ 돈을 프러 머그라 (赤馬糞燒灰細末, 溫酒調下一錢.) <구간 2:102a> 이 아질게ᄆᆞᆯ 악대ᄆᆞᆯ 졀다ᄆᆞᆯ 공골ᄆᆞᆯ 오류마 구렁ᄆᆞᆯ 가리운ᄆᆞᆯ 셜아ᄆᆞᆯ 가라ᄆᆞᆯ 츄마ᄆᆞᆯ 고라ᄆᆞᆯ 쇠ᄂᆞ래브튼ᄆᆞᆯ 간쟈ᄆᆞᆯ 가라간쟈 ᄉᆞ족빅 도화잠불ᄆᆞᆯ 털청총이 고 ᄠᅧᆫ ᄆᆞᆯ 아ᄆᆞᆯ 삿기 빈 말 골희눈이 ᄀᆞᆯ외ᄂᆞᆫ ᄆᆞᆯ이 ᄆᆞ리 쇠거름ᄀᆞ티 즈늑즈ᄂᆞ기 건ᄂᆞᆫ ᄆᆞ리로다 (這兒馬、騸馬、赤馬、黃馬、鷰色馬、栗色馬、黑鬃馬、白馬、黑馬、鎖羅青馬、土黃馬、繡膊馬、破臉馬、五明馬、桃花馬、青白馬、豁鼻馬、騍馬、懷駒馬、環眼馬、劣馬, 這馬牛行花塔步.) <번노 하:8b> 내 졀다ᄆᆞ리 누네치 나셔 머므디 아녀 누어 구을오 (我的赤馬害骨眼不住的臥倒打滾.) <번박 상:42b> ᄒᆞᆫ 졀다ᄆᆞ론 양지 ᄀᆞ장 고오ᄃᆡ 지죄 업더라 (一箇赤馬生的十分可喜, 沒本事.) <번박 상:63a> 이 아질게ᄆᆞᆯ 악대ᄆᆞᆯ 졀다ᄆᆞᆯ 공골ᄆᆞᆯ 오류마 구렁ᄆᆞᆯ 가리운 ᄆᆞᆯ 셜아ᄆᆞᆯ 가라ᄆᆞᆯ 츄마ᄆᆞᆯ 고라ᄆᆞᆯ 쇠ᄂᆞ래 브튼 ᄆᆞᆯ 간쟈말 가라간쟈 ᄉᆞ족빅이 ᄆᆞᆯ 도화잠불ᄆᆞᆯ 털청총이ᄆᆞᆯ 코 ᄠᅧᆫ ᄆᆞᆯ 암ᄆᆞᆯ 삿기 빈 말 골희눈ᄆᆞᆯ ᄀᆞ래ᄂᆞᆫ ᄆᆞᆯ 이 ᄆᆞᆯ이 쇠거름ᄀᆞ티 즈늑즈늑 것ᄂᆞᆫ다 (這兒馬、騸馬、赤馬、黃馬、鷰色馬、栗色馬、黑鬃馬、白馬、黑馬、鎖羅青馬、土黃馬、繡膊馬、破臉馬、五明馬、桃花馬、青白馬、豁鼻馬、騍馬、懷駒馬、環眼馬、劣馬, 這馬牛行花塔步.) <노언 하:8a> ᄒᆞᆫ 졀다ᄆᆞᆯ이 얼굴이 ᄀᆞ장 고오되 지죄 업ᄉᆞ니 (一箇赤馬生的十分可喜, 沒本事.) <박언 상:55b> [졀더 모린] ▼jerde morin ‖ 이매야지ᄆᆞᆯ 블친ᄆᆞᆯ 졀다ᄆᆞᆯ 공골ᄆᆞᆯ 오류ᄆᆞᆯ 굴헝ᄆᆞᆯ 가리온 ᄆᆞᆯ 셔라ᄆᆞᆯ 가라ᄆᆞᆯ 츄마ᄆᆞᆯ 고라ᄆᆞᆯ 간쟈ᄆᆞᆯ 가라간쟈四足白이ᄆᆞᆯ 도화잠불ᄆᆞᆯ (dahan morin akta morin jerde morin konggoro morin keire morin kuren morin hailun morin suru morin kara morin sarala morin kula morin kalja morin kara kalja seberi morin cohoro morin) <청노 5:13b> ⇒ 뎔ᄃᆞᄆᆞ, 졀다말, 졀다, 졀다마, 졀짜ᄆᆞᆯ, 졀ᄯᆞᄆᆞᆯ ☞ 젹다마, 젹다ᄆᆞᆯ

【졀다ᄆᆞᆯ-갗】 명 ((동물)) 절따말가죽. 중세몽고어 '졀다(ǯe'erde)'의 차용어.¶ 赤馬皮 ‖ 졀다ᄆᆞᆯ가촐 아기 나흘 제 ᄭᆞ오 아기 낟ᄂᆞᆫ 어미롤 그 우희 안치라 (赤馬皮, 臨産鋪之, 今産母坐上.) <구간 7:36a>

【졀다ᄆᆞᆯ-ᄯᅩᇰ】 명 ((동물)) 절따말똥. 중세몽고어 '졀다(ǯe'erde)'의 차용어.¶ 赤馬通 ‖ 졀다ᄆᆞᆯᄯᅩᇰ 닐굽 나촐 아ᄒᆡ 오좀 반 잔과 술 반 잔과 섯거 즙 ᄶᅡᄃᆞ시 ᄒᆞ야 머그라 (赤馬通, 七枚以童子小便半盞、酒半盞相和, 絞取汁煖過, 服之.) <구간 7:61b>

【졀다악대-ᄆᆞᆯ】 명 ((동물)) 절따악대말. 몸 전체의 털색이 밤색이거나 불그스름한 숫말. 중세몽고어 '졀다(ǯe'erde)'와 '악대(aqta /aɣta)'의 차용어.¶ 赤色騸馬 ‖ 遼東자새셔 사ᄂᆞᆫ 사ᄅᆞᆷ 王아뫼 이제 돈 ᄡᅳ고져 ᄒᆞ야 ᄐᆞ록내 본ᄃᆡ 사온 졀다악대ᄆᆞᆯ ᄒᆞᆫ 피리 쉬 다ᄉᆞᆺ 서리오 (遼東城裏住人王某, 今爲要錢使用, 遂將自己元買到, 赤色騸馬一疋年五歲.) <번노 하:16a> 遼東 잣 안해셔 사ᄂᆞᆫ 사ᄅᆞᆷ 王아뫼 이제 돈 ᄡᅳ고져 ᄒᆞ야 드ᄃᆡ여 내 본ᄃᆡ 사온 졀다악대ᄆᆞᆯ ᄒᆞᆫ 필이 나히 다ᄉᆞᆺ이오 (遼東城裏住人王某, 今爲要錢使用, 遂將自己元買到, 赤色騸馬一疋年五歲.) <노언 하:14b>

【졀짜-ᄆᆞᆯ】 명 ((동물)) 절따말. 몸 전체의 털색이 밤색이거나 불그스름한 말. 중세몽고어 '졀다(ǯe'erde)'의 차용어.¶ 졀짜ᄆᆞᆯ 셩 (騂) <음첩c 36a> ▼赤馬 ‖ 졀짜ᄆᆞᆯ (赤馬) <역해-주수 하:28a> 졀짜ᄆᆞᆯ (赤馬) <동해-주수 하:36b> <몽해-주수 하:30b> 내 졀짜ᄆᆞᆯ이 눈에치 알하 머므디 아니ᄒᆞ고 누우ᄯᅮ러 (我的赤馬害骨眼不住的臥倒打滾.) <박언 상:38b> 내게 ᄒᆞᆫ 졀짜ᄆᆞᆯ이 이셔 눈에치 알아 머무지 아니ᄒᆞ고 누우ᄯᅮ러 여러 밤을 여믈을 먹지 아니ᄒᆞ니 나롤 ᄃᆞ리고 잇그러 져긔 고치라 가 굽에 피 ᄲᅢ히쟈 뎨 언머 공젼을 밧아야 맛치 고치리오 (我有箇赤馬害骨眼, 不住的臥倒打滾, 幾夜不吃草, 你帶我拉到他那裏治去, 把蹄子放了些血, 他要多少錢纔醫呢?) <박신 1:41b> ⇒ 뎔ᄃᆞᄆᆞ, 졀다말, 졀다, 졀다마, 졀다ᄆᆞᆯ, 졀ᄯᆞᄆᆞᆯ ☞ 젹다마, 젹다ᄆᆞᆯ

【졀짜-빗】 명 ((색채)) 절따말의 빛깔. 밤색이거나 불그스름한 빛. 중세몽고어 '졀다(ǯe'erde)'의 차용어.¶ 졀짜빗 쇼 (紅牛) <한청-우 14:36a>

【졀ᄯᆞ-ᄆᆞᆯ】 명 ((동물)) 절따말. 몸 전체의 털색이 밤색이거나 불그스름한 말. 중세몽고어 '졀다(ǯe'erde)'의 차용어.¶ 赤色馬 ‖ ᄒᆞᆫ 고라ᄆᆞᆯ이 이셔 털빗치 됴흐되 다만 구블이 흘러 펴지지 못ᄒᆞ고 ᄒᆞᆫ 가리온 총이ᄆᆞᆯ이 ᄃᆞ롬이 ᄲᆞᄅᆞ되 또 다만 앏 거치고 ᄒᆞᆫ 졀ᄯᆞᄆᆞᆯ이 비록 삼긴 거시 ᄀᆞ장 고으나 또 지죄 업ᄉᆞ니 네 이제 또 ᄆᆞᆯ 져제 손조 ᄀᆞᆯ히여 사라 가라 (有一箇土黃馬毛片好, 只是腿跨走不開, 一箇黑鬃青馬却走得快, 又只是要打前失, 一箇

赤色馬雖生的十分可愛, 却沒本事, 你如今且到馬市裏自己揀着買去.) <박신 2:1b> ⇒ 뎔ㄷ마, 졀다말, 졀다, 졀다마, 졀다몰, 졀짜몰 ☞ 젹다마, 젹다몰

【졈니】 명 ((상업)) 점리(店裡). 가게. (중국어 간접 차용어).¶ 店裡 ‖ 너의 졈니의 금년에 열마 냥식이나 하엿나냐 (你們店裡今年个打咧多小粮食?) <기착-육당 상:40b> 잇구나 이 졈니의 음식하넌 비가 조이 손이 둔하다 반일 동완이나 하여 계우 몃 ᄉᆞ람의 밥을 지여 너지 못하더냐 (嗳呀, 這个店裡的打拭輩好手俳哪, 惱半天的工夫攢不出纔幾个人的飯來咧?) <기착-육당 상:45b>

【졈명-ᄒᆞ-】 동 점명(點名)하다. 점호(點呼)하다. (중국어 간접 차용어).¶ 點名 ‖ 공ᄌᆞ 임의 청즁에 안ᄌᆞ 기다리니 솜위 고랑으로 ᄒᆞ야곰 쌀니 가 졈명ᄒᆞ게 ᄒᆞ라 (公子已在廳中坐等, 叫三位姑兒速去點名.) <녹모 6:74> 너져다려 나아가 졈명ᄒᆞ라 ᄒᆞᄆᆡ 궁혜 젹은 발이 힝보ᄒᆞ기에 어렵다 ᄒᆞ니 청컨ᄃᆡ 공ᄌᆞᄂᆞᆫ 친히 나아와 졈명ᄒᆞ게 ᄒᆞ라 (叫他們點名, 他因鞋弓足小, 難于行走, 請公子來進來點名罷.) <녹모 6:74>

【졈셩-국】 명 ((지리)) 점성국(占城國). 참파(Champa)의 음역. 2세기 말엽에 지금의 베트남 남부에 참족(Cham族)이 세운 나라. 인도 문화의 영향을 받아 해상 교역으로 번영하였으나, 15세기 후반에 베트남에 정복되어 17세기 말엽에 망하였다. (외래어).¶ 밍화뉴[오ᄃᆡ시의 졈셩국이 밍화유를 공ᄒᆞ니 믈을 뿜은즉 불니 나더라] <청박-음식총론 282:11>

【졈쇼이】 명 ((인류)) 점소이(店小二). 술집 점원. (중국어 간접 차용어).¶ 店小二 ‖ 졈쇼이 졈즁의셔 놀나 쎨며 문을 열고 보ᄆᆡ 바야흐로 쇼화롤 잡으려 ᄒᆞ믈 안지라 (店小二開門一見, 就知拿捉少華.) <재생 5:59> 졈쇼이 밧비 셰슈물을 올니거놀 락티티와 홍훈이 셰슈ᄒᆞ고 여겸을 분부ᄒᆞ야 졈쇼이로 ᄒᆞ야곰 쥬반을 가져 인부를 먹이게 ᄒᆞ고 장ᄎᆞ 불 혈 써 되ᄆᆡ 졈쇼이 촉ᄃᆡ를 가져 일지 ᄃᆡ촉을 불 달히여 상방에 노코 (店小二忙取淨面水. 駱太太并宏勳淨了, 分付余謙叫店內拿酒飯與人夫食用. 將上燈時分, 店小二拿一支燭臺, 點一支大燭, 送進上房.) <녹모 2:39> ▼店小子 ‖ 셔경이 지져괴여 니ᄅᆞᄃᆡ 졈쇼이는 셰슈믈을 가져 오며 챠롤 다리라 (徐三爺嚷道, 店小子打臉水烹茶.) <충소 2:34> ▼酒保 ‖ 일기 젹은 누각으로 올나가 좌뎡ᄒᆞᄆᆡ 경셩이 한 뎡이 은ᄌᆞ롤 내여 졈쇼이롤 쥬며 니ᄅᆞᄃᆡ (揀個小閣裏坐定. 景星取一錠銀子付與酒保說.) <여선 16:69> ▼小二 ‖ 챠뷔 노ᄉᆡ롤 모라 ᄀᆡ졈 앏히 니ᄅᆞ니 다만 보ᄆᆡ 문을 반ᄀᆡᄒᆞ고 일ᄀᆡ 졈쇼이 희희히 우ᄉᆞ며 나와 니ᄅᆞᄃᆡ (騾夫赶到樹林深處, 只有一家客店, 呀的一聲開了前門半扁, 跳出個小二來, 笑嘻嘻說道.) <재생 5:17> ▼小二哥 ‖ 졈쇼이야 너는 몬져 가셔 쥬인긔 보ᄒᆞ라 (小二哥, 爾且先行報主人.) <재생 5:17> ▼店官 ‖ 졈쇼이 답응ᄒᆞ고 나는 ᄃᆞ시 가거놀 여싱이 밥을 먹고 기다리더니 쇼경의 두 텹 약을 지어 가져온지라 (店官答應如飛去, 酈君玉, 用飯充飢在小堂, 少刻撮回雙劑藥.) <재생 8:66> ⇒ 뎜쇼이

【졈팡】 명 ((상업)) 점방(店房). 참방(站房). 가게. '팡(房, fáng)'은 중국어 직접 차용어.¶ 站房 ‖ 셔종밍이 방젼을 오로디 ᄒᆞ고져 ᄒᆞ야 만상군관을 제 졈팡으로 모라 드리고 또 일힝을 억뉴ᄒᆞ여 모화 드리니 (徐宗孟欲專房錢, 駈入灣裨於其站房, 又勒令一行入處.) <서원 2:5b> ▼店 ‖ 이는 ᄉᆞ미 너흔 국슈 ᄑᆞ는 졈팡이니 소국슈 ᄑᆞ는 졈팡은 등발을 희게 ᄒᆞᆫ다 (賣肉麵店則燈以紅爲脚, 賣素麵店則以白爲脚云.) <서원 2:14b> 셩 밧긔 ᄑᆞᄌᆞ 졈팡이 극히 셩ᄒᆞ야 왕니ᄒᆞᄂᆞᆫ 거매 길히 몌여 ᄃᆞᆫ니기 극히 어렵더라 (城外舖店猶可與遼城伯仲, 往來車馬塡堙, 幾不可行路.) <서원 2:61b>

【졉시】 명 ((기물)) 접시. 운두가 낮고 납작한 그릇. 반찬이나 과일, 떡 따위를 담는 데 쓴다. 중세몽고어 'tebši/tebsi'에서 온 차용어.¶ 졉시 <법한 1296> 졉시 | 대졉 <법한 1086> 졉시 (接匙) <속명-기용> ▼碟 ‖ 졉시 (碟, A plate, a dish, a platter.) <한영1890 172> 졉시 (楪, 碟) <물보-주식 하:12a> 졉시 (碟) <물명고-서강 공봉 2b> 匕、筯、碗완ㅇ사발、碟쳡ㅇᄃᆡ졉, 飮食之器也. (碟) <몽유-잡물 22b> 이태태긔셔 엇지 이런 말을 ᄒᆞ시ᄂᆞ뇨 뉘 집이 졉시가 크고 ᄉᆞ발이 젹어 우구러지며 ᄢᅵ지는 거시 업ᄉᆞ랴 (姨太太說那裏的話, 誰家沒個碟大碗小磕着碰着的呢.) <홍루 83:98> 또 두어 졉시 안쥬 잇고 (還有兩三碟酒菜) <한담 37a> ▼楪 ‖ 졉시 (小楪) <이록-사기 23a> 졉시 (楪匙) <군목-반상 9b> 반찬 나오ᄂᆞᆫ 가츔은 사발과 졉시와 술갈과 소반이요 슐 마습의 가츔은 잔과 병이요 (進膳之具, 盂、楪、匙、盤也, 飮酒之具, 盃盞、壺樽也.) <한용1918 67> 또 노고와 섥과 드레와 사발 졉시와 수져와 나모쥬게와 됴릐와 솔과 슉칫칼과 키와 얼밍이와 몰총체와 상과 盤과 찻반과 燈臺와 잔과 쥬벼ᄋᆞ와 놋쥬게 이시니 이것들을 다 收拾ᄒᆞ여 全備케 ᄒᆞ고 또 帳房과 몰귀유ㅣ 다 牢壯ᄒᆞ엿ᄂᆞ냐 (還有鑼鍋、柳箱、灑子、碗楪、匙筯、榪杓、 籬、炊箒、擦床兒、簸箕、篩子、馬尾羅、桌子、盤子、茶盤、燈臺、酒鍾、酒鼈、銅杓, 這些都收拾全備着, 還有帳房馬槽都牢壯麽?) <박신 2:21a> ▼楪子 ‖ 졉ᄌᆞ, 轉云졉시. <명물-기용 3:5a> 졉시 (楪子) <방석-기용 3:10a> <동해-기구 하:13b> <몽해-기구 하:10a> <광보-2 음식:1b> ▼碟子 ‖ 졉시 (碟子) <물명괄-공봉 30a> 졉시 (碟子) <한청-기용 11:36b> <화정-가구 53> <한대-가구 64> <지나-가화 63> 져 酒壺와 소반과 졉시는 모다 허드릐로 쓰ᄂᆞᆫ 셰간이올시다 (那酒壺、盤子、碟子, 都是零用的傢伙.) <한지 73> [피라] ▼fila ‖ 사발 졉시롤 서러즈라 (moro fila be bargiya.) <청노 3:10a> 개얌을 졉시의 담아라 <교린-묘 2:31a> 잉도를 체에 걸너 식용에 조리기를 엉긜 만ᄒᆞ거든 녹말을 조곰 타 닉게 조려 졉시에 써보아 족편 갓거든 펴셔 식여 쓰ᄂᆞ니라 복분ᄌᆞ도 이 법ᄃᆡ로 ᄒᆞᄂᆞ니라 <부필 12b> 빅금 션긔 ᄉᆞ십 닙 대듕쇼 [대졉 졉시] 죵ᄌᆞ 각식 화긔 일빅 닙 왜ᄉᆞ층찬합 일파 은신션노

일팡 <정가1847 49a> 등촉ᄌᆞ비 어믈 원왜반 밀슈 ᄌᆞ완 진과 삼십 개 ᄌᆞ완 ᄉᆞ알 어믈 원왜반 밀슈 ᄌᆞ완 실과 졉시 진과 ᄉᆞ십 개 ᄌᆞ완 <칠셕졔겸친뎡도목의ᄒᆞ오신실과음식불긔1866> 사발 셕 쥭 졉시 닷 쥭 죵ᄌᆞ 셕 쥭 보싀이 셕 쥭 슈졔 녀 단 사긔두겁 옹긔단지 두 쥭 억억지 ᄒᆞᆫ 쥭 옹박지 두 쥭 <물목-한고 쥰시 셕 졉> ⇒ 뎝시, 접시

【졉시에 밥도 담을 탓이라】 㕜 접시 밥도 담을 탓이다. 그릇이 작더라도 담는 솜씨에 따라 많이 담을 수도 있다는 뜻으로, 좋지 아니한 조건에서도 솜씨나 마음가짐에 따라서 좋은 성과를 이룰 수 있다는 말.¶ 졉시에 밥도 담을 탓이라 (楪子의 飯도 盛하는 手段에 在하다) 器皿은 雖小나 多寡ㅣ는 手段에 在하다 함이니 每事의 周旋이 智量에 在ᄒᆞ다는 譬辭라 <조속1922 112>

【졉시-부리】 명 ((신체)) 접시처럼 생긴 부리. '졉시'는 중세몽고어 'tebši /tebsi'에서 온 차용어.¶ 팔졔 귀를 움직이며 눈을 금젹여 힝ᄌᆞ의 져러탓 경동ᄒᆞ믈 보고 심즁에 퍽 무던ᄒᆞ여 졉시부리를 뒤즁그려 웃고 니로되 <서유-계명 7:78-23>

【졉풍-ᄒᆞ-】 동 접풍(接風)하다. 멀리서 온 손님을 환영하여 식사를 대접하다. (중국어 간접 차용어).¶ 接風 ‖ 나의 쥬의ᄂᆞᆫ 우리 공도로이 츌념ᄒᆞ여 명일의 옥대야롤 위ᄒᆞ여 졉풍ᄒᆞ고 (我的意思, 咱們公分竟是明兒, 給玉大爺接風.) <홍부 9:107> 우리 한 탁ᄌᆞ롤 판비ᄒᆞ여 노태태긔 드려 고태태롤 위ᄒᆞ여 졉풍ᄒᆞ시게 ᄒᆞ딕 (咱們備一席敬老太太, 就給姑太太接風.) <홍부 9:111> 내가 오놀 온 뜻은 일변 졉풍ᄒᆞ기도 위ᄒᆞ고 일변 ᄯᅩᄒᆞᆫ 즁미가 되고 져ᄒᆞ미로라 (我金兒的來意, 一則爲接風, 二則還要作媒的.) <속홍 11:65> ▼接風洗塵 ‖ 금일 옥대애 츌문ᄒᆞ엿다가 도라와시니 우리ᄂᆞᆫ 맛당히 져롤 위ᄒᆞ여 졉풍ᄒᆞ리로다 (今兒玉大爺出門回來, 咱們該替他接風洗塵.) <홍부 9:59> ▼洗塵 ‖ 금일은 즁인이 공도로이 츌념ᄒᆞ여 대야롤 위ᄒᆞ여 졉풍홀시 슌편의 겸ᄒᆞ여 방고냥을 위ᄒᆞ여 싱일잔치ᄒᆞ미어니와 (今兒是衆人公分給大爺洗塵, 順帶着給芳姑娘做生日.) <홍부 11:41> 금일의 챠환등이 옥대야롤 위ᄒᆞ여 츌념ᄒᆞ여 졉풍ᄒᆞ딕 츄슈당의셔 셔영반 희ᄌᆞ롤 블너드려 몃 곡죠 희ᄌᆞ롤 부르게 ᄒᆞᄂᆞ니 (今一丫頭們公分給玉大爺洗塵, 在秋水堂, 叫瑞寧班進來唱幾出戲.) <홍부 10:70>

【졋뎐녜】 명 ((지리)) 체티녜(Cetinje). 몬테네그로에 남서부에 위치한 도시. 한때는 몬테네그로의 수도였으며 문화의 중심지였다. (외래어).¶ 국톄를 의론컨대 님금이 계시고 정ᄉᆞᄂᆞᆫ 빅셩들이 쥬장ᄒᆞ며 도셩을 의론컨대 일홈이 졋뎐녜니 나라 남편이며 국셰ᄂᆞᆫ 약ᄒᆞ며 <사필1889-헐버트 65>

【졋만다온】 명 ((지리)) 저먼타운(Germantown). (외래어).¶ 졋만다온 (遮曼莊 Germantown) <만국통감1912, 4, 17>

【졍경-ᄒᆞ-】 형 정경(正經)하다. (품행이나 태도가) 올바르다. 단정하다. 성실하다. '정경(正經)'은 사람으로서 행하여야 할 바른 길이라는 뜻임. (중국어 간접 차용어).¶ 正經 ‖ 대내내가 별노이 련이내내의 단 것 먹는 거술 고이히 너기지 말나 나 보기의 이야가 너모 졍경치 못ᄒᆞ니 (大奶奶也別單怪璉二奶奶吃醋, 我看那個二姨兒也就不大正經.) <속홍 1:60> 다만 헛된 말만 ᄒᆞ고 졍경ᄒᆞᆫ 말은 업소 (竟說瞎話, 沒正經說.) <화정 105> ☞ 졍직ᄒᆞ-

【졍근】 명 정근(正根). 정신(精神). (일본어 간접 차용어).¶ ※ ᄀᆞ장 츼ᄒᆞ오되 正根을 계요 출혀 <첩해-초 3:18b>

【졍당-이】 부 정당(停當)이. 사리(事理)에 합당(合當)하게. (중국어 간접 차용어).¶ 停當 ‖ 이ᄶᅴ 임의 오경이라 ᄉᆞ람이 다 잠을 ᄭᅵ엿쓸 거시니 금일은 ᄒᆞ슈치 못홀 것시오 다만 일을 졍당이 홀 것시니 ᄒᆞᆫ날을 머무름이 블방ᄒᆞ다 (此時已是五鼓, 人皆睡醒, 今日莫要下手了. 只要事情做得停當, 多住一日不妨.) <녹모 3:143> ᄌᆞ리화상이 일 가음아는 승인으로 ᄒᆞ여곰 창고의 너허 일ᄋᆞ히 졍당이 슈습ᄒᆞ고 즁인을 도라보닉ᄂᆞᆫ지라 (自利和尙叫管事僧或上倉或入廩, 都一一收拾停當, 打發了衆人.) <후서유 6:73-12> ※ 아야 닉 ᄯᅩ 실노 아지 못ᄒᆞ엿노라 그러면 곳 通事들을 불너 貢物롤다가 수습ᄒᆞ기롤 停當이 ᄒᆞ야 맛치 가기가 조타 (噯喲, 我却是寔在不知道咧. 那麽就叫通事們, 把貢物拾得停當纔好走.) <화계 하:13b> ⇒ 졍당히

【졍당-ᄒᆞ-】 형 정당(停當)하다. 사리에 맞다. 합당하다. (중국어 간접 차용어).¶ 쇼인이 비록 군ᄉᆞ의 명회 이시나 지죄 업기로 ᄡᅡ홈의 단닌 젹이 업습더니 디금 븍히 군졸이 병드니 만키로 쇼인을 졍당타 ᄒᆞ고 보닉더이다 <임화 27:39> ▼停妥 ‖ 쥬식뷔 임의 봉져로 더브러 샹의ᄒᆞ기롤 졍당케 ᄒᆞ여시미 다만 한 마듸도 은일지 아니ᄒᆞ고 드듸여 왕부인긔 밝히 고ᄒᆞ니 (周瑞家的是已和鳳姐等人商議停妥, 一字不隱, 遂回明王夫人.) <홍루 77:14> ⇒ 뎡당ᄒᆞ-, 졍당ᄒᆞ-

【졍당-히】 부 정당(停當)히. 사리(事理)에 맞게. (중국어 간접 차용어).¶ 停 ‖ 다만 보믹 즁인이 모다 보옥을 위ᄒᆞ여 치료ᄒᆞ기롤 졍당히 ᄒᆞᄂᆞᆫ지라 (只見衆人都替寶玉療治. 調停完備.) <홍루 33:57> ▼停當 ‖ 죠익금이 나의 후은을 바다시니 져롤 부려 힝ᄉᆞ케 ᄒᆞ면 혜아리건디 졍당히 홀 듯ᄒᆞ도다 (諒他思我恩深重, 差他作事諒停當.) <옥천-수경 4:29a> 이윽ᄒᆞ여 대쇼 샹ᄌᆞ 네 기롤 모다 졍당히 묵고 외면의 두어 기 보ᄌᆞ의 ᄡᆞᆫ 신변 의복을 머물너 두며 (一會兒將大小四只箱子俱捆縛停當, 外面留着兩個包袱, 帶的隨身衣服.) <홍부 5:68> 노태태긔셔 림고냥의 관지롤 졍당히 쥰비ᄒᆞ엿ᄂᆞ냐 (老太太問林姑娘東西備停當了沒有?) <홍보 1:57> 내 임의 모든 슈식을 필갑 쇽의 너허 잠으고 의복보로 ᄡᅡ셔 졍당히 슈습ᄒᆞ엿ᄂᆞ니 (我已將一切首飾鎖在匣中用衣包扎縛停當.) <재생 12:33> 힝쟝을 졍당히 슈습ᄒᆞ고 뉵월 초싱의 긔신ᄒᆞ딕 (行裝已束多停當, 六月初頭要起身.) <재생 13:21> 내 임의 관지롤 졍당히 예비ᄒᆞ고 고군도 모다 회집게

ᄒᆞ여시니 (我已板木豫備停當, 人夫亦皆齊集.) <재생 26:13> ▼妥當 ‖ 임의 션ᄉᆡᆼ과 동ᄒᆨ 붕우의게 하직ᄒᆞ고 ᄒᆞᆨ당의 일졀 믈건은 모다 니귀롤 맛겨 정당히 슈습ᄒᆞ여 가지고 도라왓ᄂᆞ이다 (已辭謝了先生幷同窓朋友, 學堂裏一切物件全交李貴收拾妥當, 俱帶回來.) <홍부 24:77> ▼方便 ‖ 쵸더야 너 또ᄒᆞᆫ ᄉᆡᆼ각건디 네 비록 팔구십 셰 된 늙은 ᄉᆞ롬이나 나롤 ᄉᆞ후ᄒᆞ믄 필경 정당히 못ᄒᆞ고 (焦大, 我也想來, 你雖是個八九十歲的老頭子, 伺候我到底不方便.) <보홍 2:30> 분비롤 경당히 ᄒᆞᆫ 후의 빅운싱이 ᄌᆞᆼ인으로 ᄒᆞ여곰 나가 황화진 안의 경결ᄒᆞᆫ ᄀᆡᆨ뎜을 경케 ᄒᆞ더니 (安排妥協, 芸生叫從人出去, 在黃花鎭打店.) <충소 17:69> ▼調停 ‖ 다만 보미 즁인이 모다 보옥을 위ᄒᆞ여 치료ᄒᆞ기롤 경당히 ᄒᆞᄂᆞᆫ지라 (只見衆人都替寶玉療治. 調停完備.) <홍루 33:59> 쫄녀거든 갑슬 경당히 부르시오 <교린-교정 223> ⇒ 뎡당이, 경당이

【경당-ᄒᆞ-】 ⓗ 정당(停當)하다. 사리에 맞다. 합당하다. (중국어 간접 차용어).¶ 경당ᄒᆞ다 (交割) <수호-연세 9b-9> 경당ᄒᆞ다, 又止寂ㅣ. (消停) <서유-연첩 32a> ▼宜 ‖ 경원을 농셩으로 드리현즉 북방의 비포ᄒᆞ미 정당ᄒᆞ고 민폐 업ᄉᆞ리이다 (縮慶源於龍城則北方布置得宜, 而民弊盡去矣.) <조기-서변정토 4:133> ▼停當 ‖ 대개 남북편 돌노 쓰기와 동셔편 흙으로 ᄡᅡ기롤 귀일ᄒᆞ와 경당ᄒᆞ온 연후의야 니두 공역의 쳘애지단이 업ᄉᆞ올 듯ᄒᆞᄋᆞᆸ고 또 셩 졔도로 니ᄅᆞ와도 치쳡과 쵸뤼 새의 놀개와 술위의 박회 ᄀᆞᄐᆞ와 가히 혹도 폐치 못ᄒᆞ올 거시라 (蓋南北邊石城及東西邊土築歸一, 停當然後, 來頭工役似無掣碍之端. 且以城制言之, 雉堞譙樓, 便若鳥翼車輪, 不可或廢.) <정의-화성 40:7b> 니입이 몃 벌이 되오며 각쳐 분좌건이 또ᄒᆞᆫ 몃 벌이 되올디 이제 밋처 경당ᄒᆞ온 연후에 가히 혜아려 슈정ᄒᆞᆯ 거시오매 감히 알외ᄂᆞ이다. (而內入之爲幾件, 各處分上之亦爲幾件, 趂今停當, 然後可以酌量修正, 故敢此仰達矣.) <정의-화성 48:54a> 스승님은 염녀도 마ᄅᆞ쇼셔 노ᄉᆞᆫ이 볼셔 됴토록 경당ᄒᆞ여시니 (莫嚷! 我已打點停當了.) <서유-연세 12:2> 말이 오히려 맛지 못ᄒᆞ여셔 모든 쇼동들이 갈팡질팡 반일이나 버려 놋터니 그제야 경당ᄒᆞ게 ᄎᆞ리고 좌셕의 도라가니 (說未了, 衆小厮七手八脚擺了半天, 方纔停當歸坐.) <홍루 26:63> 의논을 경당ᄒᆞᆫ 후의 관공이 관하의 당ᄒᆞ엿다 ᄒᆞ거놀 한복이 활을 지여 들고 일천군을 거ᄂᆞ리고 관의 ᄂᆞ와 문왈 (商議停當, 人報關公車仗已到. 韓福彎弓揷箭, 引一千人馬, 排列關口, 問.) <삼국-국중 6:64> ▼正經 ‖ 경당ᄒᆞᆫ 말이 잇스면 웨 말ᄒᆞ지 안슴닛가 (有正經的話, 爲甚麽不說?) <지나-송화압경 240> ※ 停當ᄒᆞ다 (停當) <역보-쇄설 53b> <중화-한고 쇄설> 피ᄎᆞ 서로 이리 停當ᄒᆞ온 후 些少 疑心이 업ᄉᆞ온 後에야 大事 되올 거시니 大節目만 잡[으]시고 其餘 小節으란 걸니ᄢᅵ디 마ᄅᆞ시게 ᄒᆞᄋᆞᆸ쇼셔 <조선어역-103 1750 2:37a> 그 後의 連ᄒᆞ여 三度 書契를 내여 아조 停當ᄒᆞ기ᄂᆞᆫ 朝鮮 사ᄅᆞᆷ의 글시로 朝鮮 죵의예 朝鮮 圖書가 아니요 朝鮮셔 시기신 일이 아니오니잇가 <대마도종가-105[구상서] 오다 이쿠고로1807.6.16 ↓동래부사> ⇒ 뎡당ᄒᆞ-, 정당ᄒᆞ-

【졔김】 ⓜ ((문서)) 제음(題音). 백성의 소장이나 원서 따위에 쓰던 관부의 판결이나 지령을 의미하며 소송장, 고소문, 진정서 등에 대한 판결문을 가리킴. (이두어).¶ 졔김, 俗稱"粟帖". (帖) <사해 하:15a> ⇒ 뎨김 ☞ 졔음, 지가, 지겨

【졔음】 ⓜ ((문서)) 제음(題音). 제김. 백성의 소장이나 원서 따위에 쓰던 관부의 판결이나 지령을 의미하며 소송장, 고소문, 진정서 등에 대한 판결문을 가리킴. (이두어).¶ 우근언 지원극통ᄉᆞ단은 녀의신 ᄉᆡ서고모 뉴과녀 븐지ᄉᆞ로 의숑 경ᄒᆞ와 졔음니 븐지ᄒᆞᆫ 것 쥬고 아니 쥬기ᄂᆞᆫ 외히려 셰고라 냥반위명ᄒᆞ고 ᄉᆞ모 구츅ᄒᆞᆫ 일이 뉸상의 계관ᄒᆞ니 일ᄉᆞ ᄉᆞ보ᄒᆞ라 <구례 뉴풍천 ᄉᆞᆫ부 조씨 원정1816> 류과녀의 의송 졔음으로 보와도 분지ᄂᆞᆫ 셰고라 고모 구축이라 ᄒᆞ엿ᄉᆞ오니 아모리 하방이온들 냥반 위명ᄒᆞᄋᆞᆸ고 ᄒᆞᆫ 번 이 범과를 ᄒᆞᄋᆞᆸ고 죽으면 다시 신셜ᄒᆞᆯ 셔 업습기로 <獄囚 류진억의 쳐 조시 원정1816> 니싱원더러 ᄉᆞ초ᄂᆞᆫ ᄒᆞ라 ᄒᆞᄋᆞᆸ기에 小人이 의송을 경ᄒᆞ온즉 졔음 니예 비록 상한의 뵈나 파노지ᄉᆞ오 <소록 국한-1631> ☞ 뎨김, 졔김, 졔음, 지가, 지겨

【졔졔】 ⓜ ((인류)) 저저(姐姐). '누님'을 달리 이르는 말. 중국어 간접 차용어.¶ 姐姐 ‖ 십슈롤 화답ᄒᆞ여 보내면 뎌의 아름다온 ᄯᅳᆺ을 져ᄇᆞ리디 아니려니와 다만 졔졔 아ᄂᆞ니 쇼뎨 시ᄉᆞ롤 비호디 못ᄒᆞ여시니 져져ᄂᆞᆫ 날을 위ᄒᆞ야 뎌작ᄒᆞ믈 허ᄒᆞᆯ소냐 (若得和十首答他, 方不負其美意. 但姐姐知道父親有誡, 不許兄弟學詩. 今日如何和得他詩來? 除非姐姐代兄弟爲之方好, 不知姐姐可有此興?) <화도-여초 1:43b> ⇒ 져져

【젠이바-셩】 ⓜ ((지리)) 제네바(Geneva城). 스위스 남서쪽 끝에 있는 도시. 레만 호에서 나오는 론 강의 출구에 있으며 독일, 프랑스, 이탈리아 3국을 연결하는 요지로 국제 활동의 중심지이다. (외래어).¶ 드듸여 프란스 동북 가헤 잇는 젠이바셩 안헤 여러 히를 거ᄒᆞ며 셩경을 쏫차 의지ᄒᆞ야 <만국통감1912 4, 25>

【조개-차우더】 ⓜ ((음식)) 클램차우더(clam chowder). 조갯살 스프. (외래어).¶ 조개 차우더(여섯 사람분) ‖ 뻬콘 (네모로 두겁게 써러 지진 것) 1조각 큰 파 (써러 뻬콘 기름에 너어 누럿케 지진 것) 2개 우유 2잔 감자 (써러 설 삶은 것) 2잔 소다 ½쇼슈가락 흰밥 2잔 당근 (점이고 설 삶은 것) 1잔 긴콩 (삶은 것) 2잔 일년감 (삶은 것) 2잔 옥슈슈 1잔 소곰과 호쵸가루 약념할 만콤 우유와 소다와 소곰과 호쵸 외에 다 함끠 삶아셔 삶은 조개 2잔을 너코 다시 10분 동안을 끌일 째에 몬져 소다를 너코 그 다음에 우유를 타고 그 후에는 끌이지 말고 소곰과 호쵸를 타셔 먹을 것 <서요 14>

【조구】 ⓜ ((인류)) 오구(烏龜). '조'는 '오(烏)'자의 오독

임. 원래는 거북이란 뜻으로 오쟁이 진 남자 또는 고자의 뜻으로도 쓰임. (중국어 간접 차용어).¶ 烏龜 ‖ 녀ᄋᆞ의 슬픈 거ᄉᆞᆫ 산ᄋᆞ희의게 싀집가니 이ᄂᆞᆫ 조귀[남ᄌᆞ의 양물 업ᄂᆞᆫ 거시라]러라 (女兒悲, 嫁了個男人是烏龜.) <홍루 28:73>

【조든】 명 ((지리)) 요르단강(Jordan 江). 서아시아 요르단 서쪽을 흐르는 강. 안티레바논 산맥 남부의 헤르몬(Hermon)산에서 시작하여 사해(死海)로 흘러든다. (외래어).¶ 디형을 의론컨대 셔북에 산이 만흐니 셔에는 시나이란 산과 [모서 소셩이 하ᄂᆞ님의 십계를 밧ᄌᆞᆸ던 산] 험안이란 산과 조든이란 강이 잇고 [이 강은 텬하에 유명ᄒᆞᆫ 강이니 야소 그리스도 사시던 곳] 북에는 더럿스와 아라랏이란 산 [이 산은 홍슈 후에 노아 셩인의 ᄇᆡ가 ᄂᆞ려 노히던 곳] 이 잇고 동에는 타이그리스와 유프레듸스ㅣ란 강이 [이 두 강ᄉᆞ 근쳐에 사ᄅᆞᆷ의 시작 조샹이 나 계시더니라] 베시아 하슈로 드러가고 <사필1889-헐버트 97>

【조라치】 명 ((인류)) 조라치. 고려시대 무관의 직책. 또는 군악수. 중세몽고어 차용어.¶ 조라치 ‖ 宣傳官廳의 下隷 (吹螺赤). <조선어-총 750> 조라치 ‖ 선전관청에 딸렸던 어전의 악공. <조선어-문> ※ 忠惠王後五年五月, 罷內乘鷹坊, 會入仕者, 七品以下九品以上, 分屬忽只四番, 隊正散職, 分屬詔羅赤、八加赤, 巡軍四番. <고려사 81:18> 照剌赤, 掃除闕庭者號也. <세종실록-122 30:12:신유> 照剌赤, 乃闕內涓人之號. <성종실록-157 14:8:병자> 內三廳下隷, 號照羅赤, 內三廳下隷, 號照羅赤, 此當因襲高麗之舊, 麗世多習畏兀語, 照羅赤者, 必蒙語也. <열하일기 구외이문> ⇒ 됴라치, 죠라젹

【조랑】 명 ((인류)) 조랑(鳥娘). 여자를 욕하는 말. (중국어 간접 차용어).¶ 어ᄂᆡ 곳 일기 조랑이 잇셔 삼오십 년 잠 못 잔 거시라 져러틋 ᄆᆡ여 지워도 오히려 ᄭᆡ지 아닛ᄂᆞ다 (不知何處來這鳥娘入的, 三五十年不睡哩, 捆得緊緊地只是不醒.) <선진 10.25>

【조롱태】 명 ((조류)) 새매. 쇠황조롱이. 암컷은 사냥매로 기름. 함남, 황해 방언. '조롱태(turimtai /turumtai /durimtai)'는 중세몽고어 차용어.¶ 似鷹而小, 捕雀, 새매·조롱태 ([鳥+戎]) <신자 4:49b> ⇒ 도롱태, 도롱틱, 도롱태, 되롱태, 되롱틱, 됴롱태, 됴롱틱, 조롱틱, 죠롱, 죠롱태, 죠롱틱

【조롱틱】 명 ((조류)) 새매. 쇠황조롱이. 암컷은 사냥매로 기름. 함남, 황해 방언. '조롱틱(turimtai /turumtai /durimtai)'는 중세몽고어 차용어.¶ 조롱틱 (隼) <물명-류씨 1> 싀푸리라 ᄒᆞᄂᆞᆫ ᄃᆡᄂᆞᆫ 온갓 ᄉᆡ가 다 잇고나 당ᄃᆞᆰ ᄃᆡᄃᆞᆰ 오리 게우 ᄒᆡ동쳥과 조롱틱며 각식 소리 빅셜됴며 ᄭᅬ고리의 굴독식며 말 줄ᄒᆞᄂᆞᆫ 잉무식며 곱고 고은 공작시라 <연행-무자> ⇒ 도롱태, 도롱틱, 도롱태, 되롱태, 되롱틱, 됴롱태, 됴롱틱, 조롱태, 죠롱, 죠롱태, 죠롱틱

【조셋도】 명 ((복식)) 조젯(georgette ジョーゼット). 1914년 프랑스의 조젯부인이 선보여 화제가 되었던 의상으로, 여름에 여성복으로 입는 얇은 옷감. (일본어 차용어).¶ 본견 조셋도 단의 ᄎᆞ 일 인견 별문 단의 지어 일 <물목1938 ᄃᆡ발> 조셋도 하의 일 은쇡 싱수 하의 일 남쇡 하의 일 은쇡 지리명 하의 일 지리명 하의 일 흑쇡 하의 일 <물목-진명4 의농> ⇒ 됴싓, 됴싓도, 조셋도, 조시도, 조시쏘, 조싓도, 죠신쏫, 죠싓도

【조셋도】 명 ((복식)) 조젯(georgette ジョーゼット). 1914년 프랑스의 조젯부인이 선보여 화제가 되었던 의상으로, 여름에 여성복으로 입는 얇은 옷감. (일본어 차용어).¶ 분홍 본견 국ᄉᆞ 치마 ᄎᆞ 일 옥쇡 본견 조셋도 치마 ᄎᆞ 일 회쇡 유문 진ᄶᆞ 무ᄉᆞ견 치마 ᄎᆞ 일 안쥬 항나 진ᄉᆞ 치마 ᄎᆞ 일 회쇡 셰루 치마 ᄎᆞ 일 흑쇡 셰루 치마 ᄎᆞ 일 <물목-3 1938 ᄃᆡ발> 흑쇡 조셋도 치마 ᄎᆞ 일 슈박쇡 인견 치마 ᄎᆞ 일 양쇡 보라 치마 ᄎᆞ 일 …본견 조셋도 단의 ᄎᆞ 일 <물목1938 ᄃᆡ발> 미쇡 민고 후랏도 치마 ᄎᆞ 일 흑쇡 조셋도 치마 ᄎᆞ 이 … 모슈 단의 ᄎᆞ 일 조셋도 ᄎᆞ 일 <물목 한옥선119-431> ⇒ 됴싓, 됴싓도, 조셋도, 조식도, 조싓도, 죠신쏫, 죠싓도

【조식도】 명 ((복식)) 조젯(georgette ジョーゼット). 1914년 프랑스의 조젯부인이 선보여 화제가 되었던 의상으로, 여름에 여성복으로 입는 얇은 옷감. (일본어 차용어).¶ 회쇡 조식도 진품 ᄒᆞ이 일 양쇡 교쥭 ᄒᆞ이 일 회쇡 교쥭 ᄒᆞ이 일 언쇡 명주 ᄒᆞ이 일 수박쇡 인조 ᄒᆞ이 일 언쇡 보이로 ᄒᆞ이 일 언쇡 수인 ᄒᆞ이 일 <물목-의암 11:12:27> ⇒ 됴싓, 됴싓도, 조셋도, 조식도, 조셋도, 조시도, 조시쏘, 조싓도, 죠신쏫, 죠싓도

【조ᄉᆞ】 명 ((인류)) ((문서)) 조이[召史]. 여항(閭巷) 여자의 호칭. 호적 등의 고문서에 결혼한 여자를 보통 '召史'라고 적었음. (이두어).¶ 무진년 해평에 사는 김조사가 동주에게 발급한 원정 우 원정 정유의딴은 矣女은 장첨지 소싱 녀식이옵더니 친정이 무후ᄒᆞ옵고 여간 젼도가 잇ᄉᆞ와 矣女가 뭇처 믹ᄉᆞᆸ고 외손봉ᄉᆞ을 누년ᄒᆞ옵더니 <해평에 사는 김조사가 동주에게 올린 원정 1868/1928> ⇒ 소사, 소ᄉᆞ, 조의, 조ᄒᆞ, 조회, 조이, 죄인, 죠사, 죠인

【조시도】 명 ((복식)) 조젯(georgette ジョーゼット). 1914년 프랑스의 조젯부인이 선보여 화제가 되었던 의상으로, 여름에 여성복으로 입는 얇은 옷감. (일본어 차용어).¶ 양쇡 조시도 치마 ᄎᆞ 일 양쇡 시리미이 치마 ᄎᆞ 일 양달뎡반물 치마 ᄎᆞ 일 씨슈오리 흑쇡 치마 ᄎᆞ 일 오바[빠]루 풀쇡 치마 ᄎᆞ 일 모슈 옥쇡 진솔 치마 ᄎᆞ 일 <광주(光州) 노재효(盧載孝) 물목1947.5.3 한옥선152-198> ⇒ 됴싓, 됴싓도, 조셋도, 조시쏘, 조싓도, 죠신쏫, 죠싓도

【조시쏘】 명 ((복식)) 조젯(georgette ジョーゼット). 1914년 프랑스의 조젯부인이 선보여 화제가 되었던 의상으로, 여름에 여성복으로 입는 얇은 옷감. (일본어 차용어).¶ 소라쇡 바린슈 치마 ᄎᆞ 조시쏘 판빅이 치마 ᄎᆞ 노방쥬 치마 ᄎᆞ 빅쇡 노야루 치마 ᄎᆞ 밤쇡 빈비루 치마 ᄎᆞ ᄌᆞ쥬 빈비루 치마 ᄎᆞ 보라쇡 빈비루 치마 ᄎᆞ 인조 쑥쇡

치마 ᄎᆞ 즈쥬 ᄉᆞ딩 치마 ᄎᆞ 분홍 신직구 치마 ᄎᆞ <물목 1954 한옥선108-122> ⇒ 됴쉿, 됴쉿도, 조셋도, 조시도, 조시또, 조쉿도, 죠신뜻, 죠쉿도

【조쉿도】 명 ((복식)) 조젯(georgette ジョーゼット). 1914년 프랑스의 조젯부인이 선보여 화제가 되었던 의상으로, 여름에 여성복으로 입는 얇은 옷감. (일본어 차용어).¶ 진옥식 슈란 본견 조쉿도 쳐마 ᄎᆞ 일 남식 오빠류 본견 쳐마 ᄎᆞ 일 옥식 명쥬 쳐마 ᄎᆞ 일 …양식 인견 노바류 슈란 쳐마 ᄎᆞ 일 …풀식 교쥬 빠리슈 쳐마 ᄎᆞ 일 <물목-우한-1 1916 단슈> 옥식 조쉿도 치마 ᄎᆞ 일 분홍 조쉿도 치마 ᄎᆞ 일 빗츄식 조쉿도 치마 ᄎᆞ 일 모슈 옥식 치마 ᄎᆞ 일 싱명쥬 옥식 치마 ᄎᆞ 일 <물목-아모레 1941> 앙고식 오빠루 조쉿도 겹져구리 ᄎᆞ 일 하늘식 오바루 조쉿도 겹져구리 ᄎᆞ 일 빅식 츈광ᄉᆞ 겹져구리 ᄎᆞ 일 옥식 단ᄉᆞ 겹져구리 ᄎᆞ 일 양회식 단ᄉᆞ 겹져구리 ᄎᆞ 일 송화식 단ᄉᆞ 겹져구리 ᄎᆞ 일 <물목-한고 1941> ⇒ 됴쉿, 됴쉿도, 조셋도, 조식도, 조셋도, 조시도, 조시또, 죠신뜻, 죠쉿도

【조의】 명 ((인류)) ((문서)) 조이[召史]. 여항(閭巷) 여자의 호칭. 호적 등의 고문서에 결혼한 여자를 보통 '召史'라고 적었음. (이두어).¶ 동싱도 큰덕 죵을 겨집죵 둘 ᄉᆞ나히죵 ᄒᆞ나흘 브니옵더니 겨집죵은 다 죽엇ᄉᆞ오되 놈대되 도망과 죽으니놀 혜매 두 비즈는 신비노 혜고 실노 ᄒᆞᆫ나히 업ᄉᆞ 조의 ᄌᆞ식이 왓습 <해남윤씨댁 유정린이 누나 전주유씨에게 보낸 분재편지1644> ⇒ 소사, 소ᄉᆞ, 쇼사, 조ᄉᆞ, 조이, 죄인, 죠사, 죠인 ☞ 쟈근조시

【조이】 명 ((인류)) 조이[召史]. 양민의 아내 또는 과부.¶ 여항(閭巷) 여자의 호칭. 호적 등의 고문서에 결혼한 여자를 보통 '召史'라고 적었음. (이두어).¶ 召史 ‖ 召史 ㅇ조이, 閭巷女人之稱號. <진람 15b> 良女之稱, 조이(召史) <광보-1 인도:1a> 조이 주검을 구호되 몯 어더 두던늘 ᄀᆞᆺᄒᆞ야 우다가 인ᄒᆞ야 므릐 빠뎌 주그니라 (召史求屍不得, 並岸號哭, 仍投水死.) <동신-열 1:86b> 조이 손가락을 그처 뼈 머키더니 믿 주그매 거상을 아홉 히놀 ᄒᆞ니라 (召史斷指以服之, 及歿居喪九年.) <동신-열 3:33b> 뎡조이는 신녕현 사름이니 졍병 뎡응긔의 체라 왜적의 자핀 배 되여 오시며 치매 다 믜여디되 구디 버으리와ᄃᆞ니 도적기 주기다 금상됴애 졍문ᄒᆞ시니라 (鄭召史新寧縣人, 正兵丁應期妻也. 爲倭賊所執, 衣裳盡裂, 堅拒之, 賊殺之. 今上朝, 旌門.) <동신-열 7:24b> 김조이는 군위현 사름이니 향니 박튱렬의 체라 왜적의 핍박ᄒᆞᆫ 배 되여 짜흘 븟들고 분ᄒᆞ여 ᄭᅮ지ᄌᆞ니 ᄆᆞᄎᆞᆷ내 도적의 칼헤 죽다 금샹됴애 졍문ᄒᆞ시니라 (金召史軍威縣人, 鄕吏朴忠烈妻也. 爲倭賊所逼, 據地奮罵, 竟死賊刃. 今上朝, 旌門.) <동신-열 7:27b> 조이 남글 븓들고 눈을 브릅더 ᄭᅮ지저 ᄀᆞᆯ오디 <동신-열 7:61b> 조이 놉게 소리ᄒᆞ여 어미를 구ᄒᆞ더니 <동신-열 7:40b> 조이 도적을 ᄭᅮ짇고 굴티 아니코 죽다 <동신-열 7:30b> 조이는 쳥쥐 사름이니 남방듀의 겨집이라 <동신-열7:63b> 적기조이만 주기니 그 어미는 살믈 어드니라 <동신-효 8:7b> 가경 니십연(올히) ᄉᆞ월 일 젼 명문 우 명문ᄉᆞ짠은 서부 젹션방 즁츄부 니에 복지 초가 니간 공터 니간 가가 오간 곳을 김복쇠 처의 믜득 거싱니다가 우인 젼의 셰미 젼문 니십 양을 봉샹니고 본문긔 일도 셰문긔 일도 아울로 우신 젼의 젼당ᄒᆞ고 한즉 명연 삼월 닉로 환보차상 약ᄒᆞ오되 만일 잡담즉 ᄎᆞ 문긔로 고관변졍ᄉᆞ라 집쥬 강조이 (수촌) 증인 김득경 (수결) 필집 김건국 (수결) <강여인이 김복쇠에게 발급한 가사전답 명문-금요 1815> ⇒ 소사, 소ᄉᆞ, 쇼사, 조ᄉᆞ, 조의, 조흐, 조회, 죠사, 죠인 ☞ 쟈근조시

【조ᄌᆞ】 명 ((기물)) 탁자(桌子). 상(床). 자리. '조ᄌᆞ(桌子, zhuōzi)'는 중국어 직접 차용어.¶ 卓子 ‖ 캉 우히 노코 음식 먹는 탁ᄌᆞ는 기릐 석 자흔 ᄒᆞ고 너비는 길의셔 삼분디이는 ᄒᆞ고 노퓌는 상노퓌만은 ᄒᆞ니 이롤 닐온 조지라 (食卓炕上所設, 其長僅三尺, 高六七寸, 廣不及長三之一, 是謂卓子.) <연행-노가재 1:16b> 여돕 먹는 조ᄌᆞ (八仙卓子) <역보-기구 43a> ▼桌子 ‖ 노지 믄득 ᄉᆞ미로죠추 짬 싯는 슈건을 닉여 조ᄌᆞ의 펴노흐며 졉시의 남은 바 소곰 져린 콩의 뉴롤 진슈히 ᄡᅳ어 ᄉᆞ미의 너흐며 삼인을 향ᄒᆞ야 왈 (老者立起, 從身上取下一塊汗巾, 鋪在桌上, 把碟內所剩鹽豆之類, 盡數包了, 揣在懷中.) <경화 5:92> 조ᄌᆞ를 가져다가 여러 과실을 다 버리라 (拿卓子來各樣果子都擺着.) <한어-한고 30b> ▼桌 ‖ 금운이 임의 허다 치식 졉시롤 가져 여러 조ᄌᆞ에 버리니 벽지 문득 네ᄌᆞ로 션ᄌᆞ롤 가져 왈 (只見錦雲又命丫鬟取了許多畵碟擺在各桌.) <경화 19:67> 앗가는 스믈 다섯 조ᄌᆞ롤 버렷더니 이제는 문득 열세 조ᄌᆞ는 업시ᄒᆞ고 다만 열두 조ᄌᆞ롤 노ᄒᆞ 동으로부터 셔흐로 두 줄노 돌나 안ᄌᆞ야 비로소 쥬령을 힝ᄒᆞ미 편ᄒᆞ리이다 (若照早間二十五桌分五排坐了, 不知這令如何行法. 據我主意: 必須減去十三桌, 只消十二桌, 由東至西, 分兩行團團坐了, 方好行令.) <경화 20:71> ▼席 ‖ 변야흐로 교의 일빅과 조ᄌᆞ 스믈 다섯슬 버려 ᄒᆞᆫ 조ᄌᆞ의 네 사름식 안ᄌᆞ 빅 사름에 ᄌᆞ리롤 분비ᄒᆞ더니 (卞濱命人把這二十五席正面向南, 由東至西, 分做五行擺開, 每行五席, 每席四坐.) <경화 18:74>

【조ᄌᆞ-상】 명 ((기물)) 탁자상(卓子床). 탁자. 물건을 올려놓기 위하여 책상 모양으로 만든 가구를 통틀어 이르는 말. '조ᄌᆞ(卓子, zhuōzi)'는 중국어 직접 차용어.¶ 卓子 ‖ 卓, 華音조, 俗言卓子床조ᄌᆞ상, 高足床也. 八仙卓子팔션조ᄌᆞ, 多人會食之盤, 一作交子床. <명물-기용 3:5b>

【조쾌】 명 ((인류)) 조쾌(皂快). 포졸(捕卒). (중국어 간접 차용어).¶ 皂快 ‖ 미공지 엇디 즐겨 머리를 들니오 졈졈 짜히 ᄂᆞᆺ출 다혀 업되거눌 마유덕이 조쾌로 ᄒᆞ여곰 붓드러 닐의혀라 ᄒᆞ니 (梅公子不肯擡頭, 馬有德叫皂快扶起.) <성풍 3:17> ▼廣捕 ‖ 조쾌롤 내여 두로 ᄎᆞ자면

포도ᄂᆞᆫ 슈단이 뉴의 어려오니 사ᄅᆞᆷ이 하ᄂᆞᆯ ᄀᆞ의 숨어셔도 능히 ᄎᆞ자 잡ᄂᆞ니 (要他先出廣捕, 捕着就好了. 那廣捕的手段好不厲, 憑你躲到天邊去也會搜着哩.) <성풍 5:80> 조쾌 사ᄅᆞᆷ 잡기 닉어 비록 ᄂᆞᆺ촐 몰나도 힝지 슈상ᄒᆞ면 믄득 소릐 딜너 저혀 보니 (大凡捕快最有眼力, 小貫于冷處窺人. 若有一點虛心, 劈空一喝.) <성풍 5:81> ▼捕快 ‖ 이때예 풍쇼졔 사ᄅᆞᆷ의게 잡혀갓가다 조쾌 ᄎᆞ자왓단 말 듯고 현 압히 사ᄅᆞᆷ이 뫼ᄌᆞ티 메여와 굿보거ᄂᆞᆯ (此時縣門首挨擠不開, 道是馮小姐被人搶去, 捕快捉回, 好不稀奇.) <성풍 5:83> 디현이 ᄒᆞ여곰 ᄶᅩ차 내티라 ᄒᆞ니 모든 조쾌 일시예 ᄶᅳ으거니 밀거니 대문 밧ᄀᆞ지 ᄶᅳ어내티니 (知縣道: '皂快!' 三兩箇皂快, 推的推, 扯的扯, 皂快了出去.) <성풍 7:7>

【조훠】 명 ((복식)) 조화(朝靴). 조회에 나아가 하례할 때 신는 신. '훠(靴, xuē)'는 중국어 직접 차용어.¶ 조훠(朝靴) <화초-복식 14a> ▼朝靴 ‖ 프른 비단 울의 분칠ᄒᆞᆫ 바닥 격은 조훠ᄅᆞᆯ 신어시니 (登着青緞粉底小朝靴.) <홍루 3:72> ※ 朝靴 ‖ 머리에 金 투구 ᄡᅳ고 몸에 金 갑옷 닙고 발에 朝靴를 신고 각각 허리에 七寶ᄒᆞᆫ 環刀를 ᄎᆞ고 손에 畵戟을 가지고 (頭戴金盔, 身穿金甲, 脚登朝靴, 各自腰帶七寶環刀, 手持畵戟.) <박신 3:35a> 네 져 箱子ᄅᆞᆯ 열고 官服과 朝靴ᄅᆞᆯ 가져다가 다 밧긔 두고 쇽의 두지 말아 갈 ᄯᅢ의 手忙脚亂치 안케 ᄒᆞ여라 (你開那箇箱子, 拿出官服朝靴來, 都擱得外邊, 別擱裏頭, 臨走時候兒, 不用手忙脚亂罷.) <화계 하:13b>

【조회-푸리】 명 ((상업)) 종이포리(-鋪裏). 종이 가게. '푸리(鋪裏, pùli)'는 중국어 직접 차용어.¶ 조회푸리 볼작시면 분지 죽지 티ᄉᆞ지며 판의 박은 시젼지며 오식궁젼 빅노지와 니금ᄲᅮ리 잉금젼지 억숭틸슈 능화지며 분당지며 쳔연지와 모호지며 문보라지 <연행-병인> ☞ 죠히푸ᄌᆞ

【족기】 명 ((복식)) 조끼(チョッキjaque). 겉옷이나 양복저고리 밑에 입는 소매가 없는 웃도리옷. (포루투칼어에서 차용된 일본어 차용어).¶ 족기 (背心) <만통-의복 406> ▼砍肩兒 ‖ 족기 (砍肩兒) <자통-의복 406> 이 족기는 시톄 것이올시다 (這砍肩兒是時興的.) <한지 80> 각식 족기 삼 솜봉지 여ᄉᆞᆺ 누비봉지 삼 겹봉지 오 목면 고의 이 초포 고의 사 니 뎌포 일 힝젼 이듁 삼 <나온의 ᄃᆡ불긔1909> 실낭 ‖ 초록 왜듀 쥬의 ᄎᆞ [분홍 니공] 초록 갑사 동옷 ᄎᆞ 금향 갑사 족기 ᄎᆞ 보라 삼팔 바지 ᄎᆞ <합동호인의ᄎᆞᆯ불긔> 남식 족기 감 허리ᄯᅴ 다님 도합 오쳑 白족기 감 숨쳑 大也臘 유경등 鏡坮函 苧亢羅 三疋 싱모슈 항나 두 필 빅모슈 항나 한 필 三八紬 동경 감 十尺 安東布 一疋 婚슈函 一 <장기-죽림 07:06:05> 홍셩긔 ‖ 낭복 입ᄌᆞ 탕건 갓ᄂᆞᆫ 眞紅ᄃᆡ 젹고리 바지 버션 요ᄃᆡ 다님 쥬의 족기 신 낭션 덧젹고리 토슈 슈건 바늘 <홍셩긔-한고> ⇒ ᄶᅩᆨ기, 죡기, 죡ᄭᅴ, 쬭긔, 쬭기

【죡기】 명 ((복식)) 조끼(チョッキ jaque). 겉옷이나 양복저고리 밑에 입는 소매가 없는 웃도리옷. (포루투칼어에서 차용된 일본어 차용어).¶ 무명 두루막 안 ᄲᅧ 옥양목 홋두루막 ᄎᆞ 일 무명 양복 가암 차 일 무명 바지 져구리 안 ᄲᅧ 방초 회식 바지 져구리 안 ᄲᅧ 옥양목 쥬젹숨 가암 ᄎᆞ 일 싱명쥬 죡기 ᄎᆞ 일 무명 금침 요 ᄲᅧ 슈단 금침 요 ᄲᅧ <물목-한옥션66 1944> ⇒ ᄶᅩᆨ기, 족기, 죡ᄭᅴ, 쬭긔, 쬭기

【죡ᄭᅴ】 명 ((복식)) 조끼(チョッキjaque). 겉옷이나 양복저고리 밑에 입는 소매가 없는 웃도리옷. (포루투칼어에서 차용된 일본어 차용어).¶ 죡ᄭᅴ (砍肩兒) <한대-의복 46> ⇒ ᄶᅩᆨ기, 족기, 죡기, 쬭긔, 쬭기

【종거】 명 ((인류)) 종거(從哥). 종거거(從哥哥). 사촌오빠. 주로 여성이 손위 남자 형제를 이르는 말. '거(哥, gē)'는 중국어 직접 차용어.¶ 슉뫼 비록 윤시를 몝다 ᄒᆞ시나 ᄯᅩᄒᆞᆫ 죽일 의ᄉᆞᄂᆞᆫ ᄒᆞ지 아니샤 아모 계교로나 브ᄃᆡ 탈츄ᄒᆞ여 종거 녀옥을 쥬려 ᄒᆞ시ᄂᆞ니 쇼네 본ᄃᆡ 윤녀의 별이 이질이 몝기 심ᄒᆞ여 안즁의 못시 되엿던 거시니 <윤하 70:20>

【종거거】 명 ((인류)) 종가가(從哥哥). 사촌오빠. '거거(哥哥, gēgē)'는 중국어 직접 차용어.¶ 종거ᄌᆞ ‖ 사촌오라비 <문자책-서울 75>

【좌ᄌᆞ】 명 ((기물)) 좌자(坐子). 깔개. 눕거나 앉을 곳에 까는 물건. (중국어 차용어).¶ 좌ᄌᆞ (坐兒) <역해-기구 하:18b>

【죄인】 명 ((인류)) ((문서)) 조이[召史]. 여항(閭巷) 여자의 호칭. 호적 등의 고문서에 결혼한 여자를 보통 '召史'라고 적었음. ㅣ모음역행동화에 의해 '조인> 죄인'으로 변했다.¶ 죄인은 ᄒᆞᄃᆡ 부안 셕교셔 셰거ᄒᆞ옵더니 지작연 츄간의 낙장부로 올물식 가고 젼장을 일만 팔쳔 양의 산미ᄒᆞᄂᆞᆫ 거슬 <이홍선의 처 과부 김씨 원정 해남윤씨 종택> ⇒ 소사, 소ᄉᆞ, 쇼사, 조ᄉᆞ, 조의, 조이, 죠사, 죠인 ☞ 쟈근조시

【죠】 명의 '죠'는 일본어 '疊(じょう)'으로 다다미를 세는 단위. (일본어 차용어).¶ 알의칭 구석 사 죠 반 방에 <염상섭, 초련1926 97>

【죠고리】 명 ((조류)) 작은 매 이름. 중세몽고어 '초고리(čuqur)'의 차용어.¶ ※ 角鷹, 照骨 <응골방-신증> ⇒ 죠골이, 초고리, 쵸골이

【죠골이】 명 ((조류)) 초고리. 작은 매. 중세몽고어 '초고리(čuqur)'의 차용어.¶ 죠골이 (角鷹) <물명-류씨 1:5> <물명고-문통 우충 1:6a> ※ 角鷹, 照骨 <응골방-신증> ⇒ 죠고리, 초고리, 쵸골이

【죠라젹】 명 ((관직)) 조라적(照羅赤 /照剌赤). 조라치. 조선시대 왕궁의 각전을 지키는 위병(衛兵)의 하나. "조라치"는 (몽고어 차용어).¶ 죠라젹 이명 방딕 이명 슈공 이명 군ᄉᆞ 십일 명 각 목 一필 …비셜방 죠라젹 이명 … 슈ᄉᆞ별감 이인 죠라젹 이명 방딕 이명 슈공 이명 군ᄉᆞ 십일 명 슈라간 반공 일명 각 목 一필 …죠라젹 이명 군ᄉᆞ 구명 방딕 이명 슈공이 이명 각 목 一필 <가례시외샹격불긔> 비셜방 죠라젹 삼명 셔반빗 조라젹 일명 군ᄉᆞ 팔명 각 포 一

필 <길례후닉외상격불긔> 죠라젹 이명 방딕 이명 슈공 이명 군슨 십삼 명 각 션즈 일파 … 죠라젹 소명 각 션즈 일파 <경효뎐홍능션즈반사불긔번1477> ⇒ 됴라치, 조라치

【죠롱】 명 ((조류)) 조롱태. 새매. 함남, 황해 방언. '죠롱틔(turimtai /turumtai /durimtai)'는 중세몽고어 차용어.¶ 죠롱 숑 (鵃) <음첩a 38a> ⇒ 도롱태, 도롱틔, 도롱태, 되롱태, 되롱틔, 됴롱태, 됴롱틔, 조롱태, 조롱틔, 죠롱태, 죠롱틔

【죠롱-태】 명 ((조류)) 조롱태. 수릿과의 새. 새매. 함남, 황해 방언. '죠롱태(turimtai /turumtai /durimtai)'는 중세몽고어 차용어.¶ 죠롱태 ([松$鳥]兒) <방석-비금 4:11a> 죠롱태 ([松$鳥]兒) <한청-조 13:50b> <동해-비금 하:34b> <몽보-비금 30a> ⇒ 도롱태, 도롱틔, 도롱태, 되롱태, 되롱틔, 됴롱태, 됴롱틔, 조롱태, 조롱틔, 죠롱, 죠롱틔

【죠롱-틔】 명 ((조류)) 조롱태. 새매. 함남, 황해 방언. '죠롱틔(turimtai /turumtai /durimtai)'는 중세몽고어 차용어.¶ 죠롱틔 숑, 鶻屬. ([松$鳥]) <자주 하:66a> 죠롱틔 숑 ([鳥+戎]) <음운 20a> <음첩b 21b> 죠롱틔, 숑아 ([松$鳥]兒) <물명괄-조수 11a> 죠롱틔 (籠奪) <물명고-문통 우충 1:7a> 隼. 죠롱틔 (題肩) <물명고-문통 우충 1:7a> ⇒ 도롱태, 도롱틔, 도롱태, 되롱태, 되롱틔, 됴롱태, 됴롱틔, 조롱태, 조롱틔, 죠롱, 죠롱태

【죠릐】 명 ((기물)) 조리(笊籬, zhàoli). 쌀을 이는 데에 쓰는 기구. (중국어 직접 차용어).¶ 흔 사롬이 져근 독을 메고 오다가 우리 압희 노코 죠릐로 독믈 속의셔 원쇼병을 건져내여 뵈야 골오딕 (有賈胡, 荷一小甕而來, 舍之地以□拯出圓小餠於甕底水中曰.) <서원 3:56b> ⇒ 죠릐, 죠리, 죠릐

【죠릐】 명 ((기물)) 조리(笊籬, zhàoli). 쌀을 이는 도구. 가는 대오리나 싸리 따위로 결어서 조그만 삼태기 모양으로 만든다. (중국어 직접 차용어).¶ 죠릐 (笊籬) <물명-류씨 3> 죠릐, 或云坐아리 (褸籔) <물보-정당 하:13a> 우물 젼에 치드라 근댕근댕흐다가 워렁충창 풍 싸져 물 둡복 써내는 드레곡지 쟝스 어듸 가 이 얼골 가지고 죠릐 쟝스를 못 어드리 <만청 39:565> 어듸 가 이 얼골 가지고 죠릐 쟝스를 못 어드리 <청영-진본 565> ⇒ 죠릐, 죠리, 죠릐

【죠리】 명 ((기물)) 조리(笊籬, zhàoli). 쌀을 이는 데에 쓰는 기구. 가는 대오리나 싸리 따위로 결어서 조그만 삼태기 모양으로 만든다. (중국어 직접 차용어).¶ 죠리 조 (笊) <음첩a 56a> 笊籬 ‖ 죠리, 榜飯器, 一作笊□, 或作照漏釣來者, 非. <명물-기용 3:5-1a> 죠리 수 (籔) <아학 상:11a> 죠리 (笊籬) <고석-수경 기구 45b> 죠리 (照漏) <군목-기용 13b> 銕笊䉤音照里郞죠리 <소문사설 43> 쏠 인눈 죠리 (笊籬) <속명-기용> 죠리 (接米) <이록-목기 22b> 네 쇼 궁덩이의 달닌 죠리 종다락희 쑥 씌여 <調 및 詞 63> 笊 ‖ 죠리로 쏠을 건지면 모리가 업느니라 <교린-초 3:25b> ⇒ 죠릐, 죠리, 죠릐

【죠릐】 명 ((기물)) 조리(笊籬, zhàoli). 쌀을 이는 데 쓰는 기구. 가는 대오리나 싸리로 결어 조그만 삼태기 모양으로 만든다. (중국어 직접 차용어).¶ 撈飯編竹杓, 죠릐, 죠잉이 (笊) <사해 하:22a> 죠릐 조 (笊) <훈몽-기명 중:7a /13a> <왜해-기구 하:15a> <음첩c 48b> 죠릐 (笊[竹$厂$牧]) <훈몽-기명 중:7a /13a> 죠릐 니 (笊[竹$厂$牧]) <음첩a 17b> 죠릐 (笊[竹$厂$牧]) <역해-기구 하:13b> 죠릐 (笊籬) <사해 상:28a> 죠릐 (罩籬) <박언 중:11b> 죠릐 (笊籬) <역해-기구 하:13b> <방석-기용 3:11a> <한청-기용 11:39a> 죠릐 (笊籬) <박물-기명 18b> 죠릐 (笊[竹$厂$牧]) <고석-수경 기구 45b> <물명고-서강 공봉 2b> 죠릐 (笊篱, 炊[竹$奧]) <물명괄-공봉 30b> <물명고-서강 공봉 2b /3a> 죠릐, 或云坐아리 (褸籔) <물명괄-공봉 31a> ▼[竹$庶] ‖ 쏘 원슈병은 ᄀᆞᄅᆞ롤 뭉쳐 비듥이알 만치 밍그라 셜당으로 소 너허 쪄 떡 된 후 믈의 너헛다가 죠릐로 건져 먹으니 ᄀᆞ장 됴터라 (其次圓小餠以麵末團作鳩卵大丸, 雪糖爲餡, 蒸爲餠, 入之水, 以[竹$庶]拯出而食之.) <서원-총목 64b> 笊 ‖ 죠릐로 쌀을 건디면 모릐가 업ᄂᆞ니라 <교린-묘 3:13a> ⇒ 죠릐, 죠릐, 죠리

【죠사】 명 ((인류)) ((문서)) 조사(召史). 여항(閭巷) 여자의 호칭. 호적 등의 고문서에 여자를 보통 '召史'라고 적었음. (이두어).¶ 금ᄎᆞ 사관ᄂᆞ리 ᄒᆞᆼᄎᆞᄒᆞ와 사픠 국닉 츄심지일의 싀게 니굴고로 왼소어 산지문권은 유실 고로 슈표을 이러타시 ᄒᆞ야 뇹상ᄒᆞ오니 일휴의 약유 니셜이어든 니 ᄎᆞ문기로 빙고ᄒᆞ올사 표쥬 장죠사 (우수장) <장씨 여인이 은산 함양 박승지댁에 재발급한 수표1897> 츙청남도 노셩 거ᄒᆞ는 빅죠사 빅활 우거는 원졍사따는 의녀가 본니 치ᄒᆞ 황화졍 사옵던니 거병슐년분의 가운니 불힝ᄒᆞ와 죠차 친졍 동긔간 불목지변 니니 거우 년산지시에 여간 가산 녀박토오 두오 싱낙과 틱젼 셔 말낙을 바리고 가기짜는 다름 안니오라 미거흔 동싱을 싱각ᄒᆞ와 두고 갓던니 <빅활①-전북박 1904 조선시대의 고문서-405> ⇒ 소사, 소ᄉᆞ, 쇼사, 조ᄉᆞ, 조의, 조이, 죄인, 죠인

【죠신똣】 명 ((복식)) 조젯(georgette ジョーゼット). 1914년 프랑스의 조젯부인이 선보여 화제가 되었던 의상으로, 여름에 여성복으로 입는 얇은 옷감. (일본어 차용어).¶ 옥식 죠신똣 일 옥식 본목 일 혁식 맛포 일 혁식 맛포 일 옥식 광목 일 <물목-진명-3 견쥬 상의> ⇒ 됴쉿, 됴쉿도, 조셋도, 조식도, 조셋도, 조시도, 조시쏘, 조쉿도, 죠쉿도

【죠쉿도】 명 ((복식)) 조젯(georgette ジョーゼット). 1914년 프랑스의 조젯부인이 선보여 화제가 되었던 의상으로, 여름에 여성복으로 입는 얇은 옷감. (일본어 차용어).¶ 교쥬 죠쉿도 단의 ᄎᆞ 일 교쥬 녹두 ᄉᆞ다마 단의 ᄎᆞ 일 세목 단의 지어 ᄎᆞ 일 빅날포 단의 지어 ᄎᆞ 일 모슈 항나 단의 지어 ᄎᆞ 일 <물목-우한-1 1916 단슈> ⇒ 됴쉿, 됴쉿도, 조셋도, 조식도, 조셋도, 조시도, 조시쏘, 조쉿도, 죠

신쯧

【죠인】 명 ((인류)) ((문서)) 조이[召史]. 여항(閭巷) 여자의 호칭. 호적 등의 고문서에 결혼한 여자를 보통 '召史'라고 적었음. (이두어).¶ 전쥬동 거ᄒᆞᄂᆞᆫ 고ᄒᆞᆨ싱 니홍[션] 처 죠인 과부 김씨 원정 원호통지라 원호통지라 죠인이 죠역이 관천ᄒᆞ와 가쟝이 님의 손의 주거도 이제 ᄀᆞᆺ 보슈ᄅᆞᆯ 못ᄒᆞᄋᆞᆸ고 안연이 셰샹의 처ᄒᆞ와 언나 음식이 평인과 ᄀᆞᆺ사오니 니ᄂᆞᆫ 천지간의 일대 죄인이라 <이홍선의 처 과부 김씨 원정 해남윤씨 종택> ⇒ 소사, 소ᄉᆞ, 쇼사, 조ᄉᆞ, 조의, 조이, 죄인, 죠사

【죠제트】 명 ((복식)) 조젯(georgette). 날씰과 씨실에 모두 강연사(强撚絲)를 사용한 얇은 평직 바탕지의 축면(縮緬). (외래어).¶ 죠-제트 치마가 만일 <염상섭, 불똥1934 172>

【죠히-푸ᄌᆞ】 명 ((상업)) 종이포자(-鋪子). 종이가게. 지물포(紙物鋪). '푸ᄌᆞ(鋪子, pùzi)'는 중국어 직접 차용어.¶ 紙鋪裏 ‖ 본최 즉시 고올 알픠 죠히푸ᄌᆞ의 가 새로 단ᄌᆞᄅᆞᆯ ᄆᆞᆯ나 샹문의 일홈을 업시ᄒᆞ고 제 일홈만 ᄡᅥ다가 뎡ᄒᆞ니라 (賴本初哄得粱忠, 轉身徑到州前一個紙鋪裏, 另換個揭帖, 把薛尙文名字除去, 單開一個粱梓材名字, 去向衙門投下.) <회문-한고 1:26a> ☞ 조희푸리

【주—】 명 주(zoo). 동물원. (외래어).¶ 주— (動物園) <영어일상통화단어초집 우산>

【주교-ᄒᆞ-】 형 주교(湊巧)하다. 공교롭다. (중국어 간접 차용어).¶ 湊巧 ‖ 마촘 ᄒᆞᆫ 낫치 주교ᄒᆞ야 ᄌᆞ믈식ᄅᆞᆯ 열고 (剛剛一個湊巧把鎖開了.) <손방 2:58>

【주리울】 명 ((기물)) 주리올. 후릿고삐. 마소를 후려 몰기 위하여 길게 단 고삐. 또는 임금이나 벼슬아치가 타는 말에 붉은 줄과 붉은 털로 꾸민 치레. 주락(珠絡). '주리울(čilbur /čilbuɤur)'은 중세 몽고어 차용어.¶ 주리울 (韁繩) <이록-물명 11b> ⇒ 쥬리올, 쥬리울

【주사위】 명 ((민속)) 주사위. 놀이 도구의 하나.¶ 주사위 (盧) <신자 3:12b> "骰子". 博陸采具, 주사위 (骰) <신자 4:44b> 博陸采具, "骰子". 주사위 투 (骰) <자석 하:107b> 주사위, (塞) <신자 1:30a> ⇒ 쥬사외, 쥬사위, 쥬ᄉᆞ외, 쥬ᄉᆞ위, 츄사ᄋᆞ, 츄ᄉᆞᄋᆞ

【주취-돌】 명 ((건축)) 주춧돌(柱礎-). '취(礎, chǔ)'는 중국어 직접 차용어.¶ 주취돌 | 지취돌 <법한 249> ⇒ 슈취, 슈츄, 주초돌, 주초ㅅ돌, 쥬쵸, 주쵸돌, 주츄돌, 주츄돌, 주치돌, 쥬초, 쥬츄돌, 쥬츄돌ㅎ, 쥬츄, 쥬츄ㅅ돌, 쥬튜돌

【주츄-돌】 명 ((건축)) 주춧돌(柱礎-). '취(礎, chǔ)'는 중국어 직접 차용어.¶ 주츄돌 <법한 1296> 바탕 | ᄃᆡ | 굽두리 | 쥬초 | 쥬츄 | 주츄돌 <법한 1286> ⇒ 슈취, 슈츄, 주초돌, 주초ㅅ돌, 쥬쵸, 주쵸돌, 주취돌, 주츄돌, 주치돌, 쥬초, 쥬츄돌, 쥬츄돌ㅎ, 쥬츄, 쥬츄ㅅ돌, 쥬튜돌

【-쥬】 접 주(主). 직위나 신분을 나타내는 일부 명사 뒤에 붙어 높임의 뜻을 더하는 접미사. 님. (이두어).¶ 하긔저이들 구디 마ᄅᆞ실샤 나는 궁샹의 놈이라 형쥬너쳐로 호광되디 못ᄒᆞ니 안해도 놈 ᄀᆞᆺ디 아냐 일가의 부ᄌᆞ부뷔상위명ᄒᆞ니 힝혀 상쳐ᄒᆞ면 그 블힝이 다 니ᄅᆞ랴 <옥원 6:58> 작별 후 누월의 남북니 격원ᄒᆞ와 피차 소식 몰오와 향렴 간절ᄒᆞ온 중 기간 심ᄒᆞ온 노렴의 련ᄒᆞ와 싱원쥬 긔체후 닐향 만안ᄒᆞ옵시고 진사님 체후도 닐향ᄒᆞ옵시고 서방쥬 두 분도 평안ᄒᆞ옵신지 외오셔 향렴 ᄲᅮ니외다 <작별 후 누월 1895이전> ᄃᆡ감쥬 기톄휘 일향알령ᄒᆞ오시메 나알리쥬 기톄휘 력득알령ᄒᆞ옵고 ᄃᆡ서방쥬 기톄휘 려뎐만안ᄒᆞ옵신지 복모구구 무님ᄒᆞ정지디라 <농주가 안동 진성이씨 번남가 상전에게 올린 고목1911>

【쥬단-푸리】 명 ((상업)) 주단포리(綢緞鋪裏). '푸리(鋪裏, pùli)'는 중국어 직접 차용어.¶ 綢緞鋪 ‖ 쥬단푸리의셔 모다 즐겨 믈건을 몬져 보내지 아니ᄒᆞ고 젼일의 희고랑의 ᄡᅳᆫ 믈건도 비록 언탁으로 가져와시나 제가 지금 문방의 니ᄅᆞ러 이 은ᄌᆞᄅᆞᆯ 혬ᄒᆞ라 ᄒᆞ고 (綢緞鋪通不肯上賬了, 前日開下來喜姑娘用的單子, 雖則硬着的取過來, 他這會子現在門房裏, 要兌這宗銀子.) <후홍 7:55>

【쥬당-지】 명 ((인류)) 주당지(走堂的). 찻집이나 객점의 심부름꾼. "지(de>di)"는 (중국어 직접 차용어).¶ 走堂的 ‖ 보옥이 보고 믄득 병풍 틈으로죠ᄎᆞ 여허보미 후면의 ᄯᅩ 삼간 졍방이 잇ᄂᆞᆫᄃᆡ 방 쇽의셔 일개 쇼히지 다라나와 쥬당지 가진 거술 바다 드려가고 쥬당지ᄂᆞᆫ 믈너 나오거ᄂᆞᆯ (寶玉見了, 便從屛風縫兒裡望後一張, 但見後面還有三間正房, 房裡走出一個小廝來, 將走堂的端的接了進去, 依舊退了出來.) <속홍 10:9> 풍연이 듯고 믄득 쥬당지의게 분부ᄒᆞᄃᆡ 후면의셔 ᄡᅳᆫ 쥬셕 쇼비ᄅᆞᆯ 모다 일졔히 나의 쟝픠의 올니라 (馮淵聽了, 便吩咐走堂的: "連後面所用的酒席都一齊開在我的帳上.") <속홍 10:42> 탁ᄌᆞᄅᆞᆯ 갈히여 ᄃᆡ좌ᄒᆞ니 쥬당지 보고 년망히 두 그ᄅᆞᆺ 챠ᄅᆞᆯ 드리며 면젼의 ᄯᅩ 네 졉시 과실을 놋거ᄂᆞᆯ (也就揀了一張乾淨卓兒, 對面坐下, 走堂的見了, 忙送了兩碗茶來, 面前又放了四碟果子.) <보홍 10:21>

【쥬라】[1] 명 ((악기)) 주라(朱喇, 朱螺). 취주(吹奏) 악기의 한 가지. 붉은 칠을 한 소라 껍데기로 만든 대각(大角). 중세 몽고어 '쥬라(ču'ur)'의 차용어.¶ 붑티며 쥬라 불이고 가더니 <석상 23:57> 쥬라 불며셔 모든 군식 니려셔고 <연병 31> 쥬라 (號筒) <방석-악기 2:9b> 쥬라, 又曰"號頭". (號筒) <과록-병융 115a> 쥬라 (喇叭, Sorte de trompette à timbre fort et sourd. Sym. 나발) <한불 586> 쥬라 (喇叭, A kind of wooden horn or trumpet) <한영 791> 쥬라 (朱螺) <조선어-총 769> 쥬라 부다 (吹哱羅) <역해-교열 상:20a> ▼號頭 ‖ 쥬라 (號頭) <동해-악기 상:53a> <몽해-군기 상:37b> <이록-악기 8b> 쥬라ᄅᆞᆯ 블라 (吹起號頭.) <오전 6:23a> 쥬라ㅣ 세번이로ᄃᆡ ᄒᆞᆫ 사ᄅᆞᆷ도 오ᄂᆞᆫ 이 업ᄂᆞ이다 (號頭三遭了, 沒一箇人來.) <오전 6:23a> ▼角 ‖ 쥬라 각 (角) <왜해-악기 상:43b> 어로 좌우로 븍과 쥬라와 대평슈ᄅᆞᆯ 가지고 션 군식 삼십여 인이니 (持鼓角挾御路而立者, 東西各三十

餘人.) <연행-노가재 4:4a> 믄득 드ᄅᆞ니 복[북]과 쥬래일시의 울고 ᄒᆞᆫ 떼 긔치와 허다ᄒᆞᆫ 위의 비러 셔고 (正要向前奔去, 只聽得鼓角齊鳴, 遠遠地一簇旗幡、許多儀從.) <회문-한고 3:16a> ▼螺 ‖ 쥬라 불리고 된각 불리고 쪽곰도 두려ᄒᆞᄂᆞᆫ 비치 업서 바로 셩 안헤 드러 양원을 권ᄒᆞ여 머무러 딕킈라 ᄒᆞ니 원이 듣디 아니코 ᄃᆞ라나다 (嗚螺吹角, 略無怖色, 直入城內, 勸元留守, 元不聽而走.) <동신-충 1:88b> 고려 쩌로브터 미양 츈츄 중삭의 승도롤 모화 반야경을 외오며 쥬라롤 울니고 긔기롤 잡고 (自高麗時, 每春秋仲月, 聚僧徒誦般若經, 鳴螺執幡蓋.) <조천 5:76> ▼螺角 ‖ 길헤 ᄒᆞᆫ 아헤 프른 뉴리로 젹은 쥬라처로 ᄆᆞᆫ드라 부니 소리나더라 (路逢一胡兒, 以青琉璃作小螺角吹之, 却有聲.) <서원 5:6b-7a> 吹螺 ‖ 쥬라롤 바로 불면 입이 기우다 관계[거]ᄒᆞ올가 <교린-문 3:21b> ▼波盧 ‖ 졔쟝이 경히 쥬라롤 블며 죠두롤 치고 대원슈의 발녕ᄒᆞ믈 기다리더니 (衆將士正在那裏吹波盧, 擊刁斗, 候大元帥發令.) <여선 7:8> 쥬라 븍과 됴춍 소리 ᄒᆡ악을 움죽이고 그 쥬라 ᄆᆞᆺ치 구브러져 부ᄂᆞᆫ 사ᄅᆞᆷ의 미목을 향ᄒᆞ얏고 셩듕의 집들과 인믈이 도져소의셔 셩ᄒᆞ더라 <표해 3:12> 금고 한 빵 호츄 한 빵 나발 한 빵 바라 셰악슈 두 빵 고 두 빵 저 한 빵 슌시 한 빵 영긔 두 빵 중ᄉᆞ명 좌관이 우영젼 집ᄉᆞ 한 빵 긔픠관 두 빵 군노 직영 두 빵 좌마 독이오 난후친병 교ᄉᆞ 당보슈 각 두 빵 쥬라 나발 호젹 힝고 뎌평슈 쳔아상 훨니 나누나 너너ᄂᆞ니 쾡쑤싸 허ᄉᆞ ᄒᆞᄂᆞᆫ 소리 쳔지 진동ᄒᆞᆫ디 긔치금극은 츄상 갓고 살긔ᄂᆞᆫ 츙텬이라 <춘향-동양 5:7a>

【입은 빗두러져도 쥬라ᄂᆞᆫ 바로 불닛다】 속 입은 비뚤어져도 주라는 바로 불어라. 입은 비뚤어져도 말은 바로 해라.¶ 입은 빗두러져도 쥬라ᄂᆞᆫ 바로 불닛다고 과부ᄯᆞᆯ 정경이 보기 실으면 싀집보내지 못 보내갯소마ᄂᆞᆫ 그 싀집보내ᄂᆞᆫ 것이 무엇이 쎳쎳ᄒᆞᆫ 일이라고 셰상에 공포ᄒᆞ고 그리 야단ᄒᆞᆯ 것 무엇 잇소 <홍도화 하:32>

【쥬라】[2] 명 ((지리)) 쥐라(Jura)산. 스위스와 프랑스의 국경에서 독일에 걸쳐 있는 산맥. (외래어).¶ 디형을 의론컨대 놉흔 산ㅅ속이니 나무ㅅ수풀이 온 나라 륙분지 일이오 셔북에ᄂᆞᆫ 쥬라ㅣ란 산이 잇고 동남에ᄂᆞᆫ 앏이란 산이 잇고 <사필1889-헐버트 47>

【쥬리올】 명 ((기물)) 주리올. 후릿고삐. 마소를 후려 몰기 위하여 길게 단 고삐. 또는 임금이나 벼슬아치가 타는 말에 붉은 줄과 붉은 털로 꾸민 치레. 주락(珠絡). '쥬리올(čilbur /čilbuɣur)'은 중세 몽고어 차용어.¶ 쥬리올 강 (韁) <음첩a 2b> 쥬리올 뎍 (靮) <음첩a 19b> 紖, 韁絲也. 今俗謂馬勒, 纓繩曰接紖, 쥬리올. <사해 하:40b> 쥬리올, 馬革必纓繩. (接絡) <사해 하:40b> 쥬리올 (牽鞚) <역해-안비 하:20a> 쥬리올 (纓繩) <물명괄-주차 20b> 쥬리올, 又曰다은 곡비. (編韁) <과록-금수총언 23a> ⇒ 주리올, 쥬리올, 쥬리울

【쥬리울】 명 ((기물)) 주리올. 후릿고삐. 마소를 후려 몰기 위하여 길게 단 고삐. 또는 임금이나 벼슬아치가 타는 말에 붉은 줄과 붉은 털로 꾸민 치레. 주락(珠絡). 중세몽고어 '쥬리올(čilbur /čilbuɣur)'의 차용어.¶ 쥬리울 뎍 (靮) <훈몽-안구 중:13b /27a> 쥬리울 강 (韁) <왜해-안비 하:17b> ▼韁 ‖ 韁, 馬紲, 물셕, 又今俗呼纓繩쥬리올. <사해 하:40b> ᄆᆞᄅᆞᆫ 쥬리울 드리워 갑던 이리 잇ᄂᆞ니라 (馬有垂韁之報.) <번박 상:43b> 쥬리울 (牽鞚) <훈몽-안구 중:13b /27a> 쥬리울 (編韁) <방석-안비 4:6b> 쥬리울 (纓繩) <번노 하:30a> ⇒ 주리올, 쥬리올

【쥬벼ᄋᆞ】 명 ((기물)) 주별아(酒鼈兒, jiǔbiēr). 술병. '벼(鼈, biē)'는 중국어 직접 차용어.¶ 酒鼈(兒) ‖ 쥬벼ᄋᆞ (酒鼈兒) <역해-기구 하:13a> <박언 중:12a> ᄯᅩ 노고와 섥과 드레와 사발 졉시와 수져와 나모쥬게와 됴리와 솔과 숙칫칼과 키와 얼밍이와 몰총체와 상과 盤과 찻반과 燈臺와 잔과 쥬벼ᄋᆞ와 놋쥬게 이시니 이것들을 다 收拾ᄒᆞ여 全備케 ᄒᆞ고 ᄯᅩ 帳房과 몰귀유ㅣ 다 牢壯ᄒᆞ엿ᄂᆞ냐 (還有鑼鍋、柳箱、灑子、碗楪、匙筯、榪杓、籬、炊箒、擦床兒、簸箕、篩子、馬尾羅、桌子、盤子、茶盤、燈臺、酒鍾、酒鼈、銅杓, 這些都收拾全備着, 還有帳房馬槽都牢壯麼?) <박신 2:21a> ⇒ 쥬별ᄋᆞ

【쥬별ᄋᆞ】 명 ((기물)) 주별아(酒鼈兒). 술병. (중국어 간접 차용어).¶ 쥬별ᄋᆞ (酒鼈) <광보-2 음식:4b> ⇒ 쥬벼ᄋᆞ

【쥬비더】 명 ((천문)) 쥬피터(Jupiter). 별자리의 하나. (외래어).¶ 태양이 ᄒᆞᆫ 큰 별이라 극히 빗나며 움즉임이 업고 그 ᄀᆞ헤 도ᄂᆞᆫ 별 여돏이 쇽ᄒᆞ엿시니 ᄒᆞ나흔 쥬비더요 둘흔 비너스요 세흔 싀언이오 네흔 마스요 다ᄉᆞᆺ슨 이 짜히오 여ᄉᆞᆺ슨 넵츈이오 닐곱은 유레너스오 여돏은 머큐릐니 <사필1889-헐버트 3> 쥬비더에 쇽ᄒᆞᆫ 돌은 네히오 유레너스에 쇽ᄒᆞᆫ 돌도 네히오 그 남아ᄂᆞᆫ 다 돌이 업ᄂᆞ니라 <사필1889-헐버트 3>

【쥬사외】 명 ((민속)) 주사위. 놀이 도구의 하나.¶ 骰子 ‖ 모픠 무안ᄒᆞ여 당각의 ᄃᆡ로ᄒᆞ여 그 쥬사외롤 가지고 기인의 낫촐 향ᄒᆞ여 한 번 더지니 (這毛包臉上磨不開, 登時大怒, 抓起骰子, 照那人臉上一撒.) <홍부 21:72> ⇒ 주사위, 쥬사위, 쥬ᄉᆞ외, 쥬ᄉᆞ위, 츄사ᄋᆞ, 츄ᄉᆞᄋᆞ

【쥬사위】 명 ((민속)) 주사위. 놀이 도구의 하나.¶ "采撅". 摴蒲. 쥬사위 (撅) <신자 2:16b> 摴蒲采名, 쥬사위 (梟) <신자 2:31b> ⇒ 주사위, 쥬사외, 쥬ᄉᆞ외, 쥬ᄉᆞ위, 츄사ᄋᆞ, 츄ᄉᆞᄋᆞ

【쥬사-ᄒᆞ-】 동 주사(做事)하다. 일하다. (중국어 간접 차용어).¶ 執事 ‖ ᄃᆡ셩이 쳥필에 십분 ᄃᆡ로ᄒᆞ여 긔운을 진정치 못ᄒᆞ고 ᄯᅩ 무러 왈 너의 군중에 엇더ᄒᆞᆫ 사람이 쥬사ᄒᆞ난다 (大聖聞此言, 更十分惱怒道: "洞中有甚麽人執事?") <서유-계명 9:40-28> ▼做事 ‖ 지진의 쥬사ᄒᆞᄂᆞᆫ 것이 엇더ᄒᆞ더뇨 (在晋做事如何?) <신광 1:32a> ⇒ 쥬ᄉᆞᄒᆞ-, 쥬ᄉᆞ허-, 쥬ᄉᆞᄒᆞ-

【쥬ᄉᆞ외】 명 ((민속)) 주사위. 놀이 도구의 하나.¶ 樗蒲 ‖ 져포, 俗言骰子兒투ᄌᆞ아, 轉云쥬ᄉᆞ외. 老子入胡作. 博塞

박시、瓊爂경츅、采戲칙회. <명물-백희 2:42a> 쥬ᄉᆞ외 투, 博陸采具, "骰子". 博齒. (骰) <자주 상:74b> ▼骰 ‖ 차환 등이 련망히 쥬ᄉᆞ외 그ᄅᆞ술 가져오거ᄂᆞᆯ 안셰 몬져 두 잔을 간졍히 마신 후의 한 번 더지니 이삼이라 (丫頭們送過骰盆, 雁書先將兩杯喝乾了, 然後一擲, 是三個二.) <홍부 9:95> ⇒ 주사위, 쥬사외, 쥬사위, 쥬ᄉᆞ위, 츄사ᄋᆞ, 츄사ᄋᆞ, 츄ᄉᆞᄋᆞ

【쥬ᄉᆞ위】 명 ((민속)) 주사위. 놀이 도구의 하나.¶ 쌍륙 | 쥬ᄉᆞ위 <법한 374> 쥬ᄉᆞ위 (骰子) <일용-문방 1b> 쥬ᄉᆞ위 (骰兒) <조선백과-회속 530> ▼骰子 ‖ 너 슈즁의 익이 더지ᄂᆞᆫ 거ᄉᆞᆫ 쥬ᄉᆞ위어ᄂᆞᆯ 이졔 다시 더지지 못ᄒᆞ게 되엿시니 ᄯᅩᄒᆞᆫ 가히 힝ᄒᆞᆯ 일이 업ᄉᆞᆯ지라 (只道我手裏擲慣的是骰子, 如今弄得沒得擲了, 却不濟事.) <쾌심 9:19> 보옥이 다만 모든 차환들을 다리고 쥬ᄉᆞ위도 치며 바독 두어 노리ᄒᆞ며 (寶玉只和衆丫頭們擲骰子赶圍棋作戲.) <홍루 19:3> 원릐 격벽의 상직ᄒᆞᄂᆞᆫ 사ᄅᆞᆷ이 모혀 쥬ᄉᆞ위ᄅᆞᆯ 더지다가 셔로 닷토와 ᄉᆞ위ᄅᆞᆯ 벽밧긔 더진지라 (原來是隔壁值宿之人, 大家擲骰子, 要急了, 隔牆兒把骰子扔過來了.) <충협 27:65> ⇒ 주사위, 쥬사외, 쥬사위, 쥬ᄉᆞ외, 츄ᄉᆞ아

【쥬ᄉᆞ-ᄒᆞ-】 동 주사(做事)하다. 일하다. (중국어 간접 차용어).¶ 做事 ‖ 나의 셩졍이 급ᄒᆞ여 번거ᄒᆞᆫ 거ᄉᆞᆯ 춤고 녀인으로 더브러 쥬ᄉᆞ치 못ᄒᆞ리니 교방의ᄂᆞᆫ 네가 가고 옥즁의ᄂᆞᆫ 내가 가미 엇더ᄒᆞ뇨 (我的性急, 不耐煩與女人做事, 敎坊司是你去, 獄中是我去如何?) <여선 11:8> ⇒ 쥬사ᄒᆞ-, 쥬ᄉᆞ허-, 쥬ᄉᆞᄒᆞ-

【쥬ᄉᆞ-허-】 동 주사(做事)하다. 꾀하다. (중국어 간접 차용어).¶ 쥬ᄉᆞ헐 추 (諏) <음첩a 64a> ⇒ 쥬사ᄒᆞ-, 쥬ᄉᆞᄒᆞ-, 쥬ᄉᆞᄒᆞ-

【쥬ᄉᆞ-ᄒᆞ-】 동 주사(做事)하다. 일을 꾸려 나가다. 사업을 경영하다. (중국어 간접 차용어).¶ 管着 ‖ 이제 마 류 이원수와 분 파 삼장이 쥬ᄉᆞᄒᆞ나이다 (還有馬、流二元帥, 奔、芭二將軍管着哩.) <서유-계명 9:40-28> ▼行事 ‖ 당긔의 냥 션식 각기 길을 난호와 가셔 쥬ᄉᆞᄒᆞ니 (當下二仙各自分頭行事.) <여선 11:8> 쇼옥이 조흔 말노 지삼 청ᄉᆞᄒᆞ니 교란이 더욱 깃거 즉시 쥬ᄉᆞᄒᆞᆯ시 <한조 5:65> 이제 언관을 시겨 명 양 이인을 강상으로 모라 상쇼ᄒᆞ고 안흐로 귀비 공쥬를 위ᄒᆞ여 쥬ᄉᆞᄒᆞᆫ즉 족히 뎡 양을 너치리니 <현몽 5:123> 광부말도 텩ᄒᆞᄂᆞ니 헛된 명예 슝상말고 실심으로 쥬ᄉᆞᄒᆞ야 나라ᄉᆞ랑 ᄒᆞ여보쇼 <대매-시평 1908.10.27> ⇒ 쥬사ᄒᆞ-, 쥬ᄉᆞᄒᆞ-, 쥬ᄉᆞ허-

【쥬춰】 명 ((건축)) 주초(柱礎). 기둥 밑에 괴는 돌 따위의 물건. 주춧돌. 함경 방언. 주추(柱礎)+-ㅣ(주격 조사▷명사 파생 접미사). '추(礎, chǔ)'는 중국어 직접 차용어.¶ 쥬춰 | 쥬츄 <노한 9> ⇒ 슈춰, 슈츄, 주초돌, 주초ㅅ돌, 쥬쵸, 주쵸돌, 주츄돌, 쥬초, 쥬쵸돌, 쥬츄, 쥬츄돌, 쥬츄돌ㅎ, 쥬츄ㅅ돌, 쥬튜돌, 지춰돌, 지치돌

【쥬츄】 명 ((건축)) 주초(柱礎). 기둥 밑에 괴는 돌 따위의 물건. 주춧돌. '츄(礎, chǔ)'는 중국어 직접 차용어.¶ 쥬츄 | 바탕 <법한 156> 바탕 | 터 | 굽두리 | 쥬초 | 쥬츄 | 주츄돌 <법한 1286> 磉 ‖ 쥬츄 상, 俗稱"磉石", 又"磉墩". <훈몽-궁택 중:4a /6b> 磉 ‖ 쥬츄 상, 柱下石礎也. <자주 상:91b> 쥬츄 셕 (舃) <훈몽-궁택 중:4a /6b> 쥬츄 셕, 礎也. (舃) <자주 상:91b> 쥬츄 질 (碩) <훈몽-궁택 중:6b /6b> 쥬츄 질, 柱下石. (碩) <자주 상:91b> 쥬츄 초 (礎) <훈몽-궁택 중:4a /6b> 쥬츄 초 (礎) <왜해-궁실 상:32a> 쥬춰 | 쥬츄 <노한 9> 礎 ‖ 쥬츄가 실ᄒᆞ니 집이 쉬이 샹치 아닐가 시푸외 <교린-초 2:35a> ▼柱礎 ‖ 구름 ᄀᆞᆺᄒᆞᆫ 집의 마람을 사기고 무디게 ᄀᆞᆺᄒᆞᆫ ᄃᆞ리의 귀신을 그려 뫼 우히 빗나게 지으며 뜰 우히 놉히 티여 쥬츄의 구리ᄅᆞᆯ 녹여 붓고 기동의 옥을 ᄢᅡ 공교ᄒᆞ미 궁극ᄒᆞ고 샤치ᄒᆞ미 극진ᄒᆞ야 (至於雲閣藻櫟雕樓畫甍羅絡, 陂麓柱礎臺以銅踏, 欄楹甃以碱砆, 窮巧極奢.) <서원 5:54a> 침향 난간이며 빅옥 기동의 호박 쥬츄를 바쳣고 청옥 긔와로 니어시며 <윤하 73:55> 청옥 기와 산호 기동의 호박 쥬츄며 유리 셤을 무윗시니 발 붓치기 어렵고 <한조 1:16> 만호 기동의 호박 쥬츄을 노코 천ᄀᆞᆺ셕ᄃᆡ 들보의 산호셔을 걸고 슈졍 반ᄌᆞ을 뭇ᄌᆞ신이 광치 촐ᄂᆞᆫᄒᆞᆫ지라 <셔ᄃᆡ쥐젼1900 4a> ⇒ 슈춰, 슈츄, 주초돌, 주초ㅅ돌, 쥬쵸, 주쵸돌, 주츄돌, 쥬초, 쥬쵸돌, 쥬춰, 쥬츄돌, 쥬츄돌ㅎ, 쥬츄ㅅ돌, 쥬튜돌, 지춰돌, 지치돌

【쥬츄-돌】 명 ((건축)) 주춧돌(柱礎-). 주춧돌. '츄(礎, chǔ)'는 중국어 직접 차용어.¶ 쥬츄돌 <법한 1075> 쥬츄돌 | 지춰돌 <법한 156> 쥬츄돌 초, 柱下石. (礎) <자주 상:91b> 쥬츄돌 (礎) <광보-2 궁실:2a> 쥬츄돌, 或呼"柱頂石". (磉石) <역해-옥택 상:17a> 쥬쵸돌 (礎石) <속명-기용> ⇒ 두쵸, 듀쵸, 듀투, 슈춰, 슈츄, 주초돌, 주초ㅅ돌, 주쵸돌, 주츄돌, 쥬초, 쥬쵸, 쥬츄, 쥬츄돌ㅎ, 쥬츄ㅅ돌, 쥬튜돌, 지춰돌, 지치돌

【쥬츄-돌ㅎ】 명 ((건축)) 주춧돌(柱礎-). 주춧돌. '츄(礎, chǔ)'는 중국어 직접 차용어.¶ 礎石 ‖ ᄒᆞᆫ가지로 간심ᄒᆞᆫ즉 당원긔디 과연 활대ᄒᆞ고 쥬츄돌히 다 분명ᄒᆞ고 (亦爲看審, 墻垣基趾果爲濶大, 礎石亦皆分明.) <조기-황지사적 16:123> ⇒ 두쵸, 듀쵸, 듀투, 슈춰, 슈츄, 주초돌, 주초ㅅ돌, 주쵸돌, 주츄돌, 쥬초, 쥬쵸, 쥬쵸돌, 쥬춰, 쥬츄, 쥬츄돌, 쥬츄ㅅ돌, 쥬튜돌, 지춰돌, 지치돌

【쥬츄ㅅ돌】 명 ((건축)) 주춧돌(柱礎-). '츄(礎, chǔ)'는 중국어 직접 차용어.¶ 쥬츄ㅅ돌 (柱頂石) <방석-옥택 2:19b> <동해-궁실 상:34b> <몽해-궁실 상:36a> ⇒ 두쵸, 듀쵸, 듀투, 슈춰, 슈츄, 주초돌, 주초ㅅ돌, 주쵸돌, 주츄돌, 쥬초, 쥬쵸, 쥬츄, 쥬츄돌, 쥬츄돌ㅎ, 쥬튜돌, 지춰돌, 지치돌

【쥬튜-돌】 명 주춧돌(柱礎-). '튜(礎, chǔ)'는 (중국어 직접 차용어).¶ 쥬튜돌 (柱頂石) <과록-궁실 73b> ⇒ 두쵸, 듀쵸, 듀투, 주초ㅅ돌, 주쵸돌, 주츄돌, 쥬초, 쥬쵸, 쥬츄, 쥬츄돌, 쥬츄돌ㅎ, 쥬츄ㅅ돌

【쥬피】 명 ((기물)) 추피(鞦皮). 고들개. 채찍 끝의 열에

굵은 매듭이나 추같이 달린 물건. '쥬피(鞦皮, qiūpí)'는 중국어 직접 차용어.¶ 쥬피 혀쇠 (小鏟子) <방석-안비 4:7a> 쥬피 (鞦轡鞦子) <한청-안비 5:26b> 쥬피 (鞦鞦子) <몽보-안비 27a> ▼鞦皮 ‖ 쥬피 (鞦皮) <박언 상:28b> 쥬피 (鞦皮) <역해-안비 하:19b> <방석-안비 4:7a> 大紅斜皮로 ᄒᆞᆫ 雙條 구레에 번영을 ᄃᆞ랏고 쥬피 딜채와 군더귀롤 다 이 斜皮로 ᄒᆞ엿고 (大紅斜皮雙條轡頭帶纓筒, 鞦皮穗兒、鞦根都是斜皮的.) <박언 상:27a>

【즈니스】 명 ((지리)) 튀니지(Tunisie). 북아프리카 중앙부. 지중해에 면한 나라. 1956년 프랑스 보호령에서 독립하였다. 수도는 튀니스. (외래어).¶ 즈니스 (突尼斯) <환중대구장상육주 19후반>

【즈우-사】 명 ((복식)) 추사(皺紗). 경사에는 꼬임이 없는 견사를 사용하고, 위사에는 꼬임을 강하게 준 강연사(强撚絲)를 사용하여 표면이 거칠어 보이는 평직 견직물. '즈우사(皺紗, zhòushā)'는 중국어 직접 차용어.¶ 다홍 화문 즈우사 겹치마 일 다홍 싱슈쵸단 치마 일 <정가1847 15a> 초록 유문 즈우사 누비금 ᄌᆞ식 왜듀 존 누비금 <정가1847 55b> 연두식 화문 즈우사 져고리 ᄎᆞ 보라 왜듀 져고리 ᄎᆞ 일작 [회장 ᄎᆞ 구] <정가1847 69a> 남 즈우사 핫기소 ᄉᆞᄎᆞ[다홍 즈우사 깃 ᄇᆡ 장원듀 동졍 ᄇᆡ 명듀 니공 셔양목 ᄒᆞᆺ금] …초록 즈우사 핫기소 ᄉᆞᄎᆞ[다홍 즈우사 깃 ᄇᆡ 장원듀 동졍 ᄇᆡ 명듀 니공 셔양목 ᄒᆞᆺ금] …남 즈우사 오목누비 기소 ᄉᆞᄎᆞ[다홍 즈우사 깃 ᄇᆡ 장원듀 동졍 ᄇᆡ 명듀 니공 셔양목 ᄒᆞᆺ금] 양초록 즈우사 오목누비 기소 ᄉᆞᄎᆞ[다홍 즈우사 깃 ᄇᆡ 장원듀 동졍 ᄇᆡ 명듀 니공 셔양목 ᄒᆞᆺ금] <동궁마마가례시기소전의볼긔> ⇒ 즈우샤, 즈으사

【즈우-샤】 명 ((복식)) 주사(縐紗). 경사에는 꼬임이 없는 견사를 사용하고, 위사에는 꼬임을 강하게 준 강연사(强撚絲)를 사용하여 표면이 거칠어 보이는 평직 견직물. '즈우사(皺紗, zhòushā)'는 중국어 직접 차용어.¶ 즈우샤 (縐紗) <역해-직조 하:4b> ⇒ 즈우사, 즈으사

【즈으-사】 명 ((복식)) 추사(縐紗). 경사에는 꼬임이 없는 견사를 사용하고, 위사에는 꼬임을 강하게 준 강연사(强撚絲)를 사용하여 표면이 거칠어 보이는 평직 견직물. '즈으사(皺紗, zhòushā)'는 중국어 직접 차용어.¶ 즈으사 (縐紗) <물보-잠적 하:10b> ⇒ 즈우사, 즈우샤

【-지】 접 -지(的). -하는 사람. -이. '지(的, de> di)'는 중국어 직접 차용어. '的'은 속음은 '디(di)'. '디'가 구개음화되어 '지'로 바뀌었다. 중국어의 '的'는 '-하는 사람' '-이'란 뜻이다.¶ 又마치. 語辭. 之字意, "你的". 지, "他的". (的) <수호-연세 37b> ▼小的 ‖ 쇼지들은 다만 림장문 밧긔셔 더후ᄒᆞ미 안의 쇼식은 하낫토 모르더니 (小的們只在臨莊門外伺候, 裡頭的信息一概不知.) <홍루 16:10> 로애 ᄇᆡᆨ이나 보셔야 쇼지가 조히 도라가 쥬인긔 픔ᄒᆞ리라 (請老爺看看脈, 小的好回稟家主.) <홍루 113:5> 쇼지의 셩은 복이오 명은 원창이니 약푸리롤 여러 싱익ᄒᆞ더니 (小的姓卜, 叫做卜源昌, 開過藥鋪生意.) <후홍 18:10> 쇼지 노야의 은면을 무릅ᄡᅥ 쥬친가의 대인긔 쳔거ᄒᆞ여 아문 즁의 두어 ᄒᆡ롤 지내더니 (小的蒙老爺恩典, 薦給周親家大人, 在衙門裏待了兩年.) <홍부 3:25> 쇼지 방ᄌᆞ 도라가 노태태와 고태태긔 품ᄒᆞ엿더니 모다 환희ᄒᆞ여 견ᄃᆡ지 못ᄒᆞ시며 즉긱의 교ᄌᆞ롤 쥰비ᄒᆞ여 와 내내와 고랑을 영졉ᄒᆞ여 부즁으로 드러 가게 ᄒᆞ여 계시니 (小的纔剛兒回去, 稟知了老太太、姑太太, 都歡喜的了不得, 立刻打了轎子來接奶奶、姑娘進府呢.) <보홍 3:53> 즉시 네 픽 아역을 차뎡ᄒᆞ여 길을 난호와 도당을 잡으라 ᄒᆞ시고 인ᄒᆞ여 쇼지롤 챠숑ᄒᆞ여 노야롤 쳥ᄒᆞ라 ᄒᆞ시더이다 (即差四班頭役分頭去拿伙黨, 因差小的來請老爺.) <설월 7:8> 쇼지가 글ᄌᆞ롤 알고 고시의 ᄡᅳ인 글ᄌᆞ 또ᄒᆞᆫ 큰지라 니러므로 보고 아랏ᄂᆞ이다 (小的識字, 告示上字也大, 故此看見曉得.) <쾌심 13:77> 졍히 올토다 다힝히 노애 속이고 탈신ᄒᆞ여 계시니 만일 쇼지 등 잇틀진ᄃᆡ 단졍코 방ᄎᆞ키 어려웟시리이다 (正是哩, 虧老爺騙脫了. 若是小的們, 定難招架.) <쾌심 16:15> 금일에 능히 강을 건너지 못ᄒᆞ고 션상에셔 ᄌᆞ지 아니치 못ᄒᆞᆯ지라 소지 가마니 헤견ᄃᆡ 강에 다니ᄂᆞᆫ ᄇᆡ에 엇지 이러ᄒᆞᆫ 다슈ᄒᆞᆫ 식물이 잇시리오 아마도 조흔 ᄇᆡ 아닌가 져허ᄒᆞ노니 (諒不能過江, 少不得船上歇宿. 小的細想, 過江之船那裡有這些的套數, 恐非好船.) <녹모 3:51> ▼老奴 ‖ 쇼지의 아오와 뎨슈ᄂᆞᆫ 져 셔편 힝각의셔 머믈고 쇼지도 젼면의셔 죠히 안헐ᄒᆞ려니와 (我兄弟弟媳在這右邊廂房住下, 老奴前面也好安歇.) <설월 9:67> ▼趕車的 ‖ 한즈음 후의 와셔 가져가라 명일의 면을 만히 쥰비ᄒᆞ리라 다만 암즁인 ᄲᅮᆫ 아냐 우리 여러 간챠지와 마부롤 모다 면을 먹이리라 (一會兒來取, 明日麵要多備些. 不但合庵的人, 就是咱們這些趕車看馬的, 都要給他們吃麵.) <홍부 5:24> 간ᄎᆞ지 쟝쇼ᄂᆞᆫ 그 즘싱을 믈고 영부의 올식 왕원은 가쟝 규구롤 아ᄂᆞᆫ지라 (趕車的張小便吆喝着, 那牲口就低着頭、使着勁往榮府來, 王元很知規矩.) <후홍 3:76> 간ᄎᆞ지 병이 잇셔 슈유롤 고ᄒᆞ고 도라가ᄆᆡ 졸디의 온당ᄒᆞᆫ 간ᄎᆞ지롤 엇지 못ᄒᆞᆫ지라 (因爲這趕車的有病告假回去了, 一會兒找不着個妥當趕車的.) <홍부 2:97> 쥬식뷔 몬져 챠롤 타고 ᄌᆞ긔 가즁의 일기 쇼챠환을 다리고 간ᄎᆞ지의게 분부ᄒᆞ여 몬져 화ᄌᆞ방의 집의 니ᄅᆞ러 져의 ᄆᆡᄌᆞ의 츌가ᄒᆞᆫ 집이 어내 곳의 잇나 ᄌᆞ셰히 무ᄅᆞ라 ᄒᆞ니 (周家的便坐了車, 帶了自己家裏一個小丫頭, 叫赶車的先到花自芳家裏, 問明他妹子嫁的人家住在那裏.) <홍보 7:70> ▼賣賽的 ‖ 더야ᄂᆞᆫ 참 ᄉᆞ환가 공ᄌᆞ로소이니 져 일반인의 츌신을 도모지 모르시리로다 더범 ᄆᆡᄉᆞ지와 밋 쳐연식과 ᄆᆡ니화 노리ᄒᆞᄂᆞᆫ 지 각부와 쥬현으로 도라딩기며 일로ᄡᅥ 일흠ᄒᆞ나 젼혀 야간에 속이여 돈 ᄲᅦ앗기에 지너지 못ᄒᆞ나니 어너 거시 이도 아닌 지 잇시리오 (大爺眞可謂宦家公子了, 連這班人的出身都不曉得的. 凡賣賽的以及那踩的, 賣梨花的, 遊客各府州縣, 不過以此爲名, 全以夜間那話兒賺錢, 那有不是此道者? 也不知他住在城裏城外.) <녹모 1:42> ▼掌櫃的 ‖ 고향을 ᄯᅥ나 경셩

으로 와 일ᄀᆡ 향산방이라 ᄒᆞ는 ᄉᆞ긔 파는 푸리ᄅᆞᆯ 열고 ᄌᆞ긔가 쟝궤지 되엿더니 (離了家鄉, 來到京城裏開香算堂的大窯子, 自家就做了掌櫃的.) <홍부 15:90> 이졔 일뎜 힘을 허비치 아니ᄒᆞ고 이십만 냥 은ᄌᆞᄅᆞᆯ 어더 당푸리ᄅᆞᆯ 여럿시ᄆᆡ 내가 곳 큰 쟝궤지가 되엿고 (如今不費一點子力, 領了二十萬銀子開了當鋪, 我便是個大掌櫃.) <홍보 15:48> 쟝궤지아 모다 무ᄉᆞᆫ 믈건을 파ᄂᆞ뇨 (掌櫃的, 賣的都是什麽東西?) <천리 2:70> 밥먹기ᄅᆞᆯ 맛치고 쟝궤지ᄅᆞᆯ 블너 돈을 혜ᄒᆞ라 ᄒᆞ되 (頃刻用完, 隨說道, 掌櫃的算賬.) <천리 2:70> ▼掌櫃(兒) ‖ 그 쟝궤지 밧비 공슈ᄒᆞ고 문왈 존ᄀᆡᆨ이 소뎜에 무엇슬 ᄉᆞ시랴 ᄒᆞ시ᄂᆞᆫ가 (那掌櫃忙拱手, 問道: "老爺下顧小店麽?") <녹모 2:118> 니러틋 말ᄒᆞᆯ진ᄃᆡ 너ᄂᆞᆫ 필경 나의 일ᄀᆡ 총찰ᄒᆞᄂᆞᆫ 쟝궤지니 가쟝 좃토다 (這麽說起來, 你竟是我的一個總掌櫃兒的了. 好的很.) <보홍 5:29> ▼櫃上 ‖ 져의 본ᄃᆡ 산동인으로셔 젼일의 밥푸리의셔 호치 되엿더니 졔 바들 쥴 알므로 인ᄒᆞ여 쟝궤지 가장 ᄉᆞ랑ᄒᆞ다가 쥬후 발직ᄒᆞ여 스ᄉᆞ로 이미 관을 버렷ᄂᆞ니 (他們原是山東人. 原先在飯館子裏做伙計, 因他會要帳, 櫃上很歡喜. 後來發了點子財, 自家就開起二美館來.) <홍부 17:52> ▼管帳的 ‖ 빅우옥으로 ᄒᆞ여곰 필연을 취ᄒᆞ여 의셔의셔 녀역 피ᄒᆞ는 방문을 ᄉᆞ츌ᄒᆞ여 한 텹ᄌᆞᄅᆞᆯ ᄡᅥ 노코 젼포 안 쟝괴지ᄅᆞᆯ 젼유ᄒᆞ여 만히 약지ᄅᆞᆯ ᄉᆞ셔 합ᄒᆞ여 시쥬케 ᄒᆞ고 (于醫書上查了辟瘟方子, 寫一帖子, 諭知典鋪內管帳的人, 多買藥料合就施送.) <요화 14:54> ▼走堂的 ‖ 보옥이 보고 믄득 병풍 틈으로조ᄎᆞ 여허보ᄆᆡ 후면의 ᄯᅩ 삼간 졍방이 잇ᄂᆞᆫᄃᆡ 방 쇽의셔 일개 쇼히지 다라나와 쥬당지 가진 거술 바다 드려가고 쥬당지ᄂᆞᆫ 믈너 나오거ᄂᆞᆯ (寶玉見了, 便從屏風縫兒裡望後一張, 但見後面還有三間正房, 房裡走出一個小厮來, 將走堂的端的接了進去, 依舊退了出來.) <속홍 10:9> 풍연이 듯고 믄득 쥬당지의게 분부ᄒᆞᄃᆡ 후면의셔 ᄡᅳᆫ 쥬셕 쇼비ᄅᆞᆯ 모다 일졔히 나의 쟝ᄭᅴ의 올니라 (馮淵聽了, 便吩咐走堂的: "連後面所用的酒席都一齊開在我的帳上.") <속홍 10:42> 탁ᄌᆞᄅᆞᆯ 갈히여 ᄃᆡ좌ᄒᆞ니 쥬당지 보고 년망히 두 그ᄅᆞᆺ 챠ᄅᆞᆯ 드리며 면젼의 ᄯᅩ 네 졉시 과실을 놋거ᄂᆞᆯ (也就揀了一張乾淨卓兒, 對面坐下, 走堂的見了, 忙送了兩碗茶來, 面前又放了四碟果子.) <보홍 10:21> ▼左邊的 ‖ 좌변지 품ᄒᆞ여 니로ᄃᆡ (左邊的稟道.) <요화 9:67> ▼嫖客(養漢的) ‖ 노형은 날노 더부러 창기의 집이나 양한지의 집이나 ᄎᆞ져 일장 츈흥을 풀고져 ᄒᆞ노라 (老兄無事, 地方可有勾欄衕院, 不如去做個風流嫖客.) <동유-동방 4:7> ▼管門人 ‖ 관문지 답왈 일젼에 소야 명쳡이 왓소ᄂᆞ 노야 츌ᄐᆞᄒᆞ신 고로 졉ᄃᆡᄒᆞ리 읍ᄃᆞ ᄒᆞ여 보ᄂᆡ엿ᄂᆞᆫ이ᄃᆞ (管門人回道: "蘇爺差人說要來拜, 是小的回了老爺不在家, 無人接待, 就要拜, 只消留帖上門簿, 不敢勞蘇爺遠來.差人去了, 今日不知還來也不來.") <옥교-만송 하:42> 완날지 (瓦剌的) <선진 19:42>

【지가다비】 명 ((복식)) 지까다비(地下足袋, じかたび, zikadabi). 일본 버선 모양으로 생긴 노동자들의 작업화. 짜개신발. (일본어 차용어).¶ 그와 가티 무참히 죽은 것이라는 바 범인이 남기고 간 표적은 단지 지가다비의 발자국뿐이다 <동아일보1931.11.12> ⇒ 지까다비, 지카다비

【지까다비】 명 ((복식)) 지까다비(地下足袋, じかたび, zikadabi). 일본 버선 모양으로 생긴 노동자들의 작업화. 짜개신발. (일본어 차용어).¶ K선생도 올부터야 비로소 지까다비를 벗어 던지고 고구라 양복을 집어치운 것이다 <검둥이, 삼천리-10:5 1938> 민들레가 피어도 그냥 춥던 사월 /지까다비를 신은 삼촌의 친구들은 /우리집 봉당에 모여 소주를 켰다. <신경림, 폐광> ⇒ 지가다비, 지카다비

【지나】 명 ((지리)) 지나(支那). 중국 본토의 다른 명칭. 차이나(China). 진나라의 중국어 발음인 '친(Qin)'이 서양으로 건너가 라틴어인 '치닉(Cinic)'으로 발음되었다. 일본에서 중국을 '지나(支那, シナ)'라고 부르는 것도 이 영향이다. 후한 때 인도의 불경을 한자로 번역하는 과정에서 '지나'라는 표현이 처음 등장한 것으로 알려졌다. (외래어).¶ 지나 ‖ ① 淸國(청국) ② 中華民國(중화민국) <조선-심 161> ▼中國 ‖ 저이는 지나 사람인가요 (他是中國人麽?) <지나어대해 16> 우리나라 소위 한문은 곳 지나의 말과 쇼라 다만 지나의 정신만 시럿스니 <자유종 7> 비몽ᄉᆞ몽 몸이 날녀 지나 산천 건너가니 역슈상에 가을 바ᄅᆞᆷ 부ᄂᆞᆫᄃᆡ로 쇼슬ᄒᆞᆫᄃᆡ <대매-시평 1909.9.7> 지나가 ᄉᆞ천 년 젼졔지국으로 일죠에 변ᄒᆞ야 공화국이 되니 이ᄂᆞᆫ 셰계상에 크게 괴이ᄒᆞᆫ 현상이라 <원실 2> 원숭환은 근본 지나 광동성 동완현 사람이라 그 부친 ᄌᆞ봉이 일즉 밍상군의 유풍을 효측ᄒᆞ야 식ᄀᆡᆨ을 만히 길느더니 기중에 일ᄀᆡᆨ이 잇스되 셩명은 뇌포의라 <원실 5> ▼支那 ‖ 뎌것은 다 형용ᄉᆞ오 지나에셔도 삼이라 ᄒᆞ는 자가 형용사인ᄃᆡ 불이삼월 ᄭᆞᆫ쳐지지 안앗다 삼년 울도 안코 날도 안는다 ᄒᆞ고 말ᄒᆞ오 <일선 106> 셔양사ᄅᆞᆷ은 어ᄃᆡᄭᆞ지든지 용밍이 잇는 고로 조치마는 동양사ᄅᆞᆷ은 웃지든지 일즉 늑는 버릇이 잇셔 질쇡이오 그 즁에도 지나와 됴션은 가장 이 버릇이 만은 고로 도모지 발달ᄒᆞ기가 둔ᄒᆞ오 <일선 119> 지나의 유명ᄒᆞᆫ 오호평남과 오호평서가 잇ᄉᆞ오니 연속ᄒᆞ여 환영ᄒᆞ여 주시옵소셔 <김태백전-동산 필사기> ⇒ 시나, 지나국

【지나국】 명 ((지리)) 지나국(支那國). 차이나(China). 진나라의 중국어 발음인 '친(Qin)'이 서양으로 건너가 라틴어인 '치닉(Cinic)'으로 발음되었다. 일본에서 중국을 '지나(支那 シナ)'라고 부르는 것도 이 영향이다. 후한 때 인도의 불경을 한자로 번역하는 과정에서 '지나'라는 표현이 처음 등장한 것으로 알려졌다. 여기서는 청나라를 가리킨다. (외래어).¶ ᄯᅩ 무비학당을 셜립ᄒᆞ야 부하 숙장과 신학 무관을 션턱 교련ᄒᆞ니 지금 지나국

너의 정계에 반거흔 단긔셔 강계졔 풍국장 왕졈원 마룡표 뢰진춘 밍사원 륙건장 죠곤 장훈 단지귀 등이 모다 기시 셰긔의 휘하 장관이오 셔셰창이 또흔 기시 참모관이 되니라 <원실 48> ⇒ 시나, 지나

【지나-셔젹】 명 지나서적(支那書籍). 중국서적.¶ 본국문ㅅ즈 멸시흐고 지나셔젹 존숭흐야 한국문을 얼론타가 샤회공박 당흔 후에 <대매-시평 1908.10.9>

【지나-ᄉᆞ긔】 명 ((책명)) 지나사기(支那史記). 중국의 역사를 기록한 책.¶ 지나사긔 언론흘 졔 삼황오뎨 이후일은 쇼샹분명 알건마는 본국 ᄉᆞ긔 뭇고 보면 <대매-시평 1908.9.23>

【지나인】 명 ((인류)) 지나인(支那人). 중국인.¶ 이 칙은 지나인 고분싱의 쇼져 원셰기 신젼과 녀지인 녀등시의 쇼쟉 원셰기 졍젼과 기타 상히 각 신문을 참고흐야 져술흔 바 이상 졔시의 의론이 혹은 원시를 공격흐고 혹은 칭찬흐야 모다 편벽지혐이 잇기로 져ᄌᆞ는 그 논조를 불취흐고 다만 ᄉᆞ실만 취용흐노라 <원실 4> 이 시내에는 일본인도 살고 지나인도 사오 <시문신독본1930 44a> ☞ 지라ᄉᆞ롬

【지단】 명 ((음식)) 계단(鷄蛋). 달걀의 노른자와 흰자를 풀어 얇게 부쳐낸 것. '지단(鷄蛋, jīdàn)'은 중국어 직접 차용어.¶ 떡푸리를 볼작시면 왼갓 떡이 다 잇스니 좁쌀덕 지단 강노 흑당 너흔 ᄉᆞ오병과 힝인병과 산ᄌᆞ병과 둥그러흔 소 월병과 챵마호 지진 떡은 삭기처럼 꼬아스며 셕ᄉᆞ호라 흐는 떡은 인졀미 ᄀᆞ튼 계오 젼병 증병 다식떡과 화젼 슈교 만두ᄭᆞ지 <연행-병인>

【지달】 명 ((기물)) 지달. 말의 다리를 매어 못 가게 하는 줄. 중세몽고어 '지달(čider)'의 차용어.¶ 지달 (絆) <동해-안비 하:20a> <몽해-안비 하:15b> 지달 (絆) <물명-류씨 1> <물명고-문통 모충 1:10b> 지달 거러 놋는 나모 (絆刎子) <한청-생축기용 14:39a>

【지라-ᄉᆞ롬】 명 ((인류)) 지나(支那)사람. 중국 사람을 낮잡아 이르는 말.¶ 만일 한문을 발이고 국문만 쓰랴면 한문에 잇는 천만ᄉᆞ와 천만법을 국문으로 번역흐야 유무흘 것이 업슨 연후에 셔셔히 한문을 폐흐야 지라ᄉᆞ롬을 되쥬든지 우리가 휴지로 쓰든지 흐고 그졔야 국문을 가위글이라 흘 것이니 이 일을 예산흔즉 오십 년 가량이라야 셩공흐겟소 <자유종 13> ☞ 지나인

【지브랄타】 명 ((지리)) 지브롤터(Gibraltar) 해협. 지중해와 대서양을 연결하는 해협. 스페인 남단과 아프리카 북서단 사이에 있음. (외래어).¶ 지브랄타 天險도 못 삶혀 보고 아프리카 探檢도 겨를 못하야 <청춘 1914.10.1> ⇒ 지브롤다, 지브롤타

【지브롤다】 명 ((지리)) 지브롤터(Gibraltar) 해협. 지중해와 대서양을 연결하는 해협. 스페인 남단과 아프리카 북서단 사이에 있음. (외래어).¶ 지브롤다 (支伯拉德 Gibraltar) <만국통감1912, 4, 17> ⇒ 지브랄타, 지브롤타

【지브롤타】 명 ((지리)) 지브롤터(Gibraltar) 해협. 지중해와 대서양을 연결하는 해협. 스페인 남단과 아프리카 북서단 사이에 있음. (외래어).¶ 남편에 케씌스와 세빌과 말나가ㅣ란 큰 포촌이 잇고 또 라나다ㅣ란 큰 촌이 잇고 또 지브롤타ㅣ란 믈ㅅ목시 잇스니 이는 영길리국이 엇어 ᄎᆞ지흔 곳이오 <사필1889-헐버트 43> ⇒ 지브롤다, 지브랄타

【지삼이】 명 기사미(kizami). 살담배. 썬 담배. 썰어 만든 담배. (일본어 차용어).¶ 지삼이 <조선어사전 788> 安岩과 ᄎᆞ돌 一番 부싀 나젼 대귀 지삼이 江陵 女妓 三陟 쥬탕년 다 몰속 싯고 <교시조 3179-2> ※ 只三伊三十匣 <관서읍지 하> ⇒ 기삼이, 기ᄉᆞ미, 기숨이

【지셜】 명 저사아(底些兒dǐxiēr). 아래. (중국어 직접 차용어).¶ 底些 ‖ 이 한 번의 체면거지 (지)셜의 바리민 이편 비알 나셔 (這一下子連體面也落得底些去, 各人肚氣.) <중화-탁족 18b> ⇒ 디셜

【지위-흐-】 동 지회(知會 zhīhuì)하다. 알리다. (중국어 차용어).¶ 지위흐다 (行會) <역보-공식 8b> <방석-정사 1:29b> <과록-사지 62a> ▼知會 ‖ 션비 경복형과 니안진과 권심 등이 분요히 샹소흐미 블가흐거늘 각 도에 통문흐여 지위흐믄 엇디코져 흐미며 (儒生鄭復亨、李安眞、權諗等紛擾陳疏已爲不可. 至於通文諸道號召知會云, 將欲何爲?) <조기-서궁폐론 8:36> 젼일의 션이게 녕젼을 지위흐야 진빅모긔 헌슈흐라 가쟈 흘 졔 (前日單二哥拿令箭知會, 與秦老伯母上壽.) <수유-동방 7:4> 이ᄯᅢ의 니환이 임의 사름을 보니여 뒷문의 잇는 사름과 각쳐의 챠환을 지위흐여 회피흐게 흐엿는지라 (李執已遣人知會過後門上的人及各處丫鬟回避.) <홍루 51:64> 다힝히 평져져가 여긔 잇셔 한 코의 지롤 마시지 아니흐엿도다 일즉 져 무리의게 지위흐라 가리라 (幸而平姐姐在這裡, 沒得臊一鼻子灰, 趁早知會他們去.) <홍루 55:76> 초ᄉᆞ일 묘시롤 갈히여 령구의 고축흐고 셩으로 드러올시 일변 사름을 부려 모든 친붕의게 지위흐고 (擇于初四日卯時請靈柩進城, 一面使人知會諸位親友.) <홍루 64:2> 중식뷔 응답흐고 등블을 닛글고 길을 인도흘시 또 하나흘 몬져 보내여 가마니 뫼신 쇼시들의게 지위흐여 놀나며 고이히 너기지 말나 흐고 (衆媳婦答應着, 提燈引路, 又有一個先去悄悄的知會伏侍的小厮們不要失驚打怪.) <홍루 75:35> 명일 죠죠의 사름으로 흐여금 청령흐는 가인의게 분부흐여 여러 샹공 등의게 지위흐여 먼니 가지 말게 흐고 (明兒早上吽人吩咐聽事的知會那些先生們, 都不要走開.) <홍부 9:112> 내 도라가 노야로 더브러 밝히 말흐고 류대인의게 지위흐여 졔 님가인으로 더브러 샹면흐여 샹량케 흘 거시오 (我回去同老爺說明, 知會劉大人, 請他同林管家面商很好.) <홍부 15:120> 각쳐의 지위흐여 말흐딕 너 탐고랑과 진고랑을 청흐여 음옥당의셔 일을 판리케 흐니 일체로 녕을 죠ᄎᆞ라 흐딕 (各處知會, 說我請探姑娘、珍姑娘在蔭玉堂辦事, 一體遵奉.) <홍부 33:101> 인흐여 이 문을 닥가 아역을 챠뎡흐여 망야흐여 보내여 닌읍의 지위흐고 합녁흐여 나획게 흐딕 냥일 내로 위한흐고

회보ᄒᆞ라 ᄒᆞ여시며 (因連夜備了移文, 差役卽刻前往知會, 協同拿捉, 限兩日內回話.) <설월 7:13> 너ᄂᆞᆫ 나의 일장 명텹을 가지고 ᄌᆞ문을 니부 상노야의 곳의 가져다가 드리고 즉시 례부의 지위ᄒᆞ믈 쳥ᄒᆞ여 명죠의 반렬을 ᄯᅡ라 샤은ᄒᆞ기 편케 ᄒᆞ라 (你取我一箇名帖, 把咨文送到吏部常爺處, 就煩知會禮部, 以便明早隨班謝恩.) <설월 13:28> 원릐 니부의셔 강남찰원의 ᄌᆞ문을 보고 ᄯᅩ 닉각틱학ᄉᆞ의 부탁이 이시므로 감히 지쳬치 못ᄒᆞ고 즉시 문션ᄉᆞ 관원으로 ᄒᆞ여곰 례부의 지위ᄒᆞ니 (原來那吏部接着咨文, 又是內閣相托, 不敢遲延, 卽發與文選司官知會禮部.) <설월 13:39> 뉴쥰이 진긔 쳥신의 밥을 짓고 ᄯᅩ 각셩의게 가셔 지위ᄒᆞ니 (柳俊眞個絶早做了飯, 又去知會了覺性.) <쾌심 7:55> 날노 더브러 입셩ᄒᆞ믈 상의ᄒᆞ며 일인으로 ᄒᆞ여금 왕릭 지위코ᄌᆞ ᄒᆞᄂᆞᆫ지라 (與我計議入城, 欲得一人, 往來知會.) <쾌심 16:79> 너ᄂᆞᆫ 이경시의 몬져 와 지위ᄒᆞ여 취신케 ᄒᆞ라 (你于二更時, 先來知會, 以憑取信.) <쾌심 17:14> 지명일의 능가 사롬이 일즉이 와셔 지위ᄒᆞ거ᄂᆞᆯ (到了後日, 凌家人早來知會.) <쾌심 29:42> ▼知 ‖ 오릭지 아냐 집셔당의 텽령ᄒᆞᄂᆞᆫ 식뷔 지위ᄒᆞᄂᆞᆫ 회문을 가지고 와 알 지ᄍᆞ롤 바드려 ᄒᆞ거ᄂᆞᆯ (接着集瑞堂聽差的嫂子拿了知單來打知字.) <홍부 10:29> ▼示下 ‖ 쥬션ᄒᆞᄂᆞᆫ 일이 가쟝 번거ᄒᆞ되 능히 스ᄉᆞ로 희란의 곳의 니ᄅᆞ러 말을 픔ᄒᆞ지 못ᄒᆞ고 모다 취량 식부의 지위ᄒᆞᄂᆞᆫ 거ᄉᆞᆯ 기다리며 (事情也盡煩着, 又不能一直到喜鸞處回話, 總要候蔡良家的示下兒.) <후홍 11:14> ▼吵 ‖ 인ᄒᆞ여 잠츙으로 ᄒᆞ여곰 명일의 쥬방의 지위ᄒᆞ여 식믈을 판비케 ᄒᆞ되 범졀을 반ᄃᆞ시 풍비히 ᄒᆞ라 ᄒᆞ고 (因吵岑忠明日定下廚子, 買辦食物, 諸凡必須豐盛.) <설월 11:43> ▼傳知 ‖ 즁인이 드ᄅᆞ미 조히 환희ᄒᆞ여 ᄒᆞ거ᄂᆞᆯ 드듸여 쟝기덕으로 ᄒᆞ여곰 령ᄉᆞ의게 지위ᄒᆞ여 영문의 가셔 쟝막을 비러오고 졔구롤 판비ᄒᆞ여 (遂令張其德傳知令史, 往營中借帳房.) <요화 4:53> ▼照會 ‖ 만일 와셔 나롤 ᄯᆞᆯᄒᆞᄂᆞᆫ 쎼ᄂᆞᆫ 각기 미리 지위ᄒᆞ여 비녀비 의심ᄒᆞᄂᆞᆫ 거ᄉᆞᆯ 면케 ᄒᆞ라 (若要求來伴我時, 須各預爲照會, 免致他們猜疑.) <요화 15:66> 내 니이낭 원즁의 가셔 지위ᄒᆞ여 몬져 태태와 내내 등 ᄯᅡ라온 고낭과 식부롤 졈검ᄒᆞ여 밥을 먹이게 ᄒᆞ엿ᄂᆞ니라 (我到李姨娘院裏去照會, 先打發跟來的姑娘、嫂子們吃飯.) <홍부 13:32> 나ᄂᆞᆫ 쥬ᄌᆞ의 집의 가셔 한 마듸 말노 지위ᄒᆞ고 오리라 (我到廚子家去照會句話來.) <홍부 30:8> ▼知照 ‖ 미이랑의 가히 만금 가량이 되게 ᄒᆞ고 지신의게 지위ᄒᆞ여 챠ᄉᆞ롤 보내여 호위ᄒᆞ엿다가 장릭 일졔히 ᄉᆞᄌᆞ의게 쥬게 ᄒᆞ엿ᄂᆞ니 이ᄀᆞᆺ치 보답ᄒᆞ면 가히 젼졍이 십분 아롬답고 다시 유한이 업다 니롤지니 (每匾可計萬金, 知照福德財神, 遣差護持移運看守, 將來一并交完, 使者如此答報, 可謂美滿前程, 再無遺恨.) <홍보 1:18> 인손이 알코 파려ᄒᆞ여다 ᄒᆞ니 넘녀 ᄀᆞ이 업다 지위ᄒᆞ려 가니 어이 깃브되 어이 츌혀 ᄒᆞ며 지위 아니시나 어이홀고 <송준길가-24 1708-36 안정나씨(어머니) ↓송요화(아들)> 오ᄂᆞᆯ 무쳥현 도적 잡을 적의 션 우희셔 큰 갓븍 치니 ᄉᆞ면으로셔 먼듸 군시 화살 차고 ᄎᆞᄎᆞ로 ᄃᆞ려드니 맛치 미리 지위ᄒᆞ엿던 군ᄉᆞ 오ᄃᆞᆺ ᄒᆞ니 가장 긔특ᄒᆞ되 뇨동 도적은 잡을 계규롤 못ᄒᆞ니 ᄀᆞ장 고이ᄒᆞ더라 <조천 49> ᄯᅩ 네뷔 지위ᄒᆞ여 황샹이 동산 동편 별뎐에 니어ᄒᆞ시고 쳔관과 ᄉᆞ신을 브르신다 ᄒᆞ거ᄂᆞᆯ <열하긔> 명쥬와 돈ᄂᆞᆫ 더 보니고 시부오니 곽순장의게 가량ᄒᆞ여 분부ᄒᆞ옵소셔 지금 ᄌᆞ도 지위ᄒᆞ왓ᄉᆞᆸ나이다 <아들-2-한고 ↓부친> ⇒ 디위ᄒᆞ-, 디휘ᄒᆞ-, 지휘ᄒᆞ-

【지ᄌᆞ】 명 ((복식)) 저자(底子). 신발 안쪽 바닥. '지(底, dǐ)'는 중국어 직접 차용어.¶ 底 ‖ 발에 지ᄌᆞ에 분칠ᄒᆞ고 부리 쑌 훠롤 신고 ᄒᆞᆫ 필 ᄀᆞ장 술진 鐵靑총이 玉面馬롤 ᄐᆞ고 기르마와 아답개와 질채와 구레와 ᄃᆞ래 가지 가지 다 이 內造色樣이라 (脚穿粉底尖頭靴, 騎着一匹十分鐵靑王面馬, 鞍子、鞍坐褥、鞦皮、轡頭、馬鞊, 件件俱是內造色樣.) <박신 1:30b>

【지춰-돌】 명 ((건축)) 주춧돌(柱礎-). '춰(礎, chǔ)'는 중국어 직접 차용어.¶ 쥬츄돌 | 지춰돌 <법한 156> ¶ 쥬츄돌 | 지춰돌 <법한 156> 주춰돌 | 지춰돌 <법한 249> 지춰돌에 쌈이 나야 ᄒᆞ겟다 <법한 802> 지춰돌에 쌈이 나면 <법한 1107> ⇒ 슈춰, 슈츄, 주초돌, 주초ㅅ돌, 쥬쵸, 주쵸돌, 주츄돌, 주츄돌, 주치돌, 쥬초, 쥬츄돌, 쥬츄돌ㅎ, 쥬츄, 쥬츄ㅅ돌, 쥬튜돌

【지카다비】 명 ((복식)) 지까다비(地下足袋, じかたび, zikadabi). 일본 버선 모양으로 생긴 노동자들의 작업화. 짜개신발. (일본어 차용어).¶ 그 중에 머리 깎고 자카다비 신고 행전 친 노동자가 대답을 하였다 <나도향, 지형근1926> 형걸이 쪽으로 가까이 오는 젊은아는 국자보시를 저마다 쓰고 지카다비를 신은 양다리에는 감발을 치고 저고리는 꺼머룩한 양복을 걸쳤다 <김남천, 대하1939> ⇒ 지가다비, 지까다비

【지포-ᄒᆞ-】 동 집포(緝捕)하다. 죄인을 잡다. '지(緝, jī)'는 중국어 직접 차용어.¶ 緝 ‖ ᄯᅩ 대로야와 진대야의 져곳 량쳐의 쇼용을 더ᄒᆞ고 외두의 ᄯᅩ 갑흘 빗시 잇셔 젼일의 ᄯᅩ 조히 직믈을 업시ᄒᆞ고 아문 쇽의셔 도적을 지포ᄒᆞ여 장믈을 ᄎᆞᄌᆞ려 싱각ᄒᆞ면 이ᄂᆞᆫ 어려온 일이라 (又添了大老爺趁大爺那邊兩處的費用, 外頭又有些債務, 前兒又破了好些財, 要想衙門裏緝賊追贓是難事.) <홍루 114:37>

【지화화】 명 ((지리)) 치와와(Chihuahua). 멕시코 북부에 있는 광산 도시. 약 1,430미터의 고원에 있으며, 목우의 중심지이다. (외래어).¶ ᄯᅩ 동편에 베라그루스와 담피고와 마다모라스와 남편에 아가벌고와 셔편에 과다라하라와 긔이마스와 북편에 바소델닛과 지화화와 만테레와 ᄒᆞᆫ가온대 보아브라와 레온이란 ᄎᆞᆫ이 잇고 사롬의 픔ㅅ수는 평등이오 <사필1889-헐버트 112>

【지황-ᄒᆞ-】 동 기황(饑荒)하다. '지(饑, jī)'는 중국어 직접 차용어.¶ 吸嗻 ‖ 몃 달 동완을 져즌 후의 남의 것 한이 일지가 차믜 각쳐 큰 댱ᄉᆞ 젹근 댱ᄉᆞ 동남셰북 어지운

것더러 뭇다라기 다뭇 져더러 은ᄌ 지축하고 당삼니사가 날마당 거긔셔 절과 지황하니 이을 가이 엇지하리(惱幾个月的工夫, 人家的票滿日子咧, 各處行家、舖家東南西北上的, 齊打胡裡只是望他促銀子, 張三李四天ㄹ在那裡, 勾他惱吸嚨, 這是該怎嗎的呢?) <기착-육당 상:9a>

【지휘-ᄒᆞ-】 图 지회(知會)하다. 알리다. '휘(會, huì)'는 중국어 직접 차용어.¶ ▼曉諭 ‖ 낭ᄌ 연청의 살히어놀 노쥰의와 연청의 용모 파지롤 쓰고 각쳐의 방 브텨 뎜마다 지휘ᄒᆞ야 잡으라 ᄒᆞ니 (眼見得是浪子燕青的, 事不宜遲! 一二百做公的, 分頭去一到處帖了告示, 說那兩個模樣, 曉諭遠近村房道店, 市鎮人家, 挨捕捉拿.) <충수호-서울 22:13b-62> ▼知會 ‖ 가진이 몬져 동산의 드러가 즁인의게 지휘ᄒᆞ니 (賈珍先去園中知會衆人.) <홍루 17:9> 너는 슌편의 여러 암즁인의게 지휘ᄒᆞ여 금명 량일은 모다 효복을 닙게 말나 (你就便知會合庵的人, 今明兩天都別穿孝.) <홍부 5:39> 방ᄌ 샤대내내 등이 사롬으로 ᄒᆞ여금 ᄉᆞ면의 모다 지휘ᄒᆞᄃᆡ 각쳐의셔 죠심ᄒᆞ라 ᄒᆞ고 (方纔查大奶奶們叫人四下裏都知會過了, 各處都要加意小心.) <홍부 15:41> 곽쇼분 등의게 지휘ᄒᆞ엿□□ 쵸십일의 거ᄂᆞ리고 예궐ᄒᆞ여 하직ᄒᆞᆫᄃᆡ (知會郭紹汾等四人, 初十日率領陛辭.) <설월 17:58> 만일 급ᄒᆞᆫ 일이 잇거든 즉시 공문을 지휘ᄒᆞ면 맛당히 즉시 발병ᄒᆞ여 구완ᄒᆞ리라 (倘有緩急, 立即申文知會, 便當撥兵救援.) <쾌심 13:66> 나도 ᄯᅩᄒᆞᆫ 근심되는 거시니 이번의 가셔 믄득 령즁의 지휘ᄒᆞ여 군ᄉᆞ롤 발ᄒᆞ여 간슈케 ᄒᆞ리라 (我也在此擔憂, 回去就要知會營裏, 撥兵來看守.) <요화 2:59> 화셜 요홰 졍히 발힝ᄒᆞ려 ᄒᆞ더니 쳥ᄃᆡ의 가져온 편지로 무이지 지휘ᄒᆞ기롤 (却說瑤華正要起行, 周青黛忽送一封書來, 當時拆閱, 乃是無碍子知會.) <요화 12:79> 너는 뎐당푸리의 니ᄅᆞ러 지휘ᄒᆞ여 몬져 이십만량을 운젼ᄒᆞ여다가 군쥬부 챵고 속의 져치ᄒᆞ게 ᄒᆞ고 (你可到典當知會, 令其先運二十萬兩來, 交汾州府庫內收貯.) <요화 18:7> 우리 무리 맛당히 몬져 격문을 발ᄒᆞ여 각쳐의 지휘ᄒᆞ여 말ᄒᆞ기롤 령픠롤 셔실ᄒᆞ여시니 만일 고유ᄒᆞ미 잇셔도 쥰힝치 말고 (我們自應先發檄文, 知會各處, 說令牌被盜.) <요화 16:77> ▼知委 ‖ 유싱은 죠관과 ᄎᆞ등이 블무ᄒᆞ오니 싱포의와 삼ᄯᅴ로 셩복ᄒᆞ미 맛당ᄒᆞ다 ᄒᆞ오니 이 뜻으로ᄡᅥ 급급히 지휘ᄒᆞ여 시힝ᄒᆞ미 하여 (儒生則與朝官不無差別, 以生布衣、麻帶成服爲宜云, 以此意急急知委施行, 何如.) <조첩 53:30> ▼照會 / 知會 ‖ 너는 도로혀 슈화문 문샹인의게 지휘ᄒᆞ여 무릇 타쳐의셔 온 노파와 식부와 고낭 등이거든 일ᄀᆡ도 노하보내지 아니ᄒᆞ면 내 ᄌᆞ연 도리 이시리니 너는 ᄲᆞᆯ니 가셔 지휘ᄒᆞ라 (你倒是照會垂花門的人, 凡是外來的老媽、嫂子、姑娘們, 一個也別放出去, 我自有道理, 你快去知會.) <홍부 14:113> ▼授意 ‖ 내 비록 져의 쇽히 죽기롤 원ᄒᆞ는 ᄆᆞᄋᆞᆷ은 이시나 져롤 지휘ᄒᆞ여 금을 싱키게 ᄒᆞᆫ 일이 업고 (我雖有願他速死之心, 幷無授意令其吞金之事.) <홍부 2:12> 니방이 나와 모든 기싱 지휘ᄒᆞ고 슈곤슈곤 공논ᄒᆞᄃᆡ 이 사도 알아보깃다 ᄉᆞ도가 아니라 빅셜이 풀풀 홋날닐 지 쌀고 안는 잘양의 아들이 나려왓고나 <춘향-동양 5:9b> ⇒ 디위ᄒᆞ-, 디휘ᄒᆞ-, 지위ᄒᆞ-

【직구】 명 ((복식)) 짓쿠(チック, cosmétique). 머리크림. (일본어 차용어).¶ 호와이트분 한 통 분슈 한 병 구라분 한 병 구리무 한 병 미안슈 한 병 향슈 한 병 물빅분 한 병 직구 한 병 연지쳡 일 기 분쳡 일 기 비누 한 갑 비누갑 일 기 <편시 보니난 물목-문우>

【진개】 분 진개(眞箇). 진짜. 정말로. 참으로. (중국어 간접 차용어).¶ 眞是 ‖ 그 량개 녀ᄌᆞ 련망히 우ᄉᆞ며 니ᄅᆞᄃᆡ 내내의 말솜이 진개 우리 ᄉᆞ졍을 통측ᄒᆞ시미로다 (那兩個女人忙陪笑道, 奶奶說的眞是體諒我們的話.) <홍보 1:118> 이제 내가 림챠두의 모양을 보믜 슈복이 부족지 아닐 듯ᄒᆞ니 내 젼일 진개 늙어 후두ᄒᆞ엿도다 (如今我瞧林丫頭這模樣兒, 不像是沒福壽的, 我先前眞是老糊塗了.) <홍보 3:38> ▼果眞 ‖ ᄌᆞᄡᅵ야 니가 진개 그리ᄒᆞᆫ 거시 아니라 블과시 져 죤긔의 무예롤 시험ᄒᆞ미러니 과연 진개 죠ᄒᆞᆫ 슈단이로다 (阿姐, 我不是認眞的, 不過要試試這道姑的武藝, 果眞好手段.) <요화 14:71> ⇒ 진긔

【진공-다인】 명 ((인류)) 진공대인(進貢大人). 공물을 바치러 가는 사신. '다인(大人, dàrén)'은 중국 직접 차용어.¶ 進貢大人 ‖ 진공다인과 ᄒᆞᆫ가지로 즁국 변문에 니를 ᄯᅢ에 ᄇᆞ람이 크고 눈이 깁허 하놀이 됴히 차매 하로에 니ᄅᆞ지 못ᄒᆞ고 탕산참에 니ᄅᆞ러 자고 하로밤 침고 주린 거술 말노 다 못ᄒᆞ리라 (同着進貢大人, 一到中國邊門的時候, 風大雪深天道好冷, 一天不到到湯山砧睡, 一夜涯凍涯餓說不得.) <관락-소창 1a>

【진긔】 분 진개(眞箇). 정말로. 참으로. (중국어 간접 차용어).¶ 果是 ‖ 진긔 ‖ 양ᄃᆡ왕이 니ᄅᆞᄃᆡ 만일 진긔 비롤 구ᄅᆞ친 재면 모롬즉이 줍아다가 문죄ᄒᆞ리라 (陽大王道: "若果是他, 須要拿來問罪.") <후서유 14:109-28> ▼端的 ‖ 다만 보믜 단약 화로와 구술탑이 진긔 신령의 디경이오 (但見丹爐藥竈, 琼塌瑤幾, 端的仙靈境界.) <여선 5:61> ▼眞 ‖ 셜져ㄹ는 아롬다온 용모로 이런 지낭과 비필이 되믄 젼싱의 인연이 이시미오 샤공지 능히 례롤 직혀 향시의 날노 더브러 노즁의 동쳐ᄒᆞ여시ᄃᆡ 희언도 업ᄉᆞ믈 탄복ᄒᆞᄂᆞ니 진긔 지셩츙후ᄒᆞᆫ 군ᄌᆞ로 난잡ᄒᆞᆫ 뜻을 금지ᄒᆞ미라 (暗思姐姐美容顏, 配此才郎宿有緣. 堪羨謝郎能有禮, 同處途中沒戲言. 至誠仁厚眞君子, 拴牢意馬共心猿.) <옥천-수경 4:35b> 령랑은 진긔 룡구봉츄라 쇼왕이 셰옹의 욻히셔 당돌이 ᄒᆞᄂᆞᆫ 줄이 아니라 (令郎眞乃龍駒鳳雛, 非小王在世翁前唐突.) <홍루 15:4> 만일 진긔 옷출 장ᄉᆞᄒᆞ면 동시가 찡긔는 거술 본밧는 쟉시라 다만 신긔ᄒᆞᆫ 일이 되지 아니홀 ᄲᅮᆫ 아니라 ᄯᅩᄒᆞᆫ 더옥 가징ᄒᆞ도다 (若眞也葬花, 可謂東施效顰, 不但不爲新特, 且更可厭了.) <홍루 30:44> 글 닑는 외의는 다만 병병ᄒᆞᄂᆞ니 진긔 사롬으로 ᄒᆞ여금 ᄆᆞᄋᆞᆷ이 번민케 ᄒᆞᄂᆞ

이다 (除了念書, 就是這呆呆的樣兒, 眞叫人心煩.) <홍부 11:10> 환ᄋᆞ의 말이 일호 그ᄅᆞ지 아니ᄒᆞ니 진긔 보챠두 등이 션샹으로 와셔 담쇼ᄒᆞᆷ을 힘닙어 심중의 져기 비감ᄒᆞᆷ을 플거니와 (環兒的話一點不錯. 眞虧寶丫頭們過船說說笑笑, 心中稍解悲感.) <홍부 25:17> ▼眞個 ‖ 도적 진납이야 니 슈빅 년을 신고ᄒᆞ여 산을 비포ᄒᆞ엿다가 너의게 일죠의 훼파ᄒᆞ미 되니 진긔 통한ᄒᆞ도다 ("好賊猴頭! 我數百年的辛苦開山, 被你一旦毁壞了, 眞可痛恨!") <후서유 12:117-24> 너의 무리 가시의 집만 홀노 대족으로 인구수가 만코 너의 집 외에는 다른 사ᄅᆞᆷ은 다만 부모만 잇고 일가 종족 중의 진긔 다시는 사ᄅᆞᆷ이 업ᄉᆞ랴 (你們賈家獨是大族人口多的, 除了你家, 別人只得一父一母, 眞箇中眞個再無人了不成?) <홍루 57:21> 마마긔셔 진긔 명일의 로태태긔셔 구ᄒᆞ여 식부로 마져오면 엇지 밧긔 가셔 구ᄒᆞᄂᆞᆫ디 비ᄒᆞ여 조치 아니ᄒᆞ리잇가 (眞箇, 媽媽明日和老太太求了聘作媳婦, 豈不比外頭尋的好?) <홍루 57:105> ᄌᆞ견이 얼골을 붉히며 웃고 니ᄅᆞ디 이태태긔셔 진긔 늙으시믈 빙쟈ᄒᆞ고 늙으시믈 쟈셰ᄒᆞ시도다 (紫鵑也紅了臉, 笑道: '姨太太眞箇倚老賣老的.') <홍루 57:111> 다만 니ᄅᆞ디 진긔 픽ᄒᆞ엿다 ᄒᆞ여 삼쟝이 당션분력ᄒᆞ여 ᄭᅳᆫ허 멈츄고 혼잡히 일쟝을 쇄살ᄒᆞ여 서로 손샹ᄒᆞ미 잇ᄂᆞᆫ지라 (只道眞個敗, 三將當先, 奮力截住, 混殺一場.) <여선 33:62> 겨유 모질믈 발ᄒᆞ여 올나가니 진긔 텬신만고ᄒᆞ여 산 우히 니ᄅᆞ니 (眞個千辛萬苦, 方到得山頂.) <요화 1:10> 공명이 셜파의 현덕의 마음을 격동ᄒᆞ미 진긔 가슴을 두다리며 발을 구을너 방셩디곡ᄒᆞ거ᄂᆞᆯ (孔明說罷, 觸動玄德衷腸, 眞個搥胸頓足, 放聲大哭.) <삼국-국중 10:104-56> ▼眞眞 ‖ 나는 한 마디 말을 ᄒᆞ엿더니 져는 곳 두 술위의 실을 만흔 종업ᄂᆞᆫ 말을 ᄒᆞ니 진긔 시쇽 져ᄌᆞ의 발을 젹시여 셰셰히 슈 노키를 잘ᄒᆞ여 호리를 분간ᄒᆞᆯ 쥴만 아ᄂᆞᆫ도다 (我說了一句, 他就說了兩車無賴的話, 眞眞泥腿市俗專會打細筭盤分斤掰兩的.) <홍루 45:10> 진긔 ᄒᆞᆫ 셰샹의 디두원기로다 네가 엇지 괴로이 와셔 이런 음히를 부리ᄂᆞ냐 (眞眞那一世的對頭寃家! 你何苦來還來使促狹!) <홍루 84:87> ▼眞是 ‖ 너는 노야의 병만 위ᄒᆞ고 알픈 거술 도라보지 아냐 몸을 버혀 피를 취ᄒᆞ니 진긔 하늘과 부체 모다 너를 도으시리라 (你要老爺病好, 不顧疼痛割身取血, 眞是天佛爺總保佑你的.) <홍부 11:64> 만일 기인일진디 진긔 한 가지 쾌식로다 (如果是他, 眞是一樁快事.) <설월 19:61> 방탕ᄒᆞᆫ 부녀 장시를 졔긔ᄒᆞ여 말ᄒᆞ면 진긔 일만 가지 악ᄒᆞᆫ 거시 무궁ᄒᆞ도다 (說起潑婦張氏, 眞是萬惡無窮.) <천리 1:59> ▼倒是 ‖ 정히 올흐니 너는 진긔 나의 복중을 ᄌᆞ셰히 보ᄂᆞᆫ 듯ᄒᆞ도다 (一點兒不錯, 你倒是我肚子裏的記事蟲兒.) <홍부 1:79> ▼豈不是 ‖ 져는 일긔 경셰ᄒᆞᆫ 사ᄅᆞᆷ이라 엇지 즐겨 위험ᄒᆞᆫ 일을 판리ᄒᆞ리오 대인이 졔 죽은가 의심ᄒᆞ시믄 진긔 과려ᄒᆞ시미오 (他是個精細人, 爲甚麼辦那樣險事? 大人疑他死咧, 豈不是多慮?) <충소 2:26> ▼苟 ‖ 이 젼보 이른 후로 지방 인민에 진긔 난을 창시ᄒᆞ야 실힝치 아니ᄒᆞ얏거든 망녕되이 잡아 다ᄉᆞ리지 말며 (自此電到後, 地方人民, 苟非實行倡亂, 不得妄加捕治.) <신광 22:7b> ⇒ 진개

【진디】 명 진지(眞的). 진짜. '디(的 de/di)'는 중국어 직접 차용어.¶ 眞 ‖ 가디를 가지고 진디로 판다 (將假當眞) <중화-숭실박 25a> ⇔ 가디

【진무】 명 진무(振舞). 잔치. 대접. 향응. (일본어 간접 차용어).¶ 今日은 御慇懃ᄒᆞ신 振舞 終日 아름다온 御雜談을 듯줍고 <첩해-초 6:5a>

【진사-쥬】 명 ((인류)) 진사주(進賜主). 나으리주(-主). 나으리님. 지체가 높거나 권세가 있는 사람을 높여 부르는 말. (이두어).¶ 황공복지 문안 알고자 ᄒᆞ오며 복미심신ᄒᆞ의 진사쥬 긔체후 일향만강ᄒᆞ옵신지 ᄒᆞᆨ경의 복모구ᄏᆞ ᄒᆞᆸ지ᄏᆞ오며 쇼인은 곳 ᄂᆞ려와 신병으로 심여 일을 아ᄅᆞ시옵고 지금은 쇼셩이 되여ᄊᆞᆸᄂᆞ이다 <류완국고목-우한 1879> 청산 진사쥬 ᄎᆡᆨ방 시쇼 용전 엽젼 오빅 오십 양을 김순셩이 편의 본ᄂᆡ쥬슬가 알어삽더니 아니 본ᄂᆡ쥬옵시니 답ᄏᆞ하외다 <니경직(흘하싱)-우한1894.8.15 ↓창영 디아 시인 닙납>

【진이바】 명 ((지리)) 제네바(Geneva). 스위스 남서쪽 끝에 있는 도시. 레만 호에서 나오는 론 강의 출구에 있으며 독일, 프랑스, 이탈리아 3국을 연결하는 요지로 국제 활동의 중심지이다. (외래어).¶ 도셩을 의론컨대 일홈이 번이니 나라 ᄒᆞᆫ가온대요 북에는 싸슬과 쑤릭이란 큰 촌이 잇고 셔남에는 진이바ㅣ란 큰 촌이 잇고 사ᄅᆞᆷ의 픔ᄉᆞ수는 평등이오 <사필1889-헐버트 48>

【진자바】 명 긴잡아(緊箍兒). 주문(呪文). '진(緊, jǐn)'은 중국어 직접 차용어.¶ 緊箍咒 ‖ 삼장이 ᄒᆞᆫ 번 시험ᄒᆞ려 ᄒᆞ여 진자바을 염ᄒᆞ니 힝자 머리 알파 디골ᄏᆞ 구을며 살거지라 ᄒᆞ거ᄂᆞᆯ (却默默的念那緊箍咒一遍. 行者叫道: "頭痛! 頭痛!" 那師父不住的又念了幾遍, 把個行者痛得打滾, 抓破了嵌金的花帽.) <서유-영남 2:42-14> 행ᄌᆞ 전의 입든 뵈젹삼을 니여 디혀보니 맛치 ᄒᆞᆫ디셔 맛친 것 갓트여 장단이 조곰도 다름이 업스니 행ᄌᆞ 또 금슈파을 들어 쓰고 조화ᄒᆞ거ᄂᆞᆯ 삼장이 ᄒᆞᆫ 번 시험ᄒᆞ려 ᄒᆞ여 진자바을 염ᄒᆞ니 행ᄌᆞ 머리 알파 디골디골 구을며 살거지라 ᄒᆞ거ᄂᆞᆯ (三藏見他戴上帽子, 就不吃乾糧, 却默默的念那緊箍咒一遍. 行者叫道: '頭痛! 頭痛!' 那師父不住的又念了幾遍, 把個行者痛得打滾, 抓破了嵌金的花帽.) <서유-조선 2:14:43> ▼緊箍兒咒 ‖ 보살 왈 네 발셔 몸쓸 마음을 니여시니 진자바를 닑으리라 (菩薩道: "你這賊猴偸了鈴, 賴不曾見, 等我念念«緊箍兒咒».") <서유-영남 8:88-71> ⇒ 진ᄌᆞ바

【진지】 명 진지(眞的). 진짜. 정말. 사실. '지(的, de> di)'는 중국어 직접 차용어.¶ 眞 ‖ 또 왕ᄌᆞ 궁겻사ᄅᆞᆷ이 진지 궁겻사ᄅᆞᆷ인 줄도 아지 못ᄒᆞᄂᆞᆫ 거시 범남히 쉬아미로라 일ᄏᆞ라 각관으로 횡힝ᄒᆞ야 모든 졀을 원당이라 의탁ᄒᆞ야 그 화리를 밧고 (至於王子房人, 則不知其眞係

爲房人與否, 而濫稱司鑰, 橫行郡縣, 諸山寺刹, 託爲願堂而征其貨利.) <학봉행장 47b> ▼眞的 ‖ 삼게 일ː히 반문ᄒᆞ며 ᄐᆡᄌᆞ는 이 진지가 안이니 화친을 허치 안는다 ᄒᆞ며 ᄯᅩ 군ᄉᆞ를 더ᄒᆞ야 압흐로 나아가니 ᄌᆞ셩이 도망ᄒᆞ야 북경으로 가더라 (三桂一一盤問, 太子不是眞的, 不許和, 又增兵前進, 自成只得逃回北京了.) <신광 3:9a> 두어 날 후의 낫과 몸의 불근 졈이 만ᄒᆞ니 날을 쳥ᄒᆞ여 뵈거을 진지 역질이오 형식 증휘 결연코 다란 병이 아이어을 <잡병초-한고 역질 6b> 만복 초례랄 무ᄉᆞ이 치루압고 유관 현셔랄 드을 시셔 보오니 흔ː셕ᄃᆡ 진중홈과 언ː힝동이 진지 군ᄌᆞ 기틀이온 닷 킈활 경식 셰ᄉᆞᆼᄉᆞ 무ᄉᆞᆼ인 닷 <사졔-한고 ↓사형 오안 양쳐>

【진ᄌᆞ바】 명 긴잡아(緊箍兒). 주문(呪文). '진(緊, jǐn)'은 중국어 직접 차용어.¶ 緊箍咒 ‖ 동다히로 갈 ᄃᆡ 업고 일정 용궁으로 ᄀᆞᆺ슬 거시니 ᄂᆡ 잡아올 거시니 잡아오거든 이 장삼과 금슈파를 씨우고 닙히며 리로히는 진언을 염ᄒᆞ여 일그면 버셔나지 못ᄒᆞ고 공슌ᄒᆞ리라 ᄒᆞ고 진ᄌᆞ바을 가릇쳐 왈 이럿케 ᄒᆞ면 그졔야 가히 복죵ᄒᆞᆯ 거시니 이 진언을 감안이 외오ᄃᆡ 싱심도 누셜치 말고 조심ᄒᆞ라 (東邊不遠, 就是我家, 想必往我家去了. 我那裏還有一篇咒兒, 喚做'定心眞言'; 又名做'緊箍咒'.你可暗暗的念熟, 牢記心頭, 再莫泄漏一人知道.) <서유-조선 2:14:40> ⇒ 진자바

【진-ᄒᆞ-】 형 긴(緊)하다. '진(緊, jǐn)'은 중국어 직접 차용어. 절박하다. (시간이) 촉박하다.¶ 진ᄒᆞ다 (緊) <지나-형용사 93>

【징징이-질】 명 정정(亭亭)이질. '징징(亭亭, tíngtíng)'은 중국어 직접 차용어.¶ 亭亭 ‖ 아ᄒᆡ 읍ᄒᆞᆯ 줄을 아ᄂᆞ냐 징징이질 ᄒᆞᆯ 줄 아ᄂᆞ냐ㅣ ᄀᆞᆺ 셜 줄을 아되 허리 무르니 더를 달호지 말라 ("孩兒會學唱喏了麽? 會學亭亭了麽?" "却纔會學立的, 腰兒軟休弄他.") <박신 2:53a> ⇒ 딩딩이질

【징ᄌᆞ】 명 ((복식)) 정자(頂子). 증자(鞗子). 전립 따위의 위에 꼭지처럼 만들어 달던 꾸밈새. 품계에 따라 금, 은, 옥, 석 따위의 구별이 있었음. '(頂, dǐng)'는 중국어 직접 차용어.¶ 頂子 ‖ 징ᄌᆞ, 氈笠飾也. 見«漢書». (頂子) <진람 13b> 징ᄌᆞ (頂子) <한청-관모 11:2b> <동해-복식 상:55a> <몽해-복식 상:42b> ᄯᅩ 홍젼으로 우리나라 탕건쳐로 ᄒᆞ야 ᄡᅳᆫ 쟈도 이시ᄃᆡ 그 직품 잇ᄂᆞᆫ 쟈ᄂᆞᆫ 혹 징ᄌᆞ와 공쟉우ᄅᆞᆯ ᄃᆞᆯ고 (又或以紅氈爲帽, 其制畧似我國湯巾貌樣, 有職品者戴頂子懸翠羽.) <서원 5:9a> ⇒ 딩ᄌᆞ, 딩ᄌᆞ

【ᄌᆞ갸】 대 ((인류)) 자가(自家). 자기(自己). 당신. '자기(自己)'의 높임말. 'ᄌᆞ갸(自家, zìjiā)'는 중국어 직접 차용어.¶ 브ᄅᆞᆯ 化ᄒᆞ샤 ᄌᆞ개 ᄉᆞᄅᆞ샤 <법화 6:154> 德望이 더러ᄒᆞ실ᄊᆡ 가다가 도라옳 軍士ㅣ ᄌᆞ갸긔 黃袍 니피ᅀᆞᄫᆞ니 <용가 25> ᄌᆞ갸와 ᄂᆞᆷ과 覺이 ᄎᆞ실ᄊᆡ ᄉᆞᆯ오샤ᄃᆡ 佛이시니 <법화 1:93> 自說은 무르리 업시 ᄌᆞ개 니ᄅᆞ실 ᄊᆡ라 <월석 12:30> 世尊이 ᄌᆞ개 呪ᄅᆞᆯ 니ᄅᆞ디 아니ᄒᆞ시고 <능엄 1:39> 虛空ᄋᆞᆯ 모로기 ᄌᆞ갯 모ᄆᆞᆯ 사ᄆᆞ시며 <금삼 2:3> 彌勒菩薩이 모ᄃᆞᆫ ᄆᆞᅀᆞᄆᆡ 疑心ᄋᆞᆯ 보며 ᄌᆞ개도 ᄆᆞᄅᆞ샤 座애셔 니러 <석상 11:17> 다ᄅᆞᆫ 나라히 보차ᄂᆞᆫ 難이어나 ᄌᆞ갸 나라해셔 거슬ᄧᅳᆫ 양ᄒᆞᄂᆞᆫ 難이어나 星宿ㅅ 變怪難이어나 <석상 9:33a> 釋迦ᄂᆞᆫ ᄌᆞ갸 ᄆᆞᅀᆞ미 다 닉디 몯ᄒᆞ샤도 弟子ᄃᆞᆯᄒᆡ ᄆᆞᅀᆞᄆᆞᆫ 다 닉고 彌勒은 ᄌᆞ갸 ᄆᆞᅀᆞ미 다 니그샤도 弟子ᄃᆞᆯᄒᆡ ᄆᆞᅀᆞᄆᆞᆫ 몯 다 닉더니 <월석 1:51b> ᄌᆞ갸 모ᄆᆡᆺ 舍利로 住持ᄒᆞ시ᄂᆞᆫ 젼ᄎᆡ라 <능엄 8:26a> 모로미 ᄆᆞᅀᆞᄆᆞᆯ 뷔워 ᄌᆞ갸 비취워 <선가 상:23> 세상애 죽ᄂᆞᆫ 이리 크고 크매 브ᄃᆡ ᄌᆞ갸 편의을 ᄎᆞ졸ᄶᅵ니라 <염보-해 39> ▼躬 ‖ 德望이 더러ᄒᆞ실ᄊᆡ 가다가 도라옳 軍士ㅣ ᄌᆞ갸긔 黃袍 니피ᅀᆞᄫᆞ니 (德望如彼言旋軍士, 迺於厥躬黃袍用被.) <용가 4:22b> ▼自 ‖ ᄌᆞ갸와 ᄂᆞᆷ과 覺이 ᄎᆞ실ᄊᆡ ᄉᆞᆯ오샤ᄃᆡ 佛이시니 모도아 ᄉᆞᆲ건댄 實 다ᄒᆞᆫ 道ᄅᆞᆯ 조차 오샤 萬德이 ᄀᆞᄌᆞ샤 物을 應ᄒᆞ샤 世예셔 尊ᄒᆞᅀᆞ오미 ᄃᆞ외신 號ㅣ시니라 (自他覺滿曰佛, 摠而言之, 從如實道來, 具萬德應物, 爲世所尊之號也.) <법화 1:93b> 虛空ᄋᆞᆯ 모로기 ᄌᆞ갯 모ᄆᆞᆯ 사ᄆᆞ시며 大地ᄅᆞᆯ 다 안ᄌᆞᆯ 그릇 사ᄆᆞ샤 (混虛空爲自身, 盡大地爲坐具.) <금삼 2:3a> 尊者ㅣ 니ᄅᆞ샤ᄃᆡ 이제 번드기 作用ᄒᆞ샤ᄃᆡ 王이 ᄌᆞ개 보디 몯ᄒᆞ시ᄂᆞ이다 (尊者曰: "今現作用, 王自不見.") <목우 6a> ᄒᆞ마 宮中에 位ᄅᆞᆯ 正ᄒᆞ샤 더욱 ᄌᆞ개 謙讓ᄒᆞ시며 조심ᄒᆞ더시다 (旣正位宮闈, 愈自謙肅.) <내훈 2상:44a> 妾은 드로니 信ᄒᆞᆫ 사ᄅᆞᄆᆞᆫ 그 ᄆᆞᅀᆞᄆᆞᆯ 지여ᄇᆞ리디 아니ᄒᆞ며 義ᄒᆞᆫ 사ᄅᆞᄆᆞᆫ 그 이ᄅᆞᆯ 虛히 ᄒᆞ디 아니ᄒᆞᄂᆞ다 호니 妾은 王ㅅ 義예 죽고 王ㅅ 즐교매 죽디 아니ᄒᆞ노이다 ᄒᆞ고 ᄌᆞ개 주그시니라 ("妾聞信者不負其心, 義者不虛設其事. 妾死王之義, 不死王之好也." 遂自殺.) <내훈 2상:31b> 后ㅣ 더욱 病 되요라 ᄒᆞ샤 기피 ᄌᆞ개 ᄀᆞ초와 그치더시니 마초아 有司ㅣ 長秋宮 셰요ᄆᆞᆯ 엳ᄌᆞ온대 (后愈稱疾篤, 深自閉絶. 會有司奏建長秋宮.) <내훈 2하:15a> 님금과 臣下왓 ᄉᆞᅀᅵ예 처ᅀᅥᆷ과 ᄆᆞᄎᆞᄆᆞᆯ 保全ᄒᆞ니 내 念호니 皇后ㅣ 布衣로 니러나 ᄃᆞᆯ며 ᄡᅳ믈 ᄒᆞᆫᄃᆡ ᄒᆞ시며 일즉 나ᄅᆞᆯ 조차 軍中에 겨샤 時急ᄒᆞᆫ 제 ᄌᆞ개 비골포ᄆᆞᆯ ᄎᆞᄆᆞ시고 乾飯ᄋᆞᆯ 푸머 나ᄅᆞᆯ 이바ᄃᆞ시니 豆粥과 보리밥애 가ᄌᆞᆯ비건댄 그 困호미 더욱 甚ᄒᆞ니라 (君臣之間, 始終保全, 朕念皇后起布衣, 同甘苦, 嘗從朕在軍, 倉卒自忍飢餓, 懷糗餌食朕, 比之豆粥麥飯, 其困尤甚.) <내훈 2하:39b> 모로미 ᄆᆞᅀᆞᄆᆞᆯ 뷔워 ᄌᆞ갸 비취워 一念緣ᄒᆞ야 니로매 남 업슨ᄃᆞᆯ 信ᄒᆞᇙ디어다 그러나 無明 히미 클ᄊᆡ 後後에 길워 가져 닛디 아니호미 어려우니라 (須虛懷自照, 信一念緣起無生. 然無明力大, 故後後長養, 保任不忘爲難.) <선가 상:23b> ᄯᅩ 니ᄅᆞ샤ᄃᆡ 한 煩惱賊이 常例 사ᄅᆞᆷ 주구믈 엿ᄂᆞ다 ᄒᆞ시니 道人ᄋᆞᆫ ᄌᆞ갸 警策ᄒᆞ야 ᄢᅵ여 머리옛 블 救ᄐᆞᆺ ᄒᆞ라 ᄒᆞ시니라 (又云諸煩惱賊, 常伺殺人, 道人宜自警悟, 如救頭燃.) <선가 하:50b> ▼自己 ‖ 菩薩의 ᄯᅩ 取 업소ᄆᆞᆯ 나토오려 ᄒᆞ샤 ᄌᆞ갸 모미 因地 우희 스승도 ᄯᅩ 말 업스며 ᄌᆞ개 드룸 업슨ᄃᆞᆯ 몬져 드러시ᄂᆞᆯ (將現菩薩亦無取, 先擧自己

因地上, 師亦無言已無聞.) <금삼 2:58b> 젼에 듯건ᄃᆡ 구공의게 신긔ᄒᆞᆫ 약이 잇셔 낙샹ᄒᆞᆫᄃᆡ 효험이 ᄲᆞ르므로 사ᄅᆞᆷ마다 쥬어 구졔ᄒᆞᆫ다 ᄒᆞ더니 엇지 ᄌᆞ갸 병의 시험치 아닛ᄂᆞ뇨 (俺聞九公帶有跌打妙藥, 逢人施送, 此時自己有病, 爲甚倒不多服?) <경화 6:32> 현ᄆᆡ의 ᄯᅳᆺ은 비록 ᄋᆞᄅᆞᆷ다오나 졔 일즉 ᄌᆞ갸 ᄒᆞᆨ문을 미더 안공일셰ᄒᆞ야 사ᄅᆞᆷ을 눈에 ᄎᆞ게 보지 아니ᄒᆞᄂᆞ니 (賢妹約他固妙; 但他恃著自己學問, 目空一切, 每每把人不放眼內.) <경화 13:53> ▼自家 ‖ 현ᄆᆡ의 ᄯᅳᆺ은 비록 ᄋᆞᄅᆞᆷ다오나 졔 일즉 ᄌᆞ갸 ᄒᆞᆨ문을 미더 안공일셰ᄒᆞ야 사ᄅᆞᆷ을 눈에 ᄎᆞ게 보지 아니ᄒᆞᄂᆞ니 (賢妹約他固妙; 但他恃著自家學問, 目空一切, 每每把人不放眼內.) <경화 13:53> ▼他 ‖ 힝ᄌᆞ 숨장이 ᄌᆞ갸를 격동ᄒᆞ믈 보고 문득 시위를 발ᄒᆞ여 왈 ᄉᆞ부는 그런 말 ᄒᆞ지 말고 마로쇼셔 나 노숀이 곳쳐 나아가 보리이다 (見三藏搶白了他這一句, 他就發起神威道: "不要說! 不要說! 等我與他再見個上下!) <서유-계명 5:57-15> 급ᄒᆞᆫ 셩이 발ᄒᆞ여 ᄌᆞ갸의 [숨]ᄉᆞ시신이 〻러나며 칠노 긔운이 너 닷난ᄒᆞ여 (急得他三尸神咋, 七竅烟生.) <서유-계명 5:59-15> 니판이 일싱 명의로ᄡᅥ ᄌᆞ임ᄒᆞ니 니판은 의리쥬인이라 사ᄅᆞᆷ이 샹반ᄒᆞᆫ 일노ᄡᅥ 무함을 ᄒᆞ니 이 엇지 말이 되리오 내 ᄌᆞ갸의게 권우[더졉을 권〻이 ᄒᆞ신다 말]ᄒᆞᆷ과 ᄌᆞ갸의게 쇼져[붉히시다 말]ᄒᆞᆷ이 엇더ᄒᆞ관ᄃᆡ 오히려 져러ᄐᆞ시 고집ᄒᆞ니 엇지 과치 아니ᄒᆞ리오 <행장-몽오19c초 13b> 그리 호대치 아니ᄒᆞᆫ 가역이니 부대 장쳔 형님더러 지어 달나 ᄒᆞ여라 나도 부탁ᄒᆞ야 ᄌᆞ갸도 그리ᄒᆞ 량으로 ᄒᆞ엿ᄂᆞ니라 <의성김씨 학봉종가 언간-3 김진화(아버지) 1830 ↓의성김씨(딸)> ᄌᆞ갸ᄂᆞᆫ 회환ᄒᆞᆯ ᄣᆡᄂᆞᆫ 역관의 진 일이 업더니라 <을연 1> 쳑이 ᄯᅩᄒᆞᆫ 학쳔의 비예 이셔 좀이 업서 홀노 봉창을 의지ᄒᆞ야 ᄌᆞ갸 신셰를 감념ᄒᆞ매 심ᄉᆞ를 뎡치 못ᄒᆞ야 <최척 46> ᄌᆞ갸도 흉언을 ᄒᆞᆫ 줄 무안ᄒᆞ고 셰손 ᄉᆞ쇡도 어히업서 ᄒᆞ시니 금시로 쇽죄ᄎᆞ로 잘못ᄒᆞ얏노라 ᄒᆞ고 <한중 416> 세월이 덧업셔 영장이 당ᄒᆞ니 디경이 더옥 비통ᄒᆞᆷ을 이긔지 못ᄒᆞ여 ᄌᆞ갸 션샨 계ᄒᆞ의 장ᄒᆞᆷ을 청ᄒᆞ니 최공이 왈 <윤지경-일사 25a> 츄동간 킈도 미오 ᄌᆞ라다 ᄒᆞᆯ 분 아니라 너년은 십오 셰니 불가불 너년의ᄂᆞᆫ 혼인을 지너여야 ᄒᆞ겟기 향일 뉴광양과 혼셜을 ᄒᆞᆫ즉 ᄌᆞ갸ᄂᆞᆫ ᄒᆞᆯ 슈 업노라 ᄒᆞ나 ᄌᆞ갸 마음ᄃᆡ로 다ᄒᆞᆯ 길 업ᄉᆞ니 봄의 밋쳐 셔력이 못 되면 가을의 지날지라도 긔여ᄒᆞᆯ 터인희 뉴광양도 슈 업다 ᄒᆞ거니와 <답홍덕 셔-한고> ※ 兄弟 서ᄅᆞ ᄃᆞ톰이 이 左右手로다가 서ᄅᆞ 티며 이 左右脚으로다가 서ᄅᆞ 촘이니 自家ㅣ 自家를 傷홈이라 (兄弟相爭, 是把左右手相打, 是把左右脚相踢, 自家傷自家.) <오전 5:13a> 내 이내 自家를 우ᄂᆞᆫ 줄이 아니라 뎌 世上 사ᄅᆞᆷ을 우노이다 (我不是哭我自家, 哭那世上人.) <오전 6:13a> ⇒ ᄌᆞ겨, ᄌᆡ겨

【ᄌᆞ갸-너】 [대] ((인류)) 자가네(自家-). 자기네(自己-). 당신네. '자기네'의 높임말. 'ᄌᆞ갸(自家, zìjiā)'는 중국어 직접 차용어. ᄌᆞ갸(자기, 彼: 인칭 대명사)+-너(-네: 복수 접미사, 높임).¶ ᄌᆞ갸넌들 점즌은 터의 남의 가련한 지물을 무단이 사길이가 잇겟습 조흔 말노 ᄌᆞ갸너 조부형너 현치ᄒᆞ야 외시굴 ᄌᆞ〻ᄒᆞ너 평싱 그 문하 ᄉᆞ귀미 소원이더니 지금 이러틋 쥬긔지의 되여시니 어린ᄌᆞ식을 두후ᄒᆞ여 후은을 너〻 바라노라 조케 오시옵소셔 <ᄌᆞ갸너-한고> ⇒ ᄌᆞ개내, ᄌᆞ겨너

【ᄌᆞ갸-오좀】 [명] ((신체)) 자가오줌(自家-). 자기 오줌. 'ᄌᆞ갸(自家, zìjiā)'는 중국어 직접 차용어. ¶ 암너을 거근ᄒᆞ난 ᄃᆡ 음녁 경월 십오일벗텀 이십이 십숨일거지 ᄋᆞᆺ춤ᄆᆞ다 ᄌᆞ갸오좀의 씨시면 거근ᄒᆞ나니ᄅᆞ <경험방-암너 5b 한옥션133-152>

【ᄌᆞ개-내】 [대] ((인류)) 자가네(自家ㅣ-). 자기들. 'ᄌᆞ갸(自家, zìjiā)'는 중국어 직접 차용어. ᄌᆞ갸(자기, 彼: 인칭 대명사)+-ㅣ(주격 조사)+-내(-네: 복수 접미사, 높임).¶ 眞實ㅅ뿌텨 祖師냇 玄妙ᄒᆞᆫ 宗旨ᄂᆞᆫ ᄌᆞ개내도 몰라시니 어느 衆生이 알리오 <십현 14a> ⇒ ᄌᆞ갸너, ᄌᆞ겨너

【ᄌᆞ겨】 [대] ((인류)) 자가(自家). '자기'의 높임말. 당신(當身). '겨(家, jiā)'는 중국어 직접 차용어.¶ 아ᄆᆞ리 ᄉᆡᆼ각ᄒᆞ와도 거ᄌᆞ일 ᄀᆞᆺ즙고 ᄌᆞ겨 ᄆᆞᄋᆞᆷ이나 인평위 ᄆᆞᄋᆞᆷ이나 그리ᄃᆞ록 놈의 업슨 용ᄒᆞᆫ 인심을 가지고셔 더리 되오니 텬되 그리ᄃᆞ록 무디ᄒᆞ실샤 원이ᄋᆞᆸ도소이다 <숙휘-30 1662 명성왕후(올케) ↓숙휘공주(시누이)> 슉졍 ᄌᆞ겨 니ᄅᆞᄋᆞᆸ시거놀 듯ᄌᆞ오니 진지롤 두서 술은 계유 자ᄋᆞᆸ신다 ᄒᆞ오니 아ᄆᆞ리 셟ᄉᆞᆸ셔도 두로 ᄉᆡᆼ각ᄒᆞᄋᆞᆸ쇼셔 <숙휘-30 1662 명성왕후(올케) ↓숙휘공주(시누이)> ᄌᆞ겨ᄂᆞᆫ 외오셔 모ᄅᆞᄋᆞᆸ시거니와 ᄌᆞ뎐으로겨오셔 엇디 념녀롤 ᄒᆞ오시ᄂᆞᆫ가 너기ᄋᆞᆸ시ᄂᆞ닝잇가 <숙휘-30 1662 명성왕후(올케) ↓숙휘공주(시누이)> 본동 ᄉᆞ난 노션달 승겸이라넌 이가 ᄌᆞ겨 아들 모이을 의신 친졍 부모 양친 산쇼 슌젼 오륙보 지너의 쎠ᄉᆞᆸ긔의 이즁할 ᄯᅳᆺ즈로 누ᄎᆞ 말ᄒᆞ여도 죵시 혈숀 읍난 결별시ᄒᆞ고 죵시 이즁치 아니ᄒᆞ오니 <남증면 가경리에 사는 윤씨 원정1837/1897> ᄉᆞ리문을 반만 닷고 드러오며 ᄒᆞ난 말이 오날 젼녁 졔손 즐은 ᄌᆞ겨 맘도 알 ᄶᅥ시니 진셜이나 맛츰ᄒᆞ고 등불 잡고 나가 볼 ᄶᅡ <져부인젼-한고 9a> ⇒ ᄌᆞ갸, ᄌᆡ겨

【ᄌᆞ겨-너】 [대] ((인류)) 자가(自家 zìjiā). '자기'의 높임말. 당신(當身). '겨'는 (중국어 직접 차용어).¶ 소지의 ᄌᆞ겨너 집이셔 금산을 당쵸의부터 ᄒᆞ여셔 부녀 등산거지 되여 금치 못ᄒᆞ고 송ᄉᆞ을 ᄒᆞ는 즐로 ᄒᆞ여ᄉᆞ오니 ᄉᆞ슬 탐문ᄒᆞ시면 허무밍랑지셜을 명지ᄒᆞ실 일리오며 <뎡문츙공 죵부 미망인 황씨 원정-한고 1821> ⇒ ᄌᆞ갸너, ᄌᆞ개내

【ᄌᆞ겨-집】 [명] 자가집(自家-). 당신네 집. 'ᄌᆞ겨(自家, zìjiā)'는 중국어 직접 차용어.¶ ᄌᆞ겨집의셔는 ᄉᆞ당집 뒤 십보 안의 치포거지 히두고 뎡가의 집은 천부당ᄒᆞᆫ 곳즐 금ᄒᆞ오니 누뵉연 션셰지법과 셰의을 이갓치 져ᄇᆞ리고 감싱불측지심으로 일런 거죠을 ᄒᆞ나 보오며 <뎡문츙공 죵부 미망인 황씨 원정-한고 1821>

【ᄌᆞ단】 명 ((식물)) 자단(紫檀). 자단나무. (중국어 간접 차용어).¶ 紫檀 (紫檀) <역보-진보 39a> <중화-한고 진보> ᄌᆞ단 빅단 산유ᄌᆞ 박달 용목 향목 침향 금평 율목 잡목 텬두목 지두목 힝ᄌᆞ목 빅ᄌᆞ목 느러진 장송 부러진 고목 넙적 썩갈 황계피 무푸레 단목 측송 보리슈 드렝드렝 널녀고나 <남원1869 1:11a> ᄌᆞ단 빅단 산유자 농목 향목 박목 침향목 핑경목 쳔여 쥬 율목 만여 쥬 과목 쳔도목 지도목 힝자목 빅자목 <춘향-동양 1:14b> ⇒ ᄌᆞ탄

【ᄌᆞ디】 명 ((색채)) 자지(紫的). 자줏빛. 보라색. '디(de> di)'는 (중국어 직접 차용어).¶ 能히 거믄 너와 ᄌᆞ디 브리 ᄃᆞ외ᄂᆞ니라 <능엄 5:57> 金紫ᄂᆞᆫ ᄌᆞ디 긴 ᄃᆞᆫ 印이라 <삼강-충 13> ᄌᆞ디 셰툐 일빅 됴 <번노 하:69> 息을 술면 能히 거믄 너와 ᄌᆞ디 브리 ᄃᆞ외오 <능엄 8:97> 싱원 갈저 미처 보내마 ᄌᆞ디ᄂᆞᆫ 져기 낟브니 아마도 남디 허사ᄒᆞᆯ 거시니 구월 ᄉᆞ이 다시 기와 보내마 <순천김씨-35 1550-92 신천강씨(어머니) ↓순천김씨(딸)> ▼紫 ‖ ᄌᆞᄃᆡ ᄌᆞ (紫) <훈몽-채색 중:15a /30a> ᄌᆞ디 ᄌᆞ (紫) <신합 상:5a> ᄌᆞ디 (紫色) <삼학-고석 직> ᄌᆞ디 비단 (紫紵絲) <역해-직조 하:4b> 여슷 爻에 見火ㅣ 수믈 ᄉᆞ라 能히 거믄 너와 ᄌᆞ디 브리 ᄃᆞ외ᄂᆞ니라 ᄒᆞ시니 다 煩濁의 發호미라 (六交見火燒息, 能爲黑烟紫焰, 皆煩濁所發也.) <능엄 5:57b> 論語에 ᄀᆞ로ᄃᆡ 君子ᄂᆞᆫ 너무 프르러 블근 빗 도ᄃᆞᆫ 것과 블ᄀᆞᆫ 거ᄉᆞ로 동졍을 아니ᄒᆞ시며 분홍 ᄌᆞ디로 샹녯오솔 밍ᄀᆞ디 아니ᄒᆞ더시다 («論語»曰: 君子不以紺緅飾, 紅紫不以爲褻服.) <번소 4:23b> 論語에 ᄀᆞᆯ오ᄃᆡ 君子ᄂᆞᆫ 紺 [깁펴 프르고 블근 빗 도ᄃᆞᆫ 거시라] 블근 거스로ᄡᅧ 옷깃 도로디 아니ᄒᆞ시며 분홍과 ᄌᆞ디로ᄡᅧ 샹녯 옷도 밍ᄀᆞ디 아니ᄒᆞ더시다 («論語»曰: 君子不以紺緅飾, 紅紫不以爲褻服.) <소언 3:21b> 입시울이 누로고 닏믜음이 블그면 피 경낙의 엉긔여 몸이 헐고 코 ᄭᅮᆷ긔 고롬이 흐ᄅᆞ면 혀 아릭 두 굼기 다 피 드린 ᄃᆞᆺᄒᆞ고 (唇黃輪赤, 血凝經絡成瘡. 鼻孔流膿, 兩竅渾如血染.) <마경 상:30b> 대개 그 닙은 바ᄂᆞᆫ ᄌᆞ디 비단오시오 호빅귀니 의복의 샤치ᄒᆞᆫ 거시라 (盖其所穿乃紫錦衣白狐裘, 服之奓者也.) <서원 6:18a> 두 손으로 농슈 노흔 ᄌᆞ디 보흘 에워 안고 잇거놀 가져다가 여러 보니 속의 쥬홍칠 ᄒᆞᆫ 쟈근 갑이 잇거놀 (兩手圍定繡龍紫袱, 取開看時, 內有朱紅小匣.) <삼국-가정 2:118> ᄒᆞᆫ 블근 관을 쓰고 ᄌᆞ디 옷 니븐 재 죵쟈롤 수쳔이나 더블고 (有蒼頭及紫衣宮監數十奔波而至.) <태평-연세 2:91> 두 손으로 농슈 노흔 ᄌᆞ디 보흘 에워 안고 잇거놀 가져다가 여러 보니 속의 쥬홍칠ᄒᆞᆫ 쟈근 갑이 잇거놀 (兩手圍定繡龍紫袱, 取開看時, 內有朱紅小匣.) <삼국-가정 2:118> 드대여 ᄌᆞ디 가ᄂᆞᆫ 씌롤 글너 목을 줄나 다랏더니 흘연 ᄒᆞᆫ 쟝쉬 빅포 은갑을 닙고 니ᄅᆞ니 이ᄂᆞᆫ 션봉 목영이라 ᄒᆞᆫ 살노 ᄌᆞ디 가ᄂᆞᆫ 씌롤 마쳐 그쳐지니 ᄉᆞ셩이 ᄶᅡ히 업더지거놀 목영이 발노 박차 군ᄉᆞ로 ᄒᆞ여금 미라 ᄒᆞ다 (遂解下紫絲條□自縊, 忽一將馳至白袍素甲, 乃先鋒沐英也, 一箭射斷紫絲條.) <영렬 7:7> ᄌᆞ디 (紫色) <삼학-고석 직> 네 무명은 받고 미양 니젓다니 이제야 ᄌᆞᄋᆞ리도 업고 나도 갈티 장 돌뵈 ᄒᆞ고 ᄒᆞ니 몯 나하 가리로다 ᄌᆞ디도 드렷다마ᄂᆞᆫ 더워 몯 다돕고 간사ᄂᆞᆫ 드려 보내마 <순천김씨-67 1550-92 신천강씨(어머니) ↓순천김씨(딸)> ᄌᆞ디도 몯 다 드려더니 쏘 그롤사 지최롤 무역ᄒᆞ니 서근 거술 히여 보내라 다 몯히여 더딧다 든므리 도로 ᄂᆞ릴 거시라 새 지최도 어더다가 ᄒᆞ니 설아릭 ᄲᆞᆯ가로다 <순천김씨-144 1550-92 신천강씨(어머니) ↓순천김씨(딸)> 나믄 디헛고 호ᄃᆡ ᄌᆞ디롤 몯 다 드려셔 지최도 □□□□□히여 이엄 하 너사 바ᄃᆞ니 내 것 □□ 봐 드릴 거시니 이제ᄂᆞᆫ 츤 더롤 내완디 몯ᄒᆞ니 <순천김씨-179 1550-92 신천강씨(어머니) ↓순천김씨(딸)> 두루막이 부ᄃᆡ 금향이나 ᄌᆞ디나 조흔 가음으로 부ᄃᆡ 줄 누벼 보너시기 ᄇᆞ라옵ᄂᆞ이다 <식(딸) 1910.10 ↓아버지 국한-906-2> 식의 핫니불이 못 덥게시니 아바님 덥푸시던 ᄒᆞᆫ니불 ᄌᆞ디 거 식도 보와시니 그거 쥬시옵 브ᄃᆡ ᄌᆞ 밋숩ᄂᆞ이다 <식 1911.8.9 ↓아바님 국한-897> 셰묵 일 필 계츄리 일 필 교직 처마 ᄎᆞ 일 옥식 슈쥬 일 필 무명 겹바디 일 ᄌᆞ디 슈쥬 회댱 ᄎᆞ 이 무명실 십 티 명디실 다ᄉᆞᆺ 티 피쥭상ᄌᆞ 삼 보 식미션 일 보 계유 납월 념ᄉᆞ일 <석조모물목-한고 1933.12.24> ※ 紫 ‖ 應당이 期년복 니브니ᄂᆞᆫ 吉服을 ᄀᆞ라 니브되 그리나 오히려 그 ᄃᆞᆯ 盡ᄒᆞ도록 金이며 진珠ㅣ며 錦繡ㅣ며 다紅이며 紫디 거술 닙디 말고 오직 妻롤 爲ᄒᆞᆫ 者ᄂᆞᆫ 오히려 禫복을 닙어ᄡᅡ가 열다ᄉᆞᆺ ᄃᆞᆯ이 盡커든 버ᄉᆞ라 (應服期者改吉服. 然猶盡其月, 不服金珠錦繡紅紫. 唯爲妻者, 猶服禫, 盡十五月而除.) <가언 9:19b> ⇒ 자디, 자지, ᄌᆞ지 ☞ 자지빗, 자지빗ᄎᆞ, 자지빛, 자지ㅅ빗, 자짓빗, ᄌᆞ디빗, ᄌᆞ디빛, ᄌᆞ지빗, ᄌᆞ지빗ᄎᆞ

【ᄌᆞ디-능】 명 ((복식)) 자지릉(紫的綾). 자주색 비단. '지(的. de> di)'는 중국어 직접 차용어.¶ 紫花綾 ‖ 왕의 ᄌᆞ딜과 형뎨와 종족은 누른 능으로 ᄒᆞ고 태우ᄂᆞᆫ ᄌᆞ디능으로 ᄒᆞ고 빅셩은 프른 뵈로 ᄒᆞ야 ᄡᅳ고 (王之叔伯兄弟子侄用黃花綾, 宗族用黃光綾, 法司紫金用紫花綾, 大夫通使等官用紅帽, …百姓皆用青綠布.) <서원 6:41b>

【ᄌᆞ디-빗】 명 ((색채)) 자지(紫的)빛. 자줏빛. '지(的. de> di)'는 중국어 직접 차용어.¶ 紫紅 ‖ 우후로브터 ᄂᆞ려 누르면 굳고 프른 밀빗 ᄀᆞᄐᆞ며 혹 누러 거머ᄒᆞ며 혹 ᄌᆞ디빗 보도 ᄀᆞᄐᆞ면 됴ᄒᆞ니라 (自上而下, 按之堅硬, 蒼蠟色或黃黑色, 或似紫紅葡萄色者佳.) <언두 상:33b> ▼紫 ‖ 녀름의 ᄆᆞᄋᆞᆷ이 셩ᄒᆞ니 입 가온ᄃᆡ 빗치 ᄇᆞᆰ고 빗나 ᄌᆞ윤ᄒᆞ여 년곧 ᄀᆞᄐᆞ니ᄂᆞᆫ 평ᄒᆞ고 거므니ᄂᆞᆫ 병 들고 누른이ᄂᆞᆫ 화평ᄒᆞ고 희니ᄂᆞᆫ 살고 블그니ᄂᆞᆫ 위틱ᄒᆞ고 ᄌᆞ디빗 ᄀᆞᄐᆞ니ᄂᆞᆫ 죽ᄂᆞ니라 (夏心旺, 口中色鮮明光潤如蓮花者平, 黑者病, 黃者和, 白者生, 赤者危, 紫者死.) <마경 상:26b> ᄌᆞㅣ ᄀᆞᆯᄋᆞ샤ᄃᆡ ᄌᆞ디빗의 불근빗을 쀄아슴을 미워ᄒᆞ며 뎡나라 쇼리가 바른 음률을 어지러이 ᄒᆞᆷ을 미워ᄒᆞ며 리ᄒᆞᆫ 입의 나라 집을 업치ᄂᆞᆫ 쟈을 미워ᄒᆞ노

라[쥬는 정식이오 ᄌᆞ는 간식이오 아는 바른 것이오 리구는 빠르고 넉넉홈이오 복은 기우러져 픠홈이라] (子曰: "惡紫之奪朱也, 惡鄭聲之亂雅樂也, 惡利口之覆邦家者.") <언논-양화 35> 편ᄒᆞᆫ 길노 말미암아 ᄒᆞᆫ 모퉁이롤 디나니 ᄌᆞ디빗 돌이 어ᄌᆞ러이 잘니이고 (由回路行過一隅, 紫石亂鋪.) <서원 2:29b> ▼紫紅 ‖ 더데 진는 사흘래 믈이 쉬고 더데 지어 마치 과실 니그면 곡지 뻐러디듯 ᄒᆞ야 긔운이 간고 혈긔 평화ᄒᆞ야 빋치 비로소 가다 우후로 브터 누려 누르면 굳고 프른 밀빗 ᄀᆞᄐᆞ며 혹 누러 거머ᄒᆞ며 혹 ᄌᆞ디빗 보도 ᄀᆞᄐᆞ면 됴ᄒᆞ니라 (收靨三日漿老, 痂結如果熟蔕落, 氣收血平, 光色始斂, 自上而下按之, 堅硬蒼蠟色, 或黃黑色, 或似紫紅葡萄色者佳.) <언두 상:34a> ⇒ 자지빗, 자지빗ㅊ, 자지빛, 자지ㅅ빗, 자짓빗, ᄌᆞ디빛, ᄌᆞ지빗, ᄌᆞ지빗ㅊ ☞ 자디, 자지, ᄌᆞ디, ᄌᆞ지

【ᄌᆞ디-빛】 명 ((색채)) 자지(紫的)빛. 자줏빛. '지(的. de> di)'는 중국어 직접 차용어.¶ 紫 ‖ ᄌᆞ디비쳇 구의나깃 편 비단 ᄒᆞᆫ 자콰 석 자 반만 힌 깁으로 긴콰 안흘 거시오 (紫官素段子一尺, 三尺半白淸水絹, 做帶子和裏兒.) <번박 상:47b> 블그니는 위틱ᄒᆞ고 ᄌᆞ디빗 ᄀᆞᄐᆞ니는 죽ᄂᆞ니라 <마경 상:26> ⇒ 자지빗, 자지빗ㅊ, 자지빛, 자지ㅅ빗, 자짓빗, ᄌᆞ디빗, ᄌᆞ지빗, ᄌᆞ지빗ㅊ ☞ 자디, 자지, ᄌᆞ디, ᄌᆞ지

【ᄌᆞ디사】 명 ((복식)) 자지사(紫的紗). 붉은 깁. '지(的. de> di)'는 중국어 직접 차용어.¶ 紫紗 ‖ 나는 수리 당을 드리오고 원역과 마두는 다 ᄌᆞ디사로 ᄂᆞᆾ출 ᄡᆞ미고 가니 그 형상이 극히 고이ᄒᆞ더라 (垂車幔行, 上自員譯下及馬頭, 皆以紫紗巾係頭以蔽其目, 殊駭俗.) <서원 2:76a>

【ᄌᆞ디-실】 명 ((복식)) 자지(紫的)실. 자줏빛 실. '지(的. de> di)'는 중국어 직접 차용어.¶ 紫絲 ‖ 이인이 다 가음여러 샤치로 결우니 개는 여ᄉᆞ로 가마롤 싯거놀 슝은 촉으로 블 찟고 개는 ᄌᆞ디실 보댱 ᄉᆞ십 니롤 밍근디 (三人皆富於財, 競以奢侈相高. 愷以飴澳釜, 崇以蠟代薪; 愷作紫絲步障四十里.) <통감 1:96>

【ᄌᆞ디-ᄒᆞ-】 동 자지(紫的)하다. 자줏물 드리다. '지(的. de> di)'는 중국어 직접 차용어.¶ 아뫼나 오리 ᄒᆞ여 네 ᄌᆞ디ᄒᆞ고 수이 보내여라 <순천김씨-14 1550-92 신천강씨(어머니) ↓순천김씨(딸)>

【ᄌᆞ모】 명 초모(招募). 의병이나 군대에 지망하는 사람을 모집함. 'ᄌᆞ모(招募)'의 'ᄌᆞ(招, zhāo)'는 중국어 직접 차용어.¶ ᄌᆞ모 모 (募) <음운 13b> <음첩a 26a> ᄌᆞ모 구, 設賞募也. 以財求也. (購) <자주 하:37a>

【ᄌᆞ모-바드-】 동 초모(招募)받다. 의병이나 군대에 자원하여 입대할 사람을 모집하다. '초모(招募)'의 'ᄌᆞ(招, zhāo)'는 중국어 직접 차용어.¶ 募 ‖ 령이 임의 ᄀᆞ자 펴지 못ᄒᆞ야실 제 세 길 남글 나라 도읍 제자 남문의 셰오고 빅셩을 ᄌᆞ모바드되 능히 북문의 옴기리 이시면 열금을 주리라 (令旣具未布, 立三丈之木於國都市南門, 募民, 有能徙北門者, 予十金.) <십구 2:104b> 이제 공냥이 시샹의 곡식을 사니 ᄌᆞ모바든 본의로 더브러 샹좌ᄒᆞ다 ᄒᆞᆫ대 샹이 즉시 명ᄒᆞ샤 샥ᄒᆞ시니 ᄢᅢ의 귀인이 보야흐로 젼툥ᄒᆞ더 ᄃᆞ토디 못ᄒᆞ니라 (而今公諒貿塞上之粟與募穀本意相左, 上命削之, 時貴人方專寵, 而不得爭.) <휘언-하담록 1:73> 군ᄉᆞ 삼만 오쳔을 ᄌᆞ모바다 가 티라 ᄒᆞ니 냥인이 부듕의셔 군ᄉᆞ롤 ᄌᆞ모바드매 (着募兵三萬五千, 前往征討. 兩人開府募兵.) <수유-동방 9:109> ▼乞募 ‖ 졍신이 주청ᄒᆞ야 군ᄉᆞ롤 ᄌᆞ모바드며 몰을 덤고ᄒᆞ야 의병을 사마 도적을 방어리왓게 ᄒᆞᆯ시 (廷臣奏請乞募民兵, 藉民馬以爲義軍, 應副防禦勾當.) <남송 1:45> 이제 공냥이 시샹의 곡식을 사니 ᄌᆞ모바든 본의로 더브러 샹좌ᄒᆞ다 ᄒᆞᆫ대 샹이 즉시 명ᄒᆞ샤 샥ᄒᆞ시니 ᄢᅢ의 귀인이 보야흐로 젼툥ᄒᆞ더 ᄃᆞ토디 못ᄒᆞ니라 <휘언 1:73> ⇒ ᄌᆞ모받-

【ᄌᆞ모-받-】 동 초모(招募)받다. 의병이나 군대에 자원하여 입대할 사람을 모집하다. '초모(招募)'의 'ᄌᆞ(招, zhāo)'는 중국어 직접 차용어.¶ 募得 ‖ 익농은 곳 닌한의 집 사롬이라 병조셔리로 미양 궐즁의 잇는 고로 원망ᄒᆞ는 무리 체결ᄒᆞ야 ᄌᆞ모바다 이 파측ᄒᆞᆫ 일을 지어내니 (翼龍者, 卽麟漢家人, 而以兵曹書吏, 常在闕中, 故怨憾之徒, 綢繆募得, 作此叵測之事.) <명의-권수 상:5b> ▼募 ‖ 몬뎌 이믜 호룡을 ᄌᆞ모바다 어덧더니 밋 본뎐일온 긔별을 듯고 이에 급급히 ᄀᆞᄅᆞ텨 계교롤 힝ᄒᆞ니 [목시룡 류안의 뵈다] (先已募得虎龍, 及聞完典之報, 乃汲汲唆嗾行計[見睦時龍推案].) <천소 1:62b> 공이 용ᄉᆞ롤 ᄌᆞ모바다 화살을 주어 밤의 예 진 업슨 드레셔 셩듕의 드려보내여 쟝ᄉᆞ롤 ᄀᆞ다ᄃᆞ마 죽기로 직희라 ᄒᆞ시고 만히 간쳡을 노하 ᄡᅥ 도적의 셰롤 술피시고 (公募勇士敢死者, 齎弓矢, 夜從南江賊陣決處, 入送城中, 勵將士必以死守. 多行間諜, 以詗賊勢.) <학봉행장 82b> 싱이 마지못ᄒᆞ야 갑졔롤 짓고 가산을 널니 ᄒᆞ며 관동 심협의 전토롤 만히 쟝만ᄒᆞ고 인민을 ᄌᆞ모바다 드려와 살게 ᄒᆞ야 ᄌᆞ연 대촌을 일우니 일년 츄쉬 슈천 여셕이라 (生不得已還持其剩錢而來, 與其妻, 撤家入關東深峽中, 大拓基址, 新搆甲第, 廣置閭舍, 募民入處, 居然成一大村落矣. ……歲收穀幾千石.) <청야 9:29> 공이 궁듕의 젼긔는 총동이예셔 니[나]으니 업다 ᄒᆞ고 동쳘을 빅셩의게 ᄌᆞ모바다 민간의 쾨구ᄒᆞ이 일시예 어든 배 팔쳔여 근의 니ᄅᆞ는지라 (公以軍中戰具, 莫大於銃筒, 必用銅鐵, 而無見在, 遂廣募民間, 一時所得, 多至八萬餘斤, 鑄分諸船, 不可勝用.) <행록-충무 24a> 두 편 벽의 당냥의 녁ᄉᆞ롤 ᄌᆞ모바다 진시황을 텰퇴로 박낭사의 ᄀᆞ 티던 일과 부교의셔 황셕공 신 신기던 일을 그려시며 (左邊畵的是募力士, 錐秦始皇于博浪沙中, 右邊畵的是遇黃石公, 圯橋三進履.) <수양-연세 2:49> 초십일의 팔의 아ᄋᆞ 쉬니튱길과 니시언의 아ᄃᆞᆯ 욱 등으로 더브러 ᄌᆞ모바다 어든 군ᄉᆞ 수쳔여 인을 거ᄂᆞ리고 사현 븍의 적을 마자 (初十日, 适弟鑾與李忠吉、李時言子煜等帶募兵數千餘

人, 至沙峴北迎賊) <조기-갑자역변 9:12> 심긔원으로 도순검ᄉᆞ를 ᄒᆞ이고 김댱싱으로 젼나도 호쇼ᄉᆞ를 ᄒᆞ이고 댱현광으로 경샹도 호쇼ᄉᆞ를 ᄒᆞ이여 군ᄉᆞ를 ᄌᆞ모바다 근왕ᄒᆞ라 ᄒᆞ다 (以沈器遠爲都巡檢使, 金長生爲全羅道號召使, 張顯光爲慶尙道號召使, 募兵勤王.) <조기-정묘로난 9:46> 공이 주야 군냥을 근심ᄒᆞ야 빅셩을 ᄌᆞ모바다 도즁의 문젼을 시겨고 또 고기 자바 젓 돔고 소곰 굽고 농긔롤 밍ᄀᆞ라 비예 시러 뭇틔 나가 ᄑᆞ라 곡셕 빠힌 거시 누만 셕의 니ᄅᆞ더라 (公在陣, 每以兵食爲憂, 募民屯作, 差人捕魚, 至於煮鹽陶瓮, 無不爲之, 舟載販貿, 不踰時月, 積穀巨萬.) <행록-충무 22a> 임튱은 도망ᄒᆞ야 도라오니 딘쥬 또ᄒᆞᆫ 더롤 칙ᄒᆞ디 아니ᄒᆞ고 황금 두 궤롤 주어 뎔로 ᄒᆞ여곰 사ᄅᆞᆷ을 ᄌᆞ모바다 나가 빠호라 ᄒᆞ니 (任忠逃回, 陳主也不責他, 與他金兩櫃, 叫他募人出戰.) <수유-동방 1:13> ▼招募 ‖ 어제 본쥬ᄌᆞ시날을 블러 여러 무예 잇ᄂᆞᆫ 사ᄅᆞᆷ을 ᄌᆞ모바다 본군의 두어 도적을 잡으려 ᄒᆞ매 (昨日本州刺史, 叫我招募幾箇了得的人, 在本郡緝捕.) <수유-동방 1:55> 본쥬 태슈 니무로 ᄒᆞ여곰 장ᄉᆞ롤 ᄌᆞ모바다 도적을 티라 ᄒᆞ쇼셔 (陛下可命澶州李懋招募雄壯, 以敵反逆.) <남송 4:8> 활바치 박남은 셔울 사ᄅᆞᆷ이라 임진왜난의 ᄀᆞ마니 셩 안해 드러셔 군ᄉᆞ롤 ᄌᆞ모바다 뫼화 쟝ᄎᆞᆺ 니응ᄒᆞ려 ᄒᆞ더니 도적이 알고 남을 자바 환도와 화형으로뻐 협박ᄒᆞᆫ대 <동삼-충 1:77b> 십팔일의 븍문대쟝 원두뫼 군을 비로소 ᄌᆞ모 바다 나가 빠화 도적 여ᄉᆞ술 죽이니라 셩듕 창고의 쌀과 피 잡곡 합ᄒᆞ야 <산성 12b> 천호 됴안 등을 ᄌᆞ모바다 묘우롤 듕창ᄒᆞ고 도로롤 닥다 ᄒᆞ더이다 <삼명 16:155> 이날 하원쉬 교댱의 나와 부댱과 션봉 이하롤 다 ᄌᆞ모바다 지조롤 시험ᄒᆞ고 <명보 37:27> 공이 주야 군냥을 근심ᄒᆞ야 빅셩을 ᄌᆞ모바다 도즁의 문젼을 시겨고 또 고기 자바 젓 돔고 소곰 굽고 농긔롤 밍ᄀᆞ라 비예 시러 뭇틔 나가 ᄑᆞ라 곡셕 빠힌 거시 누만 셕의 니ᄅᆞ더라 <행록-충무 22a> ⇒ ᄌᆞ모바ᄃᆞ-

【ᄌᆞ모-ᄒᆞ-】 동 초모(招募)하다. 의병이나 군대에 지망하는 사람을 모집하다. '초모(招募)'의 'ᄌᆞ(招, zhāo)'는 중국어 직접 차용어.¶ 召募 ‖ 마춤 본딘 방노야 새로 도임ᄒᆞ야 방을 내야 군병을 ᄌᆞ모ᄒᆞ거ᄂᆞᆯ 쇼인이 녕의 나아가 응모ᄒᆞ야 관명을 죵이라 ᄒᆞ엿더니 (适值本鎭防御使老爺新到任, 出榜召募丁壯. 小人便去投充營兵, 官名叫做鐘愛.) <회문-한고 3:14b> ▼募 ‖ 동관이 셔셔의 이셔 킈 크며 나히 져믄 군ᄉᆞ롤 ᄌᆞ모ᄒᆞ야 호롤 승쳡군이라 ᄒᆞ니 거의 만인이라 뻐 친군을 사마 (貫在西邊募長大少年號勝捷軍, 幾萬人, 以爲親軍.) <송요 4:27b> 무술년 이월의 고금도의 이진ᄒᆞ시니 그 셤은 강진 동남 삼십니의 이시니 봉만이 죠쳡ᄒᆞ고 진짓 긔특ᄒᆞ고 농쟝이 죠흔지라 공이 빅셩을 ᄌᆞ모ᄒᆞ야 경작을 시겨 둔젼을 ᄒᆞ니라 (戊戌二月十七日, 移陣古今島, 島在康津南三十餘里, 峯巒稠疊, 形勢尤奇, 傍有農場最便, 公募民耕作, 軍餉賴給焉.) <행록-충무 36b>

【ᄌᆞ오】 명의 조(吊). 꿰미. 청대 화폐 단위. 일반적으로 1吊는 천(千) 전에 해당함. 'ᄌᆞ오(吊, diào)'는 중국어 직접 차용어.¶ 吊 ‖ 이ᄉᆞ이 몃 달의 내 또 열아문 ᄌᆞ오 돈을 모와 두어시니 너ᄂᆞᆫ 또 가지고 갓다가 (這幾個月我又攢下有十來吊錢了, 你還拿了去.) <홍루 27:60> 곳 쳥문과 샤월 등 칠개 대차환이라도 미삭의 돈 한 ᄌᆞ오식 미인의게 쥬며 가혜 등 팔개 쇼차환들은 미월의 각 인의게 돈 오빅식 쥬ᄂᆞ니 (就是晴雯、麝月等七箇大丫頭, 每月人各月錢一吊, 佳蕙等八箇小丫頭們, 每月人各月錢五百.) <홍루 36:21> 형고냥이 심히 가련ᄒᆞ여 이 원즁의 잇셔 다만 미월의 두 ᄌᆞ오 돈을 바다 월비롤 ᄡᅳ니 엇지 넉넉ᄒᆞ며 (邢姑娘怪可憐的, 在這園子裏單指着一個月兩吊錢的月費, 夠他甚麼.) <홍보 3:2> 또 미인이 나의게 십 량 은ᄌᆞ와 열 ᄌᆞ오 돈을 ᄭᅮ이더 내 이졔 당각의 ᄡᅳ려 ᄒᆞ노라 (還要每人借我十兩銀子、十吊大錢, 我這會兒馬上就要.) <홍부 12:89> 또 두어 ᄌᆞ오 돈을 어덧시며 또 샹ᄌᆞ 쇽의셔 몃 가지 의복을 너여 ᄡᅡ셔 (又摸着了兩吊錢　箱籠裏取了幾件衣服包了.) <쾌심 9:29> 당각의 쇼차환이 의ᄌᆞ롤 가져다가 캉샹의 노흘시 ᄉᆞ미 쇽의셔 일쟝 네히 졉은 글월이 ᄯᅥ러지거ᄂᆞᆯ ᄌᆞ견이 손으로 집어 펴 보니 곳 다섯 ᄌᆞ오 돈을 젼당ᄒᆞᆫ 표로ᄃᆡ (一時小丫頭捧過靠枕, 向炕上一放, 袖管裏掉了一張四折的字帖兒出來, 紫鵑伸手拾起, 展開一看, 是一張五千錢當票.) <홍보 1:91> 쇼비와 공가롤 덜면 죠흔 히롤 만나도 블과 ᄉᆞ오십 ᄌᆞ오돈이 남노라 (除火食人工, 遇見好年頭, 一年不過剩上四五十吊錢.) <충협 20:67> 젼당푸리 블쟉시면 돈 밧고며 은 밧곤다 년바오 오십 냥듕 말굽쇠 이십 냥듕 닷 냥듕 죵두쇠와 한 냥듕 바둑쇠롤 큰 쟉도로 ᄶᅥᆨ어보며 은탕평 져울 달고 당십 디젼 너 돈으로 힝용 소젼 ᄒᆞᆫ 냥 너 돈 ᄒᆞᆫ ᄌᆞ오리 ᄒᆞ엿스니 아국 돈은 넉 돈일네 <연행-병인> ⇒ ᄌᆞ위

【ᄌᆞ위】 명의 조(吊). 꿰미. 청대 화폐 단위. 일반적으로 1吊는 천(千) 전에 해당함. 'ᄌᆞ위(吊, diào)'는 중국어 직접 차용어.¶ 吊 ‖ 이랑의 차환들의 다달이 쥬ᄂᆞᆫ 젼례의 원리 미인의게 외면의셔 샹의ᄒᆞ고 여러 이랑의 차환의 쥬ᄂᆞᆫ 젼례롤 반을 감ᄒᆞ니 미인의게 각각 오빅 돈이오 미인의게 량개 차환을 두니 이러므로 한 ᄌᆞ위 돈이 쥬럿ᄂᆞ니 (姨娘們的丫頭月例, 原是人各一吊錢. 從舊年他們外頭商議的, 姨娘們每位丫頭分例減半, 人各五百錢. 每位兩箇丫頭, 所以短了一吊錢.) <홍루 36:17> ⇒ ᄌᆞ오

【ᄌᆞ지】 명 ((색채)) 자지(紫的). 자주. 자색(紫色). 자주빛(짙은 남빛을 띤 붉은색). '지(的, de> di)'는 중국어 직접 차용어.¶ ᄌᆞ지 (紫的) <광보-2 의복:5b> ᄌᆞ지 (紫色) <역보-직조 40a> <동해-포백 하:25b> <몽해-포백 하:20b> ᄌᆞ지 (眞紫) <과록-채색 82a> 블근 ᄌᆞ지 (京醬) <화초-직조 20b> 짓흔 ᄌᆞ지 (玫瑰紫) <한청-채색 10:64b> ▼픙치 동인ᄒᆞ고 션연ᄒᆞᆫ 가인 삼ᄉᆞ인이 머리의 뎐닙을 ᄡᅳ고 모[몸]의 ᄌᆞ지 뎐복을 닙고 허리예 슈록남

젼대ᄅᆞᆯ ᄯᅴ고 발의 화문슈 운혀ᄅᆞᆯ 신고 (風彩動人, 美娥三四人, 頭戴戰笠, 身着短袖襖子, 腰繫水綠藍纏帶, 足穿起花紅紋繡雲鞋.) <청야 18:3> ▼紫 ‖ ᄌᆞ, 青赤色, 俗言紫的ᄌᆞ지. 的, 華音지, 誤翻紫芝. <명물-포백 3:25b> ᄌᆞ지 ᄌᆞ, 青赤色, 北方, 間色. (紫) <자주 하:44a> ᄌᆞ지 ᄌᆞ(紫) <아학 하:2a> ᄯᅩ 하교ᄒᆞ야 ᄀᆞᆯᄋᆞ샤ᄃᆡ 나ᄂᆞᆫ ᄌᆞ지 곤룡포ᄅᆞᆯ[태상왕 닙으시ᄂᆞᆫ 옷시라] 닙고 츙ᄌᆞᄂᆞᆫ 불근 곤룡포[나라 닙으시ᄂᆞᆫ 옷시라] 닙고 군신을 죠회 밧ᄂᆞᆫ 거ᄉᆞᆯ 보면 이 ᄀᆞᆺᄒᆞᆫ 즐겁고 경ᄉᆞ의 일이 어ᄃᆡ 이시며 내 ᄯᅩᄒᆞᆫ 맛당이 유복ᄒᆞᆫ 사ᄅᆞᆷ이 되리라 ᄒᆞ시니 (至又下敎曰: "予則衣紫袞袍, 見沖子之衣紅袞, 而朝群臣則何等歡慶之事而予亦當爲有福之人."云云.) <명의-권수 하:52a> 군ᄌᆞᄂᆞᆫ 깁히 푸르고 날려 븕은 빗과 븕은 것으로ᄡᅧ 옷깃을 두르지 안이ᄒᆞ시며 분홍과 ᄌᆞ지로ᄡᅧ ᄉᆞᄉᆞ옷도 만드지 안이ᄒᆞ더시다[군ᄌᆞᄂᆞᆫ 공ᄌᆞ를 닐음이라 감은 깁히 푸르고 날리게 븕은 빗이오 추ᄂᆞᆫ 븕은 빗이라 식은 옷깃 두른다ᄂᆞᆫ 뜻이라 홍ᄌᆞᄂᆞᆫ 간쉭이오 정쉭이 안이라 셜복은 ᄉᆞᄉᆞ로 잇슬 ᄯᅢ에 입ᄂᆞᆫ 옷이라] (君子不以紺緅飾, 紅紫不以爲褻服.) <언논-향당 13> 안지현이 니러나 보ᄆᆡ 병픙 뒤히셔 일긔 옥인이 옥쉭 오ᄌᆞ와 ᄌᆞ지 깁치마ᄅᆞᆯ 닙고 나오ᄃᆡ (昆明知縣躬身立, 只見屏門閃玉人. 金線壓邊玄色襖, 翠綺垂帶紫羅裙.) <재생 30:17> 여승샹이 샤은ᄒᆞ고 련망히 물너가 ᄌᆞ지 깁옷 ᄉᆞᄆᆡᄅᆞᆯ 정졔히 ᄒᆞ며 셔편에 안ᄌᆞ 엄숙히 처분을 기ᄃᆞ리더니 (酈相謝恩忙退步, 整了整, 紫羅袍袖坐西邊, 聲寂寂貌嚴嚴, 象簡斜橫候聖宣.) <재생 41:71> ᄉᆞ면 머리 가의 ᄧᆞ른 터럭이 드리웟시며 한 벌 ᄌᆞ지 ᄉᆞ오ᄌᆞᄅᆞᆯ 닙엇거ᄂᆞᆯ (四邊垂一圈短髮, 穿一件紫紗襖兒.) <쾌심 8:47> 한 폭의ᄂᆞᆫ ᄌᆞ지 두견화ᄅᆞᆯ 그리고 한 폭의ᄂᆞᆫ 누른 ᄭᅬ고리 일긔ᄅᆞᆯ 그리고 ᄯᅩ ᄒᆞᆫ 폭의ᄂᆞᆫ 각쉭 ᄭᅩᆺ출 그려시ᄃᆡ 일긔 미인이 그 ᄉᆞᆲ히셔 구경ᄒᆞ며 (一幅紫杜鵑花, 一幅上畫一個黃鶯兒, 又一幅畫了各色花兒, 一個美人兒在那裏探望.) <후홍 8:15> 슈정합 속의 ᄌᆞ반향을 담아시며 븕은 구술 촉ᄃᆡ의 리룡의 기름으로 ᄆᆡᆫ단 촉을 ᄭᅩᆺ고 한 벌 교어가 ᄧᆞ셔 ᄆᆡᆫ든 ᄌᆞ지 깁쟝을 거러시며 (水晶盒內盛的是鷓斑香, 紫瓊盤中插的是螭龍膏燭, 懸一頂鮫魚織成無縫的蟠龍紫綃帳.) <여선 3:66> 일긔 태감이 인션교로 죠ᄎᆞ 지나오ᄃᆡ 슈즁의 일긔 궁합을 쥐고 ᄌᆞ지 비단도포ᄅᆞᆯ 닙어시며 거믄 화ᄌᆞᄅᆞᆯ 신고 (見一個公公打扮的人, 踏過引仙橋, 手中抱定一個宮盒, 穿一件紫羅袍繡立蟒, 粉底烏靴.) <충협 1:14> 紫芝 ‖ ᄌᆞ지를 일본셔도 믈드리ᄋᆸᄂᆞᆫ고 <교린-묘 2:58b> 교의예 돗션ᄒᆞᆯ 거ᄉᆞᆯ 몬 어더 날 ᄒᆞ여 어더 ᄒᆞ라 ᄒᆞ시니 명지예 ᄌᆞ지 든 거시나 야청 든 거시나 아ᄆᆞ 거시나 ᄒᆞᆫ 자 세치만 보내소 <현풍곽씨-38 /진하-166 17c전기 곽주(남편) ↓진주하씨(아내)> 닙은 거시 하 업ᄉᆞ니 연초록 든 거스로 뎌구리ᄒᆞ고 ᄉᆞᆫ개 ᄧᆞᄂᆞᆫ 명지ᄅᆞᆯ 제 쟝옷 ᄒᆞ리만 베혀셔 ᄌᆞ지 드려 쟝옷ᄒᆞ고 보라ᄅᆞᆯ ᄀᆞᄂᆞᆫ 무명에 드려 바지조차 ᄒᆞ여 닙펴 ᄃᆞ려가게 ᄒᆞ소 <현풍곽씨-91 /진하-139 17c전기 곽주(남편) ↓진주하씨(아내)> 졈한이 좌우의 곤위ᄅᆞᆯ 노코 졈한은 셔향ᄒᆞ고 ᄃᆡᄂᆞᆫ 동향ᄒᆞ야 안ᄌᆞᆺ더니 이윽고 ᄌᆞ지 옷 닙은 관원이 밧그로셔 드러와 쟝을 ᄇᆞ라고 ᄆᆞᆯ게 나려 셤의 올나와 셔향ᄒᆞ야 셔로 읍ᄒᆞ고 각각 좌의 안ᄌᆞᆺ더니 <대송 1:45> 시노ᄅᆞᆯ 분부ᄒᆞ니 슈유의 ᄒᆞᆫ 소동이 쳥 삼승 동시 보리 삼 승과 ᄌᆞ의 너븐 당기 ᄯᅴ오고 부체의 슈건 도라쥐고 ᄌᆞ지 능리 주머니 ᄎᆞ고 초혜 신고 니ᄅᆞ러시니 <옥원 21:3> 몸에 룡문을 그리고 ᄌᆞ지 비단 두루막이ᄅᆞᆯ 닙어시며 귀박회ᄅᆞᆯ 듧고 쇠통을 ᄭᅵ여시니 그 쇠통 크기 그 굼게 큰 손가락을 용납ᄒᆞᆯ네라 <경술열하긔> ᄌᆞ지 갑ᄉᆞ 너분 ᄯᅴᄅᆞᆯ 셰류츈풍 빗기 ᄯᅴ고 분홍당지 승두션의 탐화봉졉 고려 쥐고 <남원1869 1:9a> ᄌᆞ지 양쉭단 두리마기 ᄒᆞᆫᄂᆞ 명쥬 뎌구리 ᄒᆞᆫᄂᆞ 보ᄂᆡᄋᆸᄂᆞ이ᄃᆞ 연실 장식ᄒᆞᆫ 것 집 ᄒᆞ인 올ᄂᆞ오ᄂᆞᆫ 편의 보ᄂᆡ시ᄋᆸ <송병필가-6 1889 송병필 ↓전주이씨(아내)> 의복은 이 회편의 보ᄂᆡ시ᄋᆸ ᄌᆞ물쇠와 ᄌᆞ지 항나ᄂᆞᆫ 후편의 보ᄂᆡ랴 ᄒᆞᄋᆸ <송병필가-8 1889 송병필 ↓전주이씨(아내)> 셰목 ᄒᆞᆫ 필만 어더 보ᄂᆡ시고 거긔 ᄌᆞ지가 됴타고 ᄒᆞ오니 젹고리 ᄒᆞᆫ 가음 어더 보ᄂᆡ시면 셰시예 ᄒᆞ여 입ᄭᅦ ᄒᆞᄋᆸ쇼셔 <홍참판ᄃᆡᆨ1914 ↓서방님젼상서> ※新房諸具 ‖ 屛風 登每一雙 硯匣 硯 筆 墨 冊床 色簡紙 草笠具纓 道袍 綠帶 幅巾 盥巾 飛陋筒 斂[髟$丐]角 梳貼具袱 衾 枕 褥紫的袱 寢席 溺江 色鞋 燭臺 紅燭 芙蓉香 <사례비요 6b> ⇒ 자디, 자지, ᄌᆞ디 ☞ 자지빗, 자지빗ㅊ, 자지빛, 자지ㅅ빗, 자짓빗, ᄌᆞ디빗, ᄌᆞ디빛, ᄌᆞ지빗, ᄌᆞ지빗ㅊ

【ᄌᆞ지-긔】 명 ((기물)) 자지개(紫的盖). 햇볕이나 비를 가리기 위하여 쓰던 자주색 우산 같은 것. '지(的, de> di)'는 중국어 직접 차용어.¶ 紫盖 ‖ 군ᄉᆞ의 큰 긔호ᄅᆞᆯ 가지고 일긔 쇼졸을 황관도인의 복쉭을 ᄒᆞ여 ᄌᆞ지긔ᄅᆞᆯ 밧쳣시ᄆᆡ 군ᄉᆞ의 모양 ᄀᆞᆺ고 (打着軍師旗號, 把個小軍扮作黃冠, 張着紫盖, 有似軍師模樣.) <여선 36:71>

【ᄌᆞ지-두건】 명 ((복식)) 자지두건(紫的頭巾). 자줏빛 두건.¶ ᄆᆡᆸ시 잇ᄂᆞᆫ 면별감은 이팔쳥츈 아희로다 당당 홍의 ᄌᆞ지두건 남광다위 널분 ᄯᅴ를 가ᄉᆞᆷ의 눌너 ᄯᅴ고 빗 죠ᄒᆞᆫ 슌금동곳 큰 ᄃᆡ ᄌᆞ 식여 ᄂᆡ여 모양 죠케 ᄭᅩ자 잇고 <한양가-고려 1844>

【ᄌᆞ지-빗】 명 ((색채)) 자주빛(紫的-). '지(的, de> di)'는 중국어 직접 차용어.¶ ᄌᆞ쥬빗 | ᄌᆞ지빗 | 보라빗 | 보래빗 <법한 1439> ▼紫 ‖ 머리의 홍건을 ᄡᅳ고 몸의 ᄌᆞ지빗 옷ᄉᆞᆯ 닙어시며 뉴엽쇄ᄌᆞ갑을 ᄀᆞᆺ쵸고 도화마ᄅᆞᆯ 탓시ᄃᆡ (頭裹絳紅巾, 身穿紫羅袍. 柳葉鎖子甲, 桃花叱撥馬.) <여선 17:60> 얼골이 ᄌᆞ지빗 ᄀᆞᆺ고 눈셥이 살ᄃᆡ ᄀᆞᆺᄐᆞ며 범의 눈이오 쥰뒤풍만ᄒᆞ고 입이 모지며 귀가 크고 (面如紫玉, 箭眉虎目, 垂準頭, 方海口, 大耳垂輪.) <충소 12:50> 삼년상에 쇼샹 지난 뒤 지복과 연복의 깃두르ᄂᆞᆫ 빗에 갓가운 고로 안이ᄒᆞ심이오 분홍과 ᄌᆞ지빗을 ᄉᆞᄉᆞ로 계실 ᄯᅢ에 입으시ᄂᆞᆫ 옷도 만드지 안이ᄒᆞ심은 정쉭도 안이오 ᄯᅩ 녀ᄌᆞ의 옷빗에 갓가운 고로 안이ᄒᆞ심이라 <언논-향당 13> ⇒ 자지빗, 자지빗ㅊ, 자지빛,

자지ㅅ빗, 자짓빗, ᄌᆞ디빗, ᄌᆞ디빛, ᄌᆞ지빗ㅊ ☞ 자디, 자지, ᄌᆞ디, ᄌᆞ지

【ᄌᆞ지-빗ㅊ】 명 ((색채)) 자주빛(紫的-). '지(的, de> di)'는 중국어 직접 차용어.¶ 紫 ‖ 뵈와 깁과 빗취 다르미 잇ᄂᆞ니 누론빗출 읏듬 놉히고 븕은빗과 ᄌᆞ지빗치 그 다음이요 남빗치 그 다음이요 푸른빗치 ᄀᆞ쟝 ᄂᆞ즈니 (但有布帛顔色之不同: 其色以黃爲尊, 紅紫次之, 藍又次之, 青色爲卑.) <경화 5:87> 삼기 관원이 나오되 모다 오운문져ᄉᆞ도포의 량인은 ᄌᆞ지빗출 닙고 일인은 쥭청빗출 닙엇시니 (有三個官員: 兩個穿紫, 一個穿竹根青, 皆五雲紵絲袍.) <여선 26:35> ▼紫色 ‖ 이ᄂᆞᆫ 곳 너의 구뫼 산동의셔 가지고 오신 거시라 져 ᄌᆞ지빗ᄎᆞᆫ 고모와 뎨뷔 두 벌 삼ᄌᆞ롤 지어 닙으시고 져 흰빗ᄎᆞᆫ 아ᄋᆡ 죠히 속옷술 지어 닙으라 (這是你舅母在山東帶來的, 這紫色的, 姑姑們好做兩件衫子, 這本色的兄弟做好件襯衣.) <설월 10:76> 니마가 좁고 금이 만흐면 망부ᄒᆞ고 입시옭기 ᄌᆞ지빗치면 ᄆᆞ음이 어지ᄌᆞ 아니ᄒᆞ고 ᄌᆞ식을 못 기ᄅᆞᄂᆞ니 <규합-동경 논부녀지천 2:57a> ⇒ 자지빗, 자지빗ㅊ, 자지빛, 자지ㅅ빗, 자짓빗, ᄌᆞ디빗, ᄌᆞ디빛, ᄌᆞ지빗 ☞ 자디, 자지, ᄌᆞ디, ᄌᆞ지

【ᄌᆞ지-상직】 명 ((복식)) 자지상직(紫的常職). 자주색 비단. '지(的, de> di)'는 중국어 직접 차용어.¶ 슈건감 혹 져ᄉᆞ며 이불감 남츄라며 볼기감 ᄌᆞ지상직 휘양감 거문 궁쵸 <한양가-고려 1844>

【ᄌᆞ지-옷】 명 ((복식)) 자지옷(紫的-). 자주색 옷. '지(的, de> di)'는 중국어 직접 차용어.¶ 다만 보니 쥬렴 속의 ᄌᆞ지옷 닙은 냥위 쇼용이 좌우의 분닙ᄒᆞ엿다가 명ᄒᆞ되 (已見深幃照畵簾, 兩位昭容分左右, 揚紫袖.) <재생 13:34>

【ᄌᆞ지-팔ᄉᆞ】 명 ((복식)) 자주팔사(紫的八絲). 자줏빛 여덟 가닥의 실로 꼰 노끈. '자지(紫的)'는 자주빛(짙은 남빛을 띤 붉은색). '지(的, de> di)'는 중국어 직접 차용어.¶ 상의원 ᄌᆞ지팔ᄉᆞ 쵸립 밋히 팔패 노코 남융ᄉᆞ 즁두리의 오동 입식 쪄서 달고 ᄉᆞᆫ뎍 갓튼 슈ᄉᆞ갓ᄭᅳᆫ 귀를 가려 숙여 쓰고 다홍싱쵸 고흔 홍의 숙쵸창의 바쳐 입고 <한양가-고려 1844>

【ᄌᆞ지-피】 명 ((식물)) 자주피(紫的-). 자주색 피. '자지(紫的)'는 자주빛(짙은 남빛을 띤 붉은색). '지(的, de> di)'는 중국어 직접 차용어.¶ ᄌᆞ지피 패, (稗葉純, 似稻實, 似黃, 生水中. (稗) <자주 상:76a>

【ᄌᆞ탄】 명 ((식물)) 자단(紫檀). 콩과의 상록 활엽 교목. 잎은 깃모양의 겹잎인데 쪽잎은 닭알모양이다. 여름철에 나비모양의 누른꽃이 모여피고 열매는 꼬투리이다. 재목의 질이 좋아 귀중하게 쓰인다. '탄(檀, tán)'은 중국어 직접 차용어.¶ 紫檀 ‖ ᄌᆞ탄 줄ᄋᆡ (紫檀把兒) <번박 상:15b> 실 도티고 화류가프레 록각 부리예 약대뼈로 마기ᄒᆞ고 ᄆᆞᄅᆞᆺ쇠 다님쇠 ᄆᆡᆼᄀᆞ로몰 경묘히 ᄒᆞ고 ᄌᆞ탄 줄ᄋᆡ 샹아 머리예게도 또 실도 툐리라 (起線, 花梨木鞘兒、鹿角口子、駝骨底子、粱兒、束兒, 打的輕妙着, 紫檀把兒、象牙頂兒, 也是走線.) <번박 상:15b> ※紫檀 줄레 (紫檀把兒) <박언 상:15a> 칼집은 실 돗친 花梨木으로 ᄒᆞ고 鹿角으로 아궁이에 젼 메오고 밋흔 약대 뼈로 젼 메오고 칼ᄌᆞᄅᆞᄂᆞᆫ 紫檀으로 ᄒᆞ고 牙로 머리에 젼 메오되 또 실 돗치고져 ᄒᆞ노라 (刀鞘要起線花梨木, 鹿角廂口的, 底要駝骨廂的, 刀把要紫檀, 象牙廂頂也要起線的.) <박신 1:18a> ⇒ ᄌᆞ단

【직가】 명 ((문서)) 제음(題音). 백성의 소장이나 원서 따위에 쓰던 관부의 판결이나 지령을 의미하며 소송장, 고소문, 진정서 등에 대한 판결문을 가리킴. (이두어).¶ 그러ᄒᆞ오나 큰나름임 분보 무류와 그혀이 홍셩 ᄆᆡ득ᄒᆞ쟈 ᄒᆞ온이 쳐분쳐분ᄒᆞ와 되도록 ᄒᆞ와 ᄃᆡ촌 서방임와 근이와 잇곳즈로 죄 젼의 넌겨 보너옵시면 ᄉᆞ은임 직가 나은이 문셔ᄒᆞ고 돈 구쳐홀 도려을 ᄒᆞ오리다 <의성김씨 학봉종가언간-77 전중경(하인) 1845 ↓김진화(상전)> ☞ 뎨김, 제김, 제음, 직겨

【직겨】 대 ((인류)) 자가(自家). 자기(自己). '겨(家, jiā)'는 중국어 직접 차용어.¶ 自家 ‖ 오랄 軍中의셔 직겨가 比試을 시길 제 (今日軍中自家比試.) <수호-국재 1:69a> 져 婦人이 석 잔 술이 속에 들어 陰心을 動하여 뢴이 엇지 것잡을리요 다맛 슬업슨 말을 한이 武松이가 四五分이나 알고 직겨가 다맛 멀이을 쉬기더라 (那婦人也有三杯酒落肚, 鬨動春心, 那裏按納得住. 只管把閑話來說. 武松也知了四五分, 自家只把頭來低了.) <수호-국재 5:15b> ⇒ ᄌᆞ갸, ᄌᆞ겨

【직겨】 명 ((문서)) 제음(題音). 백성의 소장이나 원서 따위에 쓰던 관부의 판결이나 지령을 의미하며 소송장, 고소문, 진정서 등에 대한 판결문을 가리킴. (이두어).¶ ᄉᆞ로 말삼 무궁하오나 그만 아룹나이다 乙巳 十月 初八日 全듕경 고목 갑슨 五百五十兩 듈 아오되 ᄉᆞ은임 직겨 듕경 측슈외다 <의성김씨 학봉종가언간-77 전중경(하인) 1845 ↓김진화(상전)> ☞ 뎨김, 제김, 제음, 직가

【짜켓스】 명 ((복식)) 재킷(jacket). 앞이 터지고 소매가 달린 짧은 상의. 보통 털실 따위의 모직물로 만든다. (외래어).¶ 짜켓스 입은 좌우 허리에 <염상섭, 실직1936 440> ⇒ 짝겔

【짝겔】 명 ((복식)) 재킷(jacket). 앞이 터지고 소매가 달린 짧은 상의. 보통 털실 따위의 모직물로 만든다. (외래어).¶ 짝겔 바람으로 간신히 지금 막 들어왔군요 <염상섭, 실직1936 440> ⇒ 짜켓스

【짱크】 명 ((교통)) 중국에서 연해나 하천에서 사람이나 짐을 실어 나르는데 쓰던 배인 정크. (외래어).¶ 밤마다 내 꿈은 서해를 밀항하는 짱크와 같애 /소금에 절고 조수에 부프러올랐다 <이육사, 로정기>

【쨈】 명 ((음식)) 쨈(jam). 과일에 설탕을 넣고 약한 불로 졸여 만든 식품. (외래어).¶ 쨈 (菓醬) <자통-음식 413>

【ㅊ】

【차인아】 명 ((지리)) 차이나(China). 중국. (외래어).¶ 차인아 (淸國) <세계전도1900>

【-차지】 접 ((인류)) -차지(次知). 담당자(擔當者). (이두어).¶ 인ᄒᆞ여 머리ᄅᆞᆯ 돌쳐 로파의게 분부ᄒᆞ더 부억차지의게 가셔 무러 보고 가져오라 (因回頭吩咐箇婆, 問管廚房的去要.) <홍루 35:26> ⇒ -ᄎᆞ지

【차콜레이트】 명 ((음식)) 초콜렛(chocolate). (외래어).¶ 차콜레이트 차 만드는 것 일홈이라 (知古辣) <조반>

【차-푸리】 명 ((상업)) 차포리(茶鋪裏). 찻집. 사람들이 이야기를 나누거나 쉴 수 있도록 꾸며놓고 차나 음료 등을 파는 곳. '푸리(鋪裏, pùli)'는 중국어 직접 차용어.¶ 茶坊 ‖ 발정ᄒᆞᆫ 후에 시벽 ᄃᆞᆰ이 임의 울고 집마다 문을 열며 샹고와 셔민이 분ᄂᆞ이 ᄒᆡᆼᄒᆞ고 슐집과 차푸리에셔 무한 들네ᄃᆡ (登路後, 晨鷄已唱戶俱開. 經商士庶紛紛鬧, 酒肆茶坊隊隊挨.) <재생 34:109> ⇒ 차프리, 찻푸리, 챠푸리, ᄎᆞ푸리 ☞ 가폐관

【차-프리】 명 ((상업)) 차포리(茶鋪裏). 찻집. 사람들이 이야기를 나누거나 쉴 수 있도록 꾸며놓고 차나 음료 등을 파는 곳. '프리(鋪裏, pùli)'는 중국어 직접 차용어.¶ 茶坊 ‖ 노븨 오날ᄂᆞ 큰 거리 그윽ᄒᆞᆫ 골목이며 술집과 차프리로 곳ᄂᆞ이 ᄎᆞᄌᆞ단녀 순셜을 허비ᄒᆞ고 경셩을 갈진ᄒᆞ야 ᄉᆞ면팔방의 천ᄐᆡ만상으로 알녀 ᄒᆞ되 ᄒᆞᆫ ᄌᆞ 어더 듯기ᄂᆞᆫ 하ᄂᆞᆯ에 오르기의셔 어려온지라 (今日老夫上去, 或在通衢僻巷, 或在酒肆茶坊, 費盡唇舌, 四處探問, 要想他們露出一字, 比登天還難.) <경화 7:23> ⇒ 차푸리, 찻푸리, 챠푸리, ᄎᆞ푸리 ☞ 가폐관

【차할】 명 ((색채)) 차할빛(茶褐-). 다갈색(茶褐色). '차할(茶褐兒, cháhèr)'은 중국어 직접 차용어.¶ 茶褐 ‖ 연류황비체 분곳문 ᄒᆞᆫ 비단 디튼 ᄉᆞ운문 ᄒᆞᆫ 비단 노른비체 □화봉문 ᄒᆞ욘 비단 샤향비쳇 스란문 ᄒᆞᆫ 비단 ᄠᆞᆨ비체 벽드르문 비단 노른 차할 편 비단 매둥비쳇 차할 ᄒᆡ마문 비단 감찰 스펀문 비단 (閃黃筆管花、鵝黃四雲、柳黃穿花鳳、麝香褐膝欄、艾褐玉塼堦、密褐光素、鷹背褐海馬、茶褐暗花.) <번노 하:25a> ⇒ 차할빗ㅊ, 차헐빗ㅊ, 차헐빛

【차할-빗ㅊ】 명 ((색채)) 차할빛(茶褐-). 다갈색(茶褐色). '차할(茶褐兒, cháhèr)'은 중국어 직접 차용어.¶ 茶褐 ‖ 연뉴황빗체 붓곳문 ᄒᆞᆫ 비단 디튼 뉴황빗체 四雲문 ᄒᆞᆫ 비단 노른빗체 穿花鳳문 ᄒᆞᆫ 비단 샤향빗체 슬란문 ᄒᆞᆫ 비단 ᄠᆞᆨ비체 벽드르문 ᄒᆞᆫ 비단 노른 차할빗체 비단 매둥빗체 ᄒᆡ매문 ᄒᆞᆫ 비단 감찰빗체 스펀문 ᄒᆞᆫ 비단 (閃黃筆管花、鵝黃四雲、柳黃穿花鳳、麝香褐膝欄、艾褐玉塼堦、密褐光素、鷹背褐海馬、茶褐暗花.) <노언 하:22b> 車馬와 차할빗치 羅傘과 銀楞梐交椅와 銀盆과 水罐과 金瓜와 보리알과 金鐙과 斧鉞와 對對 皀隷ㅣ 四五里에 버러 喝道ᄒᆞ고 大小 官員과 一行 部從이 뎌 氣像이 氣像이러라 (車馬、茶褐羅傘、銀楞梐交椅、銀盆、水罐、金瓜、古朶、金鐙、斧鉞, 對對皀隷擺着四五里喝道, 大小官員一行部從那氣像是氣像.) <박언 하:38b> ⇒ 차할, 차헐빗ㅊ, 차헐빛

【차헐-빗ㅊ】 명 ((색채)) 차할빛(茶褐-). '차헐(茶褐兒, cháhèr)'은 중국어 직접 차용어.¶ 茶褐 ‖ 孩兒ㅣ 이제 金色 차헐빗치 비단 ᄒᆞᆫ 필과 藍자 긴 綾 ᄒᆞᆫ 필을 각각 ᄒᆞᆫ 안흘 ᄀᆞ초아 아ᄋᆞ 佛童을 주어 가져가니 父親母親은 닙으쇼셔 (孩兒今將金色茶褐段子一箇, 藍長綾一箇, 各俱壹裏, 與兄弟佛童將去, 父親母親穿用.) <박언 하:11a> ⇒ 차할, 차할빗ㅊ, 차할빛, 차헐빛

【차헐-빛】 명 ((색채)) 차할빛(茶褐-). '차할(茶褐兒, cháhèr)'은 중국어 직접 차용어.¶ 茶色 ‖ 이제 또 특별이 차헐비체 비단 두 필과 藍綾 두 필과 안녀흘 비단 네 필을 부텨 父親 母親과 다뭇 아ᄋᆞ 佛童을 주어 닙게 ᄒᆞᄂᆞ이다 (玆者又特寄茶色段子二疋, 藍綾二疋, 裡紬四疋, 與父親母親幷兄弟佛童穿用.) <박신 3:15b> ⇒ 차할, 차할빗ㅊ, 차헐빗ㅊ

【차후자】 명 ((인류)) 차호가(車戶家). 수레꾼. '차후자(車戶家, chēhùjiā)'는 중국어 직접 차용어.¶ 車戶家 ‖ 그러면 너의 차후자가 상긔 무어슬 셔두너니 네ᄃᆡ로 즘싱 먹길 ᄉᆞ람이 잇ᄉᆞ니 일즉이 누어 좀 자라 한참 늣지 말고 너의을 부를 ᄯᅢ여 느러나기 어러오니라 (那嗎你們車戶家們咳擾挪甚嗎呢? 有人替你們喂牲口早些倒着睡一点覺. 別倒一候吆呼你們的時候難得起來罷.) <기착-육당 하:54b> 장귀지 너 세상방의 니르러 우리 차후자을 니러쳐 불너다고 도라와 져의ᄃᆡ로 즘싱을 여물 좀 더 주어라 (掌櫃的, 你到西上房, 給我們叫車戶家們起來, 回來替他們給牲口添一点料罷.) <기착-육당 하:55b> ⇒ 챠호자, 쳐후자

【찬-간쟈】 명 ((동물)) 찬간자. 온몸의 털이 푸르고 얼굴과 이마만 흰 말. 몽고어 차용어.¶ 찬간쟈 (驓, 白馬黑脊) <물명-류씨 1>

【참치】 명 ((지리)) 참치(站赤). 역참(驛站). 역 마을. 또는 길을 가다가 잠시 쉬거나 밥을 먹는 곳. '참치'는 중세 몽고어 'ǰamči'의 차용어. 명사 'ǰam(길, 道)'에 접미사 '-či'가 붙은 것이다.¶ ※ 元制, 站赤者, 驛傳之譯也. <元史 101>

【찻-푸리】 명 ((상업)) 차포리(茶鋪裏). 찻집. 사람들이 이야기를 나누거나 쉴 수 있도록 꾸며놓고 차나 음료 등을 파는 곳. '푸리(鋪裏, pùli)'는 중국어 직접 차용어.¶ 茶葉鋪 ‖ 장미화와 월계화와 보상화 금은화와 ᄌᆞ등화 몃 가지 초화ᄅᆞᆯ 말녀셔 찻푸리와 약푸리의 팔나 보내

면 조히 갑시 치우리라 (薔薇、月桂、寶相、金銀花、藤花, 這幾色的草花乾了, 賣到茶葉鋪藥鋪去, 也值好些錢.) <홍루 56:36> ⇒ 차푸리, 차프리, 챠푸리, ᄎᆞ푸리 ☞ 가페관

【창꽈쯔】 명 ((복식)) 장괘자(長掛子, chǎngguàzi). 중국식 긴 저고리.중국어 직접 차용어.¶ 손톱을 시펄하니 길우고 기나긴 창꽈쯔를 즐즐 끌고 싶었다 <백석, 안동>

【창시】 명 ❶ ((민속)) 창희(唱戲). 중국 전통극. '창시(唱戲, chàngxì)'는 중국어 직접 차용어.¶ 구경 가ᄌᆞ 구경 가ᄌᆞ 창시 구경 가ᄌᆞ셰라 오륙십 간 왼통집의 층 누각과 층간 간의 가온ᄃᆡ는 누를 ᄒᆞ되 ᄉᆞ면이 ᄉᆞ간 되게 그 뒤회는 간을 막고 회ᄌᆞ 놈들 거긔 잇고 좌우편의 문을 ᄂᆡ여 들낙날낙 ᄒᆞ는고나 <연행-무자> ❷ 중국 전통극 공연하는 곳.¶ 빵학흉비 갑ᄉᆞ단령 당품복식 아니런가 지진 오동 조흔 품ᄃᆡ 띄돈은 졀반 업고 ᄉᆞ모는 어이ᄒᆞ리 창시의 가 비러 쓸가 <연행-무자> ⇒ 챵시

【창시-노름】 명 ((민속)) 창희(唱戲)놀이. 중국 전통극. '창시(唱戲, chàngxì)'는 중국어 직접 차용어.¶ 마즌편 회ᄌᆞ루의 창시노름 맛촘 ᄒᆞᆫ다 구경군 모여드러 인셩만셩 요란ᄒᆞ고 풍뉴소릐 ᄌᆞ아져서 천지가 진동ᄒᆞᆫ다 <연행-병인>

【창자】 명 ((신체)) 창자(腸子, chángzi). 작은창자와 큰창자의 통틀어 일컬음. (중국어 차용어).¶ 內空, 창자; 馬膁, 말허구리 (腔) <신자 3:44a> 大腸, 큰 창자 동 (胴) <자석 하:40a> 大腸, 큰 창자 (胴) <신자 3:43b> 창자 부 (腑) <일우생-우한> 창자 쟝 (臟) <일우생-우한> ▼腸 ‖ 창자 장, 水穀道 (腸) <자석 하:41a> 창자, 心肺腑, 大小腸. 水穀道 (腸) <신자 3:44b> 창자 (腸) <자통-신체 401> 창자에 ᄭᅳᆯ니고 배에 걸녀셔 참 견딜 슈 업소 (牽腸掛肚的很難受.) <지나-이어 159> 天地間에 第一 머리가 놉고 창자가 깁흔 것이 무엇이냐 | 山用 <조미 76> ⇒ 창ᄌᆞ, 챵자, 챵쟈, 창ᄌᆞ, 충자, 충ᄌᆞ

【창ᄌᆞ】 명 ❶ ((신체)) 창자(腸子, chángzi). 큰창자와 작은창자를 통틀어 이르는 말. (중국어 차용어).¶ 창ᄌᆞ | ᄂᆡ쟝 | 오쟝 <법한 528> 창ᄌᆞ | ᄂᆡ장 | ᄂᆡ복 <법한 794> ᄂᆡ장 | ᄂᆡ복 | 창ᄌᆞ | 장부 <법한 1441> 창ᄌᆞ 강 (月+降-阝) <음첩a 2b> 창ᄌᆞ 장 (臟) <음첩a 53b> 창ᄌᆞ 형 (脝) <음운 37a> ▼腸 ‖ 창ᄌᆞ (腸) <음첩a 19a> <화정-신체 31> 고긱은 가장 몬져 귀를 놀리고 졍부는 창ᄌᆞ ᄭᅳᆫ허짐을 ᄭᅢ닷지 못ᄒᆞᄂᆞᆫ도다 (孤客最先驚耳, 征婦不覺斷腸.) <학석 49b> 고긱은 가장 몬져 귀를 놀리고 졍부ᄂᆞᆫ 창ᄌᆞ ᄭᅳᆫ허짐을 ᄭᅢ닷지 못ᄒᆞᄂᆞᆫ도다 (孤客最先驚耳, 征婦不覺斷腸.) <학석 49b> ᄉᆞᄉᆞ로 한홉은 인싱이 나모만 ᄀᆞᆺ지 못ᄒᆞ야 아춤마다 창ᄌᆞ가 집 셔편 담의 ᄭᅳᆫ허디ᄂᆞᆫ도다 (自恨人生不如樹, 朝朝腸斷屋西墻.) <전등-일사 5:66> ▼肚場 ‖ 이제 조기요괴ᄂᆞᆫ 원리 유영무형ᄒᆞᆫ 믈건이어놀 ᄒᆞ믈며 져의 여러 구븨 창ᄌᆞ 쇽의 너의 ᄉᆞ부롤 어ᄂᆡ 곳의 둔지 알니오 엇지 쇼신을 칙망ᄒᆞᄂᆞ잇가 ("如今連這蜃妖也是有影無形的精怪, 何況他彎彎曲曲的肚腸, 知他放你師父在何處? 怎生責罰起小神來!") <후서유 17:78-34> ▼板腸 ‖ 그 놈의 창ᄌᆞ를 거더셔 날 터이어 (將他板腸就也織將一件出來.) <서유-어람 89a> ▼腸子 ‖ 창ᄌᆞ (腸子) <일용-음식 6b> 내가 만일 셩이 날제는 져 잡것의 창ᄌᆞ를 가져 비트러 ᄭᅳᆫ어야 한을 풀 것 갓고 셩이 몹시 날 ᄯᅢ는 또 싱각ᄒᆞ기를 웃지 ᄒᆞ면 조흘가 (我若是氣上來, 把那個雜種的腸子擰斷了纔解恨, 過了氣兒又一想, 可怎麽樣呢.) <지나-토혐 362> ▼心 ‖ 비를 가르고 창ᄌᆞ ᄂᆡ기를 결워지이다 (定要與他賭那剖腹剜心.) <서유-영남 5:44-46> ▼黃子 ‖ 내 너의 둘이 젼일에 가히 불샹ᄒᆞᆫ 것을 보지 아니ᄒᆞ엿스면 내 ᄒᆞᆫ 발길노 너의들에 두른 창ᄌᆞ을 차셔 ᄡᅳᄂᆡ리라 (我要不看着, 你們兩個素日怪可憐兒的, 我這一脚把你兩個小旦黃子踢出來.) <화정-125> ᄂᆡ심이 ː를 보고 져도 져러ᄒᆞᆯ노다 ᄒᆞ야 미리 창ᄌᆡ ᄭᅳᆫ허디고 일신이 송고라디니 목의 늣기ᄂᆞᆫ 소릐 북밧치고 눈믈이 비오듯 ᄒᆞ니 그 형상이 잔잉ᄒᆞ고 우읍더라 <임화 10:61> 텬웅 이미를 웅계 창ᄌᆞ 속의 너러 ᄌᆞᆺ두ᄃᆞ려 싱으로 먹으면 힘이 비ᄒᆞ니라 <규합-정양완a 득력법 4:37b/382> 차도 ᄭᅳᆯ는 것이 무엇이냐 | 창ᄌᆞ <조미 359> ❷ ((음식)) 창자.¶ 창ᄌᆞ (腸) <군목-육찬 8b> ⇒ 창자, 챵자, 챵쟈, 창ᄌᆞ, 충자, 충ᄌᆞ

【창ᄌᆞ 업는 물건】 관구 줏대 없는 사람.¶ 창ᄌᆞ 업ᄂᆞᆫ 물건들은 업ᄂᆞᆫ 텨도 내여가며 각기 아양 부릴 적에 <대매 1910.7.6>

【채쥬】 명 ((인류)) 재주(財主). 재산이나 재물의 주인. '채(財, cái)'는 중국어 직접 차용어.¶ ▼財主 ‖ 셔울 잣안 積慶坊의셔 사ᄂᆞᆫ 사름 趙寶兒ㅣ 이제 쳔량 ᄡᅳᆯ 거시 업슨 젼ᄎᆞ로 졍원으로 긔약ᄒᆞ야 아모 채쥬의손ᄃᆡ 실ᄀᆞᄂᆞᆫ 시푼 구의나깃 은 쉰 량 여수 업시 빈내여 미 ᄒᆞᆫ 량의 워리를 현분식ᄒᆞ야 돌조초 보내요ᄃᆡ ᄠᅳᆫ들이디 아니ᄒᆞ고 그 은을 릐년 아모 돌ᄂᆡ예 긔ᄒᆞᆫᄒᆞ여 가포믈 수에 죡게 호리라 (京都在城積慶坊住人趙寶兒, 今爲缺錢使用, 情愿立約, 於某財主處, 借到細絲官銀五十兩整, 每兩月利幾分, 按月送納, 不致拖欠, 其銀限至下年幾月內, 歸還數數足.) <번박 상:60b> ※ 京都 자안 積慶坊에셔 사ᄂᆞᆫ 사름 趙寶兒ㅣ 이제 돈 ᄡᅳᆯ 것 업ᄉᆞ믈 위ᄒᆞ여 情愿으로 아모 財主處에 立約ᄒᆞ야 細絲官 銀 五十 兩 뎡이롤 ᄭᅮ되 每 兩에 月利 현분식 ᄒᆞ야 돌을 조차 送納호되 므 그 어ᄢᅦ트 팀에 니ᄅᆞ게 말고 그 은을 限이 ᄂᆡ년 아므 돌 ᄂᆡ에 니ᄅᆞ게 ᄒᆞ야 갑기롤 수에 족히 ᄒᆞ고 (京都在城積慶坊住人趙寶兒, 今爲缺錢使用, 情愿立約, 於某財主處, 借到細絲官銀五十兩整, 每兩月利幾分, 按月送納, 不致拖欠, 其銀限至下年幾月內, 歸還數數足.) <박언 상:54a>

【챠-푸리】 명 ((상업)) 차포리(茶鋪裏). 찻집. 사람들이 이야기를 나누거나 쉴 수 있도록 꾸며놓고 차나 음료 등을 파는 곳. '푸리(鋪裏, pūli)'는 중국어 직접 차용어.¶ 茶鋪 ‖ 우리는 류노ᄂᆡ 이곳의셔 챠푸리롤 열엇시믈 알

고 특별이 너의 곳의 와셔 챠롤 먹으려 ᄒᆞ노라 (咱們知道劉老老在這裏開茶鋪, 特意到你這兒喝茶來的.) <홍부 1:102> ▼茶葉鋪 ‖ 급히 근쳐 일기 챠푸리의 니ᄅᆞ러 의형 등구통을 ᄎᆞ즌ᄃᆡ (走到近邊一個茶葉鋪內, 找尋盟兄鄧九通.) <재생 20:104> ▼茶館 ‖ 양부 가인 등이 졈심을 졉ᄃᆡᄒᆞ며 또 챠푸리로 향ᄒᆞ여 가 단여오려 ᄒᆞ다가 (梁衙人等相留點, 又向那, 茶館之中走一巡.) <재생 28:28> ⇒ 차푸리, 차프리, 찻푸리, ᄎᆞ푸리 ☞ 가페관

【챠호자】 명 ((인류)) 차호가(車戶家). 수레꾼. 우마차 따위를 모는 사람. '쳐호쟈(車戶家, chēhùjiā)'는 중국어 직접 차용어.¶ 車戶家 ‖ 둘지은 챠호자가 길러셔 즘싱을 비리면 우리 지거려 쳐후자을 즘싱을 비러 주어 차을 머우계 하되 다뭇 이 아리 누러을 져어하여 이러모로 져의가 즐계 네긔 빌니지 아니하리라 (二來車戶家沿道遭塌牲口, 我們記聲兒給車戶家借牲口套車, 只怕底些留例, 所以他們不肯借給你啊.) <기착-육당 하:23b> ⇒ 차후자, 쳐후자

【창다외】 명 ● ((인류)) 강도(强盜). '창다외(qiángdào)'는 중국어 직접 차용어.¶ 强盜 ‖ 아비롤 브ᄅᆞ기롤 나오대라 ᄒᆞ고 어미롤 마ㅣ라 ᄒᆞ고 형을 거ㅣ라 ᄒᆞ고 종을 방지라 ᄒᆞ고 안해롤 닉ㅣ라 ᄒᆞ고 쌀을 창다외라 ᄒᆞ니 창다외ᄂᆞᆫ 도적이란 말이라 (呼父爲老大, 呼母爲嗎嗎, 呼兄爲哥哥, 呼奴爲幇子, 呼妻爲奶奶, 呼女爲强盜.) <서원-총목 60a> ● '밑지는 물건'이란 뜻으로 출가한 딸을 낮잡아 이르는 말.¶ 方語. 女子之稱. 창다외라 (賠錢貨) <서상-수경 8a>

【창사】 명 ((지리)) 장사(長沙). 중국 동정호(洞庭湖) 남쪽 상강(湘江) 강 하류의 동쪽 기슭에 있는 도시. '창사(長沙, Chángshā)'는 중국어 직접 차용어.¶ 동편에 샹히와 남경과 항가오와 규강과 부챠오와 에모이와 창사ㅣ란 큰 촌이 잇고 남편에 홍콩과 간턴과 솨도와 과이링과 과양과 윤난이란 촌이 잇고 셔편에 딍두와 즁깅과 시우츄와 란쥬와 싱안이란 촌이 잇고 [이는 청국 본 짜히라] <사필1889-헐버트 73>

【창시】 명 ((민속)) 창희(唱戲). 중국 전통극. '창시(唱戲, chàngxì)'는 중국어 직접 차용어.¶ 戲班子 ‖ 쏘ᄒᆞᆫ 언마 놉픈 樓上의셔 창시롤 ᄒᆞᄂᆞᆫ ᄃᆡ 唱ᄒᆞᄂᆞᆫ 이ᄂᆞᆫ 唱ᄒᆞ고 부ᄂᆞᆫ 이ᄂᆞᆫ 불고 치ᄂᆞᆫ 이ᄂᆞᆫ 치고 쏘 穿花過柳ᄒᆞᄂᆞᆫ 王子公孫들도 잇고 쏘 말을 돌녀 노리ᄒᆞᄂᆞ니도 잇고 쏘 비롤 타고 슈을 行ᄒᆞ여 술 먹ᄂᆞ니도 잇고 四通五達ᄒᆞᆫ 길의 사ᄅᆞᆷ이 오고가니 엇기의 메이니 변ᄌᆞ의 메이니 ᄯᅳ나니 미나니 이러ᄐᆞᆺ 熱鬧ᄒᆞᆫ 거시 실로 보기 좃터라 (咳有多高的樓上演起戲班子, 唱的唱, 吹的吹, 打的打, 又有穿花過柳王子公孫們, 也有跑馬耍頑意兒的, 也有坐船行令哈酒的, 四通五達地路人來人往, 捏的挑的, 拉的推的, 像這樣熱鬧的寔在好看咧.) <화계 상:28b> ⇒ 창시

【창시-ᄒᆞ-】 동 창희(唱戲)하다. 중국 전통극을 하다. '창시(唱戲, chàngxì)'는 중국어 직접 차용어.¶ 창시ᄒᆞ다 (演戲) <방석-기희 4:2b> 창시ᄒᆞᄂᆞᆫ 사ᄅᆞᆷ (戲子) <방석-인류 1:35a>

【창자】 명 ((신체)) 창자(腸子, chángzi). 큰창자와 작은창자를 통틀어 이르는 말. (중국어 차용어).¶ 창자 (腸子) <삼학-고석 형> ⇒ 창자, 창ᄌᆞ, 창ᄌᆞ, ᄎᆞᆼ자, ᄎᆞᆼᄌᆞ

【창ᄌᆞ】 명 ● ((신체)) 창자(腸子, chángzi). 큰창자와 작은 창자를 통틀어 이르는 말. (중국어 차용어).¶ 창ᄌᆞ | 너복 | 너장 | 비알 <법한 195> 창ᄌᆞ롤 내다 | 너창을 내다 <법한 564> 창ᄌᆞ 밧고히다 | 환쟝ᄒᆞ다 <법한 685> 창ᄌᆞ 강 (月+降-阝) <음첩b 1b> 창ᄌᆞ 댱 (腸) <신합 상:22a> 창ᄌᆞ 쟝, "大腸"、"小腸", 水穀道. (腸) <자주 상:42a> 창ᄌᆞ 쟝, "腹腸". 心肺腑. (腸) <천자-주 34b> 창ᄌᆞ 쟝, "大腸"、"小腸". 水穀道. (腸) <자주 상:42a> 창ᄌᆞ 쟝 (腸) <아학 상: 2b> 창ᄌᆞ (腸) <한청-인신 5:58a> 몰과 나귀 너븐 창ᄌᆞ (版腸) <한청-반육 12:31a> 小腸 ‖ 쇼장, 俗訓창ᄌᆞ, 蓋云腸子而. 腸, 華音챵故耳. 心腑. 長三丈一尺, 廣二寸半, 積十六曲, 當臍左. <명물-형모 2:5b> ▼腸 ‖ 쇠 서로 젼염ᄒᆞ얏ᄂᆞᆫ 병을 고치ᄃᆡ 여ᄋᆞ 창ᄌᆞ ᄉᆞ론 ᄌᆡ롤 므레 푸러 이베 부으라 (治牛疫, 狐腸燒灰和水灌之.) <우마양저-서울 5> 세 사발의 ᄆᆞ론 창ᄌᆞ롤 뒤니 오직 문ᄌᆞ 오쳔 권이 잇도다 (三碗搜枯腸, 惟有文字五千卷.) <고진 5-1:118> 창ᄌᆞᄂᆞᆫ 비록 임의 ᄭᅳᆫ허져시나 경은 ᄭᅳᆫ허지기 어렵고 술아 셔로 조치지 못ᄒᆞ니 죽어 ᄯᅩᄒᆞᆫ 조치리로다 (腸雖已斷情難斷, 生不相從死亦從.) <전등-일사 130> ᄉᆞᄉᆞ로 한흠은 인싱이 나모만 ᄀᆞᆺ지 못ᄒᆞ야 아ᄎᆞᆷ마다 창ᄌᆞ가 집 셔편 담의 ᄭᅳᆫ허디ᄂᆞᆫ도다 (自恨人生不如樹, 朝朝腸斷屋西墻.) <전등-일사 5:66> 상ᄉᆞ ᄯᅢ예 소지 어리고 병이 만하 즉시 가지 못ᄒᆞ여 눈믈만 흘니기롤 사흘을 ᄒᆞ고 입관ᄒᆞᆫ 후에 가 계요 셩복을 참예ᄒᆞ니 지졍의 셜움이 창지 썻거디ᄂᆞᆫ 듯ᄒᆞ고 간을 버히ᄂᆞᆫ 듯ᄒᆞᆯ ᄲᅮᆫ이로다 (于時小子, 幼且多疾, 喪未卽奔, 始參成服, 至情慟哀, 腸摧肝蝕.) <제문-박남수(외손) 1775 ↓외할머니> 져 우이져ᄂᆞᆫ 본시 ᄭᅩᆺᄎᆞ로 창ᄌᆞ가 되고 눈으로 긔부가 된 사ᄅᆞᆷ이라 엇지 이러ᄐᆞᆺ 쵀졀ᄒᆞᆷ을 지너리오 (那尤二姐原是個花爲腸肚, 雪作肌膚的人, 如何經得這般磨折.) <홍루 69:45> ▼腸肚 ‖ 쏘 붇ᄃᆡ 아닌ᄂᆞ니 고티ᄃᆡ 수쥐 크니 ᄒᆞ나ᄒᆞᆯ 창ᄌᆞ 업시ᄒᆞ고 조히 시서 술마 그 믈을 머기라 섯ᄯᆞᆯ애 자븐 쥐야 더 됴ᄒᆞ니라 (烹鼠水治不脹, 雄鼠大者一枚去腸肚洗淨, 以水煮熟取汁服, 臘月者尤佳.) <언두 상:28b> ▼腸子 ‖ 창ᄌᆞ (腸子) <방석-신체 1:18a> 창ᄌᆞ (腸子) <동해-신체 상:17a> <몽해-신체 상:13b> ᄆᆡ일에 살찐 닭과 큰 오리로 지너가니 그만 이실 거시어ᄂᆞᆯ 창ᄌᆞ가 유이ᄒᆞ다 ᄒᆞ여 날마다 이젼 버르ᄉᆞᆯ 너여 (每日肥鷄鴨子將就些兒也罷了, 喫膩了腸子, 天天又鬧起故事來了.) <홍루 61:14> 한 동의 찬물 기러다 쏘 한변 싯고 도라와 닥의 창ᄌᆞ을 마르지셔 닥의 창ᄌᆞ 닥의 포간 화열 멱집을다가 도무지 ᄶᅡ가 너여 (打一盆凉水又洗一遍, 回來裁開鷄肚子, 把鷄腸子、鷄肫[肫]肝、花苦胆、嗉袋都剪出來.) <기착-육당 하:17b> ▼小腸(子) ‖ 저근 창ᄌᆞ (小腸子) <역해-신

체 상:35a> 좁은 창ᄌᆞ (小腸) <한청-반육 12:31a> <몽보-음식 20a> ▼腔兒 ‖ 져희들은 반다시 일정코 한마ᄃᆡ롤 가져다가 느려 두셔내 마ᄃᆡ롤 믿달고 좃씨부며 창ᄌᆞ가지 ᄭᅳ어내여 횡셜슈셜ᄒᆞ니 급ᄒᆞ여 내 불이 날 ᄃᆞᆺᄒᆞᄃᆡ (他們必定把一句話拉長了作兩三截兒, 咬文嚼字, 拿着腔兒, 哼哼唧唧的, 急的我冒火, 他們那裏知道!) <홍루 27:43> 나자리나 만화로 ᄶᅧ내여 어숙어숙 ᄲᅡᄒᆞ라 초계ᄌᆞ ᄒᆞ여 그만 ᄀᆞ장 죠ᄒᆞ니 창ᄌᆞ란 ᄉᆡᆼ으로 ᄒᆞᄃᆡ 안날 달화 약념ᄒᆞᄃᆡ 교합ᄒᆞ여 ᄃᆞᆺ다가 이ᄐᆞᆫ날 창ᄌᆞ의 녀허 ᄶᅵ라 <디미방-개쟝 7b> 산곡의셔 엇지 못ᄒᆞ니 급피 산영개롤 버혀 창ᄌᆞ의 ᄯᅩᆼ을 내여 물의 타 머기니 경운이 눈을 감고 ᄒᆞᆫ 그ᄅᆞᆺ술 마시니라 <북관 2:4> 형의 냥의 ᄎᆞ게 ᄒᆞ려 ᄒᆞ면 필연 작죄롤 면티 못ᄒᆞ리니 올 적의 총으로 창ᄌᆞ롤 도리고 오라 <낙성 2:73> 칠의 ᄌᆞ시 보니 그 ᄆᆞᆯ이 ᄭᅩ리롤 사리며 등을 굽히고 머리롤 ᄯᅥᆯ며 굽을 옴기지 못ᄒᆞ니 필연 속이 샹ᄒᆞ야 창ᄌᆡ 틀렷ᄂᆞᆫ지라 <ᄇᆡᆨ복 35a> ❷ 속. ᄆᆞᄋᆞᆷ.¶ 서로 ᄉᆡᆼ각ᄒᆞ매 몃 번이나 창ᄌᆞ롤 끗촌고 아의 얼골이 임의 쇠ᄒᆞ고 형의 머리 희여도다 (相思幾度暗斷腸, 弟顔已衰兄白頭.) <호연 상:39b> ᄯᆡ로 녯 글시롤 보매 속절업시 눈믈을 ᄲᅮ리고 ᄭᅮᆷ이 잔혼을 ᄶᆞᆨᄒᆞ야 홀노 창ᄌᆞ롤 끗ᄂᆞᆫ도다 (時看舊墨空揮涙, 夢伴殘魂獨斷腸.) <호연 하:27b> 두루 인간의 시름ᄒᆞᄂᆞᆫ 사ᄅᆞᆷ의게 고ᄒᆞ야 원컨ᄃᆡ 이 약을 가져 에우인 창ᄌᆞ롤 플디어라 (遍告人間愁塞客, 願將此藥解憂腸.) <호연 하:38b> 어ᄂᆞ ᄉᆞ이 병 어든 ᄃᆞᆯ을 만난고 창ᄌᆞ지 이 근ᄂᆞᆫ ᄃᆞᆺ 셜워라 모딘 목숨이 사라셔 ᄯᅩ 이날 만나 더옥 간댱이 ᄲᅥ러디ᄂᆞᆫ ᄃᆞᆺᄒᆞ여라 <송준길가 선세언독-09 1648-52 초계정씨(시할머니) ↓은진송씨(며느리)> 그대 허흠을 일노 밀우여 가히 알 거시어놀 능히 ᄒᆞᆫ가지 보긔ᄒᆞᆯ 약을 시험티 못ᄒᆞ고 이 어딘 ᄶᆞᆨ을 일흐니 비록 ᄉᆞ나히 굿센 창ᄌᆡᆫ들 이에 니ᄅᆞ러 엇디 시러곰 척〻히 ᄶᅥᆺ거지고 슬허홈이 업ᄉᆞ리오 <계유-임정주1753 14a> 死胎未産 ‖ …ᄯᅩ 메토리 첫 고ᄒᆞᆯ 불의 술화 술의 타 마시라 ᄯᅩ 은힝을 ᄒᆞᆫ나만 ᄀᆞ라 먹그면 티만 낫코 둘ᄒᆞᆯ 먹그면 창ᄌᆞ죠차 ᄂᆞᆫ이라 <약방문-한고 사태미산 3a> 형용 보면 한인이나 그 창ᄌᆞᄂᆞᆫ 일인이라 <대매 1910.6.22> ⇒ 창자, 창ᄌᆞ, 챵자, 충자, 충ᄌᆞ

【창파오】 [명] ((복식)) 창포(氅袍). ‘창파오(氅袍, chàngpào)’는 중국어 직접 차용어.¶ 缺襟短袍 ‖ 머리의 쵸미 오ᄌᆞ롤 ᄡᅳ고 우희 셔피 마과ᄌᆞ롤 닙고 아릐 쳔마피 창파오롤 닙고 발의 거믄 혜롤 신어시니 (帶一頂貂尾纓染貂帽兒, 上穿香貂皮穿馬褂, 下穿玫瑰紫天馬皮缺襟短袍, 脚踏粉底皀靴.) <후홍 1:96>

【천】 [명] 전(錢). 돈. 재물. ‘천(錢, qián)’은 중국어 직접 차용어.¶ 음사란 음사ᄂᆞᆫ 불당 셔낭당 미럭당 도모지 잡귀신 위ᄒᆞᆫ 집이라 천을 너모 허러시니 후의ᄂᆞᆫ 지앙과 우환 잇슬 듯ᄒᆞ되 맛참니 복과 벼술과 녹이 날마다 이르러 오고 <부인슈지-김평묵 24a> ⇒ 쳔, 첸

【천량】 [명] 전량(錢糧). 재물(財物). ‘천(錢, qián)’은 중국어 직접 차용어.¶ 천량 ‖ 돈과 곡식이 천량이니 돈 전(錢)자는 화음으로 천인 고로 화음을 짜뤄 천량이라 함이니라 <조이-김동진> ⇒ 철량, 첼량, 쳔량, 쳔량, 철량

【철량】 [명] 전량(錢糧). 개인 살림살이의 재산. 재물(財物). ‘철(錢, qián)’은 중국어 직접 차용어.¶ 영감이 남겨주고 간 철량 생각이 들었다 <염상섭, 일대의 유업1949 13> ⇒ 천량, 첼량, 쳔량, 철량

【체사빅】 [명] ((지리)) 체사피크(Chesapeake Bay). (외래어).¶ 체사빅 (策色皮克 Chesapeake Bay) <만국통감1912, 4, 17>

【체지】 [명] 체지(帖紙). 첩자(帖子). 관아에서 구실아치와 노비를 고용할 때 쓰던 사령장(辭令狀). 또는 영수증. ‘체(帖, tiě)’는 중국어 직접 차용어.¶ 待隷委任狀. “帖紙”. 체지 체 (帖) <자석 상:35b> ⇒ 쳬지, 톄지, 톄ᄌᆞ

【첸】 [명][의] ((도량)) 체인(Chain). 야드파운드법에 의한 길이의 단위. 1체인은 1링크의 100배로 약 20.1168미터에 해당한다. (외래어).¶ 英國 米國 마일(Mile)哩＝八十鏁 첸(Chain)鏁＝二十二碼 야드(Yard)碼＝三呎 후트(Foot)呎 <백과신-송1926 494>

【첼량】 [명] 전량(錢糧). 개인 살림살이의 재산. 재물(財物). ‘첼(錢, qián)’은 중국어 직접 차용어.¶ 잇든 첼량까지 <염상섭, 밥1927 117> 약 저울질로 신세를 마친 위인이니 여투어 둔 첼량이 있을 리 없고 <염상섭, 일대의 유업1949 13> ⇒ 천량, 철량, 쳔량, 철량

【쳐후쟈】 [명] ((인류)) 차호가(車戶家). 수레꾼. 우마차 따위를 모는 사람. ‘쳐후쟈(車戶家, chēhùjiā)’는 중국어 직접 차용어.¶ 車戶家 ‖ 둘지은 챠호자가 길러셔 즘싱을 빌리면 우리 지거려 쳐후자을 즘싱을 비러 주어 차을 머우게 하되 다못 이 아릐 누러을 져어하여 이러모로 져의가 즐게 네긔 빌니지 아니하리라 (二來車戶家沿道遭塲牲口, 我們記聲兒給車戶家借牲口套車, 只怕底些留例, 所以他們不肯借給你啊.) <기착-육당 하:23b> ⇒ 차후자, 챠호쟈

【쳔】 [명] 전(錢). 돈. 재물. ‘쳔(錢, qián)’은 중국어 직접 차용어.¶ 憍陳如 유무에 三分이 슬ᄒᆞ샤 술위 우희 쳔 시러 보내시니 <월곡 22b> 五百前世怨讐ㅣ 나랏 쳔 일버ᅀᅡ 精舍롤 디나아가니 <월석 1:2a> ▼財 ‖ 내 쳔을 앗기디 아니ᄒᆞ며 侵犯을 즐기디 아니ᄒᆞ며 샹녜 質直을 머거 ᄆᆞᅀᆞ미 과ᄀᆞᄅᆞ디 아니ᄒᆞ야 샹녜 ᄂᆞ죽호ᄆᆞᆯ 즐기며 (自財不悋, 不樂侵犯, 恒懷質直, 心不卒暴, 常樂謙下.) <영가 하:139a> ▼錢 ‖ 내 오ᄂᆞᆯ 인ᄌᆞ푸에 볼모 드리고 쳔 내라 가노라 (我今日印子鋪裏儅錢去.) <번박 상:19b> 네 소내 쳔 어두미 어렵다 (你的手裏難尋錢.) <번박 상:74a> 술 ᄑᆞᄂᆞᆫ 져제와 녀기의 지븨 드러가 간대로 쳔 ᄡᅳ거든 모든 아ᅀᆞᆷ과 이웃짓 늘그니돌히 말여 닐오ᄃᆡ 네 엇디 ᄢᅵᄃᆞ라 ᅀᆞᆲ피디 몯ᄒᆞᄂᆞᆫ다 ᄒᆞ야든 ᄆᆞᅀᆞᄆᆞᆯ 어리워 가지고셔 ᄃᆡ답ᄒᆞ요ᄃᆡ ᄲᅥ도 내 쳔 ᄡᅳ며 ᄒᆞ야ᄇᆞ려도 내 짓 거슬 ᄒᆞ야ᄇᆞ리ᄂᆞ니 네게 므스 이리 브트뇨 (入酒肆妓女人家胡使錢. 衆親眷街坊老的們勸說: ‘你

爲甚麽省不得執迷着心?' 迴言道: '使時使了我的錢, 壞時壞了我的家私, 干你甚麽事?') <번노 하:48b> 제 ᄆᆞᅀᆞᆷ으로 천 간대로 ᄡᅳ디 ᄆᆡ실 여라믄 노롯바치 지븻 겨집과 아ᄒᆡ의 머글 것 니블 거시 다 이 어린 노ᄆᆡ 천이라 (隨着他胡使錢, 每日十數箇幇閑的家裏, 媳婦孩兒, 喫的穿的, 都是這呆廝的錢.) <번노 하:49b> 제 ᄆᆞ옴으로 천을 간대로 ᄡᅳ니 每日 열아믄 노롯바치 집의 겨집과 아희의 먹ᄂᆞᆫ 것 닙ᄂᆞᆫ 거시 다 이 어린 놈의 천이라 (隨着他胡使錢, 每日十數箇幇閑的家裏, 媳婦孩兒, 喫的穿的, 都是這呆廝的錢.) <노언 하:44b> 제 ᄆᆞᅀᆞᆷ으로 천 간대로 ᄡᅳ디 ᄆᆡ실 여라믄 노롯바치 지븻 겨집과 아ᄒᆡ의 머글 것 니블 거시 다 이 어린 노ᄆᆡ 천이라 (隨着他胡使錢, 每日十數箇幇閑的家裏, 媳婦孩兒, 喫的穿的都是這呆廝的錢.) <번노 하:49b> 제 ᄆᆞ옴으로 천을 간대로 ᄡᅳ니 每日 열아믄 노롯바치 집의 겨집과 아희의 먹ᄂᆞᆫ 것 닙ᄂᆞᆫ 거시 다 이 어린 놈의 천이라 (隨着他胡使錢, 每日十數箇幇閑的家裏, 媳婦孩兒, 喫的穿的都是這呆廝的錢.) <노언 하:44b> 官人이 천을 앗기니 어ᄃᆡ 사리오 (官人捨不的錢那裏買的?) <박언 하:26b> ▼鈔 ‖ 졍히 올타 천 만히 어드리라 (正着了也多尋鈔.) <번박 상:46b> 대군 겻히 천 업던가 명녜궁의 천 업던가 대비도 바치시고 대군을 살오시던들 엇디ᄒᆞ여 이런 역모를 ᄒᆞ실고 <계축 상:32a> ⇒ 천, 첸

【천냥】 명 전량(錢糧). '천(錢, qián)'은 중국어 직접 차용어.¶ 錢糧 ‖ 벼슬이 도독이오 십삼 쥐 삼십오 현 전냥을 ᄀᆞ옴아라 여러 빅만 천냥을 두디 아냐 이리 쉬 적으니 엇디ᄒᆞ리오 (官至都督, 管轄十三州三十縣錢糧, 我只道有幾百萬堆積, 原來也只有這些.) <선진-團 3:99> ▼錢 ‖ 파셕이 닐오ᄃᆡ 가히 알리로다 샹담의 닐오ᄃᆡ 구실ᄒᆞᄂᆞ니ᄂᆞᆫ 사ᄅᆞᆷ이 천냥을 보면 마치 ᄑᆞ리 피 보니 ᄀᆞᆺ다 ᄒᆞ니 (婆惜道: "可知哩! 常言道: '公人見錢, 如蠅子見血'.") <충수호-서울 8:11b> ⇒ 철량, 첼량, 천량, 철량

【천-내-】 동 전(錢)내다. 돈내다. '천(錢, qián)'은 중국어 직접 차용어.¶ 償錢 ‖ 내 오ᄂᆞᆯ 인ᄌᆞ푸에 볼모 드리고 천내라 가노라 (我今日印子鋪裏償錢去.) <번박 상:19b>

【천닉】 명 ((복식)) 첩리(帖裡 /帖裏). 고려 때 원나라에서 들어온 포(袍)의 일종. 무관이 입던 공복. 직령(直領)으로서, 허리에 주름이 잡히고 큰 소매가 달렸는데, 당상관은 남색이고 당하관은 분홍색임. 첩리(帖裡). 천익(天翼). (몽고어 'terlig'에서 온 차용어).¶ 천닉 (天翼) <군목-훈구 15b> ▼帖裡/帖裏 ‖ 임진 후 창졸의 ᄉᆞ대뷔 다 천닉을 닙다가 긔히년 간의 비로소 듕국을 의방ᄒᆞ야 흑단녕을 닙고 (壬辰倉卒士大夫皆着帖裡/帖裏, 己亥年間始倣中朝服黑團領.) <조기-의장 3:63> ▼貼裡 ‖ 늘그니와 져므니와 아히들이 일시의 길흘 ᄯᅧ ᄯᆞ라오며 관ᄃᆡ와 천닉 닙은 이를 ᄀᆞᄅᆞ쳐 ᄀᆞᆯ오ᄃᆡ 이ᄂᆞᆫ 문관이라 ᄒᆞ고 (垂髫戴白者擁路而後, 見烏帽綠袍, 或有指笑者, 或有歎美者, 指貼裡者曰此文官也.) <서원 4:85a> 노참봉[이젼이니 상방비쟝]의 천닉 보다가 다시 더 호건ᄒᆞ도다 (盧參奉[以漸 上房裨將]視帖裡時更加豪健矣!) <열하-동경 1:1b> ᄯᅩ 계집이 젼 큰 거슬 ᄀᆞ장 나모라고 져준 일졀 놈을 아니 뵈고 소ᄆᆡ 닙은 오슬 브ᄃᆡ 천닉 깃체로 ᄒᆞ고 목붓터 비ᄀᆞ지 ᄂᆞ리 ᄌᆞ므기를 돌마기로 ᄒᆞᄃᆡ <조천 52> 최명길이 젹진의 왕닉ᄒᆞ며 오랑킈 ᄯᅳᆺ을 밧고져 ᄒᆞ야 모든 대신으로 더브러 고집ᄒᆞᄂᆞᆫ지라 공의 샹의 무릅흘 븟들고 호읍ᄒᆞ니 남대단 천닉이 다 져즌지라 <죽천 2:89> 쇼념 소입 ‖ 대단 천닉 흑 대단 협슈 옥식 방ᄉᆞ듀 창의 명쥬 바지 둘 옥식 방ᄉᆞ쥬 두루막이 남 명지 편의 여둛 방ᄉᆞ쥬 누비옷 ᄒᆞᆫ 벌 남 명쥬 쇼동의 옥식 명쥬 동의 주우쥬 토시 <습구-장흥임씨 수사공 종택> ⇒ 덜링, 졀닙, 천릭, 천익, 쳘닉, 쳘닙, 쳘이옷, 쳘익, 털링, 텨닉, 텰릭, 텰링

【천량】 명 전량(錢糧). 원래는 돈과 식량을 가리키는 말이었으나 후에 개인 살림살이의 재산을 가리키는 말로 변하였다. '천량(錢糧, qiánliáng)'은 중국어 직접 차용어.¶ 錢糧 ‖ 華音천량, 錢穀也. <명물-화보 3:22a> 천량 (財物, Goods, riches, wealth.) <한영1890 185> ▼財 ‖ 그ᄃᆡ네 어딘 사ᄅᆞᆷ이 되오져 호매 제 힘을 잇브게 ᄒᆞ며 제 천량ᄋᆞᆯ 해자ᄒᆞᆯ 거시면 어딘 사ᄅᆞᆷ 도의디 아니호미 오히려 可커니와 (諸君欲爲君子而使勞己之力, 費己之財, 如此而不爲君子猶可也.) <번소 6:32b> 가령 겨지븨 천량을 가져셔 가ᅀᆞ멸며 겨지븨 셔를 의거ᄒᆞ야 귀히 도욀디라도 진실로 댱부의 ᄠᅳᆮ과 긔우니 이슐딘댄 능히 붓그러우미 업스려 (借使因婦財以致富, 依婦勢以取貴, 苟有丈夫之志氣者, 能無愧乎.) <번소 7:33ab> 죽은 나래 창애 나ᄆᆞᆫ 곡식이 이시며 고애 나ᄆᆞᆫ 천량을 두어 님금을 소기디 아니호리이다 (若死之日, 不使廩有餘粟, 庫有餘財, 以負陛下.) <번소 8:19ab> 본ᄃᆡ 더럽고 앗기ᄂᆞᆫ 사ᄅᆞᄆᆞᆫ 녯 사ᄅᆞᄆᆡ 어딘 의를 귀히 너기고 천량을 가비야이 너기며 아ᄅᆞᆷ뎌 이리 젹고 욕심이 져그며 (素鄙悋者, 欲其觀古人之貴義輕財, 少私寡慾.) <번소 8:27a> ▼貲貨 ‖ 이ᄂᆞᆫ 됴ᄒᆞᆫ 긔별이어니와 ᄯᅩ 천량이 만히 잇고 오시 됴ᄒᆞ며 ᄆᆞ리 술지다 ᄒᆞ야 드르면 이ᄂᆞᆫ 사오나온 긔별이라 ᄒᆞ니 (此是好消息, 若聞貲貨充足, 衣馬輕肥. 此惡消息.) <번소 9:50a> ▼財帛 ‖ 오직 買賣ᄒᆞ기 맛당ᄒᆞ고 츄입이 통달ᄒᆞ다 올히 대운이 丙戌에 다ᄃᆞ라시니 이후에ᄂᆞᆫ 천량이 만히 모다 이젼 수도곤 나음이 빈ᄒᆞ다 (只宜做買賣, 出入通達. 今年交大運丙戌, 已後財帛大聚, 强如已前數倍.) <노언 하:64b> ▼錢糧 ‖ 챠셜 롱취암은 본시 가부의 긔디라 셩친ᄒᆞᄂᆞᆫ 동산을 짓기로 그 암ᄌᆞ를 쇽의 쇽의 일워여 두엇시나 향리의 식용ᄒᆞᄂᆞᆫ 것과 향화 쇼입을 아오로 가부의 천량을 움즉이지 아니ᄒᆞ더니 (且說櫳翠庵原是賈府的地址, 因蓋省親園子, 將那庵圈在裏頭, 向來食用香火並不動賈府的錢糧.) <홍루 113:54> 셩중의 드러가 은장이를 차ᄌᆞ 불너 달나 ᄒᆞ니 그놈이 ᄉᆞ오나와 너푼 중을 도젹ᄒᆞ여 먹고 너푼 눅푼 중을 지워 쥬미 간슈ᄒᆞ여시니 젹으나 이것슬 드리ᄂᆞ니 비러먹ᄂᆞᆫ 중이 오린들 어ᄃᆡ 가 어드리오 나ᄂᆞᆫ 이것슬

큰 천량만 넉이노라 <서유-영남 9:64-76> 죄인 잡게 나갈 때면 처ᄉᆞ례를 독촉ᄒᆞ네 유무죄는 고샤ᄒᆞ고 잡혓ᄉᆞ니 죄인이라 무수란타 ᄒᆞ여가며 몃빅 천량 토식ᄒᆞᆯ제 반죽음이 되여가니 춤아 엇지 바로 볼가 <탄식가 경향신문1907.1.25> 셔촌으로 도라드니 엇던 완패 녀인네는 친뎡에셔 엇은 천량 태산이나 써온ᄃᆞ시 <대매-시평 염량ᄌᆞ 1909.8.17> ⇒ 철량, 첸량, 천량, 철량

【천량】 명 전량(錢糧). 재물(財物). '천(qián)'은 (중국어 직접 차용어). 下財錢, 亦云下財家禮. «會通»云: 婚有六禮: 納采、問名、納吉、納徵、請期、親迎.今制: 納采、問名、納吉捴一次行禮, 而從簡便, 謂之定禮, 亦謂之定親.亦曰下紅定, 亦送幣物.又涓吉送婚書行納徵禮, 亦曰納幣, 俗云下財, 亦曰送禮. 俗捴稱曰羊酒花紅.又一次有禮曰請期, 謂之催裝. 亦具禮物, 五品以下無請期之禮.¶ 천량 줄 회, 送物說事曰"賄賂". (賂) <훈몽-잡어 하:9b /21b> 천량 줄 회 (賄) <훈몽-잡어 하:9b /21b> 천량 ᄀᆞ초아 뒷ᄂᆞᆫ 집 (庫) <석상 9:20> <월석 9:38> 王이 ᄀᆞ장 슬흐샤 천량 시른 술위 五百 ᄭᅮ미시며 大愛道와 耶輸와도 各各 천량 시른 술위 五百올 ᄭᅮ며 <석상 3:39a> 布施ᄂᆞᆫ 제 뒷논 천량ᄋᆞ로 ᄂᆞᆷ 주며 제 아논 法으로 ᄂᆞᆷ ᄀᆞᄅᆞ칠 씨오 <월석 2:25a> ▼珍財 ‖ 너를 勸ᄒᆞ노니 이제브터 얻디 마롤디어다 내게 잇ᄂᆞᆫ 천량이 故鄕애 ᄀᆞ독ᄒᆞ니라 (勸尒從今息求索, 自有珍財滿故鄕.) <남명 상:36b> ▼財 ‖ 제 천량 가ᄉᆞ머루미 그지 업슨 돌 아라 (自知財富無量.) <법화 2:80a> 그 아비 몬져 아돌 求ᄒᆞ다가 몯 어더 ᄒᆞᆫ 城에 中止ᄒᆞ얫더니 그 지비 ᄀᆞ장 가ᄉᆞ며러 천량 보비 그지업서 (其父先來求子不得, 中止一城, 其家大富, 財寶無量.) <법화 2:184b> 보비 三千에 ᄀᆞ독ᄒᆞ나 천량 布施ᄂᆞᆫ 다오미 잇거니와 偈를 四句를 펴면 法布施ᄂᆞᆫ 다ᄋᆞᆷ 업스니 (寶滿三千, 財施有盡, 偈宣四句, 法施無窮.) <금삼 2:50b> 어딜오 천량이 하면 그 ᄠᅳ들 해케 ᄒᆞ고 어리고 천량이 하면 그 허므를 더ᄋᆞᄂᆞ니 (賢而多財, 則損其志, 愚而多財, 則益其過.) <번소 9:89b> 願ᄒᆞᆫᄃᆞᆫ 아모 靈駕와 法界 亡魂이 앗기며 貪ᄒᆞᆫ ᄆᆞᄉᆞ몰 허러 ᄇᆞ리고 法엣 천량이 ᄀᆞᆽ게 ᄒᆞ쇼셔 (南無多寶如來願某靈駕法界亡魂破除慳貪法財具足.) <삼단 19a> 文中子ㅣ 닐오ᄃᆡ 婚娶ᄒᆞᆯ 제 천량 議論호ᄆᆞᆫ 되 다대의 道ㅣ니 君子ㅣ 그 ᄀᆞ올히 드디 아니ᄒᆞᄂᆞ니라 (文中子曰: 婚娶而論財夷虜之道也, 君子不入其鄕.) <내훈 1:79a> 그 外親이 謙讓ᄒᆞ며 儉朴ᄒᆞ야 어딘 힝뎍 ᄒᆞ리 잇거든 곧 溫和ᄒᆞᆫ 말ᄉᆞᄆᆞ로 빌이샤 천량과 벼슬로 賞給ᄒᆞ시고 (其外親有謙素義行者, 輒假借溫言, 賞以財位.) <내훈 2상:55b> ▼貲貨 ‖ 子息이 그위실 ᄒᆞᆫ 사ᄅᆞ미와 닐오ᄃᆡ 가난ᄒᆞ야 몯 사라 ᄒᆞ더라 ᄒᆞ면 이 됴ᄒᆞᆫ 유뮈어니와 ᄒᆞ다가 천량이 만ᄒᆞ며 옷과 몰왜 됴터라 들이면 이ᄂᆞᆫ 구즌 유뮈라 ᄒᆞ더니 내 샹네 구든 議論이라 ᄒᆞ노라 (兒子從宦者, 有人來云貧乏不能存, 此是好消息. 若聞貲貨充足衣馬輕肥, 此惡消息. 吾常以爲確論.) <내훈 3:29b> ▼財物 ‖ 내 천량이 그지 업스니 (我財物無極.) <월석 12:32a> 내 천량앳 것이 다ᄋᆞᆷ 업스니 (我財物無極.) <법화 2:75b> 아ᄃᆞᆯ 보고 믄득 아로ᄆᆞᆫ 녯 緣이 ᄒᆞ마 니구믈 가줄비고 천량이 맛ᄃᆞᆯ ᄢᅴ 이쇼ᄆᆞᆫ 法 심기샬 ᄢᅴ 이슈믈 가줄비고 (見子便識譬昔緣已熟.財物有付譬法有所授.) <법화 2:199a> ▼資賄 ‖ 宣이 아ᄅᆡ 小君의 아비게 나사가 비호더니 아비 淸廉ᄒᆞ고 苦ᄅᆞ외요ᄆᆞᆯ 奇異히 너겨 그럴ᄉᆡ ᄯᆞᆯ로 얼이니라 연장과 천량이 ᄀᆞ장 盛ᄒᆞ더니 (宣嘗就少君父學, 父奇其淸苦, 故以女妻之, 裝送資賄甚盛.) <내훈 2하:75b> ▼錢 ‖ 뎌긔 가 뎌 三絃子 ᄠᅳᆫ고 거ᄌᆞ말 ᄒᆞᄂᆞᆫ 놈돌ᄒᆞᆯ ᄒᆞ야 ᄒᆞ놀이며셔 거즛 여러 적 브르지죠ᄃᆡ 샤신 공ᄌᆞ하 일즈시 손 여러 천량 내여 ᄡᅳ쇼셔 ᄒᆞ야든 그 천이 뎌 노롯ᄒᆞᄂᆞᆫ 노ᄆᆡ ᄆᆞᅀᆞᆷ대로 ᄡᅳ거든 (到那裏, 敎那彈絃子的謊廝們捉弄着, 假意兒叫幾聲'舍人公子', 早開手使錢也. 那錢物只由那幇閑的人支使.) <번노 하:54b> ▼財錢 ‖ 천량을 언메나 보낼고 (下多少財錢?) <번박 상:45a> 셔울 잣 안 積慶坊의셔 사ᄂᆞᆫ 사름 趙寶兒ㅣ 이제 천량 ᄡᅳᆯ 거시 업슨 젼ᄎᆞ로 (京都在城積慶坊住人趙寶兒, 今爲缺錢使用.) <번박 상:60b> ▼財帛 ‖ ᄆᆞᅀᆞ매 그ᅀᆞ기 술와 부텨를 念ᄒᆞᅀᆞ오면 반ᄃᆞ기 천량과 옷바볼 만히 어드리라 (冥心啓告念佛, 必得財帛衣食.) <불정 중:8a> 오직 홍졍호미 맛당ᄒᆞ고 나드리홈도 휜출타 올히 대운이 병슐에 다ᄃᆞ라 이시니 이후애ᄂᆞᆫ 천량이 만히 모다 이젼 수 두고셔 더ᄋᆞ리로다 (只宜做買賣, 出入通達. 今年交大運丙戌, 已後財帛大聚, 强如已前數倍.) <번노 하:71b> ▼貲 ‖ 가난ᄒᆞ야 사디 몯ᄒᆞ더라 ᄒᆞ면 이ᄂᆞᆫ 됴ᄒᆞᆫ 긔별이어니와 또 천량이 만히 잇고 오시 됴ᄒᆞ며 ᄆᆞᄅᆡ 술지다 ᄒᆞ야 드르면 이ᄂᆞᆫ 사오나온 긔별이라 ᄒᆞ니 (貧乏不能存. 此是好消息, 若聞貲貨充足, 衣馬輕肥. 此惡消息. 吾嘗以爲確論.) <번소 9:50ab> ▼貨物 ‖ 네 본ᄃᆡ 셔울 가 천량 ᄑᆞ라 또 소옴 깁 사 王京의 가 ᄑᆞ노라 ᄒᆞ야 前後에 언메나 오래 머므ᄂᆞᆫ다 (你自來到京裏, 賣了貨物, 却買緜絹, 到王京賣了, 前後住了多少時?) <번노 상:15a> 네 본ᄃᆡ 셔울 가 貨物을 ᄑᆞ라 또 소옴과 깁을 사 王京에 가 ᄑᆞ노라 ᄒᆞ면 前後에 언메나 오래 머믈러뇨 (你自來到京裏, 賣了貨物, 却買緜絹, 到王京賣了, 前後住了多少時?) <노언 상:13b> 네 본ᄃᆡ 셔울 가 貨物을 풀고 즉시 綾과 깁을 사 王京에 가 ᄑᆞ노라 ᄒᆞ면 前後에 몃 날을 머믈러뇨 (你從來到京裏, 賣了貨物, 就買綾絹, 到王京去賣, 前後住了多少日子?) <노신 1:18b> 錢糧曰錢천糧량[량]. <반계수록 25:45> 錢천糧량 <이수신편 20:58> 錢糧, 誤翻爲錢量, 華音本曰천량. <아언 2> ⇒ 천량, 철량, 첸량, 천량, 철량

【철릭】 명 ((복식)) 철릭(帖裡 /帖裏). 고려 때 원나라에서 들어온 포(袍)의 일종. 무관이 입던 공복. 직령(直領)으로서, 허리에 주름이 잡히고 큰 소매가 달렸는데, 당상관은 남색이고 당하관은 분홍색임. 천익(天翼). (몽고어 'terlig'에서 온 차용어).¶ 帖裡 ‖ 즉시 오십금으로써 궐한의게 부탁ᄒᆞ여 장만ᄒᆞ라 ᄒᆞ엿더니 오라지 아냐 모립

과 쳔릭 제구를 쥰비ᄒᆞ여 왓스되 극히 빗나고 또 고은 지라 (仍李金托厥漢貿易辦備, 匪久毛笠帖裡廣帶烏靴, 黃金帶鉤, 一時致之, 而皆極光麗.) <청야 4:15> 약방 니각 경원 옥당 군복ᄒᆞ고 슈가ᄒᆞ고 위외의 산반드른 쳔릭으로 비좋ᄒᆞ고 후상은 금위디장 숨천병마 총독ᄒᆞ고 <한양가-고려 1844> ⇒ 덜링, 졀닙, 천닉, 천익, 쳘닉, 쳘닙, 쳘이옷, 쳘익, 털링, 텨닉, 텰릭, 텰링

【천양】 명 전량(錢糧). 돈과 양식. 재물(財物). '천(錢, qián)'은 중국어 직접 차용어.¶ 환젼 블가블 쁠 터이로되 피졉도 대ᄉᆞ라 아니치 못ᄒᆞ고 일시 궁ᄒᆞ기 여긔 공화를 츄이ᄒᆞ고 가오니 고직다려 즉금 잇고 돈은 집을 몬져 ᄉᆞ게 ᄒᆞ고 칠월 안으로 천양을 ᄉᆞ속히 슈합ᄒᆞ여 이리 환젼ᄒᆞ라 ᄒᆞ옵 <념오일 뉵일 K옥션-5> 이 가디는 원긔장이 일쳔 샤빅 오십 양의 결가ᄒᆞ여 천양을 샤월의 먼져 보니여쩌니 긔쟝을 냥픠ᄒᆞ고 지력이 부족ᄒᆞ여 도로 무은다 ᄒᆞ기 <이 가디는 원긔쟝이-한고> ⇒ 천량, 쳘량, 천량, 쳴량, 천량, 쳘량

【천익】 ((복식)) 첩리(帖裡, 帖裏). 고려 때 원나라에서 들어온 포(袍)의 일종. 무관이 입던 공복. 직령(直領)으로서, 허리에 주름이 잡히고 큰 소매가 달렸는데, 당상관은 남색이고 당하관은 분홍색임. 첩리(帖裡). 천익(天翼). 몽고어 'terlig'에서 온 차용어.¶ 천익 (天翼) <이록-의복 15a> 금고찬비 일습으니 팔십 명 나장이는 알도의 눈을 박아 상토 ᄆᆞᆺ히 곗계 쓰고 천익 우희 아쳥 작의 흰실노 줄을 노아 임군 왕 자 싸셔 입고 <한양가-고려 1844> ⇒ 덜링, 졀닙, 천닉, 천릭, 쳘닉, 쳘닙, 쳘이옷, 쳘익, 털링, 텨닉, 텰릭, 텰링

【천표】 명 전표(錢票). '천'은 (중국어 직접 차용어).¶ 錢票 ‖ 그러면 너게 젼흥호 일빅 열야들 됴 천표가 이스니 네 이 표를 가지고 나를 야들 됴를 거스름 주면 경이 올캇다 (那麽我有全興號一百一十八吊的錢票呢, 你拿這个票找我八吊錢就正對盡乙哪.) <중화-아천 17a>

【쳘냥】 명 전량(錢糧). 재물(財物). '쳘(qián)'은 중국어 직접 차용어.¶ 쳘량 <이륜-중 18> ⇒ 천량, 쳘량, 쳴량, 천냥, 천량, 쳘량, 쳘량

【쳘닉】 명 ((복식)) 첩리(帖裡, 帖裏). 고려 때 원나라에서 들어온 포(袍)의 일종. 무관이 입던 공복. 직령(直領)으로서, 허리에 주름이 잡히고 큰 소매가 달렸는데, 당상관은 남색이고 당하관은 분홍색임. 첩리(帖裡). 천익(天翼). 몽고어 'terlig'에서 온 차용어.¶ 쳘닉 (帖裡/帖裏) <고석-수경 복식 43a> 쳘닉 (天翼) <고석-수경 복식 43a> 이월에 죠련ᄒᆞᆯ 적에 군복으로 드는 쳘닉과 불근 펀디와 불근 동근띄와 ᄌᆞ쥬빗 동근띄를 샤와ᄉᆞ 쓸 거시대 쳘닉은 분명 유문 갑샤 거문빗흐로 ᄒᆞᆯ 거시대 그 거ᄉᆞᆫ 셔울셔 쪄셔 지으면 죠흘 거시나 품과 기리가 마즐 줄 모르니 <김성일가-123 1850 김진화(지방관) ↓안영록(경아전)> 셰포롤 계유 외자로 엇고 쾌ᄌᆞᄒᆞ고 돌지ᄒᆞ고 쳘닉 기울 모시조각 후쵸 죠곰 큰 니셔방 가는디 보내엿더니 ᄎᆞ자보냐 <모1867.11.9-한고 ↓익긔 부의게> ⇒ 덜링, 졀닙, 천닉, 천릭, 천익, 쳘닙, 쳘이옷, 쳘익, 털링, 텨닉, 텰릭, 텰링

【쳘닙】 명 ((복식)) 첩리(帖裡, 帖裏). 고려 때 원나라에서 들어온 포(袍)의 일종. 무관이 입던 공복. 직령(直領)으로서, 허리에 주름이 잡히고 큰 소매가 달렸는데, 당상관은 남색이고 당하관은 분홍색이며 깃이 곧고 뻣뻣하며 소매가 넓다. 첩리(帖裡). 천익(天翼). (몽고어 'terlig'에서 온 차용어).¶ 帖裏 ‖ 쳘닙을 닙고 관가의 둔녀왓습닉 <교린-제 3:28a> ⇒ 덜링, 졀닙, 천닉, 천릭, 천익, 쳘닉, 쳘이옷, 쳘익, 털링, 텨닉, 텰릭, 텰링

【쳘량】 명 전량(錢糧). 재물(財物). '쳘량(錢糧, qiánliang)'은 중국어 직접 차용어.¶ 쳘량 <팔세아 2> 내 준 금은 비단 쳘량을 다 내게 둔 거슨 雲長이 관연 쳔냥금으로도 싱각을 밧고지 못ᄒᆞᆯ 거시오 의롤 웃듬으로 ᄒᆞ여 쳘량을 멀리ᄒᆞᄂᆞᆫ 거슨 진실로 ᄉᆞ나희라 <삼역 2:5b> ⇒ 천량, 쳘량, 쳴량, 천냥, 천량, 쳘냥, 쳘량

【쳘량】 명 전량(錢糧). 재물(財物). '쳘량(錢糧, qiánliang)'은 중국어 직접 차용어.¶ 財物 ‖ ᄉᆞ믈 여듧 힛만애 어미 여ᄃᆞᆫ나마 삼긴 나호로 죽거늘 그 받티며 집이며 쳘량올 다 ᄑᆞ라 영장ᄒᆞ고 졔ᄉᆞ롤 내죵내 ᄒᆞ니라 (二十八年姑八十餘. 以天年終, 盡賣其田宅財物, 以葬之, 終奉祭祀.) <번소 9:56b> ⇒ 천량, 쳘량, 쳴량, 천냥, 천량, 쳘냥, 쳘량

【쳘물-푸리】 명 ((상업)) 철물포리(鐵物鋪裏). 철물집. '푸리(鋪裏, pùli)'는 (중국어 직접 차용어).¶ 쳘물푸리 볼쟉스면 장도 환도 시칼 졉칼 장창 독긔 협도 작도 자귀 변탕 디퓌끌과 디톱 소톱 줄환이며 도리송곳 활부븨와 보십 가릭 삽칼리며 격쇠 곱쇠 어리쇠며 디갈 현ᄌᆞ 화젹가락 광쥬경의 거멀못과 부희열쇠 자믈희와 인도가의 져울밧탕 유납 차관 신셜누며 무쇠가마 옹솟치오 구리디아 퉁노구며 오동향노 화로ᄭᆞ지 <연행-병인> ⇒ 텰믈푸리 ☞ 쳘물푸ᄌᆞ

【쳘믈-푸ᄌᆞ】 명 ((상업)) 철물포자(鐵物鋪子). 철물집. '푸ᄌᆞ(鋪子, pùzi)'는 중국어 직접 차용어.¶ 鐵鋪 ‖ 셔삼야는 션디의 쳘믈푸ᄌᆞ롤 버렷시나 쇽어의 니ᄅᆞ디 벼슬ᄒᆞᄂᆞᆫ 사ᄅᆞᆷ은 일픔이오 상고ᄒᆞᄂᆞᆫ 사ᄅᆞᆷ은 이픔이라 ᄒᆞ며 (徐三爺上輩開鐵鋪, 又道是一品官, 二品客.) <충소 규장 5:51> ☞ 쳘물푸리, 텰믈푸리

【쳘이-옷】 명 ((복식)) 첩리(帖裡, 帖裏)옷. 고려 때 원나라에서 들어온 포(袍)의 일종. 무관이 입던 공복. 직령(直領)으로서, 허리에 주름이 잡히고 큰 소매가 달렸는데, 당상관은 남색이고 당하관은 분홍색임. 첩리(帖裡). 천익(天翼). (몽고어 'terlig'에서 온 차용어).¶ 할임학ᄉᆞ 도포치며 남북병ᄉᆞ 육목치며 녹이홍승 쳘이옷과 복건 윤건 쇼연 옷과 어린아히 쉬오시며 빈가 노인 흔오시며 <여힝녹-한고 33a> ⇒ 덜링, 졀닙, 천닉, 천릭, 천익, 쳘닉, 쳘닙, 쳘익, 털링, 텨닉, 텰릭, 텰링

【쳘익】 명 ((복식)) 첩리(帖裡, 帖裏). 고려 때 원나라에서 들어온 포(袍)의 일종. 무관이 입던 공복. 직령(直領)으

로서, 허리에 주름이 잡히고 큰 소매가 달렸는데, 당상관은 남색이고 당하관은 분홍색임. 첩리(帖裡). 천익(天翼). (몽고어 'terlig'에서 온 차용어).¶ 철익 (綴翼) <일용-의복 11b> 쳘익 두로막기 져구리 바지 토슈 보션 두 켜리 <창원황씨-56 나으리젼 봉쟝1881> 달영 숨십구 쳑 쳘익 모시난 ᄉᆞ십니 쳑 무명은 ᄉᆞ십숨 쳑 직영 북포난 숨십 쳑 모시난 숨십오 쳑 창의 모시난 숨십 쳑 무명 삼십숨 쳑 도포 모시 숨십팔 쳑 북포 숨십ᄉᆞ 쳑 큰옷 모시 니십오 쳑 무명 니십뉵 쳑 동옷 모시 십구 쳑 무명 니십 쳑 <의양-악양누긔 연세> ⇒ 덜링, 졀닙, 천닉, 천릭, 천익, 쳘닉, 쳘닙, 쳘이옷, 텰링, 텨닉, 텰릭, 텰링

【청셔피】 명 ((복식)) 청사피(青斜皮). 청색의 돈피(㺚皮). '셔(斜, xié)'는 중국어 직접 차용어.¶ 綠斜皮 ‖ 청셔피(綠斜皮) <방석-피혁 4:9b> <한청-피혁 11:16a> <과록-금수 20b> <문류-기용 21b> ⇒ 청셔피

【청셔피】 명 ((복식)) 청사피(青斜皮). 청색의 돈피(㺚皮). '셔(斜, xié)'는 중국어 직접 차용어.¶ 藍斜皮 ‖ 누른 던피로 션좌ᄉᆞ애 청셔피로 ᄀᆞᄂᆞᆫ 변ᄉᆞᄒᆞ고 령지초 치질ᄒᆞ얏고 (黃㺚皮軟座兒, 藍斜皮細邊刺靈芝草.) <번박 상:28a> 던피 심ᄉᆞ애 청셔피 변ᄉᆞ앳 어치오 (㺚皮心兒藍斜皮邊兒的皮汗替.) <번박 상:28b> 던피 심ᄉᆞ애 청셔피 변ᄉᆞ앳 어치오 (㺚皮心兒, 藍斜皮邊兒的皮汗替.) <번박 상:28b> ᄌᆞ셔피 심ᄉᆞ애 청셔피 변ᄉᆞ앳 안좌쉬오 (紅斜皮心兒, 藍斜皮邊兒的座兒.) <번박 상:30a> ⇒ 청셔피

【쳬문】 명 ((문서)) 첩문(帖文, 貼文). 수령이 그 고을의 면임(面任)이나 동임(洞任), 향교, 서원 따위에 지시하던 문서. 또는 공물방, 계방에 속한 공인(貢人)임을 인정하던 문서. '쳬(帖, tiě)'는 중국어 직접 차용어.¶ 貼文 ‖ 쳬문, 官文跡. 貼紙、票紙. 憑票빙포, 所以相考於異國者. <명물-문학 2:32b> ▼委牌 ‖ 한 시긱이 못 되여 당직ᄒᆞᆫ 당관이 일쟝 쳬문을 가지고 와 은용을 쥬며 니ᄅᆞ되 (不一時, 值堂官賫出一張委牌, 帶封套交旅股勇.) <설월 7:95> ▼執照 ‖ 임의 히부 즁의셔 쳬문을 쥬어 감싱을 삼고 (已是部裏給有執照, 準作監生.) <쾌심 24:6> ▼照 ‖ ᄎᆞ년 윤칠월 쵸슌의 함녕현 학원이 임의 시쟉ᄒᆞ여 일현 거ᄌᆞ를 몬져 시취ᄒᆞ되 경즁의 보낸 가뎡이 감즁 쳬문을 가져오지 아니ᄒᆞᄂᆞᆫ지라 (閏七月初頭, 學院已考遺才, 京內監照未到.) <재생 9:35> ⇒ 톄문

【쳬문-ᄒᆞ-】 동 쳬문(帖文)하다. '쳬(帖, tiě)'는 중국어 직접 차용어.¶ 帖 ‖ 또ᄒᆞᆫ 갑도 여일이 주디 아니ᄒᆞ니 그 사ᄅᆞᆷ들이 분ᄒᆞ믈 이긔디 못ᄒᆞ여 인ᄒᆡ 죽으니 명뷔 본ᄉᆞ의 쳬문ᄒᆞ여 잡아다가 옥의 가도고 (又不還其直, 令其含忿而死. 冥府帖本司勾攝入獄.) <전등-일사 富貴 3:48> 왕이 ᄌᆞ의 관원을 명ᄒᆞ여 남악 형산 ᄆᆞ을의 보쟝ᄒᆞ고 밋 영쥐 셩황ᄉᆞ의 쳬문ᄒᆞ여 그 일을 ᄌᆞ시 아니 (王者乃命吏牒南嶽衡山府及帖永州城隍司征驗其事.) <전등-일사 3:65>

【쳬지】 명 ((문서)) 첩자(帖子). 관아에서 구실아치와 노비를 고용할 때 쓰던 사령장(辭令狀). 또는 영수증. '쳬(帖, tiě)'는 중국어 직접 차용어.¶ 帖子 ‖ 염퍼 바다 가지고 송강의 쥬던 쳬지를 가지고 진삼낭의 집의 가 쥬고 관지를 어더 가지고 도라와 은을 너여 ᄉᆞ람을 ᄉᆞ 념장ᄒᆞ미 (且說這婆子將了帖子, 逕來縣東街陳三郎家取了一口棺材, 回家發送了當.) <수호-이화 17:13a> ▼房帖 ‖ 너의 말이 경히 유리ᄒᆞᆫ 듯ᄒᆞ나 다만 한 가지 무롤 일이 잇ᄂᆞ니 너의가 만일 반이ᄒᆞ여 왓시면 엇지ᄒᆞ여 문 밧긔 쳬지를 븟치지 아냐시며 둘지는 너는 일긔 남ᄌᆞ어놀 엇지ᄒᆞ여 담 우리 도로혀 파ᄌᆞ뎜이라 썻ᄂᆞ뇨 (你說的可倒有理, 無奈可有一件, 你們要搬將過來, 爲甚麽不貼房帖? 再說你是個爺們, 爲甚麽還寫甘婆店?) <충소 26:40> ▼批帖 ‖ 두 ᄉᆞ지 쳬지를 보이매 즉시 드러가게 ᄒᆞ거놀 (二使以批帖示之, 卽放之入, 見罪人無數.) <전등-일사 51> ▼照 ‖ 화이애 한 장 셩만 ᄀᆞᆺ고 일홈은 ᄀᆞᆺ지 아니ᄒᆞᆫ 사ᄅᆞᆷ의 감싱 쳬지를 미득ᄒᆞ여 스ᄉᆞ로 노얘라 일ᄏᆞᆺ고 (這花子空買了人家一張同姓不同名的監照, 自家就稱起老爺來.) <홍부 15:94> ⇒ 체지, 톄지, 톄ᄌᆞ

【쳬ᄌᆞ-ᄒᆞ-】 동 체자(帖字)ᄒᆞ다. '체자'는 첩자(帖字)를 새긴 관인의 일종. 지방관의 공문이나 사령서 따위에 관인을 찍어 확인함. '쳬(帖, tiě)'는 중국어 직접 차용어.¶ 帖下 ‖ 상을 믈녀주고 가군이 또 건냥으로 쳬ᄌᆞᄒᆞ오시다 (又以乾粮餘物帖下.) <서원 1:23b> 군문의셔 쳬ᄌᆞᄒᆞᆫ 교ᄌᆞ군 열엿ᄉᆞ시니 ᄉᆞ신과 셔장관과 여둡식 논화 넷식 엇게 ᄂᆞ라 교ᄌᆞ 에오고 타 가니 미 오리예 예 엇게 ᄂᆞ라 메고 가되 물이 못 밋쳐 가게 가더라 <조천 30>

【쳬하-ᄒᆞ-】 동 쳬하(帖下)하다. 관아에서 일꾼이나 장사치들에게 돈이나 물건을 줄 때, 그 표로 종이에 적어 주다. '쳬(帖, tiě)'는 중국어 직접 차용어.¶ 帖下 ‖ 경긔역 인매 하딕고 도라가니 지딕읍으로 회량을 쳬하ᄒᆞ기 젼네라 (京圻驛人馬告歸以支待邑帖下回粮依例也.) <서원 1:19a> 오경이 니ᄅᆞ딕 샹은 다쇼롤 미리 쳬하ᄒᆞᆫ 후의야 하쇽이 ᄀᆡ시 밋처 민매ᄒᆞ야 도라간다 ᄒᆞ니 (吳正謂賞銀多少預爲帖下, 然後下屬趁開市買賣而歸云.) <서원 6:51b>

【첸】 명의 ((화폐)) 전(錢). 돈. 중국 당나라 때의 화폐 단위. '첸(錢, qián)'은 중국어 직접 차용어.¶ 中國 兩(Tel) 텔=十첸 錢 첸=十훈 分 훈 <백과신-송1926 493> ⇒ 천, 천

【초고리】 명 ((조류)) 작은 매 이름. 중세몽고어 '초고리(čuqur)'의 차용어.¶ 초고리 (Esp. de petit faucon) <한불 605> 초고리 (A small species of falcon) <한영 818> ※ 角鷹, 召鶻 <용골방-고본> 角鷹, 出忽兒 <화이역어-조수> ⇒ 죠고리, 죠골이, 쵸골이

【초야-통】 명 ((기물)) 초야통[挑牙筒]. 이쑤시개통. 이쑤시개나 귀이개 등을 넣는 통. '초야'는 중국어 직접 차용어 '됴야(挑牙, tiāoyá)'에서 온 것이다.¶ 초야통 | 치아통 <법한 366> ⇒ 초엿통 ☞ 초여집, 조혀집, 초혓집

【초여】 명 ((기물)) 도아(挑牙). 이쑤시개. '초여(挑牙, tiāoyá)'는 중국어 직접 차용어.¶ 형님도 가 겨신가 보

기리 슈니 두 아긔 초여는 갓가스로 술와 지어 보내뇌이다 <순천김씨-191 1550-92 김여흘(남동생) ↓순천김씨(누나)> ⇒ 툐아, 툐야

【초여-집】 명 ((기물)) 도아(挑牙)집. 이쑤시개집. '초여(挑牙, tiāoyá)'는 중국어 직접 차용어.¶ 초여집 (牙簽筒) <광보-1 형기:3a> ⇒ 초혀집, 초혓집 ☞ 초야통, 초엿통

【초엿-통】 명 ((기물)) 도아통(挑牙筒). 이쑤시개통(-筒). '초여(挑牙, tiāoyá)'는 중국어 직접 차용어.¶ 초엿통 (牙簽筒) <일용-문방 3b> ⇒ 초야통 ☞ 초여집, 조혀집, 초혓집

【초콜넷】 명 ((음식)) 초콜렛(chocolate). (외래어).¶ 초콜넷쏘스 ‖ 초콜넷 1금 끌는 물 1잔 사탕 1½잔 초콜넷을 작구 져으면서 물을 붓고 사탕을 치고 한참 끄린 후에 조곰 물에 쩌러 트러 보아셔 무른 엿갓치 굿거든 아이쓰크림 우에 붓고 먹을 것 <서요 133> 크림 4잔 사탕 1잔 초콜넷 1½금 피닐나 1쇼슈가락 더운물 조곰 소곰 조곰 초콜넷을 녹이고 짤으기 쉬웁게 더운물을 부어셔 묽게 한 후 크림을 치고 다음에 사탕과 소곰과 피닐나을 쳐셔 긔계로 얼닐 것 (긔계에 얼닐 때에는 잘게 부스러트린 어름 3에 굵은 소곰 1의 비례로 할 것) <서요 128>

【초콜넷-맥카룬스】 명 ((음식)) 초콜렛 마카롱(chocolate macaroon). 마카롱(macaroon)은 아몬드나 코코넛, 밀가루, 달걀 흰자위, 설탕 따위를 넣어 만든 고급 과자. (외래어).¶ 초콜넷맥카룬스 ‖ 호도 (너인 것) ¼잔 사탕 (미국 고은 것) ¼잔 초콜넷 (간 것) 1온스 피닐나 ½쇼슈가락 계란 (흰자위 되게 져은 것) 2개 몬져 초콜넷을 녹이고 모도 셕거셔 기름 발은 팬에 1쇼슈가락식 듬셩듬셩 노코 뭉군한 물에 20분 가량 구을 것 <서요 204> ☞ 알몬드맥카룬스

【초콜넷-사탕떡】 ((음식)) 초콜렛케이크(chocolate cake).¶ 초콜넷사탕떡(1) ‖ 기름 ¼잔 사탕 1잔 초콜넷 (간 것) 2½온스(oz) 감자 (욱개인 것) ½잔 계란 1개 우유 ⅜잔 밀가루 1½잔 뻬킹파우더 2쇼슈가락 호도 (넉은 것) ½잔 피닐나 ½쇼슈가락 기름을 져어셔 묽게 하고 사탕과 녹인 초콜넷과 감자를 셕근 다음에 계란 노른자위와 우유를 셕고 쏘 뻬킹파우더와 밀가루를 함끠 체에 밧하셔 잘 셕근 후에 호도와 피닐나와 져은 계란 흰자위를 셕거셔 골고로 잘 져어 가지고 기름 발은 납작한 팬에다가 붓고 뭉군한 불에 25분이나 35분 가량 구을 것 <서요 159> ☞ 박하캔듸사탕떡, 건포도사탕떡, 귤사탕떡, 신크림건강가루사탕떡, 퍼지사탕떡

【초콜넷-쏘스】 명 ((음식)) 초콜렛소스(chocolate sauce). (외래어).¶ 초콜넷쏘스 ‖ 초콜넷 1금 끌는 물 1잔 사탕 1½잔 초콜넷을 작구 져으면서 물을 붓고 사탕을 치고 한참 끄린 후에 조곰 물에 쩌러 트러 보아셔 무른 엿갓치 굿거든 아이쓰크림 우에 붓고 먹을 것 <서요 133> ☞ 마시맬로쏘스, 메풀쏘스, 초콜넷쏘스, 카라멜쏘스, 크림쏘스, 타타쏘스, 퍼지쏘스

【초콜넷-아이쓰크림】 명 ((음식)) 초콜렛 아이스크림(chocolate icecream). (외래어).¶ 초콜넷아이쓰크림 ‖ 크림 4잔 사탕 1잔 초콜넷 1½금 피닐나 1쇼슈가락 더운물 조곰 소곰 조곰 초콜넷을 녹이고 짤으기 쉬웁게 더운물을 부어셔 묽게 한 후 크림을 치고 다음에 사탕과 소곰과 피닐나을 쳐셔 긔계로 얼닐 것 (긔계에 얼닐 때에는 잘게 부스러트린 어름 3에 굵은 소곰 1의 비례로 할 것) <서요 128> ☞ 레몬아이쓰크림, 모과슈아이쓰크림, 카라멜아이쓰크림

【초콜넷-아이씽】 명 ((음식)) 초콜렛아이싱(chocolate icing). 아이싱은 케이크 따위의 표면에 바르는 당의(糖衣). 계란의 흰자위와 설탕으로 만들며, 케이크의 장식적인 효과와 함께 건조를 방지하는 구실을 한다. (외래어).¶ 피닐나를 셕거셔 기름 발은 팬에 담아 구으대 1팬에 담으면 45분 가량 굽고 3팬에 담으면 30분 가량 구어셔 흰아이씽이나 초콜넷아이씽을 발나셔 먹을 것 <서요 160> 초콜넷아이씽 ‖ 초콜넷 3온스 크림 3대슈가락 계란 1개 사탕 (미국 고은 것) ¾잔 콘스타치 1대슈가락 소곰 조곰 피닐나 1쇼슈가락 초콜넷을 중탕하야 녹이고 크림과 계란을 셕고 쏘 사탕을 조곰식 조곰식 셕근 후에 랭슈 조곰과 셕근 콘스타치를 셕고 작고 져으면서 되고 부드럽게 될 때까지 5분이나 10분 가량 끄려 가지고 소곰과 피닐나를 셕거셔 사탕떡 사이에 발을 것 <서요 182> ☞ 마쉬말노아이씽, 크림카라멜아이씽

【초콜넷-엿】 명 ((음식)) 초콜렛엿(chocolate taffy). (외래어).¶ 초콜넷엿 ‖ 흰 사탕 6잔 물 1잔 초 ½잔 써터 1쇼슈가락 (수북히) 초콜넷 (간 것) 6대슈가락 모도 셕거셔 끄리대 탕온긔 300도 되기까지나 랭슈에 조곰 쩌러트려 보아셔 단단히 굿기까지 끄려가지고 기름 발은 팬에 쏫아셔 손에 쥘만하게 식혀가지고 속에 공긔 구멍이 날 때까지 느리고 굿처셔 대쇼는 마음대로 조각을 내고 양쵸 조희에 싸셔 둘 것 <서요 277> ☞ 몰나셋스엿, 써터스캇치엿

【초콜넷-텬사사탕떡】 명 ((음식)) 초콜렛천사케이크. 초콜렛엔젤케이크(chocolate angel cake). (외래어).¶ 초콜넷텬사사탕떡 ‖ 밀가루 (밧친 것) 1잔 (사탕떡 밀가루) 계란 흰자위 1¼잔 소곰 ¼쇼슈가락 크림어타타 ¾쇼슈가락 사탕 (미국 고은 것) 2잔 고고가루 ½잔 피닐나 1쇼슈가락 이것도 텬사 사탕떡 법대로 만들대 사탕만 고고가루와 셕거셔 체에 밧하 가지고 2대슈가락식 셕거셔 굽고 식은 후에 아이씽을 발을 것 <서요 176>

【초콜넷-호도과자】 명 ((음식)) 초콜렛호도과자(chocolate nut cookies). (외래어).¶ 초콜넷 호도과자 ‖ 사탕 1잔 써터 (녹인 것) ½잔 우유 ¾잔 계란 1개 계란 (노른자위) 2개 밀가루 1½잔 크림어타타 ¼쇼슈가락 소다 ½쇼슈가락 호도 (닉인 것) 1잔 초콜넷 2금 피닐나 ½쇼슈가락 써터와 사탕을 셕고 잘 져은 후에 소다를 우유에 풀어셔 셕고 쏘 밀가루와 크림어타타를 함끠 체에 밧쳐셔 셕고 그

다음에 피닐나와 호도를 셕고 나죵에 녹인 초콜넷을 셕거셔 기름 발은 큰 팬에 1쇼슈가락식 듬셩듬셩 붓고 더운 화덕에 8분 가량 구을 것 <서요 197>

【초혀-집】 명 ((기물)) 도아집(挑牙-). 이쑤시개집. '초혀(挑牙, tiāoyá)'는 중국어 직접 차용어.¶ 초혀집 (牙簽筒) <물명괄-복식 23a> <물명고-서강 복식 14a> <문류-옥백 23b> ⇒ 초여집, 초혓집 ☞ 초야통, 초엿통

【초혓-집】 명 ((기물)) 이쑤시개집.¶ 도모지 노흰 거시 바스라기 노리기와 구리골모 됴가락지 초혓집의 부쇳돌과 ᄉᆞ술가락 나무국이 이쏘시기 귀우기며 좁쌀구슬 바ᄂᆞᆯ통과 됴옥 빈혀 눕가락지 <연행-무자> ⇒ 초여집, 초혀집 ☞ 초야통, 초엿통

【최잔-ᄒᆞ-】 동 최찬(催儹)하다. 독촉하다. 재촉하다. '찬(儹, zǎn)'은 중국어 직접 차용어.¶ 儹 ‖ 방연이 모든 군ᄉᆞ를 거ᄂᆞ려 장을 에우고 장샹의 인역을 남녀노쇼로 헤아리디 아냐 다 죽이고 장원을 블디ᄅᆞ고 군마를 최잔ᄒᆞ야 나아갈식 (龐涓分付衆軍, 把庄所圍了, 庄上人役, 不論男女老幼, 盡皆殺死, 不留一個, 米麥粮食, 給散衆軍, 放火燒燬庄院, 儹軍又進.) <손방 4:38>

【최파자】 명 ((신체)) 최파자(嘴巴子). 뺨. 귀싸대기. 귀와 뺨을 낮잡아 이르는 말. (중국어 간접 차용어).¶ 嘴巴子 ‖ 봉제 혀ᄎᆞ고 니ᄅᆞ디 져는 곳 나타이라도 나는 ᄒᆞᆫ 번 보려 ᄒᆞᄂᆞ니 네 어믜 방긔 ᄀᆞᆺ튼 소리 말나 만일 다려오지 아니ᄒᆞ면 너를 ᄒᆞᆫ바탕 최파ᄌᆞ[뺨을 친단 말숨]를 쥬리라 (鳳姐啐道: "他是哪吒我也要見一見, 別放你娘的屁了! 再不帶來給你一頓好嘴巴子.") <홍루 7:54>

【쵸골이】 명 ((조류)) 초고리. 작은 매. 중세몽고어 '초고리(čuqur)'의 차용어.¶ 뎌광이, 쵸골이 (鷂) <물보-우충 상:16a> ⇒ 죠고리, 죠골이 초고리

【쵸방】 명 ((군기)) 초방(梢棒). 순찰 및 신변 보호용으로 지니는 짧은 방망이. '방(棒, bàng)'은 중국어 직접 차용어.¶ 梢棒 ‖ 이튼날 니러 방셰를 쥬고 쵸방을 닛글고 길을 나며 싱각ᄒᆞ디 (次日早起來, 打火喫了飯, 還了房錢, 拴束包裹, 提了梢棒, 便走上路.) <수호-이화 19:13a> 무숑이 쥬졈의 드러가 안ᄌᆞ 쵸방을 셰우고 (武松入到裏面坐下, 把梢棒倚了.) <수호-이화 19:13a>

【츄사ᄋᆞ】 명 ((민속)) 주사위. 놀이 도구의 하나. 뼈나 단단한 나무 따위로 만든 조그만 정육면체의 각 면에 하나에서 여섯까지의 점을 새긴 것으로, 바닥에 던져 위쪽에 나타난 점수로 승부를 결정한다.¶ 츄사ᄋᆞ ᄒᆞ다 (下鼈棋) <역해-기희 하:24a> <방석-기희 4:3a> <과록-기술 54b> 츄사ᄋᆞ ᄒᆞ다, «質問»: 三碁子圓如鼈身上盖, 謂之鼈碁. ‖ 우리 츄사ᄋᆞ ᄒᆞ쟈 (咱們下鼈碁.) <박언 중:49a> ▼鼈碁 ‖ 각시아 오라 우리 ᄒᆞᆫ 판 츄사ᄋᆞ ᄒᆞ쟈 (姐姐來, 咱們下一盤鼈碁罷.) <박신 2:54a> ⇒ 츄ᄉᆞᄋᆞ, 주사위, 쥬사외, 쥬사위, 쥬ᄉᆞ외, 쥬ᄉᆞ위

【츄ᄉᆞᄋᆞ】 명 ((민속)) 주사위. 놀이 도구의 하나. 뼈나 단단한 나무 따위로 만든 조그만 정육면체의 각 면에 하나에서 여섯까지의 점을 새긴 것으로, 바닥에 던져 위쪽에 나타난 점수로 승부를 결정한다.¶ 츄ᄉᆞᄋᆞ 치다 (下鼈棋) <고석-수경 기희 46a> ⇒ 츄사ᄋᆞ, 주사위, 쥬사외, 쥬사위, 쥬ᄉᆞ외, 쥬ᄉᆞ위

【츼디-ᄒᆞ-】 동 차지(差池)하다. 잘못 되다. 차질(蹉跌)을 빚다. '츼(差, cī)'는 중국어 직접 차용어.¶ 蹉跌 ‖ 뎌의 병이 놀나고 계괴 일만 번 죽기로 나시니 만일 츼디ᄒᆞ미 이시면 뎨 긔운이 셩ᄒᆞ고 내 일이 가리라 (彼兵銳甚, 計出萬死, 若有蹉跌, 則彼氣成而吾事去矣.) <통감 10:58> 셤디싱출노뻐 쥬파디싱을 환ᄒᆞ믄 어렵디 아니ᄒᆞ오나 만일 쥬파랑이 몬져 히만ᄒᆞ고 니소져 히만이 달을 츼디ᄒᆞᆫ즉 엇디ᄒᆞ리잇고 <완월 51:63> ᄎᆞᄂᆞᆫ 본현의 거ᄒᆞᆫ 니상셔의 녀로 운화의 착냑ᄒᆞᆫ 빈 되여 귀부존쇼져로 슈일을 츼디ᄒᆞ여 드럿ᄂᆞ이다 <완월 110:31> ⇒ 츼지ㅎ-, 츼지ᄒᆞ-

【츼지-ㅎ-】 동 차지(差池)하다. 잘못되다. 차이가 있다. 차질(蹉跌)을 빚다. '츼(差, cī)'는 중국어 직접 차용어.¶ 差 ‖ ᄉᆞ위 쇼졔 또ᄒᆞᆫ 년긔 츼지치 아니시니 (四位小姐年紀都與文府小姐差不多.) <경화 15:32> ⇒ 츼디ᄒᆞ-, 츼지ᄒᆞ-

【츼지-ᄒᆞ-】 동 차지(差池)하다. 잘못되다. 차질(蹉跌)을 빚다. '츼(差, cī)'는 중국어 직접 차용어.¶ 差池 ‖ 소이야 내 ᄆᆞᆯ을 ᄑᆞ라 은을 가져와시니 밧긔셔 자다가 혹 츼지ᄒᆞᆫ 일이 이시면 엇디ᄒᆞ리오 (小二哥, 我的馬賣了, 拿銀子在此還你. 在外邊睡, 我却放心不下. 萬有差池, 不干我事.) <수유-동방 2:50> 도중에 보중ᄒᆞ라 손에 오르거던 ᄌᆞ셰이 범을 ᄉᆞᆯ펴 힝ᄒᆞ라 만일 좀간 츼지ᄒᆞ면 경이 명일에 길머리 우희 고인이 적을가 ᄒᆞ노라 (途中保重! 上山仔細看虎. 假若有些差池, 正是'明日街頭少故人!') <서유-계명 3:131-11> ▼差之 ‖ 일이 급ᄒᆞᆫ지라 일각을 츼지ᄒᆞᆫ즉 난이 임의 지으믜 가히 밋지 못ᄒᆞ리니 몬져 잡고 후에 들니미 가ᄒᆞ다 (事急矣, 差之一刻, 則亂已作而不可及, 須先捕後聞, 可也.) <조첨 26:24> ⇒ 츼디ᄒᆞ-, 츼지ㅎ-

【츼지-ᄒᆞ-】 동 치지(差池)하다. 들쭉날쭉하여 가지런하지 아니하다. '츼(差, cī)'는 중국어 직접 차용어.¶ 差池 ‖ 져비 ᄂᆞᆯ미여 그 기시 츼지ᄒᆞ도다 네 도라가매 먼니 들희 가 보내논도다 (燕燕于飛, 差池其羽. 之子于歸, 遠送于野.) <고열-국중 1:21>

【치단】 명 치단(値段). 가격. 값. 시세. (일본어 직접 차용어).¶ ※ 서ᄅᆞ 時節과 直段 等事를 見合ᄒᆞ여 주셤즉ᄒᆞᆫ 일이온디 <첩해-개 4:22b>

【치면】 명 체면(體面). '치(體, tǐ)'는 중국어 직접 차용어.¶ 體面 ‖ 아모던지 절머실 ᄯᅢ에 됴흔 의복 닙고 치면ᄒᆞᄂᆞᆫ 거시 기싱과 갓나의 다 환녕ᄒᆞᄂᆞᆫ 계집으로 잘 뵈이려 ᄒᆞᄂᆞᆫ 의ᄉᆞ가 아니오 절문 노야가 시방은 치면ᄒᆞ노라 만일 계집의 디방에 사셔는 다못 치면 업술가 두려워ᄒᆞ노라 (別管誰年青的時候, 好穿衣服好體面是, 教官保子、們子、楊漢的照看意思否咧, 年青老爺如今大體面, 若到花消地方只怕不體面哪.) <관략-소창 11b>

【치면-ᄒᆞ-】 동 체면(體面)하다. 체면 차리다. '치(體, tǐ)'는 중국어 직접 차용어.¶ 體面 ‖ 아모던지 졂머실 쩍에 됴흔 의복 닙고 치면ᄒᆞᄂᆞᆫ 거시 기싱과 갓나의 다 환녕ᄒᆞᄂᆞᆫ 계집으로 잘 뵈이려 ᄒᆞᄂᆞᆫ 의ᄉᆞ가 아니오 졀문 노야가 시방은 치면ᄒᆞ노라 만일 계집의 디방에 사셔ᄂᆞᆫ 다뭇 치면 업술가 두려워ᄒᆞ노라 (別管誰年青的時候, 好穿衣服好體面是, 教官保子、們子、楊漢的, 照看意思否咧, 年青老爺如今大體面, 若到花消地方只怕不體面哪.) <관락-소창 11b>

【치봉누】 명 ((건축)) 제봉루(齊鳳樓). '치(齊, qí)'는 중국어 직접 차용어.¶ 齊鳳樓兒 ‖ 너 친이 치봉누을 차자 누기의 칼푸리의 가셔 우리을 열 ᄌᆞ루 칼을 ᄉᆞ다 주면 닉 달니 너을 한 자류 카을 줄 거시니 (呵哥你呢親着找齊鳳樓兒劉家刀舖去, 給我們買十把刀子來, 我替另給你一把刀子.) <기착-육당 28a>

【치스】 명 ((음식)) 치즈(cheese). 우유 속에 있는 단백질을 따로 갈라내어 응고 발효시킨 식품. (외래어).¶ 치스(奶餅子) <화정-음식 50> 파 (큰 것) 기름 1 대슈가락 감자 (네모지게 썬 것) 2잔 치스 (잘게 썬 것) ½잔 파를 잘게 써러셔 기름에 지지고 <서요 10> 구은 치스 싼드위치 ‖ 치스를 갈고 우유를 조곰 셕거셔 면보 두 조각 사이에 발으고 (연한 치스 면 얇게 써러셔 면보 두 조각 사이에 붓칠 것) 셕쇠에 노코 구어셔 식기 젼에 먹을 것 <서요 283> 흰 면보 두 조각과 기우리 면보 두 조각을 가지고 아모 것이나 몬져 한 조각에다가 간 치스에 크림을 조곰 셕거셔 발으고 <서요 284> ⇒ 치쓰

【치스-계란】 명 ((음식)) 치즈 계란(Cheese eggs). (외래어).¶ 치스계란(다섯 사람 분) ‖ 계란 (삶은 것) 뻐터 1대슈가락 밀가루 1중슈가락 크림 1잔 치스(간 것) 소곰 조곰 팬에 뻐터를 담아 녹여셔 밀가루와 함끠 곱게 개여 가지고 치스와 크림을 셕그대 만일 그 쏘스가 너머 되거든 국물이나 물을 조곰 치고 계란을 반에 쏘개여 남비에 노코 그 우에 그 쏘스를 붓고 그 다음에 면보 부스럭이(bread crumbs)를 뿌려셔 매우 더운 화덕에 10분 동안 구울 것 <서요 52>

【치스-바쓰】 ((음식)) 치즈바스(Cheese bars). 서양요리의 한 가지. (외래어).¶ 치스바쓰 ‖ 흰 면보를 1인치(inch) 되는 큰 덩이로 버혀 가지고 그것을 또 다시 1인치 넓이로 열 개나 되게 버힌 후 넓은 졉시 2개를 예비하야 한 졉시에는 녹인 뻐터 2대슈가락을 담고 다른 졉시에는 패푸리카(paprika) 조곰과 소곰 1쇼슈가락을 간 치스(cheese) 1잔에 셕고 그리고는 버힌 면보를 녹인 뻐터 담은 졉시에 굴니고 그 다음에는 패푸리카와 소곰과 간 치스 담은 졉시에 또 굴니고 그리고는 뒤집힌 뻬킹(baking) 팬 우에 노코 화덕에 너허 누르게 될 때까지 구어셔 식기 젼에 살래드(salad)나 차와 함께 먹을 것 <서요 58>

【치스-샐렛】 ((음식)) 치즈샐러드(Cheese salad). (외래어).¶ 치스샐렛 ‖ 커테지 치스(cottage cheese) 1잔 쩰리(jelly) 3쇼슈가락 샐렛 쓰레싱(salad dressing) 1대슈가락 커테지 치스와 샐렛 쓰레싱을 셕고 공갓치 동그라케 6개나 맨드러셔 생치(lettuce) 우에 노코 그 우을 조곰 오목하게 맨들고 그 구멍에 쩰리 ½슈가락식 부어셔 먹을 것 <서요 83> ☞ 나븨샐렛, 락화생샐렛, 련근샐렛, 멜치샐렛, 빠나나샐럿, 앵도샐렛, 양국슈샐렛

【치스-쓰풀네】 명 ((음식)) 치즈수플레(Cheese souffle). 치즈 스플레. 스플레는 달걀의 흰자위를 거품이 일게 하여 구운 것. (외래어).¶ 치스쓰풀네 ‖ 치스(간 것) 계란 6개 밀가루 3대슈가락 우유 1잔 소곰 ½쇼슈가락 고쵸가루 조곰 계란 노른자위에 밀가루를 너허셔 잘 셕거 가지고 끌는 우유를 천천히 부어 화덕에 올녀 노하 끌이면셔 치스를 집어너코 되직하게 될 때까지 끌여 가지고 화덕에셔 끄내셔 계란 흰자위를 져을 동안만 식혀 가지고 그 흰자위를 쳐셔 조곰 져은 후 불을 알맞치 하고 30분이나 40분 동안 구어 가지고 화덕에셔 끄내셔 곳 먹을 것 <서요 53>

【치쓰】 명 ((음식)) 치즈(cheese). (외래어).¶ 치쓰 (奶餅) <자통-음식 413> ⇒ 치스

【치쟈】 명 ((지리)) 기장(旗粧). 팔기(八旗) 출신이 사는 마을. '치쟈(旗莊, qízhuāng)'는 중국어 직접 차용어.¶ 旗粧 ‖ 치쟈 민쟈 빅셩드리 종시 감이 한데 버물니지 못허니 쳐음 큰 죄를 당허면 다시 능이 사지 못헐지라 ᄉᆞ로 션참후보허느니 일노 두고 볼진ᄃᆡ 자고 이러로 다시 져 사람 갓튼 청관은 읍는니라 (故此旗粧、民粧的百姓家, 終不敢惱事連累, 一當大罪就再不能活過來, 咳要先斬後報呢! 看起這箇來, 自古以來再沒有比他淸官.) <중화-탁족 39a> ⇔ 민쟈

【치-질】 명 수(繡). 자수(刺繡). '치(刺, cì)'는 중국어 직접 차용어.¶ ▼刺 ‖ 치질 쳑 (刺) <훈몽-잡어 하:9a /19b> * 滿刺嬌, «質問»云: 以蓮花、荷葉、耦、鴛鴦、蜂蝶之形, 或用五色絨綉, 或用彩色畵於段帛上, 謂之滿刺嬌. 今按: 刺, 新舊原本皆作池, 今詳«文義»作"刺", 是. 池與刺音相近而訛. 힌 ᄀᆞᄂᆞᆫ 시욱청에 야청 비단으로 줌보기 치질 고이ᄒᆞᆫ 후시 ᄆᆡ엿고 젹삼 고의 고두류엣 속오스란 안직 니ᄅᆞ디 마져 (白絨氈襪上, 絟着一副鴉青段子滿刺嬌護膝, 衫兒、袴兒、褁肚等裏衣, 且休說.) <번박 상:26b> 힌 ᄀᆞᄂᆞᆫ 시욱청에 야청 비단으로 줌보기 치질 고이 ᄒᆞᆫ 후시 ᄆᆡ엿고 젹삼 고의 고두류엣 속오스란 안직 니ᄅᆞ디 마져 (白絨氈襪上, 絟着一副鴉青段子滿刺嬌護膝, 衫兒、袴兒、褁肚等裏衣, 且休說.) <번박 상:26b> 그 갓나히도 양지 ᄀᆞ장 고와 됴호미 관음보살 ᄀᆞᆮ고 슈질 치지렛 셩녕 잘 ᄒᆞ고 (那女孩兒生的十分可喜, 俊如觀音菩薩, 好刺綉生活.) <번박 상:45b> 장츳 나히 ᄌᆞ라매 힝시리 어디로 미치니 업고 부모 향ᄒᆞ야 효셩이며 온갓 이리 못ᄒᆞᆯ 일이 업서 슈질 치질은ᄏᆞ니와 풍뉴와 글을 더옥 잘ᄒᆞ더니 <비군뎐 2>

【치질-ᄒᆞ-】 동 수놓다. 자수(刺繡)하다. 치질+-ᄒᆞ-+-오(삽입 모음)-. *元時好着此衣. 前後具胸背, 又連肩而通袖之

脊, 至袖口爲紋, 當膝周圍, 亦爲紋如欄干.然織成段匹爲衣者有之, 或皮或帛, 用綵線周遭回曲爲緣, 如花樣刺爲草樹禽獸, 山川宮殿之紋, 於其內備極奇巧, 皆用團領着之. 其直甚高達達之, 俗今亦猶然. 뷔윤 실로 치질ᄒᆞ니를 呼爲刺, 亦曰고音扣. '치(刺, cì)'는 중국어 직접 차용어.¶ ᄀᆞ에 치질호ᄃᆡ 치질ᄒᆞ기ᄅᆞᆯ ᄀᆞᄂᆞᆯ고 고로게 ᄒᆞ라 (着刺邊兒, 刺的細勻着.) <박언 중:26b> ⇒ 치질ᄒᆞ-

【치질-ᄒᆞ-】 동 수놓다. 자수(刺繡)하다. '치(刺, cì)'는 중국어 직접 차용어.¶ 刺 ‖ 앒뒤 홍븨와 두 엇게로셔 ᄉᆞ맷 ᄆᆞᄅᆞ내 치질ᄒᆞ고 무룹도리로 치질ᄒᆞᆫ 로 털릭에 산호로 ᄢᅴ거리ᄒᆞ야거든 ᄢᅴ여 (刺通袖膝欄羅帖裏上, 珊瑚鉤子繫腰.) <번박 상:26b> 치질ᄒᆞ다, 元時好着此衣. 前後具胸背, 又連肩而通袖之脊, 至袖口爲紋, 當膝周圍, 亦爲紋如欄干. 然織成段匹爲衣者有之, 或皮或帛, 用綵線周遭回曲爲緣, 如花樣刺爲草樹禽獸, 山川宮殿之紋, 於其內備極奇巧, 皆用團領着之. 其直甚高達達之, 俗今亦猶然. 뷔윤 실로 치질ᄒᆞ니를 呼爲刺, 亦曰고, 音扣.‖ ᄉᆞ매 ᄆᆞᄅᆞ내 치질ᄒᆞ고 膝欄ᄒᆞᆫ 羅털릭에 珊瑚鉤子ᄒᆞᆫ ᄢᅴ오 (刺通袖膝欄羅帖裏上, 珊瑚鉤子繫腰.) <박언 상:25a> 누른 뎐피로 션좌ᄉᆞ에 쳥셔피로 ᄀᆞᄂᆞᆫ 변ᄉᆞᄒᆞ고 령지초 치질ᄒᆞ얏고 룡단칠ᄒᆞᆫ 돌애오 은ᄉᆞ로 입ᄉᆞᄒᆞᆫ ᄉᆞ지 머리엣 섭둥지오 (黃獐皮軟座兒, 藍斜皮細邊刺靈芝草, 羊肝漆鞽, 銀絲兒獅子頭的花鐙.) <번박 상:28a> 黃獐皮 軟座兒에 藍斜皮 細邊兒에 靈芝草ᄅᆞᆯ 치질ᄒᆞ엿고 羊肝빗ᄎᆞ로 칠ᄒᆞᆫ ᄃᆞ태에 銀 입ᄉᆞᄒᆞᆫ 獅子머리 섭사긴 둥ᄌᆞ에 (黃獐皮軟座兒, 藍斜皮細邊刺靈芝草, 羊肝漆鞽, 銀絲兒獅子頭的花鐙.) <박언 상:26b> 婦人 탈황증이라 ‖ 흰봉션화을 두드려 ᄶᆞᆯ안지면 조코 조티 못ᄒᆞ거든 쇠간을 졈혀 ᄶᆞᆯ안고 회도 ᄒᆞ여 머그면 죤ᄂᆞᆫ이라 <침구경험방-한고 10b> 기후천병위라 | 쇠가 허퍼의 열리 잇서 목궁기 막긴 듯ᄒᆞ고 물을 먹지 못ᄒᆞ거던 먼저 침을 쥬어 피을 ᄂᆡ고 치질ᄒᆞ기 어렵거든 사관부틈 通ᄒᆞ라 <우의-국한1931 32> ⇒ 치질호-

【치질-히요-】 동 수놓게 하다. '치(刺, cì)'는 중국어 직접 차용어.¶ 納綉, 以未合絲滿綉紗面, 不令紗之本質外見者. 綉, 亦作"繡".‖ 또ᄒᆞᆫ 舍人은 빗셔쇼ᄃᆡ 힌기ᄌᆞ필 훠 야투로 노애 ᄉᆞ지 치질히욘 깃ᄃᆞ론 거믄 ᄀᆞᄂᆞᆯ오 보ᄃᆞ라온 시욱쳥 우희 ᄒᆞᆫ 쌍 명록비쳇 비단으로 ᄉᆞ곗곳 슈질ᄒᆞᆫ 후시ᄅᆞᆯ ᄆᆡ엿고 (又一箇舍人打扮的白麂皮靴子, 鴨綠羅納綉獅子的抹口青絨氈襪上, 絟着一對明綠綉四季花護膝.) <번박 상:29a>

【치카코】 명 ((지리)) 시카고(Chicago). 시카고. 미국 일리노이주에 있는 도시. (외래어).¶ 五湖를 두로 보고 치카코 오니 三百方里 大市街 大工業地라 <청춘 1914.10.1>

【칠릐】 명 ((지리)) 칠레(Chile). 남아메리카 남서쪽에, 남북으로 길게 뻗어 있는 공화국. 1818년에 에스파냐에서 독립하였다. (외래어).¶ 아메리ᄶᅡ에 각 디방과 각 나라는 가나다와 [영길리국 속방이라] 덴막아메리ᄶᅡ와 합중국과 멕스고국과 센드랄아메리ᄶᅡ국과 셔인도와 걸넘비아국과 베네수일나국과 기아나와 쁘레실국과 엑궤도국과 비루국과 블늬비아국과 칠릐국과 아젠틘합중국과 바라궤국과 유루궤국이니라 <사필1889-헐버트 102>

【침브라소】 명 ((지리)) 침보라소(Chimborazo) 화산. 남아메리카 에콰도르 중앙부, 안데스 산맥에 있는 휴화산. 적도 바로 밑에 있으나 산꼭대기에는 빙하가 있다. (외래어).¶ 디형을 의론컨대 동편은 들이오 셔편에는 인듸스ㅣ란 큰 산이오 또 큰 화산이 다ᄉᆞᆺ시오 고두박시와 침브라소ㅣ란 두 화산은 텬하에 뎨일 놉흐니라 <사필1889-헐버트 126>

【칭-ᄒᆞ-】 동 칭(請)하다. '칭(請, qǐng)'은 중국어 직접 차용어.¶ 請 ‖ 오ᄂᆞᆯ 차반 여토와 우리 모든 권당을 칭ᄒᆞ야 힘힘이 나젓쟈 (今日備辦了些箇茶飯, 請咱們衆親眷閑坐的.) <노언 하:30b>

【ᄎᆞ여중】 관귀 차여중(次如中). 이것들 가운데. (이두어).¶ ᄎᆞ여중 무진년 쵸문긔 二十兩 문긔 유 긔ᄉᆞ년 쵸문긔 ᄒᆞᆫ 兩 문긔 유ᄒᆞ고 分문긔 二쟝 집문셰 四쟝 아오라 봉송ᄒᆞ거온ᄉᆞ 경오년 二十兩 봉ᄒᆞ니 八兩 二十二兩 경오년 미보 六금년ᄂᆡ로 보ᄎᆞ즉 문긔 六쟝을 환보ᄉᆞ ᄎᆞ후 후고ᄎᆞ 셩문으로 빙고ᄉᆞ 가듀 뎡복슈 (수결) 증언 권영탁 (수결) 필집 셔홍손 (수결) <정복수가 노비 상춘에게 발급한 가옥 매매명문-민속박 1811>

【-ᄎᆞ지】 접 -차지(次知). 담당자(擔當者). (이두어).¶ 掌 ‖ 일즉 대명궁의 궁ᄎᆞ지 ᄂᆡ감 ᄃᆡ권이 몬져 졔례ᄅᆞᆯ ᄀᆞᆺ초아 사ᄅᆞᆷ을 보ᄂᆡ여 ᄎᆞ려 노코 (早有大明宮掌宮內監戴權, 先備了祭禮遣人來.) <홍루 13:33> 管 ‖ 또 사ᄅᆞᆷ을 보내여 다방ᄎᆞ지다려 무러보니 또ᄒᆞᆫ 일즉 거두지 아니ᄒᆞ엿고 그 후의 금은긔명을 ᄎᆞ지ᄒᆞᆫ 거시 가져왓거ᄂᆞᆯ (又叫人去問管茶房的, 也不曾收, 次後還是管金銀器的送來了.) <홍루 35:27> 영친왕궁ᄎᆞ지 강셕호 빵학흉비 유록 싱운ᄉᆞ 일필 남 싱운ᄉᆞ 일필 쇠쥬 일필 <고종시상격볼긔> ⇒ -차지

【ᄎᆞ지-ㅎ-】 동 차지(次知)하다. 맡아 다스리다. (이두어).¶ 우리ᄂᆞᆫ 또ᄒᆞᆫ 무ᄉᆞᆫ 산업을 가히 너의 등을 쥴 거시 업ᄉᆞ니 곳 만셰애 샹급ᄒᆞ신 몃 니랑 졔뎐을 너의 등의게 쥬어 ᄎᆞ지케 ᄒᆞᄂᆞ니 (我們也沒什麽産業可給你們的, 就是萬歲爺賞的幾頃祭田, 交給你們掌管.) <속홍 17:58> ⇒ ᄎᆞ지ᄒᆞ-

【ᄎᆞ지-ᄒᆞ-】 동 ● 차지(次知)하다. 맡아 다스리다. (이두어).¶ ᄎᆞ지ᄒᆞ다 <법한 247, 818> 나 볼 일 아닐다 | 나 ᄎᆞ지ᄒᆞᆯ 것 아닐다 <법한 1217> ᄎᆞ지ᄒᆞ여 (只理會.) <수호-어휘 16a> ▼司 ‖ 이 다른 사ᄅᆞᆷ이 아니라 곳 군방을 ᄎᆞ지ᄒᆞ얏던 신션의 화신[환싱ᄒᆞᆫ 몸이라]을 ᄎᆞᆽ고져 ᄒᆞᄂᆞ이다 (我所訪的, 並非別人, 是那總司群芳的化身.) <경화 10:89> 가진이 알건ᄃᆡ 이 쟝도ᄉᆞᄂᆞᆫ 비록 당일의 영국공의 몸을 ᄃᆡ신ᄒᆞ여시나 일즉 션뎨긔셔 입으로 친히 부ᄅᆞ시기ᄅᆞᆯ 대환션인이라 ᄒᆞ엿고 이제 현져히 도록ᄉᆞ[고ᄉᆞ ᄎᆞ지ᄒᆞᄂᆞᆫ ᄆᆞ올 일홈] 인신을 쥬쟝ᄒᆞ며 (賈珍知道這張道士雖然是當日榮國府國公的替身, 曾經先皇御口親呼爲'大

幻仙人', 如今現掌'道錄司'印.) <홍루 29:29> 가히 알괘라 로조종의 어려실 졔붓허 복력과 슈한이 곳 블쇼ᄒᆞ여 귀신이 시겨서 그런 샹착이 낫시니 가쟝 슈복이 거룩ᄒᆞᆫ 슈셩[슈한을 ᄎᆞ지ᄒᆞᆫ 별 일홈] ᄀᆞᆺᄐᆞᆫ 로인이라 (可知老祖宗從小兒的福壽就不小, 神差鬼使碰出那個窩兒來, 好盛福壽的.) <홍루 38:10> 쥬방 ᄎᆞ지ᄒᆞᆫ 로파ᄅᆞᆯ 만나 무르ᄃᆡ 느진 밥이 되어 가히 보ᄂᆡ든지 못 보ᄂᆡᆯ 거시 잇ᄂᆞ냐 (接着司內廚的婆子來問: "晚飯有了, 可送不送?") <홍루 58:65> ▼掌管 ‖ 쇼ᄆᆡᄂᆞᆫ 드르니 셰샹의 두역ᄒᆞᄂᆞᆫ ᄇᆡ 젼혀 두진낭〻이라 ᄒᆞᄂᆞᆫ 귀신이 잇셔 젼혀 ᄎᆞ지ᄒᆞ니 (妹子聞得世間小兒出花, 皆痘疹娘娘掌管.) <경화 14:66> 조ᅵ 왈 젼션은 어느 ᄉᆞᄅᆞᆷ이 과[관]영ᄒᆞ엿ᄂᆞ뇨 뫼 왈 ᄃᆡ소 젼선니 칠천여 쳑이니 모 등 이인니 ᄎᆞ지ᄒᆞ여ᄂᆞ이ᄃᆞ (操曰: "戰船多少? 原是何人管領?" 瑁曰: "大小戰船, 共천자-칠餘隻, 原是瑁等二人掌管.") <삼국-모종 7:48> 그 ᄀᆞ온ᄃᆡ 일위 셩군이 엄연이 안ᄌᆞ시니 위의와 장속ᄒᆞᆫ ᄇᆡ 쳔연이 괴셩[북두칠셩 중 웃듬 별이니 쳔하 문쟝을 ᄎᆞ지ᄒᆞᆫ 별이라] ᄀᆞᆺᄒᆞ되 화용월틱와 옥모쥬순이 문득 일위 미녀 ᄀᆞᆺᄒᆞᆫ지라 (內有一位星君, 跳舞而出. 裝束打扮, 雖似魁星, 而花容月貌, 却是一位美女.) <경화 1:15> 쇼ᄆᆡᄂᆞᆫ 드르니 셰샹의 두역ᄒᆞᄂᆞᆫ ᄇᆡ 젼혀 두진낭〻이라 ᄒᆞᄂᆞᆫ 귀신이 잇셔 젼혀 ᄎᆞ지ᄒᆞ니 무식ᄒᆞᆫ 뉘 니르되 호구 별셩이라 ᄒᆞ야 극히 녕험ᄒᆞ니 ᄉᆞᄂᆞ희ᄂᆞᆫ 두ᄋᆞ거〻라 ᄒᆞᄂᆞᆫ 신동을 맛겨 식이고 녀ᄌᆞᄂᆞᆫ 두ᄋᆞ져〻라 ᄒᆞᄂᆞᆫ 신동을 맛져 식이다 ᄒᆞ니 (妹子聞得世間小兒出花, 皆痘疹娘娘掌管, 男有痘兒哥哥, 女有痘兒姐姐, 全要仗他照應.) <경화 14:66> 쥬령을 ᄎᆞ지ᄒᆞᆫ 관원이 모다 허락ᄒᆞ엿거ᄂᆞᆯ 너의들은 무어ᄉᆞᆯ 들네ᄂᆞ뇨 (令官都准了, 你們鬧什麼?) <홍루 28:75> ▼掌 ‖ 이ᄯᅢ 지부의 보응신ᄉᆡ 이시니 져 신ᄉᆞᄂᆞᆫ 젼혀 인간의 션악을 ᄎᆞ지ᄒᆞ여 져 지은 ᄃᆡ로 화복을 졈지ᄒᆞᄂᆞᆫ ᄇᆡ라 (話說冥有報應神司, 專掌人間善惡.) <동유-동방 2:51> ▼典 ‖ ᄯᅩ ᄎᆞ인이 범ᄉᆞ의 ᄭᅬ가 만코 경영을 잘ᄒᆞ더니 졔 두가의게 통긔ᄒᆞ고 그 화원을 ᄎᆞ지ᄒᆞ여 각쳐ᄅᆞᆯ 일신 슈리ᄒᆞ고 (又且此人鈷干營謀, 精明强干, 他通知了賣家, 把花園子典過來了, 各處的點綴煥然一新.) <충소 13:74> 이 엇지 무슴 계집ᄋᆞᄒᆡ리오 이ᄂᆞᆫ 마춤내 얼골이 프ᄅᆞ고 터럭이 븕은 일위 온신애[려역 ᄎᆞ지ᄒᆞᆫ 귀신]러라 (那裏是甚麽女孩兒, 竟是一位靑臉紅髮的瘟神爺.) <홍루 39:75> 쇼인은 ᄉᆞ례감 태감이오 교위ᄂᆞᆫ 금위니 다 방문을 ᄎᆞ지ᄒᆞ야 신의ᄅᆞᆯ 부ᄅᆞᄂᆞ이다 <서유-연세 9:125> 달연ᄉᆞᄂᆞᆫ 당익이라 달연ᄉᆞᄂᆞᆫ 일힝 격군과 군냥 ᄎᆞ지ᄒᆞᄂᆞᆫ 관원이라 <조천 8> 삼산도 이 녁흔 모도독이 ᄎᆞ지ᄒᆞ고 황셩도 져 녁흔 심총병이 ᄎᆞ지ᄒᆞ다 ᄒᆞ더라 <조천 16> ᄉᆞ졔ᄂᆞᆫ 녜믈 샹고ᄒᆞᄂᆞᆫ 낭쳥이요 쥬ᄉᆞᄂᆞᆫ 졔ᄉᆞ ᄎᆞ지ᄒᆞᄂᆞᆫ 관원이요 긱ᄉᆞᄂᆞᆫ 외국 ᄎᆞ지ᄒᆞᄂᆞᆫ 낭쳥이요 졍션ᄉᆞᄂᆞᆫ 진샹 ᄎᆞ지ᄒᆞᄂᆞᆫ 낭쳥이라 <조천 59> 앗가 役人 말올 드ᄅᆞ니 陸物 未收도 잇ᄉᆞ올 ᄲᅮᆫ 아니라 아직 필하ᄒᆞ실 것도 잇다 ᄒᆞ오니 비록 스므날 定ᄒᆞᆫ다 사마 일을 ᄆᆞᆺ지 못ᄒᆞ여ᄂᆞᆫ 宴享은 못ᄒᆞ게 ᄒᆞ엿ᄉᆞ오니 오ᄂᆞᆯ 나가시면 그 ᄎᆞ지ᄒᆞᄂᆞᆫ 놈들게도 ᄇᆡᄌᆞ나 ᄒᆞᆸ소 <조선어역-100 1750 2:30a> 병ᄉᆞᄂᆞᆫ 일도에 쟝슈오 영장이 다홈이오 겸ᄒᆞ야 겸 도적을 다ᄉᆞ리고 군물을 ᄎᆞ지ᄒᆞ며 찰방은 역마ᄅᆞᆯ ᄎᆞ지ᄒᆞᄂᆞ니라 <여학-벼슬1797 31a> 의녀의 ᄯᆞᆯ 썅녜 신묘ᄉᆡᆼ 일구 물을 구활비로 드리오니 일후 족속 중 말이 잇ᄉᆞ옵거든 이 슈긔로 빙고ᄒᆞ와 영영 ᄃᆡᆨ의 ᄎᆞ지ᄒᆞ오되 후쇼ᄉᆡᆼ 아오로 ᄃᆡᆨ의셔 ᄎᆞ지ᄒᆞ옵소셔 <경자년 박사홰가 딸을 구활노비로 매매한 수표-우한 1840> ᄯᅩ ᄒᆞᄂᆞᆫ 말이 논문셔ᄅᆞᆯ ᄌᆞᆸ피리라 ᄒᆞ옵기의 고약ᄒᆞ온 마ᄋᆞᆷ으로 싀ᄃᆡᆨ의 십여 ᄃᆡ 나려오ᄂᆞᆫ 위토답 엿말 너 되낙 문셔ᄅᆞᆯ 과연 견ᄃᆡ지 못ᄒᆞ옵기로 ᄌᆞᆸ펴ᄉᆞᆸ더니 져의 남ᄆᆡ 간ᄉᆞᄅᆞᆯ 지어 에슈ᄒᆞ고 ᄂᆡ 논을 졔가 ᄎᆞ지ᄒᆞ고 져의 쳐남다려 ᄉᆞᆺ다 ᄒᆞ고 문셔를 안니 쥬오니 이러ᄒᆞᆫ ᄇᆡᆨ쥬ᄃᆡ젹이 잇ᄉᆞ올닛가 <마포면 청호졍거 졍소ᄉᆞ 원졍1825/1885 옥션단-15> 예수ㅣ 명ᄒᆞ샤ᄃᆡ 여섯 항아리에 ᄆᆞᆰ은 물을 아구ᄭᆞ지 철철 넘게 쳐와 부라 ᄯᅩ 다시 닐ᄋᆞ 말ᄉᆞᆷ 그 항아리 물을 ᄯᅥ다 슉셜 ᄎᆞ지ᄒᆞᆫ 쟈의게 고로고로 논화 주라 그대로 거ᄒᆡᆼᄒᆞ니 물맛이 돌변ᄒᆞ야 포도쥬 되엿더라 <연경-시험가 11> ※ [카다라라] kadalara ‖ 부졀업시 ᄋᆡᄆᆡᄒᆞᆫ ᄯᅡ흘 次知ᄒᆞᄂᆞᆫ 사ᄅᆞᆷ과 이우지 사ᄅᆞᆷ을 疑心ᄒᆞ여 刑罰ᄒᆞ여 져조고 이실 제 (baibi sui akū babe kadalara niyalma, adaki niyalma be kenehunjeme eruleme beideme bisire de) <청노 2:16a> 쇼주긴 所志의란 ᄡᆞᆯ과 힘을 弓房의 밧티고 가족으란 官廳의 밧티고 고기란 쇼 次知ᄒᆞ던 놈들이 논화 먹어라 ᄒᆞ니 <유공 3> 官廳 쇼 죽은 所志란 가족으란 벗거 官廳의 밧티고 ᄡᆞᆯ과 힘을란 弓房의 밧티고 고기란 너희 쇼 次知ᄒᆞ던 놈들이 먹어라 ᄒᆞ고 <유공 3> ❷ 맡아 다스리게 하다. (사동사).¶ 掌管 ‖ 방을 부치니 ᄉᆡ로 ᄃᆡ상국ᄉᆞ 노지심을 ᄎᆞ지ᄒᆞᄂᆞ니 명일 위ᄒᆞ고 잡사ᄅᆞᆷ을 붓치지 말나 ᄒᆞ엿거ᄂᆞᆯ (看見廨宇門上新掛一道庫司榜文, 上說: "大相國寺仰委管菜園僧人魯智深前來住持, 自明日爲始掌管, 並不許閒雜人等入園攪擾.") <충수호-한고 3:8a> ⇒ ᄎᆞ지ᄒᆞ-

【ᄎᆞ-푸리】 명 ((상업)) 차포리(茶鋪裏). 찻집. '푸리(鋪裏, pùli)'는 중국어 직접 차용어.¶ 茶鋪 ‖ ᄉᆡᆼ각건ᄃᆡ ᄉᆞᄅᆞᆷ마다 모다 ᄂᆡ하교ᄅᆞᆯ 지나가ᄂᆞᆫ 것도 필경 분명히 모ᄅᆞ거ᄂᆞᆯ 류로〻의 ᄎᆞ푸리ᄅᆞᆯ 오ᄅᆡ도록 열지 뉘 알니오 (想起來, 人人都是要過那奈河橋的, 到底不知道劉老老的茶鋪開的長遠不長遠, 可是誰還知道呢?) <홍부 25:15> 금은 글ᄌᆞ 단청집의 아로ᄉᆡᆨ인 벽이며 뎐당푸리 ᄎᆞ푸리며 각ᄉᆡᆨ 힝화 ᄃᆡ상고라 <연행-무자> ᄎᆞ푸리을 볼작시면 갑의 너흔 황다봉과 뭉치뭉치 보의다며 동골도골 만보다오 향편다와 작셜다와 고아 ᄆᆡᆫ든 향다고며 <연행-병인> ⇒ 차푸리, 차프리, 챠푸리, 찻푸리 ☞ 가페관

【ᄎᆞ후】 명 ((기물)) 다호(茶壺). '후(壺, hú)'는 중국어 직접 차용어.¶ 茶壺 ‖ 졈것 한 ᄉᆞ람 오나랴 자분 것 거두어 가고 이 교ᄌᆞ상을다가 ᄂᆡ어가고 한나 ᄲᅱ을 가져다가 구돌을 ᄡᅳ러ᄂᆡ고 손을 도리여 ᄎᆞ후을 가져오면셔

멋 긔 경한 ᄉᆞ발 ᄎᆞᄌᆞ다가 우리을 ᄎᆞ 부어다고 (店裡的來一个人，尖去傢伙把這卓子搬出去，拿一个調主來掃一掃炕上，回手持累茶壺來，找幾个正碗來，給我們倒茶罷.) <기착-육당 하:52b>

【ᄎᆞᆷ토장】 명 ((인류)) 참두장(斬頭匠). 참수(斬首)하는 사람. 망나니. ‘토(頭, tóu)’는 중국어 직접 차용어.¶ ᄎᆞᆷ토장이 승상의 위엄을 거역지 못ᄒᆞ여 ᄯᅩ 눈을 감고 칼을 놉피 들어 죽이려 ᄒᆞ더니 문득 션경의 ᄎᆞ목허던 일을 싱각하고 ᄎᆞ마 ᄶᅵᆨ지 못ᄒᆞ고 눈을 ᄯᅥ보니 <슌금젼1910 21>

【ᄎᆞᆼ자】 명 ((신체)) 창자(腸子, chángzi). 큰창자와 작은창자를 통틀어 이르는 말. (중국어 차용어).¶ ᄃᆞᆰ의 ᄎᆞᆼ자를 살와 먹이라 <명경-한고 소아문 3b> ⇒ 창자, 창ᄌᆞ, 챵자, 챵ᄌᆞ, ᄎᆞᆼᄌᆞ

【ᄎᆞᆼᄌᆞ】 명 ((신체)) 창자(腸子, chángzi). 큰창자와 작은창자를 통틀어 이르는 말. (중국어 차용어).¶ 腸 ‖ 만일 도라보니지 아니ᄒᆞ면 존구의 면ᄉᆞᆼ의 조히 보이지 못ᄒᆞᆯ 닷ᄒᆞ니 일이 실노 양난ᄒᆞᆫ지라 이랄 인ᄒᆞ야 눈물이 나고 ᄎᆞᆼᄌᆞ가 압푸미라 (若不還時，於尊舅面上又不好看，事實兩難，因此淚出痛腸.) <삼국-모종 9:88> 게와 담비ᄉᆞᆯ을 갓치 먹지 말며 조긔와 초을 갓치 먹지 말며 ᄎᆞᆼᄌᆞ와 쓸ᄀᆡ 업는 싱션을 먹지 말며 <부필 5a> ⇒ 창자, 창ᄌᆞ, 챵자, 챵ᄌᆞ, ᄎᆞᆼ자

【ᄎᆡ소-푸리】 명 ((상업)) 채소포리(菜蔬鋪裏). 채소가게. ‘푸리(鋪裏, pùli)’는 중국어 직접 차용어.¶ ᄎᆡ소푸리 볼작시면 홍당무오 청당무오 향갓 쑥갓 아옥 비ᄎᆞ 버셧 죽슌 도라지며 고초 당초 마놀 싱강 굴근 파와 가는 부쵸 동구란 거문 가지 가ᄂᆞ라ᄒᆞᆫ 기단 박과 호박동이 누른 외며 고비 달닉 고사리와 콩기름의 녹두 숙쥬 콩닙 팟닙 ᄭᆡ닙히오 <연행-병인>

【ᄎᆡ풍-포리】 동 ((상업)) 채풍포리(采風鋪裏). 옷가게. ‘채풍’은 사람의 외모를 말함. ‘포리(鋪裏, pūli)’는 중국어 간접 차용어.¶ ᄎᆡ풍포리 바느질은 옷도 짓고 슈도 노코 의뎐이라 ᄒᆞ는 ᄃᆡ는 온갓 의복 파는고나 보션 슬갑 장숨이며 바지 젹숨 두루막이 비단 관복 깁속것과 숨승 무명 기져긔며 공단 니불 포다기며 몽고뇨의 슈방셕과 아회입는 비오라기 복쥬 감토 당감토며 목도리의 겹비ᄌᆞ며 ᄃᆡ련 견ᄃᆡ ᄌᆞ로가지 당단 맛게 여럽소리 여긔져긔 번화ᄒᆞ고 <연행-무자> ᄎᆡ풍포리 볼작시면 슈도 노코 ᄇᆞᄂᆞ질의 속것 젹삼 두루막이 소음바지 져고리며 보션슈갑 타오투와 잉쥬요의 창파ᄒᆞ며 비단단복 깁슈건과 공단목화 슈당혜며 귀집 코집 말악이와 다님돌ᄭᅴ 비리기며 마제토슈 등거리며 반팔비ᄌᆞ 흉비들과 <연행-병인>

【ᄎᆡᆨ-푸리】 명 ((상업)) 책포리(冊鋪裏). 책방. 서점. ‘푸리(鋪裏, pùli)’는 중국어 직접 차용어.¶ ᄎᆡᆨ푸리을 볼작시면 만고셔가 다 잇는ᄃᆡ 경셔서긔 ᄇᆡᆨ가셔와 소셜패관 운부ᄌᆞ젼 쥬혹녁호 천문지리 의약복셔 불경이며 상셔도경 긔문벽셔 시혹율혹 문집들과 명필법첩 그림첩과 천하산천 지도가 아청갑의 ᄲᅧ며쑥이 불근 의에 황지부침 졔목 ᄲᅧ셔 놉히 ᄡᅡ하 못보던 ᄎᆡᆨ ᄐᆡ반이오 <연행-병인> ⇒ ᄎᆡᆨ푸ᄌᆞ

【ᄎᆡᆨ-푸ᄌᆞ】 명 ((상업)) 책포자(冊鋪子). 책가게. 서점. ‘푸ᄌᆞ(鋪子, pùzi)’는 중국어 직접 차용어.¶ 肆 ‖ 다만 대쟝의 지은 쥬ᄌᆞ졍언과 보쳥의 지은 ᄉᆞ셔휘히 다 븍경 ᄎᆡᆨ푸ᄌᆞ의 이시니 가히 어더 보려니와 (周所著曰朱子精言，王所著曰四書滙解俱在燕肆.) <서원 4:61b> ▼書肆 ‖ 됴□[홍] 이우로 더브러 ᄒᆞᆷ긔 예ᄀᆞ지 왓다가 됴우는 ᄎᆡᆨ푸ᄌᆞ로 가고 □[홍]우는 관으로 도라가다 (趙洪二友與之俱至此，趙友先詣書肆，洪友還館.) <서원 5:6a> ▼書舖 ‖ 됴반 후 내 ᄌᆞ겸으로 더브러 ᄎᆡᆨ푸ᄌᆞ롤 보랴 ᄒᆞ니 대ᄉᆞ와 통관이 몰을 아니 내야보내거놀 (家君進朝飯過半盂，余及子謙欲觀書舖，大使及通官不許出焉.) <서원 4:93a> 우리 둘히 ᄎᆡᆨ푸ᄌᆞ에 가 여러 部 힘힘ᄒᆞᆫ ᄎᆡᆨ을 사와 消遣ᄒᆞᆷ이 엇더ᄒᆞ뇨 (我兩箇到書舖裡去，買幾部閑書來消遣何如?) <박신 3:20b> 이ᄣᆡ 힝신ᄒᆞ는 ᄣᆡ롤 만나 ᄒᆞᆯ는 황승과 고샹 냥인이 마덕칭을 ᄃᆞ리고 ᄎᆡᆨ푸ᄌᆞ의 가 ᄎᆡᆨ을 사더니 (時值鄉試之年，忽一日，黃勝顧祥邀馬德稱向書鋪中去買書.) <금고 52> ⇒ ᄎᆡᆨ푸리

【ㅋ】

【카나다】 명 ((지리)) 캐나다(Canada). 북아메리카 대륙 북부에 있는, 영국 연방 내의 연방 국가. 프랑스와 영국의 식민지였다가 1867년에 캐나다 자치령이 되었으며, 1949년에 독립국이 되었다. 수도는 오타와. (외래어).¶ 카나다 (加拿他) <명물-육당 13b>

【카라멜】 명 ((음식)) 카라멜(caramel). 설탕, 우유 등을 섞어 고아서 만든 캔디. (외래어).¶ 카라멜아이쓰크림 ‖ 사탕 ½잔을 남비에 담아셔 불에 녹이고 검고 누른 빗으로 변할 ᄶᅢ까지 졋다가 ᄭᅳᆶ는 물 ½잔을 부어 10분 동안을 부글부글 ᄭᅳ리고 보통 아이쓰크림을 사탕은 절반만 너코 만드러셔 셕그대 카라멜의 분량은 마암대로 할 것 (크림을 져어셔 그 우에 부어 먹으면 맛이 잇슴) <서요 128> ⇒ 크라멜

【카라멜-쏘스】 명 ((음식)) 카라멜소스(Caramel sauce). (외래어).¶ 카라멜쏘스 ‖ 누른 사탕 ½잔 사탕 1잔 콘스타치 1쇼슈가락 소곰 조곰 물 1¼잔 ᄲᅢ터 1쇼슈가락 피닐나 1쇼슈가락 남비에 두 가지 사탕과 소곰과 콘스타치를 담고 잘 셕거셔 물을 붓고 4분 동안 ᄭᅳ러 불에셔 나려 노코 ᄲᅢ터와 피닐나를 셕거셔 더운 채 아이쓰크림 우에 붓고 먹을 것 집에셔 만든 ᄶᅢᆷ을 데이고 잘 져은 계란 흰자위를 셕거셔 아이쓰크림 우에 붓고 먹으면 맛이 잇슴 <서요 135> ☞ 마시맬로쏘스, 메플쏘스, 초콜넷쏘스, 크림쏘스, 타타쏘스, 퍼지쏘스

【카라멜-아이쓰크림】 명 ((음식)) 카라멜 아이스크림(Caramel icecream). (외래어).¶ 카라멜아이쓰크림 ‖ 사탕 ½잔을 남비에 담아셔 불에 녹이고 검고 누른 빗으로 변할 ᄶᅢ까지 졋다가 ᄭᅳᆶ는 물 ½잔을 부어 10분 동안을 부글부글 ᄭᅳ리고 보통 아이쓰크림을 사탕은 절반만 너코 만드러셔 셕그대 카라멜의 분량은 마암대로 할 것 (크림을 져어셔 그 우에 부어 먹으면 맛이 잇슴) <서요 128> ☞ 레몬아이쓰크림, 모과슈아이쓰크림, 초콜넷아이쓰크림

【카라멜-퍼지】 명 ((음식)) 카라멜퍼지(caramel fudge). '퍼지'는 초콜렛·버터·밀크·설탕 따위로 만든 무른 설탕. (외래어).¶ 카라멜퍼지 ‖ 사탕 3잔 우유 ½잔 피닐나 ½쇼슈가락 소곰 조곰 사탕 1잔을 번털에다가 복가 노코 남어지 2잔은 우유를 붓고 ᄭᅳ리대 ᄭᅳᆶ는 동안에 복근 사탕을 천천히 쏫고 화덕에 노흔 채 작고 졋다가 탕 온긔로 240도 되기ᄭᅡ지나 랭슈에 ᄶᅥ러 트려 보아셔 엉길 ᄶᅢ까지 ᄭᅳ려셔 화덕에셔 나려 노코 조곰 되게 될 ᄶᅢ까지 져어 가지고 피닐나와 소곰을 너코 셕거셔 기름 발은 팬에 쏫아셔 다른 것과 갓치 조각금을 내엿다가 굿은 후에 ᄯᅦ여 먹을 것 (ᄲᅢ터를 너흐려면 피닐나 셕글 ᄯᅢ에 갓치 셕글 것) <서요 266> ☞ 락화생ᄲᅢ터퍼지, 박하퍼지, 보통퍼지, 씌비니틔퍼지, 카라멜퍼지, 케로퍼지

【카리에오】 명 ((인명)) 갈릴레이(Galilei, Galileo). 이탈리아 르네상스 말기의 물리학자·천문학자·철학자(1564~1642). 1609년에 망원경을 제작하여 달의 산·계곡 및 태양의 흑점, 목성의 위성 따위를 발견하였으며, 지동설을 주장하여 교황청으로부터 종교 재판을 받았다. (외래어).¶ 太陽의 自轉 카리에오氏 <백과신-송1926 492>

【카이로】 명 ((지리)) 카이로(Cairo). 이집트 나일강 하류의 삼각주 남쪽에 있는 도시. (외래어).¶ 나일江口에 韃韜한 烟波嗚咽聲도 드를 것이오 카이로 郊外「피라밋」에 올나서 五千年前의 터음 열닌 文化도 懷想할 것이오 <소년1908.11.1 74>

【카이유데이】 명 ((인명)) 카유테(Cailletet, Louis Paul). 프랑스의 물리학자·공학자(1832~1913). 기체의 임계 온도를 연구하고, 단열 팽창에 의한 기체의 냉각을 이용하여 산소·수소·질소·공기를 액화(液化)하는 데 성공하였다. (외래어).¶ 水素·酸素液化法 카이유데이氏 히게시氏 <백과신-송1926 492>

【칼마쓰】 명 ((인명)) 칼 마르크스. (외래어).¶ 칼마쓰는 <염상섭, 제야1922 1:36>

【카뻬】 명 ((상업)) 카페(café). 커피나 음료, 술 또는 가벼운 서양 음식을 파는 집. (외래어).¶ 밤비는 뱀눈처럼 가는데 /페이브멘트에 흐늙이는 불빛 /카뻬·ᅋᅳ란스에 가쟈 <정지용, 카뻬·ᅋᅳ란스> ⇒ 카페

【카틘】 명 ((복식)) 커튼(curtain). (외래어).¶ 방공 카틘을 쳐들고 밖을 내다본 뒤에야 문을 열려 나오는 기척이 난다 <염상섭, 모략1948 81> ⇒ 커어틴

【카페】 명 ((상업)) 카페(cafe). 커피숍. (외래어).¶ 카페(珈琲館) <자통-점포 435> ⇒ 카뻬

【카페-썰】 명 ((인류)) 카페걸(cafe girl). 커피걸. (외래어).¶ 녀자로 말하면 카페-썰이 <염상섭, 무현금1934 1:78>

【카페틔안】 명 ((지리)) 카르파티아(Carpathia)산. 유럽 동부, 슬로바키아 동부에서 활처럼 구부러져 루마니아 북부로 뻗은 산맥. (외래어).¶ 디형을 의론컨대 동남에는 단웁강ᄉ ᄀᆞ헤로 큰 들이오 셔북에는 카페틔안이란 산이 둘넛고 블릭 하슈ᄉ ᄀᆞ헤 구스덴지란 포구가 잇스며 <사필1889-헐버트 61>

【카펫트】 명 ((복식)) 카펫(carpet). 양탄자. (외래어).¶ 揮發油煖房具 揮發油다림이 旅行用揮發油 화독 各種 沐浴筒 便器 廚房긔슈통各種 各色塗抹 花氈(카펫트)等 具備 <서요1930 모리스상회 광고>

【카피】 명 ((음식)) 커피(coffee). (외래어).¶ 카피 (차 일홈) (磕肥) <조반> ᄯᅩ 카피를 셕고 그 다음에 밀가루와 계피가루와 뎡향가루와 올스파이쓰를 셕고 나죵에 건

포도와 커랜트를 셕거셔 기름 발은 팬에 담고 45분 가량 법대로 구을 것 <서요 166> 맥쓰웰 가경치피— 독특한 맛잇는 진정한 혼합물 맥쓰웰 가정카피— 언제든 지리상적 음료물 <서요1930 신창양행 광고> ⇒ 가

【카피-사탕썩】 명 ((음식)) 커피케이크(coffee cake). (외래어).¶ 카피사탕썩 ‖ 빠터 1잔 누른 사탕 2잔 계란 5개 카피차 (진한 것) 1잔 소다 ½쇼슈가락 밀가루 (체에 밧친 것) 3½잔 건포도 (씨 뺀 것) 1파운드 커랜트 1파운드 계피가루 1쇼슈가락 뎡향가루 ½쇼슈가락 올스파이쓰 ½쇼슈가락 빠터와 사탕과 계란을 셕고 다음에 소다를 더운물에 푸러셔 셕고 또 카피를 셕고 그 다음에 밀가루와 계피가루와 뎡향가루와 올스파이쓰를 셕고 나죵에 건포도와 커랜트를 셕거셔 기름 발은 팬에 담고 45분 가량 법대로 구을 것 <서요 166> ☞ 퍼지사탕썩, 초콜넷사탕썩, 호도메풀사탕썩

【카피-차】 명 ((음식)) 커피차(coffee茶). (외래어).¶ 카피사탕썩 ‖ 빠터 1잔 누른 사탕 2잔 계란 5개 카피차 (진한 것) 1잔 소다 ½쇼슈가락 밀가루 (체에 밧친 것) 3½잔 건포도 (씨 뺀 것) 1파운드 커랜트 1파운드 계피가루 1쇼슈가락 뎡향가루 ½쇼슈가락 올스파이쓰 ½쇼슈가락 빠터와 사탕과 계란을 셕고 다음에 소다를 더운물에 푸러셔 셕고 또 카피를 셕고 그 다음에 밀가루와 계피가루와 뎡향가루와 올스파이쓰를 셕고 나죵에 건포도와 커랜트를 셕거셔 기름 발은 팬에 담고 45분 가량 법대로 구을 것 <서요 166> 쌘스톤 누른 과자 ‖ 빠터 1잔 누른 사탕 1½잔 밀가루 2잔 건포도 1½잔 계란 3개 카피차(식은 것) 4대슈가락 소다 뎡향가루 육두구가루 1쇼슈가락식 다른 과자 셕는 법대로 모도 셕거 가지고 기름 발은 큰 팬에 1쇼슈가락식 듬셩듬셩 붓고 쓰거운 화덕에 구을 것 (과자 우에 호도 1쪽식 굽기 전에 박을 수도 잇슴) <서요 198>

【칸닛쓰】 명 칸니쓰(Kannitz). (외래어).¶ 칸닛쓰 (靠尼斯 Kannitz) <만국통감1912, 4, 20>

【칸빠스】 명 ((기물)) 캔버스(canvas). 유화를 그릴 때 쓰는 천. 삼베 같은 천에 야교나 카세인을 바르고, 그 위에 다시 아마인유, 산화아연, 밀타승 따위를 섞어서 바른다. (외래어).¶ 이저버린 記憶이 써돔과 갓치 /沈鬱— 朦朧한 /「칸빠스」 우헤셔 흐늑이다 <이상화, 단조>

【칸터기】 명 ((지리)) 켄터키(Kentucky). 미국 중남부에 있는 주. (외래어).¶ 미국 칸터기 굴 속에 못이 잇ᄂᆞᆫᄃᆡ 물고기가 잇서 눈이 잇서도 보지 못ᄒᆞᄂᆞᆫ지라 <경세종 29>

【칼노라도】 명 ((지리)) 콜로라도강(Colorado 江). 미국 남서부를 흐르는 강. 로키산맥에서 시작하여 캘리포니아만으로 흘러들며, 그랜드 캐니언, 후버 댐 따위가 유명하다. (외래어).¶ 남편에 으료그란드ㅣ란 강이 멕스고 하슈로 드러가고 셔편에 칼노라도와 컬넘비아ㅣ란 강이 태평양에로 드러가고 <사필1889-헐버트 105> ⇒ 칼르라도

【칼노틔루쓰】 명 ((음식)) 미상. (외래어).¶ 칼노틔루쓰 (蛤拉路絲) <조반>

【칼닌】 명 칼린(Collin). (외래어).¶ 칼닌 (喀林 Collin) <만국통감1912, 4, 20>

【칼르라도】 명 ((지리)) 콜로라도(Colorado)강. 아르헨티나 중부를 흐르는 강. 안데스 산맥에서 시작하여 바이아블랑카 시 남쪽에서 대서양으로 흘러든다. (외래어).¶ 여러 강들이 셔에셔브터 동에로 흐ᄅᆞ니 일홈이 플랏과 유루궤와 파라나와 살라도와 칼르라도와 늬그로ㅣ오 <사필1889-헐버트 134> ⇒ 칼노라도

【칼슘】 명 ((화학)) 칼슘(calcium). 알칼리 토금속 원소의 하나. 대리석·석회석·방해석·형석 따위에 많이 들어 있는 은백색의 연한 금속으로, 연성(延性)과 전성(展性)이 있고 산소·염소와 잘 화합하며 주황색의 불꽃 반응을 보인다. (외래어).¶ 칼슘 데위ㅣ氏 <백과신-송1926 492>

【칼-푸리】 명 ((상업)) 칼포리(-鋪里). 칼가게. '푸리(鋪里, pùli)'는 중국어 직접 차용어.¶ 刀鋪 ‖ 너 친이 치봉누을 차자 누긔의 칼푸리의 가셔 우리을 열 ᄌᆞ류 칼을 ᄉᆞ다 주면 ᄂᆡ 달니 너을 한 자류 카을 줄 거시니 (啊哥你呢親着找齊鳳樓兒劉家刀鋪去, 給我們買十把刀子來. 我替另給你一把刀子.) <기착-육당 상:28a> 이런고로 루긔 칼푸리가 원간 오은 곳의 이름난 것시니 우리가 간구하여 형긔 여러 가지 물건을 부탁하나니 형아 너 우리을 위하여 크긔 이을 허비하여도 혈마 엇지하랴 (故此劉家刀鋪原來滿到處出名. 我們懇求啊哥托些个東西, 啊哥你呢因爲我們大費事也罷了.) <기착-육당 상:29a> ☞ 칼푸ᄌᆞ

【칼-푸ᄌᆞ】 명 ((상업)) 칼포자(-鋪子). 칼가게. '푸ᄌᆞ(鋪子, pùzi)'는 중국어 직접 차용어.¶ 刀子鋪 ‖ 셔울 칼푸ᄌᆞㅣ ᄀᆞ장 만ᄒᆞ니 아지 못게라 어ᄂᆡ 집셔 ᄆᆡᆫ든 칼이 ᄀᆞ장 됴ᄒᆞ뇨 내 여러 불 칼을 ᄆᆡᆫ들려 ᄒᆞ노라 (京城裏刀子鋪狠多, 不知那一家打的刀子最好? 我要打幾副刀子.) <박신 1:17b> 네 뎌 有名ᄒᆞᆫ 칼푸ᄌᆞᄅᆞᆯ 묻ᄂᆞ냐 큰 거리 四牌樓 동편에 張黑子ㅣ 이시니 ᄆᆡᆫ든 칼이 ᄀᆞ장 됴하 ᄆᆡᆫ든 것과 ᄭᅮ민 모양이 다 됴ᄒᆞ니라 (你問那有名的刀子鋪麽? 大街上四牌樓東, 有張黑子打的刀最好, 裝修餙樣都好.) <박신 1:17b> ☞ 칼푸리

【캄푸라쥬】 명 카무플라주(camouflage). 위장, 변장을 뜻하는 프랑스어. (외래어).¶ 그래도 캄푸라쥬의 효과가 적을까 보아서 <염상섭, 해방의 아들1951 3>

【캉】 명 ((주거)) 항(炕). 중국 북방 지대의 살림집에 놓는 방의 구들. 흙벽돌로 실내에 쌓은 장방형의 대이며, 불을 지펴 따뜻하게 할 수 있는 장치로 일각에 굴뚝이 놓여있어 연기를 실외로 내보낼 수 있으며 앉거나 누울 수 있다 '캉(炕, kàng)'은 중국어 직접 차용어.¶ 캉판장 (牌插) <한청-실가 9:73b> 관에 도라오니 밥씌 아직 못 되얏거놀 왕곡정에 캉의 가니 곡경이 구정시집을 내여 뵈니 (歸館, 食時猶遠矣. 曆尹亨山所, 赴班矣.

轉往奇按察, 亦不在寓矣. 又訪王鵠汀, 鵠汀出示«毬亭詩集序»一首.) <열하-동경 2:2a> ▼炕 ‖ 캉 항, 北地煖床 "亢"通. (炕) <자석 상:86b> 구븨진 캉 (彎子炕) <한청-실가 9:73b> 캉 아릐ㅅ목 (炕裡邊) <한청-실가 9:73b> 캉이 이 중원 졔되냐 (炕乃中華之製否?) <서원 8:49a> 올흔편 문으로 드러가니 그 안희 흔 늘근 중이 화로의 ᄂᆞ믈을 복다가 내 옴을 보고 청ᄒᆞ여 안 캉의 안티고 몬져 차를 나오더라 (入東室有老僧方在炕上自炒菜, 見余至, 延入內炕進茶.) <연행-노가재 2:10b> 캉 우희 노코 음식 먹는 탁ᄌᆞ는 기리 석 자흔 ᄒᆞ고 너비는 길의셔 삼분디이는 ᄒᆞ고 노ᄑᆡ는 상 노ᄑᆡ만은 ᄒᆞ니 이롤 닐온 조지라 (食卓炕上所設, 其長僅三尺, 高六七寸, 廣不及長三之一, 是謂卓子.) <연행-노가재 1:16b> 내 이제 몬져 너롤 香蘇飮子롤 줄 거시니 두 복을 달혀 먹고 더온 캉에 블 무희고 격이 쫌 내라 (我如今先與你香蘇飮子, 熬兩服喫, 熱炕上熰着出些汗.) <박언 중:16a> 네 아직 두 복을 달혀 먹고 더온 炕에 덥게 ᄒᆞ여 져기 쫌 내고 그린 후에 또 藿香正氣散을 뻐 흔 두 劑 먹으면 곳 無事ᄒᆞ리라 (你且熬兩服吃, 熱炕上熰着出些汗, 然後再用藿香正氣散, 吃一兩劑便無事了.) <박신 2:24b> 이 客位 收拾기롤 ᄀᆞ장 정졔히 못ᄒᆞ여시니 져기 믈 쁘리고 닛뷔 가져다가 빨기롤 간졍히 ᄒᆞ고 花氈 가져다가 잇희 흔 볼 ᄭᆞᆯ고 캉 우희 청금요 ᄭᆞᆯ고 흔 도림으로 여러 댱 교의롤 노코 (這客位收拾的好不整齊, 洒些水, 將苕箒來掃的乾淨着, 將花氈來底下鋪一條, 炕上鋪着青錦褥子, 一周遭放幾張交椅.) <박언 중:44b> 이 客位 收拾기를 ᄀᆞ장 整齊히 못ᄒᆞ여시니 져기 물 뿌리고 닛뷔 가져다 가 빨기를 乾淨히 ᄒᆞ고 花氈 가져다가 캉에 ᄭᆞᆯ고 두 편에 여러 교의를 노코 (這客位收拾的好不整齊, 灑些水, 把苕箒來掃乾淨着, 將花氈鋪在炕上.) <박신 2:50a> 이는 블 못 찟는 캉이오 이는 블 찟는 캉이니 다 됴치 아니ᄒᆞ니 네 그저 나를 셕탄 픠오는 캉을 고쳐 민드라 주뇌 캉 앏픠 흔 煤爐를 민드라 셕탄 픠오기 됴케 ᄒᆞ라 (這是死炕這是燒柴火炕都不好, 你只與我改做煤火炕, 炕前做一箇煤爐好燒煤.) <박신 3:9b> 오날 훠를 벗고 캉의 올나도 니일 어더 신기 어러오니라 (今兒个脫靴上炕, 明兒个難包得穿.) <화촬 60b> 졍면 캉 우희 탁ᄌᆞ 흔 좌롤 빗기 노코 그 우희 셔칙이며 다긔 등믈을 버려 노와시며 (正面炕上橫設一張炕桌, 桌上面堆着書籍茶具.) <홍루 3:55> 내 너롤 쳔거ᄒᆞ여 이리 되엿거늘 이번의 내 오미 네 모양이 큰 체ᄒᆞ고 캉 우희 것구러져 나롤 보디 한 번 아른 체도 아니ᄒᆞ고 (我擡舉你起來, 這會子我來了, 你大模大樣的躺在炕上, 見我也不理一理.) <홍루 20:5> 홍익 회회히 우ᄉᆞ며 캉 아릭 잇셔 흔 편으로 영브 일을 ᄌᆞ세히 져 모년의게 고ᄒᆞ고 (興兒笑嘻嘻的在炕沿下一頭吃, 一頭桀府之事備細告訴他母女.) <홍루 65:66> 왼 집안이 모다 푸른 얼골과 버든 아금니로 칼을 가지고 막디롤 든 악귀가 캉 우희 누어시미 (看見滿屋子裏都是些青面獠牙、拿刀舉棒的惡鬼, 躺在炕上.) <홍루 81:38> 내가 다만 이 누군가 알려 ᄒᆞ여 창틈으로 눈을 디여 한 번 보미 원릭 보미미는 캉 우희 안고 보형뎨는 싸 아릭 셔 잇셔 (我只道是誰, 巴着窓戶眼兒一瞧, 原來寶妹妹坐在炕沿上, 寶兄弟站在地下.) <홍루 99:4> 우리는 ᄯᅩ흔 캉의 오ᄅᆞ지 말고 홈긔 안져 담화ᄒᆞ리라 (咱們也不用上炕, 一塊兒坐着講句話吧.) <후홍 14:44> ᄌᆞ견이 오술 입고 캉 우희 누엇다가 대옥의 드러오믈 보고 믄득 니러 안ᄌᆞ며 니ᄅᆞ디 (紫鵑披衣歪在炕上, 見黛玉進去, 便坐了起來道.) <홍보 2:18> 셔경이 두 손가락 끗ᄎᆞ로 냥긔 션혈이 님니흔 안경을 ᄲᅢ혀 캉의 ᄶᅥᄅᆞ치는지라 (三爺二指尖挑定兩個血淋淋的一對眼珠子, 躑下炕來.) <충소 3:92> 요홰 담이 ᄯᅥᆯ니고 ᄆᆞᄋᆞᆷ이 놀나 급급히 몸을 니러 아신을 브ᄅᆞ려 ᄒᆞ고 어로만져 캉 우희 니ᄅᆞ러도 아오로 보지 못흘지라 (嚇得瑤華膽戰心驚, 急急起身, 要叫阿新, 摸到炕上, 并不見阿新睡着.) <요화 18:29> 즉시 캉으로 드러가 잡으려 흔디 디년이 흔 번 뚜여 나려오거날 보건디 자든 옷셜 닙고 버션도 신지 아나더라 (卽就炕上捕獲, 大年一躍而下, 身穿衛生衣一套, 并未穿襪.) <신광 29:12a> 캉에 방셕 ᄭᆞᆯ고 화로에 숫 더으고 담비 담아 오라 (炕上鋪坐褥, 火盆上添上炭, 裝烟送來.) <한어-한고 24a> 밧비 와 캉의 안즈라 (快來炕上坐.) <한어-한고 24a> 구레를 기르마가지에 걸고 다리를 거두치고 수ᄉ 주어 머기고 밧비 캉의 올라 안즈라 (轡頭掛上鞍橋子, 馬韆撩起來, 餵高粮吃, 快着上炕坐.) <한어-한고 29b> ▼坑 ‖ 네 이 캉에셔 자라 (你在這坑上睡覺罷.) <한어-한고 31b> 이 집이 창희 다 뚜러지고 캉도 다 문허지고 네 녁히 민흙이요 구무가 만히 이시니 일졍 ᄇᆞ람이 드러오리라 이리 치운 ᄢᅴ에 길의 신고흔 ᄉᆞ람이 엇지 여긔셔 자리오 마지 못ᄒᆞ여 밧긔 흔 더온 캉을 어더 ᄒᆞ로 밤을 지너미 죠타 (這屋裡窓戶都破了, 坑也都塌了四下裡光土, 多有窟窿(穴$龍), 必定風進來. 這樣寒冷的時候, 路上辛苦的人者怎麽這裡睡? 巴不得外頭尋一箇熱坑過一夜好.) <한어-한고 31b> 이거시 더운 캉이냐 (這是熱坑麽?) <한어-한고 32a> 무숨 말니뇨 우리는 ᄎᆞᆫ 방에셔 ᄌᆞ고 네게 더운 캉을 양ᄒᆞ리라 (甚麽話? 我們冷坑睡覺, 讓你熱坑.) <한어-한고 32a> 너희들이 밧긔 나가면 ᄯᅩ 흔가지라 이 아희들을 다 가져 져편 캉에 옴기고 너희 늘그니 져므니 흔가지로 쟈라 (你們出外麽也是一樣啊, 把這箇孩子們搬在那邊坑, 你們老少一塊兒睡覺罷.) <한어-한고 32a> 이 캉이 져기 ᄎᆞ니 ᄯᅩ 블 ᄣᅵ히라 (這坑冷些兒, 再燒火不只.) <한어-한고 32a> ▼炕頭 ‖ 캉 아릭목이 더우니 집흘 괴오라 (炕頭熱墊ᄉ草兒.) <한어-한고 6b> ▼地炕 ‖ 내가 임의 사름을 보내여 캉을 져마ᄒᆞ엿시니 우리 모다 화로를 ᄢᅵ고 글을 지으면 로태태 긔셔 반ᄃᆞ시 놉흔 흥을 내이실 듯ᄒᆞ고 (我已經打發人籠地炕去了, 偺們大家擁爐做詩, 老太太想來未必高興.) <홍루 49:55> 련ᄌᆞ롤 들고 문 안히 드니 그 안히 너ᄅᆞ기 대엿 간이나 되는더라 아래는 다 벽장을 ᄭᆞᆯ앗고 두

ᄉᆞ이 두 편의 벽을 의지ᄒᆞ야 섬처로 무어 놉희 무릅 우희 겨오 디나고 두 ᄉᆞ이 ᄒᆞᆫ간 동 안은 븨여시니 이 ᄂᆞᆫ 벽쟝 ᄭᆞᆫ 짜히라 계뷔 그 우희 올나 안자 계시거놀 나아가 뵈ᄋᆞᆸ고 하인ᄃᆞ려 방이 어ᄃᆡ 잇ᄂᆞ뇨 무ᄅᆞ니 하인들이 다 우서 안ᄌᆞ신 곳이 방이라 ᄒᆞ니 비로소 북경 캉 졔양이 이러ᄒᆞᆫ 줄 아니 캉이라 ᄒᆞᄂᆞᆫ 말은 한어의 불ᄯᆡᄒᆞᄂᆞᆫ 구둘이라 말이라 <을병연힝녹> 캉 압희 ᄉᆞᆺ자리로 둘너막고 문을 너여 방처름 ᄭᅮ며 놋코 빅능화로 도비ᄒᆞ여 화문진의 포진ᄒᆞ여 거쳐ᄒᆞ기 정쇄ᄒᆞ다 <연행-병인>

【캉두】 명 ((주거)) 항두(炕頭). 중국 북방 온돌. '캉(炕, kàng)'은 중국어 직접 차용어.¶ 炕頭 ‖ 가련이 즉시 가셔 묘릉을 ᄎᆞ줄시 문을 열고 보믜 묘릉이 캉두의 안ᄌᆞ 몸을 기우리고 빙빙이 벽만 보다가 가련의 드러오믈 보고 년망히 니러나ᄃᆡ ᄯᅩᄒᆞᆫ 언어치 아니커놀 (賈璉一直來找妙能, 將門推開, 見他坐在炕頭上, 歪着身子呆呆瞅着墻上, 瞧見賈璉進來, 趕忙站起, 也不言語.) <홍부 4:65>

【캉둥】 명 ((주거)) 항동(炕洞). 굴뚝. 불을 땔 때에, 연기가 밖으로 빠져나가도록 만든 구조물. 주로 철판, 토관, 벽돌 따위로 만든다.¶ 炕洞 ‖ 華音캉둥, 訛轉窟禿굴독. 烟洞연통. <명물-궁실 3:3b>

【캉상】 명 ((주거)) 항상(炕上). 온돌 위. '캉(炕, kàng)'은 중국어 직접 차용어.¶ 교뷔 구룽으로 더브러 붓들고 너간의 니ᄅᆞ러 캉상의 누이고 (脚夫同裘能扛到內裏, 放在床上.) <쾌심 26:42> ⇒ 캉샹

【캉샹】 명 ((주거)) 항상(炕上). 온돌 위. '캉샹(炕上, kàngshàng)'은 중국어 직접 차용어.¶ 炕上 ‖ 굴신이 대련을 캉샹의 놋코 다시 남ᄌᆞ로 더브러 례로 보니 그 남ᄌᆞ 답례ᄒᆞ며 니ᄅᆞᄃᆡ (屈申將褻子放在炕上, 從新與那男子見禮. 那男子還禮, 道.) <충협 9:79> 니환이 몸을 두루혀 ᄌᆞ견의 방중의 니ᄅᆞ러 보믜 ᄌᆞ견이 임의 캉샹의 혼도ᄒᆞ엿고 (李紈回身轉來, 徑到紫鵑屋裏, 見紫鵑已暈倒在炕.) <홍보 1:22> 슈츈이 방중으로 드러가 샹진냥이 캉샹의 안ᄌᆞ시믈 보고 붓그리거놀 (秀春走進屋去, 見桑進良坐在炕上, 覺得利臊.) <홍부 11:25> ⇒ 캉상

【캉젼】 명 ((주거)) 캉전. 온돌 주위. '캉(炕, kàng)'은 중국어 직접 차용어.¶ 캉젼 (炕沿) <몽보-궁실 15a>

【캐나리아】 명 ((조류)) 카나리아(camouflage). (외래어).¶ 앵무새 우는 소리보다도 캐나리아의 노래라야 <염상섭, 여객1927 158>

【캐롤나이나】 명 ((지리)) 캐롤라이나(Carolina). (외래어).¶ 캐롤나이나 (喀羅來那 Carolina) <만국통감1912, 4, 20>

【캐롯】 명 ((식물)) 캐롯(carrot). 당근. 산형과의 두해살이 풀. 높이는 1미터 정도이며, 잎은 뿌리에서 나고 깃모양 겹잎이다. 원추 모양의 뿌리는 식용한다. (외래어).¶ 쇠고기 (우둔) 3파운드나 4파운드 쇠기름 4대슈가락 고기 국물 2잔 양훤무 (써러) 1개 일년감 1잔 파 (잘게 써러) 2개 넌진 (캐롯) 네모로 버힌 것 1개 파스리 두어 닙사귀 <서요 23>

【캠버쓰】 명 ((기물)) 캔버스(canvas). (외래어).¶ 캠버쓰에 향하야 안즐 흥미가 스러져버렷다 <염상섭, E부인1929 95>

【캡프】 명 ((복식)) 캡(cap). 모자(帽子). (외래어).¶ 캡프 (帽子) <영어일상통화단어초집 우산>

【캬펜뎃슈】 명 ((인명)) 캐번디시(Cavendish, Henry). 영국의 화학자·물리학자(1731~1810). 정전기에 관한 기초적 실험을 행하고 지구의 비중을 측정하였으며, 수소를 발견하고 물이 산소와 수소로 이루어져 있다는 것을 밝혔다. (외래어).¶ 水素 캬펜뎃슈氏 <백과신-송1926 492>

【커너스돎】 명 커너스도르프(Kunersdorf). (외래어).¶ 커너스돎 (庫訥斗弗 Kunersdorf) <만국통감1912, 4, 20>

【커랜트】 명 ((음식)) 커런트(currant). 알이 잘고 씨 없는 건포도. (외래어).¶ 민쓰 파이 소(13인분) ‖ 쇠고기 (삶아서 긔계에 간 것) 3잔 사과 (너인 것) 9잔 쇠기름 (너인 것) 1잔 고기 국물 3잔 누른 사탕 4½잔 몰나셋스 1½잔 건포도 4½잔 커랜트 4½잔 소곰 6쇼슈가락 계피가루 3쇼슈가락 메스 1쇼슈가락 레몬 (누른 껍질 간 것과 그 물) 3개 뎡향가루 1쇼슈가락 포도즙 2잔 모든 것을 한데 셕고 그것이 잠길 만큼 단 피클 물을 치고 사과가 닉을 ᄯᅢᄭᅡ지 삶아셔 더운 채 병에 담아 둘 것 (파이 1개에 이것 2잔식 너코 법대로 구울 것) <서요 146> 사과사탕쩍 ‖ 사탕 1잔 ᄲᅥ터 ½잔 사과쏘스 1½잔 건포도 1½잔 커랜트 1잔 씨트론 ⅓잔 밀가루 2잔 소다 (끌는 물에 셕글 것) 2쇼슈가락 계피가루 1쇼슈가락 뎡향가루 ½쇼슈가락 올스파이쓰 ½쇼슈가락 육두구가루 ½쇼슈가락 소곰 조곰 이것은 다른 사탕쩍 법대로 셕거셔 40분 가량 구울 것 <서요 164> ⇒ 커른드

【커른드】 명 ((음식)) 커런트(currant). 알이 잘고 씨 없는 건포도. (외래어).¶ 밀가루 (체에 밧친 것) 4잔 건포도 1잔 커른드 1잔 씨트론(얇게 썬 것) 1잔 무화과나 호도 (너인 것) 1잔 쇠기름 (너인 것) 1잔 육두구 (간 것) 1개 뎡향 계피 <서요 119> ⇒ 커랜트

【커리】 명 ((음식)) 카레(curry). (외래어).¶ 커리 (噶唎) <조반> 버셧을 썰어셔 크림 쏘스나 일년감 쏘스를 셕고 토수 우에 노코 밥이나 감자와 함ᄭᅴ 먹고 커리 쏘스에도 너허 먹을 수 잇슴 버셧에 소곰을 조곰 치고 ᄲᅥ터에 지져셔 밥과 함ᄭᅴ 먹을 것 쇠고기를 지지고 그 그릇에 버셧을 지져셔 ᄭᅳ레비와 함ᄭᅴ 고기 우에 쏫아셔 먹을 것 <서요 71>

【커린트】 명 ((지리)) 코린트(Corinth). 그리스 남부 펠로폰네소스 반도의 북쪽에 있는 도시. 기원전 17세기에서 기원전 16세기경 고대 도시 국가로 아테네·스파르타 따위와 함께 발달하였다. (외래어).¶ 디형을 의론컨대 ᄉᆞ면에 산이 만코 ᄯᅩ 륙디ㅅ 부리가 디즁히로 드러가ᄂᆞᆫ 거시 만하 톱ㅅ니 ᄀᆞᆺ치 어긋어긋ᄒᆞ고 동편에 커린트와 이자이나와 익렌스ㅣ란 포구가 잇고 ᄯᅩ 유비아

ㅣ란 큰 셤과 식라듸스ㅣ란 삼십여 셤이 잇고 ᄯᅩ 릐판트ㅣ란 포구가 잇스며 <사필1889-헐버트 66>

【커스타드】 명 ((음식)) 커스터드(custard). 우유나 달걀노른자에 설탕, 향미료 따위를 섞어 굽거나 쪄서 크림처럼 만든 과자. (외래어).¶ ᄭᅳ린 커스타드 (煮刻思塔) <조반> 커스타드 푸딍 (刻思塔糢定) <조반> 모과슈우무 ‖ 모과슈(자근 통) 1통 사탕 1잔 (골막하게) 양우무 1봉 물 1½잔 계란 (흰자위) 4개 우무를 물 ½잔에 너허 불니고 ᄯᅩ 모과슈를 닉여셔 사탕과 남은 물과 함ᄭᅴ 쏘스 팬에 담고 10분 동안 부글부글 ᄭᅳ리다가 우무를 너코 곳 불에셔 옴기여 그릇에 밧치고 반씀 식거든 계란 흰자위를 져어셔 셕고 되게 될 ᄣᅢᄭᅡ지 젓다가 모형 그릇에 담아셔 엉긔거든 연한 커스타드와 함ᄭᅴ 먹을 것 <서요 122>

【커스타버스-바사】 명 ((인명)) 구스타프 바사. 구스타프 (Gustav Vasa). 덴마크의 전쟁에서 승리한 뒤 스웨덴의 바사시대(1500-1700)를 연 국왕. 재위 1523~1560년. 종교개혁을 수행, 왕권의 경제적 기초를 다졌다. 중앙집권 국가를 수립했고, 왕위를 세습제로 바꾸었다. (외래어).¶ 일쳔 오빅 이십 년에 뗀막국 뎨이 그리스디안이 위를 니으니 사ᄅᆞᆷ됨이 잔인ᄒᆞ고 흉포ᄒᆞ야 쉬덴국 년쇼ᄒᆞᆫ 공쟉 커스타버스바사를 옥에 가도앗더니 <만국통감1912 4, 40>

【커스타버스-셋재】 명 ((인명)) 구스타프 3세(Gustav III). 스웨덴 왕국 홀슈타인 고토르프 왕조의 제2대 국왕. 러시아 제국과 덴마크와 싸워 승리하여 유럽에서 명성을 높였다. 또한 한스 폰 페르센을 신하로, 프랑스와 우호 관계를 다졌다. (외래어).¶ 커스타버스 셋재 (쉬덴) (革斯他伏第三 Gustavus III (Sweden)) <만국통감1912, 4, 20>

【커스타버스-아달펏스】 명 ((인명)) 구스타프 아돌프 (Gustavus Adolphus, Gustavus II). 스웨덴의 왕. 냉정하면서도 과단성이 있고, 다혈질이면서도 합리적인 인물. 그의 장기는 외교와 군사였는데, 특히 군사 면에서 세계사를 통틀어 보기 드문 개혁을 달성했다. (외래어).¶ 커스타버스 (아달펏스) (革斯他伏 Gustavus Adolphus) <만국통감1912, 4, 20> 밋 죽으매 그 아ᄃᆞᆯ 커스타버스 아달펏스가 위를 니어셔 비로소 폴넌드를 쳐 파ᄒᆞ니라 <만국통감1912 4, 42>

【커시가】 명 ((지리)) 코르시카(Corsica)섬. 지중해 서북부, 사르데냐 섬의 북쪽에 있는 섬. 프랑스령이며, 포도·올리브 따위를 재배한다. 나폴레옹이 태어난 곳으로 유명하다. (외래어).¶ ᄶᅡ흘 의론컨대 아프리가 동셔북 히변을 만히 ᄎᆞ지ᄒᆞ고 디즁히에 커시가ㅣ란 셤과 아시아에 안남국과 남북 아메리ᄭᅡ에 여러 셤과 남아메리ᄭᅡ 북히변 몃 디방을 다 ᄎᆞ지ᄒᆞ니라 <사필1889-헐버트 41>

【커어틴】 명 ((복식)) 거튼(curtain). (외래어).¶ 복 지경이 지마는 방안과 문간에 방공 커어틴이 쳐 있은즉 <염상섭, 엉덩이1948 89> ⇒ 카텐

【커우대】 명 ((기물)) 구대(口袋). 마대(麻袋). 마대(麻袋). 굵고 거친 삼실로 짠 커다란 자루. 함경 방언. '구대(口袋, kǒudài)'는 중국어 직접 차용어.¶ "다른 기 앙이라 계사처에서 꼬량 열 커우대를 바쳐야 된다구 하네." <안수길, 북간도, 1995, 332> ⇒ 쿠디

【커테지-치스】 명 ((음식)) 커테지치즈(cottage cheese). 시어진 우유로 만드는 연하고 흰 치즈. (외래어).¶ 치스샐렛 ‖ 커테지치스 1잔 쩰리 3쇼슈가락 샐렛 ᄯᅳ레싱 1대슈가락 커테지치스와 샐랫 ᄯᅳ레싱을 셕고 공갓치 둥그라케 6개나 맨드러셔 생치 우에 노코 그 우을 조곰 오목하게 맨들고 그 구멍에 쩰리 ½슈가락식 부어셔 먹을 것 <서요 83>

【커피차-물】 명 커피찻물(coffee茶-). (외래어).¶ 흰옷에 실과물이나 틔차물이나 커피차물이 뭇엇거나 곰팡이 슨 것을 ᄲᆞᆯ녀면 표백물 가량 1잔에 물 4잔을 타셔 몃 시간이든지 그 물건에 상당하게 담가 두엇다가 잘 ᄲᆞᆯ고 맑은 물에 몃 번이든지 잘 헤일 것 (빗 잇는 옷은 ᄲᆞᆯ지 못할 것) 보통 흰옷을 ᄲᆞᆯ ᄣᅢ에는 물이 셕유통으로 하나면 표백물 1잔을 타셔 몃 시간이든지 담가 두엇다가 ᄲᆞᆯ고 맑은 물에 잘 헤일 것 (표백물의 연분은 병에 담고 막아 두엇다가 싱크 (개슈통·셰슈통) 을 닥는 ᄣᅢ 쓸 수 잇슴) <서요 293>

【컨스탄틔노플】 명 ((지리)) 콘스탄티노플(Constantinople). 이스탄불(Istanbul)의 옛 이름. 비잔틴 제국, 오스만 제국의 수도였다. (외래어).¶ 동에는 블럭 하슈와 마모라 하슈가 서로 통ᄒᆞᄂᆞᆫ 곳에 ᄲᅡ스보러스ㅣ란 믈목ㅅ에 컨스탄틔노플이란 포구가 잇고 <사필1889-헐버트 58>

【컬넘비아】 명 ((지리)) 컬럼비아강(Columbia 江). 미국 북서부를 남서쪽으로 흐르는 강. 캐나다 로키 산맥에서 시작하여 워싱턴 주와 오리건 주의 경계를 지나 태평양으로 흘러든다. (외래어).¶ 남편에 으료그란드ㅣ란 강이 멕스고 하슈로 드러가고 셔편에 칼노라도와 컬넘비아ㅣ란 강이 태평양에로 드러가고 <사필1889-헐버트 105>

【컬럼버쓰】 명 ((인명)) 콜럼버스(Columbus). 이탈리아의 탐험가(1451-1506). (외래어).¶ 애라는 '컬럼버쓰'가 미주대륙을 발견할 ᄣᅢ보담도 더 깃브게 부르지젓다. <현진건, 황원행1929 100>

【케로】 명 ((음식)) 케로(Karo). 조청(造淸). (외래어).¶ 호도카라멜엿 ‖ 흰 사탕 1잔 누른 사탕 ½잔 케로 (조청) ¼잔 ᄲᅥ터 ¼잔 우유 (통에 든 것) ½잔 소곰 ½쇼슈가락 이 여섯 가지를 팬에 담아셔 져으면셔 랭슈에 조곰 ᄶᅥ러트려 보아셔 단단하게 굿을 ᄣᅢᄭᅡ지 ᄭᅳ려가지고 화덕에셔 나려노키 젼에 피닐나 조곰과 닉인 호도 ½잔을 셕고 곳 기름 발은 팬에 쏫아셔 너모 굿기 젼에 납작납작하게 버혀셔 먹을 것 (버힌 조각에 녹인 초콜넷을 뭇치면 맛이 매우 됴흠) <서요 273> ᄲᅥ터스캇치엿 ‖ 흰 사탕 1잔 누른 사탕 ½잔 케로 조청 (보통 조청이나) ⅓잔 ᄲᅥ터 ½잔 우유 (통에 담은 것) ½통 소곰 조곰 다함ᄭᅴ 셕거셔 작고 져으면셔 탕온긔로 290도가 될 ᄣᅢᄭᅡ지나 랭슈에 ᄶᅥ러트려 보아

셔 조곰 굿을 때까지 쓰려가지고 화덕에셔 나려노코 피닐나를 셕고 (호도 ½잔도 너흘 수 잇슴) 기름 발은 팬에 쏫아셔 조각 금을 내엿다가 굿은 후에 떼여셔 먹을 것 <서요 275> ☞ 케로조청

【케로-조청】 명 ((음식)) 케로조청(Karo syrup). (외래어).¶ 케로퍼지 ‖ 사탕 2잔 케로조청 ⅓잔 초콜넷 2금 뻐터 2대슈가락 피닐나 1쇼슈가락 사탕과 조청과 우유와 초콜넷과 뻐터를 팬에 담고 화덕에 올녀 노코 초콜넷이 녹을 때까지 서너 번 져으며 5분 가량 곳 탕 온긔로 240도 되기까지든지 랭슈에 써러 트려 보아셔 엉긔기까지 쓰리고 화덕에셔 나려 노코 피닐나를 쏫아셔 따뜻할 때까지 식힌 뒤에 되직하게 될 때까지 져어 자기고 기름 발은 팬에 쏫고 네모 반듯하게 버힐 것 <서요 264> 미쓰아메 (일본물엿) ‖ 씌비니틔 퍼지 만들 때에 케로조청 대신에 일본물엿을 쓸 수 잇슴 아이씽을 만들 때에 일본물엿 1쇼슈가락을 쓰를 때에 셕그면 연하게 됨 일본물엿에 호도를 늬여셔 셕고 더운 쎄스켓과 함께 먹을 것 일본물엿을 호도와 함께 식사 끗헤 먹으면 조흔 후식이 됨 일본물엿에 레몬 누른 썹질 강판에 간 것과 레몬 물을 셕그면 싼드위치의 조흔 소가 됨 일본물엿과 낙화생 뻐터를 ½잔식 셕그면 먹기 조흔 캔듸가 됨 계란 2개의 흰자위를 잘 젓고 일본물엿 ½잔을 쏫을 수 잇슬 만큼 데여 가지고 져은 흰자위를 조곰식 조곰식 셕고 레몬 약념이나 피닐나를 조곰 셕든지 초콜넷 1금을 녹여셔 셕든지 해셔 아이쓰크림 우에 부어 먹을 것 <서요 289> ☞ 케로

【케로-퍼지】 명 ((음식)) 케로퍼지(karo fudge). '퍼지'는 초콜렛·버터·밀크·설탕 따위로 만든 무른 설탕. (외래어).¶ 케로퍼지 ‖ 사탕 2잔 케로 조청 ⅓잔 초콜넷 2금 뻐터 2대슈가락 피닐나 1쇼슈가락 사탕과 조청과 우유와 초콜넷과 뻐터를 팬에 담고 화덕에 올녀 노코 초콜넷이 녹을 때까지 서너 번 져으며 5분 가량 곳 탕 온긔로 240도 되기까지든지 랭슈에 써러 트려 보아셔 엉긔기까지 쓰리고 화덕에셔 나려 노코 피닐나를 쏫아셔 따뜻할 때까지 식힌 뒤에 되직하게 될 때까지 져어 자기고 기름 발은 팬에 쏫고 네모 반듯하게 버힐 것 <서요 264> ☞ 락화생뻐터퍼지, 박하퍼지, 보통퍼지, 씌비니틔퍼지, 카라멜퍼지

【케리삭트】 명 ((인명)) 게리케(Guericke, Otto von). 독일의 정치가·물리학자(1602~1686). 진공 펌프를 만들었으며 1654년에 대기 압력의 강도를 나타내기 위하여 공개한 마그데부르크의 반구 실험은 유명하다. 비단으로 문지른 유리도 서로를 밀어낸 반면, 호박과 유리는 서로를 끌어당겼다. 이 실험을 통해 서로 다른 두 종류의 전기가 존재한다는 사실이 알려졌다. (외래어).¶ 陽電氣·陰電氣 케리삭트氏 <백과신-송1926 492>

【케씌스】 명 ((지리)) 카디스(Cadiz). 에스파냐 남쪽, 대서양 기슭에 있는 항구 도시. 기원전 10세기 무렵에 페니키아 인이 개척한 오래된 도시이다. (외래어).¶ 남편에 케씌스와 세빌과 말나가ㅣ란 큰 포촌이 잇고 또 라나다ㅣ란 큰 촌이 잇고 또 지브를타ㅣ란 믈ㅅ목시 잇스니 이는 옝길리국이 엇어 ᄎᆞ지ᄒᆞᆫ 곳이오 <사필1889-헐버트 43>

【케퍼】 명 ((음식)) 케퍼(caper). 지중해 연안에서 자라는 풍조목속(風鳥木屬)의 관목. 그 꽃봉오리의 초절임. (외래어).¶ 생션소 ‖ 케퍼 2쇼슈가락 뻐터 1½대슈가락 파 (얇게 썸인 것) 1대슈가락 회향가루 1쇼슈가락 우유 4대슈가락 면보 부스럭이 1잔 소곰 파푸리카 조곰 뻐터를 팬에다가 담아셔 뭉군한 불에다가 녹인 후 파를 너코 3분 동안 부글부글 끌여셔 져은 후에 우유와 면보 부스럭이를 너코 잘 셕근 후에 케퍼와 회향가루를 셕고 소곰과 파와 푸리카[파푸리카]로 약념하여 가지고 생션 내쟝을 빼내고 그 속에 너허셔 구을 것 <서요 18>

【켑다온】 명 ((지리)) 케이프타운(Cape Town). 남아프리카 공화국 서남부에 있는 도시. 아프리카의 가장 남쪽에 있는 도시이며, 이 나라 제일의 무역항이다. (외래어).¶ 도셩을 의론컨대 오렌지국 도셩은 일흠이 브렘판텐이오 트란스발국은 도셩 일흠이 프릐도리아ㅣ오 켑칼로니는 읍니 일흠이 켑다온이오 또 그러엄스다온과 김버리란 큰 촌이 잇스며 <사필1889-헐버트 150>

【켑칼로니】 명 ((지리)) 케이프(Cape). 남아프리카 공화국 남부에 있는 주(州). (외래어).¶ 아프리가 남편 히변에 켑칼로니와 오렌지국과 트란스발국이 잇스니 폭원이 남위션 이십이 듸그리브터 삼십오 듸그리ᄭᆞ지요 동경션 이십륙 듸그리브터 삼십ᄉᆞ 듸그리ᄭᆞ지니 남북이 ᄉᆞ쳔 리요 동셔가 ᄉᆞ쳔 리며 <사필1889-헐버트 149>

【코룬】 명 ((인명)) 아서 코른(Arthur Korn). 1902년에 독일의 사진전송기 발명가. 금속 드럼과 광전관(진공관의 일종)을 이용, 이미지를 전기 신호로 변환해 전송, 인쇄하는 기계를 발명하였다. 이 기계는 1910년부터 런던과 파리, 베를린을 잇는 전화선에 연결되어 실제로 쓰이기도 했다. (외래어).¶ 寫眞電送機 코룬氏 <백과신-송1926 492>

【코탄】 명 ((지리)) 허텐(Hetian). 중국 신장웨이우얼 자치구의 타림 분지 남쪽 끝에 있는 오아시스 도시. (외래어).¶ 또 청국 터키스단이란 디방에 기슈가와 야킨드와 코탄이란 큰 촌이 잇고 또 셔편 뒙엣이란 디방에 라사ㅣ란 큰 촌이 잇고 [이 짜히 도모지 들이오 바다헤셔 팔쳔 쳑이 놉고 다ᄉᆞ리는 님ᄌᆞ는 부쳐도 ᄒᆞ는 즁이오 ᄒᆡ마다 청국에 죠회ᄒᆞᄂᆞ니라] <사필1889-헐버트 74>

【코트】 명 ((체육)) 코트(court). 구장(球場). (외래어).¶ 테니스 코-트 <염상섭, E선생1922>

【코펙】 명의 ((화폐)) 코페이카러(Kopeika). 러시아의 동전. 루블리의 100분의 1. (외래어).¶ 露西亞 루불(Ruble) 留=百哥 코펙(Copeck) <백과신-송1926 493>

【콘스타치】 명 ((음식)) 콘스타치(cornstarch). 옥수수 전분(澱粉) (외래어).¶ 레몬 약념 ½쇼슈가락 콘스타치 2대슈

가락 호도 (원하면) ½잔 건포도를 쓸는 물에 너허 5분 동안 끄러다가 사탕과 콘스타치를 셕고 또 5분 가량 닉힌 후에 불에셔 옴기고 <서요 139> 초콜넷 3온스 크림 3대슈가락 계란 1개 사탕 (미국 고운 것) ⅜잔 콘스타치 1대슈가락 소곰 조곰 피닐나 1쇼슈가락 초콜넷을 중탕하야 녹이고 크림과 계란을 셕고 또 사탕을 조곰식 조곰식 셕근 후에 랭슈 조곰과 셕근 콘스타치를 셕고 작고 져으면셔 되고 부드럽게 될 때까지 5분이나 10분 가량 쓰려 가지고 소곰과 피닐나를 셕거셔 사탕떡 사이에 발을 것 <서요 182>

【콘왈니쓰】 명 ((지리)) 콘왈리스(Cornwallis). (외래어).¶ 콘왈니쓰 (堪哇利司 Cornwallis) <만국통감1912, 4, 20>

【콘풀넥쓰】 명 ((음식)) 콘프레이크(cornflakes). 옥수수를 으깨어 말린 박편(薄片). 설탕과 우유를 섞어 아침 식사로 먹음. (외래어).¶ 맥카룬스 ‖ 계란 (흰자위 되게 져은 것) 3개 소곰 ⅛쇼슈가락 사탕 1잔 피닐나 1쇼슈가락 이 네 가지를 함께 셕고 야자 (코코넛) ½잔 호도 (닉인 것) ½잔 이나 1잔 콘풀넥쓰 2잔 이 세 가지를 함께 셕거셔 몬져 네 가지 셕근 데다가 셕고 1쇼슈가락식 기름 발은 팬에 듬셩듬셩 노코 뭉군한 불에 15분 가량 구을 것 <서요 203>

【콜넘버쓰】 명 ((인명)) 콜럼버스(Columbus, 1451~1506). 이탈리아의 탐험가. 지구가 둥글다는 것을 믿고 대서양을 서쪽으로 항해하여 쿠바, 자메이카, 도미니카 및 남아메리카와 중앙아메리카에 도착하였다. (외래어).¶ 쏘 콜넘버쓰갓치 新大陸을 탸다내고 마졜난갓히 世界周航을 꾀할 사람이 못 되야셔 懶弱을 싸어 오다가 <소년 1908.11.1 76>

【쾌-이】 부 ❶ 쾌(快)히. 빨리. '쾌(快, kuài)'는 중국어 직접 차용어.¶ 쾌이 밀 (逞) <음첩a 14b> 경은 쾌이 도라가 셩상긔 쥬ᄒᆞ라 국모는 명위 현격ᄒᆞ니 감히 명을 밧줍지 못ᄒᆞ리로쇼이다 <소현 20:42> 가지와 고초는 미리 소곰의 져려다가 ᄒᆞ로밤 지낸 후의 넛는이라 칠월 회 팔월 초싱의 일긔 ᄯᆞ라 싱양 쾌이 ᄒᆞᆫ 후의 담그는 이라 <양주법1852-집장법 10b> 종두난 수장이난 쾌이 ᄒᆞᆫ 모양이나 ᄌᆞ근놈은 목의 비록 멍울 서나 발표 ᄒᆞᆫ 군디도 업스니 ᄒᆞᆫ 줄 쪽 밋지 못ᄒᆞ것다 동비 둘은 더고나 알토 아니ᄒᆞ여시니 밍낭ᄒᆞᆫ 이리로다 <싀구(媤舅, 시아버지) ↓며ᄂᆞ리 국한-916> ❷ 흔쾌히.¶ 너 늘고 병드러 존약ᄒᆞᆫ 몸니 험ᄒᆞᆫ 길의 힝보 어려오니 큰 길 가지 당나귀 타고 가다가 관문의 다ᄃᆞ라 잡어감을 청ᄒᆞᄂᆞ이다 ᄉᆞ령이 발셔 금ᄎᆞ 바단는지라 쾌이 허락ᄒᆞ여 왈 <다람쥐전 5b> ⇒ 쾌히, 쾌히, 쾌회, 쾌히

【쾌ᄌᆞ】 명 ((복식)) 쾌자(快子). 겉옷으로 입는 옛날 군복의 한 가지. 소매가 없고 등솔기가 허리까지 트였다. 일명 괘자(褂子). '쾌(快, kuài)'는 중국어 직접 차용어.¶ 쾌ᄌᆞ (襘襘) <문류-옥백 23a>

【쾌-회】 부 쾌(快)히. 빨리. '쾌(快, kuài)'는 중국어 직접 차용어.¶ 두견화 쾌회 핀 것 여의 업[시] 경히 [다]둠아술 ᄒᆞᆫ 제에 ᄒᆞᆫ 말 너흐라 <규합-정양완a 두견쥬 1:11a/18> ⇒ 쾌히, 쾌히, 쾌이, 쾌히

【쾌-히】 부 ❶ 쾌(快)히. 빨리. '쾌(快, kuài)'는 중국어 직접 차용어.¶ 快 ‖ 네 가음연 놈으로셔 샹시예 ᄒᆞᆫ 터럭긋도 ᄂᆞᆷ 주디 아니ᄒᆞ더니 하ᄂᆞᆯ히 ᄂᆞᆫ ᄯᅥ보샤 쾌히 갑흐시니 네 우리롤 원망티 말라 (你這財主們, 閑常一毛不拔. 今日天開眼, 報應得快!你不要怨暢.) <충수호-서울 22:11b> 텬식이 쟝ᄎᆞᆺ 느저시니 쾌히 비로 가사이다 (天色將晩了, 快下船, 還要赶宿頭哩.) <평산 3:104> 혼인대ᄉᆞ롤 쾌히 결단ᄒᆞ셔 블러 드려 후히 디졉ᄒᆞ시니 감격ᄒᆞᄒᆞ여이다 (婚姻大事, 造次相求, 得蒙召入, 感激不盡.) <옥지-연세 3:38> 귀련이 압흘 향ᄒᆞ야 닐오디 셩샹이 팀향뎡의셔 션싱을 브르시니 션싱은 쾌히 몰긔 오ᄅᆞ라 (龜年上前道: "聖上在沉香亭宣召學士, 快去!") <니태빅뎐-단국 34> ᄇᆞ람을 타 쾌히 긴 강을 건너가 모든 흉ᄒᆞᆫ 거술 죽이고 대명을 회복홀고 (乘風快渡長江去, 殺盡群凶復大明.) <호연 상:6b> 호뎡이 홀노 빅 층 뫼불의롤 디ᄒᆞ야시니 쾌히 셔셔 하ᄂᆞᆯ의 년ᄒᆞ야 긋출 보디 못ᄒᆞ리로다 (灝亭獨對百層巒, 快立連天不見端.) <호연 상:37b> 노공이 셩이 급ᄒᆞ니 ᄌᆞ방을 쾌히 내여보니라 (魯公性急, 快放子房出去.) <서한-국중 4:13> 문빙이 말을 노화 한 살노 ᄯᅩ한 홍심을 맛치니 모다 칭찬ᄒᆞ며 금괴 어즈러이 울니거놀 문빙이 디호 왈 쾌히 젼포를 가져오라 (文聘拈弓縱馬一箭, 亦中紅心. 衆皆喝采, 金鼓亂鳴. 聘大呼曰: "快取袍來!") <삼국-국중 10:94-56> 현덕이 말을 머무르고 크계 부로지저 왈 뉴죵현질아 너ᄃᆞ만 빅셩을 구코ᄌᆞ ᄒᆞ고 다ᄅᆞᆫ 마암이 업ᄉᆞ니 가히 쾌히 문을 열나 (玄德勒馬大叫曰: "劉琮賢姪, 吾但欲救百姓, 並無他念, 可快開門.") <삼국-모종 7:44> 년망히 블너 왈 쾌히 와 날을 구ᄒᆞ라 (快來救我! 快來救我!) <수양-녹우 5:104> 원닉 그런닷다 장긔 진짓 의복이로다 쾌히 져를 불너오라 너 보리라 (原來如此. 章琪倒是個義僕了, 快叫他來與我看看.) <분장 3:49> 누병아 네 쾌히 산치의 가 니더왕을 청ᄒᆞ여 오라 장안 진환과 등쥬 졍패 왓다 ᄒᆞ라 (衆嘍兵, 你快上山去報與羅大王知道, 說是長安秦環、登州程珮前來相助的.) <분장 3:74> 나는 천공장군 장각의 부장이라 오는 ᄌᆞ는 쾌히 젹토마를 머물고 ᄀᆞ라 (我乃天公將軍張角部將也! 來者快留下赤免馬, 放你過去!) <삼국-국중 6:85> 진실노 방 가온디셔 쾌히 죽여 후환을 끈흐미 조흐디 빈되 과연 지살 칠십이 변화롤 ᄒᆞ되 <명행 31:28> 그디 알고 만일 도으미이시며 쾌히 닐으려니와 블연즉 유해무익ᄒᆞ리라 <벽허 19:69> 그만 술에 취ᄒᆞ야 쾌히 ᄌᆞ고 니러나니 시봉이 만흘토다 <현몽 15:64> 금일 쾌히 ᄌᆞ웅을 결ᄒᆞ야 요인을 잡아 만단의 닉여 한을 셜ᄒᆞ고 <화뎡 4:1> 쇼싱이 군후롤 경시ᄒᆞ미 아니라 어린 쇼견을 펴미러니 쾌히 ᄭᆡ다라시니 만힝이로쇼이다 <소현 4:43> 그 병이 쥬식과 심화로 난 병이라 즉시 명약ᄒᆞ야 그날브터 약을 쓰니 두어 돌이 못ᄒᆞ야셔 병이 쾌히 ᄒᆞ린지라 <빅복

35b> 군관 ᄒᆞ나 역관 ᄒᆞ나흘 졍ᄒᆞ야 보내니 뉴각뇌 ᄀᆞ장 깃거 쾌히 허락ᄒᆞ고 모든 각노의게 말을 보내여 다시 모혀 의논ᄒᆞ고 <죽천 2:37> 예ᄂᆞᆫ ᄃᆡ단 별우 업ᄉᆞ오니 다힝ᄒᆞ오며 ᄎᆞ돌 요ᄉᆞᄂᆞᆫ 쾌히 낫ᄉᆞ오니 다힝다힝ᄒᆞ오이다 <김성일가-118 1827-50 의성김씨(둘째딸) ↓김진화(아버지)> 졔 말소리 낭ᄂᆞᄒᆞ나 ᄀᆞ날고 죠용나작ᄒᆞᆫ이 심ᄒᆞ의 고히ᄒᆞ야 한 번 츄파을 빗기고 쾌히 ᄶᅵ다라 상양ᄒᆞ기을 오릭 ᄒᆞ더니 <방한림-율곡1900 16> ❷ 통쾌하게. 차라리.¶ 索性 ‖ 놈이 니ᄅᆞ기롤 형이 미안히 너겨 뎌의 밥갑술 주디 아닛ᄂᆞᆫ다 ᄒᆞ니 과연 뎌롤 미안이 너길딘대 뎌의 은을 쾌히 주고 뎌롤 쳐치ᄒᆞ미 어렵디 아닐디라 이제 뎌의 은을 주디 아니ᄒᆞ므로 쇼인이 시러곰 쟈구ᄒᆞᄂᆞ니라 (都說兄怪他, 有些店帳不肯還他; 若果然怪他, 索性還了他銀子, 擺布他一場, 却是不難的; 若不還銀子, 使小人得以藉口.) <수유-동방 2:17> 이긔디 못ᄒᆞ기ᄂᆞᆫ 니ᄅᆞ디 말고 비록 이긔여도 쾌히 이긔디 못ᄒᆞ면 족히 뎌롤 붓그럽게 못ᄒᆞ리라 (莫說輸與他, 就是勝他, 也算不得奚落, 不足以爲恥.) <평산 8:11> ▼痛 ‖ 다만 이리ᄒᆞ기예 조흔 내 일흠과 묽은 규법이 ᄯᅩᄒᆞᆫ 더러왓ᄂᆞᆫ디라 내 비록 죽을디라도 네 머리롤 쾌히 버혀 깁흔 흔을 ᄲᅵ슨 후의 죽으리라 (然我管青眉閨閣清幽, 未免遭玷, 若不痛斬汝首, 則此恨怎消!) <옥지-연세 3:40> 우리 동챵 옥쥬 살히ᄒᆞᆫ 원슈와 부친 위승샹의 폄젹ᄒᆞᆫ 원슈와 싱모 셜부인을 모함ᄒᆞ던 원슈와 니 목숨 지이믈 ᄎᆞ려 ᄒᆞ던 원슈롤 쾌히 갑노라 <천수 9:57> 약간 쳥을 바치마 ᄒᆞ거ᄂᆞᆯ 션비 실상으로 쳥슈옹긔 엿자오니 쾌히 허락ᄒᆞ오셔 거간ᄒᆞᆫ 사롬이 그 아젼의 바치ᄂᆞᆫ 거술 바다 드렷더니 <언행록-광산김씨 10a> ⇒ 쫘히, 쐐히, 쾌이, 쾌희

【쾅지】 명 ((기물)) 광주리. 바구니. (중국어 차용어).¶ 쾅지 (竹簍子) <동해-기구 하:15b> <몽해-기구 하:11a> 쾅지에 돌 담아 막은 언 (竹絡壩) <한청-지여 15:6a> 챵포로 겨른 쾅지 (蒲包) <한청-기용 11:44a> [쇼로] ▼šoro ‖ 물쏭을 쾅지예 담아시니 드려셔 잘 곰초와 두라 (morin i fajan be šoro de tebuhebi dosimbufi saikan somime sinda.) <청노 7:1a>

【쾌】 명의 ((화폐)) 쾌[塊, kuài]. 중국의 화폐 단위. 원(圓). (중국어 직접 차용어).¶ 塊 ‖ 졔 每한 사름의 셜흔 쾌 洋錢을 달나 ᄒᆞ디 (他要每一箇人三十塊洋錢.) <화몽 하:31b> 一百斤마다 열 쾌 돈을 혬ᄒᆞᄂᆞᆫ 거시 곳 올타 (按着一百斤叩十塊錢就是咧.) <화몽 하:31b>

【쾌ᄌᆞ】 명 ((인류)) 회자(劊子). 망나니. '쾌ᄌᆞ(劊子, guìzi)'는 중국어 직접 차용어.¶ 劊子手 ‖ 쾌ᄌᆞ 쥬졈의 가 술 ᄒᆞᆫ 사발을 ᄉᆞ다 쥬니 (劊子手……只得去酒店討了一碗酒, 把木杓盛了叫他吃.) <평요 7:63> 쾌지 쇠로 밍근 섯자롤 가지고 아모리 쓰려 ᄒᆞ여도 죠고만 거시 이리로 ᄃᆞ르락 뎌리로 ᄃᆞ르락 ᄒᆞ며 혹 섯자의 쓰여도 굼그로 슈ᄌᆞ 싸지니 쓰다가 못ᄒᆞ야 (劊子手將一把鐵笊籬, 在油鍋裏撈, 原來那笊籬眼稀, 行者變得釘小, 往往來來, 從眼孔漏下去了, 那裏撈得着!) <서유-연세 6:115> 어시에 무왕과 틱공과 밋 문무 군신이 다 법쟝의 나아가 달긔와 비듕의 죄롤 혜고 쾌ᄌᆞ로 ᄒᆞ여곰 몬져 달긔롤 참ᄒᆞ라 ᄒᆞ니 (于是武王太公及文武群臣, 詣于法場, 數妲己費仲之罪, 令劊子手先斬妲己.) <춘추 2:84> 압희 션 사람니 쌍도롤 ᄲᅢ여 힝형 쾌ᄌᆞ를 쳐 것구러치고 호옥상을 붓들어 안고 말을 두루혀 다라나이 (當先一人掣出雙金鐧, 將劊子手打倒在地, 一把提起犯人, 回馬就跑.) <분장 4:142> 나의 심화롤 도도면 악심이 져삭ᄒᆞ기는 시로이 오히려 셩악이 더어 나종은 친히 쾌ᄌᆞ의 쇼임이라도 힝ᄒᆞ리니 <엄효 24:55> 광풍이 ᄃᆡ작ᄒᆞ니 만셩인민이 실쇡경혼ᄒᆞ고 쾌ᄌᆞᄂᆞᆫ 아득ᄒᆞᆫ 운무 쇽의 산히롤 일코 아모리ᄒᆞᆯ 줄 모로고 <화충 25:10>

【쿠대】 명 구대(口袋). 자루. 부대. 주머니. '쿠ᄃᆡ(口袋, kǒudài)'는 중국어 직접 차용어. 함북방언에 '커우대'가 지금도 쓰이고 있다.¶ 口袋 ‖ 요 밋히 빅포 쿠ᄃᆡ롤 내여 기즁의 잇ᄂᆞᆫ 삼ᄉᆞ 기 탄ᄌᆞ롤 취ᄒᆞ여 픔의 지ᄅᆞ고 챠롤 머믈나 ᄒᆞ며 (將褥子底下的一個白布口袋取出拉開, 伸手去抓了三四把彈子, 揣在懷裏, 叫車子住着.) <홍부 6:50> 앗구나 너의 챳군덜리 실노 더럽다 ᄂᆡ 어디로 다못 져의을 불너 들른 테 아니하고 니러나기 어럽다 져의 여물 쿠ᄃᆡ도 다 문안의 잇넌 것시니 도라와 즘싱의 궁이을 보와 초로을 다 먹어 간경하여다 (嗳呀, 你們車戶家們寔在買怠啊. 我往那裡只是叫他們糙不聽難得起來. 他們料口袋也都在門裡頭, 回來看牲口槽子, 草料都吃淨兒咧.) <기착-육당 하:56a> ⇒ 커우대

【쿠리매】 명 ((복식)) 몽고어 külme 또는 만주어 kurume에서 온 말. 두루마기. 솜으로 지어 저고리 위에 입는 겉섶이 없고 소매가 조금 짧은 옷. (만주어 차용어). ※ 구루매, 쿠루매, 쿠리매, 굴리매 (함북) 구루매기, 후루매 (함남) 구루메, 구루매기, 구리매 (평북) 후루매 (충청, 경기) 후루매기 (강원, 충청, 전라) 후리매 (제주 방언).¶ 쿠리매[ㅇ쿠루머] (褂子) <동해-복식 상:55b> <과록-복용 84b> 홍비 붓친 쿠리매 (補褂) <한청-의복 11:4a> 대홍 항나 공복 남 셜한쵸 더그레 남 싱경 광듀 챵의 일 쟉 초록 왜 항나 쿠리매 금치 빵학 흉비 일 빵 유록 운문 갑사 관ᄃᆡ <품목③ 214> 남 운문 갑사 더그레 일 쟉 남 빵문쵸 챵의 당ᄌᆞ덕 화문 사 쿠리매 <품목③ 216> ⇒ 쿠리미, 후루막, 후리미, 훌우매

【쿠리미】 명 ((복식)) 몽고어 külme 또는 만주어 kurume에서 온 말. 두루마기. 솜으로 지어 저고리 위에 입는 겉섶이 없고 소매가 조금 짧은 옷. (만주어 차용어). ※ 구루매, 쿠루매, 쿠리매, 굴리매 (함북) 구루매기, 후루매 (함남) 구루메, 구루매기, 구리매 (평북) 후루매 (충청, 경기) 후루매기 (강원, 충청, 전라) 후리매 (제주 방언).¶ 쿠리미 (褂) <물명괄-복식 22b> 쿠리미[쿨머] (褂子) <몽해-복식 상:43a> 쿠리미 (掛子) <삼학-고석 복> ⇒ 쿠리매, 후루막, 후리미, 훌우매

【쿠졔-ᄒᆞ-】 동 구제(扣除)하다. 받을 몫에서 일정한 금액

이나 수량을 빼다. 공제(控除)하다. '쿠(扣, kòu)'는 중국어 직접 차용어.¶ 쿠제ᄒᆞ다 (扣) <화정 134>

【쿠페】 명 ((지리)) 쿠퍼(Cooper)강. 오스트레일리아 중동부를 흐르는 강. (외래어).¶ 디형을 의론컨대 동편에 오스드렐랴앏과 썔루와릐버블이란 산과 ᄒᆞᆫ가온대 젹은 산들이 잇고 동남에 메레란 강이 인도양에로 드러가고 랔란과 짤링이란 강이 메레강에로 드러가고 쿠페란 강이 잇스며 <사필1889-헐버트 154>

【쿡】 명 ((인류)) 쿡(cook). 요리사. (외래어).¶ 쿡 (廚子) <자통-직업 430>

【쿵쿵-지-】 형 공공(空空)지다. 텅텅 비다. '쿵쿵(空空, kōngkōng)'은 중국어 직접 차용어.¶ 空空 ‖ 져 ᄉᆞ뷔 실노 고이ᄒᆞ도다 쿵쿵진ᄃᆡ 엇지 일ᄌᆞ롤 지내ᄂᆞᆫ고 가히 이상토다 (這位師父實實奇怪, 這麽空空的, 怎樣過日子?) <요화 2:43>

【쿼트】 명의 ((도량)) 쿼트(quart). 야드파운드법에 의한 부피의 단위. 1쿼트는 1갤런의 4분의 1. 파인트의 두 배로 영국에서는 약 1.11리터, 미국에서는 0.95리터에 해당한다. (외래어).¶ 쌀내비누 (보통 것) 1개 쌀내소다 1파운드 물 16잔 (4쿼트) 셕유 1잔 암모니아 ½잔 비누를 써러셔 물 조곰을 붓고 푸러지기까지 ᄭᅳ린 후에 <서요 292> 병 나사를 느슨히 틀고 곳 끌는 물에 너허셔 쇼독하대 병을 몬져 더운물에 담가셔 온도를 차차 올녀 가지고 시간표대로 ᄭᅳ리고 (시간표에는 1쿼트 곳 4잔 병을 표쥰 하엿슴) <서요 297>

【퀘크쓰】 명 퀘이커스(Quakers). (외래어).¶ 퀘크쓰 (愧克 Quakers) <만국통감1912, 4, 21>

【퀴벡】 명 ((지리)) 퀘벡(Quebec). 캐나다 동부 퀘벡주의 주도. (외래어).¶ 퀴벡 (灰碑克 Quebec) <만국통감1912, 4, 20>

【크라멜】 명 ((음식)) 카라멜(caramel). 설탕, 우유 등을 섞어 고아서 만든 캔디. (외래어).¶ 계란과 찬 크림을 셕고 다시 5분 동안을 ᄯᅳ려셔 체에 밧쳐 식혀 가지고 아이쓰크림 통에 쏫아셔 얼닐 것 만일 더 맛이 잇게 하려면 초콜넷이나 크라멜이나 무슨 실과든지 가령 복사나 짤기나 모과슈나 싸나나나 셕글 것 <서요 126> ⇒ 카라멜

【크라스루ㅡㅁ】 명 클래스룸(classroom). (외래어).¶ 크라스루ㅡㅁ (敎室) <영어일상통화단어초집 우산>

【크라온-포인드】 명 크라운포인트(Crown Point). (외래어).¶ 크라온포인드 (冠晃尖 Crown Point) <만국통감1912, 4, 21>

【크람위얼】 명 ❶ ((인명)) 크롬웰(Cromwell). 영국의 정치가, 군인(1599~1658). 청교도 혁명이 일어나자 혁명군을 지휘하여 왕당파를 격파하고 찰스 일세를 처형하여 공화제를 수립하였으며, 엄격한 청교도주의에 의한 독재 정치를 단행하였다. (외래어).¶ 크람위얼 (영국) (寬偉勒 Cromwell) (Eng.) <만국통감1912, 4, 20> 후에 청결교 사름 크람위얼이 군ᄉᆞ를 예비ᄒᆞ야 의원을 도아 싸홈홀 시 마스튼무어 짜헤셔 루버트 군ᄉᆞ를 싸화 이긔고 <만국통감1912 4, 54> ❷ ((인명)) 크롬웰 (Cromwell). (외래어).¶ 크람위얼 (寬偉勒 Cromwell (Amer. Rev.)) <만국통감1912, 4, 20>

【크랙키】 명 ((음식)) 크랙커(cracker). 과자. (외래어).¶ 크랙키 부스럭이 조곰 계란 (흰자위) 2개 싸몬을 통에 담은 채 즁탕해셔 10분 동안을 끌여셔 식혀 가지고 우유를 밀가루와 셕거 되게 하여셔 끌여 식힌 후에 소곰과 호쵸와 계자로 약념을 해셔 싸몬에 셕거셔 원하는 대로 닭의 알 모양이나 콩짝지 모양을 만들대 만들 수 잇슬 만콤 크래키 부스럭이를 셕고 그 후에는 잘 져은 계란 흰자위를 뭇치고 다시 크래키 부스럭이에다 굴녀셔 ᄯᅳ거운 도야지기름에 지질 것 <서요 15> 기름 발은 쩨킹팬에 크래키 부스럭이를 고로로 ᄲᅮ리고 그 안에 굴을 좀 노코 그 우에 물 업는 양미나리를 조곰 노코 그 다음에 쏘스를 조곰 노흐대 팬이 다 찰 때까지 이 순셔대로 두세 번 계속하고 팬이 다 찬 다음에는 치스 ½잔을 그 우에 ᄲᅮ리고 누른 빗치 날 때까지 구을 것 <서요 17> ☞ 비스켓. 비스켈, 삐스케트

【크랙키쓰】 명 ((음식)) 크랙커(crackers). 과자 부스러기. (외래어).¶ 감자국 ‖ 파 (큰 것) 기름 1 대슈가락 감자 (네모지게 썬 것) 2잔 치스 (잘게 썬 것) ½잔 파를 잘게 써러셔 기름에 지지고 감자를 넉넉한 물에 삶되 그 감자 삶은 물이 네 잔씀 남아 잇게 한 후에 파 지진 것을 너코 다시 잘 삶은 후 치스를 너코 더운 크랙키쓰 우에 쏘다셔 먹을 것 <서요 10> ☞ 비스켓. 비스켈, 삐스케트

【크럼핏쓰로얄】 명 ((음식)) Crumpets Royal. (외래어).¶ 크럼핏쓰로얄 (格輪潑脯) <조반>

【크레오쏘트】 명 크레오소트(creosote). 방부제. (외래어).¶ 만일 고기에 다 연긔를 쏘히여면 먼져 크레오쏘트 ½쇼슈가락과 샐렛 기름 2대 슈가락을 칠할 것 <서요 35>

【크로케쓰】 명 ((음식)) 크로켓(croquettes). (외래어).¶ 햄과 닭고기를 셕거셔 찬그릇에다가 쏫아셔 식히고 다 식거든 그것으로 크로케쓰를 만드러셔 크랙키 부스럭이에다가 굴녀 뭇쳐셔 져은 계란에 담갓다가 다시 고은 면보 부스럭이를 뭇쳐셔 끌는 기름에 푹 담가 누러케 될 때까지 닉혀 가지고 먹을 것 <서요 31> ⇒ 그로켓

【크리슈도쓰】 명 ((인명)) 예수 그리스도(Christos). 기독교의 개척자이며 교주인 예수를 이르는 말. (외래어).¶ 크리슈도쓰 (基督) <마가젼-이수정 1885> ⇒ 그리스도, 그리쓰도, 크리스도, 키리쓰토

【크리스도】 명 ((인명)) 예수 그리스도(Christos). 기독교의 개척자이며 교주인 예수를 이르는 말. '그리스도'란 히브리어에서 '기름을 머리에 이는 사람' (왕관을 쓰는 사람)을 의미하여 인류의 죄를 씻어 주기 위하여 하나님이 보냈다는 구세주이다. (외래어).¶ 나ㅣ 너희게 됴흔 복음을 보ᄒᆞ야 모든 빅셩으로 ᄒᆞ여곰 크게 깃붐을 알게 홈이로라 오날 새벽의 고을에 너희 빅셩을 위ᄒᆞ여 셰상을 구원ᄒᆞ실 쥬롤 탄싱ᄒᆞ엿ᄉᆞ니 이곳 크리스도ㅣ라

너희 가셔 뎌 어린ᄋᆞ히롤 뵈에 싸 몰구유에 뉘임을 보리니 이거시 증거ㅣ니라 <훈아 13a> ⇒ 그리스도, 그리쓰도, 크리슈도쓰, 키리쓰토

【크리쓰마쓰】 명 ((민속)) 크리스마스(Christmas). (외래어).¶ 크리쓰마쓰가 한 보름 남지 안핫나 <염상섭, 무현금1934 1:94>

【크리쓰마쓰-이브】 명 ((민속)) 크리스마스 이브(Christmas eve). (외래어).¶ 크리쓰마쓰 이-브에 보내신 <염상섭, 제야1922 1:40>

【크림-쏘스】 명 ((음식)) 크림소스(cream sauce). (외래어).¶ 크림쏘스 ‖ 우유 2잔 쌔터 1대슈가락 밀가루 1대슈가락 소곰 1쇼슈가락 고초가루 조곰 팬에 쌔터를 담아 불에 노하 녹인 후에 그대로 밀가루를 담아셔 곱게 개고 거긔다가 우유를 천천히 붓고 소곰과 고초가루를 너흘 것 (시작할 째브터 쯧까지 5분 동안만 불에 둘 것) <서요 19> 된 크림쏘스를 맨들고 이 아래 것을 법대로 한 후에 거긔 굴을 너흘 것 굴 4잔 레몬 (물만) 1개 셔양장 1쇼슈가락 소곰 조곰 고초 조곰 치스 (강판에 간 것) 피멘토 ½통 양미나리 (닉인 것) 1포귀 <서요 17> ☞ 마시맬로쏘스, 메플쏘스, 초콜넷쏘스, 카라멜쏘스, 타타쏘스, 퍼지쏘스

【크림-어-타타】 ((음식)) 크림 어브 타르타르(cream of tartar). 타르타르크림. (외래어).¶ 사탕 1½잔 물 ½잔 계란 (흰자위) 2개 피닐나 1쇼슈가락 크림어타타 ⅛쇼슈가락 사탕과 물과 크림어타타를 석거셔 젓지 말고 쓰리대 <서요 162> 사탕 (미국 고운 것) 1잔과 2대슈가락 밀가루 (사탕썩 밀가루) 1⅓잔 큰 계란 (흰자위) 11개 소곰 ½쇼슈가락 크림어타타 1쇼슈가락 계란 (노른자위) 6개 귤 약념이나 레몬 약념 ½쇼슈가락 피닐나 ½쇼슈가락 계란과 소곰과 크림어타타를 큰 졉시에 담고 져가락으로 져으대 <서요 176> 빼킹파우더 ‖ 크림어타타 2병 (1000그람) 소다 1병 (500그람) 콘스타치나 밀가루 2잔 가량 모도 잘 석거셔 체에 쏙 여듧 번 처 가지고 병에 담아 잘 막아 두고 사탕썩 만들 때에 쓸 것 (쏙 청명한 날에 만들고 둘 째에도 습긔가 채지 안토록 잘 막을 것) <서요 288>

【크림-카라멜-아이씽】 명 ((음식)) 크림 카라멜 아이싱(cream caramel icing). (외래어).¶ 크림카라멜아이씽 ‖ 흰사탕 3잔 크림 1½잔 쌔터 4쇼슈가락 세 가지를 한데 석거 화덕에 노코 사탕이 다 풀니도록 져어가지고 10분이나 12분 동안 급히 쓰려셔 내여 노코 져어셔 되게 되거든 피닐나 ½슈가락을 석거셔 아모 사탕썩에든지 발을 것 <서요 180> ☞ 마쉬말노아이씽, 초콜넷아이씽

【크림-펍스】 명 ((음식)) 크림퍼프스(cream puffs). 슈 페이스트리로 만든 작고 혹 같은 모양에 달게 한 휘핑크림이나 커스터드를 채운 것. (외래어).¶ 크림펍스 ‖ 쌔터 ½잔 밀가루 1잔 물 1잔 계란 (큰 것이면 3개) 4개 끌는 물과 쌔터에다가 밀가루를 천천히 석거 가지고 식혀셔 계란을 한 개식 한 개식 잘 석근 후에 기름 발은 팬에다가 슈가락으로 대쇼는 마음대로 써노코 35분 가량 구은 후에 식혀 가지고 그 꼭닥이를 꼭지처럼 도리고 그 뷘 속에다가 아래 예비한 것을 너코 도려낸 것을 도로 덥허셔 먹을 것 우유 2잔 밀가루 2대슈가락 사탕 5대슈가락 계란 1개 이 네 가지를 석거셔 즁탕하야 15분이나 20분 가량 닉힐 것 <서요 209>

【크림-필닝】 명 ((음식)) 크림필링(cream filling). (외래어).¶ 크림필닝 ‖ 사탕 1잔 밀가루 ⅓잔 계란 (잘 져은 것) 2개 우유 2½잔 피닐나 1쇼슈가락 사탕과 밀가루와 계란을 함께 석거셔 쓰거운 우유에다가 쏫고 즁탕해셔 10분 동안 쓰려 가지고 피닐나를 석글 것 <서요 180> ☞ 귤필닝, 레몬필닝

【크림-햄】 명 ((음식)) 크림햄(creamed ham on toast). (외래어).¶ 크림햄 ‖ 햄 (삶아셔 간 것) 1잔 우유 2잔 계란 (잘 져은 것) 2개 밀가루 3대슈가락 사탕 2대슈가락 파 (닉인 것) 2개 소곰 조곰 호쵸 조곰 쌔터 1대슈가락 몬져 우유 ¾을 끌이고 다음에 사탕과 밀가루와 계란을 한 그릇에 담고 남어지 찬 우유를 부어 곱게 개고 거긔다가 끌인 우유를 천천히 부어셔 석고 햄과 파와 쌔터와 소곰과 호쵸를 고로로 석거 가지고 기름 바른 팬에다가 부어셔 ½시 동안 구을 것 <서요 26>

【크릿트】 명 ((지리)) 크레타(Creta)섬. 지중해 동부, 에게해 남쪽 끝에 있는 섬. 그리스령이며, 고대 크레타 문명의 중심지이다. (외래어).¶ 엇은 디방을 의론컨대 아시아 셔편 홍히ㅅ ᄀᆞ와 아프리가 북편 디즁히 ㅅᄀᆞ와 쏘 디즁히에 크릿트ㅣ란 큰 셤을 ᄎᆞ지ᄒᆞ엿ᄂᆞ니라 <사필1889-헐버트 60>

【클네멘드-열넷재】 명 ((인명)) 클레멘드 14세 (Clement XIV). (외래어).¶ 클네멘드 열넷재 (灰門特十四 Clement XIV) <만국통감1912, 4, 21>

【클닌단】 명 ((인명)) 클링턴(Clinton). (외래어).¶ 클닌단 (克林炭 Clinton) <만국통감1912, 4, 21>

【클너쓰티덤】 명 ((인명)) 클레스티덤 (Clastidum). (외래어).¶ 클너쓰티덤 (喀斯提底恩 Clastidum) <만국통감1912, 4, 21>

【클울너쓰】 명 ((인명)) 헤라클래스. 미상. (외래어).¶ 클울너쓰 (客勒斯) <조반>

【키내아】 명 ((지리)) 기니(Guinea). 아프리카 서해안에 있는 공화국. 네 개의 지역으로 뚜렷이 구분되며, 1968년에 프랑스에서 독립하였다. (외래어).¶ 키내아 (幾內亞) <명물-육당 13a>

【키도】 명 ((지리)) 키토(Quito). 남아메리카 에콰도르에 있는 도시. 잉카 제국의 고도(古都)였으며 적도 바로 아래 있다. 에콰도르의 수도. (외래어).¶ 도셩을 의론컨대 일홈이 키도ㅣ니 나라ㅅ 북편이오 이 나라ㅅ 도셩 디형이 텬하에 뎨일 놉흐니라 <사필1889-헐버트 126>

【키로-그람】 명의 ((도량)) 킬로그램(Kilogram). 미터법에 의한 무게의 단위. 1킬로그램은 1그램의 1,000배이다. (외래어).¶ 佛蘭西 獨逸 키로그람(Kilogramme)瓩 그람(Gramme)瓦 <백과신-송1926 494>

【키로-메터】 명의 ((도량)) 킬로미터(Kilometer). 미터법에 의한 길이의 단위. 1킬로미터는 1미터의 1,000배이다. (외래어).¶ 佛蘭西 獨逸 키로메터(Kilometre)粁米 떼카메터(Decametre) <백과신-송1926 495>

【키리쓰토】 명 ((인명)) 예수 그리스도(Christos). 기독교의 개척자이며 교주인 예수를 이르는 말. (외래어).¶ 키리쓰토 (基督) <마가젼-로스 1887> ⇒ 그리스도, 그리쓰도, 크리스도, 크리슈도쓰

【키스】 명 키스(kiss). 입맞춤. (외래어).¶ 금방 써러젓다가 쏘다시 피어올르는 '키스'의 꼿. <현진건, 황원행1929 82> ⇒ 키쓰, 킷스

【키쓰】 명 키스(kiss). 입맞춤. (외래어).¶ 키쓰를 하고 <염상섭, 암야1922 57> ⇒ 키스, 킷스

【키친】 명 ((주거)) 키친(kitchen). 부엌. (외래어).¶ 키친 안의 와이푸는 썬너 하기 결을 업소 <신민 1918.11.28>

【킷스】 명 키스(kiss). 입맞춤. (외래어).¶ 하늘 우에 神仙들도 부러워한다더라 그 더운 킷스를 <학지 1917.11.20> ⇒ 키스, 키쓰

【킹스-푸딩】 명 ((음식)) 킹스푸딩(King's pudding). '푸딩'은 서양식의 연한 생과자. (외래어).¶ 킹스푸딩 ‖ 면보 부스럭이 2잔 녹인 기름 ½잔 몰나셋스 ½잔 우유 1잔 건포도 1잔 호도 ½잔 계란 1개 계피가루 1쇼슈가락 소곰 ½쇼슈가락 뎡향가루 ½쇼슈가락 소다 ½쇼슈가락 면보 부스럭이를 ½시간 동안 물에 조곰 쥐기고 건포도와 호도 외에 한데 석근 후에 건포도와 호도를 석거셔 모형 그릇에 담고 증탄해셔 1시간 동안 화덕에 구어셔 쏘스와 함믜 먹을 것 <서요 121> ☞ 감푸딩, 건포도푸딩, 기우리가루푸딩, 밥푸딩, 사과푸딩, 예수탄일실과푸딩

【콜나】 명 ((복식)) 칼라(collar). 양복이나 와이셔츠 따위의 목둘레에 길게 덧붙여진 부분. 옷깃. (외래어).¶ 넥타이 콜나 번뜻하니 경셩드뭇 쌤이로다 <신민 1916.9.14>

【킈졈-하-】 동 개점(開店)하다. 열다. '킈(開, kāi)'는 중국어 직접 차용어.¶ 開店 ‖ 그은 자연한 것시 관안의셔 킈졈하넌 것시 손지조 빠름과 갓지 아니하더라 (那个自然是不像關裡開店的手藝快當.) <기착-육당 상:46a>

【킈-하-】 동 개(開)하다. 열다. '킈(開, kāi)'는 중국어 직접 차용어.¶ 開 ‖ 너 네게 빅 댜ㄒ 쇼쳔을 쑤일 거시니 집이 한바탕 노름 분쥬를 킈하고 투젼을 하여도 올코 골픠를 하여도 올으니 (我借給你一百吊小錢, 家裡開一場湊風, 鬪牌也是得打骨牌也是得.) <중화-아천 11a> ⇒ 킈허-, 킈ᄒᆞ-

【킈-허-】 동 개(開)하다. 열다. '킈(開, kāi)'는 중국어 직접 차용어.¶ 開 ‖ 영장호 친이 한 쟝 단자를 킈허여셔 기지마다 아릐 마자를 그려 긱상들의게 보야쥬니 (永長家親手開一箇單子, 每張每張底些畵麼子, 給客商們瞧瞧.) <중화-탁족 26a> ⇒ 킈하-, 킈ᄒᆞ-

【킈-ᄒᆞ-】 동 개(開)하다. 열다. '킈(開, kāi)'는 중국어 직접 차용어.¶ 開 ‖ 니 삼십여 넌 뎐방을 킈ᄒᆞ여 열믜 긱상을 맛잡아 보면 열믜 흥졍을 반ᄒᆞ여 보아시라 (我開三十多年的店房, 惹過多少客商們, 辦過多少銀子的生意.) <중화-한고 21a> ⇒ 킈하-, 킈허-

【킷헤린】 명 ((인명)) 캐서린 아라곤 (Catherine of Aragon). 영국왕 헨리 8세의 첫번째 왕비이자 잉글랜드 메리 1세의 어머니. 헨리 7세의 맏아들 아서와 결혼했으나 사별하고 아서의 동생 헨리 8세와 재혼하였다. (외래어).¶ 뎨륙 엣와드가 죽으매 킷헤린의 쏠 마리아가 위를 니으니 <만국통감1912 4, 37> 킷헤린 (에라간) (喀特利尼 Catherine (of Aragon)) <만국통감1912, 4, 20>

【킷헤린-첫재】 명 ((인명)) 캐서린 1세 (Catherine, 1729-96). 러시아 여황제.¶ 킷헤린 첫재 (아라사) (喀特利尼 Catherine) (Russia) <만국통감1912, 4, 20>

【ㅌ】

【타】 명의 타스(dozen). 이름수의 한 가지. 물건 12개를 단위로 한다. 다른 한편으로 속옷, 편직물 같은 것을 세는 단위의 하나. 보통 10개를 단위로 한다. (외래어).¶ 다오루 일 타 싀ᄉ 오십 타 기지 싀ᄉ 일 조 이합ᄉ 열 태 솜합ᄉ 열 태 양ᄉ 열 텨 연필 일 타 쳘필더 두 긔 <물목-한고 1941>

【타나나리보】 명 ((지리)) 타나나리보(Tananarivo). 인도양 서부, 마다가스카르 섬에 있는 상공업 도시. (외래어).¶ 도셩을 의론컨대 일홈이 타나나리보ㅣ니 나라 ᄒᆞᆫ가온대요 또 동편에 다마답이란 포촌이 잇고 사ᄅᆞᆷ의 픔ᄉ수는 평등이오 <사필1889-헐버트 153>

【타뎜】 명 타점(打點). 확인. 준비. (중국어 간접 차용어).¶ 點 ‖ 연무텽 좌변의 일긔 관혁을 셰우더 일뵉 이십 보로 쥰젹을 삼은 후의 졔장 즁 슈비 이상으로 ᄒᆞ여곰 앏히 와셔 타뎜을 기다리게 ᄒᆞ고 (於演武廳左邊立一箭的, 離箭的一百二十步爲準, 然後令衆將自守備以上向前聽點.) <쾌심 14:3>

【타뎜-ㅎ-】 동 타점(打點)하다. 확인하다. '타뎜'은 (중국어 간접 차용어).¶ 좌상 졔빈이 모다 ᄉᆞ양ᄒᆞ고 여승상긔 보너여 타뎜케 ᄒᆞᆫ더 (諸位席上遍相謙, 衆人遜與明堂點.) <재생 25:40> ⇒ 타뎜ᄒᆞ-, 타졈ᄒᆞ-

【타뎜-ᄒᆞ-】 동 ❶ 타점(打點)하다. 점검하다. (중국어 간접 차용어).¶ 點 ‖ 진왕이 쥰주ᄒᆞ니 빅긔 하딕고 나와 졍히 인마ᄅᆞᆯ 타뎜ᄒᆞ더니 (秦王准奏, 白起辭了秦王出朝, 正點人馬.) <손방 4:90> 몬져 오십 명 졍셰ᄒᆞ고 지능 잇ᄂᆞᆫ 쟈ᄅᆞᆯ 타뎜ᄒᆞ여 산 앏히 가셔 슈직ᄒᆞ고 탐지ᄒᆞ여 만일 동졍이 잇거든 쇽히 와 보ᄒᆞ라 (先點五十名精細能幹的去山前守護, 打探如有動靜, 速來報知.") <후서유 15:22-29> 임의 이러ᄒᆞᆯ진더 모롬즉이 당의 나려 타뎜ᄒᆞ믈 기다리라 (既然如此, 須下堂聽點.) <쾌심 13:2> 졔갈공명의 ᄆᆞ음더로 쟝슈ᄅᆞᆯ 타뎜ᄒᆞ미 죠흐리라 (聽憑諸葛孔明點將罷了.) <후홍 18:48> ▼點名 ‖ 님여히 승당ᄒᆞ여 믄득 그 한 무리 죄범을 압녕ᄒᆞ여 드러오게 ᄒᆞ라 ᄒᆞ니 인역 등이 답응ᄒᆞ고 일일히 셩명을 타뎜ᄒᆞ더니 (如海昇堂, 便叫帶過這一起過堂的鬼犯上來, 底下答應一聲, 一一點名過去.) <보홍 16:59> ❷ 준비하다. 꾸리다. (중국어 간접 차용어).¶ 속 타뎜ᄒᆞ다 <법한 1197> 속 타뎜ᄒᆞ다 | 속 뎜치다 | 안 타뎜ᄒᆞ다 | 타뎜ᄒᆞ다 | 뎜치다 <법한 434> 미명의 니러 힝장을 다시 타뎜ᄒᆞᆯ시 싱이 니러 관셰ᄒᆞ고 푸개ᄅᆞᆯ 슈습ᄒᆞ야 은ᄌᆞᄅᆞᆯ 녀허 노코 쇼져ᄅᆞᆯ 향ᄒᆞ야 닐오더 <낙성 1:100> 미명의 니러 힝장을 다시 타뎜ᄒᆞᆯ시 싱이 니러 관셰ᄒᆞ고 푸개ᄅᆞᆯ 슈습ᄒᆞ야 은ᄌᆞᄅᆞᆯ 녀허 노코 쇼져ᄅᆞᆯ 향ᄒᆞ야 닐오더 <낙성 1:100> 어ᄉᆞ의 힝니ᄅᆞᆯ 타뎜ᄒᆞ노라 부인 이목이 다사ᄒᆞ여 <유이 18:37> ❸ 붓으로 점을 찍다.¶ ᄒᆞᆫ 관원이 문셔ᄅᆞᆯ 가져 일홈을 타뎜ᄒᆞ다가 닐오더 내 명이 무ᄌᆞᄒᆞᆯ 거시로더 다만 감응편 봉힝ᄒᆞ믈 인ᄒᆞ야 록슈ᄅᆞᆯ 더으고 더시 ᄒᆞᆫ ᄋᆞ돌을 주ᄂᆞ니라 ᄒᆞ드라 ᄒᆞ더니 명년의 과연 싱ᄌᆞᄒᆞ니라 <경신 41b> ⇒ 타뎜ㅎ-, 타졈ᄒᆞ-

【타락】 명 ((음식)) 타락(駝酪). 소의 젖. 우유(牛乳). 진한 유즙(乳汁). 중세몽고어 '타락(taraq /taraɤ)'의 차용어.¶ 쇼의 젓 | 우유 | 타락 <법한 827> 酪ᄋᆞᆫ 타라기오 <월석 4:55> 타락 동 (湩) <훈몽-식찬 중:11a /21b> 타락 동 (湩) <음운 11b> ▼酪 ‖ 타락 락 낙 (酪) <훈몽-식찬 중:11a /21b> <음운 6b> <음첩b 6b> 타락 (酪) <동의-탕액 1:44a> 타락 (酪) <물명-류씨 1> 타락 락, 乳漿也. "湩酪". (酪) <자주 상:98b> 乳漿, 타락 락 (酪) <자석 하:87b> 乳漿, 타락 (酪) <신자 4:23a> 타락 (酪) <역해-식이 상:52a> 타락, 牛馬乳所造者. (酪) <광보-2 음식:5a> 타락 고으다 (熬酪) <역해-식이 상:52a> 歌羅邏ᄂᆞᆫ 예셔 닐오매 열운 타락이니 닐오더 처엄 胎예 이신 제 父母ㅅ 精과 피를 바다 七日前에 열운 타락 ᄀᆞᆮᄒᆞ니라 (歌羅邏者, 此云薄酪. 謂初在胎時, 受父母精血, 七日已前如薄酪也.) <원각 상2-2:26b> 또 蚰蜒이 귀예 드닐 고튜더 쇠 타라ᄀᆞᆯ 귀예 ᄀᆞᄃᆞ기 브스면 즉재 나ᄂᆞ니라 ᄒᆞ다가 ᄇᆡ예 들어든 空心에 됴ᄒᆞᆫ 타락 ᄒᆞᆫ 두 되ᄅᆞᆯ 머그면 즉재 누른 므리 ᄃᆞ외야 나리라 아니 다 낫거든 다시 머그라 (又方治蚰蜒入耳, 以牛酪灌滿耳, 卽出. 若入腹中, 空心食好酪一二升, 卽化爲黃水而出, 不盡, 更服神妙.) <구급 하:43b> 從人 六名에 應給ᄒᆞᄂᆞᆫ 거시 ᄡᆞᆯ 서 되와 ᄀᆞᄅᆞ 서 근과 羊肉 서근과 술 ᄒᆞᆫ 병과 타락 ᄒᆞᆫ 대야와 소곰과 菜 各 ᄒᆞᆫ 근이니 이 여러 食物을 다 鮮明히 ᄒᆞ고 모ᄌᆞ라지 아니케 홈이 올흐니라 (從人六名, 應給米三升, 麵三斤, 羊肉三斤, 酒一瓶, 酪一鏇, 塩菜各一斤, 這些食物都要鮮明不可缺少纔是.) <박신 2:16b> 타락은 오히려 달히지 못ᄒᆞ엿고 술은 또 몬져 붓더라 (酪奴尚未煎, 麴生且先瀉.) <보홍 14:23> ▼酥 ‖ 타락 소 (酥) <음첩a 36b> 타락 소, 正"수", 酪也, 牛羊乳爲之, 딕거리 소, 俗"조", 聒也, 羣呼, 煩擾. (酥) <자주 상:78b> 牛羊乳, 타락 수 (酥) <자석 하:87a> 타락 슈, 酪屬, 牛羊乳. (酥) <의옥 68> ▼酥 ‖ 제가 이 눈셥은 원산처럼 취미가 쓰고 눈은 츄수처럼 진익가 읍고 살갈은 타락이 엉긔고 허리넌 약한 버들이오 무던ᄒᆞᆫ 모양이오 얌젼한 마음이오 체터넌 온유ᄒᆞ고 셩품은 가러안지니라 (他眉是遠山浮翠, 眼是秋水無塵, 膚是凝酥, 腰是弱柳, 俊是龐兒俏是心, 體態是溫柔, 性格兒沉.) <서상-박문 155> ▼醐 ‖ 酥上如油者, "醍醐". 타락 웃물 호 (醐) <자석 하:87b> 타락 웃물 호, 酥上如油, "醍醐". (醐) <의옥 68> 타락 웃물 제, 酥上如油, "醍醐". (醍)

<의옥 68> 타락 (奶子) <한청-다주 12:43b> 타락 (奶茶) <과록-식찬 90a> 타락 ᄃᆞ리다 (熬奶子) <과록-식찬 91a> 타락 ᄐᆞᆫ 쇼쥬 (奶子酒) <한청-차주 12:42b> 타락 ᄶᅥ긔 (奶渣子) <한청-발발 12:47b> ▼酥酪 ‖ 겨유 가려 ᄒᆞ더니 홀연 가비 ᄉᆞ탕의 ᄢᅵᆫ 타락을 보내여 가져왓ᄂᆞᆫ지라 (纔要去時, 忽又有賈妃賜出糖蒸酥酪來.) <홍루 19:4> ▼駝酪 ‖ 타락 (駝酪, Cows' milk.) <한영1890 162> 牛乳우유, 俗言駝酪타락. 以駝之酪爲上, 故通言之. 酥. (駝酪) <명물-주수 4:29b> ▼酡酪 ‖ 타락 (酡酪) <왜해-음식 상:47b> 타락, 牛乳、酥油、湩酪、乳醬. (酡酪) <명물-음식 3:39a> 酡酪 ‖ 타락을 년ᄒᆞ여 먹으면 긔운을 보ᄒᆞᄋᆞᆸᄂᆡ <교린-묘 3:48a> ▼奶子茶 ‖ 타락, =酥茶 (妳子茶) <역보-식이 30b> 타락 (奶子茶) <방석-다주 3:1a> 타락, 又曰"酥茶". (嬭子茶) <과록-식찬 91a> 네 밧비 물을 미고 타락을 가져오라 먹쟈 (你快快的絟馬來, 拿奶子茶來吃不只.) <한어-한고 29b> 아히 샹은 가지고 놀게 윷판 보낸다 유난목 ᄒᆞᆫ 필 준다 낭ᄌᆞ ᄒᆞ나 보낸다 아히 잘 잔ᄂᆞ냐 오ᄂᆞᆯ은 복 잇ᄂᆞᆫ 날이기 벼로집이 남기로 ᄂᆡ보낸다 타락 보내니 먹어라 <정순왕후-14 1797 정순왕후(고모) ↓김노서(조카)> 구긔ᄌᆞᄂᆞᆫ 인유 타락과 상극이오 놓골은 싱션을 긔ᄒᆞ고 샤향은 마늘 긔ᄒᆞ고 년화ᄂᆞᆫ 지황을 긔ᄒᆞ고 <규합-정양완a 복약식긔 4:12a/341> 牛酪 ‖ 계란 곰국 타락은 오리 년ᄒᆞ여 자시면 보약이 되고 왼몸이 든든ᄒᆞ깃소 <한대-음식 130> ※ 酡酪 (酡酪) <박물-식물 8b> 酪, 塔舌剌黑 <원조비사 145> 酪, 塔舌剌克 <화이역어-음식> ⇒ ᄐᆞ락

【타락-다】 명 ((음식)) 타락차(駝駱茶). 우유로 만든 차. '타락'은 중세몽고어 '타락(taraq /taraɣ)'의 차용어.¶ 타락다 (奶子茶/嬭子茶) <삼학-고석 식> ⇒ 타락차

【타락-믁】 명 ((음식)) 타락묵(駝酪-). 우유로 만든 묵. '타락'은 중세몽고어 '타락(taraq /taraɣ)'의 차용어.¶ 너ᄂᆞᆫ 쥬인집 극진이 ᄒᆞᄋᆞᆸ신 덕을 니버 역신을 무ᄉᆞ히 ᄒᆞ니 셰샹의 이런ᄂᆞ 깃븐 경시 어ᄃᆡ 이시리 네 효도 ᄯᆞᆯ이 되야 우리ᄅᆞᆯ 깃기게 ᄒᆞ니 더옥 탐ᄂᆞ 예엿브기 금이 업서 ᄒᆞ노라 날도 칩고 ᄒᆞ니 브ᄃᆡ 조심ᄒᆞ고 음식도 어룬 니ᄅᆞᄂᆞᆫ 대로 삼가 잘 먹고 됴히ᄂᆞ 잇다가 드러오나라 타락믁과 젼 가니 먹어라 <오태주가 명안공주 관련 언간-8 1667~83 명성왕후(어머니) ↓딸(명안공주)>

【타락-소젓】 명 ((음식)) 타락소젓(駝酪-). 소의 젖. 우유(牛乳). 진한 유즙(乳汁). '타락'은 중세몽고어 '타락(taraq /taraɣ)'의 차용어.¶ 타락소젓 (牛酪) <경험방-죽계 2a>

【타락-송아지】 명 ((동물)) 타락송아지(駝酪-). '타락'은 소의 젖. 우유(牛乳). 진한 유즙(乳汁). 중세몽고어 '타락(taraq /taraɣ)'의 차용어.¶ ⇒ 타락송아지

【타락송아지 젓부리 무드시】 관 송아지 어미 젖 빨듯이. 젖 먹는 송아지가 어미젖 빨듯이.¶ 니도령 황겁지겁 감지덕지 두손으로 바다들고 타락송아지 젓부리 무드시 덥셕 믈고 모긔블 픠오드시 픠오면셔 ᄒᆞᄂᆞᆫ 말이 만고영웅 호걸들도 술 업시ᄂᆞᆫ 무맛시라 <남원1869 2:6a>

【타락-송아지】 명 ((동물)) 타락송아지(駝酪-). '타락'은 소의 젖. 우유(牛乳). 진한 유즙(乳汁). 중세몽고어 '타락(taraq /taraɣ)'의 차용어.¶ 니도령이 황겁지겁 감지덕지ᄒᆞ여 두 손으로 바다들고 타락송아지 어이 젓 ᄈᆞ다시 모긔블을 픠니면셔 <춘향-동양 2:29b> ⇒ 타락송아지

【타락-ᄯᅥᆨ】 명 ((음식)) 타락떡(駝酪-). 우유로 만든 떡. '타락'은 중세몽고어 '타락(taraq /taraɣ)'의 차용어.¶ 타락ᄯᅥᆨ (奶餅子) <한청-발발 12:47a>

【타락-젓】 명 ((음식)) 타락젓(駝酪-). 우유(牛乳). '타락'은 중세몽고어 '타락(taraq /taraɣ)'의 차용어.¶ 타락젓 (牛酪乳) <경험방-경고 07:05:31>

【타락-쥭】 명 ((음식)) 타락죽(駝酪粥). 우유로 만든 죽. '타락'은 중세몽고어 '타락(taraq /taraɣ)'의 차용어.¶ 酪屬, 牛羊乳, 타락쥭 (酥) <신자 4:32a> ᄒᆡᆫ 식고기을 먹고 파를 먹지 말며 말며 타락쥭 먹고 초와 싄 것을 먹지 말며 탁쥬을 먹고 쇠고기을 먹지 말며 먹으면 충[벌충]이 싱기고 <부필 5a>

【타락-차】 명 ((음식)) 타락차(駝酪茶). 우유로 만든 차. '타락'은 중세몽고어 '타락(taraq /taraɣ)'의 차용어.¶ 타락차 (奶子茶) <동해-음식 상:61a> <몽해-음식 상:47b> 타락차 (奶茶) <한청-다주 12:43a> ▼酪茶 ‖ 슈역이 타락차ᄅᆞᆯ 어더 일힝을 권ᄒᆞ되 그 마시 비린 듯ᄒᆞ야 능히 먹지 못ᄒᆞᆯ너라 (首譯得酪茶勸一行, 其味似腥不堪食也.) <상봉 2:83b> ▼駝酪茶 ‖ 통관들이 다 ᄉᆞ신 안즌 ᄃᆡ셔 머디 아닌 ᄃᆡ 안잣더니 청차 ᄒᆞᆫ 병과 타락차 ᄒᆞᆫ 쥬합을 가져다가 일힝을 먹이더라 (通官輩坐於使臣不遠處, 使譯官進淸茶於三使臣, 繼送駝酪茶一大壺.) <연행-노가재 4:3a> ⇒ 타락다

【타발-ᄒᆞ-】 동 타발(打發)하다. 보내다. (중국어 간접 차용어).¶ 打發 ‖ 원ᄂᆡ 복ᄌᆞ해 거즛 다 드리몰 탁ᄒᆞ고 션싱을 ᄎᆞᄌᆞ라 와시면 ᄇᆞᆰᄂᆞᆫ 날 됴뎡의 알외고 뎌ᄅᆞᆯ 타발ᄒᆞ야 나라히 도라 보내리라 (原來卜子夏假托進茶, 爲訪先生而來. 我明日奏上朝廷, 就打發他回國.) <손방 3:37> 打發 ‖ 타발ᄒᆞᄋᆞᆸ새 <교린-A 2:67b> ※ 打發 ‖ 아ᄎᆞᆷ의 집의 나그ᄂᆡ 왓거ᄂᆞᆯ 뎌ᄅᆞᆯ 打發ᄒᆞ여 보내고 ᄀᆞᆺ 올와 (早起家裏有客人來, 打發他去了纔來.) <박언 상:57a> 더옥 佛門을 敬ᄒᆞ여 唐僧을 金돈 三百貫과 金 에우아리 ᄒᆞ나흘 주고 行者ᄅᆞᆯ 金돈 三百貫을 주어 打發ᄒᆞ니 이 孫行者ᄂᆞᆫ 졍히 올탓다 (越敬佛門, 賜唐僧金錢三百貫金鉢盂一箇, 賜行者金錢三百貫打發了, 這孫行者正是了的.) <박언 하:25a> 네 엇지 ᄀᆞᆺ 온다 아ᄎᆞᆷ에 집의 나그ᄂᆡ 왓거ᄂᆞᆯ 뎌ᄅᆞᆯ 打發ᄒᆞ여 보내고 ᄀᆞᆺ 오니 이러모로 오미 더듸여라 (你怎麽纔來? 早起家下有客來, 打發他去了纔來, 所以來得遲了.) <박신 2:2a> 곳 唐僧을 金錢 三百貫 金에 우아리 ᄒᆞ나흘 주고 또 行者를 金錢 三百을 주어 즉시 打發ᄒᆞ여 起程ᄒᆞ니 네 니ᄅᆞ라 孫行者의 法力이

당시롱 견듸소냐 (就賜唐僧金錢三百貫金鉢盂一箇, 又賜行者金錢三百, 卽時打發起程, 你道這孫行者之法力還了得麽?) <박신 3:28b>

【타스】 명의 타스[dozen]. 12개. 단위명사. (외래어).¶ 광목 한 긋 화증품 일 타스 금반지 미슈 분사 일 타러 숨합스 일 타러 신 일 크럭 <물목-진명-2 1961 유록>

【타이그리스】 명 ((지리)) 티그리스강(Tigris 江). 소아시아와 메소포타미아를 흐르는 강. 아르메니아 고원에서 시작하여 유프라테스 강에 합류하여서 페르시아 만으로 흘러든다. (외래어).¶ 디형을 의론컨대 셔북에 산이 만흐니 셔에는 사이나이란 산과 [모서 소셩이 하ᄂᆞ님끠 십계를 밧줍던 산] 헙안이란 산과 조든이란 강이 잇고 [이 강은 텬하에 유명ᄒᆞᆫ 강이니 야소 그리스도 사시던 곳] 북에는 더럿스와 아라랏이란 산 [이 산은 홍슈 후에 노아 셩인의 비가 ᄂᆞ려 노히던 곳] 이 잇고 동에는 타이그리스와 유프레듸스ㅣ란 강이 [이 두 강ᄉᆞ 근쳐에 사ᄅᆞᆷ의 시작 조샹이 나 계시더니라] 베시아 하슈로 드러가고 <사필1889-헐버트 97> ☞ 유프레듸스

【타이버】 명 ((지리)) 테베레(Tevere)강. 이탈리아 중부를 흐르는 강. 아펜니노 산맥에서 시작하여 남쪽의 로마를 지나 지중해로 흘러든다. (외래어).¶ 셔에는 사듸니아ㅣ란 큰 셤이 잇고 동편에 또 아듸쥬와 포ㅣ란 두 강이 에드리아틱 하슈로 드러가고 셔에는 타이버ㅣ란 강이 디중히로 드러가며 <사필1889-헐버트 50>

【타이부-라이터】 명 ((기물)) 타이프라이터(typewriter). 타자기(打字機). 손가락으로 글쇠를 눌러 종이에 글자를 찍는 기계. (외래어).¶ 타이부라이터 숄스氏 <백과신-송1926 492> ⇒ 타이푸라이터

【타이스】 명 ((지리)) 티서(Tisza)강. 독일어로는 타이스(Theiss)강. 헝가리 동부를 흐르는 강. 우크라이나 서쪽 카르파티아 산맥에서 시작하여 슬로바키아, 우크라이나, 헝가리 3개국이 만나는 초프에 이르러 헝가리로 유입된 후 도나우 강과 합쳐진다. (외래어).¶ 동에는 타이스ㅣ란 강이 단웁 강에로 드러 가고 남에도 드랍과 사압이란 강이 단웁 강에로 드러 가고 에드리아틱 하슈ᄉᆞ ᄀᆞ헤 트리에스트ㅣ란 포구가 잇고 또 젹은 셤들이 만흐며 <사필1889-헐버트 55>

【타이칸드로가】 명 ((지리)) 타이콘데로가(Ticonderoga). 미국 뉴욕주 동북부에 있는 도시. (외래어).¶ 타이칸드로가 (大堪德柔嘎 Ticonderoga) <만국통감1912, 4, 18>

【타이푸-라이터】 명 ((기물)) 타이프라이터(typewriter). 타자기. (외래어).¶ 입으로 불으는 편지를 타이푸라이터로 찍어내는 터이니 <염상섭, 무현금1934 2:87> ⇒ 타이부라이터

【타임】 명 ((식물)) 타임(thyme). 회향(茴香). 백리향. 향신료의 하나. 산형과의 여러해살이풀. 열매는 약재 또는 기름을 짜는 데 씀.¶ 쎄푸스텍이나 닭고기속 ‖ 말은 면보 1½잔 작은 파 (잘게 넉여) 1개 계란 (잘 져어서) 1개 회향 (타임) 2대슈가락 소곰과 호쵸 조곰식 우유 얼마 이 몃 가지를 한데 셕고 우유로 뭉칠 것 <서요 22>

【타임렐】 명 ((인명)) 다임러(Daimler, Gottlieb). 독일의 기계 기술자(1834~1900). 고속 가솔린 기관을 발명하여, 이륜(二輪) 가솔린 자동차와 사륜(四輪) 가솔린 자동차 제작에 성공하였다. 1890년 다임러 모터 회사를 설립하였다. (외래어).¶ 오도빠이 타임렐氏 <백과신-송1926 492>

【타임스-신문】 명 타임즈 신문. 영국의 저명한 보수계 일간지 «The Times». 1785년 창간된 세계에서 가장 오래된 신문이다. (외래어).¶ 청천의 일쟝지에 이리 화샹을 그린다 타임스신문 누터 면보에 쇼식 듯ᄂᆞᆫ 귀그려 <대매-이리 화샹가 1907.7.18>

【타졈-ᄒᆞ-】 동 타점(打點)하다. 준비하다. 꾸리다. (중국어 간접 차용어).¶ 點 ‖ 젼ᄭᅴ 목픠를 바다 차 일홈을 타졈치 아니코 몬져 다박ᄉᆞ다려 무ᄅᆞ되 (展爺接過木牌, 且不點茶名, 先問.) <충협 11:18> ⇒ 타뎜ᄒᆞ-, 타졈ᄒᆞ-

【타졈-ᄒᆞ-】 동 ❶ 타점(打點)하다. 준비하다. 꾸리다. (중국어 간접 차용어).¶ 타졈ᄒᆞ다 (打點) <방석-잡어 4:28a> ▼打點 ‖ 다 함긔 타졈ᄒᆞ여 산치ᄅᆞᆯ 블지ᄅᆞ고 즉일의 긔병ᄒᆞ여 쩌나미 또 ᄉᆞ장을 어든지라 심즁의 딕희ᄒᆞ여 황화산을 지나 즈레 앏흐로 호호탕탕이 나아가니 군위 심히 웅장ᄒᆞ더라 (俱打點停當, 燒了牛皮寶帳. 聞太師卽日起兵, 又得四將, 不覺大喜. 把人馬了黃花山, 徑往前進, 浩浩蕩蕩, 甚是軍威雄猛.) <서주 11:41> 림안빅 로태태의 싱일에 보닌ᄂᆞᆫ 례믈을 임의 타졈ᄒᆞ여 노왓시니 태태ᄂᆞᆫ 누구ᄅᆞᆯ 분파ᄒᆞ여 보닌쇼셔 (臨安伯老太太生日禮已經打點了, 太太派誰送去?) <홍루 7:46> 푸긔와 의복을 타졈ᄒᆞ여 가련을 쥬어 ᄯᅡᆫ 방의 거쳐ᄒᆞ게 ᄒᆞ고 (打點鋪盖衣服與賈璉隔房.) <홍루 21:47> 습인이 물건을 타졈ᄒᆞ여 졍졔히 ᄒᆞ여 노코 본쳐의 잇ᄂᆞᆫ 일개 로파 숑마마ᄅᆞᆯ 불너다가 져ᄅᆞᆯ 향ᄒᆞ여 니ᄅᆞ되 (襲人打點齊備東西, 叫過本處的一箇老宋媽媽來.) <홍루 37:84> 보채 인ᄒᆞ여 일긔 셔늘ᄒᆞ고 밤이 또 졈졈 기러가믈 보고 드듸여 모친의 방즁의 니ᄅᆞ러 샹의ᄒᆞ고 여간 침션을 타졈ᄒᆞ여 왓ᄂᆞᆫ지라 (寶釵因見天氣涼爽, 夜復漸長, 遂至母親房中商議打點些針線來.) <홍루 45:51> ▼打攏 ‖ 마도퍼 이 말을 드ᄅᆞ미 한 가지ᄅᆞᆯ 타졈ᄒᆞ고 (馬道婆聽說這話打攏了一處.) <홍루 25:36> 이거슨 뉴집의 농에 너허 가고 돈 녈 냥 보낼 거시니 뉴집의 농에 너허 가고 노ᄌᆞ돈이라고 닷 냥 보낼 거시니 신힝 써예 노ᄌᆞ와 마셰나 ᄒᆞ고 예셔 교마 ᄒᆞᆫ 필 복마 네 필이나 다셧 필이나 갈 거시오 <의성김씨 학봉종가 언간-3 김진화(아버지) 1830 ↓의성김씨(딸)> 냥인이 니러 촉을 ᄂᆞ오고 쇼셰ᄒᆞ미 힝니ᄅᆞᆯ 타졈ᄒᆞ여 손을 난흘시 <천수 6:11> 됴시와 뎡부인이 디셩으로 위로ᄒᆞ여 힝니ᄅᆞᆯ 타졈ᄒᆞ고 모든 시네 타향의 고초ᄒᆞᆯ 일을 셜워ᄒᆞ니 <임화 57:14> 임의 윤공의 환귀지촉이 다ᄃᆞᄅᆞ니 댱ᄎᆞᆺ 힝니를 타졈ᄒᆞ여 힝도를 바야ᄂᆞ디라 <명보 3:61> 몬져 농젼의 쳡보ᄅᆞᆯ 쥬문ᄒᆞ고 장ᄎᆞᆺ 힝니ᄅᆞᆯ 타졈ᄒᆞ여 회군 반ᄉᆞᄒᆞᆯ시 일침국 빅셩과 군신 상히 다 아니 슬허ᄒᆞ리 업더라 <윤하

88:68> ❶ 시키다. 주문하다.¶ 點 ‖ 가모ᄂᆞᆫ 번화ᄒᆞᆫ 거ᄉᆞᆯ 조하ᄒᆞ고 더옥 우슨 긔롱과 롱담을 조하ᄒᆞᄂᆞᆫ 쥴 아ᄂᆞᆫ 지라 믄득 몬져 한 곡조롤 타졈ᄒᆞ니 이ᄂᆞᆫ 믄득 류이오술 뎐당ᄒᆞᄂᆞᆫ 거시라 (賈母喜熱鬧, 更喜謔笑科諢, 便先點了一齣, 却是«劉二當衣».) <홍루 22:16> ᄎᆞ례로 가샤의게 니ᄅᆞ러 한 곡조롤 타졈ᄒᆞ니 (挨至賈赦, 也點了一齣.) <홍루 93:12> 네 ᄌᆞ리롤 베푸러 ᄎᆞ례로 안졸식 셜이민 가모로 더브러 셔로 ᄉᆞ양ᄒᆞ다가 회ᄌᆞ롤 타졈ᄒᆞ여 창ᄒᆞ믈 드롤식 (擺了四席, 以次而坐, 薛姨媽與賈母互相推讓, 點定了戲, 開場演唱.) <홍보 4:92> 네 이ᄀᆞᆺ치 공교히 말ᄒᆞ나 이ᄂᆞᆫ 모다 왕애 타졈ᄒᆞ신 거시니 뉘 감히 인졍을 도라보리오 (你吃了燈草灰兒了, 說的這麼輕巧, 這都是王爺親點了出來的, 誰敢通情呢.) <보홍 2:32> 너ᄂᆞᆫ 가히 두목을 분변ᄒᆞ여 셩명을 칙의 긔록ᄒᆞ여 어내 ᄡᅥ던지 타졈ᄒᆞ여 쓰게 ᄒᆞ라 (你可分別頭目, 登記姓名於冊籍, 候臨期點用.) <여선 4:77> ⇒ 타뎜ᄒᆞ-, 타졈ᄒᆞ-

【타타-쏘스】 명 ((음식)) 타르타르소스(tartar sauce). (외래어).¶ 타타쏘스 ‖ 메요네쓰를 만드러셔 잘게 썬 외 피콜이나 감람을 셕거셔 생션이나 고기와 함끠 먹을 것 이것은 쌘드윗치 속에 너키가 조흠 <서요 19> ☞ 마시맬로쏘스, 메플쏘스, 초콜넷쏘스, 카라멜쏘스, 크림쏘스, 퍼지쏘스

【타피오카】 명 ((음식)) 타피오카. 열대 지방에서 나는 카사바(cassava)의 뿌리로 만든 녹말의 하나. (서양어 차용어).¶ 타피오카 (噠吡嘔格凍) (셔양 실과 종류라 즙엉긘 것) <조반> 타피오카 푸딍 (噠吡嘔格樸定) <조반>

【탁씨-】 명 ((교통)) 택시(taxi). (외래어).¶ 「탁씨-」가 들모라온다 <염상섭, 초연1926 97>

【탄ᄌᆞ】 명 담자(壜子). 항아리. 단지. '탄ᄌᆞ(壜子, tánzi)는 중국어 직접 차용어.¶ 네 탄ᄌᆞ (四角.) <수호-연세 43a> ▼壜 ‖ 일슈 도야지와 일슈 양과 네 탄ᄌᆞ 쇼홍쥬와 두 합 과실과 일빵 거위와 네 슈 닭이니이다 (是一口猪, 一腔羊, 四壜紹興酒, 兩盒果子, 一對鵝, 四隻鷄.) <홍부 5:25> 네 그 두 합 과실과 네 탄ᄌᆞ 술과 네 슈 닭과 일빵 거유롤 바다 노도 등으로 ᄒᆞ여금 가지고 네 거ᄂᆞ려 가 묘공과 지릉을 쥬며 말ᄒᆞ되 류대애 모든 ᄉᆞ형의게 보내더라 ᄒᆞ라 (你交代了, 將那兩盒果子、四壜酒、四隻鷄、兩隻鵝叫老道們拿着, 你送進去給妙空同智能, 說是柳大爺請衆位師兄的.) <홍부 5:27>

【탑련】 명 ((복식)) 탑련(褡褳). 양쪽에 주머니가 달려 허리나 어깨에 메는 자루. 전대·견대 따위. '탑련(褡褳)'은 중국어 간접 차용어.¶ 전대(纏帶). 견대(肩帶).¶ 搭連 ‖ 탑련, 馬上衣衾之包也. 以華音다련誤翻爲大練. <명물-복식 3:31a> ▼褡連 ‖ 셜파의 탑련 [바랑 ᄀᆞᆺ탄 거시라] 으로조ᄎᆞ 앏뒤흐로다 사롬을 비최여 볼만ᄒᆞᆫ 거울을 ᄡᅳ어니니 (說畢, 從褡連中取出正反面皆可照人的鏡子來.) <홍루 12:42> ⇒ 다련

【탕】 명의 탕(趟). 왕복 한 차례. 무엇을 실어 나르거나 일정한 곳까지 다녀오는 횟수를 세는 단위. (중국어 직접 차용어).¶ 趟 ‖ 잇ᄉᆞ나 황노더야 네 한 탕을 신고하엿구나 어니 ᄡᅧ여 셩에 낫기 달기 울가야 니르러 왓너냐 (嗳呀, 黄老大, 你的辛苦一趟咧. 幾時出城的鷄叫纔到來咧?) <중화-아천 26a> ☞ 한탕

【탕건】 명 ((복식)) 탕건(唐巾, tángjīn). 조선시대 벼슬아치가 망건의 덮개로 쓰거나 갓 아래 받쳐 쓰던 건. 대나무·말총 등을 엮어서 만들고 옻칠하여 곱게 말려 썼으며 평상시 집안에서 맨 상투로 있을 수 없기 때문에 간편하게 착용토록 하였음. '탕(唐, táng)'은 중국어 직접 차용어.¶ 갓 | 관 | 탕건 <법한 277> 唐巾 ‖ 華音 탕건, 誤翻宕巾. <명물-복식 3:27b> 唐, 一作"宕", 或云用居宕山者造此, 탕건 (唐巾) <광보-2 의복:3b> 탕건 (唐巾) <물보-관복 하:2b> <물명고-서강 복식 13b> 탕건 (唐巾, 浩然巾, 雲長巾) <물명괄-복식 22a> <문류-옥백 22b> 탕건 (宕巾) <일용-의복 12a> <이록-의복 15b> <군목-두식 17a> 탕건, 及第 (宕巾) <속명-의관> 탕건 (宕巾, An official cap.) <한영1890 162> ▼湯巾 ‖ 또 홍젼으로 우리나라 탕건처로 ᄒᆞ야 쁜 쟈도 이시되 그 직품 잇ᄂᆞᆫ 쟈ᄂᆞᆫ 혹 징ᄌᆞ와 공작우롤 ᄃᆞᆯ고 (又或以紅氈爲帽, 其制畧似我國湯巾貌樣, 有職品者戴頂子懸翠羽.) <서원 5:9a> 졍쥬 탕건 안셩 유긔 우피치 츙쥬 단월 무오 안동 마간셕 벼로돌 <규합-정양완a 팔도소산 4:49b/405> 宕巾 ‖ 츌닙ᄒᆞᆯ깃스니 쳥직을 불너 의거리에 잇는 사립과 젼복을 가져오고 탕건은 문갑 우에 잇는 거슬 쓰깃소 <한대-가재기구 272> 뒷문으로ᄂᆞᆫ 열 ᄉᆞ오셰가량 되는 ᄋᆞ희 종년이 얼골이 볽어코 숨이 턱에 닷케 뛰여 드러오고 샤랑에셔는 그 집 쥬인 대감이 버셔진 탕건도 집어 쓰지 못ᄒᆞ고 풀단임ᄒᆞᆫ 쳐로 고의춤을 츄커들며 <구의산 상:1> 금관 일 부 사모 일 부 혹닙[일라 영 사영 구] 뎡ᄌᆞ관 일 부 동파관 일 부 샹토관 일 부 탕건 이 부 사복건 망건[옥관ᄌᆞ 구] <품목③ 208> 물목 대발 석 단 반 운두 일 단기 일 족도리 일 금ᄉᆞ 단기 일 탕건 일 은줌 일 동줌 이 현혼 회장 ᄎᆞ <물목-경고-6 1866 대발> 샹투는 쏫쏫 망건은 텅텅 니마 잘끈 동여미고 ᄡᅥ 무든 탕건 눌너 썻다 <대매-완고비뎜고 1907.12.29> 쑥드리 일 큰 단겨 일 탕건 일 쇄금 팔 기 기금 네 기 각식 보 한 쥭 반 졔 을묘 사월 초이일 쳥쥬 한 <청주한씨 물목-경상 1915> 홍셩긔 ‖ 낭복 입ᄌᆞ 탕건 갓끈 眞紅더 젹고리 바지 버션 요디 다님 쥬의 족기 신 낭션 덧젹고리 토슈 슈건 바늘 <홍셩긔-한고> ⇒ 당건

【탕관】 명 ((기물)) 탕관(湯罐). 국을 끓이거나 약을 달이는 자그마한 그릇. 쇠붙이나 오지 따위로 만들며 흔히 손잡이가 달려 있음. (중국어 간접 차용어).¶ 탕관 | 물탕관 <법한 191> 탕관 좌, 鍑也. (銼) <자주 하:3a> 湯罐 ‖ 탕관, 炊器. <명물-기용 3:8a> 탕관 (湯罐) <광보-3 음식:1b> 탕관 (湯飯罐) <한청-기용 11:37a> 탕관 (鉆) <물명괄-공봉 30a> <물명고-서강 공봉 2b> ▼瓦罐 ‖ 집 다 믜야 시러다 우리 죠히 가쟈 아히이 네 사발

졉시 탕관 가져 집의 가라 너롤 슈고 시겨다 네 허믈 말라 (朶子都打完了馱上, 咱們好走. 小厮你可拿了椀楪與瓦罐回家去, 生受你了, 你別怪.) <노신 1:58a> ▼罐 ‖ 나그닉들 당시롱 ᄒᆞ나 몰 보ᄂᆞ니 잇다 ᄒᆞ더니 와 밥 먹으미 업스니 興兒ㅣ아 네 ᄯᅩ로 ᄒᆞᆫ 사발 밥을 담고 탕관에 져기 湯을 가져 나그닉롤 ᄯᆞ라가 져 벗을 주어 먹이고 먹거든 ᄯᅩ 收拾ᄒᆞ여 오라 (客人們, 還有一箇看馬的, 沒有來吃飯. 興兒, 你可另盛一椀飯, 拿罐取些湯, 跟客人去, 給那火伴吃, 吃完了再收拾回來.) <노신 1:54b> 북히숨을 돕가다가 돌의 문질너 졍히 튀ᄒᆞ야 검문빗치 업게 ᄒᆞ고 동히홍합을 돕갓다가 털 업시ᄒᆞ고 졍히 ㅆ서 큰 탕관의 안치고 <규합-정양완a 숨합미음 1:29a/44> 그리면 ᄌᆞ네 웨 예 왓노ㅣ 탕관의 쥭 쑤러 왓지오 <춘향-동양 8:19b> 쇼실한풍 츤 부억케 탕관 ᄒᆞ나ᄲᅮᆫ이로다 <여힝녹-한고 31a> 도로 슈축 됴치마는 ᄯᅩᆼ통관리 맛낫슬제 탕관ᄭᆞ지 잡혀 쓰고 빅계무칙 되엿ᄂᆞᆫ딕 <대매-시평 1908.11.25> ※ 湯灌 ‖ 三丈 노퓐 큰 긔에 明現眞君이라 쓴 거슬 잡고 뒤히 ᄯᅩ 이 茶博士들히 湯灌 든이며 茶椀 가지면 잔 잡은 이 ᄯᆞᆯ와 이리 隊롤 버러 가 (拿着三丈來高的大旗號上寫着明現眞君, 後頭又是箇茶博士們, 提湯灌的, 拿茶椀把盞的跟着, 這般擺隊行.) <박언 하:47b> ⇒ 탕권

【병과 탕관이 다 귀 잇ᄂᆞ니라】 㫌 병과 탕관이 다 귀 있다.¶ 병과 탕관이 다 귀 잇ᄂᆞ니라 (瓶兒罐兒都有耳朶.) <한어-한고 10a>

【탕권】 囘 ((기물)) 탕관(湯罐, tāngguàn). 국을 끓이거나 약을 달이는 작은 그릇. (중국어 직접 차용어).¶ 鐺 ‖ 이예 약글 나모 아래 달히더니 믄득 즘승이 이셔 나모 우흘 조차 탕권 가온대 ᄠᅥ러디거놀 보니 이 싱개고리러라 (乃熬藥于樹下, 忽有物從樹上墮鐺中, 視之乃生蛙也.) <동신-효 1:12b> ▼罐兒 ‖ 사발 뎝시 서러즈라 나그내네 ᄒᆞᆫ나히 몰 보ᄂᆞ니 잇다 ᄒᆞ더니 일즙 와 밥 먹디 아니ᄒᆞ얏ᄂᆞ니 興兒야 네 ᄯᅩ로 ᄒᆞᆫ 사발 밥을 담고 탕권에 져기 탕 가져 나그내 조차 가 뎌 벗 주어 먹거든 ᄯᅩ 그릇들 설어저 오라 (收拾椀楪着. 客人們, 有一箇看着馬的, 不曾來喫飯. 興兒, 你另盛一椀飯, 罐兒裏將些湯, 跟着客人去, 與那箇火伴, 喫了時, 却收拾家事來.) <노언 상:38b> 자바다 짐 싯기 다 ᄒᆞ야다 우리 녜쟈 아희야 네 사발 뎝시 탕권 가져 집의 가라 너 슈고ᄒᆞ여다 허믈 말라 (拿住. 駝馱都打了也, 咱們行着. 小的, 你將椀楪罐兒家去, 生受你, 休怪着.) <노언 상:41b> ⇒ 탕관

【탕꽌얼】 囘 ((인류)) 당관아(堂官兒). 종업원. 점원. '탕관아(堂官兒, tángguānr)'은 중국어 직접 차용어.¶ 탕꽌얼ㅣ 녜이 ("堂官兒!" "喳.") <화교 167>

【탕수유】 囘 ((음식)) 탕수유(糖-). (중국어 직접 차용어).¶ 탕수유 (糖醋肉) <자통-지나요리 419> 새우 탕수유 (溜蝦仁) <자통-지나요리 418> 새우 탕수유 (炸蝦仁) <자통-지나요리 417> 돋의 갈비 탕수유 (炸溜力脊) <자통-지나요리 417> 돋의 고기완자 탕수유 (炸溜丸) <자통-지나요리 417> 수탉고기 탕수유 (炒子鷄) <자통-지나요리 416>

【탕슈】 囘 ❶ ((음식)) 탕수(湯水). 끓인 물. 끓는 물. 데운 물. (중국어 간접 차용어).¶ 탕슈 탕, 熱水. (湯) <천자-주 5a> ▼湯水 ‖ 도져히 부ᄒᆞᆫ 집 녀ᄋᆞ로 귀히 길닌딕 익고 심샹이 ᄯᅩ 급ᄒᆞ고 피로이 ᄒᆞᆫ ᄎᆞ례롤 슈고ᄒᆞ미 늣게야 믄득 발열이 되여 밝은 날의 니ᄅᆞ미 탕슈롤 모다 먹지 못ᄒᆞ니 (到底富家女子嬌養慣的, 心上又急, 又苦勞了一會, 晚上就發燒. 到了明日, 湯水都吃不下.) <홍루 91:41> 아신이 나무롤 가져다가 탕슈롤 민ᄃᆞ러 각인이 먹고 건량으로 요긔ᄒᆞᆫ 후의 격이 졍신이 나ᄂᆞᆫ지라 (阿新於野地拾取柴薪, 煮了湯水, 各人吃了, 又將乾粮充了饑, 然後稍有精神.) <요화 19:9> ▼滾水 ‖ 믄득 물을 ᄯᅧ와 양치ᄒᆞ고 몃 잔 탕슈롤 먹더니 (便取湯嗽了口, 又吃了幾盞滾水滾水.) <쾌심 6:48> ▼開水 ‖ 모다 먹기 슬흐니 도로혀 탕슈롤 가져오라 (總不要吃, 倒是開水拿一杯來.) <쾌심 18:48> 빅미 너 말 빅셰 작말ᄒᆞ여 시ᄅᆞ덕 닉게 ᄶᅧ 탕슈 너 말에 프러 ᄯᅥᆨ을 고로 ᄲᅮ어 그ᄅᆞ싀 잘고 믈 붓고 <디미방-순향쥬법 15a> 빅미 두 말 빅셰 작말ᄒᆞ여 탕슈 열 다ᄉᆞᆺ 대야 ᄀᆞ장 ᄭᅳᆯ혀 둠 ᄀᆡ야 닉거든 국말 ᄒᆞᆫ 되 다솝 섯거 녀코 사흘만ᄒᆞ거든 촙ᄡᆞᆯ 두 말 밥 ᄶᅧ 식거든 몬져 술에 석거 녀허 둣다가 스므 날 후 ᄡᅳ라 <디미방-녹파쥬 19a> 졍월 첫 돗날 빅미 두 말 빅셰 작말 탕슈 서 말 딕링 누록 닷 홉 섯거 노코 둘잿 돗날 빅미 서 말 빅셰 작말 탕슈 너 말 닷 되 반쥭 딕링ᄒᆞ여 넛고 셋재 돗날 빅미 닷 말 빅셰 작말 탕슈 닐굽 말 닷 되 딕링ᄒᆞ여 비져 닉거든 ᄡᅳ라 <주방-가람 삼히쥬 2a> 졍히 다ᄃᆞ마 시어 항의 녀코 탕슈의 소곰 화ᄒᆞ여 브여 둣다가 사흘 후의 그 믈의 고쳐 시어 믈 ᄇᆞ리고 초롤 만히 브어 두라 <주방-가람 싱강침 25b> ᄯᅩ 합흔 피가 자고 나모라 탕슈 질러 나모 탕슈로 종쳐을 싯기면 신효ᄒᆞ이라 <침구경험방-한고 14a> ※ ▼湯水 ‖ 湯水와 茶飯이 다 ᄀᆞ지다 히 뎌시니 ᄲᆞᆯ리 대육 드러든 흣터디쟈 (湯水、茶飯都完備了, 日頭落了, 疾忙擡肉時散着.) <노언 하:35a> ▼清湯 ‖ 물이나 데여 먹을 제 奴家가 ᄎᆞᆫ이 장만하여 숙숙을 쥬어 먹의면 져 열어 ᄯᅢ 리암식 나는 살람보단은 더 안이 나으며 叔叔이 말근 湯水을 먹어야 放心하리라 (要些湯水喫得時, 奴家親自安排與叔叔喫, 不强似這夥腌臢人, 叔叔便喫口清湯也放心得下.) <수호-국재 4:29b> 영감게셔 요구ᄒᆞ시ᄂᆞᆫ 것은 冷水온닛가 湯水온닛가 (老爺要的是涼水, 是開水?) <한지 176> 湯水의 상ᄒᆞᆫ 딕 冷藥을 먹이고 시궁의 土을 連ᄒᆞ야 부치라 <경험방-죽계 3a> ❷ 세숫물. 목욕물.¶ 臉湯 ‖ 일ᄌᆞ은 적은 쥬홍빗 통을 가지고 쥬방의 니ᄅᆞ러 탕슈롤 가져다가 쇼져긔 드리려 ᄒᆞ여 바로 부억 어귀로 향ᄒᆞ여 온딕 (這天又下廚房內, 提着朱紅小桶行. 要取臉湯呈郡主, 繞廊竟到竈前門.) <재생 27:70> 히만ᄒᆞ오신 후 뎨 삼일에 셰욕ᄒᆞ오실 탕슈를

약원이 당일에 맛당이 젼입ᄒᆞ올 거시오니 다만 슈건에 략략히 뭇치와 씻자오시되 오리 마오시며 일후 셰욕ᄒᆞ오실 졔도 미양 졔담즙을 죠곰식 넛ᄌᆞ오쇼셔 <셰욕법 16> ⇒ 탕쉬

【탕원-푸리】 명 ((상업)) 탕원포리(湯圓鋪裏). '탕원'은 끓이거나 튀겨 먹는 새알심 모양의 식품. '푸리(鋪裏, pùli)'는 중국어 직접 차용어.¶ 湯圓鋪 ‖ 믄득 가로상을 향ᄒᆞ여 보미 길 셔편의 일기 탕원푸리 잇거놀 구여롤 닛글고 푸리 쇽의 니ᄅᆞ러 좌셕을 갈ᄒᆞ여 안ᄌᆞ며 니ᄅᆞ디 (便向街頭看了看, 見路西有個湯圓舖, 携了九如, 來到舖內, 揀了個座頭坐了, 道.) <충협 20:30>

【탕쉬】 명 ((음식)) 탕수(湯水). 탕이나 국물. (중국어 차용어).¶ 湯水 ‖ 탕쉬와 차반이 다 ᄀᆞ줏거다 히 디ᄂᆞ다 쌜리 대육 받ᄌᆞ와든 각산홀 거시라 (湯水、茶飯都完備了, 日頭落了, 疾忙擡肉時散着.) <번노 하:39a> ⇒ 탕슈, 탕슈

【탕슈】 명 ((음식)) 탕수(湯水). 탕이나 국물. (중국어 차용어).¶ 탕슈 고롤 <노박 상:4> ⇒ 탕슈, 탕쉬

【탕ᄌᆞ】 명 ((주거)) 탕자(堂子). 욕조(浴槽). '탕ᄌᆞ(堂子, tángzi)'는 중국어 직접 차용어.¶ 堂子 ‖ 小人이 뎌 동녁 져제 모욕 탕ᄌᆞ 잇ᄂᆞᆫ 집 ᄇᆞᄅᆞᆷ ᄉᆞ신 지븨 와 브리여 잇노이다 (小人在那東角頭堂子間壁下着裏.) <번박 상:58a> ▼湯池 ‖ 옷 고의 감토 훠돌ᄒᆞ란 다 이 궤 안해 노하 두워 탕ᄌᆞ 맛ᄃᆞᆫ 사ᄅᆞᆷ 맛뎌 보라 ᄒᆞ고 안짠 탕ᄌᆞ애 드러가 ᄒᆞᆫ 디위 ᄌᆞᆷ고 (衣裳、帽子、靴子, 都放在這櫃裏頭, 分付這管混堂的看着, 到裏間湯池裏, 洗了一會兒.) <번박 상:52b>

【태태】 명 ((인류)) 태태(太太). 부인에 대한 존칭. (중국어 간접 차용어).¶ 太太 ‖ 너ᄂᆞᆫ 진ᄀᆡ 도로혀 공교ᄒᆞᆫ 체로 날다려 젼례롤 허러 쥬라 ᄒᆞ니 져ᄂᆞᆫ 조흔 사ᄅᆞᆷ이 되고 태태ᄂᆞᆫ 돈을 가져 인졍 받기롤 즐겨ᄒᆞ니 (你主子眞個倒巧! 叫我開了例, 他做好人. 拿着太太不心疼的錢樂得道人情.) <홍루 55:45> 태태와 내내와 다뭇 ᄉᆞ고냥의 이러ᄐᆞᆺ 돌보시믈 무릅쓰니 실노 감격블이ᄒᆞ도다 (蒙太太、奶奶同四姑娘的這番照應, 實令人感激不盡.) <홍부 5:14> 태태긔셔 암즁의 계실 씨의 다졍한 진쇼져의 은덕을 만히 닙어 계신니 <후수 2:211> 태태ᄂᆞᆫ 야야롤 뫼시고 거거와 졔미롤 거ᄂᆞ리시고 <영이 85> 엄졍과 ᄌᆞ위를 여희오나 태태와 셔뫼 계시니 기리 엿튼 졍셩을 펼가 ᄒᆞ엿더니 이졔 써나미 ᄉᆞ싱을 졈복지 못ᄒᆞ리니 셔모ᄂᆞᆫ 남은 셰월의 셩톄 안길ᄒᆞ쇼셔 <명보 1:54> 태태긔 쳥안ᄒᆞ고 태태긔 말삼ᄒᆞ디 구ᄐᆞ여 번민치 마ᄅᆞ시고 아직 암ᄌᆞ의 권도로 머므르쇼셔 <진주 9:140> 츈풍화：창시에 츄천일긔 몽농ᄒᆞ문 빅모쥬의 긔품이오 명천셩신니 붉아시문 태태의 긔딜이오 <쟝별ᄒᆞᆫ-한고 1895> ⇒ 티티

【터물】 명 ((인명)) 원나라의 영향으로 쓰인 말. 주로 인명에 쓰였다. 중세몽고어 '터물(帖木兒, temür)'의 차용어.¶ 갸온멍거터물 (來溫猛哥帖木兒) <용가 5:48> 고론두란터물 (古論豆蘭帖木兒) <용가 7:2> 골야쾻터물 (括兒牙火失帖木兒) <용가 7:2> ※ 伯顔帖木兒 <고려사 38:1, 122:19> <원조비사 177, 195> <화이역어-진보> ⇒ 터믈

【터믈】 명 ((인명)) 원나라의 영향으로 쓰인 말. 주로 인명에 쓰였다. 중세몽고어 '터물(帖木兒, temür)'의 차용어.¶ 고시터믈 (高時帖木兒) <용가 1:43> 우러터믈 (兀魯帖木兒) <용가 5:48> 골야쾻터믈 (括兒牙火失帖木兒) <용가 7:2> ⇒ 터물

【터키】 명 ((지리)) 터키(Turkey). 아시아의 서쪽 끝. 유럽의 동남쪽에 있는 공화국. 13세기 말에 오스만 제국이 성립하고 16세기에는 대제국으로 번성하였으나, 제1차 세계대전에 패배하여 쇠퇴하였다가 1923년에 케말 파샤의 혁명에 의하여 공화국이 되었다. (외래어).¶ 터키 (土耳其) <世界全圖 1900> 土耳其, 其, 一作"터키" <명물六堂 13a> 터키 (土耳基 Turkey) <만국통감1912, 4, 18> 디경을 의론컨대 셔북은 아시아 터키요 동도 아시아 터키며 ᄯᅩ 인도양이오 <사필1889-헐버트 93> ⇒ 터키국

【터키-국】 명 ((지리)) 터키(Turkey). 아시아의 서쪽 끝. 유럽의 동남쪽에 있는 공화국. 13세기 말에 오스만 제국이 성립하고 16세기에는 대제국으로 번성하였으나, 제1차 세계대전에 패배하여 쇠퇴하였다가 1923년에 케말 파샤의 혁명에 의하여 공화국이 되었다. (외래어).¶ 오스드리아 헝거리국과 루마니아국과 셰비아국과 만트늬그로국과 터키국과 ᄭᅳ리스국이니 나라가 강ᄒᆞ고 군ᄉᆞ가 졍ᄒᆞ며 지믈이 만코 지조가 긔이ᄒᆞ며 학업에 졍밀ᄒᆞ고 도학에 젼일ᄒᆞ며 졍ᄉᆞᄂᆞᆫ 도모지 빅셩의 뜻을 ᄯᅡᄅᆞ며 <사필1889-헐버트 13> 드듸여 터키국 님군과 언약을 세우고 군ᄉᆞ를 합ᄒᆞ야 ᄶᅡᆯ쓰를 치고져 ᄒᆞ더라 <만국통감1912 4, 22> ⇒ 터키

【터키스단】 명 ((지리)) 투르키스탄(Turkistan). 파미르 고원을 중심으로 하는 중앙아시아 지역. 파미르 고원을 경계로 서투르키스탄과 중국령의 동투르키스탄으로 갈라진다. (외래어).¶ 디경을 의론컨대 북은 터키스단이오 아시아아라사ㅣ라 동은 인도ㅣ오 남은 인도양이오 셔ᄂᆞᆫ 베시아국이며 <사필1889-헐버트 91>

【털릭】 명 ((복식)) 고려 때 원나라에서 들어온 포(袍)의 일종으로, 조선 초기부터 왕 이하 백관들의 관복 밑받침 옷으로 사용되었음. 융복이나 군복으로도 사용되었으며 임란 때에는 왕 이하 문무백관들의 관복처럼 사용되기도 하였음. 한자로 '天益, 帖裏, 綴翼'으로 적기도 하며 몽고어 'terlig'에서 왔음. (몽고어 차용어).¶ 장의골도 하 여러 저기니 혼자 아니 인ᄂᆞᆫ 디니 니ᄅᆞ기 어려오니 싱원과 의론히여서 히여 보내고 그 거믄 털릭을 밧고디도 몯ᄒᆞ고 그저 드리라 가ᄂᆞ니라 <순천김씨-13 1550-92 신천강씨(어머니) ↓순천김씨(딸)> 슈너 치마ᄂᆞᆫ 니시 업서 털릭도 계오 ᄲᅡᆯ고 내게 드릴 것 업고 그저 온농애 드러시니 새 니술 바다 주어사 드리려 ᄒᆞ니 <순천김씨-18 1550-92 신천강씨(어머니) ↓순천김씨(딸)> 달

라 보차여 바다라 털링 편잔히여 ᄀᆞ업서 ᄒᆞ노라 <순천김씨-110 1550-92 신천강씨(어머니) ↓순천김씨(딸)> 오늘 소례로 도로 나가니 내 털링ᄒᆞ고 두건ᄒᆞ고 한쉬 가더간 놀근 명지 듕치막ᄒᆞ고 니블 며개 보단 빗졉 슈건 갓보애 든 재자리보 ᄒᆞᆫᄃᆡ ᄡᅡ셔 넌쉬ᄒᆞ여 오늘로 소례 못쏠로 보내소 <현풍곽씨-59 /진하-151 17c전기 곽주(남편) ↓진주하씨(아내)> ⇒ 덜링, 졀닙, 쳔닉, 쳔릭, 쳔익, 쳘닉, 쳘닙, 쳘이옷, 쳘익, 텨닉, 텰릭, 텰링

【털-토수】 명 ((복식)) 털로 만든 토시. '토수'는 '투수(套袖, tàoxiù)'의 중국어 차용어. 옷소매가 해지거나 더러워지지 않도록 소매 위에 덧끼는 물건. 추위를 막기 위하여 팔뚝에 끼기도 함. 한자로 '吐袖'라고 쓰기도 함.¶ 羊皮吐手 ‖ 관복 ᄒᆞᆫ 벌 이불보 ᄒᆞᆫ나 사모 각ᄃᆡ 흉비 목하 셋 털토수 ᄒᆞᆫ나 풍치후양 ᄒᆞᆫ나 (冠服 一件入函 紗帽 角帶 胸背 木靴 三件 各有褓 羊皮吐手 一件 風彩揮項 一件) <沈進士宅用債三十兩當衣服記 1939.4.28> ⇒ 털토시

【털-토시】 명 ((복식)) 털로 만든 토시. '토시'는 '투수(套袖, tàoxiù)'의 중국어 직접 차용어. 옷소매가 해지거나 더러워지지 않도록 소매 위에 덧끼는 물건. 추위를 막기 위하여 팔뚝에 끼기도 함. 한자로 '吐袖'라고 쓰기도 함.¶ 니셔방 털휘양 털토시나 ᄒᆞ고 두루막와 부ᄃᆡ 하여 듀 보너시기 ᄇᆞ라ᄂᆞ이다 니셔방도 셜마 이를 게 아니오니 휘양 아바님 머리에 맛게 ᄒᆞ여 듀시기 축슈ᄇᆞ라ᄂᆞ이다 <식(딸) 1910.10 ↓아버지 국한-906-2> ⇒ 털토수

【테】 명 첩(帖, tiē). 첩자(帖子). 초대장. 쪽지. (중국어 직접 차용어).¶ 帖/ 帖子 ‖ 첫지는 사람 시기넌 거시 괴랍고 두지는 네의 낫츨 보디 안넛 의사니 너 너를 한 댱 테를 너줄 거시니 문샹에 닐으러 이 한 댱 테를 가져 우리 니동부를 주고 테ᄃᆡ로 네 돈을 차즈면 그만이로구나 (一來派人勞叨, 二來不給你的臉的意思, 我給你出一張帖子, 到咧門上把這一張帖子, 交給我們李夥計, 憑帖取你的錢就完咧.) <중화-아천 19a> ⇒ 테긔, 톄긔

【테구시갈바】 명 ((지리)) 테구시갈파(Tegucigalpa). 중앙아메리카 온두라스에 있는 도시. 구릉지에 둘러싸인 고원으로 바나나의 집산지이며, 목재·가구 제조·섬유 따위의 공업이 발달하였다. (외래어).¶ 도셩을 의론컨대 과데마라국 도셩은 일홈이 과데마라ㅣ오 혼두레스국 도셩은 일홈이 테구시갈바ㅣ오 산살버더국 도셩은 일홈이 산살버더ㅣ오 <사필1889-헐버트 114>

【테긔】 명 첩자(帖子). 초대장. 쪽지. (중국어 직접 차용어).¶ 帖 ‖ 왕형아 네 그 감투은은 아르 문에 밋쳐 너가 올디 안이 올디 뎡티 못하가시니 만일 오디 안 올 찌여 동부동 동무는 올 터이니 너 저과 말할 거니 필경에 톄긔ᄃᆡ로 은을 차즈면 올타 (王大哥, 你那个帽銀子是, 赶下輪却不定我來不來, 若不來的時候乙, 小不得夥計來, 我的言語他, 歸起憑帖取銀就是咧.) <중화-아천 4b> ⇒ 테, 톄긔

【테니스】 명 ((체육)) 테니스(tennis). (외래어).¶ 테니스 세계패 쟁전 (台杯賽) <자통-오락 459> ⇒ 테니쓰

【테니쓰】 명 ((체육)) 테니스(tennis). (외래어)¶ 테니쓰 (網球) <자통-오락 459> 테니쓰 코-트 <염상섭, E선생1922> ⇒ 테니스

【테라쎌푸에고】 명 ((지리)) 티에라델푸에고(Tierra del Fuego). 남아메리카 남쪽 끝에 있는 섬. 마젤란 해협 남쪽에 있으며 총면적 가운데 약 3분의 2는 칠레령, 3분의 1은 아르헨티나령에 속한다. (외래어).¶ ᄯᅩ 브노스 ᄋᆡ리스와 바히아블랑가ㅣ란 포구가 잇고 북편에 테라쎌푸에고ㅣ란 큰 셤이 잇스니 반은 칠니국 ᄯᅡ히며 <사필1889-헐버트 134>

【테불】 명 ((기물)) 테이블(table). 탁자(卓子). (외래어).¶ 테불 우에 노힌 신문을 보려 ᄒᆞ니 옥남이가 신문지를 누르면셔 <은세계 125> H도 하는 수 업시 테-불에 노하선 투렁크를 들고 <염상섭, 표본실의 청개고리1921 121> 테불 우에 노힌 <염상섭, 제야(제2회)1922 57> 책꼬지들이 앙그러진 테-불 <염상섭, 일대의 유업1949 19> ⇒ 테블, 테이불, 텔불

【테블】 명 ((기물)) 테이블(table). 탁자(卓子). (외래어).¶ 테—블 우에 종희를 노흐며 <염상섭, E선생 1922> 테블 앞에 멀거니 앉았던 <염상섭, 두 파산1949 70> ⇒ 테불, 테이불, 텔불

【테이불】 명 ((기물)) 테이블(table). 탁자(卓子). (외래어).¶ 청순이가 사너 ᄒᆞᆫ인 길이에게 교의를 들니고 저는 ᄌᆞ근 테이불을 가지고 나와셔 <죽서루 4:9> ⇒ 테불, 테블, 텔불

【테펜타인】 명 ((기물)) 테펜타인(turpentine). (외래어).¶ 取扱品目 벵키 스테인 와늬쉬 왝쓰 에나멜 漆油 테펜타인 칠붓 等 <서요1930 W.W.テイラー상회광고>

【테헤란】 명 ((지리)) 테헤란(Teheran). 이란에 있는 공업 중심 도시. 항공 중계지로 중요하며, 석유 산업을 비롯하여 융단·견직물·설탕·시멘트·담배 따위의 공장이 있다. 이란의 수도이다. (외래어).¶ 도셩을 의론컨대 일홈이 테헤란이니 나라ㅅ 북편이오 ᄯᅩ 다브리스와 레쉬드와 아스드라바드와 메쉿이란 큰 촌이 잇고 셔편에 하마단과 쉬라스ㅣ란 큰 촌이 잇고 남편에 벤데아바스ㅣ란 큰 촌이 잇고 나라ㅅ 가온대 이스바한과 예스드와 가산이란 큰 촌이 잇고 사ᄅᆞᆷ의 픔ᄉᆞ수는 션비와 빅셩이오 <사필1889-헐버트 94>

【텐—ㄴ】 수 텐(ten). 열. (외래어).¶ 텐—ㄴ (十) <영어일상통화단어초집 우산>

【텔】 명의 ((화폐)) 텔[兩]. 중국의 화폐 단위. (외래어).¶ 中國 兩(Tel)텔=十첸 錢 첸=十훈 分 훈 <백과신-송1926 493>

【텔불】 명 ((기물)) 테이블(table). 탁자(卓子). (외래어).¶ 그 사람의 손을 잡아 인사ᄒᆞ고 (텔불) 압헤셔 마조 향ᄒᆞ야 의ᄌᆞ에 거러안지니 <혈의누 70> ⇒ 테불, 테블, 테이불

【텟셀】 명 ((인명)) 텟셀 (Tetzel, 1465-1519). 요한 테첼. (외

래어).¶ 텟셸 (特色勒 Tetzel) <만국통감1912, 4, 18>

【텨닉】 명 ((복식)) 쳡리(帖裡 /帖裏). 고려 때 원나라에서 들어온 포(袍)의 일종. 무관이 입던 공복. 직령(直領)으로서, 허리에 주름이 잡히고 큰 소매가 달렸는데, 당상관은 남색이고 당하관은 분홍색임. 쳡리(帖裡). 천익(天翼). (몽고어 'terlig'에서 온 차용어).¶ 텨닉 (帖裡/帖裏) <과록-병융 113b> ⇒ 뎔링, 졀닙, 쳔닉, 쳔릭, 쳔익, 쳘닉, 쳘닙, 쳘이옷, 쳘익, 텰링, 텰릭, 텰링

【텬】 명 ((지리)) 천산(天山). 톈산(Tianshan). 파미르 고원에서 중국의 네이멍구(內蒙古) 자치구까지 동서로 이어지는 산맥. (외래어).¶ 셔에는 가라고름과 켈륜과 텬이란 산과 적은 못시 만코 혼가온대는 만과 비링과아라ㅣ란 산이 잇고 또 동편에 누창과 텬진과 티푸와 샹히와 부챠오와 홍콩과 에모이와 닝보와 솨토ㅣ란 포구가 잇스며 텬진브터 남경을 지나 닝보ᄭᆞ지는 몬돈 강이니라 <사필1889-헐버트 72>

【텬사-스판지사탕썩】 명 ((음식)) 천사 스폰지 케이크(angel sponge cake). (외래어).¶ 텬사 스판지 사탕썩 ‖ 텬사 스판지 사탕썩. 사탕 (미국 고은 것) 1잔과 2대슈가락 밀가루 (사탕썩 밀가루) 1⅓잔 큰 계란 (흰자위) 11개 소곰 ½쇼슈가락 크림어타타 1쇼슈가락 계란 (노른자위) 6개 귤 약념이나 레몬 약념 ½쇼슈가락 피닐나 ½쇼슈가락 계란과 소곰과 크림어타타를 큰 졉시에 담고 져가락으로 져으대 거픔이 마를 때까지 졋고 사탕을 네 번 체에 밧하셔 조곰식 셕근 후에 졀반식 두 그릇에 난호아 가지고 한 그릇에 잘 져은 계란 노른자위를 셕고 밀가루를 네 번 쳐셔 ⅔잔을 셕고 또 약념을 셕거 노코 다른 그릇에 그 밀가루 ½잔을 셕고 또 피닐나를 셕고 기름 발으지 안닌 팬에 두 그릇에 것을 번갈나셔 졀반식 붓고 1시 동안 뭉군한 불에 텬사썩처럼 구어셔 식힐 것 <서요 176> ☞ 스폰지 사탕썩

【텬진】 명 ((지리)) 천진(天津, Tiānjīn). 중국 하북성(河北省)에 있는 중앙 정부 직할시. 화북(華北) 수운의 중심지이며 대운하, 백하(白河)강 따위가 합류한다. (외래어).¶ 텬진 (天津) <지나-지지 38> 텬진셔 사 오십닛가ㅣ 텬진셔 실어 온 것이오 …… ("起天津買來麼?" "打天津運來的.") <화교 17> 로형 사르시는 곳이 어딕오닛가ㅣ 내 곳은 텬진이오 당신은 어딕오닛가 ("您貴處是那兒?" "敝處是天津, 沒領教.") <지나-삼상대화 166> 또 동편에 누챵과 텬진과 티푸와 샹히와 부챠오와 홍콩과 에모이와 닝보와 솨토ㅣ란 포구가 잇스며 텬진브터 남경을 지나 닝보ᄭᆞ지는 몬돈 강이니라 <사필1889-헐버트 72> ※ 나는 이 朝鮮 사룸으로 天津으로 붓터 下船ᄒᆞ여 北京으로 가려 ᄒᆞᄂᆞ니 오놀 赶程ᄒᆞᄂᆞᆫ 연고로 이러므로 하놀이 어두오믈 아지 못ᄒᆞ엿도다 (我是朝鮮國人, 打天津下船要王京裏去的, 今天赶着土程的緣故, 所以不知道天黑咧.) <화계 상:6b> 우리가 天津으로 붓터 이리 오ᄂᆞᆫ딕 텬긔가 가장 쳥명치 아니ᄒᆞ여 하로롤 隔ᄒᆞ여 하로 비 오기로 半道의셔 몃 놀 동안을 더듸엿노라 (我們打天津往這裏來, 天道好不大離踈, 隔一天下一天雨, 在半道上耽悞幾天工夫咧.) <화계 상:26a> 아 天津 그이가 보낸 것이니 쓰더 보아라 그가 또 答狀ᄒᆞ라니 (啊, 天津那個朋友給帶來的, 拆치開看一看罷, 他還要回信麼?) <화교 85> 여기셔 天津ᄭᆞ지 車價이 얼마오 (從這兒到天津, 車價是多兒錢?) <화교 95> 老爺게 엿쥬옵이다 天津셔 箱子가 왓습이다 (回稟老爺, 天津來了箱子了.) <화교 113>

【텬징】 명 ((지리)) 천경(天京). 도성(都城). 텬징(天京, tiānjīng)은 중국어 직접 차용어.¶ 天京圍 ‖ 네 민들면 얼마던디 딕파넌 줄노 티너니 사로 비를 삭너여 텬징으로 보너여 텬징 빗쥬인의 손에 널으러 아디 못커라 몃 히 동안을 파넌 딕로 팔고 팔다가 (你呢打着作出就管多少現賣的咧, 咳在雇船往天京圍發, 到咧天京圍船行家的手裡, 不知幾年的工夫赶着發賣.) <중화-아천 6b>

【텰릭】 명 ((복식)) 철릭. 쳡리(帖裡, 帖裏). 고려 때 원나라에서 들어온 포(袍)의 일종. 무관이 입던 공복. 직령(直領)으로서, 허리에 주름이 잡히고 큰 소매가 달렸는데, 당상관은 남색이고 당하관은 분홍색이다. 조선 초기부터 왕 이하 백관들의 관복 밑받침 옷으로 사용되었다. 융복이나 군복으로 사용되었으며 임란 때에는 왕 이하 문무백관들의 관복처럼 사용되기도 하였다. 한자로 '帖裏'는 '天益, 綴翼'으로 적기도 한다. 중세몽고어 '텰릭(terlig)'의 차용어. "帖裏者, 戎事之服也. «續大典»曰, 堂上官藍色帖裏, 堂下官青玄色帖裏, 郊外動駕時紅色帖裏, 其文歷然, 今俗誤以爲天翼, 或以爲綴翼, 疏箚用之." <유형원-반계수록 25:45> ¶ 戎服也, 亦漢語卽綴翼. 帖, 當作貼. <진람 13b> 텰릭 ‖ 元時好着此衣, 前後具胸背, 又連肩而通袖之脊, 至袖口爲紋. 當膝周圍亦爲紋如欄干, 然織成段匹爲衣者有之, 或皮或帛, 用綵線周遭回曲爲緣, 如花樣, 刺爲草樹、禽獸、山川、宮殿之紋於其內, 備極奇巧, 皆用團領着之. 其直甚高. 達達之俗, 今亦猶然.뷔윤 실로 치질ᄒᆞ니를 呼爲刺, 亦曰"□", 音"扣".¶ 텰릭, = 褶 (帖裡/帖裏) <역해-복식 상:44b> <방석-복식 2:22b> 텰릭 (帖裡 /帖裏 /褶) <방석-복식 2:22b> 帖裡 ‖ 텹리, 貼, 華音텨, 故轉云텰릭, 上衣下裳, 戎事衣服, 誤翻天翼텬릭, 又或云綴翼텰릭. <명물-복식 3:27b> ▼帖裏 ‖ 싸홀 적이면 브딕 블근깁으로 텰릭을 ᄒᆞ여 닙고 당샹관의 닙식을 ᄒᆞ야 스ᄉᆞ로 닐오딕 홍의텬강쟝군이로라 (戰時必着紅絹貼裏, 具堂上笠飾, 自號紅衣天降將軍.) <학봉행장 71a> 앏 뒤 흉븨와 두 엇게로셔 ᄉᆞ맷 ᄆᆞᄅᆞ 내치질ᄒᆞ고 무룹도리로 치질ᄒᆞᆫ 로 텰릭에 (刺通袖膝欄羅帖裏上.) <번박 상:26b> ᄉᆞ매 ᄆᆞᄅᆞ 내치질ᄒᆞ고 膝欄ᄒᆞᆫ 羅텰릭에 (刺通袖膝欄羅帖裏上.) <박언 상:25a> 픈 류쳥비체 쁠 업슨 룡을 금으로 쭌노 텰릭에 (柳綠蟒龍織金羅帖裏.) <번박 상:29a> 거믄 텰릭 뵈 닷 비를 (五箇黑帖裏布.) <번박 상:51b> 닷 필 거믄 텰릭 뵈롤 (五箇黑帖裏布.) <박언 상:46b> 내 향츗비쳇 ᄉᆞ미예 통ᄒᆞ야 무룹 돌와 오치실로 슈질ᄒᆞᆫ 텰

릭과 네 다홍비쳇 금으로 흉븨 ᄧᅳᆫ 텰릭과 밧고져 (我的串香褐通袖膝欄五彩綉帖裏, 你的大紅織金胸背帖裏對換着.) <번박 상:72a> 내 팀향빗체 通袖 膝欄ᄒᆞ고 五彩로 綉 노흔 텰릭과 네 大紅빗체 금ᄉᆞ로 ᄧᅡ 胸背 ᄒᆞᆫ 텰릭과 막밧고쟈 (我的串香褐通袖膝欄五彩綉帖裏, 你的大紅織金胸背帖裏對換着.) <박언 상:63a> 내 텰리기 어느 네 슈질ᄒᆞᆫ 텰리게 미ᄎᆞ료 (我的帖裏怎麽赶上你的綉帖裏.) <번박 상:72a> 내 텰릭이 엇디 네 슈텰릭에 미ᄎᆞ리오 (我的帖裏怎麽赶上你的綉帖裏.) <박언 상:63b> 이 明綠빗체 通袖 膝欄 슈ᄒᆞᆫ 거스란 텰릭 짓고 (這明綠通袖膝欄綉的做帖裏.) <박언 중:54b> ᄆᆞ쇠로 텰릭을 ᄆᆞ라 나ᄂᆞᆫ ᄆᆞ쇠로 텰릭을 ᄆᆞ라 나ᄂᆞᆫ 鐵絲텰ᄉᆞ로 주롬 바고이다 <정석가> 또 면디 다 어우리 주고 녀롬지이 마소 또 내 오론 텰릭 보내소 미티나 닙새 <신창맹씨묘-2 나신걸(남편) 1490 ↓신창맹씨(아내)> 또 내 헌 간사 텰릭 ᄀᆡ새 주소 ᄀᆡ새 오술 복경이 니펴 가뇌 또 가래질ᄒᆞᆯ 제 ᄀᆡ새ᄅᆞᆯ 보와 도옥ᄒᆞ라 ᄒᆞ소 <신창맹씨묘-2 나신걸(남편) 1490 ↓신창맹씨(아내)> 면화ᄂᆞᆫ 여계셔 계오 두어 오시ᄂᆞᆫ 오니 옷도 두더기 니펴 두고 새옴ᄒᆞᆫ다 ᄒᆞ건마ᄂᆞᆫ 고도 텰릭 바디 딕녕 히여 두니 내 지금 두터온 져구리ᄅᆞᆯ 업서 그 열온 거술 니버 치오ᄃᆡ 몬 미처 도라ᄒᆞ노라 <순천김씨-17 1550-92 신천강씨(어머니) ↓순천김씨(딸)> 네 형은 아바님 가고 종 져거 몯ᄒᆞ니 셩보기 히여 바디ᄅᆞᆯ 업시 가니 바디와 초록 텰릭 안과ᄅᆞᆯ ᄒᆞ고져 ᄒᆞ니 고오니ᄅᆞᆯ 되ᄂᆞᆫ 대로 밧과 다고 이번도 바디ᄅᆞᆯ 업시 가신다 <순천김씨-150 1550~92 신천강씨(어머니) ↓순천김씨(딸)> 나 녀러올 ᄃᆡ 이시니 모시 딕녕과 텰릭과 보내소 <순천김씨-158 1550-92 채무이(남편) ↓순천김씨(아내)> 늘의골도 그 텰릭 갑시 무명 세 피리 가ᄂᆞ니라 하 싱ᄉᆞ샹숨ᄒᆞ니 ᄌᆞ시 □□□라 ᄉᆞᄅᆞᆯ 보내쟈 <순천김씨-175 1550-92 신천강씨(어머니) ↓순천김씨(딸)> 텰릭 쳑수 ‖ 웃동 ᄒᆞᆫ 자 두 치 닷 분 ᄉᆞ매 댱 두 자 두 치 ᄉᆞ매 너비 ᄒᆞᆫ 자 <청풍김씨 언간-4 이덕열(남편) ↓청풍김씨(아내)> ⇒ 덜링, 졀닙, 천닉, 천릭, 천익, 쳘닉, 쳘닙, 쳘이옷, 쳘익, 텰링, 텨닉, 텰링

【텰릭-뵈】 명 ((복식)) 철릭베. '텰릭'은 몽고어 'terlig'에서 온 차용어.¶ 帖裏布 ‖ 貴眷이 브틴 열 필 흰 모시뵈과 닷 필 누른 모시뵈와 닷 필 거믄 텰릭뵈ᄅᆞᆯ 小人이 여긔 가져왓노라 (貴眷稍的十箇白毛施布, 五箇黃毛施布, 五箇黑帖裏布, 小人將來這裏.) <박언 상:46a>

【텰링】 명 ((복식)) 첩리(帖裡 /帖裏). 고려 때 원나라에서 들어온 포(袍)의 일종. 무관이 입던 공복. 직령(直領)으로서, 허리에 주름이 잡히고 큰 소매가 달렸는데, 당상관은 남색이고 당하관은 분홍색임. 첩리(帖裡). 천익(天翼). '텰링'은 몽고어 'terlig'에서 온 차용어.¶ 학개도 당가 이 겨울로 그 지비 호려 ᄒᆞ니 그 텰링으란 지어 빌여라 <순천김씨-21 1550-92 신천강씨(어머니) ↓순천김씨(딸)> ⇒ 덜링, 졀닙, 천닉, 천릭, 천익, 쳘닉, 쳘닙, 쳘이옷, 쳘익, 텰링, 텨닉, 텰릭

【텰믈-푸ᄌᆞ】 명 ((상업)) 철물포자(鐵物鋪子). 철물집. '푸ᄌᆞ(鋪子, pùzi)'는 중국어 직접 차용어.¶ 셔삼야ᄂᆞᆫ 션대의 텰믈푸ᄌᆞᄅᆞᆯ 버렷시나 쇽어의 니ᄅᆞᄃᆡ 벼술ᄒᆞᄂᆞᆫ 사ᄅᆞᆷ은 일픔이오 샹고ᄒᆞᄂᆞᆫ 사ᄅᆞᆷ은 이픔이라 ᄒᆞ며 (徐三爺上輩開鐵鋪, 又道是一品官, 二品客.) <충소 5:52> ⇒ 철믈푸ᄌᆞ ☞ 철물푸리

【텰-훠】 명 ((복식)) 철화(鐵靴). 철로 만들어진 신발. '화(靴, xuē)'는 중국어 직접 차용어.¶ 鐵靴 ‖ 너희 삼천이 각각 몸의 텰갑을 닙고 발의 텰훠ᄅᆞᆯ 신고 손의 긴 칼흘 잡고 돗과 개와 ᄃᆞᆰ의 고기ᄅᆞᆯ 다혀 독약술의 사흘을 ᄃᆞᄆᆞ고 밧그로 기룸과 ᄀᆞᆯᄂᆞᆯ ᄇᆞ라고 블의 고기ᄅᆞᆯ 닉이라 (汝等三千人, 各身穿鐵甲, 脚穿鐵靴, 手執長刀, 宰猪、犬、鷄等肉, 以毒藥、浸三日, 外又將毒藥拌香油、麻面、炒熟各肉.) <개벽-규장 3:84>

【톄긔】 명 첩자(帖子). 초대장. 편지 쪽지. '첩자(帖子. tiězi)'는 중국어 직접 차용어.¶ 帖 ‖ 왕형아 네 그 감투 은은 아르 문에 밋쳐 니가 올디 안이 올디 뎡티 못하가시니 만일 오디 안 올 쎄여 동부동 동무는 올 터이니 니 저과 말할 거니 필경에 톄긔디로 은을 차즈면 올타 (王大哥, 你那个帽銀子是, 赶下輸却不定我來不來, 若不來的時候乙, 小不得夥計來, 我的言語他, 歸起憑帖取銀就是咧.) <중화-아천 4b> ⇒ 톄, 톄긔

【톄문】 명 ((문서)) 첩문(帖文). 상급 관아에서 하급 관아에 보내는 공문. 또는 관아에서 발급하는 임명장 증명서 영수증 등을 말함. '톄(帖, tiě)'는 중국어 직접 차용어.¶ 帖 ‖ 녹ᄉᆡ 그 가온ᄃᆡ 안쟈시니 두 귀신 찬의 디옥 구경ᄒᆞᆯ 알왼ᄃᆡ 녹ᄉᆡ 븕근 붓ᄉᆞ로 ᄒᆞᆫ 톄문을 ᄆᆡᆫ드러 주니 그 글시 젼ᄌᆞ 것ᄒᆞ야 아라보지 못ᄒᆞᆯ네라 (錄事中坐, 二使以譔入白, 錄事以朱筆批一帖付之, 其文若篆籀不可識.) <전등-서강 27> 이시 톄문을 내여 뷘ᄃᆡ 즉시 노하 드려보ᄂᆡ거ᄂᆞᆯ 찬이 보니 뫼인이 무수ᄒᆞᆫᄃᆡ 혹 가족도 벗기며 살도 ᄢᅦᄒᆞᆯ며 칼노 ᄶᅵ르니 슬피 우ᄂᆞᆫ 소리 초독ᄒᆞ야 ᄯᅡᄒᆞᆯ 움즈기더라 (二使以批帖示之, 卽放之入, 見罪人無數, 被剝皮刺血, 剔心剜目. 叫呼怨痛, 宛轉其間, 楚毒之聲動地.) <전등-서강 28> ▼照 ‖ 감중 톄문이 오지 아니ᄒᆞ면 응시치 못ᄒᆞ리니 내 헛도히 남복을 ᄒᆞ엿도다 (監照不來難赴考, 麗君何苦領衣冠.) <재생 9:35> 중국 샹고드리 츄리를 모피ᄒᆞ기로 셰젼 밧친 톄문을 닷토와 ᄉᆞᄂᆞᆫ 고로 양국 셰젼은 일노 인ᄒᆞ야 더옥 셩ᄒᆞ니 <이언 1:12a> ⇒ 쳬문

【톄지】 명 첩자(帖子). 초대장. 편지 쪽지. '톄(帖, tiě)'는 중국어 직접 차용어.¶ "帖紙". 톄지, 見公私文字. (帖) <신자 4:56b> ▼帖子 ‖ 쟝ᄌᆞ의 가쇽이 황망히 톄지ᄅᆞᆯ 가져 엿ᄌᆞ오ᄃᆡ 앗가 슐위와 교ᄌᆞ의 휘쟝을 ᄆᆡᆫ돌고 바ᄂᆞ질 공젼 은ᄌᆞ 암만 량을 가질나 왓ᄂᆞ이다 (張材家的忙取帖子回道: '就是方纔車轎圍做成, 領取裁縫工銀若干兩.) <홍루 14:30> 쥬뎜에 드러가 필연을 빌어 ᄒᆞᆫ 쟝 톄지를 써 왕파를 주며 왈 너는 현동 진이랑의 집에 가셔 이 표지를 주고 ᄒᆞᆫ 벌 관지를 가져가라 (原來恁

地. 你兩個跟我來, 去巷口酒店裏借筆硯寫個帖子與你, 去縣東陳三郎家取具棺材.) <수호-신문 1:19:212> ▼批子 ‖ 염패 왈 톄지는 써 무엇ᄒᆞ리오 압식 친히 가 구ᄒᆞ여 주면 일즉이 일을 뭇치리라 (閻婆道: '批子也不濟事. 須是押司自去取, 便肯早早發來.') <수호-신문 2:20:13> ⇒ 체지, 쳬지, 톄ᄌᆞ

【톄ᄌᆞ】 명 첩자(帖子). 초대장. 편지 쪽지. 체지(帖紙). 장부(帳簿). '톄(帖, tiě)'는 중국어 직접 차용어.¶ 碎帖 ‖ 창문의 내여갈 톄ᄌᆞ 가져다가 사술 도로 드리라 (將碎帖兒過籌.) <번박 상:12b> 뎌를 격은 삭 갑슬 주되 三十 낫 돈에 ᄒᆞᆫ 짐식 ᄒᆞ고 존 톄ᄌᆞ 가져와 사술 디내라 (他小脚兒錢, 三十箇錢一擔家, 將碎帖兒過籌.) <박언 상:13a> ⇒ 체지, 쳬지, 톄지

【톄ᄌᆞ-ᄒᆞ-】 동 첩자(帖子)하다. 초대장을 보내 청하다. '톄(帖, tiě)'는 중국어 직접 차용어.¶ 말금이롤 무드려 ᄒᆞᆫ다 ᄒᆞ고 제 ᄌᆞ식들이 누룩을 못 어더 ᄒᆞ니 납쇠 가니 톄ᄌᆞᄒᆞ여 주과다 ᄒᆞ나 듬긔 닷근 후 쓰기 사롬 납쇠든 마라 <송규렴 선찰9-83 1700 안동김씨(어머니) ↓송상기(아들)> 날이 새배니 ᄒᆞᆫ 큰 죠히에 글 쓰고 곗티 만히 노힌 거시 잇거놀 ᄌᆞ시 보니 오악신령과 ᄉᆞ히농왕의 톄ᄌᆞᄒᆞ야 쥰 거시라 <빅복 15a>

【토레쓰】 명 토레스 (Tories). (외래어).¶ 토레쓰 (頭利 Tories) <만국통감1912, 4, 18>

【토린】 명 ((건축)) 탁름(托欞). 도리. 서까래를 받치기 위하여 기둥 위에 건너지르는 나무. '토린(托欞, tuōlǐn)'은 중국어 직접 차용어.¶ 欞 ‖ 럼, 屋上横木, 俗言棟동, 轉云도리, 一曰托欞탁럼, 華音토린, 訛云徒里. <명물-궁실 3:3a>

【토수】[1] 명 ((복식)) 토시. 투수(套袖). 옷소매가 해지거나 더러워지지 않도록 소매 위에 덧끼는 물건. 추위를 막기 위하여 팔뚝에 끼기도 함. 한자로 '吐袖'라고 쓰기도 함. (중국어 차용어).¶ 토수 ‖ 토수는 손목에 끼는 것이라. 손목만 감추고 손은 토하엿다 하여 토할 '토', 손 '수'(吐手) 두자음으로 토수라 하는 것인데 혹은 토시라 하느니라. <조이-김동진> 토수 (吐手) <물명-한고 19:08:14> 토수, 一名臂衣. 宋寇準常着綵韝. (韝) <물해-기용 13a> 보션 두 케례 보니웁 누비오세 토수 맛당치 못 승편으로 보니오니 돈 ᄒᆞᆫ 냥만 보니시웁 <답상장-우한19c말 츈일 부죠ᄒᆞ온디> 주의 져고리 바지 토수 보션 힝젼 허리띄 다님이 보통으로 입는 옷이니 주의는 이십오 셰 이젼은 압흘 뒤보다 길게 ᄒᆞ고 <부필 17a> ᄌᆞ식 왜듀 삼 필[무오 구월 대감 이 필 내여 가오시니 명미 시월 일 필 두루마기 짓고 토수 둘 짓고 쟁 느리노라 오 척 쏘 오니] <품목② 202> 등거리 모시 팔 척 휘항 명듀 두 ᄌᆞ 두 치 ᄭᅳᆫ은 반 골 ᄌᆞ 가웃 져구리 명듀 십일 척 젹숨은 갓고 바지 무명 십ᄉᆞ 척 속것 갓고 토수 명듀 ᄌᆞ 네 치 쥬머니 네 치 힝젼 북포ᄌᆞ 여덜 치 모시 두 ᄌᆞ 여셧 치 요디 무며 두 ᄌᆞ 두 치 버션 무명 외공 두 ᄌᆞ 너공 ᄌᆞ 가웃 <의양 악양누긔-연세> ⇒ 토슈, 토시

【토수】[2] 명 ((음식)) 토스트(toast). 식빵을 얇게 썰어 양쪽을 살짝 구운 것. (외래어).¶ 토수 가온대를 조곰 파고 거긔다가 간 치스 1쇼슈가락을 뿌리고 <서요 51> 져은 계란과 크림을 너코 소곰과 호쵸가루로 약념한 후에 잘 석기도록 작고 져어셔 닉혀 가지고 고초가루를 조곰 치고 크랙키나 토수 우에 노하셔 먹을 것 <서요 57> 버섯을 삶아셔 계란을 뭇치고 면보 부스러이를 뭇쳐셔 지져 먹을 것 버섯을 썰어셔 크림 쏘스나 일년감 쏘스를 셕고 토수 우에 노코 밥이나 감자와 함끠 먹고 커리 쏘스에도 너허 먹을 수 잇슴 <서요 71> ⇒ 토슈

【토슈】[1] 명 ((복식)) 토시의 옛말로써 중국 한자음 '투수(套袖)'를 차용한 한자어. 옷소매가 해지거나 더러워지지 않도록 소매 위에 덧끼는 물건. 추위를 막기 위하여 팔뚝에 끼기도 함. 한자로 '吐袖, 吐手'라고 쓰기도 하다. (중국어 차용어).¶ 토시 | 토슈 <법한 883> 토슈 (手套) <몽해-복식 상:43b> 토슈 (套子) <이록-소세 9a> ▼套手 ‖ 투슈, 俗作吐手토슈. <명물-복식 3:29b> 토슈 (套手) <역보-복식 28b> <동해-복식 상:56a> ▼韝 ‖ 一名臂衣, 宋冠準着綵韝, 토슈 (韝) <사아-물명 2a> 토슈 (暖韝) <광보-2 의복:3a> ▼套袖 ‖ 토슈 (套袖) <한청-의복 11:6b> ※ 吐手 (套袖) <물명찬-의관 8> 일즉 일짱 빅ᄌᆞ도 슈 노흔 토슈 잇더니 쟉일의 ᄎᆞᄌᆞ보미 도로혀 신션ᄒᆞᆫ지라 (有繡現成的一雙百子圖套袖, 昨日找出來, 倒新鮮.) <홍부 6:33> ▼吐手 ‖ 토슈 (吐手) <속명-의관> <일용-의복 12a> <이록-의복 15a> <군목-의복 18b> 토슈 (吐手, A cuff, an armlet, a wristlet.) <한영1890 164> 吐手 ‖ 토슈롤 끼니 손목이 덥ᄉᆞ외 <교린-묘 3:4b> 남냥싀 왜듀 빅ᄌᆞ ᄎᆞ 남냥싀 왜듀 져고리 ᄎᆞ 초록 도뉴단 모토슈 일 남냥싀 왜듀 토슈 두 ᄎᆞ <품목① 140> 옥싁 갑삼팔 이필 오빅 팔십 냥 연두 앙적문 관ᄉᆞ 토슈 십이 냥 <장기 한옥션157-390> 신낭 토슈 분홍 단님 요디 즙치 감ᄭᅳᆫ 옥양목 싱목 분홍 한 통 검정물 한 통 남물 한 통 치마 옥싀물 한 통 쏙두션 한 통 노랑 한 통 핫이불 거죽 넘싀ᄒᆞᆫ 거 두 감 千歲曆 <물목-1 갑삼팔> 연두싀 길상ᄉᆞ 토슈 ᄒᆞᆫ 가음 션ᄒᆞᆫ□ 초록 텨ᄉᆞ 즙치 ᄒᆞᆫ 가음 귀쏠 것 ᄒᆞᆫ셔보 ᄒᆞ나 <물목-북촌 숙인 대구서씨> 모시 듕치막 ᄒᆞᄂᆞ 명쥬 속옷 안팟 셔양목 져구리 ᄒᆞᄂᆞ 안팟 바지 ᄒᆞ나 안팟 끼든 토슈 모시 힝젼 ᄒᆞᄂᆞ 져구리 바지 소음 <창원황씨-16 츈일이 고이ᄒᆞᆫ디> 철익 두로막기 져구리 바지 토슈 보션 두 켜리 <창원황씨-56 나으리젼 봉장1881> 즌 복싯 ‖ 두루막기 싯 쏘 두 옥양 적삼 속것 ᄒᆞᆫ 벌 저구리 바지 ᄒᆞᆫ 벌 두루막 속둥거리 둘 토슈 둘 힝젼 넷 안팟 버션 여덜 켜리 <흔합-죽림> 일신 체되ᄀᆞ 불과 토슈 쪽만도 못ᄒᆞᆫ 것시 무슴 힘이 이셔 알봄 낫 셤 낫 말 낫 되 낫셧 낫칠 운젼ᄒᆞ오며 <셔디쥐젼1900 11a> 명쥬 겹동옷싀 명쥬 바지 민 면몰의 양피 빅ᄌᆞ 쵸록 토슈 빅능 ᄒᆞᆫ숨 빅통 명쥬 젼반 누비ᄒᆞᆫ 포단 허리띄예 언중도 슴승 운혜을 졔법 신고 <셔디쥐젼1900 7a> 토슈 ᄒᆞ나 솜바지 둘 뵈힝젼 둘 보션 셋 ᄌᆞ주 핫입불 ᄒᆞ나 셔양

ᄉᆞ 소ᄆᆡ쥬의 ᄒᆞᆫ나 당목 솜져구리 ᄒᆞᆫ나 문장 ᄒᆞᆫ 쎄 보라 누비천의 ᄒᆞᆫ나라는 것 당목 보라 천의 ᄒᆞᆫ나 뵈 ᄒᆞᆫ 필 <물목-우한 12:01:30> 고리 한 토슈 알외옵나이다 <전주유씨-6 그족 문안20c전반> 상쥬집도 싱면의 양이 순숙ᄒᆞ고 침션이 절등 집 덕 두 분 보션 토슈와 동정 ᄉᆞ촌 보션 토슈 ᄃᆞ ᄒᆞ여 보닉고 닉게도 보션 토슈 즙치 부쇠 씸지 ᄃᆞ ᄒᆞ엿는ᄃᆡ 본즉 침공이 극진ᄒᆞ니 힝이ᄋᆸ <송병필가 97> 토슈 십ᄎᆞ ᄒᆞ신다 ᄒᆞ오니 답ᄒᆞ민망 오기난 줄러치 못ᄒᆞ듯 갑ᄒᆞᄒᆞ오이다 ᄯᅩ 전진ᄒᆞᄋᆸ기 ᄎᆞᆼᄒᆞ 외뢰ᄋᆸ나이다 이십일ᄒᆞ ᄌᆞ 샹셔 <아들-1-한고 ↓부친> 품진오시 좃컨만은 홀태바지 무삼 일고 후양 토슈 조컨만은 슈갑 장갑 무삼 일고 朝鮮말이 좃컨만은 學校冊이 무삼 일고 <은사가 14:155> 병ᄌᆞ 정월 이십五일 발긔 상경거의복 ‖ 면주 창의 ᄒᆞᆫ나 반주 바지 ᄒᆞᆫ나 면주 져고리 ᄒᆞᆫ나 면주 두루마기 ᄒᆞᆫ나 면주 토슈 버서 힝전 각 ᄒᆞᆫ나 <발긔-한고1936.1.25 상경거의복> ※ 吐手 (吐手) <박물-충 17a> ⇒ 토수, 토시

【토슈】[2] 명 ((음식)) 토스트(toast). 식빵을 얇게 썰어 양쪽을 살짝 구운 것. (외래어).¶ 잔에다가 계란을 깨트려셔 토슈에다가 웬통으로 노코 쎄터 조곰이나 크림 1쇼슈가락을 그 계란 우에 붓고 8분이나 10분 동안 구어셔 먹을 것 <서요 51> ⇒ 토수

【토슈-ᄒᆞ-】 동 토시[吐手]하다. 옷소매가 해지거나 더러워지지 않도록 소매 위에 덧끼는 물건을 만들다. (중국어 차용어).¶ 수달(水獺)피는 겨울의 모션도 ᄆᆡᆫ들고 먼 길 갈 제 토슈(吐手)ᄒᆞ야 씨면 ᄆᆡ우 좃ᄉᆞ오니 <교린-초 2:2a> ⇒ 토시ᄒᆞ- ⇒ 토시ᄒᆞ-

【토시】 명 ((복식)) 중국 한자음 '투수(套袖)'를 차용한 한자어. 옷소매가 해지거나 더러워지지 않도록 소매 위에 덧끼는 물건. 추위를 막기 위하여 팔뚝에 끼기도 함. 한자로 '吐袖'라고 쓰기도 함. (중국어 차용어).¶ 토시 | 토슈 <법한 883> 남송 숙고사 토시 분홍 고단 토시 다홍 고단 줌치 <김상궁천상궁옷볼긔> ▼袘手 ‖ 머리에 동피 휘앙 쓰고 발에 보션 신고 손에 토시 쪄시니 바람이 ᄯᅳ루디 못하고 닝긔가 부두티디 못하니 ᄯᅩ 추운 거슬 혐우하랴 (頭戴貂鼠風領, 脚穿襪子, 手套袘手, 風不透冷不着的又嫌冷麽.) <중화-아천 22a> 토시와 두둑ᄒᆞᆫ 본션을 ᄒᆞ여 놈이 주어 보내라 ᄒᆞ옵쇼셔 <이뎡(ᄌᆞ)-한고1818/78.9.26 ↓어마님> ⇒ 토수, 토슈

【토시-탕】 명 ((한방)) 토시탕(免屎湯). 안질, 안창(眼瘡), 예장(翳障), 진창(瞋脹) 등의 눈병을 치료하는 처방임.¶ 免屎湯 ‖ 토시탕은 힝역 후에 예막 씨인 이룰 고티ᄂᆞ니 톳ᄭᅴ똥을 블에 물뢰여 ᄀᆞᄅᆞ ᄆᆡᆼᄀᆞ라 ᄆᆡ ᄒᆞᆫ 돈식 차 달힌 믈에 플어 머기면 ᄀᆞ장 됴ᄒᆞ니라 (免屎湯治痘後生瞖障, 免屎焙爲末, 每一錢茶淸調下最妙. [醫學入門]) <언두 하:59a>

【토시-ᄒᆞ-】 동 토시[吐手]하다. 옷소매가 해지거나 더러워지지 않도록 소매 위에 덧끼는 물건을 만들다.¶ 수달(水獺)피는 겨울의 모션도 ᄆᆡᆫ들고 먼 길 갈 제 토시(吐手)ᄒᆞ야 씨면 ᄆᆡ우 좃ᄉᆞ오니 <교린-재 2:2a> ⇒ 토슈ᄒᆞ-

【토슈】 명 ((음식)) 토스트(toast). 식빵을 얇게 썰어 양쪽을 살짝 구운 것. (외래어).¶ 잔에다가 계란을 깨트려셔 토슈에다가 웬통으로 노코 쎄터 조곰이나 크림 1쇼슈가락을 그 계란 우에 붓고 8분이나 10분 동안 구어셔 먹을 것 <서요 51> ⇒ 토수

【토올】 명 ((기물)) 매 앉는 시렁. 중세몽고어 '토올(doɣor)'의 차용어.¶ 매 안는 토올 (鷹坐兒) <역해-비금 하:26a> ※ 土兀, 短架名 <웅골방-신증 15> ☞ 매갸ᄌᆞ

【톤】 명의 ((도량)) 톤(Ton). 무게의 단위. 1톤은 영국에서는 2,240파운드로 약 1,016kg에 해당하고 미국에서는 2,000파운드로 약 907kg에 해당한다. (외래어).¶ 英國 米國 톤(Ton)噸 폰드(Pound)封度＝十六 온쓰(Ounce) <백과신-송1926 494>

【톨쓰토이】 명 ((인명)) 톨스토이(Aleksey Nikolayevich Graf Tolstoy, 1883~1945). 러시아의 소설가. (외래어).¶ 南으로 야쓰야나 폴리야나에 大先生 톨쓰토이 幽宅을 찻고 <청춘 1914.10.1>

【통공-ᄒᆞ-】 동 통공(通共, 統共)하다. 모두 합하다. '통공'은 (중국어 간접 차용어).¶ ▼共 ‖ 한신이 본쳐와 갓가온 군현 인마룰 ᄲᅢ 심 만을 어드니 통공ᄒᆞ여 ᄉᆞ십오만이라 (韓信選本處幷臨近郡縣人馬, 又得十萬, 共四十五萬.) <서한-국중 7:16> ▼通共 ‖ 내가 통공ᄒᆞ여 보니 져것 한 ᄀᆡ가 남아 가히 의지ᄒᆞᆯ 사ᄅᆞᆷ이어ᄂᆞᆯ 져의 무리 도로혀 계곤ᄒᆞ여 긔여히 ᄶᅥ혀 내려 ᄒᆞᄂᆞ냐 (我通共剩了這麽一個可靠的人, 他們還要來算計!) <홍루 46:80> 져 몃 가지가 비록 젹으나 일년을 통공ᄒᆞ여 혬ᄒᆞ면 ᄉᆞ ᄇᆡᆨ 량 은ᄌᆞᄂᆞᆫ 셩비되리라 (這幾宗雖小, 一年通共算了, 也省的下四百兩銀子.) <홍루 56:47> 통공ᄒᆞ여 하낫토 올치 못ᄒᆞ고 (通共一個不是.) <홍루 46:85> ▼統共 ‖ 봉졔 일일이 보니 통공ᄒᆞ여 남복 이십일 인이 잇고 녀복은 십구 인이 잇고 (鳳姐一一的瞧了, 統共只有男僕二十一人, 女僕只有十九人.) <홍루 110:15>

【통ᄉᆡ】 명 ((주거)) 뒷간. 중국어 동사(東司 dōngsī)에서 온 말. 이 말은 중국 선종(禪宗)의 사원에서 법당 동쪽에 뒷간이 있어 이렇게 부르게 되었다고 한다. (중국어 직접 차용어). ※ 통시, 통새, 통시깐, 통수깐 (경상, 강원, 황해 방언).¶ 통ᄉᆡ <칠대> ※ 圊 ‖ 뒷간 청, 俗又呼"東司". <훈몽-궁택 중:3b /6a> 일본어 tōsu (東司)

【톼아】 명 ((기물)) 도아(挑牙). 이쑤시개나 귀이개 따위를 통틀어 이르는 말. '톼(挑, tiāo)'는 중국어 직접 차용어.¶ 挑牙 ‖ 象牙로 細花ᄒᆞᆫ 톼아에 (象牙細花兒挑牙.) <박언 상:25b> ⇒ 초여, 쵸혀, 톼야

【톼야】 명 ((기물)) 도아(挑牙). 이쑤시개나 귀이개 따위를 통틀어 이르는 말. '톼야(挑牙, tiāoyá)'는 중국어 직접 차용어.¶ 挑牙 ‖ 샹애 셰화 도ᄃᆞ니로 ᄒᆞᆫ 톼야의 (象牙細花兒挑牙.) <번박 상:27a> ⇒ 초여, 쵸혀, 톼아

【톼ᄋᆞ】 명 ((복식)) 조아(絛兒). 땋아 만든 띠. '톼(tāo)'는

중국어 직접 차용어.¶ 條兒 ‖ 감찰 아롱 ᄃᆡᄌᆞ 일빅 오리 ᄌᆞᄃᆡ 툐ᄋᆞ 일빅 오리 (茶褐欒帶一百條、紫條兒一百條.) <노언 하:62a> ☞ 셰툐

【툐환】 명 ((복식)) 도환(絛環). 띠돈[帶金]. 노리개를 고름이나 혁대에 거는 장식. 토환(絛環). '툐(絛, tāo)'는 중국어 직접 차용어.¶ 絛環 ‖ ᄯᅩ 굴근 무면 일빅 필와 금으로 ᄧᆞ니와 밋 ᄆᆡᆫ 비단 일빅 필와 화문 비단 일빅 필와 ᄯᅩ 아ᄒᆡ돌ᄒᆡ 효ᄀᆞᆫ 방울 일빅 낫과 물ᄉᆞᆺ동 일빅 낫과 쇠예 입ᄉᆞᄒᆞᆫ 툐환 일빅 나촐 사고 ᄯᅩ 칙 ᄒᆞᆫ 불 사ᄃᆡ 四書란 다 晦庵 주 내시니롤 ᄒᆞ져 (再買些麤木緜一百疋、織金和素段子一百疋、花樣段子一百疋, 更有小孩兒們, 小鈴兒一百箇、馬纓一百顆、減鐵條環一百箇, 更買些文書一部, 四書都是晦庵集註.) <번노 하:69b> ᄯᅩ 굴근 목면 일빅 필과 금으로 ᄧᆞ니와 ᄆᆡᆫ비단 일빅 필과 화문 비단 일빅 필과 ᄯᅩ 아ᄒᆡ돌희 효근 방울 일빅 낫과 물손동 일빅 낫과 쇠예 입ᄉᆞᄒᆞᆫ 툐환 일빅 낫촐 사고 ᄯᅩ 칙 ᄒᆞᆫ 불을 사되 四書ᄅᆞᆫ 다 晦庵註 낸 이롤 ᄒᆞ쟈 (再買些麤木緜一百疋、織金和素段子一百疋、花樣段子一百疋, 更有小孩兒們, 小鈴兒一百箇、馬纓一百顆、減鐵條環一百箇, 更買些文書一部, 四書都是晦庵集註.) <노언 하:63a>

【투―】 ㈜ 투(two). 둘. (외래어).¶ 투― (二) <영어일상통화단어초집 우산>

【투고】 명 ((복식)) 투구. 예전에 군인이 전투할 때에 적의 화살이나 칼날로부터 머리를 보호하기 위하여 쓰던 쇠로 만든 모자. 중국어 '頭盔 (tóukuī)'에서 온 말. (중국어 직접 차용어).¶ 투구 | 투고 | 두 <법한 228> 투고 모 (鍪) <음운 13b> 투고 함 (錎) <음첩a 73b> ▼鎧 ‖ 쟝ᄉᆞ들을 갑과 투고의 사기ᄃᆡ 죽은 후의 말니라 ᄒᆞ고 싸홀 제 칼과 창으로ᄡᅥ 큰 딘을 밍그ᄃᆡ 두터오며 야른 고들 아라 군ᄉᆞ롤 분비ᄒᆞ니 향ᄒᆞᆫ 바의 ᄃᆡ덕ᄒᆞ리 업더라 (將士皆刻鉾、鎧爲死休字; 每戰以劍槊爲方圓大陣, 知有厚薄, 從中分配, 故人自爲戰, 所向無前.) <통감 8:71> ▼兜鍪 ‖ 칙이 손이 놀라 ᄌᆞ의 등의 ᄶᅩ잣는 댜른 창을 ᄲᅢ히거놀 ᄌᆞ는 칙의 투고롤 벗겨 칙이 창으로 디ᄅᆞ면 ᄌᆞ는 투고로 ᄀᆞ리오더니 (策却手快, 掣了慈背的短戟, 慈掣了策頭上的兜鍪. 策把戟來刺慈, 慈把兜鍪遮架.) <삼국-가정 5:138> 쇽졀업시 보도롤 자바 ᄌᆞ롤 밋거니 조차 다시 투고롤 졍졔ᄒᆞ믈 보디 못ᄒᆞ리로다 (空把寶刀頻按取, 無從再睹整兜鍪.) <손방 5:23> ▼頭盔 ‖ 동원쉬 년ᄒᆞ야 대완을 거후로고 쥬흥이 발작ᄒᆞ야 ᄉᆞ매롤 브ᄅᆞ거드며 투고롤 졋밧고 (不想董元帥連吃了幾大碗酒, 有些酒興發作的光景, 揎拳裸體, 把頭盔也都推起.) <망남아 5:5b-20> ▼盔 ‖ 어제 물이 업더디되 너롤 죽이디 아니ᄒᆞ니 반ᄃᆞ시 서ᄅᆞ 왕닋ᄒᆞ미 잇고 오놀 두 번 헛 활을 ᄲᅥ고 세 번재 투고 샹모롤 마치니 엇디 닉외 샹통티 아니호미리오 (昨日馬失, 他不殺汝, 必然往來; 今日兩番虛拽弓弦, 第三箭射他盔纓, 如何不是外通內連?) <삼국-가정 17:52> 허뎨 분노ᄒᆞ믈 이긔디 못ᄒᆞ야 딘듕으로 도라가 투고와 갑과 오술 다 벗고 온 몸의 힘줄을 브ᄅᆞ도티고 벌건 몸으로 칼홀 들고 몰게 올라 ᄂᆞᄂᆞᆫ ᄃᆞ시 돌려드러 마툐과 싸화 ᄌᆞ웅을 결ᄒᆞ려 ᄒᆞ니 냥군이 아니 놀라리 업더라 (許褚性起, 飛回陣中, 卸了盔甲, 渾身筋突, 赤體提刀, 翻身上馬, 來與馬超決戰雌雄.) <삼국-가정 19:34> 이경은 ᄒᆞ야 게우 긧 일빅을 가져다가 각ᄀᆞᆨ 투고 우희 ᄶᅩ자 보람ᄒᆞ고 일시의 갑 입고 믈긔 올나 (約有二更時候, 取白鵝翎 一百根, 挿于盔上爲號.) <삼국-가정 22:42> 뇨홰 투고롤 엇고 동다히롤 ᄇᆞ라고 ᄹᆞᆯ오ᄃᆡ 죵젹이 업더라 이는 ᄉᆞ마의 부러 투고롤 수풀 동편의 ᄇᆞ리고 믄득 셔로 ᄃᆞ라나니 이러므로 뇨홰 ᄹᆞᆯ와 밋디 못ᄒᆞ니라 (化取盔捎在馬上, 望東趕來, 全無踪迹. 原來司馬懿將金盔落於林東, 却往西走.) <삼국-가정 34:24> 몸의 ᄒᆞᆫ 푼도 업ᄉᆞ니 간 곳마다 머믈기 어려온디라 ᄌᆞ금 투고 두 편의 진쥬롤 만히 박아시니 이롤 ᄡᅳ더다가 쥬육을 사 먹으랴 ᄒᆞ나 향촌 사ᄅᆞᆷ은 아디 못ᄒᆞᆯ 거시오 셩듕 져재에는 놈이 알가 ᄯᅩ 두려운디라 (身沒分文, 到處難投. 便有這紫金扎額, 兩傍俱有嵌珠, 去換些酒肉吃, 這些鄉人怎知好歹? 若到城市中去, 又不便露眼!) <후수 6:38> 이 계괴 묘ᄒᆞ나 내 뷘손으로 드러가면 슈뎡이 반ᄃᆞ시 의심ᄒᆞ리니 형의 투고롤 가져가 뎌롤 뵌 후의 일을 도모ᄒᆞ리라 (此計極妙. 吾單馬追兄至此, 空回守貞必致疑矣, 可將兄之盔與我, 見守貞道知追兄之故事, 必可行也.) <남송 3:65> 니젹이 뉴쥰의게 황금 투고 한 벌과 련환갑 한 벌과 (李績給發柳俊黃金鳳翅盔一頂, 連環鎖子甲一副.) <쾌심 11:54> 이ᄯᅢ 관뇌는 투고와 갑옷술 버셔바리고 겨유 도망ᄒᆞ여 사라 가고 (段雷先伏在土窖中不曾傷損, 脫去盔甲, 混在殘兵中逃去.) <평요 8:51> 장ᄎᆞᆺ 죠교의 갓ᄀᆞ오미 황츙이 교상의셔 활을 한 번 다려 쏘니 시위를 응ᄒᆞ여 졍히 운장의 투고 ᄭᅳᆫ을 맛치며 젼군의 함셩이 ᄀᆞᆺ러나거놀 (將近弔橋, 黃忠在橋上搭箭開弓, 弦響箭到, 正射在雲長盔纓根上. 前面軍齊聲喊起.) <삼국-국중 10:31-53> 조죄 문득 말을 두류혀 다라ᄂᆞ니 졔군 즁댱이 다 셧역홀 ᄇᆞᄅᆞ고 다ᄅᆞᄂᆞ더ᄅᆞ 창을 ᄇᆞ리고 투고 버서 저 스ᄉᆞ로 천답ᄒᆞ더라 (操便回馬而走, 於是諸軍衆將一齊望西逃奔, … 一時棄鎗落盔者, … 自相踐踏.) <삼국-모종 7:67> ▼扎額 ‖ ᄒᆞ고 ᄯᅩ 싱각ᄒᆞᄃᆡ 이 모양으로 ᄆᆞ올히 비러 자랴ᄒᆞ면 사ᄅᆞᆷ이 반ᄃᆞ시 놀나리라 ᄒᆞ고 투고롤 버서 품의 품고 날이 어둡거야 ᄆᆞ올을 ᄎᆞ자 드러가니 ᄒᆞᆫ 집의셔도 머므ᄅᆞ리 업거놀 (因想道: '今夜必投村店, 只這打扮便要嚇人.' 遂除下扎額, 揣在懷內, 走到日黑, 投入村中尋宿. 怎奈人俱不敢留他.) <후수 6:38> 경니는 빅금 투고의 홍금갑을 닙으며 댱창을 들고 슈긔에 ᄲᅧ시되 <신미 1:4> 왕손협은 셔하국 긔치와 의갑을 갓초아 깁혼 투고롤 ᄡᅧ 그 얼골을 가리와 아지 못ᄒᆞ게 ᄒᆞ고 <명행 41:55> 진문 밧긔 나오니 금갑은 투고의 상뫼 녕한ᄒᆞ고 긔골이 흉영ᄒᆞ더라 <엄효 16:80> 승상이 황금쇄ᄌᆞ갑의 봉시 투고롤 ᄡᅳ고 홍금포롤 닙으며 양지빅옥ᄃᆡ의

검퍼 광쟝ᄒᆞ여 <유삼 8:43> 젹병이 블의디변을 마[만]나니 먼져 긔율이 부졍ᄒᆞ야 동충셔돌ᄒᆞ여 투고ᄅᆞᆯ 버스며 <유이 1:52> 도적질이 비상ᄒᆞ여 졀도ᄉᆞ의 갑옷과 투고ᄅᆞᆯ 도적ᄒᆞᆫ 말이며 온갖 흉괴ᄒᆞᆫ 말을 베퍼 <윤하 6:29> 머리의 적금 투고ᄅᆞᆯ ᄡᅳ고 몸의 슈운갑 홍젼포ᄅᆞᆯ 닙고 허리의 오쇡 강궁을 ᄯᅴ고 <한조 4:5> 쇼년디쟝이 황금쇄ᄌᆞ갑의 홍금젼포를 ᄯᅧ입고 봉의 날ᄀᆡ 갓ᄒᆞᆫ 투고를 쓰고 <화충 22:19> 다만 투고를 벗기고 몰을 죽이며 패쥐ᄒᆞᄂᆞ니로 승부를 결ᄒᆞ고 몸을 상케 말미 가ᄒᆞ니라 <명보 14:65> 어시의 운셩이 금갑 홍포로 놓봉 투고ᄅᆞᆯ ᄡᅳ고 좌슈의 칠쳑 빵금을 들고 <소현 16:54> 인귀 몸을 놀녀 도치ᄅᆞᆯ 드러 창을 막고 쥬머괴로 힘ᄢᅧ 투고ᄅᆞᆯ 티니 말게 ᄯᅥ러지ᄂᆞᆫ지라 <설인 1:19> 망덕으로 투고 삼고 인덕으로 갑옷 삼고 <사향가> ⇒ 투구, 투긔

【투고-샹모】 명 ((복식)) 투구상모(-象毛). 투구의 꼭지에 다 참대와 구슬로 장식하고 그 끝에 해오라기의 털이나 긴 백지 오리를 붙인 것. '투고'는 중국어 '頭盔(tóukuī)'에서 온 말. (중국어 직접 차용어).¶ 盔纓 ‖ 어제 몰이 업더디되 너를 죽이디 아니ᄒᆞ니 반ᄃᆞ시 서ᄅᆞ 왕니ᄒᆞ미 잇고 오ᄂᆞᆯ 두 번 헛 활을 ᄲᅡ고 세 번재 투고 샹모ᄅᆞᆯ 마치니 엇디 너외 샹통티 아니호미리오 (昨日馬失, 他不殺汝, 必然往來; 今日兩番虛拽弓弦, 第三箭射他盔纓, 如何不是外通內連?) <삼국-가정 17:52> ⇒ 투구상모

【투고-ᄭᅩᆨ지】 명 ((복식)) 투구꼭지. '투고'는 중국어 '頭盔(tóukuī)'에서 온 말. (중국어 직접 차용어).¶ 투고ᄭᅩᆨ지 칙 (幘) <음첩a 66a>

【투구】 명 ((복식)) 군인이 전투할 때에 적의 화살이나 칼날로부터 머리를 보호하기 위하여 쓰던 쇠로 만든 모자. 중국어 '頭盔 (tóukuī)'에서 온 말. (중국어 직접 차용어).¶ 투구 | 투고 | 두 <법한 228> 투구 개 (鎧) <음첩a 3a> 투구, "首鎧". 兜鍪. (鎧) <신자 4:27b> ▼鍪 ‖ 투구 모, 卽"兜鍪". (鍪) <훈몽-군장 중:14a /28a> 투구 무, "兜鍪". (鍪) <자주 하:35a> 투구 무 (鍪) <음첩a 26a> 骨鎧, "兜鍪". 투구 무, "鞏"仝. (鍪) <자석 하:91b> "兜鍪". 首鎧, 투구 (鍪) <신자 4:27a> 투구 함 (錎) <음운 36a> 투구 (護項) <물명고-서강 복식 13b> 투구 (闘口) <군목-융복 19a> 투구 (明甲) <박물-군물 25b> 투구 두녑 드림 (耳鏡) <방석-군기 2:12a> 투구 뒷드림 (腦包) <과록-병융 113b> ▼兜 ‖ 투구 도 (兜) <음첩a 21a> <언문 7> 투구 두, "兜鍪". 首鎧, 투구 (兜) <신자 1:12a> ▼兜牟 ‖ 솘바올 닐굽과 이본 나모와 투구 세 사리 녜도 ᄯᅩ 잇더신가 (松子維七, 與彼枯木, 兜牟三箭, 又在于昔.) <용가 89> ▼盔 ‖ 투구, 俗"회"首鎧 (盔) <신자 3:12a> 투구 (盔) <방석-군기 2:12a> 투구, 今俗呼"頭盔" (盔) <사해 상:48b> 투구 회, 首鎧 (盔) <자석 하:11a> 투구 괴, 俗"회", 首鎧. (盔) <자주 하:35b> 투구 (頭盔) <훈몽-군장 중:14a /28a> <사해 상:48b> 투구, 兜鍪. (頭盔) <사해 하:69a> 투구 (頭盔) <역해-군기 상:21a> <동해-군기 상:47a> <몽해-군기 상:35b> <화초-군기 7a> 투구, 又曰"明盔". (頭盔) <과록-병융 113b> 투구 ᄡᅳ다 (戴盔) <역보-군기 15b> <과록-병융 113b> 투구 쓰다 (戴盔) <방석-군기 2:12a> <한청-정벌 4:33a> <동해-군기 상:47a> 투구와 갑옷 ᄒᆞᆫ 부와 環刀 ᄒᆞ나ᄒᆞᆯ 다 ᄒᆞᆫ 번의 가지고 直房에 가 날을 기ᄃᆞ리고 (盔甲一副, 環刀一口, 都一打裹將到直房裏等我着.) <박언 중:24b> ᄯᅩ 뎌 살 동개에다가 열 낫 살 ᄫᅩ고 활 동개에 ᄒᆞᆫ 장 활 ᄫᅩ고 투구와 갑옷 ᄒᆞᆫ 볼 환도 ᄒᆞ나ᄒᆞᆯ 다 一一히 打點ᄒᆞ여 ㄡ초와 直房에 보내고 (還要把那箭帒裏插十根箭, 弓帒裏插一張弓, 盔甲一副腰刀一口, 都一一打點全備送到直房裏去.) <박신 2:31a> ▼胄 ‖ "兜鍪"同. 俗呼"頭盔", 투구 (胄) <사해 하:69b> 투구 듀, 俗呼"頭盔", 水銀胄曰"明盔". (胄) <훈몽-군장 중:14a /28a> 투구 듀 (胄) <신합 상:29a> <음첩a 22b> 투구 쥬 (胄) <왜해-군기 상:40a> <아학 상:12b> 투구 (胄) <광보-2 군려:4b> 투구 쥬, 兜鍪, "介胄." 胄子之胄, 從肉, 此從冂. 又曰"介胄". 字從月, 音"冒". (胄) <자주 하:35a> 兜鍪, 투구 주 (胄) <자석 상:9a> "介胄". 兜也, 투구 (胄) <신자 1:12b> 투구 (胄) <광보-2 군려:4b> 투구 (胄, A helmet.) <한영1890 164> 請으로 온 예와 싸호샤 투구 아니 밧기시면 나랏 小民을 사ᄅᆞ시리잇가 (見請之倭, 與之戰鬪, 若不脫胄, 國民焉救.) <용가 52> 胄 ‖ 투구ᄂᆞᆫ 살을 마ᄌᆞ도 ᄯᅮ러질 셰 업ᄉᆞᆸ데 <교린-묘 3:39b> 투구 (兜鍪) <이록-물명 11a> 슈문쟝이 블을 드러 보니 ᄡᅳᆫ 바 투구와 닙은 바 갑이며 몰과 잡은 창이 의심 업ᄉᆞᆫ지라 <벽허 15:2> 원쉬 빅화슈 은젼포에 황금 쇄ᄌᆞ갑을 닙고 봉시 투구에 놓천검을 즙고 빅셜마ᄅᆞᆯ 타시니 <현몽 14:64> 이윽고 원문을 통개ᄒᆞ미 부원슈 대샤마 님챵연이 머리의 ᄌᆞ금 투구ᄅᆞᆯ ᄡᅳ고 대완 오츄마ᄅᆞᆯ 타고 <화명 1:70> 약가루을 조합ᄒᆞ여 ᄶᅵ을 ᄶᅥ의 넝수 서너 숫가락 넛코 ᄯᅥᆨ갓치 익여 미긔의 三錢중식 작환ᄒᆞ여 참숫블의 피우고 투구 믿드라 덥고 코의 ᄃᆡ이고 연기을 쏘인 뒤 직시 쥐ᄒᆞᆫ나니라 <서계집-한고 음양단 3b:상> ※ 小說曰突厥居金山之陽, 以鐵工役屬單于, 突厥者兜牟也, 以善作兜牟故名之. 又«綱目»註: 金山如兜鍪, 其俗呼頭鍪因爲國號云. 今漢音突厥與我國方言頭具亦相近. <지봉유설 1:35> ⇒ 투고, 투긔

【투구-감토】 명 ((복식)) 투구감투. '투구'는 중국어 '頭盔(tóukuī)'에서 온 말. (중국어 직접 차용어).¶ 투구감토 (盔帽) <방석-군기 2:12a> 투구감토 (盔襯帽) <한청-군기 5:2a> ⇒ 투구갑토

【투구-갑토】 명 ((복식)) 투구감투. '투구'는 중국어 '頭盔(tóukuī)'에서 온 말. (중국어 직접 차용어).¶ 투구갑토 (盔帽) <과록-병융 113b> ⇒ 투구감토

【투구만】 명 ((지리)) 투쿠만(Tucuman). 남아메리카 아르헨티나 북서쪽에 있는 도시. 철도·도로 교통의 요충

지이며, 안데스 산맥 동쪽 기슭의 관개 농업의 중심지이기도 하다. (외래어).¶ 도셩을 의론컨대 일흠이 보노스의리스ㅣ니 나라ㅅ 동편이오 또 로사리오와 산타페와 고리엔듸스ㅣ란 큰 촌이 잇고 나라ㅅ 가온대 고도바ㅣ란 촌이 잇고 셔편에 멘도사와 투구만이란 촌이 잇고 사름의 픔ㅅ수는 평등이오 <사필1889-헐버트 135>

【투구-상모】 명 ((복식)) 투구상모(-象毛). 투구의 꼭지에 다 참대와 구슬로 장식하고 그 끝에 해오라기의 털이나 긴 백지 오리를 붙인 것. '투구'는 중국어 '頭盔(tóukuī)'에서 온 말. (중국어 직접 차용어).¶ 투구상모이 (毦) <음첩a 52a> <음첩b 31b> ⇒ 투고샹모

【투렁크】 명 ((기물)) 트렁크(trunk). (외래어).¶ 테불 우에 노힌 신문을 보려 ᄒᆞ니 옥남이가 신문지를 누르면셔 <은세계 125> H도 하는 수 업시 테-블에 노하선 투렁크를 들고 <염상섭, 표본실의 청개고리1921 121>

【투렌】 명 투렌 (Turenne). (외래어).¶ 투렌 (國仁 Turenne) <만국통감1912, 4, 18>

【투르 등】 관구 ((질병)) 두아통(頭兒疼). 머리가 아프다. '두아통(頭兒疼. tóurténg)'은 중국어 직접 차용어.¶ 여러히 짓거려 혹 ᄀᆞᆯᄋᆞ되 '투루틍 인부쥬라' ᄒᆞ니 이마 아푼 것슬 '투루 틍'이라 ᄒᆞ고 참지 못ᄒᆞ든 말이 '인부쥬'오 <연힝녹 1:18>

【투메릭】 명 투메릭(tumeric). (외래어).¶ 쏘스 ‖ 초 8잔 사탕 2잔이나 3잔 계자가루 5대슈가락 투메릭 1대슈가락 밀가루 (초 조곰에 플 것) ½잔 모도 석거서 10분 가량 부글부글 끄릴 것 <서요 252> 닉인 일년감 픽클 ‖ 풋 일년감 (닉인 것) 1말 큰 양배추 (닉인 것) 2포귀 큰 파 (닉인 것) 15개 셔양 풋고초 (닉인 것) 12개 소곰 1½잔 사탕 6잔 호쵸가루 1대슈가락 흰 계자 2대슈가락 양미나리씨 2대슈가락 투메릭 ½온스 일년감과 세 가지 채소에 소곰을 뿌려셔 2시간 동안 두엇다가 물을 꼭 짜고 다른 재료를 너코 초를 잠길 만콤 친 후에 10분 동안 삶아 가지고 병에 담고 꼭 봉해서 찬 곳에 둘 것 <서요 253>

【투새】 명 도서(圖書). 도장. '투(圖, tú)'는 중국어 직접 차용어.¶ 俗名九曲篆, 투새와 인에 삭이는 젼ᄌᆞ (繆篆) <물해-기용 11b> ⇒ 도셔, 도셰, 투셔, 투셰, 투슈

【투셔】 명 도서(圖書). 도장. '투(圖, tú)'는 중국어 직접 차용어.¶ 도쟝 | 도셔 | 투셔 <법한 1256> 투셔 (套書) <일용-문방 3a> 凡糊封處墨印之, 투셔 (套署) <광보-1 신도:3a> 투셔 (套書) <교린-A 3:72a> 俗名九曲篆, 투셔와 인에 삭이는 젼ᄌᆞ (繆篆) <사아-물명 4a> 대감이 되엿는다 녕감이 되엿는다 밧바 잠 뎍노라 투셔 ᄒᆞ나 어더 보내여라 <연안이씨언간첩-4 완석의게> ▼印信 ‖ ᄌᆞ믈쇠로 ᄌᆞᄆᆞ고 거출 봉ᄒᆞ고 투셔 티고 방문을 또ᄒᆞᆫ 좀으고 (上了鎖, 用了印信封皮, 把房門亦封鎖停當.) <손방 3:5> ▼印子 ‖ 포공이 놈의 손의 죽은 줄을 아더니 믄득 보니 띄 우희 ᄒᆞᆫ 낫 젹은 남그로 삭인 투셰 이시딕 이는 뵈 ᄑᆞ는 딕 표ᄒᆞ는 거시여놀 (包公知被人謀死, 忽見衣帶上係一個木刻小小印子, 却是賣布的記號.) <포공-목인 7:20> ▼印記 ‖ 포공이 즉시 나모 투셔롤 닉여 공니롤 시겨 뵈의 친 투셔와 마초와 보니 ᄒᆞᆫ 말도 그ᄅᆞ디 아닌디라 (包公復取木印記對之, 一些不差.) <포공-목인 7:24> 원닉 하일혹이 그 밤의 뵈롤 도적ᄒᆞ야 그윽ᄒᆞᆫ 촌에 ᄀᆞᆷ초와 그 뵈 두 긋터 표ᄒᆞᆫ 거술 다 업시ᄒᆞ고 곳쳐 제 투셔롤 쳐 사름이 모ᄅᆞ게 ᄒᆞᆫ 후 (却說夏日酷當夜盜得布匹, 已藏在村僻去處, 卽將那布首尾記號盡行塗抹, 更以自己印記印上, 使人難辨.) <포공-석비 7:30> 套書 ‖ 악가 써 둔 편지를 밥풀노 봉ᄒᆞ야 투셔를 단단이 찍고 우표를 부쳐셔 우톄통에 너어라 <한대-어학 140> ※ 얼굴로 圖書을 ᄒᆞ고 나가며 제 겨집ᄃᆞ려 니ᄅᆞ되 이내 얼굴 圖書ᄒᆞᆫ거시 업스면 자닉을 도적ᄒᆞᆫ 양으로 아소 <유공 27> ⇒ 도셔, 도셰, 투새, 투셰, 투슈

【투셔깐】 명 투서간(套書間). 도장 찍는 곳. '도서간(圖(tú)書間)'에서 온 말. 도서(圖書)는 도장을 뜻하며 '투'는 '圖(tú)'의 중국어 직접 차용어. '套書'는 한자 차용어이다.¶ 투셔깐 <법한 364>

【투셰】 명 도서(圖書). 도장. 함경 방언. '투(圖, tú)'는 중국어 직접 차용어. 투셔(←도셔, 圖書)+-ㅣ(주격 조사▷명사 파생 접미사).¶ 도셰 | 투셰 <노한 423> ⇒ 도셔, 도셰, 투새, 투셔, 투슈

【투슈】 명 ((기물)) 도서(圖書). 도장. '투슈(圖書, túshū)'는 중국어 직접 차용어.¶ 투슈 (押子) <역해-관부 상:10a> 투슈 티다 (押了) <역해-관부 상:10a> ⇒ 도셔, 도셰, 투새, 투셔, 투셰

【투ᄌᆞ아】 명 ((민속)) 투자아(骰子兒). 주사위. 놀이 도구의 하나. 뼈나 단단한 나무 따위로 만든 조그만 정육면체의 각 면에 하나에서 여섯까지의 점을 새긴 것으로, 바닥에 던져 위쪽에 나타난 점수로 승부를 결정한다. (중국어 간접 차용어).¶ 樗蒲 ‖ 져포, 俗言骰子兒투ᄌᆞ아, 轉云쥬ᄉᆞ외. 老子入胡作. 博塞박싀. 瓊夔경측. 采戲칙희. <명물-백희 2:42a> ☞ ᄉᆞ위, ᄉᆞᄋᆞ

【투항】 명 토항(土坑). 구렁. 구덩이. '투(土, tǔ)'는 중국어 직접 차용어.¶ 坑 ‖ 인매 일시의 브ᄅᆞ지지며 돌ː녹ː히 투항 속의 싸디믈 보고 (人馬齊聲叫苦, 骨骨碌碌, 通跌下坑.) <손방 3:96> 원달이 투항 속의셔 웨여 닐오딕 (袁達在坑裏叫道.) <손방 3:96>

【퉁】 명 ((광물)) 동(銅). 퉁쇠. 품질이 낮은 놋쇠를 이르는 말. '퉁(銅, tóng)'은 중국어 직접 차용어.¶ 퉁 <법한 58> 퉁 (紅銅) <이록-물명 11a> ▼銅 ‖ 어지 李三으로 ᄒᆞ여 木匠의 집의 가 ᄒᆞᆫ 櫃롤 민돌리되 널러 경ᄒᆞ고 더롤 두 냥 은을 주엇더니 뉘 아더냐 민드롬이 ᄀᆞ장 법 ᄌᆞ지 아니ᄒᆞ고 칠도 됴치 아니ᄒᆞ고 널도 또 엷고 櫃에 퉁으로 ᄒᆞᆫ ᄉᆞ견이 다 平常ᄒᆞ고 두 비목과 ᄒᆞᆫ 걸새 다 두텁지 못ᄒᆞ니 엇지 능히 堅固 牢壯ᄒᆞ리오 (誰知道做得狠不如式, 油漆也不好, 板子又薄, 櫃子上銅事件都平常, 兩箇 鈸一箇釘□, 都不厚實, 怎麼能勾堅固牢壯呢?) <박신 2:13a> ⇒ 통

【퉁-그릇ㅅ】 명 ((기물)) 놋그릇. '퉁(銅, tóng)'은 중국어 직접 차용어.¶ 銅器 ‖ 퉁그릇시 믜친 믈 (銅器上汗) <동의-탕액 1:18a> ⇒ 퉁긋

【퉁-긋】 명 ((기물)) 놋그릇. '퉁(銅, tóng)'은 중국어 직접 차용어.¶背瘡 ‖ 등창이 나거나 발지여 죵환이 나거든 빅변을 퉁그싀 노겨 시긴 후의 골기 되거든 진유 망ᄒᆞ여 불으면 됴코 <의셔-한고 9b> ⇒ 퉁그릇ㅅ

【퉁-노고】 명 ((기물)) 퉁노구[銅爐口]. 품질이 낮은 놋쇠로 만든 작은 솥. 바닥이 평평하고 위아래의 모양과 크기가 비슷하다. '퉁(銅, tóng)'은 중국어 직접 차용어.¶ 퉁노고 (銅鍋) <역보-기구 43a> <광보-2 음식:1b> 퉁노고 (銅鍋子) <한청-기용 11:38a> <몽보-기구 25a> 퉁노고 자리 (野竈) <방석-기용 3:11a> ▼금셕산을 잠간 디나 믈 잇ᄂᆞᆫ ᄃᆡ 다ᄃᆞ라 길ᄀᆞ의 댱막을 ᄒᆞ고 한ᄃᆡ셔 됴반ᄒᆞ니 일힝이 다 물을 버들숩픠 ᄆᆡ고 내ᄀᆞ의 곳곳이 퉁노고ᄅᆞᆯ 걸며 밥짓ᄂᆞᆫ ᄂᆡ 니러나니 그 형상이 군듕 ᄀᆞᆺ더라 (設幕溪邊朝飯, 一行人馬各就薪水, 處處屯聚若戰陣然.) <연행-노가재 1:34b> ▼羅鍋 ‖ 죄 군ᄉᆞᄅᆞᆯ 녕ᄒᆞ야 말게 나려 머믈워 밥지어 먹으라 ᄒᆞ니 혹 퉁노고도 가져오니도 잇고 쌀 노랴ᄒᆞ여 가져오니도 잇거늘 뫼 마른 곳을 갈히야 블 피워 밥도 지으며 말고기도 버혀 구어 먹으며 (操敎前面暫住. 馬上有稍帶得羅鍋的, 也有村中擄得糧米的, 便就山邊揀乾處埋鍋造飯, 割馬肉燒吃.) <삼국-가정 16:66> 산히 ᄃᆡ경ᄒᆞ여 친히 가 보니 과연 밥을 지어 퉁노고의 더운 ᄌᆡ 잇ᄂᆞᆫ지라 <화충 22:33> 뉵월의 괴화가 처 픠지 아니ᄒᆞ여 경히 반긔ᄒᆞᆯ ᄌᆞ음 ᄯᅡ ᄶᅧ셔 몰뇌여 두엇다가 드릴 님시 긔쳘ᄒᆞ니 퉁노고의 복가 진히 달혀 치오고 <규합-정양완b 초록 2:9a/149> 퉁노고의 믈을 끌히고 별노 희고 고은 빅당[흰엿]과 빅청을 섯거 놋그ᄅᆞ시 둠아 녹여 잠간 조린 후 노고 믈의 듕탕ᄒᆞ고 <규합-정양완b 믹화산ᄌᆞ 1:26b/102> 다ᄉᆞ마도 오래 둠으면 단마시 다 으러나ᄂᆞᆫ 거시니 얼풋 헤워 잠간 둠가다 속히 말고 퉁노고의 물 만히 말고 뒤져어 고로고로 푸ᄅᆞ게 술마 그 물도 맛 됴코 빗 사오납지 아니커든 ᄒᆞᆫᄃᆡ 브으라 <정일-잡탕 11b> ⇒ 퉁노구, 퉁노긔, 퉁누고

【퉁노구】 명 ((기물)) 퉁노구(銅爐口). 품질이 낮은 놋쇠로 만든 작은 솥. 바닥이 평평하고 위아래의 모양과 크기가 비슷하다. '퉁(銅, tóng)'은 중국어 직접 차용어.¶ 퉁노구 (銅銚) <일용-기용 4b> 퉁노구 (銅鍋) <이록-유기 24b> 퉁노구 건단 말 (支鍋) <서유-어람 62a> ▼銅爐口 ‖ 도로 ᄎᆞᆺ고져 ᄒᆞᆫ 즉 임의 퉁노구를 지엇ᄂᆞᆫ 고로 시러곰 드리지 못ᄒᆞ고 그 ᄃᆡ의 ᄌᆞ셔 목판을 드리노라 ᄒᆞᄂᆞᆫ 고로 (欲推還, 則已鑄銅爐口, 故不得入呈, 其代獻字書木板云云故.) <명의-권수 상:25b> ▼鍋灶 ‖ 이에 장ᄉᆞᄅᆞᆯ 명ᄒᆞ야 퉁노구를 가져오라 ᄒᆞ며 수청을 가죽 베기고 ᄈᆡ를 발나 쓰러셔 고긔덩어리를 만드러 노구에 너허 살무며 (乃命壯士, 取來鍋灶, 將秀清剝皮去骨, 切成寸方肉塊, 入鍋煮熟.) <신광 9:26b> 구리ᄃᆡ아 퉁노구며 무쇠 두멍 가마솟과 화로 향노 시용 번쳘 인도 가위 다류리라 <연행-戊子 10:126> 셕지 판지 장목 뎐과 동희 소라 항독아리 놋쇠 지음과 피그릇과 유닙 ᄎᆞ관 신션노며 구리ᄃᆡ아 퉁노구며 무쇠 두멍 가마솟과 화로향노 시용 번쳘 인도 가위 다류리라 <연행-무자> 격쇠 곱쇠 어리쇠며 ᄃᆡ갈 현ᄌᆞ 화격가락 광쥬졍의 거멀못과 부회열쇠 자믈쇠와 인도가의 져울밧탕 유납 차관 신셜누며 무쇠가마 옹솟치오 구리ᄃᆡ아 퉁노구며 오동향노 화로ᄭᆞ지 <연행-병인> 유식튝 듕쇼 이 유쟈 듕쇼 이 유구기 듕쇼 이 유쉮쟈 듕쇼 이 [대 일] 동맛대야 대듕 삼 [듕 이] 쥬요죠리 일[개 구] 퉁노구 일 식뎡 대쇼 이 <정가1847 90a> 쥬샤용 일 쥬요죠리 일 듕식뎡 일 퉁노구 일 노구 듕쇼 이 식도 오개 도ᄌᆞ 일빵 연 일 풋매 일 무리매 일 <정가1847 96b> 유샤용 일 유식튝 일 유쟈 일 퉁노구 일 식뎡 대쇼 이 노구 이 동맛대야 대쇼 이 유울두 대쇼 이 유승 일 쉮쇠 일 식도 이개 <정가1847 98b> 쥬동히 일 쥬냥푼 듕쇼 이 쥬샤용 일 동맛대야 듕쇼 이 퉁노구 일 노구 대듕 이 식뎡 듕쇼 이 쥬단병 일 쥬듕화로 [격쇠 화뎌 구] 유울두 이빵 [대 이 쇼 이] 슈텰쇼화로 일 <정가1847 101a> 그 늙은이는 홀아비의 혼자 살림으로 조그만 퉁노구에 밥이나 죽이나 끓여서 소금찬으로 먹고 지내는 터이었다. <임꺽정 2> ⇒ 퉁노고, 퉁노긔, 퉁누고

【퉁노긔】 명 ((기물)) 퉁노구[銅爐口]. 품질이 낮은 놋쇠로 만든 작은 솥. '퉁(銅, tóng)'은 중국어 직접 차용어.¶ 퉁노긔 (沙鍋) <화정-가구 54> 둠갓던 ᄯᅡᆯ을 셰말ᄒᆞ여 ᄀᆞ장 믜온 청쥬의 된 증편마치 프러 더운 ᄃᆡ 잠깐 노홧다가 밥 보자희 ᄒᆞᆫ 졉시식 노하 노긔 두웨예 다라 퉁노긔에 만화로 ᄯᅧ 안반의 노코 <디미방-강경법 11b> ▼鍋 ‖ 조죠 반다시 북이룡으로 다라나다가 너일 비 온 후의 반ᄃᆞ시 퉁노긔를 뭇고 밥을 지을 거시니 다만 ᄂᆡ 니러ᄂᆞᆫ 거슬 보고 문득 산변의 가 불 노흐면 (曹操不敢走南彝, 必望北彝去, 來日雨過, 必然來埋鍋造飯. 只看煙起, 便就山邊放起火來.) <삼국-모종 8:50> 댱국은 지져 퉁노긔던지 물 끌닙다 붕어 닛퇴 끌난 물 쇠 달코 녹긔 밋티 셩냥가지 잘 쌀고 쪽붕어을 노와야 눗지 안코 <음식방문1882 한옥션-62> ⇒ 퉁노고, 퉁노구, 퉁누고

【퉁-누고】 명 ((기물)) 퉁노구[銅爐口]. 품질이 낮은 놋쇠로 만든 작은 솥. '퉁(銅, tóng)'은 중국어 직접 차용어.¶ 열합 내고기 이 열합은 마시 죠흐니 보내옵 퉁누고 잘 왓숩 <김성일가-46 1848 여강이씨(아내) ↓김진하(남편)> ⇒ 퉁노고, 퉁노구, 퉁누고

【퉁-듀발】 명 ((기물)) 퉁주발. 품질이 낮은 놋쇠로 만든 밥그릇. 위가 약간 벌어지고 뚜껑이 있다. '퉁(銅, tóng)'은 중국어 직접 차용어.¶ 퉁듀발 (銅瓢子) <이록-유기 24b>

【퉁-방울】 명 ((기물)) 퉁방울. 품질이 낮은 놋쇠로 만든 방울. '퉁(銅, tóng)'은 중국어 직접 차용어.¶ 하가의 셩혼ᄒᆞ여 긴 날의 무한ᄒᆞᆫ 욕을 보리니 엇디 블힝치 아니

리오 연시 퉁방울 ᄀᆞᄐᆞᆫ 눈을 흘긔며 <명보 53:34> 눈 알픠 영지니 밧비 보고져 ᄒᆞ여 퉁방울 갓흔 눈을 크게 ᄯᅳ니 치ᄯᅳᄂᆞᆫ 눈골이 발셔 경긔 변ᄒᆞ여 지빗 갓고 <윤하 60:57> 냥안이 퉁방울 ᄀᆞᆺ고 입시욹이 거두질니고 코방울이 짓뭉그러져 보기 블ᄉᆞᄒᆞ고 흉흔 박쉭이라 <현몽 9:39> 그 녀직 ᄂᆞᆺ촌 징반만 ᄒᆞ고 눈은 퉁방울 ᄀᆞᆺᄒᆞ며 목은 엇게 속의 들고 블 븟ᄂᆞᆫ ᄃᆞᆺ흔 머리ᄂᆞᆫ 계유 눈셥의 덥허시니 다만 외구존 지분을 둣거온 가족을 덥허시며 능나로 야채만흔 몸을 ᄡᅳ렷더라 (盡道他眉粗眼大, ☐稀髮黃, 全靠脂粉塗容, 綾羅飾體.) <옥지-연세 2:28> 두 눈은 눈ㅅ물에 퉁퉁 부어 왕눈이 퉁방울이 되야 가지고 죄슈간 판장을 칼끗 창끗으로 쿵쿵 쾅쾅 찍으며 <현미경 150> 얼골리 큰 방셕만ᄒᆞ고 낫빗치 슈먹 갓고 슈념이 삼각슈로 나고 ᄉᆞ지넙의 지쥬코의 눈이 퉁방울 갓ᄐᆞᆫ지라 <마두영견1902 48>

【퉁-쇠】 명 퉁쇠[銅鐵]. 품질이 낮은 놋쇠를 이르는 말. '퉁(銅, tóng)'은 중국어 직접 차용어.¶ 납쇠 퉁쇠 잡철 중의 바랄쇠 웃뜸이라 <바늘가-한창기> ⇒ 퉁

【퉁】 명 ((광물)) 동(銅). 구리. '퉁(銅, tóng)'은 중국어 직접 차용어.¶ 그 나랏 法에 븕 텨 사ᄅᆞ몰 모도오ᄃᆡ 퉁 부플 티면 十二億 사ᄅᆞ미 몯고 銀 부플 티면 卄四億 사ᄅᆞ미 몯고 <석상 6:28a> ⇒ 퉁

【튀곤】 명 ((조류)) 튀곤. 매의 한가지. 중세몽고어 '튀곤(tuiɣun)'의 차용어.¶ 隼 ‖ 매 쥰, 又"秋鷹", 보라매; "白黃鷹", 튀곤; "白角鷹", 궉진 <훈몽-금조 상:8b /15b> 튀곤 (白黃鷹) <역해-비금 하:25b> ※ 白鷹, 投伊昆 <웅골방-고본> 白鷹, 斗伊昆 <웅골방-신증>

【튜슈-티-】 동 도서(圖書)치다. 도장 찍다. '튜슈(圖書 túshū)'는 중국어 직접 차용어.¶ 노비공을 다 젼네로 밧ᄃᆞ되 이 칙의 쓴 듕의 불근 튜슈틴 이ᄀᆞ지 밧고 이 밧긔도 가히 공ᄒᆞ염즉ᄒᆞ니 ᄡᅥᆸ드로니 잇거든 바드라 <해남윤씨댁 노비신공치부 前文1621>

【튜ㅡ스데이】 명 튜스데이(tuesday). 화요일. (외래어).¶ 튜ㅡ스데이 (火曜日) <요일급절후표1946>

【트대이】 명 투데이(today). 오늘. (외래어).¶ 트대이 (今日) <영어일상통화단어초집 우산>

【트란스발】 명 ((지리)) 트란스발(Transvaal). 1848년에 보어 인이 남아프리카에 세워 1852년에 영국으로부터 독립을 인정받은 공화국. (외래어).¶ 아프리가 남편 히변에 켑칼로니와 오렌지국과 트란스발국이 잇스니 폭원이 남위션 이십이 듸그리브터 삼십오 듸그리ᄭᆞ지요 동경션 이십륙 듸그리브터 삼십ᄉᆞ 듸그리ᄭᆞ지니 남북이 ᄉᆞ천 리요 동셔가 ᄉᆞ천 리며 <사필1889-헐버트 149>

【트램】 명 ((교통)) 트레인(train). 전차(電車). (외래어).¶ 트램 (電車) <영어일상통화단어초집 우산>

【트램푸】 명 ((민속)) 트럼프(trumnp). 서양식 놀이 딱지. 또는 그것으로 하는 놀이. 다이아몬드·클로버·하트·스페이드 무늬가 그려진 카드가 각각 13장씩 네 벌로 나뉘고, 이 밖에 조커 한 장이 더 있어 모두 53장으로 이루어져 있다. (외래어).¶ 트램푸 (撲克牌) <자통-오락 460>

【트레블리】 명 ((지리)) 미상. (외래어).¶ 터키국과 모라고국과 알지리아와 두네스와 트레블리와 이즙국과 만트늬그로국과 아시아 모든 나라가 뎌 삼층이오 <사필1889-헐버트 14>

【트렌트】[1] 명 트렌토(Trent). (외래어).¶ 트렌트 (題仁特 Trent) <만국통감1912, 4, 18>

【트렌트】[2] 명 ((지리)) 트렌토(Trento). 이탈리아 북부에 있는 도시. 로마 시대의 건축물 가운데 극장과 도시 성벽의 유적이 중요하며, 많은 로마네스크 양식의 대성당, 교회와 르네상스 건축물이 있다. (외래어).¶ 이때에 로마교가 트렌트셩 큰 의회를 세웟ᄂᆞᆫᄃᆡ 쌀쓰가 예수교를 칠 때에 힘쓴 거시 만치 아니ᄒᆞ매 <만국통감1912 4, 24>

【트리ㅡ】 명 ((식물)) 트리(tree). 나무. (외래어).¶ 트리ㅡ (木) <영어일상통화단어초집 우산>

【트리에스트】 명 ((지리)) 트리에스테(Trieste). 이탈리아에 있는 항구 도시. 고대 로마 시대부터 베네치아 만(灣)의 항구로 발전하였으며 지금은 조선업과 기계·정유 공업이 발달하였다. (외래어).¶ 동에는 타이스ㅣ란 강이 단웁 강에로 드러 가고 남에도 드랍과 사압이란 강이 단웁 강에로 드러 가고 에드리아틱 하슈ㅅ ᄀᆞ헤 트리에스트ㅣ란 포구가 잇고 ᄯᅩ 적은 셤들이 만ᄒᆞ며 <사필1889-헐버트 55>

【트립폴느ㅡ】 명 ((지리)) 트리폴리(Tripoli). 리비아의 다른 이름. 지금은 리비아의 수도로 아프리카 북부 지중해에 접하여 있는 중요 항구 도시. 페니키아 시대 이래의 유적이 많이 있으며, 사하라 사막을 지나는 대상(隊商) 무역 기지이다. (외래어).¶ 트립폴느ㅡ (的黎波里) <세계전도1900>

【트백고】 명 ((음식)) 타바코(tabaco). 담배. (외래어).¶ 트백고 (煙草) <영어일상통화단어초집 우산>

【트크우】 명 ((복식)) 방고(膀褲). '크우(褲, kòu)'는 중국어 직접 차용어.¶ 膀褲 ‖ 개개히 도시 쳥쥬 협슈오ᄌᆞ오 쳥쥬 트크우오 쳥단화ᄌᆞ와 쳥져ᄉᆞ박두오 (一箇箇都是青紬狹袖襖子, 青紬膀褲, 青緞子尖靴, 青紵紗大包頭.) <요화 5:91> 각인이 ᄯᅩ 트크우 쇽으로 두 ᄲᅮ리 쇠오리를 ᄲᅦ혀 내ᄂᆞᆫᄃᆡ (各人又于膀褲統內, 抽出兩根鐵條來.) <요화 5:92>

【틔차-물】 명 티찻물 (tea茶-). (외래어).¶ 흰옷에 실과물이나 틔차물이나 커피차물이 뭇엇거나 곰팡이 슨 것을 빨녀면 표백물 가량 1잔에 물 4잔을 타셔 몃 시간이든지 그 물건에 샹당하게 담가 두엇다가 잘 빨고 맑은 물에 몃 번이든지 잘 헤일 것 (빗 잇는 옷은 빨지 못할 것) 보통 흰옷을 빨 때에는 물이 셕유통으로 하나면 표백물 1잔을 타셔 몃 시간이든지 담가 두엇다가 빨고 맑은 물에 잘 헤일 것 (표백물의 던분은 병에 담고 막아 두엇다가 싱크 (개슈통·셰슈통) 을 닥는 때 쓸 수 잇슴) <서요 293>

【튓ㅡ스듸ㅡ】 명 튜스데이(tuesday). 화요일. (외래어).¶ 튓ㅡ스듸ㅡ (火) <영어일상통화단어초집 우산>

【티면】 명 체면(體面). 남을 대하는 데서나 다른 사람과의 관계에서 떳떳할 만한 입장이나 처지. '티면(體面, tǐmiàn)'은 중국어 직접 차용어.¶ 體面 ‖ 너가 삼십여 년 덤막을 기하여셔 얼마 긱상을 맛자 지닉보고 얼마 당ᄉᆞ을 반하여 지닉셔도 쳐음으로 쎄오미 경이 이쳐름 진쥿 뜻과 갓지 안니 믹ᄒᆞ은 간셥하여 지닉미 업고 또 너의 두 위갓치 티면 업난 핏당을 보와 지닉지 못하엿다 (我開三十多年的店房, 惹過多小客商們, 辦過多小銀子的生意, 開頭裡以來, 正沒有干過像這嗎不並意的買賣, 也沒有看過像你們二位不體面的皮氣.) <기착-육당 상:17a>

【티칼】 명의 ((화폐)) 티칼(Tical). 타이의 옛 화폐 단위. (외래어).¶ 暹羅 티칼(Tical)知 <백과신-송1926 493>

【틱ᄉᆞ-다인】 명 ((인류)) 칙사대인(勅使大人). '다인(大人, dàrén)'은 중국어 직접 차용어.¶ 欽差大人 ‖ 틱ᄉᆞ다인드리 언지 말을 탓ᄂᆞ고 (欽差大人們多站个上馬?) <화촬 55b>

【틴】 명의 ((도량)) 근(斤). 중국의 과일, 채소, 등 모든 물건 거래에 쓰이는 단위. (외래어).¶ 中國 擔(Picol)픠콜 斤 틴 <백과신-송1926 494>

【ᄐᆞ락】 명 ((음식)) 타락(駝酪). 소의 젖. 우유(牛乳). 진한 유즙(乳汁). 중세몽고어 'taraq /taraɣ'의 차용어¶ ᄐᆞ락 동 (湩) <음첩c 23a> ᄐᆞ락 고으다 (熬酪) <방석-할팽 2:31b> ⇒ 타락

【티여-문】 명 ((인류)) 태야문(太爺們). '태야'는 지방 장관에 대한 존칭. '티여(tàiyé)'는 중국어 직접 차용어.¶ 太爺們 ‖ 티여문 니르던 것슨 어던 마리니 너의 비록 외국사람의 힝도가 졈의 드넌 교역은 안팟기 얼마 틀니지 안넌 한 니더라 (太爺們說的是那裡的話呢? 你們雖是外國的人行道存店交易是差不多点裡外一理.) <기착-육당 하:6a>

【티티】 명 ((인류)) 태태(太太). 부인에 대한 존칭. (중국어 간접 차용어).¶ 티티 ‖ 어머니 <옛말풀이-우한 23b> 티티 ‖ 닉 어머니 <문자책-서울 79> ▼太太 ‖ 홍훈이 송봉과 한가지 티티긔 가 의논ᄒᆞ고 발졍ᄒᆞᆯ 날 뎡ᄒᆞᆫ 후 티티 송붕으로 ᄒᆞ여곰 믈목 단ᄌᆞ를 쓰게 ᄒᆞ되 (駱弘勳同徐松鵬又與駱太太議了些時, 擇了起行日期. 駱太太又煩徐大爺開單.) <녹모 3:48> 젼일의 티티긔 픔ᄒᆞ고 야야 항녈노븟허 난가ᄋᆞ 항녈의 니ᄅᆞ히 무릇 오복지친과 다뭇 무복ᄒᆞᆫ 계례 즁의 머지 아닌 ᄉᆞᄅᆞᆷ을 다[단]자의 버려 써 왓시니 (前兒回過太太, 自爺爺這一輩起, 至蘭哥兒一輩止, 凡在五服以內, 及出服不遠的, 開了一紙清單進來.) <홍보 14:65> 이거게 ᄆᆞ옴이 죠열ᄒᆞ여 젼일의 네가 져곳의셔 원굴ᄒᆞᆷ을 밧는 쥴 알고 도로혀 노티티게 쳥ᄒᆞ여 너롤 녕졉ᄒᆞ여 집으로 도라와 이곳의 평싱을 머믈게 ᄒᆞ고 손가로 노와 보닉지 아니려 ᄒᆞ엿ᄂᆞ니 (二哥哥第一個熱心腸, 先前知道你在那裏受委曲, 還要求老太太把你接回家來, 留住在這裏, 一輩子不放你到孫家去.) <홍보 17:3> 블감ᄒᆞ여라 비지 어려실 써로븟허 사ᄅᆞᆷ이 가유ᄒᆞ여 팔니믈 닙어시니 이는 편방이라 감히 고티티의 이런 칭호롤 당치 못ᄒᆞ리로다 (不敢, 婢子從小兒被人拐賣, 乃是偏房, 不敢當姑太太這樣稱呼.) <속홍 11:42> 티티ᄂᆞᆫ 엇지ᄒᆞ여 쥬견업시 쳔금쇼져롤 어ᄌᆞ러이 경혼ᄒᆞ여 계신뇨 <후수 2:201> 우리도 야야와 티티을 뫼시고 ᄒᆞᆫ 번 블러 보미 엇더ᄒᆞ니잇고 <영이 85> ⇒ 태태

【틸니】 명 텔리(Tilly). (외래어).¶ 틸니 (提利 Tilly) <만국통감1912, 4, 18>

【ㅍ】

【파나나】 명 ((식물)) 바나나(banana). 파초과의 상록 여러해살이풀의 열매. 초승달 모양의 긴 타원형으로 색깔이 주로 누런색이다. 맛과 향기가 좋다. (외래어).¶ ※ 林檎 四拾顆 辛檎 拾五顆 柑子 壹櫃 蜜柑 拾五顆 金柑 壹升 橘 拾顆 芭那那 四斤 <물목 1932.4.6>

【파나마】 명 ((복식)) 파나마(panama) 모자. 파나마풀의 잎을 잘게 쪼개어 짜서 만든 여름 모자. '파나마'는 (외래어).¶ 이것은 대만 파나마의 말닌 것이오 우리게는 이십 원이나 삼십 원이나 ᄒᆞ는 진짜 파나마는 도져히 쓸 슈 업스니 이러ᄒᆞᆫ 싼 물건 쓰고 잇는 것이오 <일선 110> ⇒ 파나마모자, 파나마모ᄌᆞ

【파나마-모자】 명 ((복식)) 파나마(panama)모자. 파나마풀의 잎을 잘게 쪼개어 짜서 만든 여름 모자. '파나마'는 (외래어).¶ 엇던 하이칼나 젹쇼년이 슐이 반짐 취ᄒᆞ야 노리를 부르고 불인지 엽흐로 너려오는ᄃᆡ 파나마모자를 폭 숙여 쓰고 <추월색 2> ⇒ 파나마, 파나마모ᄌᆞ

【파나마-모ᄌᆞ】 명 ((복식)) 파나마(panama)모자. 파나마풀의 잎을 잘게 쪼개어 짜서 만든 여름 모자. '파나마'는 (외래어).¶ 명월정 우에 일위 소년이 하이칼나 양복에 파나마모ᄌᆞ 쓰고 텬연히 셔셔 구경ᄒᆞ는ᄃᆡ <명월정 2> ⇒ 파나마, 파나마모자

【파노라마】 명 파노라마(panorama). 전체의 경치 또는 연속적인 광경. (외래어).¶ 長安城內 西편 北편의 光景이 파노라마처럼 眼界에 들어온다 <소년 1910.8.15>

【파덜런드】 명 ((지리)) 파더랜드(father land). 아버지의 나라. 조국. (외래어).¶ 짝이 업시 만흔 부지 잇는 우리의 파덜런드 <신민 1919.6.24>

【파라】 명 ((지리)) 파라(Para). 브라질 아마존 강 유역에 있는 주. 대마·쌀·담배·카카오·사탕수수·콩 재배가 활발하다. (외래어).¶ 북편에 요하늬스ㅣ란 큰 셤이 잇고 또 파라와 마라남과 동편에 버남뷔고와 바히아와 으라요젼이로ㅣ란 포구가 잇스며 <사필1889-헐버트 123>

【파라소-ㄹ】 명 ((기물)) 파라솔(parasol). 여자들이 햇빛을 가리는 데 쓰는 양산(洋傘). (외래어).¶ 파라소-ㄹ (양산) <영어일상통화단어초집 우산>

【파란】[1] 명 법랑(法朗, 琺瑯). 금속기·도자기의 겉면에 열을 주어 올리는 반들반들한 유리질의 얇은 막 또는 그런 그릇. '파란(法朗, 琺瑯, fǎlǎng)'은 중국어 직접 차용어.¶ 法琅 ‖ 華音바랑, 轉云파란, 銀之塗靑者, 誤翻巴琅. <명물-화보 3:22a> "法琅". 파란 랑 (琅) <자석 하:1b> 파란 (法琅) <역보-진보 38b> <화초-진보 20a> <중화-한고 진보> 파란 (法瑯) <방석-진보 3:19a> <과록-금보 81b> 파란 (琺瑯) <한청-화재 10:43b> <물명고-서강 공장 2a> 파란 (破瀾) <이록-은금 23a> 본발 파란 슈복잠 일 파란 쪽줌 일 미국 나위줌 일 년봉줌 일 <물목-우산1922>

【파란】[2] 명 ((기물)) 법랑(琺瑯, 玻瓓). 광물을 원료로 하여 만든 유약(釉藥). 법랑. 그릇의 거죽에 바르는 유리 같은 물질. '파란(琺瑯, 玻瓓, fàláng)'은 중국어 직접 차용어.¶ 파란 (琺瑯) <물명괄-공장 29a> <물명고-서강 공장 2a> 파란 (靑銀) <박물-무형 24b> ▼翠 ‖ 져 首飾과 金銀의 器皿 만드는ᄃᆡ 파란 놋난 것과 조이놋는 것과 絲 썝는 것과 써음ᄒᆞ는 여러 가지 손직죠난 몃 히면 能히 다 비와 압잇가 (像那打造首飾和金銀的器皿, 點翠, 鏨活, 拔絲, 銲活, 這好幾樣兒手藝得多少年纔能學會哪?) <한지 180> 큰 마리 칠보 ‖ …도금 대농줌 일 파란 대미듁줌 일 도금 니ᄉᆞ 장옥 션봉줌 일 <정가1847 30b> 파란 반듁줌 일 파란 미듁줌 일 도금 모란 오두줌 일 도금 오두줌 일 <정가1847 31b> 파란 미듁줌 일 대석웅황 일 도금 니ᄉᆞ장 옥반ᄌᆞ 일 도금 장뎝반ᄌᆞ 일 <정가1847 32a> 은 파란 뎐ᄌᆞ합 이빵 은이션 일 은엽표 일빵 은쇼ᄋᆞ 일빵 유반상 일건 <정가1847 80b> ᄌᆞ만호지환 일 비취옥[빗ᄎᆞ개 일 귀우개 일] 진쥬가ᄌᆞ 일ᄎᆞ 파란 미화줌 일 <보물볼긔> 파란죽절 일 도금용줌 일 파란 반죽절 일 신죠 도금목년줌 일 [신죠] 옥목년줌 일 [ᄎᆡ올 것] 셕우황 일 <가례시자중발긔> 우시 큰 방 안의 홍젼을 가득히 펴 노코 코기리와 밋기리 형샹으로 금치와 파란을 올닌 큰 화로를 노코 캉 우희 시홍 셩셩젼을 꼴고 <홍루 53:58> 부녀는 머리 길너 뒤로 얼거 족쳐 두고 금은 파란 쥬취화식 각쇠으로 ᄭᅮ며시며 연지분의 밀기름과 머리 우희 ᄭᅩᆺ츨 ᄭᅩᆺ고 <연행-무자>

【파려】 명 ❶ ((복식)) 파려(玻瓈). 불교에서 일곱 가지 보석 가운데 수정(水晶)을 이르는 말. 파리(玻璃). (중국어 차용어).¶ 瓈 ‖ 파려 려, "玻瓈." 西國寶. <자주 하:13b> 파려 녀 (瓈) <음운 7a> <음첩a 13b> ▼玻 ‖ 파려 파 (玻) <음운-고도 44b> 파려 파, "玻瓈." 水玉, 頗瓈國所出, 故名有眞有燒者. (玻) <자주 하:13a> 옥병을 기우리니 ᄆᆞᆰ은 믈이 빗치 파려 ᄀᆞᆺ고 ᄎᆞ기 어롬 ᄀᆞᆺ거ᄂᆞᆯ <명행 42:28> 파려는 슈옥[믈옥]이니 혹 니르ᄃᆡ 뫼히 어름이 녹지 아니코 쳔연이 되면 화ᄒᆞ야 찬믈이 되야 옥셕지 뉴을 응ᄒᆞᆫ다 ᄒᆞ니 <청규-진보 216:18> 칠보 ‖ 금은 파려 명쥬 마뢰 챠구[쟈기 ᄀᆞᆺᄒᆞᆫ 것] 뉴리니라 <규합-정양완b 칠보 2:31b/184> ※ 玻瓈 /玻璃 ‖ 長者 ㅣ 智慧 이셔 漸漸 들며 나게 ᄒᆞ야 스믈 히룰 디나ᄃᆞ록 집 이룰 자바 ᄒᆞ게 ᄒᆞ야 金銀 眞珠 玻瓈룰 뵈야 한 것 내며 드료ᄆᆞᆯ 다 알에 호ᄃᆡ (長者有智, 漸令入出, 經二十年, 執作家事, 示其金銀、眞珠、玻瓈 /玻璃, 諸物出入皆使令知.) <법화 2:243b> ❷ ((기물)) 파려(玻瓈). 유리소반.¶ 파려

(玻瓈) ‖ 류리소반 <신문-기용 15> ⇒ 버리, 보려, 보리, 피리, ᄑᆞ리

【파려-반】 명 ((기물)) 파려반(玻瓈盤). 수정(水晶)으로 만든 소반, 예반 혹은 쟁반. (중국어 차용어).¶ 玻璃盞 ‖ 나ᄂᆞᆫ 본ᄃᆡ 젼싱 권렴ᄃᆡ장으로 옥뎨 타시ᄂᆞᆫ 룡거봉년을 가음알더니 반도회의 파려반을 ᄭᆡ친 죄로 하계의 ᄂᆡ치시니 (老沙原系凡夫, ……官授捲簾大將, 侍御鳳輦龍車, 封號將軍. 也爲蟠桃會上, 失手打破玻璃盞, 貶在流沙河.) <서유-영남 12:7-94> 동지 파려반의 말근 ᄎᆞ롤 밧드러 드리니 <화충 19:66>

【파려비】 명 ((기물)) 파려배(玻瓈杯). 수정(水晶)으로 만든 잔. (중국어 차용어).¶ 쥬의 즌ᄂᆞᆫ 경비[구슬잔] 남창국의ᄂᆞᆫ ᄃᆡ모분 쥬무왕 ᄯᅢ예ᄂᆞᆫ 서역의서 상만비롤[상히 ᄀᆞ득ᄒᆞᆫ 잔] 드리고 진시황은 젹옥옹[블근 옥독]이오 한문제 ᄯᅢ예 방ᄉᆞ 신원연이 옥비을 드리고 당 무덕 이년의 서역이 파려비을 드리니라 <규합-정양완a 핑ᄀᆡ 1:6b/12> ☞ 파려즌

【파려-옥】 명 ((복식)) 파려옥(玻瓈玉). 유리구슬. 파리옥(玻璃玉). (중국어 차용어).¶ "玻瓈." 寶玉. 파려옥 (瓈) <신자 3:4a> 파려옥, "玻瓈". 寶石 (玻) <신자 3:1b>

【파려-ᄌᆞ완】 명 ((기물)) 파려자완(玻瓈磁碗). 수정(水晶)으로 만든 궁중에서 쓰던 사발(沙鉢). (중국어 차용어).¶ ᄃᆡ모반의 션도니괘 문허젓고 파려ᄌᆞ완의 웅쟝탁죄 버럿고 <벽허 21:78>

【파려-즌】 명 ((기물)) 파려반(玻瓈盞). 수정(水晶)으로 만든 잔. (중국어 차용어).¶ 玻璃盞 ‖ 반도회ᄉᆞᆼ에 실수ᄒᆞ여 파려즌을 쳐 ᄭᆡ치모로 극죄를 범ᄒᆞ여 옥졔 날을 즙아 팔ᄇᆡᆨ 즁을 치시고 ᄒᆞ계로 보ᄂᆡ여 (只因蟠桃會上, 失手打碎了玻璃盞, 玉帝把我打了八百, 貶下界來.) <서유-계명 3:24> ☞ 파려비

【파려-칠보잔】 명 ((기물)) 파려칠보잔(玻瓈七寶盞). (중국어 차용어).¶ 玻璃七寶杯 ‖ 귀비 파려칠보잔을 드러 친히 셔량 포도쥬롤 브어 궁녀롤 주어 니ᄇᆡᆨ을 먹이니 (貴妃持玻璃七寶杯, 親酌西涼葡萄酒, 命宮女賜李學士飮.) <니태ᄇᆡᆨ뎐-단국 38>

【파리】 명 ((지리)) 파리(巴里, Paris). 프랑스 센강 중류에 있는 도시. 프랑스의 수도. (외래어).¶ 파리(巴里) ‖ 法國 서울 <신문-상식 74> 파리 (巴里) <만통 245> 「런돈」은 그 殷盛이 웃더하고 「파리」는 그 華麗가 웃더하고 「늬유욕」은 그 宏壯이 웃더하다 함은 우리가 그림으로 눈이 시도록 본 것이 아니오잇가 <소년1908.11.1 73> ☞ 바리스, 바리쓰

【파리새】 명 ((인류)) 바리새(Pharisee). 예수가 활동했던 시대에 존재했던 유대교의 경건주의 분파를 말한다. (외래어).¶ 祈禱를 아모리 잘 하드라도 파리새 敎人밧게 아니 될 것이요 <염상섭, E선생1922>

【파바아】 명 파비아 (Pavia). (외래어).¶ 파바아 (恒非亞 Pavia) <만국통감1912, 4, 18>

【파벤하임】 명 ((인명)) 파펜하임(Pappenheim). 신성로마제국의 육군원수. 마그데부르크(Magdeburg)의 공방전에 종군한 후 파펜하임은 틸리와 같이 야만적이고 잔인한 처사로 비난받았다. 그러나 알려진 바와 같이 볼펜뷔텔에서의 실망때문에 파펜하임은 마그데부르크의 유용한 지배권을 얻고자 열망했고 이것이 힘들어지자 파펜하임은 고의로 부의 근원을 파괴했다. (외래어).¶ 파벤하임 (恒盆亥 Pappenheim) <만국통감1912, 4, 18> ᄯᅢ에 덕국 대쟝 틸니와 밋 파벤하임이 힘을 합ᄒᆞ야 막그더ᄲᅥᆨ셩을 쳐 파ᄒᆞ고 사흘을 죽이며 로략ᄒᆞ고 셩을 불살오앗더니 <만국통감1912 4, 48>

【파비론】 명 ((지리)) 바빌론(Babylon). 고대 유명한 도시의 하나. B.C.2000년대 초기부터 1000년대 초기까지 남부 메소포타미아의 수도였고, B.C.7세기와 6세기의 전성기 때 산바빌로니아 제국의 수도였음. (외래어).¶ 알럭산더 파비론과 니비내와 긔자셩의 <신민 1917.12.20>

【파비아】 명 ((지리)) 파비아(Pavia). 이탈리아 북부, 롬바르디아 지방의 도시. (외래어).¶ 예수 후 일천 오ᄇᆡᆨ 이십 오 년에 파비아셩 밧긔셔 두 편 군ᄉᆞ가 크게 싸화 덕국 군ᄉᆞ가 이긤을 엇어 프란스 왕을 사로잡앗더니 <만국통감1912 4, 22>

【파셔-국】 명 ((지리)) 파서국(巴西國). 브라질(Brazil). 남아메리카 동부에 있는 연방 공화국. 1882년 포르투갈에서 독립하였다. (외래어).¶ 파셔국 <법한 199> 파셔국(巴西國) <이언> ⇒ 브레실, ᄲᅳ래엘, ᄲᅳ레실

【파스리】 명 ((식물)) 파슬리(parsley). 산형과의 두해살이풀. 높이는 30~60cm이며, 잎은 세쪽 겹입이고 광택이 난다. (외래어).¶ 밤국 ‖ 밤 1되 우유 2잔 밀가루 1대슈가락 소곰 조곰 물 2잔 파스리 조곰 밤을 삶아 겁질을 벗기고 체 밧치고 소곰과 우유와 밀가루와 물을 석거셔 각 그릇에 담고 그 우에 파스리를 ᄲᅮ려서 먹을 것 <서요 4> 파스리 2줄기 소곰과 호쵸 맛잇슬 만큼 콩을 그릇에 담고 물노 세번 씨슨 후 물에 삶고 ᄭᅳ를 ᄯᅢ에 거픔을 다 것어 바리고 거긔다가 파를 벗겨셔 네 조각에 버린 것과 파스리를 너코 <서요 9> 그 우에 닉인 파스리 닙사귀나 닉인 미나리나 ᄲᅮ리고 몬져 것이 휜면보면 다음에는 기우리 면보를 그 우에 포개고 <서요 284> ⇒ 파슬레이

【파슬레이】 명 ((식물)) 파슬리(parsley). 산형과의 두해살이풀. 높이는 30~60cm이며, 잎은 세쪽 겹입이고 광택이 난다. (외래어).¶ 난이 파슬레이 가하는 게 언제든지 조트라 <염상섭, 해바라기1923 20> ⇒ 파스리

【파ᄉᆞ】 명 ((지리)) 파사(波斯). 페르시아(Persia). 지금의 이란. (외래어).¶ 波斯 ‖ 신나ᄂᆞᆫ 비단을 ᄶᅡᆫ 숑을 주ᄒᆞ고 텬툭은 말ᄒᆞᄂᆞᆫ 새롤 드리고 파ᄉᆞᄂᆞᆫ 쥐 잡ᄂᆞᆫ 비암을 밧치고 블님은 ᄆᆞᆯ ᄭᅳ으ᄂᆞᆫ 개롤 밧치고 (新羅奏織錦之頌, 天竺致能言之鳥, 波斯獻捕鼠之蛇, 拂菻進曳馬之狗.) <니태ᄇᆡᆨ뎐-단국 26> 일즉 드르니 파ᄉᆞ 져져의ᄂᆞᆫ 진보가 만죵이오 우 져긔 아리ᄂᆞᆫ 괴믈이 가히 명상치 못ᄒᆞᆫ다 하니 <청규-서 一 3:5>

【파ᄉᆞ-국】 명 ((지리)) 파사국(波斯國). 페르시아(Persia). 지금의 이란. (외래어).¶ 波斯國 ‖ 봉져ᄂᆞᆫ ᄒᆞᆫ기 하포 속의 ᄒᆞᆫ 기 금슈셩을 민ᄃᆞ러 너코 ᄒᆞᆫ 벌 파ᄉᆞ국 긔명을 보니고 (鳳姐兒是一個荷包, 裡面裝一個金壽星, 一件波斯國的玩器.) <홍루 62:15> ▼波斯 ‖ 코ᄂᆞᆫ 파ᄉᆞ국 사ᄅᆞᆷ ᄀᆞᄐᆞ되 져기 젹고 관골은 몽고인 ᄀᆞᄐᆞ되 도로혀 놉도다 (鼻似波斯略小, 顴如蒙古還高.) <여선 8:34> 츈무포 [파ᄉᆞ국의 츈무초가 이셔 겁질이 실 갓ᄒᆞᆫ 고로 뵈를 ᄧᆞ니 일명 향젼포라] <청규-직금 336:9> 박ᄉᆞ들은 하혀인고 유젼ᄒᆞ야 오ᄂᆞᆫ 말 파ᄉᆞ국 박ᄉᆞ라데 <연경-셩탄가 4>

【파쓰】 명 파쓰(pass). 통행권. (외래어).¶ 파쓰 (免票) <자통-교통 441> 긔차 파쓰를 엇고 <염상섭, E부인1929 96>

【파엿스-여ᄉᆞᆺ재】 명 ((인명)) 파우스 6세(Pius Sixth). (외래어).¶ 파엿스 여ᄉᆞᆺ재 (派烏斯 Pius Sixth) <만국통감 1912, 4, 18>

【파오치】 명 ((관직)) 파오치(波吾赤). 요리사. 원나라의 영향을 받은 관명. 중세몽고어 '파오치(bawurči /ba'urči)'의 차용어.¶ ※ 波吾赤 <고려사 81:19, 84:30, 85:19> "議政府啓, 前此司饔所別監掌公事, 故別設波吾赤. 今提擧別坐掌公事, 而別監則只專割肉之任, 惟一割肉之任, 旣有別監六人, 又有波吾赤八人, 實爲猥濫, 宜革波吾赤 [國俗, 割肉者號波吾赤.] <세종실록-78 19:9:병신> 漢波吾赤, 改別司饔. <태종실록-33 17:5:경인> 保兀兒赤, 廚子 <원조비사 130, 136, 192, 208, 252>

【파운드】 명의 ((도량)) 온스(pound). 야드파운드법에 의한 무게의 단위. 1파운드는 1온스의 16배로 약 453.592 그램에 해당한다. (외래어).¶ 콩 ½파운드 양미나리 1줄기 파 1개 흰 고초 알갱이 8개 메스 조곰 뻐터 1½아운쓰 밀가루 1½아운쓰 우유 1잔 크림 ½잔 랭슈 6잔 파스리 2줄기 <서요 9> ☞ 아운쓰

【파이오니어】 명 ((인류)) 파이오니어(Pioneer). (미개지·새 분야 등의) 개척자. 선구자. 주창자. 선봉. (외래어).¶ 엇는 파이오니어란 印象을 주더라 <청춘 1915.3.1>

【파이올낸】 명 ((식물)) 바이올렛(violet). 제비꽃. (외래어).¶ 여윈 여리고 가는 파이올낸이라도 픠우곱흐다 <매신 1919.9.22>

【파이-폐수트】 명 ((음식)) 파이 페스트리(Pie pastry). 부풀게 구은 가루 반죽 과자. (외래어).¶ 파이폐수트 ‖ 밀가루 1½잔 뻐터 ¼잔 기름 ¼잔 소곰 ½쇼슈가락 찬물 조곰 밀가루에 소곰과 기름을 너코 칼노 썰고 손가락 끗흐로 주물너 대강 석고 찬물노 반죽하고 (녀름이면 어름물이 필요함) 밀가루 쑤린 판 우에 노코 밀때로 민 후에 뻐터를 찬물노 씻고 슈가락으로 둥글게 만드러서 너코 퍼푸 폐수트와 갓치 다시 밀되 세 겹에 졉어 얇게 밀어셔 파이 졉시 우에 언져 노코 졉시 채 뭉군한 불에 구을 것 <서요 137> ☞ 퍼푸폐수트

【파-크】 명 ((지리)) 파크(park). 공원. (외래어).¶ 파-크 (公園) <영어일상통화단어초집 우산>

【파파】 명 ((인류)) 파파(婆婆). 할머니. (중국어 간접 차용어).¶ 婆婆 ‖ 나의 파패 칠십여 세러니 앗가 비를 알하 죽엇ᄂᆞᆫ디라 (我有個婆婆七十餘歲, 適患心疼而死.) <손방 3:41> ※ 이 머육과 乾魚와 脯肉을 婆婆롤 주어 젹이 입브티쇼셔 ᄒᆞ더이다 [汎稱老媼之謂, 或呼尊屬老婦之稱. 又祖母曰婆婆.] (這海菜乾魚脯肉, 饋婆婆口到些箇.) <박언중:17a> 孩兒ㅣ아 나아오라 내 너ᄃᆞ려 당부ᄒᆞ쟈 ᄀᆞ장 네 婆婆롤 伏事ᄒᆞ라 [婆婆, «字簺»: 公姑也.] (孩兒過前來我囑付你. 好生伏事你婆婆.) <오전 3:36b> 므릇 賓客을 디졉홈애도 ᄯᅩ ᄒᆞᆫ가히 몸소 整理티 아니티 못ᄒᆞ려든 ᄒᆞ믈며 來朝ᄂᆞᆫ 이 우리 婆婆의 生日이니 엇디 가히 다른 사ᄅᆞᆷ으로 ᄒᆞ여곰 代ᄒᆞ여 ᄒᆞ게 ᄒᆞ리오 (凡待賓客亦不可不躬親整理, 況來朝是我婆婆生日, 豈可使別人代做?) <오전 4:3a> 小媳婦를 머믈워 婆婆롤 伏事케 ᄒᆞ쇼셔 (留小媳婦伏事婆婆.) <오전 4:26b> 奴家ㅣ ᄯᅩ 婆婆ㅣ 年老多病홈을 爲ᄒᆞ여 一步도 ᄯᅥ나디 못ᄒᆞᄂᆞᆫ디라 良家閨女ㅣ 嬪이 잇ᄂᆞᆫ 이롤 求ᄒᆞ야 丈夫의게 寄與ᄒᆞ야 偏房을 삼고져 ᄒᆞ노니 언머이 됴커니ᄯᅥ녀 (奴家又爲婆婆年老多病, 一步也離不得, 欲求良家閨女有嬪的, 寄與丈夫做箇偏房多少是好.) <오전 6:1b> 아직 머무로고 거두디 말라 嬸嬸아 네 몬져 도라가 婆婆롤 伏事ᄒᆞ고 내 後에 옴을 기ᄃᆞ리라 (且留着莫收, 嬸嬸你先回伏事婆婆, 等我後頭來.) <오전 7:4b> 그 진납이ᄂᆞᆫ 파ᄼᆞ로 더브러 막더 희롱ᄒᆞ믈 탐ᄒᆞ여 ᄯᅩᄒᆞᆫ 거ᄌᆞᆺ 실슈ᄒᆞᆫ 체ᄒᆞ고 우리롤 방송ᄒᆞ리니 기후의 너의 임의로 조석의 안심ᄒᆞ여 막더롤 희롱ᄒᆞ면 엇지 쾌활치 아니ᄒᆞ리오 (這猴子貪着與婆婆耍棒, 自然也假脫手. 放了我們去後, 任你們一早一晚安心耍棒, 豈不快活!") <후서유 17:39-33>

【파푸리카】 명 ((음식)) 파푸리카(paprica). 단맛이 나는 고추의 일종. (외래어).¶ 생션소 ‖ 케퍼 2쇼슈가락 뻐터 1½대슈가락 파 (얇게 덤인 것) 1대슈가락 회향가루 1쇼슈가락 우유 4대슈가락 면보 부스러이 1잔 소곰 파푸리카 조곰 뻐터를 팬에다가 담아서 뭉군한 불에다가 녹인 후 파를 너코 3분 동안 부글부글 끌여셔 져은 후에 우유와 면보 부스러이를 너코 잘 셕근 후에 케퍼와 회향가루를 셕고 소곰과 파와 푸리카[파푸리카]로 약념하여 가지고 생션 내장을 빼내고 그 속에 너허셔 구을 것 <서요 18> ⇒ 패푸리카

【파희】 명 ((민속)) 파희(把戲). 곡예. (중국어 간접 차용어).¶ 把戲 ‖ ᄯᅩ 져의ᄂᆞᆫ 블과 외도의 ᄉᆞ람으로 강호상에 파희를 희롱ᄒᆞᄂᆞᆫ ᄉᆞ람이오 너의 집 왕더야ᄂᆞᆫ 이 당당한 리부상셔의 공지니 져의 감을 허홀 거시어니와 (他且是外路人, 不過是江湖上頑把戲的, 你家王大爺乃堂堂吏部公子, 擡擡手就讓他過了.) <녹모 1:112>

【파희-ᄒᆞ-】 동 파희(把戲)하다. 곡예하다. '파희'는 (중국어 간접 차용어).¶ 把戲 ‖ 화진방이 엇지 참 파희홈으로ᄡᅥ 일삼음이리오 임디야의게 집가홈을 청ᄒᆞ야 일이 불히홈이 긔분 불쾌홈이 잇스니 무슴 마음이 잇셔 져무리의게 슈응홈이 잇씨리오 (花振芳那裏眞以把戲爲事,

因爲要煩任大爺作伐, 不誚就有幾分不大自在, 那裏還有心腸應酬他們.) <녹모 1:88>

【판던트】 명 ((음식)) 퐁당(fondant). 입안에서 스르르 녹는 사탕. 캔디 등의 주재료. (외래어).¶ 판던트 (청명한 날에 만드러야 잘 될 것) ‖ 사탕 5잔 더운물 1½잔 크림어타타 ⅛쇼슈가락 이 세 가지를 셕거셔 졋지 말고 끄리다가 탕온긔 239도 까지나 랭슈에 쩌러트려 보아셔 엉긔거든 랭슈 뭇친 넓은 졉시에 쏫고 졉시 밋헤 손을 대일수 잇슬 만콤 식거든 작고 져으면 몬져는 흰 빗치 되고 그 다음에는 엉긔고 그 다음에는 굿어질 것인대 바로 그 때에 손으로 줌을너셔 도로 물느게 만드러 가지고 사발에 담고 양쵸 조의로 덥허셔 하로 밥을 두엇다가 (단단히 덥허셔 오래 동안 두고 소용되는 대로 쓸 수 잇슴) 레몬 약념이나 피닐나나 박하 물이나 귤 약념이나 아모 것이든지 조곰 셕고 (녀인 호도나 야자나 녀인 마른 실과나 잣 갓흔 것을 셕글 수 잇슴) 빗갈이 잇게 하려거든 무슨 빗치든지 (음식에 쓰는 물감) 셕근 후에 작은 밤 만하게든지 각기 마음대로 만들고 녹인 초콜넷을 슈가락에 조곰 쓰고 그 우에다가 만든 것 한 개를 노코 다른 슈가락으로 쏘 초콜넷을 쩌셔 그 우에 붓고 져가락 갓흔 것으로 그것을 밀어셔 양쵸 조희 우에 나려노핫다가 먹으대 그 우에 호도 1쪽식 노흐면 맛이 더 잇슴 (초콜넷을 뭇칠 때에 쓴 초콜넷 1조각과 슈리표단 초콜넷 1조각 양쵸 1쇼슈가락 될만한 도막을 함끠 즁탕해셔 녹여 가지고 뭇치면 오래 동안 손으로 쥐여도 녹지 아니함) <서요 270>

【판던트-민트】 명 ((음식)) 퐁당 민트 (fondant mints). (외래어).¶ 판던트민트 ‖ 사발에 담아 하로 밤 두엇든 판던트를 얼마든지 마음대로 난호아셔 즁탕하야 녹을 때까지 끄려가지고 박하 물을 조곰 셕고 즁탕 그릇까지 화덕에셔 나려노코 양쵸 조희에 ½쇼슈가락식 쩌셔 부으대 너모 되거든 다시 화덕에 노코 물을 조곰 셕거 가지고 부어셔 식은 후에 먹을 것 (박하물 대신에 윈터끄린이나 계피물이나 뎡향물을 셕글 수 잇고 빗갈을 내려면 푸른 물감을 조곰 칠 것) <서요 271>

【판던트-실과】 명 ((음식)) 퐁당 실과 (fondant fruit).¶ 판던트실과 ‖ 판던트를 즁탕하야 녹여 가지고 피닐나 약념이나 레몬 약념을 조곰 셕거셔 즁탕 그릇채 나려노코 왼 호도 쪽이나 복근 락화생이나 잣이나 편강이나 대초나 건포도나 무화과를 한 개식 한 개식 녹은 판던트를 전부 뭇치대 락화생이나 잣 갓흔 것은 한 번에 몃 개식 뭇쳐셔 양쵸 조희에 노하셔 굿칠 것 <서요 271>

【판즈】 명 ((기물)) 반자(盤子). 소반. 쟁반. '판즈(盤子, pánzi)'는 중국어 직접 차용어.¶ 盤 ‖ 밥은 실노 먹디 못하가시니 네 아릇 사람을 시겨 몟 후 쳥쥬를 데우고 몟 판즈 안쥬를 민들너 오나 닉 너를 모시고 먹쟈 (飯却是寔在吃不下去啊, 你呢敎底些乙們湯幾壺黃酒弄幾盤酒菜來, 我陪你哈罷.) <중화-아천 27b>

【팔네스틘】 명 ((지리)) 팔레스타인(Palestine). 아시아 서쪽, 지중해 남동쪽 기슭에 있는 지방. 1948년에 이스라엘과 요르단으로 갈라졌음. (외래어).¶ 팔네스틘 겟세마네 우리 쥬님의 긔렴산이로다 <기독신보 1919.3.12>

【팔션-조즈】 명 ((기물)) 팔선탁자(八仙卓子). 여러 사람이 식사를 할 수 있는 큰 상. 음식을 차려 놓는 사각형의 큰 상. '조즈(卓子, zhuōzi)'는 중국어 직접 차용어.¶ 卓子 ‖ 卓, 華音조, 俗言卓子床조즈상, 高足床也. 八仙卓子팔션조즈, 多人會食之盤, 一作交子床. <명물-기용 3:5b>

【팡법】 명 방법(方法). '팡법(方, fāng)'은 중국어 직접 차용어.¶ 方法 ‖ 도라가고져 하여도 차을 돌니지 못할 거시요 바로 가고져 함도 쏘 차가 갈지 가지 못할지 아지 못하가시니 가이 엇지하야 합실할지 안팟긔로 팡법을 싱각하여 닉지 못하가얏다 (要回去罷, 車磨不開; 要直走罷, 却不知道車走得走不得. 該怎嗎着纔合實呢? 裡外想不出防法來.) <기착-육당 상:51b>

【팡크】 명 ((기관)) 뱅크(bank). 은행(銀行). (외래어).¶ 팡크 (銀行) <영어일상통화단어초집 우산>

【팡뎬】 명 ((상업)) 반점(飯店, fàndiàn). (중국어 직접 차용어).¶ 飯店 ‖ 밥 파난 뎐팡[팡뎬]을 열 마음 이스면 (有心開飯店) <화촬 63a>

【패아리】 명 ((인류)) 페어리(fairy). 요정. (외래어).¶ 여기 알들이 다정한 나의 적은 패아리가 있다 /그는 들만말마 살포시든 잠결속에 사노니 <김현구, 요정>

【패어랜스】 명 ((인류)) 패어런스(parents). 부모(父母). (외래어).¶ 패어랜스 (兩親) <영어일상통화단어초집 우산>

【패푸리카】 명 ((음식)) 파푸리카(paprica). 단맛이 나는 고추의 일종. (외래어).¶ 셔양국슈 ‖ 셔양국슈(macaroni) ½파운드 소곰 1쇼슈가락 쌔터 (녹인 것) 1대슈가락 치스 (간 것) 6대슈가락 호쵸와 패푸리카(paprika) 조곰식 국슈를 15분 동안 소곰 너흔 끌는 물에 삶다가 물을 밧치고 쌔터 치스 소곰 호쵸 패푸리카와 셕거셔 그릇에 담고 그 우에 우유를 조곰 붓고 면보 부스럭이를 뿌리고 누러케 될 때까지 구을 것 <서요 56> ⇒ 파푸리카

【팬슬】 명 ((기물)) 펜슬(pencil). 연필(鉛筆). (외래어).¶ 팬슬 (鉛筆) <영어일상통화단어초집 우산>

【퍄하】 명 ((조류)) 퍄하(百雄). 매의 이름. 중세몽고어 차용어. 비야하> 퍄하.¶ 퍄하 (百雄) <역해-비금 하:26a> ※ 靑鶻, 非耶下. <응골방-고본> 燕鶻, 飛也下. <응골방-신증>

【퍼듸넌드-둘재】 명 ((인명)) 퍼디넌드 2세 (Ferdinand II). (외래어).¶ 퍼듸넌드 둘재 (俳第南德第二 Ferdinand II) <만국통감1912, 4, 18>

【퍼듸넌드-셋재】 명 ((인명)) 퍼디넌드 3세 (Ferdinand III). (외래어).¶ 퍼듸넌드 셋재 (腓第南德第三 Ferdinand III) <만국통감1912, 4, 18>

【퍼듸넌드-쳣재】 명 ((인명)) 퍼디넌드 1세 (Ferdinand I). (외래어).¶ 퍼듸넌드 쳣재 (덕국) (腓第南德 Ferdinand I (Germ)) <만국통감1912, 4, 18>

【퍼루】 명 ((지리)) 페루(Peru). 남아메리카 서북부 태평양 연안에 있는 공화국. 잉카 제국의 중심지로, 1821년에 에스파냐에서 독립하였다. (외래어).¶ 퍼루 (秘魯) <세계전도1900> ⇒ 베루, 비루 ☞ 비로

【퍼모사】 명 ((지리)) 포모사(Formosa). 대만(臺灣). 중국 남동쪽에 있는 큰 섬. 1517년 태평양을 항해하다 대만을 방문한 한 포르투갈인이 경치에 감탄하여 '아름다운 섬(Iiha formosa)'라고 한데서 유래됐다. (외래어).¶ 동에는 큰 산이 업고 황후ㅣ란 강이 [여러 천 리 되는 강] 황하슈로 드러가고 양치란 강이 [여러 천 리 되는 강] 태평양에로 드러가고 또 퍼모사ㅣ란 셤과 격은 못시 만코 <사필1889-헐버트 72>

【퍼싀아】 명 ((지리)) 페르시아(Persia). 고대 이란에 일어난 제국(559~330B.C.). 퀴로스 2세가 건국하여 다리우스 1세 때 대제국(大帝國)을 이룩, 전성기를 이루었으나, 페르시아 전쟁 후 기울어져 마케도니아의 알렉산더 대왕에 의하여 멸망함. (외래어).¶ 퍼싀아 (波斯) <명물-육당 12b> ⇒ 퍼시아

【퍼시아】 명 ((지리)) 페르시아(Persia). 고대 이란에 일어난 제국(559~330B.C.). 퀴로스 2세가 건국하여 다리우스 1세 때 대제국(大帝國)을 이룩, 전성기를 이루었으나, 페르시아 전쟁 후 기울어져 마케도니아의 알렉산더 대왕에 의하여 멸망함. (외래어).¶ 퍼시아 (波斯) <세계전도1900> 너가 퍼시아 무덤 우헤 눌으고 올나셔니 나는 두렷시 셔 잇다 <신민 1916.6.15> ⇒ 퍼싀아

【퍼지】 명 ((음식)) 퍼지(fudge). 초콜렛·버터·밀크·설탕 따위로 만든 무른 설탕. (외래어).¶ 퍼지 ‖ 사탕 4잔 초콜넷 4금 빠터 ½잔 물 ⅔잔 우유 (통에 담은 것) ⅔잔 소곰 1쇼슈가락 모도 셕거 팬에 담고 끄를 때까지 져어셔 탕 온긔로 240도 될 때까지나 조곰 떠셔 랭슈에 써러 트려 보아셔 엉길 때까지 끄려 가지고 화덕에셔 내여 노코 팬 밋헤 손을 대여 보아셔 아조 식거든 피닐나 1 쇼슈가락을 셕고 되게 될 때까지 져어셔 기름 발은 팬에 쏫고 조각금을 내엿다가 굿은 후에 떼여 먹을 것 (피닐나를 셕고 젓기 시작할 때에 너모 되여셔 젓기 어렵거든 우유 1쇼슈가락을 붓고 져을 것) <서요 263> ☞ 락화생빠터퍼지, 박하퍼지, 카라멜퍼지, 케로퍼지

【퍼지-사탕쩍】 ((음식)) 퍼지케이크(fudge cake).¶ 퍼지사탕쩍 ‖ 빠터 ½잔 사탕 1잔 밀가루 ⅞잔 계란 2개 (노른자위와 흰자위를 각각 져을 것) 호도 (닉닌 것) 1잔 피닐나 1쇼슈가락 초콜넷 (강판에 간 것) 2금 빠터와 사탕을 셕거셔 잘 져어 가지고 초콜넷을 셕고 다음에 계란 노른자위와 밀가루와 계란 흰자위와 호도를 셕고 나죵에 피닐나를 셕근 후에 기름 발은 팬에다가 얇게 펴서 20분 동안 뭉군한 화덕에 천천히 구어 가지고 식기 젼에 사방 1½인치식 버힐 것 <서요 158> ☞ 박하캔듸사탕쩍, 건포도사탕쩍, 싄크림건강가루사탕쩍, 초콜넷사탕쩍, 카피사탕쩍

【퍼지-쏘스】 명 ((음식)) 퍼지소스(Fudge sauce). (외래어).¶ 퍼지쏘스 ‖ 초콜넷 2금 빠터 1대슈가락 누른 사탕 (체에 친 것) 1½잔 우유 1잔 피닐나 1쇼슈가락 강판에 간 초콜넷과 사탕과 우유와 빠터를 셕거셔 얼마씀 끄려 가지고 잘 끄럿는지 시험하기 위하야 한 방울을 랭슈에 떠러 트려 보아셔 헤여지지도 아니하고 단단한 덩이도 되지 안코 물넝물넝하게 엉긔거든 불에셔 나려노코 피닐나를 셕거셔 더운 채 보통 아이쓰크림 우에 부어셔 먹으대 그 우에 또 닉인 호도를 쑤리면 맛이 더 잇슴 <서요 134> ☞ 마시멜로쏘스, 메풀쏘스, 초콜넷쏘스, 카라멜쏘스, 크림쏘스, 타타쏘스

【퍼켓트】 명 ((복식)) 포켓(pocket). 호주머니. (외래어).¶ 나는 나의 퍼켓트를 다 차자 보앗다 <학지 1915.2.28>

【퍼푸-페수트】 명 ((음식)) 파프 페스트리(Puff pastry). 부풀게 구은 가루 반죽 과자. (외래어).¶ 퍼푸페수트 ‖ 밀가루 1잔 기름 1대슈가락 빠터 ⅞잔 찬물 조곰 밀가루에 기름을 너코 칼노 썰고 그 다음에 손가락 쯧흐로 주물너 대강 셕근 후에 찬물노 반죽해셔 밀때로 얇게 밀고 그 우에 빠터 ⅓을 가지고 조곰식 군데군데 버려 노코 밀가루를 곱게 쑤린 후에 사방으로 겹어셔 네 겹이 되게 하고 다시 밀되 빠터가 다 할 때까지 몃 번이든지 민 후에 마음대로 엇던 모양이든지 무슨 그릇처럼 속이 뷔게 만들고 식혀셔 더운 화덕에 너허 구을 것 <서요 138> ☞ 파이페수트

【펀】 명의 ((화폐)) 펀[分]. 중국의 화폐 단위. 1펀은 1위안의 100분의 1이다. (외래어).¶ 中國 兩(Tel)텔=十첸 錢 첸=十훈 分 훈 <백과신-송1926 493>

【펄토와】 명 ((지리)) 펄토와 (Pultowa). (외래어).¶ 펄토와 (葡萄窪 Pultowa) <만국통감1912, 4, 18>

【페루린】 명 ((지리)) 프러시아의 지명. (외래어).¶ 페루린 <조백-지리1915 551>

【페스】 명 ((지리)) 페스(Fes). 모로코 북부의 분지에 있는 도시. 옛 모로코 왕국의 수도로, 성벽과 이슬람교 사원이 많다. (외래어).¶ 도셩을 의론컨대 모라고국 셔울은 일홈이 모라고ㅣ오 또 페스와 데지아ㅣ란 큰 촌이 잇고 사름의 수효는 륙뵉 만 명이오 <사필1889-헐버트 146>

【페퍼멘트】 명 ((음식)) 페퍼민트(peppermint). 양주 이름. (외래어).¶ 페퍼멘트(서양술 이름)를 먹느니 <염상섭, 해바라기1923 19>

【펜늬】 명의 ((화폐)) 페니(Penny). 영국의 화폐 단위. 1페니는 1파운드의 100분의 1이다. (외래어).¶ 폰드(Pound) 磅=二十志 씰링(Schilling)志=二十片 펜늬(Penny)片 <백과신-송1926 493>

【펜실베니아】 명 ((지리)) 펜실베니아 (Pennsylvania). (외래어).¶ 펜실베니아 (偏斯偉那 Pennsylvania) <만국통감1912, 4, 18>

【펜-웰럼】 명 ((인명)) 펜 윌리엄 (Penn William). (외래어).¶ 펜 (웰럼) (偏偉聯 Penn (William)) <만국통감1912, 4, 18>

【편수】 명 ((음식)) 편식(匾食). 여름에 먹는, 만두와 비슷한 음식. 얇게 밀어 편 밀가루 반죽을 보시기 등으로 떼어 소를 넣고 네 귀를 서로 붙여 끓는 물에 익혀 장국에 넣어 먹는 음식. (중국어 차용어).¶ 춘기람 만니치고 호초와 양염 다ᄒᆞ여 소을 너퇴 편수 반죽한 것실 얄쎄 ː 방망이로 미러 둣겁지 안에 미러 소 동골게 밤갓치 만드라 <음식방문1882 한옥션-62> 륙월 십오일[流頭]에ᄂᆞᆫ 수단(水團)과 상화병(霜花餠)과 편수[瓜絲兜]요 삼복(三伏)에ᄂᆞᆫ ᄀᆡ장[地羊湯]이요 구월 구일[重九]에ᄂᆞᆫ 국화전(菊花煎)과 밤다식[蜜熬栗泥]과 국화주(菊花酒)요 동지(冬至)에ᄂᆞᆫ 팟죽[豆粥]과 전약(煎藥)이요 <절식 1a> ⇒ 변시, 변시만두, 병시, 편슈, 편시

【편슈】 명 ((음식)) 편수. 편식(匾食). 밀가루 반죽한 것을 얇게 밀어 여기에 채소로 만든 소를 넣고 네 귀를 서로 붙여 끓는 물에 익혀 장국에 넣어 먹는 여름 음식. (중국어 차용어).¶ 匾食 ‖ 편식, 華音시, 轉云편슈, 滚麪如薄紙, 切爲四方裹餡, 四合如饅頭者. <명물-음식 3:38b> 편슈 (匾食) <광보-2 음식:2b> <일용-음식 7b> 편슈 (鯿水) <한불 359> <한영 469> <국한 691> 병시 일긔 편슈 일긔 범벅 일긔 튜청 일긔 쵸장 일긔 개ᄌᆞ 일긔 염 일긔 이상 일뷕 긔 <별다례볼긔> 슈어젼탕 일긔 완ᄌᆞ탕 일긔 칠계탕 일긔 잡탕 일긔 목면 일긔 편슈 일긔 슈단 일긔 튜청 일긔 개ᄌᆞ 일긔 초장 일긔 <다례단ᄌᆞ⑤ 10> 양탕 일긔 금듕탕 일긔 목면 일긔 편슈 일긔 슈단 일긔 튜청 일긔 개ᄌᆞ 일긔 초쟝 일긔 염 일긔 <다례단ᄌᆞ㊉ 9> 융뎐 몽뎐 보로 춍뎐 금빙거지 담마으락 포도밀조 호도당과 임금ᄉᆞ와 춤외슈박 구령이회 ᄀᆡ고리탕 양육 졔육 션지찜과 국슈 편슈 두부국과 밀썩 니썩 ᄉᆞ오빙과 <연행-무자> 만두 어만두 밀만두 편슈 슈교의 전골법 어치 졈복숙 족편 홍합초 게간납 참식젼유어 느리미 어눅각싀간납 <음식방문 1947> ⇒ 변시, 변시만두, 병시, 편수, 편시

【편시】 명 ((음식)) 변식(匾食). 편수. 밀가루 반죽한 것을 얇게 밀어 여기에 채소로 만든 소를 넣고 네 귀를 서로 붙여 끓는 물에 익혀 장국에 넣어 먹는 여름 음식. (중국어 차용어).¶ 匾食 ‖ 편식, 華音시, 轉云편슈, 滚麪如薄紙, 切爲四方裹餡, 四合如饅頭者. <명물-음식 3:38b> 片匙 (餛飩) <식료찬요 7b> ▼餛飩 ‖ ᄆᆞ론 ᄯᅩᆼ이 챵ᄌᆞ애 막딜여 얼읜 거시 이셔 ᄇᆡ 댱만ᄒᆞ고 알파 몰몯 보거든 가출 복셩홧 곳 ᄆᆞᄅᆞ디 아니ᄒᆞ니 ᄒᆞᆫ량과 밄ᄀᆞᄅᆞ 석 량올 섯거 편시롤 ᄆᆡᆼᄀᆞ라 니기 글혀 박 아니 머거셔 머그면 낫후만ᄒᆞ야 ᄇᆡ 안히 글흐면 모딘 거시나 됴ᄒᆞ리라 (乾糞塞腸癥腸脹痛不通, 毛桃花[一兩濕者]、麵[三兩]和麪作餛飩, 熟煮空腹食之, 至日午後, 腹中如雷鳴, 當下惡物, 爲效.) <구간 3:73b> ⇒ 변시, 변시만두, 병시, 편수, 편슈

【편풍】 명 ((기물)) 병풍(屛風 píngfēng). 바람을 막거나 무엇을 가리거나 또는 장식용으로 방안에 치는 물건. (중국어 직접 차용어).¶ 편풍 병 (屛) <백련 16a> 屛風 ‖ 고해 피 나 졈그드록 긋디 아니ᄒᆞ야 ᄆᆞᅀᆞ미 답답ᄒᆞ거든 놀ᄀᆞᆫ 편풍앳 죠히롤 ᄉᆞ라 ᄀᆞᄂᆞ리 ᄀᆞ라 ᄃᆞᄉᆞᆫ 수레ᄒᆞᆫ 돈만 프러 머그면 즉재 그츠리라 (鼻衄, 終日不止, 心神煩悶, 故屛風紙燒灰細硏, 以溫酒調下一錢, 立止.) <구간 2:92a> 나ᄂᆞᆫ 편히 왓뇌 편풍 둘 보내고 둘란 두라 ᄒᆞ엿더니 그 둘홀 ᄆᆞ자 보내되 아기ᄒᆞ여 도ᄂᆞᄅᆞ 거시라 ᄒᆞ여 편풍 두헤 서 보내라 ᄒᆞ소 <현풍곽씨-73 / 진하-144 17c전기 곽주(남편) ↓진주하씨(아내)> ⇒ 펜풍

【펜풍】 명 ((기물)) 병풍(屛風 píngfēng). 바람을 막거나 무엇을 가리거나 또는 장식용으로 방안에 치는 물건. (중국어 직접 차용어).¶ 펜풍 병 (屛) <훈몽-기명 중:7b /13b> 펜풍 의 (扆) <훈몽-기명 중:7b /13b> ⇒ 편풍

【폐지】 명 페이지(page). (외래어).¶ 한 句節 한 폐지가 非常한 산아희의 無限大의 時間上에 멈올러 두고 간 발자최의 記錄임을 다시금 記憶하라 <청춘 1915.3.1>

【폔얼버버】 명 ((음식)) 편아발발(片兒餑餑). '폔얼버버(片兒餑餑, piàn'érbóbó)'는 중국어 직접 차용어.¶ 片兒餑餑 ‖ 먼저 四箇 야줘데얼에 훠퇴 쑹화짜야쯔 쉰위 가져오고 ᄒᆞᆫ나는 生鮮으로 네 가지 ᄆᆡᆫ든 것 홍짜위뤄 회만위 쟝지리위중돤얼 위폔얼 가져오고 반 짝 짜야쯔에다가 폔얼버버롤 쪄셔 가져오나라 (先來四箇壓桌楪兒、火腿、松花糟鴨子、燻魚, 來一箇魚四作兒、紅燒魚頭、膾萬魚、醬汁鯉魚中段兒、魚片兒, 來半隻燒鴨子, 帶片兒餑餑.) <화교 165>

【포】 명 ((기물)) 폰(phone). 전화(電話). (외래어).¶ 포 (電話) <영어일상통화단어초집 우산>

【포강】 명 ((지리)) 포(Po)강. 이탈리아 북부를 흐르는 강. 이탈리아에서 가장 큰 강으로, 알프스 산맥에서 시작하여 아드리아 해로 흘러들며, 중류와 하류는 벼농사 지대이다. (외래어).¶ 셔에는 사듸니아ㅣ란 큰 셤이 잇고 동편에 쏘 아듸쥬와 포ㅣ란 두 강이 에드리아틱 하슈로 드러가고 셔에는 타이버ㅣ란 강이 디즁히로 드러가며 <사필1889-헐버트 50>

【포게트】 명 ((복식)) 포켓(pocket). 주머니. (외래어).¶ 양복 (포게트) 속에셔 축착 졉은 ᄒᆞ얀 슈건을 너셔 눈물을 씩씩 훔치고 <은세계 116> ⇒ 포겟도, 푸케투

【포겟도】 명 ((복식)) 포켓(pocket). 주머니. (외래어).¶ 그 놈이 그 돈을 양복 (포겟도)에 넛코 당긴다 <귀의성 하:97> ⇒ 포게트, 푸케투

【포국】 명 ((지리)) 포국(布國). 프로이센(Preussen). 독일 북동부, 발트해 기슭에 있던 지방. 1701년에 프로이센 왕국이 세워졌으나 제2차 세계대전 후 소련 및 폴란드에 점령되었으며 이름도 없어졌다. 프러시아(Prussia). (중국어 간접 차용어).¶ 포국(布國) <이언> ⇒ 보국 ☞ 푸뤄시아

【포도-쉬벗】 명 ((음식)) 포도셔벗(葡萄-, Grape sherbet). 포도즙에 물, 우유, 설탕 따위를 섞어 얼린 음식. (외래어).¶ 포도쉬벗 ‖ 끌는 물 1잔 사탕 ½잔 포도즙 ⅓잔 양우무 ½쇼슈가락 찬물 ¼잔 양우무를 찬물에다가 5분 동안 불니고 쏘 사탕과 끌는 물을 20분 동안 부글부글

끄러셔 물닌 양우무와 포도즙을 셕고 식혀셔 통에 담아 얼닐 것 (포도즙 대신에 다른 실과즙을 쓸 수도 있슴) <서요 130> ☞ 모과슈쉬벗, 실과쉬벗

【포도아】 명 ((지리)) 포도아(葡萄牙). 포르투갈(Portugal). 유럽 남서부 이베리아 반도에 대서양 연안을 따라 있는 나라. 수도는 리스본. (중국어 간접 차용어).¶ 포도아(葡萄牙) <이언> ⇒ 포도와, 포아 ☞ 보르츠깔, 포두갈, 포두갈국, 포르튜갈, 포추갈국, 포츄갈, 포츄갈국, 포튜갈, 포튜글

【포도와】 명 ((지리)) 포도아(葡萄牙). 포르투갈(Portugal). 유럽 남서부 이베리아 반도에 대서양 연안을 따라 있는 나라. 수도는 리스본. (중국어 간접 차용어).¶ 김쥬ᄉᆞ가 온다 간다 말업시 포도와로 간 후로 진소위 끈떠러진 망셕중이 모양이 되야 잇스나 <송뢰금 14> ⇒ 포도아, 포아 ☞ 보르츠깔, 포두갈, 포두갈국, 포르튜갈, 포추갈국, 포츄갈, 포츄갈국, 포튜갈, 포튜글

【포두갈】 명 ((지리)) 포르투갈(Portugal). 유럽 남부 이베리아 반도 서쪽 끝에 있는 공화국. 12세기에 독립 왕국을 수립하고, 15세기에서 16세기에 걸쳐 많은 지역을 식민지로 삼아 동양 무역을 독점하여 번성하였으며, 1910년에 혁명으로 공화국이 되었다. (외래어).¶ 포두갈(葡萄牙 Portugal) <만국통감1912, 4, 19> 마리아 (포두갈)(馬利亞 Maria (of Portugal)) <만국통감1912 4, 7> ⇒ 보르츠깔, 포두갈국, 포르튜갈, 포추갈국, 포츄갈, 포츄갈국, 포튜갈, 포튜글 ☞ 포도아, 포도와, 포아

【포두갈-국】 명 ((지리)) 포르투갈(Portugal). 유럽 남부 이베리아 반도 서쪽 끝에 있는 공화국. 12세기에 독립 왕국을 수립하고, 15세기에서 16세기에 걸쳐 많은 지역을 식민지로 삼아 동양 무역을 독점하여 번성하였으며, 1910년에 혁명으로 공화국이 되었다. (외래어).¶ 이때에 포두갈국 사름들이 심히 열심으로 새 짜흘 찻는ᄃᆡ <만국통감1912 4, 2> ⇒ 보르츠깔, 포두갈, 포르튜갈, 포추갈국, 포츄갈, 포츄갈국, 포튜갈, 포튜글 ☞ 포도아, 포도와, 포아

【포르튜갈】 명 ((지리)) 포르투갈(Portugal). 유럽 남서부 이베리아 반도에 대서양 연안을 따라 있는 나라. 수도는 리스본. (외래어).¶ 디경 넘어 西隣의 포르튜갈은 유롭 大陸 極西의 海上 古雄邦 <청춘 1914.10.1> ⇒ 보르츠깔, 포두갈, 포두갈국, 포추갈국, 포츄갈, 포츄갈국, 포튜갈, 포튜글 ☞ 포도아, 포도와, 포아

【포리늬시아】 명 ((지리)) 폴리네시아(Polynesia). 태평양 중남부에 펼쳐 있는 여러 섬. 하와이 제도, 뉴질랜드, 이스터 섬을 꼭짓점으로 하는 삼각 지대에 있으며, 산호초·화산 따위로 이루어져 있다. (외래어).¶ 포리늬시아 (波里尼西亞) <명물-육당 13b>

【포리】 명 ((주거)) 포리(鋪裏). 가게. (중국어 간접 차용어).¶ 鋪店 ‖ 또 각 포리와 화원의 슈리ᄒᆞ고 회계ᄒᆞᆯ 각항 은ᄌᆞ롤 청령ᄒᆞᄂᆞᆫ 식부 등이 기다려 바드려 ᄒᆞ며 (又是各鋪店、花園應修應找各項銀兩, 聽差的嫂子們等着領銀.) <홍부 10:25> ⇒ 푸리, 프리 ☞ 푸ᄌᆞ, 프ᄌᆞ

【포리스맨】 명 ((인류)) 폴리스맨(policeman). 경찰(警察). (외래어).¶ 포리스맨 (巡査) <영어일상통화단어초집 우산>

【포믈】 명 화물(貨物). '포(貨, huò)'는 (중국어 직접 차용어).¶ 貨物 ‖ 年終애 다ᄃᆞ라 포믈돌 다 폴오 또 이 물와 모시뵈 사오노라 (投到年終, 貨物都賣了, 又買了這些馬并毛施布來了.) <번노 상:15b>

【포셋】 명 ((지리)) 포트사이드(Port Said). 이집트 북동부, 수에즈 운하의 지중해 쪽 어귀에 있는 항구 도시. (외래어).¶ 도셩을 의론컨대 일홈이 가이로ㅣ니 나라ᄉ 북편 나일강ᄉ ᄀᆞ히요 또 아렉산드리아와 짬이엣다와 수에스와 포셋이란 큰 촌이 잇스며 포셋 촌은 디중히ᄉ ᄀᆞ헤 잇고 수에스 촌은 홍히ᄉ ᄀᆞ헤 잇ᄂᆞᆫᄃᆡ 그 ᄉᆞ이가 륙디 삼빅 리라 <사필1889-헐버트 143>

【포스트오회ㅡ스】 명 ((관청)) 포스트 오피스(post office). 우체국(郵遞局). (외래어).¶ 포스트오회ㅡ스 (郵便局) <영어일상통화단어초집-우산>

【포아】 명 ((지리)) 포도아(葡萄牙). 포르투갈(Portugal). 유럽 남서부 이베리아 반도에 대서양 연안을 따라 있는 나라. 수도는 리스본. (중국어 간접 차용어).¶ 나오는 길로 포아로 건너가게 ᄒᆞᆫ 일인ᄃᆡ 자긔 너외가 갓치 간 것은 두 가지 사졍이 잇스니 <원앙도 105> ⇒ 포도아, 포도와 ☞ 보르츠깔, 포두갈, 포두갈국, 포르튜갈, 포추갈국, 포츄갈, 포츄갈국, 포튜갈, 포튜글

【포와】 명 ((지리)) 포와(布哇). 하와이(Hawaii). 하위이(夏威夷, Xiàwēiyí). (외래어).¶ 김쥬ᄉᆞ가 가셰에 군졸ᄒᆞᆷ을 인ᄒᆞ야 여간 밋천 돈을 주어 장사를 식엿ᄂᆞᆫᄃᆡ 김쥬ᄉᆞ 포와에 가기 전에 제 아돌은 몬져 포와로 간 터이라 죽엇나니 사랏나니 ᄒᆞ고 걱정을 ᄒᆞ더니 <송뢰금 29> 봄물결이 양양턴가 외국풍긔 쐬이랴고 화륜션에 돗츨 달고 포와 상항 건너가셔 <대매-시평 1908.4.3> ☞ 포와도

【포와-도】 명 ((지리)) 포와도(布哇島). 미국 하와이주 가운데 가장 큰 섬.¶ 믁셔가와 포와도에 지류ᄒᆞᄂᆞᆫ 동포들은 산도 설고 물도 선ᄃᆡ 만리 히외 고종으로 <대매-시평 1910.5.4> ☞ 포와

【포추갈-국】 명 ((지리)) 포르투갈(Portugal). 유럽 남서부 이베리아 반도에 대서양 연안을 따라 있는 나라. 수도는 리스본. (외래어).¶ 터키국과 모라고국과 알지리아와 두네스와 트레블리와 이즙국과 만트늬그로국과 아시아 모든 나라가 뎌 삼층이오 <사필1889-헐버트 14> ⇒ 보르츠깔, 포두갈, 포두갈국, 포르튜갈, 포츄갈, 포츄갈국, 포튜갈, 포튜글 ☞ 포도아, 포도와, 포아

【포츄갈】 명 ((지리)) 포르투갈(Portugal). 유럽 남부 이베리아 반도 서쪽 끝에 있는 공화국. 12세기에 독립 왕국을 수립하고, 15세기에서 16세기에 걸쳐 많은 지역을 식민지로 삼아 동양 무역을 독점하여 번성하였으며, 1910년에 혁명으로 공화국이 되었다. (외래어).¶ 포츄갈

(葡萄牙) <명물-육당 13a> 포츄갈 <사필> 또 벵퀄라 읍닉는 일홈이 벵퀄라ㅣ니 다 포츄갈국 쇽방이오 다호메 동편 라이거ㅣ란 강 근쳐는 옝길리국 쇽방이며 강고는 태셔 여러 나라가 셔로 의론ᄒᆞ야 ᄒᆞᆫ 관원을 보닉아 다ᄉᆞ리며 <사필1889-헐버트 148> ⇒ 보르츠쌀, 포두갈, 포두갈국, 포르튜갈, 포추갈국, 포츄갈, 포츄갈국, 포튜갈, 포튜글 ☞ 포도아, 포도와, 포아

【포츄갈-국】 명 ((지리)) 포르투갈(Portugal). 유럽 남서부 이베리아 반도에 대서양 연안을 따라 있는 나라. 수도는 리스본. (외래어).¶이스바니아국과 포츄갈국과 쉿슬란드국과 이달리아국과 오스드리아 헝거리국과 루마니아국과 셰비아국과 만트늬그로국과 터키국과 ᄭᅳ리스국이니 나라가 강ᄒᆞ고 군ᄉᆞ가 졍ᄒᆞ며 지믈이 만코 지조가 긔이ᄒᆞ며 학업에 경밀ᄒᆞ고 도학에 젼일ᄒᆞ며 <사필1889-헐버트 13> ⇒ 보르츠쌀, 포두갈, 포두갈국, 포르튜갈, 포추갈국, 포츄갈, 포츄갈국, 포튜갈, 포튜글 ☞ 포도아, 포도와, 포아

【포케트】 명 ((복식)) 포켓(pocket). (호)주머니. (외래어).¶속 포케트에서 封套을 ᄯᅳ어내어 <염상섭, E선생1922> 찌저내버릴 여유가 업서서 그대로 포케트에 너허 두고 <현진건, 황원행1929 84> ⇒ 포켓트

【포켓트】 명 ((복식)) 포켓(pocket). (호)주머니. (외래어).¶포켓트에 쓰러너코 <염상섭, 금반지1924 157> ⇒ 포케트

【포토시】 명 ((지리)) 포토시(Potosi). 볼리비아 남부 고지(高地)에 있는 도시. 고도 3,976미터로 세계에서 가장 높은 도시에 속한다. (외래어).¶ 도셩을 의론컨대 일홈이 수크레니 나라ᄉᆞ 가온대요 셔편에 라파스와 [포토시란 촌이 잇고 포토시에는 은이 만히 나ᄂᆞ니라] ᄒᆞᆫ가온대는 고차밤바ㅣ란 촌이 잇고 사룸의 픔ᄉᆞ수는 평등이오 <사필1889-헐버트 133>

【포튜갈】 명 ((지리)) 포르투갈(Portugal). 유럽 남서부 이베리아 반도에 대서양 연안을 따라 있는 나라. 수도는 리스본. (외래어).¶ 포튜갈 (葡萄牙) <태서신사> ⇒ 보르츠쌀, 포두갈, 포두갈국, 포르튜갈, 포추갈국, 포츄갈, 포츄갈국, 포튜글 ☞ 포도아, 포도와, 포아

【포튜글】 명 ((지리)) 포르투갈(Portugal). 유럽 남서부 이베리아 반도에 대서양 연안을 따라 있는 나라. 수도는 리스본. (외래어).¶ 포튜글 (葡萄牙) <세계전도1900> ⇒ 보르츠쌀, 포두갈, 포두갈국, 포르튜갈, 포추갈국, 포츄갈, 포츄갈국, 포튜갈 ☞ 포도아, 포도와, 포아

【포피-라오-】 형 포피(潑皮)랍다. 방탕스럽다. 사납고 거칠다. '포피(潑皮, pōpí)'는 중국어 직접 차용어.¶ 潑 ‖ 이 포피라온 겨집을 티라 (打這潑婦.) <오전 6:19a> ⇒ 보피라오-, 보피로오- ☞ 보피ᄒᆞ-

【폭】 명 포크(fork). (외래어).¶ 고기를 ᄢᅵ인 삼지창(폭)을 입에 너엇다. <염상섭, 해바라기1923 20>

【폰드】[1] 명의 ((도량)) 파운드(Pound). 야드파운드법에 의한 무게의 단위. 1파운드는 1온스의 16배로 약 453.592 그램에 해당한다. (외래어).¶ 英國 米國 톤(Ton)噸 폰드(Pound)封度＝十六 온쓰(Ounce) <백과신-송1926 494>

【폰드】[2] 명의 ((화폐)) 파운드(Pound). 영국의 화폐 단위. 1파운드는 1페니의 100배이다. (외래어).¶ 폰드(Pound)磅＝二十志 씰링(Schilling)志＝二十片 펜늬(Penny)片 <백과신-송1926 493>

【폴나데리】 명 ((인명)) 브루냐텔리(Brugnatelli, Luigi). 이탈리아 화학자(1761~1818). 알레산드로 볼타(Alessandro Volta)가 발명한 전지를 사용하여 최초로 전해 석출에 성공한 인물이다. (외래어).¶ 電氣鍍金術 폴나데리氏 <백과신-송1926 491>

【폴넌드】 명 ((지리)) 폴란드(Poland). 동유럽 북부에 있는 공화국. 10세기에 통일 왕국을 이루었으며, 18세기 말에 프로이센, 제정 러시아, 오스트리아에 의해 분할되었고, 1918년에 공화국으로 독립하였다. 주민은 슬라브계로 가톨릭교도가 많다. (외래어).¶ 폴넌드 (波蘭 Poland) <만국통감1912, 4, 19> 이 님군이 나약ᄒᆞ고 과단이 업ᄂᆞᆫ디 그 후는 폴넌드 녀인이니 열심으로 로마교를 쥰봉ᄒᆞᄂᆞᆫ 쟈라 <만국통감1912 4, 41> ⇒ 폴런

【폴런】 명 ((지리)) 폴란드(Poland). 유럽 동부에 위치한 국가. 근세 초기인 1772 · 1793 · 1795년 세 차례에 걸쳐 프러시아 · 러시아 · 오스트리아 삼국에 의해 분할되었다가 1918년에 공화국이 됨. (외래어).¶ 써비아 폴런 사람 집으로 갈 썩 너 나라 동반도 자유하리라 <신민1918.5.2> ⇒ 폴넌드

【폴타】 명 ((인명)) 볼타(Volta, Alessandro). 이탈리아의 물리학자(1745~1827). 전기학의 시조로, 금속 물질의 볼타 계열을 만들고 볼타 전지를 발명하여 처음으로 정상적인 전류를 얻었다. (외래어).¶ 電氣盤 폴타氏 <백과신-송1926 491>

【표톄】 명 표체[票帖]. 표의(票擬)에 쓰는 용지. '체(帖, tie)'는 중국어 직접 차용어.¶ 우리 나라히 우리올 하졀비신을 ᄒᆞ이셔늘 바다길로 말미암아 등쥐 와 비 붓쳐 원군문 표톄로 일도의 인마 주셔놀 오놀 여긔 오ᄋᆞ니 <조천 42> ⇒ 표톄 ☞ 데김

【표톄】 명 표체[票帖]. 표의(票擬)에 쓰는 용지. '체(帖, tie)'는 중국어 직접 차용어.¶ 우리도 표톄 내여 ᄒᆞᆫ 번의 셔쟝안 문 밧긔 기ᄃᆞ리니 급ᄉᆞ듕이 오놀은 좌긔 아니터라 ᄒᆞᄅᆞ 표톄 내려 나가기의 은 열 냥식 주니 경문 일노 ᄌᆞ조 나가ᄂᆞᆫ 딕 이ᄅᆞ ᄒᆞ지 못홀 일이러라 <조천 65> ⇒ 표톄 ☞ 데김

【푸】 명 ((상업)) 포(鋪). 가게. 점포. '鋪(pù)'는 (중국어 직접 차용어).¶ 역 푸, 俗呼'鋪舍', 군푸曰冷鋪, 又져제曰鋪行、鋪家. (鋪) <훈몽-관아 중:5b/9a> 우리 푸에 헤아리라 가져 <번노 하:24> 네 오놀 어듸 가ᄂᆞᆫ다 내 오놀 인ᄌᆞ 푸에 볼모 드리고 쳔 내라 가노라 <번박 상:19> ▼鋪裏 ‖ 내 앗가 싱각호니 이 아니 여러 양도ᄒᆞᆫ 디위 마가 돈닐 거시니 ᄒᆞ마 가려 ᄒᆞ거니 내게 나믄 은이 이시니 힘히미 두워 므슴ᄒᆞ료 이믜셔 비단 사

가지고 가쟈 우리 푸에 혜아리라 가져 (我恰尋思來, 這幾箇羊也, 當走一遭. 既要去時, 我有些餘剩的銀子, 閑放着怎麽? 一發買段子將去. 咱們鋪裏商量去來.) <번노 하:23b> 우리 푸에 혜아리라 가쟈 (咱們鋪裏商量去來.) <번노 하:24a> ☞ 군푸, 인자푸

【푸개】 명 ((기물)) 포개(鋪蓋). 이불보따리. 짐보따리. '鋪(pū)'는 중국어 직접 차용어.¶ 鋪盖 ‖ 웅신이 후한 녜믈론 뎌를 주고져 ᄒᆞ되 뎌 즐겨 밧디 아닐가 저허 ᄯᅩ오새 푸개를 ᄆᆡᆫ돌고 넙게 텬 은을 그 속의 녀허 ᄆᆞᆯ 기ᄅᆞ마 뒷가지의 ᄆᆡ야 속의 은 드럿다 말을 니ᄅᆞ디 아니ᄒᆞ야 (雖信欲以厚禮贈叔寶, 又恐他多心不受, 做一副新鋪盖起來, 將打扁白銀縫在鋪盖裏, 把鋪盖打卷, 馬備了鞍轡, 捎在馬鞍轎後, 只說是鋪盖, 不講裏面有銀子.) <수유-동방 2:86> 이곳 쇼샹관의셔 ᄃᆡ옥으로붓허 차환과 식부 등과 다뭇 이마의 푸개와 힝니를 모다 샹ᄌᆞ의 ᄲᅡ녀허 분망히 내여 보내고 (這裏到瀟湘館, 自黛玉以及丫頭, 媳婦們同李媽的鋪蓋行李, 并包裹箱籠忙亂發運.) <홍보 3:33> ▼包褁 ‖ 너희들이 본ᄃᆡ 양태감 부듕 사ᄅᆞᆷ이니 이제 동모ᄒᆞ야 그놈 노흘 제 푸개지이 맛뎌 보내여두고 저는 뷘 몸으로 ᄲᅥ뎌셔 우리를 속이랴 ᄒᆞ미로다 (你和他原同是楊太監府裡的人, 今日做下圈套, 放他逃走, 先把包褁寄與他拿去, 你却空着身在這裡白賴!) <희문-한고 5:65a> 드ᄃᆡ여 장을 들치고 상 밋츨 술피니 ᄶᅡ 우히 ᄒᆞᆫ 뭉치 푸개 잇거ᄂᆞᆯ (隨卽掀起床幃, 朝下一看, 只見地板上放着一個包褁.) <경화 10:44> 져의 푸개를 당초 깁히 간슈ᄒᆞ얏스나 오히려 ᄆᆡᄌᆞ의 눈에 ᄯᅴ일가 과도히 념녀ᄒᆞ야 빙모 침샹 ᄋᆞ리 너헛더니 이 엇지 들쳐ᄂᆞᄂᆞ (他的包褁, 起初原放在櫥內, 他們恐妹子回家看見, 特藏在丈母床下. 今被看破, 這便怎處?) <경화 10:46> ▼擔兒 ‖ 왕진이 푸개를 슈습ᄒᆞ고 모친을 말 티우고 태공과 ᄉᆞ진을 리별ᄒᆞ고 연안부로 향ᄒᆞ여 투군ᄒᆞ라 가니라 (王進收拾了擔兒, 備了馬, 子母二人相辭史太公、史進. 請娘乘了馬, 望延安府路途進發.) <수호-신문 1:1:16> 싱이 니러 관셰ᄒᆞ고 푸개를 슈습ᄒᆞ야 은ᄌᆞ를 녀허노코 쇼져를 향ᄒᆞ야 닐오ᄃᆡ <낙성 1:50b> 싱이 남셩 이부인긔 하딕ᄒᆞ고 초초ᄒᆞᆫ 푸개를 메고 초리를 신어 표연히 거러 문을 나가매 싱이 부모 묘하의 가 통곡ᄒᆞ야 하딕ᄒᆞ고 승샹 묘하의 가 통곡 비별ᄒᆞ니 <낙성 1:101> 월이 푸개를 열고 ᄒᆞᆫ 벌 도의를 니여 션을 주니 션이 드ᄃᆡ여 피 무든 의상을 벗고 소셰ᄒᆞᆫ 후 도의운건을 뎡히 ᄒᆞ니 옥안미뫼 소담쳥월ᄒᆞ여 쳥졍ᄒᆞᆫ 도시 되엿더라 <임화 41:15> ⇒ 푸기, 프개, 프기

【푸기】 명 ❶ ((복식)) 포개(鋪蓋). 봇짐. 보따리. '푸개(鋪蓋, pūgài)'는 중국어 직접 차용어.¶ 行李 ‖ 팔계 눈믈을 씻고 사승다려 왈 오졍아 푸기나 가져오나라 (他也不來勸解師父, 却叫: "沙和尙, 你拿將行李來, 我兩個分了罷.") <서유-영남 9:43-75> 푸기을 열고 금바리을 갓다가 물을 ᄲᅥ셔 힝ᄌᆞ을 쥬니 힝ᄌᆞ 바다 진언을 염ᄒᆞ며 범을 향ᄒᆞ여 ᄒᆞᆫ밧탕 흡벅이 ᄲᅮᆷ으니 삼장이 그제야 인ᄉᆞ을 ᄎᆞ려보니 손힝ᄌᆞ 왓거ᄂᆞᆯ (取了行李馬匹, 將紫金鉢盂取出, 盛水半盂, 遞與行者. 行者接水在手, 念動眞言, 望那虎劈頭一口噴上, 退了妖術, 解了虎氣. 長老現了原身, 定性睜眼, 才認得是行者.) <서유-영남 3:108-31> ▼包袱 ‖ 힝지 푸기를 니여노코 거즛 니로ᄃᆡ 열위 한당니ᄂᆞᆫ 하 어슨 체ᄒᆞ지 마르쇼셔 (行者放下包道: "列位長官, 不要嚷.") <서유-영남 6:26-56> 삼장은 푸기를 의지ᄒᆞ여 안져고 팔계 사승은 조흔 잔듸를 ᄎᆞ져 가 쉬더라 (三藏端坐松陰之下, 八戒沙僧都去尋花覓果閑耍.) <서유-영남 10:22-80> 삼쟝이 여러 중의 공슌 예모을 보고 마음의 블안ᄒᆞ야 압으로 나와 승관과 여러 화샹을 붓드러 이르키니 그 듕드리 그제야 이러나 일힝의 푸기도 지고 말도 ᄭᅳ으러 삼쟝은 교ᄌᆞ을 틔우고 팔계 ᄉᆞ승은 좌우로 뫼셔 후면 방쟝의 이르러 좌졍ᄒᆞᆫ 후의 제듕이 일변 ᄉᆞᆺ슬 씨스며 일변 ᄎᆞ을 다리며 방쟝의 초블을 발키고 삼쟝을 디졉할시 (那些道人聽命, 各各整頓齊備, 却來請唐老爺安寢. 他師徒們牽馬挑擔出方丈, 徑至禪堂門首看處, 只見那里面燈火光明.) <서유-영남 4:48-36> ▼包褁 ‖ 쇼승이 묘상ᄉᆞ의 부쥬지 되여 ᄉᆞ중의 쇼임이 공총ᄒᆞ기로 찻지 못ᄒᆞ엿더니 이졔 황망이 도망ᄒᆞ기로 그 편지 푸기의 드러왓ᄂᆞᆫ 줄을 모로과이다 (小僧一向羈留妙相寺中, 欲訪無由. 那一晩慌慌逃竄, 匆忙之際不知曾帶得否? 或者在包褁中, 未可知也?) <선진 4:11> 담연이 우후 등을 니별ᄒᆞ려 슈플 쇽의 드러가 ᄡᅳᆫ 모ᄌᆞ와 닙은 직녕을 벗고 푸기를 메고 남은 거ᄉᆞᆫ 다 우후를 쥬고 양쥬로 향ᄒᆞ여 가니라 (林澹然策馬走至倉頡墓上, 甚是幽僻, 樹林中下馬, 除了大帽、眼紗, 脫下直身, 油靴, 換了僧鞋、僧帽、褊衫. 打疊了一個包褁, 自己背了, 將以外行囊物件, 盡數交與兩個包褁, 乞致意社爺, 作別分別而行, 徑過梁州.) <선진 4:47> ▼包袱 ‖ 삼장이 힝쟈를 분부ᄒᆞ야 푸기에 드럿ᄂᆞᆫ 돈을 내여 션가를 주라 ᄒᆞᆫ대 (三藏教行者解開包袱, 取出大唐的幾文錢鈔, 送與老翁.) <서유-연세 1:13> 셰 가지를 ᄒᆞᆫ 후에 녀징 말끠 니려 푸기 우에 안ᄌᆞ 쉬더니 발셔 연식ᄒᆞᄂᆞᆫ 틀을 셰우니 (三賽已過, 女子下得馬來, 在包袱上坐了歇息, 早有人將軟索架起.) <녹모 1:36> 연이 두어 도졔로 더부러 푸기를 슈습ᄒᆞ여 텬하의 오유ᄒᆞ여 ᄌᆞ최 ᄉᆞ히팔황의 아니 간 곳이 업ᄉᆞ니 도쳐의 만일 사ᄅᆞᆷ의 급화를 맛나면 츄연ᄒᆞ여 구ᄒᆞᆷ을 못 밋출 드시 ᄒᆞ더니 <윤하 54:29> ❷ 이부자리. 이불과 요.¶ 鋪盖 ‖ ᄌᆞ견이 듯고 바야흐로 푸기와 쟝염 졔ᄌᆞ를 슈습ᄒᆞ거ᄂᆞᆯ (紫絹聽說, 方打疊鋪盖粧奩之類.) <홍루 57:61> 인ᄒᆞ여 져의 노파와 식부로 ᄒᆞ여곰 몬져 셔방의 가셔 푸기를 졍당히 졍돈케 ᄒᆞᆫ 후의 (因叫他媳婦兩箇先到書房, 將鋪盖整理停當.) <설월 3:42> 푸기를 가지고 가라 셩외에 바람이 심ᄒᆞ고 야간의ᄂᆞᆫ 더옥 셔ᄂᆞᆯᄒᆞ리라 (將鋪盖帶去, 城外風大, 夜間更凉.) <홍부 2:54> 부용과 셤쥐 냥편 방의 니ᄅᆞ러 보미 모다 슈습ᄒᆞᆷ을 맛치고 미인이 두 쳑 상ᄌᆞ와 다뭇 캉상의 푸기만 남겻거ᄂᆞᆯ (芙蓉、蟾珠到兩邊房去瞧瞧, 都

收拾完結, 每人剩了兩只衣箱同炕上的鋪蓋.) <홍부 19:102> 믄득 사ᄅᆞᆷ을 ᄌᆞ단보의 보내여 져의 푸긔를 가져오라 ᄒᆞ거ᄂᆞᆯ 림지효 식뷔 우ᄉᆞ며 니ᄅᆞ디 (便要打發人到紫檀堡去取他鋪盖, 林之孝家的笑道.) <홍보 8:54> 인ᄒᆞ여 져의 노파와 식부로 ᄒᆞ여곰 몬져 셔방의 가셔 푸긔를 졍당히 졍돈케 ᄒᆞᆫ 후의 (因叫他媳婦兩箇先到書房, 將鋪盖整理停當.) <설월 3:43> 만당 제인이 흔연 담쇼ᄒᆞ고 친슈인 영발이 더옥 환희ᄒᆞ여 푸긔 등믈을 뎜검ᄒᆞ여 쥬인을 ᄯᅡ라 과장의 드러가려 ᄒᆞ더니 (合堂笑語甚忻然, 榮發親隨更喜歡. 打點隨行鋪蓋等, 要跟家主入場間.) <재생 29:12> 노빈이 앏ᄒᆡ 와 무ᄅᆞ디 지대야ᄂᆞᆫ 도로혀 무ᄉᆞᆫ 믈건을 가지고 가려 ᄒᆞᄂᆞ냐 지홰 니ᄅᆞ디 너의게 몃 벌 푸긔와 요ᄅᆞᆯ 비러 가려 ᄒᆞ노라 (路彬過來問道, 智大爺, 還要甚麽東西? 智爺說, 還得合你借幾分鋪盖被褥.) <충소 5:88> ▼鋪陳 ‖ 신변 은ᄌᆞ로ᄂᆞᆫ 부족ᄒᆞ여 푸긔와 ᄒᆡᆼ니ᄅᆞᆯ 모다 졀가ᄒᆞ여 (把銀兩抵償不够, 便將鋪陳行李, 一總準折.) <쾌심 2:52> 이 ᄉᆞᆨ의 필연 반젼이 든 ᄃᆞᆺᄒᆞ나 쇼졔 푸긔를 아니 가지고 왓시니 (此內是盤川, 千金不帶鋪陳至.) <재생 12:46> ▼鋪 ‖ 왕귀 드러와 푸긔를 펴며 홍촉을 혀고 벼기 겻히 난화와 말니화를 노코 벽ᄉᆞ창을 나리ᄂᆞ (王貴進來開鋪, 點起紅燭, 枕旁安着蘭花、茉莉, 放下碧紗帳幔.) <홍부 8:20> 다만 니러나 혜ᄌᆞ와 보션을 벗고 젹삼과 고의를 밧고 와 닙으며 쟝즁의 드러가 누으니 ᄉᆞ기 쇼지 캉 앏ᄒᆡ 푸긔를 펴고 누으며 (只得站起來, 脫去鞋袜, 換了衫褲, 走到帳中睡下, 四個小子就炕前開鋪.) <홍부 8:22> 더거야 너ᄂᆞᆫ 보라 텬긔 한ᄂᆡᆼ치 아니ᄒᆞ니 삼 인이 각기 일긔 푸긔를 펴고 ᄌᆞ미 도로혀 편ᄒᆞ도다 (大哥, 你看這天氣不冷, 不如各人一鋪, 倒也便易.) <천리 3:4> ⇒ 푸개, 프개, 프긔

【푸딩】 명 ((음식)) 푸딩(pudding). 서양식의 연한 생과자. 밀가루에 달걀, 우유, 크림, 설탕, 향료 따위를 섞고 과실, 야채 따위를 넣어 굽는다. (외래어).¶ 갈색 푸딩 ‖ 건포도 1잔 몰나셋스 ⅔잔 밀가루 2잔 계란 1잔 물 1잔 소다 1쇼슈가락 건포도 외에 여러 가지를 셕고 거긔다가 건강가루와 뎡향가루와 올스파이스와 계피가루와 육두구가루를 각각 ½쇼슈가락식 셕근 후에 건포도를 잘 셕거 가지고 2시 동안 찔 것 <서요 105> 벌의집 푸딩 ‖ 사탕 1잔 밀가루 1잔 몰나셋스 1잔 기름 (녹인 것) ½잔 우유 ½잔 소다 1쇼슈가락 계란 4개 사탕과 밀가루를 셕근 후에 우유와 몰나셋스와 기름을 셕고 ᄯᅩ 소다와 계란 (져은 것)을 셕근 후에 기름 바른 팬에 담고 불이 알마즌 화덕에 30분이나 40분 가량 구어셔 쏘스와 함ᄭᅴ 먹을 것 (밀가루는 더 너치 말 것) <서요 117> ☞ 감푸딩, 건포도푸딩, 기우리가루푸딩, 밥푸딩, 사과푸딩, 예수탄일실과푸딩, 킹스푸딩

【푸라크】 명 ((인명)) 블랙(Black, Joseph). 영국의 화학자·물리학자(1728~1799). 공기와 화학적 성질이 다른 이산화탄소의 존재를 증명하였고 비열의 개념과 숨은열의 현상을 발견하는 따위의 기체 화학, 열학에 공헌하였다. (외래어).¶ 炭酸瓦斯 푸라크氏 <백과신-송1926 492>

【푸라톤】 명 ((인명)) 브란트(Henning Brandt). 17세기 독일의 연금술사. 1669년에 은을 금으로 바꾸는 액체를 만들려고 공기를 차단하고 오줌[尿]을 가열정제하는 과정에서 인을 발견하였다. (외래어).¶ 黃燐 푸라톤氏 <백과신-송1926 492>

【푸라티나】 명 플래티나(platina). 백금(白金). (외래어).¶ 푸라티나(白金)로 봉박은 <염상섭, 금반지1924 141> ⇒ 프라치나

【푸레센트-하-】 동 프레젠트하다(present-). 선물하다. (외래어).¶ 그 반지는 그 색씨한테 푸레센트(선사)할 것은 아닌가 <염상섭, 무현금1934 2:80>

【푸로코트】 명 ((복식)) 프록코우트(frock coat). 남자용의 예복. 보통 상의는 검고 길이가 무릎까지 내려옴. 하의는 줄이 있는 것을 쓰기도 하였음. (외래어).¶ 푸로코트 새 양복에 대한 강토 질어지고 <대매 1909.4.15>

【푸로페라】 명 ((기물)) 플로펠러(propeller). (외래어).¶ 그 대신에 혓바닥을 푸로페라 모양으로 잘 놀려야 하느니 <염상섭, 여객1927 157>

【푸뤄시아】 명 ((지리)) 프러시아(Prussia). 독일 북동부, 발트해 기슭에 있던 지방. 1701년에 프로이센 왕국이 세워졌으나 제2차 세계대전 후 소련 및 폴란드에 점령되었으며 이름도 없어졌다. 프로이센(Preussen). (외래어).¶ 푸뤄시아 (普魯士) <태서신사> ☞ 보국, 포국

【푸리】 명 ((상업)) 포리(鋪裏). 가게. '푸리(鋪裏, pùli)'는 중국어 직접 차용어.¶ 鋪 ‖ 舖, 賈肆. 華言푸리 <명물-지리 1:19b> 그 쟝부 활젼은 푸리와 은젼을 가음알며 일즉 감즁의 드럿고 (其夫入贅曾捐監, 管鋪司銀喚滑仝.) <재생 11:84> 근일에 너가 웃지 이쳐럼 빈곤ᄒᆞᆫ가 이 옷셜 갓다 의복 푸리에 파랏스면 졔녁은 굼지 안킷노라 (日來貧困已極, 吾將押此衣於當鋪, 晚餐有著矣.) <신광 19:32b> ▼鋪面 ‖ 오리지 아녀 임의 십월을 당ᄒᆞᆫ지라 각 푸리의 혬 보ᄂᆞᆫ 사ᄅᆞᆷ 즁의 일년 쟝ᄭᅴ를 회계ᄒᆞ고 집으로 도라가ᄂᆞᆫ 이가 이시ᄆᆞᆯ 인ᄒᆞ여 져기 집안의셔 술을 두어 젼송ᄒᆞᆯ시 (展眼已到十月, 因有各鋪面夥計內有算年帳要回家的, 少不得家內治酒餞行.) <홍루 48:2> 셩남 쟝시의 집이 이제 방샤도 잇고 젼디도 잇시며 ᄯᅩ 푸리도 잇고 (說的是城南蔣家的, 現在有房有地, 又有鋪面.) <홍루 120:57> 너의 아ᄋᆞᄂᆞᆫ 방ᄌᆞ 약을 어드라 푸리의 보술필 사ᄅᆞᆷ도 업도다 (你兄弟纔取葯去了, 連鋪面也沒有照管.) <설월 6:65> ᄯᅩ 파ᄂᆞᆫ 바 디명과 푸리를 가져 모다 ᄇᆞᆰ히 말ᄒᆞ니 윤쟝이 영회ᄒᆞ고 (三姐又將所買的地名、鋪面, 又都說明. 允長理會.) <요화 15:60> ▼店面 ‖ 은용이 누하의 잇다가 상면의셔 고함ᄒᆞᆷ을 듯고 놀나 아ᄋᆞ 은부로 ᄒᆞ여곰 푸리를 보게 ᄒᆞ고 년망히 누로 다라올나와 보미 숙뷔 누샹의 구러진지라 (這殷勇在樓下聽得上面喊叫, 又聽樓板上一聲震響, 喫了一驚,

叫兄弟管着店面, 連忙跑上樓來, 見叔子跌倒在樓板上.) <설월 6:73> ▼店家 ‖ 졔 처음으로 출문ᄒᆞ고 년경ᄒᆞ여 범ᄉᆞ를 경녁지 못ᄒᆞ여시니 또 져로 ᄒᆞ여곰 푸리의셔 잠시 머믈게 ᄒᆞ리라 (他初次出門, 年輕未諳, 且叫他在店家暫住.) <설월 7:2> 쥬노인 싱시ᄂᆞᆫ 문젼의 일긔 잡믈화 푸리를 버렷더니 쥬노인이 죽은 후붓허 푸리를 것고 (周老人在日, 門前開箇小雜貨鋪, 自周老人死後, 鋪面也收了.) <설월 9:57> ▼場 ‖ 져의 형슈가 이 한 마듸 말을 듯고 일변 은을 어더내며 일변 사ᄅᆞᆷ을 지촉ᄒᆞ여 즉긔의 념습ᄒᆞ여 셩밧긔 사ᄅᆞᆷ 화장ᄒᆞᄂᆞᆫ 푸리로 메이고 가미 (他哥嫂聽了這話, 一面得銀, 一面催人立刻入殮, 抬往城外化人場上去了.) <홍루 78:47> ▼行 ‖ 우리 가즁의 용되 오히려 만치 아니니 ᄆᆡᄆᆡᄒᆞᄂᆞᆫ 푸리의 쟝덕인의 무리를 가히 미들 거시오 (咱們家裏動用還輕, 買賣行中張德仁這個伙計是靠得住的.) <홍보 6:50> 만일 나의 푸리의 쥬단을 말ᄒᆞᆯ진ᄃᆡ ᄉᆞᄉᆞ로 돈을 밧지 아니코 보낼 거시오 (若說賤行綢與緞, 自當奉送不言錢.) <재생 11:31> 싱이ᄒᆞᄂᆞᆫ 셔민이 무리〻〻 모히고 천빅 가지 푸리를 처〻의 버렷ᄂᆞᆫ지라 (經營士庶衆衆集, 百鋪千行處處開.) <재생 23:94> ᄂᆡ 져 푸리 門口로 가니 ᄒᆞᆫ 져믄 小子가 잇셔 (我打那行門口一走, 有一箇年青的小子.) <화계 상:31b> 우리 눈이 잇셔도 망우리 업도다 갓ᄐᆞᆫ 푸리의 벗을 보와 ᄂᆡ지 못ᄒᆞ엿다 恕罪恕罪ᄒᆞ라 (咱們有眼無珠的. 看不出同行的朋友來着. 恕罪恕罪罷.) <화계 하:33a> ⇒ 포리, 프리

【푸리스도레】 명 ((인명)) 프리스틀리(Priestley, Joseph). 영국의 화학자·신학자·목사(1733~1804). 목사로 재직하면서 대학에서 문학을 강의하였고, 산소·암모니아·염산 따위를 발견하였다. (외래어).¶ 酸素 푸리스도레氏 <백과신-송1926 491>

【푸리터쓰】 명 ((음식)) 프리터스(Fritters). (외래어).¶ 푸리터쓰 (기름에 지진 과ᄌᆞ 일홈) (油炸弗拉脫) <조반> 푸리터쓰 (기름에 지진 과ᄌᆞ 일홈) (油炸果子) <조반>

【푸리-허-】 동 포리(鋪裏)하다. 장사하다. '푸리(鋪裏, pùli)'는 중국어 직접 차용어.¶ 金敬弘의게로 ᄎᆞ즈라고 보니더니 동시 찻지 못회다든 ᄎᆞ의 ᄀᆡ별허시기를 니가 쓴 거시나 다름업스니 五錢五分 푸리허여 경홍이를 쥬마 허시기로 즉시 쥬실 쥴 알고 닛셔더니 <포전상인 배동혁 편지-국한 1889.12.12>

【푸린쓰 웨일스 사탕떡】 명 ((음식)) 프린스 웨일즈 케이크(prince of wales cake). (외래어).¶ 푸린쓰 웨일스 사탕떡 ‖ 흰 사탕 1잔 ᄲᅥ터 ½잔 우유 (신 것, 업스면 물을 쓸 것) ½잔 몰나셋스 2대슈가락 계피가루 1쇼슈가락 뎡향가루 ½쇼슈가락 계란 3개 소다 1쇼슈가락 밀가루 2잔 호도 (닉인 것) ½잔 건포도 (닉인 것) ½잔 사탕과 ᄲᅥ터와 계피가루와 뎡향가루와 몰나셋스와 계란 노른자위를 셕거셔 잘 져은 다음에 우유를 셕고 잘 져은 계란 흰자위와 더운물에 푼 소다와 밀가루를 셕고 맨 나종에 호도와 건포도를 셕거셔 기름 발은 팬 둘에다가 졀반식 담아셔 뭉군한 불에 ½시 가량 구을 것 <서요 171>

【푸시킨】 명 푸슈킨(Pushkin, Aleksander Sergeevich, 1799~1837). 러시아의 시인·소설가. (외래어).¶ 푸시킨의 修築해 논 北國文壇이 그이 지음 엇은 뒤에 光輝 잇스니 <소년 1910.12.15>

【푸지】 명 ((지리)) 후지(富士, Huji)산. 일본 시즈오카 현(靜岡縣) 북동부와 야마나시 현(山梨縣) 남부에 걸쳐 있는 산. 휴화산으로 일본에서 가장 높은 산이다. (일본어 차용어).¶ ᄉᆞ면에 화산이 만흐니 가온대는 푸지와 아사마와 시로ㅣ란 산이 잇고 다 크고 놉흔 화산이라 <사필1889-헐버트 78>

【푸ᄌᆞ】 명 ((상업)) 포자(鋪子). 점포(店鋪). 가게. '푸(鋪, pù)'는 중국어 직접 차용어.¶ 店 ‖ 길ᄀᆞ의 쇼〻ᄒᆞᆫ 푸ᄌᆞ들이 ᄉᆞ이〻 잇고 넷재 믈의 다ᄃᆞ라 ᄆᆞ을 스므나믄 집이 잇고 그 겻헤 ᄒᆞᆫ 묘당이 이시니 ᄆᆞ을 일홈을 묘당촌이라 ᄒᆞ더라 (所過路傍往往有小店, 第四水邊有一廟堂, 廟傍村居數十家, 謂之廟堂村.) <연행-노가재 2:9a> ▼店房 ‖ 삼닙포의 몬져 가 푸ᄌᆞ의 안자 힝ᄎᆞ 오시기를 기ᄃᆞ려 몰을 도로 챵녑을 주고 힝ᄎᆞ를 ᄯᆞ라가더니 일니ᄂᆞᆫ 가 길헤셔 호녀 엿아홉 사ᄅᆞᆷ을 만나니 다 거럿더라 (先至三里堡, 坐店房待行次至, 以馬還昌燁, 路遇胡女八九人步行.) <연행-노가재 2:16a> ▼市肆 ‖ 푸ᄌᆞ의 은빗과 금빗치 죠히로 ᄆᆡᄃᆞ라 빠흔 거시 뉴의 만ᄒᆞᄃᆡ 그 형상이 쟈근 신 ᄀᆞᆺ거ᄂᆞᆯ 무ᄅᆞ니 이ᄂᆞᆫ 금은 모양을 상ᄒᆞᆫ 거시니 상ᄉᆞ의 쓰ᄂᆞᆫ 거시라 ᄒᆞ더라 (市肆中所謂金銀錠最多, 卽喪葬所用. 以紙爲之, 亦紙錢之類也.) <연행-노가재 2:22b> ▼舖 ‖ 또 금으로 크게 맛당당ᄌᆞ를 둥근 패예 ᄡᅧ 푸ᄌᆞ 쳠하의 부치고 주로 겻히 줄게 ᄡᅧ ᄀᆞᄅᆞᄃᆡ 병잠기ᄂᆞᆫ 아니 잡힌다 ᄒᆞ여시니 이ᄂᆞᆫ 니ᄅᆞᆫ바 젼당푸지라 (又以金大書當字於圓牌揭之鋪楣, 旁注曰'兵器不當', 此所謂典當舖子.) <서원-총목 43b> ▼舖 ‖ 雜貨 푸ᄌᆞ(雜貨鋪) <역해-매매 상:68a> 치시 하딕ᄒᆞ고 셩의 나가 푸ᄌᆞ를 만나면 술위 밀 사ᄅᆞᆷ을 ᄎᆞᄎᆞ로 ᄀᆞ라 가며 군시 궁시와 창검을 가초와 압뒤헤 호위ᄒᆞ고 (來差拜辭, 領出城來. 使人拘喚裡保推送囚車, 逢鋪交割. 數名軍士俱是弓箭刀棍, 只在前後押走.) <후수 2:53> 난운이 삼천냥 은ᄌᆞ를 내야 압 푸ᄌᆞ의 가 텬평져울노 ᄌᆞ셔히 ᄃᆞ라 셥이야를 주니 (欒雲將出現銀三千兩, 同往一個熟識的典鋪裏, 兌明封貯、各執半票, 俟發榜靈驗時, 合票來取.) <회문-한고 1:46a> 셔삼야ᄂᆞᆫ 션ᄃᆡ의 쳘믈 푸ᄌᆞ를 버려시나 쇽어의 니ᄅᆞᄃᆡ 벼슬ᄒᆞᄂᆞᆫ 사ᄅᆞᆷ은 일픔이오 상고ᄒᆞᄂᆞᆫ 사ᄅᆞᆷ은 이픔이라 ᄒᆞ며 (徐三爺上輩開鐵鋪, 又道是一品官, 二品客.) <충소 5:51> ▼舖肆 ‖ 년ᄒᆞ야 골목으로 곱도라 드니 몃 골과 몃 어귀를 디난 줄 모ᄅᆞᄃᆡ 좌우 푸ᄌᆞ의 믈화의 샤치홈과 인마의 분답ᄒᆞ미 셩 안히 밋출 배 아니라 (回回引入衚衕者, 不知其幾巷幾口, 而皆從左右舖肆中過, 器用之奇麗、人馬之駢闐, 尤非城內可及.) <서원 5:6a> ▼作坊 ‖ 양웅의 쟝인 반공이 셕슈로 의논ᄒᆞ여 즘싱 잡아 파는 푸ᄌᆞ를 밍글고 져지를 널시

반공 왈 집 뒤문은 죠고만 막다ᄅᆞᆫ 골이오 ᄯᅩ ᄒᆞᆫ 빈 방이 잇고 거긔 우물이 ᆢ셔 푸ᄌᆞ ᄆᆡᆼ글기 가장 조흐니라 네 거긔셔 머믈고 져지ᄒᆞ기 조흐리라 ᄒᆞ거ᄂᆞᆯ (這楊雄的丈人潘公自和石秀商量要開屠宰作坊. 潘公道: "我家後門頭是一條斷路小巷. 有一間空房在後面. 那裏井水又便, 可做作坊, 就教叔叔做房在裏面, 又好照管.") <충수호-한고 10:21a> ▼鋪戶 ‖ 연무텽이 셩듕 ᄀᆞᆺ디 아니ᄒᆞ야 임의 푸지 업고 제쟝ᄉᆞᆯ 호궤ᄒᆞᆯ 고기ᄂᆞᆫ 다 슉셜ᄒᆞ야시니 어ᄃᆡ 가 ᄉᆡᆼ우육을 어드리오 (這演武場不是城郭之中, 有宰割的鋪戶, 筵宴諸將的酒肉都已完備, 一聲討生牛肉.) <수유-동방 3:71> ▼鋪裏 ‖ 내 앗가 ᄉᆡᆼ각ᄒᆞ니 이 여러 양도 한 디위 마가 ᄃᆞᆫ닐 거시니 이믜 가려 ᄒᆞ면 내게 나믄 은이 이시니 힘힘이 노하 두워 므슴ᄒᆞ료 이믜셔 비단 사 가져가쟈 우리 푸ᄌᆞ에 혜아리라 가쟈 (我恰尋思來, 這幾箇羊也, 當走一遭. 既要去時, 我有些餘剩的銀子, 閑放着怎麼? 一發買段子將去. 咱們鋪裏商量去來.) <노언 하:21b> 이제 푸ᄌᆞ에 사라 가쟈 (如今鋪裏買去.) <박언 상:43a> ᄂᆡ일 임의 모칙을 드리랴 ᄒᆞ시면 이제 ᄎᆡᆨ ᄑᆞᄂᆞᆫ 푸ᄌᆞ의 가 므슴 ᄎᆡᆨ이나 사다가 보실가 ᄒᆞ거ᄂᆞᆯ (明日既要獻策, 可要書鋪裏去買部書來讀句把兒?) <성풍 6:25> 즉시 푸ᄌᆞ의 가 됴희 금은정 이십 ᄀᆡ를 ᄉᆞ오거ᄂᆞᆯ 영ᄋᆡ 제 치마 밋히 ᄂᆞ코 작법ᄒᆞ니 이윽ᄒᆞ여 광치 찬난ᄒᆞᆫ 금은이 되ᄂᆞᆫ지라 (走到紙馬鋪裏, 買了三吊金銀錠歸來, …腰裏解下裙子來盖了. 口中念念有詞 …只見一堆金一堆銀在地上.) <평요 5:55> 각 젼장과 각 푸ᄌᆞ의 가인 등의게 젼례로 보내ᄂᆞᆫ 믈건이 잇거든 모다 샹쳥의 드리ᄃᆡ (各莊各鋪各字號, 有家人們的分例, 一總送到上頭.) <후홍 13:18> ▼鋪子 ‖ 푸ᄌᆞ (鋪子) <동해-매매 하:27a> <몽해-매매 하:22a> 나ᄂᆞᆫ ᄃᆞ르ᄆᆡ 네 방옥을 ᄉᆞ셔 ᄯᅩ 푸ᄌᆞ를 연다 ᄒᆞ니 너의 ᄉᆞ졍이 ᄯᅩᄒᆞᆫ 넉넉히 지ᄂᆡᆯ지라 도로혀 그 녀히ᄌᆞᄂᆞᆫ 어더 무엇ᄒᆞᄂᆞ뇨 (我聽見你買了房子, 說是又開了鋪子了, 你的事情也就很夠過了, 又還領這班子做甚麼呢?) <보홍 7:40> ▼鋪面 ‖ 쇼인이 오ᄅᆡ 폐를 시기더니 이제 형이 푸ᄌᆞ를 업시ᄒᆞ니 너 믈목 범니를 젹어 알외ᄂᆞ니 츄호를 그이면 텬디 날을 죽이리라 (小人在宅上打攪了許多時, 今日哥哥既是收了鋪面, 小人告回. 帳目已自明明白白, 並無分文來去. 如有毫釐昧心, 天誅地滅.) <충수호-한고 10:44b> 왕지의 집이 우흔 다락이오 아래 방이 잇고 문 압히 푸ᄌᆞ를 ᄒᆞ야 왕지 날마다 푸ᄌᆞ의셔 날마다 ᄉᆡᆼ니를 경영ᄒᆞ더니 (這王志住的房子是一樓二進, 門前樓下就是鋪面. 王志日在鋪中招攬生活.) <후수 2:73> 지어 밥과 챠를 먹어도 모다 젹은 푸ᄌᆞ를 ᄎᆞᄌᆞ 드러가며 (以至吃飯吃茶, 盡找小鋪面的茶館飯店.) <충소 1:81> ▼肉鋪 ‖ 셕슈ᄂᆞᆫ 가장 조히 넉인대 반공이 젼의 부리던 동모를 ᄎᆞᆺ고 셕슈를 치부ᄒᆞᄂᆞᆫ 일을 가음알게 ᄒᆞ고 고기 달호ᄂᆞᆫ 긔계를 ᄀᆞᆺ초 정제ᄒᆞ고 도다지우리를 ᄆᆡᆼ글고 살진 도다지 여라문을 ᄉᆞ다가 모라 너코 턱일ᄒᆞ여 푸ᄌᆞ를 여니 (石秀見了, 也喜端的便益. 潘公再尋了個舊時熟識副手, 只央叔叔掌管帳目. 石秀應承了, 叫了副手, 便把大青大綠粧點起肉案子、水盆、砧頭, 打磨了許多刀仗, 整頓了肉案. 打併人作坊豬圈, 趕上十數個肥豬, 選個吉日開張肉鋪.) <충수호-한고 10:21b> ▼雜貨店 ‖ 즁인 왈 이리로셔 ᆢ다히로 가면 ᄂᆞᆼ누 밋히 뎡가의 집 푸ᄌᆞ의 온갖 음식이 잇ᄉᆞ니 그리로 가라 (那人道: "這條街往西去, 轉過拐角鼓樓, 那鄭家雜貨店, 憑你買多少, 油鹽醬醋、姜椒茶葉俱全.") <서유-영남 8:10-68> ▼關廂 ‖ 스승 뎨ᄌᆞ 이 말을 듯고 가장 깃거 말을 모라 셩 밋히 다ᆢ라 말게 ᄂᆡ려 문을 드러가 네거리로 가니 좌우 푸ᄌᆞ의 미ᆢᄒᆞᄂᆞᆫ ᄉᆞ람이 가득ᄒᆞ얏고 (他三人欣喜, 扶師父上馬. 三藏道: "沒多路, 不須乘馬." 四衆遂步至城邊街道觀看. 原來那關廂人家, 做買做賣的, 人煙湊集, 生意亦甚茂盛.) <서유-영남 11:56-88> ᄇᆞ롬이 뎡ᄒᆞ매 눈을 드러 보니 그 길 쳐오던 관원은 시강 ᄂᆡ면이라 손을 ᄃᆞ리고 푸ᄌᆞ를 ᄎᆞ자와 말ᄒᆞ려 ᄒᆞ미러라 <형세 3:68> 상국ᄉᆞ 알픠 시 집을 장만ᄒᆞ여 큰 푸ᄌᆞ를 열고 부쳐 냥인이 풍독ᄒᆞ여 옛날 고기 팔 제와 ᄀᆞᆺ지 아니ᄒᆞ더라 <평요 7:53> 쇼복이 가져셔화 푸ᄌᆞ의 뵈니 그 깁과 비단 바탕이 아니믈 혐의ᄒᆞ여 일인도 아라볼 지 업더니 <명행 16:34> 드ᄃᆡ여 걸인이 되여 낫이면 ᄂᆡ가의 돌며 걸미ᄒᆞ고 밤이면 아모 푸ᄌᆞ 기ᄉᆞᆲ의나 남의 집 쳠하 가을 비러 ᄌᆞ니 <윤하 72:9> 길가 져근 푸ᄌᆞ의 ᄒᆞᆫ낫 걸ᄋᆡ 의상이 남누ᄒᆞ야 현슌빅결ᄒᆞ야 술을 ᄀᆞ리오지 못ᄒᆞ얏ᄂᆞᆫᄃᆡ <한조 2:50> 쥬졈을 지나 ᄯᅥᆨ ᄑᆞᄂᆞᆫ 푸ᄌᆞ의 가 ᄒᆞᆫ 그릇 쇼면을 구ᄒᆞ니 <화명 7:67> 셜괴 승간ᄒᆞ여 나가 푸ᄌᆞ의 가 ᄆᆡ 마존 ᄃᆡ 완합ᄒᆞᄂᆞᆫ 약을 ᄉᆞ왓거ᄂᆞᆯ <화충 10:70> 문젼이 혼잡ᄒᆞ고 쳬면이 슈샹ᄒᆞ니 노쥬에 분이 업ᄉᆞ며 상하의 별이 업셔 죵일토록 미미ᄒᆞᄂᆞᆫ 무리 들네며 푸ᄌᆞ와 육츅이 문의 가득ᄒᆞ니 이 엇지 명쥬 텨후에 여풍이 잇스리오 <보은 1:49> 강현촌의 모혀 푸ᄌᆞ와 졈방 쥬루 차방의 각각 흐터 쥬인ᄒᆞ여 ᄎᆞ 일야의 ᄒᆞᆫ 심님 가온ᄃᆡ 다 모혀 비로소 긔계를 다 ᄂᆡ여 번득이고 <보은 4:51> 홍판ᄒᆞᆫ 거술 시러다가 집을 크게 짓고 푸ᄌᆞ를 베퍼 지나ᄃᆞᆫ니ᄂᆞᆫ 댱ᄉᆞ를 쳥ᄒᆞ야 ᄃᆡ졉ᄒᆞ니 가계 뎜뎜 유여ᄒᆞ야 지산을 니ᄅᆞ 혜지 못ᄒᆞ고 ᄒᆡ 묵어 ᄇᆞ리ᄂᆞᆫ 거시 만터라 <빅복 25a> 너희 가히 오웅의 뒤흘 ᄯᆞ라가 보와 제 만일 은을 푸ᄌᆞ의 가 녹이려 ᄒᆞ거든 네 닐오ᄃᆡ 포대윤이 분부ᄒᆞ기를 본으로 가져오고 푸ᄌᆞ의 가 녹이지 말나 ᄒᆞ엿다 ᄒᆞ고 즉시 가져와 날을 뵈라 (汝可跟吳應之後, 看他若把原銀上鋪煎銷, 汝可便說我分付, 其銀不拘成色, 不要煎銷, 就拿來見我.) <포공-음구적 4:23> 믄득 신뎡현 관치 니ᄅᆞ러 관가 구실을 밧치라 지촉ᄒᆞ거ᄂᆞᆯ 샹졍이 집의 잇ᄂᆞᆫ 은을 슈습ᄒᆞ야 푸ᄌᆞ의 가 녹여 은 넉 냥을 ᄆᆡᆫᄃᆞ라 ᄉᆞᄆᆡ의 너코 (忽有新鄭縣官差人至家催稱糧差之事, 尙靜乃收拾家下白銀, 到市鋪內煎銷, 得銀四兩, 藏入袖內.) <포공-충주엽 5:76> 맛참 져의 친슈 은검이 경구 ᄯᅡ히셔 잡믈화 푸ᄌᆞ를 열어 ᄉᆡᆼᄋᆡᄒᆞ고 (因他有胞叔殷儉, 向在京口開張雜貨生意.) <설월 2:36> ⇒ 푸ᄌᆞ

ㅎ, 프즈

【푸즈-방】 명 ((상업)) 포자방(鋪子房, pùzi-). 가겟방. '푸(鋪, pù)'는 중국어 직접 차용어.¶ 作坊裏 ‖ 셕슈 스스로 닐오디 형은 져런 호걸이로디 이런 음훈 계집을 만놀스 ᄒᆞ고 셩을 춤고 푸즈방의 가 즈니라 (石秀自尋思了, 氣道: "哥哥恁的豪傑, 恨撞了這個淫婦!" 忍了一肚皮鳥氣, 自去作坊裏睡了.) <충수호-한고 10:30b>

【푸즈-집】 명 ((상업)) 포자집(鋪子-, pùzi-). 가게. 상점. '푸(鋪, pù)'는 중국어 직접 차용어.¶ 店房 ‖ 푸즈집의 드러 죠반ᄒᆞ니 믈마시 심히 사오나오니 쓰고 떫고 쏘 내 나니 춤아 입의 갓가이 못ᄒᆞᆯ러라 (入店房朝飯, 水味甚惡, 鹹澁又臭, 不堪近口.) <연행-노가재 2:31a>

【푸즈ㅎ】 명 ((상업)) 포자(鋪子, pùzi). 가게. 상점. '푸(鋪, pù)'는 중국어 직접 차용어.¶ 鋪中 ‖ 그놈은 임의 다라나시믜 노홀 바히 업서 도로 푸즈흐로 드러오니 노목으로 날을 보며 입으로 비록 그 소리롤 아니나 두세 죠치 아닐 ᄃᆞᆺᄒᆞ거놀 (無所發怒, 還入鋪中, 怒目視余, 口雖無聲, 頭勢不好.) <열하-동경 1:45a> ⇒ 푸즈, 프즈

【푸즈-ᄒᆞ-】 동 포자(鋪子, pùzi)하다. 가게를 하다. '푸(鋪, pù)'는 중국어 직접 차용어.¶ 做作坊 ‖ 뒤히 ᄒᆞᆫ 간 뷘 방이 잇고 거긔 우물이 잇셔 푸즈ᄒᆞ기 맛당ᄒᆞ니 네 거긔 잇셔 보살피기 조흐니라 (又有一間空房在後面, 那裏井水又便, 可做作坊.) <수호-이화 40:8a> ▼屠戶 ‖ 과연 칼 잡아 푸즈ᄒᆞᄂᆞᆫ 집의셔 돈을 가지고 날마다 와 갑술 혀기디 닐급 께움 여돏 께움 ᄒᆞ거놀 (惹得這些操刀屠戶, 一替替走來, 便七貫八貫的講價錢.) <후수 8:70> 죠원외의 집이 귀틱과 ᄀᆞᆺ치 푸즈ᄒᆞᄂᆞᆫ 고로 집이 부요ᄒᆞ고 셰상의 엇기 어려온 신낭이러이다 <평요 5:76>

【푸케투】 명 ((복식)) 포켓(pocket). 주머니. (외래어).¶ 그 칼은 슈건에 쏘셔 푸케투 속에다 집어 넛코 긔마장 밧글 나오ᄂᆞᆫ디 <비행선 13> ⇒ 포게트, 포겟도

【푸쿠오가】 명 ((지리)) 후쿠오카(Fukuoka, 福岡). 일본 후쿠오카 현(縣) 북서부에 있는 시. 규슈(九州) 지방에서 가장 큰 도시로, 교통과 문화의 중심지이며 상공업이 발달하였다. (외래어).¶ 쏘 동편에 요고하마와 센다이와 도교와 수루가와 낭오야와 고븨란 포구가 잇고 남편에 쉬몬나사기와 푸쿠오가와 나가사기와 쉬마바라와 가고시마ㅣ란 포구가 잇고 <사필1889-헐버트 78>

【푼】[1] 명 푼(分). 푼돈. '푼(分, fēn)'은 중국어 직접 차용어.¶ 싱각다 못ᄒᆞ여 출가한 손여을 싸라가셔 잔명을 의지ᄒᆞ고 여간 젼답을 잇습ᄂᆞᆫ디 그거션 미망인니 덕슈로 치산ᄒᆞ여 거한도 모로고 침션과 길숨 등의셔 여간 지물을 으더 푼으로 모듸고 낫스로 모듸여 가ᄃᆞ와 젼답을 셩상ᄒᆞ엿습더니 <공주 정안면 도현리 미망인 정씨 원정-우한 1870> ☞ 푼돈, 푼문, 픈

【푼】[2] 명의 ❶ 푼(分). 엽전을 세던 단위. 돈의 1/10에 해당하는 분량. 돈은 냥(兩)의 1/10에 해당하는 분량. '푼(分, fēn)'은 중국어 직접 차용어.¶ 푼 분 (分) <왜해-주수 상:55a> 푼 분, 施也 (分) <자석 상:10a> 푼 (分) <방석-수목 2:10a> <동해-산수 하:21a> 錢一子, 즉 ᄒᆞᆫ 푼 (葉) <광보-1 민업:3b> 푼 (分, A cash, one hundredth part of a nyang (*money*)). <한영1890 117> ▼分 ‖ 내 뎌 사괴ᄂᆞᆫ 사ᄅᆞ미 일즉 닐오디 제 올 저긔 여듧 푼 은에 ᄒᆞᆫ 말 경미오 닷 분에 ᄒᆞᆫ 말 조ᄡᆞᆯ이오 ᄒᆞᆫ 돈 은에 열 근 ᄀᆞᆯ이오 두 푼 은에 ᄒᆞᆫ 근 양육이라 ᄒᆞ더라 (我那相識人曾說, 他來時, 八分銀子一斗粳米, 五分一斗小米, 一錢銀子十斤麵, 二分銀子一斤羊肉.) <번노 상:9b> 내 뎌 아ᄂᆞᆫ 사ᄅᆞᆷ이 일즉 니ᄅᆞ되 제 올 저긔 팔 푼 은애 ᄒᆞᆫ 말 경미오 오 푼애 ᄒᆞᆫ 말 조ᄡᆞᆯ이오 ᄒᆞᆫ 돈 은애 열 ᄭᅳᆫ ᄀᆞᆯ리오 두 푼 은애 ᄒᆞᆫ 근 羊肉이라 ᄒᆞ더라 (我那相識人曾說, 他來時, 八分銀子一斗粳米, 五分一斗小米, 一錢銀子十斤麵, 二分銀子一斤羊肉.) <노언 상:8b> 네 혜라 ᄒᆞᆫ 량애 세 푼식이오 열 량애 세 돈 시기면 一百 ᄲᅳᆫ 닷 량애 牙錢稅錢애 석 량 ᄒᆞᆫ 돈 닷 분이 드노소니 牙錢稅錢을 다 혜어다 (你自筭.一兩該三分, 十兩該三錢.一百零五兩, 牙稅錢該三兩一錢五分, 牙稅錢都筭了.) <번노 하:18a> 네 손조 혜라 ᄒᆞᆫ 냥이 서 푼식이오 열 냥애 서 돈식 ᄒᆞ니 一百이오 ᄲᅳᆫ 닷 냥애 즈름 갑 글월 갑시 ᄒᆞ오니 석 냥 ᄒᆞᆫ 돈 오 푼이로소니 즈름갑 글월갑슬 다 혜어다 (你自筭.一兩該三分, 十兩該三錢.一百零五兩, 牙稅錢該三兩一錢五分, 牙稅錢都筭了.) <노언 하:16ab> 每兩에 月利 현 푼식 ᄒᆞ야 돌을 조차 送納호되 (每兩月利幾分, 按月送納.) <박언 상:54a> 이 ᄆᆞᆯ 믈러다 은 여듧 량 갑시 들어든 네 바다 잇ᄂᆞᆫ 즈ᄅᆞᆷ갑도 모도와 ᄒᆞᆫ 돈 두 푼이로소니 쏘 믈러 오라 그러면 도로 내여 너 주마 (這箇馬悔了, 該着八兩銀價錢, 你要過的牙錢, 通該着一錢二分, 你却迴將來. 那們時迴與你.) <번노 하:20a> 너를 ᄒᆞᆫ 돈 여듧 푼 은을 내여주마 (出饋你一錢八分銀子.) <번박 상:33a> 너롤 ᄒᆞᆫ 돈 八分 銀을 내여주마 (出饋你一錢八分銀子.) <박언 상:30b> 이제 ᄒᆞᆫ ᄒᆡ 반이 도의도록 다믄 내 믿쳔만 갑고 ᄒᆞᆫ 푼 니쳔도 갑포믈 즐겨 아니ᄒᆞᄂᆞ다 (到今一年半了, 只還我本錢, 一分利錢也不肯還.) <번박 상:34b> 이제 一年 半이 다ᄃᆞᆺ게야 그저 내게 本錢만 갑고 一分 利錢도 즐겨 갑디 아니ᄒᆞ니 (到今一年半了, 只還我本錢, 一分利錢也不肯還.) <박언 상:31b> 너 이 여들 돈 푼ᄉᆞ[속]의 돈을 일넌의 서 푼 니을 더하여 한 냥 멋 푼을 지워다가 (我這个八百幾十个錢, 加上一年三分利錢, 該着一吊零幾十錢.) <기착-육당 하:40a> ▼星 ‖ 월중 계화가 요영ᄒᆞ며 밤이 심침ᄒᆞᆫ데 신쵸의 당귀를 침ᄒᆞ도다 셕가산 뒤의 ᄶᅩᆨ 븟헛실 ᄃᆡᄂᆞᆫ 음리암을 가장 찻기 어렵더라 일젼 복지 젼복 ᄉᆞ람으로 곳 나으리니 소긔ᄂᆞᆫ 지모가 잠이 아니 들고 조심은 니 홍낭이 소문 닉미로다 이 그 즁간의 군즈로 ᄒᆞ여곰 한 푼 즁인 삼을 씨치려머나 (桂花搖影夜深沉, 酸醋當歸浸. 緊靠湖山背陰裏窨最難尋. 一服兩服令人恁. 忌的是知母未寢, 怕的是紅娘撒心. 這其問使君子一星兒參.) <서상-박문 153> [푼] ▼fun ‖ 오 푼 銀에 ᄒᆞᆫ 말 조ᄡᆞᆯ이오 ᄒᆞᆫ 돈 銀

에 열 斤 ᄀᆞᆯ니오 (sunja fun menggun de emu hiyase je bele, emu jiha menggun de juwan ginggin ufa.) <청노 1:12b> 錢 ‖ 셔 푼 쥬마 (當三錢.) <수호 11:28> 인연을 ᄯᆞ라 은젼과 의복과 음식을 시쥬ᄒᆞ며[ᄒᆞᆫ 푼이라도 공덕임으로 인연 ᄯᆞ로다 ᄒᆞ니라] <경신 78b> 듕데 션인ᄒᆞ시던 일을 조곰도 변ᄒᆞ미 업서 ᄒᆞᆫ 푼 돈과 ᄒᆞᆫ 되 ᄡᆞᆯ과 지어 의상이라도 다 념녀ᄒᆞ며 의논ᄒᆞ여 ᄂᆡ 몸ᄀᆞ치 ᄒᆞ야 궁도의 의지ᄒᆞ니 <한중 338> 슉뷔 후마의 말을 기ᄃᆞ리지 말고 져롤 ᄃᆡᄒᆞ여 오ᄇᆡᆨ금을 구ᄉᆡᆨᄒᆞ야 ᄒᆞᆫ 푼도 요ᄃᆡ치 마ᄅᆞ쇼셔 <낙천 1:21b> 현셔의 긔질이 공언으로 ᄉᆞ랑홉디 아니ᄒᆞ야 박ᄃᆡ 태심ᄒᆞ고 구박ᄒᆞ야 보내ᄃᆡ ᄒᆞᆫ 푼 도은 거시 업ᄉᆞ니 <낙성 2:46a> 죄인들 맛타 슈고롭고 괴로올 분이오 ᄒᆞᆫ 푼 니젼이 업ᄉᆞ니 일동 식도 니우지 못ᄒᆞ여 <유이 36:39> 다만 ᄒᆞᆫ 푼 노지 업고 일필 몰이 업ᄉᆞ니 므슨 긔구로 천니 당경의 발힝ᄒᆞ리잇가 <명보 66:64> 집을 이져보리고 공부나 축시리 ᄒᆞ여라 아모 반촌니나 어ᄃᆡ 보낼 거술 그도 못ᄒᆞ고 ᄒᆞ 섭ᄒᆞ여 쓰던 돈 너 푼 잇거든 보내니 선물 사 먹어라 <해남윤씨-14 아기 아뷔20c전반> ❹ 명의 푼(分). (돈이나 월급의 뒤에 쓰여) 아주 적은 돈을 나타내는 말.¶ 오라비나 이 세상 변〻튼 아닌 벼술이라도 월급 푼 어ᄃᆡ 먹는 듯ᄒᆞ나 붓들면 조켓스나 근들 용이ᄒᆞᆸ <쪽지편지-한고 3> ❺ 명의 푼(分). 길이의 단위. 한 치의 10분의 1, 치는 한 자[尺]의 10분의 1로, 약 3.33cm에 해당함.¶ 푼 (分, A weight = one hundredth part of a 냥 or Korean ounce.) <한영1890 117> ▼分 ‖ 척도의 긔본을 척이라 ᄒᆞ고 그 십분의 일를 촌이라 ᄒᆞ며 촌의 십분의 일을 푼이라 ᄒᆞ고 푼의 십분의 일을 리라 ᄒᆞ며 리의 십분의 일을 모라 ᄒᆞ며 ᄯᅩ 십척을 일장이라 이르ᄂᆞ니라 <조농-도량형 62> 한 푼 한 치 커질스록 더욱 똘똘 더욱 씩씩 <청춘 1918.4.16> 뒤품 녀ᄉᆞᆺ 치 구 푼 넉넉 압품 다ᄉᆞᆺ 압깃 네 치 칠 푼 넉넉 ᄉᆞ미 장 자 가옷 ᄉᆞ미 광 아홉 치 뒤 하랑 일곱 치 닷 분 ᄃᆡ무 하랑 녀듧 치 넉넉 깃 너비 한 치 닷 분 고ᄃᆡ 두 치 팔 푼 <창원황씨-3 도포 기릭> 도포 기리 지어 두 자 두 치 넉〻 긴동 다섯 치 사마 광 아홉 치 닷 푼 넉〻 뒤품 한 자 압품 너 치 닷 분 넉〻 압깃 다섯 치 뒷깃 여섯 치 <진명-9 의양> 도포 척슈 기리 두 ᄌᆞ 다셧 치 뒤품 한 ᄌᆞ 넉〻 압깃 여셧 치 압품 여셧 치 두 푼 넉〻 화장 ᄌᆞ가웃 긴동 다셧 치 륙 푼 넉〻 깃고리 셰 치 칠 푼 주리화광 ᄌᆞ ᄒᆞᆫ 치 신견양 반 쳑 <들목조씨고문서 의양 도포척슈20-4-1> 도포 기리 지어 두 자 니 치 넉〻 압품 지어 자- 닷 분 넉〻 긴동 지어 다섯 치 닷 분 넉〻 소마 광 지어 아홉 치 닷 분 넉〻 癸卯十月十七日 金[수결] <의양1903 05:12:15> 도포 기리 지어 두 ᄌᆞ 두 치 닷 분 뒤품 여덜 치 닷 분 넉〻 압품 다서 치 넉〻 긴동 다셔 치 넉〻 사마 광 지어 ᄒᆞᆫ 자 ᄒᆞᆫ 치 戊申 正月 二十六日 沈[수결] 尺樣 四寸 <의양1908 05:12:15> 도포 지여 기리 두 쟈 두 치 닷 분 넉〻 지여 뒤품 아홉 치 넉〻 지여 압품 다어 치 넉〻 지여 긴동 다어 치 넉〻 를축 십월 이십오일 홍 <의양1925 05:12:15> 도포 기리 지어 두 자 두 치 넉〻 압품 지어 아홉 치 넉〻 뒤품 지어 한 자 닷 분 넉〻 긴동 지어 다섯 치 넉〻 사마 광 한 자 두 치 넉〻 척양 乙酉十二月初六日 申 <의양1945 05:12:15> ❻ 명의 무게의 단위. 귀금속이나 한약재 등을 잴 때 쓴다. 한 푼은 한 돈의 10분의 1로, 약 0.375그램에 해당한다.¶ 은긔예 거문 ᄌᆞ를 쓰랴면 붕사 일젼 셕우황말 오 푼 담번 오 푼 뉴황 서 돈 작말ᄒᆞ야 풀의 ᄀᆡ야 쓰면 지〻 아니ᄒᆞ고 <규합-정양완b 긔완진보 2:22b/167> 分 ‖ 저울은 관으로써 긔본으로 ᄒᆞ고 그 천분의 일을 몬메라 ᄯᅩᄂᆞᆫ 메라 칭ᄒᆞ야 몬메의 시분의 일을 푼이라 ᄒᆞ고 푼의 십분의 일을 리라 ᄒᆞ며 리의 십분의 일을 모라 ᄒᆞᄂᆞ니라 ᄯᅩ ᄇᆡᆨ륙십 몬메를 특히 근이라 ᄒᆞᄂᆞ니라 <조농-도량형 63> 치하방이라 ‖ 멩황 삼푼 우약 작몰 녹까고 삼푼 작환 석우황 황돈 각 구 푼 주사 엉사 각 한 푼 太 낫체로 통후 일식 후 복 학질 방문이라 <약방문-한고 치하방> 학질 방문이라 ‖ 당황 황단 석우황 주사 각 한 푼 녹깍고 단사 본 푼 우약을 동위세말해여 작황해여 불근 꼿갓치 통후 日식후애 세 개식 위정이라 <약방문-한고 학질방문> 연주ᄂᆞ역 방문이라 ‖ 호동누 동신석 각〻 두 푼 유항 몰약 황단 석우황 치자인 쑴법고 ᄑᆞ두 상각 ᄒᆞᆫ 푼 우황 당사항 각 ᄒᆞᆫ 푼 본 유양을 세말히여 뵵풀노서 장환해여 <약방문-한고 연주ᄂᆞ역방문> ❼ 명의 시간을 세는 단위.¶ 푼 <법한 729> 번개는 이 무슨 물건이라 형용ᄒᆞ야 말ᄒᆞ기 어려우나 그 움즉여 리왕홈이 비ᄒᆞᆯ ᄃᆡ 업시 ᄲᆞᆯ나 ᄒᆞᆫ 푼ᄉᆞ 동안에 온 ᄶᅡ흘 여돏 번 도라가ᄂᆞ니 <사필1889-헐버트 7> 한 시가 몃 푼이나 ᄃᆡ며 | 늑십 푼 <성이 무어시며-죽림> ⇒ 푼돈, 푼이

【푼문】 명 푼문[分文]. 푼돈. '푼(分, fēn)'은 중국어 직접 차용어.¶ 分文 ‖ 이번 보ᄂᆞᆫ 이 두 가지가 그 미ᄉᆞ와 연식에 비겨 더욱 장관이니 은ᄌᆞ를 져의 달나 ᄒᆞᄂᆞᆫ ᄃᆡ로 푼문도 ᄶᅥ러치지 말고 명일에 즙이 노하야 올흐냐 올치 아니ᄒᆞ냐 (才觀此兩套, 比那賣賽幷軟索更覺壯觀些. 憑他多少銀子, 明日分文不少了他的, 老賀, 你說是不是?) <녹모 1:68> 도모지 십 냥에셔 푼문도 더ᄒᆞ지 아니리라 (總是十兩, 分文不添.) <녹모 2:174> 작일 져녁 뎜듕에 와 셕식을 먹고 금일 ᄃᆡ우가 와 도뢰 니령ᄒᆞᆫ 데 쉬지 못ᄒᆞ고 즁반 시후에 니르니 복즁이 긔아ᄒᆞ고 다리 알푼ᄃᆡ 신상에 푼문도 가지지 못ᄒᆞ엿시니 (昨日晚間進店之時吃的東西, 今日天降大雨, 地有泥污, 不住脚的跑到中時後, 肚中飢餓, 脚又疼痛, 身上分文未帶.) <녹모 5:57> 감지ᄂᆞᆫ 아니도 ᄃᆞ려오려터니 모다 간ᄉᆞ 아녀 지비 ᄃᆞᆫ 사ᄅᆞ미 아니 브리니 노호와 ᄃᆞ려오려 ᄒᆞ시니 나ᄂᆞᆫ 너히 ᄌᆞ시기나 나하ᄃᆞᆫ ᄃᆞ려오려 ᄒᆞ니 그리 ᄒᆞ신다 푼문 마라 커니와 여그로 갈 버비라 <순천김씨-128 1550~92 신천강씨(어머니) ↓순천김씨(딸)> ☞ 푼, 푼돈

【푼-돈】 명 푼돈. 많지 않은 몇 푼의 돈. '푼(分, fēn)'은 중국어 직접 차용어.¶ 사슬돈 | 푼돈 <법한 942> 사슬돈 | 작은돈 | 잔젼 <법한 176> 세월이 여류ᄒᆞ야 십오세 되야슬 졔 푼돈 모아 돈이 되고 돈 쏜이 양이 되고

양 쫀이 관이 되이 관 쫀이 짝이 되니 ᄉᆞ름마닥 충찬ᄒᆞ며 혼인 고지 허다ᄒᆞ되 천승비필 잇셔거든 일역으로 하올쇼야 <심청-이명선> ⇒ 푼, 푼문

【푼-이】 명의 푼(分). 돈의 1/10에 해당하는 분량. 돈은 냥(兩)의 1/10에 해당하는 분량. 함경 방언. 푼(分)+-이(주격 조사 ▷명사 파생 접미사). '푼(分, fēn)'은 중국어 직접 차용어.¶ 푼이 <노한 523> ⇒ 푼, 푼돈

【푼젼】 명 푼전(分錢). 많지 않은 몇 푼의 돈. 푼돈. '푼(分, fēn)'은 중국어 직접 차용어.¶ 구십 노모롤 관가의셔 가도와 빗을 갑하야 노흐리라 ᄒᆞᄂᆞᆫ 고로 경향의 아니 빈 ᄃᆡ 업ᄉᆞᄃᆡ 푼젼을 엇디 못ᄒᆞ니 늘근 어미 일뎡 죽올디라 <낙성 1:53b> 졔 숀의 푼젼이 업술 젹도 박혁 호쥬ᄒᆞ며 음쥬기쇡ᄒᆞ던 비어놀 더옥 슈즁의 지물이 유족ᄒᆞ니 <윤하 72:4> 이졔 푼젼이 업ᄉᆞ니 개야미 뿌시 돗ᄒᆞ던 노복도 업ᄉᆞ니 ᄎᆞ후ᄂᆞᆫ 경ᄋᆞ를 위ᄒᆞ여 내 의상을 파라 삭망으로 부쳐나 공양ᄒᆞ라 <명보 46:63> 푼젼 업ᄉᆞᆸᄂᆞᆫᄃᆡ 민망ᄒᆞ오나 짠머리 빈혀 업ᄉᆞ니 졀박 칠팔 푼 주고 ᄒᆞ나 사 오시ᄋᆞᆸ <김성일가-3 1829 아주신씨(아내) ↓김진형(남편)> 푼젼을 보내지 못ᄒᆞ고 이시니 답답 귀찬ᄌᆞ 그러고 경과롤 ᄒᆞ시며 집의 사룸을 궐념ᄒᆞ시니 민망ᄌᆞ 이저부리고 싱각지 마시ᄋᆞᆸ <김성일가-52 1849 여강이씨(아내) ↓김진화(남편)> ᄌᆞ연 셰간의 두루 돈이오나 푼젼 극난 답답ᄒᆞᄋᆞᆸ고 봄이 되오니 의복지졀 두루 심난ᄒᆞ오이다 <창원황씨-49 문안 알외ᄋᆞᆸ고1895이전> 나히 이십삼 셰브터 북경 마부롤 ᄃᆞᆫ녀 약간 푼젼을 엇어 부모 동싱을 봉양ᄒᆞ더라 <기해-죠갸오로 49b> 집의셔 써나온 디 여려날 되얏ᄉᆞ와 부비가 불쇼ᄒᆞ오되 여간 셰음을 찻지 못ᄒᆞ와 남의 식쥬치을 푼젼도 갑지 못ᄒᆞ와 최셔방 치원의게 다 안담시기고 써나오니 <양승화(제) 1895.3.24 ↓형 국한-1568> 어린연이 우연이 치감으로 ᄒᆞ야 빅방 치외ᄒᆞ나 회력은 업고 졈ᄌᆞ 더ᄒᆞᆫ 모양이나 각쳐의 문의ᄒᆞᆫ즉 병원을 가라 ᄒᆞ나 푼젼 슈 업ᄂᆞᆫ 사람이 엇지 도리가 잇나 <오라비7.16 ↓누이동생 국한-1712> 마부와 교군ᄭᅮᆫ은 삭젼 닉라고 주인은 밥갑 닉라고 ᄒᆞ야 곤욕이 자심ᄒᆞ나 슈즁에 푼젼이 업고 싱각다 못ᄒᆞ야 귀덕을 무른즉 불과 사십 리라 하압기로 불고념치ᄒᆞ고 글월을 올니오니 <마상루 48> ⇒ 픈젼

【푼젼난득】 명 푼전난득(分錢難得). 몇 푼의 돈도 얻기 어려움. '푼(分, fēn)'은 중국어 직접 차용어.¶ 가가호호 청결ᄒᆞ야 무병홀 줄 알앗더니 푼젼난득 이내 산업 일본 순사 더 등쌀에 <대매-시평 1908.10.23>

【푼젼-립미】 명 푼전입미(分錢粒米). 아주 적은 돈과 쌀. '푼(分, fēn)'은 중국어 직접 차용어.¶ 지산들만 잇고 보면 별별ᄉᆞ업 다 홀텐데 푼젼립미 쏨을 내니 돈견일반이 아닌가 <대매-시평 1909.4.13>

【푼주】 명 ((기물)) 분자(盆子). 푼주. 아가리는 넓고 밑이 좁은 사기 그릇. '푼주(盆子, pénzi)'는 중국어 직접 차용어.¶ 길넙헤 푼주 업허노흔 것이 무엇이냐 | 山所 <조미 57> ⇒ 푼쥬, 푼ᄌᆞ, 픈ᄌᆞ, 폰ᄌᆞ

【푼쥬】 명 ((기물)) 분자(盆子). 푼주. 아가리는 넓고 밑이 좁은 사기 그릇. '푼쥬(盆, pénzi)'는 중국어 직접 차용어.¶ 磁盌 ‖ ᄌᆞ완, 俗言盆子, 轉云푼쥬. <명물-기용 3:8a> 푼쥬 (盆子) <일용-기용 4b> <박물-기명 18b> 푼쥬 (品注) <이록-사기 23a> ⇒ 푼주, 푼ᄌᆞ, 픈ᄌᆞ, 폰ᄌᆞ

【푼ᄌᆞ】 명 ((기물)) 분자(盆子). 화분, 대야 따위의 그릇. 푼주. 아가리가 넓고 밑이 좁은 사기 그릇. '푼(盆, pén)'은 중국어 직접 차용어.¶ 푼ᄌᆞ | 분ᄌᆞ <법한 336> ▼瓦盆 ‖ 낭시 ᄯᅩ 일기 푼ᄌᆞ의 더운 밥을 가지고 나오거놀 (郎氏又端出一瓦盆熱飯來.) <설월 2:74> ▼盆子 ‖ 푼ᄌᆞ (小盆子) <과록-기명 76b> 푼ᄌᆞ 안의 연와롤 간졍히 슈습ᄒᆞ엿ᄂᆞ냐 (那盆子裏的燕窩收拾乾淨沒有?) <홍부 11:110> 아졔쪔의 연계쪔의 오리 계우 빅숙이며 지짐 구의 복기국과 소치 쫀지 쟝아지며 죽합 갓튼 히졀초는 ᄃᆡ원졉의 국물 쓰고 젹은 푼ᄌᆞ 어시탕은 바다 싱션 지느럼이 아니 어린 연ᄒᆞᆫ 쌔를 살 부쳐셔 고아 닉고 <연행-무자> 깁체예 뇌야 빨ᄀᆞᆯ놀 구무쩍 민ᄃᆞ라 쓰도록 ᄶᅵ 술마 푼ᄌᆞ ᄀᆞᆺ흔ᄃᆡ 더운 긔의 둠고 국말 ᄒᆞᆫ 되롤 너허 술노 ᄶᅩ아리 닉도록 져어 화합ᄒᆞ야 <규합-정양완a 감향쥬 1:14a/22> 원텹 이 푼ᄌᆞ 이 소라 이 졉시 이 건대구 십미 국ᄌᆞ 일원 가젼 오젼 <가례시슈식혼ᄎᆞᄎᆞ비볼긔> ⇒ 푼주, 푼쥬, 픈ᄌᆞ, 폰ᄌᆞ

【푼칭】 명 ((기물)) 푼칭(分秤). 한 푼쭝에서 스무 냥쭝까지 다는 조그만 저울로 약이나 금은 따위를 달 때 쓴다. '푼(分, fēn)'은 중국어 직접 차용어.¶ 戥子 ‖ 푼칭으로 ᄃᆞ다 (戥子稱.) <한청-형량 10:20b>

【푼트】 명 ((지리)) 폰드(fond). 못. (외래어).¶ 푼트 (池) <영어일상통화단어초집 우산>

【푼파】 명 분파(分派). '푼(分, fēn)'은 중국어 직접 차용어¶ 파 | 푼파 <법한 1261>

【푼포-ᄒᆞ-】[1] 동 분포(分布)하다. 퍼지다. '푼(分, fēn)'은 중국어 직접 차용어.¶ 傳揚 ‖ 셩ᄒᆞᆫ 뜻이 감격ᄒᆞ나 이 말이 밧게 푼포ᄒᆞ엿ᄂᆞᆫᄃᆡ 쇼승이 홀연이 가면 엇지 사룸의 이목의 낫하나지 아니리오 (盛情感激不盡, 只是外面傳揚數月, 小僧突然而出, 豈不動人耳目?) <선진 4:44> 필경코 대간의 푼포ᄒᆞ리니 아모려면 죵용ᄒᆞ여 남이 모를가 ᄒᆞᄂᆞ냐 쏠과 누의 실힝ᄒᆞᆫ 붓그러오미 잇ᄉᆞ나 각각 쇼힝이 다ᄅᆞ디라 <임화 37:72> ⇒ 푼푸ᄒᆞ-, 픈포ᄒᆞ-

【푼포-ᄒᆞ-】[2] 동 분포(分布)하다. 퍼뜨리다. 널리 퍼지게 하다. (타동사). '푼(分, fēn)'은 중국어 직접 차용어.¶ 너의 형뎨 나의 허믈과 브ᄌᆞᄒᆞ믈 ᄉᆞ류의 푼포ᄒᆞ미라 내 엇디 너의를 다시 볼 니 이시리오 <명보 52:6> 내 죽디 아닌 젼의는 뎡시 부녀를 못ᄉᆞ도록 회딋고 님귀나의 ᄉᆞ오나오믈 푼포홀딘ᄃᆡ 어이 다시 닙어셰ᄒᆞ믈 바라리오 <임화 19:54> 어ᄉᆞ 뉴셩과 급ᄉᆞ 숑영을 보아 ᄎᆞᄉᆞ를 푼포ᄒᆞ니 냥인이 밋디 아닐 쁜 아냐 녀금오를 구인ᄒᆞ여 공연이 남과 결원ᄒᆞ기를 아니라 ᄒᆞ여 망녕되믈 ᄭᅮ지져 믈니치니 <임화 38:13> 이졔 만일 금빅을 ᄎᆞᄌᆞ려 ᄒᆞ다가는 도로혀 낭피ᄒᆞ여 져 무리 이 말을 푼

포ᄒᆞ미 괴이치 아니ᄒᆞ려니와 은ᄌᆞ롤 ᄎᆞ지 아닌 즉 도로혀 뇌물 바든 정적이 퍼루ᄒᆞᆯ가 두려 블출구외ᄒᆞ리이다 <엄효 24:10>

【푼푸】 명 분포(分布). 널리 알림. '푼푸(fēnbù)'는 중국어 직접 차용어.¶ 聲揚 ‖ 두노애 이 듕죄인을 잡아오되 밧긔 푼푸 말나 ᄒᆞ시니 만일 누셜ᄒᆞ면 군법을 ᄡᅳ리라 (老爺軍令, 取此重犯, 外面不可聲揚, 若漏泄必按軍法!) <선진-国 3:72>

【푼푸-ᄒᆞ-】 동 푼푸(分布)하다. 퍼지다. '푼푸(fēnbù)'는 중국어 직접 차용어.¶ 傳揚 ‖ 셩ᄒᆞᆫ 뜻이 감격ᄒᆞ나 이 말이 밧긔 푼푸ᄒᆞ엿ᄂᆞᆫ디 쇼승이 홀연 나가면 엇디 사ᄅᆞᆷ의 이목의 나타나디 아니리오 (盛情感激不盡, 只是外面傳揚數月, 小僧突然而出, 豈不動人耳目?) <선진-国 3:89> ⇒ 푼포ᄒᆞ-, 픈포ᄒᆞ-

【푼호-천】 명 푼호전(分毫錢). 아주 적은 돈. '푼호천(分毫錢, fēnháoqián)'은 중국어 직접 차용어.¶ 分毫錢 ‖ 네 이리하여라 저 오기를 기더려 빅으로 돈을 달나 여셔난 얼멧 다ㅜ돈을 커니와 푼호천이라도 변통을 못하너니라 (你這麼着, 等他來白要錢咧. 別說是幾十吊錢, 連分毫錢也弄不來啊.) <중화-아천 11a>

【풀넘】 명 ((식물)) 플럼(plum). 서양자두(西洋紫桃). 서양오얏. (외래어).¶ 쇠기름 풀넘 푸딍 ‖ 쇠기름(잘게 썬 것) 1잔 몰나셋스 1잔 우유 1잔 뎡향가루 1쇼슈가락 계피가루 2쇼슈가락 건포도 1잔 밀가루 (체에 밧혼 것) 3½잔 계란 1개 육두구 1쇼슈가락 소곰 조곰 소다 1쇼슈가락 밀가루와 건포도 외에 모도 셕거 가지고 밀가루를 셕고 나죵에 건포도를 셕거셔 기름 발은 팬에 담아 3시동안 즁탕하야 ᄶᅵ린 후에 보통 쏘스와 함끠 먹을 것 <서요 113>

【풀넘머리】 명 ((음식)) Flummery. 죽의 일종.¶ 풀넘머리 (감쥬와 ᄀᆞᆺᄒᆞᆫ 것) (弗拉末) <조반>

【풀익비오-쏘하】 명 ((인명)) 플라비오 지오자 (Flavio Gioja) 이탈리아 사람으로 항해에 필요한 컴파스를 발명했다. (외래어).¶ 풀익비오쏘하 (法非歐周伊阿 Flavio Gioja) <만국통감1912, 4, 19>

【풋-뽈】 명 ((체육)) 풋볼(football). 축구나 럭비풋볼, 미식축구를 통틀어 이르는 말. (외래어).¶ 풋뽈 (足球) <자통-오락 459> ⇒ 풋쏠

【풋-쏠】 명 ((체육)) 풋볼(football). 축구나 럭비풋볼, 미식축구를 통틀어 이르는 말. (외래어).¶ 우리로 하야곰 풋쏠도 차고 우리로 하야곰 競走도 하야 <소년 1908.12.1> 풋쏠이 언치엿다고 <염상섭, E선생1922> ⇒ 풋뽈

【풍조-쉿쎙】 명 [풍로쉿쎙]. 목욕비누. (風呂石鹼 /ふろせっけん.) (일본어 차용어).¶ 순금반지 일 은 쌍반지 일 외반지 일 치식 쌍반지 일 은지환 일쌍 구라부화장식 셋쏘 일조 풍조쉿쎙 반타 후루쎙이래 구래무이리 일기 빠후이리 삼기 <물목-금요-2 1936>

【프개】 명 ❶ ((복식)) 포개(鋪蓋). 이불보따리. 봇짐. '프개(鋪蓋, pūgài)'는 중국어 직접 차용어.¶ 行囊 ‖ 힝쟈ᄂᆞᆫ 프개ᄅᆞᆯ 메고 믈ᄀᆞ의 가니 (行者挑着行囊. 到了澗邊.) <서유-연세 3:12> 왕이 대희ᄒᆞ여 묘타 ᄒᆞ니 월봉이 즉시 윤건황삼을 버셔 프개의 너코 일습 관더와 ᄉᆞ모를 ᄀᆞ초와 이시니 <임화 25:47> ❷ 이불보따리. 이부자리. 이불과 요.¶ 鋪蓋 ‖ 습인이 니ᄅᆞ디 나의 프개ᄅᆞᆯ 도로혀 가져오지 아니ᄒᆞ엿노라 (襲人道: "我的鋪蓋還沒拿進來呢.") <홍보 20:61> ⇒ 푸개, 푸기, 프기

【프기】 명 ((복식)) 포개(鋪蓋). 봇짐. 이불보따리. '프기(鋪蓋, pūgài)'는 중국어 직접 차용어.¶ 包袠 ‖ 프기ᄅᆞᆯ 노코 토디신 알픠 가 머리ᄅᆞᆯ 좃고 프기의셔 건냥을 너여 먹고 (林澹然將包袠取下, 和禪杖放在土地神座前, 對土地稽首. 將包袠內所餘乾糧吃了.) <선진 1:41> 님담연이 급히 금은과 의복을 슈습ᄒᆞ여 프기ᄅᆞᆯ ᄆᆡᆫᄃᆞ라 지고 셕쟝을 ᄉᆞᆫ의 집고 가만이 산문을 나니 (林澹然將幾件布帛細軟衣裳, 拴做一個包袠, 馱在背上. 手裡綽了禪杖……出得山門.) <선진 3:24> 믄득 ᄒᆞᆫ 검고 여윈 사ᄅᆞᆷ이 머리의 젼닙을 ᄡᅳ고 프른 옷슬 닙고 삼신을 신고 등의 프기ᄅᆞᆯ 지고 먼니셔브터 쏠니 거러오다가 머리ᄅᆞᆯ 드러 문 안을 드리미러 보거ᄂᆞᆯ (只見一箇黑瘦漢子, 頭帶卷檐氈帽, 身穿青布道袍, 脚着多耳麻鞋, 背上斜馱包袠, 手裏撑着雨傘, 張頭探腦, 望着門裡.) <선진 5:38> 사ᄅᆞᆷ마다 등의 프기ᄅᆞᆯ 졋다가 복병을 만나거든 다 바리리라 녕을 거ᄉᆞ리ᄂᆞᆫ ᄌᆞᄂᆞᆫ 닙참ᄒᆞ리라 (每一人背包袠一個, 如遇伏兵, 盡皆抛棄, 違者立斬.) <선진 12:74> 믄득 ᄉᆞ즁이 황황ᄒᆞ며 승도의 무리 분분이 프기를 슈습ᄒᆞ며 현미다려 니ᄅᆞ디 우리 ᄉᆞ형 쳥션 법시 므ᄉᆞ 일노 조졍의 죄ᄅᆞᆯ 어더 즉금 텬지 국쳥을 비셜ᄒᆞ시고 쳥션을 올녀 져쥬니 젼젼의 득죄ᄒᆞᆫ 곳이 만터라 <윤하 77:50> 삼댱이 도라와 잠이 업서 공작경 일편을 외오고 프기ᄅᆞᆯ 베고 조으더니 <남원 4:5a> ⇒ 푸개, 푸기, 프개

【프나】 명 프나(Pirna). (외래어).¶ 프나 (皮耳那, Pirna) <만국통감1912, 4, 19>

【프디】 명 ((복식)) 포지(鋪的). 요(褥). '프디(鋪的, pūdi)'는 중국어 직접 차용어.¶ ᄌᆞ뎍주 누비 천의 다홍 왜단 프디 일 <정가1847 15b> 다홍 왜단 프디 일 [빅면포 잇 빅뎌포 잇] ᄌᆞ뎍 뎡듀 금보 다홍 <정가1847 17b> ᄌᆞ뎍 뎡듀징겹천의 다홍 왜단 프디 [빅면포 잇 빅뎌포 잇] <정가1847 21b> 다홍 공단 프디 일 ᄌᆞ뎍 토듀 금보 이샹 왜쥬홍칠함농 입 <정가1847 53a> 다홍 공단 프디 ᄌᆞ뎍 토듀 금보 이상 왜쥬홍칠함농 입 <정가1847 56a> 금 천의 프디 마ᄅᆞ의디 숑화식 쇼고의 남숑 쇼고의 <동궐낭젼마마의 디볼긔> ⇒ 프지

【프디-잇】 명 ((복식)) 포지잇(鋪的-). 요닛(褥-). '프디(鋪的, pūdi)'는 중국어 직접 차용어.¶ 옥양목 홋금 삼듁 뎌포 프디잇 이듁 셔양목 프디잇 이듁 목면 프디잇 이듁 뎌포 침잇 이듁 셔양목 침잇 이듁 목면 침잇 이듁 <가례시소볼긔> 셔양목 프디잇 이듁 뎌포 프디잇 이듁 뎌포 침잇 이듁 셔양목 침잇 이듁 목면 침잇 이듁 목면 프디잇 이듁 <뎡미가례시금침볼긔1907>

【프라치나】 명 플래티나(platina). 백금(白金). (외래어).¶ 프라치나도 잇습니다 <염상섭, 제야1922 2:48> ⇒ 푸라티나

【프란스】 명 ((지리)) 프랑스(France). 유럽 서부에 있는 공화국. 민족 대이동의 결과 5세기에 프랑크 왕국이 성립하여 백 년 전쟁 이후 왕권이 신장되었고, 17~18세기에는 유럽의 지도적인 위치에 군림하였다. (외래어).¶ 프란스 왕 데일 프란시쓰가 짤쓰의 이ᄀᆞᆺ치 강셩ᄒᆞᄂᆞᆫ 거슬 보고 ᄆᆞᄋᆞᆷ에 싀긔를 품어 <만국통감1912 4, 21> ⇒ 뚜란스, 뚜린스, ᄯᅳ란스, ᄯᅳ랑쓰, 흐란스 ☞ 법국, 법난셔, 법란셔, 불난셔, 불란셔, 블란시

【프란시스-첫재】 명 ((인명)) 프란시스 1세 (Francis I). (외래어).¶ 프란시쓰 첫재 (프란스) (法蘭西斯 Francis I. (France)) <만국통감1912, 4, 19>

【프란코니아】 명 ((지리)) 프랭코니아(Franconia). 미국 뉴햄프셔주 그래프턴카운티에 있는 마을. (외래어).¶ 프란코니아 (范叩尼亞 Franconia) <만국통감1912, 4, 19> 왈넨스다인이 드ᄃᆡ여 군ᄉᆞ를 졍돈히 ᄒᆞ고 압흐로 프란코니아에 나아가 커스타버스로 더브러 ᄃᆡ면ᄒᆞᆫ 곳에 영을 쳣다가 <만국통감1912 4, 49>

【프란클닌】 명 ((인명)) 프랭클린 (Franklin). (외래어).¶ 프란클닌 (范克林 Franklin) <만국통감1912, 4, 19>

【프러시아】 명 ((지리)) 프러시아 (Prussia). 프로이센(Preussem)의 영어 이름. 유럽 동북부와 중부에 있었던 지방 및 그 지방에 있었던 나라. (외래어).¶ 프러시아 (布路斯, Prussia) <만국통감1912, 4, 19>

【프레드릭-둘재】 명 ((인명)) 프레드릭 2세 (Frederick II). (외래어).¶ 프레드릭 둘재 (프러아) (腓德利克第二, Frederick II Prussia) <만국통감1912, 4, 19>

【프레드릭샬】 명 ((인명)) 프레드릭샬 (Friedrichshall). (외래어).¶ 프레드릭샬 (腓堆沙勒, Friedrichshall) <만국통감1912, 4, 19>

【프레드릭-식손이】 명 프레드릭 색슨 (Frederick of Saxony). (외래어).¶ 프레드릭 (식손이) (腓德利克, Frederick (of Saxony)) <만국통감1912, 4, 19>

【프레드릭-웰렴】 명 ((인명)) 프레드릭 윌리엄 (Frederick Wm of Brau). (외래어).¶ 프레드릭 (웰렴) (腓德利克偉聯 Frederick Wm (of Brau)) <만국통감1912, 4, 19>

【프레드릭-첫재】 명 ((인명)) 프레드릭 1세 (Frederick I). (외래어).¶ 프레드릭 첫재 (腓德利克第一, Frederick Wm I) <만국통감1912, 4, 19> 프레드릭 첫재 (아라사) (腓德利克第一, Frederick I Russia) <만국통감1912, 4, 19>

【프레드릭-팔나티네드】 명 ((인명)) 프레드릭 팔나티네드 (Frederick of Palainate). (외래어).¶ 프레드릭 (팔나티네드) 腓德利克 Frederick (of Palainate) <만국통감1912, 4, 19>

【프레스캇】 명 프레스캇(Prescott). (외래어).¶ 프레쓰캇 (培斯喀特, Prescott) <만국통감1912, 4, 19>

【프레크】 명 프레크(Prague). (외래어).¶ 프레크 (裒雷革, Prague) <만국통감1912, 4, 19>

【프릐도리아】 명 ((지리)) 프리토리아(Pretoria). 남아프리카 공화국 북동부의 고원(高原)에 있는 상공업 도시. (외래어).¶ 도셩을 의론컨대 오렌지국 도셩은 일홈이 브렘판텐이오 트란스발국은 도셩 일홈이 프릐도리아ㅣ오 켑칼로니는 읍ᄂᆡ 일홈이 켑다온이오 또 그러엄스다온과 김버리란 큰 촌이 잇스며 <사필1889-헐버트 150>

【프리】 명 ((주거)) 포리(鋪裏). 점포(店鋪). 가게. '프리(鋪裏, pùli)'는 중국어 직접 차용어.¶ 鋪子 ‖ 제게 몃 삼티극히 살지고 극히 큰 방히룰 어더 달나 ᄒᆞ며 다시 프리의 가셔 몃 병 조흔 술을 가져 오고 다시 ᄉᆞ오 탁ᄌᆞ 실과룰 출히면 엇지 또 일을 들지 아니ᄒᆞ며 또 피ᄎᆞ의 번화ᄒᆞ리라 (要他幾簍極肥極大的螃蟹來, 再往鋪子裏取上幾罈好酒來, 再備四五桌果碟, 豈不又省事, 又大家熱鬧了?) <홍루 37:108> ⇒ 푸리, 포리

【프리다운】 명 ((지리)) 프리타운(Freetown). 아프리카 서부, 대서양에 면한 항구 도시. 커피, 카카오, 다이아몬드, 철광 따위를 수출한다. (외래어).¶ 도셩과 읍ᄂᆡ를 의론컨대 라비라아국 도셩은 일홈이 만로비아요 세 ᄂᆡ 감비아 읍ᄂᆡ는 일홈이 프리다운이오 아쉬안듸 읍ᄂᆡ는 일홈이 구마스ㅣ니 블란시국 쇽방이오 <사필1889-헐버트 148>

【프린스턴】 명 ((지리)) 프린스턴(Princeton). (외래어).¶ 프린스턴 (貧斯呑 Princeton) <만국통감1912, 4, 19>

【프지】 명 ((복식)) 포지(鋪的 pūzi). 까는 것. 요(褥). (중국어 직접 차용어).¶ 다홍 공단 프지 뎌포 한삼 일뉵 이양사 한삼 일뉵 공양사 겹봉디 일뉵 옥양목 고의 일뉵 조포 고의 일뉵 양사 고의 일뉵 이샹 미슈 <쥬감탄일의디불긔번996> 남 숀닌 겹천의 일 [갑인 이월 너오니] 남 삼팔 징 겹천의 일 다홍 모본단 프지 일빵 [동궐] <신ᄎᆞᆨ탄일큰뎐금침불긔> ⇒ 프디

【프ᄌᆞ】 명 ((상업)) 포자(鋪子). 점포(店鋪). 가게. '프(鋪, pù)'는 중국어 직접 차용어.¶ 舖 ‖ 셩 밧긔 프ᄌᆞ 졈팡이 극히 셩ᄒᆞ야 왕ᄂᆡᄒᆞᄂᆞᆫ 거매 길히 메여 ᄃᆞᆫ니기 극히 어렵더라 (城外鋪店猶可與遼城伯仲, 往來車馬塡堙, 幾不可行路.) <서원 2:61b> ▼店 ‖ 이십 니룰 힝ᄒᆞ니 비로소 붉고 일판문 다ᄃᆞᄅᆞ니 히 ᄀᆞᆺ 돗ᄂᆞᆫ더라 음식 ᄑᆞᄂᆞᆫ 프지 수십 개 이시되 홍졍이 막 븝퍼 푸ᄌᆞ마다 사ᄅᆞᆷ이 ᄀᆞ득ᄒᆞ엿더라 (過白旗堡到一板門, 有酒食店數十家, 時日初上. 買賣正熟鬧, 店房人皆滿.) <연행-노가재 2:30b> ▼屠 ‖ 풍쉬 집의 도라와 큰 암돗 ᄒᆞ나흘 쳐 여러 삿기룰 나흐니 니룰 수비룰 어든지라 쟝ᄎᆞᆺ 프ᄌᆞ의 ᄑᆞᆯ녀 ᄒᆞ니 그 암돗치 믄득 사ᄅᆞᆷ의 말을 ᄒᆞ야 닐오ᄃᆡ (馮叟回家, 畜一大母彘, 一歲生數子, 獲利幾倍, 將欲售之于屠, 忽作人言道.) <포공-수견이자 5:21> 일시의 니러나 집압 프ᄌᆞ의 가 돗틔고기와 쩍과 술을 ᄉᆞ며 실과룰 장만ᄒᆞ여 오니 <성현 10:10> 사ᄅᆞᆷ마다 월의 졈은 나히 의지업시 걸식ᄒᆞᄂᆞᆫ 줄 불상이 너겨 닷토아 음식을 먹이고 냥식을 쥬거놀 월이 만복ᄒᆞ더니 기중의 웃듬 프ᄌᆞ

를 장히 여러 온갓 찬품을 다 버리고 파ᄂᆞᆫ 지 이시니 <윤하 72:11> ⇒ 푸ᄌᆞ, 푸ᄌᆞᇹ

【프ᄌᆞ-집】 명 ((상업)) 포자집(鋪子-). 가겟집. '프(鋪, pù)'는 중국어 직접 차용어.¶ □舍 ‖ 녀염이 즐비ᄒᆞ고 인민이 분답ᄒᆞ니 지나ᄂᆞᆫ 바애 셩읍이 다 프ᄌᆞ집과 져재집이러니 홀노 이 고을이 그러치 아니ᄒᆞ야 사ᄅᆞᆷ의 집의 패방과 정문ᄒᆞᆫ 거시 서ᄅᆞ 니엇고 (閭閻櫛比, 人民紛遝, 所過城邑皆□舍市肆, 而獨此縣不然. 人家之設牌樓旌門者相連.) <상봉 2:27b>

【픈】 명의 푼[分]. '픈(分, fēn)'은 중국어 직접 차용어.¶ 分 ‖ 돈을 몬져 셔로에 ᄒᆡᇰᄒᆞ야 그 편부를 시험ᄒᆞ여 봄으로 청ᄒᆞ고 드듸여 ᄒᆡᇰ장에 남은 거스로 당젼 십오만 픈을 사와 (先行錢於西路, 試其便否爲請, 遂以行資所餘貿唐錢十五萬分.) <조회 29:51> 이 ᄆᆞᆯ 믈러다 ᄒᆡ오니 은 여듧 냥 갑시니 네 바다 잇ᄂᆞᆫ ᄌᆞ름갑도 모도 와 ᄒᆞᆫ 돈 두 픈이니 네 또 도로 가져오라 그러면 도로 너를 주마 (這箇馬悔了, 該着八兩銀價錢, 你要過的牙錢, 通該着一錢二分, 你却迴將來.那們時迴與你.) <노언 하:18a> 내 져 아ᄂᆞᆫ 사ᄅᆞᆷ이 일즉 니ᄅᆞ되 졔 올 때예 ᄒᆞᆫ 말 粳米ᄂᆞᆫ 팔 픈 은에 풀고 ᄒᆞᆫ 말 小米ᄂᆞᆫ 오 픈 은에 풀고 ᄆᆞ른국슈 열 근은 ᄒᆞᆫ 돈 은에 풀고 羊肉 ᄒᆞᆫ 근은 두 픈 은에 ᄑᆞᆫ다 ᄒᆞ더라 (我那相識人曾說, 他來時, 一斗粳米賣八分銀子, 一斗小米賣五分銀子, 乾麵十斤賣一錢銀子, 羊肉一斤賣二分銀子.) <노신 1:11b>

【픈젼】 명 푼전(分錢). 많지 않은 몇 푼의 돈. 푼돈. '픈(分, fēn)'은 중국어 직접 차용어.¶ 천만 싱각 밧 물의 지인이 나의 부모를 속여 은금을 가져가소 그후에 픈젼도 갑지 아니ᄒᆞ니 (怎知那無籍之人, 設騙了去啊, 本利無歸.) <서유-계명 13:60-40> ⇒ 푼젼

【픈ᄌᆞ】 명 ((기물)) 분자(盆子). 작은 대야. '픈ᄌᆞ(盆子, pénzi)'는 중국어 직접 차용어.¶ 픈ᄌᆞ (小盆子) <몽보-기구 25b> <한청-기용 11:41a> ⇒ 푼주, 푼쥬, 푼ᄌᆞ, 펀ᄌᆞ

【픈포-ᄒᆞ-】 형 분포(分布)하다. 퍼뜨리다. 널리 퍼지게 하다. '픈(分, fēn)'은 중국어 직접 차용어.¶ 졔 힘니 부족ᄒᆞ여 도망할진ᄃᆡ 또한 좀좀코 갈 거시여날 낭ᄌᆞ히 픈포할 니 잇시리오 <명보-종산 3:51> ⇒ 푼포ᄒᆞ-, 푼푸ᄒᆞ-

【플나톤】 명 ((인명)) 플라톤(Platon, B.C.428/427~B.C.348/347). 고대 그리스의 철학자. (외래어).¶ 플나톤의 싸노흔 智識의 倉庫 億萬年 집어내도 다함 업도다 <청춘 1914.10.1>

【플랏】 명 ((지리)) 라플라타(La Plata)강. 남아메리카의 아르헨티나와 우루과이 사이를 흐르는 강. 파라나 강과 우루과이 강이 합류하는 지점에서 강어귀까지를 이르는 말이다. (외래어).¶ 여러 강들이 셔에셔브터 동에로 흐ᄅᆞ니 일홈이 플랏과 유루궤와 파라나와 살라도와 칼르라도와 늬그로ㅣ오 <사필1889-헐버트 134>

【플로렌스】 명 ((지리)) 플로렌스(Florence). 피렌체 (Firenze) 영어 이름. 이탈리아 중부에 있는 도시. 15세기 르네상스 중심지로 유적이 많이 남아 있으며, 지금은 모직·견직물과 공예품을 생산한다. (외래어).¶ 북에ᄂᆞᆫ 두린과 밀란과 졘오아ㅣ란 포촌과 블로나와 뻬늬스ㅣ란 큰 촌이 잇고 나라ㅅ 가온대 플로랜스ㅣ란 큰 촌이 잇고 몃 히 젼에 나라ㅅ 셔울을 옴겻던 곳이라 <사필1889-헐버트 51>

【피닐나】 ((음식)) 바닐라(vanilla). (외래어).¶ 휜쏘스 ‖ 써터 1대슈가락 밀가루 1대슈가락 우유 1잔 사탕 ½잔 피닐나 ½쇼슈가락 몬져 써터를 녹이고 밀가루를 곱게 개고 우유를 천천히 셕고 다음에 사탕과 피닐나를 셕거셔 10분 동안 중탕하엿다가 먹을 것 <서요 111> 연감 1잔 우유 1잔 소곰 조곰 써터 (녹인 것) 1대슈가락 소다 2쇼슈가락 사탕 1잔 밀가루 1잔 피닐나 1쇼슈가락 <서요 106> 피닐나와 메풀 약념 1쇼슈가락식 뻬킹파우더 2쇼슈가락 써터와 사탕을 잘 져어 가지고 계란 노른자위와 우유를 셕고 <서요 163> 계란 2개의 흰자위를 잘 젓고 일본 물엿 ½잔을 ᄭᅳᆺ을 수 잇슬 만콤 데여 가지고 져은 흰자위를 조곰식 조곰식 셕고 레몬 약념이나 피닐나를 조곰 셕든지 초콜넷 1금을 녹여셔 셕든지 해셔 아이쓰크림 우에 부어 먹을 것 <서요 289>

【피다꼬라쓰】 명 ((인명)) 피타고라스(Pythagoras, B.C.580~B.C.500). 그리스의 철학자·수학자. (외래어).¶ 피다꼬라쓰의 烜赫한 일홈은 해가 비초난 모든 나라에 골고로 퍼졋도다 <소년 1910.5.15>

【피더스빼그】 명 ((지리)) 페테르부르크(Petersburg). 러시아 북서부, 발트해 연안에 있는 도시. (외래어).¶ 사ᄅᆞᆷ의 수효를 의론컨대 구십 빅 만 명이오 시죡은 고긔션이오 또 몽고도 잇고 언어는 본나라ㅅ 말이 잇스나 ᄉᆞ투리가 여러 가지며 도셩을 의론컨대 일홈은 피더스빼그ㅣ니 셔편 볼틱 하슈ㅅ 근처ㅣ오 <사필1889-헐버트 16> ⇒ 피더쓰뻑셴트

【피더쓰뻑-셴트】 명 ((지리)) 페테르부르크 상트 (Petersburg). 러시아 북서부, 발트해 연안에 있는 도시. (외래어).¶ 피더쓰뻑 (셴트) (아라사) (彼得布革 Petersburg (Russia)) <만국통감1912, 4, 20> ⇒ 피더스빼그

【피득】 명 ((인명)) 피득(彼得). 베드로(Petrus). 예수의 열두 제자 가운데 제1인자. 예수의 승천 후 예루살렘 교회의 기초를 굳히고 복음 선교에 전력하였으며, 나중에 로마에서 네로의 박해로 순교하였다고 함. (중국어 간접 차용어).¶ 오 쥬예수ㅣ 젼교ᄒᆞ신 지 뎨 이년에 슈난ᄒᆞ실 모든 고로옴을 미리 말슴ᄒᆞ실시 종도의 근심이 밧긔 드러남을 보시고 이에 베드루와 야고버와 요왕 세 종도를 잇글고 다볼산에 니ᄅᆞ샤 좀좀이 신공을 ᄒᆡᇰᄒᆞ시고 세 종도ᄂᆞᆫ 피곤ᄒᆞ야 누어 자더니 <쳠례-예수현셩용 9a> ᄒᆞ로ᄂᆞᆫ 가리리 히변에 니ᄅᆞ러 ᄒᆡᇰᄒᆞ시다가 두 사ᄅᆞᆷ을 보니 이ᄂᆞᆫ 곳 셔문 피득과 그 동싱 안득렬이라 그믈을 바다에 던져 고기를 잡거ᄂᆞᆯ <훈아 15b> 피득과

약한이 예수의 시톄가 무덤에 잇지 아님을 듯고 무덤에 가 볼식 약한이 피득보덤 썰니 ᄒᆞ여 몬져 무덤에 니ᄅᆞ러 굽어 그 가는 뵈만 잇슴을 보고 드러가지 못ᄒᆞ니 <훈아 37a> ☞ 베두루, 베드로, 베드루

【피라덜피아】 명 ((지리)) 필라델피아(Philadelphia). 미국 펜실베이니아 주 남동쪽에 있는 도시. 미국 독립 혁명과 산업 혁명의 중심지였고, 초기 연방 정부가 있던 곳이다. (외래어).¶ 도셩을 의론컨대 일홈이 워셩던이니 나라ᄉᆞ 동편이오 또 누역과 [영국 셔울 대읍 큰 촌이니라] 피라덜피아와 보스든과 블씌모와 잘쓰던이란 포촌이 잇고 <사필1889 -헐버트 107>

【피라밋】 명 ❶ ((건축)) 피라미드(pyramids). 고대 이집트 왕들의 무덤. (외래어).¶ 카이로 郊外 「피라밋」에 올나서 五千年前의 뎌음 열닌 文化도 懷想할 것이오 <소년 1908.11.1 74> ❷ 삼각형.¶ 야자피라밋 ‖ 야자 (간 것) 2잔 사탕 (미국 고은 것) 1잔 밀가루 2쇼슈가락 계란 (흰자위 되게 져은 것) 2개 다함께 셕거셔 피라밋 형상(삼각형)으로 만든 후에 팬에 담고 뭉군한 불에 40분 동안 구어셔 져은 크림과 함께 먹을 것 <서요 208>

【피렌이스】 명 ((지리)) 피레네(Pyrenees)산. 프랑스와 에스파냐의 국경에 걸쳐 있는 산맥. 비스케이 만 남동쪽에서 지중해 크레우스 곶(Creus串)까지 동서로 뻗어 있으며, 최고봉은 중앙부의 아네토 산이다. (외래어).¶ 디형을 의론컨대 ᄉᆞ면에 산이 만흐니 북에는 간타브리안이란 산이 잇고 또 블란시국 ᄉᆞ이에 피렌이스ㅣ란 큰 산이 잇스며 동에는 아이비리안이란 산이 잇고 또 이보로ㅣ란 강이 디중히로 통ᄒᆞ며 <사필1889 -헐버트 42>

【피리】 명 ((기물)) 피리(玻瓈, 玻璃). (중국어 차용어).¶ 玻瓈 ‖ 습인이 보니 다만 보미 두 낫 피리 져은 병이 대쇠 셰 치는 되는ᄃᆡ 샹면의는 라ᄉᆞ쟝 은뚜에를 ᄒᆞ엿고 아황빗 조희의 목셔[나무 일홈] 됨은 니슬이라 뻐시며 (襲人看時, 只見兩箇玻瓈小瓶, 却有三寸大小, 上面螺螄銀蓋, 鵝黃籤上寫着'林樨淸露'.) <홍루 34:35> ▼玻璃 ‖ 한 죠각 피리 밋 업는 거울의 두 뫼ᄲᅮ리 짝근 ᄃᆞ시 푸ᄅᆞ러 그 즁간의 잇더라 (一片玻璃無底鏡, 兩峰削翠在其中.) <여선 6:7> ⇒ 버리, 보려, 보리, 파려, ᄑᆞ리

【피멘토】 명 ((식물)) 피멘토(piment. pimiento) 피망. 가짓과의 한해살이풀. 높이는 60cm정도이며 가지는 적고 잎은 크다. 열매는 맵지 않고 단맛이 난다. 서양 고추. (외래어).¶ 된 크림쏘스를 맨들고 이 아래 것을 법대로 한 후에 거긔 굴을 너흘 것 굴 4잔 레몬 (물만) 1개 셔양쟝 1쇼슈가락 소곰 조곰 고초 조곰 치스 (강판에 간 것) 피멘토 ½통 양미나리 (너인 것) 1포귀 <서요 17>

【피사로】 명 피사로 (Pizarro). (외래어).¶ 피사로 (皮撒肉 Pizarro) <만국통감1912, 4, 20>

【피-샐렛】 ((음식)) 피 샐러드 (Pea salad). (외래어).¶ 피샐렛 ‖ 피(삶아서 식힌 것) 양미나리 (너인 것) 2잔 호도 (너인 것) 2대슈가락 생치 1포귀 피와 양미나리와 호도를 샐렛 쓰레싱과 셕거셔 생치 우에 노하 먹을 것 <서요 94> ☞ 나븨샐렛, 락화생샐렛, 련근샐렛, 멜치샐렛, 사과와 호도샐렛, 빠나나샐렷, 앵도샐렛, 양국슈샐렛, 치스샐렛, 피샐렛

【피즈】 명 피자(皮子). 가죽. '피즈(皮子, pízi)'는 중국어 직접 차용어.¶ 皮子 ‖ 피즈 퇴하기를 엇디 퇴하넌 법이니 (退皮子呢, 怎麽个退法哪?) <중화-아천 7a> 그거슨 물이 나면 비가 놉나니 쟈근 통이여던 아무럼 쟈근 그릇셰 다문 거시니 자연 물건이 쟈글 쩌여 피즌덜 쟉디 안이하라 어디 쟈근 통에 너의를 열근 퇴하여 주년이 엇더니 ("那个是水漲船高, 小甬子否咧, 赶子拿小傢伙裝上的, 自然是東西小的時候乙, 皮子也不小麽. 那裡小甬子給你們退十斤的有麽?") <중화-아천 7b>

【피지】 명 ((지리)) 피지(Fiji). 태평양 남부, 320여 개의 섬으로 이루어진 나라. 1970년에 영국에서 독립하였으며, 설탕・바나나・커피 따위가 난다. (외래어).¶ 누권늬 동편에 누보레덴과 누아열란듸와 사로먼과 누헤브레듸스와 누갈리도니아와 [블란시국 쇽방이라] 피지와 사모아와 소사이듸와 길벗과 마셜과가롤닌과 산드위츠국과 마귀사스ㅣ란 셤이 잇고 또 이 밧게 무수ᄒᆞᆫ 져은 셤이 잇ᄂᆞ니라 <사필1889 -헐버트 159>

【피천】 명 피전(皮錢 qián). 주로 '대푼・한잎・샐잎・반푼' 등과 함께 쓰여 아주 적은 액수의 돈. '천'은 (중국어 직접 차용어).¶ 피천 샐립도 내어노치 안코 <염상섭, 밥1927 122> ⇒ 피천

【피천 오리도 업다】 관 피전(皮錢 qián) 오리도 없다. 아주 적은 액수의 돈도 없다.¶ 피천 오리도 업다 (無皮錢五里) <국한 107> (無彼錢五釐) <국한 701>

【피쳔】 명 피전(皮錢). 주로 '대푼・한잎・샐잎・반푼' 등과 함께 쓰여아주 적은 액수의 돈. '쳔(錢, qián)'은 중국어 직접 차용어.¶ 피쳔 폐 (幣) <蒙語 2b> ▼皮錢 ‖ 방듕의 도라가 군ᄉᆞ를 블러 두 쎄음 피쳔을 내여 도용도화를 샹주고 네믈을 수목대로 뎜고ᄒᆞ야 네히 논화 두 명 군ᄉᆞ와 도용 형뎨를 지워 뒤히 ᄯᅩ로라 ᄒᆞ고 (先回房中, 叫健步取兩串皮錢, 賞了陶容、陶化, 却就打開了皮包, 照發單順號分做四個絨包, 兩名健步與陶容弟兄兩個, 跟隨在後.) <수유-동방 4:60> 김씨가 악이 나서 영문에 잡혀갈 작뎡ᄒᆞ고 경금 동녀로 도로 와서 최씨의 쵸상 치르는 것ᄭᆞ지 보고 잇스나 본리 피쳔 디푼 업는 눈봉이라 <은세계 84> 샹히디방 류련ᄒᆞ야 무슴 ᄉᆞ업ᄒᆞ고 잇나 피쳔 교환에 리를 눕겨 아편연에 ᄌᆞ미 붓쳐 <대매-시평 1908.3.27> ⇒ 피천

【피쳔-디푼】 명 피천대푼(皮錢大分). 아주 적은 돈을 이르는 말. '쳔(錢, qián)'은 중국어 직접 차용어.¶ 식칙으로 논화 줄지라도 그 역 아름아리나 잇는 쟈의게는 얼마 도라가고 목불식뎡 준준ᄒᆞᆫ 우밍들의게는 그도 뎌도 피쳔디푼 맛보지 못ᄒᆞ고 다만 됴흔 쇼식만 듯고 ᄇᆞ라다가 긔진ᄒᆞᆫ 쟈가 오히려 우리 가마귀 수효보다 만타 ᄒᆞᆸ데다 <경세종 25>

【피치】 명 비기(脾氣). 성질. '비기(脾氣, píqi)'는 중국어

직접 차용어.¶ 皮氣 ‖ 제 히가 잇넌데 구별티 안캇나니 제의 피치를 디너 보니 즐겨 자긔 히만 위하고 벗의게 공도 안이할 니 이스랴 (有咧他的不理會, 經過他的皮氣, 肯爲自己的不給朋友公道的理有麽?) <중화-아천 37b>

【피콜】 명 ((음식)) 피클(pickle). 오이, 양배추 따위의 채소나 과일 따위를 식초·설탕·소금·향신료를 섞어 만든 액체에 담아 절여서 만든 음식. (외래어).¶ 타타쏘스 ‖ 메요네쓰를 만드러셔 잘게 썬 외 피콜이나 감람을 셕거셔 생션이나 고기와 함긔 먹을 것 이것은 쌘드윗치 속에 너키가 조흠 <서요 19> ⇒ 픽클

【피콩-국】 명 ((음식)) 피콩 스프(green pea soup). '스프'는 (외래어).¶ 피콩국 ‖ 피콩 1통이나 마른 콩 1잔 육즙 1 대슈가락 랭슈 2잔 우유 1잔 크림 1잔 소곰 $1\frac{1}{2}$쇼슈가락 호쵸 가루 $\frac{7}{8}$쇼슈가락 밀가루 1 대슈가락 파(적은 것) 1개 마른 피콩을 쓰게 되면 밤새도록 랭슈에 담가둘 것 통의 피콩이나 풋콩을 쓸 때는 랭슈 2잔과 파 뎜인 것과 피콩과 함긔 20분간 삶은 후 체로 밧하셔 물과 육즙을 셕고 다른 그릇에 뻐터와 밀가루를 곱게 셕근 후에 체로 밧흔 것을 천천히 붓고 또 우유와 크림과 소곰과 호쵸를 셕글 것 <서요 5>

【피트】 명의 ((도량)) 피트(feet). 1야드의 3분의 1. 1인치의 12배. 30.48cm. (외래어).¶ 피트 ‖ 피-트[呎] ① 一尺 남어지 ② 英尺 ③ 기리 재는 單位이니 十二인치(吋) 日本尺과 거진 갓흐오 <조선-심 185>

【피파】 명 ((음악)) 비파(琵琶). '피파(琵琶, pípa)'는 중국어 직접 차용어.¶ 피파 슬 (瑟) <물명집-기계 27a> 피파 징 (箏) <물명집-기계 27a> ▼琵琶 ‖ 셰샹의셔 젼ᄒᆞ디 샹강 신령이 피파롤 탄다 ᄒᆞ믄 엇지미뇨 (世傳湘靈鼓瑟, 何也?) <여선 6:39> ⇒ 피ᄑᆞ

【피-푸리】 명 ((상업)) 피포리(皮鋪裏). 가죽점포. '푸리(鋪裏, pùli)'는 중국어 직접 차용어.¶ 皮鋪裡 ‖ 이 일등 피물은 다른 물건과 갓지 못허니 이쩌가 힝용헐 쩌가 아니라 원간 여름날의 니르러 독의 담을 쩌의야 각쳐 피푸리의셔 쳐음으로 가죽장사가 시셰를 닉이는디 (這一等皮張是就不像別的東西, 這箇時候不是行用的時候, 原是赶到夏天下缸的時候, 纔各處皮鋪裡起頭裡往皮恒家開板子.) <중화-탁족 34b> ▼皮恒家 ‖ 이 일등 피물은 다른 물건과 갓지 못허니 이쩌가 힝용헐 쩌가 아니라 원간 여름날의 니르러 독의 담을 쩌의야 각쳐 피푸리의셔 쳐음으로 가죽장사가 시셰를 닉이는디 (這一等皮張是就不像別的東西, 這箇時候不是行用的時候, 原是赶到夏天下缸的時候, 纔各處皮鋪裡起頭裡往皮恒家開板子.) <중화-탁족 34b>

【피ᄑᆞ】 명 ((악기)) 비파(琵琶). 현악기(絃樂器) 중의 한 가지.¶ 피ᄑᆞ 비 (琵) <음첩a 32a> 피ᄑᆞ 파 (琶) <음첩a 70a> 피ᄑᆞ 슬 (瑟) <음첩a 39b> ⇒ 피파

【피호】 명 ((기물)) 피화(皮貨). '호(貨, huò)'는 중국어 직접 차용어.¶ 皮貨 ‖ 원간 여름날 독의 둘 쩌을 밋쳐셔야 각쳐 가죽댱ᄉᆞ가 쳐음으로 가죽 물계밧치더러 갑슬 닉긔 하나니 이런 빈로 져의가 셈치기을 영쟝호의 것 피호을다가 만일 달른 ᄉᆞ람이 ᄉᆞ긔 하여도 이덤계 갑닉[닐] 쩌예 다못 져의 가미 찌칠가 져어하더니 (原是赶到夏天下缸的時候纔各處皮鋪裡起頭裡望皮恒家開板子, 所以他們打着把永長家的皮貨, 萬一別人買下咧, 赶明个開板的時候, 只怕斫他們的鍋.) <기착-육당 상:19a>

【픽콜】 명의 ((도량)) 픽콜(Picol). 중국의 길이와 부피를 나타내는 단위. (외래어).¶ 中國 擔(Picol)픽콜 斤 틘 <백과신-송1926 494>

【픽클】 명 ((음식)) 피클(pickle). 오이, 양배추 따위의 채소나 과일 따위를 식초·설탕·향신료를 섞어 만든 액체에 담아 절여서 만든 음식.¶ 외픽클 ‖ 외 125개 (삭기손가락 만콤식 한 것) 소곰 2잔 초 4잔이나 5잔 물 2잔 백반 1쇼슈가락 흑당 1잔 셕근 약념 3쇼슈가락 (수북히) (계피 뎡향 메스 호쵸 계자 고쵸) 다마네기(썬 것) 1개 외와 다마네기를 큰 항아리에 담고 그 우에 소곰을 뿌리고 외가 보이지 아닐 만콤 끄린 물을 붓고 하로 밤을 두엇다가 물을 짜라 바리고 초와 여러 가지 재료를 함께 10분 동안 끄려셔 외 우에 붓고 식은 후에 호스래듸시 뿌리 3인치 가량을 너코 뚜께를 덥허 셔둘 것 (달게 하려면 식셩대로 사탕을 더 칠 수 잇슴) <서요 248> 쩰 픽클 <서요 249> 기름 픽클 <서요 250> 뎜인 외 픽클 <서요 251> 계자 픽클 <서요 252> 닉인 일년감 픽클 <서요 253> 풋일년감 픽클 <서요 255> 단고초 픽클 <서요 256> 슈박 픽클 <서요 257> 죠션 능금 픽클 <서요 258> 양배나 복숑아 픽클 <서요 259> ⇒ 피콜

【필고마요】 명 ((지리)) 필코마요(Pilcomayo)강. 남아메리카 중부를 흐르는 파라과이 강의 지류로, 안데스 산지에서 발원하여 파라과이와 아르헨티나의 국경선을 이루며 흐른다. (외래어).¶ 또 북편에 여러 강이 아마손강에로 드러가고 동남에 파라궤와 필고마요ㅣ란 강이 잇스며 <사필1889-헐버트 132>

【필긔단】 명 ((복식)) 필기단(嗶嘰緞). 베이지(beige). 사지(serge). (외래어).¶ 嗶嘰緞 ‖ 통텬셔 일빵과 우단 빅 끗과 필긔단 이빅 끗과 무작 일빵과 몽귀 일빵과 [진납 ᄌᆞ고 적으되 기루면 십 니의 쥐가 업ᄂᆞᆫ 거시라] (通天犀一對, 羽緞百端, 嗶嘰緞二百端, 霧雀一對, 蒙貴一對.) <여선 27:30>

【필나덜피아】 명 ((지리)) 필라델피아(Philadelphia). 미국 펜실베니아주 남동쪽에 있는 도시. 미국 독립 혁명과 산업 혁명의 중심지. (외래어).¶ 필나덜피아 (斐拉德斐亞 Philadelphia) <만국통감1912, 4, 20> ⇒ 필나델피아시, 필네델피아

【필나델피아-시】 명 ((지리)) 필라델피아시(Philadelphia市). 미국 펜실베니아주 남동쪽에 있는 도시. 미국 독립 혁명과 산업 혁명의 중심지. (외래어).¶ 필나델피아市中「獨立閣」에 드러가 一百五十餘年 前에 비로소 아메리카가 쑤릿탠의 抑壓을 벗고 自由獨立한 寄別을 十三道에 猛傳하던「自由의 破鍾」을 氣運ㅅ것 울녀 太平洋 물이

震起한 뒤에 그틸디니 <소년1908.11.1 74> ⇒ 필나델피아, 필네델피아

【필네델피아】 명 ((지리)) 필라델피아(Philadelphia). 미국 펜실베이니아 주 남동쪽에 있는 도시. 미국 독립 혁명과 산업 혁명의 중심지였고, 초기 연방 정부가 있던 곳이다. (외래어).¶ 또 동편에 붓란트와 부스든과 브라비덴스와 누역과 필네델피아와 너퍽과 잘쓰던과 사반나와 남편에 모빌과 누얼린스와 깔비스던과 셔편에 산띄에고와 산브란시스고와 시아들이란 포구가 잇스며 <사필1889-헐버트 106> ⇒ 필나델피아, 필나델피아시

【필닙-넷재】 명 ((인명)) 필닙 4세 (Philip IV). (외래어).¶ 필닙 넷재 (腓力第四 Philip IV) <만국통감1912, 4, 20>

【필릐빈】 명 ((지리)) 필리핀(Philippines). 서태평양 가운데 있는 7,000여 개의 섬으로 이루어진 공화국. (외래어).¶ 본이오 셤 북편에 필릐빈이란 셤이 잇서 크고 적은 일쳔 이ᄇᆡᆨ 셤이 련ᄒᆞ엿시니 폭원이 북위션 다ᄉᆞᆺ 듸그리브터 십구 듸그리ᄭᆞ지요 동경션 일ᄇᆡᆨ 십구 듸그리브터 일ᄇᆡᆨ이십륙 듸그리ᄭᆞ지니 남북이 이쳔 리요 동셔가 일쳔오ᄇᆡᆨ 리요 <사필1889-헐버트 158> ⇒ 필리핀

【필리핀】 명 ((지리)) 필리핀(Philippines). 서태평양 가운데 있는 7,000여 개의 섬으로 이루어진 공화국. (외래어).¶ ᄯᅡᄒᆞᆯ 의론컨대 남북아메리ᄭᅡ 사이에 규바ㅣ란 셤과 아프리가 셔편에 가네리란 셤 륙칠과 히변 륙디 ᄒᆞᆫ 곳과 아시아 동남에 필리핀이란 셤 이십과 태평양에 몃 셤을 엇어 ᄎᆞ지ᄒᆞ니라 <사필1889-헐버트 44> ⇒ 필릐빈

【필사치】 명 ((관직)) 필사치(必闍赤). 빛. 옛 관청에서 일을 맡아본 부서, 또는 그 벼슬아치. '서기(書記)'를 가리키는 중세몽고어 차용어. 몽고문어에 동사 어간 bičí-(書)에 접미사 -gečí가 붙은 bičigečí(書記)가 있었는데 이것이 bičciyečí를 거쳐 bičēčí로 변한 것이다.¶ ※ 必闍赤, 掌文書者, 華言秀才也. <용가 8> 新置必闍赤及申聞色. <고려사-28 충렬왕4:10:신미> 元制, 必闍赤(闍, 音舍), 掌文書者, 華言秀才也. 今淸呼筆帖式, 東俗所謂色吏者, 自高麗已然, 呼非赤, 非卽必闍二合聲. <이재난고 25:24 화음방언자의해>

【ᄑᆞ리】 명 ((기물)) 파리(玻瓈). 유리(琉璃). (중국어 직접 차용어).¶ ᄑᆞ리 파 (玻) <음첩a 70a> ᄑᆞ리 (玻瓈, 玻璃) <화초-진보 20a> ⇒ 버리, 보려, 보리, 파려, 피리

【ᄑᆞᆫᄌᆞ】 명 ((기물)) 분자(盆子). 화분, 대야 따위의 그릇. 푼주. 아가리가 넓고 밑이 좁은 사기 그릇. '푼(盆, pén)'은 중국어 직접 차용어.¶ 盆 ‖ 정월 초ᄒᆞᄅᆞᆫ날 밤 오경 ᄢᅢ에 다ᄅᆞᆫ 사ᄅᆞᆷ 모로게 죠롱박너출을 가매예 담고 믈 브어 달혀 ᄒᆞᆫ ᄑᆞᆫᄌᆞ나 ᄒᆞ거든 아희 온몸이며 머리 ᄂᆞᆾ 아래 우ᄒᆞᆯ 다 싯기라 (遇正月初一日五更, 勿令人知, 將葫蘆蔓絲安鍋內煎湯, 一盆洗浴孩兒渾身頭面上下方可.) <언두 상:6b> ⇒ 푼주, 푼쥬, 푼ᄌᆞ, ᄑᆞᆫᄌᆞ

【ㅎ】

【-하거온】 관용 ((문서)) '-하거온[爲去乎]'. -하므로. -하니. (이두어).¶ 함풍 팔연 무오 정월 初七日 명문이라 우 명문ᄉᆞᄯᅡᆫ는 의세 부득이 율러답 닷 말낙을 누연 경식이다가 마산면 뎡징평 복수는 열아옵 짐 얏 뭇고 절가절 전문은 오십 양으로 구문긔 이루여 우쪈의 옝옝 방미하거온 일후의 액유 잡짠인직 잇ᄎᆞ 문긔로 고관변정ᄉᆞ라 답쥬 유학에 전화석 (수결) 징인의 박춘보 (수결) 필집에 권도형 (수결) <전화석이 발급한 전답 매매명문-전북박 1858> 우슈긔사쫏난 다름 안니라 이요용으로 더 홍 북칠칙 효자답 스물엿 짐 두 뭇 칠 두낙 곳즐 본문 두 장 비지 두 장 슈긔 아울너 우덕의 젼권하옵고 별니젼 오십 냥 득용하옵고 한정은 금연 지월노 하거온 여유분운지폐니거던 지차슈긔빙고사라 <윤생원댁 노비 덕봉이 이오위장댁 노비 쾌복에게 발급한 수기-우한 1866.3.25> 又명문ᄉᆞ짠은 의이 요용소치로 자긔 믹득젼 도목원젼 一ᅷ낙긔 곡을 가절젼 二十五兩 의슈봉용이고 본문긔 二쟝아로 又인젼 정축 十月日 五十兩을 영영 방 간검 방미하거온 일후 혹유잡담이거든 이차문긔로 빗고ᄉᆞ <남만구가 남만윤에게 발급한 전답 매매 명문1877.3.7 국한-1626> 광서 十六년 경인 十二月 十三日 김올녹되전 표긔 우표짠 계미넌 분어이헌 답 八ᅷ낙가절 錢文 三百六十兩이 환퇴지의로 …표기하거온 일후 약유잡답이거더이 차표긔고번정사라 표쥬 위경팔 자필 징인 오生員 정판□ 권사하 김츈냥 진사되 <매매문서-대구 1890> 通文 ‖ 우통유ᄉᆞ짠 보럴 금월 쵸구일 치기로 위정발문하거온 이ᄎᆞ지실ᄒᆞ여 기일 죠식 후 제구럴 가지고 너회ᄉᆞ라 갑술 삼월 쵸ᄉᆞ일 발문 <기식보통문-한고 1934.3.4> ⇒ -하거원, -허거온, -ᄒᆞ거온, -ᄒᆞ거운

【-하거원】 관용 ((문서)) -하거온[爲去乎]. -하므로. -하니. (이두어).¶ 爲去乎 ‖ 본문긔장병히야 우인젼의 예영 방미하거원 일후의 모인 중의 야구즙답이거든 ᄎᆞ문긔로 변경식라 답듀란 경이나뫼 (本文記丈竝右人前, 永永放賣爲去乎, 日後, 某人中如有雜談是去等, 以此文記, 告官卞正事. 畓主幼學鄭致準 (手決) 筆執族叔裕龍 (手決) <鄭致準 한철쥬견 명문1851> ⇒ -하거온, -허거온, -ᄒᆞ거온, -ᄒᆞ거운

【하관】 명 ((지리)) 하관(下關). 시모노세기. (일본어 차용어).¶ 하관 ‖ 朝鮮과 本州와 連絡하는 港口 일홈 <조선-심 185>

【하락】 명 하락(下落). 행방(行方). 소재(所在). (중국어 간접 차용어).¶ 下落 ‖ 승상은 잠간 도라가쇼셔 하관이 수일 ᄉᆞ이 일경코 하락을 ᄎᆞᄌᆞ리이다 (丞相暫退, 容遲幾日, 定有下落.) <포공-금리 6:12> ▼着落 ‖ 슬프도다 ᄉᆞ년이 넘도록 군뷔 오히려 하락이 업ᄉᆞ므로 심중이 쵸민ᄒᆞ니 엇지 도로혀 시롤 지으리오 (噫! 四載有餘, 君父尙無着落, 心中焦悶, 那裏還作得詩出?) <여선 26:106> 김감역 죽을 쎄에 관계가 잇든 ᄉᆞ룸이니 이 ᄉᆞ룸다려 무러 보앗스면 김감역 신톄의 하락은 알겟지 <현미경 92> ⇒ 하낙, 햐락

【하란】 명 ((지리)) 하란(荷蘭). 화란(和蘭)이라고도 씀. 유럽 북서부에 있는 입헌군주국. 12세기 초에 신성 로마 제국의 봉토로 설립된 나라. 1648년 에스파냐에서 독립하였다. 북해에 면해 있어 간척지가 많으며 국토의 4분의 1이 해면보다 낮다. 네덜란드(Netherlands). (외래어).¶ 하란 (荷蘭) <이언> 荷蘭 ‖ 하란은 처엄의 팔년일공으로 뎡ᄒᆞ엿더니 후의 오년일공으로 고쳣다 ᄒᆞ엿더라 (荷蘭初定八年一貢, 後改五年一貢而已.) <서원 4:91b> ⇒ 헐넌드, 헐널드, 호르란쏘, 홀런드, 홀란드, 할난국, 할란국, 화란 ☞ 네데란스, 네데란스국, 네델넌쓰, 네델넌쓰국

【하란국】 명 ((지리)) 하란국(荷蘭國). 유럽 북서부에 있는 입헌군주국. 12세기 초에 신성 로마 제국의 봉토로 설립된 나라. 1648년 에스파냐에서 독립하였다. 북해에 면해 있어 간척지가 많으며 국토의 4분의 1이 해면보다 낮다. 네덜란드(Netherlands). (외래어).¶ 하란국 | 화란국 <법한 732> ⇒ 헐넌드, 헐널드, 호르란쏘, 홀런드, 홀란드, 하란, 할란국, 화란, 화란국 ☞ 네데란스, 네데란스국, 네덜런쓰, 네델넌쓰국

【하리빈】 명 ((지리)) 하얼빈(Harbin, 哈爾濱). 중국 만주에서 두 번째로 큰 도시. 흑룡강성(黑龍江省)의 성도. (외래어).¶ 백두서생 안중건은 수만 여리 하리빈에 <신창> ⇒ 하비빈, 합이빈, 할빈

【하마다】 명 ((지리)) 하마다(Hamada, 浜田). 일본 시마네[島根]현에 있는 도시. (외래어).¶ 셔편에 하마다와 가루와와 가사와 추루가와 도야마와가 나사와와 늬이가타ㅣ란 포구가 잇고 <사필1889-헐버트 78>

【하마단】 명 ((지리)) 하마단(Hamadan). 이란 북서부에 있는 옛 도시. 동서 교통의 요충지로, 기원전 7세기에 메디아 왕국의 수도 엑바타나가 있었다. 고원에 있으며, 가죽·융(絨)·견포(絹布) 따위를 생산한다. (외래어).¶ 도셩을 의론컨대 일홈이 테헤란이니 나라ㅅ 북편이오 쏘 다브리스와 레쉬드와 아스드라바드와 메쉿이란 큰 촌이 잇고 셔편에 하마단과 쉬라스ㅣ란 큰 촌이 잇고 <사필1889-헐버트 96>

【하모니카】 명 ((악기)) 하모니카(harmonica). 관악기의 하나. (외래어).¶ 하모니카 (口風琴) <자통-오락 458>

【하바나】 명 ((지리)) 아바나(Havana). 멕시코 만에 접한 서인도 제도 최대의 항구 도시. (외래어).¶ 규바 옵너는

하바나ㅣ오 믄담비가 온 텬하에 뎨일 됴흐니라 또 마단스와 산듸아고ㅣ란 촌이 잇고 헤듸국 도셩은 봇오브린스ㅣ오 산드밍고국 됴셩은 산드밍고ㅣ오 브도리고 읍너는 산후안이오 제메가 읍너는 깅스단이오 바하마 읍너는 나셔ㅣ며 <사필1889-헐버트 115>

【하바드】 명 ((교육)) 하버드 대학교(Harvard University). 1636년에 설립된 미국에서 가장 역사가 깊은 일류 고등교육기관 가운데 하나. 매사추세츠 주 케임브리지에 있음. (외래어).¶ 感謝하다 하바드 예일 두 대학 네 功績은 史記에 不朽할지라 <청춘 1914.10.1>

【하바트-짠】 명 하바드(Harvard John). (외래어).¶ 하바트(짠) (哈法德約翰, Harvard (John)) <만국통감1912, 4, 15>

【하박컥】 명 하바크(Habakkuk). (외래어).¶ 하박컥 (哈巴克 Habakkuk) <만국통감1912, 4, 15>

【하비빈】 명 ((지리)) 하얼빈(Harbin, 哈爾濱). 중국 만주에서 두 번째로 큰 도시. 흑룡강성(黑龍江省)의 성도. (외래어).¶ 白頭書生 安重根은 數萬餘里 하비빈에 伊藤博文 殺害하고 旅順口에 處絞 당코 <정창> ⇒ 하리빈, 합이빈, 할빈

【-하ᄉᆞᆲ오되】 하오되[爲白乎矣]의 높임말. (이두어).¶ 爲白乎矣 ‖ 희빈이 비단을 내여 보내여 의복을 지어드리라 ᄒᆞ되 의복 견양은 네 술 먹은 아ᄒᆡ 소챡 ᄀᆞᆺᄐᆞ니 누비댱옷 두 벌이오 누비 져고리 ᄒᆞᆫ 벌이오 숑화식 져고리 ᄒᆞᆫ 벌이오 싱쵸 져고리 ᄒᆞᆫ 벌이오 사 져고리 ᄒᆞᆫ 벌이오 초록 져고리 ᄒᆞᆫ 벌이오 다홍사 치마 ᄒᆞᆫ 벌이오 면쥬요와 빅능요 각 ᄒᆞᆫ 벌이오 (禧嬪出送錦段, 使之造衣以納/爲白乎矣/, 衣服/段/形如四歲兒所着, 而縷飛長衣二件、縷飛赤古里一件、松花色赤古里一件、生臂赤古里一件、紗赤古里一件、草綠赤古里一件、多紅紗大段裳一件、四幅綿紬褥、一件白綾褥.) <조기-신사옥사 20:24>

【-하ᄉᆞᆲ오며】 하오며[爲白乎旀]의 높임말. (이두어).¶ 爲白乎旀 ‖ 희빈이 안자 빌고 셜향과 슉향과 의신이 또 ᄒᆞᆫ가지로 빌고 태ᄌᆞ방이 신ᄉᆞᄒᆞᆫ 후의 의신이 과연 춤 추며 비니 비는 말은 슉졍이 희빈을 복위ᄒᆞ라 ᄒᆞ고 의신이 ᄒᆞᆫ가지로 비러 ᄀᆞᆯ오ᄃᆡ (禧嬪坐而祝之, 雪香、淑英及/矣身/亦爲同祝/爲白乎旀/, 太子房身死後/矣身/果爲起舞而起, 祝說話/段/淑正以爲禧嬪復位放還, 多有慶事/是如爲白乎旀/, /矣身/亦爲祝之.) <조기-신사옥사 20:19> 희빈과 동긔지친인 고로 괄시티 못ᄒᆞ야 무식소치로 이런 일이 잇노라 납쵸ᄒᆞ고 (與嬉嬪同氣之親, 故不忍恝視, 無識所致, 意有如此之事, 是如納招/爲白乎旀/.) <조기-신사옥사 21:27>

【하슈-ㅎ-】 동 하수(下手)하다. 손을 쓰다. 해치다. (중국어 간접 차용어).¶ 下手 ‖ 그 일은 절급의 ᄒᆞᆯ 일이니 나는 하슈티 못ᄒᆞ려니 삼ᄉᆞ 일만 디나면 져룰 죽이리라 (這是押牢節級的勾當, 難道教我下手? 過一兩日, 教他自死.) <충수호-서울 22:10b> 뎨 감히 우리 나라히 왓는ᄃᆡ 우리 몬져 하슈티 못ᄒᆞ고 뎔로 우리롤 죽이게 ᄒᆞ면 텬하 사ᄅᆞᆷ의 우ᄋᆞᆷ이 되디 아니ᄒᆞ리오 (彼敢來我國, 我不先下手, 只待彼殺進, 豈不被天下人恥笑乎?) <개벽-규장 2:87> ⇒ 하슈ᄒᆞ-, 하슈ㅎ-, 햐슈ᄒᆞ-, ᄒᆞ슈ᄒᆞ-

【하슈-ᄒᆞ-】 동 하수(下手)하다. 손을 쓰다. 해치다. (중국어 간접 차용어).¶ 下手 ‖ 슈동이 널오ᄃᆡ 처음의 싱각기는 블과 약간 인뷔 은을 메여가면 사ᄅᆞᆷ 업는 곳의가 하슈ᄒᆞ기 쉬올가 ᄒᆞ얏더니 이제 관원이 친히 호송ᄒᆞ고 마병과 보군이 궁시와 도창이 십분 정졔ᄒᆞ니 우리 서너 사ᄅᆞᆷ이 엇디 겁탈ᄒᆞ리오 (殳動道: "鄭哥哥你怎知就裏, 我向來只道是照常, 不過幾名護送, 幷民伕扛擡, 空僻處容易下手. 如今却有解官親自押解, 馬兵步卒, 弓箭刀槍, 十分齊整, 百分防密. 我這三、四個人怎能下手?") <후수 6:56> 제가 진경을 대옥의게 고ᄒᆞ면 ᄌᆞ연 태태 앏히셔 셜파 되는 거시 두려올지니 너가 몬져 하슈ᄒᆞ여 져롤 졔어ᄒᆞ는 이만 ᄀᆞᆺ지 못ᄒᆞ다 (怕他將眞情告訴黛玉, 一直的在太太面前回穿, 不如先下手把他制了.) <후홍 17:91> 죠뎡에 효유ᄒᆞ여 사ᄅᆞᆷ으로 ᄒᆞ여금 여승샹이 녀인이라 말을 못ᄒᆞ게 ᄒᆞ여 외변 사ᄅᆞᆷ을 억졔ᄒᆞ여 말을 못ᄒᆞ게 ᄒᆞ시고 스ᄉᆞ로 경ᄒᆡ히 하슈ᄒᆞ여 투향졀옥ᄒᆞ려 ᄒᆞ시ᄂᆞ니 (傳曉諭, 禁朝綱, 不許人言作女郞. 制得外邊無說了, 自己倒, 輕輕下手要偸香.) <재생 39:86> 다시 그런 좁된 일을 힝코ᄌᆞ ᄒᆞ여도 또ᄒᆞᆫ 하슈ᄒᆞᆯ 곳이 업술지라 (再要做這般事釁的事, 却也無從下手.) <쾌심 22:38> 은인아 익낭의 ᄉᆞ롬을 우리는 이곳의셔 하슈ᄒᆞ라 도로혀 젼면의 가셔 길을 막고 탈취ᄒᆞ라 (恩公, 廂房之人, 偺們是這裏下手, 還是攔路邀截呢?) <충협 40:46> 니러므로 쇼화상으로 ᄒᆞ여곰 술을 쥰비ᄒᆞᆯ 쎠의 곳 몽한약을 너허 삼위 영웅을 혼미케 ᄒᆞ고 죠히 하슈ᄒᆞ려 ᄒᆞ더니 (故此教小和尙備酒之時, 就下了蒙汗藥, 把三位蒙將過去, 他好下手.) <충소 23:2> 님의 류비의게 귀슌ᄒᆞ엿스니 반ᄃᆞ시 동심ᄒᆞ여 가리니 싸로는 장쉬 만닐 군쥬를 보면 엇디 하슈ᄒᆞ리오 (旣肯順劉備, 必同心而去. 所追之將, 若見郡主, 豈肯下手?) <삼국-국중 10:78-55> ※ 下手 ‖ 이제 곳 下手ᄒᆞ여 짓고 ᄒᆞᆫ 바ᄂᆞ질 아디 못ᄒᆞ는 女兒란 뎔로 ᄒᆞ여 各色 실을 븨이고 아직 뎌 스승이실 가져다가 다 스ᄎᆞ라 (如今便下手縫, 一箇不會針線的女兒, 着他搓各色線, 且將那水線來都引了着.) <박언 중:54b> 너희 兄弟ㅣ 보라 진실로 뉘 下手ᄒᆞ여 사ᄅᆞᆷ을 티뇨 그저 ᄒᆞ나흐로 ᄒᆞ여 알게 홈이 무던ᄒᆞ다 (你兄弟看, 着實是誰下手打人, 只着一箇認罷.) <오전 1:56a> 이 내 下手ᄒᆞ엿고 뎌 두 사ᄅᆞᆷ의게 간셥ᄒᆞᆫ 일이 아니라 (是我下手, 不干他二人事.) <오전 1:56b> 老人이 니ᄅᆞ되 장ᄎᆞᆺ 肝 버히고져 ᄒᆞ는 사ᄅᆞᆷ은 몬져 칼애 빌찌니 빌어 칼이 動ᄒᆞ여사 보야흐로 可히 下手ᄒᆞᆫ다 ᄒᆞ니 내 빌어봄을 기ᄃᆞ리라 (老人言, 將欲割肝的人, 先要祝刀, 祝得刀動方可下手, 等我祝看.) <오전 7:5a> ⇒ 하슈ㅎ-, 하슈ㅎ-, 햐슈ᄒᆞ-, ᄒᆞ슈ᄒᆞ-

【-하ᄉᆞ로며】 -하옵시며. 이두식 표현으로 'ᄒᆞᄉᆞᆲ오며(爲白乎旀)'의 표기이다. (이두이).¶ 황공복지 문안하ᄉᆞ로며 <정학신이 진사님에게 올린 고목1878/1938> ⇒ -하삽오

며, -허살오며, -ᄒᆞ살오며, -ᄒᆞᄉᆞ오며 ☞ -니살오며, -이살오며

【-하숩오며】 -하옵시며. 이두식 표현으로 'ᄒᆞᄉᆞᆸ오며(爲白乎旀)'의 표기이다. (이두어).¶ 황공복지 문안하숩오며 <하인 차복이 광산김씨 댁 상전에게 올린 고과1894> ⇒ -하ᄉᆞ로며, -허살오며, -ᄒᆞ살오며, -ᄒᆞᄉᆞ오며 ☞ -니살오며, -이살오며

【하와】 명 ((인명)) 하와(夏娃, Hawwah). 하나님이 아담의 가릿대 하나를 뽑아 만든 최초의 여자. 뱀의 유혹으로 선악과를 따 먹어 남편 아담과 함께 에덴동산에서 추방당하였다. (중국어 간접 차용어).¶ 아당 하와 ᄆᆞᄋᆞᆷ 속에 하ᄂᆞ님의 명령을 좃고져 ᄒᆞᄂᆞᆫ지라 이 실과를 먹지 아니ᄒᆞ더니 ᄒᆞᆫ 악ᄒᆞᆫ 마귀 사탄이라 ᄒᆞᄂᆞᆫ 쟈ㅣ 잇서 하ᄂᆞ님을 뮈워ᄒᆞᄂᆞᆫ지라 아당 하와를 속여 악ᄒᆞᆫ 일을 짓고 뎌를 셤기게 ᄒᆞ니라 뎌ㅣ ᄒᆞᆫ 꾀를 ᄉᆡᆼ각ᄒᆞᄃᆡ 아당 하와를 유인ᄒᆞ여 이 실과를 먹게 ᄒᆞ리라 <훈아 8b> 아당 하와 악ᄒᆞᆫ 사ᄅᆞᆷ이 되여 하ᄂᆞ님을 ᄉᆞ랑치 아니ᄒᆞ니 하ᄂᆞ님이 가히 뻐 뎌들을 됴흔 ᄆᆞᄋᆞᆷ을 주시겟ᄂᆞ뇨 가히 뻐 주시ᄂᆞ니라 <훈아 11b> ☞ 아당

【하와이】 명 ((지리)) 하와이(Hawaii). 태평양 중앙부의 여러 화산섬들로 구성된 미국의 주. (외래어).¶ 하와이 열두 섬 中 가장 큰 都城 全太平洋 中間에 別乾坤이라 <청춘 1914.10.1>

【하이드라밧】 명 ((지리)) 하이데라바드(Hyderabad). 인도 데칸 고원 가운데에 있는 도시. 이슬람 부족이 세운 하이데라바드 왕국의 도읍지였으며, 이슬람 문화의 중심지이다. (외래어).¶ 라호어와 베쇠와 델희와 아그라와 곤버와 알라하밧과 팔늬어와 비나리스와 남편에 하이드라밧과 마듸라스와 마이소와 셔편에 범베와 바로다와 가온대 져벌브어와 낙부어와 인도아와 과레란 촌이 잇고 사ᄅᆞᆷ의 픔ㅅ수는 션비와 빅셩이오 <사필1889-헐버트 89>

【하이-카라】 명 ((복식)) 하이칼라(high collar). 양복에 입는 와이셔츠의 운두가 높은 깃. (외래어).¶ 하이카라 녀학생이엇다 <염상섭, 불똥1934 183> ⇒ 하이칼나, 하이칼ᄂᆞ, 하아칼라, ᄒᆞ이칼나

【하이-칼나】 명 ((복식)) 하이칼라(high collar). 양복에 입는 와이셔츠의 운두가 높은 깃. (외래어).¶ 명월경 우에 일위 소년이 하이칼나 양복에 파나마모ᄌᆞ 쓰고 텬연히 셔셔 구경ᄒᆞᄂᆞᆫᄃᆡ <명월정 2> 엇던 하이칼나 젹쇼년이 술이 반짐 취ᄒᆞ야 노릐를 부르고 불인지 엽흐로 너려오ᄂᆞᆫᄃᆡ 파나마모자를 폭 숙여 쓰고 <추월색 2> ᄌᆞ네 집 ᄌᆞ근아씨면 샹가 위야 지문 쥬막 집 계집 하인들ᄭᆞ지도 모도 너무 음충맛다고 시려ᄒᆞ는 걸 그러ᄂᆞ 넌ᄀᆡ가 촌 ᄌᆞ근아씨가 잘도 그리 쏄쏄 나다니지 아니 ᄒᆞ는가 그야 하이칼나식이닛가 관계업네 <죽서루 1:17> ⇒ 하이카라, 하이칼ᄂᆞ, 하이칼라, ᄒᆞ이칼나

【하이-칼ᄂᆞ】 명 ((인류)) 하이칼라(high collar). 서양식 유행을 따르는 멋쟁이를 이르던 말. (외래어).¶ 그야 난들 잠ㅅ간 요시 셔당 셔방님끠 그런 썩 어려운 말을 귀로 드르닛가 다믄 듯고 젼흘ㅅ 뿐의 말이야 ᄌᆞ네의게 그리 ᄉᆞ물ㅅ 샹이니 무엇이니 ᄒᆞ고 존ᄃᆡ 바들 밋쳔이 업ᄂᆞ니 그런데 하이칼ᄂᆞ란 이러타 ᄒᆞ데 동경 놉픈 양복 입고 집팽이를 흔들고 게다가 금테 안경 쓰고 남녀가 셔로 교졔ᄒᆞ고 <죽서루 1:17>

【하이-칼라】 명 ((복식)) 하이칼라(high collar). 머리털을 길러서 밑의 가장자리만 깎은 머리. (외래어).¶ 하이칼라 머리에 겻헤 가면 샤향슈 넘시만 물신ᄒᆞᄒᆞ 나는 지금 어머니를 쳐음 볼 쎄에는 아모라도 서슴ᄒᆞᄒᆞ타 흘 터이나 <두견성 상:9> ⇒ 하이카라, 하이칼나, ᄒᆞ이칼나

【하톄】 명 하체(下帖, xiàtiě). 조선 시대에, 고을의 원이 향교의 유생들에게 체문(帖文)을 내리던 일. (중국어 직접 차용어).¶ 하톄 (帖文) <역해-공식 상:11a>

【학컥크】 명 ((지리)) 학컥크(Hochkirk). (외래어).¶ 학컥크 (哈期克克 Hochkirk) <만국통감1912, 4, 15>

【한니빨】 명 ((인명)) 한니발(Hannibal, B.C.247~?B.C.183). 카르타고의 장군. 기원전 218년 제2차 포에니 전쟁을 일으키고, 이탈리아에 침입하여 로마를 격파하였다. (외래어).¶ 로오마로 하여곰 불불 떨게 한 것이 全혀 스페인 神祠 압헤서 이를 갈면서 둑어도 한번 로오마를 해내겟다는 뜻을 세운 七歲小兒 한니빨의 합인 것을 생각하면 可히 이 理致를 알디라 <소년-소년시언 1908.11.18>

【한드래드】 수 한드레드(hundred). 백(百). (외래어).¶ 한드레드 (百) <영어일상통화단어초집-우산>

【한드-빽】 명 ((복식)) 핸드백(handbag). 손가방. (외래어).¶ 미국제 한드빽을 착 끼고 <염상섭, 두 파산1949 77> ⇒ 힌드박

【한-방】 명 ((기물)) 간봉(桿棒, gǎnbàng). 곤봉. '방(棒, bàng)'은 중국어 직접 차용어.¶ 桿棒 ‖ 무송이 몸의 남[납]홍쥬의를 닙고 머리의 범양빅젼닙을 쓰고 등의 푸기를 지고 한방을 닛글고 하직고 써나가려 ᄒᆞᆯ식 (武松穿了一領新衲紅綢襖, 戴着箇白范陽氈笠兒, 背上包裹, 提了桿棒, 相謝了便行.) <수호-이화 19:10a-23>

【한스릿벨시】 명 ((인명)) 한스 리페르셰이(Hans Lippershey). 남부 미델뷔르흐 출신의 안경 제작자(1570~1619). 1608년 약 3배 정도의 배율을 갖는 망원경을 최초로 발명하였다. (외래어).¶ 望遠鏡 한스릿벨시氏 <백과신-송1926 491>

【한카치】 명 ((복식)) 행커치프(handkerchief). 손수건. (외래어).¶ 한카치에 손을 씨으면서 올라온 은영이가 <염상섭, 입하의 절1950 2:214> ⇒ 한카치프, 향가치후

【한카치프】 명 ((복식)) 행커치프(handkerchief). 손수건. (외래어).¶ 한카치-프 箱子에서 <염상섭, 제야1922 3:43> ⇒ 한카치, 향가치후

【한-탕】 명 한탕(-輷) 무엇을 실어나를 때 한번 나르는 것. '탕(-輷, tang)'은 중국어 직접 차용어.¶ 一輷 ‖ 잇

쑤나 황노ᄃᆡ야 네 한탕을 신고하엿구나 어니 쪄여 셩에 낫기 달기 울가야 니르러 왓너냐 (噯呀, 黃老大, 你的辛苦一輔咧. 幾時出城的鷄叫纔到來咧?) <중화-아천 25b> ☞ 탕

【할난-국】 명 ((지리)) 홀랜드(Holland)의 영어 이름. 화란(和蘭). 12세기 초에 신성 로마 제국의 봉토로 설립된 나라. 1581년에 네덜란드 북부의 6개 주와 함께 에스파냐로부터 독립하였다. 수도는 암스테르담. (외래어).¶ 할난국 (和蘭 Holland) <만국통감1912, 4, 15> ⇒ 헐넌드, 헐널드, 호르란ᄯᅩ, 홀런드, 홀란드, 하란, 하란국, 할란국, 화란 ☞ 네데란스, 네데란스국, 네덜런쓰, 네델넌쓰국

【할넬누야】 명 ((기독)) 할렐루야(hellelujah). 하나님을 찬양한다는 뜻을 나타내는 말. 기독교의 찬미가에 자주 쓴다. (외래어).¶ 할넬누야 텬당에셔 찬숑 소리 퍼지니 <창가집> 의인 요셉 그 말 듯고 마리아를 다려다가 아ᄃᆞᆯ 낫키 기ᄃᆞ려셔 예수라 일홈ᄒᆞ니 하ᄂᆞ님의 예뎡이라 찬숑ᄒᆞ세 할넬누야 <연경-셩보가 2> 만삭된 마리아가 일긔 옥동 탄싱ᄒᆞ야 강보로 싸고 싸셔 구유 안에 누엿스니 이 아기 셩ᄌᆞ 예수 만국인의 구셰쥬라 찬숑ᄒᆞ세 할넬누야 <연경-셩탄가 3>

【할란-국】 명 ((지리)) 홀랜드(Holland)의 영어 이름. 화란(和蘭). 12세기 초에 신성 로마 제국의 봉토로 설립된 나라. 1581년에 네덜란드 북부의 6개 주와 함께 에스파냐로부터 독립하였다. 수도는 암스테르담. (외래어).¶ 네데란스국은 옛 할란국이라 폭원이 북위션 오십일 듸그리브터 오십삼 듸그리 반ᄶᆞ지요 동경션 세 듸그리브터 닐곱 듸그리ᄶᆞ지니 남북이 륙ᄇᆡᆨ 리요 동셔가 삼ᄇᆡᆨ 리며 <사필1889-헐버트 27> ⇒ 호르란ᄯᅩ, 홀런드, 홀란드, 하란, 하란국, 할난국, 화란 ☞ 네데란스, 네데란스국, 네덜런쓰, 네델넌쓰국

【할로—】 감 헬로(hallo). 여보세요. (외래어).¶ 할로— (여보시요) <영어일상통화단어초집 우산>

【할리박스】 명 ((지리)) 핼리팩스(Halifax). 캐나다 동쪽 대서양 연안에 있는 부동항. 제일·이 차 세계 대전 중에는 캐나다에서 가장 중요하고 규모가 큰 해군 기지였다. (외래어).¶ 읍너 일홈은 어더와ㅣ니 동편에 잇고 ᄯᅩ 귀벡과 몬드릐얼과 도란도와 할리박스ㅣ란 촌이 잇스며 ᄒᆞᆫ가온대 원늬벡과 셔편에 빅도리아와 빈구버ㅣ란 촌이 잇고 사ᄅᆞᆷ의 픔ᄉ수는 평등이오 <사필1889-헐버트 104>

【함쁘르흐】 명 ((지리)) 함부르크(Hamburg). 독일 북부에 있는 주이며 항구도시. (외래어).¶ 聯邦第一 開港場 함쁘르흐며 書籍出版 最盛한 라이푸지히 <청춘 1914.10.1>

【합돈】 명 ((인명)) 합돈(哈敦). 여자. 또는 왕비. (몽고어 차용어).¶ ※ 哈敦 ‖ 哈敦은 쑬라 (哈敦[番語. 女子之稱.]跪下!) <오전 6:8b> 也克罕의 妻 哈敦은 可히 歸順夫人을 授ᄒᆞ라 ᄒᆞ시니 謝恩ᄒᆞ라 (也克罕妻哈敦, 可授歸順夫人, 謝恩.) <오전 7:30b>

【합이빈】 명 ((지리)) 하얼빈(哈爾賓 hāěrbīn). 중국 동북부 흑룡강성 성도. 송화강 중류의 오른쪽에 있다. 수륙 교통의 요충지로, 동북 지구 북부의 정치, 경제, 문화의 중심지이다. (중국어 간접 차용어).¶ 합이빈 (哈爾賓) <자통-지지 382> 관셰국장과 홍룡 슈로 과쟝이 합이빈에 도착ᄒᆞ여 <대매> E부인은 벌서 합이빈(哈爾賓)에서 서울에 도착하얏다 <염상섭, E부인1929 93> ⇒ 하리빈, 하비빈, 할빈

【항가오】 명 ((지리)) 항저우(杭州 Hangzhou). 중국 절강성(浙江省) 북부 전당강(錢塘江) 어귀에 있는 도시. 남송의 도읍이었으며, 예로부터 무역항·경승지로 유명하다. (외래어).¶ 동편에 샹히와 남경과 항가오와 규강과 부챠오와 에모이와 챵사ㅣ란 큰 촌이 잇고 남편에 홍콩과 간턴과 솨도와 과이링과 과양과 윤난이란 촌이 잇고 셔편에 뎡두와 즁깅과 시우츄와 란쥬와 싱안이란 촌이 잇고 [이는 청국 본 ᄯᅡ히라] <사필1889-헐버트 73>

【항우-장ᄉᆞ】 명 ((인류)) 행화장수(行貨-). 황아장수. 집집을 찾아 다니며 자질구레한 일용 잡화를 파는 사람. 방물장수. '황우(行貨 hánghuò)'는 중국어 직접 차용어.¶ 각읍의 폐인 염탐 각각 변복 다 모혓다 담ᄇᆡ장ᄉᆞ 메육장ᄉᆞ 망건장ᄉᆞ 파립장ᄉᆞ 항우장ᄉᆞ 걸ᄀᆡ이라 <남원1869 5:15a> ⇒ 황오장ᄉᆞ, 황우쟝ᄉᆞ, 황의쟝ᄉᆞ, 황호장ᄉᆞ, 힝화쟝ᄉᆞ

【항자】 명 ((인류)) 행가(行家). 전문가. 숙련가. '항자(行家, hángjiā)'는 중국어 직접 차용어.¶ 恒家 ‖ 세 집 금 맛치면 항자ᄭᅴ 뭇지 마라 (走三家不用問恒[行]家) <니귀 30a>

【항장-ᄒᆞ-】 동 항장(肮臟)하다. 더럽다. (중국어 간접 차용어).¶ 臟肮 ‖ 뉴빅은은 나라흘 위ᄒᆞ여 큰 계교롤 베프려 ᄒᆞ나 오히려 공명을 탐ᄒᆞ는 일홈을 면티 못ᄒᆞᄂᆞ니 엇디 항장ᄒᆞᆫ 몸을 국속ᄒᆞ믈 바드리오 (又如劉伯溫, 有志得展, 僅忌他的才, 本是爲國家陳大計, 反說他多事, 反說他貪功. 這個臟肮之身, 可堪得麽?) <형세 3:85>

【항쟝】 '항쟝(肮臟)ᄒᆞ다'의 어근. 더럽다. (중국어 간접 차용어).¶ 항쟝 쟝, "骯髒". 又"抗髒". (髒) <자주 상:53a>

【항ᄌᆞ】 명 행자(行子). 장사꾼. '항ᄌᆞ(行子, hángzi)'는 중국어 직접 차용어.¶ 項[行]子 ‖ 만일 남넌 것시 이스되 길 가 것슬 불너 져을 청하여 먹긔 하되 무슴 항ᄌᆞ도 말 말고 베 아올나도 너의 졈 ᄀᆡ도 허하며 먹긔 아니하고 (若有剩下的咧, 招街傍[坊]家請他們吃, 別說是甚嗎項[行]子, 連骨頭也不許你們店裡的狗吃.) <기착-육당 하:33a>

【항호】 명 행화(行貨). 물건. 물품. '항호(行貨, hánghuò)'는 중국어 직접 차용어.¶ 貨 ‖ 애 네 진실로 항호를 아니 ᄯᅩ 내 運氣 됴치 아니ᄒᆞ여 너를 만나도다 (咳, 你眞識貨, 也是我運氣不好撞着你.) <박신 3:29b> 네 이믜 항호를 알면 내게 엇마 갑슬 갑흐려 ᄒᆞ는다 (你旣識貨, 還我多少價錢?) <박신 3:30a>

【핟】 명 하트(heart). 심장(心臟). 마음. (외래어).¶ 죽어가

는 숨 가온데 잡는 나라 사랑하는 그 쓰거운 할 <신민 1919.6.21>

【핸각-요한】 명 ((인명)) 핸콕 존(Hancock (John)). (외래어).¶ 핸각 (요한) (翰喀克約翰 Hancock (John)) <만국통감1912, 4, 15>

【핸드】 명 ((신체)) 핸드(hand). 손. (외래어).¶ 핸드 (手) <영어일상통화단어초집 우산>

【햄과 뻬콘】 ((음식)) 햄과 베이컨(Ham or bacon). (외래어).¶ 햄과 뻬콘 ‖ 도야지고기 15파운드 소곰 1파운드 누른 사탕 1파운드 쵸셕(硝石) 1온스(oz) 호쵸 가루 (쥬머니에 너흔 것) ½파운드 소곰 6온스(oz)와 쵸셕 1온스(oz)로 몬져 도야지고기에 잘 문질너 가지고 항아리에 너흔 후 헌겁으로 덥허셔 잇흘 동안을 두엇다가 사흘 되는 날에 남어지 소곰과 누른 사탕으로 30분 동안 잘 문질너셔 호쵸 쥬머니하고 한데 도로 항아리에다 집어너코 헌겁으로 덥허노코 하로 걸너 큼식 그 고기를 뒤집어 노코 물 속의 앙금까지 잘 문지르대 뻬콘(bacon)은 삼사 쥬일 가량을 이러케 하고 햄은 다섯 쥬일 동안을 이러케 할 것 그래가지고는 밀가루 부대에 너허셔 쥬방에다가 말으기까지 일쥬일을 놉히 매달아 두엇다가 다 말르면 파라핀 조희(paraffin paper)로 싸고 다음에 둣거운 조희로 싸셔 부대에 너허셔 판 곳에 매달아 둘 것 만일 고기에 다 연긔를 쏘히여면 먼져 크레오쏘트(creosote) ½ 쇼슈가락과 샐렛 기름(salad oil) 2대슈가락을 칠할 것 <서요 35>

【햇트】 명 ((복식)) 햇트(hat). 모자(帽子). (외래어).¶ 햇트 (帽子) <영어일상통화단어초집 우산>

【하낙】 명 하락(下落). 소재(所在). 행방(行方). '하(下, xià)'는 중국어 직접 차용어.¶ 下落 ‖ 또 잠층의 하낙을 무른디 그 닌니인이 니르디 (又問岑忠下落, 這隣人說.) <설월 7:109> 만일 사름이 져군의 하낙을 힐문ᄒᆞ거든 다만 구지 토셜치 아니면 내 고호ᄒᆞ여 무ᄉᆞ히 ᄒᆞ리니 (若有人盤問太子下落, 只要一味抵賴无事, 有我護庇不須言.) <옥천-수경 4:31b> ⇒ 하락, 하락

【하락】 명 하락(下落). 행방(行方). 소재(所在). 결과. '하(下, xià)'는 중국어 직접 차용어.¶ 下落 ‖ 오날은 근력을 다ᄒᆞ야 겨유 님형의 하락을 알아오니이다 (今日費盡氣力, 才把林兄下落打聽出來.) <경화 8:47> ᄉᆞ미 니르디 져의 문젼으로 가 다시 져로 더브러 한 ᄎᆞ례 ᄡᅡ호면 ᄌᆞ연 하락이 이시리라 (沙彌道: "且尋到他門前再與他見一陣, 便自有下落.") <후서유 15:13-29> 너의 표미 비록 십일이 셰 되여시나 총혜 과인ᄒᆞ며 능히 사름의 현우귀천을 알고 또 용뫼 십분 슈려ᄒᆞ더니 가석ᄒᆞ믄 지금 하락을 아지 못ᄒᆞ노라 (你表妹雖只得十二歲, 聰慧過人, 能識人賢愚貴賤, 且生得十分秀麗, 可惜如今不知下落.) <설월 2:28> 의외 그 쥬노인이 즉시 병몰ᄒᆞ고 그 셔신도 셔실ᄒᆞ여 하락을 모로ᄂᆞᆫ지라 일노 인ᄒᆞ여 남북의 신식이 통치 못ᄒᆞ엿ᄂᆞ이다 (不料這周老人隨卽病故, 這封書也就遺失不知下落, 因此南北信息不通.) <설월 13:8> 일긔 장가 셩 가진 ᄉᆞᄅᆞᆷ이 와셔 우리 상공의 하락을 뭇더이다 (一個姓張的來問我家相公下落.) <쾌심 5:32> 바야흐로 니런 이단ᄉᆞ셜이 필경 착실ᄒᆞᆫ 하락이 업ᄉᆞᆷ을 아랏ᄂᆞ니 (纔曉得這些異端邪說, 到頭來沒有一個着實的下落.) <후홍 15:69> 형부인과 우시 보옥의 하락을 알고 와셔 가모와 왕부인긔 치하ᄒᆞ며 (邢夫人, 尤氏知道寶玉有了下落, 過來與賈母, 王夫人道喜談心.) <홍보 9:66> 내 너를 ᄃᆡ신ᄒᆞ여 한 마디 말을 ᄉᆡᆼ각ᄒᆞ미 곳 봉이내내의 하락을 무ᄅᆞ려 ᄒᆞ미니 아지 못게라 올치 아니ᄒᆞ냐 (我替你想着一句, 是要問鳳二奶奶的下落, 不知是不是?) <홍부 6:39> 당쵸의 쇼쥬 유명ᄒᆞᆫ 일위 도ᄉᆞ 묘옥을 쳥ᄒᆞ여 이곳의 잇셔 향화를 밧들게 ᄒᆞ더니 묘옥이 강도의 겁박ᄒᆞᆫ ᄇᆡ 되여 하락을 아지 못ᄒᆞ고 (當初請了一位蘇州有名的道士妙玉在此主知持香火, 妙玉爲强盜强劫而去, 不知下落.) <홍부 6:39> 믈논 원근ᄒᆞ고 미화 향긔 나ᄂᆞᆫ 곳의 믄득 하락이 잇실 거시오 (不問遠近, 聞有梅花香處, 便有下落.) <홍부 45:113> 다만 됴뎡의 드러와 면관샤죄ᄒᆞ며 급히 심복인을 취대산의 보내여 하락을 탐지ᄒᆞ미 다ᄒᆡᆼ히 모다 살히치 아니ᄒᆞ다 ᄒᆞᄂᆞᆫ지라 (只得入朝免冠謝罪, 急遣心腹往吹臺打聽下落, 探得俱未殺害.) <재생 13:22> 연옥이 ᄉᆞᄉᆞ로이 도쥬ᄒᆞ여 하락이 업ᄉᆞᆫ디 타인으로 대신 출가케 홈도 ᄯᅩᄒᆞᆫ 어려오니 (燕玉私逃無下落, 欲得要, 遣人替嫁又爲難.) <재생 12:70> 너 칭탁ᄒᆞᄃᆡ 상경ᄒᆞ여 하락을 보려 ᄒᆞᆫ다 ᄒᆞ면 고노야의 뎨형이 벅ᄇᆡᆨ이 가련히 너길지라 (報說上京觀下落, 舅爺昆仲季相憐.) <재생 21:30> 소졔 너 다만 부친을 ᄒᆞᆫ 번 보고 후등을 좁아 분을 풀면 죽어도 ᄒᆞᆫ니 업슬너이니 졔 부친을 보고 ᄯᅩ 은져를 보니 나흔의 하락을 아니 다시 ᄒᆞᆫ니 업ᄂᆞᆫ지라 (奴家有願在先, 只是見了爹爹一面, 訴明寃枉, 拿了侯登, 報仇雪恨, 死亦瞑目. 今日既見了爹爹, 又着恩姐, 曉得羅焜下落.) <분장 4:134> 임의 장원을 ᄒᆞ여실진ᄃᆡ ᄌᆞ연 관부아역이 ᄉᆞ실ᄒᆞ여 ᄎᆞᄌᆞ면 필연 하락이 이실지라 (他既已中了狀元, 自然有在官人役訪查找尋, 必是要有下落的了.) <충협 9:65> 만일 ᄌᆞᄀᆡᆨ이 너의를 결박ᄒᆞ고 칼을 들며 호령ᄒᆞ면 너의가 죽을가 두려 즉시 대인의 하락을 말ᄒᆞ여 대인이 지금 어내 곳의 계시다 ᄒᆞ려니와 (若有刺客要將你們捆起, 用刀微喝, 你們怕死, 就說出大人的下落, 大人現在那裏.) <충소 1:48> ▼着落 ‖ 다만 말ᄒᆞ기를 안의셔 믈건을 일허시니 져 믈건이 하락이 나기를 기다려 그런 후의야 사ᄅᆞᆷ을 내여 보낸다 ᄒᆞ라 (只說裡頭丢了東西, 待這件東西有了着落, 然後放人出來.) <홍루 94:87> 내가 경환션고를 보고 노태태의 하락을 빙쥰ᄒᆞ여 본 후의 우리 무리 다시 샹량ᄒᆞ여 볼 거시오 (等我見了警幻仙姑, 問准了老太太的下落, 咱們再作商量.) <속홍 1:88> 다만 니쇼져의 하락이 엇지 되엿ᄂᆞᆫ지 모ᄅᆞ리로다 (只不知李小姐作何着落.) <쾌심 18:10> ᄒᆞᆯ믈며 머리를 드러 줌시 나를 보고 나ᄂᆞᆫ ᄃᆞ시 다라가니 그 모양이 분명히 심겁ᄒᆞ여 나를 피ᄒᆞ미라 텬긔 샤례ᄒᆞᄂᆞ니

혜아리건ᄃᆡ 미지 하락이 잇도다 (況擡頭, 一時見我飛跑去, 那規模, 明是心虛避下官. 唷! 謝天謝地, 看來妹子有個着落了.) <재생 27:85> ⇒ 하락, 하낙

【하락-되-】 동 하락(下落)되다. 낙착(落着)되다. 귀결되다. '하(下, xià)'는 중국어 직접 차용어.¶ 下落 ‖ 이 모양으로 하락되믈 가히 허탄ᄒᆞᆫ 거술 신청ᄒᆞ미 아니냐 (這樣下落可不是下落的事, 是信得的麽!) <홍루 114:10>

【하루-ᄒᆞ-】 동 하루(罅漏)하다. 틈이 갈라지고 새다. '하(罅, xià)'는 중국어 직접 차용어.¶ 罅漏 ‖ 이단을 막으며 불노ᄅᆞᆯ 믈니쳐 하루ᄒᆞᆫ 거술 깁고 메우며 유묘ᄒᆞᆫ 거술 쟝황이 ᄒᆞ야 ᄯᅥ러진 실묫치 망망ᄒᆞᆫ 거술 ᄎᆞ자 홀노 겻ᄒᆞ로 뒤지고 먼니 니어 (觝排異端, 攘斥佛老. 補苴罅漏, 張皇幽眇. 尋墜緖之茫茫, 獨旁搜而遠紹.) <고백 3:45a> 일은 궁댱에 이믜 경[오경]을 ᄃᆡ흰즉 셩샹의 ᄯᅩ ᄒᆞᆫ 맛당히 보경ᄒᆞ야 ᄡᅧ 표리샹응ᄒᆞ며 슈미샹년ᄒᆞ게 ᄒᆞᆫ 연후에야 거의 일분이라도 하루[틈나고 새단 말숨]홈이 업술디니 힝힝시 파슈ᄒᆞᆷ믈 샹시에 이습ᄒᆞ야 ᄒᆞᆫ갈ᄀᆞ치 경을 ᄃᆡ회며 돌녀 파슈ᄒᆞᄂᆞᆫ 규모와 ᄀᆞ치 ᄒᆞ되 졍식을 삼아 감히 폐치 말게 ᄒᆞᄋᆞᆸ더 (一. 宮墻旣守更則城上亦當報警, 使表裏相應首尾相連, 然後庶無一分罅漏是白如乎, 行幸時派守, 常時肄習, 一如守更輪把之規著, 爲定式毋敢廢墜爲白齊.) <정의-화성 46:51b>

【하소】 명 ((주거)) 하소(下所). 거처(居處). 숙소(宿所). 처소(處所). 사람이 기거하거나 임시로 머무는 곳. '하(下, xià)'는 중국어 직접 차용어.¶ 니튼날 평면의 녀부 졔쇼졔 드러와 현알ᄒᆞᆷ믈 쳥ᄒᆞᆫᄃᆡ 귀비 츄시와 두어 궁녀로 ᄒᆞ여곰 마ᄌᆞ 현셩궁 쇼실 그윽ᄒᆞᆫ ᄃᆡ 하소를 뎡ᄒᆞ라 ᄒᆞ니 <임화 52:63> ⇒ 하쇼

【하쇼】 명 ((주거)) 하소(下所). 거처(居處). 숙소(宿所). 처소(處所). 사람이 기거하거나 임시로 머무는 곳. '하(下, xià)'는 중국어 직접 차용어.¶ 샹공이 하쇼의 계시더니 야간의 ᄌᆞ긱이 니ᄅᆞ러 살히ᄒᆞ니 니블의 피 가득ᄒᆞ고 살 박힌 금기 이시되 시신이 간 ᄃᆡ 없ᄉᆞ니 <낙천 3:16a> 부인이 야야의 긔체 평셕ᄒᆞ시믈 만심 환희ᄒᆞ여 이의 하쇼로 도라가니 시랑이 바야흐로 드러와 샹국으로 한담ᄒᆞ며 남은 밤을 지ᄂᆡ니라 <윤하 75:44> ⇒ 하소

【하슈】 명 하수(下手). 착수(着手). 손을 씀. '하(下, xià)'는 중국어 직접 차용어.¶ 下手 ‖ 하슈, 猶言著手也. 下手、下處見«漢書». <진람 13a> 이 역이 셔울셔 임의 머니 내 이 고ᄃᆡ셔 하슈ᄅᆞᆯ 아니ᄒᆞ고 어ᄂᆞ ᄯᆡᄅᆞᆯ 기ᄃᆞ리리오 (商州離長安已遠, 我不就那裡下手, 更待何時?) <회문-한고 4:65a> ▼혹도들이 다시 하슈ᄅᆞᆯ 못ᄒᆞ야 현듕의 드러가 울며 왈 ᄒᆞᆨ교 ᄉᆞ문이 이러ᄐᆞ시 욕을 보니 부모 노야ᄂᆞᆫ 인명을 구ᄒᆞ쇼셔 (奔上堂去哭稟道: "反了, 反了! 學校斯文, 凌辱至此, 成甚規矩, 望父母老爺救命.") <화도-여초 1:34b>

【하슈-ᄒᆞ-】 동 하수(下手)하다. 손을 쓰다. 해치다. 손을 대어 사람을 죽이다. '하(下, xià)'는 중국어 직접 차용어.¶ 下手 ‖ 관계ᄒᆞᆯ 거시 업ᄉᆞ니 다만 몬져 ᄉᆞ룸으로 ᄒᆞ여곰 보ᄒᆞ되 화상이 뒤산의셔 돌을 헷치고 도쥬ᄒᆞ려 ᄒᆞᆫ다 ᄒᆞ여 일기 ᄃᆡ왕을 쇽여 그곳으로 보ᄂᆡ시면 그 남은 일기 ᄃᆡ왕은 하슈키 쉬오리이다 ("不打緊, 大王只消先叫人報說, 和尙在後山築石要走, 哄開了一個, 這一個便好下手.") <후서유 13:127-26> ▼動手 ‖ 이제 양쥬셔 셔로 만나미 각각 지낸 일을 고ᄒᆞ고 믄득 산동 대젹 한 무리ᄅᆞᆯ 결당ᄒᆞ여 가마니 림부 신힝을 몃 날을 ᄯᆞ라오ᄃᆡ 감히 하슈치 못ᄒᆞ엿더니 (今在揚州遇見, 各道來由, 便勾通了山東一伙巨盜, 尾隨林府送親的船走了幾天, 不敢動手.) <홍보 12:77> 만일 쇼경의 칼노 하슈키 어렵거든 맛당히 몸이 년못 쇽의 ᄲᅡ지리니 (如若少停難下手, 竟將一命喪池中.) <재생 8:4> ▼開剝 ‖ 밧게 나와 화반의 도라오기ᄅᆞᆯ 기ᄃᆞ려 하슈코자 ᄒᆞ되 (且去門前望幾個火家歸來開剝.) <수호-신문 2:35:219> ᄯᅩ로ᄂᆞᆫ 쟝쉬 군쥬ᄅᆞᆯ 보면 참아 하슈치 못ᄒᆞ리라 <삼역 10:23b> ᄒᆞᆫ 남지 허리의 서리 ᄀᆞᄐᆞᆫ 비검을 ᄎᆞ고 ᄌᆞ긔ᄅᆞᆯ 해코져 ᄒᆞ되 그 신위ᄅᆞᆯ 두려 능히 하슈티 못ᄒᆞᄂᆞᆫ디라 <낙성 2:28b> ⇒ 하슈ᄒᆞ-, 하슈ᄒᆞ-, ᄒᆞ수ᄒᆞ-, ᄒᆞ슈ᄒᆞ-

【하슈-ᄒᆞ-】 동 하수(下手)하다. 손쓰다. 해치다. 손을 대어 사람을 죽이다. '하(下, xià)'는 중국어 직접 차용어.¶ 害 ‖ 노야ᄂᆞᆫ 엇지 일즉이 일홈을 니ᄅᆞ지 아냐 하마면 셩명을 하슈ᄒᆞᆯ 번 ᄒᆞ엿노라 (我的爺, 何不早講大名, 險些兒害了恩人性命!) <선진 3:63> 노야ᄂᆞᆫ 엇지 일즉이 일홈을 니ᄅᆞ지 아냐 하마면 셩명을 하슈ᄒᆞᆯ 번 ᄒᆞ엿노라 (我的爺, 何不早講大名, 險些兒害了恩人性命!) <선진 11:138> ▼動手 ‖ 난병을 지휘ᄒᆞ야 함끠 하슈ᄒᆞ라 (遂揮亂兵一齊動手.) <수양-녹우 5:89> 믄득 하인을 ᄭᅮ지져 하슈ᄒᆞ니 풍공ᄌᆞᄅᆞᆯ 가져다가 육장이 되도록 쳐셔 남에 ᄒᆞ여 보닛더니 삼일만의 및춤ᄂᆡ 죽은지라 (便喝令下人動手, 將馮公子打了個稀爛, 抬回去三日竟死了.) <홍루 4:23> ▼下手 ‖ 낭ᄾᅟᅵ 명을 뎐ᄒᆞ야 대소 군신을 다 드러오라 ᄒᆞ고 ᄒᆞᆫ 심복의 대쟝을 명ᄒᆞ야 무ᄉᆞᄅᆞᆯ 거ᄂᆞ린 후의 하슈ᄒᆞᆯ 거시니이다 (娘娘須草詔傳布中外, 着令大小群臣入內, 仍要委一心腹大將, 領率武士, 方好下手.) <서한-서강 12:72> 져ᄂᆞᆫ 거인이오 우리ᄂᆞᆫ 듕이니 알과 돌이 셔ᄅᆞ ᄃᆡ적디 못ᄒᆞᆯ디라 몬져 하슈ᄒᆞ미 올흐니라 (他是擧人, 我是僧家, 卵石非敵, 不若先下手爲强.) <포공-각상득혈 8:30> ᄎᆞ시의 졍히 하슈ᄒᆞ미 죠흐니 빈되 가셔 황보 원슈ᄅᆞᆯ 싱금ᄒᆞ리라 (此時正好下手, 待貧道來擒他便了.) <재생 4:31> 신무군시 긔력이 진ᄒᆞ여 은신ᄒᆞᄂᆞᆫ 부작을 신변의 감쵸고 가마니 녀쟝군의 마젼으로 가 졍히 승간ᄒᆞ여 하슈ᄒᆞ려 ᄒᆞ더니 (神武眞人殺到力怯之時, 竟把隱身符塞在金袋之內, 暗地裏走到長華馬前, 意欲乘間下手.) <재생 16:41> 힝지 왈 낭ᄾᅟᅵ 져 놈을 청ᄒᆞ여 술을 권ᄒᆞ시면 노숀이 변ᄒᆞ여 잔요괴 되여 져 놈의 겻히 잇다가 하슈ᄒᆞᆯ 거시니 어ᄂᆡ 시비를 갓가이 부리시ᄂᆞᆫ고 불너 그 얼골을 뵈거든 그 얼골이 되어 일을 힝ᄒᆞ리다 (行者道 : "古人云, 破除万事無過酒.

只以飮酒爲上, 你將那貼身的侍, 却好下手.") <서유-영남 8:72-71> 팔계 무심중 나아가 졸연이 다다르니 모든 요괴 다라드러 에워ᄡᅡ고 일시의 하슈ᄒᆞ려 ᄒᆞ거ᄂᆞᆯ (這獃子晦氣, 不多時, 撞到當中, 被郡妖圍住, 這個扯住衣服, 那個扯着絲糸條, 推推擁擁, 一齊下手.) <서유-영남 11:8-85> 쇼힝ᄌᆞ 등 ᄉᆞ인은 각기 플언덕 우희셔 코ᄅᆞᆯ 고을고 ᄌᆞ거ᄂᆞᆯ 만심환희ᄒᆞ여 니ᄅᆞ되 과연 나의 쇼료의셔 버셔나지 아니ᄒᆞ니 모롬즉이 일즉 하슈ᄒᆞ리라 (小行者三人卻横一個、豎一個在草坡上鼾鼾睡覺. 滿心歡喜道: "果不出我之所料, 須早早下手.") <후서유 17:18-33> 뎌 인이 취침ᄒᆞ믈 엇지 어ᄂᆡ ᄯᅢ가지 기다리며 ᄯᅩ 일기 문인이라 일즉 하슈ᄒᆞ여 일을 힝홈만 ᄀᆞᆺ지 못ᄒᆞ다 (大人睡覺, 可待到幾更時候? 又是一個文人, 不如早早的下手行事.) <충소 3:56> ▼開剝 ‖ 도로 ᄊᆞ놋코 문젼의 나와 화ᄌᆞ의 도라오믈 기다려 하슈ᄒᆞ려 ᄒᆞ더니 (却纔包了, 且去門前望幾個火家歸來開剝.) <수호-이화 32:4b> 번왕이 만금을 주고 니원슈 하슈ᄒᆞ기를 뫼ᄒᆞᆫ대 뇨방이 크게 깃거ᄒᆞ야 삼경의 니원슈 딘으로 오다 <낙성 2:55> 오직 보형이 지혜 만코 총명ᄒᆞ니 히키 어려울지라 아직 권도로 져ᄅᆞᆯ 먼니 보니고 하슈ᄒᆞ리라 ᄒᆞ여 유유히 ᄯᅥᄅᆞᆯ 엿보더니 <천수 5:64> 환관 일인도 좃ᄎᆞ니 업ᄉᆞ니 고약ᄒᆞᆫ 형셰 ᄒᆞᆫ 창으로 하슈ᄒᆞ나 능히 버셔ᄂᆞᆯ 길히 업셔 뵈ᄂᆞᆫ지라 <완월 9:58> 몽농의 자는 ᄯᅥ에 하슈ᄒᆞ고 버거 소공부ᄌᆞᄅᆞᆯ 다 죽이라 ᄒᆞ니 ᄌᆞ긱 남궁괄이 응명ᄒᆞ고 힝계ᄒᆞᆯ시 이날 소슌은 그 악공 셜ᄌᆞᄉᆞ 관읍의 가 자고 아니왓ᄂᆞᆫ지라 <윤하 4:43> ᄀᆞ만이 그ᄅᆞᆺ 되면 어려오니 비밀코 비밀ᄒᆞ라 젼혀 하슈ᄒᆞᆯ 듸 업ᄉᆞ리라 <일촬금 14> 번왕이 만금을 주고 니원슈 하슈ᄒᆞ기를 뫼ᄒᆞᆫ대 뇨방이 크게 깃거 ᄒᆞ야 삼경의 니원슈 딘으로 오다 <낙성 2:28a> ⇒ 하슈ᄒᆞ-, 하슈ㅎ-, ᄒᆞ수ᄒᆞ-, ᄒᆞ슈ᄒᆞ-

【하시】 명 하시(下視). 경시(輕視). '햐(下, xià)'는 중국어 직접 차용어.¶ 看輕 ‖ 우리가 너모 젹인의게 하시ᄅᆞᆯ 당ᄒᆞᄂᆞ이다 (我們太被賊人看輕了!) <여선 32:80>

【하시-ᄒᆞ-】 동 하시(下視)하다. 경시(輕視)하다. '햐시(下視, xiàshì)'는 중국어 직접 차용어.¶ 하시ᄒᆞ다 | 괄시ᄒᆞ다 <법한 146> 네 ᄂᆞ의 늘그믈 하시ᄒᆞ니 ᄂᆡ 널노 더부러 무예를 시험ᄒᆞ여 ᄌᆞ웅을 결ᄒᆞ리라 (黃忠大怒曰: "汝說吾老, 敢與我比試武藝麽?") <삼국-국중 11:88-62> ▼藐視 ‖ 지혜 빅옥당의 셩경이 긔승ᄒᆞ여 다만 ᄌᆞ긔 이심만 알고 사ᄅᆞᆷ이 이시믄 아지 못ᄒᆞ며 텬하 지능 잇ᄂᆞᆫ 사ᄅᆞᆷ을 하시ᄒᆞᄂᆞᆫ 줄 아ᄂᆞᆫ지라 (智爺探知五爺的性情, 好高騖遠, 妄自尊大, 只知有己, 不知有人, 藐視天下的能人.) <충소 1:34>

【하ᄉᆞ】 명의 갑아(匣兒). '샤아(匣兒, xiár)'는 중국어 직접 차용어.¶ 匣 ‖ 분 일빅 하ᄉᆞ 소옴 미론 듸 드린 연지 일빅 낫 미레 든 연지 일빅 근 쇠쁠로 ᄒᆞᆫ 면합ᄌᆞ 일빅 낫 로각으로 ᄒᆞᆫ 면합ᄌᆞ 일빅 낫 (面粉一百匣、緜[綿]臙脂一百箇、蠟臙脂一百斤、牛角盒兒一百箇、鹿角盒兒一百箇.) <번노 하:68a>

【하져】 명 하저(下箸). 젓가락을 댄다는 뜻으로 음식을 먹음을 이르는 말. '햐(下, xià)'는 중국어 직접 차용어.¶ 下箸 ‖ 이 ᄣᅢ의 오시 임의 지나시되 아춤슈라를 나오지 아니ᄒᆞ시고 이날 져녁슈라도 ᄆᆞᆺ참내 하져를 아니ᄒᆞ시니 (是時午鼓已過, 而朝膳不進, 是日至夕膳, 終不下箸.) <명의-권수 하:20a> 긔운이 블안ᄒᆞ야 하져ᄅᆞᆯ 닛과이다 <낙성 1:41a> 샹셰 ᄯᅩᄒᆞᆫ 태연히 진식ᄒᆞ되 다만 육션을 하져 아니ᄒᆞ거ᄂᆞᆯ <현몽 10:57> 슘간텩ᄂᆞᆯ 나온 잔상은 이로 헤지 못ᄒᆞ고 진지도 다 녕ᄒᆞ여 오니 은바리의 흰밥 가득이 담아 하져도 아니시고 <됴대비입궐일긔-한고 1819>

【하져-ㅎ-】 동 하저(下箸)하다. 젓가락을 댄다는 뜻으로, 음식을 먹음을 이르는 말. '햐(下, xià)'는 중국어 직접 차용어.¶ 下箸 ‖ 셕반을 나오되 하져치 못ᄒᆞ니 나지 먹은 거시 ᄂᆞ리디 아니ᄒᆞ미라 (夕[食卞]不得下箸, 午饌不消故也.) <서원 5:45a> 이쳠이 마참 듕병을 어더 비위 픠ᄒᆞ고 구미 약ᄒᆞ야 산진히착을 일병 하져치 아니ᄒᆞ니 일개 초민ᄒᆞ거ᄂᆞᆯ (爾瞻適得重疴, 脾敗口辛, 山珍海錯幷不下箸, 家內焦遑.) <청야 2:6> ▼動箸子 ‖ 이는 우리 등이 ᄉᆞᄉᆞ로 두 가지 ᄎᆡ쇼ᄅᆞᆯ 쥰비ᄒᆞ미오 쥬방의셔 어더 오미 아니어ᄂᆞᆯ 도로혀 하져치 못ᄒᆞ여시니 너 노인네ᄂᆞᆫ 청컨ᄃᆡ 한 잔을 마시라 (這是我們打平伙備了兩様菜, 不是霑光廚房裏的, 還沒動箸子呢, 你老人家賞臉請喝一杯.) <홍보 4:100> 상이 거의 파ᄒᆞ거ᄂᆞᆯ 냥부와 냥녀ᄂᆞᆫ 어이 하져티 아니ᄒᆞᄂᆞ뇨 <낙성 1:41a> 가장 놀나고 오반을 뎌ᄒᆞ니 두골이 ᄲᅢ히ᄂᆞᆫ ᄃᆞᆺᄒᆞ여 ᄉᆞ식이 념이 업ᄉᆞ되 강인ᄒᆞ여 하져ᄒᆞ미 위시 명ᄋᆞ를 상ᄒᆞ의 [안치] 먹이더니 <명보 1:61> ⇒ 하져ᄒᆞ-

【하져-ᄒᆞ-】 동 하저(下箸)하다. 젓가락을 대다. 음식을 먹다. '햐(下, xià)'는 중국어 직접 차용어.¶ 下箸 ‖ 혹 강잉ᄒᆞ야 밥을 권ᄒᆞ면 비록 하져ᄒᆞ나 즉시 귀와 코흐로 ᄡᅥ 도로 토ᄒᆞ더라 (或强勸食, 雖暫下箸, 而卽以耳鼻還吐.) <조회 20:8> 강잉ᄒᆞ야 두어 번 하져ᄒᆞ고 지필노ᄡᅥ 샤례ᄒᆞ니 ᄯᅩ 갈 ᄣᅢ 믈니친 바 쳥인응졔시 ᄉᆞ권으로ᄡᅥ 바다가믈 ᄀᆞᆫ쳥ᄒᆞ거ᄂᆞᆯ 약환으로ᄡᅥ 답네ᄒᆞ다 (强下數箸而罷, 以紙束筆柄謝之, 又以去時所却淸人應製詩四卷懇請受去, 以藥丸換取.) <서원 9:5b> ᄂᆡ 보니 녀국의 잔치를 비셜ᄒᆞᆯ 제 이런 죠흔 음식은 먹지 못ᄒᆞ여시리니 이 만두와 면을 하져ᄒᆞ야 놀난 마음을 진졍ᄒᆞ라 (我知你在女國中赴宴之時, 不曾進得飮食. 這裏葷素饃饃兩盤, 憑你受用些兒壓驚.) <서유-영남 6:4-55> 내 상의 반찬은 빅시 상의셔 감ᄒᆞ되 뎝시 수ᄂᆞᆫ 젓자반 네ᄉᆞ 놋ᄂᆞᆫ 것 밧긔 어육이 서너 그ᄅᆞᆺ 안히 들 적이 업ᄉᆞ되 나ᄂᆞᆫ 하져ᄒᆞᄂᆞᆫ 거시 업ᄉᆞᆫ디라 (余食饌物損於伯氏, 而楪數則醋醢例設之外, 魚肉不減三四器, 以余無下箸之物.) <연행-노가재 4:26b> 명일의 식반을 나와 서로 하져ᄒᆞ더니 ᄒᆞᆫ 상을 시녀로 외당으로 보내되 심히 황냥ᄒᆞ야 긔 쉬회소ᄒᆞ야 보암즉디 아니ᄒᆞ거ᄂᆞᆯ <낙성 1:38a> 샤졔로

더브러 셕반을 햐져ᄒᆞ미 화긔 일좌의 바이니 쇼회 참지 못ᄒᆞ여 쇼왈 <셩현 1:56> 옥싊 뫼셔 밥 먹으되 오직 쳐소로 햐져ᄒᆞ고 육깅을 졉구치 아냐 임의 즘싱의 고기를 먹지 아닛ᄂᆞᆫ가 ᄒᆞ여 무러 ᄀᆞᆯ오ᄃᆡ <보은 2:2> 이윽고 셕식이 니ᄅᆞ니 혼연이 니러 햐져ᄒᆞ고 소져를 도라보니 소졔 ᄯᅩᄒᆞᆫ 타연이 진식ᄒᆞ미 <벽허 3:17> 그릇슬 열ᄆᆡ 아름답지 아닌 너음이 몬져 ᄶᅵ치니 공지 ᄎᆞ악ᄒᆞ나 블변안식ᄒᆞ고 햐져ᄒᆞ기를 유미ᄒᆞᆫ 음식갓치 ᄒᆞ니 <엄효 10:56> 실혼ᄒᆞᆫ ᄉᆞ롬이 도여 음식이 압히 니르ᄃᆡ 햐져ᄒᆞᆯ 줄 모ᄅᆞ고 ᄉᆞ롬이 블너도 아라듯기를 슈히 못ᄒᆞ여 <유삼 2:44> 셕반을 올니거ᄂᆞᆯ 왕이 심회 블안ᄒᆞ야 긔개를 여러 두어 번 햐져ᄒᆞ미 상을 물니고 <한조 9:14> 샹을 나와 긔기를 열ᄆᆡ 날 반과 악칙 엇지 햐져ᄒᆞᆯ 거시 니ᄉᆞ리오 <화충 8:24> 졔인이 후은을 만〻칭샤ᄒᆞ고 상을 나와 먹을ᄉᆡ 밥이 졍ᄒᆞ고 찬픔이 긔이ᄒᆞ니 쇼졔 냑간 햐져ᄒᆞ미 노괴 상을 닌 후 다시 말삼ᄒᆞᆯᄉᆡ <임화 9:47> 냥 공지 슉모의 뎐향이달과 엄슉위의를 경복ᄒᆞ여 다과를 햐져ᄒᆞᆫ 후 <임화 70:31> ⇒ 햐져ㅎ-

【햐처】 명 ((주거)) 하처(下處). 손님이 길을 가다가 묵음. 또는 묵고 있는 그 집. 숙소(宿所). '햐(下, xià)'는 중국어 직접 차용어.¶ 햐처, 客人接謂之. (下處) <진람 13a> ⇒ 샤쳐, 햐쳐, 햐추

【햐쳐】[1] 명 ((신체)) 하체(下處). 아랫도리. '햐(下, xià)'는 중국어 직접 차용어.¶ ▼下體 ‖ 삼인이 캉가의 안ᄌᆞ 져를 붓드러 니ᄅᆞ혈ᄉᆡ 왕식뷔 져의 햐쳐를 가ᄅᆞ치며 웃고 니ᄅᆞᄃᆡ (三個人坐在炕沿兒上拉他起來, 王家的將手在他的下體一按, 笑道.) <홍부 14:85>

【햐쳐】[2] 명 ((주거)) 하처(下處). 손님이 길을 가다가 묵음. 또는 묵고 있는 그 집. 숙소(宿所). '햐(下, xià)'는 중국어 직접 차용어.¶ 家裏 ‖ 송압ᄉᆞ의 햐쳐의 가 보니 ᄒᆞᆫ 낫 부인이 업시니 본ᄃᆡ 낭지 업는냐 (只聞宋押司家裏在宋家村住, 不曾見說他有娘子.) <수호-이화 17:13b> ▼下處 ‖ 밤이면 햐쳬 각〻 다ᄅᆞ므로 서ᄅᆞ 블너가니 ᄉᆞ령이 그 괴로오믈 견ᄃᆡ디 못ᄒᆞᆫ다 ᄒᆞ더라 (而夜則下處各異, 故互相招去, 以此使令不勝其苦云.) <연행-노가재 1:12b> 내 아직 햐쳐의 가노라 다시 서ᄅᆞ 보쟈 (我且到下處去, 再廝見.) <노언 하:6a> 벗아 네 ᄯᅩ 햐쳐에 됴히 가 안자시라 (火伴, 你再下處好去坐的着.) <노언 하:21a> 내 한말을 아디 못ᄒᆞ니 길헤 먹을 ᄡᅥ시며 ᄆᆞᆯ 돌의 草料와 다ᄆᆞᆺ 햐쳐를 견혀 이 큰형이 슈고ᄒᆞ더니라 (我漢兒言語不理會的, 路上喫的馬疋草料幷下處, 全是這大哥辛苦.) <노언 하:5b> ᄆᆞᄉᆞᄒᆞ라 너를 기ᄃᆞ오료 우리 ᄆᆞᆯ 모라 햐쳐에 草料 쟝만ᄒᆞ라 가노라 네 글월 벗겨든 닉일 다ᄃᆞ라 우리 햐쳐로 보내여라 (要甚麽等你? 我赶着馬, 下處兌付草料去. 你稅了契時, 到明日我下處送來.) <노언 하:18b> 벗아 네 ᄯᅩ 햐쳐에 됴히 가 안자시라 내 양 모라 涿州 가 ᄑᆞᆯ고 즉시 도라오리라 (火伴, 你再下處好去坐的着.我赶着羊, 到涿州賣了便迴來.) <노언 하:21a> 새별이 노파시니 하놀도 ᄒᆞ마 볽그리로다 우리 ᄆᆞᆯ 모라 가 햐쳐의 가셔 짐들 收拾ᄒᆞ노라 ᄒᆞ면 마치 볽그리로다 이 ᄆᆞᆯ들을 다 ᄆᆡ야 두고 뎌 둘흐로 ᄒᆞ야 닐게 ᄒᆞ라 (明星高了, 天道待明也, 咱們赶將馬去來, 到下處, 收拾了行李時, 恰明也.這馬們都絟住着, 敎那兩箇起來.) <노언 상:52b> 노달이 져의 햐쳐의 도라가 의복과 ᄒᆡᆼ장과 반젼과 오갓 거술 다 거두어 가지고 늙은 옷과 무거온 거술 다 바리고 큰 막ᄃᆡ를 들고 남문으로 다라ᄂᆞ니 (魯提轄回到下處, 急急捲了些衣服盤纏, 細軟銀兩, 但是舊衣粗重都棄了. 提了一條齊眉短棒, 奔出南門, 一道煙走了.) <충수호-한고 2:2a> 두 죄인을 내 햐쳐의셔 먹이니 남기 놀고 ᄡᆞᆯ갑시 귀ᄒᆞᆫ디라 밋 ᄌᆞ식 도라와 회이를 맛드니 반년이 다 업서디더이다 (兩箇犯人, 養在下處, 却又柴荒米貴.) <수유-동방 2:71> 여긔 햐쳬 이시니 내내는 쳥컨ᄃᆡ 쉬여 오술 고치쇼셔 (這裡有下處, 奶奶請歇歇更衣.) <홍루 15:14> 내가 몬져 가고 네가 뒤ᄯᅡ라 나와 내 햐쳐로 오량이면 우리가 ᄆᆞ음ᄃᆡ로 하로밤 술을 먹겟고 (我先走, 你隨後出來, 跟到我下處, 偺們索性喝一夜酒.) <홍루 47:53> 조반을 임의 마치ᄆᆡ 바야흐로 햐쳐의 믈너와 헐식ᄒᆞ며 아젹을 먹고 편킈을 쉬다가 다시 조회의 드러가 량ᄎᆞ 졔ᄉᆞ를 지너고 바야흐로 햐쳐로 가 헐식ᄒᆞ며 셕반을 지너고 바야흐로 집으로 도라가니 (早膳已畢, 方退至下處, 用過早飯, 略歇片刻, 復入朝侍中晩二祭完畢, 方出至下處歇息, 用過晩飯方回家.) <홍루 58:21> 혹 근슈ᄒᆞ여 죠뎡의 드러가는 이도 잇고 혹 궐외에 햐쳐 범졀을 간검ᄒᆞ는 이도 이시며 ᄯᅩ 햐쳐를 몬져 아른 톄ᄒᆞ려는 이도 이시며 모다 각각 분망ᄒᆞ니 (或有人跟隨入朝的, 或有朝外照理下處事務的, 又有先踩踏下處的, 也都各各忙亂.) <홍루 58:9> 공교히 져 햐쳐는 이 일긔 대관의 집 ᄉᆞ당이니 녀승이 공부ᄒᆞ는지라 방사가 극히 만코 극히 졍결ᄒᆞ니 (可巧這下處乃是一個大官的家廟, 乃比丘尼焚修, 房舍極多極淨.) <홍루 58:21> ▼客房 ‖ 심졍방이 소화상으로 더브러 길을 인도ᄒᆞ여 경상천으로 더브러 옥상의 햐쳐의 오니 (便叫小和尙引路, 同錦上天竟到玉霜客房裏來.) <분장 4:112> ▼寓所 ‖ 하놀이 임의 져브러시니 너희 아직 햐쳐의 가 쉬여 닉일 도라가라 (總是天色已晩, 送個寓所安宿一宵, 明早去罷.) <셩풍 5:38> 네 됴심ᄒᆞ야 냥상공을 뫼셔 가 햐쳐를 뎡ᄒᆞ고 ᄉᆞ환ᄒᆞ는 사름을 어드신 후 회답을 맛다 도라와 보ᄒᆞ라 (好生送梁相公到京, 直待梁相公有了寓所, 另尋了使喚的, 然後討取回書來覆我.) <회문-한고 3:26a> ▼寓 ‖ 본ᄃᆡ 친ᄒᆞ고 ᄯᅩ 괴로옴을 ᄒᆞᆫ가지로 ᄒᆞ엿는디라 십분 우ᄃᆡᄒᆞ고 경화관의 햐쳐를 고티고 (一來原是相知, 二來又念爲他受了廷杖之苦, 十分優待, 便改送在瓊花觀裏作寓.) <평산 2:81> 즉시 햐쳐의 도라와 표를 올려 (因辭了回寓, 過不得一兩日, 隨卽上了一疏.) <옥지-연세 4:10> ▼住宅 ‖ 디룡이 삼ᄉᆞ십을 취ᄒᆞ여 큰 비얌을 만드러 범지의 햐쳐로 메어 드러와 입을 버리고 셔를 토ᄒᆞ며 어즈러이 무니

(取了些蚯蚓, 二三十條, 叫一聲: '變.' 都變成大蛇, 直奔梵志住宅, 把一個宅子塡塞將滿.) <동유-동방 2:6> ▼館舍 ‖ 치모 밧계 잇다가 쳘통갓치 슈십ᄒᆞ고 현덕의 숑빅 군ᄉᆞ를 다 가져 하쳐의 보니고 다만 반취ᄒᆞ기만 기다려 하슈ᄒᆞ랴 ᄒᆞ더니 (蔡瑁在外收拾得鐵桶相似, 將玄德帶來三百軍, 都遣歸館舍, 只待半酣, 號起下手.) <삼국-모종 6:36> 이것이 대군 곗 하쳐오 나는 대군 유뫼로라 <셔궁 1:33> 내 죽고져 ᄒᆞ디 ᄌᆞ결티 못ᄒᆞ더니 만일 적진의 보내여 죽을 곳을 어드면 이는 그디 은혜로다 언필의 하쳐로 나가 사름을 만나면 통곡ᄒᆞ기를 긋치디 아니ᄒᆞ고 <산성 37a> 내 길히 올 쩍 漢 말을 아지 못ᄒᆞ모로 길히 먹을 것과 몰집과 콩과 하쳐를 이 ᄆᆞ이 다 受苦ᄒᆞᄃᆞ니라 <몽노 5:8b> 우리 몰 모라 하쳐에 집과 콩 먹이라 가노라 네 글월 벗기거든 내 하쳐에 보내라 <몽노 6:3a> 날이 져믈매 풍뉴를 채 보디 못ᄒᆞ야 하쳐로 도라오니라 <을연 1> 원명원 근쳐의 하쳐를 뎡ᄒᆞ고 머므더니 삼십일에 황뎨 열하로셔 바로 원명원의 니르거놀 졔국 ᄉᆞ재 수리 젼에 나가 지영홀시 안남왕은 청하 ᄮᅡ호로 먼리 나갓다 ᄒᆞ더라 <경술열하긔> 하쳐라고 ᄎᆞᄌᆞ가니 집졔도가 우습도다 오량각 이 간 반의 벽돌을 곱게 ᄣᅡᆯ고 반 간식 간을 지어 좌우로 디항ᄒᆞ니 항 모양 엇더터냐 <연행-병인> 하쳐로 도라오니 쁜덥기 등보를 어든 듯ᄒᆞ더라 <의유당-동명> 죵ᄌᆞ를 분부ᄒᆞ야 쳥됴 지현 공ᄌᆞ 송강부 히원 하쳐를 찻ᄂᆞ니 이셔도 니ᄅᆞ지 말나 ᄒᆞ고 <낙천 3:32> 팔월의 승샹 문텬샹을 연경으로 ᄃᆞ려가니 하쳐며 쟝막이 ᄀᆞ쟝 거록ᄒᆞ디 텬샹이 좀을 ᄌᆞ지 아니코 안ᄌᆞ셔 붉기를 기ᄃᆞ리더니 <대송 2:89> 하놀히 ᄒᆞ야곰 유명 영결을 시기시미로다 부하 군졸이 만흐믈 번거로이 너길가 다 쩔티고 두어 가뎡을 ᄃᆞ리고 휘조와 ᄒᆞᆫ가지로 뉴션싱 하쳐의 오니 계유 뉵칠 니는 ᄒᆞ더라 <남계 2:79> 부현은 원슈의 위급ᄒᆞ믈 드럿는 고로 아조 믈너가지 못ᄒᆞ여 하쳐의 디령ᄒᆞ고 <명행 42:22> 진양공쥐 존고와 졔ᄉᆞ를 마ᄌᆞ 하쳐의 안둔ᄒᆞ고 한훤을 파ᄒᆞ미 <유삼 5:24> 부친이 디죄ᄒᆞ시는 하쳐의 뫼셔 ᄯᅥ나지 아니ᄒᆞ더라 <유이 40:62> 작셕의 형이 관읍으로 드로오지 아니 ᄒᆞ고 ᄉᆞᄉᆞ하쳐를 잡아 화도ᄉᆞ와 밤을 지니니 므슴 신이ᄒᆞᆫ 소식을 드르며 우리 길히 위티ᄒᆞ미나 업다 ᄒᆞ더냐 <명보 2:7> 반야무인시의 그 하쳐의 돌입ᄒᆞ여 조부인을 앗거든 놀너지 말고 평안이 보호ᄒᆞ여 졔 머므는 하쳐로 도라오게 ᄒᆞ라 ᄒᆞ고 <윤하 51:15> 날이 졈을미 쇼년이 하직고 하쳐로 도라갈시 <엄효 3:67> 이 밤의 맛춤 요리는 져의 하쳐의 힝니와 프기를 가질너 간 ᄉᆞ이러라 <한조 7:45> 아샤는 폐ᄒᆞ연 지 오리오니 반ᄃᆞ시 하쳐를 잡아 슈쇄ᄒᆞ여ᄉᆞ오니 하쳐로 힝ᄎᆞᄒᆞ시미 맛당ᄒᆞ이다 <현몽 9:59> 쇼싱이 형옥을 위ᄒᆞ여 니ᄅᆞ러 ᄇᆞ로 귀턱으로 오미 하쳐를 정치 못ᄒᆞ엿ᄂᆞᆫ지라 <화충 6:41> 부인 하쳐를 어디 ᄒᆞ엿ᄂᆞ뇨 쌀니 위의를 보니여 마ᄌᆞ리라 <임화 18:44> ※ 下處 ‖ 下處를 아디 못ᄒᆞ여 일즙 보라 가디 못ᄒᆞ니 大舍ㅣ아 허믈 말라 (不知道下處, 不曾得望去, 大舍休怪.) <박언 상:52a> ⇒ 샤쳐, 하처, 하츄

【하쳐-방】 명 ((주거)) 하처방(下處房). 숙소방(宿所房). '하(下, xià)'는 중국어 직접 차용어.¶ 下房 ‖ 너의 무리 두어 간 하쳐 방을 일즉 슈습ᄒᆞ여 져의 무리로 ᄒᆞ여곰 안헐ᄒᆞ게 ᄒᆞ라 (你們赶早打掃兩間下房, 讓他們去歇歇.) <홍루 3:37> ⇒ 샤쳐방

【하쳐-ᄒᆞ-】 동 하처(下處)하다. 손님이 길을 가다가 묵다. 유숙(留宿)하다. '하(下, xià)'는 중국어 직접 차용어.¶ 하쳐ᄒᆞ다 (住下處) <동해-동정 상:29b> <몽해-동정 상:23a> <과록-인륜 38b> ▼館 ‖ 만일 집의 샹去ㅣ 자고 디낼 以上이어든 初虞란 하쳐ᄒᆞ연ᄂᆞᆫ ᄃᆡ셔 行ᄒᆞ라 (若去家經宿以下, 則初虞於所館行之.) <가언 9:1a> ▼住下 ‖ ᄒᆞᆫ 뎔을 골히야 하쳐ᄒᆞ고 날마다 두루 한가히 ᄃᆞᆫ니며 보니 (只得尋一個寺院住下, 他便終日到鈔關埂子上頑耍.) <평산 2:76> ᄇᆞ야흐로 셩듕의 드러가 유벽ᄒᆞᆫ 고돌 골히야 하쳐ᄒᆞ고 (方纔入京, 尋箇極幽僻的所在住下.) <평산 9:74> ▼歇 ‖ 우리 스승 뎨지 다 회동관의 하쳐ᄒᆞ야시니 그 뫼로온 ᄉᆞ형이 내 젼도이 회동관의 가 안잣ᄂᆞ니라 (我們一行四衆. 師父去倒換關文, 我三衆并行囊、馬匹俱歇在會同館.) <서유-연세 9:123> ▼下 ‖ 미영의 거ᄉᆞ 존인과 다못 미영의 져부 비옥년이 작반동힝ᄒᆞ여 십일월 이십구일의 긔신ᄒᆞ여 셰말의 몬져 경즁의 니ᄅᆞ러 년괴졈의 하쳐ᄒᆞ엿더니 (再說薛存仁, 與裴玉麟, 合伴同行乃是仲冬念九動身, 年底先到京中, 下在連魁店內.) <옥천-수경 4:2b> 魯肅으로 문무 관원들의게 분부ᄒᆞ여 알외고 孔明을 즉시 하쳐ᄒᆞᆫ 마을에 쉬게 ᄒᆞ다 <삼역 3:22a> 거리 北녁 店이 내 녜 하쳐ᄒᆞ얏ᄃᆞᆫ 집이러니 우리 져긔 부리오라 가쟈 <몽노 1:21a> 동공이 올히 넉겨 도셩 셔문 밧긔 하쳐ᄒᆞ야 대례를 지내니 동싱이 의관을 정졔ᄒᆞ야 길히 오롤시 <낙천 3:32b> 니원의 긔식을 보고져 ᄒᆞ야 ᄋᆞᄌᆞ로 더브러 니롤시 셕싱 등이 ᄯᅩ 경ᄉᆞ집이 업ᄂᆞ디라 범부 근쳐의 녀샤를 어더 하쳐ᄒᆞ엿더니 <옥원 7:101> 일식이 저믈미 텬ᄉᆞ 일힝이 길ᄀᆞ 대촌의 하쳐ᄒᆞ거놀 녕의 형뎨 ᄒᆞᆫ가지로 들고져 ᄒᆞ니 쥬인이 휘지 왈 아모리 믈외긔인들 눈이 업관디 교유ᄉᆞ 노야의 드신 마을에 와 감히 머믈녀 ᄒᆞᄂᆞᆫ다 <윤하 52:35> 바다 둔 후의 신은 별관의 하쳐ᄒᆞ고 신과 밋 죵쟈는 먹이더이다 <표해 2:36> ⇒ 샤쳐치-, 샤쳐ᄒᆞ-

【하츄】 명 ((주거)) 하처(下處). 손님이 길을 가다가 묵음. 또는 묵고 있는 그 집. 숙소(宿所). '하츄(下處, xiàchù)'는 중국어 직접 차용어.¶ 下處 ‖ 새벼리 놉거다 하놀도 ᄒᆞ마 볼가 가ᄂᆞ다 우리 몰 모라 가 하츄에 가 짐돌 설엇노라 ᄒᆞ면 마치 볼ᄀᆞ리로다 이 몰돌 다 ᄆᆡ야 두라 뎌 둘흘 히야 닐에 ᄒᆞ라 (明星高了, 天道待明也, 咱們赶將馬去來, 到下處, 收拾了行李時, 恰明也.這馬們都絟住着, 敎那兩箇起來.) <번노 상:58b> 내 하츄에 가져

(我下處去.) <번노 하:3a> 나ᄂᆞᆫ 漢兒의 마를 모ᄅᆞ모로 길헤 머글 거시며 물둘히 草料ㅣ며 햐츄둘히 젼혀 이 큰형님이 슈고ᄒᆞ더니라 (我漢兒言語不理會的, 路上喫的馬疋[四]草料幷下處, 全是這大哥辛苦.) <번노 하:6ab> 므스므려 너 기들우료 우리 몰 모라 햐츄에 草料 쟝망ᄒᆞ라 가노라 (要甚麽等你? 我赶着馬, 下處兌付草料去.) <번노 하:20b> 버다 네 또 햐츄에 됴히 가 안자 이시라 내 양 모라 涿州 가 폴오 즉재 도라오리라 (火伴, 你再下處好去坐的着.我赶着羊, 到涿州賣了便迴來.) <번노 하:23b> 내 안직 햐츄에 가노라 다시 서르 보져 (我且到下處去, 再廝見.) <번노 하:6b> ⇒ 샤쳐, 햐처, 햐쳐

【햐침-ㅎ-】 동 하침(下鍼)하다. 침을 놓다. '햐(下, xià)'는 중국어 직접 차용어.¶ 상국이 이날 져믈므로 햐침치 못ᄒᆞ여 명일 파죵코져 ᄒᆞ미 <완월 163:19> ⇒ 햐침ᄒᆞ-

【햐침-ᄒᆞ-】 동 하침(下鍼)하다. 침을 놓다. '햐(下, xià)'는 중국어 직접 차용어.¶ 병쇼의 드러가 그 낫출 덥고 햐침ᄒᆞ기를 법ᄃᆡ로 ᄒᆞ미 <명행 18:48> 군쥬를 햐침ᄒᆞ리니 맛당이 장을 가리오쇼셔 <명행 27:30> ⇒ 햐침ㅎ-

【햐필-ㅎ-】 동 하필(下筆)하다. 붓을 들다. '햐(下, xià)'는 중국어 직접 차용어.¶ 은은이 픔간ᄒᆞ여 민폐인심을 안져의 버리게 ᄒᆞ엿시니 칠월편이라도 이러ᄐᆞᆺ 핍진이 햐필치 못ᄒᆞ엿ᄂᆞᆫ지라 <명행 12:11> ⇒ 햐필ᄒᆞ-

【햐필-ᄒᆞ-】 동 하필(下筆)하다. 붓을 들다. '햐(下, xià)'는 중국어 직접 차용어.¶ 下筆 ‖ 과연 그 뎨 뜻이 젹어 햐필ᄒᆞ기 어려온 가온대 볼셔 뎌 녀지 몬져 지어 가히 뻠쪽ᄒᆞᆫ 말을 다 빼시니 비록 지어도 뎌롤 능히 이긜 길히 업ᄉᆞᆫ디라 처엄의 아니 짓ᄂᆞ니만 ᄀᆞᆺ디 못ᄒᆞᆯ가 ᄒᆞ노라 (這題目, 雖甚是風雅, 却又甚是枯淡, 實難下筆. 因見一個閨秀題了一首, 十分可愛, 思量要和他一首, 却再做不出.) <옥지-연세 2:66> 옥지긔 ᄀᆞᆺᄐᆞᆫ 어려온 뎨롤 두고 이리 졀미히 지은 후ᄂᆞᆫ 다른 사롬이 햐필ᄒᆞ기 어렵거ᄂᆞᆯ 엇던 녀지 또 능히 화답ᄒᆞᄂᆞᆫ 글을 뎌리 지엇ᄂᆞ뇨 (題得此詩, 閨閣風流已占盡矣. 爲何又有此作? 此作又是誰家女子所作?) <옥지-연세 3:107> 개개히 경 쁘기롤 진졀이 ᄒᆞ여 다시 햐필ᄒᆞ기 어려오나 진공이 고인과 금인을 다 압축ᄒᆞ여 <명행 10:58> ⇒ 햐필ㅎ-

【향가치후】 명 ((복식)) 행거치프(handkerchief). 손수건. (외래어).¶ 양슨 일 은분첩 일긔 향슈 일병 향슈 분무긔 일 쏘리긔구금 일 화장품 일조 비노 숨기 향가치후 일타 손면경 일 녀힝 화장기구 일 조 다오루 일 타 식ᄉᆞ 오십 타 기지 식ᄉᆞ 일 조 이합ᄉᆞ 열 태 솜합ᄉᆞ 열 태 양ᄉᆞ 열 터 연필 일타 쳘필ᄃᆡ 두 기 <물목-한고 1941> ⇒ 한카치, 한카치프

【향강】 명 ((지리)) 향항(香港, Xiānggǎng). 홍콩(Hongkong). 광동어 직접 차용어.¶ 향항 | 향강 <법한 734> 향항 | 향강 <법한 734> ⇒ 향항

【향다-프ᄌᆞ】 명 ((상업)) 향다포자(香茶鋪子). 차가게. '프ᄌᆞ(鋪子, pùzi)'는 중국어 직접 차용어.¶ 쟝각이 딘ᄒᆞ미 향다프지 이시며 향다프ᄌᆞ 셔편의 픠궐이 잇고 픠궐 동편의 하향원이 이시며 <경슐열하긔> ☞ 다프ᄌᆞ

【향마적】 명 ((인류)) 향마적(響馬賊). 마적(馬賊). (중국어 간접 차용어).¶ 響馬 ‖ 다만 한 무리 과로ᄒᆞᄂᆞᆫ 향마젹을 통ᄒᆞ여 겁박ᄒᆞ다가 (只得通了一群過路的響馬去搶劫.) <요화 2:35> 져ᄂᆞᆫ 원릭 향마젹 출신이니 얼굴이 먹빗 ᄀᆞᆺ고 슈염이 털침 ᄀᆞᆺᄐᆞ며 (他出身原是響馬, 面如鍋底, 鬚似鋼針.) <쾌심 11:58> 그 부하의 경용ᄒᆞᆫ 향마젹 삼빅여 인이 이시ᄃᆡ 산지ᄉᆞ방ᄒᆞ여 약쇽이 심히 엄ᄒᆞᆫ지라 (其部下響馬了得的八百餘人, 布散在外, 誡約甚嚴.) <여선 4:57> 공밍화상은 니ᄅᆞ지 말고 곳 몃 기 향마젹이라도 엇지 두리ᄋᆞ오 졔 감히 나의 집의 못 오리니 (別說是和尙, 就是響馬也不敢上俺家來.) <천리 1:57> ⇒ 상마젹, 샹마적.

【향-푸리】 명 ((상업)) 향포리(香鋪裏). 향가게. '푸리(鋪裏, pùli)'는 중국어 직접 차용어.¶ 향푸리롤 볼작기면 침향경향 빅단향과 비취 한듕용쥬향과 이궁젼의 금ᄉᆞ향과 빅팔념쥬 줄향이며 십팔흡ᄉᆞ 구슬향과 옥난향 강진향의 부영쳥운 타래향의 쇼합향 만슈향을 비단갑의 너허 잇고 <연행-병인>

【향항】 명 ((지리)) 향항(香港). 홍콩(Hongkong). 광동어 간접 차용어.¶ 향항 | 향강 <법한 734> 香港 ‖ 향항(香港) <자통-지지 383> 아니오 향항셔 온 것이오 (不是, 打香港來的.) <한자-속수 107> 글시 보고 든든ᄒᆞ며 향항셔도 무탈ᄒᆞᆫ 일 든ᄒᆞ나 편지도 업스니 굼굼ᄒᆞ다 <명성황후-79 1883-87 ↓민영소(조카)> 너의 ᄌᆞ친긔셔ᄂᆞᆫ 그러ᄐᆞᆺ 편치 아니ᄒᆞ시니 답답ᄒᆞ다 향항 젼보 옥ᄉᆞᄂᆞᆫ 죵용 구쳐ᄒᆞᄂᆞᆫ 일 너 드른 ᄃᆡ로 왕복ᄒᆞ야라 <명성황후-121 1882-95 ↓민영소(조카)> 경계ᄌᆞ 본 공ᄉᆞ가 향항에 잇셔 긔계을 베푸러 젼혀 각죵 지권연을 지으미 …비마픠 미갑 ᄉᆞ빅지 복슈픠 미갑 오빅지 미인픠 미갑 오빅지 지구픠 미갑 오빅지 쌍희픠 미갑 오빅지 ᄃᆡ쳥 광동연쵸공ᄉᆞ 대리인 한셩 인천 동순티(同順泰) 광고 <제국신문-광고 1907.3.29> 두션이ᄂᆞᆫ 아마 샹히를 지나 이미 향항에나 도달ᄒᆞ엿슬가 ᄒᆞᆸ니다 배가 심히 크고 깨긋ᄒᆞᆫ 중 두션이 목세 태운 션실이 극히 통창화려ᄒᆞ야 흘늉ᄒᆞ더라 ᄒᆞ오니 <최남선1922 ↓어마님 화봉-32-3-4-13> ⇒ 향강

【-허거온】 관用 ((문서)) -하므로. 하니. '-하거온[爲去乎]'. (이두어).¶ 기경 오연 경신 구월 초십일 이일지 양ᄌᆞ 문긔 니일지 우 양ᄌᆞ ᄉᆞ닷은 당질 니셩광 봉ᄉᆞ허거온 평ᄌᆞ답 셔 말낙 열닷 짐곳과 장ᄌᆞ밧 열 말날 열 넉 짐 서문 곳슬 허금허거온 일후 동싱 일가 족쇽중의 시비지이거든 지차 문긔을 빙고ᄉᆞ라 조부 니ᄉᆞ긔 (수결) 증인 니복남 (좌촌) 죵부 최시월쇠 (좌촌) 중부 니씨니 (좌촌) 필집 니노식 (수결) <분재명문-우산: 이일재의 양자 분재명문① 1800> 합 오 적 곳즐 가결 즌믄 육빅 오십 양의 영영 방미허거온 신비 일장 구문긔 완문 삼장과 신문긔 일장으로 병이 허급허거온 일후에 만일 자손 족쇽 중의 시비 잇거던 차문권 드듸여 고관변경시라 답쥬의 신씨 부인 증셔 슈장 (수장) 집필 소셔 김싱원덕

노의 만길 (수결) 증인 홍참판되 노의 산이 (수결) <공주 정안면 신씨댁 부인이 이선달댁 노비 서산이에게 발급한 가사전답 매매명문-우한 1877> ⇒ -하거온, -하거원, -ᄒᆞ거온, -ᄒᆞ거운

【허로】 명 ((음식)) 굵은 국수(餄餎, héle). 메밀가루, 수수가루 따위로 만든 국수. (중국어 직접 차용어).¶ 문 넙히 열아문 져문 ᄉᆞ나희 칼과 옷갓 긔명을 ᄀᆞ디고 음식을 몬드되 손을 신속히 놀녀 밋쳐 술피디 못ᄒᆞᆯ너라 허로라 ᄒᆞᄂᆞᆫ 거슨 국슈 모양이요. <을병 1:117~118> ⇒ 호로

【-허살오며】 -하옵시며. 이두식 표현으로 'ᄒᆞᇫᄋᆞ오며(爲白乎旀)'의 표기이다. (이두어).¶ 황공복지 문안허살오며 <하인 김범용이 전주류씨 안동 수곡파 상전에게 올린 고목1882> ⇒ -하스로며, -하숩오며, -ᄒᆞ살오며, -ᄒᆞᄉᆞ오며 ☞ -니살오며, -이살오며

【허스빈】 명 ((인류)) 허즈번드(husband). 남편. (외래어).¶ 화장실의 허스빈은 슈염 ᄭᆞᆨ기 분쥬하고 <신민 1918.11.28>

【헐겁지】 명 ((군기)) 깍지. 각지. 궁수가 활시위에 부상을 입지 않도록 하기 위해 오른손 엄지손가락에 끼우는 가락지로, 가죽이나 상아, 소뿔 등으로 만들었다. 중세몽고어 '헐겁지(heregebči)'의 차용어. 엄지손가락을 가리키는 'erekei'에 접미사 '-bči'가 붙어 파생된 말.¶ 헐겁지 결 (弽) <훈몽-군장 중:14a /28b> 헐겁지 셥 (韘) <훈몽-군장 중:14a /28b> ▼包指 ‖ 그리ᄒᆞ져 네 나를 헐겁지 빌이고려 (那般着, 你借饋我包指麽.) <번박 상:54b> ⇒ 헐겁질, 혈거피, 활겁즈, 활겁지, 활겁질

【헐겁질】 명 ((군기)) 깍지. 각지. 궁수가 활시위에 부상을 입지 않도록 하기 위해 오른손 엄지손가락에 끼우는 가락지로, 가죽이나 상아, 소뿔 등으로 만들었다. 중세몽고어 '헐겁지(heregebči)'의 차용어.¶ 헐겁질 (包指) <역해-군기 상:22a> ⇒ 헐겁지, 혈거피, 활겁즈, 활겁지, 활겁질

【헐널드】 명 ((지리)) 홀란드[Holland, 何郞]. 네덜란드의 영어 이름. (외래어).¶ 헐널드 (何郞) <세계전도1900> ⇒ 호르란쏘, 홀린드, 홀란드, 하란, 하란국, 할난국, 할란국, 화란 ☞ 네데란스, 네데란스국, 네덜린쓰, 네델넌쓰국

【헛손-강】 명 ((지리)) 허드슨강(Hudson (River)). (외래어).¶ 헛손(강) (赫德森 Hudson (River)) <만국통감1912, 4, 15>

【헛손-포딕】 명 ((지리)) 허드슨포트(Hudson (Fort)). (외래어).¶ 헛손(포딕) (赫德森 Hudson (Fort)) <만국통감1912, 4, 15>

【헝거리】 명 ((지리)) 헝가리(Hungary). 동유럽 중부에 있는 인민 공화국. 1918년에 오스트리아 헝가리 제국에서 분리하여 독립하였으며, 1949년에 인민 공화국이 성립되었다. (외래어).¶ 헝거리 (亨嘎利 Hungary) <만국통감1912, 4, 15> 때에 덕국 황족들이 친히 님군이 나약홈을 보고 억지로 명ᄒᆞ야 오스트리아와 헝거리 싸혼 그 아오 마타엣스를 분봉ᄒᆞ야 관리케 ᄒᆞ엿더니 <만국통감1912 4, 45> ⇒ 헝거리국, 헝게리아, 홍가리아

【헝거리-국】 명 ((지리)) 헝가리(Hungary). 동유럽 중부에 있는 인민 공화국. 1918년에 오스트리아 헝가리 제국에서 분리하여 독립하였으며, 1949년에 인민 공화국이 성립되었다. (외래어).¶ 이스바니아국과 포츄갈국과 쉿슬란드국과 이달리아국과 오스드리아 헝거리국과 루마니아국과 셰비아국과 만트늬그로국과 터키국과 끄리스국이니 나라가 강ᄒᆞ고 군ᄉᆞ가 졍ᄒᆞ며 지믈이 만코 지조가 긔이ᄒᆞ며 학업에 졍밀ᄒᆞ고 도학에 젼일ᄒᆞ며 졍ᄉᆞ는 도모지 빅셩의 뜻을 ᄯᆞᄅᆞ며 <사필1889-헐버트 13> ⇒ 헝거리, 헝게리아, 홍가리아

【헝게리아】 명 ((지리)) 헝가리(Hungary). 동유럽 중부에 있는 인민 공화국. 1918년에 오스트리아 헝가리 제국에서 분리하여 독립하였으며, 1949년에 인민 공화국이 성립되었다. (외래어).¶ 국톄를 의론컨대 님금이 계시고 졍ᄉᆞ는 빅셩들이 쥬쟝ᄒᆞᄃᆡ 오스드리아와 헝게리아ㅣ가 각각 ᄒᆞ며 형벌ᄒᆞᄂᆞᆫ 법은 다른 나라와 ᄀᆞᆺᄒᆞ며 <사필1889-헐버트 55> ⇒ 헝거리, 헝거리국, 홍가리아

【헤로더】 명 ((인명)) 헤롯(Herod). 유대의 왕(B.C.73~B.C.4). 친로마 정책을 펴 유대 왕국을 발전하게 하였으나, 예루살렘 성전과 극장을 건축하여 무거운 세금을 부과하고 폭정을 일삼았다. 그리스도의 탄생을 두려워하여 베들레헴의 두 살 이하의 유아를 모조리 죽였다고 한다. (외래어).¶ 예수ㅣ 셩탄ᄒᆞ시매 셩 요셉이 셩모와 ᄒᆞᆫ가지로 공경ᄒᆞ야 죠비ᄒᆞ시고 또 삼왕이 죠비홈을 인ᄒᆞ야 악왕 헤로더ㅣ ᄀᆞ만이 흉ᄒᆞᆫ 픠를 내여 예수를 해코져 ᄒᆞ거놀 <쳠례-셩요셉 50a> 구셰쥬ㅣ 강싱ᄒᆞ시던 히에 니ᄅᆞ러 셩 요안 셰쟈ㅣ 예수보다 여ᄉᆞᆺ돌을 몬져 나시니 포학ᄒᆞᆫ 님금 헤로더ㅣ 구셰쥬를 꺼려 업시코져 ᄒᆞ야 나라 안희 영히들을 죽이거놀 <쳠례-셩요안셰쟈치명 57b> ⇒ 헤롯, 헤롯왕

【헤롯】 명 ((인명)) 헤롯(Herod). 유대의 왕(B.C.73~B.C.4). 친로마 정책을 펴 유대 왕국을 발전하게 하였으나, 예루살렘 성전과 극장을 건축하여 무거운 세금을 부과하고 폭정을 일삼았다. 그리스도의 탄생을 두려워하여 베들레헴의 두 살 이하의 유아를 모조리 죽였다고 한다. (외래어).¶ 이때ᄂᆞᆫ 어ᄂᆞ 쌘고 로마 뎨국 가이사아구스도 텬하를 통일ᄒᆞ니 아셰아쥬 유대국도 판도 안에 드럿고나 유대왕은 헤롯이오 수리아 감독 구레뇨라 가이사아구스도 텬하에 령을 ᄂᆞ려 너디 외디 물론ᄒᆞ고 각기 본향 본셩에 가 긔한 젼에 호젹ᄒᆞ라 <연경-셩탄가 2> 흉악ᄒᆞᆫ 뎌 헤롯이 영ᄋᆞ 예수 해ᄒᆞᆯ 일을 낭즁취물ᄀᆞᆺ치 녁여 ᄌᆞ긔 계집 일울 줄노 의심 업시 혜아리고 너희 오기 기ᄃᆞ리니 헤롯의게 속지 말소 <연경-셩탄가 6> ⇒ 헤로더, 헤롯왕

【헤롯-왕】 명 ((인명)) 헤롯왕(Herod王). 유대의 왕(B.C.73~B.C.4). 친로마 정책을 펴 유대 왕국을 발전하게 하였으

나, 예루살렘 성전과 극장을 건축하여 무거운 세금을 부과하고 폭정을 일삼았다. 그리스도의 탄생을 두려워하여 베들레헴의 두 살 이하의 유아를 모조리 죽였다고 한다. (외래어).¶ 헤롯왕ᄭᅴ 가지 말고 다른 길노 도라가소 <연경-셩탄가 6> 이ᄯᅢ 맛춤 헤롯왕의 탄신이 도라오니 대부이며 천부쟝과 갈닐니 귀인들이 연셕에 러참ᄒᆞᆫ다 어엿븐 ᄯᆞᆯ 헤로듸아 드러와 춤을 추니 만좌ᄒᆞᆫ 귀빈들이 뉘 아니 즐겨ᄒᆞᆯ가 <연경-파송가 54> ⇒ 헤로더, 헤롯

【헤틔】 명 ((지리)) 아이티(Haïti). 카리브해 히스파니올라섬의 서부를 차지하는 공화국. 1804년에 프랑스에서 독립하였다. 커피, 면화, 설탕 따위가 주산물이며, 주민은 대부분이 아프리카계 흑인이고 주요 언어는 프랑스어이다. 수도는 포르토프랭스. (외래어).¶ 헤틔 (海地) <명물-육당 13a> ⇒ 헤트-

【헥도-메-들】 명의 ((도량)) 헥토미터 (粨ヘクトメートル, hectometer). 미터법에 의한 길이의 단위. 1헥토미터는 1미터의 100배이다. 기호는 hm. (일본어 차용어).¶ 도度ᄂᆞᆫ 삼 척 삼 촌을 미米(메-들)이라 ᄒᆞ야 그 십분의 일을 ᄯᅦ시메들이라 ᄒᆞ고 ᄯᅦ시메들의 십분의 일을 센지메들이라 ᄒᆞ며 센지메들의 십분의 일을 밀리메-들이라 ᄒᆞ며 ᄯᅩ 메-들의 십비를 데ᄭᅡ메들 ᄇᆡᆨ비를 헥도메들 천 비를 기로메들이라 ᄒᆞᄂᆞ니라 <朝鮮農事示敎 도량형 64>

【헥도-ᄭᅳ람】 명의 ((도량)) 헥토그램(瓸ヘクトグラム hectogram). 미터법에 의한 무게의 단위. 1헥토그램은 1그램의 100배다. 기호는 hg. (일본어 차용어).¶ 형衡은 증류수 일립방 센지메들의 무게를 긔본으로 ᄒᆞ야 이것을 ᄭᅳ람이라 층ᄒᆞ고 그 십분의 일을 ᄯᅦ시ᄭᅳ람이라 ᄒᆞ며 ᄇᆡᆨ분의 일을 센지ᄭᅳ람이라 ᄒᆞ며 천분의 일을 밀리ᄭᅳ람이라 ᄒᆞᄂᆞ니 일 ᄭᅳ람은 십오분의 ᄉᆞ 몬메에 상당ᄒᆞ고 그 십비를 ᄯᅦ가ᄭᅳ람이라 ᄒᆞ며 ᄇᆡᆨ비를 헥도ᄭᅳ람이라 ᄒᆞ며 천비를 기로ᄭᅳ람이라 ᄒᆞᄂᆞ니라 <朝鮮農事示敎 도량형 65>

【헥토-리터】 명의 ((도량)) 헥토리터(Hectoliter). 미터법에 의한 부피의 단위. 1헥토리터는 1리터의 100배이다. (외래어).¶ 리터(Litre) 헥토리터(Hectolitre) <백과신-송1926 495>

【헨리】 명 ((인명)) 헨리. 여기서는 헨리 8세(Henry VIII). 잉글랜드의 왕(재위 1509~1547). 왕비 캐서린과의 사이에 아들이 없어 궁녀 앤 불린과 결혼하려 하였으나 로마 교황이 이를 인정하지 않자 가톨릭 교회와 결별, 수장령(首長令)으로 영국 국교회를 설립하여 종교개혁을 단행하였다. (외래어).¶ 헨리가 죽으매 그 아둘이 나히 겨우 여ᄉᆞᆺ 셜에 그 아부지의 위를 니어 뎨륙 엣와드라 칭ᄒᆞ다 <만국통감1912 4, 37>

【헨리-넷재】 명 ((인명)) 헨리 4세(Henry IV). (외래어).¶ 헨리 넷재 (亨利第四 Henry IV) <만국통감1912, 4, 15>

【헨리-둘재】 명 ((인명)) 헨리 2세(Henry II). (외래어).¶ 헨리 둘재 (亨利第二 Henry II) <만국통감1912, 4, 15>

【헨리-셋재】 명 ((인명)) 헨리 3세(Henry III)). (외래어).¶ 헨리 셋재 (亨利第三 Henry III) <만국통감1912, 4, 15>

【헨리-여ᄃᆞᆲ재】 명 ((인명)) 헨리 8세(Henry VIII). 잉글랜드의 왕(재위 1509~1547). 왕비 캐서린과의 사이에 아들이 없어 궁녀 앤 불린과 결혼하려 하였으나 로마 교황이 이를 인정하지 않자 가톨릭 교회와 결별, 수장령(首長令)으로 영국 국교회를 설립하여 종교개혁을 단행하였다. (외래어).¶ 헨리 여ᄃᆞᆲ재 (亨利第八 Henry VIII) <만국통감1912, 4, 15>

【헷듸】 명 ((지리)) 헷디. 헤이티(Hayti). 미국 미주리주 페미스콧카운티에 있는 도시이다. (외래어).¶ 헷듸 (哈提 Hayti) <만국통감1912, 4, 15> 후에 ᄯᅩ 두어 곳 히도(海島)를 엇으니 그 즁에 ᄒᆞᆫ 큰 셤 일홈은 헷듸더라 <만국통감1912 4, 3>

【혀ᄌᆞ-가음】 명 ((복식)) 혜자감(鞋子-). 신발감. '혀ᄌᆞ(鞋子, xiézi)'는 중국어 직접 차용어.¶ 做 ‖ ᄯᅩ 두 벌 벼기모와 열 ᄡᆞᆼ 혀ᄌᆞ가음을 발급ᄒᆞ여 냥인으로 ᄒᆞ여금 각기 절반식 난호와 년망히 슈룰 노흐라 ᄒᆞᆯ지라 (又發下兩付枕方, 十雙鞋子要做. 一人各分一半, 忙忙就綉.) <옥천-수경 4:29b>

【혈거피】 명 ((기물)) 깍지. 각지. 궁수가 활시위에 부상을 입지 않도록 하기 위해 오른손 엄지손가락에 끼우는 가락지로, 가죽이나 상아, 소뿔 등으로 만들었다. '헐겁지(heregebči)'의 변이형. 중세몽고어 차용어.¶ 包指 ‖ 그리ᄒᆞ쟈 네 나롤 혈거피롤 빌려 주고려 (那般着, 你借饋我包指麽.) <박언 상:49a> ⇒ 헐겁지, 헐겁질, 활겁ᄌᆞ, 활겁지, 활겁질

【헤트-】 명 ((지리)) 아이티(Haïti). 카리브해 히스파니올라섬의 서부를 차지하는 공화국. 1804년에 프랑스에서 독립하였다. 커피, 면화, 설탕 따위가 주산물이며, 주민은 대부분이 아프리카계 흑인이고 주요 언어는 프랑스어이다. 수도는 포르토프랭스. (외래어).¶ 헤트- (海提) <세계전도 1900> ⇒ 헤틔

【호기】 명 활계(活計). 살아갈 방도나 직업. 생계(生計). '호기(活計, huójì)'는 중국어 직접 차용어.¶ 호기, 以生理爲活計. (活計) <방석-매매 중주향어 3:21b>

【호뎔】 명 ((상업)) 호텔(hotel). (외래어).¶ 德京伯林到골론下車, 宿于호뎔 쌍델알旅館. <김만수일기책 1901.11.22> ⇒ 호텔

【호동-하-】 명 활동(活動)하다. '호동(活動, huódòng)'은 중국어 직접 차용어.¶ 活動 ‖ 뎐방 니쟝귀지가 이 광경을 보고 데ᄃᆡ로 마음이 초급하야 인역이 심을 다하여 져을 호동하여도 더욱 경 긔별이 업던니 (店房李掌櫃的一看這个光景, 替他心裡燋急, 各人盡力兒給他活動些, 越發更沒有信.) <기착-육당 상:11a> 여러시 반일이나 말하여셔도 상하가 종시 호동하넌 의사가 업고 거즛든ᄒᆞᆫ 테하니 이 엇지 닐너 너갓너니 (大家說到半天, 上下終沒有活動的意思, 粧惱結實的樣兒, 這如何成得來

呢?) <기착-육당 상:16b> ⇒ 호동허-, 호동ᄒᆞ-

【호동-허-】 명 활동(活動)하다. '호동(活動, huódòng)'은 중국어 직접 차용어.¶ 活動 ‖ 더도 반일 말허여도 일변 아러로 더 너리우지도 아니허니 상하가 종시 호동허는 의사가 업고 든ᄃᆞᆫ헌 체허니 이 엇더케 되기는니 (一頭往上添不上去, 大家說到半天, 一頭往下惱不下來, 上下終沒有活動的意思, 粧惱結實的樣兒, 這如何成得來呢?) <중화-탁족 30b> ⇒ 호동ᄒᆞ-, 호동ᄒᆞ-

【호동-ᄒᆞ-】 명 활동(活動)하다. '호동(活動, huódòng)'은 중국어 직접 차용어.¶ 活動 ‖ 더도 반일을 말ᄒᆞ여도 상하가 종시 호동ᄒᆞᄂᆞᆫ 의ᄉᆞ가 업셔 결실헌 모양인 체ᄒᆞ니 이 엇지 되갓너니 (大兒[家]說到半天, 上下終沒有活動的意思, 粧惱結實的樣兒, 這如何成淂來的?) <중화-한고 20b> ⇒ 호동하-, 호동허-

【호로】[1] 명 활락(活絡). 융통성이 있음. 또는 통달함. '호로(活絡, huóluò)'는 중국어 직접 차용어.¶ 호로, 俊將可喜也. (活絡) <방석-잡어 중주향어 4:35b>

【호로】[2] 명 ((음식)) 굵은 국수(餄餎, héle). 메밀가루, 수수가루 따위로 만든 국수. (중국어 직접 차용어).¶ 哈餎 국슈 ○ 호로해 부다가 <몽해 상:45b> ⇒ 허로

【호르란쏘】 명 ((지리)) 홀랜드(Holland). 네덜란드(Netherlands)의 영어 이름. 12세기 초에 신성 로마 제국의 봉토로 설립된 나라. 1581년에 네덜란드 북부의 6개 주와 함께 에스파냐로부터 독립하였다. 수도는 암스테르담. (외래어).¶ 호르란쏘 (荷蘭) <환중대구장상육주 19후반> ⇒ 하란국, 홀란드, 화란국 ☞ 네데란스, 네데란스국, 네델닌쓰, 네델닌쓰국, 레데란스국

【호리】 명 ((지리)) 호리(ほり 堀·濠). 수로. 도랑. (일본어 차용어).¶ 그윽할사 二重橋 호리도 깁고 繁華하다 銀座通 저자도 크다 <청춘 1914.10.1>

【호리너】 명 ((인류)) foregner. 외국사람. (외래어).¶ 호리너 (外人) <영어일상통화단어초집 우산>

【호머】 명 ((인명)) 호머. 호메로스(Homeros). 고대 그리스의 시인. 유럽 문학의 최고(最古) 서사시 <일리아드>와 <오디세이>의 작자로 알려져 있다. (외래어).¶ 영국에 소괴 섹쓰비어가 희롱ᄒᆞᄂᆞᆫ 글을 잘 지어 슬프고 즐거온 감각을 니르키지 아님이 업섯는ᄃᆡ 호머 후로는 거의 밋츨 사름이 업더라 <만국통감1912 4, 44>

【호바다온】 명 ((지리)) 호바트(Hobart). 오스트레일리아 남동부, 태즈메이니아(Tasmania) 섬 남쪽에 있는 항구 도시. (외래어).¶ 듸스마니아 셤에 호바다온이란 촌이 잇고 셔편에 퍼드ㅣ란 촌이 잇고 사름의 픔ㅅ수는 평등이며 <사필1889-헐버트 155>

【호ㅡ스】 명 ((주거)) 하우스(house). 집. (외래어).¶ 호ㅡ스 (家) <영어일상통화단어초집 우산>

【호스-래듸시】 명 ((식물)) 양고추냉이(horse-radish). (외래어).¶ 쥘픠클 ‖ 외를 얼마든지 져려셔 하나식 하나식 마른 행쥬로 씨서셔 물을 말녀 가지고 중 쑬쑬한 사긔 항아리에 담고 백반 ½쇼슈가락과 셕근 약념 1쇼슈가락과 호스래듸시 뿌리 조고마한 조각을 외 우에 덥혼 후에 또 쥘씨와 줄기와 닙사귀를 1인치 둣게로 덥고 다른 그릇에 초와 물을 결반식 셕거셔 15분 동안 쓰리고 식은 후에 외 담은 항아리에 쥘이 잠길 만콤 부어셔 두엇다가 한 10일 후에 먹을 것 <서요 249>

【호의】 명 ((복식)) 호의(號衣). 군복. (중국어 간접 차용어).¶ 號衣 ‖ 연청이 히진 히보롤 블너 또 호의와 졍긔롤 드리니 (燕青叫解珍、解寶取出號衣號旗, 入後聽交付.) <수호-이화 67:1a-91> 모ᄌᆞ가 업셔 그릇되엿다 ᄒᆞᄂᆞᆫ 이도 잇고 호의를 뎐당ᄒᆞ여 그릇ᄒᆞ엿다 ᄒᆞ고 또 말ᄒᆞ기롤 ᄉᆞ흘을 밥을 못 먹어 교ᄌᆞ롤 메지 못ᄒᆞᆫ다 ᄒᆞᄂᆞᆫ지라 (有的設因沒有帽子誤的, 有的說是號衣當了誤的, 又有的說是三天沒吃飯抬不動.) <홍루 99:36> ▼號旗 ‖ 모ᄌᆞ가 업셔 그릇되엿다 ᄒᆞᄂᆞᆫ 이도 잇고 호의롤 뎐당ᄒᆞ여 그릇ᄒᆞ엿다 ᄒᆞ고 또 말ᄒᆞ기를 ᄉᆞ흘을 밥을 못먹어 교ᄌᆞ롤 메지 못ᄒᆞᆫ다 ᄒᆞᄂᆞᆫ지라 (有的設因沒有帽子誤的, 有的說是號旗當了誤的, 又有的說是三天沒吃飯抬不動.) <홍루 99:36>

【호쥬】 명 ((지리)) 호주(濠洲). 오대리아(墺大利亞) 오스트레일리아(Australia). (중국어 간접 차용어).¶ 오대리아 | 대양쥬 | 호쥬 <법한 130> ☞ 어스츄렐늬아, 오스도라리아, 오스드렐랴 ☞ 오국, 오대리아

【호치】 명 ((인류)) 화계(伙計 huǒjì). 떼. 무리. 동료. 점원. 머슴. (중국어 직접 차용어).¶ 伙計 ‖ 져의 ᄋᆞᄌᆞᄂᆞᆫ 또 외변의 나가 사름의 호치 되여 싱니롤 경영ᄒᆞ다가 (他兒子又在外邊與人做伙計.) <설월 9:27> 쥬모의 본가 의셔 또 와셔 들네여 시신을 미장ᄒᆞ며 도장을 만히 베프러 외방의 보닌 호치의 은젼을 모다 거두어다가 일일이 쁜지라 (主母母家又來吵鬧, 埋葬骨殖, 廣做齋醮, 把在外伙計的銀本.) <쾌심 16:63> ᄎᆞ쳐의 비록 쥬관인과 호치가 이시나 필경 쳐쳡ᄀᆞᆺ치 ᄌᆞᄀᆡ 집 ᄉᆞ롬이 되지 아니ᄒᆞ믈 인ᄒᆞ미오 (因此處雖有主管伙計, 終久不比妻妾, 是自家一路人.) <쾌심 23:28> 쳣지ᄂᆞᆫ 별니가 부족ᄒᆞ고 둘지ᄂᆞᆫ 환은ᄒᆞᄂᆞᆫ 슈회 ᄯᅥ러지니 우리 호치 둥이 쥬인의게 무러내지 못ᄒᆞᆯ지라 (一則坐利, 二則換數落了下來, 我們做伙計的, 東家前賠不上來.) <후홍 3:85> 믄득 림부즁의셔 보춰당 푸리롤 쳐음으로 시쟉ᄒᆞ여 개쟝ᄒᆞ니 그 날 ᄉᆞ경 시분의 대쇼 호치 둥이 일제히 긔신ᄒᆞ여 지신의게 졔ᄉᆞᄒᆞ고 (却值林府裏寶聚當鋪第一天開張, 大小伙計到四鼓時分一齊起身, 敬過財神利市.) <홍보 10:1> 죠흥과 죠셩이 답응ᄒᆞ며 가마니 졈쇼이롤 분부ᄒᆞ여 내간으로 드러가 호치 둥의게 통긔ᄒᆞ여 ᄒᆞᆷ긔 힘을 도와 동슈케 ᄒᆞ라 ᄒᆞ고 (趙興趙盛搬行李, 小二慌忙把話通, 跑入角門呼伙計, 相幇動手鬧哄哄.) <재생 5:20> 뎜즁 호치 일제히 니ᄅᆞᄃᆡ 둥숨야ᄂᆞᆫ 지금 가즁의셔 오히려 오지 아니ᄒᆞ엿다 (居[店]中伙計齊聲說, 鄧三爺, 今在家中尙未臨.) <재생 21:37> 삼거ᄂᆞᆫ 이ᄀᆞᆺ치 말나 이곳이 큰 졈과 ᄀᆞᆺ지 아니토다 호치ᄂᆞᆫ 져의 말을 듯지 말나 (三哥使不得, 此處比不得大店, 伙計莫聽他的.) <충소

2:35> ▼夥計 ‖ 나는 가셔 나의 호치롤 블너 져로 ᄒᆞ여금 슉직게 ᄒᆞ고 나는 본현의 가셔 보ᄒᆞ리라 (我找我們夥計去, 叫他看看, 我好報縣.) <충협 10:7> 양 호치야 서울 가는 수레 갑시 뎡호이엿ᄂᆞ냐 아냣ᄂᆞ냐 (楊夥計, 上京車脚錢開項咧無?) <관략-소창 9b> 왕 호치야 우리 세 사람의 힝니를 일즉이 다 명빅키 수습ᄒᆞ여라 (王夥計, 咱們三个人的行李趂[趁]早都收拾明白着.) <중화-한고 43b> 우리 왕 호치의 말ᄃᆡ로 ᄒᆞ쟈 오날 일즉 뎜의 드럿다가 ᄂᆡ일 ᄋᆞ즉 ᄯᅥᄂᆞ미 올흐니라 (咱們依王夥計的話, 今个早些下店, 明天起大早是淂.) <중화-한고 47a> 왕 호치야 네 이 수릭의 메운 여셧 필 말리 젼여 ᄋᆞ운 말이로구나 ᄂᆡ 보니 다 조금도 힘이 업스니 엇지 ᄂᆡ 화를 ᄭᅳᆺ닷ᄂᆞ니 (王夥計, 你這个套車的六个馬, 全是疲馬, 我看着都沒有一点筋[勁], 怎嗎拉淂來回呢?) <중화-한고 47b> 다만 싱각ᄒᆞ미 이ᄀᆞᆺ치 젹은 션쳑은 허다ᄒᆞᆫ 호치롤 두어 무서시 ᄡᅳ리오 ᄒᆞ고 심중의 의심을 ᄂᆡ여 (但想船小, 何用許多外水伙計, 心上生疑.) <쾌심 32:39> 젼당푸리와 비단푸리와 념션 대쇼 호치의 월봉과 다못 각쳐 졀과 암ᄌᆞ 등유와 월미와 블샹도금과 회ᄌᆞ무리의 투구와 도창 등졀을 젼위ᄒᆞ여 가음알고 (當鋪鹽船、綢莊鹽店大小伙計薪俸, 以及各四廟燈油月米、裝金修佛, 戲班的套頭、刀槍、頭盔等項.) <홍부 8:115> 각 뎐당푸리와 비단푸리 호치 등이 쟉일의 모다 와 문안ᄒᆞ여시니 거ᄋᆞ는 맛당히 가셔 회샤ᄒᆞᆯ 거시오 (各當鋪京莊綢莊的伙計們昨日都來問好, 哥兒該去回看回看.) <홍부 10:36> ᄯᅩ 각 당푸리 총관ᄒᆞ는 사ᄅᆞᆷ이 모든 호치 등을 다리고 ᄯᅩᄒᆞᆫ 헌슈ᄒᆞ며 (又是各當鋪管總的帶着衆伙計們也上了壽.) <홍부 13:26> 부중 ᄉᆞ야 션싱과 호치 상공의게는 ᄆᆡ쳐 그 방옥의 오십식 쥬고 (宅裏的師爺、先生、伙計、相公, 每間屋子五十個.) <홍부 31:46> ᄂᆡ 몃 간 방옥 산 거슨 임의 오린 일이어니와 ᄯᅩᄒᆞᆫ 한 조각 ᄯᅡ흘 ᄉᆞ ᄯᅩ 일기 푸ᄌᆞ롤 여럿시ᄃᆡ 그 푸ᄌᆞ의 모다 호치 잇시ᄆᆡ 나는 그곳 일을 아니ᄒᆞ고 좌우간 한가ᄒᆞᆫ지라 (我買了幾間房子, 是好久的話了, 也置了一點子地, 又開了一個鋪子, 那鋪子裏頭都有伙計, 我也不管那裏的事.) <보홍 7:41> 죠흥과 죠셩이 답응ᄒᆞ며 가마니 졈쇼이롤 분부ᄒᆞ여 내간으로 드러가 호치 등의게 통긔ᄒᆞ여 ᄒᆞᆷ긔 힘을 도와 동슈케 ᄒᆞ라 ᄒᆞ고 (趙興趙盛搬行李, 小二慌忙把話通, 跑入角門呼伙計, 相幇動手鬧哄哄.) <재생 5:20> 뎜중 호치 일졔히 니ᄅᆞᄃᆡ 등슴야는 지금 가중의셔 오히려 오지 아니ᄒᆞ엿다 (居[店]中伙計齊聲說, 鄧三爺, 今在家中尙未臨.) <재생 21:37> 나는 가셔 나의 호치롤 블너 져로 ᄒᆞ여금 슉직게 ᄒᆞ고 나는 본현의 가셔 보ᄒᆞ리라 (我找我們夥計去, 叫他看看, 我好報縣.) <충협 10:7> 믄득 왎흐로 가 즘짓 무ᄅᆞᄃᆡ 호치야 쳥컨ᄃᆡ 한 마ᄃᆡ 말을 무ᄅᆞ려 ᄒᆞ노라 (便上前故意的問道: "夥計, 借光問一聲.) <충협 22:42> 적인이 니ᄅᆞᄃᆡ 나는 경히 하표어니와 양호치는 엇지ᄒᆞ여 이곳의 니ᄅᆞ럿ᄂᆞ뇨 (賊人道: "我正是賀豹. 楊夥計, 你因何至此?) <충협 25:64> 삼거는 이ᄀᆞᆺ치 말나 이곳이 큰 졈과 ᄀᆞᆺ지 아니토다 호치는 져의 말을 듯지 말나 (三哥使不得, 此處比不得大店, 伙計莫聽他的.) <충소 2:35> 양 호치야 서울 가는 수레 갑시 뎡호이엿ᄂᆞ냐 아냣ᄂᆞ냐 (楊夥計, 上京車脚錢開項咧無?) <관략-소창 9b> ▼店伙 ‖ ᄯᅩ 은루의 노셩ᄒᆞᆫ 호치롤 갈히며 ᄯᅩ 경인의 남녀 긔십 명을 ᄉᆞ셔 셰셰히 칙ᄌᆞ의 올니고 (也選了銀樓上老成店伙, 也買了本京人雙身男婦幾十房, 粗細分開上冊.) <후홍 3:100> 믄득 림부 중의셔 보쥐당 푸리롤 쳐음으로 시쟉ᄒᆞ여 개장ᄒᆞ니 그 날 ᄉᆞ경 시분의 대쇼 호치 등이 일졔히 긔신ᄒᆞ여 지신의게 졔ᄉᆞᄒᆞ고 (却值林府裏寶聚當鋪第一天開張, 大小伙計到四鼓時分一齊起身, 敬過財神利市.) <홍보 10:1> ▼店夥 ‖ ᄉᆞ면팔방의 가인과 호치 슈륙으로 영운ᄒᆞ여 이러므로 총리ᄒᆞ는 사ᄅᆞᆷ이 극히 번란ᄒᆞᆫ지라 (四路八方、家人店夥、水陸營運, 這總理一席, 實在煩難.) <후홍 5:10> ▼人 ‖ 허다 용비는 모다 호치롤 외방의 보ᄂᆡ여 요리ᄒᆞ는 은젼을 (這些費用, 都是與人在外經營的銀本.) <쾌심 15:69> ▼過賣 ‖ 오리지 아냐 보ᄆᆡ 그 나귀 급히 거러 도라오는지라 호치 니ᄅᆞᄃᆡ 네 무던ᄒᆞ니 엇더케 이ᄀᆞᆺ치 년습ᄒᆞ엿ᄂᆞ뇨 ᄒᆞ더니 (不多一時, 就見他那驢連蹦帶進回來了, 過賣說: "難爲你, 怎麽排練來着?") <충소 21:78> ☞ 과게, 쇼호치

【호텔】 명 ((상업)) 호텔(hotel). (영어 차용어).¶ 옥년이가 졸업ᄒᆞ던 ᄂᆞᆯ에 학교 졸업장을 가지고 호텔로 도라가니 쥬인은 옥년의 얼골빗을 이상히 보더라 <혈의누 상:70> 그러나 호텔에서 두어 달 동안이나 외자로 먹고 잇기는 주인의 싱각에 옥순의 집에셔 돈을 뎡녕 보ᄂᆡ쥬려니 녀기고 잇는 고로 <은세계 106> ⇒ 호뎔

【호호베니】 명 ((복식)) 볼연지(-胭脂). (일본어 차용어).¶ 하얀 얼굴에 두 뺨만 호호베니를 칠한 듯한 것이 고웁기도 하거니와 <염상섭, 무현금1934 2:89>

【혼-구쓰】 명 ((복식)) 신발의 하나. '굿쓰(靴くつ)'는 (일본어 차용어).¶ 그러ᄒᆞ나 다만 머리에 운동 모자를 쓰고 몸에 회식 목쥬의를 입엇스며 혼구쓰를 신엇스니 뭇지 아니ᄒᆞ야도 초초ᄒᆞᆫ 일기 셔싱인 쥴 알겟더라 <설중매 9>

【혼두라스】 명 ((지리)) 온두라스(Honduras). 중앙 아메리카 중부에 있는 공화국. 1821년에 에스파냐에서 독립하였다. 수도는 테구시갈파. (외래어).¶ 혼두라스 (関都拉斯) <명물-육당 13a>

【혼치기】 명 ((지리)) 홍기가(紅旗街). '혼치기(紅旗街, hóngqíjiē)'는 중국어 직접 차용어.¶ 紅旗街 ‖ 우리 여러이 반하여 간 히삼은 기쥬로 보닌 거슨 다 팔니고 심양으로 실닌 거슨 한 근도 팔니디 못하엿난ᄃᆡ 남의 말을 드르니 금년 혼치기 난 거시 더욱 만타 하더라 (咱們大家上輸販去的海蔘是, 發得盖州的是都賣出去, 往瀋陽拉的是連一斤也賣不出去咧. 打聽人家的話, 今年紅旗街出的越多咧.) <중화-아천 34b>

【홀런드】 명 ((지리)) 화란(和蘭, Holland). 유럽 북서부에

있는 입헌 군주국. 12세기 초에 신성 로마 제국의 봉토로 설립된 나라. 1648년 에스파냐에서 독립하였다. 북해에 면해 있어 간척지가 많으며 국토의 4분의 1이 해면보다 낮은 나라. 네덜란드. (외래어).¶ 홀런드 (荷蘭) <명물-육당 12b> ⇒ 헐넌드, 헐널드, 호르란쏘, 홀런드, 홀란드, 하란, 할난국, 할란국, 화란 ☞ 네데란스, 네데란스국, 네델넌쓰, 네델넌쓰국

【홀란드】 명 ((지리)) 화란(和蘭, Holland). 네덜란드(Netherlands)의 영어명. 유럽 북서부에 있는 입헌군주국. 12세기 초에 신성 로마 제국의 봉토로 설립된 나라. 1648년 에스파냐에서 독립하였다. 북해에 면해 있어 간척지가 많으며 국토의 4분의 1이 해면보다 낮다. (외래어).¶ 홀란드 (和蘭) <태서신사> ⇒ 하란국, 호르란쏘, 화란국 ☞ 네데란스, 네데란스국, 네델넌쓰, 네델넌쓰국, 레데란스국

【홍가리아】 명 ((지리)) 헝가리(Hungary). 동유럽 중부에 있는 국가. 수도는 부다페스트. (외래어).¶ 동졍셩녀 말가리다 홍가리아 공쥬로셔 十二 셰에 슈녀 되어 셰쇽영화 쳔답ᄒᆞ고 <경잡 1918.2.15> ⇒ 헝거리, 헝거리국, 헝게리아

【홍-더그레】 명 ((복식)) 홍더그레(紅-). 붉은색 더그레. '더그레'는 옷자락까지 달린 긴가죽 겹옷. 또는 반소매에 덧입는 겉옷. '더그레(degelei)'는 중세몽고어 차용어.¶ 모단젼건 홍더그레 화약통 남날ᄀᆡ며 오라 ᄉᆞ슬 칼의 걸고 힝보 죠케 가ᄂᆞᆫ구나 <한양가-고려 1844> ☞ 더그러, 더그레

【홍동-ᄒᆞ-】 동 홍동(哄動, hòngdòng)하다. 뒤흔들다. 여러 사람이 지껄이며 떠들다.¶ 哄動 ‖ 십 셰 젓내나ᄂᆞᆫ 계집을 일홈지어 지ᄉᆞ라 ᄒᆞ야 경ᄉᆞ롤 홍동케 ᄒᆞ고 됴ᄉᆞ롤 긔롱ᄒᆞ야 국톄롤 손샹ᄒᆞ미 각신 산현인의 ᄯᆞᆯ 산ᄃᆡ 가ᄐᆞ니롤 듯디 못ᄒᆞ얏ᄂᆞ이다 (未聞以十齡乳臭小娃, 冒充才子, 濫叨聖眷, 假敕造樓, 哄動長安, 譏刺朝士, 有傷國體, 如閣臣山顯仁之女山黛也.) <평산 1:92> ⇒ 홍동ᄒᆞ-

【홍동-ᄒᆞ-】 동 홍동(哄動 hòngdòng)하다. 뒤흔들다. 여러 사람이 지껄이며 떠들다. '홍동'은 (중국어 간접 차용어).¶ 哄動 ‖ 수년 젼의 ᄉᆞ월 팔일의 이 뫼 가온대 홀연 밤의 오식 긔운이 니러나 부텨의 집이 되고 금ᄃᆞ리롤 시니의 건네노코 ᄃᆞ리 우희 븕은 등잔을 혀 밤듕이 디난 후 ᄇᆞ야흐로 흐터디니 일시의 ᄆᆞ올 사롬이 홍동ᄒᆞ여 다 니ᄅᆞ기롤 셔텬의 싱불이 동토에 와 사롬을 구졔ᄒᆞᆫ다 ᄒᆞ고 (忽于前年四月八日夜間, 在這山中吐出五色毫光, 結成佛殿, 架起金橋, 接過澗來. 橋上俱有紅燈, 直至半夜方散, 一時哄動村人, 俱說西天活佛搬到東天來, 救度世人.) <후수 6:87> 이에 만셩이 홍동ᄒᆞ여 더듬으며 찻지 ᄋᆞ니ᄒᆞᆫ 곳이 업시니 (于是滿城哄動, 無處不搜, 無處不找.) <녹모 2:140> 번왕이 그림을 ᄒᆞᆫ 번 볼진ᄃᆡ 호식ᄒᆞᄂᆞᆫ 마암이 ㆍ러나지 아니치 못ᄒᆞ리니 연후에 번왕을 홍동ᄒᆞ야 다시 인마를 동ᄒᆞ야 쳣지는 소군을 취ᄒᆞ고 둘지는 ᄒᆞᆫ실 강산을 ᄲᅦ앗게 ᄒᆞ면 엇지 나의 심두에 ᄒᆞᆫ을 셜치하지 못ᄒᆞ랴 (番王見了此圖, 不怕他不起好色之心.那時哄動番王, 興動人馬, 一則定要昭君, 二則就奪漢室江山, 豈不泄我心頭之恨?) <소군 상18:63> ⇒ 홍동ᄒᆞ-

【홍둥-이】 부 홍동(哄動, hòngdòng)히. 떠들썩하게. '홍동'은 중국어 간접 차용어.¶ 厮混 ‖ 요긴ᄒᆞᆫ 거시 업다 ᄒᆞᄂᆞᆫ 셜화로ᄡᅥ 홍둥이 치니 (一味的將些沒要緊的話來厮混.) <홍루 67:34>

【홍-천릭】 명 ((복식)) 홍천익(紅天翼). 붉은 철릭. '천익'은 '첩리(帖裡, 帖裏)'에서 온 말. 고려 때 원나라에서 들어온 포(袍)의 일종. 무관이 입던 공복. 직령(直領)으로서, 허리에 주름이 잡히고 큰 소매가 달렸는데, 당상관은 남색이고 당하관은 분홍색이다. 몽고어 'terlig'에서 온 차용어.¶ 압히ᄂᆞᆫ 공가교요 뒤의ᄂᆞᆫ 타신 가교 무예쳥 호위ᄒᆞ고 그 밧게 별감 무감 모도 다 홍천릭의 공젹우 ᄭᅩᄌᆞ스며 가교의 ᄂᆞ옵시니 홍양산은 압히 셧다 <한양가-고려 1844> ⇒ 홍천익 ☞ 덜링, 절닙, 쳔닉, 쳔릭, 철닉, 철닙, 철익, 텔링, 터닉, 털릭, 털링

【홍-천익】 명 ((복식)) 홍천익(紅天翼). 붉은 철릭. '천익'은 '첩리(帖裡, 帖裏)'에서 온 말. 고려 때 원나라에서 들어온 포(袍)의 일종. 무관이 입던 공복. 직령(直領)으로서, 허리에 주름이 잡히고 큰 소매가 달렸는데, 당상관은 남색이고 당하관은 분홍색이다. 몽고어 'terlig'에서 온 차용어.¶ 경긔감영 셰퀴드른 홍천익 공작우의 가ᄂᆞᆫ 쇼릭 권마셩이 말고도 고을시고 <한양가-고려 1844> ⇒ 홍천릭 ☞ 덜링, 절닙, 쳔닉, 쳔릭, 철닉, 철닙, 철이옷, 철익, 텔링, 터닉, 털릭, 털링

【홍콩】 명 ((지리)) 홍콩(香港 Hong Kong). 중국 광동성(廣東省) 남부, 주강(珠江) 어귀에 있는 섬. (외래어).¶ 쏘 동편에 누챵과 텬진과 티푸와 샹힉와 부챠오와 홍콩과 예모이와 닝보와 솨토ㅣ란 포구가 잇스며 텬진브터 남경을 지나 닝보ᄭᆞ지는 모ᄃᆞᆫ 강이니라 <사필1889-헐버트 72> 엇은 싸흘 의론컨대 아프리가 셔편 대셔양에 메듸라와 졉벗이란 몃 셤과 쏘 히변 몃 디방과 쏘 동편 히변 몃 디방과 인도 싸 히변 ᄒᆞᆫ 디방과 청국 남편 홍콩 근쳐에 몃 젹은 셤을 엇어 ᄎᆞ지ᄒᆞ니라 <사필1889-헐버트 47> 물목 ‖ 유록 나이롱 유동 ᄉᆞᆼ이 ᄎᆞ 일 팟식 홍콩 양단 ᄉᆞᆼ이 ᄎᆞ 일 옥식 빅마싓트 나이롱 ᄉᆞᆼ이 ᄎᆞ 일 …쳥식 홍콩 양단 ᄒᆞ이 ᄎᆞ 일 양식 쏘쑤라 ᄒᆞ이 ᄎᆞ 일 <물목-진명-2 1961 유록>

【홍히】 명 ((지리)) 홍해(紅海). 아프리카 북동부와 아라비아 반도 사이에 있는 바다. 수에즈 운하 개통 후 아시아와 유럽을 이어 주는 중요 항로가 되었다. 바다 속에 있는 해조 때문에 붉은빛을 띤다. 광동어 직접 차용어.¶ 홍히 <법한 914> 남은 아라비아와 홍히요 셔도 홍히며 쏘 디즁히며 디방을 의론컨대 ᄉᆞ면 십 리 되는 방면이 팔만이며 <사필1889-헐버트 97> 디경을 의론컨대 북은 디즁히요 동은 홍히요 남은 누비아요 오랑캐 싸히라 셔는 서하라 모리밧치며 <사필1889-헐버트

143> 이스라엘이 홍히를 건넌 후에 어ᄂᆞ 나라와 처음으로 싸홧스며 그 나라를 엇더케 ᄒᆞ엿ᄂᆞ뇨 <오빅문답 12>

【화냥-년】 명 ((인류)) 화냥년. 서방질을 하는 여자를 욕으로 이르는 말. '화냥(花娘, huāniáng)'은 중국어 직접 차용어.¶ 더런 못된 화냥년들 卽刻內로 捉待ᄒᆞ라 <大每 1910.3.3> "누가 화냥년 노릇 하래 공연히 죽네 사네 할 까닭이 무어냐 말이지." <임꺽정 4> ⇒ 환양년

【화냥-이】 명 ((인류)) 화냥년(花娘-). 서방질하는 여자를 비속하게 이르는 말. '화냥(花娘, huāniáng)'은 중국어 직접 차용어. ¶ 화냥이 (養漢的) <방석-인류 1:35a> 화냥이 (慣嫁人) <몽보-매욕 30a> 화냥이 (花娘) <동해-인품 상:14a> ⇒ 화랑, 화랑이, 화랑싀, 환양

【화냥-질】 명 서방질. '화냥(花娘, huāniáng)'은 중국어 직접 차용어.¶ "아니 여보, 날 화냥질 시켜 먹고 살 작정이오?" <임꺽정 4>

【화뎐】 명 ((민속)) 화권(滑拳). 먹국. 술을 마실 때 하는 놀이로서 '무전(拇戰)' 또는 '시권(猜拳)'이라고 한다. 놀이에 참여하는 두 사람이 각각 숫자를 하나씩 말하면서 손가락을 편다. 이때 두 사람이 펼친 손가락 개수의 합을 정확하게 말할 수 있는 사람이 이기게 되며 진 사람은 술을 마신다. '화뎐(滑拳, 搳拳, huáquán)'은 중국어 직접 차용어.¶ 滑拳 ‖ 우리 화뎐이ᄂᆞ ᄒᆞ여 봅시다 (偺們滑幾拳罷.) <화정 76>

【화란국】 명 ((지리)) 화란국(和蘭國). 유럽 북서부에 있는 입헌군주국. 12세기 초에 신성 로마 제국의 봉토로 설립된 나라. 1648년 에스파냐에서 독립하였다. 북해에 면해 있어 간척지가 많으며 국토의 4분의 1이 해면보다 낮다. 네덜란드(Netherlands). (외래어).¶ 하란국 | 화란국 <법한 732> ⇒ 하란국, 호르란또, 홀란드 ☞ 네데란스, 네데란스국, 네델넌쓰, 네델넌쓰국, 레데란스국

【화랑】 명 ((인류)) 화낭(花娘). 광대나 재인. 배우. 노는 계집. (중국어 간접 차용어).¶ 巫覡 ‖ 흔남이 본ᄃᆡ 믈의 ᄒᆞᆫ 사ᄅᆞᆷ으로ᄡᅧ 혹 화랑 노ᄅᆞᆺ도 ᄒᆞ고 혹 쳘젹도 부러 싱이를 삼더니 (欣男素以無賴, 或爲巫覡, 或以吹鐵爲業.) <조침 30:52> 믄득 ᄒᆞᆫ 대취ᄒᆞᆫ 규화ᄌᆡ[화랑의 뉘라] 빗ᄯᅮ기며 드러와 상ᄌᆞ의 니ᄅᆞ러 버려 노ᄒᆞᆫ 쥬육을 난만히 집어 먹거ᄂᆞᆯ (長孫肖正急得走投沒路, 忽跑進一個爛醉的叫花子來, 竟趕到桌子邊, 亂搶東西吃.) <옥지-연세 2:105> ▼優伶 ‖ 년긔가 젹고 싱기미 아름다오므로 인ᄒᆞ여 져 분슈 모로ᄂᆞᆫ 사ᄅᆞᆷ들은 모다 그ᄅᆞᆺ 화랑의 류로 알더라 (因他年紀又輕, 生得又美, 不知他身分的人, 却誤認作優伶一類.) <홍루 47:39> 覡 ‖ 화랑 보ᄂᆞᆫ가 <교린-묘 1:30b> 화랑 보왓습나 <교린-ア 1:36a> 그놈이 니ᄅᆞ되 셔울 화랑 스승 아니면 어이 ᄎᆞᆺ스올고 ᄒᆞ니 져간이 그 쇼을 못 도적ᄒᆞᆫ가 ᄒᆞ여 憤을 이긔지 못ᄒᆞ여 싀퍼런 새 낫슬 ᄀᆞ라 가지고 그 화랑이 스승을 주기라 가다가 믄득 生覺ᄒᆞ되 <유공 19> 죄 업슨 사ᄅᆞᆷ 죽이기 不祥타 ᄒᆞ고 길ᄀᆞ의 마참 보니 두커비 긔여가거ᄂᆞᆯ 그 두커비 을 잡어 소매예 녓코 그 화랑 잇ᄂᆞᆫ ᄃᆡ 다ᄃᆞ라 니ᄅᆞ되 <유공 19> 셜어운 저 뫼 압헤 화랑아 질겨 마라 <청춘 1914.11.1> ⇒ 화냥이, 화랑, 화랑이, 환양

【화랑-싀】 명 ((인류)) 화랑이(花郎-). 박수무당. (중국어 간접 차용어).¶ 화랑싀 (端公) <훈몽-인류 중:2b /3b> ⇒ 화냥이, 화랑, 화랑이, 화랑ᄌᆞ, 환양

【화랑-이】 명 ❶ ((인류)) 화랑(花郎)이. 광대와 비슷한 놀이꾼의 패. 옷을 잘 꾸며 입고 가무와 행락을 주로 하던 무리로 대개 무당의 남편이었다. 화낭(花娘). 노는 계집. (중국어 간접 차용어).¶ 花郎 ‖ 狂隊광대, 卽猖狂之隊, 一曰倡優, 又曰俳優, 又曰才人지인, 又曰花郞화랑이. <명물-인품 1:45b> 화랑이 창 (娼) <초목 하:32> ❷ ((인류)) 화랑이(花郎-). 박수무당.¶ 박슈 | 화랑이 | 슐긔 | 슐업쟈 | 샤슐쟈 <법한 1294> 화랑이 격 (覡) <왜해-인품 상:15b> <음운 2a> ▼祝 ‖ 벼슬 ᄒᆞ옛ᄂᆞᆫ 사ᄅᆞ미 빗 다ᄅᆞᆫ 사ᄅᆞᄆᆞᆯ 다 서르 디졉호미 맛당티 아니ᄒᆞ니 무당과 화랑이와 승과 ᄉᆞ이ᄒᆞᄂᆞᆫ 할미 ᄀᆞᄐᆞ니ᄅᆞᆯ 더욱 소히 ᄒᆞ야 브티디 아니호미 맛당ᄒᆞ니 ᄆᆞᅀᆞᄆᆞᆯ 조케 ᄒᆞ며 쇽졀업슨 이ᄅᆞᆯ 젹게 호모로 웃드ᄆᆞᆯ 사모 거시니라 (當官者, 凡異色人, 皆不宜與之相接, 巫祝尼媼之類, 尤宜疎絶, 要以淸心省事爲本.) <번소 7:27ab> ▼男 ‖ 화랑이 쇼고 치다 (男打手鼓.) <한청-제사 3:37b> 소경 드려 ᄒᆞᄂᆞᆫ 긔도ᄂᆞᆫ 마지 못ᄒᆞ나 무녀와 화랑이 드려 증 치고 쟝구 치고 큰굿 ᄒᆞᄂᆞᆫ 집은 분명 샹집이니 ᄌᆞ숀 오라지 아니ᄒᆞ여 샹인이 되ᄂᆞ니 <우암션싱 계녀셔 15b> 져간이 그 쇼을 못 도적ᄒᆞᆫ가 ᄒᆞ여 憤을 이긔지 못ᄒᆞ여 싀퍼런 새 낫슬 ᄀᆞ라 가지고 그 화랑이 스승을 주기라 가다가 믄득 生覺ᄒᆞ되 <유공 19> 화랑이의 츔츄ᄂᆞᆫ 거동 쥬졍ᄭᅮᆫ의 미친 거동 젹이 ᄎᆞ고 노ᄂᆞᆫ 거동 ᄯᅱ〻히 ᄯᅱᄂᆞᆫ 거동 터 닥글 ᄡᅥ 지경 소릐 셩 ᄡᅡ흘 ᄡᅥ 회군 소릐 <가완별곡> 강신날 바다시니 음식을 작만ᄒᆞ소 슐ᄡᆞᆯ은 몃 말이며 ᄯᅥᆨᄡᆞᆯ은 몃 셤인고 동ᄂᆡ 마당 ᄎᆡ일 치고 노소 ᄎᆞ레 열좌ᄒᆞ여 이웃 손님 다 쳥ᄒᆞ고 화랑이도 브르리라 <산나-죽림 9> ⇒ 화냥이, 화랑, 화랑이, 화랑싀, 환양

【화랑ᄌᆞ】 명 ((인류)) 화낭자(花娘子). 화냥년. (중국어 간접 차용어).¶ 浪蹄子 ‖ 죠ᄒᆞᆫ 화랑ᄌᆞ야 싱각건ᄃᆡ 노고의게 긔가 막혀 고묘로 다라나 귀신과 ᄡᅡ호ᄂᆞᆫ도다 이거시 벌쥬가 가ᄒᆞ냐 가치 아니냐 (好個浪蹄子, 想是受了老鴇子的氣, 跑到墳院裡打鬼去了. 這可罰酒不罰酒呢?) <속홍 7:53>

【화랑-싀】 명 ((인류)) 화랑이(花郎-). 박수무당. (중국어 간접 차용어).¶ 화랑싀 격, 男曰"覡", 俗呼"端公". (覡) <훈몽-인류 중:2b /3b> ⇒ 화냥이, 화랑, 화랑이, 화랑이, 환양

【화랑-이】 명 ((인류)) 박수무당. (중국어 간접 차용어).¶ 覡 ‖ 화랑이 혁, 男曰~, 俗呼端公. (覡) <훈몽-인류 중 2b/3b> 우리 지븨 스승이며 화랑이며 부작ᄒᆞ기를 말ᄉᆞ매도 아니ᄒᆞ요ᄆᆞᆫ 너희네 보논 이리니 요괴롭고 망녕도

왼 이를 ᄒᆞ디 말라 (吾家巫覡符章, 絶於言議, 女曹所見, 勿爲妖妄.) <번소 7:22b> 우리 집이 무당이며 화랑이며 부작과 주쟝 [도식 하ᄂᆞᆯ의 글월을 올리ᄂᆞᆫ 일이라] ᄒᆞ기를 말솜이며 의론에도 그츰ᄋᆞᆫ 너희 물이의 보ᄂᆞᆫ 배니 요괴롭고 망녕된 일 ᄒᆞ디 말라 (吾家巫覡符章, 絶於言議, 女曹所見, 勿爲妖妄.) <소언 5:55b> ⇒ 화냥이, 화랑, 화랑싀, 환양

【화렌하이트】 명 ((인명)) 파렌하이트(Fahrenheit, Daniel Gabrie). 독일의 물리학자(1686~1736). 최초로 표준 온도계를 만들었으며, 열학과 기상학 분야에 많은 업적을 남겼다. 화씨온도를 나타내는 기호 F는 그의 이름의 첫 글자를 딴 것이다. (외래어).¶ 華氏寒陰計 화렌하이트氏 <백과신-송1926 492>

【화미지】 명 ((인류)) 화미지(畵眉的). '지(的, de> di)'는 중국어 직접 차용어.¶ 畫眉的 ‖ 너가 너젼의 부분지를 보면 위실 북그럽고 화미지ᄂᆞᆫ 아마 니 황셜노 아럿더니 금번은 이 이젼 ᄉᆞ람ᄃᆡ로 잇지 아니한지 심아리가 일즉 양이로다 양이로다 요발ᄒᆞᆫ 닷 심황ᄒᆞ고 단숑한 닷 안란ᄒᆞ고 윤젼한 닷 장망ᄒᆞ도다 (我往常見傅粉的委實羞, 畫眉的敢是謊; 今番不是在先人, 心兒裏早癢癢.撩撥得心荒, 斷送得眼亂, 輪轉得腸忙.) <서상-박문 28>

【화샹-푸지】 명 ((상업)) 화상포자(畵像舖子). 화상(畵像) 가게. 초상을 그려주는 가게. '푸ᄌᆞ(舖子, pùzi)'는 중국어 직접차용어.¶ 畵像舖 ‖ 또 ᄒᆞᆫ 푸ᄌᆞ롤 디나니 쳠하 아래 화샹을 그려 부쳐시니 이ᄂᆞᆫ 화샹푸지오 (又過一舖, 簷楣之間貼畵像數三本, 此畵像舖.) <서원 5:7a>

【화셩돈】 명 ❶ ((인명)) 화성돈(華盛頓, Huáshèngdùn). 워싱턴(George Washington, 1732~99). 미국의 초대 대통령. 독립혁명 총사령관으로서 독립전쟁을 성공적으로 이끌었고 헌법제정회의에서 새로운 연방헌법을 제정하고 중앙정부 권한을 강화하였다. 초대 대통령이 되어 국내 여러 세력의 단합과 헌법의 실현 등에 힘써 신생 미국의 기반을 다지는 데 크게 공헌하였다. (외래어, 중국어 간접 차용어).¶ 미국으로 영국 긔반에셔 버셔나 ᄌᆞ쥬독립이 되게 ᄒᆞ던 화셩돈과 의대리 정치를 긔혁ᄒᆞ야 즁흥독립케 ᄒᆞ던 <성명 78> 화셩돈과 ᄀᆞ흔 영웅 그도 아니 잇슬손가 강졔력이 급히스니 미국 독립 어셔ᄒᆞ소 <대매-시평 1909.8.7> ❷ ((지리)) 화성돈(華盛頓, Huáshèngdùn). 정식 명칭은 Washington District of Columbia. 미국의 수도. (외래어).¶ 미국 화셩돈에 가셔 청인 학도들과 갓치 학교에 드러가셔 공부를 ᄒᆞ고 잇더라 <혈의누 68> 중간에 허다ᄒᆞᆫ 셰쇼곡졀을 이로 말ᄒᆞ지 못ᄒᆞ얏거니와 심진ᄉᆞ와 왕대춘 량인이 뭇셔가에셔 미국 화셩돈으로 건너오ᄂᆞᆫ 길에 무한ᄒᆞᆫ 힐난과 무한ᄒᆞᆫ 고초롤 만일 일일히 둣게 되면 아모라도 코허리가 시고 몸셔리가 칠 만ᄒᆞ더라 <이해조, 월하가인 33> ⇒ 와셩톤, 와싱돈, 와싱톤, 워셩던

【화이브】 수 화이브(five). 다섯. (외래어).¶ 화이브 (五) <영어일상통화단어초집 우산>

【화이어】 명 화이어(fire). 불. (외래어).¶ 화이어 (불, 火) <영어일상통화단어초집 우산>

【화잇히얼】 명 ((지리)) 화이트힐(White Hill). (외래어).¶ 화잇히얼 (白山 White Hill) <만국통감1912, 4, 16>

【화쥬】 명 ((기물)) 화저(火筯). 부젓가락. '쥬(筯, zhù)'는 중국어 직접 차용어.¶ 화쥬 (火筯兒) <역해-기구하:13b>

【화ᄌᆞ】 명 ((인류)) 화가(火家). 동료. 'ᄌᆞ(家, jiā)'는 중국어 직접 차용어.¶ 火家 ‖ 도로 ᄊᆞᆺ놋코 문젼의 나와 화ᄌᆞ의 도라오믈 기다려 하슈ᄒᆞ려 ᄒᆞ더니 (却纔包了, 且去門前望幾個火家歸來開剝.) <수호-이화 32:4b>

【화초-푸리】 명 ((상업)) 화초포리(花草鋪裏 pùli). 꽃가게. '푸리(鋪裏, pùli)'는 중국어 직접 차용어.¶ 화초푸리 드러가니 긔화이초 다 잇는ᄃᆡ 쥴노 심은 옥좀화는 향니나기 졔일이오 푸른 ᄭᆞᆺ츤 츄됴화요 븕은 ᄭᆞᆺ츤 도류화라 <연행-무자>

【화촨-ᄒᆞ-】 동 ((민속)) 할권(搳拳)하다. 먹국하다. 중국에서 술을 마실 때 하는 놀이로서 '무전(拇戰)' 또는 '시권(猜拳)'이라고도 한다. 놀이에 참여하는 두 사람이 각각 숫자를 하나씩 말하면서 손가락을 편다. 이때 두 사람이 펼친 손가락 개수의 합을 정확하게 말할 수 있는 사람이 이기게 되며 진 사람은 술을 마신다. '화촨(搳拳, huáquán)'은 중국어 직접 차용어.¶ 搳拳 ‖ 심향등이 니ᄅᆞᄃᆡ 우리가 이ᄂᆞᆫ 모다 아지 못ᄒᆞ니 화촨[먹국ᄒᆞ여 승부ᄃᆡ로 술을 먹으미라]ᄒᆞ니만 갓지 못ᄒᆞ니 뉘가 지던지 한 잔을 마시게 ᄒᆞ미 엇지 샹쾌ᄒᆞ지 아니리오 (沁香等道: "我們都不會, 倒不如搳拳罷." 誰輸了喝一杯, 豈不爽快?) <홍루 93:53>

【환상】 명 환상(還上). 환자(還子). 환곡(還穀). 조선시대에 곡식을 사창(社倉)에 저장하였다가 백성들에게 봄에 꾸어 주고 가을에 이자를 붙여 거두던 일. 또는 그 곡식. (이두어).¶ 還 ‖ 환상 난올 제 고로 ᄂᆞᆫ호지 안이ᄒᆞ고 힝악을 밋고 구걸ᄒᆞᄂᆞᆫ ᄌᆞ와 외람히 타고 외람히 입ᄂᆞᆫ ᄌᆞ (還分時, 不均分俵, 及恃惡求乞者, 濫乘濫養者) <하인 향약 금ᄒᆞᄂᆞᆫ 조목 삶의흔적 220-170> 여복ᄒᆞ면 굼고 단닐 젹이 만ᄉᆞ옵고 그러ᄒᆞ옵기 변지변니지니ᄒᆞ여 쥬ᄂᆞᆫ 경쥬인의 빗지 무슈ᄒᆞ옵고 환상도 미양 밧칠 길 업ᄉᆞ와 볼기롤 흰쩍 맛듯 ᄒᆞ옵니다 <남원1869 3:3a> 그거시 환상 타라 가ᄂᆞᆫ 소라오 환상을 타라 갈싀 소롤 ᄐᆞ고 가지오 환상을 타면 못 타고 오고 원님이 유고ᄒᆞ여 환상을 못 ᄐᆞ면 타고 오지오 <춘향-동양 3:20a> 운봉 언느싀 ᄯᅥ나시랴요 환상 쥴 것 잇셔 ᄯᅥ나것쇼 아봄의 환상 쥬단 말이요 <춘향-종신e 47a> 순사ᄯᅩ 감결니예 이젼 환상 나락 되고 쌀 되는 폐 빅셩의 절골지원이라 …ᄃᆡ원위 분부 너예 이젼 환상은 빅셩의 병이되니 일절 혁파하고 <순사ᄯᅩ 감결-우한 1873> 환상의 쌀니 십오 석이나 되옵고 ᄯᅩ 베가 十石이나 남ᄉᆞ오니 니 환상이 十石과 합ᄒᆞ오면 근 四十石되옵난ᄃᆡ 김년복

의 환상 七石이나 되옵고 <광산김씨-4 졸한의> ⇒ 환자, 환ᄌᆞ

【환상-전결】 명 환상결전(還上田結). 백성에게 곡식을 빌려 주었다가 받아들이는 환곡과 전결에 덧붙여 거두던 세금. (이두어).¶ 관젼목포 환상젼결 복슈문셔 닷글 격의 ᄉᆞ결의 한 짐 열 뭇 뉵결의는 셕 짐 닷 뭇 팔결의는 닷 짐 열 뭇 우의 두 짐 닷 뭇 쏠아셔 슈힌셕 짐 닷 뭇시라 <남원1869 4:19a>

【환샹미】 명 ((곡식)) 환상미(還上米). 환자미(還子米). 환곡(還穀). 조선시대에 곡식을 사창(社倉)에 저장하였다가 백성들에게 봄에 꾸어 주고 가을에 이자를 붙여 거두던 일. 또는 그 곡식. (이두어).¶ 還上米 ‖ 환샹미를 겨오 관가에 필납ᄒᆞ엿스니 시원ᄒᆞ외다 <교린-교정 219> ☞ 환샹ᄡᆞᆯ, 환샹술, 환샹쏠

【환샹-ᄡᆞᆯ】 명 ((곡식)) 환상미(還上米). 환자미(還子米). 환곡(還穀). 조선시대에 곡식을 사창(社倉)에 저장하였다가 백성들에게 봄에 꾸어 주고 가을에 이자를 붙여 거두던 일. 또는 그 곡식. (이두어).¶ 還上米 ‖ 환샹ᄡᆞᆯ을 계오 관가의 다 바치니 든든ᄒᆞ외 <교린-회화 33> ⇒ 환샹미, 환샹술, 환샹쏠

【환샹-술】 명 ((곡식)) 환상미(還上米). 환자미(還子米). 환곡(還穀). 조선시대에 곡식을 사창(社倉)에 저장하였다가 백성들에게 봄에 꾸어 주고 가을에 이자를 붙여 거두던 일. 또는 그 곡식. (이두어).¶ 還上米 ‖ 환샹술을 계오 관가의 다 밧치니 든든ᄒᆞ외 <교린-제 2:31b> ⇒ 환샹미, 환샹ᄡᆞᆯ, 환샹쏠

【환샹-쏠】 명 환상미(還上米). 환자미(還子米). 환곡(還穀). 조선시대에 곡식을 사창(社倉)에 저장하였다가 백성들에게 봄에 꾸어 주고 가을에 이자를 붙여 거두던 일. 또는 그 곡식. (이두어).¶ 還上米 ‖ 환샹쏠을 계오 관가의 다 밧치니 든든ᄒᆞ외 <교린-A 2:31b> ⇒ 환샹미, 환샹술, 환샹ᄡᆞᆯ

【환자】 명 환자(還子). 환곡(還穀). 조선시대에 춘궁기나 흉년이 들었을 때 각 고을의 관에서 백성에게 곡식을 꾸어 주고 가을에 이자를 붙여 거두던 일. 또는 그 곡식. (이두어).¶ 租 ‖ 믈읫 외방 ᄉᆞ올홀 다ᄉᆞ료ᄃᆡ 가난ᄒᆞ니를 졔도ᄒᆞ며 어버ᅀᅵ 업슨 사ᄅᆞᆷ 에엿비 너규믈 시급히 ᄒᆞ며 히 운이 므리 만커나 ᄀᆞ믈어나 ᄒᆞ거든 미리 빅셩의게 머글 거슬 뀌이며 군ᄉᆞ의 머글 곡식을 창고애 녀허 두ᄃᆡ 조코 만케 ᄒᆞ며 몬 갑파 잇는 환자를 받디 말며 (凡理藩府, 急於濟貧卹孤, 有水旱, 必先期假貸, 廩軍食, 必精豐, 逋租必蠲免.) <번소 10:13b, 14a> ▼糶 ‖ 그 농긔의 니치 못ᄒᆞᆫ 거슨 장인과 플무를 안쳐 ᄃᆞᄉᆞ리게 ᄒᆞ오며 봄ᄡᅵ와 여름냥식은 다 ᄀᆞ올에 거둔 바로 ᄒᆞ터 환ᄌᆞ로 주게 ᄒᆞ와 두 사ᄅᆞᆷ으로 ᄒᆞ여곰 힘을 통ᄒᆞ야 ᄀᆞ치 지으되 (其鎡器之不利者, 亦置匠爐而治之, 其春種夏糧, 皆以前秋所收, 散而糶之, 使二人通力合作.) <정의-화성 46:41b> 이리 와신 제나 비둘 업시 사쟈 히여도 오리 가리 셰가는 무ᄒᆞᆫ 아모ᄃᆡ 가도 벌로코 마리 혀여 오니 ᄀᆞᆫᄀᆞᆫ 다 ᄡᅳ니 환자 타 보타여 먹노라 민망타 <순천김씨-164 1550-92 신천강씨(어머니) ↓순천김씨(딸)> 나록은 환자도 아므려 소지 뎡ᄒᆞ여도 주디 아니ᄒᆞ니 나록밥 ᄒᆞᆯ 셰는 천만 업식 <현풍곽씨-65 /진하-83 17c전기 곽주(남편) ↓진주하씨(아내)> 한식 제 ᄡᆞᆯ 거슨 송아지나 사고 어믈 사 ᄀᆞ텨 보내오니 환자도 어더 보려니와 줄디 안즉 모ᄅᆞ올쇠 <유시정-17 진ᄉᆞ 오와놀> 인심풍쇽은 그대ᄃᆞ록 듣던 말과 ᄀᆞᆮ든 아니오되 환자로 ᄒᆞ여 구향가기 쳡경이오니 공ᄉᆞ는 비록 평양의셔 어머리 져그나 긔 대ᄉᆡ오니 됴병 몯ᄒᆞᆯ 만은 슬ᄀᆞᆺ ᄒᆞ고 근심이 만ᄉᆞ오니 온 일을 ᄒᆞᆫᄒᆞᆸ <유시정-40 녀산와> 환자는 영미들을 두로셔 지촉은 ᄒᆞ여도 ᄒᆞᆯ 일이 업서 이시나 욕이 므셥다 <송규렴 선찰9-22 1697 안동김씨(어머니) ↓송상기(아들)> 힛것도 오려가 ᄢᅵ여 새는 놀리나 안즉 머글 날은 머럿다 보리 환자나 타 머그려 ᄒᆞ니 원이 ᄀᆞ니 그도 어려오니 민망ᄒᆞ더니 격관이 주리라 ᄒᆞ니 긔나 어더머글가 ᄒᆞ노라 <송규렴가 선찰9-26 1698 안동김씨(어머니/시어머니) ↓송상기(아들)와 칠원윤씨(며느리)> 며ᄂᆞ리게 제곰 편지 못ᄒᆞ뇌 환자 군 미 ᄒᆞᆫ 셤 몬제 ᄡᅳ소 <선세유묵-호고 2> 아기네 머근 환자 우케는 다 예셔 바티고 ᄡᆞᆯ은 만티 아니ᄒᆞ니 게셔 쟝만ᄒᆞ소 밧바 이만 <선세유묵-호고당 4> 볼곳 오면 ᄒᆞᆯ니나 쉬워 나도 갈쇠 환자를 어더 오라 ᄒᆞ더라 ᄒᆞ니 그리 비들 ᄡᅳ고 엇디ᄒᆞᆯ고 ᄐᆞ되 곳 어더 오라 ᄒᆞ면 어더 가려니와 낭죵이 민망ᄒᆞ니 싱각ᄒᆞ여 긔별ᄒᆞ소 <이주하17c-박민철 ↓아내와 아들> ⇒ 환ᄌᆞ ☞ 공셰, 환상

【원님도 보고 환자도 탄다구】 속 원님도 보고 환자(還子)도 탄다. 일을 동시에 꾀하는 경우를 비유적으로 이르는 말.¶ 원님도 보고 환자도 탄다구 (縣宰도 謁하고 賑貸도 受한다) 虛忠도 示하고 實利도 求한다 함이라 <조속1922 222>

【환자-빗】 명 환자빗(還子-). 환곡빗(還穀-). '환자'는 조선시대에 춘궁기나 흉년이 들었을 때 각 고을의 관에서 백성에게 곡식을 꾸어 주고 가을에 이자를 붙여 거두던 일. 또는 그 곡식. (이두어).¶ 듁빅의 슈명키는 못ᄒᆞᆯ 법 ᄒᆞ거니와 청ᄉᆞ를 더리기는 내 능히 면ᄒᆞ오리 그 밧긔 ᄒᆞᆫ둥ᄌᆞ미 늘근 부인 드러 보오 셕젼이 봉풍ᄒᆞ면 환자빗 능히 ᄎᆞ고 뻐은 집 비오거든 웅차리 져긔 잇너 <답부사-두암 21a>

【환자-요리】 명 환자요리(還子要利). 환곡(還穀)을 거둬드릴 때 이자를 붙여서 받는 일. (이두어).¶ 주야경윤 싱각ᄒᆞ니 환자요리도 ᄒᆞᆯ 만ᄒᆞ고 ᄯᅩ ᄉᆞ십팔면 부민들을 낫낫치 츄려니여 좌슈 ᄎᆞ접 풍원 ᄎᆞ졉 니여쥬면 묘리가 닛고 <춘향-동양 10:9b>

【환ᄌᆞ】 명 ((곡식)) 환자(還子). 환곡(還穀). 조선시대에 곡식을 사창(社倉)에 저장하였다가 백성들에게 봄에 꾸어 주고 가을에 이자를 붙여 거두던 일. 또는 그 곡식. (이두어).¶ 환ᄌᆞ 비들 뎍, "[入$米]"仐, 買穀入米. (糴) <자주 상:77b> 환ᄌᆞ 밧다 (糴政) <박물-물류 27b> 환ᄌᆞ

모히란 말솜이라 (秏) <諭慶尙道都事兼督運御史金載人書> ▼還上 ‖ 일변으로 ᄇᆡᆨ셩의게 ᄀᆡ유ᄒᆞ고 일변으로 츈모 환ᄌᆞ롤 급히 논화 주라 ᄒᆞ니 초구일의 덕경이 환자롤 논화 주니 극히 통히ᄒᆞᆫ디라 (一邊開誘奴民, 一邊春牟還上, 斯速分給云. 初九日, 德卿分給還上, 極爲痛駭.) <조기-정묘로난 9:70> 운봉이 눈치 알고 본관의게 통ᄒᆞᄃᆡ 나는 ᄇᆡᆨ셩 환ᄌᆞ 쥬기 밧바 몬져 도라가오 <남원1869 5:24a> 묵은 논을 ᄲᅧ 올니고 이른 모 내여 보식 농냥이 부족ᄒᆞ니 환ᄌᆞ 타 보태리라 <농가1876 38> 환ᄌᆞ으로 ᄒᆞ여 양식 ᄒᆞᆫ 줌 석어 먹을 수 업고 서을을 당ᄒᆞ여도 명일날 굴믈 둧 시브옵 <식 술이-한고12.10 ↓어마님젼> 그리ᄒᆞ나 년ᄒᆞ 환ᄌᆞ 느러 동ᄂᆡ 것들 거순 ᄒᆞ게다 ᄒᆞ눈 소ᄅᆡ 듯기 슬습 올은 환ᄌᆞ가 삼십여 셕 되니 그것 먹고 농ᄉᆞ도 변ᄒᆞ찬은 것시 엇지ᄒᆞ리 ᄒᆞ고 먹어도 셔방님 오시거든 먹는다 ᄒᆞ니 답ᄒᆞ지 아니ᄒᆞ옵 <답상장-우한19c말 츈일 부죠ᄒᆞ온ᄃᆡ> 어셔 나소 자로 나소 반 ᄀᆡ인들 내몰손가 환ᄌᆞ 비ᄌᆞ 부셰젼령 웅당 구실 말냐 ᄒᆞᆯ가 <기음노래 4:334> ※ 還子 밧ᄀᆡ라 (糴政) <속명-방언> ⇒ 환자 ☞ 공세, 환상

【더부사리 환ᄌᆞ 걱정이라】 㽣 더부살이 환자(還子) 걱정. 주제넘게 남의 일에 대하여 걱정함을 비유적으로 이르는 말.¶ 더부사리 환ᄌᆞ 걱정이라 (雇人의 還子를 憂慮라) <조속1922 343>

【환ᄌᆞ-요리】 명 ((인류)) 환자요리(還子要利). 환곡을 거둬들일 때 이자를 붙여서 받는 일. (이두어).¶ 주야경윤 ᄉᆡᆼ각ᄒᆞ니 환자요리도 ᄒᆞᆯ 만ᄒᆞ고 ᄯᅩ ᄉᆞ십팔면 부민들을 낫ᄒᆞ치 츄려니여 좌슈 ᄎᆞ졉 풍원 ᄎᆞ졉 니여쥬면 묘리가 닛고 <춘향-동양 10:9b>

【환ᄌᆞ-ᄒᆞ-】 동 환자(還子)하다. 곡식을 사창(社倉)에 저장하였다가 백성들에게 봄에 꾸어 주고 가을에 이자를 붙여 거두다. (이두어).¶ 몃 셕은 환ᄌᆞᄒᆞ고 몃 셕은 왕셰ᄒᆞ고 언마는 졔반미오 언마는 ᄡᅵ앗시오 도지도 되야 너고 품갑도 갑흐리라 <농가1876 100>

【활-겁ᄌᆞ】 명 ((기물)) 깍지. 활을 쏠 때에 시위를 잡아당기기 위하여 엄지손가락의 아랫마디에 끼는 뿔로 만든 기구. 각지(角指). 깍짓손. 중세몽고어 'heregebči'에서 온 차용어.¶ 활겁ᄌᆞ 결 (弓+鴂-鳥) <음첩b 2b> ⇒ 헐겁지, 헐겁질, 혈거피, 활겁지, 활겁질

【활-겁지】 명 ((기물)) 깍지. 활을 쏠 때에 시위를 잡아당기기 위하여 엄지손가락의 아랫마디에 끼는 뿔로 만든 기구. 각지(角指). 깍짓손. 중세몽고어 'heregebči'에서 온 차용어.¶ 활겁지 결 (弓+鴂-鳥) <음첩a 4a> ⇒ 헐겁지, 헐겁질, 혈거피, 활겁ᄌᆞ, 활겁질

【활-겁질】 명 ((기물)) 깍지. 활을 쏠 때에 시위를 잡아당기기 위하여 엄지손가락의 아랫마디에 끼는 뿔로 만든 기구. 각지(角指). 깍짓손. 중세몽고어 'heregebči'에서 온 차용어.¶ 활겁질 셥 (韘) <음첩a 36a> ⇒ 헐겁지, 헐겁질, 혈거피, 활겁ᄌᆞ, 활겁지

【활빈】 명 ((지리)) 하얼빈(Harbin, 哈爾濱). 중국 만주에서 두 번째로 큰 도시. 흑룡강성(黑龍江省)의 성도(省都). (외래어).¶ 늙은 도적 이등박문 활빈 당도할 때에 <최신창가집> ⇒ 하리빈, 하비빈, 합이빈

【활-오니】 명 ((군기)) 활오늬. 화살의 머리를 활시위에 끼도록 에어 낸 부분. 중세몽고어 '오니(ono /oni)'의 차용어.¶ 활오니 구 (彄) <훈몽-군장 중:14a /28b> 활오니 구 (彄) <음운 4a> 활오니 (弓彄子) <역해-군기 상:21a> ⇒ 오누, 온니, 살오뇌, 살오늬, 살온의, 삸오뇌, 활온의, 활옷니

【활-온의】 명 ((군기)) 활오늬. 화살의 머리를 활시위에 끼도록 에어 낸 부분. '온의'는 중세몽고어 '오니(ono /oni)'의 차용어.¶ 활온의 (弓扣) <물명괄-문무 34a> <물명고-서강 문무 4a> <문류-무 16b> ⇒ 오누, 온니, 살오뇌, 살오늬, 살온의, 삸오뇌, 활오니, 활옷니

【활-옷니】 명 ((군기)) 오늬. 화살의 머리를 활시위에 끼도록 에어 낸 부분. 나무로 화살 굵기에 맞게 만든다. '옷니'는 중세몽고어 '오니(ono /oni)'의 차용어.¶ 활옷니 구 (彄) <음첩c 8b> ⇒ 오누, 온니, 살오뇌, 살오늬, 살온의, 삸오뇌, 활오니, 활온의

【활적】 부 활적(滑的). 휙. (중국어 직접 차용어).¶ 滑的 ‖ 한 손으로 허리 ᄉᆞ이로셔 한 거리 흰 뵈보 갓튼 거슬 너여 우흘 향ᄒᆞ여 한 번 더지니 활적 ᄒᆞ는 한 쇼릭로 좃차 (一只手去腰間解下一條舊白布搭包兒, 往上一抛, 滑的一聲響喨.) <서유-계명 22:30-65> 십월광풍의 낙엽이 풀ᄒᆞ 써나간다 십니ᄉᆞ장의 히당화는 난만니 퓌여 잇고 십오야 ᄲᅦ구름의 십장싱의 학이 되야 두 나리롤 활적 날나 십왕젼을 ᄎᆞ져가셔 <춘향-동양 6:16b>

【황아-젼】 명 ((상업)) 행화전(行貨廛). 끈목, 담배쌈지, 바늘, 실 따위의 자질구레한 일용 잡화를 벌여 놓고 팔던 가게. '황아(hánghuò)'은 중국어 직접 차용어.¶ 감이라니 무슴 감고 황아젼에 물감인가 그런 감도 아니로세 부여조의 셰력으로 <대매-시평 1909.1.19>

【황아-짐】 명 행화짐(行貨-). '황아(行貨, hánghuò)'는 중국어 직접 차용어.¶ 황아짐 (行貨) <수호-어람 32b>

【황오-장ᄉᆞ】 명 ((인류)) 방물(方物)장수. 끈목, 담배쌈지, 바늘, 실 등의 잡화를 지고 집집이 찾아다니며 파는 사람.¶ 담비장ᄉᆞ 메육장ᄉᆞ 망건장ᄉᆞ 파립장ᄉᆞ 황오장ᄉᆞ 걸ᄀᆡ이라 <춘향-동양 9:27a> ᄎᆞ시 삼방하인 맛쵼 써가 다하시니 관문 건쳐 골목마다 파립장ᄉᆞ 망건장ᄉᆞ 메육장ᄉᆞ 황오장ᄉᆞ 각ᄒᆞ 웨며 도라단녀 부처 군호 살피더니 어ᄉᆞ사ᄯᅩ 거동 보소 <춘향-동양 10:11b> ⇒ 항우장ᄉᆞ, 황우장ᄉᆞ, 황의장ᄉᆞ, 황호장ᄉᆞ, 힝화장ᄉᆞ

【황우】 명 행화(行貨). 황아. 여러 가지 자질구레한 일용 잡화. 방물(方物). 끈목, 담배 쌈지, 바늘, 실 따위의 모든 잡살뱅이의 물건. '황우(行貨 hánghuò)'는 중국어 직접 차용어. 황호> 황호> 황후> 황우> 황아.¶ 황우 (行貨) <수호-규장 16:59> <수호-연세 12b-15> <수호-위암 33> 宅들에 단저 단술 ᄉᆞ소 져 장ᄉᆞ야 네 황우 몃 가지나 웨는 다 ᄉᆞ자 <악습 874> ⇒ 황아, 황의, 황이,

황후, 황호, 힝화

【황우-장ᄉᆞ】 명 ((인류)) 행화장수(行貨-). 황아장수. 집집을 찾아 다니며 자질구레한 일용 잡화를 파는 사람. 방물장수. '황우(行貨 hánghuò)'는 중국어 직접 차용어.¶ 行貨藏肆 ‖ 雜物商曰行貨藏肆힝화쟝ᄉᆞ, 轉云황우쟝ᄉᆞ. <명물-인품 1:46b> ⇒ 항우장ᄉᆞ, 황오장ᄉᆞ, 황의장ᄉᆞ, 황호장ᄉᆞ, 힝화쟝ᄉᆞ

【황의】 명 행화(行貨). 황아. 여러 가지 자질구레한 일용 잡화. 방물(方物). '황의(行貨 hánghuò)'는 (중국어 직접 차용어). 황호> 황호> 황후> 황우> 황아.¶ 진ᄉᆞ 올힌 여겨 즉시 황의을 꿈여 보닌이라 잇ᄯᅢ 민파 이 기미을 알고 감안이 먼져 김진ᄉᆞᄭᅴ 편지ᄒᆞ여시되 <장칠-한고 8a> 쇼ː한 ᄉᆞ경은 종ᄎᆞ 알기 ᄒᆞ련이와 아무날은 엇더한 황의장ᄉᆞ 올 거시니 너 황의 사려 ᄒᆞ고 황의을 헛치 놋코 귀경할 지 네 글을 일으다가 너의 ᄌᆞ식갓치 아부지 ᄒᆞ며 여ᄎᆞːːᄒᆞ고 <장칠-한고 8b> 과연 엇더한 황의장ᄉᆞ 문 밧기 와 황의 팔기을 청ᄒᆞ거날 진ᄉᆞ 문을 열고 불너드려 당즁의 안치고 황의을 귀경ᄒᆞᄌᆞ ᄒᆞ니 <장칠-한고 9a> ⇒ 황아, 황우, 황이, 황후, 황호, 힝화

【황의-상ᄌᆞ】 명 ((기물)) 행화상자(行貨箱子). 방물상자(方物箱子) '황의(行貨, hánghuò)'는 중국어 직접 차용어.¶ 과연 엇더한 황의장ᄉᆞ 문 밧기 와 황의 팔기을 청ᄒᆞ거날 진ᄉᆞ 문을 열고 불너드려 당즁의 안치고 황의을 귀경ᄒᆞᄌᆞ ᄒᆞ니 그 장ᄉᆞ 황의상ᄌᆞ을 여려 놋코 이것져것 보이며 왈 <장칠-한고 9a>

【황의-장ᄉᆞ】 명 ((인류)) 행화(行貨)장사. 황아장수. 집집을 찾아 다니며 자질구레한 일용 잡화를 파는 사람. 방물(方物)장수. '황의(行貨, hánghuò)'는 중국어 직접 차용어.¶ 이왕 황의장ᄉᆞ 쥰 논을 아리말 아ᄌᆞ비가 ᄶᅥ고 올은 계셔 붓치고 너년은 츈신 쥰다 그 놈 들티 그리 ᄒᆞ니 아모조록 드로 주게 편지나 ᄒᆞ시옵 <답상쟝-우한 19c말 츈일 부죠ᄒᆞ온디> 이지 조흔 모칙이 이시니 돈을 드리 식쥬보픠와 금쥬나단을 만이 ᄉᆞ셔 쳡이 황의장ᄉᆞ 모양으로 황이 팔노 단이는 치ᄒᆞ고 김진ᄉᆞ덕을 ᄎᆞᄌᆞ가오면 임진ᄉᆞ 안히 즐 아리요 <장칠-한고 8a> 쇼ː한 ᄉᆞ경은 종ᄎᆞ 알기 ᄒᆞ련이와 아무날은 엇더한 황의장ᄉᆞ 올 거시니 너 황의 사려 ᄒᆞ고 황의을 헛치 놋코 귀경할 지 네 글을 일으다가 너의 ᄌᆞ식갓치 아부지 ᄒᆞ며 여ᄎᆞːːᄒᆞ고 또 장ᄉᆞ가 너당으로 드려가거든 네 또한 여ᄎᆞːːᄒᆞ라 <장칠-한고 8b> 과연 엇더한 황의장ᄉᆞ 문 밧기 와 황의 팔기을 청ᄒᆞ거날 진ᄉᆞ 문을 열고 불너드려 당즁의 안치고 황의을 귀경ᄒᆞᄌᆞ ᄒᆞ니 그 장ᄉᆞ 황의상ᄌᆞ을 여려 놋코 이것져것 보이며 왈 <장칠-한고 9a> ⇒ 황오장ᄉᆞ, 황우장ᄉᆞ, 황의장ᄉᆞ, 황호장ᄉᆞ, 힝화쟝ᄉᆞ

【황이】 명 행화(行貨). 황아. 여러 가지 자질구레한 일용 잡화. 방물(方物). '황이(行貨, hánghuò)'는 중국어 직접 차용어. 황호> 황호> 황후> 황우> 황아.¶ 이지 조흔 모칙이 이시니 돈을 드리 식쥬보픠와 금쥬나단을 만이 ᄉᆞ셔 쳡이 황의장ᄉᆞ 모양으로 황이 팔노 단이는 치ᄒᆞ고 김진ᄉᆞ덕을 ᄎᆞᄌᆞ가오면 임진ᄉᆞ 안히 즐 아리요 <장칠-한고 8a> ⇒ 황아, 황우, 황의, 황의, 황이, 황후, 황호, 힝화

【황호】 명 ((인류)) 행화(行貨). 황아. 여러 가지 자질구레한 일용 잡화. 방물(方物). '황호(行貨, hánghuò)'는 중국어 직접 차용어.¶ 황호 (行貨) <수호-연첩 12a> ▼貨物 ‖ 내 이 황호엣 것들 사 涿州로 ᄑᆞᆯ라 가려 ᄒᆞ더니 요즈음 권당 쳥ᄒᆞ여 이바디ᄒᆞ며 ᄯᅩ 병으로 머믈어 가디 못ᄒᆞ엿더니 내 이제 가노라 (我買這貨物, 要涿州賣去, 這幾日爲請親眷筵席, 又爲病疾耽閣, 不曾去的, 我如今去也.) <노언 하:50a> 벗아 너는 ᄠᅥ뎌 됴히 안자시라 내 뎌긔 가 황호 ᄑᆞᆯ고 즉시 오마 네 됴히 가라 (火伴你落後好坐的着.我到那裏, 賣了貨物便來, 你好去着.) <노언 하:50b> 엇디 그리 니ᄅᆞᄂᆞ뇨 은은 너를 됴ᄒᆞᆫ 이를 주려니와 황호 사는 이 어듸 앏픠셔 즉제은을 주리오 모로미 여러 날 그음ᄒᆞ쟈 (怎那般說! 銀子與你好的. 買貨物的, 那裏便與見銀! 須要限幾日.) <노언 하:52a> 이는 일ᄇᆡᆨ 열 여ᄃᆞᆲ 냥이로다 뎌 여러 나그내 뵈 가져가거다 우리 人蔘ㅅ갑도 다 收拾ᄒᆞ자 황호 다 디쳐ᄒᆞ여다 (這的是一百一十八兩. 那幾箇客人, 將布子去了. 咱們人蔘價錢也都收拾了, 貨物都發落了.) <노언 하:59a> 우리 황호 다 ᄑᆞᆯ고 졍히 도라갈 황호 사려 ᄒᆞ여 혜아림을 뎡티 못ᄒᆞ엿ᄃᆞ니 마치 됴히 네 올샤 (我貨物都賣了. 正要買迴去的貨物, 尋思不定, 恰好你來到.) <노언 하:59b> 네 므슴 황호 사려 ᄒᆞᄂᆞ다 (你要買甚麽貨物?) <노언 하:59b> 내 일즙 드ᄅᆞ니 高麗ㅅ싸히 ᄑᆞ는 황회 ᄀᆞ장 됴흔 거슨 도로혀 ᄑᆞ디 못ᄒᆞ고 다만 두어라홀 황회아 맛당ᄒᆞ여 도로혀 님자 어듬이 ᄲᆞᄅᆞ다 ᄒᆞᄃᆞ라 (我曾打聽得, 高麗地面裏賣的貨物, 十分好的, 倒賣不得, 只宜將就的貨物, 倒着主兒快.) <노언 하:60a> 이 황호돌 다 사다 (這些貨物都買了也.) <노언 하:63b> 져 장ᄉᆞ야 네 황호 긔 무어시라 웨는다 ᄉᆞ쟈 <고시조-영언유초> ᄯᅩ 청규박물지 이편으로ᄡᅥ 그 다치 못ᄒᆞᆫ 지료를 거두어 ᄡᅥ 이 셰상 건국의 귀 막고 눈 멀믈 여니 샹ᄌᆞ건상으로 하디초목됴슈와 밋 의복 음식 긔용 황호와 잡된 겸과 향염의 글체의 미쳐 싯디 아닌 배 업서 <청규-서一 3:4> ⇒ 황아, 황우, 황의, 황이, 황회, 황후, 황호, 힝화

【황호-장ᄉᆞ】 명 ((인류)) 행화(行貨)장수. 황아장수. 집집을 찾아 다니며 자질구레한 일용 잡화를 파는 사람. 방물장수. '황호(行貨, hánghuò)'는 중국어 직접 차용어.¶ 규문을 엄이 조속지 아니ᄒᆞ여 중미할미며 무당이며 녀복이며 술장ᄉᆞ며 황호장ᄉᆞ며 실장ᄉᆞ며 ᄯᅥᆨ장ᄉᆞ 바눌장ᄉᆞ 분장ᄉᆞ며 ᄉᆞ쥬보는 칙쟝이며 뭇구리ᄒᆞ는 티쥬며 녀승과 청신녀며 이야기쟝이며 말벗 ᄒᆞ는 이웃집 노파들이 문하의 왕닉ᄒᆞ며 방듕의 츌입ᄒᆞ여 <동유-동방 4:9> ⇒ 황오장ᄉᆞ, 황우장ᄉᆞ, 황의장ᄉᆞ, 힝화쟝ᄉᆞ

【황후】[1] 명 ((지리)) 황허(黃河 Huanghe)강. 중국 서부에서 북부로 흐르는 강. 중국에서 두 번째로 큰 강으로 칭하이 성(青海省)의 아허라다허쩌 산(雅閣拉達閣澤山)에서 시작하여 화북 평야를 흘러 발해만(渤海灣)으로 들어간다. (중국어 직접 차용어).¶ 동에는 큰 산이 업고 황후ㅣ란 강이 [여러 쳔 리 되는 강] 황하슈로 드러가고 양치란 강이 [여러 쳔 리 되는 강] 태평양에로 드러가고 또 펴모사ㅣ란 셤과 젹은 못시 만코 <사필1889 -헐버트 72>

【황후】[2] 명 ((기물)) 행화(行貨). 황아. 여러 가지 자질구레한 일용 잡화. 방물(方物). '황후(行貨, hánghuò)'는 중국어 직접 차용어. 황호> 황호> 황후> 황우> 황아.¶ 덕들에 동난지이 사으 져 쟝스야 네 황후긔 무서시라 웨는 다 사쟈 <청영 -진본 532> 덕들에 동난지이 사오 져 쟝스야 네 황후 긔 무서시라 웨는다 사쟈 外骨內肉 兩目이 上天 前行後行 小아리 八足大아리 二足靑醬 ᄋᆞ스슥 ᄒᆞ는 동난지이 사오 쟝스야 하 거복이 웨지 말고 게젓이라 ᄒᆞ렴은 <만청 31:532> ⇒ 황아, 황우, 황의, 황이, 황회, 황후, 황호, 힝화

【황호】 명 행화(行貨). 황아. 여러 가지 자질구레한 일용 잡화. '황호(行貨, hánghuò)'는 중국어 직접 차용어. 황호> 황호> 황후> 황우> 황아.¶ 貨物 ‖ 내 이 황호앳 것돌 사 涿州로 폴라 가려 ᄒᆞ다니 요조솜 아숨 청ᄒᆞ야 이바디ᄒᆞ노라 ᄒᆞ며 ᄯᅩ 병오로 머므러 가디 몯ᄒᆞ얏다니 내 이제 가노라 (我買這貨物, 要涿州賣去, 這幾日爲請親眷筵席, 又爲病疾耽閣, 不曾去的, 我如今去也.) <번노 하:55b> 동뫼야 너는 떠디여셔 됴히 안잣거라 내 뎌긔 가 황호 풀오 즉재 오마 네 됴히 니거라 (火伴你落後好坐的着. 我到那裏, 賣了貨物便來, 你好去着.) <번노 하:56a> 네 됴히 니거라 내 이 신솜 모시뵈 풀면 아모 나리라 업시 모로매 너롤 기들워ᅀᅡ 우리 도라갈 황호 사기를 의론호리니 네 모로매 일즈시 오나라 (你好去着. 我賣了這人蔘、毛施布時, 不揀幾日, 好歹等你來, 咱商量買迴去的貨物, 你是必早來.) <번노 하:56b> 엇디 그리 니ᄅᆞᄂᆞ뇨 은은 너롤 됴ᄒᆞ니 주마커니와 황호 살 사ᄅᆞ미 어듸가 앏픠셔 즉재 은올 다 주리오 모로매 여러 날 그슴ᄒᆞ져 (怎那般說! 銀子與你好的. 買貨物的, 那裏便與見銀! 須要限幾日.) <번노 하:57b> 이는 일빅 열여듧 량이로다 뎌 여러 나그내 뵈 가져 니거다 우리 신솜ㅅ갑도 다 간슈ᄒᆞ져 황회ᅀᅡ 다 디쳐ᄒᆞ야다커니와 (這的是一百一十八兩. 那幾箇客人, 將布子去了. 咱們人蔘價錢也都收拾了, 貨物都發落了.) <번노 하:65a> 네 황호 다 ᄑᆞ냐 몯 ᄒᆞ얏ᄂᆞ녀 (你的貨物都賣了不曾?) <번노 하:66a> 우리 황호 다 풀오 졍히 도라갈 황호 사려 ᄒᆞ야 헤아림 일뎡티 몯ᄒᆞ얏더니 마치 됴히 네 올셔 (我貨物都賣了.正要買迴去的貨物, 尋思不定, 恰好你來到.) <번노 하:66a> 네 므슴 황호 사려 ᄒᆞ는다 (你要買甚麽貨物?) <번노 하:66a> 내 아릐 드로딕 高麗ㅅ짜해 ᄑᆞ는 황회 ᄀᆞ장 됴흔 거슨 도ᄅᆞ혀 ᄑᆞ디 몯ᄒᆞ고 다믄 둘워쓸 황회ᅀᅡ 맛당ᄒᆞ야 도ᄅᆞ혀 님자 어도미 ᄲᆞᄅᆞ다 ᄒᆞᄂᆞ다 (我曾打聽得, 高麗地面裏賣的貨物, 十分好的, 倒賣不得, 只宜將就的貨物, 倒着主兒快.) <번노 하:66b> 내 너 ᄃᆞ리고 혹뎌근 황호 사리라 (我引着你, 買些零碎的貨物.) <번노 하:67a> 이 황호돌 다 사다 (這些貨物都買了也.) <번노 하:70b> ⇒ 황아, 황우, 황의, 황이, 황후, 황호, 힝화

【홰이머―스】 형 페이머스(famace). 유명하다. (외래어).¶ 홰이머―스 (有名) <영어일상통화단어초집 우산>

【회싼짠】 명 ((음식)) 회산단(膾散旦). (중국어 직접 차용어).¶ 회싼짠 (膾散旦) <화교 165>

【회싼찡얼】 명 ((음식)) 회산정아(膾三丁兒). (중국어 직접 차용어).¶ 회싼찡얼 (膾三丁兒) <화교 165>

【회퇴육】 명 ((음식)) 회퇴육(火腿肉). 돼지다리를 소금에 절여 햇볕에 말린 식품. '회(火, huǒ)'는 중국어 직접 차용어.¶ 회퇴육 굽는 법 (熏火腿) <조반> ☞ 휘퇴육

【후】 대 후(who). 누구. (외래어).¶ 후― (누구) <영어일상통화단어초집 우산>

【후】 명 ((기물)) 호(壺 hú). (중국어 직접 차용어).¶ 壺 ‖ 밥은 실노 먹디 못하가시니 네 아룻사람을 시겨 멧 후 청쥬를 데우고 멧 판즈 안쥬를 믿들너 오나 늬 너를 모시고 먹쟈 (飯却是寔在吃不下去啊, 你呢教底些們湯幾壺黃酒弄幾盤酒菜來, 我陪你哈罷.) <중화 -아천 27b>

【후구】 명 호구(虎口 hǔkǒu). 호랑이 입. '후'는 (중국어 직접 차용어).¶ 虎口 ‖ 됴정 팔척이 여러 번 됴공롤 도모ᄒᆞ야 ᄶᅬ롤 일지 못ᄒᆞ엿거든 엇지 노화 후구로 도라보너리이잇고 (賊臣屢謀未獲主公送入虎口嘛.) <동한 -국중 3:42>

【후도 -하―】 형 호도(糊塗)하다. 멍청하다. '후(糊, hú)'는 중국어 직접 차용어.¶ 胡塗 ‖ 응당이 쓰지 못할 ᄉᆞ람은 져가 제 심을 혀아리지 안니하고 다못 남의 것 쓰기을 져어 아니하고 막으로 후도하여 다못 너득거리넌 놈도 사로 잇너니 (應該使不起的人自己不量自己的力, 只怕使不過人家的, 胡理胡塗只是惱的也咳有的呢.) <기착 -육당 하:51b> ⇒ 후도하―, 후두―, 후두ㅎ―, 후두ᄒᆞ―

【후도 -ᄒᆞ―】 형 호도(糊塗)하다. 멍청하다. '후(糊, hú)'는 중국어 직접 차용어.¶ 쥬야로 훈회ᄒᆞ샤 조곰도 게어른 빗치 업ᄉᆞ시니 후도ᄒᆞᆫ 쟈는 막힌 거시 열니이고 로흔ᄒᆞᆫ 쟈는 그 뎨셩ᄒᆞ는 효험을 닙는 이 만터라 <기해 -경탁덕 9b> 다른 말은 ᄒᆞᆯ 틈이 업고 혹 ᄌᆞ긔가 아지 못ᄒᆞ던 ᄒᆞᆫ두 ᄉᆞᆺ출 엇어 드ᄅᆞ면 ᄆᆞᄋᆞᆷ에 ᄀᆞ득히 즐거워 칭찬ᄒᆞ기롤 마지 아니ᄒᆞ고 혹 링담ᄒᆞ고 후도ᄒᆞ여 도리 듯기롤 슬희여 ᄒᆞ는 쟈ㅣ 잇ᄉᆞ면 셥셥ᄒᆞ고 민망ᄒᆞᆷ을 견ᄃᆡ지 못ᄒᆞ고 아모든지 무슴 도리롤 무ᄅᆞ면 마치 쥬머니엣 것 ᄭᅥ어 내듯 조곰도 서슴고 ᄉᆡᆼ각ᄒᆞ는 바ㅣ 업시련니어 <경신1906~1910 대한 셩교 ᄉᆞ긔> ⇒ 후도하―, 후두―, 후두ᄒᆞ―

【후두】 명 호도(糊塗). 멍청함. '후두ᄒᆞ다'의 수의적 교체형. '후두(糊塗, hútu)'는 중국어 직접 차용어.¶ 후두, 江南嘉定縣, 謂人憒憒不曉事. (鶻突) <방석 -성정 중주향어

1:24b> ▼胡塗 ‖ 명빅훈 스람이 또훈 후두믈 나우ᄒᆞ는 톄 ᄒᆞ는구나 (你這個明白人又是惱粧胡塗.) <학청-한고 11a> 네 명빅훈 스람이 또훈 후두믈 나우ᄒᆞ는 톄ᄒᆞ는구나 (你這個明白人又是惱粧糊塗.) <학청-한고 11a>

【후두-ㅎ-】 형 호도(糊塗)하다. 멍청하다. '후두(糊塗, hútu)'는 중국어 직접 차용어.¶ 糊塗 ‖ 보옥아 너는 후두치 말나 너는 니ᄅᆞ기룰 금일 셩은이 니러틋 늉즁ᄒᆞ미 진ᄀᆡ 너의 학문으로 말미암아 니ᄅᆞ렷다 ᄒᆞᄂᆞ냐 (寶玉, 你不要糊塗了, 你說, 今日的聖恩高厚, 眞個是你的學問上來的麽?) <후홍 15:3> ⇒ 후도하-, 후두-, 후두ᄒᆞ-

【후두-히】 형 호도(糊塗)히. 멍청하게. '후두(糊塗, hútu)'는 중국어 직접 차용어.¶ 후두히 (葫蘆提) <서상-연첩요재 3a> ▼糊糊塗塗 ‖ 방ᄌᆞ 만일 길을 뭇지 아냐 보살 구규룰 모로고 후두히 지나갓더면 곳 심즁의 스스로 싱각ᄒᆞ여도 죄가 업거니와 이졔 노승이 임의 명빅히 말ᄒᆞ고 젹은 상지 또 드러가 보살긔 픔ᄒᆞ엿거눌 엇지 명을 기다리지 아니훌 도리 이시리오 ("方纔若不問路, 不知菩薩的規矩, 糊糊塗塗走了過去, 便撫心無罪; 今老僧既已講明, 小沙彌又入去稟知菩薩, 豈有個不俟命之理!") <후서유 18:33-35> 나의 도법은 곳 ᄉᆞ롬의 ᄉᆞ싱의 상관이 잇는지라 만일 너의 ᄉᆞ뎨 냥인의 셩명을 히ᄒᆞ려 ᄒᆞ면 또훈 무어시 어려오리오마는 다만 너로 ᄒᆞ여곰 후두히 죽게 훌진디 네 비록 귀신이 되여도 나의 도법이 밍널ᄒᆞ믈 아지 못ᄒᆞ리니 ("我的道法便關人死生, 若主持佛教, 要害你師徒二人性命亦有何難? 只是叫你糊糊塗塗死了, 你雖做鬼, 也不知我道法利害!") <후서유 19:40-37> ▼糊塗 ‖ 회ᄌᆞ 임너너는 사룸을 마당의 오ᄅᆞ게 ᄒᆞ고 호블호간의 져 층 조희룰 찌져 바리지 말나 네가 후두히 기ᄅᆞ므로 심통을 닙히지 말지어다 우리가 너의 부즁 일을 아지 못훈다고 료량ᄒᆞᄂᆞ냐 (提着影戲人子上場兒, 好歹別戳破這層紙兒. 你別糊塗油蒙了心, 打諒我們不知道你府上的事.) <홍루 65:35> 망팔고ᄌᆞ 명연이 쓰기룰 실노 후두히 ᄒᆞ엿도다 (茗烟這忘八崽子寫的實在糊塗.) <홍부 31:109> 금일의 만일 말을 분명히 아니터면 니 필경 몽즁ᄀᆞᆺ치 후두히 지니여시려니와 (今朝若不分明說, 我竟糊塗在夢間.) <재생 23:84> ▼糊里糊塗 ‖ 내 방ᄌᆞ 드러가 세 잔 술을 공경ᄒᆞ고 후두히 구럿시디 도로혀 노태태로 ᄒᆞ여금 긔운을 동ᄒᆞ시게 아니ᄒᆞ고 보건디 노태태긔셔 가쟝 환희ᄒᆞ시더라 (我方纔進去敬了三杯酒, 糊里糊塗的, 倒沒有惹老太太動氣, 瞧着老太太很歡喜.) <홍부 13:92> ▼糊裏糊塗 ‖ 인신이 임의 젹인의 슈즁의 드러갓실진디 인신이 졍히 갑 속의 잇는지 아지 못ᄒᆞ리니 만일 업는 거술 후두히 바닷다가 만일 인을 쁠 ᄯᅢ의 갑 속의 인신이 업ᄉᆞ면 엇지 젼쟝을 명빅히 못훈 사룸의 죄가 아니리오 (印已到賊人之手, 不知印信可在裏面無有? 倘若不在, 糊裏糊塗將印收訖, 倘若用印之時, 裏面若無印信, 豈不是交接不淸, 一人之罪麽?) <충소 1:61>

【후두-ᄒᆞ-】 형 호도(糊塗)하다. 멍청하다. '후두(糊塗, hútu)'는 중국어 직접 차용어.¶ 후두훈 놈 (渾帳) <방석-매욕 3:13b> 후두ᄒᆞ다 (愚) <한불 1880> ▼糊塗 ‖ 그 쵸부의 말이 가장 후두ᄒᆞ도다 다만 일쥬로의 평탄ᄒᆞ면 곳 평탄훌 거시오 평탄치 아니면 또 평탄치 아니ᄒᆞ리니 너의가 임의 용이히 단일진디 우리는 엇지 가지 못ᄒᆞ리오 ("你這樵子說話好糊塗! 總是一條路, 平就平, 不平就不平, 你們既容易走, 我們怎生就去不成?") <후서유 14:78-28> 만일 홈긔 잡혀가 후두훈 관원을 만나 션악을 분변치 아니코 ᄀᆞᆺ튼 도당으로 알면 엇지 발명ᄒᆞ리잇가 (倘被同捉了去, 撞着個糊塗官府, 不分靑紅皂白, 認做一伙, 卻怎生分辨?) <후서유 16:65-32> 내 ᄋᆞ히가 도져히 싱각을 잘ᄒᆞ도다 내가 한ᄯᅢ 심ᄉᆞ가 후두ᄒᆞ여 그리ᄒᆞ미라 (我的兒, 到底是你想得到. 我一時氣糊塗了.) <홍루 47:77> 큰 아ᄌᆞ미가 또훈 후두ᄒᆞ도다 내 누구룰 업슈히 너기며 뉘 집 고랑들이 노지룰 업슈히 너기랴 (這大嫂子也糊塗了. 我拉扯誰? 誰家姑娘們拉扯奴才了?) <홍루 55:38> 다힝이 내가 명빅ᄒᆞ기의 그만ᄒᆞ거니와 다만 후두ᄒᆞ여 례졀을 아지 못ᄒᆞ면 엇지 되리오 (幸虧我還明白, 但凡糊塗不知禮的, 早急了.) <홍루 55:43> 만일 후두ᄒᆞ거나 질투ᄒᆞ거나 훌 양이면 내 즐겨 져의 오괴훈 거술 일반으로 ᄒᆞ지 아니훌 거시니 (若是糊塗多歪多妒的, 我也不肯, 倒像抓他乖一般.) <홍루 56:28> 후두훈 망팔아 네가 황룡탕을 먹어 취ᄒᆞ엿ᄂᆞ냐 (糊塗渾嗆了的忘八! 你撞喪那黃湯罷.) <홍루 65:15> 우시와 로마 등 사룸들이 모다 십분 프러 말ᄒᆞ디 졔가 일시의 후두ᄒᆞ여 그리 훈 거시니 이후는 다시 감히 그리 못훌 거시오 (尤氏和奶娘等人也都十分分解, 說他不過一時糊塗了, 下次再不敢的.) <홍루 74:122> 너는 쟝원 졔일 ᄌᆞ지니 우리들의 후두훈 사룸이 네 명빅훈 이만 ᄀᆞᆺ지 못ᄒᆞ니라 (你是壯元第一個才子, 我們糊塗人不如你明白.) <홍루 74:127> 이졔 내가 림차두의 모양을 보미 슈복이 부족지 아닐 듯ᄒᆞ니 내 젼일 진개 늙어 후두ᄒᆞ엿도다 (如今我瞧林丫頭這模樣兒, 不像是沒福壽的, 我先前眞是老糊塗了.) <홍보 3:38> 류태태 져의 말을 듯고 도로혀 괴이히 너겨 머리룰 숙이고 심즁의 싱각ᄒᆞ디 이 애 외면은 모양이 죠흐나 흉즁은 필경 후두ᄒᆞ도다 (柳太太聽他這話, 倒嚇了一跳, 將頭低下, 心中想道"原來這位二爺, 外面像個樣兒, 肚子裏竟是個糊塗行子.) <홍부 3:6> 내 금일 승영당으로 파명ᄒᆞ여 가야 바야흐로 네게로 도라갈 거시어늘 엇지 이러틋 후두ᄒᆞ뇨 (我今兒調到承瑛堂, 這身子才是你的了, 怎麽這樣糊塗?) <홍부 10:93> 지금 니 심즁이 더욱 후두ᄒᆞ니 이곳은 졍히 음간이 아니냐 (這會子我心裏越發糊塗了, 這裡可是陰間不是?) <보홍 1:24> 만일 장부로 ᄒᆞ여곰 쥬의가 업ᄉᆞ면 부인의 말만 드러 믄득 후두ᄒᆞ더라 (若使丈夫無主意, 婦言是聽便糊塗.) <쾌심 13:22> 네 가장 후두ᄒᆞ도다 그 쇼년 장군은 곳 뉴장군 상연이니 (你好懵懂, 這個少年將軍, 便是柳將軍湘烟了.) <쾌심 17:10> 총명을 위ᄒᆞ여 도로혀 후두훈 디 올나 강량훈 사룸의 도당이 되엇다

ᄲᅮ지ᄌᆞ니 죠히 살ᄶᅵᆫ 양육을 편벽도이 기ᄅᆞᆯ 쥬어 창ᄌᆞ ᄅᆞᆯ 치게 ᄒᆞ엿도다 (爲聰明, 反上了糊塗當. 罵强梁, 好肥羊肉, 偏與狗充腸.) <요화 15:82> 그 작폐ᄒᆞᆷ을 닙을가 두려 쳠예 량인의 문쟝을 거두어 ᄌᆞ레 도찰원의 니ᄅᆞ러 졍ᄒᆞ니 져 도찰원은 더욱 후두ᄒᆞᆫ지라 (恐被其作弊, 拿了這張狀子, 徑到都察院來. 這個都察院更是塗糊.) <요화 22:39> 별노이 닥ᄂᆞᆫ 형샹이 이시랴 너가 이러틋 후두ᄒᆞᆫ 사ᄅᆞᆷ의게 출가ᄒᆞ여 싱과부ᄅᆞᆯ 직희니 졔가 곳 ᄉᆞ라 이시나 산 모양으로 너게 뵈리오 (別修的像我嫁個糊塗行子守活寡, 那就是活活兒的現了眼了.) <홍루 83:93> 대범 사ᄅᆞᆷ의 글 닑ᄂᆞᆫ 거시 본시 리치의 밝고져 ᄒᆞᄂᆞᆫ디 엇지 너ᄂᆞᆫ 도로혀 후두ᄒᆞ여지ᄂᆞ냐 (大凡人念書, 原爲的是明理, 怎麽你益發糊塗了.) <홍루 100:61> 져져의 심긔가 ᄯᅩᄒᆞᆫ ᄡᅳ기ᄅᆞᆯ 다 ᄒᆞᆫ다 ᄒᆞ고 우리 이야가 후두ᄒᆞ여 져져의 졍을 밧지 아니ᄒᆞ며 (姐姐的心機也用盡了, 咱們的二爺糊塗, 也不領姐姐的情.) <홍루 113:11> 츄금이 말ᄒᆞ여 날노 ᄒᆞ여금 알게 아니ᄒᆞ더면 다만 져의 모녀 냥인을 ᄌᆞ미로 아랏시리니 진ᄀᆡ 너가 후두ᄒᆞ도다 (不是秋琴說給我知道, 竟將他娘兒兩個認作姐妹, 眞我糊塗了.) <홍부 27:16> 노년의 후두ᄒᆞ미 진ᄀᆡ 가쇼롭도다 단졍코 지산이 만히 여군옥의게 도라가리라 (老邁糊塗眞可笑, 一定要, 家私多付鄺明堂.) <재생 8:79> 먹을 거술 쥰비ᄒᆞ라 방ᄌᆞ 중인이 놀나 정신이 후두ᄒᆞ엿도다 (景氏夫人呼擺膳, 方纔是, 大家驚得已糊塗.) <재생 43:41> 오뎨ᄂᆞᆫ 후두ᄒᆞ거니와 엇지 ᄃᆡ거도 ᄯᅩᄒᆞᆫ 널니 싱각지 못ᄒᆞᄂᆞ뇨 (五弟糊塗了, 怎麽大哥也背晦了呢?) <충협 16:9> 내 놀나 정신이 후두ᄒᆞ도다 겨유 북편 언덕 근쳐의 니ᄅᆞ럿더니 뉘 알니오 그곳의 일ᄀᆡ 사ᄅᆞᆷ이 잇ᄂᆞᆫ지라 (把我嚇糊塗了. 剛然到北上坡不遠, 誰知那邊有個人.) <충협 10:3> ▼混帳 ‖ 네가 진ᄀᆡ 후두ᄒᆞᆫ 사ᄅᆞᆷ이로다 평일의 네가 다만 나ᄅᆞᆯ 원망ᄒᆞ기ᄅᆞᆯ 무ᄉᆞᆫ 계교ᄅᆞᆯ 지어 슈다ᄒᆞᆫ 은젼을 후리지 못ᄒᆞᆫ다 ᄒᆞ더니 (你眞是個混帳人, 平常日子, 只管抱怨我不會算計, 從未有大大的賺一宗銀錢使用.) <요화 22:23> ▼沒頭腦 ‖ 다만 니ᄅᆞ디 나ᄂᆞᆫ 후두ᄒᆞᆫ ᄉᆞᄅᆞᆷ이라 (只道我是沒頭腦人.) <쾌심 19:65> ▼糊裏糊塗 ‖ 내 죠히 너ᄅᆞᆯ 위ᄒᆞ여 쥬의ᄅᆞᆯ 뎡ᄒᆞ리니 네 이ᄀᆞᆺ치 후두ᄒᆞ게 말ᄒᆞ미 사ᄅᆞᆷ으로 ᄒᆞ여금 공연이 착급게 ᄒᆞ도다 (我好替你拿主意, 你說的這樣糊裏糊塗的, 呌人空着急.) <홍부 12:19> ▼懞懂 ‖ 네 가장 후두ᄒᆞ도다 그 쇼년 장군은 곳 뉴장군 샹연이니 (你好懞懂, 這個少年將軍, 便是柳將軍湘烟了.) <쾌심 17:10> 너ᄂᆞᆫ 엇지 이ᄀᆞᆺ치 후두ᄒᆞ뇨 (你爲何這般懞懂.) <재생 19:10> 원릭 여승샹이 아오로 평싱에 총명ᄒᆞ다가 금일에 후두ᄒᆞᆷ이 아니라 (這位鄺丞相, 他幷非聰明一世, 懞懂一時的呀.) <재생 41:58> ⇒ 후도하-, 후두-, 후두ㅎ-

【후라듸—】 명 프라이데이(Friday). 금요일. (외래어).¶ 후라이듸— (金曜日) <영어일상통화단어초집 우산>

【후란크】 명 ((화폐)) 프랑(Franc). 프랑스, 스위스, 벨기에의 화폐 단위. 1프랑은 1상팀의 100배이다. (외래어).¶ 佛蘭西 白耳義 瑞西 후란크(Franc)法=百參 센팀(Centime)參 <백과신-송1926 493>

【후랏도】 명 ((복식)) 미상. (일본어 차용어).¶ 월남 후랏도 치마 ᄎᆞ 일 슈박식 우라시쓰 치마 ᄎᆞ 일 국방식 보라 치마 ᄎᆞ 일 미식 인조 치마 ᄎᆞ 일 …미식 민고 후랏도 치마 ᄎᆞ 일 흑식 조셋도 치마 ᄎᆞ 이 모슈 은식 치마 ᄎᆞ 일 <물목 한옥션119-431> ⇒ 후랏쏘

【후랏쏘】 명 ((복식)) 미상. (일본어 차용어).¶ 남식 모본단 침금 요 쎠 차 일 명쥬 바지 저구리 시로 쥬의 안쎠 ᄎᆞ 일 양식 양단 침금 요 쎠 차 일 시로 쥬의 후랏쏘 바지 저구리 차 일 양복 일십 차 일 <물목1955.12.26 국한-1683> ⇒ 후랏도

【후록고투】 명 ((복식)) 후록코트(frock coat). 남성용 서양식 예복의 하나. (외래어).¶ 니ᄀᆡ톡의 후록고투 엽자락을 홱 싯치고 지나는디 <비행선 54> 오는 사ᄅᆞᆷ은 중산모자 쓰고 후록고투 입은 청년 신사인디 <추월색 11> ⇒ 후록코트

【후록-코트】 명 ((복식)) 후록코트(frock coat). 남성용 서양식 예복의 하나. (외래어).¶ 누구인지 후록코-트째리가 밧갓트로서 드러오더니 <염상섭, 해바라기1923 1> ⇒ 후록고투

【후루막】 명 ((복식)) 두루마기. 주의(周衣). 몽고어 külme 또는 만주어 kurume에서 온 말. (만주어 차용어).¶ 명쥬 큰쥬의 ᄎᆞ 일 옥양목 큰쥬의 ᄎᆞ 일 명쥬 후루막 옥약목 안 쎠 일 세목 후루막 명쥬 안 쎠 ᄎᆞ 일 당목 홋쥬의 ᄎᆞ 일 모시 소쥬의 ᄎᆞ 일 <물목-한옥션 135-286> 당목 젹삼 ᄎᆞ 이 안동포 젹삼 ᄎᆞ 일 모슈 젹삼 ᄎᆞ 이 양단 후루막 ᄎᆞ 일 <광주(光州) 노재효(盧載孝) 물목1947.5.3 한옥션152-198> 양단 후루막 미슈 남식 양단 치마 ᄎᆞ 일 흑식 양단 치마 ᄎᆞ 일 하늘식 나이롱 치마 ᄎᆞ 일 녹도식 슈 치마 ᄎᆞ 일 슈박식 물망사 치마 ᄎᆞ 일 곤식 쎈짝이 치마 ᄎᆞ 일 <물목-우한-2 1963 샹의> ⇒ 쿠리매, 쿠리미, 후리미, 훌우매

【후루낑이래】 명 귀중품 보관함. (frocking case. フロッキング入れ) '후루낑'은 플록(frock)에서 온 말로 솜이나 털부스러기로 채워 넣은 물건을 말함. '후루낑(frocking case. フロッキング入れ)'은 일본어 차용어.¶ 순금반지 일 은 쌍반지 일 외반지 일 치식 쌍반지 일 은지환 일쌍 구라부화장식 셋쏘 일조 풍조싯쎙 반타 후루낑이래 구래무이리 일ᄀᆡ 빠후이리 삼ᄀᆡ <물목-금요-2 1936 빅명쥬>

【후룽-하-】 동 호농(胡弄)하다. 은근슬쩍 속여 넘기다. '후룽(胡弄, hùnòng)'은 중국어 직접 차용어.¶ 胡弄 ‖ 왕형아 니니 과팅 ᄉᆞ고례의 말 안 들러보왓다마은 ᄯᅩ 곳티디 못하리라 죽은 거우리만 ᄎᆞᄌᆞ가 후룽하여라 (王大哥, 你呢寡聽見'死高麗'的話, 却就不能的. 尋找'死高麗'胡弄去罷.) <니귀 18b>

【후리-마리】 부 호리마리 (胡裏麻裏). 얼렁뚱땅. 흐리마리하게. 무책임하게. 아무렇게나. (중국어 직접 차용어).¶

후리마리 (胡裏麻裏) <동해-인사 상:33a> <삼학-고석事> 葫蘆圓匏也. 提轉也. 후리마리 (葫蘆提) <염몽13a> 葫蘆圓匏也. 提轉也. 후리마리, 四早字可見無限悵惜. (葫蘆提) <서상-우한 11b>

【후리마리-ᄒᆞ-】 명 호리마리(胡裏麻裏)하다. 흐리마리하다. 생각이나 기억이 분명하지 않다. 부주의하다. 무책임하다. (중국어 직접 차용어).¶ 胡哩麻哩 ‖ 후리마리ᄒᆞ미 될가 보냐 (胡哩麻哩使淂麽?) <한어-한고 28b>

【후리매】 명 ((복식)) 후리매. 두루마기. 주의(周衣). 몽고어 külme 또는 만주어 kurume에서 온 말. (만주어 차용어). 제주 방언. ※ 구루매, 쿠루매, 쿠리매, 굴리매 (함북) 구루매기, 후루매 (함남) 구루메, 구루매기, 구리매 (평북) 후루매 (충청, 경기) 후루매기 (강원, 충청, 전라).¶ 후리매 (褂子) <이록-소세 9a> <조선백과-복식530> 후리매 (小周衣) <이록-의복 16a> 의복졔도 볼작시면 노소남녀 업시 아청젹삼 반물바지 깃 업슨 후리매요 남ᄌᆞ는 슬갑 쓰고 좁은 ᄉᆞ매 손을 덥고 녀ᄌᆞ는 너른 ᄉᆞ매 션 두른 장삼이오 <연행-무자> ⇒ 쿠리매, 쿠리매, 후루막, 훌우매

【후리후두-ᄒᆞ-】 명 호리호도(糊裡糊塗)하다. (중국어 직접 차용어).¶ 胡哩胡塗 ‖ 올흔 거스로써 그르다 닐러도 되지 못ᄒᆞ고 그른 거스로써 올타 ᄒᆞ여도 되지 못ᄒᆞᆫ다 ᄒᆞ니 도모지 고지식히 니르미 됴ᄒᆞ니 후리후두ᄒᆞ미 됴흐랴 (以是說非使不淂, 以非說是也是使不淂, 大模兒說老實的好, 胡哩胡塗的好麽?) <한어-한고 29a>

【후손】 명 ((인류)) 후손(猢猻). 아이를 낮잡아 이르는 말. '후(猢hú)'는 (중국어 직접 차용어).¶ 猢猻 ‖ 왕패 노ᄒᆞ여 왈 이일 모르는 후손아 엇지 셔문대관인이 내 집에 잇스리오 (王婆道: '含鳥猢猻, 我屋裏那得甚麽東西西門大官人!') <수호-신문 2:23:70> 운개 왈 날ᄃᆞ려 후손이라 ᄒᆞ면 너는 마박륙이 되리라 (鄆哥道: '我是小猢猻, 你是馬泊六.') <수호-신문 2:23:70> 이 미혹ᄒᆞᆫ 후손아 나를 ᄭᅮ짓지만 말고 말을 ᄌᆞ세히 ᄒᆞ라 나의 집 로패놈의 집 사나희 도적ᄒᆞᆫ 배 업거든 엇지 날ᄃᆞ려 오리라 ᄒᆞᄂᆞᆫ다 (含鳥猢猻, 倒罵得我好! 我的老婆又不偸漢子, 我如何是鴨?) <수호-신문 2:24:71>

【후시】 명 ((복식)) 호슬(護膝). 슬갑(膝甲). '후시(護膝, hùxī)'는 중국어 직접 차용어.¶ 護膝 ‖ 힌 ᄀᆞ는 시욱청에 야청 비단으로 좀보기 치질 고이 ᄒᆞᆫ 후시 ᄆᆡ엿고 젹삼 고의 고두 류엣 속오스란 안직 니ᄅᆞ디 마져 (白絨氈襪上, 絟着一副鴉青段子滿刺嬌[«質問»云: 以蓮花、荷葉、耦、鴛鴦、蜂蝶之形, 或用五色絨綉, 或用彩色畵於段帛上, 謂之滿刺嬌. 今按: 刺, 新舊原本皆作池, 今詳«文義»作"刺", 是. 池與刺音相近而訛.]護膝, 衫兒、袴兒、褁肚等裏衣, 且休說.) <번박 상:26b> ᄒᆞᆫ 쌍 명록비쳇 비단으로 ᄉᆞ계곳 슈질ᄒᆞᆫ 후시를 ᄆᆡ엿고 (絟着一對明綠綉四季花護膝.) <번박 상:29a> 후시예 믈윗 ᄡᅳᆯ 거슬 다 날ᄃᆞ려 니ᄅᆞ라 (護膝上, 但使的, 都說與我着.) <번박 상:47b> ᄒᆞᆫ 쌍 후시 ᄆᆡᇰᄀᆞ로매 슈공 혜디 아니코도 대엿 돈은 곳 업스면 ᄆᆡ ᄉᆞ며 내디 몯ᄒᆞ리라 (做一對護膝, 不筭功錢時, 沒有五六錢銀子, 結裹不出來.) <번박 상:48a>

【후지기노】 명 ((복식)) 후지기누(富士絹). 방적회사의 등록상표였으나 현재는 일반명으로 되었다. 날과 실을 모두 명주실로 평직한 직물. (일본어 차용어).¶ 후지기노 갈ᄆᆡ쇡 치마 ᄎᆞ 일 명쥬 흑쇡 치마 ᄎᆞ 일 양쇡 조시도 치마 ᄎᆞ 일 양쇡 시리ᄆᆡ이 치마 ᄎᆞ 일 양달 뎡반물 치마 ᄎᆞ 일 씨슈오리 흑쇡 치마 ᄎᆞ 일 <광주(光州) 노재효(盧載孝) 물목1947.5.3 한옥션152-198> 후지기노 쳐마 ᄎᆞ ㄴ 빕비로 쳐마 ᄎᆞ ㄴ 옥양목 쳐마 일ᄎᆞ 무명 은쇡 쳐마 일ᄎᆞ 모슈 옥쇡 쳐마 ᄎᆞ ㄴ <물목-한고1956 현혼함> ⇒ 후지긴우

【후지긴우】 명 ((복식)) 후지기누(富士絹). 방적회사의 등록상표였으나 현재는 일반명으로 되었다. 날과 실을 모두 명주실로 평직한 직물. (일본어 차용어).¶ 시리 면양쇡 져구리 ᄎᆞ 일 후지긴우 진분홍 져구리 ᄎᆞ 일 명쥬 ᄌᆞ쥬 져구리 ᄎᆞ 일 명쥬 송화쇡 져구리 회장 ᄲᅧ ᄎᆞ 일 유록 명쥬 져구리 ᄎᆞ 일 명쥬 가지쇡 져구리 ᄎᆞ 일 <광주(光州) 노재효(盧載孝) 물목1947.5.3 한옥션152-198> ⇒ 후지기노

【후짓도】 명 ((복식)) 푸지엣트(fujietteフジエット) 부사견(富士絹)과 유사한 옷감으로, 부인복 안감이나 보자기 등에 사용되었음. (일본어 차용어).¶ 모란의 단늬 ᄎᆞ 닐 명쥬 단늬 ᄎᆞ 일 반쥬 후짓도 치단늬 ᄎᆞ 닐 닌조 망ᄉᆞ 단늬 지어 ᄎᆞ 닐 <물목 혼함 06:12:08>

【후ᄌᆞ】 명 ((동물)) 후자(猴子). 원숭이. (중국어 간접 차용어).¶ 馬猴 ‖ 란어ᄉᆞ 턱 후ᄌᆞ ᄆᆡ엿든 노흘 ᄭᅳᆫ고 다라나ᄂᆞᆫ 고로 여러히 ᄶᅩᄎᆞ 잡누라 들네ᄂᆞ이다 (欒御史家的馬猴掙斷了繩索, 在屋上亂跑, 適才在對過房上過去, 衆人跟着的, 因此喧讓.) <녹모 2:162>

【후초】 명 ((음식)) 호초(胡椒). 후추. '후(胡, hú)'는 (중국어 직접 차용어).¶ 후초 (胡椒) <몽유-장혼 상:13b> 후취 | 후초 <노한 421> 초간틱 플솜 일근 후초 일승 가위 일쌍 인두 일쌍 <간틱시믈픔불긔> ⇒ 후쵸, 후추, 후취, 후츄, 훗초, 훗쵸, 훗츄, 휘초, 휘쵸, 휫초

【후초-가로】 명 ((음식)) 후추가루(胡椒-). '후(胡, hú)'는 중국어 직접 차용어.¶ 담동 ‖ 처음 나거든 물을 바려고 그 마리를 부치고 싱닭기알 ᄢᅦ쳐 바려라 또 셩동ᄒᆞ야 고름만 나고 시살 아니 나는 듸 싱감초 연ᄒᆞ여 부치라 후초가로 심의 뭇쳐 ᄭᅩ지라 <약방문-우한1903 4b> ⇒ 후초ᄀᆞ로, 후추가루, 후츄ᄀᆞᄅᆞ, 후ᄎᆞᄀᆞᆯㄴ

【후초-기롬】 명 ((음식)) 후추기름(胡椒-). '후(胡, hú)'는 중국어 직접 차용어.¶ 양썸을 ᄒᆞ랴 ᄒᆞ면 양을 실ᄒᆞ여 빅항의 너코 쟝국 슴슴이 ᄒᆞ고 고초ᄀᆞ로 후초기롬 ᄒᆞᆫ 되 너코 항부리를 유지로 단단이 ᄡᆞ미고 항 밧긔 숫불을 항허리의 지게 뛰워 양이 무ᄅᆞ거든 약념 깃초 ᄒᆞ여 졔 국지로 지령의 ᄡᅳ라 <정일-양썸법 7a>

【후초-ᄀᆞ로】 명 ((음식)) 후추가루(胡椒-). '후(胡, hú)'는 중국어 직접 차용어.¶ 싱치나 ᄃᆞᆰ이나 ᄌᆞᆺ두ᄃᆞ리고 무우

미ᄂᆞ리 나믈 죠곰 ᄒᆞ고 파도 너코 두부 표고 셕이 ᄒᆞᆫ ᄃᆡ 두ᄃᆞ려 맛나게 복가 후초ᄀᆞ로 잣 ᄂᆞ하 만두소ᄀᆞᆺ치 ᄆᆡᆼ그라 <정일-셕뉴탕 7b> ⇒ 후초가로, 후추가루, 후츄ᄀᆞᄅᆞ, 후츠ᄀᆞᆯㄴ

【후쵸】 명 ((음식)) 후추[胡椒]. '후(胡, hú)'는 중국어 직접 차용어.¶ 후쵸 (胡椒) <삼학-고석 과> 블셔 뎐ᄒᆞ엿거든 가ᄂᆞᆫ 사ᄅᆞᆷ의 일티 말고 보ᄂᆡ여라 후쵸 엿ᄌᆞ와 주오니 보내여라 <송준길가 선세언독-12 1662-64 배천조씨(어머니) ↓아들> 됴ᄒᆞᆫ 청쥬 다ᄉᆞᆺ 다야의 호쵸ᄀᆞᄅᆞ 서 돈 황밀 서 돈 ᄋᆞᆲ게 더며 녀코 병부리 마가 듕탕ᄒᆞ여 달혀 밀이 다 목거ᄃᆞᆫ 내여 ᄡᅳ라 녀ᄅᆞᆷ의 더 됴ᄒᆞ니라 후쵸ᄂᆞᆫ 져거도 ᄆᆞ던ᄒᆞ니라 <주방-가람 쟈쥬 4a> 됴ᄒᆞᆫ 술 ᄒᆞᆯ ᄀᆞᆫ장과 새오젓국의 후쵸 녀허 ᄉᆞᆱᄆᆞ라 <주방-가람 황육 ᄉᆞᆱᄂᆞᆫ 법 21a> ᄯᅩ 원쇼병 ᄒᆞᆫ 법은 촐가로 고이 ᄒᆞ야 누웃ᄒᆞ게 싱반듁ᄒᆞ야 소ᄂᆞᆫ 호도 거피ᄒᆞ야 두ᄃᆞ리고 잣ᄀᆞ로ᄒᆞ고 계피 사당 후쵸 다 작말ᄒᆞ야 섯거 <규합-정양완b 원쇼병 1:16a/90> ᄯᅩ ᄀᆡ고리 셔너을 잡아 ᄉᆞ지을 ᄶᅥ혀 피을 벗기고 피긔 업시 씨셔 물 ᄒᆞᆫ 보의예 쇼금을 술과 파과 후쵸을 각 죠곰식 너혀 지져 익거든 머기라 <경험방-한고b 감츙 12b> 기ᄅᆞᆷ병 힝담이 크니 둘 흔드러 오족ᄒᆞ라 진ᄀᆞᄅᆞ 후쵸 탕은 게셔 ᄃᆞᆲ 사 ᄃᆞᆲ 탕 <언찰유묵-39 면례제수> ⇒ 후초, 후취, 후츄, 훗초, 훗쵸, 훗츄, 휘초, 휘쵸, 휫초

【후추-가루】 명 ((음식)) 후ᄎᆞᆺ[胡椒]가루. '후(胡, hú)'는 중국어 직접 차용어.¶ 비지 일 젼 고기 육십 젼 후추가루 오 젼 싱션 메루치 열ᄃᆞ셧 마리 십이 젼 <가용-한고 1937.1.4> ⇒ 후초가로, 후츄ᄀᆞᄅᆞ, 후츠ᄀᆞᆯㄴ

【후취】 명 ((음식)) 후추[胡椒]. 함경 방언. 후추[胡椒]+-ㅣ(주격 조사 ▷명사 파생 접미사). '후(胡, hú)'는 중국어 직접 차용어.¶ 후취 | 후초 <노한 421> ⇒ 후초, 후쵸, 후추, 후츄, 훗초, 훗쵸, 훗츄, 휘초, 휘쵸, 휫초

【후츄】 명 ((음식)) 후추. '후츄[胡椒, hújiāo]'는 중국어 직접 차용어.¶ 후츄 (胡椒) <군목-초식 6a> 요ᄉᆞ이 됴히들 인ᄂᆞᆫ다 어제 후츄 유무 가져왓거ᄂᆞᆯ 보내노라 볼세 와셔 큰집의 보내여 이리 오ᄂᆞᆫᄃᆡ 뎐ᄒᆞ쇼셔 ᄒᆞ니 그저 잇거ᄂᆞᆯ 가져완노이다 ᄒᆞ더라 <이복길가-6 해미백씨(어머니) 1586-1632 ↓이영인(아들)> 슈ᄉᆞ엿시 거진 다 엿시될 ᄢᅢ의 호박과 후츄와 싱강을 다 너셔 고으면 된 죳쳥이 되난이라 <약방문-한고-1> 감투 마마 함셕 단목 빅반 후츄 유납 황모 삼숭 두청포 수은 민강 귤병 □□ 이 가운ᄃᆡ 네 무슴 믈건를 요구ᄒᆞ면 일즉 날과 말ᄒᆞ여라 (帽子、馬尾子、錫鑞、蘇木、白礬、胡椒、倭鉛、黃尾子、白升布、斗靑布、水銀、閩薑、貢餅, 連各樣藥材都并有咧. 這个裡頭你要甚嗎東西, 就早早望我說罷.) <학청-한고 2b> 胡椒 ‖ 후츄ᄂᆞᆫ 왼 거슬 먹지 마시오 <교린-교정 56> ⇒ 후초, 후쵸, 후추, 후취, 훗쵸, 훗츄, 휘초, 휘쵸, 휫초

【후츄-ᄀᆞᄅᆞ】 명 ((음식)) 후ᄎᆞᆺ[胡椒]가루. '후츄[胡椒, hújiāo]'는 중국어 직접 차용어.¶ 가제육을 둣거이 산적 허리 그ᄎᆞ니마곰 졔ᄅᆞ게 싸ᄒᆞ라 기ᄅᆞᆷ지령의 쟝여 진ᄀᆞᄅᆞ 보희게 무텨 지령기ᄅᆞᆷ 치며 닉도록 봇가 후츄ᄀᆞᄅᆞ 약념ᄒᆞ면 ᄀᆞ장 유미ᄒᆞ니라 <디미방-가뎨육 7b> ⇒ 후초가로, 후추가루, 후츠ᄀᆞᆯㄴ

【후츠-ᄀᆞᆯㄴ】 명 ((음식)) 후추가루(胡椒-). '후(胡, hú)'는 중국어 직접 차용어.¶ 痰腫 ‖ 후츠ᄀᆞᆯ날 삼의 무쳐 ᄡᅵ즈라 <약방문-담종-한고 18b> ⇒ 후초가로, 후초가로, 후추가루, 후츄ᄀᆞᄅᆞ

【후트】 명의 ((도량)) 피트(Feet). 야드파운드법에 의한 길이의 단위. 1피트는 1야드의 3분의 1, 1인치의 열두 배로 약 30.48cm에 해당한다. (외래어).¶ 英國 米國 야드(Yard)碼＝三呎 후트(Foot)呎＝十二吋 인치(Inch)吋 <백과신-송1926 494>

【훌우매】 명 ((복식)) 후리매. 두루마기. 주의(周衣). 몽고어 külme 또는 만주어 kurume에서 온 말. (만주어 차용어). 제주 방언. ※ 구루매, 쿠루매, 쿠리매, 굴리매 (함북) 구루매기, 후루매 (함남) 구루메, 구루매기, 구리매 (평북) 후루매 (충청, 경기) 후루매기 (강원, 충청, 전라).¶ 하도 시숙게 섭ᄉᆞ하기로 추웁허실 ᄯᅢᄂᆞᆫ 이부시게 모수 훌우매 한 벌을 헤여 드릴ᄂᆞ고 서든 것시 어마임 구병 즁 리할 수가 업긔로 이편에 못 붓처온이 셥ᄉᆞ허오ᄂᆞᆫ 저편 후리 지여셔 뵈닐데린이 그리 금족하소셔 <ᄌᆞ부-한고1907.8 ↓어마임(시어머니)> ⇒ 쿠리매, 쿠리미, 후루막, 후리미

【훌톤】 명 ((인명)) 풀턴(Fulton, Robert). 미국의 발명가(1765~1815). 증기선을 발명하는 데 힘썼으며, 1807년 외륜식 증기선을 타고 허드슨 강을 거슬러 올라가는 데 성공하였다. (외래어).¶ 汽船 훌톤氏 <백과신-송1926 491>

【훠】 명 ((복식)) 화(靴) 목화(木靴). 예전에, 사모관대를 할 때 신던 신. 바닥은 나무나 가죽으로 만들고 검은 빛의 사슴 가죽으로 목을 길게 만드는데 모양은 장화와 비슷하다. '화(靴, xuē)'는 중국어 직접 차용어.¶ 靴, 훠 화 (韡) <신합 상:31b> 이 ᄶᅡ햇 훠와 신과 <능엄 6:96> 믈 서 되로 제 남진의 훠를 시서 글군 므를 ᄃᆞ시ᄒᆞ야 머그라 <구간 7:07a> ▼靴 ‖ 훠 화 (靴) <신합-칠 19a> 훠 화 (靴) <음운 37b> 훠 (靴) <한청-화말 11:10b> 훠와 신울 (靴鞋靰) <한청-화말 11:12b> 즌훠 (蠟靴) <역해-복식 상:46a> ᄆᆞ른 훠 (旱靴) <역해-복식 상:46a> <방석-복식 2:23b> 朝服에 신ᄂᆞᆫ 훠 (朝靴) <역해-복식 상:44b> 됴복에 신ᄂᆞᆫ 훠 (朝靴) <방석-복식 2:23b> 거믄 훠 (皀靴) <역해-복식 상:45b> 검은 훠 (皀靴) <몽보-복식 19a> 뎔온 훠 (油靴) <역해-복식 상:46a> 딩 박근 훠(釘靴) <역해- 상:46a> 털가족으로 안 녀흔 훠 (煖靴) <한청-화말 11:11a> 훠 다리ᄂᆞᆫ ᄭᅵᆫ (扯靴帶) <한청-화말 11:12b> ᄒᆞ다가 모ᄃᆞᆫ 比丘ㅣ 東方앳 실와 소옴과 깁과 이 ᄶᅡ햇 훠와 신과 裘毳와[裘ᄂᆞᆫ 갓오시오 毳ᄂᆞᆫ 터럭오시라] 乳와 酪과 醍醐와ᄅᆞᆯ 닙디 아니ᄒᆞ면 이 ᄀᆞᄐᆞᆫ 比丘ᄂᆞᆫ 世예 眞實로 解脫ᄒᆞ야 아릿 비들 갑곡

三界예 ᄃᆞᆫ니디 아니ᄒᆞ리니 엇뎨어뇨 (若諸比丘不服東方絲綿絹帛, 及是此土靴履裘毳, 乳酪醍醐, 如是比丘, 於世眞脫, 酬還宿債, 不遊三界. 何以故?) <능엄 6:96b> 남ᄌᆞᄂᆞᆫ 이싱의 이실 제 한삼 닙고 ᄯᅴ ᄯᅴ오 훠 신고 이실ᄉᆡ (男人在世衫帶靴.) <부모 2> 나모 사ᄅᆞ미 밤ᄢᅮᆼ에 훠 시너 가고 돌 겨지비 새배 곳갈 쓰고 가도다 (木人夜半穿靴去, 石女天明戴帽歸.) <십현 33a> 되 아비ᄂᆞᆫ 굴근 도틔 갓훼오되 아ᄒᆡᄂᆞᆫ ᄑᆞᄅᆞᆫ 뫼 ᄽᅬ 갓오시로다 (羌父豪豬靴, 羌兒靑兕裘.) <두시-초 22:38a> 셩듕이 졀냥ᄒᆞ연 디 임의 삼월이라 길마 훠 헌 북가족을 다 ᄑᆞ러디게 달혀 먹고 (城中絶糧已三月, 鞍靴敗鼓皆糜煮.) <송요 11:24b> 후겸이 미양 나라희 뵈올 ᄢᆡ의 국궁치 아니ᄒᆞ고 츌입ᄒᆞᆯ ᄢᆡ의 훠 ᄰᅳᄋᆞᄂᆞᆫ 소ᄅᆡ 탁탁ᄒᆞ야 젼혀 삼가고 두리ᄂᆞᆫ ᄯᅳᆺ이 업ᄉᆞ니 샹이 화완ᄃᆞ려 닐너 ᄀᆞᆯᄋᆞ샤ᄃᆡ 신 소ᄅᆡ 엇지 너모 거만ᄒᆞ뇨 ᄒᆞ시니 (厚謙每當私覲于上也, 不鞠躬而出入之時, 曳靴之聲橐橐, 全無敬畏之意, 上謂和緩曰: 履聲何其太慢乎?) <명의-권수 상:18b> 샹녯말소매 닐오ᄃᆡ 오ᄂᆞᆯ 훠 바사 구들헤 오ᄅᆞ고도 ᄂᆡ일 시노려 미도미 어려우니라 (常言道: '今日脫靴上炕, 明日難保得穿.') <번박 상:76a> 옷과 갓과 훠를 다 이 櫃 안ᄒᆡ 두고 (衣裳、帽子、靴子, 都放在這櫃裏頭.) <박언 상:47b> 常言에 닐오ᄃᆡ 오ᄂᆞᆯ 훠를 벗고 炕에 올랏다가 ᄂᆡ일 어더 신기를 밋기 어렵다 ᄒᆞᄂᆞ니라 (常言道: "今日脫靴上炕, 明日難保得穿.") <박언 상:67b> ᄒᆞᆫ 쌍 훠에 다 블근 실로 고 ᄃᆞ라 잇더라 뎌 훠챵이 다 두 층 조ᄒᆞᆫ 창애 호와 잇ᄂᆞᆫ 시른 밀 텨 잇고 솔오ᄌᆞᆫ ᄀᆞ롤오 노ᄒᆞᆫ 굴그니 호와 잇ᄂᆞᆫ 양이 분외로 구드니 보니 됴터라 (一對靴上都有紅絨鴈爪; 那靴底, 都是兩層淨底, 上的線, 蠟打了, 錐兒細線䌳, 上的分外的牢壯, 好看.) <번노 하:53a> ᄒᆞᆫ 빵 훠에 다 블근 실로 고 ᄃᆞ라 잇더라 뎌 훠창이 다 두 층 조ᄒᆞᆫ 창에 ᄃᆞ라 잇ᄂᆞᆫ 실은 밀 텨 잇고 송고손 ᄀᆞ롤고 노ᄒᆞᆫ 굴그니 ᄃᆞ라 잇ᄂᆞᆫ 양이 분외에 구드니 보기 됴트라 (一對靴上都有紅絨鴈爪; 那靴底, 都是兩層淨底, 上的線, 蠟打了, 錐兒細線䌳, 上的分外的牢壯, 好看.) <노언 하:47b> 아롱바디에 거믄 훠 신은 勇士ㅣ 네다ᄉᆞᆺ 빵식 무둑무둑 나아드러 시름ᄒᆞ기를 법저이 잡더라 (穿着花袴兒皂靴的勇士, 四五對家族族攢攢的, 捽倒拿法.) <박언 하:30a> 도종은 녹찰건의 현져포를 닙고 금골토ᄡᅴ에 거믄 훠를 신어 (道宗是綠札巾, 面前綉着一朵大牡丹花, 玄紵布, 肩上纏有一條大剝古龍, 金鶻■帶, 粉底皂靴.) <수유-동방 1:58> 홀연 ᄒᆞᆫ 사ᄅᆞᆷ이 모시 오술 닙고 다리의 검은 훠를 신고 머리의 젹은 두건을 쓰고 채를 잡고 뒤흘 ᄯᆞᆯ와 오거ᄂᆞᆯ (忽見一人, 身穿衣褐紵絲袍, 脚有皂靴, 頭帶小巾, 執鞭從後趕來.) <무목 1:82> ᄯᅩ 제 의복과 두건과 훠를 ᄀᆞᆽ초아 빌닌대 쇼제 남ᄌᆞ의 장속을 ᄆᆡᆺ고 (借了幾件衣服, 折一頂儒中, 買一雙皂靴, 打扮起來.) <성풍 6:21> 오경의 누슈 기ᄃᆞ리매 서리 훠의 ᄀᆞ득ᄒᆞ미 삼복일에 노피 북창 서늘ᄒᆞᆫ ᄃᆡ셔 ᄌᆞᆷ이 죡ᄒᆞᆯ 만 ᄀᆞᆺ디 못ᄒᆞ고 (五更待漏靴滿霜, 不如三伏日高睡足北窓涼.) <고진 5:202> 귀비를 명ᄒᆞ야 벼로를 밧들고 고력ᄉᆞ로 훠 벗긴 후의 ᄎᆡ호를 둘러 청평ᄉᆞ 삼 장을 지어 드리던 일을 보고 (因命楊貴妃捧硯, 高力士脫靴, 然後揮毫染翰, 賦淸平靴調三章以入樂.) <평산 1:36> 그 뒤히 ᄒᆞᆫ 사ᄅᆞᆷ이 ᄂᆞᆺ치 희고 몸이 여의고 ᄀᆞ장 킈 크더라 블근 두건의 ᄑᆞᄅᆞᆫ 훠를 신고 손의 막대를 잡아 돗 멘 사ᄅᆞᆷ을 지휘ᄒᆞ야 가거ᄂᆞᆯ (看入內中, 有個白淨瘦長的漢子, 頭戴茜紅包巾, 身上穿件半新舊織就團龍長衣, 兩邊扎袖, 腰繫一條虎呑頭的獅蠻帶, 下穿一雙石株綠皂底.一手提着哨棍, 一手指喝衆人, 扛擡走去.) <후수 8:69> 이 훠어를 가져 견양을 삼아 정ᄒᆞ고 공교로온 가족장이를 블러 연코 조츨ᄒᆞᆫ 즘ᄉᆡᆼ의 가족으로 ᄒᆞᆫ 빵 훠를 ᄆᆡᆫᄃᆞ라 다리 우희 신으려 ᄒᆞ더라 (把這靴魚做個樣子, 叫那精巧皮匠把軟淨獸皮, 配上一隻, 湊作一雙靴, 穿在脚上.) <손방 3:71> 모든 군ᄉᆡ 요란ᄒᆞ믈 듯고 급히 니러 갑을 닙고 훠를 신다가 ᄒᆞᆫ ᄧᆞᆨ을 못 미쳐 신고 쟝 뒤흐로 나가 ᄆᆞᆯ을 길마를 못 미쳐 지어 내믄ᄆᆞᆯ을 타고 열 여ᄃᆞᆲ 가쟝을 다리고 진을 ᄢᅦ쳐 븍으로 ᄃᆞᄅᆞ니 (聞衆軍擾亂, 不知所出, 擴廓帖木兒急起披甲納靴, 未竟跣一足, 蹌帳後, 馬不及鞍, 乘騸與十八旗冲陣北道.) <영렬 7:85> ᄆᆞᆫ득 좌반 듕의 ᄒᆞᆫ 신히 ᄂᆡ다ᄅᆞ니 ᄌᆞ포금ᄃᆡ의 상아홀 쥐고 검은 훠 신고 금난뎐 상의 올나 평뎨 알픠 가 부복 쥬왈 (左班條有一臣, 紫袍金帶, 象簡烏靴, 手捧金盃, 趨上金鑾, 跪於帝前啓曰.) <동한-국중 1:2> 네 가히 피쟝의 모양을 ᄒᆞ고 밀〻히 거믄 훠를 짐 우희 언져 빅학ᄉᆞ로 가 각 승방의 두로 ᄃᆞᆫ니며 ᄑᆞᄅᆡ 사ᄅᆞᆷ이 아라보ᄂᆞ니 잇거든 즉시 와 니로라 (汝可裝作一皮匠, 密密將此皂靴挑在擔上, 往白鶴寺各僧房出賣, 有人來認, 卽來報我.) <포공-賣眞靴 3:79> 공교ᄒᆞ다 ᄂᆞᆺᄂᆞᆺ치 다 니게 마자니 ᄀᆞ쟝 됴타 ᄃᆞ만 ᄒᆞᆫ 빵 훠가 업ᄉᆞ니 이ᄃᆞᆲ도다 (有這般巧處, 件件可體, 就似像體造成, 沒有一些兒差別. 好便都好, 只少一雙戰靴.) <당진 6:39> 오날 훠를 벗고 캉의 올나도 ᄂᆡ일 어더 신기 어러오니라 (今兒个脫靴上炕, 明兒个難包得穿.) <화촬 60b> 이에 그 죠의와 훠를 보내야 왈 다만 일노ᄡᅧ 신을 삼앗다가 부인 빅세 후의 일노ᄡᅧ 합장ᄒᆞ야 우리 부부의 묘를 ᄒᆞ고 (乃送其朝衣服及靴, 但以此爲信, 夫人下世後, 以此合葬爲我夫婦之墓.) <조회 1:18> ▼靴子 ‖ 通稱 훠 (靴子) <역해-복식 상:45b> 훠 (靴子) <방석-복식 2:23b> <동해-복식 상:58a> <몽해-복식 상:45a> 훠 벗다 (脫靴子) <역해-복식 상:46a> 훠 벗짜 (脫靴子) <화초-복식 14a> 훠 신다 (穿靴子) <역해-복식 상:46a> 훠 신짜 (穿靴子) <화초-복식 14a> 목ᄉᆞ 신군 슉이 등ᄌᆞ와 훠와 ᄃᆞ래와 포육 약과 등믈노 신힝ᄒᆞ더라 (牧使申君潚以鐙子, 障泥, 靴子, 藥果, 牛脯等物贐行.) <연행-노가재 1:10a> 훠를 시ᄂᆞᆯ딘댄 봄 ᄉᆞᄉᆡᄂᆞᆫ 거믄 기ᄌᆞ 피훠 시노ᄃᆡ 우희 구름 갓고로 드리예게 호와 잇고 녀름 ᄉᆞᄉᆡ ᄂᆞᆫ 뎐피 훠 신고 (穿靴子時, 春間穿皂麂皮靴, 上頭縫着倒提雲; 夏間穿猠皮靴.) <번노 하:52b> 훠를

신을딘대 봄에는 거믄 기ᄌᆞ피훠를 신오되 우희 구룸 깃고로 드리웟게 호와 잇고 녀름에는 뎐피 훠를 신고 (穿靴子時, 春間穿皀麂皮靴, 上頭縫着倒提雲; 夏間穿獐皮靴.) <노언 하:47b> 부리 두의걷고 챵ᄭᅳ르 분칠 ᄒᆞ얏는 디 오ᄉᆡᆨ 므든 실로 麒麟 슈질ᄒᆞ고 픈 류쳥 비단 쳥ᄶᅵᆺ 돌온 훠의 (捲尖粉底, 五綵綉麒麟, 柳綠紵絲抹口的靴子.) <번박 상:26b> ᄯᅩᄒᆞᆫ 舍人은 빗ᄭᅥ쇼디 힌 기ᄌᆞ피 훠의 야투로 노애 ᄉᆞ지 치질 ᄒᆡ욘 깃 ᄃᆞ론 거믄 ᄀᆞ놀오 보ᄃᆞ라온 시욱 쳥 우희 ᄒᆞᆫ 쌍 명록비쳇 비단으로 ᄉᆞᄭᅦᆺ곳 슈질ᄒᆞᆫ 후시를 ᄆᆡ엿고 (又一箇舍人打扮的白麂皮靴子, 鴨綠羅納綉獅子的抹口青絨氈襪上, 絟着一對明綠綉四季花護膝.) <번박 상:29a> 내 두 ᄊᆞᆼ 새 훠를다가 다ᄃᆞᆫ녀 ᄒᆡ야바리과라 (把我的兩對新靴子, 都走破了.) <번박 상:35a> 이는 훠 (這箇是靴子.) <번박 상:41b> 옷고의 감토 훠돌ᄒᆞ란 다 이 궤 안해 노하 두워 (衣裳、帽子、靴子, 都放在這櫃裏頭) <번박 상:52b> 샹녯말소매 닐오디 오ᄂᆞᆯ 훠 바사 구들헤 오ᄅᆞ고도 너일 시노려 미도미 어려우니라 (常言道: '今日脫靴子上炕, 明日難保得穿.') <번박 상:76a> 常言에 닐오디 오ᄂᆞᆯ 훠를 벗고 炕에 올랏다가 너일 어더 신기를 밋기 어렵다 ᄒᆞᄂᆞ니라 (常言道: '今日脫靴子上炕, 明日難保得穿.') <박언 상:67b> 옷과 갓과 훠를 다 이 櫃 안히 두고 (衣裳、帽子、靴子, 都放在這櫃裏頭) <박언 상:47a> 옷 닙고 ᄯᅴᄯᅴ고 보션과 훠를 신쟈 (穿上衣裳繫上帶子穿上襪子靴子.) <한어-한고 21b> ▼油鞋 ‖ 머리의 모ᄌᆞ를 쓰고 몸의 덕녕 닙고 훠 신고 나니 (頭上戴了中帽, 身上穿了直身, 脚着油鞋, 腰纏板帶.) <선진-国 3:91> [굴하] ▼gūlha ‖ 녀름에 염쇼가족 훼오 겨울에 金縇 청훠 녀흔 휜 鹿皮 훠 신고 거러 ᄃᆞᆫ닐 제 (juwari nimaci gūlha tuweri girdasikū fomoci harga hafirha šanyan buhi gūlha etufi, oksome yabure de.) <청노 7:21a> 훠 신발 ᄇᆞ리 거ᄉᆞᆫ 진쉬 ᄎᆞ려 주엇다 <순천김씨-30 1550~92 신천강씨(어머니) ↓순천김씨(딸)> 나는 몬 가만뎡 됴히 인노라 아기네 오나ᄂᆞᆯ 안부는 ᄃᆞᄅᆞ니 깃게라 두 지비 춤ᄢᅦ ᄒᆞᆫ 말 신슈니 보기리 슌이리 훠 보내노라 <순천김씨-132 1550~92 김훈(아버지) ↓순천김씨와 그 여동생(딸들)> 그 즌 훠시는 발로 즛ᄇᆞ라 ᄇᆞ리쇼셔 <왕시봉뎐 3> 아귀게 ‖ … 훠 <언찰유묵-4 이홍좌(1680~1755) ↓며느리> 니빅이 글을 지으려 ᄒᆞ디 술이 취ᄒᆞ야 ᄡᅥ디 못ᄒᆞ엿더니 귀비로 벼로롤 잡히고 고력ᄉᆞ로 훠를 벗기고 인ᄒᆞ야 붓을 잡아 쓰니 글이 다 빗나고 ᄠᅳᆺ이 깁더라 <명황 1:9a> 슈건 가져오고 옷과 冠과 ᄯᅴ 가져오라 衣冠ᄒᆞ고 ᄯᅴ ᄯᅴ고 훠와 보션 신고 다른 ᄃᆡ 가쟈 <첩몽 4:11b> 이ᄢᅢ의 니빅이 크게 취ᄒᆞ얏는디라 귀비롤 명ᄒᆞ야 벼로롤 밧들고 고력ᄉᆞ로 훠 벗긴 후의 치호롤 둘러 청평ᄉᆞ 삼쟝을 지어 드리던 일을 보고 <평산 1:36> 니러나 두 오랑캐롤 마즌즉 두 오랑캐 님쟝의 목을 트러잡고 몬져 훠롤 벗기고 다시 오술 벗겨 궁극히 수탐ᄒᆞ여 무러 ᄀᆞ로디 <김철 25> 놀근 훠나 신이나 신고 ᄆᆡ이 굴너 붋아 ᄌᆞ로 펴보아 가며 고쳐 가혀 무수 붋아 반건ᄒᆞ거든 혹독개 올려 미러가며 붋아 다듬으면 술이 올라 반ᄒᆞᄂᆞ니라 <규합-정양완b 즈뎍 2:13a/155> 습구 ‖ 사모 명모 악슈 모단 대단 관디 모단 대디 남능 니블 화방듀 깃 옥싱 방ᄉᆞ듀 동옷 옥식 명듀 쇼동옷 주우듀 젹삼 명쥬 바지 명쥬 속것 옥식 명쥬 챵의 모단 훠 <습구-장흥임씨 수사공 종택> ※ 옷과 갓과 靴롤 다 이 櫃ㅅ속에 너허 두라 (衣裳、帽子、靴子都放在這櫃裏頭.) <박신 1:51a> ⇒ 훼

【훠一】 [음] 포(four) 넷. (외래어).¶ 훠一 (四) <영어일상통화단어초집 우산>

【훠-부리】 [명] ((복식)) 화부리(靴-). 신코. 신의 앞쪽 끝이 뾰족한 곳. '훠(靴, xuē)'는 중국어 직접 차용어.¶ 靴尖 ‖ 도적이 싱금코져 ᄒᆞᆫ더 샹현이 훠부리로 차다가 드듸여 히흠을 만나니 (賊欲生執之, 象賢以靴尖踢之, 遂遇害.) <조희 17:45>

【훠ㅅ돈】 [명] ((복식)) 목화(木靴)의 목. '훠(靴, xuē)'는 중국어 직접 차용어.¶ 훠ㅅ돈 (靴靿子) <한청 화말 11:12b>

【훠ㅅ챵】 [명] ((복식)) 화창(靴-). 신발창. '훠(xuē)'는 중국어 직접 차용어.¶ 훠ㅅ챵 (靴底) <방석-복식 2:23b> ⇒ 훠챵, 훠챵, 횟챵

【훠어】 [명] ((어패)) 화어(靴魚). '훠(靴, xuē)'는 중국어 직접 차용어.¶ 靴魚 ‖ 이 고기 일홈이 훠어니 약슈화 듕으로셔브터 나ᄂᆞ니 그믈로도 잡디 못ᄒᆞ고 낙시로도 잡디 못ᄒᆞᄂᆞ니 이러모로 세샹 사ᄅᆞᆷ이 보니 드므니 이 고기롤 잡ᄒᆞ려 ᄒᆞ면 법술이 잇ᄂᆞ니 믈ᄭᅡ의 가 세 번 손 펵티고 세 번 브ᄅᆞ면 이 고기 ᄯᅱ여 믈ᄀᆞ의 나ᄂᆞ니라 (那魚名爲靴魚, 出自弱水河中, 網不能取, 鉤不可得, 人世罕見, 要取此魚, 有個法術, 向水涯邊, 把手拍三下, 叫三聲, 那魚就跳上涯來.) <손방 3:66> 이 훠어롤 가져 견양을 삼아 졍ᄒᆞ고 공교로온 가족쟝이롤 블러 연코 조츨ᄒᆞᆫ 즘싱의 가족으로 ᄒᆞᆫ ᄧᅡᆼ 훠롤 ᄆᆡᆫᄃᆞ라 다리 우히 신으려 ᄒᆞ더라 (把這靴魚做個様子, 叫皮匠把軟淨獸皮, 配上一隻義足指, 湊上一雙, 穿在脚上.) <손방 3:71>

【훠-울】 [명] ((복식)) 화울(靴-). 신울. 신발의 양쪽 가에 댄, 발등까지 올라오는 울타리. 신총. '훠(靴, xuē)'는 중국어 직접 차용어.¶ 훠울 (靴扇) <방석-복식 2:23b> <과록-복용 86a> ⇒ 횟울

【훠ᄋᆞ】 [명] ((복식)) 화아(靴兒). 신발. '훠(靴, xuē)'는 중국어 직접 차용어.¶ 靴子 ‖ 부리 것고 디ᄌᆞ에 분칠 ᄒᆞ고 五綵로 麒麟을 綉ᄒᆞ고 柳綠 빗체 비단으로 부리 두른 훠ᄋᆞ에 (捲尖粉底, 五綵綉麒麟, 柳綠紵絲抹口的靴子.) <박언 상:24b> ᄯᅩ ᄒᆞᆫ 舍人 비ᄋᆞ기는 휜 기ᄌᆞ피 훠ᄋᆞ에 鴨頭綠羅에 獅子롤 綉ᄒᆞ야 깃도른 프른 부드러온 시욹 쳥에 ᄒᆞᆫ 쌍 明綠비치 四季花롤 綉ᄒᆞᆫ 슬갑을 ᄆᆡ엿고 (又一箇舍人打扮的白麂皮靴子, 鴨綠羅納綉獅子的抹口青絨氈襪上, 絟着一對明綠綉四季花護膝.) <박언 상:27a> 내 두 쌍 새 훠롤다가 다ᄃᆞᆫ녀 해야ᄇᆞ리게 ᄒᆞ고 (把我

的兩對新靴子, 都走破了.) <박언 상:32a> 이거슨 이 훠ᄋᆡ로다 (這箇是靴子.) <박언 상:37b> ᄒᆞᆫ 간 방에 다ᄉᆞᆺ 사ᄅᆞᆷ이 겨요 안ᄂᆞᆫ 거시여 | 이ᄂᆞᆫ 이 훠ᄋᆞ | 로다 ("一間房子裏五箇人剛坐的?" "這是靴子.") <박신 40a> 네 훠ᄋᆡ 엇디 ᄆᆞᆯ랏ᄂᆞ뇨 (你的靴子怎麽乾?) <박언 중:51b> ⇒ 훠히

【훠ᄋᆞ-푸ᄌᆞ】 명 ((상업)) 화아포자(靴兒舖子). 신발가게. '훠(靴, xuē)'와 '푸(舖, pù)'는 중국어 직접 차용어.¶ 靴舖 ‖ ᄒᆞᆫ 도적은 뎌 훠ᄋᆞ 푸ᄌᆞ에 셩녕 비호라 가고 ᄒᆞ나흔 狐帽匠의 집의 셩녕 비호라 가고 (一箇賊那, 靴舖裏, 學生活去, 一箇狐帽匠家學生活去.) <박언 중:19a> ⇒ 화푸ᄌᆞ

【훠ᄌᆞ】 명 ((복식)) 화자(靴子). 신발. '훠(靴, xuē)'는 중국어 직접 차용어.¶ ▼靴子 ‖ 훠ᄌᆞ (靴子) <왜해-복식 상:46a> 거년 삼ᄉᆞ월 간의 여긔 이실 졔 보형뎨의 도포를 닙고 훠ᄌᆞ를 ᄯᅩᄒᆞᆫ 신으며 말익이를 ᄯᅩᄒᆞᆫ 쓰고 갑작이 한 번 보니 도로혀 보형뎨와 ᄀᆞᆺ트되 다만 두 낫 귀엣고리만 더ᄒᆞᆫ지라 (可記得舊年三四月裏住着, 把寶兄弟的袍子穿上, 靴子也穿上, 額子也勒上, 猛一瞧, 倒像是寶兄弟, 就是多兩個耳墜子.) <홍루 31:48> ▼靴 ‖ 디옥이 홍양피 젹은 훠ᄌᆞ를 신고 (黛玉換上掐舍挖雲紅香羊皮小靴.) <홍루 49:49> 디옥이 홍양피 젹은 훠ᄌᆞ를 신고 홍우단의 호리피 안 너흔 학창의를 닙고 (黛玉換上掐金挖雲紅香羊皮小靴, 罩了一件大紅羽縐面白狐狸皮的鶴氅.) <홍루 49:49>

【훠창】 명 ((복식)) 화창(靴-). 신발창. '훠(靴, xuē)'는 중국어 직접 차용어.¶ 靴底子 ‖ ᄒᆞᆫ ᄡᅡᆼ 훠에 다 블근 실로 고 ᄃᆞ라 잇더라 뎌 훠챵이 다 두 층 조ᄒᆞᆫ 창에 ᄃᆞ라 잇ᄂᆞᆫ 실은 밀 텨 잇고 송고손 ᄀᆞ룰고 노ᄒᆞᆫ 굴그니 ᄃᆞ라 잇ᄂᆞᆫ 양이 분외에 구드니 보기 됴트라 (一對靴上都有紅絨鴈爪; 那靴底子, 都是兩層淨底, 上的線, 蠟打了, 錐兒細線䵉, 上的分外的牢壯, 好看.) <노언 하:48a> ⇒ 훠ㅅ챵, 훠챵, 훳챵

【훠챵】 명 ((복식)) 화창(靴-). 신발창. '훠(xuē)'는 (중국어 직접 차용어).¶ 靴底 ‖ 뎌 훠챵이 다 두 층 조ᄒᆞᆫ 챵애 호와 잇ᄂᆞᆫ 시른 밀 텨 잇고 솔오즌 ᄀᆞ룰오 노ᄒᆞᆫ 굴그니 호와 잇ᄂᆞᆫ 양이 분외로 구드니 보니 됴터라 (那靴底都是兩層淨低. 上的線蠟打了, 錐兒細線䵉, 上的分外的牢壯, 好看.) <번노 하:53a> ▼靴底子 ‖ ᄒᆞᆫ ᄡᅡᆼ 훠예 다 블근 실로 고 ᄃᆞ라 잇더라 뎌 훠챵이 다 두 층 조ᄒᆞᆫ 챵애 호와 잇ᄂᆞᆫ 시른 밀 텨 잇고 솔오즌 ᄀᆞ룰오 노ᄒᆞᆫ 굴그니 호와 잇ᄂᆞᆫ 양이 분외로 구드니 보니 됴터라 (一對靴上都有紅絨鴈爪; 那靴底子, 都是兩層淨底, 上的線, 蠟打了, 錐兒細線䵉, 上的分外的牢壯, 好看.) <번노 하:53a> ⇒ 훠ㅅ챵, 훠창, 훳챵

【훠-쳥】 명 ((복식)) 화청(靴-). 목화(木靴)의 창. '훠(靴, xuē)'는 중국어 직접 차용어.¶ 멸은 훠쳥 ᄀᆞᄐᆞᆫ 거시오 <가언 5:10> ⇒ 훠쳥

【훠쳥】 명 ((복식)) 화청(靴-). 목화(木靴)의 창. '훠(靴, xuē)'는 중국어 직접 차용어.¶ 훠쳥 (氈韈) (韈) <훈몽-복식 중:11b /23a> 足衣. 今俗呼"韈子". 훠쳥 (韈) <사해 상:81a> 足衣. 今俗呼"襪子". 훠쳥 (襪) <사해 상:81a> 足衣. 훠쳥 (韈子) <사해 상:81a> 足衣. 훠쳥 (襪子) <사해 상:81a> ⇒ 훠쳥

【훠통】 명 ((복식)) 화통(靴筒). 목화울(木靴-). '훠(靴, xuē)'는 중국어 직접 차용어.¶ 靴掖 /靴掖 ‖ 가련이 뭇ᄂᆞᆫ 양을 보고 황망히 훠통[목화울이라] 안흘 향ᄒᆞ여 훠통 안히 간슈ᄒᆞ엿던 한낫 조희로 졉은 발긔를 ᄡᅥ어내여 (賈璉見問, 忙向靴統取出靴掖內裝的一個紙摺略節來.) <홍루 17:42>

【훠-푸ᄌᆞ】 명 ((상업)) 화포자(靴舖子). 신발가게. '훠(靴, xuē)'와 '푸(舖, pù)'는 중국어 직접 차용어.¶ ※ 靴舖 ‖ ᄒᆞ나흔 뎌 靴푸ᄌᆞ에 가 셩녕 비호고 ᄒᆞ나흔 帽舖에 가 買賣ᄒᆞ기 비호고 뎌 놈은 나귀와 노새를다가 먹이기를 잘ᄒᆞ여 열 냥 은을 가지고 東安州에 가 거믄 콩에 노하 곳 車輛을 收拾ᄒᆞ여 몬져 ᄒᆞᆫ 술위를 시르라 가고 (一箇到那靴舖裏去學生活, 一箇到帽舖裏去學做買賣, 那兩箇漢子把那驢騾喂好了, 帶十兩銀子到東安州去放黑豆, 即便收拾車輛先載一車去.) <박신 2:28a> ⇒ 훠ᄋᆞ푸ᄌᆞ

【훠히】 명 ((복식)) 화아(靴兒). 신발. '훠(靴, xuē)'는 중국어 직접 차용어.¶ 아바님 하 요란ᄒᆞ고 밧바 유무 몯ᄒᆞ노라 ᄒᆞ시고 두 디긔 은구어 각 스믈콤ᄒᆞ고 동훠 ᄒᆞ나식 보내시ᄂᆡ이다 훠히 다서 가ᄂᆡ이다 ᄌᆞ셰 ᄎᆞ려 바ᄃᆞ쇼셔 <순천김씨-64 1550-92 김여물 등(남자 동기) ↓순천김씨와 여동생(여자 동기)> ⇒ 훠ᄋᆞ

【훳】 명 ((복식)) 화(靴). '훠(靴, xuē)'는 중국어 직접 차용어.¶ 훳 화 (靴) <훈몽-복식 중:11b /22b>

【훳-고】 명 ((복식)) 목화(木靴)의 코. 신코. 신의 앞쪽에 뾰족하게 나온 곳. '훠(靴, xuē)'는 중국어 직접 차용어.¶ 훳고 (鴈爪) <역해-복식 상:46a>

【훳-돈】 명 ((복식)) 목화(木靴)의 목. '훠(靴, xuē)'는 중국어 직접 차용어.¶ 훳돈(靴靿) <역해-복식 상:46a> 내 훳돈에 고자 가져가리라 (我靴靿裏揣將去.) <박언 하:28b> ⇒ 훳ㅅ돈

【훳-뒷볼】 명 ((복식)) 화뒷볼(靴-). 목화(木靴) 뒤축의 볼록한 곳. '훠(靴, xuē)'는 중국어 직접 차용어.¶ 훳뒷볼 (靴膀子) <역해-복식 상:46a>

【훳-뒷축】 명 ((복식)) 화뒷축(靴-). 목화(木靴)의 뒤축. '훠(靴, xuē)'는 중국어 직접 차용어.¶ 훳뒷측 (靴跟子) <역해-복식 상:46a>

【훳-머리】 명 ((복식)) 화머리(靴-). '훠(靴, xuē)'는 중국어 직접 차용어.¶ 훳머리 (靴頭) <역해-복식 상:46a>

【훳-볼】 명 ((복식)) 화볼(靴-). 목화(木靴)의 볼. '훠(靴, xuē)'는 중국어 직접 차용어.¶ 훳볼 (靴臉子) <역해-복식 상:46a> ⇒ 훠울, 훳울

【훳ㅅ돈】 명 ((복식)) 화(靴). 목화(木靴)의 목. '훠(靴, xuē)'는 중국어 직접 차용어.¶ 靴靿 ‖ 일에 해롭지 아니 내 뎌를다가 靴ㅅ돈에 ᄭᅩ자 가져가미 됴타 (不妨事,

我把他揣在靴靿裡去好了.) <박신 3:33a> ⇒ 휫돈

【휫-운】 명 ((복식)) 수혜자(水鞋子)나 목화(木靴) 따위의 목. '훠(靴, xuē)'는 중국어 직접 차용어.¶ 운혜 웅, 又 휫운, 亦曰鞰, 俗呼"靴靿". (鞰) <훈몽-복식 중:11b/23a>

【휫-울】 명 ((복식)) 화(靴-). 목화(木靴)의 목. '훠(靴, xuē)'는 중국어 직접 차용어.¶ 휫울 (靴扇) <역해-복식 상:46a> ⇒ 훠울, 휫볼

【휫-챵】 명 ((복식)) 화창(靴-). 신발창. '훠(靴, xuē)'는 중국어 직접 차용어.¶ 휫챵 (靴底子) <역해-복식 상:46a> <화초-복식 14a> ⇒ 훠ㅅ챵, 훠챵, 훠챵

【훼】 명 ((복식)) 화(靴 xuē). 신발. '훼(靴, xuē)'는 중국어 직접 차용어.¶ 油鞋 ‖ 이는 당부치 말나 쇼승이 마옴을 다ᄒᆞ여 유무롤 젼ᄒᆞ리라 ᄒᆞ고 머리의 모ᄌᆞ롤 쓰고 직녕을 닙고 훼롤 신고 나셔니 ("這都不消叮囑, 小僧決然留意." 說罷, 頭上戴了中帽, 身上穿了直身, 脚着油鞋, 腰纏板帶.) <선진 4:45> ᄒᆞᆫ 관원이 흰 모시옷 닙고 쇼건 쓰고 거문 훼 신고 와 텩니의게 읍ᄒᆞ고 <대송 1:60> ⇒ 훠

【휘】 명 ❶ ((기물)) 곡(斛). 휘. 곡식을 되는 그릇의 한 가지. 스무 말 들이와 열닷 말 들이가 있다. '휘(斛, hú)'는 중국어 직접 차용어).¶ 휘, 量名 (釜[鬴]) <신자 4:24b> 量名, 十釜, 휘 (鍾) <신자 4:27a> 量名, 受十六斗, 휘 (籔) <신자 3:29a> 휘 용, 篇也. 方斛. (桶) <자주 하:46b> 斛也, 휘 용 (桶) <자석 상:65a> 斛也, 휘, "甬"通. (桶) <신자 2:31a> 휘, 量器 (角) <신자 4:1b> 斗斛名, 휘 (量) <신자 4:24b> 斛也, 휘 (敱) <광보-1 서류:6b> 斛也, 휘 고 (敱) <자석 하:118b> 量器, 斛別名. 휘 (敱) <신자 4:54a> 斛也, 휘 (敱) <광보-1 서류:6b> 휘 모양 ᄀᆞᆺ흔 빈 (巴斗船) <한청-선 12:20a> "槩"同. 平斗斛者, 휘 긁는 고미리 (杚) <광보-1 서류:6b> ▼斛 ‖ 곡, 十斗, 華音후, 轉云휘, 一曰石, 俗言苫셤. <명물-인사 2:29a> 휘 곡 (斛) <움첩a 6a> 휘 곡, 十斗, 角斗平多少之量. (斛) <자주 하:46b> 휘 혹 (斛) <아학 상:11a> 十斗, 휘 곡, "縠"通. (斛) <자석 상:57b> 휘 (斛) <이록-목기 22b> 휘 (斛, Korean grain measure= about 5 pecks.) <한영1890 41> ▼斛子 ‖ 휘 (斛子) <역해-기구 하:14b> <방석-기용 3:12b> <과록-기명 76b> 휘가 명영을 의지ᄒᆞ여 적근 휘로 분산ᄒᆞ니 되 가만이 탐문ᄒᆞᆫ즉 과년 군ᄉᆞ덜이 원망ᄒᆞ여 왈 승상이 뭇ᄉᆞ롬을 쏙인다 (垕依命, 以小斛分散, 操暗使人各寨探聽, 無不嗟怨, 皆言: "丞相欺衆.") <삼국-모종 3:53> ▼斛起 ‖ 휘로 되다 (斛起) <역해-창고 상:24b> <방석-창고 2:16b> <과록-기명 76b> 휘로 되다 (起斛) <화초-창고 8a> 郎中아 네 이제 안히 가 뎌롤 一百 낫 말 되는 갑술 주고 監納ᄒᆞᄂᆞᆫ 官人들의게 닐러 휘로 되게 ᄒᆞ라 말로 되면 브죡ᄒᆞ리라 <박언 상:12b> ❷ 명의 곡(斛 hú). 열 말.¶ 入十五斗斛也, 휘 (槖) <신자 4:57a> 휘 (斛) <방석-수목 2:10a> <동해-산수 하:21a> 휘 (斛) <한청-형량 10:19b> 세 휘 (三斛.) <한화-단어 15>

【휘겐스】 명 ((인명)) 호이겐스(Huygens, Christiaan, 1629~95). 네덜란드의 물리학자·천문학자. 빛의 파동설을 제창하고 호이겐스의 원리를 발표하였으며, 진동 시계·망원경 따위를 고안·제작하였다. 1657년에는 시간이 정확한 진자시계를 최초로 개발했다. (외래어).¶ 時計 휘겐스氏 <백과신-송1926 492>

【휘스키】 명 ((음식)) 위스키(whisky). (외래어).¶ 휘스키甁을 들어서 한 盞 짤아 권하고 <염상섭, 표본실의 청개고리1921 127>

【휘퇴】 명 ((음식)) 화퇴(火腿). 돼지다리를 소금에 절여 햇볕에 말린 식품. '휘(火, huǒ)'는 중국어 직접 차용어.¶ 휘퇴 (火腿) <화교 165> ⇒ 회퇴육

【휘화】 명 회화(回話). 회답. 답변. '휘화(回話, huíhuà)'는 중국어 직접 차용어.¶ 너도 아올 싱각이나 ᄒᆞᄂᆞᆫ다 네게 글월을 뎍어 두고 휘화 기ᄃᆞ리노라 날락들락ᄒᆞᄂᆞ니라 <숙명-61 1652 인선왕후(어머니) ↓숙명공주(딸)> ⇒ 회화

【휘휘-아비】 명 ((인류)) 회회아비(回回-). 송도에 와 살던 색목인의 하나인 위그르인. '휘휘(回回, huíhuí)'는 중국어 직접 차용어.¶ 솽화뎜에 솽화 사라 가고신던 휘휘아비 내 손모글 주여이다 <악사-쌍화점>

【휙쓰】 명 휙스(Whigs). (외래어).¶ 휙쓰 (灰各 Whigs) <만국통감1912, 4, 16>

【휠림】 명 ((기물)) 필름(flim). 외래어.¶ 휠림가티 <염상섭, 제야1922 3:44>

【휴런】 명 ((지리)) 휴런(Huron) 호(湖). 북아메리카에 있는 오대호의 하나. 오대호 가운데 두 번째로 큰 호수로, 철광석·석탄·밀 따위를 실어 낸다. (외래어).¶ 동편에 센트로렌스ㅣ란 강이 대셔양에로 드러가고 또 북편에 그렛빅어와 그렛실레입이란 큰 못시 잇고 또 ᄒᆞᆫ 가온대 아다비스가와 윈늬벡이란 큰 못시 잇고 동남편 합즁국 ᄉᆞ이에 슈비리어와 [쳔 리 되는 못] 휴런과 [팔빅 리 되는 못] 이리와 [팔빅 리 되는 못] 언데리오ㅣ란 못시 [칠빅 리 되는 못] 잇고 <사필1889-헐버트 103>

【휴쩌노】 명 ((인류)) 위그노(Huguenots). 16세기에서 17세기 프랑스의 칼뱅파(Calvin派) 신교도. 변호사, 의사, 교수 등의 자유 직업인과 근로 농민이 많았으며, 1598년에 낭트 칙령으로 신앙의 자유를 얻었다. (외래어).¶ 휴쩌노 (胡基納 Huguenots) <만국통감1912, 4, 16> 또 능히 나라 형셰를 더욱 길게 ᄒᆞ며 싸홀 긔척홀 시 남편 디경에 ᄒᆞᆫ 무리 예수교인이 잇스니 일홈은 휴쩌노라 <만국통감1912 4, 61>

【호란스】 명 ((지리)) 프랑스(France). 유럽 서부에 있는 나라. (외래어).¶ 호란스 (佛蘭西) <環中大球掌上六洲 19후반> ⇒ 뿌란스, 뿌런스, 쯔란스, 쯔랑쓰, 프란스 ☞ 법국, 법난셔, 법란셔, 불난셔, 불란셔, 블란시

【홀경-ᄒᆞ-】 동 홀경(吃驚)하다. 놀라다. (중국어 간접 차용어).¶ 唬 ‖ ᄎᆞ시 모든 화숭 등이 졍히 비졀치읍ᄒᆞ드니 문득 숨즁 ᄉᆞ도 양인이 드러오믈 보고 졔승이 홀경ᄒᆞ여 이로되 (忽的看見他師徒牽馬挑擔而來, 唬得一個個

魂飛魄散道.) <서유-계명 5:102-16> 노지 ᄒᆞᆫ 번 보미 권 부리와 거문 뺨이라 흘경ᄒᆞ야 ᄒᆞᆫ 거름에 ᄒᆞᆫ 번 잣바지며 보ᄒᆞ질ᄒᆞᄒᆞ여 급회 집안으로 뛰여 드러가며 (忽擡頭一看, 一見八戒這般嘴臉, 就唬得一步一跌, 往屋裏亂跑.) <서유-계명 6:95-20>

【홍두】 명 홍두(興頭). 홍. (중국어 간접 차용어).¶ 興頭 ‖ 너 너다려 닐넛ᄂᆞ니 너모 홍두를 너지 말나 이제 도로혀 너의 ᄀᆞᄐᆞᆫ 거시 밧긔셔 요란히 ᄒᆞ려 ᄒᆞᄂᆞ냐 (我說你們別太興頭過餘. 如今還比得你們在外頭亂鬧呢.) <홍루 58:38> ᄉᆞ긔 등이 공연이 홍두를 ᄒᆞᆫ 바탕 너며 (司棋等人空興頭了一陣.) <홍루 62:3>

【희랍국】 명 ((지리)) 희랍국(希臘國). 그리스(Greece). 유럽 남동부 발칸반도의 남쪽 끝에 위치한 공화국. 1829년 오스만 제국에서 독립하여 왕국이 되었으며, 1973년에 공화국이 되었다. (중국어 간접 차용어).¶ 희랍국(希臘國) <이언> ☞ 그리스, 그리스국, 글익, 끄리스, 끄리스국

【히브리】 명 ((언어)) 히브리(Hibri). 히브리어. 함셈어족 북셈어파의 가나안 어군에 속한 언어. 이스라엘의 공용어로 세계 각지 유대인 사회에서도 쓰인다. (외래어).¶ 빌나도ㅣ 이 말 듯고 예수를 ᄭᅳᆯ고 나와 ᄒᆞᆫ 곳에 다다르니 일홈은 박셕이라 히브리 방언으로 번역ᄒᆞ면 가바다라 그곳에셔 지판셕을 크게 좌긔ᄒᆞ엿스니 <연경-피심가 187> ¶ 예수ㅣ ᄀᆞᆯᄋᆞ샤ᄃᆡ 마리아야 ᄒᆞ시거ᄂᆞᆯ 마리아ㅣ 도리켜서 히브리 방언으로 션싱님이여 ᄒᆞ니 예수ㅣ 닐ᄋᆞ샤ᄃᆡ 날 ᄆᆞᆫ지지 말지어다 <연경-견쥬가 195> ⇒ 히브리

【희ᄌᆞ】[1] 명 ((인류)) 희자(戲子). 연희하는 사람. 광대(廣大). 재인(才人). (중국어 간접 차용어).¶ 희ᄌᆞ (利子) <한청-희사 6:61a> 희ᄌᆞ (戲子) <왜해-인품 상:15a> 희ᄌᆞ 뎜쳐 식이다 (點戲) <역보-기희 46b> <방석-기희 4:2b> 희ᄌᆞ 뎜쳐 식히다 (點戲) <화초-기희 25b> 희ᄌᆞ 뎜쳐 시기다 (點戲) <중화-한고 1b> ▼戲 ‖ 외면에 풍악 쇼리 들네고 희ᄌᆞ의 노롬히 ᄇᆞ야흔 ᄃᆡ 우리ᄂᆞᆫ 이곳의 모혀 한담만 일솜으미 이 아니 쥬인의 ᄋᆞ롬다온 뜻을 져ᄇᆞ리미니잇가 (外面鑼鼓聲喧, 這樣好戲, 我們却在此清淡, 豈不辜負主人美意?) <경화 15:13> 지방 져ᄒᆞᄂᆞᆫ ᄉᆞᄉᆞ로 젼원을 긔필ᄒᆞ니 져의 모양을 보건ᄃᆡ 우리 무리를 눈에 ᄎᆞ지 아니케 알 거시오 ᄇᆞ야흐로 희ᄌᆞ의 노름을 귀경ᄒᆞ기의 좀측ᄒᆞ얏시니 부ᄃᆡ 저를 청ᄒᆞ야 패홍케 말고 다만 홍거 져ᄒᆞ를 ᄀᆞᄆᆞ니 블너 니르러 우리 십칠 인만 결의ᄒᆞ미 조흘 듯ᄒᆞ여이다 (再芳姐姐一心想中殿元, 看他光景, 未必把我們看在眼裏; 況他現在看戲, 可以不去驚動.) <경화 15:16> 희ᄌᆞ 입너너ᄂᆞᆫ 사름을 마당의 오ᄅᆞ게 ᄒᆞ고 호블호간의 져 층 조희를 ᄦᅵ져 바리지 말나 네가 후두히 기ᄅᆞ므로 심통을 닙히지 말지어다 우리가 너의 부즁 일을 아지 못ᄒᆞᆫ다고 료량ᄒᆞᄂᆞ냐 (提着影戲人子上場兒, 好歹別戳破這層紙兒. 你別油蒙了心, 打諒我們不知道你府上的事.) <홍루 65:35> 도ᄉᆞ로 아ᄂᆞᆫ 이도 잇고 희ᄌᆞ 노릇ᄒᆞᄂᆞᆫ 사ᄅᆞᆷ으로 아ᄂᆞᆫ 이도 이시ᄃᆡ (也有猜是道士的, 也有猜是偶戲人的.) <홍루 50:93> ▼班 ‖ 당긔의 일홈난 희ᄌᆞ 등을 블너 련일 희ᄌᆞ를 보고 긱을 졉ᄃᆡᄒᆞ더니 (便叫了名班, 連日唱戲, 宴客已畢.) <홍보 4:91> ▼偶 ‖ 도ᄉᆞ로 아ᄂᆞᆫ 이도 잇고 희ᄌᆞ 노릇ᄒᆞᄂᆞᆫ 사름으로 아ᄂᆞᆫ 이도 이시ᄃᆡ (也有猜是道士的, 也有猜是偶戲人的.) <홍루 50:94> 가묘의 분향ᄒᆞ여 하직ᄒᆞ고 ᄎᆞ일의 몃 명 희ᄌᆞ를 부ᄅᆞ고 <후수 2:210> 戲子 ‖ 희ᄌᆞ란 거ᄉᆞᆫ 웃갓 지조를 ᄒᆞ니 괴이ᄒᆞᄋᆞᆸ데 <교린-묘 1:31a> 형당은 드러 겨시니잇가 요ᄉᆞ이 ᄒᆞᆫ 환술ᄒᆞᄂᆞᆫ 희지 이셔 온갓 긔특ᄒᆞᆫ 노롬을 잘ᄒᆞ니 어제 팔왕궁 듕의셔 블러보니 우리도 야야와 틱틱을 뫼시고 ᄒᆞᆫ 번 블러보미 엇더ᄒᆞ니잇고 <영이 2:46> 부인이 ᄯᅩ 춍요듕치 쳥티 못ᄒᆞ더니 날이 느즈미 희댱을 파ᄒᆞ고 희ᄌᆞ를 만히 샹ᄉᆞᄒᆞ야 보너고 모든 빈긱이 다 도라ᄀᆞ고 <영이 2:55> 어제 희댱의 와 노롬ᄒᆞ던 희지 ᄉᆞᄉᆞ로 ᄆᆡ이여 문의 니ᄅᆞ럿다 ᄒᆞ거ᄂᆞᆯ 좌위 다 ᄃᆡ경ᄒᆞᆫᄃᆡ 소샹셔ᄂᆞᆫ 임의 아ᄂᆞᆫ 일이라 <영이 2:73> 다ᄅᆞᆫ날 다시 희ᄌᆞ를 블너 긱을 ᄃᆡ졉고ᄌᆞ ᄒᆞ미 <珍珠 17> 구경 가ᄌᆞ 구경 가ᄌᆞ 창시 구경 가ᄌᆞ세라 오륙십 간 윈통집의 층 누각과 층간 간의 가온ᄃᆡᄂᆞᆫ 누를 ᄒᆞ되 ᄉᆞ면이 ᄉᆞ간 되게 그 뒤 희ᄂᆞᆫ 간을 막고 희ᄌᆞ 놈들 거긔 잇고 좌우편의 문을 너여 들낙날낙 ᄒᆞᄂᆞᆫ고나 <연행-무자> 칼도 쓰고 창도 쓰고 근두박즐 뛰염질과 희ᄌᆞ 놈들 창을 ᄒᆞ고 각식 의관 가관이라 아모리 졀도ᄒᆞᆫ들 말을 알손 곡졀 알손냐 <연행-무자> 환희을 구경코져 희ᄌᆞ를 블너오니 세 놈이 드러와셔 요술노 진술ᄒᆞᆫ다 잉도 ᄀᆞᄐᆞᆫ 다ᄉᆞᆺ 구실 정년이 난화 노코 ᄉᆞ발노 덥헛다가 열어보면 간 ᄃᆡ 업고 뷘 ᄉᆞ발 업흔 속의 셔너 구술 들어가고 ᄒᆞ나히 둘도 되고 잇던 것도 업셔젓다 뷘 손 ᄯᅥᆯ고 부뷔치면 홀연히 생게난다 <연행-병인>

【희ᄌᆞ】[2] 명 희자(戲子). 잡극(雜劇). 중국 전통극이나 지방극 따위의 공연. 또는 공연하는 것. (중국어 간접 차용어).¶ ▼戲 ‖ 희ᄌᆞ (戲) <한청-희사 6:61a> 희ᄌᆞ (場戲) <역보-기희 46b> 희ᄌᆞ의 무리 (戲班) <한청-희솨 6:61a> <과록-음악 121b> 희ᄌᆞ 뎜쳐 식이다 (點戲) <방석-기희 4:2b> 이젹의 팔채 도젹의 쟝슈 니건튱이 셔경의 드러가 희ᄌᆞ 굿보다가 구의예 잡혀 옥의 ᄉᆞ년을 가텻다가 (八寨賊李建忠爲入西京, 构欄內看戲, 被官拘察拿住, 囚於牢中四年.) <북송 1:21> 각쳐 큰 집의 다 비러먹기 됴흐ᄃᆡ 다만 양원 댱ᄌᆞ의 집의셔 샹히 술을 먹고 희ᄌᆞ를 시기니 무비ᄒᆞ게 쾌활ᄒᆞ야 심히 비러먹기 됴흐매 우리들이 셔로 친숙ᄒᆞ야 ᄌᆞ로 가 어더먹ᄂᆞ이다 (各處大戶人家俱好乞食; 但只有楊元長者家中正在整酒做戲還願, 無比快活, 甚好討乞, 我們往往在那裏相熟, 多乞得些.) <포공-재장 9:26> 비록 쥬안을 버리고 희ᄌᆞ를 보지 아니ᄒᆞᆫ다 ᄒᆞ여도 부득블 져를 다리고 로태태와 태태의 옯히 이셔 하로를 놀닐지니 엇지 능히 한가ᄒᆞᆫ 틈을 어드랴 (雖不擺酒唱戲, 少不得都要陪他在老太太、

다다르니 일홈은 박셕이라 히브리 방언으로 번역ᄒᆞ면 가바다라 그곳에셔 지판셕을 크게 좌긔ᄒᆞ엿스니 <연경-피심가 187> ⇒ 희브리

【히스테리크-하-】 형 히스테릭(hysteric)하다. 신경질적이다. (외래어).¶ 히스테리크한 看護婦가 注射침을 들고 <염상섭, 표본실의 청개고리1921 121>

【-ᄒᆞ거온】 관用 ((문서)) -하므로. -하니. '-하거온[爲去乎]'. (이두어).¶ 걸용 三十二연 경허 七月 十五日 우인쳐의 블망긔ᄒᆞᄂᆞᆫ 짜는 의신이 셩셔셔금ᄒᆞ와 피모 곳들 十二斗지기 곳들 가 젼믈 三兩을 의소 밧ᄌᆞ와 ᄒᆞ거온 ᄎᆞ 유의잡담이거든 고과변정ᄉᆞ라 <구백환이 전답매매명문-경주손씨 송첨종택 1767> 手記 우 슈긔ᄉᆞ단은 신축년 경월분의 젼문 삼십ᄉᆞ 냥 썻습더니 형셰 간난ᄒᆞᆫ 타ᄉᆞ로 본 면 양천니 困ᄌᆞ답 서 말낙 곳을 본 문셔 두 쟝 비ᄌᆞ ᄒᆞᆫ 쟝 아울나 허급ᄒᆞ거온 이 돈 갑기 젼 우인 젼의 허급ᄒᆞ고 젼문 三十四兩을 비수이 갑흔 후 차즐 줄노 슈긔ᄒᆞ거온 돈 갑기 젼 혹 잡담지폐 이시면 이 슈긔 지니고 고관변정ᄉᆞ 辛丑 十月 二十七日 畓主 金北棠 (수결) 證人 楊命己 (수결) 筆執 韓命旭 (수결) <김복당의 전당수표-규장 1781/1841> 우닌젼의 영ᄌᆞ 방미ᄒᆞ거온 닐후 ᄉᆞ덕 자손 족속 즁의 여유시비잡담니거던 지차문고관변정사라 산쥬의 과덕 홍씨 증필의 유학 南聖老 <과덕 홍씨 명문-대구 1833> 전문은 오십 양으로 구문긔 아루여 우쩐의 영ᄌᆞ 방미하거온 일후의 약유잡싼 인직 잇ᄎᆞ 문믜로 고관변정ᄉᆞ라 답주 유학에 전화석 징인의 박춘보 필집에 권도형 <명문-전북박1858 조선시대의 고문서-244> 우덕 젼 신문 일장으로 영ᄌᆞ 방미ᄒᆞ거온 일후에 약유상좌지단직 이 차문기로 고관변정사 구문직 무자면 입어 회신고로 미득 복경하고 이 신문 일장 성문 뭇 답쥬 지인 朴연옥 징인 면장 丁時滿 <명문-전북박1906 조선시대의 고문서-419> 鄭生員宅奴達金前明文 …우덕젼문 계ᄉᆞ연됴 八十二兩과 갑오연됴 三十兩 合一百十二兩을 영치 홈연ᄒᆞ와 구번 비보ᄒᆞ올 길 업습기로 믜연 경됴 六石 도지로 경ᄒᆞ와 되옵고 돈인즉 셩셰 쌀아 갑풀 줄로 일니 슈긔ᄒᆞ거온 일후 만일 ᄌᆞ손 등이라도 시비 잇습거든 이 슈긔 빙고샤라 슈긔 듀 한덕현 증인 사촌 한득신 <정싱원덕 노 달금전 명문-한고> ⇒ -하거온 -하거원, -허거온, -ᄒᆞ거운

【-ᄒᆞ거운】 관用 ((문서)) -하므로. -하니. '-하거온[爲去乎]'. (이두어).¶광서 십니년 병술 구월 일 젼 블망긔 우블망긔ᄉᆞ단은 다름 안니오라 ᄉᆞ젼복 지닙곡 건쳐 반일경과 고들 우 인젼니쑈 병ᄒᆞ여 젼문 삼빅 양 딕용젼 당이되 구문긔 십이 장 닉여 삼장을 셔실 고로 블망긔 ᄒᆞ거운 일후에 약뉴즙담지펴즉 ᄎᆞ문긔로 빙고ᄉᆞ라 픠쥬 최소ᄉᆞ (수결) <픠쥬 최소ᄉᆞ가 발급한 블망긔-우한 1886.9> ⇒ -하거온 -하거원, -허거온, -ᄒᆞ거온

【-ᄒᆞ기위】 -ᄒᆞ기위[爲只爲]. (이두어).¶ 천만젹션ᄒᆞ기위 힝하항교시ᄉᆞ 셩쥬 쳐분 병ᄌᆞ 십월 일 원경 <獄囚 류진억의 처 조시 원정1816>

【-ᄒᆞ노은ᄉᆞ】 ((문서)) -하는 일. 이두식 표현으로 'ᄒᆞ누온일(爲臥乎事)'의 표기이다. (이두어).¶ 우 명문ᄒᆞ노은ᄉᆞ 쏜은 의샹젼 이믜ᄎᆞ로 닉답이 안틔도리 촌ᄌᆞ 六十七답 十卜一 三斗나기 고들 우인쳐의 가결 젼(문) 四十兩 의 소봉샹이고 비지 아으로 여영방미하거온ᄉᆞ 일후 피ᄎᆞ 잡담이거든 고관변경ᄉᆞ 답쥬 삼바회 (좌촌) 중인 최돌이 (수결) 필집 鄭日三 (수결) <안동 주촌 진성이씨댁 삼바회가 재원에게 발급한 전답 매매명문1784> ⇒ -ᄒᆞ누온ᄉᆞ, -ᄒᆞ숣누온ᄉᆞ, -ᄒᆞᆫ와온사

【-ᄒᆞ누온ᄉᆞ】 ((문서)) -하는 일. 이두식 표현으로 'ᄒᆞ누온일(爲臥乎事)'의 표기이다. (이두어).¶ 졔ᄉᆞ 납월 십숨일 쇼녀 비연 고목 ‖ 황공복지 문안ᄒᆞ살오며 복미심신ᄒᆞ의 안전임 긔쳬후 일향만안ᄒᆞ살오며 더시 강영허신지 복묘구ᄌᆞ무임ᄒᆞ성지ᄌᆞ옵 쇼여은 복ㅁㅛ ㅇᄒᆞ올지턱ᄒᆞ와 시솔 무탈ᄒᆞ오니 봉힝ᄒᆞ달 ᄒᆞ올잇가마은 졔복빅 당ᄎᆞ 풍한의 독감으로 나리가 와 셰시 문안 뭇ᄒᆞ오니 송황이 무지ᄒᆞ와 연유을 젼ᄎᆞ고과ᄒᆞ누온ᄉᆞ <안의 소기 비연 고목-한고 1893> 진ᄉᆞ쥬 문안도 역워 안녕ᄒᆞ오신지 모모구ᄌᆞ이오며 미령ᄒᆞ옵신 즁 안녕ᄒᆞ옵시기을 복망ᄌᆞᄌᆞ 연유을 젼ᄎᆞ 고과ᄒᆞ누온ᄉᆞ라 임오 구월 회일 소인 김범용 고목 셔울 소동은 별노 더ᄒᆞᆫ든 아니ᄒᆞ오나 한 모냥이외다 <전주류씨-54 하인 김범용이 안동 수곡파 상전에게 올린 고목1882> 황공ᄒᆞ옵다가 ᄉᆞ도님 젼의 알외옵ᄂᆞ이다 하송ᄒᆞ옵신 진휼곡은 두슈디로 왓ᄉᆞ옵기예 압송ᄒᆞ옵신 감식과 합ᄒᆞ 각인 등쳐의 븐진을 챡실니 ᄒᆞ온 줄노 년유을 치고 ᄒᆞ누온ᄉᆞ <이전문(청도별장)이 고을 사또에게 올린 고목-국한 1893> 여복축 긔쳬후 신구셰 일향ᄒᆞ살은지 연유젼ᄎᆞ고과ᄒᆞ누온ᄉᆞ <창영 안의 쇼긔 비연 고목1895.2.9 ↓초당 셔방임 시통인 기탁> ⇒ -ᄒᆞ노은ᄉᆞ, -ᄒᆞ숣누온ᄉᆞ, -ᄒᆞᆫ와온사

【-ᄒᆞ살오며】 ((문서)) -하옵시며. 이두식 표현으로 'ᄒᆞ숣오며(爲白乎旀)'의 표기이다. (이두어).¶ 황공복지 문안ᄒᆞ살오며 <의성김씨 천전파 하인 이춘용이 상전에게 올린 고목-한고 1889> 황공복지 문안ᄒᆞ살오며 년ᄒᆞ와 나아리계옵셔 문안ᄒᆞ가□신가 시부오니 하정의 복희만ᄌᆞ이오며 대부인 마로라계옵셔 (문)안 일양이오신가 시부오니 천힝ᄌᆞᄌᆞ소이다 <상전에게 올린 소이 인득의 고목-한고 1862/1922> 告目 ‖ 황공복지 근복 문안ᄒᆞ살오며 복미심 차시 궁춘의 侖鑑主 긔쳬후 일향만안ᄒᆞ옵신잇가 山所 수회지졀도 역득 만안ᄒᆞ와이다 <황수범 고목-한고 1871> 황공복지근복 문안ᄒᆞ살오며 복미심 신원의 만임 문안 ᄌᆞ령ᄒᆞ옵시며 덕너 둘우 일항ᄒᆞ시잇가 복모구ᄌᆞ무임ᄒᆞ셩이오며 <청산 상달 모 고목-우한 1871.1.13 ↓창령 너아 시ᄒᆞ인 기탁> 황공복지 문안ᄒᆞ살오며 복미심신ᄒᆞ의 안전임 긔쳬후 일항만안ᄒᆞ살오며 더시 강영허신지 복묘구ᄌᆞ무임ᄒᆞ성지ᄌᆞ옵 쇼여은 복ㅁㅛ ㅇᄒᆞ올지턱ᄒᆞ와 시솔 무탈ᄒᆞ오니 봉[복]힝ᄒᆞ달ᄒᆞ올잇가마은 졔복빅 당ᄎᆞ 풍한의 독감으로 나리가 와 셰시 문안 뭇ᄒᆞ오니 송황이 무지ᄒᆞ와 연유을 젼ᄒᆞ고과 ᄒᆞ누

온ᄉᆞ <안의 소기 비연 고목-한고 1833/93> 황공복지 문안ᄒᆞ살오며 복미심 ᄎᆞ시 상졔님 문안 닐향안녕ᄒᆞ옵시다 ᄒᆞ오니 복희만ᄒᆞ니오며 <김주혁(金周赫) 고목 1855/1915.12.1 국한-1614> 황공근복달 문안ᄒᆞ살오며 복미심 신ᄒᆞ의 말누하쥬 문안이 일향만안ᄒᆞ옵신지 복모구ᄒᆞ 무림ᄒᆞ셩이오며 <이경근 모가 사또에게 보낸 고목 1886.5.4 국한-1639> 황공근복들 문안ᄒᆞ살오며 복미심 신ᄒᆞ의 사쏘임 문안 알영ᄒᆞ옵시고 마임 문안이 닉ᄒᆞ 알영ᄒᆞ옵신지 복모구ᄒᆞ부림ᄒᆞ셩이외며 <츄월 고목 1886.5.9 국한-1640> 연유 젼ᄎᆞ 고과 황공복지 문안ᄒᆞ살오며 복미심 ᄎᆞ시의 안젼쥬 긔톄후 일향만강ᄒᆞ옵시고 아즁 문안니 안녕ᄒᆞ옵시온지 아옵지 못ᄒᆞ와 복모구구ᄒᆞ셩지지 소인은 복몽ᄒᆞᆯ지턱으로 복보역ᄉᆞᆼᄒᆞ옵나이다 갑오 오월 십솜일 소닌 월즁션 고목 <월즁션 고목-우한 1894.5.13> 황공복지 문안ᄒᆞ살오며 복밈 야간 進賜主氣體候 일양만안허옵신니 복희만ᄒᆞ이오며 小人넌 무ᄉᆞ허오니 복힝이오며 <박대형(朴大亨) 고목-한고 1912.10.22> ⇒ -하ᄉᆞ로며, -하ᄉᆞᆸ오며, -허살오며, -ᄒᆞ살오며, -ᄒᆞᄉᆞ오며 ☞ -니살오며, -이살오며

【-ᄒᆞᄉᆞ오며】 -하옵시며. 이두식 표현으로 'ᄒᆞ숣오며(爲白乎旀)'의 표기이다. (이두어).¶ 황공복지 문안ᄒᆞᄉᆞ오며 복미심 ᄎᆞ시의 나리쥬 긔체후 일향만강ᄒᆞ오신지 복모구ᄒᆞ무임ᄒᆞ셩지ᄒᆞ오며 소인은 ᄒᆞᆯ지택으로 무ᄉᆞ복역이오며 ᄎᆞ편 ᄇᆡ지 밧ᄌᆞ와 뵈오니 미령즁 지닉오시니 ᄒᆞ졍의 염여 황송ᄒᆞ외다 <하인 김범용이 전주 류씨 안동 수곡파 상전에게 올린 고목1882> ⇒ -하ᄉᆞ로며, -하ᄉᆞᆸ오며, -허살오며, -ᄒᆞ살오며, -ᄒᆞᄉᆞ오며 ☞ -니살오며, -이살오며

【-ᄒᆞ숣거온】 'ᄒᆞ숣거온(爲白去乎)'. -하숣거온. -하사오므로. -하사오니. (이두어).¶ 爲白去乎 ‖ 당히 니교는 위션 신의 영으로셔 사츌ᄒᆞ와 엄치ᄒᆞ옵고 ᄉᆞ실을 ᄆᆡ거ᄒᆞ와 삼가 진문ᄒᆞ숣거온 묘당으로 ᄒᆞ여곰 품쳐ᄒᆞ게 ᄒᆞᄂᆞ이다 (當該吏校爲先自臣營査出嚴治, 枚擧事實謹此陳聞爲白去乎, 令廟堂稟處爲白只爲緣由馳啓.) <정의-화성 40:56b>

【-ᄒᆞ숣다온】 'ᄒᆞ숣다온(爲白有如乎)'. -하숣거온. -하였삽더니. (이두어).¶ 爲白有如乎 ‖ 젼녕 일도롤 신이 당일 신시냥의 지슈ᄒᆞ숣다온 (傳令一度, 臣於當日申時量, 在本營祇受爲白有如乎.) <정의-화성 48:4b>

【-ᄒᆞ숣뎌】 이두식 표현으로 'ᄒᆞ숣뎌(爲白齊)'의 표기이다. (이두어). -하숣제. -하옵니다. -하옵십니다.¶ 爲白齊 ‖ 다만 누로와 치쳡이 이제 겨유 완역ᄒᆞ기롤 고ᄒᆞ여시ᄃᆡ 포경[포루의 보경]과 타뢰[타구의 료망] 뎡ᄒᆞᆫ 법제 업ᄉᆞ니 긔틀과 모칙을 싱각ᄒᆞ매 도로혀 소우홈에 갓갑더니 이즈음의 특별이 젼녕을 ᄂᆞ리오샤 궁댱과 밋 셩샹의 패쟝 군졸노 경을 ᄂᆞᆫ화 돌녀 파슈ᄒᆞᆯ 등졀을 ᄒᆞ여곰 졀목ᄒᆞ야 올니라 ᄒᆞ오시니 삼가 셩명을 의지ᄒᆞ와 ᄋᆞᆼ힝ᄉᆞ건을 좌편의 죠렬ᄒᆞ숣뎌 (但樓櫓雉譙今才告完, 舖警垜瞭未有定制, 言念機策, 還涉疎虞, 此際特下傳令, 宮墻及城上牌將軍卒分更輪把等節, 使之成節目上送, 謹依成命應行事件條列于左爲白齊.) <정의-화성 46:50b>

【-ᄒᆞ오며】 -하오며. (이두어).¶ 是白乎旀 ‖ 이제 온유ᄒᆞ오시미 하ᄂᆞᆯ노브터 쉰쉰ᄒᆞ며 ᄌᆞᆫᄌᆞᆫᄒᆞ오샤 닙게 ᄒᆞ고 ᄡᅳ게 ᄒᆞ오시니 ᄒᆞᆫ 치위ᄂᆞᆫ 근심이 업다 ᄒᆞ와 다 손을 뭇거 하ᄂᆞᆯ긔 축슈ᄒᆞ오니 ᄒᆞᆫ갓 협광ᄒᆞᆫ 깃브옴 ᄲᅮᆫ 아니오라 깁ᄉᆞ온 은혜 밋줍ᄂᆞᆫ 바의 보옵고 듯줍ᄂᆞ니 다 용동ᄒᆞ오니 신도 ᄯᅩᄒᆞᆫ 더브러 감격ᄒᆞ오믈 이긔지 못ᄒᆞ오며 모ᄌᆞ 반급ᄒᆞ고 남ᄉᆞ온 칠닙은 인ᄒᆞ여 외탕고의 회록ᄒᆞᄂᆞ이다 (今此溫諭自天諄諄懇懇, 衣之帽之, 一寒無憂是如, 擧皆攢手祝天, 不啻如挾纊之喜, 深恩所曁瞻聆俱聳, 臣不勝與有激感是白乎旀, 帽子頒餘七立仍爲會錄于外帑庫, 緣由幷以別單以聞.) <정의-화성 46:18a>

【-ᄒᆞ옯누온ᄉᆞ】 ((문서)) -하는 일. 이두식 표현으로 'ᄒᆞ누온일(爲臥乎事)'의 표기이다. (이두어).¶ 졔ᄉᆞ 납월 십솜일 쇼녀 비연 고목 ‖ 고과ᄒᆞ옯누온ᄉᆞ <하회류씨 예산 종택 하인 이시오가 올린 고목1849/1909> ⇒ -ᄒᆞ누온ᄉᆞ, -ᄒᆞᆫ와온사

【ᄒᆞ이-칼나】 명 ((인류)) 하이칼라(high collar). 예전에 서양식 유행을 따르던 멋쟁이를 이르던 말. (외래어).¶ 외국 류ᄒᆡᆼ 긔화당 ᄒᆞ이칼나 샬죽경 <대매 1907.7.27>

【ᄒᆞ토-ᄒᆞ-】 동 하토(下土)하다. 매장(埋葬)하다. 파묻다. (중국어 간접 차용어).¶ 下土 ‖ 아직 이 관을 여긔 두라 인가의 영장 일졀은 ᄌᆞ손의게 관계ᄒᆞᆫ 대ᄉᆡ라 반ᄃᆞ시 황도길일을 ᄀᆞᆯ희여야 보야흐로 가히 ᄒᆞ토ᄒᆞ리라 (且把棺木厝在這裡, 人家安葬一節, 乃關係子孫一件大事, 必揀擇個黃道吉辰, 方可下得土.) <손방 3:26>

【-ᄒᆞᆫ와온사】 ((문서)) -하는 일. 이두식 표현으로 'ᄒᆞ누온ᄉᆞ(爲臥乎事)'의 표기이다. (이두어).¶ 우명문ᄒᆞᆫ와온샷단은 오여 요농 솟치로 셩황골 돌리마젼 四斗지기곳 사표단은 동남 은축길 전 써북근자 샹의젼 곳들 졀가젼문 九錢 의소봉상ᄒᆞ고 우인젼의 영위방ᄆᆡᄒᆞ오ᄃᆡ 일후 자손족유 듕 잡담이거든 차문긔로 고관변정사라 젼쥬 자필의 변덕징 (수결) <변덕징이 김티셩에게 발급한 전답 매매명문-한고1764.1.7> ⇒ -ᄒᆞ노온ᄉᆞ, -ᄒᆞ누온ᄉᆞ, -ᄒᆞ옯누온ᄉᆞ

【ᄒᆞᆯ네누】 명 ((기독)) 할렐루야. 구약성서의 시편에 있는 말로 기쁨 또는 감사를 나타냄. (외래어).¶ 天國糧食 無窮ᄒᆞ여 할네누 讚誦ᄒᆞ여 <大每 1907.9.4>

【ᄒᆡ난】 명 ((지리)) 해남(海南). 하이난(Hainan)섬. 중국 광동성(廣東省) 뇌주반도(雷州半島) 남쪽, 남중국해에 있는 섬. (중국어 직접 차용어).¶ 남에는 란링과 곤륜이란 산이 잇고 [온 텬하에 뎨일 놉ᄒᆞᆫ 산이니 이만 쳑이라] ᄯᅩ 청국ᄒᆡ로 드러가ᄂᆞᆫ 간텬이란 강과 인도 ᄯᅡ흘 지나 인도양에로 드러가ᄂᆞᆫ 브라마푸드라ㅣ란 강과 ᄒᆡ난이란 셤이 잇고 <사필1889-헐버트 72>

【ᄒᆡ스튼벡】 명 해스튼벡(Hastenbeck). (외래어).¶ ᄒᆡ스튼벡(哈森碑克 Hastenbeck) <만국통감1912, 4, 16>

【ᄒᆡᆫ드-박】 명 ((복식)) 핸드백(handbag). 손가방. 여성이

화장품 등을 넣어 휴대하는 소형 가방. (외래어).¶ 더가방 일좌 중가방 일좌 손가방 일 필연 일 힌드박 일 본발 순금호도좀 일 순금 국화잠 일 <물목-한고 1941> ⇒ 한드빽

【힌-로】 명 ((복식)) 흰라(-羅). '로(羅, luó)'는 중국어 직접 차용어.¶ 白羅 ‖ 옷 니블 딘댄 ᄉᆞ졀 조초 옷 니보ᄃᆡ 날마다 ᄒᆞᆫ 벌 밧고 ᄒᆞᆫ 벌 ᄀᆞ라 닙ᄂᆞ니 보미ᄂᆞᆫ 됴ᄒᆞᆫ 야쳥로 이삭 ᄃᆡ녕에 힌로 큰 더그레예 픈 류쳥 로 ᄀᆞᄂᆞᆫ 주룸 텬릭이오 (穿衣服時, 按四時穿衣服, 每日脫套換套. 春間好青羅衣[曳]撒、白羅大搭胡、柳綠羅細摺兒.) <번노 하:50a> ⇒ 노

【힝니】 명 ● 행리(行李). 행장(行裝). 여장(旅裝). 길 가는 데 쓰는 여러 가지 물건이나 차림. 짐 보따리.¶ (중국어 간접 차용어).¶ 行李 ‖ 소세ᄅᆞᆯ ᄒᆞ고 힝니ᄅᆞᆯ 뎡돈ᄒᆞᆯ시 가셔와 모든 답셔ᄅᆞᆯ 봉ᄒᆞ야 발편에 브치고 잠싼 듁을 먹은 후 관소의 나가 보니 모든 비장들이 임의 군복 젼닙을 ᄒᆞ얏더라 (盥櫛已罷, 整頓行李, 手封家書及諸處答札, 出付撥便. 於是略啜早粥, 徐往館所, 諸裨已著軍服戰笠矣.) <열하-동경 1:1b> 금동아 힝니을 안돈허고 말도 풀에 놋코 구경가ᄌᆞ (琴童, 安頓行李, 撒和了馬. 我到那里走一遭.) <서상-고려 14a> 양부인이 말리디 못ᄒᆞᆯ 줄 알고 힝니ᄅᆞᆯ 뎜검ᄒᆞ야 노가인과 냥개 셔동을 뫼셔가라 ᄒᆞ니 (楊夫人阻他不住, 只得打點行李, 叫老家人又帶了兩個書童, 跟隨前去.) <화도-여초 1:46a> 일간 초옥의 쥬긔 표양ᄒᆞ거날 복이 졈의 드러가 힝니ᄅᆞᆯ 나려 노흐니 (只見上首一間草舍, 簾外酒旗飄颺. 杜伏威奔入店裏, 放下行囊, 揀副座頭坐了.) <선진 10:19> 방연이 님츼셩의 나아가 긱뎜을 어더 힝니ᄅᆞᆯ 머믈우고 경히 쉬고져 ᄒᆞ더니 (龐涓進臨淄城, 投旅店安下行李.) <손방 1:76> 노신이 ᄂᆞᄋᆞ가 힝니ᄅᆞᆯ 슈습ᄒᆞ고 다시 오마 (待老身收拾行李停當, 再來敘話.) <평요 3:35> 다만 그 집 사람이 힝니ᄅᆞᆯ 슈뎐ᄒᆞ야 길ᄒᆞᆯ 님한 거동을 볼너라 (只見家人早已搬運行李, 就作起程的光景.) <성풍 1:26> 뫼 아리 암ᄌᆞ의 잇ᄂᆞᆫ 중이 풍노얜 줄 알고 힝니ᄅᆞᆯ 슈뎐ᄒᆞ며 일변 교ᄌᆞᄅᆞᆯ 가져 풍공을 메여 뫼흐로 올나가니 (那些下庵和尚認得是馮老爺來, 連忙來搬運行李, 叫一乘轎子, 擡山上來.) <성풍 2:46> 힝니ᄅᆞᆯ 쥬인의 맛기고 둘히 ᄒᆞᆫ가지로 현 압히 오니 모든 사ᄅᆞᆷ이 길히 메엿거ᄂᆞᆯ (將行李付主人, 二人一逕到縣前來. 但見人山人海, 挨擠不開.) <성풍 5:9> 포순이 그 일을 황시ᄃᆞ려 니ᄅᆞᆫᄃᆡ 황시 ᄀᆞ장 즐겨 아니ᄒᆞᆫᄃᆡ 포뫼 뜻이 구더 막기 어려온지라 즉시 빅금을 슈습ᄒᆞ야 가지고 만안을 분부ᄒᆞ야 힝니ᄅᆞᆯ 메고 미조ᄎᆞ 오라 ᄒᆞ다 (鮑以其事與黃氏說知, 黃氏甚是不樂, 鮑某意堅難阻, 卽收拾百金, 分付萬安挑行李後來.) <포공-홍의부 5:49> 또 힝니와 말을 옴겨 져 묘당 중으로 가져다가 놋코 네 슈직ᄒᆞ라 니 가셔 져ᄅᆞᆯ ᄎᆞᄌᆞ리라 나의 한넝을 견ᄃᆡ며 못견ᄃᆡ믈 보라 ("且將行李、馬匹牽挑到小廟中歇下, 你看守着, 等我去尋他, 看我凍也不凍?") <후서유 8:57-16> 류태태의 힝니ᄅᆞᆯ 모다 싯고 또 련이야의 포진도 ᄒᆞᆷᄭᅴ 붓쳐 삼ᄋᆞ로 ᄒᆞ여금 압녕ᄒᆞ여 몬져 가게 ᄒᆞᆯ시 (將柳太太家所有的行李全行裝上, 又將璉二爺的鋪陳也帶上, 叫三兒押着先走.) <홍부 5:70> 익일의 죠반을 먹은 후의 힝니ᄅᆞᆯ 옴겨 산[선]샹으로 보내고 지화와 구양츈 냥 인이 의복을 죠히 닙으미 (果到次日, 吃了早飯, 將行李搬在船上, 二位穿好了衣服.) <충소 5:91> 일즉 몸을 니러 최문에 니ᄅᆞ러 먼저 허가졈을 차ᄌᆞ 머물고 힝니ᄅᆞᆯ 수습ᄒᆞᆫ 후에 졈사룸 불너 밥을 쳥ᄒᆞ야 졈심 먹을 ᄯᅢ에 머리ᄅᆞᆯ 드러 ᄒᆞᆫ번 보니 산이 놉고 물이 ᄆᆞᆰ아 경히 보암ᄌᆞᆨᄒᆞ다 (早起身到柵子門上, 先找何家店裡存, 收拾行李一後, 找店裡的請飯点心的時候, 擡頭一看, 山高水麗正是好看.) <關話 1a> 왕호치아 우리 세 ᄉᆞ람의 것 힝니을 일즉이 다 수습하여 명빅이 하여시니 다 메고 문에 너다가 네ᄃᆡ로 치[친]수로 잘 차의 실러계 하여라 (王夥計, 咱們三个人的行李趁早都收拾明白着, 都扛出門口去, 隨你親手好生莊車罷.) <기착-육당 상:34b> ▼行囊 ‖ 경됴의 힝니ᄅᆞᆯ 출혀 북경 회시 보라 가니 (到冬底, 打疊行囊往北京會試.) <금고 79> 일간 초옥의 쥬긔 표양ᄒᆞ거날 복이 졈의 드러가 힝니ᄅᆞᆯ 나려 노흐니 (只見上首一間草舍, 簾外酒旗飄颺. 杜伏威奔入店裏, 放下行囊, 揀副座頭坐了.) <선진 10:19> 힝니 침즁ᄒᆞ고 사ᄅᆞᆷ이 득병ᄒᆞ여 녀졈의 두류ᄒᆞ미 우세 여ᄎᆞᄒᆞ고 셔동의 병이 어내 ᄯᅢ 나흘ᄂᆞᆫ지 모ᄅᆞᆯ지라 (行囊沈重人多病, 旅店羈留監未捐, 陰雨不知何日止, 病童未曉甚時痊.) <재생 8:72> ▼行程 ‖ 노모 반기며 깃거 즉시 힝니을 슈습ᄒᆞ여 표진니란 물가에 이르러 만화졈에 쥬인ᄒᆞ고 헐슉할시 (張氏大喜, 收拾行程. 在路數日, 前至萬花店劉小二家安下.) <서유-영남 2:3-11> 형졔 삼인이 셔로 붓들고 통곡ᄒᆞ야 니별ᄒᆞ며 양싱이 힝니ᄅᆞᆯ 슈습ᄒᆞ야 다라나려 ᄒᆞᆯ시 셕일 셧녀 저지예 은젼 맛진 거시 잇더니 <낙천 1:6b> 밋 수월이 디나매 님뉴 이인이 힝니ᄅᆞᆯ 슈습ᄒᆞ야 발힝ᄒᆞ려 ᄒᆞᆯ시 <낙성 2:6b> 동의와 모구ᄅᆞᆯ 난화쥬니 졔장이 장녕을 듯고 분분이 힝니ᄅᆞᆯ 타졈ᄒᆞᄃᆡ 사싱이 ᄒᆞᆯ노 힝니ᄅᆞᆯ 다ᄉᆞ리미 업ᄉᆞ니 <명행 57:25> 왕이 ᄒᆞᆯ 일 업셔 이의 총총이 힝니ᄅᆞᆯ 출힐시 <벽허 10:95> 졈검이 응죵ᄒᆞ여 즉시 노고 모녀로 ᄒᆞᆫ가지로 힝니ᄅᆞᆯ 출혀 샹경ᄒᆞᆯ시 <유삼 9:71> 이의 힝니ᄅᆞᆯ 출혀 발힝ᄒᆞᆯ시 <윤하 10:21> 병셰 향ᄎᆞᄒᆞ여 힝니ᄅᆞᆯ 뎜검ᄒᆞ여 일가ᄅᆞᆯ 거ᄂᆞ려 졀강으로 ᄂᆞ려가니 <유이 24:5> 약간 반젼을 슈습ᄒᆞ야 일필 건녀로 힝니ᄅᆞᆯ 쥰비ᄒᆞ고 부인과 ᄌᆞ녀의게 글을 씨쳐 하직ᄒᆞ니 <한조 3:4> 심ᄉᆞᄅᆞᆯ 굿게 잡고 힝니ᄅᆞᆯ 출히며 담쇠 ᄌᆞ약ᄒᆞ야 부명을 승슌ᄒᆞ니 <현몽 14:2> 유벽ᄒᆞᆫ 졈을 골히여 힝니ᄅᆞᆯ 안돈ᄒᆞ고 냥개 동ᄌᆞ로 차ᄅᆞᆯ 샤 히갈ᄒᆞ미 <화명 4:38> 이 밤의 셔로 의논ᄒᆞ고 션듕을 겁칙ᄒᆞ여 힝니를 슈탐ᄒᆞ니 최인등이 숨어 피ᄒᆞ고 공의 부쳐ᄂᆞᆫ 잠결의 놀나 창황ᄒᆞᆯ 사이의 <화충 4:24> 드디여 턱일ᄒᆞ고 힝니ᄅᆞᆯ 다ᄉᆞ려 남악으로 향ᄒᆞᆯ시 암착이 긔승ᄒᆞ며 풍경이 상활유벽ᄒᆞ야 진짓 경결ᄒᆞᆫ 도관이러라

<십이 1:72> 이러구러 녀룸이 진ᄒᆞ고 첫 ᄀᆞ올이 된디라 싱이 힝니롤 슈습ᄒᆞ야 경ᄉᆞ로 향홀시 댱노와 제승이 ᄯᅥ나믈 슬허 반뎡의 가 휘루ᄒᆞ야 니별ᄒᆞ거놀 <낙성 2:37> 부부 이인이 샹의 ᄂᆞ아가 겨요 쳡목ᄒᆞ미 효계챵효ᄒᆞ니 궁녜 조반과 셰슈롤 디후ᄒᆞ여 ᄲᅦ롤 보ᄒᆞ니 냥인이 니러 촉을 ᄂᆞ오고 쇼셰ᄒᆞ미 힝니롤 타졈ᄒᆞ여 손을 난홀싀 <천수 6:11> 큰 믈결이 더욱 심ᄒᆞ야 믈이 빅 안히 드니 드ᄂᆞᆫ 족ᄌᆞ 프더 이경의 놀란 믈결이 봄노소사 빅 안히 치ᄌᆞ니 빅 반이나 좀겨 의복과 힝니 다 저즈니 칩기는 ᄲᅧ의 ᄉᆞ뭇고 <표해 1:12> 왕손의 등이 즉일 힝니롤 출혀 황셩으로 올녀가 총관 댱ᄉᆞ괴 진즁의 휘하가 되다 <설인 1:21> ※ 行李[«通雅»曰: 行李, 行使也. 卽裝治也.]롤 다 齊備ᄒᆞ여시니 請컨대 二位 官人은 卽日 啓行ᄒᆞ쇼셔 (行李都齊備了, 請二位官人, 卽日啓行.) <오전 4:28a> 몬져 몸에 잇ᄂᆞᆫ 衣服을 벗기고 頭上으로부터 신과 보션 들ᄭᅵ디 니ᄅᆞ히 낫낫티 ᄯᅳ라가며 벗겨 긔록호디 몸에 ᄯᅳ로인 行李[힝인의 가딘 잡물이라] 잇거든 ᄯᅩᄒᆞᆫ 일홈과 가디 수롤 ᄀᆞ초 긔록ᄒᆞ라 (先剝在身衣服, 自頭上至鞋襪等, 逐一抄箚, 有隨身行李, 亦具名件.) <무원 1:27b> 당시롱 ᄒᆞ나히 져긔 이셔 行李 보고 ᄆᆞᆯ을 노하시니 제 能히 와 밥 먹지 못홀 ᄶᅥ시니 엇지 ᄒᆞ여야 죠흐리오 (還有一箇在那裏看行李放馬呢, 他不能來吃飯怎麽好?) <노신 1:53b> 밧비 니러 ᄂᆞᆺ 싯고 옷 닙고 여러 잔 술 먹고 行李롤 收拾ᄒᆞ여 ᄆᆞᆯ 기ᄅᆞ마 짓고 하놀이 ᄇᆞᆰ거든 主人의게 하직ᄒᆞ고 가쟈 (快快的起來洗臉, 穿上衣裳, 喝幾鍾酒, 收拾行李鞴馬, 天亮了, 告辭主人家去罷.) <노신 1:47b> 우리 가쟈 이 ᄆᆞᆯ께 行李롤다가 부리오고 오랑 느추고 마함 벗기고 곳 이 길ᄀᆞ에 노하 져기 풀 먹게 ᄒᆞ고 (咱們去, 把這馬行李卸下, 鬆了肚帶, 去了嚼子, 就在這路傍放他吃些草.) <노신 1:49b> 이믜 이러면 우리 다 가지 못ᄒᆞ리라 져 人家ㅣ 사롬 만흐믈 보면 즐겨 재오지 아닐가 ᄒᆞ노라 둘로 ᄒᆞ여 行李롤 보게 ᄒᆞ고 우리 둘히 몬져 므르라 가쟈 (既是這般, 咱們不可都去.那人家見人多了, 恐怕不肯敎宿.着兩箇看行李, 我兩箇先問去.) <노신 1:59a> 히 이리 놉핫고 앏흐로 ᄯᅩ 아모란 店도 업스니 우리 아직 ᄒᆞᆫ 人家에 드러가 져기 ᄡᆞᆯ 밧고와 손조 밥지어 먹고 行李 부리오고 즘싱 쉬오고 쉬여 가쟈 (日頭這般高了, 往前又沒有甚麽店, 咱們且投箇人家糴些米, 自做飯吃, 卸下行李, 歇息牲口, 歇歇去罷.) <노신 1:49b> 行李ᄂᆞᆫ 길 가ᄂᆞᆫ ᄉᆞ롬이 가지는 물건이올시다 (行李是走路的客人帶的東西.) <한지 89> ❷ 여정(旅程).¶ 명감ᄉᆞ 문익의 ᄌᆞᄂᆞᆫ 위되니 뎡묘 강화ᄒᆞᆫ 후의 통신ᄉᆞ를 ᄒᆞ여 장ᄎᆞᆺ 심양의 갈시 숙녕관의 이르러 힝니 길흉을 뭇고져 ᄒᆞ여 교위를 디청 안히 노코 불근 보를 그 우히 덥고 그 관노를 불너 셤 아리 세우니 <야담집-서강1856 83> ⇒ 힝리

【힝니챠】 명 ((교통)) 행리차(行李車). '힝니(行李)'는 짐으로 중국어 간접 차용어.¶ 힝니챠 <법한 644>

【힝리】 명 행리(行李). 행장(行裝). 여장(旅裝). 길 떠날 때 꾸리는 짐. (중국어 간접 차용어).¶ 힝리 ‖ ① 行裝(힝장) ② 길 ᄯᅥ나는 데 가지고 가는 짐 <조선-심 189> 힝리 무겁다 (壘墜) <한청-기타 14:31b> ▼行李 ‖ 내 도로혀 니졋ᄂᆞ니 대야의 힝리 등믈을 모다 슈습ᄒᆞ여 드려왓ᄂᆞ냐 (我倒忘了, 大爺的行李零碎都收了進來沒有?) <홍부 9:50> 포용이 믄득 ᄌᆞ긔 힝리롤 정당히 슈습ᄒᆞ여 슈화문의 니ᄅᆞ러 쥬슈ᄌᆞ 등을 대ᄒᆞ여 밝히 말ᄒᆞ여 드러가 태태긔 픔ᄒᆞ라 ᄒᆞ고 (包勇就將自己的行李一并收拾停當, 到垂花門對周嫂子們說明, 上去回過太太.) <홍부 4:53> 잇흔날 리빅이 힝리를 갓다가 하닉한 집에 두고 ᄆᆡ일 시를 담론ᄒᆞ며 술을 마시여 쥬긱이 심이 상득ᄒᆞ더라 (次日, 李白將行李搬至賀內翰宅, 每日談詩飲酒, 賓主甚是相得.) <리티빅-세창 11> 동ᄌᆞ롤 분부ᄒᆞ야 힝리를 슈습케 ᄒᆞ거놀 <성산명경 7> ⇒ 힝니

【힝오-문】 명 ((인류)) 해아문(孩兒們). 아이들. '문'은 (중국어 직접 차용어).¶ 孩兒們 ‖ 죽일 힝오문이 신고ᄒᆞ엿시니 금일은 쉬여 명일 ᄌᆞ작 가미 늣지 아니ᄒᆞ니라 (昨日孩兒們走得辛苦了, 今日歇他一日, 明日早下山去也未遲.) <수호-이화 29:19b>

【힝화】 명 ((기물)) 행화(行貨). 황아. 여러 가지 자질구레한 일용 잡화. 방물(方物). '힝화(行貨 hánghuò)'는 (중국어 간접 차용어).¶ 行貨 ‖ 작야의 너의 군ᄉᆡ 일즉 힝화롤 얼마나 어드뇨 (昨日夜間, 衆軍士曾湊得多少行貨?) <선진 10:26> 여러 날 ᄆᆡᄆᆡ 업더니 금일 텬힝으로 세 낫 힝화롤 잡으니 힝니 젹지 아니ᄒᆞ미 깃거ᄒᆞ노라 (這幾個月裏好生沒買賣. 今日謝天地, 捉得三個行貨, 又有些東西.) <수호-이화 32:6a> 여러 날 ᄆᆡ매롤 잘 못ᄒᆞ엿더니 금일은 하놀이 지시ᄒᆞ야 이런 됴흔 힝화롤 맛낫도다 (好幾日沒買賣, 今日天送這三頭行貨來與我.) <수호-신문 2:35:218> ᄒᆞᆫ ᄯᅦ 사롬이 세 낫 힝화롤 ᄯᅳ라 강변에 니름애 내 구제ᄒᆞ여 빅에 올니니 (岸上一伙人趕這三頭行貨來我船裏.) <수호-신문 3:36:9> 금은 글ᄌᆞ 단청집의 아로식인 벽이며 뎐당푸리 ᄎᆞ푸리며 각식 힝화 디상고라 <연행-무자> ⇒ 황아, 황우, 황의, 황이, 황후, 황호, 힝화

【힝화-쟝ᄉᆞ】 명 ((인류)) 행화장수(行貨-). 황아장수. 집집을 찾아 다니며 자질구레한 일용 잡화를 파는 사람. 방물장수.(중국어 직접 차용어).¶ 行貨藏肆 ‖ 雜物商曰行貨藏肆힝화쟝ᄉᆞ, 轉云황우쟝ᄉᆞ. <명물-인품 1:46b> ⇒ 황오장ᄉᆞ, 황우쟝ᄉᆞ, 황의장ᄉᆞ, 황호장ᄉᆞ

근대 차용어사전

초판 인쇄 2020년 11월 10일
초판 발행 2020년 11월 20일

주 편 | 김영(jinying@hanmail.net)
선문대학교 중한번역문헌연구소 (041-530-2828/8063)
충남 아산시 탕정면 선문로 221번기 70

발 행 인 | 하운근
발 행 처 | 學古房
주 소 | 10594 경기도 고양시 덕양구 통일로 140
(동산동, 삼송테크노밸리) A동 B224
대 표 | (02)353-9908 편집부(02)356-9903
팩 스 | (02)6959-8234
홈페이지 | http://hakgobang.co.kr/
전자우편 | hakgobang@naver.com, hakgobang@chol.com
등록번호 | 제311-1994-000001호
印 數 | 1 — 300 限印版
ISBN 979-11-6586-109-4 93700

값 : 40,000원

■ 파본은 교환해 드립니다.